Bernhard Stüer

Der Bebauungsplan

Der Bebauungsplan

Städtebaurecht in der Praxis

von Rechtsanwalt und Notar

Prof. Dr. Bernhard Stüer

Fachanwalt für Verwaltungsrecht
Honorarprofessor an der Universität Osnabrück
Richter am BGH-Anwaltssenat

5. Auflage 2015

C.H.BECK

Zitiervorschlag: *Stüer,* Der Bebauungsplan, 5. Aufl. 2015, Rn. 100

www.beck.de

ISBN 978 3 406 65496 1

© 2015 Verlag C.H. Beck oHG,
Wilhelmstraße 9, 80801 München

Druck und Bindung: Westermann Druck Zwickau GmbH
Crimmitschauer Straße 43, 08058 Zwickau

Satz: ottomedien, Heimstättenweg 52, 64295 Darmstadt
Umschlaggestaltung: Bruno Schachtner Grafik Werkstatt

Gedruckt auf säurefreiem, alterungsbeständigem Papier
(hergestellt aus chlorfrei gebleichtem Zellstoff)

Vorwort

Was wären wir ohne den Gesetzgeber?
Die dankbare Zunft der juristischen Kommentatoren

„Der Bebauungsplan" wird hiermit in der 5. Auflage vorgelegt. Seit der 4. Auflage dieses Buches (2009) sind Gesetzgebung und Rechtsprechung nicht untätig geblieben. Ende des Jahres 2008 hat der Gesetzgeber durch das Gesetz zur Änderung des ROG und anderer Vorschriften (GeROG) das Raumordnungsgesetz neu gefasst. Im Juni 2009 ist eine Neufassung des BNatSchG beschlossen worden. Ebenso ist das WHG neu gefasst worden. Einzelne umweltrechtliche Vorschriften sind durch das Rechtsbereinigungsgesetz Umwelt (RGU) geändert worden. Die Vorschriften, die größtenteils bisherige rahmenrechtliche Regelungen durch ein Vollrecht des Bundes ersetzen, sind zum 1. März 2010 in Kraft. Aber auch das BauGB ist inzwischen mehrfach novelliert worden. Die BauGB-Novelle 2007 hat der staunenden Fachwelt den Bebauungsplan der Innenentwicklung (§ 13 a BauGB) beschert, der in einem vereinfachten Verfahren ohne die gelegentlich als lästig empfundene Umweltprüfung aufgestellt werden kann. Das neue Instrument ist inzwischen von der Praxis bereitwillig angenommen worden und hat sich bereits bewährt. Bis zur Auflösung des Bundestages im Jahre 2005 war die Gesetzgebungsmaschine zur Freude der Literaten sogar noch etwas hochtouriger in Fahrt geraten. Nach dem ArtG 2001, mit dem die UVP-Änd-Richtlinie 1997 in nationales Recht umgesetzt worden ist, wurde eine weitere Änderung des Baurechts durch das Europarechtsanpassungsgesetz Bau (EAG Bau 2004) veranlasst. Abgesehen von bestandswahrenden Planungen im Innenbereich und Planänderungen ohne größere Auswirkungen war danach für Bauleitpläne sowohl auf der Ebene des Flächennutzungsplans als auch auf der des ist Bebauungsplans eine Umweltprüfung durchzuführen. Dies stellte die planenden Gemeinden vor neue Herausforderungen. Der dadurch entstehende zusätzliche Aufwand konnte auf dem Papier wohl nur dadurch wettgemacht werden, dass man die auf Dauer angenommenen größeren Erfahrungen im Umgang mit der Umweltprüfung von dem erhöhten Verwaltungsaufwand abzog. Durch die BauGB-Novelle 2007 hat der Gesetzgeber in einer kleinen Rolle rückwärts den Bebauungsplan der Innenentwicklung von diesen Fesseln wieder befreit. Die Novelle ist durchaus beachtlich – handelt es sich doch um den geglückten Versuch, den sparsamen Umgang mit Grund und Boden nicht durch zusätzliche Gebote oder hochgestochene materielle Prüfungsprogramme zu erreichen, sondern im Gegenteil durch Verfahrenserleichterungen. Wer sich auf die Innenentwicklung konzentriert und damit zugleich einen Beitrag zu einer flächensparenden Bodennutzung leistet, der wird durch Verfahrenserleichterungen belohnt, lautet die Botschaft für die planenden Städte und Gemeinden. Kein schlechtes Modell, das vielleicht auch in anderen Planungsfeldern zur Nachahmung empfohlen werden kann. Folgerichtig, dass auch die Rechtsprechung da nicht zurückstehen will und selbst bei Vorhaben mit Auswirkungen auf Gebiete von gemeinschaftlicher Bedeutung wie FFH- und Vogelschutzgebieten dem Projektträger Erleichterungen verschafft, wenn mit der Vorhabenverwirklichung zugleich der Rückbau vorhandener Anlagen verbunden ist. Die Energiewende ist durch die BauGB 2011-Novelle umgesetzt worden. Eine weitere Städtebaurechtsnovelle 2013 mit einer Reihe von Änderungen des BauGB und der BauNVO sollte vor allem die Flächeninanspruchnahme verringert werden. Die BauGB-Novelle 2014 I (Windenergienovelle) gab den Ländern befristet bis Ende 2015 die Möglichkeit, in einem, Landesgesetz Mindestabstände zu baulichen Nutzungen festzulegen, die von den planenden Gemeinden und den Trägern der Raumordnung bei der Ausweisung von Konzentrationszonen zu beachten sind. Die Flüchtlingsunterbringungs-Novelle 2014 hat Neuregelungen im Interesse der vereinfachten Unterbringung von Flüchtlingen und Asylsuchenden gebracht.

Vorwort

Im Übrigen gilt – wie bereits im Vorwort der ersten Auflage ausgeführt – auch weiterhin:

Es gibt verschiedene Methoden, die immer komplexer werdende Welt zu begreifen, lehrt uns die Bildungsforschung. Wissenschaftliches Denken vermittelt zumeist abstrakte Lehrsätze, in die sich die Realität – wenn es gut geht – einordnet. Gelegentlich muss dann auch schon einmal die Realität der Theorie angepasst werden, damit die wissenschaftliche Welt ihr Gleichgewicht behält. Mundanes Denken will die Welt demgegenüber in erster Linie an anschaulichen Beispielen erklären und baut erst in zweiter Linie daraus ein abstraktes Theoriegebäude, das sich in der Realität täglich neu zu bewähren hat.

Das Buch „Der Bebauungsplan" will nicht in erster Linie abstrakte Theorien vermitteln, sondern das Recht der Bauleitplanung an Beispielen aus der Praxis erklären. Ausschnitte aus Original-Bebauungsplänen und Textbeispiele, wie sie in der Praxis verwandt worden sind, sowie Übersichten über planerische Verfahrensabläufe sollen das Begreifen für die Praxis der Bauleitplanung wecken. Die Strukturen der Normen werden in Schaubildern dargestellt und die Grundbegriffe des öffentlichen Baurechts mit seinen gelegentlich schon recht komplexen Zusammenhängen in einfachen Worten erklärt. Hierdurch soll die Vorstellungskraft gestärkt und der Zugang zum öffentlichen Baurecht erleichtert werden. Das Buch steht in enger Verbindung mit dem ebenfalls in 5. Auflage erschienenen „Handbuch des Bau- und Fachplanungsrechts", mit dem sich in den rechtlichen Grundlagen gemeinsamen Schnittmengen ergeben. Das Buch „Der Bebauungsplan" betont dabei vor allem die praktische Anschauung.

Die Schrift ist aus Vorlesungen, Übungen und Fortbildungsveranstaltungen hervorgegangen, die der Verfasser zum Bau- und Fachplanungsrecht sowie zum Kommunal-, Umwelt-, Verfahrens- und Wirtschaftsrecht an den Universitäten Münster und Osnabrück sowie an der Westfälischen Verwaltungsakademie Münster gehalten hat. Die Beispiele sind aus der forensischen Tätigkeit entnommen. Auch sind Erfahrungen aus Vortrags- und Seminarveranstaltungen zum Planungs- und Kommunalrecht in allen alten und neuen Bundesländern u.a. auf Einladung der Institute für Städtebau und Wohnungswesen München und Berlin, verschiedener Studieninstitute sowie des Deutschen Volksheimstättenwerks und seiner Landesverbände eingegangen. Die Beispielsfälle sind zumeist aus der Verfahrensbegleitung vor den Verwaltungsgerichten sowie vor den Verfassungs- und Staatsgerichtshöfen entnommen. Besonders zu danken ist dem Ingenieurbüro Thalen Consult GmbH, Urwaldstraße 39 in 26340 Neuenburg, das verschiedene Bebauungspläne aus der Planungspraxis bereitgestellt hat.

Das Buch ist aus der Praxis für die Praxis geschrieben. Es ist in erster Linie praxis- und rechtsprechungsorientiert und wendet sich vor allem an die planenden Gemeinde, die Architekten, Bauherren, Investoren und die sonst am Baugeschehen Beteiligten, an Richter und Rechtsanwälte, Studierende und Referendare und alle, die an den Strukturen des Planungsrechts aus Anlass eines konkreten Falls oder aufgrund ihrer allgemeinen beruflichen oder auch wissenschaftlichen Befassung interessiert sind. Allerdings sollten die Beispiele in Text und Bild nicht in allen Fällen unbesehen als allgemeine „Faulenzer" verwertet werden, sondern jeweils im Hinblick auf ihre Übertragbarkeit nochmals durch die Hand gehen („Manches ist genauso, manches aber auch ein wenig anders"). Ansonsten bleibt natürlich immer noch die Erkenntnis aus der wegen der Kriegswirren nur mündlich überlieferten, aus der lignogenen Verkehrswegeplanung bekannten Lebensphilosophie von Dr. Friedrich Gottlob Nagelmann: „Via lignissima melior quam nulla" („der allergrößte Holzweg ist immer noch besser als gar keiner", vgl. Dirk Buchsteiner in FS Bernhard Stüer, 2013, S. 370). Dem nicht nur wegen seiner zahlreichen Publikationen in der Zeitschrift „Der Forstverwalter" prominenten Urgestein des legendären 3. Senats des BVerfG, dessen Veröffentlichungen auch der Zeitschrift „Der Wachtmeister" alle Ehre bereitet hätten, war es auch beschieden, für seine Königsberger Promotion über „Das jus cogens bei Adalbert von Rüppurr" die selten vergebene Note „elegantissime" einzustreichen. Hut ab. Von derartigen Ovationen, mit denen sich ansonsten nur der schwarzgewandete Robenträger Maître Chapotard umherwandelnd im Pariser Anwaltszimmer (er liest in einer juristischen Zeitschrift eine Lobenshymne auf sich selbst – von ihm selbst) in den Augen des Karikaturisten Honoré Daumier schmückt, ist die hier vorgelegte Darstellung allerdings erwartungsgemäß noch recht weit entfernt.

Zu danken ist besonders dem Verlag C. H. Beck mit Verleger Dr. Hans-Dieter Beck an der Spitze und den für dieses Werk zuständigen engagierten Lektoren Rechtsanwalt Dr. Rolf-Georg Müller und Rechtsanwalt Dr. Wolfgang Czerny. Meinen akademischen Wegbegleitern und Freunden Prof. Dr. Werner Hoppe †, Prof. Dr. Hans-Werner Rengeling, Prof. Dr. Willi Blümel und Prof. Dr. Jörn Ipsen, die mir schon früh Gelegenheit gegeben haben, meine Gedanken einem größeren Kreis von Studierenden in Münster, Osnabrück und Speyer darzustellen, danke ich für zahlreiche Anregungen. Ministerialdirektor a. D. Prof. Dr. Michael Krautzberger (Berlin/Bonn) danke ich für die gute Zusammenarbeit bei den Seminarveranstaltungen auf Einladung des Deutschen Volksheimstättenwerks und des Instituts für Städtebau in Berlin und München. Ihm habe ich ebenso wie den Vorgenannten auch wegen seiner reichhaltigen Erfahrung und profunden Kenntnis nicht nur des gesamten Städtebaurechts viel zu verdanken. Aber was wäre das alles ohne Anwaltserfahrungen (NJW 1995, 2142) aus der Praxis, in die mich meine Eltern, Rechtsanwälte und Notare Dr. Bernhard Stüer & Martha Stüer (Münster), schon seit meiner Schulzeit haben einblicken lassen. Rechtsanwalt Dr. Caspar David Hermanns (Osnabrück), hat seit fast zwei Jahrzehnten an meinen Seminaren zum Umwelt- und Planungsrecht für Studierende aus Münster und Osnabrück mitgewirkt, Meiner Frau, Rechtsanwältin und Fachanwältin für Verwaltungsrecht Dr. Eva-Maria Stüer, die das Kapitel „Bauen im Außenbereich" bearbeitet hat, gilt auch für die vielfältige Unterstützung meiner Lehrveranstaltungen und für die Mitwirkung bei meinen Seminaren und literarischen Werken des Bau- und Fachplanungsrechts mein besonderer Dank.

Münster/Osnabrück, im August 2015   Bernhard Stüer

Inhaltsübersicht

Inhaltsverzeichnis

Inhaltsverzeichnis

Inhaltsverzeichnis

Inhaltsverzeichnis

Inhaltsverzeichnis

Inhaltsverzeichnis

Abkürzungsverzeichnis

Abkürzungsverzeichnis

HS . . . . Halbsatz
i.d.F. . . . . in der Fassung
i.d.R. . . . . in der Regel
i.S. . . . . im Sinne
i.V.m. . . . . in Verbindung mit
JA . . . . Juristische Ausbildung
JuS . . . . Juristische Schulung
JZ . . . . Juristenzeitung
Kap. . . . . Kapitel
Komm. . . . . Kommentar
KreisG . . . . Kreisgericht
KrWG . . . . Kreislaufwirtschaftsgesetz
KStZ. . . . . Kommunale Steuerzeitschrift
LG . . . . Landgericht
LKV . . . . Landes- und Kommunalverwaltung
LS . . . . Leitsatz
LuftVG . . . . Luftverkehrsgesetz
m. . . . . mit
MBl. . . . . Ministerialblatt
MD . . . . Dorfgebiet
MDR . . . . Monatsschrift des Deutschen Rechts
MI . . . . Mischgebiet
MK . . . . Kerngebiet
Mitt NWStuGB . . . . Mitteilungen des Nordrhein-Westfälischen Städte- und Gemeindebundes
m. w. Nachw. . . . . mit weiteren Nachweisen
Nachw. . . . . Nachweise
Nds. . . . . Niedersachsen, niedersächsisch
n. F. . . . . neue Fassung
NJW . . . . Neue Juristische Wochenschrift
NJW–RR . . . . Neue Juristische Wochenschrift – Rechtsprechungsreport
Nr. . . . . Nummer
NuR . . . . Natur und Recht
NVwZ. . . . . Neue Zeitschrift für Verwaltungsrecht
NVwZ-RR . . . . Neue Zeitschrift für Verwaltungsrecht – Rechtsprechungsreport
NW/NRW . . . . Nordrhein-Westfalen
NWVBL . . . . Nordrhein-Westfälische Verwaltungsblätter
o. . . . . oben
ÖffBauR . . . . Öffentliches Baurecht
OLG . . . . Oberlandesgericht
OLGZ . . . . Entscheidungen der Oberlandesgerichte in Zivilsachen
OVG . . . . Oberverwaltungsgericht
OVGE . . . . Entscheidungen des Oberverwaltungsgerichts Nordrhein-Westfalen, Niedersachsen und Schleswig-Holstein
OVGE Berlin. . . . . Entscheidungen des Oberverwaltungsgerichts Berlin
PBefG . . . . Personenbeförderungsgesetz
Pkw . . . . Personenkraftwagen
Plan-UP. . . . . Umweltprüfung für Pläne
PlanZV . . . . Planzeichenverordnung
Pr. . . . . Preußisches
RdErl. . . . . Runderlass
RdL . . . . Recht der Landwirtschaft
Rn. . . . . Randnummer
RL . . . . Richtlinie
ROG. . . . . Raumordnungsgesetz
RoV . . . . Raumordnungsverordnung
Rspr. . . . . Rechtsprechung
RzB . . . . *Hoppe/Stüer*, Rechtsprechung zum Bauplanungsrecht
s. . . . . siehe

Abkürzungsverzeichnis

S.	Seite, Satz (bei Rechtsnormen)
Saarl., saarl.	Saarland, saarländisch
SächsVBl.	Sächsische Verwaltungsblätter
Schl.-H.	Schleswig-Holstein
SchlHA	Schleswig-Holsteinische Anzeiger
SH	Schleswig-Holstein
SMBl.	Sammlung des Ministerialblatts
SO	Sondergebiet
sog.	so genannt
s.o.	siehe oben
SpielV	Spielverordnung
StBauFG	Städtebauförderungsgesetz
StT	Städtetag
StuGB	Städte- und Gemeindebund
StuGR	Städte- und Gemeinderat
SUP	Strategische Umweltprüfung
s.u.	siehe unten
TA	Technische Anleitung
ThürVBl.	Thüringische Verwaltungsblätter
Tz.	Textziffer
u.	unten
u.a.	unter anderen(m), und andere
UIG	Umweltinformationsgesetz
UPR	Umwelt- und Planungsrecht
UPR-Spezial	Schriftenreihe der Zeitschrift Umwelt- und Planungsrecht
Urt.	Urteil
UVP.	Umweltverträglichkeitsprüfung
UVP-ÄndRL	Richtlinie zur Änderung der Richtlinie des Rates über die Umweltverträglichkeitsprüfung
	UVPG Umweltverträglichkeitsprüfungsgesetz
UVP-RL	Richtlinie des Rates über die Umweltverträglichkeitsprüfung
v.	vom
VBlBW	Verwaltungsblätter für Baden-Württemberg
VerfGH	Verfassungsgerichtshof
VerwArch.	Verwaltungsarchiv (Beilage der Zeitschrift Deutsches Verwaltungsblatt)
VG	Verwaltungsgericht
VGH	Verwaltungsgerichtshof
VGHBWRspDienst	Rechtsprechungsdienst des Verwaltungsgerichtshofs Baden-Württemberg
vgl.	vergleiche
v.H.	vom Hundert
VO.	Verordnung
VOI	Verdingungsordnung für Ingenieure
VVdStRL.	Vereinigung der deutschen Staatsrechtslehrer
VwGO	Verwaltungsgerichtsordnung
VwVfG	Verwaltungsverfahrensgesetz
VR	Verwaltungsrundschau
W	Wohnbaufläche
WA	Allgemeines Wohngebiet
WaStrG	Bundeswasserstraßengesetz
WB	Besonders Wohngebiet
WHG	Wasserhaushaltsgesetz
WiVerw.	Wirtschaft und Verwaltung (Vierteljahresbeilage zum Gewerbearchiv)
WM	Wertpapiermitteilungen
II. WoBauG.	Zweites Wohnungsbaugesetz
WR	Reines Wohngebiet
WRV	Weimarer Reichsverfassung

Abkürzungsverzeichnis

Literaturverzeichnis

Battis, Öffentliches Baurecht und Raumordnungsrecht, 6. Aufl. Stuttgart 2014

Battis/Krautzberger/Löhr, BauGB, 12. Aufl. München 2014 (BKL)

Battis/Söfker/Stüer (Hrsg.), Nachhaltige Stadt- und Raumentwicklung, FS für Krautzberger, München 2008

Blümel/Grupp, Beiträge zum Planungsrecht, Berlin 2004

Brohm, Öffentliches Baurecht, 4. Aufl. München 2008

Brügelmann, BauGB (Loseblatt), Stuttgart/Berlin/Köln 2014

Buchholz, Sammel- und Nachschlagewerk der Rechtsprechung des BVerwG, Köln

Dürr/Middeke, Baurecht NRW, 4. Aufl. Baden-Baden 2012

Ehebrecht-Stüer, Außenbereichsbebauung, Entwicklung und geltendes Recht (§ 35 BauGB 1998), Münster 1998

Erbguth/Oebbecke/Rengeling/Schulte (Hrsg.), Planung, FS für Hoppe, München 2000

Erbguth/Schink, UVPG, 2. Aufl. München 1996

Erbguth/Schlacke, Umweltrecht, Baden-Baden 2014

Erbguth/Wagner, Grundzüge des öffentlichen Baurechts, 4. Aufl. München 2005

Ernst/Zinkahn/Bielenberg/Krautzberger, BauGB (Loseblatt), München 2014 (EZBK)

Fickert/Fieseler, BauNVO, 12. Aufl. Düsseldorf 2014

dies., Der Umweltschutz im Städtebau, Bonn 2002

Finkelnburg/Ortloff/Kment, Öffentliches Baurecht, Bd. I: Bauplanungsrecht *Finkelnburg/Ortloff/Kment*, Öffentliches Baurecht Bd. 1: Bauplanungsrecht 2011, 6. Aufl. München 2011

Finkelnburg/Ortloff/Otto, Öffentliches Baurecht, Bd. II: Bauordnungsrecht, Nachbarschutz, Rechtsschutz, 6. Aufl. München 2010

Gaentzsch, BauNVO, Siegburg 1990

ders., BauGB, Köln 1991

Gelzer/Bracher/Reidt, Bauplanungsrecht, 8. Aufl. Köln 2014

Grupp/Ronellenfitsch, Planung – Recht – Rechtsschutz, FS für Blümel, Berlin 1999

Hönig, Fachplanung und Enteignung, in: Stüer (Hrsg.), Planungsrecht, Bd. 6, Osnabrück 2001

Hoppe (Hrsg.), UVPG, 4. Aufl. Köln 2011.

Hoppe/Beckmann/Kauch, Umweltrecht, 2. Aufl. München 2000

Hoppe/Bönker/Grotefels, Öffentliches Baurecht, 4. Aufl. München 2010 (HBG)

Hoppe/Stüer, Die Rechtsprechung zum Bauplanungsrecht, Stuttgart 1995 (RzB)

Hoppenberg/de Witt, Handbuch des Öffentlichen Baurechts (Faszittel), München 2014

Jarass, BImSchG, 9. Aufl. München 2012

Jarass/Kment, München, BauGB, München 2013

Kleinlein, Das System des Nachbarrechts, Düsseldorf 1987

König/Roeser/Stock, BauNVO, 4. Aufl. München 2014

Koch/Hendler, Baurecht, Raumordnungsrecht und Landesplanungsrecht, 5. Aufl. Stuttgart 2005

Kodal (Hrsg.), Straßenrecht, 7. Aufl. München 2010

Kopp/Schenke, VwGO, 20. Aufl. München 2014

Kopp/Ramsauer, VwVfG, 15. Aufl. München 2014

Krautzberger/Söfker, BauGB, Leitfaden mit Synopse, 9. Aufl. Heidelberg 2014

Krautzberger/Rengeling/Saerbeck, Bau- und Fachplanungsrecht, FS Stüer, München 2013

Krämer, Städtebaurecht für Architekten und Stadtplaner, München 1999

Kühling/Hermann, Fachplanungsrecht, 2. Aufl. Düsseldorf 2000

Kuschnerus, Der sachgerechte Bebauungsplan, 4. Aufl. Bonn 2010

ders., Das zulässige Bauvorhaben, 6. Aufl. Bonn 2001

Oldiges, in: Steiner (Hrsg.), Besonderes Verwaltungsrecht, 8. Aufl. Heidelberg 2006

Peine, Öffentliches Baurecht, 4. Aufl. Tübingen 2003

Redeker/Kothe/von Nicolai, VwGO, 15. Aufl. Stuttgart 2007

Rieder, Fachplanung und materielle Präklusion, in: Stüer (Hrsg.), Planungsrecht, Bd. 9, Osnabrück 2005

Rude, Planreparatur, Zur Behebung der Fehler städtebaulicher Pläne, in: Stüer (Hrsg.), Planungsrecht, Bd. 3, Osnabrück 2000

Sailer, Bauleitplanung und Monitoring. Die Umsetzung der Plan-UP-Richtlinie in das deutsche Recht, in: Stüer (Hrsg.), Planungsrecht, Bd. 10, Osnabrück 2005

Literaturverzeichnis

Schlichter/Stich/Drihaus/Paetow, Berliner Kommentar zum BauGB, (Loseblatt) Berlin 2014 (BerlKom)

Schmidt-Eichstaedt, Städtebaurecht, 5. Aufl. Stuttgart 2014

Schrödter/Breuer, BauGB, 8. Aufl. München 2014

Spannowsky/Uechtritz, BauGB, 2. Aufl., München 2014

Spannowsky/Runkel/Goppel, Raumordnungsgesetz, München 2010

Stelkens/Bonk, VwVfG, 8. Aufl. München 2014

Stollmann, Öffentliches Baurecht, 9. Aufl. München 2013

Stüer, Funktionalreform und kommunale Selbstverwaltung, Göttingen 1980

ders., Erfahrungen mit der verwaltungsgerichtlichen Normenkontrolle, DVBl. 1985, 469

ders., (Hrsg.), Verfahrensbeschleunigung. Wirtschaft – Verwaltung – Rechtsschutz, Schriftenreihe Planungsrecht, Bd. 1, Osnabrück 1997

ders., Kommunalrecht NRW in Fällen, Stuttgart 1997

ders., Der Bebauungsplan, 5. Aufl. München 2015

ders., BauGB und Fachplanungsgesetze, 27. Aufl. München 2015

ders., Bau- und Fachplanungsgesetze, München 1999

ders. (Hrsg.), Planung von Großvorhaben, Schriftenreihe Planungsrecht, Bd. 2, Osnabrück 1999

ders., Städtebaurecht 2004, Schriftenreihe Planungsrecht, Bd. 5, Osnabrück 2004

Stüer/Ehebrecht-Stüer, Bauplanungsrecht und Freistellungspolitik der Länder, Münster 1996

Stüer/Probstfeld, Die Planfeststellung, München 2003

Terwische, Der Bauverwaltungsprozess, München 2012

Thiel/Gelzer/Upmeier, Baurechtssammlung, Düsseldorf (BRS)

Upmeier/Thiel/Gelzer, Baurechtssammlung, Düsseldorf (BRS)

Weyreuther, Bauen im Außenbereich, Köln 1979.

Ziekow (Hrsg.), Praxis des Fachplanungsrechts, 2. Aufl. München 2014

ders., VwVfG, Kommentar, 2. Aufl. Stuttgart 2010.

A. Gesetzliche Grundlagen des Städtebaurechts

Das Baugeschehen wird zu einem nicht geringen Teil von den planenden Gemeinden **1** über die städtebaulichen Satzungen bestimmt. Wichtige Funktionen kommen dabei auch dem Flächennutzungsplan als dem vorbereitenden Bauleitplan und dem Bebauungsplan als dem verbindlichen Bauleitplan zu. An das Planaufstellungsverfahren schließt sich zumeist ein Genehmigungsverfahren an, in dem die Vereinbarkeit des Vorhabens mit öffentlich-rechtlichen Vorschriften geprüft wird. Die Bauleitplanung ist daher eine wichtige Grundlage für die Baugenehmigung, die im traditionellen Verständnis der BauO für die Errichtung baulicher Anlagen erforderlich ist. Neben den Bebauungsplan tritt der nicht beplante Innenbereich oder der Außenbereich, für den nicht die Gemeinde, sondern sozusagen der Gesetzgeber geplant hat. Während im nicht beplanten Innenbereich ein Vorhaben tendenziell zulässig ist, wenn es sich in die Eigenart der Umgebung einfügt, ist es im Außenbereich tendenziell nur zulässig, wenn es privilegiert ist. Die Gemeinde verfügt darüber hinaus über verschiedene Sicherungsinstrumente, mit denen sie die Verwirklichung ihrer Planungsabsichten erreichen kann. Neben das → Bauplanungsrecht tritt das Bauordnungsrecht, das die ordnungsrechtlichen Fragestellungen des Bauens umfasst. Dazu gehören etwa das Genehmigungserfordernis und das Genehmigungsverfahren aber auch landesrechtliche Anforderungen an die Abstände von Gebäuden, die Baugestaltung und das gesamte Baunebenrecht, zu dem statische Anforderungen oder der Brandschutz rechnen. Der Bundesgesetzgeber hat im BauGB ergänzt durch die BauNVO und die PlanZV das Bauplanungsrecht geregelt. Die Länder haben in den Bauordnungen für das Bauordnungsrecht eine allerdings jeweils landesrechtlich unterschiedliche gesetzliche Grundlage geschaffen.

→ **Planungshoheit.** Sie umfasst das Recht der planenden Städte und Gemeinden zur eigenverantwortlichen städtebaulichen Planung in ihrem Gemeindegebiet im Rahmen der Gesetze. Zu ihnen gehören die Vorgaben der Raumordnung und Landesplanung aber auch die verfahrensrechtlichen und inhaltlichen Anforderungen an die Bauleitplanung, wie sie sich vor allem aus dem BauGB ergeben.

→ **Bauleitplanung.** Im BauGB und in der BauNVO geregelte städtebauliche Planungen, mit der die Städte und Gemeinden als Ausdruck ihrer Planungshoheit (Art. 28 I 2, II GG) die städtebauliche Entwicklung durch Regelungen zur baulichen und sonstigen Nutzung der Grundstücke bestimmen. Die Bauleitplanung soll die unterschiedlichen Nutzungen fachlich richtig zuordnen und zugleich eine harmonische Abstimmung mit der Fachplanung und der gemeindenachbarlichen Planung erreichen. Aus dem für das gesamte Gemeindegebiet geltenden Flächennutzungsplan (vorbereitender Bauleitplan) ist der Bebauungsplan (verbindlicher Bauleitplan) zu entwickeln.

→ **Bauplanungsrecht.** Im BauGB und in der BauNVO geregeltes Recht der städtebaulichen Planung (Ortsplanung). Es umfasst die Bauleitplanung und das Recht der planungsrechtlichen Zulässigkeit der Nutzung des Grund und Bodens und bildet gemeinsam mit dem Bauordnungsrecht und dem Baunebenrecht das öffentliche Baurecht.

→ **Bauordnungsrecht.** Es wird auch Bauaufsichtsrecht genannt und befasst sich mit dem bauaufsichtlichen Verfahren (formelles Bauordnungsrecht) und den sicherheitstechnischen Anforderungen (materielles Bauordnungsrecht). Es ist in den LBauO geregelt und wird durch das Baunebenrecht ergänzt.

→ **Verhältnis von Bauplanungsrecht zum Bauordnungsrecht.** Vereinfacht ausgedrückt bestimmt das Bauplanungsrecht, wo gebaut werden darf und das Bauordnungsrecht, wie gebaut werden darf.

Das → **öffentliche Baurecht** ist vom → **privaten Baurecht** abzugrenzen. Dazu gehö- **2** ren das zivile Baunachbarrecht, das Bauvertragsrecht und das Architektenrecht. Rechtsgrundlagen sind vor allem das BGB mit dem Werkvertragsrecht, dem Sachenrecht, dem

```
                    ┌─────────────────────────────────────┐
                    │   → Öffentliches Baurecht            │
                    └─────────────────────────────────────┘
                   ╱                                       ╲
      ┌───────────────────────┐              ┌───────────────────────┐
      │   Bauplanungsrecht     │              │   Bauordnungsrecht     │
      │   BauGB regelt         │              │   LBauO regelt         │
      │   „wo" gebaut werden darf │            │   „wie" gebaut werden darf │
      └───────────────────────┘              └───────────────────────┘
```

Recht der unerlaubten Handlungen und die landesrechtlichen Ausführungsgesetze zum BGB. In §§ 93 bis 95 BGB sind Begriffsbestimmungen zu wesentlichen Bestandteilen einer Sache geregelt. Weitere Vorschriften beziehen sich auf das Schikaneverbot (§ 226 BGB), unerlaubte Handlungen (§ 823 BGB), Einsturz und Unterhaltung eines Gebäudes (§ 836 bis 838 BGB), Besitzentzug und Besitzstörung (§ 861, 862 BGB9, Grundeigentum (§ 903 BGB), Einwirkungen durch Dämpfe, Gerüche etc. (§ 906 BGB), gefährliche Anlagen (§ 907 BGB), Gefahren des Einsturzes von Gebäuden (§ 908 BGB), Vertiefung des Bodens (§ 909 BGB), Überbau (§ 912 bis 916 BGB), Notwegerechte (§ 918 BGB), Grenzeinrichtungen wie Gräben und Mauern (§§ 921 bis 922 BGB), Verbindung einer beweglichen Sache mit einem Grundstück (§ 946 BGB), Ansprüche aus Eigentum wegen Beeinträchtigungen oder Besitzentzug (§ 1004 BGB), Grunddienstbarkeiten (§§ 1018 bis 1023 BGB), Nießbrauch (§ 1030 BGB) sowie beschränkt persönliche Dienstbarkeiten (§ 1090 BGB). Zum privaten Baurecht zählt aber auch das Bauvertragsrecht und die VOB A (Allgemeine Bestimmungen für die Vergabe von Bauleistungen) und VOB B (Verdingungsordnung für Bauleistungen) sowie das Architektenrecht mit der HOAI. Für den Bereich des zivilen Nachbarrechts sind auch die jeweiligen landesrechtlichen Nachbarrechtsgesetze zu beachten. Diese enthalten Regelungen etwa zu Grenzabständen für Gebäude, Fenster- und Lichtrechten, Nachbarwänden, Grenzwänden, Hammerschlags- und Leiterrechten, Dachtraufen, zu Abwässern, Bodenerhöhungen, Aufschichtungen und sonstigen Anlagen, Einfriedigungen und zu Grenzabständen für Pflanzen.

> → **Privates Baurecht.** Es umfasst das zivile Baunachbarrecht, das Bauvertragsrecht und das Architektenrecht. Rechtsgrundlagen sind vor allem das BGB, die landesrechtlichen Ausführungsgesetze zum BGB sowie die Nachbarrechtsgesetze der Länder, die VOB Teil A und Teil B sowie die HOAI.

3   Bebauungsplan und Baugenehmigung haben keine einheitliche gesetzliche → Rechtsgrundlage. Der Bebauungsplan und die bauplanungsrechtlichen Anforderungen an die Zulässigkeit von Vorhaben werden im BauGB und in der BauNVO geregelt. Die Baugenehmigung und die bei ihrer Erteilung zu beachtenden landesrechtlichen Anforderungen des Bauordnungsrechts sind in der LBauO und im Baunebenrecht niedergelegt. Die hierdurch erkennbare Rechtszersplitterung zwischen Bauplanungsrecht und Bauordnungsrecht hat Gründe in der unterschiedlichen Gesetzgebungskompetenz. Der Bund ist nach Art. 74 I Nr. 18 BauGB in konkurrierender Gesetzgebung für das Bodenrecht und damit das Recht der städtebaulichen Planung zuständig. Die Länder haben die Gesetzgebungszuständigkeit für das Bauordnungsrecht und auch für Regelungen zur Baugenehmigung.

> → **Rechtsgrundlagen des öffentlichen Baurechts.** Sie sind im BauGB, in der BauNVO und in der PlanZV niedergelegt. Bei Immissionen können auch das BImSchG und die auf seiner Grundlage erlassenen Rechtsverordnungen (BImSchV) bedeutsam sein. Verfassungsrechtliche Vor-

gaben können sich vor allem aus der Eigentumsgarantie (Art. 14 GG), der Berufsfreiheit (Art. 12 GG), aus dem Recht auf körperliche Unversehrtheit und der allgemeinen Handlungsfreiheit (Art. 2 GG) und aus dem Recht der kommunalen Selbstverwaltung (Art. 28 II GG) ergeben. Auf der Ebene des Landesrechts sind die jeweiligen Landesbauordnungen, Verordnungen über die Bauvorlagen, Garagenverordnung oder die Zuständigkeitsverordnungen im Bauwesen heranzuziehen.

Der Weg vom Bebauungsplan zur Baugenehmigung soll von der Bauleitplanung sei- **4** nen Ausgangspunkt nehmen und sodann zur Baugenehmigung voranschreiten. Zunächst werden daher die Bauleitplanung mit ihren gesetzlichen Grundlagen und städtebaulichen Instrumenten behandelt. Es schließt sich ein Überblick über die planungsrechtliche Zulässigkeit von Vorhaben an. Sodann werden die Rechtsschutzmöglichkeiten gegen den Bebauungsplan dargestellt.

I. Gesetzgebung

Die gesetzlichen Grundlagen des → Bauplanungsrechts sind durch den Bundesgesetzge- **5** ber gelegt. Die erste zusammenfassende gesetzliche Regelung des Städtebaurechts stammt aus dem Jahre 1960, in dem nach längeren Vorarbeiten das Bundesbaugesetz (BBauG) in Kraft trat und erstmals in der Bundesrepublik Deutschland ein einheitliches Gesetzeswerk des → Bodenrechts präsentierte. Regelungsgegenstände waren die Bauleitplanung mit dem Flächennutzungsplan als dem vorbereitenden Bauleitplan und dem Bebauungsplan als dem rechtsverbindlichen Bauleitplan, die Sicherung der Bauleitplanung mit der Veränderungssperre, der Zurückstellung von Baugesuchen, dem gesetzlichen Vorkaufsrecht der Gemeinde, Regelungen der baulichen und sonstigen Nutzung mit der planungsrechtlichen Zulässigkeit von Vorhaben und Entschädigungsregelungen, der Umlegung und Grenzregelung sowie der Enteignung, Regelungen der Erschließung und Regelungen über Wertermittlung und Verfahren vor den Kammern für Baulandsachen. Allerdings konnte aus verfassungsrechtlichen Gründen, die in einem Gutachten des BVerfG[1] zu den Gesetzgebungszuständigkeiten von Bund und Ländern dargestellt sind, eine umfassende Kodifikation des gesamten Baurechts in einem einheitlichen Gesetzeswerk nicht erfolgen. Denn der Bund hat zwar nach Art. 74 I Nr. 18 GG die Gesetzgebungskompetenz für das Bodenrecht und damit für das Recht der Bauleitplanung und auch der planungsrechtlichen Zulässigkeit von Vorhaben, nicht aber zugleich auch für Fragen des Bauordnungsrechts, des Baunebenrechts oder des Gestaltungsrechts. Hierfür besteht eine Gesetzgebungskompetenz der Länder, die hiervon in den LBauO und zahlreichen Regelungen zum Baunebenrecht Gebrauch gemacht haben.

Dem neu aufkommenden Anliegen der städtebaulichen Sanierung wurde im Jahre **6** 1971 durch das Städtebauförderungsgesetz (StBauFG) Rechnung getragen, das die Grundlage für umfangreiche Stadtsanierungsprojekte vor allem der 70er Jahre legte. Erste Erfahrungen mit neuen Instrumenten, etwa der vorgezogenen Bürgerbeteiligung oder städtebaulicher Gebote, wurden durch die Novellen der Jahre 1976 und 1979 in das BBauG übernommen.

Im Jahre 1986 wurden die beiden Gesetzeswerke zu einem Baugesetzbuch (BauGB) zu- **7** sammengefasst, das nach den Vorstellungen seiner Verfasser als Jahrhundertwerk in die Gesetzgebungsgeschichte eingehen sollte. Doch infolge der friedlichen Revolution des Jahres 1989 drehte sich das Rad der Gesetzgebungsmaschine wieder schneller. Am 1.6.1990 trat in den alten Bundesländern das Wohnungsbau-Erleichterungsgesetz[2] in Kraft. Es enthielt das Maßnahmengesetz zum Baugesetzbuch (BauGB-MaßnG) und

---

[1] BVerfG, E. v. 16.6.1954 – 1 PBvV 2/52 – BVerfGE 3, 407 = RzB Rn. 1 – Gutachten Bodenrecht.
[2] Gesetz vom 17.5.1990, BGBl. I, 926.

führte, mit Blick auf den verstärkten Zuzug von Übersiedlern und Aussiedlern, die städtebauliche Entwicklungsmaßnahme für die alten Länder bis 1995 befristet wieder ein, die bereits aus dem Sanierungsrecht bekannt war.

8 Durch den Staatsvertrag vom 18.5.1990 wurde durch die Schaffung einer Währungs-, Wirtschafts- und Sozialunion am 20.6.1990 die Bauplanungs- und Zulassungsverordnung (BauZVO)[3] für den Bereich der ehemaligen DDR erlassen. Sie enthielt wesentliche Regelungen zur Bauleitplanung, zur Zulässigkeit von Vorhaben und zur städtebaulichen Sanierung. Zudem führte sie in § 55 BauZVO den Vorhaben- und Erschließungsplan ein. Seit dem 3.10.1990 gilt das BauGB – zunächst mit den bis zum 31.12.1997 befristeten Sondervorschriften in § 246 a BauGB[4] – auch in den neuen Bundesländern.

9 Am 1.5.1993 trat das Investitionserleichterungs- und Wohnbaulandgesetz[5] in Kraft. Es enthielt Änderungen des BauGB, die Verlängerung des BauGB-MaßnG bis zum 31.12. 1997 und fügte durch §§ 8 a bis 8 c BNatSchG 1993 die auf einem Baurechtskompromiss beruhende naturschutzrechtliche Eingriffsregelung in die Bauleitplanung ein. Das Arbeitsprogramm der naturschutzrechtlichen Eingriffsregelung in § 8 BNatSchG 1993 sollte zwar auch für die Bauleitplanung verbindlich sein. Im Gegensatz zu den fachplanerischen Eingriffen sollte jedoch in der Bauleitplanung eine planerische Abwägungsmöglichkeit bestehen. Die planende Gemeinde bestimmt danach den Umfang der Ausgleichs- und Ersatzmaßnahmen allerdings unter Wahrung des Abwägungsgebotes selbst.

10 Auch die BauNVO wurde in das Reformprogramm einbezogen. Nach mehrfachen Novellierungen der BauNVO in den Jahren 1963, 1977 und 1983 kam es im Jahre 1990[6] zu einer weiteren grundlegenden Reform dieses Regelwerkes, das vor allem für Art und Maß der baulichen Nutzung Instrumente zur Verfügung stellt.

11 Durch den Einigungsvertrag wurde mit § 26 a BauNVO eine Überleitungsvorschrift für die neuen Bundesländer eingefügt. Die BauNVO wurde nochmals durch das Investitionserleichterungs- und Wohnbaulandgesetz 1993 geändert.

12 In der Folgezeit entwickelte sich ein erneuter Reformbedarf, der nicht nur durch die befristete Geltung des BauGB-MaßnG und die Sonderregelungen für die neuen Länder ausgelöst wurde, sondern vor allem auch von der Forderung nach einer Vereinfachung des Baurechts geprägt wurde. Das Baurecht, so wurde augenzwinkernd gefordert, solle in Zukunft nach Möglichkeit nur noch aus zwei Paragrafen bestehen. § 1 sollte lauten: Das Bauen ist überall verboten. § 2 sollte tröstend ergänzen: Ausnahmen bestimmt der Stadtbaurat. Diese Vorstellungen verbanden sich mit Forderungen nach einem Baubuch, unter dem regierungsseitig ein einfach zu handhabendes Gesetzeswerk verstanden wurde, mit dem auch der Laie umgehen könne.

13 Auf der Grundlage der Vorschläge der Schlichter-Kommission[7] und umfangreichen Verhandlungen im Vermittlungsausschuss trat dann das neue BauGB[8] am 1.1.1998 in Kraft (→ BauROG 1998). Durch die Integration des BauGB-MaßnG in das neue BauGB und weitere harmonisierende Regelungen sollte der Planungsprozess vereinfacht werden. Zudem sollte durch die Integration des Naturschutzes in die Bauleitplanung und durch die Neugestaltung des Außenbereichsparagrafen ein verbesserter Beitrag zum Umweltschutz geleistet werden.[9] Zugleich wurde das → ROG neu gefasst.

---

[3] Verordnung vom 20.6.1990, GBl. DDR I, 739.

[4] Eingefügt durch den Einigungsvertrag, Gesetz vom 23.9.1990, BGBl. II, 885.

[5] Gesetz vom 22.4.1993, BGBl. I, 466.

[6] Verordnung vom 23.1.1990, BGBl. I, 127.

[7] *Stüer* DVBl 1996, 177; DVBl 1997, 1201.

[8] Gesetz zur Änderung des BauGB und zur Neuregelung des Rechts der Raumordnung (Bau- und Raumordnungsgesetz) v. 18.8.1997 (BGBl. I, 2081), vgl. die BT–Drs. 13/6392, 13/7588, 13/7589, 13/7886, 13/8019. Nach Durchführung des Vermittlungsverfahrens haben der Bundestag am 26.6.1996 und der Bundesrat am 4.7.1997 zugestimmt.

[9] Zu den Kernpunkten der Reform *Stüer* DVBl 1996, 177.

→ **BauROG 1998.** Durch das Bau- und Raumordnungsgesetz 1998 hat der Gesetzgeber s. Zt. das BauGB in etwa 100 Paragrafen geändert und neu gefasst. Hinzugetreten war ein neu gefasstes Raumordnungsgesetz. Hauptanliegen des Gesetzes war ein verbesserter Umweltschutz, die Neufassung einzelner städtebaulicher Instrumente, gesetzgeberische Vereinfachungsmaßnahmen sowie die Neuregelung des Verhältnisses der Bauleitplanung zur privilegierten Fachplanung. Im Bereich des Umweltschutzes ist die gesetzliche Integration des Naturschutzes in die Bauleitplanung, die Umweltverträglichkeitsprüfung in der Bauleitplanung und das Bauen im Außenbereich teilweise neu geregelt worden. Teilweise neu gefasst wurden auch die Regelungen über Abwägung und Planerhaltung, Kooperation der Gemeinde mit Vorhabenträgern und anderen Dritten, städtebauliche Verträge und über den vorhabenbezogenen Bebauungsplan. Vereinfachungen wollte das BauROG durch die Integration des BauGB-MaßnG, die Streichung der früheren Sonderregelungen für die neuen Länder, die Harmonisierung städtebaulicher Satzungen, die Abschaffung des Anzeigeverfahrens, Neuregelungen zur Teilungsgenehmigung, zu erweiterten Vorkaufsrechten, zum Baulandkataster, die Trennung der planungsrechtlichen Zulässigkeit von den Freistellungstendenzen der Länder sowie die teilweise Neuregelung der Befreiungsvorschrift in § 31 II BauGB und die Streichung von § 34 III BauGB 1987 erreichen.

→ **ROG 1998.** Das Raumordnungsgesetz 1998 brachte vor allem Definitionen für die Instrumente der Raumordnung und gab für die Landesplanung einen neuen gesetzlichen Rahmen. Es enthält neben allgemeinen Vorschriften vor allem ein Richtliniengesetz für die Länder, Regelungen über die Raumordnung im Bund sowie Überleitungs- und Schlussvorschriften. Das ROG 1998 stellte einen Rahmen dar, der durch die Gesetzgebung der Länder umzusetzen war. In Teilen (Öffentlichkeitsbeteiligung bei UVP-pflichtigen Vorhaben nach § 7 V bis X ROG) galt es unmittelbar. Das ROG ist inzwischen durch das Gesetz zur Neufassung des ROG und zur Änderung anderer Vorschriften (GeROG 2009) neu gefasst worden.

Das → Gesetz zur Umsetzung der UVP-Änd-Richtlinie[10], der IVU-Richtlinie und **14** weiterer EG-Richtlinien zum Umweltschutz (ArtG 2001) hat folgende Gesetze[11] geändert:[12] UVPG, BImSchG, WHG, KrWG, AtG, BNatSchG, BauGB, FStrG, AEG, PersBefG, WaStrG, LuftVG, MBPlG, das Gesetz über den Bau und den Betrieb von Versuchsanlagen zur Erprobung von Techniken für den spurgeführten Verkehr, EnWG, UIG, ROG. Auf untergesetzlicher Ebene sind die 4. BImSchV, 9. BImSchV, 17. BImSchV, AtVfV und die UIGKostV (früher: UIGGebV) geändert worden. Mit dem komplexen Gesetzeswerk wurde der Versuch unternommen, die europarechtlichen Vorgaben vollständig in nationales Recht umzusetzen.[13]

---

[10] Richtlinie 97/11/EG des Rates vom 3.3.1997 zur Änderung der Richtlinie 85/337/EWG über die UVP bei bestimmten öffentlichen und privaten Projekten, ABL. EG Nr. L 73, S. 5. Der Anwendungsbereich der RL ist erweitert worden. Die einer Regel-UVP zu unterziehenden Projekte des Anhangs I sind von 9 auf 21 erweitert worden. Der Anhang II ist um neue Projektarten ergänzt worden. Der neue Anhang III enthält Kriterien für Schwellenwerte und sonstige Kriterien im Einzelfall, *Becker* NVwZ 1997, 1167; *Enders/Krings* DVBl 2001, 1242; *dies.* DVBl 2001, 1389; *Feldmann* DVBl 2001, 589; *Peters* UVP 1999, 294; *Schink* DVBl 2000, 312; *ders.* NVwZ 1999, 11; *Schmidt* JZ 1997, 1042; *Schmidt-Preuß* DVBl 1995, 485; *ders.* Auf dem Wege zum UGB I, in Rengeling (Hrsg.), 1999, 115; *Wahl* ZUR 2000, 360; *ders.* NVwZ 2000, 502. Zur UVP in der Bauleitplanung und zum Umweltbericht *Stüer* BauR 2001, 1195; *ders.* Städtebaurecht 2001, Schriftenreihe Planungsrecht, Bd. 5, Osnabrück 2001.

[11] Gesetz zur Umsetzung der UVP-ÄndRL, der IVU-Richtlinie und weiterer EG-Richtlinien zum Umweltschutz v. 27.7.2001 (BGBl. I, 1950).

[12] Die Vorgaben des Europarechts sollten zunächst durch ein UGB umgesetzt werden, *Unabhängige Sachverständigenkommission*, UGB-Entwurf, 1998; *BMU*, Entwurf für ein Einführungsgesetz zum UGB, G I 4 -41022, Stand: 23.4.1999; *Hasche* UTR 49 (1999), 159; *Kloepfer/Durner* DVBl 1997, 1081; *Krings* UTR 45 (1998), 47.

[13] Durch das Inkrafttreten der UVP-Richtlinie war bereits ein erheblicher Anpassungsbedarf entstanden, *EuGH*, E. v. 22.10.1998 – Rs. C-301/95 – DVBl 1999, 232 – Kommission gegen Deutsch-

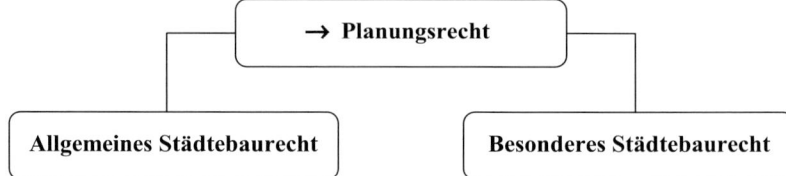

→ Planungsrecht	
Allgemeines Städtebaurecht	**Besonderes Städtebaurecht**

Allgemeines Städtebaurecht

Bauleitplanung
- Flächennutzungsplan § 5 BauGB
- Bebauungsplan § 30 BauGB

Plansicherung
- Veränderungssperre § 14 BauGB
- Zurückstellung § 15 BauGB
- Vorkaufsrechte

Plandurchführung
- Bodenordnung §§ 45 ff. BauGB
- Enteignung §§ 85 ff. BauGB
- Erschließung §§ 123 ff. BauGB

Planungsrechtliche Zulässigkeit
- Bebauungsplan §§ 30 bis 33 BauGB
- nicht beplanter Innenbereich § 34 BauGB
- Außenbereich § 35 BauGB

Besonderes Städtebaurecht

Sanierung
- Vorbereitende Untersuchungen §§ 140, 141 BauGB
- Sanierungssatzung § 142 BauGB
- Durchführung der Sanierung §§ 146 ff. BauGB

Entwicklungsmaßnahme §§ 165 bis 171 BauGB
Stadtumbau und Soziale Stadt §§ 171a bis 171e BauGB
Erhaltungssatzung
- §§ 172 bis 174 BauGB

Städtebauliche Gebote
- Baugebot § 176 BauGB
- Modernisierungs- und Instandsetzungsgebot § 177 BauGB
- Pflanzgebot § 178 BauGB
- Rückbau- und Entsiegelungsgebot § 179 BauGB

→ Artikelgesetz (Umweltgesetz 2001). Gesetz zur Umsetzung der UVP-ÄndRL, der IVU-RL und weiterer EG-Richtlinien zum Umweltschutz. Neben dem BauGB und dem UVPG sind das AtG, das WHG, das BNatSchG, das BFStrG, das AEG, das PersBefG, das WaStrG, das LuftVG, das Magnetschwebebahnplanungsgesetz und das Gesetz über den Bau und den Betrieb von Versuchsanlagen zur Erprobung von Techniken für den spurgeführten Verkehr sowie das Energiewirtschaftsgesetz und das BImSchG geändert worden. Auf untergesetzlicher Ebene sind die atomrechtliche Verfahrensverordnung, die Vierte Verordnung zur Durchführung des BImSchG und die 9. VO zur Durchführung des BImSchG geändert worden. Das Gesetz dient der Umsetzung des europäischen Richtlinienrechts zum Umweltschutz. In der Bauleitplanung sind die UVP-Pflichten erweitert worden. Neben die Regel-UVP-Pflicht bei Überschreitung der Größen- und Leistungswerte ist ein Vorprüfungsverfahren getreten, wenn die Prüfwerte überschritten sind (vgl. Anlage 1 zum UVPG „Liste der UVP-pflichtigen Vorhaben"). Die Vorprüfung erfolgt nach Maßgabe der Kriterien der Anlage 2 zum UVPG. Durch das EAG Bau 2004 ist im Anschluss an die Plan-UP-Richtlinie das BauGB, das ROG und das UVPG erneut geändert worden. Für die Bauleitplanung wurde die Umweltverträglichkeitsprüfung durch die Umweltprüfung ersetzt.

---

land; E. v. 9.9.1999 – Rs. C-217/97 – DVBl 1999, 1494 – Kommission gegen Deutschland betreffend die Umweltinformationsrichtlinie; E. v. 21.9.1999 – Rs. C-392/96 – ZUR 2000, 284 – Kommission gegen Irland; Kommission gegen Deutschland – Rs. C-24/99 –.

Kernstück des Regelwerks war die Umsetzung der UVP-Änd-Richtlinie in das natio- **15** nale Recht. Der Kreis der UVP-pflichtigen Projekte wurde durch die UVP-Änd-Richtlinie erheblich erweitert. Zudem sieht die UVP-Änd-Richtlinie für bestimmte Projekte ein Vorprüfungsverfahren vor, bei dem Merkmale und Standorte der Projekte sowie die potenziellen Auswirkungen der Projekte zu berücksichtigen sind. Für Bebauungspläne, die Projekte der Anlage 1 zum UVPG „Liste der UVP-pflichtigen Vorhaben" ausweisen, war eine UVP vorgesehen. Dabei war nach Maßgabe der Anlage 1 zum UVPG bei der Planung bestimmter Projekte zwingend eine UVP vorgesehen. In anderen Fällen war eine Vorprüfung erforderlich. Die bauplanungsrechtlichen Vorhaben wurden in Nr. 18 der Anlage 1 zum UVPG benannt. Auch planfeststellungsersetzende Bebauungspläne wurden UVP-pflichtig, wenn für die geplanten Projekte nach dem UVPG eine UVP-Pflicht bestand.

Durch das → Europarechtsanpassungsgesetz Bau (EAG Bau 2004)[14] ist im Anschluss **16** an das BauROG 1998 und das durch die UVP-Änd-Richtlinie 1997 veranlasste ArtG 2001[15] zum 20.7.2004 eine erneute, in ihren Auswirkungen durchaus beachtliche Änderung des Städtebaurechts in Kraft getreten. Geändert wurden das BauGB, das ROG und das UVPG.[16] Veranlasst wurde die Novelle durch die Plan-UP-Richtlinie[17], die bis zu dem vorgenannten Zeitpunkt 2004 in nationales Recht umzusetzen war. Der danach unausweichliche Reformbedarf hat zugleich eine Reihe weiterer Änderungen nach sich gezogen, die quer durch das BauGB gehen.[18] Neben der **Umweltprüfung**[19], die Anlass und Kernstück des Gesetzes ist, hat das EAG Bau 2004 zu einer Reihe weiterer Änderungen des Städtebaurechts geführt.

> → **Europarechtsanpassungsgesetz Bau (EAG Bau).** Das zum 20.7.2004 in Kraft getretene Gesetz hat mit der Umsetzung der EU-Richtlinie über die Prüfung von Plänen und Programmen aus dem Jahre 2001 die Umweltprüfung in das Bauplanungsrecht eingeführt und zahlreiche weitere Regelungsbereiche des BauGB geändert. War früher nur ein geringer Teil der Bebauungspläne UVP-pflichtig, so unterliegen nunmehr alle Bauleitpläne mit Ausnahme von bestandswahrenden Plänen oder Planänderungen ohne UVP-Prüfungspflicht einer Umweltprüfung. Die Umweltbelange sind zu ermitteln, zu bewerten und in die Abwägung einzustellen. Der Umweltbericht bildet als dokumentiertes Kernstück dieser Umweltprüfung einen Bestandteil der Begründung.

Kernstück der **BauGB-Novelle 2007** ist der → Bebauungsplan der Innenentwicklung **17** in § 13 a BauGB, der für Planvorhaben, die durch eine Innenentwicklung geprägt sind, ein vereinfachtes Aufstellungsverfahren ohne Umweltprüfung eingeführt hat. Zudem sind die städtebaulichen Regelungsmöglichkeiten zur Sicherung zentraler Versorgungsbereiche

---

[14] Gesetzentwurf der Bundesregierung. Gesetz zur Anpassung des BauGB an EU-Richtlinien (EAG Bau) vom 15.10.2003, Drs. 15/2250; Beschlüsse des Ausschusses für Verkehr, Bau- und Wohnungswesen (14. Ausschuss) vom 29.4.2004, Drs. 15/2996; Bericht der Unabhängigen Expertenkommission, August 2002; Planspiel BauGB 2004, Bericht über die Planspielstädte und Planspiellandkreise, vorgestellt im Ausschuss für Verkehr, Bau- und Wohnungswesen am 1.3.2004 in Berlin. Materialien unter www.bmvbs.de und www.abwaegungsgebot.de (unter EAG Bau).

[15] *Batts/Krautzberger/Löhr* NVwZ 2001, 961; *Krautzberger/Stemmler* UPR 2001, 241; *ders.* UPR 2002, 121; *ders.* DVBl 2002, 285; *Stüer* BauR 2001, 1195; *ders.* JURA 2002, 54.

[16] Die UVPG-Änderung betrifft allerdings ausschließlich Folgeänderungen von BauGB und ROG. Die Umsetzung der Plan-UP-Richtlinie im UVPG sowie in den Fachplanungsgesetzen sind durch das SUPG erfolgt.

[17] Richtlinie 2001/42/EG des Europäischen Parlamentes und des Rates vom 27.6.2001 über die Prüfung der Umweltauswirkungen bestimmter Pläne und Programme (ABl. EG vom 21.7.2001, Nr. L 197, Satz 30).

[18] *Krautzberger* UPR 2004, 41; *ders.* DWW 2003, 318; *Krautzberger/Stüer* BauR 2003, 1301; *Stüer/Upmeier* ZfBR 2003, 214.

[19] S. Rn. 177.

und der verbrauchernahen Versorgung im Innenbereich erweitert worden. Bei Vorhaben- und Erschließungsplänen können die Nutzungen im zugrunde liegenden Bebauungs- plan allgemein festgesetzt werden. Zulässig ist dann aber jeweils nur die im Durch- führungsvertrag vereinbarte Nutzung. Im nicht beplanten Innenbereich kann auch zugunsten von Wohnbauvorhaben von dem Erfordernis des Einfügens in die Eigenart der näheren Umgebung abgewichen werden. Bei der Abrechnung von Sanierungsmaß- nahmen kann sich unter bestimmten Voraussetzungen die Höhe der Ausgleichsbeträge nach den Kosten richten, für die Beiträge für den Ausbau von Straßen erhoben werden können. Nach der Präklusionsregelung in § 47 II a VwVfG sind Normenkontrollanträge unzulässig, wenn nicht bereits im Rahmen der förmlichen Öffentlichkeitsbeteiligung erhebliche Abwägungsbelange geltend gemacht worden sind. Die Frist für die Geltend- machung von Fehlern und für Normenkontrollanträge ist von bisher zwei Jahren auf ein Jahr verkürzt worden.

> → **Bebauungsplan der Innenentwicklung.** Er betrifft die Wiedernutzbarmachung von Flä- chen, die Nachverdichtung oder andere Maßnahmen der Innenentwicklung. Er kann im be- schleunigten Verfahren aufgestellt werden. Wird die zulässige Grundfläche nach § 19 II BauNVO von 20.000 qm nicht überschritten, kann eine Vorprüfung entfallen. Für Pläne mit einer zulässi- gen Grundfläche bis zu 70.000 qm ist eine Vorprüfung erforderlich. UVP-pflichtige Vorhaben nach der Anlage 1 zum UVPG, insbesondere nach Nr. 18 der Anlage 1 zum UVPG dürfen nicht begründet werden. Es entfällt dann die Pflicht zur Umweltprüfung und eine Kompensations- pflicht für naturschutzrechtliche Eingriffe nach § 1 a I 6 BauGB). Die vorgezogene Öffentlich- keits- und Behördenbeteiligung kann entfallen. Das Beteiligungsverfahren muss den Anforde- rungen des § 13 BauGB genügen. Die Vorschrift ist nicht anwendbar, wenn deren Vorausset- zungen nicht vorliegen. Deren Fehlen ist auch nicht entsprechend einer inzwischen aufgehobenen Unbeachtlichkeitsregelung in § 214 II a Nr. 1 BauGB unbeachtlich.

18   Durch das → **Gesetz zur Neufassung des ROG und zur Änderung anderer Vor- schriften (GeROG)** ist das ROG zum 30.12.2008 neu bekannt gemacht worden. Das Gesetz verbessert und aktualisiert das Instrument der Raumordnung. Die Vorschriften werden mit den europarechtlichen Vorgaben und dem Recht der Bauleitplanung harmo- nisiert. Auch durch eine allgemeine Runderneuerung trägt das Gesetz zu einem sachge- rechten Interessenausgleich zwischen Städten und Gemeinden, der Regional-, Landes- und Bundesplanung sowie der Fachplanung bei. Die Länder haben die mit der Föderalis- musreform eingeführten Abweichungsmöglichkeiten (Art. 72 III GG). Zugleich können die Länder durch eine Neufassung des § 245 b BauGB die in § 35 IV 1 Nr. 1 c BauGB ent- haltene Siebenjahresfrist für die Begünstigung von Nutzungsänderungen eines bisher landwirtschaftlich genutzten Gebäudes zeitlich unbegrenzt außer Kraft setzen. Durch das → BNatSchG 2010 sind die Vorschriften über den Naturschutz und die Landschaftspflege neu gefasst worden.

> → **GeROG 2009.** Durch das **Gesetz zur Neufassung des ROG und zur Änderung anderer Vorschriften (GeROG)** ist das ROG zum 30.12.2008 neu bekannt gemacht worden. Das Gesetz verbessert und aktualisiert das Instrument der Raumordnung. Die Vorschriften werden mit den europarechtlichen Vorgaben und dem Recht der Bauleitplanung harmonisiert.
> → **WHG 2010.** Ebenso ist das WHG neu gefasst worden.
> → **Rechtsbereinigungsgesetz Umwelt.** Einzelne umweltrechtliche Vorschriften sind durch das Rechtsbereinigungsgesetz Umwelt (RGU) geändert worden. Die Vorschriften, die größten- teils bisherige rahmenrechtliche Regelungen durch ein Vollrecht des Bundes ersetzen, sind zum 1. März 2010 in Kraft getreten.
> → **BNatSchG 2010.** Das Gesetz zur Neuregelung des Rechts des Naturschutzes und der Land- schaftspflege hat das BNatSchG neu gefasst.

Die durch die Berliner Gespräche zum Städtebaurecht 2010 vorbereiteten Reformvor- **19** stellungen[20] erhielten mit der Atomkatastrophe vom 11.3.2011 im japanischen Fukushima eine neue Dimension.[21] Die → **BauGB-Klimanovelle 2011**, die mit einer parlamentarischen Befassung von nur einem Monat seit Menschengedenken jeden zeitlichen Rekord von Novellen des Städtebaurechts gebrochen hat, greift diese energiefach- und -finanzierungsrechtlichen Regelungen auf und leistet einen Beitrag dazu, die städtebaulichen Voraussetzungen für die Umsetzung des Energiekonzepts zu schaffen. Und das alles ist für Bund, Länder und Gemeinden ausweislich der Gesetzesbegründung[22] vom Grundsatz her auch noch kostenneutral. Einen wichtigen Baustein nimmt dabei die Bauleitplanung ein. Hier wurden die Abwägungsgrundsätze sowie die Darstellungs- und Festsetzungsmöglichkeiten im Flächennutzungs- und Bebauungsplan angereichert. Die PlanzV wurde um zwei klimaorientierte Planzeichen ergänzt. Die BauGB-Klimanovelle setzt die Vorgaben des Energiefachrechts auch in die Beurteilung der bauplanungsrechtlichen Zulässigkeit von Vorhaben um. Im Interesse der Energieeinsparung werden Abweichungen von den planungsrechtlichen Vorgaben des Städtebaurechts ermöglicht (§ 248 BauGB). Für Windenergieanlagen wird das Repowering erleichtert (§ 249 BauGB). Die Anforderungen an die Privilegierung von Biomasseanlagen werden mit dem Immissionsschutzrecht harmonisiert (§ 35 I Nr. 6 BauGB). In Konsequenz aus dem Atomausstieg[23] wird die Neuerrichtung von Atomkraftwerken auch im öffentlichen Baurecht nicht mehr privilegiert (§ 35 I Nr. 7 BauGB). Die Nutzung solarer Strahlungsenergie in, an und auf Dach- und Außenwandflächen von zulässigerweise genutzten Gebäuden ist allerdings ohne gemeindliche oder regionale Steuerungsmöglichkeiten nach § 35 III 3 BauGB als Privilegierungstatbestand in § 35 I Nr. 8 BauGB aufgenommen worden.

→ **BauGB-Klimanovelle 2011.** Ausgelöst durch die Atomkatastrophe im japanischen Fukushima ist Mitte des Jahres 2011 ein Gesetzespaket zur Energiewende verabschiedet worden. Die Novelle setzt die Vorgaben des Energiefachrechts auch in die Beurteilung der bauplanungsrechtlichen Zulässigkeit von Vorhaben um. Im Interesse der Energieeinsparung werden Abweichungen von den planungsrechtlichen Vorgaben des Städtebaurechts ermöglicht (§ 248 BauGB). Für Windenergieanlagen wird das Repowering erleichtert (§ 249 BauGB). Die Anforderungen an die Privilegierung von Biomasseanlagen werden mit dem Immissionsschutzrecht harmonisiert (§ 35 I Nr. 6 BauGB). In Konsequenz aus dem Atomausstieg wird die Neuerrichtung von Atomkraftwerken auch im öffentlichen Baurecht nicht mehr privilegiert (§ 35 I Nr. 7 BauGB). Die Nutzung solarer Strahlungsenergie in, an und auf Dach- und Außenwandflächen von zulässigerweise genutzten Gebäuden ist allerdings ohne gemeindliche oder regionale Steuerungsmöglichkeiten nach § 35 III 3 BauGB als Privilegierungstatbestand in § 35 I Nr. 8 BauGB aufgenommen worden. Auch die städtebauliche Sanierung (§ 148 BauGB) und der Stadtumbau (§§ 171 a bis 171 d BauGB) sind um Regelungen zum Klimaschutz und zur Anpassung an den Klimawandel erweitert worden.

Auch die städtebauliche Sanierung (§ 148 BauGB) und der Stadtumbau (§§ 171 a bis **20** 171 d BauGB) sind um Regelungen zum Klimaschutz und zur Anpassung an den Klimawandel erweitert worden.[24] In Ergänzung zu den durch das EAG Bau 2004 bewirkten

---

[20] Zu den Ergebnissen bis November 2010 *Bunzel/Hanke*, in DIFU (Hrsg.), Berliner Gespräche zum Städtebaurecht, Berlin 2010 sowie zusammenfassend *Bunzel* DVBl 2010, 1551; hierzu mit Gesetzgebungsvorschlägen *Stüer/Stüer* DVBl. 2010, 1540. Zum Klimaschutz *Battis/Kersten/Mitschang*, Stadtentwicklung – Rechtsfragen der ökologischen Stadterneuerung, 2010, www.bbsr.bund.de; *Ingold/Schwarz* NuR 2010, 153; *Mitschang* (Hrsg.), Klimaschutz und Energieeinsparung in der Stadt- und Regionalplanung, 2009.

[21] Zu den Auswirkungen auf das Fachplanungsrecht angesichts der Herausforderungen von Stuttgart 21 *Stüer/Buchsteiner* UPR 2011, 335.

[22] Gesetzentwurf zur BauGB-Klimanovelle (Fn. 2), S. 6.

[23] Atomausstieg *Sellner/Fellenberg* NVwZ 2011, 1025.

[24] Auf die im Gesetzentwurf v. 6.6.2011, BT-Drs. 17/6076, und im Antrag des Landes NRW v. 6.7.2011, BR-Drs. 396/1/11 vorgeschlagene entsprechende Ergänzung des § 136 BauGB ist mit Ver-

Änderungen sind die integrativen und konsensualen Möglichkeiten der städtebaulichen Sanierungsmaßnahmen und des Stadtumbaus um klimaorientierte Gesichtspunkte angereichert worden. Die Maßnahmen sollen auch einen klimaeffizienten und klimaneutralen Quartierumbau ermöglichen. Zugleich soll die Innenentwicklung gestärkt und als räumliches Leitbild die kompakte Stadt (kurze Wege zur Begrenzung des Primärenergieverbrauchs) verwirklicht werden. Mit der sommerlichen Überhitzung in Verdichtungsräumen sind nicht nur für ältere Menschen zunehmend Gesundheitsgefahren verbunden, denen durch Maßnahmen zur Erhaltung gesunder Wohn- und Arbeitsverhältnisse entgegengewirkt werden soll.[25]

21   Die → **Städtebaurechts-Novelle 2013** bringt im Anschluss an die Klimanovelle 2011 eine Reihe von Änderungen des BauGB und der BauNVO. Die Flächenneuinanspruchnahme soll verringert werden (§§ 1 V 3, 1 a II 3 und 4 BauGB). Auch Kinder und Jugendliche sind Teil der Öffentlichkeit (§ 3 I 3 BauGB). Zentrale Versorgungsbereiche können im Flächennutzungsplan dargestellt werden (§ 5 II Nr. 2 d BauGB). Vergnügungsstätten können auch im nicht beplanten Innenbereich vereinfacht gesteuert werden (§ 9 II b BauGB). Der Erschließungsvertrag (§§ 11, 124 BauGB) ist mit dem städtebaulichen Vertrag verschmolzen. Die Ausübung des Vorkaufsrechts zugunsten eines Dritten ist vereinfacht worden (§ 27 a BauGB). Die Abweichungsmöglichkeiten vom Einfügensgebot sind zugunsten der Wohnnutzung erweitert worden (§ 34 III a BauGB). Auch ggf. aufgrund einer Vorprüfung UVP-pflichtige Tierhaltungsanlagen sind nicht mehr privilegiert (§ 35 I Nr. 4 BauGB). Im Einzelfall kann für eine vormals landwirtschaftliche Bausubstanz ein Ersatzbau errichtet werden (§ 35 IV 2 BauGB). Das Rückbaugebot ist nicht mehr nur an einen Bebauungsplan gebunden (§ 179 I BauGB) und vor allem für Schrottimmobilien mit einer moderaten Beteiligung des Eigentümers erweitert worden (§ 179 IV BauGB).

→ **Städtebaurechtsnovelle 2013.** Mit einer Reihe von Änderungen des BauGB und der BauNVO soll die Flächeninanspruchnahme verringert werden (§§ 1 V 3, 1 a II 3 und 4 BauGB). Auch Kinder und Jugendliche sind Teil der Öffentlichkeit (§ 3 I 3 BauGB). Zentrale Versorgungsbereiche können im Flächennutzungsplan dargestellt werden (§ 5 II Nr. 2 d BauGB). Vergnügungsstätten können auch im nicht beplanten Innenbereich vereinfacht gesteuert werden (§ 9 II b BauGB). Der Erschließungsvertrag (§§ 11, 124 BauGB) ist mit dem städtebaulichen Vertrag verschmolzen. Die Ausübung des Vorkaufsrechts zugunsten eines Dritten ist vereinfacht worden (§ 27 a BauGB). Die Abweichungsmöglichkeiten vom Einfügensgebot sind zugunsten der Wohnnutzung erweitert worden (§ 34 III a BauGB). Auch ggf. aufgrund einer Vorprüfung UVP-pflichtige Tierhaltungsanlagen sind nicht mehr privilegiert (§ 35 I Nr. 4 BauGB). Im Einzelfall kann für eine vormals landwirtschaftliche Bausubstanz ein Ersatzbau errichtet werden (§ 35 IV 2 BauGB). Das Rückbaugebot ist nicht mehr nur an einen Bebauungsplan gebunden (§ 179 I BauGB) und vor allem für Schrottimmobilien mit einer moderaten Beteiligung des Eigentümers erweitert worden (§ 179 IV BauGB).

---

22   Im Jahre 2014 hat der Gesetzgeber zwei kleinere → **Städtebaurechtsnovellen** auf den Weg gebracht. Die **BauGB-Novelle 2014 I (Windenergienovelle)** gab den Ländern befristet bis Ende 2015 die Möglichkeit, in einem Landesgesetz Mindestabstände zu baulichen Nutzungen festzulegen, die von den planenden Gemeinden und den Trägern der Raumordnung bei der Ausweisung von Konzentrationszonen zu beachten sind. Die **Flüchtlingsunterbringungs-Novelle 2014** hat Neuregelungen im Interesse der vereinfachten Unterbringung von Flüchtlingen und Asylsuchenden gebracht.

---

weis auf die Möglichkeiten eines konzeptionellen und konsensualen Vorgehens im Rahmen des Stadtumbaus verzichtet worden, Ausschuss für Verkehr, Bau- und Stadtentwicklung, Beschlussempfehlung und Bericht v. 29.6.2011, BT-Drs. 17/6357, S. 10.

[25] Gesetzentwurf BauGB-Klimanovelle (Fn. 2), S. 7.

→ **Städtebaurechtsnovellen 2014.** Die **BauGB-Novelle 2014 I (Windenergienovelle)** gab den Ländern befristet bis Ende 2015 die Möglichkeit, in einem, Landesgesetz Mindestabstände zu baulichen Nutzungen festzulegen, die von den planenden Gemeinden und den Trägern der Raumordnung bei der Ausweisung von Konzentrationszonen zu beachten sind. Die → **Flüchtlingsunterbringungs-Novelle 2014** hat Neuregelungen im Interesse der vereinfachten Unterbringung von Flüchtlingen und Asylsuchenden gebracht.

II. Kompetenzverteilung zwischen Bund und Ländern

Das öffentliche Baurecht umfasst das Recht der städtebaulichen Planung und das **23** Bauordnungsrecht. Das Recht der städtebaulichen Planung, wie es im BauGB niedergelegt ist, gliedert sich in das allgemeine Städtebaurecht mit dem Recht der Bauleitplanung und deren Sicherung und in die planungsrechtliche Zulässigkeit von Vorhaben. Außerdem treten Regelungen über die Bodenordnung, Enteignung und Erschließung sowie Maßnahmen für den Naturschutz hinzu. Zum besonderen Städtebaurecht rechnen städtebauliche Sanierungsmaßnahmen, Entwicklungsmaßnahmen, Erhaltungssatzung und städtebauliche Gebote, Regelungen über Sozialplan und Härteausgleich, Miet- und Pachtverhältnisse und städtebauliche Maßnahmen im Zusammenhang mit Maßnahmen zur Verbesserung der Agrarstruktur. Hinzu treten Regelungen über Wertermittlung und allgemeine Vorschriften über Zuständigkeiten und Verwaltungsverfahren und den Grundsatz der Planerhaltung. Regelungen über die Verfahren vor den Baulandkammern sowie Überleitungs- und Schlussvorschriften runden das gesetzliche Regelwerk zum Städtebaurecht ab.

Das Bauordnungsrecht behandelt die ordnungsrechtlichen Anforderungen an die kon- **24** krete bauliche Anlage und ist daher objektbezogen. Die Vorschriften des materiellen Bauordnungsrechts dienen der Gefahrenabwehr, der Verhütung von Verunstaltungen sowie der Wahrung sozialer und ökologischer Standards für ein gesundes Wohnen und Arbeiten. Das formelle Bauordnungsrecht betrifft das bauaufsichtliche Verfahren und befasst sich mit dem Vollzug der baurechtlichen Vorschriften anderer Gesetze. Die Prüfung der Einhaltung öffentlich-rechtlicher Vorschriften erfolgt im Baugenehmigungsverfahren, das zugleich das Bauplanungsrecht mit dem Bauordnungsrecht verklammert. Gegenstand der bauaufsichtlichen Verfahren ist die Übereinstimmung des Vorhabens mit öffentlich-rechtlichen Vorschriften, zu denen neben dem Bauplanungsrecht auch das materielle Bauordnungsrecht aber auch das Baunebenrecht sowie andere fachrechtliche Vorschriften zählt.

Regelungen des Bauplanungs- und Bauordnungsrechts haben die Verteilung der Ge- **25** setzgebungskompetenzen zwischen Bund und Länder zu beachten, wie sie sich aus Art. 74 GG ergibt. Denn die Gesetzgebungskompetenzen im Bereich des öffentlichen Baurechts[26] sind zwischen Bund und Ländern aufgeteilt. So hat etwa der Bund die Gesetzgebungskompetenz für Regelungen des Bauplanungsrechts.[27] Die Länder haben die Gesetzgebungskompetenz im Bereich des Bauordnungsrechts. Nach Art. 74 I Nr. 18 GG hat der

---

[26] *ARGEBAU/Runkel* Verhältnis von naturschutzrechtlicher Eingriffsregelung und Baurecht 1994, 75; *Battis* Öffentliches Baurecht und Raumplanungsrecht 1992; *Bielenberg/Krautzberger/Söfker* Das Städtebaurecht in den neuen Ländern 1991; *Finkelnburg/Ortloff* Bauplanungsrecht 1990; *dies.* Bauordnungsrecht, Nachbarschutz, Rechtsschutz 1994; *HBG* 2004; *Krautzberger* NVwZ 1987, 647; *ders.* Fortentwicklung des Städtebaurechts des Bundes 1994; *Krautzberger/Runkel* DVBl 1993, 453; *Lüers* ZfG 1993, 225; *Ortloff* Öffentliches Baurecht in den neuen Bundesländern 1991; *ders.* NVwZ 1983, 705; *Runkel* BBauBl. 1990, 616; *ders.* BBauBl. 1991, 203; *ders.* UPR 1993, 203; *Schlichter* NVwZ 1983, 641; *ders.* DVBl 1984, 875; *Schmidt–Aßmann* Grundfragen des Städtebaurechts 1972; *Schmidt–Eichstaedt* Einführung in das neue Städtebaurecht 1987; *ders.* Städtebaurecht 1993; *Sendler* BauR 1970, *Weyreuther* BauR 1995, 1.

[27] Zu den Regelungsgegenständen des Bauplanungsrechts *Fickert* FS Weyreuther 1993, 319; *Finkelnburg/Ortloff* Bauplanungsrecht 1990; *Gelzer/Bracher/Reidt,* Bauplanungsrecht; *Groh* Konfliktbe-

Bund die Gesetzgebungszuständigkeit für den städtebaulichen Grundstücksverkehr, das → Bodenrecht (ohne das Recht der Erschließungsbeiträge) und das Wohngeldrecht, das Altschuldenhilferecht, das Wohnungsbauprämienrecht, das Bergarbeiterwohnungsbaurecht und das Bergmannssiedlungsrecht. Die Verlagerung des Erschließungsbeitragsrechts in die Gesetzgebungskompetenz der Länder beruht auf dem **Verfassungsreformgesetz** 1994. Vor allem hat der Bund die konkurrierende Gesetzgebungszuständigkeit im Bereich des Bodenrechts.[28] Seit dem Inkrafttreten der → **Föderalismusreform 2006** bedürfen Bundesgesetze in diesen Bereichen, auch wenn sie Regelungen über das Verwaltungsverfahren enthalten, nicht mehr der Zustimmung des Bundesrates (Art. 74 II GG). Auch müssen für den Erlass von Bundesgesetzen in den Bereichen des Bodenrechts (und damit auch im Bereich des gesamten Städtebaus), des Naturschutzes, der Raumordnung und des Wasserhaushaltsrechts **nicht** die erhöhten verfassungsrechtlichen Anforderungen des **Art. 72 II GG** erfüllt sein. Allerdings können die Länder in den Bereichen Naturschutz und Landschaftspflege (ohne die allgemeinen Grundsätze des Naturschutzes, das Recht des Artenschutzes[29] oder des Meeresnaturschutzes), der Raumordnung und des Wasserhaushalts (ohne stoff- und anlagenbezogene Regelungen) durch Gesetz von Bundesgesetzen abweichende Regelungen erlassen (Art. 72 III GG).

> → **Föderalismusreform 2006.** Sie hat die konkurrierende Gesetzgebungskompetenz des Bundes erweitert und u.a. auch auf das Jagdwesen (Art. 74 I Nr. 28 GG), den Naturschutz und die Landschaftspflege (Art. 74 I Nr. 29 GG), die Bodenverteilung (Art. 74 I Nr. 30 GG) und die Raumordnung (Art. 74 II Nr. 3 GG) erstreckt. Die vormalige Rahmengesetzgebungskompetenz in Art. 75 GG ist dafür entfallen. U. a. auf den Gebieten (1) Naturschutz und Landschaftspflege (ohne die allgemeinen Grundsätze des Naturschutzes, das Recht des Artenschutzes oder des Meeresnaturschutzes), (2) Bodenverteilung, (3) Raumordnung und (4) Wasserhaushalt (ohne stoff- oder anlagenbezogene Regelungen) können die Länder von Bundesgesetzen abweichende Regelungen treffen. Bundesgesetze auf diesen Gebieten treten frühestens sechs Monate nach ihrer Verkündung in Kraft, soweit nicht mit Zustimmung des Bundesrates anderes bestimmt wird (Art. 72 III GG). Die Gesetzgebungsbefugnis für das BauGB als Regelungsbereich des → Bodenrechts (Art. 74 I Nr. 18 GG) liegt weiterhin beim Bund. Länderabweichungsmöglichkeiten sind hier – anders als im Bereich der Raumordnung und des Naturschutzrechts und der Landschaftspflege (ohne die allgemeinen Grundsätze des Naturschutzes, das Recht des Artenschutzes oder des Meeresnaturschutzes) – nicht gegeben.
>
> → **Bodenrecht.** Nach Art. 74 I Nr. 18 GG hat der Bund unter den Voraussetzungen des Art. 72 GG die konkurrierende Gesetzgebungszuständigkeit für den städtebaulichen Grundstücksverkehr, das Bodenrecht (ohne das Recht der Erschließungsbeiträge) und das Wohngeldrecht, das Altschuldenhilferecht, das Wohnungsbauprämienrecht, das Bergarbeiterwohnungsbaurecht und das Bergmannssiedlungsrecht. Zum Bodenrecht gehört das Recht der städtebaulichen Planung, die Baulandumlegung und Zusammenlegung von Grundstücken, die Bodenbewertung und das Bodenverkehrsrecht. Von dieser Gesetzgebungskompetenz hat der Bund im BauGB und in den darauf gestützten Rechtsverordnungen (BauNVO, PlanZV) abschließend Gebrauch gemacht. Die erhöhten Anforderungen des Art. 72 II GG sind vom Bund für den Bereich des Bodenrechts nicht zu erfüllen. Abweichungsmöglichkeiten für die Länder bestehen im Bereich des Bodenrechts nicht. Die Länder haben die Gesetzgebungskompetenz für das aus dem Baupolizeirecht hervorgegangene Bauordnungsrecht, das Baunebenrecht, das Gestaltungsrecht und das Denkmalrecht.

26   Das BVerfG, hat die Verteilung der **Gesetzgebungskompetenz** zwischen Bund und Ländern in seinem **Gutachten zum** → **Bodenrecht** wie folgt beschrieben:[30] Eine Ge-

---

wältigung im Bauplanungsrecht 1988; RzB 1995; *Stüer/Stüer* Bauplanungsrecht und Freistellungspolitik der Länder 1996; *dies.* DVBl 1996, 482.

[28] Zur Gesetzgebungskompetenz *Bielenberg* Gutachten B 49. DJT 1972; *Rengeling* HdB Staatsrecht 1990, 723; *Treffer* UPR 1994, 378.

[29] S. Rn. 912.

[30] BVerfG, E. v. 16.6.1954 – 1 PBvV 2/52 – BVerfGE 3, 407 = RzB Rn. 1 – Gutachten Bodenrecht; B. v. 28.10.1975 – 2 BvL 9/94 – BVerfGE 40, 261 = RzB Rn. 2; zur Kritik *Werner* DVBl 1954, 481;

setzgebungszuständigkeit des Bundes für das Baurecht als Gesamtmaterie ergibt sich weder aus einem einzelnen Posten des Zuständigkeitskatalogs in Art. 74 GG noch aus der Zusammenfassung einzelner Materien, der Heranziehung des Gedankens des Sachzusammenhangs, der Natur der Sache oder dem Wandel der Verhältnisse.[31] Mit der Zuweisung der Regelung des Bodenrechts an den Bundesgesetzgeber in Art. 74 I Nr. 18 GG ist diesem nicht die Gesamtmaterie des Baurechts zugewiesen, weil das Bodenrecht dort nur neben andere Materien gestellt ist, die ebenfalls baurechtliche Elemente enthalten. Die Bundeskompetenz muss vielmehr für die im Gutachtenauftrag einzeln bezeichneten Bereiche (Recht der städtebaulichen Planung, Baulandumlegung und Zusammenlegen von Grundstücken, Bodenbewertung, Bodenverkehrsrecht, Erschließungsrecht, Baupolizeirecht und Wertsteigerungsabgabe) jeweils gesondert aus dem GG nachgewiesen werden.

Recht der städtebaulichen Planung: Auf diesem Gebiet könnte der Bund kraft aus- **27** schließlicher Kompetenz die Bundesplanung vollständig regeln und, kraft konkurrierender Vollkompetenz die städtebauliche Planung und die Raumordnung[32] vollständig regeln. **Baulandumlegung und Zusammenlegung von Grundstücken:** Diese Materie gehört zum Bodenrecht, für die die konkurrierende Bundeskompetenz unbestritten ist. **Bodenbewertung:** Eine Zuständigkeit des Bundes zur Gesetzgebung ist insoweit zu bejahen, als sie im Zusammenhang mit Materien steht, für die eine Gesetzgebungszuständigkeit des Bundes gegeben ist. **Bodenverkehrsrecht:** Dieses ist vom Begriff Grundstücksverkehr im Zuständigkeitskatalog des Art. 74 I Nr. 18 GG mit umfasst, sodass der Bund zu einer Regelung zuständig ist. **Erschließungsrecht:** Dieses gehört zum Bodenrecht, für das der Bund früher vollständig die Gesetzgebungskompetenz hatte. Durch die Änderung des GG im Verfassungsreformgesetz 1994[33] ist die Gesetzgebungskompetenz im Bereich des Erschließungsbeitragsrechts allerdings auf die Länder übergegangen. Solange diese noch keine eigenen Regelungen erlassen haben (wie inzwischen Bayern), gelten die Bestimmungen der §§ 123 ff. BauGB. **Baupolizeirecht:** Die Zuständigkeit des Bundes muss

---

Dittus DVBl 1956, 249; *Schulte*, Rechtsgüterschutz durch Bauordnungsrecht, 1982, 57; *Wiechert* ZRP 1985, 239; *Ziegler* DVBl 1984, 378.

[31] Zur Raumplanung *Albers* Neue Anthropologie 1972, 223; *ALR* (Hrsg.) Grenzübergreifende Raumplanung 1992; *Battis* Öffentliches Baurecht und Raumplanungsrecht 1992; *Brohm* DÖV 1989, 429; *David* DÖV 1993, 1021; *Ernst/Hoppe* ÖffBauBoR 1981; *Grooterhorst* Die Wirkung der Ziele der Raumplanung und Landesplanung gegenüber Bauvorhaben nach § 34 BBauG 1985; *Hendler* JuS 1979, 618; *Hoppe/Appold* Symposium aus Anlass des 30-jährigen Bestehens des Zentralinstituts für Raumplanung 1995; *Peine* Raumplanungsrecht 1987; *Schmidt-Aßmann* DÖV 1979, 1; *ders.* Umweltschutz im Recht der Raumplanung 1982, 117; *Schmitt-Glaeser* FS VGH München 1979, 291; *Schulte* ZfB 128 (1987), 178; *Stüer* DVBl 1990, 197; *Trzaskalik* Die Verwaltung 11 (1978), 273; *Wegener* VerwArch. 74 (1983), 225.

[32] Zum Begriff der Raumordnung *Battis* JA 1981, 313; *Bielenberg/Erbguth/Söfker* Raumordnung und Landesplanung des Bundes und der Länder; *Bleicher* Das Verfahren zur Anpassung der Bauleitplanung an die Ziele der Raumordnung und Landesplanung 1983; *ders.* der landkreis 1992, 463; *Cholewa/Dyong/von der Heide/Arenz* Raumordnung in Bund und Ländern 1993; *Erbguth* LKV 1993, 145; *Erbguth/Schoeneberg* Raumordnungs- und Landesplanungsrecht 1992; *Funke* Bund-Länder-Abstimmung am Beispiel der Raumordnung und Landesplanung 1987; *Gaentzsch* ZfBR 1991, 192; *Grotefels* in: HBG ÖffBauR § 3; *Kauch* Die Raumordnung bei der immissionsschutzrechtlichen Genehmigung von Abfallentsorgungsanlagen 1995; *Knöpfle* Das Einvernehmen der Gemeinden nach § 36 BBauG und raumordnungsrechtliche Vorgaben 1984; *Krautzberger* UPR 1992, 1; *ders.* DÖV 1992, 92; *ders.* DÖV 1992, 911; *Kremm* Ziele der Raumordnung und Landesplanung als Grundlage subjektiver Rechte von Gemeinden 1993; *Landessprecher von Brandenburg, Mecklenburg-Vorpommern, Sachsen, Sachsen-Anhalt und Thüringen* Gemeinsamer Einführungserlass zum BauGB 1990; *von Mutius* BayVBl. 1988, 641; *Oberndorfer* Die Verwaltung 1992, 257; *Passlick* Die Ziele der Raumordnung und Landesplanung 1986; *Peine* Raumplanungsrecht 1987; *Roer* Die Bindungswirkung von Zielen der Raumordnung und Landesplanung nach der Privatisierung der Post 1996; *Scheipers* Ziele der Raumordnung und Landesplanung aus der Sicht der Gemeinden 1995; *Wagner* DVBl 1993, 583; *Weidemann* DVBl 1984, 767.

[33] *Vogel* DVBl 1994, 497.

insoweit bejaht werden, als dieses Bestandteil des heutigen Planungsrechts ist. Für den Bereich des Baupolizeirechts, der übrig bleibt, wenn das Bauplanungsrecht ausgeschieden wird, kann eine Zuständigkeit des Bundesgesetzgebers nicht anerkannt werden, sofern es nicht für das Wohnungswesen spezifische baupolizeiliche Vorschriften sind. **Wertsteigerungsabgabe:** Hierfür muss, da es sich um eine Steuer handelt, die Abgrenzung der Zuständigkeit zwischen Bund und Ländern Art 105 GG entnommen werden, was zum Ergebnis führt, dass der Bund nicht befugt ist, die Wertsteigerungsabgabe (als Objektsteuer mit örtlich bedingtem Wirkungskreis – Art 105 II Nr. 1 GG) zu regeln.

28 Der **Bund** hat danach unabhängig von den Voraussetzungen des Art. 72 II GG die Zuständigkeit zur Regelung des Rechtes der städtebaulichen Planung, der Baulandumlegung, der Zusammenlegung von Grundstücken, des Bodenverkehrs, der Erschließung mit Ausnahme des Erschließungsbeitragsrechts sowie der Bodenbewertung, soweit sie sich auf diese Gebiete bezieht. Eine Zuständigkeit des Bundes zur Regelung des Baupolizeirechts im bisher gebräuchlichen Sinne besteht demgegenüber nicht. Zur Materie → **Bodenrecht** gehören nach den Ausführungen des BVerfG nur solche Vorschriften, die den Grund und Boden unmittelbar zum Gegenstand rechtlicher Ordnung haben, also die rechtlichen Beziehungen des Menschen zum Grund und Boden regeln. Dagegen gehören das der Gefahrenabwehr dienende Baupolizeirecht und das Recht der Baugestaltung nicht zum Bodenrecht, sondern zur Gesetzgebungskompetenz der Länder. Das gilt auch für grundsätzliche Anforderungen baukonstruktiver, baugestalterischer und bauwirtschaftlicher Art an Bauwerke und Baustoffe, vielleicht auch die Grundlagen des Genehmigungsverfahrens und der Ordnung des Bauvorgangs, die Pflicht zur ordnungsmäßigen Unterhaltung und Instandsetzung oder Beseitigung bei gefährlichen oder ordnungswidrigen Zuständen. Der Bundesgesetzgeber unterliegt zudem im Bereich der konkurrierenden Gesetzgebung den durch das Verfassungsreformgesetz 1994 neu gefassten Bindungen des Art. 72 GG. Nach Art. 72 I GG haben die Länder im Bereich der konkurrierenden Gesetzgebung die Befugnis zur Gesetzgebung, solange und soweit der Bund von seiner Gesetzgebungszuständigkeit nicht durch das Gesetz Gebrauch gemacht hat. Den erhöhten verfassungsrechtlichen Anforderungen des Art. 72 II GG unterliegt der Gesetzgeber im Bereich des Bodenrechts und damit des gesamten Städtebaurechts nicht (Art. 72 III GG). Die Länder haben hier anders als in Teilen des Naturschutzrechts auch keine Abweichungsmöglichkeiten.

Kompetenzverteilung zwischen Bund und Ländern				
	Raumordnung	Städtebau	Bauordnung	Denkmalschutz
Bereich	überörtliche Gesamtplanung	Ordnung und Nutzung des Bodens	Gefahrenabwehr, Sicherheit und Ordnung, Gestaltung	Kulturdenkmäler
Gebiet	Bund, Land, Region	Gemeinde und Teilgebiete der Gemeinde	bauliche Anlagen	bauliche Anlagen
Gesetzgebungskompetenz	Konkurrierende Gesetzgebungskompetenz des Bundes, Länderabweichungskompetenz	Konkurrierende Vollkompetenz des Bundes keine Länderabweichungskompetenz	keine Bundeskompetenz Vollkompetenz der Länder	keine Bundeskompetenz Vollkompetenz der Länder
Regelungen	Art. 74 I Nr. 31, Art. 72 III Nr. 4 GG[34]	Art. 74 I Nr. 18 GG	Art. 70 GG	Art. 70 GG
Gesetze	ROG	BauGB	Bauordnungen der Länder	Denkmalschutzgesetze der Länder

---

[34] Früher: Rahmengesetzgebung des Bundes, Vollkompetenz der Länder im Rahmen der Bundesvorgaben nach Art. 75 I Nr. 4 GG.

Der Bundesgesetzgeber unterliegt zudem in einigen Teilbereich der konkurrierenden **29**
Gesetzgebung den durch das Verfassungsreformgesetz 1994 und die Föderalismusreform
2006 neu gefassten Bindungen des Art. 72 GG. Nach Art. 72 I GG haben die Länder im
Bereich der konkurrierenden Gesetzgebung die Befugnis zur Gesetzgebung, solange
und soweit der Bund von seiner Gesetzgebungszuständigkeit nicht durch das Gesetz
Gebrauch gemacht hat. Der Bund hat nach **Art. 72 II GG** u.a. in den Bereichen Recht
der Wirtschaft (Art. 74 II Nr. 11 GG), die Überführung von Grund und Boden, von
Naturschätzen und Produktionsmitteln in Gemeineigentum oder andere Formen der
Gemeinwirtschaft (Art. 74 I Nr. 15 GG), städtebaulicher Grundstücksverkehr, Bodenrecht (ohne das Recht der Erschließungsbeiträge) (Art. 74 I Nr. 18), Pflanzen- und Tier-
schutz (Art. 74 I Nr. 20 GG), Straßenverkehr, Kraftfahrtwesen, Bau und die Unterhaltung von Landstraßen für den Fernverkehr sowie Erhebung und Verteilung von Gebühren oder Entgelten für die Benutzung öffentlicher Straßen mit Fahrzeugen (Art. 74 I
Nr. 22 GG) sowie Staatshaftung (Art. 74 II Nr. 25 GG) das Gesetzgebungsrecht. Durch
die **Föderalismusreform 2006** sind das Jagdwesen (Art. 74 I Nr. 28 GG), der Naturschutz und die Landschaftspflege (Art. 74 I Nr. 29 GG), die Bodenverteilung (Art. 74 I
Nr. 30 GG) und die Raumordnung (Art. 74 I Nr. 31 GG) hinzugekommen. Die vor-
malige Rahmengesetzgebungskompetenz in Art. 75 GG ist dafür entfallen. U. a. auf den
Gebieten Recht der Wirtschaft (Art. 74 I Nr. 11 GG), Überführung von Grund und
Boden (Art. 74 I Nr. 15 GG) und Staatshaftung (Art. 74 I Nr. 25 GG), hat der Bund das
Gesetzgebungsrecht nur, wenn und soweit die Herstellung gleichwertiger Lebensverhältnisse im Bundesgebiet oder die Wahrung der Rechts- und Wirtschaftseinheit im ge-
samtstaatlichen Interesse eine bundesgesetzliche Regelung erforderlich macht. Hiermit
sind erhöhte verfassungsrechtliche Anforderungen verbunden.[35] U. a. auf den Gebieten
(1) Naturschutz und Landschaftspflege (ohne die allgemeinen Grundsätze des Naturschutzes, das Recht des Artenschutzes oder des Meeresnaturschutzes), (2) Bodenverteilung, (3) Raumordnung und (4) Wasserhaushalt (ohne stoff- oder anlagenbezogene
Regelungen) können die Länder von Bundesgesetzen abweichende Regelungen treffen.
Bundesgesetze auf diesen Gebieten treten frühestens sechs Monate nach ihrer Verkündung in Kraft, soweit nicht mit Zustimmung des Bundesrates anderes bestimmt wird
(Art. 72 III GG).

Die Gesetzgebungsbefugnis für das BauGB als Regelungsbereich des Bodenrechts **30**
(Art. 72 I Nr. 18 GG) liegt daher weiterhin beim Bund. Länderabweichungsmöglichkeiten sind hier nicht gegeben. Auch unterliegt der Bundesgesetzgeber bei Erlass von Gesetzen auf diesem Bereich nicht den erhöhten Anforderungen des Art. 72 II GG. Auf dem
Gebiet des Naturschutzes, der Raumordnung und des Wasserrechts hat der Bund ebenfalls die Gesetzgebungszuständigkeit, wobei er auch in diesen Bereichen nicht an die erhöhten verfassungsrechtlichen Anforderungen des Art. 72 II GG gebunden ist. Allerdings
haben die Länder hier nach Art. 72 III GG grundsätzlich Abweichungsmöglichkeiten, sodass Bundesgesetze in diesen Bereichen frühestens 6 Monate nach Verkündung in Kraft
treten (Art. 72 III 2 GG). Solche Abweichungsmöglichkeiten bestehen allerdings im Bereich der allgemeinen Grundsätze des Naturschutzes, im Bereich des Artenschutzes oder
des Meeresnaturschutzes (Art. 72 III 1 Nr. 2 GG) sowie im Bereich der stoff- und anlagenbezogenen Regelungen (Art. 72 III Nr. 5 GG) nicht, sodass Bundesgesetze in diesen Bereichen unmittelbar nach Verkündung in Kraft treten können.

Beispiel: Auf die letztgenannte Verfassungsbestimmung ist das unmittelbare Inkrafttreten der artenschutzrechtlichen Bestimmungen der BNatSchG-Novelle 2007 gestützt worden.

---

[35] BVerfG, Urt. v. 24.10.2002 – 2 BvF 1/01 – BVerfGE 105, 62 = DVBl 2003, 44 – Altenpflege;
Urt. v. 27.7.2004 – 2 BvF 2/02 – BVerfGE 111, 226 = DVBl 2004, 1233 – Juniorprofessur.

III. Kommunale Planungshoheit in Art. 28 II GG

31 Nach Art. 28 II GG muss den Gemeinden das Recht gewährleistet sein, alle **Angelegenheiten der örtlichen Gemeinschaft** im Rahmen der Gesetze zu regeln.[36] Auch die Gemeindeverbände haben im Rahmen ihres gesetzlichen Aufgabenbereichs nach Maßgabe der Gesetze das Recht der Selbstverwaltung.

1. Verfassungsrechtliche Ausgangspunkte

32 Der Begriff der **Selbstverwaltung** umfasst die eigenverantwortliche Erfüllung gemeinschaftlicher öffentlicher Aufgaben im eigenen Namen durch in den Staat einbezogene rechtsfähige öffentliche Verbände mit eigenen Organen unter der Aufsicht des Staates und mit eigenen Finanzmitteln. Die Selbstverwaltungsträger sind in den ihnen von der Rechtsordnung zugestandenen Bereichen selbstständig und führen als Rechtssubjekte, als Vermögensträger und als Verwaltungskörper in gewissem Umfang ein Eigenleben. Art. 28 II GG enthält dabei eine **dreifache Garantie**: Der Gesetzgeber darf die Gemeinden und Gemeindeverbände nicht institutionell beseitigen. Die Gemeinden haben für die Angelegenheiten der örtlichen Gemeinschaft eine Allzuständigkeit und erfüllen diese Aufgaben in Eigenverantwortung. Bei staatlichen Eingriffen in den Kernbereich der kommunalen Selbstverwaltung entwickeln sich entsprechende Abwehrkräfte.[37]

33 Die Gemeinden sind Teil des demokratischen Staatsaufbaus und nehmen wichtige demokratische, integrative, gewaltenteilende, machtneutralisierende konfliktverarbeitende, freiheitssichernde, legitimierende, rechtsstaatliche und sozialstaatliche **Funktionen** wahr. Die kommunale Selbstverwaltung ist eine Einrichtungsgarantie in dem Sinne, dass sie in ihrem Wesensgehalt gegen staatliche Eingriffe geschützt ist. Neben der Personalhoheit, der Finanzhoheit, der Organisationshoheit, der Steuerhoheit und der Rechtsetzungshoheit findet die kommunale Selbstverwaltung auf Gemeindeebene auch ihren Ausdruck in der gemeindlichen → **Planungshoheit**. Darunter wird die Kompetenz verstanden, ohne durchgängige und strikte Bindung an staatliche Vorgaben auf Grund eigenen politisch-administrativen Gestaltungs- und Entscheidungsspielraums über die bauliche und sonstige Verwendung und Nutzung des Grund und Bodens des Gemeindegebietes zu disponieren und die zur Verwirklichung des eigenverantwortlich wahrnehmbaren Gestaltungspotenzials erforderlichen planerischen Leitlinien ohne imperative staatliche Beeinflussung zu entwickeln.[38]

> → **Planungshoheit.** Sie umfasst das Recht der Städte und Gemeinden, alle Angelegenheiten der örtlichen Gemeinschaft in eigener Verantwortung im Rahmen der Gesetze zu regeln (Art. 28 II 1 GG). Zu ihr gehört die Ortsplanung, welche den Flächennutzungsplan als die übergeordnete Bauleitplanung und den Bebauungsplan als die rechtsverbindliche Bauleitplanung beinhaltet. Weitere städtebauliche Satzungen treten hinzu. Der Flächennutzungsplan stellt für das gesamte Gemeindegebiet die beabsichtigte städtebauliche Entwicklung dar. Er hat gegenüber dem Bürger im Allgemeinen keine unmittelbaren Bindungswirkungen, sondern stellt ein intern bindendes Verwaltungsprogramm dar. Der Bebauungsplan enthält auf dieser Grundlage konkrete, für den Bürger verbindliche Festsetzungen in der Form einer Ortssatzung. Der Bebauungsplan ist aus dem Flächennutzungsplan zu entwickeln.

---

[36] Zur kommunalen Planungshoheit *Breuer* Die hoheitliche raumgestaltende Planung 1968; *Burmeister* Verfassungstheoretische Neukonzeption der kommunalen Selbstverwaltung 1977; *Erichsen* Kommunalrecht NRW 1998; *Jarass/Pieroth* Art. 28 Rn. 1; *Mitschang* Die Belange von Natur und Landschaft in der kommunalen Bauleitplanung 1993; *Stüer* Funktionalreform und kommunale Selbstverwaltung 1980.

[37] *Hoppe* in HBG § 5; nähere Einzelheiten bei *Hoppe* FS von Unruh 1983, 555; *Stüer* Funktionalreform und kommunale Selbstverwaltung 1980, 83 ff.; *ders.* DÖV 1978, 78.

[38] BVerwG, Urt. v. 12.12.1969 – 4 C 105.66 – BVerwGE 34, 301 = RzB Rn. 23; *Hoppe* DVBl 1964, 165.

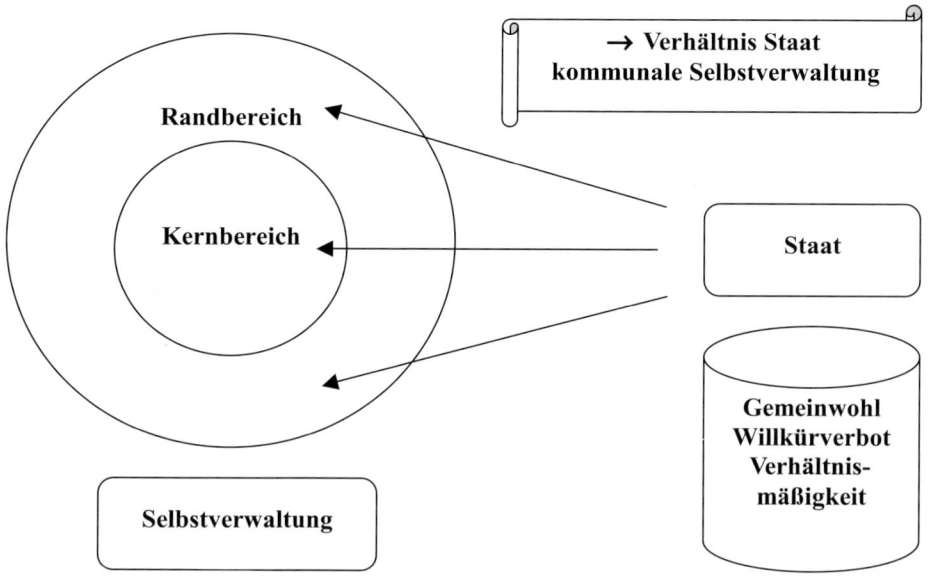

Zur Planungshoheit und damit zum Bestandteil der kommunalen Selbstverwaltung **34** gehört die Kompetenz zur eigenverantwortlichen Aufstellung der **Bebauungspläne**. Auch die **Flächennutzungsplanung** wird man zur gemeindlichen Planungshoheit rechnen dürfen.[39] Eingriffe in die kommunale Selbstverwaltung müssen deren Kernbereich achten und sind auch im Übrigen nur unter Wahrung allgemeiner verfassungsrechtlicher Grundmaßstäbe der **Verhältnismäßigkeit**, der **Gemeinwohlbezogenheit** und des **Abwägungsgebotes** zulässig. Aus diesen drei Grundprinzipien, die untereinander in Wechselbeziehung stehen, lassen sich verschiedene Einzelmaßstäbe ableiten, an denen Eingriffe in die kommunale Planungshoheit zu messen sind. Hierzu gehören etwa gemeindliche Anhörungs- und Mitwirkungsgebote, Begründungspflichten, Verbesserungsgebote und Schaden-Nutzen-Bilanz, Geeignetheit, Erforderlichkeit und Verhältnismäßigkeit, Willkürfreiheit und ggf. Systemgerechtigkeit einer staatlichen Eingriffsmaßnahme in die Selbstverwaltung. Bei Maßnahmen der Gesetzgebung ist die kommunale Eigenverantwortlichkeit als abwägungserheblicher Belang zu berücksichtigen. Die Gemeinwohlanforderungen steigen dabei mit zunehmendem Eingriff in die eigenverantwortliche Aufgabenerledigung. Einzelne gesetzgeberische Regelungen sind nach den Geboten der Kumulation und Kompensation in eine Gesamtbetrachtung einzustellen. Eingriffe in die kommunale Selbstverwaltung können ggf. – je nach ihrer Schwere – durch Übertragung anderer Aufgaben oder durch die Einräumung von Beteiligungsrechten kompensiert werden. Nach dem Verhältnismäßigkeitsprinzip ist der Gesetzgeber zu einem stufenweisen Vorgehen verpflichtet. Das Prinzip der Freiwilligkeit hat dabei gegenüber staatlichen Eingriffen den Vorrang.[40]

---

[39] VerfGH Saarland, Urt. v. 11.10.1974 – Lv 7/74 – AS 14, S. 145; *Blümel* VVDStRL Bd. 36 (1978), 171 (265); *Löhr* Die kommunale Flächennutzungsplanung 1977, 111.
[40] *Stüer* Funktionalreform und kommunale Selbstverwaltung 1980, 62 ff., 165 ff.

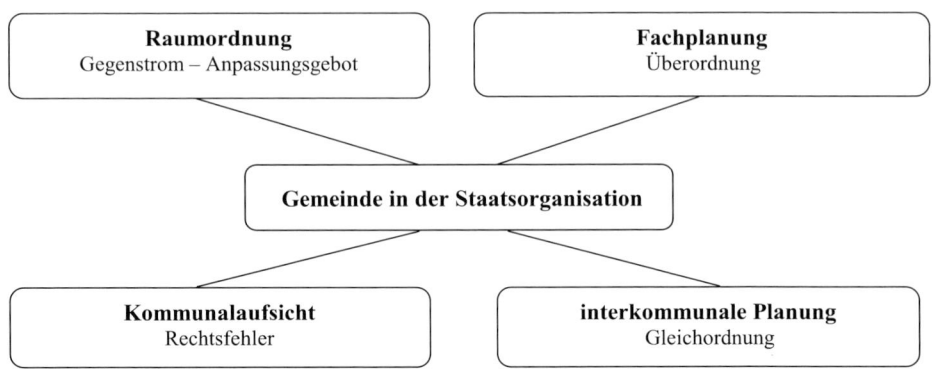

2. Gemeindliche Mitwirkungs- und Abwehrrechte bei Fachplanungen und staatlichen Eingriffen

35 Im Hinblick auf die in Art. 28 II GG gesicherte kommunale Selbstverwaltung sind die Gemeinden **staatlichen Planungen** und **Maßnahmen von** → **Fachverwaltungen** (fachplanungen) nicht schutzlos ausgeliefert. Von solchen Maßnahmen in ihrem Aufgabenbereich betroffene Gemeinden haben vielmehr **Mitwirkungsrechte und** → **Abwehrrechte**. Die Mitwirkungsrechte wiederum gliedern sich in **Informations-** und **Stellungnahmerechte**.

→ **Wehrfähigkeit der Gemeinde.** Gegenüber staatlichen Eingriffen in das Recht der kommunalen Selbstverwaltung hat die Gemeinde Beteiligungs- und → Abwehrrechte. Wird die Gemeinde in ihren Aufgaben, in ihrer Eigenverantwortlichkeit oder in ihrem Gebietsbestand betroffen, hat sie Beteiligungsrechte, die sich auf Information und der Möglichkeit zur Stellungnahme richten. Bei materiellen Eingriffen in konkrete gemeindliche Planungen oder weite Teile des Gemeindegebietes bestehen gemeindliche Abwehrrechte. Gemeindliche Rechte sind im interkommunalen Abstimmungsgebot (§ 2 II 1 BauGB) gesichert, das sich auch auf die raumordnerischen Funktion der Gemeinde bezieht (§ 2 II 2 BauGB). Im nicht beplanten Innenbereich gehen gemeindenachbarliche Belange über die schädlichen Auswirkungen auf zentrale Versorgungsbereiche (§ 34 III BauGB) in die Prüfung der Zulässigkeit von Innenbereichsvorhaben ein. Im Außenbereich sind ernstlich betroffene gemeindliche Belange über die öffentlichen Belange (§ 35 II BauGB) in die Prüfung einzustellen und können ein Planungserfordernis bewirken.

→ **Fachverwaltung.** Sie umfasst die Fachplanung und die sonstige Fachverwaltung.

→ **Fachplanung.** Aufstellung von Plänen zur Durchführung fachbezogener Aufgaben wie den Bau von Verkehrswegen (Straßen, Eisenbahnen, Straßenbahnen, Magnetschwebebahn, Wasserstraßen), Braunkohlentagebau und Steinkohlenbergbau, Bau von Flughäfen, Kraftwerken, Abfallentsorgungsanlagen, Schulen und Sportstätten. Im Gegensatz zur einfachen Fachplanung ist die privilegierte Fachplanung nach § 38 BauGB von den Bindungen an die planungsrechtliche Zulässigkeit von Vorhaben nach §§ 29 bis 37 BauGB freigestellt, wenn die Gemeinde beteiligt ist und städtebauliche Belange berücksichtigt worden sind. Das Fachrecht kann für die Bauleitplanung verbindliche Vorgaben enthalten oder auch in der städtebaulichen Abwägung überwindbar sein. Der Umfang der Bindungen ist dem jeweiligen Fachrecht zu entnehmen. Fachplanung ist gleichbedeutend mit sektoraler Planung mit ihren „vertikalen Fachbruderschaften" und damit ein Gegenteil von Gesamtplanung und Querschnittsplanung.

- **Querschnittsplanung.** Fachübergreifende, alle im Planungsgebiet raumwirksamen Vorhaben, Entwicklungen und Maßnahmen umfassende Planung (z. B. Bauleitplanung, Regionalplanung, Landesplanung) und damit ein Gegenteil von Fachplanung als sektoraler Planung.

- **Konzentrationswirkung.** Es sind die formelle und materielle Konzentrationswirkung zu unterscheiden. **Formell** ist eine Konzentrationswirkung dann, wenn die jeweilige Entscheidung die nach anderen Vorschriften erforderlichen behördlichen Entscheidungen, insbesondere öffentlich-rechtliche Genehmigungen, Verleihungen, Erlaubnisse, Bewilligungen, Zustimmungen und Planfeststellungen umfasst (§ 75 I HS 2 VwVfG). **Materiell** ist eine Konzentrationswirkung dann, wenn das anzuwendende jeweilige Recht die Reichweite der anderen rechtlichen Regelungen selbst bestimmt (§ 38 BauGB). Die formelle Konzentrationswirkung führt dazu, dass eine nach anderen Vorschriften erforderliche Zulassung nicht erforderlich ist. Die materielle Konzentrationswirkung schränkt die materiellen Prüfungserfordernisse im Hinblick auf andere Rechtsregeln ein.

a) Gemeindliche Beteiligungsrechte. In einer umfangreichen Rechtsprechung haben **36** die Gerichte aus der in Art. 28 II GG gesicherten Selbstverwaltungsgarantie das Recht der kommunalen Selbstverwaltungskörperschaften auf **Beteiligung** bei staatlichen Planungen und Maßnahmen von → Fachverwaltungen, die sich auf die kommunalen Aufgaben auswirken können, abgeleitet. Für die Gemeinden sind solche Beteiligungsrechte für alle Planungen und Maßnahmen staatlicher Stellen anerkannt, die sich auf die gemeindlichen Planungen und sonstigen Selbstverwaltungs-Aufgabenbereiche auswirken können. Das Recht auf Beteiligung bezieht sich seinem Gegenstand nach auf Information und Stellungnahme.[41]

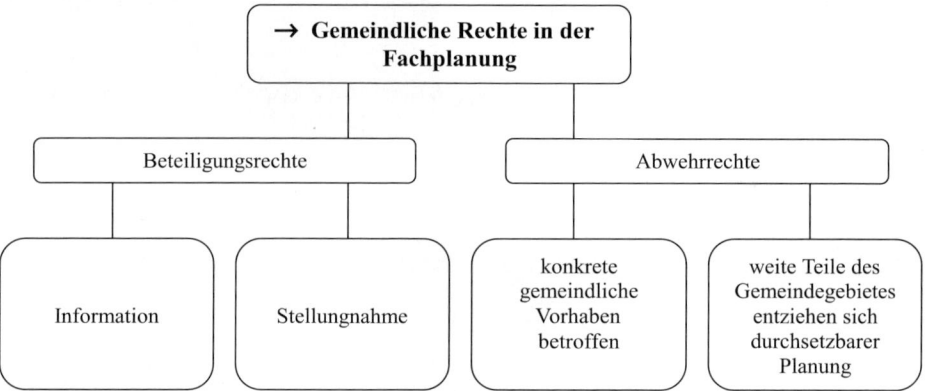

Der Anspruch auf **Information** richtet sich seinem Gegenstand nach auf den für die **37** Entscheidung erheblichen Sachverhalt, soweit die rechtlich geschützten Belange der am Verfahren beteiligten Selbstverwaltungskörperschaften durch das Vorhaben der Fachplanung betroffen werden können. Dem Anspruch der Selbstverwaltungskörperschaften auf **Stellungnahme** genügt die Behörde grundsätzlich dadurch, dass sie deren Stellungnahme zur Kenntnis nimmt und in ihre Erwägungen einbezieht.[42]

Das BVerwG leitet dabei aus der Selbstverwaltungsgarantie ein Recht der Gemeinde **38** auf Beteiligung bei allen staatlichen Planungen und anderen Maßnahmen ab, die **Auswirkungen** auf das **gemeindliche Betätigungsfeld** (→ *Abbildung 1*) haben. Diese Mitwirkungsrechte bestehen gegenüber allen Fachplanungen wie etwa bei der Planung von Flughäfen, Kernkraftwerken, wasserrechtlichen Planfeststellungsverfahren oder Straßenplanungen ebenso wie bei abfallrechtlichen Planfeststellungsverfahren und vergleichbaren Fachplanungen.[43]

---

[41] BVerwG, Urt. v. 7.7.1978 – 4 C 79.76 – BVerwGE 56, 110 = RzB Rn. 1164 – Frankfurter Flughafen.

[42] BVerwG, Urt. v. 11.12.1978 – 4 C 13.78 – DÖV 1979, 517 = RzB Rn. 1165 – Spenge.

[43] Aus der umfangreichen Rechtsprechung BVerwG, Urt. v. 12.12.1969 – 4 C 105.66 – BVerwGE 34, 301 = DVBl 1970, 414 = RzB Rn. 23 – Abwägungsgebot; Urt. v. 21.5.1976 – 4 C 38.74 – BVerwGE 51, 6 = NJW 1976, 1765 = RzB Rn. 1163 – Darmstadt–Süd; Urt. v. 7.7.1978 – 4 C 79.76 – BVerwGE 56, 110 = NJW 1976, 1765 = RzB Rn. 1164 – Frankfurter Flughafen; Urt. v. 11.12.1978 – 4 C 13.78 – DÖV 1979, 517 = RzB Rn. 1165 – Spenge; Urt. v. 17.7.1980 – 7 C 101.78 – BVerwGE 60, 297 = NJW 1981, 359 = RzB Rn. 470 – Wyhl; Urt. v. 11.4.1986 – 4 C 51.83 – BVerwGE 74, 124; Urt.

Abbildung 1: *Wahrung gemeindlicher Entwicklungsmöglichkeiten durch die Fachplanung hier: Freihaltung von Flächen beim Bau einer Bundesstraße*

b) Gemeindliche Abwehrrechte. Zur Planungshoheit der Gemeinde gehört nicht nur **39** das Recht, Bauleitpläne aufzustellen, zu ändern oder aufzuheben, sondern auch ein Abwehranspruch gegen Planungen anderer Stellen, die kommunale Belange nicht ausreichend wahren, oder Baumaßnahmen, die den planerischen Festsetzungen der Gemeinden widersprechen.[44] Werden die gemeindlichen Beteiligungsrechte verletzt oder greift die staatliche Maßnahme in materieller Hinsicht in die verfassungsrechtlich geschützten Selbstverwaltungsrechte ein, so hat die Gemeinde ein Abwehrrecht, das ggf. nach entsprechendem Vorverfahren (§ 68 VwGO) durch Anfechtungsklage verwaltungsgerichtlich geltend gemacht werden kann. Auch kommt auf der Grundlage entsprechender gesetzlicher Regelungen ein Normenkontrollantrag in Betracht.[45]

Wurde die Gemeinde ordnungsgemäß am Verfahren beteiligt, so kann sie die Maßnahme **40** ferner mit Erfolg angreifen, wenn diese in ihre durch das Selbstverwaltungsrecht geschützten **materiellen Rechtspositionen** eingreift.[46] Die Gemeinden können sich gegen Fachplanungen auf ihrem eigenen Gemeindegebiet wehren, insbesondere sich auf das Gebot der Koordination unter mehreren hoheitlichen Planungsträgern berufen, wenn eine eigene, hinreichend bestimmte Planung, die allerdings noch nicht verbindlich zu sein braucht, vorliegt und die Störung nachhaltig ist, d. h. unmittelbare Auswirkungen gewichtiger Art auf ihre Planung hat,[47] oder wenn ein großräumiges Vorhaben der Fachplanung wesentliche Teile des Gemeindegebietes einer durchsetzbaren Planung der Gemeinde entzieht.[48] Darüber hinaus kann die Gemeinde Planungsentscheidungen anfechten, wenn ihre **kommunalen Einrichtungen** durch sie erheblich beeinträchtigt werden.[49]

Hat die Gemeinde die Rechtsvorschrift nicht selbst anzuwenden, sondern wird sie **41** lediglich davon betroffen, so ist ein **Normenkontrollantrag** nach § 47 II VwGO i. d. F.

---

v. 16.12.1988 – 4 C 40.86 – BVerwGE 81, 95 = NVwZ 1989, 750 = RzB Rn. 1180 – Hubschrauberlandeplatz; Urt. v. 15.12.1989 – 4 C 36.86 – BVerwGE 84, 209 = DVBl 1990, 427 = RzB Rn. 136 – gemeindenachbarlicher Immissionsschutz; Urt. v. 27.3.1992 – 7 C 18.91 – ZfBR 1992, 182 = RzB Rn. 1187.

[44] BVerwG, B. v. 12.3.2008 – 4 B 21.08 – BauR 2008, 1294 – Verwirkung.

[45] Zur Rechtsverordnung nach § 9 a III FStrG und § 5 Verkehrswegeplanungsbeschleunigungsgesetz (VerkPlBG) BVerwG, B. v. 17.10.1994 – 4 N 1.94 – NVwZ 1995, 381 = DVBl 1995, 236 – A 81.

[46] BVerwG, Urt. v. 25.2.1972 – 7 C 20.71 – BVerwGE 39, 345; Urt. v. 11.4.1986 – 4 C 51.83 – BVerwGE 74, 124 = RzB Rn. 1173; Urt. v. 17.12.1986 – 7 C 29.85 – BVerwGE 75, 285 = RzB Rn. 1254 – Lingen; B. v. 13.9.1993 – 4 B 68.93 – NVwZ–RR 1994, 187 – Flugplatz.

[47] BVerwG, Urt. v. 11.4.1986 – 4 C 51.83 – BVerwGE 74, 124 = RzB Rn. 1173; Urt. v. 29.6.1983 – 7 C 102.82 – DVBl 1984, 88 = RzB Rn. 1167; Urt. v. 16.12.1988 – 4 C 40.86 – BVerwGE 81, 95 = RzB Rn. 1180.

[48] BVerwG, Urt. v. 11.4.1986 – 4 C 51.83 – BVerwGE 74, 124 = RzB Rn. 1173 – Standortübungsplatz; B. v. 7.10.1980 – 1 BvR 584/76 – BVerfGE 56, 298 = RzB Rn. 1157 – Memmingen; VerfGH Münster, Urt. v. 15.12.1989 – VerfGH 5/88 – OVGE 40, 310 = NVwZ 1990, 456 – GEP Düsseldorf; Urt. v. 18.6.1991 – VerfGH 5/90 – OVGE 42, 297 = NVwZ 1991, 449 – GEP Köln; Urt. v. 28.1.1992 – VerfGH 2/91 – NVwZ 1992, 875 = DVBl 1992, 710 – Marburg; Urt. v. 11.2.1992 – VerfGH 6/91 – DVBl 1992, 732 – Gescher; Urt. v. 9.2.1993 – VerfGH 2/92 – NVwZ–RR 1993, 542 = DVBl 1993, 649 – Meerbusch; BVerwG, Urt. v. 20.3.1964 – 7 C 10.61 – BVerwGE 18, 154; Urt. v. 28.10.1970 – 6 C 48.68 – BVerwGE 36, 192; B. v. 13.6.1977 – 4 B 13.77 – BVerwGE 54, 99; Urt. v. 25.11.1986 – 1 A 20.82 – BVerwGE 75, 147; Urt. v. 16.3.1989 – 4 C 36.85 – BVerwGE 81, 329 = RzB Rn. 1269 – Moers–Kapellen; B. v. 21.1.1993 – 4 B 206.92 – UPR 1993, 239 = NVwZ 1993, 884 – Rastplatz Vahrenheide; *Steinberg* DVBl 1982, 13; OVG Lüneburg, Urt. v. 17.8.2006 – 7 KS 81/03 – NdsVBl 2007, 80 = ZUR 2007, 160 (L) = NordÖR 2007, 225 (L) – Müllverbrennungsanlage auf Gebiet der Nachbargemeinde.

[49] BVerwG, Urt. v. 3.5.1988 – 4 C 11 u. 12.85 – UPR 1988, 440 = RzB Rn. 1177 – Hubschrauberlandeplatz Minden; Urt. v. 11.4.1986 – 4 C 51.83 – BVerwGE 74, 124 = RzB Rn. 1173; Urt. v. 30.5.1984 – 4 C 58.81 – BVerwGE 69, 256 = RzB Rn. 1171; Urt. v. 4.5.1988 – 4 C 22.87 – BVerwGE 79, 318 = RzB Rn. 575; Urt. v. 1.8.2002 – 4 C 5.01 – BVerwGE 117, 25 = DVBl 2003, 62 = NVwZ 2003, 86 – FOC Zweibrücken; *Stüer* NVwZ 2004, 814.

des 6.VwGOÄndG nur zulässig, wenn sie geltend macht, durch die Rechtsvorschrift in eigenen Rechten verletzt zu sein. Vergleichbare Rechte hat der VerfGH Münster[50] den Gemeinden gegenüber den **Regionalplänen** mit dem Recht der kommunalen Verfassungsbeschwerde eingeräumt.

42   Den erweiterten gemeindlichen Rechten entsprechen jedoch **gemeindliche Mitwirkungslasten.** Unterlässt es die Gemeinde, ihre Belange in den Fachplanungsprozess einzubringen und ordnungsgemäß geltend zu machen, brauchen sie im Rahmen der fachplanerischen Entscheidung nur dann berücksichtigt zu werden, wenn sie offensichtlich sind und sich dem Planer geradezu aufdrängen.[51] Auch bleiben bauleitplanerische Entwicklungen außer Betracht, die von der Gemeinde erst nach Erlass des Planfeststellungsbeschlusses in Gang gesetzt worden sind.[52]

43   **c) Gemeindliches Einvernehmen.** Nach § 36 I 1 BauGB wird über die Zulässigkeit von Vorhaben nach den §§ 31, 33 bis 35 BauGB im bauaufsichtlichen Verfahren von der Baugenehmigungsbehörde im Einvernehmen mit der Gemeinde entschieden.[53] Das → gemeindliche Einvernehmen nach § 36 I 1 BauGB entfaltet eine planungsrechtliche Schutzfunktion: Die vorgesehene Mitwirkung der Gemeinde dient der Sicherung der gemeindlichen Planungshoheit. Bereits die Missachtung des gesetzlich gewährleisteten Rechts der Gemeinde auf Einvernehmen führt zur Aufhebung der Baugenehmigung; einer materiell-rechtlichen Überprüfung der Rechtslage bedarf es nicht.[54] Das Einvernehmen ist auch erforderlich, wenn in einem anderen Verfahren über die Zulässigkeit nach den vorgenannten Vorschriften entschieden wird.[55] So ist auch für die Erteilung einer immissionsschutzrechtlichen Genehmigung in den Fällen des § 36 BauGB das gemeindliche Einvernehmen erforderlich.[56]

44   Das → gemeindliche Einvernehmen nach § 36 BauGB ist allerdings nicht erforderlich, wenn im Rahmen der privilegierten Fachplanung nach § 38 BauGB entschieden wird. Denn für die nach § 38 BauGB privilegierte Fachplanung finden die Vorschriften über die planungsrechtliche Zulässigkeit in den §§ 29 bis 37 BauGB und damit auch § 36 BauGB keine Anwendung. Dies ist durch § 38 BauGB 1998 klargestellt. § 36 I BauGB ist Ausdruck des verfassungsrechtlich abgesicherten Beteiligungsrechts im Baugenehmigungsverfahren.[57] Im Bereich eines qualifizierten Bebauungsplans ist das gemeindliche Einvernehmen bei Ausnahmen und Befreiungen (§ 31 I und II BauGB) sowie bei Genehmigungen bei Planreife (§ 33 BauGB)[58] erforderlich. Ebenfalls bedarf es des gemeindlichen Einvernehmens für Vorhaben im nicht beplanten Innenbereich (§ 34 BauGB) oder im Außenbereich (§ 35 BauGB). Nach § 36 II 1 BauGB darf die Gemeinde ihr Einvernehmen hinsichtlich der Zulässigkeit von Vorhaben aus den sich aus den §§ 31, 33, 34, und 35 BauGB ergebenden Gründen versagen. Diese Gründe stehen bei der Entscheidung über die Einvernehmenserteilung in vollem Umfang[59] zur

---

[50]   S. Nachw. unter 48.

[51]   BVerwG, B. v. 9.11.1979 – 4 N 1.78 – BVerwGE 59, 87 = RzB Rn. 26.

[52]   BVerwG, Urt. v. 9.5.1989 – 7 B 185.88 – NVwZ 1989, 967 = DVBl 1989, 834 = RzB Rn. 1183 – Sondermüllbeseitigungsanlage.

[53]   *Bohl* NVwZ 1994, 647; *Ebling* LKV 1995, 384; *Knöpfle* Das Einvernehmen der Gemeinden nach § 36 BBauG und raumordnungsrechtliche Vorgaben 1984; *Schütz* NJW 1963, 2150; *Skouris/Tschaching* NuR 1983, 92; *Stüer* FS Gelzer 1991, 155.

[54]   BVerwG, B. v. 11.8.2008 – 4 B 25.08 – BauR 2008, 1844 = Info BRS 2008, Nr 5, 1-3 = RdL 2008, 317 = ZfBR 2008, 795 = UPR 2008, 453 = DVBl 2008, 1329 (L) – gemeindliches Einvernehmen:

[55]   § 36 I 2 BauGB.

[56]   § 36 I 2 BauGB.

[57]   Zu Einzelheiten *BKL* § 36 Rn. 1 ff.

[58]   Zur Planreife *Stüer*, Handbuch des Bau- und Fachplanungsrechts, Rn. 2315.

[59]   OVG Weimar, B. v. 24.8.2007 – 1 EO 563/07 – Ersetzung des gemeindlichen Einvernehmens für immissionsschutzrechtliche Genehmigung, m. Hinw. auf BVerwG, Urt. v. 14.4.2000 – 4 C 5.99 –

Prüfung.[60] Bei Außenbereichsvorhaben[61] gehören dazu auch entgegenstehende Belange des Naturschutzes (vgl. § 35 III 1 Nr. 5 BauGB). Darf die Gemeinde ihr Einvernehmen versagen, kann sie sich auch gegen eine Baugenehmigung wehren, die unter Ersetzung ihres Einvernehmens erteilt worden ist.[62] Die Regelung in § 36 BauGB begründet hinsichtlich der materiellen Planungshoheit allerdings keine Rechte, sondern setzt sie voraus. Ist die Planungshoheit der Gemeinde nicht verletzt, kann sich diese auch nicht gegen die Ersetzung ihres Einvernehmens wenden.[63] Durch § 36 I BauGB wird die gemeindliche Planungshoheit geschützt, nicht aber die Möglichkeit zu „stellvertretendem Nachbarschutz" eröffnet.[64] Im Rahmen der (internen) Einvernehmenserteilung wird die Gemeinde als Behörde tätig. Sie muss deshalb in tatsächlicher Hinsicht die Voraussetzungen für die im Einzelfall zu treffende Entscheidung ermitteln und eigenverantwortlich prüfen, ob ein rechtlich tragfähiger Grund für die Versagung des Einvernehmens besteht.[65] Auf die Klage einer Gemeinde gegen die Ersetzung ihres Einvernehmens sind bei einem Außenbereichsvorhaben die Voraussetzungen des § 35 BauGB in vollem Umfang nachzuprüfen. Mit dem Einwand, anstelle eines baurechtlichen sei ein immissionsschutzrechtliches Vorbescheidverfahren durchzuführen gewesen, wird die Gemeinde allerdings nicht gehört.[66] Eine Vereinbarung zwischen der Gemeinde und einem Bauantragsteller als Vorbedingung für die Erteilung des Einvernehmens nach § 36 I BauGB ist nichtig, wenn das Einvernehmen uneingeschränkt erteilt werden müsste.[67]

> → **Gemeindliches Einvernehmen.** Über die planungsrechtliche Zulässigkeit eines Vorhabens von Ausnahmen und Befreiungen (§ 31 BauGB), während der Planaufstellung bei Planreife (§ 33 BauGB), im nicht beplanten Innenbereich (§ 34 BauGB) und im Außenbereich (§ 35 BauGB) wird im Einvernehmen der Gemeinde entschieden (§ 36 I BauGB). Die Gemeinde hat über ein Ersuchen innerhalb von zwei Monaten zu befinden und auf Grund einer Rechtsprüfung zur planungsrechtlichen Zulässigkeit zu entscheiden. Ohne das Einvernehmen darf eine Baugenehmi-

---

NVwZ 2000, 1048; OVG Koblenz, Urt. v. 13.3.2006 – 8 A 11309/05 – BauR 2000, 1873; aA Hess VGH, B. v. 15.11.2006 – 3 UZ 634/06 – ESVGH 2007, 112; OVG Berlin-Brandenburg, B. v. 5.7.2006 – 10 S 5.6 – NJ 2007, 87; vgl. BVerwG, Urt. v. 31.10.1990 – 4 C 45.88 – DVBl 1991, 217; OVG Koblenz, Urt. v. 16.3.2006 – 1 A 10884/05 – NVwZ-RR 2007, 309; Urt. v. 13.3.2006 – 8 A 11309/05 – BauR 2006, 1873; OVG Lüneburg, B. v. 7.10.2004 – 1 ME 169/04 – NVwZ-RR 2005, 90; OVG Magdeburg, B. v. 6.2.2004 – 2 L 5.00 –.

[60] OVG Koblenz, Urt. v. 5.9.2006 – 8 A 10519/06 – DVBl 2007, 66 = BauR 2007, 72 = NuR 2007, 36 = NVwZ-RR 2007, 304 – Kapelle im Außenbereich *Hohmann* BauR 2007, 858; m. Hinw. auf BVerwG, Urt. v. 14.4.2000 – 4 C 5.99 –NVwZ 2000, 1048; OVG Koblenz, Urt. v. 13.3.2006 – 8 A 11309/05.OVG – ESOVGRP = BauR 2006, 877 (L); Urt. v. 16.3.2006 – 1 A 10884/05 – ZuR 2006, 379; OVG Berlin-Brandenburg, Urt. v. 29.11.2005 – 2 S 115.05 – BauR 2006, 1100; OVG Berlin-Brandenburg, B. v. 5.7.2006 – 10 S 5.6 und 6.6 – NJ 2007, 87 – gemeindliches Einvernehmen; OVG Koblenz, Urt. v. 16.3.2006 – 1 A 10884/05 – ZUR 2006, 379 = NuR 2006, 520 = NVwZ-RR 2007, 309 = DVBl 2006, 855 (L) – Rotmilan.

[61] OVG Koblenz, Urt. v. 13.3.2006 – 8 A 11309/05, 8 A 11309/05.OVG – BauR 2006, 1873 = BRS 70 Nr. 103 (2006) – Ersetzung des gemeindlichen Einvernehmens.

[62] OVG Berlin-Brandenburg, B. v. 29.11.2005 – 2 S 115.05 – ZUR 2006, 210 = BauR 2006, 1100 = NuR 2006, 458 = LKV 2006, 513 – Einvernehmen Naturschutzbelange; *Werner* LKV 2006, 492; *Otto* NJ 2006, 473; *Kremer* ZUR 2006, 190.

[63] BVerwG, Urt. v. 10.1.2006 – 4 B 48.05 – BauR 2006, 815; vgl. auch OVG Greifswald, Urt. v. 19.10.2006 – 3 M 63.06 –; vgl. VGH Kassel, Urt. v. 15.11.2006 – 3 UZ 634.06 – Ersetzung des gemeindlichen Einvernehmens.

[64] OVG Schleswig, B. v. 8.8.2006 – 1 MB 18/06 – NordÖR 2007, 41 = NVwZ-RR 2007, 158 (L) – Biogasanlage.

[65] OVG Schleswig, B. v. 29.4.2008 – 1 O 23/07 – NordÖR 2008, 292 (L) – gemeindliches Einvernehmen.

[66] OVG Lüneburg, Urt. v. 10.1.2008 – 12 LB 22/07 – ZfBR 2008, 366 = DVBl 2008, 733 – Windkraftanlage.

[67] VGH Mannheim, Urt. v. 16.4.2008 – 3 S 1771/07 – Freilandfläche für Gartenbaubetrieb.

gung nicht erteilt werden. An das erteilte Einvernehmen ist die Baugenehmigungsbehörde nicht gebunden. Das rechtswidrig verweigerte Einvernehmen kann durch die nach Landesrecht zuständige Behörde ersetzt werden. Hierdurch kann sich in der Tendenz auch die Amtshaftung in Richtung auf die Baugenehmigungsbehörde und die für die Ersetzung des Einvernehmens zuständige Behörde verschieben. Gegen die Ersetzung des Einvernehmens kann die Gemeinde nur dann erfolgreich Rechtsschutz suchen, wenn ihre Planungshoheit dadurch verletzt ist.

45   Die kommunale Selbstverwaltung äußert sich dabei neben der Aufstellung der Bauleitpläne auch in der Einvernehmensregelung in § 36 I BauGB. Aus der Selbstverwaltungsgarantie ergeben sich für die planenden Städte und Gemeinden auch Mitwirkungsrechte im Baugenehmigungsverfahren. Vorhaben von einigem bodenrechtlichen Gewicht dürften daher nicht nur dem Erfordernis eines Genehmigungsverfahrens unterliegen, sondern es sind an solchen Verfahren auch die jeweiligen Standortgemeinden zu beteiligen. § 36 I BauGB ist Ausdruck dieses verfassungsrechtlich abgesicherten Beteiligungsrechts im Baugenehmigungsverfahren.[68] Im Bereich eines qualifizierten Bebauungsplans ist das gemeindliche Einvernehmen bei Ausnahmen und Befreiungen (§ 31 I und II BauGB) sowie bei Genehmigungen bei Planreife (§ 33 BauGB) erforderlich. Ebenfalls bedarf es des gemeindlichen Einvernehmens im nicht beplanten Innenbereich (§ 34 BauGB) und im Außenbereich (§ 35 BauGB).

46   Nicht erforderlich ist das gemeindliche Einvernehmen nach § 36 I BauGB lediglich bei einer plankonformen Genehmigung nach § 30 I BauGB und bei einer Genehmigung, die auf der Grundlage eines vorhabenbezogenen Bebauungsplans nach § 30 II BauGB oder eines Bebauungsplans der Innenentwicklung (§ 13 a BauGB) erteilt wird. Die Länder haben nach § 36 I 3 BauGB sicherzustellen, dass die Gemeinden bei Vorhaben, die im Geltungsbereich eines qualifizierten Bebauungsplans verwirklicht werden sollen, rechtzeitig vor der Ausführung des Vorhabens über Maßnahmen zur Sicherung der Bauleitplanung nach §§ 14, 15 BauGB (Veränderungssperre oder Zurückstellung von Vorhaben) entscheiden können. Die nähere Ausgestaltung der Information der Gemeinde ist dabei den Ländern überlassen. Wird kein Baugenehmigungsverfahren durchgeführt, wird nach § 15 I 2 BauGB auf Antrag der Gemeinde anstelle der Aussetzung der Entscheidung über die Zulässigkeit eine vorläufige Untersagung innerhalb einer durch Landesrecht festgesetzten Frist ausgesprochen. Die vorläufige Untersagung steht der Zurückstellung des Vorhabens nach § 15 I 1 BauGB gleich (§ 15 I 3 BauGB). Im Rahmen der (internen) Einvernehmenserteilung wird die Gemeinde als Behörde tätig. Sie muss deshalb in tatsächlicher Hinsicht die Voraussetzungen für die im Einzelfall zu treffende Entscheidung ermitteln und eigenverantwortlich prüfen, ob ein rechtlich tragfähiger Grund für die Versagung des Einvernehmens besteht.[69] Auf die Klage einer Gemeinde gegen die Ersetzung ihres Einvernehmens sind bei einem Außenbereichsvorhaben die Voraussetzungen des § 35 BauGB in vollem Umfang nachzuprüfen. Mit dem Einwand, anstelle eines baurechtlichen sei ein immissionsschutzrechtliches Vorbescheidsverfahren durchzuführen gewesen, wird die Gemeinde allerdings nicht gehört.[70] Eine Vereinbarung zwischen der Gemeinde und einem Bauantragsteller als Vorbedingung für die Erteilung des Einvernehmens nach § 36 I BauGB ist nichtig, wenn das Einvernehmen uneingeschränkt erteilt werden müsste.[71]

47   Aus Sinn und Zweck des Einvernehmenserfordernisses in § 36 I 1 BauGB ergibt sich, dass der Gesetzgeber der Gemeinde eine Entscheidung über ihr Einvernehmen auf der Grundlage in planungsrechtlicher Hinsicht **vollständiger Antragsunterlagen (Bauvor-**

---

[68] Zu Einzelheiten *BKL* § 36 Rn. 1 ff.

[69] OVG Schleswig, B. v. 29.4.2008 – 1 O 23/07 – NordÖR 2008, 292 (L) – gemeindliches Einvernehmen.

[70] OVG Lüneburg, Urt. v. 10.1.2008 – 12 LB 22/07 – ZfBR 2008, 366 = DVBl 2008, 733 – Windkraftanlage.

[71] VGH Mannheim, Urt. v. 16.4.2008 – 3 S 1771/07 – Freilandfläche für Gartenbaubetrieb.

lagen) ermöglichen will. Die Entscheidung über das gemeindliche Einvernehmen ist mit der Obliegenheit der Gemeinde verbunden, im Rahmen der Möglichkeiten, die ihr das Landesrecht eröffnet, innerhalb der zweimonatigen Einvernehmensfrist gegenüber dem Bauherrn oder der Baurechtsbehörde auf die Vervollständigung des Bauantrages hinzuwirken. Kommt die Gemeinde dieser Mitwirkungslast nicht nach, gilt ihr Einvernehmen gemäß § 36 II 2 HS 2 BauGB mit Ablauf der Zwei-Monats-Frist als erteilt.[72]

Die Entscheidung über das gemeindliche Einvernehmen ist eine reine **Rechtsprü- 48 fung**. Die Gemeinde hat im Rahmen der Entscheidung über die Einvernehmenserteilung zu prüfen, ob ein Genehmigungsanspruch besteht. Ist dieser gegeben, muss die Gemeinde das Einvernehmen erteilen. Liegen die Voraussetzungen für einen Genehmigungsanspruch nicht vor, hat die Gemeinde ihr Einvernehmen zu versagen. Ermessenserwägungen können nur insoweit Platz greifen, als die gesetzlichen Genehmigungsvoraussetzungen solche Ermessenselemente vorsehen. Die Gemeinde darf ihr **Einvernehmen** nur aus Gründen versagen, die auch dem **Schutz** ihrer subjektiven, die Einvernehmensregelung begründenden **Planungsrechte** dienen und kommunale Belange tatsächlich verletzt sind. Demgegenüber ist die Gemeinde im Rahmen der Einvernehmensregelung nicht berechtigt, fachbehördlich geregelte öffentliche Interessen aufzurufen.[73] Das gemeindliche Einvernehmen unterliegt zudem dem **Koppelungsverbot**. Es besagt, dass zum einen durch einen verwaltungsrechtlichen Vertrag nichts miteinander verknüpft werden darf, was nicht ohnedies schon in einem inneren Zusammenhang steht, und dass zum anderen hoheitliche Entscheidungen ohne entsprechende gesetzliche Ermächtigung nicht von wirtschaftlichen Gegenleistungen abhängig gemacht werden dürfen, es sei denn, erst die Gegenleistung würde ein der Entscheidung entgegenstehendes rechtliches Hindernis beseitigen.[74] Die Erteilung des gemeindlichen Einvernehmens darf nicht von sachfremden Gesichtspunkten abhängig gemacht werden. Es verstößt allerdings nicht gegen das Koppelungsverbot, wenn die Gemeinde ihre zustimmende Stellungnahme zu einem Baugesuch davon abhängig macht, dass der Bauwillige die nach dem Bebauungsplan für die Erschließung des Baugrundstücks vorgesehenen Straßenflächen unter Anrechnung auf den späteren Erschließungsbeitrag und die spätere Umlegung auf die Gemeinde überträgt.[75] Zur Beurteilung der Sach- und Rechtslage ist in Anknüpfung an die Rechtsprechung des BVerwG[76] zur baurechtlichen Nachbarklage grundsätzlich auf den Zeitpunkt der Genehmigungserteilung abzustellen.[77] Die Zwei-Monats-Frist steht allerdings nicht zur Disposition der Beteiligten und verlängert sich auch bei Zustimmung des Bauherrn nicht.[78] Die Fiktion, dass nach Fristablauf das verweigerte Einvernehmen i. S. des § 36 BauGB als erteilt gilt, erstreckt sich auch nicht auf Vorhaben, die einer Veränderungssperre unterliegen (§ 14 II 2 BauGB).[79]

---

[72] BVerwG, Urt. v. 16.9.2004 – 4 C 7.03 – BVerwGE 122, 13 = NVwZ 2005, 213 = DVBl 2005, 196 (L) = jurisPR-BVerwG 4/2004 mit Anm. *Gatz* – Einvernehmensfiktion.

[73] VGH Kassel, B. v. 7.5.2009 – 3 A 1523/08.Z – LKRZ 2009, 305 = NVwZ-RR 2009, 750 = UPR 2009, 357 = ZfBR 2009, 797 = DÖV 2009, 726 = BauR 2009, 1631 – gemeindliches Einvernehmen.

[74] OVG Lüneburg, Urt. v. 3.5.2006 – 1 LC 170/04 – NdsVBl 2006, 249 = BauR 2006, 1703 – Koppelungsverbot; m. Hinw. auf BVerwG, Urt. v. 6.7.1973 – IV C 22.72 – BVerwGE 42, 331.

[75] BVerwG, Urt. v. 16.12.1994 – 4 C 27.92 – DVBl 1994, 710 = NVwZ 1994, 485.

[76] Vgl. BVerwG, B. v. 23.4.1998 – 4 B 40.98 – NVwZ 1998, 1179; Urt. v. 19.9.1969 – IV C 18.67 – NJW 1970, 581; VGH München, B. v. 13.3.1996 – 1 CS 96.638 – BayVBl. 1996, 471; Urt. v. 30.10.1986 – 2 B 86.1790 – BayVBl. 1987, 210; VGH Kassel, B. v. 27.9.2004 – 2 TG 1630/04 – BauR 2005, 436.

[77] OVG Berlin-Brandenburg, Urt. v. 14.12.2006 – 11 B 11.5 – Immissionsschutz 2007, 80 – Windenergieanlage.

[78] OVG Magdeburg, B. v. 21.1.2005 – 2 M 477/04 – JMBl ST 2006, 104 – gemeindliches Einvernehmen.

[79] OVG Berlin-Brandenburg, Urt. v. 14.12.2006 – 11 B 11.5 – Immissionsschutz 2007, 80 – Windenergieanlage.

49   Die Einvernehmensregelung des § 36 I BauGB ist nach Auffassung des BVerwG nicht anwendbar, wenn die **Gemeinde** selbst **Baugenehmigungsbehörde** ist. So ist etwa die Klage einer Stadt auf Aufhebung des sie zur Erteilung einer Baugenehmigung verpflichtenden Widerspruchsbescheides ihres Stadtrechtsausschusses unzulässig.[80] Die mit der **unteren Baugenehmigungsbehörde identische Gemeinde** darf die Ablehnung eines Bauantrags daher nicht mit der Versagung ihres Einvernehmens begründen.[81] Gegen die von der Widerspruchsbehörde verfügte Verpflichtung, die Baugenehmigung zu erteilen, kann die Gemeinde sich deshalb nicht unter Berufung auf ihr fehlendes Einvernehmen zur Wehr setzen. Der Erfolg eines Abwehranspruches setzt vielmehr die Verletzung ihrer materiellen Planungshoheit voraus.[82] Die mit der unteren Baurechtsbehörde identische Gemeinde kann daher einem Vorhaben im Außenbereich nicht die Versagung ihres Einvernehmens entgegenhalten. Im Rahmen der Anfechtungsklage einer mit der unteren Baurechtsbehörde identischen Gemeinde kann sie nur eine Verletzung ihrer materiell-rechtlichen Planungshoheit geltend machen; auf das in § 36 II 1 BauGB normierte vollständige Prüfungsprogramm zur planungsrechtlichen Zulässigkeit kann sie sich nicht berufen.[83]

50   Auch auf die **Unwirksamkeit** eines von ihr aufgestellten Bebauungsplans kann sich die Gemeinde nicht berufen. Die Planungshoheit der Gemeinde umfasst bei erkannter Unwirksamkeit eines eigenen Bebauungsplans nur die Möglichkeiten, diesen in einem Verfahren nach § 1 VIII BauGB aufzuheben oder die Mängel in einem ergänzenden Verfahren zu beheben und dabei ggf. einen Antrag auf Zurückstellung nach § 15 BauGB zu stellen oder eine Veränderungssperre nach § 14 BauGB zu erlassen. Die Gemeinde kann die Verletzung der materiellen Planungshoheit nicht daraus herleiten, dass sie geltend macht, ihr eigener Bebauungsplan sei unwirksam, das an sich plankonforme Vorhaben sei daher nach § 34 BauGB zu beurteilen und sie habe das somit erforderliche Einvernehmen nach § 36 BauGB zu Recht versagt.[84]

51   Um den Eintritt der Fiktionswirkung gemäß § 36 II 2 HS 2 BauGB zu verhindern, muss eine Gemeinde ihr Einvernehmen verweigern. Die Gemeinde kann ihr Einvernehmen nicht fristwahrend unter der aufschiebenden Bedingung erteilen, dass die Baugenehmigungsbehörde die bauplanungsrechtliche Zulässigkeit des Vorhabens feststellt.[85]

52   Die Einvernehmensregelung des § 36 BauGB bezieht sich auf Baugenehmigungsverfahren, gilt aber auch für die Bebauungsgenehmigung **(Vorbescheid)**, welche die planungsrechtliche Zulässigkeit eines Vorhabens zum Gegenstand hat oder die Teilbaugenehmigung.[86] Wird über die Zulässigkeit eines Verfahrens nach den §§ 31, 33 bis 35 BauGB in einem anderen Verfahren[87] entschieden, ist die Gemeinde nach § 36 I 2 BauGB ebenfalls zu beteiligen. Bei Planfeststellungsverfahren, aber auch bei Ausschachtungen, Ablagerungen und Lagerstätten, die der Bergaufsicht unterliegen, ist das gemeindliche Einvernehmen nicht erforderlich (§§ 36 I 2 HS 2, 38 BauGB). Hier bestehen allerdings nach § 38 S. 1 BauGB Beteiligungserfordernisse.

---

[80] BVerwG, Urt. v. 21.6.1974 – IV C 71.72 – BVerwGE 45, 207 = RzB Rn. 559.

[81] *Budroweit* NVwZ 2005, 1013.

[82] BVerwG, Urt. v. 19.8.2004 – 4 C 16.03 – BVerwGE 121, 339 = NVwZ 2005, 83 = DVBl 2005, 192 = BauR 2005, 948 mit Anm. *Hummel* = UPR 2005, 292 mit Anm. *Schmitt* = NVwZ 2005, 1013 mit Anm. *Budroweit* – Einvernehmen, Aufgabe von BVerwG, B. v. 30.7.2002 – 4 B 40.02 – Buchholz 406.11 § 36 BauGB Nr. 55.

[83] VGH Mannheim, Urt. v. 8.7.2009 – 8 S 1686/08 – DÖV 2009, 917, im Anschluss an BVerwG, Urt. v. 19.8.2004 – 4 C 16.03 – BVerwGE 121, 339.

[84] OVG Greifswald, B. v. 19.10.2006 – 3 M 63/06 – NordÖR 2007, 80 = BauR 2007, 515 = LKV 2007, 232 = DÖV 2007, 393 (L) – Versagung des Einvernehmens; *Christian-W Otto* NJ 2007, 284 vgl. BVerwG, Urt. v. 21.11.1986 – 4 C 22.83 – BVerwGE 75, 142 und VGH München, B. v. 27.8.2002 – 8 CS 02.1514 – VGHE 55, 150.

[85] VGH München, Urt. v. 26.1.2006 – 26 B 02.2957 – KommunalPraxis BY 2006, 149 (L) – vorsorgliche Verweigerung des Einvernehmens.

[86] Zu den Begriffen *Söfker* in: EZBK, Rn. 9 zu § 36 BauGB.

[87] Etwa immissionsschutzrechtlichen oder atomrechtlichen Genehmigungsverfahren.

Die Erklärung des gemeindlichen Einvernehmens ist kein von Dritten anfechtbarer **53** Verwaltungsakt, sondern ein **internes Mitwirkungselement** ohne unmittelbare Außenwirkung. Das gemeindliche Einvernehmen kann daher von einem Bauherrn oder Dritten nicht durch Verpflichtungsklage gerichtlich erstritten werden. Die Entscheidung über die Erteilung des gemeindlichen Einvernehmens ist eine reine Rechtsprüfung (§ 36 II 1 BauGB).[88] Besteht daher nach §§ 31, 33 bis 35 BauGB ein Genehmigungsanspruch, so hat die Gemeinde ihr Einvernehmen nach § 36 BauGB zu erteilen. Anderenfalls kann sie ggf. aus dem Gesichtspunkt der **Amtshaftung** schadensersatzpflichtig werden.[89] Dies gilt jedenfalls dann, wenn die Baugenehmigungsbehörde mit Hinweis auf das fehlende gemeindliche Einvernehmen die Baugenehmigung versagt. Wird die rechtswidrige Ablehnung einer Bauvoranfrage sowohl auf eigene Erwägungen der Bauaufsichtsbehörde als auch darauf gestützt, dass die Gemeinde das erforderliche Einvernehmen verweigert habe, so können für den durch die Ablehnung verursachten Schaden die Bauaufsichtsbehörde und die Genehmigungsbehörde nebeneinander verantwortlich gemacht werden.[90] Die Baugenehmigungsbehörde ist an die Verweigerung des gemeindlichen Einvernehmens gebunden. Sie darf die beantragte Genehmigung in den Fällen der §§ 31, 33 bis 35 BauGB nicht erteilen, wenn die Gemeinde ihr Einvernehmen versagt hat. Erteilt die Baugenehmigungsbehörde gleichwohl die beantragte Baugenehmigung, kann die Baugenehmigung von der Gemeinde angefochten werden, wenn sie in ihrer Planungshoheit verletzt ist.[91] Verweigert die Gemeinde rechtswidrig das Einvernehmen, so kann dieses bei entsprechender landesrechtlicher Grundlage im Wege der Rechtsaufsicht (Kommunalaufsicht) oder nach § 36 II 3 BauGB ersetzt werden.[92] An ein erteiltes gemeindliches **Einvernehmen** ist die **Baugenehmigungsbehörde** demgegenüber **nicht gebunden**.[93]

Der auf der Planungshoheit beruhenden Beteiligung der Gemeinde am Baugenehmi- **54** gungsverfahren kann im Falle der Versagung des Einvernehmens eine für den Bauwilligen ausschlaggebende Bedeutung zukommen, weil die Baugenehmigungsbehörde dann gehindert ist, eine Baugenehmigung auszusprechen, solange die Gemeinde ihr Einvernehmen nicht erklärt hat.[94] Vereitelt oder verzögert die Gemeinde durch eine unberechtigte Verweigerung ihres Einvernehmens ein planungsrechtlich zulässiges Bauvorhaben, so berührt dies − sei es auch nur mittelbar − notwendig und bestimmungsgemäß die Rechtsstellung des Bauwilligen. Dies genügt, um eine besondere Beziehung zwischen der verletzten **Amtspflicht** und dem Bauwilligen als einem geschützten „Dritten" i. S. des § 839 I 1 BGB zu bejahen. Dessen Interessen werden durch die Amtspflicht, das Einvernehmen nicht zu verweigern, wenn das Bauvorhaben nach den §§ 31, 33, 34 oder 35 BauGB zulässig ist, in individualisierter und qualifizierter Weise geschützt.[95]

Das **Einvernehmen** der Gemeinde **gilt als erteilt**, wenn es nicht innerhalb von zwei **55** Monaten nach Eingang des Ersuchens der Genehmigungsbehörde verweigert wird. Dem

---

[88] BVerwG, B. v. 16.12.1969 – 4 B 121.69 – DÖV 1989, 349 = RzB Rn. 558.

[89] BGH, Urt. v. 26.4.1979 – III ZR 100/77 – BauR 1979, 501 = BRS 35, 149 – Bebaubarkeit; Urt. v. 21.5.1992 – III ZR 14/91 – BGHZ 118, 263 = BauR 1992, 595; Urt. v. 5.12.1991 – III ZR 167/90 – UPR 1992, 94 = RzB Rn. 1018.

[90] BGH, Urt. v. 21.5.1992 – III ZR 14/91 – DVBl 1992, 1430 = RzB Rn. 1021.

[91] BVerwG, Urt. v. 14.2.1969 – 4 C 215.65 – BVerwGE 31, 263 = DÖV 1969, 853.

[92] BVerwG, Urt. v. 19.11.1965 – 4 C 184.65 – BVerwGE 22, 342 = NJW 1966, 513; B. v. 15.11.1991 – 4 B 191.91 – UPR 1992, 234 = RzB Rn. 565.

[93] BGH, Urt. v. 25.2.1988 – III ZR 118/87 – BGH–DAT Zivil = RzB Rn. 552.

[94] Übereinstimmende Rechtsprechung des BVerwG und des BGH, vgl. z. B. BVerwG, Urt. v. 19.11.1965 − IV C 184.65 − BVerwGE 22, 342 = DVBl 1966, 179; B. v. 15.11.1991 − 4 B 191.91 − NVwZ-RR 1992, 529 = UPR 1992, 234; BGH, Urt. v. 29.9.1975 − III ZR 40/73 − BGHZ 65, 182 = NJW 1976, 184 − Baubewerber; Urt. v. 18.12.1986 − III ZR 174/85 − BGHZ 99, 262 = NJW 1987, 1320 − Verzinkerei; Urt. v. 21.5.1992 − III ZR 14/91 − BGHZ 118, 263 = DVBl 1992, 1430.

[95] BGH, Urt. v. 29.9.1975 − III ZR 40/73 − BGHZ 65, 182 = NJW 1976, 184; seither st. Rspr. vgl. BGH, Urt. v. 21.5.1992 − III ZR 14/91 − BGHZ 118, 263 m. w. N.; *Staudinger/Wurm*, § 839 BGB Rn. 581.

Ersuchen gegenüber der Gemeinde steht die Einreichung des Antrags bei der Gemeinde gleich, wenn dies nach Landesrecht vorgeschrieben ist (§ 36 II 2 BauGB). Die Regelung dient der Beschleunigung des Baugenehmigungsverfahrens. Eine Verlängerung der Frist ist nicht möglich.[96] Die Frist wird allerdings erst durch den Eingang der **vollständigen Antragsunterlagen** bei der Gemeinde ausgelöst. Vollständig sind die Antragsunterlagen für ein im Geltungsbereich eines qualifizierten Bebauungsplans gelegenes Vorhaben nur dann, wenn sich aus ihnen unmittelbar ergibt, dass und von welchen Festsetzungen des Bebauungsplans Ausnahmen und Befreiungen zu erteilen sind.[97] Die Erteilung des Einvernehmens zu einem bestimmten Vorhaben hindert die Gemeinde allerdings nicht daran, eine die Zulässigkeit des Vorhabens ausschließende Bauleitplanung, etwa zum Ausschluss von Spielhallen[98] oder Windkraftanlagen zu betreiben und sie durch eine Veränderungssperre zu sichern.[99]

56 Nach § 36 II 3 BauGB kann die nach Landesrecht zuständige Behörde ein rechtswidrig versagtes gemeindliches **Einvernehmen ersetzen**. Diese bereits durch das BauROG 1998 eingefügte Ersetzungsmöglichkeit soll verhindern, dass die Gemeinde ohne weitere Angabe von Gründen durch die schlichte Verweigerung des Einvernehmens einen längerfristigen Baustopp bewirkt, obwohl das Vorhaben planungsrechtlich zulässig ist.[100] Bis zur Einführung dieser Ersetzungsbefugnis konnte das gemeindliche Einvernehmen nur durch Maßnahmen der Kommunalaufsicht oder auf der Grundlage entsprechender landesrechtlicher Regelungen in den BauO ersetzt werden. Im Übrigen konnte das verweigerte gemeindliche Einvernehmen erst durch eine gerichtliche Entscheidung ersetzt werden. Allerdings ist die Ersetzungsbefugnis nach § 36 II 3 BauGB auf solche Fälle beschränkt, in denen die nach Landesrecht zuständige Behörde nach eigener fachlicher Prüfung davon ausgeht, dass die Versagung des gemeindlichen Einvernehmens rechtswidrig war.[101] Dabei sind insbesondere die Argumente der Gemeinde zu berücksichtigen, mit denen die Gemeinde ihre Entscheidung begründet hat. Die Ersetzung des gemeindlichen Einvernehmens steht im behördlichen Ermessen.[102] Hat die Gemeinde die Versagung des

---

[96] BVerwG, Urt. v. 12.12.1996 – 4 C 24.95 – NuR 1997, 234, kritisch zur Verfahrensbeschleunigung *Blümel* in Stüer (Hrsg.) Verfahrensbeschleunigung, S. 17. Die vormals in § 5 III BauGB-MaßnG geregelte Verkürzung der Einvernehmensfrist auf einen Monat bei Vorhaben, die ausschließlich Wohnzwecken dienten, ist durch das BauROG gestrichen worden. Ebenfalls durch das BauROG 1998 gestrichen wurde § 5 IV BauGB-MaßnG, wonach die Genehmigung nicht nach den §§ 30 und 31 BauGB versagt werden durfte, wenn der Antrag auf Genehmigung eines Vorhabens nicht innerhalb von drei Monaten nach Eingang des Antrags bei der Genehmigungsbehörde abgelehnt wurde. Diese Zulässigkeitsfiktion hatte zur Folge, dass der Baugenehmigungsbehörde die Möglichkeit abgeschnitten wurde, dem Bauherrn in den Fällen der §§ 30, 31 BauGB die Planungsrechtswidrigkeit des Vorhabens entgegenzuhalten, ohne dass sich hierdurch etwas an der materiellen Rechtswidrigkeit änderte. Die Vorschrift erstreckte sich allerdings nicht auf das fehlende gemeindliche Einvernehmen. Hatte die Gemeinde daher ihr nach § 36 BauGB erforderliches gemeindliches Einvernehmen versagt, so durfte sich die Baugenehmigungsbehörde auch nach Ablauf der in § 5 IV BauGB-MaßnG bestimmten Dreimonatsfrist nicht darüber hinwegsetzen und muss die Baugenehmigung wegen fehlenden gemeindlichen Einvernehmens versagen, so BVerwG, B. v. 30.12.1994 – 4 B 265.94 – ZfBR 1995, 104 = DVBl 1995, 532.
[97] VGH Mannheim, Urt. v. 17.11.1998 – 5 S 2147/98 – VGHBW RSprDienst 1999, Beilage 2 B 5.
[98] BVerwG, B. v. 26.10.1998 – 4 BN 43.98 – VwRR BY 1999, 103.
[99] BVerwG, Urt. v. 19.2.2004 – 4 CN 16.03 – BVerwGE 120, 138 = NVwZ 2004, 858 mit Anm. *Graf* 1435 = DVBl 2004, 950 – Rosendahl.
[100] OVG Koblenz, Urt. v. 23.9.1998 – 1 B 11493/98 – NVwZ-RR 2000, 85 – Einvernehmensersetzung.
[101] Der Widerspruch der Gemeinde gegen die Ersetzung des gemeindlichen Einvernehmens nach § 36 II 3 BauGB hat aufschiebende Wirkung OVG Lüneburg, B. v. 9.3.1999 – 1 M 405/99 – UPR 1999, 231.
[102] VGH München, B. v. 13.2.2006 – 15 CS 05.3346 – BayVBl. 2006, 605 = ZfBR 2006, 684 = BauR 2006, 2022 Mobilfunkantennenanlage.

Einvernehmens nicht oder nur unzureichend schriftlich begründet und ist die Versagung auch nicht im Ergebnis offensichtlich rechtmäßig, sollte die nach Landesrecht zuständige Behörde der Gemeinde Gelegenheit zur weiteren Begründung innerhalb einer kurzen Frist geben. Stellt die nach Landesrecht zuständige Behörde fest, dass die Versagung des gemeindlichen Einvernehmens rechtswidrig war, so darf sie das Einvernehmen der Gemeinde ersetzen. Die Entscheidung steht im Ermessen der zuständigen Behörde. Die Behörde teilt dann der zuständigen Bauaufsichtsbehörde die Entscheidung mit. Eine Gemeinde kann im Rahmen eines **Rechtsmittels** gegen die Ersetzung ihres Einvernehmens eine volle Überprüfung der Voraussetzungen des **§ 35 III BauGB** verlangen und dabei auch geltend machen, dass dem Vorhaben öffentliche Belange i.S.d. § 35 III BauGB entgegenstehen, auch wenn deren Wahrnehmung der Gemeinde außerhalb des § 36 BauGB nicht als Teil der ihr zugewiesenen Selbstverwaltungsaufgaben obliegt.[103]

Im Falle der rechtzeitigen Versagung ihres Einvernehmens hat die Gemeinde einen An- **57** spruch darauf, dass die Bauaufsichtsbehörde kein Vorhaben zulässt, das den im Rahmen der Entscheidung nach § 36 I 1 BauGB ihrer Beurteilung unterliegenden planungsrechtlichen Zulässigkeitsanforderungen nicht entspricht. Dementsprechend ist die Befugnis der Bauaufsichtsbehörde zur Ersetzung des Einvernehmens von vorneherein zwingend auf die Fälle der „rechtswidrigen" Versagung durch die Gemeinde begrenzt. Zuvor muss der Gemeinde ein ausreichender Zeitraum zur Stellungnahme zur Verfügung stehen.[104] Das in § 36 II 3 BauGB der Behörde eingeräumte Ermessen dient der Verfahrenskonzentration und verhindert, dass neben dem Baugenehmigungsverfahren ein weiteres kommunalaufsichtsrechtliches Verfahren erforderlich wird. Die Bauaufsichtsbehörde prüft bei der Ersetzung des gemeindlichen Einvernehmens, ob Belange der Gemeinde beeinträchtigt sind. Ist dies nicht der Fall und liegen die Voraussetzungen für die Erteilung einer Baugenehmigung vor, steht der Bauaufsichtsbehörde ein weitergehendes Ermessen bezogen auf sonstige Belange der Gemeinde nicht zu, wenn der Bauantragsteller einen Anspruch auf Erteilung der Genehmigung hat.[105] Die Gemeinde kann sich gegenüber der Ersetzung des gemeindlichen Einvernehmens im Anfechtungsprozess auch auf Gründe berufen, mit denen sie ihr Einvernehmen nicht verweigert hat.[106]

Die **Gemeinde** kann die Erteilung einer Baugenehmigung nur dann erfolgreich **an-** **58** **fechten**, wenn das Vorhaben dem Bauplanungsrecht nicht entspricht.[107] Dies gilt auch, wenn die Gemeinde ihr Einvernehmen zu Unrecht verweigert hat. Die Baugenehmigungsbehörde wäre zwar an das fehlende Einvernehmen gebunden gewesen. Hat sie gleichwohl eine Baugenehmigung erteilt, ist die Anfechtungsklage der Gemeinde nur erfolgreich, wenn das Vorhaben planungsrechtlich unzulässig ist. Bei planungsrechtlicher Zulässigkeit des Vorhabens greift der Abwehranspruch der Gemeinde wegen der beste-

---

[103] OVG Berlin-Brandenburg, B. v. 17.9.2008 – 11 S 9.07 – Windenergiepark in einem faktischen Vogelschutzgebiet.

[104] So für nach § 70 IV BauO LA OVG Magdeburg, B. v. 19.7.2010 – 2 M 64/10 – BauR 2010, 2160 – aufschiebende Wirkung. Zur Ersetzung des gemeindlichen Einvernehmens im Baugenehmigungsverfahren sowohl nach § 36 I 1 BauGB als auch hinsichtlich der Gewährung einer Ausnahme von einer Veränderungssperre (§ 14 II 2BauGB) OVG Saarlouis, B. v. .9.2010 – 2 B 215/10 – NVwZ-RR 2010, 877 = BauR 2010, 2158 – Windenergiemast.

[105] VGH Kassel, Urt. v. 8.9.2010 – 3 B 1271/10 – Wohnraumerweiterung, im Anschluss an VGH München, B. v. 13.2.2006 – 15 CS 05.3346 -.

[106] OVG Berlin-Brandenburg, B. v. 29.3.2010 – 11 S 58.09 – BauR 2010, 945 – Windkraftanlage. Zur Beteiligung der Gemeinde bei baurechtlichen Zulassungsverfahren für Vorhaben der Landesverteidigung *Scheidler* LKV 2010, 102.

[107] Weitergehend VG Saarlouis, B. v. 25.3.2011 – 2 B 100/11 – BauR 2011, 1372 (L) – Ersetzung gemeindlichen Einvernehmens, und OVG Saarlouis, B. v. 13.7.2011 – 2 B 231/11 – NVwZ-RR 2011, 888 (L) = BauR 2011, 1702 (L) – Fachmarktzentrum; vgl. OVG Saarlouis, Urt. v. 17.1.2008 – 2 R 11/06 – SKZ 2008, 86; B. v. 2.9.2010 – 2 B 215/10 – SKZ 2011, 42, Nr. 24; B. v. 25.3.2011 – 2 B 100/11 – SKZ 2011, 168, wonach die Klage auch dann begründet ist, wenn das Einvernehmen hätte erteilt werden müssen.

henden Ersetzungsmöglichkeit des gemeindlichen Einvernehmens nach § 36 II 3 BauGB nicht. Ein Bauvorbescheid oder eine Baugenehmigung ist auf den Rechtsbehelf der Gemeinde aufzuheben, wenn ihr Einvernehmen für das Vorhaben nicht wirksam ersetzt wurde. Die **Ersetzungsentscheidung** nach § 36 II 3 BauGB erfordert eine Ermessensausübung. Diese ist ermessensfehlerhaft, wenn die Gemeinde ihre unwirksame Konzentrationsplanung durch Änderung ihres Flächennutzungsplans repariert hat und nur noch die unmittelbar bevorstehende Bekanntmachung der Genehmigung fehlt.[108] Die Gemeinden sind aufgrund ihres Beteiligungsrechts im Baugenehmigungsverfahren und wegen der ihnen insoweit obliegenden „Mitwirkungslast" gehalten, gegenüber der Bauaufsichtsbehörde auf eine Ergänzung oder Vervollständigung der für eine bauplanungsrechtliche Beurteilung des jeweiligen Vorhabens erforderlichen Bauantragsunterlagen durch die Bauherrin beziehungsweise den Bauherrn hinzuwirken, und in solchen Fällen gerade auch mit Blick auf die Fiktionsregelung in § 36 II 2 BauGB berechtigt, ihre „Entscheidung" über das Einvernehmen bis zum Eingang dieser Unterlagen zurückzustellen.[109] Über diese Beteiligungsrechte hinaus hat die Gemeinde auf materiell-rechtlicher Grundlage im Falle einer rechtzeitigen Versagung ihres Einvernehmens einen Anspruch darauf, dass die Bauaufsichtsbehörde kein Vorhaben zulässt, das den im Rahmen der Entscheidung nach § 36 I 1 BauGB ihrer Beurteilung unterliegenden planungsrechtlichen Zulässigkeitsanforderungen nicht entspricht.[110]

59   Eine Gemeinde kann darüber hinaus bei ihrer nach der gesetzlichen Konstruktion verwaltungsinternen Entscheidung zu § 36 BauGB ihr Einvernehmen auch mit „Einschränkungen" erteilen, wenn sich hierdurch ihre Bedenken gegen die bauplanungsrechtliche Zulässigkeit des zu beurteilenden Bauvorhabens ausräumen lassen (etwa hinsichtlich der Hervorrufung schädlicher Auswirkungen eines geplanten großflächigen Einzelhandels im Sinne des § 34 III BauGB). Solche Einschränkungen sind dann für die Baugenehmigungsbehörde vorbehaltlich der „Ersetzung" „verbindlich". Eine unzureichende „Umsetzung" im Vorbescheid muss die Gemeinde im Wege der Anfechtung desselben geltend machen. Behält sich die Gemeinde bei einer „bedingten" Herstellung ihres Einvernehmens (§ 36 I 1 BauGB) keine eigene weitere Beurteilung hinsichtlich des Bedingungseintritts, hier eine inhaltlichen Prüfung eines von der Bauaufsichtsbehörde aufgrund ihrer Vorgabe vom Bauherrn geforderten Sachverständigengutachtens zum Nichteintritt der Wirkungen im Sinne des § 34 III BauGB, vor, so überträgt sie dadurch die Entscheidung über den Eintritt der Bedingung der im Außenverhältnis zum Bauherrn allein regelungsbefugten Baugenehmigungsbehörde. Mit dem Eintritt der „Bedingung" ist bei so genannten Bebauungsgenehmigungen vom Vorliegen einer „baurechtlichen Genehmigung" im Sinne des § 14 III 1 BauGB und damit von einem veränderungssperrenrechtlichen Bestandsschutz nach § 14 III BauGB auszugehen. Die dem Bauherrn dadurch vermittelte Rechtsposition kann ihm vor dem Hintergrund des Eigentumsgrundrechts (Art. 14 I GG) nicht dadurch wieder „entzogen" werden, dass die Bauaufsichtsbehörde im Rahmen eines nachfolgenden Baugenehmigungsverfahrens die Gemeinde erneut beteiligt und diese ihr Einvernehmen nach § 36 BauGB nunmehr verweigert.[111]

---

[108] OVG Lüneburg, Urt. v. 23.6.2009 – 12 LC 136/07 – ermessensfehlerhafte Ersetzung des gemeindlichen Einvernehmens, m. Hinweis auf BVerwG, B. v. 11.8.2008 – 4 B 25.08 –; B. v. 5.3.1999 – 4 B 62.98 –; Urt. v. 10.8.1988 – 4 C 20.84 –; OVG Lüneburg, B. v. 30.11.2004 – 1 ME 190/04 – NVwZ-RR 2009, 866 = DVBl 2009, 1124 = DÖV 2009, 824 = BauR 2009, 1630.

[109] OVG Saarlouis, B. v. 13.7.2011 – 2 B 231/11 – NVwZ-RR 2011, 888 (L) = BauR 2011, 1702 (L) – Fachmarktzentrum; vgl. OVG Saarlouis, Urt. v. 17.1.2008 – 2 R 11/06 – SKZ 2008, 86; B. v. 2.9.2010 – 2 B 215/10 – SKZ 2011, 42, Nr. 24; B. v. 25.3.2011 – 2 B 100/11 – SKZ 2011, 168.

[110] OVG Saarlouis, B. v. 13.7.2011 – 2 B 231/11 – NVwZ-RR 2011, 888 (L) = BauR 2011, 1702 (L) – Fachmarktzentrum; vgl. OVG Saarlouis, Urt. v. 17.1.2008 – 2 R 11/06 – SKZ 2008, 86; B. v. 2.9.2010 – 2 B 215/10 – SKZ 2011, 42, Nr. 24; B. v. 25.3.2011 – 2 B 100/11 – SKZ 2011, 168.

[111] OVG Saarlouis, B. v. 13.7.2011 – 2 B 231/11 – NVwZ-RR 2011, 888 (L) = BauR 2011, 1702

Wehrt sich die Gemeinde gegen die Ersetzung ihres Einvernehmens, so erlangen im **60** Eilrechtsschutz bei einer Interessenabwägung die durch eine wirtschaftlich zügige „Umsetzung" des Vorhabens bereits aufgelaufenen Kosten und Haftungsrisiken des Bauherrn keine über die Wertung in § 212 a I BauGB hinausgehende eigenständige Bedeutung.[112]

d) Privilegierte Fachplanungen. Vorhaben nach § 29 BauGB müssen grundsätzlich **61** den planungsrechtlichen Zulässigkeitsanforderungen der §§ 29 bis 37 BauGB entsprechen. Von diesem Erfordernis macht § 38 BauGB für die → **privilegierte Fachplanung** eine wichtige Ausnahme. Danach sind auf Planfeststellungsverfahren und sonstige Verfahren mit den Rechtswirkungen einer Planfeststellung für Vorhaben von überörtlicher Bedeutung sowie auf die auf Grund des BImSchG für die Errichtung und den Betrieb öffentlich zugänglicher Abfallbeseitigungsanlagen geltenden Verfahren die §§ 29 bis 37 BauGB nicht anzuwenden, wenn die Gemeinde beteiligt wird. Städtebauliche Belange sind zu berücksichtigen. Eine Bindung nach § 7 BauGB bleibt unberührt. In Fällen der Abweichung der Fachplanung von der Bauleitplanung ist gegebenenfalls nach § 37 III BauGB an die Gemeinde eine Entschädigung zu leisten. Das Gesetz unterscheidet daher die einfache und die privilegierte Fachplanung. Während die einfache Fachplanung an die Vorschriften über die planungsrechtliche Zulässigkeit von Vorhaben nach §§ 29 bis 37 BauGB gebunden ist, wird die privilegierte Fachplanung hiervon freigestellt mit der Folge, dass auch ein gemeindliches Einvernehmen nach § 36 BauGB in solchen Fällen nicht erforderlich ist. Im Anwendungsbereich des § 38 BauGB bestimmt vielmehr das jeweilige Fachplanungsrecht, welche Bedeutung dem Bauplanungsrecht als Teil des materiellen Entscheidungsprogramms zukommt.[113]

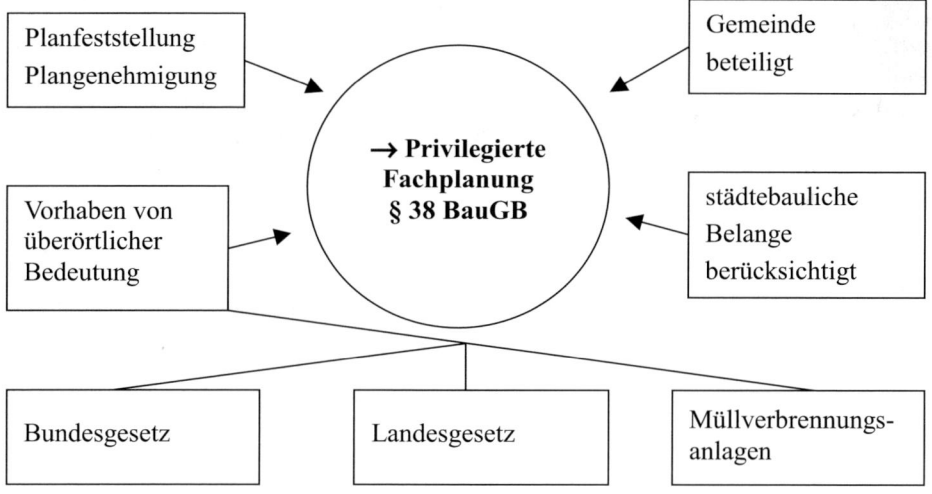

(L) – Fachmarktzentrum; vgl. OVG Saarlouis, Urt. v. 17.1.2008 – 2 R 11/06 – SKZ 2008, 86; B. v. 2.9.2010 – 2 B 215/10 – SKZ 2011, 42, Nr. 24; B. v. 25.3.2011 – 2 B 100/11 – SKZ 2011, 168.

[112] VG Saarlouis, B. v. 25.3.2011 – 2 B 100/11 – BauR 2011, 1372 (L) – Ersetzung gemeindlichen Einvernehmens.

[113] BVerwG, Urt. v. 10.2.1978 – 4 C 25.75 – BVerwGE 55, 220 = RzB Rn. 466 – Kiesweiher; Urt. v. 9.11.1984 – 7 C 15.83 – BVerwGE 70, 242 = RzB Rn. 573 – Autowrackplatz; Urt. v. 4.5.1988 – 4 C 22.87 – BVerwGE 79, 318 = NJW 1989, 242 = RzB Rn. 575 – Kiesabbau; B. v. 8.3.1989 – 7 B 173.88 – NVwZ 1989, 966 = DVBl 1989, 834 = RzB Rn. 577 – Autowrackplatz; Urt. v. 15.12.1989 – 4 C 36.86 – DVBl 1990, 427 = NVwZ 1990, 464 RzB Rn. 136 – gemeindenachbarlicher Immissionsschutz; Urt. v. 20.7.1990 – 4 C 30.87 – BVerwGE 85, 251 = RzB Rn. 582 – Aeroclubheim; s. auch *Stüer*, Handbuch des Bau- und Fachplanungsrechts, Rn. 2992.

62   Der Vorbehalt zu Gunsten von Fachplanungen nach § 38 BauGB betrifft daher nicht nur die Anwendbarkeit der §§ 29 ff. BauGB, sondern schränkt auch die Gemeinde im Gebrauch ihrer Planungshoheit in Bezug auf die vorhandene Anlage der Fachplanung ein.[114]

Beispiel: Die Gemeinde setzt durch Bebauungsplan im Bahnbereich ein allgemeines Bauverbot für bauliche Anlagen fest und lässt auch Bahnanlagen nur ausnahmsweise nach § 31 I BauGB zu. Eine Fläche, die den rechtlichen Charakter einer Bahnanlage hat, ist der gemeindlichen Planungshoheit zwar nicht gänzlich entzogen. Sie ist einer planerischen Aussage der Gemeinde aber nur insoweit zugänglich, wie dies der besonderen Zweckbestimmung der Bahnanlage nicht widerspricht.[115] Festsetzungen, die sich mit der besonderen Zweckbestimmung einer Bahnanlage nicht vereinbaren lassen, darf der Bebauungsplan nicht enthalten. Ein Bebauungsplan, mit dem das allgemein festgesetzte Bauverbot auch Zweckbauten der Bahn umfasst, ist daher wegen Verstoßes gegen den Vorrang des privilegierten Fachplanungsrechts unwirksam.[116] Gemäß § 38 S. 1 BauGB können Bebauungspläne keine verbindlichen gestalterischen Vorgaben für Betriebsgebäude der öffentlichen Eisenbahn von überörtlicher Bedeutung enthalten. Auch gestalterische Festsetzungen zu Dachformen stoßen hier an ihre Grenzen.[117] Die Zuständigkeiten des Eisenbahn-Bundesamtes für die Planfeststellung oder Plangenehmigung für ein Bahnhofsgebäude sollen sich allerdings auch auf solche Nutzungen innerhalb des Gebäudes mit erstrecken, die, wie etwa ein Ladenlokal, keinen unmittelbaren Bezug zum Eisenbahnbetrieb haben, wenn diese Nutzungen der Größe nach untergeordnet sind.[118]

63   Die Zulassung im Fachplanungsrecht hat dann für das Bauplanungsrecht neben einer **formellen** auch eine **materielle Konzentrationswirkung.** Die Fachplanungsentscheidung ersetzt nicht nur nach anderen Gesetzen erforderliche Genehmigungen, Erlaubnisse oder Zulassungen (§ 75 I 1 VwVfG, formelle Konzentrationswirkung). Durch § 38 BauGB wird der Fachplanungsentscheidung auch eine materielle Konzentrationswirkung in dem Sinne beigemessen, dass die Regelungen des Fachplanungsrechts einen materiellen Vorrang vor den planungsrechtlichen Zulässigkeitsregelungen in §§ 29 bis 37 BauGB haben. Unter die Privilegierung fallen dabei nicht nur Fachplanungsverfahren auf bundesrechtlicher, sondern auch auf landesrechtlicher Grundlage wie etwa wasserrechtliche oder abgrabungsrechtliche Vorhaben. § 38 BauGB unterscheidet nicht zwischen der gemeinnützigen und der privatnützigen Planfeststellung. Auch Vorhaben, die sich als privatnützig darstellen, nehmen an der Privilegierung teil. Dies gilt auch für Planfeststellungs- oder Plangenehmigungsverfahren auf landesrechtlicher Grundlage.

Beispiel: Das Verfahren zur Erteilung einer Genehmigung nach § 6 LuftVG, der keine Planfeststellung nachfolgt, ist ein sonstiges Verfahren mit den Rechtswirkungen der Planfeststellung i. S. des § 38 S. 1 BauGB.[119] Das Fachplanungsprivileg des § 38 BauGB gilt auch bei einer isolierten luftverkehrsrechtlichen Genehmigung nach § 6 LuftVG.[120]

64   Nach § 38 BauGB privilegiert sind Vorhaben von **überörtlicher Bedeutung.**[121] Vorhaben mit lediglich örtlich begrenzter Wirkung nehmen demgegenüber an der Privile-

---

[114] BVerwG, B. v. 10.5.1990 – 4 B 22.90 – Buchholz 406.11 § 38 BauGB Nr. 8 = RzB Rn. 581; B. v. 31.3.1992 – 4 B 210.91 – München II.

[115] BVerwG, Urt. v. 16.12.1988 – 4 C 48.86 – BVerwGE 81, 111 = DVBl 1989, 458 = RzB Rn. 576.

[116] BVerwG, B. v. 17.11.1989 – 4 B 207.89 – NVwZ-RR 1990, 292 = DVBl 1990, 383 = RzB Rn. 579.

[117] VGH München, Urt. v. 6.3.2009 – 22 A 07.40036 – NVwZ-RR 2009, 668 = DVBl 2009, 798 = BauR 2009, 1631 – Flachdachgebäude für elektronische Stellwerke.

[118] VGH München, Urt. v. 20.10.1998 – UPR 1999, 76 = BauR 1999, 162 – Bahnhofs-Ladenlokal.

[119] BVerwG, B. v. 13.12.2006 – 4 B 73.06 – ZfBR 2007, 271 = BauR 2007, 682 = NVwZ 2007, 459 = BayVBl. 2007, 283 = UPR 2007, 194 – Hubschrauberlandeplatz.

[120] VGH München, Urt. v. 27.7.2006 – 8 BV 05.3026 – VGHE BY 59, 187 = BayVBl. 2007, 82 = UPR 2007, 72 – Hubschrauberlandeplatz; *Anton Meyer* BayVBl. 2007, 86.

[121] BVerfG, B. v. 7.10.1980 – 1 BvR 584/76 – BVerfGE 56, 298 = NJW 1981, 1659 = DVBl 1981, 535 = RzB Rn. 1157 – Memmingen; BVerwG, Urt. v. 20.11.1987 – 4 C 39.84 – DVBl 1988, 532; Urt. v. 18.2.1994 – 4 C 4.93 – BVerwGE 95, 123 = RzB Rn. 934.

gierung nicht teil.[122] Für den Begriff der überörtlichen Bedeutung in § 38 S. 1 BauGB kann nicht ausschließlich darauf abgestellt werden, ob das Vorhaben das Gebiet von mindestens zwei Gemeinden tatsächlich berührt. § 38 S. 1 BauGB stellt nach Sinn und Zweck überörtliche Fachplanungen auch von der in § 35 III 2 und 3 BauGB normierten Bindung an die Ziele der Raumordnung frei. § 23 I ROG 1998 bezieht sich ausschließlich auf die unmittelbar geltenden Vorschriften des ROG, insbesondere dessen Abschnitt 1.[123]

Beispiel: Die Einbettung in ein überregionales Planungsprojekt ist geeignet, einem Vorhaben trotz Begrenzung der plangenehmigten Arbeiten auf das Gebiet einer Gemeinde überörtliche Bedeutung zu verleihen.[124]

Die durch das BauROG 1998 geänderte Fassung des § 38 BauGB macht allerdings **65** den Vorrang des Fachplanungsrechts von einer entsprechenden Beteiligung der Standortgemeinde abhängig und verlangt darüber hinaus, dass städtebauliche Belange zu berücksichtigen sind. Bei den abwägungsdirigierten Entscheidungen des Fachplanungsrechts bereitet dies über die Grundsätze des Abwägungsgebotes keine Schwierigkeiten. In dem Sonderfall der aus dem Abfallrecht in das Immissionsschutzrecht überführten **Müllverbrennungsanlage**[125], die ebenfalls an der Privilegierung teilnimmt, muss dies durch eine entsprechende Berücksichtigung gemeindlicher Belange in der (ansonsten gebundenen) immissionsschutzrechtlichen Zulassungsentscheidung erfolgen. Die Abwägung städtebaulicher Belange kann allerdings auch bereits auf der regionalplanerischen Ebene im Rahmen des Aufstellungsverfahrens eines Raumordnungsplans erfolgen. Dann bedarf es im immissionsschutzrechtlichen Zulassungsverfahren einer Abwägung von städtebaulichen Belangen nur noch insoweit, als diese etwa in die höherstufige Planungsentscheidung nicht eingegangen sind.

§ 38 BauGB macht allerdings den Vorrang des Fachplanungsrechts von einer entsprech- **66** enden **Beteiligung der Standortgemeinde** abhängig und verlangt darüber hinaus, dass städtebauliche Belange zu berücksichtigen sind. Bei den abwägungsdirigierten Entscheidungen des Fachplanungsrechts bereitet dies über die Grundsätze des Abwägungsgebotes[126] keine Schwierigkeiten. Eine Gemeinde darf ein ihren städtebaulichen Vorstellungen nicht entsprechendes Vorhaben nicht zum Anlass nehmen, eine eigene planerische Konzeption für den in Rede stehenden Bereich im Sinne einer **Verhinderungsplanung** zu entwickeln. Maßgebend für die Abgrenzung zur unzulässigen Verhinderungsplanung ist, ob die Gemeinde positive planerische Gestaltungsvorstellungen entwickelt hat, es ihr also nicht allein darum geht, ein unerwünschtes Vorhaben zu verhindern. Da bloße Verhinderungsabsichten durch vorgebliche planerische Zielvorstellungen auch „kaschiert" sein können, ist der „wahre Wille" der Gemeinde unter Würdigung aller Umstände des Einzel-

---

[122] Eine überörtliche Planung im Sinne des § 38 S. 2 BauGB ist regelmäßig dann gegeben, wenn das planfestzustellende Vorhaben das Gebiet von zumindest zwei Gemeinden tatsächlich berührt, so BVerwG, Urt. v. 4.5.1988 – 4 C 22.87 – BVerwGE 79, 318 = NJW 1989, 242 = RzB Rn. 575 – ortsgebundener Kiesabbau. Die „überörtliche" Zuständigkeit der Planfeststellungsbehörde ist dagegen für sich allein nicht entscheidend, so BVerwG, Urt. v. 4.5.1988 – 4 C 22.87 – BVerwGE 79, 318 = NJW 1989, 242 = RzB Rn. 575 – ortsgebundener Kiesabbau. Ist von einer überörtlichen Planung im Sinne des § 38 S. 2 BauGB auszugehen, bestimmt das jeweilige Fachplanungsrecht, welche Maßgeblichkeit dem Bauplanungsrecht als Teil des materiellen Entscheidungsprogramms (noch) zukommt, so BVerwG, Urt. v. 10.2.1978 – 4 C 25.75 – BVerwGE 55, 220 = DVBl 1979, 67; Urt. v. 9.11.1984 – 7 C 15.83 – BVerwGE 70, 242.

[123] BVerwG, B. v. 30.6.2004 – 7 B 92.03 – DVBl 2004, 1320 = NVwZ 2004, 1240 = UPR 2004, 444 = NuR 2004, 805 = ZfBR 2005, 69 = jurisPR-BVerwG 1/2004, *Neumann* – überörtliches Auskiesungsvorhaben in Anschluss an B. v. 31.7.2000 – 11 VR 5.00 – UPR 2001, 33.

[124] BVerwG, B. v. 7.2.2005 – 9 VR 15.04 – Eisenbahnstrecke Berlin-Stralsund; Urt. v. 31.10. 2000 – 11 VR 12.00 –.

[125] Zu dieser gesetzlichen Änderung *Engel* UPR 1993, 209; *Gaßner/Schmidt* NVwZ 1993, 946; *Moormann* UPR 1993, 286; *Müllmann*, DVBl 1993, 637; *Rahner* ZUR 1993, 200; *Reidt* NVwZ 1993, 861; *Schink* DÖV 1993, 725; *Weidemann* DVBl 1994, 263.

[126] Zum Abwägungsgebot s. Rdn 832.

falls zu ermitteln und zu beurteilen, ob die in den Planungsunterlagen positiv benannten Zielsetzungen im Einzelfall nur vorgeschoben sind. Eine Fachplanung, die sich mit Beginn der Offenlegung bereits verfestigt hat, ist im Rahmen des § 1 VII BauGB entsprechend ihrer Bedeutung zu berücksichtigen.[127] In dem Sonderfall der aus dem Abfallrecht in das Immissionsschutzrecht überführten Müllverbrennungsanlage,[128] die ebenfalls an der Privilegierung teilnimmt, muss dies durch eine entsprechende Berücksichtigung gemeindlicher Belange in der (ansonsten gebundenen) immissionsschutzrechtlichen Zulassungsentscheidung erfolgen.

67   Die **Abwägung städtebaulicher Belange** kann allerdings auch bereits auf der regionalplanerischen Ebene im Rahmen eines Regionalplanverfahrens erfolgen. Dann bedarf es im immissionsschutzrechtlichen Zulassungsverfahren einer Abwägung von städtebaulichen Belangen nur noch insoweit, als diese etwa in die höherstufige Planungsentscheidung nicht eingegangen sind. Die Berücksichtigung städtebaulicher Belange in der fachplanerischen Entscheidung ermöglicht es auch, Aussagen der Gemeinde oder der Regionalplanung einzubeziehen, die im Rahmen des Darstellungsprivilegs nach § 35 III 3 BauGB ergangen sind. So kann etwa im Rahmen der Fachplanungsentscheidung die Ausweisung einer Auskiesungskonzentrationszone im Flächennutzungsplan oder im Regionalplan berücksichtigt werden, obwohl sich aus solchen Darstellungen keine förmlichen Bindungswirkungen mit automatischer Ausschlussfunktion für das Fachplanungsverfahren ergeben. Allerdings kann die Raumordnung durch die Ausweisung von Vorranggebieten (§ 8 VII 1 Nr. 1 ROG) und Eignungsgebieten (§ 8 VII 1 Nr. 3 ROG) ihrerseits solche Vorränge begründen. Die Privilegierung nach § 38 BauGB von den bauplanungsrechtlichen Vorschriften der §§ 29 bis 36 BauGB stellt das Vorhaben auch nicht etwa von beitragsrechtlichen Regelungen der Gemeinde frei.[129]

68   § 38 BauGB enthält die gesetzliche Anordnung eines das Bauplanungsrecht verdrängenden **Vorrangs** zugunsten des **privilegierten Fachplanungsrechts**. Soweit das jeweilige Fachplanungsrecht eine Regelungskompetenz für sich in Anspruch nimmt, bleibt demgemäß die Beurteilung der bauplanungsrechtlichen Zulässigkeit eines beabsichtigten Vorhabens i.S. des § 29 BauGB dem spezifischen Entscheidungsverfahren des Fachplanungsrechts überlassen. In welcher verfahrensrechtlichen Weise dies im Einzelnen geschieht, regelt ebenfalls das Fachplanungsrecht.[130] Die Verweisung auf das Fachplanungsgesetz ist allerdings **nicht absolut**. § 38 S. 1 BauGB schließt nicht aus, dass das insoweit aus der Sicht des bundesrechtlichen Bauplanungsrechts zunächst berufene Fachplanungsrecht seinerseits unter näheren Voraussetzungen wiederum i.S. einer Rückverweisung das Bundesbaurecht ganz oder teilweise für maßgebend erklärt. Das kann nach Maßgabe des jeweiligen Fachplanungsgesetzes unterschiedlich geschehen. § 38 S. 1 BauGB lässt es beispielsweise zu, dass das Fachplanungsrecht zur Entscheidung über die Zulässigkeit eines beabsichtigten Vorhabens i.S. des § 29 S. 1 BauGB materielles Bauplanungsrecht als Teil seines eigenen materiellen Entscheidungsprogramms berücksichtigt.[131] Insoweit bestimmt das jeweilige Fachplanungsgesetz zunächst einmal die Reichweite seines Zugriffs auf das Baurecht selbst.[132] Erfolgt dort keine Rückverweisung auf das Bauplanungsrecht, finden

---

[127] OVG Saarlouis, Urt. v. 20.10.2011 – 2 C 510/09 – Quarz-Kiesabbau.

[128] Zu dieser gesetzlichen Änderung *Engel* UPR 1993, 209; *Fluck*, DB 1993, 2011; *Gaßner/Schmidt* NVwZ 1993, 946; *Klett/Gerhold* NuR 1993, 421; *Kracht* UPR 1993, 369; *Moormann* UPR 1993, 286; *Müllmann* DVBl 1993, 637; *Rahner* ZUR 1993, 200; *Reidt* NVwZ 1993, 861; *Schink* DÖV 1993, 725; *Weidemann* DVBl 1994, 263.

[129] VGH Kassel, B. v. 10.8.2006 – 5 TG 1239/06 – BauR 2006, 1941 (L) = ZfBR 2007, 172 (L) – Erschließungsbeiträge und andere Abgaben einer Straßenmeisterei als Nebenanlage einer Autobahn, m. Hinw. auf BVerwG, Urt. v. 11.12.1987 – 8 C 85.86 – NVwZ 1988, 632.

[130] BVerwG, Urt. v. 20.7.1990 – 4 C 30.87 – BVerwGE 85, 251 = NVwZ 1991, 66 = RzB Rn. 582 – Aeroclubheim.

[131] BVerwG, Urt. v. 4.5.1988 – 4 C 22.87 – BVerwGE 79, 318 = RzB Rn. 575 – Kiesabbau.

[132] BVerwG, Urt. v. 20.7.1990 – 4 C 30.87 – BVerwGE 85, 251 = RzB Rn. 582 – Aeroclubheim.

die §§ 29 bis 37 BauGB keine Anwendung. Allerdings ist die Gemeinde zu beteiligen und es sind städtebauliche Belange zu berücksichtigen. Im Anwendungsbereich des § 38 BauGB bestimmt daher das jeweilige Fachplanungsrecht, welche Bedeutung dem Bauplanungsrecht als Teil des materiellen Entscheidungsprogramms zukommt. Diese Vorschrift begründet für Planfeststellungsbeschlüsse und vergleichbare Zulassungsentscheidungen, die sich auf Vorhaben von überörtlicher Bedeutung beziehen, einen Vorrang vor entgegen stehenden Festsetzungen eines Bebauungsplans. Die Bauleitplanung hat daher selbst dann schon Rücksicht auf die in Aussicht genommene Fachplanung zu nehmen, wenn diese noch nicht rechtsverbindlich ist. Rücksichtnahme in diesem Sinne bedeutet aber nicht, dass die betreffende Gemeinde allein aufgrund der Verfestigung der potentiell gegenläufigen Fachplanung schon gehalten ist, von der Weiterverfolgung ihrer Bauleitplanung Abstand zu nehmen. Einem Fachplanungsvorhaben zuwider laufenden Festsetzungen kommt insofern rechtliche Bedeutung zu, als der Fachplanungsträger nach § 38 S. 1 2. HS. BauGB verpflichtet ist, städtebauliche Belange zu berücksichtigen, wozu auch die in den Festsetzungen eines Bebauungsplans zum Ausdruck kommenden planerischen Vorstellungen der Gemeinde gehören.[133]

Eine Fläche, die den rechtlichen Charakter einer Anlage der **Bahn** hat, ist der ge- **69** meindlichen Planungshoheit allerdings nicht völlig entzogen. Planerische Aussagen, insbesondere auch Festsetzungen eines Bebauungsplans, die inhaltlich der bestehenden Zweckbestimmung einer Fläche als Bahnanlage nicht zuwiderlaufen, sind danach zulässig. Darüber hinaus ist eine Planung der Gemeinde in Bezug auf bestehende Anlagen und Flächen der Bahn zulässig, die inhaltlich keinen Konflikt mit dem besonderen Charakter der Bahnanlage auslöst, d. h. deren Zweckbestimmung, uneingeschränkt dem Bahnbetrieb zur Verfügung zu stehen, unangetastet lässt. Hierfür kommt etwa in Betracht, dass die Gemeinde in einem Bebauungsplan die Zulässigkeit bestimmter Arten von Nutzungen oder Arten baulicher Anlagen modifiziert, ausschließt oder einschränkt.[134]

e) Zusammentreffen mehrerer Vorhaben. Treffen mehrere Vorhaben zusammen, die **70** über nicht insgesamt durch Planfeststellungsverfahren zu entscheiden ist, ist eine Verfahrenskonzentration nicht möglich. Das Vorhaben kann vielmehr durch verschiedene Verfahren zugelassen werden. Gewiss könnte einiges dafür sprechen, auch vor dem Hintergrund europarechtlicher Anforderungen an eine gesamthafte Umweltprüfung einer Behörde einfach den Hut aufzusetzen und nach Durchführung eines alle Perspektiven erfassenden Verfahrens eine einheitliche Zulassungsentscheidung zu treffen. Aber so einfach ist das allerdings nicht. Denn es gibt keinen gesetzlich geregelten „Faulenzer" für eine kombinierte Zulassungsentscheidung, der etwa aus Gründen des Sachzusammenhangs die Durchführung eines einheitlichen Planfeststellungsverfahrens und einer einheitlichen Zulassungsentscheidung ermöglicht. Für nicht planfeststellungsfähige Teile des Gesamtvorhabens sind die gesetzlich vorgeschriebenen Zulassungsverfahren etwa nach dem BImSchG, dem Eisenbahnrecht und für Außenbereichsvorhaben durch Aufstellung eines Bebauungsplans durchzuführen. Werden mehrere selbständige Vorhaben durch die Antragstellung zu einer Einheit verbunden und ist die daraufhin ergangene einheitliche Zulassungsentscheidung in einem ihrer wesentlichen Teile nicht zu halten, ist der angefochtene Planfeststellungsbeschluss insgesamt aufzuheben. Eine Planreparatur in einem ergänzenden Verfahren nach § 75 I a 2 VwVfG ist nicht möglich. Mit der Planfeststellung können zwar auch die notwendigen Folgemaßnahmen verbunden werden (§ 75 I 1 VwVfG). Dazu gehören allerdings nur die unmittelbaren Verknüpfungen des Vorhabens mit der Umgebung, insbesondere der Verkehrsinfrastruktur, in denen sich die Gesamtmaßnahme nicht erschöpft[135]. Die Planfeststellungsbehörden haben nicht die Kompetenz, bei Gelegenheit der eigenen Planung selbstständige städtebauliche Planungsaufgaben, die

---

[133] OVG Saarlouis, Urt. v. 20.10.2011 – 2 C 510/09 – Quarz-Kiesabbau.
[134] BVerwG, B. v. 15.5.2013 – 4 BN 1.13 – gemeindliche Planungshoheit bei Bahnanlagen.
[135] BVerwG, B. v. 22.9.1999 – 11 B 48.99 – NVwZ-RR 2000, 138 = BauR 2000, 54 – Folgemaß-

über den Verknüpfungsbereich zwischen dem eigenen Vorhaben und den übrigen städtebaulichen Projekten hinausreichen, als notwendige Folgemaßnahme mitzuerledigen[136].

71   Das BVerwG[137] hat die Auffassung des OVG Münster[138] bestätigt, dass die Aufhebung einer Zulassungsentscheidung insgesamt erfolgen muss, wenn mehrere selbständige Vorhaben durch die Antragstellung zu einer Einheit verwoben worden sind und die Zulassungsentscheidung in einem ihrer wesentlichen Teile nicht zu halten ist. Es könne dann nicht Aufgabe des Gerichts sein, die Wechselbeziehungen der in einen Antrag zusammengefassten Vorhaben wieder aufzulösen und die nachträgliche Teilbarkeit solcher Vorhaben zu prüfen oder gar ein von dem Antrag abweichendes Vorhaben zu entwickeln und selbst zu planen. Eine Planreparatur in dem Sinne, dass an die bereits durchgeführten Verfahrensschritte durch ein Reparaturverfahren angeknüpft werden könne, komme dann nicht in Betracht[139]. Weil das Gesamtvorhaben als Einheit beantragt und auch einheitlich planfestgestellt wurde, sei der ergangene Planfeststellungsbeschluss unwirksam und könne nicht repariert werden. Erhebliche Mängel bei der Abwägung oder eine Verletzung von Verfahrens- oder Formvorschriften führen nur dann zur Aufhebung des Planfeststellungsbeschlusses oder der Plangenehmigung, wenn sie nicht durch Planergänzung oder ein ergänzendes Verfahren behoben werden können (§ 75 I a 2 VwVfG). Im Gegensatz zur früheren Fassung (§ 75 I a 2 VwVfG 2003) lässt die Vorschrift zwar jetzt auch dann ein ergänzendes Verfahren oder eine Planergänzung zu, wenn sich die erheblichen Mängel nicht auf die Abwägung, sondern auf „eine Verletzung von Verfahrens- oder Formvorschriften" beziehen (§ 75 I a 2 VwVfG 2013). Auch haben die Beachtlichkeitsregelungen in §§ 45 und 46 VwVfG nicht mehr einen abschließenden Charakter und schließen eine Planergänzung oder ein ergänzendes Verfahren nicht mehr aus.[140] Eine Planreparatur ist aber dann nicht möglich, wenn die verschiedenen Teile des als Einheit verstandenen Gesamtprojekts so ineinander verwoben sind, dass ihre nachträgliche Trennung eigenständige Entscheidungen des Antragstellers und der Zulassungsbehörden verlangt.

72   Müssen verschiedene Verfahren mit unterschiedlichen Zulassungsentscheidungen durchgeführt werden, bedarf es einer eingehenden Abstimmung, um sicherzustellen, dass die Gesamtentscheidung nicht in verschiedene Teilaspekte aufgespalten wird und sozusagen durch eine zersplitterte Rechtsanwendung aus den Fugen gerät. Hier ist vielmehr eine enge Querschnittsabstimmung der verschiedenen Verfahrensträger das Gebot der Stunde. Handelt es sich in der Sache um ein nicht trennbares Projekt, empfiehlt es sich, die verschiedenen Verfahrensschritte parallel und abgestimmt aufeinander durchzuführen. Die Offenlage der Unterlagen für die Planfeststellung, den Bebauungsplan, ein eisenbahnrechtliches und straßenrechtliches sowie ggf. naturschutzrechtliches und artenschutzrechtliches Verfahren sollte nach Möglichkeit zeitparallel erfolgen, sodass die Antragsunterlagen gleichzeitig ausliegen. Auch könnte ein einheitlicher Erörterungstermin stattfinden, an dem alle beteiligten Anhörungsbehörden auch in der Koordination der Sitzungsleitung vertreten sind. Auch die Zulassungsentscheidungen könnten abgestimmt aufeinander erfolgen, wonach ein Hin- und Herwenden des Blicks zwischen den einzel-

---

nahmen; Urt. v. 12.2.1988 – 4 C 54.84 – DVBl 1988, 843; Urt. v. 12.2.1988 – 4 C 54.84 – Buchholz 316 § 75 VwGO Nr. 3 – Schifferstadt; Urt. v. 26.5.1994 – 7 A 21.93 – NVwZ 1994, 1002.

[136] BVerwG, Urt. v. 06.10.2010 – 9 A 12.09 – DVBl 2011, 120 (L) m Anm. Nolte, jurisPR-BVerwG 4/2011 Anm. 6 – Ortsumgehung B 247n.

[137] B. v. 28.3.2012 – 7 B 44.11 – 7 C 10.12 – DVBl 2015, 492 m. Anm. *Stüer*.

[138] Urt. v. 15.3.2011 – 20 A 2148/09 – DVBl 2011, 767; vgl. auch VG Köln, Urt. v. 11.8.2009 – 14 K 4719/06 – juris.

[139] Zu vergleichbaren Folgen in der Bauleitplanung BVerwG, Urteil vom 27.3.2014 – 4 CN 3.13 – BVerwGE 149, 229 = DVBl 2014, 983, *Stüer*, DVBl 2014, 987, *Külpmann*, jurisPR-BVerwG 15/2014 Anm. 4 – Benserziel.

[140] So noch OVG Lüneburg, Urt. v. 6.6.2007 – 7 LC 97/06 und 98/06 – DVBl 2007, 1184; Elbquerung Darchau; BVerwG, B. v. 6.5.2008 – 9 B 64.07 und 65.07 – Elbquerung, m. Hinw. auf BVerwG, Urt. v. 17.1.2007 – 9 C 1.06 – DVBl 2007, 641 = NVwZ 2007, 581 – Bad Laer.

nen Verfahren geboten ist. So ist beispielsweise beim US-Hospital Weilerbach[141], den s. Zt. geplanten Steinkohlekraftwerken Lubmin oder Brunsbüttel oder vom Ansatz her auch beim Lünener Kraftwerk Trianel verfahren worden.

f) Anpassung an den Flächennutzungsplan. Öffentliche Planungsträger, die nach **73** § 4 BauGB oder § 13 BauGB beteiligt worden sind, haben ihre Planungen dem Flächennutzungsplan insoweit anzupassen, als sie diesem Plan nicht widersprochen haben (§ 7 BauGB). Der Widerspruch ist bis zum Beschluss der Gemeinde einzulegen. Durch diese Regelungen soll eine Harmonisierung der Bauleitplanung mit der Fachplanung erreicht werden. Die öffentlichen Planungsträger sollen im Rahmen ihrer Beteiligung nach § 4 BauGB Aufschluss über die von ihnen beabsichtigten Planungen und sonstigen Maßnahmen sowie deren zeitliche Abwicklung geben, die für die städtebauliche Entwicklung und Ordnung des Gebietes von Bedeutung sind (§ 4 II 2 BauGB). Die jeweiligen Planungsabsichten der öffentlichen Planungsträger sollen daher in die Abwägung der Gemeinde bei der Aufstellung der Bauleitplanung eingehen. Dies lässt allerdings stärkere Vorrangregelungen zu Gunsten der privilegierten Fachplanung nach § 38 BauGB unberührt.[142] Verfügen die Behörden und sonstigen Träger öffentlicher Belange über Informationen, die für die Beibringung oder Vervollständigung der für den Umweltbericht nach § 2 a BauGB erforderlichen Angaben zweckdienlich sind, haben sie diese Informationen der Gemeinde zur Verfügung zu stellen (§ 4 II 3 BauGB).

Eine Bindung der Fachplanung an den Bebauungsplan kann nur gegeben sein, wenn **74** der Plan wirksam ist.[143] Zudem sind die sich aus § 7 BauGB ergebenden **Bindungen** des **öffentlichen Planungsträgers** nur relativ und nicht strikt. Macht eine Veränderung der Sachlage eine abweichende Planung erforderlich, haben die Planungsträger sich unverzüglich mit der Gemeinde ins Benehmen zu setzen. Kann ein Einvernehmen zwischen der Gemeinde und dem öffentlichen Planungsträger nicht erreicht werden, kann der öffentliche Planungsträger nachträglich widersprechen. Der Widerspruch ist nur zulässig, wenn die für die abweichende Planung geltend gemachten Belange die sich aus dem Flächennutzungsplan ergebenden städtebaulichen Belange nicht nur unwesentlich überwiegen. Der öffentliche Planungsträger hat gegebenenfalls der Gemeinde nach Maßgabe des § 37 III BauGB eine Entschädigung zu gewähren. Entstehen der Gemeinde infolge der Durchführung derartiger Planungen Aufwendungen für Entschädigungen nach dem BauGB, so sind diese Entschädigungsleistungen vom öffentlichen Planungsträger zu ersetzen. Dies gilt auch für Aufwendungen, die der Gemeinde durch die erforderlich werdende Aufstellung, Änderung, Ergänzung oder Aufhebung eines Bebauungsplans entstehen (§§ 7 S. 6, 37 III BauGB). Die Bindung des öffentlichen Planungsträgers an den Flächennutzungsplan ist damit zeitlich auf diejenigen Belange beschränkt, die dem Planungsträger bereits im Zeitpunkt der Beschlussfassung über den Flächennutzungsplan bekannt waren.

Die in § 7 BauGB normierte Bindung öffentlicher Planungsträger an den Flächennut- **75** zungsplan im Fall des unterlassenen Widerspruchs gilt, wie § 38 2 BauGB ausdrücklich klarstellt, auch für die nach § 38 1 HS 1 BauGB gegenüber der Ortsplanung im Übrigen privilegierten Vorhaben. Die Anpassungspflicht des § 7 1 BauGB schützt nicht nur die Planungshoheit der Gemeinde, sondern auch den objektiven Belang einer geordneten städtebaulichen Entwicklung. Der durch die enteignende Vorwirkung des Planfeststellungsbeschlusses Betroffene kann sich auf eine Verletzung der Anpassungspflicht durch den öffentlichen Planungsträger berufen. Die Kompetenz, ein Einvernehmen mit dem öffentlichen Planungsträger über eine von dem Flächennutzungsplan abweichende Planung herzustellen, steht allein dem für Aufstellung und Änderung des Flächennutzungs-

---

[141] Stüer, BauR 2013, 617.
[142] VGH Mannheim, Urt. v. 31.1.1997 – 8 S 991/96 – NVwZ–RR 1998, 221.
[143] VGH München, Urt. v. 19.4.2005 – 8 A 02.40058 – UPR 2006, 75 = BayVBl. 2006, 403 – Bebauungsplan und Planfeststellung.

plans zuständigen Gemeindeorgan zu. Das Einvernehmen über eine Abweichung vom bisherigen gemeindlichen Planungskonzept muss aus Gründen der Rechtsklarheit durch eine förmliche Änderung des Flächennutzungsplans nach außen erkennbar dokumentiert werden. Vom Flächennutzungsplan abweichende Planungsvorstellungen und -ziele, die nur in informellen Planungen (z. B. einem „Masterplan") zum Ausdruck gebracht werden, stellen keine Veränderung der Sachlage im Sinne von § 7 S. 3 BauGB dar.[144] Diese Entscheidungen zur A 281 in Bremen, die in der Stärkung der städtebaulichen Aspekte im Urteil zum sechsstreifigen Ausbau der A 3 im Stadtgebiet Würzburg fortgeführt wurden[145], haben weitreichende Auswirkungen für das Verhältnis vor allem auch der privilegierten Fachplanung zur Bauleitplanung. Wurde bisher die privilegierte Fachplanung nach Maßgabe des § 38 BauGB als vorrangig vor der Bauleiplanung angesehen (das Fachrecht bestimmt die Reichweite des Bauplanungsrechts bei Berücksichtigung städtebaulicher Belange weitgehend selbst)[146], so hat dieser Vorrang einen erheblichen Dämpfer erhalten. Ist der öffentliche Planungsträger an der Flächennutzungsplanung beteiligt worden und hat er ihr nicht widersprochen, hat er seine Planungen entsprechend anzupassen. Das Anpassungsgebot kann sich wohl nur auf im Flächennutzungsplan mit Gründen abgewogene Darstellungen, nicht aber auf neue Planungen beziehen, die im Zeitpunkt der Beteiligung noch nicht bekannt waren.

76   Abweichungen der Fachplanung vom Flächennutzungsplan setzen danach im Falle bereits abgewogener fachplanerischer Belange grundsätzlich eine Änderung des Flächennutzungsplans voraus, die aus „städtebaulichen Gründen", zu denen auch die Belange der Fachplanung gehören, erfolgen kann. Ist die Gemeinde hierzu nicht bereit, kann der Träger der Fachplanung nur unter drei Voraussetzungen abweichen: (1) Eine Veränderung der Sachlage macht eine Abweichung erforderlich. (2) Der öffentliche Planungsträger hat nachträglich zu widersprechen, wenn (3) die für die abweichende Planung geltend gemachten Belange die sich aus dem Flächennutzungsplan ergebenden städtebaulichen Belange nicht nur unwesentlich überwiegen. Von dem in § 38 BauGB angeordneten Vorrang der privilegierten Fachplanung, die sich über städtebauliche Belange bei Beteiligung der Gemeinde in der Abwägung hinwegsetzen kann, bleibt da nicht mehr allzu viel übrig. Der in § 38 BauGB angeordnete Vorrang der privilegierten Fachplanung passt nicht zu einem aus § 7 BauGB abgeleiteten weitgehenden Anpassungsgebot der Fachplanung an die Bauleitplanung. Inzwischen hat das BVerwG seine Rechtsprechung allerdings eingeschränkt: Hat der Träger der Fachplanung den Darstellungen des Flächennutzungsplans nicht widersprochen, so ist er in der Reichweite des für die Entwicklung des Bebauungsplans aus dem Flächennutzungsplans geltenden § 8 II 1 BauGB an diesen gebunden. Die Bindungswirkungen des Flächennutzungsplans werden nicht verletzt, wenn das Vorhaben des Fachplanungsträgers sich als Konkretisierung der Grundzüge der städtebaulichen Entwicklung des Flächennutzungsplans darstellt. Bindungswirkungen für den Träger der Fachplanung kann der Flächennutzungsplan nur durch zeichnerische oder textliche Darstellungen entfalten. Der Erläuterungsbericht sowie an diesen Darstellungen nicht teilnehmende politische Erklärungen können keine den Träger der Fachpla-

---

[144] BVerwG, Urt. v. 24.11.2010 – 9 A 13.09 – BVerwGE 138, 226 = DVBl 2011, 496 = NVwZ 2011, 680, m. Anm. *Nolte*, jurisPR-BVerwG 7/2011 Anm. 1 – A 281 BA 2/2 – Bremen. Zur etwaigen Anpassungspflicht des öffentlichen Planungsträgers an den Flächennutzungsplan hinsichtlich einer Tank- und Rastanlage VGH Mannheim, B. v. 17.6.2011 – 5 S 2757/10 – BauR 2011, 1702 (L) – Rastanlage. Zur landesplanerischen Standortplanung und Planfeststellung Rudolf Steinberg DVBl 2010, 137; *Stüer* DVBl 2007, 610. Zur Bedeutung informeller Planungen für die Bauleitplanung und für Genehmigungsentscheidungen *Uechtritz* ZfBR 2010, 646. Zum Fachplanungsrecht 2010 *Stüer* DVBl 2010, 1145.

[145] BVerwG, Urt. v. 3.3.2011 – 9 A 8.10 – BVerwGE 139, 150 = DVBl 2011, 1021 – A 3 Würzburg Trogtunnel Katzenberg.

[146] Vgl. auch BVerwG, Urt. v. 4.5.1988 – 4 C 22.87 – BVerwGE 79, 318 = NJW 1989, 242 – ortsgebundener Kiesabbau.

nung bindenden Wirkungen erzeugen. Der Inhalt des Flächennutzungsplans ergibt sich aus der in der Bekanntmachung in Bezug genommenen Planausfertigung, nicht aus sonstigen Unterlagen, die mit der Planurkunde nicht verbunden sind.[147] Gleichwohl könnte es sich empfehlen, in einer der nächsten Städtebaurechtsnovellen dem Vorrang der Fachplanung durch eine Änderung des § 38 BauGB klarstellend wieder stärkeres Gewicht zu verleihen.[148]

g) Bauliche Maßnahmen des Bundes und der Länder. Nach Maßgabe des § 37 **77** **BauGB** bevorrechtigt sind auch bauliche Maßnahmen des Bundes und der Länder. Wird das gemeindliche Einvernehmen für bauliche Anlagen des Bundes oder eines Landes bei Abweichungen von bauplanungsrechtlichen Vorschriften nicht erreicht, so entscheidet die höhere Verwaltungsbehörde.[149] Der Begriff der **„besonderen öffentlichen Zweckbestimmung"** setzt voraus, dass ein besonderes Vorhaben geplant ist, das sich wegen seiner Aufgabenstellung nach Standort, Art, Ausführung und Auswirkung von sonstigen Bauten des Verwaltungsvermögens unterscheidet. Weiterer Voraussetzungen bedarf es nicht. Insbesondere ist nicht erforderlich, dass sich die geplante neue Nutzung im Rahmen der bisherigen Nutzung hält. Bei einer entsprechenden Entscheidung nach **§ 37 I BauGB** können auch gemeindliche Belange überwunden werden. Es muss sich allerdings um ein **Vorhaben** des **Bundes** oder des **Landes** handeln. Diese müssen grundsätzlich **Bauherr** sein. Nach § 37 BauGB sind z. B. auch die Vorhaben von nicht rechtsfähigen Bundesanstalten zu beurteilen, nicht hingegen ganz allgemein die Vorhaben von Körperschaften, Anstalten oder Stiftungen des öffentlichen Rechts, die auf Bundes- oder Landesebene bestehen.[150] Es ist dabei ein räumlich-funktionaler Bezug zu den jeweiligen Aufgaben des Landes oder Bundes ausreichend.

Bei Vorhaben, die der Landesverteidigung, den Zwecken des Bundesgrenzschutzes **78** oder des zivilen Bevölkerungsschutzes dienen, ist nur die Zustimmung der höheren Verwaltungsbehörde erforderlich. Vor Erteilung der Zustimmung hat die Gemeinde ein Stellungnahmerecht. Versagt die höhere Verwaltungsbehörde ihre Zustimmung oder widerspricht die Gemeinde dem beabsichtigten Bauvorhaben, entscheidet der zuständige Bundesminister im Einvernehmen mit den beteiligten Bundesministern und im Benehmen mit der zuständigen Obersten Landesbehörde **(§ 37 II BauGB)**. Die besondere öffentliche Zweckbestimmung für bauliche Anlagen des Bundes oder eines Landes macht es dann erforderlich, von städtebaulichen Vorschriften abzuweichen, wenn dies zur Erfüllung oder Wahrung der jeweiligen öffentlichen Zweckbestimmung vernünftigerweise geboten ist.[151]

Die Gemeinde hat gegen Entscheidungen nach § 37 BauGB Klagerechte, wenn das **79** nach § 37 BauGB zur Überwindung gemeindlicher Belange erforderliche Verfahren nicht durchgeführt wurde, die Gemeinde nicht ordnungsgemäß angehört worden ist oder in

---

[147] BVerwG, Urt. v. 24.11.2011 – 9 A 23-27.2010 – A 281 – Bremer Wesertunnel; Bestätigung und Fortentwicklung BVerwG, Urt. v. 24.11.2010 – 9 A 13.09 – BVerwGE 138, 226.

[148] § 38 BauGB-E: „Auf Planfeststellungsverfahren und sonstige Verfahren mit den Rechtswirkungen der Planfeststellung für Vorhaben von überörtlicher Bedeutung sowie auf die auf Grund des Bundes-Immissionsschutzgesetzes für die Errichtung und den Betrieb öffentlich zugänglicher Abfallbeseitigungsanlagen geltenden Verfahren sind *§ 7 1 bis 5 sowie* die §§ 29 bis 37 nicht anzuwenden, wenn die Gemeinde beteiligt wird; städtebauliche Belange sind zu berücksichtigen." *§ 38 2 wird gestrichen.* (Änderungen kursiv).

[149] § 37 I BauGB; *Hesler* BayVBl. 1984, 161.

[150] *BKL*, § 37 BauGB Rn. 3. Zu Vorhaben der Deutschen Bundespost BVerwG, B. v. 10.7.1991 – 4 B 106.91 – NVwZ 1992, 479 = Buchholz 406.11 § 37 BauGB Nr. 5; OVG Münster, Urt. v. 14.3.1991 – 11 A 2247.87 – NVwZ 1992, 497 = UPR 1992, 77 – Fernmeldeturm; B. v. 7.7.1989 – 11 B 170/89 – BauR 1990, 64 = NVwZ-RR 1990, 531 – Antennenträger. Zu Vorhaben der Nato-Streitkräfte. BVerwG, Urt. v. 3.12.1992 – 4 C 24.90 – BVerwGE 91, 227 = DVBl 1993, 437.

[151] BVerwG, Urt. v. 16.7.1981 – 4 B 96.81 – BRS 38 (1988), Nr. 375 = ZfBR 1981, 243 = BauR 1981, 661.

ihre Rechte unzulässig eingegriffen worden ist. Bei baulichen Maßnahmen des Bundes oder des Landes kann auch von den planungsrechtlichen Zulässigkeitsvorschriften der §§ 29 ff. BauGB abgewichen werden. Dies setzt aber eine entsprechende Abwägung der Vorhabeninteressen mit den gemeindlichen Belangen voraus. Erweisen sich die gemeindlichen Belange als vorrangig, sind entsprechende Abwehrrechte gegeben.[152]

80   Die **höhere Verwaltungsbehörde** entscheidet eigenverantwortlich, ob die besondere öffentliche Zweckbestimmung einer Anlage des Bundes oder eines Landes eine Abweichung von baurechtlichen Vorschriften i. S. von § 37 I BauGB erforderlich macht. Die höhere Verwaltungsbehörde ist allerdings im Rahmen der Landesorganisation weisungsgebunden. Ihre Entscheidung unterliegt zudem der uneingeschränkten gerichtlichen Kontrolle. Dem Vorhabenträger steht jedenfalls hinsichtlich des konkreten Standortes der Anlage keine autonome Entscheidungsbefugnis zu, die i. S. des Fachplanungsrechts zu einer Einschränkung der gerichtlichen Kontrolldichte führen könnte.[153]

Beispiel: Der nrw. Landschaftsverband Westfalen-Lippe beabsichtigt, zur Entlastung einer bestehenden Einrichtung eine neue Maßregelvollzugsanstalt zu errichten. Nachdem sich in der Bevölkerung im Bereich möglicher Standorte massiver Widerstand formiert, schlägt eine beim Landschaftsverband gebildete Arbeitsgruppe einen Standort in einer Stadt am Rande des Ruhrgebietes vor. Dieser biete vor allem den Vorteil von Synergieeffekten. Die betroffene Standortgemeinde macht geltend, dass ihre Planungsbelange bei dem Außenbereichsstandort nicht ausreichend berücksichtigt worden seien. Die gemeindlichen Belange können nach § 37 I BauGB überwunden werden, wenn es sich um ein Bauvorhaben des Landes handelt und gemeindliche Belange nicht entgegenstehen.[154]

Beispiel: In der Nähe von Ramstein soll in Weilerbach auf dem US-Militärgelände Rhine Ordnance ein US-Hospital als überregionales Großklinikum gebaut werden. Die Ramstein Air Base ist ein Militärflughafen der United States Air Force in Europa, Afrika und das Hauptquartier der Allied Air Command Ramstein. Für das Außenbereichsvorhaben ist eine Zulassung nach § 37 II BauGB erforderlich. Die Rodung des ca. 40 ha großen Waldgebietes bedarf einer Waldumwandlungsgenehmigung. Für die Straßenbindung ist ein straßenrechtliches Planfeststellungsverfahren erforderlich. Das Vorhaben ist UVP-pflichtig. Die Verfahren müssen parallel durchgeführt werden. Über die Zulassung nach § 37 II BauGB entscheidet zunächst die höhere Verwaltungsbehörde. Soweit die Zustimmung versagt wird, entscheidet das zuständige Bundesministerium im Einvernehmen mit den anderen Bundesministerien und im Benehmen mit der zuständigen obersten Landesbehörde.[155]

81 **h) Bauleitplanung und privilegierte Außenbereichsvorhaben.** Gemeindliche Planungsvorstellungen können sich bei entsprechender Qualifizierung auch gegenüber privilegierten Einzelvorhaben im Außenbereich durchsetzen. Nach § 35 I BauGB sind solche Vorhaben zulässig, wenn öffentliche Belange nicht entgegenstehen. Nicht privilegierte Außenbereichsvorhaben sind demgegenüber nach § 35 II BauGB bereits dann unzulässig, wenn öffentliche Belange beeinträchtigt werden. Gemeindliche Planungsvorstellungen stehen als öffentliche Belange einem privilegierten Außenbereichsvorhaben allerdings nur entgegen, wenn sie konkrete standortbezogene Aussagen beinhalten. Hat die Gemeinde einen qualifizierten Bebauungsplan aufgestellt, richtet sich die Zulässigkeit von Vorhaben gem. § 30 I BauGB nach den Festsetzungen dieses Plans. Fehlt ein solcher Plan, hat ein nach § 35 I BauGB privilegiertes Außenbereichsvorhaben grundsätzlich Vorrang. Entgegenstehende öffentliche Belange können sich jedoch auch aus Darstellungen eines Flächennutzungsplans ergeben, wenn diese konkrete standortbezogene Aussagen enthalten. Dazu reicht in aller Regel allerdings die Darstellung als Fläche für die Landwirtschaft

---

[152] VGH Mannheim, Urt. v. 19.12.1997 – 5 S 2735/95 – DVBl 1998, 909 – Gerätedepot der Bundeswehr.

[153] BVerwG, Urt. v. 14.2.1991 – 4 C 20.88 – BVerwGE 88, 35; zur Kontrolldichte auch *Scholz* VVdStRL Bd. 34 (1976), 145; *Schmidt–Aßmann* VVdStRL Bd. 34 (1976), 221; *ders.* FS Universität Heidelberg 1986, 107; B. v. 10.7.1991 – 4 B 106.91 – NVwZ 1992, 479; *Jöhnke* SchlHA 1995, 253.

[154] *Stüer*, Kommunalrecht 1997, S. 66. Inzwischen ist durch eine Gesetzesänderung eine Zuständigkeit des Landes NRW für die Errichtung von Maßregelvollzugsanstalten geschaffen worden.

[155] *Stüer*, BauR 2013, 1617.

nicht aus. Darstellungen des Flächennutzungsplans sind nur dann als entgegenstehende öffentliche Belange zu berücksichtigen, wenn ihnen eine konkrete, auch ein privilegiertes Außenbereichsvorhaben ausschließende Wirkung entnommen werden kann (vgl. § 35 III 3 BauGB). Bei entsprechend gewichtigen gemeindlichen Belangen kann der Flächennutzungsplan auch Aussagen zu einer Konzentration von Abgrabungsflächen auf bestimmte Teile des Gemeindegebietes enthalten **(Darstellungsprivileg)**.[156]

Ein Flächennutzungsplan, der Darstellungen mit den Rechtswirkungen des § 35 III 3 **82** BauGB enthalten soll, entfaltet durch die Festlegung von Konzentrationszonen für Anlagen im Sinne des § 35 I Nr. 2 bis 6 BauGB regelmäßig Ausschlusswirkung für das übrige Gemeindegebiet. Die Gemeinde kann dabei von der Ermächtigung in § 5 II 2 b BauGB Gebrauch machen, einen sachlichen Teilflächennutzungsplan aufzustellen. Erfasst die in Aussicht genommene Kombination von Konzentrations- und Ausschlusszonen das gesamte Gemeindegebiet, erfüllt die Bekanntmachung ihre Anstoßfunktion, wenn sie kenntlich macht, dass die Grenzen des Geltungsbereichs des in Aufstellung befindlichen Flächennutzungsplans mit den Gemeindegrenzen übereinstimmen sollen. Dass und an welcher Stelle Konzentrationszonen dargestellt werden sollen, muss aus der Bekanntmachung nicht hervorgehen.[157]

3. Interkommunale Bauleitplanung

Nach § 2 II BauGB sind die Bauleitpläne benachbarter Gemeinden aufeinander abzustim- **83** men. Das Erfordernis dieser → **interkommunalen Abstimmung** ist Ausfluss der Selbstverwaltungsgarantie in Art. 28 II GG. Die Nachbargemeinde wird in ihren Rechten daher verletzt, wenn die planende Gemeinde ihre materielle Abstimmungspflicht nach § 2 II BauGB zum Nachteil der Nachbargemeinde durch einen Verstoß gegen das Abwägungsgebot missachtet hat.[158] Das interkommunale Abstimmungsgebot kann bei Fehlen abgestimmter Bauleitpläne unmittelbar ein Abwehrrecht gegen einzelne Vorhaben begründen.

> → **Interkommunale Bauleitplanung.** Die Einzelhandelsnutzung in der Gemeinde kann auch durch einen einfachen Bebauungsplan gesteuert werden (§ 9 II a BauGB)Bauleitpläne benachbarter Gemeinden sind nach § 2 II 1 BauGB aufeinander abzustimmen. Dabei können sich die Gemeinden auch auf ihre ihnen durch Ziele der Raumordnung zugewiesenen Funktionen sowie auf Auswirkungen auf ihre zentralen Versorgungsbereiche berufen (§ 2 II 2 BauGB). Die planende Gemeinde hat die gemeindenachbarlichen Belange wie eigene Belange in die Abwägung einzustellen. Denn im Gegensatz zur Fachplanung besteht zwischen den beteiligten Gemeinden ein Gleichordnungsverhältnis. Ist die Nachbargemeinde nicht ordnungsgemäß an der Bauleitplanung beteiligt worden oder werden die gemeindenachbarlichen Belange materiell verletzt, kann die Nachbargemeinde den Bebauungsplan in einem Normenkontrollverfahren angreifen, sich aber auch gegen Genehmigungen zur Wehr setzen, die auf der Grundlage des (fehlerhaften) Bebau-

---

[156] BVerwG, Urt. v. 22.5.1987 – 4 C 57.84 – BVerwGE 77, 300 = DVBl 1987, 1008 = RzB Rn. 449 – Kölner Auskiesungskonzentrationszone; Urt. v. 10.2.1978 – IV C 25.75 – BVerwGE 55, 220 = NJW 1978, 2308 = RzB Rn. 466 – Kiesweiher; BVerwG, Urt. v. 13.4.1983 – 4 C 21.79 – BVerwGE 67, 84 = RzB Rn. 435 – Teutoburger Wald; Urt. v. 18.3.1983 – 4 C 17.81 – NVwZ 1984, 303 = DVBl 1983, 893 = RzB Rn. 316 – Bestwig; Urt. v. 15.7.1987 – 4 C 56.83 – BVerwGE 78, 40 = NJW 1988, 434 = RzB Rn. 450 – Baggersee; Urt. v. 18.5.1990 – 7 C 3.90 – BVerwGE 85, 155 = NVwZ 1991, 362 = RzB Rn. 56 – Betonformsteine; vgl. auch *Stüer*, Handbuch des Bau- und Fachplanungsrechts, Rn. 2733.

[157] BVerwG, B. v. 17.9.2008 – 4 BN 22.08 – ZfBR 2008, 806, m. Hinw. auf Urt. v. 27.1.2005 – 4 C 5.04 – BVerwGE 122, 364.

[158] BVerwG, Urt. v. 8.9.1972 – 4 C 17.71 – BVerwGE 40, 323 = RzB Rn. 135 – Krabbenkamp; Urt. v. 15.12.1989 – 4 C 36.86 – NVwZ 1990, 464 = DVBl 1990, 427 = RzB Rn. 136 – gemeindenachbarlicher Immissionsschutz; B. v. 26.2.1990 – 4 B 31.90 – NVwZ 1990, 657 = UPR 1990, 231 = RzB Rn. 137; B. v. 23.9.1993 – 4 NB 31.93 – Buchholz 310 § 47 Nr. 83 = RzB Rn. 1289 – Wolfen; *Hoppe* in FS Menger 1985 397.

ungsplans erteilt worden sind. Gemeindenachbarliche Klagerechte bestehen allerdings nicht, wenn das Vorhaben im Innenbereich nach § 34 BauGB planungsrechtlich zulässig ist. Gemeindenachbarliche Belange sind auch im nicht beplanten Innenbereich zu berücksichtigen. Von Innenbereichsvorhaben dürfen keine schädlichen Auswirkungen auf zentrale Versorgungsbereiche in der Gemeinde oder in anderen Gemeinden zu erwarten sein (§ 34 III BauGB).

84   Bereits gegenüber Maßnahmen der Fachplanung bestehen gemeindliche Mitwirkungs- und Abwehrrechte. **Weitergehende Rechte** ergeben sich aus dem **interkommunalen Abstimmungsgebot** des **§ 2 II BauGB**. Auch dieses Gebot ist eine Ausformung der gesetzlichen Planungshoheit. Denn diese schließt das Recht ein, sich gegen solche Planungen anderer Stellen zur Wehr zu setzen, welche die eigene Planungshoheit rechtswidrig verletzen.[159] Das interkommunale Abstimmungsgebot verleiht der Gemeinde aber gegenüber den sich auf ihr Gebiet auswirkenden Planungen der Nachbargemeinde eine stärkere Rechtsposition, als sie ihr gegenüber Fachplanungen auf ihrem Gebiet auf Grund einer Berufung auf die Planungshoheit zusteht. Denn anders als den gem. § 38 BauGB privilegierten Trägern der Fachplanung steht die Gemeinde der Nachbargemeinde mit ihrer Planungsbefugnis im Verhältnis der Gleichordnung gegenüber. Dem trägt das interkommunale Abstimmungsgebot in spezieller Weise Rechnung. Daraus ergibt sich das Erfordernis einer materiellen Abstimmung interkommunaler Belange, nicht nur eine formelle Beteiligungspflicht.[160] Die Nachbargemeinde wird dabei in ihren Rechten verletzt, wenn die planende Gemeinde ihre materielle Abstimmungspflicht nach § 2 II BauGB zum Nachteil der Nachbargemeinde missachtet.[161] „Benachbart" sind Gemeinden nicht nur, wenn sie unmittelbar aneinandergrenzen, sondern auch, wenn sie von den Auswirkungen der jeweiligen Planung betroffen sind. Die Abstimmungspflicht kann sich bei entsprechender Bedeutung des Vorhabens (etwa eines sog. Factory-Outlet-Centers) somit auf Gemeinden erstrecken, die räumlich weit von der planenden Gemeinde entfernt liegen.[162] Berechtigte interkommunale Belange sind abwägungserheblich und auch geeignet, eine Antragsbefugnis i. S. des § 47 II VwGO zu begründen.

Beispiel: Will eine Gemeinde durch Bebauungsplan ein Sondergebiet für ein Einkaufszentrum mit 70.000 m² Verkaufsfläche nahe der Stadtgrenze zu einer Nachbargemeinde festsetzen, in deren Innenstadt ca. 62.000 m² Verkaufsfläche vorhanden sind, hat sie die städtebauliche Konsequenzen ihrer Planung im Hinblick auf die verbrauchernahe Versorgung der Bevölkerung in der Nachbargemeinde und im Hinblick auf deren Zentrenstruktur abzuwägen. Die Abwägung der städtebaulichen Konsequenzen für die Nachbargemeinde ist auch dann nicht entbehrlich, wenn der Bebauungsplan einen Bereich erfasst, in dem nach § 34 I BauGB a. F. aufgrund der faktischen Gegebenheiten ein Anspruch auf Genehmigung entsprechender (weiterer) Einzelhandelsnutzungen bestand. In die Abwägung können zum Schutz der Nachbargemeinde durch den Bebauungsplan festsetzende Sortimentsbeschränkungen einzubeziehen sein, und zwar auch dann, wenn die Gemeinde Planschadensersatzansprüche befürchtet.[163]

85   Das interkommunale Abstimmungsgebot bezieht sich traditionell als Bestandteil der kommunalen Planungshoheit auf städtebauliche Belange. Es ist durch **§ 2 II 2 BauGB** auf **raumordnerische Belange** erweitert worden. Die Regelung geht bereits zurück auf

---

[159] BVerwG, Urt. v. 8.9.1972 – 4 C 17.71 – BVerwGE 40, 323 = RzB Rn. 135 – Krabbenkamp.

[160] BVerwG, Urt. v. 15.12.1989 – 4 C 36.86 – BVerwGE 84, 209 = RzB 136 – gemeindenachbarlicher Immissionsschutz; B. v. 2.6.1992 – 4 NB 8.92; B. v. 23.9.1993 – 4 NB 31.93 – Buchholz 310 § 47 Nr. 83 = RzB Rn. 1289 – Wolfen; zum interkommunalen Abwägungsgebot *Hoppe* in HBG § 7 Rn. 177.

[161] OVG Weimar, B. v. 23.4.1997 – 1 EO 241/97 – UPR 1997, 376. Zu den Rechtsschutzmöglichkeiten der Gemeinde gegenüber einer eisenbahnrechtlichen Fachplanung im Bereich von Nachbargemeinden aus Konkurrenzschutzgründen BVerwG, Urt. v. 27.10.1998 – 11 A 10.98 – Marktredwitz/Bayreuth.

[162] So VGH München, B. v. 25.6.1998 – 1 NE 98.1023 – UPR 1998, 467 – Abstimmungspflicht bei der Planung eines Factory Outlet Centers.

[163] OVG Münster, Urt. v. 25.8.2005 – 7 D 2/05.NE – BauR 2006, 67 = NVwZ-RR 2006, 450 = BRS 69 Nr. 27 (2005) – Einkaufszentrum in Nachbargemeinde.

Überlegungen der Unabhängigen Expertenkommission zur Novellierung des BauROG 1998. Soweit Ziele der Raumordnung einer Gemeinde eine bestimmte, den Standortwettbewerb mit anderen Gemeinden begünstigende Funktion zuweisen[164], soll diese Funktion der gemeindlichen Planungshoheit zugerechnet werden und damit verteidigungsfähig sein. Die Ziele der Raumordnung können belastende und begünstigende Wirkungen haben, zum einen für die einzelne Gemeinde, zum anderen aber auch im Verhältnis der Gemeinden untereinander. Dies legt es nahe, neben den verpflichtenden § 1 IV BauGB, nach dem die Bauleitpläne den Zielen der Raumordnung anzupassen sind, auch eine berechtigende Vorschrift zu stellen. Aus der Bindung der Bauleitplanung an ein zentralörtliches Ziel der Raumordnung[165] folgt auf diese Weise auch, dass die Gemeinde berechtigt ist, ihre so ausgerichtete Planung gegen eine die zentralörtliche Funktion störende raumordnungswidrige Planung einer anderen Gemeinde zu verteidigen. Neben den Zielen der Raumordnung werden in der Regelung die Auswirkungen auf die zentralen Versorgungsbereiche – auch in ihren unterschiedlichen Stufen – der Gemeinden genannt. Hierdurch werden diese bereits für § 11 III BauNVO maßgeblichen Kriterien ebenfalls in die interkommunale Abstimmung einbezogen.

Das Abstimmungsgebot in § 2 II 1 BauGB ist Teil der Bauleitplanung; es kann sich des- **86** halb nur auf städtebauliche Belange beziehen. Mit § 2 II 2 BauGB hat die Gemeinde ein Abwehrrecht, wenn ihr durch Ziele der Raumordnung bestimmte Funktionen zugewiesen wurden und eine Nachbargemeinde diese unterlaufen will.[166] Das Abwehrrecht ergänzt die Anpassungspflicht aus § 1 IV BauGB. Eine Gemeinde ist berechtigt, die ihr zugewiesenen Funktionen gegen störende raumordnungswidrige Planungen einer anderen Gemeinde zu verteidigen. Die zugewiesene Funktion ist Bestandteil der Planungshoheit. Die durch Ziele der Raumordnung zugewiesenen Funktionen werden in erster Linie die Stellung im zentralörtlichen Gefüge betreffen, sie können sich aber auch auf die Siedlungserweiterung oder zentrale Einrichtungen beziehen. Die Gemeinde muss für ihr Betroffensein nicht mehr im Einzelnen belegen, welche konkreten Nachteile für sie z. B. durch Kaufkraftabzug[167] oder Abwerbung von Gewerbebetrieben entstehen. Der Verstoß als solcher reicht bereits aus. Die Rechtslage entspricht der einer Verletzung nachbarschützender Vorschriften bei einem Wechsel in der Gebietskategorie. Gemeindenachbarliche Abwehrrechte bestehen, wenn das Handeln der Standortgemeinde gegen die Ziele der Raumordnung verstößt. Dies setzt allerdings entsprechend konkrete und eindeutig formulierte Ziele der Raumordnung voraus (§ 3 I Nr. 2 ROG). Neben den Zielen der Raumordnung werden die „Auswirkungen auf die zentralen Versorgungsbereiche" ausdrücklich genannt. Die Art der Auswirkungen muss die Nachbargemeinde allerdings geltend machen.[168] **Gewichtige Auswirkungen** auf Planungen einer Nachbargemeinde dürfen nicht allein deshalb im Rahmen der Abwägung zurückgestellt werden, weil die Nachbargemeinde die Abwägungsentscheidung über ihren Plan noch nicht getroffen hat. Die Konkretisierung dieser Planung und ihre Realisierungschancen können aber für das Gewicht der nachbargemeindlichen Belange von Bedeutung sein.[169]

---

[164] BVerwG, Urt. v. 15.5.2003 – 4 CN 9.01 – UPR 2003, 358 = NVwZ 2003, 1263 – Stuttgarter Landesmesse.

[165] BVerwG, Urt. v. 19.7.2001 – 4 C 4.00 – BVerwGE 115, 17 = DVBl 2001, 1855, einerseits und Urt. v. 13.3.2003 – 4 C 4.02 – BVerwGE 118, 33 = NVwZ 2003, 738 = DVBl 2003 1064, andererseits.

[166] OVG Lüneburg, B. v. 27.11.2006 – 1 MN 148/06 – BauR 2007, 339 = ZfBR 2007, 157 = BauR 2007, 760 (L); *Gatz*, jurisPR-BVerwG 25/2006 Anm. 6 – Möbelmarkt.

[167] VG Göttingen, B. v. 10.3.2004 – 2 B 51/04 – interkommunale Abstimmung.

[168] EAG Bau 2004 – Mustererlass 2004.

[169] BVerwG, B. v. 14.4.2010 – 4 B 78.09 – DVBl 2010, 839 = ZfBR 2010, 463 = UPR 2010, 309 = BauR 2010, 1169 = NVwZ 2010, 1026 m. Anm. *Gatz*, jurisPR-BVerwG 15/2010 Anm. 4 – Vergrößerung eines Factory-Outlet-Centers. Zu den Rechten der Nachbargemeinde *Möller* Jura 2011, 54. Zur interkommunalen Abstimmung bei Einzelhandelsprojekten *Kopf* LKRZ 2010, 167. Zum Schutz

87 Parallel zu den gesetzlichen Regelungen stellt auch die höchstrichterliche Rechtsprechung den traditionellen Bahnen der interkommunalen Abstimmung weitere **Rechtsschutzmöglichkeiten** sowie gemeindliche Rechtspflichten an die Seite.[170] Die privilegierte Fachplanung kann bei Wahrung der Voraussetzungen des § 38 BauGB einen Vorrang für sich in Anspruch nehmen. Gemeindliche Betroffenheiten lösen gegenüber Planungen anderer Gemeinden aber auch gegenüber Fachplanungen ein **Beteiligungserfordernis** aus (Stufe 1). Bei Auswirkungen gewichtiger Art im nachbargemeindlichen Bereich wird nach § 2 II BauGB eine **interkommunale Abstimmung** erforderlich (Stufe 2). Werden konkrete **gemeindliche Planungen** betroffen oder entziehen sich weite Teile des Gemeindegebietes einer durchsetzbaren Planung (Stufe 3), ergeben sich wegen des Eintritts in verfassungsrechtliche Garantiebereiche gesteigerte Berücksichtigungserfordernisse und erhöhte Überwindungslasten in der Bau- und Fachplanung gleichermaßen. Bei gravierenden nachteiligen Folgen gemeindlicher Nichtplanungen vor allem für Nachbargemeinden aber auch bei Verletzung raumordnerischer Ziele können sich aus § 1 III und IV BauGB gemeindliche Planungspflichten ergeben, deren Einhaltung durch die Kommunalaufsicht und auf der Grundlage der Landesplanungsgesetze sichergestellt werden kann.[171]

88 Durch das EAG Bau 2004 sind auch die Innenbereichsgemengelagern um Belange der zentralörtlichen Versorgungsbereiche ergänzt worden. Bei der Prüfung der Frage, ob sich ein großflächiger Einzelhandelsbetrieb nach der Art der baulichen Nutzung i. S. von § 34 I BauGB einfügt, hatten zuvor die in § 11 III BauNVO angesprochenen städtebaulichen Auswirkungen außer Betracht zu bleiben. Ein Vorhaben, das nach § 34 I BauGB zulässig war, scheiterte nicht daran, dass es auf der Grundlage eines an die Ziele der Raumordnung angepassten Bebauungsplans nicht genehmigungsfähig wäre.[172] Durch § 34 III BauGB ist diese Lücke geschlossen. Auch im nicht beplanten Innenbereich sind die Ziele der Raumordnung insoweit zu beachten. Nach § 34 III BauGB dürfen von Innenbereichsvorhaben keine schädlichen Auswirkungen auf zentrale Versorgungsbereiche in der Gemeinde oder in anderen Gemeinden zu erwarten sein. Der Gesetzgeber des EAG Bau 2004 hat damit auf eine Rechtsprechung des BVerwG reagiert, wonach sich eine Gemeinde gegenüber Bauvorhaben in der Nachbargemeinde auf der Grundlage der früheren Fassung des § 34 BauGB 1986 nicht auf ihre Stellung als Mittelzentrum berufen konnte. Durch die BauGB-Novelle 2007 sind die Gemeinden zudem in die Lage versetzt worden, den Einzelhandel möglichst auf der Grundlage eines Einzelhandelskonzepts auf bestimmte zentralörtliche Versorgungsbereiche zu konzentrieren und damit die Einzelhandelsentwicklung in der Gemeinde zu steuern.

89 Das aus dem Zentrale-Orte-Prinzip abgeleitete **Kongruenzgebot**, aus dem Gemeinden ein Abwehrrecht gegen ein Vorhaben i. S. des § 11 III 1 BauNVO in der Nachbargemeinde herleiten, ist allerdings nicht Ausfluss der kommunalen Selbstverwaltungsgarantie des Art. 28 II 1 GG, sondern den Gemeinden ist diese Rechtsstellung durch einen außergemeindlichen Planungsträger zugewiesen.[173] Das interkommunale Abstimmungsgebot nach § 2 II BauGB findet auf **Fachplanungen von überörtlicher Bedeutung** allerdings auch dann keine Anwendung, wenn Vorhabenträger eine Gemeinde ist.[174]

---

der Nachbargemeinde durch das interkommunale Abstimmungsgebot Hoffmann NVwZ 2010, 738. Zum Gebietserhaltungsanspruch der Nachbargemeinde *Gerhard/Würtenberger* BauR 2010, 550.

[170] BVerwG, Urt. v. 1.8.2002 – 4 C 5.01 – BVerwGE 117, 25 = DVBl 2003, 62 = NVwZ 2003, 86 – FOC Zweibrücken; Urt. v. 17.9.2003 – 4 C 14.01 – BVerwGE 119, 25 = DVBl 2004, 239 = NVwZ 2004, 220 – Mühlheim-Kärlich; zur Vorinstanz OVG Koblenz, B. v. 20.1.1998 – 1 B 10056/ 98 –; Urt. v. 5.7.2001 – 1 A 10168/01.OVG – (unveröffentlicht).

[171] *Halama* DVBl 2004, 79; *Stüer* NVwZ 2004, 814.

[172] BVerwG, Urt. v. 11.2.1993 – 4 C 15.92 – DVBl 1993, 914 = RzB Rn. 128.

[173] BVerwG, B. v. 8.6.2006 – 4 BN 8.06 – BBB 2006, Nr. 10, 52 = ZfBR 2006, 783 – Kongruenzgebot großflächige Einzelhandelsbetriebe.

[174] BVerwG, Urt. v. 9.2.2005 – 9 A 62.03 – Buchholz 316 § 78 VwVfG Nr. 10 = DVBl 2005, 903

4. Grenzüberschreitende Beteiligung

Bei Bauleitplänen, die erhebliche Auswirkungen auf Nachbarstaaten haben können, **90**
sind die Gemeinden und Behörden des Nachbarstaates nach den Grundsätzen der Gegenseitigkeit und Gleichwertigkeit zu unterrichten. Bei Bauleitplänen, die erhebliche Umweltauswirkungen auf einen anderen Staat haben können, ist dieser nach dem UVPG zu
beteiligen; für die Stellungnahmen der Öffentlichkeit und Behörden des anderen Staates,
einschließlich der Rechtsfolgen nicht rechtzeitig abgegebener Stellungnahmen, ist das
BauGB entsprechend anzuwenden (§ 4a V BauGB). Diese durch das EAG Bau 2004 neu
gefassten Regelungen setzen die UVP-Richtlinie und die Plan-UP-Richtlinie in nationales Recht um.

Konsultationen, die auf der Grundlage des Verfahrens nach § 4a V BauGB erfolgen **91**
können, sind nach den Grundsätzen der Gegenseitigkeit und Gleichwertigkeit durchzuführen (§ 4a V 1 BauGB). Die Vorschrift sieht damit ein **zweistufiges Abstimmungsverfahren** zunächst in Form einer Unterrichtung (§ 4a V 1 BauGB) und dann in Form
von Konsultationen (§ 4a V 2 BauGB) für solche Bauleitpläne vor, die erhebliche Auswirkungen auf Nachbarstaaten haben können. Die Verpflichtung zur Abstimmung gilt
allerdings nur unter den Voraussetzungen der Grundsätze der (formellen) Gegenseitigkeit und (materiellen) Gleichwertigkeit, um den deutschen Gemeinden keine einseitigen
Abstimmungspflichten ihrer Bauleitpläne ohne Recht auf Beteiligung im umgekehrten
Fall einzuräumen.[175]

Regelungsgegenstand des § 4a V 1 BauGB ist die **grenzüberschreitende Unterrich-** **92**
tung für Gemeinden und sonstige Träger öffentlicher Belange des Nachbarstaates nach
den Grundsätzen der Gegenseitigkeit und Gleichwertigkeit. Die Gemeinden und Träger
öffentlicher Belange des Nachbarstaates sind daher über den Inhalt des Planentwurfs in
geeigneter Weise so zu informieren, dass eine inhaltliche Auseinandersetzung mit der beabsichtigten Planung möglich ist. Eine Erörterung ist in dieser ersten Phase der Beteiligung hingegen nicht erforderlich. Sie kann jedoch ggf. im Rahmen des Konsultations-
verfahrens nach § 4a V 2 BauGB erfolgen. Adressat der Unterrichtung sind sowohl die
von den Auswirkungen der beabsichtigten Bauleitplanung möglicherweise erheblich betroffenen Gemeinden wie auch die möglicherweise erheblich in ihren Aufgabenbereichen
betroffenen Träger öffentlicher Belange des Nachbarstaates. Dieser weite Adressatenkreis
wurde vorsorglich angesichts der unterschiedlichen Verwaltungsstrukturen in den Nach-
barländern gewählt. In Analogie zu § 8 UVPG und nach entsprechender Vereinbarung erscheint es aber sinnvoll, die Gemeinde als zentrale Anlaufstelle im Nachbarstaat auszu-
wählen, die dann ihrerseits die erhaltenen Informationen an die weiteren in ihrem Aufgabenbereich betroffenen Stellen und Träger öffentlicher Belange weiterleitet. Das Gebot
der Gleichwertigkeit verlangt die Vergleichbarkeit der Unterrichtung sowohl hinsichtlich
des Zeitpunktes der Information als auch hinsichtlich deren Aussagenumfang und -ge-
nauigkeit. Durch diese Einschränkung soll eine nur einseitige Verpflichtung nach
deutschem Recht verhindert werden. Zudem soll ein Anreiz für vergleichbare gesetzliche
Unterrichtungsregelungen auch in Nachbarstaaten geschaffen werden. Weitere Einzelheiten der Ausgestaltung der gegenseitigen Unterrichtung, insbesondere die Einschaltung
der betroffenen Gemeinden des Nachbarstaates als Mittler für die Beteiligung der übrigen Träger öffentlicher Belange des Nachbarstaates, sind bilateralen Absprachen vorbehalten. Bei den Mitgliedstaaten der EU wird – soweit Verfahren nach dem UVPG betroffen

---

= NVwZ 2005, 813 = UPR 2005, 272 m. Anm. *Nolte*, jurisPR-BVerwG 11/2005 Anm. 4, *Gatz*,
jurisPR-BVerwG 12/2005 Anm. 5, Bestätigung von BVerwG, Urt. V. 18.4.1996 – 11 A 86.95 –
BVerwGE 101, 73 – Neubau der B 173 – Neue Kohlsdorfer Straße.
[175] Fachkommission „Städtebau" der ARGEBAU, Muster-Einführungserlass zum BauROG,
S. 12.

sind – hinsichtlich der Behördenbeteiligung infolge der gebotenen Umsetzung der UVP-Richtlinie von einer Gegenseitigkeit und Gleichwertigkeit auszugehen sein.[176]

93   Kann ein UVP-pflichtiger Bebauungsplan zu erheblichen Auswirkungen in einem anderen Staat führen, oder hat der andere Staat um eine entsprechende Beteiligung ersucht, hat die Gemeinde eine grenzüberschreitende Beteiligung durchzuführen. Es sind dabei die Gemeinden und Träger öffentlicher Belange ebenso wie die Öffentlichkeit in dem Nachbarstaat zu beteiligen. Der betroffenen Öffentlichkeit in dem anderen Staat wird ausdrücklich eine Teilnahmemöglichkeit an der Öffentlichkeitsbeteiligung eingeräumt. Diese richtet sich nach § 3 BauGB. Darüber hinaus hat die Gemeinde darauf hinzuwirken, dass die zuständige Stelle des anderen Staates nach den dort für entsprechende Verfahren geltenden Vorschriften den Bebauungsplan einschließlich des Entwurfs der Begründung – also auch des Umweltberichts nach § 2 a BauGB – der Öffentlichkeit zur Verfügung stellt. Den zuständigen Stellen des anderen Staates ist Gelegenheit zur Stellungnahme zu geben, wobei die dafür einzuräumende Frist im Interesse eines zügigen Verfahrensablaufs in der Regel einen Monat nicht überschreiten soll. Bei Vorliegen besonderer Umstände ist die Frist allerdings angemessen zu verlängern. Dies gilt vor allem dann, wenn zwischenzeitlich Konsultationen nach § 4 a IV BauGB durchgeführt werden. Das Erfordernis solcher Konsultationen wird sich in der Regel dann ergeben, wenn die zuständige Stelle des anderen Staates um solche Konsultationen ersucht. Werden von den Trägern öffentlicher Belange Stellungnahmen nicht rechtzeitig vorgebracht, kann die Gemeinde von einer Berücksichtigung absehen, es sei denn, die vorgebrachten Stellungnahmen sind für die Abwägung von Bedeutung (§ 2 III BauGB). Nach § 4 a II 4 BauGB 2001 soll die Gemeinde unter den Voraussetzungen der Grundsätze von Gegenseitigkeit und Gleichwertigkeit eine Übersetzung des Umweltberichts zur Verfügung stellen. Eine solche Übersetzung entspricht bilateralen Regierungsabkommen zur Durchführung des UN-ECE-Übereinkommens über die UVP im grenzüberschreitenden Zusammenhang vom 25.2.1991.

94   Als **zweite Stufe** im Anschluss an die Unterrichtung sehen internationale Vereinbarungen und Abkommen regelmäßig ein **Konsultationsrecht** vor. Dies ist in § 4 a V 2 BauGB aufgegriffen worden. Konsultationspflichten gehen qualitativ über eine grenzüberschreitende Unterrichtung der Gemeinden und Träger öffentlicher Belange hinaus. Solche Konsultationen haben zum Ziel, unterschiedliche Auffassungen beider Staaten zur Zulässigkeit einer Planung oder einer Maßnahme bilateral zu erörtern und einer Lösung im Verhandlungswege zuzuführen. Auf eine über die Unterrichtung nach § 4 a V 1 BauGB hinausgehende förmliche Beteiligungsbefugnis der Gemeinden und Träger öffentlicher Belange ist verzichtet worden, um das grenzüberschreitende Abstimmungsverfahren nicht zu überfrachten. Vielmehr wurde es für ausreichend angesehen, wenn die Gemeinden und Träger öffentlicher Belange des Nachbarstaates nach ihrer Unterrichtung auf Grund eigener Initiative tätig werden und ggf. ein Konsultationsverfahren einleiten. Gleichfalls nicht geregelt ist die Frage, welche Bauleitplanverfahren wegen ihrer grenzüberschreitenden Auswirkungen im Einzelnen einer grenzüberschreitenden Beteiligung bedürfen. Die Eingrenzung der abstimmungspflichtigen Verfahren soll ebenso wie die Entscheidung, ob eine Übersetzung von Planunterlagen erforderlich ist und welche Gemeinden und Träger öffentlicher Belange des Nachbarstaates im Einzelnen zu beteiligen sind, den bilateralen Verhandlungen in vielfach schon existierenden Raumordnungskommissionen und sonstigen Gesprächskreisen überlassen bleiben.[177]

---

[176] *Bundesregierung*, Gesetzentwurf zum BauROG, S. 46.
[177] *Bundesregierung*, Gesetzentwurf zum BauROG, S. 47.

5. Städtebauliche Satzungen

Im BauGB werden insgesamt 21 → städtebauliche Satzungen geregelt.[178] Es können dabei **95** zulassungsbegründende Satzungen, plansichernde Satzungen, Innenbereichssatzungen, maßnahmenbegleitende Satzungen und weitere Satzungen unterschieden werden. Im Einzelnen ergibt sich dabei folgendes Bild:[179]

Zulassungsbegründende Satzungen:
- Bebauungsplan (§ 10 I BauGB)[180],
- vorhabenbezogener Bebauungsplan (§ 12 BauGB)[181],
- einfacher Bebauungsplan (§ 30 III BauGB)

zulassungsbegründende Satzungen
- Bebauungsplan (§ 30 I BauGB)
- vorhabenbezogener Bebauungsplan (§ 12 BauGB)
- einfacher Bebauungsplan (§ 30 III BauGB)

Innenbereichssatzungen
- Klarstellungssatzung (§ 34 IV 1 Nr. 1 BauGB)
- Entwicklungssatzung (§ 34 IV 1 Nr. 2 BauGB)
- Ergänzungssatzung (§ 34 IV 1 Nr. 3 BauGB)

plansichernde Satzungen
- Vorkaufsrechtssatzung (§ 25 BauGB)
- Veränderungssperre (§§ 14, 16 BauGB)

→ Städtebauliche Satzungen

maßnahmenbegleitende Satzungen
- Erhaltungssatzung (§ 172 BauGB)
- Sanierungssatzung (§ 142 BauGB)
- Entwicklungsbereichssatzung (§ 165 BauGB)
- Anpassungsgebietssatzung (§ 170 BauGB)
- Stadtumbausatzung (§ 171d BauGB)
- Satzung zur Sozialen Stadt (§ 171e BauGB)

weitere Satzungen
- Fremdenverkehrssatzung (§ 22 BauGB)
- Erschließungsbeitragssatzung (§ 132 BauGB)
- Außenbereichssatzung (§ 35 VI BauGB)
- Kostenerstattungssatzung (§ 135c BauGB)

[178] *Bönker* Harmonisierung des Rechts der städtebaulichen Satzungen 1994; *Bundesministerium für Raumordnung, Bauwesen und Städtebau* (Hrsg.) Erhaltung der städtebaulichen Gestalt eines Gebietes durch Erhaltungssatzung 1991; *Degenhart* DVBl 1993, 177; *Kiepe* Der Städtetag 1983, 409; *Lübbe–Wolf* (Hrsg.) Umweltschutz durch kommunales Satzungsrecht 1993; *Müller/Wollmann* Erhaltung der städtebaulichen Gestalt eines Gebietes durch Erhaltungssatzung; *Runkel* Die Satzung über den Vorhaben– einen und Erschließungsplan 1994, 27; *ders.* LKV 1993, 78; *ders.* StuGR 1993, 204; *Stich* BauR 1991, 412; *Stüer* DVBl 1995, 121.

[179] *Stüer* DVBl 1995, 121.

[180] S. Rn. 126.

[181] S. Rn. 191.

Plansichernde Satzungen:
- Vorkaufsrechtssatzung (§ 25 BauGB)[182],
- Veränderungssperre (§§ 14, 16 BauGB)[183],

Innenbereichssatzungen:
- Klarstellungssatzung (§ 34 IV 1 Nr. 1 BauGB)[184],
- Entwicklungssatzung (§ 34 IV 1 Nr. 2 BauGB)[185],
- Ergänzungssatzung (§ 34 IV 1 Nr. 3 BauGB)[186],
- einfacher Bebauungsplan über zentralörtliche Versorgungsbereiche[187],
- *Maßnahmenbegleitende Satzungen:*
- Erhaltungssatzung (§ 172 BauGB)[188],
- Sanierungssatzung (§ 142 BauGB)[189],
- Ausgleichsbetragssatzung (§ 154 II a BauGB)[190]
- Entwicklungsbereichssatzung (§ 165 VI BauGB)[191],
- Anpassungsgebietssatzung (§ 170 BauGB)[192],
- Stadtumbausatzung (§ 171 d BauGB),
- Satzung zur Sozialen Stadt (§ 171 e BauGB),

weitere Satzungen:
- Fremdenverkehrssatzung (§ 22 II BauGB)[193],
- Erschließungsbeitragssatzung (§ 132 BauGB),
- Außenbereichssatzung (§ 35 VI BauGB)[194] und
- Kostenerstattungssatzung (§ 135 c BauGB).[195]

> → **Städtebauliche Satzungen.** Das BauGB behandelt insgesamt 21 städtebauliche Satzungen. Die bekannteste ist der Bebauungsplan, der als qualifizierter, vorhabenbezogener und einfacher Bebauungsplan auftritt (§ 30 BauGB). Im vereinfachten Verfahren wird der Bebauungsplan der Innenentwicklung aufgestellt (§ 13 a BauGB). Neben diese zulassungsbegründenden Satzungen treten die Vorkaufsrechtssatzung (§ 25 BauGB), die Veränderungssperre (§§ 14, 16 BauGB) als plansichernde Satzung, die Klarstellungs-, Entwicklungs- und Ergänzungssatzung als Innenbereichssatzungen (§ 34 IV BauGB) sowie die Versorgungsbereichssatzung (§ 9 II a BauGB), die Erhaltungssatzung (§ 172 BauGB), die Sanierungssatzung (§ 142 BauGB), die Ausgleichsbetragssatzung (§ 154 II a BauGB), die Satzung im Stadtumbaugebiet (§ 171 d BauGB), die Satzung zur Sozialen Stadt (§ 171 e BauGB) sowie die Anpassungsgebietssatzung (§ 170 BauGB) und die Fremdenverkehrssatzung (§ 22 BauGB), die Erschließungsbeitragssatzung (§ 132 BauGB), die Außenbereichssatzung (§ 35 VI BauGB) sowie die Kostenerstattungssatzung (§ 135 c BauGB).

96   Das Verfahren zur Aufstellung der städtebaulichen Satzungen richtet sich einerseits nach den jeweiligen Regelungen des BauGB. Ergänzend sind Vorschriften des Landesrechts heranzuziehen.[196]

---

[182] S. Rn. 1173.
[183] S. Rn. 1117.
[184] S. Rn. 1571.
[185] S. Rn. 1572.
[186] S. Rn. 1573.
[187] S. Rn. 1561.
[188] S. Rn. 1366.
[189] S. Rn. 1304.
[190] S. Rn. 1314.
[191] S. Rn. 1317.
[192] S. Rn. 1329.
[193] S. Rn. 1162.
[194] S. Rn. 1642.
[195] S. Rn. 901.
[196] *Stüer* DVBl 1995, 121.

B. Inhalt und Rechtsnatur der Bauleitpläne

Vor allem durch die Bauleitpläne bestimmen die Städte und Gemeinden das Bau- und **97** Nutzungsgeschehen. Der für das gesamte Gemeindegebiet aufzustellende Flächennutzungsplan und die daraus zu entwickelnden Bebauungspläne sind die Hauptinstrumente städtebaulicher Planung. Daneben treten aber auch weitere städtebauliche Instrumente, mit denen die bauliche Gestalt geprägt werden kann.

Die Bauleitplanung ist der wichtigste Teil der städtebaulichen Planung der Gemeinde. **98** Ihre Aufgabe ist es, die Nutzung der Grundstücke vorzubereiten und zu leiten. Dies schließt alle privaten und öffentlichen Grundstücke ein. Die Bauleitplanung verteilt damit Chancen aber auch Nachteile. Ihr oberstes Prinzip ist das allgemeine (kollektive) Wohl, nicht der Vorteil oder Nachteil des einzelnen Bürgers. Die Öffentlichkeit hat durch die gesetzlich vorgeschriebene Mitwirkung Möglichkeiten, die Entscheidung zu beeinflussen. Die Bauleitplanung ist als **zweistufiges System** ausgestaltet. Das BauGB hält ein reichhaltiges Bündel von Planungsinstrumentarien bereit. Hierzu gehören die Plangestaltung, Plansicherung, Planverwirklichung, Planvorbereitung, Planbegleitung und Plankoordinierung.[1] **Hauptinstrumente** der **Bauleitplanung** sind der **Flächennutzungsplan** als vorbereitender Bauleitplan (§§ 5–7 BauGB) und der **Bebauungsplan** als verbindlicher Bauleitplan (§§ 8–13 a BauGB). Beide Handlungsformen sind aufeinander bezogen und ergeben ein System kommunaler Planung, das der Vorbereitung und Leitung der baulichen und sonstigen Nutzung der Grundstücke dient (§ 1 I BauGB). Die Gemeinden haben dabei nach § 1 III 1 BauGB Bauleitpläne aufzustellen, sobald und soweit es erforderlich ist.[2] Die Bauleitpläne sollen eine nachhaltige städtebauliche Entwicklung gewährleisten[3] und die in § 1 V und VI aufgeführten Planungsziele, Planungsgrundsätze und Planungsleitlinien berücksichtigen.[4] Bauleitpläne sind dann erforderlich, wenn sie nach der planerischen Konzeption der Gemeinde als erforderlich angesehen werden können.[5]

Inhaltlich besteht die Aufgabe der Bauleitplanung in der Vorbereitung und Leitung ei- **99** ner geordneten städtebaulichen Entwicklung (**Entwicklungsprinzip**), instrumentell wird das Entwicklungsprinzip durch den Flächennutzungsplan und den Bebauungsplan realisiert (**Planmäßigkeitsprinzip**), modal erfolgt die Aufstellung der Bauleitplanung an den gesetzlichen Instrumenten und Verfahren (**Kodifikationsprinzip**).

Bauleitpläne sind dann **erforderlich**, wenn sie nach der planerischen Konzeption der **100** Gemeinde als erforderlich angesehen werden können. Diese Konzeption festzulegen und städtebauliche Schwerpunkte zu setzen, ist Aufgabe der Gemeinde. Dazu zählt auch, eine

---

[1] *Hoppe* in HBG § 10 Rn. 1 ff. Zu Reformen des BauGB, BauGB–MaßnG und der BauNVO *Böddinghaus* UPR 1995, 185; *ders.* BBauBl. 1996, 256; *Krautzberger* UPR–Spezial, Bd. 6, 1994, S. 1; *ders.* in FS *Schlichter* 1995, 145; *Krautzberger/Wagner* DVBl 1994, 1025; *Portz* Stadt und Gemeinde 1995, S. 83; *Schliepkorte/Stemmler* BBauBl. 1996, 86; *Stüer* DVBl 1996, 177, dort auch zu den Stellungnahmen der Verbände.

[2] BVerwG, B. v. 1.11.2007 – 4 BN 43.07 – BauR 2008, 325 = ZfBR 2008, 182 – Erforderlichkeit. Zur Erforderlichkeit einer kommunalen Entlastungsstraße OVG Lüneburg, Urt. v. 22.5.2008 – 1 KN 149/05 – NuR 2008, 805 – kommunale Entlastungsstraße. Auch ein privater Bauwunsch kann Veranlassung für eine Bauleitplanung geben, so OVG Münster, Urt. v. 21.2.2008 – 7 D 6/07.NE – Trinkwassergewinnung.

[3] Der Begriff der geordneten städtebaulichen Entwicklung ist durch das BauROG durch die nachhaltige städtebauliche Entwicklung ersetzt worden. Dadurch soll ähnlich wie durch die nachhaltige Berücksichtigung von Umweltbelangen im Umweltrecht („sustainable development") die Bedeutung und Querschnittfunktion der städtebaulichen Entwicklung hervorgehoben werden.

[4] Fachkommission „Städtebau" der ARGEBAU, Muster–Einführungserlass zum BauROG, S. 9.

[5] BVerwG, B. v. 16.1.1996 – 4 NB 1./96 – NVwZ–RR 1997, 83 = ZfBR 1996, 223 – Planungserfordernis.

bereits vorhandene Bebauung durch eine verbindliche Bauleitplanung zu überplanen, um den bereits entstandenen städtebaulichen Zustand rechtlich festzuschreiben. Das gilt selbst dann, wenn sich die Bebauung weitestgehend nach § 34 II BauGB bestimmt. Auch hier darf die Gemeinde es als eine Aufgabe städtebaulicher Ordnung ansehen, ein faktisches Baugebiet nunmehr rechtlich zu ordnen und damit städtebaulich „festzuschreiben".[6] Ob und in welchem Umfang eine Bauleitplanung erforderlich ist, obliegt grundsätzlich der freien Entscheidung der Gemeinde. Es besteht insoweit ein weites Ermessen, das sich einer rechtlichen Kontrolle weitgehend entzieht.[7] Die sich aus § 1 III BauGB ergebende Befugnis und ggf. Verpflichtung zur Bauleitplanung sind objektiv-rechtlicher Natur, d. h. die Gemeinden werden im öffentlichen Interesse an einer geordneten städtebaulichen Entwicklung und nicht im individuellen Interesse Einzelner tätig. Folglich bestimmt § 2 III und IV BauGB, dass auf die Aufstellung, Änderung, Ergänzung und Aufhebung von Bauleitplänen kein Anspruch besteht. Ein subjektives Recht auf eine bestimmte Bauleitplanung ist gesetzlich ausgeschlossen.[8] Auch ein subjektives Recht auf Unterlassung einer bestimmten Bauleitplanung kann durch Vertrag oder Zusage nicht begründet werden.[9] Ebenso wenig wie ein subjektives Recht auf Schaffung oder Beibehaltung einer Bauleitplanung mit einem bestimmten Inhalt begründet werden kann, kann rechtswirksam zugesagt werden, eine bestimmte Bebauungsplanung nicht zu ändern.[10] Die städtebaulichen Gründe können sich über die ganze Breite der abwägungserheblichen Belange in § 1 VI BauGB ergeben.[11]

Beispiel: § 1 III 1 BauGB eröffnet den Gemeinden auch die Möglichkeit, im Rahmen der kommunalen Selbstverwaltung das Festsetzungsinstrumentarium des § 9 BauGB für eine eigene Verkehrspolitik zu nutzen.[12]

101 Ein Bebauungsplan ist nicht erforderlich i. S. des § 1 III 1 BauGB, wenn für das geschaffene, in der Tendenz überdimensionierte Baurecht kein hinreichender Bedarf besteht und die Planung deshalb nicht auf Verwirklichung in angemessener Zeit angelegt ist.[13] An die **Erforderlichkeit** der Bauleitplanung ist allerdings kein strenger Maßstab anzulegen. So kann die Ausweisung umfangreicher neuer Gewerbe- und Industriegebiete, die über den aktuellen Bedarf der planenden Gemeinde hinausgehen, hinreichend städtebaulich gerechtfertigt sein, wenn sie auf bindenden Vorgaben eines Ziels der Raumordnung beruht.[14] Die Erforderlichkeit eines Bebauungsplans i. S. des § 1 III 1 BauGB wird auch nicht dadurch in Frage gestellt, dass die zuständigen Baurechtsbehörden von der zwangsweisen Durchsetzung einer Festsetzung bei schon bebauten Grundstücken nur unter Berücksichtigung der jeweiligen entgegenstehenden Belange im Einzelfall Gebrauch ma-

---

[6] BVerwG, B. v. 16.1.1996 – 4 NB 1.96 – NVwZ-RR 1997, 83 = ZfBR 1996, 223 – Planungserfordernis.

[7] BVerwG, B. v. 14.8.1995 – 4 NB 21.95 – Buchholz 406.11 § 1 BauGB Nr. 86.

[8] BVerwG, B. v. 15.6.2004 – 4 BN 14.04 – NordÖR 2004, 284.

[9] OVG Münster, Urt. v. 21.2.2008 – 7 D 6/07.NE – Trinkwassergewinnung.

[10] OVG Münster, B. v. 25.1.2008 – 7 B 1743/07.NE – NuR 2008, 210 = ZfBR 2008, 280 = BauR 2008, 962 = NWVBl 2008, 349 BauR 2008, 1190 (L).

[11] Einzelfälle: OVG Münster, Urt. v. 26.7.2007 – 10 D 58/05.NE – planerischer Missgriff; OVG Koblenz, Urt. v. 17.11.2005 – 8 C 10964/05 – BauR 2006, 417 (L) – abweichende tatsächliche Bebauung; VGH München, Urt. v. 13.6.2005 – 25 N 03.368 – UPR 2006, 39 = ZfBR 2006, 52 = BRS 69 Nr. 48 (2005) = BauR 2005, 1519 (L) – Änderungsplanung: Bedarf als Teil der Abwägung; OVG Lüneburg, Urt. v. 28.3.2006 – 9 KN 34/03 – berechtigte Bauwünsche als Grund der Planaufstellung.

[12] BVerwG, B. v. 15.8.2007 – 4 BN 30.07 – kommunale Verkehrspolitik.

[13] VGH München, Urt. v. 25.10.2005 – 25 N 04.642 – VGHE BY 59, 63 = BayVBl. 2006, 601 = BRS 69 Nr. 25 (2005) = ZfBR 2006, 595 (L) – Vorratsplanung im Anschluss an BVerwG, Urt. v. 22.1.1993 – 8 C 46.91 – BVerwGE 92, 8.

[14] OVG Münster, Urt. v. 28.6.2007 – 7 D 59/06.NE – Naturschutzrechtliches Integritätsinteresse.

chen. Ein Bebauungsplan verletzt § 1 III 1 BauGB, wenn er aus tatsächlichen oder rechtlichen Gründen auf Dauer oder auf unabsehbare Zeit vollzugsunfähig ist.[15]

Beispiel: Setzt der Bebauungsplan eine private Grundstücksnutzung fest, die nach Art und Umfang im zentralen Planbereich in Widerspruch zur privat ausgeübten baulichen Nutzung steht, ohne den betroffenen Eigentümern wirtschaftliche Vorteile zu bieten, müssen konkrete Anhaltspunkte dafür vorliegen, dass in absehbarer Zeit die bisherige bauliche Nutzung aufgegeben und die plangemäße Nutzung realisiert wird. Ist die Nutzungsänderung mit erheblichem Aufwand verbunden (etwa zur Beseitigung des Baubestandes und von Altlasten) gehören dazu auch Angaben zur Finanzierbarkeit. Diese für die Beurteilung der städtebaulichen Erforderlichkeit maßgeblichen Anhaltspunkte zur tatsächlichen Realisierbarkeit der neu festgesetzten privaten Nutzung gehören auch zum Abwägungsmaterial, das vom Plangeber zu berücksichtigen ist.[16]

Zumeist in den → **Großstädten** werden der Flächennutzungsplan und der Bebauungs- **102** plan von weiteren informellen Planungsstufen wie einer sektoralen Entwicklungsplanung, einer teilräumlichen Entwicklungsplanung und einer städtebaulichen Rahmenplanung begleitet. Der für das gesamte Gemeindegebiet geltende Flächennutzungsplan und der für Teile der Gemeinde verbindliche Bebauungsplan haben insbesondere im Verfahren der Aufstellung **Gemeinsamkeiten**, weisen aber auch **Unterschiede** auf, die sich aus der unterschiedlichen Rechtsnatur beider Pläne und daraus ergeben, dass der Flächennutzungsplan **Grobstrukturen** für die gesamte Gemeindeentwicklung enthält, während der Bebauungsplan **feinkörnige Festsetzungen** für die konkrete Grundstücksnutzung enthält.

→ **Planungsstufen Großstadt.** Vor allem in Großstädten werden zwischen dem Flächennutzungsplan und dem Bebauungsplan Zwischenstufen geschaltet, die der Konkretisierung des Planungsprozesses dienen, allerdings rechtlich nicht verbindlich sind.
  • **Flächennutzungsplan.** Er wird als vorbereitender Plan für das gesamte Stadtgebiet aufgestellt und zeigt die städtebauliche Entwicklung durch Darstellungen in den Grundzügen auf. Im Flächennutzungsplan werden auch die grundsätzlichen Standortfragen etwa im Hinblick auf Gewerbestandorte oder Wohngebietsstandorte geklärt.
  • **Sektorale Entwicklungsplanung.** Sie stellt auf der Ebene der Gesamtstadt in Form von sektoralen Teilplänen Maßnahmenräume, Arten von Maßnahmen und Stufungen ihrer Umsetzung dar und bildet damit einen Rahmen für die nachfolgenden Planungsebenen. Sie erfasst Nutzungen wie Wohnen, Gewerbe, Dienstleitungen, Gemeinbedarfseinrichtungen, Verkehr, Verund Entsorgung oder Freiflächen aber auch die Gestaltung oder den Umweltschutz. Die sektorale Entwicklungsplanung dient der Koordination der Planung auf den weiteren Planungsstufen.
  • **Bereichsentwicklungsplanung.** Sie stellt eine teilräumliche Entwicklungsplanung dar, die einen Teil des Stadtgebietes (zumeist Stadtbezirke oder Teile eines Stadtbezirkes) umfasst. Die Bereichsentwicklungsplanung dient der Koordination der verschiedenen Nutzungsansprüche und konkreter Planungsaufgaben. Durch kooperative Verfahren und Berücksichtigung übergeordneter Planungen wird eine verwaltungsinterne Verbindlichkeit hergestellt.
  • **Städtebauliche Rahmenplanung.** Sie dient zumeist der Vorbereitung für die Planung konkreter Vorhaben und ist die entwurfliche Basis für die Aufstellung von Bebauungsplänen und die Ausarbeitung von planerischen Maßnahmen und Vorhaben. Die Rahmenpläne werden durch die Verwaltung oder private Planer für begrenzte Teilräume des Stadtgebietes erarbeitet. Die Planungsebene zeigt anschaulich die Lage, Ausrichtung und Höhe der vorhandenen Gebäude, die Nutzung der öffentlichen und privaten Freiflächen sowie Parkplätze und Wege.
  • **Bebauungsplan.** Er enthält rechtsverbindliche Festsetzungen für Art und Maß der baulichen Nutzung der Grundstücke im Plangebiet. Neben Festsetzungen enthält der Bebauungsplan Kennzeichnungen und nachrichtliche Übernahmen. Dem Bebauungsplan ist eine Begründung beigefügt, die in der Regel zugleich einen Umweltbericht enthält (§ 2 a BauGB).

---

[15] BVerwG, B. v. 14.6.2007 – 4 BN 21.07 – keine enteignungsrechtliche Vorwirkung eines Bebauungsplanes.
[16] VGH Mannheim, Urt. v. 10.7.2006 – 8 S 1190/04 – NVwZ-RR 2007, 229 = BauR 2006, 1942 (L), im Anschluss an VGH Mannheim, Urt. vom 25.10.1996 – 5 S.1040/95 – VGHBW-Ls, Beil.2, B 6; hier: Überplanung des Geländes einer Stahlbaufabrik mit einer privaten Grünfläche.

> • **Baugenehmigung.** Auf der Grundlage des Bebauungsplans wird sodann auf Grund einer entsprechenden Prüfung die Baugenehmigung erteilt. Im Baugenehmigungsverfahren wird grundsätzlich geprüft, ob das Vorhaben den öffentlich-rechtlichen Vorschriften entspricht. Dazu gehört die Prüfung der planungsrechtlichen Zulässigkeit eines Vorhabens (§§ 29 bis 37 BauGB) und die Prüfung des Bauordnungsrechts sowie des Baunebenrechts. Zu dem Bauantrag gehören u.a. ein Lageplan, ein Grundriss, Ansichten und Schnitte.

I. Flächennutzungsplan

103 Im → Flächennutzungsplan (→ *Abbildungen 2–9*) ist für das ganze Gemeindegebiet die sich aus der beabsichtigten städtebaulichen Entwicklung ergebende Art der Bodennutzung nach den voraussehbaren Bedürfnissen der Gemeinde in den Grundzügen darzustellen (§ 5 I 1 BauGB).[17] Der Flächennutzungsplan ist dabei nach § 1 IV BauGB den Zielen der Raumordnung anzupassen. Der Flächennutzungsplan ist damit das grobmaschige Planungsinstrument für das gesamte Gemeindegebiet. Er stellt die Art der Bodennutzung in ihren Grundzügen dar. Er enthält die mittel- bis langfristige Planung. Der Flächennutzungsplan stellt insbesondere die vorhandenen und künftigen Wohnbauflächen, Gewerbeflächen, gemischten Bauflächen, Sonderbauflächen, Verkehrsflächen, Grünflächen sowie die Flächen für die Land- und Forstwirtschaft da. Aus seiner Eigenschaft als vorbereitender Bauleitplan ergibt sich, dass er für den Bebauungsplan als den verbindlichen Bauleitplan Konkretisierungsräume eröffnen soll. So ist z. B. den Wohnbauflächendarstellungen des Flächennutzungsplans nicht zu entnehmen, ob auf einer Fläche ausschließlich nur Wohnungen oder auch noch andere, untergeordnete Nutzungen wie Handels- oder Handwerksbetriebe oder Gemeinbedarfseinrichtungen zulässig sind. Hierdurch werden auf der Ebene der Bebauungsplanung bewusst größere Handlungsspielräume gewährt. Der Flächennutzungsplan hat damit den Charakter eines flexiblen Planungsinstruments, was zugleich die Notwendigkeit späterer Planänderungen verringert.

1. Aufgabe des Flächennutzungsplans

104 Der Flächennutzungsplan hat damit eine **doppelte Aufgabe**: Einerseits ist die übergeordnete Planung umzusetzen. Zugleich sind aber auch nachfolgende Planungen und Bodennutzungen vorzubereiten und zu leiten.[18] Dabei ist der Flächennutzungsplan Gesamtplan, indem er das gesamte Gemeindegebiet umfasst und zugleich ein für die Gemeinde (intern) verbindliches Handlungsprogramm beinhaltet. § 1 V 2 Nr. 10 BauGB bestimmt dazu, dass die Ergebnisse einer von der Gemeinde beschlossenen sonstigen städtebaulichen Planung zu berücksichtigen sind. Als ausdrücklich erwähnter Abwägungsbelang für das Bauleitplanverfahren soll damit die „informelle" Planung einbezogen werden, soweit eine solche vorhanden ist. In die Planungsgrundsätze des § 1 V BauGB ist der Begriff der nachhaltigen städtebaulichen Entwicklung aufgenommen worden. Der Flächennutzungsplan kann damit **Teil** einer **umfassenden Entwicklungsplanung** werden, wie sie in § 1 V BBauG 1976 geregelt war:[19]

---

[17] Zum Flächennutzungsplan *Bunse* DVBl 1984, 420; *Creutz* BauR 1979, 470; *Krajewski* DÖV 1978, 827; *Löhr* Die kommunale Flächennutzungsplanung Schriften zum deutschen Kommunalrecht 1977; *Menger* VerwArch 71 (1980), 87; *Stüer* StuGR 1979, 109.

[18] *Hoppe* in HBG § 5 Rn. 10 ff.

[19] Zur Entwicklungsplanung der verschiedenen Planungsträger *Fürst/Ritter* Landesentwicklungsplanung und Regionalplanung 1993; *Göb/Laux/Salzwedel/Breuer* Kreisentwicklungsplanung 1976; *Wagner* AfK 1970, 47.

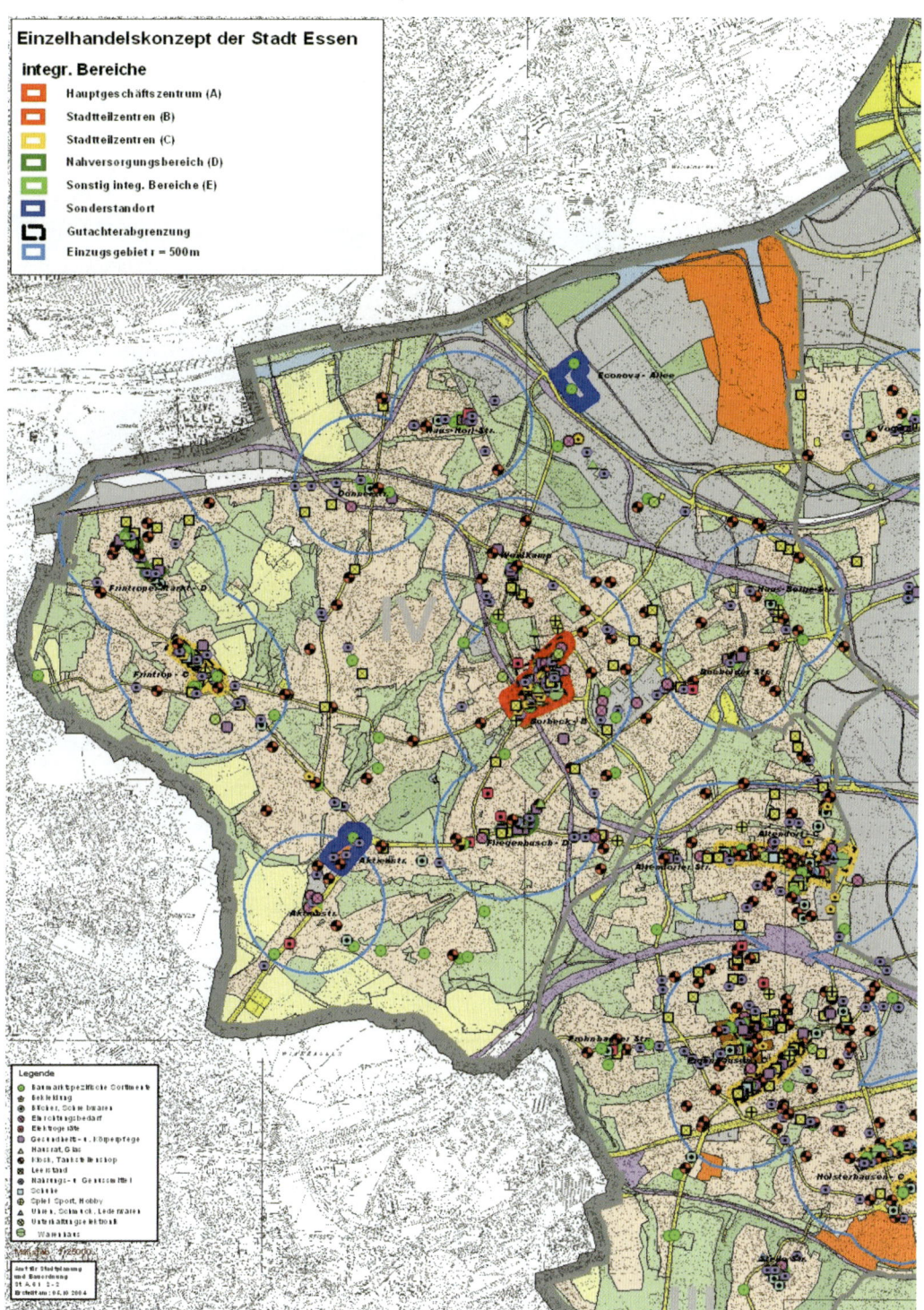

Abbildung 2: *Einzelhandelskonzept als Vorstudie zum Flächennutzungsplan*

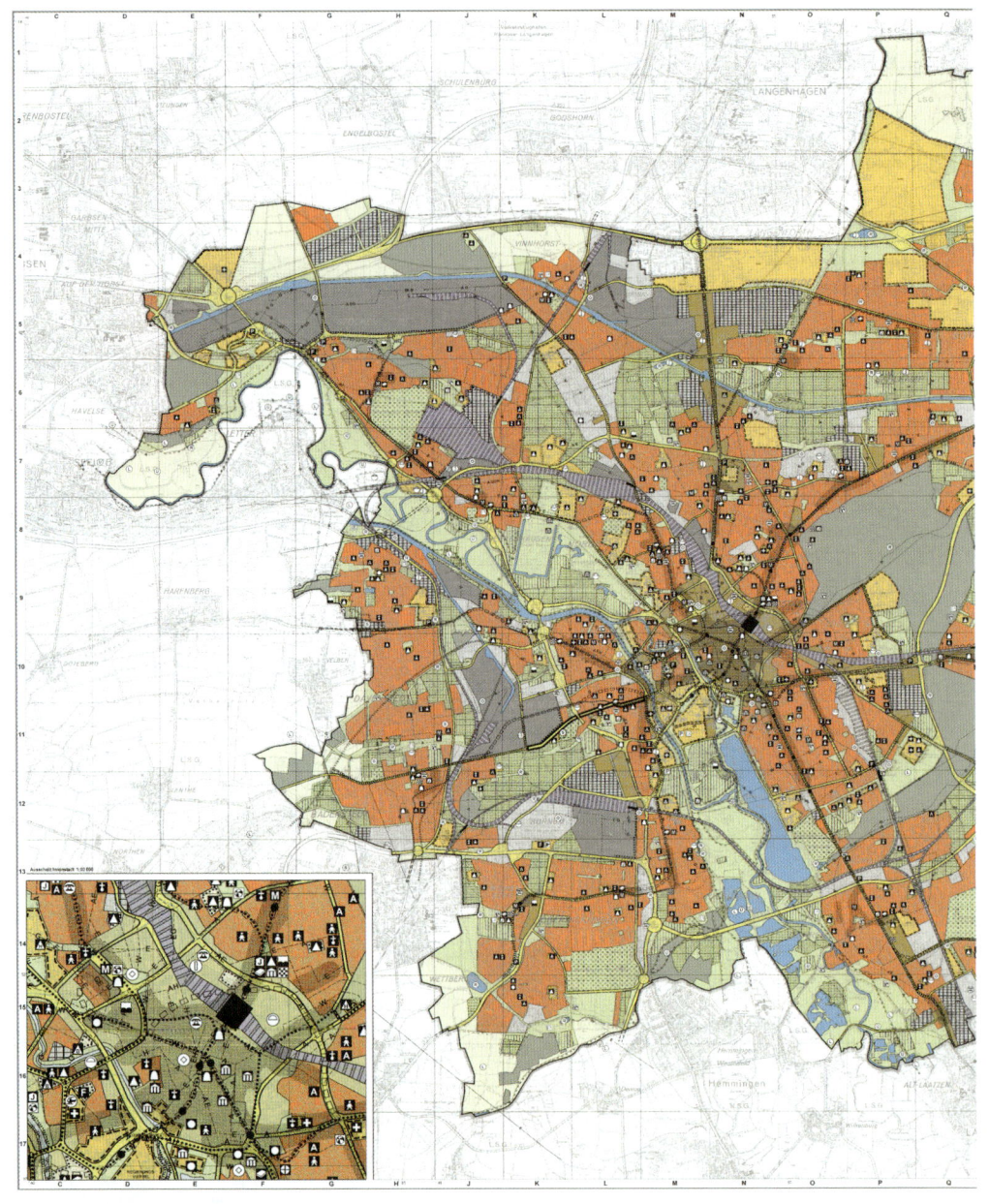

Abbildung 3: *Flächennutzungsplan*

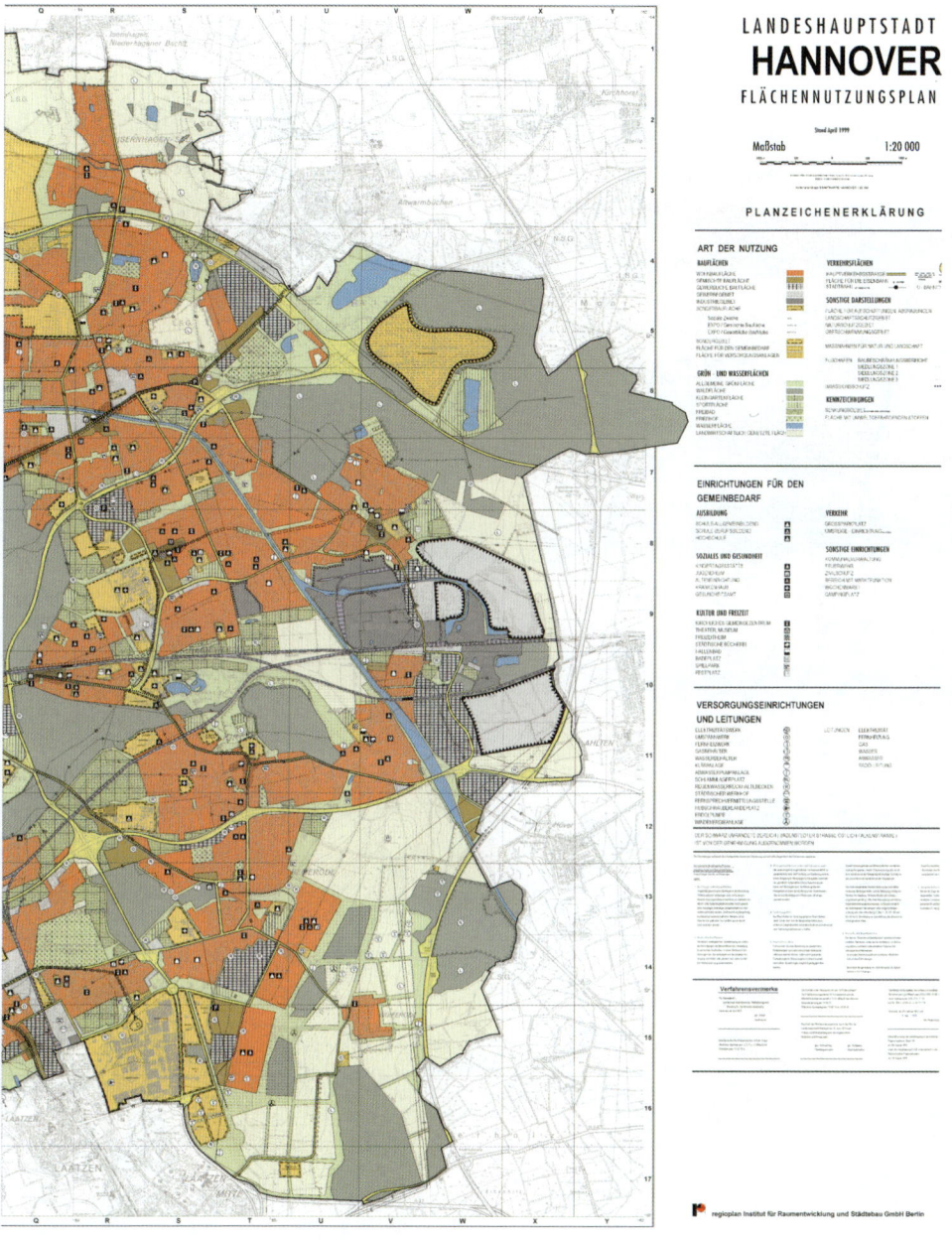

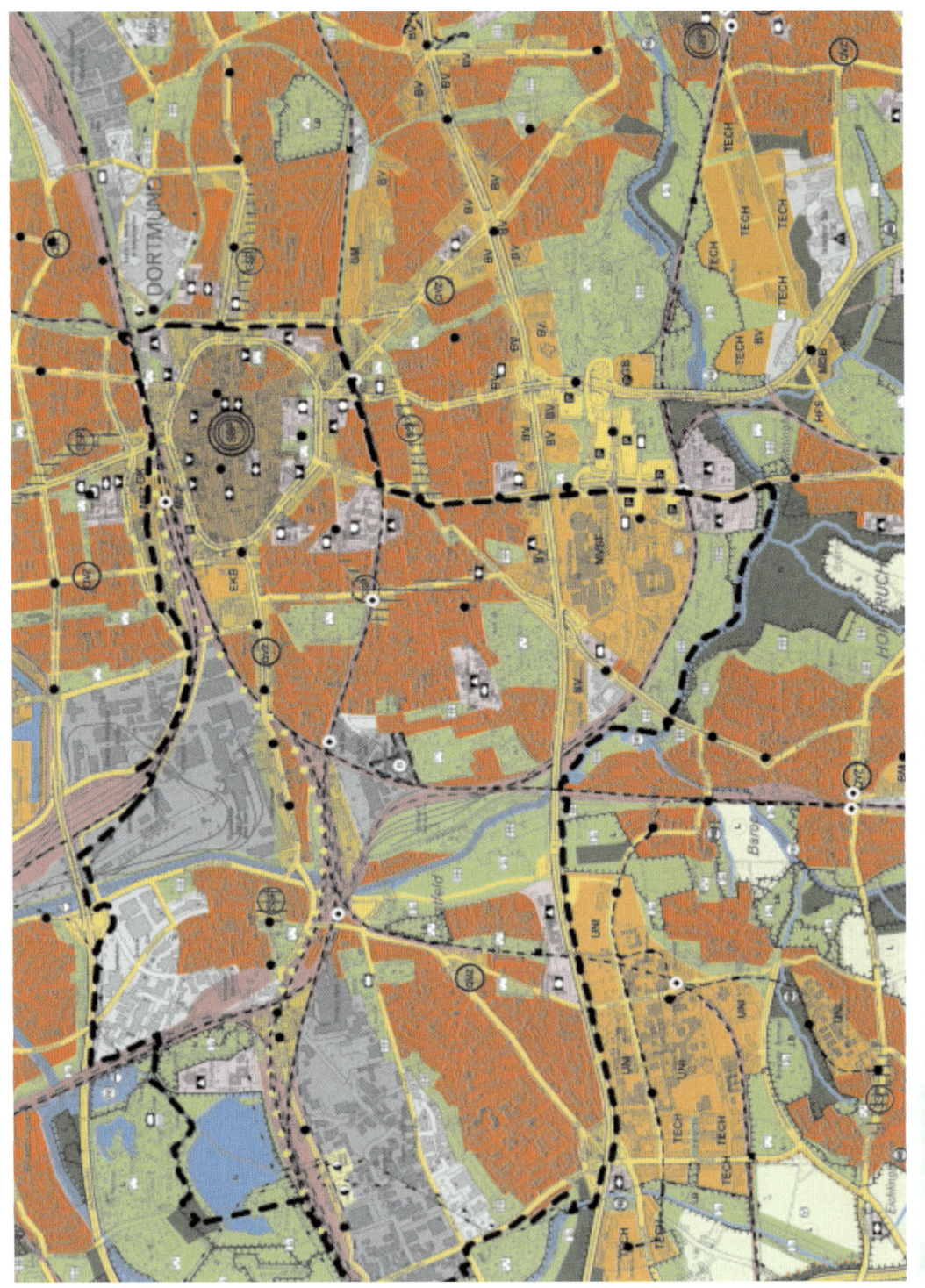

Abbildung 4: *Stadtentwicklungsplan*

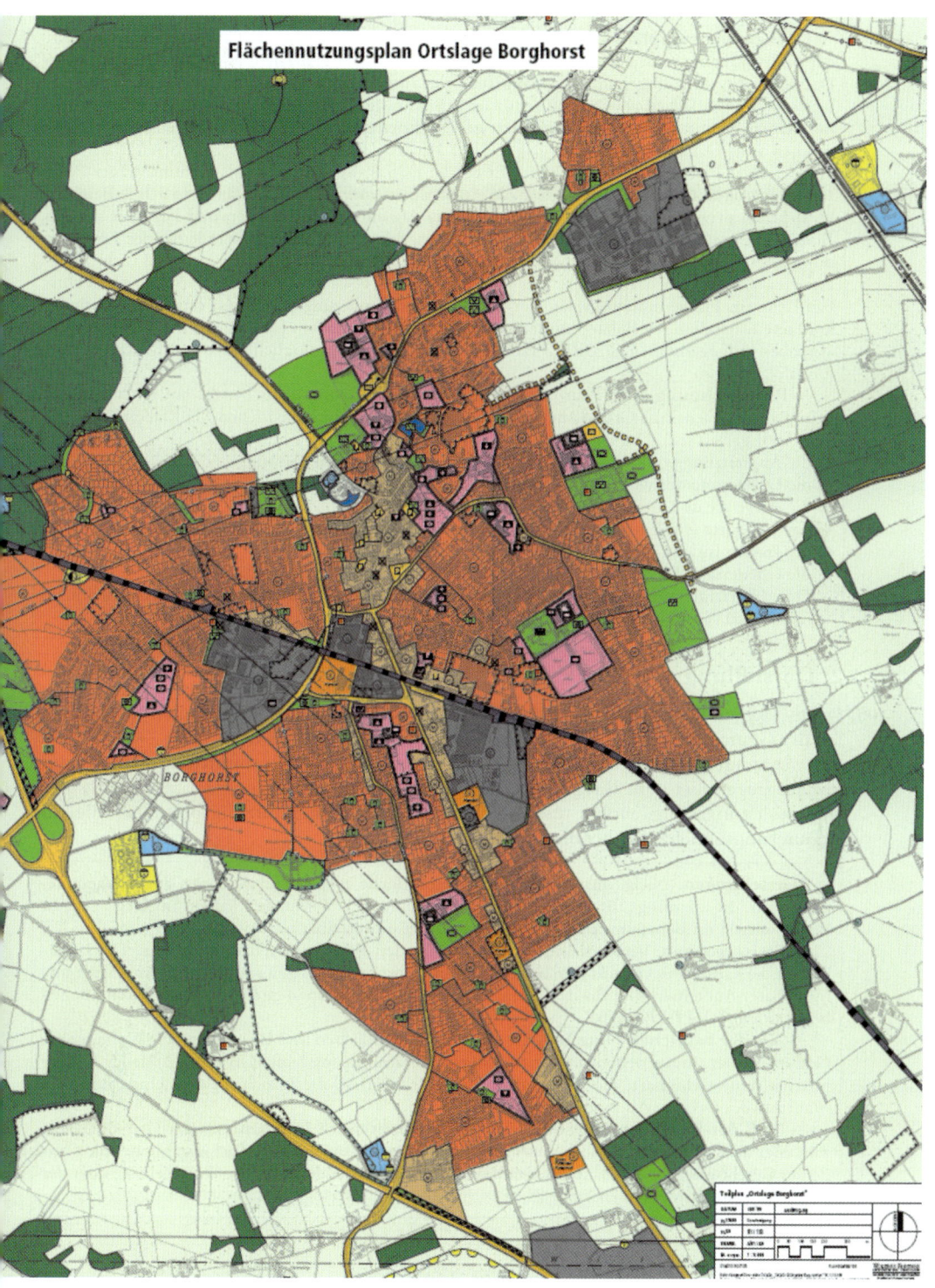

Abbildung 5: *Flächennutzungsplan Ortsteil Kreisstadt*

> → **Flächennutzungsplan.** Die Gemeinde stellt in ihm für das gesamte Gemeindegebiet die Art der Bodennutzung in den Grundzügen dar. Er besteht aus der Planzeichnung sowie aus textlichen Darstellungen. Eine Begründung ist beigefügt, der zumeist nach Themenbereichen (Wohnen, Arbeitsstätten, Freiflächen, Zentren, öffentliche Einrichtungen, Ver- und Entsorgung sowie Verkehr mit Schienen- und Straßennetz) gegliedert ist. Der Flächennutzungsplan hat für den Bürger − abgesehen vom Darstellungsprivileg in § 35 III 3 BauGB (Beispiel: Windenergievorrangflächen) − keine unmittelbaren Außenwirkungen. Er bindet jedoch die Gemeinde als Planungsträger (Verwaltungsprogramm) im Hinblick auf die Aufstellung von Bebauungsplänen (§ 8 II 1 BauGB), hinsichtlich privilegierter und nicht privilegierter Außenbereichsvorhaben und bezogen auf den Bodenwert von Grundstücken. Der Flächennutzungsplan bindet die Gemeinde bei der Entscheidung über ihr gemeindliches Einvernehmen nach § 36 BauGB bei privilegierten und nicht privilegierten Außenbereichsvorhaben. Der Bodenwert kann etwa durch die Ausweisung von Wohnbaufläche im Flächennutzungsplan steigen. Der Flächennutzungsplan kann durch entsprechend konkrete Darstellungen Belange zum Ausdruck bringen, die einem privilegierten Außenbereichsvorhaben entgegenstehen (§ 35 III 3 BauGB). Diese Steuerungsmöglichkeit kommt auch der Regionalplanung zu.
>
> → **Planzeichnung.** Die Planzeichnung des Flächennutzungsplans beruht auf einer Kartengrundlage vielfach ohne Grundstücksgrenzen. Sie kann in unterschiedlichen Maßstäben (1:10.000, 1:25.000) gefasst sein. Die wichtigsten Inhalte der Planzeichnung sind zumeist:
> - die Abgrenzung von (zukünftigen) bebauten und unbebauten Flächen,
> - die Gliederung der Wohnbauflächen nach baulicher Dichte,
> - die Art, Lage und Größe der gemischten gewerblichen Bauflächen,
> - die Standorte von Einrichtungen des Gemeinbedarfs und der Ver- und Entsorgung,
> - die Trassen für den Verkehr,
> - die Gliederung der Freiflächen in Grün-, Wald- und Landwirtschaftsflächen.
>
> Der Flächennutzungsplan enthält Darstellungen, Kennzeichnungen sowie nachrichtliche Übernahmen (§ 5 I bis IV BauGB).

2. Darstellungsmöglichkeiten

105   Im Flächennutzungsplan sind die raumrelevanten Maßnahmen, Vorhaben und Absichten der Gemeinde in zeichnerischer und ggf. textlicher Form in dem Sinne → dargestellt, dass sie lediglich verwaltungsinterne Bindungen, nicht jedoch unmittelbare Außenwirkungen gegenüber dem Bürger entfalten.[20] Die Darstellungen des Flächennutzungsplans sind auslegungsfähig, wobei insbesondere der dem Flächennutzungsplan beizufügende Erläuterungsbericht eine herangezogen werden kann.[21]

> → **Darstellungen.** Nicht unmittelbar rechtsverbindliche planerische Aussagen im Flächennutzungsplan, die allerdings für die Gemeinde intern bindende Wirkungen haben. Im Gegensatz zu Festsetzungen im Bebauungsplan, die für den Bürger unmittelbar rechtsverbindlich sind.
>
> → **Festsetzungen.** Verbindliche Regelungen für den Bürger in Bebauungsplänen. Die Nutzbarkeit der Grundstücke wird durch rechtsverbindliche Festsetzungen im Bebauungsplan mit unmittelbarer Außenwirkung für den Bürger geregelt. Fehler können ggf. auch rückwirkend behoben werden (§ 214 IV BauGB).
>
> → **Art der baulichen Nutzung.** Sie wird durch Bauflächen und Baugebiete wie Wohngebiet, Gewerbegebiet, Industriegebiet oder Mischgebiet bestimmt (§§ 2 bis 11 BauNVO). Jedes Baugebiet hat seine Gebietsart, die in der BauNVO bestimmt ist, die jedoch die Gemeinde noch bei Wahrung des Gebietstyps modifizieren kann.
>
> → **Maß der baulichen Nutzung.** Es wird bestimmt durch Festsetzungen der Grundflächenzahl oder der Größe der Grundfläche für bauliche Anlagen, der Geschossflächenzahl oder die Größe der Geschossfläche, der Baumassenzahl oder der Baumasse, der Zahl der Vollgeschosse oder der Höhe der baulichen Anlagen.

---

[20] *Hoppe* in HBG § 5 Rn. 50.
[21] BVerwG, Urt. v. 31.1.2013 − 4 CN 1.12 − NuR 2013, 417 = ZfBR 2013, 475, *Gatz*, jurisPR-BVerwG 11/2013 Anm. 5 − Anlagenhöhe.

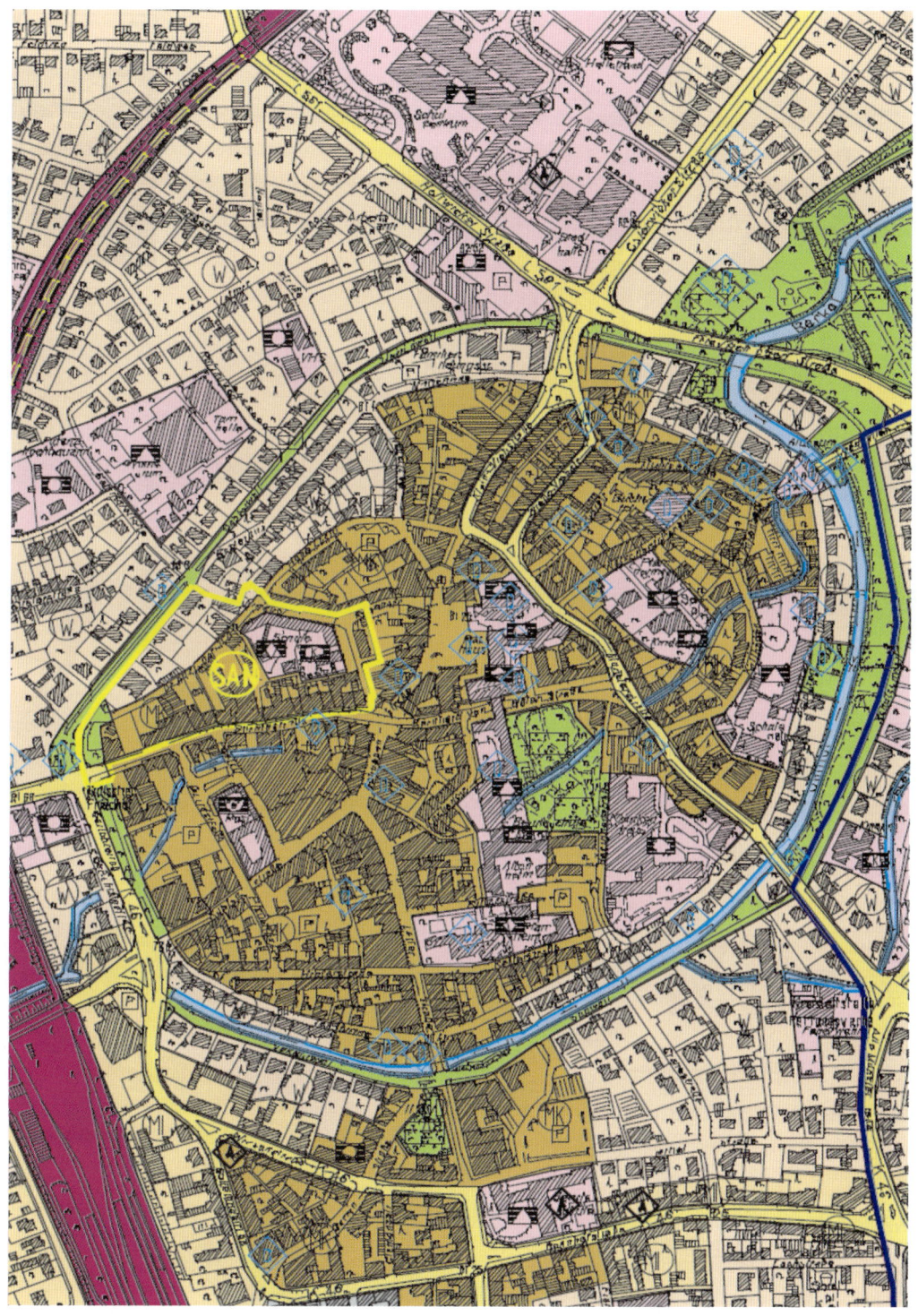

Abbildung 6: *Flächennutzungsplan Innenstadt*

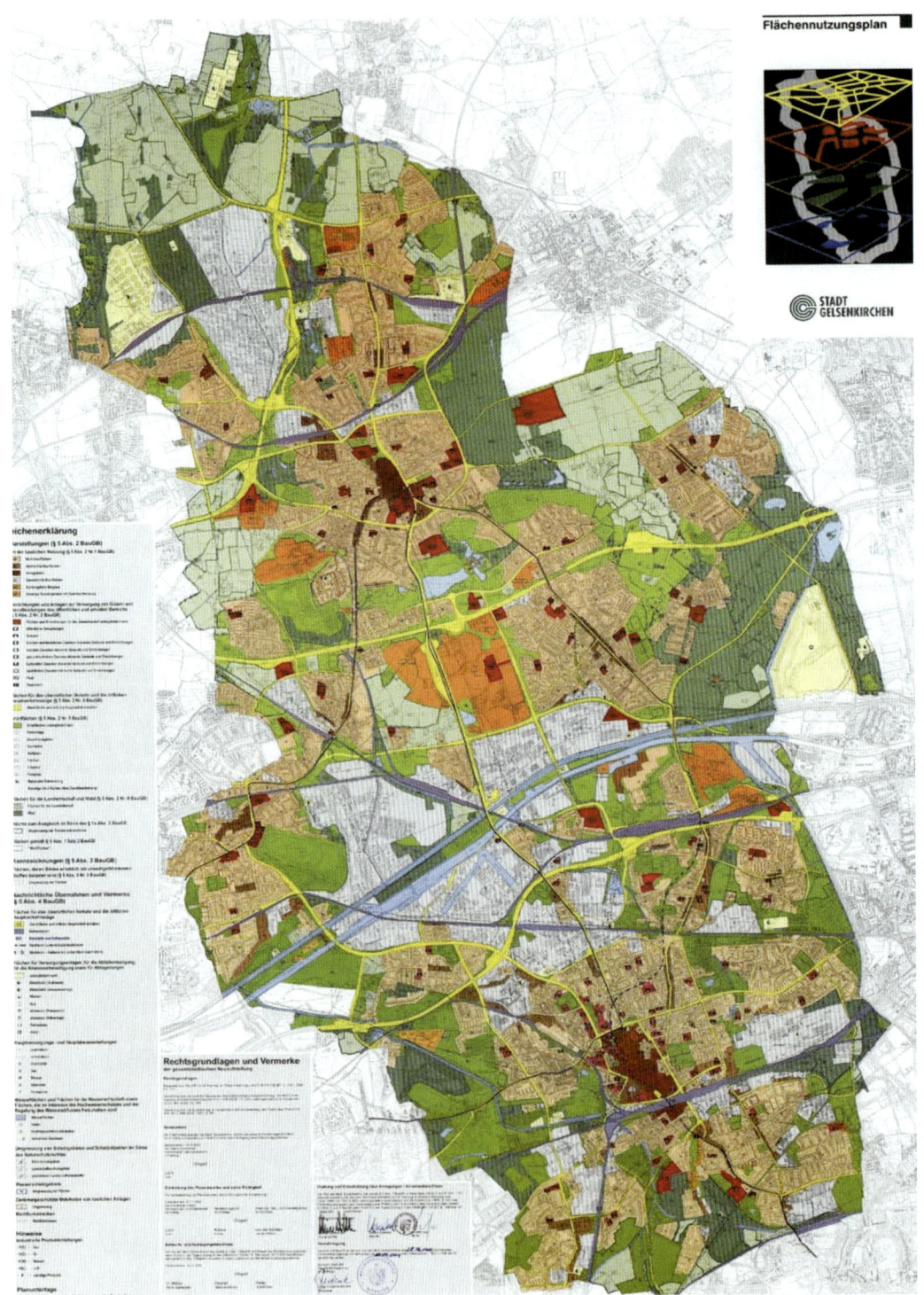

Abbildung 7: *Flächennutzungsplan Großstadt*

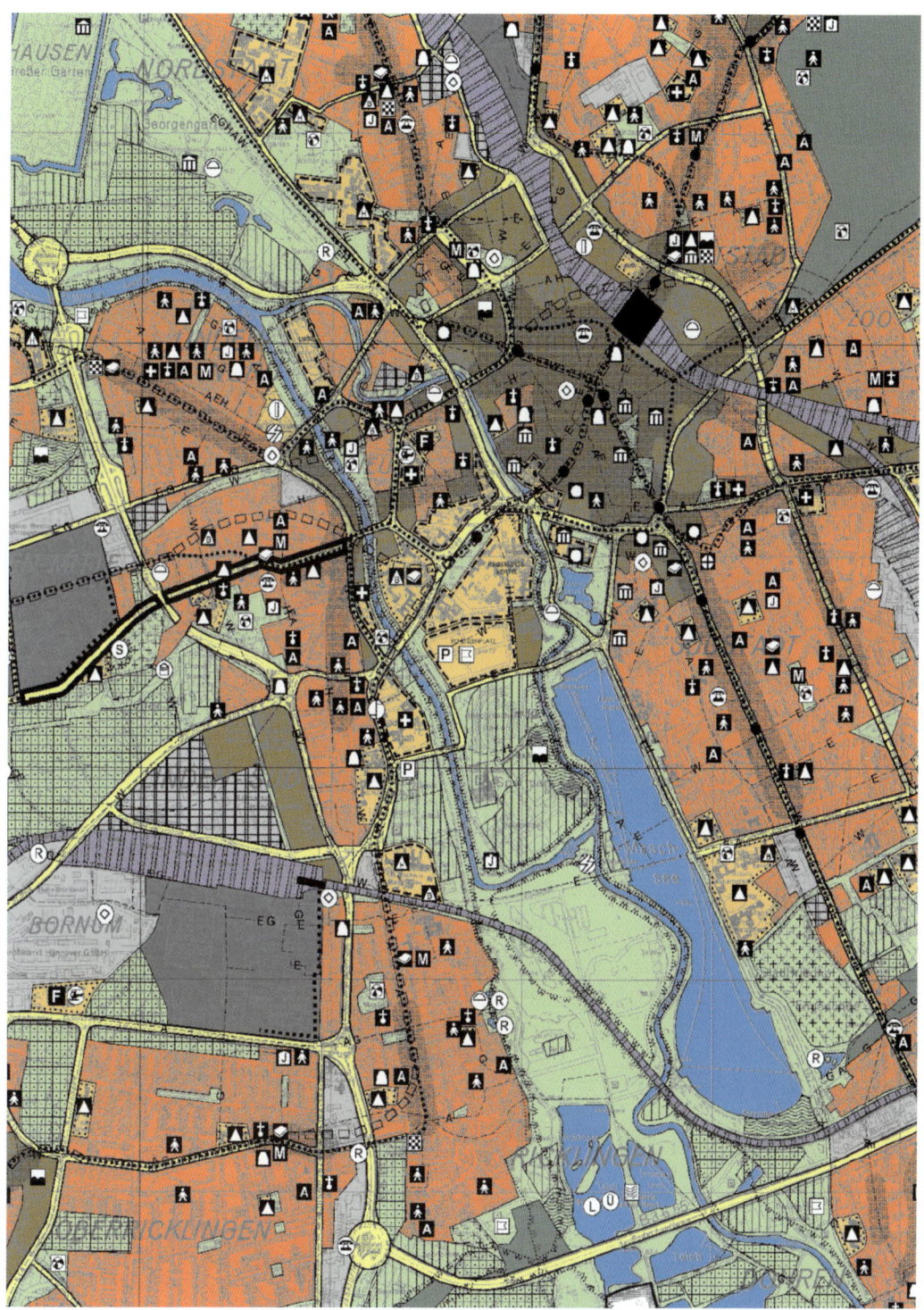

Abbildung 8: *Flächennutzungsplan Stadtzentrum*

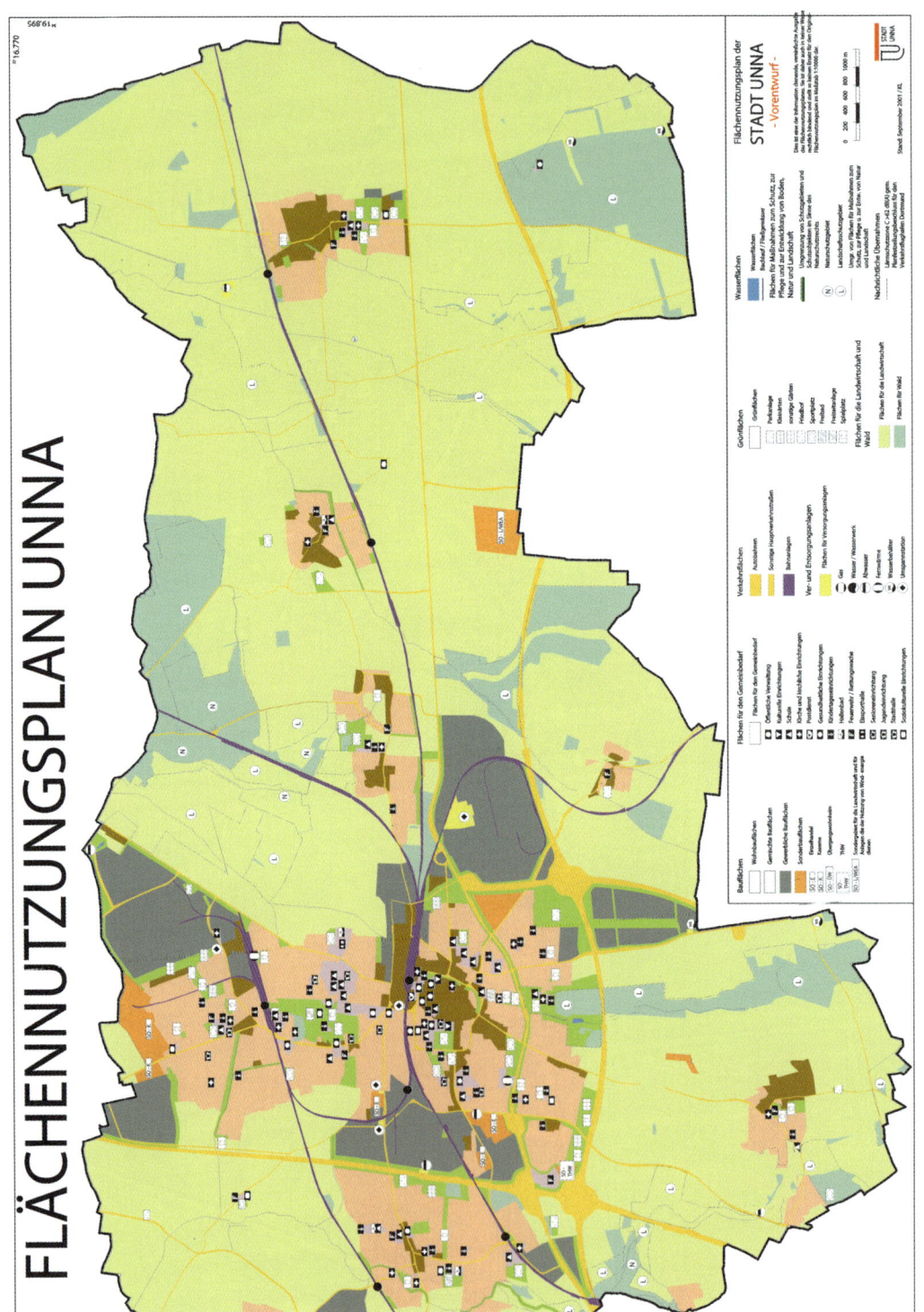

Abbildung 9: *Flächennutzungsplan ländlicher Raum*

Der **Katalog** der **Darstellungsmöglichkeiten** ist in § 5 II BauGB aufgeführt: Im Flä- **106**
chennutzungsplan können insbesondere die für die Bebauung vorgesehenen Flächen
nach der allgemeinen Art ihrer baulichen Nutzung (→ **Bauflächen**), nach der besonderen → Art ihrer baulichen Nutzung (→ **Baugebiete**) sowie nach dem allgemeinen Maß
der baulichen Nutzung dargestellt werden. Darüber hinaus können die Ausstattung des
Gemeindegebiets (a) mit Anlagen und Einrichtungen zur Versorgung mit Gütern und
Dienstleistungen des öffentlichen und privaten Bereichs, insbesondere mit der Allgemeinheit dienenden baulichen Anlagen und Einrichtungen des Gemeinbedarfs, wie mit
Schulen und Kirchen sowie mit sonstigen kirchlichen, sozialen, gesundheitlichen und
kulturellen Zwecken dienenden Gebäuden und Einrichtungen, sowie mit Flächen für
Sport-und Spielanlagen. Durch die **BauGB-Klimanovelle 2011** sind die Darstellungs-
möglichkeiten in § 5 II Nr. 2 BauGB[22] durch eine entsprechend erweiterte Untergliede-
rung (b, c) ergänzt worden. Es sind dies neben dem schon bisher nunmehr unter (a) auf-
geführten Tatbestand (b) Anlagen, Einrichtungen und sonstige Maßnahmen, die dem
Klimawandel entgegenwirken, insbesondere zur dezentralen und zentralen Erzeugung,
Verteilung, Nutzung oder Speicherung von Strom, Wärme oder Kälte aus erneuerbaren
Energien oder Kraft-Wärme-Kopplung, sowie (c) Anlagen, Einrichtungen und sonstige
Maßnahmen, die der Anpassung an den Klimawandel dienen. Zugleich können hierdurch informelle städtebauliche Klimaschutz- und Energiekonzepte (§ 1 VI Nr. 11
BauGB) zum Gegenstand der Flächennutzungsplanung werden.[23] Zu den Maßnahmen
der Anpassung an den Klimawandel rechnen etwa Kaltluftschneisen oder Vorkehrungen,
die eine bessere Durchlüftung bewirken.

Die erweiterten Darstellungsmöglichkeiten sollen den Belangen des Klimaschutzes in **107**
der Bauleitplanung ein größeres Gewicht verleihen und auch insoweit die Koordinie-
rungs- und Steuerungsfunktion des Flächennutzungsplans nutzen. Zu einer verbesserten
Akzeptanz kann auch die im Planaufstellungsverfahren erforderliche Öffentlichkeits-
und Behördenbeteiligung beitragen.[24] Die Darstellungsmöglichkeiten entsprechen der
grobkörnigeren Struktur des Flächennutzungsplans. Verbindliche Festsetzungen zugunsten des Klimaschutzes und zugunsten einer Anpassung an den Klimawandel ergeben sich
aus einer Erweiterung des § 9 I Nr. 12 und Nr. 23 BauGB. Eine gesetzliche Regelung der
Verzahnung solcher städtebaulichen Konzepte könnte auch etwa für die Steuerung des
Einzelhandels durch eine Darstellung der zentralörtlichen Versorgungsbereiche im Flächennutzungsplan sinnvoll sein.[25] Der Allgemeinheit dient eine Anlage i.S. des § 5 II
Nr. 2 BauGB, wenn sie, ohne dass die Merkmale des Gemeingebrauchs erfüllt zu sein
brauchen, einem nicht fest bestimmten wechselnden Teil der Bevölkerung zugänglich
sind. Auf die Rechtsform des Trägers kommt es nicht entscheidend an. Liegt die Trägerschaft in der Hand einer natürlichen oder einer juristischen Person des Privatrechts, so genügt es, wenn mit staatlicher oder gemeindlicher Anerkennung eine öffentliche Aufgabe
wahrgenommen wird, hinter die etwaiges privatwirtschaftliches Gewinnstreben eindeutig zurücktritt.[26]

Außerdem können Flächen für den überörtlichen Verkehr und für die Hauptverkehrs- **108**
züge (§ 5 II 3 BauGB), Flächen für Ver- und Entsorgungsanlagen (§ 5 II Nr. 4 BauGB),
Grünflächen (§ 5 II Nr. 5 BauGB), Flächen für Nutzungsbeschränkungen oder für Vorkehrungen zum Schutz gegen schädliche Umwelteinwirkungen i. S. des BImSchG (§ 5 II
Nr. 6 BauGB), Wasserflächen (§ 5 II Nr. 7), Flächen für Aufschüttungen und Abgrabungen

---

[22] DIfU-Praxisleitfaden, Klimaschutz in Kommunen 2011.
[23] Der Bundesrat hatte allerdings in seiner Stellungnahme eine stärkere Berücksichtigung des Flä-
chenbezugs solcher Darstellungen vorgeschlagen, Stellungnahme des Bundesrates v. 17.6.2011, BT-
Drs. 17/6253, S. 7.
[24] Gesetzentwurf zur BauGB-Klimanovelle (Fn. 2), S. 7.
[25] So auch *Stüer/Stüer*, DVBl 2010, 1540.
[26] BVerwG, B. v. 18.5.1994 – 4 NB 15.94 – BauR 1994, 485 = NVwZ 1994, 1004 = RzB Rn. 183
– sozio-kulturelles Zentrum.

oder für die Gewinnung von Steinen, Erden und anderen Bodenschätzen (§ 5 II Nr. 8 BauGB), Flächen für die Landwirtschaft und Wald (§ 5 II Nr. 9 BauGB) sowie Flächen für Maßnahmen zum Schutz, zur Pflege und zur Entwicklung von Boden, Natur und Landschaft (§ 5 II Nr. 10 BauGB) dargestellt werden.

> → **Bauflächen.** Sie beinhalten die allgemeine Art der baulichen Nutzung. Es werden Wohnbauflächen, gemischte Bauflächen, gewerbliche Bauflächen und Sonderbauflächen unterschieden. Im Flächennutzungsplan werden die Bauflächen vielfach in unterschiedlicher Dichte dargestellt.
>
> → **Baugebiete.** Sie weisen die für die Bebauung vorgesehenen Flächen nach der besonderen Art ihrer baulichen Nutzung aus. Es werden im Flächennutzungsplan oder Bebauungsplan Kleinsiedlungsgebiete (WS), reine Wohngebiete (WR), allgemeine Wohngebiete (WA), besondere Wohngebiete (WB), Dorfgebiete (MD), Mischgebiete (MI), Kerngebiete (MK), Gewerbegebiete (GE), Industriegebiete (GI) und Sondergebiete (SO) ausgewiesen.

109   Der Flächennutzungsplan darf bei der Darstellung der Art der Bodennutzung nicht über die **Grundzüge** hinausgehen. Welche Darstellungen zu den Grundzügen der Art der Bodennutzung gehören, hängt nicht von dem Grad ihrer Bestimmtheit, sondern davon ab, ob sie den Bezug zur jeweiligen städtebaulichen Konzeption „für das ganze Gemeindegebiet" (§ 5 V 1 BauGB) wahren. Unter dieser Voraussetzung können auch Grenzwerte für Geruchsimmissionen festgelegt werden. Will die Gemeinde die städtebauliche Entwicklung im Außenbereich mittels Bauleitplanung steuern, darf sie sich grundsätzlich auf den Flächennutzungsplan beschränken. Der Flächennutzungsplan darf für den Außenbereich nicht aufgrund des Bestimmtheitsgrades seiner Darstellungen faktisch an die Stelle eines Bebauungsplans treten. Auch im Flächennutzungsplan genau festgelegte Immissionsgrenzwerte unterliegen der nachvollziehenden Abwägung.[27]

110   Weitere Darstellungsmöglichkeiten ergeben sich zur planerischen Umsetzung **naturschutzrechtlicher Belange** in der Abwägung durch den auf das BauROG 1998 zurückgehenden § 5 II a BauGB. Danach können im Flächennutzungsplan den Flächen, auf denen Eingriffe in Natur und Landschaft zu erwarten sind, Flächen zum Ausgleich i.S. des § 1a III BauGB ganz oder teilweise zugeordnet werden. Entsprechende Festsetzungsmöglichkeiten ergeben sich auf der Ebene des Bebauungsplans für Flächen oder Maßnahmen für einen derartigen Ausgleich in § 9 I a BauGB. Durch die naturschutzrechtlichen Darstellungsmöglichkeiten im Flächennutzungsplan und die entsprechenden, sich auch auf konkrete Maßnahmen beziehenden Festsetzungsmöglichkeiten im Bebauungsplan sollen die Ergebnisse der Abwägung umweltschützender Belange planerisch umgesetzt werden.[28] Im Übrigen können naturschutzrechtliche Ausgleichserfordernisse auch durch die Darstellung von Grünflächen (§ 5 II Nr. 5 BauGB), Wasserflächen (§ 5 II Nr. 7 BauGB), Flächen für die Landwirtschaft und Wald (§ 5 II Nr. 9 BauGB) oder Flächen für Maßnahmen zum Schutz, zur Pflege und zur Entwicklung von Boden, Natur und Landschaft (§ 5 II Nr. 10 BauGB) planerisch dargestellt werden (→ *Abbildung 10 mit Textbeispiel 1, Abbildung 11 mit Textbeispiel 2*). Zudem sind Überlagerungen mit anderen Darstellungen zulässig.[29]

---

[27] BVerwG, Urt. v. 18.8.2005 – 4 C 13.04 – BVerwGE 124, 132 = DVBl 2005, 1583 = NVwZ 2006, 87 – Wangerland.

[28] *Bundesregierung*, Gesetzentwurf zum BauROG 1998, S. 47.

[29] *Bundesregierung*, Gesetzentwurf zum BauROG 1998, S. 48.

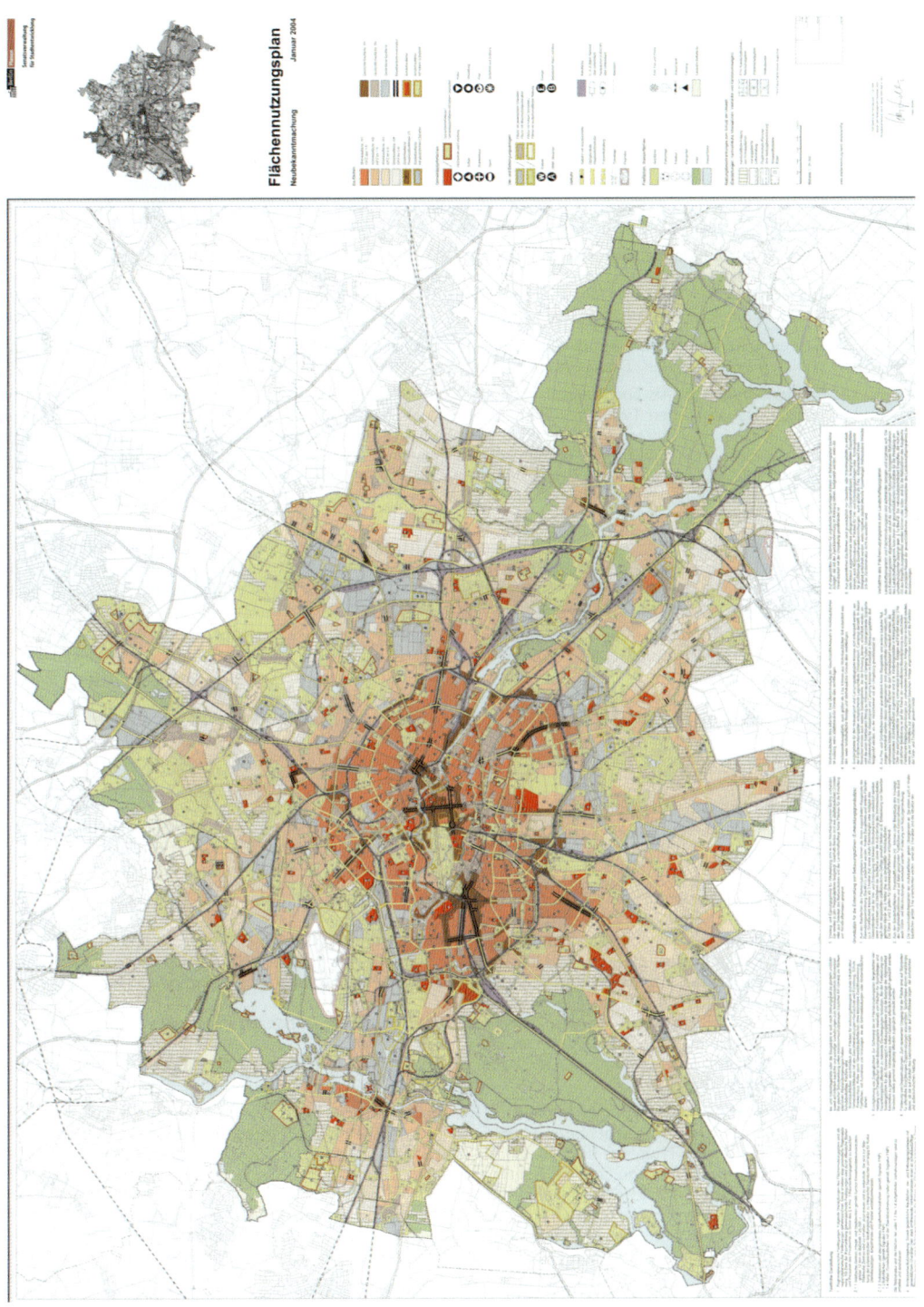

Abbildung 10: *Flächennutzungsplan Berlin*

Bauflächen im Flächennutzungsplan Berlin

Wohnbauflächen. Der Flächennutzungsplan stellt vier Typen von Wohnbauflächen dar, die unterschiedlichen Dichtestufen entsprechen.
* Wohnbaufläche 1. Geschossflächenzahl über 1,5; überwiegend traditionelle Block- und Blockrandbebauung, fünf und mehr Geschosse.
* Wohnbaufläche 2. Geschossflächenzahl bis zu 1,5; überwiegend Zeilenbebauung, Blöcke der 20er Jahre, Großbauformen; drei bis fünf Geschosse (auch Hochhäuser in Großsiedlungen).
* Wohnbaufläche 3. Geschossflächenzahl bis zu 0,8; überwiegend verdichtete einfamilienhausähnliche Wohnformen, Stadtvillen, Reihenhäuser, Hausgruppen; zwei bis drei Geschosse.
* Wohnbaufläche 4. Geschossflächenzahl bis 0,4; überwiegend Einzel- und Doppelhäuser; offene Bauweise; ein bis zwei Geschosse. Die Geschossflächenzahlen beziehen sich auf mittlere bauflächenbezogene Dichtewerte. Als Obergrenze müssen sie nicht zwingend sein.

Gemischte Bauflächen. Der Flächennutzungsplan stellt zwei Typen von gemischten Bauflächen dar, die sich in ihrem Charakter und ihrer Nutzungsintensität unterscheiden:
* Gemischte Baufläche M1. Hohe Nutzungsintensität und -dichte; vorwiegend Kerngebietscharakter.
* Gemischte Baufläche M2. Mittlere Nutzungsintensität und -dichte, vorwiegend Mischgebietscharakter.

Gewerbliche Bauflächen. Bei den gewerblichen Bauflächen wird nicht zwischen Gewerbe- und Industriegebieten unterschieden. Diese Differenzierung ist vielmehr Aufgabe der nachfolgenden Planungsebenen.

Sonderbauflächen. Als Sonderbauflächen stellt der Flächennutzungsplan solche Gebiete dar, die sich von den bereits genannten Typen von Bauflächen erheblich unterscheiden. Entsprechend dem überwiegenden Nutzungscharakter differenziert der Plan zwischen Sonderbauflächen mit hohem Grünanteil und Sonderbauflächen mit gewerblichem Charakter. Die Darstellung von Flächen mit hohem Grünanteil soll eine mit dem Charakter der jeweiligen Sonderbaufläche nicht vereinbare bauliche Verdichtung unterbinden. Die jeweilige Zweckbestimmung der Sonderbauflächen (z. B. Messegelände, Hafen, Festplatz) wird durch Schrift kenntlich gemacht.

Einzelhandelskonzentration. Die Darstellung der Einzelhandelskonzentration soll in Verbindung mit der Darstellung der jeweils zugehörigen Baufläche das polyzentrale Zentrengefüge der Stadt veranschaulichen und sichern. In den Haupt- und Mittelzentren sind die Einzelhandelskonzentrationen in ihrer geplanten Ausdehnung dargestellt, in Unterzentren in einheitlicher symbolischer Lage.

Gemeinbedarfsflächen, Ver- und Entsorgungseinrichtungen. Gemeinbedarfsflächen und Standorte der Ver- und Entsorgung mit einer Größe von mehr als 3 ha werden flächenhaft dargestellt, kleinere Standorte von übergeordneter Bedeutung durch Lagesymbol. Örtliche Gemeinbedarfsflächen und Standorte der Ver- und Entsorgung können im Rahmen der nachfolgenden Planungsebenen entsprechend den örtlichen Gegebenheiten aus den Bauflächen des Flächennutzungsplans entwickelt werden. Bei der flächenhaften Darstellung wird nach dem überwiegenden Nutzungscharakter unterschieden in Flächen mit gewerblichem Charakter, mit Mischnutzungscharakter, mit hohem Grünanteil und mit landwirtschaftlicher Nutzung.

Verkehr. Der Flächennutzungsplan stellt die oberirdischen Bahnflächen, die unterirdischen Trassen und die Bahnhöfe der Fernbahnen sowie der S- und U-Bahn dar. Im Straßennetz stellt der Flächennutzungsplan die Autobahnen und übergeordneten Hauptverkehrsstraßen einschließlich der Tunnelanlagen dar. Das Netz der Bundes- und Landeswasserstraßen ist Bestandteil der dargestellten Wasserflächen.

Freiflächen, Wasserflächen. Der Flächennutzungsplan unterscheidet zwischen Grünflächen, Landwirtschaftsflächen, Wald- und Wasserflächen.
* Die **Grünflächen** werden nach ihrer übergeordneten und großflächigen Zweckbestimmung als Parkanlage, Friedhof, Kleingarten, Feld, Flur und Wiese dargestellt. Die einzelnen Zweckbestimmungen sollen im Rahmen der nachfolgenden Planungsebenen unter Berücksichtigung der jeweiligen örtlichen Verhältnisse abgegrenzt und zugeordnet werden.
* Bei den **Wasserflächen** werden Gewässer erster Ordnung, Bundes- und Landeswasserstraßen sowie Gewässer zweiter Ordnung dargestellt.
* **Sportanlagen** werden bei einer Flächenausdehnung von über 3 ha flächenhaft, im Übrigen durch ein Lagesymbol dargestellt.

Nutzungsbeschränkungen. Die Darstellung der landschaftlichen Prägung von Bauflächen soll in Gebieten mit einer mittleren bauflächenbezogenen Geschossflächenzahl von unter 0,8, die an Großgrünräume angrenzen und eine typische, das Siedlungsbild prägende Vegetation aufweisen, die vorhandene Qualität erhalten. Insbesondere durch eine Begrenzung der Grundflächenzahl soll eine diesen Siedlungscharakter beeinträchtigende bauliche Verdichtung ausgeschlossen werden.

Die Darstellung des Vorranggebietes für Luftreinhaltung soll auf die Notwendigkeit hinweisen, auch in Bebauungsplänen Festsetzungen wie den Ausschluss von erheblichen luftverunreinigenden Stoffen oder von Flächen für besondere Anlagen und Vorkehrungen zum Schutz vor schädlichen Umwelteinwirkungen zu prüfen.

Textbeispiel 1: *Bauflächen im Flächennutzungsplan Berlin (zu Abbildung 10)*

Abbildung 11: *Flächennutzungsplan Detailplan Berlin*

Flächennutzungsplan Berlin

Textliche Darstellungen

Die Darstellungen des Flächennutzungsplans sind nach § 5 I ROG gleichzeitig Ziele der Raumordnung und Landesplanung, solange es keine verbindliche gemeinsame Landesplanung mit dem Land Brandenburg gibt. Wenn eine verbindliche gemeinsame Landes- bzw. Regionalplanung (z. B. LEP) vorliegt, ist der Flächennutzungsplan entsprechend anzupassen.

Immissionsschutzregelung: So weit gewerbliche Bauflächen, Ver- und Entsorgungsanlagen mit gewerblichem Charakter oder stark emittierende Verkehrsstraßen direkt an schutzbedürftigen Flächen grenzen, sind in Bebauungsplänen die Bauflächen des Flächennutzungsplans in Gewerbe- und Industriegebiete oder die Baugebiete in sich nach Störungsgrad zu gliedern und/oder soweit erforderlich bauliche und sonstige technische Vorkehrungen zum Immissionsschutz festzusetzen. Bei gleicher Schutzwirkung sollen Immissionsschutzanlagen baulicher Art Vorrang vor flächenintensiven Abstandsregelungen haben. Schutzbedürftige Flächen sind:

- Wohnbauflächen einschließlich aller Flächen für wohnungsbezogene soziale Infrastruktur,
- Gemeinbedarfsflächen mit den Zweckbestimmungen Hochschule und Forschung, Schule, Krankenhaus, Kultur sowie Gemeinschaftsflächen ohne besondere Zweckbestimmung,
- Freiflächen mit Ausnahme von Grünzügen, die als Grünverbindungen oder Abstandsflächen dienen.

Ermöglichung von Zugänglichkeiten: Zur Sicherung der im Flächennutzungsplan dargestellten Vernetzung von Grünflächen sollen Bebauungspläne innerhalb von Flächen für Sportanlagen und Dauerkleingärten öffentlich zu nutzende Durchwegungen festsetzen. Bei der Festsetzung von Sondergebieten für den Wassersport in Bebauungsplänen sind die Belange der Allgemeinheit besonders zu gewichten. Insbesondere dort sollen Gewässerufer öffentlich zugänglich gemacht werden.

Förderung von Doppelnutzungen: um sparsamen Umgang mit der Fläche sind auf Standorten für öffentliche Einrichtungen Doppelnutzungen anzustreben. Sportanlagen dienen unabhängig davon, ob sie auf Flächen des Gemeinbedarfs oder auf Grünflächen liegen, der schulischen und außerschulischen Nutzung.

Verhältnis zum Landschaftsprogramm

Flächennutzungsplan und Landschaftsprogramm sind aufeinander bezogen und ergänzen sich. Die Maßnahmen des Landschaftsprogramms, die aus Entwicklungszielen abgeleitet sind, beziehen sich auf die vorhandene Nutzung. Dort, wo der Flächennutzungsplan neue Nutzungen vorsieht, sind im Landschaftsprogramm auf die entsprechenden Nutzungen bezogenen Entwicklungsziele und Maßnahmen aufzuzeigen.

Grundsätze für die Entwicklung von Bebauungsplänen

Aus den Bauflächen des Flächennutzungsplans können ihnen zugeordnete Baugebiete der BauNVO entwickelt werden. Andere Baugebiete und andere Flächen kleiner als drei ha können entwickelt werden, wenn Funktionen und Wertigkeit der Baufläche sowie die Anforderung des Immissionsschutzes nach dem dargestellten städtebaulichen Grundgefüge gewahrt bleibt (z. B. Entwicklung von Gewerbegebieten kleiner als drei ha aus dargestellter Wohnbaufläche).

Aus den Sonderbauflächen – Hauptstadtfunktion – können unter Beachtung des Vorrangs der Hauptstadtfunktionen und auf dafür geeigneten Teilflächen im Einvernehmen mit dem Bund auch Wohn- und Mischnutzungen entwickelt werden (Förderung von Nutzungsmischung).

Aus den Bauflächen sind lokale Einrichtungen oder Anlagen des Gemeinbedarfs sowie der Ver- und Entsorgung mit Grünflächen mit lokaler Bedeutung entwickelbar.

Die Geschossflächenzahlen der Wohnbauflächen geben Obergrenzen an. Sie sollten auch in Wohnbauflächen größer als drei ha unterschritten werden, wenn der Charakter und die Struktur der Wohnbaufläche dies erfordern.

Eine Überschreitung der Geschossflächenzahl in Wohnbauflächen größer als drei ha ist zulässig, wenn besondere städtebauliche Gründe dies rechtfertigen.

Wochenendhausgebiete, auch größer als drei ha können aus Wohnbauflächen mit landschaftlicher Prägung entwickelt werden, wenn besondere städtebauliche Gründe dies rechtfertigen.

Sonderbaugebiete für den Wassersport und Campingplatzgebiete können dort entwickelt werden, wo der Flächennutzungsplan entsprechende Lagesymbole (Wassersport, Camping) darstellt. Untergeordnete Standorte (Einzelstandorte) für den Wassersport und Camping können im Einzelfall in Bebauungsplänen dort festgesetzt werden, wo die Vereinbarkeit mit der Umgebung gewährleistet ist.

Aus Frei- und Grünflächen können grundsätzlich keine Baugebiete entwickelt werden (davon ausgenommen sind untergeordnete Grenzkorrekturen). Ausnahmsweise können untergeordnete Flächen für den Gemeinbedarf entwickelt werden, die angrenzenden Wohngebieten zugeordnet sind (z. B. Kindertagesstätte in Kleingartenfläche).

Aus gewerblichen Bauflächen sind grundsätzlich nur Gewerbe- und Industriegebiete zu entwickeln. Davon ausgenommen sind untergeordnete Grenzkorrekturen. In besonders begründeten Einzelfällen können auch Mischnutzungen oder Sondergebiete für Ver- und Entsorgung oder großflächige Einzelhandelsbetriebe entwickelt werden.

Textbeispiel 2: *Flächennutzungsplan Berlin (zu Abbildung 11)*

3. Kennzeichnungsmöglichkeiten

Außerdem können im Flächennutzungsplan Flächen gekennzeichnet werden, (1) bei **111** deren Bebauung besondere bauliche Vorkehrungen gegen äußere Einwirkungen oder bei denen besondere bauliche Sicherungsmaßnahmen gegen Naturgewalten erforderlich sind, (2) unter denen der Bergbau umgeht oder die für den Abbau von Mineralien bestimmt sind, oder (3) deren Böden erheblich mit umweltgefährdenden Stoffen belastet sind. Die Darstellungs- und Kennzeichnungsmöglichkeiten sind durch das BauGB gegenüber dem früheren Rechtszustand unter Geltung des BBauG erweitert worden (vgl. etwa § 5 II Nr. 10, III Nr. 3 BauGB). Zugleich eröffnet das Gesetz einen weiten Spielraum, in welchem Umfang die planende Gemeinde von den Darstellungsmöglichkeiten Gebrauch macht. Dies gilt auch im Hinblick auf die **Feinkörnigkeit** der **Planung**.[30]

4. Flächennutzungsplan und BauNVO

Der Flächennutzungsplan kann sich auf die Darstellung von **Bauflächen** (Wohnbauf- **112** lächen [W], gemischte Bauflächen [M] und gewerbliche Bauflächen [G], Sonderbauflächen [S] (vgl. § 1 I BauNVO) beschränken oder auch Aussagen zu **Baugebieten** (§ 1 II BauNVO), enthalten. Die BauNVO unterscheidet dabei zwischen Kleinsiedlungsgebieten (WS), reinen Wohngebieten (WR), allgemeinen Wohngebieten (WA), besonderen Wohngebieten (WB), Dorfgebieten (MD), Mischgebieten (MI), Kerngebieten (MK), Gewerbegebieten (GE), Industriegebieten (GI) und Sondergebieten (SO). In welchem Umfang und mit welchem Inhalt solche Darstellungen Bestandteil des Flächennutzungsplanes werden, richtet sich nach den konkreten Einzelfallumständen und den (autonomen) Planungsvorstellungen der Gemeinde, die allerdings durch das Abwägungsgebot rechtlich gebunden sind.[31] Bei der Darstellung einer **Sonderbaufläche** (§ 1 I Nr. 4 BauNVO) im Flächennutzungsplan muss allerdings deren allgemeine Zweckbestimmung angegeben werden.[32] Zur Darstellung der sich aus der beabsichtigten städtebaulichen Entwicklung ergebenden Art der Bodennutzung reicht die Darstellung einer Sonderbaufläche ohne weitere Zweckbestimmung nicht aus.[33]

5. Nachrichtliche Übernahme

Neben den Darstellungen und Kennzeichnungen sollen Planungen und sonstige Nut- **113** zungsregelungen, die nach anderen gesetzlichen Vorschriften festgesetzt sind, wie nach Landesrecht denkmalgeschützte Mehrheiten von baulichen Anlagen nach **§ 5 IV BauGB** nachrichtlich übernommen werden. **Festgesetzte Überschwemmungsgebiete** i. S. des § 76 II WHG (§ 31 b II 3 und 4 WHG 2005) sollen nachrichtlich übernommen werden. Noch nicht festgesetzte Überschwemmungsgebiete i. S. des § 76 III WHG (§ 31 b V WHG 2005) sowie überschwemmungsgefährdete Gebiete i. S. des § 74 WHG (§ 31 c WHG 2005) sollen im Flächennutzungsplan vermerkt werden **(§ 5 IV a BauGB)**.[34] Soweit ein Flächennutzungsplan nicht bereits erstmalig oder vollständig neu aufgestellt wird, eignet sich hierzu am besten der Zeitpunkt einer deklaratorischen Neubekanntmachung. Die Gemeinde soll bei einer solchen Gelegenheit die entsprechenden Gebiete in den Flächennutzungsplan nachrichtlich übernehmen bzw. sie vermerken **(§ 246 a BauGB)**. Für sich genommen ändert diese Maßnahme den Inhalt des Flächennutzungs-

---

[30] BVerwG, B. v. 17.2.1984 – 4 B 191.83 – BVerwGE 69, 30 = RzB Rn. 61 – Reuter–Kraftwerk; B. v. 28.8.1987 – 4 N 1.86 – DVBl 1987, 1273 = RzB Rn. 63 – Volksfürsorge.

[31] *Hoppe* in HBG § 7 Rn. 1 ff.; s. auch *Upmeier* in HdbÖBauR Kap. A Rn. 164.

[32] BVerwG, Urt. v. 18.2.1994 – 4 C 4.92 – BVerwGE 95, 123 = RzB Rn. 934.

[33] BVerwG, Urt. v. 28.2.1975 – 4 C 74.72 – BVerwGE 48, 70 = RzB Rn. 157; Urt. v. 18.2.1994 – 4 C 4.93 – BVerwGE 95, 123 = RzB Rn. 934.

[34] S. Rn. 965.

plans als vorbereitenden Bauleitplan nicht. Sie ist deshalb nicht Gegenstand eines Bauleitplanverfahrens und löst damit auch keine Verfahrens- oder Abwägungspflichten aus. Diese durch die Hochwasserschutznovelle 2005 eingeführten Regelungen tragen dazu bei, die Bevölkerung in den betroffenen Gebieten vor den Gefahren des Hochwassers zu warnen. Zugleich ergibt sich für die Bauleitplanung ein grundsätzliches Verbot der Ausweisung von neuen Baugebieten in diesen Bereichen § 78 I 1 Nr. 1 WHG (§ 31 b IV 1 WHG 2005). Dieses darf die Gemeinde nur unter den Voraussetzungen des § 78 II WHG (§ 31 b IV 2 WHG 2005) überwinden. Zu eigenen Ermittlungen sind die Gemeinden allerdings nicht verpflichtet. Dies ist vielmehr die Aufgabe der Wasserbehörden, die verpflichtet sind, den Gemeinden die entsprechenden Unterlagen im Rahmen der Behördenbeteiligung im Bauleitplanverfahren zur Verfügung zu stellen. Die nachrichtliche Übernahme bzw. Kennzeichnungspflichten stellen die betroffene Bevölkerung auch nicht von einer eigenen Mitwirkung bei den Vorsorge- und Schadensbegrenzungsmaßnahmen frei (§ 5 II WHG, § 31 a II WHG 2005). Auch die am Bau Beteiligten können sich nicht etwa mit Hinweis auf eine nicht erfolgte Kennzeichnung der Überschwemmungsgebiete oder überschwemmungsgefährdeter Gebiete von einer eigenen Haftung generell frei zeichnen.[35]

6. Begründung

114   Dem Flächennutzungsplan ist nach § 5 V BauGB eine **Begründung** beizufügen. Bis zum Inkrafttreten des EAG Bau 2004 wurde die Begründung des Flächennutzungsplans als Erläuterungsbericht bezeichnet. Die Begründung ist zwar nicht Bestandteil des Flächennutzungsplans, hat jedoch wesentliche Bedeutung als Dokument der Abwägung vor allem bei der gerichtlichen Kontrolle des Flächennutzungsplans. Bei der Aufstellung der Bauleitpläne sind die öffentlichen und privaten Belange nach § 1 VII BauGB gegeneinander und untereinander gerecht abzuwägen. Dabei sind die in § 1 V BauGB enthaltenen Planungsleitlinien und -Grundsätze zu berücksichtigen. Für die Kontrolle des Abwägungsgebotes, das wesentliches Element jeder rechtsstaatlichen Planung ist,[36] hat die Begründung zum Flächennutzungsplan eine wichtige Funktion. Die wesentlichen Abwägungselemente, die für die Darstellungen des Flächennutzungsplanes maßgeblich gewesen sind, sollen sich aus der Begründung ergeben.[37]

7. Revisionsklausel

115   Die durch das EAG Bau 2004 eingeführte Überprüfungspflicht für Flächennutzungspläne ist durch das BauGB 2007 inzwischen wieder abgeschafft worden. Der Flächennutzungsplan sollte danach spätestens 15 Jahre nach seiner erstmaligen oder erneuten Aufstellung überprüft und, soweit nach § 1 III 1 BauGB erforderlich, geändert, ergänzt oder neu aufgestellt werden (§ 5 I 3 BauGB). Mit der **Revisionsklausel** sollte angeregt werden, dass die Gemeinden regelmäßig darüber Rechenschaft ablegen müssen, was aus der bisherigen Flächennutzungsplanung für das Gemeindegebiet geworden ist, insbesondere welche Planungen zwischenzeitlich verwirklicht worden sind und wie diese sich auf die städtebauliche Gesamtordnung ausgewirkt haben. Die Vorschrift wurde auch in einem Zusammenhang mit der Umweltprüfung gesehen.[38] Eine ausdrückliche **Verpflichtung zur Neuaufstellung** bestand auch nach dem EAG Bau 2004 **nicht**. Vielmehr konnte die Gemeinde im Rahmen ihrer Planungshoheit (§ 1 III BauGB) beurteilen, ob eine Änderung, Ergänzung oder Neuaufstellung des Flächennutzungsplans erforderlich ist. Eine

---

[35] S. Rn. 989.

[36] BVerwG, Urt. v. 12.12.1969 – 4 C 105.66 – BVerwGE 34, 301 = RzB Rn. 23; Urt. v. 5.7.1974 – 4 C 50.72 – BVerwGE 45, 309 = RzB Rn. 24; B. v. 9.11.1979 – 4 N 1.78 – BVerwGE 59, 87 = RzB Rn. 26.

[37] BVerwG, B. v. 9.11.1979 – 4 N 1.78 – BVerwGE 59, 87 = RzB Rn. 26.

[38] EAG Bau 2004 Mustererlass 2004.

regelmäßige Überprüfung des Standes der Umsetzung des ursprünglichen Planungskonzepts kann im Übrigen – darauf weist die Amtliche Begründung ausdrücklich hin – auch zur Durchführung des nach § 4 c BauGB erforderlichen **Monitoring** beitragen.[39] Von einem **automatischen Außerkrafttreten** des Flächennutzungsplans nach einer bestimmten Zeit und einer Verpflichtung zur Neuaufstellung wurde hingegen auch nach dem EAG Bau 2004 abgesehen, auch um unnötigen finanziellen, personellen und zeitlichen Aufwand zu vermeiden. Nach **§ 244 IV BauGB 2004** sollte die Überprüfungspflicht erstmals ab dem 1.1.2010 anzuwenden sein. Mit der BauGB-Novelle 2007 bestehen diese Verpflichtungen nicht mehr. Auch die Überleitungsvorschrift ist aufgehoben.

8. Flächennutzungsplan auf dem Wege zur Rechtsnorm?

Die Funktionen des Flächennutzungsplans haben sich grundlegend verändert. Für **116** den Außenbereich ist seine Funktion gestärkt. Im Geltungsbereich eines Bebauungsplans oder im nicht beplanten Innenbereich verliert der Flächennutzungsplan in der Tendenz an Bedeutung. Traditionell ist der Flächennutzungsplan das Steuerungsinstrument auf der Ebene des gesamten Gemeindegebietes durch für den Bürger nicht verbindliche Darstellungen, während der Bebauungsplan sich auf einen Teilbereich des Gemeindegebietes beschränkt und konkrete, für den Bürger rechtsverbindliche Festsetzungen enthält. Der Flächennutzungsplan hat dabei traditionell Rahmen setzende, lediglich als Verwaltungsprogramm die Gemeinde selbst bindende Funktion. Durch das Entwicklungsgebot ist sichergestellt, dass die im Flächennutzungsplan angelegte Grundkonzeption im Bebauungsplan umgesetzt und nicht verlassen wird (§ 8 II 1 BauGB). Dieses Grundverständnis gerät ins Wanken.

Im Außenbereich wurde der Flächennutzungsplan seit der **Windenergienovelle 117 1996**[40] mehr und mehr zu einem wie ein Bebauungsplan wirkenden Instrument ausgestaltet[41]: Nach § 15 III BauGB 2004 können Vorhaben zurückgestellt werden, um bei bestimmten privilegieren Vorhaben planerisch gegensteuern zu können. Parallel dazu hat das BVerwG über den Flächennutzungsplan weitreichende Steuerungsmöglichkeiten der Außenbereichsentwicklung abgeleitet.[42] Im beschleunigten Verfahren steht dagegen bei Einhaltung der geordneten städtebaulichen Entwicklung die „Berichtigung" des Flächennutzungsplans an. Das mindert in keiner Weise die rechtliche Steuerungsqualität des Flächennutzungsplans, aber seine prägende Bedeutung liegt doch offenbar immer mehr im Außenbereich.

Die Regelungen über den **Bebauungsplan der Innenentwicklung (§ 13 a BauGB) 118** ermöglichen nunmehr, einen von den Darstellungen des Flächennutzungsplans abweichenden Bebauungsplan aufzustellen. Der Flächennutzungsplan ist dann nur noch zu berichtigen. Dies soll nach dem Mustereinführungserlass 2007 sogar ohne vorheriges Genehmigungsverfahren durch die höhere Verwaltungsbehörde zulässig sein. Das materielle Entscheidungsprogramm, wie es sich aus den Vorgaben des Flächennutzungsplans ergibt, ist zwar weiterhin verbindlich. Dazu gehören die Ziele der Raumordnung (§ 1 IV BauGB) ebenso wie eine geordnete städtebauliche Entwicklung. Eine formale Bindung i. S. der Einhaltung des Entwicklungsgebotes mit entsprechenden Genehmigungserfordernissen bei einer Änderung des Flächennutzungsplans besteht bei Aufstellung eines Bebauungsplans der Innenentwicklung nicht mehr. Hierdurch wird die Steuerungsfunktion des Flächennutzungsplans mit den sich daraus ergebenden formalen Prüfungskriterien in der Tendenz zurückgeführt.

---

[39] Zum Monitoring s. Rn. 724; *Stüer*, Handbuch des Bau- und Fachplanungsrechts, Rn. 789, 1035.

[40] Gesetz vom 30.7.1996 (BGBl. I S. 1189).

[41] BVerwG, Urt. v. 22.5.1987 – 4 C 57.84 – BVerwGE 77, 300 = DVBl 1987, 1008 – Kölner Abgrabungskonzentration.

[42] BVerwG, Urt. v. 19.9.2002 – 4 C 10.01 – BVerwGE 117, 44 = DVBl 2003, 201 – Wangerland.

119 Im Gegenzug steigt die Bedeutung des Flächennutzungsplans für Außenbereichsvorhaben. Hier entwickelt er geradezu steuernde, ja inzwischen sogar bereits regelnde Wirkungen.[43] Wegen dieser den Bürger unmittelbar betreffenden Wirkungen hat das BVerwG[44] inzwischen die Normenkontrolle auch gegen den Flächennutzungsplan dann eröffnet, wenn der Plan etwa für die Steuerung von Windkraftanlagen oder anderen an sich privilegierten Außenbereichsvorhaben die Grundstücksnutzung durch das Darstellungsprivileg in § 35 III 3 BauGB unmittelbar regelt.[45] Die Betroffenen sollen dann nicht auf den Weg lediglich einer Inzidentkontrolle in einem verwaltungsgerichtlichen Anfechtungs- oder Verpflichtungsklageverfahren angewiesen sein.

9. Teilflächennutzungspläne

120 Das EAG Bau 2004 lässt in § 5 II b BauGB für die Gegenstände des Darstellungsprivilegs in § 35 III 3 BauGB sachliche Teilflächennutzungspläne zu. Sachliche und räumliche Teilflächennutzungspläne waren auch in den neuen Ländern möglich (§ 246 a I Nr. 1 S. 3 BauGB 1993).

121 **a) Sachliche Teilflächennutzungspläne und Darstellungsprivileg.** Für Darstellungen des Flächennutzungsplans mit den Rechtswirkungen des § 35 III 3 BauGB können **sachliche Teilflächennutzungspläne** aufgestellt werden (§ 5 II b BauGB).[46] Für Teile des Gemeindegebiets können auch **räumliche Teilflächennutzungspläne** erlassen werden (§ 5 II b BauGB). Die Vorschrift steht im Zusammenhang mit dem Darstellungsprivileg des § 35 III 3 BauGB. Durch § 5 II b BauGB werden die Gemeinden ermächtigt, sachliche Teilflächennutzungspläne aufzustellen, die rechtlich auch bei einem bestehenden Flächennutzungsplan als eigenständige Pläne aufgestellt werden können. In diesem Fall ist aber das Verhältnis zum bestehenden Flächennutzungsplan insbesondere dann klarzustellen, wenn dieser ebenfalls Flächen für Nutzungen nach § 35 I Nr. 2 bis 6 BauGB darstellt. Teilflächennutzungspläne können auch für einen **Teil des Gemeindegebiets** aufgestellt werden. Die Ausschlusswirkung bezieht sich dann nur auf diesen Teil. Durch die Darstellung von entsprechenden Flächen im Teilflächennutzungsplan als „Konzentrationszonen" können die Gemeinden die Zulässigkeit von einzelnen nach § 35 I Nr. 2 bis 6 BauGB privilegierten Vorhaben in ihrem Gemeindegebiet steuern. Bei der Darstellung von „Konzentrationszonen" im Flächennutzungsplan kann es sich empfehlen, unter Berücksichtigung der (nachrichtlich übernommenen) Grundnutzung (in aller Regel „Fläche für die Landwirtschaft") die „Konzentrationszone" als zusätzliche Nutzungsmöglichkeit darzustellen (überlagernde Darstellung). Die Voraussetzungen von § 35 III 3 BauGB liegen u. a. vor, wenn die Gemeinde auf der Grundlage einer Untersuchung des gesamten Gemeindegebietes ein schlüssiges Plankonzept für die Ausweisung von „Konzentrationszonen" bzw. Sondergebieten in einem sachlichen Teilflächennutzungsplan erarbeitet hat. In der Begründung ist darzustellen, welche Zielsetzungen und Kriterien für die Abgrenzung der „Konzentrationszone" bzw. des Sondergebietes maßgebend waren. Beschränkt sich die Teilfortschreibung eines Flächennutzungsplans auf die Nutzung von **Windkraft**,

---

[43] BVerwG, Urt. v. 19.8.2005 – 4 C 13.04 – BVerwGE 124, 132 – Wangerland.

[44] BVerwG, Urt. v. 26.4.2007 – 4 CN 3.06 – NVwZ 2007, 1081 – Teilplan Windenergienutzung; OVG Koblenz, Urt. v. 8.12.2005 – 1 C 10065/05 – NVwZ 2006, 1442 = NuR 2007, 206 = NZBau 2006, 774 (L) – Windenergieanlage Verhinderungsplanung m. Hinw. auf BVerwG, B. v. 7.3.2002 – 4 BN 60.01 – NVwZ 2002, 869; Urt. v. 20.11.2003 – 4 CN 6.03 – ZfBR 2004, 272; *Stüer* BauR 2007, 1495; *Jeromin* NVwZ 2006, 1374; *Tigges* ZNER 2005, 338; anders noch OVG Lüneburg, B. v. 8.3.2007 – 12 MN 13/07 – ZfBR 2007, 367 = NordÖR 2007, 206 = NVwZ-RR 2007, 444 – Konzentrationszonen für Windenergieanlagen.

[45] *Stüer/Stüer* NuR 2004, 341; *Stüer* BauR 2007, 1495.

[46] EAG Bau 2004 Mustererlass 2004. *Kley,* Der Teilflächennutzungsplan Diss. 2009. Zur Aufstellung eines sachlichen Teilflächennutzungsplans zur Steuerung immissionsträchtiger Tierhaltung *Groß* AUR 2006, 83.

muss die Gemeinde allerdings erneut in eine Abwägung der für und gegen die wegfallenden bzw. beizubehaltenden Standorte sprechenden Belange eintreten und dabei das gesamte Gemeindegebiet erneut in den Blick nehmen.[47]

b) Räumliche Teilflächennutzungspläne. Neben dem bereits seit dem EAG Bau **122** 2004 ermöglichten sachlichen Teilflächennutzungsplan[48] ist durch § 5 IIb BauGB 2011 der räumliche Teilflächennutzungsplan getreten. Danach können Flächennutzungspläne „für die Zwecke des § 35 III 3 BauGB" auch für Teile des Gemeindegebiets aufgestellt werden. Die Regelung bezieht sich auf das Darstellungsprivileg, das eine Steuerung von nach § 35 I Nr. 2 bis 6 BauGB privilegierten Vorhaben ermöglicht. Die gemeindlichen und regionalen Planungsträger können die genannten privilegierten Vorhaben auf bestimmte Standorte konzentrieren und für andere Teile des Plangebietes ausschließen. Das setzt nach der Rechtsprechung des BVerwG allerdings ein in sich geschlossenes Gesamtkonzept für das Plangebiet voraus. Privilegierte Vorhaben konnten nach diesem Darstellungsprivileg nur dann gesteuert werden, wenn das gesamte Plangebiet nach Ausschluss- und Abwägungskriterien lückenlos überprüft worden ist. Fehler in den Ausschluss- oder Abwägungskriterien führen dazu, dass die Ausschlusswirkung sozusagen wie ein Luftballon zerplatzt.[49] Zudem muss nach wie vor eine substanzielle Nutzung der privilegierten Vorhaben gewährleistet sein. § 5 IIb BauGB ermöglicht nunmehr, die Darstellungen auf einen Teil des Planungsraums zu beschränken. Dies hat für die kommunalen Planungsträger den Vorteil, dass eine Überprüfung des Gesamtraumes auf der Grundlage von Ausschluss- und Abwägungskriterien nicht erforderlich ist und die Rechtssicherheit der Windenergieplanung gestärkt wird.[50] So kann die planende Gemeinde sich etwa darauf beschränken, in aus ihrer Sicht besonders schutzwürdigen Bereichen des Planungsraumes die privilegierten Vorhaben auszuschließen – allerdings mit der Folge, dass diese in den übrigen Teilen des Planungsraumes weiterhin zulässig sind. Aus der Sicht der planenden Gemeinden ist hierdurch eine begrüßenswerte Vereinfachung eingetreten, weil die planerischen Vorstellungen auch dann für einen Teilbereich des Gemeindegebietes verwirklicht werden können, wenn nicht der gesamte Planungsraum lückenlos durch Ausschluss- und Abwägungskriterien planerisch abgeprüft worden ist. Allerdings müssen auch die auf einen räumlichen Teilbereich des Planungsraums beschränkten Darstellungen sicherstellen, dass eine substanzielle Nutzung der durch den Gesetzgeber nach § 35 I Nr. 2 bis 6 BauGB privilegierten Vorhaben im Plangebiet gewährleistet ist.[51] Dies kann dadurch geschehen, dass im Flächennutzungsplan Vorrang-, Vorbehalts- oder Eignungsflächen für Windenergieanlagen ausgewiesen werden[52] oder in anderen (nicht in die Planung einbezogenen) Bereichen des Flächennutzungsplans ausreichende Flächen für die privilegierte Nutzung zur Verfügung stehen.

10. Gemeinsamer Flächennutzungsplan

Benachbarte Gemeinden können auch einen gemeinsamen Flächennutzungsplan **123** (→ *Abbildung 12*) aufstellen (§ 204 I BauGB). Benachbarte Gemeinden sollen einen gemeinsamen Flächennutzungsplan aufstellen, wenn ihre städtebauliche Entwicklung wesentlich durch gemeinsame Voraussetzungen und Bedürfnisse bestimmt wird oder ein gemeinsamer Flächennutzungsplan einen gerechten Ausgleich der verschiedenen Belange

---

[47] OVG Münster, Urt. v. 19.6.2007 – 8 A 2677/06 – ZUR 2007, 548 = DVBl 2007, 1123 (L) = NVwZ-RR 2007, 750 (L) – Windkraftanlage.

[48] *Krautzberger* UPR 2004, 41.

[49] BVerwG, Urt. v. 17.12.2002 – 4 C 15.01 – BVerwGE 117, 287 = DVBl 2003, 797 = NVwZ 2003, 733 – Feigenblatt; Urt. v. 13.3.2003 – 4 C 4.02 – BVerwGE 118, 33 = DVBl 2003, 1064 = NVwZ 2003, 738.

[50] *Stüer/Stüer*, DVBl 2010, 1540.

[51] *Stüer/Stüer* NuR 2004, 341.

[52] *Stüer/Vildomec* BauR 1998, 427. Zu Entschädigungspflichten *Stüer* ZfBR 2004, 338.

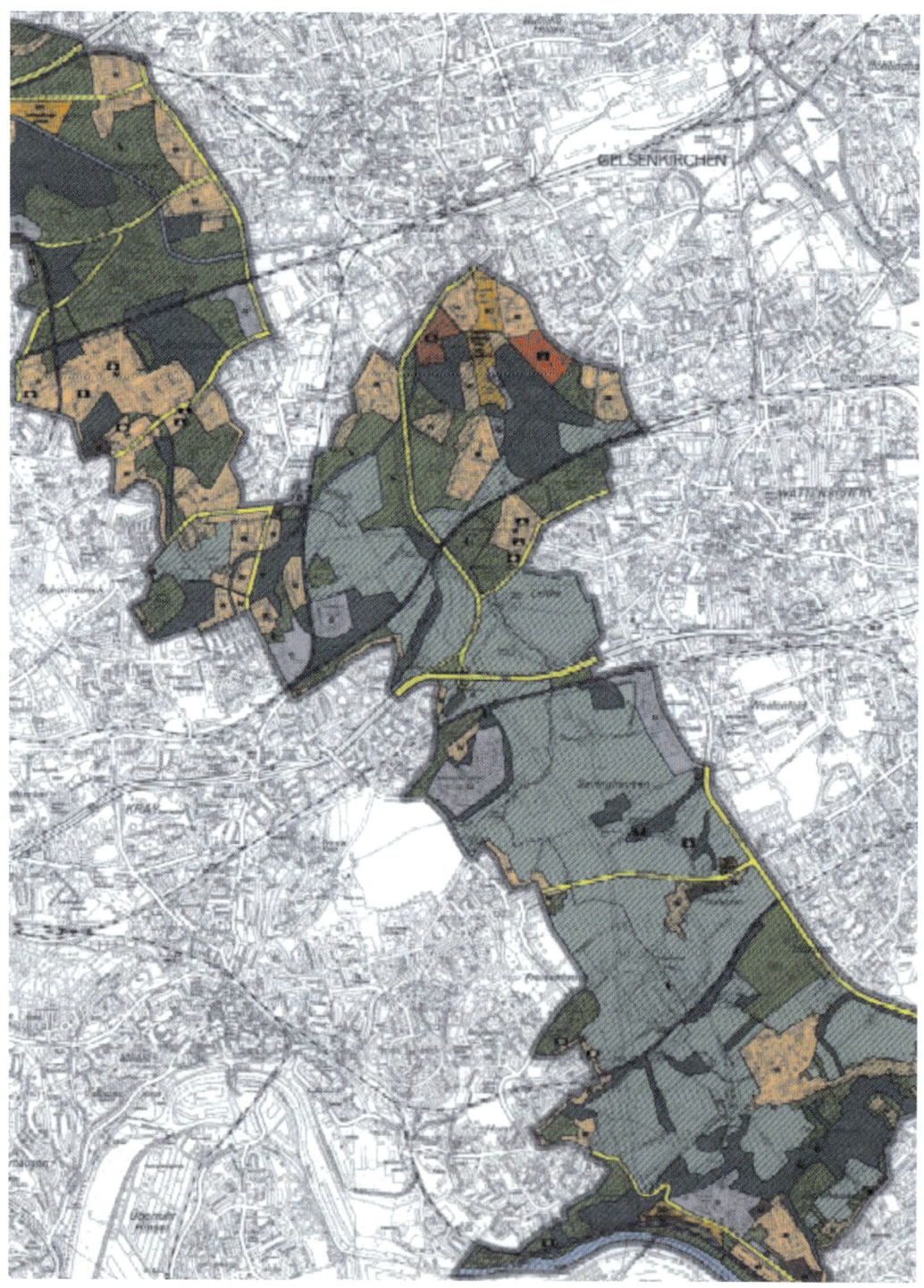

Abbildung 12: *Gemeinsamer Flächennutzungsplan für einen Teilbereich (Entwurf) der Städte Bochum, Essen und Gelsenkirchen*

ermöglicht. Ein gemeinsamer Flächennutzungsplan soll insbesondere aufgestellt werden, wenn die Ziele der Raumordnung oder wenn Einrichtungen und Anlagen des öffentlichen Verkehrs, sonstige Erschließungsanlagen sowie Gemeinbedarfs- oder sonstige Folgeeinrichtungen eine gemeinsame Planung erfordern. Der gemeinsame Flächennutzungsplan kann von den beteiligten Gemeinden nur gemeinsam aufgehoben, geändert oder ergänzt werden; die Gemeinden können vereinbaren, dass sich die Bindung nur auf bestimmte räumliche oder sachliche Teilbereiche erstreckt.

11. Wirkungen des Flächennutzungsplans

Der Flächennutzungsplan hat als behördeninternes Handlungsprogramm zwar in der **124** Regel keine unmittelbaren Rechtswirkungen im Verhältnis zum Bürger nach außen. Gleichwohl hat der Flächennutzungsplan rechtliche **Wirkungen** von erheblicher Reichweite.[53] Für die Aufstellung der Bebauungspläne gibt der Flächennutzungsplan den rechtlichen Rahmen, der durch das **Entwicklungsgebot** in § 8 II BauGB festgelegt wird. Ggf. ist parallel zur Aufstellung eines Bebauungsplanes der Flächennutzungsplan zu ändern (Parallelverfahren). Die Darstellungen des Flächennutzungsplanes haben Auswirkungen auf den **Bodenmarkt**. Die Ausweisung als Wohnbaufläche bringt für Acker- oder Weidelandflächen eine Qualitätssteigerung als Bauerwartungsland. Für öffentliche Planungsträger, die im Aufstellungs- oder Änderungsverfahren nach §§ 4 oder 13 BauGB beteiligt worden sind, enthält § 7 S. 1 BauGB insoweit eine **Anpassungspflicht**, als sie dem Plan nicht widersprochen haben. Der Widerspruch ist bis zum Beschluss der Gemeinde einzulegen (§ 7 S. 2 BauGB).

Im Gegensatz zum nichtbeplanten Innenbereich, bei dem die Darstellungen des Flä- **125** chennutzungsplans der Zulässigkeit eines im übrigen § 34 BauGB entsprechenden Vorhabens nicht entgegenstehen, kommt dem Flächennutzungsplan im **Außenbereich** Bedeutung als **öffentlicher Belang** zu. Privilegierte Vorhaben können an den Darstellungen des Flächennutzungsplanes scheitern, wenn sie eine konkrete standortbezogene Aussage beinhalten und ein solches Gewicht haben, dass sie als öffentliche Belange der Zulässigkeit des Vorhabens entgegenstehen (§ 35 III 3 BauGB).[54] Gegenüber nichtprivilegierten Außenbereichsvorhaben nach § 35 II BauGB sind die Darstellungen des Flächennutzungsplans als beeinträchtigte öffentliche Belange regelmäßig beachtlich (§ 35 III 1 BauGB).

II. Bebauungsplan

Der in der Regel für einen Teil des Gemeindegebietes → aufgestellte Bebauungsplan **126** enthält für den Bürger unmittelbar wirkende, verbindliche Festsetzungen (§§ 8 I, 9 BauGB). Er umfasst zumeist mehrere Grundstücke, kann aber auch für nur ein (größeres) Grundstück aufgestellt werden. Besondere Bestimmungen über die Größe und Begrenzung des Plangebietes bestehen nicht. Auch eine Einzelplanung für ein konkretes Projekt ist dabei nicht ausgeschlossen, wenn hierdurch die Gesamtkonzeption der städtebaulichen Ordnung nicht leidet.[55] Auch können die Festsetzungen auf ein einzelnes Grundstück beschränkt werden (**Briefmarkenbebauungsplan**).[56] Die Bauleitplanung muss allerdings

---

[53] *BKL* § 6 BauGB; *Stüer* StuGR 1979, 109.

[54] BVerwG, Urt. v. 22.5.1987 – 4 C 57.84 – BVerwGE 77, 300 = RzB Rn. 449 = ZfBR 1990, 41 – Kölner Auskiesung.

[55] BVerwG, Urt. v. 5.7.1974 – 4 C 50.72 – BVerwGE 45, 309 = RzB Rn. 24 – Delog–Detag; BVerwG, B. v. 28.8.1987 – 4 N 1.86 – DVBl 1987, 1273 = RzB Rn. 63 – Volksfürsorge; B. v. 16.8.1993 – 4 NB 29.93 – ZfBR 1994, 101 = BRS 55, Nr. 3; *Fickert/Fieseler* Rn. 32.

[56] BVerwG, B. v. 18.12.1990 – 4 NB 8.90 – BauR 1991, 165 = DVBl 1991, 445 = RzB Rn. 3; B. v. 23.6.1992 – 4 B 55.92 – NVwZ–RR 1993, 456; B. v. 16.8.1993 – 4 NB 29.93 – ZfBR 1994, 101 = BRS 55, Nr. 3; s. auch u. Rn. 1107; B. v. 6.11.1968 – 4 B 47.68 – Buchholz 406.11 § 8 BauGB Nr. 1; *BKL* § 1 Rn. 26; *Gelzer/Bracher/Reidt,* Bauplanungsrecht Rn. 246.

durch entsprechende städtebauliche Ziele gerechtfertigt sein und der städtebaulichen Entwicklung und Ordnung dienen (§ 1 III 1 BauGB).[57] Festsetzungen müssen ausreichend klar und bestimmt sein. Welches Maß an Konkretisierung bauplanerische Festsetzungen haben müssen, hängt wesentlich von der Art der jeweiligen Festsetzung, von den Planungszielen und insbesondere auch von den örtlichen Verhältnissen ab.[58]

→ **Inhalt des Bebauungsplans.** Er enthält Festsetzungen, Kennzeichnungen und nachrichtliche Übernahmen (§ 9 BauGB) und wird als für den Bürger unmittelbar verbindliche Ortssatzung erlassen.
- **Festsetzungen des Bebauungsplans.** Rechtsverbindliche Regelungen im Bebauungsplan (§ 9 BauGB) im Gegensatz zu nicht rechtsverbindlichen Darstellungen im Flächennutzungsplan (§ 5 BauGB). Die Aufzählung in § 9 BauGB setzt in dem Sinne einen Rahmen, dass andere als die in § 9 BauGB genannten Festsetzungen im Bebauungsplan nicht getroffen werden können. Zu den wichtigsten Festsetzungen in § 9 I Nr. 1 und 2 BauGB gehören: Festsetzungen über
  - die Art der baulichen Nutzung (§§ 2 bis 14 BauNVO)
  - das Maß der baulichen Nutzung (§§ 16 bis 21 BauNVO) und
  - zur überbaubaren Grundstücksfläche (§ 23 BauNVO).
  Die näheren Einzelheiten über die Darstellungen im Flächennutzungsplan und die Festsetzungen im Bebauungsplan sind in der →› PlanZV geregelt.
- **Planzeichenverordnung 2011 (PlanZV).** Verordnung über die Ausarbeitung der Bauleitpläne und die Darstellung des Planinhalts. Geregelt werden in ihr die Planunterlagen und die Planzeichen.
- **Planunterlagen.** Als Unterlagen für Bauleitpläne sind Karten zu verwenden, die in Genauigkeit und Vollständigkeit den Zustand im Plangebiet in einem für den Planinhalt ausreichenden Grade erkennen lassen. Die Maßstäbe sind so zu wählen, dass der Inhalt der Bauleitpläne eindeutig dargestellt oder festgestellt werden kann (§ 1 I PlanZV). Aus den Planunterlagen für Bebauungspläne sollen sich die Flurstücke mit ihren Grenzen und Bezeichnungen in Übereinstimmung mit dem Liegenschaftskataster, die vorhandenen baulichen Anlagen, die Straßen, Wege, Plätze sowie die Geländehöhe ergeben. Von diesen Angaben kann abgesehen werden, wenn sie für die Festsetzungen nicht erforderlich sind. Der Stand der Planung (Monat, Jahr) soll angegeben werden (§ 1 II PlanZV).
- **Planzeichen.** Als Planzeichen sollen die in der Anlage der PlanZV enthaltenen Planzeichen verwendet werden. Die Planzeichen können ergänzt werden, soweit dies zur eindeutigen Darstellung des Planinhalts erforderlich ist (§ 2 I PlanZV). Die verwendeten Planzeichen sollen im Bauleitplan erklärt werden (§ 2 IV PlanZV). Eine Verletzung des § 2 PlanZV ist unbeachtlich, wenn die Darstellung, Festsetzung, Kennzeichnung, nachrichtliche Übernahme oder der Vermerk hinreichend erkennbar ist (§ 2 V PlanZV).

---

127   Im Gegensatz zum Flächennutzungsplan wird der Bebauungsplan als **Satzung** beschlossen (§ 10 I BauGB). Er regelt über die eher grobkörnigen Darstellungen der Grundzüge der städtebaulichen Ordnung im Flächennutzungsplan hinaus die **parzellenscharfe Nutzung** des Bodens und ist Grundlage für die entsprechend seinen Festsetzungen zu erteilende Baugenehmigung (§ 30 BauGB), Ausnahmen und Befreiungen nach § 31 I und II BauGB oder auch die städtebaulichen Vollzugsinstrumente. Der Bebauungsplan bildet damit die Grundlage für weitere zum Vollzug des BauGB erforderliche Maßnahmen (§ 8 I 2 BauGB). Nach **§ 1 III 2 BauGB** besteht auf die **Aufstellung, Änderung, Ergänzung** und **Aufhebung** von **Bauleitplänen** und städtebaulichen Satzungen **kein Rechtsanspruch.** Auch ein Anspruch auf Fortführung eines eingeleiteten Planungsverfahrens besteht nicht.[59] Die Gemeinde ist zwar grundsätzlich auch bei

---

[57] BVerwG, B. v. 24.8.1993 – 4 NB 12.93 – ZfBR 1994, 100 = RzB Rn. 1215.

[58] OVG Münster, Urt. v. 27.5.2013 – 2 D 37/12.NE – fremdnützige Überplanung von Privateigentum.

[59] BVerwG, Urt. v. 29.5.1981 – 4 C 97.77 – BVerwGE 62, 243; Urt. v. 15.1.1982 – 4 C 26.78 – BVerwGE 64, 325 = DÖV 1982, 639 = NuR 1982, 260 = RzB Rn. 116; B. v. 3.8.1982 – 4 B 145.82 – DVBl 1982, 1096 = UPR 1983, 25.

bestehendem Bebauungsplan nicht zur selbstständigen Erschließung eines Grundstücks verpflichtet. Hat die Gemeinde einen rechtsverbindlichen Bebauungsplan aufgestellt, so kann sie sich dem Angebot eines Erschließungswilligen, selbst die Erschließung durchzuführen, allerdings nicht entziehen, ohne selbst erschließungspflichtig zu werden (§ 124 III 2 BauGB).[60] Die Erschließung durch einen Privatweg ist allerdings nur dann gegeben, wenn eine durch Baulast oder dinglich gesicherte Vereinbarung mit dem Eigentümer des Weges vorliegt. Das gilt auch für eine Gemeinde. Widersetzt sich die Gemeinde, muss der Vorhabenträger ihr gegenüber vor Erteilung der Baugenehmigung einen Nutzungsanspruch durchsetzen.[61] Für Feuerwehrfahrzeuge sind mindestens 4,20 m Zufahrten erforderlich.[62]

→ **Bebauungsplan.** Er entwickelt aus den Darstellungen des Flächennutzungsplans rechtsverbindliche Festsetzungen zur Art der Nutzung, zur Bebauungsdichte und Überbaubarkeit der Grundstücke sowie zur Abgrenzung der Verkehrsflächen. Weitere Regelungen betreffen den Umweltschutz oder (auf landesrechtlicher Grundlage) die Gestaltung der Gebäude (§ 30 BauGB).

→ **Qualifizierter Bebauungsplan.** Er enthält Mindestfestsetzungen über Art und Maß der baulichen Nutzung, Bauweise, überbaubare Grundstücksflächen und örtliche Verkehrsflächen (§ 30 I BauGB).

→ **Vorhabenbezogener Bebauungsplan.** Er wird auf der Grundlage eines mit der Gemeinde abgestimmten Vorhaben- und Erschließungsplans aufgestellt und ist auf eine konkrete Projektverwirklichung gerichtet. Die Verpflichtungen des Vorhabenträgers sind in einem Durchführungsvertrag festgelegt, der im Zeitpunkt des Satzungsbeschlusses abgeschlossen ist (§§ 30 II, 12 BauGB). Dem Bebauungsplan ist eine Begründung beizufügen, der die Ziele, Zwecke und wesentlichen Auswirkungen des Bauleitplans darlegt und einen Umweltbericht enthält (§§ 2 IV, 2 a BauGB). Der vorhabenbezogene Bebauungsplan muss ein konkretes Vorhaben ausweisen oder bei Ausweisung eines Baugebietes im Durchführungsvertrag Regelungen über konkrete Vorhaben enthalten (§ 12 III a BauGB). Auch der vorhabenbezogene Bebauungsplan unterliegt einem Monitoring (§ 4 c BauGB).

→ **Einfacher Bebauungsplan.** Er enthält diese Mindestfestsetzungen nicht (§ 30 III BauGB). Neben seinen Festsetzungen sind die Vorschriften über den nicht beplanten Innenbereich (§ 34 BauGB) oder den Außenbereich (§ 35 BauGB) anzuwenden.

---

1. Bauliche Anlagen

Die Festsetzungsmöglichkeiten im Bebauungsplan gem. § 9 BauGB beziehen sich auf **128** bauliche oder sonstige Anlagen. Denn nur für bodenrechtlich relevante Vorhaben hat der Bundesgesetzgeber nach Art. 72, 74 I Nr. 18 GG die konkurrierende Gesetzgebungskompetenz.[63] Darunter fallen bauliche Anlagen,[64] die bodenrechtliche Relevanz haben. Es muss sich dabei um Anlagen handeln, die in einer auf Dauer gedachten Weise künstlich mit dem Erdboden verbunden sind und städtebauliche Bedeutung haben.[65]

---

[60] BVerwG, Urt. v. 4.10.1974 – 4 C 59.72 – NJW 1975, 402 = DVBl 1975, 37; Urt. v. 28.10.1981 – 8 C 4.81 – BVerwGE 64, 186 = BauR 1982, 33; Urt. v. 11.11.1987 – 8 C 4.86 – BauR 1988, 180 = RzB Rn. 720.

[61] OVG Schleswig, Urt. v. 2.10.2008 – 1 LB 8/08 – BauR 2009, 952 – Erschließung über gemeindlichen Privatweg.

[62] OVG Lüneburg Urt. v. 7.5.2009 – 9 LB 329/06 – Erschließungsweg, m. Hinw. auf B. v. 21.7.2000 – 9 M 566/99 – NVwZ-RR 2001, 53.

[63] BVerfG, E. v. 16.6.1954 – 1 PBvV 2/52 – BVerfGE 3, 407 = RzB Rn. 1.

[64] Zum Begriff der baulichen Anlage vgl. BVerwG, Urt. v. 10.12.1971 – 4 C 33.69 – BRS 24 Nr. 149 = BauR 1972, 100; Urt. v. 31.8.1973 – 4 C 33.71 – BVerwGE 44, 59 – BRS 27, Nr. 122; Urt. v. 11.2.1977 – 4 C 8.75 – BRS 32, Nr. 140 = BauR 1977, 253.

[65] BVerwG, Urt. v. 3.12.1992 – 4 C 27.91 – BVerwGE 91, 234; Urt. v. 16.12.1993 – 4 C 22.92 – NVwZ 1994, 1010 = ZfBR 1994, 148 = UPR 1994, 228 – Dachgaube; Urt. v. 15.12.1994 – 4 C 19.93 – Werbetafel.

129   Der Begriff der **baulichen Anlage** ist nach der Rechtsprechung ein im Verhältnis zum Landesrecht eigenständiger Begriff, der sich vom Landesbaurecht deutlich unterscheidet.[66] Er setzt sich aus zwei Elementen zusammen: dem Begriff des Bauens und dem Begriff der bodenrechtlichen Bedeutung. So gesehen erscheinen die Begriffe der baulichen Anlage auf bundesrechtlicher und landesrechtlicher Grundlage wie sich teilweise überschneidende Kreise.[67] Aus dieser Sicht hat das BVerwG etwa für Werbeanlagen[68] oder Abgrabungen[69] die städtebauliche Relevanz angenommen,[70] diese aber etwa für Dachgauben im konkreten Fall abgelehnt.[71]

130   Nach dem Landesrecht sind bauliche Anlagen mit dem Erdboden verbundene, aus Bauprodukten hergestellte Anlagen. Eine Verbindung mit dem Erdboden besteht auch dann, wenn die Anlage durch eigene Schwere auf dem Erdboden ruht oder auf ortsfesten Bahnen begrenzt beweglich ist oder wenn die Anlage nach ihrem Verwendungszweck dazu bestimmt ist, überwiegend ortsfest benutzt zu werden. Die Regelungen über die planungsrechtliche Zulässigkeit von Vorhaben gelten auch für Aufschüttungen und Abgrabungen größeren Umfangs sowie für Ausschachtungen und Ablagerungen einschließlich Lagerstätten.

131   Die Regelungen der §§ 29 ff. BauGB sehen sich veränderten Bauordnungen der Länder gegenüber.[72] Die früher geltenden Landesbauordnungen ordneten eine Genehmigungs-, Zustimmungs- oder Anzeigepflicht durchweg für alle bodenrechtlich relevanten Vorhaben an. Landesrechtliche Freistellungen von der Genehmigungspflicht waren nur in Fällen von geringfügiger Bedeutung vorgesehen. Durch diese **präventive Rechtskontrolle** im bauaufsichtlichen Genehmigungsverfahren wurde sichergestellt, dass die städtebaulichen Belange der §§ 29 ff. BauGB im jeweiligen Baugenehmigungsverfahren gewahrt wurden. Die LBauO sehen vielfach auch in städtebaulich relevanten Bereichen **Freistellungen** vor.[73]

132   Der Bundesgesetzgeber hat auf die verstärkten Freistellungstendenzen in den Landesbauordnungen durch eine Änderung des **§ 29 BauGB** reagiert. Nach der Änderung des § 29 I BauGB bereits durch das BauROG 1998 sind die §§ 30 bis 37 BauGB für städtebaulich relevante Vorhaben anwendbar unabhängig davon, ob ein Genehmigungs-, Zustimmungs- oder Anzeigeverfahren auf landesrechtlicher Grundlage stattfindet. Die Vorschriften des Bauordnungsrechts und andere öffentlich-rechtliche Vorschriften bleiben nach § 29 II BauGB unberührt. Hierdurch ist einerseits sichergestellt, dass die planungsrechtlichen Zulässigkeitsanforderungen der §§ 30 bis 37 BauGB für alle städtebaulich relevanten Vorhaben gelten auch wenn der Landesgesetzgeber ein förmliches Zulassungs- oder Anzeigeverfahren

---

[66] BVerwG, Urt. v. 10.12.1971 – 4 C 33.69 – BVerwGE 39, 154.

[67] BVerwG, Urt. v. 31.8.1973 – 4 C 33.71 – BVerwGE 44, 59 = RzB Rn. 296 – Wohnboot.

[68] BVerwG, Urt. v. 3.12.1992 – 4 C 26.91 – UPR 1993, 239 = NVwZ 1993, 985 = ZfBR 1993, 149 = GewArch. 1993, 216 – Werbe–Schaukästen; Urt. v. 3.12.1992 – 4 C 27.91 – BVerwGE 91, 234 = DVBl 1993, 439 = BauR 1993, 315 – Werbe–Schaukästen; Urt. v. 15.12.1994 – 4 C 19.93 – Werbetafel; *Schulte* BauR 1993, 139.

[69] BVerwG, B. v. 27.7.1990 – 4 B 156.89 – DVBl 1990, 1122 = BauR 1990, 694 = ZfBR 1990, 302 – Gipsabbau Streifleswald.

[70] Zum abschließenden Charakter der bodenrechtlichen Anforderungen an Abgrabungen BVerwG, B. v. 16.2.1988 – 4 B 26.88 – NVwZ 1989, 49 = UPR 1988, 265 = ZfBR 1988, 144 – Kiesgrube.

[71] BVerwG, Urt. v. 16.12.1993 – 4 C 22.92 – Buchholz 406.11 § 29 BauGB Nr. 52 = NVwZ 1994, 1010 – Dachgaube.

[72] Zu den geänderten Landesbauordnungen *Baumanns* BauR 1992, 556; *Broß* VerwArch. 1994, 129; *Busse* Die neue BayBauO Art. 70 Rn. 1; *Hollederer/Engels/Köthner* Grenzen, Möglichkeiten und Auswirkungen innovativer gesetzlicher Regelungen auf Baugenehmigungsverfahren in NRW 1994; *Möllgaard* LKV 1994, 429; *Ortloff* NVwZ 1991, 630; *ders.* NVwZ 1993, 713; *ders.* NVwZ 1995, 112; *Schulte* Eildienst Städtetag NRW 1995, 85 ff.; *Simon* BayVBl. 1994, 332; *ders.* BayVBl. 1994, 581; *Stelkens* NVwZ 1995, 325.

[73] *Stüer Stüer* DVBl 1996, 482; *dies.* Bauplanungsrecht und Freistellungspolitik der Länder 1996, 23.

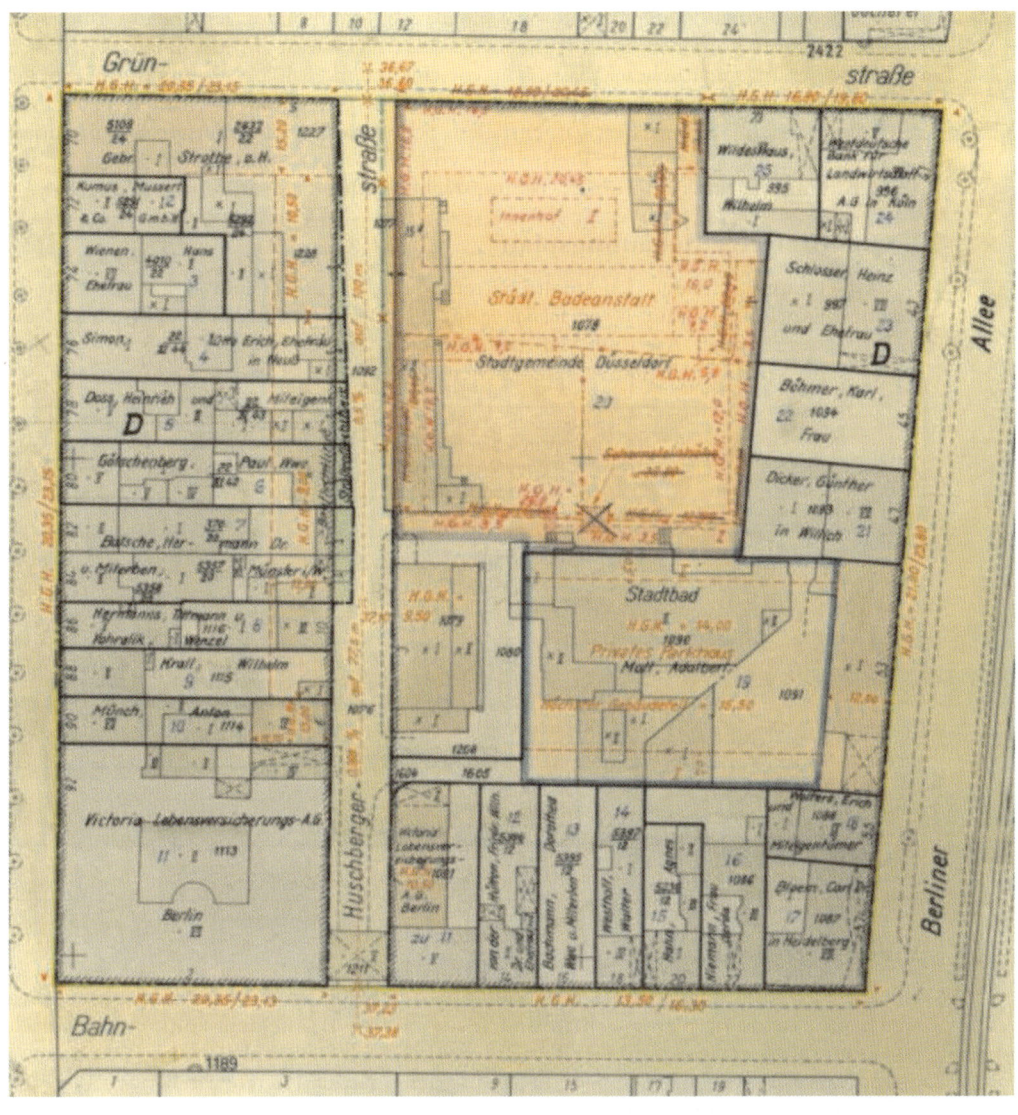

Abbildung 13: *Übergeleiteter einfacher Bebauungsplan*

nicht angeordnet hat. Zugleich sind die Länder nicht mehr darauf verpflichtet, für städtebaulich relevante Vorhaben ein förmliches Verfahren anzuordnen, um damit die Anwendung der planungsrechtlichen Zulässigkeitsvorschriften in §§ 30 bis 37 BauGB sicherzustellen. Auch sind damit die Verpflichtungen, die das Wyhl-Urteil[74] aus der früheren Formulierung des § 29 BauGB abgeleitet hat, entfallen. Schon nach dem bisherigen Recht änderte die landesrechtlich angeordnete Freistellung von der Baugenehmigung nichts daran, dass der Bebauungsplan als kommunales Satzungsrecht unmittelbar galt.[75]

2. Qualifizierter Bebauungsplan

133　Das Gesetz unterscheidet den qualifizierten (§ 30 I BauGB) und den einfachen Bebauungsplan (§ 30 III BauGB → *Abbildung 13*). Ein Bebauungsplan ist qualifiziert, wenn er Festsetzungen über Art und Maß der baulichen Nutzung, die überbaubare Grundstücksfläche und die örtlichen Verkehrsflächen enthält.

Art der baulichen Nutzung (§§ 2 bis 11 BauNVO)	Baugebiete WS Kleinsiedlungsgebiet WR Reines Wohngebiet WA Allgemeines Wohngebiet WB Besonderes Wohngebiet MD Dorfgebiet MI Mischgebiet GE Gewerbegebiet GI Industriegebiet SO Sondergebiet
Maß der baulichen Nutzung (§§ 16, 17 BauNVO)	Grundflächenzahl oder Größe der Grundfläche der baulichen Anlage Geschossfläche oder Größe der Geschossfläche Baumassenzahl oder Größe der Baumasse Zahl der Vollgeschosse Höhe der baulichen Anlagen
überbaubare Grundstücksflächen (§ 23 BauNVO)	Baulinie Baugrenze Bebauungstiefe
örtliche Verkehrsflächen (§ 9 I Nr. 11 BauGB)	Verkehrsfläche Verkehrsfläche besonderer Zweckbestimmung

3. Festsetzungsmöglichkeiten

134　Für den Bebauungsplan besteht ein umfangreicher **Katalog** an → Festsetzungsmöglichkeiten aus Zeichnung, Farbe, Schrift und Text (§ 9 BauGB), die dem konkreten Inhalt des Bebauungsplans entsprechen. Die Festsetzungsmöglichkeiten sind allerdings i.S. eines numerus clausus abschließend in § 9 BauGB und der ergänzend heranzuziehenden BauNVO aufgeführt. Festsetzungen, die in § 9 BauGB und der BauNVO keine Rechtsgrundlage finden, sind unzulässig.[76] § 9 BauGB fordert allerdings nicht, dass die jeweiligen Nummern, auf die die einzelne Festsetzung gestützt werden kann, im Bebauungsplan bezeichnet sind.[77] Zugleich wird mit den Festsetzungen der Inhalt des Grundeigentums festgelegt.[78] Für die zeichnerischen Festsetzungsmittel ist die auf Grund des § 9 a Nr. 4 BauGB erlassene **Planzeichenverordnung** zu beachten. In ihr sind die einzelnen bei der Planauf-

---

[74] BVerwG, Urt. v. 17.7.1980 – 7 C 101.78 – BVerwGE 60, 297 = NJW 1981, 359 = RzB Rn. 470 – Wyhl.

[75] BVerwG, B. v. 4.3.1997 – 4 B 233.96 – Stellplatz.

[76] BVerwG, B. v. 7.9.1988 – 4 N 1.87 – BVerwGE 80, 184 = RzB Rn. 177; B. v. 12.12.1990 – 4 NB 13.90 – BauR 1991, 169 = DVBl 1991, 440 = RzB Rn. 882.

[77] BVerwG, B. v. 17.12.1998 – 4 NB 4.97 – NVwZ 1999, 984 – Landwirtschaft.

[78] BVerfG, B. v. 14.5.1985 – 2 BvR 397–399/82 – BVerfGE 70, 35; BVerwG, B. v. 5.4.1993 – 4 NB 3.91 – BVerwGE 92, 231 = DVBl 1993, 662 – Meerbusch.

stellung zu verwendenden Planzeichen aufgeführt. Nur soweit die Planzeichenverordnung keine Planzeichen enthält, ist die Gemeinde bei der Verwendung von Planzeichen frei, wobei durch eine entsprechende Erläuterung für Klarheit zu sorgen ist. Das Rechtsstaatsprinzip verlangt die hinreichende Bestimmtheit der Festsetzung des Bebauungsplans, damit der Betroffene die Rechtslage erkennen und sich auf sie einstellen kann.[79] Der Gemeinde steht es allerdings frei, welcher Mittel sie sich bedient, um dem Bestimmtheitsgebot zu genügen. Aus § 2 PlanzV folgt, dass sie nicht strikt an die Planzeichen gebunden ist, die in der Anlage 4 zu dieser Verordnung enthalten sind. Abweichungen sind zulässig, wenn der Inhalt der Festsetzung gleichwohl hinreichend deutlich erkennbar ist.[80] Die Gemeinde hat die Wahl zwischen zeichnerischen Festsetzungen und textlichen Beschreibungen und kann auch beide Elemente miteinander kombinieren.[81] Weicht sie von der Darstellungsart der PlanzV ab, so wird hierdurch allein die Bestimmtheit nicht in Frage gestellt, wenn der Inhalt der Festsetzung gleichwohl hinreichend deutlich erkennbar ist. Maßgeblich ist, ob der mit der PlanzV verfolgte Zweck sich auch mit dem von der Gemeinde gewählten Mittel erreichen lässt.[82] Der von der PlanzV verfolgte Zweck muss allerdings mit dem von der Gemeinde gewählten Mittel erreichbar sein. Der Inhalt der Festsetzung muss zudem hinreichend deutlich erkennbar sein.[83]

> **→ Festsetzungen.** Rechtsverbindliche, für den Bürger unmittelbar geltende Regelungen im Bebauungsplan im Gegensatz zu den Darstellungen des Flächennutzungsplans, die für den Bürger nur mittelbare Wirkungen haben.

Das BauGB schließt die Überlagerung von Festsetzungen für einzelne Grundstücke **135** nach mehreren der in § 9 I BauGB aufgeführten Festsetzungsbefugnisse nicht aus.[84] § 9 I BauGB stellt allerdings klar, dass die jeweiligen Festsetzungen (nur) aus **städtebaulichen Gründen** getroffen werden können. Diese durch das BauROG 1998 bewirkte ausdrückliche Benennung der städtebaulichen Gründe stellt allerdings gegenüber der vormals geltenden Fassung des § 9 I BauGB keine inhaltliche Änderung dar. Denn nur Gesichtspunkte des Städtebaurechts können die gemeindliche Bauleitplanung legitimieren.[85]

Die Planaussagen müssen eindeutig, verständlich und klar sein. Dies gebietet der **Be-** **136** **stimmtheitsgrundsatz.** Unklarheiten und Missverständnisse sowie nicht eindeutige Festsetzungen führen zur Unwirksamkeit dieser Festsetzungen und können die Unwirksamkeit des gesamten Planes nach sich ziehen.[86] Eine Festsetzung zur **Höhe** der baulichen Anlagen ist unbestimmt, wenn die als Grundlage für die Festlegung der dafür maßgeblichen Bezugspunkte herangezogenen Verkehrsflächen im Zeitpunkt des Satzungsbeschlusses weder fertiggestellt sind, noch der Bebauungsplan die Höhenlage dieser Ver-

---

[79] VGH Mannheim, Urt. v. 12.3.2008 – 3 S 2588/06 – BauR 2008, 1191 (L) – Straßen- und Baufluchtenplan nach badischem Recht. Unter welchen Voraussetzungen Festsetzungen nach § 9 I Nr. 26 BauGB zulässig sind, wird noch geklärt, BVerwG, B. v. 23.4.2008 – 4 BN 1.08 –.

[80] OVG Münster, B. v. 2.6.2010 – 7 A 295/09 -, m. Hinw. auf BVerwG, Urt. v. 10.8.1990 – 4 C 3.90 – BVerwGE 85, 289; B. v. 10.1.2001 – 4 BN 42/00 – BRS 64 Nr. 78. Zur Auslegung der Festsetzungen von Trauf- und Firsthöhe in einem Bebauungsplan OVG Münster, Urt. v. 3.5.2010 – 7 A 1942/08 – Mehrfamilienhaus in nicht überbaubarer Grundstücksfläche.

[81] BVerwG, Urt. v. 30.1.1976 – IV C 26.74 – BVerwGE 50, 114.

[82] BVerwG, B. v. 4.1.1994 – 4 NB 30.93 – DVBl 1994, 699 = NVwZ 1994, 684 = RzB Rn. 187 – Planzeichen; B. v. 25.10.1996 – 4 NB 28.96 – Buchholz 406.11 § 9 BauGB Nr. 81 – öffentliche Grünfläche.

[83] BVerwG, B. v. 25.10.1996 – 4 NB 28.96 – BRS 58 (1996), 89.

[84] BVerwG, B. v. 2.4.2008 – 4 BN 6.08 – ZfBR 2008, 592 – Überlagerung von Festsetzungen.

[85] *Bundesregierung*, Gesetzentwurf zum BauROG 1998, S. 48.

[86] *Krüger* BauR 1989, 589 m.w.Nachw.; OVG Münster, Urt. v. 18.4.1991 – 11 A 696/87 – BauR 1992, 60 zur Veränderung der Geländeoberfläche durch Abgrabung; OLG Hamm, Urt. v. 4.6.1998 – 16 U (Baul) 6/97 – NVwZ 1998, 995 = AgrarR 1999, 24 für eine Wegeverbindung, deren Art im Bebauungsplan nicht angegeben ist.

kehrsflächen festsetzt oder die Ausbauplanung bereits abgeschlossen ist.[87] Für die Bestimmtheit einer eher rechtstechnischen Festsetzung wie diejenige der Gebäudehöhen ist entscheidend, dass diese Festsetzung bei der Plananwendung nach den Verhältnissen des Einzelfalls absehbar praktikabel ist.[88] Fehler der Bestimmtheit können allerdings in einem ergänzenden Verfahren geheilt werden.[89] Ob Festsetzungen eines Bebauungsplans über das Maß der baulichen Nutzung und über die überbaubaren Grundstücksflächen **drittschützend** sind, hängt vom Willen der Gemeinde als Planungsträger ab.[90]

Beispiel: Die Gemeinde setzt im Bebauungsplan Höhen fest, ohne Bezugspunkte für deren Bemessung anzugeben. Vorsicht ist hier besonders bei Grundstücken in Hanglage geboten. Die Höhe baulicher Anlagen kann im Verhältnis zur Oberkante von Erschließungsanlagen festgesetzt werden, ohne deren Höhe durch Angaben über NN festzulegen.[91] Bei der Gliederung des Baugebietes bleibt unklar, ob Vergnügungsstätten insgesamt ausgeschlossen werden sollen oder sich der Ausschluss nur auf einzelne Unterarten der Vergnügungsstätten bezieht. Es bestehen Widersprüche zwischen den Festsetzungen in der Planurkunde und der Begründung, etwa wenn nach den textlichen Festsetzungen ein großflächiger Einzelhandelsbetrieb mit einer Geschossfläche von 5000 m² zugelassen wird, die Begründung jedoch nur eine Geschossfläche von 2500 m² in die Abwägung einstellt (Abwägungsdivergenz).[92]

137 Die **Festsetzungsmöglichkeiten** sind in § 9 BauGB geregelt. Die Gemeinde muss sich dabei an den Katalog des § 9 BauGB und die Vorgaben der BauNVO halten. Sie hat kein eigenes Festsetzungserfindungsrecht.[93] Vielmehr besteht für bauplanungsrechtliche Festsetzungen ein **Typenzwang**.[94] § 9 BauGB und die BauNVO regeln den festsetzungsfähigen Inhalt eines Bebauungsplans einschließlich der festsetzungsfähigen Gebietstypen abschließend. Dies folgt auch aus einer verfassungsrechtlichen Betrachtung. Die Festsetzungen des Bebauungsplans bedürfen vor dem Hintergrund der Eigentumsgarantie in Art. 14 I 2 GG einer verfassungsrechtlichen Rechtfertigung. Dies gilt nicht nur in inhaltlicher, sondern auch in formaler Hinsicht. Die Einzelregelungen müssen durch den Gesetzgeber grundgelegt sein. Diese Regelungen finden sich in § 9 BauGB und in der auf § 9 a BauGB zurückgehenden BauNVO (→ *Abbildung 14 mit Textbeispiel 3*). Weicht die Gemeinde von den darin niedergelegten Festsetzungsmöglichkeiten ab, so ist die von diesem Fehler betroffene Festsetzung wegen Verstoßes gegen den bauplanungsrechtlichen Typenzwang unwirksam.[95]

Textliche Festsetzungen

1. Garagen und Nebengebäude sind innerhalb und außerhalb der überbaubaren Grundstücksfläche allgemein zulässig. Außerhalb der überbaubaren Grundstücksflächen müssen diese Gebäude jedoch einen Abstand von mindestens 3 m zu öffentlichen Verkehrsflächen einhalten.
2. Bei Inanspruchnahme der Grundstücke für die in dem Bebauungsplan festgesetzte Nutzung ist innerhalb des allgemeinen Wohngebiets je 250 m² Grundstücksfläche mindestens ein hochstämmiger Laub- oder Obstbäume (Stammhöhe mindestens 1,80 m, Stammumfang mindestens 12 bis 14 cm) anzupflanzen und dauernd zu erhalten.
3. Bei Inanspruchnahme der Grundstücke für die im Bebauungsplan festgesetzte Nutzung sind die im Bebauungsplan festgesetzten Flächen zum Anpflanzen von Bäumen und Sträuchern mit standortgerechten Laubgehölzen (Pflanzabstand 1 x 1 m) zu bepflanzen und dauerhaft zu erhalten.

---

[87] OVG Münster, Urt. v. 15.2.2012 – 10 D 46/10.NE – BauR 2012, 1080 – Ausfertigung.

[88] OVG Münster, Urt. v. 27.5.2013 – 2 D 37/12.NE – fremdnützige Überplanung von Privateigentum.

[89] BVerwG, B. v. 21.6.2006 – 4 B 32.06 – NVwZ-RR 2006, 589 – zur Klarstellung eines unbestimmten Verwaltungsaktes; vgl. OVG Lüneburg, Urt. v. 23.1.2007 – 2 LA 692.06 –.

[90] BVerwG, B. v. 19.10.1995 – 4 B 215.95 = BauR 1996, 82 = ZfBR 1996, 104 = Mitt NWStuGB 1995, 398.

[91] OVG Lüneburg, Urt. v. 28.3.2008 – 1 KN 93/07 – DVBl 2008, 724 = ZfBR 2008, 493 = NordÖR 2008, 291 (L) = BauR 2008, 1352 (L) – Gewerbegebiet im Überschwemmungsgebiet.

[92] BVerwG, Urt. v. 18.3.2004 – 4 CN 4.03 – BVerwGE 120, 239 = DVBl 2004, 957.

[93] BVerwG, Urt. v. 11.2.1993 – 4 C 18.91 – BVerwGE 92, 56 = DVBl 1993, 654 = RzB Rn. 156.

[94] BVerwG, Urt. v. 16.9.1993 – 4 C 28.91 – BVerwGE 94, 151; Urt. v. 16.9.1993 – 4 C 28.91 – DVBl 1994, 284 = RzB Rn. 967.

[95] BVerwG, B. v. 31.1.1995 – 4 NB 48.93 – ZfBR 1995, 143 – Meerbusch.

4. Die im Bebauungsplan festgesetzten Flächen für Maßnahmen zum Schutz, zur Pflege und zur Entwicklung von Natur und Landschaft sind mit Laubgehölzen der potenziellen natürlichen Vegetation wie Buche, Traubeneiche, Stieleiche, Vogelbeere, Salweide, Besenginster, Faulbaum, Brombeere, Himbeere, Waldgeißblatt zeitgleich mit der Erschließung des Planbereichs zu bepflanzen und dauerhaft zu erhalten.
5. Die im Plan festgesetzten Flächen für Maßnahmen zum Schutz, zur Pflege und zur Entwicklung von Natur und Landschaft werden gem. § 9 I a 2 BauGB als Sammelausgleichsflächen allen Erschließungsanlagen im Baugebiet zugeordnet.
6. Innerhalb des Planbereichs kann die festgesetzte Geschosszahl bei Wohngebäuden um ein Vollgeschoss überschritten werden, wenn die festgesetzte Geschossflächenzahl eingehalten wird.
7. Grundstückseinfriedigungen zur Verkehrsfläche und zu den seitlichen Nachbargrundstücken innerhalb eines Abstandes von 3 m zur öffentlichen Verkehrsfläche hin sind nur bis zu einer Höhe von 0,80 m zulässig

Textbeispiel 3: *Textliche Festsetzungen (zu Abbildung 14)*

→ **Typenzwang.** Die planende Gemeinde ist bei ihren städtebaulichen Regelungen grundsätzlich an die Baugebietstypen der BauNVO gebunden. Allerdings kann die Gemeinde die unterschiedlichen Baugebietstypen der BauNVO durch Ausschluss oder allgemeine oder durch ausnahmsweise Zulässigkeit von bestimmten Nutzungen bei Wahrung des Gebietscharakters modifizieren, nicht jedoch korrigieren. Dabei kann sich die Gemeinde an einzelnen Gruppen aber auch Untergruppen der in den jeweiligen Nummern aufgezählten Arten der baulichen Nutzung orientieren. Bei der Festsetzung eines Sondergebiets ist die planende Gemeinde zwar formell von dem Typenzwang der verschiedenen Baugebiete der BauNVO befreit. In der Sache hat sie jedoch das Abwägungsgebot zu beachten, was eine Berücksichtigung der Auswirkungen der jeweils zugelassenen Vorhaben voraussetzt.

Im Bebauungsplan können nach § 9 I Nr. 1 BauGB Art und Maß der baulichen Nutzung festgesetzt werden. Für die Festsetzung der Art der baulichen Nutzung sind die Bauflächen und Baugebiete nach §§ 1 bis 15 BauNVO maßgeblich. Die BauNVO enthält zehn Baugebiete, die sich nach der Art der Nutzung voneinander unterscheiden (→ z. B. Wohngebiet Abbildung 14 mit Textbeispiel 3). Zudem bestehen nach § 1 V bis X BauNVO Gliederungsmöglichkeiten. Nach § 9 I Nr. 2 BauGB können die Bauweise, die überbaubaren und nicht überbaubaren Grundstücksflächen sowie die Stellung der baulichen Anlagen festgesetzt werden. **138**

Der Katalog der Festsetzungsmöglichkeiten im Bebauungsplan ist um eine Regelung in § 9 I Nr. 2 a BauGB 2007 ergänzt worden. Danach kann ein **vom Bauordnungsrecht abweichendes Maß der Tiefe der Abstandsflächen** festgesetzt werden. Die Regelung ist veranlasst durch die Änderung des Abstandsflächenrechts in zahlreichen Landesbauordnungen in Anlehnung an § 6 V Musterbauordnung 2002 (MBO 2002). Hierdurch wurde die Abstandsflächentiefe von 1,0 H auf 0,4 H gesenkt. Diese Regelung zielte nach der Begründung der MBO 2002 ausschließlich auf einen bauordnungsrechtlich zu sichernden Mindeststandard und verfolgte keine städtebaulichen Nebenziele (mehr). Die Reichweite des Nachbarschutzes wird durch die Mindestabstände der Landesbauordnungen danach nicht mehr abschließend beschrieben. Um auch dann, wenn das bauordnungsrechtliche Abstandsflächenrecht nur noch gefahrenabwehrrechtlichen Zwecken dient, sollen die Gemeinden im Bebauungsplan aus städtebaulichen Gründen entsprechende Festsetzungsmöglichkeiten haben. Die im Bebauungsplan festgesetzten Abstandstiefen gehen dann dem Abstandsflächenrecht der Landesbauordnungen vor. Auch kann sich aus den Festsetzungen des Bebauungsplans ein entsprechender Nachbarschutz ergeben. § 9 I Nr. 2a BauGB erlaubt daher auch die Festsetzung einer geringeren Tiefe der Abstandfläche als nach der BauO NRW vorgesehen. Dies bedarf jedoch einer besonderen städtebaulichen Rechtfertigung und muss auch in der Abwägung besonders geprüft werden.[96] **139**

---

[96] OVG Münster, Urt. v. 20.11.2009 – 7 D 124/08.NE – Normenkontrolle, im Anschluss an BVerwG, Urt. v. 29.1.2009 – 4 C 16.07 – BVerwGE 133, 98 = BauR 2009, 466 – Abweichung vom Zentrenkonzept; OVG Münster, Urt. v. 18.9.2009 – 7 D 85/08.NE –.

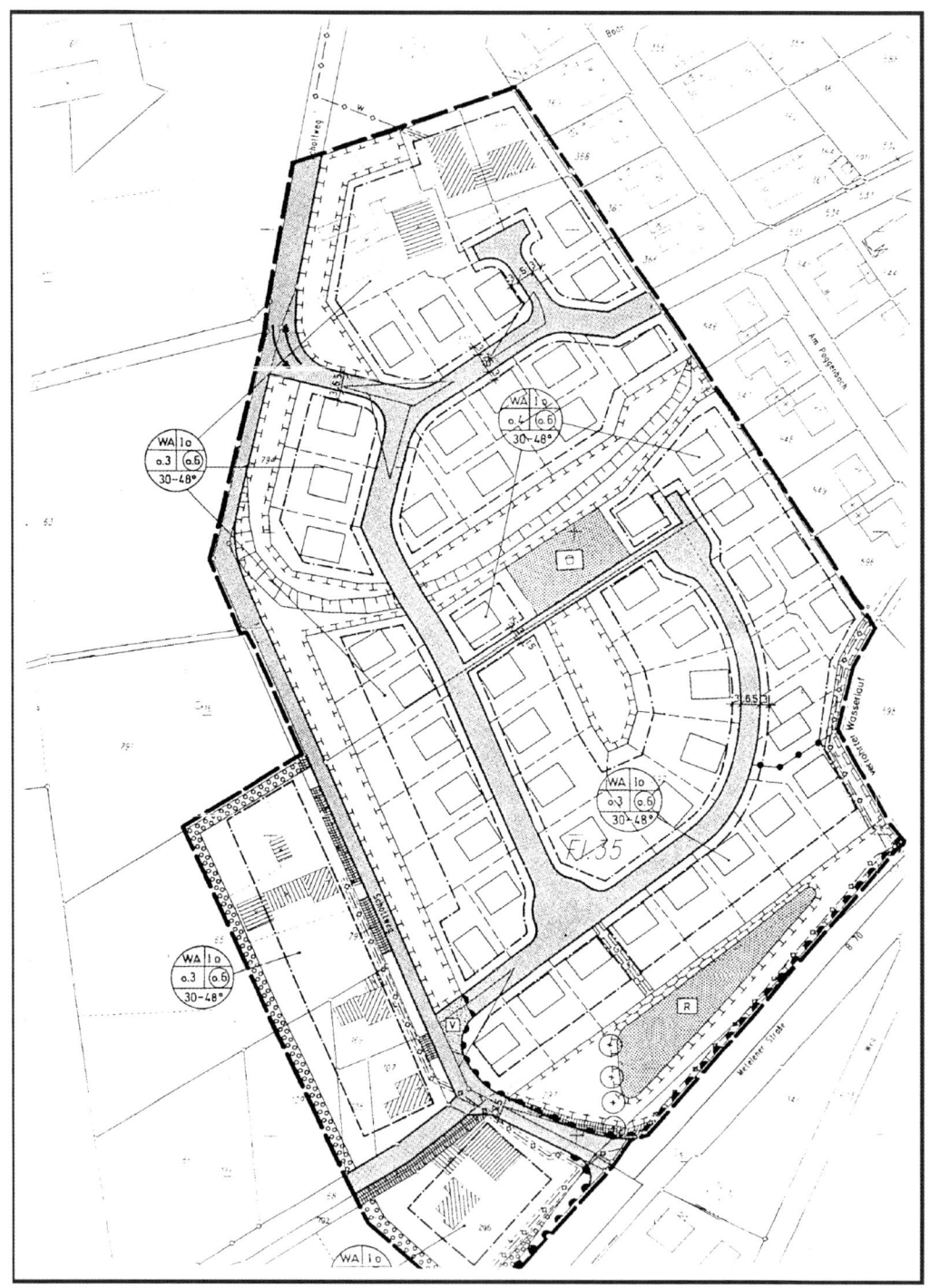

Abbildung 14: *Festsetzungen im Bebauungsplan*

Hinweis: Hinsichtlich der von der **Baumasse eines Gebäudes** ausgehenden räumlichen Wirkungen auf die Nachbargrundstücke ist ein Nachbarschutz auf der Grundlage des in § 34 I BauGB enthaltenen Rücksichtnahmegebots nicht schlechthin ausgeschlossen, wenn die landesrechtlichen Abstandsbestimmungen eingehalten sind. Allerdings ist in diesen Fällen das Rücksichtnahmegebot aus tatsächlichen Gründen nur in **Ausnahmefällen** verletzt.[97]

Festsetzungen von geringeren als den gesetzlich vorgegebenen Regelabstandsflächen **140** im Bebauungsplan unterliegen erhöhten Abwägungserfordernissen.[98] Ist in einem Bebauungsplan **geschlossene Bauweise** festgesetzt, kann dieser Festsetzung nachbarschützende Wirkung zukommen, weil ein Bauherr, der sich nicht an die geschlossene Bauweise hält, dem angrenzenden Nachbarn unter Umständen den Anspruch auf Grenzbebauung nimmt. Festsetzungen zur geschlossenen Bauweise und zur überbaubaren Grundstücksfläche sind in der Regel im Zusammenhang zu sehen, weil sie regelmäßig nur zusammen eine vernünftige Steuerung der Bodennutzung ermöglichen.[99] **Festsetzungen** eines Bebauungsplans müssen nicht nahtlos ineinandergreifen; sie müssen aber so aufeinander **abgestimmt** sein, dass das, was eine Festsetzung zulässt, nicht nach einer anderen zu einem wesentlichen Teil unzulässig ist. Nicht ausreichend aufeinander abgestimmte Festsetzungen sind nicht erforderlich (§ 1 III 1 BauGB).[100] Bei einer **abstandsflächenrechtlich relevanten Änderung** eines Gebäudes ist eine Gesamtprüfung der abstandsflächenrechtlichen Zulässigkeit dann erforderlich, wenn bei der Errichtung des Gebäudes in abstandsflächenrechtlich relevanter Weise von der Baugenehmigung abgewichen wurde.[101] Die gegen Abstandsflächenrecht verstoßende Errichtung eines Gebäudes an der Grundstücksgrenze oder mit einem für das Einhalten der Abstandsfläche auf dem Baugrundstück zu geringen Grenzabstand hat nicht zur Folge, dass die Abstandsfläche (teilweise) auf dem Nachbargrundstück liegt und dort von Gebäuden und gebäudeähnlichen Anlagen freigehalten werden muss sowie nicht auf die auf dem Nachbargrundstück erforderlichen Abstandsflächen angerechnet werden darf.[102]

Bei Zulassung einer **Abweichung** von einer dem Nachbarschutz dienenden Vorschrift **141** des Bauordnungsrechts wird der Nachbar bei jedem Verstoß gegen die Vorschrift verletzt. Ob eine Abweichung von den Abstandsflächenvorschriften zugelassen werden kann, beurteilt sich aufgrund einer Abwägung zwischen den nachbarlichen Interessen einerseits und überwiegenden Interessen des Bauherrn oder öffentlicher Belange andererseits. Die Abweichung setzt Gründe von ausreichendem Gewicht voraus, durch die sich das Vorhaben vom Regelfall unterscheidet und die die Einbuße an Belichtung und Lüftung sowie eine Verringerung der freien Flächen des Baugrundstücks im konkreten Fall als vertretbar erscheinen lassen.[103] Die Abweichung von Abstandsflächenvorschriften kann auch mit dem städtebaulichen Konzept eines fortgeltenden Baulinienplans begründet werden.[104] Ergibt sich von einem Bauvorhaben aus die Möglichkeit der Einsichtnahme in ein Nachbargrundstück, so verletzt dies in aller Regel nicht das Gebot der Rücksichtnahme, weil

[97] OVG Saarlouis, B. v. 21.6.2007 – 2 A 152/07 – BauR 2007, 1616 (L).
[98] OVG Greifswald, Urt. v. 15.2.2006 – 3 K 35/04 – BauR 2006, 1432 = UPR 2006, 359 = NVwZ-RR 2006, 673 – Grandhotel Bansin.
[99] VGH München, B. v. 20.3.2006 – 25 CS 05.3180 – Service-Wohnanlage.
[100] VGH München, Urt. v. 14.7.2009 – 1 N 07.2977 – BauR 2009, 1626 = KommunalPraxis BY 2009, 349 – Abstimmung von Festsetzungen.
[101] VGH München, Urt. v. 25.3.2009 – 1 B 02.1267 – BauR 2009, 1631 = UPR 2009, 360 – abweichend von der Genehmigung errichtetes Gebäudes.
[102] VGH München, B. v. 14.1.2009 – 1 ZB 08.97 – NVwZ-RR 2009, 628 = BauR 2009, 696, 1430 = BayVBl. 2009, 694 – Grenzgaragen, Klarstellung zu VGH München vom 20.2.2002 BayVBl. 2002, 499.
[103] VGH München, B. v. 16.7.2007 – 1 CS 07.1340 – BauR 2007, 1858 – Verkürzung der Abstandsfläche im historischen Ortskern.
[104] VGH München, B. v. 4.6.2007 – 25 CS 07.940 – ZfBR 2007, 584 = NVwZ-RR 2007, 578 = BauR 2007, 1716 – Abweichung von Abstandsflächenvorschriften.

dies in bebauten innerörtlichen Bereichen nicht unüblich ist.[105] Die Einhaltung der Abstandsvorschriften gibt vielmehr einen Anhaltspunkt für die Wahrung des Gebots der Rücksichtnahme, ersetzt aber dessen Prüfung im Einzelfall nicht. Die Schaffung von Einsichtsmöglichkeiten kann sich daher bei schwerwiegenden Umständen als rücksichtslos erweisen.[106]

Beispiel: Eine Dachterrasse verletzt nicht schon deshalb das Gebot der Rücksichtnahme, weil sie eine „Rundumsicht" auf Nachbargrundstücke ermöglicht. Eine Verletzung kann vielmehr erst dann angenommen werden, wenn die Abstände so gering sind, dass nicht mehr zumutbare Einsichtsmöglichkeiten auf Nachbargrundstücke eröffnet werden.[107]

142   Außerdem bestehen zahlreiche weitere Festsetzungsmöglichkeiten etwa für die Größe, Breite und Tiefe der Baugrundstücke (§ 9 I Nr. 3 BauGB). Dazu gehört auch die Festsetzung der **Mindestgröße** eines Grundstücks. Mit der Größe des Baugrundstücks kann die jeweilige Fläche festgesetzt werden, unabhängig von der Tiefe und Breite des Grundstücks und unabhängig von seiner näheren Belegenheit. Dabei ist allerdings von den vorhandenen Grundstücksgrößen auszugehen, die durch den Bebauungsplan nicht anders festgelegt werden können. Sie können durch die Festsetzung einer Mindestgröße zwar beabsichtigt sein, sind jedoch nicht selbst Regelungsgegenstand der bauplanerischen Festsetzung.[108]

143   Zudem können Flächen für Nebenanlagen (§ 9 I Nr. 4 BauGB), Gemeinbedarfsflächen (→ *Abbildung 15*) sowie Flächen für Sport- und Spielanlagen (§ 9 I Nr. 5 BauGB) (→ *Abbildung 16 mit Textbeispiel 4*) oder die höchstzulässige Zahl der Wohnungen in Wohngebäuden festgesetzt werden (§ 9 I Nr. 6 BauGB). § 9 I Nr. 6 BauGB bietet auch die Grundlage für die Festsetzung einer sog. **Zweiwohnungsklausel**, wonach in einem Gebäude höchstens zwei Wohnungen errichtet werden dürfen.[109] Die Wohnungszahl ist dabei kein Kriterium des Maßes der baulichen Nutzung (vgl. § 16 BauNVO), sondern kann als Ausdruck der Art der baulichen Nutzung bodenrechtliche Relevanz haben.[110] Die Festsetzungen zur höchstzulässigen Wohnungszahl müssen allerdings durch **städtebauliche Gründe** gerechtfertigt sein.[111] Es sind aber auch Festsetzungen möglich, die für eine bestimmte

---

[105] OVG Münster, B. v. 1.6.2007 – 7 A 3852/06 – ZfBR 2007, 583 = BauR 2007, 1557 = NVwZ-RR 2007, 580 – Dachterrasse auf Penthousewohnung. Zu den Abstandsregelungen des Bauordnungsrechts OVG Münster, Urt. v. 18.10.2007 – 7 A 2135/06 – Beseitigung eines Schreinereigebäudes aufgibt bzw. hilfsweise auf Nutzungsuntersagung; OVG Münster, B. v. 12.11.2007 – 7 B 1354/07 – Nichteinhaltung von Abstandsflächen.

[106] OVG Bremen B. v. 14.5.2012 – 1 B 65/12 – NordÖR 2012, 401; BVerwG, B. v. 11.1.1999 – 4 B 128.98 –.

[107] OVG Magdeburg, Urt. v. 22.6.2006 – 2 L 910/03 – BauR 2006, 1943 (L) – Dachterrasse im unbeplanten Innenbereich. Weitere Einzelfälle: VGH München, Urt. v. 27.7.2005 – 25 BV 03.73 – ZfBR 2005, 801 = UPR 2005, 452 = BauR 2005, 1886 = NVwZ-RR 2006, 312 – Erweiterung einer Gaststätte um einen Freisitz im Blockinnenbereich; OVG Lüneburg, Urt. v. 3.5.2006 – 1 LB 259/04 – NdsVBl 2006, 243 = ZfBR 2006, 595 (L) = BauR 2006, 1794 (L) – Geruchsbelästigung durch Imbissstand; OVG Brandenburg, B. v. 22.7.2005 – 10 S 2.05 – Schulerweiterungsbau und Nachbarschutz; VGH München, Urt. v. 28.9.2007 – 26 B 06.765 – Tankstellenanlage mit Shop im allgemeinen Wohngebiet; B. v. 24.4.2006 – 25 ZB 05.274 – kleine Freischankfläche auf der Hofseite einer Gaststätte mit lediglich zwölf Sitzplätzen zulässig.

[108] BVerwG, B. v. 6.10.1992 – 4 NB 36.92 – DVBl 1993, 113 = BauR 1993, 56 = RzB Rn. 165.

[109] BVerwG, B. v. 9.10.1991 – 4 B 137.91 – Buchholz 406.19 Nachbarschutz Nr. 104 = RzB 1241; B. v. 9.3.1993 – 4 B 38.93 – NVwZ 1993, 1100 = RzB Rn. 169; Urt. v. 26.9.1991 – 4 C 5.87 – BVerwGE 89, 69 = RzB Rn. 1111.

[110] BVerwG, Urt. v. 26.9.1991 – 4 C 5.87 – BVerwGE 89, 69 = RzB Rn. 1111.

[111] Das Merkmal der besonderen städtebaulichen Gründe in § 9 I Nr. 6 BauGB ist durch das BauROG 1998 gestrichen worden. Da jede Festsetzung im Bebauungsplan städtebaulich gerechtfertigt du durch ihren bodenrechtlichen Bezug gekennzeichnet sein muß, konnte das Erfordernis der „besonderen" städtebaulichen Gründe entfallen. Die Streichung hat in Anbetracht der Rechtsprechung des BVerwG, wonach mit den besonderen Gründen keine hinsichtlich ihrer Schwere qualifi-

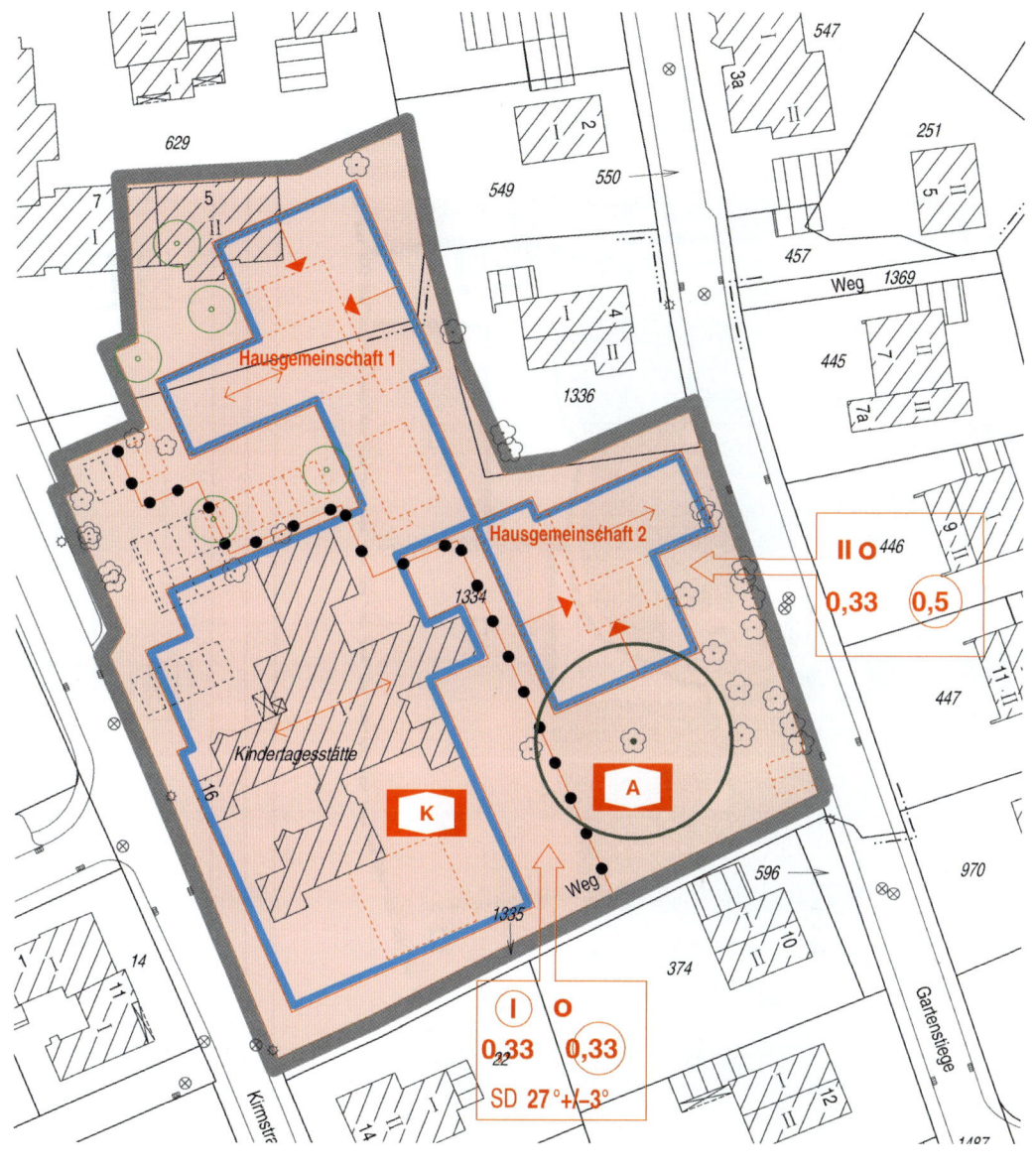

Abbildung 15: *Vorhabenbezogener Bebauungsplan:*
Gemeinbedarfsfläche – Altenwohnen und Kindertagesstätte

Abbildung 16: *Freizeitanlagen*

Freizeitanlagen

Beim Änderungsbereich handelt es sich um den am umfangreichsten mit Freizeitanlagen und Spiel- und Sportstätten ausgestatteten Bereich auf der Insel Wangerooge. Die Änderungen sind durch folgende Entwicklungen im Fremdenverkehrsgeschehen veranlasst:
- die finanzielle Belastbarkeit der Gemeinde ist teilweise an ihre Grenzen gestoßen,
- die Ansprüche an die touristische Ausstattung von Fremdenverkehrsorten sind gestiegen,
- die Belange des Naturschutzes konkurrieren z. T. mit der Sicherung von Einkommensquellen für die einheimische Bevölkerung.

Aus diesen Gründen waren insbesondere für Einrichtungen im Änderungsbereich Überlegungen in Bezug auf deren Anpassung an eine zeitgemäße Ausstattungsqualität anzustellen. Während das Freizeitbad noch in einem guten baulichen Zustand ist, ist für das Umfeld von Strandkorbhalle und „Blauhaus" eine ergänzende Ausstattung für Kultur- und Musikveranstaltungen beabsichtigt. Außerdem soll zwischen dem Dünenwanderweg und dem Freibadgelände ein Aktionsraum für Streetball, Inline-Skater und Skateboarder entstehen. Für die 1982 erbaute Tennishalle soll eine Erweiterung in Form einer Kegel- oder Bowlingbahn vorgesehen werden. Zwischen der Tennishalle und der so genannten „Dünenhalle" (Kinderheim des Oldenburgischen Jugend- und Erholungswerkes- OJE) ist die Errichtung einer Kinder-Spielhalle (Art von „überdachter" Spielplatz) beabsichtigt.

Durch die Überplanung des Kurhauses mit „Sondergebiet Kur und Hotel" soll dieses Gebäude und ein neu definiertes, zugehöriges Grundstück von der „planungsrechtlichen Gemeinnützigkeit" in die „privatrechtliche Nutzung" überführt werden.

Textliche Festsetzungen

1. Allgemeine Wohngebiete gem. § 4 BauNVO: Die ausnahmsweise zulässigen Beherbergungsbetriebe sind gem. § 1 VI BauNVO allgemein zulässig. Die weiterhin ausnahmsweise zulässigen Nutzungen des § 4 III Nrn. 2 bis 5 BauNVO sind gemäß § 1 VI BauNVO nicht Gegenstand des Bebauungsplans. Garagen und Stellplätze gem. § 12 BauNVO und Gebäude als Nebenanlagen i. S. des § 14 BauNVO sind zwischen den Straßenbegrenzungslinien der Anton-Günther-Straße und der Verkehrsfläche „Fußweg zum Westen" und den straßenseitigen Baugrenzen nicht zulässig.
2. Sondergebiet „Kur und Hotel" gem. § 11 II BauNVO: Das Sondergebiet dient der Ansiedlung bzw. Sicherung einer Kureinrichtung, eines Hotels bzw. Hotel/Appartement-Anlage bzw. einer Kombination dieser Nutzungen bzw. Anlagentypen. Zulässig sind: Einrichtungen für kirchliche, kulturelle, soziale und gesundheitliche Zwecke, Kurklinik, Hotels, Ferienappartements, Büros als dienende Einrichtungen, Schank- und Speisewirtschaften, nicht wesentlich störende Versammlungsstätten.
3. Versiegelungen: Versiegelungen durch Nebenanlagen gem. § 19 IV BauNVO in den Gemeinbedarfsflächen i. V. mit Festsetzungen von baulichen und technischen Vorkehrungen zur Vermeidung oder Minderung schädliche Umwelteinwirkungen i.S. des BImSchG gem. § 9 I Nr. 24 BauGB.

Textbeispiel 4: *Freizeitanlagen (zu Abbildung 16)*

Fläche für unterschiedliche Zeiten zwei verschiedene Nutzungen vorsehen (z. B. öffentliche Grünfläche – Bolzplatz/Festplatz).[112] Ferner sind die Gemeinden gemäß §§ 1 III i.V. m. 9 I Nr. 11 BauGB grundsätzlich befugt, durch bauplanerische Festsetzungen im Rahmen der Selbstverwaltung eine gemeindliche „Verkehrspolitik" (→ *Abbildung 17 mit Textbeispiel 5 und Abbildungen 18 und 19*) zu betreiben.[113] § 9 BauGB fordert aber nicht, dass im Bebauungsplan die jeweilige Nummer bezeichnet wird, auf die sich Festsetzung stützt.[114] Festgesetzt werden können auch Flächen für sozialen oder entsprechenden Wohnungsbau (§ 9 I Nr. 7 BauGB) oder Wohnungen von **Personengruppen mit besonderem Wohnbedarf** (§ 9 I Nr. 8 BauGB).[115]

---

zierten Anforderungen verbunden sind, sondern lediglich in der konkreten Situation liegende, „spezielle" Gründe ausreichen, neben der Rechtsvereinfachung einen klarstellenden Sinn dahingehend, dass auch bei diesen Festsetzungen die allgemeinen Grundsätze der gerechten Abwägung gelten. Durch die Neufassung wird insoweit die vormals geltende Rechtslage nicht verändert, so die *Bundesregierung*, Gesetzentwurf zum BauROG 1998, S. 48, vgl. auch BVerwG, Urt. v. 22.5.1987 – 4 C 77.84 – DVBl 1987, 1004.

[112] BVerwG, B. v. 25.10.1996 – 4 NB 28.96 – BRS 58, 89.

[113] BVerwG, B. v. 22.4.1997 – 4 BN 1.97 – NVwZ–RR 1998, 217 – Verlagerung des innerörtlichen Schwerverkehrs. Zu § 9 I Nr. 15: BVerwG, B. v. 25.10.1996 – 4 NB 28.96 – BRS 58, 89; B. v. 23.4.1998 – 4 B 40.98 – NVwZ 1998, 1179.

[114] BVerwG, B. v. 17.12.1998 – 4 NB 4.97 –.

[115] BVerwG, B. v. 17.12.1992 – 4 N 2.91 – BVerwGE 91, 318 = RzB Rn. 171.

144   Auch können **Gemeinbedarfsflächen** sowie Flächen für Sport- und Spielanlagen (§ 9 I Nr. 5 BauGB) festgesetzt werden.[116] Die Festsetzung des Grundstücks eines Privaten als Fläche für den Gemeinbedarf in einem Bebauungsplan setzt eine Rechtfertigung durch entsprechende Gemeinwohlgründe voraus.[117] Die Festsetzung von Gemeinbedarfsflächen ist abwägungsfehlerhaft, wenn dafür im Rahmen der planerischen Konzeption gleich geeignete Grundstücke der öffentlichen Hand zur Verfügung stehen.[118] Die bauplanungsrechtliche Zulässigkeit einer **Postfiliale**, in der die zur Grundversorgung erforderlichen Postdienstleistungen (sog. Universaldienst) erbracht werden, kann auch nach der Privatisierung der Deutschen Bundespost im Zuge der Postreform II durch Festsetzung einer Gemeinbedarfsfläche (§ 9 I Nr. 5 BauGB) mit der Zweckbestimmung „Post" geregelt werden. Auf einer „Gemeinbedarfsfläche Post" ist eine weitere („postfremde") gewerbliche Nutzung (postspezifisches Angebot von Papier- und Schreibwaren) zulässig, wenn sie in einem inneren Zusammenhang mit den Post-Universaldienstleistungen steht und im Verhältnis zu diesen von untergeordneter Bedeutung bleibt.[119] Nach der Privatisierung der Deutschen Bundespost können „Flächen für den Gemeinbedarf" nach § 9 I Nr. 5 BauGB für die Grundversorgung mit Postdienstleistungen (Universaldienst im Sinne von §§ 11 ff. PostG) festgesetzt werden. Die kommunale Bauleitplanung darf sich dem Strukturwandel im Postwesen nicht verschließen. Das Interesse der Deutschen Post AG an einer wirtschaftlichen Nutzung ihres Grundeigentums sowie die Rahmenbedingungen der privatwirtschaftlichen Erbringung von Postdienstleistungen sind bei der planerischen Abwägung zu berücksichtigen.[120] Eine Fläche kann zugleich als Gemeinbedarfsfläche (Festplatz) und als Grünfläche bzw. Verkehrsfläche besonderer Zweckbestimmung festgesetzt werden, sofern beide Nutzungen nicht in Konkurrenz stehen sondern zu unterschiedlichen Zeiten ausgeübt werden.[121] Bei der Festsetzung eines **Festplatzes** und eines **Kinderspielplatzes** neben einem allgemeinen Wohngebiet dürfen nicht von vornherein unzumutbaren Beeinträchtigungen für die Anwohner in das nachfolgende Genehmigungsverfahren verschoben werden.[122] Der Spielflächenerlass des Innenministers des Landes Nordrhein-Westfalen vom 31.07.1974 – V C 2 – 901.11 – ist ein Hinweis für die Planung von Spielplätzen im Rahmen der Bauleitplanung. Seine Bestimmungen gehören allerdings nicht zum Prüfprogramm des Baugenehmigungsverfahrens. Eine Turmkombination mit Schaukel, die als Spielgerät auf einem Kinderspielplatz aufgestellt ist, hat nur dann im Einzelfall im Sinne von § 6 X 1 Nr. 1 BauO NRW gebäudegleiche Wirkung, wenn sie aus der Sicht des Grundstücks des Klägers in abstandflächenrelevanter Weise „gebäudetypisch" erscheint.[123]

---

[116] Zugleich können dabei Maßfestsetzungen erfolgen, BVerwG, B. v. 10.10.2005 – 4 B 56.05 – NVwZ 2006, 84 = BauR 2006, 335. Zur Grunderwerbsteuer bei Gemeinbedarfsflächen *Bruschke* UVR 2009, 113. Zur Grunderwerbsteuer beim Erwerb unerschlossener Grundstücke *Wagner* ZfIR 2008, 341. Zur Entwicklung des Grunderwerbsteuerrechts *Gottwald* MittBayNot 2007, 460.

[117] Zu den Anforderungen an die Widmung eines Stadtparks als öffentliche Einrichtung OVG Weimar, Urt. v. 14.2.2011 – 4 KO 514/08 – DVBl 2011, 1048 (L) = ThürVBl 2011, 276 – Gehweg.

[118] BVerwG, Urt. v. 6.6.2002 – 4 CN 6.01 – NVwZ 2002, 1506 = BauR 2002, 1660. Zum notwendigen Umfang der Abwägung bei der Festsetzung eines Grüngürtels durch Bebauungsplan BVerfG, B. v. 19.12.2002 – 1 BvR 1402/01 – NVwZ-RR 2003, 727 = BauR 2003, 1338.

[119] BVerwG, Urt. v. 30.6.2004 – 4 C 3.03 – DVBl 2004, 1298 = NVwZ 2004, 1355 = BauR 2004, 1730 – Postdienstgebäude, vorhergehend VGH München, Urt. v. 25.3.2003 – 1 N 00.359 – BauR 2003, 992 = ZfBR 2003, 577 – Postfiliale.

[120] BVerwG, Urt. v. 30.6.2004 – 4 CN 7.03 – BVerwGE 121, 192 = DVBl 2004, 1302 = NVwZ 2004, 1352.

[121] OVG Münster, Urt. v. 24.9.2010 – 2 D 143/08.NE – Festplatz.

[122] OVG Münster, Urt. v. 24.9.2010 – 2 D 143/08.NE – Festplatz.

[123] OVG Münster, B. v. 29.8.2011 – 2 A 547/11 – DVBl 2011, 1502 (L) = Info BRS 2011, Nr. 6, 15 – Kinderspielplatz.

Beispiel: Ein in sehr enger räumlicher Zuordnung zu einem benachbarten Wohnhaus errichtetes Multifunktionsfeld, dessen bestimmungsgemäße Nutzung sich wegen seiner konstruktionsbedingten Besonderheiten (Holzumrandung, die sich im Bereich der Torlinie bis in eine Höhe von ca. 4 m Höhe erstreckt, stählerne Fußballtore) sehr lärmintensiv auswirkt, kann für die Nachbarn unzumutbar sein, zumal wenn die Anlage in ihrer konkreten Ausgestaltung verglichen mit der Nutzung typischer Bolzplätze zu einem erheblichen „Mehr" an Lärmbeeinträchtigungen für die Nachbarschaft führt, das zur Verwirklichung des Zieles, Kindern, Jugendlichen und Heranwachsenden eine Ballspielmöglichkeit zur Verfügung zu stellen, nicht erforderlich ist. Zur Beurteilung der Rücksichtslosigkeit eines Multifunktionsfeldes, das ganz überwiegend zum Bolzen genutzt wird, ist die Einholung von Lärmgutachten jedenfalls dann nicht erforderlich, wenn ein Gutachten allenfalls einen groben Anhalt für die Bestimmung von Zumutbarkeitsgrenzen geben, nicht aber entscheidend zur Beurteilung beitragen kann, ob die von der Anlage in ihrer konkreten, verglichen mit einem üblichen Bolzplatz zu einem nicht zwecknotwendigen „Mehr" an Lärmereignissen führenden Ausgestaltung bei bestimmungsgemäßer Nutzung ausgehenden Geräusche insbesondere angesichts ihrer Häufigkeit, Impulshaltigkeit und Unregelmäßigkeit in enger räumlicher Nähe zur Anlage wohnenden Klägern zumutbar sind.[124] Die Frage, ob vom Betrieb eines Kinderspielplatzes herrührende Geräuscheinwirkungen über den Rahmen des Üblichen hinausgehen und damit nicht als Regelfall der Nutzung im Sinne von § 22 I a BImSchG zu verstehen sind, kann nur auf der Grundlage einer abwägenden, die Umstände des konkreten Falles berücksichtigenden Beurteilung beantwortet werden.[125]

Festgesetzt werden können auch Flächen für besondere Nutzungszwecke (§ 9 I Nr. 9 **145** BauGB), freizuhaltende Flächen (§ 9 I Nr. 10 BauGB), die Verkehrsflächen sowie Verkehrsflächen besonderer Zweckbestimmung, wie Fußgängerbereiche, Flächen für das Parken von Fahrzeugen, Flächen für das Abstellen von Fahrrädern sowie den Anschluss anderer Flächen an die Verkehrsflächen; die Flächen können auch als öffentliche oder private Flächen festgesetzt werden (§ 9 I Nr. 11 BauGB). Wie bei § 9 I Nr. 6 BauGB 1987 ist auch bei § 9 I Nr. 9 BauGB durch das BauROG 1998 das Erfordernis der „besonderen städtebaulichen Gründe" gestrichen worden. Eine inhaltliche Änderung ist damit allerdings nicht verbunden. Festsetzungen des besonderen Nutzungszwecks von Flächen nach § 9 I Nr. 9 BauGB müssen durch städtebauliche Gründe gerechtfertigt sein (§ 9 I HS 1 BauGB). Im Hinblick auf ihre einschneidenden Folgen ist eine Festsetzung nach § 9 I Nr. 10 BauGB nur dann verhältnismäßig, wenn für den Ausschluss jeglicher Bebauung gewichtige Belange sprechen und diese die entgegenstehenden Eigentumsbelange überwiegen.[126] Die Festsetzung einer von Bebauung freizuhaltenden Fläche i.S. des § 9 I Nr. 10 BauGB zur Sicherung der Verkehrserschließung eines künftigen Baugebiets ist nicht erforderlich i. S. des § 1 III 1 BauGB, wenn völlig unbestimmt ist, ob, wann und in welchem Umfang das Baugebiet seinerseits durch einen Bebauungsplan ausgewiesen wird.[127] Festsetzungen von Flächen, die von Bebauung zu halten sind, müssen verhältnismäßig sein.[128] Wenn durch eine bauplanerische Festsetzung nach § 9 I Nr. 10 BauGB die Errichtung größerer privilegierter landwirtschaftlicher Gebäude auf einer ortsrandnahen Außenbereichsfläche, die vom Bebauungsplan als Fläche für die Landwirtschaft ausgewiesen ist, ausgeschlossen werden soll, müssen hierfür wichtige öffentliche Belange sprechen. Ein Orts- oder Landschaftsbild ohne nachvollziehbare Besonderheiten reicht für eine solche Regelung nicht aus.[129] Durch die in § 9 I Nr. 11 BauGB benannten Flächen für das Abstellen von Fahrrädern können entsprechende Flächen als ein Fall der besonderen

---

[124] OVG Saarlouis, B. v. 6.7.2011 – 2 A 246/10 – LKRZ 2011, 383 = NVwZ-RR 2011, 855 (L) – Bolzplatz.

[125] BVerwG, B. v. 5.6.2013 – 7 B 1.13 – Kinderspielplatz Lärmauswirkungen einer Seilbahn.

[126] VGH München, Urt. v. 16.6.2006 – 1 N 03.2347 –; m. Hinw. auf BVerwG, B. v. 18.12.1995 – 4 NB 36/95 – NVwZ 1996, 894.

[127] VGH München, Urt. v. 6.7.2005 – 2 N 02.1114 –.

[128] VGH München, Urt. v. 16.6.2006 – 1 N 03.2347 – ZfBR 2006, 691 = NuR 2006, 658 = BayVBl. 2007, 371 –.

[129] OVG Koblenz, Urt. v. 20.1.2011 – 1 C 10801/10 – NVwZ-RR 2011, 311 (L) = BauR 2011, 1779 – Ausschluss landwirtschaftlicher Gebäude im Außenbereich.

Zweckbestimmung von Verkehrsflächen festgesetzt werden. Zudem wird in der Vorschrift klargestellt, dass die Verkehrsflächen als öffentliche oder private Verkehrsflächen festgesetzt werden können.[130] Ob die Festsetzungsmöglichkeiten für Verkehrsflächen mit besonderer Zweckbestimmung (§ 9 I Nr. 11 BauGB) als Erweiterung der nach der Vorgängerregelung bestehenden Möglichkeit angesehen werden muss, die lediglich die Festsetzung von Verkehrsflächen betraf[131], oder ob man diesen Zusatz lediglich als Klarstellung der bisher schon bestehenden Rechtslage versteht[132], ist offen.[133]

→ **Verkehrsflächen.** Flächen für Straßen, Wege und Plätze, für den ruhenden Verkehr, für den Gleisverkehr einschließlich Bahnhöfe sowie für den Flugverkehr. Durchschnittlicher Bedarf etwa 35 m²/E – abhängig u.a. von der Gemeindegröße, den Verkehrsverhältnissen, der Ausstattung mit Erschließungsanlagen, dem Mobilitätsverhalten und dem Motorisierungsgrad. Etwa 50 % aller Fahrten mit dem PKW sind ungefähr 3 km lang, etwa 25 % aller Fahrten 1 km. Der Flächenverbrauch für den fließenden und ruhenden Verkehr beträgt etwa 200 m²/E. Der Berufsverkehr (Pendler zwischen Wohnung und Arbeit) beträgt etwa 25 %, der Freizeitverkehr 37 % und der sonstige Verkehr einschließlich Lieferverkehr und Transport von Gütern etwa 38 %.

→ **Erholungs- und Freiflächen.** Flächen für Spiel und Sport, stadtteilbezogene Parks, Campingplätze, Wochenendhaus- und Feriengebiete, Kleingärten und Friedhöfe. Etwa 30 m²/E aufgeteilt in stadtteilbezogenen Freiraum (etwa 10 m²/E), wohngebietsbezogenen Freiraum (6 m²/E) und wohnungsbezogenen Freiraum (4 m²/E), abhängig von der Größe der Gemeinde, der Bevölkerungsstruktur, der Wohndichte und den örtlichen Verhältnissen.

→ **Flächen für Versorgungs- und Entsorgungsanlagen.** Flächen für die Wasser- und Energieversorgung, Abwasserreinigung, Müllentsorgung sowie städtische Betriebe. Durchschnittswert etwa 5 m²/E, abhängig von der Größe der Gemeinde, dem Versorgungsbedarf, den Methoden der Abwasserbehandlung und den Methoden der Abfallbewirtschaftung.

→ **Flächen für Gemeinbedarfseinrichtungen.** Flächen für soziale, schulische, seelsorgerische Einrichtungen sowie öffentliche Verwaltung und Versorgungseinrichtungen. Durchschnittswert etwa 15 m²/E. Es zählen dazu Abwasseranlagen, Kläranlagen, Kraftwerke, Wasserwerke, Schulen, Krankenhäuser, Kindergärten und Kindertagesstätten, Feuerwehren, Jugend- und Freizeiteinrichtungen, Altenpflegeheime, Kirchen, Sozialstationen und Hallenbäder.

→ **Wohnfolgeeinrichtungen.** Infrastruktureinrichtungen, die einen unmittelbaren Bezug zum Wohnen haben. In einem Einzugsbereich von 500 m gehören dazu Kindergärten und Kinderspielplätze für 3.000 E im städtischen Bereich und 2.000 E im ländlichen Bereich. Im Einzugsbereich von 1.000 m rechnen dazu eine dreizügige Grundschule für etwa 9.000 E im städtischen Bereich und 6.000 E im ländlichen Bereich. Im Einzugsbereich von 2.000 m rechnen dazu die Sekundarstufe I, Kirche, Post, Polizei, Feuerwehr, Supermarkt, Bank und größere Freizeiteinrichtungen. Zu den Einrichtungen mit regionalem Einzugsbereich rechnen Volkshochschule, Theater, Bücherei, Stadthalle, Gymnasium und Sonderschule sowie Fachmärkte.[134]

Textliche Festsetzungen gem. § 9 BauGB

1. Art der Nutzung: In den Mischgebieten sind Wohnungen im Erdgeschoss unzulässig (§ 1 VII Nr. 2 BauNVO). In den Kerngebieten sind Wohnungen im Erdgeschoss unzulässig (§ 1 VII Nr. 2 BauNVO).
2. Vorbeugender passiver Schallschutz: In den festgesetzten MK- und MI-Gebieten müssen bei Errichtung, Erweiterung, Änderung oder Nutzungsänderung von Gebäuden in dem nicht nur zum vorübergehenden Aufenthalt von Menschen vorgesehenen Räumen die Anforderungen an das resultierende Schalldämm-Maß gemäß den entlang der Straßenbegrenzungslinie festgesetzten Lärmpegelbereichen nach DIN 4109 erfüllt werden (passiver Schallschutz) (§ 9 I Nr. 24 BauGB). Von den festgesetzten Lärmpegelbereichen kann nur dann ausnahmsweise abgewichen werden, wenn durch einen anerkannten Sachverständigen nachgewiesen wird, dass aufgrund der Lage und Exposition eines Bauvorhabens oder von Fassadenteilen eines Bauvorhabens eine Verminderung des resultierenden Schall-

---

[130] EAG Bau 2004 Mustererlass 2004.
[131] Dafür könnten die Gesetzgebungsmaterialien sprechen, BT-Drucks. 7/2496, S. 40; BVerwG, Urt. v. 26.5.1989 – 8 C 6.88 – BVerwGE 82, 102 = RzB Rn. 726.
[132] *Söfker* in EZBK, § 9 Rn. 45; *Gaentzsch* in BerlKom, § 9 Rn. 15; *Schmaltz* DVBl 1971, 793.
[133] BVerwG, B. v. 15.5.1993 – 4 B 75.93 – RzB Rn. 167 – Fußweg.
[134] *Van Schayk*, Städtebaupraxis, Düsseldorf 1998, 117, 118.

Abbildung 17: *Festsetzungen im Bebauungsplan,* hier: *Bebauungsplan Tiefgarage*

dämm-Maßes gegenüber den festgesetzten Lärmpegelbereichen mit Bezug zu den analog geltenden Anforderungen der DIN4109 verträglich ist und gleiche Innenschallpegel erreicht werden (§31 I BauGB). Bei Neubau von Wohnungen und bei Nutzungsänderungen zu Wohnzwecken sind schallschutzgerechte Grundrisse (Schlafräume der Lärmquelle abgewandt) vorzusehen. Außerdem wird für alle Schlafräume der Einbau schallgedämmter Lüftungen empfohlen (§9 I Nr. 24 BauGB).

3. Maßnahmen zum Schutz, zur Pflege und zur Entwicklung von Natur und Landschaft
3.1. Die zeichnerisch als zu erhalten festgesetzten Bäume sowie die dargestellten, in den Geltungsbereich des Bebauungsplans hineinreichenden Kronentraufbereiche der Bäume sind nach den einschlägigen technischen Regelwerken (DIN 18920, RAS– LP 4) im Zuge der Baumaßnahmen zu schützen (§9 I Nr. 20 i.V.m. §9 I Nr. 25 b BauGB).
3.2. Die zeichnerisch festgesetzten neu anzupflanzenden Bäume sind – soweit in Reihe ausgebildet – einheitlich in einer Art (z.B. hochstämmige Säuleneichen) fachgerecht zu pflanzen und dauerhaft zu erhalten (§9 (1) Nr. 25 a BauGB).

Hinweise

1. Lärmsanierung – gemäß 16. BImSchV – Verkehrslärmschutzverordnung): Gemäß Lärmschutzgutachten besteht für bestimmte Grundstücke Anspruch auf passiven Schallschutz gem. 16. BImSchV. Der Anspruch besteht für alle Nutzflächen zu Aufenthaltszwecken. Die entsprechenden Grundstücke sind im Bebauungsplan bzw. im Beiplan (vgl. Ziff.2.3) grau gekennzeichnet. Die Umsetzung nach den Regelungen der 24. BImSchV soll zeitgleich mit den Baumaßnahmen der Tiefgarage beginnen. Die Stadt Münster stellt die hierfür erforderlichen Finanzmittel bereit.
2. Lärmsanierungsprogramm – innerhalb des Bebauungsplans: Für die nicht grau gekennzeichneten Gebäude wird die Stadt Münster ein vorhabenbegleitendes Lärmsanierungsprogramm auflegen. Das Programm soll sowohl für bestehende Wohnnutzungen als auch für bestehende gewerbliche Nutzungen gelten. Die Umsetzung soll zeitgleich mit den Baumaßnahmen der Tiefgarage beginnen. Die Stadt Münster stellt i.S. einer Zuschussförderung die hierfür erforderlichen Finanzmittel bereit. Voraussetzung für die Aufnahme in das Lärmsanierungsprogramm ist, dass nach den Ergebnissen des Lärmschutzgutachtens Außenpegel von 70 dB(A)/60 dB(A) tags/nachts erreicht sind oder sich die Lärmbelastung vorhabenbedingt um mind. 0,1 dB(A) erhöht. Anspruchsvoraussetzung für die Gewährung von Zuschüssen ist, dass maßgebliche Innenschallpegel von 45 dB(A)/35 dB(A) tags/nachts in den schutzwürdigen Räumen erreicht oder überschritten werden.
3. Lärmsanierungsprogramm – außerhalb des Bebauungsplans: Für die im „Beiplan zum Bebauungsplan" rot gekennzeichneten Gebäude wird die Stadt Münster ebenfalls ein vorhabenbegleitendes Lärmsanierungsprogramm auflegen. Das Programm soll sowohl für bestehende Wohnnutzungen als auch für bestehende Büronutzungen und Nutzungen durch freie Berufe gelten. Die Umsetzung soll zeitgleich mit den Baumaßnahmen der Tiefgarage beginnen. Die Stadt Münster stellt i.S. einer Zuschussförderung die hierfür erforderlichen Finanzmittel bereit. Voraussetzung für die Aufnahme in das Lärmsanierungsprogramm ist, dass nach den Ergebnissen des Lärmschutzgutachtens Außenpegel von 70 dB(A)/60 dB(A) tags/nachts erreicht sind und sich die Lärmbelastung vorhabenbedingt um mind. 0,1 dB(A) erhöht. Anspruchsvoraussetzung für die Gewährung von Zuschüssen ist im Falle von Wohnnutzungen, dass maßgebliche Innenschallpegel von 45 dB(A)/35 dB(A) tags/nachts, in den übrigen genannten Fällen Innenschallpegel von 50 dB(A)/40 dB(A) tags/nachts, in den schutzwürdigen Räumen erreicht oder überschritten werden.
4. Historische Altstandorte: Auf den mit * gekennzeichneten Grundstücken sind Bodeneingriffe und wesentliche bauliche Veränderungen der Unteren Bodenschutzbehörde (Amt für Grünflächen und Umweltschutz)anzuzeigen.
5. Kampfmittel: Militärische Luftbilder sowie Erkenntnisse aus Bauvorhaben in der Vergangenheit legen im Geltungsbereich des Bebauungsplans den Fund von Bomben und sonstigen Munitionsresten im Boden nahe. Neubaumaßnahmen bzw. entsprechende Funde sind zeitnah dem Staatlichen Kampfmittelräumdienst (Bezirksregierung Münster) anzuzeigen.
6. Grundwasserschutz: Bei Eingriffen von Baumaßnahmen ins Grundwasser ist bei der Unteren Wasserbehörde(Amt für Grünflächen und Umweltschutz) eine wasserrechtliche Erlaubnis zu beantragen.
7. Bodendenkmalschutz: Bei Bodeneingriffen können Bodendenkmäler (kulturgeschichtliche Bodenfunde, d.h. Mauerwerk, Einzelfunde, aber auch Veränderungen oder Verfärbungen in der natürlichen Bodenbeschaffenheit) entdeckt werden. Die Entdeckung von Bodendenkmälern ist der Stadt Münster oder dem Landschaftsverband Westfalen-Lippe (Westf. Museum für Archäologie/Amt für Bodendenkmalpflege) unverzüglich anzuzeigen (§§15 und 16 DSchG NW). Die Entdeckungsstelle ist drei Werktage nach einer mündlichen und eine Woche nach einer schriftlichen Anzeige unverändert zu erhalten.

Textbeispiel 5: *Festsetzungen Tiefgarage (zu Abbildung 17)*

146   Nach **§9 I Nr. 12 BauGB** können im Bebauungsplan **Versorgungsflächen**, einschließlich der Flächen für Anlagen und Einrichtungen zur dezentralen und zentralen Erzeugung, Verteilung, Nutzung oder Speicherung von Strom, Wärme oder Kälte aus

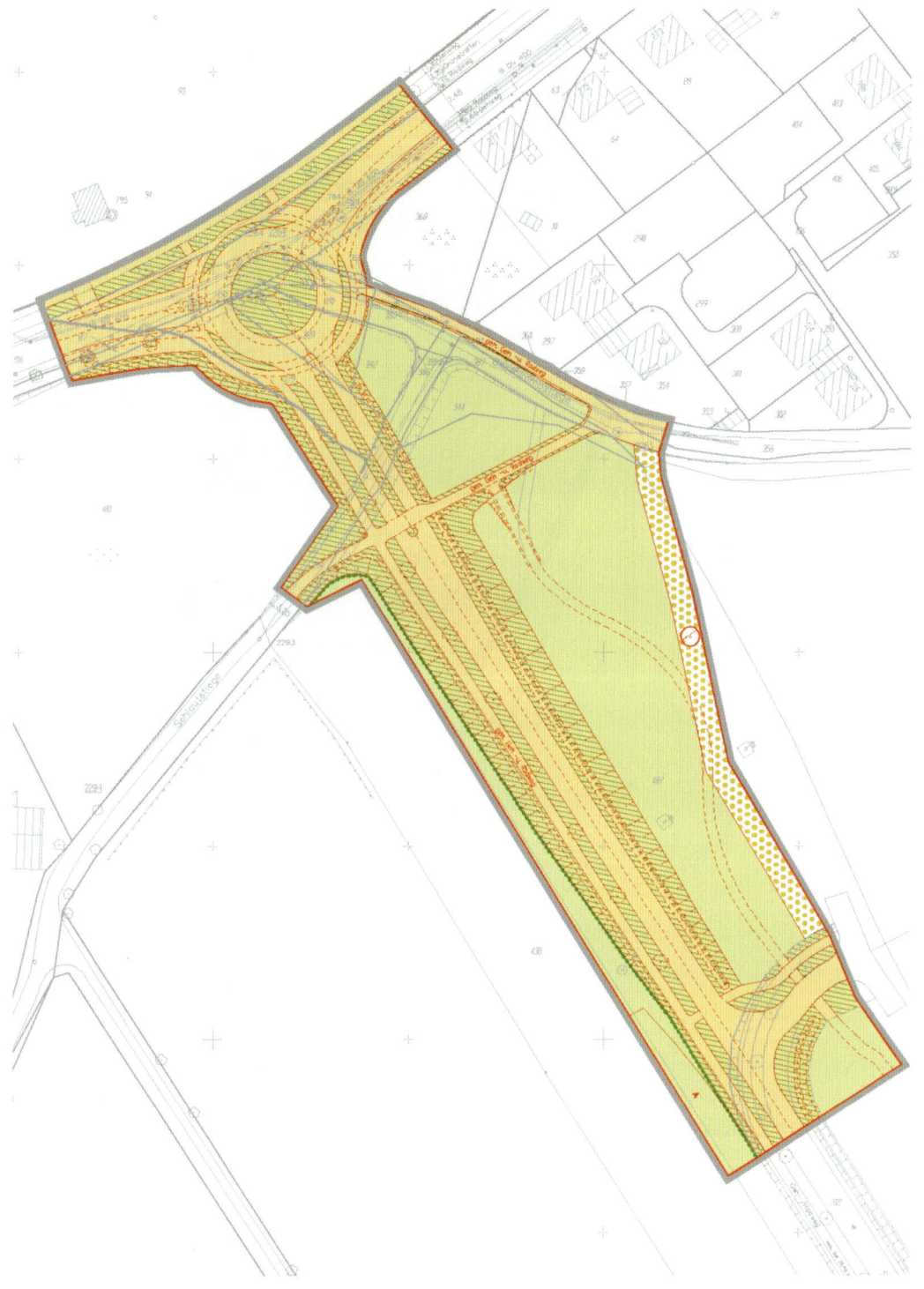

Abbildung 18: *Bebauungsplan Umgehungsstraße*

Abbildung 19: *Autobahnzubringer*

erneuerbaren Energien oder Kraft-Wärme-Kopplung festgesetzt werden. Die Versorgungsflächen beziehen sich auf Anlagen für die Versorgung der Bevölkerung mit Strom, Wasser, Gas und Fernwärme. Hierzu gehören etwa Heizkraftwerke oder **Windenergieanlagen**. Private Windenergieanlagen können als untergeordnete Nebenanlagen nach § 14 I 1 BauNVO in einem Bebauungsplangebiet zulässig sein, wenn sie der Eigenart des Gebietes nicht widersprechen.[135] Dabei ist auf den jeweiligen Baugebietstyp und die örtlichen Verhältnisse abzustellen. In einem locker bebauten Gebiet wird sich eine Windenergieanlage als Nebenanlage eher rechtfertigen lassen als etwa in einem relativ dicht bebauten Reihenhausgebiet.[136] Im Außenbereich sind Windenergieanlagen, wenn sie der Landwirtschaft dienen, nach § 35 I Nr. 1 BauGB, im Übrigen nach § 35 I Nr. 5 BauGB privilegiert. Es bleibt dann allerdings der gemeindlichen oder regionalen Planungsentscheidung überlassen, ob, wo und in welchem Umfang Windenergieanlagen im Außenbereich gehäuft errichtet werden sollen.[137] Auch ein Holzlagerplatz ist nicht deshalb nach § 35 I Nr. 3 BauGB im Außenbereich privilegiert, weil sein Standort an einem Gewässer ökologische und ökonomische Vorteile bietet.[138] Nach der **BauGB-Klimanovelle 2011** sind Belange des Klimaschutzes sind im Anschluss an § 1 V BauGB bei der Aufstellung von Bauleitplänen verstärkt in die Abwägung einzustellen. Maßnahmen, die dem Klimawandel entgegenwirken, sind insbesondere die planungsrechtliche Absicherung und Unterstützung des Einsatzes erneuerbarer Energien sowie übergreifende Maßnahmen wie z. B. die Umsetzung eines Konzepts der „Stadt der kurzen Wege". Hierdurch soll das Verkehrsaufkommen und damit die dadurch verursachte CO_2-Ausstoß gering gehalten werden. Als Maßnahmen zur Anpassung an den Klimawandel kommen z. B. Kaltluftschneisen in Betracht, die als von der Bebauung freizuhaltende Flächen (§ 9 I Nr. 10) festgesetzt werden.[139] Ein von der Gemeinde beschlossenes Klimaschutz- oder Energiekonzept ist zwar nicht ausdrücklich in § 1 VI Nr. 11 BauGB aufgenommen worden, wie es der Bundesrat angeregt hatte.[140] Als Abwägungselemente könnten derartige Konzepte jedoch etwa für die Energieversorgung und die Verteilung von Nahwärme auch ohne ausdrückliche Benennung von Bedeutung sein.[141]

Im Bebauungsplan können ferner festgesetzt werden Flächen für **Abfall- und Abwasserbeseitigung**, einschließlich der Rückhaltung und Versickerung von Niederschlagswasser (→ *Textbeispiel 6),* sowie für Ablagerungen **(§ 9 I Nr. 14 BauGB)**[142] ebenso wie **Grünflächen** einschließlich Dauerkleingärten[143] **(§ 9 I Nr. 15 BauGB** → *Abbildung 20),* **Wasserflächen (§ 9 I Nr. 16 BauGB),**[144] Flächen für **Aufschüttungen und Abgrabungen** sowie zur **Gewinnung von Bodenschätzen (§ 9 I Nr. 17 BauGB),** Flächen für **Landwirtschaft und Wald (§ 9 I Nr. 18 BauGB),** Flächen für Anlagen zur **Kleintierhaltung (§ 9 I Nr. 19 BauGB)** und Flächen für den **Landschaftsschutz (§ 9 I Nr. 20 BauGB).**[145] Die Festsetzung einer Grünfläche gemäß **§ 9 I Nr. 15 BauGB** setzt zum ei- 147

---

[135] *Veelken* BauR 1993, 149.
[136] *BKL* § 9 Rn. 50.
[137] BVerwG, Urt. v. 16.6.1994 – 4 C 20.93 – BVerwGE 96, 95 = NVwZ 1995, 64.
[138] BVerwG, B. v. 18.12.1995 – 4 B 260/95 – RdL 1996, 65 = UPR 1996, 153.
[139] Gesetzentwurf zur BauGB-Klimanovelle (Fn. 2), S. 8.
[140] Stellungnahme des Bundesrates v. 17.6.2011, BT-Drs. 17/6253, S. 6.
[141] Zur Bedeutung von Klimaschutz und Energiekonzepten *Mitschang* ZfBR 2010, 534.
[142] Geändert durch das BauROG 1998.
[143] BVerwG, B. v. 19.5.1992 – 4 B 106.92 – RzB Rn. 173.
[144] Die vormals enthaltene Einschränkung, wonach die genannten Festsetzungen nur getroffen werden konnten, „so weit diese nicht nach anderen Vorschriften getroffen werden können," ist entfallen. Damit sind Restriktionen für den Anwendungsbereich der Festsetzungen beseitigt worden. Sie treten nun bei städtebaulicher Begründung als Alternative neben die fachgesetzlichen Regelungsmöglichkeiten.
[145] Auch hier ist ebenso wie in § 9 I Nr. 16 BauGB die vormals enthaltene Einschränkung, wonach die genannten Festsetzungen nur zulässig waren, „so weit diese nicht nach anderen Vorschriften getroffen werden können," entfallen, OVG Münster, Urt. v. 17.12.1998 – 10 a D 186/96.NE – NVwZ 1999, 561 = NuR 1999, 52 – Ausgleichsfläche.

Abbildung 20: *Dauerkleingärten*

nen eine eigene städtebauliche Funktion und Zweckbestimmung dieser Fläche voraus; zum anderen sind wegen der mit der Festsetzung verbundenen Einschränkungen für die Nutzbarkeit des Grundstücks die betroffenen Eigentumsbelange zu beachten. Bei der Festsetzung freizuhaltender Flächen muss die Gemeinde die damit verfolgten Belange des Gemeinwohls und die schutzwürdigen Interessen der Eigentümer unter Beachtung des Grundsatzes der Verhältnismäßigkeit und des Gleichheitssatzes im Rahmen der Abwägung in ein ausgewogenes Verhältnis bringen.[146] Mit der Festsetzung privater Grünflächen gem. § 9 I Nr. 15 BauGB soll lediglich die Anlage und Unterhaltung einer begrünten Fläche ermöglicht werden.[147] Grünflächen im Sinne des § 9 I Nr. 15 BauGB sind Flächen, die grundsätzlich frei von fester Bebauung, insbesondere geschlossenen Gebäuden sind, und durch naturbelassene oder angelegte, mit Pflanzen bewachsene oder zumindest dem Aufenthalt im Freien dienende Flächen geprägt werden. Ist für eine solche Grünfläche eine Zweckbestimmung festgesetzt, darf der spezielle Nutzungszweck die Grenzen der Nutzungsart „Grünfläche" nicht überschreiten.[148] Wird eine Grünfläche festgesetzt, so stehen dem bauliche Anlagen von untergeordneter Bedeutung nicht entgegen.[149] Der planerische Zugriff der Gemeinde auf im privaten Eigentum stehende Grundstücke bedeutet nicht, dass etwa Gemeinbedarfsflächen oder öffentliche Grünflächen nur unter den Voraussetzungen festgesetzt werden dürfen, an die die §§ 85 ff. BauGB eine Enteignung knüpfen.[150] Die Festsetzung einer privaten Grünfläche (§ 9 I Nr. 15 BauGB) mit der Konkretisierung „Gärten" und diese überlagernde flächen- und maßnahmenbezogene Festsetzungen nach § 9 I Nr. 20 1. und 2. Alt. BauGB, die als Maßnahmen u.a. eine „dauerhafte Erhaltung und Entwicklung des waldartigen altholzreichen Charakters" der privaten Grünflächen vorsehen, die die Nutzbarkeit der Gärten ausschließen, sind miteinander nicht vereinbar. Eine planerische Festsetzung als „private" Grünfläche ist unzulässig, wenn damit unter Aufhebung der Privatnützigkeit des Eigentums insgesamt nur fremdnützige Zielsetzungen verfolgt werden.[151]

Regenwasserversickerung

Innerhalb des Plangebietes ist unbelastetes Niederschlagswasser (z.B. von Dachflächen) auf den jeweiligen Grundstücken zu versickern oder dem häuslichen Wassergebrauch zuzuführen (Regentonne). Ausnahmen sind gem. § 31 II BauGB zulässig, wenn nachgewiesen wird, dass eine Versickerung auf dem jeweiligen Grundstück nicht möglich ist oder wenn ein entsprechender Kanalanschluss bereits vorhanden ist.

Bei der Errichtung, Änderung oder Nutzungsänderung von Gebäuden innerhalb des Plangebietes sind die für den dauernden Aufenthalt von Menschen vorgesehenen Räume mit Fenstern der Schallschutzklasse 2 gem. VDI-Richtlinie 2719 (Schallschutzmaß mindestens 30 dB(A)) auszustatten.

Textbeispiel 6: Regenwasserversickerung

Auch können mit → Geh-, Fahr- und Leitungsrechten zu belastende Flächen (§ 9 I **148** Nr. 21 BauGB) (→ Geh-, Fahr- und Leitungsrechte, → *Textbeispiel 7 mit Abbildung 21*) festgesetzt werden.[152]

---

[146] BVerfG, B. v. 19.12.2002 – 1 BvR 1402/01 – NVwZ 2003, 727.

[147] OVG Koblenz, Urt. v. 12.7.2012 – 1 C 11236/11 – DVBl 2012, 1304 = ZfBR 2012, 779 = BauR 2012, 1753 = NuR 2012, 857 – Grünspecht, m. Hinw. auf BVerwG, Urt. v. 16.2.1973 – IV C 66.69 – BVerwGE 42, 5.

[148] OVG Münster, Urt. v. 4.7.2012 – 10 D 29/11.NE – DVBl 2012, 1302 = BauR 2012, 1750 = NuR 2013, 520-524 – Grünfläche; nachgehend BVerwG, B. v. 22.10.2012 – 4 BN 36.12 -.

[149] BVerwG, B. v. 22.10.2012 -4 BN 36.12 – BauR 2013, 199 = ZfBR 2013, 178 – Grünfläche.

[150] BVerwG, B. v. 11.4.2012 – 4 BN 13.12 – BauR 2012, 1197 – Gemeinbedarfsflächen und Grünflächen.

[151] OVG Saarlouis, Urt. v. 26.2.2013 – 2 C 424/11 – Festsetzung privater Grünflächen. Zur Wirksamkeit von großflächigen Festsetzungen privater Grünflächen (§ 9 I Nr. 15 BauGB) in einem Bereich rückwärtiger Hausgärten OVG Koblenz, Urt. v. 12.7.2012 – 1 C 11236/11 – DVBl 2012, 1304 = ZfBR 2012, 779 = BauR 2012, 1753 = NuR 2012, 857 – Grünspecht.

[152] BVerwG, B. v. 2.11.1998 – 4 BN 49.98 – BauR 1999, 151 = ZfBR 1999, 43 – Gehweg.

Geh-, Fahr- und Leitungsrechte gem. § 9 I Nr. 21 BauGB

GFL. Mit Geh-, Fahr- und Leitungsrechten belastete Flächen zu Gunsten der Anlieger (A) oder der Erschließungsträger (E).

ED. Nur Einzel- oder Doppelhäuser zulässig.

Die Versorgungsträger und die Gemeinde haben das Recht, die festgesetzte Fläche mit Geh-, Fahr- und Leitungsrecht zu belasten.

Naturschutzrechtliche Ausgleichsmaßnahme. Umwandlung von Ackerland in Grünland: Entwicklung eines naturnahen Kleingewässer.

Textbeispiel 7: Geh-, Fahr- und Leitungsrechte (mit Abbildung 21)

Hinweis: Will die Gemeinde den Bestand eines Kleingartengeländes durch eine Festsetzung gemäß § 9 I Nr. 15 BauGB als Flächen für Dauerkleingärten sichern, setzt dies die Klärung voraus, ob ein Kleingarten nach § 1 BKleingG vorliegt. Der Abwägungsfehler ist allerdings ohne Belang, wenn es sich tatsächlich um eine Kleingartenanlage handelt.[153] § 3 II BKleingG beschränkt die maximale Grundfläche einer Gartenlaube auf 24 qm unabhängig von ihrem Standort in der Kleingartenanlage. „Doppellauben" mit einer Grundfläche von 48 qm sind nach dem BKleingG unzulässig.[154]

149   **§ 9 I Nr. 18 BauGB** ermächtigt nicht dazu, im Bebauungsplan von jeglicher Bebauung freizuhaltende Flächen festzusetzen. Rechtsgrundlage dafür ist vielmehr § 9 I Nr. 10 BauGB. Ob eine Festsetzung nach § 9 I Nr. 18 BauGB als eine solche nach § 9 I Nr. 10 BauGB zu werten ist, ist eine Auslegungsfrage. Wird sie bejaht, ist weiter zu prüfen, ob die Festsetzung mit diesem Regelungsgegenstand auch Gegenstand der Abwägung war. Insoweit kann es auch darauf ankommen, ob der Planungsträger mit der Festsetzung von Bebauung freizuhaltender Flächen auch die sich aus § 40 BauGB ergebenden Folgen – insbesondere die Möglichkeit, einem Übernahmeanspruch nach § 40 II 1 BauGB ausgesetzt zu sein – zumindest hat in Kauf nehmen wollen, oder ob er die formal auf § 9 I Nr. 18 BauGB gestützte Festsetzung nur für den Fall getroffen hat, dass allenfalls Entschädigungsansprüche nach § 42 BauGB in Betracht kommen könnten.[155] Die Festsetzung einer Fläche als „Fläche für Forstwirtschaft" ist nicht zu beanstanden, weil es sich lediglich um eine Falschbezeichnung für „Wald" handelt.[156] Auf der Grundlage des § 9 I Nr. 18 Buchst. b BauGB können in einem ausgewiesenen Waldgebiet nur Flächen für bauliche Nutzungen festgesetzt werden, die mit den Funktionen des Waldes (Nutz-, Schutz-, Erholungsfunktion) verbunden sind und ihnen dienen. Wohn- und Wochenendhausnutzungen erfüllen diese Voraussetzungen nicht. Sie können auch nicht nach § 1 X BauNVO (direkt oder analog) zugelassen werden.[157] Auf der Grundlage des § 9 I Nr. 18 Buchst. b BauGB können in einem ausgewiesenen Waldgebiet nur Flächen für bauliche Nutzungen festgesetzt werden, die mit den Funktionen des Waldes (Nutz- Schutz- Erholungsfunktion) verbunden sind und ihnen dienen. Wohn- und Wochenendhausnutzungen erfüllen diese Voraussetzungen nicht. Sie können auch nicht nach § 1 X BauNVO (direkt oder analog) zugelassen werden.[158] Die Festsetzung einer Fläche als „Laubmischwald" findet in § 9 I Nr. 18 Buchst. b BauGB keine Rechtsgrundlage. Auf Flächen für die Landwirtschaft

---

[153] OVG Greifswald, Urt. v. 6.5.2009 – 3 K 30/07 – NordÖR 2009, 357, m. Hinw. auf BGH, Urt. v. 24.7.2003 – III ZR 203/02 – BGHZ 156, 71; Urt. V. 17.6.2004 – III ZR 281/03 – NJW-RR 2004, 227; BGH, Urt. v. 18.3.2004 – III ZR 180/03 – VIZ 2004, 332. Zu „privaten Dauerkleingärten" Lennéstraße, Park Sanssouci als UNESCO-Weltkulturerbe OVG Berlin-Brandenburg, Urt. v. 29.9.2009 – 2 A 12.07 -.

[154] OVG Münster, B. v. 4.12.2009 – 10 A 1671/09 – Doppellaube.

[155] BVerwG, B. v. 24.2.2003 – 4 BN 14.03 – NuR 2004, 310; BVerfG, B. v. 5.12.2003 – 1 BvR 810/03 – nicht zur Entscheidung angenommen.

[156] OVG Bautzen, Urt. v. 17.9.2009 – 1 D 15/07 – BauR 2010, 256 ; verfahrensgangnachgehend BVerwG, B. v. 6.7.2010 – 4 BN 1.10 -.

[157] BVerwG, Urt. v. 27.10.2011 – 4 CN 7.10 – ausgewiesenes Waldgebiet.

[158] BVerwG, Urt. v. 27.10.2011 – 4 CN 7.10 – BauR 2012, 466 = NVwZ 2012, 318 = Buchholz 406.11 § 9 BauGB Nr. 105 = DVBl 2012, 185 (L) = *Franz Otto* DVP 2012, 343 = *Gatz*, jurisPR-BVerwG 1/2012 Anm. 2 – ausgewiesenes Waldgebiet.

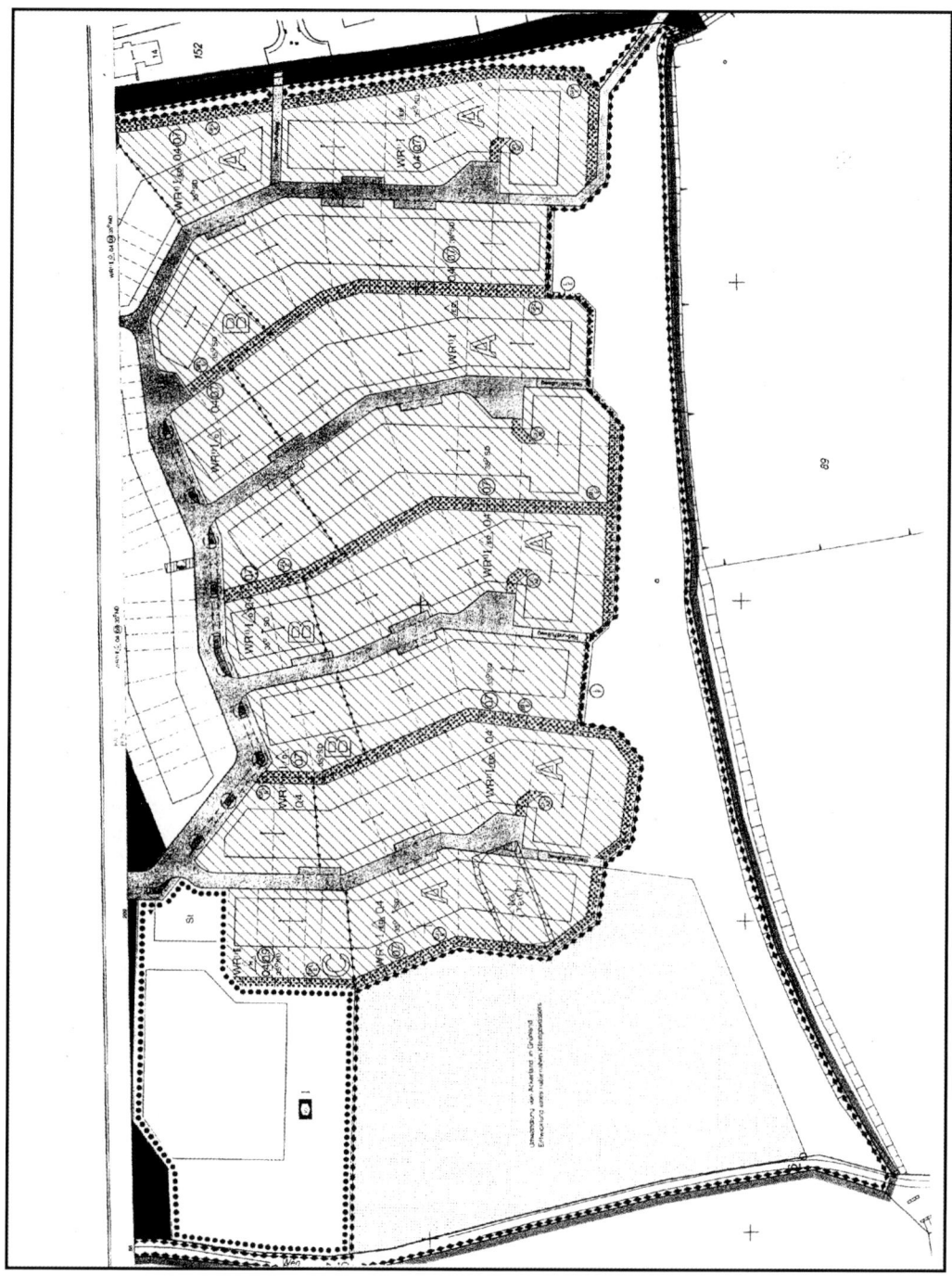

Abbildung 21: *Geh-, Fahr- und Leitungsrechte*

oder Wald nach § 9 I Nr. 18 BauGB können wegen der Sperrwirkung des § 9 I Nr. 25 BauGB keine landschaftspflegerischen Maßnahmen festgesetzt werden.[159] Eine unwirksame Festsetzung als „Wald" kann nicht in eine Festsetzung als „private Grünfläche" umgedeutet werden.[160]

150 **§ 9 I Nr. 20 BauGB** ermächtigte auch dazu, eine bisher zulässige (landwirtschaftliche oder sonstige) Bodennutzung aus städtebaulichen Gründen zu beschränken, die Erholungseignung eines Gebietes zu erhalten und zu entwickeln und auf diese Weise ein **Erholungsgebiet** mit örtlicher oder überörtlicher Anziehungskraft zu schaffen. Bei der Steuerung der zulässigen Bodennutzung muss sich die Gemeinde nicht auf die Festsetzung baulicher Nutzungen beschränken. Sie kann auch die mit der Bebauung in Verbindung stehenden nicht-baulichen Formen der Bodennutzung regeln.[161] § 9 I Nr. 20 BauGB ermächtigt nicht nur, zur Umsetzung der naturschutzrechtlichen Eingriffsregelung Flächen zum Ausgleich für bauliche Eingriffe an anderer Stelle festzusetzen, sondern auch dazu, eine bisher zulässige landwirtschaftliche oder sonstige Bodennutzung aus städtebaulichen Gründen durch Festsetzung von Pflege- und Entwicklungsmaßnahmen mit dem Ziel zu beschränken, die Erholungseignung eines Gebiets zu erhalten und zu entwickeln und auf diese Weise ein Erholungsgebiet mit örtlicher oder überörtlicher Anziehungskraft zu schaffen.[162] Zur Beseitigung von Niederschlagswasser in einem Neubaugebiet kann nach § 9 I Nrn. 14, 15 und 20 BauGB ein **dezentrales System** privater **Versickerungsmulden** und **Grünflächen** festgesetzt werden. Die planerische Festsetzung eines derartigen Entwässerungskonzepts setzt u.a. voraus, dass wasserrechtliche Bestimmungen nicht entgegenstehen, die Vollzugsfähigkeit des Plans dauerhaft gesichert ist und Schäden durch abfließendes Niederschlagswasser auch in benachbarten Baugebieten nicht zu besorgen sind. Die Festsetzung von Flächen oder Maßnahmen nach § 9 I 1 Nr. 20 BauGB kann ebenso wie etwa Festsetzungen nach Nrn. 16, 18 und 25 eine doppelte Funktion haben: Neben die eigentliche städtebauliche Zielsetzung kann der **naturschutzrechtlich begründete Zweck** hinzutreten, vermeidbare Beeinträchtigungen von Natur und Landschaft auszuschließen und unvermeidbare Beeinträchtigungen auszugleichen (vgl. § 19 II BNatSchG). Diese Doppelfunktion wird in § 1 a III 1 BauGB vorausgesetzt.[163] Ein Bebauungsplan, der Flächen und Maßnahmen zum Schutz, zur Pflege und zur Entwicklung von Natur und Landschaft (§ 9 I Nr. 20 BauGB) festsetzt, ist nur dann erforderlich im Sinne des § 1 III BauGB, wenn sein Inhalt zulässig und seine Vollzugsfähigkeit dauerhaft gesichert ist.[164] Festsetzungen nach § 9 I Nr. 20 und II Nr. 2 BauGB können einander überlagern. Auf § 9 I Nr. 20 BauGB kann die Festsetzung gestützt werden, weite Landschaftsteile auch von privilegierter Bebauung freizuhalten, um Tourismus und Erholung zu fördern.[165] Für die Rechtmäßigkeit einer Festsetzung nach §§ 9 I Nr. 20, 9 I a) BauGB kommt es auf eine kurzfristige Umsetzbarkeit der Ausgleichsmaßnahmen nicht

---

[159] BVerwG, Urt. v. 25.6.2014 – 4 CN 4.13 – ZfBR 2014, 763 = NuR 2014, 780, *Külpmann*, jurisPR-BVerwG 23/2014 Anm. 4.

[160] BVerwG, B. v. 10.7.2014 – 4 BN 42.13 – BBB 2014, Nr. 11, 69; VGH München, Urt. v. 7.2.2013 – 1 N 11.1854 –.

[161] BVerwG, B. v. 3.12.1998 – 4 BN 24.98 – NVwZ-RR 1999, 423 – Landwirtschaftsklausel.

[162] Für Festsetzungen zur Erhaltung von Gehölzen, Weide– und Hutungsflächen, zum Anpflanzen neuer Gehölze, von Flächen für gelenkte Sukzession – Wald, Magerrasen, Feuchtgebiet – von Grünstreifen an Straßen und Wegen.

[163] BVerwG, Urt. v. 30.8.2001 – 4 CN 9.00 – DVBl 2002, 269 = NVwZ 2002, 202 = BauR 2002, 424.

[164] OVG Saarlouis, Urt. v. 29.4.2010 – 2 C 224/08 – NuR 2010, 743 – Kiesgrube.

[165] OVG Lüneburg, Urt. v. 8.12.2009 – 1 KN 355/07 – ZfBR 2010, 474 = BauR 2010, 1181 = NuR 2010, 731 = DVBl 2010, 733 – Freihaltung größerer Landschaftsteile zur Förderung von Tourismus und Erholung, dort auch zur Abwägungsgerechtigkeit einer solchen Festsetzung; VGH Mannheim, Urt. v. 22.6.2010 – 3 S 1391/08 – VBlBW 2010, 475 = BauR 2010, 2159 – Landschaftsbild.

an. Es genügt, wenn ein zeitlicher Zusammenhang der Umsetzung mit der Vornahme von Eingriffen im Plangebiet gewahrt ist.[166]

Nach Auffassung des OVG Brandenburg ist es vertretbar, für die Frage des gebotenen **151** Mindestabstandes zwischen einem bestehenden **Rinderzuchtbetrieb** und einer geplanten **Wohnbebauung** auf die **VDI-Richtlinie 3471** „Emissionsminderung Tierhaltung – Schweine" zurückzugreifen, um die Frage der Zumutbarkeit von Geruchsimmissionen und damit verbunden die Gefahr betriebseinschränkender Auflagen zugunsten des landwirtschaftlichen Betriebes zu klären.[167] Auch können mit **Geh-, Fahr- und Leitungsrechten zu belastende Flächen (§ 9 I Nr. 21 BauGB)** festgesetzt werden. Die auf § 9 I Nr. 21 BauGB gestützte Festsetzung einer Fläche, die mit einem Geh-, Fahr- oder Leitungsrecht zugunsten der Allgemeinheit zu belasten ist, begründet ein solches Recht noch nicht.[168] Die Vorschrift enthält nach Auffassung des OVG Münster keine Ermächtigungsgrundlage für die Festsetzung eines Verbotes für **offene Feuerstellen**. Ein Verwendungsverbot von luftverunreinigenden Stoffen kann in einem Bebauungsplan nur aus städtebaulichen Gründen, dann aber auch durch einen Positivkatalog festgesetzt werden.[169] Eine Festsetzung, die ausschließlich ein Pflanzverbot enthält, ohne die zulässigen Pflanzmöglichkeiten festzusetzen, findet in § 9 I Nr. 25 a BauGB keine Rechtsgrundlage.[170] Es bedarf vielmehr einer entsprechenden Belastung ggf. durch Enteignung. Die Festsetzung einer Pflanzgebotsfläche schließt allerdings nicht von vornherein die Anlage von Zufahrten zu angrenzenden Bauflächen aus.[171] Eine Privatstraße kann als mit Geh-, Fahr- und Leitungsrechten zu belastende Fläche ausgewiesen werden (§ 9 I Nr. 21 BauGB). Dabei ist das Interesse des Eigentümers an der ungeschmälerten Nutzung seines Eigentums gegen das städtebauliche Interesse, zu dessen Verwirklichung ein Geh-, Fahr- oder Leitungsrecht erforderlich erscheint, abzuwägen. Die Festsetzung bewirkt noch keine Duldungspflichten des Grundstückseigentümers, sondern schafft erst eine Voraussetzung, um das Grundstück zur Begründung eines solchen Rechts notfalls im Enteignungswege in Anspruch nehmen zu können (vgl. § 85 I Nr. 1, § 86 I Nr. 1, § 87 BauGB).[172] Die Festsetzung einer öffentlichen Verkehrsfläche ist die Alternative zur Festsetzung einer mit einem Geh-, Fahr- und Leitungsrecht zu belastenden Fläche, um die Erschließung eines Grundstücks bauplanungsrechtlich zu sichern. Die letztgenannte Möglichkeit stellt im Verhältnis zur Festsetzung einer öffentlichen Verkehrsfläche regelmäßig eine minder schwere Belastung des Eigentums dar, weshalb vor der Festsetzung einer öffentlichen Verkehrsfläche von der Gemeinde zu prüfen ist, ob nicht eine Belastung der Fläche mit einem Geh-, Fahr- und Leitungsrecht ausreicht.[173]

---

[166] OVG Münster, Urt. v. 27.5.2013 – 2 D 37/12.NE – fremdnützige Überplanung von Privateigentum.

[167] OVG Frankfurt (O), Urt. v. 23.5.1995 – 3 D 16/93 – NVwZ-RR 1996, 3 – Rinderzucht; OVG Münster, B. v. 5.2.1998 – 10 B 2939/97 – (unveröffentlicht); VG München, Urt. v. 19.5.1998 – M 1 K 96.2081 – BauR 1998, 1209 = UPR 1999, 120; VGH München, B. v. 24.11.2008 – 1 ZB 8.1462 – Schweinemaststall; VGH München, B. v. 2.10.2008 – 15 ZB 8.2098 – Schweinemast; VGH München, B. v. 14.11.2008 – 1 ZB 6.561 – Abluftreinigungsanlage; VGH München, B. v. 21.1.2008 – 1 ZB 05.1454, 1 ZB 05.1456 – für einen Abferkelstall, einen Leersauenstall oder einen Ferkelaufzuchtsstall.

[168] BVerwG, B. v. 2.11.1998 – 4 BN 49.98 – NVwZ 1999, 296 = Buchholz 406.11 § 9 Nr. 91 = BauR 1999, 151 = ZfBR 1999, 43 = UPR 1999, 111, m. Hinw. auf BVerwG, Urt. v. 15.2.1985 – 4 C 46.82 – DVBl 1985, 798.

[169] OVG Münster, Urt. v. 27.3.1998 – 10a D 188/97.NE – NVwZ-RR 1999, 110 = BauR 1998, 981.

[170] OVG Münster, Urt. v. 2.3.1998 – 7a D 125/96.NE – .

[171] So OVG Münster, Urt. v. 22.4.1999 – 10a D 138/98.NE – Pflanzgebot.

[172] OVG Berlin-Brandenburg, Urt. v. 22.4.2010 – 2 A 17.08 – Geh-, Fahr- oder Leitungsrecht. Zu Gestaltungsfestsetzungen im Bebauungsplan *Jeromin* LKRZ 2010, 87.

[173] OVG Münster, Urt. v. 7.4.2011 – 2 D 37/09.NE – Geh-, Fahr- und Leitungsrecht.

152   Auch können Flächen für **Gemeinschaftsanlagen** (§ 9 I Nr. 22 BauGB) sowie Gebiete festgesetzt werden, in denen (a) zum Schutz vor schädlichen Umwelteinwirkungen im Sinne des BImSchG bestimmte luftverunreinigende Stoffe nicht oder nur beschränkt verwendet werden dürfen oder (b) bei der Errichtung von Gebäuden oder bestimmten sonstigen baulichen Anlagen bestimmte bauliche und sonstige technische Maßnahmen für die Erzeugung, Nutzung oder Speicherung von Strom, Wärme oder Kälte aus erneuerbaren Energien oder Kraft-Wärme-Kopplung getroffen werden müssen; (§ 9 I Nr. 23 BauGB)[174] Im Bebauungsplan kann festgesetzt werden, dass zum Schutz vor schädlichen Umwelteinwirkungen i.S. des BImSchG bestimmte Luft verunreinigende Stoffe nicht oder nur beschränkt verwertet werden dürfen. Nach § 9 I Nr. 23 b BauGB können im Bebauungsplan auch die bei der Errichtung von Gebäuden zu treffenden baulichen Maßnahmen für den Einsatz erneuerbarer Energien wie insbesondere **Solarenergie** festgesetzt werden. Auch diese durch das EAG Bau 2004 eingeführte Festsetzungsmöglichkeit setzt städtebauliche Gründe voraus. Sie kann im Zusammenhang mit der Festsetzung nach § 9 I Nr. 23 a BauGB, d.h. mit dem Ausschluss oder der Beschränkung Luft verunreinigender Stoffe, aber auch aus anderen städtebaulichen Gründen in Betracht kommen, um unter Berücksichtigung der jeweiligen städtebaulichen Situationen und der im Bebauungsplan vorgesehenen baulichen Nutzungen bauliche Maßnahmen für den Einsatz erneuerbarer Energien vorzusehen.[175]

153   Die **BauGB-Klimanovelle 2011** hat verpflichtende Regelungen nach § 9 I Nr. 23b BauGB ermöglicht. Danach kann festgesetzt werden, dass bei der Errichtung von Gebäuden oder bestimmten sonstigen baulichen Anlagen bestimmte bauliche und sonstige technische Maßnahmen für die Erzeugung, Nutzung oder Speicherung von Strom, Wärme oder Kälte aus erneuerbaren Energien oder Kraft-Wärme-Kopplung getroffen werden müssen. Es werden nicht nur Gebäude, sondern auch bestimmte bauliche Anlagen und auch einzelne bauliche Maßnahmen wie etwa die Installation von Anlagen und Einrichtungen zur Nutzung regenerativer Energien von den Festsetzungsmöglichkeiten erfasst. Die Festsetzungen können zugleich der Umsetzung der Vorgaben des EEGWärmeG dienen, aber auch unter Berücksichtigung der wirtschaftlichen Zumutbarkeit und der Verhältnismäßigkeit[176] darüber hinausgehen. So können die Festsetzungen etwa darauf gerichtet sein, Lärmschutzwälle oder Lärmschutzwände mit Photovoltaikanlagen zu kombinieren.[177]

154   Außerdem können im Bebauungsplan aus Immissionsschutzgründen von Bebauung freizuhaltende **Schutzflächen** und Flächen für besondere Anlagen und Vorkehrungen zum Schutz gegen **schädliche Umwelteinwirkungen** oder sonstiger Gefahren i.S. des BImSchG sowie die zum Schutz vor solchen Einwirkungen zur Vermeidung oder Minderung solcher Einwirkungen zu treffenden baulichen und sonstigen technischen Vorkehrungen (§ 9 I Nr. 24 BauGB) festgesetzt werden.[178] § 9 I Nr. 24 BauGB ermächtigt nur zur Festsetzung baulicher oder technischer Maßnahmen, nicht zur Festsetzung von Emissions- und Immissionsgrenzwerten.[179] Festsetzungen zur Dauer von lärmintensiven Ar-

---

[174] *Everding* ZNER 2005, 140. Das Erfordernis der „besonderen städtebaulichen Gründe" in § 9 I Nr. 23 BauGB a.F. ist durch das BauROG 1998 gestrichen worden. Die jeweiligen Festsetzungen müssen allerdings wie bisher durch städtebauliche Gründe rechtfertigt sein. Die nach dem Wortlaut gegebene Möglichkeit von ausschließlich immissionsschutzbezogenen Festsetzungen ohne bodenrechtlichen Bezug – zugunsten eines allgemeinen Klimaschutzes – ist nicht Aufgabe der Bauleitplanung, s. *Bundesregierung*, Gesetzentwurf zum BauROG 1998, S. 49.

[175] EAG Bau 2004 Mustererlass 2004.

[176] Ausschuss für Verkehr, Bau- und Stadtentwicklung, Beschlussempfehlung und Bericht v. 29.6.2011, BT-Drs. 17/6357, S. 9.

[177] Gesetzentwurf zur BauGB-Klimanovelle (Fn. 2), S. 9.

[178] Solche Festsetzungen sind auch in einem Sondergebiet zulässig, so VGH Mannheim, Urt. v. 7.1.1998 – 8 S 1337/97 – VGHBWRsDienst 1998, Beilage 3, B 1-2.

[179] BVerwG, B. v. 30.1.2006 – 4 BN 55.05 – ZfBR 2006, 355 = BauR 2007, 856.

beiten fallen nicht darunter.[180] Die Festsetzung einer Fläche für Lärmschutzanlagen (§ 9 I Nr. 24 BauGB) im Hinblick auf eine noch nicht planfestgestellte Umgehungsstraße auf der Grundlage der Stellungnahme einer Fachbehörde ist dann nicht erforderlich i.S. des § 1 III BauGB, wenn der Gemeinde eine Lärmschutzberechnung der Fachbehörde nicht vorliegt und sich nach dem Planungsstand im Zeitpunkt des Abwägungsvorgangs noch Veränderungen der für die Notwendigkeit und den Umfang der Schallschutzmaßnahmen maßgebenden Parameter (Verlauf und Höhenlage der Trasse) ergeben können.[181] Die Gemeinde hat auch im Bereich der Schallschutzmaßnahmen einen Abwägungsspielraum.[182]

Beispiel: Weist ein Bebauungsplan ein Wohngebiet aus, das durch vorhandene Verkehrswege Lärmbelastungen ausgesetzt wird, die an den Gebietsrändern deutlich über den Orientierungswerten der DIN 18005 liegen, ist es nicht von vornherein abwägungsfehlerhaft, auf aktiven Schallschutz durch Lärmschutzwälle oder -wände zu verzichten. Es kann etwa bei dicht besiedelten Räumen abwägungsfehlerfrei sein, eine Minderung der Immissionen durch eine Kombination von passivem Schallschutz, Stellung und Gestaltung von Gebäuden sowie Anordnung der Wohn- und Schlafräume zu erreichen.[183] Von den in der DIN 18005 für die städtebauliche Planung angeführten Orientierungswerten, die keine Grenzwerte sind, kann abgewichen werden, wenn die Abweichung mit dem bauleitplanerischen Abwägungsgebot vereinbar ist. Auch eine Überschreitung des Orientierungswerts für Wohngebiete um 5 dB(A) kann das Ergebnis einer gerechten Abwägung sein.[184] Die Konfliktbewältigung kann auch durch Festsetzungen erfolgen, wonach Aufenthaltsräume mit den notwendigen Fenstern nur in den der Straße abgewandten Gebäudeteilen errichtet werden dürfen und ein Schallschutz mit entsprechenden Anforderungen an das Schalldämmmaß nach DIN 4109 zu gewährleisten ist.[185]

Sollen **Lärmemissionskontingente** in einem Bebauungsplan gem. § 1 IV 1 Nr. 2 **155** BauNVO i.V. m. der DIN 45691 – Geräuschkontingentierung, Ausgabe.12.2006 – festgesetzt werden, muss das Baugebiet tatsächlich intern anhand der zulässigen Schallleistungspegel in einzelne Teilbereiche gegliedert werden. Daran fehlt es regelmäßig, wenn für das gesamte Baugebiet ein einheitliches Emissionskontingent festgesetzt wird. Will die Gemeinde mit einem Angebotsbebauungsplan eine konkrete Gewerbeansiedlung ermöglichen, muss sie daher die Emissionskontingentierung in der Regel dieses Vorhaben und seinen konkreten Zuschnitt zugrunde legen. Die Lärmemissionskontingentierung ist prinzipiell ausnahmefeindlich und verlangt regelmäßig eine abschließende Bewältigung des planbedingten Lärmkonflikts schon auf der Planungsebene.[186] Als Instrument zur Beschränkung betrieblicher Emissionen findet die Vergabe von Lärmemissionskontingenten auch bei der Ausweisung von Sondergebieten Anwendung. Bei der Emissionskontingentierung geht es darum, aus Gründen des Lärmschutzes und der gerechten Verteilung von Nutzungsoptionen das Emissionsverhalten der in dem Sondergebiet zulässigen Anlagen zu lenken. Die Kontingentierung knüpft an eine spezifische Betriebseigenschaft und damit an eine spezifische Art der zugelassenen Nutzungen an. Die Zuteilung der Lärmemissionskontingente geschieht dabei regelmäßig nach der Methodik der DIN 45691

---

[180] OVG Lüneburg, B. v. 9.4.2010 – 1 MN 251/09 – DVBl 2010, 733 m. Anm. Seidler NZBau 2010, 424 – land- und forstwirtschaftlicher Dienstleistungsbetrieb neben Wohnbebauung.

[181] VGH München, Urt. v. 19.10.2006 – 14 N 04.3287 – BauR 2007, 999 = UPR 2007, 355 = BRS 70 Nr. 30 (2006) = DVBl 2007, 391 (L) – Fläche für Lärmschutzanlagen gem. § 9 I Nr. 24 BauGB.

[182] OVG Münster, Urt. v. 28.6.2007 – 7 D 89/06.NE – Lärmimmissionen. Zur Berücksichtigung des Lärmschutzes bei städtebaulichen Planungen *Mitschang* ZfBR 2009, 538.

[183] BVerwG, Urt. v. 22.3.2007 – 4 CN 2.06 – BVerwGE 128, 238 = DVBl 2007, 834 = NVwZ 2007, 831 m-. Anm. *Gatz*, jurisPR-BVerwG 14/2007 Anm. 2 – vorbelastetes Wohngebiet.

[184] BVerwG, B. v. 13.6.2007 – 4 BN 6.07 – DIN 18005.

[185] OVG Berlin-Brandenburg, B. v. 11.12.2009 – 10 S 15.09 – BauR 2010, 506 .

[186] OVG Münster, Urt. v. 13.9.2012 – 2 D 38/11.NE – projektbezogenes Gewerbegebiet; OVG Koblenz, Urt. v. 8.3.2012 – 1 C 10775/11 – ZfBR 2012, 473 = BauR 2012, 1198 = AbfallR 2012, 190 (L) – Emissionskontingentierung.

„Geräuschkontingentierung" (Ausgabe 12.2006).[187] Die Frage, wie der Lärmbeitrag anderer, insbesondere andersartiger Anlagen zu berücksichtigen ist, ist vorrangig nach dem für die jeweilige Anlagenart einschlägigen Regelwerk zu beantworten. Eine solche, dem Anlagenbezug des Gesetzes folgende, segmentierende Betrachtung wird allerdings den tatsächlichen Verhältnissen dann nicht mehr gerecht, wenn mehrere in räumlichem Zusammenhang stehende Anlagen trotz ihrer organisatorischen Trennung vom Betreiber im Sinne eines integrativen Konzepts zu einer Einheit zusammengefasst worden sind.[188] Die Festsetzung von Lärmpegelbereichen ist im Einzelfall auch dann noch hinreichend bestimmt, wenn die (zeichnerische) Festsetzung allein durch Kennzeichnung entlang von Baugrenzen erfolgt:[189] Eine mit der zeichnerischen Darstellung von Lärmpegelbereichen unterschiedlicher Schallschutzklassen kombinierte Planfestsetzung, Vorkehrungen passiven Lärmschutzes nach Maßgabe der DIN 4109 zu treffen, ist unwirksam, wenn die betreffenden Bereiche nicht eindeutig gekennzeichnet sind.[190] Ist ein Angebotsbebauungsplan konkret auf die Ansiedlung eines bestimmten gewerblichen oder industriellen Vorhabens ausgerichtet, muss die Emissionskontingentierung in der Regel dieses Vorhaben und sein voraussichtliches Emissionspotential abbilden, um seiner Steuerungsaufgabe für das Genehmigungsverfahren nachkommen zu können und seinen städtebaulichen Zweck nicht zu verfehlen. In Sondergebieten gilt dies in erhöhtem Maß.[191]

156   Die Festsetzung, zur Einhaltung der **Mischgebietsrichtwerte** der TA Lärm den erforderlichen Lärmschutz für schutzbedürftige Räume gegenüber Immissionen angrenzender Betriebe **„durch passive Maßnahmen am Gebäude"** sicherzustellen, ist unwirksam; eine Regelung dieses Inhalts lässt sich weder über Außenpegel nach Nr. 6.1 TA Lärm noch über Innenpegel nach Nr. 6.2 TA Lärm, sondern allenfalls über die Anordnung von Lärmpegelbereichen nach Nr. 5 der DIN 4109 (Schutz gegen Außenlärm) verwirklichen.[192] Bloße **Hinweise** zum Schallschutz in der Bebauungsplanbegründung sind nicht geeignet, eine erhebliche Verkehrslärmproblematik zu lösen. Enthält ein Bebauungsplan keine Festsetzungen zum passiven Lärmschutz, sind Verfügungen der Baurechtsbehörde gegenüber dem Bauherrn, bestimmte Schallschutzvorkehrungen zu treffen, mangels Rechtsgrundlage unzulässig, sofern die Schwelle zur Gesundheitsgefährdung nicht überschritten wird[193] oder sich solche Anordnungen nicht auf Rechtsregeln oder das Gebot der nachbarlichen Rücksichtnahme gründen können.

157   Durch den in § 9 I Nr. 24 BauGB enthaltenen Hinweis auf „sonstige Gefahren" soll die **Störanfälligkeit von Anlagen** berücksichtigt werden, z. B. im Hinblick auf Explosionsgefahren von industriellen Anlagen. Insofern besteht ein Zusammenhang dieser Regelung mit der Richtlinie 96/82/EG des Rates vom 9.12.1996 zur Beherrschung der Gefahren bei schweren Unfällen mit gefährlichen Stoffen – Seveso-II-Richtlinie –.[194] Diese durch das EAG Bau 2004 vorgenommene Ergänzung hat insbesondere für die erste der vier Festsetzungsalternativen, der Festsetzung von Schutzflächen, (klarstellende) Bedeutung.[195] Dabei kann auf DIN-Vorschriften als Grundlage für die Festsetzungen oder

---

[187] OVG Münster, Urt. v. 9.11.2012 – 2 D 63/11.NE – Lärmschutz bei Sondergebietsausweisung.

[188] OVG Berlin-Brandenburg, Urt. v. 15.3.2012 – OVG 2 A 20.09 – Landschaftsschutzgebietsverordnung, m. Hinw. auf BVerwG, Urt. v. 16.5.2001 – 7 C 16.00 -.

[189] OVG Münster, Urt. v. 15.5.2013 – 2 D 122/12.NE – Gemeindebedarfsflächen und Lärmpegelbereiche.

[190] OVG Münster, Urt. v. 5.12.2012 – 7 D 64/10.NE – NWVBl 2013, 253 = BauR 2013, 917 = UPR 2013, 229 – Kulturdenkmaleigentümer.

[191] OVG Münster, Urt. v. 9.11.2012 – 2 D 63/11.NE – Lärmschutz bei Sondergebietsausweisung.

[192] VGH Mannheim, Urt. v. 19.10.2010 – 3 S 1666/08 -.

[193] VGH Mannheim, Urt. v. 20.5.2010 – 3 S 2099/08 – BauR 2010, 1809. Zum Lärmschutz gegen Ziel- und Quellverkehr durch immissionswirksame flächenbezogene Schallleistungspegel OVG Weimar, Urt. v. 18.11.2009 – 1 N 570/08 – Bebauungsplanerweiterung.

[194] ABl. EG Nr. L 10 S. 13.

[195] EAG Bau 2004 Mustererlass 2004.

das Orientierungswerte für das nachgelagerte Baugenehmigungsverfahren verwiesen werden.[196] Bestimmt erst eine in den textlichen Festsetzungen eines Bebauungsplans in Bezug genommene DIN-Vorschrift, unter welchen Voraussetzungen bauliche Anlagen im Plangebiet zulässig sind, ist den rechtsstaatlichen Anforderungen an die Verkündung von Rechtsnormen genügt, wenn die Gemeinde sicherstellt, dass die Betroffenen von der DIN-Vorschrift verlässlich und in zumutbarer Weise Kenntnis erlangen können[197]. Es empfiehlt sich, die Vorschriften in der Gemeinde bereitzuhalten. Die Anforderungen können auch nachträglich im ergänzenden Verfahren dadurch bewirkt werden, dass die DIN-Vorschrift bei der Verwaltungsstelle, bei der auch der Bebauungsplan eingesehen werden kann, zur Einsicht bereit gehalten und hierauf in der Bebauungsplanurkunde hingewiesen wird.[198]

Eine Festsetzung, die ausschließlich ein Pflanzverbot enthält, ohne die zulässigen **158** Pflanzmöglichkeiten festzusetzen, findet in § 9 I Nr. 25 a BauGB keine Rechtsgrundlage.[199] Es bedarf vielmehr einer entsprechenden Belastung ggf. durch Enteignung. Auch können Flächen für Gemeinschaftsanlagen (§ 9 I Nr. 22 BauGB), Gebiete mit Verbrennungsverboten (§ 9 I Nr. 23 BauGB), aus Immissionsschutzgründen von Bebauung freizuhaltende Schutzflächen und Flächen für besondere Anlagen und Vorkehrungen zum Schutz gegen schädliche Umwelteinwirkungen i. S. des BImSchG sowie die zum Schutz vor solchen Einwirkungen oder zur Vermeidung oder Minderung solcher Einwirkungen zu treffenden baulichen und sonstigen technischen Vorkehrungen (§ 9 I Nr. 24 BauGB) festgesetzt werden.[200] § 9 I Nr. 23 BauGB ermächtigt die Gemeinden zwar, entsprechend dem Vorsorgeprinzip des § 5 I Nr. 2 BImSchG vorbeugenden Immissionsschutz zu betreiben, nicht aber dazu, eigene technische Anforderungen an Heizanlagen hinsichtlich der Abgasverluste und von Schadstoffkonzentrationen zu stellen.[201] Ebenso können Anpflanzungen und die Bindung für die Erhaltung von Bepflanzungen (§ 9 I Nr. 25 BauGB) (→ *Textbeispiel 8*) sowie die für die Straßenherstellung erforderlichen Flächen außerhalb der Verkehrsflächen (§ 9 I Nr. 26 BauGB) festgesetzt werden. Ergänzende Festsetzungsmöglichkeiten bestehen hinsichtlich der Höhenlage (§ 9 II BauGB), der geschossweisen Differenzierung (§ 9 III BauGB) oder im Hinblick auf landesrechtlich begründete Regelungen (§ 9 IV BauGB).

---

[196] OVG Münster, Urt. v. 23.10.2008 – 7 D 90/07.NE – DIN-Vorschriften. Zur Ausweisung der Freilandfläche eines Gartenbaubetriebs als private Grünfläche sowie zur Festsetzung eines Sondergebiets für betriebsbezogenes Wohnen neben einem Sondergebiet Gartenbau VGH Mannheim, Urt. v. 16.4.2008 – 3 S 1771/07 – Freilandfläche für Gartenbaubetrieb; vgl. auch VGH München, Urt. v. 13.5.2008 – 9 N 05.3240 – BauR 2008, 2009 = KommunalPraxis BY 2008, 353 (L) – Stadtgärtnerei.

[197] BVerwG, B. v. 29.7.2010 – 4 BN 21.10 – ZfBR 2010, 689 = BauR 2010, 1889 = DVBl 2010, 1251 – DIN-Vorschrift. OVG Münster, Urt. v. 25.1.2010 – 7 D 110/09.NE, 7 D 111/09.NE – Info BRS 2010, Nr. 3, 6 = BauR 2010, 1038 = UPR 2010, 356; Urt. v. 4.10.2010 – 10 D 30/08.NE – Bahnhofsgelände, *Gatz*, jurisPR-BVerwG 19/2010 Anm. 5.

[198] Urt. v. 7.7.2011 – 2 D 39/09.NE – Handels- und Dienstleistungszentrum; Urt. v. 19.7.2011 – 10 D 131/08.NE – Verweisung auf DIN-Normen in einem Bebauungsplan OVG Koblenz, Urt. v. 8.6.2011 – 1 C 11199/10 – LKRZ 2011, 381 = BauR 2011, 1699 (L) – Emissionskontingent; OVG Münster, Urt. v. 18.2.2011 – 7 D 52/10.NE – DVBl 2011, 647 (L) = BauR 2011, 1292 – DIN-Vorschriften.

[199] OVG Münster, Urt. v. 2.3.1998 – 7a D 125/96.NE –.

[200] Solche Festsetzungen sind auch in einem Sondergebiet zulässig, so VGH Mannheim, Urt. v. 7.1.1998 – 8 S 1337/97 – VGHBWRspDienst 1998, Beilage 3, B 1–2.

[201] OVG Münster, Urt. v. 17.10.1996 – 7a D 164/94.NE – UPR 1997, 338; VGH Mannheim, Urt. v. 2.12.1997 – 8 S 1477/97 – ESVGH 48, 130 = UPR 1998, 237 – Brennstoffe.

Flächen zum Anpflanzen von Bäumen und Sträuchern gem. § 9 I Nr. 25 a BauGB

Auf den festgesetzten Flächen zum Anpflanzen von Bäumen und Sträuchern sind Obstbäume als Hochstamm zu pflanzen und dauerhaft zu erhalten. Es sind nur regionaltypische, alte Sorten zulässig. Angepflanzt werden können prumus serrulata (Japanische Zierkirsche), mangolia sulangiana (Tulpenmagnolie), acer plantanoides (Spitzahorn), cornus alba elegantissima (Weißer Hartriegel), euonymus japonica aurea (Goldbunter Spendelbaum), cedrus atlantica glauca (Blaue Atlaszeder), pinus pinea (Pinie), ligustrum jonandum (Liguster).

Flächen mit Bindungen für Bepflanzungen und für die Erhaltung von Bäumen und Sträuchern gem. § 9 I Nr. 25 b BauGB

Auf den festgesetzten Flächen für die Erhaltung von Bäumen und Sträuchern ist der vorhandene Laubgehölzbestand dauerhaft zu erhalten und zu pflegen. Abgängige Gehölze sind durch Gehölze der gleichen Art zu ersetzen.

Flächen für die Erhaltung und für das Anpflanzen von Bäumen und Sträuchern gem. § 9 I Nr. 25 a und b BauGB

Auf den festgesetzten Flächen für die Erhaltung sowie für die Anpflanzung von Bäumen und Sträuchern ist der vorhandene Baum- und Strauchbestand zu pflegen und dauerhaft zu erhalten. Ergänzungspflanzungen sind zulässig.

Textbeispiel 8: *Flächen für Anpflanzung von Bäumen und Sträuchern*

159   Größere Festsetzungsfreiheiten bestehen bei der Ausweisung von **Sondergebieten**.[202] Die Gemeinde ist dabei auch befugt, einen Begriff aus dem Katalog der in den Baugebieten nach §§ 2 bis 10 BauNVO zulässigen Nutzungen zu verwenden und ihn entsprechend der besonderen Zweckbestimmung des Sondergebietes zur Konkretisierung der von ihr verfolgten Planungsabsichten einzusetzen und abzuwandeln.[203] Der Inhalt der Festsetzungen muss durch Auslegung des Satzungsrechts ermittelt werden.

160   Die Gemeinde wird auch bei der Festsetzung eines Sondergebietes nicht von dem Erfordernis entbunden, die jeweils betroffenen Belange in die Abwägung einzustellen und die zur Wahrung städtebaulicher Belange erforderlichen Festsetzungen zu treffen. Daraus ergeben sich auch im Sondergebiet Mindestanforderungen an die Bestimmtheit der Festsetzungen. Das OVG Münster hat zur Einzelhandelsnutzung folgende Grundsätze aufgestellt:[204] Entschließt sich die Gemeinde bei Festsetzungen zur Art der baulichen Anlage dazu, es nicht bei der Anwendung der sich für den jeweiligen Baugebietstyp aus der BauNVO ergebenden Zulässigkeitskriterien zu belassen, muss der Plan selbst sicherstellen, dass die konkret zulässigen Vorhaben hinreichend bestimmt feststellbar sind. Bei der Festsetzung eines Sondergebiets für großflächigen Einzelhandel können sowohl die Art als auch die Verkaufsfläche der zulässigen Sortimente mit Festlegungen zum „Kernsortiment" und „Randsortiment" näher eingegrenzt werden. Randsortiment sind nur solche Warengruppen, die einem bestimmten Kernsortiment als Hauptsortiment sachlich zugeordnet und hinsichtlich des Angebotsumfangs deutlich untergeordnet sind. Die Festsetzung eines Sondergebiets „Einrichtungswarenhaus" kann mangels Bestimmtheit den Ausschluss von zentrenschädlichen Wirkungen der zulässigen Nutzung nicht sicherstellen. Einem „Einrichtungswarenhaus" fehlt nicht anders als sog. Fachmärkten mit einer breit angelegten Angebotspalette, die alles unter einem Dach anbieten, ein rechtfertigender Grund für eine Besserstellung bei der Prüfung nach § 11 III BauGB. Die Bauleitplanung muss vielmehr – so das OVG Münster – durch geeignete Festsetzungen sicherstel-

---

[202] Das Sondergebiet weicht von den Baugebietstypen der §§ 2 bis 10 BauNVO wesentlich ab. Es sind dabei nicht die konkreten Festsetzungen des Sondergebietes mit den nach § 1 V bis X BauNVO möglichen Veränderungen zu vergleichen, sondern diese Festsetzungen mit den jeweiligen abstrakten Zweckbestimmung des Baugebietstyps, BVerwG, B. v. 7.7.1997 – 4 BN 11.97 – NVwZ-RR 1998, 416 = DVBl 1998, 60.

[203] BVerwG, B. v. 16.9.1998 – 4 B 60.98 – Hochschulgebiet: „nicht störende Anlagen und Einrichtungen" im straßenparallelen Randbereich des Hochschulgebiets.

[204] OVG Münster, Urt. v. 22.6.1998 – 7a D 108/96.NE – NVwZ 1999, 79 = BauR 1998, 1198 – IKEA. Zur Bestimmtheit von Festsetzungen auch Urt. v. 19.3.1998 – 10 A 6435/96 – Laborabfälle.

len, dass die städtebaulichen und infrastrukturellen Belange in § 11 III BauNVO auch bei der Ausweisung eines Einrichtungswarenhauses gewahrt sind.

In §§ 2 bis 10 BauNVO werden der planenden Gemeinde bestimmte Baugebietstypen **161** zur Verfügung gestellt. An diesen Katalog ist sie abgesehen von den Sondergebieten gebunden. Nutzungen, die dem Gebietscharakter der BauNVO widersprechen, sind in dem jeweiligen Gebiet grundsätzlich unzulässig.[205] Gegen den **Typenzwang** verstößt etwa ein Bebauungsplan, der ausschließlich zu Wohnzwecken dienende Gebäude, landwirtschaftliche Gebäude und gewerbliche Betriebsstätten nebeneinander für zulässig erklärt.[206] Der Typenzwang bedeutet allerdings nicht, dass in den Bebauungsplänen regelmäßig oder vorrangig Baugebiete entsprechend den Baugebietstypen der BauNVO festgesetzt werden müssen, sondern, dass sich die gemeindliche Bauleitplanung gem. Art. 14 I 2 GG des gesetzlich zur Verfügung gestellten Instrumentariums bedienen muss. Verboten sind Festsetzungen im Bebauungsplan, zu denen die Gemeinde nicht durch § 9 BauGB oder durch die BauNVO ermächtigt wird.[207] Die Zulässigkeit eines Vorhabens innerhalb eines Baugebiets der BauNVO bestimmt sich nicht allein nach der Einordnung des Vorhabens in eine bestimmte Begriffskategorie, sondern auch nach der Zweckbestimmung des jeweiligen Baugebiets.[208] Die in § 9 BauGB zur Verfügung gestellten **Festsetzungsmöglichkeiten**, die in der BauNVO eine weitere Konkretisierung und Ausfächerung erfahren haben, können allerdings auch **kombiniert** werden.[209] Die Gemeinde kann etwa durch eine Kombination von Gebietstyp und dem zugeordneten Maß der baulichen Nutzung, durch die Zahl der Vollgeschosse, durch die Grundflächenzahl und die Geschossflächenzahl eine bestimmte Verdichtung erreichen oder verhindern. Sie darf dies allerdings nur in Grenzen.[210] Auch kann nach § 9 I Nr. 6 BauGB die Zahl der Wohnungen je Wohngebäude festgelegt werden. Die Gemeinde hat dabei zu beachten, dass sie hinsichtlich der **Art** der baulichen Nutzung an die Vorgaben der BauNVO gebunden ist. Sie darf nicht der Art nach abweichende Baugebiete selbst schaffen. Ein **Typenerfindungsrecht** hinsichtlich der Baugebiete steht der Gemeinde nicht zu. Während die Gemeinde hinsichtlich der Artfestsetzungen an die Modelle und Typen der BauNVO gebunden ist, bestehen hinsichtlich der **Festsetzung des Maßes** der baulichen Nutzung nach §§ 16 bis 21 a BauNVO diese Bindungen nicht. Zwar ist die Gemeinde auch hier an bestimmte Obergrenzen gebunden (vgl. § 17 BauNVO). Die Festsetzungsmöglichkeiten haben hier aber eine größere Variationsbreite als bei der Festsetzung der Art der Nutzung.[211]

Die der planenden Gemeinde in § 9 BauGB i.V. mit der BauNVO zur Verfügung ge- **162** stellten Festsetzungsmöglichkeiten sind abschließend. Dies gilt auch für das sog. **Weilheimer Einheimischenmodell**, das eine „Überfremdung" des Gemeindegebietes durch auswärtige Grundstückserwerber und einen durch deren Finanzkraft bewirkten übermäßigen Anstieg der Grundstückspreise zum Nachteil der Einheimischen vermeiden will.[212]

---

[205] BVerwG, B. v. 29.10.1997 – 4 B 8.97 – Buchholz 406.11 § 34 BauGB Nr. 187 für die Prostitutionsausübung im Wohngebäude.

[206] VGH Mannheim, Urt. v. 26.6.1998 – 8 S 882/98 – VGHBW RSprDienst 1998, Beilage 9, B 3–4.

[207] BVerwG, B. v. 23.12.1997 – 4 BN 23.97 – BauR 1998, 515.

[208] BVerwG, B. v. 15.7.1996 – 4 NB 23.96 – NVwZ-RR 1997, 9, so für einen wegen seiner Größe oder seiner Arbeitsweise mit der Zweckbestimmung des Wohngebiets nicht vereinbaren Gartenbaubetrieb.

[209] BVerwG, B. v. 22.5.1987 – 4 N 4.86 – BVerwGE 77, 308 = RzB Rn. 883 – Nummerndogma; Urt. v. 22.5.1987 – 4 C 77.84 – BVerwGE 77, 317 = RzB Rn. 946 – Verkaufsfläche; B. v. 4.6.1991 – 4 NB 35.89 – BVerwGE 88, 268.

[210] Vgl. dazu die Höchstwerte des § 17 BauNVO; BVerwG, Urt. v. 18.8.1989 – 4 C 12.86 – NVwZ 1990, 362 = RzB Rn. 937 – Gartenhäuser.

[211] BVerwG, B. v. 5.4.1993 – 4 NB 3.91 – BVerwGE 92, 231 = ZfBR 1993, 197 = UPR 1993, 271 = RzB Rn. 166 – Meerbusch; s. Rn. 424 ff., Rn. 562 ff.

[212] Zu Einheimischenmodellen s. Rn. 1421.

Diese Einflussnahme kann nicht durch Festsetzungen geschehen, weil der Katalog des § 9 BauGB keine Möglichkeiten bereitstellt, durch Festsetzungen auf den ausschließlichen Grundstückserwerb von Einheimischen Einfluss zu nehmen. Hierfür kommt nur eine vertragliche Regelung mit dem Grundstücksveräußerer und Begünstigten der Bauleitplanung in Betracht.[213]

163   Festsetzungen können auch zugunsten zentraler Versorgungsbereiche getroffen werden (**§ 9 II a BauGB 2007**).[214] Für im Zusammenhang bebaute Ortsteile können durch isolierte Festsetzungen Regelungen insbesondere zu Einzelhandelsnutzungen getroffen werden. Diese Möglichkeiten bestehen auch dann, wenn in dem einfachen Bebauungsplan die Art der baulichen Nutzung nicht festgesetzt wird. Zugleich wird der Blick auf ein städtebauliches Entwicklungskonzept gerichtet, das zwar für die Steuerung des Einzelhandels nicht zwingend ist, aber vom Gesetzgeber empfohlen wird. Und dies nicht ohne Grund: Im nicht beplanten Innenbereich ist grundsätzlich nur das Vorhandene bedeutsam – das, was man vor Ort sehen kann. Pläne und Konzepte sind bei der Beurteilung des Einfügens in die Eigenart der näheren Umgebung im Allgemeinen nicht von Belang.[215] Die Erhaltung und Entwicklung zentraler Versorgungsbereiche im Sinne der §§ 1 VI Nr. 4, 9 IIa BauGB umfasst nicht nur den Schutz bereits bestehender, sondern auch erst noch zu entwickelnder zentraler Versorgungsbereiche. Die Gemeinde kann diese Zielsetzungen auch miteinander kombinieren, um bestimmte zentrale Versorgungsbereiche in ihrem Bestand und ihren (Weiter-) Entwicklungsmöglichkeiten zu schützen (§ 5 II Nr. 2 d BauGB). Plant die Gemeinde Nutzungsbeschränkungen zum Zwecke des Schutzes zentraler Versorgungsbereiche, muss sie ein städtebauliches Konzept entwickeln, das der gerichtlichen Überprüfung auf Nachvollziehbarkeit und Widerspruchsfreiheit unterliegt. Der zu schützende zentrale Versorgungsbereich muss dabei potenziell geeignet sein, die ihm zugewiesenen Funktionen wahrzunehmen. Werden vorhandene Nutzungen mit dem Planungsinstrument des § 9 IIa BauGB auf den passiven Bestandsschutz gesetzt, ist zu prüfen, ob ihnen durch räumlich begrenzte Sonderregelungen für ihren Standort auch für die Zukunft Entwicklungsmöglichkeiten zugestanden werden sollen. Soweit der Ausschluss von Einzelhandel mit bestimmten Sortimenten nicht in den ausgeübten Bestand des Grundeigentums eingreift, kann bei der Abwägung berücksichtigt werden, dass den betroffenen Grundeigentümern lediglich bestimmte nicht uneingeschränkt gesicherte Nutzungschancen genommen werden. Will die auf der Grundlage von § 9 IIa BauGB planende Gemeinde den Erhalt derartiger Nutzungschancen im Interesse des Schutzes zentraler Versorgungsbereiche zurücksetzen, ist sie anders als in den Fällen des § 34 III BauGB nicht an den Maßstab der zu erwartenden schädlichen Auswirkungen gebunden.[216] § 9 IIa BauGB ermöglicht der Gemeinde eine im Vergleich zu den Ausschlustatbeständen des § 34 III BauGB weitergehende Steuerung des Einzelhandels in ihrem Gebiet. Für die Frage, ob die Ansiedlung eines ausgeschlossenen Einzelhandelsbetriebs im geschützten zentralen Versorgungsbereich überhaupt in Betracht kommt, ist nicht die an peripherer Lage mögliche optimale Ausgestaltung des Betriebs maßgeblich, vielmehr ist darauf abzustellen, ob ein vergleichbares Sortiment unter den besonderen Bedingungen des zentralen Versorgungsbereichs dort angeboten werden kann.[217]

---

[213] BVerwG, Urt. v. 11.2.1993 – 4 C 18.91 – BVerwGE 92, 56 = RzB Rn. 156 – Weilheimer Einheimischenmodell; *Grziwotz* NJW 1993, 2665; *Roithmaier* MittBayNot. 1990, 295. Eine vertragliche Bindung auf 20 Jahre wird für angemessen angesehen, OLG München, Urt. v. 20.1.1998 – 25 U 4623/97 – NJW 1998, 1962.

[214] *Klinge* BauR 2008, 770; *Reidt* BauR 2007, 2001; *Sparwasser* VBlBW 2007, 281; *Stüer* ZfBR 2006, 747.

[215] So zur früheren Rechtslage im Hinblick auf die Raumordnung BVerwG, Urt. v. 11.2.1993 – 4 C 15.92 – DVBl 1993, 914.

[216] OVG Münster, Urt. v. 22.11.2010 – 7 D 1/09.NE – zentrale Versorgungsbereiche. Zur Bedeutung der zentralen Versorgungsbereiche für die Einzelhandelsansiedlung *Flauger/Grumme* FWW 2010, 162.

[217] OVG Koblenz, Urt. v. 12.12.2012 – 8 A 10715/12 – ZfBR 2013, 367 = BauR 2013, 906 =

Mit dem Ziel der Innenentwicklung können in einem Bebauungsplan nach § 9 IIa **164** BauGB keine Festsetzungen jenseits des Zwecks der Erhaltung oder Entwicklung zentraler Versorgungsbereiche gerechtfertigt werden.[218] Eine Veränderungssperre und eine Zurückstellung nach § 15 I 1 BauGB zur Sicherung eines Bebauungsplans nach § 9 II a) BauGB verlangt keine erhöhte Konkretisierung der Planungsabsicht und ist auch im zentralen Versorgungsbereich selbst anwendbar.[219] Ein Bebauungsplan auf der Grundlage des § 9 IIa BauGB ist unwirksam, wenn für die Festlegung und Abgrenzung des zu schützenden oder erst noch zu entwickelnden zentralen Versorgungsbereichs eine nachvollziehbare städtebauliche Begründung fehlt.[220] Der Ausschluss von Einzelhandelsnutzungen muss durch hinreichend gewichtige städtebauliche Allgemeinwohlbelange gerechtfertigt sein. Dies gilt in gleicher Weise für den Einzelhandelsausschluss durch einen Bebauungsplan, der nur Festsetzungen nach § 9 II 2a BauGB enthält.[221]

Ein nach § 9 IIa BauGB erlassener Bebauungsplan kann auch Unterarten von Nutzun- **165** gen im Sinne des § 1 IX BauNVO ausschließen.[222] Nach § 1 IX BauNVO können einzelne Einzelhandelsbranchen aus den Einzelhandelsbetrieben in einem Gewerbegebiet nach § 8 II Nr. 1 BauNVO oder in einem Mischgebiet nach § 6 II Nr. 3 BauNVO ausgeschlossen werden. Die dabei herangezogenen Abgrenzungskriterien müssen marktüblichen Gegebenheiten entsprechen. Einzelne Branchen können im Mischgebiet auch ausnahmsweise mit einer Verkaufsflächenbegrenzung zugelassen werden, wenn damit ein bestimmter Anlagentyp bezeichnet wird.[223] Die Änderung eines Bebauungsplans mit dem Ziel, Einzelhandel mit zentren- und nahversorgungsrelevanten Sortimenten auszuschließen, ist ohne eine umfassende Bestandsaufnahme des im Plangebiet vorhandenen Einzelhandels abwägungsfehlerhaft. Die „Wegplanung" bestehender Nutzungen bedarf einer besonders sorgfältigen Prüfung und Begründung und setzt regelmäßig voraus, dass sich der Plangeber mit der Möglichkeit einer Festsetzung nach § 1 X BauNVO auseinandersetzt.[224]

§ 34 III BauGB 2004 schließt bereits einen Teil dieser Lücke, indem von Innenbe- **166** reichsvorhaben keine schädlichen Auswirkungen auf zentrale Versorgungsbereiche in der Gemeinde oder in anderen Gemeinden zu erwarten sind. Durch Festsetzungen nach § 9 II a BauGB werden die planerischen Möglichkeiten der Gemeinden gestärkt. Sie können auch durch einen einfachen Bebauungsplan steuernd auf die Entwicklung der zentralen Versorgungsbereiche Einfluss nehmen. Soweit dabei Planungen der Gemeinden eine Rolle spielen sollen, empfiehlt es sich, diese in einem städtebaulichen Entwicklungskonzept niederzulegen, das Aussagen über die zu erhaltenden oder zu entwickelnden zentralen Versorgungsbereiche der Gemeinde oder eines Gemeindeteils enthält. Berücksichtigt werden können dabei in der Regel nur bereits vorhandene oder beabsichtigte Vorhaben, für die bereits Baurecht in Bebauungsplänen besteht oder für die ein förmliches Planver-

---

DÖV 2013, 489 (L) – Einzelhandelsbetriebe. Zu Parallelen bei der Kontingentierung von Einzelhandel und Lärmschutz *Höhn* DVBl 2012, 74.

[218] VGH Mannheim, Urt. v. 16.10.2012 – 3 S 1191/10 – Ziel der Innenentwicklung; zur Stärkung der Innenentwicklung durch die Städtebaurechts-Novelle 2013 *Bunzel* ZfBR 2013, 211.

[219] OVG Münster, B. v. 16.3.2012 – 2 B 202/12 – ZfBR 2012, 459 = BauR 2012, 1212 = UPR 2012, 276 = DÖV 2012, 609 (L).

[220] OVG Münster, Urt. v. 15.2.2012 – 10 D 32/11.NE – DÖV 2012, 737 (L), *Tünnesen-Harmes* NVwZ 2012, 1298 – Einzelhandelsausschluss.

[221] BVerwG, B. v. 6.8.2013 – 4 BN 8.13 -.

[222] OVG Koblenz, Urt. v. 2.9.2009 – 8 A 11057/08 – BauR 2010, 49 = BRS 74 Nr. 102 (2009) = DVBl 2009, 1393 –. Lebensmitteldiscountmarkt.

[223] OVG Bremen, Urt. v. 14.9.2010 – 1 D 45/07 – Ausschluss von Einzelhandelsbranchen, m. Hinw. auf BVerwG, Urt. v. 26.3.2009 – 4 C 21.07 –; Urt. v. 19.1.2009 – 4 C 16.07 –; B. v. 8.11.2004 – 4 BN 39.04 –. Zur Verkaufsflächenbegrenzung über Sondergebietsfestsetzungen *Olaf Bischopink* ZfBR 2010, 223.

[224] OVG Münster, Urt. v. 18.5.2010 – 10 D 92/08.NE – Einzelhandelsausschluss mit nahversorgungs- und zentrenrelevanten Sortimenten. Zum bauplanungsrechtlichen Schutz von Nahversorgungsbereichen *Jahn* ThürVBl 2010, 198.

fahren eingeleitet worden ist.[225] Das städtebauliche Entwicklungskonzept ist dabei nicht nur für Festsetzungen nach § 9 II a BauGB, sondern auch im nicht beplanten Innenbereich bei Vorhaben im Anwendungsbereich des § 34 III BauGB von Bedeutung. Die Festsetzungsmöglichkeiten nach § 9 II a BauGB haben daher Vorbildcharakter auch für den nicht beplanten Innenbereich. Ein gemäß § 9 II a BauGB erlassener Bebauungsplan kann auch **Unterarten von Nutzungen** im Sinne des § 1 IX BauNVO ausschließen.[226]

167 **(Steuerung der Ansiedlung von Vergnügungsstätten).** Die Anzahl von Spielhallen, die dem bauplanungsrechtlichen Begriff der Vergnügungsstätten zuzurechnen sind, hat in den vergangenen Jahren zugenommen. Mit dem durch die Städtebaurechts-Novelle 2013 eingeführten **§ 9 IIb BauGB** sollen die Möglichkeiten der Gemeinden erweitert werden, die Ansiedlung von Vergnügungsstätten, insbesondere von Spielhallen, auszuschließen. Die Regelung lehnt sich an § 9 IIa BauGB an und ist zugleich dem früheren § 2 a des Maßnahmengesetzes zum BauGB[227] nachgebildet. Danach kann die Gemeinde für im Zusammenhang bebaute Ortsteile (§ 34 BauGB) in einem Bebauungsplan, auch für Teile des räumlichen Geltungsbereichs des Bebauungsplans, festsetzen, dass Vergnügungsstätten oder bestimmte Arten von Vergnügungsstätten zulässig oder nicht zulässig sind oder nur ausnahmsweise zugelassen werden können. Die Festsetzung soll eine Beeinträchtigung von Wohnnutzungen oder andere schutzbedürftige Anlagen wie Kirchen, Schulen und Kindertagesstätten oder eine Beeinträchtigung der sich aus der vorhandenen Nutzung ergebenden städtebaulichen Funktion des Gebiets oder eine städtebaulich nachteilige Häufung von Vergnügungsstätten verhindern. Der Bebauungsplan kann im vereinfachten Verfahren aufgestellt werden (§ 13 BauGB). Abweichend vom Maßnahmengesetz 1993 kann ein Bebauungsplan nach § 9 IIb BauGB nicht nur für Gebiete nach § 34 I BauGB sondern auch für Gebiete nach § 34 II BauGB, der hinsichtlich der Art der baulichen Nutzung auf die BauNVO verweist, aufgestellt werden.

168   Nach **§ 9 IV BauGB** können die Länder durch Rechtsvorschriften bestimmen, dass auf Landesrecht beruhende Regelungen in den Bebauungsplan als Festsetzungen aufgenommen werden können und inwieweit auf diese Festsetzungen die Vorschriften des BauGB anzuwenden sind. Unter die **landesrechtlichen Festsetzungsmöglichkeiten** nach § 9 IV BauGB fallen etwa die mit einem Bebauungsplan verbundenen Gestaltungssatzungen (→ *Textbeispiele 9, 11 und 12*) oder die Festsetzung von Denkmalbereichen (→ *Abbildung 23 mit Textbeispiel 13*) oder einer Altstadtsatzung (→ *Abbildung 22 mit Textbeispiel 10*) in einem Bebauungsplan. Die Länder können hierbei bestimmen, ob sich das Aufstellungsverfahren hinsichtlich dieser landesrechtlich begründeten Festsetzungsmöglichkeiten nach Landesrecht richtet oder ob auch insoweit das Verfahren für die Aufstellung eines Bebauungsplanes anzuwenden ist. Der Landesgesetzgeber soll damit die Möglichkeit erhalten, den bundesgesetzlich abschließenden Katalog des § 9 I BauGB zu erweitern.

Bekanntmachung einer Gestaltungssatzung

Bekanntmachung der Gemeinde
Betr.: Gestaltungssatzung (Kurzbezeichnung)
Die Gemeindevertretung der Gemeinde (Ort) hat in ihrer Sitzung am (Datum) folgenden Beschluss gefasst:
Gem. §§ LBO und §§ GO wird für den Geltungsbereich des Bebauungsplans (Kurzbezeichnung) folgende Gestaltungssatzung beschlossen:

---

[225] So bereits BVerwG, Urt. v. 4.5.1988 – 4 C 22.87 – BVerwGE 79, 318 = DVBl 1988, 960.

[226] OVG Koblenz, Urt. v. 2.9.2009 – 8 A 11057/08 – DVBl 2009, 1393 = DÖV 2009, 1011 – Lebensmitteldiscountmarkt, dort auch zu den schädlichen Auswirkungen auf einen zentralen Versorgungsbereich im Sinne des § 34 III BauGB durch die Erweiterung eines Lebensmitteldiscountmarkts; *Klinge* BauR 2008, 770.

[227] In der Fassung vom 28.4.1993 (BGBl. I S. 622).

§ 1 Räumlicher Geltungsbereich

Diese örtliche Bauvorschrift gilt für den Geltungsbereich des Bebauungsplans (Kurzbezeichnung) der Gemeinde. Dieser Bereich ist in dem anliegenden Lageplan, der zum Bestandteil der Satzung wird, umrandet dargestellt.

§ 2 Drempelhöhe

Der Schnittpunkt der Außenkante der Umfassungswände mit der Oberkante der Dachhaut darf maximal 0,70 m über der Oberkante des Fertigfußbodens des Dachgeschosses liegen. Untergeordnete Rücksprünge werden hierdurch nicht berührt.

§ 3 Dachneigung

Für den gesamten Geltungsbereich wird eine Dachneigung von 30° bis 45 ° festgesetzt. Garagen und Nebengebäude können mit eine geringer geneigten Dach oder einem Flachdach versehen werden.

§ 4 Höhe der Einfriedigungen

Grundstückseinfriedigungen zu den Verkehrsflächen sind nur bis zu einer Höhe von 1,50 m zulässig. Bei Eckgrundstücken können ausnahmsweise Sichtschutzanlagen an Freisitzen mit einem Abstand von 1,50 m zur öffentlichen Verkehrsfläche errichtet werden, wenn hierdurch die Sichtverhältnisse im Einmündungsbereich der Straße nicht beeinträchtigt werden. Sichtschutzanlagen aus Holzzäunen sind bis 1,60 m Höhe zulässig und zur öffentlichen Verkehrsfläche zu begrünen. Die Gesamtlänge der Sichtschutzanlage – bezogen auf das Eckgrundstück – darf 8 m nicht überschreiten. Dies gilt nicht für lebende Hecken.

Bekanntmachungsanordnung

Die vorstehende Gestaltungssatzung (Kurzbezeichnung) wird hiermit öffentlich bekannt gemacht. Es wird darauf hingewiesen, dass eine Verletzung von Verfahrens- und Formvorschriften der GO beim Zustandekommen dieser Satzung nach Ablauf eines Jahres seit dieser Bekanntmachung nicht mehr geltend gemacht werden kann, es sei denn,

- eine vorgeschriebene Genehmigung fehlt oder ein vorgeschriebenes Anzeigeverfahren wurde nicht durchgeführt,
- dieses Verfahren ist nicht ordnungsgemäß öffentlich bekannt gemacht worden,
- der Bürgermeister hat den Satzungsbeschluss vorher beanstandet oder
- der Form- oder Verfahrensmangel ist gegenüber der Gemeinde vorher gerügt und dabei die verletzte Rechtsvorschrift und die Tatsache bezeichnet worden, die den Mangel ergibt.

(Ort, Datum, Siegelabdruck) Gemeinde (Ort), Der Bürgermeister (Unterschrift)

Verfahrensvermerk:

Ausgehängt am: (Datum), abzunehmen am: (Datum), abgenommen am: (Datum)

(Siegel) (Unterschrift) (Siegel) (Unterschrift)

oder:

Diese Bekanntmachung ist am (Datum) in der Zeitung (in dem Amtlichen Verkündungsblatt) veröffentlicht worden.

(Ort, Datum, Siegelabdruck) Gemeinde (Ort), Der Bürgermeister (Unterschrift)

Textbeispiel 9: Bekanntmachung einer Gestaltungssatzung

Das Landesrecht kann dabei auch eine sog. → **dynamische Verweisung** in dem Sin- **169** ne ermöglichen, dass die auf Landesrecht beruhenden gemeindlichen Satzungen auf den jeweiligen Geltungsbereich des Bebauungsplans Bezug nehmen. So wird etwa der Geltungsbereich einer auf Landesrecht beruhenden **Baumschutzsatzung** mit der Formulierung „innerhalb des Geltungsbereichs der Bebauungspläne und der im Zusammenhang bebauten Ortsteile" hinreichend bestimmt umschrieben.[228] Im Gegensatz zu einer dynamischen Verweisung des Landesrechts auf das Bauplanungsrecht besteht diese Möglichkeit im Verhältnis verschiedener Fassungen der BauNVO nicht. Denn durch die Änderung der BauNVO wird die durch einen vorher bereits erlassenen Bebauungsplan geschaffene Rechtslage nicht geändert. Allenfalls kann eine Neufassung der BauNVO als Auslegungshilfe für eine ältere Fassung der BauNVO Bedeutung erlangen.[229]

→ **Dynamische Verweisung.** Die Regelung verweist auf die jeweilige Fassung der in Bezug genommenen Vorschrift. Gegensatz zur statischen Verweisung: Die Regelung verweist auf die im Zeitpunkt der Verweisung geltende Fassung. (Beispiel: Bebauungsplan verweist auf die im Zeitpunkt der Rechtsverbindlichkeit geltenden Fassung der BauNVO).

---

[228] BVerfG, B. v. 8.8.1978 – 2 BvL 8/77 – BVerfGE 49, 89.
[229] BVerwG, B. v. 25.3.1996 – 4 B 302.95 – NVwZ 1996, 893 – zum Begriff des Wohnens i. S. d. § 3 BauNVO 1968 und insbesondere, ob der Wohnbegriff Pflege und Betreuung umfasst.

Altstadtsatzung

Bekanntmachung der Stadt Münster

Betr.: Satzung zur Erhaltung der städtebaulichen Eigenart, zum Schutz des Orts- und Straßenbildes und zur Erweiterung der Genehmigungspflicht für Werbeanlagen
Der Rat der Stadt Münster hat in seiner Sitzung vom (Datum) auf Grund des § 172 BauGB, § 81 BauO NRW und §§ 4, 28 GO NRW folgende Altstadtsatzung beschlossen:

§ 1 Räumlicher Geltungsbereich

Die Satzung gilt für die innerhalb des Promenadenrings gelegene Altstadt mit den angrenzenden Grünanlagen. Der Bereich ist in dem anliegenden Lageplan, der zum Bestandteil der Satzung wird, umrandet dargestellt. Die Satzung gilt für alle baulichen Anlagen. Sie gilt auch für Grundstücke sowie für andere Anlagen und Einrichtungen, an die in dieser Satzung Anforderungen gestellt werden, unabhängig von einer bestehenden Genehmigungspflicht.

§ 2 Erhaltung der städtebaulichen Eigenart

(1) Im Geltungsbereich dieser Satzung bedürfen der Abbruch und die Änderung baulicher Anlagen einer Genehmigung nach § 172 BauGB. Die Genehmigung darf versagt werden, wenn die bauliche Anlage allein oder im Zusammenhang mit anderen baulichen Anlagen die Stadtgestalt, das Orts- oder Straßenbild prägt oder sonst von städtebaulicher, insbesondere geschichtlicher oder künstlerischer Bedeutung ist.
(2) Im Geltungsbereich dieser Satzung bedarf auch die Errichtung baulicher Anlagen der Genehmigung nach § 172 BauGB. Die Genehmigung darf versagt werden, wenn die städtebauliche Gestalt des Gebietes durch die beabsichtigte bauliche Anlage beeinträchtigt wird.

§ 3 Allgemeine Gestaltungsgrundsätze

(1) Im Geltungsbereich dieser Satzung müssen bauliche Anlagen nach Anordnung, Umfang, Form, Gliederung, Material und Farbe mit dem historischen Charakter der Altstadt in Einklang gebracht werden. Spiegelnde Materialien sowie grelle Farben sind unzulässig.
(2) Wandflächen sind in der Materialwahl dem Erscheinungsbild anzupassen, das für die historische Altstadt charakteristisch ist. Dieses wird geprägt durch rotes Ziegelsichtmauerwerk, glatte Putzflächen und die Verwendung von Sandstein, vor allem für Gliederungselemente. Hiervon abweichendes Material kann als Ausnahme zugelassen werden, wenn es sich in Struktur und Farbe einfügt.
(3) Schaufenster sind nur im Erdgeschoss zulässig. Soweit die Schaufenster nicht hinter Bogengängen liegen, sind sie durch Pfeiler oder Säulen so zu gliedern, dass der historische Maßstab der Altstadt gewahrt bleibt. Fensterformate sind stehend auszubilden. Für Schaufenster und untergeordnete Bauteile können Ausnahmen zugelassen werden.

§ 4 Umgebungsschutz

In der Umgebung von Baudenkmälern müssen bauliche Anlagen so gestaltet sein, dass Erscheinungsbild und Wirkung der Baudenkmäler nicht beeinträchtigt werden.

§ 5 Schutz bestimmter Straßen und Plätze

In den im Gebiet gelegenen Straßen und Plätzen von geschichtlicher und künstlerischer Bedeutung müssen bauliche Anlagen so gestaltet sein, dass das charakteristische Erscheinungsbild der Straßen und Plätze nicht beeinträchtigt wird.

§ 6 Schutz des Prinzipalmarktes

(1) Am Prinzipalmarkt sind Giebelhäuser zu errichten. In Einzelfällen können Traufenhäuser zugelassen werden. Trauf- und Firstrichthöhen sowie Zahl und Maß der Giebel, Säulen, Pfeiler und Boden sind der Nachbarbebauung anzupassen. Sie dürfen bei Neu- und Umbauten nicht verändert werden.
(2) Alle gliedernden Architekturteile wie Säulen, Pfeiler, Bogen, Gewände oder Gesimse sind aus einem gelbgrauen, natürlichen Werkstein herzustellen. Für die übrigen Fassadenflächen ist gelbgrauer Werkstein oder gelbgrauer Kalkputz zugelassen. In den Straßenraum vorspringende Vordächer sind nicht erlaubt.

§ 7 Schutz des Promenadenbereichs

(1) Die an den Promenadenbereich angrenzenden baulichen Anlagen müssen so gestaltet sein, dass das Erscheinungsbild des Promenadenbereichs nicht beeinträchtigt wird.
(2) Schaufenster sind an den der Promenade zugewandten baulichen Anlagen unzulässig. Ausnahmen können gestattet werden für Läden, die nur von der Promenade her erschlossen sind.
(3) Die an die Promenade angrenzenden nicht überbauten und nicht für eine andere zulässige Nutzung verwendeten Grundstücksflächen sind gärtnerisch zu gestalten und dürfen nicht als Arbeits- oder Lagerflächen verwendet werden. Abgrabungen und Aufschüttungen sind unzulässig.
(4) Die Grundstücke sind zur Promenade mit 1,20 m bis 2,00 m hohen schmiedeeisernen oder in der Wirkung ähnlichen Metallgitterzäunen in Verbindung mit 0,30 m bis 0,60 m hohen Sockelmauern einzufriedigen.

§ 8 Werbeanlagen

Werbeanlagen sind nur zulässig an der Stätte der Leistung. Die der Promenade zugewandten Grundstücke und baulichen Anlagen dürfen nicht mit Werbeanlagen versehen werden.

Textbeispiel 10: *Altstadtsatzung (zu Abbildung 22)*

Denkmalbereichssatzung

Auf Grund von §§ DSchG NRW hat der Rat der Stadt Münster am (Datum) folgende Denkmalbereichssatzung beschlossen:

§ 1 Geltungsbereich

Der Geltungsbereich der Denkmalbereichssatzung erfasst alle Häuser samt Grundstücken, die durch den Prinzipalmarkt erschlossen werden. Der räumliche Geltungsbereich dieser Satzung ist aus dem beigefügten Übersichtsplan, der Bestandteil der Satzung ist, zu entnehmen.

§ 2 Zielsetzung

Die Denkmalbereichssatzung dient dazu, das Ziel der behutsamen, auf Ausgleich zwischen Bewahrung und Veränderung bedachten Stadtplanung und -entwicklung im Kernbereich der Altstadt verwirklichen zu helfen. Darüber hinaus wird durch die Unterschutzstellung der objektübergreifenden, denkmalwerten Strukturen des Prinzipalmarktes (Ensembleschutz) ein wichtiger Beitrag für die Bewahrung des bau-, kunst- und stadtgeschichtlichen Erbes an hervorragender Stelle geleistet.

§ 3 Sachlicher Geltungsbereich

Im Geltungsbereich der Satzung werden der Stadtgrundriss und das Erscheinungsbild der Prinzipalmarktbebauung geschützt. Die Dokumentation der Schutzgegenstände (Inventar der historischen Schutzgüter sowie die Kartei der historischen Bausubstanz) ist Bestandteil dieser Satzung. Der Stadtgrundriss wird durch das Erschließungsnetz und die Grundstücksstruktur bestimmt.
Der Bogengang (die Lauben), Dokument des Marktgeschehens im Erdgeschoss der Häuser an der Ost- und Westseite des Prinzipalmarktes, wird geprägt durch die Bogenform und durch die charakteristischen Pfeiler.

§ 4 Erlaubnis

Der Erlaubnis der Unteren Denkmalbehörde bedarf, wer den geschützten Stadtgrundriss oder bauliche Anlagen im Denkmalbereich, auch wenn sie keine Denkmäler sind, beseitigen, verändern, an einen anderen Ort verbringen oder die bisherige Nutzung ändern will oder in der engeren Umgebung von baulichen Anlagen im Denkmalbereich, auch wenn sie keine Denkmäler sind, Anlagen errichten, verändern oder beseitigen will, wenn hierdurch der geschützte Stadtgrundriss oder das Erscheinungsbild des Prinzipalmarktes beeinträchtigt werden.
Die Erlaubnis ist zu erteilen, wenn Gründe des Denkmalschutzes nicht entgegenstehen oder ein überwiegendes öffentliches Interesse die Maßnahme verlangt.

§ 5 Verhältnis zu anderen Vorschriften

Weitegehende Genehmigungspflichten für Maßnahmen in Denkmalbereichen, insbesondere nach den baurechtlichen Bestimmungen, bleiben unberührt. Eine Genehmigungspflicht nach dieser Satzung besteht auch dann, wenn eine bauaufsichtliche Genehmigung nicht erforderlich ist.

§ 6 Ordnungswidrigkeiten

Ordnungswidrig handelt, wer vorsätzlich oder fahrlässig eine Maßnahme, die nach dieser Satzung genehmigungsbedürftig ist, ohne Erlaubnis oder abweichend von ihr durchführt oder durchführen lässt. Die Ordnungswidrigkeit kann mit einem Bußgeld bis zu 25.000 Euro geahndet werden.

§ 7 Inkrafttreten

Die Satzung tritt am Tage nach ihrer Bekanntmachung in Kraft.

Textbeispiel 11: *Denkmalbereichssatzung*

Textliche Festsetzungen über die Gestaltung nach § 81 BauO NW

Dächer. Mansardendächer, Walm-, und Krüppelwalmdächer sind ausgeschlossen. Es sind traufseitig Dachüberstände von 0,2 bis 0,5 m zulässig. Dachgauben sind nur in Form von Einzelgauben von maximal 2 m Länge zulässig. Die Summe aller Gauben pro Hauseinheit darf in der Länge $1/_2$ der Trauflänge nicht überschreiten. Die Gauben sind als Kastengauben, zurückgesetzt innerhalb der Dachfläche oder bündig mit der Wand auszubilden. Der Abstand von jeder Giebelwand muss mindestens 2 m betragen. Übereinander liegende Gauben sind unzulässig. Dacheinschnitte sind unzulässig. Dachflächenfenster sind nur in stehenden Formaten zulässig. Der Flächenanteil der Dachflächenfenster pro Hauseinheit darf 10 % der Dachfläche nicht überschreiten.

Materialien. Die Dachflächen sind mit roten Pfannen einzudecken. Für einzelne Teilflächen (Solarenergienutzung, Dachbegrünung) sind Ausnahmen zugelassen. Die Dachflächen von Nebenbaukörpern (Treppenhäuser, Wintergärten) können auch verglast werden. Die Fassaden der Hauptgebäude sind in rotem Verblendmauerwerk auszuführen. Maximal 20 % der Fassadenfläche kann auch mit Holz oder Zinkblech ausgebildet werden. Die Außenwände der Nebenbaukörper (Garagen und Anbauten) sind im gleichen roten Verblendmauerwerk wie die Hauptbaukörper oder aus Holz oder Glas auszuführen. Die Außenhaut der Dachgauben ist aus Holz oder Zinkblech auszubilden.

Fenster und Türen. Für alle Wandöffnungen sind quadratische oder stehende Formate zu verwenden.

Einfriedigungen. Als Einfriedigung der Vorgartenbereiche zu den öffentlichen Verkehrsflächen sind nur

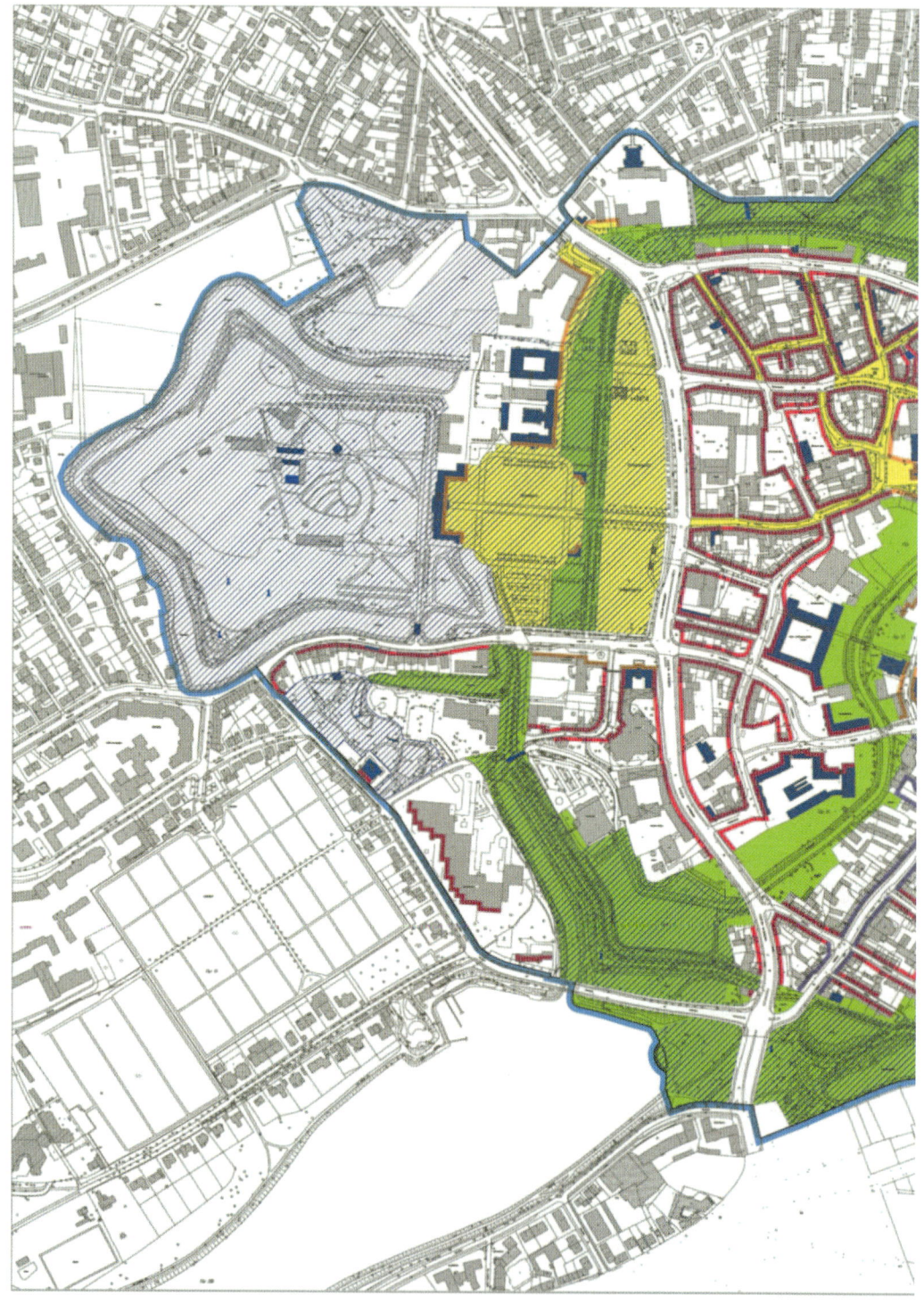

Abbildung 22: *Altstadtsatzung*

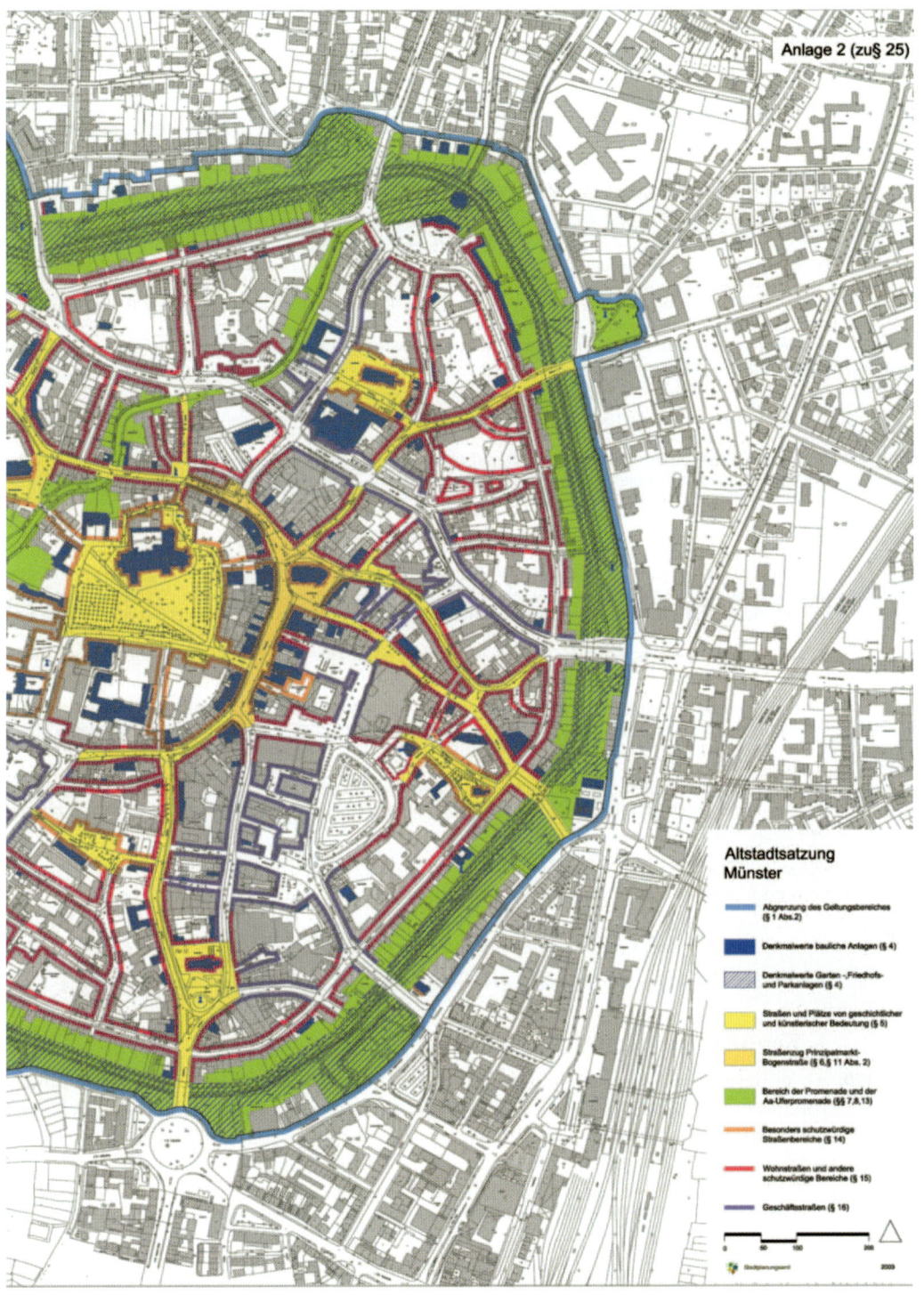

Anlage 2 (zu § 25)

Altstadtsatzung Münster

— Abgrenzung des Geltungsbereiches (§ 1 Abs.2)

Denkmalwerte bauliche Anlagen (§ 4)

Denkmalwerte Garten-, Friedhofs- und Parkanlagen (§ 4)

Straßen und Plätze von geschichtlicher und künstlerischer Bedeutung (§ 5)

Straßenzug Prinzipalmarkt-Bogenstraße (§ 6,§ 11 Abs. 2)

Bereich der Promenade und der Aa-Uferpromenade (§§ 7,8,13)

Besonders schutzwürdige Straßenbereiche (§ 14)

Wohnstraßen und andere schutzwürdige Bereiche (§ 15)

Geschäftsstraßen (§ 16)

Stadtplanungsamt   2009

Hecken bis ca. 1,2 m Höhe zulässig. In den Gartenbereichen sind Einfriedigungen bis 1,2 m Höhe zulässig. Unzulässig sind Mauern sowie undurchsichtige Flechtzäune aller Art. Einfriedigungen innerhalb der festgesetzten GFL-E-Fläche (mit Geh-, Fahr- und Leitungsrechten zu Gunsten der Erschließungsträger belastete Flächen, Erschließungsmulden) sind unzulässig.

Textbeispiel 12: *Textliche Festsetzungen über die Gestaltung (zu Abbildung 23)*

Satzung über die Einfriedigungen von Grundstücken

Auf Grund des § 86 BauO NRW i. V. mit § 7 GO NRW hat der Rat der Gemeinde (Name) in ihrer Sitzung vom (Datum) folgende Satzung beschlossen:

§ 1 Geltungsbereich

Für die Einfriedigung der Baugrundstücke im Gebiet der Gemeinde gelten im Bereich von Bebauungsplänen, die keine Regelungen über Einfriedigungen beinhalten, so weit im nicht beplanten Innenbereich i.S. des § 34 BauGB neben den Vorschriften der BauO die Bestimmung dieser Satzung, die Festsetzungen zu Art, Gestaltung und Höhe der Einfriedigungen treffen.

Die Bestimmungen dieser Satzungen sind nicht anzuwenden, soweit die Einfriedigung von Grundstücken in einem Bebauungsplan geregelt ist.

§ 2 Einfriedigungen entlang der öffentlichen Verkehrsflächen

Soweit Grundstücke eingefriedigt werden, sind die Einfriedigungen auf den Grundstücken entlang der öffentlichen Verkehrsflächen an der Straßen- und Wegebegrenzungslinie zu erstellen. Ein Abstand von bis zu 1 m kann jedoch als Freihaltezone z. B. auf Grund beengter räumlicher Verhältnisse gefordert werden. Werden Heckenpflanzungen angelegt, ist insbesondere ein Zurücknehmen bzw. Einbindung der Einfriedigung in der Pflanzung erwünscht.

§ 3 Einfriedigung von Vorgärten

Einfriedigungen sollen den freien Blick in den Vorgarten ermöglichen, um räumliche Trennwirkungen im Straßenraum weitgehend zu vermeiden. In Baugebieten kann insbesondere bei geringer Breite des Straßenraums jedoch auch der vollständige Verzicht auf Einfriedigungen sinnvoll sein. Werden Einfriedigungen angelegt, sind sie bis zu einer Gesamthöhe von maximal 1 m über Oberkante Gehweg/Mischfläche zulässig. Dies gilt auch für Pfeiler von Einfahrtstoren. Ausgenommen von der Höhenbegrenzung sind lebende Hecken. Ist ein befestigter Gehweg vorhanden, so ist eine sicher fundierte Randeinfassung (Kantenstein) aus Natur- oder Kunststein herzustellen.

§ 4 Einfriedigung von gartenbaulich, landwirtschaftlich oder gewerblich genutzten Grundstücken

Die Einfriedigung von gartenbaulich oder landwirtschaftlich genutzten Grundstücken soll eine Höhe von 1,50 m, die von gewerblich genutzten Grundstücken 1,50 m für Mauern oder 2,00 m für Zäune nicht überschreiten.

Vorzugsweise sollte, sofern die Platzverhältnisse ausreichend sind, eine Anlage als lebende Hecke mit innenliegendem, zurückversetztem Zaun oder Drahtgeflecht, ggf. auch mit Rank- oder Kletterpflanzen, erfolgen.

§ 6 Ausnahmen und Befreiungen

Für Ausnahmen und Befreiungen gilt § 86 IV BauO. Die Ausnahmen und Befreiungen dürfen nur gestattet werden, wenn die Zielsetzung dieser Satzung nicht gefährdet wird.

§ 7 Inkrafttreten

Diese Satzung tritt am Tage nach der Bekanntmachung in Kraft.

Textbeispiel 13: *Satzung über Einfriedigungen von Grundstücken*

4. Kennzeichnungsmöglichkeiten

170 Als weiterer Inhalt des Bebauungsplanes sollen gem. § 9 V BauGB → Kennzeichnungen von Flächen erfolgen,

- bei deren Bebauung besondere bauliche Vorkehrungen gegen äußere Einwirkungen oder bei denen besondere bauliche Sicherungsmaßnahmen gegen Naturgewalten erforderlich sind,
- unter denen der Bergbau umgeht oder die für den Abbau von Mineralien bestimmt sind,
- deren Böden erheblich mit umweltgefährdenden Stoffen belastet sind.

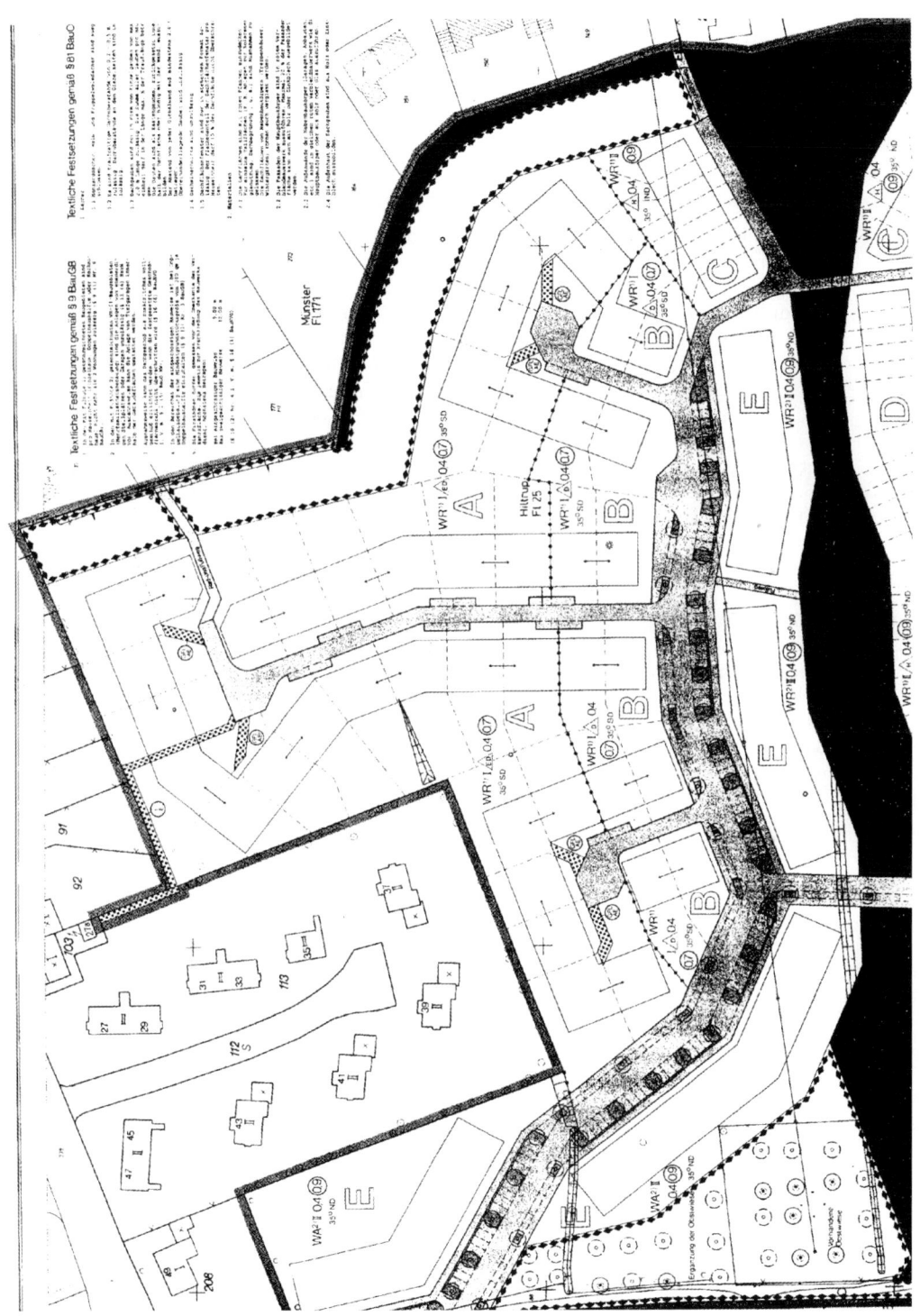

Abbildung 23: *Gestalterische Festsetzungen*

> → **Kennzeichnungen.** Im Flächennutzungsplan oder im Bebauungsplan enthaltene Angaben über erforderliche besondere Vorkehrungen gegen äußere Einwirkungen oder Naturgewalten, Untertagebau oder Mineralienabbau sowie belastete Böden. Kennzeichnungen sollen auf besondere Gefahren und das Erfordernis von Vorsichtsmaßnahmen bei der Grundstücksnutzung hinweisen.
>
> → **Nachrichtliche Übernahmen.** Sie verweisen auf nach anderen Vorschriften bestehende Bindungen wie des Fachplanungsrechts oder des Denkmalrechts.

171   Zwar können die Länder gem. § 9 IV BauGB bestimmen, inwieweit für diese Festsetzungen die Vorschriften des BauGB anzuwenden sind. Die Aufnahme in den Bebauungsplan lässt jedoch den landesrechtlichen Charakter dieser Regelungen als Normen des Bauordnungsrechts unberührt. Materiell-rechtliche Rechtsgrundlage für Festsetzungen nach § 9 IV BauGB ist allein das Landesrecht. Sofern durch solche Rechtsvorschriften nicht etwas anderes bestimmt ist, richtet sich deshalb der zulässige Inhalt dieser Festsetzungen nach Auffassung des BVerwG nicht nach den Vorschriften des BauGB. Das soll auch für das planungsrechtliche Abwägungsgebot[230] gelten.[231] Es könnten sich allerdings aus dem Rechtsstaats- und Demokratiegebot Mindestanforderungen für das kommunale Satzungsrecht auch auf dieser Grundlage ergeben.[232] Nach Maßgabe des Landesrechts können solche satzungsrechtlichen Festsetzungen auch der **Fachaufsicht** unterworfen sein. Nimmt eine Gemeinde in den Bebauungsplan solche Festsetzungen auf, so ist eine **Normenkontrolle** gegen diese Festsetzungen nur zulässig, wenn das Landesrecht eine entsprechende Kontrollmöglichkeit eröffnet. Fehlt es daran, so unterliegen solche Regelungen aber ggf. einer Inzidentkontrolle.[233] Nach § 9 IV BauGB ist der Landesgesetzgeber zusätzlich berechtigt, die Verfahrensvorschriften für die Aufstellung und Änderung von Bauleitplänen für den Fall anzuordnen, dass eine nur landesrechtlich vorgesehene und in einem Bebauungsplan bereits aufgenommene Festsetzung geändert werden soll.[234] Gestalterische Festsetzungen sind nur dann zu **begründen**, wenn sie zu den wesentlichen satzungsrechtlichen Regelungen gehören.[235] Im Übrigen ist − soweit Bundesrecht Anwendung findet − **§ 214 III 2 BauGB** zu beachten. Ein offensichtlicher Mangel im Abwägungsvorgang setzt voraus, dass konkrete Umstände auf einen solchen Mangel hindeuten. Er liegt nicht schon dann vor, wenn Planbegründung und Aufstellungsvorgänge keinen ausdrücklichen Hinweis darauf enthalten, dass sich der Plangeber mit bestimmten Umständen abwägend befasst hat.[236] Offensichtlich im Sinne diese Vorschrift ist ein Mangel in der Abwägung, wenn er sich aus den Materialien des Planaufstellungsverfahrens ergibt und die „äußere" Seite der Abwägung betrifft, indem er auf objektiv fassbaren Sachumständen beruht. Eine Ergebnisrelevanz des Abwägungsfehlers ist gegeben, wenn

---

[230] Zum Abwägungsgebot s. Rdn 832.

[231] BVerwG, Urt. v. 16.3.1995 – 4 C 3.94 – NVwZ 1995, 899 = DÖV 1995, 825 = BauR 1995, 508; B. v. 18.5.2005 – 4 B 23.05 – BauR 2005, 1752 = ZfBR 2005, 562 – örtliche Baugestaltungsvorschriften.

[232] Zu den verfassungsrechtlichen Anforderungen rechtsstaatlicher Planung BVerwG, Urt. v. 12.12.1969 – IV C 105.66 – BVerwGE 34, 301 = DVBl 1970, 414 = DÖV 1970, 277 = BauR 1970, 31 = RzB Rn. 23 – Abwägungsgebot Selbstverwaltung.

[233] OVG Saarlouis, Urt. v. 4.12.1981 – 2 N 12.80 – NVwZ 1983, 42 = BRS 38 (1988), Nr. 48.

[234] BVerwG, B. v. 12.3.1991 – 4 NB 6.91 – BauR 1992, 43 = RzB Rn. 183.

[235] BVerwG, Urt. v. 7.5.1971 – IV C 76.68 – Buchholz 406.11 § 2 BBauG Nr. 7; B. v. 3.11.1992 – 4 NB 28.92 – DVBl 1993, 116 = UPR 1993, 67 = ZfBR 1993, 89 = DÖV 1993, 251 = NVwZ-RR 1993, 286 = RzB Rn. 186 – Gestaltungssatzung; Urt. v. 16.3.1995 – 4 C 3.94 – NVwZ 1995, 899 = DÖV 1995, 825 = UPR 1995, 350 = BauR 1995, 508; OVG Lüneburg, Urt. v. 12.2.1982 – 1 A 231/80 – BRS 39 Nr. 132.

[236] BVerwG, B. v. 29.1.1992 – 4 NB 22.90 – BauR 1992, 342 = ZfBR 1992, 139 = RzB Rn. 856 – Baugenehmigung; Urt. v. 16.3.1995 – 4 C 3.94 – NVwZ 1995, 899 = DÖV 1995, 825 = UPR 1995, 350 = BauR 1995, 508 – Gestaltungssatzung.

die konkrete Möglichkeit besteht, dass die planende Stelle eine andere Entscheidung getroffen hätte, wobei in dem Zusammenhang die lediglich abstrakte Möglichkeit einer anderen Entscheidung nicht genügt.[237]

5. Nachrichtliche Übernahme

Neben den Darstellungs- und Kennzeichnungsmöglichkeiten sollen nach anderen ge- **172** setzlichen Vorschriften getroffene Festsetzungen sowie Denkmäler nach Landesrecht in den Bebauungsplan nachrichtlich übernommen werden (§ 9 VI BauGB). **Festgesetzte Überschwemmungsgebiete** i.S. des §76 WHG sollen nachrichtlich übernommen werden (→ *Textbeispiele 14 und 15).* Noch nicht festgesetzte Überschwemmungsgebiete sowie überschwemmungsgefährdete Gebiete i.S. des § 74 WHG sollen im Bebauungsplan vermerkt werden **(§ 9 VI a BauGB)**. Diese durch die Hochwasserschutznovelle 2005 eingeführten Regelungen tragen dazu bei, die Bevölkerung in den betroffenen Gebieten vor den Gefahren des Hochwasserschutzes zu warnen. Zugleich ergibt sich für die Bauleitplanung ein grundsätzliches Verbot der Ausweisung von neuen Baugebieten in diesen Bereichen (§ 78 I 1 Nr. 1 WHG). Dieses darf die Gemeinde nur unter den Voraussetzungen des § 78 II WHG überwinden. Die nachrichtlichen Übernahme- bzw. Kennzeichnungspflichten stellen die betroffene Bevölkerung allerdings nicht von einer eigenen Mitwirkung bei den Vorsorge- und Schadensbegrenzungsmaßnahmen frei § 5 II WHG. Auch die am Bau Beteiligten können sich nicht etwa mit Hinweis auf eine nicht erfolgte Kennzeichnung der Überschwemmungsgebiete oder überschwemmungsgefährdeter Gebiete von einer eigenen Haftung generell frei zeichnen.

§ 9 VI BauGB ist durch die **BauGB–Klimanovelle 2011** dahingehend erweitert wor- **173** den, dass auch gemeindliche Regelungen zum Anschluss- und Benutzungszwang nachrichtlich in den Bebauungsplan übernommen werden können. Die Vorschrift knüpft an entsprechende Regelungen zum Anschluss- und Benutzungszwang in § 16 EEWärmeG an. Danach können die Gemeinden und Gemeindeverbände von einer Bestimmung nach Landesrecht, die sie zur Begründung eines Anschluss- und Benutzungszwangs an ein Netz der öffentlichen Fernwärme- oder Fernkälteversorgung ermächtigt, auch zum Zwecke des Klima- und Ressourcenschutzes Gebrauch machen. Durch diese nachrichtliche Übernahme sollen die Bürger und sonstigen Planbetroffenen über das bestehende kommunale Satzungsrecht informiert werden.

Hinweise

Bei Bodeneingriffen können Bodendenkmäler (kulturgeschichtliche Bodenfunde wie Mauerwerke, Einzelfunde aber auch Veränderungen oder Verfärbungen in der natürlichen Bodenbeschaffenheit) entdeckt werden. Die Entdeckung ist der Gemeinde und der oberen Denkmalbehörde nach dem DSchG unverzüglich anzuzeigen.
Sollten bei den geplanten Bau- oder Erdarbeiten Hinweise auf Altablagerungen gefunden werden, ist unverzüglich die untere Abfallbehörde (Umweltbehörde) zu benachrichtigen.
Den Versorgungsträgern ist der Beginn der Straßenbauarbeiten jeweils sechs Monate vorher schriftlich anzukündigen, um entsprechende Vorbereitungen zu ermöglichen. Die Durchführung von Unterhaltungsarbeiten an den Versorgungsleitungen darf nicht beeinträchtigt werden.
Die der Erstellung oder wesentlichen Änderungen von Kanalisationsnetzen für die öffentliche Abwasserbeseitigung zu Grunde liegende Planung bedarf einer Genehmigung nach dem LWG.
Es gilt die BauNVO 1990.

Textbeispiel 14: *Hinweise*

---

[237] OVG Saarlouis, Urt. v. 21.2.2008 – 2 R 11/06 – AS RP-SL 35, 381 = ZNER 2008, 101 Windkraftanlagen.

Empfehlende Hinweise zur Gestaltung und Bebauung

Für die Gestaltung und Bebauung der Grundstücke gibt die Gemeinde folgende Empfehlungen, um eine umweltverträgliche Siedlungsentwicklung im Bebauungsplan zu erreichen:

- Die Gebäude sollten mit ihren Fensteröffnungen weitestgehend nach Süden bzw. Südwesten ausgerichtet werden, um durch passive Sonnenenergienutzung eine Energieeinsparung und gute Lichtverhältnisse in den zum dauernden Tagesaufenthalt genutzten Gebäuden zu erreichen.
- Bei der Auswahl der Baustoffe sollten nach Möglichkeit Holzfenster (natur oder offenporig lasiert) verwendet werden.
- Eine unnötige Versiegelung von Flächen sollte unterlassen werden. Versiegelte Flächen verursachen bei Regenfällen ein verstärktes Wasseraufkommen, das zu einer Überlastung der Kanalisation führen kann. Darum sollten die Bauherren Flächen, die sie befestigen wollen, mit wasserdurchlässigen Materialien versehen. Das hat positive Auswirkungen für den natürlichen Wasserkreislauf, die Filterung des Wassers durch den Boden, die Bildung von Grundwasser und die Bildung von pflanzenverfügbarem Wasser.
- Flachdächer von Garagen und Carports sollten begrünt werden. Es sollten Pflanzensubstrate mit wasserspeichernden Eigenschaften verwendet werden. Es wird empfohlen, Kompostierungsstellen auf jedem der Grundstücke vorzusehen. Der gesamte Bodenaushub aus den Baugruben sollte im Gebiet verbleiben und wieder im Gelände eingebaut werden.
- Energie kann durch Nutzung der Wintergärten als Sonnenkollektoren und durch Transport der vorgewärmten Luft in die Wohnräume erzielt werden. Aktive Solarsysteme zur Brauchwassererwärmung oder Raumheizung sowie die Anlage eines Wärmespeichersystems können zur Energieeinsparung beitragen.
- Den Bauherren wird empfohlen, unbelastetes Niederschlagswasser (z.B. von Dachflächen) für Bewässerungszwecke zu verwenden. Grundstückszufahrten, Stellplätze etc. sollten jeweils so gestaltet werden, dass das anfallende Niederschlagswasser auf den jeweiligen Grundstücken versickern kann.
- Mit Erteilung der Baugenehmigung ist durch entsprechende Auflagen sicherzustellen, dass die im Plan festgesetzten Pflanzgebote innerhalb eines Jahres nach Bebauung der jeweiligen Grundstücke verwirklicht werden.

Textbeispiel 15: *Hinweise zur Gestaltung und Bebauung*

6. Bebauungsplanbegründung

174 Dem Bebauungsplan ist nach § 9 VIII BauGB eine → **Begründung** mit den Angaben nach § 2a BauGB beizufügen. In ihr sind die Ziele, Zwecke und wesentlichen Auswirkungen des Bebauungsplanes darzulegen. Ebenso wie die Begründung für den Flächennutzungsplan hat auch die Begründung für den Bebauungsplan eine wichtige Funktion, die mit dem Abwägungsgebot in Zusammenhang steht. Die Begründung ist zwar nicht Bestandteil des Bebauungsplanes, sie soll aber die wesentlichen Elemente der **Abwägung** erkennen lassen und über die Zusammenstellung des Abwägungsmaterials sowie die Gewichtung und Bewertung der Belange Auskunft geben. Fehlt die Begründung, so ist der Bebauungsplan nicht rechtswirksam.[238] Die Begründung kann sich jedoch auf die zentralen Regelungen des Bebauungsplans beschränken.[239] Die Begründungspflicht soll dabei als zwingende Verfahrensvorschrift sicherstellen, dass städtebauliche Rechtfertigung und Erforderlichkeit sowie die Grundlagen der Abwägung jedenfalls in ihren zentralen Punkten dargestellt werden, um eine effektive Rechtskontrolle des Plans zu ermöglichen.[240] Daneben soll die Begründung die Festsetzungen des Plans verdeutlichen und Hilfe für ihre Auslegung sein.[241] Sind wesentliche Abwägungselemente nicht dokumentiert, besteht die Gefahr, dass solche Teile der Abwägung in der gerichtlichen Kontrolle ausfallen und der Bebauungsplan daher auf Grund von Abwägungsfehlern für unwirksam erklärt wird. Vor allem hinsichtlich der Vollständigkeit des Umweltberichts ist erhöhte Aufmerksamkeit am Platz. Eine Verletzung von Vorschriften in Bezug auf den Umweltbericht ist nur dann unbeachtlich, wenn die Begründung hierzu nur in unwesentlichen Punkten unvollständig ist (§ 214 I 1 Nr. 3

---

[238] BVerwG, Urt. v. 15.2.1990 – 4 C 23.86 – BVerwGE 84, 322 = NVwZ 1990, 364 = RzB Rn. 388 – Unikat.

[239] BVerwG, B. v. 3.11.1992 – 4 NB 28.92 – ZfBR 1993, 89 = RzB Rn. 186; Urt. v. 16.3.1995 – 4 C 3.94 – NVwZ 1995, 899 = BauR 1995, 508 – Werbetafel.

[240] BVerwG, Urt. v. 7.5.1971 – 4 C 76.68 – DVBl 1971, 759.

[241] BVerwG, B. v. 14.4.1988 – 4 N 4.87 – BVerwGE 79, 200 = RzB Rn. 193.

BauGB).[242] Allerdings muss es sich um Belange handeln, die mehr als geringfügig, schutzwürdig und erkennbar sind und daher zum Abwägungsmaterial gehören (§ 2 III BauGB). Die Mängel müssen offensichtlich und auf das Abwägungsergebnis von Einfluss gewesen sein (§ 214 I 1 Nr. 1 BauGB). Mängel im Abwägungsvorgang sind auch hinsichtlich der Umweltbelange nur erheblich, wenn sie offensichtlich und auf das Abwägungsergebnis von Einfluss gewesen sind (§ 214 III 2 BauGB). Die Bebauungsplanbegründung kann allerdings die textlichen oder zeichnerischen Festsetzungen nicht ändern. Auch ist eine Bebauungsplanbegründung, die in den planerischen Festsetzungen keinen Ausdruck gefunden hat, nicht geeignet, die Eigenart eines Baugebiets i.S.v. § 15 I S. 1 BauNVO zu prägen.[243] Aus dem Rechtsstaatsgebot folgt keine förmliche Begründungspflicht für die Aufnahme **gestalterischer Festsetzungen** in einen Bebauungsplan.[244]

> → **Bebauungsplanbegründung.** Dem Bebauungsplan ist eine Begründung beizufügen (§ 9 VIII BauGB). In ihr sind die wesentlichen Elemente der Abwägungsentscheidung festzuhalten. Sie soll Auskunft geben über Ziele und Zwecke der Planung, die Zusammenstellung des Abwägungsmaterials, die Gewichtung und Bewertung der Belange, ernsthaft in Betracht kommende Alternativen und die eigentliche Ausgleichsentscheidung. Der Umweltbericht nach § 2a BauGB ist Bestandteil der Begründung. In ihm sind alle umweltrelevanten Auswirkungen des geplanten Vorhabens festzuhalten. Die Begründungserfordernisse steigen mit der Intensität des Eingriffs in private und öffentliche Belange sowie dem Umfang von Betroffenheiten. Qualifizierte Begründungserfordernisse können sich auch bei einem Wechsel in der städtebaulichen Beurteilung ergeben. Der Bebauungsplanbegründung entspricht der Begründung, die dem Flächennutzungsplan beizufügen ist (§ 5 V BauGB). Die Pläne sind fehlerhaft, wenn eine Begründung fehlt (§ 214 I 1 Nr. 3 BauGB). Die Unvollständigkeit der Begründung und Umweltbericht führt demgegenüber für sich genommen nicht zur Rechtswidrigkeit des Plans. Allerdings können sich daraus beachtliche Abwägungsfehler ergeben. Zudem darf der Umweltbericht nur in unwesentlichen Teilen unvollständig sein.

Ein **völliges Fehlen** der Begründung lässt sich nicht durch einen Rückgriff auf Materialien oder Ratsprotokolle ausgleichen.[245] Auch erlaubt die planerische Abwägung der **175** privaten und öffentlichen Belange der Gemeinde nicht, sich über zwingendes Recht hinwegzusetzen und dessen Vorgaben einfach „wegzuwägen". Was der Abwägung zugänglich ist und was als striktes Recht bei der Planung zu beachten ist, mag zuweilen schwierig zu ermitteln sein. Auf eine Abgrenzung der Art der rechtlichen Vorgaben kommt es spätestens an, wenn die Folge einer Rechtsverletzung zu klären ist.[246] Strikte Beachtung verdienen die Bindungen, die sich aus dem Festsetzungskatalog des § 9 BauGB oder aus § 1 IV BauGB ableiten lassen.[247]

Ist die **Begründung unvollständig**, so ist dies nach § 214 I 1 Nr. 3 BauGB für die **176** Rechtswirksamkeit des Bebauungsplans unbeachtlich. Fehlen in der Begründung für die Abwägung wesentliche Gesichtspunkte, so kann darin aber ein Abwägungsfehler offenbar werden, der auf die Rechtswirksamkeit des Bebauungsplans durchschlägt. Das gilt vor allem für den Umweltbericht, dessen Unvollständigkeit nur dann unbeachtlich ist,

---

[242] Zum Erfordernis der Vollständigkeit des Umweltberichts *Stüer*, Handbuch des Bau- und Fachplanungsrechts, Rn. 385, 777, 1126.

[243] OVG Hamburg, B. v. 13.8.2009 – 2 Bs 102/09 – DVBl 2009, 1324 = NordÖR 2009, 453 = BauR 2009, 1867 – Bordell als „Gewerbebetrieb aller Art".

[244] BVerwG, B. v. 21.2.1986 – 4 N 1.85 – BVerwGE 74, 47 = Buchholz 406.11 § 155a BBauG Nr. 4 S. 8.

[245] BVerwG, Urt. v. 30.6.1989 – 4 C 15.86 – NVwZ 1990, 364 = BauR 1989, 687.

[246] Etwa bei § 214 I Nr. 2 BauGB BVerwG, Urt. v. 4.3.1999 – 4 C 8.98 – NVwZ 1999, 1336 = ZfBR 1999, 228 = UPR 1999, 273.

[247] BVerwG, B. v. 11.5.1999 – 4 BN 15.99 – DVBl 1999, 1293 = UPR 1999, 352 = ZfBR 1999, 279 – Gewerbereservierung.

wenn die Begründung nur in unwesentlichen Punkten unvollständig ist. Von der Planung berührte, nicht zutreffend ermittelte oder bewertete Belange betreffen bereits dann „wesentliche Punkte", wenn diese Punkte in der konkreten Planungssituation abwägungsbeachtlich waren.[248] Mängel im Abwägungsvorgang sind allerdings nach § 214 III 2 BauGB nur erheblich, wenn sie offensichtlich und auf das Abwägungsergebnis von Einfluss gewesen sind.[249] Der Planverfasser sollte daher auf die möglichst vollständige Ermittlung der abwägungserheblichen Belange Bedacht nehmen und die Zusammenstellung des Abwägungsmaterials wie auch die Gewichtung und Bewertung der Belange (§ 2 III BauGB) in der Begründung dokumentieren. Anderenfalls besteht die Gefahr, dass der Bebauungsplan in der gerichtlichen Kontrolle auf Grund festgestellter Abwägungsfehler aufgehoben wird. Was der Richter nicht aus der Begründung ersieht und was sich auch im Übrigen den Aufstellungsunterlagen nicht entnehmen lässt, wird der Richter bei seiner Entscheidung regelmäßig nicht berücksichtigen. Sind wesentliche Abwägungselemente nicht dokumentiert, besteht die Gefahr, dass solche Teile der Abwägung in der gerichtlichen Kontrolle ausfallen und der Bebauungsplan daher auf Grund von Abwägungsfehlern für unwirksam erklärt wird. Vor allem hinsichtlich der Vollständigkeit des Umweltberichts ist erhöhte Aufmerksamkeit am Platz. Eine Verletzung von Vorschriften in Bezug auf den Umweltbericht ist nur dann unbeachtlich, wenn die Begründung hierzu nur in unwesentlichen Punkten unvollständig ist (§ 214 I 1 Nr. 3 BauGB).[250]

7. Umweltprüfung

177   Für die Belange des Umweltschutzes führt die Gemeinde bei der Aufstellung der Bauleitpläne eine Umweltprüfung durch, deren Ergebnisse im Umweltbericht enthalten sind. Der Umweltbericht ist Bestandteil der Begründung des Bauleitplans (§§ 2 IV, 2 a BauGB).

178   Veranlasst durch die Plan-UP-Richtlinie ist das Städtebaurecht nach der Umsetzung der UVP-Änd-Richtlinie durch das Artikelgesetz 2001 im Jahre 2004 erneut durch das Europarechtsanpassungsgesetz Bau (EAG Bau) geändert worden. Nunmehr unterliegt die Aufstellung aller Bauleitpläne mit Ausnahme der Bestands wahrenden Bebauungspläne[251] und des Bebauungsplans der Innenentwicklung (§ 13 a BauGB) einer Umweltprüfung, die in der Regel zugleich die **Umweltverträglichkeitsprüfung** (UVP) bisheriger Prägung mit umfasst. Mit der Umweltprüfung ist eine Reihe von Änderungen des Planaufstellungsverfahrens verbunden. Die Regelungen sind allerdings nicht im vereinfachten Verfahren der Planänderung und bei bestandswahrenden Bebauungsplänen nach § 13 BauGB sowie im vereinfachten Aufstellungsverfahren für Bebauungspläne der Innenentwicklung (§ 13 a BauGB) anzuwenden.[252] In der Reichweite dieser Vorschrift sind weder Umweltprüfung noch Umweltbericht erforderlich.

179   Das EAG Bau 2004 setzt die EU-rechtlichen Vorgaben der Plan-UP-Richtlinie für den Bereich des Städtebaurechts in das BauGB, das ROG und das UVPG um. Die Umsetzung der Plan-UP-Richtlinie in das Fachplanungsrecht und das UVPG mit Ausnahme der Bauleitplanung ist Gegenstand der Regelungen des SUPG. Mit der Einführung einer

---

[248] BVerwG, Urt. v. 9.4.2008 – 4 CN 1.07 – BVerwGE 131, 100 = ZfBR 2008, 489 = DVBl 2008, 859 = BauR 2008, 1268 = NVwZ 2008, 899 – Planerhaltung.

[249] BVerwG, Urt. v. 5.12.1986 – 4 C 13.85 – BVerwGE 75, 214 = RzB Rn. 191 – Erdinger Moos; B. v. 26.6.1992 – 4 B 1 – 11.92 – DVBl 1992, 1435 = RzB Rn. 42 – Kirchzarten; einschränkend Urt. v. 16.3.1995 – 4 C 3.94 – NVwZ 1995, 899 = BauR 1995, 508 – Werbetafel; OVG Münster, Urt. v. 6.3.2006 – 7 D 124/05.NE – BauR 2006, 1707 – Wohn- und Pflegezentrum.

[250] Zum Erfordernis der Vollständigkeit des Umweltberichts s. Rn. 771.

[251] Es handelt sich vor allem um Planänderungen nach § 13 BauGB, durch die keine UVP-pflichtigen oder vorprüfungspflichtigen Vorhaben mit erheblichen Umweltauswirkungen ausgewiesen werden sollen, oder Bebauungspläne, die ohne erhebliche Änderung der planungsrechtlichen Zulässigkeit im bisher nicht beplanten Innenbereich aufgestellt werden.

[252] S. Rn. 223.

generellen Umweltprüfung (UP) als regelmäßigem Bestandteil des Aufstellungsverfahrens wird die Vorgehensweise zur Zusammenstellung des umweltrelevanten Abwägungsmaterials in der Bauleitplanung einheitlich und vollständig im BauGB geregelt. Die Umweltprüfung entspricht im Wesentlichen dem, was bereits nach der zuvor geltenden Rechtslage für eine systematische und rechtssichere Erfassung der Umweltbelange in der Bauleitplanung vorzunehmen ist, um die Grundlage für eine sachgerechte Abwägung vorzubereiten. Die voraussichtlichen erheblichen Umweltauswirkungen der Planung sind zu ermitteln und in einem als Umweltbericht bezeichneten Teil der Begründung zu beschreiben und zu bewerten. Die Öffentlichkeit und die Behörden werden im Rahmen des Aufstellungsverfahrens für den Bauleitplan beteiligt und die Ergebnisse der Beteiligung in der Abwägung berücksichtigt. Da damit der Umweltbericht an allen wesentlichen Abschnitten des Bauleitplanverfahrens teilzunehmen hat, wird er sinnvollerweise nach Abschluss des Scopings nach § 4 I BauGB zu erstellen bzw. in Auftrag zu geben sein.[253]

Die im EAG Bau 2004 verfolgte Konzeption hat die vor allem mit dem BauROG **180** 1998[254] eingeleitete programmatische Öffnung des Rechts der Bauleitplanung für die umweltrechtlichen Vorgaben des Gemeinschaftsrechts fortgesetzt. Dabei ist – in Abkehr von einer ausschließlich am Wortlaut der Richtlinie haftenden Übernahme der gemeinschaftsrechtlichen Einzelvorgaben – eine europarechtskonforme Umsetzung der Richtlinie vorgenommen worden, die das Recht der Bauleitplanung mit den europäischen Vorgaben strukturell harmonisiert. Die Umweltprüfung ist in die bestehenden Verfahrensschritte der Bauleitplanung integriert worden, indem sie als Regelverfahren für grundsätzlich alle Bauleitpläne ausgestaltet worden ist und als einheitliches Trägerverfahren die bauplanungsrechtlich relevanten umwelt- und naturschutzrechtlichen Aspekte zusammenführt.[255]

Früher waren nur solche Bebauungspläne UVP-pflichtig, die ein **konkretes Vorha- 181 ben** ausweisen, das nach der Anlage 1 zum UVPG „Liste der UVP-pflichtigen Vorhaben" UVP-pflichtig ist,[256] wie beispielsweise Industriezonen sowie große Hotel-, Einzelhandels- oder Städtebauprojekte. Eine UVP-Pflicht für Flächennutzungspläne bestand früher nicht. Die Plan-UP-Richtlinie gibt vor, dass alle Pläne und Programme auf lokaler Ebene, die voraussichtlich erhebliche Umweltauswirkungen verursachen, einer Umweltprüfung unterzogen werden müssen. Ob erhebliche Umweltauswirkungen zu erwarten sind, konnte ggf. in einer Vorprüfung im Einzelfall (Screening) ermittelt werden. Das EAG Bau 2004 hat eine grundsätzliche Pflicht zur Umweltprüfung bei allen Bauleitplänen eingeführt und ist damit über die Erfordernisse der Plan-UP-Richtlinie nicht unerheblich hinausgegangen. Denn diese gewährt den Mitgliedstaaten bei Plänen und Programmen mit nur lokaler Bedeutung, zu der auch die Bebauungspläne rechnen könnten, einen Ermessensspielraum bei der Anordnung der UP-Pflicht (Art. 3 III Plan-UP-Richtlinie). Eine grundsätzliche UP-Pflicht aller Bebauungspläne hat den Vorteil, dass kein kompliziertes Vorprüfungs- und Auswahlverfahren stattfinden muss, wie es §§ 3 a bis 3 f UVPG vorsieht. Die Umweltprüfung soll das Bauleitplanverfahren nicht erschweren, sondern die ohnehin für die Abwägung nach § 1 VII BauGB erforderlichen umweltschützenden Belange erfassen[257] und die Prüfung dadurch in der Tendenz optimieren.

Die **Projekt-UVP** der UVP-Richtlinie wird durch die Plan-UP-Richtlinie um eine **182 Umweltprüfung** für **Pläne und Programme** ergänzt, die Rahmen setzende Wirkungen für nachfolgende Zulassungsentscheidungen haben. Die bisherige UVP ist in der ge-

253 EAG Bau 2004 – Mustererlass 2004.

254 BauGB in der Fassung der Bekanntmachung vom 27.8.1997, BGBl. I S. 2081, 1998 BGBl. I S. 137; UVPG-Novelle 2001.

255 Zu den Vorarbeiten *Jost Pietzcker*, Gutachten zum Umsetzungsbedarf der Plan-UP-Richtlinie der EG im BauGB vom 30.4.2002 *Pietzcker/Fiedler* DVBl 2002, 929.

256 *Stüer* BauR 2001, 1195.

257 So auch *Kuschnerus* über die UVP, die letztlich einer sachgerechten Bearbeitung der Anforderungen des bauleitplanerischen Abwägungsgebots dient, BauR 2001, 1211.

setzlichen Neuregelung zu einer Umweltprüfung umgestaltet worden. Nunmehr ist die Aufstellung von Bauleitplänen – abgesehen von den Bestands wahrenden Bebauungsplä- nen[258] – grundsätzlich UP-pflichtig.

183 Mit der Umsetzung der Plan-UP-Richtlinie konnte an die bereits erfolgte Umsetzung der Projekt-UVP-Richtlinie angeknüpft werden. Zwar sind die Vorgaben der beiden Richtlinien nicht ganz deckungsgleich. Das EAG Bau 2004 verknüpft aber beide Richt- linien zu einer einheitlichen Umweltprüfung. In diese Umweltprüfung sind auch andere naturschutzrechtliche Vorgaben einzustellen, soweit sie sich auf das Bauleitverfahren be- ziehen, wie beispielsweise Vorgaben der **FFH-Richtlinie**, der **Vogelschutz-Richtli- nie**[259] und der **Seveso-II-Richtlinie.**[260] Durch diese Verknüpfung kann vermieden wer- den, dass einzelne Umweltbelange an verschiedenen Stellen und gegebenenfalls doppelt geprüft oder gar neue zusätzliche Prüfverfahren erfolgen müssen, was die Bauleitplanung entsprechend belastet hätte. Vielmehr trägt eine einheitliche Umweltprüfung zur Verein- fachung der Bauleitplanung und einer nachfolgenden Zulassungsentscheidung bei.

184 Die allgemeine Aufzählung der abwägungserheblichen Belange wird durch Vorschrif- ten zum Umweltschutz ergänzt. § 1 a BauGB ist ganz auf Umweltbelange zugeschnitten, wobei zwischen der **abwägungsdirigierten Eingriffsregelung** nach dem BNatSchG in der Bauleitplanung (§ 1 a I bis III BauGB) einerseits und der **strikt bindenden Son- derregelung** für Gebiete mit gemeinschaftlicher Bedeutung und Vogelschutzgebiete in den **§§ 31 bis 34 BNatSchG** (§ 1 a IV BauGB) andererseits unterschieden wird. Die frü- heren Regelungen in § 1 a III BauGB 1998 sind dabei in das aktuelle Recht übernommen worden. Der Naturschutz in der Bauleitplanung, der auf dem Abarbeiten der Eingriffsre- gelung in den §§ 14 bis 17 BNatSchG einerseits und den Abwägungsmöglichkeiten ande- rerseits besteht, ist hierdurch unverändert in das geltende Recht übernommen worden und hat in § 1 a III BauGB seinen Standort.

185 Die Belange des Umweltschutzes, einschließlich des Naturschutzes und der Land- schaftspflege (§ 1 VI Nr. 7 BauGB), sind Gegenstand einer Umweltprüfung, in der die voraussichtlichen erheblichen Umweltauswirkungen ermittelt, beschrieben und bewertet werden (§ 2 IV BauGB). Nach wie vor bildet der Umweltbericht als Bestandteil der Be- gründung das zentrale Dokument, das Auskunft über die Umweltbelange und deren Be- wertung gibt. Die vormals in § 2 a BauGB 2001 enthaltenen EU-rechtlich vorgegebenen Prüfungsmaßstäbe sind – umgestellt auf die Umweltprüfung – in der Anlage 1 zum BauGB aufgeführt. Der Detaillierungsgrad der Prüfung bestimmt sich nach den betrof- fenen Umweltbelangen (§ 2 IV 2 BauGB). Diesen hat die Gemeinde jeweils festzulegen.

186 Die **Neuaufstellung** des **Flächennutzungsplans** ist grundsätzlich UP-pflichtig, selbst soweit Projekte der Anlage 1 Nr. 18 des UVPG dort nicht ausgewiesen werden. Be- bauungspläne sind nur UVP-pflichtig, wenn sie nicht in dem Sonderverfahren des § 13 a BauGB als Bebauungsplan der Innenentwicklung[261] aufgestellt werden oder es sich um Bebauungspläne für bisherige Innenbereichslagen handelt, in denen die Planung die Eigenart der näheren Umgebung planerisch nicht wesentlich verändert wird (§ 13 I BauGB). Auch bei einer Änderung des Flächennutzungsplans oder Bebauungsplans kann die Gemeinde das vereinfachte Verfahren nach § 13 BauGB anwenden, wenn die Grund- züge der Planung nicht beeinträchtigt werden, kein UVP-pflichtiges Vorhaben nach An- lage 1 zum UVPG „Liste der UVP-pflichtigen Vorhaben" ausgewiesen werden soll und auch die Schutzgüter der FFH- und Vogelschutzgebiete nicht betroffen sind. Es kann

---

[258] Es handelt sich vor allem um Planänderungen nach § 13 BauGB, durch die keine UVP-pflich- tigen oder vorprüfungspflichtigen Vorhaben mit erheblichen Umweltauswirkungen ausgewiesen werden sollen, oder Bebauungspläne, die ohne erhebliche Änderung der planungsrechtlichen Zuläs- sigkeit im bisher nicht beplanten Innenbereich aufgestellt werden.

[259] 79/409/EWG über die Erhaltung der wildlebenden Vogelarten ABl. EG Nr. L 103/1.

[260] 96/82/EG zur Beherrschung der Gefahren bei schweren Unfällen mit gefährlichen Stoffen ABl. EG Nr. L 10/13.

[261] S. Rn. 223.

dann auf eine Umweltprüfung nach § 2 IV BauGB und auch auf eine **frühzeitige Öffentlichkeits- und Behördenbeteiligung** nach §§ 3 I, 4 I BauGB) verzichtet werden. Allerdings ist der betroffenen Öffentlichkeit Gelegenheit zur Stellungnahme innerhalb angemessener Frist zu geben oder eine Auslegung nach § 3 II BauGB durchzuführen. Das vereinfachte Verfahren nach §§ 13 und 13 a BauGB beschränkt sich daher auf Planungen, die keine UVP-pflichtigen Vorhaben ausweisen und die keine erheblichen Auswirkungen auf Habitate und Vogelschutzgebiete haben. Es kann dann auf eine Umweltprüfung verzichtet werden. Die in ihren abwägungserheblichen Belangen betroffene Öffentlichkeit und die betroffenen Behörden sind allerdings zu beteiligen. Diese Möglichkeiten eines vereinfachten Verfahrens ergeben sich daraus, dass die Umweltprüfung grundsätzlich alle Bauleitpläne erfasst, während die UVP nur für Vorhaben erforderlich ist, die nach der Anlage 1 zum UVPG zwingend UVP-pflichtig sind oder einer Vorprüfungspflicht unterliegen. Eine Umweltprüfung ist in diesen Fällen dann erforderlich, wenn eine Vorprüfung ergibt, dass Umweltbelange erheblich beeinträchtigt werden.

Der Umweltbericht muss bereits vor Durchführung der förmlichen Öffentlichkeitsbeteiligung fertig gestellt sein. Eine Änderung des Umweltberichts während des Planaufstellungsverfahrens ruft daher das Erfordernis einer erneuten Offenlage nach § 3 II BauGB oder einer vergleichbaren Öffentlichkeits- und Behördenbeteiligung nach § 13 II Nr. 2 und 3 BauGB (§ 4 a III BauGB) hervor, wenn sich daraus Änderungen der Planungen ergeben oder die Begründung sich in ihren elementaren Bestandteilen ändert.[262] **187**

Auf eine Umweltprüfung kann bei **Änderungen oder Ergänzungen eines Bauleitplans** verzichtet werden, wenn die Grundzüge der Planung nicht berührt werden oder die Planaufstellung in bisherigen nicht beplanten Innenbereichen nach § 34 BauGB die Eigenart der näheren Umgebung nicht verändert (§ 13 BauGB). Dies gilt allerdings nur unter der Voraussetzung, dass keine Vorhaben ausgewiesen werden, für die nach der Anlage 1 zum UVPG „Liste der UVP-pflichtigen Vorhaben" eine UVP oder eine Vorprüfung mit dem Ergebnis einer UVP durchzuführen ist, keine Beeinträchtigungen gemeinschaftsrechtlicher Schutzgebiete bestehen und keine erheblichen Umweltauswirkungen zu erwarten sind (§ 13 BauGB). Ein Beispiel für solche bestandswahrenden Pläne wäre etwa eine Planänderung, mit der ein Ausschluss von Vergnügungsstätten beabsichtigt ist. Eine Umweltprüfung entfällt auch bei Innenbereichs- oder Außenbereichssatzungen. Allerdings dürfen diese Satzungen keine Vorhaben zulassen, für die eine Pflicht zur UVP oder zur Vorprüfung nach Anlage 1 des UVPG mit dem Ergebnis einer UVP-Pflicht besteht. Auch die Entwicklungsbereichssatzung nach § 165 BauGB[263] und die Sanierungssatzung nach § 142 BauGB sind nicht umweltprüfungspflichtig, weil sie keine Baurechte schaffen, sondern diese lediglich vorbereiten oder sichern. **188**

a) Übersicht. Nach § 2 a BauGB hat die Gemeinde bereits für das Aufstellungsverfahren in die Begründung einen Umweltbericht aufzunehmen, der zumindest die in der Anlage 1 zum BauGB aufgeführten Angaben enthält. Der Umweltbericht wird damit verpflichtender Bestandteil der Begründung des Bauleitplans und nimmt daher verfahrensmäßig als Teil der Begründung an dem Planaufstellungsverfahren teil. Nach § 2 I UVPG **189**

---

[262] Zum Erfordernis einer erneuten Offenlage im Fachplanungsrecht BVerwG, Urt. v. 29.1.1991 – 4 C 51.89 – BVerwGE 87, 332 = DVBl 1991, 1143 – München II.

[263] BVerwG, B. v. 19.4.1999 – 4 BN 10.99 – NVwZ-RR 1999, 624 = ZfBR 1999, 277 – Entwicklungsbereich; B. v. 5.8.2002 – 4 BN 32.02 – NVwZ-RR 2003, 7 = DVBl 2003, 82. Zur Abgrenzung zwischen Sanierungs- und Entwicklungsmaßnahmen BVerwG, B. v. 8.7.1998 – 4 BN 22.98 – NVwZ 1998, 1298 = UPR 1998, 454; Urt. v. 3.7.1998 – 4 CN 2.97 – DVBl 1998, 1293 = UPR 1998, 453 – Teilbarkeit von Entwicklungsmaßnahmen; BVerfG, B. v. 4.7.2002 – 1 BvR 390/01 – DVBl 2002, 1467 = NVwZ 2003, 71; zum Entwicklungsbereich *BKL* § 165 Rn. 12; *Degenhart* DVBl 1994, 1041; *Gaentzsch* NVwZ 1991, 921; *Leisner* NVwZ 1993, 935; *Krautzberger* LKV 1992, 84; *ders.* DÖV 1992, 92; *ders.* WuV 1993, 85; *Müller/Wollmann*, Erhaltung der städtebaulichen Gestalt eines Gebiets durch Erhaltungssatzung, S. 183; *Runkel* ZfBR 1991, 19; *Schmidt-Eichstaedt* BauR 1993, 38; *Stich* WuV 1993, 104.

umfasst die UVP die Ermittlung, Beschreibung und Bewertung der unmittelbaren und mittelbaren Auswirkungen eines Vorhabens auf Menschen, Tiere, Pflanzen, Boden, Wasser, Luft, Klima und Landschaft, Kulturgüter und sonstige Sachgüter sowie die Wechselwirkungen zwischen den vorgenannten Schutzgütern. Sie wird unter Einbeziehung der Öffentlichkeit durchgeführt. Wird über die Zulässigkeit eines Vorhabens im Rahmen mehrerer Verfahren entschieden, werden die in diesen Verfahren durchgeführten Teilprüfungen zu einer Gesamtbewertung aller Umweltauswirkungen zusammengefasst. Die Regelungen über den Umweltbericht dienen der Umsetzung der Plan-UP-Richtlinie. Der Umweltbericht enthält auf der Grundlage der vorgesehenen Darstellungen oder Festsetzungen die erforderlichen Angaben zur Beurteilung der Umweltauswirkungen und deren Einbeziehung in die Abwägungsentscheidung.[264]

190 b) Umweltbericht und Abwägung. Der → Umweltbericht (→ *Textbeispiel 16*) ist als Teil der Begründung (§ 2 a BauGB) nicht Bestandteil des Bauleitplans. Rechtsverbindliche Festsetzungen, die für den Bürger unmittelbares Recht erzeugen, enthält der Umweltbericht nicht. Er soll vielmehr wie auch die anderen Teile der Begründung einen Teil des Abwägungsvorgangs dokumentieren und die Grundlage für die Ausgleichsentscheidung in der Abwägung bilden. Der Umweltbericht hat daher Bedeutung vor allem bei der Kontrolle der Wirksamkeit des Bebauungsplans. Der Umweltbericht soll belegen, dass die Gemeinde die besonderen verfahrensrechtlichen Anforderungen bei der Ausweisung UVP-pflichtiger Vorhaben beachtet hat, die sich aus dem nationalen Recht (BauGB, UVPG) und dem Europarecht (Plan-UP-Richtlinie) ergeben. Der Umweltbericht soll die Ergebnisse der Umweltprüfung dokumentieren und belegen, dass die Gemeinde den besonderen Anforderungen des Abwägungsgebotes in diesen Fällen nachgekommen ist. Durch die Umweltprüfung als zunächst lediglich verfahrensmäßiger Vorgang der Ermittlung und Zusammenstellung umweltbedeutsamer Belange wird auf einer ersten Stufe das Abwägungsmaterial angereichert. Auf einer zweiten Stufe können sich daraus aber auch erhöhte Abwägungserfordernisse ergeben, die auch Ausgleichsentscheidungen hinsichtlich der betroffenen Umweltbelange nach sich ziehen. Der Umweltbericht soll für UVP-pflichtige Vorhaben diesen Prozess der Ermittlung, Beschreibung und Bewertung von Umweltbelangen festhalten (Stufe 1) und so die Grundlage für eine Abwägung mit anderen Belangen legen (Stufe 2), die in den anderen Teilen der Begründung zu leisten ist. Der Umweltbericht bezieht sich daher auf eine Betrachtung ausschließlich der Umweltbelange. Die eigentliche Abwägung mit anderen Belangen i. S. einer Ausgleichentscheidung steht erst im Anschluss an die Umweltprüfung an. Der Umweltbericht ist daher Teil der Begründung, in der diese auf einer Gesamtabwägung beruhende Ausgleichsentscheidung zu belegen ist. Wegen seiner ausschließlich auf Umweltbelange ausgerichteten Sicht muss der Umweltbericht daher in die Gesamtabwägung integriert und dort zu einer Ausgleichsentscheidung verwoben werden.

> → **Umweltbericht.** Teil der Plan- oder Programmdokumentation, der die umweltrelevanten Informationen enthält. Der Umweltbericht ist Bestandteil der Begründung und wird durch die zusammenfassende Erklärung sowie das Monitoring ergänzt. Im Umweltbericht sind alle umweltrelevanten Auswirkungen des geplanten Vorhabens festzuhalten. Die UP ermittelt, beschreibt und bewertet die Auswirkungen eines Vorhabens entsprechend dem Planungsstand auf Menschen einschließlich der menschlichen Gesundheit, Tiere, Pflanzen und die biologische Vielfalt, Boden, Wasser, Luft, Klima und Landschaft, Kulturgüter und sonstige Sachgüter sowie die Wechselwirkungen zwischen den vorgenannten Schutzgütern. Der Umweltbericht enthält feste Bestandteile, die vor allem die Umweltauswirkungen der Planung bzw. des geplanten Vorhabens beschreiben. Darüber hinaus sind nach dem jeweiligen Planungsstand zusätzliche Angaben über die verwendeten technischen Verfahren, über die zu erwartenden Umweltauswirkungen der Anlage und über Schwierigkeiten bei der Zusammenstellung der Angaben erforderlich (§ 2 a BauGB und Anlage 1 zum BauGB).

---

[264] Gesetzentwurf der Bundesregierung zum Artikelgesetz, Drs. 674/00, v. 10.11.2000, 144.

Umweltbericht
Vermeidbare und nicht vermeidbare Auswirkungen

Eine Reihe der vorgenannten schutzgutbezogenen Auswirkungen lassen sich nicht vermeiden. Hier ist insbesondere die Rücknahme der Bebauung im Bereich wertvoller Biotopstrukturen zu nennen. Zum anderen können durch die Verringerung der ansonsten für Wohnbaugebiete üblichen GRZ von 0,4 auf 0,3 Beeinträchtigungen für den Naturhaushalt aus quantitativer Sicht vermindert werden, so vor allem für die bodenökologischen, wasserhaushaltlichen und bioökologischen Funktionen. Innerhalb des Gebietes können durch entsprechende im Bereich der Grünflächen vorgesehene Maßnahmen Teile der Eingriffe in Natur und Landschaft minimiert werden. Die verbleibenden Beeinträchtigungen werden auf externen Ausgleichsflächen ausgeglichen.
Der Verlust des Erholungsraumes kann durch die Anlage der öffentlichen Grünflächen mit weitgespanntem Wegenetz und einer Vielzahl gliedernder und belebender Elemente ausgeglichen werden. Dadurch werden auch Teile der Beeinträchtigung des Landschaftsbildes durch Neugestaltung des Wohnumfeldes in gewisser Weise ersetzt. Der Verlust landwirtschaftlicher Produktionsfläche und die damit verbundenen wirtschaftlichen Einbußen werden im Rahmen des Verkaufs von Bauland finanziell kompensiert. Bestimmte Beeinträchtigungen, so z. B. die Auswirkungen durch Lärm, Abgase, Staub und Unruhe während der Bauzeit, lassen sich nicht vermeiden. Diese Auswirkungen sind allerdings zeitlich befristet und werden primär auch nur die direkt an das Vorhabengebiet angrenzende Wohnbebauung betreffen. Auch sind insbesondere Beeinträchtigungen der abiotischen Funktion der Schutzgüter und der Verlust von Freiraum nicht oder nur teilweise zu vermindern. Dazu gehören insbesondere die Auswirkungen auf den Wasserhaushalt des Gebietes und auf das Lokalklima. Insgesamt sind im Rahmen der Verwirklichung des Planes keine erheblichen nachteiligen Umweltauswirkungen zu erwarten, die angesichts des Planungsziels hätten vermieden oder vermindert werden können.
Bereits im Vorfeld der Planung sind Alternativstandorte untersucht worden. Dabei hat sich der vorgesehene Standort als vorzugswürdig erwiesen. Das Gebiet hat eine hohe städtebauliche Bedeutung, eine besondere Lagegunst im Verkehrssystem und ein vergleichsweise geringes Konfliktpotenzial. Mit der Fortentwicklung der Gesamtkonzeption sind in verschiedenen Planungsphasen alternative Konzepte im Hinblick auf eine Vermeidung und Verminderung von Beeinträchtigungen für die Schutzgüter entwickelt worden. So wurde etwa die Bebauung im Bereich höherwertiger Biotopstrukturen zurückgenommen und die Grundflächenzahl verringert.

Umweltbericht	
Schutzgut	**Ausprägung**
Mensch	→ große Wohnsiedlungsbereiche im Umfeld, kleiner Siedlungsansatz innerhalb des Vorhabengebietes → großflächige Landschaftliche Nutzung → eingeschränkte Möglichkeit der Feierabend- und Wochenenderholung
Pflanzen	→ monotone Pflanzenwelt, eutropher Standorte ohne Besonderheiten → Flattergras-Buchenwald (Milio-Fagentum) als potenzielle natürliche Vegetation → Biotopstruktur geprägt durch hohen Anteil intensiv genutzter Ackerflächen, schmale Säume sowie wertvolle Baumstrukturen in Gärten und Obstgärten
Tier	→ eingeschränktes Artenspektrum mit Allerweltsarten → relativ gleichförmige und geringwertige Habitatstrukturen
Boden	→ Rendzina im westlichen Teil sowie Kley im östlichen Teil → Versickerung von Niederschlagswasser nicht möglich → Altlasten nicht bekannt
Grundwasser	→ Grundwasserleiter mit guter bis mäßiger Trennfugendurchlässigkeit und im Bereich der pleistozänen Sedimente Grundwasserleiter mit geringer Mächtigkeit und mäßiger Porendurchlässigkeit → Flurabstand zwischen 4 bis 8 m bzw. 0,5 bis 2 m → geringe Grundwasserneubildungsrate
Oberflächenwasser	→ in Form eines Entwässerungsgrabens mit geringer bis mittlerer ökologischer Bedeutung → Entwässerung in Richtung Osten
Klima	→ Kühle Sommer und relativ milde Winter sowie hauptsächlich maritime Luftströmungen aus Südwest und West als Folge zyklonaler Westwetterlagen → Durch Stadtrandlage sind geringfügige Änderungen der Freilandverhältnisse möglich → Funktion des Freiraums als Frischluftschneise und Kaltluftentstehungsgebiet

Schutzgut	Ausprägung
Luft	→ relativ günstige Immissionssituation
Landschaft	→ bestimmt durch die Topografie und Nutzung, Mangel an gliedernden und belebenden Landschaftselementen, Sichtkulisse durch die Vegetationselemente der Randbebauung
Kulturgüter	→ nicht existent
Sachgüter	→ in Form von Gebäuden und Nutzungen vorhanden
Wechselwirkungen	→ in vielfältiger Form vorhanden → Vorbelastungen durch Landwirtschaft und Straßenverkehr

Textbeispiel 16: *Umweltbericht*

191 **c) Umweltbericht im Aufstellungsverfahren.** Die Verzahnung des Umweltberichts mit der Bebauungsplanbegründung kommt auch dadurch zum Ausdruck, dass der Umweltbericht Teil des Aufstellungsverfahrens wird und wie bereits die traditionelle Begründung zum Bebauungsplan bei der förmlichen Öffentlichkeitsbeteiligung nach § 3 II BauGB offen zu legen ist (§ 2 a BauGB). Durch die **Öffentlichkeitsbeteiligung** wird zugleich den europarechtlichen Anforderungen einer Öffentlichkeitsbeteiligung in der UVP Rechnung getragen (Art. 6 II UVP-RL). Auch bei der förmlichen Behördenbeteiligung nach § 4 II BauGB ist der Umweltbericht vorzulegen. Die Behörden und sonstigen Träger öffentlicher Belange haben dabei ihrerseits der Gemeinde Informationen über umweltrelevante Belange zur Kenntnis zu bringen (§ 4 II 3 BauGB). Darauf haben die Gemeinden einen Rechtsanspruch. Wird der Bebauungsplan als Satzung beschlossen, so beschließt die Gemeinde auch über die Begründung und damit über den Umweltbericht als Teil der Bebauungsplanbegründung. Der Umweltbericht kann dabei wie die Bebauungsplanbegründung im Aufstellungsverfahren **ergänzt oder geändert** werden. Vor der förmlichen Öffentlichkeitsbeteiligung nach § 3 II BauGB oder der Behördenbeteiligung nach § 4 II BauGB ergeben sich aus solchen Ergänzungen oder Änderungen keine zusätzlichen verfahrensmäßigen Anforderungen. Beim Aufstellungsbeschluss selbst und bei den vorgezogenen Beteiligungsverfahren muss der Umweltbericht noch nicht vorliegen. Es könnte sich jedoch empfehlen, bereits in diese frühen Verfahrensschritte eine Grobprüfung der Umweltbelange einzubeziehen. Wird der Umweltbericht nach der förmlichen Öffentlichkeitsbeteiligung oder der Behördenbeteiligung geändert oder ergänzt, sind die jeweiligen Verfahrensschritte bei einer erheblichen Änderung neu durchzuführen (§ 4 a III BauGB). Werden die Grundzüge der Planung durch die Änderung oder Ergänzung nicht betroffen, kann eine Beteiligung der betroffenen Öffentlichkeit und der Behörden erfolgen. Allerdings setzt dies voraus, dass sich die neu ausgelösten Betroffenheiten auf einen überschaubaren Personenkreis beschränken. Werden dagegen durch die Änderung des Umweltberichts Belange betroffen, die für die allgemeine Öffentlichkeit bedeutsam sind, muss eine erneute Offenlegung des Bebauungsplans nach § 3 II BauGB erfolgen. Eine individuelle Betroffenenbeteiligung nach § 13 BauGB scheidet dann aus. Dies gilt selbst dann, wenn sich die Festsetzungen des Bebauungsplans nicht oder nur geringfügig ändern. Denn auch eine erhebliche Änderung des Umweltberichts oder anderer Teile der Begründung können zu einer erneuten Offenlage Anlass geben, wenn sich hierdurch die Beurteilungsgrundlage für die Festsetzungen deutlich ändert und sich etwa erhebliche Gewichtsverschiebungen in der Beurteilung ergeben. Nach § 4 a III BauGB ist in diesen Fällen auch den berührten Behörden und sonstigen Trägern öffentlicher Belange Gelegenheit zu einer ergänzenden Stellungnahme zu geben.

192 **d) Inhalt.** Der Umweltbericht soll die Grundlage für eine Berücksichtigung umweltrelevanter Belange in der Abwägung legen und die Umweltprüfung dokumentieren. Diese ermittelt, beschreibt und bewertet die Auswirkungen eines Vorhabens entsprechend dem Planungsstand auf Menschen einschließlich der menschlichen Gesundheit, Tiere, Pflanzen und die biologische Vielfalt, Boden, Wasser, Luft, Klima und Landschaft, Kulturgüter und sonstige Sachgüter sowie die Wechselwirkungen zwischen den vorgenannten Schutzgütern (§ 2 I 2 UVPG). Die Umweltprüfung vollzieht sich dabei in den **drei Schritten** der **Ermittlung**, **Beschreibung** und **Bewertung** umweltrelevanter Belange. Der Umweltbericht sollte diese Schritte dokumentieren. Da der Bauleitplan im Gegensatz zur Fachplanung abgesehen vom planfeststellungsersetzenden Bebauungsplan nicht über die Zulassung eines Projektes abschließend entscheidet, können die umweltrelevanten Faktoren nicht immer in der gleichen Vollständigkeit und Detailschärfe ermittelt werden wie im Planfeststellungsverfahren. Auch folgt etwa der Ausweisung eines Industriegebietes ein immissionsschutzrechtliches Genehmigungsverfahren nach, in dem weitere Details der Umweltauswirkungen Verfahrensgegenstand sind. Vor diesem Hintergrund hat der Umweltbericht neben einem Grundbestand an umweltrelevanten Aussagen (§ 2 a 2 Nr. 2 BauGB) eine unterschiedliche Detailschärfe, die sich aus der Art der Festsetzungen für das jeweilige Vorhaben und aus dem entsprechenden Planungsstand ergibt. Außerdem muss der Umweltbericht eine allgemein verständliche Zusammenfassung der Umweltangaben enthalten. Der Umweltbericht muss Dritten die Beurteilung ermöglichen, ob und in welchem Umfang sie von den Umweltauswirkungen der Festsetzungen für das Vorhaben betroffen werden können.

e) Bestandteile des Umweltberichts. Nach der **Anlage 1 zum BauGB** besteht der **193** **Umweltbericht**[265] aus folgenden Angaben: (1) Einer **Einleitung** mit einer Kurzdarstellung des Inhalts und der wichtigsten Ziele des Bauleitplans, einschließlich der Beschreibung der Festsetzungen des Plans mit Angaben über Standorte, Art und Umfang sowie Bedarf an Grund und Boden der geplanten Vorhaben und einer Darstellung der in einschlägigen Fachgesetzen und Fachplänen festgelegten Ziele des Umweltschutzes, die für den Bauleitplan von Bedeutung sind, und der Art, wie diese Ziele und die Umweltbelange bei der Aufstellung berücksichtigt wurden, (2) einer **Beschreibung** und **Bewertung** der **Umweltauswirkungen**, die in der Umweltprüfung nach § 2 IV 1 BauGB ermittelt wurden, mit Angaben der Bestandsaufnahme der einschlägigen Aspekte des derzeitigen Umweltzustands, einschließlich der Umweltmerkmale der Gebiete, die voraussichtlich erheblich beeinflusst werden, einer Prognose über die Entwicklung des Umweltzustands bei Durchführung der Planung und bei Nichtdurchführung der Planung, den geplanten Maßnahmen zur Vermeidung, Verringerung und zum Ausgleich der nachteiligen Auswirkungen und den in Betracht kommenden anderweitigen Planungsmöglichkeiten, wobei die Ziele und der räumliche Geltungsbereich des Bauleitplans zu berücksichtigen sind, (3) folgenden **zusätzlichen Angaben**: einer Beschreibung der wichtigsten Merkmale der verwendeten technischen Verfahren bei der Umweltprüfung sowie Hinweise auf Schwierigkeiten, die bei der Zusammenstellung der Angaben aufgetreten sind, zum Beispiel technische Lücken oder fehlende Kenntnisse, einer Beschreibung der geplanten Maßnahmen zur Überwachung der erheblichen Auswirkungen der Durchführung des Bauleitplans auf die Umwelt und einer allgemein verständlichen Zusammenfassung der erforderlichen Angaben nach der Anlage 1 zum BauGB.

Kurzdarstellung des Inhalts und der wichtigsten Ziele (Nr. 1 a der Anlage 1 **194** **zum BauGB).** An der Spitze des Umweltberichts steht die Beschreibung des Planinhalts. Dies ist wichtig, um die Eingriffsfolgen der Planung abschätzen zu können. Zugleich ergibt sich diese Anforderung aus dem Abwägungsgebot. Denn Abwägung setzt eine Abschätzung der Eingriffsfolgen voraus. Hierzu ist einerseits der Planinhalt zu ermitteln. Andererseits sind die sich aus der Verwirklichung der zugelassenen Vorhaben ergebenden Eingriffsfolgen zu betrachten. Erst aus dieser Zusammenschau von Planinhalt und vorhandener Umwelt kann eine Folgenabschätzung entstehen. Schwierigkeiten bei der Beschreibung der Festsetzungen können sich vor allem auch dann ergeben, wenn

---

[265] Zum Umweltbericht s. Rn. 177.

der Bebauungsplan nicht nur ein ganz konkretes Vorhaben festsetzt, sondern die Festsetzungen eine größere Bandbreite von Vorhaben ermöglicht. Hier stößt die Beschreibung der konkreten Auswirkungen des Planinhalts auf Schwierigkeiten. Je allgemeiner die Festsetzungen sind und je mehr sie auf der Ebene der konkrete Vorhabenplanung Spielräume lassen, um so breiter ist ggf. das Spektrum der zu prüfenden Belange. Die Gemeinde soll sich aber vom Grundsatz her über die Reichweite der Festsetzungen klar werden und die Variationsbreite erkennen, die mit den beabsichtigten Festsetzungen verbunden sind. In welchem Umfang sie in der Bauleitplanung Gestaltungsspielräume für die nachfolgende Zulassungsentscheidung eröffnet, ist der Gemeinde prinzipiell nicht vorgegeben. Hier wird wie bisher der Grundsatz der Konfliktbewältigung durch die Möglichkeit des Konflikttransfers ergänzt. Dies gilt vor allem dann, wenn der Bauleitplanung ein weiteres Zulassungsverfahren nachfolgt. Hier kann die Umweltprüfung i. S. der Lastenverteilung auf das Bebauungsplanverfahren einerseits und das Zulassungsverfahren andererseits aufgeteilt werden (§ 17 III UVPG). Die Gemeinde soll sich bei Bauleitplänen bereits in dem ersten Schritt des Umweltberichts Klarheit darüber verschaffen, welche Vorhaben zugelassen werden und welche Gestaltungsspielräume sich im Hinblick auf umweltrelevante Belange ergeben. Die Möglichkeiten des Konflikttransfers in Nachfolgeverfahren wie etwa das Baugenehmigungsverfahren, das immissionsschutzrechtliche Genehmigungsverfahren oder den städtebaulichen Vertrag werden vom Grundsatz her hierdurch nicht eingeschränkt. Allerdings könnten sich hier neue Schranken ergeben, weil die Abschätzung der Eingriffsfolgen bei größeren Spielräumen im Zulassungsverfahren schwieriger wird. Bei zweistufigen Umweltprüfungen wird sich die Umweltprüfung in der Bauleitplanung auf die Standortfrage konzentrieren, während Einzelheiten der Projektausführung im nachfolgenden Zulassungsverfahren im Rahmen einer UVP behandelt werden können.

195   **Nr. 1 b) der Anlage 1 zum BauGB. Darstellung der rahmensetzenden Ziele des Umweltschutzes.** Im Umweltbericht sind die in einschlägigen Fachgesetzen und Fachplänen festgelegten Ziele des Umweltschutzes, die für den Bauleitplan von Bedeutung sind, und die Art, wie diese Ziele und die Umweltbelange bei der Aufstellung berücksichtigt wurden, darzustellen. Die Darstellung kann sich dabei auf die konkreten rechtlichen Vorgaben für die jeweilige Bauleitplanung beschränken. So könnte sich etwa ein Hinweis auf das BauGB, die BauNVO, die PlanzV aber auch auf die Vorgaben der Regionalplanung anbieten. Beim Bebauungsplan sind die Darstellungen des Flächennutzungsplans, ein städtebaulicher Rahmenplan aber auch rahmensetzende Fachpläne ggf. aus den Bereichen Landschaftsschutz oder Wasserwirtschaft zu erwähnen.

196   **Nr. 2 a) der Anlage 1 zum BauGB: Bestandsaufnahme.** Die **Bestandsaufnahme** der einschlägigen Aspekte des derzeitigen Umweltzustandes, einschließlich der Umweltmerkmale der Gebiete, die voraussichtlich erheblich beeinflusst werden, dient dazu, den gegenwärtigen Zustand der Umweltbedingungen zu ermitteln, die vor dem Inkrafttreten des Plans gegeben sind. Dieser Arbeitsschritt ist Voraussetzung dafür, dass anschließend die Umweltauswirkungen der Planung eingeschätzt werden können. Zeitlicher Anknüpfungspunkt ist dabei der Umweltzustand, wie er sich zu Beginn des Aufstellungsverfahrens darstellt. Ergeben sich im Verlauf des Verfahrens erhebliche Veränderungen des Umweltzustands, sind auch diese einzubeziehen. Dazu können ggf. fachgutachtliche Ermittlungen erforderlich werden. Die Ermittlungspflichten stehen allerdings unter dem Vorbehalt des allgemeinen Kenntnisstandes, der allgemein anerkannten Prüfungsmethoden, der Erforderlichkeit und der Zumutbarkeit. Es spricht einiges dafür, dass der Standard nicht gleichzusetzen ist mit der UVP im Fachplanungsverfahren und im immissionsschutzrechtlichen Genehmigungsverfahren. Soweit der Bauleitplanung ein Genehmigungsverfahren nachfolgt, kann dieses einen Teil der Lasten übernehmen. Dies gilt vor allem für das immissionsschutzrechtliche Genehmigungsverfahren. Vor diesem Hintergrund erscheint es sachgerecht, der Gemeinde nur diejenigen Ermittlungspflichten aufzuerlegen, die sich auf der Stufe der Bauleitplanung stellen. Soweit ein Zulassungsverfahren mit UVP nachfolgt, kann ein Teil der UVP auch in das Nachfolgeverfahren verschoben werden. Wird über die Zulässigkeit eines Vorhabens im Rahmen mehrerer Verfahren entschieden, werden die in diesen Verfahren durchgeführten Teilprüfungen in einer Gesamtbewertung aller Umweltauswirkungen einschließlich deren Wechselwirkungen zusammengefasst (§ 2 I 4 UVPG). Eine derartige gestufte UVP ist auch europarechtlich nicht ausgeschlossen. Denn auch bei einer gestuften UVP kann sichergestellt werden, dass die Umweltbelange ordnungsgemäß ermittelt und im Rahmen der Abwägung abgearbeitet werden.

Nr. 2 b) der Anlage 1 zum BauGB: Die **Prognose** über die Entwicklung des Um-   **197** weltzustandes bei Durchführung der Planung und bei Nichtdurchführung der Planung ist ein zentrales Element jeder planerischen Entscheidung, das auch im Hinblick auf andere städtebauliche Belange maßgeblich ist. Dazu sind geeignete fachspezifische Methoden anzuwenden. Der Sachverhalt, auf den sich die Prognose gründet, ist sachgerecht zu ermitteln. Zudem ist die Prognose schlüssig zu begründen.[266] Dabei muss auch die sog. **Null-Variante** geprüft werden. In der Regel kann die Entwicklung der Umwelt ohne die Planung in der Praxis unaufwändig festgestellt werden. Insbesondere, wenn bereits vor Beginn der Planung ein weitgehend gleich bleibender Zustand bestanden hat, wird in der Regel davon ausgegangen werden können, dass dieser sich auch künftig ohne die Planung nicht verändern wird.

Nr. 2 c) der Anlage 1 zum BauGB: Bestandteil der Umweltprüfung sind auch   **198** **Maßnahmen** zur **Vermeidung**, **Verringerung** und zum **Ausgleich** der nachteiligen Auswirkungen. Das ergibt sich bereits aus dem von der naturschutzrechtlichen Eingriffsregelung bekannten Stufensystem (§§ 14, 15 BNatSchG). Eingriffe sind nach Möglichkeit zu vermeiden. Nicht vermeidbare Eingriffe sind zu minimieren. Die verbleibenden Eingriffe sind auszugleichen. Dieses Prüfungssystem besteht auch bei der Umweltprüfung, wobei das Ergebnis der Prüfung gesetzlich nicht festgelegt und die Umweltbelange auch nicht mit einem abstrakten Vorrang ausgestattet sind. Sie entwickeln jedoch ihre Wehrfähigkeit, wenn sich die mit der Planung verfolgten Ziele auch mit einem geringeren Eingriff gleich gut erreichen lassen. In welchem Umfang ein Eingriff auszugleichen ist, bestimmt die Anlage 1 zum BauGB demgegenüber nicht. Im Anwendungsbereich der Eingriffsregelung hat die Gemeinde hierüber vielmehr in der planerischen Abwägung zu entscheiden (§ 1a III BauGB). Dieses Abwägungsmodell ist auch für die Umweltprüfung in der Bauleitplanung maßgeblich.

Die Planung muss sich daher auch mit möglichen **Schutzmaßnahmen** auseinander   **199** setzen. Eine unmittelbare materielle Verpflichtung, entsprechende Maßnahmen im Rahmen der Planung zu treffen, enthält die Plan-UP-Richtlinie nicht. Nr. 2 c der Anlage 1 zum BauGB fordert auf der Grundlage der Richtlinie insofern nur, die aus der planerischen Entscheidung der Gemeinde heraus vorgesehenen Maßnahmen im Umweltbericht zu beschreiben. Im Hinblick auf die Belange des Naturhaushalts und des Landschaftsbildes besteht eine materielle Prüfungspflicht im Rahmen der „naturschutzrechtlichen Eingriffsregelung" nach § 1a III BauGB. Die Regelungen über die Umweltprüfung erweitern allerdings die Prüfungserfordernisse über die naturschutzrechtliche Eingriffsregelung hinaus auf alle umweltschützenden Belange. Maßnahmen zur Vermeidung, Verringerung und zum Ausgleich nachteiliger Auswirkungen müssen nicht nur auf die naturschutzrechtlichen Belange, sondern auch auf alle umweltschützenden Belange bezogen sein. Das erweitert die Kompensationsregelungen und gibt ihnen vor dem Hintergrund des Nachhaltigkeitsgedankens eine neue Dimension. Die Bauleitplanung ist zwar nicht auf ein bestimmtes Ergebnis verpflichtet, muss aber im Zusammenhang mit der Ausgleichsentscheidung im Hinblick auf die zurückgestellten Belangen einen zusätzlichen verfahrensrechtlichen Prüfungsschritt vollziehen, bei dem die Vermeidung, Verminderungen und der Ausgleich im Bezug auf umweltschützende Belange geprüft wird. Dieser verfah-

---

[266] BVerwG, Urt. v. 5.12.1986 – 4 C 13.85 – BVerwGE 75, 214.

rensrechtliche Schritt ist europarechtlich vorgegeben und in der Anlage 1 zum BauGB
verbindlich vorgeschrieben. Auch Nr. 2 c der Anlage 1 zum BauGB verpflichtet zu einem
solchen Prüfungsschritt im Rahmen der Abwägungsentscheidung.

200   **Nr. 2 d) der Anlage 1 zum BauGB:** Mit der Prüfung der in Betracht kommenden
anderweitigen Planungsmöglichkeiten, wobei die Ziele und der räumliche Geltungsbereich des Bauleitplans zu berücksichtigen sind, wird die Verpflichtung zur sog. „Alternativenprüfung" ausdrücklich in das BauGB aufgenommen. Bereits durch den Gesetzes-
wortlaut wird dabei betont, dass diese Prüfung sich nur auf die in Betracht kommenden
anderweitigen Planungsmöglichkeiten und damit vernünftige Varianten beziehen soll
(vgl. Art. 5 I der Plan-UP-Richtlinie). Der Hinweis auf die Ziele und den räumlichen
Geltungsbereich des Plans verdeutlicht zudem, dass es sich dabei in der Praxis um anderweitige Lösungsmöglichkeiten im Rahmen der beabsichtigten Planung und innerhalb
des betreffenden Plangebiets handeln wird und nicht etwa grundsätzlich andere Planungen in Erwägung gezogen werden müssen, mit denen die Ziele des Planvorhabens nicht
erfüllt werden. Vollständigkeit mit entsprechender Detailschärfe wird hier nicht verlangt.
Allerdings könnte die Abwägung in eine Schieflage geraten, wenn wichtige, sich aufdrängende Alternativen nicht in die Abwägung einbezogen worden sind. Hier gelten die
allgemeinen Abwägungsgrundsätze, die eine Prüfung anderweitiger Lösungsmöglichkeiten in dem Umfang erfordern, wie sich diese Alternativen aufdrängen und sie eindeutig
vorzugswürdig erscheinen. Bereits mit dem Abwägungsgebot ist eine Prüfung von Plan-
varianten verbunden, um so eine die verschiedenen berührten Belange berücksichtigende
Lösung zu erreichen. So ist bereits in der frühzeitigen Öffentlichkeitsbeteiligung nach
§ 3 I BauGB die Öffentlichkeit über „sich wesentlich unterscheidende Lösungen, die für
die Neugestaltung oder Entwicklung des Gebiets in Betracht kommen", zu unterrichten.[267]

201   Zum Bestandteil des Umweltberichts gehört auch eine **Beschreibung der zu erwartenden (erheblichen nachteiligen) Umweltauswirkungen (Nr. 2 der Anlage 1 zum
BauGB).** Verbleiben nach Prüfung der Vermeidungs-, Minderungs- und Ausgleichsmaßnahmen noch erhebliche nachteilige Eingriffe in Umweltbelange, sind diese Umweltauswirkungen darzustellen. Die nachteilig betroffenen Umweltbelange gehen sozusagen als
Bilanz erheblicher nachteiliger Umweltauswirkungen in die Gesamtabwägung ein und
werden dort unter Abwägung mit anderen betroffenen Belangen der bauplanungsrechtlichen Ausgleichsentscheidung zugeführt. Dabei haben die Umweltbelange aber keinen abstrakten Vorrang oder gegenüber anderen Belangen stets eine generelle Vorzugswürdigkeit.
Auch die UVP beinhaltet daher keine Vorrangregelung. Sie gibt streng genommen überhaupt keine materiellen Kriterien in der Bewertung von Belangen vor. Das Gewicht der
Umweltbelange wird nur durch die UVP konturiert und kann sich vielleicht wegen der
stärkeren Befassung mit Umweltbelangen eher in der Abwägung gegenüber anderen Belangen durchsetzen. Dies ist aber in der UVP nicht vorgegeben, sondern hängt damit zusammen, dass die Umweltbelange durch eine UVP stärker in den Blickpunkt rücken.

202   Bei der Planung konkreter projektbezogener Anlagen können zusätzliche UVP-Prüf-
ungen erforderlich werden. Dies gilt etwa für die Planung einer konkreten Industrieanla-
ge, wobei der Planungsstand und damit auch der Prüfungsumfang im nachfolgenden Zulassungsverfahren zu berücksichtigen ist (vgl. auch § 6 IV UVPG).

203   **Nr. 3 der Anlage 1 zum BauGB: Zusätzliche Angaben.** Der Umweltbericht enthält zudem die folgenden Angaben: (a) Beschreibung der wichtigsten Merkmale der verwendeten technischen Verfahren bei der Umweltprüfung sowie Hinweise auf Schwierigkeiten, die bei der Zusammenstellung der Angaben aufgetreten sind, zum Beispiel technische Lücken oder fehlende Kenntnisse, (b) Beschreibung der geplanten Maßnahmen

---

[267] *Europäische Kommission – Generaldirektion Umwelt*, Arbeitshilfe zur Umsetzung der Richtlinie
2001/42/EG über die Prüfung der Umweltauswirkungen bestimmter Pläne und Programme,
Nr. 5.12.

zur Überwachung der erheblichen Auswirkungen der Durchführung des Bauleitplans auf die Umwelt und (c) eine allgemein verständliche Zusammenfassung der erforderlichen Angaben. Die Beschreibung der **wichtigsten Merkmale** der verwendeten **technischen Verfahren** sowie Hinweise auf Schwierigkeiten bei der Zusammenstellung der Angaben soll die Methodik verdeutlichen, die bei der Ermittlung der Umweltbelange angewendet worden sind. Die Beschreibung der geplanten **Maßnahmen** zur **Überwachung** der erheblichen Umweltauswirkungen verpflichtet die Gemeinde, bereits bei der Aufstellung des Bauleitplans die Grundlagen des beabsichtigten Monitorings offen zu legen. Hierdurch werden die Öffentlichkeit und die Behörden bereits im Planaufstellungsverfahren in das geplante Monitoring-Konzept einbezogen. Die Gemeinde muss daher bereits in der Begründung des Bauleitplans die Grundzüge des geplanten Monitoring darlegen. Die **allgemein verständliche Zusammenfassung** soll vor allem der Öffentlichkeit und den Behörden einen schnellen Zugang zu den wesentlichen Elementen der Planung und deren Einschätzung ermöglichen und damit die Beteiligung vereinfachen. Die Zusammenfassung bezieht sich auf die Umweltbelange und unterscheidet sich hierdurch von der **zusammenfassenden Erklärung**, die eine Gesamtbewertung des Vorhabens enthält. Während die allgemeinverständliche Zusammenfassung des Umweltberichts am Verfahren der Öffentlichkeits- und Behördenbeteiligung teilnimmt, wird die zusammenfassende Erklärung erst dem Feststellungsbeschluss des Flächennutzungsplans (§ 6 V 3 BauGB) bzw. dem Satzungsbeschluss des Bebauungsplans (§ 10 III 2, IV BauGB) beigefügt und nimmt daher nicht an dem Beteiligungsverfahren teil.

f) Umweltprüfung und Abwägung. Das Ergebnis der Umweltprüfung ist in der Ab-　**204** wägung zu berücksichtigen (§ 2 IV 4 BauGB). Offen ist dabei, ob die Plan-UP-Richtlinie lediglich **Verfahrensvorschriften** enthält oder auch in einem gewissen Umfang mittelbar inhaltliche Vorgaben beinhaltet. Das Ergebnis kann sein: Weiterführung des Verfahrens trotz nachteiliger Auswirkungen, weil andere für die Planung rechtlich oder tatsächlich bedeutsame Gesichtspunkte überwiegen oder vorgehen, Änderung oder Ergänzung der Planung oder Einstellung der Planung, weil sie nicht hinnehmbare Umweltbeeinträchtigungen mit sich brächte. Das Umweltrecht hat durch die UVP-Richtlinie keine materielle Anreicherung erfahren. Die gemeinschaftsrechtliche Regelung enthält sich hier materieller Vorgaben. Sie beschränkt sich auf verfahrensrechtliche Anforderungen im Vorfeld der Sachentscheidung, zu der ein Bezug nur insoweit hergestellt wird, als das Ergebnis der UVP zu berücksichtigen ist. Aus ihr gleichwohl unmittelbar wirkende materielle Entscheidungskriterien abzuleiten, ist schon deshalb nicht möglich, weil sie keinen Maßstab dafür liefert, welcher Rang den Umweltbelangen im Rahmen der Zulassungsentscheidung zukommt. Insoweit ist sie ergebnisneutral. Die Entscheidungsstruktur der jeweils einschlägigen nationalen Normen bleibt unangetastet. Die UVP-Richtlinie verlangt nur, dass die Zulassungsbehörde das Ergebnis der UVP in ihre Erwägungen mit einbezieht, schreibt aber nicht vor, welche Folgerungen sie hieraus zu ziehen hat.[268] Es könnte einiges dafür sprechen, dass diese Konzeption vom Grundsatz her auch für die Umweltprüfung gilt. So ganz sicher ist das allerdings nicht. Denn nach Art. 1 der Plan-UP-Richtlinie ist es Ziel der Richtlinie, im Hinblick auf die Förderung einer nachhaltigen Entwicklung ein hohes Umweltschutzniveau sicherzustellen und dazu beizutragen, dass Umwelterwägungen bei der Ausarbeitung und Annahme von Plänen und Programmen einbezogen werden, indem diese Pläne mit erheblichen Umweltauswirkungen einer Umweltprüfung unterzogen werden. Damit werden in der Plan-UP-Richtlinie zwar keine materiellen Maßstäbe für die Berücksichtigung von Umweltbelangen vorgegeben. Es ist nach den Vorgaben der Richtlinie aber erforderlich, dass die Ergebnisse der Umweltprüfung in die Abwägung eingehen und dort zu einem für die Umwelt nachhaltigen Ergebnis führen.[269]

---

[268] BVerwG, Urt. v. 25.1.1996 – 4 C 5.95 – BVerwGE 100, 238 = DVBl 1996, 677 – Eifelautobahn A 60.
[269] S. Rn. 1002.

205 **g) Mitwirkung von Privaten.** Obwohl die Gemeinde – wie für das Bebauungsplanverfahren – insgesamt auch für den Vollzug der Vorschriften über den Umweltbericht zuständig ist, schließt das nicht die Zusammenarbeit mit Privaten aus. So kann etwa die Erarbeitung des Umweltberichts durch städtebaulichen Vertrag oder im Rahmen eines vorhabenbezogenen Bebauungsplans auf einen Vorhabenträger übertragen werden. In der Vereinbarung können auch die Kosten einschließlich der Aufwendungen für externe Gutachten auf den Privaten übertragen werden. Dies ist in § 11 I 2 Nr. 1 BauGB für den städtebaulichen Vertrag und in § 12 I BauGB für den vorhabenbezogenen Bebauungsplan klargestellt.

8. Vorhabenbezogener Bebauungsplan

206 Als besondere Spielart des Bebauungsplans wird in §§ 30 II, 12 BauGB der → vorhabenbezogene Bebauungsplan (→ *Abbildung 24 mit Textbeispiel 17*) bereitgestellt, der auf der Grundlage eines Vorhaben- und Erschließungsplans von der Gemeinde als Satzung beschlossen wird (§ 10 BauGB). Ursprünglich war der **Vorhaben- und Erschließungsplan** nur im Gebiet der ehemaligen DDR und sodann in den fünf östlichen Bundesländern verfügbar (vgl. Bauplanungs- und Zulassungsverordnung – BauZVO[270]). Durch das **InvWoBauG 1993**[271] ist der Vorhaben- und Erschließungsplan neu gefasst und in seinem Anwendungsbereich auf das gesamte Bundesgebiet ausgedehnt worden.[272] Nach **§ 12 I BauGB** kann die Gemeinde durch einen vorhabenbezogenen Bebauungsplan die Zulässigkeit von Vorhaben bestimmen, wenn der Vorhabenträger auf der Grundlage eines mit der Gemeinde abgestimmten Plans zur Durchführung der Vorhaben und der Erschließungsmaßnahmen (Vorhaben- und Erschließungsplan) bereit und in der Lage ist und sich zur Durchführung innerhalb einer bestimmten Frist und zur Tragung der Planungs- und Erschließungskosten ganz oder teilweise vor dem Satzungsbeschluss verpflichtet (Durchführungsvertrag). Der vorhabenbezogene Bebauungsplan wird nach dem Verfahren zur Aufstellung eines Bebauungsplans erstellt, hat allerdings einige verfahrensrechtliche und inhaltliche Besonderheiten, die sich aus § 12 II bis VI BauGB ergeben. Der Vorhaben- und Erschließungsplan ist nicht auf bestimmte Vorhaben etwa des Wohnungsbaus oder der Gewerbeansiedlung begrenzt, sondern kann nach § 12 BauGB auch auf alle anderen städtebaulichen Vorhaben gerichtet sein. Der Durchführungsvertrag unterliegt als städtebaulicher Vertrag den Regelungen in § 11 BauGB. Nur im Bereich des Vorhaben- und Erschließungsplans ist die Gemeinde bei der Bestimmung der Zulässigkeit der Vorhaben nicht an die Festsetzungen nach § 9 BauGB und an die BauNVO gebunden (§ 12 III 2 BauGB). Für einzelne Flächen außerhalb des Geltungsbereichs des Vorhaben- und Erschließungsplans, die gemäß § 12 IV BauGB in den vorhabenbezogenen Bebauungsplan mit einbezogen werden können, gelten hingegen § 9 BauGB und die BauNVO. Das Vorliegen eines Vorhaben- und Erschließungsplans ist unabdingbare Voraussetzung eines vorhabenbezogenen Bebauungsplans. Es genügt nicht, wenn die Gemeinde und der Vorhabenträger sich darauf beschränken, eine als Bebauungsplan bezeichnete Urkunde zu erstellen und einen Durchführungsvertrag zu schließen. § 12 IV BauGB ermächtigt die Gemeinde lediglich dazu, einzelne Flächen von untergeordneter Bedeutung und Größe außerhalb des Bereichs des Vorhaben- und Erschließungsplans in den vorhabenbezogenen Bebauungsplan einzubeziehen. Die städtebauliche Erforderlichkeit fehlt, wenn die Ge-

---

[270] V. 20.7.1990, GBl. DDR I, 739.

[271] Investitionserleichterungs- und Wohnbaulandgesetz v. 22.4.1993, BGBl. I, 466; *Busse* BayVBl. 1993, 193; *Lüers* ZfBR 1993, 106.

[272] *Birk* FS Weyreuther 1993, 213; *Hauth* LKV 1991, 363; *Lenz* BauR 1993, 513; *Ortloff* LKV 1992, 218; *Pietzcker* DVBl 1992, 658; *ders.* Der Vorhaben- und Erschließungsplan 1993; *Runkel* LKV 1993, 78; *ders.* Die Satzung über den Vorhaben- und Erschließungsplan nach § 7 BauGB-MaßnG 1994, 27; *Scharmer* Der Vorhaben- und Entschließungsplan nach § 55 BauZVO 1991; *Söfker* ZfBR 1992, 149; *Stich* BauR 1991, 413; *Stüer* DVBl 1995, 121.

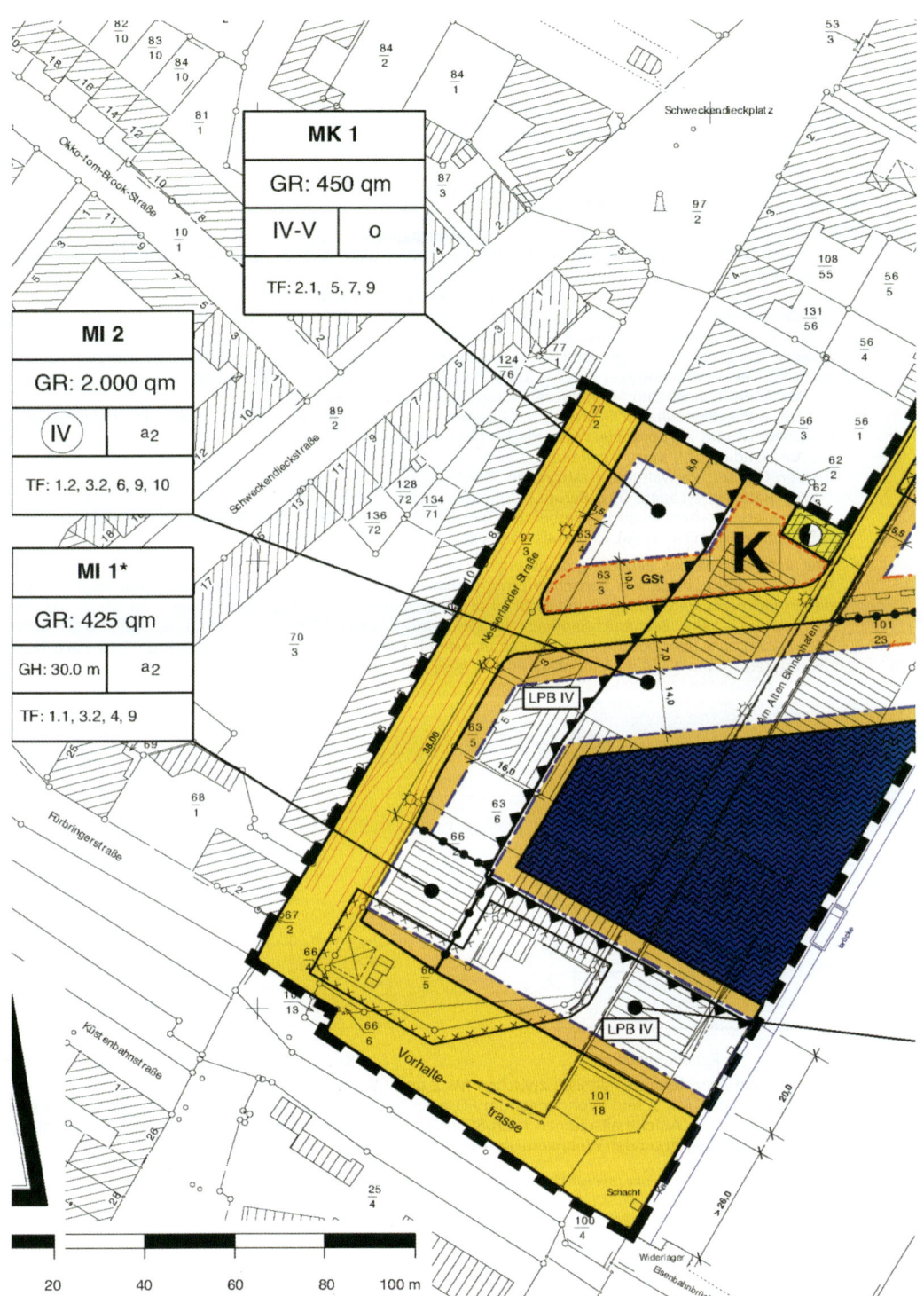

Abbildung 24: *Vorhabenbezogener Bebauungsplan Wasserstadt am Hafentor*

meinde den vorhabenbezogenen Bebauungsplan als Gelegenheit nutzt, ihren eigenen Planungswillen für die Umsetzung eines weiteren Vorhabens zu verwirklichen.[273]

Vorhabenbezogener Bebauungsplan

Neben dem Plan A (Satzung) besteht ein Plan B (Vorhabenkonzept), in dem das konkrete Vorhaben aufgezeigt ist. Für den Bereich des Vorhaben- und Erschließungsplans und die anderen Bereiche im vorhabenbezogenen Bebauungsplan werden die entsprechenden Festsetzungen nach dem BauGB und der BauNVO getroffen. Neben dem vorhabenbezogenen Bebauungsplan wird eine obligatorischer Durchführungsvertrag geschlossen (§ 12 I 1 BauGB).

Planungsanlass

Nachdem der „Alte Binnenhafen" in den 90-iger Jahren seine Bedeutung als zentrumsnaher Umschlagplatz eingebüßt hat, kann einerseits die „Wasserfront" i. S. des Wassersportkonzeptes für touristische Zwecke und andererseits die hafennahen Flächen in die Innenstadtentwicklung (City) einbezogen werden. Für die Entwicklung der neuen Uferkonzeption hatte die Stadt ein Gutachterverfahren durchgeführt und setzt die dort gewonnenen Erkenntnisse unterstützt mit Fördermitteln um. Die Entwicklung der aufgegebenen Hafenflächen (Lager und Umschlagflächen) wird durch die „Wasserstadt am Hafentor GmbH &CO KG" als Vorhabenträger durchgeführt. Folgende Vorhaben sind beabsichtigt:
„Am Alten Binnenhafen" (Süd):Verwaltungsgebäude oder Hotel (MI)
„Am Alten Binnenhafen"" (Nord): „Qualitätsvolles Wohnen am Wasser", kulturelle Einrichtungen, Gastronomie und zugeordnete Wasserfläche (Sportboothafen) (MI)
„Am Handelshof": Büro, Verwaltung (MK)
„Von Calcar": Verwaltung, Gastronomie (MK)
„Am Ratsdelft": Läden, freie Berufe, Wohnungen (MK)
Besonders hervorzuheben ist hierbei der Sportboothafen im Süden des Plangebietes und der „am Ufer zu bauende" dominante Baukörper als nördlicher Abschluss des Sportboothafens.

Eine Besonderheit des Bebauungsplans ergibt sich aus der Unterschreitung der Abstandsfläche zwischen MK 2 und MI 2. In diesem Bereich wurden Baulinien festgesetzt, um den baulichen Zusammenhang an dieser wichtigen Verbindungs- und Sichtachse zu gewährleisten. Für die Wohnungen im MI 2 ergeben sich hierdurch keine Beeinträchtigungen der gesunden Wohnverhältnisse, da sämtliche Aufenthaltsräume nach Süden zum Sportboothafen ausgerichtet werden sollen. Eine ausreichende Belichtung der nach Norden ausgerichteten Nicht-Aufenthaltsräume ist gesichert.

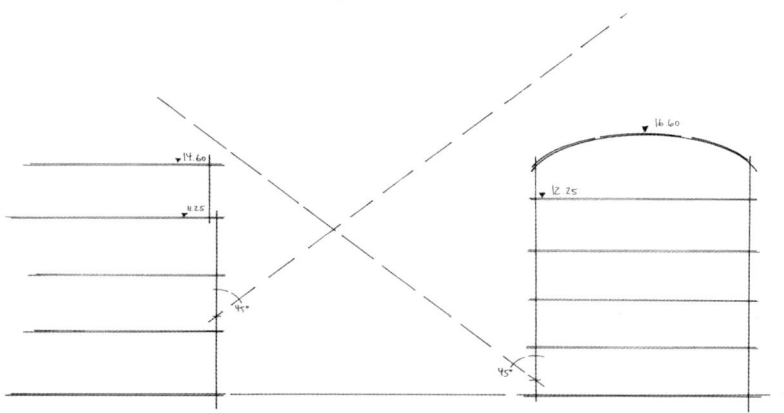

Reedereigebäude   Kapitänshäuser (keine Wohnungen im EG)

Abstand und Belichtungsverhältnisse zwischen MI 2 und MK 2
Im angrenzenden MK 2 sind Wohnungen im EG ausgeschlossen. Für die Wohnungen ab dem 1. OG gilt, dass diese mit den Aufenthaltsräumen nach Südosten zum „Alten Binnenhafen" orientiert werden sollen. Beeinträchtigungen gesunder Wohnverhältnisse können ausgeschlossen werden.

Textbeispiel 17: *Vorhabenbezogener Bebauungsplan Hafentor* mit Abbildung 24

---

[273] OVG Münster, Urt. v. 11.9.2008 – 7 D 74/07.NE – vorhabenbezogener Bebauungsplan.

Durchführungsvertrag

Bestandteil des Durchführungsvertrages, der vor der Satzung zu beschließen ist, sind ein Gestaltungsplan mit Materialdarstellungen und textliche Festlegungen zur Gestaltung. Entsprechend der im Gestaltungsplan dargestellten Architektur werden die im Durchführungsvertrag aufgeführten Vorhaben gemäß der ebenfalls im Vertrag genannten Festlegungen gestaltet. Die Außenwände der Vorhaben sind abzüglich der Fenster- und Türöffnungen zu mindestens 50 % mit hochwertigen Vormauerziegeln in festgelegten RAL-Farben herzustellen. Zudem darf als Material für die verbleibenden Teile der Außenwandflächen nur Sandstein, Sichtbeton oder metallische Materialien verwendet werden. Die geneigten Dachflächen sind mit Dachpfannen in festgelegten RAL-Farben mit metallischen Materialien, Anlagen zur Solarenergieerzeugung oder Dachbegrünung abzudecken. Der Vorhabenträger ist zudem verpflichtet, der Stadt die Architektur und Gestaltung des Verwaltungs- und Bürogebäudes am Sportboothafen frühzeitig vorzulegen, diese mit ihr abzustimmen und entsprechend der Abstimmung das Vorhaben durchzuführen.

Mischgebiet (§ 6 BauNVO)

In den Mischgebieten sind die Nutzungen des § 6 II Nr. 1 und Nr. 6 bis 8 BauNVO (Wohngebäude, Gartenbaubetriebe, Tankstellen, Vergnügungsstätten) nicht zulässig. Die nach § 6 III BauNVO ausnahmsweise zulässigen Vergnügungsstätten sind nicht Bestandteil des Bebauungsplans. Von der Nutzung des § 6 II Nr. 1 BauNVO sind ausnahmsweise nur Wohnungen für Aufsichts- und Bereitschaftspersonal oberhalb des ersten Vollgeschosses zulässig. In den Mischgebieten sind nur die Nutzungen des § 6 II Nr. 1 und 2 BauNVO (Wohn-, Geschäfts- und Bürogebäude) zulässig.

Kerngebiet (§ 7 BauNVO)

Im Kerngebiet sind von den in § 7 II Nr. 2 BauNVO aufgeführten Vergnügungsstätten i. S. des § 1 IX BauNVO nur Tanzgaststätten zulässig. Wohnungen ab dem 2. Obergeschoss sind allgemein zulässig (§ 7 II Nr. 7 BauNVO).

Maximal zulässige Grundfläche (§ 19 IV BauNVO)

In allen Baugebieten ist eine vollflächige Versiegelung durch die maximal zulässige Grundfläche und die Grundflächen von Anlagen i. S. von § 19 IV 1 BauNVO zulässig.

Luftgeschoss (§§ 18, 23 III BauNVO)

Der gekennzeichnete Bereich ist bis zu einer lichten Höhe von mindestens 7,50 m über NN von einer Bebauung freizuhalten.

Lärmpegelbereiche (§ 9 I Nr. 24 BauGB)

Für Gebäude und Gebäudeteile mit schützenswerten Nutzungen (z. B. Wohnungen, Büros) im festgesetzten Lärmpegelbereich IV an den Emissionsquellen der Straßen gelten erhöhte Anforderungen an die Schalldämmung von Außenbauteilen. Die zur Schallquelle ausgerichtete Außenwand einer Wohnung muss beispielsweise ein resultierendes Schalldammmaß von bis zu 40 dB(A) aufweisen. Die entsprechenden Nachweise sind im Baugenehmigungsverfahren zu erbringen.

Gefahren durch Kampfmittel und Altlasten

Im Plangebiet besteht die Möglichkeit, dass bei Bauarbeiten Personen durch Bomben-Blindgänger und andere Kampfmittel-Rückstände gefährdet werden. Daher enthält der B-Plan neben den Festsetzungen auch eine Kennzeichnung gemäß § 9 V BauGB, die mit folgendem Text verknüpft ist:
Im gesamten Plangebiet werden Kampfmittel oder Bombenblindgänger aus dem zweiten Weltkrieg vermutet. Vor dem Beginn mit Bauarbeiten ist für die Bereiche, in denen Gründungen über 1 m Tiefe beabsichtigt sind, eine Sondierung in Abstimmung mit dem Fachdienst Umwelt der Stadt Emden durchzuführen. Eine evtl. erforderlich werdende Kampfmittelräumung ist ebenfalls in Abstimmung mit dem Fachdienst durch anerkannte Betriebe durchzuführen.
Weitere Altlastenbereiche werden im B-Plan gemäß § 9 V Nr. 3 BauGB gekennzeichnet. Der Kennzeichnung ist folgender Text zugeordnet:
Orientierende Altlastenuntersuchungen haben ergeben, dass der Boden in den gekennzeichneten Bereichen bis zu einer Tiefe von ca. 1 bis 2 m unter GOK insbesondere mit Mineralölkohlenwasserstoffe (MKW) belastet ist. Der kontaminierte Boden ist vor dem Beginn mit Baumaßnahmen nach den einschlägigen gesetzlichen Vorschriften zu entsorgen. Das Nähere wird im öffentlich-rechtlichen Vertrag zwischen Stadt und Vorhabenträger und im Baugenehmigungsverfahren geregelt.

Textbeispiel 18: *Durchführungsvertrag zu Vorhabenbezogener Bebauungsplan*

→ **Vorhabenbezogener Bebauungsplan.** Von der Gemeinde erlassene städtebauliche Satzung, die zumeist den vom Investor aufgestellten, mit der Gemeinde abgestimmten Vorhaben- und Erschließungsplan zum Bestandteil hat und auf der Grundlage eines Durchführungsvertrages aufgestellt wird (§ 12 BauGB). Für den Bereich des Vorhaben- und Erschließungsplans sind die Regelungen über verschiedene städtebauliche Instrumente und vor allem auch der Katalog der Festsetzungen in § 9 BauGB nicht verbindlich. Die städtebauliche Angebotsplanung wird durch die Verpflichtung des Vorhabenträgers zu einer konkreten Projektplanung. Aufstellungsverfahren und

Rechtswirkungen sind mit dem traditionellen Bebauungsplan vergleichbar. Der Begründung ist als gesonderter Bestandteil ein Umweltbericht beizufügen (§ 2 a BauGB). Der Plan weist in der Regel ein konkretes Vorhaben aus, zu dessen Durchführung sich der Vorhabenträger verpflichtet. Wird in dem Plan (lediglich) ein Baugebiet festgesetzt, ist zugleich festzusetzen, dass nur solche Vorhaben zulässig sind, zu deren Durchführung sich der Vorhabenträger im Durchführungsvertrag verpflichtet. Änderungen des Durchführungsvertrages oder der Abschluss eines neuen Durchführungsvertrages im Rahmen des bestehenden Satzungsrechts sind ohne Änderung des vorhabenbezogenen Bebauungsplans und damit auch ohne erneute Öffentlichkeits- oder Behördenbeteiligung möglich.

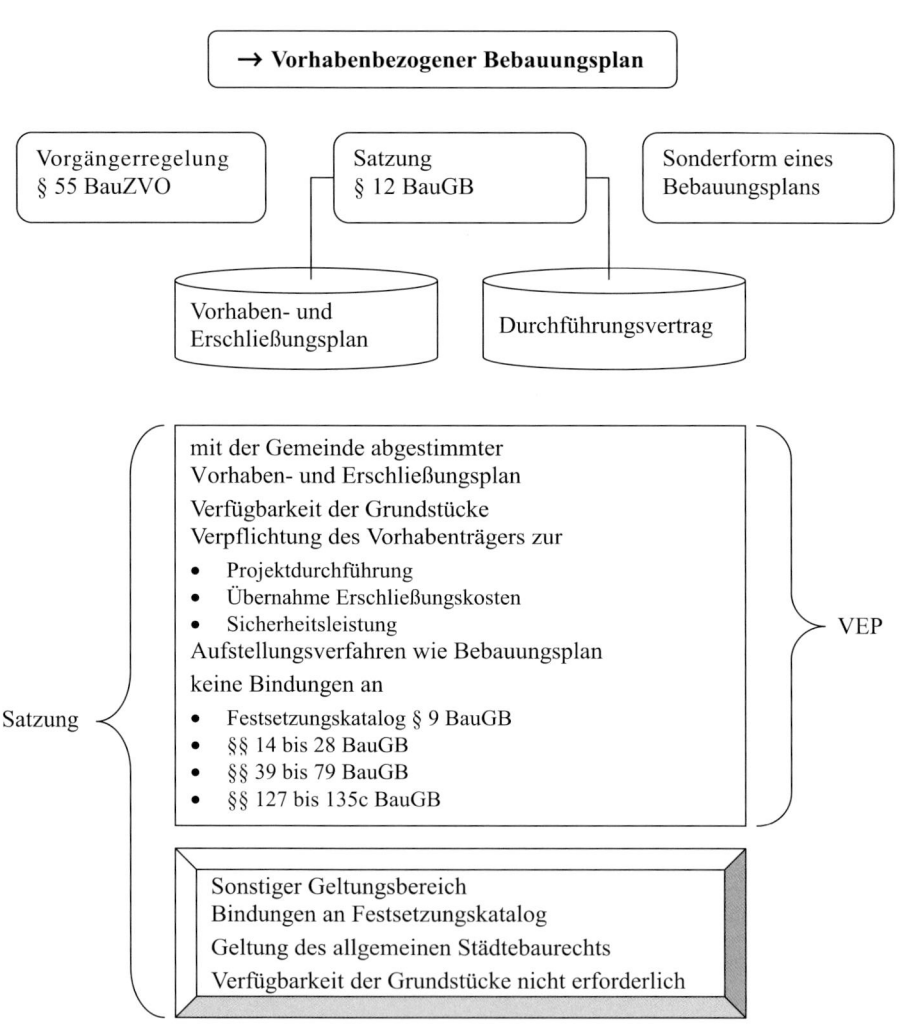

207 **a) Inhalt.** Der vorhabenbezogene Bebauungsplan wird auf der Grundlage des Vorhaben- und Erschließungsplans als Satzung beschlossen und hat die Rechtswirkungen eines Bebauungsplans. Im Unterschied zum sonstigen Bebauungsplan nach § 30 I und III BauGB, der an die Festsetzungen in § 9 BauGB und an die BauNVO gebunden ist, bestehen diese Bindungen beim vorhabenbezogenen Bebauungsplan nicht (§ 12 III 2

BauGB). Vorhabenträger und Gemeinde sind daher frei darin, anstatt von Festsetzungen die bauliche und sonstige Nutzung der einbezogenen Grundstücke sachgerecht zu bestimmen. Dabei können die Regelungen auch durchaus über die Festsetzungsmöglichkeiten hinausgehen. Das Vorhaben muss ausreichend konkretisiert sein. Dazu rechnet auch die Durchführung der inneren und äußeren Erschließung.[274] Nach § 12 III a BauGB 2007 kann in einem vorhabenbezogenen Bebauungsplan ein Baugebiet allerdings auch allgemein festgesetzt werden. Die Konkretisierung des Vorhabens muss dann aber im Durchführungsvertrag erfolgen, auf den in den Festsetzungen zu verweisen ist. Der Durchführungsvertrag kann geändert oder neu abgeschlossen werden. Der Gesetzgeber reagierte hiermit auf die Rechtsprechung des BVerwG, wonach bereits im vorhabenbezogenen Bebauungsplan selbst das Vorhaben konkret zu beschreiben sei und dies nicht erst im Durchführungsvertrag geschehen könne.[275] Die Neuformulierung in den Ausschussberatungen zur BauGB-Novelle 2007 sollte entsprechend einer Anregung des Praxistest deutlicher zum Ausdruck bringen, dass die allgemeine Festsetzung einer baulichen oder sonstigen Nutzung durch Festsetzungen eines Baugebiets nach der BauNVO oder auf sonstige Weise erfolgen kann.

Auch muss sich der Vorhabenträger zur Durchführung des Vorhabens innerhalb einer **208** angemessenen Frist **verpflichten**. Als Bebauungsplan unterliegt der vorhabenbezogene Bebauungsplan auch den Erfordernissen der naturschutzrechtlichen Eingriffsregelung in §§ 1 VI Nr. 7, 1 a III BauGB. § 135 a bis c BauGB sind nicht anzuwenden. Der notwendige Ausgleich muss entweder durch den Vorhabenträger durchgeführt werden oder der Vorhabenträger muss sich in dem Durchführungsvertrag zur Übernahme der Kosten für die Durchführung der Ausgleichsmaßnahmen durch die Gemeinde oder Dritte verpflichten. Die Gemeinde kann den erforderlichen Ausgleich auch in einem Ausgleichsbebauungsplan regeln. In diesem Fall muss die Kostentragung im Durchführungsvertrag festgelegt sein. Die Planzeichnung muss auf einer geeigneten Planunterlage erstellt werden. Das Vorhaben muss darin ausreichend bestimmt sein. Der Vorhaben- und Erschließungsplan kann auch wie ein Bebauungsplan (→ *Textbeispiele 18 und 19*) mit Festsetzungen nach § 9 BauGB ausgestaltet sein.[276]

b) Aufstellungsverfahren und Rechtswirkungen des vorhabenbezogenen Bebauung- **209** splans sind dem Bebauungsplan angeglichen.[277] Dies gilt auch für die Rechtsschutzmöglichkeiten.[278] Der vorhabenbezogene Bebauungsplan wird auf der Grundlage eines mit der Gemeinde abgestimmten Plans als Satzung beschlossen, dessen Umsetzung durch einen Durchführungsvertrag gesichert wird (§ 12 I BauGB). Nach § 12 I BauGB wird der Vorhaben- und Erschließungsplan in der Regel von dem Vorhabenträger erarbeitet und der Gemeinde vorgelegt. Das Gesetz geht wie bisher davon aus, dass eine solche durchaus eigenständige Mitwirkung des Vorhabenträgers zulässig ist. Der vorhabenbezogene Bebauungsplan ist aus dem Flächennutzungsplan zu entwickeln (§ 8 II BauGB). Für die Öffentlichkeits- und Behördenbeteiligung gelten §§ 3, 4, 4 a BauGB.

---

[274] OVG Münster, Urt. v. 16.10.1997 – 11a D 116/96.NE – DVBl 1998, 602 = UPR 1998, 359; VGH Mannheim, Urt. v. 25.11.1996 – 8 S 1151/96 – NVwZ–RR 1997, 699 = DVBl 1997, 841 – Wohnanlage; OVG Bautzen, Urt. v. 31.7.1997 – 1 S 567/94 – SächsVBl. 1998, 59 – Planskizzen; VGH Mannheim, Urt. v. 11.11.1996 – 5 S 2595/96 – BauR 1997, 271.

[275] BVerwG, Urt. v. 18.9.2003 – 4 CN 3.02 – BVerwGE 119, 45 = DVBl 2004, 247 – vorhabenbezogener Bebauungsplan; so auch BVerwG, B. v. 12.3.1999 – 4 B 112.98 – NJW 1999, 3573.

[276] Fachkommission „Städtebau" der ARGEBAU, Muster–Einführungserlass zum BauROG, Nr. 7.

[277] BVerwG, B. v. 30.11.1992 – 4 NB 41.92 – Konfliktbewältigung.

[278] Zum Abwägungsgebot und zu interkommunalen Normenkontrollanträgen gegen Vorhaben- und Erschließungspläne BVerwG, B. v. 9.5.1994 – 4 NB 18.94 – BauR 1984, 492 = DVBl 1994, 1155 = NVwZ 1995, 266 – Einzelhandel m. Hinw. auf Urt. v. 8.9.1992 – 4 C 17.71 – BVerwGE 40, 323 – Krabbenkamp; Urt. v. 15.12.1989 – 4 C 36.86 – BVerwGE 84, 209 – gemeindenachbarlicher Immissionsschutz; B. v. 23.9.1993 – 4 NB 31.93 – Buchholz 310 § 47 VwGO Nr. 83 – Wolfen–Nord; *KreisG Suhl*, Urt. v. 23.7.1991 – SU 1 S 91.52 – ThürVBl. 1992, 42 – Einkaufszentrum.

Zur Vorbereitung und Durchführung des vorhabenbezogenen Bebauungsplans (Kurzbezeichnung) schließen die Vertragsparteien (Gemeinde und Investor) folgenden Kooperations- und Durchführungsvertrag:

Kooperationsvertrag
Die Gemeinde beabsichtigt, für das Gebiet (Kurzbezeichnung) einen vorhabenbezogenen Bebauungsplan aufzustellen. Der Vorhabenträger hat durch notariellen Vertrag vom (Datum) eine Option zum Ankauf des Grundstücks vom gegenwärtigen Grundstückseigentümer erworben. Der Vorhabenträger wird einen Vorhaben- und Erschließungsplan aufstellen und mit der Gemeinde abstimmen. Außerdem übernimmt er alle der Gemeinde entstehenden externen Kosten für die Erstellung von Fachgutachten (naturschutzfachlicher Beitrag, Planung der Erschließungsanlagen).
Die Vereinbarungen stehen unter dem Vorbehalt der ordnungsgemäßen Durchführung des Planaufstellungsverfahrens. Der Vertrag bindet die Gemeinde daher hinsichtlich der Bauleitplanung nicht. Sollte das Projekt scheitern, trägt jede Vertragspartei ihre Aufwendungen. Schadensersatzansprüche auf Grund deliktischen oder vertragswidrigen Verhaltens oder aus Amtshaftung werden allerdings nicht ausgeschlossen.

Durchführungsvertrag
Wird das Vorhaben planerisch realisiert, schließen die Vertragsparteien rechtzeitig vor dem Satzungsbeschluss zur Durchführung des vorhabenbezogenen Bebauungsplans einen Durchführungsvertrag, der folgende Elemente enthält:
Das Vorhaben soll in drei Abschnitten verwirklicht werden. Die äußere Erschließung wird mit dem ersten Abschnitt durchgeführt. Die innere Erschließung der Grundstücke erfolgt nach einem zwischen den Vertragspartnern abgestimmten Plan. Zur Sicherung der Erschließung hinterlegt der Vorhabenträger eine Bankbürgschaft, die nach Baufortschritt der Erschließungsanlagen von der Gemeinde freigegeben wird.
Der Vorhabenträger verpflichtet sich zur Durchführung von naturschutzrechtlichen Ausgleichsmaßnahmen, die nach Maßgabe des naturschutzrechtlichen Fachbeitrages in der bauplanerischen Abwägung abschließend festgelegt werden.
Der Vorhabenträger richtet der Gemeinde auf dem Gelände einen Kindergarten für zwei Gruppen ein. Die Gemeinde kann stattdessen auch einen Geldbetrag verlangen, mit dem sie an anderer Stelle in der näheren Umgebung den Kindergarten errichtet. Zur Sicherung der beiden vorgenannten Maßnahmen bringt der Vorhabenträger eine weitere Bürgschaft in entsprechender Höhe bei. Die Sicherheiten sind entsprechend dem Baufortschritt von der Gemeinde freizugeben.

Textbeispiel 19: Kooperationsvertrag zum vorhabenbezogenen Bebauungsplan

210   An den Satzungsbeschluss schließt sich ein **Genehmigungsverfahren** an, wenn der vorhabenbezogene Bebauungsplan nicht aus einem Flächennutzungsplan entwickelt ist (§ 10 II BauGB). Im Übrigen ist er genehmigungsfrei. Die Länder können allerdings nach § 246 I a BauGB bestimmen, dass Bebauungspläne, die nicht genehmigungsbedürftig sind, vor ihrem Inkrafttreten der höheren Verwaltungsbehörde anzuzeigen sind. In den **Rechtsfolgen** sind der vorhabenbezogene Bebauungsplan sowie Bebauungsplan weitgehend gleichgestellt. Dies gilt insbesondere für Ausnahmen und Befreiungen nach § 31 BauGB, die Vorabgenehmigung bei formeller und materieller Planreife nach § 33 BauGB, die Anwendung des § 36 BauGB und die Änderungsmöglichkeiten nach § 13 BauGB.[279] Dies ergibt sich aus dem Charakter des vorhabenbezogenen Bebauungsplans als Unterfall des Bebauungsplans. Der vorhabenbezogene Bebauungsplan kann auch als **Bebauungsplan der Innenentwicklung** aufgestellt werden. Eine Umweltprüfung ist dann unter den Voraussetzungen des § 13 a I BauGB nicht erforderlich.

Durchführungsvertrag zum vorhabenbezogenen Bebauungsplan
Die Gemeinde und der Vorhabenträger schließen folgenden Vertrag:

§ 1 Gegenstand des Vertrages
Gegenstand des Vertrages sind das Vorhaben (Kurzbezeichnung) und die Erschließung der Grundstücke im Vorhabengebiet. Das Vertragsgebiet umfasst die im Lageplan (Anlage) umgrenzten Grundstücke.

§ 2 Bestandteile des Vertrages
Bestandteile des Vertrages sind: Der Lageplan mit den Grenzen des Vertragsgebietes (Anlage), der Plan zur Durchführung des Vorhabens (Anlage), der Plan zur Durchführung der Erschließungsmaßnahmen einschließlich Entwässerungsplan (Anlage) sowie Straßen-, Wege- und Grünordnungsplan (Anlage) und die von der Gemeinde genehmigte Ausbauplanung für die Erschließungsanlagen mit Baubeschreibung (Anlage).

---

[279] *Stüer* DVBl 1995, 121.

§ 3 Beschreibung des Vorhabens

Das Vorhaben besteht aus folgenden Maßnahmen (Beschreibung).

§ 4 Durchführungsverpflichtung

Der Vorhabenträger verpflichtet sich zur Durchführung des Vorhabens im Vertragsgebiet nach den Regelungen dieses Vertrages. Der Vorhabenträger verpflichtet sich, spätestens 3 Monate nach Inkrafttreten des vorhabenbezogenen Bebauungsplans einen vollständigen und genehmigungsfähigen Bauantrag für das Vorhaben einzureichen. Er wird spätestens drei Monate nach Erteilung der Baugenehmigung mit den Baumaßnahmen beginnen und das Vorhaben sodann innerhalb von zwei Jahren fertig stellen.

§ 5 Weitere Anforderungen an das Vorhaben und Nutzungsbedingungen

Bei der Verwirklichung des Vorhabens sind ferner folgende Maßnahmen zu erfüllen (Aufzählung). Der Vorhabenträger verpflichtet sich ferner, das Vorhaben für die Dauer von 5 Jahren wie folgt zu nutzen (Beschreibung). Zur Sicherung der vorgenannten Bindungen bringt der Vorhabenträger folgende Sicherheiten (Aufzählung).

§ 6 Vorbereitungsmaßnahmen

Der Vorhabenträger wird alle für die Erschließung und Bebauung der Grundstücke erforderlichen Vorbereitungsmaßnahmen durchführen (Aufzählung).

§ 7 Herstellung der Erschließungsanlagen

Der Vorhabenträger übernimmt gem. § 12 I 1 BauGB die Herstellung der Erschließungsanlagen im Vertragsgebiet gemäß den sich aus diesem Vertrag ergebenden Vorgaben. Die Gemeinde verpflichtet sich, die Erschließungsanlagen bei Vorliegen der in diesem Vertrag genannten Voraussetzungen in ihre Unterhaltung und Verkehrssicherungspflicht zu übernehmen.

§ 8 Fertigstellung der Anlagen

Der Vorhabenträger verpflichtet sich, die in den beigefügten Plänen dargestellten Entwässerungsanlagen sowie die Straßen- und Wegeflächen sowie Grünanlagen nach Maßgabe der gemeinsamen Ausbauplanung fertig zu stellen. Die Erschließungsanlagen sollen zeitlich entsprechend dem Baufortschritt, spätestens bis zur Fertigstellung der anzuschließenden Bauten benutzbar sein.

Erfüllt der Vorhabenträger seine Verpflichtungen nicht oder fehlerhaft, ist die Gemeinde berechtigt, ihm schriftlich eine angemessene Frist zur Ausführung der Arbeiten zu setzen. Erfüllt der Vorhabenträger bis zum Ablauf der Frist die vertraglichen Verpflichtungen nicht, ist die Gemeinde berechtigt, die Arbeiten auf Kosten des Vorhabenträgers auszuführen, ausführen zu lassen oder von diesem Vertrag zurückzutreten.

§ 9 Art und Umfang der Erschließungsanlagen

Die Erschließung nach diesem Vertrag umfasst: Die Fertigstellung der öffentlichen Erschließungsflächen, die Herstellung der öffentlichen Abwasseranlagen, die Herstellung der öffentlichen Straßen, Wege und Plätze nach Maßgabe der von der Gemeinde genehmigten Ausbauplanung.

Der Vorhabenträger hat notwendige bau-, wasserrechtliche und sonstige Genehmigungen, Zustimmungen bzw. Anzeigen der Gemeinde vor Baubeginn vorzulegen.

§ 10 Ausschreibung, Vergabe und Bauleitung

Mit der Ausschreibung und Bauleitung der Erschließungsanlagen beauftragt der Vorhabenträger ein leistungsfähiges Ingenieurbüro, das die Gewähr für die technisch beste und wirtschaftlichste Abwicklung der Baumaßnahme bietet. Der Abschluss des Ingenieurvertrages zwischen dem Vorhabenträger einerseits und dem Ingenieurbüro andererseits erfolgt im Einvernehmen mit der Gemeinde.

Der Vorhabenträger verpflichtet sich, Bauleistungen nur nach Ausschreibungen auf der Grundlage der Verdingungsordnung für Bauleistungen (VOB) ausführen zu lassen und diese mit Zustimmung der Gemeinde zu vergeben. Der Zustimmung bedürfen die Leistungsverzeichnisse – vor deren Ausgabe – die Auswahl der aufzufordernden Bieter und die Auftragserteilung.

Die erforderlichen Katastervermessungsarbeiten werden einem öffentlich bestellten Vermessungsingenieur mit der Auflage in Auftrag gegeben, alle Arbeiten mit der Gemeinde abzustimmen.

§ 11 Baudurchführung

Der Vorhabenträger hat durch Abstimmung mit Versorgungsträgern und sonstigen Leistungsträgern sicherzustellen, dass die Versorgungseinrichtungen für das Vertragsgebiet (z.B. Postkabel, Strom-, Gas-, Wasserleitung) so rechtzeitig in die Verkehrsflächen verlegt werde, dass die zügige Fertigstellung der Erschließungsanlagen nicht behindert und ein Aufbruch fertig gestellter Anlagen ausgeschlossen wird. Das Gleiche gilt für die Herstellung der Hausanschlüsse für die Grundstücksentwässerung an die öffentliche Abwasseranlage.

Die Herstellung der Straßenbeleuchtung hat der Vorhabenträger im Einvernehmen mit der Gemeinde durch den zuständigen Versorgungsträger zu veranlassen.

Der Baubeginn ist der Gemeinde vorher schriftlich anzuzeigen. Die Gemeinde oder ein von ihr beauftragter Dritter ist berechtigt, die ordnungsgemäße Ausführung der Arbeiten zu überwachen und unverzüglich Beseitigung festgestellter Mängel zu verlangen.

Der Vorhabenträger hat im Einzelfall auf Verlangen der Gemeinde von den für den Bau der Anlage verwendeten Materialien nach den hierfür geltenden technischen Richtlinien Proben zu entnehmen und diese in einem von beiden Vertragsparteien anerkannten Baustofflaboratorium untersuchen zu lassen sowie die Untersuchungsbefunde der Gemeinde vorzulegen. Der Vorhabenträger verpflichtet sich weiter, Stoffe oder Bauteile, die diesem Vertrag nicht entsprechen, innerhalb einer von der Gemeinde bestimmten Frist zu entfernen.

Vor Beginn der Hochbaumaßnahmen sind die Entwässerungsanlagen und die vorgesehenen Straßen als Baustraßen herzustellen. Schäden einschließlich der Straßenaufbrüche an den Baustraßen sind vor Fertigstellung der Straßen fachgerecht durch den Vorhabenträger zu beseitigen. Mit der Fertigstellung der Erschließungsanlagen darf erst nach Beendigung der Hochbaumaßnahmen begonnen werden.

§ 12 Haftung und Verkehrssicherheit

Vom Tage des Beginns der Erschließungsarbeiten an übernimmt der Vorhabenträger im gesamten Erschließungsgebiet die Verkehrssicherungspflicht. Der Vorhabenträger haftet bis zur Übernahme der Anlage durch die Gemeinde für jeden Schaden, der durch die Verletzung der allgemeinen Verkehrssicherungspflicht entsteht und für solche Schäden, die infolge der Erschließungsmaßnahmen an bereits verlegten Leitungen oder sonst wie verursacht werden.

§ 13 Gewährleistung und Abnahme

Der Vorhabenträger übernimmt die Gewähr, dass seine Leistungen zurzeit der Abnahme durch die Gemeinde die vertraglich vereinbarten Eigenschaften hat, den anerkannten Regeln der Technik und Baukunst entspricht und nicht mit Fehlern behaftet ist, die den Wert oder die Tauglichkeit zu dem nach dem Vertrag vorausgesetzten Zweck aufheben oder mindern. Die Gewährleistung richtet sich nach den Regeln der VOB. Die Gewährleistungsfrist beträgt fünf Jahre. Sie beginnt mit der Abnahme der Einzelnen mangelfreien Erschließungsanlagen durch die Gemeinde.

Der Vorhabenträger zeigt der Gemeinde die vertragsgemäße Herstellung der Anlagen schriftlich an. Die Bauleistungen sind von der Gemeinde und dem Vorhabenträger gemeinsam abzunehmen. Das Ergebnis ist zu protokollieren und zu unterzeichnen. Werden Mängel festgestellt, so sind diese innerhalb von zwei Monaten vom Tage der gemeinsamen Abnahme an gerechnet durch den Vorhabenträger zu beseitigen. Im Falle des Verzuges ist die Gemeinde berechtigt, die Mängel auf Kosten des Vorhabenträgers beseitigen zu lassen.

§ 14 Übernahme der Erschließungsanlagen

Im Anschluss an die Abnahme der mangelfreien Erschließungsanlagen übernimmt die Gemeinde diese in ihre Baulast, wenn sie Eigentümerin der öffentlichen Erschießungsflächen geworden ist, oder bei öffentlichen Abwasseranlagen, die nicht innerhalb der öffentlichen Erschließungsflächen verlegt worden sind, diese durch Grunddienstbarkeit oder Baulast zu Gunsten der Gemeinde gesichert sind. Die Gemeinde bestätigt die Übernahme der Erschließungsanlagen in ihre Verwaltung und Unterhaltung schriftlich. Die Widmung von Straßen, Wegen und Plätzen erfolgt durch die Gemeinde. Der Vorhabenträger stimmt hiermit der Widmung zu.

§ 15 Kosten der Grundstücksentwässerung, Entwässerungsbeiträge

Die für den Bau von Teilen der öffentlichen Abwasseranlage entstandenen und anerkannten Kosten – abzüglich eines Anteils von (Prozentsatz) für die Straßenentwässerung – werden auf die nach der Satzung zu erhebenden Entwässerungsbeiträge angerechnet. Übersteigen die anerkannten Kosten abzüglich des Anteils für die Straßenentwässerung die Höhe des satzungsmäßigen Entwässerungsbeitrages, hat der Vorhabenträger keinen Anspruch auf Erstattung.

§ 16 Kostentragung

Der Vorhabenträger trägt die Kosten dieses Vertrages und seiner Durchführung. Bis zum Abschluss dieses Vertrages sind der Gemeinde im Zusammenhang mit der Planung und Vorbereitung sowie der Herstellung des Vorhabens und der Erschließungsanlagen in der Anlage aufgeführten Kosten entstanden. Der Vorhabenträger verpflichtet sich, diese Kosten innerhalb eines Monats nach Vertragsabschuss zu erstatten. Der Vorhabenträger erstattet auch Aufwendungen der Gemeinde für den zur Durchführung des Vorhabens erforderlichen Grundstückserwerb sowie die in der Anlage berechneten weiteren Kosten, sobald sie anfallen.

§ 17 Veräußerung der Grundstücke, Rechtsnachfolge

Der Vorhabenträger verpflichtet sich, die in diesem Vertrag vereinbarten Pflichten und Bindungen seinem etwaigen Rechtsnachfolger mit Weitergabeverpflichtung weiterzugeben. Der Vorhabenträger haftet der Gemeinde als Gesamtschuldner für die Erfüllung des Vertrages neben einem etwaigen Rechtsnachfolger, soweit die Gemeinde den Vertragspartner dieses Vertrages nicht ausdrücklich aus dieser Haftung entlässt.

§ 18 Naturschutzrechtliche Ausgleichsmaßnahmen

Der Vorhabenträger verpflichtet sich, folgende naturschutzrechtliche Ausgleichsmaßnahmen durchzuführen (Aufzählung). Die Durchführung der Maßnahmen ist mit der unteren Naturschutzbehörde abzustimmen. Die Maßnahmen sind spätestens ein Jahr nach Fertigstellung des Bauvorhabens fertig zu stellen.

§ 19 Schutz des Mutterbodens

Mutterboden, der bei der Durchführung des Vorhabens und der Erschließung des Vertragsgebiets ausgehoben wird, ist in nutzbarem Zustand zu erhalten und zu schützen. Seine Verbringung außerhalb des Vertragsgebietes bedarf der Zustimmung der Gemeinde.

§ 20 Sicherheitsleistungen

Zur Sicherung der sich aus diesem Vertrag ergebenden Verpflichtungen leistet der Vorhabenträger Sicherheit durch Übergabe einer selbstschuldnerischen Bürgschaft einer Sparkasse oder Bank in Höhe von (Betrag). Die Bürgschaft wird von der Gemeinde entsprechend dem Baufortschritt in Teilbeträgen von je (Höhe) freigegeben. Bis zur Vorlage der Gewährleistungsbürgschaft erfolgt die Freigabe höchstens bis zu 90 % der Bürgschaftssumme.

Im Falle der Zahlungsunfähigkeit des Vorhabenträgers ist die Gemeinde berechtigt, noch offen stehende Forderungen Dritter gegen den Vorhabenträger für Leistungen aus diesem Vertrag aus der Bürgschaft zu befriedigen.

Nach der Abnahme der Maßnahme und Vorlage der Schlussrechnung mit Anlagen ist für die Dauer der Gewährleistungsfrist eine Gewährleistungsbürgschaft in Höhe von 5 % der Baukosten vorzulegen. Nach Eingang wird die verbleibende Vertragserfüllungsbürgschaft freigegeben.

§ 21 Haftungsausschluss

Aus diesem Vertrag entstehen der Gemeinde keine Verpflichtungen zur Aufstellung eines vorhabenbezogenen Bebauungsplans. Die Vertragsparteien sind sich darüber einig, dass die vertraglichen Vereinbarungen unter dem Vorbehalt eines ordnungsgemäß durchgeführten Bauleitplanverfahrens stehen.

§ 22 Schlussbestimmungen

Vertragsänderungen oder –ergänzungen bedürfen zu ihrer Rechtswirksamkeit der Schriftform. Nebenabreden bestehen nicht.

§ 23 Wirksamwerden

Der Vertrag wird wirksam, wenn die Satzung über den vorhabenbezogenen Bebauungsplan in Kraft tritt oder wenn eine Baugenehmigung nach § 33 BauGB erteilt wird.

Textbeispiel 20: *Durchführungsvertrag zum vorhabenbezogenen Bebauungsplan*

Gewährleistungsbürgschaft

Hiermit übernehmen wir für den Erschließungsträger gegenüber der Gemeinde die selbstschuldnerische Bürgschaft für Gewährleistungsansprüche aus dem Erschließungsvertrag zwischen der Gemeinde und dem Erschließungsträger und verpflichten uns, bei nicht fristgerechter Erfüllung dieser Ansprüche jeden Betrag bis zu dem angegebenen Höchstbetrag zu zahlen. Auf die Einrede der Anfechtung und der Aufrechnung sowie der Vorausklage gem. §§ 768, 770, 771 BGB wird verzichtet. Eine Hinterlegung ist ausgeschlossen. Nach Rückgabe der Bürgschaftsurkunde an den Erschließungsträger können Ansprüche gegen den Bürgen nicht mehr geltend gemacht werden.

Textbeispiel 21: *Gewährleistungsbürgschaft zum vorhabenbezogenen Bebauungsplan*

Satzung über den vorhabenbezogenen Bebauungsplan
Abschließender Beschluss über den Bauleitplan
Beglaubigter Auszug aus der Niederschrift der Sitzung des Rates vom (Datum)

Zu Punkt 8 der Tagesordnung: Vorhabenbezogener Bebauungsplan Nr. 3 ,,Einkaufszentrum Westfälischer Hof''

a) Beschluss über die Stellungnahme der Behörden (§ 4 II BauGB) sowie der Öffentlichkeit (§ 3 II BauGB)

b) Satzungsbeschluss

Zu a): Der Rat beschließt bei einer Gegenstimme und sechs Stimmenthaltungen abschließend über die Stellungnahmen Behörden nach § 4 I BauGB gem. der vorliegenden Zusammenstellung sowie über die eingegangenen Stellungnahmen der Behörden gem. § 3 II BauGB gemäß der vorliegenden Zusammenstellung (Abwägungstabelle).

Die Verwaltung wird beauftragt, die Öffentlichkeit sowie die Behörden, die Stellungnahmen erhoben haben, von diesem Ergebnis unter Angabe der Gründe in Kenntnis zu setzen.

(Zusatz für den Flächennutzungsplan und den nicht aus dem Flächennutzungsplan entwickelten Bebauungsplan: Die nicht berücksichtigten Stellungnahmen sind bei der Vorlage des Plans zur Genehmigung mit einer Stellungnahme beizufügen.)

Zu b): Der Rat beschließt bei einer Gegenstimme und sechs Stimmenthaltungen den vorhabenbezogenen Bebauungsplan Nr. 3 ,,Einkaufszentrum Westfälischer Hof'' als Satzung. Die Begründung wird gebilligt. Die Verwaltung wird beauftragt, den vorhabenbezogenen Bebauungsplan der höheren Verwaltungsbehörde (Behörde) zur Genehmigung vorzulegen und die Erteilung der Genehmigung alsdann ortsüblich bekanntzumachen. Dabei ist anzugeben, wo der Plan mit der Begründung während der Dienststunden eingesehen und über den Inhalt Auskunft verlangt werden kann.

Feststellung der Beschlussfähigkeit: gesetzliche Mitgliederzahl: 25, davon anwesend: 19.
Es waren nach der GO keine Mitglieder der Gemeindevertretung von der Beratung und Abstimmung ausgeschlossen.
(alternativ:) Es haben folgende Mitglieder der Gemeindevertretung weder an der Beratung noch an der Abstimmung mitgewirkt:
Feststellung des Abstimmungsergebnisses: dafür: 12, dagegen: 1, Stimmenthaltungen: 6.
Die Richtigkeit des Auszuges und die Angabe der Beschlussfähigkeit und Abstimmung werden hiermit beglaubigt. Gleichzeitig wird bescheinigt, dass zur Sitzung unter Mitteilung der Tagesordnung rechtzeitig und ordnungsgemäß eingeladen worden ist. Der Rat war beschlussfähig.

(Ort, Datum, Siegelabdruck) Gemeinde (Ort), Der Bürgermeister (Unterschrift)

Textbeispiel 22: Satzung über den vorhabenbezogenen Bebauungsplan

211 **c) Vorhabenträger.** Der Vorhabenträger muss auf der Grundlage des von ihm vorgelegten Plans bereit und in der Lage sein, die Maßnahme innerhalb einer bestimmten Frist durchzuführen. Die Gemeinde muss sich darüber Gewissheit verschaffen und entsprechende Sicherungen in den Durchführungsvertrag aufnehmen. Vorhabenträger können natürliche oder juristische Personen sein. Gesellschaften des bürgerlichen Rechts (z. B. Arbeitsgemeinschaften) können nur Vorhabenträger werden, wenn sich jeder Gesellschafter gesamtschuldnerisch verpflichtet und in der Lage ist, das Vorhaben und die Erschließung insgesamt durchzuführen. Der Vorhabenträger muss auch die Möglichkeit haben, das Vorhaben durchzuführen. Dazu gehören die erforderlichen Geldmittel und die Verfügbarkeit der Grundstücke. Die finanzielle Leistungsfähigkeit kann durch eine entsprechende schriftliche Kreditzusage von geeigneten Banken oder auch durch eine → Bankbürgschaft erbracht werden. Die Bürgschaft kann dabei auch auf einen Teil der Gesamtmaßnahme beschränkt werden, um das Vorhaben nicht unnötig mit Kosten zu belasten. Eine entsprechende Absicherung der Erschließungsanlagen im öffentlichen Raum ist allerdings sinnvoll. Ein Vorhabenträger ist i.S. von § 12 I BauGB objektiv zur Finanzierung eines Vorhabens erst in der Lage, wenn seine finanzielle Leistungsfähigkeit das Vorhaben selbst umfasst; die Finanzierungsfähigkeit nur der Erschließungskosten ist nicht ausreichend. Die finanzielle Leistungsfähigkeit eines Vorhabenträgers ergibt sich nicht aus der bloßen Zugehörigkeit zu einer durch gleiche Gesellschafter verbundenen Gruppe rechtlich selbständiger Personengesellschaften. Erforderlich ist die rechtlich gesicherte Möglichkeit des Zugriffs auf die Finanzmittel der anderen Gesellschaften.[280] Zweifel an der Wirtschaftlichkeit der in einem vorhabenbezogenen Bebauungsplan festgesetzten Nutzungen sind abwägungsrelevant, soweit die Durchführbarkeit des Vorhabens gefährdet ist. Eine gesicherte Prognose ist dazu allerdings nicht erforderlich.[281]

212 **d) Vorhaben- und Erschließungsplan.** Der Vorhaben- und Erschließungsplan wird Bestandteil des vorhabenbezogenen Bebauungsplans (§ 12 III 1 BauGB). Bei der Bestimmung der planungsrechtlichen Zulässigkeit der Vorhaben ist die Gemeinde nicht an die Festsetzungen nach § 9 BauGB und der BauNVO gebunden. Eine Bindung ist allerdings dann gegeben, wenn einzelne Flächen außerhalb des Bereichs des Vorhaben- und Erschließungsplans in den vorhabenbezogenen Bebauungsplan einbezogen werden (§ 12 IV BauGB). Der Vorhaben- und Erschließungsplan ist also nicht auf den numerus clausus der Festsetzungsinstrumente verpflichtet. Es entfällt damit etwa die Bindung an die Ausweisung der in der BauNVO normierten Baugebiete ebenso wie die Regeln über die Festsetzung des Maßes der baulichen Nutzung nicht unmittelbar anwendbar sind. Allerdings müssen die Ausweisungen des vorhabenbezogenen Bebauungsplans dem Abwägungsgebot genügen. Für nicht anwendbar erklärt § 12 III 2 BauGB die Vorschriften zur

---

[280] OVG Greifswald, Urt. v. 15.2.2006 – 3 K 35/04 – BauR 2006, 1432 = UPR 2006, 359 = NVwZ-RR 2006, 673.
[281] OVG Schleswig, Urt. v. 31.5.2005 – 1 KN 6/04 – NordÖR 2005, 465 = NuR 2006, 467 – Biogasanlage.

Veränderungssperre und zur Zurückstellung von Baugesuchen, zum Vorkaufsrecht, zum Planungsschadensrecht, zur Umlegung, zur Enteignung, so weit nicht nach § 9 BauGB Festsetzungen für öffentliche Zwecke getroffen werden, zum Erschließungsbeitragsrecht, zu den städtebaulichen Geboten, zum Sozialplan und zum Härteausgleich. Auch die gesetzlichen Finanzierungsregelungen für Ausgleichsmaßnahmen der §§ 135 a bis 135 c BauGB sind im Hinblick auf das Erfordernis eines Durchführungsvertrages beim vorhabenbezogenen Bebauungsplan nicht erforderlich.[282]

Ein für das Abwägungsergebnis relevanter Fehler im Abwägungsvorgang liegt nicht **213** vor, wenn ein durch die Planung geschaffenes Problem noch während des **Vollzugs des Bebauungsplans** bewältigt werden kann, ohne die Konzeption der Planung zu berühren. Ein vorhabenbezogener Bebauungsplan erfordert bauleitplanerische Festsetzungen für ein oder mehrere Vorhaben. Dies kann bereits im vorhabenbezogenen Bebauungsplan geschehen. Anderenfalls muss der Durchführungsvertrag entsprechende Detaillierungen enthalten. Es ist dann unter entsprechender Anwendung des § 9 BauGB festzusetzen, dass im Rahmen der festgesetzten Nutzungen nur solche Vorhaben zulässig sind, zu deren Durchführung sich der Vorhabenträger im Durchführungsvertrag verpflichtet (§ 12 III a BauGB).[283]

Nach § 12 IV BauGB können einzelne Flächen außerhalb des Bereichs des Vorhaben- **214** und Erschließungsplans in den vorhabenbezogenen Bebauungsplan einbezogen werden. Hierdurch kann der Bereich des Vorhaben- und Erschließungsplans abgerundet und behutsam erweitert werden. Allerdings sind in diesem Teil des Bebauungsplans die Regelungen über die Festsetzungsmöglichkeiten nach § 9 BauGB und der BauNVO anzuwenden. Auch können die im Geltungsbereich des Vorhaben- und Erschließungsplans nach § 12 III 2 BauGB ausgeschlossenen Regelungen angewendet werden. Der Vorhaben- und Erschließungsplan ist auf die **unmittelbare und zeitnahe Verwirklichung** eines bestimmten Vorhabens gerichtet, das in der **Zusammenarbeit** zwischen Gemeinde und Investor geplant und ausgeführt wird.

e) Durchführungsvertrag. Wesentliches Sicherungselement für eine zeitnahe Umset- **215** zung des Vorhabens ist der Durchführungsvertrag, in dem der Vorhabenträger sich zur Durchführung des Vorhabens innerhalb einer bestimmten Frist verpflichtet und die Planungs- und Erschließungskosten ganz oder teilweise übernimmt (→ *Abbildungen 25 und 26 Textbeispiele 20, 21 und 22*). Das Gesetz verlangt daher zumindest eine Teilübernahme der entstehenden Planungs- und Erschließungskosten. Nähere Regelungen über Art und Umfang dieser Kostentragung enthält § 12 BauGB nicht. Aus dem Regelungszusammenhang ist abzuleiten, dass der Vorhabenträger nicht sämtliche **Erschließungsmaßnahmen**, die dem Vorhaben dienen, vollständig übernehmen muss. Im Übrigen sind in Ergänzung des § 12 BauGB die generellen Regelungen über die städtebaulichen Verträge in § 11 BauGB heranzuziehen.

f) Verfahrenseinleitung nach Ermessen. Auf den Erlass eines Vorhaben- und Er- **216** schließungsplans besteht **kein Rechtsanspruch**. Allerdings hat die Gemeinde nach § 12 II BauGB auf Antrag des Vorhabenträgers über die Einleitung des Satzungsverfahrens nach pflichtgemäßem Ermessen zu entscheiden.

g) Umweltprüfung. Der vorhabenbezogene Bebauungsplan unterliegt wie der Be- **217** bauungsplan nach § 30 I BauGB der Umweltprüfung (§ 2 IV, 2 a BauGB). Sie wird im Rahmen der Aufstellung des vorhabenbezogenen Bebauungsplans durchgeführt. Der vorhabenbezogene Bebauungsplan ist nur unter den Voraussetzungen des § 13 BauGB

---

[282] *Bundesregierung*, Gesetzentwurf zum BauROG 1998, S. 51.
[283] BVerwG, Urt. v. 18.9.2003 – 4 CN 3.02 – BVerwGE 119, 45 = NVwZ 2004, 229 = DVBl 2004, 247 – vorhabenbezogener Bebauungsplan; so auch BVerwG, B. v. 12.3.1999 – 4 B 112.98 –; im Anschluss an Urt. v. 11.2.1993 – 4 C 18.91 – BVerwGE 92, 56 = DVBl 1993, 654 – Weilheimer Einheimischenmodell.

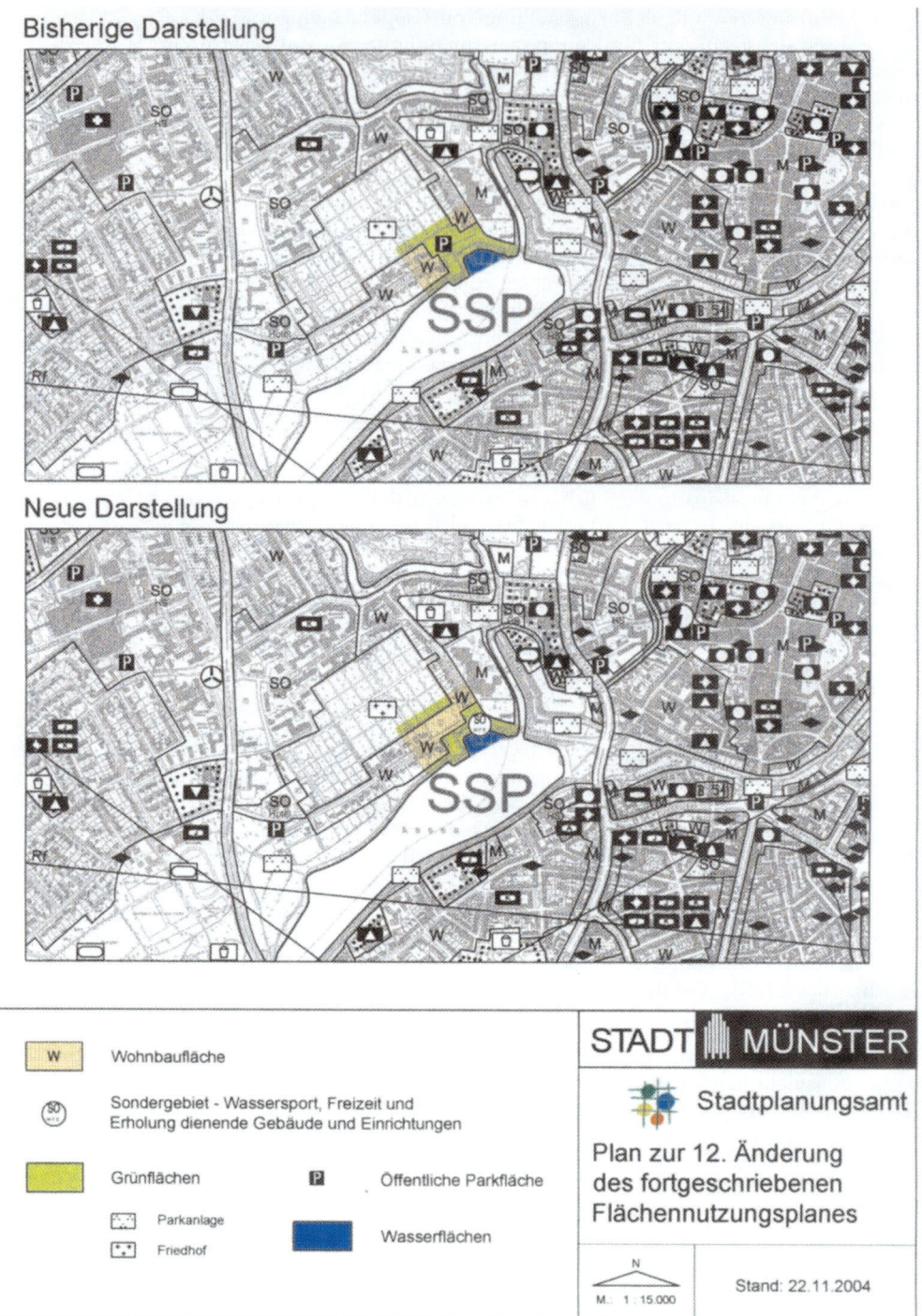

Abbildung 25: *Änderung des Flächennutzungsplans Sondergebiet Aaseeterrassen*

Abbildung 26: *Vorhabenbezogener Bebauungsplan Aaseeterassen*

von der Umweltprüfung freigestellt. Der Vorhabenträger wird von der Gemeinde über den voraussichtlich erforderlichen Untersuchungsrahmen der Umweltprüfung nach § 2 IV BauGB unter Beteiligung der Behörden in der vorgezogenen Behördenbeteiligung informiert. Hierdurch soll der Vorhabenträger die entsprechenden Informationen für die Durchführung der Umweltprüfung erhalten. Die Umweltprüfung geht damit auch bei der Aufstellung eines vorhabenbezogenen Bebauungsplans weiter als nach der Regelung des ArtG 2001. Nach dieser Regelung war der Bebauungsplan nur UVP-pflichtig, wenn er ein UVP-pflichtiges Vorhaben nach der Anlage 1 zum UVPG „Liste der UVP-pflichtigen Vorhaben" auswies, im Übrigen war er UVP-frei.

218 **h) Wechsel des Vorhabenträgers.** Ein Wechsel des Vorhabenträgers bedarf nach § 12 V BauGB der Zustimmung der Gemeinde. Die Zustimmung darf nur verweigert werden, wenn Tatsachen die Annahme rechtfertigen, dass die Durchführung des Vorhaben- und Erschließungsplans innerhalb der vereinbarten Frist gefährdet ist. Die Gemeinde kann zu einer Zustimmung zum Trägerwechsel verpflichtet sein, wenn die Verweigerung gegen den Grundsatz von Treu und Glauben verstoßen würde. Die Gemeinde hat daher bei ihrer Entscheidung die Gesamtumstände zu berücksichtigen. Wird der Vorhaben- und Erschließungsplan nicht innerhalb der vereinbarten Frist durchgeführt, soll die Gemeinde den Bebauungsplan aufheben. Aus der Aufhebung können in diesem Fall keine Ansprüche des Vorhabenträgers gegen die Gemeinde hergeleitet werden. Die Aufhebung kann im vereinfachten Verfahren nach § 13 BauGB erfolgen.

219 **i) Nicht anwendbare Vorschriften.** Der vorhabenbezogene Bebauungsplan hat zwar die Rechtswirkungen des Bebauungsplans. Verschiedene Vorschriften, die im Zusammenhang mit der Aufstellung eines Bebauungsplans gelten, sind jedoch nicht anwendbar. § 12 III BauGB bestimmt dazu, dass §§ 14 bis 28, 39 bis 79 sowie §§ 127 bis 135 c BauGB nicht anwendbar sind. Für nicht anwendbar erklärt § 12 III 2 BauGB die Vorschriften zur Veränderungssperre und zur Zurückstellung von Baugesuchen, zum Vorkaufsrecht, zum Planungsschadensrecht, zur Umlegung, zur Enteignung, soweit nicht nach § 9 BauGB Festsetzungen für öffentliche Zwecke getroffen werden, zum Erschließungsbeitragsrecht, zu den städtebaulichen Geboten, zum Sozialplan und zum Härteausgleich. Auch die gesetzlichen Finanzierungsregelungen für Ausgleichsmaßnahmen nach den §§ 135 a bis 135 c BauGB sind im Hinblick auf das Erfordernis eines Durchführungsvertrages beim vorhabenbezogenen Bebauungsplan nicht erforderlich. Der Ausschluss des Planungsschadensrechts der §§ 39 bis 44 BauGB bezieht sich allerdings nur auf Nutzungsänderungen bei der Aufstellung oder Änderung eines vorhabenbezogenen Bebauungsplans, nicht aber auf die Fälle der späteren Änderung der vereinbarten Nutzung außerhalb eines Verfahrens nach § 12 BauGB. § 12 III 3 BauGB ermöglicht eine Enteignung zugunsten öffentlicher Zwecke auch im Geltungsbereich eines vorhabenbezogenen Bebauungsplans, wenn entsprechende Festsetzungen nach § 9 BauGB getroffen werden. Einer Veränderungssperre bedarf es nicht, weil der Vorhabenträger ein bestimmtes Vorhaben verwirklichen möchte. Ist die Gemeinde allerdings nicht gewillt, einen vorhabenbezogenen Bebauungsplan aufzustellen, kann sie eine Veränderungssperre erlassen, wenn sie den Aufstellungsbeschluss für einen Bebauungsplan gefasst und bekannt gemacht hat. Die erneute Bekanntmachung einer nach § 12 III BauGB unwirksamen Veränderungssperre nach Erlass eines Aufstellungsbeschlusses zu einem nicht vorhabenbezogenen Bebauungsplan führt ohne die Fassung eines neuen Satzungsbeschlusses nicht zu einer wirksamen Veränderungssperre.[284] Vergleichbares gilt auch für die Zurückstellung von Baugesuchen nach § 15 BauGB. Ein Vorkaufsrecht ist nicht erforderlich, da das Vorhaben durch den Vorhabenträger durchgeführt werden soll. Auch das Planungsschadensrecht und die Bestimmungen über die Umlegung sind nicht anwendbar. Dasselbe gilt für die Finanzierungsregelungen für Ausgleichsmaßnahmen nach § 135 a bis § 135 c BauGB, da die erforderlichen Regelungen

---

[284] OVG Münster, Urt. v. 19.9.2005 – 10 D 36/03.NE – zweite Veränderungssperre.

hinsichtlich der naturschutzrechtlichen Ausgleichsmaßnahmen in dem Durchführungsvertrag getroffen werden. Wird allerdings der vorhabenbezogene Bebauungsplan durch
einen neuen Bebauungsplan geändert bzw. aufgehoben, gelten die Einschränkungen des
§ 12 III BauGB nicht mehr.[285]

j) Zulassung von Vorhaben. Zur Verwirklichung des Vorhabens bedarf es neben dem   **220**
vorhabenbezogenen Bebauungsplan nach Maßgabe des Landesrechts einer Zulassungsentscheidung durch Baugenehmigung. Im Geltungsbereich eines vorhabenbezogenen
Bebauungsplans ist ein Vorhaben zulässig, wenn es dem Plan nicht widerspricht und die
Erschließung gesichert ist. § 30 II BauGB stellt damit den vorhabenbezogenen Bebauungsplan dem qualifizierten Bebauungsplan nach § 30 I BauGB gleich.

k) Wahrung rechtsstaatlicher Anforderungen. Der Vorhaben- und Erschließungsplan   **221**
hat sich zunächst in den **neuen Bundesländern**, inzwischen aber auch in den alten Ländern neben dem Bebauungsplan zu einem wichtigen Planungsinstrument entwickelt,
mit dessen Hilfe zeitnah herzustellende, sichere Rechtsgrundlagen für dringend erforderliche Investitionsentscheidungen geschaffen werden können. Allerdings bieten die inzwischen erlassenen Vorhaben- und Erschließungspläne ein durchaus farbenprächtiges Bild,
das von eher kurz geratenen Handzetteln bis zu umfangreichen Planwerken reicht. Die
Zusammenarbeit zwischen Gemeinde und Vorhabenträger gestaltet sich dabei nicht selten
zu einer Gratwanderung zwischen notwendiger Kooperation und unzulässiger **subjektiver Abwägungssperre** durch vertragliche Bindungen und Einflussnahmen des Vorhabenträgers. Zwar hat die Rechtsprechung die Möglichkeiten der Zusammenarbeit zwischen Gemeinde und Investor gegenüber der früheren härteren Linie gelockert und auch
Kooperationsverträge für zulässig erachtet, durch die Gemeinde und Vorhabenträger
im Hinblick auf die Verwirklichung eines bestimmten Projektes zusammenarbeiten.[286]
Die vertraglichen Bindungen dürfen jedoch nicht so weit gehen, dass eine rechtsstaatlich
gebotene Abwägung dabei auf der Strecke bleibt.[287]

Besondere Probleme ergeben sich auch in Fällen, in denen das Projekt nicht zu Stande   **222**
kommt. Zwar besteht auf die Aufstellung eines Vorhaben- und Erschließungsplanes kein
Anspruch (§ 1 III 2 BauGB). Dieser kann auch nicht durch einen städtebaulichen Pla-
nungs-, Erschließungs- und Vorhabendurchführungsvertrag begründet werden. Aus solchen vertraglichen Bindungen können sich jedoch Ansprüche auf Ersatz zumindest des
negativen Interesses (**Vertrauensschadens**) ergeben, wenn die Planung an Gründen
scheitert, die der Projektträger nicht zu vertreten hat.[288]

9. Bebauungsplan der Innenentwicklung

Zur Stärkung der Innenentwicklung wurden in der Novelle 2007[289] die Daumenschrau-   **223**
ben der Umweltprüfung allerdings wieder etwas gelockert. Wenn die planende Gemeinde
das bauliche Geschehen auf die Innenentwicklung konzentriert und den Flächenverbrauch einschränkt, dann sollte die Kommune durch eine Verfahrensvereinfachung

---

[285] Fachkommission „Städtebau" der ARGEBAU, Muster-Einführungserlass zum BauROG, Nr. 7.

[286] BVerwG, Urt. v. 6.7.1973 – 4 C 22.72 – BVerwGE 42, 331 = RzB Rn. 713; Urt. v. 5.7.1974 – 4
C 50.72 – BVerwGE 45, 309 = RzB Rn. 24 – Delog–Detag; Urt. v. 1.2.1980 – 4 C 40.77 – BauR
1980, 333 = RzB Rn. 27; B. v. 28.8.1987 – 4 N 1.86 – DVBl 1987, 1273 = RzB Rn. 63 – Volksfürsorge.

[287] BVerwG, B. v. 21.4.1994 – 4 B 193.93 – NVwZ 1995, 271 = BauR 1994, 601 – Wohnungseigentum; Urt. v. 7.7.1994 – 4 C 21.93 – BVerwGE 96, 217 = DVBl 1994, 1149 – Fremdenverkehrssatzung.

[288] BGH, Urt. v. 22.2.1973 – VII ZR 119/71 – NJW 1973, 752 – Bauvertrag; Urt. v. 8.6.1978 – III
ZR 48/76 – BGHZ 71, 386 = NJW 1978, 1802 – Folgelastenvertrag; Urt. v. 22.11.1979 – III ZR 186/
77 – BGHZ 76, 16 = NJW 1980, 826 – Gewährleistung für Grundstücksbebaubarkeit.

[289] Gesetz zur Erleichterung von Planungsvorhaben für die Innenentwicklung vom 21.12.2007,
BGBl. I 3316.

belohnt und nicht mehr zu einer Umweltprüfung verpflichtet werden, war das neue Leitmotiv. Wer durch städtebauliche Maßnahmen die Innenentwicklung fördert, hat sozusagen ausgesorgt und ist von der Umweltprüfung freigestellt. Vor allem wollte der Gesetzgeber – endlich einmal – einen wirksamen Beitrag dazu leisten, den immer noch rapide um sich greifenden Flächenverbrauch zu verringern und den Blick stattdessen auf die Stärkung der Innenentwicklung zu richten. Was die Bodenschutzklausel in § 1a I BauGB mit ihrer reinen Appellfunktion über Jahrzehnte nicht geschafft hatte, das war dem Gesetzgeber durch diese „Rolle rückwärts" im Handumdrehen gelungen. Denn die Freistellung von der Umweltprüfung, die mit dem Bebauungsplan der Innenentwicklung verbunden war, kam bei den planenden Städten und Gemeinden erwartungsgemäß geradezu ausgezeichnet an.

224   Der Bebauungsplan der Innenentwicklung nach § 13a BauGB entwickelte sich in vielen Gemeinden nicht selten sogar zum Hauptinstrument der Bauleitplanung und war damit so etwas wie früher § 33 BauGB in den neuen Ländern, der die Zulassung von Vorhaben bei Planreife ermöglicht. Die Gemeinde fasste nach der Wende einen Beschluss zur Aufstellung eines Bebauungsplans, machte eine schlanke Öffentlichkeitsbeteiligung, die Genehmigung des Vorhabens wurde erteilt und der Plan verschwand auf Nimmerwiedersehen in der Schublade. Auch der Bebauungsplan der Innenentwicklung konnte in vielen Städten und Gemeinden auf einen solchen „Siegeszug" zurückblicken. Befreit von den Fesseln einer langwierigen Umweltprüfung und frei von der naturschutzrechtlichen Eingriffsregelung in § 1a III BauGB konnten Bebauungspläne in einem beschleunigten Verfahren aufgestellt und umgesetzt werden.

225   § 13 a BauGB 2007 vereinfacht das Planaufstellungsverfahren für → Bebauungspläne der Innenentwicklung. Ein Bebauungsplan für die Wiedernutzbarmachung von Flächen, die Nachverdichtung oder andere Maßnahmen der Innenentwicklung (Bebauungsplan der Innenentwicklung) kann danach im beschleunigten Verfahren aufgestellt werden. Hierdurch soll das Planaufstellungsverfahren erheblich gestrafft und vereinfacht werden. Eine frühzeitige Beteiligung der Öffentlichkeit und der Behörden, eine Umweltprüfung und ein Umweltbericht sowie ein Monitoring sind nicht erforderlich. Die Vorschrift soll nach den Vorstellungen des Gesetzgebers das Baugeschehen auf die Innenentwicklung der Städte und Gemeinden konzentrieren.[290]

226   Das städtebauliche Planungsinstrument steht im Zusammenhang mit dem Bestreben, die bauliche Nutzung auf die vorhandenen Ortslagen und die Innenentwicklung zu begrenzen und die Inanspruchnahme bisheriger Freiflächen vor allem der landwirtschaftlichen Nutzung stärker als bisher zu schonen. Der Gesetzgeber hat dies schon in der Vergangenheit mehrfach versucht. Im BauGB waren diese Regelungen bisher unter dem Oberbegriff der **Bodenschutzklausel** in mehreren Novellen eingeführt und fortentwickelt worden. Mit dem am 1.7.1987 in Kraft getretenen BauGB ist erstmals eine Bodenschutzklausel in das Städtebaurecht des Bundes eingefügt worden (§ 1 V 3 BauGB 1987): „Mit Grund und Boden soll sparsam und schonend umgegangen werden". Auf diese knappe Formel wurde das damals gebracht. Die Bodenschutzklausel wurde in zwei späteren Novellen – unter Beibehaltung des Kernsatzes von 1987 – sprachlich und mit neuen inhaltlichen Akzenten erweitert: durch das Bau- und Raumordnungsgesetz (BauROG) 1998 und durch das Europarechtsanpassungsgesetz Bau (EAG Bau) 2004. Die letzte größere Änderung des Städtebaurechts durch die BauGB-Novelle 2007 ließ die Bodenschutzklausel unverändert, berief sich jedoch bei der Einführung eines neuen Verfahrens der Bauleitplanung für „Bebauungspläne der Innenentwicklung" in § 13 a BauGB auf das Ziel einer Implementierung der Bodenschutzklausel und griff im Wortlaut der Beschreibung des Anwendungsbereichs der „Innenentwicklung" wörtlich auf die Bodenschutzklausel (Fassung EAG Bau 2004) zurück.

---

[290] *Krautzberger/Stüer* DVBl 2007, 160.

→ **Bebauungsplan der Innenentwicklung (§ 13 a BauGB).** Ein Bebauungsplan für die Wiedernutzbarmachung von Flächen, die Nachverdichtung oder andere Maßnahmen der Innenentwicklung kann im beschleunigten Verfahren aufgestellt werden, wenn ein UVP-pflichtiges Vorhaben nicht ausgewiesen wird und Gebiete von gemeinschaftlicher Bedeutung nicht betroffen sind. Das Planaufstellungsverfahren wird erheblich gestrafft und vereinfacht. Erfasst das Plangebiet eine überbaubare Grundfläche von mehr als 20.000 m², ist eine UVP-Vorprüfung erforderlich. Für Plangebiete mit einer Grundfläche von mehr als 70.000 m² ist ein Bebauungsplan der Innenentwicklung nicht zulässig. Eine frühzeitige Beteiligung der Öffentlichkeit und der Behörden, eine Umweltprüfung und ein Umweltbericht sowie ein Monitoring sind nicht erforderlich. Fehler in der Beurteilung der UVP-Pflicht sind nur dann unerheblich, wenn die Prüfung nachvollziehbar ist und keine Vorhaben ausgewiesen werden, für die nach der Spalte 1 der Anlage II zum UVPG „Liste der UVP-pflichtigen Vorhaben" eine zwingende UVP-Pflicht besteht (§ 214 II a BauGB). Die Verfahrenserleichterungen sind allerdings ausgeschlossen, wenn die Voraussetzungen für die Anwendung des § 13 a BauGB nicht vorliegen. Die Vorschrift soll nach den Vorstellungen des Gesetzgebers das Baugeschehen auf die Innenentwicklung der Städte und Gemeinden konzentrieren.

→ **UVP-Pflicht schließt Bebauungsplan der Innenentwicklung aus.** Das vereinfachte Verfahren nach § 13 a BauGB ist nicht möglich, wenn der Bebauungsplan erkennbar ein UVP-pflichtiges Vorhaben nach der Anlage 1 zum UVPG ausweisen soll. Hierzu zählen neben den UVP-pflichtigen Einzelvorhaben die in Nr. 18 der Anlage 1 zum UVPG genannten Bauvorhaben: Bau eines Feriendorfes, eines Hotelkomplexes (Nr. 18.1), großer Campingplätze (Nr. 18.2), eines Freizeitparks (Nr. 18.3), eines Parkplatzes (Nr. 18.4), einer Industriezone (Nr. 18.5), eines Einkaufszentrums (Nr. 18.6), eines Städtebauprojekts (Nr. 18.7) sowie eines UVP-pflichtigen Vorhabens in sonstigen Gebieten (Nr. 18.7). Dies setzt den Schwellenwerten des § 13 a BauGB entsprechende Grenzen. Fällt das Vorhaben in die Gruppe der UVP-vorprüfungspflichtigen Vorhaben, ist eine Vorprüfung durchzuführen. Ergibt diese Vorprüfung erhebliche nachteilige Umweltauswirkungen, so ist der Bebauungsplan im üblichen Aufstellungsverfahren einschließlich einer vorgezogenen Öffentlichkeits- und Behördenbeteiligung sowie einer Umweltprüfung durchzuführen. Eine Planaufstellung im vereinfachten Verfahren nach § 13 a BauGB ist dann ausgeschlossen.

a) UPV-Pflicht schränkt Anwendungsbereich des § 13 a Bau ein. Ein Bebauungs- **227** plan der Innenentwicklung ist allerdings nur bei Wahrung der **UVP-Pflichten europarechtskonform**, urteilte der EuGH[291] und schränkte damit den Anwendungsbereich des § 13 a BauGB entsprechend ein. Nur wenn die Voraussetzungen der Vorschrift vorliegen und es sich um einen Bebauungsplan für die Wiedernutzbarmachung von Flächen, die Nachverdichtung oder andere Maßnahmen der Innenentwicklung handelt, kann der Bebauungsplan im beschleunigten Verfahren und damit ohne Umweltprüfung aufgestellt werden. Liegen die Voraussetzungen des § 13 a I BauGB nicht vor, ist die Aufstellung eines solchen Bebauungsplans europarechtswidrig.

aa) Bedeutung der Umweltprüfung. Die Anforderungen an die Umweltprüfung sind exakt **228** einzuhalten. Ansonsten haben Planungs- und Zulassungsbehörden ein Problem. Diese Erkenntnis hat seit einiger Zeit auch das Bau- und Fachplanungsrecht erreicht. Galt die Beachtung dieser europarechtlichen Anforderungen vormals noch als ein grundsätzlich straffreies Kavaliersdelikt, das erst dann geahndet werden konnte, wenn sich der Fehler auf das Ergebnis ausgewirkt hatte, so hat die Umweltprüfung inzwischen mehr und mehr ein Eigenleben entwickelt, das auch dann zu beachtlichen Wirkungen führt, wenn der formale Rechtsverstoß in der Sache nicht kausal für das Ergebnis gewesen ist.[292] Bei Plänen für kleinräumige Gebiete auf nationaler Ebene hat der Gesetzgeber zwar einen Spielraum. Art. 3 V i.V. mit Art. 3 III SUP-RL steht nationalen Regelungen allerdings entgegen, die allgemein und ohne Einzelfallprüfung vorsehen, dass eine Prüfung nach der SUP-RL dann nicht durchgeführt werden muss, wenn sich die Pläne, die die Nutzung

---

[291] EuGH, Urt. v. 18.4.2013 – C-463/11 – DVBl 2013, 777 m. Anm. *Stüer/Garbrock* DVBl 2013, 778 – Bebauungsplan der Innenentwicklung.
[292] BVerwG, Urt. v. 25.1.1996 – 4 C 5.95 – BVerwGE 100, 238 = DVBl 1996, 677 – Eifelautobahn A 60; Urt. v. 18.11.2004 – 4 CN 4.03 – BVerwGE 122, 207 = DVBl 2005, 386 – Diez.

kleiner Gebiete auf lokaler Ebene festlegen, nur auf einen Gegenstand wirtschaftlicher Betätigung beziehen. Auch eine nach der UVP-RL für bestimmte öffentliche und private Projekte durchgeführte UVP entbindet nicht von der Verpflichtung, eine nach der SUP-RL für Pläne und Programme erforderliche Umweltprüfung durchzuführen. Die Mitgliedstaaten sind dabei nicht verpflichtet, in ihren innerstaatlichen Rechtsordnungen koordinierte oder gemeinsame Verfahren vorzusehen, die den Anforderungen der UVP-RL und der SPU-RL genügt.[293]

229   *bb) Fachplanungsrecht.* Auch im Fachplanungsrecht ist der Spielraum zugestandener Fehler bei der UVP in letzter Zeit geringer geworden. Wird etwa eine Vorprüfung nicht ordnungsgemäß durchgeführt, ist die Zulassungsentscheidung fehlerbehaftet, was von den Verbänden und den in ihren Interessen Betroffenen gerügt werden kann.[294] Offen ist noch die Frage, in welchem Umfang eine unzureichend durchgeführte UVP zur Rechtswidrigkeit der Zulassungsentscheidung auch dann führt, wenn sich eine Kausalität des Fehlers nicht sicher feststellen lässt.[295]

230   Das Erfordernis, einen Kausalzusammenhang nachzuweisen, ist danach nicht vereinbar mit der Verpflichtung nach Art. 11 der RL 2011/92/EU, die Überprüfung der materiellrechtlichen und verfahrensrechtlichen Rechtmäßigkeit von Entscheidungen sicherzustellen. Ferner ist die EU-Kommission der Auffassung, dass die Praxis der deutschen Gerichte, die Beweislast für die Kausalität dem Kläger aufzuerlegen, einen wirksamen Zugang zu einer gerichtlichen Überprüfung von UVP-Entscheidungen nicht gewährleistet. Auch § 46 VwVfG und die dazu von der deutschen Rechtsprechung entwickelten Rahmenbedingungen, wonach Verwaltungsentscheidungen nur bei dem Nachweis einer entsprechenden Kausalität der Verfahrensfehler aufgehoben werden müssten[296] stimme mit Art. 11 der RL 2011/92/EU nicht überein.[297]

231   *cc) Bauleitplanung.* Der EuGH hat nun auch für die Bauleitpläne nachgelegt und die gesetzlichen Neuregelungen der Umweltprüfung im EAG Bau[298] zum allgemeinen Standard erklärt. Wer als Träger der Bauleitplanung dahinter zurückbleibt, hat im Spiel um einen sachgerechten Bebauungsplan schlechte Karten. Die Gemeinde kann sich nicht (mehr) auf die weniger weitgehenden Regelungen der UVP-Umsetzung im Artikel-G 2001 berufen, sondern ist an die weitreichenderen Anforderungen gebunden, die im Jahre 2004 durch das EAG Bau eingeführt worden sind. Ähnlich wie das BVerwG einer unzulässigen Ausdehnung der Planreife vor einigen Jahren einen Riegel vorgeschoben hat[299], ist nunmehr auch der EuGH auf den Plan getreten, um Missbräuchen des § 13 a BauGB entgegenzutreten und auf die Einhaltung der Voraussetzungen des Bebauungsplans der Innenentwicklung zu achten.

232   *dd) UVP-Vorgaben sind einzuhalten.* Die Grenzen dieser Möglichkeiten hat nunmehr der EuGH aufgezeigt. Er hat zwar den Bebauungsplan der Innenentwicklung nach § 13 a

---

[293] EuGH, Urt. v. 22.9.2011 – C-295/10 – NVwZ 2012, 291 – Intensivtierhaltung von Schweinen.

[294] Zur Abgrenzung des Personenkreises BVerwG, Urt. v. 20.12.2011 – 9 A 31.10 – BUND mit einer ausreichenden Betroffenheit der Umweltverbände einerseits und – 9 A 30.10 – mit einer nicht ausreichenden Betroffenheit andererseits – Regenrückhaltebecken im Einzugsgebiet einer Wassergewinnungsanlage; zur Klagemöglichkeit auf Einhaltung einer UVP-Prüfungspflicht auch EuGH, Urt. v. 7.1.2004 – C-201/02 – DVBl 2004, 370 – Delena Wells; *Stüer/Hönig* DVBl 2004, 481.

[295] BVerwG, B. v. 10.1.2012 – 7 C 20.11 – Wasserrückhaltebecken Waldsee/Altrip/Neuhof; *Stüer/Bergt* DVBl 2012, 443.

[296] BVerwG, Urt. v. 24.11.2011 – 9 A 23.11 – BVerwGE 141, 171 = DVBl 2012, 443 m. Anm. *Stüer/Bergt*, 449 – Weserquerung; Urt. v. 31.7.2012 – 4 A 7001.11 u.a. – NVwZ 2013, 297 – Flughafen Berlin-Brandenburg-International.

[297] EU-Kommission, Mit Gründen versehene Stellungnahme vom 26.4.2013 im Vertragsverletzungsverfahren gegen die Bundesrepublik Deutschland, Nr. 2007/4267.

[298] Gesetz zur Anpassung des BauGB an EU-Richtlinien vom 24.6.2004, BGBl. I 1359.

[299] BVerwG, Urt. v. 1.8.2002 – 4 C 5.01 – BVerwGE 117, 25 = DVBl 2003, 62 – FOC Zweibrücken.

BauGB für europarechtskonform erklärt und damit auch in seinem breiten Anwendungsbereich für nach der Anlage 1 zum UVPG nicht umweltprüfungspflichtige Vorhaben bestätigt. Zugleich hat das Gericht allerdings verlangt, dass die Vorgaben des deutschen Gesetzgebers, die planende Gemeinde von der Umweltprüfung zu befreien, eingehalten werden. Sind die Voraussetzungen des § 13 a BauGB nicht gegeben, darf auch auf eine Umweltprüfung nicht verzichtet werden. Eine allgemeine Freistellung hiervon, wie sie in § 214 IIa Nr. 1 BauGB erfolgt ist, widerspricht diesem Gebot und scheitert daher an dem Anwendungsvorrang des Europarechts. Dem hat der Gesetzgeber inzwischen Rechnung getragen und § 214 IIa Nr. 1 BauGB in der Schlussrunde der Beratungen der BauGB-Novelle 2013[300] aufgehoben. Mit dem Richterspruch aus Luxemburg wackelt zugleich auch § 214 IIa Nr. 3 BauGB, wonach eine Vorprüfung als ordnungsgemäß durchgeführt „gilt", „wenn sie entsprechend den Vorgaben des § 13 a I 2 Nr. 2 BauGB durchgeführt worden ist und ihr Ergebnis nachvollziehbar ist". Vergleichbaren Bedenken dürfte § 214 IIa Nr. 4 BauGB unterliegen, wonach die Beurteilung, dass ein Ausschlussgrund nach § 13 a I 4 BauGB nicht vorliegt, als zutreffend gilt, wenn das Ergebnis nachvollziehbar ist und durch den Bebauungsplan nicht die Zulässigkeit von Vorhaben der Spalte 1 der Anlage 1 zum UVPG begründet wird. Auch derartige Fiktionen nach dem „Osterhasenprinzip" dürften wohl im europäischen Umweltrecht in Zukunft einen schweren Stand haben. Denn man muss wohl schon etwas länger ausholen, um nachvollziehbar nachweisen zu können, dass 3 und 4 nicht 7, sondern 8 sind. Das gilt nicht nur für die Algebra und Analytik, bei der ein solches Ergebnis im Lichte der Zahlentheorie in aller Regel eher als falsch zu beurteilen wäre, sondern selbst für die Infinitesimalrechnung, bei der die Lösung 7 jedenfalls im Lichte der angestrebten Unendlichkeitsberechnungen „noch genauer" erscheint.

ee) Bedeutung des EuGH-Urteils. Die planenden Gemeinden haben daher in der prakti- **233** schen Konsequenz aus diesem Richterspruch sicherzustellen, dass sich der Bebauungsplan nach § 13 a BauGB räumlich auf Vorhaben der Innenentwicklung beschränkt und Außenbereichsflächen allenfalls zur Abrundung einbezieht. Ob damit auch Planungsvorhaben, die einen „Außenbereich im Innenbereich"[301] zum Gegenstand haben, nicht mehr in einem vereinfachten Verfahren nach § 13 a BauGB möglich sind, hängt von der Beurteilung der Frage ab, ob auch solche Flächen zu einer Nachverdichtung oder zu anderen Maßnahmen der Innenentwicklung rechnen. Zudem könnte es sich für die Gemeinden empfehlen, bei Planungen mit einer überbauten Grundfläche ab 20.000 qm nicht den wohl etwas unsicher gewordenen Weg einer Vorprüfung zu beschreiten, sondern gleich im Normalverfahren mit Umweltprüfung an den Start zu gehen. Auch für die anderen Schnittstellen zwischen umweltprüfungspflichtigen Plänen und davon freigestellten Plänen hat das EuGH-Urteil Bedeutung. Von einer vereinfachten Änderung nach **§ 13 BauGB** sollte daher in aller Regel abgesehen werden, wenn eine gewisse Wahrscheinlichkeit dafür besteht, dass UVP-pflichtige oder auch nur UVP-vorprüfungspflichtige Vorhaben Gegenstand der Planung sind.

ff) Konzept des § 13 a BauGB bestätigt. Zugleich ist das Grundkonzept des § 13 a BauGB **234** bestätigt worden und hat keine juristischen Schrammen erhalten. Das konnte nach einigen Unkenrufen im Vorfeld der Luxemburger Entscheidung keinesfalls als sicher gelten. So hatte Generalanwalt *Melchior Wathelet* in seinen Schlussanträge vom 19.12. 2012 erhebliche Zweifel an der Vereinbarkeit des gesetzgeberischen Schachzuges angemeldet, durch den Bebauungsplan der Innenentwicklung ganze Teile der städtebaulichen Planung, die seit dem EAG Bau 2004 der Umweltprüfungspflicht unterlagen, im Nachhinein wieder frei zu stellen. Denn wesentliches Ziel der Plan-UP-RL bzw. SUP-RL ist es, Pläne und Programme, die voraussichtlich erhebliche Umweltauswirkungen haben, einer Umwelt-

---

[300] Beschlussempfehlung und Bericht des Ausschusses für Verkehr, Bau und Stadtentwicklung vom 24.4.2013, Drs. 17/13272.
[301] BVerwG, B. v. 15.9.2005 – 4 BN 37.05 – ZfBR 2006, 54 = BauR 2006, 348; Urt. v. 1.12.1972 – 4 C 6.71 – BVerwGE 41, 227 = DVBl 1993, 641 – Baulücke.

prüfung zu unterziehen. Vor diesem Hintergrund ist für die Aufstellung, Änderung oder Ergänzung von Bebauungsplänen im Regelverfahren eine Pflicht zur Umweltprüfung eingeführt worden. Von dieser Pflicht wurden allerdings durch die BauGB-Novelle 2007 Bebauungspläne der Innenentwicklung ausgenommen, wenn sie die Schwellenwerte für eine Vorprüfung (20.000 qm Grundfläche) oder eine UVP-Vollprüfung (70.000 qm) nicht erreichen. Ob ein derart großzügiger Umgang mit der Planung von Städtebauprojekten zulässig war, konnte durchaus fraglich sein. Zwar sind in § 13 a I 4 BauGB Vorhaben, für die eine UVP-Pflicht besteht, von der Anwendung des vereinfachten Verfahrens ausgenommen. Dazu gehören auch alle Projekte, die wie etwa Hotelbauten (300 Betten [x]/200 Betten [a]), Freizeitparks (10 ha [x]/4 ha [a]), Industriezonen (100.000 qm [x]/ 20.000 qm [a]), Einkaufszentren und großflächige Einzelhandelsbetriebe (5.000 qm [x]/ 1.250 qm [a]) oder Städtebauprojekte (100.000 qm [x]/20.000 qm [a]) nach der Anlage 1 Nr. 18 zum UVPG umweltprüfungspflichtig [x] sind bzw. einer allgemeinen Vorprüfung [a] unterliegen.

235   Der den Mitgliedstaaten nach Art. 3 V SUP-RL eingeräumte Wertungsspielraum bei der Beurteilung, ob bestimmte Arten von Plänen voraussichtlich erhebliche Umweltauswirkungen haben, wird „durch die Verpflichtung nach Art. 3 III i.V. mit Art. 3 II SUP-RL eingeschränkt, Pläne, bei denen insbesondere aufgrund ihrer Merkmale, ihrer Auswirkungen und der voraussichtlich betroffenen Gebiete mit erheblichen Auswirkungen auf die Umwelt zu rechnen ist, einer UVP zu unterziehen".[302] Der Mitgliedstaat darf daher eine ganze Kategorie von Plänen einer Umweltprüfung nur dann entziehen, wenn aufgrund von einschlägigen Kriterien etwa im Hinblick auf deren Gegenstand, den Umfang des Gebietes, auf das sich die Pläne beziehen, oder die Belastbarkeit der betroffenen Landschaften mit erheblichen Umweltauswirkungen nicht zu rechnen ist.

236   Der EuGH hat sich diesen Bedenken aus der Sicht eines schonenderen Flächenverbrauchs und auch der Perspektive der planenden Städte und Gemeinden gottlob nicht angeschlossen, sondern das Grundkonzept des § 13 a BauGB mit der Vermutung abgesegnet, es könne durchaus Planvorhaben geben, die sozusagen „a priori" keine erheblichen Umweltauswirkungen haben. Das hat der EuGH wohl auch für das Grundkonzept des § 13 a BauGB angenommen, sodass die Regelung vielleicht sogar haarscharf an einer Europarechtswidrigkeit vorbeigeschrappt ist.

237   *gg) Gesetzliche Vorgaben sind zu beachten.* Den Richterspruch des EuGH verpflichtet die Gemeinden auf der einen Seite, den vom Gesetzgeber durch das EAG Bau und die BauGB-Novelle 2007 eingeführten Standard einzuhalten und von den gesetzlichen Vorgaben einer Umweltprüfung nur dann abzuweichen, wenn die Voraussetzungen des Bebauungsplans der Innenentwicklung oder einer vereinfachten Änderung des Bebauungsplans nach § 13 BauGB gegeben sind. Die Gerichte können daher den planenden Städten und Gemeinden etwas effektiver als bisher auf die Finger sehen und prüfen, ob die Voraussetzungen für eine Freistellung von der Pflicht zur Umweltprüfung gegeben sind. Das gilt übrigens auch für alle anderen Bereiche, in denen der Gesetzgeber Pläne und Programme aber auch die Zulassung von Vorhaben einer Pflicht zur Umweltprüfung bzw. UVP unterworfen hat. Erweitert der Gesetzgeber dabei den Rahmen der Umweltprüfung bzw. der UVP über die europarechtlich angeordneten Mindesterfordernisse hinaus, so unterliegen auch diese Bereiche dem Schutz der UVP-RL und der SUP-RL in dem Sinne, dass die Einhaltung der Vorgaben des nationalen Gesetzgebers gerichtlich kontrolliert werden kann – ja aus europarechtlicher Sicht zum verpflichtenden gerichtlichen Prüfprogramm gehört. Und auch die naturschutzrechtliche Eingriffsregelung in § 1 a III BauGB ist mittelbar gestärkt worden. Denn wo der Anwendungsbereich des § 13 a BauGB endet, greifen auch die naturschutzrechtlichen Kompensationserfordernisse wieder ein. Auf der anderen Seite sind den planenden Städten und Gemeinden allerdings ausreichende Spielräume eröffnet, sich auf diese

---

[302] So EuGH, Urt. v. 22.09.2011 – C-296/10 – Rn. 46 – Valciukiene.

europarechtlich vorgegebene Situation durchaus bequem einzurichten. Nur grobe Schnitzer in der Bewertung der Umweltbelange gehen in Zukunft wohl nicht mehr ganz so glimpflich aus wie bisher.

b) Anwendungsbereich (§ 13 a I 1 BauGB). Nach § 13 I 1 BauGB ist das „beschleunig- **238** te Verfahren" für Bebauungspläne der Innenentwicklung vorgesehen. Die Formulierung des Regierungsentwurfs, wonach bereits solche Bebauungspläne in Betracht kommen, die der Innenentwicklung „dienen", wurde aufgegeben. Darunter hätte man auch Fälle einer Außenentwicklung verstehen können, etwa wegen einer Betriebsverlagerung „nach außen", die zwar der Innenentwicklung „dienen" mag, aber im Kern doch eine Außenent-wicklung darstellt. Der Begriff der Innentwicklung wird als städtebaufachlicher Begriff vorausgesetzt und gesetzlich nicht definiert.

Die im Gesetz genannten Beispiele der Wiedernutzbarmachung von Flächen, der **239** Nachverdichtung oder vergleichbarer Maßnahmen knüpfen an die Begriffsbestimmung in § 1 a II 1 BauGB an. Bebauungspläne der Innenentwicklung erfassen daher insbesonde-re Bebauungspläne zur Erhaltung, Erneuerung, Fortentwicklung, Anpassung und dem Umbau vorhandener Ortsteile (vgl. § 1 VI Nr. 4 BauGB) und zur Umnutzung von Flä-chen. Das Gesetz zielt auf Gebiete, die im Zusammenhang bebaute Ortsteile i. S. des § 34 BauGB darstellen und auf innerhalb des Siedlungsbereichs befindliche brach gefallene Flächen oder Flächen, die aus anderen Gründen einer neuen Nutzung zugeführt werden sollen. Es bezieht sich aber auch auf Außenbereiche im Innenbereich[303], also Flächen, die zwar selbst zum Außenbereich rechnen, aber von einer baulichen Nutzung umgeben sind. Auch Abrundungsflächen, die räumlich in den Außenbereich hineinragen, können Gegenstand eines Bebauungsplans der Innenentwicklung sein.[304] Isoliert in den Außen-bereich vorstoßende Flächen können demgegenüber nicht im vereinfachten Verfahren des § 13 a BauGB beplant werden.

c) Zwei Fallgruppen. Grundfläche bis 20.000 m² oder bis 70.000 m². Ein Be- **240** bauungsplan darf im beschleunigten Verfahren ohne Vorprüfung einer in Betracht kommenden UVP-Pflicht nur aufgestellt werden, wenn in ihm eine **zulässige Grund-fläche** i. S. des § 19 II BauNVO oder eine **Größe der Grundfläche** von insgesamt weni-ger als **20.000 m²** festgesetzt wird (§ 13 a I 2 Nr. 1 BauGB). Dabei sind die Grundflächen mehrerer Bebauungspläne, die in einem engen sachlichen, räumlichen und zeitlichen Zu-sammenhang aufgestellt werden, zusammenzurechnen. Bei großflächigeren Bebauungs-plänen (**Grundfläche von 20.000 m² bis weniger als 70.000 m²**) kann das beschleu-nigte Verfahren des § 13 a BauGB auch angewendet werden, wenn eine Vorprüfung des Einzelfalls zu dem Ergebnis führt, dass keine erheblichen Umweltauswirkungen zu er-warten sind (§ 13 a I 2 Nr. 2 BauGB). Die Vorprüfung im Einzelfall ist auf der Grundlage der Anlage 2 durchzuführen. Maßgeblich ist die zulässige Grundfläche. Das Plangebiet wird entsprechend größer zugeschnitten sein. Ist in einem Bebauungsplan weder eine zulässige Grundfläche noch eine Größe der Grundfläche festgesetzt, so ist die Fläche maßgeblich, die bei Durchführung des Bebauungsplans voraussichtlich versiegelt wird (§ 13 a I 3 BauGB).

In beiden Fällen ist nach § 13 a I 4 BauGB das beschleunigte Verfahren ausgeschlossen, **241** wenn durch den Bebauungsplan die Zulässigkeit von Vorhaben begründet wird, die einer **Pflicht zur Durchführung einer UVP** nach dem UVPG oder nach Landesrecht unter-liegen, oder Auswirkungen auf FFH- oder Vogelschutzgebiete haben. Mit diesen Vorga-ben ist die Praxis aus dem EAG Bau 2004 vertraut, sind sie doch bereits in § 13 I letzter

---

[303] BVerwG, Urt. v. 1.12.1972 – 4 C 6.71 – BVerwGE 41, 227 = BauR 1973, 99 = DVBl 1993, 641.
[304] Zu vom Ansatz her vergleichbaren Fragestellungen bei Abrundungssatzungen im nicht beplanten Innenbereich BVerwG, Urt. v. 18.5.1990 – 4 C 37.87 – DVBl 1990, 1112; B. v. 16.3.1994 – 4 NB 34.93 – UPR 1994, 394.

HS BauGB ebenso enthalten wie in § 34 V 1 Nr. 2 und 3 BauGB und § 35 VI 4 Nr. 2 und 3 BauGB. Durch den Ausschluss dieser Pläne wird den europarechtlichen Vorgaben der Plan-UP-Richtlinie Rechnung getragen. Sollen im Bebauungsplan Vorhaben ausgewiesen werden, die ggf. auch nach einer Vorprüfung UVP-pflichtig sind, so ist eine Umweltprüfung erforderlich und das vereinfachte Verfahren ausgeschlossen.

242   Das vereinfachte Verfahren nach § 13 a BauGB ist daher nicht möglich, wenn der Bebauungsplan erkennbar ein **UVP-pflichtiges Vorhaben** nach der Anlage 1 zum UVPG „Liste der UVP-pflichtigen Vorhaben" ausweisen soll. Hierzu zählen neben den UVP-pflichtigen Einzelvorhaben die in Nr. 18 der Anlage 1 zum UVPG genannten Bauvorhaben: Bau eines Feriendorfes, eines Hotelkomplexes (Nr. 18.1), großer Campingplätze (Nr. 18.2), eines Freizeitparks (Nr. 18.3), eines Parkplatzes (Nr. 18.4), einer Industriezone (Nr. 18.5), eines Einkaufszentrums (Nr. 18.6), eines Städtebauprojekts (Nr. 18.7) sowie eines UVP-pflichtigen Vorhabens in sonstigen Gebieten (Nr. 18.7). Dies setzt den Schwellenwerten des § 13 a I BauGB entsprechende Grenzen. Fällt das Vorhaben in die Gruppe der UVP-vorprüfungspflichtigen Vorhaben, ist eine Vorprüfung durchzuführen. Ergibt diese Vorprüfung erhebliche nachteilige Umweltauswirkungen, so ist der Bebauungsplan im üblichen Aufstellungsverfahren einschließlich vorgezogener Öffentlichkeits- und Behördenbeteiligung sowie Umweltprüfung durchzuführen. Eine Planaufstellung im vereinfachten Verfahren nach § 13 a BauGB ist dann ausgeschlossen.[305]

243   Die **Anlage 2 zum BauGB** enthält mit teilweise ähnlichen Formulierungen wie die Anlage 2) zum UVPG Kriterien für die Vorprüfung, die sich in Merkmale des Bebauungsplans (Nr. 1) und dessen mögliche Auswirkungen und der voraussichtlich betroffenen Gebiete (Nr. 2) gliedern. Detailliert werden dabei verschiedene Gebiete mit einem besonderen Schutzbedürfnis aufgezählt (Anlage 2 Nr. 2.6 zum BauGB). Die Betroffenheit der erwähnten Gebiete wird zu einem erhöhten Rechtfertigungszwang führen. Allerdings besteht bei einer Betroffenheit derartiger Gebiete kein generelles Verbot zur Anwendung des vereinfachten Verfahrens nach § 13 a BauGB. Vielmehr zeigt das Beispiel der Gebiete mit hoher Bevölkerungsdichte, insbesondere Zentrale Orte und Siedlungsschwerpunkte in verdichteten Räumen i. S. des § 2 II Nr. 2 und 5 ROG 1998 (Anlage 2 Nr. 2.6.8 zum BauGB), dass auch hier ein vereinfachtes Verfahren möglich ist. Allerdings sind bei entsprechenden Gebietsbetroffenheiten die besonderen gesetzlichen Zielsetzungen des ROG zu berücksichtigen. Die einzelnen Kriterien sind bei der Vorprüfung abzuarbeiten. Geschieht dies nicht, kann die unzutreffende Annahme, der Bebauungsplan der Innenentwicklung werde voraussichtlich nicht mit erheblichen Umweltauswirkungen verbunden sein, zur Fehlerhaftigkeit des Bebauungsplans führen (§ 214 II a Nr. 3 BauGB).

244   Die einzelnen Kriterien sind in Anlehnung an den **Anhang II der Plan-UP-Richtlinie** (Kriterien für die Bestimmung der voraussichtlichen Erheblichkeit von Umweltauswirkungen i. S. des Art. 3 V der Plan-UP-Richtlinie) entwickelt, die wie folgt lauten: „(1) Merkmale der Pläne und Programme, insbesondere in Bezug auf das Ausmaß, in dem der Plan oder das Programm für Projekte und andere Tätigkeiten in Bezug auf Standort, Größe und Betriebsbedingungen oder durch die Inanspruchnahme von Ressourcen einen Rahmen setzt; das Ausmaß, in dem der Plan oder das Programm andere Pläne und Programme – einschließlich solcher in einer Planungs- oder Programmhierarchie – beeinflusst; die Bedeutung des Plans oder des Programms für die Einbeziehung der Umwelterwägungen, insbesondere im Hinblick auf die Förderung der nachhaltigen Entwicklung; die für den Plan oder das Programm relevanten Umweltprobleme; die Bedeutung des Plans oder Programms für die Durchführung der Umweltvorschriften der Gemeinschaft (z. B. Pläne und Programme betreffend die Abfallwirtschaft oder den Gewässerschutz). (2) Merkmale der Auswirkungen und der voraussichtlich betroffenen Gebiete, insbesondere in Bezug auf die Wahrscheinlichkeit, Dauer, Häufigkeit und Umkehrbarkeit der Auswirkungen; den kumulativen Charakter der Auswirkungen; den grenz-

---

[305] *Krautzberger/Stüer* DVBl 2007, 160.

überschreitenden Charakter der Auswirkungen; die Risiken für die menschliche Gesundheit oder die Umwelt (z. B. bei Unfällen); den Umfang und die räumliche Ausdehnung der Auswirkungen (geographisches Gebiet und Anzahl der voraussichtlich betroffenen Personen); die Bedeutung und die Sensibilität des voraussichtlich betroffenen Gebiets aufgrund folgender Faktoren: besondere natürliche Merkmale oder kulturelles Erbe, Überschreitung der Umweltqualitätsnormen oder der Grenzwerte, intensive Bodennutzung; die Auswirkungen auf Gebiete oder Landschaften, deren Status als national, gemeinschaftlich oder international geschützt anerkannt ist." Diese Kriterien, die teilweise in ihrer Formulierung über die Anlage 2 zum BauGB hinausgehen, sollten von der Gemeinde sicherheitshalber ergänzend abgearbeitet werden, um an der Europarechtskonformität der Prüfung keinen Zweifel aufkommen zu lassen.

d) Verfahren. Im **beschleunigten Verfahren** gelten nach § 13 a II Nr. 1 BauGB die Vorschriften des vereinfachten Verfahrens nach § 13 II und III 1 BauGB entsprechend. Von einer frühzeitigen Unterrichtung und Erörterung nach §§ 3 I, 4 I BauGB kann abgesehen werden. Es muss also lediglich vom Grundsatz her eine förmliche Öffentlichkeits- und Behördenbeteiligung nach §§ 3 II, 4 II BauGB stattfinden. Statt der förmlichen Öffentlichkeits- und Behördenbeteiligung kann wahlweise auch eine Beteiligung der betroffenen Öffentlichkeit[306] und der Behörden erfolgen. Im vereinfachten Verfahren wird von einer Umweltprüfung nach § 2 IV BauGB, von dem Umweltbericht nach § 2 a BauGB und von der Angabe nach § 3 II 2 BauGB, welche Arten umweltbezogener Informationen verfügbar sind, abgesehen. Auch ein Monitoring ist nicht erforderlich. **245**

Die Veränderungen im Verfahren sind bei näherem Zusehen recht weitreichend. Da die Verfahren nach §§ 13 und 13 a BauGB in der Praxis erheblichen Zuspruch erhalten haben, hat sich in diesen Anwendungsfällen u. a. die Struktur der Beteiligungen am Bauleitplanverfahren durchaus verändert: Seit der BBauG-Novelle 1976[307] ist die Beteiligung von „Jedermann" ein Element des deutschen Planungsrechts (vgl. früher § 2 a BBauG 1976, jetzt § 3 I BauGB). Diese offene Beteiligung steht freilich in einem gewissen Kontrast zur tatsächlichen Unterrichtung der „Betroffenen" – namentlich der Nachbarn – über eine beabsichtigte Bauleitplanung. **246**

Anders als Behörden und sonstige Träger öffentlicher Belange ist die Öffentlichkeit auf das Kleingedruckte in Tageszeitungen, auf Amtsblätter oder „Schwarze Bretter" angewiesen, also auf heutzutage teilweise nicht gerade allgemein gebräuchliche und in Mode stehende Informationsmedien, schon gar nicht für Eigentümer, die in einem anderen Ort wohnen. Das Verfahren nach § 13 BauGB hat demgegenüber den Charme, dass die eigentlich Betroffenen beteiligt werden. § 13 a BauGB übernimmt dieses Modell, freilich mit einer Unterrichtung der Öffentlichkeit darüber, dass ein beschleunigtes Verfahren durchgeführt wird und wo man sich darüber unterrichten und dass man sich dazu äußern kann. Die Bekanntmachung erfolgt – wie auch sonst bei der „normalen" Bauleitplanung – „ortsüblich" (§ 13 a III BauGB).[308] **247**

Der Bebauungsplan der Innenentwicklung kann auch mit einem **vorhabenbezogenen Bebauungsplan** kombiniert werden. Die Regelung des § 13 a I 1 BauGB, mit der der Gesetzgeber allgemein die Verringerung der Flächeninanspruchnahme durch Bauvorhaben im Wege einer Stärkung der Innenentwicklung durch vereinfachte Planungsverfahren gewährleisten wollte, eröffnet die gegenüber dem „normalen" Bauleitplanverfahren erleichterte und beschleunigte Aufstellung von Bebauungsplänen ausdrücklich auch für die „Wiedernutzbarmachung" von insbesondere brach gefallenen Flächen in bebauter Ortslage. Dabei bietet sich für räumlich begrenzte Flächen, die künftig von einem Bauherrn für ein bestimmtes Bauvorhaben benutzt werden sollen, die zulässige Kombination **248**

---

[306] BVerwG, B. v. 9.11.1979 – 4 N 1.78 – BVerwGE 59, 87 = DVBl 1980, 233.
[307] Gesetz zur Änderung des Bundesbaugesetzes vom 18.8.1976 (BGBl. I S. 2221); vgl. bereits das StBauFG 1970.
[308] *Krautzberger/Stüer* DVBl 2007, 160.

mit einem über die allgemeine bloße Angebotsplanung hinaus eine Realisierungspflicht begründenden vorhabenbezogenen Bebauungsplan nach § 12 BauGB an.[309]

249 **e) Spezielle Rechtsfolgen.** Die Sonderregelungen des beschleunigten Verfahrens erklären sich aus dem gesetzgeberischen Ansatz einer Privilegierung der „Innenentwicklung" gegenüber einer „Außenentwicklung": Das Ziel der Begrenzung des Siedlungswachstums wird seit Jahrzehnten keineswegs nur in der politischen Programmatik hoch gehalten, sondern auch in der Gesetzgebung: § 1 a II BauGB – Nachfolger und über zwei Novellierungen (1998, 2004) weiter angereicherte „Bodenschutzklausel" – ist auch in der Formulierung Pate des Begriffs der Innenentwicklung in § 13 a I 1 BauGB.

250   Die **Bodenschutzklausel** gehört bislang nicht zu den die städtebauliche Praxis prägenden Regelungen und zu Konflikten scheint sie auch nicht zu führen, da die Vorschrift offenbar keinen Widerhall in Rechtsstreitigkeiten findet. Einen wirklichen Anreiz, statt auf Außen-, auf Innenentwicklung zu setzen, enthält das räumliche Planungsrecht ebenso wenig wie andere Rahmenbedingungen (von der Steuergesetzgebung bis zum Ladenschluss), so dass gerade auch im gemeindenachbarlichen Wettbewerb die Schonung des Außenbereichs nicht selten zweiter Sieger bleibt. § 13 a BauGB ist auf einen stärkeren Anreiz für Investoren ausgerichtet, im Innenbereich rascher[310] und kostengünstiger zum Baurecht zu kommen. Die **speziellen Rechtsfolgen** sind:

– **Keine Umweltprüfung** und keine Anwendung der hieran anknüpfenden Regelungen (von der Auslegung der Umwelt relevanten Informationen über die zusammenfassende Erklärung bis hin zum Monitoring)[311] (§§ 13 a II Nr. 1, 13 III 1 BauGB).

– Die **naturschutzrechtliche Eingriffsregelung** mit ihrer **Kompensationsverpflichtung** wird in den Fällen des § 13 a I 2 Nr. 1 BauGB (Grundfläche bis 20.000 m²) nicht angewendet (§ 13 a II Nr. 4 BauGB).[312] Es bleibt allerdings bei der Berücksichtigung des Naturschutzes in der Abwägung (§ 1 VI Nr. 7 a BauGB). Es entfällt aber die Kompensationspflicht[313], die gelegentlich auch als „nachhaltige Trauerarbeit" bezeichnet worden ist[314], als sich an die Abwägung stellende spezifische Aufgabe aus der naturschutzrechtlichen Eingriffsregelung der §§ 14, 15 BNatSchG. Auch entfällt damit die Rechtsgrundlage für eine Kostenüberwälzung evtl. von der Gemeinde angestrebter Ausgleichsmaßnahmen nach §§ 1 a III 2 bis 4, 135 a bis 135 c BauGB. Das hat – zu dem im beschleunigten Verfahren beachtlichen § 1 a III 5 BauGB – vor einiger Zeit das BVerwG so entschieden.[315] Der Standard der Abwägung im Hinblick auf die Umweltbelange ist dadurch allerdings nicht verändert. Auch die Prüfung der Kompensationserfordernisse kann einerseits nach Lage der Dinge Gegenstand der Abwägung sein. Eine allgemeine Kompensationsverpflichtung besteht andererseits aber nicht. Auch eine „nachhaltige Trauerarbeit" bezogen auf die Naturschutzbelange, wie sie sich in § 1 a III BauGB findet, ist in der Reichweite des § 13 a BauGB daher nicht mehr geboten. Das wird die Umweltschützer und die beratenden Fachbüros der planenden Städte und Gemeinden nicht uneingeschränkt erfreuen, entspricht aber dem nach den Vorstellungen des Gesetzgebers aktuellen Stand der fachlich einzuhaltenden Standards.

---

[309] OVG Saarlouis, Urt. v. 4.10.2012 – 2 C 305/10 – BauR 2013, 130 (L) = NVwZ-RR 2013, 17 (L) – Verbrauchermarkt.

[310] Im federführenden Bundesministerium wird mit einer Verfahrensbeschleunigung von etwa 12 Monaten gerechnet.

[311] Dazu *Sailer*, Bauplanungsrecht und Monitoring, Die Umsetzung der Plan-UP-Richtlinie in das deutsche Recht, in Osnabrücker Schriften zum Planungsrecht, 2006; *Stüer/Sailer* BauR 2004, 1392.

[312] Die Gesetzesformulierung ist – wohl zur Schonung des Gemüts – apokryptisch, aber letztlich wohl eindeutig.

[313] Grundlegend BVerwG, B. v. 31.1.1997 – 4 NB 27.96 – BVerwGE 104, 68 = DVBl 1997, 1112; B. v. 9.5.1997 – 4 N 1.96 – BVerwGE 104, 353 = DVBl 1997, 1121.

[314] *Krautzberger/Stüer* DVBl 2004, 914; *Hien* DVBl 2005, 1341.

[315] BVerwG, B. v. 4.10.2006 – 4 BN 26.06 –.

– Weicht ein Bebauungsplan – in den Grenzen einer geordneten städtebaulichen Entwicklung – vom **Flächennutzungsplan** ab, dann wird nicht nach dem Regime des § 8 II BauGB verfahren (Parallelverfahren und der Fragen nach Umweltprüfung und Eingriffsregelung für den Flächennutzungsplan), sondern der Flächennutzungsplan gilt als geändert, denn er ist im Wege der Berichtigung anzupassen (§ 13 a II Nr. 2 BauGB). Die Änderung des Flächennutzungsplans ist auszufertigen und anschließend bekannt zu machen (§§ 6 V, VI, 10 III 2 BauGB).[316]

Die **Gemeinde** ist allerdings **nicht verpflichtet**, das vereinfachte Verfahren nach **251** § 13 a BauGB durchzuführen. Sie kann die Pläne der Innenentwicklung auch im bisherigen Verfahren aufstellen und damit das bisherige Recht der **Umweltprüfung** und der naturschutzrechtlichen Eingriffsregelung in vollem Umfang anwenden. Hierdurch ist es auch möglich, die gesamten **Kompensationsregelungen** einschließlich einer Kostenregelung nach §§ 135 a bis 135 c BauGB weiterhin anzuwenden. Davon unberührt bleiben die Gestaltungsmöglichkeiten der Gemeinden aus **städtebaulichen Verträgen**. Die Eingriffsregelung als solche kann allerdings nicht vertraglich übergestülpt werden, d. h. eine generelle Ausgleichpflicht wie sie §§ 14, 15 BNatSchG vorsehen, ist beim beschleunigten Verfahren gerade entfallen. Das müssen die Gemeinden bei der Entscheidung für ein Verfahren nach § 13 a BauGB bedenken. Aber in einem städtebaulichen Vertrag können Regelungen zur Umsetzung der legitimen kommunalpolitischen städtebaulichen Aufgaben und Ziele der Gemeinden getroffen werden (§ 11 I 2 Nr. 2 BauGB). Die Rechtfertigung beziehen diese Regelungen dann aus der allgemeinen Kompetenz der Gemeinde, eigene städtebauliche Ziele zu verwirklichen.[317] Der Vertragspartner könnte sich in derartigen Fällen auch nicht auf die Nichtigkeit des Vertrages berufen[318], weil nicht die naturschutzrechtliche Kompensationsmaßnahmen Inhalt solcher städtebaulicher Verträge sind, sondern ein kommunales Konzept z. B. über Mindeststandards an Grünflächen u.a. Folgemaßnahmen wegen baulicher Vorhaben. Die Streichung der naturschutzrechtlichen Kompensationsregelung kann nicht dazu führen, dass zugleich auch die konzeptionellen planerischen Gestaltungsmöglichkeiten der Städte und Gemeinden über Bord geworfen werden.

Nach § 13 a II Nr. 2 BauGB soll im beschleunigten Verfahren „einem Bedarf an Investi- **252** tionen zur Erhaltung, Sicherung und Schaffung von Arbeitsplätzen, zur Versorgung der Bevölkerung mit Wohnraum oder zur Verwirklichung von Infrastrukturvorhaben in der Abwägung in angemessener Weise Rechnung getragen" werden. Nicht ganz klar ist, ob es sich bei dieser gesetzlichen Regelung um eine Voraussetzung für das vereinfachte Verfahren § 13 a BauGB handelt. Freilich: Welcher Bebauungsplan kann nicht darunter gefasst werden? Am besten wird der Satz – selbstredend wohlbegründet – in die Begründung als Schlusssatz aufgenommen.

Wird der Bebauungsplan der Innenentwicklung im vereinfachten Verfahren des **253** § 13 a BauGB geändert, so ist der **Flächennutzungsplan** im Wege der **Berichtigung** anzupassen. Daraus ergibt sich: Auch im Parallelverfahren einer Änderung von Flächennutzungsplan und der Aufstellung eines Bebauungsplans nach § 13 a BauGB ist eine Umweltprüfung auf der Ebene des Flächennutzungsplans nicht erforderlich. Wird der Flächennutzungsplan demgegenüber ohne gleichzeitiges Verfahren nach § 13 a BauGB geändert oder neu aufgestellt, ist – wie bisher – eine Umweltprüfung erforderlich. Die Verfahrenserleichterungen des § 13 a BauGB beziehen sich auf den Flächennutzungsplan daher nur in der Reichweite dieser Vorschrift, wenn also zugleich ein Bebauungsplan

---

[316] *Krautzberger/Stüer* DVBl 2007, 160.

[317] Vgl. zu diesem Modell der Konkretisierung städtebaulicher Ziele durch die Gemeinde BVerwG, Urt. v. 11.2.1993 – 4 C 18.91 – BVerwGE 92, 56 = DVBl 1993, 654 – Weilheimer Einheimischenmodell.

[318] BVerwG, Urt. v. 16.5.2000 – 4 C 4.99 – BVerwGE 111, 162 = DVBl 2000, 1853; *Stüer/König* ZfBR 2000, 524.

der Innenentwicklung nach § 13 a BauGB aufgestellt wird. Auch bei der Neuaufstellung eines Flächennutzungsplans ist daher die Umweltprüfung auf dieser Ebene weiterhin durchzuführen. Erleichterungen sieht § 13 a BauGB nur für den Fall der Aufstellung eines Bebauungsplans vor, dessen Inhalt sozusagen auf die Ebene des Flächennutzungsplans zurückwirkt. Eine automatische Änderung des Flächennutzungsplans im vereinfachten Verfahren eines Bebauungsplans der Innenentwicklung nach § 13 a BauGB ist allerdings nur möglich, wenn die Vorgaben der Raumordnung eingehalten werden. Von den Zielen der Raumordnung darf die sich ergebende Änderungsnotwendigkeit des Flächennutzungsplans daher nicht abweichen (§ 1 IV BauGB). Das gilt auch für andere zwingende Bindungen, die sich etwa aus dem Recht der privilegierten Fachplanung ergeben (§ 38 BauGB).

254 Inzwischen ist § 13 a BauGB vor dem EuGH dem Vernehmen nach gerade noch an einer Europarechtswidrigkeit vorbeigeschrappt. Das Gericht hat zwar den Bebauungsplan der Innenentwicklung nach § 13 a BauGB für europarechtskonform erklärt und damit auch in seinem breiten Anwendungsbereich für nach der Anlage 1 zum UVPG nicht umweltprüfungspflichtige Vorhaben bestätigt. Denn bestimmte Pläne für kleinräumige Gebiete könnten durchaus „a priori" die Vermutung rechtfertigen, dass von ihnen keine erheblichen Umweltauswirkungen ausgehen. Zugleich hat das Gericht aber verlangt, dass die Vorgaben des deutschen Gesetzgebers, die planende Gemeinde von der Umweltprüfung zu befreien, strikt eingehalten werden. Sind die Voraussetzungen des § 13 a BauGB nicht gegeben, darf auch auf eine Umweltprüfung nicht verzichtet werden, lautet die Botschaft aus Luxemburg.[319]

255 Das beschleunigte Verfahren gemäß § 13 a BauGB ist nicht wegen Unterlassen einer Umweltverträglichkeitsprüfung ausgeschlossen, wenn es sich hinsichtlich etwaiger UVP-pflichtiger Gewerbeansiedlungen lediglich um eine Angebotsplanung ohne konkrete planerischen Festsetzungen handelt, deren nähere Prüfung einem künftigen Genehmigungsverfahren vorbehalten bleiben kann.[320] Ein Verstoß gegen § 13 a III 1 Nr. 1 BauGB ist bei unionsrechtskonformer Auslegung von § 214 a II Nr. 2 BauGB nur dann für die Rechtswirksamkeit des Bebauungsplans unbeachtlich, wenn die Gründe für das Absehen von der Umweltprüfung der Öffentlichkeit in anderer Weise entsprechend dem Regelungsziel des Art. 3 VII der Richtlinie 2001/42/EG zugänglich gemacht worden sind.[321] § 13 a III 1 Nr. 1 BauGB genügt im Fall des § 13 a I 2 Nr. 1 BauGB jedenfalls dann den Anforderungen des Art. 3 VII Plan-UP-RL, wenn sich die Gründe für ein Absehen von der Umweltprüfung für die abstrakt-generelle Regelung aus den Gesetzgebungsmaterialien ergeben und für den konkreten Bebauungsplan aus den ausgelegten Unterlagen.[322]

256 Durch die Einführung der beschleunigten Verfahren für die Aufstellung von Bebauungsplänen hat der Bundesgesetzgeber von der durch Art. 3 III der Plan-UP-Richtlinie aus dem Jahr 2001 (EGRL 42/2001) eröffneten Möglichkeit, die Bodennutzung kleiner Gebiete auf lokaler Ebene von Erfordernis der Umweltprüfung auszunehmen, Gebrauch gemacht. § 13 a BauGB ergänzt insoweit den § 13 BauGB durch die Einführung einer differenzierten Umsetzung der Anforderungen an Umweltprüfungen für Bebauungspläne der Innenentwicklung. Diese Pläne werden nach § 13 a I BauGB von der durch das EAG Bau in § 2 IV BauGB über den § 3 c UVPG hinausgehend eingeführten generellen Umweltprüfungspflicht für Bebauungspläne ausgenommen und insoweit auch mit Blick auf die naturschutzrechtliche Ausgleichspflicht privilegiert (§§ 13 a I 2

---

[319] EuGH, (4. Kammer), Urt. v. 18.4.2013 – C-463/11 – DVBl 2013, 777 mit Anm. *Stüer/Garbrock.*

[320] OVG Koblenz, Urt. v. 8.6.2011 – 1 C 11239/10 – BauR 2011, 1701 (L) – Mischgebiet.

[321] VGH Mannheim, Urt. v. 3.4.2013 – 8 S 1974/10 – Öffentlichkeitsinformation.

[322] BVerwG, B. v. 31.7.2014 – 4 BN 12.14 – BauR 2014, 1898 = NuR 2014, 718 = ZfBR 2014, 765 *Külpmann*, jurisPR-BVerwG 21/2014 Anm. 6, Martin Spieler, jurisPR-UmwR 10/2014 Anm. 5 – Hinweispflicht nach § 13a III Nr. 1 BauGB.

Nr. 2, II Nr. 4, 1a III 5 BauGB 2007) beziehungsweise in bestimmten Fällen zunächst nur noch einer Vorprüfung im Einzelfall unterworfen. Die Aufstellung eines Bebauungs- splans der Innenentwicklung nach dem § 13 a I 1 BauGB ist für nicht qualifiziert beplante Gebiete nicht zwingend auf eine Überplanung von Flächen beschränkt, die nach der bodenrechtlichen Vorgabe des § 34 I 1 BauGB der im Zusammenhang bebauten Ortslage zuzurechnen sind. In Ortsrandbereichen oder bei Vorliegen weiträumig von Bebauung umschlossener „Außenbereichsinseln" können grundsätzlich auch solche Flächen über- plant werden, die von einem Bebauungszusammenhang nicht mehr erfasst und daher nach der Systematik der §§ 34, 35 BauGB im Umkehrschluss dem Außenbereich im Sinne der letztgenannten Bestimmung zuzurechnen sind. Gerade in Übergangszonen von Innen- und Außenbereich, in denen die Beurteilung der Zugehörigkeit bisher bau- lich genutzter Grundstücke einer gewissen faktischen „Deutungsbreite" zugänglich ist, ist es zur Ausräumung von Zweifeln durchaus sinnvoll, diese Bereiche durch eine Festlegung im Wege der Bauleitplanung eindeutig und im Falle des Vorliegens der sonstigen Verfah- rensvoraussetzungen gegebenenfalls im Wege der „Innenentwicklung" eindeutig der – dann beplanten – Ortslage zuzuordnen.[323]

f) Bebauungsplan und Flächennutzungsplan – neue Gewichtung? Das „beschleu- **257** nigte Verfahren" ist nach der Absicht des Gesetzgebers für die Innenentwicklung und damit für die Bebauungsplanung innerhalb der gewachsenen städtischen Strukturen von hoher Attraktivität. Und das ist durchaus berechtigt: Denn die Innenentwicklung soll Vorrang haben vor der Außenentwicklung. Der gesetzgeberische „Normalfall" bleibt der Bebauungsplan mit Umweltprüfung und mit Anwendung der naturschutz- rechtlichen Eingriffsregelung, während die Verfahren nach §§ 13 und 13 a BauGB Aus- nahmecharakter haben. Dies ist die Folge des über dem nationalen Recht aufgebauten europarechtlichen Regimes. Die Praxis kann jedoch, wie das Gesetz zeigt, innerhalb des europarechtlich vorgegebenen Rahmens beachtliche Möglichkeiten zur schlankeren Bebauungsplanung ohne Umweltprüfung und ohne die – europarechtlich in dieser Breite nicht vorgeschriebene – naturschutzrechtliche Eingriffsregelung nutzen.

Nicht weniger interessant ist die Frage nach der Zukunft des Flächennutzungsplans. **258** Hier sind in der Gesetzgebung zwei scheinbar gegenläufige Linien erkennbar: Im Außen- bereich wurde der Flächennutzungsplan seit der „Windenergienovelle 1996"[324] mehr und mehr zu einem wie ein Bebauungsplan wirkendes Instrument ausgestaltet: Nach § 15 III BauGB 2004 können Vorhaben zurückgestellt werden, um bei bestimmten privilegierten Vorhaben planerisch gegensteuern zu können oder die Rechtsprechung des BVerwG über die weitreichenden Möglichkeiten der Steuerung der Entwicklung des Außenbereichs über den Flächennutzungsplan.[325] Im beschleunigten Verfahren steht dagegen die „Be- richtigung" des Flächennutzungsplans an, wenn der Bebauungsplan nicht aus dem Flä- chennutzungsplan entwickelt wird, ohne dass durch ihn die städtebauliche Entwicklung des Gemeindegebiets beeinträchtigt wird. Das mindert in keiner Weise die rechtliche Steuerungsqualität des Flächennutzungsplans, aber seine prägende Bedeutung liegt doch offenbar immer mehr im Außenbereich.[326]

III. Gemeinsamkeiten und Unterschiede von Flächen- nutzungsplan und Bebauungsplan

Als Stufen der kommunalen Bauleitplanung haben Flächennutzungsplan und Be- **259** bauungsplan zahlreiche Gemeinsamkeiten, weisen aber auch Unterschiede auf, die sich aus den unterschiedlichen Zielen und dem unterschiedlichen Konkretisierungsgrad dieser

---

[323] OVG Saarlouis, B. v. 11.10.2012 – 2 B 272/12 – LKRZ 2012, 517 = NVwZ-RR 2013, 15 (L).
[324] Gesetz vom 30.7.1996 (BGBl. I S. 1189).
[325] BVerwG, Urt. v. 19.9.2002 – 4 C 10.01 – BVerwGE 117, 44 = DVBl 2003, 201 – Wangerland.
[326] *Krautzberger/Stüer* DVBl 2007, 160.

beiden Handlungsformen städtebaulicher Planung ergeben. Der **Flächennutzungsplan** ist ein kommunales **Verwaltungsprogramm**, das gegenüber dem Bürger keine unmittelbaren Rechtswirkungen erzeugt, jedoch behördenintern verbindlich ist.[327] Der **Bebauungsplan** wird gem. § 10 I BauGB als **Satzung** erlassen und kann nach § 47 I VwGO mit der Normenkontrolle angefochten werden.[328] Bereits das BauROG 1998 hat dabei den Flächennutzungsplan als Hauptinstrument und Leitplan für die städtebauliche Entwicklung gestärkt. Dies ergibt sich auch daraus, dass die Bebauungspläne nicht mehr in dem vormals gegebenen Umfang der Genehmigungs- bzw. Anzeigepflicht unterliegen. Ist die aufsichtliche Kontrolle aber mehr als bisher auf den Flächennutzungsplan gerichtet, wird er zu einem Hauptinstrument der städtebaulichen Planung. Zugleich werden die Gemeinden mehr als bisher hinsichtlich ihrer Bebauungsplanung in die Eigenverantwortung entlassen, wenn dabei die Grundzüge der städtebaulichen Planung des Flächennutzungsplans gewahrt werden. Der Flächennutzungsplan gibt daher das wesentliche Entscheidungsprogramm für die städtebauliche Ordnung vor.

1. Merkmale von Flächennutzungsplan und Bebauungsplan (Überblick)

260 Die Merkmale von Flächennutzungsplan und Bebauungsplan lassen sich wie folgt beschreiben: Als vorbereitender Bauleitplan hat der Flächennutzungsplan gegenüber dem Bürger keine unmittelbare Außenwirkung. Allerdings bewirkt der Flächennutzungsplan eine Selbstbindung der Gemeinde. Sie ist bei der Aufstellung des Bebauungsplans grundsätzlich an die Darstellungen des Flächennutzungsplans gebunden. Auch darf die Gemeinde das gemeindliche Einvernehmen in den Fällen des § 35 II BauGB grundsätzlich nicht abweichend von den Darstellungen des Flächennutzungsplans erteilen. Der Bebauungsplan wird demgegenüber als Satzung beschlossen und regelt dem Bürger gegenüber verbindlich die konkrete Bodennutzung. Er bildet die abschließende rechtsverbindliche Grundlage für die planungsrechtliche Zulässigkeit eines Vorhabens, wenn der Bebauungsplan über die Mindestfestsetzungen des § 30 I BauGB verfügt.

2. Entwicklungsgebot

261 Für das **Verhältnis von Flächennutzungsplan und Bebauungsplan** gilt das → **Entwicklungsgebot** des § 8 II 1 BauGB. Danach sind Bebauungspläne aus dem Flächennutzungsplan zu entwickeln. Das Gesetz geht damit idealtypisch von einer Stufenfolge der Planung aus, bei der zunächst der Flächennutzungsplan aufgestellt wird und daraus der Bebauungsplan entwickelt wird. In der Planungspraxis wird jedoch vielfach der Bebauungsplan zeitparallel mit der Aufstellung bzw. Änderung des Flächennutzungsplans aufgestellt oder geändert. Dieses → **Parallelverfahren** ist in § 8 III 1 BauGB ausdrücklich anerkannt. Der Bebauungsplan kann dabei vor dem Flächennutzungsplan bekannt gemacht werden[329], wenn nach dem Stand der Planungsarbeiten anzunehmen ist, dass der Bebauungsplan aus den künftigen Darstellungen des Flächennutzungsplanes entwickelt sein wird (§ 8 III 2 BauGB).[330] Kennzeichnend für ein Parallelverfahren i.S. des § 8 III 1 BauGB ist danach, dass eine **inhaltliche Abstimmung** zwischen den beiden Planentwürfen gewollt ist und die einzelnen Abschnitte beider Planverfahren zeitlich und im jeweiligen Fortgang i. S. einer inhaltlichen Abstimmung aufeinander bezogen sind. Der Gesetzgeber hat dem in § 8 III BBauG enthaltenen Gebot mindestens gleichzeitiger

---

[327] *Hoppe* in HBG § 5 Rn. 10; *Stüer* StuGR 1979, 109.
[328] BVerwG, Urt. v. 30.1.1976 – 4 C 26.74 – BauR 1976, 175.
[329] Die vormals bestehende vorzeitige Anzeigemöglichkeit von Bebauungsplänen nach § 8 III 2 BauGB a. F. ist mit der Streichung des Anzeigeverfahrens durch das BauROG 1998 entfallen.
[330] Schon für §§ 8 III, 155 b Nr. 8 BBauG 1979 BVerwG, Urt. v. 3.10.1984 – 4 N 4.84 – BVerwGE 70, 171 = NVwZ 1985, 485 = RzB Rn. 158.

Merkmale von Flächennutzungs- plan und Bebauungsplan	
Flächennutzungsplan	**Bebauungsplan**
• gesamtes Gemeindegebiet	• Teil des Gemeindegebietes
• grobkörnig	• feinkörnig - parzellenscharf
• Darstellungen (§ 5 BauGB)	• Festsetzungen (§ 9 BauGB)
• Grundzüge	• konkrete Bodennutzung
• Begründung	• Begründung
• Verwaltungsprogramm	• Satzung mit Außenwirkung
• Inzidentkontrolle	• Inzident- und Normenkontrolle

Bekanntmachung der Genehmigungen – so das BVerwG – erkennbar kein solches Gewicht beigemessen, dass es unverzichtbare Wirksamkeitsvoraussetzung des Bebauungsplans wäre. Für den Gesetzgeber war bei dieser Frage nicht die Einhaltung von Verfahrensvorschriften bei der Aufstellung des Flächennutzungsplans das Entscheidende, sondern die inhaltliche Fehlerlosigkeit des Flächennutzungsplans. Verstößt ein Bebauungsplan nicht gegen dieses Gebot, so ist die Einhaltung der diesem Anliegen nur instrumentell dienenden Verfahrensvorschriften zweitrangig; ihre Verletzung berührt nach Maßgabe der §§ 214, 215 BauGB die Wirksamkeit des Bebauungsplans nicht.[331] Der Flächennutzungsplan lässt aufgrund seiner geringeren Detailschärfe Gestaltungsspielräume offen, die von der gemeindlichen Bebauungsplanung ausgefüllt werden dürfen. Vorausgesetzt, dass die Grundzüge des Flächennutzungsplans unangetastet bleiben, gestattet das Entwicklungsgebot des § 8 II 1 BauGB auch **Abweichungen**. Stimmen Festsetzungen mit den Darstellungen des Flächennutzungsplans nicht vollständig überein, bedeutet das nicht ohne weiteres einen Verstoß gegen das Entwicklungsgebot. Ob den Anforderungen des § 8 II 1 BauGB genügt ist, hängt davon ab, ob die Konzeption, die ihm zugrunde liegt, in sich schlüssig bleibt.[332] Das Entwicklungsgebot verlangt nicht die strikte Übernahme der im Flächennutzungsplan enthaltenen Planung in den Bebauungsplan; vielmehr genügt es, wenn die im Flächennutzungsplan dargestellte Grundkonzeption der Gemeinde im Bebauungsplan planerisch fortentwickelt, auch wenn er etwa bezüglich der Art oder des Maßes der baulichen Nutzung oder hinsichtlich der räumlichen Grenzen geringfügig abweicht.[333] Abweichungen eines Bebauungsplans vom Flächennutzungsplan sind allerdings nicht vom Begriff des „Entwickelns" gedeckt, wenn das Verhältnis der gemischten Flächen zu den im Flächennutzungsplan ausgewiesenen gewerblichen Flächen quantitativ nicht unerheblich verändert wird und die im Bebauungsplan zum Ausdruck kommende Verschiebung der Gewichte der Mischgebiete einerseits und der Gewerbegebiete andererseits der Grundkonzeption des Flächennutzungsplans widerspricht.[334]

---

[331] BVerwG, Urt. v. 22.3.1985 – 4 C 59.81 – UPR 1985, 339 – Sandbüchel = RzB Rn. 210.
[332] BVerwG, B. v. 11.2.2004 – 4 BN 1.04 – BauR 2004, 1264.
[333] OVG Berlin-Brandenburg, Urt. v. 4.12.2009 – 2 A 23.08 – Güterbahnhof Grunewald.
[334] VGH Kassel, Urt. v. 22.4.2010 – 4 C 306/09.N – DVBl 2010, 782 = ZfBR 2010, 588 = BauR 2010, 1531 – Umnutzung eines ehemaligen Hafens.

→ **Entwicklungsgebot.** Die Darstellungen des Bebauungsplans sind aus dem Flächennutzungsplan zu entwickeln. Die Aufstellung von Bebauungsplänen setzt daher grundsätzlich einen festgestellten Flächennutzungsplan voraus. Die Festsetzungen des Bebauungsplans dürfen nur dann von den Darstellungen des Flächennutzungsplans abweichen, wenn dies durch die konkretere Ausgestaltung der verbindlichen Bauleitplanung gerechtfertigt ist. Denn der Flächennutzungsplan ist im Gegensatz zum Bebauungsplan nicht parzellenscharf, sondern eher grobmaschig.

262   Bebauungspläne bedürfen allerdings einer eigenständigen Rechtfertigung, die regelmäßig nicht allein aus den Darstellungen des Flächennutzungsplans abgeleitet werden kann.[335] Eine förmliche Planrechtfertigung, wie sie das BVerwG[336] für das Fachplanungsrecht angenommen hat, ist nur erforderlich, wenn der Bebauungsplan die Grundlage für eine Enteignung bieten soll. Bebauungspläne sind dabei so aus dem Flächennutzungsplan zu entwickeln, dass „durch ihre Festsetzungen die zu Grunde liegenden Darstellungen des Flächennutzungsplans konkreter ausgestaltet und damit zugleich verdeutlicht werden".[337] Dabei können die Festsetzungen des Bebauungsplanes von den Darstellungen des Flächennutzungsplanes abweichen, wenn hierdurch die Grundkonzeption des Flächennutzungsplanes nicht beeinträchtigt wird und der **Bebauungsplan** als schlüssige Fortentwicklung bzw. **Konkretisierung** der Grundkonzeption des **Flächennutzungsplans** erscheint.[338]

263   Nach § 214 II Nr. 2 BauGB ist die **Verletzung** des **Entwicklungsgebotes** des § 8 II 1 BauGB **unbeachtlich**, wenn die sich aus dem Flächennutzungsplan ergebende geordnete städtebauliche Entwicklung nicht beeinträchtigt ist. Aus dieser Unbeachtlichkeitsvorschrift hat das BVerwG für das Entwicklungsgebot abgeleitet,[339] dass durch das Verfahren eine inhaltliche Abstimmung zwischen beiden Plänen gewährleistet sein muss. Nicht die formale Zeitfolge, sondern die materielle Abstimmung und inhaltliche Fehlerlosigkeit ist dafür das Entscheidende. Bei Wahrung dieser Grundsätze können einzelne Verfahrensschritte des Bebauungsplans durchaus zeitlich vorrangig zum Flächennutzungsplan durchgeführt werden.[340] Nach § 214 II Nr. 2 BauGB ist die **Verletzung** des **Entwicklungsgebotes** des § 8 II 1 BauGB **unbeachtlich**, wenn die sich aus dem Flächennutzungsplan ergebende geordnete städtebauliche Entwicklung nicht beeinträchtigt ist.

264   § 8 IV 1 BauGB erlaubt die → **vorzeitige Aufstellung, Änderung oder Ergänzung eines Bebauungsplanes**, wenn **dringende Gründe** es erfordern und wenn der Bebauungsplan der beabsichtigten städtebaulichen Entwicklung des Gemeindegebietes nicht entgegensteht. Ob zwingende (§ 8 II 3 BbauG 1960) oder dringende Gründe (§ 8 IV 1 BauGB) die Aufstellung eines Bebauungsplans vor der Aufstellung eines Flächennutzungsplans erfordern, ist nach den konkreten **städtebaulichen Erfordernissen** des Einzelfalls zu beurteilen.[341] Fehler in der Beurteilung der Voraussetzungen für die Aufstellung eines vorzeitigen Bebauungsplanes sind allerdings in der gerichtlichen Kontrolle nach § 214 II Nr. 3 BauGB unbeachtlich. Gilt bei **Gebiets- oder Bestandsänderungen**

---

[335] BVerwG, B. v. 30.10.1992 – 4 A 4.92 – NVwZ 1993, 565 = DVBl 1993, 167 = RzB Rn. 1054 – Sachsendamm.

[336] BVerwG, Urt. v. 14.2.1975 – 4 C 21.74 – BVerwGE 48, 56 = RzB Rn. 50 – B 42; Urt. v. 22.3.1985 – 4 C 15.83 – BVerwGE 71, 166 = RzB Rn. 87 – B 16; Urt. v. 6.12.1985 – 4 C 59.82 – BVerwGE 72, 282 = RzB Rn. 88 – Landstuhl; bereits *Stüer*, Handbuch des Bau- und Fachplanungsrechts, 2. Aufl. 1998, Rn. 1659.

[337] BVerwG, Urt. v. 28.2.1975 – 4 C 74.72 – BVerwGE 48, 70 = RzB Rn. 157; Urt. v. 29.9.1978 – 4 C 30.76 – BVerwGE 56, 283 = NJW 1979, 1516 = RzB Rn. 25 – Kurgebiet.

[338] BVerwG, Urt. v. 29.9.1978 – 4 C 30.76 – BVerwGE 56, 283 = RzB Rn. 25 – Kurgebiet.

[339] BVerwG, Urt. v. 3.10.1984 – 4 N 4.84 – BVerwGE 70, 171 = NVwZ 1985, 485 = RzB Rn. 158.

[340] S. Rn. 781.

[341] BVerwG, Urt. v. 14.12.1984 – 4 C 54.81 – NVwZ 1985, 745 = BauR 1985, 282 = RzB Rn. 159.

von Gemeinden oder anderen Veränderungen der Zuständigkeit für die Aufstellung von Flächennutzungsplänen ein Flächennutzungsplan fort (§ 204 II BauGB), kann ein vorzeitiger Bebauungsplan auch aufgestellt werden, bevor der Flächennutzungsplan ergänzt oder geändert worden ist. Es bedarf hierzu jedoch auch dringender Gründe, wie sich aus der Bezugnahme auf § 8 IV 1 BauGB ergibt. Nach der Unbeachtlichkeitsregelung in § 214 II Nr. 1 BauGB ist es für die Rechtswirksamkeit des Bebauungsplanes allerdings unbeachtlich, wenn das Vorliegen dringender Gründe für die Aufstellung eines vorzeitigen Bebauungsplans nicht richtig beurteilt worden ist.[342]

→ **Vorzeitiger Bebauungsplan.** Ein Bebauungsplan kann vor dem Flächennutzungsplan aufgestellt werden, wenn dringende Gründe dies erfordern und wenn der Bebauungsplan der beabsichtigten städtebaulichen Entwicklung nicht entgegensteht (§ 8 IV 1 BauGB).

→ **Selbstständiger Bebauungsplan.** Ein Flächennutzungsplan ist nicht erforderlich, wenn der Bebauungsplan ausreicht, um die städtebauliche Entwicklung zu ordnen (§ 8 II 2 BauGB). Dies wird nur bei kleineren Gemeinden in Betracht kommen.

→ **Parallelverfahren.** Mit der Aufstellung, Änderung, Ergänzung oder Aufhebung eines Bebauungsplans kann gleichzeitig ein Bebauungsplan aufgestellt, geändert oder ergänzt werden. Einzelne Schritte des Bebauungsplanverfahrens können auch dem jeweiligen Schritt des Flächennutzungsplanverfahrens vorangehen, wenn die geordnete städtebauliche Entwicklung dadurch nicht beeinträchtigt wird (Planreife).

IV. Baurecht auf Zeit

Das EAG Bau 2004 hat mit der Befristung oder Bedingung (§ 11 I 1 Nr. 2 BauGB) **ein** 265 **Baurecht auf Zeit** eingeführt. Nach § 9 II BauGB kann in besonderen Fällen festgesetzt werden, dass bestimmte bauliche oder sonstige Nutzungen und Anlagen nur für einen bestimmten Zeitraum zulässig sind (Befristung) oder bis zum Eintritt bestimmter Umstände zulässig oder unzulässig sind (Bedingung). Die Folgenutzung soll festgesetzt werden. Auch bei den städtebaulichen Verträgen hat der Gesetzgeber dem Baurecht auf Zeit einen eigenständigen Platz zugewiesen (§ 11 I 1 Nr. 2 BauGB). Wegen der verfassungsrechtlichen Problematik einer Begrenzung von Baurechten sieht der Gesetzgeber vor allem vertragliche Vereinbarungen als Möglichkeit, Nutzungen nur für einen bestimmten Zeitraum zuzulassen und zugleich entsprechende Rückbauverpflichtungen zu begründen. Vergleichbare Verpflichtungen sieht § 35 V 2 BauGB in den **Rückbauverpflichtungen** für privilegierte Außenbereichsvorhaben nach § 35 I Nr. 2 bis 6 BauGB. Für derartige Vorhaben ist eine Verpflichtungserklärung abzugeben, das Vorhaben nach dauerhafter Aufgabe der zulässigen Nutzung zurückzubauen und Bodenversiegelungen zu beseitigen. Dies soll durch Baulast oder in vergleichbarer Weise sichergestellt werden.[343]

Die Festsetzungsmöglichkeit nach § 9 II BauGB wird ergänzt durch die Erweiterung 266 des nicht abschließenden Katalogs **städtebaulicher Verträge** in **§ 11 BauGB**. Damit kann die Gemeinde ergänzend zur Festsetzung die Einhaltung der Festsetzung auch aufgrund vertraglicher Ansprüche durchsetzen. Auf der anderen Seite schafft die Festsetzung die Möglichkeit, die vertraglichen Pflichten auch für den Fall der Insolvenz oder der Rechtsnachfolge abzusichern. Bedingte und/oder befristete Festsetzungen können „in besonderen Fällen" erfolgen, d. h. erforderlich ist eine besondere städtebauliche Situation und eine entsprechende städtebauliche Begründung. Die Bezeichnungen „bestimmte Zeiträume" und „bestimmte Umstände" bedeuten, dass diese im Bebauungsplan zu bestimmen und festzusetzen sind.

Die Festsetzungen sollen mit der Festsetzung der **Folgenutzung** verbunden werden, 267 um zugleich sicherzustellen, dass der Bebauungsplan auch die planungsrechtlichen

---

[342] BVerwG, B. v. 18.12.1991 – 4 N 2.89 – DVBl 1992, 574.
[343] EAG Bau 2004 Mustererlass 2004.

Grundlagen für die weitere städtebauliche Entwicklung erhält. Wird eine Folgenutzung festgesetzt, muss sie Bestandteil des gesamten Bebauungsplanverfahrens (einschließlich Umweltprüfung) und der abschließenden Abwägung sein. Durch die Festsetzungsmöglichkeiten nach § 9 II BauGB kann im Bebauungsplan eine Befristung oder eine Bedingung einer Festsetzung vorgesehen werden. **Beispiele** hierfür sind:

– Festsetzung einer befristeten Nutzung als **Zwischennutzung** bei von vornherein zeitlich befristeten Nutzungen (z. B. Zweckbauten) sowie Festsetzung der Anschlussnutzung, um nachteilige städtebauliche Entwicklungen nach Aufgabe der Zwischennutzung zu vermeiden oder die planungsrechtliche Grundlage für nachfolgende Nutzungen zu schaffen,

– Festsetzung von Maßnahmen, die für die Verwirklichung einer im Bebauungsplan vorgesehenen Nutzung **zeitlich vorhergehend** erforderlich sind (z. B. Errichtung von Lärmschutzwällen und –wänden vor Aufnahme der schutzbedürftigen Wohnnutzung),

– Festsetzung von Ereignissen, die zur Unzulässigkeit einer Nutzung führen.

268 Auch im Rahmen eines **städtebaulichen Vertrages** kommen entsprechende Sicherungsmaßnahmen in Betracht. Die vertraglichen Regelungen müssen allerdings angemessen sein (§ 11 II 1 BauGB). Ein Baurecht auf Zeit verbunden mit entsprechenden Rückbauverpflichtungen ist daher nur zulässig, wenn dies den städtebaulichen Leitbildern entspricht.

269 Das Baurecht auf Zeit hat zudem auch einen **verfassungsrechtlichen Hintergrund.**[344] Auf die planerischen Ausweisungen muss sich der Planbetroffene grundsätzlich für einen überschaubaren Zeitraum verlassen können. Wer sich auf den Fortbestand des Baurechts einstellt, der ist bei einem berechtigten Vertrauen in den Fortbestand der Planung schutzwürdig.[345] Die Änderung der planerischen Ausweisung kann daher bei einem berechtigten Vertrauen in den Fortbestand der Planungskonzeption nur unter den Voraussetzungen des qualifizierten Abwägungsgebotes geändert werden.[346]

270 **Bahnbezogene Nutzungen** sind von der Privilegierung der eisenbahnrechtlichen Fachplanung erfasst und entziehen sich daher der allgemeinen bauplanungs- und bauordnungsrechtlichen Zuständigkeit.[347] Bei ehemaligen Bahnanlagen entfaltet sich die gemeindliche Planungshoheit erst mit der Entwidmung. Geht es bei der Entwidmung nur darum, die bereits eingetretene Entwicklung nachzuvollziehen und dabei die Interessen der betroffenen Gemeinde als Trägerin der kommunalen Planungshoheit zu wahren, so genügt nach Auffassung des OVG Münster eine Bekanntgabe der Entwidmungsverfügung an die betroffene Gemeinde.[348] Allerdings gilt dies nicht für bahnfremde Nutzungen. Der gesetzliche Auftrag, nicht mehr für Eisenbahnzwecke benötigte Grundstücke zur Finanzierung der Eisenbahn des Bundes zu verwerten, rechtfertigt allerdings keine Verletzung der Planungshoheit der Gemeinde. Vielmehr kann dieser Auftrag nur in Zusammenarbeit mit der Gemeinde verwirklicht werden. Dies setzt unverändert voraus, dass die Gemeinden durch eindeutige Erklärung der Deutschen Bahn AG (oder ihrer zuständigen Tochterunternehmen) in die Lage versetzt werden, sachgerecht über die Aufstellung eines Bebauungsplans zu beschließen. Eine Erklärung, die die Freigabe von Bundesbahngelände nur für den Fall einer positiven Bescheidung einer bestimmten Bau-

---

[344] BVerfG, B. v. 2.3.1999 – 1 BvL 7/91 – BVerfGE 100, 226 = NJW 1999, 2877 = DVBl 1999, 1498 – Direktorenvilla; B. v. 16.2.2000 – 1 BvR 242/92 – BVerfGE 102, 1 = DVBl 2000, 1275 – Altlastensanierung; *Stüer/Thorand* NJW 2000, 3232.

[345] BVerfG, Urt. v. 10.7.1990 – 2 BvR 470/90 u. a. – BVerfGE 82, 310 = DVBl 1990, 930; B. v. 12.5.1992 – 2 BvR 470/90 – BVerfGE 86, 90 = DVBl 1992, 1141 – Papenburg.

[346] *Stüer* DVBl 1977, 1.

[347] Zum Baurecht auf Zeit bei Bahnanlagen *Stüer* NVwZ 2006, 512; *ders.* Bahnflächen in der gemeindlichen Bauleitplanung – Freistellung und Baurecht auf Zeit, Essen 2006.

[348] OVG Münster, Urt. v. 27.4.1998 – 7 A 3814/96 – BauR 1993, 383 = UPR 1999, 159 – Schrottplatz.

voranfrage in Aussicht stellt, genügt nicht, weil sie offen lässt, ob und wann das Planaufstellungsverfahren abgeschlossen werden kann.[349]

Die Bauleitplanung kann für die Anschlussplanung bisher noch gewidmeter Flächen **271** die Möglichkeiten des **Baurechts auf Zeit** nutzen (**§ 9 II BauGB**). Die **Ausgangssituation** im Verhältnis von Bahn und Kommunen ist dadurch geprägt, dass die Gemeinde Trägerin der Bauleitplanung ist, zugleich aber den Vorrang der Bahn als Vorhaben der privilegierten Fachplanung wahren muss. Anlagen der Bahn haben daher durch die **Widmung** einen Vorrang, der nur durch förmliche Entwidmung beseitigt werden kann.[350] Dies setzt einen klar erkennbaren, eindeutigen Hoheitsakt der Bahn voraus. Solange die Widmung besteht, ist die Fläche, auf die sie sich bezieht, einer entgegenstehenden kommunalen Planung entzogen. Die Widmung bezieht sich auf Grundstücke, betrifft aber in der Sache **Anlagen** der Bahn. Deshalb könnte es sachgerecht sein, die Überplanung von Bahnflächen der gemeindlichen Planung nur in dem Umfang zu entziehen, wie ein entsprechender Schutz der Bahnanlagen einschließlich des dafür erforderlichen Umfeldes dies gebietet. Damit sind gewidmete Bahnflächen nicht generell einer Bauleitplanung oder einer Beurteilung nach §§ 34, 35 BauGB entzogen, sondern nur in dem Umfang, wie ein **Widerspruch** zur Widmung entstehen kann und dies der Schutz der Bahnanlagen erforderlich oder zweckmäßig erscheinen lässt. Die Reichweite dieses Schutzes bestimmt die Bahn auf der Grundlage der Widmung selbst. Weitere Einzelheiten sind in der Präsidialverfügung angesprochen.

Das EAG Bau 2004 hat das **Baurecht auf Zeit** eingeführt.[351] Die Gemeinde kann nach **272** § 9 II BauGB im Bebauungsplan in besonderen Fällen festsetzen, dass bestimmte der in ihm festgesetzten baulichen und sonstigen Nutzungen und Anlagen nur (1) für einen bestimmten Zeitraum zulässig oder (2) bis zum Eintritt bestimmter Umstände zulässig oder unzulässig sind. Die Folgenutzung soll festgesetzt werden. Hierdurch ist die Gemeinde berechtigt, befristetes oder bedingtes Baurecht zu schaffen. Die Regelung bezieht sich vom Grundsatz her auch auf Folgenutzungen für Bahnanlagen. Hierfür kann ein bedingtes Baurecht festgesetzt werden (§ 9 II 1 Nr. 2 BauGB). Die Festsetzungen sind nur in besonderen Fällen zulässig. Zudem muss der Bahnvorrang, der sich aus der privilegierten Fachplanung ergibt, gewahrt werden (§ 38 BauGB). Das Baurecht auf Zeit ist an das Vorliegen **besonderer Gründe** gebunden. Es bedarf daher einer entsprechenden städtebaulichen Rechtfertigung, die über eine allgemeine Veranlassung einer städtebaulichen Planung hinausgeht. Dies gebietet die Eigentumsgarantie aber auch – hier speziell – der Vorrang der privilegierten Fachplanung gegenüber der Bauleitplanung.

Das bedingte Baurecht im Hinblick auf Bahnflächen darf daher nur ausgewiesen **273** werden, wenn die Bahn durch eine **Entbehrlichkeitsprüfung** kundgetan hat, dass die Widmung der Bahnflächen ganz oder teilweise aufgegeben werden kann. Nur bei diesem Verfahrensstadium ist ein besonderer Fall gegeben, der die Überplanung von Bahnanlagen durch ein Baurecht auf Zeit gestattet. Als Bedingung ist in die Bauleitplanung aufzunehmen, dass die Flächen zuvor von der Bahn entwidmet worden sind. Durch diese beiden verfahrensrechtlichen Anforderungen sind die mit der Privilegierung des § 38 BauGB zusammenhängenden Rechte der Bahn ausreichend gewahrt. Im Hinblick auf die vorgenannten Verfahrenserfordernisse wird eine **Kooperation** der Gemeinde mit den Anlagenverantwortlichen und dem Eigentümer in der Praxis unverzichtbar sein, ist allerdings rechtlich nicht zwingend geboten, wenn eine Aussage über die Entbehrlichkeit der Anlage vorliegt. Auch die Anwendung der **enteignungsrechtlichen Regelungen** (§§ 85 ff. BauGB) ist vom Prinzip her nicht ausgeschlossen, setzt

---

[349] BVerwG, B. v. 27.4.1998 – 4 B 33.98 – DVBl 1998, 909 = BauR 1998, 993 = ZfBR 1998, 258.

[350] BVerwG, Urt. v. 16.12.1988 – 4 C 48.86 – BVerwGE 81, 111 = DVBl 1989, 458 = RzB Rn. 576.

[351] Zum Baurecht auf Zeit s. Rn. 265.

allerdings eine förmliche Entwidmung und entsprechend gewichtige Gemeinwohlgründe voraus.

274   Das Gesetz enthält keine Vorgaben für eine **Befristung** in dem Sinne, dass nach Ablauf
einer bestimmten Zeit das bedingt angeordnete Baurecht auf Zeit wieder entfällt. Werden
keine Fristen festgesetzt, könnte die Regelung aber nach den Grundsätzen der Funktionslosigkeit wegfallen, wenn wegen veränderter Umstände das Eintreten der Bedingung
ausgeschlossen erscheint, etwa weil für die Zukunft auszuschließen ist, dass die Entwidmung tatsächlich erfolgen wird. Auf der anderen Seite kann die Gemeinde nach entsprechender Abwägung durch zeitliche Befristung des Baurechts anordnen, dass von der
geplanten Nutzung nur Gebrauch gemacht werden kann, wenn sie innerhalb einer bestimmten Zeit aufgenommen wird. Es muss allerdings im Hinblick auf die Eindeutigkeit
und Klarheit ein nach außen hin erkennbarer Umstand Anknüpfungspunkt für das Entstehen bzw. den Wegfall des Baurechts gegeben sein. Nach Maßgabe der Einzelfallumstände könnte im Rahmen der Abwägung eine zeitliche Befristung auf **einige Jahre**
sachgerecht sein. Hierdurch könnte zugleich der Eindruck vermieden werden, dass das
befristete Baurecht eine reine Vorratsplanung beinhalten könnte, die in dieser allgemeinen Form dem Vorrang der privilegierten Fachplanung in § 38 BauGB nicht gerecht
wird. Die Befristung der beabsichtigten Baurechte könnte aber je nach den Einzelfallumständen auch nur in dem Sinne in Aussicht genommen werden, dass die Gemeinde bereits
im Aufstellungsverfahren **ankündigt**, den Bebauungsplan wieder aufzuheben, wenn
nicht innerhalb einer bestimmten Zeit die Entwidmung vorliegt und daher die Bedingung für das Entstehen des Baurechts auf Zeit eingetreten ist.

275   Baurecht auf Zeit setzt eine entsprechende **Abwägung** voraus, deren Inhalt in der **Begründung** darzustellen ist. Dies gilt ggf. auch für die zeitlichen Schichtungen, vor allem,
wenn nur in einem Teil des Bebauungsplans bedingte Baurechte angeordnet sind. Hier ist
auch jeweils darzustellen und abzuwägen, wie sich die Nutzungsmöglichkeiten zu den
verschiedenen Zeiträumen darstellen. Die Abwägung muss entsprechend qualifiziert sein.
Das Baurecht auf Zeit kann auch in Bebauungsplänen festgesetzt werden, deren **Aufstellungsbeschluss** bereits vor dem Inkrafttreten des EAG Bau 2004 (bis zum 20.7.2004) gefasst und bekannt gemacht sind und für die daher vom Grundsatz her das bisherige Ver-
fahrensrecht angewendet werden kann. Ein erneuter Aufstellungsbeschluss ist dazu nicht
erforderlich, sodass auch eine Umweltprüfung nur stattfinden muss, wenn der Aufstellungsbeschluss nach dem 20.7.2004 gefasst worden ist oder das Planverfahren nicht bis
zum 20.7.2006 beendet werden kann. Eine Beteiligung der Öffentlichkeit und eine Behördenbeteiligung ist nach Maßgabe der Vorgaben in §§ 3, 4, 4 a, 13 BauGB erforderlich.
Behörden und sonstige Träger öffentlicher Belange müssen nur in der Reichweite ihrer
möglicherweise berührten Belange (erneut) beteiligt werden.

276   Der grundsätzliche **Vorrang des Eisenbahnrechts** bezieht sich nicht nur auf die Bauleitplanung, sondern auch auf die Kompetenzen der Baugenehmigungsbehörde. So hindert der Vorrang der Fachplanung die Baugenehmigungsbehörde daran, einen baurechtlichen Vorbescheid für die Errichtung einer Tankstelle auf einer Fläche zu erteilen, die als
eine dem Bahnbetrieb zugehörige Anlage zu werten ist.[352] Die Eigenschaft einer Anlage
als Bahnanlage richtet sich nach dem objektiven Kriterium der Eisenbahnbetriebsbezo-
genheit, d. h. der Verkehrsfunktion und dem räumlichen Zusammenhang mit dem Eisenbahnbetrieb. Ein auf einem gewidmeten Bahngelände angesiedelter, als wirtschaftlich
eigenständiges Unternehmen betriebener Schrottplatz ist nach Auffassung des OVG
Münster auch dann nicht eine Bahnanlage, wenn der Schrottplatzbetreiber nach dem mit
der Bahn abgeschlossenen Mietvertrag verpflichtet ist, Transportmittel der Bahn zu nutzen. Bahnfremde Nutzungen auf Bahngelände unterliegen der Zuständigkeit der
Bauordnungsbehörden, die hiergegen einschreiten können. Schreitet die Bauordnungsbehörde gegen eine seit Jahrzehnten ausgeübte bahnfremde Nutzung auf Bahngelände

---

[352] OVG Münster, Urt. v. 19.12.1997 – 7 A 6271/95 – EildienstStT NW 1998, 188.

ein, muss sie im Rahmen ihrer Ermessenausübung zu Gunsten des Betroffenen berücksichtigen, dass diese Nutzung nach der gängigen Praxis sowohl von der Bahn als auch den zuständigen Bauaufsichtsbehörden als legal angesehen und entsprechend behandelt wurde.[353]

Die Festsetzung eines aufschiebend bedingten Baurechts (§ 9 II 1 Nr. 2 BauGB) ist in **277** aller Regel dann unwirksam, wenn die Bedingung dergestalt mit einer Befristung kombiniert wird, dass die Bedingung nur bis zu einem bestimmten Zeitpunkt eintreten kann, ohne dass gleichzeitig eine Folgenutzung für den Fall des nicht fristgerechten Bedingungseintritts festgesetzt wird.[354] Bedingte Festsetzungen nach § 9 II 1 Nr. 2 BauGB unterliegen besonderen Bestimmtheitsanforderungen. Überdies sind sie nur in einer außergewöhnlichen städtebaulichen Situation zulässig. Beispiele für danach zulässige Bedingungen sind die absehbare Freistellung von planbetroffenen Bahnflächen gemäß § 23 AEG 1994 oder die Realisierung bodenschutzrechtskonformer Zustände im Plangebiet durch Erstellung eines Sanierungsplans nach § 13 BBodSchG.[355] Einer Gemeinde ist es nicht verwehrt, im Rahmen ihrer städtebaulich motivierten Zielvorstellungen bereits vorhandene – legale oder auch zunächst ohne hinreichende Legalisierung entstandene – Nutzungen planungsrechtlich abzusichern und hinsichtlich der künftigen Weiterentwicklung zu steuern. Sie darf es als eine Aufgabe städtebaulicher Ordnung ansehen, ein faktisches Baugebiet nunmehr rechtlich zu ordnen, damit städtebaulich „festzuschreiben" und dadurch Rechtssicherheit für solche Grundstücke zu schaffen, deren Bebaubarkeit fraglich ist. Eine Befristung oder Bedingung in einem Bebauungsplan nach § 9 II BauGB bedarf einer außergewöhnlichen städtebaulichen Situation. Auch und gerade bei der Festsetzung von Nutzungen, deren Zulässigkeit von Bedingungen abhängig ist, ist das verfassungsrechtliche Bestimmtheitsgebot (Art. 20 III GG) zu beachten. Die „Aufgabe des Gartens durch den derzeitigen Nutzer" als Bedingung für einen Wechsel der zulässigen Art der baulichen Nutzung genügt den Bestimmtheitsanforderungen nicht.[356]

Ein „besonderer Fall" im Sinne von § 9 II 1 Nr. 2 BauGB meint eine außergewöhnliche **278** städtebauliche Situation, in der sich die jeweilige Aufgabe der planerischen Ordnung der Bodennutzung besser mit einer Bedingung lösen lässt.[357] Zwar bedarf eine Festsetzung nach § 9 II 1 BauGB in besonderem Maße der Rechtfertigung durch städtebauliche Gründe. Ein städtebauliches Bedürfnis nach einer zeitlichen Staffelung von baulichen Anlagen besteht jedoch dort, wo eine bestimmte Anlage zunächst verwirklicht sein muss, bevor etwa aus Immissionsschutzgründen weitere Anlagen folgen können.[358]

V. Darstellungs- und Festsetzungsmöglichkeiten nach der BauNVO

Die Darstellungs- und Festsetzungsmöglichkeiten hinsichtlich der → Art und des **279** Maßes der baulichen Nutzung sowie der Bauweise und der überbaubaren sowie der nicht überbaubaren Grundstücksflächen sind im Einzelnen in der BauNVO geregelt. Im Flächennutzungsplan können die für die Bebauung vorgesehenen → Flächen nach der allgemeinen Art ihrer baulichen Nutzung (Bauflächen) dargestellt werden als Wohnbauf-

---

[353] OVG Münster, Urt. v. 27.4.1998 – 7 A 3818/96 – BauR 1993, 383 = UPR 1999, 159 – Schrottplatz.

[354] OVG Münster, Urt. v. 21.7.2011 – 2 D 59/09.NE – DVBl 2011, 1314 (L) = BauR 2011, 1943 – Baurecht auf Zeit.

[355] OVG Münster, Urt. v. 7.7.2011 – 2 D 137/09.NE – Gemeindehaushalt 2011, 236 – bedingte Festsetzungen.

[356] OVG Magdeburg, Urt. v. 17.2.2011 – 2 K 102/09 – BauR 2011, 1618 = NVwZ-RR 2011, 469 (L) – bedingte und befristete Nutzungsart; vgl. BVerwG, B. v. 16.1.1996 – 4 NB 1.96 – ZfBR 1996, 223.

[357] OVG Münster, Urt. v. 13.9.2012 – 2 D 38/11.NE – projektbezogenes Gewerbegebiet.

[358] VGH Kassel, Urt. v. 29.3.2012 – 4 C 694/10.N – NuR 2012, 644 Schallschutzkonzept.

lächen (W), gemischte Bauflächen (M), gewerbliche Bauflächen (G) und Sonderbauflächen (S). Den Bauflächen sind insgesamt 10 Baugebiete zugeordnet, die nach der besonderen Art ihrer baulichen Nutzung untergliedert sind.

→ **Art der baulichen Nutzung.** Sie bezieht sich auf unterschiedliche Nutzungstypen und wird durch Bauflächen sowie Baugebiete ausgewiesen (§ 1 BauNVO). Bauflächen bezeichnen die allgemeine Art, Baugebiete die besondere Art der baulichen Nutzung.

→ **Bauflächen.** Es werden Wohnbauflächen (W), gemischte Bauflächen (M) gewerbliche Bauflächen (G) und Sonderbauflächen (S) unterschieden.

→ **Baugebiete.** Aus den Wohnbauflächen werden Kleinsiedlungsgebiete (WS), reine Wohngebiete (WR), allgemeine Wohngebiete (WA) und besondere Wohngebiete (WB) entwickelt. Dorfgebiete (MD), Mischgebiete (MI) und Kerngebiete (MK) gehören zur Gruppe der gemischten Bauflächen. Gewerbegebiete (GE) und Industriegebiete (GI) bilden die gemischten Bauflächen, Sondergebiete werden aus Sonderbauflächen entwickelt. Bei der Ausweisung von Baugebieten ist die Gemeinde an die in der BauNVO niedergelegten Nutzungstypen gebunden, kann jedoch einzelne Elemente modifizieren (§ 1 IV bis X BauNVO), wenn der jeweilige Gebietscharakter gewahrt bleibt.

---

280   Die für die → **Baugebiete** geltenden Vorschriften der **§§ 2 bis 11 BauNVO** sind dabei nach einer **einheitlichen Struktur** aufgebaut: Abs. 1 der Vorschrift enthält jeweils die allgemeine Zweckbestimmung des Baugebietes.[359] In Abs. 2 der Vorschrift werden jeweils die in diesem Gebiet allgemein zulässigen Nutzungen aufgeführt (Regelbestimmung). Abs. 3 der Vorschrift enthält jeweils die ausnahmsweise zulässigen Nutzungen (Ausnahmebestimmung). Mit diesem Regelungstatbestand in dem jeweiligen Abs. 3 knüpft die Vorschrift an § 31 I BauGB an, wonach von den Festsetzungen des Bebauungsplans solche Ausnahmen zugelassen werden können, die in dem Bebauungsplan nach Art und Umfang ausdrücklich vorgesehen sind (§ 1 III 2 BauNVO). Bei der Prüfung der Zulässigkeit einer ausnahmsweise vorgesehenen Nutzung ist jeweils zu fragen, ob der Gebietscharakter, insbesondere hinsichtlich des Störungsgrades und der Andersartigkeit der beabsichtigten Nutzung, gewahrt wird oder Art und Umfang der Nutzung den Gebietstyp des jeweiligen Baugebietes oder benachbarte Nutzungen beeinträchtigen.

Beispiel: In die Prüfung der Ausnahmetatbestände sind die Einzelfallumstände, die sich aus der konkreten örtlichen Situation und der Umgebung ergeben, einzubeziehen. So kann etwa eine Tankstelle am Rande eines allgemeinen Wohngebietes nach § 4 III Nr. 1 BauNVO zugelassen werden, während sie im inneren Bereich des Wohngebietes wegen des Verkehrsaufkommens und der von dem Tankstellenbetrieb ausgehenden Geräusche und anderen Immissionen unzulässig sein kann.

281   Die Gemeinde ist verpflichtet, Baugebietstypen nach dem wahren Gebietscharakter festzusetzen und einen **„Etikettenschwindel"** zu vermeiden.[360] Widerspricht die **beabsichtigte Nutzung** den Festsetzungen des Bebauungsplans und ist sie auch nach der BauNVO nicht ausnahmsweise zulässig, so kann sie nach § 31 II BauGB **dispensiert** werden, wenn die Grundzüge der Planung nicht berührt werden und (1) Gründe des Wohls der Allgemeinheit die Befreiung erfordern, (2) die Abweichung städtebaulich vertretbar ist oder (3) die Durchführung des Bebauungsplans zu einer offenbar nicht beabsichtigten Härte führen würde und wenn die Abweichung auch unter Würdigung nachbarlicher Interessen mit den öffentlichen Belangen vereinbar ist. Die Anwendung dieser Vorschrift setzt zunächst voraus, dass die Grundzüge der Planung nicht berührt werden. Sind diese allerdings nicht berührt, ist eine Befreiung nach § 31 II BauGB nicht auf einen **atypischen Sachverhalt** beschränkt, der nur dann nicht gegeben ist, wenn die Gründe, die für eine Befreiung streiten, nicht für jedes oder für nahezu jedes Grund-

---

[359] Diese muss auch bei Festsetzungen nach § 1 V, VIII und IX BauNVO gewahrt sein, so BVerwG, B. v. 6.5.1996 – 4 NB 16.96 – Buchholz 406.12 § 1 BauNVO Nr. 22.
[360] OVG Greifswald, Urt. v. 17.6.2008 – 3 K 13/07 – NordÖR 2008, 415 (L).

stück im Planbereich gegeben sind.[361] Die Grenze für mehrere Befreiungen ist jedoch dann erreicht, wenn es sich um so viele zu regelnde Fälle handelt, dass ein Planungserfordernis nach § 1 III 1 BauGB besteht und damit die Grundzüge der Planung betroffen sind.

Beispiel: Wird in einem Bebauungsplan für ein Neubaugebiet im Hinblick auf bereits bestehende Lärmbeeinträchtigungen und ein deswegen zu erwartendes Überschreiten der Orientierungswerte der DIN 18005 für reine Wohngebiete (nur) ein allgemeines Wohngebiet festgesetzt, so stellt dies nicht notwendig einen „Etikettenschwindel" dar oder entbehrt sonst der nötigen städtebaulichen Rechtfertigung im Sinne des § 1 III 2 BauGB. Auch ein Überschreiten der Orientierungswerte der DIN 18005 um 5 dB(A) kann durchaus das Ergebnis einer gerechten Abwägung im Hinblick auf die Wahrung gesunder Wohn- und Arbeitsverhältnisse im Sinne des § 1 VI 1 Nr. 1 BauGB sein.[362]

Bei den besonderen Wohngebieten sowie bei Kerngebieten werden in Abs. 4 jeweils **282** Möglichkeiten besonders differenzierender Festsetzungen eröffnet (**besondere Differenzierungsmöglichkeiten**). Mit diesem Inhalt werden die Baugebietsbeschreibungen in der BauNVO durch die Bezugnahme des Plangebers Bestandteil des Bebauungsplanes (§ 1 III 2 BauNVO). Dies gilt für die in Abs. 2 der BauNVO jeweils beschriebenen, regelmäßig zulässigen Vorhaben ebenso wie für die Ausnahmeregelungen in Abs. 3 der BauNVO. Der BauNVO liegt der Gedanke der Typisierung in dem Sinne zu Grunde, dass verschiedene Arten der baulichen und sonstigen Nutzung jeweils zu einem Nutzungstypen zusammengefasst werden.[363] Dies hat auch für die planende Gemeinde, die an diese Typisierung gebunden ist, eine wichtige Steuerungsfunktion. Festsetzungen, die in § 9 BauGB und in der auf § 9 a BauGB beruhenden BauNVO nicht vorgezeichnet sind, können von der planenden Gemeinde nicht getroffen werden.[364] Auch wird die BauNVO vom BVerwG als eine sachverständige Konkretisierung moderner Planungsrechtsgrundsätze bezeichnet.[365]

Die Festsetzung von Baugebieten hat kraft Bundesrecht grundsätzlich nachbar- **283** schützende Funktion.[366] Derselbe Nachbarschutz besteht im unbeplanten **Innenbereich** allerdings nur, wenn die Eigenart der näheren Umgebung einem der Baugebiete der BauNVO entspricht.[367] Im Übrigen lassen sich die Grundsätze auf den unbeplanten Innenbereich nicht übertragen.[368] Der die Erhaltung der Gebietsart betreffende Nachbar-

---

[361] BVerwG, B. v. 20.11.1989 – 4 B 163.89 – DVBl 1990, 383 = NVwZ 1990, 556 = RzB Rn. 326.

[362] OVG Münster, Urt. v. 23.10.2009 – 7 D 106/08.NE – Neubaugebiet, im Anschluss an BVerwG, B. v. 18.12.1990 – 4 N 6.88 –. Zu den Anhaltspunkten, die für die Annahme eines sog. „Etikettenschwindels" sprechen können OVG Koblenz, Urt. v. 21.10.2009 – 1 C 10150/09 –, Einzelfall einer aus Gründen des Immissionsschutzes vorgeschobenen Mischgebietsausweisung.

[363] S. zu den Gliederungs– und Ausschlussmöglichkeiten u. Rn. 424.

[364] BVerwG, Urt. v. 3.2.1984 – 4 C 25.82 – BVerwGE 68, 360 = RzB Rn. 311; Urt. v. 3.4.1987 – 4 C 41.84 – BRS 47, Nr. 63 = RzB Rn. 345 – Bauvorbescheid; Urt. v. 15.12.1994 – 4 C 13.93 – DVBl 1995, 515 – Spielhalle.

[365] BVerwG, Urt. v. 11.2.1993 – 4 C 15.92 – NVwZ 1994, 285 = RzB Rn. 1286 – interkommunale Nachbarklage.

[366] Die für überplante Gebiete entwickelten Grundsätze lassen sich auf den unbeplanten Innenbereich nicht übertragen, BVerwG, B. v. 13.11.1997 – 4 B 195.97 – ZfBR 1998, 166. Es entspreche dem Gedanken des wechselseitigen Austauschverhältnisses im Bauplanungsrecht, so das OVG Weimar, B. v. 18.10.1996 – 1 EO 262/96 – UPR 1997, 156, dass derjenige, der die mit der jeweiligen Gebietsfestsetzung verbundenen Beschränkungen der baulichen Ausnutzbarkeit der Grundstücke selbst nicht einhält, sich nicht mit der Begründung gegen das Vorhaben eines Dritten wenden kann, dieses sei seiner Art nach in dem jeweiligen Baugebiet nicht zulässig.

[367] BVerwG, B. v. 27.9.2007 – 4 B 36.07 – Stallanbau; vgl. Urt. v. 18.5.1995 – 4 C 20.94 –; Urt. v. 16.9.1993 – 4 C 28.91 –.

[368] BVerwG, B. v. 13.11.1997 – 4 B 195.97 – ZfBR 1998, 166; es entspreche dem Gedanken des wechselseitigen Austauschverhältnisses im Bauplanungsrecht, so das OVG Weimar, B. v. 18.10.1996 –

schutz wird allerdings durch die wechselseitige Prägung der benachbarten Grundstücke begrenzt und muss daher keineswegs alle Grundstücke in der Umgebung erfassen.[369]

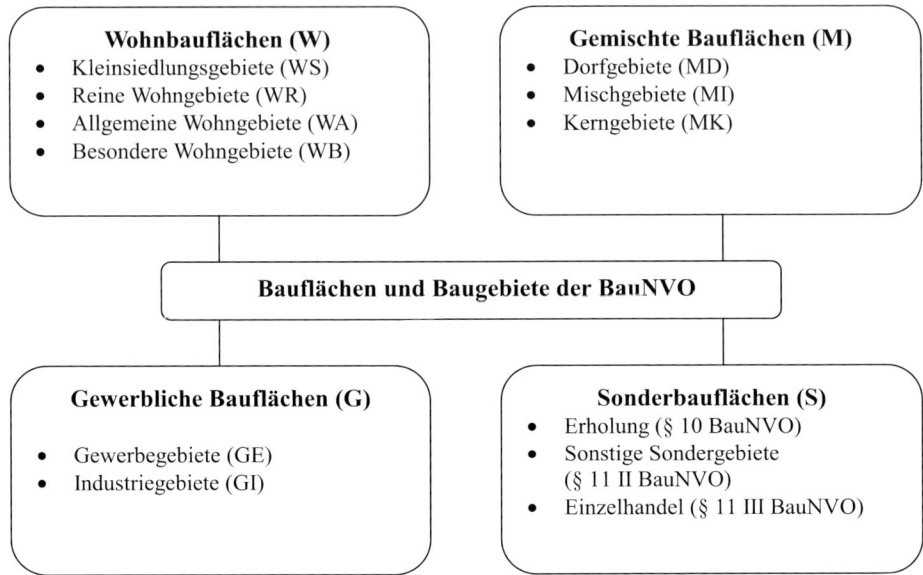

1. Die Baugebiete der BauNVO

284 In der BauNVO werden zehn Baugebiete unterschieden.

285 **a)** → **Kleinsiedlungsgebiete.** Sie dienen nach § 2 I BauNVO vorwiegend der Unterbringung von Kleinsiedlungen einschließlich Wohngebäuden mit entsprechenden Nutzgärten und landwirtschaftlichen Nebenerwerbsstellen. Typisch für den Gebietscharakter ist das Wohnen i.V. mit einer nebenberuflichen intensiven Gartenbaunutzung und oftmals einer Kleintierhaltung. Seit dem Entstehen der Kleinsiedlungen Anfang der Dreißiger Jahre ist diese Baugebietsart zu einem festen Bestandteil der städtebaulichen Ordnung insbesondere in ländlich geprägten Gemeinden geworden. Die Besonderheiten des Gebietes erklären sich aus dem sozialpolitischen Anliegen, insbesondere den Bevölkerungskreisen mit geringem Einkommen durch Eigentum an Haus und Garten ein Verbundenheitsgefühl zu vermitteln und durch Bodenständigkeit in Notzeiten eine Krisenfestigkeit zu erreichen.[370] Zulässig sind Kleinsiedlungen einschließlich Wohngebäude mit entsprechenden Nutzgärten, landwirtschaftliche Nebenerwerbsstellen und Gartenbaubetriebe. Außerdem sind die der Versorgung des Gebietes dienenden Läden, Schank- und Speisewirtschaften sowie nicht störende Handwerksbetriebe zulässig (§ 2 II BauNVO). Handwerksbetriebe sind dabei Gewerbebetriebe, die handwerksmäßig geführt werden und vollständig oder doch wesentlich in der Anlage A zur HandwerksO aufgeführt sind. Nicht zulässig sind Fabrikbetriebe oder Industriebetriebe.[371] Ausnahmsweise können

1 EO 262/96 – UPR 1997, 156, dass derjenige, der die mit der jeweiligen Gebietsfestsetzung verbundenen Beschränkungen der baulichen Ausnutzbarkeit der Grundstücke selbst nicht einhält, sich nicht mit der Begründung gegen das Vorhaben eines Dritten wenden kann, dieses sei seiner Art nach in dem jeweiligen Baugebiet nicht zulässig.

[369] BVerwG, B. v. 20.8.1998 – 4 B 79.98 – Steilhang.

[370] Fickert/Fieseler § 2 Rn. 1.

[371] BVerwG, Urt. v. 6.12.1963 – VII C 18.63 – BVerwGE 17, 230.

sonstige Wohngebäude mit nicht mehr als zwei Wohnungen, Anlagen für kirchliche, kulturelle, soziale, gesundheitliche und sportliche Zwecke, Tankstellen sowie nicht störende Gewerbegebiete zugelassen werden (§ 2 III BauNVO).

> → **Kleinsiedlungsgebiete (WS).** Sie dienen vorwiegend der Unterbringung von Kleinsiedlungen einschließlich Wohngebäuden mit entsprechenden Nutzgärten und landwirtschaftlichen Nebenerwerbsstellen (§ 2 BauNVO).

Kleinsiedlungsgebiete zeichnen sich bei ihrer Gründung zumeist durch sehr große **286** Grundstücke und relativ kleine Bebauungsanteile aus. Da die Nebenerwerbsstellen inzwischen vielfach aufgegeben worden sind und die Nutzgärten in ihrer Bewirtschaftung zu groß erscheinen, wird vielfach der Wunsch der Bewohner nach einer zusätzlichen Bebauungsmöglichkeit im Hinterland erhoben. Dem tragen die planenden Gemeinden gelegentlich durch einen Bebauungsplan Rechnung, der eine geordnete Nachverdichtung zulässt. Im Hinterland werden entsprechende Bebauungsmöglichkeiten geschaffen. Das Kleinsiedlungsgebiet wird zu einem allgemeinen Wohngebiet umgeplant (→ *Abbildung 27 mit Textbeispiel 23*).

Textliche Festsetzungen

Im reinen Wohngebet (WR) sind ausnahmsweise zulässige Nutzungen gem. § 3 III BauNVO nicht zulässig.

Auf den rückwärtigen Baugrundstücken, die durch bauliche Anlagen in Anspruch genommen werden, ist ein standortgerechter, heimischer Laubbaum (Stammumfang 18 bis 20 cm, gemessen 1 m über Erdboden) anzupflanzen und zu unterhalten.

Die als zu erhalten festgesetzten Bäume dürfen nicht beschädigt oder beseitigt werden. In der überbaubaren Fläche zuzüglich einer mindestens 2 m breiten Schutzzone sind zum Schutz des Wurzelbereichs Aufschüttungen, Pflasterungen und andere Bodenversiegelungen, Grabenverrohrungen oder −verfüllungen, Veränderungen des Grundwasserspiegels, Verdichtungen und sonstige Handlungen, die das Wurzelwerk oder die Wurzelversorgung beeinträchtigen können, unzulässig. Ausgenommen sind notwendige Maßnahmen im Rahmen der Verkehrssicherungspflicht und für notwendige Straßenumbaumaßnahmen, fachgerechte Pflegemaßnahmen und Maßnahmen im Rahmen der Unterhaltung und Erneuerung vorhandener Gräben, Leitungen, Wege und andere Anlagen. Eingriffe in festgesetzte Baumbestände sind am Standort durch Neupflanzungen auszugleichen.

Auf Flächen für Maßnahmen zum Schutz, zur Pflege und zur Entwicklung von Natur und Landschaft sind die vorhandenen Wallhecken zu pflegen und so weit erforderlich zu sanieren bzw. durch Bepflanzung mit heimischen, standortgerechten Gehölzen zu ergänzen. Abgrabungen bzw. Aufschüttungen des Geländes und Anpflanzungen nicht standortheimischer Gehölze sind auf diesen Flächen nicht zulässig.

Im Bereich der Wallhecken sind Bodenbefestigungen aller Art, die Beseitigung von Gräben und Veränderungen der Oberflächengestalt durch Abgrabungen, Ausschachtungen und Auffüllungen nicht zulässig.

Die Festsetzungen des bisher rechtsverbindlichen Bebauungsplans (Kurzbezeichnung) treten außer Kraft.

Textbeispiel 23: *Festsetzungen Umgeplantes Kleinsiedlungsgebiet (zu Abbildung 27)*

Eine **Nebenerwerbsstelle** unterscheidet sich von einer Kleinsiedlerstelle regelmäßig **287** nur insoweit, als sie über eine zusätzliche Landzugabe im Kleinsiedlungsgebiet verfügt und der Kleinsiedler vorwiegend Gartennutzung und Kleintierhaltung ausübt; das bedeutet, dass auch bei der Nutzung als Nebenerwerbsstelle die Selbstversorgung, die den Charakter der Baugebietsform „Kleinsiedlungsgebiet" bestimmt, weiterhin im Vordergrund stehen muss. Die von einer Nebenerwerbsstelle ausgehende zusätzliche Bewirtschaftung von Flächen außerhalb des Kleinsiedlungsgebiets ist für die Erhaltung dieser Nutzungsform unschädlich, solange nicht durch den Umfang der Bewirtschaftung die Schwelle zum Nebenerwerbsbetrieb überschritten wird. Die Festsetzung einer Baugrenze hat ausnahmsweise nachbarschützende Wirkung, wenn sie nach der Bebauungsplanbegründung neben ihrer städtebaulichen Ordnungsfunktion im Interesse der Entzerrung eines vom Rat erkannten Nutzungskonflikts zwischen vorhandener emissionsträchtiger Tierhaltung und störempfindlichem Wohnen größere Abstände zwischen den Stallungen

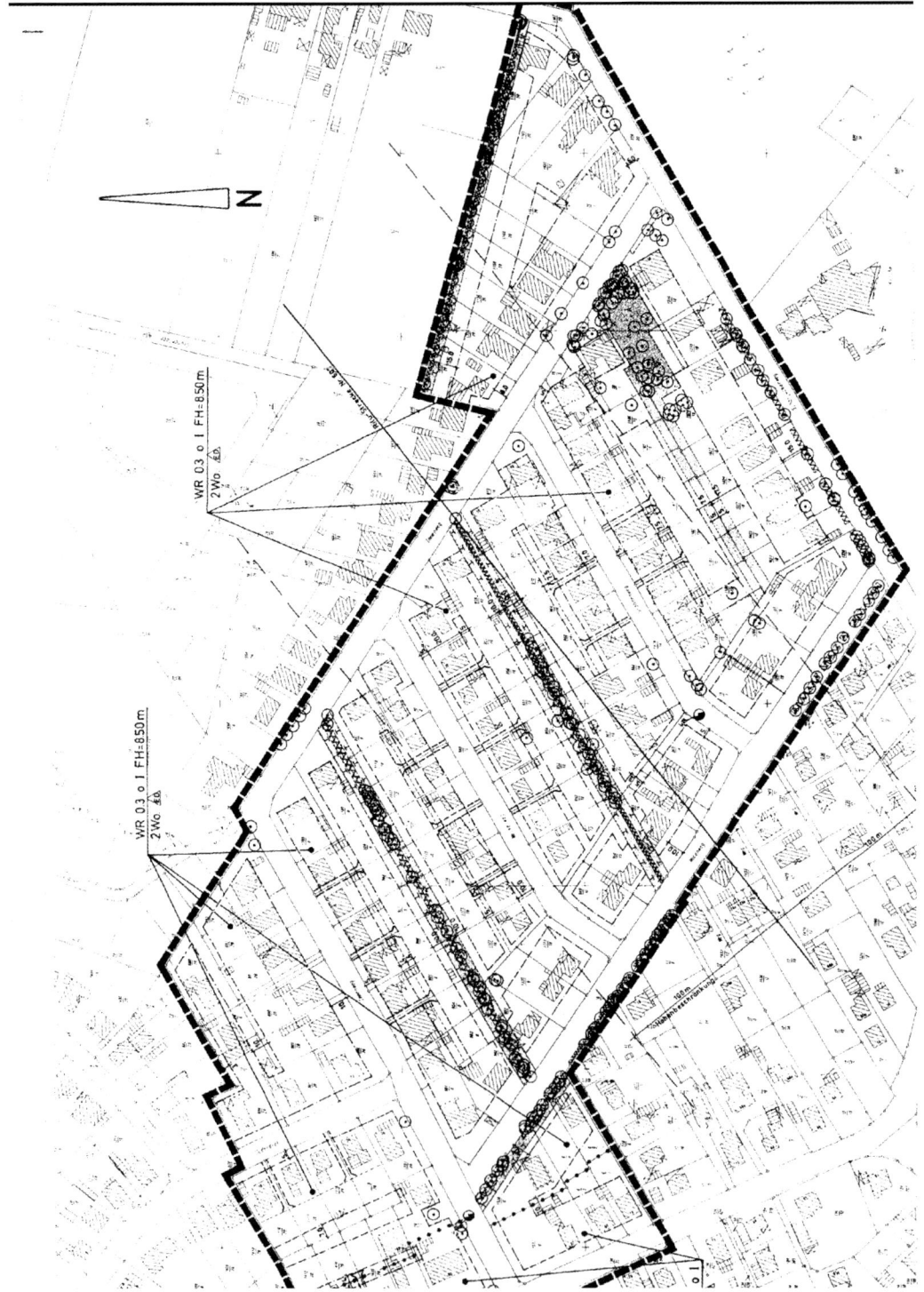

Abbildung 27: *Umgeplantes Kleinsiedlungsgebiet*

und den Wohngebäuden sicherstellen soll als das Landesrecht sie mit den Bestimmungen des § 6 BauO NRW gewährleistet.[372]

b) → Reine Wohngebiete. Sie dienen nach § 3 I BauNVO dem Wohnen. Zulässig sind **288** Wohngebäude (§ 3 II BauNVO). Ausnahmsweise können Läden und nicht störende Handwerksbetriebe, die zur Deckung des täglichen Bedarfs für die Bewohner des Gebietes dienen, sowie kleinere Betriebe des Beherbergungsgewerbes zugelassen werden. Der Begriff des kleinen Beherbergungsbetriebes nach § 3 III Nr. 1 BauNVO ist baugebietstypisch und bezogen auf das konkrete Baugebiet auszulegen. Dabei ist die Anzahl der Betten eine wichtige, aber nicht allein entscheidende Messgröße. Maßgebend sind die Auswirkungen der gesamten Einrichtung auf das Baugebiet. Es ist auf die Erscheinungsform, die Betriebsform und auch die Art und Weise der Betriebsführung abzustellen.[373] Die Vermietung möblierter Gastzimmer an Messegäste ist bauplanungsrechtlich als Beherbergung (§§ 3 III Nr. 1, 4 III Nr. 1 BauNVO) und nicht als Nutzung für Wohnzwecke (§§ 3 I, 4 I BauNVO) einzustufen.[374] Nach § 3 III 2 BauNVO können auch Anlagen für soziale Zwecke sowie den Bedürfnissen der Bewohner des Gebiets dienende Anlagen für kirchliche, kulturelle, gesundheitliche und sportliche Zwecke ausnahmsweise zugelassen werden (→ *Abbildungen 28 – 31*). Bei der Entscheidung über die Ausnahmen ist jeweils zu fragen, ob das Vorhaben nach Art und Umfang und insbesondere auch hinsichtlich seines Störungsgrades noch mit dem Gebietstyp des reinen Wohngebietes vereinbar ist. Dies gilt auch für die Tierhaltung.[375] Durch eine Neufassung des § 3 IV BauNVO 1990 hat der Verordnungsgeber s. Zt. klargestellt, dass in reinen Wohngebieten auch **Altenheime und Altenpflegeheime** zulässig sind. Dies war nach Auffassung des VGH Mannheim[376] zuvor anders. § 3 II und IV BauNVO, nach denen zu den Wohngebäuden auch solche gehören, die ganz oder teilweise der Betreuung und Pflege ihrer Bewohner dienen, ist allerdings nicht mehr anwendbar, wenn der Klinikcharakter der Einrichtung im Vordergrund steht.[377] § 3 IV BauNVO schließt allerdings nicht aus, dass mehrere Wohngebäude zu einem Gesamtbaukörper aneinandergefügt werden, der insgesamt mehr als zwei Wohnungen aufweist.[378] Unterkünfte für Asylbewerber sind demgegenüber im reinen Wohngebiet nicht zulässig.[379] Allerdings kann eine Asylbewerberunterkunft durch eine Befreiung nach § 31 II Nr. 1 BauGB zugelassen werden, wenn sie zur Befriedigung bestehenden dringenden Unterbringungsbedarfs in der Gemeinde erforderlich, d. h. vernünftigerweise geboten ist. Eines atypischen Sonderfalls im Verhältnis zu anderen Grundstücken des Baugebiets bedarf es dazu nicht.[380] Allerdings hat dann

---

[372] OVG Münster, Urt. v. 25.1.2013 – 10 A 2269/10 – Baugrenzenfestsetzung.

[373] VGH Kassel, B. v.24.1.2007 – 4 TG 2870/06 – ESVGH 57, 144 = NVwZ-RR 2007, 308 (L) = BauR 2007, 926 (L) = DÖV 2007, 805 (L) m. Anm. *Pützenbacher* IBR 2007, 281 – Beherbergungsbetrieb in einem reinen Wohngebiet.

[374] OVG Münster, B. v. 14.8.2007– 10 A 1219/06 – ZfBR 2007, 798 = BauR 2007, 2033 = NVwZ-RR 2008, 20 = DVBl 2007, 1319 (L) – Zimmervermietung an Messegäste.

[375] Zur Unzulässigkeit eines Taubenhauses für 50 Reisebrieftauben VGH Mannheim, Urt. v. 17.11.1998 – 5 S 989/96 – VGHBW RSprDienst 1999, Beilage 2 B 5-6.

[376] VGH Mannheim, Urt. v. 17.5.1989 – 3 S 3650/88 – BauR 1989, 587 = NVwZ 1989, 2278.

[377] OVG Saarlouis, Urt. v. 26.1.2006 – 2 R 9/05 – AS RP-SL 33, 227 – Altenwohn- und -pflegeheim.

[378] OVG Hamburg, B. v. 9.4.2010 – 2 Bs 49/10 – NordÖR 2010, 242 = BauR 2010, 1191 – Wohngebäude.

[379] OVG Berlin, Urt. v. 2.6.1987 – 2 S 38.87 – OVGE Berlin 18, 50 = NVwZ 1988, 264; VGH Mannheim, Urt. v. 30.5.1989 – 8 S 1136/89 – NJW 1989, 2283 = BauR 1989, 586; a.A. OVG Münster, Urt. v. 5.12.1997 – 7 A 6206/95 –.

[380] So für den durch das BauROG 1998 inzwischen aufgehobenen § 4 I a S. 2 BauGB-MaßnG VGH Mannheim, Urt. v. 13.12.1994 – 3 S 1643/94 – VGHBW RSpDienst 1995, Beilage 3,

eine Abwägung mit nachbarlichen Belangen stattzufinden.[381] Auch Kindergärten sind zulässig.[382]

Beispiel: In einem besonders geschützten Wohngebiet (§ 10 IV BPVO HA) sind allerdings nur kleine Kindertageseinrichtung zulässig[383], die bereits aufgrund ihres Typs mit der Wohnnutzung verträglich sind.[384] Eine in einem solchen Gebiet mit zweigeschossiger offener Bebauung betriebene Kindertageseinrichtung, in der nicht mehr als 22 Kinder gleichzeitig betreut werden, ist der Art nach eine in diesem Gebiet allgemein zulässige „kleine" Kindertageseinrichtung. Eine Kindertageseinrichtung, die nicht über eine Außenspielfläche verfügt, wird nicht allein deshalb als Nutzungstyp eigener Art anzusehen sein.[385]

289   Der von Kindertagesstätten ausgehende Lärm ist als typische Begleiterscheinung kindlichen Verhaltens von den Bewohnern von Wohngebieten grundsätzlich hinzunehmen. Diese Hinnahmepflicht besteht erst recht, wenn das Vorhaben in einer Umgebung mit Elementen eines auf ein höheres Maß an Unruhe angelegten Baugebietstyps entstehen soll. Das Rücksichtnahmegebot ist nicht allein deshalb verletzt, weil eine Kindertagesstätte die Orientierungswerte der TA Lärm möglicherweise nicht einhält. Bei Lärmbelästigungen, die von Kindertagesstätten ausgehen, kann nicht auf die in technischen Regelwerken wie der TA Lärm festgelegten Immissionsrichtwerte abgestellt werden, da diese keine brauchbare Orientierungshilfe für die Beurteilung der Zumutbarkeit der von Kindern ausgehenden Geräusche bieten. Erforderlich ist vielmehr eine wertende Gesamtbetrachtung des konkreten Einzelfalls. Diese Bewertung erfolgt unter Berücksichtigung der durch die Gebietsart und die tatsächlichen Verhältnisse bestimmten Schutzwürdigkeit und Schutzbedürftigkeit der Beteiligten, ihrer wechselseitigen Interessen und der Intensität auftretender Nachteile.[386] Die Nachbarverträglichkeit einer Kinderkrippe (Kindertagesstätte für Kleinkinder zwischen 1 und 3 oder 4 Jahre) beurteilt sich in erster Linie nicht nach der Einhaltung von Orientierungswerten. Maßgeblich sind vielmehr insbesondere die Grundstückssituation sowie die in der Bau-NVO getroffene Wertung, wonach Kindertagesstätten als Anlagen für soziale Zwecke je nach Größe auch in einem allgemeinen Wohngebiet zulässig sein können. Der die TA Lärm kennzeichnende Trennungsgedanke gilt hier nicht.[387]

→ **Reines Wohngebiet (WR).** Es dient dem Wohnen (§ 3 BauNVO).

---

290   Vor dem Hintergrund eines nur eingeschränkt zulässigen Störungsgrades ist die Einrichtung von Wohnunterkünften für **Asylbewerber** und ausländische Flüchtlinge im reinen Wohngebiet problematisch. Umstritten ist bereits, ob solche Notunterkünfte dem Wohnen dienen, weil dafür eine auf gewisse Dauer angelegte, eigenständige Gestaltung des häuslichen Lebens typisch ist. Dazu gehört nach Auffassung des OVG Bremen,[388] dass den Menschen rechtlich, mindestens tatsächlich der Wohnraum hinreichend gesichert zugeordnet wird und dass dieser Lebensbereich gegen eine unmittelbare Verfügungsgewalt

---

[381] OVG Hamburg, Urt. v. 28.4.1994 – Bf II 18/93 – HmbJVBl 1994, 88.

[382] OVG Münster, B. v. 21.2.2012 – 2 B 15/12 – I+E 2012, 90 - *Christian P Zimmermann*, I+E 2012, 91, *Thomas Schröer* NZBau 2012, 691 – Kindergarten.

[383] Zum Schutz vor Kinderlärm *Böhm* LKRZ 2007, 409.

[384] OVG Hamburg, B. v. 15.10.2008 – 2 Bs 171/08 – BauR 2009, 203 = NordÖR 2009, 68 = DVBl 2009, 67, *Macht* DÖV 2009, 657 – Kindertageseinrichtung in einem reinen Wohngebiet.

[385] OVG Hamburg, B. v. 2.7.2009 – 2 Bs 72/09 – BauR 2009, 1627 = NordÖR 2009, 432 – Kindertageseinrichtung; Fortführung von OVG Hamburg, B. v. 15.10.2008 – 2 Bs 171/08 -.

[386] Thüringer OVG, B. v. 13.4.2011 – 1 EO 560/10 – DVBl 2011, 1314 = LKV 2011, 427 m. Anm. *Durinke* LKV 2011, 430 – Kindertagesstätte.

[387] OVG Lüneburg, B. v. 3.1.2011 – 1 ME 146/10 – NVwZ-RR 2011, 185 = BauR 2011, 787 – Kinderkrippe.

[388] OVG Bremen, B. v. 12.2.1991 – 1 B 78/90 – BauR 1991, 324 = NVwZ 1991, 1006 – Asylbewerberheim.

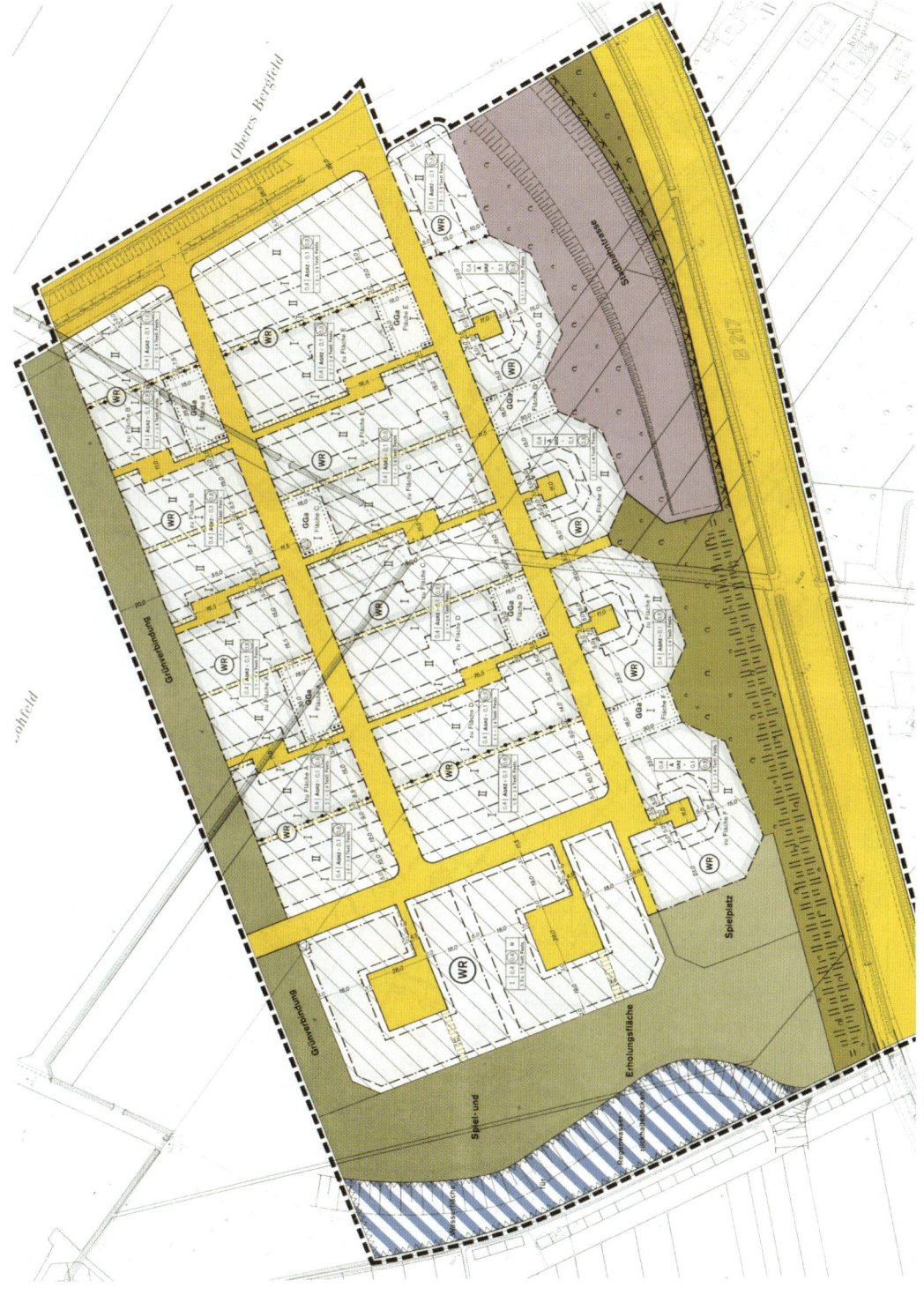

Abbildung 28: *Reines Wohngebiet*

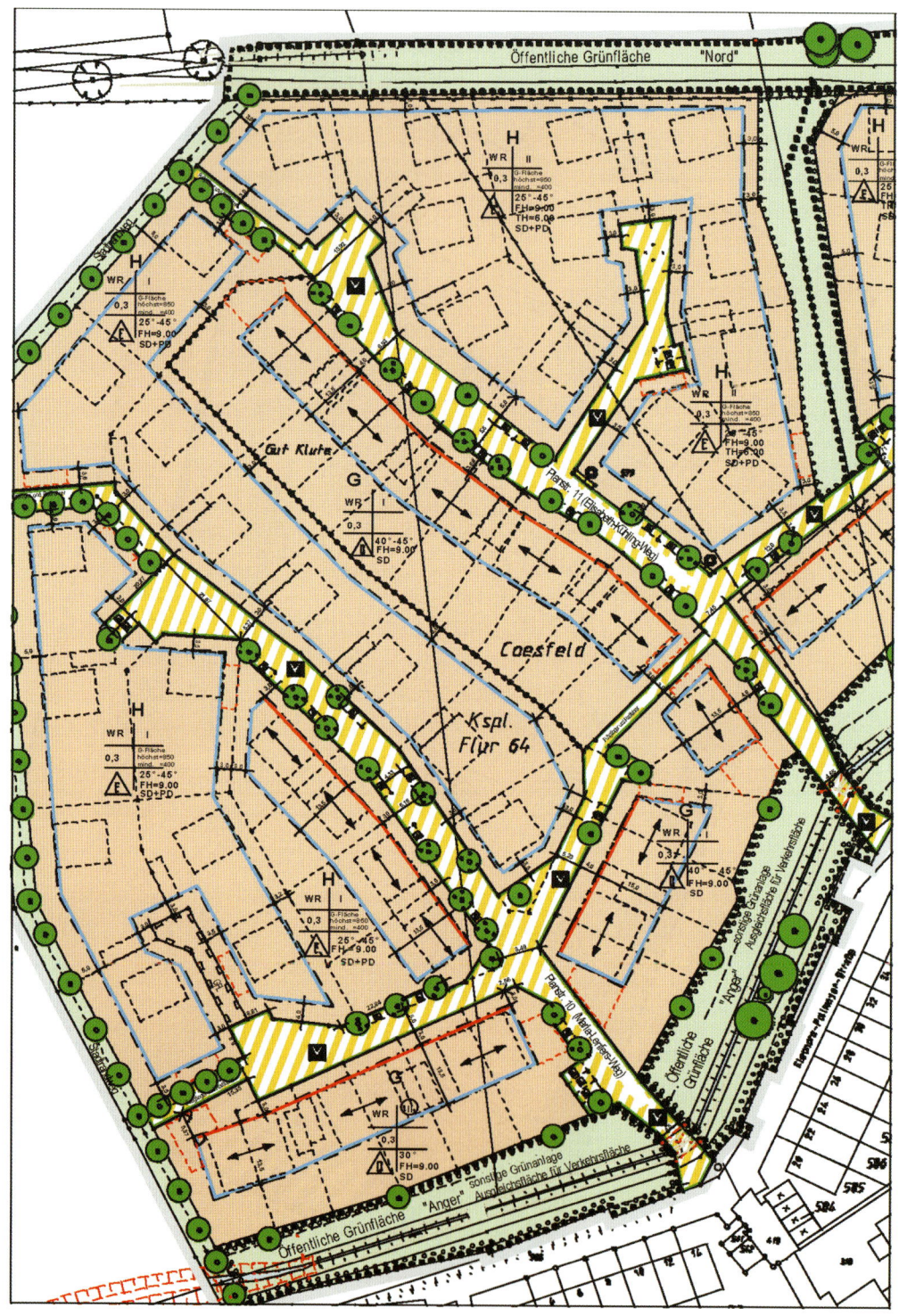

Abbildung 29: *Reines Wohngebiet*

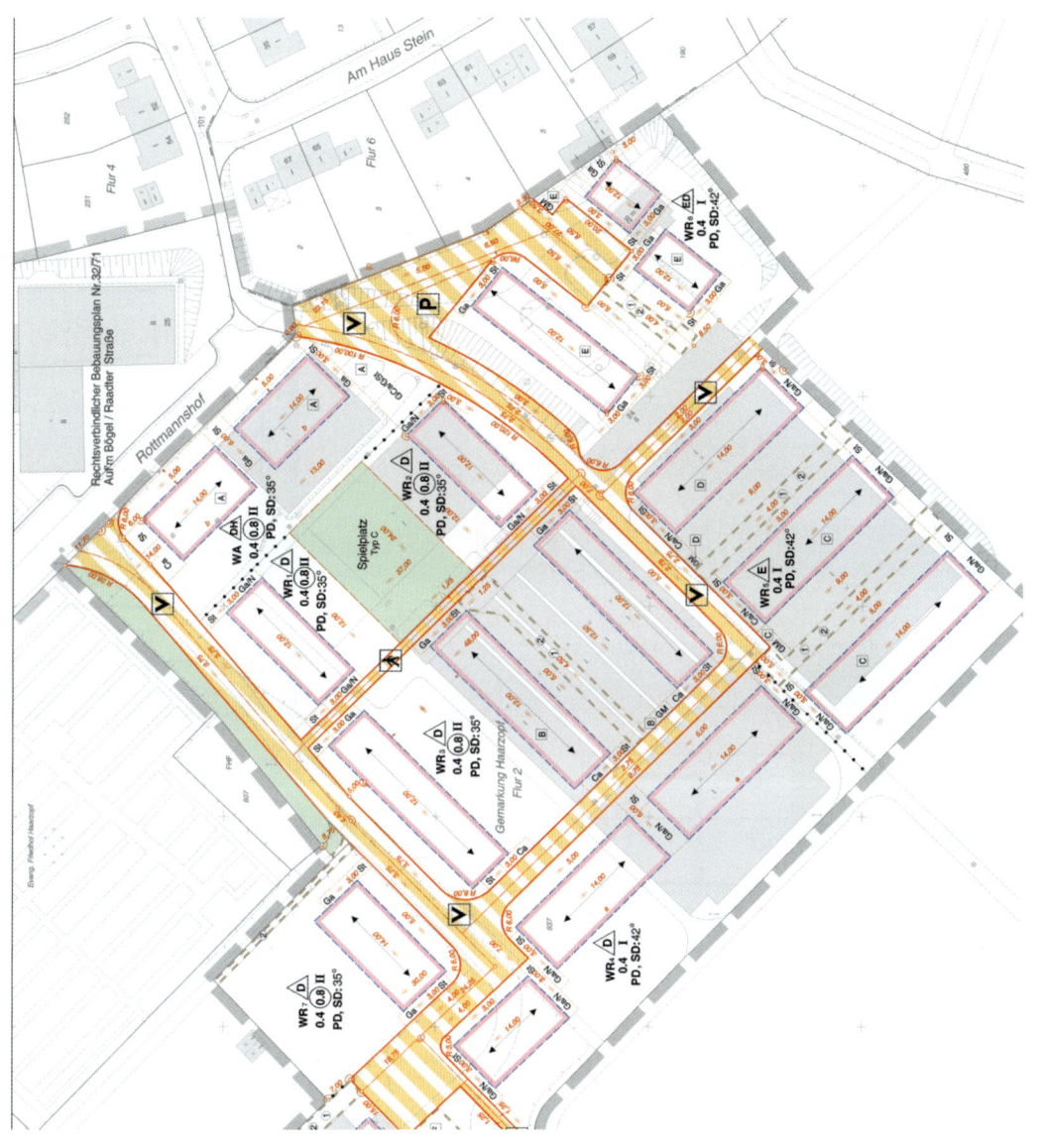

Abbildung 30: *Reines Wohngebiet*

Abbildung 31: *Reines Wohngebiet und Kindergarten*

Dritter wirksam abgeschirmt ist.[389] Die vorübergehende Unterbringung von Obdach-
losen stößt daher im reinen Wohngebiet auf Schwierigkeiten.[390]

In einem **reinen Wohngebiet**, in dem vereinzelte Wohnblocks zulässig sind, liegen **291**
die Voraussetzungen für die Erteilung einer Befreiung von der Festsetzung der Art der
baulichen Nutzung für eine verfahrensfreie **Mobilfunkanlage** auf dem Dach eines
Hochhauses vor.[391] Die Erteilung einer Befreiung zur Errichtung einer Mobilfunkstation in einem festgesetzten reinen Wohngebiet erfordert eine Einzelfallentscheidung.
Bei der Ausübung ihres Ermessens muss die Bauaufsichtsbehörde die Besonderheiten der
konkreten Planungssituation erfassen und insbesondere prüfen, ob das reine Wohngebiet
wegen des Vorhandenseins weiterer Mobilfunkanlagen an dem vorgesehenen Standort
oder in der Umgebung gewerblich überformt wird. Eine Mobilfunkstation mit mehr als
einem Antennenmast auf dem Dach eines Wohnhauses führt im reinen Wohngebiet im
Regelfall vor allem wegen der optischen Auswirkungen zu einer Veränderung des Gebietscharakters und berührt die Grundzüge der Planung.[392] Gründe des Wohls der Allgemeinheit (§ 31 II Nr. 1 BauGB) erfordern eine Befreiung von der Festsetzung eines reinen
Wohngebiets für eine Mobilfunkanlage nicht, wenn die Mitbenutzung einer außerhalb
des Wohngebiets stehenden Anlage möglich ist. Bei der Errichtung und dem Betrieb einer Mobilfunkanlage handelt es sich um eine selbständige, auf Dauer angelegte und auf
Gewinnerzielung gerichtete Tätigkeit, die regelmäßig nicht auf die Grundstücke im
Baugebiet begrenzt ist und daher in einem reinen Wohngebiet unzulässig ist.[393] Bei Einhaltung der Grenzwerte der 26. BImSchV sind auch die nachbarlichen Belange gewahrt.[394] Fehlen gewichtige schützenswerte Interessen an der Versagung der Befreiung,
tritt eine Ermessensreduzierung auf null ein. Das „Unbehagen" der Anwohner stellt kein
solches Interesse dar.[395] **Pflegeeinrichtungen** sind regelmäßig Anlagen für soziale
Zwecke im Sinne von § 3 III Nr. 2 BauNVO. Die Räumlichkeiten eines ambulanten
Pflegedienstes sind, jedenfalls wenn die Pflegeleistungen nicht lediglich außer Haus,
sondern auch in der Station erbracht werden, keine Anlage für Verwaltungszwecke, die
in einem reinen Wohngebiet nicht zulässig wäre.[396] Eine **„einfache" UMTS-Station**
kann in einem reinen oder allgemeinen Wohngebiet nach § 14 II 2 BauNVO als Ausnahme zugelassen werden.[397] Das gilt auch für einen Mobilfunkmast.[398] Eine **Standortplanung für Anlagen des Mobilfunks** ist den Gemeinden nicht grundsätzlich verwehrt,
wenn hierfür ein rechtfertigender städtebaulicher Anlass besteht. Eine Mobilfunksendeanlage, die bezogen auf das gesamte infrastrukturelle Versorgungsnetz eine untergeordnete Funktion hat, ist eine fernmeldetechnische Nebenanlage im Sinne von § 14 II 2

---

[389] OVG Münster, B. v. 29.7.1991 – 10 B 1128/91 – DVBl 1992, 46 = BauR 1991, 733.

[390] OVG Münster, B. v. 16.8.1991 – 10 B 1549/91 – BauR 1991, 735.

[391] *Wahlfels* DRiZ 2008, 117. Zur Baugenehmigungspflicht für Mobilfunkanlagen *Jäde* KommPra-
xis 2010, 17.

[392] OVG Münster, Urt. v. 17.12.2008 – 10 A 2999/07 und 3002/07 – DVBl 2009, 712 = BauR
2009, 1409 = UPR 2009, 349 – Mobilfunkanlage in einem WR-Gebiet.

[393] OVG Münster, B. v. 28.9.2009 – 10 A 331/08 – für eine Funkstation mit einem 30 m hohen
Stahlgittermast mit 5 m hohem Aufsatzrohr.

[394] Zur schützenden Vorsorge durch gemeindliche Bauleitplanung *Budzinski* NuR 2008, 535.

[395] VG Karlsruhe, Urt. v. 21.4.2004 – 10 K 2980/03 – Mobilfunkanlage.

[396] BVerwG, B. v. 13.7.2009 – 4 B 44.09 – NJW-Spezial 2009, 573 = ZfBR 2009, 691 = BauR
2009, 1556 = Info BRS 2009, Nr 5, 4 – Pflegeeinrichtung in reinem Wohngebiet.

[397] OVG Lüneburg, Urt. v. 10.11.2009 – 1 LC 236/05 – UMTS-Antenne im Wohngebiet; B. v.
6.12.2004 – 1 ME 256/04 – NdsVBl. 2005, 132 = ZfBR 2005, 281 = BauR 2005, 975 – Bunker aus
dem 2. Weltkrieg. Zur planerischen Steuerung von Mobilfunkanlagen *Spannowsky* ZfBR 2008, 446;
Herkner BauR 2008, 624. Zu UMTS-Mobilfunkanlagen *Hitpaß* ZMR 2007, 340.

[398] VGH Mannheim, B. v. 26.4.2010 – 8 S 33/10 – BauR 2010, 1194 = NVwZ-RR 2010, 554 =
DÖV 2010, 662 – Mobilfunkmast. Zur Einordnung von Mobilfunkanlagen als fernmeldetechnische
Nebenanlagen i.S. von § 14 II 2 BauNVO OVG Koblenz, B. v. 5.2.2010 – 1 B 11356/09 – DVBl 2010,
659 = NVwZ-RR 2010, 555 m. Anm. *de Witt* DVBl 2010, 661 – Gebietserhaltungsanspruch.

BauNVO.[399] Die Gemeinde ist allerdings auch berechtigt, in einem Standortkonzept „aus Gründen des vorbeugenden Gesundheitsschutzes" das Aufstellen von Mobilfunkanlagen in bestimmten Teilen des Gemeindegebietes zu untersagen.[400]

292 **c)** → **Allgemeine Wohngebiete.** Sie dienen vorwiegend dem Wohnen (§ 4 I BauNVO). Von den reinen Wohngebieten unterscheiden sie sich dadurch, dass dort das Wohnen zum einzigen Merkmal der allgemein zulässigen Nutzungen gehört, während beim allgemeinen Wohngebiet auch andere, das Wohnen nicht störende Nutzungen das Bild prägen. Zulässig sind im allgemeinen Wohngebiet Wohngebäude sowie die der Versorgung des Gebietes dienenden Läden, Schank- und Speisewirtschaften,[401] nicht störende Handwerksbetriebe sowie Anlagen für kirchliche, kulturelle, soziale, gesundheitliche und sportliche Zwecke (§ 4 II BauNVO). Dabei ist auf den Gebietscharakter des allgemeinen Wohngebietes abzustellen. Ob eine Gaststätte i. S. des § 4 II Nr. 2 BauNVO der Versorgung des Gebietes dient, ist vom verbraucherbezogenen Einzugsbereich her zu bestimmen. Nicht entscheidend sind dagegen – auch bei kleineren Landgemeinden – das Gemeindegebiet oder Ortsteile der Gemeinde. Ein verbrauchernaher Einzugsbereich liegt nicht vor, wenn die Gaststätte auf Besucher ausgerichtet ist, die üblicherweise mit dem Kraftfahrzeug anreisen, oder wenn die Gaststätte im Hinblick auf ihre Größe auf Besucher aus einer größeren Umgebung angewiesen ist.[402] Insoweit sind auch die demografischen und sozialen Gegebenheiten in der Umgebung von Bedeutung (→ *Abbildung 32 mit Textbeispielen 24, 25 und 26*).

→ **Allgemeines Wohngebiet (WA).** Allgemeine Wohngebiete dienen vorwiegend dem Wohnen (§ 4 BauNVO).

1. In den Baugebieten mit den Kennzeichen E, ED, R ist pro Hauseinheit (Einzelhaus, Doppelhaushälfte oder Reihenhausscheibe nur eine Wohnung zulässig. Ausnahmsweise ist eine zweite Wohnung zulässig, wenn sie als Einliegerwohnung in einer Größenordnung errichtet werden soll, die gegenüber der Hauptwohnung untergeordnet ist und der erforderliche, zusätzliche Stellplatz auf dem Grundstück beziehungsweise auf den dafür vorgesehenen Flächen – soweit diese festgesetzt sind – nachgewiesen werden kann (§ 9 I Nr. 6 BauGB).
2. Bei Gebäuden, die mit einer Dachneigung von 35° bzw. 45 + 3° errichtet werden sollen, kann als Ausnahme das Dachgeschoss als zusätzliches Vollgeschoss errichtet werden, wenn die festgesetzte Geschossflächenzahl nicht überschritten wird (§ 16 VI BauNVO i. V. mit § 2 V BauO NRW).
3. In den Baugebieten mit den Kennzeichen M und R ist die Errichtung von Stellplätzen ausschließlich auf denen mit St/GSt festgesetzten Flächen zulässig. Auf den mit St. festgesetzten Flächen sind auch Carports zulässig (§ 9 I Nr. 4 BauGB).
4. Auf privaten Stellplatzflächen (GSt – Flächen) ist je fünf Stellplätze ein großkroniger heimischer Laubbaum (z. B. Stieleiche, Ahorn, Akazie) fachgerecht zu pflanzen und dauerhaft zu unterhalten; Ausfälle sind zu ersetzen. Jeden Baum ist eine Baumscheibe oder Pflanzfläche von mindestens 2,5 m x 2,5 m anzulegen (§ 9 I Nr. 25 a BauGB).
5. Die geplante Bebauung ragt ca. 5 m in den Wurzelbereich der zu erhaltenden Platane im Bereich der Hausgemeinschaft 2 hinein. Die Platane ist durch besondere Maßnahmen während der Bauzeit und bei der teilweisen Überbauung zu schützen. Der Wurzelbereich der Platane ist im Bereich der Überbauung zurück zu schneiden und durch einen wurzelt Vorhang zu schützen. Die Baumkrone ist im Kleinastbereich um den Anteil der Wurzelreduzierung zurück zu schneiden. Der Bereich der Kronenfläche, der während der Bauzeit überfahren wird, ist mit einer Kies- und Fließschicht anzufüllen und mit Stahlplatten zu überdecken. Im Übrigen sind die Vorschriften der DIN 18920 „Schutz von

---

[399] BVerwG, B. v. 3.1.2012 – 4 B 27.11 – ZfBR 2012, 257 = BauR 2012, 754 = NVwZ 2012, 579, *Gatz*, jurisPR-BVerwG 6/2012 Anm. 6 – Mobilfunksendeanlage.

[400] BVerwG, Urt. v. 30.8.2012 – 4 C 1.11 – BVerwGE 144, 82 = BauR 2013, 191-195 = NVwZ 2013, 304, *Kraus* KommunalPraxis BY 2013, 32, *Alexander Koch* NVwZ 2013, 251 – Mobilfunkanlagen.

[401] Zur planungsrechtlichen Zulässigkeit von Biergärten *Wollenschläger* BayVBl. 1996, 161.

[402] BVerwG, B. v. 3.9.1998 – 4 B 85.98 – Gaststätte; Urt. v. 20.10.1998 – 4 C 9.97 – Gastwirtschaft mit Kegelbahn. Zur Zulässigkeit eines Getränkemarkts OVG Münster, B. v. 31.7.1998 – 10 B 966/98 –; VG Leipzig, Urt. v. 5.2.1998 – 5 K 1583/97 – NJ 1998, 388 – Gartenbetrieb.

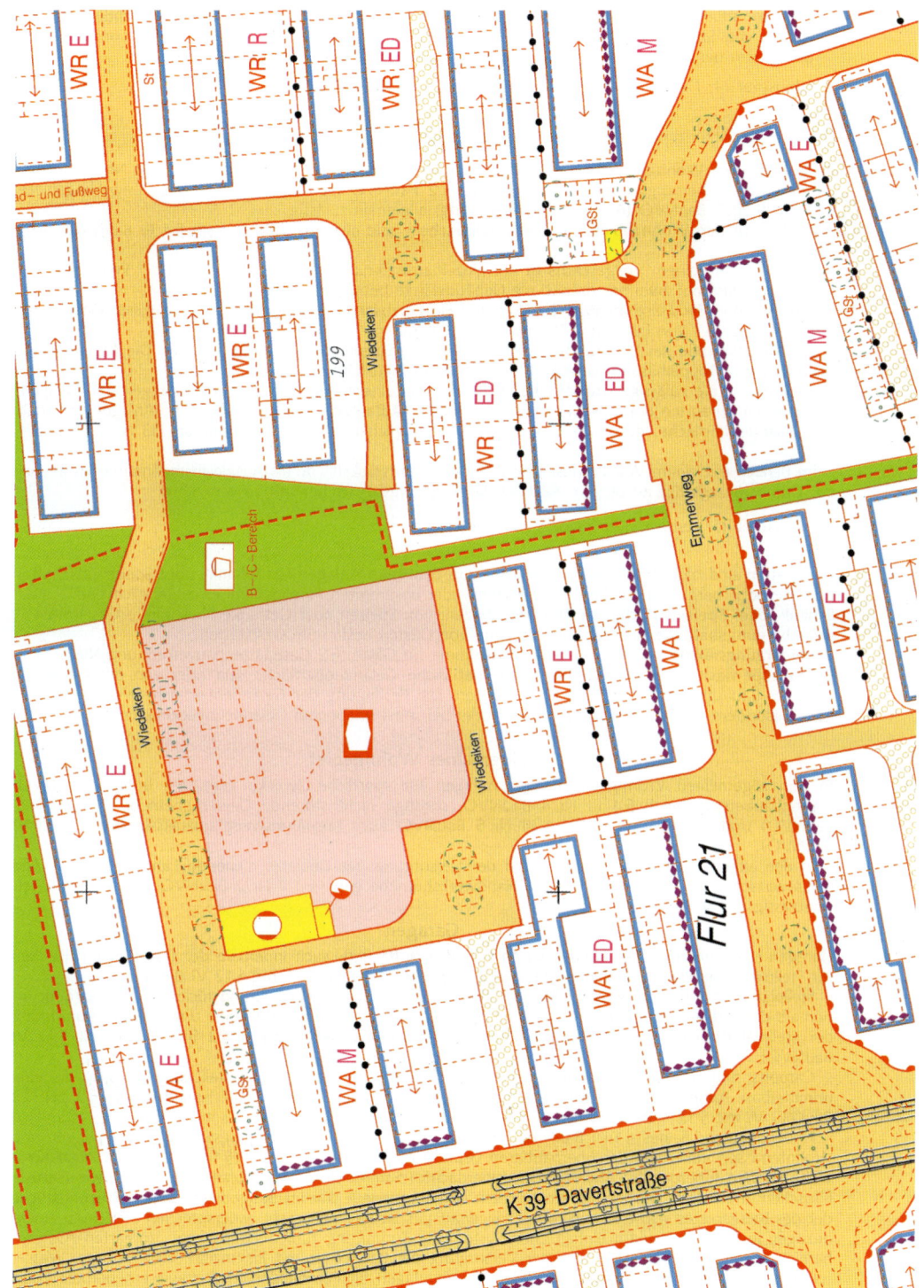

Abbildung 32: *Allgemeines Wohngebiet*

Bäumen, Pflanzbeständen und Vegetationsflächen bei Baumaßnahmen" sowie die Richtlinie für die Anlage von Straßen, Teil: Landschaftspflege Abschnitt 4 „Schutz von Bäumen, Vegetationsbeständen und Tieren bei Baumaßnahmen (RAS-LP 4) zu beachten (§ 9 I Nr. 25 b BauGB).

Textbeispiel 24: *Festsetzungen allgemeines Wohngebiet (zu Abbildung 32)*

Allgemeines Wohngebiet

Im Allgemeinen Wohngebiet mit zwei Vollgeschossen sind die Ausnahmen nach § 4 III Nr. 1 BauNVO (Betriebe des Beherbergungsgewerbes), § 4 III Nr. 2 BauNVO (sonstige nicht störende Gewerbegebiete) und § 4 III Nr. 3 BauNVO (Anlagen für Verwaltung) allgemein zulässig.

Im Allgemeinen Wohngebiet mit einem Vollgeschoss sind alle Ausnahmen nach § 4 III BauNVO unzulässig.

Im Bereich mit einem Vollgeschoss ist nur Einzelhausbebauung zulässig. Die Anzahl der Wohneinheiten je Gebäude wird auf zwei beschränkt, die Gebäudelänge beträgt maximal 20 m.

Abweichende Bauweise im WA: Zulässig sind Einzelhäuser und Doppelhäuser. Jede dieser Gebäudearten darf die Länge von insgesamt 30 m nicht überschreiten.

Die Mindestgröße der Baugrundstücke beim Bau von Einzelhäusern beträgt 600 m². Die Mindestgröße beim Bau von Doppelhäusern beträgt 400 m² je Doppelhaushälfte.

Im WA darf die zulässige Grundfläche im Bereich mit einem Vollgeschoss durch Garagen und Stellplätze mit ihren Zufahrten durch Nebenanlagen i.S. des § 14 BauNVO und durch bauliche Anlagen unterhalb der Geländeoberfläche, durch die das Grundstück lediglich unterbaut wird, nur um 33 % überschritten werden.

Im Bereich mit einem Vollgeschoss sind 2 % der Grundstücksfläche als Ausgleichsmaßnahme im Bereich der Grundstücksgrenze anzulegen. Auch ist das Regenwasser flächenhaft zu versickern.

Textbeispiel 25: *Festsetzungen allgemeines Wohngebiet*

Gaststätten sind bauliche Anlagen oder Teile von baulichen Anlagen für Schank- oder Speisewirtschaften oder für Beherbergungsbetriebe, die jedermann oder bestimmten Personenkreisen zugänglich sind.
Schank- oder Speisewirtschaften sind zum Verzehr von Speisen oder Getränken bestimmte Gaststätten.
Beherbergungsbetriebe sind zur Beherbergung von Gästen bestimmte Gaststätten.
Beherbergungsräume sind Wohn- oder Schlafräume für Gäste (§ 2 Gaststättenbauverordnung NW).
Geländeoberfläche. Sie kann entweder die natürliche Geländeoberfläche sein oder von der Gemeinde oder der Bauaufsichtsbehörde festgelegt werden. Die Festlegung der Geländeoberfläche als Bezugspunkt ist insbesondere bei einem Hanggrundstück oder bei sonst unebenem Gelände zweckmäßig.

Allgemeines Wohngebiet

In den allgemeinen Wohngebieten sind Anlagen für sportliche Zwecke gem. § 4 II Nr. 3 BauNVO, Gartenbaubetriebe nach § 4 III Nr. 4 BauNVO, sonstige nicht störende Gewerbebetriebe (§ 4 III Nr. 2 BauNVO) und Tankstellen gem. § 4 III Nr. 5 BauNVO auch ausnahmsweise unzulässig (§ 1 V und VI BauNVO).

In den allgemeinen Wohngebieten sind der Versorgung des Gebietes dienende Länden, Schank- und Speisewirtschaften sowie nicht störende Handwerksbetriebe gem. § 4 II Nr. 2 BauNVO nur ausnahmsweise zulässig (§ 1 V BauNVO).

Garagen

Garagen sind außerhalb der überbaubaren Grundstücksflächen, auch innerhalb der festgesetzten Flächen für Stellplätze, in allen Baugebieten unzulässig (§ 9 I Nr. 22 BauGB i. V. mit § 12 VI BauNVO).

Stellplätze sind in allen Baugebieten nur innerhalb der überbaubaren Grundstücksflächen und/oder innerhalb der festgesetzten Flächen für Gemeinschaftsstellplätze zulässig, die keine unmittelbare Anordnung der Stellplatzflächen an eine öffentliche Verkehrsfläche aufweisen (§ 9 I Nr. 22 BauGB i. V. mit § 12 VI BauNVO).

Carports sind nur innerhalb der festgesetzten Flächen für Gemeinschaftsstellplätze zulässig, die eine unmittelbare Anordnung der Stellplatzflächen an einer öffentlichen Verkehrsfläche aufweisen (§ 9 I Nr. 22 BauGB i. V. mit § 12 V BauNVO).

Nebenanlagen i.S. des § 14 I BauNVO sind mit Ausnahme von Hauszugangswegen, Gartenwegen und Wohnterrassen außerhalb der überbaubaren Grundstücksflächen unzulässig (§ 14 I BauNVO). Ausnahmsweise können (überdachte) Abstellplätze, (überdachte) Sammelstellen zur Abfallentsorgung sowie Gartenhäuschen zugelassen werden, sofern sie dem Nutzungszweck der im Baugebiet gelegenen Grundstücke der des Baugebietes selbst dienen, sie der Eigenart des Baugebietes nicht widersprechen und sie in einem bezogen auf die Baustruktur einheitlichen System der Zuordnung zum Gebäude bzw. Vorgarten-/Gartenbereich liegen (§ 14 BauNVO). Die der Versorgung der Baugebete mit Elektrizität, Gas, Wärme, Wasser sowie zur Ableitung von Wasser dienenden Nebenanlagen für Fernmeldetechnik sowie erneuerbare Energien sind in dem Baugebiet ausnahmsweise zulässig (§ 14 I BauNVO).

Textbeispiel 26: *Festsetzungen Allgemeines Wohngebiet*

Bei der Revitalisierung einer bereits vorhandenen Bausubstanz kann es sich empfehlen, **293** mit dem Bebauungsplan zugleich eine **Erhaltungssatzung** zu verbinden. Dies ist beispielsweise für die Umnutzung eines ehemaligen Kasernengeländes zweckmäßig *(Abbildungen 33, 34 und 35 mit → Textbeispielen 27–31).*

Erhaltungssatzung nach § 172 BauGB
Satzung über die Erhaltung baulicher Anlagen und der Eigenart von Gebieten sowie über den Genehmigungsvorbehalt gem. BauO NRW genehmigungsfreier Vorhaben im Bereich der ehemaligen Kaserne

§ 1 Räumlicher Geltungsbereich
Diese Satzung gilt für den Teilbereich der ehemaligen Kaserne, die in der Planzeichnung dieses Bebauungsplans mit einer Umgrenzung als Erhaltungsbereich gefasst ist (§ 172 I 1 BauGB).

§ 2 Sachlicher Geltungsbereich/Genehmigungsvorbehalt
Innerhalb der im Bebauungsplan bezeichneten Grundstücke bedarf zu Erhaltung der städtebaulichen Eigenart des Gebietes auf Grund seiner städtebaulichen Gestalt die Errichtung, der Abbruch, die Änderung oder die Nutzungsänderung baulicher Anlagen der Genehmigung (§ 172 I 1 Nr. 1 und 2 BauGB). Die Genehmigung zu Abbruch, Änderung oder Nutzungsänderung einer baulichen Anlage darf nur versagt werden, wenn die bauliche Anlage allein oder im Zusammenhang mit anderen baulichen Anlagen das Ortsbild, die Stadtgestalt oder das Landschaftsbild prägt oder sonst von städtebaulicher, insbesondere geschichtlicher oder künstlerischer Bedeutung ist (§ 172 III 1 BauGB). Die Genehmigung zur Errichtung einer baulichen Anlage darf nur versagt werden, wenn die städtebauliche Gestalt des Gebiets durch die beabsichtigte bauliche Anlage beeinträchtigt wird (§ 172 III 2 BauGB).

§ 3 Genehmigungsvorbehalt für gem. BauO NRW genehmigungsfreie Vorhaben
Im Geltungsbereich dieser Satzung unterliegen abweichend von § 65 BauO NRW die dort genannten Vorhaben einer Genehmigung i.S. von § 2 dieser Satzung (§ 172 I BauGB i.V. mit § 65 IV BauO NW).

Textbeispiel 27: *Erhaltungssatzung*

Planungskonzept
Nach Aufgabe der militärischen Nutzung versuchte die Stadt, die Kasernenanlage einer privaten Folgenutzung zuzuführen. Der Geltungsbereich von ca. 16,6 ha wurde zusammen mit einem Erschließungsträger sukzessive entwickelt und vermarktet. Der Bebauungsplan sollte die vorhandenen Qualitäten und Strukturen der Kasernenanlage sichern und weiter entwickeln. Neben der Schaffung von Dienstleistungsangeboten entstanden ein gewerblicher Bereich sowie innenstadtnahe Wohnquartiere. Der Bebauungsplan setzt allgemeine Wohngebiete, Mischgebiete und Gewerbegebiete fest.

Textbeispiel 28: *Planungskonzept ehemalige Kaserne (zu Abbildung 33)*

Maßnahmen der Grünordnungsplanung
1. Entwicklungsziel öffentliche Grünfläche
Erhalt, Anlage und Pflege von Gehölzpflanzungen auf nutzungsoffenen Parkflächen zur Erhöhung der Biotopvielfalt in Verbindung mit Förderung der wohnungsnahen Erholungsvorsorge sowie zur funktionalen Abgrenzung des privaten von den öffentlichen Grünflächen.
Entwicklung und Pflege einer 1- bis 2-schürigen Wiesenfläche.
Erhalt und Anpflanzung von freistehenden standort- und funktionsgerechten Laubbäumen als Parkbäume sowie Laubbäumen, Sträuchern, kletternden und bodendeckenden Gehölzen. Pflanzung von standortgerechten Laubbäumen (Hochstämme, Stammumfang mindestens 20 cm) im Bereich des Festplatzes. Verwendung ausschließlich der Art Kaiser-Linde.
Erhaltung und Pflege der Wallhecke und des Baumbestandes im Süden des Plangebietes.
Anlage von untergeordneten Wegeverbindungen mit Anschluss an das öffentliche Fuß- und Radwegenetz.
Anlage eines öffentlichen Spielplatzes der Kategorie A (ca. 4000 m²), Ausstattung mit Ballspielplatz, Sitzmöglichkeiten und Spielgeräten, kind- und spielgerechte Bepflanzung,
Anlage eines öffentlichen Spielplatzes der Kategorie B/C (ca. 900 m²), Ausstattung mit Sitzmöglichkeiten und Spielgeräten, kind- und spielgerechte Bepflanzung.
Gruppenweise Pflanzung von standortgerechten Bäumen, Sträuchern, Kletterpflanzen und bodendeckenden Gehölzen im Grenzbereich zwischen privaten und öffentlichen Grünflächen in Abstimmung mit den örtlichen Gegebenheiten.

2. Entwicklungsziel Gehölzpflanzung im Verkehrs- und Platzbereich

Erhöhung des Grünvolumens, Abmilderung der mikroklimatisch negativen Einflüsse versiegelter Verkehrsflächen sowie Förderung der optischen und räumlichen Gestaltung und Gliederung.

Pflanzung von standortgerechten, großkronigen Straßenbäumen (Hochstämme, Stammumfang mindestens 18 cm) im Bereich der Haupterschließungsstraße und der Wohnsammelstraßen im Norden und Süden. Anzahl der Bäume im Bereich der PKW-Stellflächen in Abhängigkeit von der Anzahl und Anordnung der Stellplätze, jedoch mindestens ein Baum je fünf Stellplätze, Verwendung ausschließlich eine Art (Empfehlung Sumpf-Eiche).

Pflanzung von standortgerechten, mittelkronigen Straßenbäumen im Bereich der Wohnstraßen (Hochstämme, Stammumfang mindestens 18 cm.).

Pflanzungen von standortgerechten, kleinkronigen Laubbäumen im Bereich der Quartiersplätze zur Förderung der Identität der Wohnquartiere.

Anlage von geschnittenen oder freiwachsenden Hecken (mindestens zweimal verschulte Heckenware) im PKW- und Fahrrad-Stellplatzbereich.

3. Entwicklungsziel private Grünflächen.

Entwicklung von strukturreichen Gartenflächen zur Erhöhung des Grünvolumens und zur Förderung der Erholungsvorsorge.

Vorgartenbereiche. Anlage von dauerhaften Pflanzflächen, Fahrradstellplätzen, Sammelstandorten für Müll sowie PKW-Stellplätzen mit quartiersbezogener einheitlicher Einfassung aus Schnitthecken (mindestens zweimal verschulte Heckenware, Verwendung ausschließlich einer Art innerhalb eines Quartiers), Verwendung luft- und wasserdurchlässiger Beläge,

Erdgeschossbezogene Nutz- und Ziergärten. Begrenzung des Versiegelungsgrades durch Zuwegungen, Terrassen und Eingangsbereiche auf 20 % der nicht überbaubaren Fläche. Anlage von einheitlichen Abgrenzungen der Gartenflächen in Abstimmung mit der Gestaltung der geplanten Bebauung. Empfohlen werden maximal 1,5 m hohe Schnitthecken (mindestens zweimal verschulte Heckenware) mit integriertem Maschendrahtzaun (maximal 0,8 m hoch), Holzzäune und andere Materialien sind auszuschließen.

Anlage von Mietergärten im Süden zur Ergänzung des Freiraumangebotes im Geschosswohnungsbau. Anlage einer gemeinschaftlich nutzbaren Gartenlaube mit Wasseranschluss zur Unterstellung der Gartengeräte. Einfassung der Parzellen mit maximal 1,5 m hohen geschnittenen Hecken (mindestens zweimal verschulte Heckenware) einschließlich Zaun und Gartentor. Weitere bauliche Anlagen (Gewächshäuser, Schuppen, befestigte Flächen) sind auszuschließen. Weitere Flächen sind der natürlichen Sukzession zu überlassen oder als Streuobstwiese zu nutzen.

Gemeinbedarfsflächen

Gruppenweise Pflanzungen von standortgerechten Bäumen (Stammumfang mindestens 16 cm), Sträuchern (mindestens zweimal verschulte Gehölze), Kletterpflanzen und bodendeckenden Gehölzen im Grenzbereich zwischen Turnhalle und öffentlichen Verkehrsfläche.

Erhaltung und gruppenweise Pflanzung von standortgerechten Bäumen (Stammumfang mindestens 16 cm) im Bereich der Kindertagesstätte.

Allgemeine Empfehlungen

- Anlage privater Fuß- und Radwege sowie PKW-Stellflächen mit luft- und wasserdurchlässigem Belag, so weit die Bodenverhältnisse dies zulassen.
- Extensive Dachbegrünung von Nebenanlagen und Carports bei Dachneigung < 10°.
- Anpflanzen von standortgerechten Rank- und Kletterpflanzen an senkrechten, insbesondere öffnungslosen Wänden.

Textbeispiel 29: *Grünordnungsplanung ehemalige Kaserne (zu Abbildung 33)*

294   Einzelhandelsnutzungen sind im allgemeinen Wohngebiet als „**Nachbarschaftsläden**" zulässig. Es handelt sich dabei um Geschäfte, die der verbrauchernahen Versorgung eines Wohngebietes dienen und deren Verkaufsflächen-Obergrenze für einen SB-Lebensmittelmarkt bei 800 m² liegt.[403] Diese einschränkende Größenbegrenzung gilt auch für Mischgebiete.[404] Ob ein Laden oder Verkaufsbetrieb im Sinne des § 4 II Nr. 2 BauNVO der Versorgung des Gebiets dient, ist anhand objektiver Kriterien unter Berücksichtigung des Betriebskonzepts typisierend zu ermitteln. Objektive Kriterien hierfür sind Größe, sonstige Beschaffenheit und Zuschnitt des Betriebs, Erfordernisse einer wirtschaftlich tragfähigen Ausnutzung, die örtlichen Gegebenheiten, insbesonde-

---

[403] BVerwG, Urt. v. 22.5.1987 – 4 C 19.85 – BauR 1987, 528 = DVBl 1987, 1006; Urt. v. 24.11. 2005 – 4 C 10.04, 4 C 14.04, 4 C 3.05, 4 C 8.05 –; s. Rn. 371.

[404] BVerwG, B. v. 17.1.1995 – 4 B 1.95 – Buchholz 310 § 162 VwGO Nr. 29.

re die demografischen und sozialen Verhältnisse im Gebiet sowie die typischen Verhaltensweisen in der Bevölkerung. Ein Lebensmittelmarkt mit 800 m² Verkaufsfläche ist in einem allgemeinen Wohngebiet mit nur ca. 500 Einwohnern im fußläufigen Einzugsbereich planungsrechtlich nicht zulässig.[405] Zu den Anlagen für gesundheitliche und soziale Zwecke gehören etwa Altenpflegeheime oder auch Wohnheime für geistig Behinderte,[406] Kindergärten, Kindertagesstätten oder Jugendfreizeitheime. Sowohl in einem reinen als auch in einem allgemeinen Wohngebiet ist die Errichtung eines **Kinderspielplatzes** grundsätzlich zulässig.[407] Denn Kinderspielplätze gehören in die unmittelbare Nähe der Wohnbebauung (§ 1 VI Nr. 3 BauGB).[408] Die mit ihrer bestimmungsgemäßen Nutzung typischerweise verbundenen Geräusche sind, soweit sie Folge der natürlichen Lebensäußerungen von Kindern sind, ortsüblich, sozial adäquat und daher auch in einem reinen Wohngebiet hinzunehmen. Sie sind mit dem Ruhebedürfnis der Anwohner regelmäßig vereinbar.[409] Auch **Bolzplätze** sind − unter dem Vorbehalt einer Beurteilung nach dem Gebot der nachbarlichen Rücksichtnahme in § 15 I BauNVO − neben reinen Wohngebieten nicht generell unzulässig.[410] Zwar können Bolzplätze nicht in jeder Hinsicht den Kinderspielplätzen gleichgestellt werden, die vor allem den kleineren und heranwachsenden Kindern dienen. Bolzplätze werden demgegenüber vor allem von Jugendlichen und jungen Erwachsenen für spielerische und sportliche Betätigung genutzt, woraus eine größere Lärmbelästigung für die Umgebung entstehen kann. Bolzplätze müssen aber wie Anlagen für sportliche Zwecke behandelt werden, die im allgemeinen Wohngebiet grundsätzlich zulässig (§ 4 II Nr. 3 BauNVO) und im reinen Wohngebiet ausnahmsweise (§ 3 II Nr. 2 BauNVO) zulässig sind. Wenn daher ausnahmsweise sogar ein Sportplatz neben einem reinen Wohngebiet festgesetzt werden darf,[411] so ist auch ein Bolzplatz neben einem reinen Wohngebiet nicht generell unzulässig.[412] Allerdings kann das Nebeneinander von Wohnungen und Bolzplatznutzung zu Problemen führen, die eine Zulassung des Bolzplatzes entweder ganz ausschließen oder zumindest Auflagen zum Schutz der Nachbarschaft erforderlich machen können.[413]

Auch Anlagen für **kirchliche Zwecke** sind im allgemeinen Wohngebiet grundsätzlich **295** zulässig. Das gilt auch im Hinblick auf den zu kirchlichen Einrichtungen üblicherweise zu erwartenden Besucherverkehr[414] und das liturgische Glockengeläut zu den kirchlichen

---

[405] OVG Münster, B. v. 6.7.2012 − 10 B 725/12 − Lebensmittel-Nahrungsmarkt.
[406] OVG Münster, B. v. 23.12.1985 − 11 B 1911/85 − OVGE 38, 207 = ZfBR 1986, 197 − Behindertenwohnheim.
[407] BVerwG, B. v. 12.12.1991 − 4 C 5.88 − DVBl 1992, 577 = BauR 1992, 338.
[408] VGH München, B. v. 18.9.2008 − 1 ZB 6.2294 − Spielplatz; OVG Koblenz, Urt. v. 28.1.2008 − 1 C 10634/07 − BauR 2008, 790 = NVwZ-RR 2008, 598 m. Anm. *Franz Otto* KommunalPraxis BY 2008, 274 − Kinderspielplatz, im Anschluss an BVerwG, B. v. 15.4.1988 − 4 N 4.87 − BVerwGE 79, 200; OVG Koblenz, Urt. v. 30.11.1988 − 10 C 8/88 −.
[409] VGH Mannheim, B. v. 3.3.2008 − 8 S 2165/07 − BWGZ 2008, 279 = VBlBW 2008, 345 = BauR 2008, 1576 = DVBl 2008, 1001 (L) − Kinderspielplatz m. Hinw. auf BVerwG, Urt. v. 12.12.1991 − 4 C 5./88 − NJW 1992, 1779; B. v. 29.5.1989 − 4 B 26.89 −; VGH Mannheim, Urt. v. 26.3.1985 − 3 S 405/85 − VBlBW 1986, 26; Urt. v. 2.12.1986 − 1 S 1504/85 − BRS 47 Nr. 105; VGH München, B. v. 7.3.2008 − 9 CS 7.2345 − Kinderspielplatz; VGH München, B. v. 28.5.2008 − 2 ZB 8.1024 − Spielplatz und Rodelhügel.
[410] BVerwG, B. v. 3.3.1992 − 4 B 70.91 − BauR 1992, 340.
[411] BVerwG, Urt. v. 24.4.1991 − 7 C 12.90 − BVerwGE 88, 143 = BauR 1991, 59 = RzB Rn. 94; Urt. v. 19.1.1989 − 7 C 77.87 − BVerwGE 81, 197 = RzB Rn. 93.
[412] BVerwG, B. v. 3.3.1992 − 4 B 70.91 − BauR 1992, 340 = DVBl 1992, 1110 = RzB Rn. 97.
[413] BVerwG, B. v. 3.3.1992 − 4 B 70.91 − BauR 1992, 340 = RzB Rn. 97 − Bolzplatz.
[414] Zur Zulässigkeit eines Betsaals und einer Koranschule BVerwG, Urt. v. 27.2.1992 − 4 C 50.89 − UPR 1992, 269 = ZfBR 1992, 184 = RzB Rn. 900.

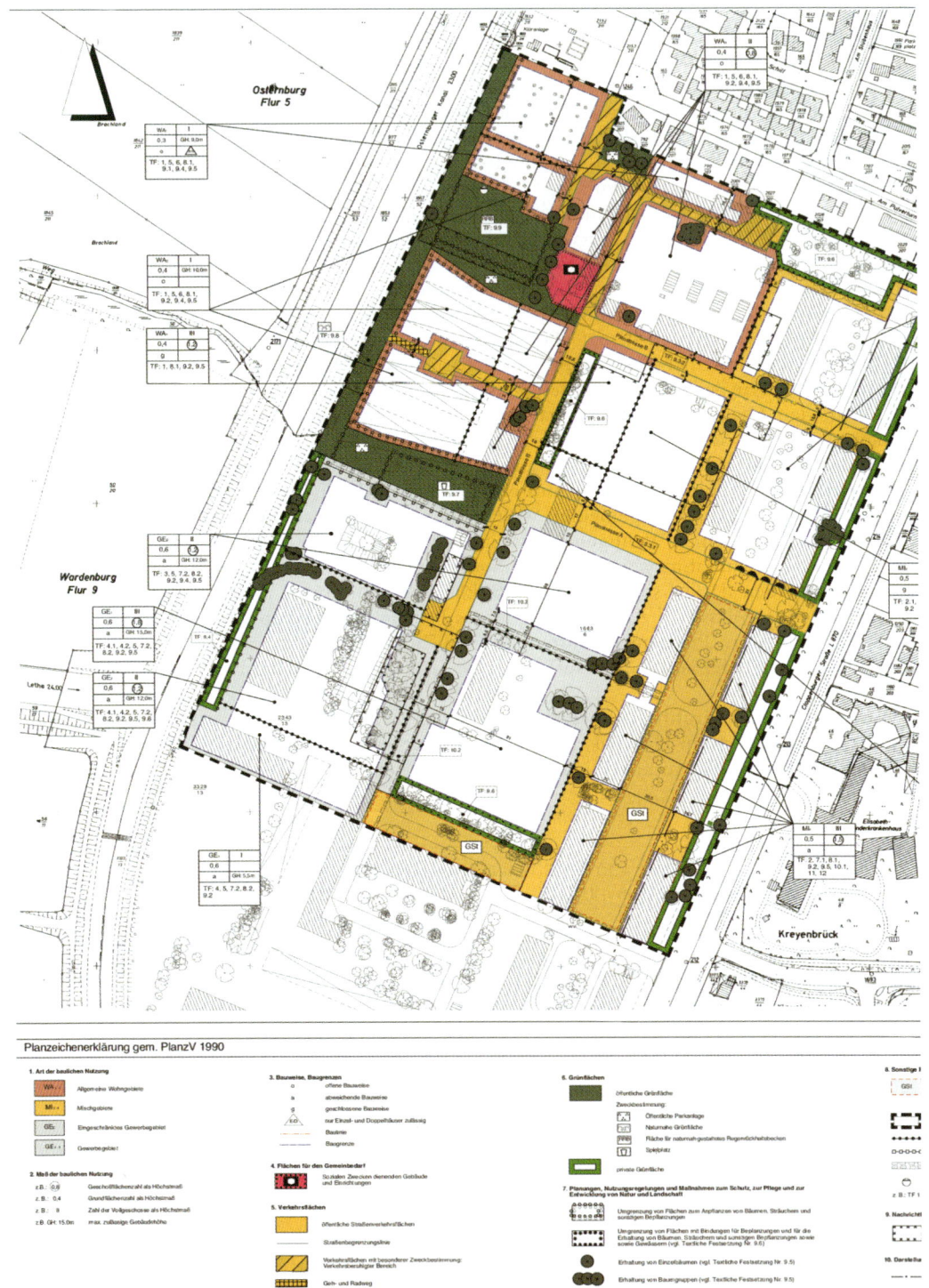

Abbildung 33: *Umnutzung eines ehemaligen Kasernengeländes*

Veranstaltungen.[415] In einem allgemeinen Wohngebiet kann ein Anspruch auf Unterlassung eines liturgischen Glockengeläuts bestehen,[416] wenn dessen Beurteilungspegel den Immissionsrichtwert von 55 dB(A) tagsüber überschreitet, wobei auch ein angemessener Geldausgleich für bestimmte Maßnahmen des passiven Schallschutzes möglich ist.[417] Auch Anlagen für soziale Zwecke können im allgemeinen Wohngebiet untergebracht werden (§ 4 II Nr. 3 BauNVO), wenn sie sich mit dem Gebietscharakter vertragen. Dazu gehört auch die Unterbringung von **Asylbewerbern**. Das allgemeine Bauplanungsrecht kann und soll keinen Milieuschutz gewährleisten. Daher sind Wohnungsimmissionen, die von einer Asylbewerberunterkunft ausgehen, in der Regel auch in solchen allgemeinen Wohngebieten hinzunehmen, die durch eine andere homogene Wohnbevölkerung geprägt sind.[418]

Planungsziel

Entwicklung von Wohnbauland auf ehemaligen hofnahen landwirtschaftlichen Flächen i. S. einer Arrondierung des westlichen Ortsrandes unter gleichzeitiger Beibehaltung dörflicher Strukturen und Bauformen.

Maßgebliche Festsetzungen

Für die Wohnbauflächen wird eine niedrige GRZ von 0,3 bei einer maximal zulässigen eingeschossigen Bebauung festgesetzt. Darüber hinaus werden als Bauform Einzel- und Doppelhäuser in der abweichenden Bauweise (max. Gebäudelänge = 20 m) festgeschrieben. Im Zusammenhang mit den örtlichen Bauvorschriften, der gewählten Erschließungsform/Wegeführung und den grünordnerischen Festsetzungen soll der Ausbildung einer dörflich ländlich geprägten Siedlungserweiterung Rechnung getragen werden.

Allgemeines Wohngebiet (§ 4 BauNVO)

Gem. § 1 VI Nr. 1 BauNVO sind die unter § 4 III 3, 4 und 5 BauNVO genannten ausnahmsweise zulässigen Nutzungen nicht Bestandteil des Bebauungsplans.

Abweichende Bauweise (§ 22 BauNVO)

Im Allgemeinen Wohngebiet gilt die abweichende Bauweise. Die maximal zulässige Gebäudelänge beträgt 20 m. Die Abstände zur Bebauung an der Grundstücksgrenze regeln sich in den Baugebieten nach Landesrecht.

Textbeispiel 30: *Allgemeines Wohngebiet (zu Abbildung 34)*

Planungsanlass

Die Planänderung ist durch die Absicht einer Verringerung der öffentlichen Verkehrsflächen veranlasst.

Umlegungsverfahren

Eine Besonderheit ist das laufende Umlegungsverfahren im Geltungsbereich des Bebauungsplans. Wegen der besonderen Dringlichkeit des Umgehungsstraßenbaus wurde zugunsten der Stadt eine vorzeitige Besitzeinweisung angeordnet (§ 77 BauGB). Mit einigen Eigentümern wurde auch eine außergerichtliche Einigung erzielt.
Im B-Plan wurde den Vorgaben des Umlegungsverfahrens wie folgt Rechnung getragen: Die Grenzen, auf die sich die Betroffenen geeinigt haben und die neu zuzuweisenden Flurstücknummern wurden in die Planzeichnung übernommen. Zur vorzeitigen Besitzeinweisung zählen die Umgehungsstraße und die zugehörigen Straßenanschlüsse. Die zu bildenden Flurstücke wurden entsprechend als Verkehrsfläche festgesetzt. Sonstige öffentliche Flächen und die Baugebiete wurden ebenfalls kongruent mit den zu bildenden Flurstücken festgesetzt.

Textbeispiel 31: *Planungsanlass und Umlegungsverfahren (zu Abbildung 35)*

---

[415] BVerwG, Urt. v. 7.10.1983 – 7 C 44.81 – BVerwGE 68, 62 = RzB Rn. 77; VG Stade, B. v. 8.12.1988 – 1 A 91/87 – NVwZ 1989, 497; BVerwG, B. v. 2.9.1996 – 4 B 152.96 – NVwZ 1997, 142 = BauR 1996, 819 – liturgisches Glockengeläut; OVG Hamburg, Urt. v. 18.6.1991 – Bf VI 32/89 – BauR 1992, 356 = UPR 1992, 240 – Zeitschlagen Kirchenglocken.

[416] Dazu grundlegend BVerwG, Urt. v. 7.10.1983 – 7 C 44.81 – BVerwGE 68, 62; Urt. v. 30.4.1992 – 7 C 25.91 – DVBl 1992, 1234.

[417] VGH München, B. v. 1.3.2002 – 22 B 99.338 – BayVBl. 2003, 241.

[418] BVerwG, Urt. v. 23.8.1996 – 4 C 13.94 – DVBl 1997, 61 = BauR 1997, 72 – Asylbewerberheim.

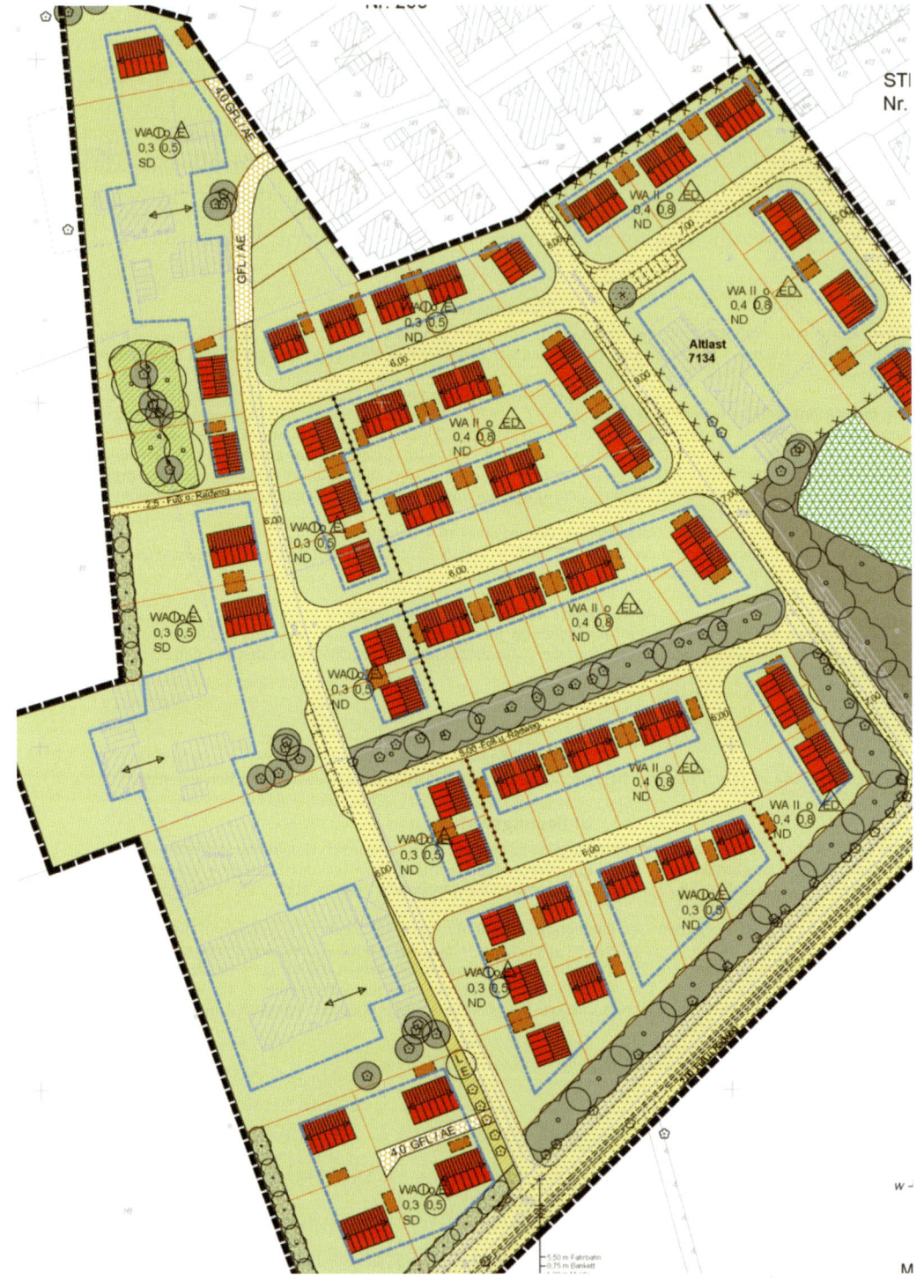

Abbildung 34: *Allgemeines Wohngebiet*

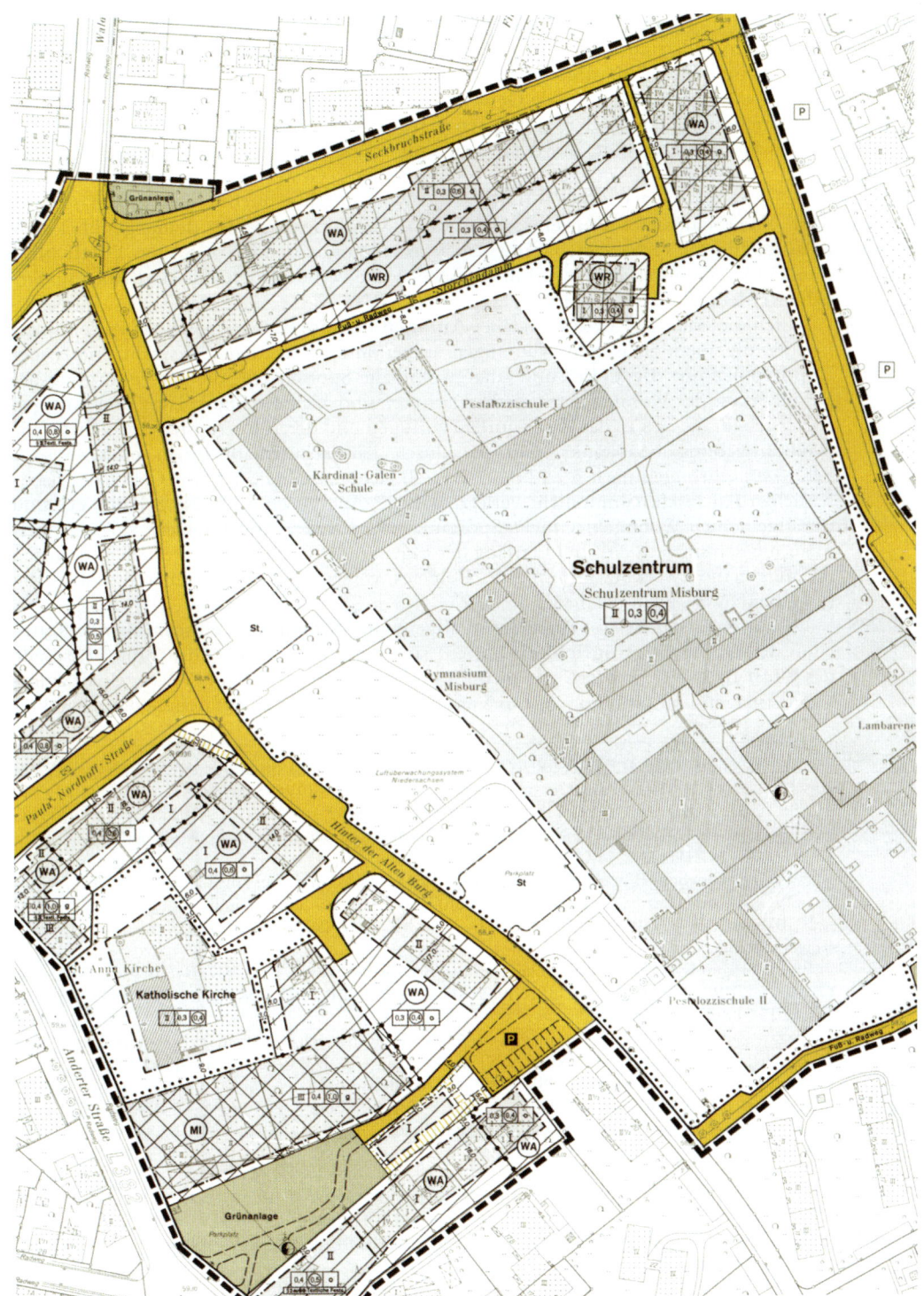

Abbildung 35: *Allgemeines Wohngebiet – Gemeinbedarfsfläche Schulzentrum*

296   Die Haltung von **Pferden** widerspricht der Eigenart eines allgemeinen Wohngebiets.[419] Am äußersten Rand eines Wohngebietes mag das vielleicht anders sein.[420] Ausnahmsweise können im allgemeinen Wohngebiet Betriebe des → **Beherbergungsgewerbes**, sonstige nicht störende Gewerbebetriebe, Anlagen für Verwaltungen, Gartenbaubetriebe und Tankstellen zugelassen werden (§ 4 III BauNVO). So kann etwa ein kleines Hotel-Restaurant, das der Bewirtung von Gästen aus der näheren Umgebung dient, ebenso zugelassen werden wie ein kleinerer Gewerbebetrieb oder eine Tankstelle, die etwa wegen ihrer Randlage die Wohnnutzung nicht stört. Eine Tischlerei oder eine Schlosserei mit entsprechendem Maschinenpark ist demgegenüber unzulässig. Ein Gewerbebetrieb kann dabei zu einem „störenden" i. S. von § 4 III Nr. 2 BauNVO auch durch den mit ihm typischerweise verbundenen Zu- und Abgangsverkehr werden.[421]

297   Durch die BauNVO 1990 sind dabei **Anlagen** für **sportliche Zwecke**[422] in den Katalog der allgemein zulässigen Nutzungen aufgenommen worden.[423] Es zählt hierzu der **„Sportplatz um die Ecke"** und eine „wohnnahe Sportanlage", die der Versorgung der Bevölkerung des Wohngebietes dient. Darunter sind kleinere Sportplätze und Anlagen zu verstehen, die sich in das Wohnumfeld einfügen und deren Einzugsbereich sich auf die Wohnumgebung beschränkt. Ggf. ist durch Lärmschutzmaßnahmen oder sonstige Schutzvorkehrungen nach § 9 I Nr. 24 BauGB sicherzustellen, dass das Gebot der nachbarlichen Rücksichtnahme nicht verletzt wird.[424] Auch nach § 4 II Nr. 3 BauNVO sind im allgemeinen Wohngebiet nicht Sportanlagen jedweder Art allgemein zulässig. Vielmehr müssen sie nach Art und Umfang der Eigenart des Gebietes entsprechen und dürfen die allgemeine Zweckbestimmung des Gebietes, vorwiegend dem Wohnen die zu dienen (§ 4 I BauNVO), nicht gefährden.[425]

298   Das die Zulässigkeit von Anlagen im allgemeinen Wohngebiet einschränkende Kriterium der **Gebietsverträglichkeit** bezieht sich nicht nur auf die Ausnahmetatbestände des § 4 III BauNVO, sondern gilt auch für die nach § 4 II Nr. 3 BauNVO regelhaft zulässigen Anlagen und Nutzungen. Das Vorhaben darf – bezogen auf den Gebietscharakter

---

[419] OVG Greifswald, B. v. 1.3.2007 – 3 M 14/073 – Pferdestall im allgemeinen Wohngebiet, im Anschluss an VGH Mannheim, Urt. v. 16.5.1990 – 3 S 218/90 – OVG Saarlouis, B. v. 29.1.1988 – 2 R 363/86 -, BRS 48 Nr 52, OVG Lüneburg, Urt. v. 19.10.1982 – 1 A 46/78 -, BRS 39 Nr 62; OVG Lüneburg, B. v. 19.11.2008 – 1 ME 233/08 – Pferde- und Hundehaltung; VGH München, B. v. 30.10.2008 – 14 ZB 8.2312, 14 CS 8.2264 – Pferdehaltung.

[420] VGH München, B. v. 22.8.2008 – 15 ZB 08.613 – Pferd und Esel am Rande eines Wohngebietes; OVG Münster, Urt. v. 4.9.2008 – 7 A 2358/07 – 6 Pferde im Stallgebäude.

[421] BVerwG, B. v. 9.10.1990 – 4 B 121.90 – NVwZ 1991, 267 = BauR 1991, 49 – Verkehr zum Gewerbegebiet.

[422] Zu Fragen von Sport und Bauleitplanung *Berkemann* NVwZ 1992, 817; *Birk* NVwZ 1985, 689; *Gaentzsch* UPR 1985, 201; *Hagen* UPR 1985, 817; *Knauber* NuR 1985, 308; *Papier* UPR 1985, 73; *Salzwedel* UPR 1985, 210.

[423] Zur Zulässigkeit von Sportanlagen im Einwirkungsbereich einer benachbarten Wohnnutzung BGH, Urt. v. 17.12.1982 – V ZR 55/82 – NJW 1983, 751 = RzB Rn. 92 – Tennisplatz; BVerwG, Urt. v. 10.5.1985 – 4 C 36.82 – UPR 1985, 372 – Flugmodellsport; B. v. 29.7.1986 – 4 B 73.86 – NVwZ 1987, 493 = NuR 1986, 16 – Modellflugsport; Urt. v. 11.3.1988 – 4 C 56.84 – NVwZ 1989, 659 = BauR 1988, 448 = RzB Rn. 65 – Gemeinbedarfsfläche; B. v. 30.1.1990 – 7 B 162.89 – DVBl 1990, 789 = UPR 1990, 267 – Mopedrennen; Urt. v. 24.4.1991 – 7 C 12.90 – BVerwGE 88, 143 = DVBl 1991, 1151 = RzB Rn. 94 – Schulsportplatz; B. v. 7.8.1991 – 7 B 48.91 – DVBl 1992, 62 – Sportanlage; B. v. 2.7.1991 – 4 B 1.91 – DVBl 1991, 1160 = BauR 1991, 569 = RzB Rn. 95 – Kegelzentrum; B. v. 4.7.1991 – 4 B 109.91 – BauR 1991, 717 = RzB Rn. 461 – Hundeübungsplatz.

[424] BVerwG, Urt. v. 19.1.1989 – 7 C 77.87 – BVerwGE 81, 197 = NJW 1989, 1291 = DVBl 1989, 463 = RzB Rn. 93 – Tegelsbarg.

[425] BVerwG, B. v. 2.7.1991 – 4 B 1.91 – NVwZ 1991, 982 = ZfBR 1991, 273 = RzB Rn. 95. Zu den bau- und immissionsschutzrechtlichen Problemen beim Sportstättenbau in Wohngebieten *Stüer* DVBl 1992, 816.

des allgemeinen Wohngebiets – nicht störend wirken. Eine gebietsunübliche Störung kann auch vorliegen, wenn die jeweils geltenden immissionsschutzrechtlichen Lärmwerte eingehalten werden. Die den Baugebieten der §§ 2 bis 9 BauNVO allgemein (regelhaft) zugewiesenen Nutzungsarten sind ebenso wie die Vorhaben, die ausnahmsweise zugelassen werden können, unzulässig, wenn sie den jeweiligen Gebietscharakter gefährden und deshalb gebietsunverträglich sind. Das gilt auch für „Anlagen für gesundheitliche Zwecke".

Beispiel: Ein Dialysezentrum in einem allgemeinen Wohngebiet ist gebietsunverträglich, wenn es wegen seines räumlichen Umfangs und der Größe seines betrieblichen Einzugsbereichs, der Art der Betriebsvorgänge und der Intensität des Zu- und Abgangsverkehrs generell (typischerweise) geeignet ist, den Gebietscharakter zu stören.[426]

Die möglichen Gefahren für die Nachbarschaft einer diplomatischen Einrichtung **299** durch **terroristische Anschläge (türkisches Konsulat)** sind städtebaulich bedeutsame Auswirkungen, die bei der Beurteilung, ob ein Vorhaben das Rücksichtnahmegebot (§ 15 I 2 BauNVO) verletzt, zu berücksichtigen sind. Auch wenn bei Erteilung der Baugenehmigung für eine diplomatische Einrichtung die Gefahr von Anschlägen als unwahrscheinlich einzuschätzen ist, muss sich die Baugenehmigungsbehörde vergewissern, dass bei einer geänderten Einschätzung der Sicherheitslage die dann zu erwartenden Gefahren für die Einrichtung und ihre Umgebung unter Wahrung des Rücksichtnahmegebots durch zusätzliche Maßnahmen beherrscht werden können.[427]

Zum Begriff des **Wohnens** im Sinne von § 4 I BauNVO gehört eine auf Dauer ange- **300** legte Häuslichkeit, die Eigengestaltung der Haushaltsführung und des häuslichen Wirkungskreises sowie die Freiwilligkeit des Aufenthalts.[428] Wohnen bedeutet die auf eine gewisse Dauer angelegte Nutzungsform des selbstbestimmt geführten Lebens „in den eigenen vier Wänden", die keinem anderen in der BauNVO vorgesehenen Nutzungszweck, insbesondere keinem Erwerbszweck, dient. Veranstaltungen eines Swinger-Clubs (Partnertreff)[429] werden vom Begriff des „Wohnens" im Sinne von § 4 I BauNVO nicht erfasst,[430] wohl aber ein Wohn- und Pflegezentrum.[431] Auch ein „betreutes Wohnen"[432] in einem „Wohnstift" gehört zum Wohnen.[433] Unter dem Begriff der **sozialen Adäquanz** werden Verhaltensweisen oder Zustände beschrieben, die sich im Rahmen des menschlichen Zusammenlebens für den Einzelnen nachteilig auswirken, jedoch von

---

[426] BVerwG, B. v. 28.2.2008 – 4 B 60./07 – NVwZ 2008, 786 = DVBl 2008, 665 (L) m. Anm. *Helmut Redeker* IBR 2008, 417, *Gatz*, jurisPR-BVerwG 14/2008 Anm. 1 – Dialysezentrum, im Anschluss an Urt. v. 21.3.2002 – 4 C 1.02 – BVerwGE 116, 155; OVG Weimar, Urt. v. 30.8.2007 – 1 KO 330/06 – für ein Dialysezentrum mit 33 Behandlungsplätzen und Zwei-Schicht-Betrieb von 6.00 bis 18.00 Uhr an sechs Tagen in der Woche.

[427] BVerwG, Urt. v. 25.1.2007 – 4 C 1.06 – BVerwGE 128, 118 = NVwZ 2007, 587 = DVBl 2007, 637 = BauR 2007, 1002 m. Anm. *Gatz*, jurisPR-BVerwG 11/2007 – Sicherheitslage von diplomatischer Einrichtung – türkisches Konsulat; VGH Mannheim, B. v. 22.6.2004 – 5 S 1263/04 – ESVGH 54, 243 – für § 3 I 1 BauO BW; Urt. v. 17.2.2006 – 5 S 1848/05 – BauR 2006, 1865 = DÖV 2007, 41 (L) –.

[428] BVerwG, B. v. 25.3.1996 – 4 B 302.95 – NVwZ 1996, 893.

[429] *Stühler* GewArch. 2006, 20.

[430] BVerwG, B. v. 25.3.2004 – 4 B 15.04 – jurisPR BVerwG 22/2005 Anm. 4 *Gatz* – Swinger Club m. Hinw. auf *Stock*, in: *König/Roeser/Stock*, Rn. 16 zu § 3 BauNVO; BVerfG, B. v. 9.6.2004 – 1 BvR 1053/04 – nicht zur Entscheidung angenommen.

[431] OVG Münster, Urt. v. 6.3.2006 – 7 D 124/05.NE – BauR 2006, 1707 – Wohn- und Pflegezentrum auch ohne kommunale Pflegeplanung nach § 6 PflegeG NRW.

[432] Zur Abgrenzung von „Betreutem Wohnen" und einer Anlage des Gemeinbedarfs mit der Zweckbestimmung „Alteneinrichtung der freien Wohlfahrtspflege" OVG Hamburg, B. v. 27.10.2008 – 2 Bf 53/07.Z – NordÖR 2009, 121 = BauR 2009, 546, 1110 = DVBl 2009, 262 = NVwZ-RR 2009, 321 – Alteneinrichtung der freien Wohlfahrtspflege.

[433] VGH München, Urt. v. 22.5.2006 – 1 B 04.3531 – Wohnstift.

der Bevölkerung insgesamt akzeptiert werden, weil sie sich in den Grenzen des sozial Üblichen und Tolerierbaren halten. Nach diesen Maßstäben sind beispielsweise Kinderspielplätze oder eine Kinderkrippe für Kleinkinder bis zu 3 Jahren auch im reinen Wohngebiet als sozialadäquate Ergänzung der Wohnbebauung grundsätzlich zulässig.[434] Die Errichtung eines **Behindertenwohnheims** ist selbst in einem allgemeinen Wohngebiet zulässig und die Unterbringung von geistig Behinderten gegenüber der Nachbarschaft nicht rücksichtslos.[435] Auch Einrichtungen zur Verhütung von Zahnerkrankungen (Gruppenprophylaxe) für **Kindergartengruppen** sind als Annex zu einer Zahnarztpraxis sowie als Anlagen für gesundheitliche Zwecke in einem allgemeinen Wohngebiet zulässig.[436] Ein **Dialysezentrum**, für das ein An- und Abfahrtsverkehr mit 96 bzw. 82 Fahrbewegungen täglich von Montag bis Samstag unter Nutzung einer Wohngebietsstraße sowie weitere LKW-Fahrbewegungen und die Nutzung zusätzlich vorhandener elf Parkplätze genehmigt sind, ist in einem Wohngebiet nicht gebietsverträglich.[437] Ein Imbiss, dessen Angebot typischerweise darauf ausgerichtet ist, ein begrenztes Sortiment schnell zuzubereitender Speisen während der gesamten Öffnungszeit vorzuhalten, ist keine der Gebietsversorgung dienende Schank- und Speisewirtschaft i.S. des § 4 II Nr. 2 BauNVO 1990.[438] Ein **Stundenhotel**, das nach dem Betriebskonzept durchgängig Tag und Nacht mit zeitlich in Stundenblöcken gestaffelter Nutzungsdauer zur Verfügung steht, verträgt sich nicht mit der Zweckbestimmung eines allgemeinen Wohngebiets.[439]

301   Auch **Gartenbaubetriebe** können in einem allgemeinen Wohngebiet untergebracht werden (§ 4 III Nr. 4 BauNVO). Der Begriff des Gartenbaubetriebs wird in der BauNVO als ein eigenständiger städtebaulicher Nutzungsbegriff verstanden.[440] Ein Gartenbaubetrieb, der wegen seiner Größe oder seiner Arbeitsweise mit der Zweckbestimmung des Wohngebiets nicht vereinbar ist, fällt allerdings nicht unter § 4 III Nr. 4 BauNVO.[441] Unerheblich dafür ist, dass der Gartenbaubetrieb zugleich Landwirtschaft i.S. des § 201 BauGB sein kann.[442] Ein Gartenbaubetrieb i. S. von § 4 III Nr. 4 BauNVO besitzt typischerweise eine geringe Betriebsfläche. Dies folgt einerseits schon aus der Anknüpfung an den Begriff des Gartens, der regelmäßig kleiner ist als landwirtschaftlich genutzte Felder. Es ergibt sich andererseits aus dem Umstand, dass die Vorschrift zumindest im Grundsatz davon ausgeht, dass sich der gesamte Betrieb, also auch seine Nutzflächen einschließlich möglicherweise vorhandener Gewächshäuser und Verkaufseinrichtungen, innerhalb des Wohngebiets befindet. Damit unterscheidet sie sich von der für landwirtschaftliche Betriebe geltenden Regelung des § 5 II Nr. 1 BauNVO, der nur die Wirtschaftsstelle, den „Hof", im Baugebiet für zulässig erklärt. Dabei mag es für die Annahme eines Gartenbaubetriebes unschädlich sein, wenn zusätzliche Betriebsflächen außerhalb des Plangebiets im Außenbereich liegen.[443] Erreichen diese Flächen jedoch die Größe eines normalen landwirtschaftlichen Betriebes oder stellen sie sogar

---

[434] OVG Saarlouis, Urt. v. 11.9.2008 – 2 C 186/08 – AS RP-SL 36, 309 = LKRZ 2008, 462 = ZfBR 2009, 366 – Kinderkrippe. Zum Schutz vor Kinderlärm *Böhm* LKRZ 2007, 409.

[435] OVG Koblenz, Urt. v. 1.10.2008 – 8 C 10611/08 – BauR 2009, 136 – Behindertenwohnheim.

[436] VGH Kassel, Urt. v. 26.10.2009 – 3 A 1771/08 – Räume für freiberuflich Tätige im unbeplanten Innenbereich.

[437] OVG Weimar, B. v. 4.7.2012 – 1 ZKO 871/11 – DVBl 2012, 1580 (L) = NVwZ-RR 2013, 17 (L) = LKV 2013, 91 (L) – Dialysezentrum im Wohngebiet.

[438] OVG Saarlouis, B. v. 20.6.2012 – 2 A 411/11 – BauR 2013, 442 – Imbiss als Gebietsversorger.

[439] BVerwG, B. v. 31.7.2013 – 4 B 8.13 – BauR 2013, 1996, *Gatz*, jurisPR-BVerwG 18/2013 Anm. 5 – Stundenhotel.

[440] *Söfker/Krautzberger* in: EZBK, BauGB, Rn. 28 zu § 2 BauNVO.

[441] BVerwG, B. v. 15.7.1996 – 4 NB 23/96 – NVwZ-RR 1997, 9 = UPR 1996, 392 – Gartenbaubetrieb. Derartige Anlagen sind allerdings im Außenbereich nach § 35 I Nr. 2 BauGB privilegiert.

[442] BVerwG, B. v. 6.1.1993 – 4 NB 38.92 – Buchholz 310 § 47 VwGO Nr. 73.

[443] *Gelzer/Birk*, Bauplanungsrecht, Rn. 781.

allein die Nutzfläche des Betriebes dar, so kommt dem Betriebsgrundstück innerhalb des Wohngebiets mehr oder weniger nur noch die Funktion einer Wirtschaftsstelle zu. Von einem Gartenbaubetrieb innerhalb des Wohngebiets kann dann nicht mehr gesprochen werden.[444] Auch eine **maßvolle Tierhaltung** ist in einem allgemeinen Wohngebiet zulässig. Während in Wohngebieten mit städtischem Gepräge eine emissionsträchtige Tierhaltung regelmäßig unzulässig ist, kann in Baugebieten mit dörflichem Charakter eine gewisse Geruchs- und Lärmbelästigung durch eine Hobbytierhaltung zulässig sein.[445] Die Haltung von Pferden widerspricht grundsätzlich der Eigenart eines allgemeinen Wohngebiets.[446] Das Halten eines Pferdes und eines Esels kann allerdings nach der besonderen Lage des Einzelfalls der Eigenart eines allgemeinen Wohngebiets nicht widersprechen.[447] Die Pferde- und Hundehaltung im allgemeinen Wohngebiet ist allerdings begrenzt. Auch tierschutzrechtliche Gesichtspunkte können bei der Baugenehmigung für einen Stall zu berücksichtigen sein.[448] Das Gebot der Rücksichtnahme ist verletzt, wenn sich die Baugenehmigung für einen auf die Unterbringung von sechs Pferden ausgerichteten Stall nicht zur Emissionsträchtigkeit der Pferdehaltung verhält und die in einem reinen Wohngebiet liegende nachbarliche Wohnbebauung 40 m von dem Stallgebäude entfernt ist.[449] Das Halten von Großtieren in einem allgemeinen Wohngebiet ist mit dem Gebietscharakter nicht vereinbar und daher unzulässig.[450] Ein Taubenschlag für 39 Brieftauben kann eine im allgemeinen Wohngebiet zulässige Nebenanlage sein.[451] Ehemalige landwirtschaftliche Betriebe, die von Nichtlandwirten zur Hobbytier- und Lagerhaltung genutzt werden, rechnen nicht zu den in einem allgemeinen Wohngebiet nach § 4 II und III BauNVO zulässigen Nutzungen. Derartige Anlagen können die nähere Umgebung prägen oder als Fremdkörper unbeachtlich sein.[452]

Durch die Ausrichtung auf die **Gebietsversorgung** soll sichergestellt werden, dass **302** die Schank- und Speisewirtschaft nur in einem ins Gewicht fallenden Umfang von einem Personenkreis aufgesucht wird, der die mit einem Gaststättenbetrieb ohnehin verknüpften nachteiligen Folgen für die Anwohner in der Umgebung der Betriebsstätte nicht noch dadurch erhöht, dass er durch An- und Abfahrtverkehr Unruhe erzeugt, die von einem Wohngebiet ferngehalten werden soll. Besucher, die unter Berücksichtigung der topographischen Verhältnisse und der sonstigen örtlichen Gegebenheiten realistischerweise auf die Benutzung eines Kraftfahrzeuges angewiesen sind, wenn sie die Gaststätte in Anspruch nehmen wollen, gehören demnach nicht zu der Zielgruppe, deren Versorgung § 4 II Nr. 2 BauNVO vornehmlich ermöglichen will. Das nach dieser Vorschrift maßgebliche Gebiet reicht danach nur so weit, wie bei typisierender Betrachtung überhaupt die Möglichkeit besteht, die Schank- und Speisewirtschaft ggf. auch ohne Kraftfahrzeug zu erreichen.[453]

---

[444] BVerwG, B. v. 15.7.1996 – 4 NB 23/96 – NVwZ-RR 1997, 9 = UPR 1996, 392 – Gartenbaubetrieb.

[445] OVG Koblenz, Urt. v. 30.4.2010 – 1 A 11294/09 – Pferdehaltung in einem allgemeinen Wohngebiet dörflicher Prägung. Zur Bienenhaltung Detlef Stollenwerk VR 2010, 18 (Killerbienen).

[446] VGH Mannheim, Urt. v. 17.4.2013 – 5 S 3140/11 – Pferdehaltung in einem allgemeinen Wohngebiet, Urt. v. 10.10.2003 – 5 S 1692/02 – VBlBW 2004, 181.

[447] VGH München, Urt. v. 5.10.2009 – 15 B 08.2380 – Pferd und Esel.

[448] OVG Lüneburg, B. v. 19.11.2008 – 1 ME 233/08 – RdL 2009, 9 = BauR 2009, 210 = NdsVBl 2009, 119 – Tierhaltung im allgemeinen Wohngebiet.

[449] OVG Münster, Urt. v. 4.9.2008 – 7 A 2358/07 – Stallgebäude.

[450] OVG Saarlouis, B. v. 2.2.2009 – 2 B 439/08 – BauR 2009, 1185 – privater Pferdehaltung.

[451] OVG Lüneburg, Urt. v. 29.9.2009 – 1 LB 258/07 – Taubenhaltung in ehemaliger Bergbausiedlung.

[452] BVerwG, B. v. 1.9.2010 – 4 B 31.10 – ZfBR 2010, 798 = BauR 2011, 91 – Prägewirkung ehemaliger landwirtschaftlicher Betriebe, m. Hinw. auf Urt. v. 15.2.1990 – 4 C 23/86 –.

[453] OVG Berlin-Brandenburg, B. v. 18.9.2012 – OVG 10 N 9.11 – Fremdkörper; BVerwG, B. v. 3.9.1998 – 4 B 85.98 –.

303 **d) Besondere Wohngebiete.** Die durch die BauNVO 1977 eingeführten besonderen Wohngebiete, bei denen es sich um Gebiete zur Erhaltung und Entwicklung der Wohnnutzung handelt, dienen nach § 4 a BauNVO vorwiegend dem Wohnen. Sie dienen auch der Unterbringung von Gewerbebetrieben und sonstigen Anlagen, soweit diese Betriebe und Anlagen nach der besonderen Eigenart des Gebietes mit der Wohnnutzung vereinbar sind. Die Grundstücke in einem besonderen Wohngebiet müssen Wohnbedürfnissen dienen. Welche Nutzungen dort neben der Wohnnutzung zulässig sind, ist abstrakt-generell zu bestimmen. Dabei sind die in einem reinen Wohngebiet nach § 3 BauNVO zulässigen Nutzungen zu berücksichtigen.[454] Ein besonderes Wohngebiet kann nur durch einen Bebauungsplan festgesetzt werden und besteht daher nicht im nicht beplanten Innenbereich.[455] Mit der Ausweisung eines besonderen Wohngebietes soll zum einen der Tendenz zur Verdrängung von Wohnungen der innerstädtischen Gebiete durch Betriebe des tertiären Sektors, insbesondere durch Dienstleistungsbetriebe, entgegengewirkt werden. Zum anderen soll die Abwanderung der Wohnbevölkerung aus solchen Gebieten, die vielfach schlechte Wohnverhältnisse, eine überalterte Bausubstanz und unzureichende Verkehrsverhältnisse aufweisen, in Stadtrandgebiete oder das Umland verhindert werden. Die Gebiete weisen oft die typische mehrgeschossige Blockrandbebauung in überwiegend geschlossener Bauweise auf. Sie sind zumeist mit kleineren Gewerbebetrieben durchsetzt und wegen des ungünstigen Wohnumfeldes von einer Umschichtung dieser Gebiete durch Nachrücken sozial schwächerer Bevölkerungsgruppen wie Gastarbeiter oder Personen im Rentenalter oder auch kinderreiche Familien geprägt. Durch die Ausweisung eines besonderen Wohngebietes soll die Wohnnutzung erhalten und fortentwickelt werden (→ *Abbildung 36*).

→ **Besonderes Wohngebiet (WB).** Überwiegend bebaute Gebiete, die auf Grund ausgeübter Wohnnutzung und vorhandener sonstiger Anlagen eine besondere Eigenart aufweisen und in denen die Wohnnutzung erhalten oder fortentwickelt werden soll (§ 4 a BauGB). Mit dem besonderen Wohngebiet verbindet sich eine städtebauliche Zielsetzung, die im nicht beplanten Innenbereich nicht besteht.

---

304 Zulässig sind nach § 4 a II BauNVO Wohngebäude, Läden, Betriebe des Beherbergungsgewerbes, Schank- und Speisewirtschaften, sonstige Gewerbebetriebe, Geschäfts- und Bürogebäude sowie Anlagen für kirchliche, kulturelle, soziale, gesundheitliche und sportliche Zwecke. Ausnahmsweise können nach § 4 a III BauNVO Anlagen für zentrale Einrichtungen der Verwaltung, Vergnügungsstätten, soweit sie nicht wegen ihrer Zweckbestimmung oder ihres Umfangs nur in Kerngebieten allgemein zulässig sind, sowie Tankstellen zugelassen werden. Die ausnahmsweise **Zulässigkeit** von **Vergnügungsstätten** im besonderen Wohngebiet ist durch die BauNVO 1990 eingeführt worden (§ 4 a III Nr. 2 BauNVO). Die Vorschrift hat damit Modellcharakter für einen von der kerngebietstypischen Vergnügungsstätte zu unterscheidenden kleineren Typ der WB-Vergnügungsstätte, auf die an anderen Stellen der BauNVO verwiesen wird. Erstmals enthält die BauNVO 1990 eine besondere Art der Vergnügungsstätten in dem Sinne, dass diese Nutzungen nur in den Gebieten allgemein oder ausnahmsweise zulässig sind, in denen die BauNVO dies ausdrücklich anordnet. In den anderen Gebieten (z. B. im allgemeinen Wohngebiet) ist eine Vergnügungsstätte auch nicht als sonstiger Gewerbebetrieb zulässig.[456] In besonderen Wohngebieten besteht durch die Festsetzung von Wohnungen oberhalb eines bestimmten Geschosses (§ 4 a IV Nr. 1 BauGB), aber auch

---

[454] VGH München, Urt. v. 13.10.2008 – 1 N 8.1393 –.
[455] VGH Mannheim, B. v. 4.1.2007 – 8 S 1802/06 – VBlBW 2007, 224 = BauR 2007, 595 (L) = UPR 2007, 459 (L) – besonderes Wohngebiet, m. Hinw. auf BVerwG, B. v. 11.12.1992 – 4 B 209.92 – NVwZ 1993, 1100.
[456] *Stüer* DVBl 1990, 469; s. auch u. Rn. 393.

durch die Festsetzung eines Anteils oder der Größe der Geschossfläche für Wohnungen (Nr. 2) die Möglichkeit, das Wohnen zu fördern und andere Nutzungen zurückzudrängen.[457]

Da es sich um bereits überwiegend bebaute Gebiete handelt, hängt der **Grad** der **Störanfälligkeit** wesentlich von der vorhandenen Bebauung und Nutzung ab. Wegen der vielfach vorhandenen Nutzungsmischung wird das Duldungspotenzial der Wohnnachbarschaft höher sein als im allgemeinen Wohngebiet und sich dem Mischgebiet annähern. Charakteristisch für ein nach § 4 a I BauNVO festgesetztes besonderes Wohngebiet sind besondere tatsächliche Verhältnisse, die eine anderweitige Festsetzung des Gebiets, beispielsweise als allgemeines Wohngebiet, gerade nicht erlauben. Mithin kommt auch eine regelmäßige Gleichsetzung eines besonderen Wohngebiets mit einem allgemeinen Wohngebiet hinsichtlich der Beurteilung von zumutbaren Lärmbelastungen ebenso wenig in Betracht wie eine generalisierende Behandlung eines derartigen Gebiets als Mischgebiet.[458] Die Bauleitplanung hat hier nach dem Grundsatz des Verbesserungsgebotes möglichst dazu beizutragen, dass die Wohnverhältnisse verbessert und das Emissionsverhalten störender Nutzungen reduziert wird. Allerdings ist die Bauleitplanung nicht ganz allgemein auf das Verbesserungsgebot verpflichtet.[459]

e) → Dorfgebiete. Sie dienen nach § 5 I BauNVO der Unterbringung der Wirtschaftsstellen land- und forstwirtschaftlicher Betriebe, dem Wohnen und der Unterbringung von nicht wesentlich störenden Gewerbebetrieben sowie von der Versorgung der Bewohner des Gebietes dienenden Handwerksbetrieben. Durch die Erweiterung der Zweckbestimmung auch im Hinblick auf die Unterbringung von nicht störenden Gewerbebetrieben sowie von der Versorgung des Gebietes dienenden Handwerksbetrieben trägt die BauNVO 1990 der Tatsache Rechnung, dass das Dorfgebiet seit je her neben dem Wohnen auch der Versorgung und dem Erwerb seiner Bewohner dient. Gewerbliche Anlagen, von deren Nutzung typischerweise keine wesentlichen, über das im Dorfgebiet auch sonst Übliche hinausgehenden Immissionen für die Nachbarschaft zu erwarten sind, sind als sonstige Gewerbebetriebe i. S. des § 5 II Nr. 6 BauNVO 1990 unabhängig davon zulässig, ob es sich um einen Gewerbebetrieb handelt, der dorfgebietstypisch ist oder zur Zweckbestimmung des Dorfgebiets einen funktionellen Zusammenhang aufweist.[460] Beim Dorfgebiet gemäß § 5 BauNVO handelt es sich um ein **„ländliches Mischgebiet"**,[461] dessen Charakter grundsätzlich nicht von einem bestimmten prozentualen Mischverhältnis der zulässigen Nutzungsarten abhängt.[462]

→ Dorfgebiet (MD). Sie dienen der Unterbringung der Wirtschaftsstellen land- und forstwirtschaftlicher Betriebe, dem Wohnen und der Unterbringung von nicht wesentlich störenden Gewerbebetrieben sowie der Versorgung der Bewohner des Gebietes dienenden Handwerksbetrieben. Auf die Belange der land- und forstwirtschaftlichen Betriebe einschließlich ihrer Entwicklungsmöglichkeiten ist vorrangig Rücksicht zu nehmen (§ 5 BauNVO). Es handelt sich um ein „ländliches Mischgebiet", dessen Charakter allerdings nicht von einem bestimmten prozentualen Mischungsverhältnis abhängt.

---

[457] *Fickert/Fieseler* Rn. 29 zu § 4 a BauNVO.

[458] BVerwG, B. v. 18.12.1990 – 4 N 6.88 – Buchholz 406.11 § 1 BauGB Nr. 50 – ZfBR 1991, 120; B. v. 24.1.1992 – 4 B 228.91 – Buchholz 406.12 § 4 a BauNVO Nr. 2 = RzB Rn. 901.

[459] BVerwG, B. v. 23.6.1989 – 4 B 100.89 – NVwZ 1990, 263 = DVBl 1989, 1065 = RzB Rn. 74; Urt. v. 15.2.1990 – 4 C 23.86 – BVerwGE 84, 322 = RzB Rn. 388 – Unikat.

[460] BVerwG, Urt. v. 7.9.1995 – 4 B 200.95 – ZfBR 1996, 57 = RdL 1996, 6 = UPR 1996, 72.

[461] BVerwG, B. v. 4.12.1995 – 4 B 258.95 – BauR 1996, 218 = DVBl 1996, 270 = UPR 1996, 112 – Hotel; *Fickert/Fieseler*, Rn. 2.2 zu § 5 BauNVO.

[462] BVerwG, B. v. 19.1.1996 – 4 B 7.96 – BRS 58 Nr. 67 – ländliches Mischgebiet.

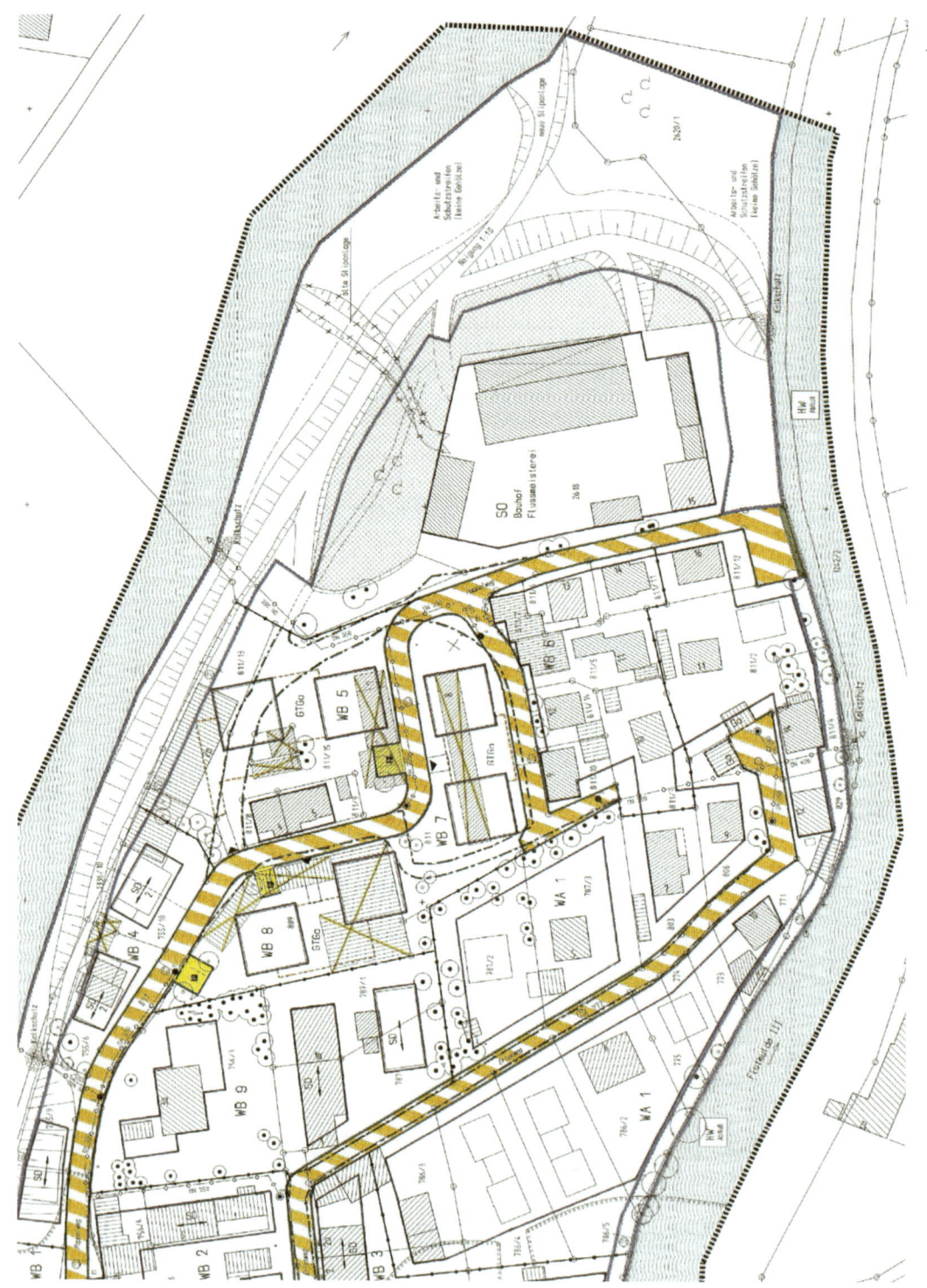

Abbildung 36: *Besonderes Wohngebiet*

WB 1	II
0,5	(1,0)
0	SD 30-48°

WB 2	II
0,5	(1,0)
o	SD 30-48°

WB 3	II
),5	(1,0)
]	SD 30-48°

WB 4 2 WE	II
,3	(0,65)
/ED	SD 30-48°

WB 5 -6 WE	II
0,3	(0,75)
0	ZD/WD 20-25°

WA 1 2 WE	I+D
),25	(0,5)
)/ED	SD 30-48°

WB 6 2 WE	II
0,35	(0,75)
o/ED	SD 30-48°

WB 7 4-6 WE	II
0,3	(0,75)
0	ZD/WD 20-25°

WB 8 4-6 WE	II
0,3	(0,75)
0	ZD/WD 20-25°

WB 9	II
0,3	(0,65)
0	SD 30-48°

SO Bauhof	II
0,5	(1,0)
0	SD 30-40°

12.8 Flächen für den Hochwasserschutz

12.9 Durch die vorgenommene Hochwasserfreilegung und Absenkung des Grundwasserspiegels können im Fall des Hochwassers die Funktion der Wärmepumpen zeitweise eingeschränkt werden.

12.10 Sämtliche Bauvorhaben sind an die zentrale Abwasserbehandlungsanlage vor Bezug anzuschließen. Zwischenlösungen werden nicht zugelassen.

12.11 Die Grundstücksentwässerungsanlage muss nach den allgemein anerkannten Regeln der Technik (DIN 1986 ff) erstellt werden.

12.12 Unverschmutztes Oberflächenwasser muss auf eigenen Grund und auf Kosten des Eigentümers versickert werden. Hier gilt die Entwässerungssatzung der Stadt Donauwörth.

12.13 Verschmutztes Niederschlagswasser ist aus Gründen des Gewässerschutzes zu sammeln und schadlos durch Ableiten in die Misch- bzw. Schmutzwasserkanalisation zu beseitigen (dies gilt auch für Bereiche, die im Trennsystem entwässert werden).

Insbesondere trifft dies für Niederschlagswasser bei Flächen zu, auf denen mit wassergefährdenden Stoffen umgegangen wird bzw. auf denen ein solcher Umgang nicht auszuschließen ist oder auf denen sonstige gewässerschädliche Nutzungen stattfinden.

12.14 - - - - - - - vorgeschlagene Grundstücksteilung

12.15 Stellplätze

Stellplätze im privaten Bereich sollen wasserdurchlässig (Schotterrasen, wassergebundene Decke, Pflaster mit Rasenfugen) ausgebildet werden. Bei der Verwendung von Pflaster soll der Fugenanteil in Verhältnis zur Pflasterfläche mindestens 25% betragen.

Die Stellplätze sind gemäß Planeintrag zu begrünen und Bäume entsprechend der Auswahlliste in den Hinweisen zur Grünordnung zu pflanzen.

12.16 2 3 Maßzahlen

12.17 Immissionsschutz

Als technische Lösungen für die Bereiche, in denen schalldämmende Lüftungseinrichtungen festgesetzt sind, kommt neben dem Einbau von herkömmlichen Schalldämmlüftern auch der Einbau von Wintergärten (mit versetzt angeordneten Lüftungsflügeln und schallabsorbierender Decke) sowie der Einbau zentraler Belüftungsanlagen in Betracht.

Es wird empfohlen, innerhalb der 1. Bauzeile östlich entlang der Augsburger Straße Freisitze nicht vor den Westseiten der Gebäude anzulegen.

12.18 Gewerbelärm

12.18.1 Bei der Grundrissorientierung im Ostteil des Besonderen Wohngebietes nördlich des Betriebsgeländes einer Druckerei auf Flur-Nr. 811/5 und 811/7 ist darauf zu achten, dass die Fensteröffnungen von besonders ruhebedürftigen Räumen (Schlaf- und Kinderzimmer) nicht auf die Süd- und Ostseiten der Gebäude orientiert werden.

12.18.2 Im festgesetzten Sondergebiet "Bauhof/Flussmeisterei" findet eine gewerbliche Nutzung nur während des Tageszeitraums (6:00 bis 20:00) statt. Im Einzelfall ist bei Hochwasserereignissen jedoch mit Fahrverkehr und Betrieb auch während der Nachtzeit (22:00 bis 6:00) zu rechnen. Etwaige Lärmbelastungen sind von den Anwohnern hinzunehmen.

12.19 Sonstige Planzeichen sind in diesem Verfahren ohne Bedeutung

13. Hinweise zur Grünordnung und Freiflächengestaltung

13.1 Gehölzarten und -qualitäten

Innerhalb des Geltungsbereiches des Bebauungsplanes sollten vorwiegend heimische Laubgehölze gepflanzt werden. Folgende Baum- und Straucharten wären dabei bevorzugt zu verwenden:

4. Auslegungsbeschluss

Der Stadtrat der Stadt Donauwörth hat in der Sitzung am 21.06.2000 die öffentliche Auslegung des Bebauungsplan-Entwurfes – bestehend aus der Planzeichnung (Teil A), dem Text (Teil B) und der Begründung – beschlossen (Beschluss Nr.666) und ortsüblich am 27.07.2001 im Amtsblatt der Stadt (Nr.42) bekannt gemacht.

Der Bebauungsplan-Entwurf – bestehend aus der Planzeichnung (Teil A) und dem Text (Teil B) – sowie der Entwurf der Begründung haben gemäß § 3 Abs.2 BauGB in der Zeit vom 06.08.2001 bis 24.09.2001 im Stadtbauamt Donauwörth öffentlich ausgelegen. Die öffentliche Auslegung ist mit dem Hinweis, dass Bedenken und Anregungen während der Auslegung von jeder und jedem vorgebracht werden können, am 27.07.2001 im Amtsblatt der Stadt (Nr.42) ortsüblich bekannt gemacht worden.

Donauwörth, 25.01.2002
STADT DONAUWÖRTH

....
Dr. Alfred Böswald
Oberbürgermeister

5. Beteiligung der Träger öffentlicher Belange

Die Stadt Donauwörth hat gemäß § 4 Abs.1 BauGB mit dem Schreiben vom 31.07.2001 die Behörden und sonstige Träger öffentlicher Belange, deren Aufgabenbereich durch den Bebauungsplan berührt wird, um einer Stellungnahme gebeten.

Donauwörth, 25.01.2002
STADT DONAUWÖRTH

....
Dr. Alfred Böswald
Oberbürgermeister

6. Abwägung

Der Stadtrat der Stadt Donauwörth hat die vorgebrachten Anregungen der Bürger und Bürgerinnen sowie die Stellungnahmen der Träger öffentlicher Belange in der Sitzung am 22.11.2001 geprüft (Beschluss Nr.876). Das Ergebnis ist mit Schreiben von 04.12.2001 mitgeteilt worden.

Donauwörth, 25.01.2002
STADT DONAUWÖRTH

....
Dr. Alfred Böswald
Oberbürgermeister

7. Erneute öffentliche Auslegung

Der Stadtrat der Stadt Donauwörth hat in seiner Sitzung am 22.11.2001 die erneute öffentliche Auslegung des Bebauungsplan-Entwurfes beschlossen (Beschluss Nr.876).

Der überarbeitete Bebauungsplan-Entwurf – bestehend aus der Planzeichnung (Teil A) und dem Text (Teil B) – sowie der Entwurf der Begründung haben gemäß § 3 Abs.2 BauGB in der Zeit von 10.12.2001 bis 28.12.2001 im Stadtbauamt Donauwörth öffentlich ausgelegen. Die öffentliche Auslegung ist mit dem Hinweis, dass Bedenken und Anregungen während der Auslegung von jeder und jedem vorgebracht werden können, am 30.11.2001 im Amtsblatt der Stadt (Nr.64) ortsüblich bekannt gemacht worden.

Die Behörden und sonstigen Träger öffentlicher Belange, deren Aufgabenbereich durch den Bebauungsplan berührt wird, wurden parallel dazu mit den Schreiben von 04.12.2001 um Stellungnahme gebeten.

Donauwörth, 25.01.2002
STADT DONAUWÖRTH

....
Dr. Alfred Böswald
Oberbürgermeister

7. Abwägung

Der Stadtrat der Stadt Donauwörth hat die vorgebrachten Anregungen der Bürger und Bürgerinnen sowie die Stellungnahmen der Träger öffentlicher Belange in der Sitzung am 24.01.2002 geprüft (Beschluss Nr. 901). Das Ergebnis ist mitgeteilt worden.

Donauwörth, 25.01.2002
STADT DONAUWÖRTH

307   Der durch die Novelle 1990 eingefügte § 5 I 2 BauNVO, wonach auf die Belange der land- und forstwirtschaftlichen Betriebe einschließlich ihrer Entwicklungsmöglichkeiten vorrangig Rücksicht zu nehmen ist, soll sicherstellen, dass durch eine vorrangige Rücksichtnahme anderer Nutzungen die Standortsicherung der land- und forstwirtschaftlichen Betriebe gewährleistet ist. Die Festsetzung eines Dorfgebietes ermöglicht innerhalb des Gemeindegebietes einen harmonischen Übergang von Baugebieten mit städtischem Charakter zum Außenbereich. Auch können historisch gewachsene dörfliche Strukturen erhalten und bei einem Übergewicht lediglich einzelner Nutzungsarten oder schwacher Strukturen verbessert werden. Diese Rücksichtnahme auf landwirtschaftliche Nutzungen gilt vor allem für andere Nutzungen, die sich durch die landwirtschaftliche Nutzung beeinträchtigt fühlen. Landwirtschaftliche Betriebe im Dorfgebiet sind daher nicht als „latente Störer" anzusehen.[463] Vielmehr haben die anderen Nutzungen auf die landwirtschaftliche Nutzung Rücksicht zu nehmen. Ist die Grundstücksnutzung mit einer spezifischen gegenseitigen Pflicht zur Rücksichtnahme belastet, führt dies nicht nur zu Pflichten desjenigen, der Immissionen verursacht, sondern auch desjenigen, der sich den Wirkungen solcher Immissionen aussetzt. So ist etwa in Dorfgebieten auf die Belange landwirtschaftlicher Betriebe vorrangig Rücksicht zu nehmen (§ 5 I 2 BauNVO) mit der Folge, dass das Wohnen vor landwirtschaftstypischen Störungen und Belästigungen wie Tiergeräuschen und -gerüchen oder Maschinenlärm weniger geschützt wird als in anderen Baugebieten.[464]

308   Zulässig sind nach § 5 II BauNVO Wirtschaftsstellen land- und forstwirtschaftlicher Betriebe und die dazugehörigen Wohnungen und Wohngebäude, Kleinsiedlungen und landwirtschaftliche Nebenerwerbsstellen, sonstige Wohngebäude, Betriebe zur Be- und Verarbeitung und Sammlung land- und forstwirtschaftlicher Erzeugnisse, Einzelhandelsbetriebe, Schank- und Speisewirtschaften sowie Betriebe des Beherbergungswesens, sonstige Gewerbebetriebe, Anlagen für örtliche Verwaltungen sowie für kirchliche, kulturelle, soziale, gesundheitliche und sportliche Zwecke, Gartenbaubetriebe und Tankstellen. Ausnahmsweise können nach § 5 III BauNVO Vergnügungsstätten i.S. des § 4a III Nr. 2 BauNVO zugelassen werden (→ *Abbildung 37, Textbeispiel 32*).

309   Im Dorfgebiet sind Speise- und Schankwirtschaften sowie Beherbergungsbetriebe grundsätzlich auch dann zulässig, wenn sie nicht der Versorgung des Gebiets dienen, sofern sie nicht im Einzelfall (etwa wegen ihres Umfangs) der Eigenart des jeweiligen Baugebiets widersprechen (§ 15 I 1 BauNVO).[465] Die Störungen müssen daher bei Unzulässigkeit über den Charakter eines Dorf- oder auch Mischgebietes hinausgehen.

Dorfgebiet

Innerhalb des Dorfgebietes (MD) ist die Errichtung von Betrieben zur Be- und Verarbeitung und Sammlung land- und forstwirtschaftlicher Erzeugnisse i.S. des § 5 II Nr. 4 BauNVO nicht zulässig. Innerhalb des Bebauungsplangebietes sind Vergnügungsstätten i.S. des § 4a III Nr. 2 BauGB unzulässig.

Außerhalb der überbaubaren Grundstücksflächen dürfen Garagen und Nebengebäude nicht errichtet werden.

Innerhalb des Dorfgebiets ist unbelastetes Niederschlagswasser (z.B. von Dachflächen) auf den jeweiligen Grundstücken zu versickern oder dem häuslichen Wassergebrauch zuzuführen (Regentonne). Ausnahmen sind gem. § 31 I BauGB zulässig, wenn nachgewiesen wird, dass eine Versickerung auf dem jeweiligen Grundstück nicht möglich ist oder wenn ein entsprechender Kanalanschluss bereits vorhanden ist.

Textbeispiel 32: *Festsetzungen Dorfgebiet* (Abbildung 37)

---

[463] VG Weimar, Urt. v. 23.9.1998 – 1 E 2186/98.We – ThürVBl. 1999, 22; OVG Lüneburg, Urt. v. 31.7.1998 – 1 M 2978/98 – RdL 1999, 90 – Rinderstall.

[464] VGH Mannheim, Urt. v. 18.1.2011 – 8 S 600/09 – NVwZ-RR 2011, 393 = BauR 2011, 891 (L) – Wohnhaus neben Güllegrube; vgl. Nr. II.1 des Erlasses des Umweltministeriums vom 18.6.2007 – 4-8828.02/87 -.

[465] BVerwG, B. v. 4.12.1995 – 4 B 258.95 – BauR 1996, 218 = DVBl 1996, 270 = UPR 1996, 112 – Hotel.

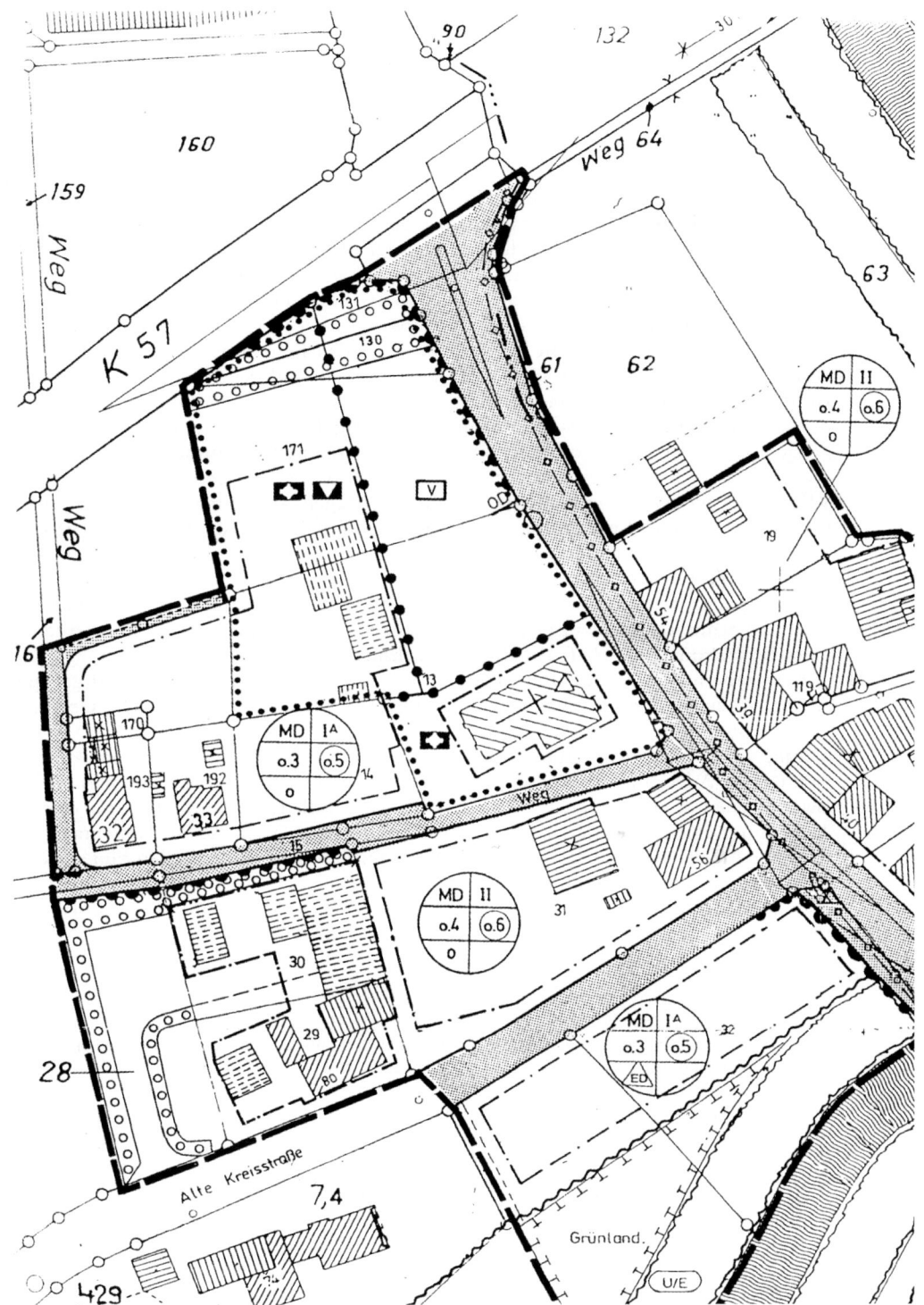

Abbildung 37: *Dorfgebiet*

310   Der **Begriff** der **Landwirtschaft** umfasst nach § 201 BauGB insbesondere den Ackerbau, die Wiesen- und Weidewirtschaft einschließlich Tierhaltung, soweit das Futter überwiegend auf den zum landwirtschaftlichen Betrieb gehörenden, landwirtschaftlich genutzten Flächen erzeugt werden kann, die gartenbauliche Erzeugung, den Erwerbsobstgartenbau, den Weinbau, die berufsmäßige Imkerei und die berufsmäßige Binnenfischerei. Wirtschaftsstellen landwirtschaftlicher Betriebe unterscheiden sich von gewerblichen Betrieben durch die eigene Bodenertragsnutzung und die eigene, durch Bodenbewirtschaftung oder durch Gütertausch mittelbar gewonnene Futtergrundlage für die **Tierhaltung**. Werden die Wirtschaftsgebäude dagegen ausschließlich zur Tierintensivhaltung genutzt oder geht die Tierintensivhaltung überhaupt nicht auf einen herkömmlichen landwirtschaftlichen Betrieb zurück, so handelt es sich nicht um eine Wirtschaftsstelle eines landwirtschaftlichen Betriebes, sondern um einen Gewerbebetrieb. Die Aufnahme der „Pensionstierhaltung auf überwiegend eigener Futtergrundlage" in § 201 BauGB 2001, die inzwischen durch den Begriff der „Tierhaltung" (§ 201 BauGB 2004) ersetzt worden ist, hat daran nichts geändert. Nach wie vor ist ein Bezug zur unmittelbaren Bodenertragsnutzung erforderlich.[466] Einem Wohnungsbauvorhaben in einem faktischen Dorfgebiet kann eine Verletzung des Rücksichtnahmegebots entgegengesetzt werden, sofern die beabsichtige Wohnnutzung unzumutbaren Belästigungen oder Störungen etwa eines landwirtschaftlichen Betriebes[467] ausgesetzt wird. Die in der VDI-Richtlinie 3471[468] enthaltenen technischen Regeln sind eine geeignete Orientierungshilfe für die Beurteilung von Geruchsimmissionen aus landwirtschaftlicher Tierhaltung. Das Interesse eines Landwirts, sich Entwicklungsmöglichkeiten offen zu halten, genügen nicht, um von anderen Bauvorhaben Rücksichtnahme i.S. des § 15 BauNVO einzufordern.[469] Unzumutbare Lärmbeeinträchtigungen können auch von einem Gourmetrestaurant ausgehen.[470] Einen gewissen Publikums- und Lieferverkehr[471] muss die Wohnnachbarschaft allerdings hinnehmen.

311   Auch innerhalb der landwirtschaftlichen Nutzung sind verschiedene **Nutzungstypen** zu unterscheiden, deren Wechsel eine Nutzungsänderung darstellen kann. Der Übergang von emissionsarmer Rinderhaltung zur weit emissionsträchtigeren Intensiv-Schweinehaltung stellt eine genehmigungspflichtige Nutzungsänderung dar. Bodenrechtlich relevant ist eine Änderung der Nutzungsweise dann, wenn sie für die Nachbarschaft erhöhte Belastungen mit sich bringt.[472] Wird eine bauaufsichtliche Genehmigung für eine die Tierhaltung einschließende landwirtschaftliche Nutzung erteilt, so ist damit nicht jede beliebige Art der Tierhaltung legalisiert. Die Anforderungen, die zu stellen sind, differieren, je nachdem, ob die Stallungen z.B. ausschließlich oder vornehmlich für die Rinder- oder Schafhaltung bestimmt oder allein der Schweinemast – etwa im Flüssigmistverfahren – vorbehalten sind.[473] Vom Schutz, den § 5 I 2 BauNVO landwirtschaftlichen Betrieben vermittelt, nicht mit umfasst sind Betriebserweiterungen und -umstellungen, die

---

[466] BVerwG, B. v. 25.10.1996 – 4 B 191.96 – Buchholz 406.11 § 35 BauGB Nr. 325 – Hundezucht. Ein Hundezuchtbetrieb kann ein auch in einem Gewerbegebiet zulässig sein. Tiersammelstellen gehören nicht zu einem landwirtschaftlichen Betrieb BVerwG, B. v. 2.8.1996 – 4 B 136/96 – Sammelstelle.
[467] VGH München, Urt. v. 29.11.2007 – 26 N 05.3254 – Dorfgebiet.
[468] VGH München, B. v. 24.11.2008 – 1 ZB 8.1462 – Schweinemaststall; B. v. 2.10.2008 – 15 ZB 8.2098 – Schweinemast; VGH München, B. v. 14.11.2008 – 1 ZB 6.561 – Abluftreinigungsanlage; VGH München, B. v. 21.1.2008 – 1 ZB 05.1454, 1 ZB 05.1456 – für einen Abferkelstall, einen Leersauenstall oder einen Ferkelaufzuchtstall.
[469] OVG Schleswig, B. v. 24.7.2008 – 1 MB 8/08 – NordÖR 2008, 416 (L) – Dorfgebiet; VGH München, B. v. 1.4.2008 – 15 CS 8.310 – Schweinestallerweiterung in einem Dorfgebiet.
[470] VGH München, B. v. 8.7.2008 – 15 CS 8.1358 – Gourmetrestaurant.
[471] VGH München, B. v. 30.10.2008 – 9 ZB 7.1463 – Lagergebäude.
[472] BVerwG, Urt. v. 14.1.1993 – 4 C 19.90 – DVBl 1993, 652 = NVwZ 1993, 1184 = RzB Rn. 360.
[473] Zu den immissionsschutzrechtlichen Problemen der landwirtschaftlichen und gewerblichen Tierhaltung *Scheidler* AUR 2007, 295; *ders.* DVBl 2007, 936.

mit erhöhten, der Nachbarschaft nicht zumutbaren Immissionsbelastungen verbunden sind. Die Zukunftsperspektive, die der Landwirtschaft in einem Dorfgebiet eröffnet wird, besteht nicht darin, durch betriebliche Veränderungen zu beliebiger Zeit zulasten der Nachbarschaft eine Verschlechterung der Immissionsverhältnisse herbeiführen zu dürfen. Auf der Grundlage der ausgeübten, bereits vorhandenen Nutzung soll vielmehr die weitere betriebliche Entwicklung dem Druck entzogen wird, der sonst in Gebieten mit gemischter Struktur von konkurrierenden Nutzungen ausgehen und in einem allgemeinen Verdrängungsprozess seinen sichtbaren Niederschlag finden kann.[474]

Für die Annahme eines Dorfgebietes reicht es aus, dass **Wirtschaftsstellen landwirt-** 312 **schaftlicher Betriebe** neben Wohngebäuden und Gewerbe- oder Handwerksbetrieben noch vorhanden sind und das Gebiet damit dörflich prägen. Veränderungen, die zwischen Erteilung des Bauscheins und Einlegung des nachbarlichen Rechtsbehelfs eintreten, dürfen nicht zum Nachteil des Bauherrn berücksichtigt werden.[475] Einem Wohnungsbauvorhaben in einem faktischen Dorfgebiet kann eine Verletzung des Rücksichtnahmegebots entgegengesetzt werden, sofern die beabsichtige Wohnnutzung unzumutbaren Belästigungen oder Störungen etwa eines landwirtschaftlichen Betriebes[476] ausgesetzt wird. Die in der VDI-Richtlinie 3471[477] enthaltenen technischen Regeln sind eine geeignete Orientierungshilfe für die Beurteilung von Geruchsimmissionen aus landwirtschaftlicher Tierhaltung.[478] Das Interesse eines Landwirts, sich Entwicklungsmöglichkeiten offen zu halten, genügen nicht, um von anderen Bauvorhaben Rücksichtnahme i.S. des § 15 BauNVO einzufordern.[479] Unzumutbare Lärmbeeinträchtigungen können auch von einem Gourmetrestaurant ausgehen.[480] Einen gewissen Publikums- und Lieferverkehr[481] muss die Wohnnachbarschaft allerdings hinnehmen. Ein gemeindliches Pilger- und Begegnungszentrum, das primär als Anlaufstätte für Marienpilger und als Veranstaltungsraum für ortsansässige Vereine dienen soll, ist in einem Dorfgebiet als Anlage für kulturelle und/oder soziale Zwecke i. S. v. § 5 II Nr. 7 BauNVO zulässig.[482]

Die **Grenzwerte für die Zumutbarkeit von Belastungen** in Dorfgebieten i. S. des 313 § 5 BauNVO sind − solange gesetzliche oder anderweitige, rechtlich konkretisierende Festlegungen fehlen − von den Behörden und Gerichten anhand einer umfassenden Würdigung aller Umstände des Einzelfalls und insbesondere der speziellen Schutzwürdigkeit des jeweiligen Baugebiets zu bestimmen. Selbst wenn hinsichtlich einzelner Beeinträchtigungsarten **technische Regelwerke** vorhanden sind (z. B. DIN-Normen oder VDI-Richtlinien), bieten diese im Rahmen der gebotenen Einzelfallprüfung nur eine Orientierungshilfe oder einen „groben Anhalt". Unzulässig ist in jedem Falle eine nur schematische Anwendung bestimmter Mittelungspegel oder Grenzwerte. Diese Grundsätze hat das BVerwG für den Bereich der Lärm- und Abgasbelastungen wiederholt ausgesprochen.[483] Sie haben auch für Geruchsbelastungen ihre Gültigkeit.[484]

---

[474] BVerwG, Urt. v. 14.1.1993 − 4 C 19.90 − DVBl 1993, 652.

[475] OVG Lüneburg, B. v. 4.2.2005 − 1 ME 291/04 − RdL 2005, 121 = NuR 2006, 57 = NordÖR 2005, 181 (L) − Wohnbebauung und Pferdehaltung.

[476] VGH München, Urt. v.29.11.2007 − 26 N 05.3254 − Dorfgebiet.

[477] VGH München, B. v. 24.11.2008 − 1 ZB 8.1462 − Schweinemaststall; B. v. 2.10.2008 − 15 ZB 8.2098 − Schweinemast; VGH München, B. v. 14.11.2008 − 1 ZB 6.561 − Abluftreinigungsanlage; VGH München, B. v. 21.1.2008 − 1 ZB 05.1454, 1 ZB 05.1456 − für einen Abferkelstall, einen Leersauenstall oder einen Ferkelaufzuchtstall.

[478] *Riemer*, Rechtliche Bewertung von Geruchsimmissionen, Diss. 2008.

[479] OVG Schleswig, B. v. 24.7.2008 − 1 MB 8/08 − NordÖR 2008, 416 (L) − Dorfgebiet; VGH München, B. v. 1.4.2008 − 15 CS 8.310 −Schweinestallerweiterung in einem Dorfgebiet.

[480] VGH München, B. v. 8.7.2008 − 15 CS 8.1358 − Gourmet-Restaurant.

[481] VGH München, B. v. 30.10.2008 − 9 ZB 7.1463 − Lagergebäude.

[482] OVG Münster, Urt. v. 6.9.2011 − 2 A 2249/09 − Pilger- und Begegnungszentrums.

[483] BVerwG, B. v. 18.12.1990 − 4 N 6.88 − Buchholz 406.11 § 1 BauGB Nr. 50 = ZfBR 1991, 120 = NVwZ 1991, 881.

[484] BVerwG, B. v. 27.1.1994 − 4 B 16.94 − RzB Rn. 903 − Rinderhaltung.

314   Hinsichtlich seiner **Störanfälligkeit** ist das Dorfgebiet etwa mit dem Mischgebiet vergleichbar. Der Schutz des Wohnens ist grundsätzlich geringer als in einem Wohngebiet. Auch müssen Immissionen durch dorfgebietstypische Nutzungen, etwa der Kleintierhaltung oder landwirtschaftlicher sowie forstwirtschaftlicher Betriebsstätten, hingenommen werden, solange sie das zumutbare Maß nicht überschreiten. Städtisch geprägte Wohnvorstellungen müssen daher an das dörfliche Leben angepasst werden. Besteht für das Gebiet kein Bebauungsplan und ist das im nicht beplanten Innenbereich liegende Vorhaben nach § 34 I BauGB zu beurteilen, so gelten besondere Grundsätze: In einem solchen **faktischen Dorfgebiet** bietet weder das in § 34 I BauGB noch in § 15 BauNVO enthaltene Rücksichtnahmegebot eine Grundlage dafür, dass sich ein Landwirt gegen eine heranrückende Wohnbebauung, die sich in die Eigenart der näheren Umgebung einfügt, erfolgreich mit dem Argument zur Wehr setzt, durch eine Wohnnutzung in der Nachbarschaft werde ihm für die Zukunft die Möglichkeit abgeschnitten, seinen Betrieb zu erweitern oder umzustellen. In einer Innenbereichslage, die durch ein Nebeneinander von landwirtschaftlichen Betrieben samt dazugehörigen Wohnungen bzw. Wohngebäuden gekennzeichnet ist, lässt § 34 I BauGB es nicht zu, dass sich die landwirtschaftlichen Betriebe gegen konkurrierende Wohnnutzung abschotten. § 34 I BauGB bietet keine Handhabe, überkommene Strukturen festzuschreiben. Der Gedanke der strikten Wahrung eines Mindestmaßes an qualitativer und quantitativer Mischung, wie er etwa § 6 BauNVO zu Grunde liegt, ist § 34 I BauGB fremd.[485]

315   Für die **Bauleitplanung** ergeben sich folgende Leitlinien: In der Mitte eines in aufgelockerter Struktur bebauten Dorfes darf sich die Gemeinde darauf beschränken, die Gliederung des Dorfgebietes in der Weise vorzunehmen, dass nur ein Teil desselben mit bestimmten, in dem Gebiet zulässigen Nutzungen überplant wird, sofern dieser Teil und das weiterhin faktisch vorhandene Dorfgebiet in der Planumgebung eine Einheit darstellen und in dieser Einheit die allgemeine Zweckbestimmung eines Dorfgebietes wahren. Die Absicht einer betrieblichen Weiterentwicklung bzw. Erweiterung (Schweinemast) ist erst abwägungsbeachtlich, wenn konkrete Erweiterungsanträge gestellt sind oder bei realistischer Betrachtung der Verhältnisse des jeweiligen Betriebs Betriebserweiterungen nahe liegen. Das Interesse eines Landwirts, sich alle Entwicklungsmöglichkeiten offen zu halten, oder unklare bzw. unverbindliche Absichtserklärungen reichen nicht aus.[486] Der Landwirt hat keinen Anspruch darauf, dass sich seine Erweiterungsabsichten in jedem Fall gegen die Planungen eines allgemeinen Wohn- und eines Mischgebietes durchsetzen und die Gemeinde dabei ein hinter dem Stand der Technik zurückbleibendes Aufstallungsniveau zugrunde legt.[487] Durch Bebauungsplan kann eine Gemeinde ein Dorfgebiet festsetzen, um eine schleichende Umwandlung in ein Wohngebiet zu verhindern, sofern im Planbereich noch landwirtschaftliche Nebenerwerbsbetriebe vorhanden sind.[488, 489]

---

[485] BVerwG, Urt. v. 14.1.1993 – 4 C 19.90 – DVBl 1993, 652 = RzB Rn. 360.

[486] OVG Schleswig, B. v. 14.8.2006 – 1 MR 5/06 – NordÖR 2006, 359 – Schweinemast im Dorfgebiet.

[487] OVG Lüneburg, Urt. v. 15.1.2004 – 1 KN 128/03 – NuR 2005, 595 = BauR 2004, 716 (L) = RdL 2004, 280 (L) –Aufstallungsabsichten; vgl. auch VGH München, Urt. v. 29.9.2006 – 26 N 01.1038 – Schweinemast.

[488] VGH Kassel, Urt. v. 15.2.2005 – 3 N 1095/03 – ESVGH 55, 250 (L) = ZfBR 2005, 386 = RdL 2006, 34 – Dorfgebietes schleichende Umwandlung; VGH München, Urt. v. 12.1.2007 – 1 N 06.2486 – Dorfgebiet.

[489] Zu Einzelfällen: VGH München, B. v. 13.12.2006 – 1 ZB 04.3549 – KommunalPraxis BY 2007, 65 (L) – Bauschlosserei und Reitpferde, m. Hinw. auf VGH Mannheim, Urt. v. 16.5.2002 – 3 S 1637/01 – BRS 65 Nr. 65; BVerwG, 23.11.1998 – 4 B 29.98 –; VGH München, B. v. 13.1.2006 – 26 ZB 02.1638 – Milchviehstall (mit Boxen-Laufstall); B. v. 5.8.2005 – 25 ZB 01.227 – Umbau und Erweiterung einer Dorfgaststätte mit Parkplatzlärm; B. v. 18.8.2006 – 25 CS 06.1107 – Gaststätte; B. v. 10.5.2005 – 25 ZB 02.1254 – Getränkehandel, Kühlzelle mit Kühlaggregat; B. v. 29.11.2006 – 25 ZB 05.1958 – Hühnerhaltung Nutzungsänderung einer bestehenden Gerätehalle; B. v. 14.6.2005 – 2 ZB 04.3315 – Aussiedlerheim.

f) → **Mischgebiete.** Sie dienen nach § 6 I BauNVO vorwiegend dem Wohnen und der 316
Unterbringung von Gewerbebetrieben, die das Wohnen nicht wesentlich stören.[490] Das
Wohnen und die gewerbliche Nutzung stehen somit im Mischgebiet nebeneinander. Die
Gleichrangigkeit und Gleichwertigkeit beider Nutzungen soll dabei weniger durch eine
flächenmäßige oder zahlenmäßige Quotierung erreicht werden, sondern durch ein ausgewogenes Verhältnis hinsichtlich des Störungsgrades, der wechselseitigen Verträglichkeit
und der Vielfalt der Wohn- und Gewerbenutzungen. Zugleich ist auf ein ausgewogenes
quantitatives und qualitatives Mischungsverhältnis der Wohnnutzung und der gewerblichen Nutzung hinzuwirken (→ *Abbildung 38 und 39 mit Textbeispielen 33 und 34).*

→ **Mischgebiet (MI).** Mischgebiete dienen dem Wohnen und der Unterbringung von Gewerbebetrieben, die das Wohnen nicht wesentlich stören (§ 6 BauNVO).

Allgemeines Wohngebiet – Mischgebiet
Innerhalb der Bauflächen sollten die Gebäude wie vorgeschlagen errichtet werden.
Im Mischgebiet sind Vergnügungsstätten unzulässig.
Im Allgemeinen Wohngebiet sind Tankstellen auch ausnahmsweise unzulässig.
In den festgesetzten Flächen für Maßnahmen zum Schutz, zur Pflege und zur Entwicklung von Boden,
Natur und Landschaft ist zum Ausgleich der durch die zugelassenen Vorhaben bewirkten Eingriffe ein
Magerrasen anzulegen (§ 9 I Nr. 20 BauGB).
Die im Plan festgesetzten Einzelbäume sind zu erhalten. Abgängige Bestände sind durch standortge-
rechte Bäume mit dem festgesetzten Stammumfang in 1 m Höhe zu ersetzen.

Textbeispiel 33: *Festsetzungen Allgemeines Wohngebiet – Mischgebiet (zu Abbildung 39)*

Hinsichtlich des **Störungsgrades** ist der Wohnnachbarschaft mehr zuzumuten als in 317
einem Wohngebiet. Andererseits haben die gewerblichen Betriebe mehr Rücksicht auf die
Wohnnachbarschaft zu nehmen als in einem Gewerbegebiet. Dabei folgt aus der typisierenden Betrachtungsweise, dass in einem durch Bebauungsplan ausgewiesenen Mischgebiet grundsätzlich auf jedem Baugrundstück die nach dem Katalog des § 6 BauNVO
zulässigen Nutzungen in Betracht gezogen werden müssen. Allerdings kann im Einzelfall
nach § 15 I BauNVO über das Gebot der nachbarlichen Rücksichtnahme eine an sich in
einem Mischgebiet zulässige Nutzung unzulässig sein. Eine Erhöhung der vorhandenen
Belastung führt nicht automatisch zur Unzulässigkeit einer Nutzung im Mischgebiet.[491]

Beispiel: Eine kleinere Kraftfahrzeugreparaturwerkstatt ohne Karrosseriereparatur und ohne größeren
Maschinenpark kann als nicht störender Gewerbebetrieb im Mischgebiet allgemein zulässig sein.[492] In
der Nachbarschaft eines Krankenhauses oder einer vergleichbaren schutzbedürftigen Nutzung kann
sich jedoch gem. § 15 BauNVO die Unzulässigkeit eines solchen Gewerbebetriebes ergeben.[493]

Allgemein zulässig sind nach § 6 II BauNVO Wohngebäude, Geschäfts- und Büroge- 318
bäude, Einzelhandelsbetriebe, Schank- und Speisewirtschaften sowie Betriebe des Beherbergungsgewerbes, sonstige Gewerbebetriebe, Anlagen für Verwaltungen sowie für
kirchliche, kulturelle, soziale, gesundheitliche und sportliche Zwecke, Gartenbaubetriebe, Tankstellen sowie Vergnügungsstätten i. S. des § 4 a III Nr. 2 BauNVO in den
Teilen des Gebietes, die überwiegend durch gewerbliche Nutzungen geprägt sind. Ausnahmsweise können nach § 6 III BauNVO im Mischgebiet Vergnügungsstätten i. S. des
§ 4 a III Nr. 2 BauNVO auch außerhalb der überwiegend durch gewerbliche Nutzung
geprägten Bereiche zugelassen werden. Für die Zulässigkeit einer Vergnügungsstätte

---

[490] Zur Charakterisierung eines Mischgebiets (§ 6 BauNVO) BVerwG, B. v. 11.4.1996 – 4 B
51.96 – NVwZ–RR 1997, 463.
[491] BVerwG, B. v. 17.1.1995 – 4 B 1.95 – Buchholz 310 § 162 VwGO Nr. 29.
[492] BVerwG, B. v. 11.4.1975 – 4 B 37.75 – BauR 1975, 396 = Buchholz 406.12 § 6 BauNVO Nr. 3
– Kraftfahrzeugreparaturwerkstatt.
[493] BVerwG, Urt. v. 26.5.1978 – 4 C 9.77 – BVerwGE 55, 369 = RzB Rn. 336 – Harmonieurteil.

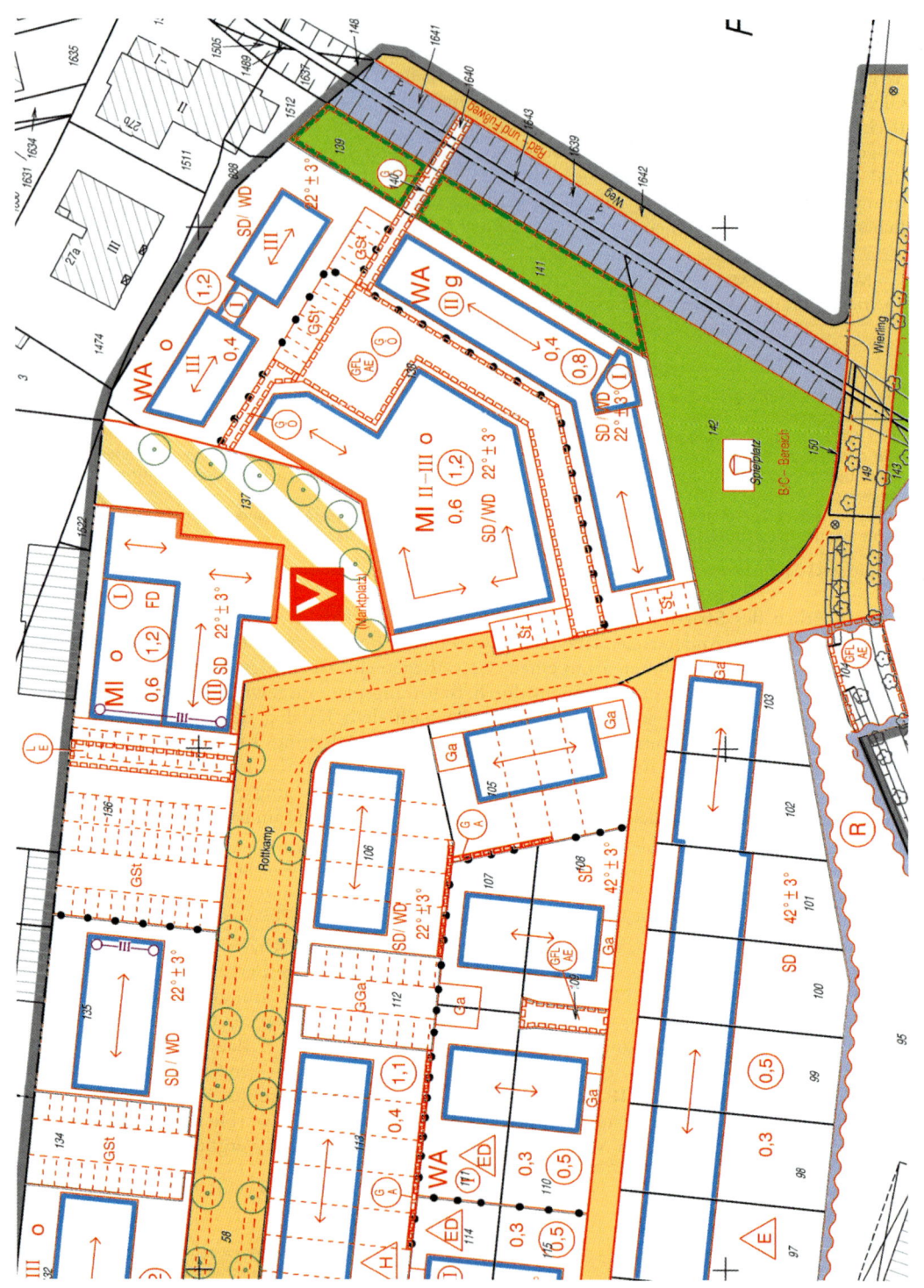

Abbildung 38; *Nebeneinander von Allgemeinem Wohngebiet und Mischgebiet*

verweist § 6 II Nr. 8 BauNVO auf einen Gebietsteil, der überwiegend durch gewerbliche Nutzung geprägt wird. Dagegen nimmt die Vorschrift nicht auf die unmittelbare Nachbarbebauung Bezug.[494] Der Verordnungsgeber hat erkennbar davon abgesehen, einen derart engen räumlichen Bereich als maßgeblich zu bestimmen.[495] Das ausgewogene **Mischungsverhältnis** zwischen Wohnen und nicht wesentlich störenden Gewerbebetrieben[496] kann bei einem größeren Hotelneubau aus den Fugen geraten.[497] Auch die Ausübung von Prostitution in sogenannten Terminwohnungen ist im Mischgebiet bauplanungsrechtlich unzulässig.[498]

Gewerbebetriebe sind in einem Mischgebiet zulässig, wenn sie das Wohnen nicht **319** wesentlich stören. Dabei ist von einer typisierenden Betrachtung auszugehen, die nach Maßgabe des konkreten Einzelfalls zu modifizieren ist.[499] Die im (großen) immissionsschutzrechtlichen Genehmigungsverfahren nach §§ 4 ff. BImSchG i.V. mit der 4. BImSchV genehmigungsbedürftigen Anlagen sind in einem Mischgebiet regelmäßig unzulässig. Nur als untergeordnete Nebenanlagen zu nicht wesentlich störenden Gewerbebetrieben können solche im großen Verfahren nach dem BImSchG genehmigungsbedürftigen Anlagen ausnahmsweise zulässig sein. Bei den einem (kleinen) immissionsschutzrechtlichen Genehmigungsverfahren nach § 19 BImSchG unterliegenden Anlagen bedarf es einer Prüfung im Einzelfall, ob diese (noch) mischgebietsverträglich sind. Außer den in der 4. BImSchV aufgeführten Anlagen gehören zu den wesentlich störenden im Mischgebiet regelmäßig unzulässigen Gewerbebetrieben etwa Holz verarbeitende Betriebe mit maschineller Ausrüstung, ferner größere Transportunternehmen, Bauunternehmungen mit einem größeren Kfz- und Maschinenpark, größere gewerbliche Lager und Handlungen für Brennstoffe sowie Lagerplätze für Straßenbaustoffe, Schrott, tierische Abfälle und für andere durch Lärm, Staub oder Gerüche belastende Stoffe.[500] In Gemengelagen gelten Besonderheiten, die auch im Zulassungsverfahren zu berücksichtigen sind. Für ein in einer Gemengelage zwischen Wohnbebauung und gewerblicher Nutzung befindendes Bauvorhaben[501] ist daher nur die Einhaltung der Immissionsrichtwerte der TA Lärm für ein Mischgebiet sicherzustellen.[502]

Textliche Festsetzungen gem. § 9 BauGB

Innerhalb des Mischgebietes ist Einzelhandel allgemein zulässig. Ausgenommen davon sind Einzelhandelsbetriebe mit nachstehend aufgeführten innenstadttypischen Sortimenten:

- Oberbekleidung, Wäsche und sonstige Textilien,
- Schuhe und Lederwaren,
- Spielwaren und Sportartikel,
- Uhren, Schmuck, Optik- und Fotoartikel,
- Musikalien, Schallplatten,
- Glaswaren, Porzellan und Geschenkartikel,
- Radios, Hifi-Geräte, Fernseher und Car-Hifi,
- Schreibwaren und Bücher,

---

[494] *Stüer* DVBl 1990, 469.

[495] BVerwG, B. v. 14.10.1993 – 4 B 176.93 – Buchholz 406.12 § 6 BauNVO Nr. 13.

[496] Zum Schaustellerbetrieb im VGH München, B. v. 11.9.2008 – 14 ZB 7.2056 – Schaustellerbetrieb.

[497] VGH München, B. v. 26.5.2008 – 1 CS 8.881, 1 CS 8.882 – BauR 2008, 1556 m. Anm. *Jung* BauR 2008, 1548 – faktisches Mischgebiet.

[498] VGH München, B. v. 16.5.2008 – 9 ZB 7.3224 – ZfBR 2008, 600 = BauR 2008, 1851 – Terminwohnungen.

[499] Zu unselbständigen Nebenanlagen BVerwG, Urt. v. 15.11.1991 – 4 C 17.88 –; vgl. auch B. v. 5.9.1996 – 4 B 162.96 – Buchholz 406.19 Nachbarschutz Nr. 138 – Vogelzuchtanlage.

[500] *Fickert/Fieseler* § 6 Rn. 12.2; BVerwG, B. v. 18.8.1998 – 4 B 82.98 – SB – Autowaschanlage.

[501] VGH München, Urt. v. 14.8.2008 – 14 B 6.1181 – Landmaschinenhandel.

[502] OVG Bautzen, B. v. 4.6.2008 – 1 B 143/08 – Nachbarschutz bei lärmbelasteten Bauvorhabe.:

- Drogerieartikel und Arzneimittel,
- Nahrungs- und Genussmittel.

Vom Ausschluss unberührt bleiben bereits genehmigte Nutzungen.
Im Mischgebiet sind unzulässig:

- Gartenbaubetriebe,
- Tankstellen,
- Vergnügungsstätten.

Textbeispiel 34: *Textliche Festsetzungen Mischgebiet*

320   Auch Einzelhandelsnutzungen sind im Mischgebiet zulässig. Allerdings gelten auch hier die Einschränkungen des § 11 III BauNVO. Im allgemeinen Wohngebiet sind kleinere Einzelhandelsgeschäfte als **„Nachbarschaftsläden"** zulässig. Es handelt sich dabei um Geschäfte, die der verbrauchernahen Versorgung eines Wohngebietes dienen und deren Verkaufsflächen-Obergrenze für einen SB-Lebensmittelmarkt bei 800 m² liegt.[503] Das gilt auch für Mischgebiete.[504] Eine **Vergnügungsstätte** ist in einem Mischgebiet nach § 6 II Nr. 4 BauNVO nur zulässig, wenn sie nicht dem Typus einer Vergnügungsstätte, wie er für solche Einrichtungen im Kerngebiet kennzeichnend ist, entspricht und sie keine wesentlichen Störungen für die Wohnruhe vor allem am Abend und in der Nacht mit sich bringt. Eine Schankwirtschaft dient der Verabreichung von Getränken; dort sind allenfalls gelegentliche Tanzveranstaltungen zulässig. Wird der Gaststättenbetrieb durch die Möglichkeit zum Tanz (mit-) geprägt, ist er als Vergnügungsstätte einzuordnen.[505] Eine Vergnügungsstätte ist kerngebietstypisch, wenn sie einen größeren Einzugsbereich hat, für ein größeres und allgemeines Publikum erreichbar sein soll und nicht nur der Entspannung und Freizeitbetätigung in einem begrenzten Stadtteil dient, wie etwa das Vorstadtkino oder das kleine Tanzcafé. Für die Einordnung als **kerngebietstypisch** kommt es weder darauf an, inwieweit die (maximalen) Öffnungszeiten gegenwärtig ausgenutzt werden, noch darauf, welche Störwirkungen durch den Einzugsbereich bzw. das Kommen und Gehen von Besuchern der Gaststätte konkret entstehen. Die planungsrechtliche Beurteilung erfolgt typisierend; entscheidend ist, ob die Nutzung ihrer Art nach geeignet ist, das Wohnen wesentlich zu stören, oder ob dies regelmäßig (typischerweise) nicht der Fall ist. Die Erheblichkeit einer Störung ist folglich danach zu prüfen, was die angefochtene Genehmigung an Nutzung hergibt.[506]

321   Das **erforderliche quantitative Mischungsverhältnis** ist in einem Mischgebiet nur gewahrt, wenn sowohl die Wohnnutzung als auch die gewerbliche Nutzung ihr eigenes Gewicht haben. Das Verhältnis der beiden Nutzungsarten ist weder nach der Fläche noch nach Anteilen zu bestimmen.[507] Dieses gleichwertige Nebeneinander zweier Nutzungsarten setzt zum einen wechselseitige Rücksichtnahme der einen Nutzung auf die andere und deren Bedürfnisse voraus. Es bedeutet zum anderen aber auch, dass keine der Nutzungsarten ein deutliches Übergewicht über die andere gewinnen darf.[508] Das

---

[503] BVerwG, Urt. v. 22.5.1987 – 4 C 19.85 – BauR 1987, 528 = DVBl 1987, 1006 = RzB Rn. 943; Urt. v. 24.11.2005 – 4 C 10.04, 4 C 14.04, 4 C 3.05, 4 C 8.05 -.

[504] BVerwG, B. v. 17.1.1995 – 4 B 1.95 – Buchholz 310 § 162 VwGO Nr. 29.

[505] Zur Anwendbarkeit der TA-Lärm auf eine Gaststätte mit Innen- und Außenbetrieb BVerwG, B. v. 3.8.2010 – 4 B 9.10 – BauR 2010, 2070 = ZfBR 2010, 696 – Gaststätte mit Innen- und Außenbetrieb.

[506] OVG Schleswig, B. v. 5.10.2009 – 1 MB 16/09 – NordÖR 2009, 472 – kerngebietstypische Vergnügungsstätte im Mischgebiet.

[507] BVerwG, Urt. v. 28.4.1972 – 4 C 11.69 – BVerwGE 40, 94; Urt. v. 4.5.1988 – 4 C 34.86 – BVerwGE 79, 309; B. v. 11.4.1996 – 4 B 51.96 – Buchholz 406.11 § 34 BauGB Nr. 179 = ZfBR 1997, 51 – faktisches Mischgebiet.

[508] BVerwG, Urt. v. 25.11.1983 – 4 C 64.79 – BVerwGE 68, 207; Urt. v. 21.2.1986 – 4 C 31.83 – Buchholz 406.12 § 6 BauNVO Nr. 7 = NVwZ 1986, 643.

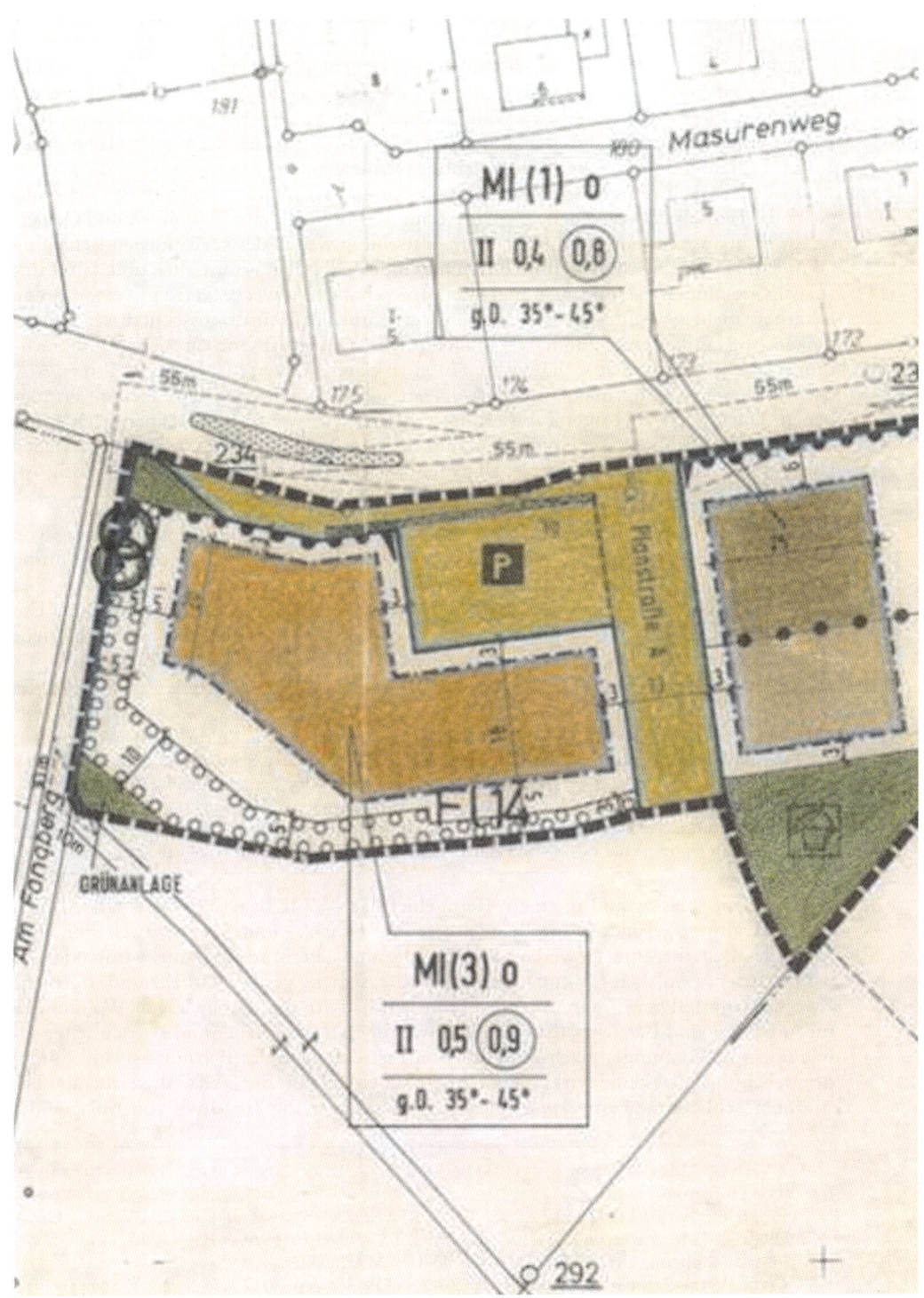

Abbildung 39: *Mischgebiet*

Mischgebiet darf deshalb nicht in ein allgemeines Wohngebiet oder Gewerbegebiet umkippen.[509]

322   Auch größere **Sportanlagen**, die über die in einem Wohngebiet zulässigen wohnnahen Sportanlagen hinausgehen, sind in einem Mischgebiet zulässig, wenn das Gebot der Rücksichtnahme auf benachbarte Wohnnutzungen gewahrt ist. Dabei muss neben den Lärmbeeinträchtigungen durch den Sportbetrieb selbst ggf. auch der Verkehrslärm durch zu- und abfahrende Fahrzeuge berücksichtigt werden.[510]

323   Die Festsetzung eines Mischgebiets ist städtebaulich nicht erforderlich, wenn der Plangeber das gesetzlich vorgesehene gleichberechtigte Miteinander von Wohnen und Gewerbe gar nicht anstrebt oder eine solche Durchmischung wegen der vorhandenen Bebauung faktisch nicht zu erreichen ist („Etikettenschwindel").[511] Nicht erforderlich und damit unzulässig ist eine Bebauungsplanung, die vorgeschobene Zwecke verfolgt, etwa ein in Wahrheit nicht gewolltes Mischgebiet ausweist, um das Immissionsschutzniveau abzusenken (sog. Etikettenschwindel).[512] In einem Mischgebiet ist eine typisierende Betrachtungsweise grundsätzlich sachgerecht, um eine klarere Unterscheidung der ihrer „Art" nach in diesem Gebiet unzulässigen Vorhaben von den zulässigen Vorhaben zu ermöglichen. Die Grenze zulässiger Typisierung wird erreicht, wenn das Vorhaben nach seiner baulichen Konzeption von vornherein nur Immissionen in einem Maße verursachen kann, das in einem Mischgebiet – allgemein – zumutbar und (verlässlich) zulässig ist, weil das Wohnen nicht (mehr) wesentlich gestört wird.[513]

324 **g) Kerngebiete.** Sie dienen nach § 7 I BauNVO vorwiegend der Unterbringung von Handelsbetrieben sowie von zentralen Einrichtungen der Wirtschaft, der Verwaltung und der Kultur. Es handelt sich dabei zumeist um die Innenstädte der Großstädte, aber auch um Zentren von Stadtbezirken oder von kleineren und mittleren Städten. Das Kerngebiet ist Kristallisationspunkt für das Wirtschaftsleben, für Dienstleistungsbetriebe und Einrichtungen aller Art sowie den wachsenden Freizeitbedarf (→ *Abbildung 40*).

> → **Kerngebiet (MK).** Kerngebiete dienen vorwiegend der Unterbringung von Handelsbetrieben sowie der zentralen Einrichtungen der Wirtschaft, der Verwaltung und Kultur (§ 7 BauNVO).
>   → **Dienstleistungssektor.** Neben der Landwirtschaft (primärer Sektor) und dem produzierenden Gewerbe (sekundärer Sektor) ist der Dienstleistungssektor der anteilmäßig größte und am schnellsten wachsende Teil der Volkswirtschaft. Diesem tertiären Sektor gehören u.a. die öffentliche Verwaltung, Verbände, freie Berufe, Rundfunk und Fernsehen, unternehmensbezogene Dienstleistungen sowie der Groß- und Einzelhandel und sonstige private Dienstleistungen an.

325   Allgemein zulässig sind in einem Kerngebiet nach § 7 II BauNVO Geschäfts-, Büro- und Verwaltungsgebäude, Einzelhandelsbetriebe, Schank- und Speisewirtschaften, Betriebe des Beherbergungsgewerbes und Vergnügungsstätten, sonstige nicht störende Gewerbebetriebe, Anlagen für kirchliche, kulturelle, soziale, gesundheitliche und sportliche Zwecke, Tankstellen im Zusammenhang mit Parkhäusern und Großgaragen, Wohnungen für Aufsichts- und Bereitschaftspersonen sowie für Betriebsinhaber und Betriebsleiter sowie sonstige Wohnungen nach Maßgabe von Festsetzungen des Bebauungsplans. Sofern der Bebauungsplan keine wirksamen Festsetzungen enthält, die etwas Abweichendes bestimmen, schließt die Festsetzung eines Kerngebiets auch die Zulassung von Anlagen der

---

[509] BVerwG, Urt. v. 4.5.1988 – 4 C 34.86 – BVerwGE 79, 309 = BauR 1988, 440 = RzB Rn. 908 – Hofgarten.

[510] BGH, Urt. v. 17.12.1982 – V ZR 55/82 – NJW 1983, 751 = RzB Rn. 92; BVerwG, Urt. v. 19.1.1989 – 7 C 77.87 – BVerwGE 81, 197 = RzB Rn. 93 – Tegelsbarg; *Stüer* BauR 1985, 148.

[511] VGH Mannheim, Urt. v. 17.5.2013 – 8 S 313/11 – Mischgebiet.

[512] OVG Berlin-Brandenburg, Urt. v. 9.5.2012 – OVG 2 A 17.10 - *Wiggers* NJW-Spezial 2012, 556.

[513] OVG Schleswig, B. v. 17.7.2012 – 1 MB 23/12 – NordÖR 2012, 518 (L) – Tischlerei.

Fremdwerbung mit ein (vgl. § 7 II Nr. 3 BauNVO).[514] **Ausnahmsweise** können nach § 7 III BauNVO in Kerngebieten Tankstellen auch ohne eine Verbindung mit Parkhäusern oder Großgaragen oder sonstige Wohnungen zugelassen werden. § 7 IV BauNVO ermöglicht bei Rechtfertigung durch besondere städtebauliche Gründe auch Festsetzungen zu Gunsten von Wohnungen in bestimmten Geschossen oder in einem bestimmten Anteil. Das Wohnen ist in Kerngebieten in unterschiedlichem Umfang zulässig. § 7 II Nr. 6 BauNVO ermöglicht Wohnungen, die mit den im Kerngebiet ansässigen Betrieben korrespondieren. § 7 II Nr. 7 BauNVO betrifft sonstige Wohnungen, die von der Gemeinde zugelassen werden. Ausnahmsweise können Wohnungen nach § 7 III Nr. 2 BauNVO festgesetzt werden. § 7 IV 1 BauNVO ermöglicht die Festsetzung von Wohnnutzungen als Ausnahme für Teile eines Kerngebietes bei Rechtfertigung durch besondere städtebauliche Gründe und bei räumlicher Beschränkung der Wohnnutzung.[515]

Der **Störungsgrad** hat sich an dem im Kerngebiet zulässigen Mischungsverhältnis unterschiedlicher Nutzungen zu orientieren. Er wird im Bereich zwischen den im Gewerbegebiet bzw. in einem Mischgebiet zulässigen Störungen liegen. Die Bewohner müssen die in einem Kerngebiet unvermeidlichen Störungen insbesondere durch Geschäftslärm aber auch Verkehrslärm in größerem Umfang als in einem Wohngebiet in Kauf nehmen. Eine ambulante Einrichtung der Drogenhilfe ist als Anlage für soziale und (oder) gesundheitliche Zwecke i.S. des § 7 II Nr. 4 BauNVO in einem Kerngebiet allgemein zulässig, auch wenn der Bebauungsplan Festsetzungen gemäß § 7 II Nr. 7 BauNVO über die allgemeine Zulässigkeit von Wohnungen in dem Gebiet trifft.[516] **Wettbüros** (auch für Pferderennen)[517] fallen unter den Begriff der „Vergnügungsstätte". In einem Kerngebiet kann die Ansiedlung eines weiteren Wettbüros wegen der schon vorzufindenden Anzahl derartiger Anlagen der Eigenart des Baugebiets widersprechen.[518] Auch in kleineren Gemeinden ist die Festsetzung eines Kerngebietes nicht grundsätzlich ausgeschlossen.[519] Eine Gaststätte mit regelmäßigen Tanzveranstaltungen im 23-Stunden-Betrieb für bis zu 200 Personen, einem großen Gastraum, über 100 Sitzplätzen sowie einer auf 106 dB(A) eingepegelten Beschallungsanlage hat den Charakter einer **kerngebietstypischen Vergnügungsstätte**.[520]

Die beabsichtigte Nutzungsänderung in einen bordellartigen Betrieb in der Form **327** eines Laufhauses mit 48 Zimmern gehört zu den in einem Kerngebiet allgemein zulässigen Nutzungen, da es entweder als Vergnügungsstätte (§ 7 II Nr. 2 BauNVO) oder als sonstiger nicht wesentlich störender Gewerbebetrieb (§ 7 II Nr. 3 BauNVO) anzusehen

326

---

[514] BVerwG, Urt. v. 16.3.1995 – 4 C 3.94 – NVwZ 1995, 899 = DÖV 1995, 825 = UPR 1995, 350 = BauR 1995, 508.

[515] Zur Zulässigkeit des Wohnens in Kerngebieten gem. § 7 II bis IV BauNVO *Otto* ZfBR 2013, 125, dort auch zu den typischen Fehlern bei Festsetzungen m. Hinw. m. Hinw. auf OVG Münster, Urt. v. 18.12.2009 – 7 D 62/08.NE –. *Otto* spricht sich dafür aus, die Vorschriften im Sinne eines größeren Gestaltungsspielraums der planenden Gemeinde zu erweitern.

[516] BVerwG, B. v. 6.12.2000 – 4 B 4.00 – DVBl 2001, 669 = NVwZ-RR 2001, 217 = BauR 2001, 605 – mindestens 25 v.H. der Geschossfläche. Auch in einem Misch- oder Kerngebiet kann eine Heroin-Ambulanz nach §§ 6 II Nr. 5, 7 II Nr. 4 BauNVO zulässig sein, so VGH Kassel, B. v. 12.3.2003 – 3 TG 3259/02 – ZfBR 2003, 488. Auch eine ehemals militärische Liegenschaft kann einen nicht beplanten Innenbereich darstellen, so BVerwG, Urt. v. 17.5.2002 – 4 C 6.01 – DVBl 2002, 1479 mit Anm. *Krane* 1484 = NVwZ 2003, 211 – Konversionsfläche.

[517] *Tuttlewski/Lange* ZfWG 2009, 163.

[518] VGH Kassel, B. v. 25.8.2008 – 3 UZ 2566/07 – Wettbüro im Kerngebiet.

[519] OVG Greifswald, Urt. v. 28.11.2007– 3 K 30/04 – NordÖR 2008, 243 – Kerngebiet. Noch nicht abschließend geklärt ist Frage, unter welchen Voraussetzungen die Festsetzung eines Sondergebiets (§ 11 BauNVO) in Abgrenzung zum Kerngebiet (§ 7 BauNVO) zulässig ist BVerwG, B. v. 4.6.2008 – 4 BN 7.08 – Sondergebiet.

[520] Zur Anwendbarkeit der TA-Lärm auf eine Gaststätte mit Innen- und Außenbetrieb BVerwG, B. v. 3.8.2010 – 4 B 9.10 – BauR 2010, 2070 = ZfBR 2010, 696 – Gaststätte mit Innen- und Außenbetrieb.

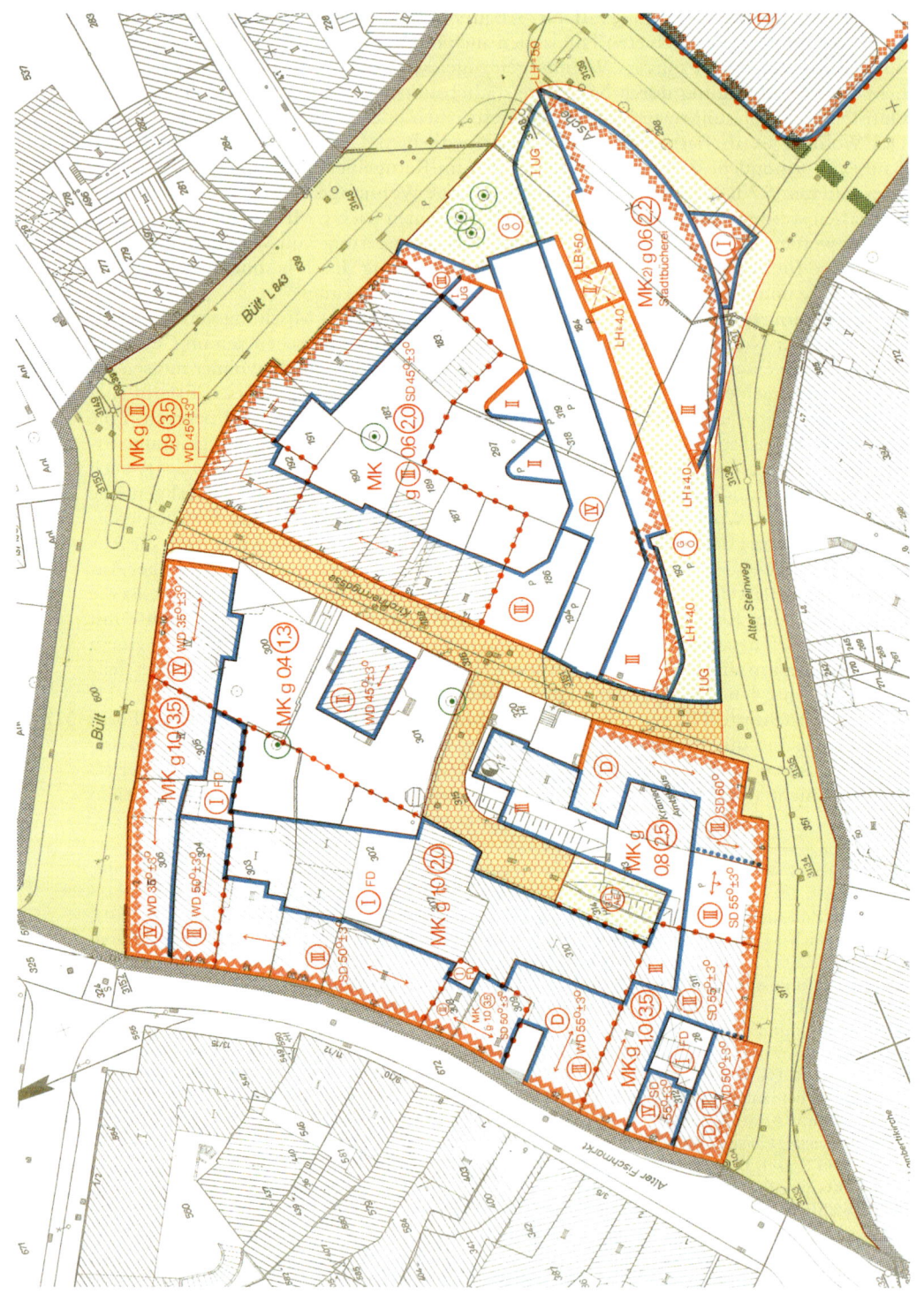

Abbildung 40: *Kerngebiet Innenstadt*

ist.[521] Eine kommunale Sperrbezirksverordnung kann derartige Nutzungen jedoch in verfassungsrechtlich zulässiger Weise ausschließen.[522] In einem faktischen Sondergebiet im Sinne des § 34 II BauGB in Verbindung mit § 11 III Nr. 1 BauNVO ist eine kerngebietstypische Vergnügungsstätte plangebietswidrig, denn ein Einkaufszentrum stellt eine räumliche Konzentration von Einzelhandels-, Handwerks- und Dienstleistungsbetrieben verschiedener Branchen- und Größenordnungen dar[523] (→ *Abbildungen 41 und 42 mit Textbeispiel 35*). Eine Erhöhung der zulässigen Immissionsbelastung ist dann nicht abwägungsrelevant, wenn damit nach Lage der Dinge gerechnet werden muss. Kerngebiete dienen generell nicht dem Wohnen, sondern nur nach Maßgabe entsprechender (abgewogener) Festsetzungen eines Bebauungsplans (§ 7 I, II Nr. 7 BauNVO). Mit „sonstigen" Wohnungen in § 7 II Nr. 7 BauNVO sind Wohnungen ohne die Zweckbindung der § 7 II Nr. 6 BauNVO gemeint. Eine textliche Festsetzung, die das Wohnen in nahezu allen Kerngebieten umfangreich ermöglicht, führt zur Unwirksamkeit des Bebauungsplans.[524]

Planungskonzept

Im Bereich des ehemaligen Bahnhofs der Stadt Friesoythe waren der Bahnhofsbereich und umliegende Industrieflächen bzw. Industriebrachen zu überplanen. Verkehrlich musste eine neue Verbindungstangente zwischen den zwei Landesstraßen geschaffen und eingeplant werden. Die Verkehrsführung der neuen Verbindungstangente musste zum einen den verkehrlichen Anforderungen einer Hauptverkehrsstraße entsprechen und zugleich eine optimale Flächenaufteilung und städtebaulich ansprechende Gestaltung dieses Innenstadtrandbereiches gewährleisten. Im Plangebiet mussten verschiedene Sondergebiete für Einzelhandel, Baumarkt usw. festgesetzt werden. Die Festsetzung der einzelnen Verkaufsflächen erfolgte vor dem Hintergrund eines anlässlich der Planung aufgelegten neuen Innenstadteinzelhandelsgutachtens.

Mischgebiet

Für die Mischgebiete gelten gem. § 1 V bis VI BauNVO folgende Festsetzungen: Tankstellen und Vergnügungsstätten sind nicht zulässig. Hiervon ausgenommen sind Tanzgaststätten und Lichtspielhäuser; diese können als Ausnahme zugelassen werden. In den Erdgeschossen ist das Wohnen nicht zulässig.

Kerngebiet

In den Kerngebieten sind sonstige Wohnungen (§ 7 II Nr. 6 und 7 BauNVO) ab dem zweiten Vollgeschoss allgemein zulässig.
Im Kerngebiet MK 1 ist eine Geschossfläche von höchstens 5.000 m² zulässig. Davon ist ein Verbrauchermarkt mit dem Sortiment Nahrungs- und Genussmittel mit einer Geschossfläche von höchstens 1.500 m² zulässig. Im Kerngebiet K 1 kann bei Überschreitung der östlichen und südlichen Baugrenze beispielsweise durch überdachte Nebenanlagen eine Befreiung erfolgen.
Im Kerngebiet MK 2 ist eine Netto-Verkaufsfläche von höchstens 1.500 m² für einen Verbrauchermarkt mit dem Sortiment Nahrungs- und Genussmittel zulässig.

Sondergebiet Einzelhandel

Im Sondergebiet Einzelhandel ist ein Verbrauchermarkt mit folgenden Sortimenten zulässig: Teppichwaren (ohne Objekte), Farben/Tapeten, Heimwerkerbedarf, Garten- und Campingbedarf, zoologischer Bedarf sowie Jagd- und Angelware. Die Verkaufsfläche darf höchstens 1.850 m² betragen. Im 2. Geschoss sind Betriebsleiterwohnungen zulässig.

Stellplätze im Kerngebiet und im Sondergebiet

Reicht die Fläche für Stellplätze im Kerngebiet und im Sondergebiet Einzelhandel für den erforderlichen Stellplatzbedarf nicht aus, so können die übrigen Stellplätze innerhalb des Sondergebietes auf den nicht überbaubaren Flächen untergebracht werden.

Vorhaltetrasse für den Schienenverkehr (§ 9 I Nr. 11 BauGB)

Sofern die festgesetzte Fläche nicht für den Schienenverkehr benötigt wird, kann sie als Geh- und Radweg, als Fläche für Stellplätze, als Außenverkaufsfläche oder als Zufahrt genutzt werden.

Textbeispiel 35: *Festsetzungen Kerngebiet – Mischgebiet – Sondergebiet (zu Abbildung 41)*

---

[521] OVG Berlin-Brandenburg, Urt. v. 7.6.2012 – OVG 2 B 18.11 – Laufhaus, nachgehend BVerwG, B. v. 26.4.2013 – 4 B 45.12 -.

[522] BVerfG, B. v. 28.4.2009 – 1 BvR 224/07 – NVwZ 2009, 905 = DVBl 2009, 841, *Stühler* BauR 2010, 1013 – Sperrbezirksverordnung.

[523] OVG Berlin-Brandenburg, B. v. 20.3.2008 – 2 S 116.07 – ZfBR 2008, 487 = BauR 2008, 1116 = GewArch 2008, 323-324 = NVwZ-RR 2008, 770 (L)

[524] OVG Münster, Urt. v. 18.12.2009 – 7 D 62/08.NE – m. Hinw. auf BVerwG, Urt. v. 4.8.2009 – 4 CN 4.08 – BauR 2009, 1862; OVG Münster, Urt. v. 9.8.2006 – 8 A 1359/05 – DVBl 2007, 129.

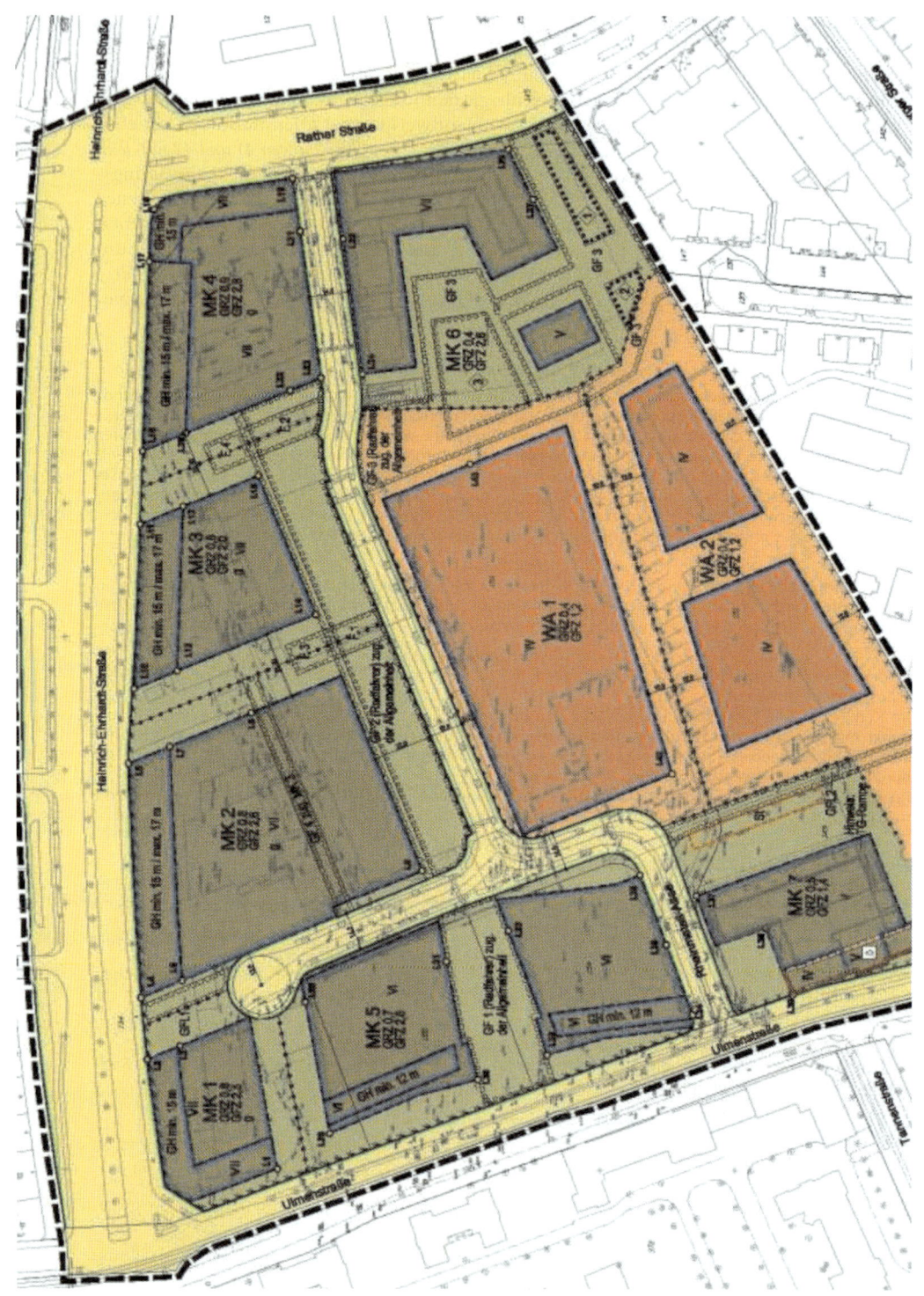

Abbildung 41: *Kerngebiet*

Abbildung 42: *Nebeneinander von Kerngebiet − Mischgebiet − Sondergebiet*

328 **h)** → **Gewerbegebiete.** Sie dienen nach § 8 I BauNVO vorwiegend der Unterbringung von nicht erheblich belästigenden Gewerbebetrieben. Vom Industriegebiet unterscheidet sich das Gewerbegebiet dadurch, dass das Industriegebiet ausschließlich der Unterbringung von Gewerbebetrieben dient, während das Gewerbegebiet vorwiegend (nur) der gewerblichen Nutzung dient. Auch ist der im Industriegebiet mögliche Störungsgrad höher als in einem Gewerbegebiet. Im Gegensatz zum Mischgebiet ist im Gewerbegebiet die Wohnnutzung – abgesehen von betriebsbezogenen Wohnungen – nicht zulässig. Auch bestehen im Gewerbegebiet im Vergleich zum Mischgebiet nach Maßgabe des § 15 BauNVO intensivere gewerbliche Bebauungsmöglichkeiten. Der Störungsgrad ist entsprechend gesteigert und das Duldungspotenzial der Wohnnutzung entsprechend erhöht.

> → **Gewerbegebiet (GE).** Gewerbegebiete dienen vorwiegend der Unterbringung von nicht erheblich belästigenden Gewerbebetrieben (§ 8 BauNVO).

329 **Allgemein zulässig** sind nach § 8 II BauNVO in einem Gewerbegebiet Gewerbebetriebe aller Art, Lagerhäuser, Lagerplätze und öffentliche Betriebe, Geschäfts-, Büro- und Verwaltungsgebäude, Tankstellen und Anlagen für sportliche Zwecke (→ *Abbildungen 43, 44 und 45 mit Textbeispiel 36).* **Ausnahmsweise** können nach § 8 III BauNVO Wohnungen für Aufsichts- und Bereitschaftspersonen sowie für Betriebsinhaber und Betriebsleiter, die dem Gewerbebetrieb zugeordnet sind und ihm gegenüber in Grundfläche und Baumasse untergeordnet sind, Anlagen für kirchliche, kulturelle, soziale und gesundheitliche Zwecke sowie Vergnügungsstätten zugelassen werden.

330 Für die Beurteilung der Frage, ob ein Gewerbebetrieb zu den **„das Wohnen nicht wesentlich störenden Gewerbebetrieben"** im Sinne von § 6 I BauNVO gehört, ist in der Regel von einer (begrenzt) typisierenden Betrachtungsweise auszugehen. Diese verbietet sich hingegen bei dem Betrieb einer Branche, bei der die üblichen Betriebsformen hinsichtlich des Störgrades eine Bandbreite vom nicht wesentlich störenden bis zum störenden oder gar bis zum erheblich belästigenden Betrieb aufweist. Bei solchen Vorhaben sind der Zulässigkeitsprüfung stets die konkreten Verhältnisse des Betriebs zu Grunde zu legen. Überschreiten die bei der Nutzung einer Anlage entstehenden Immissionen bei regelmäßigem Betrieb die für die Nachbarschaft maßgebliche Zumutbarkeitsgrenze, dann genügt es nicht, in der Baugenehmigung den maßgeblichen Immissionsrichtwert als Grenzwert festzulegen; vielmehr muss die genehmigte Nutzung schon in der Baugenehmigung durch konkrete Regelungen eingeschränkt werden.[525] Wegen ihres zu hohen Störungsgrades sind die im großen immissionsschutzrechtlichen Genehmigungsverfahren nach **§ 4 BImSchG i.V. mit § 2 der 4. BImSchV**[526] **genehmigungsbedürftigen Anlagen** ebenso wie im Mischgebiet in aller Regel nicht zulässig. Solche Betriebe sind vielmehr grundsätzlich in das Industriegebiet verwiesen. Dagegen sind die in Spalte 2 des Anh. der 4. BImSchV aufgeführten Arten von Anlagen grundsätzlich im Gewerbegebiet zulässig. Auch nach § 4 BImSchG genehmigungsbedürftige Anlagen können im Einzelfall in einem Gewerbegebiet zugelassen werden, wenn nachgewiesen ist, dass Standort und Betriebsweise nach dem Stand der Technik in einem Gewerbegebiet verträglich sind. Dabei ist die Zweckbestimmung des Gewerbegebietes zu berücksichtigen, das hinsichtlich des zulässigen Störungsgrades zwischen dem Mischgebiet und dem Industriegebiet liegt. Erhebliche Nachteile und Belästigungen für die Umgebung sollen dabei vermieden werden. Auch diese Prüfung wird sich zunächst an den typischen Merkmalen der jeweiligen Nutzung ausrichten. Sodann erfolgt ggf. eine Einzelfallprüfung, bei der die Besonderheiten der Anlage, aber auch des jeweiligen Standortes berücksichtigt werden können. In welchem Umfang bereits im Rahmen der Bauleitplanung künftige Nutzungskonflikte zu ermitteln sind, beurteilt sich nach den jeweiligen Einzelfallumständen.

---

[525] OVG Magdeburg, Urt. v. 12.7.2007– 2 L 176/02 – Getreidelager.
[526] Abgedruckt bei *Stüer*, Bau- und Fachplanungsgesetze 1999, S. 707.

Die Zulässigkeit der Einzelhandelsnutzung ist bei großflächigen Einzelhandelsbetrie- **331** ben oder Einkaufszentren durch § 11 III BauNVO beschränkt. Es gelten dabei die jeweiligen Fassungen der BauNVO, auf deren Grundlage der Bebauungsplan erlassen worden ist. Die BauNVO 1962 enthielt keine Einschränkungen für Einzelhandelsbetriebe in Gewerbegebieten. Nach § 11 III BauNVO 1968 waren Einkaufszentren und Verbrauchermärkte, die außerhalb von Kerngebieten errichtet werden sollen und die nach Lage, Umfang und Zweckbestimmung vorwiegend der übergemeindlichen Versorgung dienen sollen, als Sondergebiete darzustellen und festzusetzen. § 11 III BauNVO brachte sodann eine (widerlegliche) Vermutungsgrenze von 1.500 m² Geschossfläche, die durch die BauNVO 1987 auf 1.200 m² gesenkt wurde. Diese Regelung wurde in die BauNVO 1990 übernommen.[527]

Anlagen für **sportliche Zwecke** sind seit der BauNVO 1990 in einem Gewerbegebiet **332** allgemein zulässig (§ 8 II 4 BauGB). Die Regelung hat allerdings keine rückwirkende Kraft, so dass es für Gewerbegebiete, die auf Grund einer älteren Fassung der BauNVO erlassen worden sind, bei der bisherigen Regelung verbleibt. Danach konnten in Gewerbegebieten ausnahmsweise Anlagen für sportliche Zwecke zugelassen werden (§ 8 III BauNVO 1962).

Ausnahmsweise ist im Gewerbegebiet das **betriebsbezogene Wohnen** zulässig (§ 8 **333** III Nr. 1 BauNVO). Durch die BauNVO 1990 ist dabei klargestellt, dass die Wohnungen dem Gewerbebetrieb zugeordnet sein müssen und ihm gegenüber in Grundfläche und Baumasse nur untergeordnete Bedeutung haben dürfen.

Beispiel: Ein Architekt errichtet in einem Gewerbegebiet wegen der dort niedrigen Bodenpreise ein Wohnhaus, in dem er zugleich auch sein Büro einrichtet. Gegenüber heranrückenden Gewerbebetrieben beruft er sich auf den Schutz seiner Betriebswohnung. Die BauNVO 1990 will hier erreichen, dass Kollisionen unterschiedlicher Nutzungen auf Fälle beschränkt bleiben, in denen die gewerbliche Nutzung im Vordergrund steht und nicht wegen der genehmigten hohen Zahl an Betriebswohnungen das Gewerbegebiet am Ende in ein Mischgebiet umkippt. Auch ist ein Umwandeln von Betriebswohnungen in frei verfügbare Wohnungen aus diesen Gründen unzulässig.[528]

1. Art der baulichen Nutzung (gem. § 8 und 9 BauNVO)
1.1 Flächenbezogene Schallleistungspegel (gem. § 1 IV Nr. 2 BauNVO)
    Die Gewerbe- und Industriegebiete sind gem. § 1 IV Nr. 2 BauNVO eingeschränkt. Betriebe und Anlagen haben die in der Planzeichnung für die jeweiligen Baugebiete festgelegten flächenbezogenen Schallleistungspegel einzuhalten. Die Nachtstunden beziehen sich dabei auf den Zeitraum von 22.00 h bis 6.00 h; die Tagesstunden auf den Zeitraum von 6.00 h bis 22.00 h. Schallpegelminderungen, die im konkreten Einzelfall durch Abschirmungen erreicht werden, erhöhte Luftabsorptions- und Bodendämpfungsmaße (frequenz- und entfernungsabhängige Pegelminderungen sowie die meteorologische Korrektur nach DIN ISO 9613-2, Ausgabe Oktober 1999)) und/oder zeitlich Begrenzungen der Emissionen können bezüglich der maßgebenden Aufpunkte dem Wert des Flächenschallleistungspegels zugerechnet werden.
1.2 Beschränkung von Einzelhandelsbetrieben, Handelsbetrieben, Dienstleistungsbetrieben, gastgewerblichen Betrieben und Vergnügungsstätten gemäß § 1 IV, V, VI und IX BauNVO
    In den Gewerbe- und Industriegebieten sind gemäß § 1 IV, V, VI und IX BauNVO folgende Warenbereiche des Einzelhandels, Dienstleistungsbetriebe und sonstige Einrichtungen nicht zulässig: Einzelhandelsbetriebe der Warenbereiche: Antiquitäten, Babyartikel, Bastelbedarf, Bekleidung, Bettwaren/Heimtextilien, Blumen/Zimmerpflanzen, Bücher, Papier-/Bürobedarf und Schreibwaren, Drogerieartikel, Einrichtungsartikel, Eisenwaren/Hausratsartikel, Elektrokleingeräte, Fotoartikel, Geschenkartikel, Glas-/Porzellan-/Keramikartikel, Handarbeitsartikel/Strickwaren, Hörgeräte, Kosmetikartikel, Kunstgewerbe, Lederwaren, Leuchten/Elektroartikel, Musikalien, Nahrungs- und Genussmittel (incl. Getränke), optische Artikel, Pelze, Pharmazeutische Artikel, Radio/TV/Videogeräte (incl. Bild- und Tonträger), Raumausstattungsartikel, Reform-/Naturwaren, Sanitätsartikel, Schuhe, Sex- und Erotikartikel, Spielwaren, Spiegel, Sportartikel/Sportbekleidung, Tabakwaren, handgefertigte Teppiche, Telefone/Telefonzubehör, Tiere/zoologischer Bedarf/Tierfutter, Uhren und Schmuckartikel, Versandhausartikel, Wäsche/Miederwaren/Badeartikel, Zeitschriften.
    Dienstleistungsbetriebe mit zentrumstypischer Ausrichtung: Arzt- und Anwaltspraxis, Bank- bzw. Sparkassenfiliale, Chemische Reinigung, Friseur, Galerie, Lotto/Toto-Annahme-Stelle, Massagepraxis,

---

[527] Rn. 222–240.
[528] *Fickert/Fieseler* § 8 Rn. 18.1.

Reisebüro, Sauna-, Bräunungs- und Fitness-Studio, Schuh- und Schlüsselservice, Sonnenstudio, Versicherungs- und Maklerbüro.

Gastgewerbliche Betriebe, Betriebe des Beherbergungsgewerbes sowie Schank- und Speisewirtschaften.

Vergnügungsstätten und vergleichbare Einrichtungen: Kino, Diskothek, Billardcenter, Spielhalle, Bordell, Nachtlokal.

1.3 In den mit der textlichen Festsetzung Nr. 1.3 markierten Gewerbegebieten sind Geschäfts-, Büro- und Verwaltungsgebäude gemäß § 1 V BauNVO nur ausnahmsweise zulässig. Diese Ausnahmen dürfen ebenso wie eine ausnahmsweise Wohnnutzung nur unter der Voraussetzung erteilt werden, dass durch gutachterliche Aussage eine Verträglichkeit mit den nordöstlich bzw. nordwestlich des Plangebietes gelegenen landwirtschaftlichen Betrieben hinsichtlich möglicher Geruchsemissionen bestätigt wird.

2.   Garagen, Stellplätze und Nebenanlagen (gemäß § 12 und § 14 BauNVO)
     Nebenanlagen in Form von Gebäuden, Lagergebäude/Lagerplätze und Stellplätze sowie Garagen sind ausschließlich innerhalb der überbaubaren Grundstücksflächen zulässig.

3.   Höhe baulicher Anlagen (§ 18 BauNVO)

3.1 Gebäudehöhe ist das Maß zwischen der Oberkante der nächstgelegenen öffentlichen Verkehrsfläche (unterer Bezugspunkt) und der Oberkante des Gebäudes. Eine Überschreitung der Gebäudehöhe durch untergeordnete Bauteile (z. B. Schornsteine, Antennen) ist zulässig.

3.2 Ausnahmsweise können in den mit der textlichen Festsetzung Nr. 3.2 markierten Baugebieten Gebäudehöhen von maximal 20 m zugelassen werden, sofern es sich um Nebenanlagen eines produzierenden Betriebes handelt.

4.   Abweichende Bauweise (gemäß § 22 IV BauNVO)

4.1 Innerhalb des mit der abweichenden Bauweise a 1 markierten Baugebietes sind Gebäude ohne Längenbegrenzung zulässig. Zwischen einzelnen Gebäuden sind seitliche Grenzabstände nach der niedersächsischen Bauordnung (NBauO) einzuhalten.

4.2 Innerhalb der mit der abweichenden Bauweise a 2 markierten Baugebiete sind Gebäude mit einer Länge bis zu 150 m zulässig. Zwischen einzelnen Gebäuden sind seitliche Grenzabstände nach der niedersächsischen Bauordnung(NBauO) einzuhalten.

5.   Geh-, Fahr- und Leitungsrechte (gemäß § 9 I Nr. 21 BauGB i.V.m. § 14 BauNVO und § 9 I Nr. 25 a BauGB)

5.1 Die mit der textlichen Festsetzung Nr. 5.1 markierten Flächen sind mit einem Leitungsrecht zugunsten der Ver- und Entsorgungsträger sowie der Stadt Jever zu belasten. Innerhalb der markierten Fläche ist die Anlage von Nebenanlagen (auch eine Versiegelung der Oberfläche) nicht zulässig. Zufahrten i. S. der textlichen Festsetzung Nr. 10.1 sind erlaubt. Die Anlage von Landschaftsrasen oder gärtnerisch gestalteten Beeten mit nicht tiefwurzelnden Sträuchern ist zulässig. Unzulässig sind Baumpflanzungen oder tiefwurzelnde Sträucher.

5.2 Die mit der textlichen Festsetzung Nr. 5.2 markierten Flächen sind mit einem Leitungsrecht zugunsten der Stadt Jever sowie der zuständigen Wasser- und Bodenverbände zu belasten.

6.   Anlagen und Vorkehrungen zum Schutz vor schädlichen Umwelteinwirkungen (gemäß § 9 I Nr. 24 BauGB i.V.m. § 9 I Nr. 25 a BauGB)

6.1 Im Bereich der mit der textlichen Festsetzung Nr. 6.1 markierten Fläche ist ein Lärmschutzwall (alternativ auch eine Lärmschutzwand oder eine Kombination aus beidem) mit einer Schirmhöhe von 5,0 m über Geländeoberkante zu errichten. Der Lärmschutzwall ist vollflächig mit einheimischen Bäumen und Sträuchern zu bepflanzen. Eine etwaige Lärmschutzwand bzw. eine Wall-Wand-Kombination ist vollflächig mit einheimischen Rankgewächsen zu begrünen.

6.2 Im Bereich der mit der textlichen Festsetzung Nr. 6.2 markierten Fläche ist ein Lärmschutzwall mit einer Schirmhöhe von 5,0 m über Geländeoberkante zu errichten. Der Lärmschutzwall ist vollflächig mit einheimischen Bäumen und Sträuchern zu bepflanzen.

6.3 Im Bereich der mit der textlichen Festsetzung Nr. 6.3 markierten Fläche ist ein Lärmschutzwall (bzw. eine Wall-Wand-Kombination) mit einer Schirmhöhe von maximal 5,0 m über Geländeoberkante zu errichten. Der Lärmschutzwall ist vollflächig mit einheimischen Bäumen und Sträuchern zu bepflanzen.

7.   Öffentliche Grünflächen (gemäß § 9 I Nr. 15 BauGB i.V.m. § 9 I Nr. 25 a und b)

7.1 Innerhalb der mit der textlichen Festsetzung Nr. 7.1 markierten öffentlichen Grünfläche kann ein naturnah profiliertes Gewässer angelegt werden. Die restlichen Flächen sind der natürlichen Sukzession zu überlassen. Ausgenommen sind die aus wasserwirtschaftlicher Sicht notwendigen Unterhaltungsmaßnahmen.

7.2 Innerhalb der mit der textlichen Festsetzung Nr. 7.2 markierten öffentlichen Grünfläche kann ein naturnah profiliertes Gewässer angelegt werden. Entlang der Grenze zum Industriegebiet ist ein Wall mit einer Höhe von bis zu 5 m anzulegen und vollflächig zu bepflanzen. Die restlichen Flächen sind als extensiv gepflegter Landschaftsrasen(max. zweimalige Mahd pro Jahr) oder als Sukzessionsfläche anzulegen. Ausgenommen sind die auswasserwirtschaftlicher Sicht notwendigen Unterhaltungsmaßnahmen.

7.3 Innerhalb der mit der textlichen Festsetzung Nr. 7.3 markierten Fläche ist das vorhandene Gewässer zu erhalten und ggf. auszubauen. In den Bereichen, in denen sich bislang kein Gewässer befindet,

Abbildung 43: *Gewerbegebiet*

Abbildung 44: *Gewerbegebiet*

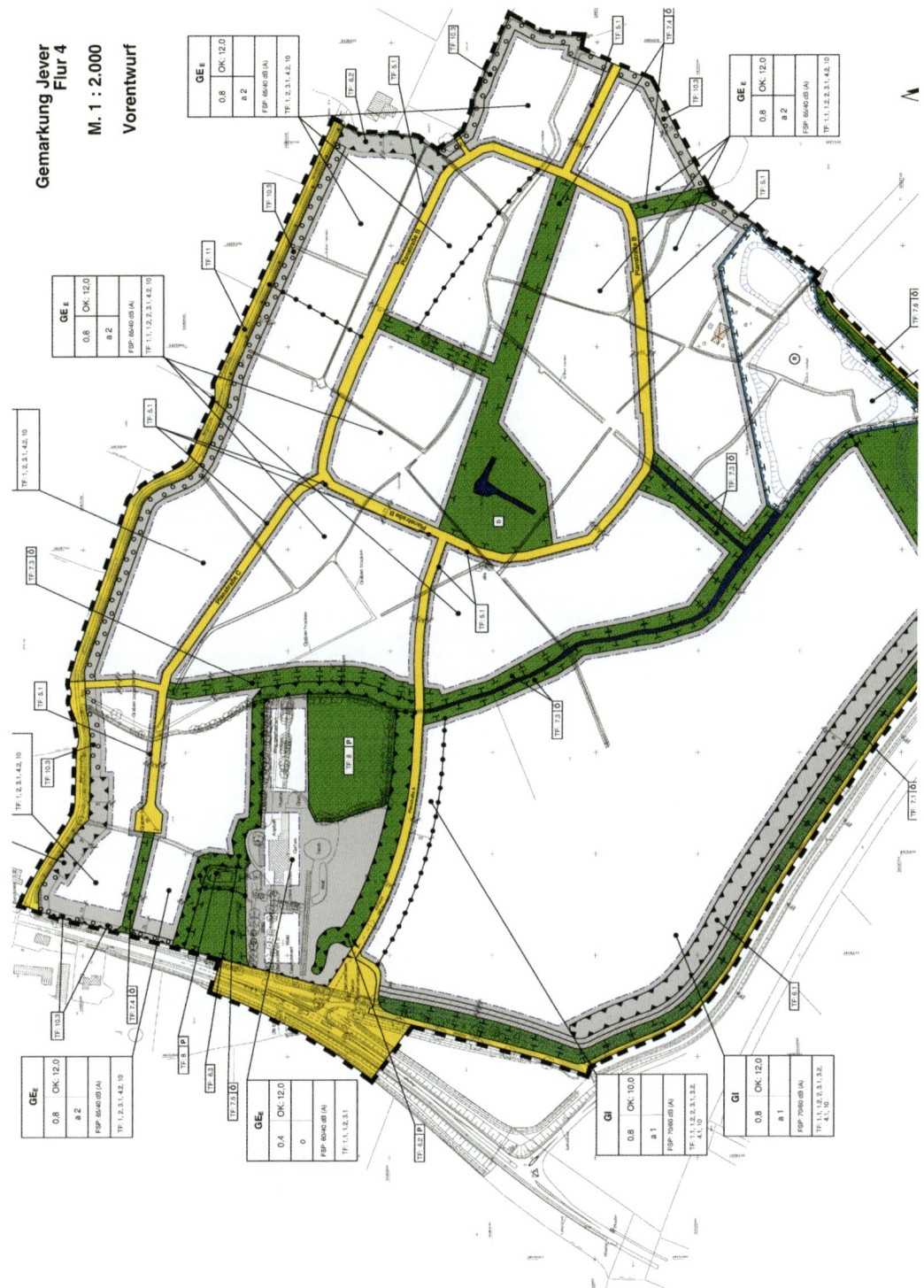

Abbildung 45: *Gewerbegebiet*

ist die Anlage eines Grabens zulässig. Die restlichen Flächen sind als extensiv gepflegter Landschafts-rasen (max. zweimalige Mahd pro Jahr) oder als Sukzessionsfläche anzulegen. Die Anpflanzung standortgerechter, einheimischer Bäume und Sträucher ist zulässig, sofern ein Abstand von 5 m zur Böschungsoberkante der Gewässer eingehalten wird. Die Anlage eines Geh- und Radweges ist zu-lässig.

7.4 Innerhalb der mit der textlichen Festsetzung Nr. 7.4 markierten Fläche kann ein naturnah profiliertes Gewässer zur rückwärtigen Entwässerung der Grundstücke angelegt werden. Die restlichen Flächen sind als extensiv gepflegter Landschaftsrasen (max. zweimalige Mahd pro Jahr)anzulegen. Die An-pflanzung standortgerechter, einheimischer Bäume und Sträucher ist zulässig, sofern ein Abstand von 5 m zur Böschungsoberkante der Gewässer eingehalten wird. Die Anlage eines Geh- und Rad-weges ist zulässig. Im Bereich des vorhandenen Bodendenkmals ist das vorhandene Gewässer zu er-halten. Die Morphologie des Denkmals darf nicht verändert werden. Die Fläche des Bodendenkmals ist als Landschaftsrasen zu pflegen.

7.5 Innerhalb der mit der textlichen Festsetzung Nr. 7.5 markierten öffentlichen Grünfläche ist der vor-handene Baumbestand dauerhaft zu erhalten. Die restliche Fläche ist vollflächig mit standortgerech-ten, einheimischen Gehölzen zu bepflanzen.

7.6 Innerhalb der mit der textlichen Festsetzung Nr. 7.6 markierten öffentlichen Grünfläche ist der vor-handene Graben zu erhalten. Die restlichen Flächen sind der natürlichen Sukzession zu überlassen. Ausgenommen sind die auswasserwirtschaftlicher Sicht notwendigen Unterhaltungsmaßnahmen. Ent-lang der nordwestlichen Böschungsseite können standortgerechte Laubbäume gepflanzt werden.

8. Private Grünflächen (gemäß § 9 I Nr. 15 BauGB i.V.m. § 9 I Nr. 25 a und b BauGB)
Innerhalb der mit der textlichen Festsetzung Nr. 8 markierten privaten Grünfläche sind die vorhande-nen Baum- und Strauchbestände zu erhalten. Aus Altersgründen abgängige Bäume können entfernt werden. Eine Anpflanzung zusätzlicher Bäume ist zulässig.

9. Fläche für die Wasserwirtschaft (gemäß § 9 I Nr. 16 BauGB i.V.m. § 9 I Nr. 25 a BauGB)
Auf der mit der textlichen Festsetzung Nr. 9 markierten Fläche ist ein naturnahes Regenrückhaltebe-cken mit unterschiedlich ausgebildeten Uferböschungen (Neigungen zwischen 1 : 2 und 1 : 5) anzu-legen. Die Vegetationsentwicklung im Bereich der Ufer ist der natürlichen Sukzession zu überlassen. Der vorhandene Gehölzbestand im Norden der markierten Fläche ist bei Anlage des Rückhaltebe-ckens zu erhalten. Zu den Gewerbegebietsflächen ist, soweit nicht schon vorhanden, eine Bepflan-zung mit einheimischen, standortgerechten Bäumen und Sträuchern vorzunehmen. Zur freien Land-schaft ist auf eine Gehölzbepflanzung zu verzichten.

10. Regelungen zum Anpflanzen von Bäumen und Sträuchern bzw. sonstige Nutzungsregelungen auf den Grundstücken (gemäß § 9 I Nr. 25 a und b BauGB i.V.m. § 14 I BauNVO)

10.1 Entlang der Straßenfront ist ein 5 m breiter Grundstücksbereich parallel zur Straße von Bebauung und Versiegelung freizuhalten. Als Versiegelung ist hier lediglich je Grundstück eine oder mehrere Zufahrten von max. 10 m Gesamtbreite zulässig. Bei Grundstücken mit langen Straßenfronten ab 100 m ist eine Gesamtbreite der Zufahrten von 20 m zulässig. Die übrige Fläche ist als Vegetations-fläche anzulegen. Entlang der Straßenseite, auf das sich zwischen der Straßenbegrenzungslinie und der Baugrenze kein Geh-, Fahr- und Leitungsrecht gemäß textlicher Festsetzung Nr.5.1 befindet, ist je vollendeter 40 m Straßenfront mindestens ein einheimischer Laubbaum zu pflanzen und dauerhaft zu erhalten.

10.2 Entlang mindestens einer seitlichen Grundstücksgrenze der Gewerbegrundstücke ist eine geschlos-sene Pflanzung (z. B. eine einreihige Hecke) vorzunehmen, die Anpflanzung ist dauerhaft zu erhalten.

10.3 Die zeichnerisch gekennzeichneten Pflanzflächen sind vollflächig mit standortgerechten, einheimi-schen Laubgehölzen zu bepflanzen, die Pflanzungen sind dauerhaft zu erhalten.

10.4 Innerhalb der privaten Stellplatzanlagen ist je angefangener 7 Stellplätze ein großkroniger Laubbaum zu pflanzen und dauerhaft zu erhalten. Die Größe des Pflanzbeetes hat der Größe eines PKW-Stell-platzes zu entsprechen.

11 Flächen mit Bindungen für die Erhaltung von Bäumen, Sträucher und sonstigen Bepflanzungen sowie von Gewässern (§ 9 I Nr. 25 b BauGB in Verbindung mit § 9 I Nr. 11 BauGB)Im Bereich der mit der textlichen Festsetzung Nr. 11 markierten Verkehrsfläche besonderer Zweckbestimmung ist der vor-handene Graben zu erhalten.

Textbeispiel 36: *Festsetzungen Gewerbegebiet (zu Abbildung 45)*

334   Nach § 1 IV bis IX BauNVO bestehen für Gewerbegebiete zahlreiche **Gliederungs- und Differenzierungsmöglichkeiten,** die in der Praxis genutzt werden und sicherstel-len, dass unverträgliche Nutzungskonflikte insbesondere auch im Verhältnis zu angren-zenden anderen Nutzungen ausgeschlossen oder doch auf ein erträgliches Maß verringert werden. Gewerbegebiete können dabei so gegliedert werden, dass interne Beeinträchti-gungen der Nutzungen vermieden werden und ein umfassender Schutz der in den Ge-bieten arbeitenden und ggf. wohnenden Bevölkerung gewährleistet ist. Zugleich kann durch eine Gliederung des Gewerbegebietes ein Schutz benachbarter Wohn- und Mischgebiete erreicht werden. Zum Schutz der Umgebung kann auch ein sog. eingeschränktes Gewerbegebiet planungsrechtlich ausgewiesen werden, dessen Nutzungen hinsichtlich ihres zulässigen Störungsgrades zwischen dem Mischgebiet und dem Gewerbegebiet liegt.[529] In einem solchen eingeschränkten Gewerbegebiet (→ *Abbildungen 46 und 47 mit Textbeispielen 37 und 38)* kann auch die Wohnnutzung ganz ausgeschlossen werden.[530]

Textliche Festsetzungen nach §§ 9 I, II und 31 BauGB

GE. Gewerbegebiete und Eingeschränkte Gewerbegebiet gem. § 8 BauNVO, § 12 IV, V und IX BauNVO. Freistehende Geschäfts-, Büro- und Verwaltungsgebäude sind nur in zweigeschossiger Bauweise zulässig. Wohnungen für Aufsichts- und Bereitschaftspersonen sowie für Betriebsinhaber und Betriebsleiter sind in die Betriebsgebäude zu integrieren. Ausnahmen von den vorgenannten Festsetzungen sind zulässig, wenn im Zeitpunkt der Rechtsverbindlichkeit des Bebauungsplans vorhandene Gebäude umgenutzt werden sollen.
GEe. Eingeschränktes Gewerbegebiet gem. § 1 IV, V und IX BauNVO. Lagerplätze gem. § 8 II Nr. 1 BauNVO sind als Ausnahme zulässig. Generell ausgeschlossen sind Schrottplätze sowie Lagerplätze für Schüttgüter (z. B. Sand oder Kies) und Baumaterialien.
Gebäudehöhe gem. § 16 BauNVO. Die innerhalb der GE-Gebiete festgesetzte maximale Gebäudehöhe ist bezogen auf die Mitte der Gebäude über Oberkante der erschließenden Verkehrsflächen zu messen. Ausnahmen können im Einvernehmen mit der Gemeinde nach § 31 I BauGB zugelassen werden, wenn die einzelne Anlage nicht mit vertretbarem Aufwand durch andere Ausführung innerhalb der Höhengrenze möglich ist.
Anschluss an die öffentlichen Verkehrsflächen. Je Grundstück ist nur eine Zufahrt zur öffentlichen Verkehrsfläche mit einer Breite von höchstens 6 m zulässig.

Textbeispiel 37: *Festsetzungen eingeschränktes Gewerbegebiet (zu Abbildung 46)*

Planzeichenerklärung

GI. Industriegebiet.
GI/e. Eingeschränktes Industriegebiet. Zulässig sind nur industrielle Anlagen, deren Emissionen nicht erheblich belästigen.
GE/e. Eingeschränktes Gewerbegebiet. Zulässig sind nur industrielle Anlagen und Einrichtungen, deren Emissionen nicht wesentlich stören.
FSP. Flächenbezogener Schallleistungspegel in dB(A) Tag/Nacht.
FH. Maximale Höhe des höchsten Gebäudepunktes über gewachsenem Boden.
I. Höchstzahl der Vollgeschosse.
a. Abweichende Bauweise gem. § 22 IV BauNVO. Gebäudelängen über 50 m sind zulässig. Es gelten die Abstandsvorschriften der BauO.

Textliche Festsetzungen

Auf den nicht überbaubaren Grundstücksflächen in den GI und GI/e-Gebieten zwischen den Baugrenzen und den Flächen für Maßnahmen zum Schutz, zur Pflege und zur Entwicklung von Natur und Landschaft sind Garagen gem. § 12 I, II und III BauNVO nicht zulässig. Stellplätze nach § 12 BauNVO sowie verkehrstechnische Anlagen sind zulässig.
In den GI- und GI/e-Gebieten sind gem. § 1 V, VI und IX BauNVO Lagerhäuser und Tankstellen nicht zulässig. Lagerplätze sind als Ausnahme zulässig. Die Ausnahme nach § 9 III 2 BauNVO ist nicht Bestandteil des Bebauungsplans. In den GI- und GI/e-Gebieten sind die gem. 4. BImSchV genehmigungspflichtigen Anlagen (s. Anhang) nicht zulässig (Liste von ausgeschlossenen Anlagen).
Die maximale Gebäudehöhe von 25 m über dem gewachsenen Boden – gemessen bei geneigten Dächern an der Firstkante und bei Flachdächern an der Traufoberkante – ist nur über eine Grundfläche von 5.600 m² zulässig.
Im Geltungsbereich des Bebauungsplans sind Werbeanlagen oberhalb der höchstzulässigen Gebäudekante nicht zulässig.
Die folgenden Ausgleichsmaßnahmen sind umzusetzen:
Aufschüttung eines ca. 6 m breiten und 1,5 m hohen Walles, dem beiderseits ein schmaler Graben vorzulagern ist. Der Wall und die Saumbereiche der Gräben sind mit standortgerechten Bäumen und Sträuchern zu bepflanzen.
Anlage eines ca. 0,3 m tiefen und ca. 6 m breiten Grabens mit nur leichtem Gefälle zur erhöhten Versickerung und Wasserrückhaltung. Die Uferlinien sind abwechslungsreich anzulegen, so dass sich in offenen, unbeschatteten Bereichen Röhrichte und feuchte Hochstauden ausbilden können.

---

[529] BVerwG, B. v. 15.4.1987 – 4 B 71.87 – NVwZ 1987, 970 = RzB Rn. 907.
[530] Zum Ausschluss von Einzelhandelsnutzungen OVG Münster, Urt. v. 10.11.1988 – 11 a NE 4/87 – DVBl 1989, 684 = NVwZ 1989, 679 – Handwerksbetriebe.

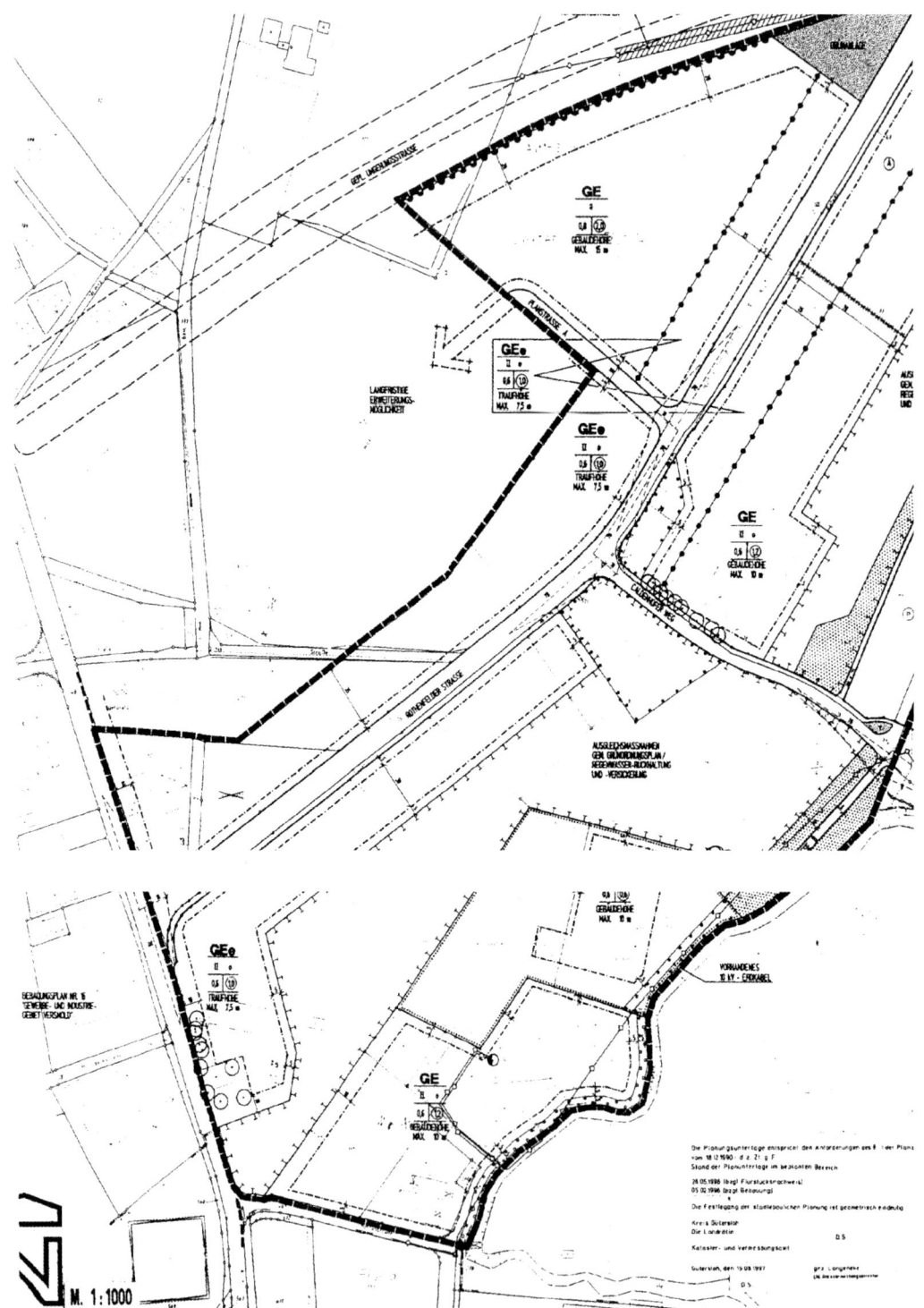

Abbildung 46: *Eingeschränktes Gewerbegebiet*

Als Pufferzone zum GI-Gebiet und in den GI/e-Gebieten ist ein 3 m breiter Saum mit Gehölzen anzulegen. Um eine vielfältige Vegetationsschichtung zu erzielen, ist diese Bepflanzung zweireihig, versetzt aus Bäumen und Sträuchern anzulegen, wobei der Baumanteil mindestens 20% aufweisen soll. Anpflanzung von Einzelbäumen, Baum- und Strauchgruppen. Anpflanzung einer Baumreihe aus großkronigen Laubbäumen in einem Pflanzabstand von 10 m und einem Abstand zur Fahrbahn der nördlich des Plangebietes verlaufenden Straße von 2 m.

Städtebauliche Daten

Industriegebiet	14.700 m²	40 %
Eingeschränktes Industriegebiet	12.000 m²	33 %
Eingeschränktes Gewerbegebiet	3.100 m²	9 %
Flächen für Maßnahmen zum Schutz, zur Pflege und zur Entwicklung von Natur und Landschaft	5.250 m²	14 %
Straßenverkehrsflächen	1.280 m²	4 %
Plangebiet insgesamt	36.330 m²	100 %

Textbeispiel 38: *Festsetzungen eingeschränktes Industrie- und Gewerbegebiet (zu Abbildung 47)*

Eine **Gemeinschaftsunterkunft für Asylbewerber** ist in einem Gewerbegebiet auch **335** nicht ausnahmsweise nach § 8 III Nr. 2 BauNVO als Anlage für soziale Zwecke zulässig, weil sie nach ihrer gesetzlichen Zweckbestimmung für eine mehr als nur unbeachtlich kurze Dauer Lebensmittelpunkt des einzelnen Asylbewerbers ist, ihr damit ein wohnähnlicher Charakter zukommt und sie sich daher in einem Gewerbegebiet als gebietsunverträglich erweist.[531] Nach **§ 246 X BauGB** kann in Gewerbegebieten (§ 8 BauNVO) für Aufnahmeeinrichtungen, Gemeinschaftsunterkünfte oder sonstige Unterkünfte für **Flüchtlinge oder Asylbegehrende** von den Festsetzungen des Bebauungsplans befreit werden. Damit unterliegt die Regelung allerdings den einschränkenden Anforderungen, die sich für Befreiungen ergeben. Nur wenn die am Verfahren Beteiligten zustimmen, wird es in der Praxis zu derartigen Befreiungen kommen. Wird widersprochen, so bleibt eine Klage gegen eine nicht erteilte Befreiung in der Regel ohne Erfolg. Befreiungen sind daher in aller Regel auf den „good will" der Beteiligten angelegt. Insofern ist die Lage nicht viel anders als bei § 31 II BauGB.

Nach der **bis 2019 befristeten Regelung** ist Voraussetzung, dass an dem Standort An- **336** lagen für soziale Zwecke als Ausnahme zugelassen werden können oder allgemein zulässig sind und die Abweichung auch unter Würdigung nachbarlicher Interessen mit öffentlichen Belangen vereinbar ist. Die Bestimmung wäre unvereinbar mit der Schaffung „menschenunwürdiger Unterkünfte", wie es in der öffentlichen Diskussion teilweise befürchtet wird. Nach § 8 III Nr. 2 BauNVO können in Gewerbegebieten Anlagen für u.a. soziale Zwecke ausnahmsweise zugelassen werden. Von dieser Regelung bleibt die Zulässigkeit von Aufnahmeeinrichtungen und Gemeinschaftsunterkünften für Flüchtlinge oder Asylbegehrende in den anderen Baugebieten unberührt, in denen Wohngebäude oder Anlagen für soziale Zwecke vorgesehen sind.

Die Vorschrift ist sowohl für Bebauungsplangebiete als auch für Gebiete i.S. des § 34 **337** II BauGB i.V. mit § 8 BauNVO, also faktische Gewerbegebiete, anzuwenden. Die Regelung ist vor dem Hintergrund der in der Rechtsprechung nicht oder gegen die Intention der Novelle geklärten Frage zu sehen, ob u.a. Gemeinschaftsunterkünfte für Asylbegehrenden mit der Regelung des § 8 BauNVO „gebietsverträglich" sind[532]: In der Rechtsprechung werden solche Anlagen vielfach nicht als Anlagen für soziale Zwecke angesehen, die in Gewerbegebieten nach § 8 III Nr. 2 BauNVO als Ausnahme zugelassen werden[533]. Die Befreiungsvorschrift ist allerdings ebenfalls nur befristet bis Ende 2019 anwendbar.

---

[531] VGH Mannheim, B. v. 14.3.2013 – 8 S 2504/12 – DVBl 2013, 795 = BauR 2013, 1088 – Gemeinschaftsunterkunft für Asylbewerber im Gewerbegebiet.

[532] Stock, in König/Roeser/Stock, BauNVO, 3. Aufl., München 2014, § 8 Rn. 19, 19a, 49a.

[533] Der Bundesrat weist selbst auf folgende Entscheidungen hin: OVG Hamburg, B. v. 17.6.2013 – 2 Bs 151/13 – NVwZ-RR 2013, 990; VGH Mannheim, B. v. 14.3.2013 – 8 S 2504/12 – DVBl 2013, 795.

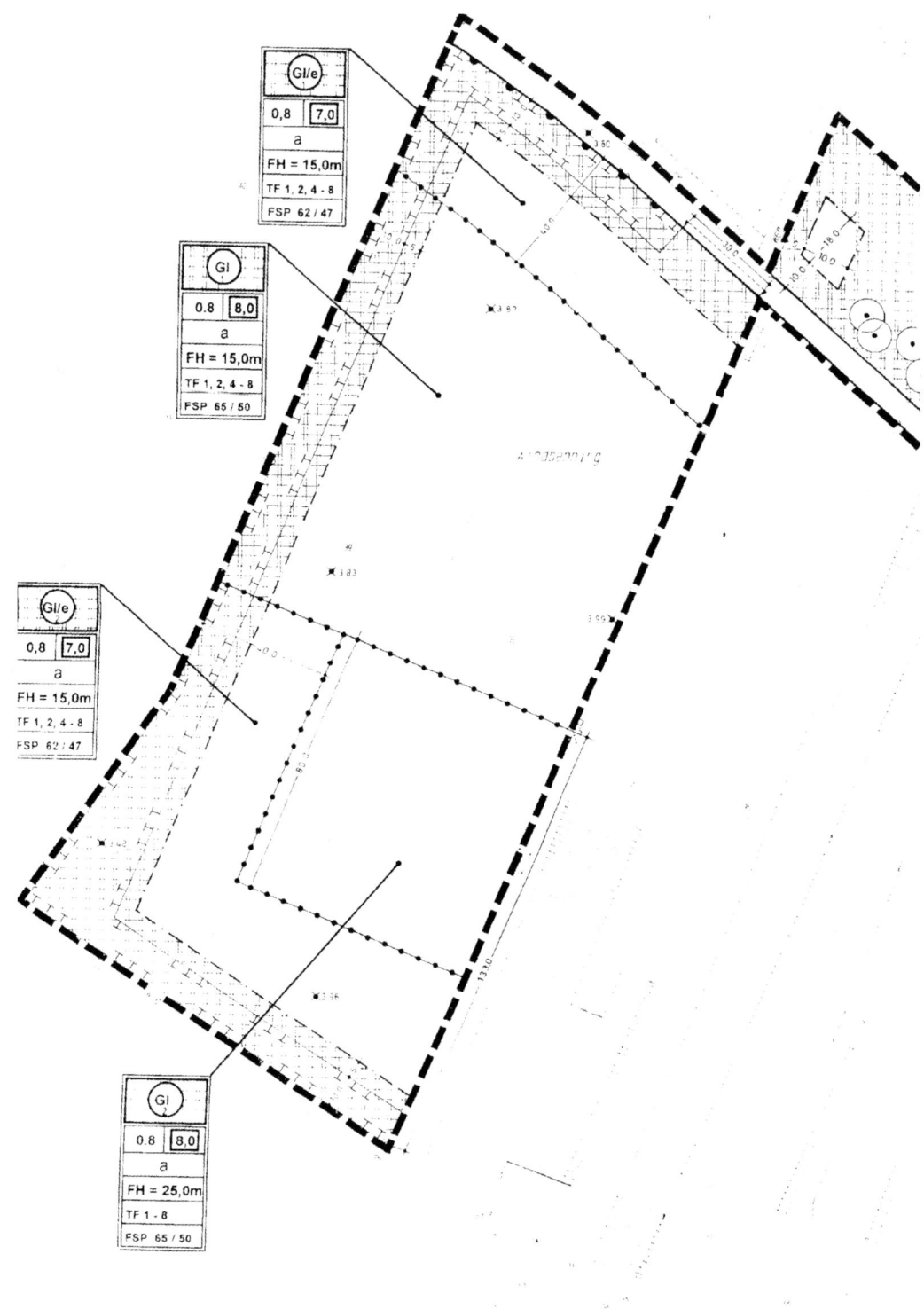

Abbildung 47: *Eingeschränktes Industrie- und Gewerbegebiet*

Vergnügungsstätten sind im Gewerbegebiet nach § 8 III Nr. 3 BauNVO 1990 aus- 338
nahmsweise zulässig. Es bedarf hier jeweils der Prüfung im Einzelfall, ob eine solche
Nutzung städtebauliche Konflikte aufwirft oder die Vergnügungsstätte nach ihrer Art
und ihrem Umfang an dem gewählten Standort bedenkenfrei ist. Ausnahmsweise zulässig sind in einem Gewerbegebiet nicht nur kleinere Vergnügungsstätten (vgl. § 4 a III
Nr. 2 BauNVO), sondern auch kerngebietstypische Vergnügungsstätten. So kann etwa
eine Großdiskothek im Gewerbegebiet bei entsprechender verkehrlicher Anbindung planungsrechtlich unbedenklich und damit zulässig sein.[534]

Soll auf einer Fläche, die bisher als Gewerbegebiet ausgewiesen war, **durch Bauleit-** 339
planung ein Mischgebiet festgesetzt werden, so sind in die Abwägung die Belange der
betroffenen Grundstückseigentümer sowohl im Hinblick auf ihr abstraktes Interesse an
der Beibehaltung der bestehenden Planungssituation als auch einzelfallbezogen durch die
Berücksichtigung der tatsächlich (zulässigerweise) ausgeübten und der in absehbarer Zeit
hinreichend konkret beabsichtigten Planung einzustellen. Ist tatsächlich bereits ein
Mischgebiet vorhanden, so kommt den Interessen der betroffenen Grundstückseigentümer an der Beibehaltung der formalen Ausweisung als Gewerbegebiet regelmäßig nur
ein geringes Gewicht bei.[535] Der allgemeine Wunsch, Gewerbegebiete im Gemeindegebiet ausschließlich produzierenden und verarbeitenden Betrieben vorzubehalten, ist keine
hinreichende städtebauliche Rechtfertigung dafür, jede beliebige andere an sich zulässige
Nutzung auszuschließen.[536]

i) → Industriegebiete. Sie dienen nach § 9 I BauNVO ausschließlich der Unterbringung 340
von Gewerbebetrieben, und zwar vorwiegend solcher Betriebe, die in anderen Baugebie-
ten unzulässig sind. Industriegebiete werden regelmäßig das flächenintensive störende
Großgewerbe aufnehmen. Hierzu gehören die im (großen) immissionsschutzrechtlichen
Genehmigungsverfahren nach § 4 BImSchG i.V. mit § 2 der 4. BImSchV genehmigungs-
bedürftigen Anlagen, die im Mischgebiet grundsätzlich nicht zulässig sind und auch im
Gewerbegebiet nur auf Grund einer Einzelfallprüfung zugelassen werden können. Das
Industriegebiet nimmt in der Skala der zulässigen Störungen den vierten und höchsten
Störungsgrad ein. Für die zulässigen Lärmimmissionen und Luftbelastungen können die
TA Lärm[537] und die TA Luft als **antizipierte Sachverständigengutachten**[538] bzw.
normkonkretisierendes Verwaltungshandeln[539] von Bedeutung sein.

→ Industriegebiet (GI). Es dient ausschließlich der Unterbringung von Gewerbebetrieben, und
zwar vorwiegend solcher Betriebe, die in anderen Baugebieten unzulässig sind (§ 9 BauNVO).

Allgemein zulässig sind in einem Industriegebiet nach § 9 II BauNVO Gewerbebe- 341
triebe aller Art, Lagerhäuser, Lagerplätze und öffentliche Betriebe sowie Tankstellen.
Ausnahmsweise können nach § 9 III BauNVO für Aufsichts- und Bereitschaftspersonen
sowie für Betriebsinhaber und Betriebsleiter Wohnungen, die dem Gewerbebetrieb zugeordnet sind und ihm gegenüber in Grundfläche und Baumasse untergeordnet sind, sowie
Anlagen für kirchliche, kulturelle, soziale, gesundheitliche und sportliche Zwecke zugelassen werden. Für die Zulässigkeit des betrieblichen Wohnens gelten damit vom Aus-

---

[534] S Rn. 393.
[535] VGH Kassel, Urt. v. 28.2.2013 – 3 C 297/12.N –.
[536] OVG Münster, Urt. v. 31.10.2012 – 10 A 2117/10 – NVwZ-RR 2013, 403 = BauR 2013, 730
– Erweiterung eines Marktes.
[537] Sechste allgemeine Verwaltungsvorschrift zum Schutz gegen Lärm (TA–Lärm) v. 26.8.1998
(GMBl. 1998, 503) = NVwZ 1999, Beilage 11/1999 zu Heft 2/1999.
[538] BVerwG, Urt. v. 17.2.1978 – 1 C 102.76 – BVerwGE 55, 250 = RzB Rn. 125 – Voerde Kohle-
kraftwerk.
[539] BVerwG, B. v. 15.2.1988 – 7 B 219.87 – Buchholz 406.25 § 48 BImSchG Nr. 2 = DVBl 1988,
539 = UPR 1988, 264 = NVwZ 1988, 824 = RzB Rn. 127 – TA- Luft.

gangspunkt her die gleichen Grundsätze wie im Gewerbegebiet. Allerdings muss im Industriegebiet noch sorgfältiger als im Gewerbegebiet geprüft werden, ob es zu Konflikten mit der industriellen Nutzung kommen kann. An die Notwendigkeit des betrieblichen Wohnens sind daher beim Industriegebiet wegen des größeren Störungsgrades der industriellen Nutzung im Vergleich zum Gewerbegebiet noch höhere Anforderungen zu stellen. Geschäfts-, Büro- und Verwaltungsgebäude sind – anders als in Gewerbegebieten gem. § 8 II Nr. 2 BauNVO – in Industriegebieten als selbstständige Anlagen nicht zulässig – wohl aber als Bestandteil von Gewerbebetrieben. Die Gemeinden haben bei der Aufstellung von Bebauungsplänen in der Nachbarschaft von ausgewiesenen Industriegebieten auf eine angemessene Trennung von immissionsempfindlichen Baugebieten und Industriegebieten zu achten. Diese Trennung von unverträglichen Nutzungen gehört zu einem elementaren Planungsgrundsatz, dessen Verletzung zur Unwirksamkeit der Bauleitplanung führt.[540] In kritischen Lagen sollte der Abstanderlass NRW[541] als Orientierungshilfe zugrunde gelegt werden oder ggf. in Ergänzung dazu ein Sachverständigengutachten über die zu erwartenden Immissionskonflikte eingeholt werden.

342   Zur Vermeidung von Konflikten können wie beim Gewerbegebiet die **Gliederungs-** und **Differenzierungsmöglichkeiten** nach § 1 IV bis IX BauNVO genutzt werden. Hiervon wird die Gemeinde etwa Gebrauch machen, um die im Industriegebiet zulässigen Gewerbebetriebe nach Art, Umfang, Bedürfnissen, Eigenschaften und Immissionsauswirkungen zu gliedern. Dabei kann die Gliederung sowohl dem Schutz benachbarter Baugebiete gelten als auch auf eine interne Differenzierung und Schonung bestimmter Teilnutzungen gerichtet sein *(→ Abbildung 48)*.

343   Es ist mit § 9 I BauGB allerdings nicht vereinbar, ein eingeschränktes Industriegebiet in der Weise festzusetzen, dass in ihm nur die bei Inkrafttreten des Bebauungsplans bestehenden Anlagen nach § 9 II BauNVO sowie deren Änderungen und Erweiterungen im Rahmen des Bestandsschutzes zulässig sind, im Übrigen aber nur nicht erheblich belästigende Gewerbebetriebe i. S. des § 8 II BauNVO.[542] Die für den jeweiligen Gebietstyp vorgesehene Hauptnutzung muss vielmehr überwiegend zulässig bleiben. Unzulässig wären etwa Festsetzungen des Bebauungsplans: Industriegebiet (GI-[e]) eingeschränkt nach § 9 BauNVO. Zulässig nach § 9 II BauNVO sind zum Zeitpunkt des Inkrafttretens des Bebauungsplans bestehende Anlagen und deren Änderungen und Erweiterungen im Rahmen des Bestandsschutzes. Im Übrigen sind nicht erheblich belästigende Gewerbebetriebe i. S. des § 8 II BauNVO zulässig. Einzelhandelsbetriebe aller Art sind ausgeschlossen.

344   Besondere Anforderungen an die Bauleitplanung stellen vorhandene **Gemengelagen,** die zwischen industrieller Nutzung und Wohnnutzung entstanden sind. Hier sollte die Planung durch entsprechende Reduzierung der Konfliktsituation und ggf. durch Schutzauflagen zu einer Verbesserung der vorgefundenen Situation beitragen.[543]

345   Eine weitere Differenzierung der nach dem BImSchG genehmigungspflichtigen Anlagen wird durch die **Störfallverordnung (12. BImSchV)** vorgenommen. Der Störfallverordnung unterliegen alle Anlagen in denen Stoffe vorhanden sind oder bei einer Störung entstehen können, die eine ernste Gefahr hervorrufen können. Stoffbeispiele aus Anhang II der Störfallverordnung hierfür sind brennbare Gase und explosionsfähige Ge-

---

[540] BVerwG, Urt. v. 12.12.1969 – 4 C 105.66 – BVerwGE 34, 301 = RzB Rn. 23 – Abwägung; Urt. v. 5.7.1974 – 4 C 50.72 – BVerwGE 45, 309 = RzB Rn. 24 – Delog–Detag; Urt. v. 12.12.1975 – 4 C 71.73 – BVerwGE 50, 49 = RzB Rn. 60 – Tunnelofen.

[541] RdErl. des Ministers für Umwelt und Naturschutz, Landwirtschaft und Verbraucherschutz, Abstände zwischen Industrie– bzw. Gewerbegebieten und Wohngebieten im Rahmen der Bauleitplanung und sonstige für den Immissionsschutz bedeutsame Abstände (Abstandserlass), v. 6.6.2007 (MBl. NRW S. 659/SMBl. NRW 283).

[542] BVerwG, B. v. 6.5.1993 – 4 NB 32.92 – DVBl 1993, 1097 = NVwZ 1994, 292 = RzB Rn. 933.

[543] *Stüer* StuGR 1989, 8 sowie u. Rn. 1073.

Abbildung 48: *Industriegebiet – Gewerbegebiet*

mische. Anlagen dieser Art stellen eine erhebliche Belästigung dar. Sie können daher nicht in Gebieten errichtet werden, deren Widmung auch Wohnhäuser zulassen (Gewerbegebiete). Nach der BauNVO sind entsprechende Anlagen in Industriegebieten anzusiedeln. In einer Thermoselectanlage sind entsprechende Stoffe vorhanden und können bei Störungen auch zusätzlich entstehen. In der Störfallverordnung werden darüber hinaus an ausgewiesene Anlagentypen weitergehende Sicherheitsanforderungen gestellt. Die in Anhang I der Störfallverordnung genannten Anlagen besitzen alle Merkmale, die im Allgemeinen Industriebetrieben zugeschrieben werden. Dies sind insbesondere die Merkmale der Nutzung chemischer oder physikalischer Prozesse, Erzeugung oder Be- bzw. Verarbeitung von Massenprodukten, hohe Anlagendurchsätze. Die jeweiligen Anlagen werden daher grundsätzlich als Industriebetrieb einzustufen sein. Soll ein Bebauungsplan die Errichtung und den Betrieb eines Störfallbetriebs ermöglichen und befinden sich in der Nähe der hierfür vorgesehenen Fläche schutzbedürftige Nutzungen, darf die Gemeinde die Lösung eines daraus entstehenden Nutzungskonflikts nur dann in das immissionsschutzrechtliche Genehmigungsverfahren verweisen, wenn dieser Konflikt dort bei vorausschauender Betrachtung sachgerecht gelöst werden kann.[544]

346 j) → **Sondergebiete.** Sie sind in §§ 10 und 11 BauNVO geregelt. Als Sondergebiete, die der **Erholung** dienen, werden in § 10 I BauNVO insbesondere Wochenendhausgebiete, Ferienhausgebiete und Campingplatzgebiete genannt. Für Sondergebiete, die der Erholung dienen, sind nach § 10 II BauNVO die Zweckbestimmung und die Art der Nutzung darzustellen und festzusetzen. Im Bebauungsplan kann festgesetzt werden, dass bestimmte, der Eigenart des Gebietes entsprechende Anlagen und Einrichtungen zur Versorgung des Gebietes und für sportliche Zwecke allgemein zulässig sind oder ausnahmsweise zugelassen werden können. Gerade die Belange der Freizeit und Erholung haben in der Gesellschaft einen beachtlichen Stellenwert. Der Verordnungsgeber stellt daher in § 10 BauNVO den Gemeinden ein Planungsinstrumentarium zur Verfügung, mit dem diesen Interessen breiter Bevölkerungskreise Rechnung getragen werden kann.

347 Der Bebauungsplan kann in einem Sondergebiet nach § 10 I BauNVO allerdings nicht beliebige Nutzungsarten aus den Baugebieten der §§ 2 bis 9 BauNVO zulassen, sondern nur solche Nutzungen, die innerhalb des allgemeinen Zwecks liegen, der Erholung zu dienen, sowie bestimmte der Eigenart des Gebietes entsprechende Anlagen und Einrichtungen zur Versorgung des Gebietes und für sportliche Zwecke (§ 10 II 2 BauNVO)[545] *(Abbildungen 49–57 mit* → *Textbeispielen 39–45).*

→ **Sondergebiet (SO).** Neben den Wochenendhausgebieten, Ferienhausgebieten und Campingplatzgebieten handelt es sich um Gebiete, die sich von den Baugebieten nach §§ 2 bis 10 BauNVO wesentlich unterscheiden. Es zählen hierzu Gebiete für den Fremdenverkehr, Landegebiete, Gebiete für Einkaufszentren und großflächige Einzelhandelsbetriebe, Gebiete für Messen, Ausstellungen und Kongresse, Hochschulgebiete, Klinikgebiete und Gebiete für Anlagen, die der Erforschung, Entwicklung oder Nutzung erneuerbarer Energien wie Wind- oder Sonnenenergie dienen. Besondere Regelungen enthält § 11 III BauNVO für Einkaufszentren, großflächige Einzelhandelsbetriebe oder vergleichbare Handelsbetriebe.

---

[544] BVerwG, B. v. 16.3.2010 – 4 BN 66.09 – BauR 2010, 1034 = UPR 2010, 277 = NVwZ 2010, 1246 = DVBl 2010, 793 m. Anm. *Gatz*, jurisPR-BVerwG 12/2010 Anm. 6, 25/2010 Anm. 1 –, zur Vorinstanz OVG Münster, Urt. v. 3.9.2009 – 10 D 121/07.NE – DVBl 2009, 1385 = NuR 2009, 801 = ZUR 2009, 597 = BauR 2010, 572 = BRS 74 Nr. 6 (2009) m. Anm. *Goppel* DVBl 2009, 1592; *Appel* UPR 2011, 161; *Stüer* DVBl 2010, 333; *Versteyl* NuR 2009, 819; *Hellriegel* NuR 2010, 98; *Stüer* UPR 2010, 288; *Vollmer* IR 2011, 2; *Frenz* WiVerw 2010, 75; *Klinger* ZUR 2009, 602 – Steinkohlekraftwerk Datteln. Zum Störfallbetrieb in der Bauleitplanung *Berkemann* ZfBR 2010, 18; *Hellriegel/ Schmitt* NuR 2010, 98.
[545] BVerwG, B. v. 1.12.1994 – 4 NB 29.94 – Buchholz 406.12 § 10 BauNVO Nr. 3.

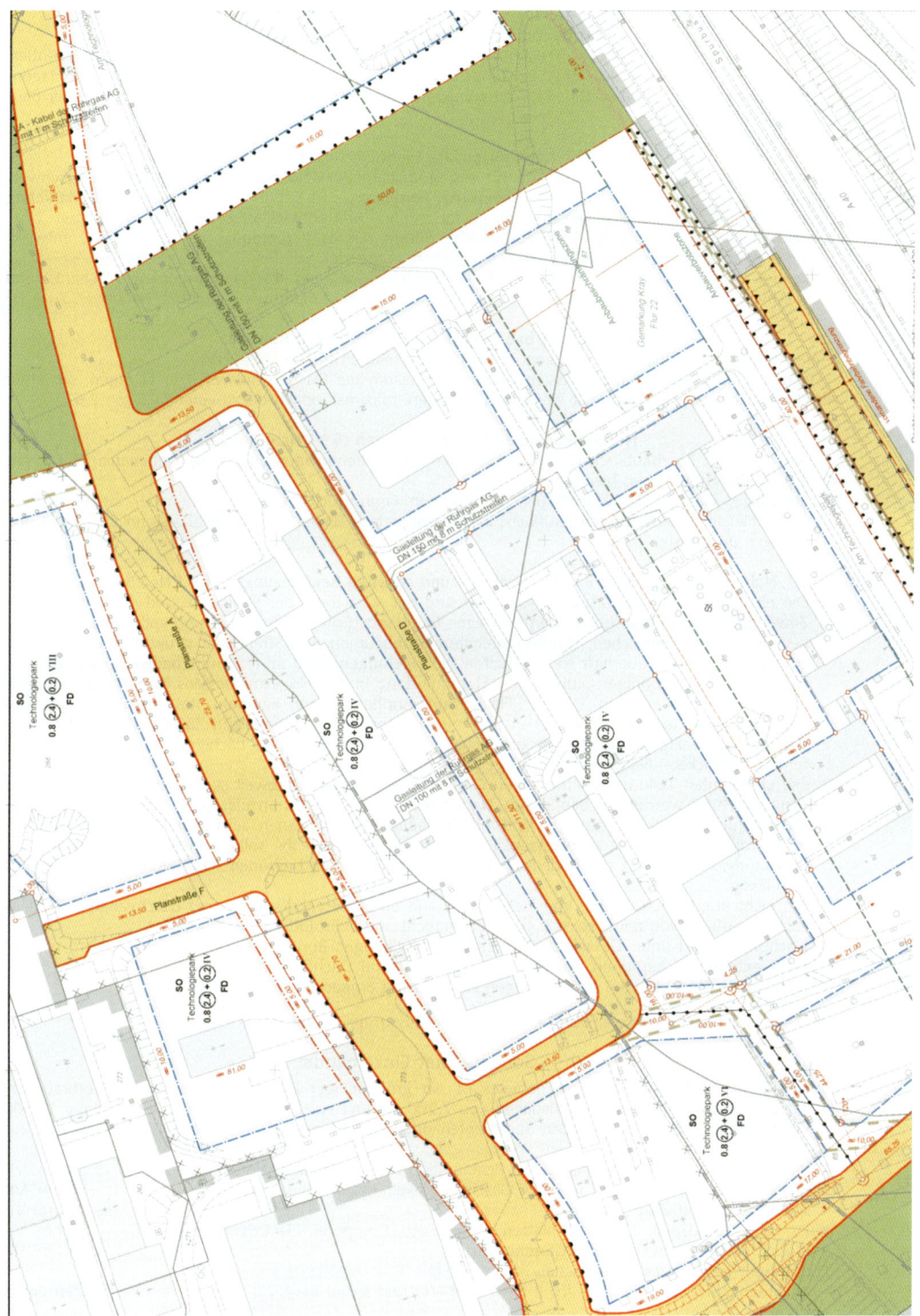

Abbildung 49: *Sondergebiet Technologiezentrum*

233

Art der baulichen Nutzung (§ 9 I Nr. 1 BauGB)

Die sonstigen Sondergebiete SO -"Technologiepark" dienen der Unterbringung von technologieorientierten Betrieben, deren Produkt- bzw. Leistungsschwerpunkte in den Bereichen Maschinenbau, Anlagentechnik, Elektrotechnik, Informatik, Telekommunikation, Medizin-, Chemie-, Energie-, Umwelt- oder Bautechnik liegen.

Zulässig sind:
– Gebäude , Anlagen und Einrichtungen für private Dienstleistungen,
– Gebäude, Anlagen und Einrichtungen für das produzierende Gewerbe mit einem Ansiedlungsschwerpunkt bei den betrieblichen Funktionsbereichen Forschung und Entwicklung, Management/Marketing und Schulung. Produktionslinien sind nur als forschungs- und entwicklungsorientierte Prototypen- bzw. Kleinserienfertigung zulässig. Vertriebsbereiche dürfen nur in Verbindung mit forschungs-, entwicklungs- bzw. schulungsorientierten Betriebsbereichen angesiedelt werden.
– die der Versorgung des Technologieparks dienenden Büro- und Verwaltungsgebäude, Schank- und Speisewirtschaften, Betriebe des Beherbergungsgewerbes und Kindertageseinrichtungen.

Maß der baulichen Nutzung (§ 9 I Nr. 1 BauGB)

Anrechnung von Stellplätzen , Garagen, Gemeinschaftsanlagen (§ 21 a V BauNVO)

In den Baugebieten ist die zulässige Geschossfläche um die Flächen notwendiger Garagen, die unter der Geländeoberfläche hergestellt werden, zu erhöhen, maximal jedoch bis zu einer GFZ von 2,6.

Nebenanlagen, Stellplätze, Garagen (§ 9 I Nr. 4 BauGB)

1. Auf den nicht überbaubaren Grundstücksflächen sind Nebenanlagen unzulässig. Nebenanlagen i. S. des § 14 II BauNVO bleiben hiervon unberührt.
2. Stellplätze, Garagen (§ 12 VI BauNVO): Auf den Grundstücksflächen zwischen der Straßenbegrenzungslinie und der vor deren Bauflucht in der kompletten Breite des Grundstücks sind Stellplätze und Garagen unzulässig.

Natur und Landschaft: Bäume, Sträucher und sonstige Bepflanzungen (§ 9 I Nr. 25 BauGB)

1. Die nicht überbaubaren Grundstücksflächen sind mit Ausnahme der Stellplätze und der notwendigen Zuwegungen und Zufahrten zu den jeweiligen Baugrundstücken fachgerecht und vollständig zu begrünen und mit einheimischen, standortgerechten Laubbäumen und Sträuchern struktur- und artenreich zu bepflanzen und dauerhaft so zu erhalten. Je angefangene 250 m² nicht überbaubarer Grundstücksfläche ist ein großkroniger Laubbaum – Stammumfang in 1 m Höhe mindestens 0,35 m – zu pflanzen und dauerhaft zu erhalten. Die als „Fläche zum Anpflanzen von Bäumen, Sträuchern und sonstigen Bepflanzungen" festgesetzten Flächen sind mit Ausnahme der notwendigen Zuwegungen und Zufahrten zu den jeweiligen Baugrundstücken fachgerecht und vollständig als flächige Gehölzpflanzen (-streifen) zu entwickeln. Nadelgehölze sind generell unzulässig.
2. Die unbebauten Teile der überbaubaren Grundstücksflächen sind, soweit sie keiner notwendigen Nutzung zugeführt werden, zu bepflanzen. Nadelgehölze sind generell unzulässig.
3. Flächen für PKW-Stellplatzanlagen sind mit Laubbäumen zu begrünen. Je 4 Stellplätze ist ein groß- bis mittelkroniger Laubbaum zu pflanzen. Die Größe der Baumscheibe sollte mindestens 6 m² betragen. Die Baumscheiben sind mit bodenständigen Bodendeckern zu begrünen. Nadelgehölze sind generell unzulässig.
4. Die nicht überbauten Dächer von Tiefgaragen sind unter Gewährleistung einer durchgängigen Bodensubstanzauflage von mindestens 0,40 m fachgerecht und vollständig zu begrünen.
5. Flachdächer sind unter Gewährleistung einer durchgängigen Bodensubstratauflage von 10 cm fachgerecht extensiv zu begrünen. Ausgenommen hiervon sind Dachflächenbereiche mit notwendigen haustechnischen Einrichtungen sowie Anlagen zur Nutzung erneuerbarer Energiequellen.

Textbeispiel 39: *Festsetzungen Sondergebiet Technologiezentrum (zu Abbildung 49)*

Sondergebiet Einzelhandel

Innerhalb des festgesetzten Sondergebietes ist ein großflächiger Einzelhandelsbetrieb als Verbrauchermarkt mit einer maximalen Verkaufsfläche von 7.200 m² und einer Geschossfläche von maximal 10.300 m² mit ausschließlich nachstehenden Sortimenten unter Einhaltung der festgelegten Verkaufsflächen zulässig:

• Nahrungs-/Genussmittel (einschließlich Restauration und kurzfristiger Nonfood Bedarf)	3.600 m² VK
• Haushaltswaren (ohne Elektrogeräte), Geschenkartikel, Taschen, Lederwaren	750 m² VK
• Spielwaren, Sportartikel, Fahrräder	750 m² VK
• TV, Radio, Elektronik, CD, Schallplatten, Optik, Foto, Computer, Elektrogeräte	750 m² VK
• Möbel, Bau-, Heimwerker und Gartenbedarf	750 m² VK

Die Bildung von Konzessionärsflächen ist unzulässig.

Im Mischgebiet sind die gem. § 6 II Nr. 8 BauNVO und § 6 III BauNVO aufgeführten Nutzungen unzulässig.

Sondergebiet

Das Sondergebiet dient der rechtlichen Absicherung eines Ladengebiets (großflächiger Einzelhandel). Zulässig sind

- ein Einzelhandelsgeschäft mit einer Verkaufsfläche von maximal 1.200 m² – Lebensmittel und Nonfood (Nichtlebensmittel) zur Deckung des täglichen Bedarfs.
- ein Lebensmittelmarkt mit maximal 800 m² Verkaufsfläche,
- ein Bettengeschäft mit einer maximalen Verkaufsfläche von 660 m² und den Sortimenten Möbel, Gartenmöbel, Matratzen, Lattenroste, Oberbetten und Kissen, Bettwäsche, sonstige Heimtextilien (als Neben- oder Randsortiment nur bis zu 10 % der Verkaufsfläche).
- In den Obergeschossen sind zusätzlich Wohnungen, Büros und Sozialräume zulässig.

Sondergebiet

Im Sondergebiet (SO) sind zulässig:

- Verbrauchermarkt bis zu 7.000 m² Verkaufsfläche,
- Möbelmarkt,
- Bau- und Heimwerkermarkt (einschließlich Gartencenter),
- sonstige großflächige Einzelhandelsbetriebe mit den Sortimenten: Möbel, Bodenbeläge, Heimtextilien, Pflanzen, Gartenbedarf und Zooartikel, Fahrzeugzubehör und Fahrzeugteile sie Sport- und Campingartikel.

Verbrauchermarkt und Möbelmarkt dürfen 15 % der Verkaufsfläche, jedoch nicht mehr als 800 m² Verkaufsfläche je Warengruppe, als Randsortiment nutzen. Randsortimente sind die über die Kernnutzung hinausgehenden Sortimente. Dabei darf die Summe der Randsortimente in den Betrieben 1.200 m² Verkaufsfläche nicht unterschreiten. Folgende Sortimente sind auch im Bereich der Randsortimente ausgeschlossen: Bekleidung/Schuhe/Lederwaren, Uhren Schmuck, Elektroartikel, Parfümeriewaren, Kunstgewerbe, Antiquitäten, Bücher und Schreibwaren. Allgemein zulässig sind Tankstellen. Ausnahmsweise zulässig sind nicht belästigende Gewerbebetriebe, Wohnungen für Aufsichts- und Bereitschaftspersonen sowie für Betriebsinhaber und Betriebsleiter.

Gewerbegebiet

Im Gewerbegebiet sind insgesamt maximal 800 m² Verkaufsfläche für Einzelhandelsbetriebe zulässig.

Textbeispiel 40: *Sondergebiet Einzelhandel (zu Abbildung 50)*

Planungskonzept

Die Gemeinde entwickelt ein bislang als landwirtschaftliche Fläche genutztes Gebiet für Siedlungszwecke. Es handelt sich dabei um einen städtebaulich integrierten Standort am Rand des bisherigen Siedlungskörpers, der sich einerseits durch die unmittelbare Nähe zum Ortskern der Gemeinde auszeichnet und andererseits durch die direkte Lage an einer Landesstraße Straße, die als Ortsdurchfahrt genutzt wird. Die landwirtschaftlichen Flächen sind von der Gemeinde erworben worden. Mit dem Bebauungsplan verfolgt die Gemeinde mehrere städtebauliche Ziele.

Die Gemeinde schafft die bauplanungsrechtliche Grundlage für die Ansiedlung eines Einkaufszentrums mit mehreren Einzelhandelsgeschäften und mit einer Gesamtverkaufsfläche von ca. 3.000 m². Ein Versorgungsmarkt aus dem Vollsortimenterbereich sowie ein Discountmarkt werden durch drei kleinere Einzelhandelsbetriebe (z.B. mit Sortimenten aus dem Bereich Textilien, Schuhe) ergänzt.

In Ergänzung des vorhandenen Siedlungskörpers soll ein Wohngebiet von ca. 120 Baugrundstücken für Einfamilien- und Doppelhausbebauung entstehen.

Zugleich soll der Standort für ein Pflegezentrum zur Betreuung von dauernd pflegebedürftigen Personen gesichert werden. Die Einrichtung soll Patienten, die aufgrund von Erkrankungen oder Unfällen (z.B. Koma-Patienten oder Schädel-Hirngeschädigte) dauerhafte Pflege benötigen, entsprechende Betreuungs- und Rehabilitationsmöglichkeiten bieten. Da am vorhandenen Standort keine Erweiterungsmöglichkeiten bestehen, soll dem gestiegenen Bedarf durch einen Neubau im Bereich des Planungsgebietes Rechnung getragen werden.

Sondergebiet Einzelhandel

Innerhalb des Sondergebietes „Einzelhandel" sind ausschließlich Einzelhandelsbetriebe zulässig. Insgesamt ist eine Verkaufsfläche von maximal 3.000 m² einzuhalten. Gem. § 11 BauNVO sind Einzelhandelsbetriebe bei Beachtung folgender Verkaufsflächenobergrenzen zulässig:

Verbrauchermärkte bis zu einer Verkaufsfläche von maximal 1.500 m²

Discountmärkte bis zu einer Verkaufsfläche von maximal 900 m² Verkaufsfläche

Sonstige Einzelhandelsbetriebe mit einer maximalen Verkaufsfläche von jeweils bis zu 500 m².

Sondergebiet Pflegezentrum

Innerhalb des Sondergebietes „Pflegezentrum" sind Betriebe und Anlagen zulässig, die der Betreuung von pflegebedürftigen Personengruppen dienen. Ferner sind Betriebsleiterwohnungen, Wohnungen für Angehörige der pflegebedürftigen Personen und eine Kinderbetreuungsstätte zulässig.

Im Sondergebiet „Pflegezentrum" sind für Räume, die dem dauernden Aufenthalt von Menschen dienen, die folgenden resultierenden Schalldämm-Maße (erf. $R'w,res$) durch die Außenbauteile (Wandanteil, Fenster, Lüftung, Dächer etc.) einzuhalten:

Lärmpegelbereich II
für Bettenräume von Krankenanstalten	erf. $R'w,res = 35$ dB(A)
für Aufenthaltsräume von Wohnungen	erf. $R'w,res = 30$ dB(A)
für Büroräume	erf. $R'w,res = 30$ dB(A)

Lärmpegelbereich III
für Bettenräume von Krankenanstalten	erf. $R'w,res = 40$ dB(A)
für Aufenthaltsräume von Wohnungen	erf. $R'w,res = 35$ dB(A)
für Büroräume	erf. $R'w,res = 30$ dB(A)

Etwaige Außenwohnbereiche (Balkone, Terrassen etc.) im Sondergebiet Pflegezentrum sind ausschließlich an den Gebäudeseiten zulässig, die nicht dem Mühlenweg zugewandt sind.

Textbeispiel 41: *Sondergebiet Pflegezentrum (zu Abbildung 51)*

Planungsziel

Nach Aufgabe der militärischen Nutzung im Jahre 1995 wird eine zivile Nutzung des ca. 20 ha großen Areals angestrebt. Für die Konversion konnte ein Erschließungs- und Bauträger gewonnen werden, der nach dem kompletten Abriss der Kasernengebäude dort ein attraktives Wohnquartier mit Nahversorgungszentrum und Gewerbeflächenangebote schaffen konnte. Grundlage für die Planungsziele war der weitgehende Erhalt des Großgrünbestandes und die Vernetzung des Gebietes mit den umliegenden Wohnquartieren.

Allgemeines Wohngebiet (§ 9 I BauGB, § 4 BauNVO)

Im Wohngebiet (WA) sind gem. § 1 VI BauNVO die gem. § 4 III BauNVO ausnahmsweise zulässigen Nutzungen nicht Bestandteil des Bebauungsplans.

Mischgebiet (§ 9 I BauGB, § 6 BauNVO)

Im Mischgebiet sind gem. § 1 V BauNVO die unter § 6 II Nr. 6 bis 8 BauNVO zulässigen Nutzungen (Gartenbaubetriebe, Tankstellen und Vergnügungsstätten) nicht zulässig. Gem. § 1 VI BauNVO ist die Ausnahme gem. § 6 III BauNVO nicht Bestandteil des Bebauungsplans.

Im Mischgebiet sind gem. § 1 VII BauNVO in der Erdgeschosszone nur die allgemein zulässigen Nutzungen gem. § 6 II Nr. 2 bis 5 BauNVO zulässig.

Sondergebiet Einzelhandel

Im Sondergebiet Einzelhandel ist im ersten Vollgeschoss (Erdgeschoss) ein Einzelhandelsbetrieb (Lebensmittelmarkt mit den entsprechenden Randsortimenten) mit maximal 1.200 m² Verkaufsfläche zulässig. Im zweiten Vollgeschoss sind die Nutzungen entsprechend § 6 II Nr. 2 bis 5 BauNVO zulässig, wobei Einzelhandelsbetriebe maximal 200 m² Verkaufsfläche je Betrieb erreichen dürfen. In den darüber liegenden Geschossen sind ausschließlich Nutzungen nach § 6 II Nr. 1 bis 5 BauNVO zulässig.

Grundstücksgrößen und Grundstücksbreiten (§ 9 I Nr. 3 BauGB)

Die Mindestgröße der Baugrundstücke in den allgemeinen Wohngebieten beträgt je Einzelhaus mindestens 500 m², je Doppelhaushälfte 300 m² und je Reihenhaus 160 m². Die Mindestgrundstücksbreite muss 7,50 m betragen.

Abweichende Bauweise (§ 9 I Nr. 2 BauGB)

In den allgemeinen Wohngebieten sind in der abweichenden Bauweise Gebäudelängen und Gebäudebreiten bis maximal 25 m zulässig. Im Sondergebiet sind in der abweichenden Bauweise Gebäudelängen und Gebäudebreiten von mehr als 50 m zulässig. In allen abweichenden Bauweisen sind die Abstandsvorschriften der offenen Bauweise gem. der BauO einzuhalten.

Gewerbegebiet (§ 8 BauNVO)

In den Gewerbegebieten sind gem. § 1 VI BauNVO die ausnahmsweise zulässigen Nutzungen gem. § 8 III Nr. 3 BauNVO (Vergnügungsstätten) nicht Bestandteil des Bebauungsplans.

In den Gewerbegebieten sind gem. § 1 V BauNVO Einzelhandelseinrichtungen nur als unselbständiger Bestandteil sonstiger Betriebsformen zulässig. Es sind nur Betriebe und Anlagen zulässig, die den flächenbezogenen Schallleistungspegel von 60 dB(A) tags und 45 dB(A) nachts nicht überschreiten.

Textbeispiel 42: *Festsetzungen ehemalige Caspari-Kaserne (zu Abbildung 52 und Abbildung 53)*

Sondergebiet Lebensmittelmarkt (§ 11 II BauNVO)

Das Sondergebiet dient der Unterbringung eines Lebensmittelmarktes mit branchentypischen Sortimenten. Auf 75 % der Verkaufsfläche sind Lebensmittel und Getränke als branchenübliches Sortiment anzubieten. Auf max. 25 % der Verkaufsfläche ist ein Angebot von Non-Food-Waren zulässig. Wohnungen für Aufsichts- und bereitschaftspersonal sind oberhalb des 1. Vollgeschosses ausnahmsweise zulässig. Eine geringfügige Überschreitung der maximalen Grundfläche um bis zu 2 % ist zulässig, wenn die überbaubare Grundstücksfläche hierdurch nicht überschritten wird. Im Sondergebiet ist eine Versiegelung von 90 % durch die maximal zulässige Grundfläche (2.500 m²) und die Grundflächen von Anlagen i.S. von § 19 IV 1 BauNVO zulässig. Eine Überschreitung dieses Höchstmaßes auf 95 % ist zulässig, wenn innerhalb der Überschreitungsflächen eine maximale Bodenversiegelung von 75 % eintritt (z. B. Verwendung von Rasengittersteinen oder großflächigem Pflaster).

Sondergebiet „Großhandel für Tischlereibedarf"

Das Sonstige Sondergebiet mit der Zweckbestimmung „Großhandel für Tischlereibedarf" dient der Unterbringung zweckgebundener Anlagen und Einrichtungen, deren Emissionen nicht wesentlich stören. Zulässig sind:
a) Betriebe und Betriebsteile des Gewerbezweiges „Großhandel für Tischlereibedarf",
b) Geschäfts-, Büro- und Verwaltungsgebäude,
c) Wohnungen für Aufsichts- und Bereitschaftspersonen sowie für Betriebsinhaber und Betriebsleiter, die dem Gewerbebetrieb zugeordnet und ihm gegenüber in Grundfläche und Baumasse untergeordnet sind.

Textbeispiel 43: *Festsetzungen Lebensmittelmarkt und Tischlerei (zu Abbildung 55)*

Planungskonzept

Durch die Neuorganisation des Hafen und des angrenzenden gewerblich/industriell genutzten Bereichs, durch Betriebsverlagerungen und Revitalisierung von Industriebrachen entstehen Entwicklungspotentiale am Mittellandkanal, die zu ordnen und planungsrechtlich vorzubereiten Aufgabe des Bebauungsplans sein soll. Die Stadt möchte diesen vor allem nutzen, um den Belangen der örtlichen hafenorientierten Gewerbe- und Industriebetriebe Rechnung zu tragen und neue Impulse für weitere Entwicklungen, insbesondere Neuansiedelungen, auszulösen. Die im „Hafenstrukturkonzept" niedergelegten Handlungsempfehlungen und die Fachplanungsverfahren für den Ausbau des Mittellandkanals und von zusätzlichen Schienenwege sowie für die Umgehungsstraße werden in dem Bebauungsplan „Sondergebiet Hafen" koordiniert. Gegliederte gewerbliche und industrielle Nutzungen mit einem entsprechend eingeschränkten Zulässigkeitskatalog vor allem für Neuansiedlungen stehen dabei im Vordergrund. Nutzungen ohne spezifischen Hafenbezug werden dabei ausgeschlossen.

Die Anlagen, die in den Zulässigkeitskatalog aufgenommen wurden, sind Großbetriebe aus den Bereichen „Steine und Erden, Glas, Keramik, Baustoffe", „Stahl, Eisen und sonstige Metalle einschließlich Verarbeitung", „Holz, Zellstoff", „Nahrungs- und Futtermittel und landwirtschaftliche Erzeugnisse" und „Lagerung, Be- und Entladen von Stoffen und Zubereitungen" (4. BImSchV). Hierbei wurde einige Modifizierungen hinsichtlich der genannten Mengen und Betriebsartenzusammenstellungen vorgenommen. Anlagen mit geringerem Störungsgrad sind ebenfalls zulässig.

Hafenbetriebsflächen

Ein weiteres wichtiges Planungsziel ist die Sicherung von Hafenbetriebsflächen („Sondergebiet Hafen"), die von der Stadt angekauft und einer entsprechenden Nutzung zugeführt werden sollen.

Höhengleicher Bahnübergang

Aus den Vorgaben des Bebauungsplans wurde ein neuer plangleicher Bahnübergang über die neue Hafenstraße im Zuge einer Ausnahme mit Zustimmung des Eisenbahnbundesamtes zugelassen.

Auswirkungen auf die Bewohner des Gebietes, Soziale Maßnahmen

Neben der Kostenbeteiligung an den Verkehrsbauwerken werden der Stadt mittel- bis langfristig Aufwendungen für die Umsiedelung der im Gebiet wohnenden Bevölkerung abverlangt. Es ist anzustreben, nach Rechtswirksamwerden des B-Plans erste konzeptionelle Überlegungen im Dialog mit den Betroffenen anzustellen. Der für die Umsiedelung relevanteste Siedlungsbereich besteht aus 5 Gebäuden, für deren Freilegung entsprechende Haushaltsmittel bereitzustellen sind.

Textbeispiel 44: *Festsetzungen Sondergebiet Hafen (zu Abbildung 56)*

In → **Wochenendhausgebieten** (→ *Textbeispiel 45 mit Abbildung 57)* sind nach § 10 III **348** BauNVO Wochenendhäuser als Einzelhäuser zulässig. → Im Bebauungsplan kann dabei festgelegt werden, dass Wohnhäuser nur als Hausgruppen zugelassen werden können. Die zulässige Grundfläche der Wochenendhäuser ist im Bebauungsplan, begrenzt nach der besonderen Eigenart des Gebiets, unter Berücksichtigung der landschaftlichen Gege-

Abbildung 50: *Sondergebiet Einzelhandel*

Abbildung 51: *Sondergebiet Pflegezentrum*

benheiten festzulegen. Der Charakter eines Wochenendhausgebiets ist über den tatsächlichen Umfang der Wohnnutzung hinaus wesentlich dadurch geprägt, dass die vorhandenen Gebäude nach außen hin den Eindruck vermitteln, einer bloß vorübergehenden Wohnnutzung auf beschränktem Raum zu dienen. Für die Beurteilung der Funktionslosigkeit eines Bebauungsplans ist nur auf solche von seinen Festsetzungen abweichende Vorhaben abzustellen, die von der zuständigen Behörde genehmigt oder offenkundig geduldet sind. Bei der zulässigen Grundfläche der Wochenendhäuser nach § 10 BauNVO werden im Unterschied zur Grundfläche aller baulichen Anlagen im Sinne von § 16 BauNVO nur solche Gebäudeteile erfasst, die sich nach ihrem äußeren Eindruck als integrierter Bestandteil des Wochenendhauses darstellen.[546] Die Festsetzung, dass die zulässige Grundfläche von Wochenendhäusern unter Anrechnung der Dachvorsprünge und Terrassen zu ermitteln ist, ist mit § 9 I Nr. 1 BauGB und § 10 III S. 3 BauNVO nicht vereinbar.[547] Bei der im Rahmen des § 10 BauNVO geforderten Prüfung, ob ein Wochenendhausgebiet trotz bestandssichernder Festsetzungen von Wohnnutzungen sein Gepräge wahrt, bleiben Wochenendhäuser außer Betracht, die wegen ihrer atypischen Größe das Gebiet als Wochenendhausgebiet nicht prägen können.[548] § 10 II 1 BauNVO ermöglicht es, in einem Sondergebiet, das der Erholung dient, vorhandene gebietsfremde Bauvorhaben wie etwa Wohngebäude durch Festsetzungen zu sichern, wenn es sich mit dem Gepräge als Gebiet zu Erholungszwecken verträgt.[549]

349   In **Ferienhausgebieten** sind nach § 10 IV BauNVO Ferienhäuser zulässig, die auf Grund ihrer Lage, Größe, Ausstattung, Erschließung und Versorgung für den Erholungsaufenthalt geeignet und dazu bestimmt sind, überwiegend und auf Dauer einem wechselnden Personenkreis zur Erholung zu dienen. In **Campingplatzgebieten** sind nach § 10 IV BauNVO Campingplätze und Zeltplätze zulässig.

→ **Wochenendhäuser** sind Gebäude mit Aufenthaltsräumen, die dem vorübergehenden Wohnen, hauptsächlich während der Wochenenden und während bestimmter Zeiten des Jahres dienen. Zu den Wochenendhäusern gehören auch Mobilheime und nicht jederzeit ortsveränderlich aufgestellte Wohnwagen. Kleinwochenendhäuser sind Wochenendhäuser bis zu einer Grundfläche von 40 m². Bei der Ermittlung der Grundfläche bleiben ein überdachter Freisitz bis zu 10 m² Grundfläche oder ein Vorzelt unberücksichtigt.

→ **Wochenendhausgrundstücke** sind Baugrundstücke, die für die Bebauung mit Wochenendhäusern bestimmt sind.

→ **Wochenendplätze** sind Plätze, die zum Aufstellen oder Errichten von Kleinwochenendhäusern dienen und die während des ganzen Jahres oder wiederkehrend während bestimmter Zeiten des Jahres betrieben werden.

→ **Aufstellplatz** ist die Fläche auf Wochenendplätzen, die zum Aufstellen oder Errichten von Kleinwochenendhäusern bestimmt ist (§ 1 Musterwochenendplatzverordnung)

---

350   Die **Störanfälligkeit** von **Sondergebieten mit Erholungsfunktion** richtet sich nach der jeweiligen Zweckbestimmung des Gebietes. Wochenendhausgebiete können dem reinen Wohngebiet gleichgestellt werden, wenn es sich etwa um ein Kurgebiet oder ein Klinikgebiet handelt. Ein höherer Störungsgrad ist für Ferienhausgebiete, Campingplatzgebiete und für Mischformen anzusetzen, wobei als Orientierungswert der zulässige Störungsgrad im allgemeinen Wohngebiet herangezogen werden kann. Gebiete, in denen neben dem Freizeitwohnen die Ausübung unterschiedlicher Sport- und Freizeitbetäti-

---

[546] OVG Koblenz, Urt. v. 22.11.2011 – 8 A 10443/11 –.

[547] OVG Greifswald, Urt. v. 18.4.2012 – 3 L 3/08 – Rückbau eines Wochenendhauses.

[548] BVerwG, Urt. v. 11.9.2014 – 4 CN 3.14 – *Külpmann*, jurisPR-BVerwG 25/2014 Anm. 5, m. Hinw. auf Urt. v. 11.7.2013 – 4 CN 7.12 – BVerwGE 147, 138 Rn. 19.

[549] BVerwG, Urt. v. 11.7.2013 – 4 CN 7.12 – BVerwGE 147, 138 = BauR 2013, 1992 = NVwZ 2014, 72.

Abbildung 52: *Einzelhandel – ehemalige Gaspari-Kaserne*

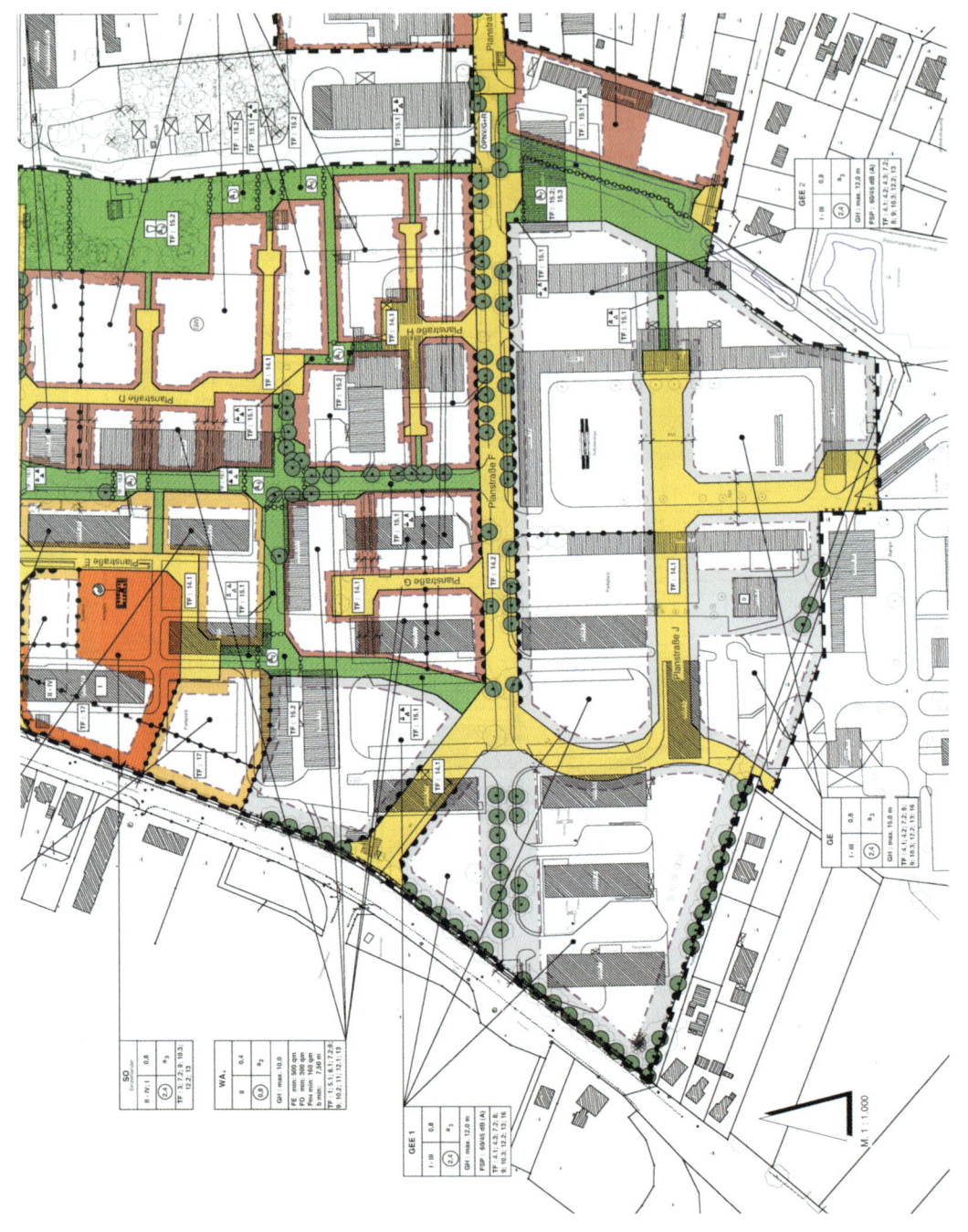

Abbildung 53: *Einzelhandel – ehemalige Gaspari-Kaserne*

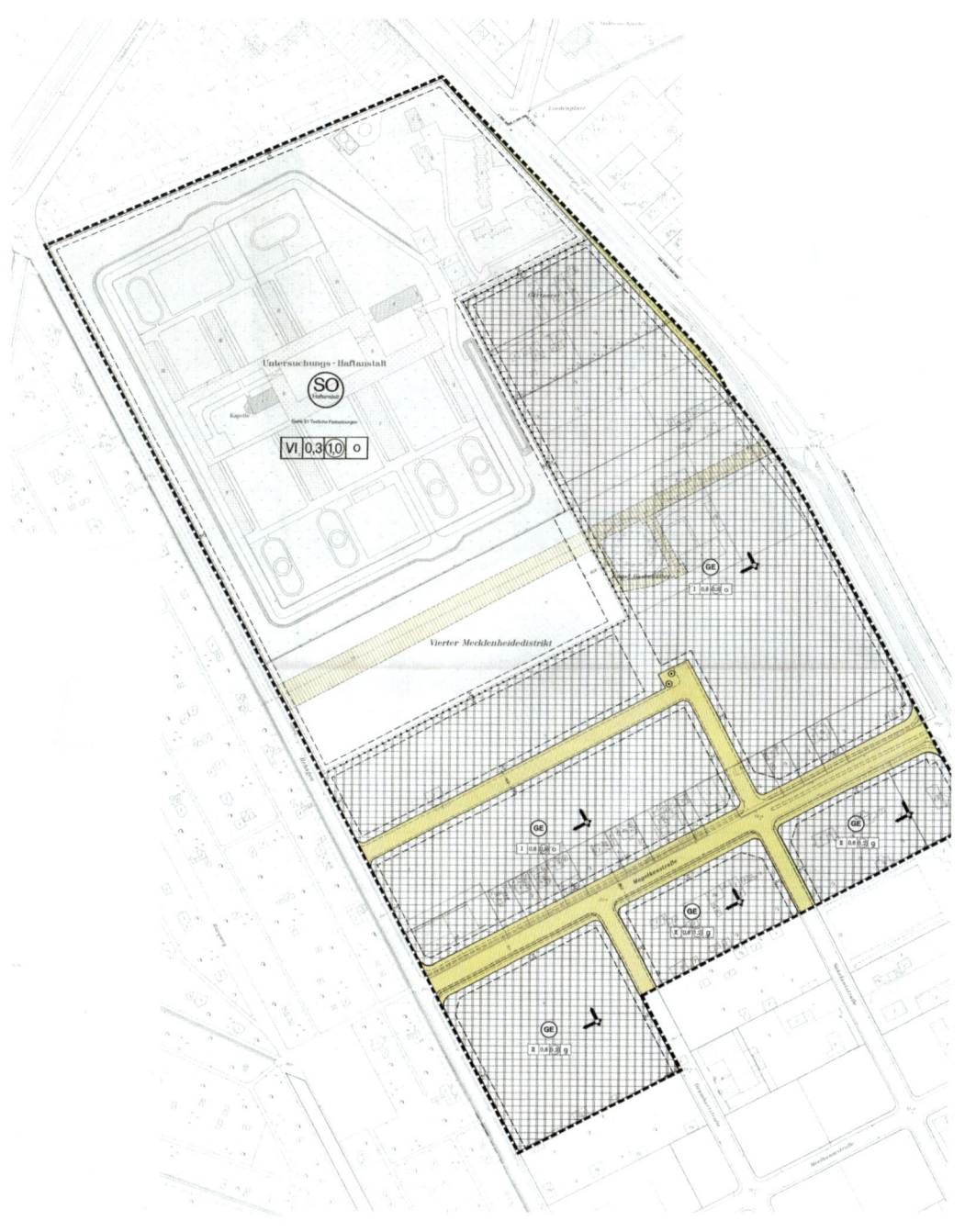

Abbildung 54: *Sondergebiet Hafenanstalt*

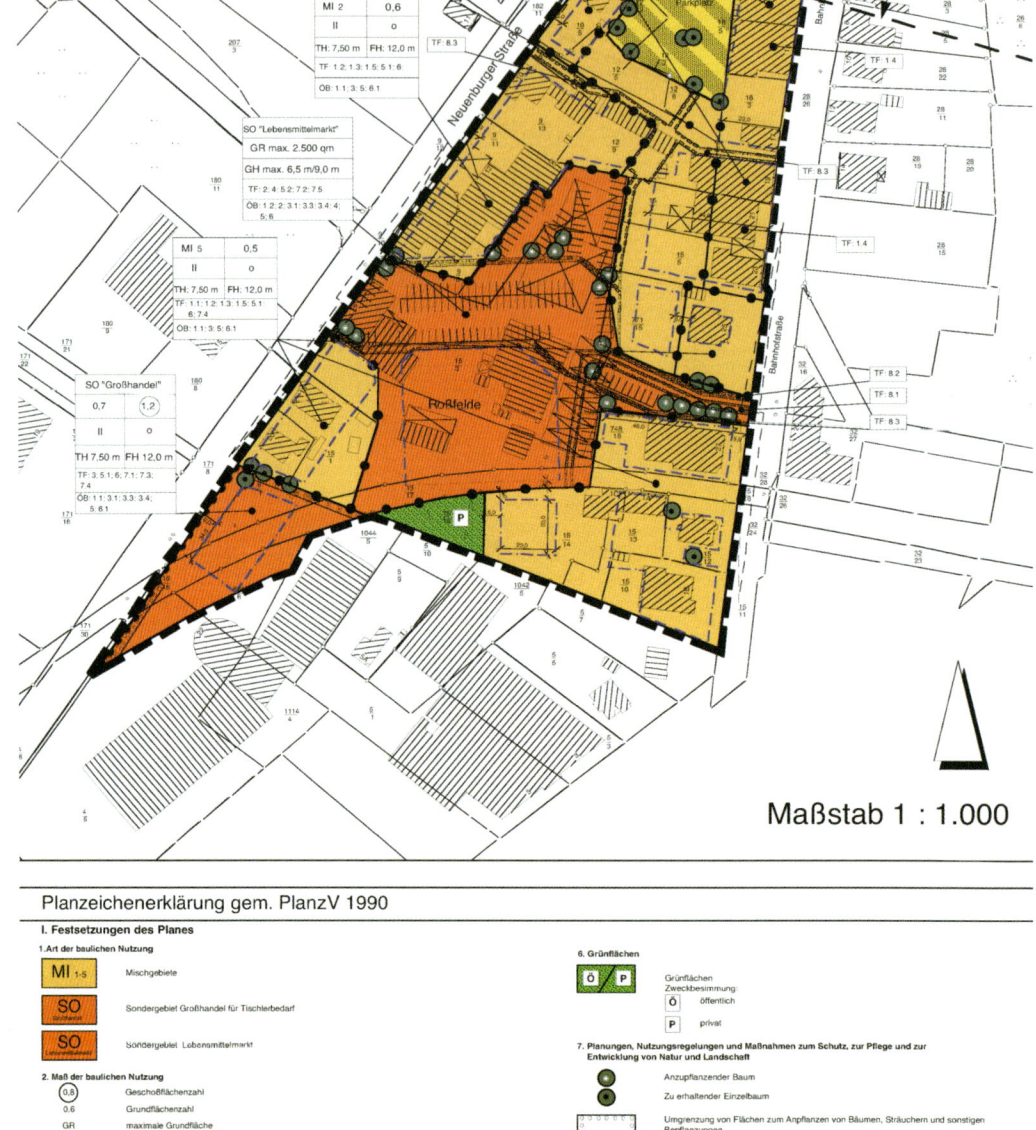

Maßstab 1 : 1.000

Abbildung 55: *Sondergebiet Lebensmittelmarkt und Großhandel für Tischlereibedarf*

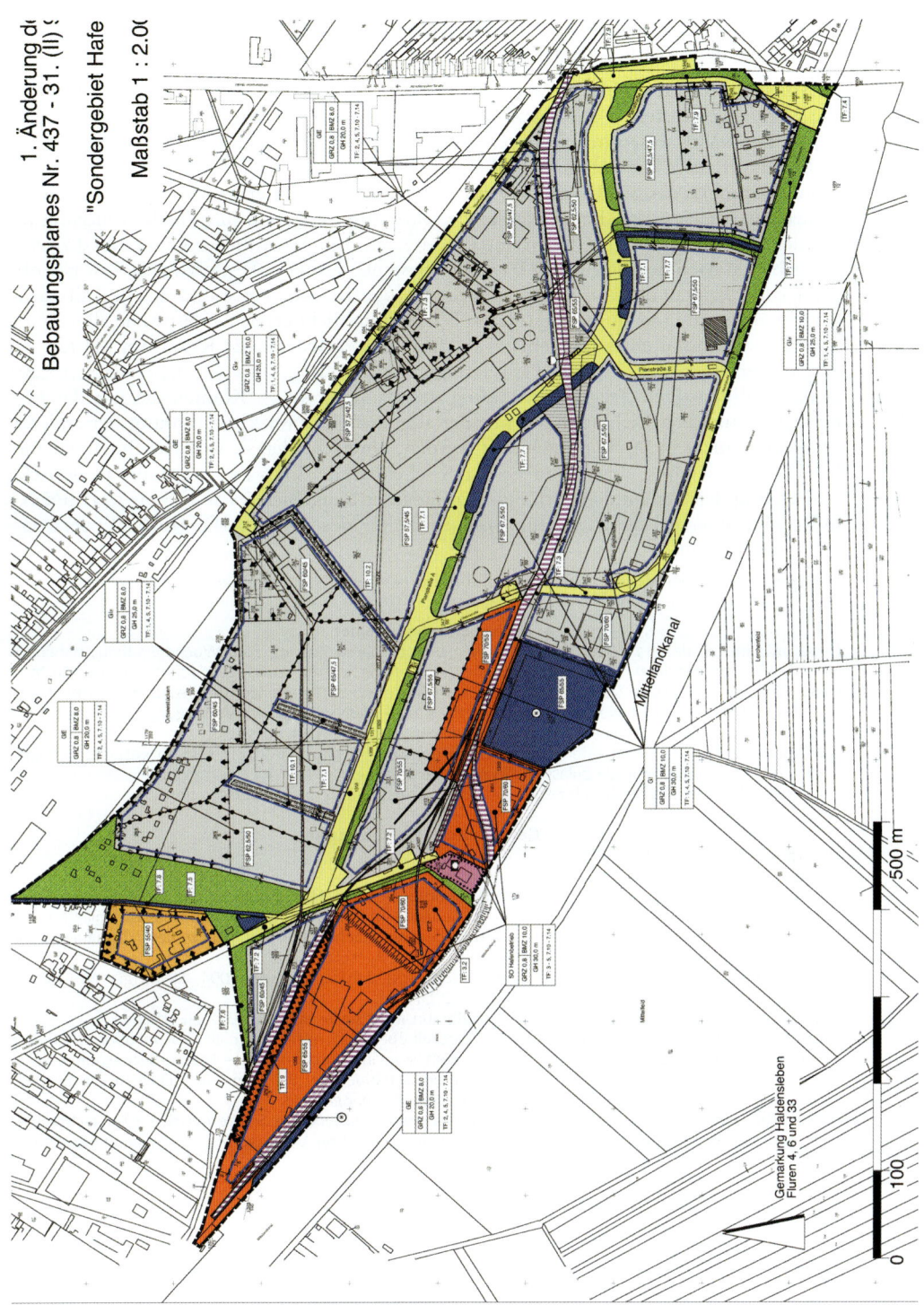

Abbildung 56: *Sondergebiet Hafen*

gungen auf Fußball-, Tennis- oder Bolzplätzen sowie in Reitschulen möglich ist, sind hinsichtlich der Störanfälligkeit den Mischgebieten gleichzustellen.[550]

351 k) Sonstige Sondergebiete. Als sonstige Sondergebiete sind gem. § 11 I BauNVO solche Gebiete darzustellen und festzusetzen, die sich von den Baugebieten nach den §§ 2 bis 10 BauNVO wesentlich unterscheiden. Die BauNVO enthält dabei lediglich eine Rahmenvorschrift, die den gemeindlichen Planungsträger ermächtigt, bei Vorliegen der Voraussetzungen des § 11 I BauNVO ein Sondergebiet festzusetzen. Für sonstige Sondergebiete sind nach § 11 II BauNVO die Zweckbestimmung und die Art der Nutzung im Flächennutzungsplan darzustellen und festzusetzen. Ein wesentlicher Unterschied zu den Baugebieten nach den §§ 2 bis 10 BauNVO besteht, wenn ein Festsetzungsgehalt gewollt ist, der sich keinem der vorgenannten Gebietstypen zuordnen lässt und sich deshalb sachgerecht auch mit einer auf sie gestützten Festsetzung nicht erreichen lässt. Die allgemeine Zweckbestimmung eines Baugebietes ist dabei das entscheidende Kriterium hierfür. Zu vergleichen sind die konkreten Festsetzungen des Sondergebiets mit der jeweiligen „abstrakten" allgemeinen Zweckbestimmung des Baugebietstyps. Können die mit der Planung verbundenen Zielsetzungen mit der allgemeinen Zweckbestimmung der anderen Baugebiete nicht in Deckung gebracht werden, unterscheiden sie sich von ihnen wesentlich. Die Festsetzung eines Sondergebietes scheidet allerdings aus, wenn die planerische Zielsetzung der Gemeinde durch Festsetzung eines Baugebiets nach §§ 2 bis 10 BauNVO in Kombination mit den Gestaltungsmöglichkeiten des § 1 V und IX BauNVO verwirklicht werden kann.[551]

Beispiel: Die Gemeinde setzt nach § 11 I und II BauNVO ein Sondergebiet „Stellplätze" fest.[552]

Wochenendhausgebiet

Nebenanlagen i.S. des § 14 BauNVO, die keinen unmittelbaren Zugang zum Wochenendhaus haben, in einer Größe von maximal 12 m² werden ohne Anrechnung auf die zulässige Grundfläche für die Wochenendhäuser zugelassen. Sie können auch außerhalb der durch Baugrenzen festgesetzten überbaubaren Grundstücksfläche errichtet werden. Anlagen gem. § 14 II BauNVO, die der Versorgung des Gebietes mit Elektrizität, Gas, Wärme, Wasser und Abwasser dienen, sind ebenfalls zulässig.

Mindestens an zwei Seiten offene überdachte Terrassen bis maximal 20 m² sind im gesamten Planbereich ohne Anrechnung auf die zulässige Grundfläche zulässig.

Die bebaute Grundfläche der einzelnen Grundstücke darf 60 m² nicht überschreiten.

Gestalterische Festsetzungen

Die Dachneigung beträgt 0 – 25°.

Drempel sind nicht zulässig.

Die Außenwandflächen aller Gebäude sind grundsätzlich mit Holz zu gestalten. Es sind jedoch auch massive Außenwandflächen zulässig, wobei je Gebäude mindestens 40 v.H. mit Holz einschließlich der Fensterflächen zu verkleiden ist. Die massiven Außenwandflächen sind aus gebrannten Vormauerziegeln zu erstellen. Farbgebung und Format werden wie folgt festgesetzt:

Gelb-braun nicht heller als RAL 1002, rot-braun nicht dunkler als RAL 8004, kleine glasierte Steine, kleine hochgesinterte Steine, Format DF und 1 1/2 DF.

Die Dacheindeckung hat in den Farben dunkelbraun nicht heller als RAL 8017 zu erfolgen.

Die Oberkante des fertigen EG-Fußbodens (Sockelhöhe) darf nicht höher als 0,50 m über Oberkante öffentlicher Verkehrsfläche (Straßenfahrbahn) – gemessen in Fahrbahnmitte – liegen. Bezugspunkt ist jeweils die Mitte der der Verkehrsfläche zugeordneten Gebäudeseite. Bei Eckgrundstücken ist für die Festlegung der Bezugspunkte jeweils die längste Gebäudeseite maßgebend.

Das Maß zwischen Oberkante fertiger EG-Fußboden bis Oberkante Sparren darf 3,20 m nicht überschreiten. Der Bezugspunkt ist der Sparrenabschnitt in senkrechter Verlängerung der Außenhaut des Gebäudes.

Textbeispiel 45: *Festsetzungen Wochenendhausgebiet (zu Abbildung 57)*

---

[550] Fickert/Fieseler § 10 Rn. 5.
[551] BVerwG, B. v. 30.6.2014 – 4 BN 38.13 – BauR 2014, 1745–1746.
[552] BVerwG, B. v. 18.12.1990 – 4 NB 19.90 – NVwZ 1991, 778 = BauR 1991, 301 = RzB Rn. 938 – Stellplätze.

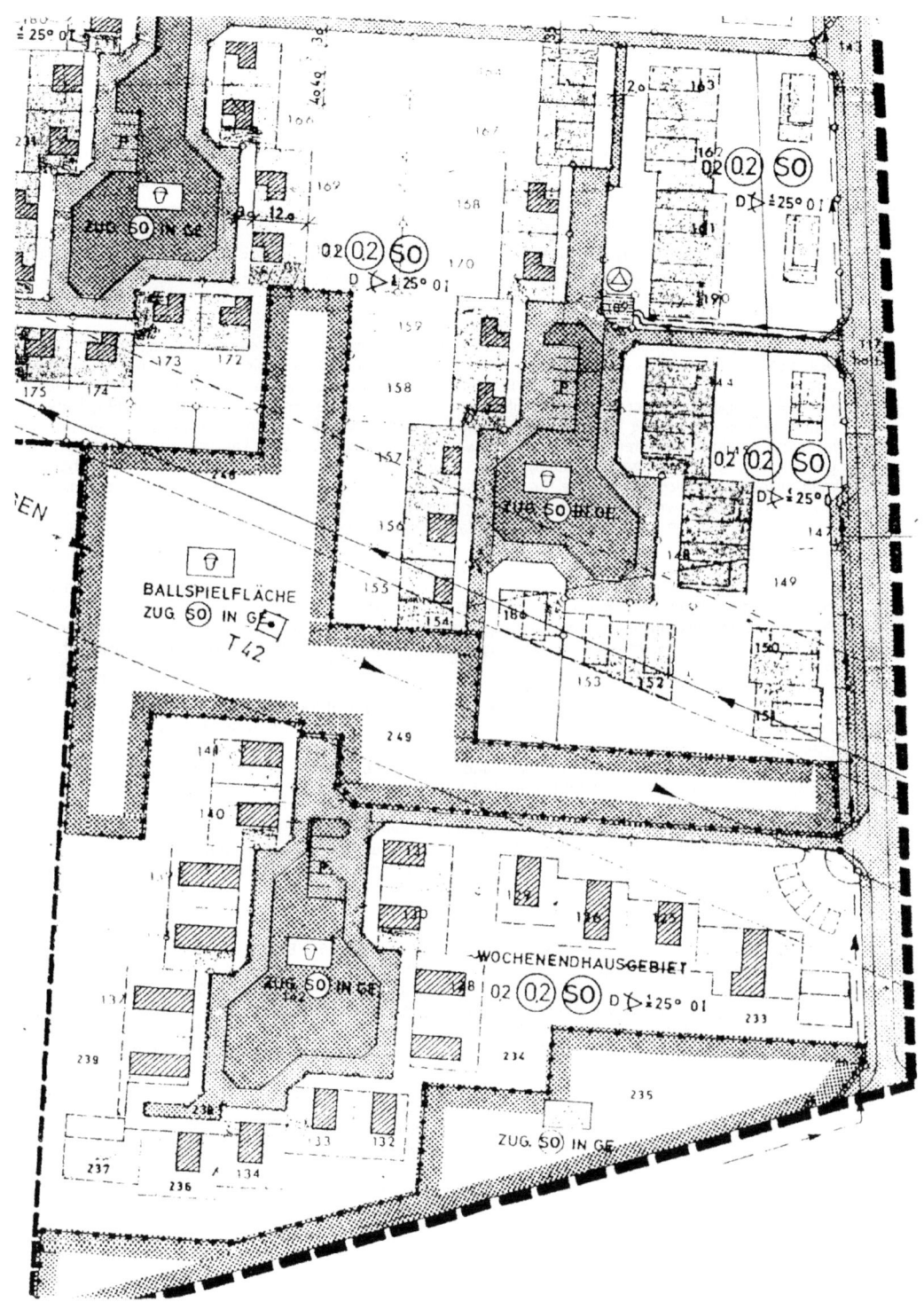

Abbildung 57: *Wochenendhausgebiet*

352   Als sonstige Sondergebiete kommen insbesondere in Betracht:
   – Gebiete für den Fremdenverkehr, wie Kurgebiete und Gebiete für die Fremdenbeher-
     bergung,
   – Ladengebiete (→ *Abbildung 50*),
   – Gebiete für Einkaufszentren und großflächige Handelsbetriebe,
   – Gebiete für Messen, Ausstellungen und Kongresse (→ *Abbildung 58*),
   – Hochschulgebiete,
   – Klinikgebiete (→ *Abbildung 51, Textbeispiel 41*),
   – Hafengebiete (→ *Abbildung 56*), Sonderkanal (→ *Abbildung 59 mit Textbeispiel 46*)
   – Gebiete für Anlagen, die der Erforschung, Entwicklung oder Nutzung erneuerbarer
     Energien, wie Wind- und Sonnenenergie, dienen (→ *Abbildung 49*).

Planungskonzeption

Der Bebauungsplan „Interkommunaler Industriepark Küstenkanal" ist Teil eines interkommunalen Gewerbegebietes des Landkreises Cloppenburg für den Nordlandkreis. Hieran sind der Landkreis Cloppenburg und die Gemeinde Barßel, die Gemeinde Bösel, die Gemeinde Saterland und die Stadt Friesoythe beteiligt. Der Bebauungsplan ist der erste Abschnitt in dieser Reihe mit der Festsetzung eines Sondergebietes im Hafen. Im Zusammenhang mit dem Bebauungsplanverfahren wurde in dem Bereich des Plangebietes und in einem erheblich größeren Umfeld für die weiteren Bauabschnitte eine Umweltverträglichkeitsprüfung durchgeführt. Das Sondergebiet Hafen wurde gem. Bundeswasserstraßengesetz nachrichtlich übernommen. Planungsrechtliche Grundlage für die Ausweisung des Sondergebietes war ein parallel durchgeführtes Planfeststellungsverfahren für die Errichtung einer Hafenanlage mit einer 550 m langen Kaimauer. Bebauungsplanverfahren und Planfeststellungsverfahren wurden parallel entwickelt.

Industriegebiet (GI)

Die ausnahmsweise zulässigen Wohnungen für Aufsichts- und Bereitschaftspersonen sowie Betriebsinhaber und Betriebsleiter gem. § 9 III Nr. 1 BauNVO sind gem. § 1 VI Nr. 1 BauNVO nicht Bestandteil des Bebauungsplans. Die ausnahmsweise zulässigen Anlagen für kirchliche, kulturelle, soziale, gesundheitliche und sportliche Zwecke gem. § 9 III Nr. 2 BauNVO sind gem. § 1 VI Nr. 1 BauNVO nicht Bestandteil des Bebauungsplans.

Höhe der baulichen Anlage (§ 16 II BauNVO)

Zur Ermittlung der maximalen Gebäudehöhe (GH) dient als unterer Bezugspunkt die Oberkante der Kaimauer des Hafens, oberer Bezugspunkt ist die Oberkante des Gebäudes. Die maximale Gebäudehöhe gilt nicht für untergeordnete Bauteile i.S. des Landesrechts. Die Silohöhe ist die obere Kante der Siloanlage mit Mischanlage oberhalb der Oberkante der Kaimauer des Hafens.

Oberflächenentwässerung gem. § 9 I Nr. 2 BauGB

Das anfallende Niederschlagswasser ist den Maßnahmenflächen zuzuführen. Innerhalb dieser sind naturnahe Regenrückhalteflächen anzulegen. Innerhalb der öffentlichen Grünflächen sind die vorhandenen Gehölze weitestgehend zu erhalten. Es kann ein Wirtschaftsweg oder ein Rad- und Fußweg angelegt werden.

Grünfestsetzungen gem. § 9 I Nr. 25 a BauGB

Innerhalb der Maßnahmenflächen sind naturnahe Flächen für die Regenrückhaltung anzulegen; die nicht für die Regenrückhaltung benötigten Flächen sind gruppenweise mindestens 25 % zu bepflanzen. Von den Gewerbegrundstücken sind mindestens 10 % der Grundstücksfläche als Grünfläche herzurichten und zu bepflanzen. Innerhalb der privaten Stellplatzanlagen ist je angefangener 5 Stellplätze ein großkroniger Laubbaum zu pflanzen und dauerhaft zu erhalten. Die Größe des Pflanzbeets hat der Größe eines PKW-Stellplatzes zu entsprechen.

Schutz vor schädlichen Umwelteinwirkungen

In den Industriegebieten haben die Betriebe und Anlagen die für tags (6.00 Uhr bis 22.00 Uhr) und nachts (22.00 Uhr bis 6.00 Uhr) angegebenen flächenbezogenen Schallleistungspegel (LW in dB(A)/ m²) einzuhalten. Die Berechnung der angegebenen flächenbezogenen Schallleistungspegel wurde mit der Annahme freier Schallausbreitung (Quellhöhe 5 m über Grund) vom Emissions- zum Immissionsort durchgeführt. Bei Anordnung eines zusätzlichen Schallhindernisses mit abschirmender Wirkung auf dem Ausbreitungsweg kann der Betrag des sich daraus ergebenden Abschirmmaßes zum vorgegebenen Schallleistungspegel für den Bereich der Wirksamkeit des Schallschirmes addiert werden.

Textbeispiel 46: *Festsetzungen Sondergebiet Küstenkanal (zu Abbildung 59)*

Es handelt sich dabei um Gebiete, die sich hinsichtlich der zulässigen Nutzungen von **353** den **anderen Baugebieten wesentlich unterscheiden**. Es ist dabei in der Regel eine ausdrückliche Festsetzung der Zweckbestimmung eines Sondergebietes im Bebauungsplan geboten. Ergänzend kann der Gesamtzusammenhang der Festsetzungen sowie die Begründung des Bebauungsplans herangezogen werden.[553] Will etwa die Gemeinde eine Fläche für Kliniken und Sanatorien unter Ausschluss der nach § 4 II BauNVO sonst zulässigen Nutzungen reservieren, so stellt die Festsetzung eines allgemeinen Wohngebietes kein hierfür taugliches Mittel dar. Ein solches Ziel kann nur durch die Ausweisung eines Sondergebietes mit entsprechender Zweckbestimmung erreicht werden (§ 11 II BauNVO). Ein Bebauungsplan, der der Verwirklichung einer solchen Konzeption dient, ist erforderlich i.S. des § 1 III BauGB.[554] Ein **Sondergebiet für infrastrukturelle Vorhaben und Maßnahmen** unterscheidet sich im Sinne des § 11 I BauNVO wesentlich von einem **Kerngebiet**, wenn es sich bei einer wertenden Betrachtung von dessen allgemeiner Zweckbestimmung, zentrale Funktionen innerhalb des städtebaulichen Ordnungsgefüges zu erfüllen, deutlich abhebt. Welche Anforderungen an die Zentralität der in § 7 I BauNVO genannten Betriebe und Einrichtungen zu stellen sind, hängt von der Struktur und der Größe der jeweiligen Gemeinde ab. Die in § 11 II 1 BauNVO normierte Verpflichtung zur Festsetzung der Zweckbestimmung eines Sondergebiets verbietet nicht, verschiedene Nutzungsarten nebeneinander festzusetzen. Eine Kombination verschiedener Nutzungen ist jedenfalls dann unbedenklich, wenn sich deren Verträglichkeit aus den Regelungen der BauNVO zur Art der baulichen Nutzung herleiten lässt.[555] Ein Baugebiet, in dem ausschließlich **Pflegeheime**, betreutes Wohnen, Gemeinschaftsräume und Sozialstationen zulässig sein sollen, ist als **Sondergebiet** festzusetzen. Ein Bebauungsplan, der die bauliche Erweiterung eines **Seniorenzentrums** zum Ziel hat, aber auf den Erweiterungsflächen keine Bauräume festsetzt, ist nicht erforderlich und verletzt das Abwägungsgebot.[556]

l) Steuerung des Einzelhandels. Der Verfall vieler Innenstädte schreitet voran. In zahl- **354** reichen ländlichen Gemeinden aber in Stadtteilzentren der Großstädte werden bei wachsenden Leerständen die Schaufenster einfach zugeklebt. Dieser Trend wird nicht nur durch die Einkaufscenter auf der grünen Wiese, sondern auch durch innerstädtische Center gefördert, die das Publikum zwar wie ein Magnet anziehen und es geradezu aufschlucken, aber vielfach keine Belebung der umgebenden Stadtlagen bringen.[557] Das **CentrO Oberhausen**[558] ist dafür nur eines von zahlreichen Beispielen.[559] Die Stadt Oberhausen hatte den

---

[553] BVerwG, Urt. v. 18.2.1983 – 4 C 18.81 – BVerwGE 67, 23 = RzB Rn. 373; B. v. 23.6.1992 – 4 B 55.92 – NVwZ-RR 1993, 456.

[554] BVerwG, B. v. 20.7.1993 – 4 B 115.93 – RzB Rn. 939 – Kurviertel.

[555] BVerwG, Urt. v. 28.5.2009 – 4 CN 2.08 – DVBl 2009, 1176 = ZfBR 2009, 682 = BauR 2009, 1547 = UPR 2009, 387 = DÖV 2009, 960 m. Anm. *Gatz*, jurisPR-BVerwG 20/2009 Anm. 6 – Sondergebiets und Kerngebiet.

[556] VGH München, Urt. v. 30.6.2009 – 9 N 07.541 – unzulässige Vorratsplanung.

[557] *Stüer* ZfBR 2006, 747.

[558] OVG Münster Urt. vom 6.6.2005 – 10 D 145.04. NE, 10 D 148.04. NE – BauR 2005, 1577; BVerwG, Beschlüsse vom 28.12.2005 – 4 BN 41-44.05 – NVwZ 2006, 458 = DVBl 2006,462 – Erweiterung CentrO Oberhausen. Die Stadt Oberhausen hatte den umliegenden Ruhrgebietsstädten und der Bezirksregierung Düsseldorf als Genehmigungsbehörde für die Flächennutzungsplanänderung eine Begrenzung der Verkaufsfläche auf 70.000 qm verbindlich zugesichert, dies durch Baulast gesichert und die Zusicherungen später allerdings für unwirksam erklärt, *Stüer/Weers* DVBl 2006, 236; *Hoppe* NVwZ 2005, 1141; *Uechtritz* ZfIR 2005, 878. Zu den Plandivergenzen zwischen Zusicherungen und Planausweisungen *Stüer* BauR 2006, 31. Zur Bindung von „Sollzielen" BVerwG, Urt. v. 17.9.2003 – 4 C 14.01 – BVerwGE 117, 351 = DVBl 2004, 239; Urt. v. 18.9.2003 – 4 CN 20.02 – BVerwGE 119, 54 = DVBl 2004, 251; OVG Lüneburg, Urt. v. 1.9.2005 – 1 LC 107/05 – ZfBR 2005, 809 = NdsVBl 2006, 71 = NordÖR 2006, 70 = BRS 69 Nr. 6 (2005) – Hersteller-Direktverkaufszentren – Soltau. Als ein solches Ziel ist vom OVG Lüneburg die Formulierung anerkannt

Abbildung 58: *Kongresszentrum*

Abbildung 59: *Sondergebiet Küstenkanal*

umliegenden Ruhrgebietsstädten und der Bezirksregierung Düsseldorf als Genehmigungsbehörde für die Flächennutzungsplanänderung eine Begrenzung der Verkaufsfläche auf 70.000 qm verbindlich zugesichert, dies durch Baulast gesichert und die Zusicherungen später allerdings für unwirksam erklärt.[560] Die Steuerung des Einzelhandels kann auch durch Ziele der Landesplanung erfolgen (vgl. § 24 a Landesentwicklungsprogramm-Gesetz NRW).[561] Kerngebiete sowie Sondergebiete für Einzelhandelsvorhaben nach § 11 III BauNVO (Einkaufszentren, großflächige Einzelhandelsbetriebe und sonstige Handelsbetriebe dürfen in NRW nur in zentralen Versorgungsbereichen ausgewiesen werden. Die Einzelhandelsnutzungen dürfen weder die Funktionsfähigkeit zentraler Versorgungsbereiche in der Gemeinde oder in benachbarten Gemeinden noch die wohnungsnahe Versorgung der Bevölkerung in ihrem Einzugsbereich beeinträchtigten. Die Gemeinden legen zentrale Versorgungsbereiche als Haupt-, Neben- oder Nahversorgungszentren räumlich und funktional fest. Dies kann auch durch entsprechende Darstellungen im Flächennutzungsplan geschehen (§ 5 II Nr. 2 d BauGB). Zugleich sind die Gemeinden ermächtigt, zentren- und nahversorgungsrelevante Sortimente festzulegen. Zentrenrelevante Leitsortimente sind in der Anlage zu § 24 a Landesentwicklungsprogramm-Gesetz NRW[562] aufgeführt.[563] Auch Sollziele können verbindliche Vorgaben für raumbedeutsame Planungen enthalten. Eine Abweichung vom Zentrale Orte-Prinzip, insbesondere vom Kongruenzgebot, führt allerdings nicht zwingend zu einer Beeinträchtigung der dem Plan zugrunde gelegten Planungskonzeption. Vielmehr ist im Einzelfall zu prüfen, ob die Grundzüge der Planung berührt werden, hat das BVerwG[564] den Streit in Rastatt inzwischen entschieden.[565] Plansätze mit einer „Soll"-Struktur erfüllen die Merkmale eines Ziels der Raumordnung im Sinn des § 1 IV BauGB allerdings nur, wenn der Plangeber die Abweichungsvoraussetzungen für atypische Sachverhalte mit hinreichender tatbestandlicher Bestimmtheit selbst festgelegt hat.[566] Plansätze mit einer „Soll"-Struktur erfüllen die Merkmale eines Ziels der Raumordnung im Sinn des § 1 IV BauGB nur, wenn der Plangeber die Ab-

---

worden: „Neue Flächen für den großflächigen Einzelhandel sind den jeweiligen Zentralen Orten zuzuordnen. Der Umfang neuer Flächen bestimmt sich aus dem zentralörtlichen Versorgungspotenzial, den vorhandenen Versorgungseinrichtungen und der innergemeindlichen Zentrenstruktur. Die Ausweisung neuer Flächen für den großflächigen Einzelhandel ist interkommunal abzustimmen." Das sieht das OVG Münster unter Aufgabe seiner bisherigen Rechtsprechung für die Landesplanung in NRW anders. § 24 III Landesentwicklungsprogramm NRW soll danach keine die Bauleitplanung bindenden Ziele enthalten. Nach dieser Vorschrift sollen Kerngebiete sowie Sondergebiete für Einkaufszentren, großflächige Einzelhandelbetriebe und sonstige großflächige Handelsbetriebe nur ausgewiesen werden, soweit die in ihnen zulässigen Nutzungen nach Art, Lage und Umfang der angestrebten zentralörtlichen Gliederung sowie der in diesem Rahmen zu sichernden Versorgung der Bevölkerung entsprechen und wenn sie räumlich und funktional den Siedlungsschwerpunkten zugeordnet sind.

[559] Zur Einzelhandelssteuerung in der Regionalplanung *Sparwasser* VBlBW 2008, 171.

[560] *Stüer/Weers* DVBl 2006, 236. Zu den Plandivergenzen zwischen Zusicherungen und Planausweisungen *Stüer* BauR 2006, 31.

[561] Zur Steuerung des Einzelhandelsdurch Regionalplanung *Uechtritz* NVwZ 2007, 1337.

[562] Zur früheren Fassung des § 24a LEPro NRW OVG Münster, Urt. v. 30.9.2009 – 10 A 1676/08 – Factory Outlet Center: Die Vorschrift enthält keine Ziele, weil sie keinen eigenständigen räumlichen oder sachlichen Regelungsgehalt hat. Ohne gemeindliche Festlegung von zentralen Versorgungsbereichen geht die Vorschrift ins Leere.

[563] Zur Gesetzesneufassung *Freund* NWVBl 2008, 411.

[564] BVerwG, Urt. v. 16.12.2010 – 4 C 8.10 – IKEA Rastatt; zu VGH Mannheim, Urt. v. 17.12.2009 – 3 S 2010/08 – BauR 2010, 662; Urt. v. 17.9.2003 – 4 C 14.01 – BVerwGE 117, 351 = DVBl 2004, 239; Urt. v. 18.9.2003 – 4 CN 20.02 – BVerwGE 119, 54 = DVBl 2004, 251; OVG Lüneburg, Urt. v. 1.9.2005 – 1 LC 107/05 – Soltau.

[565] Zur Steuerung des Einzelhandels durch landesplanerische Ziele *Kuschnerus* ZfBR 2010, 324; *Uechtritz* VBlBW 2010, 185. Zu den Auswirkungen von Planungsdefiziten höherstufiger Planungsebenen auf nachfolgende Pläne *Ingold* NVwZ 2010, 1399.

[566] VGH München, Urt. v. 20.4.2011 – 15 N 10.1320 – DVBl 2011, 1181 (L) = BauR 2011, 1775.

weichungsvoraussetzungen für atypische Sachverhalte mit hinreichender tatbestandlicher Bestimmtheit selbst festgelegt hat.[567] Die Zielqualität einer Planaussage mit Regel-Ausnahme-Struktur setzt nicht voraus, dass der Plangeber die Entscheidung, unter welchen Voraussetzungen eine Ausnahme greift, ausschließlich durch Vorgabe materiell-rechtlicher Kriterien regelt. Ausnahmen von einer raumordnerischen Zielfestlegung dürfen zusätzlich von der Durchführung eines Verfahrens abhängig gemacht werden, wenn die Voraussetzungen und Bindungen eines solchen Verfahrens hinreichend bestimmt oder wenigstens bestimmbar sind.[568] Landesplanerische Aussagen in Gestalt einer Soll-Vorschrift erfüllen dann die Merkmale eines Ziels der Raumordnung, wenn die Voraussetzungen, bei deren Vorliegen die Soll-Vorschrift auch ohne förmliches Zielabweichungsverfahren eine Ausnahme von der Zielbindung zulässt, im Wege der Auslegung auf der Grundlage des Plans hinreichend bestimmt oder doch wenigstens bestimmbar sind.[569] Als ein solches Ziel ist vom OVG Lüneburg die Formulierung anerkannt worden: „Neue Flächen für den großflächigen Einzelhandel sind den jeweiligen Zentralen Orten zuzuordnen. Der Umfang neuer Flächen bestimmt sich aus dem zentralörtlichen Versorgungspotenzial, den vorhandenen Versorgungseinrichtungen und der innergemeindlichen Zentrenstruktur. Die Ausweisung neuer Flächen für den großflächigen Einzelhandel ist interkommunal abzustimmen." Auch ein als Soll-Vorschrift normierte **Integrationsgebot** kann ein Ziel der Raumordnung im Sinne von § 3 I Nr. 2 ROG sein, das auch vor der verfassungsrechtlich garantierten kommunalen Planungshoheit standhält und auch mit der unionsrechtlich garantierten Niederlassungsfreiheit und Kapitalverkehrsfreiheit vereinbar ist.[570]

Die Raumordnung kann die gemeindliche Planung daher auch das **Kongruenzgebot 355** binden. Allerdings muss der Rahmen hinreichend konkret bestimmbar sein. Der Begriff des Verflechtungsbereichs ist kann durch zeichnerische Festlegungen des jeweiligen Verflechtungsbereichs bestimmbar werden. Der Plangeber darf dabei zwischen zeichnerischen und textlichen Äußerungen wählen. Rein abstrakte Aussagen genügen dazu nicht. Das gilt auch für das **Beeinträchtigungsgebot**. Dabei kann die Rechtsprechung zu § 34 III BauGB herangezogen und es können raumordnerische Besonderheiten berücksichtigt werden. Hat die Gemeinde durch eigene Planung der Schaffung dezentraler Versorgungseinrichtungen Vorschub geleistet, ist dies als triftiges Indiz für die Annahme zu werten, die Gemeinde selbst stufe ihre Innenstadt (als dem maßgeblichen zentralen Versorgungsbereich) als sehr/besonders leistungstüchtig ein.[571] Die den großflächigen Einzelhandel im Sinne des § 11 III BauNVO betreffende Zielfestlegung eines **Konzentrationsgebotes** kann nach Maßgabe der raumordnerischen Vorgaben die Möglichkeit einer ausnahmsweisen Zulassung rechtfertigen, wenn die großflächige Einzelhandelseinrichtung nach den konkreten raumstrukturellen Gegebenheiten zur Sicherung einer wohnortnahen, örtlichen Grundversorgung dient und eine für ihre Auslastung erforderliche Bevölkerungszahl vorhanden ist.[572]

---

[567] VGH München, Urt. v. 25.5.2011 – 15 N 10.1568 – KommunalPraxis BY 2011, 314 (L) – Festlegungen von Zielen in einem Regionalplan, zu Art. 3 II 2 BayLplG.

[568] BVerwG, Urt. v. 22.6.2011 – 4 CN 4.10 – DVBl 2011, 1221 = NVwZ 2011, 1468, m. Anm. *Gatz*, jurisPR-BVerwG 18/2011 Anm. 4 – raumordnerische Zielfestlegung mit Regel-Ausnahme-Struktur.

[569] BVerwG, Urt. v. 16.12.2010 – 4 C 8.10 – BVerwGE 138, 301 = DVBl 2011, 491 = NVwZ 2011, 821, m. Anm. *Hager* BauR 2011, 1093 = *Gatz*, jurisPR-BVerwG 5/2011 Anm. 6; *Martin Beckmann* NWVBl 2011, 249; *Uechtritz* ZfBR 2011, 648 – IKEA Rastatt.

[570] VGH Mannheim, Urt. v. 4.7.2012 – 3 S 351/11 – BauR 2013, 425, *Hager* BauR 2013, 170, m. Hinw. auf VGH Mannheim, Urt. v. 17.12.2009 – 3 S 2110/08 – IKEA bestätigt durch BVerwG, Urt. v. 16.12.2010 – 4 C 8.10 – BVerwGE 138, 301; *Hager* BauR 2011, 1093, nachgehend BVerwG, B. v. 2.5.2013 – 4 B 59.12 -.

[571] OVG Lüneburg, Urt. v. 15.3.2012 – 1 KN 152/10 – DVBl 2012, 851 (L) – Einzelhandel.

[572] OVG Saarlouis, Urt. v. 4.10.2012 – 2 C 305/10 – BauR 2013, 130 (L) = NVwZ-RR 2013, 17 (L) – Verbrauchermarkt.

356   Das Planungsrecht stellt den planenden Gemeinden allerdings ausreichende Instrumente zur Verfügung, mit denen derartigen Entwicklungen begegnet werden kann. Bauleitpläne benachbarter Gemeinden sind nach § 2 II 1 BauGB aufeinander abzustimmen. Dabei können sich die Gemeinden auch auf ihre ihnen durch Ziele der Raumordnung zugewiesenen Funktionen sowie auf Auswirkungen auf ihre zentralen Versorgungsbereiche berufen (§ 2 II 2 BauGB). Von Innenbereichsvorhaben dürfen keine schädlichen Auswirkungen auf zentrale Versorgungsbereiche in der Gemeinde oder in anderen Gemeinden zu erwarten sein (§ 34 III BauGB).

357   Großflächiger Einzelhandel mit tendenziell schädlichen städtebaulichen oder infrastrukturellen Auswirkungen ist nach § 11 III BauNVO in Kerngebiete sowie in Einzelhandelssondergebiete verwiesen. Die Gemeinden haben die Möglichkeit, die Ansiedlung von Einzelhandelsbetrieben durch Bauleitplanung zu steuern und damit auf Städtebau und Infrastruktur Einfluss zu nehmen. Eine Gemeinde ist daher grundsätzlich berechtigt, durch einen Bebauungsplan großflächigen Einzelhandel im Plangebiet zu beschränken, um auf der Grundlage eines durch Marktforschungsgutachten getragenen **Einzelhandelskonzept**s[573] die mit erheblichen Investitionen umgestaltete Innenstadt als Einzelhandelszentrum zu festigen und auszubauen.[574]

358   Die Bedeutung des § 2 II BauGB im Rahmen des allgemeinen Abwägungsgebots liegt darin, dass eine Gemeinde, die ihre eigenen Vorstellungen selbst um den Preis von gewichtigen Auswirkungen für die Nachbargemeinde durchsetzen möchte, einem erhöhten Rechtfertigungszwang in Gestalt der Pflicht zur (formellen und materiellen) Abstimmung im Rahmen einer förmlichen Planung unterliegt. Die Missachtung eines solchermaßen begründeten Planungserfordernisses berührt zugleich den durch § 2 II BauGB erfassten Rechtskreis und verletzt dadurch die Nachbargemeinde bei einer entsprechenden Betroffenheiten in eigenen Rechten.

359   § 11 III BauNVO erfasst Betriebe, die entgegen dem städtebaulichen Leitbild, durch die Standorte des Einzelhandels eine funktionsnahe Beziehung zum Wohnen herstellen, an wohnungsfernen, verkehrlich schlecht oder nur mit dem Auto erreichbaren Standorten auf großer Fläche ein Warenangebot für den privaten Bedarf der Allgemeinheit bereithalten. Er zielt darauf ab, den Einzelhandel an den Standorten zu sichern, die in das städtebauliche Ordnungssystem funktionsgerecht eingebunden sind. Dass auf diese Weise die Wirtschaftsstruktur in den zentralen Versorgungsbereichen gestärkt wird, ist nicht Selbstzweck. Der Schutz der mittelständischen Wirtschaft dient nicht als Mittel dafür, bestimmte Wettbewerbsverhältnisse zu stabilisieren. Vielmehr soll sichergestellt werden, dass durch die Ansiedlung von Einzelhandelsbetrieben an peripheren Standorten nicht die wirtschaftliche Existenz derjenigen Betriebe bedroht oder gar vernichtet wird, die eine verbrauchernahe Versorgung gewährleisten.[575]

360   Auch im **Außenbereich** ergeben sich entsprechende Beschränkungen. Die Zulassung eines Außenbereichsvorhabens kann am öffentlichen Belang des **Planungserfordernisses** scheitern. Ein solches Erfordernis liegt vor, wenn das Vorhaben einen **Koordinierungsbedarf** auslöst, dem nicht das Konditionalprogramm des § 35 BauGB, sondern nur eine Abwägung im Rahmen einer förmlichen Planung angemessen Rechnung zu tragen vermag. Besteht im Verhältnis benachbarter Gemeinden ein **qualifizierter Abstimmungsbedarf** i. S. des § 2 II BauGB, so ist dies ein starkes Anzeichen dafür, dass die in § 35 III BauGB aufgeführten Zulassungsschranken nicht ausreichen, um ohne Abwägung im Rahmen einer förmlichen Planung eine Entscheidung über die Zulässigkeit des beabsichtigten Vorhabens treffen zu können. Das Erfordernis einer förmlichen Planung gehört zu den nicht benannten öffentlichen Belangen. Dieser öffentliche Belang bringt zum Ausdruck, dass die in § 35 BauGB enthaltenen Vorgaben nicht ausreichen, um eine

---

[573]   OVG Münster, Urt. v. 25.10.2007 – 7 A 1059/06 – gesamtstädtisches Einzelhandelskonzept.

[574]   VG Freiburg, Urt. v. 24.3.2004 – 7 K 1249/03 – KommJur 2004, 192 – Einzelhandel.

[575]   VGH München, B. v. 27.6.2007 – 15 CS 07.406 – Neue Mitte Passau.

Entscheidung über die Zulässigkeit des beabsichtigten Vorhabens treffen zu können. Von einem qualifizierten Abstimmungsbedarf ist dann auszugehen, wenn das Vorhaben die in § 11 III 1 BauNVO bezeichneten Merkmale aufweist.[576] Das im Außenbereich zu verwirklichende Vorhaben kann eine Konfliktlage mit so hoher Intensität für die berührten öffentlichen und privaten Belange auslösen, dass es die in § 35 BauGB vorausgesetzte Entscheidungsfähigkeit des Zulassungsverfahrens übersteigt. Ein derartiges Koordinierungsbedürfnis ist zu bejahen, wenn die durch das Vorhaben berührten öffentlichen und privaten Belange einen in erster Linie planerischen Ausgleich erfordern, der seinerseits Gegenstand einer abwägenden Entscheidung zu sein hat. Eine in diesem Sinne „abwägende" Entscheidung ist nach dem Gesetz weder der Genehmigungsbehörde noch der Gemeinde im Rahmen des § 36 I BauGB zugestanden. Sie kann allein in einem Bauleitplanverfahren getroffen werden.[577] Es kommt weder für das Eingreifen der Regelvermutung nach § 11 III 3 BauNVO noch für deren Widerlegung darauf an, ob der Einzelhandelsbetrieb von vornherein in der nun zu beurteilenden Größe errichtet oder ob ein bestehender Betrieb nachträglich erweitert werden soll.[578]

m) Nahversorger. Seine bisherige Einzelhandelsrechtsprechung hat der 4. Senat des **361** BVerwG inzwischen behutsam fortentwickelt, die Verkaufsfläche der Nahversorger auf **800 m²** angehoben und der Praxis hierdurch handhabbare Maßstäbe für die Abgrenzung der Großflächigkeit von Handelsbetrieben gegeben.[579] Die Entscheidungen sind von dem Gedanken getragen, die bisherige Rechtsprechung des BVerwG zum Konzept des § 11 III BauGB vom Grundsatz her zu bestätigen, allerdings die Grenze für die Großflächigkeit von früher 700 m² Verkaufsfläche[580] bzw. bis zu 800 m² nach Einzelfallprüfung[581] auf 800 m² als Fixgröße anzuheben. Hierdurch soll der Praxis Klarheit gegeben und es sollen die Entscheidungsprozesse für die Genehmigung von Einzelhandelsnutzungen vereinfacht werden. Zugleich hat das BVerwG die bisherige Rechtsprechung bestätigt, dass mehrere Einzelhandelsbetriebe grundsätzlich für sich zu betrachten sind und hinsichtlich der Flächen nicht als ein Betrieb zusammengerechnet werden dürfen. Ausnahmen sind die Einkaufszentren, die einen einheitlich geplanten, finanzierten, gebauten und auch nach außen als Einheit erscheinenden Gebäudekomplex darstellen.[582] Funktionszusammenhänge mehrerer Betriebe können nur dann zu einer einheitlichen Betrachtung der verschiedenen Einzelhandelsnutzungen führen, wenn sie bei strengen Maßstäben ausnahmsweise als funktionale Einheit erscheinen, etwa wenn untergeordnete Einzelhandelsnutzungen unter einem Dach lediglich formal aus einem Einzelhandelsbetrieb ausgegliedert werden, in Wahrheit aber als Teil eines entsprechenden Gesamtkonzeptes erscheinen.

Die BauNVO unterwirft Einzelhandelsnutzungen nur dann dem Regelungssystem **362** des § 11 III BauNVO, wenn es sich um einen großflächigen Einzelhandelsbetrieb handelt.

---

[576] BVerwG, Urt. v. 1.8.2002 – 4 C 5.01 – BVerwGE 117, 25 = DVBl 2003, 62 = NVwZ 2003, 86 – FOC Zweibrücken.

[577] BVerwG, B. v. 11.8.2004 – 4 B 55.04 – BauR 2005, 832 = Buchholz 406.11 § 35 BauGB Nr. 363 – förmliche Planung.

[578] BVerwG, B. v. 29.11.2005 – 4 B 72.05 – DVBl 2004, 460 = NVwZ 2006, 340 – Erweiterung eines großflächigen Einzelhandelsbetriebes.

[579] BVerwG, Urt. v. 24.11.2005 – 4 C 10.04 – BVerwGE 124, 364 = DVBl 2006, 448 = NVwZ 2006, 452, Vorinstanz VGH Mannheim, Urt. v. 13.7.2004 – 5 S 1205/03 – ZfBR 2005, 78); Urt. v. 24.11.2005 – 4 C 14.04 – BVerwGE 124, 376 = DVBl 2006, 452 = NVwZ 2006, 455, Vorinstanz OVG Frankfurt/Oder, Urt. v. 3.11.2004 – 3 A 471/01 – ZfBR 2005, 292); Urt. v. 24.11.2005 – 4 C 3.05 – Vorinstanz OVG Frankfurt, Urt. v. 3.11.2004 – Parallelentscheidung; Urt. v. – 4 C 8.05 – BauR 2006, 648 = ZfBR 2006, 253, Vorinstanz OVG Münster, Urt. v. 25.4.2005 – 10 A 2861/04 –.

[580] BVerwG, Urt. v. 22.5.1987 – 4 C 19.85 – BauR 1987, 528 = DVBl 1987, 1006.

[581] BVerwG, B. v. 22.7.2004 – 4 B 29.04 – ZfBR 2004, 699 = DVBl 2004, 1308 = NVwZ-RR 2004, 815 = UPR 2004, 447 = NVwZ 2006, 264 mit Anm. *Sparwasser*.

[582] BVerwG, Urt. v. 1.8.2002 – 4 C 5.01 – BVerwGE 117, 25 = DVBl 2003, 62 = NVwZ 2003, 86 – FOC Zweibrücken.

Ist der Einzelhandelsbetrieb großflächig, so erfordert das Regelungssystem des § 11 III BauNVO eine Prüfung, ob von dem Vorhaben schädliche Auswirkungen auf die in der Vorschrift benannten städtebaulichen oder infrastrukturellen Belange ausgehen. Hierfür ist eine Vermutungsgrenze von 1.200 qm Geschossfläche aufgestellt. Wird sie unterschritten, ist das Einzelhandelsvorhaben grundsätzlich zulässig. Wird sie überschritten, geht der Verordnungsgeber grundsätzlich von schädlichen städtebaulichen oder infrastrukturellen Auswirkungen aus mit der Folge, dass das Einzelhandelsvorhaben planungsrechtlich unzulässig ist. Vorhaben, die nicht großflächig sind, fallen aus der weiteren Prüfungssystematik des § 11 III BauNVO heraus mit der Folge, dass auch vom Prinzip her schädliche Einzelhandelsnutzungen, welche die Vermutungsgrenze von 1.200 qm Geschossfläche überschreiten, nicht an § 11 III BauNVO gemessen werden und daher planungsrechtlich zulässig sind. Je weiter daher die Grenze zur Großflächigkeit eines Betriebes zahlenmäßig nach oben geht, in desto größerem Maße werden Einzelhandelsbetriebe von dem Prüfraster des § 11 III BauNVO freigestellt. Denn nicht großflächige Betriebe sind auch dann planungsrechtlich zulässig, wenn sie nach den Maßstäben des § 11 III BauNVO schädliche Auswirkungen auf städtebauliche oder infrastrukturelle Belange haben. Aber auch unterhalb dieser Grenze kann ein Einzelhandelsbetrieb mit einer Nutzfläche von höchstens 400 qm als „kleiner Nachbarschaftsladen" oder **„Convenience-Store"**[583] ein festsetzungsfähiger Anlagentyp im Sinne vom § 1 IX BauNVO sein.[584] Eine textliche Festsetzung, nach der Einzelhandel im Plangebiet grundsätzlich ausgeschlossen und nur in einem bestimmten Bereich ausnahmsweise mit einer **Verkaufsfläche von maximal 300 qm** zulässig sein soll, ist nicht durch § 9 I Nr. 1 BauGB i.V.m. § 1 IX BauNVO gedeckt. Denn mit der Bestimmung dieser maximalen Verkaufsfläche ist in der Regel kein Anlagentyp bezeichnet, den es in der sozialen und ökonomischen Realität generell gibt.[585] Die Bezeichnungen **„Hartwaren", „Gesundheit"** und **„Textil"** sind hinreichend auslegungsfähige Begriffe, die den beabsichtigten Handelsgegenstand eines großflächigen Einzelhandelsbetriebs oder Einkaufszentrums ausreichend umreißen und deren Verwendung nicht zur Nichtigkeit eines hierauf bezogenen Bauvorbescheides wegen Unbestimmtheit führt.[586] Dabei können bei besonderen Fallgestaltungen auch von **nicht großflächigen Einzelhandelsbetrieben** schädliche Auswirkungen auf einen **zentralen Versorgungsbereich** zu erwarten sein. Dabei sind alle relevanten Umstände der konkreten städtebaulichen Situation zu berücksichtigen.[587]

363   Das BVerwG hat die Grenze für die Großflächigkeit von früher 700 m² Verkaufsfläche mit einer gewissen Beurteilungsmarge auf feste 800 m² angehoben. Einzelhandelsbetriebe mit einer geringeren Fläche sind daher nicht großflächig und unterliegen nicht dem Prüfsystem, während Betriebe mit mehr als 800 m² dem Prüfprogramm des § 11 III BauNVO unterfallen. Einzelhandelsbetriebe oberhalb der 800 m² Verkaufsflächen-Grenze sind daher planungsrechtlich nur dann grundsätzlich zulässig, wenn sie eine geringere Geschossfläche als 1.200 m² haben. Wird die Vermutungsgrenze überschritten, sind die Einzelhandelsvorhaben grundsätzlich unzulässig. Allerdings kann die Vermutungsgrenze im Einzelfall für Betriebe unterhalb aber auch oberhalb von 1.200 m² Geschossfläche widerlegt werden. Wird die Vermutungsgrenze von 1.200 m² überschritten, ist eine Wi-

---

[583] Zum Ausschluss zentrenrelevanten Einzelhandels ab einer Verkaufsfläche von 400 m² OVG Koblenz, Urt. v. 17.4.2013 – 8 C 11067/12 – Ausschluss großflächiger Einzelhandelsunternehmen.
[584] BVerwG, B. v. 8.11.2004 – 4 BN 39.04 – DVBl 2005,196 = NVwZ 2005, 324 = BauR 2005, 513 – Convenience-Store.
[585] OVG Münster, Urt. v. 20.11.2009 – 7 D 124/08.NE – Moschee.
[586] VGH Kassel, B. v. 18.2.2009 – 3 A 2382/08 – LKRZ 2009, 273 = BauR 2009, 1013 = UPR 2009, 280 = ZfBR 2009, 596, m. Anm. *Kopf* IBR 2009, 421 – Beschreibung des Handelsgegenstandes eines großflächigen Einzelhandelsbetriebs oder Einkaufszentrums.
[587] OVG Münster, Urt. v. 1.7.2009 – 10 A 2350/07 – DVBl 2009, 1184 = ZfBR 2009, 687 = Info BRS 2009, Nr 5, 13 = BauR 2009, 1701 = IBR 2009, 609 = DÖV 2009, 870 m. Anm. *Kopf* IBR 2009, 609 – schädliche Auswirkungen eines nicht großflächigen Einzelhandelsbetriebs.

derlegung der Schädlichkeit des Einzelhandelsvorhabens auf städtebauliche und infrastrukturelle Belange in der Praxis wohl nicht ganz einfach. Denn gerade in Zeiten eines sich verstärkenden, nicht selten ruinösen Wettbewerbs geht es in der Regel nur um die Verlagerung von Marktanteilen bei gleichbleibender Kaufkraft. Das BVerwG sah sich zur Fortentwicklung der maßgeblichen Verkaufsflächengrenze von 800 m² durch Äußerungen im Schrifttum[588], in Gutachten aber auch durch eine Reihe von tatbestandlichen Feststellungen der Berufungsurteile ermächtigt. Zugleich wird allerdings durch die Anhebung der Verkaufsfläche auf 800 m² für die Großflächigkeit der Trend fortgeschrieben, Einzelhandelsbetriebe unterhalb dieser Größenordnung dem Wettbewerb zu opfern. Denn vor allem die Zahl der Parkplätze ist für die Attraktivität eines Einzelhandelsbetriebs von entscheidender Bedeutung. Hierdurch können sich Standortnachteile ergeben, die auch durch Bauleitplanung nur in begrenztem Umfang ausgeglichen werden können.

In die Verkaufsfläche einzurechnen sind neben der eigentlichen Ladenfläche auch der **364** Windfang, der Kassenraum, der Kassenvorraum (einschließlich eines Bereichs zum Einpacken der Ware und Entsorgen des Verpackungsmaterials), die Fleischtheken und sonstige Theken sowie der nicht integrierte Lagerraum (Lager mit Verkauf durch Zugang von Kunden).[589] Auch ein Backshop und ein Schreibwarengeschäft sind unter besonderen Voraussetzungen in die einheitliche Verkaufsfläche einzurechnen.[590] Zwar hat sich das BVerwG vom Ausgangspunkt der Rechtsprechung des OVG Münster[591] angeschlossen, wonach es sich nach den baulichen und betrieblichen Gegebenheiten bei Nutzungen in mehreren Baukörpern grundsätzlich um selbständige bauliche Einheiten handelt. Auch unterschiedliche Nutzungen innerhalb eines Baukörpers sind grundsätzlich als selbständig zu betrachten, vor allem, wenn sie selbständig öffnen und schließen können und auch über eigenständige Nebenräume einschließlich der Sozialräume verfügen. Gleichwohl können mehrere Einzelhandelsgeschäfte unter einem Dach unter dem Blickwinkel einer funktionalen Einheit zusammenzurechnen sein, wenn es sich der Sache nach um die Ausgliederung der Betriebsteile handelt, die typischerweise in einem Einzelhandelsgeschäft einheitlich sind. Dann werden sie auch von der Verkehrsanschauung als Einheit angesehen. Eine derartige Betrachtung ist im Hinblick auf eine teleologische Auslegung des § 11 III BauNVO geboten. Dies gilt vor allem für Nutzungen, bei denen es sich um untergeordnete Ausgliederungen einer eigentlich als Einheit empfundenen Ausgliederung handelt.

Einzelne Einzelhandelsgeschäfte sind danach in aller Regel nur dann als Einheit zu **365** betrachten, wenn sie ein Einkaufszentrum darstellen. Eine Zusammenrechnung der Einzelhandelsflächen über den Gesichtspunkt des Funktionszusammenhangs kann nur in streng begrenzten Ausnahmefällen angenommen werden. Ein Getränkemarkt und ein Discounter sind daher vom Grundsatz auch dann gesondert zu betrachten, wenn sie sich in zwei aneinander gebauten Gebäuden befinden und ein einheitlicher Parkplatz für beide Vorhaben genutzt werden kann. Im Gegensatz zu den vom OVG Frankfurt/Oder entschiedenen Fällen konnte daher auch aufgrund der bindenden tatsächlichen Feststellungen des OVG Münster ein funktionaler Zusammenhang, aus dem sich die Notwendigkeit einer einheitlichen Betrachtung ergab, nicht angenommen werden. Da es sich

---

[588] *Hauth*, Unzulässigkeit von Einzelhandelsbetrieben, BauR 2001, 1037; *Berghäuser/Berg/Brendel*, Wohnungsnahe Verbraucherversorgung oder großflächiger Einzelhandel, BauR 2002, 31; *Haaß*, Strukturwandel im Lebensmitteleinzelhandel, BauR 2002, 1795; *Kopf*, Planungsrechtliche Probleme von Einzelhandelsvorhaben, DVP 2005, 315.

[589] BVerwG, Urt. v. 24.11.2005 – 4 C 10.04 – BVerwGE 124, 364 = DVBl 2006, 448 = NVwZ 2006, 452.

[590] BVerwG, Urt. v. 24.11.2005 – 4 C 14.04 und 4 C 3.05 – DVBl 2006, 452 = NVwZ 2006, 455, wie OVG Frankfurt/Oder, Urt. v. 3.11.2004 – 3 A 471/01 – ZfBR 2005, 292; *Birk* VBlBW 2006, 289; *Schütz* UPR 2006, 169; *Jeromi* BauR 2006, 619.

[591] OVG Münster, Urt. v. 25.4.2005 – 10 A 2861/04 – BauR 2005, 1602 = ZfBR 2005, 572.

um ein Vorhaben im nicht beplanten Innenbereich handelte, stand für das OVG Münster auch eine Prüfung nach § 34 III BauGB an. Danach dürfen von Vorhaben im nicht beplanten Innenbereich keine schädlichen Auswirkungen auf zentrale Versorgungsbereiche in der Gemeinde oder in anderen Gemeinden zu erwarten sein. Derartige Auswirkungen hatte das OVG Münster verneint. Auch diese tatsächlichen Feststellungen hat das BVerwG nicht beanstandet.

366 n) Einkaufszentren, großflächige Einzelhandelsbetriebe. Besondere Bedeutung haben die Regelungen über die Zulässigkeit von Einkaufszentren, → großflächigen Einzelhandelsbetrieben und sonstige in ihren Auswirkungen vergleichbare Handelsbetriebe in § 11 III BauNVO *(Abbildungen 60, 61 und 62 mit → Textbeispielen 47, 48 und 49)*. Einzelne Einzelhandelsgeschäfte sind danach in aller Regel nur dann als Einheit zu betrachten, wenn sie ein **Einkaufszentrum** darstellen. Eine Zusammenrechnung der Einzelhandelsflächen über den Gesichtspunkt des Funktionszusammenhangs kann nur in streng begrenzten Ausnahmefällen angenommen werden. Ein Getränkemarkt und ein Discounter sind daher vom Grundsatz auch dann gesondert zu betrachten, wenn sie sich in zwei aneinander gebauten Gebäuden befinden und ein einheitlicher Parkplatz für beide Vorhaben genutzt werden kann. Im Gegensatz zu den vom OVG Frankfurt Oder entschiedenen Fällen konnte daher auch aufgrund der bindenden tatsächlichen Feststellungen des OVG Münster ein funktionaler Zusammenhang, aus dem sich die Notwendigkeit einer einheitlichen Betrachtung ergab, nicht angenommen werden. Da es sich um ein Vorhaben im nicht beplanten Innenbereich handelte, stand für das OVG Münster auch eine Prüfung nach dem neuen § 34 III BauGB an. Danach dürfen von Vorhaben im nicht beplanten Innenbereich keine schädlichen Auswirkungen auf zentrale Versorgungsbereiche in der Gemeinde oder in anderen Gemeinden zu erwarten sein. Derartige Auswirkungen hatte das OVG Münster verneint. Auch diese Ausführungen hat das BVerwG nicht beanstandet. Die Verkaufsflächen baulich und funktionell eigenständiger Betriebe können grundsätzlich nicht zusammengerechnet werden. Ist innerhalb eines Gebäudes die Betriebsfläche baulich in mehrere selbständig nutzbare betriebliche Einheiten unterteilt, bilden diese Einheiten gleichwohl einen Einzelhandelsbetrieb im Sinne des § 11 III 1 Nr. 2 BauNVO, wenn die Gesamtfläche durch einen Einzelhandelsbetrieb als „Hauptbetrieb" geprägt wird und auf den baulich abgetrennten Flächen zu dessen Warenangebot als „Nebenleistung" ein Warenangebot hinzutritt, das in einem inneren Zusammenhang mit der „Hauptleistung" steht, diese jedoch nur abrundet und von untergeordneter Bedeutung bleibt. Bei der Ermittlung des Rahmens ist hinsichtlich der Art der baulichen Nutzung grundsätzlich auf die Nutzungstypen abzustellen, die die BauNVO umschreibt. Die in § 11 III 1 Nr. 2 BauNVO enthaltene besondere Nutzungsart „großflächiger Einzelhandel" ist eine solche typisierte Nutzungsart. Ist ein großflächiger Einzelhandelsbetrieb im Sinne des § 11 III 1 Nr. 2 BauNVO in der näheren Umgebung bereits vorhanden, so hält ein Vorhaben, das die Merkmale dieser Nutzungsart aufweist, diesen Rahmen ein.[592] Bei der Aufstellung eines Bebauungsplans, der die Errichtung eines Einkaufszentrums innerhalb eines zentralen Versorgungsbereichs ermöglichen soll, stellen Umsatzumverteilungen zulasten des dort vorhandenen Einzelhandels einen abwägungserheblichen Belang dar, wenn sie städtebaulich erhebliche Auswirkungen wie Leerstände in größerem Umfang, Trading-Down-Effekte oder die Verödung einzelner Straßenzüge besorgen lassen. Die im Rahmen des interkommunalen Abstimmungsgebots von der Rechtsprechung herangezogene Schwelle eines Kaufkraftabflusses von 10 % kann allenfalls als Anhalt für die Abwägungserheblichkeit der Umsatzumverteilung innerhalb eines Versorgungsbereichs dienen.[593]

---

[592] OVG Münster, Urt. v. 29.5.2013 – 10 A 1144/11 – IBR 2014, 307 – Backshop und Einkaufswagenbox.

[593] OVG Koblenz, Urt. v. 17.4.2013 – 8 C 10859/12 – BauR 2013, 1406 – Einkaufszentrum, dort auch zur städtebaulichen Verträglichkeit eines Einkaufszentrums, das sich zum überwiegenden Teil als Folgenutzung eines aufgegebenen Warenhauses darstellt.

Die Vermutungsregel in § 11 III BauNVO kann bei einer atypischen Fallgestaltung im Einzelfall widerlegt werden.[594]

→ **Großflächiger Einzelhandelsstandort.** Vielfach außerhalb der gewachsenen Städte liegender Standort des Einzelhandels mit großen Verkaufsflächen (Warenhäuser, Fachmärkte, Baumärkte), nicht selten ohne ausreichende Erschließung durch öffentlichen Personennahverkehr. Die mangelnde Integration in die vorhandenen städtischen Strukturen behindert den Ausbau einer urbanen wohngebietsnahen Zentrenstruktur und erzeugt erhebliche Kfz-Verkehrsströme. Derartige Einrichtungen sind vielfach mit schädlichen Umwelteinwirkungen (§ 3 BImSchG) sowie negativen städtebaulichen oder infrastrukturellen Auswirkungen verbunden (§ 11 III BauNVO).

Ein → **Einkaufszentrum** i.S. des § 11 III 1 Nr. 1 BauNVO setzt im Regelfall einen **367** (von vornherein) einheitlich geplanten, finanzierten, gebauten und verwalteten Gebäudekomplex mit mehreren Einzelhandelsbetrieben verschiedener Art und Größe – zumeist verbunden mit Dienstleistungsbetrieben – voraus. Sollen mehrere Betriebe ohne eine solche Planung ein Einkaufszentrum im Rechtssinne darstellen, so ist hierfür außer ihrer engen räumlichen Konzentration ein Mindestmaß an äußerlich in Erscheinung tretender gemeinsamer Organisation und Kooperation erforderlich, welche die Ansammlung mehrerer Betriebe zu einem planvoll gewachsenen und aufeinander bezogenen Ganzen werden lässt.[595] Nicht notwendig für die Annahme eines Einkaufszentrums ist ein von vornherein einheitlich geplanter, finanzierter, gebauter und verwalteter Gebäudekomplex. Ein zeitlich versetztes Zusammenwachsen mehrerer Betriebe zu einem Einkaufszentrum setzt neben einer räumlichen Konzentration voraus, dass die einzelnen Betriebe ein Mindestmaß an äußerlich in Erscheinung tretender gemeinsamer Organisation und/oder Kooperation aufweisen, die sie als planvoll aufeinander bezogenes Ganzes erscheinen lassen. Aufgrund des Regelungszusammenhangs und des dem § 11 III BauNVO zugrunde liegenden Ziels des Verordnungsgebers, letztlich der Sicherstellung einer verbrauchernahen Versorgung durch Einzelhandelsbetriebe im zentralen Siedlungsraum, ist auf das äußere Erscheinungsbild und die Wahrnehmung eines „Zentrums" durch die Kunden abzustellen. Entscheidend ist mithin, ob die jeweils konkrete Ansammlung von Läden vom Kunden als Einkaufszentrum empfunden wird, aus dessen Sicht als durch ein gemeinsames Konzept und durch Kooperation miteinander verbunden in Erscheinung tritt und dadurch eine besondere Anziehungskraft auf Käufer ausübt.[596, 597]

→ **Einzelhandel.** Verkauf an Letztverbraucher.
 → **Einkaufszentrum.** Mehrere Einzelhandelsbetriebe, die regelmäßig in einem einheitlich geplanten, finanzierten, gebauten und verwalteten Gebäudekomplex untergebracht sind. Sie sind nur in Kerngebieten oder Sondergebieten zulässig (§ 11 III BauNVO).

---

[594] BVerwG, B. v. 1.10.2013 – 4 B 31.13 – BBB 2013, Nr. 12, 60 = ZfIR 2014, 612 – Vermutungsregelung.

[595] BVerwG, Urt. v. 27.4.1990 – 4 C 16.87 – DVBl 1990, 1110 = DÖV 1990, 748 = UPR 1990, 340 = BauR 1990, 573 = RzB Rn. 949 – Einkaufszentrum; Urt. v. 12.7.2007 – 4 B 29.07 – ZfBR 2007, 684 = BauR 2007, 2023 m. Anm. *Kopf* IBR 2007, 650, *Jahn* ThürVBl 2008, 103 – Einkaufszentrum.

[596] OVG Saarlouis, B. v. 10.2.2009 – 2 A 267/08 – IBR 2009, 234 = BauR 2009, 856, m. Anm. *Zabel* IBR 2009, 234 –, bejaht für sieben Einzelhandelsgeschäfte auf einem Grundstück mit einer Verkaufsfläche von 3.642 qm, sich ergänzendem Sortiment und gemeinsamer Binnenerschließung.

[597] Zur Abgrenzung der Begriffe „Verbrauchermarkt" und „Einkaufszentrum" OVG Greifswald, Urt. v. 5.11.2008 – 3 L 281/03 – NordÖR 2009, 75 = BauR 2009, 1399 = DÖV 2009, 638 = UPR 2009, 359 – Nachbarklage gegen Verbrauchermarkt.

> **→ Großflächiger Einzelhandelsbetrieb.** Einzelhandel auf mehr als 800 m² Verkaufsfläche. Abzugrenzen von Nachbarschaftsläden, die der Nahversorgung der Bevölkerung dienen. Großflächige Einzelhandelsbetriebe sind nur in Kerngebieten oder Sondergebieten zulässig, wenn von den Betrieben nachteilige Auswirkungen auf städtebauliche oder infrastrukturelle Belange i.S. des § 11 III BauNVO ausgehen. Die widerlegliche Vermutungsgrenze hierfür liegt bei 1.200 m² Geschossfläche.

1. Sondergebiet großflächiger Einzelhandel (gem. § 11 III BauNVO)

1.1 Zulässig ist im Sondergebiet ein SB-Warenhaus mit Fachmärkten in einer Gesamtgröße von höchstens 7.900 m² Verkaufsfläche. Die für die Kunden zugängliche Nutzfläche von Dienstleistungsbetrieben, die laut den textlichen Festsetzungen zulässig sind, ist auf die jeweils festgelegte maximale Verkaufsfläche anzurechnen. Im Einzelnen sind innerhalb dieser Höchstgrenze von 7.900 m² Verkaufsfläche zulässig:
Ein SB-Warenhaus / Verbrauchermarkt mit Vorkassenzone (Konzessionärsfläche). Das SB-Warenhaus / Verbrauchermarkt darf maximal 5.000 m² Verkaufsfläche belegen, wobei die Vorkassenzone/Konzessionärsfläche nicht eingerechnet ist. Für die Vorkassenzone gelten Flächen- und Sortimentsbeschränkungen gemäß textlicher Festsetzung Nr. 1.2,
Ein Fachmarkt für Elektrotechnik, Elektroniktechnik und Unterhaltungselektronik mit einer maximalen Verkaufsfläche von 2.000 m² (vgl. textliche Festsetzung Nr. 1.3). Ein Fachmarkt mit einer maximalen Verkaufsfläche von 1.000 m² der nachfolgend aufgeführten Sortimentsliste (vgl. textliche Festsetzung Nr. 1.4). Im Sondergebiet großflächiger Einzelhandel gelten folgende Regelungen bezüglich der zulässigen Verkaufsflächengrößen und der zulässigen Sortimente:

1.2 Die Gesamtsumme der Verkaufsfläche innerhalb der Vorkassenzone (Konzessionärsfläche) des SB-Warenhauses/Verbrauchermarktes darf 450 m² nicht überschreiten. Innerhalb der Vorkassenzone dürfen einzelne Betriebe maximal 100 m² Verkaufsfläche umfassen. Zusätzlich ist ein Gastronomiebetrieb zulässig, der eine für Kunden zugängliche Fläche (Verkaufsfläche, Aufenthaltsfläche, Sitzbereiche, Lauffläche und Sanitäranlagen) von höchstens 150 m² belegen darf, die nicht auf die Verkaufsfläche der Vorkassenzone angerechnet wird. Die Fläche einer Ladenstraße innerhalb der Vorkassenzone, die der Erschließung verschiedener Betriebe der Vorkassenzone und des SB-Warenhauses / Verbrauchermarktes sowie als Erschließungs- und Rettungsweg dient, bleibt bis zu maximal 650 m² Grundfläche bei der Ermittlung der Verkaufsfläche außer Ansatz. Als Ladenstraße gilt die Fläche zwischen dem Eingangsbereich des Einkaufszentrums, der Kassenanlage des SB-Warenhauses und den Konzessionärsflächen. Die Ausübung jeglicher Verkaufstätigkeit auf der Fläche der Ladenstraße ist unzulässig. Zulässig sind in der Vorkassenzone ausschließlich Einzelhandels-, Gastronomie- und Dienstleistungsbetriebe mit Sortimenten bzw. betrieblichen Ausrichtungen gemäß der nachfolgend aufgeführten Liste: Bettwaren/Heimtextilien, Blumen/Zimmerpflanzen, Papier-/Bürobedarf Schreibwaren, Einrichtungsartikel/Geschenkartikel/Modeschmuck/ Saisonartikel, Eisenwaren/ Hausratsartikel, Elektrokleingeräte, Leuchten/ Elektroartikel, Nahrungs- und Genussmittel (incl. Getränke), Radio/TV/ DVD/Video (incl. Bild- und Tonträger), Raumausstattungsartikel, Tabakwaren, Tiere/Zoologischer Bedarf/ Tierfutter, Zeitschriften/Taschenbücher, Cafe/Bistro/Restaurant, Einzelhandel mit Röstkaffee und sonstige Waren des täglichen Ge- und Verbrauchs (Tchibo-Shop und Vergleichbares), Fahrrad- und Motorradbedarf, Chemische Reinigung, Lotto-Toto-Annahmestelle (Kiosk), Schuh- und Schlüsselservice, Versicherungs- und Maklerbüro, Bank- und Sparkassenfiliale/Geldautomat, Frisör.

1.3 Zulässig ist im Sondergebiet ein Elektrofachmarkt mit den Sortimenten Unterhaltungselektronik, Elektrokleingeräte, Telekommunikation, PC/Software/PC-Zubehör, Elektrogroßgeräte, Lampen, Leuchten, DVD, bespielte Tonträger, Fotoartikel mit einer Verkaufsfläche bis zu 2.000 m², wobei die maximale Gesamtverkaufsfläche im Sondergebiet in Höhe von 7.900 m² zu beachten ist.

1.4 Zulässig ist im Sondergebiet ein weiterer Fachmarkt mit bis zu 1.000 m² Verkaufsfläche, wobei die maximale Gesamtverkaufsfläche im Sondergebiet in Höhe von 7.900 m² zu beachten ist. Das zulässige Sortiment des Betriebes ergibt sich aus folgender Liste: Getränke, Agrarhandel (Grünes Warenhaus), KFZ-Handel (einschließlich motorisierte Zwei-, Drei- und Vierräder) einschließlich Werkstatt, Auto- und Motorradzubehör, Möbel/Büromöbel/Einrichtungsartikel, Bettwaren/Heimtextilien, Tapeten/Teppichböden und sonstige Bodenbeläge/Raumausstattungsartikel, Markisen und Rollläden, Küchen, Öfen und Kamine, Campingartikel, Gartenmöbel und Gartenhäuser, Blumen/ Zimmerpflanzen und Gartenzubehör, Sanitärartikel, Boote und Surfbretter sowie Zubehör, Sportgroßgeräte, Brennstoffe, Berufsspezifische Arbeitskleidung, Baumarktspezifische Sortimente, Tiere/Zoologischer Bedarf/Tierfutter, Papier/Bürobedarf, Leuchten, Elektroartikel, Telefon/Telefonzubehör. Zulässig sind ferner die nachfolgend aufgeführten Sortimente bis zu einer maximalen Größe von 150 m² Verkaufsfläche pro Teilsortiment: Getränke, Drogeriewaren, Tiernahrung, Blumen/Pflanzen, Bücher/Schreibwaren, Spielwaren, Bekleidung/Wäsche, Schuhe/Lederwaren, Sportbekleidung/Sportgeräte, Elektrowaren (inklusive Radio/TV/DVD/Video/Bild- und Tonträger); Haushaltswaren/Geschenkartikel, Einrichtungsbedarf/Möbel, Bau-, Heimwerker- und Gartenbedarf.

1.5 Im Sondergebiet Großflächiger Einzelhandel sind Verkaufsaktionen auf den Grundstücksfreiflächen unzulässig.

2. Eingeschränkte Gewerbegebiete GE E (gemäß § 8 BauNVO)
   Innerhalb der eingeschränkten Gewerbegebiete sind Gewerbe- und Handwerksbetriebe, die das Wohnen nicht wesentlich stören, Lagerhäuser, Lagerplätze und öffentliche Betriebe sowie Tankstellen allgemein zulässig (§ 8 II i. V. m. § 1 IV Nr. 1 BauNVO). Wohnungen für Aufsichts- und Bereitschaftspersonal sowie für Betriebsinhaber und Betriebsleiter, die dem Gewerbebetrieb zugeordnet und ihm gegenüber an Grundfläche und Baumasse untergeordnet sind, sind allgemein zulässig (§ 8 III i. V. m. § 1 VI BauNVO). Einzelhandelsbetriebe bzw. sonstige Gewerbebetriebe, die zentrenrelevante Sortimente der nachfolgend aufgeführten Lise vertreiben, sind im Bereich der eingeschränkten Gewerbegebiete nicht zulässig. Die aufgeführten Sortimente sind lediglich als Teilsortimente im Rahmen des Tankstellenverkaufs zulässig: Antiquitäten, Babyartikel, Bastelbedarf, Bekleidung, Bücher, Schreibwaren, Drogerieartikel, Elektrokleingeräte, Fotoartikel, Geschenkartikel, Glas/Keramik/Porzellan, Handarbeitsartikel/ Strickwaren, Hörgeräte, Kosmetische Artikel, Kunstgewerbe, Lederwaren, Musikalien, Nahrungs- und Genussmittel, optische Artikel, Pharmazeutische Artikel, Radio/TV/DVD/Video (inkl. Bild und Tonträger), Reform und Naturwaren, Schuhe, Spielwaren, Sportartikel und Sportbekleidung, Uhren und Schmuckwaren, Versandhausartikel, Wäsche, Miederwaren, Badeartikel. Darüber hinaus sind Vergnügungsstätten sowie Billardcenter, Spielhallen, Bordelle sowie Nachtlokale gemäß § 1 IV Nr. 5 BauNVO bzw. § 1 VI Nr. 1 BauNVO nicht zulässig. Jegliche Verkaufsaktivitäten auf den Grundstücksfreiflächen in Form von Zeltverkäufen oder Marktständen bzw. durch Wanderverkäufer, fliegende Händler oder Marktbeschicker sind gem. § 1 VII Nr. 2 BauNVO unzulässig.

3. Nebenanlagen und Stellplätze (gemäß § 19 IV BauNVO)
   Nebenanlagen, Garagen und Stellplätze i. S. des § 19 IV Nr. 1 bis 3 BauNVO dürfen inklusive der im Plan festgesetzten, zulässigen Gebäudegrundfläche insgesamt maximal 80% der Grundstücksfläche überdecken. Ausnahmsweise darf dieser Wert bis zu einem Maß von 90% der Grundstücksfläche überschritten werden, sofern auf den bislang bereits versiegelten Grundstücksflächen im Süden des Flurstücks 33/5 Baumpflanzungen gemäß textlicher Festsetzung Nr. 7.2 vorgenommen werden.
   Für die ausnahmsweise Erhöhung der versiegelten Grundstücksfläche um 10% ist eine der textlichen Festsetzung Nr. 7.2 entsprechende Umgestaltung der vorhandenen Stellplatzfläche auf insgesamt 10.000 m² notwendig. Geringere ausnahmsweise Erhöhungen der versiegelten Grundstücksflächen werden anteilig auf die umzugestaltende Stellplatzfläche angerechnet.

4. Höhe baulicher Anlagen (gemäß § 18 BauNVO)

4.1 Im Bereich der mit der textlichen Festsetzung Nr. 4.1 markierten Baugebiete ist die Gebäudehöhe das Maß zwischen der Oberkante des Gebäudes (oberer Bezugspunkt) und 1,50 m über NN (unterer Bezugspunkt). Die Gebäudehöhe darf nur durch untergeordnete Gebäudeteile wie Antennen oder Schornsteine überschritten werden.

4.2 Im Bereich der mit der textlichen Festsetzung Nr. 4.2 markierten Baugebiete ist die Gebäudehöhe das Maß zwischen der oberen Kante des Gebäudes und der Straßenoberfläche der Jeverschen Straße gemessen im Schnittpunkt der Straßenmittelachse und der Mittelachse Grundstückszufahrt . Eine Überschreitung der Gebäudehöhe durch untergeordnete Gebäudeteile wie Schornsteine oder Antennen ist zulässig.

5. Festsetzung der Höhenlage gem. § 9 III BauGB
   Die Oberkante des Erdgeschoss-Fertigfußbodens darf eine Höhe von 1,50 m ü. NN nicht überschreiten.

6. Bereich ohne Ein- und Ausfahrt bzw. Verbot der Ausfahrt (gemäß § 9 I Nr. 11 i.V.m. § 9 II Nr. 2 BauGB)

6.1 Das entlang der östlichen Flurstücksgrenze des Sondergebietes „Großflächiger Einzelhandel" festgesetzte Zu- und Abfahrtsverbot zur B 210 gilt nur, solange die Straße nicht zur Stadtstraße abgestuft worden ist.

6.2 Im Bereich der mit der textlichen Festsetzung Nr. 6.2 markierten Fläche wird für die Anbindung zum Mini-Kreisverkehrsplatz im Verlauf der Mühlenstraße ein Ausfahrtsverbot vom Gelände des Sondergebietes großflächiger Einzelhandel festgesetzt. Darüber hinaus wird ein Zu- und Abfahrtsverbot für Lastkraftwagen festgesetzt.

7. Festsetzungen von Anpflanzungen und zum Gehölzerhalt (gemäß § 9 I Nr. 25 a und b BauGB)

7.1 Die gekennzeichneten Flächen sind vollflächig mit einheimischen, standortgerechten Laubgehölzen zu bepflanzen. Die Pflanzungen sind dauerhaft zu erhalten. Es ist eine mindestens zweireihige Pflanzung mit einem Pflanzraster von 1,5 x 2,0 m anzulegen. In einer Reihe der Anpflanzung sind in einem Abstand von 10 bis 15 m Bäume zu pflanzen, die sich natürlich entwickeln sollen. Es ist eine Wuchshöhe der Sträucher von 4,0 m über GOK anzustreben. Als Pflegemaßnahme ist ein abschnittsweises auf den Stock setzen zulässig.

7.2 Die Stellplatzanlagen in den Sondergebieten sind durch Baumpflanzungen zu gliedern, die in einem regelmäßigen Raster in den Stellplatzflächen verteilt sind. Dabei ist je 10 Stellplätze ein großkroniger

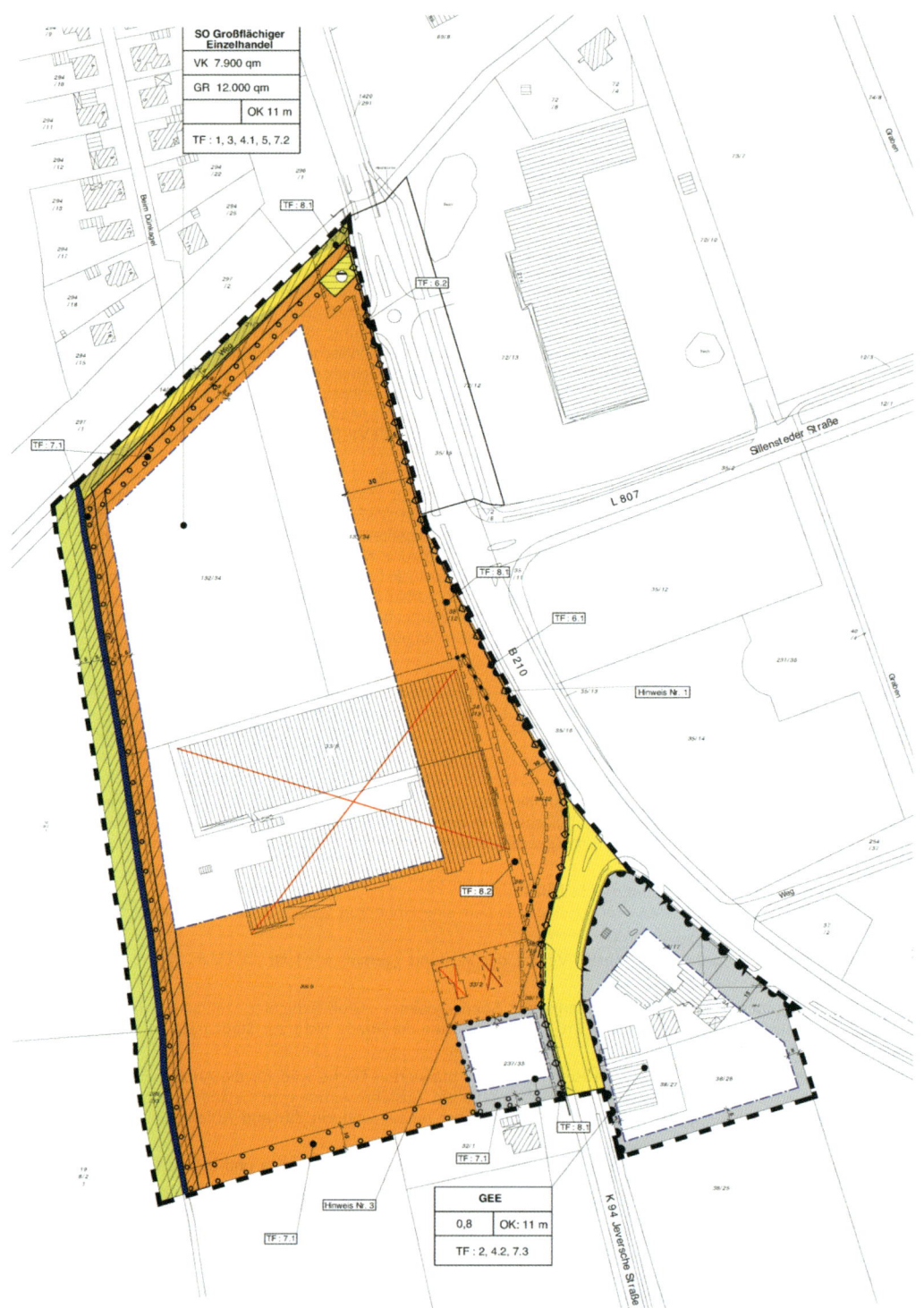

Abbildung 60: *Einkaufszentrum – Warenhaus*

Laubbaum in einem mindestens 4 m² großen Pflanzbeet zu pflanzen, die Bäume sind dauerhaft zu erhalten, Abgänge sind zu ersetzen.

7.3 In den eingeschränkten Gewerbegebieten GEE ist je angefangener 1.000 m² Grundstücksfläche mindestens 1 großkroniger Laubbaum zu pflanzen und dauerhaft zu erhalten, Abgänge sind zu ersetzen. Zusätzlich ist bei der Errichtung von 10 und mehr Stellplätzen je 10 Stellplätze ein großkroniger Laubbaum im unmittelbaren Stellplatzbereich anzupflanzen und dauerhaft zu erhalten, Abgänge sind zu ersetzen.

8. Fläche für Geh-, Fahr- und Leitungsrechte (gem. § 9 I Nr. 21 BauGB)

8.1 Im Bereich der mit der textlichen Festsetzung 8.1 markierten Fläche ist ein Leitungsrecht zugunsten der zuständigen Ver- und Entsorgungsunternehmen zu sichern.

8.2 Im Bereich der mit der textlichen Festsetzung 8.2 markierten Fläche ist ein Leitungsrecht zugunsten des OOWV zu sichern.

Textbeispiel 47: Festsetzungen Einkaufszentrum Warenhaus (zu Abbildung 60)

In Übereinstimmung mit dem allgemeinen Sprachgebrauch ist ein Einkaufszentrum **368** im Rechtssinne daher nur dann anzunehmen, wenn eine räumliche Konzentration von Einzelhandelsbetrieben verschiedener Art und Größe vorliegt, die entweder einheitlich geplant sind oder sich doch in anderer Weise als gewachsen darstellen. Ein gewachsenes Einkaufszentrum setzt außer der erforderlichen räumlichen Konzentration weiter voraus, dass die einzelnen Betriebe aus der Sicht der Kunden als aufeinander bezogen und als durch ein gemeinsames Konzept und durch Kooperation miteinander verbunden in Erscheinung treten. Diese Zusammenfassung kann in organisatorischen oder betrieblichen Gemeinsamkeiten, wie etwa in gemeinsamer Werbung oder einer verbindenden Sammelbezeichnung, zum Ausdruck kommen. Nur durch solche äußerlich erkennbaren Merkmale ergibt sich für die Anwendung mehrerer Betriebe zu einem Zentrum zugleich die erforderliche Abgrenzung zu einer beliebigen Häufung von jeweils für sich planungsrechtlich zulässigen Einzelhandelsbetrieben auf mehr oder weniger engem Raum.[598] Handelt es sich i. S. dieser Abgrenzungskriterien um ein Einkaufszentrum, so ist eine solche Einrichtung nur in einem Kerngebiet oder in einem Sondergebiet „Einkaufszentrum" zulässig. Der Prüfung von zusätzlichen negativen Auswirkungen (§ 11 III 2 bis 4 BauNVO) bedarf es in diesen Fällen nicht.

Warenhaus, Fachmarktzentrum sowie Bau- und Gartencenter

Warenhaus: Maximal 8.000 m² Verkaufsfläche. Bau- und Fachmarktzentrum: Maximal 11.000 m² Verkaufsfläche, davon Randsortimente maximal 300 m² Verkaufsfläche. Fachmarktzentrum: Elektromarkt maximal 2.000 m² Verkaufsfläche, Schuhfachmarkt (Discounter) maximal 1.000 m² Verkaufsfläche, Textilfachmarkt maximal 800 m² Verkaufsfläche, Drogeriemarkt maximal 420 m² Verkaufsfläche, Discount Lebensmittelmarkt maximal 720 m² Verkaufsfläche, Getränkemarkt maximal 300 m² Verkaufsfläche, Babyfachmarkt maximal 350 m² Verkaufsfläche, Tiernahrung 300 m² Verkaufsfläche.

Textbeispiel 48: Festsetzungen Einkaufszentrum (zu Abbildung 61)

Art der baulichen Nutzung

Sondergebiet „Einkaufszentrum" gem. § 11 III BauNVO, zulässig sind in den Teilgebieten (TG) 1 bis 5

TG 1: Tankstelle und Autoshop (Verkaufsfläche max. 85 m²), Parkpalette (mit 2 Parkebenen), Gastronomieeinrichtungen

TG 2: Autohaus-Verkaufsniederlassung mit Ausstellung, Werkstatt, Zubehör, Autozubehör-Fachmarkt, Wohnen (im Obergeschoss),

TG 3: Einzelhandelsbetriebe mit folgenden Branchen: Kfz-Zubehör, Fahrräder- und Motorräder, Freizeit- und Sportartikel, Gartenmöbel, Campingartikel, Caravan- und Bootszubehör, Dienstleistungen, Büronutzung, Räume für Freiberufler,

TG 4: Im EG und 1 OG: Großflächige Einzelhandelsbetriebe folgender Branchen: Bekleidung und sonstige Textilien. Ausnahmsweise sind Einzelhandelsbetriebe folgender Branchen zulässig: Schuhe und sonstige Lederwaren, Freizeit- und Sportartikel, Gartenmöbel, Campingartikel, Spielwaren, Elektrogeräte (Geräte für den Haushalt, Radio, Fernsehen, Phono u.ä.), im 2. und 3. OG: Hotel, Dienstleistungen, Büronutzungen, Räume für Freiberufler,

---

[598] BVerwG, Urt. v. 27.4.1990 – 4 C 16.87 – Buchholz 406.12 §11 BauNVO Nr. 16 – Einkaufszentrum; B. v. 15.2.1995 – 4 B 84.94 – Einkaufszentrum.

TG 5: Im EG und 1. OG: Gastronomie, Einzelhandel (Verkaufsfläche max. 300 m²), Dienstleistungen, im 2. und 3. OG: Wohnen, Büronutzung, Räume für Freiberufler.

Maß der baulichen Nutzung
Das Maß der baulichen Nutzung wird in den einzelnen Teilgebieten (TG) unterschiedlich festgesetzt:
1. Die Grundflächenzahl wird für alle Teilgebiete mit 0,8 als zulässige Obergrenze für Sondergebiete gem. § 17 BauNVO festgesetzt.
2. Für Stellplätze und deren Zufahrten, die eine wasserdurchlässige Oberfläche aufweisen, wird gem. § 19 IV 3 BauNVO ausnahmsweise eine Überschreitung der festgesetzten GRZ zugelassen.
3. Im TG 4 sind bei der Ermittlung der Grundflächenzahl gem. § 19 IV BauNVO die baulichen Anlagen unterhalb der Geländeoberfläche (Tiefgarage) nicht anzurechnen.
4. Die Geschossflächenzahl (GFZ) wird gem. § 17 BauNVO in Abhängigkeit von der maximalen Zahl der Vollgeschosse festgesetzt:
   TG 1, 2, 3 und 4.1: GFZ 2,0 (bei maximal III-geschossig),
   TG 4.-2 und 5: GFZ 2,4 (bei maximal IV oder V-geschossig).
5. Gem. § 16 IV BauNVO wird in den TG 2 und 3 sowohl ein Mindestmaß als auch ein Höchstmaß der Zahl der Vollgeschosse festgesetzt.
6. Gem. § 16 II i.V.m. § 18 BauNVO wird für das TG 4.2 eine maximale Traufhöhe (Flachdach) von 18,0 m festgesetzt. Bezugspunkt ist die mittlere Geländehöhe von 155,65 m über NN.
7. Gem.- § 16 II i.V.m. § 18 BauNVO wird für die Fußgängerbrücke, die vom TG 4 zur Tunnelplatte (Markt) führt, eine lichte Höhe von mindestens 4,50 m über der Fahrbahn festgesetzt.

Bauweise
1. In den Teilgebieten 1 und 5 wird gem. § 22 II BauNVO eine offene Bauweise (o) festgesetzt.
2. Im Teilgebiet 4 wird gem. § 22 IV BauNVO eine abweichende Bauweise (a) festgesetzt. Es handelt sich um eine offene Bauweise, die jedoch Gebäudelängen bis zu 70 m zulässt.
3. In den Teilgebieten 2 und 3 wird gem. § 22 IV BauNVO eine abweichende Bauweise (a) festgesetzt. Es handelt sich im Prinzip um eine offene Bauweise. An der Grundstücksgrenze zwischen dem TG 2 und dem TG 3 wird jedoch eine Grenzbebauung (geschlossene Bauweise) festgesetzt.

Textbeispiel 49: Festsetzungen Einkaufszentrum (zu Abbildung 62)

369   Zu den Einkaufszentren gehören auch die sog. **Factory-Outlet-Center**. Es handelt sich dabei um einen Direktverkauf zumeist hochwertiger Waren unter Umgehung des Großhandels.[599] Die Waren werden entweder von einer Fabrik oder von mehreren Produzenten direkt vermarktet. Bei der Planung und Genehmigung solcher Zentren sind städtebauliche und auch nachbargemeindliche Belange zu berücksichtigen. **Beschränkungen** der sog. Factory-Outlet-Center bereits durch die **Landesplanung** sind auf der Grundlage des Landesplanungsrechts durchaus zulässig.[600]

Beispiel: Gehen die städtebaulichen Auswirkungen von Hersteller-Direktverkaufszentren insbesondere wegen der Größe dieser Betriebe, der Zentrenrelevanz ihres Kernsortiments und der Reichweite ihres Einzugsbereichs über die Auswirkungen der üblichen Formen des großflächigen Einzelhandels hinaus, kann es gerechtfertigt sein, sie landesplanerisch einer im Vergleich zum sonstigen großflächigen Einzelhandel strengeren Sonderregelung zu unterwerfen und nur in Oberzentren an städtebaulich integrierten Standorten zuzulassen.[601]

---

[599] BVerwG, Urt. v. 1.8.2002 – 4 C 5.01 – BVerwGE 117, 25 = DVBl 2003, 62 = NVwZ 2003, 86 – FOC Zweibrücken; VG Neustadt, B. v. 29.9.1998 – 2 L 2138/98.NW – NVwZ 1999, 101 = GewArch. 1999, 84 – Designer-Outlet-Center.

[600] OVG Lüneburg, Urt. v. 1.9.2005 – 1 LC 107/05 – ZfBR 2005, 809 = NdsVBl 2006, 71 = NordÖR 2006, 70 = BRS 69 Nr. 6 (2005) – Hersteller-Direktverkaufszentren – Soltau.

[601] BVerwG, B. v. 8.3.2006 – 4 B 75.05 – ZfBR 2006, 352 = UPR 2006, 236 = DVBl 2006, 772 = BauR 2006, 1087 = NVwZ 2006, 932, m. Anm. *Gatz*, jurisPR-BVerwG 13/2006 Anm. 5 – Hersteller-Direktverkaufszentren; OVG Berlin-Brandenburg, Urt. v. 12.5.2006 – 12 A 28.05 – LKV 2007, 32 = DVBl 2006, 1123 (L) – großflächige Einzelhandelsbetriebe; VGH Kassel, Urt. v. 25.9.2006 – 9 N 844/06 – ZfBR 2007, 161 = NVwZ-RR 2007, 298 = BauR 2007, 759 (L) – großflächiger Einzelhandel; allerdings auch BVerwG, B. v. 28.12.2005 – 4 BN 40.05 – 4 BN 41-44.05 – NVwZ 2006, 458 = BauR 2006, 802 = NuR 2006, 296 = DVBl 2006, 462 (L) – CentrO Oberhausen zu OVG Münster Urt. v. 6.6.2005 – 10 D 145.04. NE, 10 D 148.04. NE – BauR 2005, 1577. Das OVG Münster hatte die Regionalplanung wegen nicht ausreichend bestimmter Ziele (Sollensziele) für unwirksam erklärt.

Abbildung 61: *Einkaufszentrum*

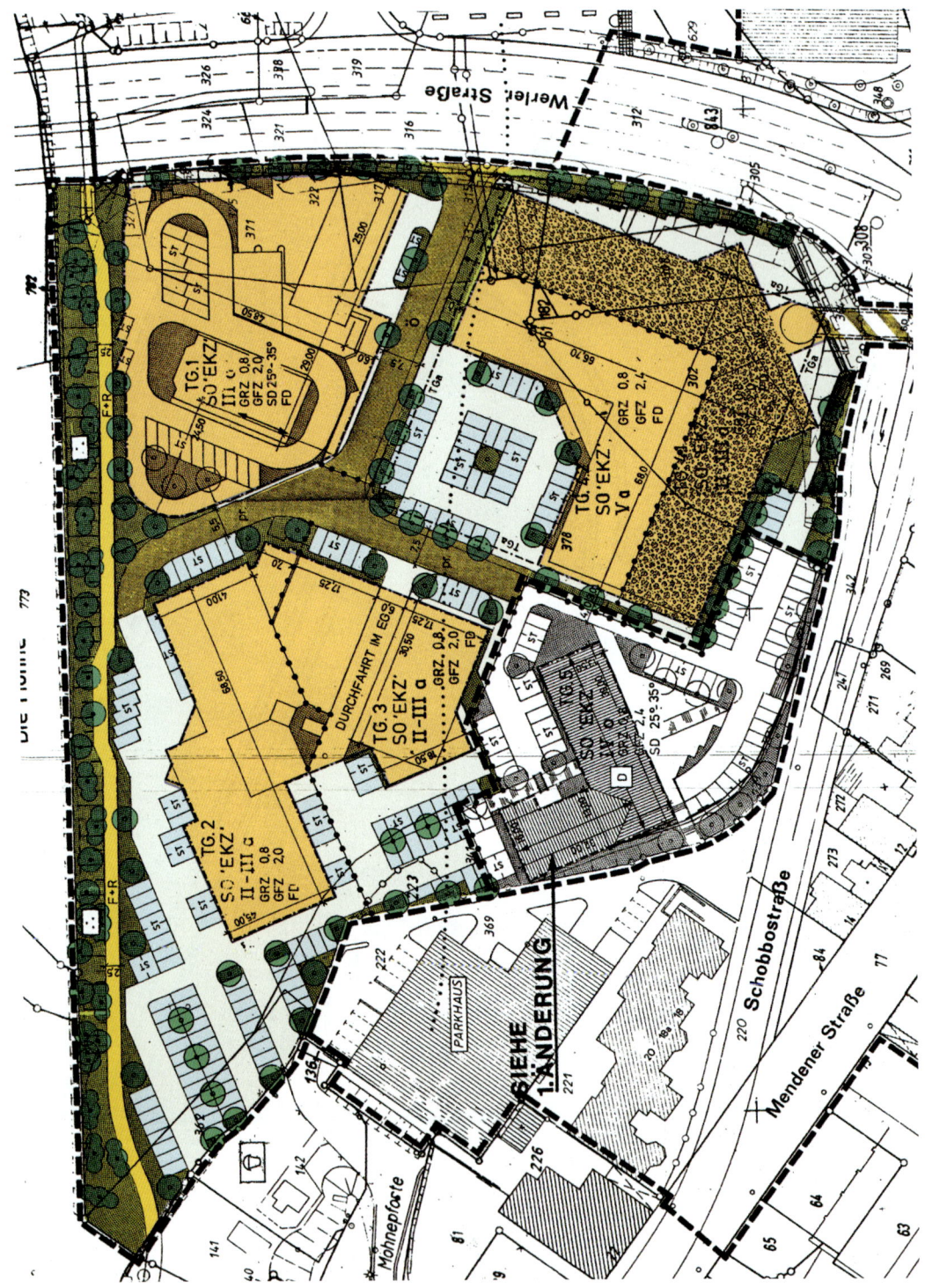

Abbildung 62: *Einkaufszentrum*

Die weiteren in § 11 III BauNVO erwähnten **Einzelhandelsbetriebe** und vergleichba- **370** ren Handelsbetriebe unterfallen der Sonderregelung des § 11 III BauNVO nur, wenn sie **großflächige Einrichtungen** sind, von denen die in § 11 III BauNVO bezeichneten nachteiligen Auswirkungen ausgehen *(→ Abbildung 63 mit Textbeispiel 50)*. Zu den groß- flächigen Einzelhandelsbetrieben gehören insbesondere Verbrauchermärkte, Warenhäuser, Kaufhäuser, Selbstbedienungswarenhäuser, Supermärkte und auch Fachmärkte wie Mö- belmärkte, Baumärkte, Auto- und Gartencenter, Hobby oder Do-it-yourself-Center mit mehr als 800 m² Verkaufsfläche. Damit wird eine Vielzahl von Handelsbetrieben erfasst, die nach der Art ihrer Nutzung – soweit sie nicht großflächig sind – auch im Mischge- biet, Dorfgebiet oder Kerngebiet zulässig sind. Bei der Entscheidung, ob es sich um einen großflächigen Betrieb handelt, muss zunächst die Verkaufsfläche ermittelt werden. Ist der Betrieb danach großflächig, schließt sich die Prüfung der nachteiligen Auswirkungen i. S. des § 11 III BauNVO an.[602] Merkmale wie aggressive Preispolitik, Tendenz zum Ver- kauf größerer Mengen oder Angebot auch von Lebensmitteln sind keine begrifflichen Voraussetzungen für das Vorliegen eines Verbrauchermarktes, sondern Beschreibungen von Erscheinungsformen großflächiger Einzelhandelsbetriebe, deren Auswirkungen häufig städtebauliche Bedeutung gewinnen.[603] Durch das **ArtG 2001** wurde für Einzel- handelsnutzungen einer bestimmten Größe eine UVP-Pflicht eingeführt. Sollte ein Einkaufszentrum oder eine großflächige Einzelhandelsnutzung oder vergleichbare Han- delsnutzung ausgewiesen werden, musste nach Nr. 18.6 der Anlage 1 zum UVPG „Liste der UVP-pflichtigen Vorhaben" eine UVP durchgeführt werden, wenn die zulässige Ge- schossfläche mindestens 5.000 m² (Nr. 18.6.1 der Anlage 1 zum UVPG) beträgt (Regel- UVP). Bei einer Geschossfläche zwischen 1.200 m² und 5.000 m² war ein Vorprüfungs- verfahren erforderlich (Nr. 18.6.1 der Anlage 1 zum UVPG). Nach dem EAG Bau 2004 ist eine Umweltprüfung auch dann durchzuführen, wenn diese Werte nicht erreicht werden (§ 2 IV, 2 a BauGB).

→ **Nachbarschaftsläden.** Sie dienen der Versorgung der Bevölkerung mit Gütern des täglichen Bedarfs. Sie sind nicht großflächig i.S. des § 11 III BauNVO und haben für einen Lebensmittel- SB-Markt eine Größe von 800 m² Verkaufsfläche.

Nicht zu den großflächigen Einzelhandelsbetrieben gehören die sog. **Nachbarschafts-** **371** **läden.** Sie können also etwa in einem allgemeinen Wohngebiet zulässig sein, wenn sie dort der Versorgung der Wohnbevölkerung dienen. Die Grenze der Großflächigkeit liegt nach der Rechtsprechung des BVerwG für einen SB-Lebensmittelmarkt bei **800 m² Verkaufs-** **fläche**, wobei das Merkmal der Großflächigkeit in allen Gemeinden einheitlich zu beurtei- len ist.[604] Auch für Mischgebiete gilt eine derart einschränkende Größenbegrenzung.[605]

Mit dem Merkmal der Großflächigkeit unterscheidet die BauNVO Einzelhandelsbe- **372** triebe, die wegen ihres angestrebten größeren Einzugsbereichs in Kerngebiete oder in Sondergebiete gehören und typischerweise auch dort zu finden sind, von den Läden

---

[602] BVerwG, Urt. v. 24.11.2005 – 4 C 10.04, 4 C 14.04, 4 C 3.05, 4 C 8.05 –*Fickert/Fieseler*, § 11 Rn. 19.9.

[603] BVerwG, B. v. 25.7.1986 – 4 B 144.86 – NVwZ 1987, 50 = RzB Rn. 942 – Möbeleinzelhandel.

[604] BVerwG, Urt. v. 22.5.1987 – 4 C 19.85 – BauR 1987, 528 = NVwZ 1987, 1076 = DVBl 1987, 1006 = RzB Rn. 943; Urt. v. 24.11.2005 – 4 C 10.04 – BVerwGE 124, 364 = DVBl 2006, 448 = NVwZ 2006, 452 = BauR 2006, 639; Urt. v. 24.11.2005 – 4 C 14.04 – BVerwGE 124, 376 = DVBl 2006, 452 = NVwZ 2006, 455 = BauR 2006, 644 – Backshop und Laden für Toto/Lotto, Zeitschrif- ten und Schreibwaren; Urt. v. 24.11.2005 – 4 C 3.05, 4 C 8.05 –BauR 2006, 648; *Schütz* UPR 2006, 169; vgl. auch VGH Mannheim, Urt. v. 10.7.2006 – 3 S 2309/05 – ESVGH 57, 59 (L) = UPR 2006, 459 = ZfBR 2006, 784 = NVwZ-RR 2007, 233 – Lebensmittelmarkt auf ehemaligem Kaser- nengrundstück; vgl. VG Lüneburg, Urt. v. 15.6.2006 – 2 A 140/05 –; *Jeromin* BauR 2006, 619; *Gatz*, jurisPR-BVerwG 7/2006 Anm. 4; *Birk* VBlBW 2006, 289.

[605] Wohl noch offen BVerwG, B. v. 17.1.1995 – 4 B 1.95 – Buchholz 310 § 162 VwGO Nr. 29.

und Einzelhandelsbetrieben der wohnungsnahen Versorgung der Bevölkerung, die in die ausschließlich, überwiegend oder zumindest auch dem Wohnen dienenden Gebiete gehören und dort typischerweise auch zu finden sind. Folglich beginnt die Großflächigkeit dort, wo üblicherweise die Größe solcher der wohnungsnahen Versorgung dienender Einzelhandelsbetrieb, gelegentlich auch „Nachbarschaftsläden" genannt, ihre Obergrenze findet.[606] Diese Grenze der Großflächigkeit liegt bei einer Verkaufsfläche von 800 m². Dabei ist die Frage eines großflächigen Einzelhandelsbetriebes für kleine Gemeinde nicht anders zu beantworten als für eine Großstadt und dort nicht anders für den Ortsteil A als für den Ortsteil B. Bei der Berechnung der Verkaufsfläche sind auch die Thekenbereiche, die vom Kunden nicht betreten werden dürfen, der Kassenvorraum (einschließlich eines Bereichs zum Einpacken der Ware und Entsorgen des Verpackungsmaterials) sowie ein Windfang einzubeziehen. Da der Typus des der wohnungsnahen Versorgung dienenden Einzelhandelsbetriebs häufig nicht mehr allein anhand der Großflächigkeit bestimmt werden kann, kommt dem Gesichtspunkt der Auswirkungen in § 11 III BauNVO erhöhte Bedeutung zu.[607]

373   Ob es sich um einen einzigen oder um mehrere Betriebe handelt, bestimmt sich nach baulichen und betrieblich-funktionellen Gesichtspunkten. Ein Einzelhandelsbetrieb ist nur dann als selbstständig anzusehen, wenn er unabhängig von anderen Betrieben genutzt werden kann und deshalb als eigenständiges Vorhaben genehmigungsfähig wäre. Dies ist bei einem Betrieb zu bejahen, der über einen eigenen Eingang, eine eigene Anlieferung und eigene Personalräume verfügt.[608] Ist innerhalb eines Gebäudes die Betriebsfläche baulich in mehrere selbstständig nutzbare betriebliche Einheiten unterteilt, bilden diese Einheiten gleichwohl einen Einzelhandelsbetrieb i. S. des § 11 III BauNVO wenn die Gesamtfläche durch einen Einzelhandelsbetrieb als Hauptbetrieb geprägt wird und auf den baulich abgetrennten Flächen zu dessen Warenangebot als Nebenleistung ein Warenangebot hinzutritt, das in einem inneren Zusammenhang mit der Hauptleistung steht, diese jedoch nur abrundet und von untergeordneter Bedeutung bleibt.[609]

374   Die Verkaufsfläche des Einzelvorhabens bleibt daher auch maßgebend, wenn dieses in räumlicher Nähe anderer Einzelhandelsbetriebe errichtet werden soll, diese aber insgesamt den Begriff des geplanten oder faktischen Einkaufszentrums (§ 11 III 1 Nr. 1 BauNVO) nicht erfüllen. Denn § 11 III 1 Nr. 2 BauNVO deckt nicht die summierende Betrachtungsweise der Verkaufsflächen von nebeneinanderliegenden Einzelhandelsbetrieben[610] zur Großflächigkeit. Der Begriff der Funktionseinheit ist – jedenfalls seitdem jeweils mehrere Discounter bzw. Einzelhandelsbetriebe als direkte Konkurrenten die räumliche Nähe suchen – ungeeignet, die Agglomeration von Einzelhandelsbetrieben zum Zwecke der Sortimentsergänzung zu erklären und eine Addition der Verkaufsflächen zur Großflächigkeit i.S. des § 11 III 1 Nr. 2 BauNVO zu rechtfertigen. Etwas anderes kann nur dann ausnahmsweise gelten, wenn ein einheitliches, an sich großflächiges Einzelhandelskonzept[611] unter dem Aspekt der Umgehung in kleinteilige Fachmärkte zerlegt wird.[612] Die Festsetzung einer baugebietsbezogenen, **vorhabenunabhängigen**

---

[606] BVerwG, Urt. v. 22.5.1987 – 4 C 19.85 – BauR 1987, 528 = DVBl 1987, 1006 = NVwZ 1987, 1076 = RzB Rn. 943 – Nachbarschaftsladen.

[607] BVerwG, Urt. v. 24.11.2005 – 4 C 10.04 – BVerwGE 124, 364 = DVBl 2006, 448.

[608] BVerwG, Urt. v. 24.11.2005 – 4 C 8.05 – UPR 2006, 156 = BauR 2006, 648 = DVBl 2006, 462 (L) – Getränkemarkt neben einem Lebensmittel-Discount-Markt; m. Anm. *Gatz*, jurisPR-BVerwG 7/2006 Anm. 4; *Jeromin* BauR 2006, 619; *Schütz* UPR 2006, 169 – eigenständiger Betrieb und Nebenbetrieb; Urt. v. 24.11.2005 – 4 C 10.04 –.

[609] BVerwG, Urt. v. 24.11.2005 – 4 C 14.04 – BVerwGE 124, 376 = DVBl 2006, 452 – Backshop und Laden für Toto/Lotto, Zeitschriften und Schreibwaren.

[610] BVerwG, Urt. v. 4.5.1988 – 4 C 34.86 – BRS 48 Nr. 37.

[611] OVG Münster, Urt. v. 25.10.2007 – 7 A 1059/06 – gesamtstädtisches Einzelhandelskonzept.

[612] OVG Münster, Urt. v. 25.4.2005 – 10 A 2861/04 – ZfBR 2005, 572 = BauR 2005, 1602 = BauR 2005, 1366 (L) = DVBl 2005, 1060 (L).

Planzeichenerklärung

MI. Mischgebiet (s. textliche Festsetzungen).

SO. Gegliederte Sondergebiete „Einkaufszentrum, großflächiger Handelsbetrieb und Freizeiteinrichtungen" gem. § 11 III BauNVO (SO 1, SO 2, SO 3, SO 4, SO 5) (s. textliche Festsetzungen).

SOP. Sondergebiet „Parken" für Einkaufszentrum, großflächige Handelsbetriebe gem. § 11 BauNVO (Kino) (s. textliche Festsetzungen).

II–III. Anzahl der Vollgeschosse als Mindestmaß/Höchstmaß gem. § 20 BauNVO.

GRZ. Grundflächenzahl gem. § 19 BauNVO.

GFZ. Geschossflächenzahl gem. § 20 BauNVO.

H. Höhe baulicher Anlagen als Höchstmaß (maximal) in m gem. §§ 16 II Nr. 4, 18 BauNVO.

a. Bauweise gem. § 22 BauNVO (s. textliche Festsetzungen).

Textliche Festsetzungen

Art und Maß der baulichen Nutzung, überbaubare und nicht überbaubare Grundstücksfläche. Gem. § 6 II BauNVO sind Wohn-, Geschäfts- und Bürogebäude, Schank- und Speisewirtschaften und Betriebe des Beherbergungsgewerbes, Verwaltungen, Anlagen für kirchliche, kulturelle, soziale und gesundheitliche, sportliche Zwecke und sonstige Gewerbebetriebe zulässig.

Vergnügungsstätten sind nicht zulässig. Ausnahmsweise können Vergnügungsstätten nach § 4 a III Nr. 2 BauNVO zugelassen werden.

Entsprechend der heutigen Situation wird gem. § 22 IV BauNVO für Gebäude westlich der das Gebiet östlich begrenzenden Straße eine Bauweise mit verringerten seitlichen Grenzabständen festgesetzt: Haus Nr. 2, 6 beidseitig Verringerung auf 2 m, Haus Nr. 4, 18, 26 bis 38 beidseitig Verringerung auf 1 m.

Gegliedertes Sondergebiet (SO) „Einkaufszentrum, großflächige Handelsbetriebe und Freizeiteinrichtungen". In den einzelnen Teilen des Sondergebietes (SO 1 bis SO 3) sind die Nutzungen der Tabelle bis zu einer Verkaufsfläche von maximal 14.480 m² und einer Nutzfläche von maximal 11.700 m² zulässig. Auf der Verkaufsfläche (VK) werden die Verkäufe abgewickelt. Sie darf von dem Kunden zu diesem Zweck betreten werden. Zu der Verkaufsfläche zählen alle dem Verkauf dienenden Flächen einschließlich der Kassenzone, Gänge, Standflächen für Einrichtungsgegenstände, Treppen, Aufzüge und dem Verkauf dienende Freiflächen. Die Nebenflächen (NE) sind von den Verkaufsräumen getrennt und den Kunden nicht zugänglich (z. B. Lagerräume, Sozialräume und Personal-WC). Die Geschossfläche (GF) ist gem. § 20 BauNVO nach den Außenmaßen der Gebäude in allen Vollgeschossen zu ermitteln. An die Stelle der Verkaufsfläche bei Einzelhandelsgeschäften tritt die Nutzfläche (NF) bei anderen Nutzungen.

SO 1

Einzelhandel Heimtextilien und Baumarkt mit Randsortiment	3.000 qm VK	1.000 qm NE	4.400 qm GF
Diskothek	1.600 qm NF	400 qm NE	2.200 qm GF
Einzelhandel Fachmarkt Elektro	1.400 qm VK	500 qm NE	2.200 qm GF
Einzelhandel Lebensmittel und Bedarfsgegenstände mit Randsortiment des Nonfood-Bereichs (Discounter)	800 qm VK	200 qm NE	1.100 qm GF
Einzelhandel Grün-, Zoo- und Gartenmarkt mit Randsortimenten	2.200 qm VK	200 qm NE	2.600 qm GF
Freifläche Grün- und Gartenmarkt	1.000 qm VK		

SO 2

Freizeit, Dienstleistungen, Büro	985 qm NF	155 qm NE	1300 qm GF
Einzelhandel	580 qm VK	20 qm NE	1.300 qm GF
Dienstleistungen, Gastronomie, Büros	875 qm NF	155 qm NE	1.150 qm GF
Einzelhandel	800 qm VK	50 qm NE	900 qm GF
Gastronomie, Dienstleistungen	800 qm NF	170 qm NE	1.100 qm GF
Büros, Praxen, Dienstleistungen, Freizeit	1.360 qm NF	240 qm NE	1.800 qm GF
Einzelhandel	800 qm VF	40 qm NE	800 qm GF
Gastronomie, Dienstleistungen	640 qm NF	100 qm NE	800 qm GF

Textbeispiel 50: *Sondergebiete Einkaufszentrum (zu Abbildung 63)*

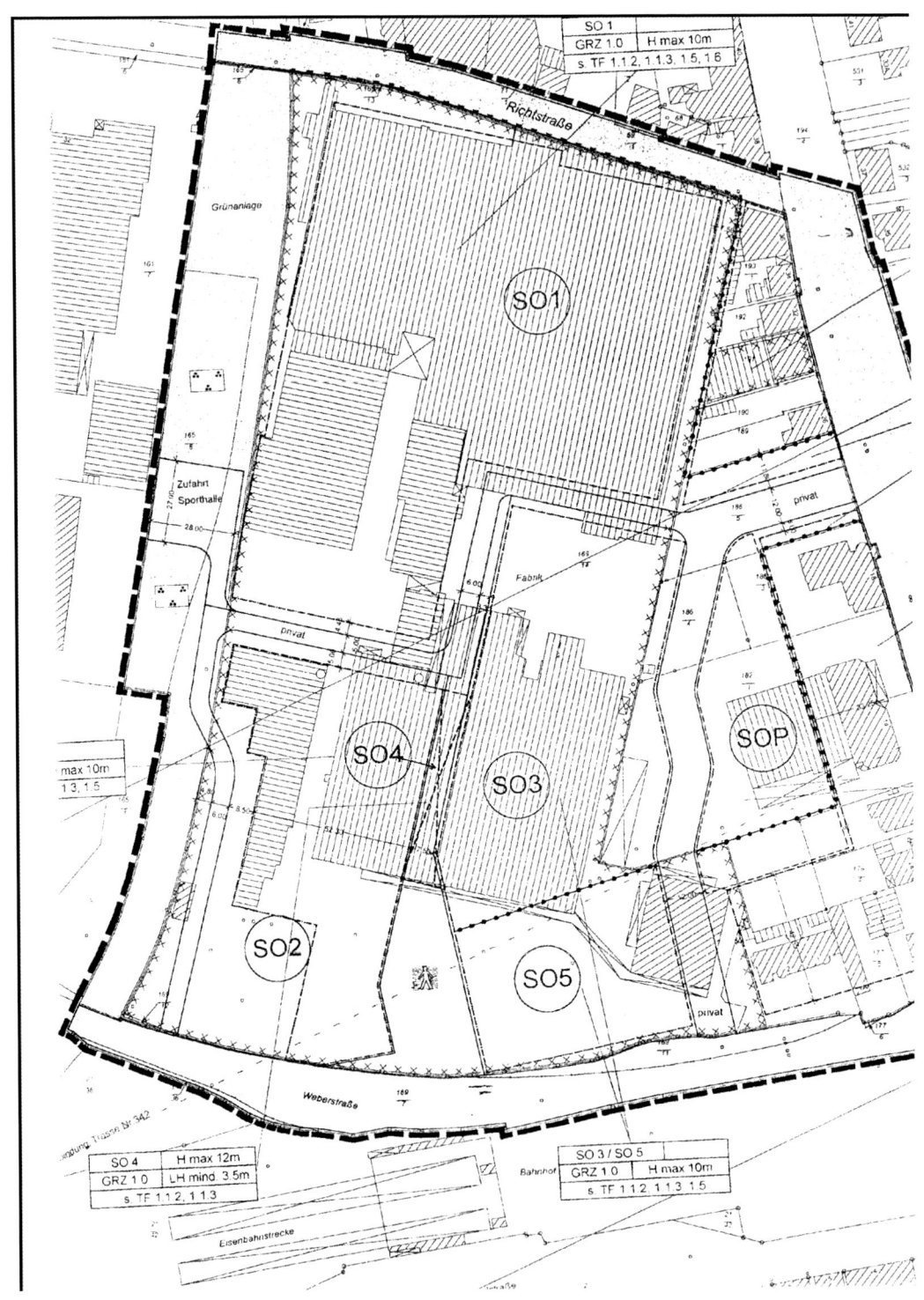

Abbildung 63: *Sondergebiet Einkaufszentrum*

Verkaufsflächenobergrenze zur Steuerung des Einzelhandels[613] in einem Sondergebiet ist mangels Rechtsgrundlage allerdings unzulässig. Die Verkaufsfläche darf nicht über mehrere Grundstücke hinweg nach dem „Windhundprinzip" verteilt werden.[614] Dies schließt die Festsetzung einer Verkaufsflächenhöchstgrenze für ein einzelnes Grundstück nicht aus. Die Begriffe der Zentren- oder Innenstadtrelevanz von Einzelhandelssortimenten erlauben keine eindeutige Abgrenzung der hierunter zu fassenden Sortimente. Eine allgemein verbindliche Definition dieser Begriffe gibt es nicht.[615] Die Festsetzung von Obergrenzen für Gesamt- und Sortimentsverkaufsflächen in einem gegliederten Sondergebiet für großflächigen Einzelhandel ist daher mangels einer Rechtsgrundlage unwirksam, wenn sich die Obergrenzen nur baugebietsbezogen auswirken, eine Aussage über Art und Umfang der je Baugrundstück zulässigen Einzelhandelsvorhaben hingegen nicht treffen.[616] Die Ausweisung eines Sondergebiets für mehrere Fachmärkte, deren maximale Verkaufsfläche jeweils konkret festgesetzt ist, begegnet keinen Bedenken, wenn die für das gesamte Sondergebiet festgesetzte Verkaufsflächen-Obergrenze lediglich die Summe der für die einzelnen Betriebe festgesetzten Obergrenzen wiedergibt. Auch können Sortiments-Festsetzungen für „Aktionsware" und „Textilien im Niedrigpreissegment" erfolgen.[617]

Eine **Kontingentierung von Verkaufsflächen**, die auf ein Sondergebiet insgesamt **375** bezogen ist, öffnet das Tor für sogenannte „Windhundrennen" potentieller Investoren und Bauantragsteller und schließt die Möglichkeit ein, dass Grundeigentümer im Fall der Erschöpfung des Kontingents von der kontingentierten Nutzung ausgeschlossen sind. Daher ist insbesondere die Festsetzung einer baugebietsbezogenen, vorhabenunabhängigen Verkaufsflächenobergrenze zur Steuerung des Einzelhandels in einem Sondergebiet mangels Rechtsgrundlage unzulässig.[618] Die Festsetzung von Nutzungskontingenten in einem Bebauungsplan ist unzulässig, wenn sich die Nutzungen im gesamten Plangebiet verwirklichen lassen. Dies gilt auch dann, wenn das Grundeigentum im Plangebiet zum Zeitpunkt des Satzungsbeschlusses in einer Hand liegt und sich der Investor in einem städtebaulichen Vertrag zur Verwirklichung eines Vorhabens mit bestimmten Nutzungen verpflichtet hat.[619]

→ **Factory-Outlet-Center.** Sie beinhalten unter Ausschaltung von Groß- und Einzelhandel einen Fabrikverkauf unmittelbar an Letztverbraucher. Hierdurch werden für hochwertige Waren aber auch für allgemeine Verbrauchsgüter äußerst preisgünstige Angebote erreicht und ein großer Käuferkreis angezogen. Vor allem die hochpreisigen Innenstadtlagen fürchten um diese Konkurrenz „auf der grünen Wiese". Factory-Outlet-Center rechnen zu den großflächigen Einzelhan-

---

[613] *Stüer* ZfBR 2006, 747.

[614] BVerwG, Urt. v. 3.4.2008 – 4 CN 3.07 – BVerwGE 131, 131, 86 – ZfBR 2008, 478 = DVBl 2008, 981 = BauR 2008, 1273 = NVwZ 2008, 902 m. Anm. *Gatz*, jurisPR-BVerwG 16/2008 Anm. 2, *Hentschel* NVwZ 2008, 1201, *Jahn* ThürVBl 2008, 244 – gebietsbezogene Verkaufsflächenbeschränkungen, Abgrenzung zu B. v. 4.6.1991 – 4 NB 35.89 – BVerwGE 88, 268; *Schmidt-Eichstaedt* BauR 2009, 755.

[615] OVG Koblenz, Urt. v. 5.11.2007– 1 C 10962/07 – BauR 2008, 136 (L) m. Anm. *Kopf* IBR 2008, 115 – Sortimentsbeschränkungen im Bebauungsplan, m. Hinw. auf OVG Münster, Urt. v. 11.12.2006 – 7 A 964/05 – BauR 2007.

[616] VGH Mannheim, Urt. v. 8.7.2009 – 3 S 1432/07 – DÖV 2009, 917 – gegliedertes Sondergebiet. m. Hinw. auf BVerwG, Urt. v. 3.4.2008 – 4 CN 3.07 – BVerwGE 131, 131, 86 – ZfBR 2008, 478 = DVBl 2008, 981 = BauR 2008, 1273 = NVwZ 2008, 902 m. Anm. *Gatz* jurisPR-BVerwG 16/2008 Anm. 2, *Hentschel* NVwZ 2008, 1201, *Jahn* ThürVBl 2008, 244 – gebietsbezogene Verkaufsflächenbeschränkungen.

[617] OVG Münster, Urt. v. 29.5.2009 – 7 D 51/08.NE – Sortiments-Festsetzungen.

[618] BVerwG, B. v. 6.8.2013 – 4 BN 24.13 – BauR 2013, 1812 = ZfBR 2013, 782 – Kontingentierung von Verkaufsflächen.

[619] OVG Greifswald, Urt. v. 21.11.2012 – 3 K 10/11 – NordÖR 2013, 211 – beschleunigtes Verfahren.

delsbetrieben und sind daher nach § 11 III BauNVO zu beurteilen. Ihre Zulässigkeit ist daher nach den Maßstäben der infrastrukturellen und städtebaulichen Auswirkungen zu beurteilen. Teilweise wird von den Ländern die erfolgreiche Durchführung eines Raumordnungsverfahrens verlangt. Derweil haben sich verschiedene Untergruppen herausgebildet, zu denen auch die Designer-Outlet-Center rechnen.

376   Einkaufszentren und in diesem Sinne großflächige Einzelhandelsbetriebe und vergleichbare Handelsbetriebe (einschließlich der → Factory-Outlet-Center) werden in Kerngebiete und Sondergebiete verwiesen, wenn sie die in § 11 III BauNVO bezeichneten nachteiligen städtebaulichen und infrastrukturellen Auswirkungen haben. Die in § 11 III BauNVO enthaltene Vermutungsgrenze von 1.200 m² Geschossfläche zeigt an, dass bei **Überschreitung** der **Vermutungsgrenze nachteilige Auswirkungen** bestehen, während bei Unterschreitung der Grenze davon regelmäßig nicht ausgegangen werden kann. Die Rechtsprechung hat dabei hervorgehoben, dass die Überschreitung der Vermutungsgrenze negative Auswirkungen i. S. des § 11 III BauNVO indiziert und Bedenken von demjenigen ausgeräumt werden müssen, der sich auf die Zulässigkeit einer solchen Nutzung beruft.[620] Dabei gilt die Regelvermutung des § 11 III 3 BauNVO auch bei einer nur geringfügigen Überschreitung der Geschossfläche, selbst wenn die Verkaufsfläche etwas unter 1.000 m² liegt.[621]

377   Will eine Gemeinde einen Bebauungsplan mit dem Inhalt eines Einzelhandels-Sondergebietes aufstellen, ist eine interkommunale Abstimmung erforderlich, wenn Auswirkungen gewichtiger Art auf die Planung der Nachbargemeinde nicht ausgeschlossen werden können. Dies gilt auch dann, wenn die Nachbargemeinde noch nicht über entgegenstehende Bebauungspläne verfügt oder entsprechende Aufstellungsbeschlüsse gefasst hat. Insofern gehen die Rechte der Nachbargemeinde auf die interkommunale Abstimmung über die Mitwirkungs- und Abwehrrechte der Nachbargemeinde gegenüber Maßnahmen der privilegierten Fachplanung hinaus.[622]

378   Beabsichtigt die Gemeinde, ein großflächiges Einzelhandelsprojekt auszuweisen,[623] so sieht der Einzelhandelserlass NRW hierfür ein **formalisiertes Verfahren** vor.[624] Die Gemeinde hat vor Ausweisung eines Kern- oder Sondergebietes i. S. des § 11 III BauNVO bei der zuständigen Regionalplanungsbehörde anzufragen, ob Ziele der Raumordnung[625] oder Landesplanung der beabsichtigten Plandarstellung entgegenstehen. Dazu sind von der Gemeinde entsprechende Angaben zum Vorhaben beizubringen. Die Träger öffentlicher Belange einschließlich der Industrie- und Handelskammern und ggf. sonstiger fachkundiger Institutionen (Einzelhandelsverbände) sind zu beteiligen. Als Grundlage für konkrete Planungsvorhaben wird den Gemeinden empfohlen, ein gemeindliches

---

[620] BVerwG, B. v. 22.5.1987 – 4 N 4.86 – BVerwGE 77, 308 = RzB Rn. 883.

[621] BVerwG, B. v. 28.7.1989 – 4 B 18.89 – NVwZ–RR 1990, 230 = BauR 1989, 704; Urt. v. 3.2.1984 – 4 C 25.82 – BVerwGE 68, 360 = RzB Rn. 311; Urt. v. 3.2.1984 – 4 C 17.82 – BVerwGE 68, 369 – Verbrauchermarkt; Urt. v. 3.2.1984 – 4 C 54.80 – BVerwGE 68, 342; Urt. v. 22.5.1987 – 4 C 30.86 – ZfBR 1987, 256 = RzB Rn. 944; Urt. v. 22.5.1987 – 4 C 6 u. 7.85 – NVwZ 1987, 1078 = RzB Rn. 945; Urt. v. 22.5.1987 – 4 C 77.84 – BVerwGE 77, 317 = RzB Rn. 946; B. v. 18.12.1989 – 4 NB 26.89 – DÖV 1990, 477 = NVwZ–RR 1990, 229 = RzB Rn. 888.

[622] BVerwG, Urt. v. 8.9.1972 – 4 C 17.71 – BVerwGE 40, 323 = RzB Rn. 135 – Krabbenkamp; Urt. v. 15.12.1989 – 4 C 36.86 – BVerwGE 84, 210 = DVBl 1990, 427 = RzB Rn. 136.

[623] Zur Erweiterung von Einzelhandelsbetrieben VGH Mannheim, Urt. v. 12.8.2005 – 5 S 2363/ 04 – ESVGH 56, 62 (L) = VBlBW 2006, 106 = ZfBR 2006, 265 (L); im Anschluss an Urt. v. 22.7.2004 – 5 S 1205/03 –.

[624] Gemeinsamer Runderlass des Ministeriums für Stadtentwicklung, Kultur und Sport v. 7.5.1998, Ansiedlung von Einzelhandelsgroßbetrieben; Bauleitplanung und Genehmigung von Vorhaben (Einzelhandelserlass), (MBl. NW v. 20.6.1996); vgl. auch § 24 a Landesentwicklungsprogramm-Gesetz NRW und die Sortimentsliste dort in der Anlage.

[625] Zur Raumordnung s. Rn. 1453.

Einzelhandelskonzept[626] aufzustellen, in dem die Entwicklungsziele für den Einzelhandel dargelegt sind. Ein schlüssiges und widerspruchsfreies Planungskonzept zur Steuerung des Einzelhandels muss allerdings nicht zwingend auf einem gesondert beschlossenen umfassenden Entwicklungskonzept oder einer städtebaulichen Planung im Sinne des § 1 VI Nr. 11 BauGB beruhen.[627] Welche Anforderungen an die Darlegung schädlicher Auswirkungen eines Einzelhandelsvorhabens auf das Zentrum zu stellen sind und welche Ermittlungen eine Gemeinde insofern anzustellen hat, ist dabei einzelfallabhängig.[628] Auch wird empfohlen, wegen der besonderen Bedeutung der zentrenrelevanten Einzelhandelsflächen bereits im Flächennutzungsplan Kerngebiete und nicht lediglich gemischte Bauflächen darzustellen. Bei der Darstellung von Sondergebieten sollte bereits die Geschossflächenzahl angegeben werden. Kerngebiete sollten im Bebauungsplan nur ausgewiesen werden, wenn neben den Einzelhandelsflächen i. S. von § 11 III BauNVO auch andere kerngebietstypische Einrichtungen vorgesehen sind. Ansonsten sind im Bebauungsplan Sondergebiete mit einer speziellen Zweckbestimmung und konkreten Festsetzungen auszuweisen. Einzelhandel in sonstigen Baugebieten ist nur beschränkt zulässig. Hier können sich zusätzliche (einschränkende) Festsetzungen nach § 1 IV bis IX BauNVO empfehlen.[629] Der Planungsträger kann sich zur städtebaulichen Rechtfertigung von Einzelhandelsausschlüssen in einem Bebauungsplan zum Zwecke der Stärkung oder des Schutzes von Versorgungszentren daher auf kommunale Planungskonzepte beziehen. Ob es einer Präzisierung durch Rückgriff auf sog. Sortimentslisten bedarf, ist eine Einzelfallfrage. In einem auf der Grundlage des § 11 BauNVO festgesetzten Sondergebiet kann die Gemeinde die Art der baulichen Nutzung über die Möglichkeiten hinaus, die § 1 IV bis IX BauNVO eröffnen, konkretisieren und zu diesem Zweck die Merkmale bestimmen, die ihr am besten geeignet erscheinen, um das von ihr verfolgte Planungsziel zu erreichen.[630] Zu berücksichtigen sind bei großflächigen Einzelhandelsbetrieben insbesondere die Verkaufsfläche des Vorhabens im Vergleich zu den im Versorgungsbereich vorhandenen Verkaufsflächen derselben Branche, die voraussichtliche Umsatzumverteilung, die Entfernung zwischen dem Vorhaben und dem betroffenen zentralen Versorgungsbereich, eine etwaige „Vorschädigung" des Versorgungsbereichs oder die Gefährdung eines vorhandenen „Magnetbetriebs", der maßgebliche Bedeutung für die Funktionsfähigkeit des zentralen Versorgungsbereichs hat.[631] Ein das **Zentrenkonzept**[632] bzw. Gewerbeflächenkonzept einer Gemeinde umsetzender Bebauungsplan ist dabei nicht schon dann abwägungsfehlerhaft, wenn die Gemeinde zuvor von diesem Konzept in Einzelfällen abgewichen ist.[633] Ein Bebauungsplan, mit dem das Zentren- bzw. Gewerbekonzept einer Gemeinde umgesetzt wird, ist nicht schon dann abwägungsfehlerhaft, wenn die Gemeinde zuvor von diesem Konzept abgewichen ist. Allerdings ist das Gewicht des Konzepts als abwägungsbeachtlicher Belang

---

[626] OVG Münster, Urt. v. 25.10.2007 – 7 A 1059/06 – gesamtstädtisches Einzelhandelskonzept.

[627] OVG Koblenz, Urt. v. 7.3.2013 – 1 C 10544/12 – ZfBR 2013, 483 – Sortimentsbeschränkungen, im Anschluss an OVG Koblenz, Urt. v. 5.11.2007 – 1 C 10962/07 und Urt. v. 1.6.2011 – 8 A 10399/11.

[628] OVG Koblenz, Urt. v. 7.3.2013 – 1 C 10544/12 – ZfBR 2013, 483 – Sortimentsbeschränkungen, m. Hinw. auf BVerwG, B. v. 23.7.2009 – 4 BN 28.09 – ZfBR 2009, 686.

[629] Gemeinsamer Runderlass des Ministeriums für Stadtentwicklung, Kultur und Sport v. 7.5.1998, Ansiedlung von Einzelhandelsgroßbetrieben; Bauleitplanung und Genehmigung von Vorhaben (Einzelhandelserlass), (MBl. NW v. 20.6.1996).

[630] BVerwG, B. v. 21.12.2012 – 4 BN 32.12 – BauR 2013, 561 = ZfBR 2013, 279 – Sortimentslisten.

[631] BVerwG, B. v. 12.1.2012 – 4 B 39.11 – ZfBR 2012, 254 = BauR 2012, 760 – großflächige Einzelhandelsbetriebe.

[632] Zur Umsetzung von Einzelhandels- und Zentrenkonzepten mit den Mitteln der Bauleitplanung *Bischopink* BauR 2007, 825.

[633] VGH Mannheim, Urt. v. 31.7.2007 – 5 S 2103/06 – BauR 2007, 1937 (L) – Abweichung vom Zentrenkonzept.

(§ 1 VI Nr. 11 BauGB) umso geringer, je häufiger und umfangreicher das Konzept bereits durchbrochen worden ist.[634]

379   In bereits beplanten Gebieten ist nach den verschiedenen Fassungen der BauNVO zu unterscheiden.

380   Daneben bietet **§ 1 V** und **IX BauNVO** ausreichende **Möglichkeiten**, auch unterhalb der Vermutungsgrenze des § 11 III BauNVO **Fehlentwicklungen entgegenzusteuern** und auch nicht großflächige Nachbarschaftsläden mit einer Verkaufsfläche unter 800 m² aus besonderen städtebaulichen Gründen auszuschließen. Es ist grundsätzlich zulässig, auf der Grundlage des § 1 V BauNVO einen völligen Ausschluss von Einzelhandelsbetrieben in einem Gewerbegebiet mit dem Ziel der Freihaltung von Flächen für das produzierende Gewerbe festzusetzen. Für die Abweichung von den nach der BauNVO vorgegebenen Gebietstypen bedarf es in allen Fällen einer städtebaulichen Begründung, die sich aus der jeweiligen konkreten Planungssituation ergeben muss und die Abweichung rechtfertigt. Der vollständige Ausschluss einer Nutzungsart durch Gegenausnahmen für bestimmte Arten von Anlagen der betreffenden Nutzungsart kann wieder ein Stück zurückgenommen werden, wenn die Gemeinde darlegt, warum das von ihr gewählte Abgrenzungskriterium marktüblichen Gegebenheiten entspricht und die Feindifferenzierung durch besondere städtebauliche Gründe gerechtfertigt ist.[635] Sollen **Einzelhandelsnutzungen** in einem Baugebiet dabei insgesamt ausgeschlossen sein, so ist dies bei Vorliegen städtebaulicher Gründe nach § 1 V BauNVO möglich.[636] Soll die Einzelhandelsnutzung auf eine bestimmte Größe beschränkt werden, so gibt § 1 IX BauNVO hierzu die rechtliche Grundlage, wenn spezielle, gerade diesen Ausschluss tragende städtebauliche Gründe dies rechtfertigen. Entsprechend ist zu verfahren, wenn die Gemeinde beabsichtigt, die Einzelhandelsnutzung in einem Baugebiet ganz oder in einer bestimmten Größenordnung nur ausnahmsweise zuzulassen. Auch ist es der Gemeinde gestattet, „zentrumsbildende" Nutzungsarten, die in der innerstädtischen Kernzone nicht oder nur geringfügig vertreten sind, in anderen Gemeindegebieten mit dem Ziel auszuschließen, eventuelle Neuansiedlungen zwecks Steigerung oder Erhaltung der Attraktivität dem Zentrum zuzuführen.[637] Einzelhandelsbetriebe können auf der Grundlage des § 1 V BauNVO im **Mischgebiet** ausgeschlossen werden, auch wenn der vollständige Ausschluss durch „Gegenausnahmen" für bestimmte Arten von Einzelhandelsbetrieben wieder ein Stück zurückgenommen wird. Die **Stärkung der Zentren** durch Konzentration von Einzelhandelsnutzungen in Stadtbezirks- und Ortsteilzentren ist ein Ziel, das den Ausschluss von Einzelhandelsbetrieben in nicht zentralen Lagen städtebaulich rechtfertigen kann. Der Gemeinde ist es gestattet, **„zentrumsbildende" Nutzungsarten**, die in den Zentren bisher nicht oder nur in geringem Umfang vertreten sind, in anderen Gemeindegebieten mit dem Ziel auszuschließen, eventuelle Neuansiedlungen den Zentren zuzuführen, um deren Attraktivität zu steigern oder zu erhalten. Sofern ein Gesamtkonzept in der Lage ist, die Einzelhandelsentwicklung im gesamten Stadtgebiet nachvollziehbar und widerspruchsfrei zu ordnen, bedarf es jedenfalls auf der Ebene eines Bebauungsplans, der dieses Konzept für einen bestimmten Bereich umsetzt, keiner weiteren Differenzierung unter dem Gesichtspunkt der Zentreneignung.[638]

---

[634] BVerwG, Urt. v. 29.1.2009 – 4 C 16.07 – BVerwGE 133, 98 = ZfBR 2009, 466 = BauR 2009, 1249 = UPR 2009, 262 = NVwZ 2009, 1103 m. Anm. *Gatz*, jurisPR-BVerwG 11/2009 Anm. 5 – Bekanntmachung des Bebauungsplanentwurfs.

[635] BVerwG, B. v. 1.7.2013 – 4 BN 11.13 – BauR 2013, 1811 – Ausschluss von Einzelhandelsbetrieben im Gewerbegebiet.

[636] BVerwG, B. v. 11.5.1999 – 4 BN 15.99 – DVBl 1999, 1293 = UPR 1999, 352 = ZfBR 1999, 279 – nachträglicher Ausschluss von Nutzungen.

[637] BVerwG, B. v. 10.11.2004 – 4 BN 33.04 – BauR 2005, 818 = ZfBR 2005, 187.

[638] BVerwG, Urt. v. 26.3.2009 – 4 C 21.07 – BVerwGE 133, 310 = ZfBR 2009, 463 = BauR 2009, 1245 = UPR 2009, 307 = NVwZ 2009, 1228 m. Anm. *Gatz*, jurisPR-BVerwG 13/2009 Anm. 4 – Ausschluss von Einzelhandelsbetrieben; *Füßer/Lau* BauR 2009, 1829.

Die Gemeinde hat bei den **Ausschluss- und Differenzierungsmöglichkeiten** i. S. **381** einer gewissen **Typenkonkretisierungsmöglichkeit** ein bestimmtes Maß an eigenem **Gestaltungsfreiraum**, der durch § 1 IV bis IX BauNVO eingeräumt, allerdings durch das Abwägungsgebot rechtlich gebunden ist. So kann die Gemeinde in einem Gewerbegebiet den nicht auf Eigenproduktion beruhenden Einzelhandel ausschließen, während sie den Verkauf am Ort hergestellter Waren zulässt. Bereits nach § 1 V BauNVO können einzelne der unter einer Nummer einer Bauvorschrift der BauNVO zusammengefassten Nutzungen im Bebauungsplan ausgeschlossen werden.[639] Ein Ausschluss von Einzelhandelsbetrieben ist daher schon nach § 1 V BauNVO möglich. Speziellere Differenzierungen etwa im Hinblick auf Beschränkungen der Geschoss- oder Verkaufsfläche können nach § 1 IX BauNVO vorgenommen werden.[640]

Die Abgrenzung der Verkaufsfläche kann sich dabei an den in Kreisen der Handels- **382** und Absatzwirtschaft entwickelten Merkmalen orientieren und alle zum Zwecke des Verkaufs den Kunden zugänglichen Flächen – einschließlich der Gänge, Treppen, Kassenzonen, Standflächen für Einrichtungsgegenstände, Schaufenster und Freiflächen – als Verkaufsfläche berücksichtigen.[641] Die Festsetzungen sind entsprechend zu begründen.[642] Die Gemeinde kann dabei in den Baugebieten Differenzierungen treffen, die den Marktüblichkeiten entsprechen.

Beispiel: Will die Gemeinde, die Einzelhandel in einem Gewerbegebiet ausschließt, den werkstattgebundenen Verkauf von Handwerks- oder Gewerbebetrieben in einer deutlichen Unterordnung des Betriebsteils Verkaufsstelle zum Gesamtbetrieb ausnahmsweise zulassen, kann sie das abstrakte Merkmal der Unterordnung mit einer absoluten Obergröße von 50 m² Verkaufsfläche präzisieren.[643]

Zu einer Verkaufsstätte gehören alle Räume, die unmittelbar oder mittelbar, insbeson- **383** dere durch Aufzüge oder Ladenstraßen, miteinander in Verbindung stehen. Als Verbindung gilt nicht die Verbindung durch Treppenräume notwendiger Treppen sowie durch Leitungen, Schächte und Kanäle haustechnischer Anlagen.

→ **Verkaufsstätten** sind Gebäude oder Gebäudeteile, die ganz oder teilweise dem Verkauf von Waren dienen, mindestens einen Verkaufsraum haben und keine Messebauten sind.

→ **Verkaufsräume** sind Räume, in denen Waren zum Verkauf oder sonstige Leistungen angeboten werden oder die dem Kundenverkehr dienen, ausgenommen Treppenräume notwendiger Treppen, Treppenraumerweiterungen sowie Garagen. Ladenstraßen gelten nicht als Verkaufsräume.

→ **Ladenstraßen** sind überdachte oder überdeckte Flächen, an denen Verkaufsräume liegen und die dem Kundenverkehr dienen (§ 2 Musterverordnung über den Bau und Betrieb von Verkaufsstätten).

---

[639] BVerwG, B. v. 18.12.1989 – 4 NB 26.89 – NVwZ–RR 1990, 229 = BauR 1990, 185 = RzB Rn. 888 m. Hinw. m. Hinw. auf B. v. 22.5.1987 – 4 N 4.86 – BVerwGE 77, 308 = RzB Rn. 883.

[640] BVerwG, Urt. v. 22.5.1987 – 4 C 77.84 – BVerwGE 77, 317 = RzB Rn. 946.

[641] BVerwG, Urt. v. 27.4.1990 – 4 C 36.87 – DVBl 1990, 1108 = BauR 1990, 569 = RzB Rn. 950; Urt. v. 24.11.2005 – 4 C 10.04 – BVerwGE 124, 364 = DVBl 2006, 448 = NVwZ 2006, 452 = BauR 2006, 639; Urt. v. 24.11.2005 – 4 C 14.04 – BVerwGE 124, 376 = DVBl 2006, 452 = NVwZ 2006, 455 = BauR 2006, 644 – Backshop und Laden für Toto/Lotto, Zeitschriften und Schreibwaren; Urt. v. 24.11.2005 – 4 C 3.05, 4 C 8.05 –; *Schütz* UPR 2006, 169; vgl. auch VGH Mannheim, Urt. v. 10.7.2006 – 3 S 2309/05 – ESVGH 57, 59 (L) = UPR 2006, 459 = ZfBR 2006, 784 = NVwZ–RR 2007, 233 – Lebensmittelmarkt auf ehemaligem Kasernengrundstück; vgl. VG Lüneburg, Urt. v. 15.6.2006 – 2 A 140/05 –; *Jeromin* BauR 2006, 619; *Gatz*, jurisPR–BVerwG 7/2006 Anm. 4; *Schütz* UPR 2006, 169; *Birk* VBlBW 2006, 289.

[642] *Stüer* StuGR 1989, 8.

[643] OVG Münster, Urt. v. 28.8.2006 – 7 D 112/05.NE – BauR 2007, 69 = UPR 2007, 160 (L) – unselbstständige Planänderung.

→ **Brandschutz.** Verkaufsstätten sind durch Brandwände in Brandabschnitte zu unterteilen. Die Fläche der Brandabschnitte darf je Geschoss in erdgeschossigen Verkaufsstätten mit Sprinkleranlagen nicht mehr als 10.000 m², sonstigen Verkaufsstätten mit Sprinkleranlagen nicht mehr als 5.000 m², erdgeschossigen Verkaufsstätten ohne Sprinkleranlagen nicht mehr als 3.000 m² und sonstigen Verkaufsstätten ohne Sprinkleranlagen nicht mehr als 1.500 m² betragen, wenn sich die Verkaufsstätten über nicht mehr als drei Geschosse erstrecken und die Gesamtfläche aller Geschosse innerhalb eines Brandabschnitts nicht mehr als 3.000 m² beträgt (§ 6 Musterverordnung über den Bau und Betrieb von Verkaufsstätten).

384 Ein **Einzelhandelsausschluss** in **Gewerbe- oder Industriegebieten** ist städtebaulich gerechtfertigt, wenn dadurch ein Flächenverbrauch durch Einzelhandel verhindert und gewerbliche Bauflächen für das produzierende und verarbeitende Gewerbe reserviert werden sollen. Soll bei der Änderung eines Bebauungsplans dieser auf eine **neuere Fassung** der **BauNVO umgestellt** werden, muss dies in den textlichen Festsetzungen bzw. in der Planzeichnung des Änderungsplans hinreichend deutlich zum Ausdruck kommen. Beschränken sich die Festsetzungen zum Maß der baulichen Nutzung für ein Industriegebiet auf die Festsetzung einer Grundflächenzahl, entspricht dies nicht den Anforderungen in § 16 II 2 und III BauNVO 1968.[644]

385 Festsetzungen auf der Grundlage des **§ 1 IX BauNVO** müssen dem Erfordernis genügen, bestimmte Anlagentypen zu umschreiben. Die „besonderen städtebaulichen Gründe" i. S. von § 1 IX BauNVO müssen auf die durch die jeweiligen örtlichen Verhältnisse bedingten Strukturen zugeschnitten sein. Eine auf § 1 V und IX BauNVO gestützte Planung muss mit Argumenten begründet werden, die sich aus der jeweiligen konkreten Planungssituation ergeben und geeignet sind, die jeweilige Abweichung von den in den §§ 2 bis 10 BauNVO vorgegebene Gebietstypen zu tragen. Die Festsetzungen müssen sich aber in den Baugebieten, auf die § 1 V und IX BauNVO anwendbar ist, immer auf Arten oder Unterarten der baulichen Nutzung beziehen. Die durch Bebauungsplan erfolgte Festsetzung einer betriebsunabhängigen absoluten Verkaufsflächenobergrenze zur Einzelhandelssteuerung in einem Gewerbegebiet ist mangels Rechtsgrundlage unzulässig.[645] Zudem müssen die Festsetzungen auch im Sondergebiet bestimmt genug sein.

Beispiel: Ein Bebauungsplan, der ein Sondergebiet für Fachmärkte mit maximal 3.000 m² Verkaufsfläche „für nicht citytypische Sortimente" ausweist, ist wegen Unbestimmtheit der Festsetzung unwirksam.[646]

386 Als ein zur Konkretisierung geeignetes Mittel kommen auch **Sortimentsbeschränkungen** in Betracht, sofern die Differenzierung marktüblichen Gegebenheiten entspricht[647] und die Belange der Eigentümer angemessen berücksichtigt sind.[648] Es kann dabei auf Listen in Einzelhandelserlassen oder sonstige Orientierungshilfen zurückgegriffen werden, wenn dadurch bestimmte Arten von Anlagen i. S. des § 1 IX BauNVO zutreffend gekennzeichnet werden.[649] Es gibt allerdings im BauGB oder in der BauNVO

---

[644] OVG Münster, Urt. v. 7.5.2007 – 7 D 64/06.NE – Einzelhandelsausschluss.

[645] OVG Münster, Urt. v. 17.10.2007 – 10 A 3914/04 –.

[646] OVG Münster, Urt. v. 11.12.2006 – 7 A 964/05 – BauR 2007, 845 = NVwZ 2007, 727 = BauR 2007, 927 (L) – Fachmarkt.

[647] BVerwG, B. v. 4.10.2007 – 4 BN 39.07 – Sortimentsbeschränkung; vgl. B. v. 10.11.2004 – 4 BN 33.04 – Schutz der Innenstadt und eines peripheren Einzelhandelsstandorts.

[648] BVerwG, B. v. 21.11.2005 – 4 BN 36.05 – BauR 2006, 491 = BRS 69 Nr. 31 (2005) – Sortimentsbeschränkung eines großflächigen Einzelhandelsbetriebes.

[649] BVerwG, B. v. 4.10.2001 – 4 BN 45.01 – BRS 64 Nr. 28 = ZfBR 2002, 597 – Sortimentsbeschränkung. Die gegen diese Entscheidung erhobene Verfassungsbeschwerde hat das BVerfG, mit B. v. 26.2.2002 – 1 BvR 2068/01 – NJW 2002, 2308 nicht zur Entscheidung angenommen. Bei kleineren Stichstraßen kann auf eine Wendefläche verzichtet werden, so OVG Münster, Urt. v. 3.6.2002 – 7a D 75/99.NE – NVwZ-RR 2003, 97 = NWVBL 2002, 435 – Mülltonnen. Zur Gliederung eines Mischgebietes VGH München, Urt. v. 27.2.2003 – 14 N 99.2020 –.

keine Legaldefinition dafür, wann sich ein Warensortiment als „zentrenrelevant" erweist. Sollen zum Schutz etwa des Innenstadtbereichs bestimmte Warensortimente an nicht integrierten Standorten ausgeschlossen werden, bedarf es einer individuellen Betrachtung der jeweiligen örtlichen Situation. Dies gilt umso mehr, wenn jeglicher Handel mit den angeführten Sortimenten ausgeschlossen werden soll.[650] Die besonderen städtebaulichen Gründe, die es gemäß § 1 IX BauNVO rechtfertigen, in einem dezentralen Gewerbe- und Mischgebiet Einzelhandelsbetriebe mit zentrenrelevanten Sortimenten auszuschließen, müssen auf der Grundlage der relevanten örtlichen Gegebenheiten bestimmt werden.[651]

Ob von einem Einzelhandelsvorhaben **schädliche Auswirkungen** auf **zentrale Ver-** 387 **sorgungsbereiche** zu erwarten sind, kann nur unter Berücksichtigung aller relevanten Umstände der konkreten städtebaulichen Situation prognostiziert werden. Neben der Verkaufsfläche können dabei auch ein qualitativer Vergleich des vorhandenen mit dem geplanten Angebot und – insbesondere wenn es um die Zulässigkeit großflächiger Einzelhandelsbetriebe geht – die zu erwartende Umsatzumverteilung von Bedeutung sein.[652] Als zentrenrelevante Leitsortimente werden in der Anlage zu § 24 a Landesentwicklungsprogramm-Gesetz aufgeführt: (1) Bücher/Zeitschriften/Papier/Schreibraren, (2) Bekleidung, Lederwaren, Schuhe, (3) Unterhaltungs- und Kommunikationselektronik/Computer, Elektrohaushaltswaren (Kleingeräte), (4) Foto/Optik, (5) Haus- und Heimtextilien, Haushaltswaren, Einrichtungszubehör (ohne Möbel), (6) Uhren/Schmuck, (7) Spielwaren, Sportartikel.

Wenn Einzelhandel mit ausgewählten Warensortimenten im Hinblick auf seine 388 **„Zentrenschädlichkeit"** ausgeschlossen werden soll, bedarf es daher konkreter Angaben dazu, weshalb jegliche Form von Einzelhandel der besagten Art – würde er im betroffenen Baugebiet angesiedelt – die gewachsenen Einzelhandelsstrukturen in den Zentren der Gemeinde unabhängig von der Art. und dem Umfang des jeweiligen Warenangebots schädigen würde. Es ist außerdem in jedem Einzelfall zu prüfen, welche Sortimente unter Berücksichtigung der örtlichen Besonderheiten als innenstadtrelevant einzustufen sind. Sollen in einem Sondergebiet für großflächigen Einzelhandel und Gewerbe zentren- und nahversorgungsrelevante Sortimente ausgeschlossen werden, bedarf es einer individuellen Betrachtung der jeweiligen örtlichen Situation. Die bloße Übernahme der Anlage eines Einzelhandelserlasses[653] als textliche Festsetzung ohne Untersuchung des vorhandenen Angebotsbestands genügt diesen Anforderungen nicht.[654]

Beispiel: Es kann ein Abwägungsdefizit vorliegen, wenn die Gemeinde bei der Abwägungsentscheidung sämtliche Sortimente, wie sie in Richtlinien zur Beurteilung von geplanten Einzelhandelsgroßprojekten bezeichnet werden[655] als zentrenrelevant bezeichnet sind, übernommen hat, ohne dass zuvor genauere, konkret auf ihr Gemeindegebiet bezogene Erhebungen zur Innenstadtrelevanz und Zentrenschädlichkeit der einzelnen Sortimente durchgeführt wurden.[656]

Die Ansiedlung von Einzelhandelsbetrieben muss das **Gebot der nachbarlichen** 389 **Rücksichtnahme** wahren. Der großflächige Einzelhandelsbetrieb begründet allerdings allein aufgrund seiner allgemeinen Betriebsart und -größe noch keine Konfliktlage, die bei einem Aufeinandertreffen mit einer Wohnnutzung zwingend zu einem Verzicht auf

---

[650] OVG Münster, Urt. v. 3.62002 – 7a D 92/99.NE – BauR 2002, 1746 = UPR 2003, 159 – Zentrenrelevanz.

[651] VGH Mannheim, Urt. v. 4.5.2007 – 5 S 2484/05 –.

[652] OVG Münster, Urt. v. 17.10.2007 – 10 A 3914/04 –.

[653] Einzelhandelserlass des Wirtschaftsministeriums Ba.-Wü. vom 21.2.2001 (GABl. S. 290).

[654] VGH Mannheim, Urt. v. 2.5.2005 – 8 S 1848/04 – NVwZ-RR 2005, 685 = UPR 2006, 394 = BRS 69 Nr. 28 (2005) = DVBl 2006, 786 (L) – Sortimentseinschränkung für großflächigen Einzelhandel.

[655] Für Sachsen-Anhalt etwa Gemeinsamer v. 22.10.1998 – 24/ 20002-02, LA MBl. S 2217.

[656] OVG Magdeburg, Urt. v. 17.8.2006 – 2 K 50/04 – Ausschluss von Warensortimenten im Gewerbegebiet.

den Standort führen muss; es kommt stets maßgeblich auf die örtlichen Gegebenheiten an.[657]

390 **m) Kein Windhundrennen.** Die durch Bebauungsplan erfolgte Festsetzung einer baugebietsbezogenen, vorhabenunabhängigen Verkaufsflächenobergrenze zur Steuerung des Einzelhandels in einem Sondergebiet ist mangels Rechtsgrundlage unzulässig.[658] Eine solche Festsetzung gebietsbezogener Verkaufsflächenbeschränkungen ist unwirksam, weil sie nicht auf eine Rechtsgrundlage zurückgeführt werden kann. Sie ist weder als Bestimmung des Maßes der baulichen Nutzung zulässig, weil sie nicht mit Hilfe eines der von § 16 II BauNVO zugelassenen Parameter (Grundfläche, Geschossfläche) vorgenommen worden ist, noch ist sie eine nach § 11 II 1 BauNVO in sonstigen Sondergebieten zulässige Festsetzung der Art der baulichen Nutzung. Gemäß § 1 II BauNVO wird die Art der baulichen Nutzung im Bebauungsplan allgemein durch die Ausweisung von Baugebieten festgesetzt. Welche Art der Nutzung in den Baugebieten jeweils im Einzelnen zulässig ist, ergibt sich aus den §§ 2 bis 11 BauNVO. Die Baugebietsvorschriften der §§ 2 bis 9 BauNVO bestimmen die zulässige Art der Nutzung nicht nach Merkmalen, die vorhabenunabhängig auf das Gebiet als solches bezogen sind, sondern danach, welche Vorhaben (Anlagen, Betriebe und sonstige Einrichtungen) auf den überplanten Flächen allgemein oder ausnahmsweise zulässig sind. Ähnliches gilt für die in § 10 BauNVO geregelten Sondergebiete, die der Erholung dienen. Die sonstigen Sondergebiete sind zwar dadurch gekennzeichnet, dass sie sich von den Baugebieten nach den §§ 2 bis 10 BauNVO wesentlich unterscheiden (§ 11 I BauNVO). Auch für sie ist aber neben der Zweckbestimmung die Art der Nutzung darzustellen und festzusetzen (§ 11 II 1 BauNVO). Hierfür wird die anlagen- und betriebsbezogene Typisierung, die den §§ 2 bis 10 BauNVO zugrunde liegt, fortgesetzt. § 11 II 2 BauNVO zählt beispielhaft eine Reihe von in Betracht kommenden Gebietstypen auf, die durch ihre Bezeichnung umschreiben, welche Anlagen und Betriebe zulässig sein sollen. Teilweise wird der Anlagen- und Betriebsbezug unmittelbar hergestellt. So werden Gebiete für Einkaufszentren und Einzelhandelsbetriebe und Gebiete für Anlagen, die der Erforschung, Entwicklung oder Nutzung erneuerbarer Energien dienen, als Gebiete genannt, die Gegenstand einer Sondergebietsausweisung sein können.

391 Im Rahmen des § 11 BauNVO unterliegt die Gemeinde freilich geringeren Beschränkungen als bei der Festsetzung von Baugebieten nach den §§ 2 bis 9 BauNVO. Sie ist weder an bestimmte Nutzungsarten noch gemäß § 1 III 3 BauNVO an die Möglichkeiten der Feinsteuerung gebunden, die in § 1 IV bis X BauNVO für die normativ ausgestalteten Baugebiete eröffnet sind. Vielmehr liegt die Definitionsmacht darüber, welche Anlagen zulässig oder ausnahmsweise zulassungsfähig sind, bei ihr. Sie kann auf der Grundlage von § 11 II BauNVO die Art der baulichen Nutzung über die Möglichkeiten hinaus, die § 1 IV 1 Nr. 2 und IX BauNVO bietet, näher konkretisieren und zu diesem Zweck die Merkmale bestimmen, die ihr am besten geeignet erscheinen, um das von ihr verfolgte Planungsziel zu erreichen.[659] Insbesondere darf sie in einem von ihr zulässigerweise festgesetzten Sondergebiet den Anlagentyp durch die von ihr bestimmte Begrenzung der Verkaufsflächen selbst festsetzen.[660] Dabei kann sie auch Festsetzungen nach dem Vorbild des § 1 X BauNVO treffen. § 11 II 1 BauNVO eröffnet der Gemeinde ferner die Möglichkeit, die höchstzulässige Verkaufsfläche für das jeweilige Grundstück im Bebauungsplan in der Form festzusetzen, dass die maximale Verkaufsflächengröße im Verhältnis zur Grundstücksgröße durch eine Verhältniszahl (z. B. 0,3/0,5 etc.) festgelegt wird, sofern dadurch die Ansiedlung bestimmter Einzelhandelsbetriebstypen und damit die Art der bau-

---

[657] OVG Magdeburg, Urt. v. 11.5.2006 – 2 K 1/05 – BauR 2006, 2107 (L) – Einkaufscenter.

[658] BVerwG, Urt. v. 3.4.2008 – 4 CN 3.07 – ZfBR 2008, 478.

[659] BVerwG, Urt. v. 28.2.2002 – 4 CN 5.01 – NVwZ 2002, 1114.

[660] BVerwG, Urt. v. 27.4.1990 – 4 C 36.87 – Buchholz 406.12 § 11 BauNVO Nr. 17 = NVwZ 1990, 1071.

lichen Nutzung im Sondergebiet geregelt werden soll.[661] Nicht gestattet ist ihr jedoch, durch eine betriebsunabhängige Festsetzung von Verkaufsflächenobergrenzen für alle im Sondergebiet ansässigen oder zulässigen Einzelhandelsbetriebe das System der vorhabenbezogenen Typisierung zu verlassen, auf dem die Vorschriften der BauNVO zur Art der baulichen Nutzung beruhen.[662]

Eine vorhabenunabhängige Kontingentierung von Nutzungsoptionen ist der BauNVO **392** grundsätzlich fremd.[663] Dort, wo die Verordnung die Festlegung von Nutzungsanteilen (Quoten) oder die Quantifizierung einer Nutzungsart zulässt, wie in §§ 4 a IV Nr. 2 und 7 IV 1 Nr. 2 BauNVO und in Gestalt der Beschränkung freiberuflicher Berufsausübung auf „Räume" in den Baugebieten der §§ 2 bis 4 BauNVO (vgl. § 13 BauNVO), wird dies ausdrücklich geregelt. Eine Kontingentierung der Verkaufsflächen, die auf das Sondergebiet insgesamt bezogen ist, öffnet das Tor für sog. „Windhundrennen" potentieller Investoren und Bauantragsteller und schließt die Möglichkeit ein, dass Grundeigentümer im Fall der Erschöpfung des Kontingents von der kontingentierten Nutzung ausgeschlossen sind. Dieses Ergebnis widerspricht dem der Baugebietstypologie (§§ 2 bis 9 BauNVO) zugrunde liegenden Regelungsansatz, demzufolge im Geltungsbereich eines Bebauungsplans im Grunde jedes Baugrundstück für jede nach dem Nutzungskatalog der jeweiligen Baugebietsvorschrift zulässige Nutzung soll in Betracht kommen können.[664] Auch § 6 BauNVO verlässt dieses Regelungsmuster nicht. Aus dieser Vorschrift lässt sich insbesondere nicht ableiten, dass der Verordnungsgeber eine ausschließlich gebietsbezogene Kontingentierung der Nutzungsart für zulässig erachtet hat. Der Nutzungskatalog des § 6 II und III BauNVO bezeichnet die Anlagen- und Betriebstypen, die im Mischgebiet allgemein oder ausnahmsweise zulässig sind. Der Verordnungsgeber hat darauf verzichtet, das Verhältnis der beiden das Mischgebiet prägenden Nutzungsarten Wohnen und Gewerbe nach der Fläche oder nach Anteilen näher zu bestimmen. § 6 BauNVO ermächtigt die planende Gemeinde auch nicht dazu, die beiden Nutzungen quantitativ in ein bestimmtes Verhältnis zueinander zu setzen.[665] Einer Fehlentwicklung zu Lasten der einen oder anderen Nutzung kann durch § 15 I 1 BauNVO entgegengewirkt werden. In einem Mischgebiet allgemein zulässige Einzelhandelsbetriebe können daher im Einzelfall nach Anzahl und Umfang der Eigenart des Baugebiets widersprechen (§ 15 I 1 BauNVO), weil im selben Gebiet bereits Einzelhandelsbetriebe zugelassen worden sind und das gebotene quantitative Mischungsverhältnis von Wohnen und nicht wesentlich störendem Gewerbe durch Zulassung eines weiteren gewerblichen Betriebes gestört würde. Aus dieser Korrektivfunktion des § 15 I BauNVO lassen sich jedoch keine Rückschlüsse auf die Zulässigkeit einer planerischen Festsetzung gebietsbezogener, vorhabenunabhängiger Nutzungskontingente ziehen.

p) → **Vergnügungsstätten (Spielhallen).** Städtebauliche Nutzungskonflikte treten **393** auch bei Vergnügungsstätten auf, wobei insbesondere die **Spielhallen** zu gemeindlicher Kritik und Gegenmaßnahmen geführt haben. Die planungsrechtliche Zulässigkeit der Vergnügungsstätten ist an den unterschiedlichen Gebietskategorien der BauNVO ausgerichtet. Die BauNVO 1990 hat dabei die Vergnügungsstätten wie bereits zuvor die großflächigen Einzelhandelsbetriebe aus dem allgemeinen Anlagen- und Betriebstyp der Gewerbebetriebe herausgenommen und eine eigenständige Nutzungsform der Vergnügungsstätten eingeführt. Die Zulässigkeit von Vergnügungsstätten ist in der BauNVO 1990 daher abschließend geregelt. Ihre Zulassung als „sonstige Gewerbebetriebe" kommt

---

[661] OVG Koblenz, Urt. v. 11.7.2002 – OVG 1 C 10098/02 – NVwZ-RR 2003, 93.

[662] OVG Münster, Urt. v. 15.10.1992 – OVG 7a D 80/91.NE – UPR 1993, 152 zur Zulässigkeit der Festsetzung von Immissions-Zaunwerten als Summenpegel; bestätigt durch BVerwG, B. v. 10.8.1993 – 4 NB 2.93 – NVwZ-RR 1994, 138.

[663] OVG Münster, Urt. v. 17.10.2007 – 10 A 3914/04 – BauR 2008, 320.

[664] BVerwG, Urt. v. 21.2.1986 – 4 C 31.83 – Buchholz 406.12 § 6 BauNVO Nr. 7 = NVwZ 1986, 643.

[665] *Ziegler*, in Brügelmann, BauGB, Rn. 15 zu § 6 BauNVO.

daneben nicht mehr in Betracht.[666] Die BauNVO 1990, die erstmals einen numerus clausus der Vergnügungsstätten enthält, unterscheidet dabei zwei Formen solcher Nutzungen:[667]

- → **Kerngebietstypische Vergnügungsstätten** haben als zentrale Dienstleistungsbetriebe einen über ein Stadtviertel hinausreichenden größeren Einzugsbereich und sind für ein größeres, allgemeines Publikum zu erreichen.[668] Sie sind nur im Kerngebiet allgemein (§ 7 II Nr. 2 BauNVO) und im Gewerbegebiet (§ 8 III 3 BauNVO) ausnahmsweise zulässig.

- → **Mischgebietsverträgliche Vergnügungsstätten (WB-Vergnügungsstätten)** i. S. des § 4 III Nr. 2 BauNVO 1990[669] haben einen geringeren Einzugsbereich und eine geringere Größe. Sie sind allgemein in solchen Teilen des Mischgebietes, die überwiegend durch gewerbliche Struktur geprägt sind (§ 6 II Nr. 8 BauNVO), im Übrigen ausnahmsweise in besonderen Wohngebieten (§ 4 III Nr. 2 BauNVO), im Dorfgebiet (§ 5 III BauNVO), in den übrigen Teilen des Mischgebietes mit nicht überwiegend gewerblicher Struktur (§ 6 III BauNVO) und im Gewerbegebiet (§ 8 III BauNVO) zulässig.

→ **Vergnügungsstätten.** Sie sind durch die BauNVO aus dem System der gewerblichen Einrichtungen herausgenommen und stellen eine eigenständige Gruppe städtebaulicher Nutzungen dar. Vergnügungsstätten sind nur zulässig, wenn sie in den Baugebieten der BauNVO für zulässig erklärt werden.

→ **Kerngebietstypische Vergnügungsstätten** sind in Kerngebieten allgemein (§ 7 II Nr. 2 BauNVO) und in Gewerbegebieten ausnahmsweise (§ 8 III 3 BauNVO) zulässig.

→ **Mischgebietsverträgliche Vergnügungsstätten** sind allgemein in solchen Teilen des Mischgebietes, die überwiegend durch gewerbliche Struktur geprägt sind (§ 6 II Nr. 8 BauNVO), im Übrigen ausnahmsweise in besonderen Wohngebieten (§ 4 III Nr. 2 BauNVO), im Dorfgebiet (§ 5 III BauNVO), in den übrigen Teilen des Mischgebietes mit nicht überwiegend gewerblicher Struktur (§ 6 III BauNVO) und im Gewerbegebiet (§ 8 III BauNVO) zulässig (sog. WB-Vergnügungsstätte).

In Kleinsiedlungsgebieten (§ 2 BauNVO), reinen und allgemeinen Wohngebieten (§§ 3 und 4 BauNVO) und in Industriegebieten (§ 9 BauNVO) sind Vergnügungsstätten unzulässig.

---

394   Die nach § 6 II Nr. 8 BauNVO vorzunehmende Beurteilung, ob ein Gebietsteil eines Mischgebietes überwiegend durch gewerbliche Nutzung geprägt ist, erfordert eine wertende Gesamtbetrachtung, die sich nicht in einer rein rechnerischen (quantitativen) Betrachtungsweise erschöpft. Der Bereich muss so weit gezogen werden, wie sich die geplante Vergnügungsstätte in städtebaulich relevanter Weise auswirken kann.[670]

395   Die BauNVO ist dabei in ihrer jeweiligen Fassung im Zeitpunkt der Bauleitplanung anzuwenden. Nachträgliche Änderungen der BauNVO wirken nicht auf den Zeitpunkt des Erlasses der Bauleitplanung zurück.[671] Auch im **nichtbeplanten Innenbereich** kann bei der Beurteilung der planungsrechtlichen Zulässigkeit eines Vorhabens nach § 34 I BauGB nicht sozusagen rechtssatzartig auf die jeweils neuste Fassung der BauNVO zurückgegriffen werden.[672] Allerdings sieht das BVerwG die BauNVO grundsätzlich als sachverständige Konkretisierung moderner Planungsgrundsätze an.[673]

---

[666] BVerwG, B. v. 9.10.1990 – 4 B 120.90 – NVwZ 1991, 266 = ZfBR 1991, 35 = RzB Rn. 917.

[667] *Stüer* DVBl 1990, 469.

[668] BVerwG, Urt. v. 21.2.1986 – 4 C 31.83 – NVwZ 1986, 643 = RzB Rn. 906 – Spielkasino.

[669] BVerwG, Urt. v. 7.2.1994 – 4 B 179.93 – BBauBl. 1994, 492 = RzB Rn. 365.

[670] BVerwG, B. v. 13.6.2005 – 4 B 36.05– ZfBR 2005, 699 = BauR 2005, 1886.

[671] BVerwG, Urt. v. 27.2.1992 – 4 C 43.87 – BVerwGE 90, 57 = DVBl 1992, 727 = RzB Rn. 979 – Tiefgaragenbonus.

[672] BVerwG, Urt. v. 23.4.1969 – 4 C 12.67 – BVerwGE 32, 31; Urt. v. 15.12.1994 – 4 C 13.93 – DVBl 1995, 515 – Spielhalle.

[673] BVerwG, B. v. 21.12.1992 – 4 B 182.92 – Buchholz 406.12 § 1 BauNVO Nr. 15 = RzB Rn. 890; S. Rn. 281 und Rn. 424.

Die **Abgrenzung** der **kerngebietstypischen** von der **mischgebietsverträglichen** 396
(WB-)Vergnügungsstätte ist nach dem Grad des Einzugsbereichs und ihren Auswirkungen zu beurteilen. Kerngebiete nach § 7 BauNVO haben innerhalb des städtebaulichen Ordnungsgefüges zentrale Funktionen. Das Wohnen tritt dort zurück, sowohl nach Umfang und Gewicht gegenüber den anderen Nutzungen als auch in dem, was ihm im Hinblick auf die Standortanforderungen und die Auswirkungen der zentralen Kerngebietsnutzungen an passiver Rücksichtnahme zuzumuten ist. Kerngebietstypische Vergnügungsstätten haben einen größeren Einzugsbereich und sollen für ein größeres und allgemeines Publikum erreichbar sein. Es sind also typischerweise nicht Vergnügungsstätten, die nur der Entspannung und Freizeitbetätigung in einem begrenzten Stadtteil oder Stadtviertel dienen, wie etwa das Vorstadtkino oder das kleine Tanzcafé.[674]

An dieser grundsätzlichen Systematik orientiert sich auch die Zulässigkeit von **Spiel-** 397
hallen, bei denen kerngebietstypische und WB-Spielhallen zu unterscheiden sind.

– **Kerngebietstypische Spielhallen** haben als zentraler Dienstleistungsbetrieb einen 398
größeren Einzugsbereich und sind für ein größeres und allgemeines Publikum erreichbar.
Sie haben eine Größenordnung von mehr als 100 m² Nutzfläche, mehr als 20 Spielemöglichkeiten (davon mehr als 6 Geldspielgeräte), mehr als 40 Besucherplätze und eine längere Öffnungszeit als 22.00 Uhr. Solche kerngebietstypischen Spielhallen sind nur in ausgewiesenen Kerngebieten oder in nichtbeplanten Innenbereichen mit Kerngebietsstruktur allgemein oder in Gewerbegebieten ausnahmsweise zulässig.[675]

– **Mischgebietsverträgliche Spielhallen** (WB-Spielhallen) unterhalb dieser Grenze 399
sind in den überwiegend gewerblich geprägten Mischgebieten allgemein zulässig. Es handelt sich dabei um Betriebe mit einer Nutzfläche von ca. 100 m² und nicht mehr als 20 Spielemöglichkeiten (davon nicht mehr als 6 Geldspielmöglichkeiten). Die Öffnungszeiten sind regelmäßig auf 22.00 Uhr bzw. ausnahmsweise auf 23.00 Uhr begrenzt.

– **Kleinere (wohngebietsverträgliche) Spielhallen**[676] mit nicht mehr als 50 m² Nutz- 400
fläche und höchstens 10 Spielemöglichkeiten (davon höchstens 2 bis 3 Geldspielgeräte)
werden in der BauNVO 1990 nicht mehr erwähnt. Sie sind als isolierte Spielhallen im allgemeinen Wohngebiet daher im Gegensatz zur bisherigen Rechtslage unter Geltung der früheren Fassungen der BauNVO nicht mehr zulässig.[677] Allerdings könnten Anlagen in einer solchen Größenordnung als untergeordneter Teil eines Gaststätten-, Restaurant- oder Hotelbetriebes wohngebietsverträglich und damit im Wohngebiet zulässig sein. Denn nach § 3 der Spielverordnung dürfen in Schank- und Speisewirtschaften bis zu zwei Geldspielgeräte aufgestellt werden.[678]

Die Zulässigkeit von **Vergnügungsstätten** ist in der BauNVO 1990 **abschließend ge-** 401
regelt. Ihre Zulässigkeit als „sonstige Gewerbebetriebe" kommt daneben nicht mehr in Betracht.[679] Die BauNVO bringt dieses Regelungsziel dadurch zum Ausdruck, dass sie in den §§ 4 a III Nr. 2, 5 III, 6 II Nr. 8 und III, 7 II Nr. 2 und 8 III Nr. 3 BauNVO 1990 eine

---

[674] BVerwG, Urt. v. 25.11.1983 – 4 C 64.79 – BVerwGE 68, 207 = NJW 1984, 1572 = DVBl 1984, 340 = RzB Rn. 249 – Tanzbar im Mischgebiet; Urt. v. 21.2.1986 – 4 C 31.83 – NVwZ 1986, 643 = UPR 1986, 349 = RzB Rn. 906; VGH Mannheim, Urt. v. 27.6.1989 – 8 S 477/89 – NVwZ 1990, 86 = BauR 1989, 86 – BauR 1989, 699, wonach ein Spielkasino mit 2 Spieltischen für Roulette mit jeweils 15 Plätzen in einem Spielraum von 47 m² zuzüglich mehrerer Nebenräume keine kerngebietstypische Vergnügungsstätte ist.

[675] BVerwG, B. v. 28.7.1988 – 4 B 119.88 – NVwZ 1989, 50 = DVBl 1989, 378 = BauR 1988, 693 = RzB Rn. 911 – Spielhalle; Urt. v. 18.5.1990 – 4 C 49.89 – ZfBR 1990, 245 = RzB Rn. 1080 – Diskothek; Urt. v. 20.8.1992 – 4 C 57.89 – ZfBR 1993, 35 = DVBl 1993, 109.

[676] VGH Mannheim, Urt. v. 27.6.1989 – 8 S 477/89 – NVwZ 1990, 86 = BauR 1989, 699.

[677] BVerwG, B. v. 9.10.1990 – 4 B 120.90 – NVwZ 1991, 266 = DÖV 1991, 111 = RzB Rn. 917 – WB–Spielhalle.

[678] BVerwG, B. v. 29.10.1992 – 4 B 103.92 – DVBl 1993, 125 = DÖV 1993, 260 = RzB Rn. 924.

[679] BR–Drs. 354/89.

detaillierte Regelung über die regelmäßig bzw. ausnahmsweise Zulässigkeit von Vergnügungsstätten nunmehr durchgehend als besondere Nutzungsart erfasst und sie zugleich – abweichend von der bisherigen Rechtsprechung des BVerwG[680] – aus dem allgemeinen Begriff der Gewerbebetriebe herausgenommen hat.[681]

402   Bei der **gewerberechtlichen Zulassung** der **Spielhallen** ist zudem die SpielVO zu beachten.[682] Benachbarte Betriebsstätten können nur dann als selbstständig erlaubnisfähige Spielhallen angesehen werden, wenn sie räumlich so getrennt sind, dass bei natürlicher Betrachtungsweise die Sonderung der einzelnen Betriebsstätte optisch in Erscheinung tritt und die Betriebsfähigkeit jeder Betriebsstätte nicht durch die Schließung der anderen Betriebsstätten beeinträchtigt wird.[683] An der danach erforderlichen **optischen Sonderung** der einzelnen Betriebsstätten fehlt es, wenn es sich um nebeneinander gelegene Spielkabinen handelt, die zu einem hinter sämtlichen Kabinen entlangführenden Aufsichtsgang offen sind.[684] Die Spielhallen sind dann auch planungsrechtlich als Einheit zu betrachten. Demgegenüber handelt es sich um getrennte Spielhallen, wenn beide Hallen räumlich und optisch voneinander getrennt sind, allerdings von einer Aufsichtskabine her überwacht werden können. Hier dürfte auch die Überwachung durch eine Aufsichtsperson genügen.[685] Zudem ist bei der Nutzung als Spielhalle das Bauordnungsrecht einzuhalten, wozu auch die Erfüllung der **Stellplatzpflicht** gehört.[686]

403   Die Anforderungen der Zulässigkeitsmaßstäbe der jeweiligen Baugebiete sind nicht nur bei der Errichtung von Gebäuden, sondern auch bei **Nutzungsänderungen** zu beachten, bei denen sich die planungsrechtliche Frage neu stellt. So ist etwa die Umwandlung eines Kinos in eine Spielhalle eine genehmigungsbedürftige Nutzungsänderung,[687] die nach den vorgenannten Maßstäben zu beurteilen ist. Dabei kommt ein Bestandsschutz für Nutzungsänderungen, die mit Festsetzungen eines inzwischen rechtsverbindlichen Bebauungsplans unvereinbar sind, nicht (mehr) in Betracht, sobald die jeder Nutzung eigene tatsächliche Variationsbreite überschritten wird und der neuen Nutzung unter städtebaulichen Gesichtspunkten eine andere Qualität zukommt.[688] Neu aufgeworfen wird die Genehmigungsfrage immer dann, wenn für die neue Nutzung andere Vorschriften gelten als für die alte, aber auch dann, wenn sich die Zulässigkeit der neuen Nutzung nach derselben Vorschrift bestimmt, nach dieser Vorschrift aber anders zu beurteilen ist als die frühere Nutzung. Bodenrechtlich relevant ist eine Nutzungsänderung auch dann, wenn sie für die Nachbarschaft erhöhte Belastungen mit sich bringt.[689] Auch die Nutzungsänderung einer Diskothek in eine Spielhalle ist daher nach dem jeweiligen Planungsrecht im Zeitpunkt der Genehmigung zu beurteilen.[690] Dasselbe gilt für die Nutzungsänderung, die in der Aufstellung von Gewinnspielgeräten (Glücksspielautomaten)

---

[680] BVerwG, Urt. v. 25.11.1983 – 4 C 64.79 – BVerwGE 68, 207 – Tanzbar mit Spielkasino; Urt. v. 25.11.1983 – 4 C 21.83 – BVerwGE 68, 213 – Bordell.

[681] BVerwG, Urt. v. 27.3.1990 – 1 C 47.88 – Buchholz 451.20 § 33 i GewO Nr. 9; B. v. 9.10.1990 – 4 B 120.90 – NVwZ 1991, 266; Urt. v. 20.8.1992 – 4 C 54.89 – BauR 1993, 51 = ZfBR 1993, 33 = RzB Rn. 980 – Billardcafe; B. v. 29.10.1992 – 4 B 103.92 – DVBl 1993, 125 = DÖV 1993, 260 = RzB Rn. 924.

[682] BVerwG, Urt. v. 4.10.1988 – 1 C 59.86 – NVwZ 1989, 51 = DVBl 1989, 374 = RzB Rn. 912 – Spielhalle/Schank – und Speisewirtschaft.

[683] BVerwG, Urt. v. 9.10.1984 – 1 C 21.83 – BVerwGE 70, 180 – Spielhalle.

[684] BVerwG, Urt. v. 30.5.1989 – 1 C 17.87 – NVwZ–RR 1989, 538.

[685] BVerwG, B. v. 8.5.1990 – 1 B 177.89 – DÖV 1991, 76 = RzB Rn. 916 – Spielhalle; OVG Lüneburg, B. v. 23.9.1991 – 6 L 131/89 – BauR 1992, 55.

[686] Zur Stellplatzberechnung B. v. 9.9.1991 – 6 L 184/89 – BauR 1992, 56; *Ziegler* DÖV 1984, 831.

[687] BVerwG, B. v. 1.3.1989 – 4 B 24.89 – BauR 1989, 308 = NVwZ 1989, 666 – Kino in Spielhalle.

[688] BVerwG, Urt. v. 15.3.1988 – 4 C 21.85 – Buchholz 406.16 Grundeigentumsschutz Nr. 47; Urt. v. 14.1.1993 – 4 C 19.90 – DVBl 1993, 652 = RzB Rn. 360.

[689] BVerwG, B. v. 11.7.1994 – 4 B 134.94 – BRS 56 Nr. 164 – Schweinemast.

[690] BVerwG, Urt. v. 18.5.1990 – 4 C 49.89 – NVwZ 1991, 264 = BauR 1990, 582 = RzB Rn. 1080 – Diskothek in Spielhalle.

in einem Snooker-Billardsalon liegt.[691] Nutzungsänderungen sind dabei u. a. auch dann gegeben, wenn ein Wechsel von einem **Spartenbetrieb** in einen anderen Spartenbetrieb vorliegt, also etwa von einer anderen Vergnügungsstätte in eine Spielhalle gewechselt wird.[692] Beiden Unterarten ist gemeinsam, dass sie als solche Gegenstand selbstständiger Festsetzungen sein können.[693]

Erweist sich ein beantragtes Vorhaben danach als zulässig, etwa weil das Grundstück, **404** für das eine Nutzungsänderung beantragt wird, im Bebauungsplan als Kerngebiet ausgewiesen ist oder es sich um eine mischgebietsverträgliche Spielhalle im Mischgebiet mit überwiegend gewerblicher Struktur handelt, stellt sich die Frage, in welchem Umfang die Gemeinde durch **planerische Ausweisungen** den **Ausschluss** solcher Vorhaben bewirken kann. Vergnügungsstätten können durch die Ausweisung von Baugebieten verhindert werden.

Bei Wahrung des Gebietscharakters können **Einschränkungen** auch nach **§ 1 V** **405** **BauNVO** oder – wenn besondere städtebauliche Gründe dies rechtfertigen[694] – nach **§ 1 IX BauNVO** erfolgen. Nach § 1 V BauNVO kann im Bebauungsplan festgesetzt werden, dass bestimmte Arten von Nutzungen, die nach der BauNVO im Baugebiet allgemein zulässig sind, nicht zulässig sind oder nur ausnahmsweise zugelassen werden können, sofern die allgemeine Zweckbestimmung des Baugebietes gewahrt bleibt.[695] Wenn besondere städtebauliche Gründe dies rechtfertigen, kann im Bebauungsplan nach § 1 IX BauNVO bei Anwendung des § 1 V bis VIII BauNVO festgesetzt werden, dass nur bestimmte Arten der in den Baugebieten allgemein oder ausnahmsweise zulässigen baulichen oder sonstigen Anlagen zulässig oder nicht zulässig sind oder nur ausnahmsweise zugelassen werden können. Die jeweiligen Festsetzungen müssen jedoch die allgemeine Zweckbestimmung des Gebietes wahren und dürfen die Typenkonformität der Ausweisung mit den Baugebietstypen der BauNVO nicht beeinträchtigen.[696]

Der **Unterschied** zwischen den Einschränkungs- oder Ausschlussmöglichkeiten nach **406** **§ 1 V und IX BauNVO** liegt nach der Rechtsprechung des BVerwG in der Breite der beabsichtigten Nutzungsregelung. Soll eine in der BauNVO erwähnte Nutzungsart insgesamt ausgeschlossen werden, so bietet hierzu § 1 V BauNVO bei Vorliegen städtebaulicher Gründe die Möglichkeit. Nach § 1 V BauNVO können dabei auch einzelne der unter einer Nummer einer Baugebietsvorschrift der BauNVO zusammengefasste Nutzungen ausgeschlossen werden.[697] Soll lediglich eine Unterart der Nutzung ausgeschlossen werden, bietet hierfür § 1 IX BauNVO die Rechtsgrundlage.

Die Gliederung setzt allerdings voraus, dass spezielle **städtebauliche Gründe** einen **407** solchen **Ausschluss** rechtfertigen. Einerseits sind die Gemeinden nicht in der Lage, eine eigene Spielhallenpolitik zu betreiben. Andererseits ist gerade bei der Nutzung der Einschränkungsmöglichkeiten in § 1 V und IX BauNVO gemeindliche Begründungs-Fantasie und nicht selten Wagemut gefragt, um die Struktur der Innenstädte zu bewahren und ein Absinken ganzer Geschäfts- und Wohnviertel zu verhindern.[698] Sind ausreichende städtebauliche Gründe dargelegt, so ist ein Begründungsüberschuss in dem Sinne, dass

---

[691] BVerwG, B. v. 19.12.1994 – 4 B 260.94 – Buchholz 406.11 § 39 BauGB Nr. 54.

[692] BVerwG, Urt. v. 20.8.1992 – 4 C 54.89 – Buchholz 406.12 § 8 BauNVO Nr. 1 = RzB Rn. 980.

[693] BVerwG, Urt. v. 22.5.1987 – 4 N 4.86 – BVerwGE 77, 308 = RzB Rn. 883 – Nummerndogma; B. v. 19.12.1994 – 4 B 260.94 – Buchholz 406.11 § 39 BauGB Nr. 54 – Snooker–Billardsalon.

[694] BVerwG, Urt. v. 22.5.1987 – 4 N 4.86 – BVerwGE 77, 308 = RzB Rn. 883 – Nummerndogma.

[695] BVerwG, B. v. 6.5.1996 – 4 NB 16.96 – Buchholz 406.12 § 1 BauNVO Nr. 22.

[696] BVerwG, B. v. 6.5.1996 – 4 NB 16.96 – Buchholz 406.12 § 1 BauNVO Nr. 22.

[697] BVerwG, Urt. v. 22.5.1987 – 4 N 4.86 – BVerwGE 77, 308 – Nummerndogma; Urt. v. 22.5.1987 – 4 C 77.84 – BVerwGE 77, 317 = RzB Rn. 946 – Verbrauchermarkt.

[698] Zu neuen Wegen zur Stärkung der Innenstädte *Thomas Schröer* NZBau 2006, 161.

daneben noch weitere Gesichtspunkte angeführt worden sind, regelmäßig unschädlich.[699] So kann es einer legitimen städtebaulichen Zielsetzung entsprechen, wenn Spielhallen in einem Bebauungsplan mit der Begründung ausgeschlossen werden, sie seien geeignet, den bisherigen Charakter eines Stadtteilkerns mit seinem gehobenen und zentralen Versorgungsgebiet negativ zu beeinflussen.[700] Städtebaulich erhebliche Gründe für einen Ausschluss von Spielhallen können auch aus dem befürchteten Attraktivitätsverlust eines durch Einzelhandel geprägten Gebietes,[701] dem Bestreben nach Sicherung eines vielfältigen Angebotes an Geschäften[702] sowie der Verhinderung eines sog. **trading-down-Effekts**[703] abgeleitet werden. Mit einer derartigen Begründung können daher auch in Kerngebieten Spielhallen oder andere Vergnügungsstätten ausgeschlossen werden.[704] Der Einwand, dass die Gefahr eines „trading-down-Effekts" für sämtliche Kerngebiete der Städte bestehe und deshalb für sich alleine kein „besonderer" Grund sein könne, greift nach Auffassung des BVerwG nicht durch. Zum einen sind die Kerngebiete in den verschiedenen Städten keineswegs gleich, sondern haben zumeist durch die jeweiligen örtlichen Verhältnisse bedingte besondere Strukturen, auf die dann auch die „besonderen städtebaulichen Gründe" zugeschnitten sein müssen. Zum anderen entfällt die „Besonderheit" eines städtebaulichen Grundes in einer bestimmten Gemeinde nicht dadurch, dass er dem Grundsatz nach auch in anderen Gemeinden vorliegen kann.[705] In den Rahmen solcher städtebaulicher Gründe fügt sich auch die Befürchtung ein, Spielhallen könnten den bisherigen Charakter eines Stadtteilkerns mit seinem gehobenen zentralen Versorgungsgebiet negativ beeinflussen.[706] Die Frage, ab wann von einem trading-down-Effekt auszugehen ist, lässt sich allerdings nicht allgemein, etwa durch Angabe einer bestimmten Anzahl solcher Vergnügungsstätten, sondern nur mit Blick auf die Umstände des konkreten Einzelfalls beantworten. Die Verhinderung solcher städtebaulicher Nachteile stellt einen besonderen städtebaulichen Grund i.S.d. § 1 IX BauNVO dar, der den Ausschluss von Vergnügungsstätten rechtfertigen kann. Dies beurteilt sich nicht nach quantitativen Faktoren.[707]

408   Gegenüber Vergnügungsstätten können vor allem im Hinblick auf Lärmauswirkungen **nachbarliche Abwehransprüche** bestehen, wenn das Gebot der **nachbarlichen Rücksichtnahme** verletzt ist. Dabei ist der jeweilige Gebietscharakter von Bedeutung. Anlagen, die hinsichtlich ihrer Störungen mit Vergnügungsstätten vergleichbar sind, können entsprechend einzuordnen sein.

Beispiel: Eine Festhalle, die der Betreiber nur für geschlossene Veranstaltungen zur Verfügung stellt, ist bei entsprechenden Auswirkungen einer der Allgemeinheit zugänglichen Vergnügungsstätte vergleichbar. Die benachbarte Wohnbevölkerung hat in beiden Fällen einen vergleichbaren Schutzanspruch.[708]

409   **q) Vergnügungsstättensatzung.** Nicht mehr ausdrücklich erwähnt wird die Vergnügungsstättensatzung, die nach dem durch das BauROG 1998 aufgehobenen § 2 a BauGB-MaßnG im nicht beplanten Innenbereich nach § 34 BauGB erlassen werden konnte und aus besonderen städtebaulichen Gründen Bestimmungen über die Zulässigkeit von Ver-

---

[699] BVerwG, B. v. 15.8.1991 – 4 N 1.89 – DVBl 1992, 32.

[700] BVerwG, B. v. 5.1.1995 – 4 B 270.94.

[701] BVerwG, Urt. v. 22.5.1987 – 4 C 77.84 – BVerwGE 77, 317 = RzB Rn. 946.

[702] BVerwG, B. v. 29.7.1991 – 4 B 80.91 – DÖV 1992, 30 = RzB Rn. 922.

[703] BVerwG, B. v. 21.12.1992 – 4 B 182.92 – RzB Rn. 890.

[704] BVerwG, B. v. 22.5.1987 – 4 N 4.86 – BVerwGE 77, 308 = RzB Rn. 883 – Nummerndogma.

[705] BVerwG, B. v. 21.12.1992 – 4 B 182.92 – Buchholz 406.12 § 1 BauNVO Nr. 15.

[706] BVerwG, B. v. 5.1.1995 – 4 B 270.94.

[707] BVerwG, B. v. 4.9.2008 – 4 BN 9.08 – ZfBR 2008, 799 = BauR 2009, 76 = DVBl 2008, 1461 – trading-down-Effekt.

[708] BVerwG, B. v. 20.11.2006 – 4 B 56.06 – ZfBR 2007, 270 m. Anm. *Gallois* IBR 2007, 338 – Festhalle als Vergnügungsstätte.

gnügungsstätten enthalten konnte, um eine Beeinträchtigung schutzbedürftiger Nutzungen zu verhindern. Die Vergnügungsstättensatzung wurde als einfacher Bebauungsplan mit vorgezogener und förmlicher Öffentlichkeits- und Behördenbeteiligung aufgestellt (§ 2 a BauGB-MaßnG). Die Vergnügungsstättensatzung kann trotz Streichung der rechtlichen Grundlagen in Verbindung mit einem einfachen Bebauungsplan nach wie vor erlassen werden. Sie muss allerdings zugleich die Art der baulichen Nutzung festsetzen und sich durch städtebauliche Gründe rechtfertigen.

r) Werbeanlagen. Bei der Zulässigkeit von Werbeanlagen sind planungsrechtliche und **410** bauordnungsrechtlich-gestalterische Elemente zu unterscheiden. Die planungsrechtliche Zulässigkeit von Werbeanlagen beurteilt sich nach §§ 29 ff. BauGB. Diese gelten nach § 29 I BauGB u. a. für Vorhaben, welche die Errichtung, Änderung oder Nutzungsänderung von baulichen Anlagen zum Inhalt haben. Darunter fallen auch Werbeanlagen, wenn sie in einer auf Dauer gedachten Weise künstlich mit dem Erdboden verbunden sind und städtebauliche Relevanz haben.[709] Auf welche Weise die Werbetafel mit dem Boden verbunden ist, ist unerheblich. Auch eine Befestigung der Werbeanlagen an einer Hauswand genügt.

Bei den Werbeanlagen ist zwischen **Eigen- und Fremdwerbung** zu unterscheiden. **411** Während die Eigenwerbung am Ort der Leistung in angemessenem Umfang grundsätzlich zulässig ist, ist die Fremdwerbung als gewerbliche Nutzung nur in dem Umfang gestattet, wie in dem jeweiligen Baugebiet eine gewerbliche Nutzung zulässig ist. Fremdwerbung ist daher im reinen Wohngebiet ausnahmslos und im allgemeinen Wohngebiet regelmäßig ausgeschlossen.[710] Die Zulassung von Werbeanlagen an der **„Stätte der Leistung"** stellt den grundrechtlich gewährleisteten Anspruch des eingerichteten und ausgeübten Gewerbebetriebs auf „Kontakt nach Außen" sicher. Stätte der Leistung ist ein Ort, wo nicht nur eine Leistung erbracht wird, sondern auch direkt von einem potenziellen Abnehmer nachgefragt werden kann.[711] Für die Frage, ob sich eine Werbeanlage an der „Stätte der Leistung" befindet, ist auf die Tätigkeit abzustellen, die der Werbung Treibende ausübt und nicht auf das Produkt, für das er wirbt (Werbezeichen an Mietwohnungen).[712]

Besteht ein qualifizierter **Bebauungsplan**, so richtet sich die Zulässigkeit von Werbe- **412** anlagen nach den Festsetzungen des Bebauungsplanes (§ 30 I BauGB). Die Werbeanlage, die als Außenwerbung der Fremdwerbung dient, kann daher als gewerbliche Nutzung über bauplanerische Festsetzungen nach §§ 2 ff. BauNVO entweder zugelassen oder ausgeschlossen werden. Die Gemeinde kann hierzu auch die Möglichkeiten des § 1 V bis IX BauNVO nutzen. Hinsichtlich der Zulässigkeit von Werbeanlagen muss nach den verschiedenen Baugebieten der BauNVO unterschieden werden. Im reinen Wohngebiet etwa ist eine Fremdwerbung ausnahmslos, im allgemeinen Wohngebiet regelmäßig unzulässig. Ist in einem Baugebiet eine gewerbliche Nutzung nicht oder nur ausnahmsweise zulässig, so gilt dies auch für die Außenwerbung als Fremdwerbung. Wenn der Bebauungsplan keine wirksamen entgegenstehenden Festsetzungen enthält, schließt die Festsetzung eines Kerngebietes die Zulassung von Anlagen zur Eigen- und Fremdwerbung mit ein (vgl. § 7 II Nr. 3 BauNVO).[713]

---

[709] BVerwG, Urt. v. 3.12.1992 – 4 C 27.91 – BVerwGE 91, 234 = DVBl 1993, 439 = BauR 1993, 315.

[710] OVG Münster, Urt. v. 14.3.2006 – 10 A 4924/05 – Mega-Light-Wechselwerbeanlage; im Anschluss an BVerwG, Urt. v. 25.6.1965 – IV C 73.65 – BRS 16 Nr. 75; Urt. v. 28.4.1972 – IV C 11.69 – BVerwGE 40, 94.

[711] OVG Münster, Urt. v. 14.3.2006 – 10 A 630/04 – ZfBR 2006, 487 = BauR 2006, 1117 = NWVBl 2006, 298 = DVBl 2006, 788 (L) – Werbung eines Telekommunikationsunternehmens an einem Fernmeldeturm als Fremdwerbung.

[712] OVG Greifswald, Urt. v. 29.6.2007 – 3 L 368/04 – NordÖR 2007, 458, m. Hinw. auf OVG Weimar, U. v. 11.11.2003 – 1 KO 271/01 – BauR 2004, 1932 = BRS 66 Nr. 154.

413   Im **nichtbeplanten Innenbereich** beurteilt sich die planungsrechtliche Zulässigkeit von Werbeanlagen danach, ob sich das Vorhaben in die Eigenart der näheren Umgebung einfügt.[714] Eine Werbeanlage der Außenwerbung, die bauliche Anlage i. S. des § 29 I BauGB ist und Fremdwerbung zum Gegenstand hat, ist als eigenständige Hauptnutzung gem. § 34 I BauGB unzulässig, wenn sie den Rahmen der näheren Umgebung überschreitet und bodenrechtlich relevante Spannungen begründet oder erhöht werden.[715] Der Fremdwerbung dienende Anlagen der Außenwerbung fügen sich daher nach dem Maß der baulichen Nutzung ein, wenn sie die bei den vorhandenen Gebäuden üblichen Maße einhalten und wenn sich auch ihre Flächengröße im Rahmen der Flächengröße der in der näheren Umgebung vorhandenen Bauteile anderer baulicher Anlagen hält.[716]

414   Planungsrechtlich zulässige Werbeanlagen können jedoch etwa wegen ihrer verunstaltenden Wirkung oder auf Grund anderer **landesrechtlicher Regelungen** unzulässig sein.[717] Denkbar ist allerdings auch, dass das Verbot der Fremdwerbung mit der **Eigentumsgarantie** in Art. 14 GG nicht vereinbar ist.[718] Ein generelles Verbot großflächiger Werbetafeln ist etwa im Mischgebiet unzulässig. Das gilt grundsätzlich auch für Kerngebiete, weil auch sie durch eine Vielzahl unterschiedlicher Nutzungen, zu denen auch gewerbliche Nutzungen gehören, gekennzeichnet sind.[719]

415   **s) Stellplätze und Garagen** sind nach § 12 I BauNVO in allen Baugebieten zulässig, soweit sich aus § 12 II bis VI BauNVO nichts anderes ergibt (→ *Abbildung 64 mit Textbeispielen 51 und 52*). Für bestimmte Baugebiete beschränkt § 12 II und III BauNVO die Zulässigkeit von Stellplätzen und Garagen zugunsten der Wohnruhe und der Wahrung des Gebietscharakters.[720] Unter den Voraussetzungen des § 12 IV bis VI BauNVO kann der Bebauungsplan aus besonderen städtebaulichen Gründen Sonderregelungen schaffen. Außerdem gelten neben den planungsrechtlichen Zulässigkeitsanforderungen, wie sie sich aus § 12 BauNVO ggf. i.V. mit den Festsetzungen des Bebauungsplans ergeben, die landesrechtlichen Vorschriften über die Ablösung von Stellplatzverpflichtungen (§ 12 VII BauNVO). Die Zufahrt zu einer Garage ist bauplanungsrechtlich dieser zuzuordnen und deshalb gem. § 12 II BauNVO ohne besondere Festsetzung in einem allgemeinen Wohngebiet unzulässig, wenn die Garage nicht nur für den durch die zugelassene Nutzung verursachten Bedarf bestimmt ist.[721] Fehlentwicklungen aufgrund des Störpotentials von Stellplätzen[722], Garagen[723] kann im Planbereich über § 15 BauNVO und im nicht beplanten Innenbereich über das Gebot des Sich-Einfügens in § 34 BauGB begeg-

---

[713] BVerwG, Urt. v. 16.3.1995 – 4 C 3.94 – NVwZ 1995, 899 = DÖV 1995, 825 = UPR 1995, 350 = BauR 1995, 508.

[714] § 34 I BauGB, BVerwG, Urt. v. 26.5.1978 – 4 C 9.77 – BVerwGE 55, 369 = RzB Rn. 336 – Harmonieurteil.

[715] BVerwG, Urt. v. 3.12.1992 – 4 C 27.91 – BVerwGE 91, 234; Urt. v. 3.12.1992 – 4 C 26.91 – RzB Rn. 384.

[716] Für eine Werbetafel im Euroformat 3,80 m x 2,70 m BVerwG, Urt. v. 15.12.1994 – 4 C 19.93 – NVwZ 1995, 897 = DVBl 1995, 749 = BauR 1995, 506 – Werbetafel.

[717] BVerwG, Urt. v. 15.12.1994 – 4 C 19.93 – DVBl 1995, 749 – Werbetafel; Urt. v. 16.3.1995 – 4 C 3.94 – NVwZ 1995, 899 = DVBl 1995, 754 = BauR 1995, 508 – Werbetafel.

[718] BVerwG, Urt. v. 28.4.1972 – 4 C 11.69 – BVerwGE 40, 94 – Großflächenwerbung.

[719] BVerwG, Urt. v. 16.3.1995 – 4 C 3.94 – NVwZ 1995, 899 – Werbetafel; B. v. 8.3.1995 – 4 B 34.95 – Leuchtreklame.

[720] OVG Magdeburg, B. v. 22.3.2005 – 2 M 702/04 – BauR 2005, 1813 (L) – Stellplätze in Ruhezonen.

[721] BVerwG, B. v. 19.9.1995 – 4 NB 24.94 – UPR 1996, 39 = ZfBR 1996, 57 – Tiefgarage mit 380 Pkw-Stellplätzen.

[722] OVG Münster, Urt. v. 4.9.2008 – 10 A 1678/07 – DVBl 2008, 1463 (L) – Stellplatzanlage.

[723] Zur Grenzgarage VGH München, B. v. 14.10.2008 – 2 CS 8.2132 – Grenzgarage. Zur Tiefgarage VGH München, Urt. v. 2.5.2008 – 2 BV 7.2879, 2 BV 7.2880 – Tiefgaragenzufahrt. Zum Lagerplatz

net werden.[724] Der Begriff des Bedarfs in § 12 II BauNVO ist gebietsbezogen zu verstehen. Die Art der Rechtsbeziehung zwischen dem Eigentümer der Stellplatzanlage und ihren Nutzern ist dabei ohne Belang.[725] Die Genehmigung eines Vorhabens ohne die erforderlichen Stellplätze kann im Einzelfall gegen das nachbarschützende Gebot der Rücksichtnahme verstoßen, wenn dies zu Beeinträchtigungen führt, die für den Nachbarn unzumutbar sind.[726] § 12 BauNVO enthält eine Exklusivregelung für Parkplätze auf Privatgrundstücken. Jedenfalls bei § 12 I BauNVO kommt es zur Beurteilung ihrer bauplanungsrechtlichen Zulässigkeit nicht auf ihre „Gebietsverträglichkeit" (Größe der Flächen) an.[727] Die Größe oder die Anordnung vorhandener Stellplätze ist kein geeignetes Kriterium dafür, ob sich eine geplante Stellplatzanlage nach der Art der baulichen Nutzung nach § 34 I BauGB in die Eigenart der näheren Umgebung einfügt. § 12 I BauNVO gilt nicht nur für Stellplätze, die als Nebenanlagen einer Hauptnutzung zugeordnet sind, sondern auch für Stellplätze, die keine funktionale Zuordnung zu einer Hauptnutzung aufweisen.[728] Der Stellplatzbedarf im Sinn des § 12 II BauNVO ist gebietsbezogen zu verstehen und nicht allein auf das Grundstück gerichtet, auf dem die Stellplätze errichtet werden sollen. Auswirkungen von Stellplätzen sind von den Nachbarn nur dann nicht hinzunehmen, wenn von ihnen eine besondere Störung ausgeht.[729] Das Gebot der Rücksichtnahme gilt bei der Anlage von Stellplätzen sowohl in bauordnungs- wie bauplanungsrechtlicher Hinsicht.[730] § 21a BauNVO enthält eine eingeschränkte Anrechnungsregelung für Stellplätze, Garagen und Gemeinschaftsanlagen. Garagengeschosse oder ihre Baumasse sind in sonst anders genutzten Gebäuden auf die Zahl der zugelassenen Vollgeschosse nicht anzurechnen, wenn der Bebauungsplan dies festsetzt oder als Ausnahme vorsieht. Die Privilegierungszwecke des § 21a IV Nr. 3 BauNVO und § 21a V BauNVO sind nicht identisch.[731] § 21a BauNVO ist eine Spezialvorschrift zu § 17 BauNVO, wobei zur städtebaulichen Rechtfertigung der Anrechnung eine konkrete verkehrsorientierte Zielrichtung vorgegeben wird.[732]

Hinweis: Ein Platz wird nicht dadurch zum Stellplatz nach § 12 BauNVO, dass ein Boot auf einem Bootsanhänger auf das entsprechende Grundstück transportiert werden und der Anhänger mit dem Boot den Winter über auf dem Grundstück der Beigeladenen stehen bleiben soll. Ein Bootslagerplatz hält sich nicht im Rahmen einer Wohnnutzung, wenn das auf ihm abzustellende Boot nicht auf dem Wohngrundstück selbst oder einem unmittelbar an das Grundstück angrenzenden Gewässer zum bestimmungsgemäßen Einsatz kommen wird.[733]

---

für Metallschrott VGH München, Urt. v.4.6.2007 – 22 B 06.3036 – ZUR 2007, 537 – Autowrackplatz.

[724] OVG Hamburg, Urt. v. 30.4.2008 – 2 Bf133/03 – NordÖR 2008, 404 – Stellplätze und Garagen.

[725] OVG Münster, B. v. 17.1.2011 – 7 B 1506/10 – Garagenanlage.

[726] VGH Mannheim, B. v.10.1.2008 – 3 S 2773/07 – ESVGH 58, 191 (L) = NVwZ-RR 2008, 600 = BauR 2008, 877 (L) – fehlende Stellplätze, m. Hinw. auf VGH Kassel, B. v. 12.5.2003 – 9 TG 2037/02 -, BRS 66 Nr 190; OVG Bremen, B. v. 18.10.2002 – 1 B 315/02 – BauR 2003, 509; OVG Münster, Urt. v. 10.7.1998 – 11 A 7238/95 – BauR 1999, 237; OVG Lüneburg, B. v. 14.3.1997 – 1 M 6589/96 – BauR 1997, 983. VGH München, B. v.12.7.2007 – 15 ZB 06.3088 –für 16 Stellplätze und 12 Garagen.

[727] OVG Lüneburg, B. v. 7.4.2011 – 1 ME 241/10 – ZfBR 2011, 492 = BauR 2011, 1374 (L) – Stellplätze; BVerwG, Urt. v. 16.9.2010 – 4 C 7.10 – NVwZ 2011, 436.

[728] BVerwG, Urt. v. 16.9.2010 – 4 C 7.10 – Stellplatzanlage.

[729] OVG Bautzen, Urt. v. 28.1.2010 – 1 A 498/08 – IBR 2010, 360 = BauR 2010, 948 (L), m. Anm. *Gallois* IBR 2010,360 – Stellplätze.

[730] OVG Greifswald, B. v. 7.7.2010 – 3 M 102/10 – NordÖR 2010,444 – Stellplatzanlage, die nach Landesrecht keine Gefahren hervorrufen darf.

[731] BVerwG, B. v. 11.7.2011 – 4 BN 18.11 – BauR 2011, 1942 = ZfBR 2011, 779 – Privilegierungszwecke in § 21a BauNVO.

[732] OVG Koblenz, Urt. v. 20.1.2011 – 1 C 11082/09 – BauR 2011, 970 – Großflächiges Einzelhandelszentrum, Anrechnung der Flächen von Stellplätzen in Vollgeschossen eines Einkaufszentrums.

[733] BVerwG, B. v. 5.7.2011 – 4 B 20.11 – BauR 2011, 1789 – Bootsanhänger.

Stellplätze

In den festgesetzten reinen Wohngebieten (WR) und Mischgebieten (MI) sind Garagen und überdachte Stellplätze (Carports) gem. § 12 V BauNVO auf den nicht überbaubaren Flächen zwischen Straßenbegrenzungslinie und straßenseitigen Baugrenzen (Vorgartenbereich) unzulässig. Stellplätze sind im reinen Wohngebiet (WR) zwischen der straßenseitigen Baugrenze und der Straßenbegrenzungslinie unzulässig. Im Mischgebiet (MI) sind Stellplätze sowohl auf den überbaubaren wie auch auf den nicht überbaubaren Grundstücksflächen zulässig.

Planungsrechtliche Festsetzungen

1. Art der baulichen Nutzung (§ 9 I Nr. 1 BauGB)

1.1 Bestimmung der zulässigen Nutzung (§ 1 VI BauNVO): In den Allgemeinen Wohngebieten (WA) sind die nach § 4 III BauNVO zulässigen Ausnahmen (Betriebe des Beherbergungsgewerbes, sonstige nicht störende Gewerbebetriebe, Anlagen für Verwaltungen, Gartenbaubetriebe und Tankstellen) nicht Bestandteil des Bebauungsplanes.

2. Maß der baulichen Nutzung (§ 9 I Nr. 1 BauGB)

2.1 Anrechnung von Stellplätzen/Garagen/Gemeinschaftsanlagen (§ 21 a II BauNVO): Der Grundstücksfläche der WA und WR Gebiete i. S. des § 19 III BauNVO sind Flächenanteile an außerhalb des Baugrundstückes festgesetzten Gemeinschaftsanlagen (GSt/GCa/GGa/GM) entsprechend der jeweiligen Zuordnung zum Baufenster (A, B, C etc.) hinzuzurechnen.

3. Bauweise/überbaubare Grundstücksfläche/Stellung baulicher Anlagen (§ 9 I Nr. 2 BauGB)

3.1 Nebenanlagen (§ 14 I 3 BauNVO) Gartenhäuser und Geräteschuppen sind ausschließlich innerhalb der überbaubaren Grundstücksflächen sowie der festgesetzten Flächen für Nebenanlagen zulässig, wobei je Wohngrundstück nur ein Gartenhaus oder Geräteschuppen zulässig ist.

4. Stellplätze, Garagen, Gemeinschaftsanlagen (§ 9 I Nr. 4 und 22 BauGB)

4.1 Stellplätze und Garagen (§ 12 VI BauNVO): Auf den nicht überbaubaren Grundstücksflächen sind Stellplätze, Carports und Garagen nur innerhalb der festgesetzten Einzelflächen (St, Ca, Ga) und innerhalb der Gemeinschaftsanlagen (GSt, GCa, GGa) zulässig.

5. Natur und Landschaft

5.1 Öffentliche Grünflächen (§ 9 I Nr. 15 BauGB): Innerhalb der öffentlichen Grünfläche ist ein Spielplatz des Typs B mit einzelnen, dezentralen Spielpunkten in einer Gesamtgröße von mindestens 2500 m² anzulegen.

5.2 Flächen und Maßnahmen zum Schutz, zur Pflege und zur Entwicklung von Boden, Natur und Landschaft (§ 9 I Nr. 20 BauGB) Innerhalb der mit Index (I) festgesetzten Fläche ist ein naturnah gestaltetes Muldenbauwerk mit einer maximalen Tiefe von 0,29 m zur Rückhaltung von Niederschlagswasser anzulegen.

5.3 Bäume, Sträucher und sonstige Bepflanzungen (§ 9 I Nr. 25 BauGB): Innerhalb der festgesetzten öffentlichen Verkehrsflächen sind mindestens 12 mittel- bis großkronige Laubbäume zu pflanzen und dauerhaft zu erhalten. Baumstandorte sind als begrünte Baumbeete mit einer Fläche von mindestens 6 m² anzulegen. Flachdächer von Garagen und Carports sind mindestens extensiv zu begrünen. Die Begrünung ist dauerhaft zu erhalten. Auf den mit dem Pflanzgebot Index (II) belegten Flächen ist eine zusammenhängende mindestens 2,0 m breite Hainbuchenhecke (Carpinus betulus) zu pflanzen und dauerhaft in einer Höhe von mindestens 1,6 m zu erhalten. Pflegemaßnahmen sind dem landschaftspflegerischen Fachbeitrag zu entnehmen. Auf den mit dem Pflanzgebot Index (III) belegten Flächen ist eine mindestens 1,0 m breite Hainbuchenhecke (Carpinus betulus) zu pflanzen und dauerhaft zu erhalten.

6. Immissionsschutz

6.1 Bauliche und sonstige Vorkehrungen zum Schutz vor schädlichen Umwelteinwirkungen (§ 9 I Nr. 24 BauGB): Zum Schutz vor Verkehrslärm sind passive Lärmschutzmaßnahmen an den mit gekennzeichneten Gebäudeseiten erforderlich. Sofern nicht durch Grundrissanordnung und Fassadengestaltung sowie durch Baukörperstellung die erforderliche Pegelminderung erreicht wird, muss die Luftschalldämmung von Außenbauteilen mindestens die Anforderungen des jeweiligen Lärmpegelbereiches (siehe römische Zahlen, die im Bebauungsplan enthalten sind) der DIN 4109 – Schallschutz im Hochbau – erfüllen. Das jeweilige Schalldämmmaß beträgt: In dem Lärmpegelbereich III sind im Zusammenhang mit Fenstern von Schlafräumen schallgedämmte Lüftungssysteme festgesetzt, die die Gesamtschalldämmung der Außenfassade nicht verschlechtern. Alternativ dazu kann die Lüftung von Schlafräumen über lärmabgewandte bzw. zusätzlich abgeschirmte Fassadenseiten ermöglicht werden.

Landesrechtliche Festsetzungen (§ 9 IV BauGB)

1. Gestalterische Festsetzungen nach Landesbauordnung NRW (§ 86 IV BauO NRW)

1.1 Vorgärten (§ 86 I Nr. 4 BauO NRW) Vorgartenflächen sind unversiegelt anzulegen und gärtnerisch zu gestalten. Davon ausgenommen sind die notwendigen Zuwegungen und Zufahrten. Befestigte Flächen dürfen insgesamt 50 % der Vorgartenfläche nicht überschreiten. Standplätze für Abfallbehälter sind einzufassen und dauerhaft zu begrünen.

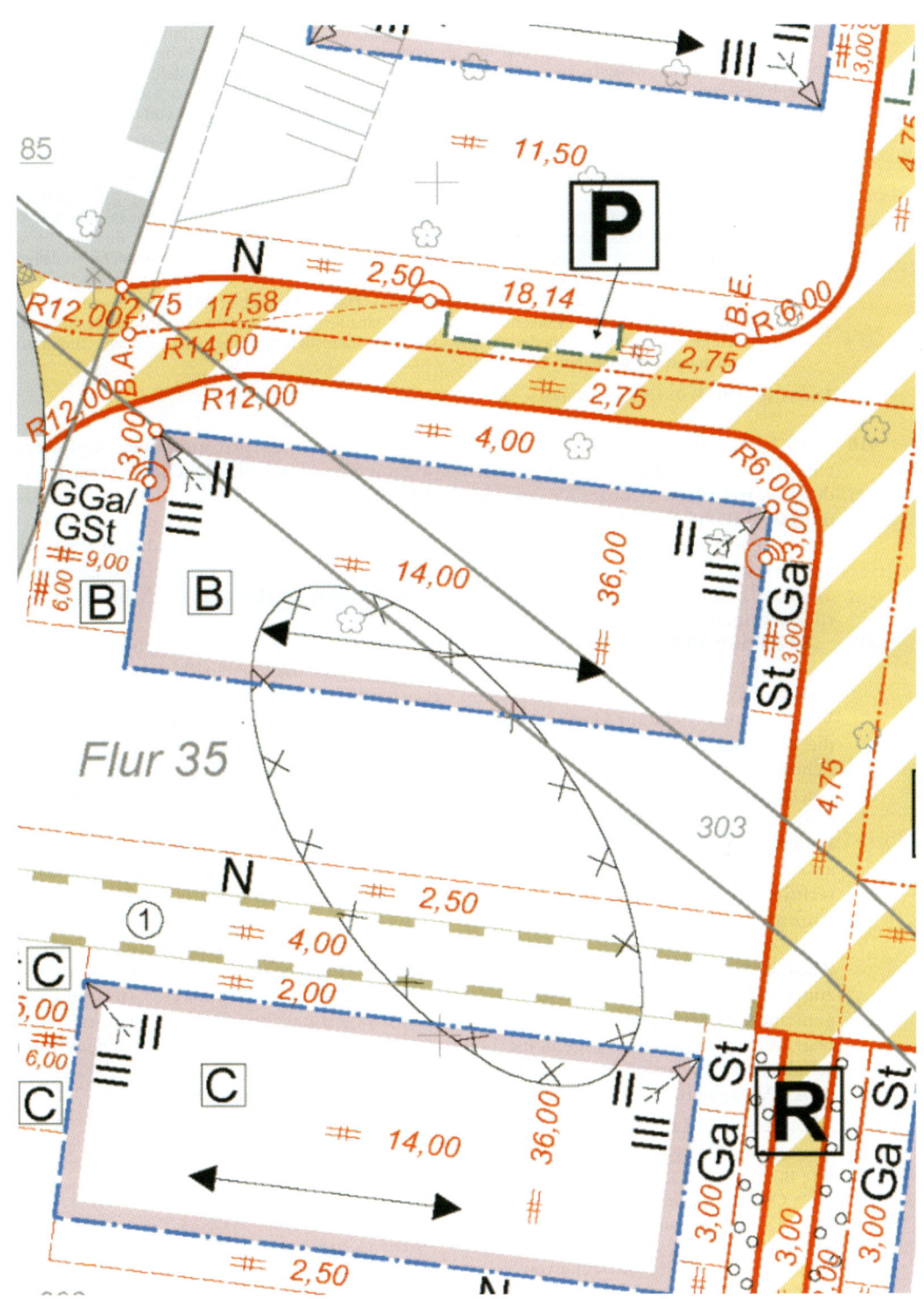

Abbildung 64: *Stellplätze Garagen*

1.2 Einfriedungen (§ 86 I Nr. 5 BauO NRW): Einfriedungen, die an öffentliche Grünflächen und öffentliche Verkehrsflächen angrenzen, sind nur als lebende freiwachsende oder geschnittene Hecken zulässig. Von diesen Festsetzungen sind Einfriedungen von Terrassen, die unmittelbar an die Wohngebäude anschließen, bis zu einer Tiefe von 3,0 m und einer Höhe von 2,0 m ausgenommen. Zu Heckenpflanzungen begleitende Maschendrahtzäune sind nur bis zu einer Höhe von 1,2 m zulässig.

1.3 Äußere Gestaltung baulicher Anlagen (§ 86 I Nr. 1 BauO NRW): Baulich zusammenhängende Hauptbaukörper sind mit der gleichen Dachneigung auszuführen. Wird an ein bestehendes Wohngebäude angebaut, so ist dessen Dachneigung zu übernehmen. Satteldächer sind nur symmetrisch gleichhüftig zulässig. Dachaufbauten und -einschnitte dürfen insgesamt 50% der Breite der Gebäudefront nicht überschreiten und müssen von dem Ortgang mindestens 1,5 m und vom Dachfirst (gemessen auf der Dachoberfläche) mindestens 1,5 m Abstand einhalten. Je Hausseite ist nur eine Form (Gaube oder Einschnitt) zulässig. Für Doppel- und Reihenhäuser sind einheitliche Fassadenmaterialien in gleicher Farbgebung zu verwenden.

2. Festsetzungen nach Landeswassergesetz (§ 51 a LWG): Das im Plangebiet anfallende Niederschlagswasser ist in den Borbecker Mühlenbach gedrosselt einzuleiten. Es besteht ein Anschlusszwang an die getrennte Ableitung des Niederschlagswassers von befestigten Straßen, Stellplätzen, Zufahrten und Dachflächen für ortsnahen Einleitung.

Textbeispiel 51: *Festsetzungen Stellplätze (mit Abbildung 64)*

416 § 9 I Nr. 4 BauGB bedingt für die planerische Festsetzung privatnütziger Stellplätze eine zweifache Prüfung der Erforderlichkeit. Zum einen muss die Nebenanlage nach anderen Vorschriften erforderlich sein. Hierzu zählt § 12 BauNVO, aber auch das bauordnungsrechtliche Stellplatzrecht des Landesrechts. Zum anderen bedarf es der planerischen Abwägung i. S. des § 1 VII BauGB und zugleich der damit verbundenen Prüfung der Erforderlichkeit in einem weiteren Sinne. Dabei sind auch Gesichtspunkte eines „Bestandsschutzes" und die „Geeignetheit" von Flächen als abwägungserheblich zu berücksichtigen.[734]

417 § 12 BauNVO beschränkt sich auf die Bestimmung, in welchen Baugebieten und in welchem Umfang Stellplätze zulässig sind. Dagegen lässt die Vorschrift ungeregelt, unter welchen Voraussetzungen zur Entlastung der öffentlichen Verkehrsflächen vom ruhenden Verkehr eine Pflicht zur Herstellung privater Stellplätze begründet werden kann und wie die planungsrechtlich zulässigen Stellplätze unter Berücksichtigung der konkreten örtlichen Verhältnisse anzuordnen und auszuführen sind, damit sie ohne Umstände für die Nachbarschaft benutzbar sind. § 12 BauNVO gibt keine Auskunft darüber, welche Anforderungen in dieser Hinsicht an Stellplätze zu stellen sind. Dies ist vielmehr dem Bauordnungsrecht der Länder vorbehalten, da Regelungsgegenstand die Stellplatzanlage als solche ist. Ein öffentlicher Parkplatz als tatsächlich öffentliche Verkehrsfläche ist baurechtlich wie eine Stellplatzanlage zu behandeln. Ob ein solcher öffentlicher Parkplatz die Anforderungen des Rücksichtnahmegebots aus § 34 I BauGB erfüllt, kann nur auf Grund einer einzelfallbezogenen Bewertung aller seiner Auswirkungen beurteilt werden.[735] Zwar ist grundsätzlich davon auszugehen, dass Stellplätze, deren Zahl dem durch die zugelassene Nutzung verursachten Bedarf entspricht (vgl. § 12 II BauNVO), in einem allgemeinen Wohngebiet keine unzumutbaren Störungen hervorrufen. Das Planungsrecht begründet jedoch keine allgemeine Duldungspflicht. Vielmehr bedarf es in jedem Einzelfall einer Abwägung zwischen dem öffentlichen Interesse an der Entlastung der öffentlichen Verkehrsflächen vom ruhenden Verkehr und den privaten Belangen der Nach-

---

[734] BVerwG, Urt. v. 4.10.1985 – 4 C 26.81 – Buchholz 406.11 § 9 BBauG Nr. 27 – NVwZ 1986, 120; B. v. 28.1.1992 – 4 B 21.92 – Buchholz 406.11 § 9 BBauG/BauGB Nr. 54 = RzB Rn. 184.

[735] OVG Greifswald, B. v. 24.2.2005 – 3 M 185/04 BauR 2005, 1889 = LKV 2006, 131 = UPR 2005, 455 (L) – öffentlicher Parkplatz; VGH München, B. v. 21.2.2005 – 2 CS 04.2721 –; Einzelfälle: VGH München, B. v. 11.7.2005 – 2 CS 05.1374 – Tiefgaragenzufahrt; VGH München, Urt. v. 13.11. 2006 – 26 N 01.1575 –Festsetzung von Stellplätzen in einem Allg. Wohngebiet, die dem Bedarf eines gastronomischen Betriebs in einem benachbarten faktischen Mischgebiet dienen; VGH München, Urt. v. 13.2.2006 – 14 B 04.1331 – Tiefgaragenzufahrt; VGH München, B. v. 3.8.2005 – 15 CS 05.1676 – keine nachbarschützende Wirkung von Festsetzungen von Baugrenzen und Flächen für Garagen.

Stellplatzbedarf			
Verkehrsquelle	**Einstellplätze**	**Verkehrsquelle**	**Einstellplätze**
Wohngebäude Einfamilienhäuser	1 bis 2 je Wohnung	**Gaststätten und Beherbergungsbetriebe** Gaststätten von örtlicher Bedeutung	1 je 8 bis 12 Sitzplätze
Mehrfamilienhäuser und sonstige Gebäude mit Wohnungen	1 bis 1,5 je Wohnung	Gaststätten von überörtlicher Bedeutung	1 je 2 bis 8 Sitzplätze
Gebäude mit Altenwohnungen	0,5 je Wohnung	Hotels, Pensionen, Kurheime	1 je 10 Betten
Wochenend- und Ferienhäuser	1 je Wohnung	Jugendherbergen	1 je 10 Betten
Kinder- und Jugendwohnheime	1 je 10 bis 20 Betten, mindestens 3	**Schulen** Grundschulen	1 je 30 Schüler
Studentenwohnheim	1 je 2 Betten	sonstige allgemein bildende Schulen	1 je 25 Schüler
Schwesternwohnheim	1 je 3 bis 5 Betten, mindestens 3	bei Schülern über 18 Jahre zusätzlich	1 je 5 bis 10 Schüler
Arbeitnehmerwohnheim	1 je 2 bis 4 Betten, mindestens 3	Sonderschulen für Behinderte	1 je 15 Schüler
Altenwohnheim, Altenheim	1 je 8 bis 15 Betten, mindestens 3	Hochschulen, Fachhochschulen	1 je 2 bis 4 Studierende
Büro-, Verwaltungs- und Praxisräume Büro- und Verwaltungsräume	1 je 30 bis 40 qm Nutzfläche	Kindergärten, Kindertagesstätten	1 je 20 bis 30 Kinder, mindestens 2
Räume mit erheblichem Besucherverkehr	1 je 20 bis 30 qm Nutzfläche	Jugendfreizeitheime	1 je 15 Besucherplätze
Verkaufsstätten Läden, Geschäftshäuser	1 je 30 bis 40 qm Verkaufsnutzfläche, mindestens 2	**Krankenanstalten** Universitätskliniken	1 je 2 bis 3 Betten
		Schwerpunktkrankenhäuser, Privatkliniken	1 je 3 bis 4 Betten
Verbrauchermärkte	1 je 10 bis 20 qm Verkaufsnutzfläche	Krankenanstalten von örtlicher Bedeutung	1 je 4 bis 6 Betten
Versammlungsstätten, Kirchen Theater, Konzerthallen, Mehrzweckhallen	1 je 5 Sitzplätze	Sanatorien, Kuranstalten	1 je 2 bis 4 Betten
Kinos, Vortragssäle	1 je 5 bis 10 Sitzplätze	Altenpflegeheime	1 je 6 bis 10 Betten
Gemeindekirchen	1 je 20 bis 30 Sitzplätze	**Gewerbliche Anlagen** Handwerks- oder Industriebetriebe Oder	1 je 50 bis 70 qm Nutzfläche 1 je 3 Beschäftigte
Sportstätten Sportplatz ohne Besucherplätze	1 je 250 qm Sportfläche	Lagerräume, Lagerplätze, Verkaufsplätze Oder	1 je 80 bis 100 qm Nutzfläche 1 je 3 Beschäftigte
mit Besucherplätzen zusätzlich	1 je 10 bis 15 Besucherplätze	Kfz-Werkstätten	6 je Reparaturstand
Spiel- und Sporthallen ohne Besucherplätze	1 je 50 qm Hallenfläche	Tankstellen mit Pflegeplätzen	10 je Pflegeplatz
mit Besucherplätzen zusätzlich	1 je 10 bis 15 Besucherplätze	automatische Kfz-Waschanlagen	5 je Waschanlage
Freibäder	1 je 200 bis 300 qm Grundstücksfläche	Kfz-Waschplätze zur Selbstbedienung	3 je Waschplatz
Hallenbäder ohne Besucherplätze	1 je 5 bis 10 Kleiderablagen	**Verschiedenes** Kleingartenanlagen	1 je 3 Kleingärten
mit Besucherplätzen zusätzlich	1 je 5 bis 10 Besucherplätze	Friedhöfe	1 je 2.000 qm Grundstücksfläche, mindestens 10
Minigolfanlage	6 je Anlage	Spiel-/Automatenhallen	1 je 20 qm Spielhallenfläche
Kegel-, Bowlingbahn	4 je Bahn		

Textbeispiel 52: *Stellplatzbedarf*

barn.[736] Stellplätze können vor allem in Ruhebereichen unzumutbar sein. Die TA- Lärm kann nicht schematisch angewendet werden, weil Parkplatzlärm sich durch spezifische Merkmale auszeichnet.[737]

Beispiel: Auf einem Grundstück in der Nähe einer Volksbank in der Innenstadt sollen 50 Parkplätze errichtet werden. Der Nachbar wendet ein, sein Grundstück und die anschließende Umgebung sei durch Wohnbebauung geprägt. Die Nutzung des gesamten Grundstücks für Parkplätze verstoße deshalb gegen das Gebot der nachbarlichen Rücksichtnahme. Die Zufahrt zu einer großen Tiefgarage mit 380 Pkw-Stellplätzen ist bauplanungsrechtlich dieser zuzuordnen und deshalb gem. § 12 II BauNVO ohne besondere Festsetzung in einem allgemeinen Wohngebiet unzulässig, wenn die Garage nicht nur für den durch die zugelassene Nutzung verursachten Bedarf bestimmt ist.[738]

Beispiel: Eine in der Vergangenheit bauaufsichtlich genehmigte gewerbliche Nutzung, die in einem faktischen allgemeinen Wohngebiet einen Fremdkörper bildet,[739] ist keine zugelassene Nutzung i. S. des § 12 II BauNVO, sofern sie aktuell nicht wenigstens im Wege der Befreiung gemäß § 31 II BauGB zugelassen werden könnte.[740]

418   Nachbarn haben die von den **Stellplätzen** einer rechtlich zulässigen Wohnbebauung ausgehenden Emissionen im Regelfall hinzunehmen. Besondere örtliche Verhältnisse können aber auch zu dem Ergebnis führen, dass die Errichtung von Stellplätzen auf dem Baugrundstück nicht oder nur mit Einschränkungen zulässig ist. Dabei ist der in § 12 II BauNVO enthaltenen Grundentscheidung Rechnung zu tragen. Dies entbindet das Gericht jedoch nicht von der Prüfung, ob im Einzelfall unzumutbare Beeinträchtigungen zu erwarten sind. Die besonderen Umstände des Einzelfalls können es erforderlich machen, die Beeinträchtigung der Nachbarschaft auf das ihr entsprechend der Eigenart des Gebiets zumutbare Maß zu mindern. Hierfür kommen beispielsweise die bauliche Gestaltung der Stellplätze und ihrer Zufahrt, eine Anordnung, die eine Massierung vermeidet, der Verzicht auf Stellplätze zugunsten einer Tiefgarage oder Lärmschutzmaßnahmen an der Grundstücksgrenze in Betracht. Im Übrigen müssen selbst notwendige Stellplätze nach allgemeinen bauordnungsrechtlichen Grundsätzen nicht auf dem Baugrundstück selbst errichtet werden.[741] In welchem Maß die Umgebung schutzwürdig ist, lässt sich bei vorhabenbedingten Verkehrsgeräuschen, ebenso wie bei sonstigen Immissionen, nicht unabhängig von etwaigen Vorbelastungen bewerten. Faktische Vorbelastungen können dazu führen, dass die Pflicht zur gegenseitigen Rücksichtnahme sich vermindert und Beeinträchtigungen in weitergehendem Maße zumutbar sind, als sie sonst in dem betreffenden Baugebiet hinzunehmen wären. Ist bereits eine Vielzahl ebenerdiger Stellplätze vorhanden und wird ein Teil davon durch ein Parkhaus ersetzt mit der Folge, dass sich der Geräuschpegel am Tag voraussichtlich sogar verringert, wird ein benachbartes Grundstück durch die Nutzung des Parkhauses keinen unzumutbaren Belästigungen oder Störungen im Sinne von § 15 II 1, 1. Alt. BauNVO ausgesetzt.[742] Für die Zumutbarkeit von Geräuschbeeinträchtigungen, die durch den Zu- und Abgangsverkehr zu einer Anlage hervorgerufen werden, bieten die Regelungen der TA Lärm und die VDI-Richtlinie 2058 Blatt 1 brauchbare Anhaltspunkte.[743] Bei der Prüfung, ob im nicht beplanten Innenbereich **Carports** außerhalb der überbaubaren Grundstücksflächen bodenrechtliche Span-

---

[736] BVerwG, B. v. 14.2.1992 – 4 B 81.91 – RzB Rn. 951.

[737] OVG Magdeburg, B. v. 22.3.2005 – 2 M 702/04 BauR 2005, 1813 (L) – Stellplätze in Ruhezonen.

[738] BVerwG, B. v. 19.9.1995 – 4 NB 24.94 – ZfBR 1996, 57 = UPR 1996, 39 = BBauBl 1996, 15.

[739] BVerwG, Urt. v. 15.2.1990 – 4 C 23.86 – BVerwGE 84, 322 = RzB Rn. 388 – Unikat.

[740] OVG Koblenz, Urt. v. 1.9.2005 – 1 A 10759/05 – BauR 2006, 75 = BRS 69 Nr. 79 (2005) = BauR 2005, 1813 (L) – Stellplätze im allgemeinen Wohngebiet.

[741] BVerwG, B. v. 20.3.2003 – 4 B 59.02 – NVwZ 2003, 1516 – Buchholz 406.12 § 12 BauNVO Nr. 10, m. Hinw. auf Urt. v. 16.9.1993 – 4 C 28.91 – BVerwGE 91, 151.

[742] OVG Magdeburg, B. v.2.2.2007 – 2 M 348/06 – Parkhaus.

[743] OVG Magdeburg, B. v.2.2.2007 – 2 M 348/06 – Parkhaus, dort zugleich zur Schallausbreitungsrechnung. Zur Berücksichtigung von Verkehrsgeräuschen im Zusammenhang mit dem Betrieb

nungen hervorrufen, sind die städtebaulichen Folgen ihrer Zulassung entsprechend den Maßstäben des § 23 V BauNVO zu prüfen.[744]

t) Gebäude und Räume für freie Berufe. Nach § 13 BauNVO sind für die Berufs- **419** ausübung freiberuflich Tätiger und solcher Gewerbetreibender, die ihren Beruf in ähnlicher Art ausüben, in den Baugebieten nach den §§ 2 bis 4 BauNVO Räume und in den Baugebieten nach den §§ 4 a bis 9 BauNVO auch Gebäude zulässig.[745] In Kleinsiedlungsgebieten, reinen Wohngebieten und allgemeinen Wohngebieten sind Räume für freiberuflich Tätige zulässig. In besonderen Wohngebieten, Dorfgebieten, Mischgebieten, Kerngebieten, Gewerbegebieten und Industriegebieten sind für solche Nutzungen Gebäude zulässig. Kennzeichnend für ein Gebäude i. S. der BauNVO ist, dass es selbstständig benutzbar ist.[746]

Beispiel: Eine freiberufliche oder freiberufsähnliche Tätigkeit nach § 13 BauNVO setzt nicht zwingend voraus, dass diese Tätigkeit auf der Grundlage einer besonders qualifizierten Ausbildung betrieben wird. Gleichwohl bedarf es eines gewissen, nicht allgemeingültig definierbaren Standards an individueller – namentlich geistiger oder schöpferischer – Qualifikation der Tätigkeit, um den Anwendungsbereich dieser Vorschrift zu eröffnen. Einer Tätigkeit im Bereich der kosmetischen Fußpflege, die auf der Grundlage einer Ausbildung mit einer Dauer von wenigen Tagen erbracht wird, fehlt das erforderliche Mindestmaß an individueller Qualifikation der Dienstleistung. Deklariert der genehmigte Bauantrag höher qualifizierte Dienstleistungen (wie hier etwa im Bereich der medizinischen Fußpflege „am kranken Fuß"), obwohl aus den Bauvorlagen darauf zu schließen ist, dass diese Dienstleistungen aus- bildungsgemäß faktisch nicht erbracht werden können, kann ein sog. Etikettenschwindel vorliegen, der zu einem nachbarlichen Abwehrrecht gegen die Baugenehmigung nach den Grundsätzen des Gebietsgewährleistungsanspruchs führt.[747]

u) Nebenanlagen. Nach § 14 I 1 BauNVO sind auch untergeordnete Nebenanlagen und **420** Einrichtungen zulässig, die dem Nutzungszweck der in dem Baugebiet gelegenen Grundstücke oder des Baugebiets selbst dienen und die seiner Eigenart nicht widersprechen (→ *Abbildung 65 mit Textbeispiel 53*). Nach § 14 I 3 BauNVO kann im Bebauungsplan die Zulässigkeit der Nebenanlagen und Einrichtungen eingeschränkt oder ausgeschlossen werden. Zu den untergeordneten Nebenanlagen können in einem allgemeinen Wohngebiet etwa Müllcontainer, aber auch Schwimmbecken, Fahnenstangen oder Antennenanlagen gehören.[748] Die Nebenanlagen müssen allerdings auch in ihrem räumlichen und gegenständlichen Erscheinungsbild der primären Nutzung des Grundstücks im Baugebiet dienen und entsprechend zu- und untergeordnet sein.[749] Dazu zählen etwa Hundezwinger[750] für einige

---

der genehmigten Anlage (Zu- und Abgangsverkehr) OVG Lüneburg, B. v. 19.5.2011 – 4 ME 60/11 – Bodenabbaugenehmigung.

[744] OVG Münster, Urt. v. 19.6.2008 – 7 A 2053/07 – BauR 2008, 1853 – Carport.

[745] Zur Einordnung von Lohnsteuerhilfevereinen als freiberufliche Tätigkeit i. S. d. § 13 BauNVO BVerwG, B. v. 13.8.1996 – 4 B 154.96 – NVwZ–RR 1997, 398. Ein Fahrschulraum kann in einem WA nicht gemäß § 13 BauNVO zugelassen werden, so OVG Münster, B. v. 29.4.1996 – 11 B 748/96 – BauR 1996, 681.

[746] BVerwG, Urt. v. 20.1.1984 – BVerwGE 68, 324 = RzB Rn. 953; B. v. 28.2.1990 – 4 B 172.89 – RzB Rn. 954; B. v. 13.12.1995 – 4 B 245.95 – NVwZ 1996, 787 = DVBl 1996, 270; B. v. 13.8.1996 – 4 B 154.96 – GewArch. 1997, 125 = BauR 1996, 816 – Lohnsteuerhilfeverein. Zu den nachbarlichen Rechtsschutzmöglichkeiten BVerwG, Urt. v. 13.12.1995 – 4 B 245.95 – DVBl 1996, 270 = UPR 1996, 113 im Anschluss an Urt. v. 16.9.1993 – 4 C 28.91 – BVerwGE 94, 151.

[747] OVG Münster, Urt. v. 25.8.2011 – 2 A 38/10 –.

[748] BVerwG, B. v. 20.6.1988 – 4 B 91.88 – RzB Rn. 956. So kann allerdings ein „Wertstoffhandel" mit Sammelcontainern für Glas, Papier und Metall in einem reinen Wohngebiet unzulässig sein, so BVerwG, B. v. 3.6.1996 – 4 B 50.96 – NVwZ 1996, 1001 = BauR 1996, 678.

[749] BVerwG, Urt. v. 17.12.1976 – 4 C 6.75 – Buchholz 406.11 § 29 BBauG Nr. 29; Urt. v. 18.2.1983 – 4 C 18.81 – BVerwGE 67, 23; B. v. 5.3.1984 – 4 B 20.84 – Buchholz 406.11 § 34 BBauG Nr. 99; B. v. 15.10.1993 – 4 B 165.93 – DVBl 1994, 292 = NVwZ–RR 1994, 309 – Ozelot.

[750] BVerwG, B. v. 21.6.1991 – 4 B 44.91 – RzB Rn. 957.

Hunde, nicht jedoch Käfige für Großtiere[751] oder Raubtiere.[752] Auch **Antennenanlagen** gehören grundsätzlich zu den im allgemeinen Wohngebiet zulässigen Nebenanlagen.[753]

421   Die **zulässige Grundfläche** (§ 16 II Nr. 1, § 19 BauNVO) muss für alle Anlagen, die bei der Ermittlung der Grundfläche mitzurechnen sind, festgesetzt werden. Eine Festsetzung nur für die „Hauptanlagen" – und nicht auch für die nach § 19 IV 1 BauNVO mitzurechnenden „Nebenanlagen" – ist nicht von der Ermächtigungsgrundlage gedeckt.[754] Eine bis auf die Nachbargrenze reichende Garage kann auch dann abstandsrechtlich privilegiert sein, wenn sie baulich und funktional mit dem Hauptgebäude verbunden ist. Sind die baulichen Maßvorgaben und die eingeschränkten Benutzungsmöglichkeiten des landesrechtlichen Grenzgaragenprivilegs eingehalten, so ist von einem rechtlich „verselbständigungsfähigen Baukörper" auszugehen.[755]

422   **v) Mobilfunkanlagen.** Die Errichtung von Mobilfunkanlagen hat die Rechtsprechung abgesegnet, wenn die Anlagen die Werte der 26. BImSchV einhalten.[756] Auch kann unter den Voraussetzungen des § 31 II BauGB für Mobilfunkanlagen eine Befreiung erteilt werden.[757] Die Erfüllung der Anzeigepflicht des Betreibers einer Hochfrequenzanlage nach § 7 I der 26. BImSchV ist keine Rechtmäßigkeitsvoraussetzung der Plangenehmigung für diese Anlage. Der Belang, von wirtschaftlichen Nachteilen verschont zu bleiben, die Folge objektiv nicht begründbarer Immissionsbefürchtungen sind, ist in der Abwägung nicht schutzwürdig.[758] Auch für die zivilrechtliche Zumutbarkeitsgrenze nach § 906 I 2 BGB hat die 26. BImSchV Indizfunktion. Werden deren Werte eingehalten, muss der Beeinträchtigte zur Erschütterung dieser Indizwirkung darlegen und ggf. beweisen, dass ein wissenschaftlich begründeter Zweifel an der Richtigkeit der festgelegten Grenzwerte und ein fundierter Verdacht einer Gesundheitsgefährdung besteht.[759] Auch der verfassungsrechtliche Schutzanspruch geht nicht weiter.[760] Es ist vielmehr Sache des Verordnungsgebers, den Erkenntnisfortschritt der Wissenschaft mit geeigneten Mitteln nach allen Seiten zu beobachten und zu bewerten, um gegebenenfalls weiter gehende Schutzmaßnahmen treffen zu können. Bei komplexen Gefährdungslagen, über die noch keine verlässlichen wissenschaftlichen Erkenntnisse vorliegen, hat der Verordnungsgeber einen angemessenen Erfahrungs- und Anpassungsspielraum.[761] Mobilfunk-Basisstationen sind Teile **gewerblicher Hauptanlagen** im Sinne der BauNVO und können gleichzeitig **fernmeldetechnische Nebenanlagen** nach § 14 II 2 BauNVO 1990 sein.[762] Um eine

---

[751] BVerwG, B. v. 5.3.1984 – 4 B 20.84 – NVwZ 1984, 647 = RzB Rn. 374 – Pumazwinger.

[752] BVerwG, B. v. 21.6.1991 – 4 B 44.91 – Buchholz 406.12 § 14 BauNVO Nr. 5.

[753] BVerwG, B. v. 23.6.1993 – 4 B 7.93 – Buchholz 406.12 § 14 BauNVO Nr. 8 = RzB Rn. 959; B. v. 15.10.1993 – 4 B 165.93 – DVBl 1994, 292 = NVwZ–RR 1994, 309 = RzB Rn. 387 – Ozelot; *Fickert/Fieseler* § 3 Rn. 24.5.

[754] VGH München, Urt. v. 10.8.2006 – 1 N 04.1371, 1 N 05.903, 1 N 05.661 – ZfBR 2007, 348 = NVwZ–RR 2007, 447 – Grundflächen für Haupt- und Nebenanlagen m. Hinw. auf das Ziel des Bodenschutzes, BR-Drs. 354/89 S. 35; wie Urt. v. 13.4.2006 – 1 N 04.3519 –.

[755] OVG Saarlouis, Urt. v. 8.3.2007 – 2 R 9/06 – NVwZ–RR 2007, 455 (L) – Privilegierung von Grenzgaragen.

[756] Zur kommunalen Vorsorgeplanung in Bezug auf Mobilfunkanlagen *Uechtritz* VerwArch 2009, 1680. *Maiß*, Mobilfunkanlagen als Problem des Baurechts, Diss. 2008; *Büssemaker/Haracska/Vollmer* BTR 2006, 69; *Gehrken* NVwZ 2006, 977; *Kniep* DWW 2008, 11; *Wehr* BayVBl. 2006. 453.

[757] BVerwG, B. v. 5.2.2004 – 4 B 110.03 – BauR 2004, 1124 – Mobilfunkanlage.

[758] BVerwG, Urt. v. 10.12.2003 – 9 A 73.02 – DVBl 2004, 633 = NVwZ 2004, 613 – Mobilfunkanlage.

[759] BGH, Urt. v. 13.2.2004 – V ZR 217/03 – NJW 2004, 1317 = BauR 2005, 74.

[760] BVerfG, B. v. 30.11.1988 – 1 BvR 1301/84 – BVerfGE 79, 174.

[761] BVerfG, B. v. 28.2.2002 – 1 BvR 1676/01 – NJW 2002, 1638 = DVBl 2002, 614 m. Hinw. auf BVerfG, B. v. 17.2.1997 – 1 BvR 1658/96 – NJW 1997, 2509 und auch BVerwG, B. v. 16.2.1998 – 11 B 5.98 – NVwZ 1998, 631.

[762] VGH München, Urt. v. 1.7.2005 – 25 B 01.2747 – ZfBR 2005, 803 = NVwZ-RR 2006, 234

ungewollte Häufung der in § 14 II 2 BauNVO genannten Anlagen zu vermeiden, hat eine Einzelfallprüfung auf der Ebene des Rücksichtnahmegebots und der Ermessensentscheidung der Behörde zu erfolgen. Die erste und einzige Mobilfunk-Basisstation in einem faktischen reinen Wohngebiet kann keine prägende Wirkung auf den Gebietscharakter entfalten.[763] Hält eine der 26. BImSchV unterfallende **Funksystem-Basisstation der Bahn** die zwingend festgelegten Grenzwerte zum Schutz vor Einwirkungen elektromagnetischer Felder ein, so kann sich die Behörde bei der planerischen Abwägung der Nachbarbelange in der Regel auf die allgemeine Erwägung beschränken, dass für die nächstgelegene Wohnbebauung keine negativen Auswirkungen zu erwarten sind.[764] Mobilfunkanlagen sind in den Baugebieten als Nebenanlagen zulässig.[765] Das gilt auch im Außenbereich.[766]

In einem reinen Wohngebiet, in dem vereinzelte Wohnblocks zulässig sind, liegen die **423** Voraussetzungen für die Erteilung einer Befreiung von der Festsetzung der Art der baulichen Nutzung für eine verfahrensfreie Mobilfunkanlage auf dem Dach eines Hochhauses vor. Bei Einhaltung der Grenzwerte der 26. BImSchV sind auch die nachbarlichen Belange gewahrt. Fehlen gewichtige schützenswerte Interessen an der Versagung der Befreiung, tritt eine Ermessensreduzierung auf null ein. Das „Unbehagen" der Anwohner stellt kein solches Interesse dar.[767]

Nebenanlagen

Außerhalb der überbaubaren Grundstücksflächen sind Nebenanlagen gem. § 14 BauNVO wie Garagen, überdachte Stellplätze und Wirtschaftsteile einer Kleinsiedlung unzulässig.

(oder:) Nebenanlagen gem. § 14 BauNVO sind auf den nicht überbaubaren Flächen zwischen Straßenbegrenzungslinie und straßenseitiger Baugrenze (Vorgartenbereich) unzulässig.

(oder:) Garagen und Nebenanlagen sind innerhalb und außerhalb der überbaubaren Grundstücksfläche allgemein zulässig. Außerhalb der überbaubaren Grundstücksflächen müssen diese Gebäude jedoch einen Abstand von mindestens 3 m zu öffentlichen Verkehrsflächen einhalten. Dies gilt nicht für öffentliche Fuß- oder Radwege.

(oder:) Garagen und massive Nebengebäude sind in Material und Farbe wie die zugehörigen Hauptgebäude zu gestalten. Sie sind mit der Dachform und -neigung des Hauptgebäudes oder mit einem Flachdach auszuführen. Von den gestalterischen Festsetzungen sind überdachte Stellplätze (Carports) – Wintergärten, Gewächshäuser und Gartenhäuser ausgenommen.

Textliche Festsetzungen

Im WA mit zwei Vollgeschossen sind die Ausnahmen nach Nr. § 4 III Nr. 1 BauNVO (Betriebe des Beherbergungsgewerbes), § 4 III Nr. 2 (sonstige nicht störende Gewerbebetriebe) und § 4 III Nr. 3 BauNVO (Anlagen für Verwaltung) allgemein zulässig.

Im WA mit einem Vollgeschoss sind alle Ausnahmen nach § 4 III BauNVO unzulässig.

Abweichende Bauweise im WA: Zulässig sind Einzelhäuser und Doppelhäuser. Jede dieser Gebäude darf die Länge von insgesamt 30 m nicht überschreiten.

= BauR 2006, 339 – Befreiung für Mobilfunkanlage; OVG Münster, B. v. 6.5.2005 – 10 B 2622/04 – ZfBR 2005, 478 = BauR 2005, 1284 = NVwZ-RR 2005, 608 – Mobilfunkanlage.

[763] VGH München, Urt. v. 19.5.2011 – 2 B 11.397 – DVBl 2011, 1315 (L) = NVwZ-RR 2011, 851 – Mobilfunk-Basisstation.

[764] VGH München, Urt. v. 30.4.2004 – 22 A 03.40056 – Basisstation der Bahn. Einzelfälle: VGH München, B. v. 11.10.2006 – 1 ZB 06.1395 – Mobilfunk-Basisstation; OVG Münster, B. v. 5.11.2007 – 7 B 1182/07 – Rücksichtslosigkeit für einen 30 m hohen Mobilfunkmast im Außenbereich und einem Abstand von 40 m zur Wohnbebauung verneint; VGH München, B. v. 9.6.2005 – 20 CS 05.1333 – Mobilfunksendeanlage darf Gebietscharakter nicht widersprechen; VGH München, Urt. v. 29.11.2006 – 2 B 04.1860 – NuR 2007, 274 – Ausschluss von Mobilfunkanlagen durch Bauleitplanung.

[765] Zur Zulässigkeit einer Mobilfunkanlage im reinen Wohngebiet BVerwG, B. v. 29.7.2008 – 4 B 11.08 – ZfBR 2008, 797 – Mobilfunkanlage im reinen Wohngebiet; VGH München, Urt. v. 16.7.2008 – 14 B 6.2506 – Mobilfunkanlage.

[766] VGH München, B. v. 14.1.2008 – 15 CS 7.3032 – Mobilfunksendemast. Zur planerischen Steuerung von Mobilfunkanlagen *Spannowsky* ZfBR 2008, 446; *Herkner* BauR 2008, 624.

[767] VG Karlsruhe, Urt. v. 21.4.2004 – 10 K 2980/03 – Mobilfunkanlage.

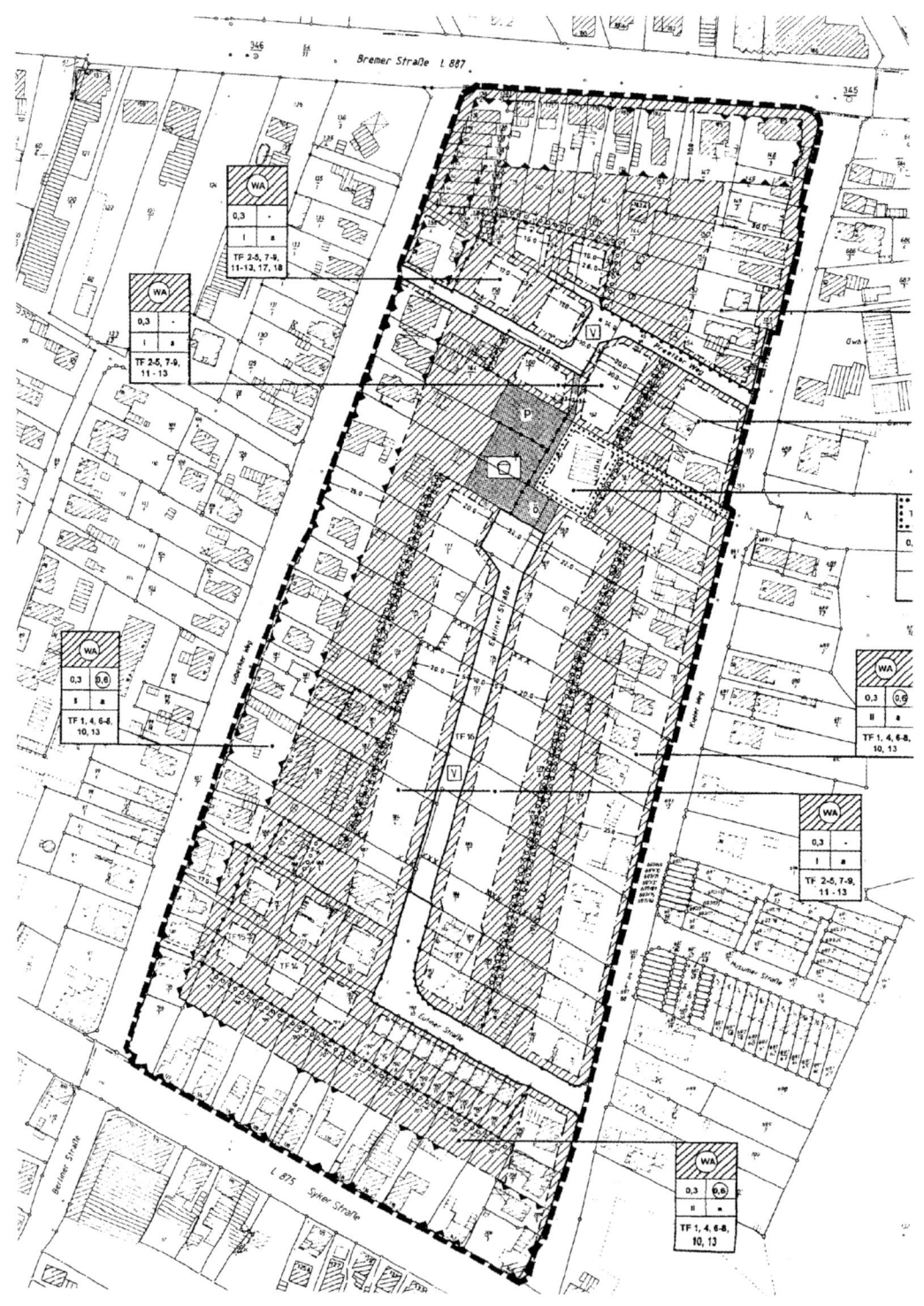

Abbildung 65: *Nebenanlagen*

Im Bereich mit einem Vollgeschoss sind Nebenanlagen i.S. des § 14 BauNVO und Garagen außerhalb der überbaubaren Flächen unzulässig. Solche Nebenanlagen sind auch zwischen der Straßenbegrenzungslinie und der straßenseitigen Baugrenze zulässig, soweit sie keine Gebäude sind.

Die Mindestgröße der Baugrundstücke beim Bau von Einzelhäusern beträgt 600 m². Die Mindestgröße der Baugrundstücke beim Bau von Doppelhäusern beträgt 400 m² je Doppelhaushälfte. Die Mindestgröße der Grundstücke beim Bau von Reihenhäusern beträgt 250 m.

Garagenzufahrten, Stellplatzflächen sowie Wohn- und Fußwege sind nur als versickerungsoffene Flächen (z. B. Rasengittersteine, Distanzpflaster) anzulegen.

Die zulässige Grundfläche darf im Bereich mit einem Vollgeschoss durch Garagen und Stellplätze mit ihren Zufahrten, durch Nebenanlagen i.S. des § 14 BauNVO und durch bauliche Anlagen unterhalb der Geländeoberfläche, durch die das Grundstück lediglich unterbaut wird, nur um 33 v.H. überschritten werden.

Die zulässige Grundfläche darf im Bereich mit zwei Vollgeschossen durch Garagen und Stellplätze mit ihren Zufahrten, durch Nebenanlagen i.S. des § 14 BauNVO und durch bauliche Anlagen unterhalb der Geländeoberfläche, durch die das Grundstück lediglich unterbaut wird, nur um 40 v.H. überschritten werden.

Textbeispiel 53: *Festsetzungen Nebenanlagen (mit Abbildung 65)*

2. Gliederungs- und Ausschlussmöglichkeiten nach § 1 IV bis IX BauNVO

§ 1 IV bis IX BauNVO geben der planenden Gemeinde umfangreiche Gliederungs- und **424** Ausschlussmöglichkeiten i. S. einer planerischen Modifizierung und Feinsteuerung an die Hand, mit denen die Nutzungen differenziert und den speziellen örtlichen Verhältnissen angepasst werden können. Dieses Instrumentarium ist für die Gemeinde vor allem deshalb wichtig, um Fehlentwicklungen entgegenzusteuern, die bei einer Übernahme der Typenbeschreibungen der BauNVO in den Baugebieten auftreten können. Außerdem bedarf etwa die Überplanung einer Gemengelage mit einer Durchmischung von Wohn- und Gewerbenutzung eines speziellen Handlungsinstrumentariums, das den Besonderheiten der jeweiligen Immissionssituation gerecht wird. Die differenzierenden Festsetzungsmöglichkeiten können sich jedoch – im Gegensatz zu der in § 1 X BauNVO getroffenen Regelung – stets nur auf bestimmte Arten der in dem Baugebiet allgemein oder ausnahmsweise zulässigen Arten oder Nutzungen beziehen. Entsprechend dem abstrakten Normcharakter des Bebauungsplans und seiner Funktion als Instrument der städtebaulichen Entwicklung und Ordnung können mit den Festsetzungen des § 1 IV bis IX BauNVO nur objektiv bestimmbare Typen von Anlagen erfasst werden. Für die Umschreibung des Anlagetyps kann die Gemeinde zwar auf besondere in ihrem Bereich vorherrschende Verhältnisse abstellen. Eine Planung konkreter einzelner Vorhaben ist jedoch auch mit den Differenzierungsmöglichkeiten des § 1 IV bis IX BauNVO nicht gestattet.[768]

Vor diesem Hintergrund hat die Gemeinde kein bauplanerisches **Festsetzungserfin-** **425** **dungsrecht**.[769] Vielmehr besteht für bauplanungsrechtliche Festsetzungen ein → Typenzwang.[770] Durch den Bebauungsplan bestimmt die Gemeinde Inhalt und Schranken des Eigentums der im Planbereich gelegenen Grundstücke. Hierfür bedarf sie gem. Art. 14 I 2 GG einer gesetzlichen Grundlage, die sich in § 9 BauGB und ergänzend in der gem. § 2 V BauGB erlassenen BauNVO findet. Durch sie wird der festsetzungsfähige Inhalt eines Bebauungsplans abschließend geregelt.[771]

a) Gliederungsmöglichkeiten nach § 1 IV BauNVO. Die Gliederungsmöglichkeiten **426** nach § 1 IV BauNVO beziehen sich auf die Art der zulässigen Nutzung und deren Be-

---

[768] BVerwG, Urt. v. 22.5.1987 – 4 C 77.84 – BVerwGE 77, 317 = RzB Rn. 946; Urt. v. 30.6.1989 – 4 C 16.88 – UPR 1989, 435 = RzB Rn. 887 – Handwerksbetrieb; Urt. v. 27.4.1990 – 4 C 36.87 – DVBl 1990, 1108 = RzB Rn. 950; B. v. 6.5.1993 – 4 NB 32.92 – DVBl 1993, 1097 = NVwZ 1994, 292 = RzB Rn. 933.

[769] BVerwG, Urt. v. 11.2.1993 – 4 C 18.91 – BVerwGE 92, 56 – Einheimischenmodell.

[770] BVerwG, Urt. v. 16.9.1993 – 4 C 28.91 – BVerwGE 94, 151 = DVBl 1994, 284 = RzB Rn. 967 – Garage.

[771] BVerwG, B. v. 15.8.1991 – 4 N 1.89 – DVBl 1992, 32 = RzB Rn. 889.

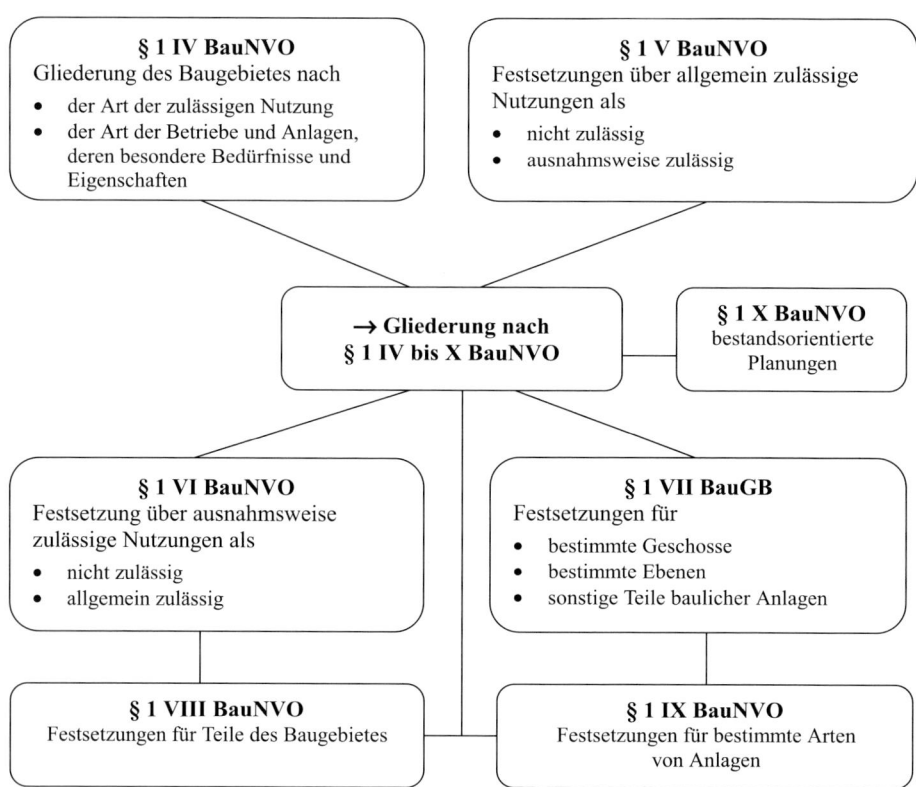

triebe und Anlagen. Nach dieser Vorschrift können für die in den §§ 4 bis 9 BauNVO bezeichneten Baugebiete im Bebauungsplan für das jeweilige Baugebiet Festsetzungen getroffen werden, die das Baugebiet nach der Art der zulässigen Nutzung, nach der Art der Betriebe und Anlagen und deren besonderen Bedürfnissen und Eigenschaften gliedern. Die Festsetzungen können dabei auch für mehrere Gewerbegebiete einer Gemeinde im Verhältnis zueinander getroffen werden. Dies gilt auch für Industriegebiete (§ 1 IV 2 BauNVO). Die Gliederungsmöglichkeiten nach § 1 IV 1 Nr. 1 und 2 BauNVO bestehen allerdings nur in allgemeinen Wohngebieten (§ 4 BauNVO), besonderen Wohngebieten (§ 4 a BauNVO), Dorfgebieten (§ 5 BauNVO), Mischgebieten (§ 6 BauNVO), Kerngebieten (§ 7 BauNVO), Gewerbegebieten (§ 8 BauNVO) und Industriegebieten (§ 9 BauNVO). In Kleinsiedlungsgebieten (§ 2 BauNVO), reinen Wohngebieten (§ 3 BauNVO) und Sondergebieten (§§ 10, 11 BauNVO)[772] bestehen die Gliederungsmöglichkeiten nach der Art der zulässigen Nutzung sowie der Art der Betriebe und Anlagen und deren besonderen Bedürfnissen und Eigenschaften gem. § 1 IV 1 Nr. 1 und 2 BauNVO nicht. Die Gliederung des Gebietes erfolgt in der Regel gebietsintern in dem Sinne, dass etwa in einzelnen Teilgebieten die Nutzung ausgeschlossen wird, sie aber in anderen Teilen zulässig ist. Ein Ausschluss einer oder mehrerer Arten von Nutzungen aus dem gesamten Baugebiet kann nur nach § 1 V BauNVO erfolgen. Außerdem muss die allgemeine Zweckbestimmung des Gebietes gewahrt werden.[773]

---

[772] BVerwG, B. v. 10.8.1993 – 4 NB 2.93 – DVBl 1993, 1098 = RzB Rn. 180 – Naturbühne Elspe.
[773] BVerwG, B. v. 22.12.1989 – 4 NB 32.89 – NVwZ 1990, 171 = ZfBR 1900, 98 = RzB Rn. 881.

Auch bei Festsetzungen in einem Bebauungsplan, die ein Baugebiet gem. § 1 IV **427** BauNVO gliedern, muss die allgemeine Zweckbestimmung des Baugebietes gewahrt bleiben.[774] Jedes Baugebiet dient einer auf den Gebietstypus zugeschnittenen und insofern allgemeinen Zweckbestimmung. Die allgemeine Zweckbestimmung darf durch die planerischen Festsetzungen nicht verloren gehen, da anderenfalls die Pflicht des § 1 III 1 BauNVO verletzt wird, im Bebauungsplan ein in § 1 III 1 BauNVO bezeichnetes Baugebiet festzusetzen. Das Baugebiet muss bei einer Gesamtbetrachtung noch seinen Gebietscharakter wahren. Das Baugebiet muss sich übrigens nicht mit dem Plangebiet decken.[775]

Die **Gliederung** nach § 1 IV BauNVO kann als **Zielsetzung** verfolgen,[776] **428**
– einen innergebietlichen Nachbarschutz zu gewährleisten,
– benachbarte Gebiete vor gebietsübergreifenden Immissionen zu schützen,
– vorhandene oder geplante Infrastruktureinrichtungen besser ausnutzen zu können,
– sich ergänzende Nutzungen zusammenzufassen und an bestimmter Stelle zu konzentrieren.

Dabei kann auch nach den besonderen Bedürfnisse wie Standortbindungen, Verkehrs- **429** anschlüsse, besonderen Schutzbedürftigkeiten oder Flächenbedarf sowie nach besonderen Eigenschaften wie Umweltverträglichkeit, Emissionsverhalten oder Störungsgrad gegliedert werden. So können etwa in einem Baugebiet einzelne Emissionsarten generell ausgeschlossen oder begrenzt werden. Die **Grenzziehung zum Einzelgenehmigungsverfahren** und zu den Aufgaben der Umweltämter ist allerdings nicht immer einfach. Denn es kann nicht die Aufgabe der Gemeinde sein, im Rahmen der Bauleitplanung bereits das immissionsschutzrechtliche Einzelgenehmigungsverfahren vorwegzunehmen.[777] Auch wäre die Gemeinde überfordert, wenn sie in der Bauleitplanung den jeweiligen Stand der Technik fortschreiben sollte.[778]

> → **Schädliche Umwelteinwirkungen.** Immissionen, die nach Art, Ausmaß oder Dauer geeignet sind, erhebliche Nachteile oder erhebliche Belästigungen für die Allgemeinheit oder die Nachbarschaft herbeizuführen.
> → **Immissionen.** Umwelteinwirkungen auf Menschen, Tiere und Pflanzen, den Boden, das Wasser, die Atmosphäre sowie Kultur- und sonstige Sachgüter. Zu den Umwelteinwirkungen gehören Luftverunreinigungen, Geräusche, Erschütterungen, Licht, Wärme, Strahlen und ähnliche Belastungen.
> → **Emissionen.** Sind von einer Anlage ausgehende Luftverunreinigungen, Geräusche, Erschütterungen, Licht, Wärme, Strahlen und ähnliche Erscheinungen.
> → **Luftverunreinigungen.** Veränderungen der natürlichen Zusammensetzung der Luft, insbesondere durch Rauch, Ruß, Staub, Gase, Aerosole, Dämpfe oder Geruchsstoffe (§ 3 BImSchG).

Die bei der Planung auftretenden Interessenkonflikte dürfen nicht einfach unbewältigt **430** bleiben. Besondere Bedeutung hat das BVerwG dem **Gebot der Problem- und Konfliktbewältigung** übrigens bei **straßenrechtlichen** und anderen **fachplanungsrechtlichen Planfeststellungsbeschlüssen** beigemessen,[779] die zu einer abschließenden und alle sonstigen Genehmigungen einschließenden Entscheidung über die Zulässigkeit des

---

[774] BVerwG, B. v. 6.5.1996 – 4 NB 16.96 – Buchholz 406.12 § 1 BauNVO Nr. 22.
[775] BVerwG, B. v. 22.12.1989 – 4 NB 32.89 – NVwZ 1990, 171 = ZfBR 1990, 98.
[776] Fickert/Fieseler § 1 Rn. 84.
[777] BVerwG, B. v. 17.2.1984 – 4 B 191.83 – BVerwGE 69, 30 = RzB Rn. 61 – Reuter-Kraftwerk.
[778] *Von Holleben* UPR 1983, 76; BVerwG, B. v. 11.9.1991 – 4 NB 24.91 – ZfBR 1992, 86 = RzB Rn. 71 – Grünordnungsplan.
[779] BVerwG, Urt. v. 14.2.1975 – IV C 21.74 – BVerwGE 48, 56 = RzB Rn. 50 – B 42; Urt. v. 21.5.1976 – IV C 80.74 – BVerwGE 51, 15 = RzB Rn. 108 – Stuttgart-Degerloch; *Hoppe* FS Ernst 1980, 215.

Vorhabens führen. Auch hat das BVerwG seit dem Flachglas-Urteil[780] aus § 50 BImSchG den **Trennungsgrundsatz** entwickelt, d. h. die räumliche Trennung von Wohnnutzung und emittierendem Gewerbe gefordert. Die **Gliederungsmöglichkeit** nach den besonderen Eigenschaften der Betriebe und Anlagen nach **§ 1 IV 1 Nr. 2 BauNVO** dient in besonderem Maß dem Umwelt- und Immissionsschutz. Hierbei können Betriebe und Anlagen etwa nach ihren notwendigen Schutzabständen zu Wohngebieten gegliedert werden, wie sie in den ministeriellen Abstandserlassen zu den Abständen zwischen Industrie- und Gewerbebetrieben und Wohngebieten im Rahmen der Bauleitplanung niedergelegt sind. Auch wenn eine Anlage gemäß § 8 BauNVO wegen ihrer geringen Immissionsbelastung atypisch und damit gewerbegebietsverträglich ist, muss sie einer modifizierenden bzw. einschränkenden Festsetzung gemäß § 1 IV 1 Nr. 2 BauNVO genügen.[781] Der Grundsatz der Konfliktbewältigung darf aber auch nicht überspannt werden. Es spricht nach Auffassung des BVerwG einiges dafür, dass es nicht Aufgabe der Bauleitplanung ist, Entscheidungen zu treffen, die nach den Bestimmungen des BImSchG oder des AtG dem jeweiligen Genehmigungsverfahren, Vorbescheidsverfahren oder Anordnungsverfahren vorbehalten sind. Eine zu starke Verfeinerung der planerischen Aussagen würde das Planverfahren übermäßig – ggf. bis zur Grenze, an der die Aufstellung eines Bebauungsplans scheitern muss – belasten. Auch könnten die Ratsmitglieder, die für die Abwägung des Planes verantwortlich sind, überfordert werden, wenn sie bereits im Bebauungsplan Festsetzungen treffen müssten, die den Regelungen entsprechen, die die Fachbehörden auf der Grundlage umfangreicher wissenschaftlicher Erhebungen und Begutachtungen im Rahmen des Genehmigungsverfahrens nach dem BImSchG oder nach den maßgeblichen Fachgesetzen zu treffen haben. Darüber hinaus wirft die Festschreibung immissionsrechtlicher Bestimmungen im Bebauungsplan die Frage auf, ob und unter welchen Voraussetzungen die für die Genehmigung nach § 4 BImSchG zuständige Behörde im Genehmigungs- oder Anhörungsverfahren höhere als die im Bebauungsplan festgesetzten immissionsschutzrechtlichen Anforderungen treffen darf. Eine solche Festschreibung der Emissionswerte kann der Anwendung des BImSchG – und zwar zulasten der Bürger – entgegenstehen. Insbesondere kann es nicht Aufgabe der Bauleitplanung sein, Änderungen des Standes der Technik fortlaufend durch Änderungen des Bebauungsplanes umzusetzen.[782]

431   Die Gemeinde kann neben den Baugebietsausweisungen und den Gliederungsmöglichkeiten (§ 1 BauNVO) auch die Festsetzungsmöglichkeiten nach § 9 Nr. 23 und 24 BauGB nutzen. Allerdings ergeben sich hier Grenzen. Auch nach § 9 Nr. 24 BauGB können Emissions- und Immissionswerte nicht festgesetzt werden. Denn solche Grenzwerte sind keine baulichen oder sonstigen technischen Vorkehrungen i. S. von § 9 I Nr. 24 BauGB. Vorkehrungen zum Schutz vor schädlichen Umwelteinwirkungen nach § 9 I Nr. 24 BauGB können deshalb nur bauliche oder technische Maßnahmen sein. Dies galt nach Auffassung des BVerwG schon für § 9 I Nr. 24 BauGB 1976/1979. Mit der Ergänzung von baulichen oder sonstigen technischen Vorkehrungen hat der Gesetzgeber nur eine entsprechende Klarstellung vorgenommen.[783] Die Gemeinde ist daher nach § 9 I Nr. 24 BauGB nicht befugt, ausschließlich Immissions- oder Emissionsgrenzwerte festzusetzen. Die Gemeinde kann allerdings konkrete technische Vorkehrungen wie etwa Schallschutzfenster festsetzen und dabei vorschreiben, dass durch diese technischen Maßnahmen bestimmte gebietsbezogene Richtwerte einzuhalten sind.[784] Allerdings können

---

[780] BVerwG, Urt. v. 5.7.1974 – IV C 50.72 – BVerwGE 45, 309 = RzB Rn. 24 – Delog-Detag.

[781] OVG Münster, B. v. 17.6.2009 – 8 B 1864/08 – BauR 2009, 1560 – Anlage zur zeitweiligen Lagerung und Behandlung von Eisen- und Nichteisenschrotten.

[782] BVerwG, B. v. 17.2.1984 – 4 B 191.83 – BVerwGE 69, 30 = RzB Rn. 61 – Reuter–Kraftwerk.

[783] BVerwG, B. v. 18.12.1990 – 4 N 6.88 – DVBl 1991, 442 = RzB Rn. 179.

[784] BVerwG, B. v. 8.8.1989 – 4 NB 2.89 – NVwZ 1990, 60 = DVBl 1989, 1103 = RzB Rn. 178.

im Bebauungsplan Emissionsgrenzwerte als Eigenschaften von zugelassenen Betrieben festgesetzt werden.

Nach § 1 IV BauNVO ist es der Gemeinde gestattet, einzelne Baugebiete in bestimm- **432** ter Weise zu gliedern. Danach kann etwa die Gliederung durch die Festsetzung von Emissionsgrenzwerten durch einen „flächenbezogenen Schallleistungspegel" auch für Betriebe und Anlagen mit unterschiedlichem Emissionsverhalten zulässig sein.[785] Ferner hat das BVerwG zur Gliederung von Baugebieten auch Festsetzungen von Emissionsgrenzwerten nach dem sog. „immissionswirksamen flächenbezogenen Schallleistungspegel" für zulässig erklärt.[786] Hinsichtlich des Lärms kann danach (lediglich) das Emissionsverhalten, nicht jedoch das Immissionsverhalten der Betriebe und Anlagen Gegenstand von Gliederungsfestsetzungen nach § 1 IV BauNVO sein. Durch einen **flächenbezogenen Schallleistungspegel**, der das (logarithmische) Maß für die je m² Fläche abgestrahlte Schallleistung ist, kann eine **Begrenzung der Schallemissionen** und zugleich eine annähernd gleichmäßige Verteilung des Einwirkungspotenzials erreicht werden.[787]

Beispiel: Die Gemeinde setzt für ein Industriegebiet einen Schallleistungspegel Lw mit 65 dB(A) fest. Wegen der von der Entfernung abhängigen Schallausbreitung kann im Innern des Industriegebietes eine höhere Schallleistung als an den Rändern zu einer benachbarten Wohnbebauung festgesetzt werden. Die Festsetzung immissionswirksamer flächenbezogener Schallleistungspegel (IFSP) in Bebauungsplänen zur Gliederung von Gewerbegebieten setzt zudem voraus, dass zugleich das im Baugenehmigungsverfahren anzuwendende Verfahren der Schallausbreitungsberechnung sowie die Fläche, auf die der IFSP zu verteilen ist, festgesetzt wird.[788]

Die Festsetzung von Emissionsgrenzwerten durch flächenbezogene Schallleistungs- **433** pegel kann zwar nicht nach § 9 I Nr. 24 BauGB erfolgen, der lediglich die zum Schutz vor Immissionen oder die zur Vermeidung oder Minderung solcher Einwirkungen zu treffenden baulichen und sonstigen technischen Vorkehrungen betrifft. Derartige Festsetzungen können aber nach § 1 IV Nr. 1 und 2 BauNVO getroffen werden.[789] Die Festsetzung von Emissionsgrenzwerten durch einen flächenbezogenen Schallleistungspegel zur Gliederung von Baugebieten ist dabei grundsätzlich auch für Betriebe und Anlagen mit unterschiedlichem Emissionsverhalten zulässig. Eine derartige Festsetzung enthält allerdings regelmäßig noch keine abschließenden Aussagen über die konkret zulässigen Betriebe und Anlagen. Ihre maßgebliche besondere Eigenschaft i. S. von § 1 IV 1 Nr. 2 BauNVO besteht allein darin, dass sie einen bestimmten flächenbezogenen Schallleistungspegel nicht überschreiten. Mögliche Störungen der Nachbarschaft durch untypische Anlagen oder Betriebsweisen müssen nicht bereits in der Phase der Bauleitplanung ausgeschlossen werden. Sie können noch bei der Prüfung des einzelnen Vorhabens – etwa in Anwendung von § 15 BauNVO – berücksichtigt werden.[790] Eine Geräuschkontingentierung durch Festsetzung eines immissionswirksamen flächenbezogenen Schallleistungspegels (IFSP) in einem Bebauungsplan ist grundsätzlich zulässig.[791] Solche Festsetzung zur Gliederung von Gewerbegebieten setzen voraus, dass zugleich das im Baugenehmigungsverfahren anzuwendende Verfahren der Schallausbreitungsberech-

---

[785] *So* BVerwG, B. v. 7.3.1997 – 4 NB 38.96 – BauR 1997, 602 = UPR 1997, 331; zu § 1 IV BauNVO siehe auch B. v. 6.5.1996 – 4 NB 16.96 – BRS 58, 88.

[786] BVerwG, B. v. 27.1.1998 – 4 NB 3.97 – DVBl 1998, 891.

[787] Zu Einzelheiten *Fickert/Fieseler* § 1 Rn. 95; *Hill* ZfBR 1980, 223.

[788] OVG Koblenz, Urt. v. 4.7.2006 – 8 C 11709/05 – ZfBR 2007, 57 = NuR 2007, 31 = UPR 2006, 464 (L) – flächenbezogener Schallleistungspegel.

[789] BVerwG, B. v. 18.12.1990 – 4 N 6.88 – DVBl 1991, 442 = RzB Rn. 179.

[790] BVerwG, B. v. 3.7.1979 – 4 NB 38.96 – NVwZ-RR 1997, 522 = BauR 1997, 602 – Emissionsgrenzwerte.

[791] OVG Münster, Urt. v. 14.4.2011 – 8 A 320/09 – DVBl 2011, 1049 (L) = NWVBl 2011, 468 – Windkraftanlagen.

nung sowie die Fläche, auf die der IFSP zu verteilen ist, festgesetzt wird.[792] Die Festsetzung von **flächenbezogenen Schallleistungspegeln** zur Gliederung eines Baugebietes genügt allerdings nur dann dem Bestimmtheitsgebot sowie dem Grundsatz der Konfliktbewältigung, wenn der Bebauungsplan für das Genehmigungsverfahren hinreichend **klare Vorgaben** zu den maßgeblichen Immissionsorten sowie zur Methode enthält, nach welcher die Ausbreitung des von einem konkreten Vorhaben ausgehenden Schalls zu berechnen ist.[793] Bestimmt erst eine in den textlichen Festsetzungen eines Bebauungsplans in Bezug genommene DIN-Vorschrift, unter welchen Voraussetzungen bauliche Anlagen im Plangebiet zulässig sind, ist den rechtsstaatlichen Anforderungen an die Verkündung von Rechtsnormen genügt, wenn die Gemeinde sicherstellt, dass die Betroffenen von der DIN-Vorschrift verlässlich und in zumutbarer Weise Kenntnis erlangen können.[794] Es empfiehlt sich, die Vorschriften in der Gemeinde bereitzuhalten. Genügt der Bebauungsplan diesen Anforderungen an die Bestimmtheit der Festsetzungen nicht, kann der Verkündungsfehler ggf. durch Ergänzung des Normtextes, erneute Ausfertigung und erneute Bekanntmachung des Bebauungsplans geheilt werden; einer erneuten Offenlage, Abwägung und eines erneuten Ratsbeschlusses bedarf es nur, wenn sich der Inhalt der Festsetzungen ändert.[795]

434   Die Festsetzung von Emissionskontingenten kann nur dann auf § 1 IV 1 BauNVO gestützt werden, wenn das Baugebiet anhand der zulässigen Schallleistungspegel gegliedert wird. Daran fehlt es, wenn für das gesamte Baugebiet ein einheitliches Emissionskontingent festgesetzt wird. Die Festsetzung von Emissionskontingenten in einem Bebauungsplan findet nur dann in § 1 IV 2 BauNVO eine Rechtsgrundlage, wenn sie nach dem Willen des Plangebers dazu dient, verschiedene Gewerbe- oder Industriegebiete im Verhältnis zueinander zu gliedern.[796] Die Festsetzung eines flächenbezogenen Schallleistungspegels in einem Gewerbegebiet – muss zugleich das **Berechnungsverfahren** für die betriebliche Schallleistung bestimmen. Ohne eine zu den angrenzenden Wohngebieten eines Gewerbegebiets ausgerichtete Zonung mit abgestufter Festsetzung des flächenbezogenen Schallleistungspegels oder ohne sonstige planerische Vorkehrungen ist der Schutz der Anwohner vor bis an die Plangebietsgrenze heranrückenden Gewerbebetrieben, die rechnerisch den IFSP einhalten, weil sie ihre Schallleistung auf eine relativ große Bezugsfläche verteilen können, nicht gewährleistet.[797] Zur Gliederung der in §§ 4 bis 9 BauNVO bezeichneten Baugebiete können gemäß § 1 IV 1 Nr. 2 BauNVO auch Emissionsgrenzwerte nach dem Modell der sog. immissionswirksamen flächenbezogenen Schallleistungspegel festgesetzt werden.

---

[792] OVG Koblenz, Urt. v. 4.7.2006 – 8 C 11709/05 – ZfBR 2007, 57 = NuR 2007, 31 = UPR 2006, 464 (L) – flächenbezogener Schallleistungspegel.

[793] OVG Berlin-Brandenburg, Urt. v. 10.12.2008 – 2 A 7.08 – ZUR 2009, 429 = DVBl 2009, 991 – flächenbezogene Schallleistungspegel, m. Hinw. auf VGH Mannheim, Urt. v. 24.3.2005- 8 S 595/04 – BRS 69 Nr. 39, VGH München, Urt. v. 21.1.1998 – 26 N 95.1632 – BayVBl. 1998, 436; Urt. v. 25.10.2000 8 C 11709/05 – BRS 63 Nr. 82; OVG Koblenz, Urt. v. 4.7.2006 – 8 C 11709/05 – NuR 20117, 31.

[794] BVerwG, B. v. 29.7.2010 – 4 BN 21.10 – ZfBR 2010, 689 = BauR 2010, 1889 = DVBl 2010, 1251 – DIN-Vorschrift. OVG Münster, Urt. v. 25.1.2010 – 7 D 110/09.NE, 7 D 111/09.NE – Info BRS 2010, Nr. 3, 6 = BauR 2010, 1038 = UPR 2010, 356; Urt. v. 4.10.2010 – 10 D 30/08.NE – Bahnhofsgelände, *Gatz*, jurisPR-BVerwG 19/2010 Anm. 5.

[795] OVG Koblenz, Urt. v. 26.3.2009 – 8 C 10729/08 – BauR 2009, 1014 = DVBl 2009, 798 = NVwZ-RR 2009, 673 = DÖV 2009, 639 – Bebauungsplanverkündung, im Anschluss Urt. v. 4.7.2006 – 8 C 11709/05 – NuR 2007, 31.

[796] OVG Koblenz, Urt. v. 2.5.2011 – 8 C 11261/10 – DVBl 2011, 915 (L) = NVwZ-RR 2011, 858 – Emissionskontingenten; dort auch zur Berechnung von Emissionskontingenten in Bebauungsplänen.

[797] OVG Berlin-Brandenburg, Urt. v. 13.4.2010 – 10 A 2.07 – BauR 2010, 1535 = NVwZ-RR 2010, 762 – flächenbezogener Schallleistungspegel in einem Gewerbegebiet.

Demgegenüber hat das BVerwG die Festsetzung von sog. **Zaunwerten** in einem Son- **435** dergebiet als Lärmimmissionsgrenzwerte für eine Gesamtheit von unterschiedlichen Nutzungen für unzulässig erklärt[798] Die Gemeinde hatte in einem Bebauungsplan für das Gebiet einer Freilichtbühne ein Sondergebiet ausgewiesen und einen Beurteilungspegel festgesetzt, der an den Rändern nicht überschritten werden durfte.[799] Für eine solche Festsetzung von Zaunwerten fehlt nach Auffassung des BVerwG die rechtliche Grundlage. Zu den in § 9 I Nr. 24 BauGB genannten Vorkehrungen zum Schutz gegen schädliche Umwelteinwirkungen zählen nur bauliche oder sonstige technische Maßnahmen (→ *Abbildungen 66 und 67 mit Textbeispielen 54, 55 und 56),* nicht aber Emissions- oder Immissionsgrenzwerte.[800] Die nach § 9 I Nr. 24 BauGB zulässigen immissionsschutzbezogenen Festsetzungen müssen dahingehend hinreichend bestimmt sein, dass ihnen die konkret zu treffenden Maßnahmen entnommen werden können. Dabei kann auf DIN-Vorschriften verwiesen werden.[801] So können Festsetzungen zum passiven Lärmschutz nach § 9 I Nr. 24 BauGB inhaltlich auf Regelungen der DIN 4109 verweisen.[802] Die Gliederungsmöglichkeiten nach § 1 IV 1 BauNVO, wonach die in den §§ 4 bis 9 BauNVO bezeichneten Baugebiete nach der Art der Nutzung oder der Art der Betriebe und Anlagen und deren besonderen Bedürfnissen und Eigenschaften gegliedert werden können, gelten nicht für Sondergebiete. Für Sondergebiete können daher nur besondere Festsetzungen über die Art der Nutzung getroffen werden, nicht aber besondere Eigenschaften der Betriebe oder Anlagen.[803] Die Festsetzung von Zaunwerten als Summenpegel stellt im Übrigen nach Auffassung des BVerwG nicht die Festsetzung einer Nutzungsart dar. Die gebietsüberschreitende Festsetzung eines Summenpegels für eine Gesamtheit von unterschiedlichen Nutzungen in mehreren Sondergebieten kann aber nicht auf § 11 II 1 BauNVO i.V. mit § 1 III 3 BauNVO gestützt werden.[804] Auch die nachträgliche fiktive Umrechnung eines Zaunwertes in einen im Bebauungsplan nicht festgesetzten flächenbezogenen Schallleistungspegel ist nicht zulässig.[805] Die Frage, ob die Bildung von Summenpegeln für alle Lärmquellen unter Einschluss des Gewerbelärms für die Abwägung erforderlich ist, lässt sich dabei nicht in generalisierbarer Weise beantworten. Maßgeblich sind die tatrichterlich zu würdigenden Umstände des Einzelfalls. Dabei kann auch eine Rolle spielen, welche Festsetzungen der Bebauungsplan zur Begrenzung des Gewerbelärms trifft.[806] Festsetzungen in einem Bebauungsplan, die auf eine Steuerung von Immissionsauswirkungen in einem Gewerbegebiet abzielen, sind unzulässig, wenn mit ihnen nur ein Immissions-Summenpegel, nicht aber die Art der zulässigen Anlagen bestimmt wird.[807] Die Festsetzung von Lärmemissionskontingenten in materieller Hinsicht unterliegt besonderen Rechtmäßigkeitsanforderungen, die vor allem die Ermächtigungsgrundlage und die Abwägung nach § 1 VII BauGB betreffen, aber auch mit dem Bestimmtheitsgebot und der städtebaulichen Erforderlichkeit aus § 1 III 1 BauGB verzahnt sind.[808]

---

[798] BVerwG, B. v. 2.10.2013 – 4 BN 10.13 – BauR 2014, 59 = ZfBR 2014, 148, *Gatz,* jurisPR-BVerwG 23/2013 Anm. 1 – Summenpegel.

[799] BVerwG, B. v. 10.8.1993 – 4 NB 2.93 – DVBl 1993, 1098 = RzB Rn. 180 – Naturbühne Elspe; Urt. v. 16.12.1999 – 4 CN 7.98 – BVerwGE 110, 193 = DVBl 2000, 804 – Bebauungsplanänderung.

[800] BVerwG, Urt. v. 14.4.1989 – 4 C 52.87 – DVBl 1989, 1050 = RzB Rn. 66 – Zementmahlanlage.

[801] OVG Münster, Urt. v. 23.10.2008 – 7 D 90/07.NE – immissionsschutzbezogene Festsetzungen.

[802] VGH Mannheim, Urt. v. 19.10.2011 – 3 S 942/10 – passiver Schallschutz.

[803] *Mayen* NVwZ 1991, 842.

[804] BVerwG, B. v. 10.8.1993 – 4 NB 2.93 – DVBl 1993, 1098 = RzB Rn. 180 – Naturbühne Elspe.

[805] OVG Bautzen, Urt. v. 11.2.1999 – 1 S 347/97 – SächsVBl 1999, 134.

[806] BVerwG, B. v. 15.7.2010 – 4 BN 25.10 – Summenpegel.

[807] OVG Münster, Urt. v. 1.2.2010 – 7 A 1635/07 – BauR 2010, 1188 = NWVBl 2010, 349 = DVBl 2010, 733 = DÖV 2010, 569 – *Dziallas* NZBau 2010, 363 – Lebensmittel-Vollsortimenter, m. Hinw. auf BVerwG, Urt. v. 17.12.2009 – 4 C 2.08 –; Urt. v. 16.12.1999 – 4 CN 7.98 – BRS 62 Nr. 44.

[808] OVG Münster, B. v. 1.7.2013 – 2 B 520/13.NE – Lärmemissionskontingentierung.

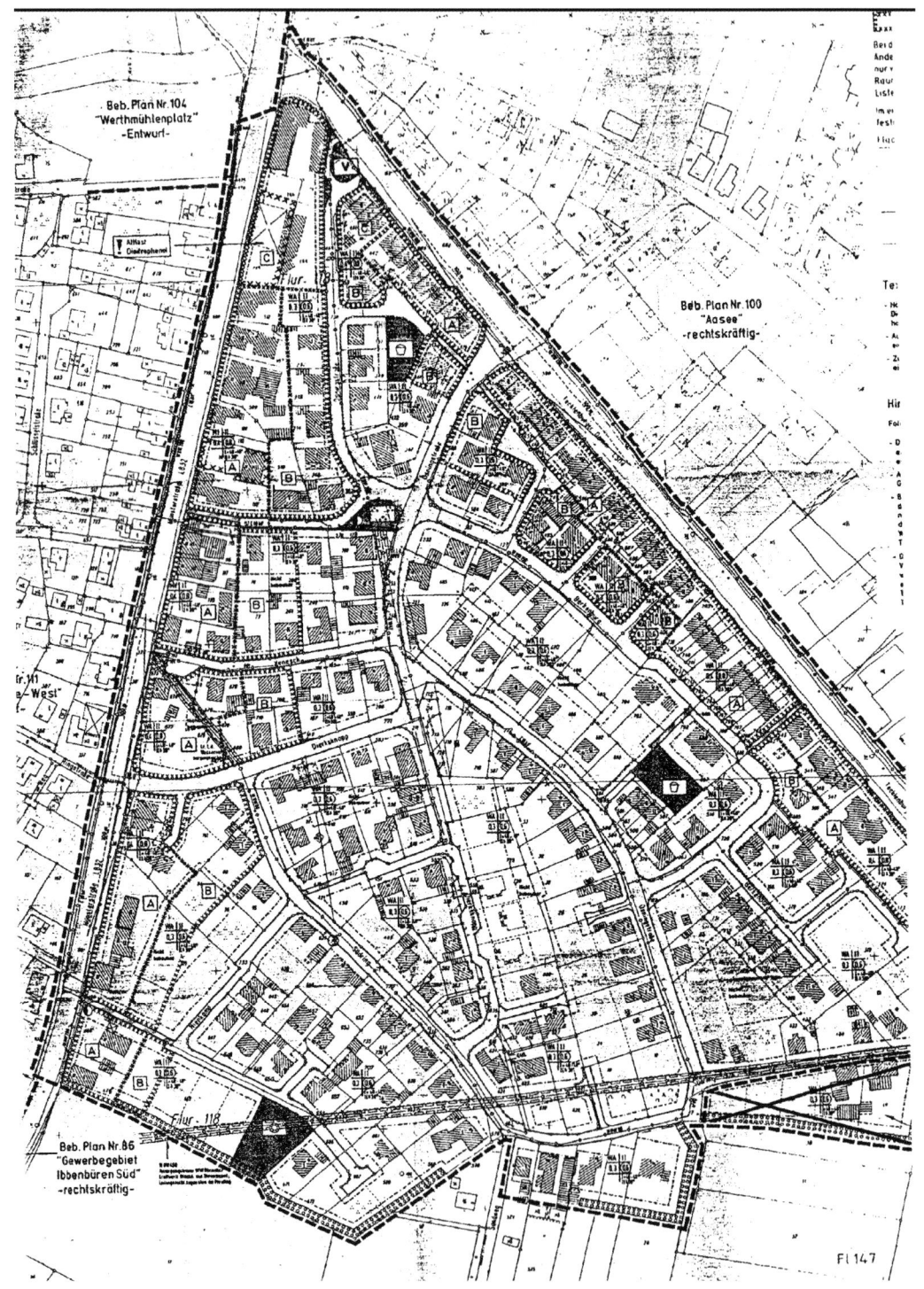

Abbildung 66: *Schallschutz*

Festsetzungen gem. § 9 I Nr. 24 BauGB

Bei den gekennzeichneten Flächen A, B und C müssen bei der Errichtung, Änderung oder Nutzungsänderung von Gebäuden in den zum nicht nur vorübergehenden Aufenthalt von Menschen vorgesehenen Räumen Schallschutzfenster nach Maßgabe der nachfolgenden Liste eingebaut werden. Im Einzelnen werden folgende Schallschutzklassen nach VDI-Richtlinie 2719 festgesetzt:

Flächen	Schallschutzklasse
A	3 An den der Bundesstraße bzw. der Landstraße zugewandten Seiten und den senkrecht zu diesen Straßen stehenden Seiten
	2 An der Rückseite der Gebäude
B	2 An den Gebäudeseiten mit Sichtbeziehungen zur Bundesstraße und zur Landstraße
C	3 An allen anderen Gebäudeseiten

Textbeispiel 54: *Festsetzungen Schallschutz (zu Abbildung 66)*

Gebiete der BauNVO	DIN 18 005 Teil 1 Schallschutz im Städtebau		Verkehrslärm-schutzVO (16. BImSchV)		Sportanlagenlärm-schutzVO (18. BImSchV)			Technische Anleitung zum Schutz gegen Lärm (TA Lärm 1998)	
	Höchstwerte in dB(A) tags/nachts		Immissionsrichtwerte in dB(A)[809] tags/nachts		Immissionsrichtwerte in dB(A) tags/nachts/Ruhezeit			Immissionsrichtwerte in dB(A) tags/nachts	
WR	50	35[810]–40[811]	59	49	50[812]	45[813]	35[814]	50	35
WA	55	40-45	59	49	55	50	40	55	40
WS	55	40-45	59	49	55	50	40	55	40
WB	60	40-45							
Wochenendhaus	50	35-40							
Ferienhaus	50	35-40							
Camping	55	40-45							
Wohnungen mit der Anlage baulich verbunden					35		25		
MD	60	45-50	64	54	60	55	45	60	45
MI	60	45-50	64	54	60	55	45	60	45
MK	65	50-55	64	54	60	55	45	60	45
GE	65	50-55	69	59	65	60	50	65	50
GI	70							70	
SO	soweit schutzbedürftig		Krankenhäuser, Schulen, Kur- und Altenheime		Kurgebiete, Krankenhäuser, Pflegeanstalten			Kurgebiete, Krankenhäuser, Pflegeanstalten	
	45-65	35-65	57	47	45	45	35	45	35
Friedhöfe, Parkanlagen, Kleingärten	55								

Textbeispiel 55: *Schallschutz*

---

[809] Beim Neubau und einer wesentlichen Änderung von Straßen, für die Schiene ein Aufschlag von 5 dB(A).

[810] Industrie-, Gewerbe- und Freizeitlärm.

[811] Gebietslärm.

[812] Tags 6–22 Uhr (sonntags 7–22 Uhr).

[813] Ruhezeiten: 6–8 Uhr (sonntags 7–9 Uhr), 20–22 Uhr (sonntags 13–15/20–22 Uhr).

[814] Nachts: 22–6 Uhr (sonntags 22–7 Uhr).

436   Auch eine unmittelbare Festsetzung von Immissionswerten am Immissionsort ist wegen fehlender rechtlicher Grundlage unzulässig. Bestimmte **Grenzwerte**, die zum Schutz der Nachbarschaft vor schädlichen Umwelteinwirkungen durch Geräusche nicht überschritten werden dürfen, sind – abgesehen vom Verkehrslärmschutz durch die Verkehrslärmschutzverordnung (16. BImSchV) und der Sportanlagenlärmschutzverordnung (18 BImSchV) – normativ nicht festgelegt. Selbst technische Regelwerke wie die DIN 18 005 – Schallschutz im Städtebau – oder die VDI-Richtlinie 2058 enthalten nur Orientierungswerte oder Richtwerte für die Zumutbarkeit von Lärmbelastungen.[815] Demgemäß hat das BVerwG für den Bereich des Lärmschutzes ausgesprochen, dass die nach § 41 BImSchG zu beachtende Grenze des Zumutbaren von den Behörden und Gerichten anhand einer umfassenden Würdigung aller Umstände des Einzelfalls und insbesondere der speziellen Schutzwürdigkeit des jeweiligen Baugebiets zu bestimmen sei.[816] Dies gilt auch für die Bauleitplanung. Die Ermittlung eines Grenzwertes wird dabei vom BVerwG als das Ergebnis einer Einzelfallprüfung verstanden, bei der insbesondere die durch die Gebietsart und die tatsächlichen Verhältnisse bestimmte Schutzwürdigkeit und Schutzbedürftigkeit zu berücksichtigen sind. Die Schutzwürdigkeit wird dabei vor allem durch den jeweiligen Gebietscharakter und durch eine planerische oder tatsächliche Vorbelastung bestimmt.[817] Auch die Art des Lärms – etwa der Lärm von Gewerbebetrieben im Unterschied zum Lärm des Straßenverkehrs – kann von Bedeutung sein. Im Rahmen dieser tatrichterlichen Bewertung kann auch die DIN 18 005 – Schallschutz im Städtebau – als Orientierungshilfe oder als grober Anhalt[818] herangezogen werden. Solche Messungen und Bewertungen von Geräuschen mit Hilfe technischer Regelwerke sind als Orientierungswerte und Anhaltspunkte für die richterliche Beurteilung von Bedeutung. Unzulässig wäre nach Auffassung des BVerwG nur eine schematische Anwendung bestimmter Mittelungspegel oder Grenzwerte. Auch eine Überschreitung der Orientierungswerte der DIN 18 005 für Wohngebiete um 5 dB(A) kann das Ergebnis einer gerechten Abwägung sein.[819] Das Gericht kann die Verwaltung zudem regelmäßig nicht zu bestimmten Grenzwerten verpflichten, sondern muss den Abwägungsspielraum der Verwaltung beachten. Unter der Voraussetzung einer im Übrigen begründeten Klage kann die Verwaltung dann lediglich zu einer Neubescheidung verpflichtet werden.[820]

Schallschutz

Innerhalb der 1. Bauzeile (überbaubare Fläche in 10 bis 30 m Abstand zur Fahrbahnmitte) entlang der Kreisstraße sind bei der Errichtung, Änderung oder Nutzungsänderung von Gebäuden, die zum dauernden Aufenthalt von Menschen vorgesehenen Räume mit Fenstern der Schallschutzklasse 2 (gem. VDI-Richtlinie 2719 – Schalldämmmaß 30 bis 34 dB) auszustatten.

Festsetzungen zum Immissionsschutz nach § 9 I Nr. 24 BauGB

Die Gebäude auf den im Plan gekennzeichneten Flächen sind an den Bauteilen, die emissionsverursachenden Straßen zugewandt sind, durch baulichen Schallschutz gem. DIN 4109 (Schallschutzfenster und/oder Außenbauteile mit entsprechendem Schalldämmmaß) gegen Verkehrslärmeinwirkungen zu schützen. Soweit es sich hierbei um Schlafräume und Kinderzimmer handelt, die ausschließlich über die genannten Gebäudeseiten belüftet werden, ist zusätzlich der Einbau schallgedämmter Lüfter vorzusehen, deren Schalldämmmaß die Anforderungen der DIN 4109 gewährleisten muss.

---

[815] BVerwG, B. v. 30.9.1996 – 4 B 175.96 – BauR 1997, 290 = UPR 1997, 101 – DIN; Zu den LAI-Hinweisen BGH, Urt. v. 23.3.1990 – V ZR 58/89 – DVBl 1990, 771 = DÖV 1990, 698 = RzB Rn. 76.

[816] BVerwG, Urt. v. 22.5.1987 – 4 C 33 – 35.83 – BVerwGE 77, 285 = RzB Rn. 120 – Meersburg; B. v. 18.12.1990 – 4 N 6.88 – DVBl 1991, 442 – Schalleistungspegel.

[817] BVerwG, Urt. v. 20.10.1989 – 4 C 12.87 – BVerwGE 84, 31 = RzB Rn. 216 – Eichenwäldchen; B. v. 18.12.1990 – 4 N 6.88 – DVBl 1991, 442 – Schalleistungspegel.

[818] BVerwG, Urt. v. 19.1.1989 – 7 C 77.87 – BVerwGE 81, 197 = RzB Rn. 93 – Tegelsbarg.

[819] BVerwG, B. v. 18.12.1990 – 4 N 6.88 – DVBl 1991, 442.

[820] BVerwG, Urt. v. Urt. v. 5.3.1997 – 11 A 25.95 – DVBl 1997, 831 = BVerwGE 104, 123 = NVwZ 1998, 513 – Reinbek–Wentorf.

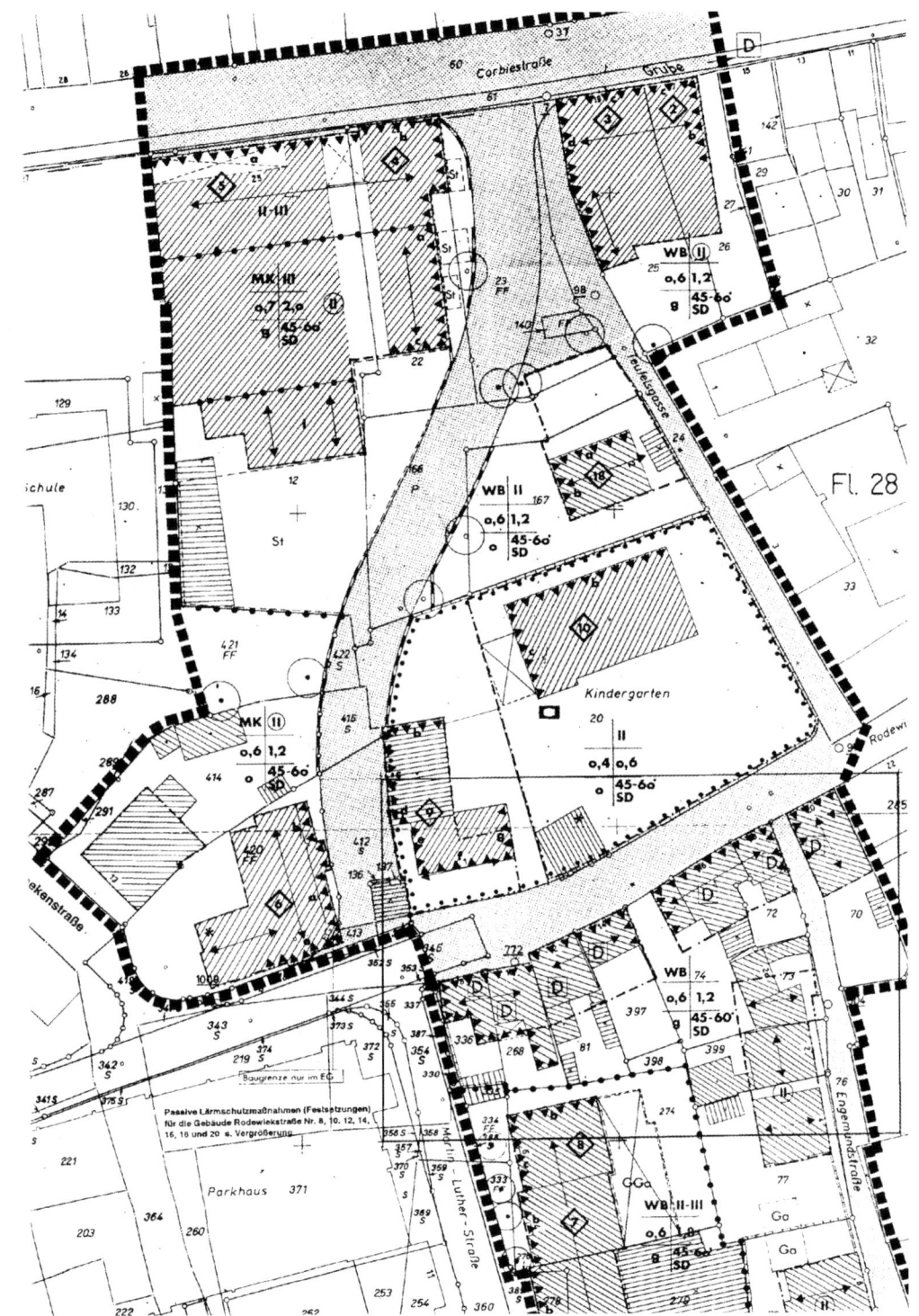

Abbildung 67: *Schallschutz*

Als den emissionsverursachenden Straßen zugewandte Gebäudeteile gelten auch Außenbauteile, insbesondere Fenster, die im direkten Verkehrslärmausbreitungsbereich der im Bebauungsplan festgesetzten Verkehrsflächen liegen.

Die im Plan gekennzeichneten Gebäude sind an den gekennzeichneten Gebäudeseiten mit Fenstern des in der nachstehenden Tabelle aufgeführten Schalldämmaßes für die übrigen Außenbauteile gem. DIN 4109 als Maßnahme des passiven Schallschutzes auszustatten.

Gebäudeort	Geschoss	Schalldämmmaß Fenster	Schalldämmmaß Außenbauteile
Bachstraße	EG/OG1/OG3	35/35/35	40/40/40
Corbiestraße	EG/OG1/OG2	30/30/30	35/35/35
Martin-Luther-Straße	EG/OG1/OG2	40/35/35	45/40/40
Rodewiekstraße	EG/OG1/OG2	40/40/35	45/45/40
Teufelsgasse	EG/OG1	30/30	35/35

Textbeispiel 56: *Festsetzungen Schallschutz (zu Abbildung 67)*

437   Auch technische Regelwerke wie DINNormen, VDIRichtlinien und Technische Anleitungen können diese Komponenten nur unzureichend erfassen. Aus diesem Grunde können die genannten Regelwerke für den Einzelfall nur Orientierungswerte sein können.[821] Die Beurteilung kann von ihnen abweichen, wenn dafür im Einzelfall Gründe bestehen.[822] Rechtliche Relevanz erhalten die vom Deutschen Institut für Normung erarbeiteten Normen im Bereich des technischen Sicherheitsrechts nicht, weil sie eigenständige Geltungskraft besitzen, sondern nur, soweit sie die Tatbestandsmerkmale von Regeln der Technik erfüllen, die der Gesetzgeber in seinen Regelungswillen aufnimmt. Werden sie vom Gesetzgeber übernommen, so nehmen sie an der normativen Wirkung in der Weise teil, dass die materielle Rechtsvorschrift durch sie näher konkretisiert wird.[823]

438   In der Bauleitplanung dienen die Immissionsrichtwerte der DIN **18005-1** als nicht schematisch anzuwendende Orientierungshilfe für die Zumutbarkeit von Geräuschimmissionen. In der Regel sind die Anforderungen an gesunde Wohnverhältnisse gewahrt, wenn tags 60 dB(A) und nachts 45 dB(A) unterschritten werden.[824] Bewegen die Überschreitungen der Orientierungswerte sich im Bereich von 8 bis 13 dB(A), sind sie außerhalb des üblichen Abwägungsspielraums von 5 dB(A).[825] Eine Abwägung ist fehlerhaft, wenn das Schallschutzkonzept mit Fehlern behaftet ist, die dazu führen, dass die allgemeinen Anforderungen an gesunde Wohnverhältnisse nicht berücksichtigt werden. Zur Konkretisierung ist eine Berechnung der Schallminderung durch Schallschutzwände verschiedener Höhen unter Berücksichtigung des Abstandes der benachbarten festgesetzten Wohnbebauung und der dort vorgesehenen drei Obergeschosse erforderlich.[826] Wird ein neues Wohngebiet geschaffen, ist die Planung insbesondere auch darauf auszurichten, dass in dem betreffenden Gebiet ein den berechtigten Wohnerwartungen und Wohngewohnheiten entsprechendes Wohnen gewährleistet ist. Dieses erfasst sowohl das Leben innerhalb der Gebäude als auch die angemessene Nutzung der Außenwohnbereiche wie Balkone, Terrassen, Hausgärten, Kinderspielplätze und sonstiger Grün- und Freiflächen. Daher kann es im Ergebnis mit dem Gebot gerechter Abwägung vereinbar sein, Wohngebäude an der lärmzugewandten Seite des Gebiets auch deutlich über den Orientierungswerten liegenden Außenpegeln auszusetzen, wenn jedenfalls im Innern der Gebäude durch die

---

[821] BVerwG, Urt. v. 19.1.1989 – 7 C 77.87 – BVerwGE 81, 197; B. v. 18.121990 – 4 N 6.88 – Buchholz 406.11 § 1 BauGB Nr. 50 = NVwZ 1991, 881; B. v. 24.1.1992 – 4 B 228.91 – Buchholz 406.12 § 4 a BauNVO Nr. 2; B. v. 27.1.1994 – 4 B 16.94 – NVwZ–RR 1995, 6.

[822] BVerwG, B. v. 11.4.1996 – 4 B 51.96 – Buchholz 406.11 § 34 BauGB Nr. 179 = ZfBR 1997, 51 – faktisches Mischgebiet.

[823] So BVerwG, B. v. 30.9.1996 – 4 B 175.96 – BauR 1997, 290 = UPR 1997, 101 – DIN, für die Bezugnahme auf die DIN 4261 Teil 1 und 2 – Kleinkläranlagen in § 18 b WHG.

[824] OVG Münster, B. v. 14.6.2012 – 2 B 379/12.NE -.

[825] VGH Kassel, Urt. v. 29.3.2012 – 4 C 694/10.N – NuR 2012, 644 Schallschutzkonzept.

[826] VGH Kassel, Urt. v. 29.3.2012 – 4 C 694/10.N – NuR 2012, 644 Schallschutzkonzept.

Anordnung der Räume und die Verwendung schallschützender Außenbauteile angemessener Lärmschutz gewährleistet wird.[827] Der Fortbestand einer geplanten **Riegelbebauung** muss hinreichend öffentlich-rechtlich oder privat-rechtlich gesichert sein. Zwar können Baulasten grundsätzlich auch zu Verpflichtungen nach Bauplanungsrecht begründet werden. Fraglich ist aber bereits, ob eine so weitreichende Verpflichtung wie die Verpflichtung zur Bauerhaltung und gegebenenfalls Wiederherstellung eines zerstörten Gebäudes Inhalt einer Baulasterklärung sein kann. Unabhängig hiervon wäre auch im Falle der rechtlichen Zulässigkeit entsprechender Baulasten oder privat-rechtlicher Verpflichtungen der Bestand der Gebäude nicht effektiv gesichert. Im Falle des Abrisses eines Gebäudes oder Zerstörung durch Brand bestünde zwar eine Pflicht zur Wiedererrichtung. Die Wiedererrichtung ist aber dann, wenn die Grundstückseigentümer finanziell nicht leistungsfähig oder bauunwillig sind, nicht sichergestellt.[828]

Die Lärmbeeinträchtigung i.S. des § 3 I BImSchG ist eine letztlich nicht in jeder Hinsicht messbare Größe. Störungen durch Geräusche werden durch eine **Vielzahl von Faktoren** bestimmt. Aus ihnen setzt sich der Eindruck einer Lärmbelästigung zusammen. Es handelt sich neben physikalischen Faktoren vor allem um soziale, sozio-psychische und medizinisch-physiologische Komponenten.[829] Auch die bekannten technischen Regelwerke wie DIN Normen, VDIRichtlinien und Technische Anleitungen können diese Komponenten nur unzureichend erfassen. Aus diesem Grunde können die genannten Regelwerke für den Einzelfall nur Orientierungswerte enthalten.[830] Die Beurteilung kann von ihnen abweichen, wenn dafür im Einzelfall Gründe bestehen.[831] Rechtliche Relevanz erhalten die vom Deutschen Institut für Normung erarbeiteten Normen im Bereich des technischen Sicherheitsrechts nicht, weil sie eigenständige Geltungskraft besitzen, sondern nur, soweit sie die Tatbestandsmerkmale von Regeln der Technik erfüllen, die der Gesetzgeber in seinen Regelungswillen einbezieht. Werden sie vom Gesetzgeber aufgegriffen, so nehmen sie an der normativen Wirkung in der Weise teil, dass die materielle Rechtsvorschrift durch sie näher konkretisiert wird.[832] Verweist der Gesetzgeber auf die Regeln der Technik, werden diese nicht ihrerseits zu Rechtsnormen. Welche anerkannten Regeln der Technik bestehen, wie sie anzuwenden sind und ob sie ihre Aufgabe erfüllen können, ist im Einzelfall zu klären.[833] Bestimmt erst eine in den **textlichen Festsetzungen** eines Bebauungsplans in Bezug genommene **DIN-Vorschrift**, unter welchen Voraussetzungen bauliche Anlagen im Plangebiet zulässig sind, ist den rechtsstaatlichen Anforderungen an die Verkündung von Rechtsnormen genügt, wenn die Gemeinde sicherstellt, dass die Betroffenen von der DIN-Vorschrift verlässlich und in zumutbarer Weise Kenntnis erlangen können[834]. Es empfiehlt sich, die Vorschriften in der Gemeinde bereitzuhalten. Genügt der Bebauungsplan diesen Anfor-

439

---

[827] VGH Kassel, Urt. v. 29.3.2012 – 4 C 694/10.N – NuR 2012, 644 Schallschutzkonzept. Zur Zumutbarkeit von Lärmimmissionen infolge der Errichtung eines Schnellrestaurants mit Drive-in-Spur für die Nachbarschaft OVG Münster, Urt. v. 9.3.2012 – 2 A 1626/10 – DVBl 2012, 847 = BauR 2012, 1223 – Schnellrestaurant, nachgehend BVerwG, B. v. 8.1.2013 – 4 B 23.12 -.

[828] VGH Kassel, Urt. v. 29.3.2012 – 4 C 694/10.N – NuR 2012, 644 Schallschutzkonzept.

[829] BVerwG, Urt. v. 20.10.1989 – 4 C 12.87 – BVerwGE 84, 31 – Eichenwäldchen.

[830] BVerwG, Urt. v. 19.1.1989 – 7 C 77.87 – BVerwGE 81, 197; B. v. 18. 12.1990 – 4 N 6.88 – Buchholz 406.11 § 1 BauGB Nr. 50 = NVwZ 1991, 881; B. v. 24.1.1992 – 4 B 228.91 – Buchholz 406.12 § 4 a BauNVO Nr. 2; B. v. 27.1.1994 – 4 B 16.94 – NVwZ-RR 1995, 6.

[831] BVerwG, B. v. 11.4.1996 – 4 B 51.96 – Buchholz 406.11 BauGB Nr. 179 = ZfBR 1997, 51 – faktisches Mischgebiet.

[832] So BVerwG, B. v. 30.9.1996 – 4 B 175.96 – BauR 1997, 290 = UPR 1997, 101 – DIN, für die Bezugnahme auf die DIN 4261 Teil 1 und 2 – Kleinkläranlagen in § 18 b WHG.

[833] BVerwG, B. v. 3.9.2003 – 7 B 6.03 – Buchholz 406.19 Nachbarschutz Nr. 167.

[834] BVerwG, B. v. 29.7.2010 – 4 BN 21.10 – ZfBR 2010, 689 = BauR 2010, 1889 = DVBl 2010, 1251 – DIN-Vorschrift. OVG Münster, Urt. v. 25.1.2010 – 7 D 110/09.NE, 7 D 111/09.NE – Info BRS 2010, Nr. 3, 6 = BauR 2010, 1038 = UPR 2010, 356; Urt. v. 4.10.2010 – 10 D 30/08.NE – Bahnhofsgelände, *Gatz*, jurisPR-BVerwG 19/2010 Anm. 5.

derungen an die Bestimmtheit der Festsetzungen nicht, kann der Verkündungsfehler ggf. durch Ergänzung des Normtextes, erneute Ausfertigung und erneute Bekanntmachung des Bebauungsplans geheilt werden; einer erneuten Offenlage, Abwägung und eines erneuten Ratsbeschlusses bedarf es nur, wenn sich der Inhalt der Festsetzungen ändert.[835]

440 **b) Abstandserlass.** Eine wirksame Möglichkeit, Gewerbe- und Industriegebiete nach besonderen Eigenschaften zu gliedern und einen ausreichenden Schutz der benachbarten Wohnbebauung sicherzustellen, besteht in der Orientierung an dem **Abstandserlass des Landes NRW.**[836] Der Abstandserlass verweist auf das Gebot der Beteiligung der für den Umweltschutz zuständigen Träger öffentlicher Belange an der Bauleitplanung. Die Fachbehörden sollen im Rahmen ihrer Beteiligung die Gemeinden beraten und mit ihnen konstruktiv zusammenarbeiten. Der Erlass richtet sich an die Stellen, die als Träger öffentlicher Belange die Aufgaben des Immissionsschutzes wahrnehmen. Er ist eine Handlungsanleitung zur sicheren Rechtspraxis aus Sicht der obersten Immissionsschutzbehörde. Die in der Abstandsliste aufgeführten Abstände sind zur Anwendung bei raumbedeutsamen Planungen und Maßnahmen i.S. von § 50 BImSchG in Bauleitplanverfahren bestimmt. Sie gelten nicht in Genehmigungsverfahren nach dem BImSchG, in Genehmigungs- und Planfeststellungsverfahren nach KrWG sowie in sonstigen Planfeststellungs- und Baugenehmigungsverfahren. Außerdem berücksichtigen sie nur den bestimmungsgemäßen Betrieb von Anlagen. Der Erlass und seine Anlagen beruhen auf einschlägigen Verwaltungsvorschriften des Bundes (TA-Luft, TA-Lärm) und landesrechtlichen Regelungen (z.B. der Geruchsimmissions-Richtlinie – GIRL). Sie berücksichtigen ferner die einschlägigen VDI-Richtlinien und DIN-Normen. Die Abstandsliste wurde auf der Basis des Anhangs 4. BImSchV aufgestellt.

441 Es ist dabei nicht Aufgabe der Fachbehörden, die verschiedenen Belange mit den Erfordernissen des Umweltschutzes in Einklang zu bringen. Die von den Umweltämtern vorgetragenen Belange kann die Gemeinde auch zurückstellen, wenn andere Belange überwiegen. Die endgültige Entscheidung ist von den umweltrechtlichen Fachbehörden auch zu respektieren, wenn die Planung abwägungsgerecht ist. Die Fachbehörde hat dann im Rahmen ihrer Aufgabenstellung an der Realisierung beizutragen. Die dem Abstandserlass beigefügte Abstandsliste kann der Vereinheitlichung der Stellungnahme der Umweltbehörde dienen. Bei Einhaltung der angegebenen Abstände wird vermutet, dass Gefahren, erhebliche Nachteile oder erhebliche Belästigungen durch Luftverunreinigungen oder Geräusche bei einem bestimmungsgemäßen Betrieb der Anlage dem Stand der Technik entspricht. Der Abstandserlass ist auf Neuplanungen zugeschnitten. Bei der Planung von Gemengelagen sind die in der Liste enthaltenen Abstände zu modifizieren. Vor allem können aus der Abstandsliste keine Rückschlüsse auf vorhandene Immissionssituationen gezogen werden. Ob bei einer vorgegebenen Situation durch Industrie- oder Gewerbebetrieb Gefahren, erhebliche Nachteile oder erhebliche Belästigungen in der Umgebung auftreten, muss im Einzelfall anhand der immissionsschutzrechtlichen Vorschriften (z.B. BImSchG, TA-Luft, TA-Lärm) geprüft werden. Eine Abstandsunterschreitung allein rechtfertigt daher nicht ein Einschreiten der Überwachungsbehörde nach den immissionsschutzrechtlichen Vorschriften *(→ Abbildung 68 mit Textbeispiel 57).*

---

[835] OVG Koblenz, Urt. v. 26.3.2009 – 8 C 10729/08 – BauR 2009, 1014 = DVBl 2009, 798 = NVwZ-RR 2009, 673 = DÖV 2009, 639 – Bebauungsplanverkündung, im Anschluss an Urt. v. 4.7.2006 – 8 C 11709/05 – NuR 2007, 31.

[836] RdErl. des Ministers für Umwelt und Naturschutz, Landwirtschaft und Verbraucherschutz, Abstände zwischen Industrie– bzw. Gewerbegebieten und Wohngebieten im Rahmen der Bauleitplanung und sonstige für den Immissionsschutz bedeutsame Abstände (Abstandserlass), v. 6.6.2007 (MBl. NRW S. 659/SMBl. NRW 283).

Der Abstandserlass soll dazu dienen, den am Planungsverfahren unter dem Gesichts- 442
punkt des Immissionsschutzes beteiligten TÖB eine einheitliche Grundlage für fachliche
Stellungnahmen zu Bauleitplänen im Hinblick auf die notwendigen Abstände zu geben.
Zu diesem Zweck werden in der Anlage 1 Schutzabstände bekannt gemacht (Abstandsliste). Die TÖB sollen diese Liste nach Maßgabe der Nummern 2.2, 2.3, 2.4 und 2.5 dieses
RdErl. bei der Beteiligung im Bauleitplanverfahren anwenden. Zusätzlich sind dem Abstandserlass ergänzende Hinweise beigefügt. Sie betreffen immissionsschutzrelevante Anlagen, die nicht in die Abstandsliste aufgenommen worden sind (Anlage 2), und Anlagen,
die im Außenbereich errichtet werden sollen (Anlage 3) sowie Anlagen zur elektrischen
Energieweiterleitung oder Nachrichtenübertragung, bei denen Schutzabstände aus Immissionsschutzgründen festgelegt worden sind (Anlage 4).

Abstandserlass

In dem Gewerbegebiet „uz 1-78" sind Anlagen der Abstandsklasse 1 bis 78 und vergleichbare Anlagen
unzulässig.
In dem Gewerbegebiet „uz 1-153" sind Anlagen der Abstandsklasse 1 bis 153 und vergleichbare Anlagen unzulässig.
In dem Gewerbegebiet „uz 1-191" sind Anlagen der Abstandsklasse 1 bis 191 und vergleichbare Anlagen unzulässig.
Ausnahmsweise sind nach § 31 I BauGB Anlagen der nächst niedrigeren Abstandsklasse zulässig, wenn im
Einzelgenehmigungsverfahren nachgewiesen werden kann, dass schädliche Umwelteinwirkungen vermieden werden können.

Textbeispiel 57: Festsetzungen Gliederung Gewerbegebiet (mit Abbildung 68)

Zur Reichweite seiner Geltung führt der Abstandserlass aus: Die sich durch die Ab- 443
standsregelung ergebenden Zwischenzonen sind nicht als „von der Bebauung freizuhaltende Schutzflächen", z. B. i.S. von § 9 I Nr. 24 BauGB anzusehen; vielmehr kann in-
ner-halb dieser Abstände eine weniger schutzbedürftige Nutzung als im Wohngebiet oder
eine nicht bzw. nicht wesentlich störende gewerbliche oder vergleichbare Nutzung vorgesehen werden. Der Abstand ist zu messen an der geringsten Entfernung zwischen der
Umrisslinie der emittierenden Anlage und der Begrenzungslinie von Wohngebieten. Unter Umrisslinie ist die Linie im Grundriss (Vertikalprojektion) der Anlage zu verstehen,
die ringsum die Emissionsquellen (z. B. Schornsteine, Auslässe, Tankfelder, Klärbecken,
schallabstrahlende Wände oder Öffnungen) umfasst. Bei mehreren Anlagen auf einem
Werksgelände ist für die Bemessung des notwendigen Abstandes regelmäßig die Anlagenart mit dem größten erforderlichen Abstand gemäß Abstandsliste maßgebend. Geringfügige Unterschreitungen der Abstände sind akzeptabel. Der in der Liste angegebene
Abstand ergibt sich bei den mit (★) gekennzeichneten Anlagearten ausschließlich oder
weit überwiegend aus Gründen des Lärmschutzes und basiert auf den Geräuschimmis-
sionsrichtwerten zum Schutz reiner Wohngebiete. Der Abstand darf daher um eine
Abstandsklasse verringert werden, wenn es sich bei dem zu schützenden Gebiet um ein
allgemeines oder besonderes Wohngebiet oder ein Kleinsiedlungsgebiet handelt. Bei
Anwendung der Abstandsliste zur Festsetzung der Abstände zwischen Industrie- oder
Gewerbegebieten einerseits und Misch-, Kern- oder Dorfgebieten andererseits können
bei mit (★) gekennzeichneten Betriebsarten die Abstände der übernächsten Abstandsklasse zugrunde gelegt werden.

Die im Anhang aufgeführte Abstandsliste ist in **sieben Abstandsklassen** untergle- 444
dert, deren Schutzabstände von 1.500 m (Abstandsklasse I) bis zu 100 m (Abstandsklasse
VII) reichen. Zur Abstandsklasse I rechnen etwa Kraftwerke mit Feuerungsanlagen für
den Einsatz von festen, flüssigen oder gasförmigen Brennstoffen, soweit die Feuerungswärmeleistung 900 MW übersteigt, Anlagen zur Trockendestillation insbesondere von
Kokereien und Gaswerken, integrierte Hüttenwerke, Anlagen zur Gewinnung von Roh-
eisen und zur unmittelbaren Weiterverarbeitung zu Rohstahl von Stahlwerken einschließlich Stranggießanlagen sowie Mineralölraffinerien. 1.000 m Abstand ist u.a. für Anlagen

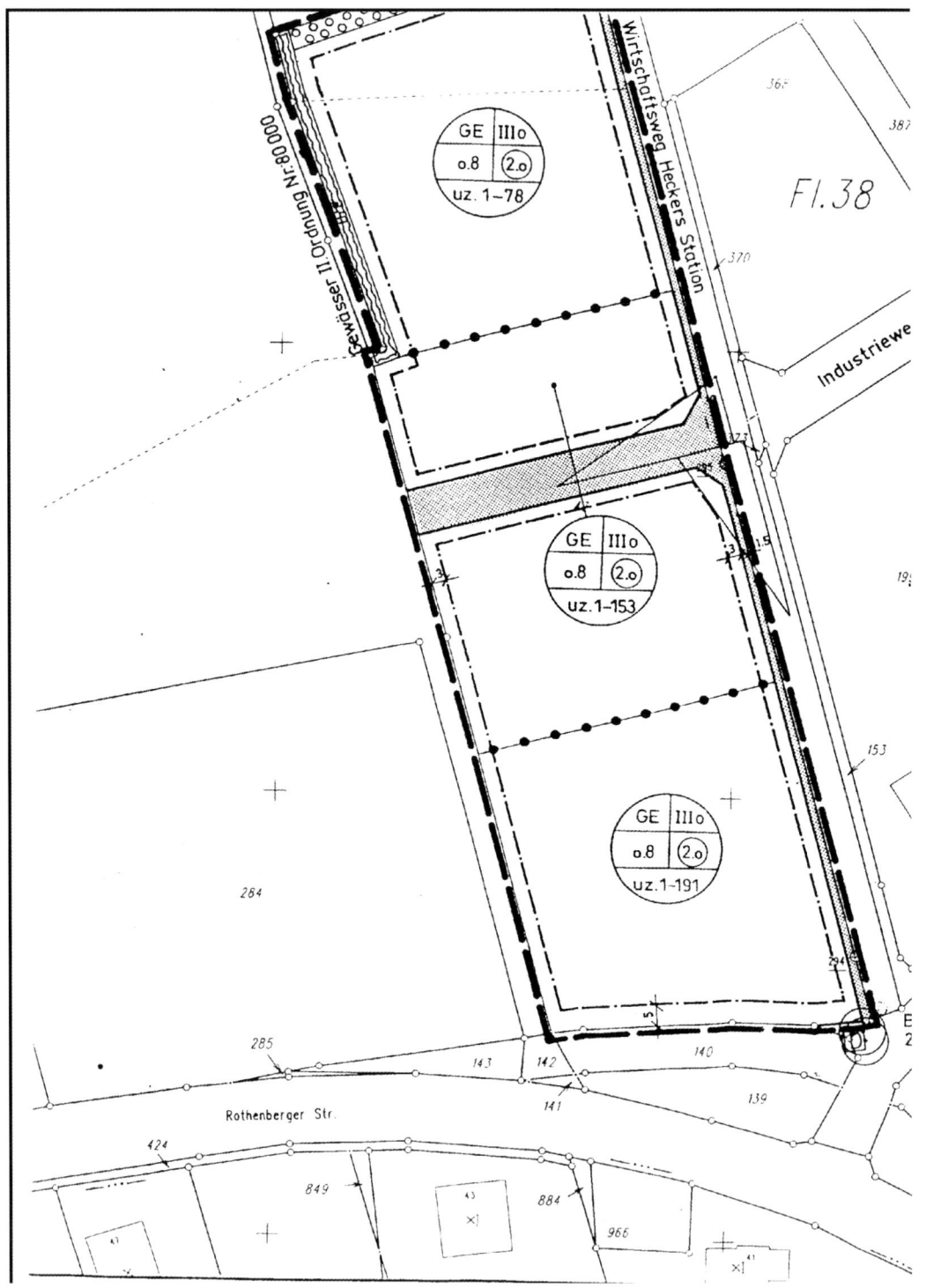

Abbildung 68: *Gliederung Gewerbegebiet*

zur Vergasung oder Verflüssigung von Kohle oder bituminösem Schiefer, Anlagen zur Herstellung von Formstücken unter Verwendung von Zement oder anderen Bindemitteln durch Stampfen, Rütteln oder Vibrieren mit einer Produktionsleistung von 1 t oder mehr je Stunde im Freien, Anlagen zum Rösten, Schmelzen und Sintern von Erzen. Kraftwerke und Feuerungsanlagen für den Einsatz von Brennstoffen mit einer Feuerungswärmeleistung von mehr als 150 MW bis 900 MW sollen einen Abstand von 700 m aufweisen (Abstandsklasse III). Heizkraftwerke mit einer geringeren Leistung und Biomassekraftwerke sollen einen Abstand von mindestens 500 m haben (Abstandsklasse IV). Zahlreiche Anlagen sind in der Abstandsklasse V aufgeführt und sollen daher einen Mindestabstand von 300 m haben, gefolgt von Anlagen, die in der Abstandsklasse VI einen Abstand von 200 m aufweisen sollen. In der Abstandsklasse VII sind Anlagen genannt, die von der Wohnbebauung einen Abstand von 100 m haben sollten. Es zählen dazu z. B. Anlagen Verbrennungsmotorenanlagen für den Einsatz von Altöl oder Deponiegas mit einer Feuerungswärmeleistung von weniger als 1 MW, Anlagen zur Behandlung von Altautos mit einer Durchsatzleistung von 5 Altautos oder mehr je Woche, Betriebe zur Herstellung von Fertiggerichten (Kantinendienste, Catering-Betriebe) sowie Schlossereien, Drehereien, Schweißereien oder Schleifereien aber auch Tischlereien, Schreinereien, Steinsägereien, Tapetenfabriken oder Kraftfahrzeug-Reparaturwerkstätten. Diese in der Abstandsliste aufgeführten Schutzabstände sind zur Anwendung im Bauleitplanverfahren bestimmt. Nach den vorliegenden Erfahrungswerten ist davon auszugehen, dass bei Einhaltung der angegebenen Abstände Gefahren, erhebliche Nachteile oder erhebliche Belästigungen durch Luftverunreinigungen oder Geräusche bei bestimmungsgemäßem Betrieb der entsprechenden Anlage bei der benachbarten Wohnbebauung nicht entstehen, wenn die Anlage dem Stand der Technik entsprechend betrieben wird.

Beispiel: Die Gemeinde will in der Nachbarschaft eines Wohngebietes ein Gewerbegebiet ausweisen. Durch die Gliederung des Baugebietes nach den Abstandsklassen der Abstandsliste kann erreicht werden, dass ein ausreichender Schutzabstand zur Wohnbebauung besteht. In einer Zone von 100 bis 200 m von der Wohnbebauung werden daher nur Betriebe und Betriebsarten der Abstandsklasse VII der Abstandsliste zugelassen, in einer Abstandszone von 200 bis 300 m die Betriebe und Betriebsarten der Abstandsklasse VI der Abstandsliste, in einer Zone von 300 bis 500 m Betriebe und Betriebsarten der Abstandsklasse V der Abstandsliste usw.

Die Abstandsliste ist anwendbar sowohl für die bauplanungsrechtliche Ausweisung **445** von Industrie- und Gewerbegebieten als auch von reinen und allgemeinen Wohngebieten und Kleinsiedlungsgebieten. Zum Schutz von Mischgebieten, Kerngebieten und Dorfgebieten sind im Abstandserlass bestimmte Betriebsarten gekennzeichnet, bei denen die Abstände der übernächsten Abstandsklasse zu Grunde gelegt werden können. Je nach baulicher Nutzung sind die besonderen Wohngebiete entweder wie Wohngebiete oder wie gemischt genutzte Gebiete zu behandeln.

Die **Abstandsliste** bietet sowohl bei der Festsetzung von Industrie- und Gewerbege- **446** bieten als auch bei der Festsetzung von Wohngebieten in der Nachbarschaft gewerblicher oder industrieller Nutzung eine gute **Orientierungsgrundlage**. Es ist dabei nach dem Regel-Ausnahmeprinzip zu verfahren. Bei Wahrung der in der Abstandsliste ausgewiesenen Schutzabstände besteht die Vermutung, dass es zu unverträglichen Beeinträchtigungen zwischen gewerblicher Nutzung und Wohnnutzung nicht kommt. Soll der Schutzabstand unterschritten werden, so besteht eine Ausnahmemöglichkeit nach § 31 I BauGB, wenn im Einzelfall nachgewiesen worden ist, dass etwa durch besondere technische Maßnahmen oder im Hinblick auf die Besonderheiten der Einzelsituation eine Beeinträchtigung ausgeschlossen ist. Hierzu wird die Einholung eines Immissionsprognosegutachtens empfohlen. Diese Ausnahmeregelungen des Springens in die nächste Abstandsklasse bei nachgewiesenem Immissionsschutz kann die Gemeinde nach § 31 I BauGB in die Festsetzungen aufnehmen.

Beispiel: Die Gemeinde gliedert ein Gewerbegebiet entsprechend der Abstandsliste und setzt fest, dass ausnahmsweise die Betriebe und Betriebsarten der nächst kleineren Abstandsklasse mit dem höheren Störungsgrad zulässig sind, wenn im Einzelfall eine Nichtbeeinträchtigung der benachbarten Wohnbebauung nachgewiesen wird. Die Immissionsprognose soll dabei die zum Zeitpunkt der Planung absehbare Entwicklung des Betriebes berücksichtigen.

447   Der Abstandserlass ist auch bei der **Planung neuer Wohngebiete** in der **Nachbarschaft von** bereits bestehenden **Gewerbe- oder Industriegebieten** anwendbar. Sollen Wohngebiete in der Nachbarschaft von bereits bestehenden Gewerbe- oder Industriegebieten ausgewiesen werden und ist der sich aus der Abstandsliste ergebende Schutzabstand zwischen der gewerblichen Nutzung und dem Wohngebiet unterschritten, so empfiehlt sich die Einholung eines Immissionsgutachtens, um sicherzustellen, dass es nicht zu unverträglichen Konflikten zwischen Wohn- und Gewerbenutzung kommt. Dem Gutachten ist die für die jeweilige Nutzung ungünstigste Emissionssituation in dem Industrie- oder Gewerbegebiet unter Berücksichtigung der zum Zeitpunkt der Planung absehbaren Entwicklung der Betriebe zugrunde zu legen. Bei älteren Bebauungsplänen, die noch vor der konkreten Ausformung des Trennungsgrundsatzes durch die Rechtsprechung aufgestellt worden sind, spricht einiges dafür, i. S. der Planerhaltung den Grundsatz der Trennung unverträglicher Nutzungen von Wohnen und Gewerbe nicht in voller Strenge anzuwenden. Demnach als gültig anzusehende Pläne sind jedoch ggf. heutigen Umweltschutzanforderungen durch eine eingeschränkte Handhabung gem. § 15 BauNVO anzupassen. Im Rahmen des Baugenehmigungsverfahrens kann es in solchen Fällen erforderlich werden, durch Schutzauflagen strengere Lärmrichtwerte für Gewerbebetriebe in der Nachbarschaft zu Wohnnutzungen vorzuschreiben.[837] Der **Trennungsgrundsatz** des § 50 BImSchG für die Überplanung einer schon bestehenden Gemengelage zwischen Gewerbe und Wohnen beansprucht allerdings **keine strikte Geltung**. Er lässt Ausnahmen zu, wenn das Nebeneinander von Gewerbe und Wohnen bereits seit längerer Zeit und offenbar ohne größere Probleme bestanden hat.[838] Der Trennungsgrundsatz gestattet Ausnahmen, wenn sichergestellt werden kann, dass von der projektierten Nutzung im Plangebiet nur unerhebliche Immissionen ausgehen und im Einzelfall besondere städtebauliche Gründe von besonderem Gewicht hinzutreten, die es rechtfertigen, eine planerische Vorsorge durch räumliche Trennung zurücktreten zu lassen.[839] Vom Trennungsgrundsatz gem. § 50 Satz 1 Alt. 1 BImSchG sind Ausnahmen zulässig, wenn sichergestellt werden kann, dass von der projektierten Nutzung im Plangebiet nur unerhebliche Immissionen ausgehen, und wenn im Einzelfall städtebauliche Gründe von besonderem Gewicht hinzutreten, die es rechtfertigen, eine planerische Vorsorge durch räumliche Trennung zurücktreten zu lassen.[840] Ein Heranplanen eines Wohngebiets an ein Gewerbegebiet verletzt nicht den Trennungsgrundsatz des § 50 BImSchG, wenn einerseits die maßgeblichen Immissionswerte im Wohngebiet mittels der festgesetzten Lärmschutzvorkehrungen eingehalten werden können und andererseits den Betrieben im Gewerbegebiet durch die Planung keine weitergehende Rücksichtnahme auf die heranrückende Wohnbebauung abverlangt wird als diejenige, die diese schon bisher aufgrund der bestehenden Umgebungsbebauung üben mussten.[841]

Beispiel: Das vormals industriell genutzte Hafengebiet soll teilweise zu einem Büro-, Dienstleistungs- und Kommunikationszentrum umgestaltet werden. Es ist dann nicht unvereinbar mit dem Abwägungsgebot und dem darin enthaltenen Gebot der Konfliktbewältigung, durch die Festsetzung von Kerngebietsflächen die – an bauliche Lärmschutzvorkehrungen gebundene – ausnahmsweise

---

[837] VGH München, Urt. v. 14.8.1991 – 20 CS 91.1674 – ZfBR 1992, 141 – Trennungsgrundsatz.

[838] BVerwG, B. v. 13.5.2004 – 4 BN 15.04 – m. Hinw. auf B. v. 20.1.1992 – 4 B 71.90 – Buchholz 406.11 § 214 BauGB Nr. 5 = NVwZ 1992, 663.

[839] BVerwG, B. v. 6.3.2013 – 4 BN 39.12 – UPR 2013, 277 = BauR 2013, 1072, *Gatz*, jurisPR-BVerwG 9/2013 Anm. 3 – Trennungsgrundsatz.

[840] BVerwG, Urt. v. 19.4.2012 -4 CN 3.11 – BVerwGE 143, 24 = DVBl 2012, 912 = NVwZ 2012, 1338-1343, *Gatz*, jurisPR-BVerwG 16/2012 Anm. 5 – Tierimpfstoffzentrum.

[841] OVG Koblenz, Urt. v. 15.11.2012 – 1 C 10412/12 – Heranplanen Wohngebiet an Gewerbegebiet.

Zulassung von Wohnnutzung an dem durch Straßenverkehrslärm und Hafenlärm hoch belasteten Hafenrand zu ermöglichen, um im Interesse an der Schaffung eines urbanen Lebensraumes die Standortvorteile eines Wohnens in zentraler Lage am Elbufer mit Blick auf den Elbstrom und den Hamburger Hafen für solche Interessenten nutzbar zu machen, die hierfür eine hohe – aber noch unterhalb der Grenze der Gesundheitsgefährdung liegende – Lärmbelastung in Kauf nehmen wollen.[842]

Die Bewältigung eines Konflikts zwischen Gewerbe und Wohnen kann abwägungsfeh- **448** lerfrei auch dadurch geschehen, dass den durch Betriebslärm über die Gebietsrichtwerte hinaus betroffenen nächstgelegenen Wohngebäuden im Bebauungsplan **zumutbare passive Lärmschutzmaßnahmen** auferlegt werden. Dieser Rechtssatz ist verallgemeinerungsfähig.[843] Eine Konfliktbewältigung auf der Grundlage des Rücksichtnahmegebots (§ 15 I BauNVO) setzt voraus, dass der Bebauungsplan für sie noch offen ist. Ein infolge der Anwendung der §§ 214, 215 BauGB als wirksam zu behandelnder Bebauungsplan ist für die Konfliktbewältigung im Genehmigungsverfahren auch dann noch offen, wenn eine planerische Bewältigung des Konflikts rechtlich geboten war, tatsächlich aber nicht stattgefunden hat.[844]

Der in § 50 BImSchG angelegte **Grundsatz der Trennung** unverträglicher Nutzun- **449** gen ist für die Neuplanung gedacht. Bei raumbedeutsamen Planungen und Maßnahmen sind danach die für eine bestimmte Nutzung vorgesehenen Flächen einander so zuzuordnen, dass schädliche Umwelteinwirkungen und die Folgen schwerer Unfälle auf die ausschließlich oder überwiegend dem Wohnen dienende Gebiete sowie auf sonstige schutzbedürftige Gebiete so weit wie möglich vermieden werden.

Beispiel: Die Gemeinde plant ein neues Wohngebiet in der Nähe eines bestehenden Gewerbegebietes. Eine Gemeinde kann durch ihre Bauleitplanung nur gebietsbezogen steuern, ob gewisse Nachteile oder Belästigungen i. S. von § 3 BImSchG erheblich sind. Durch textliche Festsetzungen im Bebauungsplan nach § 9 I Nr. 24 BauGB kann das Schutzniveau im Falle von Neuplanungen nicht mit Wirkung für das Immissionsschutzrecht gegenüber einer gebietsbezogen zu ermittelnden Zumutbarkeitsschwelle abgesenkt werden. Bei solchen Festsetzungen hat sich die Gemeinde am Schutzmodell des BImSchG auszurichten und kann es nicht im Wege der Abwägung überwinden.[845]

§ 50 BImSchG enthält zwar kein generelles Verbot, Gewerbegebiete unmittelbar neben **450** Wohngebieten zu planen.[846] Eine Bauleitplanung ist jedoch regelmäßig verfehlt, wenn sie unter Verstoß gegen den Trennungsgrundsatz des § 50 BImSchG dem Wohnen dienende Gebiete anderen Gebieten so zuordnet, dass schädliche Umwelteinwirkungen auf die Wohngebiete nicht soweit wie möglich vermieden werden. Der Trennungsgrundsatz beansprucht nicht nur im Verhältnis von Wohngebieten zu Gewerbe- und Industriegebieten Geltung, sondern auch bei einem Nebeneinander von Wohngebieten und landwirtschaftlichen Nutzflächen. Der Grundsatz der zweckmäßigen Zuordnung von unverträglichen Nutzungen ist ein wesentliches Element geordneter städtebaulicher Entwicklung und damit ein elementares Prinzip städtebaulicher Planung. Anders als bei einer durch ein bereits vorhandenes Nebeneinander konfliktträchtiger Nutzungen geprägten Gemengelage darf die Gemeinde deshalb nicht ohne zwingenden Grund selbst die Voraussetzungen für die Berücksichtigung von Vorbelastungen dadurch schaffen, dass sie in einen durch ein erhöhtes Immissionspotenzial gekennzeichneten Bereich ein störempfindliches Wohngebiet hineinplant und damit aus einem Wohngebiet in immissionsschutzrechtlicher Hinsicht in Wahrheit ein Dorf- oder Mischgebiet macht.[847] § 15 I BauNVO bietet keine

---

[842] OVG Hamburg, Urt. v. 27.4.2005 – 2 E 9/99.N – NordÖR 2006, 23 = BRS 69 Nr. 17 (2005) = UPR 2005, 456 (L) = BauR 2005, 1965 (L) – Hafengebiet.

[843] BVerwG, B. v. 7.6.2012 -4 BN 6.12 – ZfBR 2012, 578 = UPR 2012, 350 = BauR 2012, 1611, *Zabel* IBR 2013,108 – Schallschutzmaßnahmen bei heranrückender Wohnbebauung.

[844] BVerwG, Urt. v. 12.9.2013 – 4 C 8.12 – BVerwGE 147, 379 = NVwZ 2014, 69 = ZfBR 2014, 57 = BauR 2014, 210, *Gatz*, jurisPR-BVerwG 1/2014 Anm. 5 – bordellartige Betrieb.

[845] OVG Münster, Urt. v. 13.9.2007 – 7 D 91/06.NE – Gießerei für Nichteisenmetalle.

[846] OVG Lüneburg, Urt. v. 28.3.2006 – 9 KN 34/03 –.

Handhabe, um eine festsetzungsadäquate landwirtschaftliche Nutzung zum Zwecke der Konfliktbewältigung mit einem angrenzenden allgemeinen Wohngebiet für den Regelfall zu verhindern.[848] Bei der Planung neuer Wohngebiete ist auch für eine entsprechende Anwendung von § 41 II BImSchG mit entsprechend höheren Grenzwerten und einer Beschränkung auf passiven Schallschutz kein Raum. Diese Vorschrift zielt darauf ab, im Interesse eines noch finanzierbaren öffentlichen Verkehrsnetzes und damit letztlich im Gemeinwohlinteresse einer vorhandenen Wohnbebauung nachteiligere Lärmbelastungen zuzumuten, als dies gegenüber anderen Lärmquellen der Fall ist.[849]

Beispiel: Weist ein Bebauungsplan ein Wohngebiet aus, das durch vorhandene Verkehrswege Lärmbelastungen ausgesetzt wird, die an den Gebietsrändern deutlich über den Orientierungswerten der DIN 18005 liegen, ist es nicht von vornherein abwägungsfehlerhaft, auf aktiven Schallschutz durch Lärmschutzwälle oder -wände zu verzichten. Es kann etwa bei dicht besiedelten Räumen abwägungsfehlerfrei sein, eine Minderung der Immissionen durch eine Kombination von passivem Schallschutz, Stellung und Gestaltung von Gebäuden sowie Anordnung der Wohn- und Schlafräume zu erreichen.[850] Von den in der DIN 18005 für die städtebauliche Planung angeführten Orientierungswerten, die keine Grenzwerte sind, kann abgewichen werden, wenn die Abweichung mit dem bauleitplanerischen Abwägungsgebot vereinbar ist. Auch eine Überschreitung des Orientierungswerts für Wohngebiete um 5 dB(A) kann das Ergebnis einer gerechten Abwägung sein.[851]

451   Nicht anwendbar ist die Abstandsliste im Genehmigungsverfahren. Dies gilt sowohl für die Baugenehmigung als auch die immissionsschutzrechtliche Genehmigung oder die Planfeststellung. Auf der konkreten Zulassungsstufe ist vielmehr eine individuelle Beurteilung der jeweiligen Nutzungskonflikte vorzunehmen. So haben die Fachbehörden etwa im Baugenehmigungsverfahren anhand der Antragsunterlagen zu prüfen, ob Gefahren, erhebliche Nachteile oder erhebliche Belästigungen für die Allgemeinheit oder für die Nachbarschaft zu erwarten sind und gegebenenfalls durch Auflagen vermieden werden können. Soweit die Bauvorlagen nicht ausreichen, um eine exakte Vorausberechnung der von der geplanten Anlage zu erwartenden Emissionen vornehmen zu können, werden sich die Beurteilung der voraussichtlichen Immissionssituation und die heraus zu ziehenden Schlussfolgerungen auf Erfahrungswerte mit bestimmten Anlagearten i. S. einer typisierenden Betrachtung stützen. Die Abstandsliste bietet hier lediglich einen Anhalt, der eine konkrete Einzelfallbeurteilung nicht ersetzen kann. Auch bei Unterschreitung der Abstände kann daher das Einzelvorhaben ggf. mit entsprechenden Auflagen durchaus zulässig sein. Auch in Planfeststellungsverfahren des Fachplanungsrechts ist im jeweiligen Einzelfall zu prüfen, ob das beantragte Vorhaben zu Gefahren, erheblichen Nachteilen oder erheblichen Belästigungen für die Allgemeinheit oder die Nachbarschaft führt.

> → **Gemengelage.** Unverträgliche Nutzungen stoßen auf engem Raum aneinander oder durchmischen sich. Bei der Großgemengelage kommt es zu einem Konflikt zwischen Industrie und Wohnen, wobei vor allem im Bereich der Nahtstellen Konflikte entstehen. Bei Kleingemengelagen mischen sich gewerbliche Nutzung und Wohnnutzung. Gemengelagen sind vor allem durch ein gesteigertes Maß an Rücksichtnahme gekennzeichnet. Das Duldungspotenzial der schutzbedürftigen Nutzung ist gesteigert, das Einwirkungspotenzial der umweltbelastenden Nutzung gemindert. Die unterschiedlichen Nutzungsinteressen werden nach Art der Bildung von Mittelwerten ausgeglichen, wobei nicht der mathematische Mittelwert, sondern ein durch nachvollziehende Ausgleichsentscheidung zu bildender identischer Belastungs- und Einwirkungswert zugrunde zu legen ist.

---

[847] BVerwG, B. v. 22.6.2006 – 4 BN 17.06 – BImSchG-Rspr § 50 Nr. 40 – Trennungsgrundsatz.

[848] OVG Berlin-Brandenburg, Urt. v. 14.2.2006 – 2 A 16.05 – DVP 2007, 79 (L); *Franz Otto* DVP 2007, 79.

[849] OVG Münster, Urt. v. 16.12.2005 – 7 D 48/04.NE – Neues Wohngebiet.

[850] BVerwG, Urt. v. 22.3.2007 – 4 CN 2.06 – BVerwGE 128, 238 = DVBl 2007, 834 = NVwZ 2007, 831 m-. Anm. *Gatz*, jurisPR-BVerwG 14/2007 Anm. 2 – vorbelastetes Wohngebiet.

[851] BVerwG, B. v. 13.6.2007 – 4 BN 6.07 – DIN 18005.

In überwiegend bebauten Bereichen mit vorhandenen oder zu erwartenden Immis- **452** sionskonflikten zwischen Nutzungen, die schädliche Umwelteinwirkungen hervorrufen, und Wohnbebauung (→ **Gemengelagen**) kann die Anwendung des Abstandserlasses auf Schwierigkeiten stoßen.[852] Es handelt sich um Konfliktsituationen bei einer kleinräumigen Mischung unterschiedlicher Nutzungen **(Kleingemengelagen)**, beim Aneinandergrenzen unterschiedlicher Nutzungen **(Nahtstellen)** oder bei einer Nachbarschaft unterschiedlicher großflächiger Nutzungen **(Großgemengelagen)**. Auf solche Gemengelagen lassen sich die Grundsätze für die Neuplanung von Wohn- oder Gewerbegebieten mit dem Gebot der Einhaltung ausreichender Schutzabstände nicht lückenlos anwenden. Die Planungsgrundsätze sind vielmehr orientiert am Gebot der nachbarlichen Rücksichtnahme und vielleicht auch am Verbesserungsgebot zu modifizieren. Die Planung soll in diesen Fällen dazu beitragen, dass bestehende Konflikte möglichst gelöst, jedenfalls aber gemildert und keine neuen Konfliktsituationen geschaffen werden (→ *Abbildung 69 mit Textbeispiel 58).*[853]

Hinweis: Bei einem Aneinanderstoßen von Wohnnutzung an industrielle Nutzung könnte die Gemeinde etwa das Industriegebiet an der Nahtstelle zum Wohngebiet nach § 1 IV BauNVO dahin gehend gliedern, dass nur Verwaltungs- oder Bürogebäude zulässig sind. Auch könnten damit gem. § 9 Nr. 24 BauGB Festsetzungen für den Schallschutz kombiniert werden. Gerade bei gewachsenen städtebaulichen Strukturen in Gemengelagen können in aller Regel örtlich vorhandene, aber nicht ausreichende Schutzabstände nicht vergrößert werden. Daher wird sich die Bauleitplanung zur Gewährleistung eines wirksamen Immissionsschutzes vorwiegend auf Maßnahmen des aktiven oder passiven Immissionsschutzes konzentrieren.

Textliche Festsetzungen gem. § 9 BauGB

1. **Allgemeines Wohngebiet gem. § 4 BauNVO.** 1.1: In den Allgemeinen Wohngebieten sind die in § 4 II Nr. 3 BauNVO genannten Anlagen für sportliche Zwecke nicht zulässig (§ 1 V BauNVO). 1.2: Die in § 4 III BauNVO genannten ausnahmsweise zulässigen Nutzungen sind nicht Bestandteil des Bebauungsplans (§ 1 VI 1 i. V. mit VIII BauNVO).

2. **Mischgebiet gem. § 6 BauNVO.** 2.1: Gem. § 1 V BauNVO wird festgesetzt, dass die allgemein zulässigen Gartenbaubetriebe, Tankstellen und Vergnügungsstätten (§ 6 II Nr. 6, 7 und 8 BauNVO) nicht zulässig sind. 2.2: Gem. § 1 VI Nr. 1 BauNVO wird festgesetzt, dass die in § 6 III BauNVO genannten ausnahmsweise zulässigen Anlagen (Vergnügungsstätten i.S. des § 4 a III Nr. 2 BauNVO) außerhalb von überwiegend durch gewerbliche Nutzung geprägten Teile des Gebietes nicht Bestandteil des Bebauungsplan sind. 2.3: Im MI 1 und MI 4 ist innerhalb des dargestellten Lärmpegelbereichs IV die generell zulässige Wohnnutzung gem. § 1 V BauNVO ausgeschlossen.

3. **Eingeschränktes Gewerbegebiet gem. § 8 BauNVO.** 3.1: Gem. § 1 V BauNVO wird festgesetzt, dass die allgemein zulässigen Tankstellen (§ 8 III Nr. 3 BauNVO) nicht zulässig sind. 3.2: Gem. § 1 VI Nr. 1 BauNVO wird festgesetzt, dass die nach § 8 III BauNVO ausnahmsweise zulässigen Vergnügungsstätten nicht Bestandteil des Bebauungsplans sind. 3.3: Im eingeschränkten Gewerbegebiet GEE sind nur Betriebe und Anlagen zulässig, die einen immissionswirksamen und flächenbezogenen Schallleistungspegel von 60 dB(A) tags/ 45 dB(A) nachts nicht überschreiten.

4. **Gewerbegebiet gem. § 8 BauNVO.** 4.1: Gem. § 1 V BauNVO wird festgesetzt, dass die allgemein zulässigen Tankstellen gem. § 8 II Nr. 3 BauNVO nicht zulässig sind. 4.2: Gem. § 1 VI Nr. 1 BauNVO wird festgesetzt, dass die in § 8 III BauNVO genannten ausnahmsweise zulässigen Anlagen Nr. 1 bis 3 nicht Bestandteil des Bebauungsplans sind. 4.3: Gem. § 1 VI BauNVO wird festgesetzt, dass die unter § 8 III BauNVO genannten ausnahmsweise zulässigen Vergnügungsstätten nicht Bestandteil des Bebauungsplans sind.

5. **Höhe baulicher Anlage.** Als Gebäudehöhe (GH) gilt das Maß zwischen festgesetztem unteren Bezugspunkt, der Oberkante der Fahrbahnmitte der angrenzenden Erschließungsstraße und dem oberen Bezugspunkt der Oberkante der Gebäude. Überschreitungen der Höhe durch untergeordnete Bauteile können zugelassen werden.

6. **Überschreitung der Grundflächenzahl gem. § 19 IV BauNVO.** Die maximal zulässige

---

[852] *Menke* UPR 1985, 111; *ders.* NuR 1985, 137; *von Holleben* GewArch. 1978, 41; *Stich* Planen und Bauen in immissionsbelasteten Gemengelagen 1983; *Stüer* StuGR 1989, 6; *Zoubeck* 1984, 249.

[853] BVerwG, Urt. v. 12.12.1975 – 4 C 71.73 – BVerwGE 50, 49 = RzB Rn. 60 – Tunnelofen; Urt. v. 15.2.1990 – 4 C 23.86 – BVerwGE 84, 322 = RzB Rn. 388 – Unikat; B. v. 20.1.1992 – 4 B 71.90 – DVBl 1992, 577 = BauR 1992, 344 = RzB Rn. 855 – Großmarkthalle; HBG § 5 Rn. 53, § 7, 169, 174.

6.1 **Grundflächenzahl** ist in den Allgemeinen Wohngebieten (WA 1 und WA 2) auf 30 % beschränkt. Die zulässige Grundfläche darf durch die Grundfläche von Garagen und Stellplätzen mit ihren Zufahrten (§ 12 BauNVO) und Nebenanlagen i. S. des § 14 BauNVO um bis zu 15 % überschritten werden, wenn diese Anlage folgenden Bedingungen entspricht: Stellplätze, Zufahrten und vergleichbare Flächen werden wasserdurchlässig (z. B. Pflaster mit 30 % Fugenanteil, Rasensteine, Schotterrasen) befestigt. Dachflächen von Garagen und Nebenanlagen werden flächendeckend begrünt.

7. **Abweichende Bauweise gem. § 22 BauNVO.** 7.1: Im Mischgebiet sind in der abweichenden Bauweise Gebäude mit einer Länge bis zu 70 m zulässig. Es gelten die Abstandsvorschriften der LBauO. 7.2: Im eingeschränkten Gewerbegebiet und im Gewerbegebiet sind in der abweichenden Bauweise Gebäude mit Längen bis zu 75 m zulässig. Es gelten die Abstandsvorschriften der LBauO.

8. **Garagen gem. § 12 BauO sowie Nebenanlagen gem. § 14 BauO.**

8.1: Im Allgemeinen Wohngebiet und im Mischgebiet sind die Errichtung von Garagen sowie die Errichtung von Nebenanlagen in Form von Gebäuden nur innerhalb der überbaubaren Flächen oder den vorgesehenen Stellplatzflächen zulässig. Stellplätze und überdachte Stellplätze (Carports) sind von dieser Regelung nicht betroffen.

8.2: Im eingeschränkten Gewerbegebiet und im Gewerbegebiet müssen Stellplätze 5 m Abstand zum öffentlichen Raum (Grünflächen oder Verkehrsflächen) einhalten. Garagen und bauliche Nebenanlagen sind nur innerhalb der überbaubaren Grundstücksflächen zulässig.

9. Anpflanzungen und Erhaltung von Bäumen, Sträuchern und sonstigen Anpflanzungen gem. § 9 I Nr. 25 a und 25 b BauGB.

9.1 **Baumanpflanzungen im WA 1.** Je 400 m² Grundstücksfläche ist mindestens ein Laubbaum anzupflanzen und dauerhaft zu erhalten. Es sind heimische Arten zu verwenden.

9.2 **Begrünung von Stellplatzanlagen.** Bei Stellplatzanlagen ist pro vier Stellplätze ein standortgerechter Laubbaum (Stammumfang mindestens 16 bis 18 cm gemessen 1 m über dem Erdboden) in maximal 3 m Entfernung anzupflanzen und zu unterhalten. Die durchwurzelbare Fläche im Bereich der Baumscheiben muss mindestens 16 m² betragen.

9.3 **Bepflanzung öffentlicher Verkehrsflächen.** Die Planstraße A ist als Allee mit beidseitigen Bepflanzungen auszubilden. In einem Abstand von maximal 20 m sind großkronige heimische Laubbäume mit einem Stammdurchmesser von 18 bis 20 cm zu pflanzen. Im Bereich von Zufahrten und Einmündungen kann vom Pflanzraster abgewichen werden.

9.4 **Flächen zum Anpflanzen von Bäumen, Sträuchern und sonstigen Bepflanzungen.** Die mindestens fünf m breiten Pflanzflächen im MI, GEE der GE-Gebiete sind vollflächig mit Bäumen und Sträuchern zu bepflanzen. Der Baumanteil muss 10 % betragen. Die drei m breiten Flächen für Bepflanzung im allgemeinen Wohngebiet sind zu 50 % mit standortgerechten heimischen Sträuchern gruppenartig zu bepflanzen.

9.5 **Erhaltung von Bäumen und Baumgruppen.** Die als zu erhalten festgesetzten Bäume dürfen nicht geschädigt oder beseitigt werden. In der überlaubten Fläche sind zum Schutz des Wurzelbereichs Aufschüttungen, Pflasterungen u.a. Bodenversiegelungen, Grabenverrohrungen oder -verfüllungen, Veränderungen des Grundwasserspiegels, Bodenverdichtungen und sonstige Handlungen, die das Wurzelwerk oder die Wurzelversorgung beeinträchtigen können, unzulässig. Ausgenommen sind notwendige Maßnahmen im Rahmen der Verkehrssicherungspflicht sowie fachgerechte Pflegemaßnahmen. Eingriffe in festgesetzte Baumbestände sind am Standort durch Neupflanzungen auszugleichen. Die durchwurzelbare Fläche im Bereich der Baumscheiben muss bei Neuanpflanzungen mindestens 16 m² betragen.

9.6 **Erhaltungsflächen.** Innerhalb der festgesetzten Flächen mit Bindung für Bepflanzung für die Erhaltung von Bäumen und Sträuchern und sonstigen Bepflanzungen sowie von Gewässern sind die Bäume und sonstigen Gehölze zu erhalten und zu pflegen. In den überbaubaren Bereichen sind zum Schutz der Wurzelbereiche Aufschüttungen, Pflasterungen und andere Bodenversiegelungen, Grabenverrohrungen oder -verfüllungen, Veränderungen des Grundwasserspiegels, Bodenverdichtungen und sonstige Handlungen, die das Wurzelwerk oder die Wurzelversorgung beeinträchtigen können, unzulässig. Ausgenommen sind notwendige Maßnahmen im Rahmen der Verkehrssicherungspflicht sowie fachgerechte Pflegemaßnahmen. Eingriffe in festgesetzte Baumbestände sind am Standort durch Neuanpflanzungen auszugleichen. Die durchwurzelbare Fläche im Bereich der Baumscheiben muss bei Neuanpflanzungen mindestens 16 cm betragen.

9.7 **Öffentlicher Kinderspielplatz.** Innerhalb der öffentlichen Grünfläche ist ein naturnah gestalteter Spielplatz mit einer Mindestgröße von 800 m² anzulegen.

9.8 **Naturnahe öffentliche Grünfläche.** Die naturnah gestaltete Grünfläche ist durch offene Gehölzgruppen zu bepflanzen. Die Freiflächen sind als natürliche Wiesenbereiche mit maximal einer Mahd pro Jahr anzulegen. Die Anlage eines Rad-/Fußweges ist möglich.

9.9 **Anlage eines Regenrückhaltebeckens.** Die vorhandenen Regenrückhaltebecken sind durch Teilabbruch und naturnahe Umgestaltung mit entsprechender Uferzonierung (Böschung mindestens 1 : 3) umzugestalten.

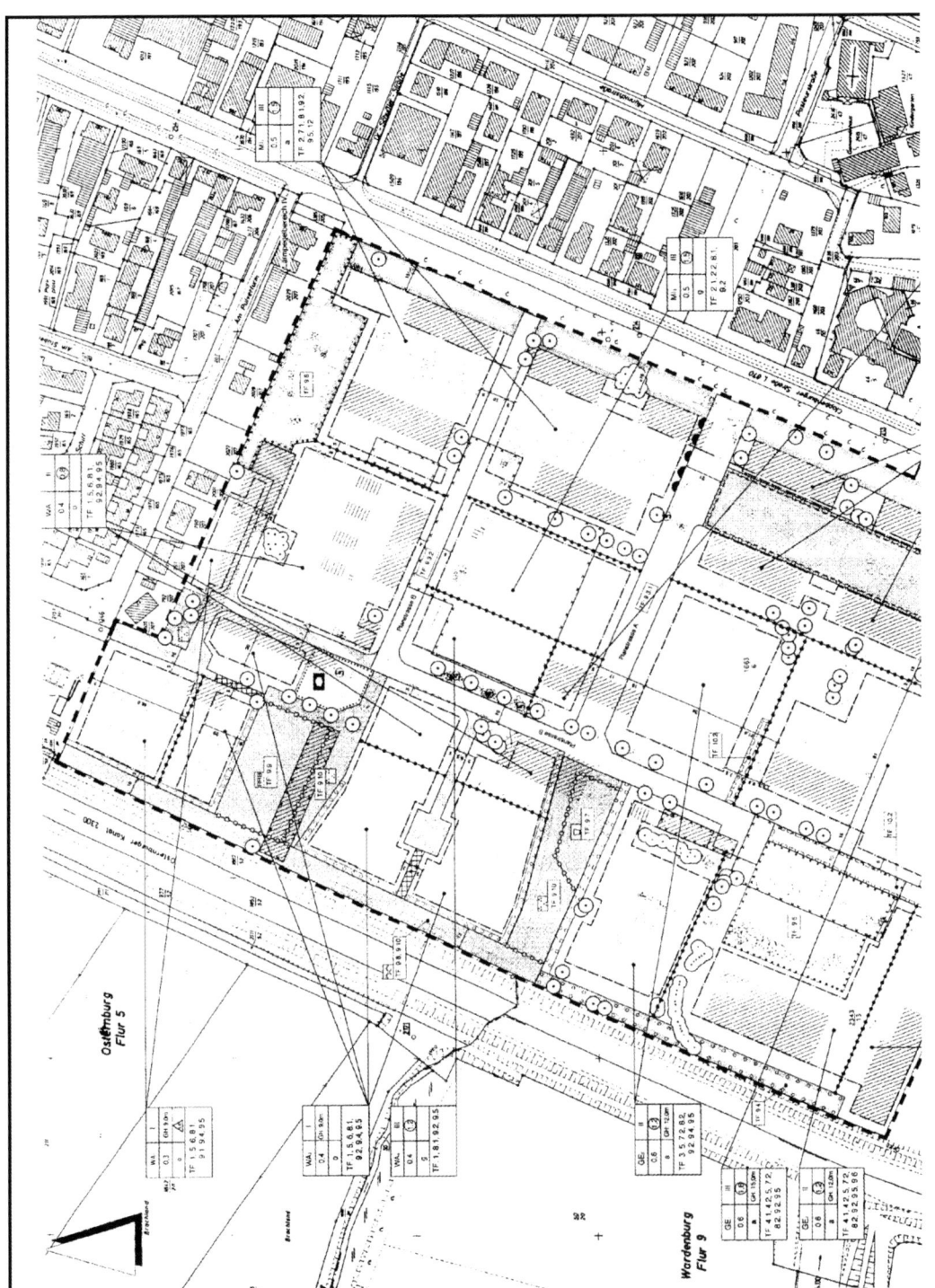

Abbildung 69: *Benachbarte Gebiete mit unterschiedlicher Nutzung als*
Wohngebiet – Mischgebiet – Gewerbegebiet

9.10 **Kompensationsmaßnahmen.** Die Fläche ist für Kompensationsmaßnahmen i.S. der Baumschutzsatzung vorzusehen.

10. **Geh-, Fahr- und Leitungsrechte.** 10.1: Das im Plan festgesetzte Geh-, und Fahrrecht ist zu Gunsten der Öffentlichkeit, das Leitungsrecht zu Gunsten der Ver- und Entsorgungsträger zu sichern. 10.2: Das Geh- und Fahrrecht ist zu Gunsten der Anlieger, das Leitungsrecht zu Gunsten der Ver- und Entsorgungsträger festgesetzt.

11. **Gemeinschaftsanlagen (Stellplätze).** 11.1: Die im Plan festgesetzten Gemeinschaftsstellplätze sind dem MI 4 zugeordnet, die vorhandene Scherrasenfläche ist zu erhalten. 11.2: Die im Plan festgesetzten Gemeinschaftsstellplätze sind dem GE1 zugeordnet.

12. **Schallschutz an Gebäuden.** Im Mischgebiet (Lärmpegelbereich IV) entlang der Cloppenburger Straße müssen zum Schutz vor schädlichen Umwelteinwirkungen i.S. des BImSchG die Außenbauwerke ein bewertetes Luftschalldämmmaß (Rw, res) von mindestens 35 dB(A) aufweisen.

Textbeispiel 58: *Festsetzungen Wohngebiet – Mischgebiet – Gewerbegebiet (zu Abbildung 69)*

453 Bei **vorhandenen Gemengelagen** eröffnen sich dem Plangeber demgegenüber größere Entscheidungsspielräume. Hier kann die Planung auf der Grundlage der vorhandenen Konfliktlage und der tatsächlichen oder plangegebenen Vorbelastung[854] eine an sachgerechten Planungsgrundsätzen ausgerichtete Neubewertung vornehmen. Ausgangspunkt ist die sorgfältige Bewertung der vorgefundenen Kollisionslage, die am Maßstab der gegenseitigen Rücksichtnahme[855] einzuschätzen ist. Dabei ist eine **Mittelwertbildung**[856] nach dem Grundsatz möglich, dass Vorbelastungen[857] als schutzmindernder Faktor berücksichtigt werden dürfen.[858] Die Gemeinde kann auf dieser Grundlage die bauliche und sonstige Nutzung des Gebietes auch in eine andere Richtung lenken und bereits vorhandene fremde Elemente absichern.[859] Auch bei der Genehmigung von Einzelbauvorhaben dürfen für die Beurteilung von Verkehrslärm im Fall von Gemengelagen und Vorbelastungen Zwischenwerte gebildet werden.[860] Die äußerste Grenze des Abwägungsspielraums bildet aber auch hier der Grundsatz, dass bei der Ausweisung von Wohnnutzung wohnverträgliche Verhältnisse gewährleistet sein müssen. Bei der Bewertung der zeitlichen Priorität im Rahmen der Zwischenwertbildung kann ausschlaggebend sein, welchen rechtlichen Status die Nutzungen wann erlangt haben und ob in der Vergangenheit die Rechtsmittel gegen das Entstehen unverträglicher Nutzungen ausgeschöpft wurden. Die Bewandtnis der zeitlichen Priorität kann solchermaßen durch den schieren Zeitablauf beim Nebeneinander der widerstreitenden Nutzungen sowie durch andere Umstände relativiert werden.[861]

Beispiel: Überplant die Gemeinde eine vorhandene Gemengelage aus Gewerbebetrieben und Wohnbebauung, so hat sie zur Ermittlung der abwägungserheblichen Belange eine sorgfältige Bestandsaufnahme durchzuführen, mit der sie die genehmigten Nutzungen und die zulässigen (Lärm-)

---

[854] BVerwG, Urt. v. 28.101998 – 11 A 3.98 – BVerwGE 107, 350 = NVwZ 1999, 539– Nienbergen-Wieren; Urt. v. 31.1.2001 – 11 A 6.00 – DVBl 2001, 1306 = NVwZ-RR 2001, 653; Urt. v. 21.5.1976 – IV C 80.74 – BVerwGE 51, 15 = NJW 1976, 1760; *Hans-Joachim Koch* NVwZ 2000, 490; *Koch/Maaß* NuR 2000, 69; *Beaucamp* JA 2000, 929.

[855] BVerwG, Urt. v. 25.2.1977 – IV C 22.75 – BVerwGE 52, 122 = NJW 1978, 62 – Rücksichtnahme Außenbereich; BVerwG, Urt. v. 26.5.1978 – IV C 9.77 – BVerwGE 55, 369 = NJW 1978, 2564 – Harmonie.

[856] BVerwG, Urt. v. 12.12.1975 – IV C 71.73 – BVerwGE 50, 49 = DVBl 1976, 214 – Tunnelofen; B. v. 29.10.1984 – 7 B 149.84 – NVwZ 1985, 186 – TA-Lärm; BGH, Urt. v. 14.10.1994 – V ZR 76/93 – NJW 1995, 132 – Papierfabrik.

[857] BVerwG, Urt. v. 9.2.1995 – 4 C 26.93 – BVerwGE 97, 367 = NVwZ 1995, 907 – Lärmschutzwand; Urt. v. 31.1.2001 – 11 A 6.00 – DVBl 2001, 1306 = NVwZ-RR 2001, 653.

[858] So auch BVerwG, Urt. v. 16.5.2001 – 7 C 16.00 – NVwZ 2001, 1167 – Freizeitlärm.

[859] Zu den Gestaltungsmöglichkeiten aber auch Abwägungserfordernissen BVerwG, Urt. v. 16.5.2001 – 7 C 16.00 – NVwZ 2001, 1167 – Freizeitlärm.

[860] OVG Berlin-Brandenburg, B. v. 28.1.2010 – 10 S 31.09 – Nahversorgungszentrum.

[861] OVG Münster, B. v. 12.2.2013 – 2 B 1336/12 – NWVBl 2013, 284 = BauR 2013, 1078 – Lager, Versand und Containerstellplätze.

Emissionen der Betriebe nachvollziehbar ermittelt. Bei der Abwägung sind auch die privaten Interessen der Betriebsinhaber am Fortbestand bestehender baulicher Nutzungsrechte und -möglichkeiten zu berücksichtigen, die bislang auf Grund der Prägung der näheren Umgebung als faktisches uneingeschränktes Gewerbegebiet gegeben waren. Allein die Gliederung von Gewerbegebieten nach Abstandsklassen des Abstandserlasses NRW ist zur Bewältigung der Konflikte zwischen Wohnen und Gewerbe ungeeignet, wenn die in der Abstandsliste angegebenen Abstände zu Wohngebieten gar nicht eingehalten oder deutlich unterschritten werden. In einem derartigen Fall ist das in § 15 BauNVO enthaltene Gebot der Rücksichtnahme zur nachgelagerten Konfliktlösung im späteren Baugenehmigungsverfahren ungeeignet, weil es nur eine „Nachsteuerung"[862] im Einzelfall ermöglichen soll.[863]

In kritischen Fällen empfiehlt sich die Einholung eines **Immissionsschutzgutach- 454 tens**, das als Grundlage der Gliederung des Baugebietes und für Schallschutzmaßnahmen dienen kann. Lassen sich die Emissionen des Betriebes mit verhältnismäßigem Kostenaufwand verringern und an den jeweiligen Stand der Technik anpassen,[864] darf dem Betrieb durch die zuständigen Umweltämter eine Verbesserung der Emissionssituation aufgegeben werden. Das Immissionsschutzgutachten soll die dafür erforderlichen Maßnahmen und die technischen Möglichkeiten zu ihrer Verwirklichung aufzeigen. Die Gemeinde wird die Ergebnisse dieses Gutachtens in ihrer **Bauleitplanung berücksichtigen**. Ist die vorhandene Emissionssituation in dem Gewerbe- oder Industriegebiet günstiger, als sie bei voller Ausschöpfung der planungsrechtlichen Zulässigkeit wäre, ist grundsätzlich von der Ausschöpfung dieses Rahmens auszugehen. Allerdings könnte die Gemeinde durch entsprechende Gliederungen und Differenzierungen des Bebauungsplanes den gegenwärtigen Emissionsstand festschreiben, um die benachbarte Wohnbebauung auch in Zukunft entsprechend zu schützen. Eine solche Festschreibung auf den gegenwärtigen Emissionsstand kann dem Gewerbe- bzw. Industriebetrieb bei entsprechender Abwägung der Belange in der Bauleitplanung über das Gebot der nachbarlichen Rücksichtnahme zumutbar sein.[865]

Konversionsflächen, d.h. vormals militärisch genutzte inzwischen aufgegebene 455 Standorte haben besonders nach der Deutschen Einheit für die Planungen der Städte und Gemeinden eine große Bedeutung erlangt. Die Flächen unterliegen nach Aufgabe der militärischen Nutzung der gemeindlichen Bauleitplanung. Ein Konversionsvorhaben bedarf auch dann nicht der Durchführung eines Planfeststellungsverfahrens, wenn zu seiner Verwirklichung Flächen außerhalb des bisherigen militärischen Fluggeländes benötigt und bauliche Veränderungen erforderlich werden, sofern diese Maßnahmen nicht einen Umfang erreichen, der den Charakter einer Konversion in Frage stellt. Die gerichtliche Überprüfung eines Konversionsvorhabens erstreckt sich auch auf dessen dauernde Lebensfähigkeit. Diese ist aber schon dann zu bejahen, wenn dem Vorhaben trotz wirtschaftlichen Risikos eine reale Chance nicht abzusprechen ist.[866] Derartige Flächen können auch Gegenstand eines Bebauungsplans der Innenentwicklung sein (§ 13 a BauGB).

Das BVerwG stellt bei der Beurteilung der Immissionen auf die jeweilige Vorbelas- 456 tung und den Grundsatz der **Zumutbarkeit** ab. Zur Zumutbarkeit von Verkehrsgeräu-

---

[862] OVG Magdeburg, Urt. v. 11.5.2006 – 2 K 1/05 – BauR 2006, 2107 (L) – Einkaufscenter; OVG Schleswig, Urt. v. 31.5.2005 – 1 KN 6/04 – NordÖR 2005, 465 = NuR 2006, 467 – Biogasanlage.

[863] OVG Münster, Urt. v. 7.3.2006 – 10 D 43/03.NE – DVBl 2006, 1059 (L) = BauR 2006, 2103 (L) – Konfliktbewältigung Wohnen und Gewerbe.

[864] Zu diesem Begriff im Umweltrecht *Asbeck–Schröder* DÖV 1992, 252; *Battis* Umweltrechtliche Studien, Bd. 3 1988; *Blümel/Wagner* (Hrsg.) Technische und rechtliche Fragen der Stillegung und Beseitigung nuklearer Anlagen; *Gusy* VerwArch. 79 (1988), 68; *Jarass* NJW 1987, 1225; *Krist* UPR 1993, 178; *Ronellenfitsch* DVBl 1989, 851; *Roßnagel* Recht und Technik im Spannungsfeld der Kernenergiekontroverse 1984.

[865] BVerwG, Urt. v. 12.12.1975 – 4 C 71.73 – BVerwGE 50, 49 = RzB Rn. 60 – Tunnelofen.

[866] VGH München, Urt. v. 2.12.2005 – 20 A 04.40040 bis 40048 – NuR 2006, 384 = UPR 2006, 399 = DVBl 2006, 787 (L) – Verkehrsflughafen Memmingen im Allgäu.

schen hat das BVerwG[867] solche Verkehrsgeräusche i. S. des § 74 II VwVfG und § 9 II LuftVG als erheblich bezeichnet, die der jeweiligen Umgebung mit Rücksicht auf deren durch die Gebietsart und die konkreten tatsächlichen Verhältnisse bestimmte Schutzbedürftigkeit und Schutzwürdigkeit nicht mehr zugemutet werden können. Für die Gebietsart ist dabei von der bauplanungsrechtlich geprägten Situation der Grundstücke auszugehen. Für die tatsächlichen Verhältnisse spielen insbesondere die Geräuschvorbelastung und die plangegebene Vorbelastung eine wesentliche Rolle. Nach diesen Kriterien – so das BVerwG – ist ein Grundstück gegenüber einem Planvorhaben umso schutzwürdiger, je mehr es nach der Gebietsart berechtigterweise Schutz vor Immissionen erwarten kann und je weniger es durch Störfaktoren vorbelastet ist. Das führt nicht nur zu handgreiflichen Unterschieden der Schutzwürdigkeit von etwa einerseits Wohngebieten und andererseits Industriegebieten, sondern ebenso auch in der Schutzwürdigkeit verschiedener Wohngebiete. Ein Wohngebiet beispielsweise, das in städtischen Ballungsräumen unter der situationsbedingten Einwirkung benachbarter Kerngebiete, Industriegebiete oder Gewerbegebiete oder von Verkehrswegen ohnehin einer objektiv hohen Geräuschbelastung ausgesetzt ist, kann nicht den Schutz in Anspruch nehmen, der einem nicht derart vorbelasteten Wohngebiet zuzubilligen ist.[868] Derartige Flächen können auch Gegenstand eines Bebauungsplans der Innenentwicklung sein (§ 13 a BauGB).

457   § 1 IV 2 BauNVO enthält für **Gewerbe-** und **Industriegebiete eine Sonderregelung**, die eine Gliederung der verschiedenen Gewerbe- und Industriegebiete der Gemeinde in ihrem Verhältnis zueinander ermöglicht. Dies lässt eine Verteilung der in den Gebieten zulässigen Nutzungen, Betriebe und Anlagen auf verschiedene GE- bzw. GI-Gebiete zu. Dabei sind auch Überschneidungen möglich. Eine solche Gliederung ist offenbar auch dann möglich, wenn in der Bilanz der Baugebiete der Katalog der nach der BauNVO in einem GI- oder GE-Gebiet allgemein bzw. ausnahmsweise zulässigen Nutzungen eingeschränkt wird. Nicht in jeder Gemeinde ist ein uneingeschränktes Industriegebiet möglich. Gleichwohl muss die Gemeinde in der Lage sein, die Gliederungsmöglichkeiten des § 1 IV BauNVO bei der Aufstellung von Bebauungsplänen zu nutzen und – wo geboten – ein durch entsprechende Schutzabstände, Gliederungen und Schutzauflagen verträgliches Nebeneinander von Wohnen und Gewerbe sicherzustellen.[869] Für den **Ausschluss von Nutzungsarten** oder ihre **Umwandlung in Ausnahmen** gibt § 1 V BauNVO eine Rechtsgrundlage. Nach dieser Vorschrift kann im Bebauungsplan festgesetzt werden, dass bestimmte Arten von Nutzungen, die nach den §§ 2, 4 bis 9 und 13 BauNVO allgemein zulässig sind, nicht zulässig sind oder nur ausnahmsweise zugelassen werden können, sofern die allgemeine Zweckbestimmung des Baugebietes gewahrt bleibt.[870] Die Vorschrift ermöglicht daher, bestimmte nach der BauNVO im Baugebiet allgemein zulässigen Nutzungen ganz auszuschließen oder nur ausnahmsweise zuzulassen. Ausgenommen von diesen Ausschlussmöglichkeiten sind die reinen Wohngebiete (§ 3 BauNVO) und die Sondergebiete (§§ 10 bis 11 BauNVO) sowie die in allen Baugebieten zulässigen Stellplätze und Garagen, nicht jedoch die Räume für freie Berufe (§ 13 BauNVO),[871] die in die Ausschluss- oder Ausnahmeregelungsmöglichkeiten des § 1 V BauNVO einbezogen sind.

Beispiel: Die Gemeinde möchte in einem Kerngebiet Spielhallen ausschließen oder in einem Wohngebiet auch Nachbarschaftsläden nur ausnahmsweise zulassen, weil die Versorgungseinrichtungen in dem benachbarten, für die Wohnbevölkerung gut erreichbaren Ortszentrum gestärkt werden sollen.

---

[867] BVerwG, Urt. v. 7.7.1978 – 4 C 79.76 – BVerwGE 56, 110 = RzB Rn. 1164 – Frankfurter Flughafen.
[868] BVerwG, Urt. v. 7.7.1978 – IV C 79.76 – BVerwGE 56, 110 = RzB Rn. 1164.
[869] Fickert/Fieseler § 1 Rn. 99.
[870] BVerwG, B. v. 6.5.1996 – 4 NB 16.96 – Buchholz 406.12 § 1 BauNVO Nr. 22.
[871] VGH Kassel, Urt. v. 4.7.1991 – 4 UE 1422/87 – DÖV 1992, 500.

Auch die **DIN 4150-2** zur Berechnung des Verkehrslärms ist als technisches Regelwerk **458** keine Rechtsnorm. Es ist dem Bereich der Tatsachenfeststellungen und nicht der Rechtsanwendung zuzuordnen, wenn ein Gericht ein technisches Regelwerk auslegt und hieraus im Einzelnen Folgerungen für den konkreten Fall zieht.[872] Bestimmt erst eine in den **textlichen Festsetzungen** eines Bebauungsplans in Bezug genommene **DIN-Vorschrift**, unter welchen Voraussetzungen bauliche Anlagen im Plangebiet zulässig sind, ist den rechtsstaatlichen Anforderungen an die Verkündung von Rechtsnormen genügt, wenn die Gemeinde sicherstellt, dass die Betroffenen von der DIN-Vorschrift verlässlich und in zumutbarer Weise Kenntnis erlangen können[873]. Es empfiehlt sich, die Vorschriften in der Gemeinde bereitzuhalten. Genügt der Bebauungsplan diesen Anforderungen an die Bestimmtheit der Festsetzungen nicht, kann der Verkündungsfehler ggf. durch Ergänzung des Normtextes, erneute Ausfertigung und erneute Bekanntmachung des Bebauungsplans geheilt werden; einer erneuten Offenlage, Abwägung und eines erneuten Ratsbeschlusses bedarf es nur, wenn sich der Inhalt der Festsetzungen ändert.[874] Die planende Gemeinde muss für den Fall, dass eine Festsetzung des Bebauungsplans auf eine DIN-Vorschrift verweist und sich erst aus dieser Vorschrift ergibt, unter welchen Voraussetzungen ein Vorhaben planungsrechtlich zulässig ist, sicherstellen, dass die Planbetroffenen auch vom Inhalt der DIN-Vorschrift verlässlich und in zumutbarer Weise Kenntnis erlangen können; Ausnahmen für den Fall, dass sich der vom Bebauungsplan betroffene Personenkreis signifikant anders zusammensetzt als derjenige, der in einer Vielzahl von Bebauungsplänen planunterworfen ist, scheiden schon aus Gründen der Rechtssicherheit aus.[875]

Die Ausschlussmöglichkeiten des § 1 V BauNVO müssen sich nicht auf alle in **459** einer Nummer einer Baugebietsvorschrift zusammengefassten Nutzungen erstrecken (→ „**Nummerndogma**"). Der **Ausschluss** kann auch auf eine **einzelne Nutzungsart** der in einer Nummer erwähnten Nutzungen beschränkt werden.[876]

Beispiel: In einem Mischgebiet können etwa Einzelhandelsbetriebe, die dort nach § 6 II Nr. 3 BauNVO allgemein zulässig sind, in den Katalog der ausnahmsweise zulässigen Nutzungen verwiesen werden,[877] während es hinsichtlich der ebenfalls in § 6 II Nr. 3 BauNVO erwähnten Schank- und Speisewirtschaften sowie Betrieben des Beherbergungswesens bei der allgemeinen Zulässigkeitsregelung verbleibt.

> → **Nummerndogma.** Die planerischen Variationsmöglichkeiten durch Ausschluss oder Zulassung bestimmter Nutzungen beziehen sich danach auf eine komplette Nummer der Vorschriften über die jeweiligen Baugebiete (z. B. Anlagen für kirchliche, kulturelle, soziale, gesundheitliche und sportliche Zwecke, § 2 III Nr. 2 BauNVO). Die Variationsmöglichkeiten können sich aber auch auf Teile der jeweiligen Gruppen (Vergnügungsstätten) (§ 1 V BauNVO) oder deren Unterarten (Spielhallen) (§ 1 IX BauNVO) beziehen. Die Gemeinde ist daher bei ihren planerischen Entscheidungen nicht an das Nummerndogma gebunden, sondern kann auch einzelne Nutzungen aus dem Katalog der jeweiligen Baugebiete der BauNVO erfassen.

---

[872] BVerwG, B. v. 25.5.2005 – 9 B 41.04 – m. Anm. *Nolte*, jurisPR-BVerwG 16/2007 Anm. 4 – Eisenbahnneu- und -ausbaustrecke Karlsruhe-Basel, DIN 4150-2.

[873] BVerwG, B. v. 29.7.2010 – 4 BN 21.10 – ZfBR 2010, 689 = BauR 2010, 1889 = DVBl 2010, 1251 – DIN-Vorschrift. OVG Münster, Urt. v. 25.1.2010 – 7 D 110/09.NE, 7 D 111/09.NE – Info BRS 2010, Nr. 3, 6 = BauR 2010, 1038 = UPR 2010, 356; Urt. v. 4.10.2010 – 10 D 30/08.NE – Bahnhofsgelände, *Gatz*, jurisPR-BVerwG 19/2010 Anm. 5.

[874] OVG Koblenz, Urt. v. 26.3.2009 – 8 C 10729/08 – BauR 2009, 1014 = DVBl 2009, 798 = NVwZ-RR 2009, 673 = DÖV 2009, 639 – Bebauungsplanverkündung, im Anschluss Urt. v. 4.7.2006 – 8 C 11709/05 – NuR 2007, 31.

[875] BVerwG, B. v. 5.12.2013 – 4 BN 48.13 – ZfBR 2014, 158 = BauR 2014, 503, *Gatz*, jurisPR-BVerwG 2/2014 Anm. 2 – DIN-Vorschrift.

[876] BVerwG, B. v. 22.5.1987 – 4 N 4.86 – BVerwGE 77, 308 = NVwZ 1987, 1072 = RzB Rn. 883; Urt. v. 22.5.1987 – 4 C 77.84 – BVerwGE 77, 317 = NVwZ 1987, 1074 = RzB Rn. 946.

[877] Zum generellen Ausschluss von Einzelhandelsbetrieben BVerwG, B. v. 3.5.1993 – 4 NB 13.93 – Buchholz 406.12 § 1 BauNVO Nr. 16 = RzB Rn. 884.

460 Sollen einzelne **Unterarten** der in einer Baugebietsvorschrift erwähnten **Nutzungsarten ausgeschlossen** werden, so kann dies nach § 1 IX BauNVO erfolgen. Die Ausschluss- oder Ausnahmeregelungen nach § 1 V BauNVO bedürfen einer Rechtfertigung durch städtebauliche Gründe und sind nur zulässig, sofern die allgemeine Zweckbestimmung des Baugebietes gewahrt wird. Auch für Festsetzungen in einem Bebauungsplan, dass bestimmte bauliche Anlagen nur ausnahmsweise zulässig sind, wenn sie nicht zu einer merkbaren Erhöhung der Immissionen (Lärm, Gerüche) führen und sonstige öffentliche Belange nicht entgegenstehen, gibt es keine Rechtsgrundlage.[878]

461 Die Festsetzung bestimmter Arten von Nutzungen im Bebauungsplan, zu der auch die Regelung der Größe der Anlagen, wie etwa der **Verkaufs- und Geschossfläche** von **Handelsbetrieben**, gehört, entspricht den Anforderungen des § 1 IX BauNVO nur, wenn durch die Größenangabe bestimmte Arten von baulichen oder sonstigen Anlagen zutreffend gekennzeichnet werden. Betriebe, bei denen die Verkaufs- oder die Geschossfläche eine bestimmte Größe überschreitet, sind nicht schon allein deshalb auch „bestimmte Arten" i. S. des § 1 IX BauNVO. Die **Begrenzung** der höchstzulässigen Verkaufs- oder Geschossfläche trägt die Umschreibung eines bestimmten Anlagentyps nicht gleichsam in sich selbst. Vielmehr muss die Gemeinde darlegen, warum Betriebe unter bzw. über den von ihr festgesetzten Größen generell oder doch jedenfalls unter Berücksichtigung der besonderen örtlichen Verhältnisse einem bestimmten Anlagentyp entsprechen.[879]

462 Gemeinden ist es nicht grundsätzlich verwehrt, auch auf die Größe von Anlagen – wie etwa auf die Verkaufs- oder Geschossfläche von Einzelhandelsbetrieben – abzustellen, sofern durch die Größenangabe „bestimmte Arten" von Anlagen i. S. des § 1 IX BauNVO zutreffend gekennzeichnet werden. Die Gemeinde muss dazu darlegen, warum Betriebe unter bzw. über den von ihr festgesetzten Größen generell oder doch jedenfalls unter Berücksichtigung der besonderen örtlichen Verhältnisse einem bestimmten Anlagentyp entsprechen.[880] **Sortimentsbezogene Beschränkungen** in der **Verkaufsfläche** sind zulässig, wenn sie sich auf die Art der Nutzung beziehen.[881]

463 **c) Umkehr des Regel-Ausnahme-Verhältnisses.** § 1 VI BauNVO gibt die Grundlage für den **Ausschluss von Ausnahmen** und die **Umwandlung in allgemein zulässige Nutzungen**. In Ergänzung der Ausschluss- und Ausnahmeregelung des § 1 V BauNVO kann nach § 1 VI BauNVO festgesetzt werden, dass alle oder einzelne Ausnahmen, die in den Baugebieten nach den §§ 2 bis 9 BauNVO vorgesehen sind, (1) nicht Bestandteil des Bebauungsplanes werden oder (2) in dem Baugebiet allgemein zulässig sind, sofern die allgemeine Zweckbestimmung des Baugebietes gewahrt bleibt.[882] Die Vorschrift ermöglicht den Ausschluss von Ausnahmen, die in den jeweiligen Abs. 3 der Baugebietsregelungen der BauNVO aufgeführt sind. Einzelne nach der BauNVO ausnahmsweise zugelassene Nutzungen können jedoch auch im Bebauungsplan zu regelmäßig zulässigen Nutzungen erklärt werden.

464 **d) Vertikale Gliederung.** Eine vertikale Gliederung wird durch § 1 VII BauNVO ermöglicht. Nach dieser Vorschrift kann für die Baugebiete nach den §§ 4 bis 9 BauNVO bei Rechtfertigung durch besondere städtebauliche Gründe[883] festgesetzt werden, dass in bestimmten Geschossen, Ebenen oder sonstigen Teilen baulicher Anlagen

---

[878] OVG Münster, Urt. v. 27.11.2006 – 7 D 118/05.NE – ZfBR 2007, 351 = DVBl 2007, 317 – horizontale und vertikale Differenzierung eines besonderen Wohngebiets.
[879] BVerwG, B. v. 23.10.2006 – 4 BN 1.06 – Verkaufsflächenbegrenzung im Bebauungsplan.
[880] VGH München, Urt. v. 4.4.2006 – 1 N 04.1661 – privaten Grünflächen und Sichtschneisen; m. Hinw. auf BVerwG, B. v. 8.11.2004 – 4 BN 39/04 – NVwZ 2005, 324.
[881] VGH München, Urt. v. 25.10.2005 – 2 N 04.2476 –.
[882] BVerwG, B. v. 6.5.1996 – 4 NB 16.96 – Buchholz 406.12 § 1 BauNVO Nr. 22.
[883] BVerwG, B. v. 25.2.1997 – 4 NB 30.96 – Dachgeschoßzahl-Festsetzung.

(1) nur einzelne oder mehrere der in dem Baugebiet allgemein zulässigen Nutzungen zulässig sind,

(2) einzelne oder mehrere der in dem Baugebiet allgemein zulässigen Nutzungen unzulässig sind oder als Ausnahme zugelassen werden können oder

(3) alle oder einzelne Ausnahmen, die in den Baugebieten nach den §§ 4 bis 9 BauNVO vorgesehen sind, nicht zulässig oder, sofern die allgemeine Zweckbestimmung des Baugebietes gewahrt bleibt,[884] allgemein zulässig sind.

e) Beschränkung auf Teile des Baugebietes. Nach § 1 VIII BauNVO können die **465** Gliederungs- und Ausschlussmöglichkeiten des § 1 IV bis VII BauNVO auf Teile des Baugebietes beschränkt werden.

f) Weitere Differenzierung nach der Anlagenart. § 1 IX BauNVO gestattet eine ge- **466** genüber § 1 V BauNVO[885] noch **feinere Differenzierung** nach **Anlagenmerkmalen.** Einzelne Unterarten von Nutzungen nach § 1 IX BauNVO können auch durch die Beschreibung von Ausstattungsmerkmalen einer Anlage zutreffend bezeichnet werden.[886] Bemühungen einer Gemeinde, ihren Innenstadtbereich zu sanieren und seine Attraktivität zu steigern, stellen besondere städtebauliche Gründe i.S. des § 1 IX BauNVO dar, die den Ausschluss von Werbeanlagen für Fremdwerbung auch in Misch- und Kerngebieten rechtfertigen können.[887] Für die Ermittlung eines Anlagentyps im Sinne von § 1 IX BauNVO ist das Gemeindegebiet oder ein städtebaulich abgrenzbares Teilgebiet mit besonderen örtlichen Verhältnissen zu untersuchen. Begrifflich setzt ein Anlagentyp voraus, dass diese Art der baulichen Nutzung nicht nur an einem einzelnen Standort vorhanden ist, wobei es innerhalb des Anlagentyps eine Variationsbreite geben kann.[888] Die Gliederungsmöglichkeiten des § 1 IV bis IX BauNVO lassen es nicht zu, im Mischgebiet eine **Beschränkung des Wohnnutzungsanteils** auf einen bestimmten Prozentsatz der Geschossfläche oder eine Beschränkung der Wohnungen auf zwei Wohneinheiten je Gebäude festzusetzen.[889] **§ 1 IX BauNVO** gestattet – über § 1 V BauNVO hinausgehend –, einzelne Unterarten von Nutzungen, welche die BauNVO selbst nicht angeführt hat, mit planerischen Festsetzungen zu erfassen. Während bereits nach § 1 V BauNVO einzelne der unter einer Nummer einer Baugebietsvorschrift der BauNVO zusammengefassten Nutzungen im Bebauungsplan ausgeschlossen werden können, können nach § 1 IX BauNVO weitergehende Differenzierungen vorgenommen werden. Ziel des § 1 IX BauNVO ist es mithin, die allgemeinen Differenzierungsmöglichkeiten der Baugebietstypen nochmals einer „Feingliederung" unterwerfen zu können, falls sich hierfür besondere städtebauliche Gründe ergeben, um die Vielfalt der Nutzungsarten im Plangebiet zu mindern. Die Planungsfreiheit der Gemeinden ist lediglich dadurch begrenzt, dass sich die Differenzierungen auf bestimmte Anlagentypen beziehen müssen, die es in der sozialen und ökonomischen Realität bereits gibt. Bordelle oder bordellähnliche Betriebe stellen Unterarten eines Gewerbebetriebes i.S.v. § 8 II Nr. 1 BauNVO dar. Sie können folglich in einem durch Bebauungsplan festgesetzten Gewerbegebiet über § 9 I Nr. 1 BauGB i.V.m. § 1 IX BauNVO ausgeschlossen werden.[890]

---

[884] BVerwG, B. v. 6.5.1996 – 4 NB 16.96 – Buchholz 406.12 § 1 BauNVO Nr. 22.

[885] OVG Berlin-Brandenburg, Urt. v. 19.3.2008 – 2 A 3.08 – gewerbliche Nutzung m. Hinw. auf BVerfG, Urt. v. 20.2.2008 – 1 BvR 2722/06 –; OVG Berlin, Urt. v. 11.10.2007 – A 7.06 –; BVerwG, B. v. 26.2.1997- 4 NB 5.97 – ; Urt. v. 15.8.1991 – 4 N 1.89 –; B. v. 14.8.1989 – 4 NB 24.88 – .

[886] OVG Saarlouis, B. v. 27.2.2008 – 2 B 450/07 – AS RP-SL 36, 91 – Veränderungssperre.

[887] VGH Mannheim, Urt. v. 16.4.2008 – 3 S 3005/06 – VBlBW 2008, 445 – Fremdwerbung, im Anschluss an BVerwG, Urt. v. 3.12.1992 – 4 C 27.91 – BVerwGE 91, 23.

[888] OVG Greifswald, Urt. v. 21.8.2007- 3 K 17/04 – NordÖR 2007, 504 = NVwZ-RR 2008, 447 (L) – Anlagentyp.

[889] So BVerwG, B. v. 12.12.1990 – 4 NB 13.90 – BauR 1991, 169 = DVBl 1991, 449 = RzB Rn. 882.

[890] BVerwG, B. v. 5.6.2014 – 4 BN 8.14 – ZfBR 2014, 574 = UPR 2014, 397, m. Hinw. auf

467   Festsetzungen, die auf die **Größe** von Anlagen abstellen (etwa Verkaufsfläche von Handelsbetrieben), sind jedoch nur zulässig, wenn dadurch bestimmte Arten von baulichen Anlagen oder sonstigen Anlagen **(Anlagentypen)** – ggf. auch unter Berücksichtigung der besonderen Verhältnisse der Gemeinde – zutreffend beschrieben werden.[891] Das Besondere der städtebaulichen Gründe muss nicht darin bestehen, dass sie ein größeres oder zusätzliches Gewicht haben. Vielmehr ist mit besonderen städtebaulichen Gründen gemeint, dass es spezielle Gründe gerade für diese Beschränkung der baulichen Ausnutzbarkeit der betroffenen Grundstücke geben muss.[892] Zudem bedarf die Prägung eines solchen Anlagentyps in der gemeindlichen Bauleitplanung einer besonderen Begründung. Der Bebauungsplan bzw. dessen Begründung[893] muss dabei erkennen lassen, dass mit den Festsetzungen ein bestimmter Typ von baulichen und sonstigen Anlagen erfasst wird.[894]

468   **g) Bestandsorientierte Planungen.** § 1 X BauNVO ermöglicht die **Festsetzung von Fremdkörpern**[895] aus Gründen einer **bestandsorientierten Planung**. Die Baugebietstypen der BauNVO lassen sich besonders in gewachsenen städtischen Strukturen, in Gemengelagen[896] oder in sanierungsbedürftigen Gebieten nicht immer vollständig verwirklichen. Es bedarf vielmehr in solchen Gebieten häufig der Berücksichtigung des vorhandenen Bestandes und der Tatsache, dass sich durch die unterschiedlichen Nutzungen auf engem Raum Fremdkörpersituationen und Gemengelagen entwickelt haben, die durch planerische Festsetzungen nicht ,in einem Schlage lösbar sind. Vielfach erscheint eine Änderung der gewachsenen Struktur durch eine künstlich aufgesetzte Orientierung an einem Baugebietstyp der BauNVO auch nicht sinnvoll. Für solche Fälle bietet § 1 X BauNVO erweiterte Festsetzungsmöglichkeiten i. S. bestandsorientierter Planungen. Wären bei Festsetzung eines Baugebietes nach den §§ 2 bis 9 BauNVO in überwiegend bebauten Gebieten bestimmte vorhandene bauliche und sonstige Anlagen unzulässig, kann nach § 1 X BauNVO im Bebauungsplan festgesetzt werden, dass Erweiterungen, Änderungen, Nutzungsänderungen und Erneuerungen dieser Anlagen allgemein oder ausnahmsweise zugelassen werden können. Im Bebauungsplan können dabei nähere Bestimmungen über die Zulässigkeit getroffen werden. Die allgemeine Zweckbestimmung des Baugebietes muss in seinen übrigen Teilen dabei gewahrt bleiben (§ 1 X 2, 3 BauNVO) *(→ Abbildung 70 mit Textbeispiel 59).*

469   Bei einer Fremdkörperfestsetzung nach **§ 1 X BauNVO** handelt es sich um eine **anlagenbezogene Festsetzung** im Sinne einer **Einzelfallregelung**. Die Festsetzungen

---

Urt. v. 22.5.1987 – 4 C 77.84 – BVerwGE 77, 317 = Buchholz 406.12 § 1 BauNVO Nr. 5; B. v. 22.5.1987 – 4 N 4.86 – BVerwGE 77, 308 = Buchholz 406.12 § 1 BauNVO Nr. 4 und Urt. v. 26.3.2009 – 4 C 21.07 – BVerwGE 133, 310 Rn. 12; B. v. 27.7.1998 – 4 BN 31.98 – Buchholz 406.12 § 1 BauNVO Nr. 25; Urt. v. 25.11.1983 – 4 C 21.83 – BVerwGE 68, 213 = Buchholz 406.12 § 8 BauNVO Nr. 2.

[891] BVerwG, Urt. v. 22.5.1987 – 4 C 77.84 – BVerwGE 77, 317 = RzB Rn. 946 – Verbrauchermarkt; Urt. v. 24.11.2005 – 4 C 10.04 – BVerwGE 124, 364 = DVBl 2006, 448 = NVwZ 2006, 452 = BauR 2006, 639; Urt. v. 24.11.2005 – 4 C 14.04 – BVerwGE 124, 376 = DVBl 2006, 452 = NVwZ 2006, 455 = BauR 2006, 644 – Backshop und Laden für Toto/Lotto, Zeitschriften und Schreibwaren; Urt. v. 24.11.2005 – 4 C 3.05, 4 C 8.05 –; *Schütz* UPR 2006, 169; vgl. auch VGH Mannheim, Urt. v. 10.7.2006 – 3 S 2309/05 – ESVGH 57, 59 (L) = UPR 2006, 459 = ZfBR 2006, 784 = NVwZ-RR 2007, 233 – Lebensmittelmarkt auf ehemaligem Kasernengrundstück; vgl. VG Lüneburg, Urt. v. 15.6.2006 – 2 A 140/05 –; *Jeromin* BauR 2006, 619; *Gatz*, jurisPR-BVerwG 7/2006 Anm. 4; *Schütz* UPR 2006, 169; *Birk*, VBlBW 2006, 289.

[892] So zu § 9 I Nr. 6 BauGB BVerwG, B. v. 9.11.1994 – 4 NB 34.94 – DVBl 1995, 122 = BauR 1995, 65 – Hanglage.

[893] BVerwG, Urt. v. 22.5.1987 – 4 C 77.84 – BVerwGE 77, 317 = RzB Rn. 946 – Verbrauchermarkt.

[894] So BVerwG, Urt. v. 22.5.1987 – 4 C 77.84 – BVerwGE 77, 317 = RzB Rn. 946.

[895] Zum Begriff BVerwG, Urt. v. 15.2.1990 – 4 C 23.86 – BVerwGE 84, 322 = RzB Rn. 388 – Unikat.

[896] BVerwG, Urt. v. 12.12.1975 – 4 C 71.73 – BVerwGE 50, 49 = RzB Rn. 60 – Tunnelofen.

müssen sich auf konkret vorhandene Anlagen beziehen.[897] Von der Regelung kann auch dann Gebrauch gemacht werden, wenn die Anlage bereits vor dem Erlass oder der Änderung des Bebauungsplans nicht (mehr) hätte genehmigt werden können; das gilt jedenfalls, wenn sie aufgrund einer bestandskräftigen Baugenehmigung Bestandsschutz genießt.[898] § 1 X BauNVO ermöglicht zur Sicherung des vorhandenen Bestandes die (anlagenbezogene) Zulassung einer gebietsfremden Nutzung, bietet aber keine Handhabe zur Korrektur der Festsetzungen eines Bebauungsplans hinsichtlich des Maßes der baulichen Nutzung und der überbaubaren Grundstücksflächen[899] und räumt der Gemeinde auch kein eigenständiges Anlagenerfindungsrecht ein.[900] § 1 X BauNVO bezieht sich auf Nutzungsformen, die in der Beschreibung der Baugebiete in der BauNVO weder zu dem allgemein noch zu dem ausnahmsweise zulässigen Nutzungskatalog zählen. Die Vorschrift schafft somit die Rechtsgrundlage für die **planungsrechtliche Zulassung** eines **Fremdkörpers**, der in dem festgesetzten andersartigen Baugebiet unzulässig wäre. Fremdkörper in diesem Sinne sind zumeist singuläre Anlagen (Unikate), die in einem auffälligen Kontrast zu der sie umgebenden im Wesentlichen homogenen Bebauung stehen und die ihre Umgebung nicht prägen oder mit ihr eine Einheit bilden.[901]

§ 1 X BauNVO bezieht sich auf Nutzungsformen, die in der Beschreibung der Baugebiete in der BauNVO weder zu dem allgemein noch zu dem ausnahmsweise zulässigen Nutzungskatalog zählen. Die Vorschrift schafft somit die Rechtsgrundlage für die **planungsrechtliche Zulassung** eines **Fremdkörpers**, der in dem festgesetzten andersartigen Baugebiet unzulässig wäre. Fremdkörper in diesem Sinne sind zumeist singuläre Anlagen (Unikate), die in einem auffälligen Kontrast zu der sie umgebenden im Wesentlichen homogenen Bebauung stehen und die ihre Umgebung nicht prägen oder mit ihr eine Einheit bilden.[902]   **470**

Auszusondern sind nach Auffassung des BVerwG zum einen solche baulichen Anlagen, die von ihrem quantitativen Erscheinungsbild (Ausdehnung, Höhe und Zahl) nicht die Kraft haben, die Eigenart der näheren Umgebung zu beeinflussen, die der Betrachter also nicht oder nur am Rande wahrnimmt. Zum anderen können auch solche Anlagen aus der Bestimmung der Eigenart der näheren Umgebung auszusondern sein, die zwar quantitativ die Erheblichkeitsschwelle überschreiten, aber nach ihrer Qualität völlig aus dem Rahmen der sonst in der näheren Umgebung anzutreffenden Bebauung herausfallen. Das wird – so das BVerwG – namentlich dann anzunehmen sein, wenn eine singuläre Anlage in einem auffälligen Kontrast zur übrigen Bebauung steht. In Betracht kommen insbesondere solche baulichen Anlagen, die nach ihrer auch äußerlich erkennbaren Zweckbestimmung in der näheren Umgebung einzigartig sind. Sie erlangen die Stellung eines Unikats umso eher, je einheitlicher die nähere Umgebung im Übrigen baulich genutzt ist. Trotz ihrer deutlich in Erscheinung tretenden Größe und ihres nicht zu übersehenden Gewichts in der näheren Umgebung bestimmen sie nicht deren Eigenart, weil sie wegen ihrer mehr oder weniger ausgeprägten, vom übrigen Charakter der Umgebung abweichenden Struktur gleichsam isoliert dastehen.   **471**

---

[897] OVG Magdeburg, Urt. v. 21.2.2008 – 2 K 258/06 – UPR 2008, 280 (L) = NVwZ-RR 2008, 768 (L) – Überplanung einer Wohnbebauung.

[898] BVerwG, B. v. 30.10.2007 – 4 BN 38/07 – BauR 2008, 326 = ZfBR 2008, 180 = NVwZ 2008, 214 = UPR 2008, 109 = DVBl 2008, 66 (L) m. Anm. *Gatz*, jurisPR-BVerwG 2/2008 Anm. 2 – baugebietswidrige Vorhaben.

[899] VGH Mannheim, Urt. v. 29.10.2008– 3 S 1318/07 –.

[900] VGH Mannheim, Urt. v.25.9.2007 – 3 S 1492/06 – BauR 2008, 1566 – erweiterter Bestandsschutz.

[901] BVerwG, Urt. v. 26.5.1978 – IV C 9.77 – BVerwGE 55, 369 = RzB Rn. 336 – Harmonieurteil; Urt. v. 15.2.1990 – 4 C 23.86 – BVerwGE 84, 322 = RzB Rn. 388 – Unikat.

[902] BVerwG, Urt. v. 26.5.1978 – 4 C 9.77 – BVerwGE 55, 369 = RzB Rn. 336 – Harmonieurteil; Urt. v. 15.2.1990 – 4 C 23.86 – BVerwGE 84, 322 = RzB Rn. 388 – Unikat.

Planungskonzept

Bei dem Plangebiet des Bebauungsplans Nr. 70 handelt es sich um eine innerstädtische Fläche am Rand des Ortszentrums der Gemeinde Bad Zwischenahn. Eingerahmt durch Straßen und eine Bahnlinie im Norden, Süden und Osten wird das Areal fast mittig von dem in Nord-Süd-Richtung verlaufenden Fluss „Aue" gequert. Schon in der Vergangenheit war das Plangebiet überwiegend baulich genutzt. Aufgrund der relativen Zentrumsnähe hatten sich Gewerbebetriebe wie eine Molkerei oder eine Strumpffabrik angesiedelt. Dabei hatte sich im Bereich östlich der Aue einerseits eine klassische Mischgebietsnutzung mit einer engen Verzahnung zwischen Wohnen und Arbeiten entwickelt, die sich mit Geschäfts- und Büronutzung in den Untergeschossen bis heute erhalten hat. Andererseits ist hier seit Jahren ein Bau- und Heimwerkermarkt mit integriertem Baustoffhandel ansässig, der fast die Hälfte der Fläche östlich der Aue belegt.

Allerdings sind insbesondere die verkehrliche Anbindung dieses Einzelhandelsbetriebes sowie das langfristig Fehlen von Erweiterungsflächen nicht optimal. Überlegungen bezüglich einer Umsiedlung des Betriebes werden von der Geschäftsführung angestellt, gleichwohl besteht derzeit keine konkrete Veränderungsabsicht. Kurz- bis mittelfristig ist daher nicht verlässlich damit zu rechnen, dass eine Verlagerung des Einzelhandelsbetriebes vorgenommen wird. Langfristig sieht die Gemeinde für die Fläche allerdings einen Umstrukturierungsbedarf, da insbesondere die Zu- und Abfahrtssituation zum Bau- und Heimwerkermarkt aufgrund der Nähe zum südlich gelegenen Bahnübergang und zum Knotenpunkt Westersteder bzw. Oldenburger Straße und Mühlenstraße als nicht unproblematisch einzustufen ist.

Langfristiges Planungsziel der Gemeinde ist die Stärkung des vorhandenen Mischgebietes in Verbindung mit einem Ausbau der Büro- und Dienstleistungsnutzungen. Allerdings sollen dem ansässigen Bau- und Heimwerkermarkt die Entwicklungsperspektiven am vorhandenen Standort nicht genommen werden. Auf diese Zielsetzung reagiert die Gemeinde, indem sie im vorliegenden Bebauungsplan ein Mischgebiet festsetzt, für den Bau- und Heimwerkermarkt allerdings eine so genannte „Fremdkörperfestsetzung" (gem. § 1 X BauNVO) vornimmt, die dem Betrieb einen ausreichenden Entwicklungsspielraum belässt.

Die im Süden des Plangebietes vorhandenen Lärmquellen (innerörtliche Entlastungsstraße und Bahnlinie) führen zu Lärmimmissionskonflikten, die im Zuge der Bauleitplanung ebenfalls zu bewältigen sind.

Fremdkörperfestsetzungen

Auf den Flurstücken sind Erweiterungen, Änderungen, Nutzungsänderungen und Erneuerungen des dort ansässigen Bau- und Heimwerkermarktes mit Baustoffhandel nach Maßgabe der folgenden Regelungen zulässig: Bauliche Erweiterungen und bauliche Änderungen vorhandener Lagerplätze und Lagerhallen sind zulässig, sofern eine Gesamtversiegelung von 90 % der Grundstücksfläche nicht überschritten wird. Der Anteil von überdachten Verkaufsräumen darf sich gegenüber dem derzeit baurechtlich genehmigten Bestand im Zeitpunkt des Satzungsbeschlusses nur um maximal 100 % erhöhen. Eine Gebäudehöhe von 11 m darf nicht überschritten werden. Nutzungsänderungen des bestehenden Einzelhandelsbetriebs sind nicht zulässig. Erweiterungen und Ergänzungen der Warenpalette sind zulässig, sofern die Funktion eines Einzelhandelsbetriebes der Branche Bau- und Heimwerkermarkt mit Baustoffhandel gewahrt bleibt. Mindestens 90 % der Verkaufsfläche müssen für Waren aus diesen Sortimentsbereichen vorbehalten bleiben.

Textbeispiel 59: *Festsetzungen Bestandsorientierte Planungen (zu Abbildung 70)*

472   Gegenstand und Gehalt der Regelung des **§ 1 X BauNVO** sind mit **§ 34 IIIa BauGB** vergleichbar, der im nichtbeplanten Innenbereich die Zulassung von nach § 34 I und II BauGB unzulässigen Erweiterungen, Änderungen, Nutzungsänderungen und Erneuerungen von zulässigerweise errichteten baulichen und sonstigen Anlagen im Einzelfall ermöglichte, wenn die Abweichung (1) der Erweiterung, Änderung, Nutzungsänderung oder Erneuerung eines zulässigerweise errichteten Gewerbe- oder Handwerksbetriebs dient (2) städtebaulich vertretbar ist und (3) auch unter Würdigung nachbarlicher Interessen mit den öffentlichen Belangen vereinbar ist. Die Überschreitung des in der Umgebung vorgezeichneten Rahmens ist danach vor allem von dem Merkmal der → städtebaulichen Vertretbarkeit abhängig.

> → **Städtebauliche Vertretbarkeit.** Sie setzt voraus, dass das Vorhaben planbar ist und damit den Abwägungsgrundsätzen des § 1 VI und VII BauGB genügt. Die Maßnahmen müssen nicht unbedingt zu einer Verbesserung führen, aber nach Möglichkeiten suchen, einen angemessenen Ausgleich zwischen den divergierenden Interessen zu erreichen. Die Grenze der städtebaulichen Vertretbarkeit ist dort erreicht, wo das jeweilige Vorhaben auch durch eine Bauleitplanung nicht verwirklicht werden könnte (§ 34 III a BauGB).

Abbildung 70: *Bestandsorientierte Planungen*
(textliche Festsetzungen gem. § 9 BauGB)

473 **h)** → **Verkehrslärmschutz.** Umfangreiche Rechtsprechung liegt zum Verkehrslärmschutz vor.[903] Auch ein Bebauungsplan kann Grundlage für den Bau einer Straße sein. In welchem Umfang dies möglich ist und der Bebauungsplan ein straßenrechtliches Planfeststellungsverfahren ersetzen kann, bestimmt das jeweilige Landesrecht. Das gilt auch im Falle einer isolierten Straßenplanung.[904]

> → **Individualverkehr.** Alle mit privaten Fahrzeugen durchgeführten Ortsveränderungen. Der Verkehr mit Kraftfahrzeugen wird als motorisierter Individualverkehr bezeichnet.
>   → **ÖPNV.** Öffentlicher Personennahverkehr (Bus, U-Bahn, S-Bahn, Straßenbahn und Taxi).

474   Mit Erlass der Sechzehnten Verordnung zur Durchführung des BImSchG (→ **Verkehrslärmschutzverordnung – 16. BImSchV)**[905] ist der Verordnungsgeber dem ihm durch § 43 I 1 Nr. 1 BImSchG erteilten Regelungsauftrag nachgekommen und hat den Verkehrslärmschutz für den Bau oder die wesentliche Änderung von öffentlichen Straßen sowie von Schienenwegen auf eine neue rechtliche Basis gestellt. Diese Lückenschließung war von der Rechtsprechung mehrfach angemahnt worden.[906] War früher eine Einzel-

---

[903] Zum Verkehrslärmschutz BGH, Urt. v. 20.3.1975 – III ZR 215.71 – BGHZ 64, 220 = RzB Rn. 103 – B 9; Urt. v. 6.3.1986 – III ZR 146/84 – NJW 1986, 2424 – Restgrundstück; Urt. v. 17.4.1986 – III ZR 202/84 – BGHZ 97, 361 = DVBl 1986, 998 = RzB Rn. 104 – B 455; Urt. v. 23.10.1986 – III ZR 112/85 – NVwZ 1989, 285 = BauR 1987, 426 = RzB Rn. 106 – Autobahn; Urt. v. 21.12.1989 – III ZR 49/88 – BGHZ 110, 1 = NJW 1990, 1042 = DVBl 1190, 355 = RzB Rn. 585 – Buchholzer Berg; BVerfG, B. v. 7.10.1980 – 1 BvR 584/76 – BVerfGE 56, 298 = NJW 1981, 1659 = DVBl 1981, 535 = RzB Rn. 1157 – Memmingen; B. v. 30.11.1988 – 1 BvR 1301/84 – BVerfGE 79, 174 = NJW 1989, 1271 = DVBl 1989, 352 = RzB Rn. 98 – Verkehrslärm; BVerwG, Urt. v. 21.5.1976 – 4 C 24.75 – BVerwGE 51, 35 = NJW 1976, 1765 = RzB Rn. 107 – Schwetzingen; Urt. v. 21.5.1976 – 4 C 80.74 – BVerwGE 51, 15 = NJW 1976, 1760 = DVBl 1976, 799 = RzB Rn. 108 – Stuttgart–Degerloch; Urt. v. 7.7.1978 – 4 C 79.76 – BVerwGE 56, 110 = NJW 1979, 64 = RzB Rn. 1164 – Frankfurter Flughafen; Urt. v. 12.9.1980 – 4 C 74.77 – BVerwGE 61, 1 – B 19; Urt. v. 30.5.1984 – 4 C 58.81 – BVerwGE 69, 256 = NVwZ 1984, 718 = RzB Rn. 1171 – München II; Urt. v. 30.5.1984 – 4 C 58.81 – BVerwGE 71, 150 = NJW 1985, 3034 = RzB Rn. 145 – Roter Hang; Urt. v. 5.12.1986 – 4 C 13.85 – BVerwGE 75, 214 = NVwZ 1987, 578 = RzB Rn. 191 – Erdinger Moos; Urt. v. 22.5.1987 – 4 C 17 – 19.84 – BVerwGE 77, 285 = NJW 1987, 2886 = RzB Rn. 120 – Meersburg; Urt. v. 22.5.1987 – 4 C 17 – 19.84 – BVerwGE 77, 295 = NJW 1987, 2884 = DVBl 1987, 1011 = RzB Rn. 119 – Ausgleichsanspruch; Urt. v. 22.5.1987 – 4 C 6 u. 7.85 – NVwZ 1987, 1078 = BauR 1987, 531 = RzB Rn. 945 – Fernwirkungen; B. v. 28.8.1987 – 4 N 1.86 – NVwZ 1988, 351 = DVBl 1987, 1273 = RzB Rn. 63 – Hamburger Verwaltungsgebäude; B. v. 14.9.1987 – 4 B 179 u. 180.87 – NVwZ 1988, 363 = BauR 1989, 56 = RzB Rn. 121 – Ortsumgehung; B. v. 27.1.1988 – 4 B 7.88 – NVwZ 1988, 534 = DVBl 1988, 538 – U–Bahnbau; Urt. v. 25.3.1988 – 4 C 1.85 – NVwZ 1989, 252 = RzB Rn. 122 – Abgase; Urt. v. 29.4.1988 – 7 C 33.87 – BVerwGE 79, 254 = RzB Rn. 79 – Feueralarmsirene; Urt. v. 4.5.1988 – 4 C 2.85 – NVwZ 1989, 151 = RzB Rn. 1067 – Judex non calculat; Urt. v. 1.7.1988 – 4 C 49.86 – BVerwGE 80, 7 = NVwZ 1989, 253 = RzB Rn. 1179 – Nürnberg–Süd; Urt. v. 19.8.1988 – 8 C 51.87 – BayVBl. 1989, 118 = RzB Rn. 1036 – Schallschutzwand; B. v. 26.8.1988 – 7 B 124.88 – NVwZ 1989, 257 = DÖV 1989, 400 – Mittelwert; B. v. 7.9.1988 – 4 N 1.87 – BVerwGE 80, 184 = NJW 1989, 467 = RzB Rn. 177 – Schallschutzfenster; Urt. v. 16.12.1988 – 4 C 40.86 – BVerwGE 81, 95 = NVwZ 1989, 750 = DVBl 1989, 363 = RzB Rn. 1180 – Hubschrauberlandeplatz; Urt. v. 20.10.1989 – 4 C 12.87 – BVerwGE 84, 31 = NJW 1990, 925 = DVBl 1990, 419 = RzB Rn. 216 – Eichenwäldchen; B. v. 9.2.1995 – 4 C 26.93 – NVwZ 1995, 907 = DVBl 1995, 750 – Schallschutzwand; *Alexander* DÖV 1983, 515; *Dürr* UPR 1992, 241; *Fickert* BauR 1976, 1; *Hill* ZfBR 1980, 223; *Hans-Joachim Koch* Schutz vor Lärm 1990; *Peine* DÖV 1988, 837; *Quaas* NVwZ 1991, 16; *Schulze–Fielitz* UPR 1992, 41; *Steinebach* 1987; *Stüer* StuGR 1989, 6; *ders.* DVBl 1990, 1393;.

[904] BVerwG, Urt. v. 3.6.1971 – 4 C 64.70 – BVerwGE 38, 152; B. v. 7.9.1988 – 4 N 1.87 – BVerwGE 80, 184 = RzB Rn. 177; Urt. v. 21.7.1989 – 4 NB 18.88 – NVwZ 1990, 256 = RzB Rn. 100; *Stüer* DÖV 1990, 217; zur Abweichung von der Planfeststellung *Stüer* DVBl 1990, 35.

[905] V. 12.6.1990, BGBl. I 1036.

[906] BVerwG, Urt. v. 23.1.1981 – 4 C 4.78 – BVerwGE 61, 295 = NJW 1981, 2137 = DVBl 1981, 932 = RzB Rn. 113 – Schallschutz; Urt. v. 22.5.1987 – 4 C 33–35.83 – BVerwGE 77, 285 = RzB

fallbeurteilung nach dem in vielen Bereichen unscharfen Maßstab der Zumutbarkeit erforderlich,[907] so kann seit Inkrafttreten der Verordnung im Bereich der Lärmvorsorge bei der Planung von Straßen und Schienenwegen auf die Immissionsgrenzwerte in § 2 der 16. BImSchV zurückgegriffen werden.[908] Außerdem ist durch ein der 16. BImSchV beigefügtes Berechnungsverfahren[909] sichergestellt, dass die Berechnung der Beurteilungspegel an Straßen nach einheitlichen Maßstäben und Berechnungsmethoden erfolgt.[910] Der Beurteilungspegel für Geräusche ist nach § 3 der 16. BImSchV auch dann grundsätzlich zu berechnen und nicht zu messen, wenn Vorhaben bereits verwirklicht sind und daher einer Messung an sich nicht zugänglich wären.[911] Die Verordnung gilt für den Neubau oder die **wesentliche Änderung von öffentlichen Straßen** und von **Schienenwegen**. Für Straßenbaumaßnahmen ist die Änderung dabei nach § 1 II der 16. BImSchV wesentlich, wenn (1) eine Straße um einen oder mehrere durchgehende Fahrstreifen für den Kfz-Verkehr erweitert wird, (2) durch einen erheblichen baulichen Eingriff der Beurteilungspegel um mindestens 3 dB(A) oder auf mindestens 70 dB(A) am Tage oder mindestens 60 dB(A) in der Nacht erhöht wird oder (3) der Beurteilungspegel bereits vor der Änderung bei 70 dB(A) tags oder 60 dB(A) nachts lag und durch einen erheblichen baulichen Eingriff weiter erhöht wird. Die letztgenannte Schwelle findet auf Gewerbegebiete keine Anwendung.

Hinweis: Die Maßeinheit dB(A) ist logarithmisch aufgebaut. Eine Erhöhung des Lautstärkenpegels um jeweils 10 dB(A) entspricht in etwa einer Verdoppelung der subjektiv empfundenen Lautstärke. Umgekehrt bewirkt eine Verminderung des Lautstärkenpegels um 10 dB(A), dass der Lärm nur noch halb so laut empfunden wird. Ein schwankender Lärmpegel, wie ihn der Straßenverkehr verursacht, wird in einen sog. Mittelungspegel übersetzt (auch energieäquivalenter Dauerschallpegel genannt). Er berücksichtigt die kurzfristig auftretenden hohen Pegelspitzen – etwa bei Vorbeifahrt eines LKW – besonders stark. Die Pegeldifferenz von 3 dB(A) ist vom menschlichen Ohr gerade wahrnehmbar. Eine Verdoppelung der Verkehrsmenge bewirkt eine Erhöhung um 3 dB(A), eine Halbierung der Verkehrsmenge eine Pegelminderung um 3 dB(A). Eine Erhöhung des Lärmpegels um 5 dB(A) tritt ein, wenn die Verkehrsstärke einer Straße bei sonst gleichen Bedingungen auf das Dreifache, eine Verdoppelung des Lärmpegels (= Pegelerhöhung von 10 dB[A]), wenn die Verkehrsstärke auf das Zehnfache anwächst.[912]

Rn. 120 – Meersburg; Urt. v. 20.10.1989 – 4 C 12.87 – BVerwGE 84, 31 – DVBl 1990, 419 = RzB Rn. 216 – Eichenwäldchen; BVerfG, B. v. 30.11.1988 – 1 BvR 1301/84 – BVerfGE 79, 174 = DVBl 1989, 352 = RzB Rn. 98 – Anliegergrundstück; BGH, Urt. v. 17.4.1986 – III ZR 202/84 – BGHZ 97, 361 = RzB Rn. 104.

[907] BVerwG, Urt. v. 21.5.1976 – 4 C 38.74 – BVerwGE 51, 6 – Darmstadt–Süd; Urt. v. 21.5.1976 – 4 C 80.74 – BVerwGE 51, 15 = DVBl 1976, 799 = RzB Rn. 108 – Stuttgart–Degerloch; Urt. v. 23.1.1981 – 4 C 4.78 – BVerwGE 61, 295 = RzB Rn. 113; Urt. v. 4.6.1986 – 7 C 76.84 – BVerwGE 74, 234 = RzB Rn. 118 – Straßenverkehrslärm; B. v. 28.8.1987 – 4 N 1.86 – DVBl 1987, 1273 = RzB Rn. 63 – Volksfürsorge; B. v. 14.9.1987 – 4 B 179 u. 180.87 – NVwZ 1988, 363 = RzB Rn. 121 – Ortsumgehung; Urt. v. 4.5.1988 – 4 C 2.85 – NVwZ 1989, 151 = RzB Rn. 1067 – judex non calculat; Urt. v. 12.12.1990 – 4 C 40.87 – DVBl 1991, 810 = RzB Rn. 101 – Verkehrslärmschutzverordnung; B. v. 18.12.1990 – 4 N 6.88 – DVBl 1991, 442 = RzB Rn. 179 – Gewerbegebiet–Nord; Urt. v. 29.1.1991 – 4 C 51.89 – BVerwGE 87, 332 = DVBl 1991, 1142 = RzB Rn. 69 – München II.

[908] Zum nichtplanten Innenbereich BVerwG, Urt. v. 12.12.1990 – 4 C 40.87 – DVBl 1991, 810 = BauR 1991, 308 = RzB Rn. 101.

[909] Anlage 1 zu § 3 16. BImSchV.

[910] Das Berechnungsverfahren ist verfassungsrechtlich unbedenklich, so BVerwG, Urt. v. 5.3.1997 – 11 A 25.95 – DVBl 1997, 831 = NuR 1997, 435 – Sachsenwald; vgl. auch Urt. v. 18.6.1997 – 11 A 70.95 – UPR 1997, 470 = NJ 1997, 615 – Staffelstein.

[911] BVerwG, B. v. 6.2.1992 – 4 B 147.92 – Buchholz 406.25 § 43 BImSchG Nr. 1039; Urt. v. 20.10.1989 – 4 C 12.87 – BVerwGE 84, 31 = RzB Rn. 216 – Eichenwäldchen.

[912] *Stüer* VR 1986, 195, 200.

→ **Verkehrslärmschutzverordnung.** Die 16. BImSchV gilt für den Bau oder die wesentliche Änderung von öffentlichen Straßen sowie von Schienenwegen der Eisenbahnen und Straßenbahnen (Straßen und Schienenwege). Wesentlich ist die Änderung, wenn eine Straße um eine oder mehrere durchgehende Fahrstreifen für den Kraftfahrzeugverkehr oder ein Schienenweg um ein oder mehrere durchgehende Gleise baulich erweitert wird oder der Beurteilungspegel durch die Baumaßnahme um mindestens 3 dB(A) oder auf mehr als 70 dB(A) am Tag oder 60 dB(A) in der Nacht steigt. Die Verkehrslärmschutzverordnung legt zum Schutz der Nachbarschaft vor schädlichen Umwelteinwirkungen durch Verkehrsgeräusche für verschiedene Baugebiete Immissionsgrenzwerte für Tag- und Nachtbelastungen fest. Sie liegen etwa für reine und allgemeine Wohngebiete und Kleinsiedlungsgebiete bei 59 dB(A) tags und 49 dB(A) nachts sowie für Mischgebiete bei 64 dB(A) tags und 54 dB(A) nachts. Die Berechnung des Immissionsgrenzwertes für Straßen und Schienenwege erfolgt nach einem eigenen Berechnungsverfahren (Anlage 1 und 2 zu § 3 Verkehrslärmschutzverordnung). Eisenbahngeräusche sind mit einem Schienenbonus von 5 dB(A) ausgestattet, sodass die Lärmvorsorgewerte jeweils um 5 dB(A) höher liegen.

475 Das nunmehr durch die Verkehrslärmschutzverordnung geschlossene **System des Verkehrslärmschutzes** stellt sich in **vier Stufen** wie folgt dar:
– Bei raumbedeutsamen Planungen und Maßnahmen sind die für eine bestimmte Nutzung vorgesehenen Flächen nach § 50 BImSchG so zuzuordnen, dass schädliche Umwelteinwirkungen auf die ausschließlich oder überwiegend dem Wohnen dienenden Gebiete sowie auf sonstige schutzbedürftige Gebiete so weit wie möglich vermieden werden (**immissionsschutzrechtlicher Planungsgrundsatz – Trennungsgrundsatz**).
– Bei dem Bau oder der wesentlichen Änderung öffentlicher Straßen sowie von Eisenbahnen und Straßenbahnen ist nach § 41 I BImSchG sicherzustellen, dass durch diese keine schädlichen Umwelteinwirkungen durch Verkehrsgeräusche hervorgerufen werden können, die nach dem Stand der Technik vermeidbar sind (**Vermeidungsgebot – aktiver Schallschutz**).
– Das Vermeidungsgebot gilt nicht, soweit die Kosten der Schutzmaßnahmen außer Verhältnis zu dem angestrebten Schutzzweck stehen (**Kosten-Nutzen-Bilanz**).
– Werden die Immissionsgrenzwerte überschritten, hat der Eigentümer einer betreffenden baulichen Anlage gegen den Träger der Baulast einen Anspruch auf angemessene Entschädigung in Geld, es sei denn, dass die Beeinträchtigung wegen der besonderen Benutzung der Anlage zumutbar ist (**passiver Schallschutz**). Die Entschädigung ist zu leisten für Schallschutzmaßnahmen an den baulichen Anlagen in Höhe der erbrachten notwendigen Aufwendungen, soweit sich diese im Rahmen der Verkehrslärmschutzverordnung halten.

476 Lärmbeeinträchtigungen durch Verkehrsanlagen sind nach **§ 50 BImSchG** nach Möglichkeit zu vermeiden. Die **Planung** von Verkehrsanlagen ist daher nach Möglichkeit so auszurichten, dass schutzbedürftige Gebiete, die dem Wohnen dienen, nur in dem erforderlichen Maß von Verkehrslärm betroffen werden. Soweit sich eine Lärmbeeinträchtigung nicht vermeiden lässt, ist nach **§ 41 I BImSchG** dafür Sorge zu tragen, dass die Immissionsgrenzwerte der Verkehrslärmschutzverordnung eingehalten werden. Hierfür kommen eine entsprechende Gestaltung der Verkehrsanlage und Maßnahmen des **aktiven Schallschutzes** in Betracht. Werden die Immissionsgrenzwerte überschritten, so haben die dadurch Betroffenen daher grundsätzlich einen Anspruch auf aktiven Schallschutz. Dieser ist jedoch in zweifacher Weise relativiert: Zum einen besteht kein Anspruch auf eine bestimmte Schallschutzmaßnahme, sondern es ist der planenden Behörde insoweit ein Auswahlermessen eingeräumt.[913] Zum anderen schließt **§ 41 II BImSchG** einen Anspruch aus, soweit die **Kosten** der Schutzmaßnahme außer Verhält-

---

[913] So besteht etwa bei Überschreitung der Immissionsgrenzwerte durch eine zweigleisige Bahnstrecke kein Anspruch der Betroffenen auf Errichtung einer Mittelwand, so BVerwG, B. v. 10.1.1996 – 11 VR 19.95 – UPR 1996, 227 = ZUR 1996, 217 – Reinbek–Wentorf.

nis zu dem angestrebten Schutzzweck stehen.[914] Es spricht sogar einiges dafür, dass die in § 41 II BImSchG niedergelegte Kosten-Nutzen-Bilanz sich nicht nur auf die Kosten des jeweiligen aktiven Schallschutzes, sondern auch auf **andere Gesichtspunkte** beziehen darf. So könnte auch aus städtebaulichen Gründen von einem aktiven Lärmschutz abgesehen werden. Die Frage, ob die Kosten einer Schutzmaßnahme außer Verhältnis zu dem angestrebten Schutzzweck stehen, hängt nicht davon ab, ob der Aufwand für den aktiven Schallschutz im Vergleich zu den Kosteneinsparungen im Bereich des passiven Lärmschutzes eine quantifizierbare „Verhältnismäßigkeitsschwelle" übersteigt. Entscheidend ist vielmehr, welcher **Erfolg** dem aktiven Lärmschutz im Einzelnen zuzuschreiben ist, was **nicht allein** an der **Einsparung** von **Kosten** für den passiven Lärmschutz zu messen ist. Ein offensichtliches Missverhältnis zwischen den Kosten für den aktiven und passiven Schallschutz kann ein Indiz für eine Unverhältnismäßigkeit i. S. von § 41 II BImSchG darstellen.[915]

Den Begriff der **Zumutbarkeit** hat die Rechtsprechung dabei wie folgt umschrieben: **477** Er kennzeichnet noch im Vorfeld dessen, was der Eigentumsschutz nach Art. 14 GG unter enteignungsrechtlichen Gesichtspunkten fordert, die der hier maßgebenden einfachgesetzlichen Güterabwägung folgende Grenze, von der ab dem Betroffenen eine nachteilige Einwirkung der Straße auf seine Rechte – auch unter Würdigung der besonderen Bedeutung, die ein leistungsfähiges Straßenverkehrsnetz für die Allgemeinheit wie für den einzelnen hat – billigerweise nicht mehr zugemutet werden soll. Die in dieser Weise durch die Zumutbarkeit bestimmte Erheblichkeit nachteiliger Wirkungen der Straße entzieht sich eben darum einer undifferenzierten, für alle Fälle einheitlichen Festlegung. Das Maß des jeweils (noch) Zumutbaren ergibt sich vielmehr aus dem Verhältnis des Straßenbauvorhabens zu der jeweils von ihm betroffenen Umgebung. Was der Umgebung an nachteiligen Wirkungen der Straße zugemutet werden darf, bestimmt sich nach der aus ihrer Eigenart herzuleitenden Schutzwürdigkeit und Schutzbedürftigkeit. Dies entspricht auch den Grundsätzen, wie sie für das Bebauungs- und Planungsrecht ganz allgemein aus dem verfassungsrechtlich verankerten Gebot der Rücksichtnahme beim Aufeinandertreffen verschiedener Vorhaben oder beim Nebeneinander verschiedener Gebietsarten und verschiedener Nutzungsarten innerhalb eines einheitlichen Gebietes hergeleitet worden sind.

Der Begriff des Wohnens umfasst seinem Gegenstand nach sowohl das Leben inner-   **478** halb der Gebäude als auch die angemessene Nutzung der Außenwohnbereiche wie Balkone, Terrassen, Hausgärten, Kinderspielplätze und sonstige Grün- und Freiflächen. Die Qualität des zu schützenden Wohnens wird bestimmt durch die mit der Eigenart des Wohngebiets berechtigterweise verbundenen Wohnerwartungen und Wohngewohnheiten. Für Wohngebiete, die nicht einer durch andere Störfaktoren verursachten Geräuschvorbelastung ausgesetzt sind und deren Schutzwürdigkeit deshalb nicht nach den aufgezeigten Gesichtspunkten eingeschränkt ist, setzt die angemessene Befriedigung der Wohnbedürfnisse insbesondere voraus, dass innerhalb der Gebäude eine durch Außengeräusche nicht beeinträchtigte Entfaltung des Lebens der Bewohner möglich ist. Dazu gehört – vornehmlich am Tage und in den Abendstunden – die Möglichkeit einer ungestörten Kommunikation im weitesten Sinne unter Einschluss der Mediennutzung (Telefon, Rundfunk, Fernsehen) und – für die Nacht – die Möglichkeit des störungsfreien Schlafens.[916] Dabei ist für diese Anforderungen nicht abzustellen auf die Nutzung der Gebäude nur bei geschlossenen Fenstern und Türen. Zu den schützenswerten Wohn-

---

[914] BVerwG, B. v. 10.1.1996 – 11 VR 19.95 – UPR 1996, 227 – Reinbek–Wentorf.

[915] BVerwG, B. v. 9.1.2006 – 9 B 21.05 – BImSchG-Rspr § 41 Nr. 85 – Kosten-Nutzen-Verhältnis aktiver und passiver Schallschutzmaßnahmen; vgl. BVerwG, B. v. 10.10.1995 – 11 B 100.95 –; Urt. v. 15.3.2000 – 11 A 42.97 –.

[916] BVerwG, Urt. v. 21.9.2006 – 4 C 4.05 – BVerwGE 126, 340 = NVwZ 2007, 2219 – Flughafen Köln/Bonn.

bedürfnissen in einem nicht durch Störfaktoren nachteilig vorbelasteten Wohngebiet gehört vielmehr das übliche Wohnverhalten und damit die Möglichkeit des Wohnens und Schlafens auch bei (gelegentlich) geöffneten Fenstern.[917]

479   Eine **Änderung der Straße** i. S. des § 41 I BImSchG verlangt einen inneren Bezug der beabsichtigten Maßnahme zu der bereits vorhandenen Verkehrsfunktion der Straße. Die Änderung der Straße muss sich daher auf ihre Leistungsfähigkeit beziehen. Dazu ist erforderlich, dass die vorgesehene Maßnahme zu einer vermehrten Aufnahme des Straßenverkehrs führt. Denn in der beabsichtigten Steigerung der Leistungsfähigkeit einer Straße als aufnehmender Verkehrsweg liegt der gesetzgeberische Grund, nunmehr erneut sicherzustellen, dass durch die Änderung keine nach dem Stand der Technik vermeidbaren schädlichen Umwelteinwirkungen durch Verkehrsgeräusche hervorgerufen werden.

Beispiel: An einer bestehenden Straße wird eine Schallschutzwand errichtet. Durch die Schallreflexionen werden die auf der anderen Straßenseite wohnenden Straßenanlieger mehr als bisher beeinträchtigt. Es handelt sich nicht um eine Änderung der Straße i. S. des § 41 I BImSchG. Auch ein Rückgriff auf die allgemeine Regelung über Schutzauflagen in § 74 II 2 VwVfG ist ausgeschlossen. Entscheidet sich die planende Behörde zu einer Lärmsanierung, so unterliegt sie hierbei dem verfassungsrechtlichen Gebot der Gleichbehandlung. Dieses Gebot lässt ihr allerdings einen nicht unerheblichen Spielraum. Sofern sie aus vernünftigen Gründen zu sachangemessenen Entscheidungen gelangt, ist dies rechtlich nicht zu beanstanden. Das Gebot der Gleichbehandlung würde aber verletzt, wenn die staatliche Maßnahme, die zum Vorteil des einen bestimmt ist, ohne nachvollziehbaren Grund dem anderen zusätzliche Nachteile aufbürdet.[918]

480   Werden die maßgeblichen Lärmgrenzwerte überschritten, so kommt es für die Rechtmäßigkeit der Planung darauf an, ob trotz Schutzauflagen die vorgesehene Ausgewogenheit der Planung als solche berührt wird. Genügt eine Schutzauflage dem Abwägungsgebot, weil die planende Behörde Schallschutzbelange Betroffener wegen der Gewichtigkeit der für die Planung in ihrer konkreten Ausgestaltung sprechenden Belange zurückgestellt hat und zurückstellen durfte, so besteht kein subjektiver Anspruch des Betroffenen auf Planaufhebung.[919] Das Gericht kann die Verwaltung regelmäßig nicht zu bestimmten Grenzwerten verpflichten, sondern muss den Abwägungsspielraum der Verwaltung beachten. Unter der Voraussetzung einer im Übrigen begründeten Klage kann die Verwaltung dann lediglich zu einer Neubescheidung verpflichtet werden.[920]

481   § 2 I der 16. BImSchV schreibt für Neubau- und Änderungsplanungen der vorgenannten Art die Einhaltung von Immissionsgrenzwerten vor, wobei hinsichtlich der **Schutzbedürftigkeit** zwischen **vier verschiedenen Nutzungsarten differenziert** wird: Krankenhäuser, Schulen, Kurheime und Altenheime: 57 dB(A) tags/47 dB(A) nachts; reine und allgemeine Wohngebiete und Kleinsiedlungsgebiete: 59 dB(A) tags/49 dB(A) nachts; Kerngebiete, Dorfgebiete und Mischgebiete 64 dB(A) tags/54 dB(A) nachts; Gewerbegebiete 69 dB(A) tags/59 dB(A) nachts. Die Werte liegen damit etwa für Wohngebiete deutlich über der Zumutbarkeitsschwelle, deren Festlegung das BVerwG auf Grund tatrichterlicher Bewertung im Einzelfall mit 55 dB(A) tags/45

---

[917] BVerwG, Urt. v. 21.5.1976 – 4 C 80.74 – BVerwGE 51, 15 = RzB Rn. 108 – Stuttgart–Degerloch.

[918] BVerwG, Urt. v. 9.2.1995 – 4 C 26.93 – NVwZ 1995, 907 = DVBl 1995, 750 – Schallschutzwand.

[919] BVerwG, Urt. v. 7.7.1978 – 4 C 79.76 – BVerwGE 56, 110 = RzB Rn. 1164 – Frankfurter Flughafen; Urt. v. 22.3.1985 –4 C 63.80 – BVerwGE 71, 150 = RzB Rn. 145 – Roter Hang; Urt. v. 20.10.1989 – 4 C 12.87 – BVerwGE 84, 31 = RzB Rn. 216 – Eichenwäldchen; B. v. 3.4.1990 – 4 B 50.89 – NVwZ-RR 1990, 454 = RzB Rn. 854 – Autobahn; Urt. v. 14.9.1992 – 4 C 34.89 – DVBl 1993, 155; Urt. v. 16.12.1993 – 4 C 11.93 – DVBl 1994, 756 = NVwZ 1994, 691.

[920] BVerwG, Urt. v. 5.3.1997 – 11 A 25.95 – DVBl 1997, 831 = BVerwGE 104, 123 = NVwZ 1998, 513 – Reinbek–Wentorf.

dB(A) nachts nicht beanstandet hat.[921] Die Anlagen- und Gebietsart ergibt sich dabei in beplanten Gebieten aus den Festsetzungen der Bebauungspläne. Die Schutzbedürftigkeit von Anlagen und Gebieten, für die der Bebauungsplan keine Festsetzungen enthält oder die im nichtbeplanten Innenbereich oder Außenbereich liegen, ist unter entsprechender Anwendung des in § 2 I der 16. BImSchV enthaltenen Beurteilungsschemas zu bestimmen. Für die Beurteilung der Schutzbedürftigkeit von baulichen Anlagen im Außenbereich scheidet der für reine und allgemeine Wohngebiete sowie Kleinsiedlungsgebiete geltende Immissionsgrenzwert allerdings aus (§ 2 II der 16. BImSchV). Ob ein Gebiet oder eine Anlage unter Lärmschutzgesichtspunkten schutzbedürftig ist, beurteilt sich danach, ob die Art der Nutzung Lärmschutz verlangt oder ob Verkehrslärm die Art der Nutzung beeinträchtigen kann.[922] Nach § 3 I BImSchG sind Schutzobjekte sowohl die Allgemeinheit als auch die Nachbarschaft. § 43 I 1 Nr. 1 BImSchG als Ermächtigungsgrundlage für die 16. BImSchV stellt auf den Schutz der Nachbarschaft ab. Im Gegensatz zur Allgemeinheit ist die Nachbarschaft i. S. des BImSchG ein konkretisierbarer Personenkreis, der mit einer gewissen Regelmäßigkeit bestimmten Immissionen ausgesetzt ist oder bezogen auf Verkehrslärm sich im Einwirkungsbereich von Straßen und Schienenwegen ständig aufhält. Der Außenbereich als solcher ist kein schutzbedürftiges Gebiet i. S. der 16. BImSchV.[923]

Das **Außenbereichsgrundstück** hat etwa den Schutz, den die Wohnnutzung im **482** Mischgebiet haben würde. Insbesondere erklärt es der Gesetzgeber für rechtlich zumutbar, dass ein Grundeigentümer eine Lärmbeeinträchtigung hinzunehmen hat, die unterhalb der Grenzwerte liegt, die durch die 16. BImSchV festgesetzt sind.[924]

Das BVerwG hat zur Anwendung und Auslegung der 16. BImSchV folgende Grund- **483** sätze aufgestellt:[925] Die in § 2 I der 16. BImSchV vorgenommene Stufung der Immissionsgrenzwerte in vier **Schutzkategorien** ist für die gemeindliche Bauleitplanung **nicht abschließend.** Auch andere Gebiete können nach § 2 II 2 der 16. BImSchV im Rahmen der Bauleitplanung entsprechend schutzbedürftig sein. Dabei kann sich die Schutzbedürftigkeit maßgeblich nach einer in einem derartigen Gebiet stattfindenden **Wohnnutzung** bestimmen. Jedoch ist eine Wohnnutzung keine Voraussetzung dafür, die Schutzbedürftigkeit eines bestimmten Gebietes überhaupt zu begründen. Ob ein Gebiet oder eine Anlage unter Verkehrslärmschutzgesichtspunkten schutzbedürftig ist, bestimmt sich danach, ob die Art der Nutzung Lärmschutz verlangt.[926]

Mit diesen Aussagen öffnet das BVerwG den Katalog der vier Schutzkategorien in **484** § 2 I der 16. BImSchV auch für andere Gebiete und Anlagen, die zwar nicht ausdrücklich in dem Nutzungskatalog genannt sind, jedoch eine **vergleichbare Schutzbedürftigkeit** für sich beanspruchen können. Abgeleitet wird diese Öffnung aus der Gleichstellungsklausel in § 2 II der 16. BImSchV, wonach sonstige im Bebauungsplan festgesetzte Anlagen und Gebiete oder solche, für die der Bebauungsplan keine Festsetzungen ent-

---

[921] BVerwG, Urt. v. 22.5.1987 – 4 C 33 – 35.83 – BVerwGE 77, 285 = RzB Rn. 120 – Meersburg.

[922] BVerwG, B. v. 17.3.1992 – 4 B 230.91 – DVBl 1992, 1103 – NVwZ 1992, 885 = RzB Rn. 1042 – Kleingarten.

[923] BVerwG, B. v. 8.1.1997 – 11 VR 30.95 – Staffelstein; zum Hauptsacheverfahren Urt. v. 18.6.1997 – 11 A 70.95 – UPR 1997, 470 = NJ 1997, 615 – Staffelstein.

[924] BVerwG, Urt. v. 24.5.1996 – 4 A 39.95 – NJW 1997, 142 = DVBl 1997, 78 – Lärmschutz Außenbereich.

[925] BVerwG, B. v. 19.2.1992 – 4 NB 11.91 – DVBl 1992, 1099 = NJW 1992, 2844 – Freizeitzentrum; B. v. 13.3.1992 – 4 B 39.92 – NVwZ 1993, 268 = RzB Rn. 1041 – Verkehrslärmgutachten; B. v. 17.3.1992 – 4 B 230.91 – DVBl 1992, 1103 = NVwZ 1992, 885 = RzB Rn. 1042 – Kleingarten; *Stüer* DVBl 1992, 547.

[926] BVerwG, B. v. 17.3.1992 – 4 B 230.91 – Kleingarten; B. v. 13.3.1992 – 4 B 39.92 – Verkehrslärmgutachten.

hält, sowie Nutzungen im nichtbeplanten Innenbereich und im Außenbereich entsprechend der Schutzbedürftigkeit zu beurteilen sind.

485   Das BVerwG verweist in diesem Zusammenhang auf die Ermächtigungsgrundlage in § 43 I 1 Nr. 1 BImSchG, der auf den Schutz der Nachbarschaft abstellt. Bei einer Wohnbebauung ist der Schutz nicht auf den Innenwohnbereich beschränkt. Auch der sog. Außenwohnbereich ist grundsätzlich – wenn auch nicht in gleichem Maße wie der Innenwohnbereich – schutzwürdig.[927] Dies gilt auch für **Kleingärten**, die zugleich der Freizeitnutzung und Erholung dienen.[928] Hoffnung gibt das BVerwG auch den **Gemeinden**, deren Einrichtungen durch Lärmeinwirkungen betroffen sind. Ebenso wie ein privater Grundstückseigentümer kann danach auch die Gemeinde als Trägerin solcher **kommunaler Einrichtungen** nach Maßgabe der 16. BImSchV Schutz vor unzumutbaren Lärmeinwirkungen verlangen.[929] Diese Einschätzung des BVerwG ist besonders deshalb zu begrüßen, weil nach dem Sasbach-Beschluss des BVerfG[930] der Eindruck entstehen konnte, als ob die Gemeinde gegenüber hoheitlichen Einwirkungen auf ihr Grundeigentum nicht nur verfassungsrechtlich, sondern auch einfachgesetzlich schutzlos wäre.[931]

486   Auch hat sich das BVerwG gegen einen überzogenen **Gutachterstreit** im Gerichtsverfahren ausgesprochen. Ein Tatsachengericht kann sich grundsätzlich ohne Verstoß gegen seine Aufklärungspflicht auf eine gutachterliche Stellungnahme stützen, die eine Behörde im Verwaltungsverfahren oder auch während des Gerichtsverfahrens eingeholt hat.[932] Unerheblich ist dabei auch, ob der Kläger selbst über die erforderliche Sachkunde verfügt oder zur sachgerechten Beurteilung von technischen Zusammenhängen nur durch Hinzuziehen eigener Fachgutachter in der Lage ist.[933]

487   § 3 der 16. BImSchV schreibt die **Berechnung** und nicht die Messung der Schallemissionen und -immissionen vor. Daher sind Messergebnisse grundsätzlich nicht geeignet, zur Beurteilung von Lärmschutzansprüchen herangezogen zu werden. Sie können allenfalls zur Plausibilitätskontrolle einer Berechnung des bei der Annahme eines bestimmten durchschnittlichen Verkehrsaufkommens voraussichtlich entstehenden Lärmpegels dienen. Sie sind dagegen nicht geeignet, Fehler bei der Erstellung der Verkehrsprognose selbst aufzuzeigen.[934] Auch hat sich das BVerwG gegen einen überzogenen **Gutachterstreit** im Gerichtsverfahren ausgesprochen. Ein Tatsachengericht kann sich grundsätzlich ohne Verstoß gegen seine Aufklärungspflicht auf eine gutachterliche Stellungnahme stützen, die eine Behörde im Verwaltungsverfahren oder auch während des Gerichtsverfahrens eingeholt hat.[935] Unerheblich ist dabei auch, ob der Kläger selbst über die erforderliche Sachkunde verfügt oder zur sachgerechten Beurteilung von tech-

---

[927] BVerwG, Urt. v. 21.5.1976 – 4 C 80.74 – BVerwGE 51, 15 = RzB Rn. 108 – Stuttgart–Degerloch; Urt. v. 29.1.1991 – 4 C 51.89 – BVerwGE 87, 332 = DVBl 1991, 1142 = RzB Rn. 69 – München II.

[928] BVerfG, B. v. 12.6.1979 – 1 BvL 19/76 – BVerfGE 52, 1 = RzB Rn. 1104 – Kleingarten; BVerwG, Urt. v. 2.9.1983 – 4 C 73.80 – BVerwGE 68, 6 (11) = BauR 1983, 566 = RzB Rn. 170.

[929] BVerwG, Urt. v. 21.5.1976 – 4 C 38.74 – BVerwGE 51, 6 = RzB Rn. 1163; Urt. v. 15.4.1977 – 4 C 3.74 – BVerwGE 52, 226 = RzB Rn. 110; Urt. v. 7.7.1978 – 4 C 79.76 – BVerwGE 56, 110 = RzB Rn. 1164 – Frankfurt.

[930] BVerfG, B. v. 8.7.1982 – 2 BvR 1187/80 – BVerfGE 61, 82 = RzB Rn. 1105 – Sasbach.

[931] BVerwG, Urt. v. 27.3.1992 – 7 C 18.91 – ZfBR 1992, 182 = RzB Rn. 1187.

[932] BVerwG, B. v. 13.3.1992 – 4 B 39.92 – Verkehrslärmgutachten; Urt. v. 7.7.1978 – 4 C 79.76 – BVerwGE 56, 110 = RzB Rn. 1164 – Frankfurter Flughafen.

[933] BVerwG, Urt. v. 4.5.1988 – 4 C 2.85 – NVwZ 1989, 151 = RzB Rn. 1067 – judex non calculat.

[934] BVerwG, Urt. v. 20.1.2010 – 9 A 22.08 – DVBl 2010, 732 = NVwZ 2010, 1151, m. Anm. *Nolte*, jurisPR-BVerwG 11/2010 Anm. 1 – Neefestraße/Südring in der Stadt Chemnitz.

[935] BVerwG, B. v. 13.3.1992 – 4 B 39.92 – NVwZ 1993, 268 = RzB Rn. 1041 – Verkehrslärmgutachten; Urt. v. 7.7.1978 – IV C 79.76 – BVerwGE 56, 110 = RzB Rn. 1164 – Flughafen Frankfurt.

nischen Zusammenhängen nur durch Hinzuziehen eigener Fachgutachter in der Lage ist.[936] Eine gesetzliche Vorgabe, nach welchen **Methoden** eine Verkehrsprognose im Einzelnen zu erstellen ist, gibt es nicht. Nach der Rechtsprechung des BVerwG ist eine Verkehrsprognose mit den zu ihrer Zeit verfügbaren Erkenntnismitteln unter Beachtung der dafür erheblichen Umstände sachgerecht, d. h. methodisch fachgerecht zu erstellen. Die Überprüfungsbefugnis des Gerichts erstreckt sich allein darauf, ob eine geeignete fachspezifische Methode gewählt wurde, ob die Prognose nicht auf unrealistischen Annahmen beruht und ob das Prognoseergebnis einleuchtend begründet worden ist.[937] Wird im Rahmen einer Verkehrsprognose für die Berechnung des zukünftigen Verkehrsaufkommens auf die aus den Strukturdaten ableitbare wirtschaftliche Gesamtentwicklung eines bestimmten Raumes und nicht auf einzelne Unternehmen und Vorhaben abgestellt, ist es methodisch grundsätzlich nicht zu beanstanden, die Eröffnung einer neuen Produktionsstätte als ein bei den Strukturdaten eingerechnetes Ereignis zu betrachten.[938] Ob eine Verkehrsprognose für die sich im Rahmen der Verträglichkeitsprüfung konkret stellenden Fragen hinreichend belastbare Aussagen enthält, ist es eine Frage des jeweiligen Einzelfalls.[939]

Das BVerwG unterscheidet zwischen notwendigen **Lärmschutzmaßnahmen** nach   **488** Maßgabe der 16. BImSchV und der vorgelagerten Frage, welche **Auswirkungen der Planung** in die Abwägung einzustellen sind.[940] Bei der Änderung öffentlicher Straßen sind Lärmschutzmaßnahmen nach 16. BImSchV nur vorzusehen, wenn diese Änderung in dem Sinne wesentlich ist, dass eine Straße einen zusätzlichen Fahrstreifen erhält, sich der Verkehrslärm um mindestens 3 dB(A) oder auf mindestens 70 dB(A) tags/60 dB(A) nachts erhöht oder bereits in dieser Größenordnung liegt und durch einen erheblichen baulichen Eingriff weiter erhöht wird. Für in diesem Sinne nicht wesentliche Änderungen bestehender Straßen ist die 16. BImSchV nicht anwendbar.

Diese Einschränkung des Anwendungsbereichs der 16. BImSchV bewirkt jedoch   **489** nicht zugleich auch eine entsprechende Beschränkung des Abwägungsmaterials. Auch Lärmeinwirkungen, die unterhalb der wesentlichen Änderung i. S. des § 1 II 16. BImSchV liegen, können im Einzelfall abwägungserheblich sein. Ob eine planbedingte Zunahme des Verkehrslärms zum notwendigen **Abwägungsmaterial** gehört,[941] richtet sich vielmehr nach den Umständen des Einzelfalls.[942] Das kann auch eine Zunahme des Verkehrs im Bereich der Hörbarkeitsschwelle sein.[943] Nicht jede zu erwartende auch nur **geringfügige Zunahme des Verkehrslärms** durch die Planung eines neuen Baugebiets gehört allerdings zum notwendigen Abwägungsmaterial.[944] Vielmehr kommt es dann darauf an, ob das Vertrauen auf den Fortbestand einer bestimmten Verkehrslage noch als schutzwürdiges Interesse angesehen werden kann.[945]

---

[936] BVerwG, Urt. v. 4.5.1988 – 4 C 2.85 – NVwZ 1989, 151 = RzB Rn. 1067 – judex non calculat.

[937] BVerwG, B. v. 15.3.2013 – 9 B 30.12 – Verkehrsprognose.

[938] BVerwG, Urt. v. 30.5.2012 – 9 A 35.10 – B 112 – DVBl 2012, 1377 = NVwZ 2013, 147 = Buchholz 407.4 § 17 FStrG Nr. 225 = DÖV 2012, 898 (L) – Ortsumgehung Brieskow-Finkenheerd.

[939] BVerwG, B. v. 28.11.2013 – 9 B 14.13 – DVBl 2014, 237 = UPR 2014, 141 = NuR 2014, 361, *Stüer* DVBl 2014, 241 – Ortsumgehung Datteln.

[940] BVerwG, B. v. 19.2.1992 – 4 NB 11.91 – NJW 1992, 2844 = DVBl 1992, 1099 – Ferienhausgebiet.

[941] BVerwG, B. v. 9.11.1979 – 4 N 1.78 – BVerwGE 59, 87 = RzB Rn. 26; *Hoppe* DVBl 1977, 136.

[942] BVerwG, B. v. 19.2.1992 – 4 NB 11.91 – DVBl 1992, 1099 = NJW 1992, 2844 = RzB Rn. 1040 – Ferienhausgebiet.

[943] *Stüer* DVBl 1992, 547.

[944] BVerwG, B. v. 28.11.1995 – 4 NB 38.94 – UPR 1996, 108 = ZfBR 1996, 109 im Anschluss an B. v. 18.3.1994 – 4 NB 24.93 – Buchholz 310 § 47 VwGO Nr. 88 = NVwZ 1994, 683 = DVBl 1994, 701.

[945] BVerwG, B. v. 28.11.1995 – 4 NB 38.94 – UPR 1996, 108 = ZfBR 1996, 109.

490   Zugleich hat das BVerwG sich gegen die in der Praxis nicht selten anzutreffende Vorstellung ausgesprochen, dass in der Planung nur der auf dem jeweiligen **Betriebsgrundstück** erzeugte Lärm zu berücksichtigen sei, während eine durch die Ausweisung bewirkte Erhöhung des **Verkehrslärms auf der Straße** unbeachtet bleiben könne. Dabei entspricht es auch im Straßenbau einem allgemeinen Planungsgrundsatz, schädliche Umwelteinwirkungen aus Gründen der Vorsorge nach Möglichkeit ganz zu vermeiden und solche Konflikte erst gar nicht entstehen zu lassen, statt sie erst im Nachhinein durch Schutzmaßnahmen zu mildern. Diesem Vorrang der Konfliktvermeidung vor der Konfliktreduzierung[946] entspricht eine weite Fassung des Abwägungsmaterials, zu dem auch nachteilig betroffene Belange rechnen, die sich zwar etwa im Hinblick auf die Erhöhung des Verkehrsaufkommens für den einzelnen belastend auswirken, die Schwelle der wesentlichen Änderung einer Straße i. S. des § 1 II 16. BImSchV aber nicht erreichen.

491   Die 16. BImSchV gilt für den Bau oder die wesentliche Änderung von Straßen und Schienenwegen. In der allgemeinen Bauleitplanung haben die in der 16. BImSchV enthaltenen Immissionsgrenzwerte nur eine mittelbare Bedeutung. Hier gilt vielmehr das Abwägungsgebot, woraus sich durchaus niedrigere Belastungswerte ergeben können. Wird der Grundsatz der **Konfliktbewältigung** bei der Bauleitplanung nicht ausreichend beachtet und ein Wohngebiet ohne den erforderlichen Schallschutz direkt neben einer lärmintensiven Straße geplant, so kann der Bebauungsplan auf Grund eines Abwägungsfehlers unwirksam sein. Denn es entspricht einem allgemeinen Abwägungsgrundsatz, ein schutzbedürftiges Wohngebiet nicht unzumutbaren Lärmbelastungen einer bestehenden Straße auszusetzen. Folge dieses Abwägungsmangels kann die Unwirksamkeit des Bebauungsplanes sein. Nach Auffassung des BVerwG folgt daraus aber nicht eine Stärkung, sondern eine Schwächung der Rechtsposition der Wohneigentümer. Denn mit der Unwirksamkeit des Bebauungsplans besteht auch ein Baurecht nach § 30 I BauGB nicht mehr. Ist das Plangebiet allerdings auf der Grundlage bestandskräftiger Baugenehmigungen bereits bebaut, so wird dadurch zwar die Rechtmäßigkeit der baulichen Nutzung des Grundstücks nicht mehr berührt. Ein Rechtsanspruch auf eine bestimmte Planung und auf die Realisierung bestimmter Schutzmaßnahmen, die der Bebauungsplan im Falle seiner Wirksamkeit nicht vorgesehen hat, besteht dagegen grundsätzlich nicht (§ 1 III 2 BauGB). Zwar können die entstandenen Verhältnisse eine städtebauliche Neuordnung durch eine neue Bauleitplanung erfordern. Auch dann besteht jedoch lediglich eine objektive Rechtspflicht der Gemeinde, einen neuen Bebauungsplan aufzustellen. In welcher Weise die Gemeinde die entstandenen Konflikte löst, liegt aber in ihrer planerischen Entscheidungsfreiheit. Der Bürger hat – so das BVerwG – grundsätzlich keinen Rechtsanspruch auf bestimmte Schutzvorkehrungen.[947]

492   § 41 BImSchG und die 16. BImSchV erfassen nur den **Lärm**, der von der zu bauenden oder zu ändernden **Straße selbst** ausgeht. Sind von dem Lärmzuwachs ausgewiesene Baugebiete betroffen, können Gemeinden ihr Interesse an der Bewahrung der in der Bauleitplanung zum Ausdruck gekommenen städtebaulichen Ordnung vor nachhaltigen Störungen als eigenen abwägungserheblichen Belang geltend machen. Für die Abwägung bieten die Immissionsgrenzwerte der 16. BImSchV eine Orientierung. Werden die in § 2 I Nr. 3 der 16. BImSchV für Dorf- und Mischgebiete festgelegten Werte eingehalten, sind in angrenzenden Wohngebieten regelmäßig gesunde Wohnverhältnisse (§ 1 VI Nr. 1 BauGB) gewahrt und vermittelt das Abwägungsgebot keinen Rechtsanspruch auf die Anordnung von Lärmschutzmaßnahmen.[948]

---

[946] HBG § 7 Rn. 141.

[947] BVerwG, B. v. 30.3.1995 – 4 B 48.95 – Buchholz 406.11 § 2 BauGB Nr. 38.

[948] BVerwG, Urt. v. 17.3.2005 – 4 A 18.04 – BVerwGE 123, 152 = DVBl 2005, 1044 = NVwZ 2005, 811 = BauR 2005, 1611, m. Anm. *Gatz*, jurisPR-BVerwG 12/2005 Anm. 4, 5, *Nolte*, jurisPR-BVerwG 5/2006 Anm. 3 – Berücksichtigung der Verkehrszunahme auf vorhandener Straße durch Straßenbauvorhaben.

Steht ein erheblicher baulicher Eingriff in einen Verkehrsweg in **engem konzeptio-** 493 **nellen** und **räumlichen Zusammenhang** mit einem bereits planfestgestellten oder während des Prognosezeitraums absehbaren Weiterbau dieses Verkehrsweges, so ist die durch den Eingriff bewirkte Erhöhung des Beurteilungspegels des von dem zu ändernden Verkehrsweg ausgehenden Verkehrslärms nach § 1 II der 16. BImSchV zu ermitteln aus der Differenz der im maßgeblichen Prognosezeitpunkt zu erwartenden Beurteilungspegel am Immissionsort für den Zustand ohne und für den Zustand mit der Gesamtplanung. Das gilt auch dann, wenn der Weiterbau teilweise ohne den baulichen Eingriff durchgeführt werden könnte. Ein erheblicher baulicher Eingriff i. S. des § 1 II 1 Nr. 2 der 16. BImSchV setzt eine bauliche Änderung voraus, die in die Substanz des Verkehrswegs eingreift und über eine bloße Erhaltungsmaßnahme hinausgeht, indem sie die Funktionsfähigkeit der Straße steigert.[949]

Anspruchsberechtigt sind grundsätzlich die **Grundstückseigentümer**, nicht schuld- 494 rechtlich Berechtigte. In der Frage der Entschädigung für Schallschutzmaßnahmen gibt es keine rechtliche Verpflichtung, den Kreis der Anspruchsberechtigten über die Regelung in § 42 I 1 BImSchG hinaus zu erweitern, wenn als Folge einer gemeindlichen Planung der Verkehr auf vorhandenen Straßen außerhalb des Plangebiets zunimmt und dort das vorhandene Lärmniveau über das zumutbare Maß hinaus erhöht. Hier wie dort sind nur die Eigentümer zu entschädigen. Die Interessen von **Nießbrauchern**, **Mietern** oder **Pächtern** ist dadurch gewahrt, dass sie den anspruchsberechtigten Eigentümer über ihre Sonderbeziehungen zu Schutzmaßnahmen zwingen können.[950]

Sind von dem Lärmzuwachs ausgewiesene Baugebiete betroffen, können **Gemein-** 495 **den** ihr Interesse an der Bewahrung der in der Bauleitplanung zum Ausdruck gekommenen städtebaulichen Ordnung vor nachhaltigen Störungen als eigenen abwägungserheblichen Belang geltend machen. Die für die Einhaltung der Immissionsgrenzwerte der 16. BImSchV maßgebenden Beurteilungspegel sind für jeden Verkehrsweg gesondert zu berechnen. **Mehrere rechtlich selbständige Straßen** können, auch wenn für ihren Bau gemäß § 78 I VwVfG nur ein Planfeststellungsverfahren stattfindet, nicht als ein Verkehrsweg im Sinne der 16. BImSchV angesehen werden.[951]

Bei einer Straßenplanung muss die Gemeinde vor dem Hintergrund des § 41 II 496 BImSchG klären, ob hinreichend gewichtige Verkehrsbelange ihre Verkehrsplanung trotz des von ihr dadurch ausgelösten Lärmkonflikts rechtfertigen. Es muss dann sichergestellt sein, dass die Betroffenen durch Maßnahmen des passiven Lärmschutzes vor unzumutbaren Lärmbeeinträchtigungen bewahrt werden. Das gilt auch für eine bereits vorhandene Bebauung an der Straße. In diesem Fall haben die betroffenen Anlieger einen Anspruch auf Erstattung der Kosten für die Durchführung der erforderlichen (passiven) Schutzmaßnahmen am Gebäude sowie gegebenenfalls einen Anspruch auf angemessenen Ausgleich für die Beeinträchtigung der Nutzung ihres Außenwohnbereichs.[952]

Lärmbetroffene dürfen nicht ohne **vorgängige Prüfung aktiven Lärmschutzes** 497 auf passiven Lärmschutz verwiesen werden. Daraus folgt aber kein Anspruch auf Unterlassung des Vorhabens, wenn sich die Einhaltung der Grenzwerte allein durch zumutbare aktive Lärmschutzmaßnahmen nicht erreichen lässt. Festsetzungen im Bebauungsplan zum passiven Schallschutz, der für die betroffenen Grundstückseigentümer Ent-

---

[949] BVerwG, Urt. v. 23.11.2005 – 9 A 28.04 – BVerwGE 124, 334 = NVwZ 2006, 331 = UPR 2006, 148 = DVBl 2006, 442 m. Anm. *Nolte*, jurisPR-BVerwG 5/2006 Anm. 3 – Neefestraße/Südring in der Stadt Chemnitz; vgl. BVerwG, Urt. v. 9.2.1995 – 4 C 26.93.

[950] BVerwG, B. v. 19.4.2006 – 4 BN 11.06 – ZfBR 2006, 583 – Entschädigung für Schallschutzmaßnahmen.

[951] BVerwG, Urt. v. 23.2.2005 – 4 A 5.04 – BVerwGE 123, 23 = DVBl 2005, 908 – A 72.

[952] BVerwG, B. v. 30.11.2006 – 4 BN 14.06 – ZUR 2007, 205 – Entschädigung für Maßnahmen des passiven Schallschutzes bei Straßenplanung durch Bebauungsplan.

schädigungsansprüche begründet, sind dann nicht erforderlich.[953] Lassen Maßnahmen des aktiven Schallschutzes keine spürbare Lärmminderung erwarten, obwohl ihre Kosten weit über die Aufwendungen für passiven Schallschutz hinausgehen[954], so kann schon aus diesem Grunde von aktivem Lärmschutz abgesehen werden. Unter den in §§ 41, 42 BImSchG genannten Voraussetzungen ist der Einbau vom Schallschutzfenstern zumutbar. Für einen weitergehenden Anspruch auf Lärmschutz bei geöffneten Fenstern gibt es keine Rechtsgrundlage.[955] **Schallschutzwände** haben im innerstädtischen Bereich zudem oft nur eine reduzierte Abschirmwirkung.[956]

498   Die durchzuführenden Maßnahmen des **passiven Schallschutzes** sind in der **Verkehrswege-Schallschutzmaßnahmenverordnung** (24. BImSchV)[957] niedergelegt. Die Verordnung legt Art und Umfang der zum Schutz vor schädlichen Umwelteinwirkungen durch Verkehrsgeräusche notwendigen Schallschutzmaßnahmen für schutzbedürftige Räume in baulichen Anlagen fest. Die 24. BImSchV bezieht sich auf den Bau oder die wesentliche Änderung von Straßen und damit den Anwendungsbereich der 16. BImSchV sowie den Bau oder die wesentliche Änderung von Verkehrswegen der Magnetschwebebahnen nach § 2 der Magnetschwebebahn-LärmschutzVO.[958] Schallschutzmaßnahmen i.S. der 24. BImSchV sind bauliche Verbesserungen an Umfassungsbauteilen schutzbedürftiger Räume, die die Einwirkungen durch Verkehrslärm mindern. Zu den Schallschutzmaßnahmen gehören auch der Einbau von Lüftungseinrichtungen in Räumen, die überwiegend zum Schlafen benutzt werden, und in schutzbedürftigen Räumen mit sauerstoffverbrauchender Energiequelle (§ 2 I der 24. BImSchV). Die Schalldämmung von Umfassungsbauteilen ist so zu verbessern, dass die gesamte Außenfläche des Raumes die in der Anlage 1 bestimmten Schalldämm-Maße nicht unterschreitet. Ist eine Verbesserung notwendig, soll die Verbesserung beim einzelnen Umfassungsbauteil mindestens 5 Dezibel betragen. Die Verfahren zur Berechnung der erforderlichen und zu verbessernden Schalldämm-Maße sind in der Anlage zur 24. BImSchV festgelegt. Dabei wird auf Normblätter der DIN 4109 und 52210 Teil 5 verwiesen (§§ 3 II, 4 der 24. BImSchV).

499   Für die **Straßenplanung durch Bebauungsplan** hat das BVerwG folgende Grundsätze aufgestellt: Ist der Bau einer öffentlichen Straße Gegenstand eines Bebauungsplans, so braucht die Gemeinde Vorkehrungen, die dem passiven Schallschutz für vorhandene bauliche Anlagen dienen, nach § 9 I Nr. 24 BauGB nur dann zu treffen, wenn Festsetzungen dieser Art im Bebauungsplan ausnahmsweise erforderlich sind (§ 1 III BauGB). § 42 BImSchG ist auch ohne eine auf der Grundlage des § 43 I 1 Nr. 3 BImSchG erlassene Rechtsverordnung anwendbar. Maßnahmen des passiven Schallschutzes erfüllen die gebotenen Schutzanforderungen, wenn sie Innenpegel gewährleisten, die verkehrslärmbedingte Kommunikations- oder Schlafstörungen ausschließen.[959] Nach § 9 I Nr. 24 BauGB können im Bebauungsplan die zum Schutz vor schädlichen Umwelteinwirkungen oder zur Vermeidung oder Minderung solcher Einwirkungen zu treffenden baulichen und sonstigen technischen Vorkehrungen festgesetzt werden. Darunter fällt

---

[953] OVG Schleswig-Holstein, B. v. 2.7.2007 – 1 MR 1/07 – NordÖR 2007, 367.

[954] Vgl. BVerwG, Urt. v. 28.1.1999 – 4 CN 5.98 – BVerwGE 108, 248.

[955] VGH Mannheim, Urt. v. 25.4.2007 – 5 S 2243/05 – NuR 2007, 685 – Umfahrungsstraße, dort auch zum Korrekturwert im Hinblick auf den anteiligen LKW-Verkehr.

[956] VG Dresden, B. v. 23.5.2005 – 3 K 710/04 – LKV 2006, 231 und B. v. 24.5.2005 – 3 K 1031/ 04 – Waldschlösschenbrücke in Dresden, m. Hinw. auf BVerwG, Urt. v. 24.5.1996 – 4 A 39.95 – NJW 1997, 142; Urt. v. 26.5.2004 – 9 A 6.03 – NVwZ 2004, 1237 – Schadstoffbelastung; OVG Bautzen, B. v. 8.12.2005 – 5 BS 159/05 – UPR 2006, 162 (L), KommunalPraxis BY 2006, 150 (L).

[957] Verkehrswege–Schallschutzmaßnahmenverordnung (24. BImSchV) v. 4.2.1997 (BGBl. I S. 2329).

[958] Magnetschwebebahn–Lärmschutzverordnung v. 23.9.1997 (BGBl. I S. 2328, 2338).

[959] BVerwG, B. v. 17.5.1995 – 4 NB 30.94 – BauR 1995, 654 = DVBl 1995, 1010 = NJW 1995, 2572 = UPR 1995, 311.

auch der Einbau von Schallschutzfenstern und von sonstigen Maßnahmen des passiven Schallschutzes.[960]

§ 9 I Nr. 24 BauGB erschöpft sich darin, eine Festsetzungsmöglichkeit zu eröffnen. **500** Eine allgemeine Verpflichtung, hiervon auch tatsächlich Gebrauch zu machen, begründet die Vorschrift nicht. Ob Festsetzungen auf der Grundlage des § 9 I Nr. 24 BauGB erforderlich sind, beurteilt sich vielmehr nach § 1 III BauGB. Danach unterliegt die Gemeinde einer Planungspflicht, soweit die städtebauliche Entwicklung und Ordnung dies erfordert. Was in diesem Sinne notwendig ist, hängt von der konkreten Situation, in die hinein geplant wird, und von der jeweiligen planerischen Konzeption der Gemeinde ab.[961] Es kann geboten sein, in einem Bebauungsplan, der den Bau einer öffentlichen Straße zum Gegenstand hat, Festsetzungen zu treffen, die dem passiven Schallschutz für vorhandene bauliche Anlagen dienen. Die Gemeinde kann ein mit erheblichen Lärmimmissionen verbundenes Verkehrsvorhaben nicht planen, ohne dass sie in Anwendung der §§ 41 ff. BImSchG ein geeignetes Lärmschutzkonzept entwickelt, das für den Fall, dass der aktive Lärmschutz aus den in § 41 II BImSchG genannten Gründen versagt, Maßnahmen des passiven Schallschutzes mit einschließt. Muss sich ihr nach ihren planerischen Zielsetzungen die Notwendigkeit aufdrängen, selbst dafür Sorge zu tragen, dass dieses Konzept durchgesetzt wird, so muss sie sich durch Festsetzungen im Bebauungsplan die Instrumente schaffen, derer sie bedarf, um ihre Vorstellungen zu verwirklichen.

Die Eigentümer lärmbelasteter Grundstücke werden durch die Aufwendungsersatzre- **501** gelung des § 42 BImSchG zwar begünstigt. Das ändert aber nichts daran, dass der Einbau von Schallschutzfenstern oder die Durchführung sonstiger Maßnahmen des passiven Lärmschutzes nicht „über ihren Kopf hinweg" möglich ist. Die Gemeinde ist auf die Mitwirkungsbereitschaft der Eigentümer angewiesen. Im Normalfall sind Vollzugsprobleme freilich schon deshalb nicht zu erwarten, weil es im ureigensten Interesse der von Verkehrsimmissionen betroffenen Grundeigentümer liegt, etwaige Schutzmöglichkeiten, die ihnen das Recht in dieser Hinsicht bietet, auch tatsächlich zu nutzen. Nur dann, wenn etwa zum Schutz einer Vielzahl von Mietern oder Pächtern oder zum Schutz besonders lärmempfindlicher Nutzungen (z.B. Krankenhäuser oder Kurheime) nicht allein auf das Eigeninteresse als Triebfeder für die gebotenen Ausführungshandlungen abgestellt werden kann, hat die Gemeinde dem passiven Schallschutz durch Vorkehrungen im Bebauungsplan Rechnung zu tragen und notfalls mit Hilfe von Baugeboten auf der Grundlage des § 176 I Nr. 2 BauGB Nachdruck zu verleihen.[962] Eine Verpflichtung, im Bebauungsplan weiter gehende Vorkehrungen des passiven Schallschutzes für vorhandene Gebäude zu treffen, folgt auch nicht aus den §§ 41 ff. BImSchG.

Nach Maßgabe des § 41 BImSchG hat der Planungsträger zwar beim Straßenbau **502** sicherzustellen, dass durch die Straße keine schädlichen Umwelteinwirkungen durch Verkehrsgeräusche hervorgerufen werden können, die nach dem Stand der Technik vermeidbar sind. Diese Regelung, der die Gemeinde im Bauleitplanverfahren durch eine entsprechende Festsetzung im Bebauungsplan Geltung zu verschaffen hat, bezieht sich jedoch ausschließlich auf den aktiven Lärmschutz. In Bezug auf den passiven Schallschutz an vorhandenen baulichen Anlagen lässt es § 42 BImSchG mit der Bestimmung bewenden, dass der betreffende Eigentümer vom Träger der Baulast den Ersatz für Schallschutzmaßnahmen erbrachte notwendige Aufwendungen beanspruchen kann. Ein solcher gesetzlicher Erstattungsanspruch, der voraussetzt, dass der Berechtigte selbst

---

[960] BVerwG, B. v. 7.9.1988 – 4 N 1.87 – BVerwGE 80, 184 = RzB Rn. 177 – Schallschutzfenster.

[961] BVerwG, Urt. v. 7.5.1971 – IV C 76.68 – DVBl 1971, 759. Zur Kombination von aktiven und passiven Schallschutzmaßnahmen OVG Münster, Urt. v. 2.3.1998 – 7a D 172/95. NE – NWVBL 1998, 359.

[962] BVerwG, B. v. 17.5.1995 – 4 NB 30.94 – NJW 1995, 2572 = DVBl 1995, 1010 = BauR 1995, 65 – Straße durch Bebauungsplan.

Maßnahmen des passiven Schallschutzes an der baulichen Anlage ergreift, kann aber nicht Gegenstand einer Festsetzung nach § 9 I Nr. 24 BauGB sein.[963] Eine Pflicht, als notwendig erachtete Maßnahmen des passiven Schallschutzes nach § 9 I Nr. 24 BauGB festzusetzen, lässt sich auch nicht aus dem in § 1 VII BauGB normierten Abwägungsgebot ableiten.[964]

503   Der Bebauungsplan ersetzt nach § 17 b II FStrG einen **Planfeststellungsbeschluss** und auch die Plangenehmigung, wenn das Vorhaben planfeststellungspflichtig ist.[965] Offen ist dabei, ob und in welchem Umfang der Bebauungsplan auch die **Konzentrationswirkung** des § 75 VwVfG haben kann. Die Konzentrationswirkung kann allerdings nur in dem Umfang bestehen, wie der Bebauungsplan rechtsverbindliche Regelungen enthält und damit das materielle Entscheidungsprogramm einer fernstraßenrechtlichen Fachplanung ersetzen kann. Soweit der Bebauungsplan diese verbindlichen Regelungen nicht beinhaltet, ist ggf. eine ergänzende Planfeststellung vorzunehmen. Dies wird etwa dann in Betracht kommen, wenn neben den Festsetzungen über den Straßenkörper noch ergänzende Schutzauflagen erforderlich sind. Kommt den Belangen des Verkehrs eine besondere Bedeutung zu, kann daher auch ein Bebauungsplan, der sich in der Festsetzung von Verkehrsflächen erschöpft **(isolierte Straßenplanung),**[966] für die städtebauliche Entwicklung und Ordnung erforderlich sein. Die für die straßenrechtliche Planfeststellung entwickelten Maßstäbe[967] gelten bei der Straßenplanung durch Bebauungsplan entsprechend.[968] Eine isolierte Straßenplanung soll aber nicht Gegenstand eines vorhabenbezogenen Bebauungsplans sein können.[969] Mängel eines isolierten Straßenbebauungsplans wie die fehlerhafte Bezeichnung eines Sonderbaugebiets können grundsätzlich im **vereinfachten Änderungsverfahren** nach § 13 BauGB behoben werden.[970] Ein Bebauungsplan verletzt § 1 III 1 BauGB, wenn er aus tatsächlichen oder rechtlichen Gründen auf unabsehbare Zeit[971] nicht vollzugsfähig ist.[972] Für eine die Straßenplanung ersetzende Bauleitplanung (§ 17 b II FStrG) ist dabei entsprechend § 17 c Nr. 1 FStrG ein Zeitraum von etwa 10 Jahren zugrunde zu legen.[973]

504   Eine Gemeinde, die ein Straßenbauvorhaben plant, muss bei der Ermittlung der **Gesamtlärmbelastung** nur solche Lärmimmissionen eines vorhandenen Gewerbebetrie-

---

[963] BVerwG, B. v. 7.9.1988 – 4 N 1.87 – BVerwGE 80, 184 = NJW 1989, 467 = NVwZ 1989, 251 = RzB Rn. 177 – Schallschutzfenster; B. v. 17.5.1995 – 4 NB 30.94 – NJW 1995, 2572 = DVBl 1995, 1010 = BauR 1995, 65.

[964] BVerwG, B. v. 17.5.1995 – 4 NB 30.94 – NJW 1995, 2572 = DVBl 1995, 1010 = BauR 1995, 65 – Straße durch Bebauungsplan.

[965] Zu den Grenzen der gemeindlichen Eigenverantwortung für die Straßenplanung BVerwG, B. v. 8.10.1999 – 4 B 53.99 – DVBl 2000, 215 – Netzfunktion.

[966] Vgl. VGH München, Urt. v. 24.5.2005 – 8 N 04.3217 – VGHE BY 58, 155.

[967] BVerwG, Urt. v. 25.1.1996 – 4 C 5.95 – BVerwGE 100, 238; Urt. v. 18.6.1997 – 4 C 3.95 – NVwZ-RR 1998, 292; Urt. v. 26.2.1999 – 4 CN 6.98 – NVwZ 2000, 560.

[968] OVG Berlin-Brandenburg, Urt. v. 18.1.2006 – 2 A 7.5 – Normenkontrollantrag von Straßenanliegern; m. Hinw. auf BVerwG, B. v. 17.5.1995 – 4 NB 30.94 – ZfBR 1995, 269, 271; vgl. BVerwG, Urt. v. 18.4.1996 – 11 A 86.95 – NVwZ 1996, 901; B. v. 22.12.2004 – 4 B 75.04 – Buchholz 406.25 § 41 BImSchG Nr. 42; OVG Berlin, Urt. v. 9.5.2003 – 6 A 8.3 – OVGE BE 24, 206.

[969] VGH München, Urt. v. 27.9.2005 – 8 N 03.2750 – UPR 2006, 82 = DÖV 2006, 479 = NVwZ-RR 2006, 381 = NuR 2006, 452 – isolierte Straßenplanung durch vorhabenbezogenen Bebauungsplan; *Dziallas* NZBau 2006, 227.

[970] VGH München, Urt. v. 28.6.2006 – 8 N 06.710 – KommunalPraxis BY 2006, 342 (L) – isolierte Straßenplanung.

[971] Das OVG Magdeburg, Urt. v. 21.2.2008 – 2 K 258/06 – UPR 2008, 280 (L) = NVwZ-RR 2008, 768 (L) – Überplanung einer Wohnbebauung, nimmt hierfür einen Zeitraum von .

[972] So etwa, wenn die Abstandsvorschriften die Ausnutzung der Festsetzungen des Bebauungsplans ausschließen, so OVG Lüneburg, Urt. v. 22.10.2008 – 1 KN 215/07 – schmale Altstadtgasse.

[973] BVerwG, B. v. 14.6.2007 – 4 BN 21.07 – planfeststellungsersetzender Bebauungsplan.

bes berücksichtigen, die sich im Rahmen des immissionsschutzrechtlich zulässigen Maßes halten. Liegen zu einem Gutachtenthema bereits empirische Daten vor, darf der Gutachter diese verwerten und seinem Gutachten zugrunde legen.[974] Der Planungsträger ist bei der Prüfung der Umweltverträglichkeit nicht verpflichtet, die Variantenprüfung bis zuletzt offen zu halten und alle schon einmal erwogenen Alternativen gleichermaßen detailliert und umfassend zu untersuchen. Der Sachverhalt muss nur soweit aufgeklärt werden, wie dies für eine sachgerechte Entscheidung und eine zweckmäßige Gestaltung des Verfahrens erforderlich ist.[975] Sollen die Verkehrsverhältnisse im Gemeindegebiet verbessert werden, kann eine Gemeinde im Wege der isolierten Straßenplanung durch Bebauungsplan auch eine Bundesstraße und deren Anschluss an eine Bundesautobahn überplanen, wenn dies nicht auf den Widerstand der Straßenbaubehörden stößt.[976]

§ 1 III BauGB eröffnet den Gemeinden die Möglichkeit, im Rahmen der Selbstverwal- **505** tung das Festsetzungsinstrumentarium des § 9 BauGB für eine eigene „Verkehrspolitik" zu nutzen.[977] Ausdruck einer solchen kommunalen **„Verkehrspolitik"** sind insbesondere planerische Vorstellungen, die in Anknüpfung an vorhandene städtische Straßeninfrastruktur das Ziel einer bestimmten Lenkung innerörtlicher sowie das Gemeindegebiet berührender überörtlicher Verkehrsströme verfolgen.[978] Die Planung einer Straße muss jeweils nach ihrer **Klassifizierung** erfolgen.[979] Nach ihr bestimmt sich auch die für die Planung zuständige Behörde. Es kann zulässig sein, dass eine Gemeinde durch Bebauungsplan eine Umfahrungsstraße zur Entlastung der Ortsdurchfahrt einer Bundesstraße in Abstimmung mit dem Landkreis als Kreisstraße plant.[980] Ist eine **Fernstraßenplanung** aus dem **Bedarfsplan** des Bundes für die Bundesfernstraße (teilweise) herausgenommen worden, hindert dies eine Gemeinde nicht, im Wege des planfeststellungsersetzenden Bebauungsplans ihrerseits einen überörtlichen Straßenzug etwa als Kreisstraße zu planen, der hinsichtlich der örtlichen Belange die städtebaulichen Zielsetzungen erfüllen kann, die von der Bundesfernstraße auch abgedeckt werden sollten. Bei der abwägenden Berücksichtigung des Entlastungseffekts eines Straßenbauvorhabens können auch künftigen Verkehrserhöhungen in Rechnung gestellt werden. Bei der Festsetzung einer Straße durch Bebauungsplan (§ 9 I Nr. 11 BauGB) gehört der Verkehrslärmschutz als ein wichtiger Teilaspekt des Immissionsschutzes zu den abwägungsrelevanten Belangen.[981] Die Einhaltung der Grenzwerte der

---

[974] VGH Mannheim, Urt. v. 9.2.2010 – 3 S 3064/07 – NuR 2010, 736 = DÖV 2010, 529 (L) – Artenschutz.

[975] VGH München, Urt. v. 16.3.2010 – 15 N 04.1980 – BauR 2010, 946 (L) – Ortsumgehung durch Bebauungsplan.

[976] OVG Lüneburg, Urt. v. 25.11.2009 – 1 KN 141/07 – DVBl 2010, 448 = BauR 2010, 876 = BRS 74 Nr. 13 (2009) = DÖV 2010, 450 (L) – Überplanung einer Bundesstraße mit Autobahnanschluss durch einen Bebauungsplan.

[977] Zur Erforderlichkeit eines Bebauungsplanes, der u.a. die Ersetzung eines beschrankten Bahnübergangs im Zuge einer wichtigen Verkehrsverbindung durch eine Unterquerung der Bahnstrecke auf einer geänderten Trasse ermöglichen soll. OVG Lüneburg, Urt. v. 15.4.2011 – 1 KN 356/07 – DVBl 2011, 1026 = ZfBR 2011, 690 – innerstädtische Entlastungsstraße.

[978] OVG Koblenz, Urt. v. 23.2.2011 – 8 C 10696/10 – LKRZ 2011, 191 – Straßenausbau; vgl. BVerwG, Urt. v. 26.2.1999 – 4 CN 6.98 – BauR 1999, 1128; Urt. v. 12.8.2009 – 9 A 64.07 – BVerwGE 134, 308 – Bielefeld-Steinhagen; B. v. 26.012010 – 4 B 43.09 – BauR 2010, 871; dort auch zu den Anforderungen an die Untersuchung und Bewertung von Verkehrsführungsvarianten und zur Abwägung privater Lärmschutzbelange bei Überplanung eines bisherigen Wirtschaftswegs als Ortskernentlastungsstraße; Dort auch zu den Anforderungen an die städtebauliche Erforderlichkeit eines Bebauungsplans.

[979] Zur Klassifizierung von Straßen vgl. die Empfehlungen EAE 85/95 OVG Berlin-Brandenburg, Urt. v. 25.4.2006 – 10 A 1.05 – Straßenverbreiterung.

[980] VGH Mannheim, Urt. v. 25.4.2007 – 5 S 2243/05 – NuR 2007, 685 – Umfahrungsstraße.

[981] OVG Koblenz, Urt. v. 19.2.2009 – 1 C 10256/08 – ZfBR 2009, 596 = UPR 2009, 359 – Normenkontrolle gegen planfeststellungsersetzenden Bebauungsplan.

22. BImSchV stellt keine Rechtmäßigkeitsvoraussetzung für die Planung eines Straßenausbaus in einem Bebauungsplan dar.[982] Bei der planerischen Abwägung der Lärmbelastung darf in Bezug auf die (neben der 16. BImSchV) heranzuziehenden Orientierungswerte der DIN 18005 auch eine planerische Vorbelastung durch den Vorgängerbebauungsplan in Ansatz gebracht werden; insoweit bedarf es jedenfalls dann keiner ausdrücklichen Rechtfertigung in der Begründung zum Bebauungsplan, wenn bereits aus den (auch textlichen) Festsetzungen des Bebauungsplans hervorgeht, dass der Plangeber die Wohngebäude und Außenwohnbereiche nach Möglichkeit schützen wollte.[983] Eine Gemeinde kann neben einer neuen Straßentrasse auch dann **Flächen für Lärmschutzwälle** ausweisen, wenn diese unter dem Aspekt der Lärmvorsorge dazu dienen sollen, künftige Wohnbaugebiete vor Verkehrslärm zu schützen.[984] Das Heranrücken eines Lärmschutzwalles mit zusätzlicher Wand an eine denkmalgeschützte Villa ist mit dem angemessenen Umgebungsschutz nicht ohne Weiteres unvereinbar.[985]

506   Ein **planfeststellungsersetzender Bebauungsplan**, der die Trasse einer Landesstraße festsetzt, ist grundsätzlich nicht erforderlich im Sinne von § 1 III BauGB, wenn die Verwirklichung des Vorhabens innerhalb eines Zeitraums von etwa zehn Jahren nach In-Kraft-Treten des Plans ausgeschlossen erscheint.[986] Das Tatbestandsmerkmal der Erforderlichkeit gilt nicht nur für den Anlass, sondern auch für den Inhalt des Bebauungsplans, und zwar für jede Festsetzung.[987] Die **Zehn-Jahres-Frist** des Straßenrechts ist allerdings nicht als strikte Grenze für den Prognosezeitraum, innerhalb dessen die Realisierung des Straßenbauvorhabens nicht ausgeschlossen sein darf, sondern als Orientierungshilfe zu verstehen, die je nach den Umständen des Einzelfalles ein maßvolles Hinausschieben des Zeithorizonts zulässt.

507   § 1 III BauGB schließt einen Bebauungsplan nicht grundsätzlich aus, der durch eine **isolierte Straßenplanung** die Erschließung für eine zunächst nur im Flächennutzungsplan dargestellte Vorbehaltsfläche ermöglichen soll. Eine Abschnittsbildung bei einer isolierten Straßenplanung nach § 9 I Nr. 11 BauGB ist zulässig, wenn hinreichend gesichert ist, dass die Planung nur im Zusammenhang mit der angestrebten Gesamtpla-

---

[982] OVG Koblenz, Urt. v. 23.2.2011 – 8 C 10696/10 – LKRZ 2011, 191 – Straßenausbau, dort auch zur Abgrenzung zwischen (unzulässiger) Festsetzung der Einrichtung einer so genannten „Tempo-30-Zone" und (zulässigem) textlichem Hinweis auf eine in der nachfolgenden Ausbauplanung beabsichtigte Sicherstellung einer maximalen Fahrgeschwindigkeit von 30 km/h; vgl. BVerwG, Urt. v. 26.2.1999 – 4 CN 6.98 – BauR 1999, 1128; Urt. v. 12.8.2009 – 9 A 64.07 – BVerwGE 134, 308 – Bielefeld-Steinhagen; B. v. 26.1.2010 – 4 B 43.09 – BauR 2010, 871; und zu den Anforderungen an die Untersuchung von Verkehrsführungsvarianten und zur Abwägung privater Lärmschutzbelange bei Überplanung eines bisherigen Wirtschaftswegs als Ortskernentlastungstraße.

[983] OVG Lüneburg, Urt. v. 15.4.2011 – 1 KN 356/07 – DVBl 2011, 1026 = ZfBR 2011, 690 – innerstädtische Entlastungsstraße, dort auch zur Frage, ob sich eine weitere, nach dem Ergebnis einer Beweisaufnahme im Planungsverfahren von keiner Seite angesprochene Trassenalternative (Kombination von Tieferlegung der Bahnstrecke mit entsprechend höhenreduzierter Straßenüberführung) zur näheren Überprüfung aufdrängen musste.

[984] OVG Münster, Urt. v. 29.5.2009 – 7 D 50/08.NE – planfeststellungsersetzender Bebauungsplan.

[985] OVG Lüneburg, Urt. v. 15.4.2011 – 1 KN 356/07 – DVBl 2011, 1026 = ZfBR 2011, 690 – innerstädtische Entlastungsstraße.

[986] BVerwG, Urt. v. 18.3.2004 – 4 CN 4.03 – NVwZ 2004, 856 = EurUP 2004, 162; B. v. 14.6.2007 – 4 BN 21.07 – keine enteignungsrechtliche Vorwirkung eines Bebauungsplanes; m. Hinw. auf eine entsprechende Frist in § 17 IV FStrG, §§ 75 IV VwVfG, § 39 I StrWG NRW sowie Urt. v. 20.5.1999 – 4 A 12.98 – Buchholz 407.4 § 17 Nr. 154; Urt. v. 12.8.1999 – 4 CN 4.98 – BVerwGE 109, 246; Urt. v. 21.3.2002 – 4 CN 14.00 – Buchholz 406.11 § 1 BauGB Nr. 110 = DVBl 2002, 1469; Urt. v. 30.1.2003 – 4 CN 14.01 – BVerwGE 117, 351 = DVBl 2003, 733 = NVwZ 2003, 742 = NuR 2004, 158 mit Anmerkung *Hönig* – Regionaler Grünzug.

[987] BVerwG, Urt. v. 31.8.2000 – 4 CN 6.99 – DVBl 2001, 377.

nung verwirklicht werden wird.[988] Die Anwendung der §§ 41 und 42 BImSchG sowie der 16. BImSchV auf die Planung des Baus einer Straße durch Bebauungsplan ist nicht deshalb ausgeschlossen, weil es sich um eine Stichstraße handelt, durch die ein Gewerbegebiet mit nur einem dort anzusiedelnden Gewerbebetrieb erschlossen wird.[989] Bundesrechtlich ist der Gemeinderat im Zusammenhang mit dem Satzungsbeschluss nicht gehindert, die Prüfung einer näher umschriebenen Feststellung einem anderen Gemeindeorgan zu übertragen und von dem Ergebnis dieser Prüfung die Bekanntmachung des beschlossenen Bebauungsplanes abhängig zu machen. Das gilt nicht, wenn die Prüfung und die Bewertung des Prüfungsergebnisses sachgerecht nur im Rahmen der planerischen Abwägung stattfinden kann. Eine Abschnittsbildung bei einer isolierten Straßenplanung nach § 9 I Nr. 11 BauGB ist zulässig, wenn hinreichend gesichert ist, dass die Planung nur im Zusammenhang mit der angestrebten Gesamtplanung verwirklicht werden wird.

In ihrer Eigenschaft als Trägerin der Straßenbaulast, als Straßenverkehrs-, Bauleitpla- **508** nungs- und ggf. Bauordnungsbehörde sowie als Eigentümerin von Liegenschaften und als Gesellschafter von Versorgungs- und Nahverkehrsbehörden kann der Gemeinde bei der stärkeren Öffnung des Straßenverkehrs eine wichtige Bedeutung zukommen. Dazu gehören Ladestationen für **Elektroautos** oder Pedelecs. Es könnte sich empfehlen, hierzu auf Gemeindeebene integrierte Konzepte aufzustellen, die Ladestationen und Sonderparkplätze und verkehrslenkende Maßnahmen umfassen.[990] Werden bei einer Straßenplanung landwirtschaftliche Betriebsflächen nicht mit dem gebotenen Gewicht in die Abwägung eingestellt, kann dies zur Unwirksamkeit eines Bebauungsplanes führen.[991]

Im Rahmen des Bebauungsplans kann die Gemeinde die **naturschutzrechtlichen** **509** **Instrumente** des § 1a III BauGB nutzen. Sie kann dazu auch städtebauliche Verträge nach § 11 BauGB abschießen oder sonstige geeignete Maßnahmen treffen. Auch eine naturschutzrechtliche Ausgleichs- oder Ersatzmaßnahme kann dadurch umgesetzt werden, dass die Maßnahmen im Verfahren der Planaufstellung näher beschrieben werden und sich die Gemeinde zur Durchführung der Maßnahmen auf eigenen Grundstücken verpflichtet.[992] Für die Bewertung der Planung als (reiner) Negativplanung sind allein die objektiven Umstände einschließlich des erklärten Willens des Gemeinderats, nicht aber die inneren Vorstellungen der jeweiligen Mitglieder des Gemeinderats maßgebend.[993]

Ersetzt die **Bauleitplanung** die **Fachplanung**, muss sie gleichwohl deren **grund-** **510** **sätzlichen Vorrang** beachten (§ 38 BauGB). Soweit eine Gemeinde nach Landesrecht auch Landes- oder Kreisstraßen gem. § 9 I Nr. 11 BauGB zulässigerweise zum Gegenstand der Festsetzung in einem Bebauungsplan macht, darf sie dem Straßenbaulastträger eine von diesem nicht gewünschte Straßenplanung nicht aufdrängen.[994] Ein Bebauungsplan kann zwar nach § 17b II FStrG einen Planfeststellungsbeschluss ersetzen. Der Bebauungsplan hat aber dann keine enteignungsrechtliche Vorwirkung derart, dass

---

[988] BVerwG, Urt. v. 19.9.2002 – 4 CN 1.02 – DVBl 2003, 204 = BauR 2003, 209; Urt. v. 18.11.2004 – 4 CN 4.03 – BVerwGE 122, 207 = DVBl 2005, 386 = NVwZ 2004, 1237 – Diez.

[989] BVerwG, B. v. 14.11.2000 – 4 BN 44.00 – NVwZ 2001, 433 = BauR 2001, 603.

[990] *Hanke* KommunalPraxis spezial 2013, 47.

[991] VGH Kassel, Urt. v. 25.8.2011 – 4 C 419/10.N – DVBl 2011, 1311 m. Anm. *Weitz* DVBl 2011, 1311.

[992] BVerwG, Urt. v. 19.9.2002 – 4 CN 1.02 – BVerwGE 117, 58 = DVBl 2003, 204 – isolierte Straßenplanung; die Fläche war zugleich Gegenstand der (überörtlichen) Regionalplanung; zur Anpassung an die Regionalplanung Urt. v. 30.1.2003 – 4 CN 14.01 – BVerwGE 117, 351 = DVBl 2003, 733 = NVwZ 2003, 742 = NuR 2004, 158 mit Anmerkung *Hönig* – Regionaler Grünzug.

[993] VGH Mannheim, Urt. v. 15.7.2002 – 5 S 1601/01 – NuR 2002, 750. Zur Überplanung eines Kernkraftwerksgeländes, das als Ganzes frühestens im Jahr 2028 für eine andere Nutzung frei wird.

[994] BVerwG, Urt. v. 28.1.1999 – 4 CN 5.98 – BVerwGE 108, 248 = DVBl 1999, 1288.

mit ihm wie mit der fernstraßenrechtlichen Planfeststellung gem. § 19 I 3 FStrG über die Zulässigkeit der Enteignung verbindlich entschieden wäre.[995] Auch ein Bebauungsplan für eine öffentliche Verkehrsfläche (§ 9 I Nr. 11 BauGB) hat keine enteignungsrechtliche Vorwirkung. Allerdings ist eine solche Festsetzung abwägungsfehlerhaft[996], wenn dafür im Rahmen der planerischen Konzeption der Gemeinde gleichgeeignete Grundstücke der öffentlichen Hand zur Verfügung stehen.[997] Es gibt keinen Planungsgrundsatz, aus dem sich das generelle Verbot ableiten lässt, Straßen, die auch der Aufnahme des überregionalen Verkehrs dienen, in Wohngebieten festzusetzen. Die Grenze der Zulässigkeit solcher Planungen ist erst dann überschritten, wenn sich die mit dem Vorhaben verbundenen Immissionsbelastungen nicht durch Schutz- oder Ausgleichsmaßnahmen auf ein zumutbares Maß beschränken lassen.[998] Die Gemeinde ist nicht daran gehindert, in den Bebauungsplan auch technische Detailregelungen und -aussagen aufzunehmen, die ebenso gut in einem ergänzenden straßenrechtlichen Planfeststellungsverfahren hätten geregelt werden können. Planerische Zurückhaltung braucht sich die Gemeinde bei der Straßenplanung durch Bebauungsplan nicht aufzuerlegen.

511   Einer ergänzenden straßenrechtlichen Planfeststellung bedarf es nur dann, wenn der Bebauungsplan keine abschließenden Festsetzungen trifft und noch ein regelungsbedürftiger Überhang besteht. Der Gemeinde ist es aber unbenommen, mit ihrer Planung soweit wie möglich Vorsorge dafür zu treffen, dass dieser Fall erst gar nicht eintritt.[999] Ausgleichs- und Ersatzmaßnahmen können in einem öffentlich-rechtlichen Vertrag auch dann geregelt werden, wenn der Bebauungsplan einen Planfeststellungsbeschluss für eine Straßenplanung ersetzt.[1000] Der Planungsträger hat zwar nach § 20 IV BNatSchG im Rahmen einer Fachplanung die erforderlichen Maßnahmen im Fachplan oder in einem Bebauungsplan, der Bestandteil des Fachplans ist, in Text und Karte darzustellen. Es spricht einiges dafür, dass die naturschutzrechtliche Konfliktbewältigung auch in diesem Fall durch einen städtebaulichen Vertrag ergänzt werden kann.[1001] Auch bei einer isolierten Straßenplanung sind Artenschutzfragen nicht abschließend, sondern nur im Rahmen des § 1 III BauGB zu prüfen, so dass sich die Möglichkeit von Befreiungen und Ausnahmen nicht allein nach dem im Zeitpunkt des Satzungsbeschlusses geltenden Recht beurteilt, sondern sich auch aus (absehbarem) künftigen Recht ergeben kann.[1002]

512   Eine Straßenplanung darf auch dann, wenn sie durch einen Bebauungsplan erfolgt, in Abschnitte „zerlegt" werden, wenn dies aus planerischen Gründen gerechtfertigt erscheint und dem jeweiligen Abschnitt eine eigene Verkehrsbedeutung zukommt. Weiter

---

[995] BVerwG, B. v. 11.3.1998 – 4 BN 6.98 – NVwZ 1998, 845 = BauR 1998, 515. Auch bei der Festsetzung etwa eines Regenrückhaltebeckens hat der Bebauungsplan keine enteignungsrechtlichen Vorwirkungen, so BVerwG, B. v. 25.8.1997 – 4 BN 4.97 – NVwZ-RR 1998, 483 = NuR 1998, 138; BVerwG, B. v. 14.6.2007 – 4 BN 21.07 –. Zur enteignenden Vorwirkung des Planfeststellungsbeschlusses BVerwG, B. v. 1.4.1999 – 4 B 26.99 – UPR 1999, 274 – vorzeitige Besitzeinweisung.

[996] OVG Koblenz, Urt. v. 31.7.2008 – 1 C 10193/08 –.

[997] BVerwG, B. v. 14.6.2007 – 4 BN 21.07 – planfeststellungsersetzender Bebauungsplan.

[998] OVG Berlin-Brandenburg, Urt. v. 18.1.2006 – 2 A 7.5 – Normenkontrollantrag von Straßenanliegern; m. Hinw. auf BVerwG, B. v. 17.5.1995 – 4 NB 30.94 – ZfBR 1995, 269, 271; vgl. BVerwG, Urt. v. 18.4.1996 – 11 A 86.95 – NVwZ 1996, 901; B. v. 22.12.2004 – 4 B 75.04 – Buchholz 406.25 § 41 BImSchG Nr. 42; OVG Berlin, Urt. v. 9.5.2003 – 6 A 8.3 – OVGE BE 24, 206.

[999] BVerwG, B. v. 22.3.1999 – 4 BN 27.98 – NVwZ 1999, 989 = BauR 2000, 239 – fachplanerischer Überhang.

[1000] BVerwG, B. v. 5.1.1999 – 4 BN 28.97 – NVwZ-RR 1999, 426.

[1001] So BVerwG, B. v. 5.1.1999 – 4 BN 28.97 – NVwZ-RR 1999, 426 für die Darstellungen in einem landschaftspflegerischen Begleitplan/Grünordnungsplan. Ob damit eine vertragliche Sicherung anstelle einer Darstellung der Maßnahmen in Karte und Text ausgeschlossen sein soll, hat das BVerwG offen gelassen.

[1002] OVG Lüneburg, Urt. v. 15.4.2011 – 1 KN 356/07 – DVBl 2011, 1026 = ZfBR 2011, 690 – innerstädtische Entlastungsstraße, dort auch zum Ausgleich von Eingriffen, wenn eine (teilweise abweichende) Straßentrasse bereits in einem Vorgängerbebauungsplan festgesetzt war.

muss sich die Prognose stellen lassen, dass der Verwirklichung des Gesamtvorhabens in den Folgeabschnitten keine unüberwindlichen Hindernisse entgegenstehen. Unzulässig wäre eine Abschnittsbildung, wenn sie übermäßig „parzellierte", die abwägungsbedürftigen Konflikte künstlich zerschneiden würde und damit faktisch auch rechtsschutzverhindernde Effekte hätte.[1003] Eine **Verkehrsprognose** unterliegt nur einer eingeschränkten gerichtlichen Kontrolle dahingehend, ob sie auf realistischen Aufnahmen beruht, methodisch einwandfrei erarbeitet worden ist und ob das Prognoseergebnis einleuchtend begründet worden ist. Die Wahl der richtigen Erhebungsart und des Prognosezeitraums liegt im Ermessen der Behörde. Der in der Praxis für den sog. Prognosehorizont angewandte Zeitraum von 10 bis 15 Jahren ist weder als strikter Richtwert noch als Mindestwert zu verstehen. Eine tragfähige Prognose kann auch auf der rechnerischen Aktualisierung „alter" Zahlen beruhen.[1004] Verkehrsprognosen können neben projektbezogenen Untersuchungen grundsätzlich auch durch die in der Straßenplanung gebräuchlichen Modell- und Trendprognosen gewonnen werden.[1005]

Es ist regelmäßig nicht zu beanstanden, dass die Verkehrsprognose für ein fern- **513** straßenrechtliches Straßenbauvorhaben auf der Grundlage der laufend aktualisierten bundesweiten Strukturdaten und Matrizes erstellt wird. Es bestehen keine tragfähigen Anhaltspunkte dafür, dass der sogenannte primär induzierte Verkehr, d. h. der durch das Straßenbauvorhaben selbst hervorgerufene zusätzliche Verkehr ohne Verkehrsverlagerungen und Verkehrsumlenkungen, in den Grundlagen der Bundesverkehrswegeplanung nicht hinreichend berücksichtigt wäre. Erweisen sich die Angriffe gegen Tatsachenermittlung, Methodik und Plausibilität der Ergebnisse einer Verkehrsprognose nicht als durchgreifend, besteht kein Anlass, an der Richtigkeit der Verkehrsprognose allein deswegen zu zweifeln, weil die einzelnen Rechenvorgänge dem Verkehrsgutachten nicht zu entnehmen sind.[1006]

Nach § 3 S. 1 der 16. BImSchV wird der maßgebliche Beurteilungspegel für Straßen **514** nach der Anlage 1 der Verordnung berechnet. Zu den Faktoren, die den Verkehrslärm beeinflussen, gehört danach auch die Beschaffenheit der Straßenoberfläche (Tabelle B zur Anlage 1 des § 3 der 16. BImSchV). Nach der Bewertung des Verordnungsgebers ergibt sich aus den unterschiedlichen Korrekturwerten für die verschiedenen Straßenoberflächen im Ergebnis eine einheitliche Lärmbelastung, die Grundlage für die Bestimmung der Immissionsgrenzwerte nach § 2 der 16. BImSchV ist.[1007] Im Einklang mit der Anlage 1 der 16. BImSchV dürfen auch projektbezogene Untersuchungsergebnisse herangezogen werden, die eine Korrektur der Werte der 16. BImSchV zur Folge haben. Vorhabenträger und Planfeststellungsbehörde sind nicht an allgemeine Durchschnittswerte gebunden, wenn konkrete Untersuchungen den örtlichen Besonderheiten der zu erwartenden Verkehrsstruktur und anderen Faktoren Rechnung tragen.[1008]

Vor diesem Hintergrund hat das BVerwG die lärmmindernde Berücksichtigung des **515** sog. **Flüsterasphalt** oder offenporigen Asphalt (OPA) abgesegnet und dazu ausgeführt: Die Regelung in der 16. BImSchV in Verbindung mit den RLS 90[1009] über die höchste

---

[1003] OVG Schleswig-Holstein, B. v. 2.7.2007 – 1 MR 1/07 – NordÖR 2007, 367.

[1004] OVG Schleswig, B. v. 28.6.2010 – 1 LA 24/10 – NordÖR 2010, 450. Zu Musikern als Emittenten ZMR 2010, 657.

[1005] BVerwG, B. v. 28.8.2002 – 9 VR 11.02 – DVBl 2003, 67 = NVwZ 2003, 216 – Variantenvergleich.

[1006] BVerwG, Urt. v. 9.6.2010 – 9 A 20.08 – DVBl 2011, 36 = NVwZ 2011, 177, m. Anm. *Stüer* DVBl 2011, 39; *Nolte*, jurisPR-BVerwG 1/2011 Anm. 5 – A 44 Querspange Bochum; BVerfG, Nichtannahme-B. v. 20.7.2011 – 1 BvR 3098/10-.

[1007] BVerwG, B. v. 3.5.2002 – 4 B 2.02 – lärmmindernder Straßenbelag.

[1008] BVerwG, Urt. v. 11.1.2001 – 4 A 13.99 – DVBl 2001, 669 = BauR 2001, 900 = NVwZ 2001, 1154 – A 71, m. Hinw. auf Urt. v. 21.3.1996 – 4 C 9.95 – BVerwGE 101, 1 = DVBl 1996, 916 = NVwZ 1996, 1003.

[1009] Richtlinien für den Lärmschutz an Straßen (Ausgabe 1990); OVG Münster, Urt. v. 28.6.

zu Grunde zu legende Geschwindigkeit[1010] ist mit höherrangigem Recht vereinbar. Dabei darf ein Abzug von 2 dB(A) nach der Fußnote zur Tabelle B der Anlage 1 zu § 3 der 16. BImSchV für die Verwendung des lärmmindernden Straßenbelags „Splittmastixasphalt, 0/8 und 0/10 ohne Absplittung" berücksichtigt werden.[1011] Die Verwendung eines lärmmindernden Straßenbelags, dessen dauerhafte Eignung der Vorhabenträger belegen kann, rechtfertigt bei der Lärmprognose einen Abschlag nach § 3 i. V. mit der Tabelle B der Anlage I der 16. BImSchV („Flüsterasphalt"). Bei einer lärmtechnischen Berechnung dürfen planfestgestellte Geschwindigkeitsbeschränkungen berücksichtigt werden, auch wenn tatsächlich höhere Fahrgeschwindigkeiten erzielt werden können. Eine durch den vorhandenen Verkehrslärm bewirkte Vorbelastung und die durch den Bau oder die wesentliche Änderung einer öffentlichen Straße entstehende zusätzliche Lärmbeeinträchtigung dürfen zu keiner gesundheitsgefährdenden Gesamtbelastung führen.[1012] Die Verwendung offenporigen Asphalts hat allerdings nicht die Qualität einer Standardmaßnahme, sondern kommt von vornherein lediglich in Ausnahmefällen für Außerortsstraßen und Innerortsstraßen mit Fahrabläufen, die Außerortsstraßen entsprechen, in Betracht, wenn anderenfalls bautechnisch aufwändige Schallschutzmaßnahmen ergriffen werden müssten.[1013] Der Flüsterasphalt entfaltet seine Wirkungen allerdings wohl erst ab Fahrzeuggeschwindigkeiten von mindestens 60 km/h[1014].

516   Eine bereits vorhandene Verkehrslärm-Vorbelastung und die durch den Bau oder durch die wesentliche Änderung einer öffentlichen Straße entstehende zusätzliche Lärmbeeinträchtigung dürfen allerdings in der Gesamtbelastung nicht zu einer Gesundheitsgefährdung führen.[1015] Bei der Gesamtbewertung darf eine durch die Entlastungswirkung eintretende geringere Verkehrsbelastung auf einer vorhandenen Bundesstraße berücksichtigt werden.[1016] Die für den Schutz von Wohngebäuden bestehenden Richt- und Grenzwerte lassen sich nicht auf Stallgebäude übertragen, weil es für Vieh, insbesondere für Milchkühe, keine in Fachkreisen anerkannten Grenz- oder Zumutbarkeitswerte gibt.[1017]

517   Die Verkehrslärmschutzverordnung gilt nur für den Straßen- und Schienenverkehr, nicht jedoch für **gewerbliche Anlagen**. Diese beurteilen sich nach den durchweg niedrigeren Zumutbarkeitsgrundsätzen, die in der Nachbarschaft von gewerblichen Betrieben gelten. Auch der **Zu- und Abfahrtsverkehr** zu einem gewerblichen Betrieb ist nicht an der Verkehrslärmschutzverordnung zu messen. Das Immissionsschutzrecht ordnet die Geräusche des An- und Abfahrtsverkehrs, auch soweit er auf öffentlichen Straßen stattfindet, der Anlage zu, durch deren Nutzung sie verursacht werden, solange sie vom übrigen Straßenverkehr noch unterscheidbar sind. Daraus folgt zugleich, dass für die Bewertung der Lästigkeit dieser Immissionen die besonderen Grenzwerte, die § 2 der 16. BImSchV beim Bau oder der wesentlichen Änderung öffentlicher Straßen vorsieht,

2007 – 7 D 89/06.NE – Lärmimmissionen; OVG Münster, Urt. v. 10.7.2007 – 7 D 43/06.NE – Entwicklungsgebot.

[1010] Pkw 130 km/h; Lkw 80 km/h.

[1011] BVerwG, Urt. v. 11.1.2001 – 4 A 13.99 – DVBl 2001, 669 = NVwZ 2001, 1154.

[1012] OVG Münster, Urt. v. 19.9.2001 – 11 D 90/96.AK – im Anschluss an BVerwG, Urt. v. 21.3.1996 – 4 C 9.95 – BVerwGE 101, 1, nachgehend BVerwG, B. v. 3.5.2002 – 4 B 1.02 – dort auch zur Anwendbarkeit des Teilstückverfahrens nach der RL 90.

[1013] OVG Berlin-Brandenburg, Urt. v. 18.1.2006 – 2 A 7.5 – Normenkontrollantrag von Straßenanliegern; m. Hinw. auf BVerwG, B. v. 17.5.1995 – 4 NB 30.94 – ZfBR 1995, 269, 271; vgl. BVerwG, Urt. v. 18.4.1996 – 11 A 86.95 – NVwZ 1996, 901; B. v. 22.12.2004 – 4 B 75.04 – Buchholz 406.25 § 41 BImSchG Nr. 42; OVG Berlin, Urt. v. 9.5.2003 – 6 A 8.3 – OVGE BE 24, 206.

[1014] Zu lärmminderndem Straßenbelag im innerstädtischen Gebiet bei km/h < = 50, zur Bestimmtheit einer Festsetzung und zum erforderlichen Maß der planungsrechtlichen und finanziellen Absicherung einer im Rahmen der Planung vorausgesetzten, aber noch nicht bestehenden Straße VGH München, Urt. v. 8.11.2011 – 15 N 11.781 – Königsplatz Augsburg.

[1015] BVerwG, Urt. v. 21.3.1996 – 4 C 9.95 – BVerwGE 101, 1 = DVBl 1996, 916.

[1016] BVerwG, Urt. v. 11.1.2001 – 4 A 13.99 – DVBl 2001, 669 = NVwZ 2001, 1154.

[1017] BVerwG, Urt. v. 12.4.2000 – 11 A 24.98 – Wiederinbetriebnahme Bahnstrecke.

weder unmittelbar noch mittelbar maßgeblich sind. Denn die auf § 43 I 1 Nr. 1 BImSchG gestützte Verkehrslärmschutzverordnung trägt lediglich den Besonderheiten des Verkehrslärmschutzes an öffentlichen Straßen Rechnung.[1018]

Bei einer Straßenplanung muss die Gemeinde vor dem Hintergrund des § 41 II **518** BImSchG klären, ob hinreichend gewichtige Verkehrsbelange ihre Verkehrsplanung trotz des von ihr dadurch ausgelösten Lärmkonflikts rechtfertigen. Es muss dann sichergestellt sein, dass die Betroffenen durch Maßnahmen des passiven Lärmschutzes vor unzumutbaren Lärmbeeinträchtigungen bewahrt werden. Das gilt auch für eine bereits vorhandene Bebauung an der Straße. In diesem Fall haben die betroffenen Anlieger einen Anspruch auf Erstattung der Kosten für die Durchführung der erforderlichen (passiven) Schutzmaßnahmen am Gebäude sowie gegebenenfalls einen Anspruch auf angemessenen Ausgleich für die Beeinträchtigung der Nutzung ihres Außenwohnbereichs.[1019]

Lärmbetroffene dürfen nicht ohne **vorgängige Prüfung aktiven Lärmschutzes** **519** auf passiven Lärmschutz verwiesen werden. Daraus folgt aber kein Anspruch auf Unterlassung des Vorhabens, wenn sich die Einhaltung der Grenzwerte allein durch zumutbare aktive Lärmschutzmaßnahmen nicht erreichen lässt. Festsetzungen im Bebauungsplan zum passiven Schallschutz, der für die betroffenen Grundstückseigentümer Entschädigungsansprüche begründet, sind dann nicht erforderlich.[1020] Lassen Maßnahmen des aktiven Schallschutzes keine spürbare Lärmminderung erwarten, obwohl ihre Kosten weit über die Aufwendungen für passiven Schallschutz hinausgehen,[1021] so kann schon aus diesem Grunde von aktivem Lärmschutz abgesehen werden. Unter den in §§ 41, 42 BImSchG genannten Voraussetzungen ist der Einbau vom Schallschutzfenstern zumutbar. Für einen weitergehenden Anspruch auf Lärmschutz bei geöffneten Fenstern gibt es keine Rechtsgrundlage.[1022] **Schallschutzwände** haben im innerstädtischen Bereich zudem oft nur eine reduzierte Abschirmwirkung.[1023]

Wird infolge einer **abweichenden Planfeststellung** ein rechtsverbindlicher Be- **520** bauungsplan geändert, ergänzt oder aufgehoben und neu aufgestellt, hat der Träger der Straßenbaulast der Gemeinde die dadurch entstehenden Kosten zu erstatten. Das Gleiche gilt für etwaige Entschädigungen, welche die Gemeinde infolge der Umplanung Dritten zu gewähren hat (§ 38 S. 2 BauGB i.V. mit § 37 III BauGB). Erklärungen der Beteiligten zu den Kosten sollen in der Niederschrift über den Erörterungstermin aufgenommen werden.[1024]

Wird durch **Bauleitplanung** in die Nähe einer vorhandenen **Straße** eine schutzbe- **521** dürftige **Wohnbebauung** ausgewiesen, so lässt sich nicht aus dem Schutzauflagengebot des § 75 II 2 VwVfG ein Anspruch der Wohneigentümer auf aktiven Schallschutz ableiten. Von dem durch den Bebauungsplan ausgewiesenen Wohngebiet gehen keine nachteiligen Wirkungen aus, sondern es handelt sich im Gegenteil gerade um das Schutzobjekt einer Planung. In einem solchen Fall scheidet eine **analoge Anwendung** des für das Fachplanungsrecht geltenden **Planergänzungsanspruchs** nach § 75 II 2 VwVfG[1025] schon vom rechtlichen Ansatz her aus. Abgesehen davon, dass ein Wohngebiet nicht

---

[1018] BVerwG, B. v. 23.7.1992 – 7 B 103.92.

[1019] BVerwG, B. v. 30.11.2006 – 4 BN 14.06 – ZUR 2007, 205 – Entschädigung für Maßnahmen des passiven Schallschutzes bei Straßenplanung durch Bebauungsplan.

[1020] OVG Schleswig-Holstein, B. v. 2.7.2007 – 1 MR 1/07 – NordÖR 2007, 367.

[1021] Vgl. BVerwG, Urt. v. 28.1.1999 – 4 CN 5.98 – BVerwGE 108, 248.

[1022] VGH Mannheim, Urt. v. 25.4.2007 – 5 S 2243/05 – NuR 2007, 685 – Umfahrungsstraße, dort auch zum Korrekturwert im Hinblick auf den anteiligen LKW-Verkehr.

[1023] VG Dresden, B. v. 23.5.2005 – 3 K 710/04 – LKV 2006, 231 und B. v. 24.5.2005 – 3 K 1031/04 – Waldschlösschenbrücke in Dresden, m. Hinw. auf BVerwG, Urt. v. 24.5.1996 – 4 A 39.95 – NJW 1997, 142; Urt. v. 26.5.2004 – 9 A 6.03 – NVwZ 2004, 1237; OVG Bautzen, B. v. 8.12.2005 – 5 BS 159/05 – UPR 2006, 162 (L), Kommunalpraxis BY 2006, 150 (L).

[1024] Planfeststellungsrichtlinien FStrG 99, I Nr. 6.

[1025] BVerwG, B. v. 21.1.2004 – 4 B 82.03 – NVwZ 2004, 618.

durch einen Planfeststellungsbeschluss geplant werden kann, wäre die Vorschrift auch bei einer Planung durch Planfeststellungsbeschluss nicht unmittelbar anwendbar, weil § 75 II 2 VwVfG voraussetzt, dass (nicht voraussehbare) nachteilige Wirkungen von dem geplanten Vorhaben ausgehen, nicht umgekehrt, dass das geplante Vorhaben nachteiligen Auswirkungen durch Verkehrsanlagen ausgesetzt ist.

522   Anders als für den Bau und die wesentliche Änderung von öffentlichen Straßen hat der Gesetzgeber für **Festsetzungen in Bebauungsplänen**, die dem **Schutz vor von vorhandenen Straßen** ausgehenden Verkehrsgeräuschen dienen (§ 9 I Nr. 24 BauGB), weder bestimmte Immissionsgrenzwerte festgesetzt noch bestimmt, wie etwaige den Festsetzungen zugrunde liegende Beurteilungspegel zu ermitteln sind. Die Auswahl eines Berechnungsverfahrens bleibt deshalb der Gemeinde überlassen. Das gilt auch für die Frage, ob bei der Berechnung der Beurteilungspegel der in den „Richtlinien für den Lärmschutz an Straßen (RLS-90)"[1026] enthaltene LKW-Anteil auf Gemeindestraßen zugrunde gelegt werden kann. Bei diesem Wert handelt es sich um einen pauschalierten Erfahrungswert.[1027]

523   Wird allerdings der Grundsatz der **Konfliktbewältigung** bei der Bauleitplanung nicht ausreichend beachtet und ein Wohngebiet ohne den erforderlichen Schallschutz direkt neben einer lärmintensiven Straße geplant, so kann der Bebauungsplan auf Grund eines Abwägungsfehlers unwirksam sein. Denn es entspricht einem allgemeinen Abwägungsgrundsatz, ein schutzbedürftiges Wohngebiet nicht unzumutbaren Lärmbelastungen einer bestehenden Straße auszusetzen. Folge dieses Abwägungsmangels kann die Unwirksamkeit des Bebauungsplans sein. Nach Auffassung des BVerwG folgt daraus aber nicht eine Stärkung, sondern eine Schwächung der Rechtsposition der Wohneigentümer. Denn mit der Unwirksamkeit des Bebauungsplans besteht auch ein Baurecht nach § 30 I BauGB nicht mehr. Ist das Plangebiet allerdings auf der Grundlage bestandskräftiger Baugenehmigungen bereits bebaut, so wird dadurch zwar die Rechtmäßigkeit der baulichen Nutzung des Grundstücks nicht mehr berührt. Ein Rechtsanspruch auf eine bestimmte Planung und auf die Realisierung bestimmter Schutzmaßnahmen, die der Bebauungsplan sogar im Falle seiner Wirksamkeit nicht vorgesehen hat, besteht aber grundsätzlich nicht (§ 1 III 2 BauGB). Zwar können die entstandenen Verhältnisse eine städtebauliche Neuordnung durch eine neue Bauleitplanung erfordern. Auch dann besteht jedoch lediglich eine objektive Rechtspflicht der Gemeinde, einen neuen Bebauungsplan aufzustellen. In welcher Weise die Gemeinde die entstandenen Konflikte löst, liegt aber in ihrer planerischen Entscheidungsfreiheit. Der Bürger hat – so das BVerwG – grundsätzlich keinen Rechtsanspruch auf bestimmte Schutzvorkehrungen.[1028] Auch aus einem allgemeinen Folgenbeseitigungsanspruch ergebe sich ein solcher Schutzanspruch auf die Anordnung nachträglicher Lärmschutzmaßnahmen nicht. Denn der Anspruch setze einen hoheitlichen Eingriff voraus.[1029] Daran fehle es, wenn die benachbarten Grundstückseigentümer sich nach Lage der Dinge auf die vorhandene Straße hätten einstellen müssen und das durch Bebauungsplan ausgewiesene Wohneigentum entsprechend vorbelastet sei.

524   Ist Schallschutz erforderlich, so müssen die dadurch verursachten **Kosten** vom Träger der Maßnahme getragen werden. Dies gilt auch dann, wenn aus technischen Gründen Maßnahmen ergriffen werden, die über das rechtlich gebotene Maß hinausgehen. Die betroffenen Grundstückseigentümer können dann nicht zur Mitfinanzierung der Kosten herangezogen werden.[1030]

[1026] OVG Münster, Urt. v. 28.6.2007 – 7 D 89/06.NE – Lärmimmissionen; OVG Münster, Urt. v. 10.7.2007 – 7 D 43/06.NE – Entwicklungsgebot; *Halama* VBlBW 2006, 132.

[1027] BVerwG, B. v. 29.7.2004 – 4 BN 26.04 – BauR 2005, 830. BVerfG, B. v. 23.8.2005 – 1 BvR 2064.04 – nicht zur Entscheidung angenommen.

[1028] BVerwG, B. v. 30.3.1995 – 4 B 48.95 – Buchholz 406.11 § 2 BauGB Nr. 38.

[1029] BVerwG, Urt. v. 26.8.1993 – 4 C 24.91 – BVerwGE 94, 100 = RzB Rn. 102 – Bargteheide.

[1030] BVerwG, Urt. v. 9.2.1995 – 4 C 26.93 – NVwZ 1995, 907 = DVBl 1995, 750 = DÖV 1995, 775 – Schallschutzwand.

Beispiel: Durch den Bau einer neuen Umgehungsstraße werden Schallschutzmaßnahmen erforderlich. Diese bewirken eine Verringerung der Lärmeinwirkungen unterhalb der Grenzwerte der 16. BImSchV und verbessern zugleich die bisherige Lärmsituation. Gleichwohl können die Anlieger nicht zur Finanzierung der Maßnahmen des aktiven oder passiven Schallschutzes herangezogen werden. Auch haben die Anlieger eines neuen Weges keinen Rechtsanspruch darauf, dass zu ihren Gunsten ein Sichtschutz angelegt wird.[1031]

Die Kosten für **Lärmschutzmaßnahmen können allerdings auf die Anlieger** **525** **als Teil der Erschließungskosten** umgelegt werden, wenn die Maßnahmen im Zusammenhang mit Erschließungsanlagen erforderlich werden (§ 127 II Nr. 5 BauGB). Zur **Abrechnung** dieser Kosten hat das BVerwG folgende Grundsätze aufgestellt: Im Zusammenhang mit der Verteilung des für die erstmalige Herstellung einer beitragsfähigen Lärmschutzanlage entstandenen umlagefähigen Erschließungsaufwands ist grundsätzlich kein Raum für die Anordnung eines sog. Artzuschlags. Die Entscheidung eines Ortsgesetzgebers, die Anzahl der geschützten Vollgeschosse zum maßgebenden Faktor für die Verteilung des für die erstmalige Herstellung einer beitragsfähigen Lärmschutzanlage entstandenen umlagefähigen Aufwands zu machen und damit im Ergebnis alle erschlossenen Grundstücke von einer Belastung mit Beitragsbeträgen auszuschließen, bei denen kein Geschoss eine Schallpegelminderung von mindestens 3 dB(A) erfährt, entspricht bundesrechtlichen Anforderungen. So werden etwa durch einen Wall zum Schutz vor Straßenlärm (§ 127 II Nr. 5 BauGB) gem. § 131 II 1 BauGB die Grundstücke erschlossen, die durch die Anlage eine Schallpegelminderung von mindestens 3 dB(A) erfahren.[1032] Bundesrecht verlangt im Rahmen einer satzungsmäßigen Regelung für die Verteilung des für die erstmalige Herstellung einer beitragsfähigen Lärmschutzanlage entstandenen umlagefähigen Aufwands keine Differenzierung nach dem Umfang der Fläche eines geschützten Vollgeschosses, die eine Lärmpegelminderung von mindestens 3 dB(A) erfährt oder der nächst höheren Schallpegelminderungsgruppe angehört. Grundstücke, auf denen ausschließlich Garagen oder Stellplätze gebaut werden dürfen, werden nicht durch eine beitragsfähige Lärmschutzanlage i.S. des § 131 I 1 BauGB erschlossen.[1033]

Ist eine Straßenplanung durch Bebauungsplan rechtswidrig, so steht eine **Rückab-** **526** **wicklung** der Planung an. Ein Grundstückseigentümer muss Beeinträchtigungen, die eine Straße durch ihre bestimmungsmäßige Nutzung auslöst, nur dann hinnehmen, wenn für die Herstellung der Straße und die bestimmungsgemäße Nutzung eine ausreichende Rechtsgrundlage gegeben ist. Dabei ist allerdings zwischen der Straßenplanung und der straßenrechtlichen Widmung zu unterscheiden. Ein Rechtssatz, dass es gegen den Schwarzbau der öffentlichen Hand nur einen vorbeugenden Rechtsschutz gibt, besteht nicht. Die straßenrechtliche Widmung ist kein Vollzugsakt der isolierten Straßenplanung und schließt daher einen bestehenden Folgenbeseitigungsanspruch nicht aus. Allerdings ist dieser darauf begrenzt, den rechtswidrigen Eingriff in die subjektive Rechtsstellung zu beseitigen.[1034] Der durch die Straße Betroffene hat einen Anspruch auf Abwehr nur in der Reichweite der Verletzung eigener Rechte. Aus diesen Grundsätzen kann geschlossen werden, dass ein Planbetroffener auch dann nur einen eingeschränkten Anspruch auf Änderung der Planung in der Reichweite der eigenen Rechtsverletzung hat, wenn sich der Nichteintritt von Annahmen im Rahmen eines Monitoring herausstellt.

Der **Grad der Schutzbedürftigkeit** eines Gebäudes gegenüber Verkehrslärm be- **527** stimmt sich nach der Eigenart des zu schützenden Gebiets, wobei die 16. BImSchV

[1031] BVerwG, Urt. v. 27.10.1999 – 11 A 31.98 – NVwZ 2000 435 – Ersatzweg.

[1032] BVerwG, Urt. v. 19.8.1988 – 4 C 51.87 – BVerwGE 80, 99; Urt. v. 23.6.1995 – 8 C 20.93 – BauR 1995, 826 = DÖV 1996, 32 = DVBl 1995, 1136.

[1033] BVerwG, Urt. v. 23.6.1995 – 8 C 18.94 – DVBl 1995, 1139 = ZfBR 1996, 60.

[1034] BVerwG, Urt. v. 26.8.1993 – 4 C 24.91 – BVerwGE 94, 100 = NVwZ 1994, 275 = RzB Rn. 102 – Bargteheide.

rechtssatzmäßig bestimmten Gebietsarten gestaffelt nach dem Grad der Schutzbedürftigkeit Immissionsgrenzwerte zuordnet. Für **niedrigere Grenzwerte** ist angesichts dieser normkonkretisierenden Regelungen kein Raum.[1035]

528   Ist im Bereich eines an eine Bundesstraße angrenzenden allgemeinen Wohngebiets oder eines Mischgebiets in Folge einer Straßenplanung Lärm oberhalb der Grenzwerte der 16. BImSchV zu erwarten, ist in die Abwägung der durch den Bebauungsplan betroffenen Belange einzustellen, wie die Betroffenheit der Nachbarn durch Anordnung von aktivem oder passivem Lärmschutz ausgeglichen werden kann. Kommt nur passiver Lärmschutz in Betracht, kann für eine rechtsfehlerfreie Abwägung die objektiv bezogene Untersuchung erforderlich sein, ob für im Lärmpegelbereich VII der DIN 4109 gelegene Gebäude passiver Lärmschutz technisch und rechtlich möglich ist.[1036]

529   Die durchzuführenden Maßnahmen des **passiven Schallschutzes** sind in der **Verkehrswege-Schallschutzmaßnahmenverordnung** (24. BImSchV)[1037] niedergelegt. Die Verordnung legt Art und Umfang der zum Schutz vor schädlichen Umwelteinwirkungen durch Verkehrsgeräusche notwendigen Schallschutzmaßnahmen für schutzbedürftige Räume in baulichen Anlagen fest. Die 24. BImSchV bezieht sich auf den Bau oder die wesentliche Änderung von Straßen und damit den Anwendungsbereich der 16. BImSchV sowie den Bau oder die wesentliche Änderung von Verkehrswegen der Magnetschwebebahnen nach § 2 der Magnetschwebebahn-LärmschutzVO.[1038] Schallschutzmaßnahmen i.S. der 24. BImSchV sind bauliche Verbesserungen an Umfassungsbauteilen schutzbedürftiger Räume, die die Einwirkungen durch Verkehrslärm mindern.

530   Zu den Schallschutzmaßnahmen gehören auch der Einbau von Lüftungseinrichtungen in Räumen, die überwiegend zum Schlafen benutzt werden, und in schutzbedürftigen Räumen mit Sauerstoff verbrauchender Energiequelle (§ 2 I der 24. BImSchV). Die Schalldämmung von Umfassungsbauteilen ist so zu verbessern, dass die gesamte Außenfläche des Raumes die in der Anlage 1 bestimmten Schalldämm-Maße nicht unterschreitet. Ist eine Verbesserung notwendig, soll die Verbesserung beim einzelnen Umfassungsbauteil mindestens 5 Dezibel betragen. Die Verfahren zur Berechnung der erforderlichen und zu verbessernden Schalldämm-Maße sind in der Anlage zur 24. BImSchV festgelegt. Dabei wird auf Normblätter der DIN 4109 und 52210 Teil 5 verwiesen (§§ 3 II, 4 der 24. BImSchV).

531   Schon vor Inkrafttreten der 24. BImSchV hatte das BVerwG die Straßenplanung nicht von Maßnahmen des passiven Schallschutzes frei gezeichnet, sondern dazu folgende Grundsätze aufgestellt: Die Entscheidung darüber, welche Aufwendungen i.S. des § 42 II 1 BImSchG notwendig sind, steht nicht im Belieben der Exekutive. Auch der Erstattungsumfang wird durch den Zweck des BImSchG bestimmt, den Schutz vor schädlichen Umwelteinwirkungen sicherzustellen. Lässt sich dieser Schutz nicht durch Maßnahmen des aktiven Lärmschutzes und dadurch bewirkte Außenschallpegel erreichen, die ein ungestörtes Wohnen gewährleisten, so sollen nach dem Lärmschutzkonzept der §§ 41 ff. BImSchG jedenfalls durch Maßnahmen des passiven Lärmschutzes Innenpegel gewährleistet werden, die den betroffenen Straßennachbarn eine gegen unzumutbare Lärmbeeinträchtigungen abgeschirmte Gebäudenutzung ermöglichen. Nach den Erkenntnissen der Lärmforschung wird diesem Erfordernis Genüge getan, wenn der Innenpegel in Wohnräumen 40 dB(A) und in Schlafräumen 30 dB(A) nicht über-

---

[1035] OVG Münster, Urt. v. 19.9.2001 – 11 D 90/96.AK – im Anschluss an BVerwG, Urt. v. 21.3.1996 – 4 C 9.95 – BVerwGE 101, 1, nachgehend BVerwG, B. v. 3.5.2002 – 4 B 1.02 – dort auch zur Anwendbarkeit des Teilstückverfahrens nach der RL 90.

[1036] OVG Münster, Urt. v. 4.3.2002 – 7a D 92/01.NE – NVwZ-RR 2002, 831 = DVBl 2002, 1436.

[1037] Verkehrswege-Schallschutzmaßnahmenverordnung (24. BImSchV) v. 4.2.1997 (BGBl. I 2329).

[1038] Magnetschwebebahn-Lärmschutzverordnung v. 23.9.1997 (BGBl. I 2328, 2338).

steigt.[1039] Dem liegt die Erwägung zu Grunde, dass Maßnahmen des passiven Schallschutzes die ihnen zugedachte Schutzwirkung erfüllen, wenn sie die Gewähr dafür bieten, dass Kommunikations- und Schlafstörungen vermieden werden. Kommunikationsstörungen treten nicht auf, wenn im Wohnbereich eine gute Sprachverständlichkeit auch bei entspannter Unterhaltung über größere Entfernungen gegeben ist. Dies ist sichergestellt, wenn der Beurteilungspegel im Innenraum während der Kommunikation 40 dB(A) nicht übersteigt. Mit verkehrslärmbedingten Schlafstörungen ist nach Auffassung des BVerwG[1040] dann nicht zu rechnen, wenn ein Innenpegel von 30 dB(A) nicht überschritten wird.

Eine **„Lärmschutzgarantie"**, die über das in § 41 BImSchG verlangte Lärmschutz-   **532** niveau hinausgeht, kann nicht durch ein planerisches Ermessen gerechtfertigt werden. Hat sich die Planfeststellungsbehörde auf das Lärmschutzniveau der genannten Vorschrift festgelegt und werden diese Werte nach den zutreffenden Berechnungen nicht erreicht, fehlt es an Auswirkungen der Planung, die im Entscheidungszeitpunkt gewiss oder prognostisch sicher abschätzbar sind. Das allgemeine Risiko einer fehlerhaften Prognose ist kein Fall der Unmöglichkeit einer abschließenden Entscheidung.[1041] Hierzu gehören auch solche Auswirkungen, deren zukünftiger Eintritt zwar theoretisch denkbar ist, sich aber mangels besonderer Anhaltspunkte nicht konkret absehen lässt.[1042]

i) Sportlärm. Im Bereich des **Sportanlagenlärmschutzes** ist die Achtzehnte Verord-   **533** nung zur Durchführung des BImSchV[1043] zu beachten.[1044] Die **SportanlagenlärmschutzVO (18. BImSchV)** gilt für die Errichtung, die Beschaffenheit und den Betrieb von Sportanlagen, soweit sie zum Zweck der Sportausübung betrieben werden und einer Genehmigung nach § 4 BImSchG nicht bedürfen.[1045] Unter Sportanlagen werden ortsfeste Einrichtungen i. S. des § 3 V Nr. 1 BImSchG verstanden, die zur Sportausübung bestimmt sind. Zu Sportanlagen zählen auch Einrichtungen, die mit der Sportanlage in einem engen räumlichen und betrieblichen Zusammenhang stehen. Zur Nutzungsdauer gehören dabei auch die Zeiten des An- und Abfahrtverkehrs sowie des Zu- und Abgangs (§ 1 III SportanlagenlärmschutzVO). Nach § 2 SportanlagenlärmschutzVO sind Sportanlagen so zu errichten und zu betreiben, dass die in der VO genannten Immissionsrichtwerte unter Einrechnung der Geräuschimmissionen anderer Sportanlagen nicht überschritten werden (→ *Abbildungen 71 und 72 mit Textbeispiel 60*).

Textliche Festsetzungen gem. § 9 BauGB

Stellplätze sind nur auf der dafür festgesetzten Fläche zulässig. Soweit der Stellplatzbedarf auf einer geringeren Fläche als im Plan festgesetzt untergebracht werden kann, kann die nicht erforderliche Fläche mit anderen Nutzungen der Zweckbestimmung „Sportanlage" überplant werden (§ 9 I 4 BauGB).
Innerhalb ebenerdiger Stellplatzanlagen ist je angefangener 6 Stellplätze ein hochstämmiger großkroniger Laubbaum fachgerecht zu pflanzen und dauerhaft zu erhalten, Ausfälle sind zu ersetzen. Ausnahmen sind für Stellplatzanlagen, die auch als Festplatz genutzt werden, zulässig.
Je Baum ist eine offene Vegetationsfläche als Baumscheibe von mindestens 2,5 m x 2,5 m oder als durch-

[1039] *Jansen* in: *Hans-Joachim Koch* Schutz vor Lärm 1990, 9, 14 ff.; *Becher* DWW 1994, 130, 133; *Berkemann* in *Koch* Schutz vor Lärm 1990, 73, 92. *Halama/Stüer* NVwZ 2003, 137; *Halama* VBlBW 2006, 132.

[1040] BVerwG, B. v. 17.5.1995 – 4 NB 30.94 – NJW 1995, 2572 = DVBl 1995, 1010 = BauR 1995, 65.

[1041] OVG Lüneburg, Urt. v. 3.5.2001 – 7 K 4341/99 – DVBl 2001, 1307 = NordÖR 2001, 444.

[1042] BVerwG, Urt. v. 22.11.2000 – 11 C 2.00 – BVerwGE 112, 221 = DVBl 2001, 405 = NVwZ 2001, 429 = UPR 2001, 148.

[1043] SportanlagenlärmschutzVO v. 18.7.1991, BGBl. I 1588 berichtigt 1790.

[1044] *Berkemann* NVwZ 1992, 817; *Birk* NVwZ 1985, 689; *Gaentzsch* UPR 1985, 201; *Hagen* UPR 1985, 817; *Papier* UPR 1985, 73; *Salzwedel* UPR 1985, 210.

[1045] *Berkemann* NVwZ 1992, 817; *Birk* NVwZ 1985, 689; *Gaentzsch* UPR 1985, 201; *Hagen* UPR 1985, 192; *ders.* Sport und Umwelt 1992, 1; *Papier* UPR 1985, 73; *Ronellenfitsch* DAR 1995, 271; *Salzwedel* UPR 1985, 210; *Stange* NWVBL 1992, 153; *Stüer* BauR 1985, 362.

gehender Pflanzstreifen in einer Breite von mindestens 2,0 m vorzusehen. Die Vegetationsfläche darf nicht Bestandteil der bauordnungsrechtlich nachzuweisenden Stellfläche sein (keine Ausnutzung von Überhangflächen).

Die Zu- und Abfahrt der Sportanlage ist ausschließlich in dem im Plan festgesetzten Bereich zulässig (§ 9 I Nr. 11 BauGB).

Die mit einem Pflanzgebot belegten Flächen sind mit standortgerechten, heimischen Bäumen und Sträuchern zu bepflanzen (§ 9 I Nr. 25 a BauGB).

Zugehörige Nebeneinrichtungen wie Flutlichtmasten, Zuschaueranlagen, Ballfanggitter und Kinderspielplätze sind auch auf der nicht überbaubaren Fläche zulässig. Geräteschuppen sind auf der nicht überbaubaren Grundstücksfläche im Einzelfall bis 35 m² und bis zu einer Höhe von maximal 2,5 m zulässig (§ 14 I BauNVO).

Bezugspunkt für die Höhenangabe ist die Oberkante der fertig gestellten Erschließungsfläche, gemessen in der Mitte der jeweiligen Fassadenlänge. Die Traufhöhe ist definiert als der äußere Schnittpunkt zwischen aufsteigendem Mauerwerk und Dachhaut (§ 9 II BauGB i. V. mit § 18 I BauNVO).

Immissionsschutz

An der Südseite des Sportfeldes sind ein 2,5 m hoher Wall und eine 2,5 m hohe Lärmschutzwand anzulegen.

Begründung

Die Sportanlagenlärmschutzverordnung (18. BImSchV) bestimmt Immissionsgrenzwerte, die bei benachbarten Wohngebieten nicht überschritten werden dürfen. Nach der vorliegenden schalltechnischen Untersuchung sind aktive Schallschutzmaßnahmen an dem geplanten Sportfeld erforderlich, um das Nebeneinander von Wohnen und Sport zu gewährleisten. Die Schallschutzmaßnahmen bestehen darin, durch eine Kombination von 2,5 m hohem Wall und 2,5 m hoher Lärmschutzwand das Sportfeld von der Umgebung abzugrenzen. Mit dieser Maßnahme wird erreicht, dass bei höchstens 50 m Abstand vom Spielfeldrand bereits Lärmwerte von 50 dB(A) und weniger erreicht werden. Unmittelbar an der Bebauungsplangrenze betragen diese Werte etwa 55 dB(A), so dass das Nebeneinander von Sport und Wohnen möglich ist.

Textbeispiel 60: Festsetzungen Dreifachsporthalle (zu Abbildung 72)

534   Die in der SportanlagenlärmschutzVO genannten Gebiete richten sich nach den Festsetzungen des Bebauungsplans. Sonstige im Bebauungsplan festgesetzte Gebiete sind entsprechend ihrer Schutzbedürftigkeit zu behandeln (§ 2 VI Sportanlagenlärmschutz-VO). Bei Abweichungen der Planausweisungen von der tatsächlichen Bebauung ist die tatsächliche bauliche Nutzung unter Berücksichtigung der vorgesehenen baulichen Nutzung zu Grunde zu legen (§ 2 VI SportanlagenlärmschutzVO).

535   Werden bei Geräuschübertragungen innerhalb von Gebäuden in Aufenthaltsräumen von Wohnungen, die baulich, aber nicht betrieblich mit der Sportanlage verbunden sind, von der Sportanlage verursachte Geräuschimmissionen mit einem Beurteilungspegel von mehr als 35 dB(A) tags oder 25 dB(A) nachts festgestellt, hat der Betreiber der Sportanlage nach § 2 III SportanlagenlärmschutzVO Maßnahmen zu treffen, welche die Einhaltung der vorgenannten Immissionsgrenzwerte sicherstellen. Einzelne kurzzeitige Geräuschspitzen sollen die Immissionsrichtwerte nach § 2 II Sportanlagenlärmschutz-verordnung tags um nicht mehr als 30 dB(A) sowie nachts um nicht mehr als 20 dB(A) überschreiten (§ 2 IV SportanlagenlärmschutzVO). Ferner sollen einzelne kurzzeitige Geräuschspitzen die Geräuschinnenpegel des § 2 IV SportanlagenlärmschutzVO um nicht mehr als 10 dB(A) überschreiten. Die Tagwerte werden nach § 2 V Sportanlagen-lärmschutzVO in der Zeit zwischen 6.00 Uhr und 22.00 Uhr an Werktagen und 7.00 Uhr und 22.00 Uhr an Sonn- und Feiertagen festgelegt. Die Ruhezeiten beziehen sich jeweils auf die ersten und letzten beiden Stunden der Immissionsrichtwerte tagsüber. Außerdem gehört die Zeit zwischen 13.00 Uhr und 15.00 Uhr sonn- und feiertags zur Ruhezeit. Die sonn- und feiertägliche Ruhezeit ist nur zu berücksichtigen, wenn die Nutzungsdauer der Sportanlage an Sonn- und Feiertagen in der Zeit von 9.00 Uhr bis 20.00 Uhr mindestens vier Stunden beträgt (§ 2 V SportanlagenlärmschutzVO).

536   Zur Einhaltung der Immissionsrichtwerte hat der Betreiber nach § 3 Sportanlagen-lärmschutzVO insbesondere

Abbildung 71: *Lärmschutz bei Sportanlage*

355

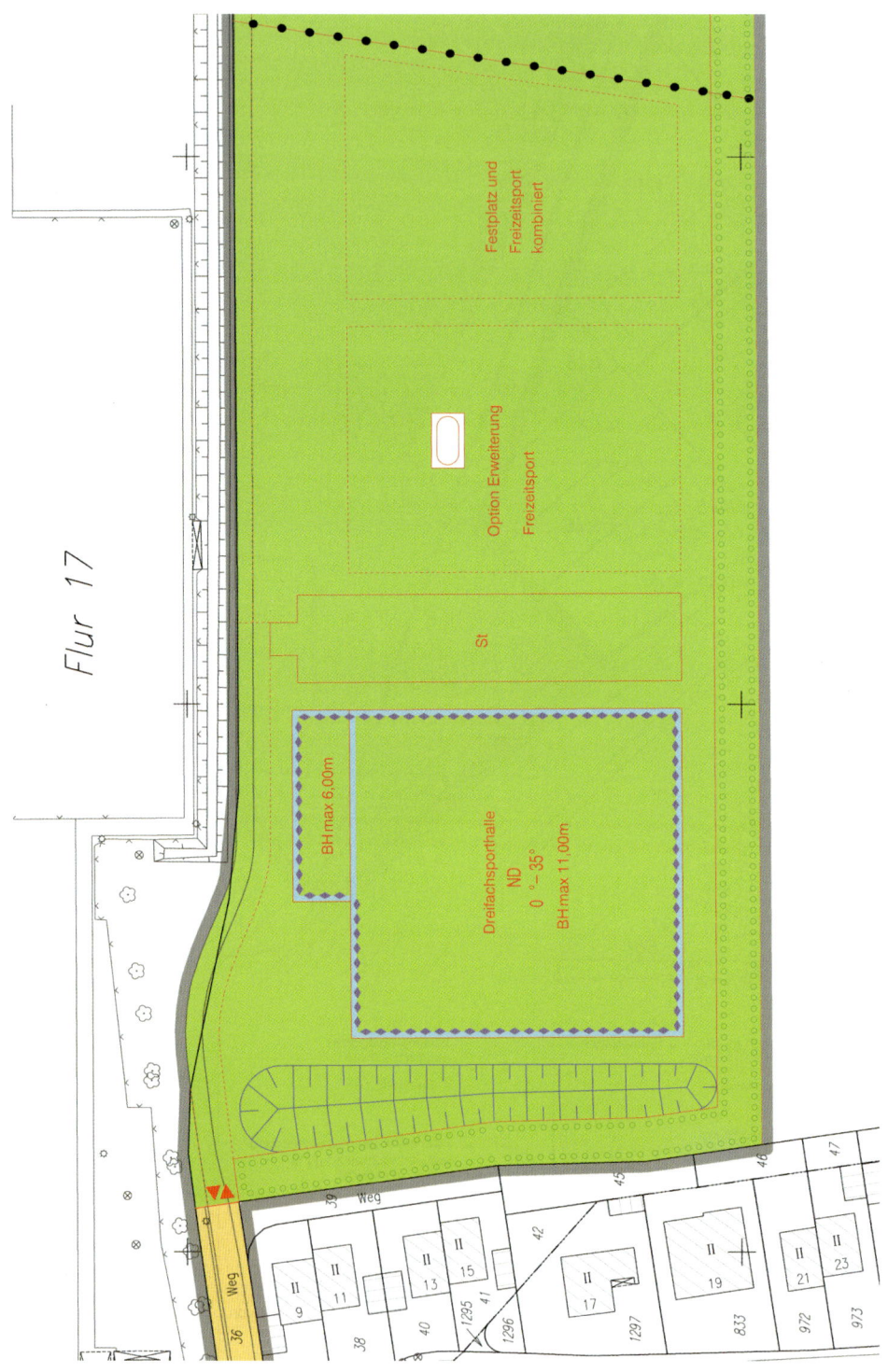

Abbildung 72: *Immissionsschutz bei Dreifachsporthalle neben Wohngebiet*

– an Lautsprecheranlagen und ähnlichen Einrichtungen technische Maßnahmen, wie dezentrale Aufstellung von Lautsprechern und Einbau von Schallpegelbegrenzern, zu treffen,

– technische und bauliche Schallschutzmaßnahmen, wie die Verwendung lärmgeminderter oder lärmmindernder Ballfangzäune, Bodenbeläge, Schallschutzwände und -wälle, zu treffen,

– Vorkehrungen zu treffen, dass Zuschauer keine übermäßig lärmerzeugenden Instrumente wie pyrotechnische Gegenstände oder druckgasbetriebene Lärmfanfaren verwenden, und

– An- und Abfahrtswege und Parkplätze durch Maßnahmen betrieblicher und organisatorischer Art so zu gestalten, dass schädliche Umwelteinwirkungen durch Geräusche auf ein Mindestmaß beschränkt werden.

Die zuständige Behörde kann die Einhaltung der Immissionsrichtwerte nach § 5 **537** SportanlagenlärmschutzVO durch Nebenbestimmungen und Einzelfallanordnungen sicherstellen. Die SportanlagenlärmschutzVO enthält für ihren Anwendungsbereich verbindliche Regelungen der nachbarlichen Zumutbarkeit. § 3 der 18. BImSchV schließt daher als normative Festlegung der Zumutbarkeitsschwelle i. S. des § 3 I BImSchG grundsätzlich die Beurteilung aus, dass Lärmimmissionen, welche die festgelegten Immissionsrichtwerte unterschreiten, im Einzelfall gleichwohl als erheblich eingestuft werden.[1046] Die normative Konkretisierung des gesetzlichen Maßstabs für die Zumutbarkeit von Sportlärm ist jedenfalls insoweit abschließend, als sie bestimmten Gebietsarten und Tageszeiten entsprechend ihrer Schutzbedürftigkeit bestimmte Immissionsrichtwerte zuordnet, Grenzwerte für kurzzeitige Geräuschspitzen festlegt und das Verfahren der Ermittlung und Beurteilung der Geräuschimmissionen vorschreibt.[1047] Für eine einzelfallbezogene Beurteilung der Zumutbarkeitsschwelle auf Grund tatrichterlicher Würdigung lässt das normative Regelungskonzept nur insoweit Raum, als die SportanlagenlärmschutzVO durch Verweis auf weitergehende Vorschriften generell (vgl. § 4 der 18. BImSchV) oder durch Sollvorschriften für atypisch gelagerte Fälle Abweichungen zulässt.[1048] Bei der Beurteilung des Sportlärms ist zwischen den verschiedenen Spiel- und Sportstätten hinsichtlich ihrer Größe und Art, aber auch nach der Störungsempfindlichkeit der einzelnen Baugebiete zu differenzieren. Im reinen und allgemeinen Wohngebiet etwa ist die Errichtung eines **Kinderspielplatzes** allgemein zulässig.[1049] Ebenso dürfen **Bolzplätze** – unter dem Vorbehalt einer Beurteilung nach § 15 I BauNVO – neben reinen Wohngebieten zugelassen werden.

Auch ein Sportplatz und ein reines Wohngebiet dürfen in einem Bebauungsplan **538** nebeneinander festgesetzt werden.[1050] Das gilt in gleicher Weise auch für Bolzplätze. Das Nebeneinander von Wohnen und Bolzplatznutzung kann aber im Einzelfall zu Problemen führen, welche die Zulassung eines Bolzplatzes entweder ganz ausschließen oder zumindest Auflagen zum Schutz der Nachbarschaft erforderlich machen können.[1051]

3. Zusammenwirken von Lärmquellen

Besondere Belastungen ergeben sich vielfach durch das Zusammenwirken verschiedener **539** Lärmquellen etwa von Straße, Eisenbahn, Gewerbebetrieb, Sportanlage und Fluglärm. Die Regelwerke sind allerdings nicht durch eine umfassende Betrachtung geprägt, son-

---

[1046] BVerwG, B. v. 8.11.1994 – 7 B 73.94 – DVBl 1995, 514 = NVwZ 1995, 993 = ZuR 1995, 49.

[1047] Begründung des Regierungsentwurfs, BR–Drucks. 17/91, S. 33 ff.

[1048] BVerwG, B. v. 8.11.1994 – 7 B 73.94 – DVBl 1995, 514 = NVwZ 1995, 993 = ZuR 1995, 49.

[1049] BVerwG, Urt. v. 12.12.1991 – 4 C 5.88 – BauR 1992, 338 = RzB Rn. 896.

[1050] BVerwG, Urt. v. 24.4.1991 – 7 C 12.90 – BauR 1991, 593; Urt. v. 19.1.1989 – 7 C 77.87 – BVerwGE 81, 197 = RzB Rn. 93.

[1051] BVerwG, B. v. 3.3.1992 – 4 B 70.91 – BauR 1992, 340 = ZfBR 1992, 143 = RzB Rn. 97.

dern gelten jeweils nur für eine bestimmte Sparte des Lärms.[1052] Beurteilungspegel für Sportanlagen nach der 18. BImSchV bezieht sich zwar nicht nur auf die einzelne Sportanlage, sondern auch auf Summenpegel. Aber es sind nur andere Sportanlagen einzubeziehen, während andere Lärmquellen wie etwa Gewerbelärm oder Straßenlärm außer Betracht bleiben. Selbst andere Freizeitanlagen werden bei der Beurteilung des Sportlärms regelmäßig nicht berücksichtigt. Die Richtwerte der TA-Lärm[1053] beziehen sich wiederum jeweils ausschließlich auf Gewerbelärm.[1054] Von vornherein ausgeblendet sind bei der TA Lärm etwa Sportanlagen, Schießplätze oder Straßenlärm, der nicht mit einem Gewerbebetrieb im Zusammenhang steht.[1055] Auch den Lärm von Eisenbahnen oder Flugzeugen blendet die TA-Lärm aus. Dahinter steht die Vorstellung, dass Anlagen mit einem besonderen Profil jeweils eine Sonderbehandlung in den einzelnen Regelwerken erfahren. Kurzum: Es gibt keinen gesamthaften Lärmschutzansatz in den Regelwerken. Diese beziehen sich nur jeweils sektoral auf bestimmte Lärmanlagen.

540   Allerdings können verschiedene Lärmquellen in ihrem Zusammenwirken in der Abwägung zu betrachten sein. Dabei ist auch Lärm unterhalb der einschlägigen Grenzwerte grundsätzlich abwägungserheblich. Deshalb können auch in einem wasserrechtlichen Planfeststellungsbeschluss, mit dem eine Nassauskiesung zugelassen wird, Auflagen zur Reduzierung von Lärm, der die Grenzwerte der TA-Lärm nicht überschreitet, getroffen werden.[1056] Abweichend von dem Grundsatz, dass die Beurteilungspegel für jeden Verkehrsweg gesondert zu berechnen sind, kann die Bildung eines Summenpegels auch dann geboten sein, wenn der neue oder der zu ändernde Verkehrsweg im Zusammenwirken mit vorhandenen Vorbelastungen anderer Verkehrswege insgesamt zu einer Lärmbelästigung führt, die mit Gesundheitsgefahren oder einem Eingriff in die Substanz des Eigentums verbunden ist.[1057]

541   **a) Ausgangsbasis.** Immerhin gibt es in der Rechtsprechung bereits Anzeichen für eine allerdings eng begrenzte **Summierung** verschiedener Lärmquellen: Bilden etwa mehrere in einem räumlichen Zusammenhang stehende, aber organisatorisch selbständige Freizeitanlagen einschließlich einer Sporthalle eine konzeptionelle Einheit im Sinne eines „Freizeitbereichs", ist nach Auffassung des 7. Senats des BVerwG eine einheitliche (summative) Beurteilung der von diesen Anlagen ausgehenden Geräuschimmissionen nach den Bestimmungen der Freizeitlärm-Richtlinie durchaus zulässig. Das gilt allerdings nur für verschiedene, nach einem einheitlichen Konzept betriebene Freizeitanlagen, nicht aber auch für den Lärm anderer Anlagen, die nicht mit der Freizeitnutzung im unmittelbaren Zusammenhang stehen. Es bleibt daher dabei: Bei unterschiedlichen Schallquellen kann nicht ohne Weiteres zusammengerechnet und saldiert werden.[1058]

542   Das ist auch beim Straßenlärm nicht anders. § 2 I Nr. 3 BImSchG verweist hierzu auf das besondere Regelungssystem in §§ 41 bis 43 BImSchG.[1059] Nach § 41 I BImSchG

[1052] *Halama/Stüer* NVwZ 2003, 137; *Halama* VBlBW 2006, 132.

[1053] *Chotjewitz* LKV 1999, 47; *Emmerich*, Immissionsschutzrecht 2001, 8; *Feldhaus* UPR 1998, 1; *Hansmann* ZUR 2002, 207; *Kötter/Kühner*, Immissionsschutz 2000, 54; *Kunert* NuR 1999, 430; *Kutscheidt* NVwZ 1999, 577; *Schulze-Fielitz* DVBl 1999, 65; *Spohn* ZUR 1999, 297; *Stüer/Hermanns* DVBl 1999, 972; *dies.* DVBl 2000, 681; *dies.* DVBl 2000, 1428; *Tegeder* UPR 2000, 99. Zur Bauleitplanung *Boeddinghaus* UPR 1999, 321.

[1054] OVG Münster, Urt. v. 26.11.1999 – 21 A 891/98 – NJW 2000, 2124; *Brodersen* JuS 2001, 91; *Müggenborg* DVBl 2001,417.

[1055] BVerwG, B. v. 23.7.1992 – 7 B 103.92.

[1056] BVerwG, B. v. 31.1.2011 – 7 B 55.10 – NVwZ 2011, 567 = BauR 2011, 1306.

[1057] BVerwG, B. v. 7.7.2010 – 7 VR 2.10 (7 A 3.10) – NuR 2010, 646, m. Anm. *Neumann*, jurisPR-BVerwG 19/2010 Anm. 6; B. v. 24.11.2010 – 4 BN 28.10 – ZfBR 2011, 165 – Lärmpegelbildung beim Bau öffentlicher Straßen; Nichtannahme BVerfG, B. v. 2.11.2011 – 1 BvR 51/11 –; B. v. 1.2.2011 – 7 B 45.10 –.

[1058] BVerwG, Urt. v. 16.5.2001 – 7 C 16.00 – NVwZ 2001, 1167 – Freizeitlärm.

[1059] BVerwG, Urt. v. 5.3.1997 – 11 A 25.95 – BVerwGE 104, 123 = NVwZ 1998, 513 = DVBl

ist beim Bau oder der wesentlichen Änderung öffentlicher Straßen sowie von Eisenbahnen,[1060] Magnetschwebebahnen und Straßenbahnen unbeschadet des § 50 BImSchG sicherzustellen, dass durch diese keine schädlichen Umwelteinwirkungen durch Verkehrsgeräusche hervorgerufen werden können, die nach dem Stand der Technik vermeidbar sind. Das gilt nach § 41 II BImSchG nicht, soweit die Kosten der Schutzmaßnahme[1061] außer Verhältnis zu dem angestrebten Schutzzweck stehen.[1062] Die Regelungen sind vom Ansatz her aus den anderen Regelwerken bereits bekannt, man befindet sich offenbar in einem vertrauten Gefilde. Welche Schwellenwerte hier jedoch im Einzelnen einzuhalten sind, führt das Gesetz selbst nicht aus. Das entspricht dem schon bekannten Muster. Auch im Bereich des Straßenlärms überlässt der Gesetzgeber daher dem Verordnungsgeber die Einzelheiten. Die auf der Grundlage des § 43 BImSchG erlassene Rechtsverordnung enthält ebenfalls ein schon aus anderen Regelwerken vertrautes Wertsystem, das an die unterschiedliche Baugebietseinteilung der BauNVO anknüpft – zwar in etwas anderer Weise als beim Sportlärm, aber vom Ansatz her vergleichbar. Die Werte der 16. BImSchV[1063] liegen höher als die Werte der TA-Lärm und der 18. BImSchV. Die TA Lärm geht von Orientierungswerten von 55/35 dB(A) tags/nachts aus. Für den Straßenverkehrslärm liegt die Schwelle nach der 16. BImSchV demgegenüber für Wohngebiete bei 59/49 dB(A) tags/nachts.

Beim Bau oder der wesentlichen Änderung einer Straße ist nach § 41 BImSchG **543** sicherzustellen, dass durch dieses Vorhaben keine schädlichen Umwelteinwirkungen durch Verkehrsgeräusche hervorgerufen werden können, die nach dem Stand der Technik vermeidbar sind. Die Vorschrift ist strikt vorhabenbezogen. Maßgeblich ist ausschließlich der Beurteilungspegel des von dem zu bauenden oder zu ändernden Verkehrsweg ausgehenden Verkehrslärms.[1064] Auch der Verordnungsgeber hat das so verstanden und in § 1 der 16. BImSchV die Ermittlung des Beurteilungspegels auf den Neubau einer Straße oder deren wesentliche Änderung durch einen Verkehrsträger ausgerichtet. Für einen Summenpegel unter Berücksichtigung anderer Lärmquellen ist nach der 16. BImSchV kein Platz. Andere Straßen oder gar ganz andere Anlagen wie Gewerbebetriebe, Sportplätze oder der Flugbetrieb werden in der 16. BImSchV ausgeblendet.[1065] Das gilt auch für den Schienenlärm. Die maßgeblichen Werte sind dazu auch noch 5 dB(A) höher (Schienenbonus).[1066]

1997, 831 – Sachsenwald; NVwZ-RR 1999, 725 – Schallschutzwand; B. v. 22.9.1999 – 4 B 68.98 – UPR 2000, 71 = NZV 2000, 138 – Schallschutz; *Himmelmann* VA 2000, 139; *Jäcker-Cüppers* BBauBl. 2000, Nr. 12 S. 34; *Hans-Joachim Koch* NVwZ 2000, 490; *Vallendar* UPR 1998, 81.

[1060] Zu zivilrechtlichen Abwehrmöglichkeiten *Roth* NVwZ 2001, 34.

[1061] BVerwG, Urt. v. 22.3.1985 – 4 C 73.82 – BVerwGE 71, 163 = NJW 1986, 82 = DVBl 1985, 899; BVerwG NVwZ-RR 1999, 554; B. v. 30.9.1998 – 4 VR 9.98 – NVwZ-RR 1999, 164.

[1062] BVerwG, Urt. v. 5.3.1997 – 11 A 25.95 – BVerwGE 104, 123 = NVwZ 1998, 513 = DVBl 1997, 831 einerseits und Urt. v. 28.1.1999 – 4 CN 5.98 – BVerwGE 108, 248 = NVwZ 1999, 1222 = DVBl 1999, 1288 andererseits; NVwZ 2001, 81 – Schallschutzwand; *Jarass* UPR 1998, 415; *Rieger* VBlBW 1998, 41. Zum Verkehrslärmschutz *Sellmann* NVwZ 2001, 1360; *Vallendar* NuR 2001, 171.

[1063] V. 12.6.1990, BGBl. I 1036.

[1064] BVerwG, Urt. v. 26.5.2011 – 7 A 10.10 – IR 2011, 214 – Eisenbahnstrecke Stelle-Lüneburg.

[1065] BVerwG, Urt. v. 21.3.1996 – 4 C 9.95 – BVerwGE 101, 1 = NVwZ 1996, 1003.

[1066] Zum „Wiedervereinigungsbonus" bei der Wiederinbetriebnahme teilungsbedingt stillgelegter Bahnanlagen in den neuen Ländern BVerwG, Urt. v. 28.101998 – 11 A 3.98 – BVerwGE 107, 350 = NVwZ 1999, 539; Urt. v. 3.3.1999 – 11 A 9.97 – DVBl 1999, 1527 = NuR 2000, 575 = NVwZ-RR 1999, 720; Urt. v. 17.11.1999 – 11 A 4.98 – BVerwGE 110, 81 = NVwZ 2000, 567; Urt. v. 3.3.1999 – 11 A 9.97 – DVBl 1999, 1527 = NuR 2000, 575 = NVwZ-RR 1999, 720; Urt. v. 12.4.2000 – 11 A 23.98 – Stendal; UPR 1994, 261 = NUR 1994, 391 – Schienenbonus, dort auch zu Erschütterungen; Urt. v. 11.1.2001 – 4 A 13.99 – DVBl 2001, 669 = 2001, 1154 zu projektbezogenen Untersuchungsergebnissen; Urt. v. 21.3.1996 – 4 C 9.95 – BVerwGE 101, 1 = DVBl 1996, 916 = NVwZ 1996, 1003; Urt. v. 15.3.2000 – 11 A 42.97 – BVerwGE 110, 370 = NVwZ 2001, 71 – Gleispflegeabschlag.

544   Und bezogen auf den **Fluglärm**[1067] stand der Betroffene geradezu vor dem Nichts. Da schien sich der Lärmschutz dann im wahrsten Sinne in Luft aufzulösen.[1068] Hier gibt es offenbar nichts normativ Vorgeprägtes. Das Fluglärmgesetz 1971 enthielt zwar einen Grenzwert von 75 dB(A). Der bildete aber nur die Grundlage für eine Entschädigungsregel.[1069] Die einzige Zumutbarkeitsregelung ist bis zum Inkrafttreten des FlugLG 2007 von der Rechtsprechung gezogen worden. Gesunde Wohnverhältnisse – so meinen die Richter in Karlsruhe und Leipzig – sind danach nicht mehr gewahrt, wenn ein Innenpegel von etwa 55 dB(A) tags und 45 dB(A) nachts überschritten wird und damit eine störungsfreie Kommunikation und ein gesunder Schlaf nicht mehr sichergestellt sind.[1070] Erst das Fluglärmgesetz 2007 hat in §§ 8, 9 FlugLG Entschädigungsansprüche für Bauverbote oder Aufwendungen für bauliche Schallschutzmaßnahmen begründet.

545 **b) Außen- und Innenpegel.** Die bisher erwähnten Regelwerke zum Gewerbe-, Straßen-, Eisenbahn- und Sportlärm stellen auf Außenpegel ab. Das geht allerdings nicht bei Fluglärm, weil ein Schutz der Außenwohnbereiche nur durch eine Verminderung des Flug- und Bodenlärms, zumeist aber nicht durch Schallschutzwände oder andere Maßnahmen des aktiven Schallschutzes gelingen wird. Für den Regelfall bleibt daher wohl nur ein passiver Lärmschutz an den jeweiligen Schutzobjekten, der das Gebäudeinnere betrifft. Und diese Möglichkeiten, einen störungsfreien Schlaf zu gewährleisten, sind dann bei einem Außenpegel, der nachts irgendwo zwischen 60 und 65 dB(A) liegt, erschöpft. Dasselbe gilt für Tagwerte zwischen 70 und 75 dB(A).

546 **c) Politisch bestimmte Richtwerte nach sozialer Akzeptanz.** Die einzelnen Regelwerke sind allerdings nicht auf eine summierende Gesamtbetrachtung aller Lärmquellen angelegt, sondern beziehen sich nur auf eine segmentierende Betrachtung nach einzelnen Lärmquellen. Warum das so ist und was dies eigentlich rechtfertigt, erschließt sich aus den Regelwerken nicht.[1071] Die Regelwerke beruhen allerdings nicht auf Naturgesetzlichkeiten, sondern sind das Ergebnis eines politischen Kompromisses. Der Verordnungsgeber könnte die Schwellenwerte senken. Das würde dem Gesundheitsschutz dienen, aber die jeweiligen Vorhaben mit zusätzlichen Kosten belasten. Werden die Werte angehoben, würde dies die Vorhaben finanziell entlasten, ginge aber auf Kosten des Gesundheitsschutzes, zumindest aber des allgemeinen Wohlbefindens. Es ist daher ein angemessener Interessenausgleich zwischen den Interessen des jeweiligen Vorhabens und den schutzbedürftigen Belangen der Wohnbevölkerung erforderlich. Diesen Ausgleich hat der Gesetz- und Verordnungsgeber zu leisten (Art. 14 I 2 GG).

[1067] *Kilian* NVwZ 1998, 142; *Stüer* DVBl 2001, 969; *Vogelsang*, Immissionsschutz 2002, 9; *Wysk* ZLW 1998, 285.

[1068] Zu Schutzauflagen bei Fluglärm grundlegend BVerwG, Urt. v. 7.7.1978 – IV C 79.76 – BVerwGE 56, 110 = NJW 1979, 64 – Frankfurter Flughafen; Urt. v. 30.5.1984 – 4 C 58.81 – BVerwGE 69, 256 = NVwZ 1984, 718 – München II; Urt. v. 5.12.1986 – 4 C 13.85 – BVerwGE 75, 214 = NVwZ 1987, 578 – München II; Urt. v. 29.1.1991 – 4 C 51.89 – BVerwGE 87, 332 – NVwZ-RR 1991, 601 – München II; B. v. 17.6.1998 – 11 VR 9.97 – LKV 1999, 228 – Leipzig-Halle; B. v. 7.12.1998 – 11 B 46.98 – UPR 1999, 53 = NuR 2000, 36; Urt. v. 15.9.1999 – 11 A 22.98 – UPR 2000, 116 – Passagierabfertigungskapazität. Zu militärischen Flugplätzen BVerwG, Urt. v. 11.7.2001 – 11 C 14.00 – BVerwGE 114, 364 = NVwZ 2002, 350 – Bitburg. Zu Entschädigungsansprüchen gegenüber militärischen Flugplätzen BGH, Urt. v. 25.3.1993 – III ZR 60/91 – BGHZ 122, 76 = NJW 1993, 1700. Zu militärischen Truppenübungs- und Bombenabwurfplätzen BVerwG, Urt. v. 14.12.2000 – 4 C 13.99 – BVerwGE 112, 274 = NVwZ 2001, 1030 – Wittstock.

[1069] BGH, Urt. v. 16.3.1995 – III ZR 166/93 – BGHZ 129, 124 = NVwZ 1995, 928 – Ramstein. Zu den Auswirkungen der Lärmschutzbereiche auf die Gemeinden BVerfG, B. v. 7.10.1980 – 2 BvR 584.76 u. a. – BVerfGE 56, 298 = NJW 1981, 1659 – Memmingen.

[1070] BVerwG, Urt. v. 21.5.1976 – IV C 80.74 – BVerwGE 51, 15 = NJW 1976, 1760 – Stuttgart-Degerloch.

[1071] *Volkmann* Der Staat 39, 325.

Bei Sportanlagen geht der Verordnungsgeber gegenüber dem Gewerbelärm von **547** einem größeren Maß an zumutbarer Lärmbelastung aus. Vor allem beim Breitensport ergeben sich hier soziale Komponenten, die in die Bewertung einfließen. Denn Sport wird zumeist in der Freizeit ausgeübt. Will man den Sport unterstützen, so müssen die Werte vor allem abends und an Wochenenden und damit in Zeiten gelockert werden, in denen auf der anderen Seite aber auch das allgemeine Ruhebedürfnis besonders groß ist. Diesen Konflikt zwischen Sport und Wohnen hat der Normgeber aus seiner Sicht interessengerecht zu lösen versucht.[1072]

Die höheren Werte im Straßenbau sind der Preis, den wir für die Mobilität zahlen. **548** Solange der freie Bürger zu jeder Tages und Nachtzeit auch für die Fahrt zum Kiosk um die Ecke sein Auto benutzen darf, müssen entsprechend hohe Verkehrslärmwerte akzeptiert werden. In England wird dieser Interessenkonflikt auf die einfache Formel gebracht: „You can't have the cake and eat it". Wollte man im Straßenbau Lärmschutz auf dem Niveau der TA Lärm betreiben, so müsste der Straßenbau drastisch eingeschränkt werden oder es wären ganz erhebliche Zusatzkosten aufzubringen. Andere Aufgaben könnten dann allerdings in dem entsprechenden Umfang nicht mehr finanziert werden.

Die Werte in den Regelwerken sind daher das Ergebnis von finanziellen Machbarkei- **549** ten und von politischen Abwägungsentscheidungen. Der Schienenlärm etwa stieß früher auf eine höhere Akzeptanz.[1073] Dies hat der Verordnungsgeber flugs seiner Zeit mit einem gegenüber dem Straßenlärm um 5 dB(A) höheren Schienenbonus umgesetzt. Die Regelwerke legen daher ein unterschiedliches Schutzniveau fest. Außerdem sind die Lärmbetrachtungen auf das jeweilige Vorhaben bzw. die jeweilige Anlage bezogen und damit sektoral und nicht an summierenden gesamthaften Bewertungen aller Lärmquellen ausgerichtet.

d) Einfachrechtliche und verfassungsrechtliche Zumutbarkeit. Die fragmentari- **550** sche Betrachtung ist für den Lärmbetroffenen allerdings vor allem dann problematisch, wenn die einzelnen Lärmquellen zwar die für sie geltenden Regelwerke einhalten, die Gesamtlärmbelastung sich aber zu einem Wert summiert, der in den Bereich der Gefährdung reicht. Denn die Gesamtbelastung aller Lärmquellen ist vielfach höher als es auf dem Papier der Richtlinien steht. Bei einer derartigen Summierung der verschiedenen Lärmquellen bieten die Regelwerke keine Handhabe dafür, den Gesamtlärmpegel wirksam unter Kontrolle zu halten. Der auf bestimmte Lärmquellen eingeschränkte Blick der Regelwerke könnte zu der Vermutung führen, dass dem Gesamtlärmniveau auch in der Planung keine Grenzen gesetzt sind.

BGH[1074] und BVerwG[1075] haben übereinstimmend zwei Belastungswerte herausgearbei- **551** tet: Die einfach-rechtliche Zumutbarkeitsschwelle, die der Gesetz- und Verordnungsgeber im Rahmen seines Gestaltungsspielraums festlegt,[1076] und die verfassungsrechtliche Zumutbarkeitsschwelle, bei der die Lärmeinwirkungen Gesundheits gefährdend[1077] sind und das Eigentum[1078] schwer und unerträglich[1079] beeinträchtigt wird.[1080] Die verfassungsrecht-

---

[1072] *Koch/Maaß* NuR 2000, 69.

[1073] *Schulte* ZUR 2002, 195.

[1074] BGH, Urt. v. 25.3.1993 – III ZR 60/91 – BGHZ 122, 76 = NJW 1993, 1700 – Militärflughafen; Urt. v. 21.1.1999 – III ZR 168/97 – BGHZ 140, 285 = NJW 1999, 1247 – A 3.

[1075] BVerwG, Urt. v. 21.5.1976 – IV C 80.74 – BVerwGE 51, 15 = NJW 1976, 1760 – Stuttgart-Degerloch.

[1076] BVerwG, Urt. v. 29.4.1988 – 7 C 33.87 – BVerwGE 79, 254 = NVwZ 1988, 2396 – Feueralarmsirene; B. v. 7.9.1988 – 4 N 1.87 – BVerwGE 80, 184 = NJW 1989, 467 – Ortstangente; Urt. v. 19.1.1989 – 7 C 77.87 – BVerwGE 81, 197 = NJW 1989, 1291 – Tegelsbarg; Urt. v. 29.1.1991 – 4 C 51.89 – BVerwGE 87, 332 = NVwZ-RR 1991, 601 – München II; BGH, Urt. v. 23.3.1990 – V ZR 58/59 – BGHZ 111, 63 = DVBl 1990, 771 – Volksfest; s. Rn. 2178.

[1077] BGH, Urt. v. 25.3.1993 – III ZR 60/91 – BGHZ 122, 76 = NJW 1993, 1700.

[1078] Zur Sondersituationen bei einem Heranrücken der Straße in den eigenen Grundstücksbereich

liche Zumutbarkeitsschwelle bezeichnet eine äußerste Grenze, die auch der Gesetzgeber nicht überschreiten darf. Lärmschutz ist danach zu gewähren, wenn gegenüber den berechtigten Wohnerwartungen die Schwelle der Gesundheitsgefährdung überschritten wird.[1081] Das wird aus Art. 2 II GG aber auch aus Art. 14 GG abgeleitet. Eine derartige Zumutbarkeitsgrenze kann aber auch dem einfachen Immissionsschutzrecht entnommen werden.[1082] Das BImSchG macht es sich neben dem Schutz vor erheblichen Belästigungen vor allem auch zum Ziel, vor Gefahren zu schützen. Der Gesetzgeber zeichnet damit einfachgesetzlich das nach, was die Verfassung vorgibt. Er unterlässt es aber, die Gefahrenschwelle etwa in dB(A)-Werten genau festzuschreiben. Dies überlässt er dem Verordnungsgeber und der Rechtsprechung. Und dies hat durchaus seinen Grund. Denn wo genau die Grenze zwischen den noch zumutbaren Beeinträchtigungen und einer Gesundheitsgefahr verläuft, hängt wesentlich von den Erkenntnissen der jeweiligen Fachwissenschaften ab und ist damit durchaus auch einem Wandel unterworfen.

552   Bei der Ermittlung der Grenzwerte für diese verfassungsrechtliche Zumutbarkeitsschwelle stellt die Rechtsprechung unter Heranziehung von Richtwerten in Gesetzesbegründungen, Verwaltungsvorschriften und Äußerungen im Fachschrifttum in erster Linie auf Mittelungspegel ab, aus dem ein äquivalenter Dauerschallpegel berechnet wird. Jedoch können im Rahmen der Gesamtbetrachtung auch die Spitzenpegel bedeutsam sein.[1083] Das liegt nach Auffassung des BGH besonders nahe, wenn es um die Beurteilung durch Düsenflugzeuge verursachten Fluglärms geht, der gegenüber anderen Verkehrslärmimmissionen durch kurzzeitige, verhältnismäßig hohe Schalldrücke und bestimmte Frequenzzusammenhänge gekennzeichnet ist. Die Bewertung darf nicht schematisch von der Erreichung bestimmter Immissionswerte abhängig gemacht werden; vielmehr lässt sich die Grenze nur auf Grund einer wertenden Beurteilung innerhalb eines gewissen Spektrums von Möglichkeiten im Rahmen der Einzelfallumstände ziehen. Dabei ist nicht nur auf das Ausmaß, sondern auch auf die Art des Lärms abzustellen.[1084] Bei der Beurteilung können auch Gebietsart[1085] und Lärmvorbelastung[1086] eine wesentliche Rolle spielen. So kann dem Betroffenen im Außenbereich dem Gebietscharakter entsprechend im Allgemeinen ein höheres Maß an Verkehrsimmissionen zugemutet werden als in einem Wohngebiet. Allerdings ist innerhalb des Außenbereichs nach den jeweils gegebenen tatsächlichen Verhältnissen, der „Situation" des betroffenen Grundstücks (z. B. ruhige Lage), zu differenzieren.[1087]

BGH, Urt. v. 7.5.1981 – III ZR 67/80 – BGHZ 80, 360 = NJW 1981, 2116 – Parallelverschiebung; Urt. v. 21.1.1999 – III ZR 168/97 – BGHZ 140, 285 = NJW 1999, 1247 – A 3.

[1079] BGH, Urt. v. 6.2.1986 – III ZR 86/96 – BGHZ 97, 114 = NVwZ 1986, 789; Urt. v. 17.4.1986 – III ZR 202/84 – BGHZ 97, 361 = NJW 1996, 2421 = DVBl 1986, 998 – Kurpark.

[1080] BVerwG, Urt. v. 21.6.1964 – 4 C 14.74 – BauR 1974, 330 = DVBl 1974, 777 – Kinderspielplatz. Zu Existenzgefährdungen NVwZ-RR 1999, 629; Urt. v. 11.1.2000 – 11 VR 4.99 – NVwZ 2000, 553.

[1081] Zu Hörschäden oder einer anderen Verminderung der Lebensqualität *Visse* BBauBl. 2000, Nr. 12 S. 18.

[1082] *Feldhaus* NVwZ 1998, 1138.

[1083] BGH, Urt. v. 6.2.1986 – III ZR 86/96 – BGHZ 97, 114 = NVwZ 1986, 789; NVwZ 1989, 285; B. v. 30.1.1986 – III ZR 34/85 – NJW 1986, 2423; Urt. v. 26.11.1980 – V ZR 126/78 – BGHZ 79, 45 = NJW 1981, 1369 – Flughafen Düsseldorf.

[1084] BGH, Urt. v. 10.11.1977 – III ZR 166/75 – DVBl 1978, 110 – Brückenrampe.

[1085] BGH, Urt. v. 6.2.1986 – III ZR 86/96 – BGHZ 97, 114 = NVwZ 1986, 789; Urt. v. 17.4.1986 – III ZR 202/84 – BGHZ 97, 361 = NJW 1996, 2421 = DVBl 1986, 998; BVerwG, Urt. v. 21.5.1976 – IV C 80.74 – BVerwGE 51, 15 = NJW 1976, 1760; Urt. v. 14.12.1979 – IV C 10.77 – BVerwGE 59, 253 = NJW 1980, 2368; ZfBR 1991, 120.

[1086] BVerwG, Urt. v. 21.5.1976 – IV C 80.74 – BVerwGE 51, 15 = NJW 1976, 1760; Urt. v. 14.12.1979 – IV C 10.77 – BVerwGE 59, 253 = NJW 1980, 2368; B. v. 18.12.1990 – 4 N 6.88 – NVwZ 1991, 881 = ZfBR 1991, 120.

e) Tag- und Nachtwerte. Bei der Bestimmung der Schwelle zur **Gesundheitsgefahr** 553
muss zwischen Tag- und Nachtwerten unterschieden werden. Bei den Nachtwerten geht
es vor allem um die Gewährleistung eines gesunden **Schlafs** und die Verhinderung von
Schlafstörungen. Medizinische Untersuchungen haben ergeben, dass die Aufweckschwel-
le bei 60 dB(A) liegt. Bei einer derartigen Lärmbelastung wacht der Schlafende auf. Wiederholt sich dieser Vorgang mehrfach in der Nacht, kann man sich vorstellen, wie es um
die Gesundheit des Betroffenen bestellt ist. Bei einem Lärmpegel von 40 dB(A) kommt
es zwar nicht zwingend zu einem Aufwachen. Es findet aber in der Regel kein ungestör-
ter Tiefschlaf mehr statt. Der Schlaf ist kein gleichförmiges Kontinuum. Er vollzieht sich
vielmehr in verschiedenen Phasen. Die Tiefschlafphasen sind dabei von besonderer Wich-
tigkeit. Kommt es nicht zu einem Tiefschlaf, werden vegetative Prozesse gestört, ohne
dass dies von dem Betroffenen unmittelbar wahrgenommen wird. Die Beeinträchtigungen verfehlen aber ihre Wirkung nicht. Nächtliche Störungen oberhalb eines Dauer-
schallpegels von 40 dB(A) können daher zu Gesundheitsschäden führen, ohne dass es der
Betroffene überhaupt merkt. Durch passive Schallschutzmaßnahmen an Gebäuden können bei geschlossenen Fenstern etwa 20 bis 25 dB(A) erreicht werden. Bei gelegentlich
geöffneten Fenstern liegt die Dämmung bei etwa 15 dB(A). Ein Außenschallpegel von
60 dB(A) nachts lässt sich daher durch Maßnahmen des passiven Schallschutzes auf 40 bis
45 dB(A) Innenschallpegel verringern.

Bei der Bemessung der **Tagwerte** ist davon auszugehen, dass heute nicht jeder still 554
vor sich meditiert, sondern in einen vielfältigen Kommunikationsprozess einer multi-
medialen, vernetzten Welt eingebunden ist. Diese Kommunikation ist bei äquivalenten
Dauerschallpegeln von 50 dB(A) gefährdet. Man kann daher annehmen, dass dieser
Wert eine gewisse Indikatorfunktion für die Außenschallpegel hat. Bei Dämmwerten
von 20 bis 25 dB(A) bei geschlossenen Fenstern und 15 dB(A) bei gelegentlich geöffneten Fenstern ergeben sich daraus rechnerisch Außenschallpegel von 70 dB(A) tagsüber,
die durch gelegentlich geöffnete Fenster auf einen Innenschallpegel von 55 dB(A) verringert werden. Bei geschlossenen Fenstern lässt sich sogar bei einer Außenschallbelas-
tung von 75 dB(A) noch ein äquivalenter Dauerschallpegel von 50 dB(A) in den Innen-
räumen erreichen.

f) Gesundheitsgefahren und einfachrechtliche Zumutbarkeitsschwelle. Daraus lei- 555
tet die Rechtsprechung für die Gesundheitsgefährdung äquivalente Dauerschallpegel von
tags zwischen 70 dB(A) (BVerwG[1088]) bzw. 75 dB(A) (BGH)[1089] und nachts 60 dB(A)
(BVerwG) bzw. 65 dB(A) (BGH) ab. Mit gewissen Nuancen bewegt sich der 4. Senat des
BVerwG dabei mit einer Belastung von 70/60 dB(A) tags/nachts eher im unteren Bereich
der Werte, während der BGH mit 75/65 dB(A) tags/nachts zugunsten der Anlagen tendenziell etwas großzügiger ist. Bei Werten über 75 dB(A) tags und 65 dB(A) ist jedenfalls
die Grenze der Gesundheitsgefahr überschritten. Da ist sich die Rechtsprechung der beiden Gerichtsbarkeiten einig. Wird diese Schwelle überschritten, stehen Maßnahmen der
Lärmsanierung an.[1090]

Aber auch unterhalb dieser Gesundheitsgefahren sind die Betroffenen einer Lärmbe- 556
lastung nicht schutzlos ausgeliefert.[1091] Dies wird durch ein abgestuftes System von Abwägungserfordernissen und von Richt- und Grenzwerten erreicht: Planung verbindet

---

[1087] BGH, Urt. v. 13.1.1977 – III ZR 6/75 – NJW 1977, 894; BGH, Urt. v. 6.2.1986 – III ZR 86/
96 – BGHZ 97, 114 = NVwZ 1986, 789.

[1088] BVerwG, Urt. v. 21.5.1976 – IV C 80.74 – BVerwGE 51, 15 = NJW 1976, 1760 – Stuttgart-
Degerloch; OVG Münster, Urt. v. 28.8.2007 – 7 D 28/06.NE – Verkehrslärm – Gesamtbelastung.

[1089] BGH, Urt. v. 25.3.1993 – III ZR 60/91 – BGHZ 122, 76 = NJW 1993, 1700.

[1090] Derartige Sanierungsansprüche wurden allerdings früher gelegentlich als juristisches Märchen
bezeichnet, so *Vallendar*, FS Feldhaus 1999, 249.

[1091] BVerwG, Urt. v. 24.9.1998 – 4 CN 2.98 – BVerwGE 107, 215 = NJW 1999, 592; Urt. v.
27.10.1999 – 11 A 31.98 – NVwZ 2000, 435 – Ersatzradweg.

sich aus Gründen des Gesundheits- und Eigentumsschutzes (Art. 2, 14 GG), der Wahrung der Belange der kommunalen Selbstverwaltung (Art. 28 II GG) und rechtsstaatlich-demokratischen Gründen (Art. 20 III GG) notwendigerweise mit dem Abwägungsgebot.[1092] Autonome Planung muss sich daher durch Abwägung legitimieren.[1093] In die Abwägung sind aber alle Belange einzustellen, die mehr als geringfügig, in ihrem Eintritt wahrscheinlich, schutzwürdig und erkennbar sind.[1094] Bereits Betroffenheiten im Bereich der Hörbarkeitsschwelle von 2 bis 3 dB(A)[1095] sind daher in die Abwägung einzustellen, selbst wenn der einfach-rechtliche Richt- oder Grenzwert nicht erreicht wird und auch keinerlei Gesundheitsgefahr besteht. Lärm ist daher ein Abwägungsfaktor unabhängig davon, ob die Werte der Regelwerke erreicht oder gar überschritten werden.

557   Der Abwägung wesentlich ist es allerdings, dass Belange auch überwunden und zurückgestellt werden können. Werden die Richtwerte der jeweiligen Rechtsverordnungen erreicht, können sich daraus erhöhte Abwägungserfordernisse ergeben. Hier entwickeln sich die Richtwerte der Regelwerke zu Abwägungsdirektiven.[1096] Auch treten Planungsalternativen stärker in den Vordergrund.[1097] Bei Überschreiten der Lärmgrenzwerte etwa der 16. BImSchV bestehen nach § 41 I und II BImSchG Rechtsansprüche auf Einhaltung der Werte ggf. auch Schutzmaßnahmen[1098] oder auf Entschädigung[1099] vergleichbar dem Schutzauflagensystem in § 74 II 2 und 3 VwVfG.[1100] Derartige Rechte sind nur nach Maßgabe der normierten Regelungen einschränkbar und lösen entsprechende Schutzauflagen- oder Entschädigungsansprüche aus.[1101]

558   Wird die Schwelle zur **Gesundheitsgefahr** überschritten, so muss auch die Planung zwingend einen entsprechenden Ausgleich schaffen. Sie hat die Belastungen entweder durch planerische Maßnahmen zu reduzieren, durch eine Umplanung die Voraussetzungen für eine Enteignung und damit eine Entschädigung zu schaffen oder in anderer Weise einen entschädigungsrechtlichen Ausgleich zu gewähren. Eine Gesundheitsgefahren herbeiführende oder fortschreibende Planung würde an den verfassungsrechtlichen Erfordernissen

---

[1092] BVerwG, Urt. v. 28.1.1999 – 4 CN 5.98 – BVerwGE 108, 248, 253 = NVwZ 1999, 1222; Urt. v. 11.1.2001 – 4 A 12.99 – DVBl 2001, 669 = NVwZ 2001, 1160.

[1093] BVerwG, Urt. v. 12.12.1969 – IV C 105.66 – BVerwGE 34, 301 = DVBl 1970, 414 – Abwägung.

[1094] BVerwG, B. v. 9.11.1979 – 4 N 1.78 – BVerwGE 59, 87 = NJW 1980, 1061 – Normenkontrolle; B. v. 8.6.2009 – 4 BN 9.09 – Abwägungsrelevanz.

[1095] BVerwG, B. v. 19.2.1992 – 4 NB 11.91 – NJW 1992, 2844 – Ferienhausgebiet.

[1096] BVerwG, Urt. v. 11.1.2001 – 4 A 12.99 – DVBl 2001, 669 = NVwZ 2001, 1160.

[1097] BVerwG, Urt. v. 11.1.2001 – 4 A 13.99 – DVBl 2001, 669 = NVwZ 2001, 1154, m. Hinw. auf Urt. v. 25.1.1996 – 4 C 5.95 – BVerwGE 100, 238 = NVwZ 1996, 788 – A 60; Urt. v. 28.1.1999 – 4 A 18/98 – NVwZ-RR 1999, 629; Urt. v. 25.10.2001 – 11 A 30.00 –. Aber auch bei schweren Betroffenheiten haben Alternativplanungen keinen absoluten Vorrang, BVerwG, B. v. 30.9.1998 – 4 VR 9.98 – NVwZ-RR 1999, 164.

[1098] BVerwG, Urt. v. 18.4.1996 – 11 A 86.95 – BVerwGE 101, 73 = NVwZ 1996, 901 – Tiergartentunnel; NVwZ 2000, 560.

[1099] BVerwG, Urt. v. 9.2.1995 – 4 C 26.93 – BVerwGE 97, 367 = NVwZ 1995, 907; Urt. v. 27.10.1999 – 11 A 31.98 – NVwZ 2000, 435 – Ersatzradweg.

[1100] Grundlegend BVerwG, Urt. v. 14.2.1975 – IV C 21.74 – BVerwGE 48, 56 = NJW 1975, 1373 – B 52; Urt. v. 9.2.1995 – 4 C 26.93 – BVerwGE 97, 367 = NVwZ 1995, 907 – Lärmschutzwand; Urt. v. 18.3.1998 – 11 A 55.96 – DVBl 1998, 1181 = NVwZ 1998, 1071 – Staffelstein; B. v. 1.4.1998 – 11 VR 13.97 – DVBl 1998, 1191 = NVwZ 1998, 1070 – Aumühle; Urt. v. 15.3.2000 – 11 A 33.97 – NVwZ 2001, 78; *Michler* VerwArch. 1999, 21.

[1101] Über den Anspruch ist in der Planfeststellung dem Grunde nach zu entscheiden, BVerwG, Urt. v. 31.1.2001 – 11 A 6.00 – DVBl 2001, 1306 = NVwZ-RR 2001, 653. Zum Vorrang des Primärrechtsschutzes OVG Lüneburg, Urt. v. 3.5.2001 – 7 K 4341/99 – NordÖR 2001, 444 m. Hinw. auf BVerwG, Urt. v. 22.6.1979 – IV C 8.76 – 58, 154 = NJW 1980, 1063; Urt. v. 22.5.1987 – 4 C 17-19.84 – BVerwGE 77, 295 = DVBl 1987, 1011 = NJW 1987, 2884. Zum Vorrang des Anspruchs auf Planergänzung gegenüber einem Entschädigungsanspruch BGH, Urt. v. 21.1.1999 – III ZR 168/97 – DVBl 1999, 603.

eines ausreichenden Gesundheitsschutzes und auch an der Eigentumsgarantie scheitern. Der Plangeber kann daher das Lärmschutzinteresse nicht risikolos wegwerten. Auf der anderen Seite besteht allerdings unterhalb der Gesundheitsgefahr nach Maßgabe der Normvorgaben ein planerischer Abwägungsspielraum,[1102] bei dem auch prognostische Elemente wirksam werden können.[1103] Auch **spürbare Wertminderungen** hat der Betroffene bei Einhaltung des Abwägungsgebotes hinzunehmen.[1104] Man wird es daher einem Planungsträger wohl nicht automatisch als Abwägungsfehler anlasten können, wenn er den Lärm, der nicht in unmittelbarem Zusammenhang mit seinem Vorhaben steht, als für die Standortentscheidung letztlich nicht allein ausschlaggebend behandelt, solange die jeweiligen Betroffenheiten zutreffend ermittelt und in die Abwägung eingestellt worden sind.[1105]

g) Lärmschutz und Immissionsschutz. Das vorgenannte Stufensystem von qualitativ **559** unterschiedlichen Betroffenheiten in der Abwägungs- und Rechtsschutzpyramide ist auch im Immissionsschutzrecht angelegt. Dem BImSchG liegt die Konzeption zu Grunde, Gefahren und erheblichen Belästigungen zu begegnen.[1106] Der Gesundheitsschutz erfolgt nach dem polizeirechtlichen Modell der Gefahrenabwehr. Der Gesetzgeber möchte es aber erkennbar mit dem Gesundheitsschutz nicht bewenden lassen, sondern will auch im Vorfeld dieser schweren Beeinträchtigungen einen Lärmschutz gewähren. Der Gesetz- und Verordnungsgeber unterlässt es aber in verschiedenen Bereichen, in schematisierender oder mathematisierender Weise einen Abstand zwischen beiden Schwellen festzulegen. Damit unterliegt auch die Erheblichkeitsschwelle einer gewissen Schwankungsbreite und die untergesetzlichen Regelungsgeber haben einen entsprechenden Spielraum. Der Gesetzgeber dürfte es aber wohl von seiner Grundkonzeption her nicht akzeptieren, wenn die unterschiedlichen Lärmquellen der Gefahrenschwelle sich derart nähern, dass sie ineinander übergehen oder die Planung Zustände herstellt oder fortschreibt, die für die berechtigten Wohnerwartungen Gesundheitsgefahren hervorrufen.[1107]

h) Summationseffekte. Alle Grenz- und Richtwerte in den Regelwerken sind so ange- **560** legt, dass bei einer isolierten Betrachtung der jeweiligen Lärmquellen die kritischen Werte einer Gesundheitsgefahr jeweils deutlich unterschritten werden. Allerdings ist dies nur für eine spezifische Betrachtung einzelner Anlagen sichergestellt. Bei einer Summierung verschiedener Lärmquellen über die Grenzen der Regelwerke hinweg kann die Belastung durchaus den kritischen Bereich einer Gesundheitsgefährdung überschreiten.[1108] Sich auf eine isolierte Betrachtung einzelner Lärmquellen zu beschränken, ist nach der Konzeption des Gesetzgebers aber wohl nicht schrankenlos zulässig. Die Regelwerke müssen vielmehr auch für das Zusammentreffen verschiedener Anlagen einen hinreichenden Spielraum enthalten. Bei einer Kombination mehrerer Lärmquellen von unterschiedlichen Anlagetypen ist dieser Spielraum aber relativ gering und der kritische Bereich sehr bald erreicht.[1109]

[1102] BVerwG, Urt. v. 27.10.2000 – 4 A 18.99 – BVerwGE 112, 140 = NVwZ 2001, 673; Urt. v. 3.3.1999 – 11 A 9.97 – DVBl 1999, 1527 = NuR 2000, 575 = NVwZ-RR 1999, 720; Urt. v. 20.12.2000 – 11 A 7.00 – NVwZ-RR 2001, 360.

[1103] BVerwG, Urt. v. 22.11.2000 – 11 C 2.00 – BVerwGE 112, 221 = NVwZ 2001, 429 – Auflagenvorbehalt.

[1104] BVerwG, Urt. v. 5.3.1999 – 4 A 7.98 – NVwZ-RR 1999, 556.

[1105] BVerwG, Urt. v. 27.10.2000 – 4 A 18.99 – 112, 140 = NVwZ 2001, 673.

[1106] Zur den europarechtlichen Vorgaben des Immissionsschutzrechts *Falke* ZUR 2000, 384; *Jarass* UPR 2000, 241; *Krämer* ZUR 1998, 70. Zum europäischen Lärmschutzrecht *Immer* BBauBl. 2000, Nr. 12 S. 14; *Schulte/Schröder* DVBl 2000, 1085.

[1107] Zum Regelungsbedarf des Gesetz- und Verordnungsgebers *Hans-Joachim Koch* NVwZ 2000, 490. Zur Windenergie *Piorr* Immissionsschutz 2000, 128.

[1108] *Schulze-Fielitz* DÖV 2001, 181.

[1109] *Tegeder* UPR 2000, 99.

561   Welche **Konsequenzen** sich daraus ergeben, ist in der Rechtsprechung bisher nur beiläufig behandelt.[1110] Das kann sich aber in Zukunft durchaus ändern. Einiges könnte dafür sprechen, den Plangeber vor dem Hintergrund der gesetzgeberischen Wertentscheidungen und der verfassungsrechtlichen Anforderungen im Rahmen der Abwägung zu einer Gesamtbetrachtung zu verpflichten und an die Ausgleichsentscheidung umso stärkere Anforderungen zu stellen, je weiter sich die Auswirkungen der Planung in die Richtung einer Gesundheitsgefahr bewegen. Wird diese Schwelle erreicht, muss der darin zum Ausdruck kommende Interessenkonflikt durch die Planung selbst bewältigt werden. Die Beeinträchtigungen können etwa durch Schutzauflagen oder sonstige Änderungen der Planung verringert werden oder es muss durch eine Überplanung die Voraussetzung für eine Inanspruchnahme des Grundstücks gegen eine entsprechende Entschädigung geschaffen werden.[1111] Auch eine anderweitige planerische Kompensationsentscheidung ist nicht von vornherein ausgeschlossen.[1112] Bei vorhandenen Gemengelagen bestehen zwar vom Ansatz her größere Abwägungsspielräume. Die Schwelle der Gesundheitsgefahr darf aber auch hier nicht überschritten werden.

4. Maß der baulichen Nutzung gem. §§ 16 bis 21 a BauNVO

562   Die Darstellungen des Flächennutzungsplanes und die Festsetzungen des Bebauungsplanes enthalten neben Regelungen über die Art der baulichen Nutzung auch Bestimmungen über das → Maß der baulichen Nutzung (→ *Abbildung 73 mit Textbeispiel 61).*

> → **Maß der baulichen Nutzung.** Es kann bestimmt werden durch Festsetzung der Grundflächenzahl oder der Größe der Grundfläche der baulichen Anlage, der Geschossflächenzahl oder der Größe der Geschossfläche, der Baumassenzahl oder der Baumasse, der Zahl der Vollgeschosse und der Höhe baulicher Anlagen (§ 16 II BauNVO). Für die Bestimmung des Maßes der baulichen Nutzung enthält § 17 BauNVO Obergrenzen.

563   **a) Maßangaben.** Die Maßangaben im Bauleitplan finden in **§ 16 BauNVO** ihre Grundlage: Wird im **Flächennutzungsplan** das allgemeine Maß der baulichen Nutzung dargestellt, genügt die Angabe der Geschossflächenzahl, der Baumassenzahl oder die Höhe der baulichen Anlagen (§ 16 I BauNVO). Die BauNVO stellt der Gemeinde dabei frei, ob und in welchem Umfang der Flächennutzungsplan bereits Aussagen zum Maß der baulichen Nutzung trifft. So enthalten die Flächennutzungspläne in vielen Gemeinden keine Maßangaben – wohl vor allem deshalb, weil solche Vorgaben bei der Aufstellung der Bebauungspläne im Hinblick auf das Entwicklungsgebot zu große Bindungen auferlegen, die erst durch ein parallel durchgeführtes Flächennutzungsplan-Änderungsverfahren wieder beseitigt werden können. Bereits im Flächennutzungsplan können jedoch im Einzelfall Aussagen zum allgemeinen Maß der baulichen Nutzung zweckmäßig sein, etwa um bereits die Grundzüge der → Bebauungsdichte darzustellen und entsprechende Vorgaben für die Bebauungspläne zu geben. Auch können sich in solchen Maßangaben die Grundsätze der Raumordnung konkretisieren. Ob so verfahren wird, ist der eigenverantwortlichen Bauleitplanung der Gemeinde vorbehalten. Rechtliche Zwänge übt die BauNVO insoweit nicht aus.

[1110] BVerwG, Urt. v. 16.5.2001 – 7 C 16.00 – NVwZ 2001, 1167 – Freizeitlärm. Zur Summation *Jarass*, FS Feldhaus, 1999, 235; *Hans-Joachim Koch* NVwZ 2000, 490; *Kutscheidt* NVwZ 1999, 577; *ders.* FS Feldhaus 1999, 215; *Stüer* DVBl 2000, 250.

[1111] BVerwG, Urt. v. 31.1.2001 – 11 A 6.00 – DVBl 2001, 1306 = NVwZ-RR 2001, 653 m. Hinw. auf Urt. v. 23.1.1981 – 4 C 4.78 – BVerwGE 61, 295 = NJW 1981, 2137; Urt. v. 5.12.1986 – 4 C 13.85 – BVerwGE 75, 214 = NVwZ 1987, 578; Urt. v. 22.5.1987 – 4 C 17-19.84 – BVerwGE 77, 295 = DVBl 1987, 1011 = NJW 1987, 2884.

[1112] Zur Bereitstellung von Ersatzland BVerwG, Urt. v. 11.1.2001 – 4 A 13.99 – DVBl 2001, 669 = NVwZ 2001, 1154.

> → **Bebauungsdichte.** Maß für die städtebauliche Dichte. Sie beschreibt das Verhältnis der bebauten Fläche zur Gesamtfläche eines abgegrenzten Gebietes oder einzelnen Grundstücks. Die Maßeinheit ist die Geschossflächenzahl. Im Flächennutzungsplan ist das Maß der baulichen Nutzung nicht zwingend darzustellen. Wird das allgemeine Maß der baulichen Nutzung bereits im Flächennutzungsplan dargestellt, so genügt nach § 16 I BauNVO die Angabe der Geschossflächenzahl (GFZ), der Baumassenzahl (BMZ) oder die Höhe der baulichen Anlagen (H). Auch im Bebauungsplan muss das Maß der baulichen Nutzung nicht zwingend festgesetzt werden. Nach § 16 II BauNVO können Festsetzungen über die Grundflächenzahl (GRZ) oder die Größe der Grundfläche der baulichen Anlagen (GR), die Geschossflächenzahl (GFZ) oder die Größe der Geschossfläche der baulichen Anlage (GF), die Baumassenzahl (BMZ) oder die Größe der Baumasse (BM), die Anzahl der Vollgeschosse und/oder die Höhe baulicher Anlagen (H) getroffen werden. Wird im Bebauungsplan das Maß der baulichen Nutzung festgesetzt, so sind nach § 16 III BauNVO mindestens Festsetzungen über die Grundflächenzahl (GRZ) oder die Größe der Grundflächen der baulichen Anlagen (GR) und die Zahl der Vollgeschosse oder die Höhe der baulichen Anlagen (H) bei Beeinträchtigungen des Orts- oder Landschaftsbildes erforderlich.

Konkretere Regelungen zum Maß der baulichen Nutzung sind für den **Bebauungs-** 564 **plan** vorgesehen. Nach § 16 II BauNVO kann im Bebauungsplan das Maß der baulichen Nutzung bestimmt werden durch die Festsetzung
– der Grundflächenzahl oder der Größe der Grundflächen der baulichen Anlagen,
– der Geschossflächenzahl oder der Größe der Geschossfläche, der Baumassenzahl oder der Baumasse,
– der Zahl der Vollgeschosse,
– der Höhe der baulichen Anlagen.

Maß der baulichen Nutzung – Bauweise

Das Maß der baulichen Nutzung wird wie folgt festgelegt:

Baugebiet	GRZ	GFZ	Bauweise
WA 1.1	0,4	1,0	a1
WA 1.2	0,55	1,0	a1
WA 2.1	0,6	1,2	a2
WA 2.2	0,6	1,2	a2
WA 3	0,55	1,2	a3
WA 4.1	0,3	0,7	o
WA 4.2	0,3	1,1	o
WA 4.3	0,4	1,3	o
WA 4.4	0,4	1,5	o
WA 5	0,4	1,1	keine Festsetzung
WA 6/WA 7	0,4	0,8	o
MI1	0,6	1,5	a4
MI2/3	0,4	0,9	o
MI 4	0,8	2,9	g
GEe	0,8	2,6	keine Festsetzung

Art der baulichen Nutzung

Allgemeine Wohngebiete. In allgemeinen Wohngebieten sind Tankstellen und Gartenbaubetriebe nicht zulässig. Ausnahmsweise können kleine Anlagen für Verwaltungen, sonstige nicht störende Gewerbebetriebe einschließlich Handwerksbetriebe sowie Räume für freie Berufe zugelassen werden.

Mischgebiete. In allen Mischgebietsteilflächen sind nicht zulässig: Gartenbaubetriebe, Tankstellen sowie Vergnügungsstätten.

Eingeschränktes Gewerbegebiet. Zulässig sind Nutzungen, die folgende immissionswirksame flächenbezogene Schallleistungspegel nicht überschreiten: tags (6.00 bis 22.00 Uhr) 60 dB(A), nachts (22.00 Uhr bis 6.00 Uhr) 45 dB(A). Allgemein zulässig sind nur Gewerbebetriebe aller Art mit Ausnahme von Güterverkehrsbetrieben, öffentliche Betriebe, Geschäfts-, Büro- und Verwaltungsgebäude, Wohnungen für Aufsichts- und Bereitschaftspersonal sowie für Betriebsinhaber. Ausnahmsweise können Anlagen für sportliche Zwecke zugelassen werden.

Sondergebiet Tennis. Das Sondergebiet dient dem Hallen- und Tennissport.

Textbeispiel 61: *Festsetzungen zum Maß der baulichen Nutzung (zu Abbildung 73)*

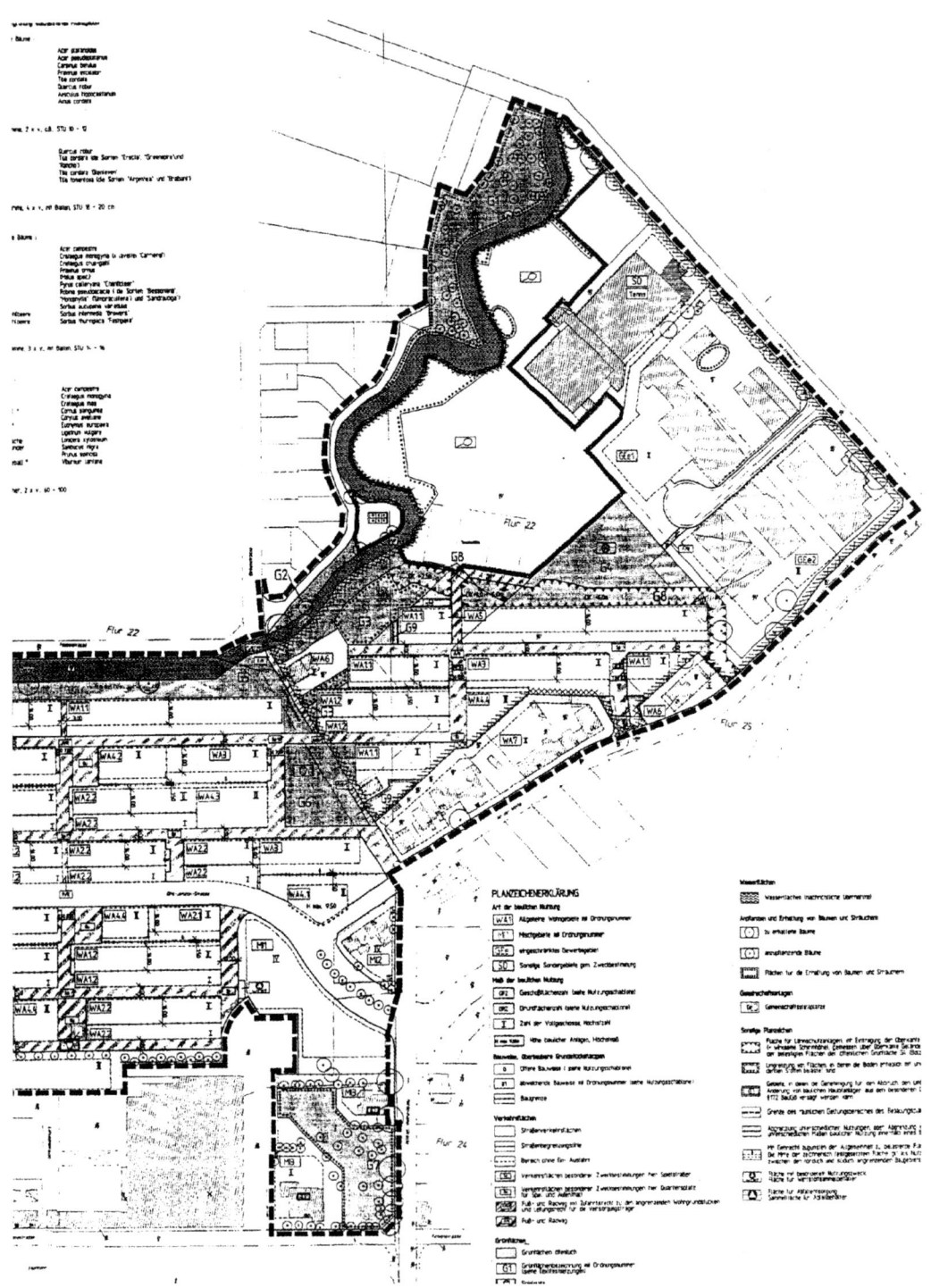

Abbildung 73: *Festsetzungen über das Maß und die Art der baulichen Nutzung*

Die Wahl der Bestimmungsfaktoren ist dabei – so weit die Regelungen eindeutig be-   **565**
stimmt sind – der Gemeinde überlassen. Allerdings schreibt § 16 III BauNVO für die
Festsetzung des Maßes der baulichen Nutzung im Bebauungsplan Mindestfestsetzungen
vor. Danach ist bei der Festsetzung des Maßes der baulichen Nutzung festzusetzen
– stets die Grundflächenzahl oder die Größe der Grundfläche der baulichen Anlagen,
– die Zahl der Vollgeschosse oder die Höhe baulicher Anlagen, wenn ohne ihre Festsetzung öffentliche Belange, insbesondere das Orts- und Landschaftsbild, beeinträchtigt
  werden können.

Das **Maß der baulichen Nutzung** kann nicht nur für Baugebiete i.S. der BauNVO,   **566**
sondern auch für **Flächen** festgesetzt werden, deren Art der baulichen Nutzung auf der
Grundlage von § 9 I BauGB bestimmt wird.[1113] Die **Festsetzung** der **Grundflächenzahl (GRZ)** oder **alternativ** dazu der **Grundfläche (GR)** der baulichen Anlage ist
danach bei der Maßfestsetzung unverzichtbar. Ist die Grundflächenzahl oder die Größe
der Grundfläche der baulichen Anlagen nicht festgesetzt, ist der Bebauungsplan nach
Auffassung des BVerwG unwirksam. Bei der Festsetzung des Maßes der baulichen Nutzung darf auf die Festsetzung der Grundflächenzahl oder der Größe der Grundfläche
der baulichen Anlagen nach § 16 III Nr. 1 BauNVO 1990 auch dann nicht verzichtet werden, wenn die überbaubare Grundstücksfläche gem. § 23 BauNVO festgesetzt wird.[1114]
Denn die unterschiedliche Zielsetzung einer Festsetzung nach § 16 III Nr. 1 BauNVO einerseits und einer Festsetzung der überbaubaren Fläche nach § 23 BauNVO andererseits
verpflichtet die Gemeinde, die öffentlichen und privaten Belange jeweils unterschiedlich
abzuwägen. Aus diesem Grunde kann mag auch das Ergebnis ähnlich sein nicht die eine
Festsetzungsweise durch die andere ersetzt werden.[1115] Die Größe der Grundfläche i.S. des
§ 16 III Nr. 1 BauGB kann allerdings auch durch eine ausdrückliche Bezugnahme auf die
festgesetzte überbaubare Grundstücksfläche bestimmt werden.[1116] Die **Berechnung der
Grundfläche** wird in § 19 IV BauNVO geregelt. Sie weicht von den Nutzungsmöglichkeiten ab, die im Falle der Festsetzung einer überbaubaren Fläche bestehen. Während Nebenanlagen nach § 14 BauNVO auf die Berechnung der Grundfläche anzurechnen sind, ist
dies wie § 23 V BauNVO verdeutlicht bei festgesetzten Baugrenzen oder Baulinien gerade
nicht der Fall. Auch die städtebauliche Zielsetzung kann jeweils eine andere sein. Die Festsetzung einer Grundflächenzahl oder der Größe einer Grundfläche regelt nicht, an welcher
Stelle des Baugrundstücks die bauliche Nutzung zugelassen werden soll. Maßgebend ist
hier in erster Linie der Gesichtspunkt, eine übermäßige Nutzung zu Gunsten des Bodenschutzes insgesamt zu vermeiden. Hingegen regeln Festsetzungen der Baugrenzen die Art
und Weise einer beabsichtigten offenen oder geschlossenen Bauweise. Hierfür sind nicht
in erster Linie Erwägungen des Bodenschutzes maßgebend. Diese unterschiedliche Zielsetzung verpflichtet die Gemeinde, die öffentlichen und privaten Belange jeweils unterschiedlich abzuwägen. Demgegenüber ist die Festsetzung der Zahl der Vollgeschosse (Z)
oder der Höhe der baulichen Anlagen (H) nach Maßgabe der Prüfungskriterien der
BauNVO in die pflichtgemäße Regelungskompetenz der Gemeinde gestellt.
Weitere Differenzierungen hinsichtlich des Maßes der baulichen Nutzung sind nach   **567**
§ 16 IV BauNVO möglich. Bei Festsetzung des Höchstmaßes für die Geschossflächenzahl
oder die Größe der Geschossfläche, für die Zahl der Vollgeschosse und die Höhe baulicher
Anlagen kann im Bebauungsplan zugleich ein Mindestmaß festgesetzt werden (§ 16 V
BauNVO). Die Zahl der Vollgeschosse und die Höhe baulicher Anlagen können auch als
zwingend festgesetzt werden. Im Bebauungsplan kann das Maß der baulichen Nutzung
für Teile des Bebauungsgebietes, für einzelne Grundstücke oder Grundstücksteile und für

---

[1113] BVerwG, B. v. 10.10.2005 – 4 B 56.05 – NVwZ 2006, 84 = BauR 2006, 335; OVG Münster,
Urt. v. 21.6.2005 – 7 A 3611/04 – BauR 2005, 1753 = BRS 69 Nr. 45 (2005).

[1114] BVerwG, B. v. 18.12.1995 – 4 NB 36.95 – DVBl 1996, 675 = UPR 1996, 153 – Aachen.

[1115] BVerwG, B. v. 20.12.1995 – 4 NB 37.95 – Aachen.

[1116] OVG Münster, Urt. v. 13.3.1998 – 11a D 128/93.NE – BRS 60, 32.

Teile baulicher Anlagen unterschiedlich festgesetzt werden. Im Bebauungsplan können nach Art und Umfang bestimmte Ausnahmen (→ *Abbildung 74 mit Textbeispiel 62)* von dem festgesetzten Maß der baulichen Nutzung vorgesehen werden (§ 16 VI BauNVO).

Dachgeschossausbau

Innerhalb der im Bebauungsplan gekennzeichneten Bereiche kann die festgesetzte Geschosszahl bei Wohngebäuden um ein Geschoss überschritten werden, wenn es im Dachraum errichtet wird und die übrigen Festsetzungen des Bebauungsplans einschließlich der Gestaltungsvorschriften eingehalten werden.

Textbeispiel 62: *Festsetzungen Dachgeschossausbau (zu Abbildung 74)*

568 Im **nichtbeplanten Innenbereich** kann zwar auch ganz allgemein auf die Begriffs-merkmale des Maßes der baulichen Nutzung der BauNVO zurückgegriffen werden. Das bedeutet aber nicht, dass die Maßbestimmungsfaktoren des § 16 II BauNVO – un-terschiedslos und mit allen Berechnungsregeln der BauNVO – wie Festsetzungen eines Bebauungsplans rechtssatzartig heranzuziehen wären. Die Vorschriften der BauNVO können – von den Sonderregelungen des § 34 II und III BauGB abgesehen – im unbe-planten Innenbereich lediglich als Auslegungshilfe berücksichtigt werden.[1117] Maßgeb-lich bleibt vielmehr die konkrete Betrachtung. Im nichtbeplanten Innenbereich prägt die Umgebung in erster Linie durch das nach außen erkennbare Erscheinungsbild, das sich deshalb vorrangig als Bezugsgröße zur Ermittlung des zulässigen Maßes der bauli-chen Nutzung im Innenbereich anbietet. Damit treten die absolute Größe nach Grund-fläche, Geschosszahl und Höhe der umgebenden Gebäude als Bestimmungsfaktoren für das Maß der baulichen Nutzung in den Vordergrund. Hierdurch ist eine Berücksichti-gung anderer Maßfaktoren zwar nicht ausgeschlossen. So weit sie eine prägende Wir-kung auf das Baugrundstück haben, sind auch sie zur Beurteilung der Frage, ob sich das Vorhaben einfügt, heranzuziehen.

569 Die relativen Maßstäbe der Grundflächen- und Geschossflächenzahl werden aller-dings vielfach nur eine untergeordnete Bedeutung haben. So wird sich der Ausbau eines bereits vorhandenen **Dachgeschosses** zu Wohnzwecken ohne größere von außen er-kennbare bauliche Umgestaltung in die Eigenart der näheren Umgebung einfügen, weil das Gebäude in seinen Ausmaßen unverändert bleibt. Zwar ist die mit einem Dachge-schossausbau verbundene Nutzungsänderung nach denselben Kriterien wie ein Neu-bauvorhaben zu beurteilen.[1118] Regelmäßig wird aber der Rahmen der maßgeblichen Bebauung im Hinblick auf das Nutzungsmaß auch durch das bereits vorhandene Dach-geschoss bestimmt. Denn Dachgeschosse, die sich von ihren baulichen Ausmaßen her zum Ausbau für Wohnzwecke eignen, bieten sich nach der Verkehrsauffassung als mög-liche Erweiterungsfläche für die in dem Gebäude ausgeübte Nutzung an. Als Möglich-keit ist die Nutzung entsprechend dimensionierter Dachgeschosse, für die es nur innerer Ausbaumaßnahmen bedarf, in der Eigenart einer durch Gebäude mit vorhandenen Dachgeschossen geprägten näheren Umgebung von vornherein angelegt.[1119] Bei einem Dachgeschossausbau ist es daher für das Einfügen nach dem Maß der baulichen Nutzung grundsätzlich unerheblich, ob der Ausbau nach landesrechtlichen Berechnungsregeln zu einem weiteren Vollgeschoss führt, ohne dass dies als solches von außen wahrnehmbar ist.[1120] Insoweit gilt auch für das Einfügen im Hinblick auf die Anzahl der Vollgeschosse, dass es auf die von außen wahrnehmbare Erscheinung des Gebäudes im Verhältnis zu sei-ner Umgebungsbebauung und nicht auf das Ergebnis komplizierter Berechnungen an-

---

[1117] BVerwG, Urt. v. 23.4.1969 – 4 C 12.67 – BVerwGE 32, 31; Urt. v. 13.6.1969 – 4 C 234.65 – BVerwGE 32, 173.

[1118] BVerwG, Urt. v. 15.11.1974 – 4 C 32.71 – BVerwGE 47, 185 = RzB Rn. 402.

[1119] BVerwG, Urt. v. 23.3.1994 – 4 C 18.94 – BVerwGE 95, 227 = RzB Rn. 369 – Dachgeschoß-ausbau.

[1120] BVerwG, B. v. 21.6.1996 – 4 B 84.96 – BauR 1996, 826 = Buchholz 406.11 § 34 BauGB Nr. 180 – Dachgeschoßausbau; VGH Kassel, Urt. v. 28.1.1998 – 4 TG 3269/97 – ESVGH 48, 197.

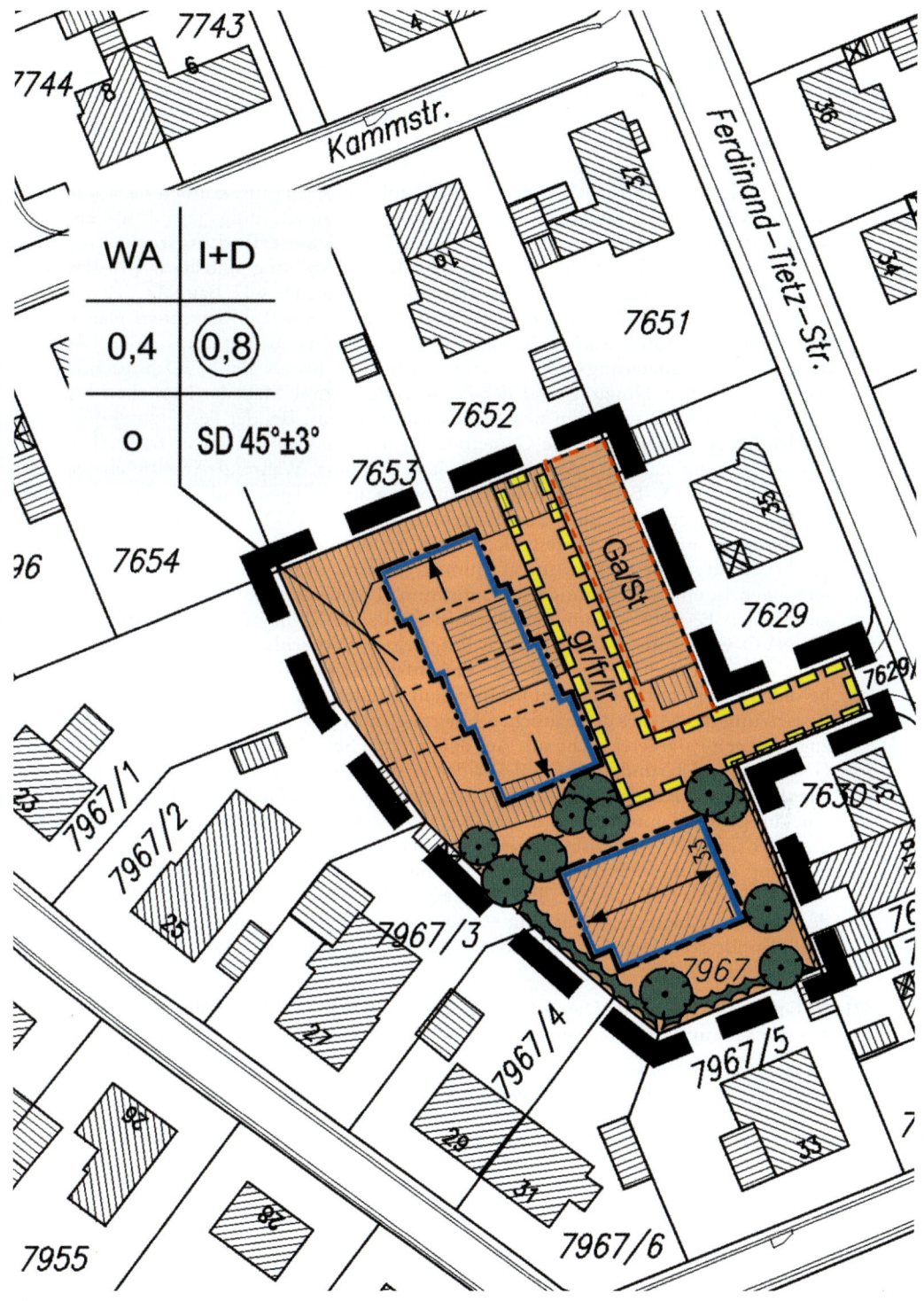

Abbildung 74: *Festsetzung von Vollgeschossen im Dachgeschoss*

kommt. Entscheidend ist allein, ob sich das Gebäude als solches, insbesondere nach seiner Grundfläche, Geschosszahl und Höhe, in die Eigenart der näheren Umgebung einfügt.[1121] Ein Wohnbauvorhaben fügt sich in eine durch gewerbliche Nutzung mit Lärmbelästigung und Wohnnutzung geprägte Umgebung ein, wenn es nicht stärkeren – i. S. eines Mittelwertes zumutbaren – Belastungen ausgesetzt sein wird als die bereits vorhandene Wohnbebauung.[1122]

570   Die BauNVO unterscheidet zwischen der Art und dem Maß der baulichen Nutzung. Differenzierungen hinsichtlich der Art der baulichen Nutzung können nach § 1 IV bis X BauNVO vorgenommen werden. Es muss sich dann allerdings jeweils um eine Artdifferenzierung handeln, wobei die Gemeinde **kein Typenerfindungsrecht** hat. Differenzierungen hinsichtlich des Maßes der baulichen Nutzung sind nach § 16 BauNVO möglich, wobei vom Grundsatz her die Höchstwerte des § 17 BauNVO zu beachten sind. Das bedeutet zugleich, dass der Ortsgesetzgeber im Rahmen seines planerischen Ermessens aus städtebaulichen Gründen auch niedrigere Ausnutzungszahlen festsetzen darf. Die Differenzierungsmöglichkeiten nach § 1 V bis IX BauNVO hinsichtlich der Art der baulichen Nutzung und der Festsetzungen zum Maß der baulichen Nutzung nach § 16 BauNVO schließen sich gegenseitig nicht aus. Bei der Festsetzung des Maßes der baulichen Nutzung ist die Gemeinde sogar in gewisser Hinsicht freier als bei der Differenzierung nach der Art der baulichen Nutzung. Während Artdifferenzierungen nach § 1 V bis IX BauNVO dem Typenzwang unterliegen und der Ortsgesetzgeber durch die Regelungen über die Baugebiete der BauNVO sozusagen auf bestimmte Gebietstypen und Modelle festgelegt wird, ist die Gemeinde bei Einsatz des in § 16 BauNVO aufgeführten Instrumentariums frei darin, in welchem Umfang sie Maßfestsetzungen in einen Bebauungsplan aufnimmt. Die Gemeinde ist hier auch im Gegensatz zu den Festsetzungsmöglichkeiten in § 1 BauNVO nicht auf bestimmte, von der BauNVO vorgegebene Gebietstypen festgelegt.[1123] So schließt die Möglichkeit, durch Regelungen über die höchstzulässige Verkaufsfläche großflächiger Einzelhandelsbetriebe die Art der baulichen Nutzung in einem Sondergebiet näher zu bestimmen,[1124] die Festsetzung des Maßes der baulichen Nutzung mit Hilfe der hierfür in § 16 II BauNVO zugelassenen Parameter nicht aus. Auf der anderen Seite ließe sich eine Verringerung der Geschoss- und Grundflächenzahl auf der Grundlage des § 1 IX BauNVO nicht erreichen, weil die Regelungen des § 1 V ff. BauGB nach Wortlaut und Sinn als Unterscheidungsmittel hinsichtlich des Maßes der baulichen Nutzung nicht bestimmt und geeignet sind.[1125] Ob Festsetzungen eines Bebauungsplans über das Maß der baulichen Nutzung und über die überbaubaren Grundstücksflächen **drittschützend** sind, hängt vom Willen der Gemeinde als Planungsträger ab.[1126] Allerdings haben die Festsetzungen des Maßes der baulichen Nutzung – anders als die Festsetzungen von Baugebieten[1127] – kraft Bundesrechts ohne tatsächliche Betroffenheit grundsätzlich keine nachbarschützende Funktion.[1128]

571 **b) Grundflächenzahl.** Die → Grundflächenzahl ist in **§ 19 BauNVO** definiert. Sie gibt an, wie viel m² Grundfläche je m² Grundstücksfläche i. S. des § 19 II BauNVO zulässig

---

[1121] BVerwG, B. v. 30.1.1997 – 4 B 172.96 – NVwZ–RR 1997, 519.

[1122] BVerwG, B. v. 26.6.1997 – 4 B 97.97 – NVwZ–RR 1998, 357.

[1123] BVerwG, B. v. 3.5.1993 – 4 NB 13.93 – Buchholz 406.12 § 1 BauNVO Nr. 16 = RzB Rn. 884.

[1124] BVerwG, Urt. v. 27.4.1990 – 4 C 36.87 – DVBl 1990, 1108 = RzB Rn. 950.

[1125] BVerwG, B. v. 3.5.1993 – 4 NB 13.93 – Buchholz 406.12 § 1 BauNVO Nr. 16 = RzB Rn. 884.

[1126] BVerwG, B. v. 19.10.1995 – 4 B 215.95 – NVwZ 1996, 888 = Mitt NWStGB 1995, 398.

[1127] BVerwG, Urt. v. 16.9.1993 – 4 C 28.91 – BVerwGE 94, 151.

[1128] BVerwG, B. v. 23.6.1995 – 4 B 52.95 – BauR 1995, 823 = DVBl 1995, 1025 = UPR 1995, 396.

ist. **Zulässige Grundfläche** ist der so errechnete Anteil des Baugrundstücks, der von baulichen Anlagen überdeckt werden darf. Für die Ermittlung der zulässigen Grundfläche ist die Fläche des Baugrundstücks maßgebend, die im Bauland und hinter der im Bebauungsplan festgesetzten Straßenbegrenzungslinie liegt. Ist eine Straßenbegrenzungslinie nicht festgesetzt, so ist die Fläche des Baugrundstücks maßgebend, die hinter der tatsächlichen Straßengrenze liegt oder die im Bebauungsplan als maßgebend für die Ermittlung der zulässigen Grundfläche festgesetzt ist.

> → **Grundflächenzahl.** Maß für die Überbaubarkeit eines Grundstücks. Verhältnis der bebauten Grundfläche eines Grundstücks zu seiner Gesamtfläche.

§ 19 IV BauNVO 1990 enthält aus Gründen des Umweltschutzes eine sog. **Versiege- 572 lungsklausel**. Sie besagt, dass bei der Ermittlung der Grundfläche die Grundflächen von Garagen und Stellplätzen mit ihren Zufahrten, Nebenanlagen i. S. des § 14 BauNVO sowie bauliche Anlagen unterhalb der Geländeoberfläche, durch die das Baugrundstück lediglich unterbaut wird, mitzurechnen sind. Hierdurch soll erreicht werden, dass die Versiegelung des Bodens bei der Ermittlung der Grundflächenzahl berücksichtigt wird. § 19 IV 2 bis 4 BauNVO enthält dazu eine allerdings recht komplizierte Anrechnungs- und Überschreitungsregelung: Die zulässige Grundfläche darf danach durch die Grundflächen der vorgenannten Anlagen bis zu 50 % überschritten werden, höchstens jedoch bis zu einer Grundflächenzahl von 0,8. Weitere Überschreitungen in geringfügigem Ausmaß können zugelassen werden. Im Bebauungsplan können abweichende Bestimmungen getroffen werden. Die Vorschrift schließt mit einer Einzelfallregelung, nach der, soweit der Bebauungsplan nichts anderes festsetzt, von der Einhaltung der sich aus § 19 IV 2 BauNVO ergebenden Grenzen (1) bei Überschreitungen mit geringfügigen Auswirkungen auf die natürliche Funktion des Bodens oder (2) wenn die Einhaltung der Grenzen zu einer wesentlichen Erschwerung der zweckentsprechenden Grundstücksnutzung führen würde, abgesehen werden kann. Die Versiegelungsklausel erfasst damit alle baulichen Anlagen, soweit sie nicht bereits Hauptanlagen sind, wie Balkone, Loggien, Terrassen, aber auch Garagen und deren Zuwegungen. Durch diese Nebenanlagen darf die zulässige Grundfläche bis zu 50 %, höchstens jedoch bis zu einer Kappungsgrenze einer Grundflächenzahl von 0,8 überschritten werden. Neben einer Bagatellklausel kann die Gemeinde im Bebauungsplan für Sonderfälle eine abweichende Regelung festsetzen. Zudem besteht für die Baugenehmigungsbehörde eine Ermessensklausel, um Härtefälle zu vermeiden. Diese in § 19 BauNVO 1990 eingeführte Versiegelungsklausel hat erhebliche Kritik erfahren, weil sie zu kompliziert sei, den Beschleunigungsbestrebungen des Gesetzgebers entgegenlaufe, unnötig Verwaltungskraft binde und vor allem mit so zahlreichen Ausnahmeklauseln versehen sei, dass sie in der Praxis kaum umsetzbar erscheine.[1129]

c) Geschossflächenzahl. Die Berechnung der → Geschossfläche ist in **§ 20 BauNVO 573 (Vollgeschosse, Geschossflächenzahl, zulässige Geschosse)** geregelt. Nach **§ 20 I BauNVO** gelten als **Vollgeschosse** Geschosse, die nach landesrechtlichen Vorschriften Vollgeschosse sind oder auf ihre Zahl angerechnet werden.[1130] Ein **Dachgeschoss** ist dabei nur dann ein Vollgeschoss, wenn es nach Maßgabe des jeweiligen Landesrechts die für die Aufenthaltsräume notwendige Höhe von 2,30 m (§ 46 IV Musterbauordnung – MBO) über mehr als 2/3 (NRW 3/4) seiner Grundfläche aufweist.[1131] Die maßgebende Fußbodengrundfläche bemisst sich dabei im Allgemeinen nach den Außenmaßen der Gebäudeumfassungswände. Die maßgebende Fläche in Höhe von 2,30 m über der Fuß-

---

[1129] *Fickert/Fieseler* § 19 Rn. 11; *Stüer* DVBl 1990, 469.
[1130] Zur Berechnung der Zahl der Vollgeschosse bei versetzten Ebenen innerhalb eines Gebäudes OVG Münster, Urt. v. 18.4.1991 – 11 A 696/87 – BauR 1992, 60.
[1131] *Laumann* Grundeigentum 1991, 761.

bodenoberkante wird durch die Schnittkante einer gedachten Ebene mit der Oberkante der Dachhaut ermittelt. Liegt diese Verhältniszahl unter 2/3 bzw. 3/4 (NRW), so handelt es sich bei dem Dachgeschoss nicht um ein Vollgeschoss. Das Dachgeschoss wird erst zum Vollgeschoss, wenn diese Verhältniszahl überschritten wird.

574   Der Plangeber kann auf der Grundlage des § 9 I Nr. 1 BauGB nicht festsetzen, dass ein weiteres **Vollgeschoss** im **Dachgeschoss** liegen muss. Die Festsetzung über die Zahl der Vollgeschosse „+ 1 DG", d. h. „Zahl der Vollgeschosse sowie ein Vollgeschoss im Dachraum als Höchstgrenze", ist ebenso wie die Festsetzung „+ 1 HG", d. h. „Zahl der Vollgeschosse sowie ein Vollgeschoss als Hanggeschoss als Höchstgrenze", mangels Ermächtigungsgrundlage ungültig.[1132] Ermächtigungsgrundlage für eine solche Festsetzung könnte nur § 9 I Nr. 1 i.V. mit § 16 BauNVO sein. Gem. § 16 II Nr. 3 BauNVO wird das Maß der baulichen Nutzung u. a. durch die Zahl der Vollgeschosse bestimmt. Eine Aussage darüber, wo und wie diese Vollgeschosse anzuordnen sind – etwa als Kellergeschoss oder ganz oder teilweise im Dachraum –, enthält die BauNVO nicht. Nach § 16 II Nr. 4 BauNVO kann die Höhe der baulichen Anlage festgesetzt werden. Diese Festsetzung kann auch nach § 16 IV BauNVO zwingend erfolgen. Wenn daher auch der Dachraum eines Gebäudes mit geneigtem Dach die Größe eines Vollgeschosses haben soll, ist dies nur durch Festsetzung einer um ein Geschoss erhöhten Zahl der Vollgeschosse bei gleichzeitiger Festsetzung der maximalen Gebäudehöhe (Trauf- und Firsthöhe) möglich. Voraussetzung für diese Regelung ist allerdings, dass durch örtliche Bauvorschrift über die Gestaltung die Errichtung eines Gebäudes mit geneigtem Dach[1133] vorgeschrieben wird. Die Wahl der festzusetzenden Gebäudehöhen soll sicherstellen, dass das weitere Vollgeschoss eben nur im Dachraum des geneigten Daches errichtet werden kann. Die mangels Ermächtigungsgrundlage rechtswidrige Festsetzung über die Zahl der Vollgeschosse kann zur Gesamtunwirksamkeit des Bebauungsplanes führen.

575   Ob der Fehler zu einer **Gesamtunwirksamkeit** des Plans führt oder er sich nur auf den fehlerhaften Teil der Festsetzungen bezieht, hängt davon ab, ob das städtebauliche Konzept bei Wegfall der Festsetzung noch eine eigenständige, davon unabhängige Bedeutung entfalten kann und die teilweise Fortgeltung des Plans dem im Planverfahren zum Ausdruck gekommenen Willen der Gemeinde entspricht.[1134] Auch die Festsetzung einer Dachgeschossnutzung als Vollgeschoss als Ausnahme nach § 31 I BauGB dürfte unzulässig sein, da es auch hierfür an einer Rechtsgrundlage fehlt. Es sollte daher auch bei der Festsetzung von Ausnahmen nach § 31 I BauGB durch Festsetzung der Gebäudehöhen entsprechend verfahren werden.

> → **Geschossflächenzahl.** Maßeinheit für die Bebauungsdichte. Summe der Bruttogeschossflächen aller Gebäude auf einem Grundstück oder in einem Baugebiet geteilt durch die Gesamtfläche des Grundstücks bzw. des Baugebietes.
>   → **Bruttogeschossfläche.** Summe der Grundflächen aller Geschosse eines Gebäudes einschließlich von Nebenräumen und Umfassungswänden.

576   Die → **Geschossflächenzahl** gibt nach § 20 II BauNVO an, wie viel m² Geschossfläche je m² Grundstücksfläche i. S. des § 19 III BauNVO zulässig sind. Die Geschossfläche ist nach den Außenmaßen der Gebäude in allen Vollgeschossen zu ermitteln (§ 20 III 1 BauNVO). Im Unterschied dazu waren vormals die Flächen von Aufenthaltsräumen in anderen Geschossen einschließlich der zu ihnen gehörenden Treppenräume und

---

[1132] BVerwG, B. v. 25.2.1997 – 4 NB 30.96 – Dachgeschoßzahl–Festsetzung; OVG Münster, Urt. v. 17.1.1994 – 11 A 2396/90 – DÖV 1994, 880 = UPR 1994, 359 – Hütchen: Eine planerische Festsetzung der höchstzulässigen Vollgeschoßzahl, die zugleich bestimmt, dass das zweite Geschoß im Dachraum der betreffenden Gebäude auszuführen ist, findet in § 9 I BauGB, §§ 16 bis 21 BauNVO keine Ermächtigung und ist daher unwirksam.

[1133] Also Sattel–, Walm– oder Mansardendach.

[1134] BVerwG, B. v. 25.2.1997 – 4 NB 30.96 – Dachgeschoßzahl–Festsetzung.

ihrer Umfassungswände mitzurechnen. Durch § 20 III BauNVO soll der Dachgeschoss- und Kellerausbau zu Wohnzwecken erleichtert werden. Die Regelung gilt allerdings nur für Bebauungspläne, die auf Grund der BauNVO 1990 aufgestellt werden, nicht jedoch für Bebauungspläne nach altem Recht. Der Gemeinde ist zugleich durch § 20 III 2 BauNVO die Möglichkeit eingeräumt, im Bebauungsplan festzusetzen, dass die Flächen von Aufenthaltsräumen in anderen Geschossen einschließlich der zu ihnen gehörenden Treppenräume und einschließlich ihrer Umfassungswände ganz oder teilweise mitzurechnen oder ausnahmsweise nicht mitzurechnen sind (→ Bruttogeschossfläche). Damit kann die Gemeinde auch für ältere Bebauungspläne die Regelungen der BauNVO 1990 anwenden (§ 25 c II BauNVO) oder auch – umgekehrt – für neu aufzustellende Bebauungspläne es bei der früher geltenden Regelung belassen, wonach die Aufenthaltsräume in anderen Nicht-Vollgeschossen bei der Berechnung der Geschossfläche mitzurechnen sind. Im nichtbeplanten Innenbereich und im Außenbereich ist § 20 III BauNVO unmittelbar anzuwenden, so dass bei der Berechnung der Geschossfläche Flächen von Aufenthaltsräumen in anderen als Vollgeschossen nicht mitzurechnen sind.[1135]

Bei der Ermittlung der Geschossfläche bleiben nach § 20 IV BauNVO Nebenanlagen **577** (§ 14 BauNVO), Balkone, Loggien, Terrassen sowie bauliche Anlagen, soweit sie nach Landesrecht in den Abstandsflächen zulässig sind oder zugelassen werden können, unberücksichtigt. Die Festsetzung der höchstzulässigen Zahl der Vollgeschosse im Bebauungsplan kann nachbarschützend sein. Auch die Festsetzung, dass nur zwei Wohnungen pro Wohngebäude zulässig sind, kann nachbarschützende Wirkungen entfalten.[1136] Bei Verstößen gegen solche nachbarschützenden Planfestsetzungen ist nach Auffassung des OVG Münster keine tatsächlich spürbare Beeinträchtigung erforderlich, um ein Abwehrrecht zu begründen. Wird der Nachbar jedoch überhaupt nicht oder nur geringfügig beeinträchtigt, so dürfte ein Abwehranspruch mangels eigener Betroffenheit ausscheiden.

d) Baumassenzahl. Für Gewerbegebiete, Industriegebiete und Sondergebiete kann die **578** → Baumassenzahl oder die Baumasse als Maßangabe festgesetzt werden (§ 17 I BauNVO). Die Baumassenzahl gibt dabei nach § 21 BauNVO an, **wie viel Kubikmeter Baumasse je m² Grundstücksfläche** i. S. des § 19 III BauNVO zulässig sind. Die Baumasse ist nach den Außenmaßen der Gebäude vom Fußboden des untersten Vollgeschosses bis zur Decke des obersten Vollgeschosses zu ermitteln (§ 21 II 1 BauNVO). Die Baumasse von Aufenthaltsräumen in anderen Geschossen einschließlich der zu ihnen gehörenden Treppenräume sowie einschließlich ihrer Umfassungswände und Decken ist mitzurechnen. Bei baulichen Anlagen, bei denen eine Berechnung der Baumasse nach § 21 II 1 BauNVO nicht möglich ist, ist die tatsächliche Baumasse zu ermitteln. Bauliche Anlagen und Gebäudeteile i. S. des § 20 IV (Loggien, Terrassen etc.) bleiben bei der Ermittlung der Baumasse unberücksichtigt (§ 21 III BauNVO). Ist im Bebauungsplan die Höhe baulicher Anlagen nicht festgesetzt, darf bei Gebäuden, die Geschosse von mehr als 3,50 m Höhe haben, eine Baumassenzahl, die das Dreieinhalbfache der zulässigen Geschossflächenzahl beträgt, nicht überschritten werden (§ 21 IV BauNVO). Die Festsetzung der Baumasse oder der Baumassenzahl ermöglicht i. V. mit der erforderlichen Grundflächenzahl bzw. Grundfläche eine von der Zahl der Vollgeschosse und deren Höhe unabhängige genaue Maßangabe besonders in Fällen der gewerblich-industriellen Bebauung.

> → **Baumassenzahl.** Sie gibt an, wie viele Kubikmeter Baumasse je m² Grundstücksfläche i. S.
> des § 19 III BauNVO zulässig ist.

[1135] VGH München, B. v. 7.1.1992 – 2390.1394 – BayVBl. 1992, 589 = ZfBR 1992, 91.
[1136] OVG Münster, Urt. v. 18.4.1991 – 11 A 696/87 – BauR 1992, 60; zur Zweiwohnungsklausel auch BVerwG, B. v. 18.8.1995 – 4 B 183.95 – BauR 1995, 813 = UPR 1995, 445 = ZfBR 1996, 52.

Beispiel: Im Industriegebiet ist die zulässige Baumassenzahl auf BMZ = 5,0 festgesetzt. Bei einem 8.000 m² großen Grundstück beträgt die zulässige Baumasse 5 x 8.000 = 40.000 m³. Dies entspricht einer gedachten 5 m hohen Bebauung verteilt über das ganze Baugrundstück. Diese Baumasse kann – wenn nicht durch weitere Festsetzungen Einschränkungen erfolgen – beliebig über das Grundstück verteilt werden, wobei die Gebäudehöhe von dem Umfang der bebauten Grundfläche abhängt. Eine 10 m hohe Halle dürfte daher die Hälfte der Grundstücksfläche in Anspruch nehmen.

579 e) Höhe der baulichen Anlage. Als weiteres Mittel der Maßfestsetzung kann die Höhe einer baulichen Anlage im Bebauungsplan festgesetzt werden. Dabei sind die erforderlichen Höhenbezugspunkte zu bestimmen (§ 18 I BauNVO). Ist die Höhe baulicher Anlagen als zwingend festgesetzt, können geringfügige Abweichungen zugelassen werden. Als untere Bezugspunkte können etwa die mittlere Höhe des Meeresspiegels (m über NN) oder die Höhenlage ($\rightarrow$ *Abbildung 75*) einer anbaufähigen Verkehrsanlage gewählt werden. Als obere Bezugspunkte eignen sich etwa die Firsthöhe (FH), die Traufhöhe (TH) ($\rightarrow$ *Textbeispiel 63*) oder die Oberkante der baulichen Anlage.[1137]

Höhenlage

Die Höhenlage des fertig gestellten Erdgeschossfußbodens wird im Eingangsbereich mit maximal 0,50 m bezogen auf die Mittelachse der zugehörigen fertigen Erschließungsstraße festgesetzt.

Die Traufe des Hauptdaches (traufseitiger Schnittpunkt der Außenkante des Umfassungsmauerwerks mit der Oberkante der Dacheindeckung) darf bei eingeschossigen Gebäuden maximal 1 m über der Rohdecke des Erdgeschosses und bei zweigeschossigen Gebäuden maximal 0,40 m über der Rohdecke des zweiten Vollgeschosses liegen.

Untergeordnete Gebäuderücksprünge (maximal 50 % der Trauflänge) sowie Gebäuderücksprünge, die sich nicht auf die Trauflinie (unter waagerechter Begrenzung der Dachfläche) auswirken, werden hierdurch nicht berührt. Wenn das zweite Vollgeschoss im Dachraum ausgeführt wird, gelten die Gestaltungsvorschriften zur Dachneigung und zur Traufhöhe für eingeschossige Gebäude.

Dachgauben und Dachausbauten sind nur zulässig, wenn die Dachneigung mindestens 35° beträgt. Zu den Ortgängen ist ein Abstand von 1 m einzuhalten.

Bezugshöhen für die Ermittlung der Trauf- und Firsthöhe

Als Traufhöhe (TH) gilt das Maß zwischen der angrenzenden Erschließungsstraße (unterer Bezugspunkt) und den äußeren Schnittlinien von Außenwänden und Dachhaut (oberer Bezugspunkt) in Fassadenmitte gemessen. Bei Gebäuden, die nicht an eine Erschließungsstraße angrenzen, ist der untere Bezugspunkt die Oberkante der Erschließungsstraße gemessen in der Mitte der Zufahrt. Die Traufhöhe darf das Maß von 2 m nicht unterschreiten. Die festgesetzten Traufhöhen gelten nicht für Dachgauben und Krüppelwalmdächer.

Unterer Bezugspunkt für die Ermittlung der Firsthöhe (FH) ist die Oberkante der anschließenden Erschließungsstraße gemessen in Fassadenmitte. Bei Gebäuden, die nicht an eine Erschließungsstraße angrenzen, ist der untere Bezugspunkt die Oberkante der Erschließungsstraße gemessen in der Mitte der Zufahrt.

Textbeispiel 63: *Festsetzungen Traufhöhe (zu Abbildung 75)*

580 f) Obergrenzen. § 17 I BauNVO legt für die Bestimmung des Maßes der baulichen Nutzung Obergrenzen fest, die grundsätzlich nicht überschritten werden. dürfen. Sie betragen

Baugebiet	Grundflächenzahl GRZ	Geschossflächenzahl GFZ	Baumassenzahl BMZ
in Kleinsiedlungsgebieten (WS)	0,2	0,4	–
in reinen Wohngebieten (WR)			
allgemeinen Wohngebieten (WA)			
Ferienhausgebieten	0,4	1,2	–
in besonderen Wohngebieten (WB)	0,6	1,6	–
in Dorfgebieten (MD)			
Mischgebieten (MI)	0,6	1,2	–
in Kerngebieten (MK)	1,0	3,0	–
in Gewerbegebieten (GE)			
Industriegebieten (GI)			
sonstigen Sondergebieten	0,8	2,4	10,0
in Wochenendhausgebieten	0,2	0,2	–

[1137] S. zu weiteren Einzelheiten *Fickert/Fieseler* § 18 Rn. 2 ff.

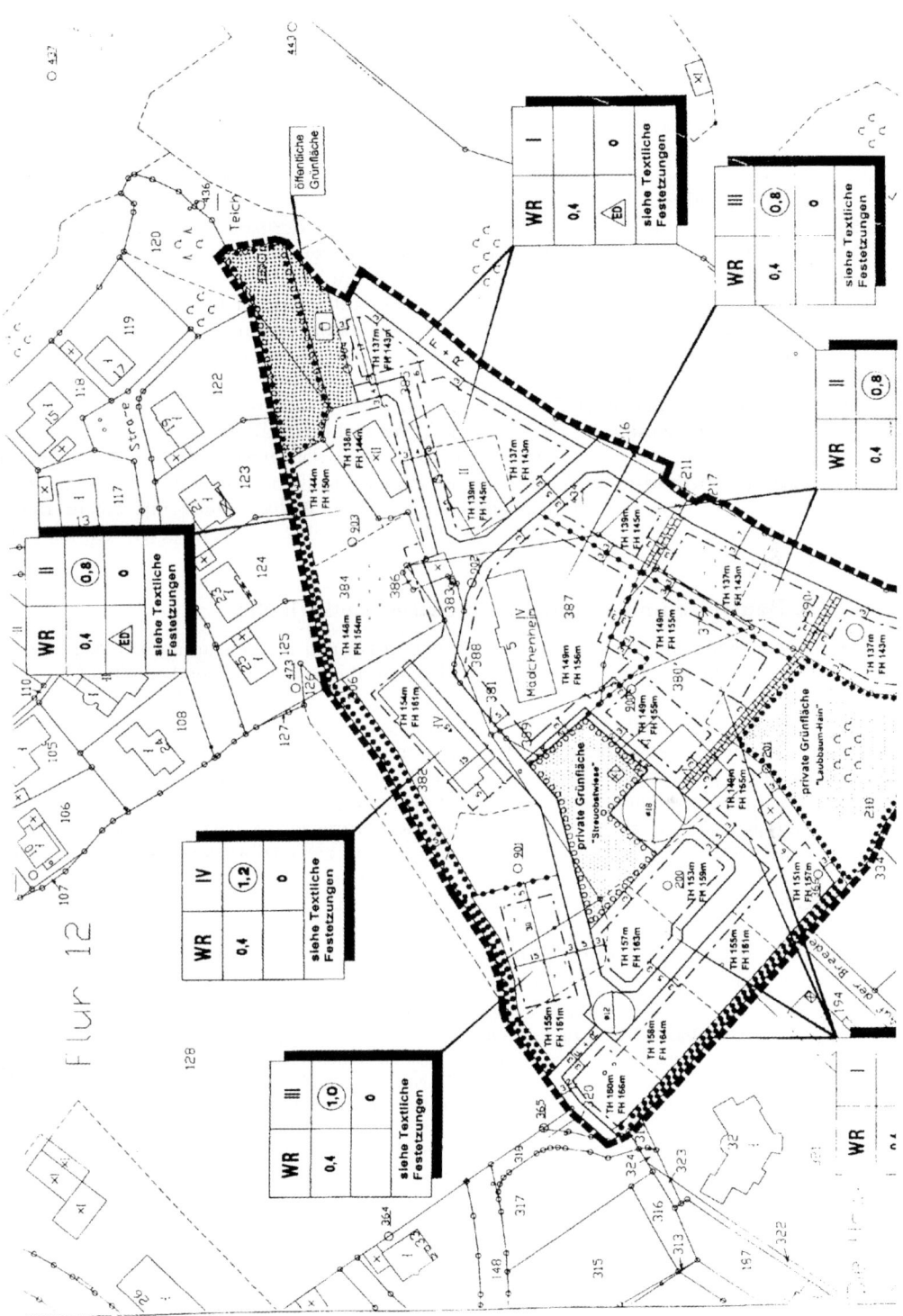

Abbildung 75: *Festsetzung von Traufhöhen (textliche Festsetzung vgl. Textbeispiel 63)*

581   Die Obergrenzen des § 17 I BauNVO können nach § 17 II BauNVO überschritten werden, wenn
– besondere städtebauliche Gründe dies erfordern,
– die Überschreitungen durch Umstände ausgeglichen sind oder durch Maßnahmen ausgeglichen werden, durch die sichergestellt ist, dass die allgemeinen Anforderungen an gesunde Wohn- und Arbeitsverhältnisse nicht beeinträchtigt, nachteilige Auswirkungen auf die Umwelt vermieden und die Bedürfnisse des Verkehrs befriedigt werden, und
– sonstige öffentliche Belange nicht entgegenstehen.

582   Will die Gemeinde bei der Festsetzung des Maßes der baulichen Nutzung die in § 17 I BauNVO aufgestellten **Obergrenzen überschreiten**, bedarf es dafür nach § 17 II BauNVO einer besonderen städtebaulichen Rechtfertigung. Die Umsetzung besonderer, qualifizierter planerischer Lösungen und städtebaulicher Ideen kann als besonderer städtebaulicher Grund i. S. des § 17 II BauNVO anzuerkennen sein.[1138] Außerdem wird ein entsprechender Ausgleich der Überschreitung geboten sein und ebenfalls gefordert, dass sonstige öffentliche Belange nicht entgegenstehen.

583   Die Regelungen über das Maß der baulichen Nutzung in § 17 BauNVO können **nachbarschützend** sein. Dies hängt jedoch von Einzelfallbewertungen ab. So hat etwa die Festsetzung einer Grundflächen- und Geschossflächenzahl von 0,6 für **Gartenhof- und Atriumhäuser** nach § 17 II BauNVO keine drittschützende Funktion. Ob die Festsetzung eines Bebauungsplans eingeschossige Wohngebäude mit einem fremder Sicht entzogenen Gartenhof Drittschutz gegen die Möglichkeit bietet, den Gartenhof einzusehen, ist keine Frage des Bundesrechts.[1139]

5. Bauweise und überbaubare Grundstücksfläche

584   Neben Art und Maß der baulichen Nutzung können im Bebauungsplan auch die Bauweise sowie die → überbaubaren und die nicht überbaubaren Grundstücksflächen festgesetzt werden.

585   Nach § 22 I BauNVO kann im Bebauungsplan die → **Bauweise** als offene oder geschlossene Bauweise **festgesetzt** werden. In der **offenen Bauweise** werden die Gebäude mit seitlichem Grenzabstand als Einzelhäuser, Doppelhäuser[1140] oder Hausgruppen errichtet. Einzelhäuser sind dabei allseitig freistehende Gebäude und haben an beiden seitlichen sowie an der rückwärtigen Nachbargrenze die nach Landesrecht erforderlichen Abstände einzuhalten. Doppelhäuser sind zwei selbstständig nutzbare, an einer gemeinsamen Gebäudetrennwand aneinander gebaute, im Übrigen jedoch freistehende Gebäude. Sie können auf einem oder zwei aneinander grenzenden Grundstücken stehen. Hausgruppen bestehen aus mindestens drei selbstständig nutzbaren Gebäuden, die an den Gebäudetrennwänden aneinandergebaut sind. Die Länge dieser Hausformen darf höchstens 50 m betragen.[1141]

> → **Überbaubare Grundstücksfläche.** Teil des Grundstücks, der überbaut werden kann. Wird im Bebauungsplan festgesetzt. Im nicht beplanten Innenbereich bestimmt sich die überbaubare Grundstücksfläche nach der Eigenart der näheren Umgebung.
> → **Bauweise.** Im Bebauungsplan kann die Bauweise als offene oder geschlossene Bauweise festgesetzt werden. In der offenen Bauweise werden die Gebäude mit seitlichem Grenzabstand als Einzelhäuser, Doppelhäuser oder Hausgruppen errichtet. Die Länge der Gebäude darf grund-

---

[1138] BVerwG, B. v. 26.1.1994 – 4 NB 42.93 – Buchholz 406.12 § 17 BauNVO Nr. 5 = RzB Rn. 973.
[1139] BVerwG, B. v. 20.9.1984 – 4 B 202.84 – NVwZ 1985, 748 = RzB Rn. 972.
[1140] Zum Begriff OVG Münster, B. v. 6.2.1996 – 11 B 3046/95 – BauR 1996, 684.
[1141] BVerwG, B. v. 3.11.1993 – 4 B 53.94 – BauR 1994, 494 = NVwZ 1994, 1008 = RzB Rn. 1208. B. v. 31.1.1995 – 4 NB 48.93 – ZfBR 1995, 143 – *Meerbusch*; *Fickert/Fieseler* § 22 Rn. 1 BauNVO.

sätzlich höchstens 50 m betragen. Der Bebauungsplan kann längere Gebäudeformen vorsehen. In der geschlossenen Bauweise werden die Gebäude ohne seitlichen Grenzabstand errichtet, es sei denn, dass die vorhandene Bebauung eine Abweichung erfordert (§ 22 BauNVO).

Ein **Doppelhaus** i.S. des § 22 II BauNVO ist eine bauliche Anlage, die dadurch ent- **586** steht, dass zwei Gebäude auf benachbarten Grundstücken durch Aneinanderbauen an der gemeinsamen Grundstücksgrenze zu einer Einheit zusammengefügt werden.[1142] Unter einem Doppelhaus im Sinne des § 22 II BauNVO ist eine Einheit aus zwei Gebäuden zu verstehen, die an der gemeinsamen Grundstücksgrenze aneinander gebaut sind, und dass das Erfordernis der baulichen Einheit nur erfüllt ist, wenn die beiden Gebäude in wechselseitig verträglicher und abgestimmter Weise aneinander gebaut werden.[1143] Wenn bei zwei an der gemeinsamen Grundstücksgrenze aneinandergebauten Gebäuden mehr als die Hälfte einer Grenzwand frei steht, fehlt es in aller Regel schon in quantitativer Hinsicht an der ein Doppelhaus im Sinn von § 22 II 1 BauNVO kennzeichnenden wechselseitigen Abstimmung.

Wenn durch eine Bebauungsplanänderung, die die Nachverdichtung einer in offener **587** Bauweise (§ 22 I BauNVO) errichteten Wohnbebauung bezweckt, auch die einseitige Erhöhung aneinander gebauter eingeschossiger Gebäude um ein zweites Vollgeschoss ermöglicht werden soll und diese hierdurch ihre Eigenschaft als Doppelhaus im Sinn von § 22 II 1 BauNVO verlieren, muss die Gemeinde für die betroffenen Grundstücke eine diese Art der Bebauung ermöglichende besondere (abweichende) Bauweise (§ 22 IV 1 BauNVO) festsetzen.[1144] Zwei teilweise aneinander gebaute zweigeschossige Wohnhäuser können selbst bei einem 3,90 m tiefen Versatz in quantitativer und qualitativer Hinsicht eine bauliche Einheit und damit ein Doppelhaus im Sinn von § 22 II BauNVO bilden.[1145]

Das Erfordernis der baulichen Einheit ist nur erfüllt, wenn die beiden Gebäude in **588** wechselseitig verträglicher und abgestimmter Weise aneinander gebaut werden. Insoweit ist die planerische Festsetzung von Doppelhäusern in der offenen Bauweise nachbarschützend. Kein Doppelhaus entsteht, wenn ein Gebäude gegen das andere so stark versetzt wird, dass es den Rahmen einer wechselseitigen Grenzbebauung überschreitet, den Eindruck eines einseitigen Grenzanbaus vermittelt und dadurch einen neuen Bodennutzungskonflikt auslöst. Nicht erforderlich ist, dass die Doppelhaushälften gleichzeitig oder deckungsgleich (spiegelbildlich) errichtet werden. Das Erfordernis einer baulichen Einheit im Sinne eines Gesamtbaukörpers schließt auch nicht aus, dass die ein Doppelhaus bildenden Gebäude an der gemeinsamen Grundstücksgrenze zueinander versetzt oder gestaffelt aneinandergebaut werden.[1146]

Abweichungen von der Festsetzung können als offene oder geschlossene Bauweise **589** im Bebauungsplan festgesetzt werden. Bei abwägungsgerechter Berücksichtigung des städtebaulichen Belangs der allgemeinen Anforderungen an gesunde Wohn- und Arbeitsverhältnisse i.S.v. § 1 VI Nr. 1 BauGB kann die planende Gemeinde die Unterschreitung des bauordnungsrechtlich erforderlichen Abstandes zwischen einem Gebäude im

[1142] VGH Mannheim, B. v. 4.10.2007 – 8 S 1447/07 – Doppelhaus; vgl. BVerwG, Urt. v. 24.2.2000 – 4 C 12.98 – NVwZ 2000, 1055; vgl. VGH Mannheim, B. v. 26.10.1994 – 8 S 2763/94 – NVwZ-RR 1995, 490.

[1143] BVerwG, B. v. 17.8.2011 – 4 B 25.11 – Doppelhaus; vgl. Urt. v. 24.2.2000 – 4 C 12.98 –.

[1144] VGH München, Urt. v. 31.1.2011 – 1 N 09.582 – KommunalPraxis BY 2011, 201 (L) – einseitige Aufstockung.

[1145] VGH München, B. v. 31.1.2011 – 1 ZB 08.2498 – teilweise aneinander gebaute Wohnhäuser; vgl. BVerwG, Urt. v. 24.2.2000 – 4 C 12.98 – BVerwGE 110, 355 = DVBl 2000, 1338.

[1146] BVerwG, Urt. v. 24.2.2000 – 4 C 12.98 – BVerwGE 110, 355 = DVBl 2000, 1338 = NVwZ 2000, 1055. BVerfG, B. v. 11.10.2000 – 1 BvR 767.00 – nicht zur Entscheidung angenommen. Zur geschlossenen Bauweise nach § 22 I BauNVO OVG Münster, B. v. 27.3.2003 – 7 B 2212/02 – BauR 2003, 1185 – Wintergarten.

Plangebiet und einem benachbarten, an das Plangebiet angrenzenden Gebäude nicht allein damit rechtfertigen, dass das Nachbargebäude den Abstand selbst nicht einhält. Dies gilt vor allem dann, wenn es sich nicht um einen einseitigen Rechtsverstoß des Nachbarn handelt.[1147] In einem unbeplanten Gebiet können sowohl die offene, halboffene als auch die geschlossene Bauweise zulässig sein.[1148]

Hinweis: Die Hausform als Doppelhaus erfordert nicht, dass sämtliche parallel zur gemeinsamen Grundstücksgrenze verlaufenden Gebäudeaußenwände an der dem Doppelhausnachbarn zugewandten Seite eines Hauses an der Grenze errichtet werden. Eine bauliche Anlage verliert daher nicht den Charakter eines Doppelhauses, wenn Gebäudeteile mit einem Rücksprung zur gemeinsamen Grundstücksgrenze errichtet werden, solange die beiden Gebäude noch zu einem wesentlichen Teil aneinandergebaut sind.[1149] Jeder Eigentümer ist bei der Bebauung seines Grundstücks gehalten, für eine ausreichende Belichtung auf seinem eigenen Grundstück zu sorgen. Diese Verpflichtung lässt sich nicht im Wege einer Forderung nach „Rücksichtnahme" und einer eingeschränkten baulichen Nutzbarkeit seines Grundstücks auf den Nachbarn verlagern.[1150]

590 Jede **Doppelhaushälfte** ist grundsätzlich für sich genommen ein „Gebäude" im bauplanungsrechtlichen Sinn. Abzustellen ist insoweit auf die selbstständige Benutzbarkeit der baulichen Anlagen. Andererseits ist das Doppelhaus eine Hausform, die gem. § 22 II 1 BauNVO in offener Bauweise unter Einhaltung seitlicher Grenzabstände errichtet wird. Anknüpfungspunkt für dieses Erfordernis ist nicht das einzelne Gebäude, sondern die bauliche Einheit; denn nur als „Gesamtanlage" wird das Doppelhaus „mit seitlichem Grenzabstand" errichtet. Ob die „Gesamtanlage" aus einer oder mehreren selbstständig nutzbaren Einheiten besteht, ist für das aus der Bauweise abzuleitende Abstandserfordernis demgegenüber grundsätzlich ohne Bedeutung.[1151] Ein Doppelhaus im Sinne der bauplanungsrechtlichen Vorschriften über die Bauweise entsteht nur dann, wenn zwei Gebäude derart zusammengebaut werden, dass sie einen Gesamtbaukörper bilden und die beiden „Haushälften" in wechselseitig verträglicher und abgestimmter Weise aneinander gebaut werden. In dem System der offenen Bauweise, das durch seitliche Grenzabstände zu den benachbarten Grundstücken gekennzeichnet ist, ordnet sich ein aus zwei Gebäuden zusammengefügter Baukörper nur ein und kann somit als Doppelhaus gelten, wenn das Abstandsgebot an der gemeinsamen Grundstücksgrenze auf der Grundlage der Gegenseitigkeit überwunden wird.[1152]

591 **Nachbarschützende Wirkung** entfaltet nicht nur eine planerische Festsetzung einer Doppelhausbebauung in der offenen Bauweise. Auch im unbeplanten Innenbereich hat der Doppelhausnachbar ein Abwehrrecht gegen die Zulassung eines Vorhabens, durch das ein bestehendes Doppelhaus seine Eigenschaft als Doppelhaus im Rechtssinne verliert.[1153] Ist ein unbeplanter Innenbereich in offener Bauweise bebaut, weil dort nur Einzelhäuser, Doppelhäuser und Hausgruppen im Sinne von § 22 II BauNVO den maßgeblichen Rahmen bilden, so fügt sich ein grenzständiges Vorhaben im Sinne von § 34 I BauGB grundsätzlich nicht nach der Bauweise ein, das unter Beseitigung eines bestehenden Doppelhauses grenzständig errichtet wird, ohne mit dem verbleibenden Gebäudeteil ein Doppelhaus zu bilden. Ein solches Vorhaben verstößt gegenüber dem

---

[1147] OVG Greifswald, Urt. v. 21.11.2012 – 3 K 10/11 – NordÖR 2013, 211 – beschleunigtes Verfahren.
[1148] OVG Bautzen, B. v. 28.6.2010 – 1 A 663/09 – BauR 2010,1637 (L) – Bauweise.
[1149] VGH Mannheim, B. v. 29.4.2009 – 3 S 569/09 – DÖV 2009, 870 = ZfBR 2009, 805 – grenznahe Balkonanlage an einem Doppelhaus.
[1150] OVG Saarlouis, B. v. 8.12.2010 – 2 B 308/10 – Grenzanbau.
[1151] BVerwG, B. v. 23.4.2013 – 4 B 17.13 – Doppelhauses.
[1152] BVerwG, B. v. 10.4.2012 – 4 B 42.11 – ZfBR 2012, 478 – Doppelhaus.
[1153] OVG Münster, Urt. v. 28.2.2012 – 7 A 2444/09 – BauR 2012, 1100 = DVBl 2012, 643 (L) = DÖV 2012, 531 (L) – Doppelhaus, nachgehend BVerwG, B. v. 12.7.2012 – 4 B 19.12 –; BVerwG, Urt. v. 24.2.2000 – 4 C 12.98 –.

Eigentümer der bisher bestehenden Doppelhaushälfte grundsätzlich gegen das dritt-schützende Gebot der Rücksichtnahme.[1154]

Setzt der Bebauungsplan eine **geschlossene Bauweise** fest, werden die Gebäude nach **592** § 22 III BauNVO ohne seitlichen Grenzabstand errichtet, es sei denn, dass die vorhan-dene Bebauung eine Abweichung erfordert.[1155] Das Bauplanungsrecht hat dabei einen Vorrang, den das jeweilige Landesrecht in den Abstandsregelungen der Bauordnungen wahren muss. So ist zumeist eine Abstandsfläche nach der LBauO nicht erforderlich, wenn nach dem Bauplanungsrecht an die Grenze gebaut werden muss.[1156] Dabei regelt § 22 III HS.2 BauNVO nur, wann ein Gebäude bei festgesetzter geschlossener Bauweise ausnahmsweise nicht ohne seitlichen Grenzabstand zu errichten ist. Welcher Abstand in einem solchen Fall einzuhalten ist, richtet sich allein nach dem jeweiligen Bauord-nungsrecht.[1157] Gestaltungsmöglichkeiten werden der Gemeinde auch durch § 22 IV BauNVO eingeräumt[1158], wonach eine von § 22 I BauNVO abweichende Bauweise fest-gesetzt werden darf. Dabei kann auch festgesetzt werden, inwieweit an die vorderen, rückwärtigen und seitlichen Grundstücksgrenzen herangebaut werden darf oder muss.[1159] Eine auf der Grundlage des § 22 IV BauNVO im Bebauungsplan festgesetzte abweichende Bauweise muss allerdings hinreichend bestimmt sein[1160] und im normati-ven Teil des Bebauungsplanes selbst erfolgen.[1161] Eine abweichende Bauweise i. S. v. § 22 IV BauNVO kann auch durch Festsetzungen zur überbaubaren Grundstücksfläche i. S. v. § 23 BauNVO[1162] oder durch eine Kombination der vorgegebenen zwingenden Höhe und der Baulinie festgesetzt werden, aus denen sich die Lage und Größe des Bau-körpers eindeutig ergibt.[1163] Im Rahmen einer Festsetzung von Grenzabständen auf der Grundlage von § 22 IV BauNVO kann wegen des hierbei bestehenden weiten planeri-schen Ermessens der Gemeinde auch die Erteilung von Ausnahmen nach § 31 I BauGB vorgesehen werden.[1164]

→ **Überbaubare Grundstücksflächen** können im Bebauungsplan durch die Fest- **593** setzung von → **Baulinien**, → **Baugrenzen** oder **Bebauungstiefen** bestimmt werden (§ 23 I BauNVO). Ist eine Baulinie festgesetzt, so muss auf dieser Linie gebaut werden. Ist eine Baugrenze festgesetzt, so dürfen Gebäude und Gebäudeteile diese Grenze nicht überschreiten. Der Bebauungsplan kann auch eine Bebauungstiefe festsetzen, die von

---

[1154] BVerwG, Urt. v. 5.12.2013 – 4 C 5.12 – BVerwGE 148, 290 = NVwZ 2014, 370 = BauR 2014, 658 = DVBl 2014, 530, *Gatz*, jurisPR-BVerwG 4/2014 Anm. 5, Nora Schroeder, jurisPR-UmwR 3/2014 Anm. 5 – Doppelhaushälfte.

[1155] Bei einem bereits vorhandenen Grenzanbau ist eine rechtliche Sicherung durch Eintragung einer Baulast nicht mehr erforderlich, so OVG Bautzen, Urt. v. 25.2.1998 – 1 S 38/98 – BauR 1998, 1006 = SächsVBl. 1998, 261.

[1156] BVerwG, B. v. 22.9.1989 – 4 NB 24.89 – NVwZ 1990, 361 = RzB Rn. 853; B. v. 23.10.1990 – 4 B 130.90 – Buchholz 406.11 § 9 BauGB Nr. 46 = RzB Rn. 7; B. v. 7.7.1994 – 4 B 131.94 – Dach-ausbau; VGH Mannheim, Urt. v. 13.2.1998 – 5 S 3202/96 – VGHBW RSprDienst 1998, Beilage B 5 B6 = IBR 1998, 310.

[1157] BVerwG, B. v. 22.10.1992 – 4 B 210.92 – BauR 1993, 304 = RzB Rn. 978.

[1158] VGH Mannheim, Urt. v. 9.12.2005 – 5 S 274/05 – Kleinteiligkeit der Baustruktur.

[1159] Zur Abweichung von der festgesetzten geschlossenen Bauweise bei einem Lichthof VGH Kas-sel, B. v. 16.4.2009 – 3 B 273/09 – ZfBR 2009, 805.

[1160] BVerwG, B. v. 18.5.2005 – 4 BN 21.05 – ZfBR 2006, 63.

[1161] OVG Lüneburg, B. v. 15.4.2008 – 1 MN 58/08 – DVBl 2008, 733 (L) = BauR 2008, 1353 (L) – Erweiterung eines Altenpflegeheimes, im Anschluss an VGH Mannheim, B. v. 10.4.1995 – 3 S 608/ 95 -, BWVBl 1995, 434.

[1162] OVG Münster, Urt. v. 13.11.2009 – 10 D 87/07.NE – fehlerhafte Festsetzungen.

[1163] OVG Münster, B. v. 19.1.2009 – 10 B 1687/08 – BauR 2009, 771 = ZfBR 2009, 372 = DVBl 2009, 465 = DÖV 2009, 421 – für die Errichtung eines 88 m hohen Bürogebäudes – „Exzenterhaus" – auf einem Hochbunker aus dem 2. Weltkrieg.

[1164] VGH Mannheim, B. v. 23.5.2011 – 8 S 978/11 – BauR 2011, 1540 (L) = DÖV 2011, 702 (L) – Grenzabstände.

der tatsächlichen Straßengrenze ab zu ermitteln ist, sofern im Bebauungsplan nichts anderes festgesetzt ist. Ein Vor- oder Zurücktreten von Gebäudeteilen in geringfügigem Ausmaß kann zugelassen werden. Auch können im Bebauungsplan Ausnahmen von der Einhaltung der Baulinie, der Baugrenze und der Bebauungstiefe vorgesehen werden (§ 23 II, III und IV BauNVO). Auf nicht überbaubaren Grundstücksflächen können Nebenanlagen nach § 14 BauNVO zugelassen werden. Das Gleiche gilt für bauliche Anlagen, soweit sie nach Landesrecht in den Abstandsflächen zulässig sind oder zugelassen werden können (§ 23 V BauNVO). Auf nicht überbaubaren Grundstücksflächen können im Bebauungsplan Garagen und andere Nebenanlagen durch ausdrückliche Festsetzungen ausgeschlossen werden.[1165]

→ **Baulinie.** Begrenzt die überbaubare Grundstücksfläche. Auf der Baulinie muss gebaut werden (§ 23 II BauNVO).
→ **Baugrenze.** Begrenzt die überbaubare Grundstücksfläche. Bis zur Baugrenze darf gebaut werden.

[1165] BVerwG, B. v. 16.2.1998 – 4 B 2.98 – Garage.

C. Planaufstellungsverfahren

Nach § 1 III BauGB haben die Gemeinden die Bauleitpläne aufzustellen, sobald und **594** soweit es für die **städtebauliche Entwicklung** und **Ordnung** erforderlich ist.[1] Der Flächennutzungsplan und der Bebauungsplan werden nach einem weitgehend gleichen Verfahren aufgestellt. Auf die Aufstellung von Bauleitplänen und städtebaulichen Satzungen besteht allerdings kein Anspruch (§ 1 III 2 BauGB). Er kann auch nicht durch Vertrag begründet werden.[2] Ebenso wenig besteht ein Anspruch auf Fortführung eines eingeleiteten Bauleitplanverfahrens oder ein Anspruch auf Bestand i. S. einer Nichtänderung oder einer Aufhebung eines rechtswirksamen Flächennutzungs- oder Bebauungsplans.[3] Auch ein allgemeiner Plangewährleistungsanspruch auf Bestand oder Fortbestand eines Bauleitplans ist nicht anerkannt.[4] Die Aufstellung der Bauleitpläne liegt vielmehr im pflichtgemäßen Ermessen der Gemeinde.[5] Die Bauleitplanung kann auch dazu genutzt werden, bisher zulässige Nutzungen durch **Negativplanungen** zu verhindern.[6]

Das → **Aufstellungsverfahren** von Flächennutzungsplan und Bebauungsplan als den **595** beiden Handlungsformen kommunaler Bauleitplanung ist weitgehend identisch und gilt auch für ihre Änderung, Ergänzung und Aufhebung. Wesentliche Elemente des Planverfahrens sind die Öffentlichkeitsbeteiligung in § 3 BauGB und die Behördenbeteiligung nach § 4 BauGB, der Beschluss über den Plan sowie gegebenenfalls das Genehmigungsverfahren und die Bekanntmachung. Die Vorschriften der Öffentlichkeits- und Behördenbeteiligung in §§ 3, 4 BauGB sind neben der Bauleitplanung vom Grundsatz her auch für andere städtebauliche Satzungen anwendbar.[7] Das Verfahren gliedert sich in mehrere **Abschnitte:**[8]

> → **Planaufstellungsverfahren.** Die Aufstellung von Bauleitplänen hat das im BauGB geregelte Verfahren zu beachten, das für Flächennutzungsplan und Bebauungsplan weitgehend identisch ist. Wesentliches Kennzeichen des Aufstellungsverfahrens ist die Öffentlichkeits- und Behördenbeteiligung, die sich jeweils in eine frühzeitige und förmliche Beteiligung gliedern (§§ 3, 4 BauGB), die Bescheidung der Stellungnahmen (§ 3 II BauGB), der Feststellungsbeschluss (Flächennutzungsplan) bzw. Satzungsbeschluss (Bebauungsplan) sowie die Genehmigung (§§ 6, 10 BauGB) und die Bekanntmachung, mit der der Bauleitplan wirksam bzw. rechtsverbindlich wird. Der Bebauungsplan bedarf nur der Genehmigung der höheren Verwaltungsbehörde, wenn er nicht aus dem Flächennutzungsplan entwickelt worden sind. Für Innenbereichs- und Außenbereichssatzungen entfällt ein Genehmigungserfordernis.

---

[1] Zum Aufstellungsverfahren *BKL* §§ 1–13 BauGB; *Krautzberger* in: EZBK, zu §§ 1–13 BauGB; *Finkelnburg/Ortloff*, Öffentliches Baurecht, 1990; *Gelzer/Bracher/Reidt* Rn. 1 ff.; *Grziwotz* S. 1 ff.; *Gaentzsch* LKV 1992, 105; HBG § 5 Rn. 65; *Krautzberger/Löhr* NVwZ 1987, 177; *Quaas/Müller*, Normenkontrolle und Bebauungsplan, 1 ff.; *Rothe*, Das Verfahren bei der Aufstellung von Bauleitplänen, 1992; *Schrödter* (Hrsg.), BauGB, , §§ 1–13 BauGB; *Schmidt–Aßmann*, Abwägungselemente bei der Bauleitplanung; *Stüer* StuGR 1989, 8; *Zuck*, Das Recht des Bebauungsplans.

[2] BVerwG, Urt. v. 11.3.1977 – 4 C 45.75 – DVBl 1977, 529; B. v. 3.8.1992 – 4 B 145.82 – DVBl 1982, 1096 = ZfBR 1992, 226.

[3] So ausdrücklich § 2 III BauGB, wonach ein Anspruch auf Aufstellung von Bauleitplänen und städtebaulichen Satzungen nicht besteht und auch durch Vertrag nicht begründet werden kann.

[4] BVerwG, B. v. 9.10.1996 – 4 B 180.96 – DÖV 1997, 251 – Plangewährleistung.

[5] BVerwG, B. v. 26.1.1994 – 4 NB 42.93 – Buchholz 406.12 § 17 BauNVO Nr. 5; *Berg* JuS 1980, 418.

[6] So für eine Negativplanung zur Verhinderung einer Restmülldeponie VG Gießen, Urt. v. 2.3. 1998 – 1 E 228/96 –.

[7] Fachkommission „Städtebau" der ARGEBAU, Muster–Einführungserlass zum BauROG, S. 10.

[8] *BKL* § 2 Rn. 2; HBG § 5 Rn. 65.

Aufstellungsverfahren

| Flächennutzungsplan | Bebauungsplan |

Aufstellungsbeschluss (§ 2 I BauGB)
ortsübliche Bekanntmachung (§ 2 I BauGB)

vorgezogene Öffentlichkeits- und Behördenbeteiligung
(§§ 3 I, 4 I BauGB)
öffentliche Unterrichtung über die allgemeinen Ziele und
Zwecke der Planung

förmliche Öffentlichkeits- und Behördenbeteiligung
(§§ 3 II, 4 II BauGB)
Offenlegungsbeschluss mit ortsüblicher Bekanntmachung
Dauer: eine Woche
Offenlage einen Monat
Entgegennahme von Stellungnahmen

mit Begründung und Umweltbericht (§§ 5 V, 9 VIII BauGB)

Bescheidung der Stellungnahmen
Mitteilung des Ergebnisses
bei wesentlichen Änderungen erneute Offenlage
(§ 4a III BauGB)

| Feststellungsbeschluss | Satzungsbeschluss |

Vorlage des Flächennutzungsplans mit den
nicht berücksichtigten Anregungen bei der
Genehmigungsbehörde (§ 6 BauGB)

Genehmigungsfreiheit bei aus dem
Flächennutzungsplan entwickelten
Bebauungsplänen
sonst: Vorlage des Bebauungsplans mit
den nicht berücksichtigen Anregungen bei
der Genehmigungsbehörde (§ 10 II BauGB)

ortsübliche Bekanntmachung

| Wirksamwerden (§ 6 V 2 BauGB) | Inkrafttreten (§ 10 III 4 BauGB) |

I. Aufstellungsbeschluss

Das **förmliche Planaufstellungsverfahren** beginnt mit dem → **Aufstellungsbe-** **596** **schluss** gem. § 2 I BauGB *(→ Textbeispiel 64).* Die Bauleitpläne sind von der Gemeinde in eigener Verantwortung aufzustellen. Der Beschluss, einen Bauleitplan aufzustellen, ist ortsüblich bekanntzumachen. Mit dem Aufstellungsbeschluss ist allerdings nur der Beginn des förmlichen Planaufstellungsverfahrens markiert. In der Praxis beginnt das Verfahren zur Aufstellung eines Bebauungsplanes mit einer Initiative der Verwaltung, einem Ersuchen aus der Mitte des Rates oder des Planungsausschusses, aber auch auf Grund von entsprechenden Stellungnahmen seitens der Öffentlichkeit oder im Zusammenhang mit Anfragen von Investoren. Die Gemeindeverwaltung wird diese Anregungen ggf. aufgreifen und erste Vorstellungen für eine mögliche Nutzungskonzeption und die für die Planaufstellung in Betracht kommenden Flächen entwickeln.

> → **Aufstellungsbeschluss.** Er leitet das förmliche Bauleitplanverfahren ein. Für die Wirksamkeit der Bauleitplanung ist ein Aufstellungsbeschluss nicht erforderlich (vgl. auch § 214 I 1 Nr. 2 BauGB). Eine Veränderungssperre oder die Zurückstellung des Baugesuches setzen einen wirksamen Aufstellungsbeschluss allerdings voraus.

Beschluss über die Aufstellung eines Flächennutzungsplans
Beglaubigter Auszug aus der Niederschrift der Sitzung des Rates vom (Datum)
Zu Punkt 10 der Tagesordnung: Beschluss über die Aufstellung des Flächennutzungsplans

1. Für das Gemeindegebiet soll der Flächennutzungsplan aufgestellt werden.
   Es werden folgende Planungsziele angestrebt:
   Mit der Ausarbeitung des Planentwurfs soll .. in .. beauftragt werden.
   Die frühzeitige Öffentlichkeitsbeteiligung nach § 3 I 1 BauGB soll durch eine Information und Erörterung, zu der ortsüblich einzuladen ist, unter der Leitung des Planungsausschussvorsitzenden durchgeführt werden.
   Der Beschluss ist ortsüblich bekanntzumachen
   Feststellung der Beschlussfähigkeit: gesetzliche Mitgliederzahl: 25, davon anwesend: 19.
   Es waren nach der GO keine Mitglieder der Gemeindevertretung von der Beratung und Abstimmung ausgeschlossen.
   (alternativ:) Es haben folgende Mitglieder der Gemeindevertretung weder an der Beratung noch an der Abstimmung mitgewirkt:
   Feststellung des Abstimmungsergebnisses: dafür: 12, dagegen: 1, Stimmenthaltungen: 6.
   Die Richtigkeit des Auszuges und die Angabe der Beschlussfähigkeit und Abstimmung werden hiermit beglaubigt. Gleichzeitig wird bescheinigt, dass zur Sitzung unter Mitteilung der Tagesordnung rechtzeitig und ordnungsgemäß eingeladen worden ist. Der Rat war beschlussfähig.
   (Ort, Datum, Siegelabdruck) Gemeinde (Ort), Der Bürgermeister (Unterschrift)

Textbeispiel 64: Beschluss über die Aufstellung eines Flächennutzungsplans

Das **Bundesrecht** enthält keine in sich abgeschlossene und vollständige Regelung **597** der formellen Voraussetzungen für die Gültigkeit der Bauleitpläne. Soweit das Bundesrecht keine Regelungen enthält, bestimmen sich die Verfahrensanforderungen an die Aufstellung eines Bauleitplans nach **Landesrecht.** So richtet sich die Zuständigkeit des jeweiligen Gemeindeorgans für die einzelnen Verfahrensabschnitte nach der GO i.V. mit dem Ortsrecht.[9]

---

[9] BVerwG, Urt. v. 18.8.1964 – 1 C 63.62 – BVerwGE 19, 164; B. v. 3.10.1984 – 4 N 1, 2.84 – DVBl 1985, 387 = ZfBR 1985, 48; B. v. 14.4.1988 – 4 N 4.87 – BVerwGE 79, 200 = NVwZ 1988, 916 = RzB Rn. 193.

598   Der **Aufstellungsbeschluss** muss den **Planbereich bezeichnen**, jedoch noch keine inhaltlichen Aussagen über die Nutzung des Plangebietes treffen. Der Flächennutzungsplan wird für das gesamte Gemeindegebiet aufgestellt. Die Änderung und Ergänzung des Flächennutzungsplans sowie die Aufstellung, Änderung, Ergänzung und Aufhebung eines Bebauungsplanes betreffen jeweils einen Teil des Gemeindegebietes, wobei die Abgrenzung des Plangebietes im Planungsermessen der Gemeinde steht. Der Geltungsbereich eines Bebauungsplans ist nach Zweckmäßigkeitsgesichtspunkten nach Maßgabe des § 1 III BauGB aufzustellen. Danach haben die Gemeinden die Bauleitpläne aufzustellen, sobald und soweit es für die städtebauliche Entwicklung erforderlich ist. Der Bebauungsplan kann sich auch auf ein einzelnes Grundstück beziehen, ebenso wie er in aller Regel mehrere Grundstücke umfassen wird.[10] Die Gemeinde wird die Abgrenzung des Plangebietes so wählen, dass zusammenhängende, lösungsbedürftige Probleme bewältigt werden können. Allerdings ist die Gemeinde nicht gehindert, den Bebauungsplan jeweils auf kleinere Gebietseinheiten zu beschränken, wenn sichergestellt wird, dass die lösungsbedürftigen Konflikte etwa durch parallel durchgeführte Aufstellungsverfahren nicht auf der Strecke bleiben oder durch Nachfolgeverfahren eine ausreichende Konfliktbewältigung gewährleistet werden kann.

> → **Bekanntmachung.** Sie dient in der Bauleitplanung der Veröffentlichung von kommunaler Willensbildung. Die Bekanntmachung erfolgt ortsüblich nach Maßgabe des jeweiligen Landes- und Ortsrechts. Die Bekanntmachung hat für die verabschiedeten Pläne eine Hinweisfunktion und soll für die Öffentlichkeitsbeteiligung im Rahmen des Planverfahrens darüber hinaus eine Anstoßfunktion erzeugen. Bebauungspläne sind daher (über eine Nummer hinaus) mit einer Kurzbezeichnung zu versehen. Kommunales Satzungsrecht ist zwar regelmäßig im vollen Wortlaut bekanntzumachen. Für den Flächennutzungsplan und den Bebauungsplan sowie weitere städtebauliche Satzungen ist eine Ersatzverkündung der Genehmigung bzw. des gemeindlichen Satzungsbeschusses vorgesehen (§§ 5 V, 10 III BauGB). Die Bekanntmachung ist fehlerhaft, wenn der mit ihr verfolgte Hinweiszweck (für die Schlussbekanntmachung) oder die mit ihr verfolgte Anstoßfunktion (für die Offenlage) nicht erreicht werden kann. Bekanntmachungsfehler können als Form- und Verfahrensfehler ggf. auch rückwirkend behoben werden (§ 214 IV BauGB).

Bekanntmachung über den Aufstellungsbeschluss für einen Flächennutzungsplan

Bekanntmachung der Gemeinde
Betr.: Aufstellung des Flächennutzungsplans der Gemeinde
Die Gemeindevertretung der Gemeinde (Ort) hat in ihrer Sitzung am (Datum) beschlossen, für das Gemeindegebiet den Flächennutzungsplan aufzustellen. Der Beschluss wird hiermit bekannt gemacht.
(Ort, Datum, Siegelabdruck) Gemeinde (Ort), Der Bürgermeister (Unterschrift)

Verfahrensvermerk:
Ausgehängt am: (Datum), abzunehmen am: (Datum), abgenommen am: (Datum)
(Siegel) (Unterschrift) (Siegel) (Unterschrift)
oder:
Diese Bekanntmachung ist am (Datum) in der Zeitung (in dem Amtlichen Verkündungsblatt) veröffentlicht worden.
(Ort, Datum, Siegelabdruck) Gemeinde (Ort), Der Bürgermeister (Unterschrift)

Textbeispiel 65: Bekanntmachung Aufstellungsbeschluss Flächennutzungsplan

599   Die **Bekanntmachung** des **Aufstellungsbeschlusses** *(→ Textbeispiel 65)* muss der Anstoß- und Hinweisfunktion in dem Sinne gerecht werden, dass die Öffentlichkeit von der Planungsabsicht für ein bestimmtes Plangebiet Kenntnis nehmen kann und ihr die Möglichkeit eröffnet wird, sich an dem weiteren Planverfahren zu beteiligen.[11] Die Bekanntmachung ist dabei nach den landesrechtlichen Vorschriften der jeweiligen Ge-

---

[10] BVerwG, B. v. 30.6.1994 – 4 B 136.94 –.
[11] BVerwG, Urt. v. 26.5.1978 – 4 C 9.77 – BVerwGE 55, 369 = RzB Rn. 336 – Harmonie.

meindeordnungen und Kommunalverfassungen durchzuführen.[12] Die Form der Bekanntmachung ist zumeist in den Hauptsatzungen der Gemeinden und in landesrechtlich geltenden Bekanntmachungsanordnungen festgelegt. Das Plangebiet sollte durch eine Kurzbezeichnung (nicht nur durch eine Nummer), durch eine textliche Beschreibung sowie eine zeichnerische Darstellung beschrieben werden, z. B. wie folgt: Bekanntmachung über die Aufstellung des Bebauungsplanes Nr. 1 „Gewerbegebiet Bahnhof". Der Rat der Gemeinde hat in seiner Sitzung vom . . . gem. § 2 I BauGB die Aufstellung des Bebauungsplans Nr. 1 „Gewerbegebiet Bahnhof" beschlossen. Das Plangebiet wird durch die Straßen A, B, C und D umgrenzt und ist in dem nachfolgenden Kartenausschnitt dargestellt. Der Aufstellungsbeschluss wird hiermit bekannt gemacht *(→ Textbeispiele 66 und 67).*

Beschluss über die Aufstellung eines Bebauungsplans und die frühzeitige Öffentlichkeitsbeteiligung

Beglaubigter Auszug aus der Niederschrift der Sitzung des Rates vom (Datum)

Zu Punkt 10 der Tagesordnung: Beschluss über die Aufstellung des Bebauungsplans Nr. (Kurzbezeichnung) und die frühzeitige Öffentlichkeitsbeteiligung nach § 3 I BauGB
1. Für das Gebiet im Ortsteil Neustadt soll der Bebauungsplan Nr. (Kurzbezeichnung) aufgestellt werden. Das Gebiet des Bebauungsplans wird begrenzt durch die Schützenstraße, die Schulstraße, die Königsstraße und die Straße Am Ritterkamp.
(fakultativ:) Es werden folgende Planungsziele angestrebt:
2. Mit der Ausarbeitung des Planentwurfs soll .. in .. beauftragt werden.
3. Es soll die frühzeitige Öffentlichkeitsbeteiligung nach § 3 I 1 BauGB (fakultativ: wie folgt) durchgeführt werden.
4. Der Beschluss ist ortsüblich bekanntzumachen (§ 2 I BauGB).
Feststellung der Beschlussfähigkeit: gesetzliche Mitgliederzahl: 25, davon anwesend: 19.
   Es waren nach der GO keine Mitglieder der Gemeindevertretung von der Beratung und Abstimmung ausgeschlossen.
(alternativ:) Es haben folgende Mitglieder der Gemeindevertretung weder an der Beratung noch an der Abstimmung mitgewirkt:
Abstimmungsergebnis: dafür: 12, dagegen: 1, Stimmenthaltungen: 6.
   Die Richtigkeit des Auszuges und die Angabe der Beschlussfähigkeit und Abstimmung werden hiermit beglaubigt. Gleichzeitig wird bescheinigt, dass zur Sitzung unter Mitteilung der Tagesordnung rechtzeitig und ordnungsgemäß eingeladen worden ist. Der Rat war beschlussfähig.
(Ort, Datum, Siegelabdruck) Gemeinde (Ort), Der Bürgermeister (Unterschrift)

Textbeispiel 66: *Beschluss über die Aufstellung eines Bebauungsplans*

Bekanntmachung über den Aufstellungsbeschluss eines Bebauungsplans und die frühzeitige Öffentlichkeitsbeteiligung

Bekanntmachung der Gemeinde
Betr.: Aufstellung des Bebauungsplans Nr. 15 „Schulstraße" der Gemeinde (Ort)
   Die Gemeindevertretung der Gemeinde (Ort) hat in ihrer Sitzung am (Datum) beschlossen, für das Gebiet im Ortsteil Neustadt den Bebauungsplan Nr. 15 „Schulstraße" aufzustellen. Das Gebiet des Bebauungsplans wird begrenzt durch die Schützenstraße, die Schulstraße, die Königsstraße und die Straße Am Ritterkamp. Der Beschluss wird hiermit bekannt gemacht.
   Gem. § 3 I BauGB ist die Öffentlichkeit über die allgemeinen Ziel und Zwecke der Planung, sich wesentlich unterscheidende Lösungsmöglichkeiten, die für die Neugestaltung oder Entwicklung eines Gebietes in Betracht kommen und die voraussichtlichen Auswirkungen der Planung öffentlich zu unterrichten. Die öffentliche Unterrichtung über die Planung erfolgt in der Zeit vom (Zeitangabe) im Bauamt der Gemeinde (Zimmer) während der allgemeinen Dienstzeiten bzw. nach Vereinbarung, wobei gleichzeitig Gelegenheit zur Äußerung und Erörterung gegeben ist. Außerdem findet am (Datum) im Dorfkrug eine Bürgerversammlung statt, bei der die Planung vorgestellt und Gelegenheit zur Äußerung und Erörterung gegeben wird.
(Ort, Datum, Siegelabdruck) Gemeinde (Ort), Der Bürgermeister (Unterschrift)
Verfahrensvermerk:
Ausgehängt am: (Datum), abzunehmen am: (Datum), abgenommen am: (Datum)
(Siegel) (Unterschrift) (Siegel) (Unterschrift)
oder:

---

[12] Zum Fachplanungsrecht BVerwG, Urt. v. 23.4.1997 – 11 A 7.97 – DVBl 1997, 1119 = NuR 1997, 504 – Reinbek – Wentorf.

Diese Bekanntmachung ist am (Datum) in der Zeitung (in dem Amtlichen Verkündungsblatt) veröffent-licht worden.

(Ort, Datum, Siegelabdruck) Gemeinde (Ort), Der Bürgermeister (Unterschrift)

Textbeispiel 67: Bekanntmachung über den Aufstellungsbeschluss eines Bebauungsplans

600   Der **Aufstellungsbeschluss** ist allerdings **bundesrechtlich kein erforderlicher Be-standteil** des Planaufstellungsverfahrens für die Wirksamkeit des Flächennutzungs- bzw. Bebauungsplans (vgl. auch § 214 I 1 Nr. 2 BauGB).[13] Hinsichtlich der **Wirksamkeit** des **Flächennutzungs-** und **Bebauungsplans** ist zwischen den **bundesrechtlichen** und den **landesrechtlichen Anforderungen** zu unterscheiden. Aus dem Bundesrecht leitet das BVerwG lediglich das Gebot ab, dass der Flächennutzungsplan bzw. der Bebauungs-plan durch das nach Landesrecht zuständige Organ festgestellt bzw. als Satzung beschlos-sen werden muss. Auch muss der Bauleitplan im Rahmen der förmlichen Öffentlich-keitsbeteiligung nach § 3 II BauGB für einen Monat offen liegen und die Offenlage eine Woche vor deren Beginn ordnungsgemäß bekannt gemacht werden. Die Bekannt-machung muss dabei in einer Weise erfolgen, die geeignet ist, dem an der beabsichtigten Bauleitplanung interessierten Öffentlichkeit ihr Interesse an Information und Beteili-gung durch Stellungnahmen bewusstzumachen.[14] Beschlüsse, die dem Feststellungs-bzw. Satzungsbeschluss vorausgehen, sind demgegenüber bundesrechtlich nicht erforder-lich.[15] Allerdings kann das Landesrecht ggf. weitere Anforderungen an die Wirksamkeit des Bebauungsplanes stellen.

601   Ein **wirksamer** und **ordnungsgemäß bekannt gemachter Aufstellungsbeschluss** ist allerdings erforderlich als **Voraussetzung** für verschiedene **Plansicherungsinstru-mente**, mit denen die künftige Bauleitplanung flankierend gesichert werden kann wie eine Veränderungssperre nach §§ 14, 16 BauGB[16] oder die Zurückstellung von Baugesu-chen.[17] Der Beschluss zur Aufstellung des Bebauungsplans kann dabei mit dem Beschluss zum Erlass einer Veränderungssperre verbunden werden.[18]

602   Auch die **Mitwirkung** von **befangenen Ratsmitgliedern** am Aufstellungsbeschluss oder an anderen Beschlüssen im Vorfeld des eigentlichen Feststellungs- bzw. Satzungsbe-schlusses führt nicht zur Unwirksamkeit des Bauleitplans, wenn dieser Mitwirkungsfehler nicht auf die vorgenannten abschließenden Beschlüsse durchschlägt.[19] Bedenklich könnte sogar umgekehrt eine Auslegung des Landesrechtes sein, die aus der ausschließlichen Zu-ständigkeit des Rates für den Erlass von Satzungen ableitet, dass schon die unzulässige Mit-wirkung an lediglich vorbereitenden Ausschusssitzungen oder Vorbesprechungen notwen-digerweise zur Unwirksamkeit des später beschlossenen Bebauungsplans führt.[20] Nach **Landesrecht** richtet sich die Frage, welches **Gemeindeorgan** den Planaufstellungsbe-schluss zu fassen und die weiteren verfahrensleitenden Entscheidungen zu treffen hat.

---

[13] BVerwG, B. v. 14.4.1988 – 4 N 4.87 – BVerwGE 79, 200 = BauR 1988, 562 = RzB Rn. 193. Zur Befangenheit von Mitgliedern des Sparkassenverwaltungsrates im Gemeinderat VGH Mann-heim, Urt. v. 6.2.1998 – 3 S 731/97 – VGHBW RspDienst 1998, Beilage 5 B2.

[14] BVerwG, Urt. v. 6.7.1984 – 4 C 22.80 – BVerwGE 69, 344 – Malepartus.

[15] Zu den weiteren Anforderungen BVerwGE, B. v. 14.4.1988 – 4 N 4.87 – BVerwGE 79, 200 = RzB Rn. 193; Urt. v. 7.5.1971 – 4 C 18.70 – DVBl 1971, 757; B. v. 18.6.1982 – 4 N 6.79 – DVBl 1982, 1095; B. v. 3.10.1984 – 4 N 1.84 – DVBl 1985, 387 = RzB Rn. 849 – Beitrittsbeschluss; in diesem Sinne auch schon BVerwG, Urt. v. 18.8.1964 – 1 C 63.62 – BVerwGE 19, 164 zum BBauG 1960. Zum Fachplanungsrecht BVerwG, Urt. v. 23.4.1997 – 11 A 7.97 – DVBl 1997, 1119 = NuR 1997, 504 – Reinbek–Wentorf.

[16] S. Rn. 1117.

[17] S. Rn. 1142.

[18] BVerwG, B. v. 9.2.1989 – 4 B 236.88 – BauR 1989, 432 = RzB Rn. 225.

[19] BVerwG, Urt. v. 27.3.1992 – 7 C 20.91 – BVerwGE 90, 104; B. v. 17.8.1992 – 4 NB 8.91 – NVwZ 1993, 361.

[20] BVerwG, B. v. 14.4.1988 – 4 N 4.87 – BVerwGE 79, 200 = BauR 1988, 562 = RzB Rn. 193 – Planaufstellungsbeschluss Befangenheit.

Das **Landesrecht** kann dabei offenbar lediglich die Frage regeln, ob die bundesrecht- **603** lich erforderlichen Bestandteile des Aufstellungsverfahrens kommunalrechtlich wirksam sind. Durch das Landesrecht können jedoch nicht zusätzliche Anforderungen an die Wirksamkeit der Bauleitpläne gestellt werden, die bundesrechtlich nicht bestehen. So kann das Landesrecht regeln, welches Gemeindeorgan für die Verabschiedung des Satzungsbeschlusses zuständig ist und welche Verfahrensanforderungen an die Wirksamkeit eines solchen Satzungsbeschlusses zu stellen sind. Das Landesrecht hat allerdings nicht die Möglichkeit, die Wirksamkeit der Bauleitpläne von zusätzlichen, bundesrechtlich nicht gebotenen Verfahrensschritten oder Beschlüssen abhängig zu machen.[21] Anders ist dies mit den verfahrensrechtlichen Anforderungen an die Beschlüsse. So sind die Ratsbeschlüsse über die Bauleitplanung grundsätzlich in öffentlicher Sitzung zu fassen. In nicht öffentlicher Sitzung gefasste Beschlüsse, die nach dem BauGB für die Wirksamkeit der Bauleitpläne erforderlich sind, führen zu deren Unwirksamkeit. Dient eine in nicht-öffentlicher Sitzung durchgeführte „Vorberatung" des Gemeinderats allerdings lediglich dazu, die Einzelfrage zu klären, wie mit im Bebauungsplanverfahren verspätet eingegangenen Anregungen und Bedenken bei der späteren, in öffentlicher Sitzung stattfinden-den Beratung und Beschlussfassung über einen Bebauungsplan umzugehen ist (vgl. § 3 II 4 BauGB), so liegt bezüglich des in öffentlicher Sitzung gefassten Satzungsbeschlusses noch keine gegen § 35 I 1 GemO BW verstoßende Umgehung des Öffentlichkeitsprinzips vor.[22] Es ist ein neuer Satzungsbeschluss erforderlich, wenn nach dem ersten Satzungsbe-schluss eine Ergänzung der Abwägungsentscheidung und eine mehrfache Ergänzung der Begründung des Bebauungsplans erfolgt.[23] Eine **en bloc Abstimmung** auch über einen Bebauungsplan als Satzung gemeinsam mit Tagesordnungspunkten, die damit in keinem Zusammenhang stehen, stellt sich zumindest dann nicht als abwägungsfehlerhaft dar, wenn der Beschluss, bestimmte Tagungsordnungspunkte im en bloc Verfahren zu behan-deln, einstimmig gefasst worden ist.[24]

Hinweis: Ein Gemeinderatsmitglied, dessen eigene durch die Bauleitplanung betroffene abwä-gungserhebliche Belange oder die eines Angehörigen i.S. von § 22 II GemO RP im Rahmen der bauleitplanerischen Abwägung von dem Gemeinderat zu berücksichtigen sind, ist gemäß § 22 I 1 GemO RP von der Beratung und Beschlussfassung über den Bebauungsplan ausgeschlossen. Das gilt nicht nur dann, wenn das Gemeinderatsmitglied oder sein Angehöriger i.S. von § 22 II GemO RP Eigentümer von durch den Bebauungsplan betroffenen Grundstücken sind, sondern auch dann, wenn die Nutzungsberechtigung an einem Grundstück, die durch die Bauleitplanung berührt wird, auf einem Miet- oder Pachtvertrages beruht.[25]

Ein vor Einleitung eines förmlichen Bebauungsplanverfahrens eingereichtes initiieren- **604** des Bürgerbegehren, das auf einen Planungsverzicht gerichtet ist, zielt − soweit nicht be-reits ein Grundsatzbeschluss des Gemeinderats vorliegt und es nicht den Festsetzungen des Flächennutzungsplans oder anderen übergeordneten planerischen Festsetzungen zu-widerläuft − auf eine bürgerentscheidsfähige Grundsatzentscheidung zur Gemeindeent-wicklung. Im einstweiligen Anordnungsverfahren wird in der Regel mit der vorläufigen

---

[21] Vgl. allerdings BVerwG, B. v. 22.9.1989 − 4 NB 24.89 − DVBl 1990, 364 = NVwZ 1990, 361 = RzB Rn. 853, wonach die Gemeinde als Ortsgesetzgeber bei der Bauleitplanung neben bundes-rechtlichen Vorschriften auch landesrechtliche Bestimmungen zu beachten hat. Das Landesrecht könne insoweit selbst die Reichweite seiner Regelung bestimmen und subsidiäre Geltung beanspru-chen.

[22] VGH Mannheim, Urt. v. 24.3.2011 − 5 S 746/10 − DVBl 2011, 912 − verspätet eingegangenen Anregungen und Beschwerden.

[23] VGH München, B. v. 24.11.2011 − 14 N 10.1240 − Antragsfristen für Normenkontrolle.

[24] VGH Kassel, Urt. v. 13.1.2011 − 3 A 1987/09 − BauR 2011, 1610 = DÖV 2011, 534 (L) − Gemen-gelage.

[25] OVG Koblenz, Urt. v. 24.3.2011 − 1 C 10737/10 − DVBl 2011, 696 = BauR 2011, 1293 m. Anm. *Waldhoff* JuS 2011, 1143; vgl. BVerwG, Urt. v. 5.11.1999 − 4 CN 3.99 − BVerwGE 110, 36 = NVwZ 2000, 806.

Feststellung der Zulässigkeit des Bürgerbegehrens der Anspruch auf Durchführung des Bürgerentscheids hinreichend gesichert. Weitergehende sichernde Anordnungen sind im Einzelfall nur bei einem unmittelbar drohenden treuwidrigen Verhalten der Gemeinde erforderlich, d. h. zur Verhinderung von Maßnahmen des Bürgermeisters oder des Gemeinderats, die bei objektiver Betrachtung allein dem Zweck dienen, dem Bürgerbegehren, dessen Zulässigkeit vorläufig festgestellt wurde, die Grundlage zu entziehen.

605   Der Umstand, dass ein Bürgerbegehren keine aufschiebende Wirkung hat, schließt die Stellung eines Antrags auf Erlass einer einstweiligen Anordnung mit dem Ziel, die Durchführung eines Bürgerbegehrens bzw. Bürgerentscheids zu sichern, nicht aus. Zulässig ist eine vorläufige gerichtliche Feststellung, dass das Bürgerbegehren zulässig ist. Eine solche gerichtliche Entscheidung ist geeignet, die Position der Antragsteller zu verbessern. Die vorläufige Feststellung der Zulässigkeit eines Bürgerbegehrens kommt jedoch nur dann in Betracht, wenn die Zulässigkeit bereits im einstweiligen Rechtsschutzverfahren mit solcher Wahrscheinlichkeit bejaht werden kann, dass eine gegenteilige Entscheidung im Hauptsacheverfahren praktisch ausgeschlossen werden kann und der mit dem Hauptsacheverfahren verbundene Zeitablauf voraussichtlich eine Erledigung des Bürgerbegehrens zur Folge hätte. Anordnungsgrund und Anordnungsanspruch müssen in einem das übliche Maß der Glaubhaftmachung übersteigenden deutlichen Grad von Offenkundigkeit auf der Hand liegen.[26] Ein Bürgerbegehren ist unzulässig, wenn es nicht auf eine Entscheidung „an Stelle des Gemeinderates" im Sinne des § 21 a I 1 KomSVwG SL gerichtet ist.[27] Art 19 IV 1 GG garantiert für den Fall einer Rechtsverletzung durch die öffentliche Gewalt den Rechtsweg, jedoch nicht den sachlichen Bestand oder Inhalt einer als verletzt behaupteten Rechtsstellung selbst. Dieses Grundrecht setzt mithin subjektive Rechte voraus und begründet sie nicht. Außerhalb verfassungsrechtlicher Gewährleistungen obliegt es damit dem Gesetzgeber zu entscheiden, ob und unter welchen Voraussetzungen dem Einzelnen ein subjektives Recht zustehen soll und welchen Inhalt es hat.[28]

II. Ausarbeitung des Planentwurfs

606 An den Aufstellungsbeschluss schließt sich die Ausarbeitung des Planentwurfs an. Die Gemeinde kann den Planentwurf in der eigenen Verwaltung erarbeiten oder aber auch ein Planungsbüro mit diesen Planungsarbeiten beauftragen. Auch die **Übernahme** eines **Planentwurfs eines Investors** ist unbedenklich, solange die Gemeinde in ihrer Planungsfreiheit hierdurch nicht eingeschränkt wird. Allerdings wäre die Grenze der zulässigen Mitwirkung eines an der Planung interessierten Investors dann überschritten, wenn die Abwägung durch eine unzulässige Selbstbindung der Gemeinde oder durch eine sog. **subjektive Abwägungssperre** in eine Schieflage geriete.[29] § 1 III 2 BauGB verbietet es der Gemeinde auch gegenüber anderen Gebietskörperschaften, sich zur Aufstellung oder Nichtaufstellung eines Bebauungsplans zu verpflichten.[30] Ein Bebauungsplan ist nach der Rechtsprechung des BVerwG[31] allerdings nicht schon deswegen abwägungsfehlerhaft, weil die Gemeinde ihn auf der Grundlage eines vom künftigen Bauherrn vorgeleg-

---

[26] VGH Mannheim, B. v. 27.6.2011 – 1 S 1509/11 – DVBl 2011, 1035 = DÖV 2011, 740 (L) – Bürgerbegehren; vgl. VGH Mannheim, B. v. 27.4.2010 – 1 S 2810/09 – VBlBW 2010, 311; B. v. 30.9.2010 – 1 S 1722/10 – VBlBW 2011, 26 und B. v. 8.4.2011 – 1 S 303/11 -.

[27] OVG Saarlouis, B. v. 20.5.2011 – 2 B 198/11 – LKRZ 2011, 318 – Bürgerbegehren zur Windkraftanlage.

[28] BVerfG, B. v. 16.9.2010 – 2 BvR 2349/08 – NVwZ-RR 2011, 1; B. v. 20.2.2001 – 2 BvR 1444/00 – BVerfGE 103, 142; B. v. 9.1.1991 – 1 BvR 207/87 – BVerfGE 83, 182.

[29] *Stüer* DVBl 1995, 649.

[30] BVerwG, B. v. 28.12.2005 – 4 BN 40.05 – 4 BN 41-44.05 – NVwZ 2006, 458 = BauR 2006, 802 = NuR 2006, 296 = DVBl 2006, 462 (L) – CentrO Oberhausen.

[31] BVerwG, B. v. 28.8.1987 – 4 N 1.86 – DVBl 1987, 1273 = NVwZ 1988, 351 = RzB Rn. 63 – Volksfürsorge.

ten Projektentwurfs für ein Großvorhaben aufgestellt hat, das im Geltungsbereich des Plans verwirklicht werden soll. Das gilt auch, wenn die Gemeinde weder vom künftigen Bauherrn alternative Projektentwürfe sich hat vorlegen lassen noch solche selbst angefertigt hat. Ein auf der Grundlage eines einzigen Projektentwurfs des künftigen Bauherrn aufgestellter Bebauungsplan ist auch nicht schon deswegen abwägungsfehlerhaft, weil die Gemeinde über die Erforderlichkeit alternativer Projektentwürfe keine selbstständige Entscheidung getroffen hat, obgleich beteiligte Dienststellen oder Gremien der Gemeinde solche Alternativen gefordert haben. Die vorgenannten Umstände können jedoch im Einzelfall auf einen Abwägungsfehler hindeuten. Die Gemeinde ist allerdings nicht gehindert, bereits Vorkehrungen für die Umsetzung der Bauleitplanung zu treffen und ein für die Planverwirklichung benötigtes Grundstück bereits vor Abschluss des Planverfahrens anzukaufen.[32] Auch die Existenz eines mit einem Investor geschlossenen Rahmenvertrages ist kein Indiz für eine Verkürzung des vom Gesetz geforderten Abwägungsvorganges.[33]

Größere planerische Gestaltungsfreiheit hat die Gemeinde demgegenüber bei der **Kon-** 607 **zeptausgestaltung**. Denn die Auswahl konzeptioneller Mittel zur Bewältigung etwa des vorhandenen oder zu erwartenden Verkehrsaufkommens im Gemeindegebiet ist dem Träger der örtlichen Planungshoheit zugewiesen. Hiergegen gerichtete Angriffe mit der Begründung, andere Konzepte seien tauglicher, sachangemessener, zeitgemäßer oder intelligenter sind daher grundsätzlich nicht geeignet, die städtebauliche Erforderlichkeit der Planung i.S. des § 1 III BauGB in Zweifel zu ziehen.[34]

Die Aufstellung eines Bauleitplans unterliegt dem **Grundsatz der fairen Verfahrens-** 608 **führung**. Dies setzt Grenzen für politische Vorabsprachen, insbesondere aber für sachwidrigen Einflussnahmen.[35] Aus diesen Gründen darf sich die Gemeinde in ihrer Verfahrensgestaltung keiner Einflussnahme aussetzen, die ihr die Freiheit zur eigenen planerischen Gestaltung faktisch nimmt oder weitgehend einschränkt. Besprechungen auf politischer Ebene sind dann zu beanstanden, wenn die verfahrensrechtlich geordneten Entscheidungsebenen nicht mehr getrennt, einseitige Absprachen über die weitere Verfahrensgestaltung getroffen und die Gestaltungsspielräume der planenden Behörde von vornherein durch aktive Einflussnahme sachwidrig eingeengt werden.[36]

III. Behördenbeteiligung

Am Bauleitplanverfahren sind die Behörden und sonstigen Träger öffentlicher Belange 609 zu beteiligen. Die Beteiligung erfolgt seit dem EAG Bau 2004 zweistufig in einer **frühzeitigen** und einer **förmlichen** → **Behördenbeteiligung**. Im Rahmen der frühzeitigen Behördenbeteiligung sind die Behörden und sonstigen Träger öffentlicher Belange, deren Aufgabenbereich durch die Planung berührt werden kann, entsprechend § 3 I 1 HS 1 BauGB zu unterrichten und zur Äußerung auch im Hinblick auf den erforderlichen Umfang und Detaillierungsgrad der Umweltprüfung nach § 2 IV BauGB aufzufordern. Die Behördenbeteiligung ist damit an das europäische Richtlinienrecht angepasst worden. Im Rahmen der Umweltprüfung legt die Gemeinde für jeden Bauleitplan fest, in welchem Umfang und Detaillierungsgrad die Ermittlung der Belange für die Abwägung erforderlich ist (§ 2 IV 2 BauGB). § 4 I BauGB sieht hierzu vor, dass sich die Behördenbeteiligung auf diesen **Untersuchungsrahmen** erstreckt. Bereits im Rahmen der frühzeiti-

---

[32] VGH Mannheim, Urt. v. 23.7.1998 – 3 S 960/97 – VGHBW RSprDienst 1998, Beilage 10 B 2-3 – Friedhof.

[33] VGH Mannheim, Urt. v. 24.5.2006 – 8 S 1367/05 – VBlBW 2007, 182 – Thermal- und Erlebnisbad mit Gesundheitszentrum.

[34] OVG Münster, Urt. v. 30.12.1997 – 10a D 41/95.NE – UPR 1998, 240.

[35] BVerwG, Urt. v. 5.12.1986 – 4 C 13.85 – BVerwGE 75, 214 = DVBl 1987, 573 = RzB Rn. 191 – München II.

[36] BVerwG, Urt. v. 5.12.1986 – 4 C 13.85 – BVerwGE 75, 214 = RzB Rn. 191.

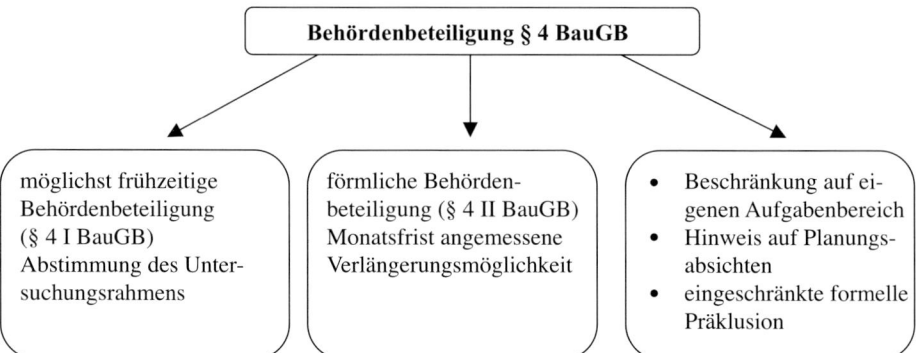

gen Behördenbeteiligung muss die Gemeinde daher entsprechende Vorstellungen über die beabsichtigte Planung entwickeln und den Behörden und sonstigen Trägern öffentlicher Belange zur Kenntnis geben. Die Behörden und sonstigen Träger öffentlicher Belange haben sodann die Möglichkeit, in ihren Stellungnahmen zugleich zu dem Umfang und zum Detaillierungsgrad der Umweltprüfung Stellung zu nehmen. Ist die Planung fertig gestellt, wird eine **förmliche Behördenbeteiligung** nach § 4 II BauGB durchgeführt. Die Gemeinde holt dabei die Stellungnahme der Behörden und sonstigen Träger öffentlicher Belange, deren Aufgabenbereich durch die Planung berührt werden kann, zum Planentwurf und seiner Begründung ein.

→ **Behördenbeteiligung.** Die frühere Beteiligung der Träger öffentlicher Belange ist durch das EAG Bau 2004 in Behördenbeteiligung umbenannt (§ 4 BauGB). Eine grundsätzliche Änderung der Beteiligung war damit nicht verbunden. Im Bauleitplanverfahren sind die Behörden und sonstigen Träger öffentlicher Belange nach § 4 BauGB durch vorgezogene und förmliche Behördenbeteiligung zu beteiligen. Außerdem sind sie über die förmliche Öffentlichkeitsbeteiligung nach § 3 II BauGB zu informieren. Bei der vorgezogenen Behördenbeteiligung sind die Behörden und sonstigen Träger öffentlicher Belange über die beabsichtigte Planung zu unterrichten und ihnen Gelegenheit zur Äußerung auch im Hinblick auf den erforderlichen Umfang und Detaillierungsgrad der Umweltprüfung nach § 2 IV BauGB zu geben. Die Behörden haben ihre Stellungnahmen in der Regel innerhalb eines Monats abzugeben und sollen sich auf ihren Aufgabenbereich beschränken. Verfügen die Behörden über Informationen, die für den Umweltbericht von Bedeutung sind, haben sie diese Informationen der Gemeinde zur Verfügung zu stellen. Gemeinsame Vorschriften für die Behördenbeteiligung und die Öffentlichkeitsbeteiligung enthält § 4 a BauGB. Die Stellungnahmen der Behörden können förmliche Bindungswirkungen entfalten, wenn dies das jeweilige Fachrecht vorsieht. Im Übrigen sind die Stellungnahmen in der bauplanerischen Abwägung überwindbar.

610   Als zu beteiligende Träger kommen insbesondere in Betracht: Kreis, Landrat als untere staatliche Verwaltungsbehörde, örtlich zuständige Behörden für Immissionsschutz, Wasserwirtschaft, Abfallwirtschaft und Gewerbeaufsicht, Flurbereinigungsbehörde, Siedlungsbehörde, Landwirtschaftskammer, Industrie- und Handelskammer, Handwerkskammer, Luftfahrtbehörde, Denkmalbehörde, Forstbehörde, Bergamt, Straßenbauamt, Oberfinanzdirektion, Finanzbauamt/Staatsbauamt, Universität/Hochschule, Eisenbahnverwaltung, Postverwaltung, Wehrbereichsverwaltung, Hauptzollamt, Wasser- und Schifffahrtsamt, Wetterdienst, Grenzschutzverwaltung, Versorgungsunternehmen für Elektrizität, Gas, Wasser und Wärme, örtliche und regionale öffentliche Verkehrsunternehmen, Kirchen und Religionsgemeinschaften des öffentlichen Rechts, Rundfunkverwaltung, Flughafenverwaltung, Verbände, die öffentliche Aufgaben wahrnehmen wie Wasser- und Bodenverbände, Deichverbände sowie Naturparks.

Die Behörden und sonstigen Träger öffentlicher Belange haben ihre Stellungnahmen **611** innerhalb **eines Monats** abzugeben (§ 4 II 2 BauGB).[37] Die Gemeinde soll diese Monatsfrist allerdings bei Vorliegen eines wichtigen Grundes angemessen verlängern. Das Gesetz sieht daher die Monatsfrist als Regelzeit für die Stellungnahme der Behörden und sonstigen Träger öffentlicher Belange vor, lässt aber in begründeten Fällen eine angemessene Verlängerung der Stellungnahmefrist zu. Bereits durch das BauROG 1998 eingeführt wurde die Appellvorschrift, dass sich die Träger öffentlicher Belange in ihren Stellungnahmen auf ihre eigenen Belange beschränken sollen (§ 4 II 3 BauGB).[38] Dieser Appell des Gesetzgebers richtet sich nicht nur an Fachbehörden, sondern auch an Nachbargemeinden, die ihre Beteiligung an Planungen von Standortgemeinden dem Vernehmen nach gelegentlich auch schon einmal zu einem allgemeinen städtebaupolitischen Rundumschlag genutzt haben sollen. § 4 II 3 BauGB will erreichen, dass sich die Träger öffentlicher Belange auf die von ihnen wahrzunehmenden Belange beschränken. Über einen Appellcharakter geht die Gesetzesformulierung allerdings nicht hinaus, da mehr als geringfügige, schutzwürdige und erkennbare Belange auch dann in die Abwägung einzustellen sind, wenn sich der Einwendungsführer nicht auf sie als eigene Belange berufen kann. Die Gemeinde kann daher berechtigte Einwendungen nicht nur deshalb zurückweisen, weil sie von einem Träger vorgebracht werden, dessen Aufgabenbereich nicht durch die Belange betroffen wird.

In ihrer Stellungnahme haben die Träger öffentlicher Belange der Gemeinde auch Auf- **612** schluss über von ihnen beabsichtigte oder bereits eingeleitete Planungen und sonstige Maßnahmen sowie deren zeitliche Abwicklung zu geben, die für die städtebauliche Entwicklung und Ordnung des Gebietes bedeutsam sein können (§ 4 II 3 HS 2 BauGB). Die Stellungnahmen der Behörden und sonstigen Träger öffentlicher Belange sind in der Abwägung nach § 1 VII BauGB zu berücksichtigen. Es kann sich allerdings auch um zu beachtende Belange handeln, wenn sich dies aus entsprechenden Regelungen, vor allem Planungsleitsätzen, ergibt. Belange, die von den Trägern öffentlicher Belange nicht innerhalb der Frist des § 4 II 1 BauGB vorgetragen wurden, werden in der Abwägung nicht berücksichtigt, es sei denn, die verspätet vorgebrachten Belange sind der Gemeinde bekannt oder hätten ihr bekannt sein müssen oder sind für die Rechtmäßigkeit der Planung von Bedeutung (§§ 4 VI, 214 III BauGB).

1. Frühzeitige Behördenbeteiligung

Ist die Planung hinreichend konkretisiert, findet entsprechend der vorgezogenen Öffent- **613** lichkeitsbeteiligung nach § 3 I BauGB eine frühzeitige Behördenbeteiligung statt.[39] Sie dient vorrangig der Festlegung von **Umfang und Detaillierungsgrad der Umweltprüfung** und gehört daher zu deren Ausgangspunkten (Scoping). Stellungnahmen zum Inhalt der Planung können zweckmäßig sein, sind aber noch nicht zwingend erforderlich. Mängel bei der Durchführung des Scopings führen nicht zu einem nach § 214 I 1 Nr. 2 BauGB beachtlichen Verfahrensfehler. Die Unterrichtung soll einerseits möglichst frühzeitig erfolgen, kann sich aber andererseits auf die Erläuterung der allgemeinen Ziele und Zwecke der Planung, sich wesentlich unterscheidende Lösungen und die voraussichtlichen Auswirkungen der Planung beschränken, soweit dies für die Rückäußerungen der Behörden ausreichend ist. Die frühzeitige Behördenbeteiligung kann bereits erfolgen, wenn Klarheit hinsichtlich der Inhalte besteht, die für die Prognose der Umweltauswirkungen erforderlich sind.

Im Rahmen der frühzeitigen Beteiligung kann auch das Konzept dargestellt werden, **614** welche Umweltprüfungen auf welcher Ebene für erforderlich gehalten werden und ggf.

---

[37] Die Regelung wurde aus dem durch das BauROG 1998 gestrichenen § 2 IV 1 BauGB-MaßnG übernommen.
[38] *Bundesregierung*, Gesetzentwurf zum BauROG, S. 46.
[39] EAG Bau 2004 – Mustererlass 2004.

auf welche Untersuchungen aus vorangegangenen Umweltprüfungen zurückgegriffen werden soll. Die beteiligten Behörden und sonstigen Träger öffentlicher Belange sollen die Gemeinde bei der Festlegung des auf der jeweiligen Planungsebene geeigneten Umfangs und Detaillierungsgrads der Umweltprüfung beraten. Es sind nur die Untersuchungen vorzuschlagen, die im Hinblick auf die erforderlichen Angaben im Umweltbericht tatsächlich erforderlich sind. Belange, die nicht in den Umweltbericht aufzunehmen sind, sind auch nicht zu ermitteln. Bei mehrstufigen Umweltprüfungen kann es aber sinnvoll sein, der Gemeinde auf einer vorhergehenden Stufe bereits eine weitergehende Untersuchung zu empfehlen, um insgesamt den Aufwand in Grenzen zu halten. Erkennt die Behörde, dass die Gemeinde zu weitgehende oder auf der jeweiligen Planungsstufe noch nicht erforderliche Untersuchungen vornehmen will, soll sie darauf hinweisen, dass dies nicht erforderlich ist und dies mit Vorschlägen für eine sinnvolle Aufteilung des Gesamtuntersuchungsaufwands verbinden.

615　Die Gemeinde bezieht die Hinweise in die Festlegung des Untersuchungsumfangs nach § 2 IV 2 BauGB ein. Eine gesonderte Beschlussfassung ist nicht erforderlich. Wird die Planung geändert, ist keine erneute Durchführung des Scopings erforderlich. Etwas anderes kann wie bei der frühzeitigen Öffentlichkeitsbeteiligung gelten, wenn die Änderungen so umfangreich sind, dass es sich faktisch um eine neue Planung handelt. Die erste Stufe der **Behördenbeteiligung** soll **möglichst frühzeitig** erfolgen (§ 4 I BauGB). Daran hat sich auch durch die Neufassung der §§ 4, 4 a BauGB im EAG Bau 2004 nichts geändert. Sie darf also nicht erst stattfinden, wenn die Planung so verfestigt ist, dass eine Berücksichtigung der von den Behörden und sonstigen Trägern einzubringenden Belange wegen des vorangeschrittenen Planungsstadiums im Rahmen der Abwägung nicht mehr möglich ist. Das Gesetz schreibt allerdings den genauen Zeitpunkt der Beteiligung der Behörden und sonstigen Träger nicht vor. Dies gilt auch im Verhältnis zur Öffentlichkeitsbeteiligung nach § 3 BauGB. Ob etwa die frühzeitige Behördenbeteiligung vor der vorgezogenen (frühzeitigen) Öffentlichkeitsbeteiligung nach § 3 I BauGB erfolgt oder diese jener vorangeht, legt das BauGB nicht fest.

616　Die beiden Stufen der **Öffentlichkeits- und Behördenbeteiligung** können auch jeweils zeitlich parallel erfolgen, sodass die frühzeitige Behörden- und Öffentlichkeitsbeteiligung als auch die förmliche Behörden- und Öffentlichkeitsbeteiligung **zeitgleich** stattfinden können (§ 4 a II BauGB). Hierdurch kann das Beteiligungsverfahren erleichtert und beschleunigt werden.

2. Förmliche Behördenbeteiligung

617　Ist die Planung hinreichend konkretisiert, findet eine förmliche (normale) Behördenbeteiligung statt (§ 4 II BauGB). Die Gemeinde holt die Stellungnahmen der Behörden und sonstigen Träger öffentlicher Belange, deren Aufgabenbereich durch die Planung berührt werden kann, zum Planentwurf und der Begründung ein. Die Behörden haben ihre Stellungnahmen innerhalb eines Monats abzugeben; die Gemeinde soll diese Frist bei Vorliegen eines wichtigen Grundes angemessen verlängern. In den Stellungnahmen sollen sich die Behörden und sonstigen Träger öffentlicher Belange auf ihren Aufgabenbereich beschränken; sie haben auch Aufschluss über von ihnen beabsichtigte oder bereits eingeleitete Planungen und sonstige Maßnahmen sowie deren zeitliche Abwicklung zu geben, die für die städtebauliche Entwicklung und Ordnung des Gebietes bedeutsam sein können. Verfügen sie über Informationen, die für die Ermittlung und Bewertung des Abwägungsmaterials zweckdienlich sind, haben sie diese Informationen der Gemeinde zur Verfügung zu stellen. Die Regelungen entsprechen dem europäischen Modell, wonach die jeweiligen Fachbehörden ihre Erkenntnisse der planenden Behörde zur Verfügung stellen. Diese kann sich dann auch in einer bestimmten Reichweite darauf verlassen, dass die fachlichen Angaben vollständig sind.

3. Grundsätze für die Behördenbeteiligung

Die Beteiligung der Behörden und sonstigen Träger öffentlicher Belange dient ebenso 618 wie die Öffentlichkeitsbeteiligung der Ermittlung der abwägungserheblichen Belange und steht mit dem Abwägungsgebot in engem Zusammenhang.[40] Zugleich sollen die zu beteiligenden Träger Gelegenheit erhalten, ihre eigenen Planungsvorstellungen in das Bauleitplanverfahren einzubringen und auf dessen Ergebnis Einfluss zu nehmen. Das Gesetz geht von einer umfassenden Beteiligung der Behörden und sonstigen Träger öffentlicher Belange aus. Den Kreis der Behörden und Träger öffentlicher Belange, die nach § 4 I BauGB zu beteiligen sind, bestimmt das Gesetz nicht. Es sind Behörden und sonstige Träger öffentlicher Belange, deren Aufgabenkreis durch die jeweilige Planung berührt werden (§ 4 I 1 BauGB). Zu den **Trägern öffentlicher Belange** gehören etwa betroffene Nachbargemeinden, Träger der Straßenbaulast, Industrie- und Handelskammern, Handwerkskammern, Kirchen, die für die Gewerbeaufsicht zuständigen Behörden, Landwirtschaftskammern, Träger der öffentlichen Versorgung und auch private Elektrizitäts- oder Wasserversorgungsunternehmen. Welche Träger zu beteiligen sind, bestimmt sich nach dem jeweiligen Gegenstand der Planung und den hierdurch berührten Belangen.

Eine ordnungsgemäße Behördenbeteiligung setzt entsprechende **Informationen** 619 **durch** die **planende Gemeinde** voraus, die durch Übersendung des Planentwurfs, des Entwurfs zur Begründung des Flächennutzungsplans oder zur Begründung des Bebauungsplans sowie ggf. durch entsprechende zusätzliche Hinweise sicherzustellen hat, dass eine sachgerechte Stellungnahme der nach § 4 BauGB zu beteiligenden Träger möglich ist. Im Regelfall wird eine Monatsfrist für die Abgabe der Stellungnahme ausreichend sein. Einzelnen Trägern öffentlicher Belange kann ggf. eine Nachfrist eingeräumt werden, wenn aus der Sicht der Träger ein wichtiger Grund dafür vorliegt (§ 4 II 1 HS 2 BauGB). Eine Verkürzung der Monatsfrist sieht das Gesetz im Gegensatz zu der vormals geltenden Regelung („innerhalb angemessener Frist") nicht vor. Die Gemeinde hat daher nach dem Wortlaut des § 4 II 2 BauGB keine Möglichkeit, die Monatsfrist zu verkürzen.

Mit der Aufforderung zur Stellungnahme hat die Gemeinde den Trägern öffentlicher 620 Belange die wesentlichen Planunterlagen zuzusenden. Die Gemeinde ist allerdings nicht verpflichtet, von sich aus und gleichsam unaufgefordert den zu beteiligenden Behörden und sonstigen Trägern öffentlicher Belange, deren Zuständigkeiten berührt sein könnten, sämtliche Planunterlagen zu übersenden. Die Gemeinde hat vielmehr die Behörden und sonstige Träger öffentlicher Belange insoweit zu unterrichten, dass diese erkennen können, ob ihre Zuständigkeit berührt wird und ob es angezeigt ist, sich aus diesem Grunde um den Inhalt der beabsichtigten Planung näher zu kümmern.[41] Den **Naturschutzvereinigungen** wird mit ihrer Anerkennung nach § 3 URG (§§ 58, 59 BNatSchG 2002) die Förderung von Naturschutz und Landespflege nicht als öffentliche Aufgabe übertragen. Anders als die Naturschutzbehörden sind die Verbände außenstehender Anwalt der Natur, die sich im Rahmen ihrer satzungsmäßigen – und damit ausschließlich privaten – Zwecke einer öffentlichen Aufgabe widmen.[42] Die Beteiligung der Naturschutzvereinigungen erfolgt daher im Bauleitplanverfahren nach § 3 BauGB im Rahmen der Öffentlichkeitsbeteiligung und nicht nach § 4 BauGB. Auch hat ein **anerkannter Naturschutzverband keinen Anspruch** darauf, dass ein Bauleitplanverfahren erst fortgeführt wird,

---

[40] BVerwG, Urt. v. 12.12.1969 – 4 C 105.66 – BVerwGE 34, 301 = RzB Rn. 23; Urt. v. 5.7.1974 – 4 C 50.72 – BVerwGE 45, 309 = RzB Rn. 24 – Delog–Detag; Urt. v. 14.2.1975 – 4 C 21.74 – BVerwGE 48, 56 = RzB Rn. 50 – B 42; Urt. v. 21.5.1976 – 4 C 80.74 – BVerwGE 51, 15 = RzB Rn. 108 – Stuttgart–Degerloch; Urt. v. 15.4 1977– 4 C 3.74 – BVerwGE 52, 226 – Kelsterbach; Urt. v. 7.7.1978 – 4 C 79.76 – BVerwGE 56, 110 = RzB Rn. 1164 – Frankfurter Flughafen; B. v. 9.11.1979 – 4 N 1.78 – BVerwGE 59, 87 = RzB Rn. 26.

[41] So zu § 73 II VwVfG BVerwG, B. v. 11.4.1995 – 4 B 61.95 – Buchholz 316 § 73 VwVfG Nr. 8 – B 76 Eutin.

[42] BVerwG, Urt. v. 14.5.1997 – 11 A 43.96 – DVBl 1997, 1123.

wenn ein **landesplanerisches Abstimmungsverfahren** oder ein **Raumordnungsverfahren** abgeschlossen worden ist. Denn die Verfahrensvorschriften für Raumordnungsverfahren schützen nicht die Interessen Dritter.[43]

4. Umweltbericht

621 Die Behörden und sonstigen Träger öffentlicher Belange sind im Rahmen der förmlichen Behördenbeteiligung nach § 4 BauGB auch über den Umweltbericht zu informieren. Dieser muss auch bei der förmlichen Öffentlichkeitsbeteiligung nach § 3 II BauGB als Teil der Begründung des Bebauungsplanes ausliegen. Der Umweltbericht muss die in der Anlage 1 zum BauGB genannten Angaben enthalten. Verfügen die Träger öffentlicher Belange über Informationen, die für die Beibringung oder Vervollständigung der für den Umweltbericht erforderlichen Angaben zweckdienlich sind, haben die Träger diese Informationen der Gemeinde zur Verfügung zu stellen (§ 4 II 3 BauGB). Hat die Gemeinde eine erforderliche Umweltprüfung nicht durchgeführt und einen Umweltbericht nicht erstellt, so kann der Träger öffentlicher Belange darauf hinweisen und entsprechende Untersuchungen verlangen. Ein fehlender Umweltbericht führt – wenn er für das Abwägungsergebnis ursächlich gewesen ist – zur Unwirksamkeit eines UVP-pflichtigen Bebauungsplans (§ 214 III 2 BauGB).[44]

622 Wird ein Umweltbericht wegen Besorgnis zusätzlicher oder anderer erheblicher nachteiliger Umweltauswirkungen geändert, ist den hiervon berührten Trägern öffentlicher Belange Gelegenheit zu einer ergänzenden Stellungnahme zu geben (§ 4 a III BauGB). Die unterlassene erneute Beteiligung der Träger öffentlicher Belange ist zwar für sich nicht beachtlich (§ 214 I 1 Nr. 2 BauGB), kann aber zu Abwägungsfehlern führen, wenn hierdurch wichtige Umweltbelange nicht in die gemeindliche Abwägung eingestellt worden sind.[45]

5. Beachtlichkeit der Stellungnahmen

623 Die Behörden und sonstigen Träger öffentlicher Belange haben nach § 4 BauGB **Beteiligungsrechte**. Unmittelbare **Entscheidungsbefugnisse** i. S. der Steuerung des Bauleitplanverfahrens durch Verweigerung einer Zustimmung oder eines die Gemeinde bindenden Vetorechts kommt ihnen jedoch – abgesehen von ausdrücklichen gesetzlichen Ermächtigungen – nicht zu. Die Belange sind nur dort der Abwägung entzogen und erweisen sich als vorrangig, wo sich dies aus gesetzlichen Regelungen ergibt. Die Stellungnahmen der Behörden und sonstigen Träger öffentlicher Belange sind vielmehr vom Grundsatz her in der Abwägung nach § 1 VII BauGB zu berücksichtigen. Die Gemeinde wird allerdings durch das Schweigen eines Trägers öffentlicher Belange nicht von der Ermittlung und Abwägung der erkennbaren oder nach Lage der Dinge sich aufdrängenden Belange befreit.[46] Dasselbe gilt für zustimmende Stellungnahmen der am Planverfahren beteiligten Fachbehörden und Träger öffentlicher Belange. Die **Gemeinde** wird durch solche Zustimmungserklärungen zu Planentwürfen nicht von ihrer **Verpflichtung** entbunden, sich selbst **Gewissheit** über die **abwägungserheblichen Belange zu verschaffen**. Durch die sich aus dem Abwägungsgebot ergebenden Anforderungen an die Berücksichtigung von Belangen wird die in § 4 a VI BauGB enthaltene Regelung relativiert, dass die Gemeinde nicht fristgerecht vorgebrachte Stellungnahmen der Träger öffentlicher Belange nicht berücksichtigen muss. Denn die Berücksichtigung von nicht vorgetragenen Belangen ist erforderlich, wenn die Belange der Gemeinde be-

---

[43] VGH München, B. v. 15.10.1999 – 1 ZE/CE 99.2148 – DVBl 2000, 207, auch schon, B. v. 16.4.1981 – 20 CS 80D.61 –.

[44] Rn. 420 a.

[45] Rn. 420 c.

[46] BVerwG, B. v. 9.11.1979 – 4 N 1.78 – BVerwGE 59, 87 = RzB Rn. 26; BGH, Urt. v. 21.12.1989 – III ZR 118/88 – NJW 1990, 1038 = RzB Rn. 45 – Dormagen.

kannt sind oder ihr hätten bekannt sein müssen oder für die Rechtmäßigkeit der Abwägung von Bedeutung sind (§ 4a VI BauGB). Von der aus dem Abwägungsgebot abzuleitenden Verpflichtung, im Rahmen der Bauleitplanung alle nach Lage der Dinge beachtlichen Belange zu ermitteln und in die Abwägung einzustellen, wird die Gemeinde daher auch durch § 4a VI BauGB nicht freigestellt. Sie kann sich allerdings auf die von den Fachbehörden abgegebenen Stellungnahmen verlassen, wenn der Gemeinde keine anderweitigen Erkenntnisse vorliegen und ihr solche nach Lage der Dinge auch nicht bekannt sein müssen.

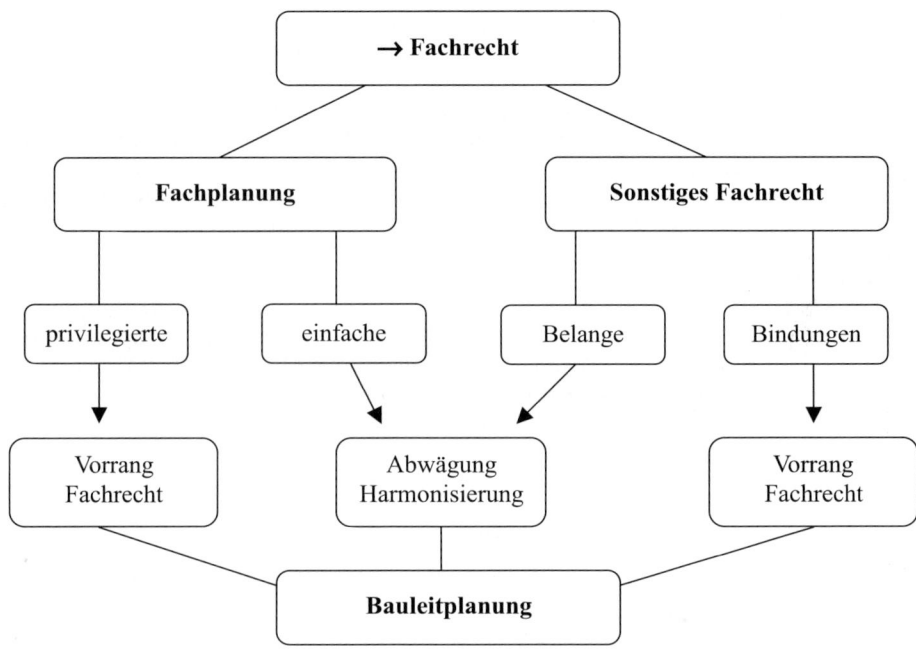

Die von den Behörden und sonstigen Trägern vorgebrachten Belange sind grundsätz- **624** lich der Abwägung zugänglich (§ 1 VIII, 2 III BauGB), können also von der Gemeinde nach **Abwägung** anderen gewichtigeren Belangen geopfert werden. Allerdings kann vor allem das jeweilige Fachrecht einen relativen oder absoluten **Vorrang** regeln. So sind etwa gesetzliche Planungsleitsätze für die Gemeinde in der Bauleitplanung bindend und nicht durch Abwägung überwindbar. Werden derartige Belange von den Trägern vorgebracht, so ergeben sich daraus entsprechende Bindungen, die durch Abwägung nicht überwindbar sind. Derartige Bindungen können sich etwa aus dem Anpassungsgebot an die Ziele der Raumordnung (§ 1 IV BauGB) oder aus gesetzlichen Regelungen des Natur- und Landschaftsschutzes ergeben, wenn das jeweilige **Fachrecht** einen auch durch Ausnahmeregelungen nicht zu überwindenden Vorrang vorsieht.

Die Verwirklichung von Festsetzungen eines Bebauungsplans kann u. a. auch gegen **ar-** **625** **tenschutzrechtliche Verbote des § 44 BNatSchG**[47] verstoßen, es sei denn, es liegt eine Ausnahme § 45 VII BNatSchG oder eine Befreiung von diesen Verboten vor (§67 BNatSchG).[48] Zudem können Vollzugshandlungen genehmigungspflichtig sein, wie etwa das Roden von Wald gem. § 9 I BWaldG i. V. mit dem Landesrecht. Der Bebauungsplan selbst bedarf noch nicht der Befreiung oder Genehmigung nach den genannten Vorschrif-

---

[47] S. Rn. 912.
[48] Zum Artenschutzrecht s. Rn. 912.

ten, sondern erst die Realisierungsmaßnahmen. Die Vorschriften richten sich – so das BVerwG – nicht an den Plangeber, sondern an denjenigen, der den Plan umsetzen will. Das Nicht-Vorliegen einer Ausnahme oder einer Befreiung von dem Verbot des § 44 BNatSchG oder einer Genehmigung nach § 9 I BWaldG i. V. mit Landesrecht berührt demnach die Rechtmäßigkeit eines Bebauungsplans grundsätzlich nicht. Wenn aber der Bebauungsplan aus Rechtsgründen nicht zu vollziehen ist, also die mit seinem Erlass gesetzte Aufgabe der verbindlichen Bauleitplanung nicht erfüllen kann, ist auch die Erforderlichkeit der Bauleitplanung nach § 1 III BauGB zweifelhaft. Derartige dauerhafte Hindernisse für die Verwirklichung der Festsetzungen eines Bebauungsplans können sich etwa aus den naturschutzrechtlichen oder forstrechtlichen Vorschriften ergeben, wenn beispielsweise eine naturschutzrechtliche Ausnahme oder Befreiung oder eine Genehmigung nicht erteilt werden kann und daher der Vollzug des Bebauungsplans nicht möglich ist.[49] Eingriffe in Natur und Landschaft auf Grund eines Bebauungsplans sind von speziellen artenschutzrechtlichen Verboten nicht freigestellt. Vielmehr bedarf es gegebenenfalls einer artenschutzrechtlichen Ausnahme oder Befreiung unter den Voraussetzungen von §§ 45, 67 BNatSchG.[50] Tiere und Pflanzen der geschützten Art oder ihre Lebensräume werden bereits dann absichtlich beeinträchtigt i. S. von § 43 IV BNatSchG 2002,[51] wenn der Eingriff zwangsläufig zur Beeinträchtigung führt. Ein gezieltes Vorgehen ist dazu nicht erforderlich.[52]

626   Die Behörden und sonstigen Träger öffentlicher Belange können allerdings im Rahmen ihrer Zuständigkeiten für die Gemeinde **Daten** setzen, die für die **Bauleitplanung verbindlich** sind. Dies gilt etwa für die Ergebnisse der privilegierten Fachplanung nach § 38 BauGB oder bauliche Maßnahmen des Bundes und der Länder nach § 37 BauGB. Im Rahmen ihrer gesetzlichen Eingriffsbefugnisse können die Fachbehörden gemeindliche Belange überwinden und eigenständiges Recht setzen, das von der planenden Gemeinde zu beachten ist. Ob ein derartiger Vorrang der → Fachverwaltung besteht, ist den jeweiligen Fachgesetzen zu entnehmen.[53]

6. Zeitpunkt der Behördenbeteiligung

627   Die erste Stufe der **Behördenbeteiligung** soll nach § 4 I BauGB **möglichst frühzeitig** erfolgen. Sie darf also nicht erst stattfinden, wenn die Planung so verfestigt ist, dass eine Berücksichtigung der von den Trägern einzubringenden Belange wegen des vorangeschrittenen Planungsstadiums im Rahmen der Abwägung nicht mehr möglich ist. Das Gesetz schreibt allerdings den genauen Zeitpunkt der Behördenbeteiligung nicht vor. Dies gilt auch im Verhältnis zur Öffentlichkeitsbeteiligung nach § 3 BauGB.

7. Präklusion von nicht rechtzeitig vorgebrachten Belangen

628   Belange, die von den Trägern öffentlicher Belange nicht fristgemäß vorgetragen wurden, sind nach § 4 III 2 BauGB in der Abwägung nur zu berücksichtigen, wenn die verspätet vorgebrachten Belange der Gemeinde bekannt sind oder ihr hätten bekannt sein müssen oder für die Rechtmäßigkeit der Abwägung von Bedeutung sind. Die → **Präklusion** bestimmter öffentlicher Belange verschiebt sich damit grundsätzlich vom Zeitpunkt der Beschlussfassung (§ 214 III 1 BauGB) auf den Abschluss des Beteiligungsverfahrens für die Träger öffentlicher Belange.[54]

---

[49] BVerwG, B. v. 25.8.1997 – 4 NB 12.97 – NVwZ-RR 1998, 162 = NuR 1998, 135; zu § 24 a NatSchG BW/§§ 42, 43 BNatSchG VGH Mannheim, Urt. v. 13.6.1997 – 8 S 2799.96 – NuR 1998, 146, dort auch zur Möglichkeit einer Heilung nach altem Recht.

[50] Art 12, 13, 16 FFH-Richtlinie (EWGRL 43/92) oder Art. 5 – 7, 9 Vogelschutzrichtlinie.

[51] Art 12 FFH-Richtlinie (EWGRL 43/92).

[52] VGH Kassel, Urt. v. 25.2.2004 – 3 N 1699/03 – NuR 2004, 397 = BauR 2004, 1046 – Lärmgutachten.

[53] S. Rn. 39.

[54] *Pflaumer/Runkel* BBauBl. 1990, 391.

→ **Präklusion.** Sie betrifft den Ausschluss von Einwendungen und Belangen. **Formell** ist eine **Präklusion**, wenn nach Verstreichen der Frist erhobene Einwendungen im Verwaltungsverfahren nicht mehr berücksichtigt werden müssen (§§ 3 II 4, 4 II BauGB). Die dahinter stehenden Belange bestehen allerdings fort. Bei der **materiellen Präklusion** sind die nicht rechtzeitig vorgebrachten Belange untergegangen in dem Sinne, dass sie auch in einem nachfolgenden Gerichtsverfahren nicht mehr geltend gemacht werden können (§ 73 IV 3 VwVfG).

Die **Präklusion** der **Rügemöglichkeiten** ist nur bei entsprechender rechtsstaatlicher **629** Handhabung verfassungsrechtlich unbedenklich.[55] Dabei muss die Präklusion durch Gründe des öffentlichen Wohls gerechtfertigt sein. Zudem dürfen die Verfahrensrechte der Beteiligten nicht unzulässig verkürzt werden. Der Gesetzgeber stellt dies durch die Regelung sicher, dass Belange im Abwägungsverfahren nur ausfallen dürfen, wenn sie nicht nach Lage der Dinge auch ohne das Vorbringen des beteiligten Trägers bekannt waren oder hätten bekannt sein müssen. § 4 VI 1 BauGB knüpft damit an die Rechtsprechung des BVerwG[56] an, wonach die durch die Planung (negativ) betroffenen Belange in die Abwägung nur eingestellt werden müssen, wenn sie mehr als geringfügig, schutzwürdig und für die Gemeinde erkennbar sind. Die Erkennbarkeit der Belange wird dabei wesentlich durch die Behördenbeteiligung und die Öffentlichkeitsbeteiligung gesteuert. Für die Gemeinde ist erkennbar, was im Verfahren der Behördenbeteiligung nach § 4 BauGB oder im Verfahren der vorgezogenen und förmlichen Öffentlichkeitsbeteiligung nach § 3 BauGB vorgetragen worden ist. Im Übrigen braucht die Gemeinde negativ betroffene Belange nur in die Abwägung einzustellen, wenn sie offensichtlich sind, sich dem Planer also geradezu aufdrängen und sozusagen offen auf der Hand liegen. Die Behörden und sonstigen Träger öffentlicher Belange haben dabei keinen Vertrauensschutz dahin gehend, Verfahrensfehler, die nicht offensichtlich sind, noch später geltend machen zu können.[57] Für die Öffentlichkeitsbeteiligung gelten entsprechende Regelungen (vgl. auch § 214 III 2 BauGB).

8. Rechtsfolgen der fehlerhaften Behördenbeteiligung

Werden Behörden und sonstige Träger öffentlicher Belange nicht nach § 4 I BauGB im **630** Planaufstellungsverfahren frühzeitig beteiligt, so kann dies zur Unwirksamkeit des Planes führen. Nach § 214 I 1 Nr. 2 BauGB ist eine Verletzung von Verfahrens- und Formvorschriften für die Rechtswirksamkeit der Bauleitplanung u. a. dann beachtlich, wenn die Vorschriften über die Beteiligung der Behörden und sonstigen Träger öffentlicher Belange nach § 4 II BauGB verletzt worden sind. Dabei ist allerdings unbeachtlich, wenn bei Anwendung der Vorschrift einzelne Personen, Behörden oder sonstige Träger öffentlicher Belange nicht beteiligt worden sind, die entsprechenden Belange jedoch unerheblich waren oder in der Entscheidung berücksichtigt worden sind. Unschädlich ist daher die Nichtbeteiligung einzelner Behörden oder sonstiger Träger – allerdings auch hier mit dem Vorbehalt, dass die verfassungsrechtlich gebotenen Anforderungen an die Abwägung eingehalten worden sind. Sind daher einzelne Behörden oder sonstige Träger öffentlicher Belange nicht beteiligt worden, so ist dies nur dann für die Rechtswirksamkeit der Bauleitplanung beachtlich, wenn von diesen Trägern wesentliche Belange vorgebracht werden konnten und die Gemeinde diese Belange in der Abwägung nicht berücksichtigt hat. Dann kann die Nichtbeteiligung einzelner Träger bedeutsame Abwägungsdefizite erzeugen, die zur Teil- oder sogar Gesamtunwirksamkeit der Planung führen können.

[55] BVerwG, Urt. v. 6.8.1982 – 4 C 66.79 – BVerwGE 66, 99 = NJW 1984, 1250 – Rhein-Main-Donau-Kanal.

[56] BVerwG, B. v. 9.11.1979 – 4 N 1.78 – BVerwGE 59, 87 = RzB Rn. 26.

[57] *Kühling/Hermann,* Fachplanungsrecht, Rn. 187, 191.

9. Informationspflichten der Behörden nach Abschluss des Verfahrens

631 Nach Abschluss des Bauleitplanverfahrens haben die Behörden die Gemeinde zu unterrichten, sofern nach ihnen vorliegenden Erkenntnissen die Durchführung des Bauleitplans erhebliche, insbesondere unvorhergesehene nachteilige Auswirkungen auf die Umwelt hat (§ 4 III BauGB). Diese Informationspflicht besteht nur für Behörden, nicht auch für sonstige Träger öffentlicher Belange. Diesen ist es jedoch nicht untersagt, von sich aus der Gemeinde bei ihnen vorliegende Informationen zur Verfügung zu stellen. Die Informationspflicht dient der nach § 4 c BauGB vorgeschriebenen Überwachung. Entsprechend diesem Zweck sollte sich die Information insbesondere auf unvorhergesehene Auswirkungen beschränken. Vorhergesehene Auswirkungen waren bereits Grundlage der Abwägungsentscheidung. Darüber hinaus würde eine unkommentierte Übermittlung aller denkbaren Informationen die Gemeinden überlasten und damit die Gefahr erhöhen, dass eine Auswertung nicht oder mit falschen Ergebnissen erfolgt.[58]

IV. Öffentlichkeitsbeteiligung

632 Neben die Beteiligung der Träger öffentlicher Belange nach § 4 BauGB tritt die → Öffentlichkeitsbeteiligung nach § 3 BauGB als wesentliches Kernstück der öffentlichen Verfahrensbeteiligung.[59] Die Öffentlichkeitsbeteiligung hat zum Ziel, das gemeindliche Abwägungsmaterial (§ 2 III BauGB) zu verbreitern (**Informationsfunktion**), die Öffentlichkeit an dem Planungsprozess zu beteiligen (**demokratische Funktion**) und ihre Einwirkungsmöglichkeiten zu verbessern (**Rechtsschutzfunktion**) sowie die Akzeptanz gemeindlicher Planungen zu erhöhen (**Integrationsfunktion**). Die Öffentlichkeitsbeteiligung gliedert sich in eine **frühzeitige (vorgezogene) Öffentlichkeitsbeteiligung** nach § 3 I BauGB sowie eine **förmliche Öffentlichkeitsbeteiligung** nach § 3 II BauGB.[60] In der vorgezogenen Öffentlichkeitsbeteiligung wird die Öffentlichkeit über die Planungsentwürfe und Konzeptionen informiert und erhalten Gelegenheit zur öffentlichen Erörterung und Stellungnahme. Die förmliche Öffentlichkeitsbeteiligung gilt der ausgearbeiteten Planung, die für einen Monat öffentlich ausliegt und zu der von jedermann Stellungnahmen vorgetragen werden können. Die Öffentlichkeitsbeteiligung gem. § 3 BauGB wurde allerdings nicht in Erfüllung einer grundrechtlichen Schutzpflicht erlassen, sondern hat gem. § 1 I BauGB die dem Gemeinwohl dienende Aufgabe, die bauliche und sonstige Nutzung der Grundstücke in der Gemeinde vorzubereiten und zu leiten.[61] Zudem wird mit den Regelungen über die Öffentlichkeitsbeteiligung eine europarechtliche Verpflichtung aus der Plan-UP-Richtlinie umgesetzt. Die frühere Bürgerbeteiligung ist durch das EAG Bau 2004 zur Öffentlichkeitsbeteiligung geworden. Dies dient der Wortanpassung an die Plan-UP-Richtlinie, ohne dass damit bereits eine inhaltliche Änderung verbunden ist. Neben der Anpassung an die europarechtliche Terminologie diente die Änderung insbesondere der Klarstellung, dass nicht nur die Bürger im kommunalrechtlichen Sinne, sondern auch Personen aus anderen Gemeinden sowie Naturschutzvereinigungen, die nicht Träger öffentlicher Belange sind, sich – wie bisher – im Rahmen des § 3 BauGB beteiligen können.

---

[58] EAG Bau-Mustererlass 2004.

[59] Zur Bürgerbeteiligung *Fisahn* NJ 1996, 63; *Morlock/Freiburg* BWVPr. 1992, 5; *Schmidt-Eichstaedt* StuGB 1992, 321; *Schmidt-Jortzig* DÖV 1981, 371; *Stüer* BayVBl. 1990, 39; *Tettinger* NWVBl. 1993, 284; *Wickrath* Bürgerbeteiligung im Recht der Raumordnung und Landesplanung 1992.

[60] *BKL* § 3 Rn. 1 ff.; *Hoppe* in: HBG § 5 Rn. 82; *Rothe* Rn. 94, 154.

[61] BVerwG, B. v. 3.8.1982 – 4 B 145.82 – Buchholz 406.11 § 2 a BBauG Nr. 4 = DVBl 1982, 1096 = DÖV 1982, 941.

→ **Öffentlichkeitsbeteiligung.** Die frühere Bürgerbeteiligung ist durch das EAG Bau 2004 in **Öffentlichkeitsbeteiligung** umbenannt worden (§ 3 BauGB). Bei der Bauleitplanung ist die Öffentlichkeit zu beteiligen. Bereits in einem recht frühen Verfahrensstadium ist die Öffentlichkeit in einer **vorgezogenen Öffentlichkeitsbeteiligung** in die Planung einzubeziehen (§ 3 I BauGB). Wenn die Bauleitplanung einen entsprechenden Reifegrad erreicht hat, ist die Öffentlichkeit erneut in einer **förmlichen Öffentlichkeitsbeteiligung** zu beteiligen (§ 3 II BauGB). Die Öffentlichkeitsbeteiligung soll das Abwägungsmaterial verbreitern, die Öffentlichkeit in den Planungsprozess einbeziehen, ihre Einwirkungsmöglichkeiten verbessern und die Akzeptanz der gemeindlichen Planungen sowie deren Qualität erhöhen. Bei einer Planänderung muss grundsätzlich eine erneute Öffentlichkeitsbeteiligung stattfinden (§ 4 a III BauGB). Werden durch die Änderung oder Ergänzung des Bauleitplans die Grundzüge der Planung nicht berührt, kann die Einholung der Stellungnahmen allerdings auf die von der Änderung oder Ergänzung betroffene Öffentlichkeit beschränkt werden.

1. Vorgezogene Öffentlichkeitsbeteiligung

Nach § 3 I BauGB ist die Öffentlichkeit möglichst frühzeitig über die allgemeinen Ziele **633** und Zwecke der Planung, sich wesentlich unterscheidende Lösungen, die für die Neugestaltung oder Entwicklung eines Gebiets in Betracht kommen, und die voraussichtlichen Auswirkungen der Planung öffentlich zu unterrichten; ihnen ist Gelegenheit zur Äußerung und Erörterung zu geben. Als Öffentlichkeit kann sich jedermann, d. h. jede natürliche oder juristische Person, an der Information und Stellungnahme beteiligen. Ein Nachweis eines irgendwie gearteten eigenen Interesses, abwägungserheblicher Belange oder gar eigener Rechte ist nicht erforderlich.

a) Grundsätze. Die frühzeitige (vorgezogene) Öffentlichkeitsbeteiligung umfasst eine **634** öffentliche Unterrichtung, an die sich die Gelegenheit zur Äußerung und Erörterung anschließt. Die frühzeitige Öffentlichkeitsbeteiligung dient dem Ziel, die Öffentlichkeit über die von der Gemeinde beabsichtigten Planungskonzepte und -ziele bereits in einem frühen Stadium zu informieren und ihnen Gelegenheit zu geben, eigene Wünsche und Vorstellungen in den Planungsprozess einzubringen (→ *Abbildungen 76 und 77).* Im Gegensatz zur förmlichen Öffentlichkeitsbeteiligung soll dies auf eine gesetzlich nicht im Einzelnen festgelegte Weise geschehen. Den Gemeinden stehen insoweit bei der **Verfahrensgestaltung** entsprechende **Spielräume** zur Verfügung. Auch ist durch § 214 I 1 Nr. 2 BauGB sichergestellt, dass Fehler in der Durchführung der frühzeitigen Öffentlichkeitsbeteiligung auf die Rechtswirksamkeit der Bauleitplanung keinen Einfluss haben.[62] Die Gemeinde entscheidet dabei im Rahmen der gesetzlichen Vorgaben selbst über die Art und Weise der Öffentlichkeitsbeteiligung. Auch kann die Gemeinde sich selbst entsprechende Verfahrensrichtlinien für die Durchführung der frühzeitigen Öffentlichkeitsbeteiligung geben. Auch **Kinder und Jugendliche** sind bei der vorgezogenen Öffentlichkeitsbeteiligung nach der Ergänzung des § 3 I BauGB durch die BauGB-Novelle 2013 Teil der Öffentlichkeit (§ 3 I 2 BauGB) – vielleicht auch nicht nur bei der vorgezogenen, sondern auch bei der förmlichen Öffentlichkeitsbeteiligung.[63]

Die Information der Gemeinde soll sich auf die **öffentliche Unterrichtung** über die **635** allgemeinen **Ziele** und **Zwecke** der **Planung** beziehen sowie sich wesentlich unterscheidende in Betracht kommende Lösungen und die voraussichtlichen **Auswirkungen** der Planung aufzeigen.

---

[62] BVerwG, Urt. v. 23.10.2002 – 4 BN 53.02 – BauR 2003, 216 = NVwZ-RR 2003, 172.

[63] Zur Öffentlichkeitsbeteiligung und plebiszitären Elementen in der Bauleitplanung Portz in Bau- und Fachplanungsrecht, FS für *Stüer,* 2013, 239. Zur elektronischen Beteiligung in der Bauleitplanung Winter, in Bau- und Fachplanungsrecht (ebenda), 2013, 295.

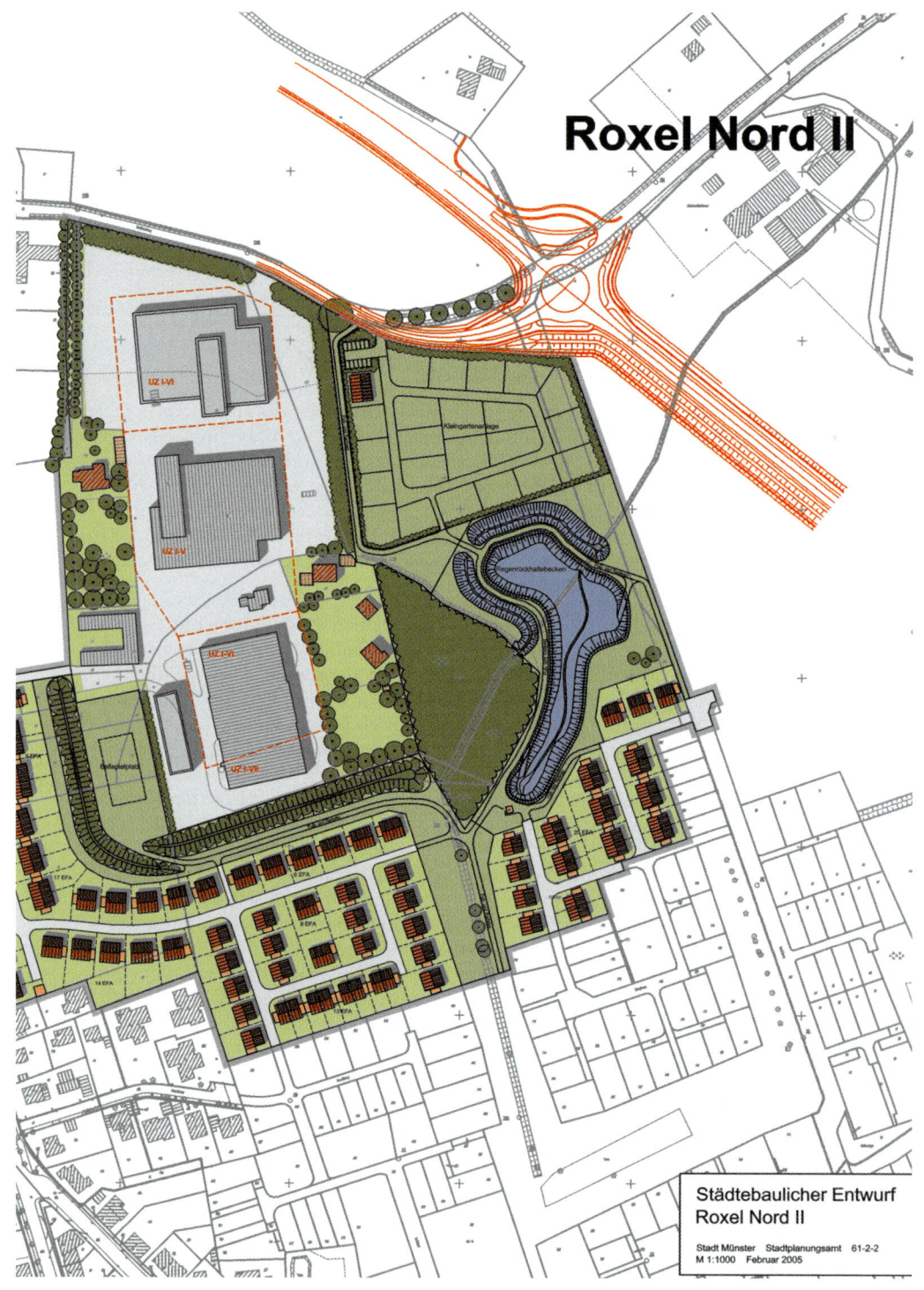

Abbildung 76: *Städtebaulicher Entwurf für vorgezogene Öffentlichkeitsbeteiligung*

Abbildung 77: *Städtebaulicher Entwurf für vorgezogene Öffentlichkeitsbeteiligung*

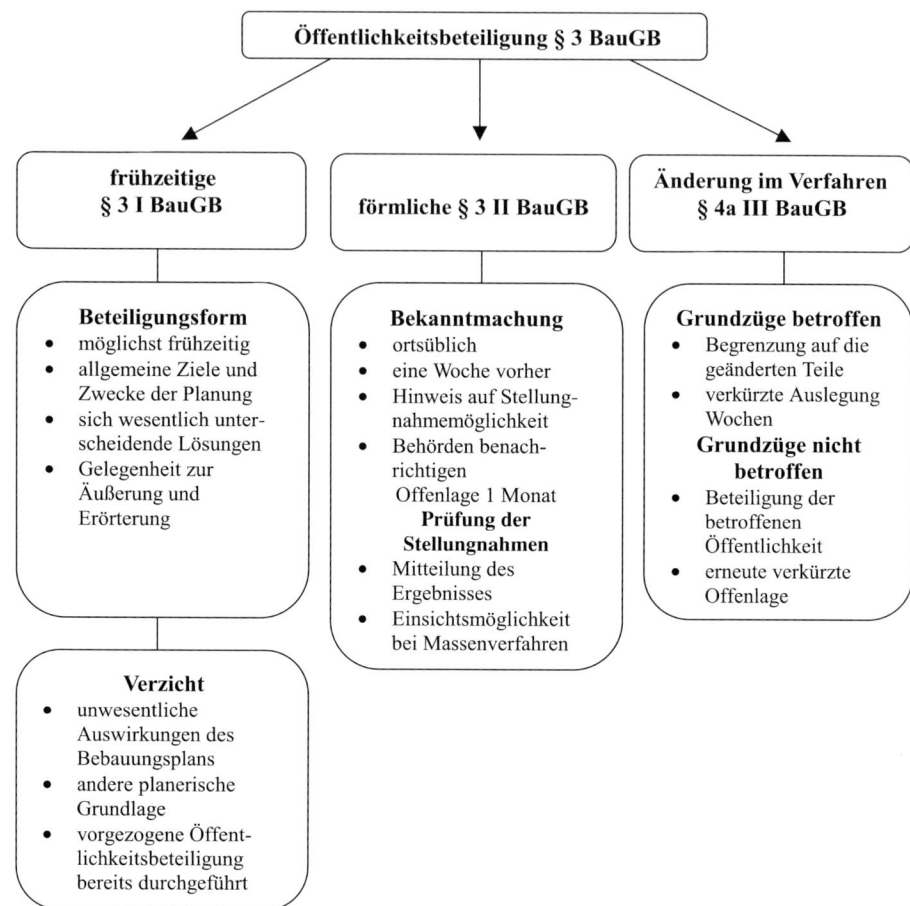

---

636   In der vorgezogenen Öffentlichkeitsbeteiligung soll auf der Grundlage dieser Informationen **Gelegenheit** zur **Äußerung** und **Unterrichtung** gegeben werden. Dies sollte in geeigneter Weise geschehen, etwa in einer Bürgerversammlung des Stadt- oder Ortsbezirks. Die Unterrichtung der Öffentlichkeit über diese Veranstaltung könnte etwa durch Bekanntmachung in den amtlichen Bekanntmachungsblättern und im Aushangkasten der Gemeinde, durch Zeitungsberichte, Plakate, Flugblätter, Hauswurfsendungen, Ausstellungen oder vergleichbare Informationsmittel erfolgen.

Beispiel: Die Bürger des von der Planung betroffenen Viertels werden durch öffentliche Bekanntmachung und Presseberichte zu einer Bürgerversammlung eingeladen, die von einem Mitglied des Planungsausschusses oder dem Vorsitzenden der Bezirksvertretung oder des Ortsrates geleitet wird. In der Bürgerversammlung werden die Planungsvorstellungen anhand entsprechender Bebauungsplanentwürfe dargestellt und die voraussichtlichen Auswirkungen der Planung aufgezeigt. Die in der Versammlung von der Öffentlichkeit abgegebenen Stellungnahmen werden protokolliert. Außerdem wird Gelegenheit gegeben, innerhalb von weiteren zwei Wochen schriftlich zur Planung Stellung zu nehmen.

637 b) Verzicht auf eine frühzeitige Öffentlichkeitsbeteiligung. Der eigenen gemeindlichen Gestaltungsmöglichkeit im Bereich der vorgezogenen Öffentlichkeitsbeteiligung entspricht, dass nach § 3 I 2 BauGB von einer **Unterrichtung** und **Erörterung abgesehen** werden kann, wenn

– ein Bebauungsplan aufgestellt oder aufgehoben wird und sich dies auf das Plangebiet und die Nachbargebiete nur unwesentlich auswirkt oder
– die Unterrichtung und Erörterung bereits zuvor auf anderer planerischer Grundlage erfolgt sind.
– Außerdem kann nach **§ 13 BauGB** im Falle der Änderung eines Bebauungsplans auf eine frühzeitige Öffentlichkeitsbeteiligung verzichtet werden, wenn durch die Änderungen oder Ergänzungen die Grundzüge der Planung nicht berührt werden und kein UVP-pflichtiges oder vorprüfungspflichtiges Projekt mit erheblichen nachteiligen Umweltauswirkungen nach der Anlage 1 zu § 3 UVPG ausgewiesen werden soll. Auch dürfen keine Belange des Habitat- oder Vogelschutzes betroffen sein (§ 13 I Nr. 2 BauGB).

Der **Verzicht** auf die **frühzeitige Öffentlichkeitsbeteiligung** ist für die Aufstellung   638
oder Aufhebung eines Bauleitplans in **§ 3 I BauGB** geregelt. Für die Änderung oder Ergänzung eines Bauleitplans gilt § 13 BauGB. Weitere Regelungen hierzu enthalten die
§§ 34 VI und 35 VI BauGB für Innenbereichs- und Außenbereichssatzungen. Eine **frühzeitige Öffentlichkeitsbeteiligung** ist danach **erforderlich**, wenn
– ein Flächennutzungsplan neu aufgestellt wird (§ 3 I BauGB) oder in seinen Grundzügen geändert wird (§ 13 BauGB),
– im Bauleitplan ein UVP-pflichtiges oder vorprüfungspflichtiges Projekt mit erheblichen nachteiligen Umweltauswirkungen nach Anlage 1 zum UVPG „Liste der UVP-
pflichtigen Vorhaben" zugelassen werden soll oder Belange des Habitat- oder Vogelschutzes berührt werden (§ 13 I BauGB),
– ein Bebauungsplan neu aufgestellt oder aufgehoben wird und sich dies auf das Plangebiet oder die Nachbargebiete mehr als nur unwesentlich auswirkt (§ 3 I 2 Nr. 2
BauGB),
ein Bebauungsplan geändert oder ergänzt wird und dadurch die Grundzüge der Planung betroffen werden.

Eine frühzeitige Öffentlichkeitsbeteiligung ist nicht erforderlich, wenn   639
– ein Flächennutzungsplan geändert oder ergänzt werden soll, hierdurch die Grundzüge
der Planung nicht berührt werden, die Planänderung oder -ergänzung nicht ein UVP-
pflichtiges oder vorprüfungspflichtiges Projekt mit erheblichen nachteiligen Umweltauswirkungen nach Anlage 1 zum UVPG betrifft oder Belange des Habitat- oder
Vogelschutzes nicht berührt werden (§ 13 I BauGB)
– ein Bebauungsplan der Innenentwicklung unter den Voraussetzungen des § 13 a BauGB
aufgestellt oder geändert wird,
– ein Bebauungsplan neu aufgestellt oder aufgehoben wird und sich dies auf das Plangebiet oder die Nachbargebiete nur unwesentlich auswirkt (§ 3 I 2 Nr. 1 BauGB),
– wenn die Unterrichtung und Erörterung bereits auf anderer planerischer Grundlage
stattgefunden hat (§ 3 I 2 Nr. 2 BauGB),
– für einen bisherigen nicht beplanten Innenbereich nach § 34 BauGB ein Bebauungsplan aufgestellt wird, mit dem sich der aus der Eigenart der näheren Umgebung ergebende Zulässigkeitsmaßstab nicht wesentlich geändert wird (§ 13 I BauGB),
– eine Innenbereichssatzung aufgestellt werden soll (§ 34 VI BauGB),
– eine Außenbereichssatzung aufgestellt werden soll (§ 35 VI 5 BauGB).

Die **frühzeitige Öffentlichkeitsbeteiligung** ist daher immer dann **entbehrlich**, 640
wenn bereits eine ausreichende Beteiligung der Öffentlichkeit stattgefunden hat oder ein
vereinfachtes Verfahren nach §§ 13, 13 a BauGB durchgeführt wird. Während bei der erstmaligen Aufstellung des **Flächennutzungsplans** eine frühzeitige Öffentlichkeitsbeteiligung durchgeführt werden muss, kann davon bei einer Änderung oder Ergänzung des
Flächennutzungsplans oder des Bebauungsplans abgesehen werden, wenn hierdurch die
Grundzüge der Planung nicht berührt werden (§ 13 I BauGB).[64] Auch bedarf es keiner

---

[64] BVerwG, B. v. 18.12.1987 – 4 NB 2.87 – ZfBR 1988, 90 = RzB Rn. 148; Urt. v. 18.7.1989 – 4
N 3.87 – BVerwGE 82, 225 = RzB Rn. 194; B. v. 22.9.1989 – 4 NB 24.89 – NVwZ 1990, 361 =

frühzeitigen Öffentlichkeitsbeteiligung, wenn ein **Bebauungsplan der Innenentwicklung** unter den Voraussetzungen des § 13 a BauGB[65] aufgestellt wird. Es dürfen allerdings auch keine UVP-pflichtigen oder vorprüfungspflichtigen Vorhaben mit erheblichen nachteiligen Umweltauswirkungen nach Anlage 1 zum UVPG Gegenstand der Planung sein. Auch Belange des Habitat- oder Vogelschutzes dürfen nicht berührt werden. Auf eine frühzeitige Öffentlichkeitsbeteiligung kann daher vor allem bei der Aufstellung oder Änderung von Bebauungsplänen der Innenentwicklung (§ 13 a BauGB) oder bei Änderungen oder Ergänzungen verzichtet werden, die sich auf das Planungskonzept nicht wesentlich auswirken und mit denen keine bedeutsamen Vorhaben ausgewiesen werden sollen. Hier bietet § 13 II Nr. 1 BauGB die Möglichkeit, auf eine frühzeitige Öffentlichkeitsbeteiligung zu verzichten. Der Bebauungsplan darf dabei nicht die städtebaulichen Grundstrukturen ändern, muss in seiner Funktion auf das Plangebiet beschränkt sein und darf dabei im Vergleich zum bisher Zulässigen keine wesentlich anderen Nutzungs- und Bebauungsmöglichkeiten festsetzen.

641   Eine frühzeitige Öffentlichkeitsbeteiligung kann ebenso entfallen, wenn die **Unterrichtung bereits auf einer anderen planerischen Grundlage** erfolgt ist (§ 3 I 2 Nr. 2 BauGB). Die andere planerische Grundlage muss in ihrem wesentlichen Inhalt – wie etwa eine städtebauliche Rahmenplanung – dem vorgesehenen Bauleitplan entsprechen. Ein informeller Plan für ausschließlich spezielle Sachbereiche reicht nur aus, wenn auf dieser Grundlage eine sachgerechte Beurteilung der Planungskonzeption möglich ist.

Beispiel: Im Verfahren zur Aufstellung eines Rahmenplans oder Stadtteilkonzeptes sind die Bürger bereits über die Planung eines Bürger- und Freizeitzentrums unterrichtet und in einer Bürgerversammlung zu den vorgestellten Plänen gehört worden. Bei der Aufstellung des Bebauungsplans kann auf eine erneute vorgezogene Öffentlichkeitsbeteiligung verzichtet werden. Ist bereits ein Grünflächen- oder Gestaltungsplan vorgestellt worden, kann auf eine frühzeitige Öffentlichkeitsbeteiligung verzichtet werden, wenn die Planungskonzeption des Bebauungsplans sich nicht wesentlich davon unterscheidet.

642   Die vorgezogene Öffentlichkeitsbeteiligung muss nicht mehrfach durchgeführt werden. An die Unterrichtung und Erörterung nach § 3 I BauGB schließt sich daher die förmliche Öffentlichkeitsbeteiligung nach § 3 II BauGB folgerichtig auch dann an, wenn die Erörterung zu einer Änderung der Planung führt. Im Interesse der beabsichtigten Verfahrensbeschleunigung ist diese Vorschrift weit auszulegen. Eine **zweite vorgezogene Öffentlichkeitsbeteiligung** ist daher auch dann nicht erforderlich, wenn die Änderung nicht von der Öffentlichkeit im Erörterungstermin vorgebracht worden ist, sondern von anderer Seite, etwa von Fachbehörden oder planungsinteressierten Investoren, eingebracht worden ist.

2. Förmliche Öffentlichkeitsbeteiligung

643 Ist die eigentliche Konzeptions- und Planungsphase abgeschlossen und der Bauleitplan vom Grundsatz her beschlussreif fertig gestellt, erfolgt die förmliche Öffentlichkeitsbeteiligung. Nach **§ 3 II BauGB** sind die Entwürfe der Bauleitpläne mit der Begründung und den nach Einschätzung der Gemeinde wesentlichen, bereits vorliegenden umweltbezogenen Stellungnahmen für die Dauer eines Monats öffentlich auszulegen. Ort und Dauer der Auslegung sowie Angaben dazu, welche Arten umweltbezogener Informationen verfügbar sind, sind mindestens eine Woche vorher ortsüblich bekanntzumachen mit dem Hinweis darauf, dass Stellungnahmen während der Auslegungsfrist vorgebracht werden können und dass nicht fristgemäß abgegebene Stellungnahmen bei der Be-

---

DVBl 1990, 364; B. v. 31.10.1989 – 4 NB 7.89 – NVwZ-RR 1990, 286 = RzB Rn. 212; B. v. 20.11.1989 – 4 B 163.89 – NVwZ 1990, 556 = RzB Rn. 327; OVG Münster, Urt. v. 12.5.1989 – 11a NE 51/87 – NVwZ 1990, 894 = UPR 1990, 103.
[65] S. Rn. 223.

schlussfassung über den Bauleitplan unberücksichtigt bleiben können. Bei Aufstellung eines Bebauungsplans ist zusätzlich darauf hinzuweisen, dass ein Antrag nach § 47 VwGO unzulässig ist, soweit mit ihm Einwendungen geltend gemacht werden, die vom Antragsteller im Rahmen der Auslegung nicht oder verspätet geltend gemacht wurden, aber hätten geltend gemacht werden können (§ 3 II BauGB). Bei der Beurteilung, welche „wesentlichen" bereits vorliegenden umweltbezogenen Stellungnahmen nach § 3 I 1 BauGB öffentlich auszulegen sind, ist den Gemeinden ein Beurteilungsspielraum eingeräumt, der gerichtlich nur dahin zu prüfen ist, ob ein offensichtlicher Rechtsmissbrauch vorliegt.[66] Der Begriff der „Stellungnahmen" ist ohne inhaltliche Änderung an die Stelle der „Anregungen" (BauGB 1998) oder „Anregungen und Bedenken" (BauGB 1987) getreten. Die begriffliche Neufassung übernimmt die Vorgaben aus der Plan-UP-Richtlinie. Eine sachliche Änderung ist hierdurch jedoch nicht eingetreten. § 3 II BauGB verlangt nicht, dass der Auslegungsbeschluss von der Gemeindevertretung gefasst worden ist. Welches Gemeindeorgan tätig zu werden hat, bestimmt sich vielmehr ausschließlich nach dem jeweils einschlägigen Kommunalrecht.[67] Bundesrechtlich könnte es sogar ausreichen, dass die Offenlage ordnungsgemäß bekannt gemacht worden ist (→ *Textbeispiel 68*).

Billigungsbeschluss

1. Der Entwurf des Bebauungsplans/Flächennutzungsplans für das Gebiet (Gebietsbezeichnung) und der Begründung werden in der vorliegenden Form gebilligt.
2. Der Entwurf des Plans nebst Begründung sind nach § 3 II BauGB öffentlich auszulegen und die beteiligten Träger öffentlicher Belange von der Auslegung zu benachrichtigen.
Feststellung der Beschlussfähigkeit: gesetzliche Mitgliederzahl: 25, davon anwesend: 19.
Es waren nach der GO keine Mitglieder der Gemeindevertretung von der Beratung und Abstimmung ausgeschlossen.
(alternativ:) Es haben folgende Mitglieder der Gemeindevertretung weder an der Beratung noch an der Abstimmung mitgewirkt:
Feststellung des Abstimmungsergebnisses: dafür: 12, dagegen: 1, Stimmenthaltungen: 6.
Die Richtigkeit des Auszuges und die Angabe der Beschlussfähigkeit und Abstimmung werden hiermit beglaubigt. Gleichzeitig wird bescheinigt, dass zur Sitzung unter Mitteilung der Tagesordnung rechtzeitig und ordnungsgemäß eingeladen worden ist. Der Rat war beschlussfähig.
(Ort, Datum, Siegelabdruck) Gemeinde (Ort), Der Bürgermeister (Unterschrift)

Textbeispiel 68: *Billigungsbeschluss*

Auslegungsbekanntmachung

Öffentliche Auslegung des Entwurfs des Flächennutzungsplans/Bebauungsplans der Gemeinde nach § 3 II BauGB.
Bekanntmachung der Gemeinde (Ort)
Betr.: Öffentliche Auslegung des Entwurfs des Flächennutzungsplans/des Bebauungsplans Nr. 15 „Schulstraße" der Gemeinde (Ort) nach § 3 II BauGB
Der von der Gemeindevertretung in der Sitzung vom (Datum des Ratsbeschlusses) gebilligte und zur Auslegung bestimmte Entwurf des Flächennutzungsplans/Bebauungsplans für das Gebiet (hinreichende Gebietsbezeichnung) und der Entwurf der Begründung dazu liegen vom (Auslegungsbeginn) bis zum (Auslegungsende) in der Gemeindeverwaltung (Zimmer Nr.) während folgender Zeiten (Werktage, Stunden) zu jedermanns Einsicht öffentlich aus.
Es liegt auch ein vom Träger des Vorhabens in Auftrag gegebenes Gutachten des Technischen Überwachungsvereins zu den Lärmauswirkungen des geplanten Einkaufszentrums, ein Verkehrsgutachten, ein Einzelhandelsgutachten sowie eine Stellungnahme der Industrie- und Handelskammer aus. Außerdem enthält der Umweltbericht Informationen zu den Auswirkungen der Planung auf Menschen, Tiere, Boden, Wasser, Luft und das Wirkungsgefüge zwischen ihnen und die Nutzung erneuerbarer Energien (§ 1 VI Nr. 7 BauGB).
Eine vorliegende Stellungahme der Denkmalbehörde liegt nicht aus, weil die Ausführungen nach Einschätzung der Gemeinde nicht wesentlich sind.
Während dieser Auslegungsfrist können von jedermann Stellungnahmen zu dem Entwurf schriftlich oder während der Dienststunden zur Niederschrift abgegeben werden. Nicht fristgerecht abgegebene

---

[66] OVG Münster, Urt. v. 13.3.2008 – 7 D 34/07.NE – BauR 2008, 1667 (L) = IBR 2008, 689 – Außenwohnbereich.

[67] BVerwG, Urt. v. 12.5.1995 – 4 NB 5.95 – Buchholz 406.11 § 1 BauGB Nr. 81.

Stellungnahmen können bei der Beschlussfassung über den Bauleitplan unberücksichtigt bleiben, sofern die Gemeinde deren Inhalt nicht kannte und nicht hätte kennen müssen und deren Inhalt für die Rechtmäßigkeit des Bauleitplans nicht von Bedeutung ist (§ 4 a VI BauGB).

(Zusatz beim Bebauungsplan und beim „regelnden" Flächennutzungsplan:) Ein Antrag nach § 47 VwGO ist unzulässig, soweit mit ihm nur Einwendungen geltend gemacht werden, die vom Antragsteller im Rahmen der Auslegung nicht oder verspätet geltend gemacht wurden, aber hätten geltend gemacht werden können (§ 3 II BauGB).

(Ort, Datum, Siegelabdruck) Gemeinde. Der Bürgermeister/Oberbürgermeister (Unterschrift)
Verfahrensvermerk:
Ausgehängt am: (Datum), abzunehmen am: (Datum), abgenommen am: (Datum)
(Siegel) (Unterschrift) (Siegel) (Unterschrift)
oder:
Diese Bekanntmachung ist am (Datum) in der Zeitung (in dem Amtlichen Verkündungsblatt) veröffentlicht worden.
(Ort, Datum, Siegelabdruck) Gemeinde (Ort), Der Bürgermeister (Unterschrift)

Textbeispiel 69: *Auslegungsbekanntmachung*

644   Die **Wochenfrist** ist nach §§ 187 I und 188 II BGB zu berechnen. Es handelt sich um eine Ereignisfrist nach § 187 I BGB. Der Tag der Bekanntmachung zählt hiernach nicht mit. Die Auslegung erfolgt für die Dauer eines Monats, wobei gem. § 187 II BGB der erste Tag der Offenlegung bei der Fristberechnung mitzählt (Ablauffrist).[68] Das Ende der Frist ist nach §§ 188 I, 193 BGB zu berechnen.[69] Für die ortsübliche Bekanntmachung der Offenlegungsfrist genügt, wenn der erste Tag der Auslegungsfrist datumsmäßig benannt wird und auf die Monatsfrist hingewiesen wird.[70] Die Behörden und sonstigen Träger öffentlicher Belange sollen von der Auslegung benachrichtigt werden. Die Offenlage der Planung erfordert bundesrechtlich keinen Ratsbeschluss. Für die Bekanntmachung sind jedoch die landesrechtlichen und gegebenenfalls ortsrechtlichen Bekanntmachungsanforderungen zu beachten.[71] Dabei enthält die Bekanntmachungsverordnung nicht nur eine sanktionslose Ordnungsvorschrift, sondern eine wesentliche Verfahrensvorschrift, deren Verletzung grundsätzlich die Ungültigkeit der Satzung zur Folge hat.[72]

Hinweis: Das Offenlegungsverfahren nach § 3 II BauGB setzt eine fertige Planungskonzeption und Planunterlagen voraus, die Gegenstand des Feststellungs- bzw. Satzungsbeschlusses sein können. Es ist daher in der Praxis aus Gründen der Beachtung kommunalverfassungsrechtlicher Anforderungen erforderlich, die der Offenlegung zu Grunde liegende Planungskonzeption dem Rat zur Entscheidung und Beschlussfassung vorzulegen. Für die Wirksamkeit des Bauleitplans ist dies jedoch bundesrechtlich nicht erforderlich. Die Bekanntmachung darf keine Zusätze oder Einschränkungen enthalten, die geeignet sein können, auch nur einzelne an der Bauleitplanung interessierte Öffentlichkeit von der Erhebung von Stellungnahmen abzuhalten. Die Bekanntmachung darf jedoch mit den Hinweisen versehen werden, dass Stellungnahmen „schriftlich oder zur Niederschrift" vorgetragen werden können und dass sie die volle Anschrift des Einwenders und „gegebenenfalls" die genaue Bezeichnung des Grundstücks bzw. des Gebäudes enthalten „sollten".[73]

645   **a) Öffentliche Auslegung.** Der **Entwurf** des Bauleitplans und seine **Begründung** sind öffentlich auszulegen (→ *Textbeispiel 69*). Offen gelegt werden müssen darüber hinaus auch alle Unterlagen, die erforderlich sind, um den Betroffenen die Mitwirkung durch Stellungnahmen zu ermöglichen und vor allem den Umfang ihrer Betroffenheit erkenn-

---

[68] *GmSOGB*, Urt. v. 6.7.1972 – GmSOBG 2/71 – BVerwGE 40, 363 = BGHZ 59, 396 = NJW 1972, 2035 – Auslegungsdauer.

[69] *BKL* § 3 Rn. 13.

[70] BVerwG, B. v. 8.9.1992 – 4 NB 17.92 – ZfBR 1993, 31 = NVwZ 1993, 475.

[71] BVerwG, B. v. 14.4.1988 – 4 N 4.87 – BVerwGE 79, 200 = RzB Rn. 193. Zum Fachplanungsrecht BVerwG, Urt. v. 23.4.1997 – 11 A 7.97 – DVBl 1997, 1119 = NuR 1997, 504 – Reinbek–Wentorf.

[72] OVG Berlin-Brandenburg, B. v. 22.6.2011 – OVG 10 A 12.10 – Veränderungssperre; Urt. 12.5.2009 – 10 A 7.08 – BRS 74 Nr. 115; Urt. v. 15.2.2007 – 2 A 14.05 – BRS 71 Nr. 118.

[73] BVerwG, B. v. 28.1.1997 – 4 NB 39.96 – NVwZ-RR 1997, 514.

bar zu machen. Besonders benannt werden in Umsetzung der Plan-UP-Richtlinie die nach Einschätzung der Gemeinde wesentlichen, bereits vorliegenden **umweltbezogenen Stellungnahmen**. Erfasst werden nur solche Stellungnahmen, die tatsächlich bereits eingegangen sind. Unter **Stellungnahmen** sind nicht nur behördliche Stellungnahmen zu verstehen, die im Rahmen einer Beteiligung nach den §§ 4, 4 a BauGB eingegangen sind. Darunter können auch im Vorfeld eingegangene Zuschriften von Behörden, Naturschutzvereinigungen oder Privaten fallen. Auch Stellungnahmen, die im Rahmen der frühzeitigen Beteiligung nach § 4 I BauGB eingegangen sind, können dazu gehören. Entsprechend dem Sinn der Regelung, der Öffentlichkeit eine umfangreiche Informationsmöglichkeit zu bieten, kommt eine Auslegung sinnvoller Weise nur in Betracht, wenn die Stellungnahmen einen Informationsgehalt aufweisen und sich nicht nur auf allgemeine Aussagen oder Proteste beschränken.[74] Die Gemeinde ist nicht verpflichtet, alle vorhandenen Stellungnahmen auszulegen. Die Verpflichtung beschränkt sich auf Stellungnahmen mit **umweltbezogenem Inhalt** und hierbei wiederum nur auf die wesentlichen Stellungnahmen. Die Auswahl trifft die Gemeinde. Die Entscheidung ist nicht selbstständig angreifbar. Die Gemeinde ist nicht verpflichtet, ausschließlich nur wesentliche und ausschließlich nur umweltbezogene Stellungnahmen auszulegen. Sie kann sich zur Vermeidung eines unnötigen Verwaltungsaufwands auch dafür entscheiden, alle Stellungnahmen auszulegen. Gleichwohl ist eine vorherige Durchsicht erforderlich, ob die Stellungnahmen Betriebsgeheimnisse oder sonstige den Datenschutzbestimmungen unterliegende Informationen enthalten. Entsprechende Stellungnahmen sind entweder – wenn sie nicht wesentlich sind – von der Auslegung auszunehmen oder hinsichtlich der geschützten Daten unkenntlich zu machen. Dies kann sich jedoch nur auf personenbezogene Daten beziehen. Namen und Adressen der Einwendungsführer werden von dem Datenschutz nicht erfasst.

Bereits bei der Bekanntmachung der Offenlage ist anzugeben, **welche Arten um- 646 weltbezogener Informationen** verfügbar sind. Die Bekanntmachung der Arten verfügbarer Umweltinformationen § 3 II 2 BauGB verpflichtet die Gemeinden, die in den vorhandenen Stellungnahmen und Unterlagen behandelten Umweltthemen nach Themenblöcken zusammenzufassen und diese in der **Auslegungsbekanntmachung** schlagwortartig zu charakterisieren. Das Bekanntmachungserfordernis erstreckt sich auch auf solche Arten verfügbarer Umweltinformationen, die in Stellungnahmen enthalten sind, die die Gemeinde für unwesentlich hält und deshalb nicht auszulegen beabsichtigt.[75] Ausnahmen davon sind grundsätzlich nicht zulässig.[76] Es empfiehlt sich in der Regel, die Auslegungsbekanntmachung anhand der Themen des Umweltberichts und etwa bereits vorliegender Gutachten und Stellungnahmen vorzunehmen. Neben dem Plan und seiner Begründung sind auch die wesentlichen umweltbezogenen Stellungnahmen offen zu legen. Über diesen engen Wortlaut hinaus bezieht sich das Offenlagegebot nicht nur auf die im Verfahren etwa im Rahmen der frühzeitigen Behörden- und Öffentlichkeitsbeteiligung bereits abgegebenen Stellungnahmen, sondern auch auf weitere verfügbare umweltbezogene Informationen, die für die Planung von Bedeutung sind. Das Offenlegungserfordernis bezieht sich daher etwa auch auf Gutachten, auf die in den Festsetzungen oder der Begründung zum Bebauungsplan Bezug genommen wird, wenn ohne Kenntnis des Gutachtens die Betroffenheiten oder die beabsichtigten planerischen Maß-

---

[74] EAG Bau-Mustererlass 2004.

[75] BVerwG, Urt. v. 18.7.2013 – 4 CN 3.12 – BVerwGE 147, 206 = ZfBR 2013, 675 = DVBl 2013, 1321 = BauR 2013, 1803 = NVwZ 2013, 1413-1416 – *Schmidt-Eichstaedt* BauR 2014, 48 – *Stüer* DVBl 2013, 1324 = *Seifert*, Grundeigentum 2014, 363, *Gatz*, jurisPR-BVerwG 20/2013 Anm. 4, *Kuchler*, jurisPR-UmwR 3/2013 Anm. 1, *Uechtritz* NVwZ 2014, 1355, *Thomas Schröer* NVwZ 2014, 497, *Schink* UPR 2014, 3 – Auslegungsbekanntmachung (§ 3 II 2 BauGB).

[76] BVerwG, Urt. v. 11.9.2014 – 4 CN 1.14 – m. Hinw. auf Urt. v. 18.7.2013 – 4 CN 3.12 – BVerwGE 147, 206.

nahmen nicht richtig erkannt werden können.[77] Vorhandene umweltbezogene Informationen können daher nach Themenblöcken zusammengefasst und diese in Form einer schlagwortartigen Kurzcharakterisierung öffentlich bekannt gemacht werden. Die Gemeinde hat bei der Frage, welche der bereits vorliegenden umweltbezogenen Stellungnahmen „wesentlich" und daher auszulegen sind, einen Beurteilungsspielraum. Dieser ist gewahrt, wenn der Umweltbericht ausgelegt wird, in dem aber sämtliche vorhandenen wesentlichen umweltbezogenen Stellungnahmen eingearbeitet sind.[78] Auszulegen sind auch umweltbezogene Stellungnahmen von privaten Dritten oder ein von einem Ingenieurbüro vorgelegtes Entwässerungskonzept[79] mit einem nach Einschätzung der Gemeinde wesentlichen Inhalt.[80]

647 *aa) Europarechtliche Vorgaben.* Die UVP-RL, die SUP-RL und die Öffentlichkeitsbeteiligungs-RL enthalten allerdings nach ihrem Wortlaut keine Bekanntmachungserfordernisse, die deutlich über § 9 UVPG hinausgehen. Für Pläne und Programme, zu denen die Bauleitplanung gehört, ist nicht die UVP-RL, sondern die SUP-RL anwendbar. Diese enthält keine Regelungen über die Informationen der Öffentlichkeit bei der Auslegungsbekanntmachung, sondern (lediglich) über den Umweltbericht (Art. 5 SUP-RL) und die Konsultationen (Art. 6 SUP-RL). Nach Art. 6 SUP-RL werden der Entwurf des Plans oder Programms und der Umweltbericht den Behörden sowie der Öffentlichkeit zugänglich gemacht und es wird der Öffentlichkeit innerhalb ausreichend bemessener Frist frühzeitig und effektiv Gelegenheit gegeben, vor der Annahme des Plans oder Programms Stellung zu nehmen. An die Auslegungsbekanntmachung werden in der SUP-RL keine Anforderungen gestellt. Zwar wird in Art. 6 II und III der UVP-RL verlangt, dass die Öffentlichkeit durch öffentliche Bekanntmachung „frühzeitig im Rahmen umweltbezogener Entscheidungsverfahren" über „die Angaben über die Verfügbarkeit der Informationen, die gemäß Art. 5 eingeholt wurden", informiert wird. Diese Vorschrift gilt aber nur für UVP-pflichtige Vorhaben, nicht jedoch für Pläne und Programme, welche die Nutzung kleinerer Gebiete auf lokaler Ebene festlegen und die der Mitgliedstaat in die Umweltprüfung einbeziehen kann (Art. 3 III SUP-RL), worum es in aller Regel in der Bauleitplanung geht.[81] Denn UVP-pflichtige Vorhaben sind nur zu einem kleinen Teil Gegenstand der Bauleitplanung. Auch die **Århus-Konvention** enthält einen entsprechenden Gestaltungsspielraum der Mitgliedstaaten (Art. 6 I b) Århus-Konvention). Unabhängig davon: Ob zu den Angaben über die verfügbaren Umweltinformationen auch die inhaltliche Kurzwiedergabe der vorhandenen Stellungnahmen und Unterlagen nach umweltrelevanten Themenböcken gehört, ergibt sich aus dem europäischen Richtlinienrecht und der Århus-Konvention jedenfalls nicht eindeutig. Sollte dies allerdings so sein, was im Falle von UVP-pflichtigen Plänen und Programmen notfalls zunächst durch eine Vorlage an den Luxemburger EuGH geklärt werden könnte, müssten auch die Vorgaben für die Planfeststellung (§ 73 VwVfG), die immissionsschutzrechtliche Genehmigung (§ 10 BImSchG) und § 9 UVPG angereichert werden, wenn ein UVP-pflichtiges Vorhaben zugelassen werden soll.

648 Die Bekanntmachung zur Auslegung muss nicht mehr generell den Hinweis enthalten, ob im Rahmen der Bauleitplanung eine **UVP (Umweltprüfung)** erfolgt, da grundsätzlich jeder Bauleitplan einer Umweltprüfung bedarf. Etwas anderes gilt für die Aufstel-

---

[77] Zur Bedeutung der Gutachten für die Offenlage Urt. v. 29.1.1991 – 4 C 51.89 – BVerwGE 87, 332 = DVBl 1991, 885 – München II.

[78] VGH Mannheim, Urt. v. 17.6.2010 – 5 S 884/09 – BauR 2010, 1636 = DÖV 2010, 825 – DIN 18005 – Schallschutz im Städtebau.

[79] VGH Mannheim, Urt. v. 20.9.2010 – 8 S 2801/08 -.

[80] VGH Mannheim, Urt. v. 12.10.2010 – 3 S 1873/09 – Artenschutz, m. Hinw. auf BVerwG, Urt. v. 12.8.2009 – 9 A 64.07 – BVerwGE 134, 308 – Bielefeld-Steinhagen.

[81] Zu den Gestaltungsspielräumen des nationalen Gesetzgebers *Stüer/Garbrock* zu EuGH, Urt. v. 18.4.2013 – C-463/11 – DVBl 2013, 777.

lung oder Änderung eines Bauleitplans in vereinfachten Verfahren (§ 13 BauGB) – für die Aufstellung eines bestandswahrenden Bebauungsplans in einem bisher nicht beplanten Innenbereich. Nach § 13 III BauGB ist in diesem Fall darauf hinzuweisen, dass von einer Umweltprüfung abgesehen wird. Ein Unterlassen des Hinweises führt nach § 214 I 1 Nr. 2 BauGB nicht zu einem beachtlichen Verfahrensfehler. Bei einem **Bebauungsplan der Innenentwicklung** bedarf es dieses Hinweises nicht (§ 13 a III Nr. 1 BauGB), da eine Umweltprüfung in diesem Fall nicht erfolgt.

bb) Bebauungsplan der Innenentwicklung. Wird ein **Bebauungsplan der Innenentwick-** **649** **lung nach § 13 a BauGB**[82] aufgestellt oder ein Bebauungsplan in einem **vereinfachten Verfahren** unter den Voraussetzungen des **§ 13 BauGB** aufgestellt oder geändert, so bedarf es nicht der Angabe, welche umweltbezogenen Informationen verfügbar sind (§§ 13 II 1, 13 a II Nr. 1 BauGB). Dies setzt allerdings voraus, dass die Voraussetzungen eines Bebauungsplans der Innenentwicklung vorliegen und es sich nicht in Wahrheit um einen Bebauungsplan der Außenentwicklung handelt.

Anzugeben ist im Rahmen der Bekanntmachung zur förmlichen Beteiligung, welche **650** **Arten umweltbezogener Informationen** verfügbar sind und ausgelegt werden. Da nur Angaben über „Arten" umweltbezogener Informationen vorgenommen werden müssen, ist es nicht erforderlich sämtliche auszulegenden Stellungnahmen einschließlich ihres Inhalts aufzulisten. Ausreichend ist vielmehr eine Zusammenfassung in thematische Blöcke (z. B. „Es liegen Stellungnahmen vor zu Lärmemissionen und Eingriffen in Natur und Landschaft, die in Folge der Planung zu erwarten sind."). Die Gemeinde kann sich auch an der Liste der Belange des Umweltschutzes nach § 1 VI Nr. 7 BauGB orientieren.

Soweit nicht nur umweltbezogene **Stellungnahmen** ausgelegt werden, kann bei der **651** Bekanntmachung auch auf die weiteren ausgelegten Stellungnahmen hingewiesen werden. Eine Verpflichtung hierzu besteht allerdings nicht. Zusätzlich ist darauf hinzuweisen, dass nicht fristgerecht abgegebene Stellungnahmen unberücksichtigt bleiben können. Unterbleibt der Hinweis, berührt dies die Rechtmäßigkeit der Planung nicht, sondern hat lediglich zur Folge, dass die Präklusion verspäteter Stellungnahmen nicht eintritt (§ 4 a VI 2 BauGB).

b) Umweltbericht. Mit der Begründung des Bebauungsplans muss auch der Umwelt- **652** bericht nach § 2 a BauGB ausgelegt werden. Der Umweltbericht muss die Angaben entsprechend der Anlage 1 zum BauGB enthalten.[83] Der Umweltbericht muss bei der förmlichen Öffentlichkeitsbeteiligung offen gelegt werden. Wird der Umweltbericht nach der Offenlage geändert, so muss bei erheblichen Änderungen grundsätzlich eine erneute Offenlage erfolgen (§ 4 a III 1 BauGB). Die Frist für die erneute Offenlage kann allerdings angemessen verkürzt werden. Im BauGB 1998 wurde die Frist mit zwei Wochen angegeben. Werden die Grundzüge der Planung durch die Änderung nicht betroffen, kann ggf. eine eingeschränkte Betroffenenbeteiligung nach § 13 Nr. 2 BauGB stattfinden. Das setzt allerdings voraus, dass sich der durch die Änderung oder Ergänzung des Umweltberichts betroffene Personenkreis abgrenzen lässt. Es sind dies Belange, die als Abwägungsmaterial bei der Abwägung zu berücksichtigen sind (§ 2 III BauGB), also Betroffenheiten, die mehr als geringfügig, schutzwürdig und erkennbar sind. Ist der Umweltbericht unvollständig, führt dies nicht notwendigerweise zur Unwirksamkeit des Bebauungsplans (§ 214 I 1 Nr. 2 BauGB). Auch ein unterlassener Umweltbericht kann unter den Voraussetzungen des § 214 III 2 BauGB unbeachtlich sein. Wird ein **Bebauungsplan der Innenentwicklung nach § 13 a BauGB**[84] aufgestellt oder ein Bebauungsplan in einem **vereinfachten Verfahren** unter den Voraussetzungen des **§ 13 BauGB** aufgestellt oder

---

[82] S. Rn. 223.
[83] Vgl. zum Umweltbericht Rn. 177, zur UVP in der Bauleitplanung Rn. 512 und zu den Unbeachtlichkeitsregelungen Rn. 790.
[84] S. Rn. 223.

geändert, so bedarf es nicht der Angabe, welche umweltbezogenen Informationen verfügbar sind (§§ 13 II 1, 13 a II Nr. 1 BauGB).

653 **c) Bekanntmachung.** Die **Ausgangspunkte** der **Bekanntmachungserfordernisse** bei der **Offenlegung** der Bauleitpläne hat das BVerwG bereits im Harmonie-Urteil[85] markiert: Bekanntmachungen müssen den Bebauungsplan, auf den sie sich beziehen, so bezeichnen, dass die Bekanntmachung geeignet ist, den an der Planung Interessierten dieses Interesse bewusstzumachen. Es reicht für eine Bekanntmachung zur Offenlegung nach § 3 II BauGB und die Schlussbekanntmachung nach § 10 BauGB nicht aus, wenn der Bebauungsplan, auf den sie sich beziehen, ausschließlich mit einer Nummer bezeichnet wird.[86] Die Bekanntmachungen einerseits nach § 3 II 2 BauGB und andererseits nach § 10 BauGB haben verschiedene Aufgaben.[87] Die Bekanntmachung im Rahmen der Öffentlichkeitsbeteiligung steht in enger Beziehung zu der den nachfolgenden Plan tragenden planerischen Abwägung. Sie ermöglicht, ja sie fordert dazu heraus, mit Stellungnahmen zur Planung beizutragen, und sie verschafft auf diese Weise dem Planungsträger erst das Material, das bei der Beschlussfassung sachgerecht berücksichtigt werden muss. Die **Schlussbekanntmachung** hat demgegenüber nicht die Ermunterung zur Mitwirkung als Ziel, sondern die Ersatzverkündung einer Rechtsnorm.[88] Das BVerwG hat in einer weiteren Entscheidung zum Fachplanungsrecht allerdings auf die **Mitwirkungslast** der Öffentlichkeit verwiesen, die sich auch darauf beziehen kann, die Bekanntmachung in einem amtlichen Publikationsorgan zu verfolgen.[89]

654 Auch unterscheidet das BVerwG zwischen der Bekanntmachung der Offenlegung zur förmlichen Öffentlichkeitsbeteiligung nach § 3 II BauGB, für die es eine Anstoßfunktion fordert, und der Schlussbekanntmachung nach § 10 III 1 BauGB, die (lediglich) als Ersatzverkündung den Abschluss des Bauleitplanverfahrens öffentlich dokumentieren soll. Für die **Offenlegungsbekanntmachung** genügt dabei die **Kennzeichnung** des **Plangebietes** etwa mit einem **plakativen Begriff**, der an eine geläufige geografische Bezeichnung anknüpft oder in sonst geeigneter Weise die Öffentlichkeit auf das Plangebiet hinweist. Auch müssen bei der Bekanntmachung die einzelnen im Plangebiet liegenden Grundstücke nicht bezeichnet oder in einem Plan kenntlich gemacht werden.[90]

655 Die Auslegungsbekanntmachung gem. § 3 II BauGB hat in einer Weise zu erfolgen, die geeignet ist, der an der beabsichtigten Bauleitplanung interessierten Öffentlichkeit ihr Interesse an Information und Beteiligung durch Stellungnahmen bewusstzumachen und dadurch eine gemeindliche Öffentlichkeit herzustellen.[91] Es genügt, wenn die Bekanntmachung zur Kennzeichnung des Plangebietes an geläufige geografische Bezeichnungen anknüpft. Häufig wird sich hierfür auch eine schlagwortartige Angabe von geläufigen Namen anbieten, um dem Informationsinteresse des Bürgers genügen zu können.[92] Für die Anforderungen der Bekanntmachung gem. § 10 III BauGB (**Schlussbekanntmachung**), kommt es auf eine Anstoßfunktion nicht an. Regelmäßig wird eine schlagwortartige Kennzeichnung des Plangebietes genügen. Die Anstoßfunktion (bei der Auslegungsbekanntmachung) ist gewährleistet, wenn der in der Bekanntmachung benutzte Name des Plangebietes allgemein geläufig ist. Dabei wird in aller Regel die Ortsüblichkeit der

---

[85] BVerwG, Urt. v. 26.5.1978 – 4 C 9.77 – BVerwGE 55, 369 = NJW 1978, 2564 = RzB Rn. 336 – Harmonie.

[86] BVerwG, B. v. 13.1.1989 – 4 NB 33.88 – NVwZ 1989, 661 = BauR 1989, 303 = RzB Rn. 147.

[87] BVerwG, Urt. v. 26.5.1978 – 4 C 9.77 – BVerwGE 55, 369 = RzB Rn. 336 – Harmonie.

[88] BVerwG, Urt. v. 26.5.1978 – 4 C 9.77 – BVerwGE 55, 369 = RzB Rn. 336 – Harmonie.

[89] BVerwG, Urt. v. 5.12.1986 – 4 C 13.85 – BVerwGE 75, 214 = NVwZ 1987, 578 = RzB Rn. 191 – München II.

[90] So zum Fachplanungsrecht BVerwG, Urt. v. 22.3.1985 – 4 C 63.80 – BVerwGE 71, 150 = RzB Rn. 145 – Roter Hang.

[91] So BVerwG, Urt. v. 6.7.1984 – 4 C 22.80 – BVerwGE 69, 344 = NJW 1985, 1570 = DVBl 1985, 110 = RzB Rn. 143 – Malepartus.

[92] BVerwG, Urt. v. 26.5.1978 – 4 C 9.77 – BVerwGE 55, 369 = RzB Rn. 336 – Harmonie.

Namensbenutzung genügen.[93] Die **Anforderungen** an die **Bekanntmachung** der Offenlegung richten sich im Übrigen nach **Landes-** und **gemeindlichem Ortsrecht**.[94]

Eine **Verkürzung** der **Bekanntmachungsfrist** für die Auslegung des Entwurfs eines **656** Bebauungsplans ist für seine Wirksamkeit unerheblich, wenn die (bekannt gemachte) Dauer der Auslegung so bemessen ist, dass die **Mindestfristen** des § 3 II 1 und 2 BauGB für Bekanntmachung und Auslegung des Entwurfs insgesamt eingehalten werden.[95] Eine **isolierte Verlängerung** der Frist zur Abgabe von Stellungnahmen unabhängig von der Dauer der Auslegung ist im Rahmen der Öffentlichkeitsbeteiligung gem. § 3 II BauGB rechtlich nicht möglich.[96] Die öffentliche Bekanntmachung darf grundsätzlich **keine Zusätze oder Einschränkungen** enthalten, die geeignet sein könnten, auch nur einzelne an der Bauleitplanung interessierte Bürger von der Erhebung von Stellungnahmen abzuhalten. Daraus lässt sich nicht ableiten, eine öffentliche Auslegung bedeute, dass jeder Interessierte ohne Weiteres und ohne Fragen und Bitten an die Bediensteten der Gemeinde stellen zu müssen, in die Unterlagen Einblick nehmen könne. An der Planung Interessierten ist u.a. zuzumuten, sich zur Vorbereitung auf den Termin zur Einsichtnahme fernmündlich mit einem Ansprechpartner bei derjenigen Stelle in Verbindung zu setzen, bei der die Entwurfsunterlagen bereit liegen.[97]

d) Benachrichtigung der Behörden und sonstigen Träger öffentlicher Belange. 657 Von der förmlichen Öffentlichkeitsbeteiligung sollen die nach § 4 I BauGB zu beteiligenden Träger **öffentlicher Belange** benachrichtigt werden (§ 3 II 3 BauGB). Diese **Benachrichtigung** erfolgt im Gegensatz zur öffentlichen Bekanntmachung der Offenlage individuell – üblicherweise unter Übersendung der aktuellen Planunterlagen. Die zu beteiligenden Träger erhalten hierdurch Gelegenheit, die Planungen ebenfalls mit Stellungnahmen zu begleiten.

e) Einwendungsberechtigte. Zu den offen liegenden Planunterlagen kann die Öffent- **658** lichkeit und damit jedermann **Stellungnahmen** abgeben. Eine **eigene Betroffenheit** ist **nicht erforderlich**. Die Stellungnahmen können sich auf alle Gesichtspunkte beziehen, die durch die Planung unmittelbar oder auch nur mittelbar berührt werden. Eine bestimmte Form der Stellungnahme ist nicht vorgeschrieben. Es empfiehlt sich, die Stellungnahmen schriftlich zu fassen. Es können aber auch Stellungnahmen zu Protokoll der Gemeindeverwaltung erklärt oder als Sammeleingaben mit Unterschriftenlisten verfasst werden. Die letztgenannte Form wird vielfach von Bürgerinitiativen gewählt. Es können auch **Sammeleinwendungen** erhoben werden.[98] Eine Pflicht, Stellungnahmen vorzubringen, besteht nicht. Hat es der betroffene Bürger aber unterlassen, auf eine eigene Betroffenheit oder die sich aus der Planung für ihn ergebenden (nachteiligen) Auswirkungen hinzuweisen, so können solche Belange im weiteren Abwägungsverfahren auf der Strecke bleiben, wenn sie der planenden Gemeinde nicht bekannt sind und sich ihr auch nicht aufdrängen mussten (§§ 3 II 2, 4 a VI, 214 I 1 Nr. 1 BauGB).[99] Den erweiterten Beteiligungsrechten der **Öffentlichkeit** entsprechen allerdings **Mitwirkungslasten** in dem Sinne, dass Belange, die in der Öffentlichkeitsbeteiligung nicht vorgetragen werden, in

---

[93] Zur Schlussbekanntmachung auch BVerwG, Urt. v. 6.7.1984 – 4 C 28.83 – NJW 1985, 1569 = DVBl 1985, 112 = RzB Rn. 144 – Burgfeld; Urt. v. 22.3.1985 – 4 C 59.81 – UPR 1985, 339 = RzB Rn. 210 – Sandbüchel.

[94] Zur Bekanntmachung im Fachplanungsrecht BVerwG, Urt. v. 23.4.1997 – 11 A 7.97 – DVBl 1997, 1119 = NuR 1997, 504 – Reinbek–Wentorf.

[95] BVerwG, B. v. 23.7.2003 – 4 BN 36.03 – NVwZ 2003, 1391 = ZfBR 2004, 64 = BauR 2004, 42.

[96] OVG Greifswald, Urt. v. 13.3.2013 – 3 K 39/11 – Öffentlichkeitsbeteiligung gem. § 3 II BauGB).

[97] BVerwG, B. v. 27.5.2013 – 4 BN 28.13 – Präklusion.

[98] BVerwG, B. v. 18.12.2012 – 9 B 24.12 – Buchholz 316 § 73 VwVfG Nr. 46 – Lärmgutachten.

[99] BVerwG, B. v. 9.11.1979 – 4 N 1.78 – BVerwGE 59, 87 = RzB Rn. 26.

der Abwägung ausfallen können, wenn sie sich der Gemeinde nicht aufdrängen. Außerdem ist ein Normenkontrollantrag dann unzulässig, wenn nicht innerhalb der Offenlagefristen abwägungserhebliche eigene Belange vorgetragen worden sind, die eine Antragsbefugnis begründen (§ 47 II a VwGO). Legt ein Grundstückseigentümer über die bloße Tatsache der Eigentumsbetroffenheit keine konkreten Interessenbeeinträchtigungen dar, so kann er in der planerischen Entscheidung auch nur eine entsprechende pauschale Auseinandersetzung mit seinen privaten Belangen erwarten.[100]

Beispiel: Die Gemeinde plant die Ausweisung einer Straße, die zwischen einem Gewerbebetrieb und einem Wohngebiet verlaufen soll. Hierdurch entfällt ein Waldstück, das zwischen beiden Nutzungen liegt. Der Inhaber des Gewerbebetriebes äußert sich in der Öffentlichkeitsbeteiligung nur dahingehend, er sei nicht bereit, eine für die Straße benötigte kleinere Grundstücksfläche zur Verfügung zu stellen. Im Normenkontrollverfahren wendet er ein, durch den Wegfall des Baumbestandes werde dem Wohngebiet ein Schallschutz genommen, woraus sich für den Gewerbebetrieb die Notwendigkeit ergebe, durch Rücksichtnahme in der betriebsinternen Ablaufplanung auf diese Änderungen zu reagieren. Die Gemeinde kann hier einwenden, dass diese betriebsinternen Auswirkungen weder vorgetragen worden sind noch sich aufdrängen mussten.[101]

659   Die **Stellungnahmen** sollten nach Möglichkeit **innerhalb** der **Offenlegungsfrist** geltend gemacht werden. Allerdings sind Einwendungen, die erst nach Ablauf der Offenlegungsfrist bei der Gemeinde eingehen, nicht in dem Sinne präkludiert, dass sie nicht mehr berücksichtigt werden dürften. Für die Abwägung ist dabei nach § 214 III 1 BauGB die Sach- und Rechtslage im Zeitpunkt der Beschlussfassung über den Bauleitplan maßgeblich. Alle Informationen, die im Rahmen des Verfahrens bis zu diesem Zeitpunkt die Gemeinde erreichen, müssen danach in die Abwägung eingestellt werden. Treffen diese Informationen jedoch so spät ein, dass sie nicht mehr in der entscheidenden Ratssitzung verarbeitet werden können, dann sind sie im gemeindlichen Abwägungsprozess unbeachtlich und führen nicht dazu, dass die Bauleitplanung etwa wegen eines Abwägungsverfahrens unwirksam ist.

Beispiel: Ein Grundstückseigentümer äußert sich erst am Tage der abschließenden Ratssitzung mit dem Wunsch, die Ausweisung seines Grundstücks von der vorgesehenen eingeschossigen Wohnbebauung auszunehmen und stattdessen eine zweigeschossige Wohnbebauung zuzulassen. Die Gemeinde braucht die verspätet vorgetragenen Bauwünsche im Abwägungsverfahren nicht mehr im Einzelnen zu berücksichtigen, da dies aus Zeitgründen nicht möglich ist. Hat der Betroffene nicht innerhalb der förmlichen Offenlage Stellung genommen, ist die Normenkontrolle unzulässig (§ 47 II a VwGO).

660   **f) Formelle Präklusion im Normenkontrollverfahren.** Nicht rechtzeitig abgegebene Stellungnahmen führen jedoch zu einer Präklusion für die Antragsbefugnis im Normenkontrollverfahren. Nach § 47 II a VwVfG ist der Antrag einer natürlichen oder juristischen Person, der einen Bebauungsplan oder eine Innenbereichs- oder Außenbereichssatzung zum Gegenstand hat, unzulässig, wenn die den Antrag stellende Person nur Einwendungen geltend macht, die sie im Rahmen der öffentlichen Auslegung (§ 3 II BauGB) oder im Rahmen der Beteiligung der betroffenen Öffentlichkeit (§ 13 II Nr. 2 und § 13 a II Nr. 1 BauGB nicht geltend gemacht hat, aber hätte geltend machen können, und wenn auf diese Rechtsfolge im Rahmen der Beteiligung hingewiesen worden ist.[102] Nicht rechtzeitig vorgebrachte Belange können daher in der förmlichen Öffentlichkeitsbeteiligung können im Rahmen der Antragsbefugnis zur Unzulässigkeit des Normenkontrollantrags führen. Denn der Normenkontrollantrag ist nur zulässig, wenn im Rahmen der förmlichen Öffentlichkeitsbeteiligung nach § 3 II BauGB oder der Beteiligung

---

[100] Diese Grundsätze haben sich vor allem im Fachplanungsrecht ausgeprägt, vgl. BVerwG, Urt. v. 23.8.1996 – 4 A 30.95 – Buchholz 407.4 § 17 FStrG Nr. 122 – Berliner Autobahnring.

[101] BVerwG, Urt. v. 13.9.1985 – 4 C 64.80 – NVwZ 1986, 740 = RzB Rn. 146 – Ledigenwohnheim.

[102] *Stüer*, Handbuch des Bau- und Fachplanungsrechts, 2009, Rn. 4613.

der betroffenen Öffentlichkeit nach §§ 13 II Nr. 2 und 13 a II Nr. 1 BauGB Belange vorgetragen worden sind, die eine ausreichende Antragsbefugnis begründen. Werden keine Belange vorgetragen, die zumindest eine Beeinträchtigung des Rechtes auf Abwägung nahe legen, ist der Normenkontrollantrag unzulässig.[103] Unzulässig ist ein Normenkontrollantrag insbesondere dann, wenn in der förmlichen Öffentlichkeitsbeteiligung keine Einwendungen erhoben worden sind oder in der Stellungnahme keine Belange vorgetragen wurden, die eine Antragsbefugnis begründen.

3. Einschaltung von Dritten

Nach § 4 b BauGB kann → Dritten zur Beschleunigung des Bauleitplanverfahrens die **661** Vorbereitung und Durchführung von Verfahrensvorschriften der Öffentlichkeits- und Behördenbeteiligung übertragen werden. Nach der Gesetzesbegründung handelt es sich hier um eine Klarstellung der bereits zuvor bestehenden Möglichkeit, einen Projektmittler einzuschalten. Die gesetzliche Regelung zielt auf drei verschiedene Inhalte ab: Die ausdrückliche Erwähnung der Übertragung der Vorbereitung einzelner Verfahrensschritte soll Zweifel an der Zulässigkeit dieser Vorgehensweise ausräumen. Es wird die Übertragung der Durchführung bestimmter Verfahrensschritte auf einen Dritten (sog. funktionale Privatisierung) zugelassen. Zugleich wird eine Verfahrensbeschleunigung durch „Mediation" durch einen neutralen Projektmittler ermöglicht.[104] Die Verfahrensschritte der Öffentlichkeits- und Behördenbeteiligung können einem Projektmittler allerdings nur übertragen werden, wenn gewährleistet ist, dass die hoheitlichen Befugnisse der Gemeinde und damit insbesondere die nach § 1 VI BauGB gebotene Abwägung einschließlich der dafür gebotenen letztverantwortlichen Prüfung und Entscheidung über die vorgebrachten Stellungnahmen der Öffentlichkeit und der Behörden bei den Gemeinden verbleibt.[105] Zuständig für die Aufgabenübertragung auf einen Dritten ist die Gemeinde, die damit einen ihr gesetzlich zugewiesenen Aufgabenbereich (teilweise) delegieren kann. Im Außenverhältnis zum Bürger und zu den Trägern öffentlicher Belange bleibt die Verantwortung bei der Gemeinde. Der von der Gemeinde beauftragte Dritte ist daher ein sog. Verwaltungshelfer.[106] Beauftragt werden können etwa Planer, Architekten, Sanierungsträger oder spezialisierte Rechtsanwälte sowie zum Zwecke der Verfahrensunterstützung gegründete Gesellschaften der Gemeinde.

Der **Verwaltungshelfer** wird dabei im Interesse der Gemeinde an einer zügigen Pla **662** nung tätig. Die Tätigkeit des Dritten beruht dabei auf einem Auftragsverhältnis privatrechtlicher Natur. Für seine Leistungen kann der Verwaltungshelfer ein angemessenes Entgelt verlangen. Zugleich bietet die Regelung den Vorteil einer personellen Entlastung der Verwaltung und einem Wegfall beispielsweise dienstrechtlicher Beschränkungen. Dritter kann auch ein Mediator sein, der zunächst unabhängig von den Weisungen der Gemeinde und damit von neutraler Warte aus die Verfahrensschritte durchführt und dabei vermittelnd zwischen Gemeinde und der betroffenen Öffentlichkeit sowie den Behörden und sonstigen Trägern öffentlicher Belange tätig wird.[107] Ein solcher Mediator kann im Auftrag der Gemeinde handeln und von ihr finanziert werden. Auch bei der Einschaltung eines neutralen Dritten bleibt es allerdings bei der Letztverantwortung der Gemeinde, die das Ergebnis der Behörden- und Öffentlichkeitsbeteiligung in ihren Willen aufnehmen muss, wenn es rechtsstaatlichen Bestand haben soll.[108]

---

[103] Zur Normenkontrolle s. Rn. 1664.
[104] Fachkommission „Städtebau" der ARGEBAU, Muster–Einführungserlass zum BauROG, S. 13.
[105] *Bundesregierung*, BauROG–Gesetzentwurf, S. 47.
[106] Fachkommission „Städtebau" der ARGEBAU, Muster–Einführungserlass zum BauROG, S. 14.
[107] Fachkommission „Städtebau" der ARGEBAU, Muster–Einführungserlass zum BauROG, S. 14.
[108] Fachkommission „Städtebau" der ARGEBAU, Muster–Einführungserlass zum BauROG, S. 14.

> → **Einschaltung von Dritten.** Dritte können mit einzelnen Schritten des Planaufstellungsverfahrens betraut werden, solange die Gemeinde dadurch nicht den Eindruck einer einseitigen Interessenwahrnehmung erweckt (§ 4 b BauGB). Unzulässig wäre es, wenn etwa ein Investor das Planaufstellungsverfahren maßgeblich bestimmt und die Interessen von Drittbetroffenen einen nicht ausreichenden Stellenwert erhalten. Vor allem sind einseitige vertragliche Interessenbindungen der Gemeinde i. S. von subjektiven Abwägungssperren unzulässig. Der Dritte darf daher über die Position eines Verwaltungshelfers hinaus keine eigenen hoheitlichen Verwaltungsentscheidungen treffen.

4. Änderung der Planung im Aufstellungsverfahren

663   Häufig **wandelt** sich der Entwurf des **Bauleitplans** vor allem hinsichtlich der **Begründung** des Bauleitplans im Laufe des Aufstellungsverfahrens. Vielfach werden die Bauleitpläne auf Grund der vorgetragenen Stellungnahmen neu gefasst und inhaltlich geändert. Dies kann eine erneute Beratung in den zuständigen Gremien der Gemeinde zur Folge haben. Nicht in allen diesen Fällen ist jedoch eine **erneute Offenlegung** des **Bauleitplans** erforderlich (→ vereinfachte Änderung). Auch kann die Beteiligung der Behörden und sonstigen Träger öffentlicher Belange eingeschränkt sein. § 4 a III BauGB enthält dazu gemeinsame Regelungen für die Bauleitpläne.

> → **Vereinfachte Änderung im Planverfahren.** § 4 a III BauGB gestattet eine vereinfachte Änderung der Bauleitplanung im Planverfahren. Werden die Grundzüge geändert, so muss eine erneute Offenlage erfolgen. Allerdings kann die Auslegung auf die geänderten Teile und auf eine angemessene Frist verkürzt werden. Werden durch die Änderung oder Ergänzung des Entwurfs die Grundzüge der Planung nicht berührt, kann die Einholung der Stellungnahmen auf die von der Änderung oder Ergänzung betroffene Öffentlichkeit sowie die berührten Behörden und sonstigen Träger öffentlicher Belange beschränkt werden. Dies kommt allerdings nur dann in Betracht, wenn die betroffene Öffentlichkeit und Behörden, deren Belange durch die Änderung betroffen werden, individuell zu ermitteln sind. Anderenfalls ist eine erneute Öffentlichkeits- und Behördenbeteiligung nach §§ 3 II, 4 II BauGB vorzusehen. Dies gilt insbesondere dann, wenn sich der Umweltbericht mehr als nur unerheblich ändert. Das vereinfachte Verfahren entsprechend § 13 BauGB hat daher hinsichtlich geringerer Beteiligungserfordernisse an Bedeutung verloren. Allerdings kann bei nicht UVP-pflichtigen und nicht vorprüfungspflichtigen Vorhaben auf eine Umweltprüfung und einen Umweltbericht verzichtet werden. Das gilt auch für die Änderung eines Bebauungsplans der Innenentwicklung (§ 13 a BauGB).

664   Wird der Entwurf des Bauleitplans nach der förmlichen Öffentlichkeits- oder Behördenbeteiligung (§§ 3 II, 4 II BauGB) geändert oder ergänzt, ist er erneut auszulegen und sind die Stellungnahmen erneut einzuholen. Dabei kann bestimmt werden, dass Stellungnahmen nur zu den geänderten oder ergänzten Teilen abgegeben werden können; hierauf ist in der erneuten Bekanntmachung nach § 3 II 2 BauGB hinzuweisen. Die Dauer der Auslegung und die Frist zur Stellungnahme kann angemessen verkürzt werden. Werden durch die Änderung oder Ergänzung des Entwurfs des Bauleitplans die Grundzüge der Planung nicht berührt, kann die Einholung der Stellungnahmen auf die von der Änderung oder Ergänzung betroffene Öffentlichkeit sowie die berührten Behörden und sonstigen Träger öffentlicher Belange beschränkt werden.

665   Werden die **Grundzüge** der Planung durch die Änderung des Planentwurfs berührt, so ist er erneut öffentlich auszulegen. Auch die Behördenbeteiligung ist erneut durchzuführen (§ 4 a III BauGB). Bei der erneuten Auslegung kann bestimmt werden, dass Stellungnahmen nur zu den geänderten oder ergänzten Teilen vorgebracht werden können. Die sich daraus ergebenden Begrenzungen sind in der Bekanntmachung oder in den ausgelegten Plänen kenntlich zu machen. In einer Verletzung dieser Obliegenheit liegt allerdings nur dann ein rechtserheblicher Verstoß, wenn konkrete Anhaltspunkte dafür beste-

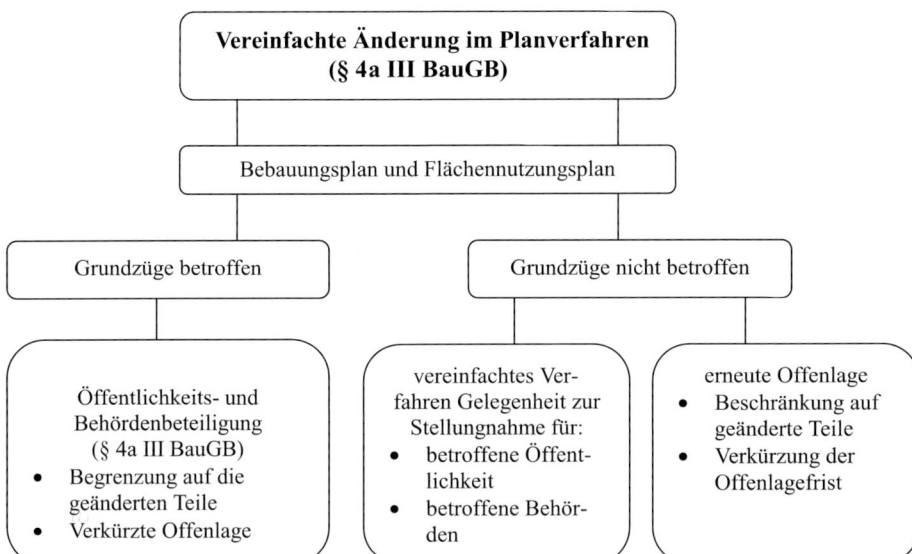

hen und ggf. in der Jahresfrist des § 215 I BauGB geltend gemacht worden sind, dass ein Bürger durch das Versäumnis gehindert gewesen ist, sein Beteiligungsrecht auszuüben.[109] Die Dauer der Auslegung kann angemessen verkürzt werden. Werden die **Grundzüge** der Planung **nicht** betroffen, kann die Einholung der Stellungnahmen auf die von der Änderung oder Ergänzung betroffene Öffentlichkeit sowie die berührten Behörden und sonstigen Träger öffentlicher Belange beschränkt werden (§ 4 a III 4 BauGB). Das gilt auch für die Behördenbeteiligung. Die Gemeinde hat in diesen Fällen wie bei der vereinfachten Änderung eines Bauleitplans nach § 13 BauGB der betroffenen Öffentlichkeit Gelegenheit zur Stellungnahme innerhalb angemessener Frist zu geben oder wahlweise die förmliche Öffentlichkeitsbeteiligung nach § 3 II BauGB durchzuführen. Außerdem ist eine Behördenbeteiligung durchzuführen, wenn durch die Änderung der Aufgabenbereich der Behörde oder des sonstigen Trägers öffentlicher Belange erstmalig oder stärker als bisher berührt wird (vgl. § 73 VIII VwVfG). Wegen der Gefahr, bei der Auswahl insbesondere der betroffenen Öffentlichkeit Auswirkungen zu übersehen oder die Betroffenheit aus anderen Gründen falsch zu beurteilen, sollte von der Möglichkeit einer thematisch **eingeschränkten erneuten Beteiligung** nur in sich dafür eignenden Fällen Gebrauch gemacht werden. Angesichts der Möglichkeit, die Dauer der Auslegung angemessen zu verkürzen, wird eine Einzelbeteiligung in der Regel auch nicht zu einem Zeitgewinn führen.[110]

Nach § 4 a III BauGB sind bei einer Planänderung im Verfahren die betroffene Öffent- **666** lichkeit sowie die Behörden und sonstigen Träger öffentlicher Belange zu beteiligen. Ist der Kreis der betroffenen Öffentlichkeit nicht klar abgrenzbar, wird es sich empfehlen, eine erneute **förmliche Offenlegung** der Planung nach § 3 II BauGB durchzuführen. Die Offenlegung kann dabei nach § 4 a III 2 BauGB angemessen, in besonders einfach gelagerten Fällen also wohl auch auf weniger als 2 Wochen – verkürzt werden. Die Fristverkürzung steht im Ermessen der Gemeinde und wird nur in einfach gelagerten Fällen, bei einem übersehbaren Kreis von Betroffenen und dann in Betracht kommen, wenn die

---

[109] VGH München, Urt. v. 30.11.1998 – 26 N 95.1815 – UPR 1999, 115 = BayVBl. 1999, 212; a.A. OVG Schleswig, Urt. v. 27.6.1995 – 1 K 9/4 – BRS 57 (1995), Nr. 37.
[110] EAG Bau 2004 – Mustererlass 2004.

verkürzte Stellungnahme den Beteiligten zumutbar ist.[111] Als **Anhaltspunkt** für die **Mindestdauer** der erneuten Öffentlichkeitsbeteiligung kann die Zwei-Wochen-Frist des § 3 III 2 BauGB 1998 herangezogen werden. Eine längere Dauer kann in Abhängigkeit vom Umfang der Änderungen erforderlich sein. Keinen Grund für eine neue Beteiligung stellt es dar, wenn nicht der Entwurf des Bauleitplans selbst, sondern nur der Umweltbericht geändert wird.[112] Allerdings wird die Aufnahme von Angaben wegen der Besorgnis zusätzlicher oder anderer erheblicher nachteiliger Umweltauswirkungen in der Regel auch zu einer Änderung des Planentwurfs führen. Im Falle von substanziellen Änderungen ist daher eine erneute Beteiligung vorzusehen.[113] Diese kann allerdings ggf. durch eine eingeschränkte Beteiligung erfolgen.

667   Zudem ist eine ergänzende **Behördenbeteiligung** nach § 4 a III BauGB erforderlich, wenn durch die Änderung oder Ergänzung des Bauleitplans der Aufgabenbereich eines Trägers öffentlicher Belange erstmals oder stärker als bisher berührt wird. § 4 a III BauGB sieht dazu vor, dass lediglich den berührten Behörden und sonstigen Trägern öffentlicher Belange Gelegenheit zur Stellungnahme innerhalb angemessener Frist gegeben wird. Wahlweise kann allerdings eine förmliche Behördenbeteiligung nach § 4 II BauGB durchgeführt werden. Die Änderung des Flächennutzungsplans oder eines Bebauungsplans werden in § 4 a III BauGB behandelt und sind damit gleichgestellt. Auf § 13 BauGB verweist das Gesetz dabei nicht mehr. Die in § 4 a VI BauGB aufgestellten Grundsätze für das Verfahren der Öffentlichkeits- und Behördenbeteiligung hinsichtlich der Beschränkung des Umfangs und Inhalts der Stellungnahmen und ihre Berücksichtigung in der gemeindlichen Abwägung gelten auch bei der nachträglichen Änderung der Planung im Verfahren.[114] Allerdings wird eine eingeschränkte Öffentlichkeitsbeteiligung durch individuelle Beteiligung der betroffenen Öffentlichkeit nur dann in Betracht kommen, wenn sich der Kreis der Betroffenen klar ermitteln lässt. Soweit der betroffene Personenkreis nicht feststeht, wird eine erneute förmliche Öffentlichkeitsbeteiligung innerhalb einer ggf. angemessen verkürzten Beteiligungsfrist zweckmäßiger sein. Dies gilt auch, wenn sich etwa der Umweltbericht ändert, weil zusätzliche Kompensationsmaßnahmen vorgesehen sind oder bisher im Entwurf vorgesehene Maßnahmen verringert werden sollen. Derartige Änderungen werden im Falle von Grundstücksinanspruchnahmen oder bei einer Betroffenheit von Aufgaben von Behörden zu einer erneuten Öffentlichkeits- und Behördenbeteiligung führen. Dabei ist auch der Umweltbericht entsprechend anzupassen. Dies beruht auf Vorgaben der Plan-UP-Richtlinie, die entsprechende erneute Beteiligungserfordernisse bei Planänderungen im Aufstellungsverfahren vorsieht. Danach soll ein Plan mit entsprechenden rahmensetzenden Vorgaben nur verabschiedet werden, wenn der Umweltbericht seinen wesentlichen Elementen einer Öffentlichkeitsbeteiligung unterzogen worden ist. Unwesentliche und vor allem auch redaktionelle Änderungen erfordern eine erneute allgemeine Öffentlichkeitsbeteiligung nicht.

668   Die **eingeschränkte Öffentlichkeitsbeteiligung** ist nur **zulässig**, wenn die **Grundzüge** des Bauleitplans nicht berührt werden. Die Grundzüge der Planung sind auch dann betroffen, wenn die bisherige Planungskonzeption zwar im Kern beibehalten wird, jedoch in einem nicht nur peripheren, sondern den Charakter der Planung kennzeichnenden Bereich zumindest teilweise erheblich anders ausgestaltet wird.[115] Dabei kommt es auch darauf an, wie weit das Vorhaben rechtlich geschützte nachbarliche Interessen beein-

[111] Eine Fristverkürzung im Planaufstellungsverfahren war in dem durch das BauROG 1998 gestrichenen § 2 III BauGB-MaßnG enthalten.
[112] Zum Umweltbericht 177.
[113] BVerwG, Urt. v. 29.1.1991 – 4 C 51.89 – BVerwGE 87, 332 = DVBl 1991, 885 – München II.
[114] *Bundesregierung*, Gesetzentwurf zum BauROG, S. 46.
[115] BVerwG, B. v. 22.9.1989 – 4 NB 24.89 – NVwZ 1990, 361 = DVBl 1990, 364 = RzB Rn. 853.

trächtigt.[116] Wesentlich ist eine Änderung damit vor allem dann, wenn sie das Vorhaben insgesamt zur Disposition stellen kann. Von unwesentlicher Bedeutung ist eine Planänderung dagegen, wenn sie Abwägungsvorgang und Abwägungsergebnis nach Struktur und Inhalt nicht berührt, also die Frage sachgerechter Zielsetzung und Abwägung i. S. der Gesamtplanung nicht erneut aufwerfen kann. Das wird stets der Fall sein, wenn Umfang und Zweck des Vorhabens unverändert bleiben und wenn zusätzlich belastende Auswirkungen von einigem Gewicht sowohl auf die Umgebung als auch hinsichtlich der Belange einzelner auszuschließen sind.[117]

Soll der Bebauungsplan lediglich im Interesse der betroffenen Grundstückseigentümer **669** um **Schutzauflagen ergänzt** werden, wird dies auch regelmäßig dafür sprechen, dass die Änderung die Grundzüge der Planung nicht betrifft. Daran ändert sich auch nichts, wenn die Schutzauflagen ihrerseits neue, lösbare Probleme aufwerfen. Dabei ist nicht auf eine formale, sondern auf eine inhaltliche Betrachtung abzustellen und zu fragen, ob durch die Änderung **Belange erstmals** oder **stärker** als bisher unmittelbar **nachteilig betroffen** werden (vgl. auch § 73 VIII VwVfG). Änderungen, die den Betroffenen ausschließlich zugutekommen oder mit denen auf entsprechende Wünsche im Beteiligungsverfahren reagiert wird, lösen eine erneute, auch eingeschränkte Beteiligung nach §§ 3 III, 13 Nr. 2 BauGB nicht aus.[118]

Wird lediglich für einen **Teilbereich** des **Bebauungsplans** eine **Änderung** erforder- **670** lich, durch welche die Grundzüge der Planung nicht berührt werden, darf die erneute Auslegung des Entwurfs auf den betroffenen Bereich beschränkt werden, wenn dieser Teilbereich räumlich und funktional vom übrigen Plangebiet abgetrennt werden kann und die dieses Gebiet betreffenden Festsetzungen als eigenständige Planung bestehen bleiben können.[119]

Auf eine **erneute** – auch eingeschränkte – **Beteiligung kann verzichtet** werden, **671** wenn die vorgesehenen Änderungen keine neuen erkennbaren Beeinträchtigungen bringen.[120] Dasselbe gilt für Änderungen nur redaktioneller Art ohne Einfluss auf den Inhalt des Plans, die ebenfalls keine erneute Öffentlichkeitsbeteiligung erforderlich machen.[121]

Wird trotz mehr als geringfügiger Änderungen des Bebauungsplans weder eine er- **672** neute Offenlegung nach § 3 II BauGB noch ein eingeschränktes Beteiligungsverfahren nach den §§ 4 a III BauGB durchgeführt, so führt dies nicht stets zur **Unwirksamkeit** des **gesamten Bebauungsplans**, sondern kann je nach den Umständen des Falles unbeachtlich sein oder auch lediglich eine **Teilunwirksamkeit** bewirken. Nach den allgemeinen Grundsätzen der Teilbarkeit kann die Unwirksamkeit einer Norm als Ganze daher nur angenommen werden, wenn die vom Rechtsfehler unberührten Teile der Norm nicht selbständig weiter bestehen können.[122]

---

[116] So zur wesentlichen Änderung eines planfeststellungsbedürftigen Vorhabens BVerwG, Urt. v. 16.12.1988 – 4 C 40.86 – BVerwGE 81, 95 = NVwZ 1989, 750 = DVBl 1989, 363 = RzB Rn. 1180 – Hubschrauberlandeplatz.

[117] So zum straßenrechtlichen Fachplanungsrecht BVerwG, Urt. v. 20.10.1989 – 4 C 12.87 – BVerwGE 84, 31 = NJW 1990, 925 = DVBl 1990, 419 = RzB Rn. 216 – Eichenwäldchen.

[118] So zur vergleichbaren vereinfachten Planänderung nach § 73 VIII VwVfG BVerwG, B. v. 12.6.1989 – 4 B 101.89 – NVwZ 1990, 366 = UPR 1989, 431 = ZfBR 1990, 106 = RzB Rn. 216 – Radweg.

[119] BVerwG, B. v. 31.10.1989 – 4 NB 7.89 – NVwZ–RR 1990, 286 = ZfBR 1990, 32 = RzB Rn. 212.

[120] BVerwG, B. v. 18.12.1987 – 4 NB 2.87 – ZfBR 1988, 90 = BRS 47 (1987), Nr. 4 = RzB Rn. 148 – Leitungsrecht.

[121] So zum Genehmigungsverfahren BVerwG, B. v. 14.8.1989 – 4 NB 24.88 – DVBl 1989, 1105 = ZfBR 1989, 264 = RzB Rn. 84 – Beitrittsbeschluss; Urt. v. 10.8.1990 – 4 C 3.90 – BVerwGE 85, 289 = DVBl 1990, 1182 = BauR 1991, 51 = RzB Rn. 138 – Plansetzung. Zur Änderung der BauNVO während des Planverfahrens BVerwG, B. v. 24.1.1995 – 4 NB 3.95 – ZfBR 1995, 149.

[122] BVerwG, B. v. 6.11.2007 – 4 BN 44.07 – Teilunwirksamkeit eines Bebauungsplans, m. Hinw. m. Hinw. auf Urt. v. 19.9.2002 – BVerwG 4 CN 1.02 – BVerwGE 117, 58; OVG Greifswald, Urt. v.

Beispiel: Ergeben sich etwa nach der Offenlage Planänderungen, so ist die Nichtbeteiligung des Eigentümers eines außerhalb des Plangebietes gelegenen Grundstücks unschädlich, wenn seine Belange erkennbar berücksichtigt worden sind und eine Einbeziehung des Grundstücks in das Plangebiet nicht erforderlich war.[123]

673 Ist zur Änderung die Öffentlichkeitsbeteiligung oder die Behördenbeteiligung nach § 4 a III BauGB nicht ordnungsgemäß durchgeführt, wird dies in der Regel lediglich zur **Teilunwirksamkeit** des Bebauungsplans führen, wenn durch die Änderung die Grundzüge der Planung nicht berührt worden sind[124] und sich insoweit keine übergreifenden Auswirkungen ergeben. Denn die Unwirksamkeit eines Teils des Bebauungsplans führt dann nicht zur Gesamtunwirksamkeit des Plans, wenn der Rest auch ohne den unwirksamen Teil sinnvoll bleibt (Grundsatz der Teilbarkeit) und anzunehmen ist, dass der Plan auch ohne den unwirksamen Teil erlassen worden wäre (Grundsatz des mutmaßlichen Willens des Normgebers).[125]

674 Ist der fehlerhafte Teil von anderen Teilen des Bebauungsplans nicht abtrennbar, so sind auch diese Teile des Bebauungsplans oder der gesamte Bebauungsplan unwirksam, selbst wenn die von der fehlerhaften Festsetzung unmittelbar betroffene Fläche nur gering ist.[126] Führt dies zur Gesamtunwirksamkeit des Bebauungsplans, ist das Normenkontrollgericht sogar verpflichtet, über einen eingeschränkten Antrag hinauszugehen.[127] Ob sich die Unwirksamkeit eines Bebauungsplans auf nachfolgende Satzungen zur Änderung dieses Bebauungsplans erstreckt, hängt davon ab, ob und inwieweit der **Änderungsbebauungsplan** vom Inhalt seiner Festsetzung her gegenüber dem Ursprungsplan verselbstständigt ist.[128]

5. Ergänzender Einsatz elektronischer Informationstechnologien (§ 4 a IV BauGB)

675 Bei der Öffentlichkeits- und Behördenbeteiligung können ergänzend **elektronische Informationstechnologien** genutzt werden (§ 4 a IV BauGB). Soweit die Gemeinde den Entwurf des Bauleitplans und die Begründung in das Internet einstellt, können die Stellungnahmen der Behörden und sonstigen Träger öffentlicher Belange durch Mitteilung von Ort und Dauer der öffentlichen Auslegung nach § 3 II BauGB und der Internetadresse eingeholt werden; die Mitteilung kann im Wege der elektronischen Kommunikation erfolgen, soweit der Empfänger hierfür einen Zugang eröffnet hat. Die Gemeinde hat bei Anwendung von § 4 a IV 2 Hs. 1 BauGB der Behörde oder dem sonstigen Träger öffentlicher Belange auf dessen Verlangen einen Entwurf des Bauleitplans und der Begründung zu übermitteln; § 4 II 2 BauGB bleibt unberührt.

676 Für die Öffentlichkeitsbeteiligung stellen elektronische Informationstechnologien nur eine **Ergänzung** der Offenlage nach § 3 II BauGB dar. Dagegen kann die Einstellung des Planentwurfs in das Internet eine Behördenbeteiligung im Wege der Zusendung des Planentwurfs und der Begründung entbehrlich machen. Die Behördenbeteiligung kann dadurch erfolgen, dass den Behörden und sonstigen Trägern öffentlicher Belange lediglich Ort und Dauer der öffentlichen Auslegung und die Internet-Adresse mitgeteilt wer-

---

15.2.2006 – 3 K 35/04 – BauR 2006, 1432 = UPR 2006, 359 = NVwZ-RR 2006, 673 – Seehotel Bansin: VGH München, Urt. v. 11.8.2005 – 2 N 03.3286 –.

[123] OVG Münster, Urt. v. 2.3.1998 – 7a D 125/96.NE – NWVBl 1998, 439 – Gewelsberg.

[124] BVerwG, B. v. 20.8.1991 – 4 NB 3.91 – DVBl 1992, 37 = RzB Rn. 196.

[125] BVerwG, B. v. 8.8.1989 – 4 NB 2.89 – DVBl 1989, 1103 = RzB Rn. 178; B. v. 29.3.1993 – 4 NB 10.91 – DVBl 1993, 661 = NVwZ 1994, 271 = RzB Rn. 1313; B. v. 31.1.1995 – 4 NB 4.94 – DVBl 1995, 522.

[126] BVerwG, B. v. 6.4.1993 – 4 NB 43.93 – NVwZ 1994, 272 = DÖV 1993, 876 = RzB Rn. 1315.

[127] BVerwG, B. v. 20.8.1991 – 4 NB 3.91 – BauR 1992, 48 = RzB Rn. 196; zum Grundsatz der Planerhaltung *Hoppe* DVBl 1996, 12.

[128] BVerwG, B. v. 30.9.1992 – 4 NB 22.92 – Buchholz 310 § 47 VwGO Nr. 70.

den, an der der Planentwurf und die Begründung abrufbar sind. Diese Mitteilung kann auch per E-Mail erfolgen, soweit der Empfänger hierfür einen Zugang eröffnet hat.

Die Behördenbeteiligung auf elektronischem Weg ist nur möglich, wenn der Bauleit- **677** plan hierzu geeignet ist. Bei sehr großen Plänen mit sehr vielen Details kann eine Beurteilung auf einem Monitor schwierig sein. Damit steigt das Risiko, dass abwägungsrelevante Auswirkungen nicht erkannt werden und dadurch der Plan insgesamt fehlerhaft ist. Aus diesen Gründen haben die Behörden und sonstigen Träger öffentlicher Belange auch die Möglichkeit, die Zusendung des Entwurfs des Bauleitplans und der Begründung zu verlangen. Die Gemeinde hat diesem Verlangen nachzukommen. Durch das Verlangen, den Bauleitplan auch in **Papierform** zu übermitteln, läuft keine neue Frist zur Stellungnahme an. Auch eine Verlängerung der Frist erfolgt nicht automatisch. Allerdings kann die dadurch entstehende Verzögerung ein wichtiger Grund zur angemessenen Fristverlängerung nach § 4 II BauGB sein.[129]

6. Bescheidung der Stellungnahmen

Die im Rahmen der förmlichen Öffentlichkeitsbeteiligung fristgemäß vorgebrachten **678** **Stellungnahmen** sind zu **prüfen**; das **Ergebnis** ist **mitzuteilen** (§ 3 II 4 BauGB).[130] Die Regelung schreibt nicht vor, durch welches Organ die Prüfung der fristgemäß abgegebenen Stellungnahmen zu erfolgen hat.[131] Die Einwender sollen die beim Satzungsbeschluss maßgeblichen Abwägungsgrundlagen erfahren, um auf Grund dieser Informationen die Möglichkeiten einer Normenkontrolle zu prüfen. Nach Auffassung des VGH Mannheim ist es nicht Zweck der Mitteilungspflicht, Gelegenheit zu nochmaligem Vorbringen im Bebauungsplanverfahren zu geben. Die Mitteilung müsse daher weder vor Einleitung des Genehmigungsverfahrens noch vor dem Inkrafttreten der Satzung erfolgen. Selbst ihr völliges Fehlen führe nicht zur Unwirksamkeit des Bebauungsplans.[132] Für eine ordnungsgemäße Prüfung der anlässlich der Offenlegung zu einem Bebauungsplan abgegebenen Stellungnahmen reicht es jedenfalls aus, wenn die einzelnen Stellungnahmen mit ihren abwägungsrelevanten Kernaussagen aufgelistet und ihnen jeweils die Stellungnahmen der Verwaltung gegenübergestellt werden.[133]

Die Zuständigkeit zur abschließenden Prüfung der Stellungnahmen liegt in Nieder- **679** sachsen nach Auffassung des OVG Lüneburg nicht beim Verwaltungsausschuss, sondern beim Rat der Gemeinde. Ein Satzungsbeschluss des Rates ohne vorherige Bescheidung der Stellungnahmen durch ihn verstoße daher gegen das Abwägungsgebot und sei daher unwirksam.[134] Derartige auf der Anwendung des Landesrechts beruhende Mängel können jedoch in einem ergänzenden Verfahren geheilt werden. Denn die Heilungsmöglichkeiten in einem ergänzenden Verfahren nach § 214 IV BauGB beziehen sich nicht nur auf die Verletzung bundesrechtlicher Anforderungen, sondern umfassen auch die Heilung von Fehlern, die sich auf Grund von landesrechtlichen Anforderungen ergeben.[135] Insoweit sollten sich offenbar durch die Änderung der Gesetzesfassung keine inhaltlichen Änderungen hinsichtlich der Reichweite der Heilungsmöglichkeiten ergeben. § 3 II 4

---

[129] EAG Bau 2004 – Mustererlass 2004.

[130] Zur Frage, ob und ggf. wann ein Einwender in einem Bebauungsplanverfahren einen Anspruch auf Mitteilung über die Entscheidung des Gemeinderats über die von ihm erhobenen Einwendungen hat und welche Bedeutung einem Verstoß zukommt BVerwG, B. v. 3.12.2008 – 4 BN 25.08 – BauR 2009, 609 = ZfBR 2009, 274 – Mitteilung des Abwägungsergebnisses.

[131] VGH Mannheim, Urt. v. 24.5.2006 – 8 S 1367/05 – VBlBW 2007, 182 – Thermal- und Erlebnisbad mit Gesundheitszentrum.

[132] VGH Mannheim, B. v. 5.6.1996 – 8 S 487/96 – NVwZ-RR 1997, 684.

[133] OVG Münster, Urt. v. 15.4.2011 – 7 D 68/10.NE – Reduzierung von Abstandsflächen.

[134] OVG Lüneburg, Urt. v. 22.4.1998 – 1 K 2132/96 – NVwZ-RR 1998, 548 = NdsVBl. 1998, 213. Bundesrechtlich ist eine Bescheidung der Anregungen durch den Rat allerdings nicht erforderlich, so BVerwG, Urt. v. 25.11.1999 – 4 CN 12.98 – ZfBR 2000, 197 – Verwaltungsausschuss.

[135] BVerwG, Urt. v. 25.11.1999 – 4 CN 12.98 – ZfBR 2000, 197 – Verwaltungsausschuss.

BauGB verlangt nicht, dass das Ergebnis der Prüfung der fristgemäß eingegangenen Stellungnahmen zum Entwurf eines Bebauungsplans den Einwendern vor dem Satzungsbeschluss mitgeteilt wird.[136] Bundesrecht verlangt auch nicht, dass das Ergebnis der fristgemäß eingegangenen Stellungnahmen zum Entwurf eines Bebauungsplans (§ 3 II 4 BauGB) von der Gemeinde durch **besonderen Beschluss** festgestellt wird. Die Prüfung der zum Entwurf eines Bebauungsplans eingegangenen Stellungnahmen ist Bestandteil der Abwägung gemäß § 1 VI, VII BauGB. Die abschließende Entscheidung darüber ist dem Satzungsbeschluss vorbehalten(§ 10 I, § 214 III 1 BauGB).[137] Entscheidet der Rat nicht abschließend über die nach § 3 II 4 BauGB vorgebrachten Stellungnahmen der Öffentlichkeit, kann das Abwägungsgebot nach § 1 VII BauGB verletzt sein. Werden die vorgebrachten Anregungen dem Rat vorenthalten oder stellt dieser sie aus anderen Gründen nicht in seine Abwägung ein, liegt ein Ermittlungsfehler und auch ein Gewichtungsfehler im Vorgang der planerischen Abwägung vor.[138]

680   Die Abwägungsentscheidung des zuständigen Organs des Planungsträgers bei der Flächenauswahl muss im Rahmen der gerichtlichen Kontrolle durch die Begründung bzw. Erläuterung der Planung und die Aufstellungsunterlagen bzw. Verfahrensakten hinreichend dokumentiert und nachvollziehbar sein. Eine ungeprüfte Übernahme der auf der Ebene der Flächennutzungs- oder Bebauungspläne in den Kommunen zum Ausdruck gekommenen Planvorstellungen in das Regionale Raumordnungsprogramm stellt einen Abwägungsfehler dar.[139] Für eine ordnungsgemäße Abwicklung der Prüfung nach § 3 II 4 BauGB reicht es aus, wenn die einzelnen Einwendungen gegen den Plan mit ihren Kernaussagen aufgelistet und ihnen jeweils die Stellungnahmen oder Vorschläge der Verwaltung gegenübergestellt werden. Die Einwendungen dürfen grundsätzlich anonymisiert werden.[140]

681   Für **Massenverfahren** sieht das Gesetz eine vereinfachte Bekanntgabe des Prüfungsergebnisses vor. Haben mehr als 50 Personen Stellungnahmen mit im Wesentlichen gleichem Inhalt vorgebracht, so kann die Mitteilung des Ergebnisses der Prüfung dadurch ersetzt werden, dass diesen Personen Einsicht in das Ergebnis ermöglicht wird. Die Stelle, bei der das Ergebnis der Prüfung während der Dienststunden eingesehen werden kann, ist ortsüblich bekanntzumachen. Bei der Vorlage der Bauleitpläne im Genehmigungsverfahren nach §§ 6, 10 II BauGB sind die nicht berücksichtigten Stellungnahmen mit einer Stellungnahme der Gemeinde beizufügen (§ 3 II 4 bis 6 BauGB).

682   Die **Stellungnahmen** gehen mit dem ihnen jeweils zukommenden Gewicht in die **Abwägung** ein. Dabei sind alle Belange zu berücksichtigen, die mehr als geringfügig, schutzwürdig und erkennbar sind.[141]

Hinweis: Besonders bei umfangreichen oder zahlreich eingegangenen Stellungnahmen empfiehlt es sich, die vorgebrachten Stellungnahmen zunächst nach Sachgruppen zu ordnen und dabei Wesentliches von Unwesentlichem zu trennen. Zunächst sollte sodann gefragt werden, ob die Stellungnahmen geeignet sind, die Grundkonzeption in Frage zu stellen oder in Teilen zu modifizieren. Vielfach ist es sinnvoll, der Behandlung der Einzelstellungnahmen zunächst eine Darstellung der Planungskonzeption voranzustellen und sich erst im Anschluss daran den vorgetragenen einzelnen Stellungnahmen zuzuwenden, die nach Gruppen geordnet werden sollten.

Beispiel: Die Gemeinde beabsichtigt, in einiger Entfernung von der Innenstadt ein SB-Warenhaus zu errichten. Bei der förmlichen Öffentlichkeitsbeteiligung sind zahlreiche Stellungnahmen teilweise auch als Sammeleinwendungen von Bürgerinitiativen oder aus der Kaufmannschaft eingegangen.

---

[136] BVerwG, B. v. 11.11.2002 – 4 BN 52.02 – NVwZ 2003, 206 = ZfBR 2003, 264.

[137] BVerwG, Urt. v. 25.11.1999 – 4 CN 12.98 – BVerwGE 110, 118 = DVBl 2000, 798.

[138] OVG Münster, Urt. v. 11.9.2008 – 7 D 74/07.NE – vorhabenbezogener Bebauungsplan.

[139] OVG Lüneburg, Urt. v. 31.3.2011 – 12 KN 187/08 – DVBl 2011, 786 (L) = BauR 2011, 1300 – Windenergie.

[140] OVG Münster, Urt. v. 29.1.2013 – 2 D 102/11.NE – BauR 2013, 896 = DÖV 2013, 489 (L) – Einzelhandelsausschluss.

[141] BVerwG, B. v. 9.11.1979 – 4 N 1.78 – BVerwGE 59, 87 = RzB Rn. 26.

Daneben haben sich auch Industrie- und Handwerkskammer und andere Träger öffentlicher Belange kritisch geäußert. Die Verwaltungsvorlage zur Bescheidung der Stellungnahmen wird zweckmäßigerweise zunächst einen Bericht über den aktuellen Planungsstand und die zur Beschlussfassung vorgeschlagene Konzeption ggf. einschließlich der auf Grund der Offenlegung erforderlichen Entwurfsänderungen geben. Bei Darstellung der Planungskonzeption sollen die wesentlichen Gegenargumente bereits zumindest im Ansatz berücksichtigt werden. Dazu sollten die eingegangenen Stellungnahmen nach Sachgruppen geordnet und darauf befragt werden, welche mehr als geringfügigen und schutzwürdigen Belange vorgetragen worden sind. Die so nach Relevanz und Gruppen geordneten Gesichtspunkte können bereits bei der Darstellung der Planungskonzeption berücksichtigt und gegenüber den Planrechtfertigungsgründen abgewogen werden. Für die Gesamtkonzeption nicht wesentliche oder Einzelfragen betreffende Gesichtspunkte werden sodann bei der Behandlung der einzelnen Stellungnahmen berücksichtigt. Dabei wird jeweils einem Bericht über die eingegangenen Stellungnahmen der Beschlussvorschlag für die Bescheidung gegenübergestellt: „Die Industrie- und Handelskammer hat folgende Bedenken vorgebracht: Der Anregung, die Verkaufsfläche zu verringern, ist durch eine entsprechende Festsetzung teilweise entsprochen worden. Im Übrigen werden die Bedenken aus den Gründen der Erläuterung der Gesamtkonzeption zurückgewiesen." Ein solches Vorgehen hat den Vorteil, dass bei der Behandlung der einzelnen Stellungnahmen Wiederholungen vermieden und eine Konzentration auf Wesentliches erreicht wird. Auch ist die Ordnung und Darstellung des Stoffes leichter möglich, als wenn jeweils zu den vielfach sich wiederholenden Gesichtspunkten gleiche oder ähnliche Ausführungen erscheinen. In einfach gelagerten Fällen kann es allerdings genügen, nach Darstellung der Planungskonzeption sich unmittelbar den einzelnen Stellungnahmen zuzuwenden.

Es entspricht der Transparenz der Öffentlichkeitsbeteiligung, die eingegangenen **Stel-** 683 **lungnahmen öffentlich** zu **behandeln**. Dies erfolgt in einer Ratssitzung, in der üblicherweise zugleich auch die Beschlussfassung über den Flächennutzungsplan oder die Verabschiedung des Bebauungsplans als Satzung ansteht. Die Einzelheiten des dabei zu beachtenden Verfahrens richten sich nach Landesrecht.[142] Vielfach ist im Landes- und Ortsrecht auch eine Vorberatung in Ausschüssen vorgeschrieben. Das Ergebnis der Prüfung ist den Betroffenen mündlich oder schriftlich mitzuteilen.

Auf die **Mitteilung** des **Ergebnisses** der Prüfung besteht ein **einklagbarer Rechts-** 684 **anspruch**, nicht jedoch auf die Mitteilung von Einzelgründen, die für diese Entscheidung maßgeblich waren. Allerdings empfiehlt es sich, die Mitteilung auch darauf zu erstrecken. Durch die unterlassene Mitteilung wird allerdings die Rechtmäßigkeit des Bauleitplans nicht in Frage gestellt.[143] Die **nicht berücksichtigten Stellungnahmen** sind versehen mit einer Stellungnahme der Gemeinde zusammen mit dem beschlossenen Bauleitplan der **höheren Verwaltungsbehörde** im Rahmen des **Genehmigungsverfahrens** nach §§ 6, 10 II BauGB **vorzulegen**, wenn der Plan einer Genehmigung bedarf.

7. Beschluss über den Bauleitplan

An die Behandlung der Stellungnahmen zum Bauleitplan schließt sich der **Beschluss** 685 des in der Gemeinde zuständigen Organs **über** den **Flächennutzungsplan** bzw. den **Bebauungsplan** an (→ *Textbeispiel 70)*. Der Bebauungsplan wird dabei als Satzung beschlossen (§ 10 I BauGB). Das BauGB enthält keine Bestimmungen darüber, welches Organ für den abschließenden Beschluss über den Bauleitplan **zuständig** ist. Nach dem **Kommunalverfassungsrecht** wird dies bei Angelegenheiten von grundsätzlicher Bedeutung im Regelfall der Rat der Gemeinde als das Hauptorgan sein. Ausschüsse sind für die abschließende Beschlussfassung über die Bauleitpläne daher kommunalverfassungsrechtlich nicht legitimiert.[144] Bei den als Satzung zu beschließenden Bebauungsplänen handelt es sich um Rechtsnormen mit der Konsequenz, dass bereits der inhaltsbestim-

---

[142] BVerwG, B. v. 14.4.1988 – 4 N 4.87 – BVerwGE 79, 200 = RzB Rn. 193.
[143] *BKL* § 3 Rn. 17.
[144] S. Rn. 597.

mende Beschluss des Gemeinderats ohne Bedingung und Vorbehalt erfolgt sein muss. Ein unzulässiger Vorbehalt liegt nicht vor, wenn der Gemeinderat zugleich mit der Satzung beschließt, in einem ersten Schritt zunächst nur bezüglich eines Teils des Plangebiets Erschließungsmaßnahmen vorzunehmen.[145]

Abschließender Beschluss über den Bauleitplan

Beglaubigter Auszug aus der Niederschrift der Sitzung des Rates vom (Datum)

Zu Punkt 10 der Tagesordnung: Flächennutzungsplan/Bebauungsplan Nr. 15 ,,Schulstraße''

    a) Beschluss über die Stellungnahme der Behörden und sonstigen Träger öffentlicher Belange (§ 4 I BauGB) sowie über die Stellungnahme der Öffentlichkeit (§ 3 II BauGB)

    b) Feststellungsbeschluss/Satzungsbeschluss.

Zu a): Der Rat beschließt bei einer Gegenstimme und sechs Stimmenthaltungen abschließend über die Stellungnahmen der Träger öffentlicher Belange nach § 4 I BauGB gem. der vorliegenden Zusammenstellung sowie über die eingegangenen Stellungnahmen der Behörden und der sonstigen Träger öffentlicher Belange sowie der Öffentlichkeit gem. § 3 II BauGB gemäß der vorliegenden Zusammenstellung.

Die Verwaltung wird beauftragt, die Öffentlichkeit sowie die Behörden und sonstigen Träger öffentlicher Belange, die Stellungnahmen eingereicht haben, von diesem Ergebnis unter Angabe der Gründe in Kenntnis zu setzen. Die nicht berücksichtigten Stellungnahmen sind bei der Vorlage des Plans zur Genehmigung mit einer Stellungnahme beizufügen.

Zu b): Der Rat beschließt bei einer Gegenstimme und sechs Stimmenthaltungen den Flächennutzungsplan/Bebauungsplan Nr. 15 ,,Schulstraße'' (beim Bebauungsplan Zusatz: als Satzung). Die Begründung einschließlich des Umweltberichts wird gebilligt. Die Verwaltung wird beauftragt, den Flächennutzungsplan/Bebauungsplan Nr. 15 ,,Schulstraße'' der höheren Verwaltungsbehörde (Behörde) zur Genehmigung vorzulegen und die Erteilung der Genehmigung alsdann ortsüblich bekanntzumachen. Dabei ist anzugeben, wo der Plan mit der Begründung während der Dienststunden eingesehen und über den Inhalt Auskunft verlangt werden kann.

Feststellung der Beschlussfähigkeit: gesetzliche Mitgliederzahl: 25, davon anwesend: 19.

Es waren nach der GO keine Mitglieder der Gemeindevertretung von der Beratung und Abstimmung ausgeschlossen.

(alternativ:) Es haben folgende Mitglieder der Gemeindevertretung weder an der Beratung noch an der Abstimmung mitgewirkt:

Feststellung des Abstimmungsergebnisses: dafür: 12, dagegen: 1, Stimmenthaltungen: 6.

Die Richtigkeit des Auszuges und die Angabe der Beschlussfähigkeit und Abstimmung werden hiermit beglaubigt. Gleichzeitig wird bescheinigt, dass zur Sitzung unter Mitteilung der Tagesordnung rechtzeitig und ordnungsgemäß eingeladen worden ist. Der Rat war beschlussfähig.

(Ort, Datum, Siegelabdruck) Gemeinde (Ort), Der Bürgermeister (Unterschrift)

Textbeispiel 70: *Abschließender Beschluss über den Bebauungsplan*

→ **Planaufstellungsverfahren – Verhältnis Bundesrecht und Landesrecht.** Die rechtlichen Anforderungen an die Aufstellung von Bebauungsplänen sind im BauGB und in der BauNVO geregelt. Die Regelungen sind jedoch nicht abschließend. Das Landesrecht bestimmt im Einzelnen die rechtlichen Anforderungen, soweit das Bundesrecht darauf verweist (z. B. bei dem Zustandekommen eines Satzungsbeschlusses oder den Bekanntmachungsanforderungen). Das Landesrecht kann jedoch nicht zusätzliche Anforderungen an die Wirksamkeit der Bauleitplanung stellen, wohl aber die Anforderungen für das landesrechtlich begründete Satzungsrecht im Bereich seiner Gesetzgebungszuständigkeiten regeln (Denkmalschutzsatzung, Gestaltungssatzung).

---

686   Gegenstand des Feststellungs- bzw. Satzungsbeschlusses ist der **Planentwurf** in der Fassung, die er bei der öffentlichen Auslegung gem. § 3 II BauGB hatte. Dem entscheidenden Gremium müssen die maßgeblichen Beratungsunterlagen zur Verfügung stehen. Bei der Beschlussfassung über einen Bebauungsplan sind die Ratsmitglieder zur Vorbereitung der ihnen obliegenden Abwägung auf die hierfür relevanten Umstände konkret hinzuweisen; sie müssen bei ihrer die Möglichkeit des Abwägungsentscheidung Zugriffs auf die entsprechenden Unterlagen haben.[146] Es ist allerdings nicht abwägungsfehlerhaft,

---

[145] VGH Mannheim, Urt. v. 10.11.2010 – 5 S 955/09 –.

[146] OVG Münster, B. v. 28.5.2010 – 15 A 3230/07 – Vorteilsgerechtigkeit. Zur Öffentlichkeit von Gemeinderatssitzungen *Rabeling* NVwZ 2010, 411.

wenn die Gemeindevertretung die in Ausschüssen vorstrukturierte Beschlussempfehlungen ohne ausführliche eigene Plenardebatte beschließt und sich die von den Ausschüssen formulierten Erwägungen zu eigen macht.[147] Hat ein Gemeinderat über einen Verhandlungsgegenstand entschieden, kann ein Bürger nicht mehr nachträglich mit Erfolg geltend machen, die zur Vorbereitung der Sitzung übersandten Unterlagen seien unvollständig gewesen.[148] Ein Abwägungsmangel liegt demgegenüber vor, wenn die vorgebrachten Anregungen dem Gemeinderat vorenthalten werden oder dieser sie aus anderen Gründen nicht in seine Abwägung einstellt.[149] Hat sich der Planbetroffene am Planaufstellungsverfahren nicht beteiligt, so muss die Gemeinde im Rahmen des § 1 VII BauGB nur diejenigen privaten Belange in die Abwägung einstellen, die ihr entweder auf anderem Wege bekannt geworden sind oder die sich ihr aufdrängen mussten. Ein erstmaliger Vortrag im Normenkontrollverfahren ist verspätet.[150] Ist das Entscheidungsgremium über wesentliche Grundlagen nicht informiert, können sich daraus beachtliche Abwägungsmängel ergeben.

Beispiel: Die Verlagerung der Bewältigung eines Konfliktes in das dem Planverfahren nachfolgende Baugenehmigungsverfahren ist abwägungsfehlerhaft, wenn über die bereits vorab nach § 33 I BauGB erfolgte Erteilung der Baugenehmigung nicht informiert war und ihm bereits erstellte und bei der Baugenehmigungsbehörde eingereichte Gutachten zum Schallschutz bei Beschlussfassung nicht bekannt gegeben wurden.[151]

Ist der Entwurf **anschließend geändert** worden, so schließt sich ggf. das Verfahren **687** nach § 4 a III BauGB an. Nach Beschlussfassung des Gemeinderates vorgenommene Änderungen des Entwurfs eines Bebauungsplanes, die inhaltlich in den Bereich der planerischen Willensbildung des Gemeinderates eingreifen, bedürfen zu ihrer Wirksamkeit eines **Beitrittsbeschlusses**. Dies gilt auch für Änderungen, die von der Genehmigungsbehörde als rein klarstellend und redaktionell bezeichnet wurden.[152] In den Beschluss einzubeziehen ist auch die Begründung des Flächennutzungsplans oder die Begründung des Bebauungsplans. In die Begründung werden ggf. Gesichtspunkte eingearbeitet, die sich bei der öffentlichen Planauslegung im Rahmen der förmlichen Öffentlichkeitsbeteiligung ergeben haben. Wird hierdurch allerdings der Planinhalt geändert, so muss sich ggf. nach Maßgabe des § 4 a III BauGB eine erneute förmliche Öffentlichkeitsbeteiligung bzw. Beteiligung der betroffenen Öffentlichkeit anschließen.[153] Ein Satzungsbeschluss gemäß § 10 BauGB kommt nicht dadurch zustande, dass die Gemeindevertretung der Begründung zum Bebauungsplanentwurf zustimmt.[154] Vielmehr muss die Satzung selbst vom Gemeinderat beschlossen werden. Ein unter inhaltlichen Auflagen genehmigter Plan wird nur wirksam, wenn die Gemeinde den Maßgaben − ggf. nach Durchführung eines erneuten Beteiligungsverfahrens − beitritt und den Bebauungsplan anschließend bekannt macht. Diese Verfahrensschritte können durch die Beschlussfassung über einen Änderungsbebauungsplan und dessen Bekanntmachung nicht ersetzt werden, auch wenn

---

[147] VGH Kassel, Urt. v. 17.6.2010 − 4 C 713/09.N − DÖV 2010,867 = NVwZ-RR 2010, 837 − Festsetzung privater Grünfläche durch Bebauungsplan.

[148] VGH Mannheim, Urt. v. 9.2.2010 − 3 S 3064/07 − NuR 2010, 736 = DÖV 2010, 529 − Artenschutz.

[149] VGH Mannheim, Urt. v. 24.5.2006 − 8 S 1367/05 − VBlBW 2007, 182 − Thermal- und Erlebnisbad mit Gesundheitszentrum.

[150] OVG Saarlouis, Urt. v. 20.9.2007 − 2 N 9/06 − Normenkontrolle gegen Bebauungsplan.

[151] OVG Bautzen, Urt. v. 11.11.2005 − 1 D 23/03 − BRS 69 Nr. 23 (2005) = BauR 2006, 575 (L) = DVBl 2006, 464 (L) − Lebensmittelmarkt.

[152] OVG Bautzen, Urt. v. 11.11.2005 − 1 D 23/03 − BRS 69 Nr. 23 (2005) = BauR 2006, 575 (L) = DVBl 2006, 464 (L) − Lebensmittelmarkt.

[153] S. Rn. 663.

[154] VGH Kassel, Urt. v. 25.2.2004 − 3 N 1699/03 − NuR 2004, 397 = BauR 2004, 1046 − Lärmgutachten.

dieser aus Anlass der Änderung anderer Festsetzungen die Auflagen der Genehmigung des Ursprungsbebauungsplans übernimmt.[155]

688   Auch die Beschlussfassung selbst und das dabei zu beachtende **Verfahren** richten sich nach dem **Kommunalverfassungsrecht** der Länder. Das gilt etwa für die Frage der Öffentlichkeit der Ratssitzung. Der Grundsatz der Öffentlichkeit der Sitzungen des Gemeinderates gehört zu den anerkannten Grundsätzen des Kommunalrechts. Der Grundsatz beruht auf dem Demokratieprinzip des Art. 20 GG, an das auch die Gemeinden gem. Art. 28 I und II GG gebunden sind. Ausnahmen von diesem Öffentlichkeitsgrundsatz sind jedoch zulässig, wenn das öffentliche Wohl oder berechtigte Interessen einzelner den Ausschluss der Öffentlichkeit erfordern.[156] Nach dem Kommunalverfassungsrecht der Länder beurteilt sich auch die Frage, in welchen Fällen eine **Befangenheit** der Ratsmitglieder anzunehmen ist und ob eine solche Befangenheit zur Unwirksamkeit des Beschlusses über den Bauleitplan führt. Für die Wirksamkeit des Flächennutzungsplans bzw. des Bebauungsplans ist bundesrechtlich lediglich ein ordnungsgemäßer abschließender Beschluss erforderlich. Auf das Vorhandensein oder die Wirksamkeit vorangehender Ratsbeschlüsse, die im Planaufstellungsverfahren nach dem BauGB nicht erforderlich sind, kommt es bundesrechtlich nicht an.[157] Auch die Frage, ob bereits bei der fehlerhaften Mitwirkung eines Ratsmitgliedes der Beschluss über den Bauleitplan unwirksam ist oder dies erst dann angenommen werden muss, wenn die Stimmabgabe des befangenen Ratsmitgliedes den Ausschlag gegeben hat, beurteilt sich nach Landesrecht.[158] Schreibt das Landesrecht vor, dass die Befangenheit nur dann erheblich ist, wenn die Stimmabgabe des befangenen Ratsmitgliedes ausschlaggebend war,[159] so ist die Mitwirkung befangener Ratsmitglieder im Übrigen für die Wirksamkeit der Bauleitpläne ohne Bedeutung.[160]

689   Das befangene Ratsmitglied muss seinen Platz im Ratsgremium räumen,[161] darf allerdings bei öffentlichen Ratssitzungen im Zuhörerraum Platz nehmen.[162] Ein bloßes Abrücken eines Stuhles reicht mithin grundsätzlich nicht aus, um den Erfordernissen des Mitwirkungsverbotes zu genügen.[163] Über die Frage des Vorliegens eines Ausschlussgrundes entscheidet in Zweifelsfällen das Kollegialorgan, also der Gemeinderat oder der Bau- und Planungsausschuss. Werden Ratsmitglieder zu Unrecht wegen Befangenheit ausgeschlossen, so können sie sich in einem **Kommunalverfassungsstreitverfahren** vor den Verwaltungsgerichten gegen diesen Ausschluss wehren. Ein Ratsmitglied kann jedoch nicht mit Erfolg rügen, dass ein anderes Ratsmitglied wegen Befangenheit nicht ausgeschlossen worden ist. Denn auf die Nichtmitwirkung eines für befangen gehaltenen Ratsmitglieds besteht kein Rechtsanspruch.[164] Bei der (erstmaligen) Aufstellung eines **Flächennutzungsplans** besteht ein **Mitwirkungsverbot** regelmäßig nicht. Bei der Änderung oder Ergänzung eines Flächennutzungsplans ist ein Mitwirkungsverbot auf Grund einer Befangenheit dann gegeben, wenn in einem klar abgrenzbaren Teil des Flächennutzungsplans die Möglichkeit eines unmittelbaren Vor- oder Nachteils besteht. Davon ist auszu-

---

[155] BVerwG, B. v. 26.7.2011 – 4 B 23.11 – BBB 2011, Nr. 12, 60 – inhaltliche Auflagen eines genehmigten Plans.

[156] BVerwG, B. v. 15.3.1995 – 4 B 33.95 – ZfBR 1995, 149 – Vorkaufsrecht.

[157] BVerwG, B. v. 14.4.1988 – 4 N 4.87 – BVerwGE 79, 200 = RzB Rn. 193; OVG Koblenz, Urt. v. 30.11.1988 – 10 C 8/88 – NVwZ 1989, 674 = BauR 1989, 433 = StT 1989, 728.

[158] § 18 GO BW; Art. 49 GO Bay; § 25 GO Nds; § 31 GO NW; § 22 GO Rh–Pf; § 27 KSVG.

[159] Etwa Art. 49 III BayGO, § 31 VI GO NW.

[160] BVerwG, B. v. 14.4.1988 – 4 N 4.87 – BVerwGE 79, 200 = RzB Rn. 193; *BKL* § 10 Rn. 5.

[161] § 18 V GO BW; § 25 IV 2 GO Hess; § 26 V GO Nds; § 31 IV GO NW; § 22 III GO Rh–Pf; § 27 IV KSVG Saar; § 22 III 3 und 4 GO SH.

[162] OVG Münster, Urt. v. 17.12.1976 – 15 A 1584/74 – DVBl 1978, 150 = DÖV 1977, 797; OVG Koblenz, Urt. v. 3.11.1981 – 10 C 10/81 – NVwZ 1982, 204.

[163] OVG Koblenz, Urt. v. 3.11.1991 – 10 C 10/81 – NVwZ 1982, 204.

[164] OVG Koblenz, Urt. v. 29.8.1984 – 7 A 19/84 – NVwZ 1985, 283.

gehen, wenn das Ratsmitglied in dem Änderungsbereich Eigentümer von Grundstücken oder grundstücksgleichen Rechte ist, die durch die Planung unmittelbar betroffen werden können. Dasselbe gilt für Rechtsinhaber von Grundstücken, die im unmittelbaren Einflussbereich solcher Planänderungen liegen.[165] Von der Mitwirkung bei der Aufstellung eines **Bebauungsplans** sind Ratsmitglieder auf Grund einer **Befangenheit** ausgeschlossen, die durch die Planung einen unmittelbaren Vor- oder Nachteil haben können. Davon wird regelmäßig auszugehen sein, wenn das Ratsmitglied Eigentümer eines Grundstücks im Plangebiet ist[166] oder das Grundstück im unmittelbaren Einwirkungsbereich des Plangebietes liegt.[167] In den Niederschriften des Rates und der Ausschüsse soll ausdrücklich vermerkt werden, ob und wenn ja, welches Mitglied des Kollegialorgans wegen Befangenheit von der Beratung und Entscheidung ausgeschlossen worden ist.[168]

Nach **Landesrecht** bestimmt sich auch das Erfordernis der **Öffentlichkeit der Rats-** **690** **sitzungen**. Der Grundsatz der Öffentlichkeit, der in allen Gemeindeordnungen und Kommunalverfassungen enthalten ist, steht in enger Verbindung mit dem **Demokratiegebot** in Art. 20, 28 I GG, das zu den grundlegenden Staatsorganisationsprinzipien gehört.[169] Nach dem Verfassungsverständnis des GG kann demokratische Legitimation nur vermittelt werden, wenn die grundlegenden staatlichen Entscheidungen auf eine lückenlose demokratische Legitimationskette zurückgeführt werden können, die vom Bürger zu den staatlichen Funktionsträgern reicht. Die Unterrichtung der Öffentlichkeit ist daher grundsätzlich erst dann ausreichend, wenn sie dem Bürger die Teilnahme als Zuhörer eröffnet. Die Information der Öffentlichkeit über Zeit, Ort und Tagesordnung der Gemeinderatssitzung bestimmt sich nach Landesrecht (Gemeindeordnung, Hauptsatzung, Geschäftsordnung).[170] Sind Verfahrensschritte fehlerhaft, so besteht auf die Durchführung eines Heilungsverfahrens nach § 214 IV BauGB allerdings kein Rechtsanspruch.[171]

---

[165] OVG Münster, Urt. v. 20.2.1979 – 15 A 809/78 – OVGE 34, 60 = NJW 1989, 2633 = BauR 1979, 477 – Flächennutzungsplan.

[166] OVG Münster, Urt. v. 20.9.1983 – 7 a NE 4/80 – NVwZ 1984, 667; Urt. v. 4.12.1987 – 10a NE 48/84 – NVwZ–RR 1988, 112 = DÖV 1988, 647; Urt. v. 21.3.1988 – 10 a NE 14/86 – NVwZ–RR 1989, 113 = DÖV 1989, 27 – Einwirkungsbereich Plangebiet; OVG Lüneburg, Urt. v. 14.9.1971 – 1 C 1/70 – OVGE 27, 478 – benachbartes Grundeigentum; Urt. v. 28.10.1982 – 1 C 12/81 – OVGE 1986, 279 = DÖV 1984, 262 = ZfBR 1983, 34; VGH Mannheim, Urt. v. 23.4.1970 – II 316/68 – ESVGH 20, 240; Urt. v. 18.7.1973 – 2306/72 – ESVGH 24, 125; Urt. v. 26.1.1981 – 33071/78 – ESVGH 31, 156 – Geschäftsführer; Urt. v. 25.10.1983 – 3 S 1221/83 – ESVGH 34, 230 = BWVBl. 1985, 21; Urt. v. 20.1.1986 – 1 S 2009/85 – BWVBl. 1987, 24; Urt. v. 18.11.1986 – 5 S 1719/85 – NVwZ 1987, 1103 = DÖV 1987, 448 = BRS 46, Nr. 8 – irrige Annahme einer Befangenheit; Urt. v. 1.7.1991 – 8 S 1712/90 – NVwZ–RR 1992, 538 = BWVPr. 1992, 140 – Bürgerinitiative; Urt. v. 5.12.1991 – 5 S 976/91 – NuR 1992, 335 = ZfBR 1992, 247 – Grünordnungsplan; Urt. v. 11.10.1994 – 5 S 3142/93 – NVwZ–RR 1995, 154 – betreute Seniorenwohnungen; OVG Koblenz, Urt. v. 21.4.1981 – 10 C 1/81 – AS 16, 263 – gestuftes Verfahren; Urt. v. 3.11.1981 – 10 C 10/81 – NVwZ 1982, 204; Urt. v. 7.12.1983 – 10 C 9/83 – NVwZ 1984, 670 – Bedienstete Kreisverwaltung; Urt. v. 1.8.1984 – 10 C 41/83 – NVwZ 1984, 817 – vorbereitende Sitzungen; Urt. v. 10.10.1984 – 10 C 20/84 – NVwZ 1985, 287 – befangener Bürgermeister; Urt. v. 20.1.1988 – 10 C 20/87 – NVwZ–RR 1988, 114 = BauR 1988, 325 – Verwaltungsrat Sparkasse; Urt. v. 30.11.1988 – 10 C 8/88 – NVwZ 1989, 674 = BauR 1989, 433 – Tierhaltung; Urt. v. 29.11.1989 – 10 C 18/89 – NVwZ–RR 1990, 271 = AS 22, 434 – Ortsbürgermeister.

[167] OVG Münster, Urt. v. 21.3.1988 – 10 a NE 14/86 – NVwZ–RR 1989, 113 – Bezirksvertretung.

[168] *Rothe* Rn. 149; zur Befangenheit von Landesbediensteten *Stüer* StuGR 1977, 169.

[169] Zum Grundsatz der Sitzungsöffentlichkeit VGH Mannheim, Urt. v. 25.6.1969 – I 459/69 – ESVGH 19, 209 – Hausrecht; OVG Münster, Urt. v. 19.12.1978 – 15 A 1031/77 – OVGE 35, 8 = StT 1979, 528 – intraorganisatorische Mitgliedschaftsrechte; Urt. v. 5.9.1980 – 15 A 1684/79 – OVGE 35, 83; Urt. v. 20.8.1984 – 15 B 1727/84 – VR 1986, 393 – Zuleitung Sitzungsunterlagen.

[170] OVG Münster, Urt. v. 21.7.1989 – 15 A 713/87 – NVwZ 1990, 186 = DVBl 1990, 160 = DÖV 1990, 161.

[171] BVerwG, B. v. 9.10.1996 – 4 B 180.96 – DÖV 1997, 251 = UPR 1997, 102 – Plangewährleistung.

8. Zusammenfassende Erklärung

691 Dem Flächennutzungsplan und dem Bebauungsplan ist eine → zusammenfassende Erklärung beizufügen (§§ 6 V 2, 10 IV BauGB). In der zusammenfassenden Erklärung ist die Art und Weise darzulegen, wie die Umweltbelange und die Ergebnisse der Öffentlichkeits- und Behördenbeteiligung in dem Bauleitplanung berücksichtigt wurden, und aus welchen Gründen der Plan nach Abwägung mit den geprüften, in Betracht kommenden anderweitigen Planungsmöglichkeiten gewählt wurde. Jedermann kann den Flächennutzungsplan und den Bebauungsplan, die Begründung und die zusammenfassende Erklärung einsehen und über deren Inhalt Auskunft verlangen (§§ 6 V 2, 10 III 3, IV BauGB). Die Regelungen über die zusammenfassende Erklärung entsprechen den Vorgaben der Plan-UP-Richtlinie. Mit der zusammenfassenden Erklärung öffnet sich die auf Umweltbelange zugeschnittene Sicht des Umweltberichts in eine Gesamtabwägung, deren Teile die Umweltbelange sind. Die zusammenfassende Erklärung dokumentiert daher die wesentlichen Elemente der Ausgleichsentscheidung, die als letzte Stufe der Abwägung das Vor- und Zurückstellen der betroffenen Belange ausdrückt. Die zusammenfassende Erklärung soll allgemein verständlich sein und die wesentlichen Grundlinien in der Entscheidung zum Ausdruck bringen. Sie hat daher Ähnlichkeiten mit einer **Presseerklärung**, in der die wesentlichen Elemente einer getroffenen Entscheidung für die Öffentlichkeit verdeutlicht werden. Die zusammenfassende Erklärung befasst sich daher nicht mit allen Einzelheiten, sondern will die Gesamtentscheidung in ihren wesentlichen Elementen verständlich erklären. Damit wird zugleich einem Anliegen Rechnung getragen, das durch das europäische Umweltrecht vorgegeben ist. Die zusammenfassende Erklärung ist **nicht Bestandteil der Begründung** und nimmt auch nicht an dem Verfahren der Öffentlichkeits- und Behördenbeteiligung teil. Sie wird vielmehr erst nach Durchführung dieser Verfahrensschritte abschließend erstellt. Für die Wirksamkeit der Bauleitpläne ist die zusammenfassende Erklärung nicht entscheidend (§ 214 I BauGB), kann aber für die Abwägung von Bedeutung sein. Ergibt sich weder aus der Begründung noch aus der zusammenfassenden Erklärung, aus welchen Gründen der Plan nach Abwägung mit den geprüften anderweitigen Planungsmöglichkeiten gewählt wurde, deutet dies auf Abwägungsfehler hin, die zur Unwirksamkeit des Planes führen können.

→ **Zusammenfassende Erklärung.** Sie ist dem Flächennutzungsplan und dem Bebauungsplan beizufügen. In ihr ist darzulegen, wie die Umweltbelange und die Ergebnisse der Öffentlichkeits- und Behördenbeteiligung in dem Bauleitplanung berücksichtigt wurden, und aus welchen Gründen der Plan nach Abwägung mit den geprüften, in Betracht kommenden anderweitigen Planungsmöglichkeiten gewählt wurde. Jedermann kann den Flächennutzungsplan und den Bebauungsplan, die Begründung und die zusammenfassende Erklärung einsehen und über deren Inhalt Auskunft verlangen (§§ 6 V 2, 10 III 3, IV BauGB). Die zusammenfassende Erklärung soll allgemein verständlich sein und die wesentlichen Grundlinien in der Entscheidung zum Ausdruck bringen. Sie hat daher Ähnlichkeiten mit einer Presseerklärung, in der die wesentlichen Elemente einer getroffenen Entscheidung für die Öffentlichkeit verdeutlicht werden. Für die Wirksamkeit der Bauleitpläne ist die zusammenfassende Erklärung nicht entscheidend (§ 214 I BauGB), kann aber für die Abwägung von Bedeutung sein.

---

9. Genehmigungsverfahren gem. §§ 6, 10 II BauGB

692 Der **Flächennutzungsplan** bedarf nach § 6 I BauGB der → **Genehmigung** der höheren Verwaltungsbehörde. **Bebauungspläne**, die aus dem Flächennutzungsplan **entwickelt** sind, bedürfen grundsätzlich weder einer **Genehmigung** noch einer → **Anzeige**. Das vormals bestehende Anzeigeverfahren ist bereits durch das BauROG 1998 abgeschafft worden (§ 10 II BauGB). Der Bebauungsplan ist grundsätzlich nur genehmigungsbedürftig, wenn er nicht aus dem Flächennutzungsplan entwickelt ist. **Weitergehende Anzei-**

gepflichten können allerdings auf **landesrechtlicher Grundlage** bestehen. Die Genehmigung darf nur versagt werden, wenn der Flächennutzungsplan nicht ordnungsgemäß zu Stande gekommen ist oder Rechtsvorschriften widerspricht (§ 6 II BauGB). Der Flächennutzungsplan stellt sich daher als das Hauptinstrument der städtebaulichen Planung dar. Vor diesem Hintergrund rechtfertigt sich das Genehmigungserfordernis in § 6 BauGB. Während die Aufstellung, Änderung oder Ergänzung des Flächennutzungsplans genehmigungspflichtig sind, sind Bebauungspläne grundsätzlich nur genehmigungspflichtig, wenn sie nicht aus dem Flächennutzungsplan entwickelt sind. Auch → **selbstständige** (§ 8 II 2 BauGB) und → **vorzeitige** (§ 8 IV 1 BauGB) **Bebauungspläne** unterliegen einem Genehmigungsverfahren durch die höhere Verwaltungsbehörde. Flächennutzungsplan und Bebauungsplan können auch zeitgleich (→ Parallelverfahren) geändert bzw. aufgestellt werden (§ 8 III 1 BauGB).

> → **Genehmigung und Anzeige.** Die Aufstellung, Änderung, Ergänzung oder Aufhebung eines Flächennutzungsplans bedarf der Genehmigung der höheren Verwaltungsbehörde (§ 6 BauGB). Bebauungspläne sind nur genehmigungspflichtig, wenn sie nicht aus dem Flächennutzungsplan entwickelt sind (§ 10 II BauGB). Dies gilt für Abweichungen von einem bestehenden Flächennutzungsplan sowie für den selbstständigen und den vorzeitigen Bebauungsplan. Aus dem Flächennutzungsplan entwickelte Bebauungspläne sind grundsätzlich genehmigungs- und anzeigefrei. Auch Innenbereichs- und Außenbereichssatzungen sind von einer Genehmigung freigestellt (§§ 34 VI, 35 VI BauGB). Über die Genehmigung ist innerhalb von 3 Monaten (mit dreimonatiger Verlängerungsmöglichkeit) zu entscheiden (§§ 6 IV, 10 II BauGB). Die höhere Verwaltungsbehörde hat im Rahmen einer Rechtskontrolle (keine Zweckmäßigkeitskontrolle) zu prüfen, ob die Bauleitplanung den rechtlichen Anforderungen genügt. Die Prüfung ist nicht durch die Beachtlichkeitserfordernisse der §§ 214, 215 BauGB eingeschränkt. Zu Auflagen oder zu anderen Änderungen im Genehmigungsverfahren hat der Rat einen Beitrittsbeschluss zu fassen. Die Erteilung der Genehmigung oder, soweit eine Genehmigung nicht erforderlich ist, der Beschluss über den Bebauungsplan sind ortsüblich bekanntzumachen (§ 10 III 1 BauGB). Die Länder können für nicht genehmigungsbedürftige Bebauungspläne sowie Innen-, Außen- und Entwicklungsbereichssatzungen nach § 246 II BauGB ein Anzeigeverfahren einführen, das innerhalb eines Monats abgeschlossen sein muss. (ohne Fehlerbeachtlichkeit nach § 214 I BauGB).
> → **Selbstständiger Bebauungsplan.** Ein Flächennutzungsplan ist nicht erforderlich, wenn ein Bebauungsplan ausreicht, um die städtebauliche Entwicklung zu ordnen (§ 8 II 2 BauGB). Das wird bei den kleineren Gemeinden angenommen werden können.
> → **Vorzeitiger Bebauungsplan.** Ein Bebauungsplan kann vor dem Flächennutzungsplan aufgestellt werden, wenn dringende Gründe es erfordern und der Bebauungsplan der beabsichtigten städtebaulichen Entwicklung des Gemeindegebietes nicht entgegenstehen wird (§ 8 IV 1 BauGB).
> → **Parallelverfahren.** Flächennutzungsplan und Bebauungsplan können zeitgleich geändert bzw. aufgestellt werden (§ 8 III 1 BauGB). Das Parallelverfahren ist eine besondere Ausgestaltung des Entwicklungsgebots. Dabei kann der Bebauungsplan vor dem Flächennutzungsplan bekannt gemacht werden, wenn nach dem Stand der Planungsarbeiten anzunehmen ist, dass der Bebauungsplan aus den künftigen Darstellungen des Flächennutzungsplans entwickelt sein wird (§ 8 III 2 BauGB).

a) Genehmigungsverfahren gem. §§ 6, 10 II BauGB. Der **Flächennutzungsplan** be- **693** darf nach § 6 I BauGB der **Genehmigung** der höheren Verwaltungsbehörde. Die Genehmigung darf nur versagt werden, wenn der Flächennutzungsplan nicht ordnungsgemäß zu Stande gekommen ist oder Rechtsvorschriften widerspricht (§ 6 II BauGB). Die Aufstellung oder Änderung des Flächennutzungsplans bedarf daher einer Genehmigung. Als umfassender Dispositionsplan für das ganze Gemeindegebiet, der die sich aus der beabsichtigten städtebaulichen Entwicklung ergebende Art der Bodennutzung in den Grundzügen darstellt, bildet der Flächennutzungsplan die bindende Grundlage für die nachfolgende Entwicklung von Bebauungsplänen durch die Gemeinde und für die Planungen der öffentlichen Planungsträger, soweit sie den Darstellungen des Flächennutzungsplans vor dem abschließenden Beschluss der Gemeinde nicht widersprochen haben (§ 7 BauGB).

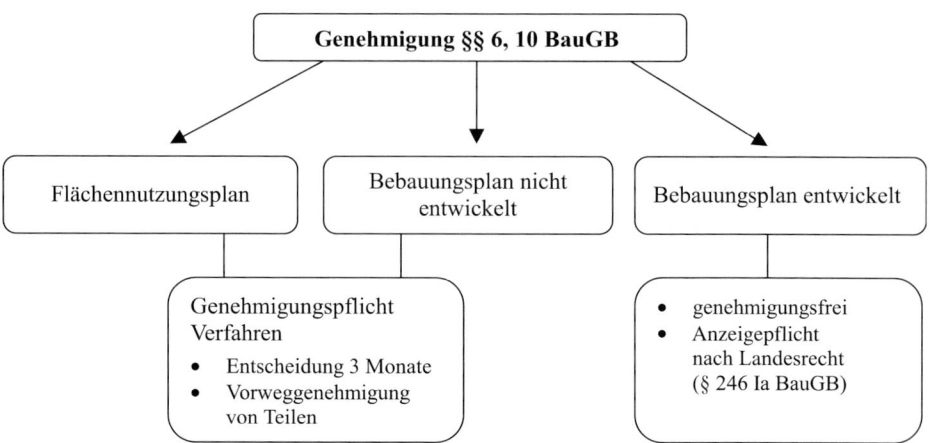

694   Das **Anzeigeverfahren** für Bebauungspläne, die aus dem Flächennutzungsplan entwickelt sind, ist vom Grundsatz her gestrichen worden. Nur Bebauungspläne, die nicht aus dem Flächennutzungsplan entwickelt sind, bedürfen einer Genehmigung. Im Übrigen sind die Bebauungspläne grundsätzlich genehmigungs- und anzeigefrei. Allerdings können die **Länder** nach § 246 I a BauGB bestimmen, dass aus dem Flächennutzungsplan entwickelte Bebauungspläne und Innenbereichssatzungen vor ihrem Inkrafttreten der höheren Verwaltungsbehörde **anzuzeigen** sind, die innerhalb eines Monats zu reagieren hat *(→ Textbeispiel 71).*

Bekanntmachung der Durchführung des Anzeigeverfahrens

Bebauungsplan Nr. (Kurzbezeichnung) der Gemeinde (Name)
Hier: Bekanntmachung der Durchführung des Anzeigeverfahrens
Der Rat der Gemeinde (Name) hat in seiner Sitzung vom (Datum) den Bebauungsplan Nr. (Kurzbezeichnung) gem. § 10 BauGB als Satzung beschlossen. Der räumliche Geltungsbereich des Bebauungsplans ist aus nachfolgend abgedrucktem Übersichtsplan ersichtlich.
Den Bebauungsplan hat die Gemeinde (Name) der höheren Verwaltungsbehörde (Name) gem. § 246 I a BauGB angezeigt. Die höhere Verwaltungsbehörde hat innerhalb der Monatsfrist keine Verletzung von Rechtsvorschriften geltend gemacht. Damit gilt das Anzeigeverfahren als durchgeführt. Der Bebauungsplan kann damit nach § 246 I a 3 BauGB in Kraft gesetzt werden. Der Bebauungsplan mit Begründung wird gem. § 10 III 2 BauGB während der Dienststunden, und zwar montags bis freitags von 8.00 bis 12.30 Uhr, donnerstags von 14.30 bis 17.30 Uhr bzw. nach Vereinbarung im Rathaus der Gemeinde Zimmer Nr. zu jedermanns Einsicht bereitgehalten. Über den Inhalt des Planes und der Begründung wird auf Verlangen Auskunft gegeben.
Hinweise:
Nach § 215 I BauGB werden (1) eine nach § 214 I 1 Nr. 1 bis 3 BauGB beachtliche Verletzung der dort bezeichneten Form- und Verfahrensvorschriften, (2) eine unter Berücksichtigung des § 214 II BauGB beachtliche Verletzung der Vorschriften über das Verhältnis des Bebauungsplans und des Flächennutzungsplans und (3) nach § 214 III 2 BauGB beachtliche Mängel des Abwägungsvorgangs, wenn sie nicht innerhalb von einem Jahr seit Bekanntmachung schriftlich gegenüber der Gemeinde unter Darlegung des die Verletzung begründenden Sachverhalts geltend gemacht worden sind, unbeachtlich.
(Zusatz für den Bebauungsplan der Innenentwicklung nach § 13 a BauGB:) Dasselbe gilt für Fehler, die nach § 214 II a BauGB beachtlich sind.
Auf die Vorschriften des § 44 III 1 und 3 sowie IV BauGB über die Entschädigung von durch den Bebauungsplan eintretenden Vermögensnachteilen sowie über die Fälligkeit und das Erlöschen entsprechender Entschädigungsansprüche wird hingewiesen.
Es wird darauf hingewiesen, dass eine Verletzung von Verfahrens- und Formvorschriften der GO beim Zustandekommen dieser Satzung nach Ablauf eines Jahres seit dieser Bekanntmachung nicht mehr geltend gemacht werden kann, es sei denn,
• eine vorgeschriebene Genehmigung fehlt oder ein vorgeschriebenes Anzeigeverfahren wurde nicht durchgeführt,
• dieses Verfahren ist nicht ordnungsgemäß öffentlich bekannt gemacht worden,
• der Bürgermeister hat den Satzungsbeschluss vorher beanstandet oder

- der Form- oder Verfahrensmangel ist gegenüber der Gemeinde vorher gerügt und dabei die verletzte Rechtsvorschrift und die Tatsache bezeichnet worden, die den Mangel ergibt.
(Ort, Datum, Siegelabdruck) Gemeinde (Ort), Der Bürgermeister (Unterschrift)

Bekanntmachungsanordnung
Die Durchführung des Anzeigeverfahrens für den Bebauungsplan Nr. (Kurzbezeichnung), Ort und Zeit der Einsichtnahme in die Planunterlagen sowie die auf Grund des BauGB und der GO erforderlichen Hinweise werden hiermit öffentlich bekannt gemacht. Mit dieser Bekanntmachung tritt der Bebauungsplan Nr. (Kurzbezeichnung) in Kraft.
(Ort), (Datum) (Gemeinde) (Der Bürgermeister) (Unterschrift)

Verfahrensvermerk:
Ausgehängt am: (Datum), abzunehmen am: (Datum), abgenommen am: (Datum)
(Siegel) (Unterschrift) (Siegel) (Unterschrift)
oder:
Diese Bekanntmachung ist am (Datum) in der Zeitung (in dem Amtlichen Verkündungsblatt) veröffentlicht worden.
(Ort, Datum, Siegelabdruck) Gemeinde (Ort), Der Bürgermeister (Unterschrift)

Textbeispiel 71: *Bekanntmachung der Durchführung eines Anzeigeverfahrens*

Genehmigungspflichtig sind danach Flächennutzungspläne einschließlich Änderungen **695** und Ergänzungen im vereinfachten Verfahren nach § 13 BauGB, selbstständige Bebauungspläne nach § 8 II 2 BauGB, vorgezogene Bebauungspläne nach § 8 III 2 BauGB, vorzeitige Bebauungspläne (§ 8 IV BauGB), Ergänzungssatzungen (§ 34 IV 1 Nr. 3 BauGB), die nicht aus dem Flächennutzungsplan entwickelt worden sind, Außenbereichssatzungen nach § 35 VI BauGB sowie Satzungen über Entwicklungsbereiche nach § 165 BauGB. Genehmigungsfrei sind demgegenüber, soweit das jeweilige Landesrecht nicht von der Öffnungsklausel Gebrauch macht, alle (auch vorhabenbezogenen) Bebauungspläne oder auch Bebauungspläne der Innenentwicklung nach § 13 a BauGB, die aus dem Flächennutzungsplan entwickelt worden sind einschließlich ihrer vereinfachten Änderung gem. § 13 BauGB, Satzungen über die Veränderungssperre (§ 16 BauGB) einschließlich ihrer Verlängerungen (§ 17 I BauGB), Fremdenverkehrssatzungen (§ 22 BauGB), Vorkaufsrechtssatzungen (§ 25 BauGB), Klarstellungssatzungen (§ 34 IV 1 Nr. 1 BauGB), Entwicklungssatzungen (§ 34 IV 1 Nr. 2 BauGB), Ergänzungssatzungen, Erschließungsbeitragssatzungen (§ 132 BauGB), Kostenerstattungssatzungen (§ 135 c BauGB), Sanierungssatzungen (§ 143 BauGB), Anpassungsgebietssatzungen (§ 170 BauGB), Erhaltungssatzungen (§ 172 BauGB) und Satzung im Stadtumbaugebiet (§ 171 d BauGB).[172]

Bedarf der Flächennutzungsplan oder der Bebauungsplan der Genehmigung, hat die **696** höhere Verwaltungsbehörde innerhalb von drei Monaten zu entscheiden (§ 6 IV 1 BauGB). Können Versagungsgründe nicht ausgeräumt werden, kann die höhere Verwaltungsbehörde räumliche oder sachliche Teile des Flächennutzungsplans von der Genehmigung ausnehmen (§ 6 III BauGB). Die höhere Verwaltungsbehörde kann räumliche und sachliche Teile des Flächennutzungsplans vorweg genehmigen. Aus wichtigen Gründen kann die Frist auf Antrag der Genehmigungsbehörde von der zuständigen Behörde bis zu weiteren drei Monaten verlängert werden. Die Gemeinde ist von der Fristverlängerung in Kenntnis zu setzen. Die Genehmigung gilt als erteilt, wenn sie nicht innerhalb der Frist unter Angabe von Gründen abgelehnt wird (§ 6 IV BauGB). Für die Genehmigung des Bebauungsplans gelten insoweit dieselben Grundsätze wie für die Genehmigung des Flächennutzungsplans (§ 10 II BauGB).

Die Genehmigung des Flächennutzungsplans oder des Bebauungsplans setzt einen **697** förmlichen Antrag der planenden Gemeinde voraus. Dem auf dem Dienstweg zu übersendenden Genehmigungsantrag sind folgende Unterlagen beizufügen: der formgerechte Flächennutzungsplan/Bebauungsplan in Urschrift mit den erforderlichen Ausfertigungen, die Begründung, die Stellungnahmen der Träger öffentlicher Belange, die (beglau-

---

[172] Fachkommission „Städtebau" der ARGEBAU, Muster–Einführungserlass zum BauROG, S. 16.

bigten) Niederschriften der Gemeinderatsbeschlüsse zu den einzelnen Verfahrensabschnitten sowie die bei der Abwägung der Belange nicht berücksichtigten Stellungnahmen mit einer Stellungnahme der Gemeinde. Üblicherweise werden die gesamten Verfahrensakten dem Genehmigungs- oder dem gegebenenfalls auf landesrechtlicher Grundlage erforderlichen Anzeigevorgang beigefügt.

698 Die **Länder** können nach § 246 I a BauGB bestimmen, dass Bebauungspläne und Satzungen nach § 34 IV Nr. 1 BauGB, die nicht der Genehmigung bedürfen, vor ihrem Inkrafttreten der höheren Verwaltungsbehörde anzuzeigen sind. Dies gilt nicht für Bebauungspläne, die im vereinfachten Verfahren nach § 13 BauGB geändert oder ergänzt worden sind. Die höhere Verwaltungsbehörde hat die Verletzung von Rechtsvorschriften, die eine Versagung der Genehmigung nach § 6 II BauGB rechtfertigen würde, innerhalb eines Monats nach Eingang der Anzeige geltend zu machen. Ist der Bebauungsplan anzuzeigen, hat die **höhere Verwaltungsbehörde** die **Verletzung von Rechtsvorschriften**, die eine Versagung der Genehmigung aus Rechtsgründen rechtfertigen würde, daher innerhalb eines **Monats** nach Eingang der Anzeige **geltend zu machen**. Der Bebauungsplan darf nur in Kraft gesetzt werden, wenn die höhere Verwaltungsbehörde die Verletzung von Rechtsvorschriften nicht rechtzeitig geltend gemacht hat (§ 246 I a BauGB).

699 b) Rechtskontrolle – keine Zweckmäßigkeitskontrolle. Da die Befugnis zur Aufstellung von Bauleitplänen zur Planungshoheit der Gemeinden gehört, ist die **Genehmigung** als **reine Rechtsaufsicht**, nicht als Fachaufsicht ausgestaltet (§§ 6 II, 10 III BauGB). Die Genehmigung kann daher nur versagt werden, wenn bei der Aufstellung der Bauleitplanung gegen Rechtsvorschriften verstoßen worden ist, nicht bereits dann, wenn sich die Planung aus der Sicht der Genehmigungsbehörde als unzweckmäßig erweist. Dies setzt dem Genehmigungsverfahren eine auf die Rechtskontrolle beschränkte Grenze. Dem Genehmigungs- bzw. dem auf landesrechtlicher Grundlage gegebenenfalls erforderlichen Anzeigeverfahren unterliegt daher die Prüfung, ob die Gemeinde bei Aufstellung, Änderung, Ergänzung oder Aufhebung der Bauleitpläne das dafür gesetzlich vorgeschriebene Verfahren eingehalten hat. Auch kann sich die Prüfung auf die Einhaltung des Abwägungsgebotes (§ 1 VII BauGB) und darauf beziehen, ob die allgemeinen Planungsgrundsätze, Planungsziele und -leitlinien etwa unter Beachtung der Grundsätze des § 1 V BauGB beachtet worden sind. Auch die Anpassung der Bauleitpläne an die Ziele der Raumordnung (§ 1 IV BauGB) gehört zu diesen rechtlichen Anforderungen, die im Genehmigungsverfahren überprüft werden können. Dabei hat die Genehmigungsbehörde aber den planerischen (autonomen) Gestaltungsraum der Gemeinde zu wahren.[173]

700 Die **Kontrolle** des **Abwägungsgebotes** bezieht sich auf den Abwägungsvorgang und das Abwägungsergebnis. Aus Gründen eines fehlerhaften Abwägungsergebnisses darf dabei die Genehmigung nur versagt werden, wenn die Abwägung eindeutig unausgewogen erscheint oder Abwägungsgrundsätze nicht eingehalten sind, auf denen das Abwägungsergebnis beruht. Nicht ausreichend ist etwa für die Versagung der Genehmigung, dass eine andere, ebenfalls in Betracht kommende Lösung nach Auffassung der Genehmigungsbehörde besser ist. Auch darf die Genehmigungsbehörde die autonome Planungsentscheidung der Gemeinde nicht durch eigene Ermessenserwägungen ersetzen. Zudem sind die zwingenden Vorgaben der Raumordnung einzuhalten.

Beispiel: Die höhere Verwaltungsbehörde darf einen Flächennutzungsplan, der einem während des Genehmigungs- oder des sich anschließenden gerichtlichen Verfahrens in Kraft getretenen Ziel der Raumordnung widerspricht, nicht genehmigen. Sie darf hierzu auch nicht verpflichtet werden.[174]

---

[173] HBG § 5 Rn. 91 ff.
[174] BVerwG, B. v. 8.3.2006 – 4 B 75.05 – ZfBR 2006, 352 = UPR 2006, 236 = DVBl 2006, 772 = BauR 2006, 1087 = NVwZ 2006, 932, m. Anm. *Gatz*, jurisPR-BVerwG 13/2006 Anm. 5 – Hersteller-Direktverkaufszentren.

Die **Rechtskontrolle der Genehmigungsbehörde** ist allerdings durch die ein- **701** schränkenden Wirksamkeitsvoraussetzungen in **§§ 214, 215 BauGB nicht eingegrenzt**, wie sich aus **§ 216 BauGB** ergibt. Dies gilt auch für die neuen Bundesländer.[175] Die einschränkenden Wirksamkeitsvoraussetzungen der §§ 214, 215 BauGB betreffen daher lediglich den Rechtsschutz der Bürger, nicht jedoch die (weitergehenden) Prüfungsaufgaben der höheren Verwaltungsbehörde in dem Genehmigungs- bzw. auf landesrechtlicher Grundlage erforderlichen Anzeigeverfahren.

Die **Entscheidung** über die Erteilung bzw. Versagung der Genehmigung zum Flä- **702** chennutzungsplan nach § 6 II BauGB oder das Geltendmachen von Versagungsgründen nach § 10 III BauGB im Genehmigungs- oder bei entsprechender landesrechtlicher Grundlage auch Anzeigeverfahren zum Bebauungsplan ist als Regelung der Kommunalaufsicht für die Gemeinde ein **selbstständiger Verwaltungsakt**, der vor den Verwaltungsgerichten angefochten werden kann. Die Gemeinde kann bei versagter Genehmigung nach erfolglosem Widerspruchsverfahren gegen die höhere Verwaltungsbehörde eine Verpflichtungsklage erheben mit dem Inhalt, die Behörde zur Erteilung der Genehmigung zu verpflichten.

Im **Verhältnis zum Bürger** ist das Genehmigungs- und Anzeigeverfahren Teil des **703** Rechtsetzungsverfahrens und hat **keine Außenwirkung**.[176]

Zuständig für die **Erteilung** der **Genehmigung** ist die höhere Verwaltungsbehörde. **704** Dies ist in den meisten Ländern der Regierungspräsident oder die Bezirksregierung, für kreisangehörige Gemeinden auch der Landrat oder Oberkreisdirektor, in den Ländern ohne Mittelinstanz ein Ministerium der Landesregierung oder ein Landesverwaltungsamt. Die Länder haben dabei nach § 203 III BauGB die Befugnis, die den höheren Verwaltungsbehörden zugewiesenen Aufgaben auf andere Behörden (etwa staatliche Behörden, Landkreise oder kreisfreie Städte) zu übertragen. Hiervon haben die Länder auch vielfach Gebrauch gemacht.[177]

c) Genehmigungsverfahren und Genehmigungsentscheidung Nach dem **Be- 705 schluss** über den Bauleitplan **leitet** die **Gemeinde** im Falle des Genehmigungs- oder Anzeigeerfordernisses den Plan mit den im Aufstellungsverfahren nicht berücksichtigten Stellungnahmen sowie einer Stellungnahme hierzu der **höheren Verwaltungsbehörde auf dem Dienstwege** zu. Kreisangehörige Gemeinden haben daher Plan und Unterlagen über den Kreis vorzulegen. Es ist dabei üblich, sämtliche Verwaltungsvorgänge über die Aufstellung des Bauleitplans der Genehmigungsbehörde zuzuleiten. Wird über die Genehmigung nicht innerhalb von drei Monaten entschieden und ist eine Verlängerung der Genehmigungsfrist nicht eingeräumt worden, gilt die Genehmigung als erteilt (§ 6 IV 4 BauGB). Im Falle des landesrechtlich angeordneten Anzeigeverfahrens (§ 246 I a BauGB) ist die Verletzung von Rechtsvorschriften von der Aufsichtsbehörde innerhalb eines Monats geltend zu machen.

Die **Dreimonatsfrist** beginnt mit dem Eingang der vollständigen Planunterlagen **706** und des Genehmigungsantrags bei der höheren Verwaltungsbehörde. Die Frist, die der Antrag für den Dienstweg benötigt, ist dabei nicht mitzurechnen. Die **Genehmigungsfiktion** tritt für die nicht genehmigten Teile auch ein, wenn die Genehmigungsbehörde sachliche oder räumliche Teile des Bauleitplans gem. § 6 IV 1 BauGB vorweg genehmigt. Die Vorweggenehmigung hat daher nach Einführung der **Genehmigungsfiktion** eine geringe Bedeutung. Die Genehmigungsbehörde hat allerdings in solchen Fällen nach § 6 III BauGB die Möglichkeit, räumliche oder sachliche Teile des Bauleitplans von der Genehmigung auszunehmen, wenn Versagungsgründe nicht ausgeräumt werden können.

---

[175] Die nach § 246 a I Nr. 4 S. 3 BauGB a. F. vormals bestehende eingeschränkte Prüfungsmöglichkeit der höheren Verwaltungsbehörde im Rahmen der Genehmigung ist durch das BauROG aufgehoben worden.

[176] *Krautzberger* in: EZBK, § 6 Rn. 24.

[177] BKL § 6 Rn. 6.

Für die von der Genehmigung ausgenommenen Teile gilt die Genehmigungsfiktion des § 6 IV BauGB nicht. Dabei kann die Genehmigungsbehörde auch ohne Antrag der Gemeinde selbstständig über eine Teilgenehmigung nach § 6 III BauGB entscheiden. Ein Ratsbeschluss ist für die Antragstellung nicht erforderlich[178]

707   Wird trotz übergreifender Probleme ein **Teil** des **Planes genehmigt** und der andere Teil von der Genehmigung nach § 6 III BauGB ausgenommen, wird der Bauleitplan insgesamt wirksam, wenn für den zunächst ausgenommenen Teil später eine genehmigungsfähige Lösung vorgelegt und daher auch dieser Teil genehmigt wird. Ob sich der von der Genehmigung zunächst ausgenommene Teil auf den genehmigten Teil hätte auswirken können, ist dann unerheblich.[179]

Beispiel: Die Genehmigungsbehörde nimmt aus dem Bebauungsplan der Gemeinde zunächst einen Teil der Erschließungsstraße aus, obwohl der Bebauungsplan wegen übergreifender Probleme nicht hätte genehmigt werden dürfen. Im weiteren Planungsverfahren gelingt ohne Auswirkungen auf den bereits vorab genehmigten Teil eine sachgerechte Verkehrsführung, so dass auch der zunächst ausgenommene Teil genehmigt werden kann. Die Genehmigung ist damit insgesamt wirksam geworden, obwohl die Genehmigung wegen der noch ungelösten Probleme in einem Teilbereich des Plans zunächst schwebend unwirksam war.

708   Nach § 36 I VwVfG kann die **Genehmigung** mit **Auflagen**, aber auch aufschiebenden **Bedingungen** versehen werden. Bei einer Auflage ist die Genehmigung zwar sofort wirksam, die Gemeinde ist aber verpflichtet, das in der Auflage beschriebene Tun, Dulden oder Unterlassen vorzunehmen. Bei der aufschiebenden Bedingung ist die Wirksamkeit der Genehmigung von der Erfüllung der Bedingung abhängig. Solche Bedingungen und Auflagen sind aber nur dann zulässig, wenn sie sich mit der Funktion der Genehmigung als einer im Grundsatz nachträglichen Rechtskontrolle vereinbaren lassen.

709   Bei der **Erfüllung** der **Auflage** oder der **aufschiebenden Bedingung** hat die Gemeinde das Verfahren einzuhalten, das für eine entsprechende Planänderung während der Planaufstellung zu beachten wäre. Bei Änderungen oder Ergänzungen des Bauleitplans ist nach Maßgabe des § 4a III BauGB eine erneute förmliche Öffentlichkeitsbeteiligung mit Offenlegung des Planes durchzuführen oder ein eingeschränktes Öffentlichkeitsbeteiligungsverfahren nach §§ 4a III, 13 I 2 BauGB vorzusehen. Soll der Bauleitplan auf Grund der Auflage inhaltlich geändert werden, hat die Gemeinde über die nach der Auflage zu ändernden oder zu ergänzenden Teile einen erneuten Beschluss (**Beitrittsbeschluss**) zu fassen.[180] Das Anzeigeverfahren steht dabei dem Genehmigungsverfahren gleich. Ein vorgezogener Beitrittsbeschluss der Gemeinde ist allerdings zulässig, wenn er sich inhaltlich konkret auf eine bereits erwartete Maßgabe der Genehmigungsbehörde bezieht und wenn er seinerseits dem Abwägungsgebot genügt.[181]

710   Wird ein Bebauungsplan mit seinem von der Gemeinde beschlossenen Inhalt nicht genehmigt und ist der unter Auflagen genehmigte Plan von der Gemeinde vor der Bekanntmachung der Genehmigung des Plans so nicht beschlossen worden (**fehlender Beitrittsbeschluss**), so kann ein solcher Bebauungsplan nicht wirksam werden.[182] Bei allerdings **nur formellen** oder **redaktionellen Änderungen** oder **Klarstellungen** ohne Einfluss auf den Inhalt des Plans in der Genehmigung durch die höhere Verwaltungsbehörde ist

---

[178] BVerwG, B. v. 3.10.1984 – 4 N 1 und 2.84 – NVwZ 1985, 487 = DVBl 1985, 387 = RzB Rn. 849 – Beitrittsbeschluss.

[179] BVerwG, B. v. 3.10.1984 – 4 N 1 und 2.84 – NVwZ 1985, 487 = DVBl 1985, 387 = RzB Rn. 849 – Beitrittsbeschluss.

[180] BVerwG, B. v. 25.2.1997 – 4 NB 30.96 – Dachgeschoßzahl–Festsetzung.

[181] BVerwG, B. v. 3.7.1995 – 4 NB 7.95 – NVwZ–RR 1995, 687 = NVwZ 1996, 374 = UPR 1995, 397 – Beitrittsbeschluss.

[182] BVerwG, Urt. v. 5.12.1986 – 4 C 31.85 – BVerwGE 75, 262 = NJW 1987, 1346 = DVBl 1987, 486 = RzB Rn. 211; Urt. v. 10.8.1990 – 4 C 3.90 – BVerwGE 85, 289 = DVBl 1990, 1182 = BauR 1991, 51 = RzB Rn. 138 – Bebauungsplanersetzung.

kein erneutes Beteiligungsverfahren und auch **kein Beitrittsbeschluss** des Gemeinderates erforderlich.[183]

Beispiel: Die Auflage betrifft die Ersetzung eines von der Gemeinde gewählten Planzeichens durch das der PlanzeichenVO.[184] Gibt die Genehmigungsbehörde der Gemeinde einen bestimmten zeitlichen Rahmen für die Durchführung der Sanierungsmaßnahme vor, so liegt hierin ebenfalls grundsätzlich keine den gemeindlichen Satzungsbeschluss modifizierende Auflage.[185] Beziehen sich die zu ändernden Festsetzungen aber etwa auf höhere Immissionsschutzauflagen, die einem Gewerbebetrieb zum Schutz der angrenzenden Wohnnachbarschaft auferlegt werden, oder muss etwa die Gliederung eines Gewerbegebietes dem Abstandserlass[186] angepasst werden, so sind dies mehr als geringfügige Änderungen, die – wenn die Grundzüge der Planung nicht betroffen werden – eine eingeschränkte Betroffenenbeteiligung nach §§ 4 a III BauGB erfordern. Nach Durchführung der Beteiligung sind die eingegangenen Stellungnahmen in die Abwägung einzustellen. Das Ergebnis der Prüfung ist den Beteiligten mitzuteilen. Die Gemeinde hat sodann, wenn sie der Auflage folgen will, auf dieser Grundlage einen Beitrittsbeschluss zu fassen.

d) Anzeigeverfahren nur nach Maßgabe des Landesrechts Bebauungspläne, die **711** aus einem Flächennutzungsplan entwickelt worden sind, bedürfen weder einer Genehmigung noch einer Anzeige, wenn nicht das Landesrecht ein Anzeigeverfahren nach Maßgabe des § 246 I a BauGB vorsieht. Der **Unterschied** zum **Genehmigungsverfahren** besteht darin, dass beim Anzeigeverfahren anders als grundsätzlich beim Genehmigungsverfahren eine positive Mitwirkung der höheren Verwaltungsbehörde nicht erforderlich ist. Es genügt vielmehr deren Untätigbleiben gegenüber der Gemeinde. Mit Ablauf der Monatsfrist kann sie den Bebauungsplan nach § 10 III BauGB bekanntmachen und damit in Kraft setzen. Im praktischen Ergebnis entspricht die Regelung des Anzeigeverfahrens daher der Fiktion des Genehmigungsverfahrens (§ 6 IV 4 BauGB). Der Umfang der Rechtskontrolle und die Eingriffsbefugnisse der höheren Verwaltungsbehörde haben sich dadurch allerdings nicht geändert. Auch mit dem Anzeigeverfahren ist vielmehr eine uneingeschränkte Rechtskontrolle der höheren Verwaltungsbehörde gegeben.[187]

Im Unterschied zur Genehmigung kann das **Geltendmachen** von **Verletzungen** **712** von Rechtsvorschriften nicht mit Auflagen, wohl aber mit **auflösenden Bedingungen** verbunden werden.[188]

e) Materiellrechtliche Plananforderungen. Neben den bereits dargestellten Verfah- **713** rensanforderungen muss der Bauleitplan auch inhaltlichen Anforderungen gerecht werden. Diese ergeben sich vor allem aus
- dem Erforderlichkeitsgrundsatz. Der Bauleitplan muss für die städtebauliche Entwicklung und Ordnung erforderlich sein (§ 1 III BauGB),
- dem Anpassungsgebot an die Ziele der Raumordnung (§ 1 IV BauGB),
- dem Abwägungsgebot (§ 1 VII BauGB),
- dem Gebot der interkommunalen Abwägung (§ 2 II BauGB),
- dem Entwicklungsgebot (§ 8 II 1 BauGB),

---

[183] BVerwG, B. v. 14.8.1989 – 4 NB 24.88 – DVBl 1989, 1105 = ZfBR 1989, 264 = RzB Rn. 84.
[184] Zum Umfang der Bindung der Gemeinde an die PlanzV BVerwG, B. v. 25.10.1996 – 4 NB 28.96 – Buchholz 406.11 § 9 BauGB Nr. 81 – öffentliche Grünfläche.
[185] BVerwG, B. v. 3.5.1993 – 4 NB 15.93 – NVwZ–RR 1994, 9 = DÖV 1993, 921 = RzB Rn. 817.
[186] RdErl. des Ministers für Umwelt und Naturschutz, Landwirtschaft und Verbraucherschutz, Abstände zwischen Industrie– bzw. Gewerbegebieten und Wohngebieten im Rahmen der Bauleitplanung und sonstige für den Immissionsschutz bedeutsame Abstände (Abstandserlass), v. 6.6.2007 (MBl. NRW S. 659/SMBl. NRW 283).
[187] *BKL*, § 11 Rn. 4.
[188] Zur Zulässigkeit von Festsetzungen für Schallschutzmaßnahmen BVerwG, Urt. v. 22.5.1987 – 4 C 33 – 35.83 – BVerwGE 77, 285 = NJW 1987, 2886 = DVBl 1987, 907 = RzB Rn. 120 – Meersburg; B. v. 7.9.1988 – 4 N 1.87 – BVerwGE 80, 184 = NJW 1989, 467 = NVwZ 1989, 251 – Schallschutzfenster; B. v. 18.12.1990 – 4 N 6.88 – DVBl 1991, 442 = UPR 1991, 151 = RzB Rn. 179.

Mitwirkung der Genehmigungsbehörde

Genehmigungserfordernis
- Flächennutzungsplan: Aufstellung, Änderung oder Ergänzung
- Bebauungsplan: nicht aus dem Flächennutzungsplan entwickelt

Genehmigungsentscheidung
- Erteilung oder Versagung der Genehmigung innerhalb von 3 Monaten,
- Untätigkeit der Genehmigungsbehörde länger als 3 Monate: Fiktionswirkung

Anzeigeerfordernis
- auf landesrechtlicher Grundlage für nicht genehmigungspflichtige Bebauungspläne
- Genehmigungsbehörde kann Verletzungen von Rechtsvorschriften geltend machen oder eine gegenteilige Erklärung abgeben
- Bei Untätigkeit der Genehmigungsbehörde: Fiktionswirkung

- den Anforderungen der BauNVO im Hinblick auf Art und Maß der baulichen Nutzung, der Bauweise und der überbaubaren und nicht überbaubaren Grundstücksflächen,
- den Vorschriften anderer Gesetze z. B. des Natur-, Umwelt- und Immissionsschutzes oder des Denkmalschutzes.

714 f) Schlussbekanntmachung. Hat die Gemeinde den genehmigten Bauleitplan von der höheren Verwaltungsbehörde mit der erteilten Genehmigung zurückerhalten oder ist ein Genehmigungsverfahren nicht erforderlich, so hat die Gemeinde die Genehmigung, den Beschluss über den Bebauungsplan bzw. nach Maßgabe des Landesrechts (§ 246 I a BauGB) die Durchführung des Anzeigeverfahrens nach den §§ 6 V 1, 10 BauGB **öffentlich bekanntzumachen** (→ *Textbeispiele 72–75*). Dabei sind auch die Hinweise nach § 215 BauGB über die Unbeachtlichkeit einer Verletzung von Verfahrens- und Formvorschriften, wenn sie nicht innerhalb eines Jahres mit Inkrafttreten des Plans gerügt werden, sowie ggf. Hinweise auf landesrechtliche Unbeachtlichkeitsregelungen vor allem des Kommunalrechts in die Schlussbekanntmachung aufzunehmen. Der Bebauungsplan ist mit der Begründung zu jedermanns Einsicht bereitzuhalten; über den Inhalt ist auf Verlangen Auskunft zu geben. In der Bekanntmachung ist darauf hinzuweisen, wo der Bebauungsplan eingesehen werden kann. Mit der Bekanntmachung wird der Flächennutzungsplan wirksam (§ 6 V 1 BauGB). Der Bebauungsplan tritt damit in Kraft (§ 10 III 4 BauGB). Die ortsübliche Bekanntmachung kann in amtlichen Bekanntmachungsblättern, Tageszeitungen oder in Form eines Aushangs erfolgen. Die Obliegenheit des Grundstückseigentümers, ortsübliche Bekanntmachungen zur Kenntnis zu nehmen, ist nicht unverhältnismäßig oder unzumutbar.[189] Die Bekanntmachungen können auch in einer Zeitung

---

[189] BVerwG, B. v. 8.3.2007 – 9 B 18.06 – vgl. Urt. v. 14.6.1996 – 4 A 3.96 – ortsübliche Bekanntmachung.

erfolgen, die nur käuflich zu erwerben ist. Das Rechtsstaatsprinzip verlangt nicht, dass das Bekanntmachungsorgan in einer Auflagenstärke erscheinen muss, die der Zahl der potentiellen Rechtsbetroffenen entspricht. Ausreichend ist eine Auflage, die sich an dem mutmaßlichen Bedarf und Erwerbsinteresse der Rechtsbetroffenen orientiert.[190] Im Titelblatt eines Amtsblattes können textliche Elemente enthalten sein, die zeichnerische Darstellungen oder Bildaussagen lediglich erläutern oder in sonstiger Weise offenkundig untergeordnet sind.[191] Das Plangebiet kann nach einer Straße auch dann benannt werden, wenn diese über das Plangebiet erheblich hinausgeht.[192] Fehler in der Bekanntgabe einer Satzung können auch noch während eines Gerichtsverfahrens behoben werden.[193]

Bekanntmachung (Genehmigung)

Bekanntmachung der Gemeinde (Ort)
 Betr.: Bebauungsplan Nr. 15 ,,Schulstraße''
 Der Rat der Gemeinde hat in seiner Sitzung vom (Datum) den Bebauungsplan Nr. 15 ,,Schulstraße'' als Satzung beschlossen. Der Geltungsbereich des Bebauungsplans ist in nachstehendem Kartenausschnitt dargestellt. Die Satzung wurde durch Verfügung der höheren Verwaltungsbehörde (Behörde) vom (Datum, Aktenzeichen) nach §§ 6, 10 BauGB genehmigt. Die Erteilung der Genehmigung wird hiermit bekannt gemacht.
 Mit dieser Bekanntmachung wird der Bebauungsplan Nr. 15 ,,Schulstraße'' rechtsverbindlich. Der Bebauungsplan Nr. 15 ,,Schulstraße'' liegt ab sofort mit Begründung während der Dienststunden im Rathaus der Gemeinde zu jedermanns Einsicht öffentlich aus.
 Nach § 215 I BauGB werden (1) eine nach § 214 I 1 Nr. 1 bis 3 BauGB beachtliche Verletzung der dort bezeichneten Form- und Verfahrensvorschriften, (2) eine unter Berücksichtigung des § 214 II BauGB beachtliche Verletzung der Vorschriften über das Verhältnis des Bebauungsplans und des Flächennutzungsplans und (3) nach § 214 III 2 BauGB beachtliche Mängel des Abwägungsvorgangs, wenn sie nicht innerhalb eines Jahres seit Bekanntmachung schriftlich gegenüber der Gemeinde unter Darlegung des die Verletzung begründenden Sachverhalts geltend gemacht worden sind, unbeachtlich.
 Auf die Vorschriften des § 44 III 1 und 3 sowie IV BauGB über die Entschädigung von durch den Bebauungsplan eintretenden Vermögensnachteilen sowie über die Fälligkeit und das Erlöschen entsprechender Entschädigungsansprüche wird hingewiesen.
 (Ort, Datum, Siegelabdruck) Gemeinde (Ort), Der Bürgermeister (Unterschrift)
 Verfahrensvermerk:
 Ausgehängt am: (Datum), abzunehmen am: (Datum), abgenommen am: (Datum)
 (Siegel) (Unterschrift) (Siegel) (Unterschrift)
 oder:
 Diese Bekanntmachung ist am (Datum) in der Zeitung (in dem Amtlichen Verkündungsblatt) veröffentlicht worden.
 (Ort, Datum, Siegelabdruck) Gemeinde (Ort), Der Bürgermeister (Unterschrift)

Textbeispiel 72: *Bekanntmachung bei Genehmigungserfordernis*

Bekanntmachung (kein Genehmigungserfordernis)

Bekanntmachung der Gemeinde (Ort)
 Betr.: Bebauungsplan Nr. 15 ,,Schulstraße''
 Der Rat der Gemeinde hat in seiner Sitzung vom (Datum) den Bebauungsplan Nr. 15 ,,Schulstraße'' als Satzung beschlossen. Der Geltungsbereich des Bebauungsplans ist in nachstehendem Kartenausschnitt dargestellt.
 Mit dieser Bekanntmachung wird der Bebauungsplan Nr. 15 ,,Schulstraße'' rechtsverbindlich. Der Bebauungsplan Nr. 15 ,,Schulstraße'' liegt ab sofort mit Begründung während der Dienststunden im Rathaus der Gemeinde zu jedermanns Einsicht öffentlich aus.
 Nach § 215 I BauGB werden (1) eine nach § 214 I 1 Nr. 1 bis 3 BauGB beachtliche Verletzung der dort bezeichneten Form- und Verfahrensvorschriften, (2) eine unter Berücksichtigung des § 214 II BauGB beachtliche Verletzung der Vorschriften über das Verhältnis des Bebauungsplans und des Flächennutzungsplans und (3) nach § 214 III 2 BauGB beachtliche Mängel des Abwägungsvorgangs, wenn sie nicht

---

[190] BVerwG, B. v. 18.10.2006 – 9 B 6.06 – NVwZ 2007, 216 = NuR 2007, 204 = DVBl 2007, 198 (L), m. Anm. *Redeker* IBR 2007, 101; *Nolte*, jurisPR-BVerwG 9/2007 Anm. 4 – Satzungsbekanntmachung.
 [191] OVG Berlin-Brandenburg, Urt. v. 14.2.2006 – 2 A 16.05 – DVP 2007, 79 (L); *Franz Otto* DVP 2007, 79.
 [192] OVG Bautzen, Urt. v. 11.11.2005 – 1 D 23/03 – BRS 69 Nr. 23 (2005) = BauR 2006, 575 (L) = DVBl 2006, 464 (L) – Lebensmittelmarkt.
 [193] BVerwG, B. v. 19.10.2006 – 9 B 7.06 – Schlechterstellungsverbot.

innerhalb von einem Jahr seit Bekanntmachung schriftlich gegenüber der Gemeinde unter Darlegung des die Verletzung begründenden Sachverhalts geltend gemacht worden sind, unbeachtlich.

Auf die Vorschriften des § 44 III 1 und 3 sowie IV BauGB über die Entschädigung von durch den Bebauungsplan eintretenden Vermögensnachteilen sowie über die Fälligkeit und das Erlöschen entsprechender Entschädigungsansprüche wird hingewiesen.

(Ort, Datum, Siegelabdruck) Gemeinde (Ort), Der Bürgermeister (Unterschrift)
Verfahrensvermerk:
Ausgehängt am: (Datum), abzunehmen am: (Datum), abgenommen am: (Datum)
(Siegel) (Unterschrift) (Siegel) (Unterschrift)
oder:
Diese Bekanntmachung ist am (Datum) in der Zeitung (in dem Amtlichen Verkündungsblatt) veröffentlicht worden.
(Ort, Datum, Siegelabdruck) Gemeinde (Ort), Der Bürgermeister (Unterschrift)

Textbeispiel 73: *Bekanntmachung bei fehlender Genehmigungserfordernis*

Hinweis-Bekanntmachung

Bebauungsplan Nr. 15 Schulstraße
Der vom Rat der Gemeinde am (Datum) beschlossene Bebauungsplan Nr. 15 ,,Schulstraße'' wurde am (Datum) im Amtsblatt des Landkreises bekannt gemacht. Auf die Veröffentlichung wird hingewiesen. Der Bebauungsplan Nr. 15 ,,Schulstraße'' liegt mit Begründung ab sofort während der Dienststunden im Rathaus der Gemeinde zu jedermanns Einsicht öffentlich aus.

(Ort, Datum, Siegelabdruck) Gemeinde (Ort), Der Bürgermeister (Unterschrift)
Verfahrensvermerk:
Ausgehängt am: (Datum), abzunehmen am: (Datum), abgenommen am: (Datum)
(Siegel) (Unterschrift) (Siegel) (Unterschrift)
oder:
Diese Bekanntmachung ist am (Datum) in der Zeitung (in dem Amtlichen Verkündungsblatt) veröffentlicht worden.
(Ort, Datum, Siegelabdruck) Gemeinde (Ort), Der Bürgermeister (Unterschrift)

Textbeispiel 74: *Schlussbekanntmachung*

715 Ein **Ausfertigungsmangel** kann auch noch nach Jahren gerügt werden. Solche Mängel lassen sich allerdings nach § 214 IV BauGB als sonstige Verfahrens- oder Formfehler nach Landesrecht beheben.[194] Ein wegen eines Ausfertigungsmangels unwirksamer Bebauungsplan kann gem. § 214 IV BauGB regelmäßig sogar rückwirkend in Kraft gesetzt werden, solange sich der Planinhalt selbst nicht ändert.[195] Die Gemeinde kann das Heilungsverfahren zeitlich parallel mit einer Veränderungssperre nach § 14 BauGB oder einem Antrag auf Zurückstellung eines Bauvorhabens nach § 15 BauGB verbinden.[196] Auf die Einleitung und Durchführung eines Heilungsverfahrens besteht allerdings kein Rechtsanspruch.[197] Die Ausfertigung des Bebauungsplans muss nicht erst nach dessen Genehmigung erfolgen.[198] Der Verlust oder Teilverlust des Bebauungsplandokuments führt nicht für sich gesehen zur Ungültigkeit oder zum Außerkrafttreten des Bebauungsplans.[199] Wer sich für die Zulässigkeit eines Vorhabens auf ihm günstige Festsetzungen eines Bebauungsplans beruft, trägt allerdings grundsätzlich die Beweislast für deren Vorhandensein.[200]

---

[194] BVerwG, B. v. 6.2.1995 – 4 B 210/94 – Buchholz 406.11 § 12 BauGB Nr. 20 – Ausfertigungsmangel.
[195] BVerwG, B. v. 7.4.1997 – 4 B 64.97 – NVwZ-RR 1997, 515 = BauR 1997, 595 – Ausfertigungsmangel; B. v. 18.12.1995 – 4 NB 30.95 – DVBl 1996, 960 = UPR 1996, 151 – Ausfertigungsmangel.
[196] BVerwG, B. v. 6.8.1992 – 4 N 1.92 – Buchholz 406.11 § 16 BauGB Nr. 1.
[197] BVerwG, B. v. 9.10.1996 – 4 B 180.96 – DÖV 1997, 251 = UPR 1997, 102 – Plangewährleistung.
[198] BVerwG, B. v. 16.5.1991 – 4 NB 26.90 – BVerwGE 88, 204.
[199] BVerwG, B. v. 17.6.1993 – 4 C 7.91 – ZfBR 1993, 304 = NVwZ 1994, 281 = RzB Rn. 203.
[200] BVerwG, B. v. 1.4.1997 – 4 B 206.96 – NVwZ 1997, 890 = NuR 1998, 88 = DVBl 1997, 856 unter Verweis auf dazu bereits ergangene Entscheidungen; OVG Münster, Urt. v. 25.7.1996 – 7 A 1802/90 – BauR 1996, 824. Zum Erfordernis der Dokumentenbeständigkeit eines Bebauungsplans OVG Schleswig, Urt. v. 31.1.1996 – 1 K 14/95 – NVwZ-RR 1997, 468.

Nach § 6 V 2 BauGB kann jedermann den Flächennutzungsplan und die Begründung **716** einsehen und über deren Inhalt Auskunft verlangen. Auch der Bebauungsplan ist mit Begründung zu jedermanns Einsicht bereitzuhalten. Über den Inhalt ist auf Verlangen Auskunft zu geben. In der Bekanntmachung ist darauf hinzuweisen, wo der Bebauungsplan eingesehen werden kann (§ 10 III 3 BauGB). Die Bekanntmachung der Genehmigung tritt nach § 10 III 5 BauGB an die Stelle der sonst für Satzungen vorgeschriebenen Veröffentlichung.[201] Dabei hat der Gesetzgeber für den Bebauungsplan die Bekanntmachung der Genehmigung bzw. der Durchführung des Anzeigeverfahrens als **Ersatzverkündung** gewählt.

Durch die **Bekanntmachung** der **Genehmigung** bzw. des Satzungsbeschlusses soll **717** dem hiervon betroffenen Bürger verdeutlicht werden, dass für sein Grundstück eine neue bodenrechtliche Regelung in Kraft getreten ist. Hierfür bedarf es lediglich eines (allgemeinen) Hinweises über das Inkrafttreten. Eine **Anstoßwirkung**, die ggf. nur von einer genaueren Bezeichnung ausgehen kann, ist dafür nicht erforderlich. Für die Schlussbekanntmachung der Genehmigung eines Bebauungsplanes reicht daher eine schlagwortartige **Kennzeichnung** des **Plangebietes**.[202] Im Übrigen richten sich die Bekanntmachungserfordernisse nach Landes- bzw. Ortsrecht.[203]

Können geltend gemachte Mängel durch Planänderungen gegenstandslos werden, ist **718** grundsätzlich ein **Beitrittsbeschluss** erforderlich.[204] Das gilt vor allem auch dann, wenn die **Genehmigung** unter **Auflagen** oder **Bedingungen** erteilt worden ist. Für die Wirksamkeit des Plans ist ein solcher Hinweis auf Nebenbestimmungen, die der Genehmigung beigefügt waren, allerdings nicht erforderlich.[205]

In der **Bekanntmachung** der Genehmigung eines Bebauungsplanes ist darauf hinzu- **719** weisen, **wo** der **Bebauungsplan eingesehen** werden kann. Dabei sind die zuständige Behörde, ggf. der Ortsteil und die Anschrift sowie die Dienststunden, in denen der Bebauungsplan eingesehen werden kann, anzugeben. Anderenfalls fehlt es an einer ordnungsgemäßen Bekanntmachung. Die Durchführung der Bekanntmachung selbst bestimmt sich dabei nach Landes- bzw. kommunalem Ortsrecht.[206]

Bekanntmachung der Erteilung der Genehmigung eines Flächennutzungsplans der Gemeinde

Der von der Gemeindevertretung in der Sitzung am (Datum) beschlossene Flächennutzungsplan für das Gebiet (hinreichende Gebietsbezeichnung) der Gemeinde wurde mit Verfügung der höheren Verwaltungsbehörde vom (Datum) nach § 6 BauGB genehmigt. Die Erteilung der Genehmigung wird hiermit bekannt gemacht. Jedermann kann den Flächennutzungsplan und die Begründung dazu in der Gemeindeverwaltung in Zimmer (Zimmer-Nr.) während folgender Zeiten (Werktage, Stunden) einsehen und über deren Inhalt Auskunft verlangen.

Nach § 215 I BauGB werden eine nach § 214 I 1 Nr. 1 bis 3 BauGB beachtliche Verletzung der dort bezeichneten Form- und Verfahrensvorschriften und nach § 214 III 2 BauGB beachtliche Mängel des Abwägungsvorgangs, wenn sie nicht innerhalb von einem Jahr seit Bekanntmachung schriftlich gegenüber der Gemeinde unter Darlegung des die Verletzung begründenden Sachverhalts geltend gemacht worden sind, unbeachtlich.

Auf die Vorschriften des § 44 III 1 und 3 sowie IV BauGB über die Entschädigung von durch den Bebauungsplan eintretenden Vermögensnachteilen sowie über die Fälligkeit und das Erlöschen entsprechender Entschädigungsansprüche wird hingewiesen.

(Ort, Datum, Siegelabdruck) Gemeinde (Ort), Der Bürgermeister (Unterschrift)

Textbeispiel 75: *Bekanntmachung der Genehmigung eines Flächennutzungsplans*

---

[201] HBG § 5 Rn. 99.

[202] BVerwG, Urt. v. 6.7.1984 – 4 C 22.80 – BVerwGE 69, 344 = NJW 1985, 1570 = RzB Rn. 143 – Malepartus; Urt. v. 22.3.1985 – 4 C 59.81 – UPR 1985, 339 = RzB Rn. 210 – Sandbüchel; s. Rn. 597.

[203] So zum Fachplanungsrecht BVerwG, Urt. v. 23.4.1997 – 11 A 7.97 – DVBl 1997, 1119 = NuR 1997, 504 – Reinbek–Wentorf.

[204] BVerwG, B. v. 25.2.1997 – 4 NB 30.96 – BauR 1997, 603 = NVwZ 1997, 896.

[205] BVerwG, Urt. v. 5.12.1986 – 4 C 29.86 – BVerwGE 75, 271 = NVwZ 1987, 317 = DVBl 1987, 489 = RzB Rn. 192.

[206] S. Rn. 597.

720   Der Flächennutzungsplan und der Bebauungsplan mit Begründung werden in einer **Urschrift** gefertigt, auf der die erforderlichen Verfahrensabschnitte und Unterschriften im Original aufzubringen sind. Von dieser Urschrift sind unter Beachtung des § 33 VwVfG die notwendigen **beglaubigten Abschriften** zu fertigen.[207] Die Planurkunde muss ausgefertigt werden. Die **Ausfertigung** eines Bebauungsplans ist nach Maßgabe des jeweiligen Landesrechts nur dann ordnungsgemäß, wenn die Unterschrift des Bürgermeisters mit einem Datum versehen worden ist. Denn ohne Angabe des Datums lässt sich nicht verlässlich beurteilen, ob der Bürgermeister seine Unterschrift − wie erforderlich − erst nach Abschluss des Satzungsaufstellungsverfahrens[208] geleistet hat[209] (→ *Textbeispiele 76 und 77*).

721   Der **Bebauungsplan** soll unmittelbar **mit** der **Verkündung** zu jedermanns **Einsicht bereitliegen**. Der Darlegung eines besonderen Interesses bedarf es zur Begründung des Einsichtsbegehrens nicht. Die Möglichkeit der Einsichtnahme bezieht sich nur auf Zeiten während des allgemeinen Publikumsverkehrs der jeweiligen Gemeindeverwaltung und nicht auf deren Dienstzeiten. Auch ist bei der Bekanntmachung darauf hinzuweisen, wo der Bebauungsplan eingesehen werden kann. Allerdings hat es auf die Rechtswirksamkeit der Bauleitpläne keinen Einfluss, wenn die Einsichtnahme etwa erst zu einem späteren Zeitpunkt erfolgen kann oder nicht während der gesamten Dienststunden möglich ist. Die Öffentlichkeit hat dann einen Rechtsanspruch auf Einsicht und Auskunft.[210] Sind Karten oder Pläne einer Verordnung aufgrund einer gesetzlichen Vorschrift bei den von der Verordnung betroffenen „Gemeinden" aufzubewahren und zur Einsichtnahme vorzuhalten, sind diese Anforderungen auch dann erfüllt, wenn die Aufbewahrung und Vorhaltung zur Einsichtnahme bei den Verwaltungsgemeinschaften dieser Gemeinden erfolgt.[211]

Hinweis: Die Öffentlichkeit hat zwar keinen Rechtsanspruch auf Aushändigung von Kopien des Bebauungsplans. Es entspricht aber dem Grundsatz der bürgerfreundlichen Verwaltung, der interessierten Öffentlichkeit ggf. gegen Kostenerstattung eine Kopie der Planunterlagen zur Verfügung zu stellen.

Verfahrensübersicht
über die Aufstellung oder Änderung von Bauleitplänen

Aufstellungsbeschluss
    Bekanntmachung des Aufstellungsbeschlusses
    Einleitung der frühzeitigen Öffentlichkeitsbeteiligung
    Durchführung der frühzeitigen Öffentlichkeitsbeteiligung nach § 3 I BauGB
    Abstimmung mit den Nachbargemeinden (§ 2 II BauGB)
    Beteiligung der Träger öffentlicher Belange (§ 4 I BauGB)
    Beteiligung der höheren Verwaltungsbehörde
    Entwurfs- und Auslegungsbeschluss
    Unterrichtung der Behörden und sonstigen Träger öffentlicher Belange über die förmliche Öffentlichkeitsbeteiligung (§ 3 II BauGB)
    Öffentliche Auslegung (§ 3 II BauGB) mit Bekanntmachung, Auslegung des Planentwurfs und der Begründung

---

[207] Zur Heilung derartiger Mängel OVG Münster, Urt. v. 3.3.1983 − 11a NE 50/80 − OVGE 36, 219 = NVwZ 1983, 618 = BauR 1984, 47 − Sportplatz.

[208] OVG Lüneburg, Urt. v. 5.9.2007 − 1 KN 204/05 − Höhenbegrenzung für bauliche Anlagen, für § 6 III 1 NGO; vgl. BVerwG, B. v. 9.5.1996 − 4 B 60.96 − BRS 58 Nr. 41.

[209] Zur Ausfertigung eines (planfeststellungsersetzenden) Bebauungsplans, wenn in den textlichen Festsetzungen zur Höhenlage der geplanten Trasse gemäß § 9 II BauGB auf als Anlagen beigefügte „kennzeichnende Querprofile" und „Längenschnitte" verwiesen wird VGH Mannheim, Urt. v. 25.4.2007 − 5 S 2243/05 − NuR 2007, 685 − Umfahrungsstraße.

[210] BVerwG, Urt. v. 4.7.1980 − 4 C 25.78 − BauR 1980, 437 = DVBl 1981, 99; B. v. 5.12.1986 − 4 N 2.86 − ZfBR 1987, 105.

[211] OVG Magdeburg, Urt. v. 11.5.2006 − 2 K 249/04 − NuR 2007, 45 − Aufbewahrung von Karten bei Verwaltungsgemeinschaften, m. Hinw. auf OVG Lüneburg, Urt. v. 24.8.2001 − 8 KN 209/01 − NuR 2002, 99.

Eingegangene Stellungnahmen von Behörden und sonstigen Trägern öffentlicher Belange und der Öffentlichkeit (Abwägungstabelle)
Ausgebliebene Stellungnahmen von Trägern öffentlicher Belange
Behandlung der Stellungnahmen (Beschluss der Gemeindevertretung, Mitteilung des Ergebnisses und ihrer Begründung an die Einsender)
Abschließende Beschlussfassung der Gemeindevertretung über den Flächennutzungsplan/Bebauungsplan
Billigung der Begründung
Einleitung des Genehmigungsverfahrens (Anzeigeverfahrens)
Bekanntmachung der Genehmigung oder des Beschlusses (§§ 6 V, 10 III BauGB)

Textbeispiel 76: *Verfahrensübersicht*

Der **Bebauungsplan tritt mit** der **Bekanntmachung in Kraft** (§ 10 III 4 BauGB). **722** Dabei wird vorausgesetzt, dass zu diesem Zeitpunkt der Plan bereitgehalten wird. Dies schließt die Möglichkeit aus, dass die Gemeinde etwa einen späteren Zeitpunkt des Inkrafttretens bestimmt.[212] Mit dem Inkrafttreten des rechtsverbindlichen Bebauungsplans treten ein etwa **vormals geltender Bebauungsplan** aber auch eine **Veränderungssperre** außer Kraft (§ 17 V BauGB).[213] Unter den Voraussetzungen des § 214 IV BauGB kann die Gemeinde den Bauleitplan in einem ergänzenden Verfahren rückwirkend in Kraft setzen. Das gilt allerdings nur, wenn der rückwirkend in Kraft gesetzte Plan gegenüber dem ursprünglich bekannten Plan keine rechtserheblichen Änderungen enthält.

Verfahrensvermerke auf der Planurkunde

Aufstellungsbeschluss
Der Rat der Gemeinde hat in seiner Sitzung am (Datum) die Aufstellung des Bebauungsplans Nr. 15 ,,Schulstraße'' beschlossen. Der Aufstellungsbeschluss ist gem. § 2 I BauGB vom (Datum) bis (Datum) durch Aushang und am (Datum) in den Tageszeitungen ortsüblich bekannt gemacht worden.
(Ort, Datum, Siegelabdruck) Gemeinde (Ort), Der Bürgermeister (Unterschrift)

Planunterlage
Kartengrundlage ist die Liegenschaftskarte der Gemarkung Flur 1 Flurstück 1–5, Maßstab 1 : 2000. Die Vervielfältigung ist nur für eigene, nichtgewerbliche Zwecke gestattet (§ 13 des Nds. Vermessungs- und Katastergesetzes). Die Planunterlage entspricht dem Inhalt des Liegenschaftskatasters und weist die städtebaulich bedeutsamen baulichen Anlagen sowie Straßen, Wege und Plätze vollständig nach dem Stand vom 1.1.2000 aus. Sie ist hinsichtlich der Darstellung der Grenzen und der baulichen Anlagen geometrisch einwandfrei. Die Übertragbarkeit der neu zu bildenden Grenzen in die Örtlichkeit ist einwandfrei möglich.
Ort, den (Datum). Im Auftrage (Name) Vermessungsoberamtsrat.

Planverfasser
Der Entwurf des Bebauungsplans wurde ausgearbeitet von dem Ingenieurbüro Müller
Ort, den (Datum) (Name) (Planverfasser)

Öffentliche Auslegung
Der Verwaltungsausschuss der Gemeinde hat in seiner Sitzung am (Datum) dem Entwurf des Bebauungsplans und der Begründung zugestimmt und seine öffentliche Auslegung gem. § 3 II BauGB beschlossen. Ort und Datum der öffentlichen Auslegung wurden vom (Datum) bis zum (Datum) durch Ausgang und am (Datum) in den Tageszeitungen ortsüblich bekannt gemacht. Der Entwurf des Bebauungsplans und der Begründung haben in der Zeit vom (Datum) bis zum (Datum) gemäß § 3 II BauGB öffentlich ausgelegen.
(Ort, Datum, Siegelabdruck) Gemeinde (Ort), Der Bürgermeister (Unterschrift)

Satzungsbeschluss
Der Rat der Gemeinde hat den Bebauungsplan Nr. 15 ,,Schulstraße'' nach Prüfung der Stellungnahmen gem. § 3 II BauGB in seiner Sitzung am (Datum) als Satzung gem. § 10 BauGB sowie die Begründung beschlossen.
(Ort, Datum, Siegelabdruck) Gemeinde (Ort), Der Bürgermeister (Unterschrift)

Genehmigung
Der Bebauungsplan Nr. 15 ,,Schulstraße'' ist durch Verfügung der Bezirksregierung gem. § 10 II BauGB genehmigt worden.

---

[212] *BKL* § 12 Rn. 14.
[213] BVerwG, Urt. v. 26.10.1984 – 4 C 53.80 – BVerwGE 70, 227 = NVwZ 1985, 563 = RzB Rn. 302; B. v. 5.2.1990 – 4 B 191.89 – NVwZ 1990, 656 = BauR 1990, 334 = RzB Rn. 232.

Anzeige (alternativ)

Der Bebauungsplan Nr. 15 „Schulstraße" ist gem. § 246 I a BauGB angezeigt worden. Für den Bebauungsplan wurde eine Verletzung gem. § 6 II BauGB nicht geltend gemacht.
Ort, den (Ort) Planungsamt des Landkreises gez. Unterschrift

Beitrittsbeschluss

Der Rat der Gemeinde ist den in der Verfügung des Landkreises aufgeführten Auflagen (Maßgaben, Ausnahmen) in seiner Sitzung vom (Datum) beigetreten. Der Bebauungsplan hat wegen der Auflagen/Maß-
gaben vom (Datum) bis (Datum) (einen Monat) öffentlich ausgelegen. Ort und Dauer der Auslegung
wurden am (Datum) öffentlich bekannt gemacht.
(Ort, Datum, Siegelabdruck) Gemeinde (Ort), Der Bürgermeister (Unterschrift)

Inkrafttreten

Der Satzungsbeschluss des Bebauungsplans ist gem. § 10 BauGB am (Datum) im Amtsblatt für den Landkreis bekannt gemacht worden. Der Bebauungsplan ist damit am (Datum) rechtsverbindlich geworden.
(Ort, Datum, Siegelabdruck) Gemeinde (Ort), Der Bürgermeister (Unterschrift)

Verletzung von Verfahrens- und Formvorschriften

Innerhalb von einem Jahr nach Inkrafttreten des Bebauungsplans ist die Verletzung der in § 215 I BauGB
bezeichneten Rechtsmängel beim Zustandekommen des Bebauungsplans nicht geltend gemacht worden.
(Ort, Datum, Siegelabdruck) Gemeinde (Ort), Der Bürgermeister (Unterschrift)

Textbeispiel 77: *Verfahrensvermerke auf der Planurkunde*

723   Mit dem Beschluss über die Änderung oder Ergänzung des Bauleitplans kann die Gemeinde auch eine **Neubekanntmachung** beschließen. Gerade in Fällen häufiger Änderungen eines Flächennutzungsplans oder eines Bebauungsplans kann eine Neubekanntmachung sinnvoll sein, um den aktuellen Stand in einem übersichtlichen Planwerk festzuhalten. Diese Neubekanntmachung hat allerdings keine konstitutive Wirkung.[214] Bei der Neubekanntmachung des Flächennutzungsplans sind auch die Überschwemmungsgebiete und überschwemmungsgefährdeten Gebiete nach § 5 IVa BauGB nachrichtlich zu übernehmen bzw. zu vermerken (§ 246 a BauGB).[215]

10. Monitoring

724 Die Plan-UP-Richtlinie[216] verpflichtet bei Plänen und Programmen mit rahmensetzenden Wirkungen für UVP-pflichtige oder vorprüfungspflichtige Projekte mit erheblichen nachteiligen Umweltauswirkungen sowie Vorhaben mit Auswirkungen auf Habitate und Vogelschutzgebiete von gemeinschaftlicher Bedeutung zu einem Monitoring. § 4 c BauGB[217] sieht in Umsetzung dieser Richtlinie eine Überwachung aller Flächennutzungspläne und Bebauungspläne – mit Ausnahme von Planänderungen und der bestandswahrenden Bauleitpläne[218] (§ 13 BauGB) sowie der Bebauungspläne der Innenentwicklung (§ 13 a BauGB) – auf erhebliche Umweltauswirkungen vor. Dieses Recht gilt für alle Bauleitpläne, die nach dem 20.7.2004 aufgestellt, ergänzt oder geändert werden

---

[214] *Rothe*, Bauleitplanung, Rn. 270.

[215] *Stüer*, Handbuch des Bau- und Fachplanungsrechts, Rn. 3450.

[216] Richtlinie 2001/42/EG über die Prüfung der Umweltauswirkungen bestimmter Pläne und Programme (ABl. EG v. 21.7.2001, Nr. L 197, S. 30). Zum Folgenden *Sailer*, Bauleitplanung und Monitoring. Die Umsetzung der Plan-UP-Richtlinie in das deutsche Recht, in: *Stüer* (Hrsg.), Planungsrecht, Bd. 10, Osnabrück 2005; *Stüer/Sailer* BauR 2004, 1392.

[217] Gesetz zur Anpassung des BauGB an EU-Richtlinien (Europarechtsanpassungsgesetz [EAG] Bau) v. 24.6.2004 (BGBl. I 1359); vgl. auch Gesetzentwurf der Bundesregierung v. 17.3.2003, BR-Drucks. 756/03; Muster-Einführungserlass zum Europarechtsanpassungsgesetz Bau (EAG Bau 2004 Mustererlass); *Stüer*, Städtebaurecht 2004, in Planungsrecht (Hrsg. *Stüer*), Bd. 5, Osnabrück 2004.

[218] Es handelt sich um Planänderungen nach § 13 BauGB, durch die keine UVP-pflichtigen oder vorprüfungspflichtigen Vorhaben mit erheblichen Umweltauswirkungen ausgewiesen werden sollen, oder Bebauungspläne, die ohne erhebliche Änderung der planungsrechtlichen Zulässigkeit im bisher nicht beplanten Innenbereich aufgestellt werden.

(§ 244 III BauGB).[219] Das Monitoring ist allerdings nicht bei Bebauungsplänen der Innenentwicklung (§ 13 a BauGB) oder bei einer vereinfachten Änderung von Bebauungsplänen nach Maßgabe des § 13 BauGB erforderlich. Die Gemeinden stehen damit vor neuen Herausforderungen vor allem hinsichtlich der Frage, wie es ihnen gelingen kann, unvorhergesehene Auswirkungen zu erkennen und in der Lage zu sein, geeignete Abhilfefemaßnahmen zu ergreifen. Ungeklärt ist auch, ob die Planbetroffenen oder sogar die allgemeine Öffentlichkeit einen Anspruch auf Überwachung und geeignete Abhilfemaßnahmen haben oder ein Verstoß gegen die Überwachungsvorschriften am Ende sanktionslos bleibt.[220]

Mit der Plan-UP-Richtlinie ist auch ein Monitoring für Pläne und Programme ein **725** geführt worden (Art. 10 Plan-UP-Richtlinie). Damit ist eine Überwachung der für den speziellen Plan festgestellten umwelterheblichen Auswirkungen in bestimmten, von der Planungsbehörde festgelegten Abständen gemeint. Die bisher schon erforderliche in die Zukunft gerichtete Prüfung von Umweltauswirkungen bei der Planung wird also um eine nachsorgende Prüfung nach Durchführung der Planungen ergänzt.[221] Ein Monitoring auf europäischer Ebene ist nicht neu. Auch Art. 11 der Richtlinie über den Schutz des Grundwassers gegen Verschmutzungen durch bestimmte gefährliche Stoffe[222], Art. 11 und 12 IV 1 der FFH-Richtlinie[223] und Art. 13 I der IVU-Richtlinie[224] sehen bereits ein Monitoring vor. Seit dem EAG Bau 2004 ist auch für die Bauleitplanung durch Art. 10 Plan-UP-Richtlinie im Allgemeinen ein solches Monitoring verpflichtend.

a) Gesetzliche Grundlagen. Das Monitoring wird in § 4 c BauGB geregelt. Die Ge **726** meinden haben danach die erheblichen Umweltauswirkungen zu überwachen, die aufgrund der Durchführung der Bauleitpläne eintreten, um so unvorhergesehene nachteilige Auswirkungen frühzeitig zu ermitteln und in der Lage zu sein, geeignete Abhilfemaßnahmen zu ergreifen. Die Regelung greift weitgehend die Formulierungen der Plan-UP-Richtlinie auf und ist damit ebenso offen. Das ist vom Ansatz her folgerichtig. Denn Umfang, Untersuchungstiefe und Methoden der Überwachung hängen maßgeblich von der Art des zu untersuchenden Plans ab. Die Zuständigkeit der Gemeinden für die Überwachung wurde bereits von der Unabhängigen Expertenkommission zur Vorbereitung des EAG Bau 2004 empfohlen.[225] Die Gemeinden sind als Träger des Bauleitplanverfahrens für die Erstellung, Änderung oder Aufhebung von Bauleitplänen zuständig. Sie können deshalb gegebenenfalls Abhilfemaßnahmen nach Durchführung des Monitoring ergreifen.[226] Die Zuständigkeit der Gemeinden entspricht nicht nur den Gedanken der kommunalen Planungshoheit, sondern ist auch deshalb nahe liegend, weil sie bereits im

---

[219] Bauleitpläne, deren Verfahren zuvor förmlich eingeleitet worden ist, unterliegen einem Monitoring nur dann, wenn die Verfahren erst nach dem 20.7.2006 abgeschlossen werden.

[220] Zum Monitoring *Stüer*, Handbuch des Bau- und Fachplanungsrechts, Rn. 789, 1035.

[221] *Roder* in: Hendler/Marburger/Reinhardt/Schröder, 2006, 226.

[222] Richtlinie 80/68/EWG des Rates v. 17.12.1979, ABl. EG 1980, Nr. L 20, S. 43, geändert durch die Richtlinie 91/692/EWG, ABl. EG 1991, Nr. L 377, S. 48.

[223] Richtlinie 92/43/EWG des Rates v. 21.5.1992 zur Erhaltung der natürlichen Lebensräume sowie der wildlebenden Tiere und Pflanzen, ABl. EG 1992, Nr. L 206, S. 7, geändert durch die Richtlinie 97/62/EG, ABl. EG 1997, Nr. L 305, S. 42.

[224] Richtlinie 96/61/EG des Rates v. 24.9.1996 über die integrierte Vermeidung und Verminderung der Umweltverschmutzung, ABl. EG 1996, Nr. L 257, S. 26, geändert durch Richtlinie 2003/35/EG v. 26.5.2003 in Bezug auf die Öffentlichkeitsbeteiligung und den Zugang zu Gerichten, ABl. EG 2003, Nr. L 156, S. 17.

[225] Bundesministerium für Verkehr, Bau- und Wohnungswesen (BMVBW), Bericht der Unabhängigen Expertenkommission zur Novellierung des Baugesetzbuchs, Rn. 087, http://www.bmvbw.de/Anlage12334/Bericht-der-Expertenkommission.pdf; so auch *Pietzcker*, Gutachten zum Umsetzungsbedarf der Plan-UP-Richtlinie der EG im Baugesetzbuch, 50.

[226] *Stüer/Upmeier* ZfBR 2003, 114.

Umweltbericht die geplanten Überwachungsmaßnahmen festlegen.[227] Bereits bei der Ausarbeitung des Plans hat eine Auseinandersetzung mit den geeigneten Überwachungsmaßnahmen stattzufinden. Das geplante Monitoring-Konzept ist im **Umweltbericht** nach Nr. 3 b der Anlage 1 zum BauGB zu beschreiben. Die geplanten Überwachungsmaßnahmen werden so im Rahmen des Umweltberichts Gegenstand der **Beteiligung** der Öffentlichkeit sowie der Behörden und Träger öffentlicher Belange nach den §§ 3 bis 4 a BauGB. Diese können durch ihre Stellungnahmen weitere Stellungnahmen beitragen.[228]

727 **b) Information der Behörden.** Nach § 4 c 2 BauGB nutzen die Gemeinden außerdem die Informationen der Behörden nach § 4 III BauGB. Demnach sind die an der Bauleitplanung beteiligten Behörden verpflichtet, die Gemeinden über erhebliche, insbesondere unvorhergesehene nachteilige Umweltauswirkungen zu informieren. Diese von der Unabhängigen Expertenkommission als „Bringschuld" bezeichnete Pflicht[229] wurde eingeführt, um die Kommunen zu entlasten. Die darüber hinausgehende Idee, auch Nichtregierungsorganisationen (NGO's) wie die Naturschutzvereinigungen mit einzubeziehen[230], wurde allerdings nicht übernommen. Weitere Festlegungen bezüglich des Zeitpunkts, der Methoden oder der Konsequenzen der Überwachung trifft die Regelung des neuen BauGB nicht. Der gemeinschaftsrechtlich eröffnete Gestaltungsspielraum wird dementsprechend direkt an die Gemeinden weitergereicht. Der Gesetzgeber sah die Einengung des gemeindlichen Handlungsspielraums wegen der großen Bandbreite der einzelnen Bauleitpläne und der unterschiedlichen inhaltlichen Festsetzungen als nicht geboten an.[231] Auch sind Fehler in der Durchführung des Monitoring für die Wirksamkeit des Bauleitplans unbeachtlich. Allerdings muss der Umweltbericht in den wesentlichen Punkten vollständig sein, also auch Angaben zu den geplanten Überwachungsmaßnahmen enthalten (§ 214 I 1 Nr. 3 BauGB).

728 Durch die Verpflichtung der Fachbehörden, die Kommunen darauf hinzuweisen, wenn sie Erkenntnisse insbesondere über unvorhergesehene nachteilige Umweltauswirkungen haben (§ 4 III BauGB), sollen die Gemeinden von aufwändigen Ermittlungen entlastet und Doppelarbeit vermieden werden. Zugleich wird durch diese Verpflichtung nach Abschluss der Planung die Tatsache genutzt, dass von verschiedenen Behörden im Rahmen ihrer gesetzlichen Aufgabenerfüllung bereits Umweltdaten erhoben werden, deren Zusammenschau ein weitgehendes Bild von den im Gemeindegebiet eintretenden erheblichen Umweltveränderungen ermöglicht. Eine Information über Umweltauswirkungen, die bereits Grundlage der Abwägungsentscheidung waren, ist demgegenüber nicht im Einzelnen erforderlich. Dies ergibt sich aus dem Zusammenspiel von § 4 III BauGB mit § 4 c BauGB, der maßgeblich auf unvorhergesehene Umweltauswirkungen abstellt. Über die gesetzlichen Regelungen hinaus unterliegt die nähere Ausgestaltung des Monitoring der Gemeinde.[232]

729 **c) Gemeindliche Spielräume.** § 4 c BauGB will den Gemeinden einen Handlungsspielraum in der Umsetzung eröffnen und den Rahmen ausschöpfen, der nach Art. 10 der Plan-UP-Richtlinie besteht. Dies schien auch vor dem Hintergrund erforderlich, dass die

---

[227] *Pietzcker,* Gutachten zum Umsetzungsbedarf der Plan-UP-Richtlinie der EG im Baugesetzbuch, S. 50, m. Hinw. auf Anhang I i) der Plan-UP-Richtlinie; *Pietzcker/Fiedler* DVBl 2002, 929 (936); kritisch *Risse/Crowley/Vincke/Waaub,* Environmental Impact Assessment Review, 453 (467), die im Interesse der Glaubwürdigkeit eine unabhängige Behörde für zweckmäßiger halten.

[228] *Sailer,* Bauleitplanung und Monitoring. Die Umsetzung der Plan-UP-Richtlinie in das deutsche Recht, in *Stüer* (Hrsg.), Planungsrecht, Bd. 10, Osnabrück 2005; *Stüer/Sailer* BauR 2004, 1392.

[229] BMVBW, BauGB-Expertenkommission, Rn. 091.

[230] BMVBW, BauGB-Expertenkommission, Rn. 091.

[231] Gesetzentwurf EAG Bau, 127.

[232] *Sailer,* Bauleitplanung und Monitoring. Die Umsetzung der Plan-UP-Richtlinie in das deutsche Recht, in *Stüer* (Hrsg.), Planungsrecht, Bd. 10, Osnabrück 2005; *Stüer/Sailer* BauR 2004, 1392.

Bauleitplanung ein weites Spektrum von Plänen umfasst, die sowohl in örtlicher als auch in funktionaler Hinsicht sehr unterschiedlich sein können. Die Flächennutzungsplanung als vorbereitende Bauleitplanung für das gesamte Gemeindegebiet wird einem anderen Überwachungsmechanismus unterliegen als ein Bebauungsplan, der die konkrete Nutzung einzelner Grundstücke festlegt. Es ergeben sich Unterschiede aus dem jeweiligen Konkretisierungsgrad der Bebauungspläne (von Angebots- bis vorhabenbezogener Planung) sowie auch aus den Inhalten und Zielen des Plans, da die Ausweisung einer reinen Wohnbebauung nach anderen Kriterien zu überwachen sein wird als z. B. eine Industrienutzung. § 4 c BauGB soll des Weiteren auch der Tatsache Rechnung tragen, dass in manchen Gemeinden bereits Überwachungsinstrumente bestehen.[233] Es ist nicht Ziel des Monitorings, die planerische Entscheidung erneut auf den Prüfstand zu stellen oder wissenschaftliche Forschungsaktivitäten zu betreiben. Vielmehr kann die Gemeinde vom Grundsatz her davon ausgehen, dass sie von unerwarteten Auswirkungen durch die Fachbehörden im Rahmen deren bestehenden Überwachungssysteme und der Informationsverpflichtung nach § 4 III BauGB Mitteilung erhält.

Das Monitoring ist dem jeweiligen Konkretisierungsgrad der Planung anzupassen. **730** Der **Flächennutzungsplan**, der gelegentlich als **„strategischer Bauleitplan"** bezeichnet wird[234], wird wegen seiner in der Regel nur Rahmen bildenden Funktion nur hinsichtlich der Grobstrukturen einem Monitoring zu unterziehen sein. Weiter gehende Anforderungen an das Monitoring können sich ergeben, soweit der **Flächennutzungsplan** konkrete raumbedeutsame Aussagen etwa im Zusammenhang mit dem **Darstellungsprivileg** enthält. Allerdings könnte dabei auch von Bedeutung sein, dass der Flächennutzungsplan die privilegierte Nutzung im Einzelfall nicht begründet, sondern nur in Teilen des Gemeindegebietes lediglich ausschließt, während die planungsrechtliche Zulässigkeit der privilegierten Außenbereichsvorhaben bereits durch den Gesetzgeber angeordnet worden ist. Die Gemeinden sind nach § 4 c BauGB verpflichtet, erhebliche Umweltauswirkungen zu überwachen und ggf. geeignete Abhilfemaßnahmen zu ergreifen. Dabei sind nur erhebliche Umweltauswirkungen von Bedeutung. Abhilfemaßnahmen sind auch nur in dem gebotenen Umfang zu ergreifen.[235]

d) Schutzkonzepte in der Abwägungspyramide. Wird die Schwelle zur Gesundheits- **731** gefahr überschritten, so muss auch die Planung zwingend einen entsprechenden Ausgleich schaffen. Sie hat die Belastungen entweder durch planerische Maßnahmen zu reduzieren, durch eine Umplanung die Voraussetzungen für eine Enteignung und damit eine Entschädigung zu schaffen oder in anderer Weise einen entschädigungsrechtlichen Ausgleich zu gewähren. Eine Gesundheitsgefahren herbeiführende oder fortschreibende Planung würde an den verfassungsrechtlichen Erfordernissen eines ausreichenden Gesundheitsschutzes und auch der Eigentumsgarantie scheitern. Der Plangeber kann daher die betroffenen Interessen nicht risikolos wegwägen.[236] Auf der anderen Seite besteht allerdings unterhalb der Gesundheitsgefahr nach Maßgabe der Normvorgaben ein planerischer Abwägungsspielraum[237], bei dem auch prognostische Elemente wirksam werden können.[238] Auch spürbare Wertminderungen hat der Betroffene bei Einhaltung des Abwägungsgebotes hinzunehmen.[239] Man wird es daher einem Planungsträger wohl nicht

---

[233] EAG Bau 2004 – Mustererlass 2004.

[234] EAG Bau 2004 – Mustererlass 2004.

[235] *Sailer,* Bauleitplanung und Monitoring. Die Umsetzung der Plan-UP-Richtlinie in das deutsche Recht, in *Stüer* (Hrsg.), Planungsrecht, Bd. 10, Osnabrück 2005; *Stüer/Sailer* BauR 2004, 1392.

[236] *Halama/Stüer* NVwZ 2003, 137; *Krautzberger/Stüer* DVBl 2004, 914.

[237] BVerwG, Urt. v. 27.10.2000 – 1 A 18.99 – BVerwGE 112, 140 = BauR 2001, 591; Urt. v. 3.3.1999 – 11 A 9.97 – DVBl 1999, 1527 = NuR 2000, 575 = NVwZ-RR 1999, 720; Urt. v. 20.12.2000 – 11 A 7.00 – NVwZ-RR 2001, 360.

[238] BVerwG, Urt. v. 22.11.2000 – 11 C 2.00 – BVerwGE 112, 221 = NVwZ 2001, 429.

[239] BVerwG, Urt. v. 5.3.1999 – 4 A 7.98 – NVwZ-RR 1999, 556.

automatisch als Abwägungsfehler anlasten können, wenn er beispielsweise den Lärm, der nicht in unmittelbarem Zusammenhang mit seinem Vorhaben steht, als für die Standortentscheidung letztlich nicht allein ausschlaggebend behandelt, solange die jeweiligen Betroffenheiten zutreffend ermittelt und in die Abwägung eingestellt worden sind.[240]

732   Die vorgenannten, für die **Erstplanung** geltenden Abwägungsgrundsätze können auch auf das **nachsorgende Monitoring** übertragen werden. Die Gemeinde muss auch im Rahmen des Monitoring jenen Abwägungsspielraum für sich in Anspruch nehmen können, der für die Erstplanung gilt. Die Gemeinde kann daher nicht zu einer Planänderung verpflichtet sein, wenn die sich ändernden Belange auch bei der Erstplanung hätten überwunden werden können. Zudem ist der Grundsatz des Bestands- oder Vertrauensschutzes zu beachten. Planänderungen können daher dem Gebot einer qualifizierten Abwägung unterliegen. Sie sind besonders zu begründen und die bestandswahrenden Interessen der Planbetroffenen in die Abwägung einzustellen. Vor diesem Hintergrund führt eine Verschiebung in der Beurteilung abwägungserheblicher Belange nicht automatisch zu einer Planänderungspflicht. Vielmehr kann die Gemeinde in einer neuen Abwägungsentscheidung nach den Maßstäben des § 1 VII BauGB über die veränderten Gewichtungen autonom befinden, ohne hier im Allgemeinen auf ein bestimmtes Ergebnis verpflichtet zu sein. Auch die Beibehaltung des bisherigen Planes kann sich abwägungsgerecht erweisen.

733   Wird im Gegensatz zu den Erwartungen in Rechte Dritter eingegriffen, ergeben sich erhöhte Abwägungserfordernisse; es besteht aber ebenfalls keine Automatik einer Planänderung. Die einfachgesetzlichen Zumutbarkeitsschranken sind nur bei der Erstplanung einzuhalten, gelten jedoch nicht automatisch auch für jede Veränderung, die sich bei der Durchführung der Planung ergibt. Zwingende Handlungspflichten der Gemeinden bestehen hier erst, wenn die jeweiligen Sanierungswerte überschritten werden. Das wird in der Regel erst für nicht vorhergesehene Beeinträchtigungen gelten, mit denen die verfassungsrechtliche Zumutbarkeitsschwelle überschritten wird. Durch die Pflicht zum Monitoring hat sich diese Unterscheidung von Vorsorgewerten und Sanierungswerten nicht verschoben. Unmittelbare Handlungspflichten für die Gemeinde ergeben sich im Monitoring erst dann, wenn die Sanierungswerte überschritten werden und damit in eine verfassungsrechtlich geschützte Position eingegriffen wird oder der Gesetzgeber unterhalb dieser verfassungsrechtlichen Schwelle Abwehrrechte oder Ansprüche auf Schutzvorkehrungen einräumt.[241] Entsprechende Grundsätze können auch im Bereich von umweltschützenden Belangen angenommen werden, die keinen individuellen Rechtsträger haben. Auch hier folgt aus dem Nichteintritt der in der Bauleitplanung prognostizierten Entwicklung keine Automatik einer Planänderungspflicht. Strengere Grundsätze dürften nur gelten, wenn zwingende Gebote nicht eingehalten werden, etwa die Erfordernisse der Feinstaubrichtlinie oder des Habitat- oder Vogelschutzes nicht mehr gewährleistet sind (vgl. auch Art. 11, 12 IV FFH-Richtlinie).

734   Ein Anspruch auf Änderung, Ergänzung oder Aufhebung des Plans bei Feststellung von negativen Umweltauswirkungen besteht grundsätzlich nicht (§ 1 III 2, VIII BauGB). Allerdings könnte die Öffentlichkeit einen Anspruch darauf haben, dass die Vorschriften des Monitoring durch Überwachung und Abhilfemaßnahmen **effektiv umgesetzt** werden. So gewährt der EuGH[242] auch den (nicht enteignend betroffenen) Nachbarn eines UVP-pflichtigen Vorhabens Klagerechte aus der UVP-Richtlinie 85/337 mit dem Inhalt, durch die zuständigen Behörden eine UVP vornehmen zu lassen. Das scheitere auch nicht

---

[240] BVerwG, Urt. v. 27.10.2000 – 4 A 18.99 – BVerwGE 112, 140 = BauR 2001, 591.

[241] Eine Planungspflicht nimmt auch *Upmeier* (BauR 2004,1382) m. Hinw. auf BVerwG, Urt. v. 17.9.2003 – 4 C 14.01 – BVerwGE 119, 25 = DVBl 2004, 239 = NVwZ 2004, 220 – Mühlheim-Kärlich, an.

[242] *EuGH*, Urt. v. 7.1.2004 – C-201/02 – DVBl 2004, 370 = NVwZ 2004, 517 = EurUP 2004, 57 – Delena Wells.

an einer umgekehrten mittelbaren Wirkung (invers direct effect) zu Lasten des Vorhabenträgers, der bis zum Vorliegen der Ergebnisse der UVP seinen Betrieb einstellen müsse. Einen Anspruch hat die Öffentlichkeit jedoch: den Anspruch auf freien Zugang zu den während der Überwachung gesammelten Informationen. Die Gemeinde muss die Öffentlichkeit über die bei der Überwachung gewonnenen Erkenntnisse unterrichten (§ 10 UIG 2005). Zudem hat die Öffentlichkeit auf Antrag einen Anspruch auf Zugang zu den bei der Gemeinde vorliegenden Umweltinformationen (§§ 3, 4 UIG), wenn nicht ein Ablehnungsgrund nach §§ 8, 9 UIG vorliegt.[243]

In welchem Umfang die Öffentlichkeit oder die betroffene Öffentlichkeit über das Zu **735** gangsrecht zu Informationen nach §§ 3, 4 UIG hinaus einen **Anspruch auf Überwachung oder Abhilfemaßnahmen** hat, ist offen. Rechtsansprüche auf Abhilfeentscheidungen dürften nur bestehen, wenn in verfassungsrechtliche Schutzbereiche eingegriffen wird oder das einfache Recht Schutzansprüche im Falle der nachträglichen Überschreitung von Zumutbarkeitsschwellen einräumt. Das Monitoring ist für den Planungszyklus wichtig. Da die Aussagen im Umweltbericht zumeist auf Prognosen über die zukünftige Entwicklung der Umwelt beruhen, ist ein Überwachungssystem sinnvoll, das diese Prognosen überprüft. Nur so können Fehlentwicklungen erkannt und beseitigt werden oder es kann zumindest gegengesteuert werden.[244] Das Monitoring ist unabhängig davon, ob es direkt zu Konsequenzen führt, auch ein Mittel zur Qualitätskontrolle von Plänen und Programmen. Die Überwachung der Bauleitpläne kann zu einer Verbesserung von Umweltprüfungen und Umweltberichten beitragen.[245]

V. Änderung, Ergänzung oder Aufhebung des Bebauungsplans

Die verfahrensrechtlichen Anforderungen an die Aufstellung eines Bauleitplans sind **736** gem. § 1 VIII BauGB grundsätzlich auch bei dessen **Änderung**, **Ergänzung** oder **Aufhebung** zu beachten. Es bedarf daher einer Öffentlichkeitsbeteiligung nach § 3 BauGB, einer Behördenbeteiligung nach § 4 BauGB, eines Satzungsbeschlusses nach § 10 BauGB für den Bebauungsplan oder eines Feststellungsbeschlusses nach § 6 BauGB für den Flächennutzungsplan sowie ggf. eines Genehmigungsverfahrens (§ 10 II BauGB).

1. Grundsätzliche Verfahrensanforderungen

Die Verfahren der Änderung, Ergänzung oder Aufhebung setzen einen bereits wirksamen **737** Bauleitplan voraus. Ein unwirksamer Bauleitplan kann jedoch ggf. in einem Verfahren zugleich geheilt, geändert oder ergänzt werden. Die Änderung oder Ergänzung der Bauleitplanung muss wie die Aufstellung aus städtebaulichen Gründen erforderlich sein (vgl. § 1 III, VIII BauGB).[246] Eine **Neubekanntmachung** eines Flächennutzungsplans ist keine Aufstellung oder Änderung und unterliegt daher nicht den verfahrensrechtlichen Aufstellungsanforderungen des BauGB.

---

[243] Soweit das Landesrecht keine entsprechenden Informationspflichten enthält, ist die UI-Richtlinie unmittelbar anzuwenden, *Stüer*, HBFR 2005, 2812.

[244] *Sangenstedt* in Reiter, Neue Wege in der UVP, 252.

[245] *Kläne*, Strategische Umweltprüfung (SUP) in der Bauleitplanung, Osnabrück 2002, S. 242; *Sheate*, European Environmental Law Review 2003, 331 (346); *Risse/Crowley/Vincke/Waaub*, Environmental Impact Assessment Review, 453 (465); *Sailer*, Bauleitplanung und Monitoring. Die Umsetzung der Plan-UP-Richtlinie in das deutsche Recht, in: *Stüer* (Hrsg.), Planungsrecht, Bd. 10, Osnabrück 2005; *Stüer/Sailer* BauR 2004, 1392.

[246] VGH Mannheim, Urt. v. 4.3.1983 – 5 S 1751/82 – BauR 1983, 222 = ZfBR 1984, 53.

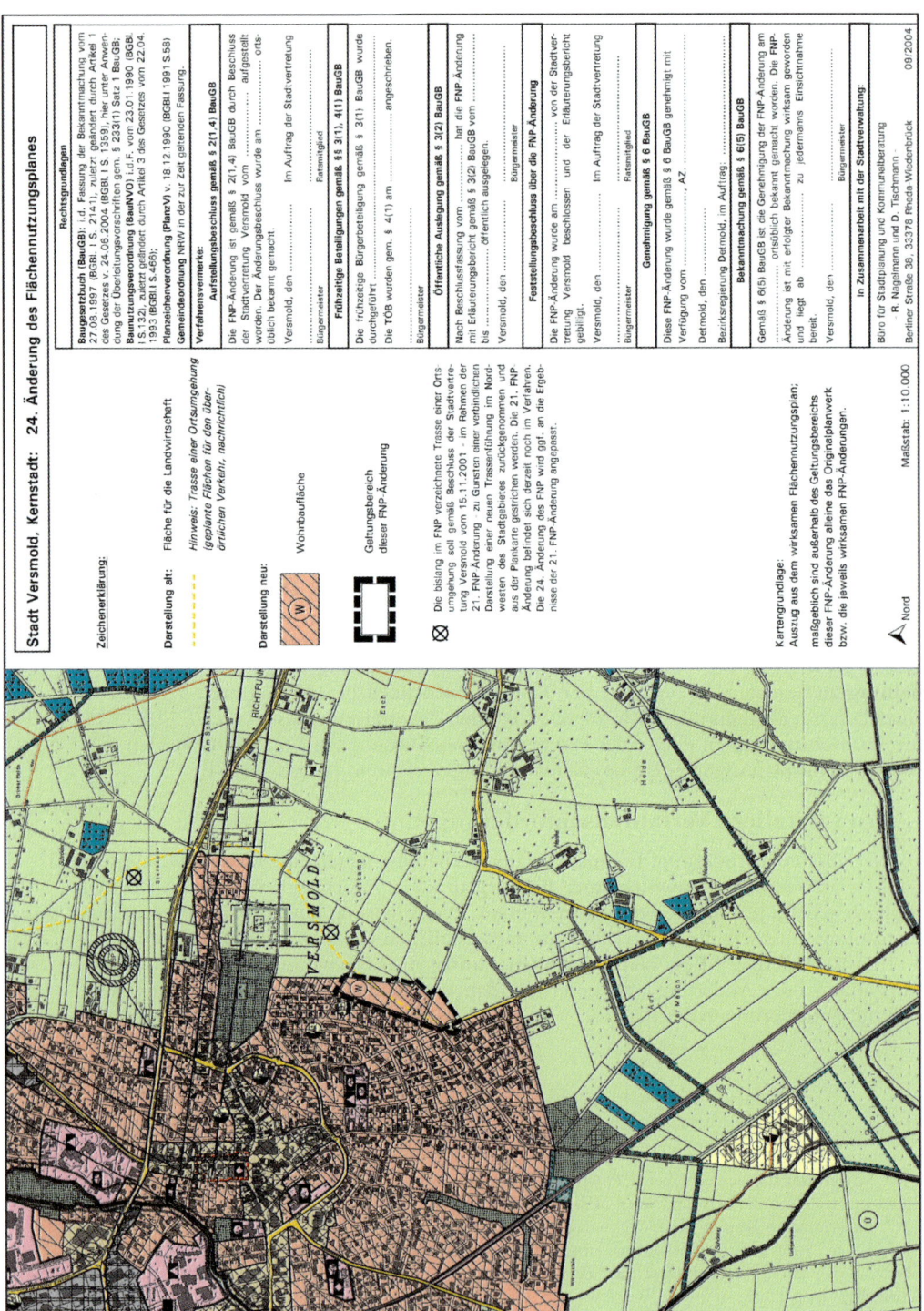

Abbildung 78: *Änderung des Flächennutzungsplans*

2. Vereinfachtes Verfahren

§ 13 BauGB sieht für die Änderung oder Ergänzung eines Bauleitplans oder anderer städ- **738** tebaulicher Satzungen unter den in der Vorschrift genannten Voraussetzungen ein → **vereinfachtes Verfahren** vor *(→ Abbildung 78 und Textbeispiel 78)*. Werden durch die Änderung oder Ergänzung eines Bauleitplans die Grundzüge der Planung nicht berührt oder wird durch die Aufstellung eines Bebauungsplans in einem Gebiet nach § 34 BauGB der sich aus der vorhandenen Eigenart der näheren Umgebung ergebende Zulässigkeitsmaßstab nicht wesentlich verändert oder wird ein Bebauungsplan der Innenentwicklung (§ 13 a BauGB) aufgestellt, kann die Gemeinde das vereinfachte Verfahren anwenden, wenn (1) die Zulässigkeit von Vorhaben, die einer Pflicht zur Durchführung einer UVP nach Anlage 1 zum UVPG „Liste der UVP-pflichtigen Vorhaben" oder nach Landesrecht unterliegen, nicht vorbereitet oder begründet wird und (2) keine Anhaltspunkte für eine Beeinträchtigung der in § 1 VI Nr. 7 b BauGB genannten Schutzgüter bestehen.[247] Das vereinfachte Verfahren setzt daher voraus, dass

– durch die Änderung oder Ergänzung die Grundzüge der Planung nicht berührt werden

– das Vorhaben nicht UVP-pflichtig oder vorprüfungspflichtig mit erheblichen nachteiligen Umweltauswirkungen nach der Anlage 1 zum UVPG ist und

– Belange des Habitat- oder Vogelschutzes nicht berührt werden.

In diesen Fällen kann (1) von der frühzeitigen Unterrichtung und Erörterung nach **739** den §§ 3 I, 4 I BauGB abgesehen werden, (2) der betroffenen Öffentlichkeit Gelegenheit zur Stellungnahme innerhalb angemessener Frist gegeben oder wahlweise die Auslegung nach § 3 II BauGB durchgeführt werden und (3) den berührten Behörden und sonstigen Trägern öffentlicher Belange Gelegenheit zur Stellungnahme innerhalb angemessener Frist gegeben oder wahlweise die Beteiligung nach § 4 BauGB durchgeführt werden. Eine Umweltprüfung und ein Umweltbericht sind nicht erforderlich.[248] Im Gegensatz zu der früheren Unterscheidung zwischen der Änderung oder Ergänzung eines Flächennutzungsplans einerseits und eines Bebauungsplans andererseits ist das vereinfachte Verfahren bei der Änderung oder Ergänzung für Flächennutzungsplan und Bebauungsplan bereits seit § 13 BauGB 1998 einheitlich geregelt. Das **vereinfachte Verfahren** kann in folgenden Fällen angewendet werden:

– Aufstellung oder Änderung eines Bebauungsplans der Innenentwicklung (§ 13 a BauGB),

– Aufstellung oder Änderung eines vorhabenbezogenen Bebauungsplans der Innenentwicklung (§§ 12, 13 a BauGB)

– Änderung oder Ergänzung eines Flächennutzungsplans ohne Änderung der Grundzüge (§ 13 BauGB),

– Änderung oder Ergänzung eines Bebauungsplans ohne Änderung der Grundzüge (§ 13 BauGB),

– Aufstellung eines Bebauungsplans im nicht beplanten Innenbereich bei nicht wesentlicher Veränderung des aus der Umgebung hervorgehenden Zulässigkeitsmaßstabes (§ 13 BauGB),

– Aufhebung vorhabenbezogener Bebauungspläne (§ 12 VI BauGB),

– Entwicklungssatzung (§ 34 IV 1 Nr. 2 BauGB),

– Ergänzungssatzung (§ 34 IV 1 Nr. 3 BauGB) und

– Außenbereichssatzung (§ 35 VI BauGB).

Die Vereinfachung kann sich auf den **Wegfall der Umweltprüfung** und **geringere** **740** **Anforderungen** an die **Beteiligungsverfahren** beziehen. Eine Ausnahme von dem Regelverfahren der Umweltprüfung besteht jedoch lediglich im Hinblick auf solche Pla-

---

[247] EAG Bau 2004 – Mustererlass 2004.
[248] Zum Umweltbericht s. Rn. 177.

nungssituationen, die nicht in erster Linie der Schaffung von Baurechten dienen, sondern vorrangig bestandssichernde oder ordnende Funktionen haben. In derartigen Fällen ist nach Auffassung des Gesetzgebers eine förmliche Umweltprüfung nicht erforderlich, da mit den Planungen keine erheblichen Umweltauswirkungen verbunden sind. Ein vereinfachtes Verfahren ist daher auf diejenigen Planungen begrenzt, in denen keine UVP-pflichtigen oder vorprüfungspflichtigen Vorhaben mit erheblichen nachteiligen Umweltauswirkungen zugelassen werden sollen. Geringere Anforderungen an die Öffentlichkeits- und Behördenbeteiligung sind im vereinfachten Verfahren nur dort vorgesehen, wo sich der Kreis der Betroffenen abgrenzen lässt. Anderenfalls muss eine (erneute) förmliche Öffentlichkeits- und Behördenbeteiligung durchgeführt werden. Nach dem Wortlaut des § 13 BauGB kann von einer Umweltprüfung auch dann abgesehen werden, wenn die Planänderung zwar ein vorprüfungspflichtiges Vorhaben erfasst, die Vorprüfung aber zu dem Ergebnis führt, dass wegen nicht erheblicher Auswirkungen von einer UVP abgesehen werden kann. Es empfiehlt sich, in diesen Fällen vorprüfungspflichtiger Vorhaben die Gründe für die Nichtdurchführung der UVP im Einzelnen nachvollziehbar darzulegen (vgl. für den Bebauungsplan der Innenentwicklung § 13 a BauGB auch § 214 II a BauGB) oder bei entsprechendem Anlass eine Umweltprüfung durchzuführen.

741   Werden durch die Änderung die **Grundzüge der Planung** betroffen, muss grundsätzlich eine frühzeitige und förmliche Öffentlichkeitsbeteiligung (§ 3 I und II BauGB) und eine Behördenbeteiligung (§ 4 BauGB) stattfinden. Eine frühzeitige Öffentlichkeitsbeteiligung kann bei Vorliegen der in § 3 I BauGB genannten Voraussetzungen unterbleiben.

742   Werden durch **Änderungen** oder **Ergänzungen** eines **Bauleitplans** die Grundzüge der Planung nicht berührt, kann von der vorgezogenen Öffentlichkeitsbeteiligung nach § 3 I BauGB und der vorgezogenen Behördenbeteiligung nach § 4 I BauGB abgesehen werden. Es findet lediglich eine förmliche Öffentlichkeits- und Behördenbeteiligung (§§ 3 II, 4 II BauGB) statt, wobei jeweils an die Stelle der förmlichen Beteiligung eine

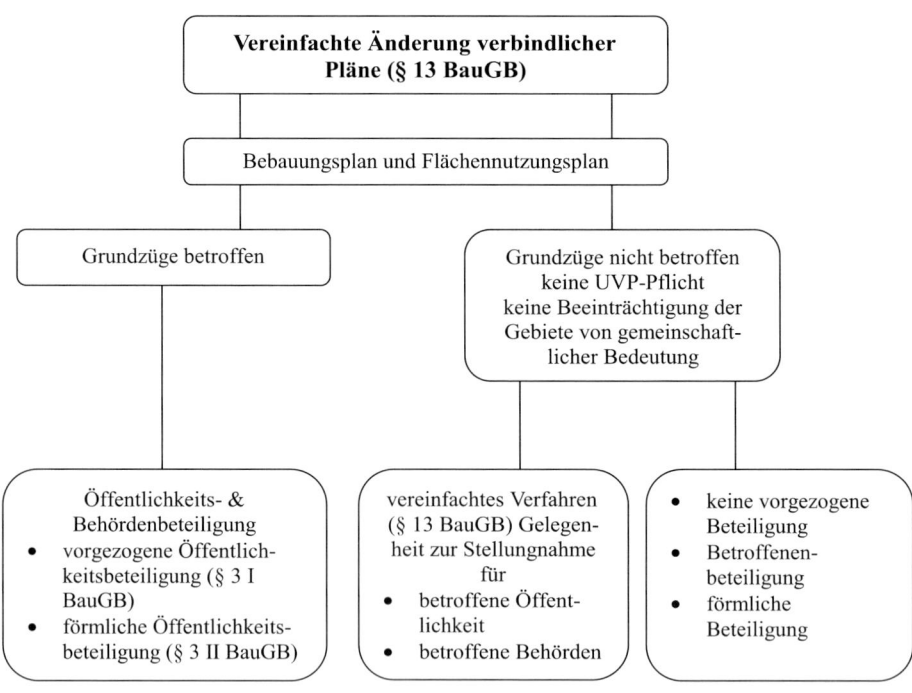

Betroffenenbeteiligung treten kann. Die Öffentlichkeitsbeteiligung kann entweder dadurch erfolgen, dass der betroffenen Öffentlichkeit Gelegenheit zur Stellungnahme innerhalb angemessener Frist gegeben wird (Betroffenenbeteiligung), oder eine förmliche Öffentlichkeitsbeteiligung nach § 3 II BauGB stattfindet. An die Stelle der Behördenbeteiligung nach § 4 II BauGB kann ein eingeschränktes Beteiligungsverfahren treten, bei dem den berührten Behörden und sonstigen Trägern öffentlicher Belange Gelegenheit zur Stellungnahme innerhalb angemessener Frist gegeben wird. Im vereinfachten Verfahren wird von einer Umweltprüfung nach § 2 IV BauGB, einem Umweltbericht nach § 2 a BauGB und von der Angabe nach § 3 II 1 BauGB, welche Arten umweltbezogener Informationen verfügbar sind, abgesehen. Auch ein Monitoring ist nicht erforderlich (§ 13 III BauGB). Das vereinfachte Verfahren bringt daher vor allem im Bereich der Umweltprüfung Entlastungen, weil diese entfällt. Hierin liegt einer der beiden Hauptvereinfachungseffekte des vereinfachten Verfahrens. Das gilt auch für den Bebauungsplan der Innenentwicklung nach § 13 a BauGB.

→ **Vereinfachte Änderung verbindlicher Pläne.** § 13 BauGB gestattet eine vereinfachte Änderung von Bauleitplänen. Werden durch die Änderung oder Ergänzung eines Bauleitplans dessen Grundzüge geändert, so muss eine erneute Offenlage für einen Monat erfolgen. Werden die Grundzüge der Planung nicht berührt oder wird durch die Aufstellung eines Bebauungsplans im nicht beplanten Innenbereich der sich aus der vorhandenen Umgebung ergebende Zulässigkeitsmaßstab nicht wesentlich verändert, kann die Gemeinde das vereinfachte Verfahren nach § 13 BauGB anwenden. Das gilt auch für den Bebauungsplan der Innenentwicklung nach § 13 a BauGB. Die geplanten Vorhaben dürfen nicht umweltprüfungspflichtig oder vorprüfungspflichtig mit dem Ergebnis eines UVP-Erfordernisses sein (Anlage 1 zum UVPG). Auch Belange des Habitat- oder Vogelschutzes dürfen nicht beeinträchtigt sein. Im vereinfachten Verfahren kann von einer frühzeitigen Unterrichtung der Öffentlichkeit und der Behörden (§§ 3, 4 BauGB) abgesehen werden. Der betroffenen Öffentlichkeit sowie den Behörden muss innerhalb angemessener Frist die Möglichkeit der Stellungnahme gegeben werden. Ein vereinfachtes Verfahren setzt daher voraus, dass die Betroffenen individuell zu ermitteln sind. Anderenfalls ist eine erneute Öffentlichkeits- und Behördenbeteiligung nach §§ 3 II, 4 II BauGB durchzuführen. Das vereinfachte Verfahren entsprechend § 13 BauGB hat daher insoweit an Bedeutung verloren. Allerdings kann in diesen Fällen auf eine Umweltprüfung verzichtet werden (§ 13 III BauGB).

Begründung der Flächennutzungsplanänderung Windenergievorrangfläche

Die bisherige Ausweisung der Konzentrationszonen für Windenergieanlagen beruhte auf einem Konzept, das bei bewohnten Alleinlagen im Außenbereich einen Abstand von 300 m für erforderlich hielt. Davon ist die Gemeinde auch bei der Ausweisung dieses Standortes ausgegangen. Nunmehr stellt sich allerdings heraus, dass ein kleineres Nebengebäude im Bereich des umgebenden Gehölzbestandes lediglich einen Abstand von 250 m zu der Konzentrationszone hat. Im Rahmen eines Genehmigungsverfahrens für eine Windkraftanlage hat die Baugenehmigungsbehörde erklärt, dass die Wohnnutzung in dem ehemaligen Nebengebäude Bestandsschutz hat. Zur Wahrung eines ausreichenden Abstandes von der Wohnnutzung und aus Gleichbehandlungsgründen ist daher eine entsprechende Verringerung der Konzentrationszone erforderlich. Die sich hieraus ergebenden Einschränkungen für die Windkraftnutzung sind zumutbar, da in dem geplanten Windfeld weiterhin 3 Anlagen errichtet werden können. Die Höhenbegrenzung auf 100 m wird nochmals bestätigt.

Textbeispiel 78: *Begründung Flächennutzungsplanänderung (zu Abbildung 78)*

Ein weiterer Vereinfachungseffekt ergibt sich im Hinblick auf das entfallende Genehmi- **743** gungsverfahren für Bebauungspläne, die aus dem Flächennutzungsplan entwickelt worden sind. Dem Satzungs- oder Feststellungsbeschluss der Gemeinde schließt sich ein Genehmigungsverfahren nur dann an, wenn die Änderung den Flächennutzungsplan betrifft oder die Änderung des Bebauungsplans nicht aus dem Flächennutzungsplan entwickelt ist. Im Übrigen bedarf es eines Genehmigungsverfahrens der Planänderung nicht (§ 10 II BauGB). Durch diese Kombination des § 13 BauGB und des § 10 II BauGB besteht insoweit eine Verfahrensvereinfachung. Selbst bei widersprechenden betroffenen Bürgern oder Behörden sowie sonstigen Trägern öffentlicher Belange ist ein Genehmigungs- oder Anzeigeverfahren nicht erforderlich, wenn die Bebauungsplanänderung aus dem Flächen-

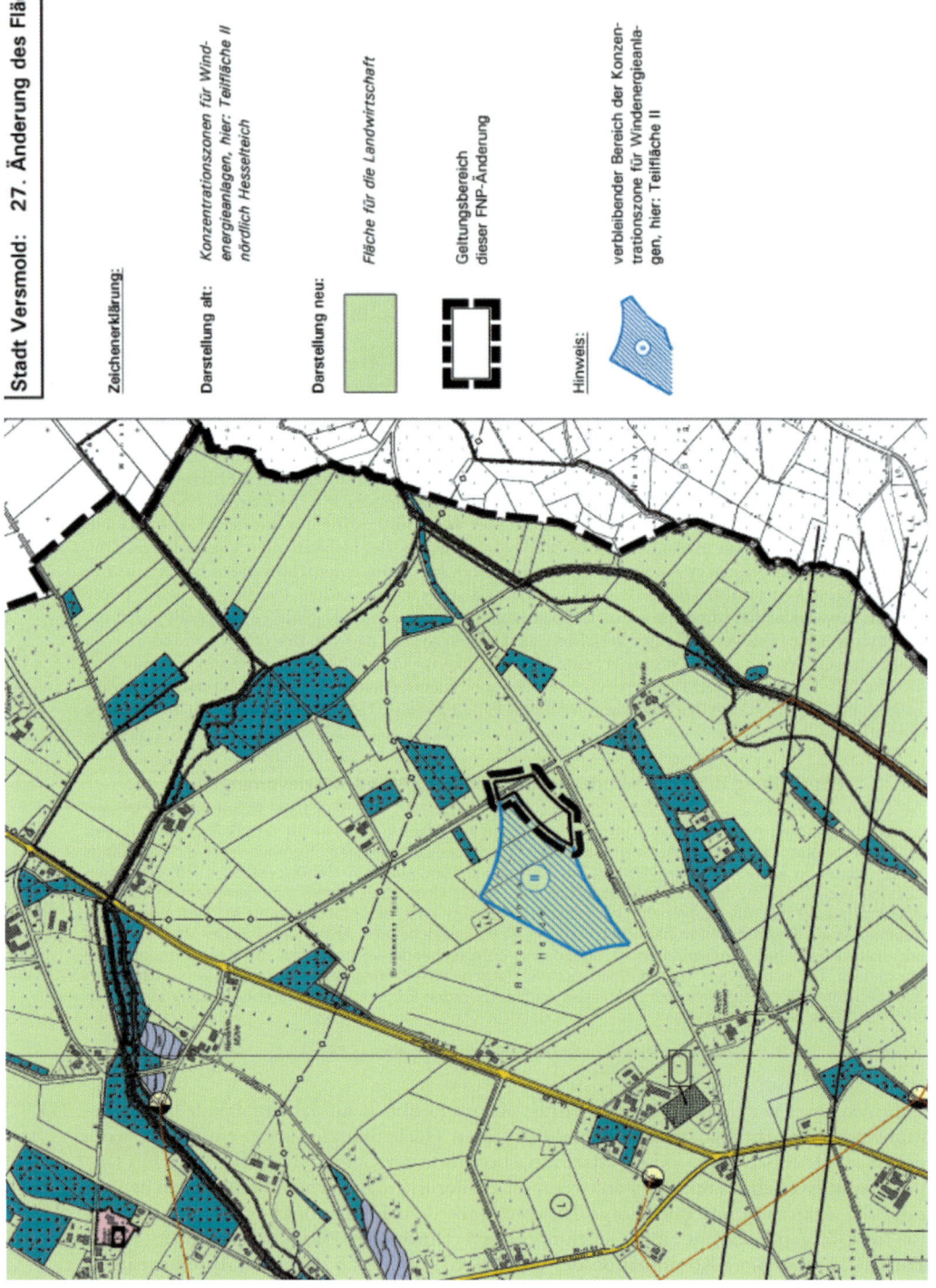

Abbildung 79: *Flächennutzungsplanänderung Verringerung der Windenergievorrangfläche*

nutzungsplan entwickelt ist. Nach der vormals geltenden Regelung des § 13 BauGB 1987 war in diesen Fällen die Durchführung eines Genehmigungs- oder Anzeigeverfahrens bei der höheren Verwaltungsbehörde erforderlich (→ *Abbildung 79 mit Textbeispiel 79*).

Die vorgenannten Grundsätze gelten für die Änderung oder Ergänzung des Flächen- **744** nutzungsplans und des Bebauungsplans gleichermaßen. Sind die **Grundzüge der Planung** nicht betroffen, kann das vereinfachte Verfahren unter den weiteren Voraussetzungen des § 13 I BauGB angewendet werden. Dies gilt auch für die Änderung oder Ergänzung des Flächennutzungsplans, die nach der vormals geltenden Fassung des § 13 II BauGB 1987 nur dann in einem vereinfachten Verfahren erfolgen konnte, wenn sie im Umfang geringfügig oder von geringer Bedeutung war. Das vereinfachte Bauleitplanverfahren wird insbesondere dann in Betracht kommen, wenn eine erneute Änderung oder Ergänzung des Plans bereits kurz nach Durchführung eines förmlichen Bauleitplanverfahrens geboten ist und die nochmalige Durchführung der Verfahrensschritte nach den §§ 3, 4, 4a BauGB im Hinblick auf die bei der Gemeinde bekannten Stellungnahmen nicht erforderlich erscheint. Allerdings muss der betroffenen Öffentlichkeit und den Behörden sowie sonstigen Trägern öffentlicher Belange in geeigneter Weise Gelegenheit zur Stellungnahme gegeben werden. Der Gemeinde bleibt es in diesen Fällen allerdings unbenommen, auch im vereinfachten Verfahren nach § 13 BauGB ein förmliches Offenlegungsverfahren nach § 3 II BauGB oder eine Behördenbeteiligung nach § 4 II BauGB durchzuführen. Eine förmliche Öffentlichkeitsbeteiligung kann etwa zweckmäßig sein, wenn der Kreis der möglicherweise betroffenen Öffentlichkeit nicht klar erkennbar ist oder die Planänderung auf eine Vielfalt von öffentlichen Belangen einwirkt, sodass aus diesen Gründen eine förmliche Öffentlichkeitsbeteiligung oder eine erneute umfangreiche Behördenbeteiligung sinnvoll erscheint.

Das vereinfachte Verfahren bei einer Änderung oder Ergänzung des Flächennutzungs- **745** plans oder des Bebauungsplans setzt nach § 13 BauGB voraus, dass die **Grundzüge** der **Planung nicht betroffen** werden. Es darf sich daher nur um Auswirkungen handeln, die zwar für einzelne Grundstücke von erheblichen Auswirkungen sein mögen, die aber die dem Bebauungsplan insgesamt zu Grunde liegende Konzeption nicht in Frage stellen.[249]

§ 13 II Nr. 2 BauGB sieht im Hinblick auf die Öffentlichkeitsbeteiligung ein **Wahlrecht 746** der Gemeinde vor. Die Gemeinde kann entweder der betroffenen Öffentlichkeit Gelegenheit zur Stellungnahme innerhalb angemessener Frist geben oder wahlweise die förmliche Öffentlichkeitsbeteiligung nach § 3 II BauGB durchführen. Im Gegensatz zur früheren Fassung des § 13 I BauGB ist bei der vereinfachten Öffentlichkeitsbeteiligung allen betroffenen **Bürgern** und damit nicht nur den betroffenen Eigentümern Gelegenheit zur Stellungnahme innerhalb angemessener Frist zu geben.[250] Dazu zählen alle Bürger, deren Belange in die Abwägung einzustellen sind und deren Belange daher zum Abwägungsmaterial gehören. Auch Mieter oder schuldrechtlich Berechtigte rechnen zu diesem Personenkreis, wenn ihre Belange negativ betroffen sind und mehr als geringfügig, schutzwürdig und erkennbar sind. Da sich der Personenkreis der nachteilig betroffenen Belange gerade bei Planänderungen mit größerer Reichweite nicht exakt abgrenzen lässt, dürfte es sich in diesen Fällen empfehlen, eine förmliche Öffentlichkeitsbeteiligung nach § 3 II BauGB durchzuführen und auf eine eingeschränkte Betroffenenbeteiligung zu verzichten. Diese wird nur dann in Betracht kommen, wenn sich der Kreis der Betroffenen klar abgrenzen lässt und die zu beteiligenden Bürger einfach ermittelt werden können. Das **vereinfachte Änderungsverfahren** nach § 13 BauGB kommt auch dann in Betracht, wenn die **Befreiungsmöglichkeiten** nach § 31 II BauGB **nicht greifen** etwa weil ein Planungserfordernis besteht. Wird ein Umweltbericht nachträglich im Hinblick auf die in der Anlage 1 zum BauGB erforder-

---

[249] *BKL*, § 13 Rn. 2.
[250] Für das Fachplanungsrecht BVerwG, B. v. 12.6.1989 – 4 B 101.89 – NVwZ 1990, 366 = ZfBR 1990, 106 = RzB Rn. 214 – Radweg; Urt. v. 5.3.1997 – 11 A 25.95 – DVBl 1997, 831 = NuR 1997, 435 – Sachsenwald.

lichen Angaben geändert, muss grundsätzlich eine erneute Öffentlichkeits- und Behördenbeteiligung durchgeführt werden. Eine eingeschränkte Betroffenenbeteiligung nach § 13 II
BauGB wird nur dann in Betracht kommen, wenn die Auswirkungen der Änderungen auf
einen bestimmten abgrenzbaren Personenkreis begrenzt sind.

747   Das **vereinfachte Verfahren** nach § 13 BauGB kann auch dazu genutzt werden, einen
erkannten inhaltlichen **Rechtsfehler** des Bebauungsplanes „heilend" zu beseitigen. Das
setzt aber voraus, dass die vorhandene Rechtswidrigkeit und die vorgesehene Änderung
die Grundzüge der Planung nicht berühren und der ursprüngliche Bebauungsplan jedenfalls nur teilweise unwirksam sein kann.[251] In einem vereinfachten Verfahren kann der
Bebauungsplan bei solchen Heilungen nach § 214 IV BauGB auch mit Rückwirkung in
Kraft gesetzt werden.[252] Dabei darf sich der Planinhalt allerdings gegenüber dem ursprünglich in Kraft getretenen Plan nicht rechtserheblich ändern.

748   Auch hinsichtlich der **Behördenbeteiligung** hat die Gemeinde ein **Wahlrecht**. In aller Regel wird eine eingeschränkte Behördenbeteiligung ausreichen, wenn sich der Kreis
der durch die Änderung oder Ergänzung betroffenen Behörden und sonstigen Träger ermitteln lässt. Nur wenn die Änderungen oder Ergänzungen einen größeren Kreis von
Trägern öffentlicher Belange betreffen, wird eine erneute allgemeine Behördenbeteiligung nach § 4 II BauGB erforderlich. Nimmt die Gemeinde fehlerhaft an, dass die
Grundzüge der Planung nicht betroffen sind und führt sie daher nur ein eingeschränktes
Beteiligungsverfahren hinsichtlich der Öffentlichkeit oder der Behörden oder sonstigen
Träger öffentlicher Belange durch, so hat dies nach § 214 I 1 Nr. 2 BauGB auf die Rechtswirksamkeit des Bauleitplans keinen Einfluss. Die Unbeachtlichkeitsvorschrift findet
aber dann keine Anwendung, wenn die Gemeinde die Grundzüge der Planung für be-
troffen hält, gleichwohl nach dem vereinfachten Verfahren vorgeht. Unbeachtlich ist
demgegenüber, wenn die Gemeinde einzelne betroffene Bürger im eingeschränkten Beteiligungsverfahren nach § 13 BauGB nicht beteiligt hat. Dies gilt auch, wenn einzelne
Behörden oder sonstige Träger öffentlicher Belange im Beteiligungsverfahren nach § 13
BauGB nicht beteiligt worden sind (§ 214 I 1 Nr. 2 HS 2 BauGB). § 13 BauGB betrifft die
Änderung oder Ergänzung eines bereits verabschiedeten Bauleitplans. Änderungen im
Aufstellungsverfahren erfolgen hinsichtlich der Öffentlichkeitsbeteiligung und Behör-
denbeteiligung nach § 4 a III BauGB, der zwar ähnliche Maßstäbe hat, aber im Gegensatz
zu früheren Regelungen nicht mehr auf § 13 BauGB verweist.

Vereinfachte Änderung des Bebauungsplans

Zu Punkt 10 der Tagesordnung: Beschluss über die Änderung des Bebauungsplans Nr. (Kurzbezeichnung)
1. Für das Gebiet (Gebietsbezeichnung) soll der rechtsverbindliche Bebauungsplan Nr. (Kurzbezeichnung)
geändert werden. Das Gebiet des Bebauungsplans wird begrenzt durch die Schützenstraße, die Schulstraße, die Königsstraße und die Straße Am Ritterkamp.
Der betroffenen Öffentlichkeit soll nach § 13 II Nr. 2 BauGB Gelegenheit zur Stellungnahme gegeben
werden.
2. Der Beschluss ist ortsüblich bekanntzumachen (§ 2 I 2 BauGB).
Feststellung der Beschlussfähigkeit: gesetzliche Mitgliederzahl: 25, davon anwesend: 19.
Es waren nach der GO keine Mitglieder der Gemeindevertretung von der Beratung und Abstimmung
ausgeschlossen.
(alternativ:) Es haben folgende Mitglieder der Gemeindevertretung weder an der Beratung noch an der
Abstimmung mitgewirkt:
Abstimmungsergebnis: dafür: 12, dagegen: 1, Stimmenthaltungen: 6.
Die Richtigkeit des Auszuges und die Angabe der Beschlussfähigkeit und Abstimmung werden hiermit
beglaubigt. Gleichzeitig wird bescheinigt, dass zur Sitzung unter Mitteilung der Tagesordnung rechtzeitig
und ordnungsgemäß eingeladen worden ist. Der Rat war beschlussfähig.
(Ort, Datum, Siegelabdruck) Gemeinde (Ort), Der Bürgermeister (Unterschrift)

Textbeispiel 79: *Vereinfachte Änderung des Bebauungsplans*

---

[251] BVerwG, B. v. 22.9.1989 – 4 NB 24.89 – NVwZ 1990, 361 = DVBl 1990, 364 = RzB
Rn. 853.
[252] *BKL* § 13 Rn. 2.

3. Materielle Anforderungen

Auch die **vereinfachte Planänderung** unterliegt den materiellen Anforderungen des **749** Abwägungsgebotes.[253] Bei einer Änderung eines Bebauungsplans ist das Interesse des Planbetroffenen an der Beibehaltung des bisherigen Zustandes nicht nur dann abwägungserheblich, wenn durch die Planänderung ein subjektives öffentliches Recht berührt oder beseitigt wird. Abwägungsrelevant ist vielmehr jedes mehr als geringfügige, schutzwürdige und erkennbare private Interesse am Fortbestehen des Bebauungsplans in seiner früheren Fassung, auch wenn es lediglich auf einer einen Nachbarn nur tatsächlich begünstigenden Festsetzung beruht.[254] Für die Änderung eines Bebauungsplans gelten keine geringeren Anforderungen an die planerische Abwägung als für die (erstmalige) Aufstellung eines Bebauungsplans. Der Plangeber muss alle relevanten Belange erneut in den Blick nehmen und darf sich nicht darauf beschränken, abwägungsrelevante Belange nur im Hinblick auf solche Teile des zu ändernden Bebauungsplans zu ermitteln und zu betrachten, die gegenüber dem Ursprungsplan Änderungen erfahren.[255] Das gilt allerdings nur, soweit sich die Änderungen auf das Gesamtkonzept auswirken. In der bauleitplanerischen Abwägung sind private Belange, die für die Gemeinde bei der Entscheidung über den Plan allerdings nicht erkennbar waren, nicht abwägungsbeachtlich. Hat es ein Betroffener unterlassen, seine Betroffenheit im Zuge der Öffentlichkeitsbeteiligung vorzutragen, dann ist die Betroffenheit nur abwägungsbeachtlich, wenn sich der Planungsbehörde die Tatsache dieser Betroffenheit aufdrängen musste.[256]

Beispiel: Das spezielle Interesse an einem rationellen Betrieb einer privaten Einrichtung wie eines privaten Alten- und Pflegeheimes nimmt an dem öffentlichen Interesse der Daseinsvorsorge in Form der Bereitstellung bedarfsgerechter Alten- und Pflegeheimplätze teil und stellt einen öffentlichen Belang i. S. des § 1 VII BauGB dar.

Ob und in welchem Umfang die Planänderung darüber hinaus gesteigerten Anforde- **750** rungen unterliegt, wird unterschiedlich beurteilt. Es könnte einiges dafür sprechen, die Änderung eines Planes von einer **qualifizierten Gemeinwohlprüfung** abhängig zu machen. Dies gilt jedenfalls dann, wenn sich auf der Grundlage des ursprünglichen Bebauungsplans **Vertrauensschutz** entwickelt hat. Diese Vertrauensschutzgesichtspunkte haben allerdings keinen absoluten Schutz und sind durch entsprechend gewichtige andere Belange überwindbar. Gründe für eine Überplanung können sich etwa aus dem Denkmalschutz, dem Stadtbild, dem Erhalt eines vorhandenen Vegetationsbestandes[257] oder aus anderen Gesichtspunkten des Städtebaus, des Umweltschutzes oder des Naturschutzes und der Landschaftspflege aber auch aus geänderten Raumanforderungen ergeben. Je nach dem Umfang des durch die Planung ausgelösten Vertrauens kann eine Änderungsplanung einem gesteigerten Verbesserungsgebot, einer erhöhten Begründungspflicht und einer gesteigerten Berücksichtigung von Bestandsschutzgesichtspunkten unterliegen.[258] Allerdings werden die Möglichkeiten einer Änderungsplanung durch Gesichtspunkte des Vertrauensschutzes nicht von vornherein nur auf bestimmte, etwa besonders schwerwiegende Gründe beschränkt.[259] Denn die von einem Bebauungsplan betroffenen Grundstückseigentümer werden durch die Bestandskraft der Planung nicht geschützt wie der Adressat eines begünstigenden Verwaltungsakts, der Änderungen nur unter den Voraussetzungen der §§ 48, 49 VwVfG hinnehmen muss. Auch haben die Planbetroffenen keinen rechtlich geschützten Anspruch auf Fortbestand der ursprünglichen Planung ebenso

---

[253] Zum Abwägungsgebot s. Rdn 832.

[254] BVerwG, B. v. 18.10.2006 – 4 BN 20.06 – BauR 2007, 331 = ZfBR 2007, 150 – privates Alten- und Pflegeheim als öffentlicher Belang.

[255] OVG Münster, Urt. v. 26.7.2007 – 10 D 58/05.NE – planerischer Missgriff.

[256] BVerwG, B. v. 10.7.2006 – 4 BN 19.06 – Abwägungsbeachtlichkeit privater Belange.

[257] VGH Kassel, Urt. v. 30.11.1998 – 4 N 3576/89 – Villenbebauung.

[258] *Stüer* DVBl 1977, 1; *Hoppe* FS Ule 1987, 75; *Grupp* DVBl 1990, 81.

[259] BVerwG, Urt. v. 14.9.1992 – 4 C 3.91 – BVerwGE 91, 17 = RzB Rn. 218.

wenig wie ein Anspruch auf Änderung eines Bebauungsplans oder einer anderen städtebaulichen Satzung (§ 1 III 2 BauGB).[260] Allerdings sind die Belange der Planbetroffenen bei der Änderungsplanung mit dem entsprechenden Gewicht einzustellen und abzuwägen. Das Interesse der Planbetroffenen an der Beibehaltung des bisherigen Zustandes ist auch dann abwägungsbeachtlich, wenn es nicht als subjektiv-öffentliches Recht zu verstehen ist, sondern lediglich auf einer einen Nachbarn nur tatsächlich begünstigenden Festsetzung beruht.[261] Im Falle der Änderungsplanung können daher die abzuwägenden Elemente i. S. der qualifizierten Abwägung, des gesteigerten Verbesserungsgebots und der erweiterten Begründungspflichten angereichert sein.[262]

4. Außerkrafttreten eines Bebauungsplans

751   Ein Bebauungsplan kann durch **Aufhebung** oder **Neuaufstellung** eines Bebauungsplans außer Kraft treten. Außerdem können Festsetzungen eines Bebauungsplans wegen → **Funktionslosigkeit** unwirksam werden.[263] Darüber hinaus kann ein Bebauungsplan in einem **Normenkontrollverfahren** nach § 47 VwGO vom OVG/VGH für unwirksam erklärt werden.

752   Wenn eine Gemeinde einen Bebauungsplan durch einen neuen **ersetzt**, verliert der bisherige Bebauungsplan seine Gültigkeit, weil über § 10 I BauGB der gewohnheitsrechtlich anerkannte Rechtssatz gilt, dass die spätere Norm die frühere verdrängt. Unerheblich ist, ob ein gerade hierauf zielender Wille der Gemeinde besteht oder als bestehend zu unterstellen ist. Entfällt wegen der Unwirksamkeit der späteren Norm die Möglichkeit der Normenkollision, dann gilt der alte Bebauungsplan unverändert fort. Die Gemeinde kann jedoch im Neuaufstellungsverfahren zum Ausdruck bringen, dass sie den bisherigen Bebauungsplan unabhängig von dem neu aufzustellenden Plan aufheben möchte. Ein derart **selbstständiger Aufhebungsbeschluss** muss erkennen lassen, ob er auch dann Bestand haben soll, wenn die neuen Festsetzungen unwirksam sein sollten.[264] Ein solcher gesonderter Aufhebungsbeschluss ist allerdings nur dann erforderlich, wenn der frühere Bebauungsplan nach dem Willen der Gemeinde auf jeden Fall – also auch bei Unwirksamkeit der Festsetzungen des neuen Bebauungsplans – außer Kraft treten soll. Es liegt also an dem erklärten Willen der Gemeinde, ob der bisherige Bebauungsplan auch dann außer Kraft treten soll, wenn der neue Plan auf Grund eines nicht erkannten Fehlers unwirksam sein sollte.

753   Wegen → **Funktionslosigkeit** treten Festsetzungen eines tatsächlichen Bebauungsplans außer Kraft, wenn die dem Plan zu Grunde liegenden Verhältnisse der Verwirklichung des Plans auf unabsehbare Zeit entgegenstehen und das in die Fortgeltung des Bebauungsplans gesetzte Vertrauen nicht schutzwürdig ist.[265] Ein Außerkrafttreten des Bebauungsplans wegen Funktionslosigkeit kommt insbesondere dann in Betracht, wenn sich die tatsächlichen Verhältnisse nach Aufstellung des Bebauungsplans derart geändert haben, dass mit einer Verwirklichung der Festsetzungen des Bebauungsplans nicht mehr gerechnet werden kann.[266] Allein die Tatsache, dass eine planerische Festsetzung nicht verwirklicht worden ist, führt noch nicht zu deren Funktionslosigkeit.[267] Ursächlich für

---

[260] OVG Berlin, Urt. v. 28.2.1998 – 2 A 8.94 – BauR 1998, 978 für die Umwandlung einer landwirtschaftlich genutzten Fläche von Wohnbauland in Fläche für die Landwirtschaft.

[261] BVerwG, B. v. 20.8.1992 – 4 NB 3.92 – DVBl 1992, 1441 = NVwZ 1993, 468.

[262] BVerwG, Urt. v. 14.9.1992 – 4 C 3.91 – BVerwGE 91, 17 = RzB Rn. 218.

[263] *Degenhart* BayVBl. 1990, 71.

[264] BVerwG, Urt. v. 10.8.1990 – 4 C 3.90 – BVerwGE 85, 289 = DVBl 1990, 1182 = RzB Rn. 138 – Bebauungsplanersetzung.

[265] BVerwG, Urt. v. 29.4.1977 – 4 C 39.75 – BVerwGE 54, 5 = NJW 1977, 2325 = RzB Rn. 201; Urt. v. 5.8.1983 – 4 C 96.79 – BVerwGE 67, 334 = DVBl 1984, 143; Urt. v. 22.3.1990 – 4 C 24.86 – BVerwGE 85, 96 = DVBl 1990, 781 – Umlegungsstelle; Urt. v. 3.8.1990 – 7 C 41 – 42.89 – BVerwGE 85, 273 – Planabweichung; B. v. 18.5.1994 – 4 NB 15.94 – BauR 1994, 485 = DVBl 1994, 1139.

[266] BVerwG, Urt. v. 29.4.1977 – 4 C 39.75 – BVerwGE 54, 5.

[267] VGH Mannheim, Urt. v. 23.1.1998 – 8 S 2430/97 –

das Außerkrafttreten eines Bebauungsplans wegen Funktionslosigkeit kann nur ein in der tatsächlichen Entwicklung eingetretener Zustand sein, der es auf unabsehbare Zeit ausschließt, die planerische Gesamtkonzeption oder das mit einer Festsetzung verfolgte Planungsziel zu verwirklichen. Allein die Änderung oder Aufgabe planerischer Absichten erfüllt diese im Wandel der tatsächlichen Verhältnisse liegende Voraussetzung noch nicht.[268] Auch eine Änderung der rechtlichen Grundlagen kann zu einer Wirkungslosigkeit des Bebauungsplans führen, die mit einer Funktionslosigkeit vergleichbar ist.[269]

Ob diese Voraussetzungen erfüllt sind, ist für jede Festsetzung gesondert zu prüfen. **754** Dabei kommt es nicht auf die Verhältnisse auf nur einzelnen Grundstücken an. Die Planungskonzeption, die einer Festsetzung zu Grunde liegt, wird nicht schon dann sinnlos, wenn sie nicht mehr überall im Plangebiet umgesetzt werden kann. Wird geltend gemacht, eine Festsetzung sei nicht erst nachträglich funktionslos geworden, sondern bereits im Zeitpunkt der Inkraftsetzung des Bebauungsplans funktionslos gewesen, so ist bei der Annahme eines Geltungsmangels Zurückhaltung zu üben. Die Rechtmäßigkeit eines Bebauungsplans lässt sich nicht allein mit dem Hinweis darauf in Frage stellen, dass der Planinhalt mit den tatsächlichen Verhältnissen im Plangebiet nicht (voll) übereinstimmt. Eine Planung, die diese Merkmale aufweist, kann gleichwohl im Einklang mit den Anforderungen des Abwägungsgebots stehen. Ein Grund für das Außerkrafttreten von Festsetzungen kann sich in besonders gelagerten Fällen auch durch eine inzwischen eingetretene Rechtsänderung ergeben.

Beispiel: Durch die Luftqualitätsrahmenrichtlinie 1996 und die Tochterrichtlinie 1999 sind erhöhte Anforderungen an die Schadstoffbelastung eingeführt worden. Ein Bebauungsplan, der mit planfeststellungsersetzender Wirkung eine Bundesstraße ausweist (§ 17 b II FStrG), kann seine Gültigkeit verlieren, wenn ausgeschlossen ist, dass die für den sachgerechten Interessenausgleich aufzustellenden Luftreinhaltepläne[270] und Aktionspläne (§ 22 BImSchV) den Konflikt sachgerecht bewältigen können.[271]

Die Planung kann sich über die tatsächlichen Gegebenheiten hinwegsetzen. Der Ge- **755** meinde ist es nicht verwehrt, auch Ortsteile zu überplanen, die bereits bebaut sind.[272] Ist ein Bebauungsplan zwar nicht funktionslos geworden, sondern über einen langen Zeitraum nicht verwirklicht worden, so kann ihn die Gemeinde unter erleichterten Umständen aufheben.[273]

Die bloße Änderung der Planungskonzeption einer Gemeinde führt nur dann zur **756** Funktionslosigkeit des Bebauungsplans, wenn darin eine Entwicklung zum Ausdruck kommt, welche die Verwirklichung des Bebauungsplans generell ausschließt.[274] Die Funktionslosigkeit einer bauplanerischen Festsetzung beruht grundsätzlich auf der Änderung tatsächlicher Umstände, die der Verwirklichung der ursprünglichen Zielsetzung entgegenstehen. Es ist daher keine Interessenabwägung vorzunehmen. Denn nicht eine Änderung der Planung, sondern ein eingetretener objektiver Umstand ist Grund für die Funktionslosigkeit.[275] Zudem stellt sich die Frage der Funktionslosigkeit eines Bebauungsplans nur dann, wenn der Plan im Zeitpunkt seines Inkrafttretens wirksam war. Eine **anfängliche Funktionslosigkeit** von Bebauungsplänen wird vom BVerwG nicht so bezeichnet, in der Sache aber als Geltungsmangel angenommen, wenn der Bebauungsplan oder einzelne sei-

---

[268] BVerwG, B. v. 7.2.1997 – 4 B 6.97 – NVwZ–RR 1997, 513 – Funktionslosigkeit.

[269] BVerwG, Urt. v. 18.11.2004 – 4 CN 11.03 – DVBl 2005, 386 = NVwZ 2004, 1237 – Diez.

[270] *Stüer*, Handbuch des Bau- und Fachplanungsrechts, 2009, Rn. 2943, 3022, 3185.

[271] BVerwG, Urt. v. 18.11.2004 – 4 CN 11.03 – BVerwGE 122, 207 = DVBl 2005, 386 = NVwZ 2004, 1237 – Diez; *Stüer*, EurUP 2004, 46.

[272] BVerwG, B. v. 17.2.1997 – 4 B 16.97 – NVwZ–RR 1997, 512 – Funktionslosigkeit; B. v. 6.6.1997 – 4 NB 6.97 – UPR 1997, 469. Die Planungskonzeption wird danach nicht schon dann sinnlos, wenn sie nicht mehr überall im Plangebiet umgesetzt werden kann.

[273] OVG Berlin, Urt. v. 20.2.1998 – 2 A 8.94 – NuR 1998, 377 = UPR 1998, 276.

[274] BVerwG, Urt. v. 17.6.1993 – 4 C 7.91 – ZfBR 1993, 304 = NVwZ 1994, 281 = RzB Rn. 203.

[275] BVerwG, B. v. 24.4.1998 – 4 B 46.98 – NVwZ–RR 1998, 711 – Funktionslosigkeit.

ner Festsetzungen an einem Abwägungsfehler leiden und von Anfang an feststeht, dass mit ihrer Verwirklichung nicht gerechnet werden kann.[276]

Beispiel: Die Existenz einer rechtswidrig genehmigten Autolackiererei in einem allgemeinen Wohngebiet macht den Bebauungsplan nicht notwendigerweise funktionslos. Denn die Lackiererei wird, selbst wenn sie ein Wohnen auf dem Nachbargrundstück wegen Gesundheitsgefahren ausschließen würde, keinen Zustand schaffen, der eine Verwirklichung des Bebauungsplans auf unabsehbare Zeit ausschließt.[277] Der von den Festsetzungen des Plans abweichende Zustand steht der späteren Herstellung wohnverträglicher Verhältnisse nicht von vornherein entgegen. So könnte etwa eine rechtswidrig erteilte Baugenehmigung zurückgenommen werden. Auch könnte es der Betreiber der Lackiererei etwa wegen ihm erteilter Auflagen gem. § 24 BImSchG vorziehen, den Betrieb an einen anderen Standort zu verlegen.[278]

> → **Funktionslosigkeit.** Darstellungen des Flächennutzungsplans oder städtebauliche Satzungen können infolge einer grundlegenden Veränderung der Sachlage funktionslos werden. Eine anfängliche Funktionslosigkeit der Bauleitplanung ist nur anzunehmen, wenn einzelne Regelungen bereits von Beginn an wegen entgegenstehender tatsächlicher Umstände auf Dauer nicht zu verwirklichen sind. Ungewissheiten reichen nicht. Die Funktionslosigkeit eines Bebauungsplans kann auch mit einem Normenkontrollantrag festgestellt werden, wobei sich allerdings aus der Jahresfrist in § 47 II VwGO Probleme ergeben können.

757   Auch Bebauungspläne, von denen eine Unwirksamkeit wegen Funktionslosigkeit angenommen wird, sind in dem für die **Aufstellung** geltenden Verfahren **aufzuheben**, um den Anschein der Rechtswirksamkeit zu beseitigen. Beruht die Unwirksamkeit des Bebauungsplans auf einem Form- oder Verfahrensfehler oder auf einem heilbaren Abwägungsfehler, so hat die Gemeinde zu entscheiden, ob sie den Plan, statt ihn aufzuheben, unter Behebung des Fehlers und Wiederholung des nachfolgenden Verfahrens gegebenenfalls rückwirkend in Kraft setzt (§ 214 IV BauGB).[279].

758   Die Funktionslosigkeit kann auch mit einem **Normenkontrollantrag** nach § 47 **VwGO** geltend gemacht werden. Das OVG hat in diesem Fall die Ungültigkeit einzelner Festsetzungen auf Grund der eingetretenen Funktionslosigkeit festzustellen. Das Gericht ist daher nicht auf die Feststellung der Unwirksamkeit des Bebauungsplans begrenzt, wie es § 47 V 2 VwGO nahe legen könnte. Ob die Einführung der Jahresfrist hier künftig Beschränkungen auferlegt, hat das BVerwG offen gelassen.[280] Wird ein Bebauungsplan in einem **Normenkontrollverfahren** nach § 47 **VwGO** durch Urteil eines OVG/VGH für unwirksam erklärt, so ist diese Entscheidung allgemein verbindlich und die Entscheidungsformel vom Antragsgegner ebenso zu veröffentlichen, wie die Rechtsvorschrift bekanntzumachen wäre (vgl. § 47 VI 2 VwGO).[281] Das Normenkontrollgericht stellt allerdings nur deklaratorisch fest, dass der Bebauungsplan unwirksam ist.[282]

---

[276] BVerwG, Urt. v. 29.9.1978 – 4 C 30.76 – BVerwGE 56, 283 = RzB Rn. 25 – Kurgebiet.

[277] Vgl. BVerwG, Urt. v. 29.4.1977 – 4 C 39.75 – BVerwGE 54, 5; Urt. v. 3.8.1990 – 7 C 41 – 43.89 – BVerwGE 85, 273.

[278] BVerwG, Urt. v. 18.5.1995 – 4 C 20.94 – BVerwGE 98, 235 = DVBl 1996, 40 = UPR 1996, 69 = BayVBl. 1996, 151 = NVwZ 1996, 379 – Autolackiererei.

[279] BVerwG, Urt. v. 21.11.1986 – 4 C 22.83 – BVerwGE 75, 142 = NJW 1987, 1344 = RzB Rn. 1296. Zu den Befugnissen der höheren Verwaltungsbehörde Urt. v. 21.11.1986 – 4 C 22.83 – BVerwGE 75, 142 = NJW 1987, 1344 = DVBl 1987, 481 – Nichtigkeitserklärung Behörde; B. v. 6.9.1993 – 4 B 32.93 – RzB Rn. 437 – Ziegelwerk mit Tonabbau.

[280] BVerwG, Urt. v. 3.12.1998 – 4 CN 3.97 – BVerwGE 108, 71 = DVBL 1999, 786. Es könnte sogar einiges dafür sprechen, dass die Zweijahresfrist nicht für die Funktionslosigkeit gilt, weil der Gesetzgeber insoweit keine Regelung getroffen hat und wohl auch nicht hat treffen wollen. Die Antragsfrist beginnt dann mit dem Eintritt der Funktionslosigkeit und endet mit dem Ablauf der Zweijahresfrist.

[281] BGH, Urt. v. 27.1.1983 – III ZR 131/81 – BGHZ 86, 356; Urt. v. 28.6.1984 – III ZR 35/83 – BGHZ 92, 34 = DÖV 1985, 23 – nichtiger Bebauungsplan.

[282] BVerwG, B. v. 6.5.1993 – 4 N 2.92 – BVerwGE 92, 266 = RzB Rn. 859.

D. Wirksamkeitsvoraussetzungen – beschränkte Fehlerfolgen

Bauleitpläne und städtebauliche Satzungen können Geltungskraft nur entwickeln, wenn **759** sie nach Maßgabe der gesetzlichen Regelungen wirksam sind. Unter Geltung der ursprünglichen Fassung des BBauG 1960 wurden allgemein alle rechtlichen Anforderungen an die Planaufstellung verfahrensmäßiger und inhaltlicher Art als Wirksamkeitsvoraussetzungen angesehen. War das Planaufstellungsverfahren auch nur in einem Punkte verfahrensmäßiger oder inhaltlicher Art fehlerhaft, führte dies zur Rechtswidrigkeit und damit zur Unwirksamkeit der Planung. Dieses rigide Nichtigkeitsdogma hat in den 70er Jahren den Gesetzgeber auf den Plan gerufen, der zunächst einige Form- und Verfahrensverstöße als unbeachtlich erklärt hat (§§ 155 a und b BBauG). Mit dem Inkrafttreten des BauGB 1986 wurde ein neuer Typ von Geltungsvoraussetzungen geschaffen. Form- und Verfahrensfehler von Flächennutzungsplan und städtebaulichen Satzungen waren danach nur noch von Bedeutung, wenn sie sich auf im Gesetz bezeichnete elementare Rechtsverstöße bezogen. Alle anderen im Gesetz nicht erwähnten Form- und Verfahrensverstöße waren demgegenüber unbeachtlich. Dieser numerus clausus der Form- und Verfahrensfehler hat zu der Rechtsfigur der sanktionslosen Normen geführt. Darunter sind rechtliche Regelungen zu verstehen, die nach dem Gesetz zwar beachtet werden müssen, deren Nichtbeachtung aber für die Wirksamkeit des Bebauungsplans ohne Belang ist.

> → **Fehlerbeachtlichkeit.** Form- und Verfahrensfehler sind nur unter den Voraussetzungen der §§ 214, 215 BauGB beachtlich. Für die Wirksamkeit des Flächennutzungsplans und der städtebaulichen Satzungen kommt es nur auf die förmliche Öffentlichkeitsbeteiligung, die Behördenbeteiligung, das Vorhandensein einer Begründung in der Regel mit Umweltbericht (§ 2 a BauGB), den Feststellungsbeschluss bzw. Satzungsbeschluss und die ordnungsgemäße Bekanntmachung an (§ 214 I BauGB). Verstöße gegen das Gebot, den Bebauungsplan aus dem Flächennutzungsplan zu entwickeln, sind unbeachtlich, wenn die geordnete städtebauliche Entwicklung gewahrt ist (§ 214 II BauGB). Form- und Verfahrensfehler sowie Verfahrensfehler in der Abwägung sind innerhalb von einem Jahr schriftlich gegenüber der Gemeinde geltend zu machen (§ 215 BauGB).
>
> → **Planreparatur durch ergänzendes Verfahren.** Fehler der Bauleitplanung können ggf. durch ein ergänzendes Verfahren geheilt werden, wenn nicht ausgeschlossen werden kann, dass der Plan ohne eine Änderung der Grundzüge repariert werden kann. Fehlerhafte Bebauungspläne sind zwar nicht nichtig, entfalten aber bis zur Behebung des Mangels keine Rechtswirkungen (§ 215 a I BauGB 1998, § 47 V 2, 4 VwGO). Die Satzungen werden daher im Normenkontrollverfahren vom OVG/VGH nach dem EAG Bau 2004 einheitlich nicht für nichtig, sondern (nur) für unwirksam erklärt (§ 47 V 2 VwGO). Fehler können auch rückwirkend behoben werden (§ 214 IV BauGB). Dies wird allerdings wohl nur dann im vollen Umfang zulässig sein, wenn sich der Planinhalt nicht ändert. Anderenfalls käme eine teilweise rückwirkende Inkraftsetzung in Betracht.

I. Fehlerbeachtlichkeit nach § 214 BauGB

§ 214 BauGB enthält einen **numerus clausus** der → **Fehlerbeachtlichkeit.** Für die **760** Wirksamkeit der Bauleitplanung ist danach nur noch die Einhaltung bestimmter Anforderungen erforderlich. Alle anderen Vorschriften des BauGB, die im Verfahren der Aufstellung, Änderung, Ergänzung oder Aufhebung der Bauleitpläne zu beachten sind, richten sich zwar an die Gemeinde und sind auch bei der Rechtskontrolle im Genehmigungs- bzw. Anzeigeverfahren zu berücksichtigen (§ 216 BauGB). Für die Wirksamkeit der Bauleitpläne spielen die nicht in § 214 I BauGB genannten Wirksamkeitsvoraussetzungen im Bereich der Form- und Verfahrensfehler demgegenüber keine Rolle mehr. Dies entlastet die gerichtliche Kontrolle von einer Überprüfung aller möglichen Verstöße, die im Rahmen des Verfahrens vorgekommen sein können, und konzentriert die Prüfung von Form- und Verfahrensfehlern auf die in § 214 I BauGB benannten Wirksamkeitsvoraussetzungen. § 215 BauGB sieht zudem eine Rügenotwendigkeit für das Geltendmachen der Verletzung bestimmter Vorschriften innerhalb von einem Jahr vor (§ 214 I 1 Nr. 1 bis Nr. 3, 214 II BauGB). Auch beachtliche Mängel des Abwägungsvorgangs (§ 214 III 2 BauGB) sind innerhalb dieser Jahresfrist unter Darlegung des Sachverhalts schriftlich gegenüber der Gemeinde geltend zu machen.

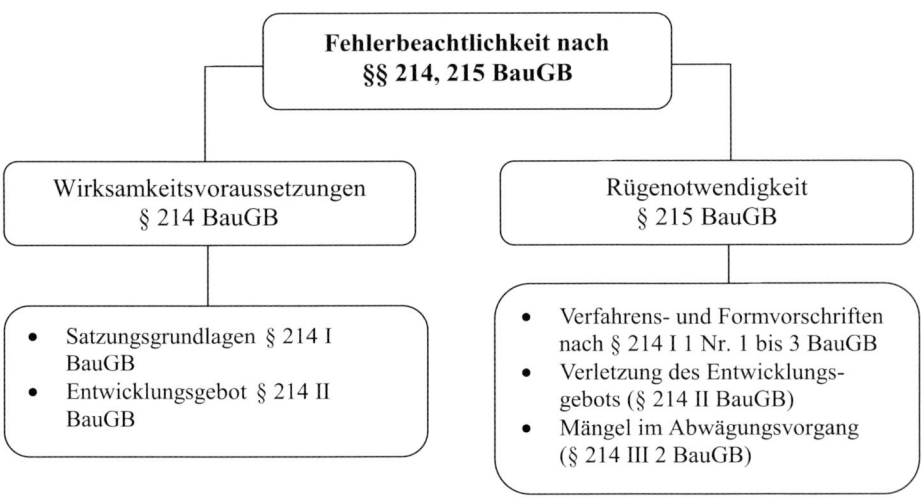

761   Die **gerichtliche Kontrolle** wird damit im Bereich der Form- und Verfahrensfehler (lediglich) auf die in **§ 214 BauGB** bezeichneten **Wirksamkeitsvoraussetzungen** konzentriert. Alle anderen Verstöße gegen Verfahrens- oder Formvorschriften spielen für die Wirksamkeit der Bauleitpläne keine Rolle. Unabhängig von einer speziellen gesetzlichen Regelung einer Fehlerfolgenbegrenzung führt nicht jeder Verstoß gegen Verfahrensvorschriften für sich genommen zur Aufhebung der Bauleitplanung. Hinzukommen muss vielmehr, dass sich der formelle Mangel auf die Entscheidung in der Sache ausgewirkt haben kann (§ 214 I 1 Nr. 1, III 2 HS 2 BauGB). Der danach erforderliche Kausalzusammenhang ist nur gegeben, wenn die konkrete Möglichkeit besteht, dass die planende Gemeinde ohne den Verfahrensfehler anders entschieden hätte.[1] Eine solche konkrete Möglichkeit einer anderen Sachentscheidung kommt nur dann in Betracht, wenn sich auf Grund erkennbarer und nahe liegender Umstände eine solche Entwicklung abzeichnet.[2] Allerdings können durch zwingendes Landesrecht zusätzliche Anforderungen an die Wirksamkeit des kommunalen Satzungsrechts in dem Sinne gestellt werden, dass bei einem Verweis des Bundesrechts auf das Landesrecht die danach einzuhaltenden Wirksamkeitsvoraussetzungen zu beachten sind.[3]

762   **§ 214 I** und **II BauGB** macht die **Wirksamkeit** der **Bauleitpläne** nur von der Einhaltung bestimmter Verfahrens- oder Formvorschriften abhängig. Die einzelnen Verfahrens- und Formerfordernisse werden dabei zu Gruppen zusammengefasst. Es handelt sich um die **Einhaltung** von **Mindestanforderungen**:
– der Ermittlung und Bewertung der Belange (§ 214 I 1 Nr. 1 BauGB),

---

[1] BVerwG, Urt. v. 30.5.1984 – 4 C 58.81 – BVerwGE 69, 256 = RzB Rn. 1171 – Flughafen München II; Urt. v. 5.12.1986 – 4 C 13.85 – BVerwGE 75, 214 = RzB Rn. 191 – Flughafen München II; Urt. v. 18.12.1987 – 4 C 9.86 – BVerwGE 78, 347; B. v. 24.6.1993 – 4 B 114.93 – VkBl. 1995, 210.
[2] BVerwG, B. v. 22.6.1993 – 4 B 257.92 – EG-UVP.
[3] BVerwG, B. v. 14.4.1988 – 4 N 4.87 – BVerwGE 79, 200 = RzB Rn. 193.

- der förmlichen Öffentlichkeits- und Behördenbeteiligung (§ 214 I 1 Nr. 2 BauGB),
- des Vorhandenseins einer Begründung zum Flächennutzungsplan (§ 5 V BauGB) und zum Bebauungsplan und eines Umweltberichts, der in den für die Abwägung beachtlichen Punkten vollständig ist (§ 9 VIII BauGB, § 214 I 1 Nr. 3 BauGB),
- der Einhaltung des Genehmigungs- und Bekanntmachungsverfahrens[4] (§ 214 I 1 Nr. 4 BauGB) und
- des Entwicklungsgebots (§ 214 II BauGB).[5]

Für den Bebauungsplan der Innenentwicklung sind Fehler, die mit den Anwendungs- **763** voraussetzungen des § 13 a BauGB zusammenhängen, nur unter den Voraussetzungen des § 214 II a BauGB beachtlich.

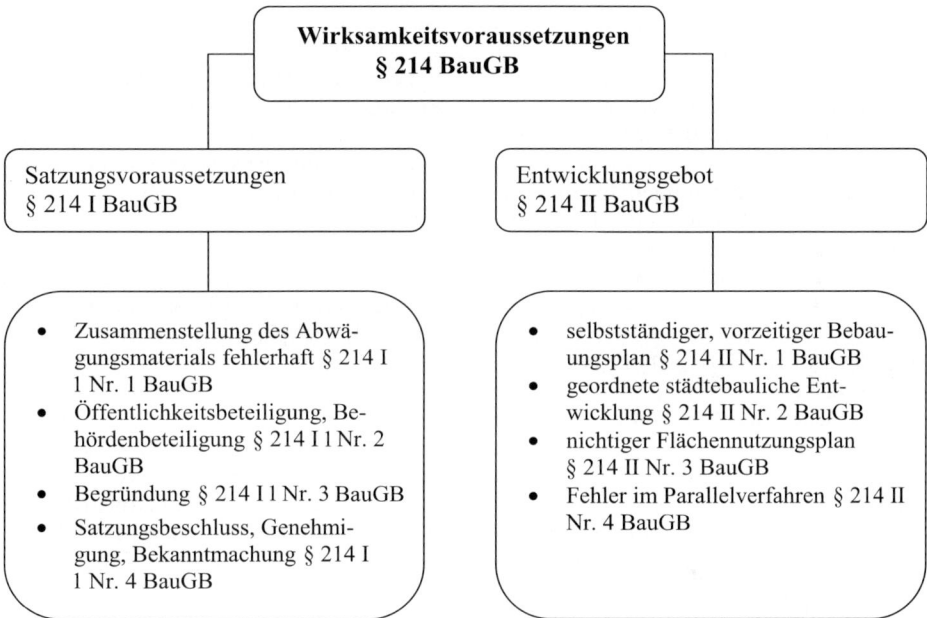

Alle anderen Verfahrens- oder Formvorschriften, die das BauGB für die Aufstellung, **764** Änderung, Ergänzung oder Aufhebung von Bauleitplänen enthält, haben auf die Rechtswirksamkeit der Bauleitpläne keinen Einfluss. Das BauGB hält damit Form- und Verfahrensvorschriften bereit, die zwar i. S. von Ordnungsvorschriften bei der Aufstellung der Bauleitpläne beachtet werden sollen, die aber sanktionslos sind und nicht die Unwirksamkeit der diese (zusätzlichen) Anforderungen nicht einhaltenden Pläne zur Folge haben. Die sanktionsbewehrten Beachtensregelungen werden damit zu sanktionslosen Sollensvorschriften. Die Vorstellung von **sanktionslosen Normen** in der Bauleitplanung hat zwar zunächst in der Literatur teilweise eine gewisse Skepsis ausgelöst. Der Rechtsfigur der sanktionslosen Norm und der reinen Ordnungsvorschrift ist jedoch in der Rechtsprechung inzwischen allgemein anerkannt.[6]

---

[4] Fehler im ggf. landesrechtlich erforderlichen Anzeigeverfahren sind für die Wirksamkeit des Bauleitplans ohne Belang.

[5] Zum Bebauungsplan der Innenentwicklung vgl. ergänzend § 214 II a BauGB.

[6] *Stüer* DVBl 1985, 469.

1. Fehler bei der Zusammenstellung des Abwägungsmaterials (§ 214 I 1 Nr. 1 BauGB)

765 Bei der Aufstellung der Bauleitpläne sind die Belange, die für die Abwägung von Bedeutung sind (Abwägungsmaterial), zu ermitteln und zu bewerten (§ 2 III BauGB). Fehler bei der Zusammenstellung des Abwägungsmaterials sind allerdings nach § 214 I 1 Nr. 1 BauGB nur bedeutsam, wenn die Gemeinde Belange, die ihr bekannt waren oder hätten bekannt sein müssen, nicht zutreffend ermittelt oder bewertet hat. Der Mangel muss offensichtlich und auf das Abwägungsergebnis von Einfluss gewesen sein.[7] Mängel, die Gegenstand dieser Regelung sind, können nicht als Abwägungsmängel geltend gemacht werden (§ 214 III 2 BauGB). Mit diesen Regelungen werden die Fehler bei der Zusammenstellung des Abwägungsmaterials im Anschluss an die der Rechtsprechung[8] begrenzt. Belange, die nicht in der Öffentlichkeits- oder Behördenbeteiligung vorgetragen worden sind und die der Gemeinde auch nicht bekannt waren, sind für die Abwägung nicht beachtlich und führen daher auch nicht zu einem erheblichen Verfahrensfehler. Die Öffentlichkeits- und Behördenbeteiligung wird daher auch im Hinblick auf die Zusammenstellung des Abwägungsmaterials gestärkt. Die Beteiligungsvorschriften dienen insbesondere der vollständigen Ermittlung und zutreffenden Bewertung der von der Planung berührten Belange und der Information der Öffentlichkeit (§ 4 a I BauGB). Stellungnahmen, die im Verfahren Beteiligungsverfahren nicht rechtzeitig abgegeben worden sind, können bei der Beschlussfassung grundsätzlich unberücksichtigt bleiben (§ 4 a VI BauGB). Dies gilt für Belange, deren Inhalt die Gemeinde nicht kannte und nicht kennen konnte und die für die Rechtmäßigkeit des Bauleitplans nicht von Bedeutung sind (§ 4 a VI BauGB). § 214 I 1 Nr. 1 BauGB knüpft an diese verfahrensrechtlichen Regelungen im Zusammenhang mit der Aufstellung des Bauleitplans an. Nur wenn die Belange in wesentlichen Punkten nicht zutreffend ermittelt oder bewertet worden sind, können sich daraus beachtliche Fehler ergeben. Zudem muss der Mangel offensichtlich und das Ergebnis des Verfahrens von Einfluss gewesen sein. Mit dem Verweis in § 4 a VI BauGB auf die Bedeutung von Fehlern für die Rechtmäßigkeit eines Bauleitplans nimmt die Vorschrift inhaltlich zugleich auf § 214 I 1 Nr. 1 BauGB Bezug. Ein Mangel bei der Ermittlung und Bewertung der Belange bezieht sich im Sinne von § 214 I 1 Nr. 1 BauGB auf einen „wesentlichen Punkt", wenn der nicht berücksichtigte Aspekt im Rahmen der Abwägung nicht vernachlässigt werden konnte.[9] Der Auffassung, dass seit dem Inkrafttreten des EAG Bau 2004 Fehler bei der Ermittlung und Bewertung des Abwägungsmaterials (§ 2 III BauGB) als Verfahrensfehler zu behandeln sind, einer gesonderten Beurteilung hinsichtlich ihrer Beachtlichkeit (§ 214 I 1 Nr. 1 BauGB) unterliegen und seither insbesondere nicht mehr als Mängel der Abwägung im herkömmlichen Verständnis geltend gemacht werden können (§ 214 III 2 1. Hs BauGB), ist daher nicht zu folgen.[10]

766 Auf das Abwägungsergebnis von Einfluss gewesen sind Mängel im Abwägungsvorgang jedenfalls dann, wenn sich der Planungsträger von einem unzutreffend angenommenen Belang hat leiten lassen und andere Belange, die das Abwägungsergebnis rechtfertigen könnten, weder im Aufstellungsverfahren angesprochen noch sonst ersichtlich sind.[11] Ein positiver Nachweise eines Einflusses einerseits oder die (wohl stets zu beja-

---

[7] OVG Münster, Urt. v. 6.3.2006 – 7 D 124/05.NE – BauR 2006, 1707 – Wohn- und Pflegezentrum. Zum Einfluss der Neuregelungen auf das Abwägungsgebot *Erbguth* JZ 2006, 484. Zu den Auswirkungen auf den Grundsatz der Planerhaltung *Uechtritz* ZfBR 2005, 11.

[8] BVerwG, Urt. v. 12.12.1969 – IV C 105.66 – BVerwGE 34, 301 = DVBl 1970, 414; B. v. 9.11.1979 – 4 N 1.78 – BVerwGE 59, 87 = DVBl 1980, 233.

[9] OVG Münster, Urt. v. 28.6.2007 – 7 D 89/06.NE – Lärmimmissionen; OVG Münster, Urt. v. 10.7.2007 – 7 D 43/06.NE – Entwicklungsgebot.

[10] OVG Saarlouis, Urt. v. 25.6.2009 – 2 C 478/07 -.

[11] BVerwG, B. v. 6.7.2010 – 4 BN 1.10 -.

hende) abstrakte Möglichkeit, dass ohne den Mangel anders geplant worden wäre, andererseits sind dafür nicht entscheidend.[12] Auch ein vollständiger Abwägungsausfall ist ein Mangel im Abwägungsvorgang im Sinne der §§ 214, 215 BauGB. Er führt nicht automatisch dazu, dass das Abwägungsergebnis mit einem Mangel behaftet ist.[13]

In die Abwägung sind nur Belange einzustellen, die mehr als geringfügig, schutzwür- **767** dig und erkennbar sind.[14] Hierfür hat die **Beteiligung** eine wichtige Funktion. Werden die Belange dort nicht vorgetragen, so sind sie nur dann erheblich, wenn sie offensichtlich sind und sich die Nichteinstellung oder unzutreffende Bewertung der Belange auf das Ergebnis der Abwägung ausgewirkt hat. Diese Unbeachtlichkeit kann auch Belange betreffen, die erst verspätet vorgetragen worden sind und daher nach § 4 a VI BauGB unbeachtlich sind. Dies wird vor allem Belange betreffen, die für die Gemeinde nicht erkennbar sind, weil es sich etwa um persönliche Verhältnisse oder Wünsche an die Planung handelt, die nicht offensichtlich für einen Außenstehenden erkennbar sind. Insoweit kann auch ein verspätetes Vorbringen nach Ablauf der Beteiligungsfristen aber vor dem Satzungsbeschluss unter der Voraussetzung des § 4 a VI BauGB ausgeschlossen sein. Das gilt auch für die **umweltschützenden Belange**, für deren Ermittlung die Gemeinde den **Umfang** und **Detaillierungsgrad** festlegt (§ 2 V BauGB) und die im **Umweltbericht** zusammengestellt und bewertet werden (§ 2 a 2 BauGB). Mängel bei der Ermittlung des Abwägungsmaterials können nach § 214 I 1 Nr. 1 BauGB unbeachtlich sein, wenn der Plangeber bei vollständiger Kenntnis der nachträglich bekannt gewordenen Umstände keine andere Entscheidung getroffen hätte.[15] Im Sinne § 214 I 1 Nr. 1 BauGB offensichtlich sind die dort bezeichneten Mängel im Planaufstellungsverfahren, wenn sie sich aus den Materialien des Planaufstellungsverfahrens ergeben und die „äußere" Seite der Abwägung, also objektiv fassbare Sachumstände, betreffen. Die darüber hinaus geforderte Ergebnisrelevanz eines Gewichtungsfehlers (§ 2 III BauGB 2004) liegt vor, wenn die konkrete Möglichkeit besteht, dass die planende Stelle eine andere Entscheidung getroffen hätte.[16]

2. Förmliche Öffentlichkeits- und Behördenbeteiligung nicht durchgeführt (§ 214 I 1 Nr. 2 BauGB)

Nach § 214 I 1 Nr. 2 BauGB ist für die Wirksamkeit der Bauleitplanung beachtlich, wenn **768** die Vorschriften über die Öffentlichkeits- und Behördenbeteiligung nach den §§ 3 II, 4 II, 4 a III und V 2, 13 II 1 Nr. 2 und 3, 13 a II Nr. 1 (auch in Verbindung mit § 13 a III Nr. 1),) und 22 IX 2, 34 VI 1 sowie 35 VI 5 BauGB verletzt worden sind.

Von den **Beteiligungsvorschriften** sind dabei nur die **Regelungen** über die **förm-** **769** **liche Öffentlichkeits- und Behördenbeteiligung** nach den §§ 3 II und 4 II BauGB für die Wirksamkeit der Bauleitpläne von Belang. Fehler bei der frühzeitigen Beteiligung sind demgegenüber für die Rechtswirksamkeit des Bauleitplans unbeachtlich. Verfahrenserheblich für die Rechtswirksamkeit der Bauleitpläne ist damit (nur noch) die Einhaltung der Anforderungen an die förmliche Öffentlichkeitsbeteiligung nach § 3 II BauGB, also die öffentliche Auslegung der Entwürfe mit Begründung einschließlich – falls erforderlich – Umweltbericht und die rechtzeitige ortsübliche Bekanntmachung der Offenlegung eine Woche vor Offenlegungsbeginn. Dabei ist es nach der Rechtsprechung

---

[12] OVG Berlin-Brandenburg, Urt. v. 4.12.2009 – 2 A 23.08 – Güterbahnhof Grunewald.

[13] BVerwG, Urt. v. 22.9.2010 – 4 CN 2.10 – DVBl 2011, 105 = BauR 2011, 225 – Klarstellungs- oder Einbeziehungssatzung m. Anm. Gatz, jurisPR-BVerwG25/2010 Anm. 1.

[14] BVerwG, B. v. 8.6.2009 – 4 BN 9.09 – Abwägungsrelevanz.

[15] OVG Münster, Urt. v. 26.2.2009 – 10 D 31/07.NE – Arkadengang, für unvollständig ausgewertete Behördenakten.

[16] OVG Saarlouis, Urt. v. 25.6.2009 – 2 C 478/07 –.

ausreichend, wenn die Bekanntmachung ihre Anstoßfunktion erfüllt.[17] Auch ist hinsichtlich der Bekanntmachung das Landesrecht einzuhalten, aus dem sich das Verfahren der Bekanntmachung ergibt. Eine Verkürzung der Bekanntmachungsfrist für die Auslegung des Entwurfs eines Bebauungsplans ist für seine Wirksamkeit unerheblich, wenn die (bekannt gemachte) Dauer der Auslegung so bemessen ist, dass die Mindestfristen des § 3 II 1 und 2 BauGB für Bekanntmachung und Auslegung des Entwurfs insgesamt eingehalten werden.[18] Fehler im Rahmen der frühzeitigen Öffentlichkeitsbeteiligung (§ 3 I BauGB) sind unbeachtlich. Selbst wenn überhaupt keine frühzeitige Öffentlichkeitsbeteiligung stattgefunden hat, ist dies für die Wirksamkeit der Bauleitpläne ohne Belang. Daneben muss eine förmliche Behördenbeteiligung nach § 4 II BauGB durchgeführt worden sein. Die Nichtbeteiligung einzelner Personen, Behörden oder sonstige Träger öffentlicher Belange ist unbeachtlich, wenn die Belange unerheblich waren oder berücksichtigt worden sind. Beteiligungsfehler, die sich allerdings auf das Ergebnis der Abwägung auswirken, sind bedeutsam. Derartige Mängel im Abwägungsvorgang müssen offensichtlich sein (§ 214 III 3 BauGB).

770   Unbeachtlich ist auch die **unvollständige Mitteilung** bei der Bekanntmachung zur öffentlichen Auslegung, welche Arten **umweltbezogener Informationen** verfügbar sind (§ 214 I 1 Nr. 2 BauGB). Das völlige Fehlen derartiger Angaben kann jedoch zu einem beachtlichen Abwägungsfehler führen, wenn der Verstoß gegen diese Vorschrift offensichtlich ist und auf das Abwägungsergebnis von Einfluss gewesen ist (§ 214 III 2 BauGB).

3. Begründung fehlt – Umweltbericht ist unvollständig (§ 214 I 1 Nr. 3 BauGB)

771   Nach § 214 I 1 Nr. 3 BauGB ist ferner beachtlich, wenn die Vorschriften über die Begründung des Flächennutzungsplans und der Satzung sowie ihrer Entwürfe nach den §§ 2 a, 3 II, 5 I 2 HS 2 und V, § 9 VIII und § 22 X BauGB verletzt worden sind. Dabei ist unbeachtlich, wenn die Begründung des Flächennutzungsplans oder der Satzung oder ihrer Entwürfe unvollständig sind. Der Umweltbericht darf allerdings nur in unwesentlichen Punkten vollständig sein.[19] Soweit die Begründung in den für die Abwägung wesentlichen Beziehungen unvollständig ist, hat die Gemeinde auf Verlangen Auskunft zu erteilen, wenn ein berechtigtes Interesse an der Auskunftserteilung dargelegt wird (§ 214 I 2 BauGB).

772   Ist die **Begründung** dagegen **(lediglich) unvollständig**, so bewirkt dieser Mangel allein nicht die Unwirksamkeit des Bauleitplans. Unvollständig ist eine Begründung dann, wenn entweder zu einer für die Planungskonzeption bedeutsamen Regelung nicht alle tragenden Gesichtspunkte behandelt worden sind oder wenn zu einzelnen auch bedeutsamen Regelungen eine Begründung fehlt.[20] Die Begründung des Bebauungsplans ist nicht Bestandteil der Satzung nach § 10 I BauGB. Sie ist nicht Planinhalt, sondern nur dem Bebauungsplan gem. § 9 VIII BauGB beizufügen. Die Gemeinde hat gem. § 10 III 2 BauGB spätestens mit Wirksamwerden der Bekanntmachung der Genehmigung den Bebauungsplan mit Begründung und der zusammenfassenden Erklärung zu jedermanns Einsicht bereitzuhalten und über ihren Inhalt auf Verlangen Auskunft zu erteilen. Hiernach kann die Begründung nicht als materiell-rechtlicher Bestandteil des Bebauungs-

---

[17] Zur Anstoßfunktion bei der Bekanntmachung der Offenlage eines vorhabenbezogenen Bebauungsplans BVerwG, B. v. 17.12.2004 – 4 BN 48.04 – Buchholz 406.11 § 3 BauGB Nr 11.

[18] BVerwG, B. v. 23.7.2003 – 4 BN 36.03 – NVwZ 2003, 1391 = ZfBR 2004, 64 = BauR 2004, 42.

[19] Zum Umweltbericht s. Rn. 177.

[20] BVerwG, B. v. 21.2.1986 – 4 N 1.85 – BVerwGE 74, 47 = NJW 1986, 2720 = BauR 1986, 298 = RzB Rn. 850.

plans angesehen werden.[21] Begründungsmängel nach § 214 I 1 Nr. 3 BauGB sind dann nicht überwindbar, wenn dem Bebauungsplan eine Begründung überhaupt nicht beigefügt ist oder wenn sich die Begründung formelmäßig in der Wiederholung einer Vorschrift des BauGB oder in der Beschreibung des Planinhalts erschöpft. Denn nach § 2 a 2 Nr. 1 BauGB sind in der Begründung die Ziele und Zwecke der Planung darzulegen.[22]

Weiter gehende Anforderungen an die Begründung enthält § 214 I 1 Nr. 3 BauGB für **773** den **Umweltbericht**. Hier darf sich die Unvollständigkeit nur auf **unwesentlichen Punkte** beziehen.[23] Allerdings ist die Vorschrift eingebettet in den Gesamtzusammenhang der Regelungen, die sich auf die Zusammenstellung des Abwägungsmaterials und die Ausgleichsentscheidung beziehen. Zum Umweltbericht gehören nur umweltschützende Belange, die Gegenstand des Abwägungsmaterials sind, die also zu ermitteln und zu bewerten sind (§ 2 III BauGB). Es muss sich daher um Belange handeln, deren Betroffenheit wahrscheinlich und die mehr als geringfügig, schutzwürdig und erkennbar sind. Dabei haben die Öffentlichkeits- und Behördenbeteiligung eine wichtige Funktion (§§ 3, 4 BauGB). Was dort nicht vorgetragen worden ist, ist nur dann erkennbar, wenn es sich dem Planer aufdrängt und geradezu offen auf der Hand liegt. Belange, die nicht rechtzeitig vorgetragen worden sind und die in dem Filter des § 4 a VI, 214 I 1 Nr. 1 BauGB hängen bleiben, sind nicht Gegenstand der Abwägung und können auch nicht nach § 214 I 1 Nr. 3 BauGB für den Umweltbericht beachtlich sein (§ 214 III 2 BauGB). Nur die danach beachtlichen Belange müssen daher im Umweltbericht dargestellt und bewertet werden (§ 2 a 2 BauGB). Zudem gilt auch hier die weitere Einschränkung für die Beachtlichkeit solcher Fehler, die sich aus § 214 III 2 BauGB ergibt. Mängel im Abwägungsvorgang sind danach nur erheblich, wenn sie offensichtlich und auf das Abwägungsergebnis von Einfluss gewesen sind.

Ist der Umweltbericht daher nicht nur in unwesentlichen Punkten unvollständig, so **774** ist ein solcher Fehler in der Begründung beachtlich, wenn er offensichtlich ist und sich auf das Abwägungsergebnis auswirkt. Allein die Unvollständigkeit des Umweltberichts führt daher noch nicht zu einem beachtlichen Fehler. Dies gilt erst dann, wenn sich dieser Fehler auf das Abwägungsergebnis ausgewirkt hat. Bei der Aufstellung der Bauleitpläne wird die Umweltprüfung nach § 17 UVPG im Aufstellungsverfahren als Umweltprüfung nach dem BauGB durchgeführt. Das gilt auch für die UVP, wenn eine solche nach der Anlage 1 zum UVPG „Liste der UVP-pflichtigen Vorhaben" erforderlich ist (vgl. vor allem Nr. 18.1 bis 18.9 der Anlage 1). Die Umweltprüfung ist damit vollständig in das Bauleitplanverfahren integriert und erfolgt nicht in einem gesonderten, vom Verfahren der Aufstellung eines Bauleitplans zu unterscheidenden Verfahrensgang. Mit der Ausgestaltung des Verfahrens für die Aufstellung eines Bebauungsplans als Trägerverfahren ist zugleich gesetzlich festgelegt, dass Verfahrensfehler nur insoweit von Bedeutung sind, als sie im Aufstellungsverfahren eines Bauleitplans nach Maßgabe der §§ 214, 215 BauGB beachtlich sind. Verfahrensrechtliche Anforderungen um das Planaufstellungsverfahren herum, deren Nichteinhaltung unabhängig von den Regelungen in § 214, 215 BauGB zu einer Fehlerhaftigkeit des Bauleitplans führen würden, bestehen daher nicht. Wird eine erforderliche Umweltprüfung überhaupt nicht durchgeführt und fehlen wichtige umweltschützende Belange in der Begründung, so ist dieser Fehler beachtlich, wenn er offensichtlich und auf das Abwägungsergebnis von Einfluss gewesen ist. Fehlen lediglich einzelne Belange in der Umweltprüfung, so sind diese Defizite nur dann beachtlich, wenn sie offensichtlich und auf das Abwägungsergebnis von Einfluss gewesen sind. Feh-

---

[21] BVerwG, Urt. v. 18.3.2004 – 4 CN 4.03 – BVerwGE 120, 239 = DVBl 2004, 957 – Abwägungsdivergenz.

[22] BVerwG, B. v. 21.2.1986 – 4 N 1.85 – BVerwGE 74, 47 = NJW 1986, 2720 = BauR 1986, 298 = RzB Rn. 850.

[23] Zur Unbeachtlichkeit einer aufgrund fehlerhafter Wahl des vereinfachten Verfahrens unterlassenen Umweltprüfung *Lohse* DÖV 2009, 794.

ler bei der Zusammenstellung des Abwägungsmaterials wirken sich aber dann nicht aus, wenn dieser Fehler nicht kausal für das Ergebnis der Planungsentscheidung war. Diese vom BVerwG für die Bedeutung der UVP in der Fachplanung entwickelte Kausalitätslehre[24] kann auf die Bauleitplanung übertragen werden.[25]

775   Die Übertragbarkeit dieser Rechtsgrundsätze ergibt sich aus § 214 III 2 BauGB. Je gewichtiger die Belangen des Umweltschutzes in der Abwägung allerdings sind, desto eher ist davon auszugehen, dass sich methodische Unzulänglichkeiten bei der Ermittlung, Beschreibung und Bewertung i.S. des § 2 I 2 UVPG auf das Planungsergebnis ausgewirkt haben können.[26] Eine solche Eingrenzung auf die Verfahrensfehler, die sich auf das Ergebnis ausgewirkt haben können, ist auch **europarechtlich** zulässig. Denn auch im Gemeinschaftsrecht gilt grundsätzlich das **Kausalitätserfordernis**: Ein Verfahrensfehler, der sich nicht auf das Ergebnis einer Entscheidung auswirkt, führt jedenfalls nicht zur Nichtigkeit der Verwaltungsmaßnahme.[27] Ob der Hinweis des EuGH auf die Sanktionsmöglichkeit über einen Amtshaftungsanspruch insoweit hinreichend disziplinierend wirken kann, darf aber bezweifelt werden, da es in vielen Fällen an einem ersatzfähigen Schaden fehlen dürfte, der Verfahrensfehler letztlich also insgesamt sanktionslos bleibt.[28]

776   Begründungsdefizite im Umweltbericht wegen unvollständiger Angaben zu Überwachungsmaßnahmen sind daher unbeachtlich, wenn diese mangels umweltbezogener Abwägungsrelevanz keinen Einfluss auf die Abwägungsentscheidung haben.[29] Auch das Fehlen einer förmlichen Umweltverträglichkeitsprüfung nach dem UVPG kann im Einzelfall nach Maßgabe des § 214 III 2 BauGB unbeachtlich sein.[30] Ein nicht weiter erläuterter Hinweis auf die „vorliegenden umweltbezogenen Stellungnahmen zu den in § 1 VI Nr. 7 BauGB genannten Schutzgütern" in der Auslegungsbekanntmachung wird allerdings gelegentlich dem völligen Fehlen der Angaben im Sinne des § 3 II 2 HS 1 BauGB zu den verfügbaren umweltbezogenen Informationen gleich gestellt und soll deshalb einen nach § 214 I 1 Nr. 2 BauGB beachtlichen Verfahrensfehler darstellen.[31] Das kann aber allenfalls dann gelten, wenn sich der fehlende Hinweis auf das Abwägungsergebnis ausgewirkt hat.

4. Abschließender Beschluss, Genehmigungsverfahren oder Bekanntmachung fehlerhaft (§ 214 I 1 Nr. 4 BauGB)

777   § 214 I 1 Nr. 4 BauGB nennt als weitere Wirksamkeitsvoraussetzungen das Erfordernis eines abschließenden Beschlusses über den Bauleitplan, die ordnungsgemäße Durchführung des Genehmigungsverfahrens und die wirksame Bekanntmachung. Ist ein Beschluss der Gemeinde über den Flächennutzungsplan oder die Satzung nicht gefasst, eine Genehmigung nicht erteilt oder der mit der Bekanntmachung des Flächennutzungsplans oder der Satzung verfolgte Hinweiszweck nicht erreicht worden, so ist der Bauleitplan nach

---

[24] BVerwG, Urt. v. 25.1.1996 – 4 C 5.95 – BVerwGE 100, 238 = DVBl 1996, 677 – Eifelautobahn A 60.

[25] BVerwG, Urt. v. 18.11.2004 – 4 CN 11.03 – BVerwGE 122, 207 = DVBl 2005, 386 = NVwZ 2004, 1237 – Diez.

[26] BVerwG, Urt. v. 18.11.2004 – 4 CN 4.03 – BVerwGE 122, 207 = DVBl 2005, 386 = NVwZ 2004, 1237 – Diez.

[27] *EuG*, Urt. v. 6.7.2000 – Rs.T-62/98 (Volkswagen AG/Kom.) – E 2000, II-2707 = ELR 2000, 306 (T. Bergau) – Reexportbehinderung u. *EuGH*, Urt. v. 18.9.2003 – Rs.C-338/00 P (Volkswagen AG/Kom.) – WuW 2003, 1207 – Reexportbehinderung.

[28] *Rengeling/Szczekalla*, Grundrechte in der Europäischen Gemeinschaft, Charta der Grundrechte und allgemeine Rechtsgrundsätze, Art. 41 GRC, Rn. 1096.

[29] OVG Lüneburg, Urt. v. 9.10.2008 – 12 KN 12/07 – ZfBR 2009, 262 – Konzentrationszone.

[30] OVG Koblenz, Urt. v. 19.2.2009 – 1 C 10256/08 – ZfBR 2009, 596 = UPR 2009, 359 – Normenkontrolle gegen planfeststellungersetzenden Bebauungsplan.

[31] OVG Berlin-Brandenburg, Urt. v. 28.5.2009 – 2 A 14.08 – DVBl 2009, 1393 – Uferpark Potsdam Griebnitzsee.

§ 214 I 1 Nr. 4 BauGB unwirksam. Es handelt sich dabei um schwere Mängel, die dem Rügeerfordernis des § 215 I BauGB nicht unterliegen.[32]

Ein Bauleitplan ist nur bei **wirksamem abschließendem Ratsbeschluss** ordnungs- 778 gemäß zu Stande gekommen und damit rechtswirksam. Fehlt ein wirksamer abschließender Ratsbeschluss, so ist der Bauleitplan unwirksam. Die Wirksamkeit des abschließenden Ratsbeschlusses bestimmt sich hinsichtlich der dabei einzuhaltenden verfahrensrechtlichen Anforderungen nach dem Kommunalverfassungsrecht der Länder. Landesrecht bestimmt auch, ob etwa bei der Mitwirkung von befangenen Ratsmitgliedern der Ratsbeschluss in jedem Falle unwirksam ist oder eine solche Folge nur dann eintritt, wenn die Stimme des wegen eines Mitwirkungsverbotes ausgeschlossenen Ratsmitgliedes den Ausschlag gegeben hat.[33] Der Bundesgesetzgeber hat die Regelung der rechtlichen Konsequenzen, die aus einem Verstoß gegen landesrechtliche Verfahrens- und Formvorschriften zu ziehen sind, dem **Landesgesetzgeber** überlassen. Das gilt auch für die Rechtsfolgen der Mitwirkung eines von der Beschlussfassung ausgeschlossenen Gemeinderatsmitglieds bei der Beratung und Beschlussfassung über einen Bebauungsplan. Es ist eine Frage des Landesrechts, ob dieser Verstoß für den gefassten Beschluss nur dann rechtlich relevant ist, wenn die Mitwirkung des Ausgeschlossenen für das Abstimmungsergebnis ursächlich gewesen ist.[34] Der Mangel ist allerdings nur dann erheblich, wenn er i. S. des § 214 III 2 HS 2 BauGB offensichtlich und auf das Abwägungsergebnis von Einfluss gewesen ist.

Auch **ein nicht ordnungsgemäß durchgeführtes Genehmigungsverfahren** führt 779 nach § 214 I 1 Nr. 4 BauGB zur Unwirksamkeit des Bauleitplans. Fehler in einem ggf. **landesrechtlich angeordneten Anzeigeverfahren** sind demgegenüber für die Rechtswirksamkeit des Bauleitplans ohne Belang. Fehler in der **Schlussbekanntmachung** sind dann wirksamkeitserheblich, wenn der mit der Bekanntmachung verfolgte Hinweiszweck nicht erreicht worden ist. Das Gesetz nimmt dabei die vom BVerwG entwickelte Unterscheidung zwischen der Anstoßfunktion einer Bekanntmachung zur förmlichen Öffentlichkeitsbeteiligung und der Hinweisfunktion einer Schlussbekanntmachung auf. Es reicht dabei aus, dass die Schlussbekanntmachung neben einer Nummer das Plangebiet durch einen plakativen Begriff bezeichnet. Außerdem ist bei einem Bebauungsplan in der Bekanntmachung nach § 10 III BauGB darauf hinzuweisen, bei welcher Stelle der Plan, die Begründung und die zusammenfassende Erklärung eingesehen werden kann. Ergeben sich hier Fehler, so kann der Bauleitplan nur durch deren Behebung nach § 214 IV BauGB unter Wiederholung der nachfolgenden Verfahrensschritte auch rückwirkend wirksam werden.

§ 214 I BauGB erfasst ausschließlich Verfahrens- und Formvorschriften nach dem 780 BauGB, nicht jedoch Verstöße gegen landesrechtliche Verfahrens- und Formvorschriften.[35] Derartige Verstöße sind allerdings nur insoweit beachtlich, als das Landesrecht die Voraussetzungen für die bundesrechtlich erforderlichen Wirksamkeitsvoraussetzungen für die bundesrechtlich erforderlichen Wirksamkeitsvoraussetzungen schafft. Das Landesrecht ist wegen der abschließenden Regelung des Städtebaurechts im BauGB nicht in der Lage, zusätzliche Anforderungen an die Wirksamkeit des Flächennutzungsplans oder der städtebaulichen Satzung zu stellen, die nicht im BauGB angelegt sind.

5. Verstoß gegen das Entwicklungsgebot gem. § 214 II BauGB

§ 214 II BauGB fasst die Wirksamkeitsvoraussetzungen zum Entwicklungsgebot des § 8 781 BauGB zusammen. Dabei soll einerseits sichergestellt werden, dass der Bebauungsplan i. S. der geordneten städtebaulichen Entwicklung aus dem Flächennutzungsplan abgelei-

---

[32] BVerwG, Urt. v. 22.3.1985 – 4 C 63.80 – BVerwGE 71, 150 = NJW 1985, 3034 = DVBl 1985, 896 = RzBl Rn. 145 – Roter Hang.

[33] S. Rn. 602.

[34] BVerwG, B. v. 5.11.1998 – 4 BN 48.98 – NVwZ 1999, 425.

[35] BVerwG, B. v. 5.10.2001 – 4 BN 49.01 – BRS 64 (2001) Nr. 43 = SächsVBl. 2002, 4.

tet ist. Andererseits soll vermieden werden, dass jeder Verstoß gegen ein formal verstandenes Entwicklungsgebot zur Unwirksamkeit des Bebauungsplanes führt. Die Vorschrift benennt in einem **Negativkatalog** vier Fälle, bei denen **Verstöße gegen** das **Entwicklungsgebot** für die Rechtswirksamkeit des Bebauungsplanes **unbeachtlich** sind:

– Die Anforderungen an die Aufstellung eines selbstständigen Bebauungsplans (§ 8 II 2 BauGB) oder an die in § 8 IV BauGB bezeichneten dringenden Gründe für die Aufstellung eines vorzeitigen Bebauungsplans sind nicht richtig beurteilt worden.

– Das Entwicklungsgebot in § 8 II 1 BauGB ist verletzt worden, ohne dass hierbei die sich aus dem Flächennutzungsplan ergebende geordnete städtebauliche Entwicklung beeinträchtigt worden ist.

– Der Bebauungsplan ist aus einem Flächennutzungsplan entwickelt worden, dessen Unwirksamkeit wegen Verletzung von Verfahrens- oder Formvorschriften einschließlich des § 6 BauGB sich nach Bekanntmachung des Bebauungsplans herausstellt.

– Im Parallelverfahren ist gegen § 8 III BauGB verstoßen worden, ohne dass die geordnete städtebauliche Entwicklung beeinträchtigt worden ist.

782   **Verstöße** gegen das **Entwicklungsgebot** führen nur dann zur Unwirksamkeit des Bebauungsplans, wenn der **Bebauungsplan** über den formalen Verstoß gegen die Ordnungsvorschrift des § 8 BauGB auch **inhaltlich** die sich aus dem Flächennutzungsplan ergebende **städtebauliche Ordnung** nicht wahrt.

783   Nach § 214 II Nr. 1 BauGB wirkt sich eine **Fehlbeurteilung** der **Voraussetzungen** für die **Aufstellung** eines **selbstständigen** oder **vorzeitigen Bebauungsplans** nicht auf die Rechtsverbindlichkeit des Bebauungsplans aus.[36] Dabei setzt die Anwendung dieser Vorschrift nicht voraus, dass die Gemeinde sich ausdrücklich mit den Anforderungen an die Aufstellung eines vorzeitigen Bebauungsplans auseinander gesetzt hat.[37]

784   Auch ein **Verstoß gegen** das **Parallelverfahren** nach § 8 III BauGB ist nur beachtlich, wenn hierdurch die geordnete städtebauliche Entwicklung beeinträchtigt worden ist.[38] Für den Gesetzgeber ist bei dieser Frage nicht die Einhaltung von Verfahrensvorschriften bei der Aufstellung des Flächennutzungsplans das Entscheidende, sondern die inhaltliche Fehlerlosigkeit des Flächennutzungsplans.[39]

785   Auch die **Entwicklung** des Bebauungsplans **aus** einem **Flächennutzungsplan**, der sich später auf Grund einer Verletzung von Form- oder Verfahrensvorschriften als **unwirksam** erweist, ist nach § 214 II Nr. 3 BauGB für die Wirksamkeit des Bebauungsplans unbeachtlich.[40] Ist der Flächennutzungsplan auf Grund eines nicht erkannten Fehlers unwirksam, so kann der Bebauungsplan bereits als vorzeitiger Bebauungsplan gem. § 8 IV BauGB wirksam sein, ohne dass es einer Heilung bzw. Wirksamkeitsanordnung nach § 214 II Nr. 3 BauGB bedarf.[41]

6. Bebauungsplan der Innenentwicklung

786   Die Wirksamkeitsvoraussetzungen für den Bebauungsplan der Innenentwicklung nach § 13 a BauGB[42] sind der vereinfachten Änderung von Plänen nach § 13 BauGB weitgehend gleichgestellt.[43] So war nach der BauGB-Novelle 2007 eine fehlerhafte Beurteilung

---

[36] Zur Vorgängervorschrift des § 155 b I Nr. 5 BBauG 1979 BVerwG, B. v. 18.8.1992 – 4 N 1.81 = BVerwGE 66, 116 = RzB Rn. 847.

[37] BVerwG, Urt. v. 14.12.1984 – 4 C 54.81 – NVwZ 1985, 745 = DVBl 1985, 795 = RzB Rn. 159 – Garagenhof.

[38] Zur Vorgängervorschrift des § 155 b I Nr. 8 BBauG 1979 = § 214 II Nr. 4 BauGB BVerwG, Urt. v. 3.10.1984 – 4 N 4.84 – BVerwGE 70, 171 = NVwZ 1985, 485 = RzB Rn. 158.

[39] BVerwG, Urt. v. 3.10.1984 – 4 N 4.84 – BVerwGE 70, 171 = RzB Rn. 158.

[40] Zur Vorgängervorschrift des § 155 b I Nr. 7 BBauG 1979 BVerwG, Urt. v. 3.2.1984 – 4 C 17.82 – BVerwGE 68, 369 = NJW 1984, 1775 = DVBl 1984, 632 = RzB Rn. 310.

[41] BVerwG, B. v. 18.12.1991 – 4 N 2.89 – DVBl 1992, 574 = RzB Rn. 160 – Löbel; s. Rn. 265.

[42] S. Rn. 223.

[43] *Kuchler* BauR 2007, 835.

der Voraussetzungen für den Bebauungsplan der Innenentwicklung bei der Öffentlich-
keits- oder Behördenbeteiligung (§ 214 I 1 Nr. 2 BauGB) und beim Entwicklungsgebot
(§ 214 II a Nr. 1 BauGB) ebenso unbeachtlich wie ein unterbliebener Hinweis nach § 13 a
BauGB (§ 214 II a Nr. 2 BauGB).

Bei einer fehlerhaften Beurteilung des Erfordernisses einer Umweltprüfung ist der Ge- **787**
setzgeber zur Wahrung der europarechtlichen Anforderungen etwas vorsichtiger zu Werke
gegangen (§ 214 II a Nr. 3 und 4 BauGB). Gelangt der Plangeber bei der Vorprüfung des
Einzelfalls oder bei der Prüfung der Ausschlussgründe für ein vereinfachtes Verfahren wegen der Beeinträchtigung von UVP-Belangen zu einem fehlerhaften Ergebnis, so ist dies
unbeachtlich, wenn die Annahmen zwar falsch, aber nachvollziehbar sind. Der Sache nach
soll hier die gerichtliche Überprüfung auf eine Plausibilitätskontrolle zurückgenommen
werden. Hat der Plangeber keine Prüfung durchgeführt oder sind seine Überlegungen
nicht wirklich nachvollziehbar, so führt der Fehler einer unzutreffenden Vorprüfung oder
einer nicht beachteten UVP-Pflicht zu einem erheblichen Mangel. Nachvollziehbar ist das
Ergebnis der Prüfung allerdings wohl nur, wenn der Plangeber die Gründe für das Nichtbestehen einer UVP-Pflicht dargelegt hat. Die Durchführung und das Ergebnis der Vorprüfung sind daher in der Begründung des Bebauungsplans darzulegen (vgl. auch § 3 a
S. 4 UVPG). Nachvollziehbar nach § 214 II a Nr. 3 BauGB ist das Ergebnis der überschlägigen Prüfung, wenn ein die Vorgaben des § 13 a I 2 Nr. 2 BauGB beachtender Entschei-
dungsprozess belegt und die Argumentation in sich schlüssig ist, auch wenn einzelne Annahmen, die der Begründung der Vorprüfung zugrunde liegen, nicht unumstößlich
sind.[44]

Fehler in der Beurteilung der Voraussetzungen für einen Bebauungsplan der Innent- **788**
wicklung (§ 212 II a Nr. 1, § 13 a I 1 BauGB) waren nach der BauGB-Novelle 2007 daher
im Allgemeinen unbeachtlich, wenn sie nicht UVP-pflichtige oder vorprüfungspflichtige Vorhaben ausweisen sollen. Fehlerhafte Beurteilungen der Gemeinden in diesem
UVP-Bereich – so der Gesetzgeber – müssen jedenfalls nachvollziehbar sein. So hat die
nicht nur aus Erörterungsterminen bekannte neudeutsche Formulierung – jeder beharrt
auf seinem Standpunkt, kann aber die Position des anderen durchaus nachvollziehen –
auch Einzug in die Sprache des Gesetzgebers gehalten.

§ 214 IIa BauGB enthielt eine Unbeachtlichkeitsvorschrift zu § 13 a BauGB über das **789**
beschleunigte Verfahren. In der Vorschrift war im Zusammenhang mit der Einführung
des Bebauungsplans der Innenentwicklung durch die BauGB-Novelle 2007 geregelt, dass
eine Verletzung von Verfahrens- und Formvorschriften und der Vorschriften über das Verhältnis des Bebauungsplans zum Flächennutzungsplan für die Rechtswirksamkeit des
Bebauungsplans auch unbeachtlich sei, „wenn sie darauf beruht, dass die Voraussetzung
nach § 13 a I 1 BauGB unzutreffend beurteilt worden ist." Für die Rechtswirksamkeit von
Bebauungsplänen, die im beschleunigten Verfahren nach § 13 a BauGB aufgestellt werden, war es danach unbeachtlich, wenn zu Unrecht das Vorliegen eines Bebauungsplans
der Innenentwicklung angenommen worden ist. Der EuGH hat diese Unbeachtlichkeitsregelung als mit dem Europarecht für nicht vereinbar bezeichnet[45]. Diesem kurz vor der
Beschlussfassung des Gesetzes ergangenen EuGH-Urteil hat der Gesetzgeber durch die
Aufhebung des § 214 IIa Nr. 1 BauGB entsprochen. Übrigens wurde das auch mit einer
„ausreichenden Flexibilität" des § 13 a I 1 BauGB begründet[46]. Mit dem Richterspruch aus
Luxemburg wackelt allerdings zugleich auch § 214 IIa Nr. 3 BauGB, wonach eine Vorprü-

---

[44] OVG Greifswald, Urt. v. 21.11.2012 – 3 K 10/11 – NordÖR 2013, 211 – beschleunigtes Verfahren; OVG Münster, Urt. v. 9.8.2006 – 8 A 1359/05 – UPR 2007, 37.

[45] EuGH, Urt. v. 18.4.2013 – C-463/11 – DVBl 2013, EuGH, Urt. v. 18.4.2013 – C-463/11 –
DVBl 2013, 777 mit Anm. *Stüer/Garbrock*.

[46] Ausschussbericht BT-Drs. 17/13272. In diese Richtung hatte die Bundesrepublik Deutschland
bereits im Vertragsverletzungsverfahren vor dem EuGH plädiert – war allerdings mit diesem Vortrag
nur zweiter Sieger geworden.

fung als ordnungsgemäß durchgeführt „gilt", „wenn sie entsprechend den Vorgaben des § 13 a I 2 Nr. 2 BauGB durchgeführt worden ist und ihr Ergebnis nachvollziehbar ist". Vergleichbaren Bedenken dürfte § 214 IIa Nr. 4 BauGB unterliegen, wonach die Beurteilung, dass ein Ausschlussgrund nach § 13 a I 4 BauGB nicht vorliegt, als zutreffend gilt, wenn das Ergebnis nachvollziehbar ist und durch den Bebauungsplan nicht die Zulässigkeit von Vorhaben der Spalte 1 der Anlage 1 zum UVPG begründet wird.[47] Es könnte verdächtig werden, wenn für den nachvollziehbaren Nachweis, dass „3 und 4" nicht „7", sondern eher „8" sind, zu lange ausgeholt werden muss.[48]

7. Beachtlichkeit von Abwägungsfehlern

790 In § 214 III BauGB werden Regelungen für die Beachtlichkeit von Abwägungsfehlern getroffen, die systematisch mit dem Abwägungsgebot in § 1 VII BauGB im Zusammenhang stehen. Für die Abwägung ist die Sach- und Rechtslage im Zeitpunkt der Beschlussfassung über den Flächennutzungsplan oder die Satzung maßgebend. Mängel, die Gegenstand der Regelung in § 214 I 1 Nr. 1 BauGB sind, können nicht als Mängel der Abwägung geltend gemacht werden; im Übrigen sind Mängel im Abwägungsvorgang nur erheblich, wenn sie offensichtlich und auf das Abwägungsergebnis von Einfluss gewesen sind.

791 **a) Maßgeblicher Zeitpunkt.** § 214 III 1 BauGB will mit der Klarstellung, dass für die Abwägung die Sach- und Rechtslage im **Zeitpunkt** der **Beschlussfassung maßgebend** ist, erreichen, dass nach der Beschlussfassung eintretende Änderungen sich nicht auf die Wirksamkeit des Bauleitplans auswirken. Dabei ist zwischen dem Abwägungsvorgang und dem Abwägungsergebnis zu unterscheiden.[49] Hinsichtlich der **Kontrolle** des **Abwägungsvorgangs** kann auf den Zeitpunkt der Beschlussfassung abgestellt werden. Was der Rat im Zeitpunkt seiner abschließenden Beschlussfassung nicht kannte und nicht kennen musste, brauchte er auch nicht in die Abwägung einzustellen. Gleichwohl kann ein Bauleitplan wegen einer wesentlichen Änderung des Sachverhalts im Zeitraum zwischen Beschlussfassung und Inkrafttreten unwirksam sein bzw. werden, weil sich das Abwägungsergebnis im Zeitpunkt des Inkrafttretens als unausgewogen darstellt. Solche wesentlichen Änderungen des Sachverhalts auch nach Beschlussfassung können auf das Abwägungsergebnis und damit auf die Wirksamkeit des Bebauungsplanes durchschlagen. Es sind dies zumeist Gründe, die bei einem rechtsverbindlichen Bebauungsplan zu dessen **Unwirksamkeit wegen Funktionslosigkeit führen.**[50] Eine Unwirksamkeit kann sich auch daraus ergeben, dass sich im Nachhinein die Rechtslage ändert und etwa vorgegebene umweltrechtliche Standards offenbar nicht mehr eingehalten werden können und deren Einhaltung auch durch zusätzliche Maßnahmen ausgeschlossen erscheint.[51]

792 Zwar ist für die Abwägung grundsätzlich die Sach- und Rechtslage im Zeitpunkt der Beschlussfassung über den Flächennutzungsplan oder die Satzung maßgebend. Für die Anpassung an die **Ziele der Raumordnung** nach § 1 IV BauGB gilt § 214 III 1 BauGB weder unmittelbar noch entsprechend.[52] Das Anpassungsgebot gilt vielmehr auch für Ziele der Raumordnung, die erst im Anschluss an den Satzungsbeschluss verbindlich werden. Der Bebauungsplan darf dann, wenn er gegen die Ziele der Raumordnung verstößt, weder genehmigt noch bekannt gemacht werden.

---

[47] *Stüer* DVBl 2013, 700.

[48] Dies gilt vielleicht nicht in erster Linie für die Infinitesimalrechnung, bei der das Ergebnis „7" als „noch genauer" bezeichnet werden kann, sondern vor allem für die durch die Algebra bestimmte Zahlentheorie.

[49] § 214 III 2 BauGB.

[50] S. Rn. 753.

[51] BVerwG, Urt. v. 18.11.2004 – 4 CN 11.03 – DVBl 2005, 386 = NVwZ 2004, 1237 – Diez.

[52] BVerwG, B. v. 8.3.2006 – 4 BN 56.05 – Anpassungspflicht von Bauleitplänen an geänderte oder neue Ziele der Raumordnung.

b) Unbeachtlichkeit aufgrund der Verletzung von Mitwirkungslasten. Mängel, **793** die nach § 214 I 1 Nr. 1 BauGB für die Abwägung nicht von Bedeutung sind, können nicht als Mängel der Abwägung geltend gemacht werden (§ 214 III 2 Hs. 1 BauGB). Stellungnahmen, die im Verfahren der Öffentlichkeits- oder Behördenbeteiligung nicht rechtzeitig abgegeben worden sind, können bei der Beschlussfassung über den Bauleitplan unberücksichtigt bleiben, sofern die Gemeinde deren Inhalt nicht kannte und nicht hätte kennen müssen und deren Inhalt für die Rechtmäßigkeit des Bauleitplans nicht von Bedeutung ist (§ 4 a VI 1 BauGB). Nur Belange, die der Gemeinde bekannt waren oder hätten bekannt sein müssen, sind für die Abwägung beachtlich. Zudem ist erforderlich, dass diese Belange in wesentlichen Punkten nicht zutreffend ermittelt oder bewertet worden sind und der Mangel offensichtlich und auf das Ergebnis des Verfahrens von Einfluss gewesen ist (§ 214 I 1 Nr. 1 BauGB). Belange, die an dieser Hürde scheitern, können nicht als Mängel der Abwägung geltend gemacht werden (§ 214 III 2 Hs. 1 BauGB). Das BauGB geht daher von einer eingeschränkten Präklusion solcher Belange aus, die für die Gemeinde nicht erkennbar waren und daher für die Abwägung nicht beachtlich sind. Die Präklusion geht daher nicht so weit wie im Fachplanungsrecht[53], für das vielfach eine materielle Präklusion angeordnet ist. Belange, die nicht innerhalb der Einwendungsfristen geltend gemacht worden sind, gehen auch für das Gerichtsverfahren in dem Sinne unter, dass sich der Rechtsträger auf sie nicht mehr berufen kann. In der Bauleitplanung sind Belange nur dann unbeachtlich, wenn sie der Gemeinde nicht bekannt waren und auch nicht hätten bekannt sein müssen. Im Rahmen einer Normenkontrolle kann sich der Antragsteller daher auch dann noch auf Belange berufen, wenn sie von ihm nicht im Rahmen der Offenlage vorgetragen worden sind. Belange, die allerdings für die Gemeinde nicht erkennbar waren und die auch während der Offenlage nicht vorgetragen worden sind, bleiben sowohl bei der Beschlussfassung über den Plan als auch in der Gerichtskontrolle unberücksichtigt. „Quod non in actis, non est in mundo", lautet ein lateinischer Rechtsgrundsatz.[54]

c) Weitere Mängel im Abwägungsvorgang. Sondervorschriften für die **Beachtlich- 794 keit** von Mängeln im Abwägungsvorgang enthält § 214 III 2 Hs. 2 BauGB. Nach dieser Vorschrift sind Mängel im Abwägungsvorgang nur erheblich, wenn sie offensichtlich und auf das Ergebnis von Einfluss gewesen sind. **Offensichtlich** sind Mängel dann, wenn sie zur äußeren Seite der Abwägung gehören, sich geradezu aufdrängen, sich aus den Materialien des Planaufstellungsverfahrens ergeben und die „äußere" Seite der Abwägung betreffen, indem sie auf objektiv fassbaren Sachumständen beruhen. Eine Ergebnisrelevanz des Abwägungsfehlers ist gegeben, wenn die konkrete Möglichkeit besteht, dass die planende Stelle eine andere Entscheidung getroffen hätte, wobei in dem Zusammenhang die lediglich abstrakte Möglichkeit einer anderen Entscheidung nicht genügt.[55] Es sind dies Fehler und Irrtümer, welche „die Zusammenstellung und Aufbereitung des Abwägungsmaterials (§ 2 III BauGB), die Erkenntnis und Einstellung aller wesentlichen Belange in die Abwägung und die Gewichtung der Belange betreffen und die sich etwa aus Akten, Protokollen, aus Entwürfen oder Planbegründungen oder aus sonstigen Unterlagen ergeben"[56] Offensichtlich ist dagegen nicht, was zur inneren Seite des Abwä-

---

[53] *Stüer*, Handbuch des Bau- und Fachplanungsrechts, Rn. 2954.

[54] Und es soll Richter geben, die selbst bei einem anderen Augenschein in der Örtlichkeit nicht das für wahr halten, was sie dort sehen, sondern was in den Akten ist. Es liegt an dem Geschick des Anwalts, den Augenschein in die Akten zu transportieren. So könnte es am Ende auch in der Bauleitplanung gelingen, für die gerichtliche Kontrolle neue Felder zu erschließen – aber wohl nur, wenn der Akteninhalt entsprechend angereichert wird.

[55] OVG Saarlouis, Urt. v. 21.2.2008 – 2 R 11/06 – AS RP-SL 35, 381 = ZNER 2008, 101 Windkraftanlagen.

[56] BVerwG, Urt. v. 21.8.1981 – 4 C 57.80 – BVerwGE 64, 33 = NJW 1982, 591 = DVBl 1982, 354 = RzB Rn. 846.

gungsvorgangs gehört und etwa die Motive oder Vorstellungen der Entscheidungsbeteiligten betrifft.[57] Ein offensichtlicher Mangel im Abwägungsvorgang ist dann auf das Abwägungsergebnis von Einfluss gewesen, wenn nach den Umständen des Einzelfalls die konkrete Möglichkeit eines solchen Einflusses besteht.[58] Was zur äußeren Seite des Abwägungsvorgangs gehört und auf objektiv erfassbaren Sachumständen beruht, ist grundsätzlich beachtlich. Fehler und Irrtümer, die z. B. die Zusammenstellung und Aufbereitung des Abwägungsmaterials, die Erkenntnis und Einstellung aller wesentlichen Belange in die Abwägung oder die Gewichtung der Belange betreffen und die sich etwa aus Akten, Protokollen, aus der Entwurfs- oder Planbegründung oder aus sonstigen Unterlagen ergeben, sind offensichtlich und daher – wenn sich für ihr Vorliegen Anhaltspunkte ergeben – vom Gericht ggf. auch durch Beweiserhebung aufzuklären. Was dagegen zur inneren Seite des Abwägungsvorgangs gehört, was also die Motive und die etwa fehlenden oder irrigen Vorstellungen der an der Abstimmung beteiligten Mitglieder des Planungsträgers betrifft, gehört i. S. des § 214 III 2 Hs. 2 BauGB zu den nicht offensichtlichen Mängeln. Diese Mängel lassen die Gültigkeit des Plans unberührt.[59] Zur inneren Seite des Abwägungsvorgangs gehören auch Vorstellungen des Satzungsgebers, die nicht nach außen hin zum Ausdruck gekommen sind.

795   **d) Unbeachtliche Verfahrensverstöße.** Im Umkehrschluss zu § 214 I BauGB sind u.a. folgende Verfahrensverstöße unbeachtlich:
- Ein von der Planung berührter Belang ist in für die Planungsentscheidung nur unwesentlichen Punkten nicht zutreffend ermittelt oder bewertet worden (§ 214 I 1 Nr. 1 BauGB).
- Ein nicht zutreffend ermittelter oder bewerteter Belang hat das Ergebnis des Verfahrens nicht beeinflusst oder die nicht zutreffende Ermittlung oder Bewertung eines Belangs ist als Mangel nicht offensichtlich (§ 214 I 1 Nr. 1 BauGB).
- Einzelne Personen, Behörden oder sonstige Träger öffentlicher Belange wurden nicht beteiligt und die entsprechenden Belange waren unerheblich oder sind in der Entscheidung berücksichtigt worden (§ 214 I 1 Nr. 2 Hs. 2 BauGB).
- Bei der öffentlichen Bekanntmachung zur förmlichen Öffentlichkeitsbeteiligung nach § 3 II BauGB fehlen nur einzelne Angaben dazu, welche Arten umweltbezogener Informationen verfügbar sind (§ 214 I 1 Nr. 2 Hs. 2 BauGB).
- Im vereinfachten Verfahren nach § 13 BauGB wurde die Angabe nach § 13 III 2 BauGB darüber, dass von einer Umweltprüfung abgesehen wird, unterlassen (§ 214 I 1 Nr. 2 Hs. 1 und 2 BauGB).
- Die Voraussetzungen für die Durchführung der Beteiligung nach den Vorschriften des § 4a III 4 BauGB oder des § 13 BauGB wurden verkannt (§ 214 I 1 Nr. 2 Hs. 2 BauGB).
- Die Begründung des Flächennutzungsplans oder der Satzung oder ihres Entwurfs – mit Ausnahme des Umweltberichts – ist unvollständig (§ 214 I 1 Nr. 3 Hs. 2 BauGB) oder der Umweltbericht als gesonderter Teil der Begründung ist nur in unwesentlichen Punkten unvollständig (§ 214 I 1 Nr. 3 Hs. 3 BauGB). Unbeachtlich ist die Unvollständigkeit des Umweltberichts etwa, wenn der Umweltbericht zwar nicht ausdrücklich die in den Nrn. 1 und 3 a und c der Anlage 1 zum BauGB genannten Angaben enthält, die Begründung des Flächennutzungsplans oder der Satzung oder ihr Entwurf aber an anderer Stelle vorliegt. Auch fehlende Angaben über die geplanten Maßnahmen zur **Überwachung** der erheblichen Auswirkungen des Bauleitplans auf die Umwelt nach Nummer 3 b der Anlage zu §§ 2 IV, 2a BauGB sind regelmäßig unbeachtlich, weil sie sich nicht auf das Ergebnis ausgewirkt haben (§ 214 III 2 BauGB).

---

[57] BVerwG, Urt. v. 21.8.1981 – 4 C 57.80 – BVerwGE 64, 33 = RzB Rn. 846.

[58] BVerwG, Urt. v. 20.10.1972 – IV C 14.71 – BVerwGE 41, 67; Urt. v. 5.7.1974 – IV C 50.72 – BVerwGE 45, 309 = RzB Rn. 24; Urt. v. 21.8.1981 – 4 C 57.80 – BVerwGE 64, 33.

[59] BVerwG, Urt. v. 21.8.1981 – 4 C 57.80 – BVerwGE 64, 33.

Erweist sich ein **Bebauungsplan** wegen Nichteinhaltung der in § 214 BauGB aufge- 796
stellten Anforderungen als **unwirksam**, so hat die Gemeinde darüber zu befinden, ob sie
den Bebauungsplan ggf. mit **Rückwirkung heilt** oder ein **neues Aufstellungsverfahren** bzw. **Aufhebungsverfahren** einleitet.[60]

II. Plandivergenzen

Bauleitpläne müssen einen eindeutigen Inhalt haben und dürfen nicht in sich wider- 797
sprüchlich sein. Die gilt nicht nur intern für die Darstellungen des Flächennutzungsplans
und die Festsetzungen des Bebauungsplans. Auch Plandivergenzen zwischen den regelnden Teilen und der Planbegründung führen ebenso wie erhebliche Abweichungen im
Genehmigungsverfahren oder bei der Bekanntmachung zur Unwirksamkeit des Plans.
Plandivergenzen sind „Ewigkeitsfehler", gehören zu den Wirksamkeitsvoraussetzungen
der Bauleitpläne nach § 214 BauGB und sind auch nach Ablauf der einjährigen Rügefrist
des § 215 BauGB zu beachten.

Bauleitpläne sind nur wirksam, wenn sie den verfahrensrechtlichen und inhaltlichen 798
Anforderungen des BauGB entsprechen. In § 214 BauGB werden allerdings nur bestimmte Verfahrensanforderungen für beachtlich erklärt. Zudem ist die Verletzung von
beachtlichen Mängeln nach § 214 I 1 Nr. 1 bis 3 BauGB, hinsichtlich des Entwicklungsgebotes nach § 214 II BauGB und des Abwägungsvorgangs nach § 214 III 2 BauGB innerhalb eines Jahres schriftlich gegenüber der Gemeinde unter Darlegung des Sachverhalts
zu rügen (§ 215 I 1 BauGB).

Zu den beachtlichen Fehlern gehören auch Plandivergenzen innerhalb der Plandoku- 799
mente aber auch im Verhältnis zu den Planungsgrundlagen. Solche Divergenzen können
innerhalb der Darstellungen des Flächennutzungsplans oder der Satzungen auftreten. Die
Abweichungen können aber auch im Verhältnis von Darstellungen des Flächennutzungsplans oder der Festsetzungen des Bebauungsplans einerseits und den Grundlagen der Planung auftreten, wie sie sich aus der Planbegründung ergeben. Divergenzen sind auch im
Genehmigungsverfahren oder in der Bekanntmachung der Pläne bzw. deren Genehmigung möglich. Es handelt sich dabei um Fälle, in denen das Planwerk bei ganzheitlicher
Betrachtung in sich widersprüchlich ist und sozusagen „in sich wackelt".

Plandivergenzen aufgrund einer geänderten Gesetzgebung, Rechtsprechung oder Aus- 800
legung sind ebenfalls „Ewigkeitsfehler", weil sie nicht lediglich das Planaufstellungsverfahren betreffen[61], sondern zugleich eine inhaltliche Abweichung dokumentieren, die nach
§§ 214, 215 BauGB unabhängig von einer fristgerecht erhobenen Rüge beachtlich sind.
Das gilt auch dann, wenn die Divergenzen den Inhalt des Flächennutzungsplans betreffen,
aus dem bereits ein Bebauungsplan entwickelt worden ist. Denn inhaltliche Fehler der
Planung durch Plandivergenzen werden von den Wirksamkeits- bzw. Unbeachtlichkeitsregelungen in §§ 214, 215 BauGB nicht erfasst. Rügefristen könnten zudem erst dann zu
laufen beginnen, wenn die inhaltliche Abweichung im Verständnis der Ursprungsplanung
nach außen dokumentiert und förmlich allgemein bekannt gemacht worden ist.

III. Fristen für das Geltendmachen von Fehlern

Neben einem numerus clausus der Fehler in § 214 BauGB bestimmt § 215 I BauGB, dass 801
bestimmte Fehler nur auf entsprechende Rüge beachtlich sind. Bei Inkraftsetzung des
Flächennutzungsplans und der Satzung ist darauf hinzuweisen (§ 215 II BauGB). Außerdem enthält § 214 IV BauGB[62] Möglichkeiten der Verfahrenswiederholung oder eines
ergänzenden Verfahrens bei erkannter Fehlerhaftigkeit der Bauleitpläne.

---

[60] BVerwG, Urt. v. 21.11.1986 – 4 C 60.84 – ZfBR 1987, 98 = UPR 1987, 188; B. v. 30.3.1995 – 4
B 48.95 – Buchholz 406.11 § 2 BauGB Nr. 38 – Lärmschutz.

[61] Dazu *BKL*, Rn. 13 zu § 214 BauGB.

[62] Die Vorschrift ist auf Grund der Änderungen des BauROG 1998 aus dem früheren § 215 III
BauGB hervorgegangen.

802   Nach § 215 I BauGB ist eine **Verletzung** der in § 214 I 1 Nr. 1, 2 und 3 BauGB bezeichneten **Verfahrens-** und **Formvorschriften** nur beachtlich, wenn sie **innerhalb eines Jahres** seit Bekanntmachung des Flächennutzungsplans oder der Satzung schriftlich gegenüber der Gemeinde geltend gemacht worden sind. Dasselbe gilt für Verstöße gegen das Entwicklungsgebot (§ 214 II BauGB) sowie Mängel des Abwägungsvorgangs. Der Sachverhalt, der die Verletzung oder den Mangel begründen soll, ist darzulegen (§ 215 I BauGB). § 215 I BauGB verlangt zum Zwecke der Fristwahrung,[63] dass die Mängel schriftlich gegenüber der Gemeinde geltend gemacht werden. Damit verlangt das Gesetz eine entsprechende Substantiierung und Konkretisierung. Der Gemeinde soll durch die Darstellung des maßgebenden Sachverhalts ermöglicht werden, auf dieser Grundlage begründeten Anlass zu haben, in die Frage einer Fehlerbehebung einzutreten (vgl. auch § 214 IV BauGB). Deshalb genügt eine nur pauschale Rüge nicht. Diese hätte für die Gemeinde keinen fördernden Erkenntniswert. Der Gesetzgeber erwartet Mithilfe, nicht aber Destruktion.[64] Eine heilende Wirkung tritt allerdings nur dann ein, wenn die Gemeinde bei Inkraftsetzung des Flächennutzungsplans oder des Bebauungsplans auf die Voraussetzungen für die Geltendmachung von Verfahrens- und Formvorschriften und von Mängeln in der Abwägung sowie die Rechtsfolgen hinweist (§ 215 II BauGB).[65] Der Fehler bei der Bezeichnung des Fristbeginns in einem Bebauungsplan führt nicht zur Unwirksamkeit der zeitlichen Begrenzung der Rügefrist, sondern dazu, dass für den Betroffenen die sich aus der unrichtigen Bezeichnung ergebende (längere) Rügefrist in Lauf gesetzt wird.[66]

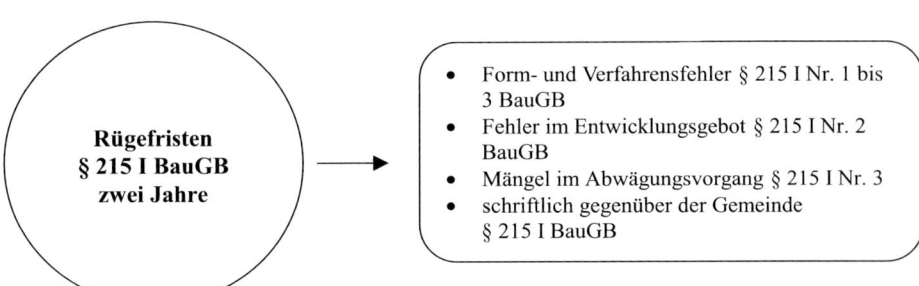

803   Bereits im Bauleitplanverfahren vorgetragene Stellungnahmen können nicht als Rüge von Abwägungsfehlern gedeutet werden.[67] Es reicht allerdings aus, wenn der Sachverhalt im Kern so angesprochen wird, dass die Gemeinde zu einer Überprüfung und ggf. Entscheidung über die daraus zu ziehenden Folgerungen in der Lage ist.[68] Unterlässt es die Gemeinde, bei der Bekanntmachung auf die Voraussetzungen für die Geltendmachung der Verletzung von Verfahrens- oder Formvorschriften und Mängeln der Abwägung sowie die Rechtsfolgen hinzuweisen, so treten die in § 215 I BauGB bezeichneten Wirkungen nicht ein.[69] Das bedeutet indes nicht, dass es der Gemeinde damit für die Zukunft verwehrt ist, diese Wirkungen nachträglich herbeizuführen. Der Sinn des § 215 I BauGB

---

[63] Vgl. auch die Überleitungsvorschrift des § 244 II BauGB 1986.
[64] BVerwG, B. v. 18.6.1982 – 4 N 6.79 – NVwZ 1983, 347 zu § 155 a 1 BBauG; Urt. v. 8.5.1995 – 4 NB 16.95 – Buchholz 406.11 § 244 BauGB Nr. 1 = NVwZ 1996, 372.
[65] BVerwG, B. v. 11.11.1998 – 4 BN 50.98 – NVwZ-RR 1998, 424 = Buchholz 406.11 § 244 BauGB Nr. 3 – für die Widerspruchsbegründung gegen die Erhebung von Straßenausbaubeiträgen.
[66] OVG Hamburg, Urt. v. 17.6.2010 – 2 E 7/07.N – BauR 2010, 2064 = NordÖR 2010, 446 = DVBl 2010, 1252 – Bebauungsplanverkündung m. Hinw. auf § 58 II VwGO.
[67] OVG Lüneburg, Urt. v. 26.1.1998 – 1 K 2914/96 – NuR 1998, 500.
[68] VGH Mannheim, Urt. v. 20.5.1998 – 3 S 2784/96 – NVwZ-RR 1998, 614 = VGHBW RSpDienst 1998, Beilage 8, B 1.
[69] BVerwG, B. v. 12.5.1995 – 4 NB 5.95 – Buchholz 406.11 § 11 BauGB Nr. 81.

ist es, den Bürgern vor Augen zu führen, dass mit der Inkraftsetzung des Bebauungsplans die Verfristung bestimmter Fehler und Mängel droht. Dieser Unterrichtungszweck wird jedenfalls dann nicht verfehlt, wenn eine mangelhafte Bekanntmachung wiederholt und nunmehr mit dem Hinweis auf das Rügeerfordernis verbunden wird.

Die Rügefristen werden allerdings nur bei entsprechenden **Hinweisen der Gemein-**   **804** **de (§ 215 II BauGB)** ausgelöst. Der Hinweis unterliegt – ähnlich einer Rechtsbehelfsbelehrung – strengen Voraussetzungen. Er darf nicht in einer Weise irreführend sein, dass ein Betroffener von der Geltendmachung von Einwendungen abgehalten würde. Insbesondere muss er hinsichtlich der möglichen Rügen vollständig sein.[70] Die Fristen des § 215 BauGB sind auch im Rahmen einer Inzidentkontrolle zu beachten, mit der Folge, dass nach deren Ablauf nicht gerügte Fehler nach Maßgabe dieser Vorschrift unbeachtlich sind.[71] Für den bei Bekanntmachung eines Bebauungsplans nach § 215 II BauGB erforderlichen Hinweis gelten die Rügefristen, die nach den zum Zeitpunkt der Bekanntmachung geltenden Planerhaltungsvorschriften maßgeblich sind. Ein fehlerhafter Hinweis setzt die Rügefrist nicht in Gang.[72]

Die einjährige Rügefrist gilt für folgende Fehler:[73]   **805**

– Eine nach § 214 I 1 Nr. 1 bis 3 BauGB beachtliche Verletzung der dort bezeichneten Verfahrens- und Formvorschriften (§ 215 I Nr. 1 BauGB). Fehler nach § 214 I 1 Nr. 1 BauGB unterlagen bis zum Inkrafttreten des EAG Bau 2004 als Mängel des Abwägungsvorgangs einer siebenjährigen Rügefrist; für Fehler nach § 214 I 1 Nr. 2 und 3 BauGB galt nach bisherigem Recht eine einjährige Rügefrist.

– Eine unter Berücksichtigung des § 214 II BauGB beachtliche Verletzung der Vorschriften über das Verhältnis des Bebauungsplans und des Flächennutzungsplans (§ 215 I Nr. 2 BauGB). Solche Fehler blieben nach früherem Recht immer beachtlich.

– Nach § 214 III 2 BauGB unter Umständen beachtliche Mängel des Abwägungsvorgangs, soweit die Begriffe der Ermittlung und Bewertung nicht alle Anforderungen an das Abwägungsgebot[74] erfassen (§ 215 I Nr. 3 BauGB). Solche Fehler unterlagen bis zum Inkrafttreten des EAG Bau 2004 einer siebenjährigen Rügefrist.

– Eine Verletzung der in § 214 I 1 Nr. 4 BauGB genannten Vorschriften ist immer beachtlich, da in diesen Fällen der Flächennutzungsplan oder die Satzung überhaupt nicht zustande kommt. Das Nichtvorliegen eines wirksamen Feststellungs- bzw. Satzungsbeschlusses, Fehler in einem erforderlichen Genehmigungsverfahren sowie eine fehlerhafte Bekanntmachung können daher nach wie vor auch nach Ablauf der Jahresfrist geltend gemacht werden und sind daher von Amts wegen zu prüfen **(Ewigkeitsfehler)**.

Nicht durch Zeitablauf geheilt werden Mängel im **Abwägungsergebnis**, wenn also   **806** der Ausgleich zwischen den von der Planung berührten Belangen in einer Weise vorgenommen wird, die zur objektiven Gewichtigkeit einzelner Belange außer Verhältnis steht. Eine solche, schlechthin nicht haltbare Planungsentscheidung verstößt gegen das Abwägungsgebot des § 1 VII BauGB, das als Ausdruck des Rechtsstaatsgebots eine gerechte Abwägung der berührten Interessen verlangt. Ein solcher Plan ist daher aus verfassungsrechtlichen Gründen ungültig. Das Abwägungsgebot des § 1 VII BauGB ist nicht bereits dadurch verletzt ist, dass sich die zur Planung berufene Gemeinde in der Kollision zwischen verschiedenen Belangen für die Bevorzugung des einen und damit

---

[70] OVG Weimar, Urt. v. 18.11.2009 – 1 N 570/08 – Bebauungsplanerweiterung, m. Hinw. auf im Anschluss an VGH Mannheim, Urt. v. 15.7.2008, 3 S 2772/06 -.

[71] OVG Bautzen, B. v. 11.6.2010 – 1 A 737/08 – Versagung der Genehmigung nach § 145 II BauGB.

[72] OVG Münster, Urt. v. 14.4.2011 – 8 A 320/09 – DVBl 2011, 1049 (L) = NWVBl 2011, 468 – Windkraftanlagen.

[73] EAG BauGB – Mustererlass 2004.

[74] Zum Abwägungsgebot s. Rdn 832.

notwendig für die Zurückstellung eines anderen Belangs entscheidet. Innerhalb des durch das Abwägungsgebot vorgegebenen Rahmens ist das Vorziehen und Zurücksetzen bestimmter Belange eine wesentliche planerische Entscheidung über die städtebauliche Entwicklung und Ordnung und damit ein Kernstück der kommunalen Planungshoheit.[75]

807　　Die **Rüge** ist **schriftlich** gegenüber der **Gemeinde** zu erheben und der den Mangel oder Fehler begründende Sachverhalt darzulegen. Die Rüge hat – rechtzeitig ausgebracht – eine zeitlich unbeschränkte **inter-omnes-Wirkung** in dem Sinne, dass sie in jedem Gerichts- oder sonstigen rechtlichen Prüfungsverfahren beachtlich ist. Dies gilt etwa auch für eine fehlende Begründung zum Bebauungsplan, deren Nichtvorliegen sich ohne Rüge nicht auf die Wirksamkeit des Plans auswirkt. Auch der Mangel einer erforderlichen erneuten Auslegung muss fristgerecht gegenüber der Gemeinde geltend gemacht werden. Dem genügt nicht, wenn der Mangel vor Gericht in einem Bauzustimmungsverfahren gerügt worden ist, an dem die Gemeinde nicht beteiligt ist.[76] Fehler in einem etwa landesrechtlich angeordneten Anzeigeverfahren sind nach § 214 I BauGB für die Wirksamkeit des Plans unbeachtlich. Zur Fristwahrung nach § 215 I Nr. 2 BauGB ist unerheblich, ob der (Normenkontroll-) Antragsteller und ein dritter Rügender ein übereinstimmendes Abwägungsinteresse haben; vielmehr kommt es allein auf den konkreten Mangel der Abwägung an. Ist ein solcher Mangel hinreichend deutlich und fristgemäß geltend gemacht worden, so bleibt er auch nach Ablauf der Jahresfrist beachtlich. Die Fehlerrüge wirkt dann allgemein und absolut für jedermann, also nicht nur zugunsten desjenigen, der den Abwägungsmangel ordnungsgemäß geltend gemacht hat. Andere Abwägungsmängel, die sich aus dem von dritter Seite dargelegten Sachverhalt nicht ergeben, werden dagegen mit Fristablauf unbeachtlich.[77]

808　　Für den Lauf der in § 215 I BauGB bestimmten Rügefrist kommt es – neben dem Hinweis nach § 215 II BauGB – ausschließlich auf die Bekanntmachung des Flächennutzungsplans oder des Bebauungsplans an.[78] Die einjährige Rügefrist wird nicht dadurch verlängert, dass das Gericht in einem Normenkontrollverfahren antragsgemäß eine Verlängerung der Frist zur Antragsbegründung gewährt.[79] Vor Ablauf der Rügefrist des § 215 I Nr. 1 BauGB hat das Gericht die von dieser Vorschrift erfassten Verfahrensfehler **von Amts** wegen zu berücksichtigen. Die Bekanntmachung eines wiederholten Satzungsbeschlusses setzt die Rügefristen des § 215 I BauGB erneut in Lauf.[80] **Fehler im Bekanntmachungshinweis** nach § 215 II BauGB wirken sich nur bezüglich derjenigen Vorschriftengruppen nach § 215 I BauGB aus, die nicht oder unrichtig oder mit irreführenden Zusätzen benannt sind. Hinsichtlich der zutreffend gekennzeichneten Vorschriftengruppen – etwa der Fehler nach § 214 I 1 Nr. 2 BauGB – bleibt der Hinweis wirksam und löst die Rechtsfolgen des § 215 I BauGB aus.[81]

809　　Die **Rügeerfordernisse** haben auch für die **gerichtliche Kontrolle** der Bebauungspläne im **Normenkontrollverfahren** Bedeutung. Sind die Verfahrensfehler oder Abwägungsfehler nicht schriftlich gegenüber der Gemeinde gerügt worden, ist das **Normen-**

---

[75] BVerwG, Urt. v. 12.12.1969 – IV C 105.66 – BVerwGE 34, 301 = RzB Rn. 23 – Abwägung.

[76] OVG Magdeburg, Urt. v. 29.4.2005 – 2 K 328/00 – JMBl ST 2006, 59 – Universitätsgelände neben einem Wohngebiet.

[77] BVerwG, B. v. 2.1.2001 – 4 BN 13.00 – ZfBR 2001, 418 = BauR 2001, 1888, m. Hinw. auf BVerwG, B. v. 18.6.1982 – 4 N 6.79 – DVBl 1982, 1095. Dieselben Grundsätze galten auch für die Rüge nach § 244 II 1 BauGB 1987.

[78] VGH Mannheim, B. v. 19.11.2007 – 8 S 1820/07 – wie BVerwG, Urt. v. 3.2.1984 – 4 C 17.82 – BVerwGE 68, 369; BVerwG, Urt. v. 15.12.1989 – 4 C 36.86 – NVwZ 1990, 464; Urt. v. 11.2.1993 – 4 C 15.92 – NVwZ 1994, 285; Urt. v. 1.8.2002 – 4 C 5.01 – NVwZ 2003, 86.

[79] VGH Mannheim, Urt. v. 25.4.2007 – 5 S 2243/05 – NuR 2007, 685 – Umfahrungsstraße.

[80] VGH Mannheim, Urt. v. 14.12.2001 – 8 S 375/01 – BRS 64 Nr. 44 = BauR 2002, 1444.

[81] VGH Mannheim, Urt. v. 9.6.2009 – 3 S 1108/07 – DÖV 2009, 1010 – Bekanntmachungshinweis, Fortführung Urt. v. 15.7.2008 – 3 S 2772/06 -.

kontrollgericht nach Ablauf der Jahresfrist gehindert, diese Fehler von sich aus aufzugreifen und den Bebauungsplan aus diesen Gründen für unwirksam zu erklären. In der Reichweite der Rügeerfordernisse des § 215 I BauGB ist das Normenkontrollgericht daher an einer Fehlerprüfung gehindert, wenn die Fehler nicht innerhalb der Jahresfrist gerügt worden sind. Das gilt auch etwa hinsichtlich der Unvollständigkeit des Umweltberichts. Wird ein derartiger Mangel nicht innerhalb eines Jahres nach Bekanntmachung des Plans geltend gemacht, so ist dieser Fehler unbeachtlich. Es können dann nur noch materielle Abwägungsfehler im Hinblick auf Umweltbelange zur Unwirksamkeit der Planung führen. Ein Heilungshinweis, der als Zeitpunkt für den Lauf der Rügefrist statt der Bekanntmachung das Inkrafttreten des Bebauungsplans nennt, ist nicht von § 246 II BauGB gedeckt und widerspricht den Vorgaben des § 215 I BauGB. Die unrichtige Bezugnahme auf das Inkrafttreten des Bebauungsplans im Hinweis nach § 215 II BauGB ändert im Ergebnis nichts daran, dass die Frist für das Geltendmachen von Mängeln des Abwägungsvorgangs versäumt wird, wenn die von den Festsetzungen des Bebauungsplans Betroffenen nicht innerhalb der im Hinweis angegebenen Frist von einem Jahr Verstöße i.S.d. § 215 I BauGB rügen.[82]

Die Jahresfrist hat § 215 BauGB auch auf die **Rüge** von **Mängeln im Abwägungsvor-** **810** **gang** erstreckt und insoweit die für Abwägungsmängel früher geltende Sieben- bzw. Zweijahresfrist ersetzt. Die Rügefrist ist damit an die Jahresfrist für die Erhebung des Normenkontrollantrags nach § 47 II VwGO angeglichen. Zu den Mängeln im Abwägungsvorgang gehören alle Vorgänge im Zusammenhang mit der Zusammenstellung des Abwägungsmaterials (§ 2 III BauGB), also die Ermittlung und Bewertung der Belange. Fehler in diesem Bereich sind daher nach Ablauf der Jahresfrist unbeachtlich. Allerdings bezieht sich das Rügeerfordernis nur auf Mängel des Abwägungsvorgangs, nicht auf **Mängel im Abwägungsergebnis** (so früher § 215 I Nr. 2 BauGB 1998). Diese können auch nach Ablauf der Jahresfrist geltend gemacht und vom Normenkontrollgericht ohne entsprechenden Hinweis des Antragstellers geprüft werden. Allerdings dürfte nach der Erweiterung der verfahrensrechtlichen Anforderungen vor allem durch die Umweltprüfung und die damit in Zusammenhang stehenden Prüfungsschritte der Zusammenstellung des Abwägungsmaterials und der Vermeidung, Minderung und des Ausgleichs sowie sonstiger Kompensationsmöglichkeiten in der Ausgleichentscheidung die gerichtliche Kontrolle materieller Fehler nur mit entsprechender Zurückhaltung sachgerecht sein. Wenn im Zusammenhang mit den europarechtlichen Anforderungen einer Umweltprüfung die verfahrensrechtlichen Anforderungen an die Wirksamkeit der Bauleitpläne angereichert worden sind, dann erscheint es sachgerecht, die (materielle) Kontrolle des Abwägungsergebnisses entsprechend zurückzunehmen und hier in die autonome Planungsentscheidung der Gemeinde erst dann einzugreifen, wenn das Ergebnis auf eindeutig widerlegbaren und offensichtlich fehlsamen Annahmen beruht.

§ 215 I BauGB verlangt zur **Fristwahrung**, dass Mängel konkretisiert und substan- **811** tiiert schriftlich gegenüber der Gemeinde geltend gemacht werden. Der Gemeinde soll durch die Darstellung des maßgebenden Sachverhalts ermöglicht werden, auf dieser Grundlage begründeten Anlass zu haben, in die Frage einer Fehlerbehebung einzutreten. Das schließt eine nur pauschale Rüge aus.[83] Aus den Erklärungen des Rügenden muss neben der Darstellung des maßgebenden Sachverhalts der Wille deutlich werden, sich für die angestrebte Unwirksamkeitserklärung eines Bebauungsplans auf den konkreten Verfahrensmangel zu berufen; nur bei einer Willenserklärung dieses Inhalts kann überhaupt von einem „Geltendmachen" der Verletzung einer Verfahrens- oder Formvorschrift die

---

[82] BVerwG, Urt. v. 14.6.2012 -4 CN 5.10 – BVerwGE 143, 192 = ZfBR 2012, 666 = BauR 2012, 1620 = NVwZ 2012, 1404 = UPR 2012, 389, *Gatz*, jurisPR-BVerwG 19/2012 Anm. 2 – Grundflächenzahl.

[83] BVerwG, B. v. 19.1.2012 – 4 BN 35.11 – ZfBR 2012, 261 = BauR 2013, 55, *Emmer* IBR 2012, 291 – Fristwahrung nach § 215 BauGB.

Rede sein.[84] Für die Ausschlussfrist des § 215 I BauGB spielt es keine Rolle, ob die Gemeinde mit der Geltendmachung von Rechtsverstößen rechnen musste oder ihr die gegen die Planung bestehenden Einwände bekannt waren.[85] Für die Geltendmachung einer Verletzung von Vorschriften i. S. des § 215 I 1 BauGB ist ausreichend, wenn ein Betroffener mit erkennbarem Rügewillen konkretisiert und substantiiert Einwendungen wiederholt, die er in dieser Weise bereits während der öffentlichen Auslegung (§ 3 II BauGB) geltend gemacht hat. Die Vorschrift verlangt darüber hinaus nicht auch eine argumentativ angereicherte Auseinandersetzung mit den die Abwägungsentscheidung der Gemeinde tragenden Gründen.[86]

812   Erklärt ein Antragsteller in einem Normenkontrollantrag, er habe im Planaufstellungsverfahren Einwendungen erhoben und diesen Einwendungen sei nicht entsprochen worden, kann dies eine fristwahrende Rüge i. S. des § 215 I 1 BauGB sein, wenn er zugleich auf einen in Kopie beigefügten Schriftsatz aus dem Aufstellungsverfahren verweist, in dem der Antragsteller konkretisiert und substantiiert die Verletzung einer Vorschrift i. S. des § 215 I 1 BauGB geltend gemacht hat.[87] Für die Wahrung der Frist des § 215 I 1 BauGB kommt es, auch wenn die Mängelrüge in einem Normenkontrollverfahren erhoben wird, auf den Zeitpunkt des Eingangs der Rüge bei der Gemeinde an.[88]

813   Die Unbeachtlichkeitsregelung des § 215 I BauGB erfasst allerdings nur **Mängel des Abwägungsvorgangs**, nicht auch **Verstöße** gegen Vorschriften des **materiellen Rechts**. Ändert die Gemeinde einen Bebauungsplan, so ist für die ursprüngliche und die geänderte Fassung jeweils gesondert zu prüfen, welche Abwägungsmängel ggf. wegen Ablaufs der Siebenjahresfrist des § 215 I Nr. 2 BauGB 1998 bzw. der Jahresfrist des § 215 I BauGB 2004 unbeachtlich sind.[89] Eine generelle Unbeachtlichkeit auch von offensichtlichen materiellen Abwägungsfehlern stößt ohnehin auf Bedenken im Hinblick auf die rechtsstaatlichen Anforderungen an die Aufstellung von Bauleitplänen. Denn schwere materielle Verstöße etwa gegen das Konfliktbewältigungsgebot oder andere schwere Unausgewogenheiten der Planung können auch dann nicht als unbeachtlich angesehen werden, wenn bestimmte Rügefristen verstrichen sind. Ggf. muss hier die Gemeinde objektivrechtlich zur **Nachbesserung** verpflichtet sein, wenn sie sich auf die Wirksamkeit und die Vollzugsmöglichkeit des Bauleitplans beruft.[90] Nach § 215 I BauGB 1986 rügeberechtigt war jedermann. Eine ordnungsgemäß und fristgerecht geltend gemachte Rüge eines Abwägungsfehlers bewirkt, dass der gerügte Fehler in jedem Gerichtsverfahren grundsätzlich beachtlich ist und dort von dem jeweiligen Antragsteller beziehungsweise Kläger zeitlich unbeschränkt geltend gemacht werden kann. Das Recht zur Geltendmachung eines Abwägungsfehlers im Sinne des § 215 I BauGB 1986 kann allenfalls in Ausnahmefällen verwirkt sein.[91]

---

[84] VGH Mannheim, Urt. v. 24.1.2013 – 5 S 913/11 – DÖV 2013, 489 (L) = ZfBR 2013, 496 (L) – Sondergebiet, m. Hinw. auf VGH Mannheim, Urt. v. 4.4.2012 – 8 S 1300/09 – BauR 2013, 56.

[85] OVG Münster, Urt. v. 4.7.2012 – 10 D 47/10.NE – UPR 2012, 452 = BauR 2012, 1898 = DÖV 2012, 896 (L)- Höhenbegrenzung von Windkraftanlagen im Flächennutzungsplan, nachgehend BVerwG, B. v. 2.4.2013 -4 BN 37/12 -.

[86] VGH Mannheim, Urt. v. 4.4.2012 – 8 S 1300/09 – BauR 2013, 56 = DVBl 2012, 1042 = NVwZ-RR 2012, 591 (L).

[87] VGH Mannheim, Urt. v. 4.4.2012 – 8 S 1300/09 – BauR 2013, 56 = DVBl 2012, 1042 = NVwZ-RR 2012, 591 (L) m. Hinw. auf BVerwG, B. v. 17.8.1989 – 4 NB 22/89 -.

[88] OVG Münster, Urt. v. 20.1.2012 – 2 D 141/09.NE – AbfallR 2012, 139.

[89] BVerwG, B. v. 11.5.1999 – 4 BN 15.99 – DVBl 1999, 1293 = UPR 1999, 352 = ZfBR 1999, 279 – nachträglicher Ausschluss von Nutzungen.

[90] BVerwG, B. v. 9.10.1996 – 4 B 180.96 – DÖV 1997, 251 = UPR 1997, 102 – Plangewährleistung.

[91] OVG Münster, Urt. v. 22.3.2011 – 2 A 371/09 – Landwirtschaft – heranrückende Wohnbebauung.

IV. Fehlerbehebung gem. § 214 IV BauGB

Nach **§ 214 IV BauGB** können der Flächennutzungsplan oder die Satzung durch ein **814**
ergänzendes Verfahren zur Behebung von Fehlern auch rückwirkend in Kraft gesetzt
werden.[92] Diese durch das EAG Bau 2004 eingeführte Vorschrift geht weiter als frühere
Regelungen. Während früher nur **Form- und Verfahrensfehler** rückwirkend geheilt
werden konnten (§ 215 a II BauGB 1998),[93] können der Flächennutzungsplan und der
Bebauungsplan nunmehr in einem gewissen Umfang auch rückwirkend in Kraft gesetzt
werden (§ 214 IV BauGB). Nach wie vor geht der Gesetzgeber von der Möglichkeit aus,
dass die Gemeinde einen erkannten Fehler durch ein ergänzendes Verfahren heilen kann.
Die Voraussetzungen für eine solche Heilungsmöglichkeit sind allerdings im Gesetz
nicht benannt. Fehler im Verfahren aber auch materielle Fehler können mit Wirkung für
die Zukunft grundsätzlich geheilt werden. Das ergänzende Verfahren zur Behebung
von Verfahrensmängeln bedarf nach den allgemeinen Grundsätzen der **Planerhaltung**
im Regelfall nur der Durchführung bzw. Wiederholung jener Verfahrensschritte, deren
Fehlen oder Mangelhaftigkeit die Rechtswidrigkeit der ursprünglichen Rechtsakte begründet hat. Dies gilt auch für Ausfertigungsmängel.[94] Allerdings kann ein Fehler so
schwer wiegen, dass eine Reparatur des Bauleitplans nicht möglich erscheint. Nach der
früheren Fassung des BauGB führte ein derartiger Fehler zur Nichtigkeit des Plans,
während Fehler, die in einem ergänzenden Verfahren repariert werden konnten, (lediglich) zur Unwirksamkeit des Bauleitplans führten (§ 215 I BauGB 1998, § 47 V 2, 4
VwGO 1998). Die Unterscheidung zwischen Nichtigkeit und Unwirksamkeit des Bebauungsplans hat das EAG Bau 2004 aufgegeben. Nach § 47 V 2 VwGO erklärt das
OVG im Normenkontrollverfahren den **Bebauungsplan** (lediglich) für **unwirksam**.
Mit dieser einheitlichen Tenorierung ist allerdings nicht zugleich bewirkt, dass alle Fehler eines Planes jedenfalls für die Zukunft in einem ergänzenden Verfahren geheilt werden können. Vielmehr gibt es nach wie vor Fehler, die so schwer wiegen, dass ein ergänzendes Verfahren nicht möglich ist. Dies wird vor allem für schwere Abwägungsfehler
gelten, wie sie sich etwa in Verstößen gegen das Konfliktbewältigungsgebot oder in
anderen Unausgewogenheiten der Planung darstellen können. Auch der Verstoß gegen
unüberwindbare Planungsleitsätze oder Belange des Habitat- oder Vogelschutzes kann
im Einzelfall zu Mängeln führen, die durch ein ergänzendes Verfahren nicht behoben
werden können. Dies gilt vor allem auch für Planungen, bei denen das ergänzende Verfahren die **Grundzüge** der Planung ändert. Während die Reparatur von Form- und
Verfahrensfehlern in aller Regel gelingen kann, ist die Reparatur materieller Fehler daher entsprechend eingeschränkt. Das rückwirkende In-Kraft-Setzen darf den Plan auch
nicht in einer für die Planbetroffenen unzulässigen Weise inhaltlich ändern. Beschränkt
sich das ergänzende Verfahren auf die Behebung des Verfahrensfehlers der fehlenden Genehmigung gemäß § 10 I i.V.m. § 8 III BauGB, bleibt der **Zeitpunkt der erstmaligen**
Bekanntmachung auch dann maßgebend, wenn die Gemeinde vorsorglich in eine
erneute Abwägung eingetreten ist. Das gilt jedenfalls dann, wenn zum Zeitpunkt der
ursprünglichen Beschlussfassung die Genehmigungsvoraussetzungen in der Sache zu

---

[92] *Kuchler/Spieler* KommJur 2006, 51; *Rosenkötter* NZBau 2008, 372.
[93] Zur Beschränkung der rückwirkenden Heilungsmöglichkeiten auf Form- und Verfahrensfehler
nach § 215 a II BauGB 1998 BVerwG, Urt. v. 18.4.1996 – 4 C 22.94 – DVBl 1996, 960; Vgl. bereits
BVerwG, Urt. v. 23.5.1975 – IV C 51.73 – Buchholz 406.11 § 125 BBauG Nr. 8 = DÖV 1975, 716;
Urt. v. 5.12.1986 – 4 C 31.85 – BVerwGE 75, 262 = Buchholz 406.11 § 155 a BBauG Nr. 5; *Kalb/Külp-
mann* in EZBK, Rn. 11 zu § 10 BauGB; *Gierke* in Brügelmann Rn. 39 zu § 10 BauGB; zum ergänzenden Verfahren *BKL* § 214 BauGB Rn. 19; *Finkelnburg* in: Planung und Plankontrolle FS Schlichter,
S. 301; wegen des Grundsatzes des Vertrauensschutzes zweifelnd auch *Gaentzsch* in BerlKom, Rn. 7
zu § 10 BauGB.
[94] OVG Bautzen, Urt. v. 9.3.2012 – 1 C 13/10 – LKV 2012, 411 (L) – umweltbezogene Stellungnahme; BVerwG, B. v. 1.7.2008 – 4 BN 17.08 – BauR 2008, 1850.

bejahen sind oder es nach Bekanntmachung des Flächennutzungsplans einer Genehmigung nicht mehr bedarf.[95]

> → **Grundsatz der Planerhaltung.** Bei der Prüfung der Rechtmäßigkeit der Bauleitplanung ist der Grundsatz der Planerhaltung als offenes Prinzip zu berücksichtigen. Bauleitpläne und sonstige städtebauliche Satzungen sollten nicht ungefragt in eine richterliche Fehlersuche geraten. Im Übrigen obliegt es dem Gesetzgeber, Umfang und Reichweite des Grundsatzes der Planerhaltung zu bestimmen. Der Gesetzgeber hat dem durch den numerus clausus der beachtlichen Form- und Verfahrensfehler (§ 214 I BauGB), die Beschränkung der Beachtlichkeit von Fehlern im Entwicklungsgebot (§§ 8 II 1, 214 II BauGB), durch die mit einer Jahresfrist versehenen Rügeerfordernisse hinsichtlich von Form- und Verfahrensfehlern und Fehlern im Abwägungsverfahren (§ 215 I BauGB) sowie durch die auch rückwirkende Heilungsmöglichkeit in § 214 IV BauGB Rechnung getragen. Ein darüber hinausgehender allgemeiner Grundsatz der Planerhaltung ist nicht anerkannt.

815   Auch ein vom OVG für unwirksam gehaltener Flächennutzungsplan kann durch Beseitigung der Mängel in einem **ergänzenden Verfahren rückwirkend** geheilt werden, selbst wenn der damalige Plan bereits inzwischen durch einen **neueren Flächennutzungsplan** außer Kraft getreten ist. Der Inhalt des rückwirkend erlassenen Plans muss allerdings vom Grundsatz her mit dem ursprünglich verabschiedeten Plan **identisch** sein. Soweit der rückwirkend reparierte Plan von dem Ursprungsplan abweicht, muss aus Gründen des **Vertrauensschutzes**[96] sichergestellt werden, dass sich daraus für den Bürger keine Nachteile ergeben, mit denen er nach den Darstellungen des Ursprungsplans nicht zu rechnen hatte. Das LG Oldenburg hat daher im Hinblick auf die rückwirkende Reparatur des Flächennutzungsplans eine auf Amtshaftung gestützte Schadensersatzklage eines Landwirts abgewiesen, der im Hinblick auf die Unwirksamkeit des Ursprungsplans bestätigt durch das BVerwG einen Bauvorbescheid für eine Windkraftanlage erstritten hatte. Nach Rechtskraft des Verpflichtungsurteils trat die Gemeinde auf den Plan und reparierte den Flächennutzungsplan, was die Baugenehmigungsbehörde zu einer Vollstreckungsgegenklage veranlasste. Das Verwaltungsgericht gab daraufhin der Vollstreckungsgegenklage mit der Begründung statt, dass durch die inzwischen für die Zukunft erfolgte Reparatur des Flächennutzungsplans nachträglich Einwendungen gegen den Titel entstanden seien.[97] Beim Zivilgericht hatte der Landwirt mit seiner Schadensersatzklage keinen Erfolg. Mit der inzwischen auf der Grundlage des § 214 IV BauGB 2004 durchgeführten rückwirkenden Heilung des Flächennutzungsplans seien möglichen Schadensersatzansprüchen die Grundlage entzogen. Zudem wurde die Klage im Hinblick auf ein rechtmäßiges Alternativverhalten[98] der planenden Gemeinde[99] abgewiesen.[100] Denn der Einzelne

---

[95] BVerwG, B. v. 12.5.2009 – 4 BN 24.08 – Bekanntmachungszeitpunkt bei ergänzendem Verfahren.

[96] BVerfG, B. v. 14.5.1986 – 2 BvL 2/83 – BVerfGE 72, 200 = DVBl 1986, 814 – Einkommensteuer; B. v. 13.11.1990 – 2 BvF 3/88 – BVerfGE 83, 89 = DVBl 1991, 201 – Beamtenbeihilfe.

[97] In der Sprungrevision bestätigt durch BVerwG, Urt. v. 19.9.2002 – 4 C 10.01 – BVerwGE 117, 44 = DVBl 2003, 201 – Wangerland.

[98] *Haaß* NJW-Spezial 2008, 396.

[99] BVerwG, B. v. 2.10.1998 – 4 B 72.98 – NVwZ 1999, 523 = UPR 1999, 108 – rechtmäßiges Alternativverhalten; BGH, Urt. v. 24.10.1992 – III ZR 220/90 – BGHZ 119, 365 = DVBl 1993, 105; NVwZ 2004, 1143.

[100] Zur Berücksichtigung des Einwands rechtmäßigen Alternativverhaltens bei der Prüfung des Rechtsschutzbedürfnisses für einen Fortsetzungsfeststellungsantrag unter dem Aspekt der Präjudizialität für einen Amtshaftungs- oder Entschädigungsrechtsstreit, wenn dem streitigen Bauvorhaben eine gemeindliche Satzung entgegensteht, die zunächst nur aufgrund formeller rechtlicher Mängel unwirksam war und später rückwirkend fehlerfrei erneut in Kraft gesetzt worden ist. OVG Münster, B. v. 1.9.2011 – 2 A 1335/10 – rechtmäßiges Alternativverhalten, im Anschluss an BVerwG, B. v. 21.10.2004 – 4 B 76.04 – BRS 67 Nr. 124.

habe keinen Rechtsanspruch darauf, dass die Planung von Abwägungsfehlern begleitet sei.[101] Aus den Fehlern der öffentlichen Verwaltung darf daher zu Lasten der Allgemeinheit nicht einfach Kapital geschlagen werden. Die Grenzen für die Rückwirkung von Rechtssätzen, die sich aus dem im Rechtsstaatsprinzip verankerten Gebot des Vertrauensschutzes ergeben, lassen sich dabei nicht mit Hilfe nur eines einzigen Merkmals bestimmen, sondern müssen von Fallgruppe zu Fallgruppe festgelegt werden. Dazu gehört u.a., ob der Satzungsregelung in der Vergangenheit gleichartige Regelungsversuche vorangegangen sind und deshalb einem etwaigen Vertrauen der Betroffenen die Schutzwürdigkeit fehlt, namentlich wenn keine neue Steuer erhoben, sondern lediglich der Steuermaßstab geändert wird.[102]

In § 215 III BauGB 1986 war ein Verfahren zur Behebung von Fehlern städtebaulicher **816** Pläne geregelt. Die Möglichkeit eines derartigen Verfahrens wird von § 214 IV BauGB nur noch vorausgesetzt. Das Fehlerbehebungsverfahren nach § 214 IV BauGB ist – so das BVerwG – kein eigenständiges Verfahren. Vielmehr setzt die Gemeinde damit das von ihr ursprünglich eingeleitete, nur scheinbar abgeschlossene Bauleitplanverfahren an der Stelle fort, an der ihr der Fehler unterlaufen war.[103] Einer erneuten Beschlussfassung bedarf es daher unter verfahrensrechtlichen Gesichtspunkten nur, wenn die Gemeinde gerade auf dieser oder einer vorangegangenen Verfahrensstufe einen rechtserheblichen Verfahrens- oder Formfehler begangen hat.[104] Die Pflicht, das Abwägungsprogramm an dem jeweils aktuellen Stand der Entwicklung auszurichten, endet nach § 214 III 1 BauGB mit der Beschlussfassung über den Bauleitplan.[105] Die Gemeinde darf bei der erneuten Beschlussfassung und Bekanntmachung die alten Grundstücksbezeichnungen verwenden. Die Bezeichnung muss nur so eindeutig sein, dass die Übertragbarkeit der Grenzen in die Örtlichkeit einwandfrei möglich ist.[106] Eine verfahrensfehlerhaft zu Stande gekommene Satzung über die förmliche Festlegung eines Sanierungsgebietes kann auch dann noch erneut beschlossen werden, wenn die Sanierung bereits abgeschlossen und die förmliche Festlegung schon aufgehoben worden ist.[107] Ein wegen eines Form- und Verfahrensfehlers ungültiger Bebauungsplan kann jedoch nicht nachträglich (wirksam) durch Nachholung des Verfahrens gemäß § 214 IV BauGB in Kraft gesetzt werden, wenn sich die Verhältnisse so grundlegend geändert haben, dass er inzwischen einen funktionslosen Inhalt hat oder das ursprünglich unbedenkliche Abwägungsergebnis nunmehr unverhältnismäßig und deshalb nicht mehr haltbar ist.[108]

Ein **Fehler der Satzung** führt nicht zu deren Nichtigkeit, sondern nur zu deren **schwe-** **817** **bender Unwirksamkeit** (§ 47 V 2 BauGB).[109] Für die Reparatur genügt die konkrete Möglichkeit der Fehlerbehebung.[110] Ein ergänzendes Verfahren ist allerdings dann nicht möglich,

[101] LG Oldenburg, Urt. vom 9.3.2005 – 5 O 4685/04 – Wangerland.

[102] BVerwG, B. v. 31.3.2008 – 9 B 30.07 – Buchholz 11 Art. 20 GG Nr. 191 vgl. BVerfG, 3.9.2009 – 1 BvR 2384/08 – rückwirkenden Änderung einer Spielgeräte-Steuersatzung, wie B. v. 7.2.1996 – 8 B 13.96 – Buchholz 401.9 Beiträge Nr. 36 S. 4.

[103] BVerwG, B. v. 25.2.1997 – 4 NB 40.96 – DVBl 1997, 828 = NVwZ 1997, 893. .

[104] So schon BVerwG, B. v. 18.12.1995 – 4 NB 30.95 – NVwZ 1996, 890 = UPR 1996, 151.

[105] BVerwG, B. v. 30.3.1998 – 4 BN 2.98 – NVwZ-RR 1998, 711; BVerwG, B. v. 10.11.1998 – 4 BN 38.98 – DVBl 1999, 255.

[106] So für die Sanierungssatzung BVerwG, Urt. v. 3.12.1998 – 4 C 14.97 – DVBl 1999, 255.

[107] BVerwG, Urt. v. 3.12.1998 – 4 C 14.97 – DVBl 1999, 255.

[108] BVerwG, B. v. 25.2.1997 – 4 NB 40.96 – DVBl 1997, 828 = NVwZ 1997, 893; B. v. 7.4.1997 – 4 B 64.97 – NVwZ-RR 1997, 515; bestätigend BVerfG, B. v. 22.1.1998 – 1 BvR 1001/97 –.

[109] BVerwG, B. v. 20.5.2003 – 4 BN 57.02 – DVBl 2003, 1462 = NVwZ 2003, 1259 mit Anmerkung *Marcus Ell* NVwZ 2004, 182= NuR 2003, 624 = BauR 2003, 1688 – Öffnungsklausel einer Landschaftsschutzverordnung.

[110] BVerwG, Urt. v. 16.12.1999 – 4 CN 7.98 – BVerwGE 110, 193 = DVBl 2000, 804 – Bebauungsplanänderung; OVG Münster, Urt. v. 23.7.1998 – 10a D 100/97.NE – BRS 60 (1998), Nr. 54. Ein ergänzendes Verfahren ist auch dann nicht ausgeschlossen, wenn ein festgestellter Mangel nur durch eine Änderung des Planinhalts behoben werden kann.

wenn der festgestellte Fehler so schwerwiegend ist, dass er die Grundzüge der Planung[111], das Grundgerüst der Planung[112] oder den Kern der Abwägungsentscheidung[113] trifft. Das BVerwG verweist dabei auf seine Rechtsprechung zum ergänzenden Verfahren im Fachplanungsrecht (u.a. § 17 VI c 2 FStrG).[114] Eine Fehlerkorrektur kann sich auch auf die einzelnen Verfahrensschritte beziehen. Dabei ist es unerheblich, ob der behebbare Fehler formeller oder materieller Natur ist. Soll die Satzung jedoch unverändert erlassen werden, so folgt nicht schon aus der materiell-rechtlichen Natur des Fehlers, dass auch die vorangegangenen korrekten Verfahrensschritte wiederholt werden müssen. Ein Verzicht auf die Wiederholung des vorangegangenen Verfahrens wäre allerdings unzulässig, wenn es schon selbst durch den Fehler infiziert ist.[115]

818   Einer **Gemeinde** sind, wenn sie vor der Entscheidung steht, einen an einem **Ausfertigungsmangel** leidenden Bebauungsplan zu einem Zeitpunkt in Kraft zu setzen, in dem sich die Situation gegenüber dem Zeitpunkt des Satzungsbeschlusses verändert hat, **zwei Möglichkeiten** eröffnet. Zum einen kann sie ihre ursprüngliche Planung überdenken und verändern. Zum anderen kann sie aber auch das stecken gebliebene Bauleitplanungsverfahren unverändert nach der Behebung des Ausfertigungsmangels zum Abschluss bringen. § 214 IV BauGB (§ 215 a II BauGB 1998) fordert für die nachträgliche Inkraftsetzung eines wegen eines Ausfertigungsmangels ungültigen Bebauungsplans keinen erneuten Satzungsbeschlusses gemäß § 10 BauGB und damit auch keine erneute Abwägung.[116] Auch kann die ausreichende Sicherung naturschutzrechtlicher Ausgleichsmaßnahmen in einem ergänzenden Verfahren geheilt werden.[117] Eine nachträgliche Änderung der tatsächlichen oder rechtlichen Verhältnisse steht einer Fehlerbehebung grundsätzlich nicht entgegen. Denn nach § 214 III 1 BauGB ist die Sach- und Rechtslage im Zeitpunkt der (ursprünglichen) Beschlussfassung über den Plan maßgebend. Nur wenn sich die Verhältnisse so grundlegend geändert haben, dass der Bebauungsplan inzwischen einen funktionslosen Inhalt hat oder das ursprünglich unbedenkliche Abwägungsergebnis unhaltbar geworden ist, kommt eine rückwirkende Fehlerbehebung nicht mehr in Betracht.[118] Verfahrensfehler sind nach § 214 I 1 Nr. 2 HS 2 BauGB auch dann unbeachtlich, wenn die Gemeinde im vereinfachten Verfahren von der Durchführung einer Umweltprüfung nach § 2 IV BauGB und der Anfertigung eines Umweltberichts abgesehen hat.[119] Soll ein Bebauungsplan mit beachtlichen Abwägungsfehlern durch ein ergänzendes Verfahren erneut in Kraft gesetzt werden, muss eine neue Entscheidung getroffen werden, in der alle im Verfahren abgegebenen Stellungnahmen gegeneinander und untereinander gerecht abgewogen werden.[120] Die Erforderlichkeit einer Bauleitplanung gem. § 1 III BauGB ist in jedem Verfahren allerding erneut zu prüfen und kann nicht im Rahmen eines Ver-

---

[111] BVerwG, B. v. 8.10.1998 – 4 CN 7.97 – DVBl 1999, 243 = BBauBl. 1999, 163; VGH Mannheim, Urt. v. 7.1.1998 – 8 S 1337/97 – VGHBWRsDienst 1998, Beilage 3, B 1-2; OVG Münster, Urt. v. 3.12.1997 – 7a B 1110/97.NE – (unveröffentlicht); Urt. v. 17.12.1998 – 10a D 186/96.NE – NVwZ 1999, 561 = NuR 1999, 52 – Ausgleichsfläche.

[112] OVG Münster, Urt. v. 23.7.1998 – 10a D 100/97.NE – BRS 60 (1998), Nr. 54; Urt. v. 17.12.1998 – 10a D 186/96.NE – NVwZ 1999, 561 = NuR 1999, 52 – Ausgleichsfläche.

[113] BVerwG, B. v. 2.11.1998 – 4 BN 49.98 – BauR 1999, 151 = ZfBR 1999, 43 – Gehweg; OVG Münster, Urt. v. 22.6.1998 – 7a D 108/96.NE – NVwZ 1999, 79 = BauR 1998, 1198 = NVwZ 1999, 79 – IKEA.

[114] BVerwG, B. v. 8.10.1988 – 4 BN 45.98 – ZfBR 1999, 106.

[115] BVerwG, B. v. 7.11.1997 – 4 NB 48.96 – NVwZ 1998, 956 = DVBl 1998, 331.

[116] OVG Koblenz, Urt. v. 8.1.2004 – 1 C 11444/03 – BauR 2004, 718 – Ausfertigungsmangel.

[117] OVG Münster, Urt. v. 28.6.2007 – 7 D 59/06.NE – naturschutzrechtliches Integritätsinteresse.

[118] BVerwG, B. v. 12.3.2008 – 4 BN 5.08 – ZfBR 2008, 373 = BauR 2008, 1417 – rückwirkende Heilung.

[119] OVG Magdeburg, Urt. v. 19.6.2008 – 2 K 364/06 –.

[120] OVG Münster, Urt. v. 6.3.2008 – 10 D 103/06.NE – ZUR 2008, 434 = UPR 2008, 280 (L) – Erdgasröhrenspeicher.

fahrens nach § 214 IV BauGB sozusagen automatisch aus einer vorhergehenden Planung abgeleitet werden.[121]

In einem ergänzenden Verfahren können nicht Fehler behoben werden, mit denen die **819** **Grundzüge der Planung** berührt werden. In einem ergänzenden Verfahren können daher nicht größere Teile der ursprünglichen Konzentrationsflächen für Windenergieanlagen gestrichen und so die Ursprungsplanung in wesentlichen Punkten geändert werden.[122] Allerdings besteht auf die Einleitung und Durchführung eines **Heilungsverfahrens kein Rechtsanspruch.**[123] Zuständig für die Durchführung des ergänzenden Verfahrens ist die **Gemeinde.** Demgegenüber kann das **Gericht,** das einen Mangel im Rahmen einer gerichtlichen Überprüfung entdeckt, den Fehler nicht selbst beheben. Die Fehlerbehebung ist vielmehr der Gemeinde vorbehalten. Die Fehlerbehebung kann sich dabei auf Satzungsmängel sowohl im Hinblick auf **bundesrechtliche** als auch **landesrechtliche** Anforderungen beziehen. Auch Mängel der Satzung, die auf der Verlegung von Vorschriften des Landesrechts beruhen und nach Landesrecht beachtlich sind, können daher in einem ergänzenden Verfahren behoben werden.[124] Das wird man auch nach Streichung des § 215 a I BauGB 1998 durch das EAG Bau 2004 annehmen können. Die Fehlerheilungsmöglichkeiten, von denen § 214 IV BauGB ausgeht, sind dabei zwingendes Recht. Ein Ermessen des Normenkontrollgerichts, die Vorschrift anzuwenden, ist auch dann ausgeschlossen, wenn der Mangel der Satzung auf der Verletzung des Landesrechts beruht.[125] Eine Gemeinde darf sich in einem ergänzenden Verfahren nicht darauf beschränken, einen rechtskräftig festgestellten Abwägungsfehler zu beseitigen und die hierdurch berührten Belange erneut abzuwägen, wenn die bisherige Abwägung aus einem weiteren Grund fehlerhaft war. Vielmehr muss im ergänzenden Verfahren auch der weitere Abwägungsfehler behoben werden.[126] Wenn im ergänzenden Verfahren inhaltliche Änderungen des Bebauungsplans vorgenommen werden, die nachteilige Auswirkungen haben können, handelt es sich um abwägungsbeachtliche Änderungen, die der Kritik in einem erneuten Auslegungsverfahren zugänglich bleiben müssen. Auch solche inhaltlichen Änderungen des ursprünglichen Bebauungsplans, die auf der Grundlage bereits ausgelegter, dem Bebauungsplanentwurf lediglich beigefügter Unterlagen vorgenommen werden, lösen eine Pflicht zur erneuten Auslegung aus.[127] Die Heilung eines Bebauungsplanes i. S. d. § 214 IV BauGB setzt voraus, dass der Fehler behoben und das nachfolgende Verfahren wiederholt wird. Muss der Satzungsbeschluss wiederholt werden, sind eine erneute Genehmigung der höheren Verwaltungsbehörde gemäß § 6 I BauGB und deren Bekanntmachung nach § 6 V 1 BauGB erforderlich.[128]

Der Gesetzgeber hat sich in § 214 IV BauGB für eine **grundsätzliche Reparatur-** **820** **möglichkeit** in einem ergänzenden Verfahren entschieden.[129] Das BVerwG hat allerdings Grenzen der Reparaturmöglichkeit aus § 13 BauGB abgeleitet. Weicht das **Ergebnis der Planreparatur** so weit von der ursprünglichen Planung ab, dass die Grundzüge betroffen sind und es sich sozusagen um einen anderen Plan handelt, werden auch die Möglichkei-

---

[121] OVG Koblenz, Urt. v. 16.5.2013 – 1 C 11004/12 –.

[122] OVG Lüneburg, Urt. v. 22.1.2009 – 12 KN 29/07 – NVwZ-RR 2009, 546 = BauR 2009, 1407 – ergänzendes Verfahren.

[123] BVerwG, B. v. 9.10.1996 – 4 B 180.96 – DÖV 1997, 251 = UPR 1997, 102 – Plangewährleistung.

[124] BVerwG, Urt. v. 25.11.1999 – 4 CN 12.98 – ZfBR 2000, 197 – Verwaltungsausschuss.

[125] BVerwG, Urt. v. 25.11.1999 – 4 CN 12.98 – ZfBR 2000, 197 – Verwaltungsausschuss.

[126] BVerwG, B. v. 25.11.2008 – 4 BN 15.08 – Erdgasspeicher.

[127] BVerwG, B. v. 8.3.2010 – 4 BN 42.09 – NVwZ 2010, 777 = UPR 2010, 276 = BauR 2010, 1554 = DVBl 2010, 793 m. Anm. *Gatz,* jurisPR-BVerwG 9/2010 Anm. 3 – ergänzendes Verfahren.

[128] OVG Schleswig, Urt. v. 21.4.2010 – 12 LC 9/07 – BauR 2010, 1556 = DVBl 2010, 924 = DÖV 2010, 701 – Windenergieanlage.

[129] BVerwG, Urt. v. 16.12.1999 – 4 CN 7.98 – BVerwGE 110, 193 = DVBl 2000, 804 – Bebauungsplanänderung.

ten des § 214 IV BauGB überschritten. Die Planung kann dann nur durch eine Neuaufstellung bewirkt werden.[130] Nicht reicht aus, dass der Mangel das bisherige Abwägungsverfahren in den Grundzügen oder im Kern in dem Sinne betrifft, dass wesentliche Abwägungselemente bei der Erstentscheidung fehlerhaft waren.[131] Stellt die Gemeinde später fest, dass die nachermittelten Abwägungselemente zu einer grundsätzlich anderen Planung führen, erweist sich das Reparaturverfahren nach § 214 IV BauGB als nicht mehr geeignet. Es hat vielmehr dann eine Neuaufstellung der Planung zu erfolgen.

821 Ein **Anspruch** auf Beseitigung eines **Ausfertigungsmangels** und auf eine erneute Bekanntmachung hat das BVerwG ausnahmslos abgelehnt. Das gilt für die Aufstellung (§ 1 III 2 BauGB) wie für die Planänderung oder Planaufhebung (§ 1 VIII BauGB). Die Gemeinde könne in ihrer planerischen Gestaltungsfreiheit wählen, ob sie einem fehlerhaften Plan mit oder ohne Rückwirkung nachträglich Geltung verschafft, einer inhaltlich veränderten neuen Planung den Vorzug gibt oder es schlicht bei der bisherigen Rechtslage, ggf. also bei der Anwendung der §§ 34 und 35 BauGB, belässt.[132]

822 Die Heilung kann sich etwa auf **formelle Mängel im Verkündungsvorgang** beziehen[133], aber auch andere **Form- und Verfahrensfehler** im Aufstellungsvorgang erfassen. Hierzu zählt etwa die Zusammenstellung des Abwägungsmaterials (§ 214 I 1 Nr. 1 BauGB), die Durchführung einer Öffentlichkeits- und Behördenbeteiligung (§ 214 I 1 Nr. 2 BauGB), das Erfordernis einer Begründung (§ 214 I 1 Nr. 3 BauGB), der Feststellungs- bzw. Satzungsbeschluss, die Genehmigung oder die Bekanntmachung des Flächennutzungsplans oder der Satzung (§ 214 I 1 Nr. 4 BauGB). Derartige Fehler im Verfahren können nach § 214 IV BauGB auch rückwirkend behoben werden. Die Fehlerbehebung kann sich auch auf landesrechtliche Verfahrens- oder Formvorschriften erstrecken. Ist etwa eine Ausfertigung des Bebauungsplans nach Landesrecht fehlerhaft, so kann diese nach § 214 IV BauGB geheilt werden.

823 Das BauGB eröffnet den Gemeinden im Rahmen des § 214 IV BauGB die Möglichkeit, den **Fehler** bei der **Aufstellung** des **Bauleitplans** zu **beheben** und den **Plan mit Rückwirkung in Kraft zu setzen**. Die Gemeinde kann daher unter Wiederholung der früheren Verfahrensabschnitte jederzeit einen von ihr erkannten oder auch nur als möglich unterstellten Mangel beseitigen. Das gilt für Form- und Verfahrensmängel.[134] Auf die Einleitung und Durchführung eines solchen Heilungsverfahrens besteht allerdings kein Rechtsanspruch.[135] Eines Ratsbeschlusses bedarf es dabei nur, soweit zur Behebung des Fehlers selbst ein Ratsbeschluss erforderlich ist. Dabei sind die Gemeinden nicht verpflichtet, das **Verfahren** ganz von vorn zu beginnen, sondern lediglich von der Stelle mit der **Wiederholung** zu beginnen, von der ab der Fehler aufgetreten ist. Die **fehlerhaft zugeknöpfte Weste** muss also – um es in einem Bilde auszudrücken – nicht erst wieder ganz aufgeknöpft werden, sondern kann von der Stelle an wieder zugeknöpft werden, von der ab der Fehler aufgetreten ist.[136] Verfährt die Gemeinde nach § 214 IV BauGB, so lebt der nach früherem Recht mit Allgemeinverbindlichkeit für nichtig erklärte Be-

---

[130] OVG Münster, Urt. v. 2.3.1998 – 7 a D 125/96.NE – NWVBl. 1998, 439.

[131] A.A. wohl OVG Münster, Urt. v. 22.6.1998 – 7a D 108/96.NE – NVwZ 1999, 79 = BauR 1998, 1198 = NVwZ 1999, 79 – IKEA; VGH München, Urt. v. 3.5.1999 – 1 N 98.1021 – DVBl 1999, 1293 = GewArch. 1999, 432 – Ingolstadt; *Stüer/Rude* ZfBR 2000, 85.

[132] BVerwG, B. v. 9.10.1996 – 4 B 180.96 – BRS 58 (1996), 6.

[133] BVerwG, B. v. 12.12.1975 – 4 B 176.75 – BRS 29 Nr. 14 zu § 12 BauGB; B. v. 3.5.1993 – 4 NB 13.93 – Buchholz 406.12 § 1 BauNVO Nr. 16 = RzB Rn. 884.

[134] BVerwG, Urt. v. 5.12.1986 – 4 C 13.85 – BVerwGE 75, 214 = RzB Rn. 191 – Erdinger Moos; Urt. v. 31.3.1995 – 4 A 1.93 – DVBl 1995, 1007 = NVwZ 1995, 901.

[135] BVerwG, Urt. v. 5.12.1986 – 4 C 31.85 – BVerwGE 75, 262 = RzB Rn. 211; B. v. 9.10.1996 – 4 B 180.96 – DÖV 1997, 251 = UPR 1997, 102 – Plangewährleistung.

[136] Für das Fachplanungsrecht BVerwG, B. v. 24.5.1989 – 4 NB 10.89 – NVwZ 1990, 258 = DVBl 1989, 387 = RzB Rn. 857; OVG Münster, Urt. v. 30.3.1990 – 7 B 3551/89 – DVBl 1990, 1119 m. Anm. *Schmaltz*.

bauungsplan als solcher nicht wieder auf. Vielmehr tritt ein neuer Bebauungsplan in Kraft, auch wenn er inhaltlich mit dem alten Plan identisch ist.[137] Wenn ein Bebauungsplan oder eine Satzung zur Änderung eines Bebauungsplans unter Geltung des § 47 VwGO i.d.F. des BauROG 1998 **rechtskräftig** nicht nur für nicht wirksam, sondern **für nichtig erklärt** worden ist, darf die Gemeinde eine inhaltsgleiche Satzung nicht gemäß § 214 IV BauGB rückwirkend in Kraft setzen.[138] Der Bebauungsplan kann dann nur für die Zukunft neu aufgestellt werden. Hat die Gemeinde einen Bebauungsplan gemäß § 10 III BauGB bekannt gemacht, ist das Verfahren im Sinne des § 244 I BauGB abgeschlossen, auch wenn der Plan zur Behebung eines Ausfertigungsmangels zu einem späteren Zeitpunkt durch ein ergänzendes Verfahren mit unverändertem Inhalt erneut bekannt gemacht wird.[139] Mit der rückwirkenden Inkraftsetzung eines Bebauungsplanes tritt dieser zu dem Zeitpunkt in Kraft, zu dem er ursprünglich hätte in Kraft treten sollen. Das rückwirkende Inkraftsetzen einer Sanierungssatzung ist auch dann noch zulässig, wenn die Sanierung bereits abgeschlossen und die förmliche Festlegung schon aufgehoben worden ist. Dies darf auch mit der Absicht erfolgen, mit der erneuten Sanierungssatzung für ergangene Ausgleichsbescheide nachträglich eine sichere Grundlage zu schaffen. Das Gesetz will städtebauliche Satzungen nicht daran scheitern lassen, dass sie verfahrensfehlerhaft zustande gekommen sind.[140] Die rückwirkende Inkraftsetzung eines Bebauungsplans im ergänzenden Verfahren ist allerdings dann nicht mehr möglich, wenn gegenüber dem Zeitpunkt der Beschlussfassung grundlegende Veränderung der Sach- und Rechtslage etwa hinsichtlich der Bindung an die Ziele der Raumordnung eingetreten sind.[141] Die rückwirkende Anordnung des Inkrafttretens eines Bebauungsplans nach Heilung von Form- oder Verfahrensfehlern stellt sich nicht als eine materielle Planänderung dar, für die eine Öffentlichkeitsbeteiligung geboten wäre.[142]

Im Gegensatz zur planenden Gemeinde ist allerdings der Bundesgesetzgeber gehindert, einen formellen Fehler zu berichtigen und die Norm rückwirkend durch eine Norm gleichen Inhalts zu ersetzen, wenn der Bebauungsplan durch eine gerichtliche Normenkontrollentscheidung allgemeinverbindlich für nichtig erklärt worden ist.[143] Die rückwirkende Inkraftsetzung eines Bebauungsplans ist auch ausgeschlossen, wenn das Abwägungsergebnis wegen nachträglicher Ereignisse nicht mehr haltbar ist.[144] Durch die in § 214 IV BauGB 2004 gewährten Heilungsmöglichkeiten sind schon beachtliche Änderungen gegenüber der früheren Rechtslage eingetreten, nach der nur Form- und Verfahrensfehler, nicht aber inhaltliche Fehler geheilt werden konnten. **824**

Ob die Gemeinde einen für unwirksam erkannten Bebauungsplan aufhebt oder – statt ihn **aufzuheben** – unter Behebung des Fehlers und Wiederholung des nachfolgenden Verfahrens **rückwirkend in Kraft setzt,**[145] steht in ihrem pflichtgemäßen Ermessen. **825**

---

[137] BVerwG, B. v. 6.5.1993 – 4 N 2.92 – BVerwGE 92, 266 = DVBl 1993, 1096 = RzB Rn. 859 – Zahnarztpraxis.

[138] BVerwG, B. v. 14.11.2005 – 4 BN 51.05 – NVwZ 2006, 329 = BauR 2006, 478 BVerwG, B. v. 14.11.2005 – 4 BN 51.05 – NVwZ 2006, 329 = BauR 2006, 478; VGH München, B. v. 18.7.2005 – 2 N 01.2705 –.

[139] BVerwG, B. v. 1.8.2007 – 4 BN 32.07 – NuR 2007, 614 = NVwZ 2007, 1310 = BauR 2007, 1838 – Ausfertigungsmangel.

[140] BVerwG, B. v. 16.6.2010 – 4 BN 67.09 – Info BRS 2010, Nr. 4, 14 – rückwirkende Inkraftsetzung einer Sanierungssatzung.

[141] OVG Saarlouis, Urt. v. 11.11.2010 – 2 A 29/10 – Gemeindenachbarklage gegen Einkaufszentrum.

[142] BVerwG, B. v. 1.6.2011 – 4 B 2.11 – BauR 2011, 1622 = ZfBR 2011, 677.

[143] BVerwG, B. v. 18.8.1982 – 4 N 1.81 – BVerwGE 66, 116 = RzB Rn. 847.

[144] BVerwG, B. v. 18.12.1995 – 4 NB 30.95 – NVwZ 1996, 890 = DVBl 1996, 690 – Ausfertigungsmangel.

[145] BVerwG, Urt. v. 21.11.1986 – 4 C 22.83 – BVerwGE 75, 142 = NJW 1987, 1344 = DVBl 1987, 481 = RzB Rn. 1296.

826   Das **ergänzende Verfahren** erfordert **keine Wiederholung** des **Gesamtverfahrens**, sondern ermöglicht ggf. auch ein **vereinfachtes Verfahren nach § 13 BauGB**, in dem die festgestellten Mängel des Planverfahrens behoben werden. So kann der Mangel fehlender **Bestimmtheit** bauleitplanerischer Festsetzungen in der Regel im vereinfachten Verfahren nach § 13 BauGB dadurch behoben werden, dass die betreffende Festsetzung durch eine andere, den Mangel der Bestimmtheit behebende Festsetzung ersetzt wird. Auch die **Korrektur von Festsetzungen**, die nicht von einer hinreichenden Rechtsgrundlage gedeckt sind, kann regelmäßig im vereinfachten Verfahren dadurch erfolgen, dass sie durch Festsetzungen ersetzt werden, die in rechtlich unbedenklicher Weise eine zumindest ähnliche Zielsetzung anstreben.[146] Will eine Gemeinde einen unwirksamen Bebauungsplan aufheben, hat sie insbesondere **abzuwägen**, ob sie den Rechtsschein des Bebauungsplans beseitigen oder den Bebauungsplans durch „Reparatur" retten will. Diese Abwägung setzt eine hinreichende Ermittlung der insoweit zu berücksichtigenden gegenläufigen Belange – Art und Qualität des zur Unwirksamkeit führenden Mangels und das konkrete Gewicht der gegenläufigen privaten Interessen an einer Beibehaltung des Bebauungsplans mit dem fehlgeschlagenen Rechtsschein – voraus.[147]

827   Nach den Grundsätzen des § 214 IV BauGB kann auch der **Mangel** einer **fehlenden Ausfertigung** des Bebauungsplans geheilt werden,[148] der zu den sonstigen Verfahrens- und Formfehlern nach Landesrecht i. S. des § 215 a I BauGB 1998 gehört.[149] Die nicht mehr ausdrückliche Erwähnung des Landesrechts in § 214 IV BauGB sollte in dem Anwendungsbereich der Norm keinen Rückschritt gegenüber der früheren Rechtslage bewirken. Soll nach der Nachholung der unterbliebenen Ausfertigung eines Bebauungsplans die Satzung durch erneute Bekanntmachung der Genehmigung nunmehr in Kraft gesetzt werden, so bedarf es hierzu grundsätzlich keines erneuten Beschlusses der Gemeindeverwaltung,[150] wenn das Landesrecht nichts anderes vorschreibt.[151]

828   Im Rahmen des § 214 IV BauGB ist eine erneute **Abwägung** erforderlich, wenn sich die Sach- oder Rechtslage seit dem früheren Beschluss rechtserheblich verändert hat.[152] Hinter dieser Auffassung steht der Gedanke, dass zwischen dem planerischen Abwägungsvorgang und dem Abwägungsergebnis, wie es in dem Inkraftsetzen eines Norminhaltes zum Ausdruck kommt, ein sachlicher Zusammenhang gewahrt bleiben muss. Danach ist regelmäßig eine rückwirkende Normsetzung dann bedenkenfrei, wenn die erneute Normsetzung nur dazu dient, eine unklare Rechtslage zu beseitigen.[153]

829   Ein wegen eines Ausfertigungsmangels unwirksamer Bebauungsplan kann gem. § 214 IV BauGB grundsätzlich auch dann **rückwirkend** in Kraft gesetzt werden, wenn er inzwischen geändert worden ist. Die rückwirkende Inkraftsetzung eines Bebauungsplans ist allerdings nach Ansicht des BVerwG ausgeschlossen, wenn das **Abwägungsergebnis** wegen nachträglicher Ereignisse nicht mehr haltbar ist[154], der Bebauungsplan funktions-

---

[146] OVG Münster, Urt. v. 28.8.2006 – 7 D 112/05.NE – BauR 2007, 69 = UPR 2007, 160 (L) – unselbstständige Planänderung.

[147] OVG Münster, Urt. v. 7.8.2006 – 7 D 67/05.NE – Aufhebung unwirksamer Bebauungspläne.

[148] BVerwG, B. v. 18.12.1995 – 4 NB 30.95 – UPR 1996, 151 = DVBl 1996, 960 – Ausfertigungsmangel.

[149] BVerwG, B. v. 25.2.1997 – 4 NB 40.96 – Landwirt.

[150] BVerwG, B. v. 24.5.1989 – 4 NB 10.89 – NVwZ 1990, 258 = DVBl 1989, 1064 = BauR 1989, 692 = RzB Rn. 857 – fehlende Ausfertigung.

[151] BVerwG, B. v. 25.2.1997 – 4 NB 40.96 – Vollerwerbslandwirt.

[152] BVerwG, Urt. v. 29.9.1978 – 4 C 30.76 – BVerwGE 56, 283 = Buchholz 406.11 § 1 BBauG Nr. 16.

[153] BVerwG, B. v. 18.8.1982 – 4 N 1.81 – BVerwGE 66, 116 = Buchholz 406.11 § 155 b BBauG Nr. 2; Urt. v. 5.12.1986 – 4 C 31.85 – BVerwGE 75, 262 = Buchholz 406.11 § 155 a BBauG Nr. 5 zu § 155 a V BBauG.

[154] BVerwG, B. v. 18.12.1995 – 4 NB 30.95 = DVBl 1996, 960 = UPR 1996, 151 – Ausfertigungsmangel.

los geworden ist[155] oder die Heilung inhaltliche Mängel betrifft.[156] Ist die Gemeinde darauf bedacht, im Rahmen des Fehlerkorrekturverfahrens des § 214 IV BauGB Fehler zu vermeiden, die sich ihrerseits als Wirksamkeitshindernis darstellen, so liegt es in ihrem Interesse, sich an folgendes Prüfschema zu halten.[157] Danach hat sie für den Fall, dass sich die Sach- oder Rechtslage geändert hat, vor der rückwirkenden Inkraftsetzung des Bebauungsplans hierauf ggf. in zweifacher Weise zu reagieren. Sie hat auf einer ersten Stufe zu prüfen, ob die Änderung der Sach- oder Rechtslage die ursprüngliche Abwägung so grundlegend berühren kann, dass eine neue Sachentscheidung geboten ist. Je nachdem wie diese Prüfung ausfällt, kann sie gehalten sein, auf einer zweiten Stufe in eine erneute Abwägung einzutreten.[158] Außerhalb des Anwendungsbereichs des § 214 IV BauGB kann ein Bebauungsplan allerdings nicht rückwirkend in Kraft gesetzt werden.[159]

§ 214 IV BauGB greift damit den **Grundsatz der Planerhaltung** auf, der für das **830** Fachplanungsrecht bereits im PlVereinfG mit der Möglichkeit eines ergänzenden Verfahrens niedergelegt war.[160] § 214 IV BauGB bezieht sich auf den **Flächennutzungsplan** und alle **städtebaulichen Satzungen**, also nicht nur auf den Bebauungsplan. Die Grundsätze der Planerhaltung in § 214 IV BauGB sind auch auf Flächennutzungspläne und Satzungen anzuwenden, die auf der Grundlage bisheriger Fassungen des BBauG und des BauGB in Kraft treten sind (§§ 233 III BauGB). Die Reparaturmöglichkeiten beziehen sich dabei auch auf Flächennutzungspläne oder auf Satzungen, die auf alter Rechtsgrundlage aufgestellt worden sind. Auch derartige Pläne können daher durch ein ergänzendes Verfahren nach § 214 IV BauGB rückwirkend geheilt werden.

V. Überleitungsvorschrift gem. § 233 II BauGB

Nach § 233 II 1 BauGB sind die Regelungen über die Planerhaltung auch auf Flächennut- **831** zungspläne und Satzungen entsprechend anzuwenden, die auf der Grundlage bisheriger Fassungen des BauGB in Kraft getreten sind. Die Vorschriften zur Planerhaltung gelten also in der jeweils neusten Fassung auch für die auf der Grundlage bisheriger Fassungen des BauGB in Kraft getretener Flächennutzungspläne und Satzungen. Damit kann zugleich auch das ergänzende Verfahren nach § 214 IV BauGB auf Bebauungspläne und andere städtebauliche Satzungen angewandt werden, die auf der Grundlage von Vorgängerregelungen des BauGB 1998 oder vorangehender Gesetzesfassungen erlassen worden sind. Allerdings entfaltet die Satzung bis zur Behebung der Mängel keine Rechtswirkungen (so ausdrücklich § 215 a I 2 BauGB 1998). Nach bisherigen BauGB-Regelungen unbeachtliche oder durch Fristablauf unbeachtliche Fehler sind auch weiterhin für die Rechtwirksamkeit des Flächennutzungsplans oder der städtebaulichen Satzung unbeachtlich (§ 233 II 2 BauGB). Außerdem gelten nach § 233 III BauGB die auf der Grundlage der bisherigen Fassungen des BauGB wirksame oder übergeleitete Pläne, Satzungen und Entscheidungen fort.[161]

---

[155] BVerwG, B. v. 24.2.1997 – 4 NB 40.96 – Vollerwerbslandwirt.

[156] BVerwG, Urt. v. 18.4.1996 – 4 C 22.94 – BVerwGE 101, 58 = NVwZ 1996, 892 = DVBl 1996, 920.

[157] BVerwG, B. v. 3.7.1995 – 4 NB 11.95 – BayVBl. 1995, 730 = DVBl 1995, 1025 = UPR 1995, 441.

[158] BVerwG, B. v. 3.7.1995 – 4 NB 11.95 – BayVBl. 1995, 730 = DVBl 1995, 1025 = UPR 1995, 441; B. v. 18.12.1995 – 4 NB 30.95 – DVBl 1996, 960 = UPR 1996, 151 – Ausfertigungsmangel; B. v. 25.2.1997 – 4 NB 40.96 – Landwirt.

[159] BVerwG, Urt. v. 18.4.1996 – 4 C 22.94 – BVerwGE 101, 58 = NVwZ 1996, 892 = DVBl 1996, 920 – Einfriedigungsmauer; B. v. 25.2.1997 – 4 NB 40.96 – Vollerwerbslandwirt.

[160] Kritisch *Blümel* in: *Stüer* (Hrsg.) Verfahrensbeschleunigung, S. 17.

[161] EAG BauGB – Mustererlass 2004.

E. Abwägungsgebot

Nach **§ 1 VII BauGB** sind bei der Aufstellung der Bauleitpläne die öffentlichen und privaten Belange gegeneinander und untereinander gerecht abzuwägen.[1] Das → **Abwägungsgebot** steuert dabei die Bauleitplanung sowohl verfahrensrechtlich als auch inhaltlich und gibt der im Übrigen autonomen planerischen Entscheidung der Gemeinde zugleich die erforderliche verfassungsrechtliche Grundlage. **832**

> → **Abwägungsgebot.** Die von der Bauleitplanung betroffenen öffentlichen und privaten Belange sind gegeneinander und untereinander gerecht abzuwägen (§ 1 VII BauGB). Das Abwägungsgebot hat in der Eigentumsgarantie (Art. 14 GG), in der Selbstverwaltungsgarantie (Art. 28 II 1 GG) und in rechtsstaatlichen sowie demokratischen Erfordernissen (Art. 20 III GG) eine verfassungsrechtliche Grundlage. Es besteht aus der Zusammenstellung des Abwägungsmaterials, der Einstellung und Gewichtung der Belange sowie aus der eigentlichen Ausgleichsentscheidung.
> → **Abwägungsmaterial.** Zu ihm gehören alle von der Bauleitplanung betroffenen Belange, die mehr als geringfügig, schutzwürdig und erkennbar sind.
> → **Abwägungsfehler.** Fehler in der Abwägung können sich bei der Zusammenstellung des Abwägungsmaterials (Abwägungsausfall, Abwägungsdefizit, Ermittlungsausfall, Ermittlungsdefizit), bei der Bewertung der Belange (Abwägungsfehleinschätzung) sowie bei der Gesamtabwägung (Abwägungsdisproportionalität) ergeben. Einseitige, vor allem vertragliche Bindungen der Gemeinde in die Bauleitplanung hinein können zu subjektiven Abwägungssperren führen. Inkongruenzen zwischen verschiedenen Planteilen führen zu Abwägungsdivergenzen.

I. Verfassungsrechtliche Grundlagen

Die Beachtung der Grundsätze des Abwägungsgebotes ist das Kennzeichen jeder rechtsstaatlichen Planung. Sie sind daher als Ausfluss des **Rechtsstaatsgebotes** in Art. 20 III GG nicht nur für die Bauleitplanung, sondern auch für jede andere staatliche Planung verbindlich.[2] Die Planung als öffentlich-rechtliche Handlungsform ist durch Besonderheiten gekennzeichnet, die sich von anderen Formen des Verwaltungshandelns unterscheiden. Planung setzt einen Gestaltungs- und Bewertungsfreiraum voraus, ohne den die autonome Entscheidung nicht auskommen kann.[3] Zugleich greifen staatliche Planungsmaßnahmen in vielfältiger Hinsicht in private und öffentliche Interessen und Be- **833**

---

[1] *Blumenberg* DVBl 1989, 86; *Böttcher* Umweltverträglichkeitsprüfung und planerische Abwägung in der wasserrechtlichen Fachplanung 1983; *Dreier* Die normative Steuerung der planerischen Abwägung 1995; *Erbguth* DVBl 1986, 1230; *ders.* NuR 1992, 262; *Funke* DVBl 1987, 511; *Gassner* DVBl 1984, 703; *ders.* UPR 1993, 241; *Heinze* NVwZ 1986, 87; *ders.* NVwZ 1989, 121; *Hoppe* DVBl 1964, 165; *ders.* BauR 1970, 15; *ders.* DVBl 1994, 1030; *Hoppe* in HBG ÖffBauR § 7; *Ibler* JuS 1990, 7; *ders.* DVBl 1988, 469; *Jäde* BayVBl. 1985, 577; *Jochum* Amtshaftung bei Abwägungs- und Prognosefehlern in der Bauleitplanung 1994; *Just* Ermittlung und Einstellung von Belangen bei der planerischen Abwägung 1996; *Hans-Joachim Koch* DVBl 1983, 1125; *ders.* DVBl 1989, 399; *Korbmacher* DÖV 1982, 517; *Ladeur* UPR 1984, 1; *ders.* UPR 1985, 149; *ders.* NuR 1986, 132; *Middelberg* NdsVBl. 1995, 106; *Pfeifer* DVBl 1989, 337; *Ramsauer* DÖV 1981, 37; *Ritter* NVwZ 1984, 609; *Ronellenfitsch* DAR 1995, 271; *Schlink* Abwägung im Verfassungsrecht 1976; *Schmidt-Aßmann* Die Berücksichtigung situationsbestimmter Abwägungselemente in der Bauleitplanung 1981; *Schulze-Fielitz* Jura 1992, 201; *Schwerdtfeger* JuS 1983, 270; *Sendler* UPR 1995, 41; *Sieg* ZUR 1994, 84; *Söfker* ZfBR 1979, 11; *Stüer* DVBl 1977, 1; *ders.* NuR 1981, 149; *ders.* DVBl 1995, 912; *ders.* DVBl 1997, 1201; *Stühler* VBlBW 1986, 122; *Weidemann* DVBl 1994, 263; *Weyreuther* DÖV 1977, 419; *Wienke* BayVBl. 1981, 298.
[2] BVerwG, Urt. v. 12.12.1969 – 4 C 105.66 – BVerwGE 34, 301 = RzB Rn. 23 – Abwägung; Urt. v. 14.2.1975 – 4 C 21.74 – BVerwGE 48, 56 = RzB Rn. 50 – B 42; Urt. v. 22.3.1985 – 4 C 63.80 – BVerwGE 71, 150 = RzB Rn. 145 – Roter Hang.
[3] *Stüer* DVBl 1974, 314.

lange ein. Vor allem hat die rechtsstaatlichen Grundsätzen genügende Bauleitplanung auch die Kraft, auf der Grundlage entsprechender Gesetze privates Eigentum neu zu bewerten und ggf. auch in verfassungsrechtlich geschützte Rechte einzugreifen. In der Bauleitplanung konkretisiert sich daher die dem Gesetzgeber zukommende Inhalts- und Schrankenbestimmung in Art. 14 I 2 GG, die in der gemeindlichen Planungsentscheidung ihre Umsetzung findet. Bauleitplanung kann auch die Grundlage für eine Enteignung nach Art. 14 III GG sein. Wegen dieser Eingriffs-, Gestaltungs- und Bewertungsbefugnisse bedarf die Bauleitplanung wie jede andere staatliche Planung einer besonderen verfassungsrechtlichen **Legitimation**, die durch das Abwägungsgebot vermittelt wird. Nur bei Beachtung der Grundsätze, die sich aus dem Abwägungsgebot ergeben, hat die Planungsentscheidung der Gemeinde die Kraft zu dieser Neugestaltung. Werden die sich aus dem Abwägungsgebot ergebenden Grundsätze nicht beachtet, ist die Gemeinde auch nicht legitimiert, durch die Bauleitplanung in konkrete Eigentumspositionen einzugreifen und eine ihren Vorstellungen entsprechende Neubewertung vorzunehmen. Das Eigentum hat daher in der Abwägung eine herausgehobene Stellung. Die Planung trägt dabei ihre Rechtfertigung nicht in sich selbst, sondern bedarf zu ihrer Legitimation besonderer Gründe, die es rechtfertigen, andere Belange zurücktreten zu lassen.[4]

→ Planung ⇔ Abwägung

| Eigentum Inhalt Schranken Enteignung Art. 14 GG | kommunale Selbstverwaltung Planungshoheit Art. 28 II GG | Rechtsstaat Demokratie Legitimation Art. 20 III GG |

II. Struktur der Normen des Planungsrechts

834   Der Gesetzgeber trägt diesen Besonderheiten dadurch Rechnung, dass er für die → Normen des Planungsrechts eine **besondere Struktur** gewählt hat. Außerdem gibt der Gesetzgeber den planenden Gemeinden (allgemeine) **Planungsziele**, durch Abwägung nicht überwindbare → **Planungsleitsätze** (Beachtensgebote) und durch Abwägung überwindbare → **Planungsleitlinien** (Berücksichtigungsgebote), → **Optimierungs- und Minimierungsgebote** sowie ein → **Nachhaltigkeitsprogramm** an die Hand.

→ **Planungsrechtsnormen.** Sie sind zumeist als Finalprogramme gefasst, also auf eine Zielverwirklichung ausgerichtet, und stehen damit im Gegensatz zu den Konditionalprogrammen, die nach dem „Wenn-dann-Schema" aufgebaut sind. Abwägungsdirigierte → **Planungsleitlinien** enthalten Berücksichtigungsgebote, die durch Abwägung überwindbar sind. → **Planungsleitsätze** sind demgegenüber strikt zu beachten und nicht durch Abwägung überwindbar. → **Optimierungsgebote**, die eine herausgehobene Berücksichtigung von Belangen verlangen, stehen damit zwischen den abwägungsdirigierten Planungsleitlinien und den feste Bindungen erzeugenden Planungsleitsätzen. Das **Nachhaltigkeitsprogramm** stellt Anforderungen an die Zusammen-

---

[4] BVerwG, Urt. v. 14.2.1975 – 4 C 21.74 – BVerwGE 48, 56 = RzB Rn. 50; Urt. v. 20.8.1982 – 4 C 81.79 – BVerwGE 66, 133 = RzB Rn. 51 – Trinkwasserversorgung.

stellung des Abwägungsmaterials (§ 2 III BauGB) und die Prüfung von **Kompensationsmöglichkeiten** bei zurückzustellenden Belangen. Hier ist eine aus der Mediation bekannte „Win-Win-Methode" oder eine nachhaltige Trauerarbeit angesagt.

1. Konditional- und Finalprogramme

Die Rechtsnormen des Planungsrechts berücksichtigen die eigenverantwortlichen Ent 835
scheidungsbefugnisse der Gemeinde dadurch, dass sie zumeist final programmiert sind,
also (nur) die Zweckrichtung angeben, ohne jedoch das Ergebnis des gemeindlichen Planungsprozesses inhaltlich exakt vorzuschreiben **(Finalprogramm)**. Die sonst üblichen
nach dem „Wenn-dann-Schema" gefassten, konditional programmierten Rechtsnormen
binden den Rechtsanwender demgegenüber an einen Rechtssatz, unter den der jeweilige
Sachverhalt zu subsumieren ist **(Konditionalprogramm)**. Erfüllt der Sachverhalt die
Tatbestandsmerkmale der Norm, ergibt sich die vom Gesetzgeber angeordnete Rechtsfolge sozusagen automatisch. Durch die Aufnahme von unbestimmten Rechtsbegriffen und
Einräumung von Beurteilungsspielräumen auf der Tatbestandsseite oder Ermessensentscheidungen auf der Rechtsfolgenseite kann der tatsächliche Anwendungsbereich der
Konditionalprogramme zwar erweitert werden. Die grundsätzliche Programmierung der
Verwaltungsentscheidung wird jedoch dadurch nicht aufgehoben.[5]

2. Planungsziele, Planungsleitsätze, Planungsleitlinien und Optimierungsgebote

Die Bauleitpläne sollen eine nachhaltige städtebauliche Entwicklung, die die sozialen, 836
wirtschaftlichen und umweltschützenden Anforderungen auch in Verantwortung gegenüber künftigen Generationen miteinander in Einklang bringt, und eine dem Wohl der
Allgemeinheit dienende sozialgerechte Bodennutzung gewährleisten. Sie sollen dazu beitragen, eine menschenwürdige Umwelt zu sichern und die natürlichen Lebensgrundlagen
zu schützen und zu entwickeln, sowie den Klimaschutz und die Klimaanpassung, insbesondere auch in der Stadtentwicklung, zu fördern, sowie die städtebauliche Gestalt und
das Orts-und Landschaftsbild baukulturell zu erhalten und zu entwickeln (§ 1 V
BauGB)[6]. Auch können **baukulturelle Belange** Gegenstand eines städtebaulichen Vertrages sein (§ 11 I 2 Nr. 2 BauGB).[7] Die Debatte um die Baukultur ist allerdings noch keineswegs abgeschlossen, sondern steht wohl erst in ihren Anfängen. Was ist eigentlich unter dem eher polymorphen Begriff der Baukultur zu verstehen und was bedeutet er für
die städtebauliche Praxis. Kann ein Bauvorhaben an mangelnder Baukultur scheitern?
Wer bestimmt eigentlich, was Baukultur ist? Des Volkes Meinung, die Parlamentarier in
Bund und Ländern, der Stadtbaurat, die Baugenehmigungsbehörde bei der Zulassung
von Vorhaben oder gar der Baukontrolleur bei der Bauabnahme? Über Geschmack lässt
sich trefflich streiten. Bleibt dies als alleinige Erkenntnis auch für die Baukultur und handelt es sich bei diesem (Mode-)Begriff um nicht mehr als nur einen Auftritt einer städtebaulichen Begriffshülse in des Kaisers neuen Kleider?[8] **Baukultur** ist mehr − ja etwas
anderes als die Einhaltung des üblichen städtebaulichen Regelwerkes, des Denkmalschut

---

[5] *BKL* § 1 Rn. 88.

[6] Zu den Möglichkeiten und Grenzen des kommunalen Klimaschutzes in den neuen Bundesländern *Mantel/Elbel* LKV 2009, 1. Zum nachhaltigen Landmanagement und Klimaschutz *Bückmann*
UPR 2009, 407.

[7] Zur Baukultur als Bestandteil einer nachhaltigen städtebaulichen Entwicklung *Trapp* JZ 2013,
540. Zur Berücksichtigung von baukulturellen Ansätzen im Rahmen von Stadterneuerungsmaßnahmen am Beispiel der Berliner Stadtbauförderung *Spangenberger* UPR 2013, 170.

[8] Zur Baukultur als rechtswissenschaftlicher Leitbegriff planerischer Verantwortung Volkert, Diss.
jur. 2012.

zes[9] und auch mehr als die Vermeidung von Verunstaltungen oder von architektonischen Sündenfällen. Baukultur entspringt einem über Architektur und Städtebau hinausgehenden ganzheitlichen Ansatz und betrifft das einzelne Gebäude mit seinen zahlreichen Anforderungen an einen nachhaltigen Umwelt- und Naturschutz ebenso wie die Einbindung des einzelnen Gebäudes in die Umgebung. So gesehen fängt Baukultur in der eigenen Wohnung oder im eigenen Hause an und öffnet den Blick auf Siedlungen und die sichtbare bebaute Umwelt. Der Begriff der Baukultur lädt dabei wohl über den Tellerrand der juristischen Betrachtungsweise zu einer facettenreichen und ebenso im Gedächtnis bleibenden Reise in die Geschichte, Philosophie, Anthropologie, Soziologie, Geographie und Architektur ein und lebt vor allem wohl aus seinen Querbezügen zu diesen auch außerjuristischen Elementen. Auch das UNESCO-Weltkulturerbe, die europäischen Regelwerke und das Verfassungsrecht steuern nach ihren unterschiedlichen Ansätzen wichtige Erkenntnisse zur Begriffsbestimmung bei. Vor diesem Hintergrund muss wohl ein eigenständiger Begriff der nachhaltigen Baukultur entwickelt werden, in den zugleich Aspekte des Städtebaus aber auch funktionale und ästhetische Qualitätsansprüche sowie die Nutzungsansprüche an bauliche Anlagen und private und öffentliche Räume eingehen.[10]

837   Der Begriff der „geordneten" städtebaulichen Entwicklung ist bereits durch das BauROG 1998 durch den Begriff „nachhaltige" städtebauliche Entwicklung ersetzt worden. Dadurch soll ähnlich wie im Umweltrecht durch den Begriff „nachhaltige Entwicklung" („sustainable development") die Bedeutung und Querschnittsfunktion und die Langzeitwirkung der städtebaulichen Planung zum Ausdruck gebracht werden. Durch die **BauGB-Klimanovelle 2011** sind Klimaschutz und Anpassung an den Klimawandel in Anknüpfung an den Nachhaltigkeitsgrundsatz in § 1 V BauGB sozusagen als Programmsatz in das städtebauliche Leitbild integriert. Die Bauleitpläne sollen danach dazu beitragen, eine menschenwürdige Umwelt zu sichern, die natürlichen Lebensgrundlagen zu schützen und zu entwickeln sowie den Klimaschutz und die Klimaanpassung, insbesondere auch in der Stadtentwicklung, zu fördern, sowie die städtebauliche Gestalt und das Orts- und Landschaftsbild baukulturell zu erhalten und zu entwickeln. Den Erfordernissen des Klimaschutzes soll sowohl durch Maßnahmen, die dem Klimawandel entgegenwirken, als auch durch solche, die der Anpassung an den Klimawandel dienen, Rechnung getragen werden. Der Grundsatz ist in der Abwägung nach § 1 VII BauGB zu berücksichtigen (§ 1a V BauGB). Die allgemeinen **Ziele** der Bauleitplanung werden in § 1 VI BauGB durch verschiedene **Planungsleitlinien (Berücksichtigungsgebote)** ergänzt:[11] So soll die Bauleitplanung die allgemeinen Anforderungen an gesunde Wohn- und Arbeitsverhältnisse, die sozialen und kulturellen Bedürfnisse der Bevölkerung, die Erhaltung, Erneuerung und Fortentwicklung vorhandener Ortsteile sowie die Gestaltung des Orts- und Landschaftsbildes, den Denkmalschutz, Belange des Umweltschutzes, des Naturschutzes und der Landschaftspflege, der Wirtschaft, Landwirtschaft, Abfallentsorgung, Abwasserbeseitigung oder auch der Verteidigung berücksichtigen. Nach § 1a II 1 BauGB soll mit Grund und Boden sparsam und schonend umgegangen werden.[12] Dabei sind Bodenversiegelungen auf das notwendige Maß zu begrenzen. Der Appell zu einem sparsamen Umgang mit Grund und Boden steht im Zusammenhang mit der Planungsleitlinie in § 1 VI Nr. 2 BauGB, wonach die Eigentumsbildung weiter Kreise der Bevölkerung insbesondere durch die Förderung des Kosten sparenden Bauens verstärkt werden soll.

---

[9] Zur Umnutzung denkmalgeschützter Gebäude *Plück*, in Bau- und Fachplanungsrecht, FS für *Stüer*, 2013, 545.

[10] Zur Baukultur als rechtswissenschaftlichem Leitbegriff und zu konzeptionellen Entwürfen in der Auslegung dieses Begriffs Dolores *Volkert*, Baukultur, Diss. jur., Nomos 2012.

[11] Zur Terminologie *Hoppe* in HBG § 7 Rn. 25, 102.

[12] Zur Flächensparsamkeit in der Bauleitplanung *Wächter* DVBl 2009, 997; *Schröer* NZBau 2009, 768. Zum Beitrag der Rechtsprechung zu einem sparsamen Flächenverbrauch *Faßbender* ZUR 2010, 81; *Söfker* StG 2010, 183.

Die Planungsleitlinien und Planungsgrundsätze konkretisieren die allgemeinen Planungsziele, die durch den Gesetzgeber näher ausgestaltet und der planenden Gemeinde für die Aufstellung der Bauleitpläne an die Hand gegeben werden. Die Aufzählung der Planungsleitlinien und Planungsgrundsätze ist nicht abschließend. Zudem bedarf es einer **Konkretisierung** im Einzelfall, welchem der Belange jeweils der Vorrang einzuräumen ist.[13] Die Planungsziele in § 1 V 1 BauGB enthalten dabei übergeordnete, allgemeine Leitbegriffe, die durch die in § 1 VI BauGB niedergelegten Planungsleitlinien und Planungsgrundsätze näher konkretisiert werden.

Von diesen durch Abwägung ausformbaren und überwindbaren Planungszielen und **838** Planungsleitlinien unterscheidet das BVerwG die **Planungsleitsätze (Beachtensregelungen)**, die für die Planung vorgegeben sind und durch Abwägung nicht überwunden werden können. Einen gesetzlichen Planungsleitsatz enthalten danach nur diejenigen Vorschriften, die bei der Planung strikte Beachtung verlangen und deswegen nicht durch planerische Abwägung überwunden werden können.[14] Der Planungsleitsatz bildet daher sozusagen eine **Abwägungssperre** oder ein **Abwägungsverbot** und ist daher mit einer **roten Ampel** vergleichbar, die der Teilnehmer am Straßenverkehr strikt beachten muss und die er nicht durch Abwägung überwinden kann. Als Beispiel für einen Planungsleitsatz benennt das BVerwG etwa **§ 1 III 1 FStrG**, der zwingend vorschreibt, dass Bundesautobahnen keine höhengleichen Kreuzungen haben dürfen. Ein derartiger Leitsatz eröffnet dem Planer keinerlei Gestaltungsfreiraum. Er kann durch planerische Abwägung daher nicht überwunden werden. Seine Verletzung führt ohne weiteres zur Rechtswidrigkeit der Planung. In diesem Sinne enthält auch § 1 IV BauGB einen zwingenden Planungsleitsatz, da er strikt fordert, dass die Bauleitpläne den **Zielen der Raumordnung** anzupassen sind.[15] Allerdings gilt dieses Anpassungsgebot nur für Ziele der Raumordnung, nicht für Grundsätze. Zudem lassen die Ziele der Raumordnung einen Abwägungsspielraum hinsichtlich der weiteren Konkretisierung der Planung auf der Ebene des Flächennutzungsplans und des Bebauungsplans. Die planerische Abwägung der privaten und öffentlichen Belange erlaubt der Gemeinde allerdings nicht, sich über **zwingendes Recht** hinwegzusetzen und dessen Vorgaben „wegzuwägen" (**„Wegwägsperre"**).[16] **Strikte Beachtung** verdienen die Bindungen, die sich aus dem Festsetzungskatalog des § 9 BauGB oder aus § 1 III BauGB ableiten lassen.[17] Auch aus dem **Fachrecht** können sich für die Bauleitplanung nicht durch Abwägung überwindbare Barrieren ergeben. Ob und in welchem Umfang ein solcher Vorrang des Fachrechts besteht, ist den jeweiligen fachrechtlichen Regelungen zu entnehmen.

Von diesen Planungsleitsätzen sind Normen zu unterscheiden, die lediglich eine Be- **839** rücksichtigung im Rahmen der Bauleitplanung verlangen und durch Abwägung überwindbar sind (**Berücksichtigungsregelungen**). Es sind dies Regelungen, die ihrem Inhalt nach selbst nicht mehr als eine Zielvorgabe für den Planer enthalten und erkennen lassen, dass diese Zielsetzungen bei der öffentlichen Planung im Konflikt mit anderen Zielen ganz oder zumindest teilweise zurücktreten können. Innerhalb dieser abwägungsunterworfenen Regelungen sind die einfachen Berücksichtigungsgebote und die Optimierungsgebote zu unterscheiden. **Berücksichtigungsgebote** fordern nur eine einfache Berücksichtigung im Wege der Abwägung in dem Sinne, dass die Belange mit dem ihnen zukommenden Gewicht in die Abwägung einzustellen und dort gegen andere ebenfalls zu berücksichtigende Belange abzuwägen sind. „Die Verwirklichung der geltend ge-

---

[13] Zur Einheitlichkeit der Abwägungsentscheidung in Stadtstaaten *Niere* NordÖR 2008, 153.

[14] BVerwG, Urt. v. 22.3.1985 – 4 C 73.82 – BVerwGE 71, 163 = DVBl 1985, 899.

[15] Zur Raumordnung s. Rn. 1455.

[16] BVerwG, Urt. v. 4.3.1999 – 4 C 8.98 – NVwZ 1999, 1336 = ZfBR 1999, 228 = UPR 1999, 273; nach dieser Entscheidung unterliegt die Zweckmäßigkeit der Begrenzung des Sanierungsgebiets der Abwägung mit der Fehlerfolge nach § 215 I Nr. 2 BauGB.

[17] BVerwG, B. v. 11.5.1999 – 4 BN 15.99 – DVBl 1999, 1293 = UPR 1999, 352 = ZfBR 1999, 279.

machten Stellungnahmen hat sich bedauerlicherweise nicht ermöglichen lassen", lautet vielfach die Mitteilung der planenden Gemeinde an den Einwendungsführer, und es wird, wenn alles gut geht, auch noch eine große Krokodilsträne vergossen. **Optimierungsgebote** nehmen eine Art Mittelposition zwischen Planungsleitsätzen und Berücksichtigungsgeboten ein. Optimierungsgebote verlangen keine strikte Beachtung, wohl aber eine qualifizierte, möglichst weitgehende Berücksichtigung.[18] Sie gehören daher nicht zu den Planungsleitsätzen und unterscheiden sich von den „einfachen" Berücksichtigungsgeboten durch eine qualifizierte Berücksichtigung einzelner Zielsetzungen und Interessen.

840   Das BVerwG bezeichnet etwa den **immissionsschutzrechtlichen Planungsgrundsatz in § 50 BImSchG**, wonach schädliche Umwelteinwirkungen so weit wie möglich vermieden werden sollen, als Optimierungsgebot, weil die Vorschrift eine möglichst weitgehende Berücksichtigung von Belangen des Umweltschutzes in der Planung verlangt.[19] Auch das in § 15 I BNatSchG enthaltene **naturschutzrechtliche Minimierungsgebot** für Eingriffe, die zu unvermeidbaren Beeinträchtigungen führen, hat das BVerwG nicht als der Planung strikt vorgegebenen Planungsleitsatz,[20] sondern als ein durch Planung überwindbares Optimierungsgebot[21] angesehen. Ebenso wird das in **§ 41 I BImSchG** enthaltene Gebot, beim Bau oder der wesentlichen Änderung öffentlicher Straßen unbeschadet des Vorrangs des § 50 BImSchG sicherzustellen, dass keine schädlichen Umwelteinwirkungen durch Verkehrsgeräusche hervorgerufen werden, die nach dem Stand der Technik vermeidbar sind, vom BVerwG als Optimierungsgebot angesehen.[22] Auch die **Bodenschutzklausel in § 1a II BauGB**, wonach mit Grund und Boden sparsam und schonend umgegangen werden soll und Bodenversiegelungen auf das notwendige Maß zu begrenzen sind, wird als Optimierungsgebot bezeichnet.[23] Ebenso wird das in § 124 I BBergG[24] enthaltene Gebot, bei der Errichtung von öffentlichen Verkehrsanlagen auf die Belange des Bergbaus weitgehend Rücksicht zu nehmen, vom BVerwG als Optimierungsgebot verstanden.[25] Die Optimierungsgebote sind von den einfachen Berücksichtigungsgeboten dadurch hervorgehoben, dass der Gesetzgeber der planenden Gemeinde eine bestimmte Wertentscheidung mit auf den Weg gibt. Die in einer Optimierungsklausel enthaltenen Belange stehen sozusagen bei der Abwägung in der ersten Reihe. Sie sind zwar im Gegensatz zu den Planungsleitsätzen durch Abwägung überwindbar, haben aber einen relativen Vorrang in dem Sinne, dass diese Belange nach der gesetzgeberischen Wertentscheidung eine nach der Lage des jeweiligen Einzelfalls **vorrangige Berücksichtigung** verlangen. Die prinzipiell gleichrangigen Belange wandeln sich durch das Optimierungsgebot in vorrangige Belange. Der **Vorrang** ist dabei nicht absolut,[26] sondern nur **relativ** und abhängig von den jeweiligen Einzelfallumständen[27]

---

[18] Grundlegend *Hoppe* DVBl 1992, 853 m. Hinw. auf den Unterschied zwischen der durch Abwägung nicht überwindbaren Regel und dem der Abwägung zugänglichen Prinzip; vgl. auch *Bartlsperger* DVBl 1996, 1; *Alexy* Rechtstheorie 1979 (Beiheft 1), 59, 76.

[19] BVerwG, Urt. v. 22.3.1985 – 4 C 15.83 – BVerwGE 71, 163 = RzB Rn. 87 – B 16.

[20] So aber BVerwG, B. v. 3.10.1992 – 4 A 4.92 – NVwZ 1993, 565 = RzB Rn. 1054.

[21] BVerwG, B. v. 12.6.1990 – 7 B 72.90 – DVBl 1990, 1185 = RzB Rn. 380.

[22] BVerwG, B. v. 13.7.1989 – 4 NB 20.89 – RzB Rn. 80.

[23] Zum Bodenschutz vgl. das BBodSchG sowie *BKL*, Rn. 85 zu § 1 BauGB; *Book* Bodenschutz durch räumliche Planung 1986; *Dombert* PHI 1993, 92; *Erbguth* UPR 1984, 241; *Erbguth/Rapsch* NuR 1990, 443; *Hahn* Bodenschutz 1993; *Kauch* DVBl 1993, 1033; *Lüers* ZfBR 1997, 231; *Peine* NuR 1992, 353; *Schink* ZfBR 1995, 178; *Sendler* UPR 1995, 44; *Storm* DVBl 1985, 317; *Wagner* UPR 1997, 387.

[24] Abgedruckt bei *Stüer*, Bau– und Fachplanungsgesetze 1999, S. 517.

[25] BVerwG, Urt. v. 14.10.1996 – 4 A 35.96 – Buchholz 407.4 § 17 FStrG Nr. 123 – A 38 Halle–Leipzig.

[26] *Hoppe* DVBl 1992, 853.

[27] BVerwG, B. v. 27.1.1989 – 4 B 201.88 – RzB Rn. 32; kritisch *Bartlsperger* DVBl 1996, 1.

Optimierungsgebote verleihen bestimmten Belangen im traditionellen Verständnis in **841** der Abwägung allerdings ein besonderes **Gewicht** und bewirken, dass der Plangeber sich mit diesen Belangen qualifiziert auseinander setzen muss. Es könnte einiges dafür sprechen, die Überwindung solcher Belange von dem Vorliegen besonderer städtebaulicher Gründe abhängig zu machen, die anderen Belangen dadurch ein besonderes (Gegen-)Gewicht verleihen.[28] Wollte man die Optimierungsgebote als absolut vorrangig bezeichnen, würden die durch sie gesicherten Belange weitgehend durch Abwägung nicht mehr überwindbar sein. Auch würden sich die Optimierungsgebote dann kaum noch von Planungsleitsätzen unterscheiden, die einen solchen absoluten Vorrang für sich in Anspruch nehmen. Zudem bestünde die Gefahr, dass die Optimierungsgebote die aus der Eigentumsgarantie in Art. 14 GG ableitbare potenzielle Baufreiheit und die in Art. 28 II GG gesicherte gemeindliche Bauleitplanung zu stark einschränken würden.[29] Es spricht einiges dafür, die Regelungen, die traditionell als Optimierungsgebote verstanden worden sind, in der Regel als **Schonungs- und Kompensationsgebot**[30] zu bezeichnen, die in der Ausgleichsentscheidung ein zusätzliches Prüfprogramm auslösen. Das gilt insbesondere für die naturschutzrechtliche Eingriffsregelung aber auch die umweltschützenden Belange. Derartige Belange können daher in der Abwägung nicht einfach zurückgestellt werden und sozusagen weg gewogen werden, wie dies der traditionellen Auffassung des Vor- und Zurückstellens von Belangen entsprechen würde. Vielmehr muss in dieser Ausgleichsentscheidung durch einen weiteren Verfahrensschritt geprüft werden, ob durch Kompensationsregelungen eine angemessene Berücksichtigung der in der Abwägung zurückzustellenden Belange geleistet werden kann (**verfahrensrechtliche Wegwägsperre**).

Das bauplanerische **Abwägungsgebot** in § 1 VII BauGB hat **drittschützenden Cha-** **842** **rakter** hinsichtlich solcher privater Belange, die für die Abwägung erheblich sind. Grundrechte bilden private Abwägungsbelange von besonderem Gewicht.[31] Der einzelne Grundstückseigentümer hat allerdings keinen Rechtsanspruch auf eine **optimale Planung**, sondern nur auf eine solche Planung, die dem Abwägungsgebot entspricht.[32] Das Abwägungsgebot verlangt lediglich eine gerechte Abwägung der öffentlichen und privaten Belange. Auch können nicht alle in § 1 V BauGB aufgeführten Belange als Optimierungsgebote verstanden werden, wenn der Gesetzgeber ihnen nicht ausdrücklich einen relativen Vorrang einräumt.[33] Die in der Abwägung zu berücksichtigenden Belange stehen vielmehr prinzipiell auf einer Ebene und sind daher in der Abwägung überwindbar.[34]

III. Planungsleitlinien gem. § 1 V, VI BauGB

§ 1 V BauGB enthält die **allgemeinen Aufgaben** und **Ziele** der **Bauleitplanung**. Sie **843** geben den aus Art. 14 GG gebotenen Rahmen, der die planende Gemeinde bindet. Deutlicher hervorgehoben wird, was „nachhaltige" städtebauliche Entwicklung bedeutet, durch die Ergänzung, dass die sozialen, wirtschaftlichen und umweltschützenden Anforderungen auch in Verantwortung gegenüber künftigen Generationen miteinander in Einklang zu bringen sind. Damit betont der Gesetzgeber, dass mit den Ressourcen sorg-

---

[28] BVerwG, B. v. 5.4.1993 – 4 NB 3.91 – BVerwGE 92, 231 = RzB Rn. 166 – Meerbusch.
[29] Auf diese Bedenken weist auch *Hoppe* DVBl 1992, 853 hin; *ders.* DVBl 1996, 12; kritisch auch *Bartlsperger* DVBl 1996, 1.
[30] S. Rn. 855; *Stüer* NVwZ 2005, 508.
[31] BVerwG, B. v. 2.8.2007 – 4 BN 29.07 – Grundrechte als private Abwägungsbelange; Urt. v. 24.9.1998 – 4 CN 2.98 – BVerwGE 107, 215 = DVBl 1999, 100 m. Anm. *Schmidt-Preuß*, 103; B. v. 9.11.1979 – 4 N 1.78 – BVerwGE 59, 87.
[32] BVerwG, B. v. 28.6.1993 – 4 NB 19.93 – RzB Rn. 37; B. v. 7.4.1997 – 4 B 64.97 – NVwZ-RR 1997, 515 = BauR 1997, 595 – Ausfertigungsmangel.
[33] BVerwG, Urt. v. 1.11.1974 – 4 C 38.71 – BVerwGE 47, 144.
[34] BVerwG, B. v. 5.4.1993 – 4 NB 3.91 – BVerwGE 92, 231 = RzB Rn. 166 – Meerbusch.

sam umzugehen ist. In die planerischen Überlegungen einzubeziehen ist – über die Bodenschutzklausel (§ 1 a II 1 BauGB) und die Frage, welche Fläche für welche Nutzung vorgesehen wird, hinaus – auch, welche Entwicklungen ausgelöst werden, welcher Spielraum für künftige Veränderungen und Ansprüche bleibt.[35] Mit der formalen Gleichstellung aller Belange betont der Gesetzgeber, dass die Belange im Grundsatz gleichwertig und gleichgewichtig sind. Eine unterschiedliche Bewertung und das konkrete Gewicht ergeben sich erst aus den Umständen des jeweiligen Planungsfalls. Durch die **Städtebaurechts-Novelle 2013** ist in § 1 V BauGB, einer Vorschrift mit den allgemeinen Zielen des Städtebaus, ein neuer Satz 3 angefügt worden, der im Grunde ein städtebauliches Leitbild definiert, das an die Ziele der Bauleitplanung nach § 1 V 1 BauGB („nachhaltige städtebauliche Entwicklung") und § 1 V 2 BauGB (u.a. soziale Ziele, Umwelt, Klimaschutz und Klimaanpassung, Baukultur) anschließt: „Hierzu soll die städtebauliche Entwicklung vorrangig durch Maßnahmen der Innenentwicklung erfolgen. Die Regelung betont die Innenentwicklung und steht so im Zusammenhang mit einer Reihe weiterer Vorschriften, die dem Anliegen der Innenentwicklung gewidmet sind. Zu nennen ist beispielsweise der Bebauungsplan der Innenentwicklung oder die durch die Flüchtlingsnovelle 2014 erweiterte Zulassung von baulichen Anlagen und Nutzungen in bebauten Ortslagen oder im Umfeld derselben. Die Bodenschutzklausel des **§ 1 a V BauGB** wird dadurch stärker akzentuiert, als die – bislang praktisch wohl eher unscheinbare – „Landwirtschaftsklausel" des § 1 a II 2 BauGB, wonach landwirtschaftlich, als Wald oder für Wohnzwecke genutzte Flächen nur „im notwendigen Umfang ungenutzt werden" sollen. Nach der Gesetzesbegründung sollen der Inanspruchnahme von Freiflächen durch Bauleitplanung Ermittlungen zu Innenentwicklungspotenzialen zu Grunde gelegt werden, zu denen insbesondere Brachflächen, Leerstand in Gebäuden, Baulücken und Nachverdichtungspotenziale zählen können. Die Begründung des Bauleitplans soll solche Ermittlungen zu den Möglichkeiten der Innenentwicklung erkennen lassen. Nach der Gesetzesbegründung kommen hierzu in größeren Gemeinden auch Flächenkataster in Betracht. Des Weiteren bietet sich eine valide Ermittlung des Neubaubedarfs, basierend auf aktuellen Prognosen der Bevölkerungs- und Wirtschaftsentwicklung, an."[36] Die Notwendigkeit der Umwandlung landwirtschaftlich oder als Wald genutzter Flächen soll begründet werden; dabei sollen Ermittlungen zu den Möglichkeiten der Innenentwicklung zugrunde gelegt werden, zu denen insbesondere Brachflächen, Gebäudeleerstand, Baulücken und andere Nachverdichtungsmöglichkeiten zählen können **(§ 1 a II 3 BauGB)**. Zugleich wird durch die ergänzenden Vorschriften zum Umweltschutz in § 1 a III 5 BauGB die Regelung in § 15 III BNatSchG für entsprechend anwendbar erklärt. Bei der Inanspruchnahme von land- oder forstwirtschaftlich genutzten Flächen für Ausgleichs- und Ersatzmaßnahmen ist auf agrarstrukturelle Belange besonders Rücksicht zu nehmen. Dies dient den Interessen der Land- und Forstwirtschaft, von ihnen bewirtschaftete Flächen nicht für Kompensationsmaßnahmen in Anspruch zu nehmen. Für die planenden Gemeinden ergeben sich aus diesen gesetzlichen Anforderungen Darlegungslasten. Fehlen derartige Überlegungen vollständig, kann dies auf ein Abwägungsdefizit hindeuten. Es könnte sich daher für die Gemeinden empfehlen, bereits auf der Ebene des Flächennutzungsplans entsprechende konzeptionelle Möglichkeiten zu prüfen und aus einer Gesamtsicht darzustellen.

Die Bodenschutzklausel wird dabei – über das unmittelbare Ziel der Vermeidung der Außenentwicklung hinaus – kombiniert mit einem sehr viel deutlicher als im bisherigen Recht formulierten Ziel des Schutzes landwirtschaftlicher Flächen. Darin spiegeln sich auch die Sorgen um die starke Inanspruchnahme landwirtschaftlicher Flächen für die Siedlungsentwicklung einerseits und für ökologische Nutzungen andererseits (u.a. Windenergie, Biogasanlagen), aber auch für die Nutzung der landwirtschaftlichen Flächen u.a.

---

[35] EAG Bau 2004 – Mustererlass 2004.
[36] BT-Drs. 17/11468.

für die Kraftstoffgewinnung wieder. Der Katalog in § 1 VI BauGB ist nicht abschließend.

1. Allgemeine Anforderungen an gesunde Wohn- und Arbeitsverhältnisse

Nach § 1 VI Nr. 1 BauGB sind bei der Aufstellung der Bauleitpläne insbesondere die all- **844** gemeinen Anforderungen an gesunde Wohn- und Arbeitsverhältnisse und die Sicherheit der Wohn- und Arbeitsbevölkerung zu berücksichtigen. Mit dieser zentralen Planungsleitlinie soll erreicht werden, dass bei der Bauleitplanung keine städtebaulich bedenklichen **Spannungen** zwischen **Wohnen und Gewerbe** auftreten und vorhandene Nutzungskonflikte i. S. des **Verbesserungsgebotes** nach Möglichkeit entschärft werden.[37]

2. Wohnbedürfnisse der Bevölkerung

Nach § 1 VI Nr. 2 BauGB sind die Wohnbedürfnisse der Bevölkerung, die Schaffung **845** und Unterhaltung sozial stabiler Bewohnerstrukturen, die Eigentumsbildung weiter Kreise der Bevölkerung und die Anforderungen Kosten sparenden Bauens sowie die Bevölkerungsentwicklung zu berücksichtigen. Diese Planungsleitlinie ist eng mit den nach § 1 VI Nr. 1 BauGB aufgestellten Anforderungen verzahnt. Die Gemeinde soll danach bei der Bauleitplanung die allgemeinen Anforderungen an gesunde Wohn- und Arbeitsverhältnisse und die Sicherheit der Wohn- und Arbeitsbevölkerung gewährleisten. Die Vermeidung einseitiger Bevölkerungsstrukturen (§ 1 V Nr. 2 BauGB 1998) hat das EAG Bau 2004 durch die Schaffung und Erhaltung sozial stabiler Bewohnerstrukturen ersetzt. Auch eine homogene Bewohnerstruktur kann danach eine städtebaulich sachgerechte Lösung sein und ausgewogenen Wohnverhältnissen in der Gemeinde insgesamt dienen. Die Formulierung deckt sich mit den allgemeinen Förderungsgrundsätzen des § 6 S. 2 Nr. 3 Wohnraumförderungsgesetz. Beim Kosten sparenden Bauen ist die „Förderung" durch die „Anforderungen" ersetzt worden. Damit wird klargestellt, dass es sich nicht um die Bereitstellung von Finanzmitteln handelt, sondern um planerische Maßnahmen zugunsten des kostengünstigen Bauens.

3. Soziale und kulturelle Bedürfnisse

Nach **§ 1 VI Nr. 3 BauGB** sind die sozialen und kulturellen Bedürfnisse der Bevölke- **846** rung, insbesondere die Bedürfnisse der Familien, der jungen, alten und behinderten Menschen, unterschiedliche Auswirkungen auf Frauen und Männer sowie die Belange des Bildungswesens und von Sport, Freizeit und Erholung zu berücksichtigen. Hierzu gehören Anlagen des Gesundheitswesens, soziale Einrichtungen, Theater, Konzertsäle, Versammlungsräume und kulturelle Begegnungsstätten. Auch durch Altenheime, Kinderheime, Kindergärten, Gemeinbedarfs- und Grünflächen, Schulen oder andere Einrichtungen des Bildungswesens sowie Sport-, Freizeit- und Erholungseinrichtungen und Flächen für Sport- und Spielanlagen trägt die Gemeinde dieser Planungsleitlinie Rechnung. Die Planung soll dabei sicherstellen, dass diese Einrichtungen einerseits gut erreichbar sind. Andererseits sollen aber unzumutbare Interessenkonflikte zur Wohnnutzung vermieden werden. Dies setzt eine abgestufte Planungskonzeption voraus, die zwischen den sozialen, kulturellen und sportlichen Interessen der Bevölkerung und der störungsempfindlichen Wohnnutzung einen sachgerechten Ausgleich sucht. Einrichtungen, die einen größeren Einzugsbereich haben und mit stärkeren Immissionen verbunden sind, sollten dabei einen von der Wohnbebauung getrennten Standort finden, während Einrichtungen mit einem kleineren Einzugsbereich und geringeren Immissionen in die

---

[37] Zum Verbesserungsgebot BVerwG, B. v. 23.6.1989 – 4 B 100.89 – NVwZ 1990, 263 = DVBl 1989, 1065 = RzB Rn. 74.

Wohngebiete integriert bzw. wohngebietsnah angelegt werden sollten. Unterschiedliche Auswirkungen auf Männer und Frauen (Gender Mainstreaming) können in der Planung Folgen auf die Übersichtlichkeit bei der Wegeführung, die Vermeidung von Angsträumen, die Nutzungsmischung und auf das Modell einer Stadt der kurzen Wege haben.

4. Ortsteile

847   Nach § 1 VI Nr. 4 BauGB ist die Erhaltung, Erneuerung, Fortentwicklung, Anpassung und der Umbau vorhandener Ortsteile zu berücksichtigen. Die Planungsleitlinie bezieht sich vor allem auf die innerörtliche Entwicklung in den Städten und Gemeinden auch in problematischen Gemengelagen-Situationen. Dabei soll der Gedanke der Innenentwicklung auch vor dem Hintergrund der Bodenschutzklausel (§ 1 a II BauGB) Bedeutung haben (vgl. auch den durch die BauGB-Novelle 2007 eingeführten Bebauungsplan der Innenentwicklung). Dem Grundsatz, mit Grund und Boden sparsam umzugehen und daher bisherige Freiflächen nur in dem notwendigen Umfang umzunutzen, entspricht auf der anderen Seite eine Betonung der Innenentwicklung. Vorhandene Ortsteile sollen daher nach Möglichkeit in einem angemessenen Umfang verdichtet werden (Grundsatz der Nachverdichtung), vorhandene Gemengelagen in dem gebotenen Umfang entflochten und Bodenversiegelungen auf das notwendige Maß begrenzt werden (§ 1 a II 2 BauGB). Zugleich wird der Stadtumbau (§§ 171 a bis 171 d BauGB) angesprochen.

5. Denkmalschutz, Baukultur, Orts- und Landschaftsbild

848   Nach § 1 VI Nr. 5 BauGB sollen die Belange der Baukultur, des Denkmalschutzes und der Denkmalpflege, die erhaltenswerten Ortsteile, Straßen und Plätze von geschichtlicher, künstlerischer oder städtebaulicher Bedeutung und die Gestaltung des Orts- und Landschaftsbildes berücksichtigt werden. Die Vorschrift verlangt damit eine Berücksichtigung der Baukultur und der Belange des Denkmalschutzes und der Denkmalpflege sowie der erhaltenswerten Ortsteile, Straßen und Plätze von geschichtlicher, künstlerischer oder städtebaulicher Bedeutung.[38]

849   Belange des **Denkmalschutzes** unterliegen im Rahmen der Inhalts- und Schrankenbestimmung des Eigentums nach Art. 14 I 2 GG der **Gestaltungsbefugnis** des **Landesgesetzgebers**. So werden die Regelungen des Denkmalschutzes, auch soweit sie Eigentumsbefugnisse beeinträchtigen, durchweg als zulässige Regelungen über Inhalt und Schranken des Eigentums angesehen.[39]

850   Der Belang des **Orts- und Landschaftsbildes** lenkt den Blick vor allem auf die Stadtgestalt und den landschaftlichen Gesamteindruck, der durch die Bauleitplanung positiv beeinflusst werden soll. So können etwa Festsetzungen über die Bauweise, die überbaubaren und nicht überbaubaren Grundstücksflächen sowie die Stellung der baulichen Anlagen, die Mindestgröße, die Mindestbreite und Mindesttiefe der Gebäude dazu dienen, das Orts- und Landschaftsbild zu erhalten, zu erneuern oder fortzuentwickeln.[40]

851   Durch das EAG Bau 2004 ist der Aspekt der **Baukultur** hinzugekommen. Damit ist nicht nur eine ästhetische Komponente gemeint. Es sollen alle Aspekte qualitätvollen

---

[38]   Grundlegend *Wurster* Denkmalschutz und Erhaltung HdBöffBauR Kap. D Rn. 1 ff.

[39]   BVerwG, B. v. 3.4.1984 – 4 B 59.84 – DVBl 1984, 638 = NVwZ 1984, 732 – Denkmal; Urt. v. 3.7.1987 – 4 C 26.85 – BVerwGE 78, 23 = RzB Rn. 822 – Erhaltungssatzung; B. v. 10.7.1987 – 4 B 146.87 – NJW 1988, 505 = RzB Rn. 1100; B. v. 23.6.1992 – 4 NB 9.92 – Erhaltungssatzung; Urt. v. 21.11.1996 – 4 C 13.95 – RdL 1997, 42 – Grabungsgenehmigung; BGH, Urt. v. 9.10.1986 – III ZR 2/85 – BGHZ 99, 24 = NJW 1987, 2069 = UPR 1987, 301 = RzB Rn. 1098 – Blücher Museum; Urt. v. 23.6.1988 – III ZR 8/87 – BGHZ 105, 15; vgl. auch Urt. v. 16.7.1993 – III ZR 60/92 – BGHZ 123, 242 – Flugsanddünen.

[40]   *BKL* § 1 Rn. 62; zur Fläche für die Landwirtschaft BGH, Urt. v. 2.4.1992 – III ZR 25/91 – ZfBR 1992, 285 – Streuobstwiese.

Städtebaus ausbalanciert werden. Das kann sich u. a. zeigen in der Beachtung des typischen Charakters einer Gemeinde statt Beliebigkeit des Stadtgrundrisses oder der Nutzungsmaximierung, in Dimensionierung, Form und Abfolge der öffentlichen Räume, die zu Benutzung und Aufenthalt einladen, in der Freihaltung barocker Sichtachsen.

Die von der Gemeinde bei der Aufstellung von Bauleitplänen nach § 1 VI Nr. 5 BauGB **852** zu berücksichtigenden Belange des Denkmalschutzes und der Denkmalpflege sowie die Gestaltung des Orts- und Landschaftsbildes können es rechtfertigen, Grundstücke, deren Gebäude unter Denkmalschutz stehen, aus städtebaulichen Gründen besonderen **Beschränkungen** zu unterwerfen.[41] Die Belange des Denkmalschutzes und der Denkmalpflege sowie die Gestaltung des Orts- und Landschaftsbildes (§ 1 VI Nr. 5 BauGB) können es rechtfertigen, Grundstücke aus städtebaulichen Gründen besonderen Beschränkungen zu unterwerfen.[42] Verursacht das Bauvorhaben bei Berücksichtigung des Gesamterscheinungsbildes des Denkmals keine erhebliche optische Beeinträchtigung, müssen die denkmalschutzrechtlichen Belange hinter den Eigentümerinteressen zurücktreten.[43] Bei einem Denkmalbereich in Form eines Ensembles von städtebaulicher Bedeutung ist es für die Prüfung der denkmalschutzrechtlichen Genehmigungsfähigkeit unerlässlich, die Frage einer etwaigen Minderung der Schutzwürdigkeit durch bereits erfolgte Veränderungen nicht nur „kategorienadäquat", sondern auch beschränkt auf die durch die beabsichtigten baulichen Maßnahmen betroffenen Bauteile zu beantworten. Schutzmindernde Vorbelastungen durch andere Bestandteile des Bauwerks sind dabei nicht zu berücksichtigen, solange sie sich nicht auf die von den beabsichtigten Änderungen betroffenen Bauteile auswirken.[44]

6. Kirchen und Religionsgemeinschaften

Nach § 1 VI Nr. 6 BauGB sind die von den Kirchen und Religionsgemeinschaften des öf- **853** fentlichen Rechts festgestellten Erfordernisse für Gottesdienste und Seelsorge zu berücksichtigen. Mit der Planungsleitlinie, in der gemeindlichen Bauleitplanung dem Bedarf von Kirchen und Religionsgemeinschaften Rechnung zu tragen, wird die in Art. 140 GG, Art. 137 WRV verfassungsrechtlich garantierte **Kirchenautonomie** in das gemeindliche Planungsrecht einbezogen. Die Feststellung, welche Erfordernisse für Gottesdienst und Seelsorge bestehen, obliegt den Kirchen und Religionsgesellschaften des öffentlichen Rechts in eigener Kompetenz. Die Gemeinde ist hinsichtlich der Feststellung des Bedarfs an die kirchlichen Vorgaben gebunden. Die genaue Festlegung des Standortes oder auch die Beurteilung der Frage, ob sich der Bedarf an dem jeweiligen Standort realisieren lässt, sind jedoch der gemeindlichen Abwägung zugänglich. Den Kirchen und Religionsgemeinschaften wird in der beschriebenen Reichweite ein verfassungsrechtlich begründeter Vorrang eingeräumt, der auch unter dem Blickwinkel des Gleichbehandlungsgebotes in Art. 3 GG gerechtfertigt ist. Die Vorrangwirkung der nach § 38 BauGB privilegierten Fachplanung kommt den Kirchen und Religionsgemeinschaften allerdings nicht zu.

7. Umweltschutz, Naturschutz und Landschaftspflege

§ 1 VI Nr. 7 BauGB verpflichtet die Bauleitplanung nach Maßgabe des § 1a BauGB auf **854** die Berücksichtigung der Belange des Umweltschutzes, einschließlich des Naturschutzes und der Landschaftspflege. Die Bauleitplanung wird damit auf das Ziel der Sicherung

[41] BVerwG, B. v. 4.1.2007 – 4 B 74.06 – ZfBR 2007, 273 = BauR 2007, 667 m. Anm. *Gatz*, jurisPR-BVerwG 10/2007 – Denkmalschutz in der Bauleitplanung.

[42] BVerwG, B. v. 4.1.2007 – 4 B 74.06 – ZfBR 2007, 273 = BauR 2007, 667 – Denkmalschutz; VGH München, Urt. v. 10.6.2008 – 2 BV 7.762 – BayVBl. 2008, 669.

[43] OVG Koblenz, Urt. v. 3.7.2008 – 1 A 10125/08 – LKRZ 2008, 356 = BauR 2008, 1492 (L) – Denkmalzone.

[44] OVG Berlin-Brandenburg, Urt. v. 8.11.2006 – 2 B 13.04 – BauR 2007, 694 = LKV 2007, 327 – Denkmalbereich.

der natürlichen Lebensgrundlagen verpflichtet. Die Bedeutung der Bauleitplanung für eine nachhaltige städtebauliche Entwicklung wird bereits in § 1 V 1 BauGB zum Ausdruck gebracht. Danach sollen die Bauleitpläne eine nachhaltige städtebauliche Entwicklung und eine dem Wohl der Allgemeinheit entsprechende sozialgerechte Bodennutzung gewährleisten und dazu beitragen, eine menschenwürdige Umwelt zu sichern und die natürlichen Lebensgrundlagen zu schützen und zu entwickeln. Die Ersetzung des Begriffs der „geordneten" städtebaulichen Entwicklung durch eine „nachhaltige" städtebauliche Entwicklung bereits durch das BauROG 1998 soll die Bedeutung und Querschnittsfunktion der städtebaulichen Entwicklung sowie den Langzeitaspekt hervorheben und steht im Zusammenhang mit vergleichbaren Bestrebungen im Umweltrecht, durch eine nachhaltige Entwicklung („sustainable development") die Bedeutung umweltschützender Belange als Dauer- und Querschnittsaufgabe zu verstehen.

855 **a) Nachhaltige Entwicklung.** Die in den §§ 1 V 1, 1a BauGB enthaltene Fortentwicklung der naturschutzrechtlichen Eingriffsregelung will einen wichtigen Beitrag zur Umsetzung des Nachhaltigkeitsprinzips leisten, wie es in der Habitat Agenda der zweiten Konferenz der Vereinten Nationen über menschliche Siedlungen (Habitat II) vom Juni 1996 in Kapitel II § 29, konkretisiert ist. Eine nachhaltige Entwicklung ist für die Siedlungsentwicklung danach von entscheidender Bedeutung und berücksichtigt die mit dem Erzielen von Wirtschaftswachstum, sozialer Entwicklung und dem Umweltschutz verbundenen Erfordernisse und Notwendigkeiten. Siedlungen sollen auf eine Weise geplant, entwickelt und verbessert werden, welche die Prinzipien der nachhaltigen Entwicklung und aller ihrer Komponenten voll berücksichtigt, wie in der Agenda 21 und in anderen Resultaten der Konferenz der vereinten Nationen über Umwelt und Entwicklung dargelegt wurde. Eine nachhaltige Siedlungsentwicklung gewährleistet nach der Habitat Agenda wirtschaftliche Entwicklung, Beschäftigungsmöglichkeiten und sozialen Fortschritt im Einklang mit der Umwelt. Die Ersetzung des Wortes „geordnete" städtebauliche Entwicklung durch das Wort „nachhaltige" städtebauliche Entwicklung darf allerdings nicht so verstanden werden, dass die städtebauliche Entwicklung nicht mehr geordnet sein soll. Überhaupt liegt die Gefahr nicht ganz fern, dass die Neuformulierung – so wird von Kritikern vorgetragen – nur einer relativ konturenlosen Forderung nach einer nachhaltigen Städtebaupolitik Rechnung tragen wollte, ohne dass sich hieraus für die Praxis gegenüber der bisherigen Rechtslage auf der ganzen Linie handfeste Änderungen ergeben. Der Nachhaltigkeitsgedanke kommt allerdings auch in gesetzlichen Regelungen zum Ausdruck, die eine weitgehende Schonung von Belangen und im Falle von deren Zurückstellung die Prüfung von Kompensationsmöglichkeiten verlangen.[45] Zurückgestellte Belange können danach nicht einfach weggewogen werden, sondern bedürfen einer verfahrensrechtlichen Prüfung, ob ein Ausgleich oder eine Kompensation in sonstiger Weise in der Ausgleichsentscheidung sachgerecht erscheint (Wegwägsperre).

856 **b) Naturschutzrechtliche Festsetzungsmöglichkeiten.** Das BauGB hält zur Umsetzung der in § 1 VI BauGB benannten Belange verschiedene Festsetzungsmöglichkeiten bereit: Nach § 9 I Nr. 2 BauGB können aus Gründen des flächensparenden Wohnens Höchstgrenzen von Wohngrundstücken festgesetzt werden. Es können Flächen für Maßnahmen zum Schutz, zur Pflege und zur Entwicklung von Natur und Landschaft ausgewiesen werden (§ 5 I Nr. 10, § 9 I Nr. 20 BauGB). Die vormals bestehende Beschränkung darauf, dass solche Festsetzungen nicht nach anderen Vorschriften getroffen werden können, wurde bereits durch das BauROG 1998 gestrichen. Dadurch soll ebenso wie durch die damalige Streichung der Subsidiaritätsklausel in § 9 I Nr. 16 BauGB hinsichtlich der wasserwirtschaftlichen Festsetzungen der Anwendungsbereich städtebaulicher Festsetzungen im Bereich natur- und landschaftsschützender Regelungen aber auch wasserwirtschaftlicher Regelungen erweitert werden. Das Erfordernis der aus städtebau-

---

[45] *Stüer*, Handbuch des Bau- und Fachplanungsrechts, Rn. 1600; *ders.* NVwZ 2005, 508.

lichen Gründen abzuleitenden Erfordernisse (vgl. § 9 I HS 1 BauGB) für derartige Festsetzungen bleibt bestehen. Festgesetzt werden können Flächen der Maßnahmen zum Schutz, zur Pflege und zur Entwicklung von Boden, Natur und Landschaft. Sollten sich in der Praxis Überschneidungen zwischen Festsetzungen nach dem BauGB und solchen nach Landesrecht ergeben, wäre dies für den Vollzug des Bebauungsplans unschädlich.[46] Städtebaulich nicht begründbare Festsetzungen wie etwa das zweimalige Mähen einer Wiese im Jahr sind aber auf der Grundlage von § 9 I Nr. 20 BauGB nach wie vor nicht zulässig.

Darüber hinaus wird durch die ausdrückliche Erwähnung des **Bodens** bei den Festset **857** zungsmöglichkeiten nach § 9 I Nr. 20 BauGB entsprechend § 5 II Nr. 10 BauGB der Aspekt des Bodenschutzes aufgegriffen. Damit trägt das BauGB dem Bodenschutz unmittelbar Rechnung und integriert diesen Belang zugleich in die Bauleitplanung der Gemeinden (§ 1 a II 1 BauGB). Bodenschützende Festsetzungen haben den Erhalt oder die Wiederherstellung von Bodenschutzfunktionen zum Ziel. Sie können auch Grundlage späterer Entsiegelungsmaßnahmen nach § 179 BauGB sein.[47] Gem. § 9 VIII BauGB sind in der Begründung des Bebauungsplans die Auswirkungen der Planung insbesondere auch hinsichtlich der Umwelteinwirkungen darzulegen. Hierzu dient der Umweltbericht. Altlastenverdächtige Standorte sind im Flächennutzungsplan (§ 5 III Nr. 3 BauGB) und im Bebauungsplan (§ 9 V Nr. 3 BauGB) zu kennzeichnen. In landschaftlich wertvollen Fremdenverkehrsgebieten ist eine Baulandausweisung zu vermeiden (§ 22 BauGB). Im Außenbereich ist eine schonende Bauweise vorzusehen (§ 35 V BauGB). Der Umweltschutz ist in § 136 IV 2 Nr. 3 BauGB als Sanierungsziel aufgenommen.[48]

c) Naturschutzrechtliche Modelle. Das Naturschutzrecht hält für die verschiedenen **858** naturschutzrechtlichen Eingriffe drei Modelle bereit: Die → **naturschutzrechtliche Eingriffsregelung** in §§ 13 bis 18 BNatSchG (§§ 18 bis 21 BNatSchG 2002) bezieht sich auf Eingriffe, die vermieden, minimiert und gegebenenfalls ausgeglichen werden sollen. In der Bauleitplanung ist das Modell der Eingriffsregelung in §§ 14, 15 BNatSchG zwar abzuarbeiten, jedoch sind einzelne Schritte abwägungsdirigiert in dem Sinne, dass Art und Umfang des erforderlichen Ausgleichs in der planerischen Abwägung festgelegt werden. Besondere Anforderungen stellt die Vogelschutz-RL oder die FFH-RL für Eingriffe in Vogelschutzgebiete bzw. FFH-Gebiete. Hierzu sind auf nationaler Ebene die besonderen Anforderungen der §§ 31 bis 34 BNatSchG zu beachten (§ 1 a IV BauGB). Daneben können sich aus dem deutschen und europäischen Artenschutzrecht Anforderungen an die Bauleitplanung und an die Zulassung von Vorhaben ergeben.

d) Umweltschützende Belange in der Bauleitplanung (Überblick). Bei der Auf **859** stellung der Bauleitpläne sind auch umweltschützende Belange und die Belange des Naturschutzes und der Landschaftspflege zu berücksichtigen.[49] Diese Belange werden im

---

[46] So die Begründung *Bundesregierung*, Gesetzentwurf zum BauROG 1998, 48.
[47] *Bundesregierung*, Gesetzentwurf zum BauROG 1998, 49.
[48] Zu weiteren Einzelheiten *BKL* § 1 Rn. 64.
[49] Zum Verhältnis von Bauleitplanung und Naturschutz *ARGEBAU* in: *Kormann* (Hrsg.) Das neue Baurecht 1994, 7; *Benz/Berkemann* Natur- und Umweltschutzrecht 1989; *Berkemann* NuR 1993, 97; *Bizer/Ormond/Riedel* Die Verbandsklage im Naturschutzrecht 1990; *Blume* NVwZ 1993, 941; *Böhme* Difu-Materialien 3/1993; *Bunzel* UPR 1991, 297; *Dolde* FS Weyreuther 1993, 195; *Dürr* UPR 1991, 81; *ders.* NVwZ 1992, 833; *Gaentzsch* NuR 1990, 1; *Gassner* NVwZ 1991, 26; *ders.* NuR 1993, 252; *Klein* Zur Rechtsnatur und Bindungswirkung der Ziele der Landesplanung 1972; *Knauber* NuR 1985, 308; *Kuchler* Naturschutzrechtliche Eingriffsregelung und Bauplanungsrecht 1989; *Lang* NuR 1984, 189; *Mitschang* Die Belange von Natur und Landschaft in der kommunalen Bauleitplanung 1993; *ders.* ZfBR 1994, 57; *Petersen* NuR 1989, 205; *Ramsauer* (Hrsg.) Die naturschutzrechtliche Eingriffsregelung 1995; *Reinhardt* NuR 1994, 417; *Runkel* NVwZ 1993, 1136; *ders.* UPR 1993, 203; *ders.* StuGR 1993, 204; *Stüer* DVBl 1992, 1147; *ders.* DVBl 1995, 1345; *Waskow* Die Mitwirkung von Naturschutzverbänden im Verwaltungsverfahren 1990.

```
                    ┌─────────────────────────────────────┐
                    │            Naturschutz              │
                    └─────────────────────────────────────┘
```

Eingriffsregelung §§ 18 bis 20 BNatSchG	Bauleitplanung § 1a III BauGB	FFH Vogelschutz-RL §§ 32 bis 37 BNatSchG
• Eingriff • Vermeidung • Minimierung • Ausgleich • bipolare Abwägung • Ersatz – Landesrecht	Abarbeiten – Abwägung **Instrumente** §§ 5 I Nr. 5, 9, 10, IIa, 9 I Nr. 15, 18, 20, 25, 135a–c, 200a BauGB §§ 18 bis 21 BNatSchG	• Vogelschutz • FFH • Verträglichkeitsprüfung • Alternativlosigkeit • Kommissionsbeteiligung bei Unverträglichkeit für prioritären Arten oder Lebensräumen

Artenschutz
§§ 43, 43, 62 BNatSchG
Art. 12, 16 FFH-RL
Art. 5, 9 Vogelschutz-RL

→ Naturschutzrechtliche Eingriffsregelung. Gesetzliche Regelungen für die Berücksichtigung naturschutzrechtlicher Belange bei Planungen und der Verwirklichung von Vorhaben. Die Eingriffsregelung in §§ 13 bis 17 BNatSchG sieht für Eingriffe in Natur und Landschaft ein mehrstufiges Prüfungsschema vor. Eingriffe sind nach Möglichkeit zu vermeiden und zu minimieren. Nicht zu vermeidende Eingriffe sind auszugleichen oder in sonstiger Weise zu kompensieren § 15 II BNatSchG. Gelingt dies nicht, sind die Eingriffe nur zulässig, wenn die für das Vorhaben sprechenden Gründe in der bipolaren (nachvollziehenden) Verhältnismäßigkeitsprüfung (§ 15 V 1 BNatSchG) den naturschutzrechtlichen Belangen vorgehen. Auch für die Bauleitplanung ist dieses Programm abzuarbeiten, aber abwägungsdirigiert (Baurechtskompromiss, § 1 a III BauGB, § 18 BNatSchG). Für Vogelschutzgebiete und FFH-Gebiete gelten höhere Anforderungen nach der Vogelschutz-RL, der FFH-RL und §§ 31 bis 34 BNatSchG.

BNatSchG, im BWaldG und in den landesgesetzlichen Regelungen konkretisiert.[50] Die umweltschützenden Belange sind in einem weiten Sinne zu verstehen. Es rechnen hierzu alle Belange, die einen Bezug zu Umweltgütern haben. § 1 VI Nr. 7 BauGB verpflichtet die Gemeinden, im Rahmen der Bauleitplanung in der Abwägung diese verschiedenen umweltschützenden Belange zu berücksichtigen. Durch die gesetzliche Regelung soll den planenden Gemeinden eine Hilfestellung für die Berücksichtigung umweltschützender Belange in der Bauleitplanung gegeben werden.[51] So sind etwa in der Abwägung die Auswirkungen der Planung auf Tiere, Pflanzen, Boden, Wasser, Luft, Klima und das Wirkungsgefüge zwischen ihnen sowie die Landschaft und die biologische Vielfalt zu berücksichtigen. Einen besonderen Stellenwert haben die Erhaltungsziele und der Schutzzweck von Gebieten mit gemeinschaftlicher Bedeutung und der Europäischen Vogelschutzgebiete (§ 1 VI Nr. 7 b BauGB). Die Prüfung dieser Belange vollzieht sich nach den naturschutzrechtlichen Regelungen in §§ 31 bis 34 BNatSchG (§ 1a IV BauGB) und sind damit der Abwägung weitgehend entzogen. Ebenso zählen zu den umweltschützenden

---

[50] Zum landschaftspflegerischen Begleitplan und Grünordnungsplan *Gassner* DVBl 1991, 355; *Kuschnerus* DVBl 1986, 75; *Stich* WiVerw. 1992, 145; *ders.* DVBl 1992, 257.
[51] *Bundesregierung*, Gesetzentwurf zum BauROG 1998, 43.

Belangen die Auswirkungen auf den Menschen und seine Gesundheit sowie die Bevölkerung insgesamt. Hinzu treten umweltbezogene Auswirkungen auf Kulturgüter und sonstige Sachgüter, die Vermeidung von Emissionen sowie der sachgerechte Umgang mit Abfällen und Abwässern, die Nutzung erneuerbarer Energien sowie die sparsame und effiziente Nutzung von Energien. § 1a BauGB konkretisiert daher Elemente der Abwägung, wie sie in § 1 V und VI BauGB allerdings nicht abschließend niedergelegt sind. Auch die Aufzählung der umweltschützenden Belange in § 1 VI Nr. 7 BauGB ist nicht abschließend. Es wird jedoch klargestellt, dass sich die Gemeinde mit den erwähnten Belangen auseinander setzen muss, wenn dazu nach Lage der Dinge Anlass besteht.[52]

Das Verhältnis von naturschutzrechtlicher Eingriffsregelung und Baurecht ist in fol- **860** genden Regelungen des BauGB und des BNatSchG niedergelegt: Das BNatSchG regelt in § 18 I BNatSchG das Verhältnis der naturschutzrechtlichen Eingriffsregelung zur Bauleitplanung, in § 18 II BNatSchG das Verhältnis der naturschutzrechtlichen Eingriffsregelung zu den Vorschriften über die planungsrechtliche Zulässigkeit von Vorhaben und in § 18 III BNatSchG die Beteiligung der Naturschutzbehörden in Vorhaben-Genehmigungsverfahren. Im BauGB ist demgegenüber geregelt: Die Berücksichtigung der Vermeidung und des → Ausgleichs der zu erwartenden Eingriffe in Natur und Landschaft (Eingriffsregelung nach dem BNatSchG in der bauleitplanerischen Abwägung) und die unterschiedlichen Möglichkeiten, den Ausgleich der zu erwartenden Eingriffe in Natur und Landschaft zu verwirklichen (§§ 1 VII, 1a III BauGB). Hinzu treten verschiedene Vorschriften zur Umsetzung und zum Vollzug der naturschutzrechtlichen Eingriffsregelung: Der Flächennutzungsplan kann entsprechende Darstellungen nach § 5 IIa BauGB für Flächen zum Ausgleich für Flächen, auf denen Eingriffe in Natur und Landschaft zu erwarten sind, enthalten. Der Bebauungsplan kann auf Festsetzungen nach § 9 Ia BauGB von Flächen oder Maßnahmen zum Ausgleich auf den Baugrundstücken selbst, im sonstigen Geltungsbereich des Bebauungsplans oder in einem anderen Bebauungsplan einschließlich der Möglichkeit der Zuordnung zu den Grundstücken, auf denen Eingriffe zu erwarten sind, zurückgreifen. Die §§ 135a bis 135c BauGB dienen dem Vollzug von Festsetzungen in Bebauungsplänen für den Ausgleich der zu erwartenden Maßnahmen. § 200a BauGB stellt klar, dass der Ausgleich auch durchgeführte Ersatzmaßnahmen umfasst. § 212a II BauGB lässt die aufschiebende Wirkung von Widerspruch und Anfechtungsklage gegen die Geltendmachung eines Kostenerstattungsbetrages für die Durchführung von Ausgleichsmaßnahmen entfallen. Die Länder haben keine Möglichkeit, von dem naturschutzrechtlichen Regelungen in § 1a BauGB abzuweichen (anders noch § 246 VI BauGB 1998). § 243 II BauGB enthält ein besonderes Überleitungsrecht für die Berücksichtigung der → naturschutzrechtlichen Eingriffsregelung (→ Abbildung 83, Textbeispiel 80). Ergänzt worden sind die Regelungen durch die Erweiterung der gesetzlichen Vorkaufsrechte der Gemeinde in § 24 I 1 Nr. 1 BauGB für im Bebauungsplan festgesetzte Flächen für Ausgleichsmaßnahmen i. S. des § 1a III BauGB, durch Klarstellungen in den §§ 5, 57, 59, 61 BauGB im Umlegungsrecht und in den §§ 147, 148, 154, 156 BauGB im Besonderen Städtebaurecht für Flächen und Maßnahmen zum Ausgleich. Weitere Klarstellungen sind in § 1a III 4 BauGB zur Durchführung des Ausgleichs auf gemeindeeigenen Flächen und auf Grund städtebaulicher Verträge gem. § 11 I 1 Nr. 2 BauGB aufgenommen worden.[53]

e) Nichtanwendbarkeit der Eingriffsregelung für Bebauungspläne der Innenent- **861** **wicklung (§ 13a BauGB).**[54] Wird unter den Voraussetzungen des § 13a BauGB ein Bebauungsplan der Innenentwicklung mit einer Grundfläche von **bis zu 20.000 m²** aufgestellt, so gelten nach der etwas verklausulierten Regelung in § 13a II Nr. 4 BauGB Eingriffe, die auf Grund der Aufstellung des Bebauungsplans zu erwarten sind, als i. S. des

---

[52] Fachkommission „Städtebau" der ARGEBAU, Muster-Einführungserlass zum BauROG, S. 19.
[53] Fachkommission „Städtebau" der ARGEBAU, Muster-Einführungserlass zum BauROG, S. 25.
[54] S. Rn. 223.

§ 1 a III 5 BauGB vor der planerischen Entscheidung erfolgt oder zulässig. In dieser Größenordnung sind daher Bebauungspläne der Innenentwicklung von der unmittelbaren Anwendung der naturschutzrechtlichen Eingriffsregelung ausgenommen. Nicht anwendbar sind damit auch die § 135 a bis 135 c BauGB über die Pflichten des Vorhabenträgers, die Durchführung durch die Gemeinde, die Kostentragung (§ 135 a BauGB), die Verteilungsmaßstäbe für die Abrechnung (§ 135 b BauGB) und das Satzungsrecht (§ 135 c BauGB). Naturschutzrechtliche Belange sind allerdings gleichwohl Bestandteil der Abwägung (§ 1 VI Nr. 7 BauGB) und behalten in diesem Rahmen ihren bisherigen Stellenwert. Das Abwägungsgebot verpflichtet die Gemeinde, alle nach Lage der Dinge zu berücksichtigenden Belange in die Abwägung einzustellen. Belange des Natur- und Umweltschutzes dürfen davon nicht ausgenommen werden. Werden die Belange des Natur- und Umweltschutzes daher nicht in die gemeindliche Bauleitplanung eingestellt, so liegt ein ggf. beachtlicher → Abwägungsfehler vor, wenn es sich um mehr als geringfügige, schutzwürdige und erkennbare Belange handelt. Die Belange stehen auch nach Lage der Dinge zu einer Kompensationsprüfung an. Dies ergibt sich allerdings nicht aus der naturschutzrechtlichen Sonderregelung in § 1 a III BauGB, sondern aus dem Abwägungsgebot, das im Einzelfall verpflichten kann, erforderliche und sachgerechte Kompensationsmöglichkeiten abwägend zu prüfen und in dem gebotenen Umfang einen Ausgleich herbeizuführen. Allerdings ist die planende Gemeinde nur innerhalb des Anwendungsbereichs des § 1 a III BauGB zu einem dort festgelegten Abarbeiten der Eingriffsregelung und zu einer entsprechenden Kompensationsregelung verpflichtet. Unter Geltung (lediglich) der allgemeinen Anforderungen des Abwägungsgebotes ist die Gemeinde freier. Sie kann zwar die betroffenen Belange nicht einfach – wie vielleicht früher vielfach üblich – wegwägen. Der fachliche Standard der Abwägung auch im Hinblick auf die natur- und umweltschützenden Belange ist dabei nach wie vor einzuhalten. Verlangen die Eingriffe nach Auffassung der Gemeinde nach einer Kompensation, so besteht bei einem Bebauungsplan der Innenentwicklung zwar nicht die Möglichkeit, das Kompensationsinstrumentarium der §§ 135 a bis 135 c BauGB zu nutzen. Es ist der Gemeinde jedoch nach wie vor nicht verwehrt, entsprechende städtebauliche Ziele zu verfolgen und diese auch außerhalb der vorgenannten gesetzlichen Regelungen in einem städtebaulichen Vertrag umzusetzen.[55]

862　f) Regelungsgehalt des § 1 a BauGB (Überblick). Nach § 1 a I BauGB sind bei der Aufstellung der Bauleitpläne die Regelungen in § 1 a II bis IV BauGB anzuwenden. Damit verpflichtet der Gesetzgeber die Gemeinden sowohl für den Flächennutzungsplan auch die Bebauungspläne auf die umweltschützenden Vorschriften, die vor dem Hintergrund der in § 1 V Nr. 7 BauGB benannten Belange das Verfahren zur Aufstellung von Bauleitplanung prägen. § 1 a II BauGB enthält für die weitere Prüfung Programmsätze, die mit der Bodenschutzklausel verbunden sind: Mit Grund und Boden soll sparsam und schonend umgegangen werden. Dabei sind zur Verringerung der zusätzlichen Inanspruchnahme von Flächen für bauliche Nutzungen die Möglichkeiten der Entwicklung der Gemeinde insbesondere durch Wiedernutzbarmachung von Flächen, Nachverdichtung und andere Maßnahmen zur Innenentwicklung zu nutzen sowie Bodenversiegelungen auf das notwendige Maß zu begrenzen. Landwirtschaftlich, als Wald oder für Wohnzwecke genutzte Flächen sollen nur im notwendigen Umfang umgenutzt werden (§ 1 a II 2 BauGB). Das Gesetz gibt damit den Gemeinden für die Bauleitplanung Grundsätze an

---

[55] BVerwG, Urt. v. 11.2.1993 – 4 C 18.91 – BVerwGE 92, 56 = DVBl 1993, 654 – Weilheimer Einheimischenmodell; Urt. v. 16.5.2000 – 4 C 4.99 – BVerwGE 111, 162 = DVBl 2000, 1853; BGH, Urt. v. 29.11.2002 – V ZR 105/02 – BGHZ 153, 93 = DVBl 2003, 519 = ZfIR 2003, 210 mit Anmerkung *Krautzberger* = BGHReport 2003, 266 mit Anmerkung *Grziwotz* = IBR 2003, 278 mit Anmerkung *Lange* = DNotZ 2003, 346 mit Anmerkung *Grziwotz* = LMK 2003, 87 mit Anmerkung *Bunzel* = NotBZ 2003, 237 mit Anmerkung *Pützhoven* = EWiR 2003, 843 mit Anmerkung *Gronemeyer* = LMK 2003, 87 mit Anmerkung *Bunzel* – Mehrerlösabfindungsklausel.

die Hand, die in der Abwägung zu berücksichtigen sind (§ 1 VII BauGB). Die Bodenschutzklausel hat zwar gegenüber anderen Grundsätzen und abwägungserheblichen Belangen keinen Vorrang, entfaltet aber Berücksichtigungserfordernisse in dem Sinne, dass die Gemeinde sich mit diesem Grundsatz – wo dazu Veranlassung besteht – befassen muss und die sich daraus ergebenden Berücksichtigungsgebote nicht einfach wegwägen darf. Dabei ist zwischen Berücksichtigungsgeboten und Beachtensgeboten zu unterscheiden. Berücksichtigungsgebote lassen eine Überwindung von Belangen in der Abwägung zu (§ 1 a III BauGB). Beachtensgebote fordern einen strikten Vorrang der geschützten Belange. Diese können nur ggf. unter Anwendung eines gesetzlich vorgesehenen Prüfprogramms überwunden werden. § 1 a IV BauGB benennt die Belange des Habitat- und Vogelschutzes von gemeinschaftlicher Bedeutung, die nicht in einer (einfachen) Abwägung überwunden werden können, sondern die Einhaltung des Prüfprogramms in den §§ 31 bis 34 BNatSchG verlangen. Aber auch Regelungen zur Erhaltung einer bestmöglichen Luftqualität (§ 1 VI Nr. 7 h BauGB) oder Anforderungen des deutschen und vor allem des europäischen Artenschutzrechts können strikte Beachtung für sich beanspruchen (→ *Abbildung 80 mit Textbeispiel 80*).

Sukzessionsfläche

Die öffentliche Sukzessionsfläche ist naturbelassen einzurichten und zu unterhalten. Weidenflächen dürfen nur einmal im Jahre gemäht werden.

Die mit einem Erhaltungsgebot gem. § 9 I Nr. 25 b BauGB belegten Gehölztatbestände sind vor schädlichen Einwirkungen zu schützen. Natürlicher Ausfall ist durch Neuanpflanzungen mit standortgerechten Laubgehölzen zu ersetzen.

Planungskonzept

Entwicklung eines autobahnnahen Gewerbegebietes südlich der Landesstraße 815 mit ca. 70 ha Gesamtfläche. Die Flächen werden stufenweise je nach Bedarf und Flächenverfügbarkeit durch einzelne Bebauungspläne entwickelt.

Die räumliche Nähe zu Waldgebieten und empfindlichen Landschaftsbestandteilen (Wallhecken, § 28 a NNatSchG-Biotop) erforderte die Einhaltung von gewissen Schutzabständen, dementsprechend großflächig fallen die festgesetzten Grünflächen im Plangebiet aus.

Die parallel zur Landesstraße 815 ausgebildete Grünfläche mit gruppenartiger Bepflanzung soll dazu dienen, die typische „Ammerländer Parklandschaft" entlang der Hauptzufahrt zu erhalten und die bauliche Entwicklung entlang dieser Straße in ihrer räumlichen Wirkung zu relativieren.

Neben den optischen Wirkungen, die durch die großzügigen Grünflächenfestsetzungen erreicht werden, dienen diese Flächen der Unterbringung von Anlagen zur Oberflächenentwässerung (offene Gräben und Regenrückhaltebecken) sowie der Minimierung bzw. dem Ausgleich des Eingriffs.

Festsetzungen zur Nutzungsart

Gewerbegebiet und eingeschränkte Industriegebiete mit der Festsetzung von flächenbezogenen Schallleistungspegeln

Festsetzungen zum Nutzungsmaß

GRZ: 0,6 – 0,8
GFZ: 1,2 – 1,6
im GE max. 2 Vollgeschosse und absolute Gebäudehöhe = 12,00 m
im GIE Gebäudehöhen 14,00 – 25,00 m.

Festsetzungen zur Grünordnung

Detaillierte flächenbezogene textliche Festsetzungen zur Bepflanzung, Pflege und Unterhaltung der Grünzonen.

Maßnahmen zum Schutz, zur Pflege und zur Entwicklung von Natur und Landschaft
(§ 9 I Nr. 20 und 25 BauGB)
Pflanzungen auf den Baugrundstücken

Mindestens 10 % der Grundstücksflächen in den Baugebieten sind mit heimischen standortgerechten Bäumen und Sträuchern zu bepflanzen. Der Baumanteil muss mindesten 15 % betragen. Die Bäume sind als Heister mit einer Mindesthöhe von 1,50 m zu pflanzen. Die Pflanzungen sind dauerhaft zu erhalten. Abgängige Gehölze sind nachzupflanzen.

Abbildung 80: *Sukzessionsfläche*

> **Stellplatzbegrünung**
> Stellplatzanlagen mit mehr als 8 Stellplätzen sind wie folgt zu begrünen: Je 8 Stellplätze ist eine Pflanzfläche in Größe eines Stellplatzes innerhalb der Stellplatzanlage anzulegen und mit mindestens einem standortgerechten Laubbaum zu bepflanzen. Bei nebeneinander aufgereihten Stellplätzen ist nach jeweils 8 Stellplätzen statt des 9. Stellplatzes eine Pflanzfläche in Größe eines Stellplatzes anzulegen und mit mindestens einem standortgerechten Laubbaum zu bepflanzen. Die Pflanzungen sind dauerhaft zu erhalten. Abgängige Laubbäume sind nach zu pflanzen.
>
> **Pflege- und Pflanzmaßnahmen in den öffentlichen Grünflächen**
> Für die mit den Buchstaben A bis E gekennzeichneten öffentlichen Grünflächen werden folgende Maßnahmen festgesetzt:
>
> A: Anlage einer naturnah ausgebildeten Grünfläche mit gruppenartiger Gehölzpflanzung. Mindestens 25 % der Fläche (einschließlich Bestand) sind mit heimischen standortgerechten Laubbäumen und –sträuchern zu bepflanzen. Die Pflanzungen sind dauerhaft zu erhalten. Die Sichtfelder für die Straßeneinmündungen sind freizuhalten.
>
> B: Schutzstreifen der Wallhecken. Innerhalb dieser Flächen sind gruppenweise Strauchpflanzungen aus heimischen standportgerechten Arten vorzunehmen. Ansonsten sind die Flächen als Landschaftsrasen anzulegen und extensiv zu pflegen. Baumpflanzungen sind hier nicht zulässig, ausgenommen sind Nachpflanzungen auf der Wallhecke selbst. Innerhalb dieser Fläche sind die Erhaltung und der Ausbau sowie die Pflege vorhandener Gräben einschließlich der hierzu erforderlichen Nebenflächen zulässig. Vorkehrungen können aus zwingenden technischen Gründen zugelassen werden.
>
> C: Anlage einer Bepflanzung. Innerhalb dieser Fläche ist eine gruppenartige oder linear ausgebildete Bepflanzung mit heimischen standortgerechten Laubbäumen und -sträuchern vorzunehmen. Die Pflanzungen sind dauerhaft zu erhalten. Innerhalb dieser Flächen sind die Erhaltung und der Ausbau sowie die Pflege vorhandener Gräben einschließlich der hierzu erforderlichen Nebenflächen zulässig.
>
> D: Regenwasserrückhaltenbecken. Das Regenwasserrückhaltebecken ist mit variierenden Böschungen zwischen 1 : 2 und 1 : 7 anzulegen. Befestigungen sind lediglich im Bereich der Ein- und Auslaufbauwerke sowie für einen Unterhaltungsweg zulässig. Die verbleibenden Uferrandzonen sind gruppenartig mit heimischen Gehölzen zu bepflanzen.
>
> E: Schilfröhricht. Das nach § 28 a NNatSchG geschützte Biotop ist dauerhaft als Schilfröhrrichtzone (Schilf- und Landröhricht) zu erhalten und zu entwickeln.

Textbeispiel 80: *Festsetzungen Sukzessionsfläche (mit Abbildung 80)*

g) Umweltschützende Belange in der Abwägung. Grundlage der Bodenschutzklau-   **863** sel (§ 1 a II BauGB und der naturschutzrechtlichen Eingriffsregelung (§ 1 a III BauGB) ist der Katalog der umweltschützenden Belange in § 1 VI Nr. 7 BauGB. Dabei wird zwischen den Belangen des Habitat- und Vogelschutzes von gemeinschaftlicher Bedeutung (§ 1 VI Nr. 7 b BauGB), den europarechtlichen Vorgaben zur Erhaltung einer bestmöglichen Luftqualität (§ 1 VI Nr. 7 h BauGB) einerseits und den anderen Belangen des Umweltschutzes unterschieden (§ 1 VI Nr. 7 a, c–g, i BauGB). Während erhebliche Einwirkungen auf Belange des Habitat- und Vogelschutzes das Prüfprogramm der §§ 31 bis 34 BNatSchG auslösen und die europarechtlichen Vorgaben zur Luftqualität beachtet werden müssen, sind andere umweltschützende Belange der Abwägung zugänglich (§ 1 a III BauGB). Zu diesen umweltschützenden Belangen in der Abwägung gehören: (a) die Auswirkungen auf Tiere, Pflanzen, Boden, Wasser, Luft, Klima und das Wirkungsgefüge zwischen ihnen sowie die Landschaft und die biologische Vielfalt, (c) umweltbezogene Auswirkungen auf den Menschen und seine Gesundheit sowie die Bevölkerung insgesamt, (d) umweltbezogene Auswirkungen auf Kulturgüter und sonstige Sachgüter, (e) die Vermeidung von Emissionen sowie der sachgerechte Umgang mit Abfällen und Abwässern, (f) die Nutzung erneuerbarer Energien sowie die sparsame und effiziente Nutzung von Energie, (g) die Darstellungen von Landschaftsplänen sowie von sonstigen Plänen, insbesondere des Wasser-, Abfall- und Immissionsschutzrechts, (i) die Wechselwirkungen zwischen den einzelnen Belangen des Umweltschutzes nach § 1 VI Nr. 7 a, c und d BauGB (→ *Abbildungen 82 mit Textbeispielen 81 und 82).*

→ **Ausgleichsmaßnahmen.** Maßnahmen zum Ausgleich von Eingriffen in Natur und Landschaft an der Stelle des Eingriffs oder im unmittelbaren räumlichen Zusammenhang (Landschaftsraum, interne Kompensation). Der Eingriff ist ausgeglichen, wenn nach seiner Beendigung keine erhebliche oder nachhaltige Beeinträchtigung des Naturhaushalts zurückbleibt und das Landschaftsbild landschaftsgerecht wiederhergestellt oder neu gestaltet ist § 15 II 2 BNatSchG.

Ökologischer Ausgleichsraum. Landschaftsraum, in dem naturschutzrechtliche Maßnahmen als Ausgleich für Eingriffe getroffen werden. Es wird darunter aber auch ein Landschaftsraum mit möglichst intakten Umweltbedingungen verstanden, der gegenüber Gebieten mit beeinträchtigten Umweltbedingungen, insbesondere gegenüber Ballungsräumen, eine Ausgleichsfunktion wahrnehmen soll (Erholung, Klima, Biotop- und Artenschutz).

Ersatzmaßnahmen. Maßnahmen zur Kompensation von Eingriffen in Natur und Landschaft, die in räumlicher Entfernung zum Eingriffsort erfolgen oder keine unmittelbaren naturschutzrechtlichen Gegenstände haben (z. B. Ausgleichszahlungen, externe Kompensation).

In der **Bauleitplanung** wird zwischen Ausgleich und Ersatz nicht unterschieden. Die Eingriffs-Ausgleichsregelung ist zwar abzuarbeiten, aber im Gegensatz zur Fachplanung und bei Außenbereichsvorhaben der Abwägung zugänglich. Die Gemeinde hat daher in der Abwägung über angemessene naturschutzrechtliche Kompensationsmaßnahmen zu entscheiden. Über den Nachhaltigkeitsgedanken werden auch andere umweltschützende Belange von dem Erfordernis einer Kompensationsprüfung erfasst. Auch alle anderen Belange einschließlich der wirtschaftlichen Auswirkungen sollten von der Gemeinde in diese Prüfung einbezogen werden. Beim Bebauungsplan der Innenentwicklung (§ 13 a BauGB) und bei bestandswahrenden Bebauungsplänen für bisherige Innenbereichslagen (§ 1 a III BauGB) ist ein naturschutzrechtlicher Ausgleich nicht erforderlich.

Grünordnungsplanung
Vorschläge zur textlichen Festsetzung und Empfehlungen

Entwicklungsziel öffentliche Grünfläche. Erhalt, Anlage und Pflege von Gehölzpflanzungen auf nutzungsoffenen Parkflächen zur Erhöhung der Biotopvielfalt in Verbindung mit Förderung der wohnungsnahen Erholungsvorsorge sowie zur visuellen Abgrenzung der privaten von den öffentlichen Grünflächen
- Entwicklung und Pflege einer 1- bis 2-schürigen Wiesenfläche,
- Erhalt und Anpflanzung von standort- und funktionsgerechten Laubbäumen (Stammumfang mindestens 16 – 18 cm), Sträuchern (mindestens 2 x verschulte Gehölze), kletternden und bodendeckenden Gehölzen) (§ 9 I Nr. 25 a BauGB),
- Erhalt und Pflege der Wallhecken und des Baumbestandes im Süden des Plangebietes (§ 9 I Nr. 25 b BauGB)
- Anlage eines 3 m breiten Fußweges mit wasser- und luftdurchlässiger Oberfläche,
- Anlage eines öffentlichen Spielplatzes der Kategorie A, Ausstattung mit Sitzmöglichkeiten und Spielgeräten, kind- und spielgerechte Bepflanzung,
- Anlage eines öffentlichen Kinderspielplatzes B/C Ausstattung mit Sitzmöglichkeiten und Spielgeräten, kind- und spielgerechte Bepflanzung,
- Gruppenweise Pflanzung von standortgerechten Bäumen, Sträuchern, Kletterpflanzen und bodendeckenden Gehölzen im Grenzbereich zwischen privaten und öffentlichen Grünflächen, in Abstimmung mit den örtlichen Gegebenheiten (§ 9 I Nr. 25 a BauGB).

Entwicklungsziel Baumpflanzung im Verkehrs- und Platzbereich. Erhöhung des Grünvolumens, Abmilderung der mikroklimatisch negativen Einflüsse versiegelter Verkehrsflächen sowie Förderung der optischen räumlichen Gestaltung und Gliederung.
- Pflanzung von funktions- und standortgerechten Laubbäumen (Hochstämme, Stammumfang 18 bis 20 cm) im Straßenbereich. Art und Anzahl der Bäume in Abstimmung mit der unmittelbaren baulichen Umgebung.
- Pflanzung von funktions- und standortgerechten Laubbäumen (Hochstämme, Stammumfang 18 bis 20 cm) im PKW-Stellplatzbereich. Art und Anzahl der Bäume in Abhängigkeit von der Anzahl und Anordnung der PKW-Stellflächen, jedoch mindestens 1 Baum je 4 Stellplätze.

Entwicklungsziel private Grünflächen. Entwicklung von strukturreichen Gemeinschafts- und Gartenflächen zur Erhöhung des Grünvolumens und zur Förderung der Erholungsvorsorge.
- Vorgartenbereich: Anlage von dauerhaften Pflanzflächen, Fahrradstellplätzen, Sammelstandorten für Müll mit einheitlicher Einfassung sowie PKW-Stellplätzen mit luft- und wasserdurchlässigem Belag.
- Anlage von erdgeschossbezogenen Nutz- und Ziergärten: Begrenzung des Versiegelungsgrades durch Zuwegungen, Terrassen und Eingangsbereiche auf 20 % der nicht überbaubaren Fläche sowie Anlage von einheitlichen Abgrenzungen der Gartenflächen in Abstimmung mit der Gestaltung der geplanten Bebauung, ggf. Schnitthecken.

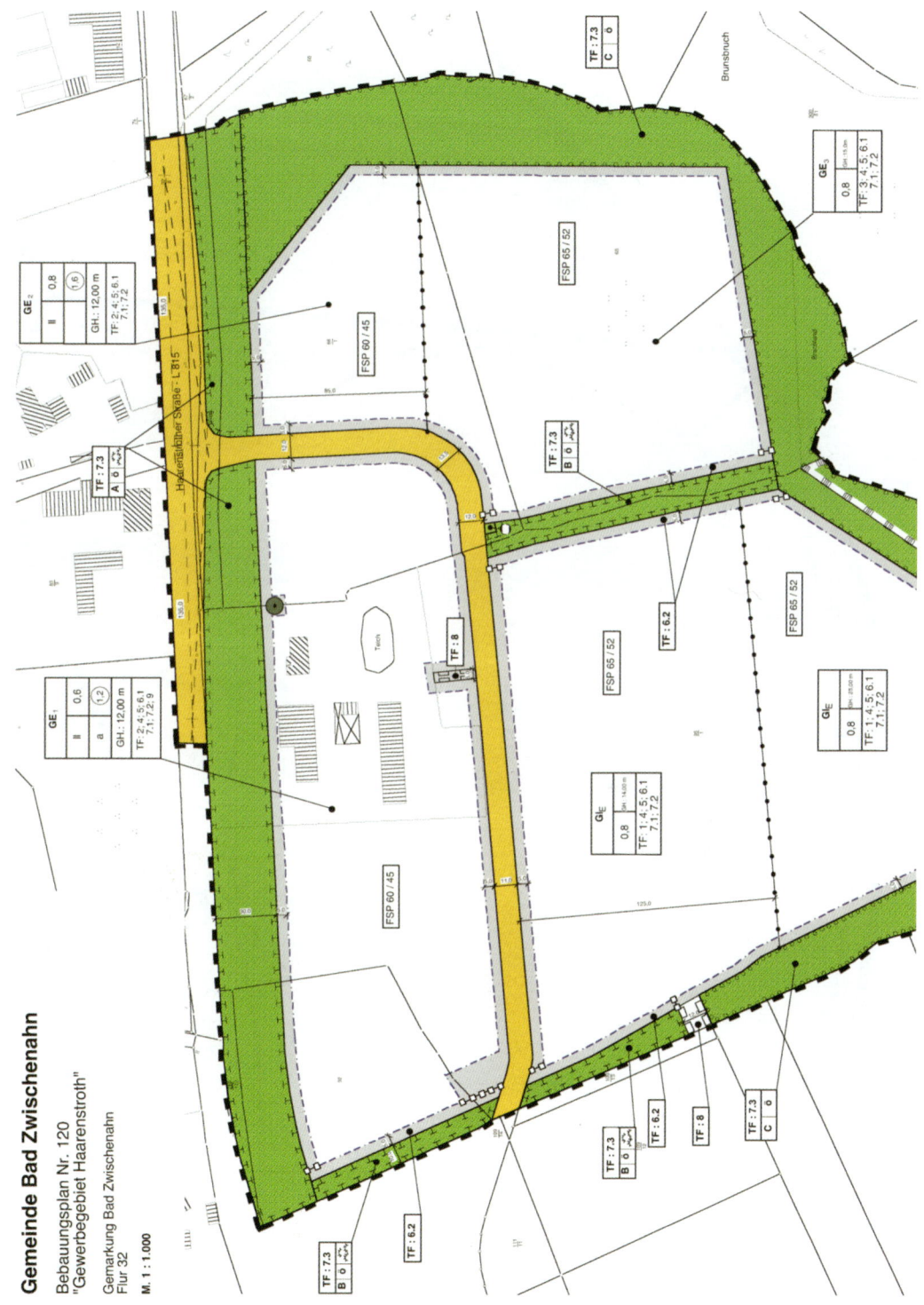

Abbildung 81: *Naturschutzrechtliche Eingriffs-/Ausgleichsregelung*

Abbildung 82: *Grünordnungsplan*

Empfehlungen. Anlage privater Fuß- und Radwege sowie PKW-Stellflächen mit luft- und wasserdurchlässigem Belag, extensive Dachbegrünung von Garagen und Carports bei Dachneigung kleiner als 20° in Abstimmung mit der Gestaltung der geplanten Bebauung, Anpflanzung von standortgerechten Rank- und Kletterpflanzen an senkrechten Wänden im Stellplatzbereich in Abstimmung mit der Gestaltung der geplanten Bebauung, Anlage von Mietergeräten.

Textbeispiel 81: *Grünordnungsplan Vorschläge für Festsetzungen (zu Abbildung 82)*

Grünordnungsplan

Eingriffe dürfen die Leistungsfähigkeit des Naturhaushalts und das Landschaftsbild nicht mehr als unbedingt erforderlich beeinträchtigen. Hierzu sind folgende Maßnahmen durchzuführen:

- **Erhalt und Schutz bestehender Gehölze.** Im Bereich angelegte Hecken- und Strauchpflanzungen sind zu erhalten. Dies betrifft in erster Linie die Anpflanzung im Bereich des geplanten Erweiterungsbaus. Zum Schutz des wertvollen Altholzbestandes auf der ehemaligen Hofesstelle ist vor Beginn der Baumaßnahme ein durchgehender, mindestens 1,8 m hoher Schutzzaun gem. DIN 18920 aufzustellen.
- **Erhalt des Grabenlaufes.** Der Grabenlauf ist in seiner vollen Länge zu erhalten. Zur Sicherung der uferbegleitenden Gehölze sowie zur Erhaltung eines Staudensaumes ist ein mindestens 2 m breiter Randstreifen beiderseitig extensiv zu pflegen.
- **Erhaltung und Wiederherstellung von Strauchpflanzungen.** Als Ausgleichsmaßnahme für den Gleisanschluss wurde zwischen Zufahrt und Bahntrasse eine schmale Strauchpflanzung angelegt. Sie ist zu erhalten bzw. nach Abschluss der Baumaßnahme wiederherzustellen.
- **Verwendung wasserundurchlässiger Belagsarten.** Flächen sind nur dann zu befestigen, wenn dies unbedingt notwendig erscheint. So weit möglich sollten versickerungsfreundliche Materialien verwendet werden. Pkw-Stellplätze sind daher grundsätzlich in Rasengittersteinen (Grünflächenanteil von über 40 %), Fugepflaster o.Ä. anzulegen.
- **Fassadenbegrünung.** Zu einer optischen Auflösung und Strukturierung der großen Fassadenflächen des Lageranbaus kann eine Begrünung des Baukörpers beitragen.
- **Verwendung umweltverträglicher Lampen.** Da damit zu rechnen ist, dass eine große Anzahl nachtaktiver Insekten aus den angrenzenden Lebensräumen von Lichteinwirkungen herausgelockt werden, sollten umweltverträgliche Leuchten verwendet werden. Die Beleuchtung von Außenanlagen von Gebäudekörpern sollte entsprechend eingeschränkt werden.

Ausgleichs- und Ersatzmaßnahmen (Bilanzierung)

Hat ein Eingriff erhebliche Beeinträchtigungen der Leistungsfähigkeit des Naturhaushaltes oder des Landschaftsbildes zur Folge, so sind die Eingriffe nach Möglichkeit auszugleichen (interne Kompensation). Ist dies nicht möglich, hat der Verursacher die durch den Eingriff zerstörten Werte oder Funktionen des Naturhaushaltes oder Landschaftsbildes an anderer Stelle des von dem Eingriff betroffenen Raumes in ähnlicher Art und Weise wiederherzustellen (Ersatzmaßnahmen, externe Kompensation). Hierfür stellt der Grünordnungsplan entsprechende Maßnahmen an anderer Stelle bereit.

Ausgleichsmaßnahmen

Anlage einer Doppelwallhecke auf ca. 1.350 m².
1. Waldrandentwicklung, mehrstufiger Aufbau mit vorgelagertem Staudensaum (ca. 660 m²). Anlage einer Wallhecke (ca. 250 m²) und einer Hecke (ca. 650 m²). Extensivierung von ca. 1.000 m² intensiv genutzten Grünlandes. Umwandlung von ca. 3.000 m² z. Zt. intensiv genutztem Ackerland in extensiv genutztes Grünland mit einem Anteil von Hochstamm-Obstbäumen.
2. Grünlandextensivierung auf einer Fläche von ca. 5.200 m² und Erhöhung der Biotopvielfalt durch Anlage von Wiesenblänken, abschnittsweise Aufweitung von Gräben, grabenbegleitende Kraut- und Staudensäume sowie ggf. Grabenanstau.

Textbeispiel 82: *Ausgleichs- und Ersatzmaßnahmen*

Vom Grundsatz her unterliegen die angesprochenen Belange zwar der Abwägung **864** nach § 1 VII BauGB. Die jeweiligen Fachgesetze können jedoch stärkere Bindungen enthalten, die für die planende Gemeinde nicht durch Abwägung überwindbar sind. Die Regelungen können dabei als **Planungsleitsätze** in dem Sinne ausgestaltet sein, dass sie für die Bauleitplanung bindende Vorgaben enthalten und durch Abwägung nicht überwindbar sind. Unberührt von der Integration der umweltschützenden Belange in das Bauleitplanverfahren nach § 1a II BauGB bleiben fachgesetzlich ermöglichte verbindliche Ausweisungen beispielsweise von Naturschutz- und Landschaftsschutzgebieten des

Naturschutzrechts auf der Grundlage des Art. 74 I Nr. 29 GG[56] mit entsprechenden Länderabweichungsmöglichkeiten nach Art. 72 III Nr. 2 GG und Darstellungen von für verbindlich erklärten Abfallplänen des Abfallrechts auf der Grundlage des Art. 74 I Nr. 24 GG. Derartige fachliche Maßnahmen mit einer eigenständigen gesetzlich geregelten Bindungswirkung für den Flächennutzungsplan gem. § 6 II BauGB oder den Bebauungsplan in den §§ 10 II, 6 II BauGB unterliegen nicht der Abwägung im Bauleitplanverfahren.[57] So ist ein Bebauungsplan, dessen Festsetzungen den Regelungen einer **Landschaftsschutzverordnung** widersprechen[58], unwirksam, wenn das Gesetz einen Vorrang dieser Regelungen gegenüber dem Bebauungsplan vorschreibt.[59] Wegen dieser Vorrangwirkung gegenüber einem Bebauungsplan kann sich der Rechtsschutz eines betroffenen Grundstückseigentümers bereits gegen eine Landschaftsschutzverordnung richten.[60] Allerdings dürfen die Regelungen des Naturschutz- und Landschaftspflegerechts nicht dazu führen, dass einer Gemeinde jede bauliche Weiterentwicklung abgesprochen wird. Ist die Möglichkeit einer Alternativlösung nicht gegeben, so kann ein genereller Verzicht auf die Bebauung einer stadtnahen Fläche, die sich von der Topografie und Lage für eine Bebauung geradezu anbietet, nicht verlangt werden. Der Bebauungsplan muss allerdings in einem solchen Fall detaillierte Festsetzungen enthalten, die eine besondere Rücksichtnahme auf Belange des Natur- und Landschaftsschutzes gewährleistet.[61] In den Stadtstaaten hat der Landesgesetzgeber mögliche Kollisionen zwischen einem in Gesetzesform erlassenen Bauleitplan und einer konkurrierenden Landschaftsschutzverordnung selbst aufzulösen.[62]

865 Verfahren und Inhalt der → **Landschaftspläne** (→ *Textbeispiele 83 und 84*) sind in § 11 BNatSchG geregelt. Die Gemeinden sind nach § 1 VI Nr. 7 g BauGB dazu verpflichtet, sich mit den Darstellungen eines Landschaftsplans inhaltlich auseinanderzusetzen. Der Abwägungsprozess wird regelmäßig in der Begründung dokumentiert werden müssen. Das Berücksichtigungsgebot ist allerdings nicht formell, sondern materiell in dem Sinne ausgestaltet, dass die im Landschaftsplan enthaltenen Belange in die Abwägung einzustellen sind. Die Rechtswirksamkeit der Bauleitplanung kann daher nicht lediglich mit dem Hinweis darauf in Frage gestellt werden, dass ein Landschaftsplan nicht vorgelegen habe. Es besteht daher kein Junktim. Das Fehlen einer vorgeschriebenen Landschaftsplanung kann allerdings einen Anhaltspunkt für materielle → Abwägungsfehler geben, wenn angesichts einer drohenden besonderen Beeinträchtigung eine ausreichende Berücksichtigung der Belange des Naturschutzes auf Grund eines hierzu zunächst zu erstellenden Landschaftsplans möglich erscheint. Das → Abwägungsmaterial (§ 2 III BauGB) kann in derartigen Fällen allerdings auch durch ein Fachgutachten oder einen etwa vorliegenden Entwurf eines Landschaftsplans angereichert werden.[63]

---

[56] Bis zum Inkrafttreten der Förderalismusreform bestand hier nach Art. 75 I 1 Nr. 3 GG 1994 eine Rahmengesetzgebung des Bundes.

[57] *Stüer* DVBl 1992, 1147.

[58] BVerwG, Urt. v. 21.10.1999 – 4 C 1.99 – ZfBR 2000, 202 – Landschaftsschutzgebiet.

[59] BVerwG, B. v. 28.11.1988 – 4 B 212.88 – NVwZ 1989, 662 – Taunus; B. v. 11.8.1989 – 4 NB 23.89 – NVwZ 1990, 57; vgl. auch Urt. v. 18.5.1990 – 7 C 3.90 – BVerwGE 85, 155 = RzB Rn. 56 – Betonformsteine; OVG Lüneburg, Urt. v. 23.9.1991 – 6 L 46/90 – ZfBR 1992, 94 – Wohnhauserweiterung Außenbereich.

[60] Zur Normenkontrolle BVerwG, B. v. 18.12.1987 – 4 NB 1.87 – BRS 48 (1988), Nr. 32 = RzB Rn. 1323 – Golfplatz.

[61] BVerwG, Urt. v. 21.10.1999 – 4 C 1.99 – ZfBR 2000, 202 – Landschaftsschutzgebiet; OVG Koblenz, Urt. v. 27.5.1987 – 1 A 20/85 – NVwZ 1988, 371 = ZfBR 1991, 77 – Oberwesel.

[62] BVerwG, B. v. 24.10.1990 – 4 NB 29.90 – UPR 1991, 111 = RzB Rn. 878.

[63] Fachkommission „Städtebau" der ARGEBAU, Muster-Einführungserlass zum BauROG, S. 21, m. Hinw. auf OVG Koblenz, Urt. v. 22.8.1993 – 10 C 12502/92 – UPR 1994, 234; VGH Kassel, B. v. 25.1.1988 – 3 N 13/83 – ESVGH 38, 135 = ZfBR 1988, 236 – Landschaftspläne.

vollständig zurückzubauen und zu rekultivieren. Die Bodenmiete ist zu beseitigen. Die Geländeoberfläche ist analog der ursprünglichen Geländegestalt zu modellieren. Die rekultivierten Flächen und das neu anzulegende Versickerungsbecken sind mit einer standortgerechten Landschaftsrasenmischung anzusäen.

Festsetzung Nr. 1: Der vorhandene Gehölzbestand der privaten Grünfläche G 3 ist dauerhaft zu erhalten und bei Abgang gleichwertig zu ersetzen. Im Bereich der privaten Grünfläche G 3 sind mindestens fünf heimische und standortgerechte Laubbäume mit einer Mindestqualität Hochstamm, StU 18/20, 3 xv., DB, zu pflanzen.

Festsetzung Nr. 1 (Fläche M1): Der vorhandene Gehölzbestand innerhalb der Maßnahmenfläche M 1 ist dauerhaft zu erhalten und bei Abgang gleichwertig zu ersetzen. Im Bereich des Norduferns ist in zwei Teilbereichen eine Auflichtung des Gehölzbestandes mit einem Umfang von jeweils höchstens 50 m² zulässig. Die gehölzfreien Abschnitte der Maßnahmenfläche sind – exklusive eines beidseitigen Pflegestreifens entlang des Zaunes mit einer Breite von jeweils 0,50 m – einer natürlichen Vegetationsentwicklung zu überlassen.

Festsetzung Nr. 1 (Fläche M2): Die Maßnahmenfläche M 2 ist als Wiesenfläche zu gestalten und dauerhaft zu erhalten.

Festsetzung Nr. 1 (Fläche M3): Der Uferbereich südlich des Zaunes – exklusive eines Pflegestreifens entlang des Zaunes in einer Breite von 0,50 m – ist einer natürlichen Vegetationsentwicklung zu überlassen. Eine Entnahme von Gehölzaufwuchs ist zulässig. Die versiegelten Flächen westlich des Hafenbeckens sind vollständig zurückzubauen und zu rekultivieren. Die entsiegelten Flächen sind mit einer standortgerechten Landschaftsrasen-Saatgutmischung anzusäen.

Festsetzung Nr. 1 (Fläche M4): Die versiegelten Flächen rückwärtig der zu erhaltenden Kaikante sind vollständig zurückzubauen und als Wiesenfläche zu gestalten. Die Maßnahmenfläche ist mit einer standortangepassten Landschaftsrasen-Saatgutmischung anzusäen.

Festsetzung Nr. 1 (Fläche M5): Die Kaikante und die rückwärtigen versiegelten Flächen sind vollständig zurückzubauen. Das Ufer ist in Anlehnung an das ursprüngliche Relief abzuböschen. Die versiegelten Flächen sind zu rekultivieren. Die Maßnahmenfläche ist mit standortangepassten Landschaftsrasen-Saatgutmischungen anzusäen. Der Uferbereich erhält eine Initialpflanzung heimischer und standortgerechter Röhrichtarten.

Festsetzung Nr. 1: Auf den Flächen mit Bindungen für Bepflanzungen und Erhaltung ist die vorhandene Vegetation bei Abgang nachzupflanzen. Die Bindungen für Bepflanzungen gelten nicht für Wege und Zufahrten.

Festsetzung Nr. 1: Auf der geplanten Stellplatzanlage ST 1 ist je 5 PKW-Stellplätze ein standortgerechter Laubbaum mit einer Mindestqualität Hochstamm, StU 18/20, 3 xv., DB, zu pflanzen. Die Baumscheiben müssen mindestens 7 m² groß sein und sind mit bodendeckenden Gehölzen zu begrünen. Die Baumpflanzungen sind in einem Rasterverband vorzunehmen. Es sind insgesamt mindestens 20 Bäume einer Art zu pflanzen

Festsetzung Nr. 1: Eine Gliederung der Fläche St 2 ist nur durch Mulden, die zu begrünen sind und / oder durch Pflanzungen bis zu einer Höhe von 1,20 m zulässig. Entlang der Ostgrenze der Stellplatzanlage östlich des Hafenbeckens ist eine Baumreihe aus einer heimischen und standortgerechten Laubbaumart mit Mindestqualität Hochstamm, StU 18/20, 3 xv., DB, zu pflanzen. Insgesamt sind mindestens 5 Bäume zu pflanzen

Festsetzung Nr. 1: Die nicht überbaubaren Flächen innerhalb der Sondergebiete SO 1 bis SO 3 sind als parkartige Grünfläche mit Einzelbäumen, Baumgruppen und Baumreihen zu gestalten. Es sind standortangepasste Saatgutmischungen für Landschaftsrasen anzusäen. Insgesamt sind mindestens 100 standortgerechte und heimische Laubbäume der Qualität Hochstamm, StU 18/20, 3xv DB, zu pflanzen.

Festsetzung Nr. 1: Die Nadelholzbestände im Bereich der Kläranlage sind durch freiwachsende Hecken aus heimischen und standortgerechten Laubholzsträuchern zu ersetzen. Es sind Sträucher der Pflanzqualität 60/100 h zu verwenden. Die Pflanzdichte beträgt 1 Pflanze je 1,5 m². Die vorhandenen Laubholzabpflanzungen sind dauerhaft zu erhalten und bei Abgang gleichwertig zu ersetzen.

Festsetzung Nr. 1: Alle gekennzeichneten Bäume sind dauerhaft zu erhalten und bei Abgang durch heimische, standortgerechte Laubbäume der Pflanzqualität Hochstamm, StU 18/20, 3xv, DB zu ersetzen.

Festsetzung Nr. 1: Die durch Planzeichnung festgesetzten Gehölzbestände sind dauerhaft zu erhalten und bei Abgang gleichwertig zu ersetzen.

Festsetzung Nr. 1: Die Schutzgebiete und Schutzobjekte sind dauerhaft zu erhalten (Rechtsgrundlage: § 9 VI BauGB).

Festsetzung Nr. 1: Die Anforderungen an die Luftschalldämmung von Außenbauteilen der Gebäude sind entsprechend der dargestellten Lärmpegelbereiche festzulegen. Die resultierenden Schalldämmmaße der Außenbauteile sind gemäß der Raumart aus Tabelle 8, DIN 4109 auszuführen. Auszugsweise seien hier genannt:

Maßgeblicher Lärmpegelbereich	Erforderliches Außenlärmpegel	resultierendes Schalldämmmaß für Wohnnutzung/Büroräume o. Ä.
I	bis 55 dB(A)	30 dB / –
II	56 bis 60 dB(A)	30 dB / 30 dB
III	61 bis 65 dB(A)	35 dB / 30 dB

Fenster sind entsprechend Tabelle 10, DIN 4109 zu bemessen. Ein Anspruch auf Einhaltung festgesetzter Innenschallpegel bei geöffnetem Fenster besteht nicht.

Textbeispiel 85: *Textliche Festsetzungen Bebauungsplan Virologiezentrum Riems (zu Abbildungen 87 und 88)*

→ **Vogelschutz- und FFH-Gebiete.** Für sie gelten höhere naturschutzrechtliche Anforderungen nach der Vogelschutz-RL, der FFH-RL und §§ 31 bis 34 BNatSchG.

→ **Vogelschutzgebiete.** Die Mitgliedstaaten weisen für die im Anhang I der Vogelschutz-RL aufgeführten Arten Vogelschutzgebiete aus, die unter einem erhöhten Schutz stehen. Eingriffe in ein Vogelschutzgebiet, die im Hinblick auf die jeweiligen Erhaltungsziele des Gebietes unverträglich sind, können nur aus Gründen der Wahrung von Leib und Leben des Menschen zugelassen werden. Im Übrigen sind sie unzulässig (Art. 4 IV Vogelschutz-RL). Diese Anforderungen gelten nach der Rechtsprechung des EuGH auch für faktische Vogelschutzgebiete, die von den Mitgliedstaaten nicht an die Kommission gemeldet oder nicht nach nationalem Recht unter Schutz gestellt worden sind, obwohl die Ausweisungskriterien erfüllt sind. Hier ist der Schutz sogar strenger und schließt unverträgliche Eingriffe in das Gebiet als Ganzes oder wesentliche Gebietsteile aus wirtschaftlichen Gründen aus, während solche Eingriffe in ausgewiesene Vogelschutzgebiete nach Art. 7 FFH-RL unter den Voraussetzungen des Art. 6 IV FFH-RL zulässig sind. Der Umsetzung der europarechtlichen Vorgaben dienen § 31 bis 34 BNatSchG.

→ **FFH-Gebiete.** Natürliche Lebensräume und Habitate sollen durch Ausweisung von FFH-Gebieten zu einem kohärenten europäischen ökologischen Netz besonderer Schutzgebiete mit der Bezeichnung „Natura 2000" verbunden werden. In das ökologische Netz sind auch die bereits ausgewiesenen Vogelschutzgebiete einzubeziehen. Das Netz besteht aus Gebieten der natürlichen Lebensraumtypen des Anhangs I sowie den Habitaten der Arten des Anhangs II. Die in Betracht kommenden Gebiete werden über das Bundesumweltministerium der Kommission zugeleitet. Bei abweichenden Einschätzungen zwischen Kommission und Mitgliedstaat über Habitate mit prioritären Arten oder Lebensräumen kann sich ein Konzertierungsverfahren anschließen (Art. 4 FFH-RL). Pläne und Projekte mit Einfluss auf FFH-Gebiete werden einer Verträglichkeitsprüfung unterzogen. Danach unverträgliche Eingriffe sind grundsätzlich unzulässig. Sie können dann allerdings im Rahmen einer Abweichungsprüfung aus zwingenden Gründen des überwiegenden öffentlichen Interesses einschließlich solcher sozialer und wirtschaftlicher Art zugelassen werden, wenn eine Alternative nicht vorhanden ist. Die Mitgliedstaaten ergreifen dann alle erforderlichen Ausgleichsmaßnahmen. Werden prioritäre natürliche Lebensraumtypen und/oder prioritäre Arten betroffen, ist der Eingriff nur zur Wahrung der Gesundheit des Menschen und der öffentlichen Sicherheit oder aus Umweltgründen zulässig. Andere überwiegende öffentliche Interessen, zu denen auch wirtschaftliche Gesichtspunkte gehören, können den Eingriff nur nach Einholung der Stellungnahme der Kommission rechtfertigen (Art. 6 IV UA 2 FFH-RL). Die europarechtlichen Vorgaben sind in §§ 32 bis 34 BNatSchG umgesetzt worden.

→ **Verträglichkeitsprüfung.** Möglicherweise erhebliche Eingriffe in ein FFH-Gebiet oder ein ausgewiesenes Vogelschutzgebiet sind auf ihre Verträglichkeit zu prüfen. Ein Vorhaben ist verträglich, wenn es gemessen an den Erhaltungszielen für das Gebiet als Ganzes oder wesentliche Teile des Gebietes nicht zu erheblichen Auswirkungen führt. Die Prüfung hat unter Anwendung der besten verfügbaren wissenschaftlichen Erkenntnisse zu erfolgen. Vernünftige fachliche Zweifel dürfen nicht verbleiben. Ist ein Vorhaben unverträglich, kann es nur aufgrund einer Abweichungsprüfung zugelassen werden.

---

869   Soweit sich Bauleitplanverfahren unmittelbar auf den räumlichen Geltungsbereich der Schutzgebiete nach der FFH-Richtlinie erstrecken sollen, ist schon durch die Schutzgebietsausweisung ein der allgemeinen bauplanerischen Abwägung entzogener Vorrang gegeben. Dies gilt auch für die Überplanung eines zwar noch nicht national unter Schutz gestellten, aber bereits in die sog. Gemeinschaftsliste (vgl. Art. 4 V FFH-Richtlinie) aufgenommenen Gebietes oder für Beeinträchtigungen auf Grund eines angrenzenden Bebauungsplans. Eine unterlassene Berücksichtigung derartiger Auswirkungen würde daher zu einem Fehler eines solchen Plans führen. Bei möglicherweise erheblichen Beeinträchtigungen des Habitates ist eine → Verträglichkeitsprüfung durchzuführen (§ 34 BNatSchG, Art. 6 III FFH-Richtlinie). Ist das Vorhaben im Hinblick auf die Erhaltungs-

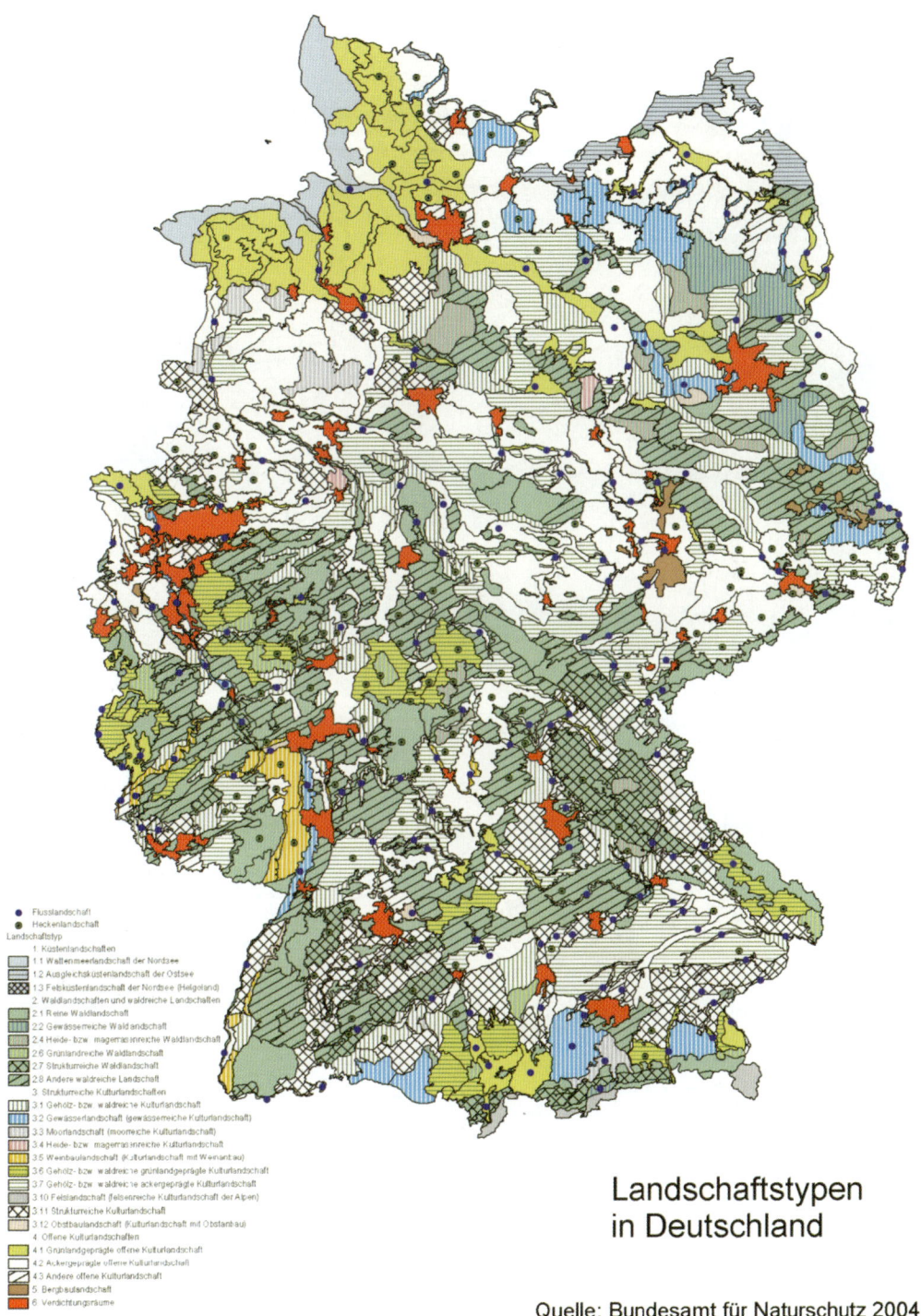

Abbildung 83: *Landschaftstypen in Deutschland*

Abbildung 84: *FFH-Gebiet Teutoburger Wald*

Abbildung 85: *FFH-Gebiet im Zentrum einer zweipoligen Stadt*

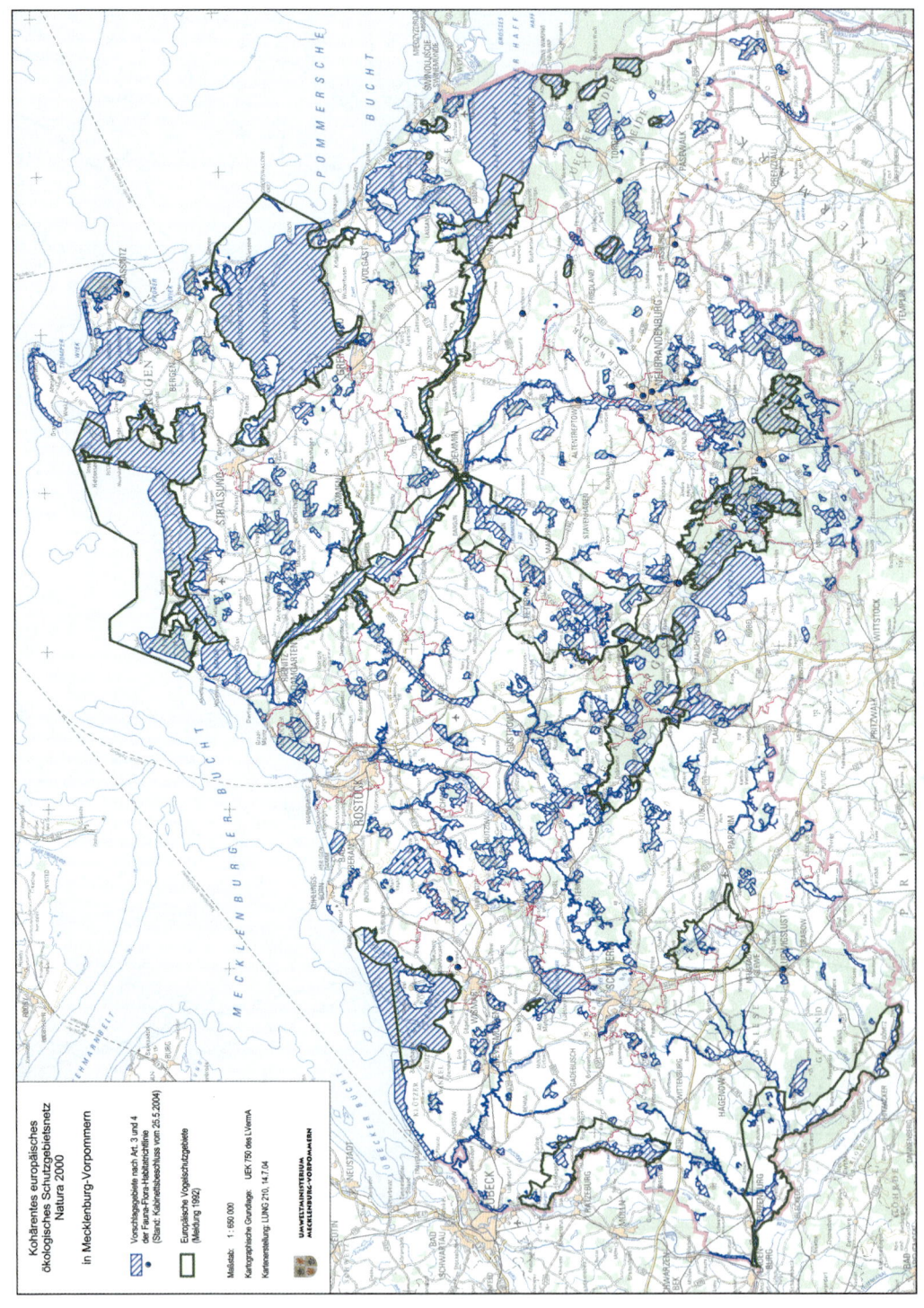

Abbildung 86: *Natura 2000-Gebiete in Mecklenburg-Vorpommern*

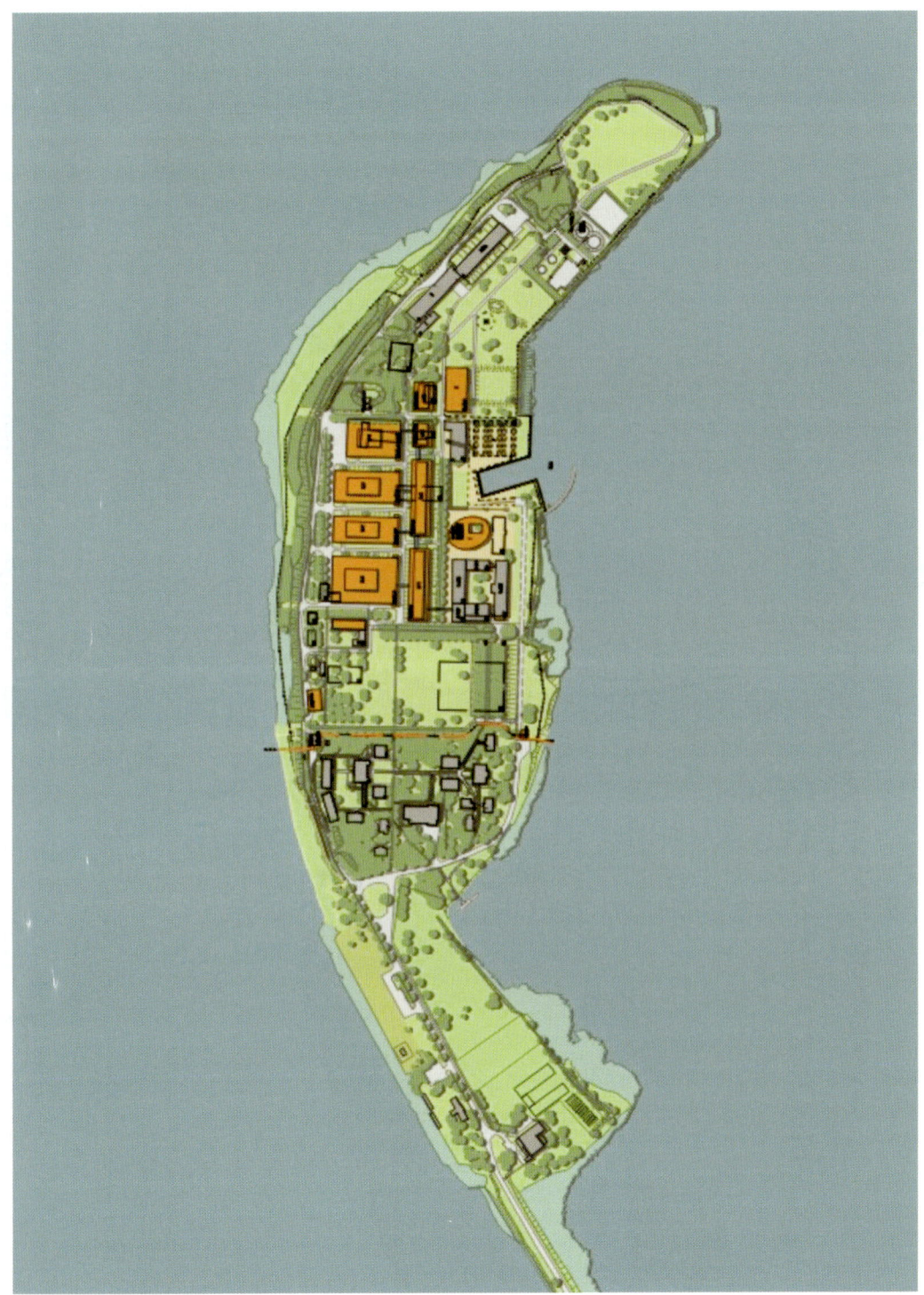

Abbildung 87: *Virologiezentrum Insel Riems*

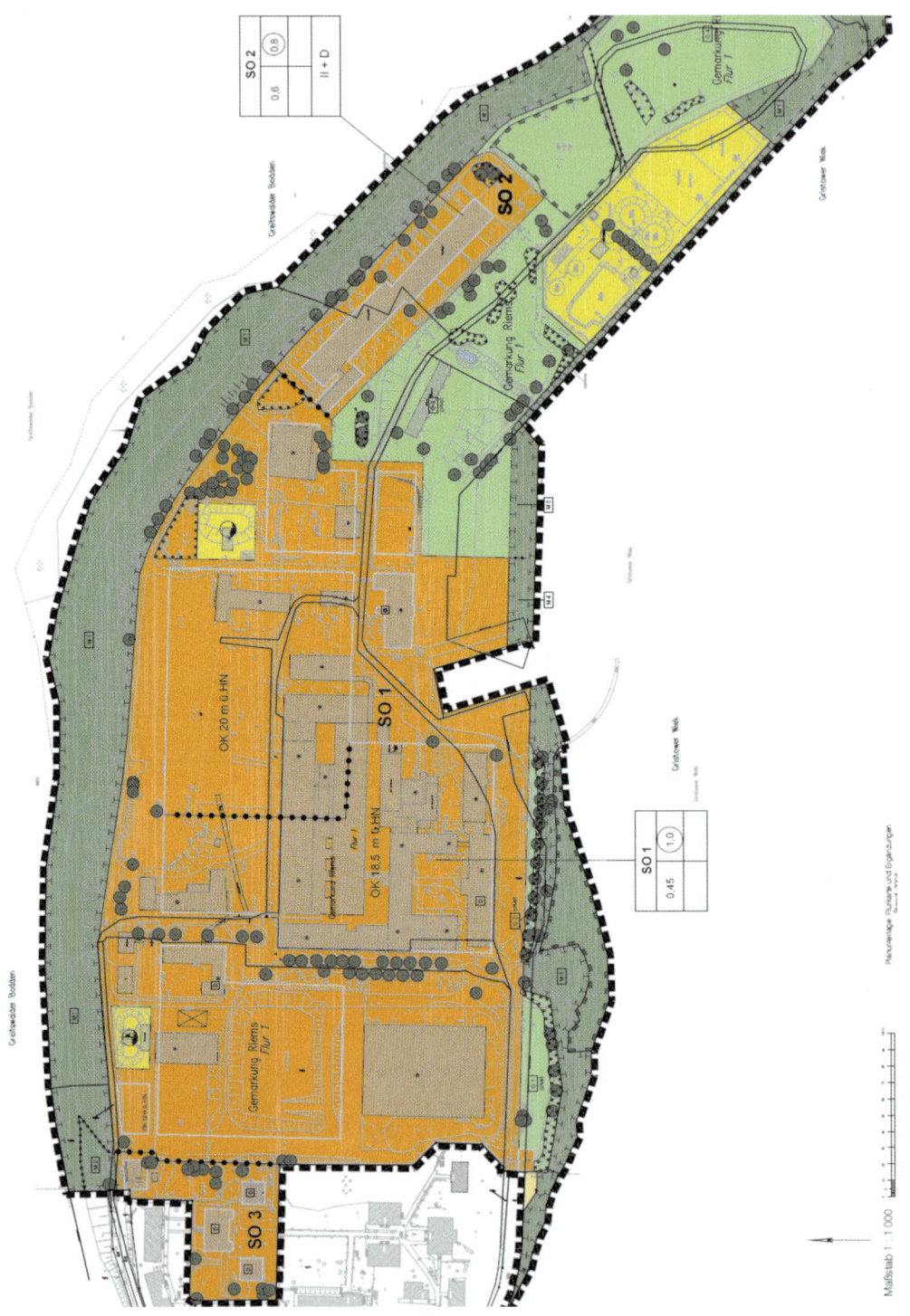

Abbildung 88: *Bebauungsplan Virologiezentrum Insel Riems*

ziele nicht verträglich, weil es das Gebiet als Ganzes oder wesentliche Bestandteile des Gebietes beeinträchtigt, ist das Vorhaben grundsätzlich unzulässig. Es kann allerdings beim Vorliegen besonderer Gründe in einem Ausnahmeverfahren zugelassen werden (§ 34 III BNatSchG, Art. 6 IV FFH-Richtlinie). Sind solche Gebiete ausgewiesen, kann bei einer nachhaltigen Beeinträchtigung prioritärer Gebiete oder Lebensräume ein Konsultationsverfahren erforderlich sein. Auch sind dann an die Abwägung erhöhte Anforderungen zu stellen § 34 IV BNatSchG (Art. 6 IV UA 2 FFH-Richtlinie). § 1a IV BauGB stellt klar, dass im Rahmen von Flächennutzungs- und Bebauungsplanverfahren die Erhaltungsziele oder der Schutzzweck von Gebieten mit gemeinschaftlicher Bedeutung und der europäischen → Vogelschutzgebiete[70] zu beachten sind (→ *Abbildungen 87 und 88 mit Textbeispiel 85*).

Werden Gebiete von gemeinschaftlicher Bedeutung unverträglich beeinträchtigt, so **870** ist eine Planung trotz des negativen Ergebnisses der → Verträglichkeitsprüfung nur zulässig, wenn der hierdurch vorbereitete Eingriff aus zwingenden Gründen des überwiegenden öffentlichen Interesses durchzuführen ist und eine Alternativlösung nicht vorhanden ist. In diesem Fall sind die erforderlichen Kompensationsmaßnahmen zu ergreifen, um sicherzustellen, dass die globale Kohärenz des → Biotopverbundsystems geschützt ist. Werden prioritäre Arten oder Lebensräume durch das Vorhaben in Mitleidenschaft gezogen, ist vor Zulassung des Vorhabens eine Stellungnahme der Europäischen Kommission einzuholen.

→ **Biotop.** Lebensraum von Tier- und Pflanzengesellschaften von einheitlicher, gegenüber der Umgebung abgegrenzter Beschaffenheit (z. B. Teich, Moor, Trockenrasen, Salzwiesen).

→ **Europäisches ökologisches Netz „Natura 2000":** Das Netz dient der Erhaltung natürlicher Lebensräume sowie der wildlebenden Tiere und Pflanzen (Art. 3 FFH-RL).

→ **Europäisches Vogelschutzgebiet.** Von den Mitgliedsstaaten nach Art. 4 I und II Vogelschutz-RL ausgewiesenes Gebiet zur Erhaltung wildlebender Vogelarten. Durch nationales Recht ausgewiesene Vogelschutzgebiete werden über Art. 7 FFH-RL in das FFH-Regime überführt. Unverträgliche Eingriffe sind unter den erleichterten Voraussetzungen des Art. 6 III und IV FFH-RL zulässig.

→ **Europäisches FFH-Gebiet.** Von der Kommission nach Meldung und Durchführung des Konzertierungsverfahrens mit Zustimmung der Mitgliedsstaaten ausgewiesenes Schutzgebiet zur Erhaltung der natürlichen Lebensräume und der Habitate der Arten zur Bildung eines kohärenten europäischen ökologischen Netzes (Natura 2000).

→ **Prioritäre Biotope.** Die im Anhang I der FFH-RL mit einem ★ gekennzeichneten Biotope.

→ **Prioritäre Arten.** Die im Anhang II der FFH-RL mit einem ★ gekennzeichneten Arten.

→ **Erhaltungsziele.** Erhaltung oder Wiederherstellung eines günstigen Erhaltungszustandes der in Anhang I der FFH-RL aufgeführten natürlichen Lebensräume und der in Anhang II aufgeführten Tier- und Pflanzenarten, die in einem Gebiet von gemeinschaftlicher Bedeutung vorkommen, sowie der in Anhang I der Vogelschutz-RL aufgeführten Vogelarten sowie ihrer Lebensräume, die in einem Europäischen Vogelschutzgebiet vorkommen.

---

i) Naturschutzrechtliche Eingriffsregelung. Die naturschutzrechtliche Eingriffsrege- **871** lung in § 1a III BauGB wird durch weitere Vorschriften in den §§ 135a bis 135c, 200a BauGB und § 18 BNatSchG ergänzt.[71] Über Kompensationsmaßnahmen für Eingriffe in Natur und Landschaft ist bereits im Bebauungsplan, also nicht erst im Baugenehmi-

---

[70] Zum Schutz faktischer Vogelschutzgebiete BVerwG, Urt. v. 1.4.2004 – 4 C 2.03 – BVerwGE 120, 276 = DVBl 2004, 1115 = NVwZ 2004, 1114 – Hochmoselbrücke.

[71] Zum Verhältnis von Bauleitplanung und Naturschutz *Benz/Berkemann*, Natur- und Umweltschutz, 1989; *Berkemann* NuR 1993, 97; *Blume* NVwZ 1993, 941; *Bunzel* UPR 1991, 297; *Dürr* UPR 1991, 81; *Gaentzsch* NuR 1990, 1; *Gassner* NVwZ 1991, 26; *ders.* NuR 1993, 252; *Krautzberger/Runkel* DVBl 1993, 456; *Mitschang*, Naturschutzrechtliche Eingriffsregelung und Bauplanungsrecht, 1989; *Petersen* NuR 1989, 205; *Ramsauer* (Hrsg.), Die naturschutzrechtliche Eingriffsregelung, 1995; *Reinhardt* NuR 1994, 417; *Runkel* NVwZ 1993, 1136; *Schulze* in: *Stüer* (Hrsg.) Verfahrensbeschleunigung,

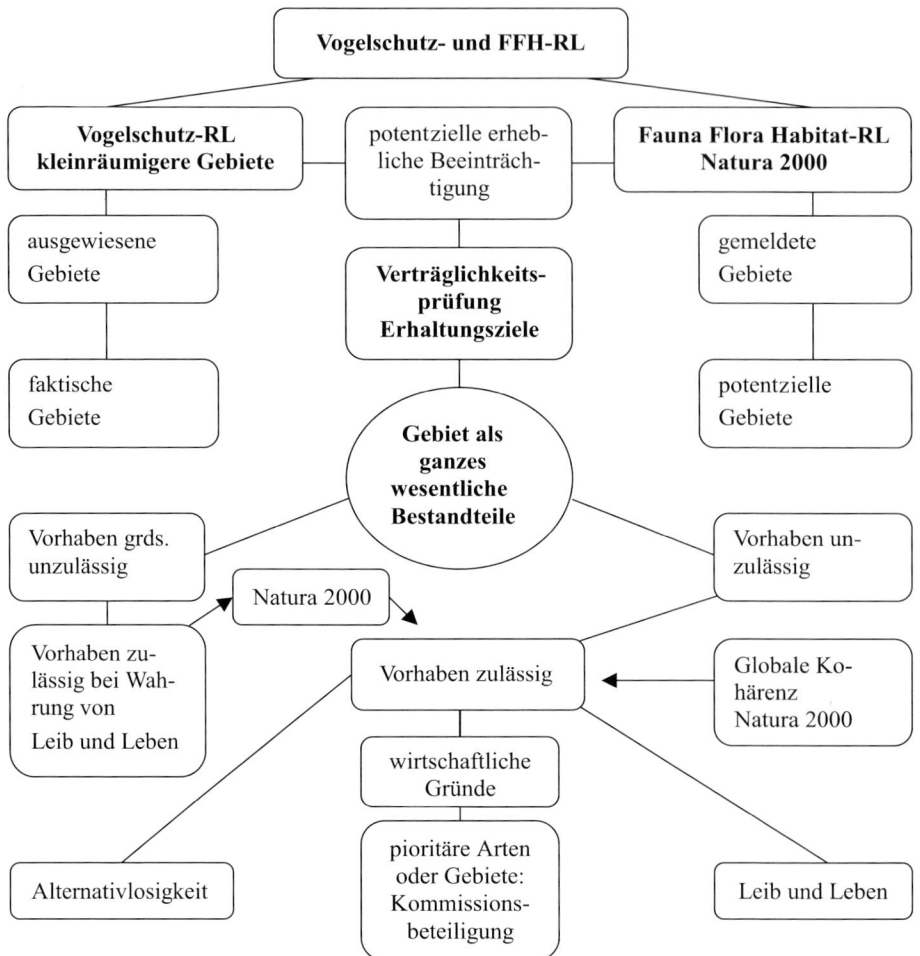

gungsverfahren zu entscheiden.[72] Eine Verpflichtung zu Kompensationsmaßnahmen über die im Bebauungsplan getroffenen Festsetzungen hinaus besteht nicht. Der Bebauungsplan trifft dazu eine abschließende Regelung. Ein abstrakter Vorrang der Belange des Naturschutzes und der Landschaftspflege vor den in der Bauleitplanung zu berücksichtigenden anderen Belangen kommt im Gesetz nicht zum Ausdruck. Durch § 1 a III 1 BauGB wird dabei deutlich, dass der → **Baurechtskompromiss**[73], der auf einen Ausgleich zwischen Bauleitplanung und Naturschutz abzielt, fortgeschrieben wird. Eine materielle Änderung des bereits früher bestehenden Abwägungsmodells naturschutzrechtlicher Belange in der Bauleitplanung ist mit diesem Regelungstransfer in das Bauplanungsrecht nicht

S. 85; *Schulze/Stüer* ZfW 1996, 269; *dies.* in: *Stüer* (Hrsg.) Verfahrensbeschleunigung, S. 62; *Stüer* DVBl 1992, 1147; *ders.* DVBl 1995, 1345; *ders.* in *Stüer* (Hrsg.) Verfahrensbeschleunigung, S. 120.

[72] OVG Münster, Urt. v. 13.3.1998 – 7 a 374/98.NE – NVw-RR 1999, 113 = BauR 1998, 1195.

[73] Vgl. *Hans-Joachim Koch* in: Ramsauer (Hrsg.), Die naturschutzrechtliche Eingriffsregelung, 1995, S. 199; sowie ebenda *Runkel* (S. 56); *Peine* (S. 39), *Berkemann* (S. 65); *Klinge* BauR 1995, 289; *Schink* UPR 1995, 281; *ders.* NuR 1993, 365; *Schmidt-Aßmann* in UGB-BT, 1994, 394 ff. zu §§ 179 bis 183 UGB-BT; *Steinfort* VerwArch. 86 (1995), 107; *Stollmann* UPR 1994, 170; *Wagner* UPR 1995, 203; *Carlsen* (Hrsg.), Naturschutz und Bauen, Eingriffe in Natur und Landschaft und ihr Ausgleich, insbesondere in der Bauleitplanung, 1995; *Schink* UPR 1995, 281 ff.; *Matuschak* DVBl 1995, 81.

verbunden.[74] Es bleibt daher bei dem gewohnten Unterschied zwischen der vom Grundsatz strikt bindenden Eingriffsregelung in den §§ 14 bis 17 BNatSchG einerseits und der von Abwägung geprägten Bewältigung der naturschutzrechtlichen Eingriffe in der Bauleitplanung andererseits.[75] Die Gemeinden sind einerseits verpflichtet, nach dem Prüfungsschema der §§ 14 bis 17 BNatSchG vorzugehen und danach zu prüfen, ob ein Eingriff vorliegt, ob er vermieden oder minimiert werden kann, ob ein Ausgleich erforderlich ist und ob das Vorhaben bei nicht ausgleichbaren Eingriffen an den umweltschützenden Belangen scheitert. Die Prüfung ist andererseits nicht strikt in dem Sinne, dass die in den §§ 14 bis 17 BNatSchG enthaltenen Vorgaben unmittelbar bindend sind, sondern abwägungsdirigiert. Auch § 1 a III BauGB verweist darauf, dass die planende Gemeinde nicht strikt gebunden ist, sondern die dort aufgeführten Belange in der Abwägung zu berücksichtigen hat.

> → **Baurechtskompromiss.** Auch in der Bauleitplanung ist die naturschutzrechtliche Eingriffsregelung der §§ 13 bis 17 BNatSchG abzuarbeiten. Eingriffe in Natur und Landschaft sind danach zu vermeiden bzw. zu minimieren. Für nicht vermeidbare Eingriffe sind Ausgleichs- bzw. Ersatzmaßnahmen vorzusehen, die anders als bei der naturschutzrechtlichen Eingriffsregelung nicht unterschieden werden. Im Gegensatz zur naturschutzrechtlichen Eingriffsregelung bestehen in der Bauleitplanung keine festen Bindungen. Die bauplanerischen Entscheidungen sind vielmehr abwägungsdirigiert. Auch die Bauleitplanung beugt sich daher dem naturschutzrechtlichen Eingriffs-Ausgleichs-System, allerdings nicht i. S. strikter Bindungen, sondern nach Maßgabe der gemeindlichen Abwägung.

Den Belangen des Naturschutzes und der Landschaftspflege kommt gegenüber den anderen öffentlichen Belangen **kein absoluter Vorrang**, wohl aber eine herausgehobene Bedeutung zu.[76] In der Bauleitplanung ist nicht nur darüber zu befinden, ob sich die Eingriffe in Natur und Landschaft im Planbereich überhaupt rechtfertigen lassen, sondern auch darüber, ob und in welchem Umfang für – angesichts vorrangiger städtebaulicher Erfordernisse – unvermeidbare Beeinträchtigungen ein Ausgleich zu leisten ist.[77] Das Gesetz verpflichtet die Gemeinde, bei planerischen Eingriffen in Natur und Landschaft ein gesetzlich vorgeprägtes Entscheidungsprogramm abzuarbeiten und über ein Folgenbewältigungsprogramm abwägend zu entscheiden.[78] Gleichwohl sei es – so das BVerwG – zumindest missverständlich, § 1 a III BauGB[79] als ein Optimierungsgebot zu bezeichnen. Es werde nicht vorgeschrieben, dass die Belange von Natur- und Landschaftsschutz unabhängig von ihrem Gewicht in der konkreten Situation und dem (Gegen-)Gewicht der anderen Belange zu optimieren seien. Die naturschutzrechtlichen Ermittlungen müssen eine sachgerechte Planungsentscheidung ermöglichen. Eine vollständige Erfassung der betroffenen Tier- und Pflanzenarten ist dazu regelmäßig nicht erforderlich.[80] Vor

872

---

[74] *Bundesregierung*, Gesetzentwurf zum BauROG 1998, S. 43.

[75] Aus dem bisher geltenden Recht übernommen ist die Bodenschutzklausel und die Bodenversiegelungsklausel in § 1 a I BauGB. Danach soll mit Grund und Boden sparsam umgegangen werden. Bodenversiegelungen sind auf das notwendige Maß zu begrenzen.

[76] BVerwG, B. v. 31.1.1997 – 4 NB 27.96 – BVerwGE 104, 68 = DVBl 1997, 1112 = NVwZ 1997, 1213.

[77] Integritätsinteresse erweitert um das Kompensationsinteresse.

[78] Die Gemeinde ist an die Ergebnisse eines standardisierten Verfahrens zur Eingriffsbewertung nicht gebunden. Das folgt schon aus dem Fehlen eines gesetzlich vorgeschriebenen Bewertungsverfahrens für die Entscheidung nach § 1 a BNatSchG, zumal es in der Praxis auch verschiedene Bewertungsverfahren gibt, die zu unterschiedlichen Ergebnissen führen könnten. Es ist vielmehr Aufgabe der planenden Gemeinde, in eigener Verantwortung die zu erwartenden Eingriffe in Natur und Landschaft zu bewerten und über Vermeidung, Ausgleichs- und Ersatzmaßnahmen abwägend zu entscheiden, so BVerwG, B. v. 23.4.1997 – 4 NB 13.97 – NVwZ 1997, 1215.

[79] Früher §§ 8 a bis 8 c BNatSchG 1993.

[80] BVerwG, B. v. 21.2.1997 – 4 B 177.96 – BauR 1997, 459 = NVwZ-RR 1997, 607. Es kann viel-

allem lässt das BVerwG eine abgeschichtete Bewältigung der naturschutzrechtlichen Ausgleichserfordernisse in verschiedenen Rechtsakten zu. Ein „naturschutzrechtlicher Konflikttransfer"[81] ermöglicht einerseits einen Transfer in Nachfolgeentscheidungen, stößt jedoch dort auf seine Grenzen, wo die Bewältigung der Kompensationserfordernisse in den Nachfolgeverfahren nicht mehr sichergestellt werden kann. Die naturschutzrechtlichen Regelungen erfordern keine optimierende Berücksichtigung der betroffenen Belange, wohl aber eine zusätzliche Befassung mit den zurückgestellten, nachteilig betroffenen naturschutzrechtlichen Belangen. Diese sind in der **Ausgleichsentscheidung** daraufhin zu prüfen, ob eine **Vermeidung** oder **Minderung** i. S. eines **Schonungsgebotes** unter Wahrung der Planungsziele möglich ist oder ob für die danach zurückzustellenden Belange ein **Ausgleich** oder eine **Kompensation** in sonstiger Weise geschaffen werden kann. Die Prüfung unterliegt allerdings der planerischen Abwägungsentscheidung und ist hinsichtlich des Ergebnisses nicht von vornherein festgelegt.[82]

873   Rechtsgrundlage der naturschutzrechtlichen Eingriffsregelung waren früher die nach Art. 75 I 1 Nr. 3 GG 1994 Rahmen setzenden Regelungen der §§ 18 bis 20 BNatSchG 2002 (§§ 14 bis 17 BNatSchG) und die entsprechenden naturschutzrechtlichen Regelungen der Naturschutzgesetze der Länder. Das BNatSchG war ein Rahmenrecht des Bundes nach Art. 75 I 1 Nr. 3 GG a.F. Es enthielt Rahmenvorschriften, die durch das Landesrecht näher ausgefüllt werden konnten. Unmittelbar anwendbar waren danach die in § 11 BNatSchG 2002 im Einzelnen aufgeführten Regelungen. Die naturschutzrechtliche Eingriffsregelung in den §§ 18 bis 20 BNatSchG 2002 (§§ 13 bis 17 BNatSchG) war nicht unmittelbar anwendbar, sondern bedurfte einer Umsetzung durch Landesrecht. Maßgebend ist daher im Hinblick auf die bisherigen bundesrechtlichen Regelungen vor Inkrafttreten der Föderalismusreform die jeweils ausfüllende Vorschrift der Naturschutzgesetze bzw. Landschaftspflegegesetze der Länder. Im Gegensatz dazu war bereits § 21 BNatSchG 2002 (§ 18 BNatSchG) unmittelbar geltendes Recht, weil es in den Katalog der unmittelbar geltenden Rechtsvorschriften des § 11 BNatSchG 2002 aufgenommen worden ist. Durch das Inkrafttreten der **Föderalismusreform** gehört das Recht des Naturschutzes und der Landschaftspflege zur konkurrierenden Gesetzgebungszuständigkeit des Bundes (Art. 74 I Nr. 29 GG). Eine Zustimmung des Bundesrates ist nicht erforderlich (Art. 74 II GG). Auch sind die erhöhten verfassungsrechtlichen Anforderungen des Art. 72 II GG für den Erlass von Bundesgesetzen nicht zu erfüllen. Die Länder können allerdings durch Gesetz abweichende Regelungen treffen (Art. 72 III 1 Nr. 2 GG). Regelungen in den Bereichen Grundzüge des Naturschutzes und des Artenschutzes unterliegen der Länderabweichungsklausel nicht, sodass bundesrechtliche Regelungen auf diesen Gebieten unmittelbar in Kraft treten. Der Bundesgesetzgeber hat inzwischen durch das BNatSchG 2010 von seiner konkurrierenden Gesetzgebung Gebrauch gemacht. Mit dem Inkrafttreten des BNatSchG 2010 sind die landesgesetzlichen Regelungen des Naturschutzes zumeist außer Kraft getreten. Allerdings können die Länder abweichende Regelungen erlassen.

874   Das **Verhältnis der Bauleitplanung zum Naturschutz** findet in **§ 1a III BauGB** seine Grundlage, soweit es den eigentlichen städtebaulichen Planungsteil angeht. Die Bestimmung des naturschutzrechtlichen Eingriffs bleibt weiter dem BNatSchG als dem naturschutzrechtlichen Fachrecht vorbehalten. Das BauGB geht dabei davon aus, dass die planerischen Entscheidungen nicht strikt bindend, sondern abwägungsdirigiert sind (§ 1a III 1 BauGB). Dies gilt in voller Breite der naturschutzrechtlichen Belange. Die Gemeinde ist allerdings bei der Abwägung nicht gänzlich frei, sondern unterliegt dabei Bin-

---

mehr ausreichen, wenn für den Untersuchungsrahmen besonders bedeutsame Repräsentanten an Tier- und Pflanzengruppen festgestellt werden und wenn für die Bewertung des Eingriffs auf bestimmte Indikationsgruppen abgestellt wird.

[81] Vgl. Zur Konfliktbewältigung in der Bauleitplanung BVerwG, B. v. 17.2.1984 – 4 B 191.83 – BVerwGE 69, 30 = DVBl 1984, 343 – Reuter-Kraftwerk.

[82] *Stüer*, Handbuch des Bau- und Fachplanungsrechts, Rn. 1600.

dungen, die sich auch aus dem Beispielskatalog des § 1 a III BauGB und vergleichbaren Belangen ergeben. Die umweltschützenden Belange haben danach in der Bauleitplanung keinen absoluten oder relativen Vorrang, sondern sind abwägungsdirigiert in dem Sinne, dass sie aus der Sicht der planenden Gemeinde durch andere überwiegende Belange überwunden werden können. Natur- und umweltschützende Belange erzeugen keine Abwägungsverbote oder Abwägungssperren und sind auch keine „roten Ampeln", die unter allen Umständen beachtet werden müssen, sondern in der Abwägung verfügbar, wenn nur die Krokodilstränen groß genug sind, die bei ihrer Überwindung vergossen werden. Durch § 1 a III BauGB wird die naturschutzrechtliche Eingriffsregelung in die Bauleitplanung vorverlagert und im Gegensatz zur Rechtslage vor Inkrafttreten des InvWoBaulG 1993 nicht erst auf den tatsächlichen Eingriff bezogen. Die Vorverlagerung der Prüfung der naturschutzrechtlichen Eingriffsregelung erfolgt unter zwei Zielsetzungen: Die Prüfung der naturschutzrechtlichen Belange soll auf der Ebene der Bauleitplanung konzentriert werden. Die konzentrierte Prüfung naturschutzrechtlicher Belange in der Bauleitplanung soll dazu genutzt werden, die Anliegen der naturschutzrechtlichen Eingriffsregelung effektiver zu verwirklichen als im Rahmen der nachgeordneten einzelnen Zulassungsentscheidung.

Die naturschutzrechtliche **Eingriffsregelung** nach **§ 1 a III BauGB** ist anzuwenden, **875** wenn auf Grund des Bauleitplans Eingriffe in Natur und Landschaft zu erwarten sind (§ 14 BNatSchG). Dies gilt etwa für die erstmalige Zulassung einer baulichen oder sonstigen Nutzung, die durch den Bebauungsplan begründet wird. Auch die Ausweisung einer intensiveren Nutzung gegenüber einer bisherigen Innenbereichslage kann einen Eingriff darstellen. Aber auch die Aufhebung eines Bebauungsplans kann die Grundlage für einen Eingriff im Rechtssinne bewirken, wenn etwa nach dem Bebauungsplan bestehende Nutzungsbeschränkungen aufgehoben werden. Wird allerdings das bereits bisher bestehende Baurecht lediglich in den Bebauungsplan übernommen, sind die naturschutzrechtlichen Regelungen nicht anwendbar (§ 1 a III 5 BauGB). Bedeutung hat diese Klarstellung etwa für nicht mehr genutzte → Industriebrachen und Konversionsstandorte. Hier ist ein Ausgleich dann nicht erforderlich, wenn anstelle der alten, nicht mehr genutzten Bebauung eine neue Bebauung ohne zusätzliche Beeinträchtigung von Natur und Landschaft treten soll. Das allgemeine naturschutzrechtliche Abwägungsprogramm bleibt allerdings auch bei solchen Bauleitplänen erhalten. Naturschützende Belange sind daher auch in diesen Fällen Gegenstand der Abwägung.

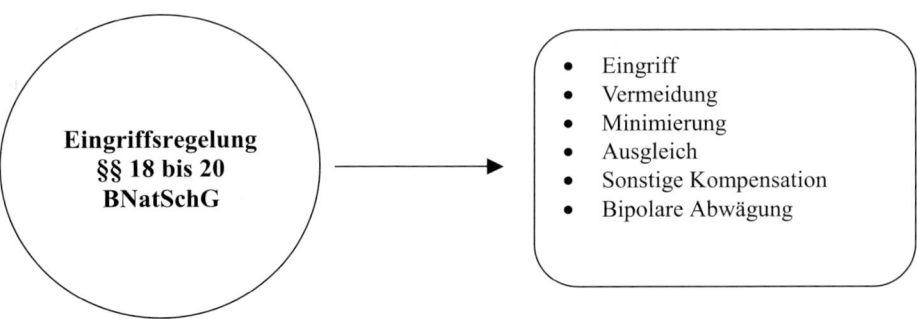

→ **Brache.** Fläche, die nicht mehr in ihrer ursprünglichen Zweckbestimmung genutzt wird (Industrie, Bahngelände, Ackerfläche), sondern einer natürlichen Sukzession überlassen wird.

876   Auch für die Bauleitplanung ist das systematische Vorgehen in den **§§ 14 bis 17 BNatSchG** verbindlich. Der Naturschutz muss in der Bauleitplanung **abgearbeitet** werden. Allerdings sind die einzelnen Stationen dieses Abarbeitungsprozesses **abwägungsdirigiert** und **nicht strikt** gebunden. Die Prüfung der Zulässigkeit des naturschutzrechtlichen Eingriffs erfolgt nach den §§ 14 bis 17 BNatSchG in einem **vierstufigen System**. Zunächst ist zu fragen, ob die Veränderungen der Gestalt oder Nutzung von Grundflächen und damit der durch die Bauleitpläne zugelassene Realakt die Leistungsfähigkeit des Naturhaushaltes oder das Landschaftsbild erheblich oder nachhaltig beeinträchtigt. Derartige Eingriffe sind sodann nach Möglichkeit zu vermeiden, wobei allerdings die Zielkonzeption der jeweiligen Maßnahme gewahrt werden muss. Danach nicht vermeidbare Eingriffe sind zu minimieren. Nicht vermeidbare und nicht zu minimierende Eingriffe sind auszugleichen (Ausgleichsmaßnahmen) oder in sonstiger Weise zu kompensieren (Ersatzmaßnahmen). Kann einem erforderlichen Kompensationserfordernis ganz oder teilweise nicht Rechnung getragen werden, erfolgt eine bipolare Abwägung, in die die für das Vorhaben sprechenden Gesichtspunkte und Belange des Natur- und Landschaftsschutzes einzustellen sind (§ 19 III BNatSchG).[83] Ggf. ist nach Maßgabe des Landesrechts eine weiter gehende Kompensation zu leisten. Geprüft werden diese Schritte i. d. R. nach dem sog. **„Huckepackverfahren"** im Rahmen der Planungs- und Zulassungsentscheidung, also z. B. bei der Aufstellung des Bauleitplans sowie im Baugenehmigungsverfahren oder im immissionsschutzrechtlichen Genehmigungsverfahren. Dabei ist die für den Naturschutz oder die Landschaftspflege zuständige Behörde nach Maßgabe des § 17 I BNatSchG zu beteiligen. Den naturschutzrechtlichen Anforderungen des Vermeidungsgebotes und der Ausgleichspflicht kann die Gemeinde allerdings nur gerecht werden, wenn der zu Grunde liegende Sachverhalt im Einzelnen aufgearbeitet ist und die nach dem Bebauungsplan zugelassenen Eingriffe und ihre Auswirkungen ermittelt sind. Es bedarf daher einer Bestandsaufnahme von Natur und Landschaft in dem Bereich, der von dem Bauleitplan betroffen ist. Es kann dabei ausreichend sein, wenn für den Untersuchungszeitraum besonders bedeutsame Repräsentanten an Tier- und Pflanzengruppen festgestellt werden und für die Bewertung des Eingriffs auf bestimmte Indikatoren abgestellt wird. Die Gemeinden sind dabei nicht an standardisierte Bewertungsverfahren gebunden. Vielmehr ist es Aufgabe der planenden Gemeinde, in eigener Verantwortung die zu erwartenden Eingriffe in Natur und Landschaft zu bewerten und über Vermeidung und Kompensation abwägend zu entscheiden.

877   Diese **Bestandsaufnahme** und **Bestandsbewertung** ist der Art und dem Umfang der zu erwartenden Eingriffe in Natur und Landschaft gegenüberzustellen. Dabei sind neben den zur Überbauung vorgesehenen Grundstücksflächen auch die vorgesehenen örtlichen Verkehrsflächen zu berücksichtigen. Die Intensität auch dieser Erhebung hängt von der Wertigkeit von Natur und Landschaft im Plangebiet ab. Der Bebauungsplan kann dabei eine gewisse Abstraktionsebene wahren und muss nicht auf parzellenscharfen Erhebungen beruhen. Zudem kann die Gemeinde bei der Ermittlung der Eingriffswirkungen von ihren Erfahrungswerten ausgehen, in welchem Umfang Bauherren Festsetzungen in Bebauungsplänen tatsächlich durch Vorhaben ausnutzen. Denn der Bebauungsplan bietet hier vielfach nur ein Angebot für eine Vielzahl städtebaulicher Nutzungen. Die Gemeinde ist daher bei der Ermittlung der Eingriffswirkungen nicht auf die Berücksichtigung der Maximalausnutzung des Bebauungsplans verpflichtet. Vielmehr kann sie, wenn dazu Anlass besteht, von einer geringeren wahrscheinlichen Eingriffswirkung ausgehen. Die Ermittlungstiefe für die Erfassung naturschutzfachlicher Belange in der Bauleitplanung ergibt sich aus dem Abwägungsgebot. Auch die naturschutzrechtliche Eingriffsregelung erfordert keine umfassende Bestandsaufnahme aller von einem Vorhaben betroffenen Tier- und Pflanzenarten. Die Erfassung und Bewertung kann anhand

---

[83] BVerwG, Urt. v. 17.1.2007 – 9 C 1.06 – BVerwGE 128, 76 = DVBl 2007, 641 – Bad Laer.

repräsentativer Tier- und Pflanzengruppen, vorgefundener Vegetationsstrukturen sowie vorhandener Literaturangaben erfolgen. Bestehen Anhaltspunkte für das Vorkommen besonders seltener Arten, ist dem dann näher nachzugehen.[84]

Die Gemeinde hat sodann zu prüfen, ob die beabsichtigten Eingriffe **vermieden** wer- **878** den können. Nicht zu vermeidende und nicht zu **minimierende** Eingriffe sind nach Möglichkeit zu **kompensieren.** Dabei ist zunächst zu prüfen, inwieweit zur Verwirklichung der Ziele des Naturschutzes und der Landschaftspflege Kompensationsmaßnahmen erforderlich sind. Darunter sind nicht nur Maßnahmen für eine gleichartige Kompensation der Eingriffsfolgen im räumlichen Zusammenhang mit dem Eingriff, sondern auch Maßnahmen zu verstehen, die traditionell als Ersatzmaßnahmen auf der Grundlage des jeweiligen Landesrechts bezeichnet werden. § 1a III BauGB unterscheidet dabei nicht zwischen **Ausgleich** und **Ersatz.** Daher ist die Gemeinde auch nicht auf eine vorrangige Prüfung von Ausgleichsmaßnahmen (→ *Textbeispiel 86)* verpflichtet. Vielmehr kann sie zwischen der Art der Kompensationsmaßnahmen frei wählen. Auch ist die Gemeinde hinsichtlich des Umfangs der Kompensationsmaßnahmen nicht an eine volle Kompensation gebunden. Sind Kompensationsmaßnahmen naturschutzfachlich erforderlich, stellt sich für die Gemeinde im Rahmen der Abwägung die Frage, ob und in welchem Umfang ggf. darauf verzichtet werden kann. Die Gemeinde muss sich dabei allerdings konkret mit der Frage auseinander setzen, ob der mit der Planung verbundene Eingriff vermieden, minimiert oder ausgeglichen werden kann. Sie hat dabei zu prüfen, mit welchen Maßnahmen vernünftigerweise unter Wahrung einer geordneten städtebaulichen Entwicklung dem Anliegen der naturschutzrechtlichen Eingriffsregelung im Bauleitplan Rechnung getragen werden kann.[85]

Ausgleichsmaßnahmen

Die im Bebauungsplan festgesetzten Flächen zum Anpflanzen von Bäumen, Sträuchern sind mit standortgerechten Laubgehölzen (Pflanzabstand 1,00 x 1,00 m) zu bepflanzen). Innerhalb der im Bebauungsplan festgesetzten Fläche für Maßnahmen zum Schutz, zur Pflege und zur Entwicklung von Natur und Landschaft ist ein Auenwald zeitgleich mit der Erschließung des Planbereiches anzulegen.
Die Flächen für die Wasserwirtschaft zur Unterhaltung und Entwicklung sind mit einer Wildrasensaat einzusäen und von baulichen Anlagen jeglicher Art (insbesondere auch von Zäunen und Pflasterungen) freizuhalten. Innerhalb der öffentlichen Erschließungsstraßen ist im Mittel je 20 lfd. m Straßenlänge mindestens ein großkroniger Laubbaum anzupflanzen und dauerhaft zu erhalten.
Im Bereich des Auenwaldes ist ein Wasserbiotop anzulegen. Dabei sind folgende Wasserpflanzen zu verwenden: typha latifolia (Rohrkolben), eriophorum augustifolium (Wollgras), pulsatilla vulgaris (Küchenschelle), Nymhaea (Seerose), calla palustris (Schlangenwurz), minulus luteus (Gauklerblume), veronica beccabunga (Bachbunge), carex gracilis (Sumpfsegge), scirpus lacustris (Teichsimse).

Textbeispiel 86: Ausgleichsmaßnahmen

Die naturschutzrechtlichen Belange unterliegen dabei einer **Abwägung** der Gemein- **879** de. Umfang und Art der jeweils gebotenen Kompensation ist von der Gemeinde nach Maßgabe der konkreten örtlichen Situation abzuwägen. Eine allgemeine Verpflichtung zur vollen Kompensation besteht im Rahmen der Bauleitplanung nicht. Wegen der Bedeutung der umweltschützenden Belange in der Bauleitplanung sind die wesentlichen Gesichtspunkte der Abwägung in der Begründung zum Flächennutzungsplan oder zum Bebauungsplan zu dokumentieren.

Nach der **Städtebaurechts-Novelle 2013** ist bei der naturschutzrechtlichen Aus- **880** gleichsregelung des **§ 1a III BauGB** auch **§ 15 III BNatSchG** entsprechend anzuwenden, wonach bei der Inanspruchnahme von land- oder forstwirtschaftlich genutzten Flächen für Ausgleichsmaßnahmen auf agrarstrukturelle Belange besonders Rücksicht zu

[84] OVG Hamburg, Urt. v. 30.4.2008 – 2 E 4/05.N –.
[85] BVerwG, B. v. 23.4.1997 – 4 NB 13.97 – NuR 1997, 446 = UPR 1997, 409 = ZfBR 1997, 261 – Kompensationsbedarf; vorhergehend OVG Münster, Urt. v. 5.12.1996 – 7 A D 23/95 NE – BauR 1997, 607 – Kompensationsbedarf.

nehmen ist[86]. Nach § 15 III 2 BNatSchG ist dabei „vorrangig zu prüfen, ob der Ausgleich oder Ersatz auch durch Maßnahmen zur Entsiegelung, durch Maßnahmen zur Wiedervernetzung von Lebensräumen oder durch Bewirtschaftungs- oder Pflegemaßnahmen, die der dauerhaften Aufwertung des Naturhaushalts oder des Landschaftsbildes dienen, erbracht werden kann, um möglichst zu vermeiden, dass Flächen aus der Nutzung genommen werden." Die in das BNatSchG s. Zt. eingefügte Vorschrift war im Zusammenhang mit der naturschutzrechtlichen Eingriffsregelung als Schutzschild gegen eine übermäßige Inanspruchnahme landwirtschaftlich genutzter Flächen für naturschutzrechtliche Kompensationsmaßnahmen gedacht. Auch das BVerwG[87] hatte vor dem Hintergrund der verfassungsrechtlichen Eigentumsgarantie in Art. 14 GG einer existenzgefährdenden Inanspruchnahme landwirtschaftlicher Flächen zugunsten naturschutzrechtlicher Ausgleichs- oder Ersatzmaßnahmen einen Riegel vorgeschoben. Nunmehr ist diese Regelung in das BauGB integriert worden.

881   **j) Freistellungsklausel zu Gunsten der Länder.** Frühere Freistellungsklauseln zugunsten der Länder sind inzwischen weggefallen.[88]

882   **k) Instrumente.** Für die Integration der umweltschützenden Belange in das Bauplanungsrecht verweist § 1 a III BauGB auf ein Bündel verschiedener städtebaulicher Instrumente, die von Darstellungen im Flächennutzungsplan über Festsetzungen im Bebauungsplan bis hin zu städtebaulichen Verträgen reichen. Erleichterungen werden der Praxis vor allem auch dadurch angeboten, dass der Ausgleich auch an anderer Stelle als am Ort des Eingriffs erfolgen kann und die Gemeinde durch vorgezogene Maßnahmen bereits einen Ausgleich für Eingriffe vorwegnehmen kann, die erst später anstehen. Dadurch können naturschutzrechtliche Ausgleichsmaßnahmen zeitlich und räumlich entzerrt und instrumentell auf eine neue Grundlage gestellt werden. Hierdurch wird eine räumliche und zeitliche Abkoppelung von Beeinträchtigung und Ausgleich ermöglicht[89], solange dies mit den Zielen des Naturschutzes vereinbar ist. Die Praxis hat dies als hilfreich empfunden. Über allem schwebt der Gedanke, das Bauplanungsrecht mit seinem der Abwägung verpflichteten Entscheidungsverfahren für eine sachgerechte Bewältigung umweltschützender Belange zu nutzen.[90]

883   Ein Bebauungsplan konnte sich nach Auffassung des BVerwG[91] bereits unter Geltung des § 8 a BNatSchG 1993 durchaus auf **zwei voneinander räumlich getrennte Gebiete**, also jeweils Teilgebiete eines räumlichen Geltungsbereichs, erstrecken.[92] Auch insoweit kann der großräumigen Betrachtungsweise Rechnung getragen werden, wie sie die naturschutzrechtliche Kompensationsplanung erfordert.[93] Das Gericht bejahte sodann die Befugnis der Gemeinde, auch andere Möglichkeiten der rechtstechnischen Umsetzung von Ausgleichs- und Ersatzmaßnahmen zu wählen als die der Festsetzung von gem. § 9 I BauGB. Die naturschutzrechtliche Zielsetzung bedinge zwar, dass im Gemeindege-

---

[86] Zur Bewertung dieser Neuregelung und zum Flächenverbrauch in der Auseinandersetzung Szczekalla, in Bau- und Fachplanungsrecht, FS für *Stüer*, 575 (586); *ders*. DVBl 2013, 287.

[87] Urt. v. 18.3.2009 – 9 A 40.07 – DVBl 2009, 1455 = NVwZ 2010, 66; vgl. auch Urt. v. 18.3.2009 – 9 A 39.07 – BVerwGE 133, 239; *Stüer* DVBl 2012, 1164; *Szczekalla*, in Bau- und Fachplanungsrecht, FS für *Stüer*, 575 (587); *ders*. DVBl 2013, 287.

[88] Nach § 246 VI BauGB 1998 konnten die Länder bestimmen, dass die Gemeinden bis zum 31.12.2000 die Eingriffsregelung nicht anwenden mussten, so weit den Belangen des Naturschutzes und der Landschaftspflege auf andere Weise Rechnung getragen werden konnte.

[89] *Bundesregierung*, Gesetzentwurf zum BauROG 1998, S. 44.

[90] *Stüer* DVBl 1996, 177.

[91] BVerwG, B. v. 31.1.1997 – 4 NB 27.96 – BVerwGE 104, 68 = DVBl 1997, 1112 = NVwZ 1997, 1213.

[92] Vgl. die Vorlage des VGH Mannheim, B. v. 26.7.1996 – 5 S 2054/95 – VBlBW 1996, 465.

[93] BVerwG, B. v. 9.5.1997 – 4 N 1.96 – BVerwGE 104, 353 = DVBl 1997, 1121 = NVwZ 1997, 1216.

biet Flächen zur Verfügung stehen, die als Ausgleichs- oder Ersatzflächen geeignet sind. Der darauf gerichtete Vollzug sei aber nicht auf die in § 15 II BNatSchG vorgesehenen Mittel begrenzt. Die Gemeinde könne demnach grundsätzlich die Ausgleichs- und Ersatzmaßnahmen auch durch vertragliche Regelungen erreichen.[94] Ohne in der Sache zu entscheiden, hat das BVerwG aber zunächst Bedenken dagegen angemeldet, dass eine einseitige Verpflichtungserklärung der Plangeberin genügen könnte, um den Vollzug und die Wahrung der Belange des Naturschutzes sicher zu stellen.[95] In der Folgezeit hat das Gericht aber betont, dass die Gemeinde auch in anderer Weise den naturschützenden Belangen Rechnung tragen könne.[96]

Im **Bebauungsplan** können Festsetzungen erfolgen für Grünflächen (§ 9 I Nr. 15   **884** BauGB)[97], Wasserflächen (§ 9 I Nr. 16 BauGB), Flächen für die Landwirtschaft (§ 9 I Nr. 18 a BauGB), Wald (§ 9 I Nr. 18 b BauGB), Flächen oder Maßnahmen zum Schutz, zur Pflege und zur Entwicklung von Natur und Landschaft (§ 9 I Nr. 20 BauGB), das Anpflanzen von Bäumen, Sträuchern und sonstigen Bepflanzungen und Bindungen für Bepflanzungen und für den Erhalt von Bäumen, Sträuchern und sonstigen Bepflanzungen sowie von Gewässern (§ 9 I Nr. 25 BauGB). Die Festsetzungen für die Landwirtschaft (§ 9 I Nr. 18 a BauGB) können mit Festsetzungen für Flächen oder Maßnahmen zum Schutz, zur Pflege und zur Entwicklung von Boden, Natur und Landschaft (§ 9 I Nr. 20 BauGB) kombiniert werden. Durch den Wegfall der Subsidiaritätsklausel können die Festsetzungen in § 9 I Nr. 16 und 20 BauGB auch dann erfolgen, wenn dies auch auf einer anderen Rechtsgrundlage möglich wäre. Die einzelnen Festsetzungen können auch kombiniert werden.[98] Im Bebauungsplan können Flächen oder Maßnahmen zum Ausgleich naturschutzrechtlicher Eingriffe auf den Grundstücken, auf denen die Eingriffe in Natur und Landschaft zu erwarten sind, oder an anderer Stelle sowohl im sonstigen Geltungsbereich des Bebauungsplans als auch in einem anderen Bebauungsplan festgesetzt werden (§ 9 I a 1 BauGB). Es bestehen danach für die Festsetzungen drei Möglichkeiten: Die Festsetzungen können (1) auf dem Grundstück, auf dem der Eingriff zu erwarten ist, (2) an anderer Stelle im sonstigen Geltungsbereich des Bebauungsplans oder (3) in einem anderen Bebauungsplan (Ausgleichsbebauungsplan)[99] festgesetzt werden. Die Flächen oder Maßnahmen zum Ausgleich an anderer Stelle können den Grundstücken, auf denen Eingriffe zu erwarten sind, ganz oder teilweise zugeordnet werden. Dies gilt auch für Maßnahmen auf von der Gemeinde bereitgestellten Flächen. Die Zuordnungsmöglichkeit ist damit auch auf Festsetzungen für den Ausgleich in einem anderen Bebauungsplan erweitert worden. Voraussetzung für die Zuordnung von einem Bebauungsplan zum anderen ist jeweils, dass ein Zusammenhang zwischen Beeinträchtigungen und Ausgleich besteht. Dieser kann − soweit vorhanden − aus entsprechenden Darstellungen für Flächen zum Ausgleich im Flächennutzungsplan abgeleitet werden. Die Festsetzungen müssen die allgemeinen Anforderungen des Abwägungsgebotes § 1 VI, VII BauGB und im Hinblick auf den Flächennutzungsplan die Erfordernisse des Entwicklungsgebotes in § 8 II BauGB wahren.[100]

---

[94] BVerwG, B. v. 9.5.1997 − 4 N 1.96 − BVerwGE 104, 353 = DVBl 1997, 1121 = NVwZ 1997, 1216; ebenso zum planfeststellungsersetzenden Bebauungsplan VGH Mannheim, Urt. v. 22.7.1997 − 5 S 3391/94 − DVBl 1998, 601.

[95] BVerwG, B. v. 18.11.1997 − 4 BN 26.97 − ZfBR 1998, 158 = NuR 1998, 364; Urt. v. 19.9.2002 − 4 CN 1.02 − BVerwGE 117, 58 = DVBl 2003, 204 = BauR 2003, 209.

[96] BVerwG, Urt. v. 19.9.2002 − 4 CN 1.02 − DVBl 2003, 204 = BauR 2003, 209.

[97] OVG Münster, Urt. v. 17.12.1998 − 10a D 186/96.NE − NVwZ 1999, 561 = NuR 1999, 52 − Ausgleichsfläche.

[98] OVG Münster, Urt. v. 17.12.1998 − 10a D 186/96.NE − NVwZ 1999, 561 = NuR 1999, 52 − Ausgleichsfläche, für eine Kombination von Festsetzungen nach § 9 I Nr. 15 und 20 BauGB.

[99] OVG Münster, Urt. v. 17.12.1998 − 10a D 186/96.NE − NVwZ 1999, 561 = NuR 1999, 52 − Ausgleichsfläche.

[100] *Bundesregierung*, Gesetzentwurf zum BauROG, S. 49.

885 Die Zuordnungsfestsetzung dient vor allem auch der Finanzierung. Im Falle des Ausgleichsbebauungsplans erfolgt die Zuordnung über eine Zuordnungsfestsetzung im Eingriffsbebauungsplan, die auf Festsetzungen zum Ausgleich im Ausgleichsbebauungsplan zurückgreift.[101] Auch kann der Eingriffsbebauungsplan auf von der Gemeinde bereitgestellte Flächen (§ 1a III 4 BauGB) verweisen. Dem Eingriffsbebauungsplan sollte in diesem Fall als Anlage zur Begründung eine Aufstellung der von der Gemeinde in eigener Verantwortung zu leistenden Maßnahmen für den Ausgleich auf die außerhalb des Bebauungsplans liegenden, von der Gemeinde bereitgestellten Flächen beigefügt werden (→ *Abbildungen 89, 90 und 91 mit Textbeispielen 87 und 88*).

886 § 1a III 4 BauGB setzt bei der Festlegung von Ausgleichsmaßnahmen ein Mindestmaß an rechtlicher Bindung der Gemeinde voraus. Die Gemeinde darf unter Beachtung des Abwägungsgebots Ausgleichsmaßnahmen räumlich vom Eingriffsort trennen. Zur Verwirklichung von Ausgleichsmaßnahmen darf die Gemeinde auf ein bereits beschlossenes, aber noch nicht verwirklichtes Nutzungskonzept zurückgreifen.[102] Nach § 1a III 5 BauGB ist ein naturschutzrechtlicher Ausgleich nicht erforderlich, soweit die Eingriffe bereits vor der planerischen Entscheidung erfolgt sind oder zulässig waren. Die Vorschrift gilt auch für alte Bebauungspläne, bei deren Aufstellung die naturschutzrechtliche Eingriffsregelung noch nicht berücksichtigt werden musste.[103]

887 Die → **Zuordnung** erfolgt in der Regel durch **textliche Darstellungen** oder **Festsetzungen**, mit denen bestimmt wird, welche Ausgleichsmaßnahmen welchen Eingriffen zugeordnet werden (→ *Abbildungen 92 und 93 mit Textbeispielen 89, 90 und 91*). Es sind alle Flächen im Plangebiet zu bezeichnen, auf denen Eingriffe zu erwarten sind, die nach Maßgabe der planerischen Abwägung an Ort und Stelle nicht ausgeglichen werden können. Zu den Flächen, auf denen Eingriffe zu erwarten sind, gehören neben den Bauflächen etwa auch Verkehrsflächen und Flächen für Nebenanlagen wie Stellplätze oder Garagen. Da die Festsetzungen in einem Bebauungsplan regelmäßig „flächenscharf" aber nicht „grundstücksscharf" erfolgen, kann dieser grobere Maßstab auch im Bereich der Ausgleichsmaßnahmen angewendet werden.

Bebauungsplan Gemeindestraße

1. Die Begrünung im Geltungsbereich des Bebauungsplans Nr. 15 „Schulstraße" ist mit folgenden Bäumen und Sträuchern in den ausgewiesenen Grünflächen durchzuführen:

1.1 Bäume: Acer plantanoides (Spitzahorn), Beluta pendula (Standbirke), Quercus robur (Stieleiche), Tilia cordata (Winterlinde), Tillax intermedia (Holländische Linde),

1.2 Sträucher: Acer plantadiodes (Spitzahorn). Acer pseudoplatanus (Bergahorn), Capinus betulus (Hainbuche), Cornus sanguinea (Roter Hartriegel), Corylus avellana (Haselnuss), Fagut sylvatica (Rotbuche), Fangula alnus (Faulbaum), Fraxinus excelsior (Gemeinde Esche), Populos tremula (Espe), Prunus avium (Vogelkirsche), Prunis padus (Traubenkirsche), Quecus robur (Stieleiche), Salix Aurita (Öhrchenweide), Salix caprea (Salweide), Salix cinerea (Asch- oder Grauweide), Salix purpurea (Purpurweide), Sambucus nigra (Schwarzer Holunder), Sambucus racemosa (Traubenholunder), Viburnum opulus (Gemeiner Schneeball), Crataegus monogyna (Weißdorn).

2. Zu erhaltende Einzelbäume
    Die im Bebauungsplan entsprechend gekennzeichneten Bäume am Rande der Straße sind zu erhalten und zu sichern. Die Einzelbäume auf den Flurstücken 101/1 und 102/2 sind durch Umlegung des Fahrradweges zu erhalten und in den öffentlichen Grünstreifen einzubeziehen.

3. Verkehrsgrün mit Baumbepflanzung
    Die zwischen Rad-/Fußweg und Fahrbahn geplanten, meist 1,5 m breiten Grünstreifen sind als Rasenfläche anzulegen und mit Bäumen zu bepflanzen. Diese sind als Hochstämme (Mindestpflanzgröße 12 bis 14 cm Stammumfang) i. d. R. mit einem Pflanzabstand von 10 m einzubringen. Im Be-

---

[101] OVG Münster, Urt. v. 17.12.1998 – 10a D 186/96.NE – NVwZ 1999, 561 = NuR 1999, 52 – Ausgleichsfläche.

[102] BVerwG, B. v. 18.7.2003 – 4 BN 37.03 – UPR 2003, 449 = NuR 2003, 750= NVwZ 2003, 1515 = BauR 2004, 40 = DVBl 2003, 1471 (L) mit Anmerkung *Kemm* IBR 2003, 575.

[103] BVerwG, B. v. 20.5.2003 – 4 BN 57.02 – DVBl 2003, 1462 = NVwZ 2003, 1259 mit Anmerkung *Ell* NVwZ 2004, 182= NuR 2003, 624 = BauR 2003, 1688 – Öffnungsklausel einer Landschaftsschutzverordnung.

reich der Spitzahornallee sind die gegenüberliegenden Grünstreifen mit Spitzahorn zu bepflanzen, um den einheitlichen Alleecharakter zu erhalten. Bei Haus Schulstraße 25 soll zu der zu erhaltenden Rosskastanie eine weitere Rosskastanie (Stammumfang 16 bis 18 cm) gesetzt werden. Im südlichen Abschnitt der Schulstraße, wo eine beidseitige Bepflanzung festgesetzt ist, soll eine Art aus 1.1 verwendet werden. Weiterhin ist die bestehende Spitzahornallee in lückigen Bereichen mit Spitzahorn (Hochstämme mit 16 bis 18 cm Stammumfang) zu ergänzen.
4. Sonstige Gehölzpflanzungen im öffentlichen Bereich
    Gem. § 9 I Nr. 25 b BauGB ist auf dem Flurstück 4/200 zwischen Spitzahornallee und Radweg eine Bepflanzung mit Sträuchern aus 1.2 durchzuführen. Der keilförmige ca. 3 bis 5 m breite Bereich ist bei einem Reihenabstand von 1 m und einem Pflanzabstand von 1,5 m als 2- bis 4-zeilige Strauchpflanzung anzulegen. Die öffentliche Grünfläche zwischen der Schulstraße und Haus Nr. 130 ist ebenfalls als Strauchpflanzung anzulegen. Es ist ein Reihen- und Pflanzabstand von 1,5 m einzuhalten. Weiterhin sind in der Fläche 3 Einzelbäume (12 bis 14 cm Stammumfang) laut Plandarstellung einzubringen.
5. Entwässerungsgraben
    Die im Plan gekennzeichneten Grabenabschnitte der „Schulwieke" sind mit ihrer Vegetationsausstattung zu erhalten (§ 9 I Nr. 25 b BauGB).
6. Zu erhaltende Bäume außerhalb der Plangebietsgrenzen
    Bei den angrenzenden Bäumen außerhalb der Plangebietsgrenzen müssen gegebenenfalls weitere Sicherungsmaßnahmen ergriffen werden, um die Lebensfähigkeit dauernd zu sichern, da eine Beeinträchtigung durch die Planung möglich ist. Falls Beeinträchtigungen zu erwarten sind, sind die im „Ökologischen Fachgutachten" in Ziff. 4.1 genannten Sicherungsmaßnahmen zu ergreifen.
7. Zu erhaltende Gehölzgruppen außerhalb der Plangebietsgrenzen
    Vogelbeere, Erle und Moorbirke (Schulstraße 28),
    Roteiche, Sandbirke und Lärche (Schulstraße 42).
8. Externe Kompensationsmaßnahmen auf dem Grundstück Flurstück 5 der Flur 3
8.1 Grünland, Blänken/Sümpfzonen
    Die Kompensationsfläche ist zu extensiv genutztem Grünland zu entwickeln. Durch Aufheben bestehender Drainage zur Wiedervernässung und verschiedene Nutzungsbeschränkungen wird vielfältiges Grünland mit hoher Biotopfunktion entstehen. Teilbereiche des Grünlandes sind zudem durch den Abtrag von Oberboden zu temporär überfluteten Blänken zu entwickeln. Durch Abtragen einer ca. 30 cm starken Schicht sind hier nasse, nährstoffarme Standorte zu schaffen. Das Grünland ist einschließlich der Blänken und eine extensive Beweidung zu pflegen. Die Weide darf mit maximal 1,5 Rindern/ha frühestens ab dem 15.6 eines jeden Jahres erfolgen. Walzen und Schleppen, das Ausbringen von Düngemitteln sowie Umbruch und Neueinsaat sind untersagt.
8.2 Grünland, Blänken/Sümpfzonen
    Die vier geplanten Grünlandweiher haben eine Größe von 100 bis 200 m². Sie sind mit einer Böschungsneigung um 1 : 2 auszugestalten und haben eine Sohltiefe von 2 bis 2,5 m unter Geländeoberkante aufzuweisen, so dass eine Dauerwasserfläche mit einer Tiefe um 1,5 m entsteht. Zumindest die beiden größeren Teiche im Nordwesten sind einzuzäunen, um die Entwicklung einer natürlichen Ufer- und Wasserpflanzenvegetation zu ermöglichen und Nährstoffeintrag zu verhindern.

Textbeispiel 87: *Festsetzungen Bebauungsplan für Gemeindestraße (zu Abbildung 89)*

Entlastungsstraße Ortsumgehung
Mit dem Bebauungsplan „Kommunale Entlastungsstraße Bensersiel" möchte die Stadt Planungsrecht für den Bau einer kommunalen Entlastungsstraße südlich der Ortschaft Bensersiel schaffen. Es handelt sich dabei um eine ca. 2.140 m lange Straße, die im Westen der Ortslage von der Landesstraße L 5 abzweigt und in einem Bogen südlich um Bensersiel herumführt, wobei zum Siedlungsrand etwa 200 – 250 m Abstand gehalten wird. Das Benser Tief soll mittels eines Brückenbauwerkes gequert werden. Nachdem auch die Landesstraße L 8 durch einen Kreisverkehrsplatz an die neue Straße angeknüpft wird, soll die kommunale Entlastungsstraße im Osten der Ortschaft wieder an die Landesstraße L 5 angebunden werden.
Die Stadt verfolgt mit der vorliegenden Planung das Ziel, die Ziel- und Quellverkehre der touristisch stark frequentierten Bereiche im Osten und Westen von Bensersiel, die in den Sommermonaten ca. zwei Drittel der Gesamtverkehrsmenge ausmachen, um den Ortskern herumzuführen. Zusätzlich soll die Möglichkeit zur Erschließung zukünftiger südlicher Siedlungserweiterungsflächen geschaffen werden.
Dafür ist der Bau der kommunalen Entlastungsstraße erforderlich. Der Bebauungsplan verfolgt neben der bauplanungsrechtlichen Ausweisung der entsprechenden Verkehrsflächen ferner das Ziel, weitere im Zuge der Baumaßnahme benötigte Flächen zu sichern sowie nach Möglichkeit Flächen für Kompensationsmaßnahmen zum Ausgleich der Eingriffe in Natur und Landschaft in unmittelbarer Nähe der Verkehrsstrasse vorzuhalten. Ferner werden auf einer weiteren Teilfläche zusätzliche Kompensationsmaßnahmen geplant. Der Bebauungsplan besteht aus insgesamt 4 Teilplänen. Der vorliegende Teilplan Nr. II bildet das mittlere Teilstück der geplanten Straße.

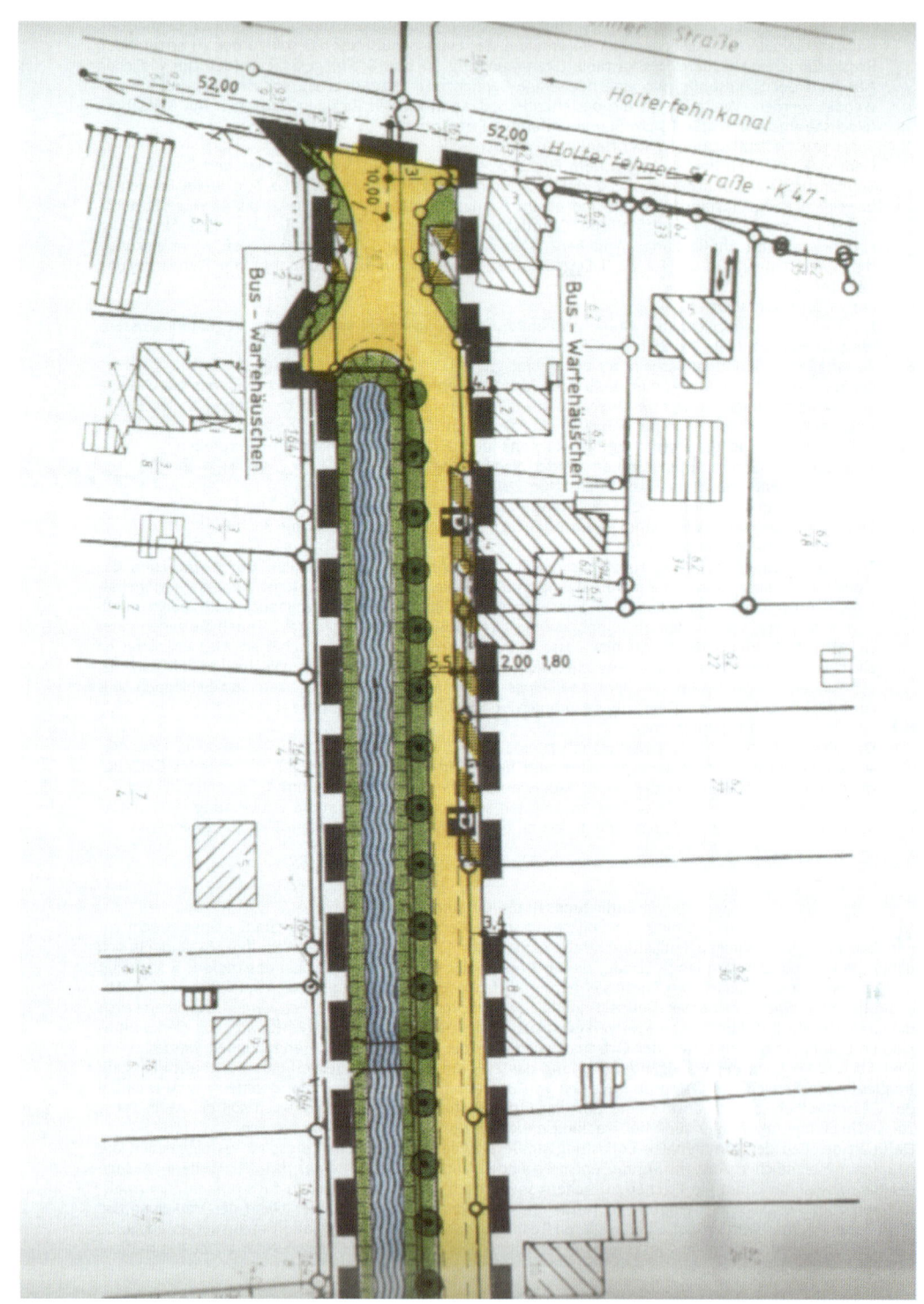

Abbildung 89: *Bebauungsplan für Gemeindestraße*

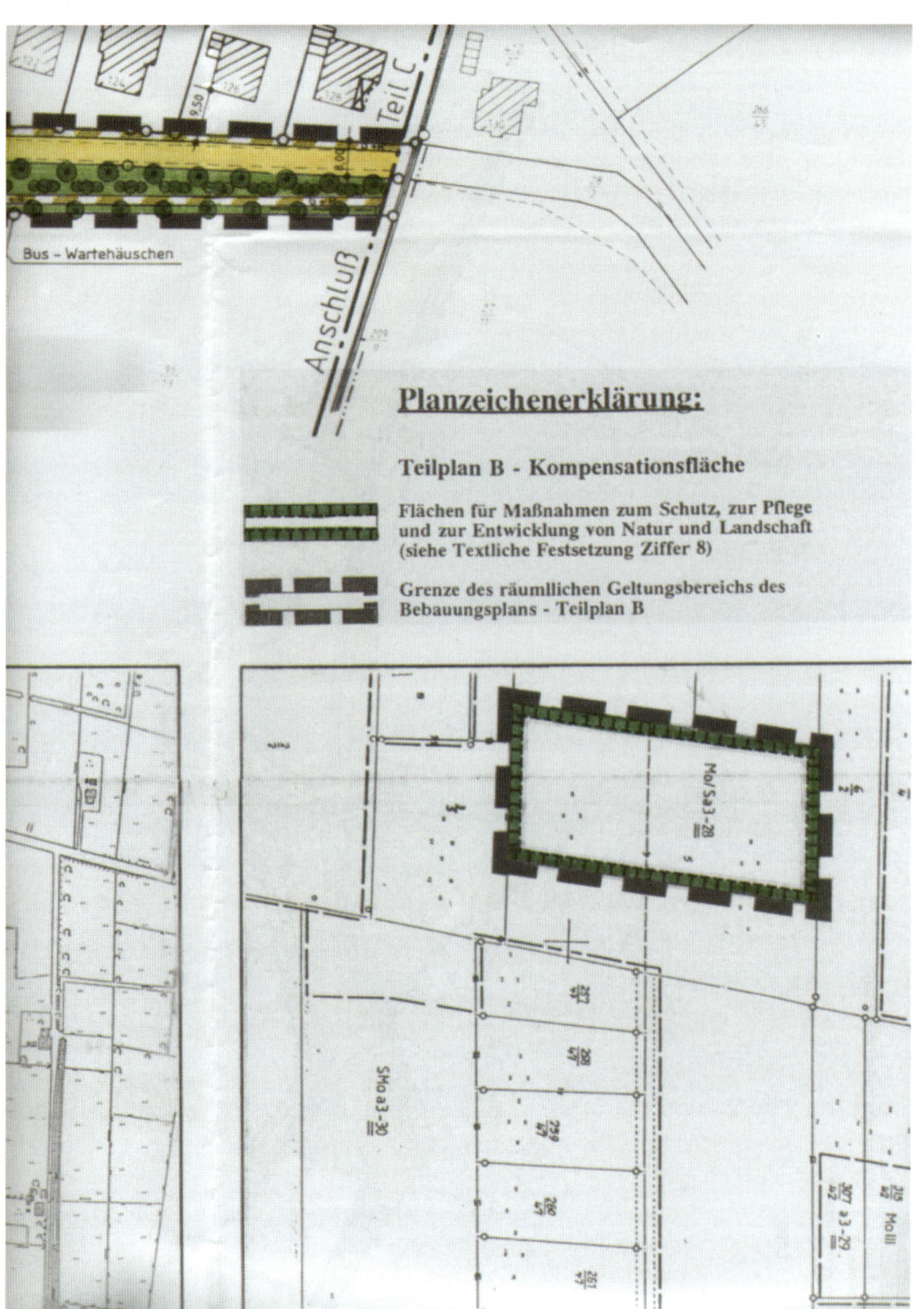

Abbildung 90: *Ausgleichsmaßnahmen für Straßenplanung*

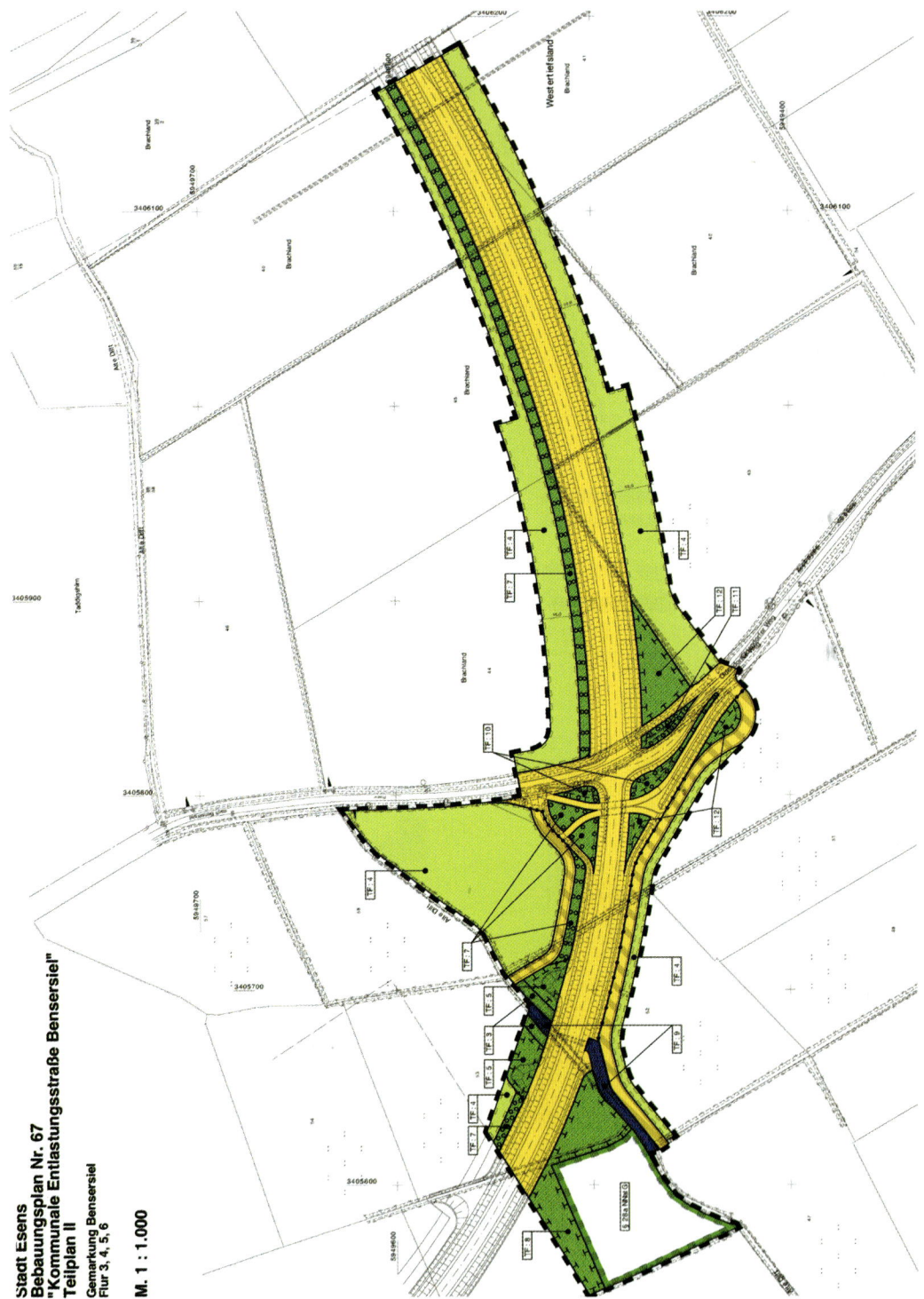

Abbildung 91: *Entlastungsstraße Ortsumgehung*

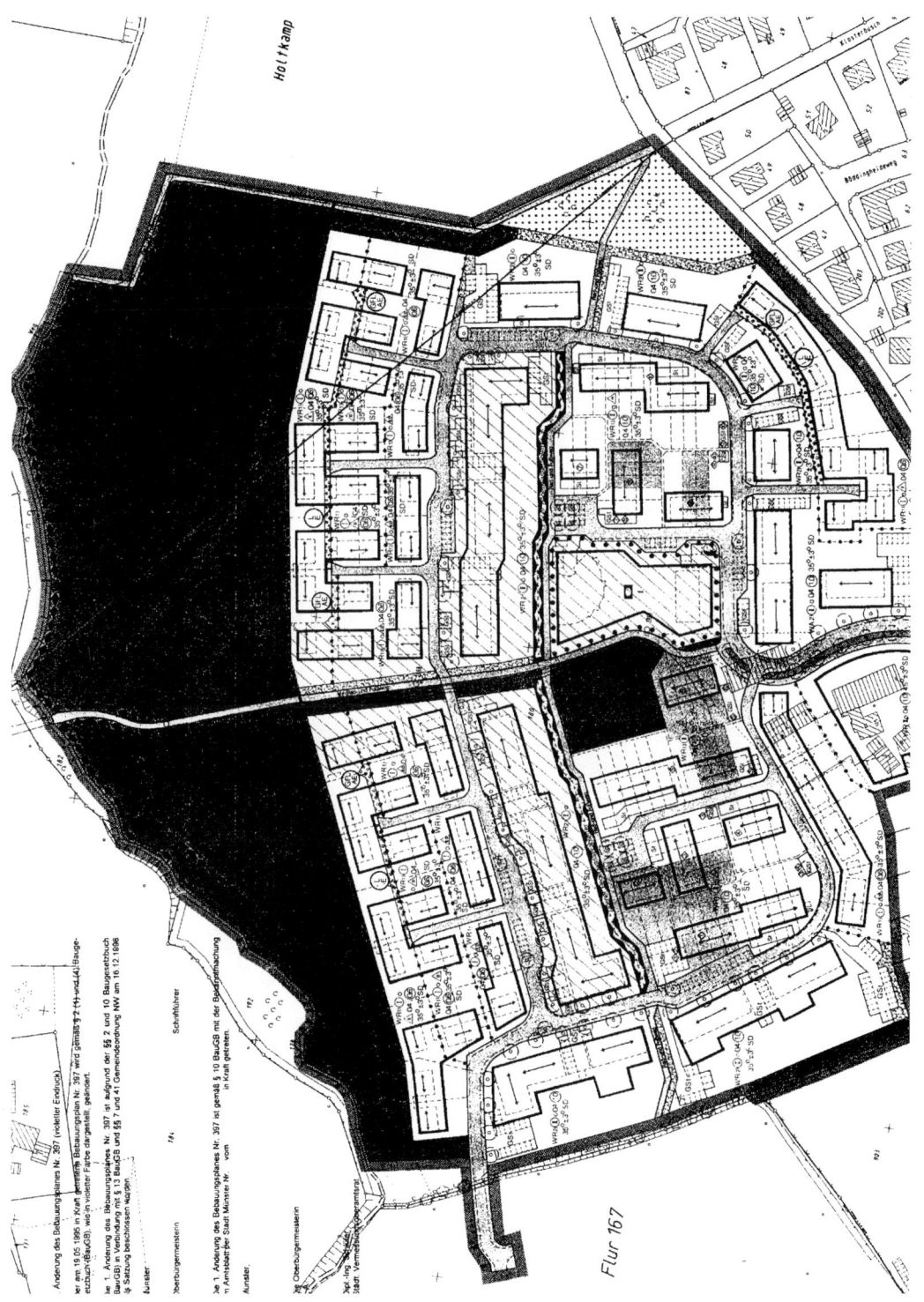

Abbildung 92: *Zuordnungsfestsetzungen*

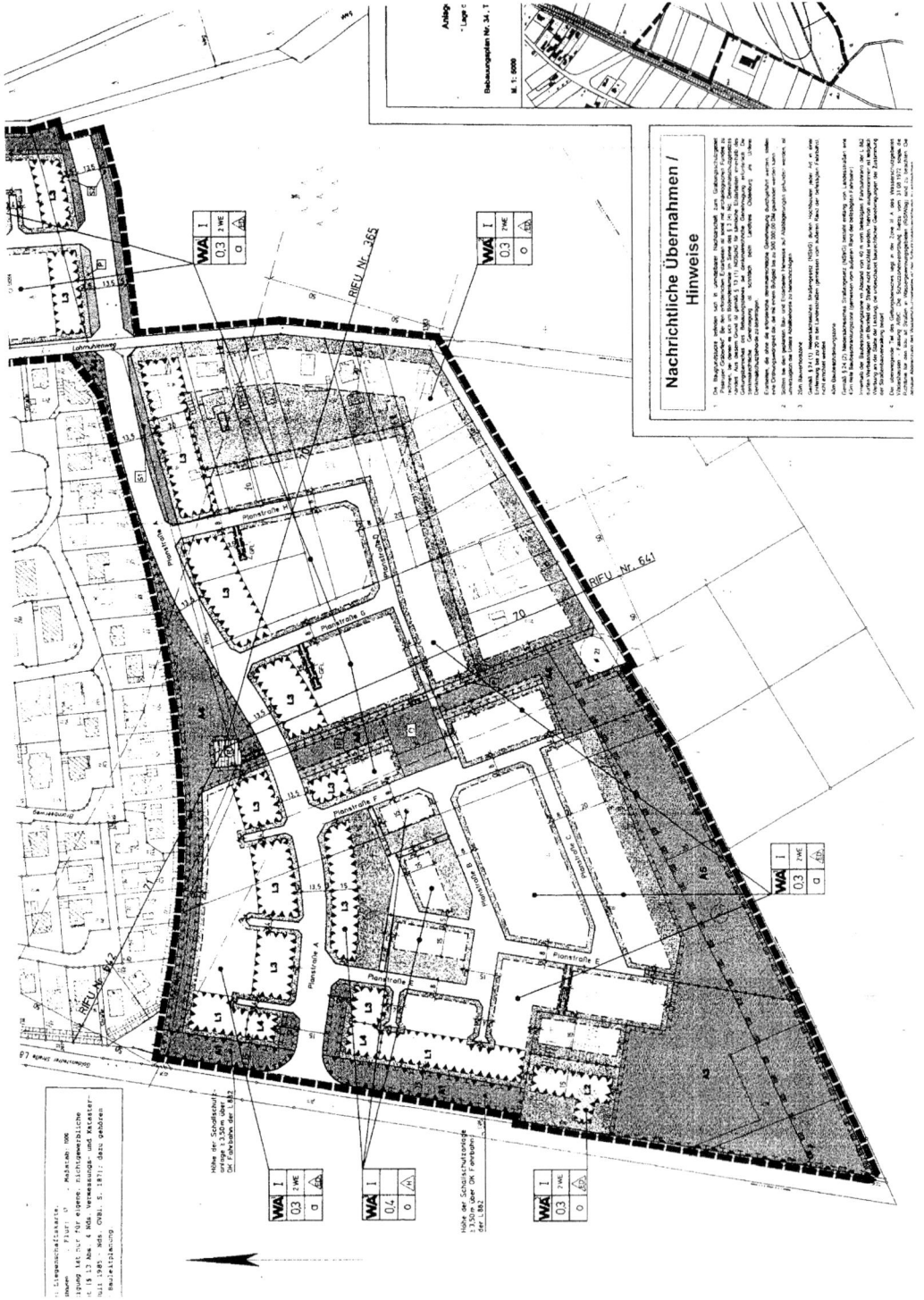

Abbildung 93: *Zuordnungsfestsetzungen*

Textliche Festsetzungen

3. Geh- und Fahrrechte (§ 9 I Nr. 21 BauGB): Im Bereich der markierten Fläche ist ein Geh- und Fahrrecht zugunsten des Unterhaltungspflichtigen des angrenzenden Gewässers zu sichern.

4. Geh- und Fahrrecht (§ 9 I Nr. 21 BauGB): Auf der markierten Fläche ist für den Bau der kommunalen Entlastungsstraße ein Geh- und Fahrrecht zugunsten der Stadt zu sichern.

5. Fläche für Maßnahmen zum Schutz, zur Pflege und zur Entwicklung von Boden, Natur und Landschaft (§ 9 I Nr. 20 BauGB): Im Bereich der markierten Fläche ist eine Grabenaufweitung auf ca. 10 m Breite vorzunehmen. Die Sohltiefe der Aufweitung orientiert sich dabei an der Sohltiefe des angrenzenden Grabensystems. Die Aufweitungen erhalten eine Böschungsneigung von 1:5. Die Fläche ist der natürlichen Sukzession zu überlassen.

7. Flächen für Maßnahmen zum Schutz, zur Pflege und zur Entwicklung von Boden, Natur und Landschaft (§ 9 I Nr. 25 a BauGB): Die markierten Flächen sind als Landschaftsrasen anzulegen und entsprechend zu pflegen. Ferner sind insgesamt 30 % der Strecke mit ca. 10 bis 15 m langen Gehölzgruppen zweireihig zu bepflanzen. Es sind Sträucher und 1 % Bäume II Ordnung (Heister) zu verwenden. Der Pflanzabstand beträgt 1,25 m x 1,25 m.

8. Flächen für Maßnahmen zum Schutz, zur Pflege und zur Entwicklung von Boden, Natur und Landschaft (§ 9 I Nr. 20 und 25 a BauGB): Auf der markierten Fläche ist eine extensive landwirtschaftlich nutzbare Grünlandfläche mit Feuchtelementen zu entwickeln. Hierzu sollen mit einer Grüppenfräse in 20 m Abstand abflusslose Grüppen hergestellt werden, sodass trockenere Zwischenflächen und feuchte Grüppenbereiche mit Flutrasen entstehen. Zulässig ist eine Beweidung (ab Juni) bzw. die ein- bis zweimalige Mahd der Fläche (ab Juni). Alternativ ist die Fläche einmal jährlich zu mähen. Eine Verwendung von Bioziden oder Dünger ist nicht zulässig. Vorhandene Gräben sind der natürlichen Sukzession zu überlassen. Der vorhandene Vegetationsbestand ist bei der Baumaßnahme zu schonen. Auf die Anlage eines Arbeitsstreifens während der Baumaßnahme ist zu verzichten.

9. Flächen für Maßnahmen zum Schutz, zur Pflege und zur Entwicklung von Boden, Natur und Landschaft (§ 9 I Nr. 20 BauGB): Im Bereich der festgesetzten Wasserfläche kann das Gewässer III. Ordnung (Alte Drift) verlegt werden. Das Gewässerprofil der verlegten Teilstrecke ist dem Profil des alten Verlaufs anzupassen. Das Gewässer bleibt der natürlichen Sukzession überlassen.

10. Flächen für Maßnahmen zum Schutz, zur Pflege und zur Entwicklung von Boden, Natur und Landschaft (§ 9 I Nr. 20 und 25 a BauGB): Die markierte Fläche wird rekultiviert und einreihig mit Sträuchern (Weißdorn, Weide) und Wildapfel bepflanzt. Der Pflanzabstand beträgt 2 m. Die Pflanzgröße der Bäume beträgt 1,50 bis 2,00 m, die der Sträucher 0,60 m bis 1,00 m. Das Sichtdreieck im Bereich der Einmündung des Oldendorfer Weges in die kommunale Entlastungsstraße ist mit Landschaftsrasen anzusäen. Die Gräben und Mulden werden der natürlichen Sukzession überlassen.

11. Flächen für Maßnahmen zum Schutz, zur Pflege und zur Entwicklung von Boden, Natur und Landschaft (§ 9 I Nr. 20 und 25 a BauGB): Auf den markierten Flächen ist eine Gehölzgruppe aus Weißdorn zu pflanzen. Der Pflanzabstand beträgt 1,25 x 1,25 m. Im Bereich der Sichtdreiecke ist Landschaftsrasen auszusäen. Die Anlage von Straßengräben und -mulden mit einem Anschluss an das vorhandene Grabensystem ist zulässig. Die Gräben und Mulden werden der natürlichen Sukzession überlassen.

12. Flächen für Maßnahmen zum Schutz, zur Pflege und zur Entwicklung von Boden, Natur und Landschaft (§ 9 I Nr. 20 BauGB): Auf der markierten Fläche ist das vorhandene Gelände um ca. 0,50 m zu vertiefen. Das Bodenmaterial ist abzufahren. Die entstehenden Blänken bleiben der natürlichen Sukzession überlassen.

Textbeispiel 88: Festsetzungen Entlastungsstraße (zu Abbildung 91)

Zuordnungsfestsetzungen

Die gem. § 9 I Nr. 20 BauGB i. V. mit § 9 I Nr. 15 BauGB festgesetzten Flächen übernehmen Ausgleichsfunktionen und werden allen Grundstücksflächen, auf denen Eingriffe auf Grund der Bebauungsplanfestsetzungen zu erwarten sind, entsprechend zugeordnet. 65 % der festgesetzten Ausgleichsflächen werden den geplanten Baumaßnahmen, 35 % den geplanten Erschließungsanlagen zugeordnet.

Textbeispiel 89: Zuordnungsfestsetzungen (zu Abbildung 92)

Zuordnungsfestsetzungen

Zur Kompensation der Beeinträchtigungen des Naturhaushaltes und des Landschaftsbildes bei der Realisierung der Festsetzungen dieses Bebauungsplans werden gem. § 9 I a 2 BauGB den Eingriffsflächen folgende naturschutzrechtliche Kompensationsflächen zugeordnet:

- öffentliche Grünflächen gem. § 9 I Nr. 15 BauGB i. V. mit Flächen zum Schutz, zur Pflege und zur Entwicklung von Natur und Landschaft gem. § 9 I Nr. 20 BauGB (A 1-5),

- private Grünflächen gem. § 9 I Nr. 15 BauGB i. V. mit Flächen zum Schutz, zur Pflege und zur Entwicklung von Natur und Landschaft gem. § 9 I Nr. 20 BauGB (A 4),

- öffentliche Grünflächen gem. § 9 I Nr. 15 i. V. mit der Zweckbestimmung „Siedlungsgrün",

- öffentliche Grünflächen gem. § 9 I Nr. 15 BauGB i. V. mit Flächen zum Schutz, zur Pflege und zur Entwicklung von Natur und Landschaft gem. § 9 I Nr. 20 BauGB (E 3) des Bebauungsplans Nr. 34 „Lehmkuhlsweg", Teilbereich B.

Die Zuordnung der naturschutzrechtlichen Kompensationsflächen zu den Eingriffsflächen sowie die konkrete Ausgestaltung von Ausgleichs- und Ersatzflächen richtet sich im Weiteren nach der Satzung über die Erhebung von Kostenausgleichsbeträgen nach § 135 c BauGB.

Textbeispiel 90: *Zuordnungsfestsetzungen* (Abbildung 93)

Zuordnungsfestsetzungen

Die Flächen für Ausgleichsmaßnahmen innerhalb des Plangebietes werden den Eingriffsflächen auf den Baugrundstücken gem. § 9 I a 2 BauGB zugeordnet.

Eingriff erfolgt Im Baugebiet	auf dem Flurstück	Ausgleich erfolgt im Bereich	Maßnahmen* auf dem Flurstück	
WA/6	112/1	WA/6	1121	A VI
WA/6	567/113	WA/6	567/113	A VI
WA/2	119/1 (teilweise)	öffentliche Ausgleichsfläche	111 (teilweise)	A II
WA/2	120/3 (teilweise)	öffentliche Ausgleichsfläche	120/3 (teilweise)	A II
Gemeinbedarfsfläche Schule	500/119 (teilweise)	öffentliche Ausgleichsfläche	500/119 (teilweise)	A I
Straßenverkehrsfläche	500/119 (teilweise)	öffentliche Ausgleichsfläche	500/119	A I
Straßenverkehrsfläche	120/3 (teilweise)	öffentliche Ausgleichsfläche	120/3	A I

* Vgl. hierzu den Landschaftspflegerischen Begleitplan zum Bebauungsplan

Textbeispiel 91: *Zuordnungsfestsetzungen*

888 **1) Kompensationsraum.** Der Ausgleich der zu erwartenden Eingriffe in Natur und Landschaft ist nicht auf das Grundstück oder das Plangebiet beschränkt. Er kann auch an einer anderen Stelle im Plangebiet oder außerhalb des Plangebietes in einem Ausgleichsbebauungsplan erfolgen.[104] Der Ausgleich muss allerdings mit einer geordneten städtebaulichen Entwicklung, den Zielen der Raumordnung sowie den Belangen des Naturschutzes und der Landschaftspflege vereinbar sein.[105] Der Ausgleich kann auch außerhalb des Gemeindegebietes erfolgen, bedarf dann aber der bauplanerischen Mitwirkung der Nachbargemeinde. Die jeweiligen Maßnahmen müssen mit einer geordneten städtebaulichen Entwicklung vereinbar sein. Diese wird durch den Flächennutzungsplan zum Ausdruck gebracht. Die Maßnahmen dürfen daher nicht gegen das Grundkonzept des Flächennutzungsplans verstoßen. Ziele der Raumordnung können gem. § 8 VII 2 ROG Vorgaben für Kompensationsräume an anderer Stelle enthalten. Der Regionalplan kann dazu bestimmen, dass in dem Gebiet unvermeidbare Beeinträchtigungen der Leistungsfähigkeit des Naturhaushaltes oder des Landschaftsbildes an anderer Stelle ausgeglichen, ersetzt oder gemindert werden können. Die Belange des Naturschutzes und der Landschaftspflege können in einem Landschaftsplan gem. § 11 BNatSchG konkretisiert sein, der geeignete Kompensationsflächen darstellt.

889 **m) Ausgleich umfasst auch Ersatz.** Die Unterscheidung zwischen dem am Ort des Eingriffs durchzuführenden Ausgleich und den im Landschaftsraum vorzunehmenden Ersatzmaßnahmen ist durch § 200 a BauGB bereits mit dem BauROG 1998 für die Bauleitplanung aufgegeben worden. Darstellungen für Flächen zum Ausgleich und Festsetzungen für Flächen oder Maßnahmen zum Ausgleich i. S. des § 1 a III BauGB umfassen danach auch Ersatzmaßnahmen nach den Vorschriften der Landesnaturschutzgesetze *(→ Abbildungen 94–97 mit Textbeispielen 92, 93 und 94).* Ein unmittelbarer räumlicher Zusammenhang zwischen Eingriff und Ausgleich ist nicht erforderlich, soweit dies mit einer geordneten städtebaulichen Entwicklung und den Zielen der Raumordnung sowie des Naturschutzes und der Landschaftspflege vereinbar ist (§ 200 a 2 BauGB). Die nach dem BNatSchG gebotene Differenzierung zwischen Ausgleich und Ersatz ist dadurch

---

[104] OVG Münster, Urt. v. 13.3.1998 – 7 a 374/98.NE – NVw-RR 1999, 113 = BauR 1998, 1195.
[105] Fachkommission „Städtebau" der ARGEBAU, Muster-Einführungserlass zum BauROG, S. 36.

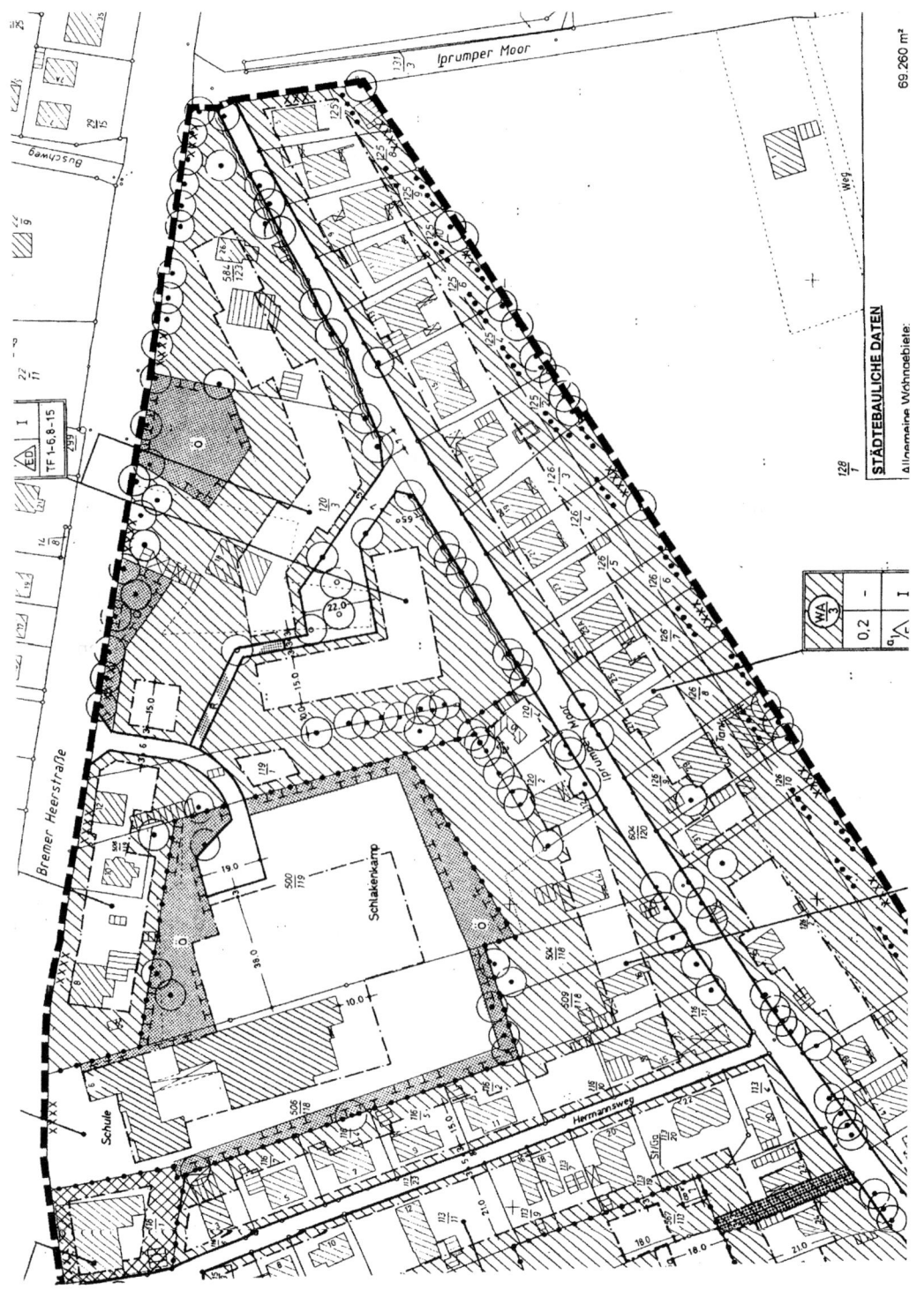

Abbildung 94: *Naturschutzrechtliche Ausgleichsmaßnahmen*

Bestandskarte Biotoptypen

Verkehrsflächen	Acker, Grünland, Brachen, Gewässer
G. Grube/Feuerplatz.	**AC.** Acker
OA. Überbaute/versiegelte Fläche	**FG.** Graben
OP. Gepflasterte Fläche	**GM.** Mesophiles Grünland
OS. Geschotterte Fläche	**KB.** Grünland
VU. Unbefestigte Fläche	**T.** Zierteich
	UR. Ruderalflur
Grünflächen & Gärten	**Gehölze**
PG. Öffentliche Grünfläche/Spielplatz	**ZA.** Baumreihe, Baumgruppe
PGr. Artenreiche Rasenfläche	**ZAN.** Nadelholzreihe
PKB. Garten mit Großbäumen	**ZE.** Einzelbaum
PKG. Grabeland/Nutzgarten	**ZE.** Geschützt nach der Baumschutzsatzung
PKO. Garten mit Obstbäumen	**ZF.** Gehölze
PKZ. Ziergarten	**ZG.** Zierhecke
	ZO. Obstbaum

Textbeispiel 92: *Landschaftspflegerischer Begleitplan Bestandskarte Biotoptypen (zu Abbildung 95)*

Bestandskarte Avifauna

Am. Amsel		**Dg.** Dorngrasmücke	
Bs. Bachstelze		**Gg.** Gartengrasmücke	
Bm. Blaumeise		**Hb.** Heckenbraunelle	
Bf. Buchfink		**Mö.** Mönchsgrasmücke	
Fs. Feldsperling		**Rk.** Rotkehlchen	
Gb. Gartenbaumläufer		**Sd.** Singdrossel	
Gf. Grünfink		**Zk.** Zaunkönig	
Km. Kohlmeise		**Zz.** Zilpzalp	
Md. Misteldrossel		**Gs.** Grauschnäpper	
Rt. Ringeltaube		**Hr.** Hausrotschwanz	
St. Star		**Hs.** Haussperling	
Tt. Türkentaube		**Ms.** Mauersegler	

Textbeispiel 93: *Landschaftspflegerischer Begleitplan Bestandskarte Avifauna (zu Abbildung 96)*

Maßnahmenkarte

A I. Abpflanzungen mit einheimischen Gehölzen.
A II. Entwicklung eines Erlengehölzes.
A III. Pflanzung einer Erlenreihe.
A IV. Entwicklung einer Obstwiese.
A V. Entwicklung von Extensivgrünland.
A VI. Entwicklung einer Obstwiese.

Textbeispiel 94: *Landschaftspflegerischer Begleitplan Bestandskarte Maßnahmenkarte (zu Abbildung 97)*

---

für den Anwendungsbereich des BauGB vereinfacht und für die Bauleitplanung in dem planungsrechtlichen Begriff des „Ausgleichs" (Kompensation) zusammengefasst worden. Dem entspricht, dass in § 1a III BauGB nicht zwischen Ausgleich und Ersatz unterschieden wird, sondern nur noch von einem weiter gefassten planerischen Ausgleich die Rede ist. Hierunter fallen sowohl die Maßnahmen, die im Bereich des Eingriffs durchgeführt werden sollen und daher traditionell als Ausgleich bezeichnet werden, als auch Maßnahmen, die an anderer Stelle im Landschaftsraum festgesetzt werden und traditionell als Ersatz bezeichnet werden. Beide Maßnahmen (Ausgleich und Ersatz) werden daher durch den Begriff des planerischen Ausgleichs, von dem § 1a III BauGB ausgeht, erfasst. Durch die veränderte Terminologie will das Gesetz verdeutlichen, dass häufig ein **„planerischer Ausgleich"** aus städtebaulichen Gründen am Ort der erwarteten Beeinträchtigung oder in seiner unmittelbaren Umgebung nicht möglich und damit an anderer Stelle geboten

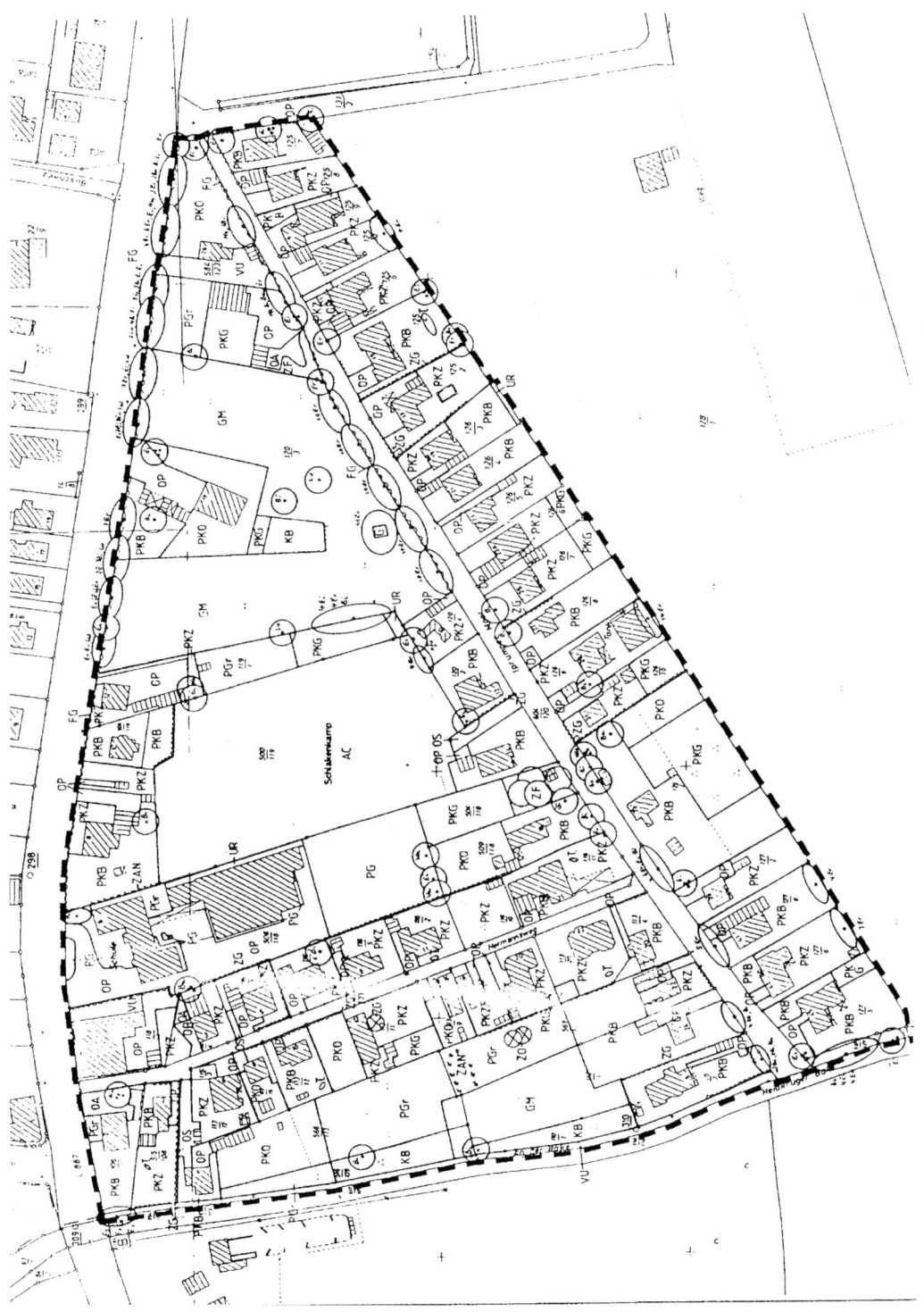

Abbildung 95: *Landschaftspflegerischer Begleitplan − Bestandskarte Biotoptypen*

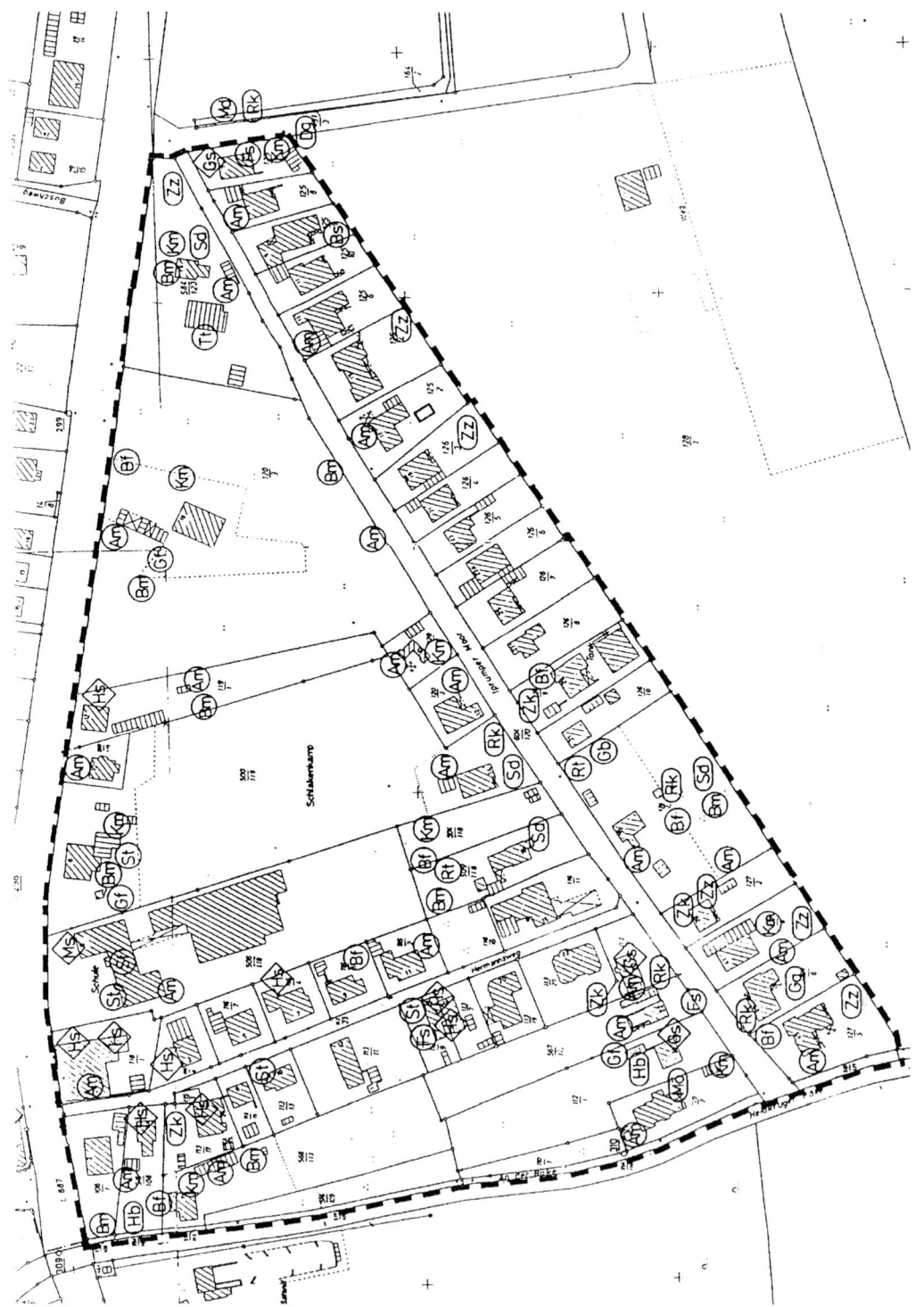

Abbildung 96: *Landschaftspflegerischer Begleitplan – Bestandskarte Avifauna*

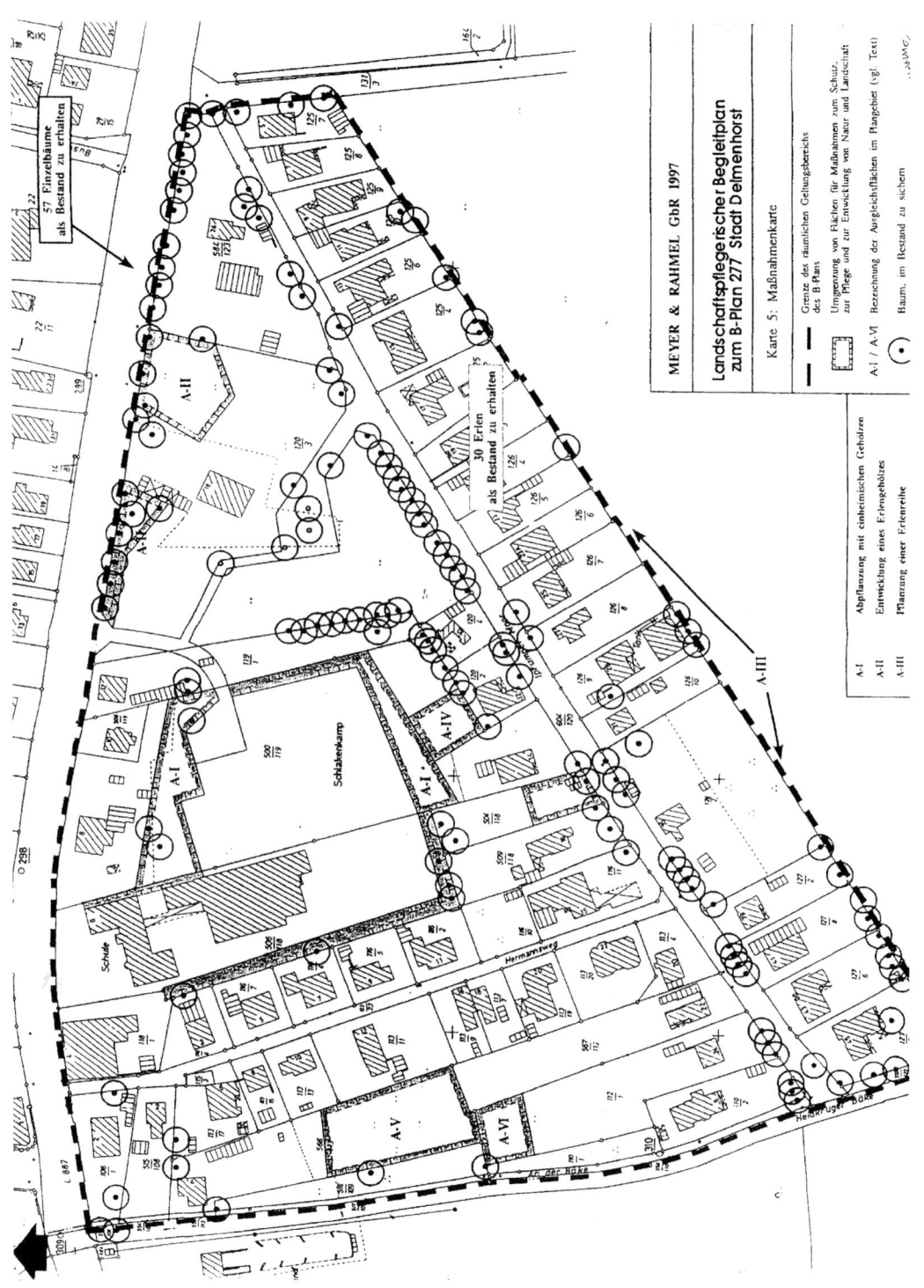

Abbildung 97: *Landschaftspflegerischer Begleitplan: Maßnahmenkarte*

ist **(naturschutzrechtliche Kompensation)**. Beide Fallgestaltungen, der Ausgleich unmittelbar im Bereich des Eingriffs als auch der Ausgleich an anderer Stelle, sollen durch den Begriff des „planerischen Ausgleichs" umfasst werden. Dem entspricht, dass § 200 a BauGB aus bundesrechtlicher Sicht die Unterscheidung zwischen dem Ausgleich und dem Ersatz aufgibt und daher auch Ersatzmaßnahmen als Ausgleichsmaßnahmen i. S. des Planungsrechts begreift *(→ Abbildung 98 mit Textbeispielen 95 und 96).*

Planungskonzept Airpark Laage

Anlass für die Aufstellung des Bebauungsplans „Airpark Laage Nord IV" ist die bauplanungsrechtliche Qualifizierung einer ca. 45 ha großen, gewerblich nutzbaren Fläche in unmittelbarer Nähe zum Flugplatz Rostock-Laage. Aufgrund der hervorragenden Standorteigenschaften wurde das Gebiet im Regionalen Raumordnungsprogramm Mittleres Mecklenburg/Rostock aus dem Jahr 1994 als Siedlungsschwerpunkt für Gewerbe außerhalb von Siedlungsachsen dargestellt. Den entscheidenden Standortfaktor für potentielle Ansiedlungen stellt allerdings der Flughafen Rostock-Laage dar. Durch den Ausbau des zivil genutzten Bereiches konnten in den letzten Jahren erhebliche Zuwächse an Fracht- und Personenaufkommen erzielt werden. Insbesondere die Aufnahme von regelmäßigen Linienverbindungen in deutsche Wirtschaftszentren machen die Flächen am Flughafen Rostock-Laage zu einem der verkehrsgünstigsten Standorte in Mecklenburg-Vorpommern.
Das städtebauliche Ziel der Planung besteht insbesondere darin, große, zusammenhängende Flächen für die Ansiedlung arbeitsplatzintensiver Betriebe zu erhalten. Im Rahmen der Planung musste einerseits auf Umweltbelange und die im Plangebiet vorhandenen Biotope Rücksicht genommen werden, andererseits ist aufgrund der Nähe zum Flughafen auf luftfahrtrechtliche Belange einzugehen.

Naturschutzrechtliche Ausgleichsmaßnahmen

Gem. § 9 I Nr. 20 BauGB werden zum Schutz, zur Pflege und zur Entwicklung von Natur und Landschaft Flächen mit den Entwicklungszielen:
- Anpflanzung standortgerechter und heimischer Bäume und Sträucher zur Entwicklung eines lichten Gehölzes gem. Pflanzliste A.
- Erhaltung der Böschungsvegetation des Hohlweges, Erhöhung des Strukturreichtums durch Anlage einer Strauchschicht gem. Pflanzliste B, Ersatz der abgängigen Nadelgehölze durch standortgerechte und heimische Bäume und Sträucher gem. Pflanzliste B.
- Anlagen und Maßnahmen der Oberflächenentwässerung, die einer wasserrechtlichen Planfeststellung oder -genehmigung bedürfen.
- Anpflanzung standortgerechter und heimischer Bäume und Sträucher zur Entwicklung eines lichten Gehölzes gem. Pflanzliste D.
- Anpflanzung standortgerechter und heimischer Bäume und Sträucher zur Entwicklung eines lichten Gehölzes gem. Pflanzliste E.

Pflanzgebote

Gem. § 9 I Nr. 25 BauGB ist in den Allgemeinen Wohngebieten vom Grundstückseigentümer pro angefangene 300 m² Grundstücksfläche mindestens ein einheimischer standortgerechter Laubbaum (Hochstamm) zu pflanzen und zu unterhalten.

Erhaltung von Bäumen

Gem. § 9 I Nr. 25 b BauGB werden für das Bebauungsplangebiet folgende Festsetzungen getroffen: Alle Laubbäume mit einem Stammdurchmesser von 0,30 m gemessen in 1 m Höhe über dem Erdboden sind zu erhalten. Ausnahmen hiervon dürfen nur aus landespflegerischen Gründen erfolgen etwa bei einem Austausch kranker Bestände. Abgängige Bäume sind mit geeigneten Laubbäumen (als Solitärbäume, Solitärstammbüsche oder Hochstämme) mit einem Stammumfang von 20 bis 25 cm nachzupflanzen. Die Bestimmungen gelten nicht für Baumstandorte innerhalb öffentlicher Verkehrsflächen, soweit die Bäume nicht besonders festgesetzt sind.

Zuordnungsfestsetzung

Zum Ausgleich der Beeinträchtigungen des Naturhaushalts und des Landschaftsbildes bei Verwirklichung der Festsetzungen dieses Bebauungsplans werden gem. § 9 Ia 2 BauGB den Eingriffsflächen folgende naturschutzrechtliche Kompensationsmaßnahmen zugeordnet:
- öffentliche Grünflächen gem. § 9 I Nr. 15 BauGB i. V. mit Flächen zum Schutz, zur Pflege und zur Entwicklung von Natur und Landschaft gem. § 9 I Nr. 20 BauGB,
- private Grünflächen gem. § 9 I Nr. 15 BauGB i. V. mit Flächen zum Schutz, zur Pflege und zur Entwicklung von Natur und Landschaft gem. § 9 I Nr. 20 BauGB,
- öffentliche Grünflächen gem. § 9 I Nr. 15 mit der Zweckbestimmung "Siedlungsgrün".

Textbeispiel 95: *Naturschutzrechtliche Festsetzungen (zu Abbildung 98)*

Pflanzliste

Die privaten Flächen mit Maßnahmen zum Schutz, zur Pflege und zur Entwicklung von Natur und Landschaft gem. § 9 I Nr. 20 BauGB sind wie folgt mit standortheimischen Gehölzen zu bepflanzen: Flächige Anpflanzungen zur Ausprägung eines Gehölzstreifens mit randlich niederwüchsigen und mittig höherwüchsigen Arten, Bäumen und Sträuchern sind in lockeren Reihen zu setzen. Die geeigneten Arten sind der nachstehenden Liste zu entnehmen.

Botanischer Name	Deutscher Name	Botanischer Name	Deutscher Name
Acer campestre	Feldahorn	Prunus cerasifera	Kirschpflaume
Acer platanoides	Spitzahorn	Prunus maheleb	Stein-Weichsel
Acer pseudoplatanus	Bergahorn	Prunus padus	Traubenkirsche
Amelanchier lamarckii	Felsenbirne	Prunus avium	Vogelkirsche
Buddleia alterifolia	Sommerflieder	Prunus spinosa	Schlehe
Chaenomeles speciosa	Zierquitte	Pyrus communis	Wildbirne
Cornus alba „Sibirica"	Weißer Hartriegel	Querus robur	Stieleiche
Cornus mas	Kornelkirsche	Ribes nigrum	Schwarze Johannisbeere
Cornus sanguinea	Roter Hartriegel	Rosa avensis	Feldrose
Corylus avellana	Haselstrauch	Rosa canina	Heckenrose
Cotoneaster multiflorus	Blütenmispel	Salix caprea	Salzweide
Crataegus momogyna	Eingriffeliger Weißdorn	Sambucus nigra	Schwarzer Holunder
Deutzia magnifica	Hohe Deutzie	Sobus aucuparia	Eberesche
Hippophae rhamnoides	Sanddorn	Sorbaria sorbifolia	Fiederspiere
Malus sylvestris	Wildapfel (Holzapfel)	Sorbus intermedia	Mehlbeere
Philadelphus coronarius	Bauernjasmin	Syringa vulgaris	Wildflieder
Philadelphus opulifolius	Blasenspiere	Tilia platyphyllos	Sommerlinde

Textbeispiel 96: *Pflanzliste (zu Abbildung 98)*

Art und Umfang der naturschutzrechtlichen Ausgleichsmaßnahmen unterliegt der **890** **planerischen Abwägung**. Dabei kann die Gemeinde unter Beachtung des Abwägungsgebotes entscheiden, ob und in welchem Umfang ein Ausgleich erforderlich ist und welche Maßnahmen hierzu getroffen werden müssen. Sollen durch einen bauplanerischen Eingriff beeinträchtigte Belange von Natur und Landschaft zu Gunsten anderer Belange zurückgestellt werden, bedarf es regelmäßig Erwägungen des Plangebers auch zur Frage, ob im Plangebiet nicht vorgesehene Ausgleichsmaßnahmen zumindest außerhalb des Plangebietes in Betracht zu ziehen sind.[106] Denn das Abwägungsgebot eröffnet der Gemeinde nicht nur einen Spielraum, sondern beinhaltet vor allem auch das Gebot, die Eingriffsfolgen zu bedenken und das Programm der Eingriffsregelung in den §§ 14 bis 17 BNatSchG abzuarbeiten.

An eine **Rangfolge** von (vorrangigem) Ausgleich und (nachrangigem) Ersatz ist die **891** Gemeinde anders als vormals nach der Eingriffsregelung in den §§ 14 bis 17 BNatSchG nicht gebunden. Allerdings kann im Rahmen der Abwägung ein Ausgleich an Ort und Stelle oder im unmittelbaren Umfeld des Eingriffs gegenüber einer Kompensation an weit entfernter Stelle Bedeutung gewinnen. Zwar wird ein enger räumlicher Bezug zwischen Eingriff und Ausgleich nicht gefordert. Gleichwohl dürfte es einem effektiven Natur- und Landschaftsschutz förderlich sein, wenn ein **funktionaler Zusammenhang** zwischen Eingriff und Ausgleich hergestellt werden kann. Sind Eingriffe in den Naturhaushalt unvermeidbar und auch nicht an Ort und Stelle ausgleichbar, werden ihre Auswirkungen in der Regel am wirkungsvollsten gemindert, wenn ein Ausgleich in dem be-

---

[106] OVG Münster, Urt. v. 13.3.1998 – 7a B 374/98.NE – NVwZ-RR 1999, 113.

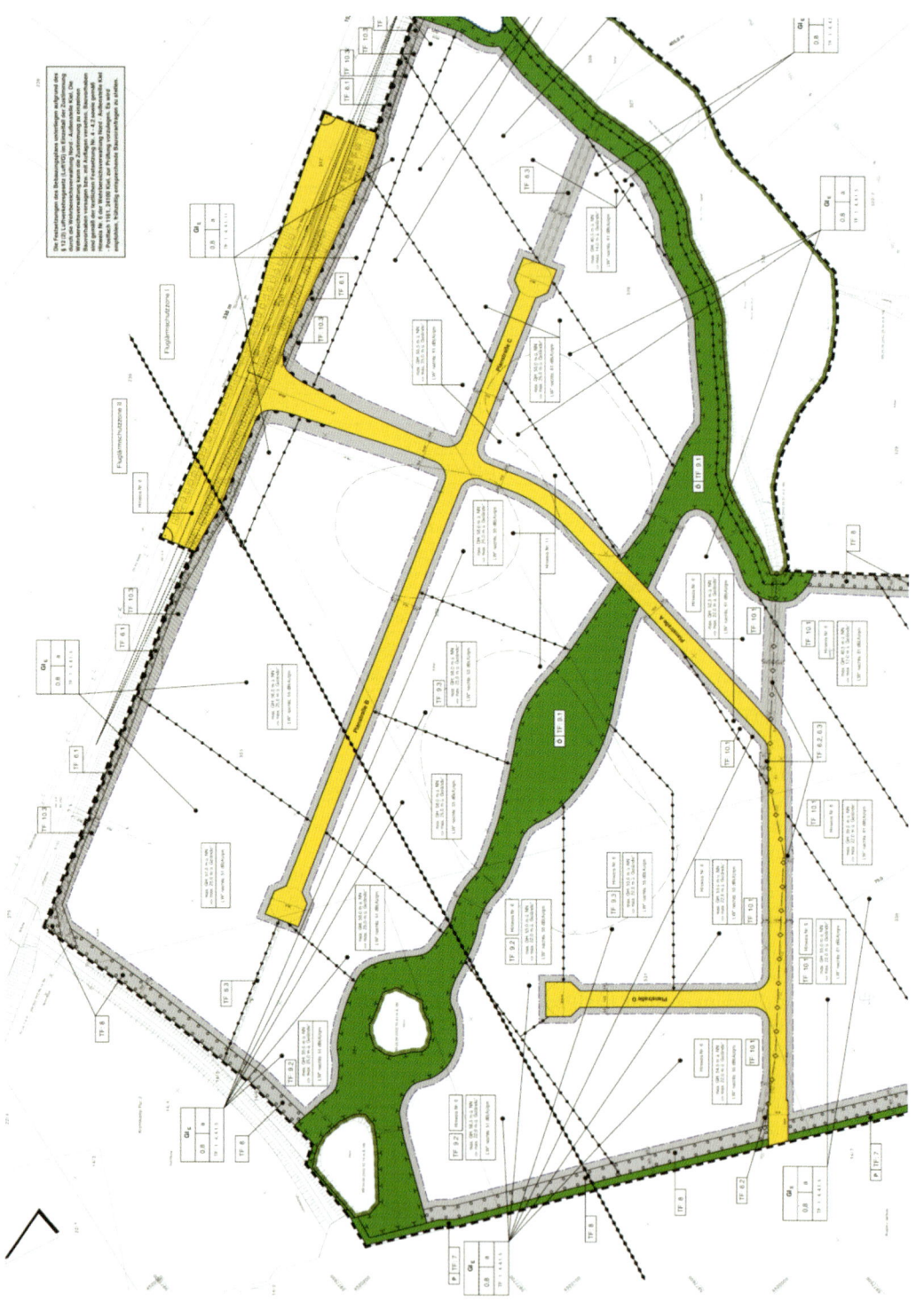

Abbildung 98: *Airpark Laage*

einträchtigten Bereich oder jedenfalls in der Nähe des Eingriffs erfolgt. Je weiter die Kompensationsfläche entfernt ist, desto mehr gewinnt der Ausgleich die Bedeutung einer lediglich rechnerischen, vom Einzelfall gelösten Kompensierung.[107] Zwar kann sich die Gemeinde mit einer derartigen Kompensation begnügen. Dies sollte jedoch auf Grund einer nachvollziehbaren Abwägung geschehen, bei der auch die Möglichkeiten räumlich enger am Eingriff liegender Ausgleichsmaßnahmen geprüft worden sind.

Nicht alle Eingriffe sind **ausgleichsfähig**. So wird etwa eine in Natur und Landschaft **892** erstmals gebaute Straße im Landschaftsbild regelmäßig dauernde Beeinträchtigungen des zuvor vorhandenen Landschaftsbildes auslösen, die wegen ihrer Intensität nicht wirklich ausgleichsfähig sind. Das versiegelte Straßenbild bleibt bestehen. Dieser dauerhafte Zustand ist zumeist nicht ausgleichsfähig und kann nur durch sonstige Kompensation i. S. einer Gesamtbilanz aufgefangen werden. Dabei ist es allerdings unschädlich, wenn eine als Ersatz bezeichnete Maßnahme tatsächlich einen Ausgleich darstellt. Die fehlerhafte Bezeichnung konnte das Gericht früher bereits korrigieren und spielt für die Bauleitplanung nach der Neufassung des Gesetzes ohnehin keine Rolle.[108] Werden Kompensationsmaßnahmen für einen Eingriff in Natur und Landschaft als Gesamtmaßnahme für mehrere Abschnitte einer zu errichtenden Maßnahme geplant, kann es zulässig sein, die Entscheidung über die Kompensationsmaßnahmen für einen einzelnen Abschnitt der Planung des Folgeabschnitts zu überlassen.[109]

Die für den Ausgleich vorgesehenen Flächen müssen dafür geeignet und insbesondere **893** **aufwertungsfähig und aufwertungsbedürftig** sein. Die Grundstücke müssen durch Ausgleichsmaßnahmen in einen aus der Sicht des Naturschutzes höherwertigen Zustand versetzt werden können.[110] Lediglich solche Flächen bleiben außer Betracht, die ohnehin schon eine Qualität aufweisen, wie sie nach dem Sinn der Eingriffsregelung herbeigeführt werden soll, um die Folgen des Eingriffs wiedergutzumachen.[111] Aufwertungsfähig und bedürftig sind danach insbesondere ausgeräumte, artenarme Kulturlandschaften und Flächen, die intensiv für Ackerbau genutzt werden.[112]

n) Maßnahmen für den Naturschutz. Die Regelungen für die bauleitplanerische Be- **894** wältigung der naturschutzrechtlichen Eingriffsfolgen werden durch Vorschriften über die zu treffenden Maßnahmen für den Naturschutz ergänzt.[113] §§ 135 a bis 135 c BauGB, die auf Grund der Änderungen durch das BauROG 1998 aus den §§ 8 a bis 8 c BNatSchG 1993 hervorgegangen sind, regeln die Pflichten des Vorhabenträgers, die Durchführung durch die Gemeinde und die Kostentragung (§ 135 a BauGB), die Verteilungsmaßstäbe für die Abrechnung (§ 135 b BauGB) und das für die Umsetzung der naturschutzrechtlichen Ausgleichsmaßnahmen erforderliche Satzungsrecht (§ 135 c BauGB). Die Regelungen knüpfen damit an § 1a III BauGB an. § 135 a I BauGB schreibt für die Durchführung der natur-

---

[107] OVG Münster, Urt. v. 17.12.1998 – 10a D 186/96.NE – NVwZ 1999, 561 = NuR 1999, 52 – Ausgleichsfläche.

[108] BVerwG, B. v. 4.10.1994 – 4 B 196.94 – Buchholz 406.401 § 8 BNatSchG Nr. 14.

[109] BVerwG, B. v. 30.8.1994 – 4 B 195.94 – NuR 1995, 139 = RdL 1994, 328 – A 33.

[110] OVG Münster, Urt. v. 17.12.1998 – 10a D 186/96.NE – NVwZ 1999, 561 = NuR 1999, 52 – Ausgleichsfläche.

[111] BVerwG, B. v. 31.1.1997 – 4 NB 27.96 – BVerwGE 104, 68 = DVBl 1997, 1112 = NVwZ 1997, 1213.

[112] OVG Münster, Urt. v. 17.12.1998 – 10a D 186/96.NE – NVwZ 1999, 561 = NuR 1999, 52 – Ausgleichsfläche.

[113] Das Gesetz geht dabei von dem Grundsatz aus, dass im Plan festgesetzte Maßnahmen vom Vorhabenträger durchzuführen sind (§ 135 a I BauGB). Die Gemeinde kann die Ausgleichsmaßnahmen aber auch auf Kosten der Vorhabenträger oder Grundstückseigentümer durchführen (§ 135 a II BauGB). Durch die in § 135 b BauGB enthaltenen Verteilungsmaßstäbe und den Verweis auf das gemeindliche Satzungsrecht soll den Gemeinden ein vollziehbares Instrumentarium an die Hand gegeben werden. Vor allem ist den Gemeinden zu empfehlen, durch vertragliche Vereinbarungen einen komplizierten Abrechnungsstreit zu umgehen (§§ 1a III, 11 BauGB).

schutzrechtlichen Ausgleichsmaßnahmen das Verursacherprinzip vor. Festgesetzte Maßnahmen zum Ausgleich nach § 1 a III BauGB sind danach vom Verursacher durchzuführen. Sind Ausgleichsmaßnahmen an anderer Stelle den Grundstücken zugeordnet, soll die Gemeinde diese anstelle und auf Kosten der Vorhabenträger oder der Eigentümer durchführen, wenn dies nicht auf andere Weise gesichert ist (§ 135 a II BauGB). Dabei kann eine solche Zuordnung nach § 9 I a BauGB an anderer Stelle sowohl im sonstigen Geltungsbereich des Bebauungsplans als auch in einem anderen Bebauungsplan erfolgen.[114]

895   Durch **§§ 1 a, 135 a BauGB** werden die Belange des Naturschutzes und der Landschaftspflege im Baurecht in der Tendenz gestärkt. § 135 a I BauGB regelt, dass erforderliche Ausgleichs- und Ersatzmaßnahmen grundsätzlich vom Vorhabenträger durchgeführt oder zumindest bezahlt werden. Damit können die mit baulichen Vorhaben verbundenen Eingriffe in Natur und Landschaft auch dann ausgeglichen oder gemildert werden, wenn die planende Gemeinde selbst die Kosten für Ausgleichs- und Ersatzmaßnahmen nicht aufbringen könnte. Mit dem Sinn von §§ 1 a, 135 a BauGB unvereinbar wäre es jedoch, der Gemeinde die Übernahme der Kosten zu untersagen. Eine freiwillige Kostenübernahme durch die planende Gemeinde – etwa mit dem Ziel, in ihrem Eigentum stehende Grundflächen auch in naturschutzrechtlicher Sicht „baureif" zu machen und sie dann zu einem entsprechend höheren Preis an Bauwillige zu veräußern, kann auch aus Gründen des Natur- und Landschaftsschutzes sinnvoll sein und wird durch das in § 135 a BauGB enthaltene Verursacherprinzip nicht verboten.[115] § 135 a II 2 BauGB lässt allerdings nur den Ausgleich mit bereits vorher durchgeführten Maßnahmen zu. Die **„Überziehung"** eines **Öko-Kontos** ist nicht möglich.[116] Ist ein Bebauungsplan mit Eingriffen in Natur und Landschaft verbunden, kann die Hinnahme eines Ausgleichsdefizits auf der anderen Seite abwägungsfehlerfrei sein, wenn dies mit der Unzulänglichkeit rechnerischer Verfahren zur Bewertung von Beeinträchtigungen von Natur und Landschaft und deren Ausgleich begründet wird.[117]

896   Anstelle von Darstellungen und Festsetzungen können auch **vertragliche Vereinbarungen** nach § 11 BauGB oder **sonstige geeignete Maßnahmen** zum Ausgleich auf von der Gemeinde bereitgestellten Flächen getroffen werden (§ 1 a III 4 BauGB). Eine „sonstige geeignete Maßnahme" i. S. dieser Vorschrift ist eine naturschutzrechtliche Ausgleichs- oder Ersatzmaßnahme dann, wenn die planende Gemeinde Eigentümerin der dafür vorgesehenen Grundstücksfläche ist, sie die Maßnahmen im Verfahren der Planaufstellung näher beschrieben, sich zur Durchführung der Maßnahme selbst verpflichtet hat und die Fläche Gegenstand der (überörtlichen) Regionalplanung ist.[118] Die Gemeinde braucht allerdings nicht tätig zu werden, soweit die Durchführung an anderer Stelle etwa durch einen städtebaulichen Vertrag nach § 11 BauGB gesichert ist. Die Ausgleichsmaßnahmen können bereits vor den Baumaßnahmen und der Zuordnung durchgeführt werden.[119] Dies ermöglicht eine zeitliche Streckung der Ausgleichsmaßnahmen und die Bildung eines **„Öko-Kontos"**. Die Gemeinde soll daher die Möglichkeit erhalten, im Vorgriff auf spätere Baugebietsfestsetzungen Maßnahmen zum Ausgleich durchzuführen und diese dann den neuen Baugebieten später zuzuordnen (**„Ablassmodell"**). Durch die Möglichkeit einer Anrechnung bereits früher erbrachter Ausgleichsleistungen soll die Kompensation damit auch in zeitlicher Hinsicht flexibilisiert werden.[120] Nach § 135 a III BauGB können die Kosten geltend gemacht werden, sobald die Grundstücke, auf denen

---

[114] BVerwG, B. v. 16.3.1999 – 4 BN 17.98 – ZfBR 1999, 349 = BauR 2000, 242.

[115] So zu § 8 a BNatSchG 1993 BVerwG, B. v. 21.2.2000 – 4 BN 43.99 – BauR 2000, 1460 – Kostenübernahme.

[116] VGH München, Urt. v. 7.11.2006 – 14 N 04.107 – KommunalPraxis BY 2007, 66 (L) – Überziehung eines Öko-Kontos.

[117] BVerwG, B. v. 7.11.2007 – 4 BN 45.07 – naturschutzrechtliches Ausgleichsdefizit.

[118] BVerwG, Urt. v. 19.9.2002 – 4 CN 1.02 – DVBl 2003, 204 = BauR 2003, 209.

[119] BVerwG, B. v. 16.3.1999 – 4 BN 17.98 – ZfBR 1999, 349 = BauR 2000, 242.

[120] *Bundesregierung*, Gesetzentwurf zum BauROG 1998, S. 64.

Eingriffe zu erwarten sind, baulich oder gewerblich genutzt werden können. Die Gemeinde erhebt zur Deckung ihres Aufwandes für Maßnahmen zum Ausgleich einschließlich der Bereitstellung hierfür erforderlicher Flächen einen Kostenerstattungsbeitrag. Die Erstattungspflicht entsteht mit der Herstellung der Maßnahme zum Ausgleich durch die Gemeinde. Der Betrag ruht als öffentliche Last auf dem Grundstück (§ 135 a III BauGB). Durch diese Regelungen ist eine Angleichung an das Erschließungsbeitragsrecht bewirkt worden. Dabei sind die landesrechtlichen Vorschriften über kommunale Beiträge einschließlich der Billigkeitsregelungen entsprechend anzuwenden (§ 135 a IV BauGB).[121] Die Gemeinde hat bei der Festlegung der Verteilungsmaßstäbe Entscheidungsspielräume. Auch bei wesentlich unterschiedlichen Eingriffslagen darf die Gemeinde in ihrer Satzung allein den Verteilungsmaßstab der zulässigen Grundfläche (§ 135 b 2 Nr. 2 BauGB) vorgeben, während die Schwere der zu erwartenden Eingriffe (§ 135 b 2 Nr. 4 BauGB) unberücksichtigt bleibt. § 135 a II BauGB knüpft hinsichtlich der Pflicht zur Kostenerstattung allein an die dingliche Eigentümerstellung an. Maßgeblich ist, wer im Zeitpunkt der Bekanntgabe des Bescheides im Grundbuch als Eigentümerin oder Eigentümer eingetragen ist.[122]

Die **Umsetzung** der naturschutzrechtlichen Festsetzungen des Bebauungsplans erfolgt **897** in der Regel in der **Baugenehmigung**. Soweit der Bauantrag nicht bereits entsprechende Angaben enthält, können die dem naturschutzrechtlichen Ausgleich dienenden Festsetzungen als Auflagen oder andere Nebenbestimmungen Bestandteil der Baugenehmigung werden. Es handelt sich in der Regel um unselbstständige Nebenbestimmungen zur Baugenehmigung, die mit dieser zusammen angefochten und vollzogen werden können. Dies bedeutet zugleich, dass die Umsetzung der Festsetzungen vom Bauherrn oder Eigentümer erst verlangt werden kann, wenn dieser den Bau oder Eingriff durchführt. **Sammel-Ausgleichsmaßnahmen** können allerdings in der Regel nur einheitlich durchgeführt werden. § 135 a II 1 BauGB entkoppelt daher den Vollzug solcher Sammel-Ausgleichsmaßnahmen vom Baugenehmigungsverfahren oder sonstigen Zulassungsverfahren. Die Vorschrift bestimmt, dass solche Festsetzungen für Maßnahmen von der Gemeinde anstelle und auf Kosten des Vorhabenträgers oder Eigentümers der Grundstücke durchgeführt werden soll. Eine solche Verpflichtung der Gemeinde besteht dann, wenn die Durchführung der Maßnahmen nicht auf andere Weise wie etwa durch städtebaulichen Vertrag gesichert ist.[123] Nach § 135 a II 2 BauGB können die Sammel-Ausgleichsmaßnahmen bereits vor dem (letzten) Eingriff durchgeführt werden.[124]

> **Ökokonto.** Bereits vor dem Eingriff können naturschutzrechtliche Ausgleichsmaßnahmen „angespart" werden, die später den Eingriffen zugeordnet werden können. Die Maßnahme dient der zeitlichen Entkoppelung von Eingriff und Ausgleich.

Beim → **„Ökokonto"** werden der Vollzug von Eingriff und Ausgleich auch zeitlich **898** voneinander abgekoppelt. Es können bereits vor dem Eingriff an anderer Stelle im Gemeindegebiet Maßnahmen im Hinblick auf den künftigen Eingriff verwirklicht werden. Sobald die im Bebauungsplan ausgewiesenen Flächen baulich nutzbar sind, können dann diese Maßnahmen als für den Eingriff zu leistender Ausgleich abgebucht werden. Die Darlegung der künftigen Ausgleichsfunktion kann in der Begründung des Flächennutzungsplans oder des Bebauungsplans erfolgen. Die Bildung eines „Ökokontos" kann auch in der Form eines vorgezogenen Ausgleichsbebauungsplans oder etwa in einem Land-

---

[121] Vgl. dazu auch den Rechtsgedanken in den §§ 135 VI und 155 V BauGB.

[122] OVG Saarlouis, Urt. v. 20.8.2008 – 1 A 453/07 – Kostenerstattung für Ausgleichsmaßnahmen anlässlich eines Eingriffs in die Natur durch Bebauungsplan; OVG Lüneburg, Urt. v. 25.6.2008 – 1 KN 132/06 – NuR 2008, 714 – Ausgleichsflächen im Gebiet eines anderen Bundeslandes.

[123] BVerwG, Urt. v. 15.12.1989 – 7 C 6.88 – BVerwGE 84, 236 = DVBl 1990, 376; Urt. v. 11.2.1993 – 4 C 18.91 – BVerwGE 92, 56.

[124] Fachkommission „Städtebau" der ARGEBAU, Muster-Einführungserlass zum BauROG, S. 43.

schaftsplan geschehen. § 135 a II 2 BauGB ermöglicht den Vollzug des Ökokontos schon vor der Zuordnung, sodass ein Eingriffsbebauungsplan bereits zu diesem Zeitpunkt noch nicht erforderlich ist. Es ist allerdings nicht zulässig, in der Vergangenheit, d. h. vor Inkrafttreten der Gesetzesänderung durchgeführte Maßnahmen zu Gunsten des Naturschutzes nachträglich als Ausgleichsmaßnahmen umzuwidmen.[125] Auch in umgekehrter Richtung kann eine **zeitliche Verbindung** von **Eingriff** und **Ausgleich** geboten sein. Während es im Regelfall genügen mag, die festgesetzten Ausgleichs- und Ersatzmaßnahmen in einer angemessenen Zeit nach der Vornahme der Eingriffe abzuschließen, steht der Gemeinde lediglich ein engerer zeitlicher Rahmen zur Verfügung, wenn andernfalls die Gefahr besteht, dass der mit der Kompensation verfolgte Zweck verfehlt wird.[126]

899   Wird ein **Sammelausgleich** durchgeführt, so hat dies für die planungsrechtliche Zulässigkeit des Einzelvorhabens folgende Auswirkungen: Die Zulässigkeit eines Vorhabens nach den §§ 30 oder 33 BauGB kann nicht deshalb verneint werden, weil die zugeordneten Sammel-Ausgleichsmaßnahmen noch nicht verwirklicht sind. Dies dürfte selbst dann gelten, wenn die Durchführung der Ausgleichsmaßnahmen noch an Rechtsgründen scheitert, etwa weil die Gemeinde noch nicht Eigentümerin der entsprechenden Grundstücksflächen ist oder vertragliche Vereinbarungen[127] mit dem Eigentümer der Flächen für die Ausgleichsmaßnahmen noch fehlen. Der Gesetzgeber hat durch die Entkoppelung von Eingriff und Ausgleich bewusst auf solche Abhängigkeiten verzichtet und den Vollzug der Ausgleichsmaßnahmen von den Zulassungsverfahren getrennt. Die Gemeinde soll allerdings diese Sammel-Ausgleichsmaßnahmen auf Kosten der Vorhabenträger oder Eigentümer durchführen, wenn die Durchführung der Maßnahmen nicht auf andere Weise gesichert ist.[128]

900   Nach § 135 b BauGB sind **Verteilungsmaßstäbe** der Kosten die überbaubare Grundstücksfläche, die zulässige Grundfläche, die zu erwartende Versiegelung oder die Schwere der zu erwartenden Eingriffe. Die Verteilungsmaßstäbe können miteinander verbunden werden. Die näheren Einzelheiten legt die Gemeinde durch Satzung nach § 135 c BauGB fest. Die Wahl der Verteilungsmaßstäbe sollte nach Zweckmäßigkeitsgesichtspunkten erfolgen und sich am Grundsatz der möglichst einfachen Handhabbarkeit ausrichten. Ist die Wertigkeit der Flächen im Plangebiet deutlich unterschiedlich, kann es sich empfehlen, als Verteilungsmaßstab auch die Schwere der zu erwartenden Beeinträchtigungen ganz oder teilweise zugrundezulegen. Unberücksichtigt wird dabei bleiben, ob der Bauherr die Baurechte ausschöpft oder durch Befreiungen nach § 31 II BauGB sogar geringfügig überschreitet. Der Gesetzgeber hat sich bewusst für ein möglichst einfaches Verteilungssystem entschieden und dabei gewisse Einzelfallungerechtigkeiten in Kauf genommen (→ *Textbeispiel 97*).[129]

901   Das in § 135 c BauGB niedergelegte Satzungsrecht lässt der Gemeinde einen Spielraum, mit welchem **Detaillierungsgrad** sie die Festsetzungen für ausgleichende Maßnahmen festsetzt (→ *Textbeispiel 98*). Dabei kann die Gemeinde den Grundsatz der planerischen Zurückhaltung berücksichtigen. So kann die Gemeinde etwa für das gesamte Gemeindegebiet Grundsätze i. S. von Standards für die Ausgestaltung von größeren Ausgleichsmaßnahmen festlegen und in den Festsetzungen des einzelnen Bebauungsplans darauf verweisen.[130]

---

[125] Fachkommission „Städtebau" der ARGEBAU, Muster-Einführungserlass zum BauROG, S. 44.

[126] BVerwG, B. v. 16.3.1999 – 4 BN 17.98 – ZfBR 1999, 349 = BauR 2000, 242.

[127] BVerwG, Urt. v. 15.12.1989 – 7 C 6.88 – BVerwGE 84, 236 = DVBl 1990, 376; Urt. v. 11.2.1993 – 4 C 18.91 – BVerwGE 92, 56; Urt. v. 19.9.2002 – 4 CN 1.02 – BVerwGE 117, 58 = DVBl 2003, 204 = BauR 2003, 209.

[128] Fachkommission „Städtebau" der ARGEBAU, Muster-Einführungserlass zum BauROG, S. 45.

[129] Fachkommission „Städtebau" der ARGEBAU, Muster–Einführungserlass zum BauROG, S. 48.

[130] Fachkommission „Städtebau" der ARGEBAU, Muster-Einführungserlass zum BauROG, S. 42.

Satzung über die Erhebung von Kostenerstattungsbeträgen

Auf Grund des § 135 c BauGB und §§ 7, 41 GO NRW hat der Rat der Gemeinde die nachstehende Satzung beschlossen:

§ 1 Erhebung von Kostenerstattungsbeträgen

Die Gemeinde erhebt Kostenerstattungsbeträge für die Durchführung von naturschutzrechtlichen Ausgleichsmaßnahmen nach §§ 1 a, 135 a bis 135 c BauGB, § 18 BNatSchG und dieser Satzung.

§ 2 Umfang der erstattungsfähigen Kosten

Erstattungsfähig sind die Kosten für Durchführung naturschutzrechtlicher Ausgleichsmaßnahmen, die nach § 9 I a 2 BauGB zugeordnet sind. Die Durchführungskosten erfassen die Kosten für den Erwerb und die Freilegung der Flächen für Ausgleichsmaßnahmen sowie die Ausgleichsmaßnahmen einschließlich ihrer Planung und Fertigstellung. Dazu gehört auch der Wert der von der Gemeinde bereitgestellten Flächen zum Zeitpunkt der Bereitstellung.

Die Gestaltung der naturschutzrechtlichen Ausgleichsmaßnahmen ergibt sich aus den Festsetzungen des Bebauungsplans in Verbindung mit den in der Anlage dargestellten Grundsätzen. Der Bebauungsplan kann im Einzelfall von den in der Anlage beschriebenen Grundsätzen Abweichungen vorsehen. Dies gilt entsprechend für Innenbereichssatzungen nach § 34 IV Nr. 3 BauGB.

§ 3 Entstehung des Kostenerstattungsanspruchs

Der Kostenerstattungsanspruch der Gemeinde entsteht mit der endgültigen Herstellung der abrechenbaren Ausgleichsmaßnahme.

§ 4 Ermittlung der erstattungsfähigen Kosten

Die erstattungsfähigen Kosten werden nach den tatsächlich entstandenen Kosten ermittelt. Für die Bereitstellung der Erschließungsflächen aus dem Grundvermögen der Gemeinde wird der erstattungsfähige Aufwand nach dem Verkehrswert im Zeitpunkt der Bereitstellung berechnet.

§ 5 Verteilung der erstattungsfähigen Kosten

Die nach §§ 2 bis 4 dieser Satzung erstattungsfähigen Kosten werden auf die nach § 9 I a 2 BauGB zugeordneten Grundstücke nach Maßgabe der zulässigen Grundfläche (§ 19 II BauNVO) verteilt. Ist keine zulässige Grundfläche festgesetzt, wird die überbaubare Grundstücksfläche (§ 23 BauNVO) zugrunde gelegt. Für sonstige selbstständig versiegelbare Flächen gilt die versiegelbare Fläche als überbaubare Grundstücksfläche.

§ 6 Anforderung von Vorauszahlungen

Die Gemeinde kann für Grundstücke, für die eine Kostenerstattungspflicht noch nicht oder nicht in vollem Umfang entstanden ist, Vorauszahlungen bis zur Höhe des voraussichtlichen Kostenerstattungsbetrages anfordern, sobald die Grundstücke, auf denen Eingriffe zu erwarten sind, baulich oder gewerblich genutzt werden dürfen.

§ 7 Fälligkeit des Kostenerstattungsbetrages

Der Kostenerstattungsbetrag wird einen Monat nach Bekanntgabe der Anforderung fällig.

§ 8 Ablösung

Der Kostenerstattungsbetrag kann abgelöst werden. Der Ablösebetrag bemisst sich nach der voraussichtlichen Höhe des zu erwartenden endgültigen Erstattungsbetrages. Ein Rechtsanspruch auf Ablösung besteht nicht.

Textbeispiel 97: *Satzung über die Erhebung von Kostenerstattungsbeiträgen*

Grundsätze für die Ausgestaltung von Ausgleichsmaßnahmen
Anpflanzungen/Aussaat von standortheimischen Gehölzen, Kräutern und Gräsern

Anpflanzung von Einzelbäumen. Schaffung günstiger Wachstumsbedingungen durch Herstellen der Vegetationsschicht nach DIN 18915 und der Pflanzgrube gem. DIN 180916. Anpflanzung von Hochstammbäumen mit einem Stammumfang der Sortierung 18/20. Verankerung der Bäume und Schutz vor Beschädigungen sowie Sicherung der Baumscheibe, Fertigstellungs- und Entwicklungspflege innerhalb von 4 Jahren.

Anpflanzung von Gehölzen, freiwachsenden Hecken und Waldmänteln. Schaffung günstiger Wachstumsbedingungen durch Bodenvorbereitung nach DIN 18915, Anpflanzung von Bäumen I. Ordnung mit einem Stammumfang der Sortierung 18/20, Bäumen II. Ordnung mit einem Stammumfang der Sortierung 16/18, Heistern 150/175 hoch und zweimal verpflanzten Sträuchern je nach Art in der Sortierung 60/80, 80/100 oder 100/150 hoch, je 100 m² je ein Baum I. Ordnung, zwei Bäume II. Ordnung, fünf Heister und 40 Sträucher, Verankerung der Gehölze und Erstellung von Schutzeinrichtungen.

Anlage standortgerechter Wälder. Schaffung günstiger Wachstumsbedingungen durch Bodenvorbereitung nach DIN 18915, Aufforstung mit standortgerechten Arten, 3.500 Stück je ha, Pflanzen 3- bis 5-jährig, Höhe 80 bis 120 cm, Erstellung von Schutzeinrichtungen.

Schaffung von Streuobstwiesen. Schaffung günstiger Wachstumsbedingungen durch Bodenvorbereitung nach DIN 18915. Anpflanzung von Obstbaumhochstämmen und Befestigung der Bäume, je 100 m² ein Obstbaum der Sortierung 10/12, Einsaat Gas-/Kräutermischung, Erstellung von Schutzeinrichtungen.

Anlage von naturnahen Wiesen und Kräutersäumen. Schaffung günstiger Wachstumsbedingungen und Bodenvorbereitung. Einsaat von Wiesengräsern und –kräutern, möglichst aus autochthonem Saatgut.

Schaffung und Renaturierung von Wasserflächen
Herstellung von Stillgewässern. Aushub und Einbau bzw. Abfuhr des anstehenden Bodens, ggf. Abdichtung des Untergrundes, Anpflanzung standortheimischer Pflanzen.
Renaturierung von Still- und Fließgewässern. Offenlegung und Rückbau von technischen Ufer- und Sohlbefestigungen, Gestaltung der Ufer und Einbau natürlicher Baustoffe unter Berücksichtigung ingenieurbiologischer Vorgaben, Anpflanzung standortheimischer Pflanzen, Entschlammung.

Begrünung von baulichen Anlagen
Fassadenbegrünung. Anpflanzen von selbstklimmenden Pflanzen, Anbringung von Kletterhilfen und Pflanzen von Schling- und Kletterpflanzen, eine Pflanze je 2 lfd. m.
Dachbegrünung. Intensive und extensive Begrünung von Dachflächen.

Entsiegelung und Maßnahmen zur Grundwasseranreicherung
Entsiegelung befestigter Flächen. Ausbau und Abfuhr wasserundurchlässiger Beläge, Aufreißen wasserundurchlässiger Unterbauschichten, Einbau wasserdurchlässiger Deckschichten.
Maßnahmen zur Grundwasseranreicherung. Schaffung von Gräben und Mulden zur Regenwasserversickerung. Rückbau/Anstau von Entwässerungsgräben, Verschließen von Drainagen.

Maßnahmen zur Extensivierung
Umwandlung von Acker bzw. intensivem Grünland in Acker- und Grünlandbrache. Nutzungsaufgabe.
Umwandlung von Acker und Ruderalflur. Abtragung und Abtransport des Oberbodens.
Umwandlung von Acker in extensiv genutztes Grünland. Bodenvorbereitung ggf. Abtragen und Abtransport des Oberbodens, Einsaat von Wiesengräsern und Kräutern.
Umwandlung von intensivem Grünland in extensiv genutztes Grünland. Nutzungsreduzierung, Aushagerung durch Mahd und Verwertung des Abtransports des Mähguts, bei Feuchtgrünland Rückbau von Entwässerungsmaßnahmen.

Textbeispiel 98: *Grundsätze für Ausgleichsmaßnahmen*

902   Für die festzusetzenden Maßnahmen kann auch ein **Landschaftsplan** von Bedeutung sein (§ 1 VI Nr. 7 g BauGB). Der Landschaftsplan kann einen wichtigen Fachbeitrag geben bei der Ermittlung und Bewertung des vorhandenen Zustandes von Natur und Landschaft im Plangebiet und bei den aus der Sicht des Naturschutzes und der Landschaftspflege für erforderlich gehaltenen Maßnahmen zur Vermeidung oder zum Ausgleich der zu erwartenden Eingriffe. Vorhandene Landschaftspläne sind zu berücksichtigen. Eine Verpflichtung zur vorherigen Aufstellung von Landschaftsplänen ergibt sich aus § 1 VI Nr. 7 g BauGB nicht. Diese kann sich allerdings unabhängig von der Bauleitplanung aus dem Landesrecht ergeben.

903   **o) Planungsrechtliche Zulässigkeit.** Das Verhältnis zum Baurecht ist in § 18 BNatSchG geregelt. Vor allem wird in § 18 BNatSchG die Berücksichtigung des Natur- und Landschaftsschutzes bei der planungsrechtlichen Zulässigkeit von Vorhaben sowie die Beteiligung der für Naturschutz und Landschaftspflege zuständigen Behörden geregelt. § 18 I BNatSchG regelt das Verhältnis der naturschutzrechtlichen Eingriffsregelung zur Bauleitplanung. § 18 II BNatSchG betrifft das Verhältnis der naturschutzrechtlichen Eingriffsregelung zu den Vorschriften über die planungsrechtliche Zulässigkeit von Vorhaben. § 18 III BNatSchG regelt die Beteiligung der Naturschutzbehörden im Vorhaben-Genehmigungsverfahren. Das BNatSchG unterscheidet die Aufstellung von Bauleitplänen oder von Ergänzungssatzungen nach § 34 IV 1 Nr. 3 BauGB § 18 I BNatSchG, für die § 1 a III BauGB gilt, und die planungsrechtliche Zulässigkeit von Einzelvorhaben, mit denen naturschutzrechtliche Eingriffe verbunden sind (§ 18 II und III BNatSchG). Für Vorhaben im Geltungsbereich eines Bebauungsplans (§ 30 BauGB), während der Planaufstellung (§ 33 BauGB) und im nicht beplanten Innenbereich (§ 34 BauGB) sind die naturschutzrechtlichen Eingriffsregelungen des BNatSchG nicht anzuwenden (§ 18 I BNatSchG). Für anwendbar erklärt § 18 II 2 BNatSchG demgegenüber die naturschutzrechtlichen Eingriffsregelungen bei Vorhaben im Außenbereich nach § 35 BauGB sowie für Bebauungspläne, die eine Planfeststellung ersetzen. Außerdem ergehen Entscheidungen über Vorhaben im Innenbereich nach § 34 BauGB und im Außenbereich nach § 35 I und IV BauGB im Benehmen mit den für Naturschutz und Landschaftspflege zuständigen Behörden (§ 18 III BNatSchG). Ein die Baugenehmigungsbehörde im Falle der Verweigerung bindendes Einvernehmenserfordernis der für Naturschutz und Landschaftspflege zuständigen Behörden besteht daher nicht. Äußert sich in den Fällen des § 34 BauGB die naturschutzrechtliche Fachbehörde nicht binnen eines Monats, kann die Baugenehmigungsbehörde davon ausgehen, dass Belange des Naturschutzes und der Landschaftspflege von dem Vorhaben nicht berührt werden. Das Benehmen ist nicht erforderlich bei Vorhaben in Gebieten mit Bebauungsplänen und während der Planaufstellung nach den §§ 30, 33 BauGB sowie in Gebieten mit einer Ergänzungssatzung nach § 34 IV 1 Nr. 3 BauGB.

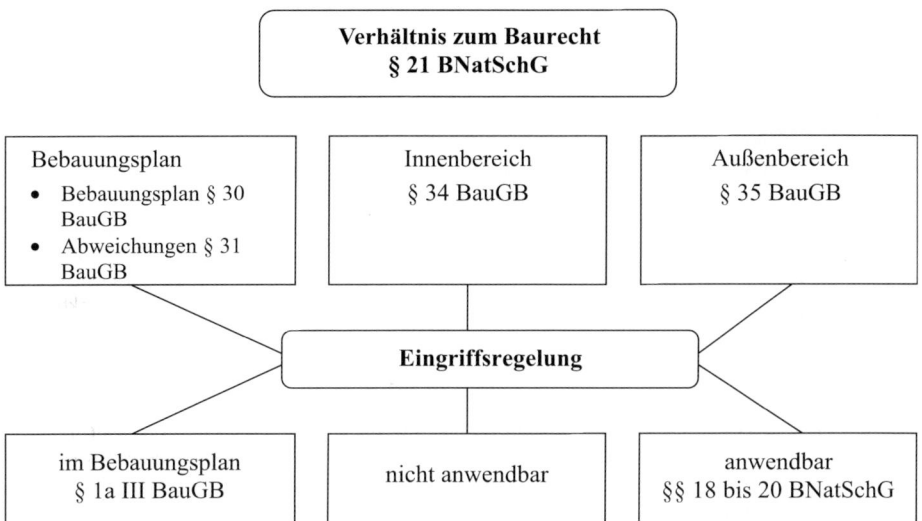

Bei Vorhaben im Geltungsbereich eines **qualifizierten Bebauungsplans** wird der na- **904** turschutzrechtliche Ausgleichsbedarf im Bebauungsplan abgearbeitet. Die Einzelgenehmigung hat die Festsetzungen des Bebauungsplans entsprechend zu vollziehen. Soweit der Bebauungsplan in der Begründung auf naturschutzrechtliche Maßnahmen verweist, sind diese ebenfalls in der Baugenehmigung ggf. durch Auflagen oder andere Nebenbestimmungen umzusetzen. Unklar ist, ob der Bebauungsplan Einzelfragen in der Umsetzung der Baugenehmigung überlassen darf. Nach den Grundsätzen der Konfliktbewältigung hat der Bebauungsplan zwar die ihm zuzurechnenden Konflikte im Grundsatz auch durch planerische Festsetzungen zu bewältigen. Es besteht allerdings auch die Möglichkeit des Konflikttransfers in Nachfolgeverfahren, wenn diese die Nachsteuerung der Konfliktlage leisten können. Ob derartige Möglichkeiten des Konflikttransfers auch im Bereich der naturschutzrechtlichen Ausgleichsmaßnahmen bestehen, könnte nach dem Wortlaut des § 21 II 1 BNatSchG etwas zweifelhaft erscheinen. Denn danach sind auf Vorhaben in Gebieten mit Bebauungsplänen nach § 30 BauGB die Vorschriften über die Eingriffsregelung nicht anzuwenden. Damit sollte erreicht werden, dass der planerische Ausgleich umweltschützender Belange nach § 1a III BauGB der strengeren Eingriffs- und Ausgleichsregelung in § 15 BNatSchG vorgeht. Die Möglichkeiten einer naturschutzrechtlichen Nachsteuerung etwa durch die Baugenehmigung ist damit jedoch dann nicht ausgeschlossen, wenn der Bebauungsplan einen derartigen Verweis auf das Baugenehmigungsverfahren enthält. Es kann sich dabei allerdings nur um einzelne Vollzugsregelungen handeln, die innerhalb des planerischen Gesamtkonzeptes des Bebauungsplans liegen.[131]

---

[131] BVerwG, B. v. 31.1.1997 – 4 NB 27.96 – BVerwGE 104, 68 = DVBl 1997, 1112; B. v. 9.5.1997 – 4 N 1.96 – BVerwGE 104, 353 = DVBl 1997, 1121.

905   Vorhaben im Geltungsbereich eines **einfachen Bebauungsplans** nach § 30 III BauGB beurteilen sich hinsichtlich der naturschutzrechtlichen Anforderungen nach den Festsetzungen des Bebauungsplans, soweit der Plan hierzu Aussagen enthält. Die naturschutzrechtliche Eingriffsregelung ist nicht anzuwenden, wenn das Vorhaben im nicht beplanten Innenbereich liegt (§ 18 II 1 BNatSchG, § 21 II 1 BauGB 2002), während sie bei einer Außenbereichslage in dem Sinne voll anzuwenden ist, dass eine entsprechende Kompensation zu leisten ist (§ 18 II 2 BNatSchG, § 21 II 2 BauGB 2002).

906   Die naturschutzrechtliche Eingriffs- und Ausgleichsregelung in §§ 1 a III BauGB gilt zwar nicht für Vorhaben im **nichtbeplanten Innenbereich** (§ 18 II BNatSchG). Gleichwohl können sich auch bei derartigen Vorhaben naturschutzrechtliche Anforderungen auf landesrechtlicher Grundlage ergeben. Denn § 18 II 1 BNatSchG, wonach für Vorhaben innerhalb der im Zusammenhang bebauten Ortsteile die Eingriffsregelung der §§ 14 bis 17 BNatSchG nicht anzuwenden ist, verdrängte nicht einen nach Maßgabe des § 30 BNatSchG 2002 landesrechtlich angeordneten Schutz bestimmter Biotope.[132] Neben dem Schutz des Naturhaushalts, den die §§ 13 bis 17 BNatSchG objektbezogen regulieren wollen, stehen der **förmliche EU-Gebietsschutz** und der **Artenschutz** als selbstständig normierte Schutzverfahren. Ein Vorhaben im nichtbeplanten Innenbereich kann daher an entsprechenden naturschutzrechtlichen Festsetzungen, die ihre Grundlage im Landesrecht finden, trotz der Nichtanwendung der Eingriffsregelung in § 18 II BNatSchG scheitern. Dabei ist allerdings möglichst eine Auslegung des Landschaftsschutzrechts zu wählen, welche die grundsätzliche bauplanungsrechtliche Zulässigkeit von Vorhaben wahrt.[133] Nach dem Inkrafttreten der naturschutzrechtlichen Regelungen für das Bauplanungsrecht bereits durch das **InvWoBaulG 1993** ist für landesrechtliche Sonderregelungen über die Erhebung von naturschutzrechtlichen Ausgleichsabgaben für Vorhaben im nicht beplanten Innenbereich kein Raum mehr. Die bundesrechtliche Regelung über die Freistellung von Vorhaben im nicht beplanten Innenbereich von naturschutzrechtlichen Ausgleichsanforderungen ist vielmehr vorrangig.[134] Für Vorhaben im Geltungsbereich einer **Innenbereichssatzung** nach § 34 IV 1 Nr. 1 und 2 BauGB ist die Eingriffsregelung nicht anzuwenden. Bei Vorhaben im Geltungsbereich einer Ergänzungssatzung nach § 34 IV 1 Nr. 3 BauGB ist über Eingriff und Ausgleich im Rahmen der planerischen Abwägung zu entscheiden (§ 1 a III BauGB, § 18 I NatSchG).

907   **p) Naturschutz und Enteignung.** Die **naturschutzrechtlichen Eingriffsregelungen** sind vom Grundsatz her zulässige Inhalts- und Schrankenbestimmungen des Eigentums. Dies gilt jedenfalls dann, wenn die sich aus diesen Regelungen ergebenden Einschränkungen die Verfügungs- und Nutzungsbefugnis des Eigentümers nur in dem Rahmen einschränken, wie sie auch den Vorstellungen eines vernünftigen Eigentümers entsprechen. Darunter können auch Einschränkungen etwa der Fischerei- oder Jagdrechte fallen.[135] Gehen die naturschutzrechtlichen Einschränkungen allerdings über diese Vorstellungen hinaus, kann darin eine Eigentumsbeeinträchtigung liegen, die nur durch eine entsprechende Kompensation verfassungsrechtlich zulässig ist.[136] Die sachgerechte Abwä-

---

[132] BVerwG, B. v. 21.12.1994 – 4 B 266.94 – ZfBR 1995, 102 = BauR 1995, 229 – Trockenbiotop.
[133] OVG Münster, Urt. v. 11.1.1999 – 7 A 2377/96 – NuR 1999, 704 = BauR 2000, 62 – Landschaftsplan.
[134] VGH Kassel, Urt. v. 20.10.1998 – 4 UE 2082/96 – HSGZ 1999, 73 – Ausgleichsabgabe Innenbereich.
[135] BVerwG, B. v. 9.4.1994 – 4 B 3.94 – NVwZ-RR 1994, 57 = NuR 1994, 486 – Kormoran.
[136] BVerfG, B. . 2.3.1999 – 1 BvL 7/91 – BVerfGE 100, 226 = NJW 19999, 2877 – Direktorenvilla; BVerwG, Urt. v. 15.2.1990 – 4 C 47.89 – BVerwGE 84, 361 = RzB Rn. 1049; Urt. v. 24.6.1993 – 7 C 26.92 – BVerwGE 94, 1 = DVBl 1993, 1141 = RzB Rn. 1055 – Herrschinger Moos; s. Rn. 1220; vergleichbare Fragestellungen ergeben sich im Denkmalrecht oder bei der Altlastensanierung, BVerfG,

gung der Belange des Naturschutzes und der Landschaftspflege setzt eine entsprechende Ermittlung der Belange voraus. Diese kann durch eine **ökologische Bestandsaufnahme** erfolgen, die zumeist über mindestens eine Vegetationsperiode durchgeführt wird.[137] Es kann aber auch ausreichend sein, bei der Ermittlung der betroffenen ökologischen Belange auf bereits in anderem Zusammenhang erstellte ökologische Bestandskartierungen oder Literaturangaben zurückzugreifen, wenn sich diese Unterlagen als sachgerecht erweisen.[138]

Naturschutz bei der Genehmigung von Vorhaben
Qualifizierter Bebauungsplan (§ 30 I BauGB) – Planreife (§ 33 BauGB)
Festsetzungen im Bebauungsplan keine zusätzliche Anwendung der Eingriffsregelung keine Benehmensherstellung mit der für Naturschutz und Landschaftspflege zuständigen Behörde
Vorhabenbezogener Bebauungsplan (§ 30 II BauGB)
Regelungen im vorhabenbezogenen Bebauungsplan keine zusätzliche Anwendung der Eingriffsregelung keine Benehmensherstellung mit der für Naturschutz und Landschaftspflege zuständigen Behörde
einfacher Bebauungsplan (§ 30 III BauGB)
Festsetzungen des Bebauungsplans ergänzend: §§ 34 oder 35 BauGB, soweit keine abschließenden naturschutzrechtlichen Festsetzungen
nicht beplanter Innenbereich § 34 BauGB
keine Anwendung der naturschutzrechtlichen Eingriffsregelung Vorhaben muss sich in die Umgebung einfügen Benehmensherstellung mit der für Naturschutz und Landschaftspflege zuständigen Behörde bei Errichtung baulicher Anlagen (nicht bei Nutzungsänderungen) innerhalb eines Monats
Außenbereich (§ 35 BauGB)
Volle Anwendung der naturschutzrechtlichen Eingriffsregelung des §§ 13 bis 17 BNatSchG (§§ 18 bis 20 BNatSchG 2002)
Benehmensherstellung mit der für Naturschutz und Landschaftspflege zuständigen Behörde bei privilegierten und teilprivilegierten Außenbereichsvorhaben (§ 35 I und IV BauGB) innerhalb eines Monats

Die naturschutzrechtlichen Regelungen sind vom Ansatz her zu begrüßen. Die Praxis **908** findet im BauGB zum überwiegenden Teil ein **einheitliches Regelwerk** zur Integration der umweltschützenden Belange in die Bauleitplanung vor. Die Fortschreibung des Baurechtskompromisses ist durch die Beibehaltung der abwägungsdirigierten Entscheidungsstruktur in der Bauleitplanung gelungen. Zugleich klärt § 18 BNatSchG das Verhältnis des Naturschutzrechts zur planungsrechtlichen Vorhabenbeurteilung im beplanten Bereich, im nicht beplanten Innenbereich und im Außenbereich. Dieser Teil der naturschutzrechtlichen Regelungen hätte allerdings durchaus noch in das BauGB integriert werden können. Die eigentliche Frage, welche Maßnahmen als naturschutzrechtliche Eingriffe zu bewerten sind, muss weiterhin dem Fachrecht des BNatSchG vorbehalten bleiben. Auch die städtebauliche Planung kommt daher ohne einen Blick in das Naturschutzrecht zur Klärung planungsrechtlicher Vorfragen nicht aus.

B. v. 2.3.1999 – 1 BvL 7/91 – BVerfGE 100, 226 = NJW 1999, 2877 = DVBl 1999, 1498 – Direktorenvilla; B. v. 16.2.2000 – 1 BvR 242/92 – BVerfGE 102, 1 = DVBl 2000, 1275 – Altlastensanierung; *Stüer/Thorand* NJW 2000, 3232.

[137] Zu einer ökologischen Bauleitplanung *Battis* NuR 1993, 1; *Mitschang* ZfBR 1994, 57; *Müller* NVwZ 1994, 224; *Ortloff* NVwZ 1985, 698; *ders.* Ökologisches Bauen 1994, Sp. 1512; *Rist* BWVPr. 1994, 271; *Schink* ZfW 1985, 1; *Steffen* ZUR 1993, 49.

[138] BVerwG, B. v. 21.12.1995 – 11 VR 6.95 – NVwZ 1996, 896 = DVBl 1996, 676 – Erfurt-Leipzig/Halle.

909 q) Rechtsbetroffenheit. Die naturschutzrechtliche Eingriffsregelung wird von der Rechtsprechung als lediglich objektives Recht verstanden, die nicht zugleich Rechte Dritter schützt. So kann die Aufhebung einer Ersatzfläche, die zur Entwicklung von Natur und Landschaft festgesetzt worden war, Rechte des Antragstellers in einem Normenkontrollverfahren nicht unmittelbar verletzen, weil der Natur- und Landschaftsschutz lediglich objektive, dem Einzelnen nicht zugeordnete Ziele des Gemeinwohls verfolgt.

Beispiel: Eine geltend gemachte Rechtsverletzung durch Aufhebung einer zum naturschutzrechtlichen Ausgleich gedachten Ersatzfläche ist als geringwertig und daher unbeachtlich anzusehen, wenn die Anlegung einer in der Ersatzfläche vorgesehenen Streuobstwiese noch nicht erfolgt ist, die Fläche nach wie vor zum Außenbereich gehört, die Entfernung der Ersatzfläche zu dem nächstgelegenen bewohnten Gebäude 35 m beträgt und auf dem zwischen Ersatzfläche und Wohnbaufläche befindlichen Flurstück ohnehin eine landwirtschaftliche Nutzung zulässig ist.[139]

910 r) Überleitungsregelung. Die Überleitungsregelungen in § 233 BauGB enthalten den allgemeinen Grundsatz, dass Verfahren, die vor dem Inkrafttreten der jeweiligen Neuregelung förmlich eingeleitet worden sind, nach den bisherigen Vorschriften fortgeführt werden. Dies gilt auch für die Berücksichtigung umweltschützender Belange in der Abwägung bei der Aufstellung von Bauleitplänen. Durch das Inkrafttreten des EAG Bau 2004 sind für die Bauleitplanung keine wesentlichen Änderungen in der Eingriffsregelung eingetreten. Für Planverfahren, die vor dem Inkrafttreten des BauROG 1998 und des EAG Bau 2004 förmlich eingeleitet worden sind, gilt grundsätzlich das bisherige Recht. Allerdings besteht die Möglichkeit, einzelne noch nicht begonnene Verfahrensschritte auf das neue Recht umzustellen. Für die naturschutzrechtlichen Anforderungen bestimmt § 243 II BauGB, dass bei Bauleitplanverfahren, die vor dem 1.1.1998 förmlich eingeleitet worden sind, die Eingriffsregelung nach dem BNatSchG a. F. weiter angewendet werden.

911 s) Landesrechtliche Anforderungen. Die Regelungen des Bauplanungsrechts sind im Bereich des Natur- und Landschaftsschutzes nicht abschließend. Sie können vielmehr durch **landesgesetzliche Regelungen** ergänzt werden.[140] So regelt auch § 35 BauGB die Zulässigkeitsvoraussetzungen für Vorhaben im Außenbereich nicht abschließend, sondern kann durch landesgesetzliche Regelungen im nicht bodenrechtlichen Bereich ergänzt werden. Dies gilt insbesondere für das Natur- und Landschaftsschutzrecht, für das der Bundesgesetzgeber nach Art. 74 I Nr. 29 GG zwar die konkurrierende Gesetzgebungszuständigkeit hat. Die Länder können jedoch durch Gesetz – mit Ausnahme der allgemeinen Grundsätze des Naturschutzes, des Artenschutzes oder des Meeresnaturschutzes, für die bundesgesetzliche Regelungen abschließend sind – hiervon abweichende Regelungen treffen (Art. 72 III 1 Nr. 2 GG).[141] Steht etwa ein nicht privilegiertes Vorhaben mit einer Landschaftsschutzverordnung in einer auch durch Ausnahmegenehmigung nicht zu behebenden Weise im Widerspruch, so kann es auf Grund dieser entgegenstehenden landesrechtlichen Vorgaben auch dann nicht zugelassen werden, wenn es im Übrigen nach dem materiellen Bauplanungsrecht der §§ 29 ff. BauGB[142] zulässig wäre.[143]

---

[139] VGH Kassel, Urt. v. 29.1.2004 – 3 N 2585/01 – BauR 2004, 1044 – Ausgleichsfälle m. Hinw. auf BVerwG, Urt. v. 17.1.2001 – 6 CN 3.00 – Buchholz 406.401 § 15 BNatSchG Nr. 10.

[140] OVG Münster, Urt. v. 11.1.1999 – 7 A 2377/96 – NuR 1999, 704 = BauR 2000, 62 – Landschaftsplan.

[141] Bis zum Inkrafttreten der Föderalismusreform hatte der Bund auf dem Gebiet des Naturschutzes eine Rahmenkompetenz nach Art. 75 I Nr. 3 GG 1994. Die Länder hatten im Rahmen der bundesgesetzlichen Vorgaben eine Vollkompetenz. Durch die Föderalismusreform 2006 besteht zwar eine konkurrierende Vollkompetenz des Bundes. Die Länder haben jedoch in dem vorgenannten Rahmen Abweichungsmöglichkeiten.

[142] Etwa für ein teilprivilegiertes Außenbereichsvorhaben nach § 35 IV BauGB. Der Umfang der rechtlichen Bindungen ist dabei dem jeweiligen Landesrecht zu entnehmen, so OVG Münster, Urt. v. 11.1.1999 – 7 A 2377/96 – NuR 1999, 704 = BauR 2000, 62 – Landschaftsplan.

8. Artenschutz

Durch das Erste Änderungsgesetz zum BNatSchG hat der Gesetzgeber das Artenschutz- **912**
recht auf eine neue gesetzliche Grundlage gestellt.[144] Was vorher in der Gefahr stand, im
Sumpf europarechtlicher und nationaler Regelungen unter zu gehen, das hat jetzt durch
die Ende 2007 in Kraft getretene Artenschutznovelle eine neue Rechtsgrundlage erhalten.[145] Die gesetzlichen Regelungen zu artenschutzrechtlichen Eingriffen enthält ein
Prüfungssystem in **vier Schritten**: Besonders geschützte Arten und streng geschützte
Arten (nationale geschützte Arten) sowie geschützte Arten nach Anhang IV der FFH-RL
und die nach der Vogelschutz-RL geschützten Vögel (europarechtlich geschützte Arten)
werden durch die Verbotstatbestände in § 44 BNatSchG geschützt (1. Schritt). Sonderregelungen gelten für die land-, forst- oder fischereiwirtschaftliche Bodennutzung bei der
Einhaltung einer guten fachlichen Praxis (§ 44 IV BNatSchG) sowie für Eingriffe, die
auf der Grundlage des (§ 15 BNatSchG 2002) oder des BauGB § 44 V BNatSchG erfolgen
(2. Schritt). Es schließt sich ggf. die Prüfung von Ausnahmen nach § 45 VII BNatSchG
(3. Schritt) bzw. Befreiungen nach § 67 BNatSchG (4. Schritt) an.

a) Verbotstatbestände (§ 44 I BNatSchG). Die Verbotstatbestände sind in § 44 I **913**
BNatSchG neu gefasst und an den europarechtlichen Rahmen angeglichen (1. Schritt).
Danach ist es verboten, (1) wild lebenden Tieren der besonders geschützten Arten nach-
zustellen, sie zu fangen, zu verletzen oder zu töten oder ihre Entwicklungsformen aus der
Natur zu entnehmen, zu beschädigen oder zu zerstören, (2) wild lebende Tiere der streng
geschützten Arten und der europäischen Vogelarten während der Fortpflanzungs-, Auf-
zucht-, Mauser-, Überwinterungs- und Wanderungszeiten erheblich zu stören; eine erhebliche Störung liegt vor, wenn sich durch die Störung der Erhaltungszustand der lokalen Population einer Art verschlechtert, (3) Fortpflanzungs- oder Ruhestätten der wild
lebenden Tiere der besonders geschützten Arten aus der Natur zu entnehmen, zu beschädigen oder zu zerstören, (4) wild lebende Pflanzen der besonders geschützten Arten oder
ihre Entwicklungsformen aus der Natur zu entnehmen, sie oder ihre Standorte zu beschädigen oder zu zerstören (Zugriffsverbote).

Die Zugriffsverbote beziehen sich neben dem Tötungsverbot (1) auch auf erhebliche **914**
Störungen während der Fortpflanzungs-, Aufzucht-, Mauser-, Überwinterungs- und
Wanderungszeiten (2). Damit führt das Gesetz einen Erheblichkeitsmaßstab ein, der an
die Verschlechterung der lokalen Population geknüpft ist. Die artenschutzrechtlichen
Verbotstatbestände werden hierdurch stärker an die Terminologie der FFH-Richtlinie an-
gelehnt. Das in § 44 I BNatSchG geregelte Störungsverbot stellt nunmehr wie in der
FFH-Richtlinie auf bestimmte Zeiträume und nicht mehr − wie bisher − auf bestimmte
Örtlichkeiten ab. Das Störungsverbot wird einheitlich für die FFH-Richtlinien durch
erhebliche Störungen ausgelöst. Bisher waren Eingriffe von den besonderen artenschutzrechtlichen Verboten freigestellt, wenn die Verbotsverstöße bei der Durchführung eines
Eingriffs nicht absichtlich erfolgten (§ 43 IV BNatSchG 2002). Dies ist vom EuGH gerügt worden, zumal Art. 12 I d FFH-RL das einschränkende Merkmal der absichtlichen
Beschädigung nicht kennt. Ohnehin ist der Absichtsbegriff nach der Caretta-Entschei-
dung des EuGH auch dann erfüllt, wenn die Schädigung (lediglich) billigend in Kauf genommen wird − keine guten Aussichten also − nicht nur für rennbegeisterte Motorrad-
fahrer an den Sandstränden des griechischen Inselreiches, sondern auch schlechte Zeiten
für Infrastrukturprojekte, bei denen mit unvermeidbaren Kollateralschäden für europäische Arten gerechnet werden muss. Das floskelhafte „Entschuldigung" nach einer Kolli-

---

[143] BVerwG, Urt. v. 13.4.1983 − 4 C 21.79 − BVerwGE 67, 84 = RzB Rn. 453; Urt. v. 19.4.1985 −
4 C 25.84 − BRS 44 Nr. 80 = RzB Rn. 407.
[144] Erstes Gesetz zur Änderung des Bundesnaturschutzgesetzes vgl. BT-Drs. 16/5100; BT-Drs.
16/6780; BR-Drs. 733/07; *Stüer*, in *Battis/Söfker/Stüer* (Hrsg.), FS *Krautzberger*, 2008, S. 63.
[145] Zur Bewertung *Gellermann* NuR 2007, 783.

sion mit tödlichem Ausgang für die geschundene Kreatur hilft da nicht mehr wirklich weiter.[146] Nach dem nunmehr geltenden Recht ist daher jede Beschädigung der geschützten Tier- und Pflanzenwelt und deren Habitate verboten. Wird die lokale Population nicht verschlechtert, sind Störungen zu den vorgenannten Zeiten nicht erheblich. Ob der EuGH das allerdings absegnet, ist noch nicht ganz ausgemacht.

915 **b) Ökologische Funktionalität bei Eingriffen im Bereich des Bau- und Fachplanungsrechts (§ 44 V BNatSchG).** Sonderregelungen enthält § 44 V BNatSchG für nach § 15 BNatSchG sowie nach den Vorschriften des BauGB zulässige Eingriffe. Für Anhang IV-Tier- und Pflanzenarten der FFH-RL und europäische Vogelarten nach der Vogelschutz-RL liegt ein Verstoß gegen das Störungsverbot und bei unvermeidbaren Eingriffen gegen das Tötungsverbot nicht vor, soweit die ökologische Funktion der betroffenen Fortpflanzungs- oder Ruhestätten im räumlichen Zusammenhang weiterhin erfüllt wird. Zu einer Vermeidung der Eingriffswirkung können auch vorgezogene Ausgleichsmaßnahmen (CEF-Maßnahmen)[147] beitragen. Für national geschützte Arten gilt weiterhin die bereits zuvor geregelte Freistellung.

916 Bleibt die ökologische Funktionalität der Lebensstätten im räumlichen Zusammenhang gewahrt, liegt seit der Neuregelung kein Verstoß gegen das Verbot mehr vor. Die Verletzung oder Tötung einzelner Exemplare soll daher in solchen Fällen auch bei Anhang IV-Arten und geschützten europäischen Vogelarten den Verbotstatbestand nicht erfüllen. Damit könnte der bisher im Europarecht angelegte strenge Schutz auch einzelner Exemplare in der FFH-RL und der Vogelschutz-RL doch ein wenig mutig zurückgeschraubt sein.

917 Die Möglichkeit von **CEF-measures** (vorgezogenen Ausgleichsmaßnahmen) wird im Gesetz ausdrücklich anerkannt. Die Maßnahmen müssen vor dem Eingriff wirksam sein, was einen zeitlichen Vorrang der CEF-Maßnahmen voraussetzt. Auch stellt sich die Frage, ob die Maßnahmen in einer eigenständigen Entscheidung vorab zugelassen werden oder darüber in einer einheitlichen Entscheidung zugleich mit der Zulassung des Eingriffs befunden wird. Beide Formen dürften möglich sein. Gerade bei CEF-Maßnahmen, deren Wirksamkeit einen größeren Zeitraum in Anspruch nimmt, könnte es sich empfehlen, über deren Zulassung vorweg in einer eigenen Entscheidung zu befinden, wenn ein positives Gesamturteil des Gesamtvorhabens in Aussicht steht. Ebenso können aber CEF-Maßnahmen auch in der abschließenden Zulassungsentscheidung angeordnet werden. Der Bebauungsplan könnte dies durch ein bedingtes Baurecht nach § 9 II BauGB (Baurecht auf Zeit) sichern.

918 **c) Ausnahmeprüfung (§ 45 VII BNatSchG).** Erfüllt der Eingriff den Verbotstatbestand des § 44 I BNatSchG und ist er auch nicht nach § 44 V BNatSchG unbeachtlich, so schließt sich nach § 45 VII BNatSchG eine Ausnahmeprüfung an, die das gesamte Entscheidungsprogramm der FFH-RL und der Vogelschutz-RL aufgreift (3. Schritt). Die nach Landesrecht zuständigen Behörden können danach von den artenschutzrechtlichen Verboten im Einzelfall weitere Ausnahmen zulassen. Dazu rechnen auch zwingende Gründe des überwiegenden öffentlichen Interesses einschließlich solcher sozialer und wirtschaftlicher Art. Zumutbare Alternativen dürfen nicht zur Verfügung stehen; der Erhaltungszustand einer Population einer Art darf sich nicht verschlechtern. Nicht jeder Verlust einer lokalen Population ist allerdings mit einer Verschlechterung des Erhaltungszustandes gleichzusetzen. Für einen günstigen Erhaltungszustand genügt es vielmehr, wenn die betroffene Population als solche bei einer gebietsbezogenen Gesamtbetrach-

---

[146] Allerdings können Vermeidungsmaßnahmen die Eingriffe unter die Erheblichkeitsschwelle drücken, so OVG Bautzen, Beschluss vom 12.11.2007 – 5 BS 336/07 – Waldschlösschenbrücke, entgegen VG Dresden, B. v. 9.8.2007 – 3 K 712/07 – für die Kleine Hufeisennase.

[147] Guidance document on the strict protection of animal species of community interest provided by the habitats directive.

tung, also in einem Gebiet der biogeografischen Region, das über das Plangebiet hinausgeht, als lebensfähiges Element erhalten bleibt. Auch stellt die Alternativenprüfung an die Ausnahmeentscheidung regelmäßig keine unüberwindbaren Hürden. Zwar sind gewisse Abstriche von dem Vorhaben hinzunehmen.[148] Das Gesamtprojekt darf aber durch die artenschutzrechtlichen Anforderungen nicht aus den Fugen geraten. Die Praxis wird dies gewiss mit Beifall quittieren.

Allerdings hat der Gesetzgeber zugleich gespeist aus schmerzlichen Erfahrungen mit **919** Vertragsverletzungsverfahren der EU-Kommission gegen Deutschland eine **Angstklausel** hinzugefügt: Art. 16 der FFH-RL und Art. 9 Vogelschutz-RL dürfen keine weitergehenden Anforderungen enthalten. Mit diesem Vorbehalt soll die Europatauglichkeit der Novelle sichergestellt werden.[149] Welche Anforderungen sich daraus allerdings für die Praxis ergeben, ist noch nicht abschließend geklärt. Vor allem wird es dabei um die Frage gehen, ob der europäische Artenschutz bei einem schlechten Erhaltungszustand einer Art strengere Anforderungen stellt und einen Eingriff insgesamt verbietet oder gar die Herstellung eines günstigen Erhaltungszustandes fordert. Jedenfalls werden Arten, die einen schlechten Erhaltungszustand aufweisen, größere Aufmerksamkeit für sich in Anspruch nehmen können.

Zwingende Gründe des überwiegenden öffentlichen Interesses können es rechtferti- **920** gen, eine Abweichung auch von den Verboten der Vogelschutz-RL zuzulassen. Solche Gründe liegen jedenfalls vor, wenn das Vorhaben den strengeren Anforderungen des Enteignungsrechts entspricht. Denn es könnte trotz aller Unkenrufe einiges dafür sprechen, dass die Lebensstätten des Menschen nicht deutlich geringer als die der Tiere auf dem deutschen und europäischen Schutzprogramm stehen.

d) Befreiungen nach § 67 BNatSchG. Der vierte Prüfungsschritt einer Befreiung **921** (§ 67 BNatSchG) konnte sehr viel schlanker als bisher gefasst werden, weil das europarechtlich gebotene Prüfungsprogramm in diesem abschließenden Prüfungsstadium bereits weitgehend abgearbeitet ist: Auch bei einem nicht durch Ausnahmen zu rechtfertigenden Verstoß gegen die artenschutzrechtlichen Verbote kann eine Befreiung erteilt werden, wenn die Durchführung der Vorschriften zu einer unzumutbaren Belastung führen würde. Hier hat der auch im Europarecht geltende Verhältnismäßigkeitsgrundsatz (Art. 5 III EGV) seinen Standort.[150] Bei der Beurteilung der Erheblichkeit muss der Behörde ebenso wie beim EU-Gebietsschutz auch im Bereich des Artenschutzes ein fachlicher Spielraum zukommen, der nur einer eingeschränkten gerichtlichen Kontrolle zugänglich ist.

An die Erstellung der Gutachten dürfen keine übertriebenen Anforderungen gestellt **922** werden. Es ist durchaus sachgerecht, dass die Zulassungsbehörde Gutachten verwertet, die vom Antragsteller in Auftrag gegeben worden sind, solange die Ergebnisse nachvollziehbar und plausibel sind. Bestehen ernstliche Zweifel, hat die Behörde ein ergänzendes Gutachten einzuholen.

e) Bauplanungsrecht und Artenschutz. Mit der Abarbeitung der naturschutzrecht- **923** lichen Eingriffsregelung ist auch bei der Aufstellung eines Bebauungsplans die artenschutzrechtliche Prüfung daher noch nicht erfolgt. Denn anders als bei der Eingriffsregelung (§ 18 BNatSchG) sind die artenschutzrechtlichen Regelungen der §§ 44, 45, 67 BNatSchG auch für Vorhaben im Geltungsbereich des BauGB anwendbar. Die artenschutzrechtlichen Tötungs- und Störungsverbote des § 44 I Nr. 1 und 3 BNatSchG gelten allerdings nicht uneingeschränkt. Die Verbotstatbestände sind nach § 44 V Satz 1

---

[148] BVerwG, Urt. v. 27.1.2000 – 4 C 2.99 – BVerwGE 110, 302 – Hildesheim; Urt. v. 17.5.2002 – 4 A 28.01 – BVerwGE 116, 254 = DVBl 2002, 1486 = NVwZ 2002, 1243 – A 44 Lichtenauer Hochland.

[149] In der ersten Runde des Vertragsverletzungsverfahrens hat der EuGH einen pauschalen Verweis auf das europäische Richtlinienrecht allerdings nicht grenzenlos anerkannt, EuGH, Urt. v. 10.1.2006 – Rs. C-98/03 – NVwZ 2006, 319.

[150] *Stüer* NVwZ 2007, 1054.

BNatSchG in diesen Fällen im Plangebiet und bei Innenbereichsvorhaben nicht erfüllt, wenn die ökologische Funktion der von dem Eingriff oder Vorhaben betroffenen Fortpflanzungs- oder Ruhestätten im räumlichen Zusammenhang weiterhin erfüllt wird. Soweit erforderlich, können auch hier vorgezogene Ausgleichsmaßnahmen festgesetzt werden. Die CEF-Maßnahmen können nach den Modellen des § 1a III BauGB im Bebauungsplan festgesetzt oder in städtebaulichen Verträgen vereinbart werden.[151] Diese Möglichkeit dürfte auch im Innenbereich bestehen. Da die artenschutzrechtliche Prüfung mit der planungsrechtlichen Zulässigkeit des Vorhabens nicht abgeschlossen ist, sondern gesondert nach §§ 44, 45, 67 BNatSchG erfolgt, können Einzelfragen im Bau- oder immissionsschutzrechtlichen Genehmigungsverfahren feinjustiert werden.[152]

924 Bei der Aufstellung eines Bebauungsplans muss daher über die allgemeine Abwägung hinaus der Artenschutz abgeprüft werden. Diese Prüfung gilt auch für Innen- und Außenbereichsvorhaben. Vor allem sind auch die Innenbereichsvorhaben nicht automatisch von den artenschutzrechtlichen Verbotstatbeständen freigestellt, wie bereits spätestens seit dem Urteil des BVerwG zum Polizeipräsidium Magdeburg[153] klar ist. Die Verbotstatbestände des § 44 I BNatSchG sind abzuarbeiten und es ist ggf. zu fragen, ob der ökologische Funktionszusammenhang weiterhin gewahrt ist. Diese Sonderregelung gilt allerdings nur in der Bauleitplanung und für Vorhaben im nicht beplanten Innenbereich, nicht aber für Außenbereichsvorhaben.

925 Sollen durch einen Bebauungsplan Eingriffe zugelassen werden, die artenschutzrechtliche Verbotstatbestände erfüllen, sind die Ausnahmevoraussetzungen des § 44 VII BNatSchG abzuarbeiten. Bleiben unzumutbare Belastungen, kann nach § 67 BNatSchG eine Befreiung erteilt werden. Der Begriff „offenbar nicht beabsichtigten Härte", wie er für die Befreiungen von den Festsetzungen des Bebauungsplans in § 31 II Nr. 3 BauGB verwendet wird, ist vom Gesetzgeber im Hinblick auf die sehr strenge baurechtliche Rechtsprechung wohl bewusst vermieden worden. Vielmehr soll für eine Befreiung ausreichend sein, dass die Belastung vor dem Hintergrund des auch das Europarecht kennzeichnenden allgemeinen Verhältnismäßigkeitsgrundsatzes unzumutbar ist. Hier bestimmt eine nachvollziehende Abwägung mit entsprechenden behördlichen Spielräumen die Szene, in die neben naturschutzfachlichen auch wirtschaftliche Gesichtspunkte eingestellt werden können.[154] Für Vorhaben im Außenbereich sind die artenschutzrechtlichen Regelungen in §§ 44, 45, 67 BNatSchG in voller Breite anzuwenden und durch die Regelungen des BauGB nicht verdrängt.

926 Der Artenschutz, mit dem wegen seiner europarechtlichen Vorgaben in der Tat nicht zu spaßen ist, bleibt vorläufig in Deutschland und macht bis auf Weiteres keinen zeitaufwändigen Ausflug zum EuGH nach Luxemburg. Aber auch die Anhang-IV-Arten der FFH-Richtlinie und die nach der Vogelschutz-Richtlinie geschützten Vögel können sich von Herzen freuen. Ihnen wird in Zukunft vielfach eine Beachtung zuteil, wie sie selbst den Menschen nicht immer beschieden ist. Denn diese müssen etwa weitgehend klaglos einem Braunkohlentagebau weichen[155] oder sich einer neuen Autobahntrasse gegenüber geschlagen geben. Mit einer solchen Aufwertung ihrer Belange hätten aber dem Vernehmen nach vor den Grundsatzentscheidungen aus Luxemburg und Leipzig die Tier- und Pflanzenwelt und die Avifauna an deren Spitze nicht wirklich gerechnet.

---

[151] BVerwG, Urt. v. 19.9.2002 – 4 CN 1.02 – DVBl 2003, 204 = BauR 2003, 209.

[152] *Stüer*, in: *Battis/Söfker/Stüer* (Hrsg.), FS *Krautzberger*, 2008, S. 63.

[153] BVerwG, Urt. v. 11.1.2001 – 4 C 6.00 – BVerwGE 112, 321 = ZfBR 2001, 271 – Polizeipräsidium Magdeburg.

[154] BVerwG, Urt. v. 17.1.2007 – 9 C 1.06 – BVerwGE 128, 76 = DVBl 2007, 641 = NVwZ 2007, 581 – Bad Laer, im Anschluss an Urt. v. 27.10.2000 – 4 A 18.99 – BVerwGE 112, 140 zu § 17 VI c 2 FStrG a.F.

[155] VerfGH Münster, Urt. v. 29.4.1997 – VerfGH 9/95 – DVBl 1997, 829 – Organstreit Garzweiler II; Urt. v. 9.6.1997 – VerfGH 20/95 – DVBl 1997, 1107 – Gemeinden Garzweiler II; VerfG Potsdam, Urt. v. 1.6.1995 – VfGBbG 6/95 – DVBl 1996, 37 = UPR 1995, 354 – Horno.

9. Umweltverträglichkeitsprüfung nach dem ArtG 2001

Durch das EAG Bau 2004 ist die nach dem UVP erforderliche → **Umweltverträglich-**   927
keitsprüfung auf eine → **Umweltprüfung** nach dem BauGB umgestellt worden (§ 17
UVPG). UVP-pflichtige Bebauungspläne i. S. des § 2 III Nr. 3 UVPG i.V. mit der Anlage
1 zum UVPG „Liste der UVP-pflichtigen Vorhaben" werden nach dem Verfahren der Bauleitplanung im BauGB einschließlich einer Umweltprüfung aufgestellt (§ 17 I UVPG).
Wird eine Umweltprüfung durchgeführt, entfällt eine UVP aber auch eine Vorprüfung
nach dem UVPG. Die Umweltprüfung nach dem BauGB ersetzt also für den Bereich der
Bauleitplanung die nach dem UVPG erforderliche UVP.

Die Regelungen des **UVPG** sind daher für die Bauleitplanung weitgehend durch die   928
Vorschriften des **BauGB** ersetzt worden. Allerdings hat das **Prüfungsraster** der **§§ 3 a**
bis 3 f UVPG noch für die Frage Bedeutung, ob bei einer Änderung eines Bauleitplans
ein vereinfachtes Verfahren nach § 13 BauGB durchgeführt werden kann. Denn eine vereinfachte Änderung des Bauleitplans nach § 13 BauGB ohne Umweltprüfung und allgemeine Öffentlichkeitsbeteiligung scheidet aus, wenn durch die Planänderung ein UVP-
pflichtiges oder vorprüfungspflichtiges Vorhaben mit erheblichen Umweltauswirkungen
ausgewiesen werden soll. Dasselbe gilt für den Bebauungsplan der Innenentwicklung
nach § 13 a BauGB, dessen vereinfachtes Verfahren ohne Umweltprüfung dann nicht anwendbar ist. Aus dieser Sicht hat die Einteilung der UVP-pflichtigen und vorprüfungspflichtigen Vorhaben nach **§§ 3 a bis 3 f UVPG** i.V. mit der Anlage 1 zum UVPG „Liste
der UVP-pflichtigen Vorhaben" auch weiterhin Bedeutung. Weist der Bebauungsplan ein
Vorhaben aus, für das nach der Anlage zu § 3 UVPG[156] eine Umweltverträglichkeitsprüfung erforderlich ist, findet im Rahmen der Bauleitplanung nach Maßgabe des BauGB
eine Umweltprüfung statt. Darunter fallen nach einer Änderung der Anlage 1 zum
UVPG[157] auch Einkaufszentren, großflächige Einzelhandelsbetriebe und sonstige großflächige Handelsbetriebe i.S. des § 11 III 1 BauNVO ab einer Geschossfläche von 5.000 qm
sowie Vorhaben, für die nach Landesrecht eine UVP vorgesehen ist. Die Ermittlung der
umweltrelevanten Auswirkungen des Vorhabens durch Umweltprüfung ändert allerdings
nichts daran, dass auch bauplanungsrechtliche Entscheidungen zu derartigen Vorhaben
abwägungsdirigiert bleiben. Das wird durch § 1 a III BauGB klargestellt. Ergänzend sind
die Vorgaben der EG-Richtlinie über die UVP und das UVPG heranzuziehen. Die Integration der UVP in die Bauleitplanung geht auf das **InvWoBaulG 1993** zurück, das in
Art. 11 die Rechtsgrundlagen für die UVP nach dem UVPG in der Bauleitplanung und
bei anderen städtebaulichen Satzungen wie folgt geändert hat: Der Anwendungsbereich
der UVP nach dem UVPG wurde auf bestimmte vorhabenbezogene Bebauungspläne
und Satzungen über einen Vorhaben- und Erschließungsplan eingegrenzt. Die Geltung
von § 2 I 1 bis 3 UVPG wurde für diese Satzungsverfahren angeordnet und damit die Verpflichtung zu einer sog. „umweltinternen" Ermittlung, Beschreibung und Bewertung
der Auswirkungen eines Vorhabens auf die Umwelt, bei vorgelagerten Verfahren entsprechend dem Planungsstand angeordnet. Die Zulassungsverfahren wurden um die bereits
auf der Ebene der Bauleitplanung durchgeführte UVP entlastet. Die UVP-Verwaltungs-
vorschrift wurde teilweise anwendbar. Das BauROG 1998 griff diese Änderungen auf:
Die Umbenennung der Satzung über den Vorhaben- und Erschließungsplan in einen
vorhabenbezogenen Bebauungsplan nach § 12 BauGB führt zur Entbehrlichkeit entsprechender Regelungen in den §§ 2, 17 UVPG. § 2 IV BauGB verdeutlichte, dass die
UVP unselbstständiger Teil des Bauleitplanverfahrens ist.

---

[156] EG-Richtlinie zur UVP v. 27.6.1985, 85/337/EWG DVBl 1987, 829, geändert durch die Richtlinie des Rates v. 3.3.1997 (97/11/EG) – ABl. EG Nr. L 73, 5 – (UVPRichtlinie).
[157] Art. 8 des BauROG: Änderung des Gesetzes über die Umweltverträglichkeitsprüfung.

→ **Umweltverträglichkeitsprüfung.** Unselbstständiger Teil verwaltungsbehördlicher Verfahren, die der Entscheidung über die Zulässigkeit von Vorhaben dienen. Die UVP umfasst die Ermittlung, Beschreibung und Bewertung der Auswirkungen eines Vorhabens auf (1) Menschen, Tiere und Pflanzen, (2) Boden, Wasser, Luft, Klima und Landschaft, (3) Kultur- und sonstige Sachgüter sowie (4) die Wechselwirkungen zwischen den vorgenannten Schutzgütern. Sie wird unter Einbeziehung der Öffentlichkeit durchgeführt (§ 2 I UVPG). Der UVP unterliegen Vorhaben, die in der Anlage zu § 3 UVPG aufgeführt sind. Dazu zählen konkrete UVP-pflichtige Vorhaben, die im Bebauungsplan ausgewiesen werden, bauplanungsrechtliche Vorhaben (Anlage 1 Nr. 18 zum UVPG) und Vorhaben der Fachplanung, bei denen der Bebauungsplan einen Planfeststellungsbeschluss ersetzt (§ 17 UVPG). Die UVP-pflichtigen bauplanungsrechtlichen Vorhaben ergeben sich aus Anlage 1 Nr. 18.1 bis 18.9. Mit der UVP soll abgeschätzt werden, welche Belastungen mit der Verwirklichung einer Planung (Plan-UVP) oder eines bestimmten Vorhabens verbunden sind. Dazu erarbeitet die zuständige Behörde eine zusammenfassende Darstellung der Umweltauswirkungen auf der Grundlage entsprechender Unterlagen, der behördlichen Stellungnahmen sowie der Äußerungen der Öffentlichkeit (§ 11 UVPG). Die Umweltauswirkungen sind zu bewerten und bei der endgültigen Entscheidung in der Abwägung zu berücksichtigen (§ 12 UVPG). Im Bebauungsplanverfahren werden die Auswirkungen in einem Umweltbericht dargestellt, der Teil der Begründung des Bebauungsplanes ist (§ 2 a BauGB).

→ **Umweltprüfung.** Unselbstständiger Teil verwaltungsbehördlicher Verfahren, die der Entscheidung über die Zulässigkeit von Vorhaben dienen. Im Bebauungsplanverfahren werden die Auswirkungen in einem Umweltbericht dargestellt, der Teil der Begründung des Bebauungsplanes ist. Für die Bauleitplanung ist die UVP durch die Umsetzung der Plan-UP-Richtlinie durch das BauGB 2004 in der UP aufgegangen (§§ 2 IV, 2 a BauGB, § 17 I und II UVPG). Der Umweltprüfung unterliegen die Aufstellung des Flächennutzungsplans und des Bebauungsplans. Bei Änderungen dieser Pläne sowie die bestandswahrenden Bebauungspläne im bisherigen nicht beplanten Innenbereich kann auf eine Umweltprüfung verzichtet werden, wenn keine Vorhaben ausgewiesen werden sollen, für die eine UVP-Pflicht nach §§ 3 a bis 3 e UVPG und der Anlage 1 zum UVPG „Liste der UVP-pflichtigen Vorhaben" besteht. Die in der Umweltprüfung ermittelten und bewerteten Belange sind im Umweltbericht darzulegen (§ 2 a BauGB). Dieser wird bereits Bestandteil der förmlichen Öffentlichkeits- und Behördenbeteiligung. Wird der Umweltbericht in erheblichen Punkten geändert, ist eine erneute Beteiligung der betroffenen Öffentlichkeit und der betroffenen Behörden durchzuführen (§ 4 a III BauGB).

Gestufte Umweltprüfung. Für Bauleitpläne wird regelmäßig eine Umweltprüfung durchgeführt (§ 2 IV BauGB). Eine Umweltprüfung entfällt dann (§ 17 I 2 und II UVPG). Wird eine Umweltprüfung in einem Aufstellungsverfahren für einen Bauleitplan und in einem nachfolgenden Zulassungsverfahren durchgeführt, soll die UVP im nachfolgenden Zulassungsverfahren auf zusätzliche oder andere erhebliche Umweltauswirkungen des Vorhabens beschränkt werden (§ 17 III UVPG). Entsprechend ist bei der gestuften Umweltprüfung zu verfahren.

929   a) Ausgangspunkte. Die **EG-Richtlinie** über die **UVP**[158] und die Öffentlichkeitsbeteiligungsrichtlinie vom 25.6.2003[159] verpflichtet die planende Stelle zur Ermittlung und Bewertung der Auswirkungen behördlicher Entscheidungen auf die Umwelt unter Beteiligung der Behörden und der Öffentlichkeit.[160] Das BauGB geht davon aus, dass diese Ermittlung und Bewertung im Rahmen der planerischen Abwägung erfolgt und in den Vorschriften über die Aufstellung der Bauleitpläne enthalten ist. Die Verpflichtung zur Ermittlung und Bewertung der Belange ergibt sich bereits aus § 1 V und VI BauGB sowie dem in § 1 VII BauGB niedergelegten Abwägungsgebot. Diese **integrative UVP** ist nach Art. 2 der EG-Richtlinie zur UVP zulässig. Auch § 17 UVPG geht von einer Verzahnung der Bauleitplanung mit der UVP aus. Entgegen der ursprünglichen Fassung des UVPG sind Flächennutzungspläne vom Anwendungsbereich des UVPG ausgenommen, wohl

---

[158] Vom 27.6.1985, 85/337/EWG, DVBl 1987, 829, geändert durch die Richtlinie des Rates v. 3.3.1997 (97/11/EG) – ABl Nr. L 73, 5 – (UVP–Richtlinie); *Stüer*, Handbuch des Bau- und Fachplanungsrechts, Rn. 2913.

[159] V. 25.6.2003 (2003/35/EG).

[160] *Hoppe/Püchel* DVBl 1988, 1; *Stüer* DÖV 1990, 197.

aber unterliegen sie der → Umweltprüfung.[161] Im Rahmen der Aufstellung der Bebauungspläne wird die UVP als **unselbstständiger Teil** des Planungsverfahrens durchgeführt. Sie erfolgt unter Einbeziehung der Öffentlichkeit durch Ermittlung, Beschreibung und Bewertung der Auswirkungen des Vorhabens auf (1) Menschen, einschließlich der menschlichen Gesundheit, Tiere und Pflanzen und die biologische Vielfalt, (2) Boden, Wasser, Luft, Klima und Landschaft, (3) Kultur- und sonstige Sachgüter sowie (4) die Wechselwirkungen zwischen den vorgenannten Schutzgütern (§ 2 I 2 UVPG).

b) UVP-Pflicht nach dem ArtG 2001 im Überblick. UVP-pflichtig sind Bebauungs- **930** pläne, durch die die bauplanungsrechtliche Zulässigkeit bestimmter Vorhaben i.S. der Anlage 1 zum UVPG begründet wird. Es werden hiervon **drei Gruppen** erfasst:
- UVP-pflichtige Vorhaben nach **Anlage 1 zum UVPG**, wenn im Bebauungsplan die Ausweisung eines **konkreten Vorhabens** erfolgt mit zweistufiger UVP (Gruppe 1),
- UVP-pflichtige Vorhaben nach **Nr. 18 der Anlage 1 zum UVPG**, wobei eine UVP nur im Bebauungsplanverfahren erfolgt (Gruppe 2),
- Bebauungspläne, die **Planfeststellungsbeschlüsse** für UVP-pflichtige Vorhaben **ersetzen** (grundsätzlich einstufige UVP, ggf. ergänzende UVP im ergänzenden Planfeststellungsverfahren, Gruppe 3).

UVP-Pflichten bestehen nach dem ArtG 2001 für Bebauungspläne, in denen **Indust-** **931** **rie- und Gewerbegebiete** mit Standorten für nach § 4 BImSchG zuzulassende **konkrete Vorhaben** festgesetzt werden sollen. Nicht erfasst werden demgegenüber Bebauungspläne für Industrie- und Gewerbegebiete, bei denen i. S. einer Angebotsplanung noch nicht feststeht, ob und welche UVP-pflichtige Vorhaben verwirklicht werden sollen. Zu der zweiten Gruppe von UVP-pflichtigen Vorhaben gehören Projekte nach Maßgabe von **Nr. 18 (18.1 bis 18.9) der Anlage 1 zum UVPG.** Die dritte Gruppe betrifft Projekte, bei denen der Bebauungsplan die auf bundes- oder landesrechtlicher Grundlage erforderliche **Planfeststellung ersetzt.** Die Schaltstelle der UVP zur Bauleitplanung ist in **§ 17 UVPG** geregelt. Werden Bebauungspläne, die sonstige Eingriffe in Natur und Landschaft beinhalten, aufgestellt, geändert oder ergänzt, wird die UVP einschließlich der Vorprüfung des Einzelfalls im Aufstellungsverfahren nach den Vorschriften des BauGB durchgeführt. Bei Vorhaben nach den Nr. 18.1 bis 18.9 der Anlage 1 zum UVPG wird die UVP einschließlich der Vorprüfung des Einzelfalls nur im Aufstellungsverfahren durchgeführt. Bei Planungen von Vorhaben, für die nach der Anlage 1 zum UVPG eine UVP im Zulassungsverfahren durchzuführen ist, erfolgt nach dem ArtG 2001 eine gestufte UVP im Bauleitplanverfahren (Stufe 1) und im Zulassungsverfahren (Stufe 2). Bei Bebauungsplänen, die eine Planfeststellung ersetzen, erfolgt eine abschließende UVP bereits in der Bauleitplanung. Soweit sich eine ergänzende Planfeststellung anschließt, findet dort ggf. auch eine ergänzende UVP statt.[162]

c) UVP-pflichtige Vorhaben nach dem ArtG 2001. Soll in einem Bebauungsplan **932** ein **konkretes Vorhaben** ausgewiesen werden, für das nach der **Anlage 1 zum UVPG** „Liste der → UVP-pflichtigen Vorhaben" eine UVP-Pflicht besteht (Gruppe 1), so muss bereits der Bebauungsplan von einer UVP begleitet sein. Enthält der Bebauungsplan allerdings noch keine konkrete Standortentscheidung für ein in der Anlage 1 zum UVPG genanntes Vorhaben, sondern lediglich die eine spätere Standortentscheidung vorbereitende allgemeine Ausweisung, z. B. eines Gewerbe- oder Industriegebietes, so wird die Aufstellung oder Änderung eines solchen Bebauungsplanes vom UVPG ebenso wenig erfasst wie generell Flächennutzungspläne mit ihren für die UVP zu abstrakten Darstellungen.[163] Diese Pläne unterliegen allerdings der Pflicht zur → Umweltprüfung. Die An-

---

[161] HBG § 5 Rn. 122.
[162] Fachkommission „Städtebau" der ARGEBAU, Muster–Einführungserlass zum BauROG, S. 51.
[163] *Wagner* DVBl 1993, 585.

lage 1 zum UVPG erwähnt als UVP-pflichtige Projekte Vorhaben im Bereich der Wärmeerzeugung, des Bergbaus und der Energie (Nr. 1), der Steine und Erden, Glas, Keramik und der Baustoffe (Nr. 2), von Stahl, Eisen und sonstigen Metallen einschließlich deren Verarbeitung (Nr. 3), der chemischen Erzeugnisse, Arzneimittel, Mineralölraffination und Weiterverarbeitung (Nr. 4), der Oberflächenbehandlung von Kunststoff (Nr. 5), der Holz- und Zellstoffe (Nr. 6), der Nahrungs-, Genuss- und Futtermittel sowie landwirtschaftlicher Erzeugnisse (Nr. 7), der Verwertung und Beseitigung von Abfällen und sonstigen Stoffen (Nr. 8), der Lagerung von Stoffen und Zubereitung (Nr. 9), sonstiger Industrieanlagen (Nr. 10), Anlagen der Kernenergie (Nr. 11), Abfalldeponien (Nr. 12), für wasserwirtschaftliche Vorhaben mit Benutzung oder Ausbau eines Gewässer (Nr. 13), Verkehrsvorhaben (Nr. 14), bergbauliche Vorhaben (Nr. 15), die Flurbereinigung (Nr. 16), forstliche Vorhaben (Nr. 17) und neben den bauplanungsrechtlichen Vorhaben (Nr. 18) auch Leitungsanlagen und andere Anlagen. Die UVP ist bei diesen Projekten zweistufig: Auf der ersten Stufe des Bebauungsplans geht es vor allem um die Standortfaktoren. Auf der zweiten Stufe des jeweiligen Zulassungsverfahrens treten konkrete Einzelfragen der UVP in den Vordergrund. Die Abgrenzung der Prüfinhalte erfolgt nach dem Gebot der Konfliktbewältigung. Danach sind alle der Planung und Zulassung zuzurechnenden Konflikte auch in diesen Verfahrensstufen zu entscheiden. Allerdings kann die Bauleitplanung die zweite Stufe der Zulassungsentscheidung nutzen, um Einzelfragen in das konkrete Zulassungsverfahren zu verlagern. Im Bebauungsplanverfahren muss daher in diesen Fällen (lediglich) das Grobkonzept vor allem hinsichtlich der umweltrelevanten Standortfaktoren geprüft werden. Einzelheiten der Ausgestaltung des Vorhabens können dem nachfolgenden Zulassungsverfahren überlassen werden. § 17 UVPG trägt dem dadurch Rechnung, dass das dem Bebauungsplan nachfolgende Zulassungsverfahren auf zusätzliche oder andere erhebliche Umweltauswirkungen des Vorhabens beschränkt werden kann.

→ **UVP-pflichtige Projekte.** Die Anlage 1 zum UVPG „Liste der UVP-pflichtigen Vorhaben" erwähnt als UVP-pflichtige Projekte Vorhaben im Bereich der Wärmeerzeugung, des Bergbaus und der Energie (Nr. 1), der Steine und Erden, Glas, Keramik der Baustoffe (Nr. 2), von Stahl, Eisen und sonstigen Metallen einschließlich deren Verarbeitung (Nr. 3), der chemischen Erzeugnisse, Arzneimittel, Mineralölraffination und Weiterverarbeitung (Nr. 4), der Oberflächenbehandlung von Kunststoff (Nr. 5), der Holz- und Zellstoffe (Nr. 6), der Nahrungs-, Genuss- und Futtermittel sowie landwirtschaftlicher Erzeugnisse (Nr. 7), der Verwertung und Beseitigung von Abfällen und sonstigen Stoffen (Nr. 8), der Lagerung von Stoffen und Zubereitung (Nr. 9), sonstiger Industrieanlagen (Nr. 10), Anlagen der Kernenergie (Nr. 11), Abfalldeponien (Nr. 12), für wasserwirtschaftliche Vorhaben mit Benutzung oder Ausbau eines Gewässer (Nr. 13), Verkehrsvorhaben (Nr. 14), bergbauliche Vorhaben (Nr. 15), die Flurbereinigung (Nr. 16), forstliche Vorhaben (Nr. 17) und neben den bauplanungsrechtlichen Vorhaben (Nr. 18) auch Leitungsanlagen und andere Anlagen. Soweit solche Projekte durch einen Bebauungsplan konkret festgesetzt werden sollen, ist im Bebauungsplanverfahren eine UVP vorzunehmen. Die UVP ist bei diesen Projekten zweistufig: Auf der ersten Stufe des Bebauungsplans geht es vor allem um die Standortfaktoren. Auf der zweiten Stufe des jeweiligen Zulassungsverfahrens treten konkrete Einzelfragen der UVP in den Vordergrund. Der Vorhabenkatalog hat jedoch durch die Einführung der Plan-UP durch das BauGB 2004 seine Bedeutung verloren und spielt in der Bauleitplanung nur noch als Negativkatalog beim vereinfachten Verfahren (§ 13 BauGB), beim Bebauungsplan der Innenentwicklung nach § 13 a BauGB, bei Innenbereichssatzungen (§ 34 IV 1 Nr. 2 und 3 BauGB) und Außenbereichssatzungen (§ 35 VI 4 BauGB) eine Rolle.

---

933   d) **Bauplanungsrechtliche Vorhaben.** Für → bauplanungsrechtliche Vorhaben, die in **Nr. 18 der Anlage 1 zum UVPG** aufgelistet sind (Gruppe 2), besteht nach Maßgabe der §§ 3 a bis 3 f UVPG eine UVP-Pflicht im Bebauungsplan. Es handelt sich um Feriendörfer und Hotelkomplexe (Nr. 18.1), Campingplätze (Nr. 18.2), Freizeitparks (Nr. 18.3), Parkplätze (Nr. 18.4), Industriezonen (Nr. 18.5), Einkaufszentren und großflächige Handelsbetriebe (Nr. 18.6), Städtebauprojekte (Nr. 18.7) und UVP-pflichtige Vorhaben auf landesrechtlicher Grundlage (Nr. 18.9).

> → **Bauplanungsrechtliche Vorhaben.** Für bauplanungsrechtliche Vorhaben, die in Nr. 18 der Anlage 1 zum UVPG „Liste der UVP-pflichtigen Vorhaben" aufgelistet sind, besteht nach Maßgabe der §§ 3 a bis 3 f UVPG eine UVP-Pflicht im Bebauungsplan. Es handelt sich um Feriendörfer und Hotelkomplexe (Nr. 18.1), Campingplätze (Nr. 18.2), Freizeitparks (Nr. 18.3), Parkplätze (Nr. 18.4), Industriezonen (Nr. 18.5), Einkaufszentren und großflächige Handelsbetriebe (Nr. 18.6), Städtebauprojekte (Nr. 18.7) und UVP-pflichtige Vorhaben auf landesrechtlicher Grundlage (Nr. 18.9). Der Vorhabenkatalog hat jedoch durch die Einführung der Plan-UP durch das BauGB 2004 seine Bedeutung verloren und spielt in der Bauleitplanung nur noch als Negativkatalog beim vereinfachten Verfahren (§ 13 BauGB), bei Innenbereichssatzungen (§ 34 Art. 4 V 1 Nr. 3 BauGB) und Außenbereichssatzungen (§ 35 VI 4 BauGB) eine Rolle.

e) Planfeststellungsersetzender Bebauungsplan. UVP-pflichtig sind auch planfest- **934** stellungsersetzende Bebauungspläne für Vorhaben, die nach der Anlage 1 zum UVPG UVP-pflichtig sind (Gruppe 3). Darunter fallen etwa Bebauungspläne, die planfeststellungspflichtige Bundesstraßen ausweisen (§ 17 III FStrG) sowie die Planung von Straßenbahntrassen nach § 28 III PersBefG. Hier findet die UVP im Rahmen der Aufstellung des Bebauungsplanes statt, da der Bebauungsplan in solchen Fällen nicht nur den Standort des Vorhabens festsetzt, sondern auch die Einzelheiten seiner Ausführung bestimmt. Soweit nachfolgend eine ergänzende Planfeststellung durchgeführt wird, können sich ergänzende UVP-Erfordernisse ergeben.[164]

f) Dreistufenmodell: Regel–UVP, Vorprüfung, Freistellung. Veranlasst durch die **935** UVP-Änd-RL ergibt sich für die UVP-Pflicht ein dreistufiges Modell **(Ampelmodell)**, das in §§ 3 a bis 3 f UVPG geregelt ist.
– Vorhaben oberhalb der Größen- oder Leistungswerte der Spalte 1 der Anlage zum UVPG **(Regel-UVP)**,
– Vorhaben, die eine untere Erheblichkeitsschwelle überschreiten und daher einer Vorprüfung unterzogen werden müssen **(„Screening-Verfahren")**
– Vorhaben, die unterhalb der Vorprüfungsschwelle liegen, sind von der **UVP freigestellt**.

Die drei Vorhabengruppen sind nach dem Modell einer **dreiphasigen Ampel** ange- **936** ordnet, die einen **grünen, gelben** und **roten Bereich** hat. Die Vorhaben im **grünen Bereich** sind ohne weitere Prüfung zulässig. Bei den Vorhaben im **gelben Bereich** findet eine Vorprüfung statt. Die Vorhaben im **roten Bereich** sind stets einer UVP zu unterziehen. An der Spitze stehen Projekte, die in jedem Fall einer UVP zu unterziehen sind (Regel-UVP) (Stufe 1). Projekte unterhalb dieser Schwelle werden in einem „Screening-Verfahren" einer Vorprüfung des Einzelfalls unterzogen („Schau'n wir mal") (Stufe 2). Die Vorprüfung kann allgemein oder standortbezogen sein. Projekte unterhalb einer Erheblichkeitsschwelle werden von der UVP-Pflicht generell freigestellt. Es handelt sich um Projekte, deren Auswirkungen auf Umweltbelange erfahrungsgemäß gering sind (Stufe 3).

aa) Regel-UVP. Eine UVP-Pflicht besteht für die in der Anlage 1 zum UVPG „Liste der **937** UVP-pflichtigen Vorhaben" aufgeführten Vorhaben, wenn die zur Bestimmung seiner Art genannten Merkmale vorliegen. Sofern in der Anlage 1 zum UVPG Größen- oder Leistungswerte angegeben sind, ist eine UVP durchzuführen, wenn die Werte erreicht oder überschritten werden (§ 3 b I UVPG). Die UVP ist daher bei solchen Vorhaben

---

[164] Zu den Anforderungen der naturschutzrechtlichen Eingriffsregelung bei einem planfeststellungsersetzenden Bebauungsplan VGH Mannheim, Urt. v. 28.6.2006 – 5 S 1769/05 – BImSchG-Rspr. § 41 Nr. 87 – Straßenplanung durch planfeststellungsersetzenden Bebauungsplan.

Pflicht und unterliegt nicht der individuellen Prüfung. Es handelt sich um Vorhaben, die in der Anlage 1 der Liste UVP-pflichtiger Vorhaben in Spalte 1 mit einem „X" gekennzeichnet sind. Wird ein solches Vorhaben durch einen Bebauungsplan ausgewiesen, muss eine UVP erfolgen. Auch auf Grund einer individuellen Prüfung wird die UVP nicht entbehrlich.

938   *bb) Vorprüfung im Einzelfall.* Vorhaben, die nicht in Spalte 1 der Anlage 1 zum UVPG mit einem „X" gekennzeichnet sind, unterliegen nach Maßgabe der Ausweisung in Spalte 2 einer Vorprüfung auf ihre UVP-Pflichtigkeit im Einzelfall (§ 3 c UVPG). Dabei wird zwischen einer allgemeinen Vorprüfung (§ 3 c S. 1 UVPG) und einer standortbezogenen Vorprüfung (§ 3 c I 2 UVPG) unterschieden. Die Art der Vorprüfung ergibt sich aus Spalte 2 der Anlage 1 zum UVPG durch die Angabe „A" (Allgemeine Vorprüfung) und „S" (Standortbezogene Vorprüfung). Für die bauplanungsrechtlichen Vorhaben nach Nr. 18 der Anlage 1 zum UVPG ist eine allgemeine Vorprüfung vorgeschrieben. Die Vorprüfung richtet sich an den Kriterien der Anlage 2 zum UVPG aus, wobei im Falle der standortbezogenen Vorprüfung nur die in der Anlage 2 Nr. 2 zum UVPG aufgeführten Schutzkriterien als Maßstab anzulegen sind (§ 3 c S. 2 UVPG). Eine Vorprüfung im Einzelfall ist nach § 3 c I UVPG vorzunehmen, wenn dies in der Anlage 1 zum UVPG für das jeweilige Vorhaben vorgesehen ist. Dabei ist zu berücksichtigen, inwieweit Umweltauswirkungen durch die vom Träger des Vorhabens vorgesehenen Vermeidungs- und Verminderungsmaßnahmen offensichtlich ausgeschlossen werden (§ 3 c I 3 UVPG). Bei der allgemeinen Vorprüfung ist nach § 3 c I 1 UVPG eine überschlägige Prüfung durchzuführen, ob das Vorhaben erhebliche nachteilige Umweltauswirkungen haben kann, die bei der Entscheidung über die Genehmigung des Vorhabens oder beim Beschluss des Bebauungsplans zu berücksichtigen sind. Die Prüfung erfolgt anhand der in Anlage 2 zum UVPG beispielhaft aufgeführten Kriterien, welche die Merkmale des Vorhabens, den Standort des Vorhabens und die Merkmale möglicher Auswirkungen des Vorhabens umfassen. Bei der allgemeinen Vorprüfung ist auch zu berücksichtigen, inwieweit Prüfwerte für Größe und Leistung, die eine Vorprüfung eröffnen, überschritten werden. Bei einer geringfügigen Überschreitung der Prüfwerte kann daher eher von einer UVP abgesehen werden als bei einem Vorhaben, das die Größen- oder Leistungswerte der Regel-UVP-Pflicht annähernd erreicht. Die standortbezogene Vorprüfung bezieht sich lediglich auf die standortbezogenen Faktoren, die einer überschlägigen Prüfung zu unterziehen sind. Hier sind lediglich die Schutzkriterien der Anlage 2 Nr. 2 zum UVPG zu berücksichtigen. Damit ist vor allem die ökologische Empfindlichkeit des Gebietes, das durch das Vorhaben möglicherweise beeinträchtigt wird, unter Berücksichtigung der Kumulierungen auch im Rahmen einer lediglich standortbezogenen Vorprüfung überschlägig zu prüfen.

939   *cc) Prüfungsumfang bei der Vorprüfung.* Bei der Vorprüfung im Einzelfall ist eine UVP durchzuführen, wenn das Vorhaben nach Einschätzung der Behörde auf Grund einer überschlägiger Prüfung unter Berücksichtigung der in der Anlage 2 zum UVPG aufgeführten Kriterien erhebliche nachteilige Umweltauswirkungen haben kann, die nach § 12 UVPG zu berücksichtigen wären. Der Prüfungsumfang ist damit geringer als im Rahmen der UVP selbst. Es muss lediglich eine überschlägige Prüfung durchgeführt werden, ob eine vertiefende Ermittlung, Beschreibung und Bewertung der unmittelbaren und mittelbaren Auswirkungen eines Vorhabens auf die in § 2 I 2 UVPG und § 1 a II Nr. 3 BauGB benannten Schutzgüter wegen Besorgnis erheblicher nachteiliger Umweltauswirkungen des Vorhabens erforderlich ist. Die einzelnen Kriterien für die Vorprüfung des Einzelfalls sind in Anlage 2 zum UVPG benannt. Es handelt sich um Merkmale des Vorhabens zur Größe, Nutzung und Gestaltung von Wasser, Boden, Natur und Landschaft, der Abfallerzeugung und der Umweltverschmutzung und Belästigung sowie Unfallrisiken. Beim Standort des Vorhabens geht es um die ökologische Empfindlichkeit des Gebietes, das durch das Vorhaben möglicherweise beeinträchtigt wird. Die möglichen erheblichen

Auswirkungen eines Vorhabens sind anhand vorhabenbezogener und standortbezogener Faktoren zu untersuchen. Der Kriterienkatalog in Anlage 2 zum UVPG ist nur beispielhaft. Dabei hat die Behörde im Rahmen der Vorprüfung einen gerichtlich nur beschränkt überprüfbaren naturschutzfachlichen Beurteilungsspielraum im Sinne einer „Einschätzungsprärogative".[165] Eine UVP-Vorprüfung kann dabei in entsprechender Anwendung des § 45 I und II VwVfG bis zum Abschluss der letzten Tatsacheninstanz des verwaltungsgerichtlichen Verfahrens nachgeholt werden. Wird die Feststellung, dass nach dem Ergebnis der Vorprüfung eine Umweltverträglichkeitsprüfung unterbleibt, entgegen § 3 a 2 UVPG nicht bekannt gegeben, führt dies nicht zur Rechtswidrigkeit der Genehmigungsentscheidung.[166]

Der nach § 3 c 6 UVPG erforderlichen Dokumentation der Durchführung und des Er- **940** gebnisses der Vorprüfung wird entsprochen, wenn die der Vorprüfung zugrunde gelegten Unterlagen, die wesentlichen Prüfschritte und die dabei gewonnenen Erkenntnisse über nachteilige Umweltauswirkungen zumindest grob skizziert im Planfeststellungsbeschluss oder in einem zu den Verwaltungsakten genommenen.[167] Erhebliche nachteilige Umweltauswirkungen, die nach § 3 c 1 UVPG zur Durchführung einer Umweltverträglichkeitsprüfung verpflichten, liegen nicht erst dann vor, wenn die nach dem jeweils einschlägigen materiellen Zulassungsrecht maßgebliche Schädlichkeitsgrenze voraussichtlich überschritten wird und damit die Umweltauswirkungen nach Einschätzung der Behörde so gewichtig sind, dass sie zu einer Versagung der Zulassung führen. Umweltauswirkungen sind vielmehr jedenfalls bereits dann erheblich, wenn sie an die Zumutbarkeitsschwelle − hier: an die Grenzwerte der 26. BImSchV − heranreichen und deshalb in der Abwägung so gewichtig sind, dass im Zeitpunkt der UVP-Vorprüfung ein Einfluss auf das Ergebnis des Planfeststellungsbeschlusses nicht ausgeschlossen werden kann.[168] Der Planfeststellungsbehörde steht im Rahmen einer UVP-Vorprüfung des Einzelfalls (§ 3 c UVPG) für ihre prognostische Beurteilung möglicher Umweltauswirkungen eines Vorhabens ein Einschätzungsspielraum zu. Die gerichtliche Überprüfung des Ergebnisses der Vorprüfung beschränkt sich deshalb nach § 3 a Satz 4 UVPG auf eine Plausibilitätskontrolle.[169]

g) Kumulierende Vorhaben und Hineinwachsen in die UVP-Pflicht. Die Verpflich- **941** tung zur Durchführung einer UVP besteht nach § 3 b II UVPG auch, wenn mehrere Vorhaben derselben Art, die gleichzeitig von demselben oder mehreren Trägern verwirklicht werden sollen und in einem engen Zusammenhang stehen, zusammen die maßgeblichen Größen- und Leistungswerte (§ 3 b II 1 UVPG) oder Prüfwerte (§ 3 c I 5 UVPG) erreichen oder überschreiten. Dabei müssen die einzelnen Vorhaben die Werte für eine Vorprüfung im Einzelfall überschreiten (§ 3 b II 3 UVPG). Diese Regelung gilt sowohl für Vorhaben, die einer Regel-UVP unterfallen (§ 3 b UVPG) wie für Vorhaben mit einer UVP-Pflicht im Einzelfall (§ 3 c I 5 UVPG). Wird der Größen- oder Leistungswert oder der Prüfwert durch eine Änderung oder Erweiterung eines bisher nicht UVP-pflichtigen Vorhabens erstmals erreicht oder überschritten, so ist bei einem solchen Hineinwachsen in die UVP-Pflicht für die Änderung oder Erweiterung bei Erreichen der Regel-UVP-

---

[165] BVerwG, Urt. v. 7.12.2006 − 4 C 16.04 − BVerwGE 127, 208 =NVwZ 2007, 576 − Flugzeugwartungsanlage CCT-Werft.

[166] BVerwG, Urt. v. 20.8.2008 − 4 C 10.07 und 11.07 − BVerwGE 131, 352 = DVBl 2008, 1445 = ZfBR 2008, 790 − Putenmaststall.

[167] BVerwG, B. v. 28.2.2013 − 7 VR 13.12 − ER 2013, 119.

[168] BVerwG, Urt. v. 17.12.2013 − 4 A 1.13 − BVerwGE 148, 353 = NVwZ 2014, 669, *Gatz*, jurisPR-BVerwG 7/2014 Anm. 3, *Tausch*, jurisPR-UmwR 6/2014 Anm. 2 − 380-kV-Höchstspannungsleitung; m. Hinw. auf Urt. v. 4.4.2012 − 4 C 8.09 u.a. − BVerwGE 142, 234 Rn. 190; Urt. v. 20.12.2011 − 9 A 31.10 − BVerwGE 141, 282.

[169] BVerwG, Urt. v. 20.12.2011 − 9 A 31.10 − BVerwGE 141, 282 = NVwZ 2012, 575 = Buchholz 406.251 § 3c UVPG Nr. 3 = DÖV 2012, 490 (L), Alexander Schink, I+E 2012, 194, *Christ*, jurisPR-BVerwG 12/2012 Anm. 6 − A 44.

Werte (§ 3 b UVPG) eine UVP durchzuführen oder bei Überschreitung der Prüfwerte (§ 3 c UVPG) ein Prüfverfahren vorzunehmen (§§ 3 b III 1, 3 c S. 5 UVPG). Der jeweilige vor Ablauf der Umsetzungsfristen erreichte Bestand bleibt dabei unberücksichtigt und unterfällt nicht der UVP-Pflicht. Ausgenommen von einem solchen Hineinwachsen sind Industriezonen oder Städtebauprojekte. Hierdurch sollte vermieden werden, dass bei allen Städtebauprojekten, die im Anschluss an schon bebaute städtische Bereiche verwirklicht werden sollen, eine UVP-Pflicht ausgelöst wird. Anderenfalls wäre für Industriezonen und Städtebauprojekte vor allem in Großstädten UVP-Pflichten entstanden, selbst wenn die jeweiligen Vorhaben selbst unter den Größen- und Leistungswerten oder Prüfwerten liegen.

942 h) Änderung und Erweiterung von UVP-pflichtigen Vorhaben. Auch die nachträgliche Änderung oder Erweiterung eines UVP-pflichtigen Vorhabens ist nach Maßgabe des § 3 e UVPG UVP-pflichtig. Werden Größen- und Leistungswerte durch die Änderung oder Erweiterung des Vorhabens selbst erreicht oder überschritten, ergibt sich die UVP-Pflicht unmittelbar (§ 3 e I Nr. 1 UVPG). Im Übrigen ist eine Einzelfallprüfung vorzunehmen, ob die Änderung oder Erweiterung erhebliche nachteilige Auswirkungen haben kann. In die Vorprüfung sind auch frühere Änderungen oder Erweiterungen des UVP-pflichtigen Vorhabens einzubeziehen, für die nach der jeweils geltenden Fassung des UVPG keine UVP durchgeführt worden ist (§ 3 e I Nr. 2 UVPG). Für die Erweiterung eines UVP-pflichtigen Außenbereichsvorhabens nach Nr. 18.1 bis 18.8 der Anlage 1 zum UVPG sowie die Änderung von UVP-pflichtigen Vorhaben im Bereich eines Bebauungsplans oder im nicht beplanten Innenbereich ist eine Einzelfallprüfung vorzunehmen, wenn der Prüfwert erreicht ist.

943 i) Die einzelnen UVP-pflichtigen Bauplanungsvorhaben. Die Gruppe der UVP-pflichtigen Bauplanungsvorhaben ist in Nr. 18 der Anlage 1 zum UVPG aufgezählt.

944 Die UVP-Pflicht besteht im Bereich der bauplanungsrechtlichen Vorhaben, wenn die einzelnen Projekte in der Spalte 1 mit einem „X" gekennzeichnet sind (Regel-UVP) oder wenn sie in der Spalte 2 mit einem „A" gekennzeichnet sind, weil der jeweilige Prüfwert überschritten ist. Es handelt sich im Einzelnen um folgende Vorhaben:

945 – Feriendörfer, Hotelkomplexe und sonstige große Einrichtungen für die Ferien- und Fremdenbeherbergung (Nr. 18.1). UVP-pflichtig sind Feriendörfer, Hotelkomplexe und sonstige großflächige Einrichtungen für die Ferien- und Fremdenbeherbergung, für die ein Bebauungsplan aufgestellt wird. Eine UVP ist hier durchzuführen, wenn die Bettenzahl von jeweils insgesamt 300 oder eine Gästezimmerzahl von jeweils insgesamt 200 erreicht oder überschritten wird (Nr. 18.1.1). Eine Vorprüfung ist bei einer Bettenzahl von mindestens 100 oder einer Gästezimmerzahl von jeweils insgesamt 80 erforderlich (Nr. 18.1). Feriendörfer unterliegen auch dann ggf. einer UVP-Pflicht, wenn sie mit anderen Nutzungen (z. B. Wochenendhäusern) kombiniert werden.

946 – Campingplätze (Nr. 18.2). Nach Nr. 18.2 ist der Bau eines ganzjährig betriebenen Campingplatzes UVP-pflichtig. Die UVP-Pflicht besteht bei einer Stellplatzzahl von mindestens 200 Plätzen (Nr. 18.2.1) Eine Vorprüfungspflicht ergibt sich bei einer Stellplatzzahl von mindestens 50 (Nr. 18.2.2).

947 – Freizeitparks (Nr. 18.3). UVP-pflichtig ist auch der Bau eines Freizeitparks (Nr. 18.3). Derartige Vorhaben unterliegen einer Regel-UVP, wenn sie eine Größe von 10 ha erreichen (Nr. 18.3.1). Eine Vorprüfung beginnt mit einer Größe von 4 ha (Nr. 18.3.2). Zu den Freizeitparks rechnen vor allem kommerzielle Freizeitgroßeinrichtungen wie großflächige Freizeit- und Vergnügungseinrichtungen, die in der Regel über mehrere stationäre Einzeleinrichtungen verfügen. Typischerweise wird das Angebot um Gastronomieeinrichtungen ergänzt. Reine Sport-, Kultur- oder Erholungsanlagen sowie Tierparks fallen nicht unter den Begriff des Freizeitparks.

– Parkplätze (Nr. 18.4). Auch Parkplatzanlagen zur Größe von 1 ha fallen unter die Re- **948**
gel-UVP-Pflicht (Nr. 18.4.1). Ein Vorprüfungsverfahren beginnt bei Parkplätzen zur
Größe von 0,5 ha (Nr. 18.4.2). Zu den Parkplätzen rechnen grundsätzlich nur oberirdische
Parkflächen, die ggf. auch überdacht sein können. Tiefgaragen, Parkhäuser und andere
Hochbauten fallen nicht unter den Begriff des Parkplatzes, können aber als Bestandteil
eines anderen UVP-pflichtigen Vorhabens UVP-pflichtig sein. So kann etwa eine Tiefgarage Teil eines Städtebauprojektes (Nr. 18.7), eines großflächigen Handelsbetriebes
(Nr. 18.6) oder eine Industriezone (Nr. 18.5) sein und aus diesem Grunde UVP-pflichtig
werden.

– Industriezonen (Nr. 18.5). Auch Industriezonen für Industrieanlagen, für die ein Be- **949**
bauungsplan aufgestellt wird, ist eine UVP erforderlich, wenn die festgesetzte Größe der
Grundfläche mindestens 100.000 m² beträgt (Nr. 18.5.1). Bei Vorhaben von mindestens
20.000 m² ist ein Vorprüfungsverfahren erforderlich (Nr. 18.5.2). Der Begriff der Industriezone kann in der Regel als ein durch Industriegebiete geprägter Bereich verstanden
werden. Im Einzelfall kann eine Industriezone jedoch auch Gewerbe- oder Sondergebiete (z. B. Hafengebiete) einschließen. Auch für die Städtebauprojekte nach Nr. 18.7 gilt eine gleiche Größenordnung. Eine begriffliche Unterscheidung zwischen „Industriezonen"
und „Städtebauprojekten" ist daher entbehrlich. „Industriezonen" i. S. v Nr. 10 a des Anhangs II zu Art. 4 II der Richtlinie des Rates der Europäischen Gemeinschaften vom
27.6.1985 über die UVP bei bestimmten öffentlichen und privaten Projekten – 85/337/
EWG – (ABl. L 175, S. 40) – UVP-RL – sind größere Bereiche, in denen mehrere Industrieanlagen zugelassen werden können. Es muss sich dabei um Pläne handeln, bei denen
die industrielle Nutzung weitaus im Vordergrund steht. Bebauungspläne, die nur ange-
botsbezogen sind und keine weiteren vorhabenbezogenen Festsetzungen enthalten, lösen
keine UVP-Pflichtigkeit unter dem Tatbestandsmerkmal „Industriezone" i. S. der UVP-
RL aus. Bei angebotsbezogenen Bebauungsplänen reicht es aus, dass solche Industriepro-
jekt im Rahmen ihrer konkreten Umsetzung in dem noch durchzuführenden einzelfallbezogenen Genehmigungsverfahren einer UVP unterzogen werden.[170]

– Großflächige Einzelhandelsbetriebe (Nr. 18.6). Auch der Bau eines Einkaufszent- **950**
rums, eines großflächigen Einzelhandelsbetriebes oder eines sonstigen großflächigen
Handelsbetriebes i. S. des § 11 III 1 BauNVO ist UVP-pflichtig. Eine UVP ist durchzuführen, wenn eine zulässige Geschossfläche von 5.000 m² erreicht wird (Nr. 18.6.1). Eine
Vorprüfung beginnt bei 1.200 m² Geschossfläche (Nr. 18.6.2). Dass das Vorhaben i.S. des
§ 11 III 3 BauNVO im Übrigen unverträglich ist, ist für die Vorprüfung nicht Voraussetzung.

– Städtebauprojekte (Nr. 18.7). Vergleichbar mit den Industriezonen sind auch Städte- **951**
bauprojekte UVP-pflichtig. Eine Regel-UVP ist erforderlich, wenn die zulässige Grundfläche oder eine festgesetzte Größe der Grundfläche insgesamt 100.000 m² erreicht
(Nr. 18.7.1). Eine Vorprüfung ist bei Städtebauprojekten ab einer Größenordnung von
20.000 m² Grundfläche erforderlich (Nr. 18.7.2). Die Vorschrift ist als Auffangtatbestand
konzipiert. Darunter fallen alle Arten von baurechtlichen Vorhaben, insbesondere auch
die Ausweisung von Wohnungsbauvorhaben oder Gewerbegebieten. Auch Bebauungspläne, in denen verschiedene Baugebiete ausgewiesen werden wie etwa Gewerbe-,
Misch- und Wohngebiete fallen darunter. Eine UVP-Pflicht kann sich auch dann ergeben, wenn das einzelne Vorhaben unterhalb der vorgenannten Schwellenwerte liegt,
jedoch in Verbindung mit anderen Vorhaben die Schwellenwerte überschritten werden.

– Vorhaben im Geltungsbereich eines qualifizierten Bebauungsplans und im In- **952
nenbereich (Nr. 18.8).** Die UVP-Pflicht bezieht sich nicht nur auf Bebauungspläne, die

---

[170] OVG Magdeburg, Urt. v. 17.11.2005 – 2 K 229/02 – Umweltverträglichkeitsprüfung bei
Bebauungsplänen.

im bisherigen Außenbereich aufgestellt werden. Bei Überschreitung der Prüfwerte ist eine Vorprüfung vielmehr auch bei einer Änderung eines Bebauungsplans oder im nicht beplanten Innenbereich erforderlich, für die ein Bebauungsplan aufgestellt, geändert oder ergänzt werden soll. Hier findet aber selbst dann nur eine Vorprüfung statt, wenn die Größen- und Leistungswerte der Spalte 1 der Anlage 1 zum UVPG „Liste der UVP-pflichtigen Vorhaben" („X") für eine Regel-UVP erreicht oder überschritten sind.

953   **– UVP-pflichtige Vorhaben nach Landesrecht (Nr. 18.9).** Eine UVP-Pflicht kann sich auch für Vorhaben auf landesrechtlicher Grundlage ergeben. Eine UVP-Pflicht besteht hier, wenn das Landesrecht dies anordnet oder ein Bebauungsplan eine Planfeststellung auf landesrechtlicher Grundlage ersetzt. Die UVP-Pflichten der EU-UVP-RL richten sich formal an die Mitgliedstaaten. Soweit die Gesetzgebungs- und Verwaltungskompetenzen auf die Länder übertragen sind, bezieht sich die UVP-Pflicht der EU-UVP-RL daher auch auf diese landesrechtlich zu regelnden Bereiche. Wird ein Bebauungsplan nicht aufgestellt, können sich Umsetzungserfordernisse in den Landesbauordnungen ergeben. Zwar unterfällt die Entscheidung über die Zulassung konkreter Vorhaben nicht der Plan-UP-Richtlinie, weil diese sich nur auf Pläne und Programme bezieht. Wird jedoch ein konkretes Vorhaben zugelassen, ist eine UVP nach UVP-RL erforderlich, wenn sie nicht bereits auf einer vorhergehenden Planungsstufe erfolgt ist. Die Länder sind daher europarechtlich verpflichtet, die BauO durch entsprechende Regelungen zur UVP bei Innen- und Außenbereichsvorhaben zu ergänzen. Solange ein Umsetzungsdefizit besteht, sind die europarechtlichen Vorgaben der UVP-Richtlinie bei den Zulassungsentscheidungen unmittelbar anzuwenden. Dabei könnte auch auf die Regelungen zurückgegriffen werden, die der Gesetzgeber aus Anlass der Umsetzung der UVP-Änd-Richtlinie im ArtG 2001 und durch §§ 3 a bis 3 e UVPG sowie in der Anlage 1 zum UVPG getroffen hat.[171]

10. Immissionsschutz

954   § 50 BImSchG konkretisiert das Gebot der Berücksichtigung von Umweltbelangen wie folgt: „Bei raumbedeutsamen Planungen und Maßnahmen sind die für eine bestimmte Nutzung vorgesehenen Flächen einander so zuzuordnen, dass schädliche Umwelteinwirkungen und von schweren Unfällen im Sinne des Art. 3 Nr. 5 der RL 96/82/EG in Betriebsbereichen hervorgerufene Auswirkungen auf die ausschließlich oder überwiegend dem Wohnen dienenden Gebiete, sowie auf sonstige schutzbedürftige Gebiete so weit wie möglich vermieden werden." Für genehmigungsbedürftige Anlagen nach § 4 ff. BImSchG sind zudem die Technische Anleitung zum Schutz gegen Lärm **(→ TA Lärm)**[172] und die Technische Anleitung zur Reinhaltung der Luft **(TA Luft)** zu berücksichtigen. Diese Regelwerke werden als **antizipiertes Sachverständigengutachten**[173] oder **normkonkretisierende Verwaltungsvorschriften**[174] bezeichnet.[175] Aus dem Fehlen einer ausdrücklichen normativen Regelung als Grundlage dieser Regelwerke folgt nicht, dass die dort festgelegten Immissionsgrenzwerte im Rahmen der gerichtlichen Kontrolle der Entscheidung der Genehmigungsbehörde bedeutungslos wären. Die Werte sind vielmehr für die Beantwortung der Frage, ob Immissionen geeignet sind, Gefahren,

---

[171] *Stüer/Spreen* VerwArch. 2005, 174.

[172] Sechste allgemeine Verwaltungsvorschrift zum Schutz gegen Lärm (TA–Lärm) v. 26.8.1998 (GMBl. 1998, 503) = NVwZ 1999, Beilage 11/1999 zu Heft 2/1999.

[173] BVerwG, Urt. v. 17.2.1978 – 1 C 102.76 – BVerwGE 55, 250 = RzB Rn. 125 – Voerde.

[174] BVerwG, B. v. 15.2.1988 – 4 B 219.87 – DVBl 1988, 539 = RzB Rn. 126 – TA-Luft.

[175] BVerwG, B. v. 29.10.1984 – 7 B 149.84 – DVBl 1985, 397 = RzB Rn. 62 – Schiffswerft; Urt. v. 22.5.1987 – 4 C 33 – 35.83 – BVerwGE 77, 285 = RzB Rn. 120 – Meersburg; B. v. 20.1.1989 – 4 B 116.88 – DVBl 1989, 371 = RzB Rn. 352 – Getränkemarkt; B. v. 18.12.1990 – 4 N 6.88 – DVBl 1991, 442 = RzB Rn. 179; zum Immissionsschutz *Stüer,* Handbuch des Bau- und Fachplanungsrechts, Rn. 3622.

erhebliche Nachteile oder erhebliche Belästigungen für die Allgemeinheit oder die Nachbarschaft herbeizuführen, eine geeignete Erkenntnisquelle, weil sie auf den zentral durch die Bundesregierung ermittelten Erkenntnissen und Erfahrungen von Fachleuten verschiedener Fachgebiete beruhen und deswegen als schon die Entscheidung der Genehmigungsbehörde prägendes und insofern antizipiertes Sachverständigengutachten wegen ihres naturwissenschaftlich fundierten fachlichen Aussagegehaltes auch für das kontrollierende Gericht bedeutsam sind. Die Regelwerke können auch bei der Bestimmung der Zumutbarkeit von Immissionen im Nachbarklageverfahren Bedeutung gewinnen. Für die Bauleitplanung enthalten die Verwaltungsvorschriften wichtige Orientierungsmarken, an denen sich die planerischen Festsetzungen ausrichten können. Dabei kann es aber nur um die Grobstrukturen einer **Konfliktbewältigung** gehen. Die Feinabstimmung der Zulässigkeit des einzelnen Vorhabens erfolgt erst im immissionsschutzrechtlichen Genehmigungsverfahren.[176] Die Bauleitplanung wäre auch überfordert, wenn bereits alle Einzelheiten des immissionsschutzrechtlichen Konfliktes in entsprechenden Festsetzungen geregelt werden müssten. Hinweise für die Bauleitplanung können auch der DIN 18 005 „Schallschutz im Städtebau" und dem Abstands- und Planungserlass NRW entnommen werden. Auch wenn derartige technische Regelwerke keine Rechtsnormen sind und ihnen auch eine unmittelbare gesetzliche Grundlage fehlt,[177] können sie Anhaltspunkte i. S. von Orientierungswerten für Festsetzungen im Rahmen der Bauleitplanung geben,[178] wenn eine schematische Anwendung vermieden wird.[179] Bestimmte Grenzwerte, die zum Schutz der Nachbarschaft vor schädlichen Umwelteinwirkungen durch Geräusche nicht überschritten werden dürfen, sind für die Bauleitplanung – abgesehen von der → Verkehrslärmschutzverordnung (16. BImSchV) und der → Sportanlagenlärmschutzverordnung (18. BImSchV) – normativ nicht festgelegt. Dementsprechend muss jeweils nach den Umständen des Einzelfalls und insbesondere der speziellen Schutzwürdigkeit des jeweiligen Baugebietes entschieden werden, welche Bedeutung dem Immissionsschutz zukommt.[180] Insoweit kann es auch auf eine vorhandene Vorbelastung ankommen. Welche Bedeutung sie für die Abwägung der Gemeinde haben, wird sich jedoch regelmäßig erst im Zusammenhang mit allen übrigen abwägungserheblichen Faktoren ermitteln lassen.[181] Auch die vom **Deutschen Institut für Normung** erarbeiteten Normen im Bereich des technischen Sicherheitsrechts sind nicht unmittelbar geltendes Recht. Denn das → DIN hat keine Rechtsetzungsbefugnis.[182]

→ **DIN 18 005 Teil I: Schallschutz im Städtebau.** Sie enthält Höchstwerte für Lärmbelastungen in den jeweiligen Baugebieten, herausgegeben vom Deutschen Institut für Normung. Sie kann als Orientierungswert in der Bauleitplanung herangezogen werden.
→ **Verkehrslärmschutzverordnung (16. BImSchV).** Sie regelt für den Bau und die wesentliche Änderung von Straßen und Schienenwegen verbindliche Immissionsgrenzwerte. Sie ist

---

[176] BVerwG, B. v. 23.6.1989 – 4 B 100.89 – NVwZ 1990, 263 = DVBl 1989, 1065 = RzB Rn. 74 – Verbesserungsgebot.
[177] BVerwG, Urt. v. 22.5.1987 – 4 C 33 – 35.83 – BVerwGE 77, 285 = RzB Rn. 120 – Meersburg; vgl. auch *EuGH*, Urt. v. 30.5.1991 – C–361/88 – NVwZ 1991, 866 = DVBl 1991, 869 – Schwefeldioxid–Richtlinie 80/779; Urt. v. 30.5.1991 – C–59/89 – NVwZ 1991, 868 = JZ 1991, 1032 – Benzin–Blei–Richtlinie 82/884.
[178] BVerwG, Urt. v. 19.1.1989 – 7 C 77.87 – BVerwGE 81, 197 = RzB Rn. 93 – Tegelsbarg.
[179] BVerwG, B. v. 18.12.1990 – 4 N 6.88 – DVBl 1991, 442 = UPR 1991, 151 – Gewerbegebiet–Nord; *Stüer*, HAndbuch Bau- und Fachplanungsrechts, Rn. 466, 1309.
[180] BVerwG, Urt. v. 20.10.1989 – 4 C 12.87 – BVerwGE 84, 31 = RzB Rn. 216 – Eichenwäldchen.
[181] BVerwG, B. v. 18.12.1990 – 4 N 6.88 – DVBl 1991, 442 = RzB Rn. 442 – Gewerbegebiet–Nord.
[182] BVerwG, Urt. v. 5.3.1997 – 11 A 25.95 – DVBl 1997, 831 = BVerwGE 104, 123 = NVwZ 1998, 513 – Reinbek–Wentorf.

nicht für die Bauleitplanung beim Heranrücken einer Wohnbebauung an eine Straße heranzuziehen, wohl aber für den Neubau und die wesentliche Änderung von Straßen.

→ **Sportanlagenlärmschutzverordnung (18. BImSchV).** Sie regelt für ortsfeste Sportanlagen einschließlich ihrer Nebenanlagen mit Ausnahme der nach dem BImSchG genehmigungsbedürftigen Anlagen verbindliche Immissionsgrenzwerte. Für die Bauleitplanung hat sie mittelbare
Bedeutung.

→ **TA-Lärm.** Sie dient der Beurteilung der Zumutbarkeit von Lärmbelastungen bei der Zulassung von nach § 3 BImSchG und der 4. BImSchV genehmigungsbedürftigen Anlagen. In der
Bauleitplanung kann sie nicht unmittelbar zugrunde gelegt werden. Allerdings kann im Rahmen
eines zulässigen Konflikttransfers auf das der Bauleitplanung nachfolgende immissionsschutzrechtliche Genehmigungsverfahren verwiesen werden.

→ **VDI-Richtlinie 2058.** Die Richtlinie über die „Beurteilung von Arbeitslärm in der Nachbarschaft, Teil 1" enthält ein vom Verein Deutscher Ingenieure herausgegebenes Regelwerk ohne
bindende Wirkung für die Bauleitplanung oder das Genehmigungsverfahren. Das Regelwerk
kann als Orientierungshilfe herangezogen werden.

955   Der Begriffsbestimmung „**Stand der Technik**" des § 3 VI BImSchG ist zu entnehmen, dass mehr gefordert wird, als sich aus den „anerkannten Regeln der Technik" ergibt.[183] Es kommt nicht darauf an, ob sich bestimmte technische Verfahren und Einrichtungen in der Praxis bereits durchgesetzt und allgemeine Anerkennung gefunden haben.
Vielmehr reicht es aus, dass die Eignung zur Begrenzung von Emissionen praktisch gesichert erscheint. Ein wichtiges Indiz hierfür kann sein, dass eine Maßnahme in einem Betrieb bereits mit Erfolg erprobt worden ist. Die Bewährung im Betrieb ist indessen nicht
zwingende Voraussetzung. Auch Verfahren, deren praktische Eignung auf Grund anderer
Umstände so weit gesichert ist, dass ihre Anwendung ohne unzumutbares Risiko möglich ist, entsprechen dem Stand der Technik.[184]

956   Besondere **Abwägungserfordernisse** hat das OVG Münster im Anwendungsbereich
der StörfallVO angenommen und den Bebauungsplan zum **Steinkohlekraftwerk Datteln** u.a. auch wegen Nichtberücksichtigung der Anforderungen der StörfallVO für unwirksam erklärt und dazu ausgeführt: Bei dem geplanten Kraftwerk handelt es sich um
einen Störfallbetrieb. Im Hinblick auf den Störfallschutz enthält **§ 50 BImSchG** eine gebietsbezogene planerische Abwägungsdirektive[185]. Um dem Trennungsgrundsatz bei einer
Neuplanung gerecht zu werden, muss der Plangeber sowohl den Betriebsbereich als
auch die schutzbedürftigen Gebiete sachgerecht ermitteln und dabei die europarechtlichen Anforderungen der Seveso-II-Richtlinie beachten.[186] Das Gebot der planerischen
Konfliktbewältigung ist bei einer Angebotsplanung verletzt, wenn die Lösung der durch
die Bauleitplanung aufgeworfenen Probleme nahezu vollständig in ein nachfolgendes
immissionsschutzrechtliches Genehmigungsverfahren verlagert wird und dadurch große
Teile des Plangebiets hinsichtlich ihrer Umweltauswirkungen überhaupt nicht betrachtet
werden.[187]

---

[183] BVerfG, B. v. 8.8.1978 – 2 BvL 8/77 – BVerfGE 49, 89.

[184] BVerwG, B. v. 4.8.1992 – 4 B 150.92 – Buchholz 406.25 § 3 BImSchG Nr. 9 = RzB Rn. 1031.
Zu technischen Normen im Recht *Asbeck–Schröder* DÖV 1992, 252; *Labudek* DAR 1995, 489; *Murs-
wiek* Die staatliche Verantwortung für die Risiken der Technik 1985; *Roßnagel* (Hrsg.) Recht und
Technik im Spannungsfeld der Kernenergiekontroverse 1984; *Stüer* DVBl 1995, 1224.

[185] Zu städtebaulichen Abwägungsdirektiven *Stüer* UPR 2010, 288.

[186] OVG Münster, Urt. v. 3.9.2009 – 10 D 121/07.NE – DVBl 2009, 1385 = NuR 2009, 801 m.
Anm. *Andrea Versteyl* NuR 2009, 819 – Steinkohlekraftwerk Datteln; *Goppel* DVBl 2009, 1592.

[187] OVG Münster, Urt. v. 3.9.2009 – 10 D 121/07.NE – DVBl 2009, 1385 = NuR 2009, 801 m.
Anm. *Andrea Versteyl* NuR 2009, 819 – Steinkohlekraftwerk Datteln; *Goppel* DVBl 2009, 1592.

11. Gewässerschutz

Bei der Aufstellung von Bauleitplänen soll auch der Belang des **Wassers** berücksichtigt 957 werden (§ 1 VI Nr. 7 a BauGB).[188] Vor allem steht hier die Sicherung des Grundwassers und die Wahrung des Grundsatzes der **gemeinwohlorientierten Wasserbewirtschaftung** nach § 1 ff. WHG im Vordergrund.[189] Aus den wasserrechtlichen Vorschriften können sich strikt zu beachtende Gebote i. S. von Planungsleitsätzen (Abwägungssperren – Abwägungsverbote) ergeben. So sind Gebote oder Verbote, die aus den Festsetzungen einer Wasserschutzgebietsverordnung nach § 51 WHG (§ 19 WHG 2005) folgen, in der Bauleitplanung als Planungsschranken zu beachten. Sie stellen zwingendes Recht dar, über das die Gemeinde sich nicht hinwegsetzen darf.[190] Nach § 9 I Nr. 16 BauGB kann die Gemeinde im Bebauungsplan Wasserflächen sowie Flächen für die Wasserwirtschaft, für Hochwasserschutzanlagen und für die Regelung des Wasserabflusses festsetzen. Die Gemeinde kann derartige Festsetzungen zu Gunsten des Gewässerschutzes in den Bebauungsplan auch dann aufnehmen, wenn solche Festsetzungen Gegenstand wasserwirtschaftlicher Regelungen sein können. Der Bebauungsplan muss sich jedoch auf städtebauliche Aufgaben beschränken. Zur Umsetzung von Maßnahmen zum Ausgleich können gem. § 9 IV BauGB auf der Grundlage landesrechtlicher Regelungen zusätzliche Festsetzungen zum Schutz des Wassers in den Bebauungsplan aufgenommen werden. Außerdem können nach § 9 VI BauGB zum Schutz des Wassers nach anderen gesetzlichen Vorschriften getroffene Festsetzungen (beispielsweise nach den Wassergesetzen der Länder) nachrichtlich in den Bebauungsplan übernommen werden.[191]

Die Beachtung weiter gehender Schutzvorschriften enthebt die Gemeinde nicht der 958 Notwendigkeit, dem **Wasserschutz**, sofern hierzu Veranlassung besteht, schon im Vorfeld zwingender Ge- oder Verbote im Rahmen der Bauleitplanung als einem Belang Rechnung zu tragen, der mit den übrigen Belangen abzuwägen ist. Wann und in welchem Umfang dieser Belang zu berücksichtigen ist, muss sich etwa nach dem von einer Bebauung ausgehenden Gefährdungspotenzial, der Wasserdurchlässigkeit des Bodens oder des Grundwasserstandes richten. Je handgreiflicher das Interesse daran ist, das Grundwasser vor etwaigen mit einer baulichen Nutzung verbundenen nachteiligen Einwirkungen zu schützen, desto unzweifelhafter ist seine Abwägungsrelevanz. Das Vorhandensein einer Wasserschutzgebietsverordnung kann in dieser Hinsicht als ein Indiz für eine potenzielle Konfliktlage zu werten sein, die es der Gemeinde zwar nicht verwehrt, den fraglichen Bereich unter Zurückstellung des in § 1 VI Nr. 7 a BauGB auch als städtebauliches Anliegen bezeichneten Gewässerschutzes zu überplanen. Gänzlich übergangen werden darf ein solcher Belang wegen der in solchen Fällen gesteigerten Schutzwürdigkeit eines Gewässers jedoch nicht.[192] Zusätzliche Anforderungen ergeben sich für die Bauleitplanung aus der Hochwasserschutznovelle 2005.[193]

---

[188] BVerwG, B. v. 28.4.2003 – 4 BN 21.03 – Grundwasserschutz in der Bauleitplanung, m. Hinw. auf B. v. 26.3.1993 – 4 NB 45.92 – NVwZ-RR 1993, 598 = Buchholz 406.11 § 1 BauGB Nr. 63 = BRS 55 Nr. 15.

[189] Zu den Festsetzungsmöglichkeiten nach dem Gesetz zur Verbesserung des vorbeugenden Hochwasserschutzes *Stüer*, Handbuch des Bau- und Fachplanungsrechts, Rn. 3920.

[190] §§ 10 II und 6 II BauGB; BVerwG, B. v. 18.12.1987 – 4 NB 1.87 – BRS 48, Nr. 32 = RzB Rn. 1323 – Golfplatz; B. v. 28.11.1988 – 4 B 212.88 – NVwZ 1989, 662 – Taunus.

[191] *Bundesregierung*, Gesetzentwurf zum BauROG, S. 48.

[192] BVerwG, B. v. 26.3.1993 – 4 NB 45.92 – NVwZ-RR 1993, 598 = ZfW 1994, 275.

[193] S. Rn. 965.

12. Wirtschaft, Energie, Rohstoffvorkommen

959 Nach § 1 VI Nr. 8 BauGB hat die Gemeinde die Belange der Wirtschaft, auch ihrer mittelständischen Struktur im Interesse einer verbrauchernahen Versorgung der Bevölkerung,
der Land- und Forstwirtschaft, der Erhaltung, Sicherung und Schaffung von Arbeitsplätzen, des Post- und Telekommunikationswesens, der Versorgung insbesondere mit Energie
und Wasser und der Sicherung von Rohstoffvorkommen zu berücksichtigen (→ Infrastruktur). Durch die Berücksichtigung insbesondere der mittelständischen Struktur soll
dem Interesse der Bevölkerung an einer **verbrauchernahen Versorgung** Rechnung getragen werden. Das BauGB spricht sich daher für die Konzentration des Einzelhandels an
städtebaulich integrierten Standorten aus. Einkaufszentren, großflächige Einzelhandelsbetriebe und vergleichbare Handelsbetriebe sollen – wie sich aus § 11 III BauNVO
ergibt – nur in Kerngebieten oder in für sie besonders ausgewiesenen Sondergebieten
angesiedelt werden. Dies schließt Standorte solcher Einzelhandelsbetriebe **„auf der grünen Wiese"** zwar nicht von vornherein aus. Im Hinblick auf die besonderen Erschlie-
ßungsanforderungen und mögliche nachteilige städtebauliche und infrastrukturelle Auswirkungen für die Innenstädte sind städtebaulich integrierte Standorte nach der Wertung
des BauGB bei gleichwertiger Geeignetheit nicht integrierten Standorten in der Einzel-
handelsversorgung vorzuziehen. Die Berücksichtigung mittelständischer Betriebsformen
setzt auch der Größe von Einkaufszentren, großflächigen Einzelhandelsbetrieben und
sonstigen großflächigen Handelsbetrieben Grenzen. Der Schutz der verbrauchernahen
Versorgung ist auch im nichtbeplanten Innenbereich anzustreben (§ 34 III a BauGB).[194]

> → **Infrastruktur.** Technische und soziale Einrichtungen der Daseinsvorsorge der Bevölkerung
> und die wirtschaftliche Entwicklung eines Gebiets. Darunter fallen Anlagen für Verkehr (Straßen,
> Eisenbahnen, Flughäfen und Wasserstraßen), Ver- und Entsorgung (Strom, Gas, Fernwärme), So-
> ziale Dienste und Kommunikation (Telefon, Radio und Fernsehen).

13. Belange des Verkehrs

960 Nach § 1 VI Nr. 9 BauGB sind die Belange des Personen- und Güterverkehrs und der
Mobilität der Bevölkerung, einschließlich des öffentlichen Personennahverkehrs und des
nicht motorisierten Verkehrs, unter besonderer Berücksichtigung einer auf Vermeidung
und Verringerung von Verkehr ausgerichteten städtebaulichen Entwicklung zu berücksichtigen. Anknüpfend an die Vorgängerregelungen werden im EAG Bau 2004 auch die
Belange des Personen- und Güterverkehrs, der Mobilität der Bevölkerung und des nicht
motorisierten Verkehrs genannt. Das bereits in § 2 II Nr. 2 und 3 ROG verankerte Anliegen, Straßenverkehr zu vermeiden und zu verringern, ist auch in der Bauleitplanung besonders zu berücksichtigen. Diese differenzierte Aufzählung verkehrlicher Belange ist
Ausdruck des allgemeinen Ziels der Nachhaltigkeit. Es kann verwirklicht werden z. B.
durch Nutzungsmischung und kompakte Zuordnung der Nutzungen zueinander („Stadt
der kurzen Wege"), durch Verdichtung in bestehenden Strukturen, durch eine Dimensionierung des Straßennetzes, die keinen Anreiz zu motorisiertem Individualverkehr gibt.

961 Belange des **Verkehrs** haben für die Bauleitplanung bereits deshalb eine besondere Bedeutung, weil die planungsrechtliche Zulässigkeit von Vorhaben sowohl im beplanten als
auch im nichtbeplanten Innenbereich, aber auch im Außenbereich, von einer gesicherten
Erschließung abhängt. Belange des Verkehrs sind für die Bauleitplanung aber auch deshalb wichtig, weil es zu Konflikten insbesondere mit Wohnnutzungen kommen kann,
die ggf. durch entsprechende Schutzauflagen gesichert werden müssen. Für den Neubau
von Straßen ist dabei die 16. BImSchV (**Verkehrslärmschutzverordnung**) zu berück-

---

[194] Vgl. dazu § 34 III BauGB sowie bereits den durch das BauROG aufgehobenen § 34 III 2
BauGB 1986.

sichtigen.[195] Die Bauleitplanung hat dabei auch bestehende Nutzungskonflikte zwischen verkehrlichen und anderen Belangen nach Möglichkeit auszugleichen und – soweit erforderlich – mit den Mitteln der Bauleitplanung Lärmsanierungsmaßnahmen[196] an Straßen oder anderen Verkehrsanlagen, die ihrer Planungshoheit unterstellt sind, vorzusehen.[197] Für die Belange des Verkehrs ist die gemeindliche Bauleitplanung jedoch nur insoweit zuständig, als sich nicht ein Vorrang der Fachplanung ergibt.[198] Dieser Vorrang wird in § 38 BauGB für überörtliche Planungen auf den Gebieten des Verkehrs-, Wege- und Wasserrechts bei entsprechender Beteiligung der Gemeinden und bei Berücksichtigung städtebaulicher Belange angeordnet. § 38 BauGB regelt damit einen Vorrang der privilegierten Fachplanung in dem Sinne, dass die fachplanungsrechtlichen Regelungen i. S. einer materiellen Konzentration selbst bestimmen, in welchem Umfang die planungsrechtlichen Vorschriften des BauGB anzuwenden sind. Soweit danach ein Vorrang der privilegierten Fachplanung besteht, hat die Gemeinde Fachplanungsentscheidungen ggf. in ihre Bauleitplanung nachrichtlich zu übernehmen.[199]

14. Verteidigung, Zivilschutz, Anschlussnutzung Militärliegenschaften

Auch sind nach § 1 VI Nr. 10 BauGB die Belange der Verteidigung und des Zivilschutzes **962** sowie der zivilen Anschlussnutzung von Militärliegenschaften zu berücksichtigen. Die gemeindliche Bauleitplanung hat dabei insbesondere den spezialgesetzlichen Regelungen über die Belange der Verteidigung und des Schutzes der Zivilbevölkerung im Landbeschaffungsgesetz und im Schutzbereichsgesetz Rechnung zu tragen. Für Vorhaben, die der **Landesverteidigung**, dienstlichen Zwecken des **Bundesgrenzschutzes** oder dem **zivilen Bevölkerungsschutz** dienen, enthält § 37 II BauGB eine Sonderregelung. Macht die besondere öffentliche Zweckbestimmung für bauliche Anlagen des Bundes oder eines Landes erforderlich, von den Vorschriften des BauGB, der BauNVO oder der gemeindlichen Bauleitplanung abzuweichen, oder ist das gemeindliche Einvernehmen nach §§ 14, 36 BauGB nicht erreicht worden, so entscheidet gem. § 37 I BauGB die höhere Verwaltungsbehörde.

Durch das EAG Bau 2004 sind die Belange der Verteidigung und des Zivilschutzes **963** ergänzt worden um die **zivile Anschlussnutzung von Militärliegenschaften**. Die Regelung macht deutlich, dass die Klärung, welche Nutzung einer aufgegebenen oder aufzugebenden Militäranlage folgen soll, nicht dem Bund überlassen ist. Die Gemeinden müssen sich aus ihrer Planungshoheit heraus im eigenen Interesse an der städtebaulichen Entwicklung der Flächen beteiligen. Die Ermöglichung einer zivilen Anschlussnutzung vorrangig vor der Inanspruchnahme von Freiflächen entspricht auch dem Ziel einer nachhaltigen und flächensparenden Siedlungsentwicklung.[200]

15. Informelle Planungen

Die Bauleitplanung hat auch die Ergebnisse eines von der Gemeinde beschlossenen städ- **964** tebaulichen Entwicklungskonzepts oder einer von ihr beschlossenen städtebaulichen Planung zu berücksichtigen. Damit werden die informellen Planungen zwar nicht in den Rang der förmlichen Bauleitplanung erhoben. Zugleich wird aber herausgestellt, dass die informellen Planungen abwägungserhebliche Belange beinhalten können. Soweit diese Planungen von einer Umweltprüfung begleitet worden sind, können deren Ergebnisse in die Bauleitplanung integriert werden. Auch im Rahmen der Stadtumbaumaßnahmen (§§ 171 a bis 171 d BauGB) sowie Maßnahmen der Sozialen Stadt (§ 171 e BauGB) und pri-

---

[195] S. Rn. 473.
[196] Vgl. dazu BVerwG, B. v. 24.8.1999 – 4 B 58.99 – NVwZ 2000, 70.
[197] *Fickert* BauR 1988, 678; *Stüer* DVBl 1992, 547; *ders.* DVBl 1992, 1528.
[198] BVerwG, B. v. 5.6.1992 – 4 NB 21.92 – ZfBR 1992, 235 = RzB Rn. 12.
[199] S. Rn. 113.
[200] Zum Baurecht auf Zeit s. Rn. 265.

vater Initiativen zur Stadterneuerung (§ 171 f BauGB) können informelle Planungen wie Stadtteilkonzepte oder Rahmenpläne bedeutsam sein. Der Plan-UP-Richtlinie unterliegen solche informellen Planungen nicht, weil sie nicht auf Grund von Rechts- oder Verwaltungsvorschriften aufgestellt werden müssen (Art. 2 a Plan-UP-Richtlinie).

16. Hochwasserschutz

965 Durch das Oderhochwasser aber vor allem durch die Flutkatastrophe an der Elbe im August 2002 ist der Hochwasserschutz verstärkt in das öffentliche Bewusstsein getreten. Dies hat auf der Ebene von Bund und Ländern zu verschiedenen Aktionen geführt, die sich nunmehr in Gesetzesänderungen niedergeschlagen haben.[201] Der Hochwasserschutz kann dabei durchaus in ein Spannungsverhältnis zu anderen öffentlichen und privaten Anliegen und Belangen treten – vor allem, wenn sich aus deren Sicht Einschränkungen für die bauliche oder sonstige Nutzung der betroffenen Flächen ergeben können. Die Gemeinde ist nach § 78 WHG nicht nur bei der Überplanung gesetzlicher, sondern auch natürlicher Überschwemmungsgebiete verpflichtet, die sich daraus für Überschwemmungen (**Jahrhunderthochwasser**) ergebenden Konsequenzen (u.a. Verlust von Retentionsflächen) zu bewältigen.[202] Das schloss allerdings bis zur WHG-Novelle 2005 nicht aus, auch in Überschwemmungsgebieten Baugebiete auszuweisen.[203]

966 Durch eine **Änderung des BauGB** sind entsprechende nachrichtliche Übernahmen von Überschwemmungsgebieten aber auch von überschwemmungsgefährdenden Gebieten eingeführt worden. Das gilt auch für den Fall der Neubekanntmachung eines Flächennutzungsplans (§ 246 a BauGB). Festgesetzte Überschwemmungsgebiete sollen dann im Flächennutzungsplan nachrichtlich übernommen werden. Noch nicht festgesetzte Überschwemmungsgebiete sowie überschwemmungsgefährdete Gebiete sollen im Flächennutzungsplan vermerkt werden (§ 5 IVa BauGB). Dasselbe gilt für den Bebauungsplan (§ 9 VI a BauGB). Die eigentlichen materiellen Auswirkungen für das Städtebaurecht ergeben sich aus den vorgenannten wasserrechtlichen Regelungen. Der Bundesgesetzgeber ist allerdings frei darin, in welches Gesetz er die entsprechenden Regelungen einfügt, solange er sich auf eine ihm durch das GG eingeräumte Gesetzgebungskompetenz berufen kann. Durch eine Änderung des ROG sind zudem die Belange des Hochwasserschutzes in die Raumordnungspläne eingebracht worden. In ihnen sollen die raumbedeutsamen Erfordernisse und Maßnahmen des vorbeugenden Hochwasserschutzes nach den Vorschriften des WHG berücksichtigt werden (§ 2 II Nr. 6 ROG). Für den Ausbau der Bundeswasserstraßen ist durch die Änderung des WaStrG ein Gebot der Vermeidung negativer Auswirkungen auf den Hochwasserschutz aufgestellt worden.

967 In der Abwägung sind auch Belange des Hochwasserschutzes zu berücksichtigen (§ 1 VI Nr. 12 BauGB). Diese durch die **Hochwasserschutznovelle 2005** eingeführte Regelung will sicherstellen, dass die Belange des Hochwasserschutzes ausreichend in die Bauleitplanung eingehen. Diesem Ziel dienen im BauGB insgesamt fünf Regelungen: Bei den abwägungserheblichen Belangen werden zur Klarstellung die Erfordernisse des Hochwasserschutzes ausdrücklich erwähnt (§ 1 VI Nr. 12 BauGB). In den Flächennutzungsplan und in den Bebauungsplan sollen festgesetzte Überschwemmungsgebiete nachrichtlich übernommen und überschwemmungsgefährdete Gebiete vermerkt werden (§§ 5 IVa, 9 VI a BauGB). In Überschwemmungsgebieten und sonstigen Gebieten, die zum Zweck des vorbeugenden Hochwasserschutzes von Bebauung freizuhalten sind, besteht ein gemeindliches Vorkaufsrecht (§ 24 I 1 Nr. 7 BauGB). Durch § 35 III 1 Nr. 6

---

[201] Gesetzentwurf der Bundesregierung. Entwurf eines Gesetzes zur Verbesserung des vorbeugenden Hochwasserschutzes, Drs. 268/04 v. 2.4.2004; Zweites Gesetz zur Änderung des Sächsischen Wassergesetzes (LT-Drs. 3/9974).

[202] OVG Lüneburg, Urt. v. 15.5.2003 – 1 KN 3008/01 – DVBl 2003, 1080; zur SUP-Pflicht bei Überschwemmungsgebieten *Stüer*, Handbuch des Bau- und Fachplanungsrechts 2769.

[203] OVG Münster, Urt. v. 4.11.2002 – 7a D 35/00.NE – Gemeinbedarfsfläche.

BauGB wird klargestellt, dass öffentliche Belange auch beeinträchtigt sind, wenn der Hochwasserschutz gefährdet ist. Anlässlich der Neubekanntmachung eines Flächennutzungsplans sind Überschwemmungsgebiete und überschwemmungsgefährdete Gebiete nachrichtlich zu übernehmen oder zu vermerken (**§ 246 a BauGB**). Die materiellen Anforderungen an den Hochwasserschutz sind in **§ 72 bis 81 WHG** (§§ 31 a bis 31 d WHG 2005) geregelt. Aus diesen Vorschriften ergeben sich unmittelbare Bindungswirkungen auch für die Bauleitplanung, die vor allem bei der Ausweisung neuer Baugebiete auf einen **hochwasserschutzrechtlichen Mindeststandard** verpflichtet ist.[204]

Das **Gesetz zur Verbesserung des vorbeugenden Hochwasserschutzes**[205] zielt da- **968** rauf ab, vor allem nach der Flutkatastrophe an Oder und Elbe Flüssen mehr Raum zu geben und zutage getretene Regelungs- und Vollzugsdefizite abzubauen. Geändert worden sind das WHG, das BauGB, das ROG, das WaStrG und das Gesetz über den Deutschen Wetterdienst (DWDG). Kernpunkte des Gesetzes sind die flächendeckende Festsetzung von Überschwemmungsgebieten durch die Länder innerhalb von 5 bzw.7 Jahren. Einheitliche Bemessungsgrundlage für die Überschwemmungsgebiete soll ein 100-jähriges Hochwasser sein § 76 II WHG (§ 31 b WHG 2005). Zugleich ist eine zweite Kategorie „überschwemmungsgefährdete Gebiete" eingeführt und unter Schutz gestellt worden. Das sind Flächen, die statistisch weniger als einmal in 100 Jahren aber auch bei Deichbrüchen überflutet werden § 76 II WHG (§ 31 c WHG 2005). Planungsträgern und der Öffentlichkeit soll allerdings auch deutlich werden, dass Hochwasserschutzeinrichtungen keinen absoluten Schutz bieten. Die Regelungen sollen zur wirksamen Bekämpfung der Hochwassergefahren eine flächendeckende Festsetzung von Überschwemmungsgebieten bewirken, den Hochwasserschutz auf überschwemmungsgefährdete Gebiete mit geeigneten Schutzregelungen ausdehnen, oder Flüssen mehr Raum lassen, vor allem ihnen ihre natürlichen Überflutungsflächen erhalten oder zurückgeben, Hochwasser dezentral zurückhalten, die Siedlungsentwicklung den Hochwassergefahren anpassen, die durch Hochwasser drohenden Schäden mindern und die Unterhaltung und den Ausbau von Flüssen besser an den Erfordernissen des Hochwasserschutzes ausrichten.

§ 5 II WHG (§ 31 a WHG 2005) enthält allgemeine Grundsätze des Hochwasserschutzes **969** und legt daher die zentralen Zielsetzungen und Schwerpunkte des Hochwasserschutzes fest. Oberirdische Gewässer sind danach so zu bewirtschaften, dass so weit wie möglich Hochwasser zurückgehalten, der schadlose Wasserabfluss gewährleistet und der Entstehung von Hochwasserschäden vorgebeugt wird. Hochwassergefährdete Gebiete, Überschwemmungsgebiete oder Retentionsflächen werden entsprechend geschützt. Zugleich appelliert das Gesetz an die Eigenverantwortung der Beteiligten. Jede Person, die durch Hochwasser betroffen sein kann, ist im Rahmen des ihr Möglichen und Zumutbaren verpflichtet, geeignete Vorsorgemaßnahmen zum Schutz vor Hochwassergefahren und zur Schadensminderung zu treffen, insbesondere die Nutzung von Grundstücken den möglichen Gefährdungen von Mensch, Umwelt oder Sachwerten durch Hochwasser anzupassen (§ 5 II WHG, § 31 a II WHG 2005). Das Landesrecht regelt, wie die zuständigen Stellen die Bevölkerung über geeignete Vorsorgemaßnahmen und Verhaltensregeln sowie Warnhinweise vor Hochwasser informieren. Der Sache nach sind damit die Grundsätze des § 6 WHG (§ 1 a I und II WHG 2005) für den Bereich des Hochwasserschutzes konkretisiert und einheitliche Standards für die Vorsorge und Schadensminderung bei Hochwassergefahren aufgestellt worden. § 27 I WHG (§ 31 a I WHG 2005) richtet sich an die für die Gewässerbewirtschaftung zuständigen Wasserbehörden. Diese werden verpflich-

---

[204] S. Rn. 965.
[205] Gesetz zur Verbesserung des vorbeugenden Hochwasserschutzes v. 3.5.2005 (BGBl. I 1224); Gesetzentwurf der Bundesregierung v. 21.5.2004, Drs. 15/3168, 15/3214, 15/3455; Beschlussempfehlung des Ausschusses für Umwelt, Naturschutz und Reaktorsicherheit v. 30.6.2004, Drs. 15/3455; Beschlussempfehlung des Vermittlungsausschusses v. 16.3.2005, Drs. 185/05; Beschluss des Deutschen Bundestages v. 17.3.2005, Drs. 185/05.

tet, ihre Bewirtschaftungsmaßnahmen an den Erfordernissen des Hochwasserschutzes auszurichten. Zugleich trägt die Regelung durch die ausdrückliche Erwähnung der Hochwasserschutzbelange dazu bei, die in der Vergangenheit entstandenen erheblichen Defizite bei der möglichen und notwendigen Minderung von Hochwasserschäden abzubauen. § 27 I WHG (§ 31 a II WHG 2005) macht deutlich, dass Hochwasserschutz nicht nur eine staatliche Aufgabe ist, sondern auch die Bevölkerung selbst an einem wirksamen Hochwasserschutz mitwirken muss. Dies gilt vor allem für Grundstückseigentümer oder Besitzer von Liegenschaften, die geeignete Vorsorgemaßnahmen zum Schutz vor Hochwassergefahren und zur Schadensminderung zu treffen haben. Die Mitwirkungsverpflichtungen sind allerdings auf das Mögliche und Zumutbare begrenzt. Die Verpflichtungen beziehen sich vor allem auf die Nutzung von Grundstücken. Werden Überschwemmungsgebiete ausgewiesen § 76 WHG (§ 31 b WHG 2005), so ergeben sich für die davon betroffenen entsprechende Verpflichtungen, die u.a. bei Baumaßnahmen oder Nutzungsänderungen zu beachten sind. Es können aber nach Maßgabe der gesetzlichen Einzelregelungen auch für bestehende Anlagen vor allem Nutzungseinschränkungen angeordnet werden. Die Einschränkungen können allerdings zu Entschädigungsansprüchen führen, wenn sie das zumutbare Maß überschreiten. Die Grenze zu den enteignungsgleichen Betroffenheiten hat der Gesetzgeber festzulegen und durch entsprechende Kompensations- oder Entschädigungsregelungen sicherzustellen, dass die Eigentumsbelastungen in dem gebotenen Maße verfassungsrechtlich zumutbar sind.[206]

970   Die Vorschriften zum Hochwasserschutz nehmen in der Reichweite der gesetzlichen Regelungen vor allem im Hinblick auf das **Bauplanungsrecht** teilweise einen Vorrang für sich in Anspruch. Zum Teil handelt es sich aber auch um Belange, die in der Abwägung zu berücksichtigen sind. In ausgewiesenen oder vorläufig sichergestellten Überschwemmungsgebieten dürfen die Gemeinden neue Baugebiete – abgesehen von Häfen und Werften – grundsätzlich nicht mehr ausweisen § 78 I WHG (§ 31 b IV und V WHG 2005). Ausnahmen müssen die Anforderungen des § 78 II WHG (§ 31 b IV 2 WHG 2005) erfüllen. Die Errichtung oder die Erweiterung baulicher Anlagen im Hochwasserschutzgebiet bedarf der Genehmigung, die nur bei Wahrung der Belange des Hochwasserschutzes erteilt werden darf § 78 III WHG (§ 31 b IV WHG 2005). Dies gilt auch für Vorhaben, die nach den Landesbauordnungen von einer Genehmigung freigestellt sind. Gegenüber solchen Bauvorhaben besteht damit ein unmittelbarer, bindender Vorrang des Hochwasserschutzes, der sich gegenüber dem Bauplanungsrecht durchsetzt.

971   Die Länder bestimmen Gewässer oder Gewässerabschnitte, bei denen durch Hochwasser nicht nur geringfügige Schäden entstanden oder zu erwarten sind **§ 76 WHG** (§ 31 b WHG 2005). **Überschwemmungsgebiete** sind Gebiete, zwischen oberirdischen Gewässern und Deichen oder Hochufern und sonstige Gebiete, die bei Hochwasser überschwemmt oder durchflossen oder die für die Hochwasserentlastung oder Rückhaltung beansprucht werden. Neben Deichen können auch andere Hochwasserschutzeinrichtungen wie etwa Sperrwerke oder Dammbalkensysteme Überflutungen verhindern. Die dadurch geschützten Gebiete sind keine Überschwemmungsgebiete, sondern Risikogebiete (überschwemmungsgefährdete Gebiete) nach § 73 WHG (§ 31 c I 1 WHG 2005). Durch Landesrecht wird auch geregelt, dass die Öffentlichkeit über Gewässer oder Gewässerabschnitte mit Hochwassergefahren zu informieren ist. Bis zum 10.5.2012 legen die Länder aus diesem Gesamtbereich mindestens diejenigen Überschwemmungsgebiete fest, in denen statistisch einmal in hundert Jahren ein Hochwasserereignis zu erwarten ist **(Bemessungshochwasser)**.

972   Für Überschwemmungsgebiete, in denen ein hohes Schadenspotenzial besteht, insbesondere bei Siedlungsgebieten, ist die Ausweisung nach § 76 II WHG bis zum 22.12.2013 (§ 31 b II WHG 2005: 10.5.2010). Bei der Ausweisung von Überschwemmungsgebieten

---

[206] Zu kompensationspflichtigen Inhalts- und Schrankenbestimmungen des Eigentums s. Rn. 1207, 1220.

ist die Öffentlichkeit zu informieren. Ihr ist Gelegenheit zur Stellungnahme zu geben. Sie ist über die festgesetzten und vorläufig gesicherten Gebiete einschließlich der in ihr geltenden Schutzbestimmungen sowie über die Maßnahmen zur Vermeidung von nachteiligen Hochwasserfolgen zu informieren (§ 76 IV WHG).

Die Umwandlung von Grünland in Ackerland oder die Umwandlung von Auwald in **973** eine andere Nutzung ist in festgesetzten Überschwemmungsgebieten untersagt (§ 78 I WHG). Die **landwirtschaftliche Nutzung** in Überschwemmungsgebieten bleibt nach 78 V WHG (§ 31 b III WHG 2005) im Übrigen den Regelungen des jeweiligen Landesrechts vorbehalten. Während der ursprüngliche Gesetzentwurf des WHGÄndG 2005 vorsah, dass in erosionsgefährdeten Abflussbereichen von Überschwemmungsgebieten der Ackerbau bis zum 31.12.2012 eingestellt werden sollte, können die Länder in einer Rechtsverordnung nach § 76 II WHG bestimmen, wie mögliche Erosionen oder erheblich nachteilige Auswirkungen auf Gewässer insbesondere durch Schadstoffeintrag zu vermeiden oder zu verringern sind (§ 31 b III WHG 2005). Soweit sich aus den landesrechtlichen Regelungen unzumutbare Härten ergeben, ist der Landwirtschaft eine Entschädigung zu gewähren (§§ 78 V Nr. 6, 52 V WHG). Die Einschränkung der landwirtschaftlichen Nutzung in Überschwemmungsgebieten kann zur Vermeidung von Bodenerosionen oder wegen der Schadstoffbelastung des Wassers gerechtfertigt sein. Die Länder können dabei auch Bewirtschaftungsregelungen treffen. So kann etwa eine ganzjährige Bodenabdeckung durch Maßnahmen wie Zwischenfruchtanbau, Winterbegrünung und Mulchsaat vorgeschrieben werden. Eine ganzjährige Bodenabdeckung schließt kurzzeitige, durch die ackerbauliche Nutzung hervorgerufene Unterbrechungen in der Bodenabdeckung allerdings nicht aus.

Die Überschwemmungsgebiete sind in den Raumordnungs- und Bauleitplänen zu **974** kennzeichnen. In Überschwemmungsgebieten dürfen grundsätzlich **keine neuen Baugebiete** mehr ausgewiesen werden § 78 I WHG (§ 31 b IV 1 WHG 2005). Ausgenommen sind Bauleitpläne für Häfen und Werften und die in **§ 78 II bis IV WHG** (§ 31 b IV 2 WHG 2005) benannten **Ausnahmefälle**. Die zuständige Behörde kann die Ausweisung neuer Baugebiete danach ausnahmsweise zulassen, wenn (1) keine anderen Möglichkeiten der Siedlungsentwicklung bestehen oder geschaffen werden können, (2) das neu auszuweisende Gebiet unmittelbar an ein bestehendes Baugebiet angrenzt, (3) eine Gefährdung von Leben, erhebliche Gesundheits- oder Sachschäden nicht zu erwarten sind, (4) der Hochwasserabfluss und die Höhe des Wasserstandes nicht nachteilig beeinflusst werden, (5) die Hochwasserrückhaltung nicht beeinträchtigt und der Verlust von verloren gehendem Rückhalteraum umfang-, funktions- und zeitgleich ausgeglichen wird, (6) der bestehende Hochwasserschutz nicht beeinträchtigt wird, (7) keine nachteiligen Auswirkungen auf Oberlieger und Unterlieger zu erwarten sind, (8) die Belange der Hochwasservorsorge beachtet sind und (9) die Bauvorhaben so errichtet werden, dass bei dem Bemessungshochwasser, das der Festsetzung des Überschwemmungsgebietes zu Grunde gelegt wurde, keine baulichen Schäden zu erwarten sind.

Die Ausweisung neuer Baugebiete ist den Gemeinden daher nicht vollständig unter- **975** sagt, bedarf aber einer erhöhten Rechtfertigung. Die Wirksamkeit der Bauleitplanung hängt daher von der Erfüllung der Ausnahmeregelungen ab, die sich an einem **hochwasserschutzrechtlichen Mindeststandard** orientieren. Dies hat die Gemeinde bei der Aufstellung der Bauleitplanung jeweils abzuprüfen und in der Begründung des Bauleitplans im Einzelnen darzulegen. Dazu wird sich in aller Regel der **Umweltbericht** anbieten (§ 2 a BauGB). Allerdings gehen die Anforderungen an die Bauleitplanung in Überschwemmungsgebieten über eine Ermittlung, Beschreibung und Bewertung von Umweltbelangen hinaus. § 78 WHG (§ 31 b IV WHG 2005) enthält vielmehr materielle Mindeststandards, die bei der Ausweisung von neuen Baugebieten zu beachten und damit der allgemeinen planerischen Abwägung insoweit entzogen sind. Denn das Gesetz enthält nicht lediglich Berücksichtigungsgebote, sondern in der Reichweite der gesetzlichen Regelungen Beachtensgebote in dem Sinne, dass die Hochwasserschutzbelange in Überschwemmungsgebieten insoweit nicht durch eine planerische Abwägung überwindbar sind, sondern strikte Vorgaben ohne planerische (autonome) Gestaltungsmöglichkeiten enthalten (Abwägungssperren – Abwägungsverbote). Die Gemeinde hat allerdings einen gewissen autonomen Spielraum hinsichtlich der Bewertung ihrer planerischen Ziele, durch die sie zugleich das Gewicht der Gründe bestimmen kann, mit dem sich die Planung gegenüber Hochwasserschutzbelangen durchsetzt. Zudem kann sie durch Vorkehrungen darauf hinwirken, dass die hochwasserschutzrechtlichen Mindeststandards in § 78 II bis IV WHG (§ 31 b IV 2 WHG 2005) eingehalten werden.

976   Die Begründung des Bebauungsplans wird ggf. auch Hinweise zur Ausführung baulicher Anlagen enthalten. Dabei ist vom Ausgangspunkt her vom **Gebot der Konfliktbewältigung** auszugehen. Die Bauleitplanung hat die sich aus dem Hochwasserschutz ergebenden Konflikte grundsätzlich mit den Mitteln der Bauleitplanung zu regeln. Dazu gehört die Prüfung, ob die in der Bauleitplanung ausgewiesenen Nutzungen mit den Belangen des Hochwasserschutzes vereinbar sind. Bei der Ausweisung neuer Baugebiete müssen die Voraussetzungen des § 78 II WHG (§ 31 b IV 2 WHG 2005) erfüllt sein. Allerdings kann die Gemeinde Möglichkeiten des **Konflikttransfers** in parallele Verwaltungsverfahren oder Nachfolgeverfahren nutzen. Ist die bauliche Nutzung eines ausgewiesenen Baugebietes grundsätzlich mit den Belangen des Hochwasserschutzes in Einklang zu bringen, kann die Gemeinde Einzelheiten der Nachsteuerung dem Baugenehmigungsverfahren oder immissionsschutzrechtlichen Genehmigungsverfahren überlassen. Hier kann der Bauherr verpflichtet sein, nach dem Grundsatz der „**architektonischen Selbsthilfe**"[207] eine Bauausführung zu wählen, die den Belangen des Hochwasserschutzes ausreichend Rechnung trägt. Die Hochwasserschutznovelle 2005/2009 verlagert daher mit ihren Anforderungen an die Bauleitplanung in § 78 II WHG (§ 31 b IV 2 WHG 2005) die Verantwortung für einen ausreichenden Hochwasserschutz nicht einseitig auf die Gemeinden, sondern belässt es dabei, dass auch der Bauherr und die sonst am Baugeschehen Beteiligten in der Verantwortung stehen. Davon geht auch § 5 II WHG (§ 31 a II WHG) aus, der jede Person, die durch Hochwasser betroffen sein kann, im Rahmen des ihr Möglichen und Zumutbaren verpflichtet, geeignete Vorsorgemaßnahmen zum Schutz vor Hochwassergefahren und zur Schadensminderung zu treffen, insbesondere die Nutzung von Grundstücken den möglichen Gefährdungen von Menschen, Umwelt oder Sachwerten durch Hochwasser anzupassen.

977   Die Errichtung und die Erweiterung einer baulichen Anlage im beplanten Bereich, nicht beplanten Innenbereich und Außenbereich in Überschwemmungsgebieten sind nach § 78 I 1 Nr. 2 WHG ebenso grundsätzlich untersagt (§ 31 b IV 3 WHG 2005). Die zuständige Behörde kann allerdings nach § 78 III WHG die Errichtung oder Erweiterung einer baulichen Anlage genehmigen, wenn (1) die Hochwasserrückhaltung nicht oder nur unwesentlich beeinträchtigt wird und der Verlust von verloren gehendem Rückhalteraum zeitgleich ausgeglichen wird, (2) den Wasserstand und den Abfluss bei Hochwasser nicht nachteilig verändert, (3) den bestehenden Hochwasserschutz nicht beeinträchtigt und (4) hochwasserangepasst ausgeführt wird oder wenn die nachteiligen Auswirkungen durch Nebenbestimmungen ausgeglichen werden können. Das Bauen wird daher im Interesse der Hochwasservorsorge nicht unerheblich eingeschränkt. Soweit der **Ackerbau** in den Abflussbereichen der Überschwemmungsgebiete betroffen ist, stellen sich vor allem auch **Entschädigungsfragen (§ 52 V WHG)**.[208] Denn eine Inhalts- und Schrankenbestimmung des Eigentums durch den Gesetzgeber nach Art. 14 I 2 GG kann bei Überschreitung der verfassungsrechtlichen Zumutbarkeitsschwelle ausgleichspflichtig sein.[209] Nach § 77 WHG (§ 31 b VI WHG 2005) sind Überschwemmungsgebiete in ihrer Funk-

---

[207] BVerwG, Urt. v. 23.9.1999 – 4 C 6.98 – DVBl 2000, 192.
[208] BVerfG, B. v. 2.3.1999 – 1 BvL 7/91 – BVerfGE 100, 226 = NJW 1999, 2877 = DVBl 1999, 1498 – Direktorenvilla; *Stüer/Thorand* NJW 2000, 3737.
[209] BVerfG, B v. 14.7.1981 – 1 BvL 24/78 – BVerfGE 58, 137 – Pflichtexemplare.

tion als Rückhalteflächen zu erhalten. Bei entgegenstehenden überwiegenden Gemeinwohlgründen sind rechtzeitig notwendige Ausgleichsmaßnahmen zu treffen. Zugleich sollen frühere Überschwemmungsgebiete, die als Rückhalteflächen geeignet sind, so weit wie möglich wieder hergestellt werden, wenn überwiegende Gründe des Allgemeinwohls nicht entgegenstehen (§ 77 WHG). Zudem sind auf Landesebene **Risikomanagementpläne** aufzustellen und mit den betroffenen benachbarten Bundesländern und Nachbarstaaten abzustimmen (§ 75 WHG, § 31 d WHG 2005).[210]

Die zuständigen Behörden bewerten das Hochwasserrisiko und bestimmen danach **978** die Gebiete mit signifikantem Hochwasserrisiko (Risikogebiete). Hochwasserrisiko ist die Kombination der Wahrscheinlichkeit des Eintritts eines Hochwasserereignisses mit den möglichen nachteiligen Hochwasserfolgen für die menschliche Gesundheit, die Umwelt, das Kulturerbe, wirtschaftliche Tätigkeiten und erhebliche Sachwerte. Für die Risikogebiete werden Risikomanagementpläne aufgestellt (§ 75 WHG). Risikomanagementpläne dienen dazu, die nachteiligen Folgen, die an oberirdischen Gewässern mindestens von einem Hochwasser mit mittlerer Wahrscheinlichkeit und beim Schutz von Küstengebieten mindestens von einem Extremereignis ausgehen, zu verringern, soweit dies möglich und verhältnismäßig ist. Die Pläne legen für die Risikogebiete angemessene Ziele für das Risikomanagement fest, insbesondere zur Verringerung möglicher nachteiliger Hochwasserfolgen für die in § 73 I 2 WHG genannten Schutzgüter und, soweit erforderlich, für nichtbauliche Maßnahmen der Hochwasservorsorge und für die Verminderung der Hochwasserwahrscheinlichkeit. In die Risikomanagementpläne sind zur Erreichung der nach § 75 II WHG festgelegten Ziele Maßnahmen aufzunehmen.

Das **Abwägungsgebot** vermittelt den Anwohnern in der Nachbarschaft des Pla- **979** nungsgebietes einen **Drittschutz** gegenüber planbedingten Beeinträchtigungen, die in einem adäquat-kausalen Zusammenhang mit der Planung stehen und mehr als geringfügig sind.[211] Der Bauleitplanung muss eine Erschließungskonzeption zu Grunde liegen, nach der das im Plangebiet anfallende Niederschlagswasser so beseitigt werden kann, dass Gesundheit und Eigentum der Planbetroffenen – außerhalb des Plangebietes – keinen Schaden nehmen. Planbedingte Missstände (wie zum Beispiel die Gefahr von Kellerüberflutungen), die den Grad der Eigentumsverletzung erreichen, setzen der Planung äußerste, im Wege der Abwägung nicht überwindbare, Grenzen (Abwägungssperren – Abwägungsverbote). Sie machen Vorkehrungen erforderlich, welche die Beeinträchtigungen jedenfalls auf das Maß zurückführen, das die Schutzgewährleistung des Art. 14 I 1 GG noch zulässt.[212] Auch aus den Anforderungen an die Bauleitplanung bei der Ausweisung von Baugebieten in Überschwemmungsgebieten kann sich ein Recht auf Abwägung der betroffenen Nachbarn ergeben. Hat etwa ein Bebauungsplan nachteilige Auswirkungen auf Oberlieger oder Unterlieger, so kann aus diesen Gründen der Bebauungsplan unwirksam sein. Es ist wohl auch nicht ausgeschlossen, dass sich aus den gesetzlichen Anforderungen an die Bauleitplanung in § 78 I und II WHG (§ 31 b IV 2 Nr. 7 WHG 2005) klagefähige Nachbarrechte ergeben können.

Aus den hochwasserschutzrechtlichen Vorschriften können sich auch **Amtspflichten 980** ergeben. Weist etwa eine Gemeinde in einem Überschwemmungsgebiet ein neues Baugebiet aus, so verletzt sie ihre Amtspflichten, wenn der hochwasserschutzrechtliche Mindeststandard des § 78 I, II WHG (§ 31 b IV 2 WHG 2005) nicht eingehalten ist. Allerdings kann die Gemeinde nur in Anspruch genommen werden, wenn sie rechtswidrig und schuldhaft gehandelt hat. Dabei sind durchschnittliche Anforderungen an die Kenntnisse der Planverfasser zugrunde zu legen. Nicht jede fehlerhafte Beurteilung des Vorliegens der Ausnahmevoraussetzungen des § 78 II WHG (§ 31 b IV 2 WHG 2005) führt bereits zu

---

[210] S. Rn. 980.
[211] Zum Abwägungsgebot s. Rdn 832.
[212] BVerwG, Urt. v. 21.3.2002 – 4 CN 14.00 – BVerwGE 116, 144 = DVBl 2002, 1469 = NVwZ 2002, 1509.

einer Amtshaftung der Gemeinde. Es muss sich vielmehr um eine eindeutige Fehlbeurteilung handeln, die einer durchschnittlichen Anforderungen genügenden Prüfung nicht entspricht. Hat die Gemeinde etwa einen Gutachter zu Rate gezogen, wird in aller Regel eine eigene Haftung der Gemeinde entfallen. Der Grundstückseigentümer oder Bauherr hat dann selbst ggf. durch eigene Fachgutachter Einzelheiten der Bebaubarkeit des Grundstücks zu klären. Das gilt auch für das Baugenehmigungsverfahren, für das der Bauherr und die übrigen am Bau Beteiligten eine entsprechende Eigenverantwortlichkeit tragen.

17. Flüchtlingsunterbringung

981   Durch die Flüchtlingsunterbringungs-Novelle 2014 wurde § 1 VI BauGB der Katalog der städtebaulichen Belange durch eine neue Nummer 13 als Dauerrecht ergänzt: „die Belange von Flüchtlingen oder Asylbegehrenden und ihrer Unterbringung." Die Vorschrift soll sicherstellen, dass die Belange von Flüchtlingen, Asylbegehrenden und insbesondere deren Unterbringung bei der Bauleitplanung verstärkt berücksichtigt werden. Dies hat u.a. Bedeutung für die Erforderlichkeit entsprechender Bauleitpläne nach § 1 III BauGB. Die Stellungnahme der Bundesregierung weist zutreffend darauf hin, dass es sich dabei um eine klarstellende Regelung handelt, weil der jetzt ausdrücklich geregelte Belang auch sonst als städtebaulicher Belang bedeutsam ist. Diese Situation ergibt sich im Grunde für alle Belange in § 1 VI BauGB. Der Gesetzgeber hat den Katalog aber gleichwohl ergänzt, um für aktuelle und in ihrer Bedeutung wichtig erscheinende Anliegen der Planung in den Gemeinden auch einen gewissen Fingerzeig zu geben. Die Regelung gilt – wie auch die Änderung der Befreiungsvorschrift – unbefristet und hat eine entsprechende Hinweisfunktion.

982   Der neu aufgenommene Belang stellt auf die Belange von Flüchtlingen allgemein ab und nicht nur auf die Unterbringung der Flüchtlinge. Schon daraus ergibt sich, dass sich aus der städtebaulichen Neuregelung kein Argument für eine Unterbringung der Flüchtlinge ohne Berücksichtigung der geltenden Standards ableiten lässt. Im Gegenteil wäre nach den Belangen des Städtebaus die Planung einer unangemessenen („menschenunwürdigen") Unterbringung unzulässig. Dies gilt entsprechend für die in § 246 VIII bis X BauGB vorgesehenen Regelungen, die städtebaulich gerechtfertigt sein müssen und für die diese Grundsätze daher ebenso gelten.

983   Mit der namentlichen Erwähnung von Flüchtlingen und Asylbegehrenden werden deren Belange in der gesetzlichen Wertung gestärkt auch mit dem Nebeneffekt, dass das Gebot der nachbarlichen Rücksichtnahme zugleich auch die Unterbringungsinteressen einzubeziehen hat. In welchem Umfang hierdurch eine Einschränkung des nachbarlichen Rücksichtnahmegebotes erfolgt ist, wird wohl abschließend erst durch die Rechtsprechung geklärt werden.

18. Bodenschutzklausel

984   Nach § 1a II 1 BauGB soll mit Grund und Boden sparsam und schonend umgegangen werden. Dabei sind Bodenversiegelungen auf das notwendige Maß zu begrenzen. Durch diese Bodenschutzklausel soll dem sparsamen und schonenden Umgang mit Grund und Boden in der Abwägung ein besonderes Gewicht beigemessen werden. Die Erweiterung der Bodenschutzklausel bereits durch das BauROG 1998 auch auf die Begrenzung der Bodenversiegelung soll sicherstellen, dass die Bauleitplanung Bodenversiegelungen nur in dem erforderlichen Umfang ausweist. Der Vorrang ist zwar relativ in dem Sinne, dass im konkreten Einzelfall ein Bodenverbrauch und die Bodenversiegelung durch höherwertige andere öffentliche Belange gerechtfertigt werden kann. Die Gründe müssen jedoch von entsprechendem Gewicht und besonders qualifiziert sein, um die gesetzliche Wertung überwinden zu können. Denkbar ist etwa die Überwindung durch den früher ebenfalls als Optimierungsklausel ausgestatteten Grundsatz

(§ 1 BauGB-MaßnG),[213] wonach bei der Aufstellung, Änderung, Ergänzung und Aufhebung von Bauleitplänen nach dem BauGB einem dringenden Wohnbedarf der Bevölkerung besonders Rechnung zu tragen ist. Beide durchaus gegenläufigen Gebote können nur im Einzelfall zu einem Ausgleich gebracht werden. Dieser Grundsatz wird zwar seit dem BauROG 1998 im BauGB nicht mehr erwähnt. Er hat jedoch dadurch als Element der Abwägung nicht an Bedeutung eingebüßt, so dass er sich je nach den Einzelfallumständen auch gegenüber der Bodenschutzklausel durchsetzen kann.

a) Bundesbodenschutzgesetz. Weitere Vorgaben zum Bodenschutz enthält das Bun- **985** des-Bodenschutzgesetz (BBodSchG). Das Gesetz hat bundeseinheitliche rechtliche Grundlagen zum Schutz der Funktionen des Bodens geschaffen. Dies beinhaltet sowohl den Schutz vor schädlichen Bodenveränderungen als auch die Sanierung von → Altlasten. Zugleich sind das KrWG und das BImSchG an das neu geschaffene BBodSchG angepasst worden. Der Bodenschutz ist dabei in die bestehenden Verfahren integriert worden. Vorbeugender Bodenschutz und Altlastensanierung werden dabei zusammengeführt. Konkretisiert wird dies durch verschiedene Verpflichtungen zum Schutz des Bodens, durch eine Regelung zur Beseitigung von Bodenversiegelung und durch ein umfassendes Handlungsinstrumentarium zur Abwehr von Gefahren für Mensch und Umwelt, die von Altlasten ausgehen. Auch enthält das BBodSchG Ermächtigungen für den Erlass eines untergesetzlichen Regelwerks in Form einer Bodenschutz- und Altlastenverordnung, in der Anforderungen des Gesetzes zu konkretisieren sind. Zweck des Gesetzes ist es, nachhaltig die Funktionen des Bodens zu sichern und wiederherzustellen. Hierzu sind schädliche Bodenverunreinigungen abzuwehren, der Boden und Altlasten sowie hierdurch verursachte Gewässerverunreinigungen zu sanieren (→ Flächenrecycling) und Vorsorge gegen nachteilige Einwirkungen auf den Boden zu treffen (§ 1 BBodSchG). Der Bodens erfüllt natürliche Funktionen, Funktionen als Archiv der Natur- und Kulturgeschichte sowie Nutzungsfunktionen, die in § 2 II BBodSchG beschrieben sind. Danach erfüllt der Boden, zu dem auch die flüssigen Bestandteile (Bodenlösungen) und gasförmigen Bestandteile (Bodenluft) ohne das Grundwasser und Gewässerbetten gehören, (1) natürliche Funktionen als Lebensgrundlage und Lebensraum für Menschen, Tiere, Pflanzen und Bodenorganismen, als Bestandteil des Naturhaushalts, insbesondere mit seinen Wasser- und Nährstoffkreisläufen, als Abbau-, Ausgleichs- und Aufbaumedium für stoffliche Einwirkungen auf Grund der Filter-, Puffer- und Stoffumwandlungseigenschaften, insbesondere auch zum Schutz des Grundwassers, (2) Funktionen als Archiv der Natur- und Kulturgeschichte, (3) Nutzungsfunktionen als Rohstofflagerstätte, als Fläche für Siedlung und Erholung, als Standort für die land- und forstwirtschaftliche Nutzung sowie als Standort für sonstige wirtschaftliche und öffentliche Nutzungen, Verkehr, Ver- und Entsorgung. Das Gesetz enthält eine Reihe weiterer Definitionen. So sind etwa schädliche Bodenveränderungen, Beeinträchtigungen der Bodenfunktionen, die geeignet sind, Gefahren, erhebliche Nachteile oder erhebliche Belästigungen für den einzelnen oder die Allgemeinheit herbeizuführen (§ 2 III BBodSchG). Verdachtsflächen sind Grundstücke, bei denen der Verdacht schädlicher Bodenveränderungen besteht (§ 2 IV BBodSchG). Altlasten sind (1) stillgelegte Abfallbeseitigungsanlagen und sonstige Grundstücke, auf denen Abfälle behandelt, gelagert oder abgelagert worden sind (Altablagerungen) sowie (2) stillgelegte Anlagen, ausgenommen Anlagen, deren Stilllegung einer Genehmigung nach dem AtG bedarf, und sonstige Grundstücke, auf denen mit umweltgefährdenden Stoffen umgegangen worden ist, soweit die Anlagen oder Grundstücke gewerblichen Zwecken dienten oder im Rahmen wirtschaftlicher Unternehmungen Verwendung fanden (Altstandorte), durch die schädliche Bodenveränderungen oder sonstige Gefahren für den einzelnen oder die Allgemeinheit hervorgerufen werden (§ 2 V BBodSchG). Altlastenverdächtige Flächen sind Altablagerungen und Altstandorte, bei denen der Verdacht

---

213 Die Vorschrift ist durch das BauROG 1998 aufgehoben worden.

schädlicher Bodenveränderungen oder sonstiger Gefahren für den einzelnen oder die Allgemeinheit besteht (§ 2 VI BBodSchG). Das BBodSchG räumt dabei dem Bauplanungs-
und Bauordnungsrecht einen Vorrang ein: Nach § 3 I Nr. 9 BBodSchG findet das Gesetz
auf schädliche Bodenveränderungen und Altlasten keine Anwendung, soweit Vorschriften des Bauplanungs- und Bauordnungsrechts die Bodennutzung oder wirtschaftliche
Tätigkeit regeln. Dieser Vorrang gilt etwa auch für das KrWG, das BWaldG, FlurbG,
BBergG oder BImSchG. Das BBodSchG gilt ferner nicht für das Aufsuchen, Bergen, Be-
fördern, Lagern, Behandeln und Vernichten von Kampfmitteln.

986   Als eine der zentralen Vorschriften über Grundsätze und Pflichten regelt § 4 BBodSchG
die Pflichten zur Gefahrenabwehr. Jeder, der auf den Boden einwirkt, hat sich so zu verhalten, dass schädliche Bodenveränderungen nicht hervorgerufen werden (§ 4 I BBodSchG).
Der Grundstückseigentümer und der Inhaber der tatsächlichen Gewalt über ein Grundstück sind verpflichtet, Maßnahmen zur Abwehr der von ihrem Grundstück drohenden
schädlichen Bodenveränderungen zu ergreifen (§ 4 II BBodSchG). Der Verursacher einer
schädlichen Bodenverunreinigung oder Altlast, der Grundstückseigentümer und der Inhaber der tatsächlichen Gewalt über ein Grundstück sind verpflichtet, den Boden und Altlasten sowie durch schädliche Bodenveränderungen oder Altlasten verursachte Verunreini-
gungen von Gewässern so zu sanieren, dass dauerhaft keine Gefahren, erhebliche Nachteile
oder erhebliche Belästigungen für den einzelnen oder die Allgemeinheit entstehen. Hierzu
kommen bei Belastungen durch Schadstoffe neben Dekontaminations- auch Sicherungsmaßnahmen in Betracht, die eine Ausbreitung der Schadstoffe langfristig verhindern. Soweit dies nicht möglich oder unzumutbar ist, sind sonstige Schutz- und Beschränkungs-
maßnahmen durchzuführen (§ 4 III BBodSchG). § 4 IV BBodSchG verweist dazu auf das
Planungsrecht. Bei Erfüllung der boden- und altlastenbezogenen Pflichten nach § 4 I bis
III BBodSchG ist die planungsrechtlich zulässige Nutzung des Grundstücks und das sich
daraus ergebende Schutzbedürfnis zu beachten, soweit dies mit dem Schutz der Bodenfunktionen zu vereinbaren ist. Fehlen planungsrechtliche Festsetzungen, bestimmt die Prägung des Gebiets unter Berücksichtigung der absehbaren Entwicklung das Schutzbedürfnis. Die bei der Sanierung von Gewässern zu erfüllenden Anforderungen bestimmen sich
nach dem Wasserrecht. Den Grundstückseigentümer und Inhaber der tatsächlichen Gewalt
treffen nach § 7 BBodSchG Vorsorgepflichten gegen schädliche Bodenveränderungen, die
durch ihre Nutzung auf dem Grundstück oder in dessen Einwirkungsbereich hervorgerufen werden können. Vorsorgemaßnahmen sind geboten, wenn wegen der räumlich langfristigen oder komplexen Auswirkungen einer Nutzung auf die Bodenfunktionen die Besorgnis einer schädigenden Bodenveränderung besteht.

987   Nach § 4 III BBodSchG bezieht sich der Kreis der Verantwortlichen auch auf die **Gesamtrechtsnachfolger.**[214] Die Bestimmungen beanspruchen auch für die Zeit vor Inkrafttreten des BBodSchG Geltung. Die Sanierungspflicht des Gesamtrechtsnachfolgers
des Verursachers verstößt **nicht** gegen das grundsätzliche **Verbot der Rückwirkung**
von Gesetzen. Sie ist normativer Ausdruck eines seit langem anerkannten allgemeinen
Grundsatzes des Verwaltungsrechts, wonach öffentlich-rechtliche Pflichten auf den Gesamtrechtsnachfolger übergehen. Bei der abstrakten Polizeipflicht handelt es sich um eine
unfertige Verpflichtung, deren wesentliches Merkmal − nämlich die Pflicht zur Gefahrenabwehr oder Störungsbeseitigung − im Zeitpunkt der Gesamtrechtsnachfolge bereits
angelegt und damit hinreichend bestimmt ist. Diese materielle Verpflichtung geht auf
den Gesamtrechtsnachfolger über und wird durch das Hinzutreten weiterer Umstände
(Ermessensausübung, Bescheiderlass) konkretisiert. Die Pflicht zur Gefahrenabwehr ist
nicht höchstpersönlich und daher gesamtrechtsnachfolgefähig.[215] Allerdings bezieht sich

[214] OVG Lüneburg, B. v. 7.3.1997 − 7 M 8628/96 − NJW 1998, 97; VGH München, B. v.
28.11.1988 − 8 CS 87.02857 − ZfW 1989, 147.
[215] BVerwG, Urt. v. 16.3.2006 − 7 C 3.05 − BVerwGE 125, 325 = NVwZ 2006, 928 = DVBl
2006, 1114 = DÖV 2006, 956 − Sanierung einer Kalihalde.

das Gesetz nicht auf die in ihm benannten **Altfälle**. Eine ausdrückliche Regelung enthält § 4 VI 1 BBodSchG, der die Haftung des Eigentümers auf die Fälle beschränkt, in denen das Eigentum nach dem 1.3.1999 übertragen wurde. Ebenso wird aber auch aus dem grundsätzlichen verfassungsrechtlichen Verbot einer echten Rückwirkung eine Anwendung auf die Altfälle der Gesamtrechtsnachfolge ausgeschlossen. Insoweit bleibt die Rechtslage zumindest für Altfälle nach wie vor unsicher, sodass vorrangig der Zustandsstörer mit einer Inanspruchnahme rechnen muss.[216]

Liegen Anhaltspunkte für eine schädliche Bodenveränderung vor, veranlasst die zu- **988** ständige Behörde eine Gefährdungsabschätzung und bei hinreichendem Verdacht weitere Untersuchungen. Diese sind gegebenenfalls von den Pflichtigen zu tragen. Zur Erfüllung der sich aus §§ 4, 7 BBodSchG und aus der Rechtsverordnung ergebenden Pflichten kann die Behörde sonstige Anordnungen erlassen. Der dritte Teil des BBodSchG enthält ergänzende Vorschriften für die Altlasten. Darunter finden sich auch Regelungen über eine Sanierungsuntersuchung und Sanierungsplanung bei Sanierungserfordernissen (§ 12 BBodSchG). Das Gesetz enthält zudem ein System der behördlichen Überwachung und der Eigenkontrolle (§ 15 BBodSchG) und ermöglicht ergänzende Anordnungen zur Altlastensanierung (§ 16 BBodSchG). Für die Landwirtschaft ist der Standard einer guten fachlichen Praxis vorgeschrieben, durch den die Vorsorgepflicht nach § 7 BBodSchG erfüllt wird (§ 17 BBodSchG). Ziel der guten fachlichen Praxis der landwirtschaftlichen Bodennutzung ist die nachhaltige Sicherung der Bodenfruchtbarkeit und Leistungsfähigkeit des Bodens als natürlicher Ressource. Hierzu enthält das Gesetz eine Reihe von Vorgaben, welche die Bodenbewirtschaftung betreffen (§ 17 II BBodSchG). Das behördliche Handlungsinstrumentarium gegenüber den Verantwortlichen für schädliche Bodenveränderungen oder Altlasten ist dabei im **BBodSchG abschließend** geregelt. **Landesrechtliche Regelungen** über eine konstitutive Altlastenfeststellung durch Verwaltungsakt sind durch das Bundesrecht verdrängt worden.[217]

b) Altlasten. Besondere Ermittlungspflichten kommen den Gemeinden auch bei der **989** Beplanung altlastenverdächtiger Standorte zu. Flächen mit umweltgefährdenden Stoffen (→ Altlasten) sind bei der Bauleitplanung im Hinblick auf die allgemeinen Anforderungen an gesunde Wohn- und Arbeitsverhältnisse (§ 1 VI Nr. 1 BauGB) und Belange des Umweltschutzes (§ 1 VI Nr. 7 BauGB) besonders zu berücksichtigen.[218] Im Flächennutzungsplan (§ 5 III Nr. 3 BauGB) und im Bebauungsplan (§ 9 V Nr. 3 BauGB) bestehen entsprechende Kennzeichnungsmöglichkeiten. Die Gemeinde hat daher bei dem Verdacht von Altlasten im Rahmen der Bauleitplanung in eine sorgfältige Überprüfung einzutreten, ob Gefahren für die in § 1 V BauGB bezeichneten Schutzgüter bestehen und welche Folgerungen daraus für die planerischen Darstellungen und Festsetzungen zu ziehen sind. Die sich im Rahmen der Bauleitplanung ergebenden Ermittlungs- und Berücksichtigungspflichten bestehen nicht nur zu Gunsten der Allgemeinheit, sondern auch zu Gunsten betroffener Bewohner des Plangebietes oder anderer Beteiligter, die in vergleichbarer Weise in den Schutzbereich der sich aus dem Abwägungsgebot ergebenden Pflichten einbezogen sind. So haben die Amtsträger einer Gemeinde gem. Art. 34 GG, § 839 BGB die **Amtspflicht**, bei der Aufstellung von Bebauungsplänen Gesundheitsgefährdungen zu verhindern, die den zukünftigen Bewohnern des Plangebietes aus dessen Bodenbeschaf-

---

[216] VGH Mannheim, B. v. 25.10.1999 – 8 S 2407/99 – VBlBW 2000, 154.

[217] BVerwG, Urt. v. 26.4.2006 – 7 C 15.05 – BVerwGE 126, 1 = DVBl 2006, 926 = NuR 2006, 645 = DÖV 2006, 960 = NVwZ 2006, 1067 – Altlastenfeststellung; *Neumann*, jurisPR-BVerwG 16/2006 Anm. 1.

[218] *Bielfeldt* DÖV 1989, 67; *Buchner* DJT Münster 1994, L 35; *Ipsen* Altlasten und kommunale Bauleitplanung 1988; *Kloepfer* DÖV 1988, 573; *Krautzberger* DWW 1986, 110; *Ossenbühl* JZ 1990, 649; *Rat von Sachverständigen für Umweltfragen* Altlasten–Sondergutachten 1990; *Schink* NJW 1990, 351; *ders.* BauR 1987, 397; *ders.* DÖV 1988, 529; *Steiner* FS Weyreuther 1993, 137; *Stüer* StuGR 1989, 6; *ders.* NuR 1987, 267. Zu Konversionsflächen *Lüers* StuGR 1993, 14.

fenheit drohen.[219] Diese Amtspflichten bestehen auch gegenüber einem Grundstückseigentümer, der nach Aufstellung des Bebauungsplans ein Grundstück mit noch zu er-
richtendem Wohnhaus erwirbt. Die Haftung wegen einer Verletzung dieser Amtspflicht
umfasst dabei auch Vermögensschäden, die der Erwerber dadurch erleidet, dass er im
Vertrauen auf eine ordnungsgemäße Planung Wohnungen errichtet oder kauft, die nicht
bewohnbar sind. Aufgabe des Planungsträgers ist es, die künftige Wohnbevölkerung vor
Umweltbelastungen und Gefahren zu schützen, die von dem Grund und Boden des
Plangebietes ausgehen. Für die planende Gemeinde ist bereits bei der Aufstellung des
Bebauungsplans erkennbar, dass die Ausweisung eines Wohngebietes, das den allgemeinen Anforderungen an gesunde Wohn- und Arbeitsverhältnisse nicht genügt, über den
Kreis der derzeitigen Grundstückseigentümer hinaus auch deren Rechtsnachfolger oder
Nutzungsberechtigte nachteilig berühren wird. In diesem Sinne ist mithin die planeri-
sche Ausweisung eines Geländes „objektbezogen" und nicht lediglich personenbezogen.[220] Nicht zu dem Kreis der geschützten Dritten zählen diejenigen Eigentümer, die
überhaupt nicht die Absicht haben, die Grundstücke zu bebauen, bei denen also eine
Verantwortlichkeit für die zu errichtenden Bauten von vornherein ausscheidet. Ebenso
wenig werden solche Personen geschützt, die zwar an der Verwirklichung einer der
Festsetzung des Planes entsprechenden Bebauung wirtschaftlich beteiligt sind, damit jedoch reine Vermögensinteressen verfolgen, ohne zugleich auch eine nach außen gerichtete Verantwortlichkeit zu übernehmen. Der BGH zählt hierzu insbesondere Kreditge-
ber der Bauträger oder Bauherren, die sich durch Grundpfandrechte an den als Bauland
ausgewiesenen Grundstücken absichern lassen.[221] Ebenso wird das bloße Vermögensin-
teresse, welches darin besteht, dass ein von Altlasten freies Grundstück einen höheren
Marktwert hat als ein belastetes, durch die Pflicht, bei der Bauleitplanung die Anforderungen an gesunde Wohn- und Arbeitsverhältnisse zu berücksichtigen, nicht geschützt.[222]

→ **Altlasten.** Abfall- und Schadstoffablagerungen, verursacht durch Produktionsverfahren, un-
sachgemäße Lagerung oder Emissionen, meist mit Boden- und Grundwasserverunreinigungen
verbunden (Industrie- und Gewerbestandorte, Gaswerksgelände, Mülldeponien, Rieselfelder).
Die Flächen werden zumeist in Altlastenverdachtsflächenkatastern erfasst und stellen erhöhte Anforderungen an die Bauleitplanung bei Ausweisung damit unverträglicher Nutzungen.
   → **Flächenrecycling.** Wiederverwendung von brachgefallenen Grundstücken, insbesondere
von aufgegebenen Industriestandorten, vielfach mit einer Sanierung von Altlasten verbunden.

---

990   Die Berücksichtigung der allgemeinen Anforderungen an gesunde Wohnverhältnisse
und der Belange des Umweltschutzes gebietet, dass die Gemeinde schon bei der **Planung**
und nicht erst bei der **bauaufsichtlichen Prüfung** der Zulässigkeit eines Bauvorhabens
Gefahrensituationen ermittelt und in die planerische Abwägung einstellt, die als Folge
der Planung entstehen oder verfestigt werden können. Daher hat die Gemeinde bereits
bei der Zusammenstellung des → Abwägungsmaterials Gefährdungen aufzuklären, die
durch eine Überplanung mit Altlasten behafteter Flächen für die Gesundheit von Menschen oder für die Standsicherheit von Bauwerken entstehen können. Eine solche Haftung aus einer Amtspflichtverletzung kommt dabei unabhängig von der Frage in Betracht, ob der Bebauungsplan den sich aus § 1 V und VI BauGB ergebenden Anforderungen entspricht oder wegen eines Verstoßes gegen das Berücksichtigungsgebot in § 1 V

[219] BGH, Urt. v. 26.1.1989 – III ZR 194/87 – BGHZ 106, 323 = NJW 1989, 976 = RzB Rn. 43 –
Bielefeld–Brake.
[220] BGH, Urt. v. 6.7.1989 – III ZR 251/87 – NJW 1990, 381 = DVBl 1990, 424 = RzB Rn. 44 –
Osnabrück; Urt. v. 21.12.1989 – III ZR 118/88 – NJW 1990, 1038 = DVBl 1990, 358 – Dortmund–
Dorstfeld.
[221] BGH, Urt. v. 6.7.1989 – III ZR 251/87 – NJW 1990, 381 = RzB Rn. 44.
[222] BGH, Urt. v. 17.12.1992 – III ZR 114/91 – BGHZ 121, 65; vgl. auch *Stüer* BauR 1995, 604.

BauGB oder das Abwägungsgebot in § 1 VII BauGB unwirksam ist. Für die Verschuldensfrage stellt der BGH auf die Kenntnisse und Einsichten ab, die für die Führung des übernommenen Amtes im Durchschnitt erforderlich sind, nicht auf die Fähigkeiten, über die der Beamte tatsächlich verfügt. Jeder Beamte muss die zur Führung seines Amtes erforderlichen Rechts- und Verwaltungskenntnisse besitzen oder sich verschaffen. Für Mitglieder kommunaler Vertretungskörperschaften gelten keine geringeren Sorgfaltspflichten. Die Mitglieder von Ratsgremien müssen sich daher auf die zur Beratung anstehenden Entscheidungen sorgfältig vorbereiten. Sind sie dazu auf Grund fehlender Sachkunde nicht in der Lage, muss der Rat der Verwaltung, sonstiger Fachbehörden oder ggf. externer Sachverständiger eingeholt werden. Sind entsprechende Fachgutachter eingeschaltet, wird in aller Regel eine Haftung der Gemeinde und der Bauaufsichtsbehörde entfallen. Denn das Ratsmitglied oder auch die Baugenehmigungsbehörde müssen im Allgemeinen nicht klüger sein als ein eingeschalteter Fachgutachter.

In weiteren Entscheidungen hat der BGH allerdings einer **uferlosen Ausdehnung** 991 der gemeindlichen **Ermittlungspflichten** und Haftungsrisiken Einhalt geboten.[223] Danach ist die planerische Ausweisung eines ehemaligen Deponiegeländes zu Wohnzwecken als solche nicht rechtswidrig, wenn von dem Deponiegut keine Gesundheitsgefahren ausgehen. Die plangebende Gemeinde kann jedoch verpflichtet sein, das Deponiegelände im Bebauungsplan zu kennzeichnen. Diese Kennzeichnungspflicht hat allerdings nicht den Schutzzweck, den Bauherrn vor finanziellen Mehraufwendungen zu bewahren, die durch den Aushub und Abtransport des Deponiegutes verursacht werden können.[224]

Mit der planerischen Festsetzung eines Geländes zur Wohnbebauung erzeugt die Ge- 992 meinde ebenfalls **kein allgemeines Vertrauen** dahin, dass die betroffenen Grundstücke auch für jede gewünschte gärtnerische Nutzung geeignet sind.[225] Ist etwa die im Bebauungsplan festgesetzte Nutzung verwirklichungsfähig, so hat der Bebauungsplan seine Funktion erfüllt, eine Verlässlichkeitsgrundlage dafür zu bilden, dass keine Flächen im Plangebiet mit Schadstoffen belastet sind, die für die Wohnbevölkerung gesundheitliche Gefahren hervorrufen könnten. Die Amtsträger der Gemeinde haben zwar die Amtspflicht, bei der Aufstellung von Bebauungsplänen Gesundheitsgefährdungen zu verhindern, die den zukünftigen Bewohnern des Plangebietes aus dessen Bodenbeschaffenheit drohen. Der Schutzzweck dieser Amtspflicht beschränkt sich jedoch auf die Verhinderung und die Abwehr solcher Schäden, bei denen eine unmittelbare Beziehung zu der Gesundheitsgefährdung besteht. Die vom Boden ausgehende Gefahr darf nicht zum völligen Ausschluss der Nutzungsmöglichkeit der errichteten oder noch zu errichtenden Wohnungen führen.[226] Auch ist die Gemeinde nicht zu einer uferlosen Ermittlung und Planung „ins Blaue hinein" verpflichtet. Was die planende Stelle nicht sieht und was sie nach den ihr zur Verfügung stehenden Erkenntnisquellen auch nicht zu sehen braucht, muss von ihr nicht berücksichtigt werden. Überzogene Anforderungen an die Prüfungspflicht dürfen daher nicht gestellt werden.[227] Einer Gemeinde obliegen bei der Aufstellung und Verabschiedung eines Bebauungsplans auch keine Amtspflichten zum Schutz derjenigen Eigentümer, deren Grundstücke schon früher bebaut waren und die eine weitere Bebauung nicht beabsichtigen. Daher steht auch dem Erwerber eines derartigen Grundstücks kein

---

[223] BGH, Urt. v. 21.2.1991 – III ZR 245/89 – BGHZ 113, 367 = DVBl 1991, 428 – Dinslaken; Urt. v. 19.3.1992 – III ZR 16/90 – BGHZ 117, 363 = NJW 1992, 1953 = DVBl 1992, 1093 – Ziegelei; B. v. 9.7.1992 – III ZR 105/91 – UPR 1992, 439 = StT 1993, 365 – Gladbeck.

[224] *Stüer* BauR 1995, 604.

[225] BGH, Urt. v. 25.2.1993 – III ZR 47/92 – BauR 1993, 297 = DVBl 1993, 673 – Hausgarten.

[226] BGH, Urt. v. 21.12.1989 – III ZR 118/88 – BGHZ 109, 380; Urt. v. 25.2.1993 – III ZR 47/92 – DVBl 1993, 673 – Hausgarten.

[227] BGH, Urt. v. 9.7.1992 – III ZR 78/91 – UPR 1992, 438 = StT 1993, 365; Urt. v. 9.7.1992 – III ZR 105/91 – UPR 1992, 438.

Amtshaftungsanspruch[228] gegen die planende Gemeinde wegen fehlerhafter Bauleitplanung zu.[229] Ist der Gemeinde bekannt, dass auf dem zu planenden Gebiet eine chemische Fabrik in erheblichem Umfang giftige Substanzen verarbeitet hat, so muss sie dieses Gefährdungspotenzial bei der Beschlussfassung über den Bebauungsplan berücksichtigen und sich im Einzelnen über die Art der damals hergestellten Stoffe und das Risiko, ob mit giftigen Rückständen gerechnet werden muss, vergewissern.[230] Eine Haftung der Gemeinde für von ihr nicht beachtete Bodenkontaminationen tritt allerdings nur insoweit ein, als die Schäden in den Schutzbereich der bei der Planung wahrzunehmenden, auf die Abwehr von Gesundheitsgefahren gerichteten Amtspflichten fallen. Aufwendungen, die nicht durch die Giftstoffbelastung, sondern wegen mangelnder **Standsicherheit** erforderlich werden, sind auch dann nicht erstattungsfähig, wenn die mangelnde Standfestigkeit darauf beruht, dass in dem Boden Altlasten lagern. Denn anders als bei Gefahren infolge der Überplanung von Altlasten handelt es sich bei der mangelnden Standsicherheit eines Gebäudes um Gefahren, die vom Bauherren beherrschbar sind und deshalb zu den Risiken der wirtschaftlichen Nutzbarkeit von Grund und Boden gehören, die jeder Grundstückseigentümer grundsätzlich selbst zu tragen hat.[231] Zudem kann ein nachträglich erlassener wirksamer Bebauungsplan bei der Haftung der Gemeinde zu berücksichtigen sein.[232] Die gemeindlichen Ermittlungspflichten sind dabei auf die mehr als geringfügigen, schutzwürdigen und erkennbaren Belange begrenzt.[233] Was die Gemeinde nicht zu kennen braucht, weil es weder in der Öffentlichkeitsbeteiligung noch in der Behördenbeteiligung vorgetragen worden ist und was sich nach Lage der Dinge dem Planer auch nicht aufdrängt, kann bei der Zusammenstellung des Abwägungsmaterials unberücksichtigt bleiben. Für die planende Gemeinde nicht erkennbare Gefahren führen nicht zur Unwirksamkeit des Bebauungsplans und schließen ebenso eine Amtshaftung der Gemeinde aus.[234] Ein Rat muss allerdings klären, ob seinen Bedenken zur Eignung von Flächen als Baugrund allein durch ihre vollständige Freihaltung von Bebauung zu begegnen ist oder ob sich diese Bedenken auch mit den nachfolgenden Baugenehmigungsverfahren vorbehaltenen bautechnischen Sicherungsmaßnahmen bei der Bauausführung ausräumen lassen. Ergibt sich aus eingeholten Stellungnahmen, dass etwaigen Unsicherheiten hinsichtlich der Eignung der betroffenen Flächen als Baugrund grundsätzlich auch mit bautechnischen Sicherungsmaßnahmen begegnet werden kann, darf ein Rat die Möglichkeit solcher Maßnahmen bei der Ermittlung der abwägungserheblichen Belange nicht von vorneherein außer Betracht lassen.[235]

993 Der **Insolvenzverwalter** kann nach § 4 III 1 BBodSchG als Inhaber der tatsächlichen Gewalt für die Sanierung von massezugehörigen Grundstücken herangezogen werden, die bereits vor der Eröffnung des Insolvenzverfahrens kontaminiert waren. Eine solche

---

[228] Zu Amtshaftungsansprüchen *Bielfeldt* DÖV 1989, 67; *Ipsen/Tettinger* Altlasten und kommunale Bauleitplanung 1988; *Jochum* NVwZ 1989, 635; *Johlen* BauR 1983, 196; *Kröner* ZfBR 1984, 20; *Osterloh* JuS 1993, 780; *Schink* NJW 1990, 351; *ders.* DÖV 1988, 529.

[229] BGH, Urt. v. 9.7.1992 – III ZR 87/91 – NJW 1993, 384 = UPR 1993, 439.

[230] BGH, Urt. v. 14.10.1993 – III ZR 157/92 – chemische Fabrik.

[231] BGH, Urt. v. 9.7.1992 – III ZR 87/91 – UPR 1992, 439; *Stüer* BauR 1995, 604. Zur Haftung für Bodenkontaminationen im Bereich eines verpachteten Tankstellengrundstücks in den östlichen Ländern BGH, Urt. v. 14.2.1995 – X ZR 5/93 – Tankstelle. Zur Haftung für durch die sowjetischen Streitkräfte verursachte sog. Belegungsschäden Urt. v. 8.12.1994 – III ZR 105/93 – MDR 1995, 480 = RdL 1995, 118.

[232] Zur nachträglich erlassenen Gebührensatzung BGH, Urt. v. 13.10.1994 – III ZR 24/94 – BGHZ 127, 223 = NJW 1995, 394 = DVBl 1995, 109; zum Ersatzanspruch bei Anscheinsgefahren BGH, Urt. v. 13.7.1993 – III ZR 22/92 – BGHZ 123, 191 = NJW 1993, 2615; Urt. v. 23.6.1994 – III ZR 54/93 – BGHZ 126, 279 = NJW 1994, 2355 – § 39 I a OBG NW.

[233] BVerwG, B. v. 9.11.1979 – 4 N 1.78 – BVerwGE 59, 87 = RzB Rn. 26.

[234] BGH, Urt. v. 21.2.1991 – III ZR 245/89 – BGHZ 113, 367 – Dinslaken; *Krohn* in FS für Gelzer, 1991, S. 281.

[235] OVG Münster, Urt. v. 15.3.2013 – 10 D 52/11.NE – Baugrundrisikos.

Verpflichtung ist eine Masseverbindlichkeit i. S. des § 55 I Nr. 1 InsO. Hat der Insolvenzverwalter die kontaminierten Grundstücke aus der Masse freigegeben, darf er nicht mehr nach § 4 III 1 BBodSchG für deren Sanierung in Anspruch genommen werden; ebenso wenig ist § 4 III 4 HS 2 BBodSchG entsprechend anwendbar.[236] Die an seine Stellung als Betreiber einer Anlage anknüpfenden Pflichten treffen den Insolvenzverwalter persönlich, sind also als Masseverbindlichkeit zu erfüllen. Die Freigabeerklärung des Insolvenzverwalters in Bezug auf Altlasten kann seine Ordnungspflicht entfallen lassen. Die Freigabeerklärung entfaltet jedoch keine Wirkungen auf die Ordnungspflicht des Insolvenzverwalters, wenn sich trotz der Freigabeerklärung an den faktischen Besitzverhältnissen nichts ändert, die Freigabeerklärung also tatsächlich folgenlos bleibt.[237]

c) Höhe der Inanspruchnahme. Bei der Frage, ob die Belastung mit Sanierungskosten **994** angemessen und verfassungsrechtlich zulässig ist, sind neben dem Wert des zu sanierenden Grundstücks auch Grundstücke einzubeziehen, die mit ihm eine wirtschaftliche Einheit bilden und die zusammen erworben worden sind.[238] Das finanzielle Interesse einer als Verursacher herangezogenen Person, von den Kosten bestimmter Erkundungsmaßnahmen zumindest so lange verschont zu bleiben, bis ihre Verantwortlichkeit sowie die Zweck- und Verhältnismäßigkeit der angeordneten Maßnahmen abschließend geklärt sind, wiegt im vorläufigen Rechtsschutz nicht so schwer, wenn fest steht, dass der Boden eines Grundstücks und das von ihm beeinflusste Grundwasser mit gesundheitsgefährdenden Stoffen durchsetzt ist. Allerdings darf die gesamte wirtschaftliche Existenz des Betroffenen nicht ernstlich gefährdet sein.[239]

Zu den **Verantwortlichkeiten des Eigentümers** und ihren **Grenzen** hat das **995** BVerfG[240] folgende Grundsätze aufgestellt: Die gesetzlichen Regelungen über die Zustandsverantwortlichkeit begründen in genereller und abstrakter Weise die Pflicht des Eigentümers, von seinem Grundstück ausgehende Gefahren für die Allgemeinheit zu beseitigen. Diese Vorschriften und die daran anknüpfenden Befugnisse der Behörden bestimmen somit in allgemeiner Form den Inhalt des Grundeigentums. Bei der Inhalts- und Schrankenbestimmung der als Eigentum grundrechtlich geschützten Rechtspositionen hat der Gesetzgeber sowohl der grundgesetzlichen Anerkennung des Privateigentums durch Art 14 I 1 GG als auch der Sozialpflichtigkeit des Eigentums aus Art 14 II GG Rechnung zu tragen und dabei die schutzwürdigen Interessen der Beteiligten in einen gerechten Ausgleich und in ein ausgewogenes Verhältnis zu bringen.

Es begegnet nach der Rechtsprechung des BVerfG keinen verfassungsrechtlichen Bedenken, die Vorschriften über die Zustandsverantwortlichkeit dahingehend auszulegen, dass der Eigentümer eines Grundstücks wegen seiner durch die Sachherrschaft vermittelten Einwirkungsmöglichkeit auf die Gefahren verursachende Sache verpflichtet werden

---

[236] BVerwG, Urt. v. 23.9.2004 – 7 C 22.03 – BVerwGE 122, 75 = NVwZ 2004, 1505 = DVBl 2004, 1564 = DÖV 2005, 205 – Freigabe kontaminierter Grundstücke aus der Insolvenzmasse; Bestätigung von BVerwGE 108, 269. Die gegen diese Entscheidung erhobene Verfassungsbeschwerde hat das BVerfG, mit B. v. 8.12.2004 – 1 BvR 2580/04 – nicht zur Entscheidung angenommen; *Gantenberg* BauR 2005, 182; *Seidel* DZWIR 2005, 278; *Kreft* EWiR 2005, 439; *Cranshaw* jurisPR-InsR 7/ 2006 Anm. 4; *Riese* NuR 2005, 234; *Segner* NZI 2005, 54; *Kirchhof* WuB VI A § 55 InsO 1.05; *Dasdo* ZfIR 2005, 31; *Weers* ZInsO 2005, 24.

[237] BVerwG, B. v. 5.10.2005 – 7 B 65./05 – ZInsO 2006, 495 – Insolvenzverwalter. Die gegen diese Entscheidung erhobene Verfassungsbeschwerde hat das BVerfG, mit B. v. 18.9.2006 – 1 BvR 2596/05 – Nicht zur Entscheidung angenommen.

[238] VGH Mannheim, B. v. 13.12.2001 – 8 S 1340/00 – ZfW 2002, 264, im Anschluss an BVerfG, B. v. 16.2.2000 – 1 BvR 242/91 – BVerfGE 102, 1 = DVBl 2000, 1275 – Altlastensanierung.

[239] VGH Mannheim, Urt. v. 3.9.2002 – 10 S 957/02 – NuR 2003, 29 = NVwZ-RR 2003, 103 = DÖV 2003, 421. Das etwaige Bestehen von Ausgleichsansprüchen des Antragstellers nach § 24 II BBodSchG führt in der Regel nicht zu einer Reduzierung des Streitwerts.

[240] BVerfG, B. v. 16.2.2000 – 1 BvR 242/91 – BVerfGE 102, 1 = DVBl 2000, 1275 – Altlastensanierung.

kann, von dem Grundstück ausgehende Gefahren zu beseitigen, auch wenn er die Gefahrenlage weder verursacht noch verschuldet hat.

996   Auch wenn die **Zustandsverantwortlichkeit** des Eigentümers als solche mit der Verfassung in Einklang steht, so kann sie aber im Ausmaß dessen, was dem Eigentümer zur Gefahrenabwehr abverlangt werden darf, **begrenzt** sein. Besondere Bedeutung hat hierbei – so das BVerfG – der Grundsatz der Verhältnismäßigkeit. Die Belastung des Eigentümers mit den Kosten der Sanierungsmaßnahme ist nicht gerechtfertigt, soweit sie dem Eigentümer nicht zumutbar ist. Zur Bestimmung der Grenze dessen, was einem Eigentümer an Belastungen zugemutet werden darf, kann als Anhaltspunkt der Verkehrswert des Grundstücks nach Durchführung der Sanierung dienen. Eine die Grenzen überschreitende Belastung kann insbesondere dann unzumutbar sein, wenn die Gefahr, die von dem Grundstück ausgeht, aus Naturereignissen, aus der Allgemeinheit zuzurechnenden Ursachen oder von nicht nutzungsberechtigten Dritten herrührt. In diesen Fällen darf die Sanierungsverantwortlichkeit nicht unbegrenzt dem alle Sicherungspflichten einhaltenden Eigentümer zur Last fallen. Die Belastung des Zustandsverantwortlichen mit Sanierungskosten bis zur Höhe des Verkehrswertes kann ferner in Fällen unzumutbar sein, in denen das zu sanierende Grundstück den wesentlichen Teil des Vermögens des Pflichtigen bildet und die Grundlage seiner privaten Lebensführung einschließlich seiner Familie darstellt. Eine Kostenbelastung, die den Verkehrswert des sanierten Grundstücks übersteigt, kann allerdings zumutbar sein, wenn der Eigentümer das Risiko der entstandenen Gefahr bewusst in Kauf genommen oder in fahrlässiger Weise die Augen vor Risikoumständen verschlossen hat. Denn das freiwillig übernommene Risiko mindert die Schutzwürdigkeit des Eigentümers. In Fällen, in denen eine Kostenbelastung über den Verkehrswert hinaus an sich zumutbar ist, kann sie nicht auf die gesamte wirtschaftliche Leistungsfähigkeit des Eigentümers bezogen werden. Dem Eigentümer ist nicht zumutbar, unbegrenzt für die Sanierung einzustehen, das heißt auch mit Vermögen, das in keinem rechtlichen oder wirtschaftlichen Zusammenhang mit dem sanierungsbedürftigen Grundstück steht.

997 **d) Ausgleichsansprüche.** Mehrere Verpflichtete haben unabhängig von ihrer Heranziehung einen Ausgleichsanspruch (§ 24 II 1 BBodSchG). Sofern nichts anderes vereinbart wird, hängt die Verpflichtung zum Ausgleich sowie der Umfang des zu leistenden Ausgleichs davon ab, wieweit die Gefahr oder der Schaden vorwiegend von dem einen oder dem anderen Teil verursacht worden ist (§ 24 II 2 BBodSchG). Die für bodenschutzrechtliche Ausgleichsansprüche nach § 24 II 3 BBodSchG grundsätzlich vorgesehene Verjährungsfrist von 3 Jahren berücksichtigt mögliche besondere vertragliche Beziehungen zwischen Ausgleichspflichtigen nicht und wird daher in Fällen, in denen über die sanierte Grundstücksfläche ein Mietverhältnis zwischen den Sanierungspflichtigen bestand, durch die vorrangigen mietrechtlichen Verjährungsvorschriften verdrängt. Ausgleichsansprüche verjähren dann in entsprechender Anwendung des § 548 BGB in der Fassung vom 19.6.2001 bzw. des § 558 BGB a. F. innerhalb der kurzen sechsmonatigen Frist.[241]

19. Umwidmungssperre

998 Nach § 1 a II 2 BauGB sollen landwirtschaftlich, als Wald oder für Wohnzwecke genutzte Flächen nur im notwendigen Umfang für andere Nutzungen vorgesehen und in Anspruch genommen werden. Die **Umwidmungssperre** dient den Belangen der Land- und Forstwirtschaft, aber auch dem Wohnbedarf der Bevölkerung in Konkurrenz etwa zu einer gewerblichen Nutzung. Die Umwidmung solcher Nutzungen durch die Bauleitplanung bedarf daher einer besonderen Abwägungs- und Begründungspflicht.[242] Soweit diese Belange angesichts des überwiegenden Gewichts der Planung nicht geschont wer-

---

[241] LG Frankenthal, Urt. v. 27.2.2002 – 5 O 208/01 – NVwZ 2003, 507 = NJW-RR 2002, 1090.
[242] *BKL* § 1 a Rn. 11.

den können, ist eine Prüfung vorzunehmen, ob ein Ausgleich oder eine Kompensation in sonstiger Weise möglich ist. Mittelbar wird diesem Gesichtspunkt durch den Bebauungsplan der Innenentwicklung nach § 13 a BauGB Rechnung getragen, der darauf abzielt, die Innenentwicklung zu stärken und auf eine Inanspruchnahme von bisher vor allem land- oder forstwirtschaftlich genutzten Flächen im Außenbereich in der Tendenz zu verzichten.

20. Gestaltungsfestsetzungen auf landesrechtlicher Grundlage

Die BauO der Länder sehen zumeist vor, dass → **örtliche Bauvorschriften** auch als **999** Festsetzungen in den Bebauungsplan oder in einen Vorhaben- und Erschließungsplan aufgenommen werden.[243] Vielfach findet sich dazu auch der Hinweis im Landesrecht, dass in diesen Fällen die Vorschriften des BauGB über die Aufstellung, Änderung, Ergänzung und Aufhebung der Bebauungspläne einschließlich ihrer Genehmigung und Anzeige (§ 10 BauGB) sowie über die Wirksamkeitsvoraussetzungen (§§ 214 bis 216 BauGB) anzuwenden sind (so etwa § 86 IV BauO NW) (→ *Abbildungen 99, 100 und 101 mit Textbeispielen 99–102*). Die Rechtsgrundlage solcher Festsetzungsmöglichkeiten ist § 9 IV BauGB. Danach können die Länder durch Rechtsvorschriften bestimmen, dass auf Landesrecht beruhende Regelungen in den Bebauungsplan als Festsetzungen aufgenommen werden können und inwieweit auf diese Festsetzungen die Vorschriften des BauGB anzuwenden sind. Solche örtlichen Bauvorschriften auf landesrechtlicher Grundlage unterliegen nach Auffassung des BVerwG dem **Abwägungsgebot** des § 1 VII BauGB nur, wenn das Landesrecht dies ausdrücklich bestimmt. Anderenfalls ist das Abwägungsgebot auf solche Festsetzungen nicht anwendbar.[244]

→ **Örtliche Bauvorschriften.** Neben die auf der Grundlage des BauGB und der BauNVO erlassenen städtebaulichen Regelungen können örtliche Bauvorschriften treten, die auf landesrechtlicher Grundlage beruhen. So können sich Gestaltungsfestsetzungen auf Dachformen und Dachneigung, Dachfenster, Dachaufbauten, Baumaterialien, Einfriedigungen, Abgrabungen oder die Farbgebung der baulichen Anlagen beziehen. Örtliche Bauvorschriften können nach Maßgabe des Landesrechts mit dem Bebauungsplan verbunden werden (§ 9 IV BauGB).

Gestalterische Festsetzungen nach Landesbauordnung NRW (§ 86 BauO NRW)

1. Vorgärten (§ 86 I Nr. 4 BauO NRW). Vorgartenflächen sind unversiegelt anzulegen und gärtnerisch zu gestalten. Davon ausgenommen sind die notwendigen Zuwegungen und Zufahrten. Befestigte Flächen dürfen insgesamt 50 % der Vorgartenfläche nicht überschreiten. Ein Vorgarten ist die Fläche zwischen der Straßenbegrenzungslinie bzw. der Begrenzung der Flächen, die mit Geh-, Fahr- und Leitungsrechten zugunsten der Anlieger bzw. der Ver- und Entsorgungsträger (Private Wohnstraße) belastet sind und der vorderen Baufluht in der kompletten Breite des Grundstücks. Standplätze für Abfallbehälter sind einzufassen und dauerhaft zu begrünen.

2. Äußere Gestaltung baulicher Anlagen (§ 86 I Nr. 1 BauO NRW). Für die Hauptbaukörper sind lediglich Pult- bzw. Satteldächer mit einer Dachneigung von max. 35° zulässig. Baulich zusammenhängende Hauptbaukörper sind mit der gleichen Dachneigung auszuführen. Wird an ein bestehendes Wohngebäude angebaut, so ist dessen Dachneigung und Ausrichtung des Pultdaches zu übernehmen. Garagen und überdachte Stellplätze können mit einem Flachdach ausgeführt werden. Satteldächer sind nur symmetrisch gleichhüftig zulässig. Dachaufbauten dürfen 50 % der Breite der Gebäudefront nicht überschreiten.
Die Fassaden der Gebäude sind grundsätzlich als Putzfassaden beziehungsweise mit Verblend- oder Sichtmauerwerk als Hauptmaterialien auszuführen. Ausnahmen sind nur unter der Voraussetzung zulässig, dass städtebaulich zusammenhängende Baugruppen einheitlich mit anderen Materialien ausgeführt wer-

---

[243] S. Rn. 168.
[244] BVerwG, B. v. 3.11.1992 – 4 NB 28.92 – DVBl 1993, 116 = UPR 1993, 67 = ZfBR 1993, 89; Urt. v. 16.3.1995 – 4 C 3.94 – NVwZ 1995, 899 = DVBl 1995, 754 – Werbetafel ; Urt. v. 16.3.1995 – 4 C 3.94 – NVwZ 1995, 899 = DVBl 1995, 754 – Werbetafel. Zur ungefragten Fehlersuche BVerwG, Urt. v. 7.9.1979 – 4 C 7.77 – BauR 1980, 40 = BayVBl. 1980, 183 = DVBl 1980, 230.

Abbildung 99: *Örtliche Bauvorschriften nach Landesbauordnung NRW*

den. Andersartige Fassadenteile sind erlaubt, wenn sie sich dem Baukörper gestalterisch unterordnen. Für Doppelhäuser sind einheitliche Fassadenmaterialien in gleicher Farbgebung zu verwenden.

3. Einfriedungen (§ 86 I Nr. 5 BauO NRW). Einfriedungen sind nur als freiwachsende oder geschnittene Hecken zulässig. Mit Ausnahmen der Vorgartenbereiches sind begleitend zu Heckenpflanzungen Maschendrahtzäune bis zu 1,2 m Höhe zulässig. Von diesen Festsetzungen sind Einfriedungen von Terrassen, die unmittelbar an die Wohngebäude anschließen, bis zu einer Tiefe von 3,0 m und eine Höhe von 2,0 m ausgenommen.

Textbeispiel 99: *Gestalterische Festsetzungen* (Abbildung 101)

Örtliche Bauvorschriften über die Gestaltung

Geltungsbereich. Der Geltungsbereich der örtlichen Bauvorschriften ist identisch mit dem festgesetzten Geltungsbereichs des Bebauungsplans (Kurzbezeichnung).

Dachform. Für Baukörper, die nicht als Nebenanlagen und Garagen i.S. von §§ 12 und 14 BauNVO gelten, sind nur geneigte Dächer zulässig.

Dachneigung. Zulässig sind für Dächer von Baukörpern, die nicht als Nebenanlagen und Garagen i. S. von §§ 12 bis 14 BauNVO gelten, nur Dachneigungen zwischen 30° und 50°.

Dachfenster, Dachaufbauten und -einschnitte. Dachfenster (Dachflächenfenster, Gauben, Dacherker, Dachhäuschen), Dachaufbauten und Dacheinschnitte sind nur bis 40 % der Trauflänge der entsprechenden Gebäudeseite (Länge zwischen den Schnittpunkten der senkrecht aufgehenden Mauerwerke/Giebel mit der Dachhaut zulässig. Die vorgenannten Bauteile müssen einen Abstand von mindestens 2 m vom Ortgang bzw. Walmgrat einhalten. Das gilt nicht für Sonnenkollektoren.

Einfriedigungen. Als Abgrenzung der Vorgärten (Fläche zwischen öffentlicher Verkehrsfläche und vorderer Baugrenze) sind nur mauern bis zu 0,30 m sowie Zäune und Hecken bis zu 0,80 m Höhe über Oberkante der fertig gestellten, angrenzenden öffentlichen Verkehrsflächen zulässig.

Abgrabungen. Abgrabungen zum Anschluss der untersten Geschosse (wie z. B. Garagengeschosse oder Kellergeschosse) an die öffentliche Verkehrsfläche bzw. zum Zwecke der Freilegung der untersten Geschosse sind unzulässig.

Gestalterische Festsetzungen

Dächer. Mansardendächer, Walm- und Krüppelwalmdächer sind ausgeschlossen. Es sind traufenseitige Dachüberstände von 0,2 bis 0,5 m zulässig. Dachgauben sind nur in Form von Einzelgauben von maximal 2 m Länge zulässig. Die Summe aller Gauben pro Hauseinheit darf in der Länge maximal $^1/_2$ der Traufenlänge betragen. Die Gauben sind als Kastengauben, zurückgesetzt innerhalb der Dachfläche oder bündig mit der Wand, auszubilden. Der Abstand von jeder Giebelwand muss mindestens 2,0 m betragen. Übereinander liegende Dachgauben sind unzulässig. Dacheinschnitte sind unzulässig. Dachflächenfenster sind nur in stehendem Format zulässig. Der Flächenanteil der Dachflächenfenster pro Hauseinheit darf 10 % der Dachfläche nicht überschreiten.

Materialien. Die Dachflächen sind mit roten Pfannen einzudecken. Die Dachflächen von Nebenbaukörpern können auch verglast werden. Die Fassaden der Hauptbaukörper sind in rotem Verblendmauerwerk auszuführen. Maximal 20 % der Fassadenfläche kann auch mit Holz oder Zinkblech ausgebildet werden. Die Außenwände der Nebenbaukörper (Garagen, Anbauten) sind im gleichen roten Verblendmauerwerk wie die Hauptbaukörper oder aus Holz oder Glas auszuführen. Die Außenhaut der Dachgauben ist aus Holz oder Zinkblech auszubilden.

Fenster und Türen. Für alle Wandöffnungen sind quadratische oder stehende Formate zu verwenden.

Einfriedigungen. Als Einfriedigung der Vorgartenbereiche zu den öffentlichen Verkehrsflächen sind nur Hecken bis ca. 1,20 m Höhe zulässig. In den Gartenbereichen sind Einfriedigungen bis 1,2 m Höhe zulässig. Unzulässig sind Mauern sowie undurchsichtige Flechtzäune aller Art. Einfriedigungen innerhalb der festgesetzten GFL-E-Flächen (Entwässerungsmulden) sind unzulässig. Sichtschutzeinrichtungen sind nur für am Haus angeordnete Terrassen bis zu einer Tiefe von 3 m und einer Höhe von 2 m zulässig.

Gestalterische Festsetzungen

Die Außenwandflächen der zu errichtenden Gebäude sind mindestens 50 % in Sichtmauerwerk unter Verwendung roter Vormauerziegel auszuführen. Ausnahmen können gestattet werden, wenn sich die Fassadenmaterialien gestalterisch in den Baugebietscharakter einfügen.

Krüppelwalmdächer oder Walmdächer sind als Dachformen unzulässig. Die Dachflächen der zu errichtenden Wohngebäude sind mit roten Dachpfannen abzudecken. Für einzelne Teilflächen (z. B. Anlagen zur Solarenergieerzeugung, Dachbegrünung) sind Ausnahmen zugelassen.

Überdachte Stellplätze sind im Bereich der GSt-Flächen zulässig. Dabei darf die Höhe der Konstruktion das Maß von 2,50 m gemessen von der Oberkante der Straße bis Oberkante fertige Dachkonstruktion nicht überschreiten. Schließungen der Längsseiten sind nur in Form von hölzernen Sichtschutzzäunen bzw. Rankhilfen zulässig.

Textbeispiel 100: *Gestaltungsfestsetzungen (zu Abbildung 100)*

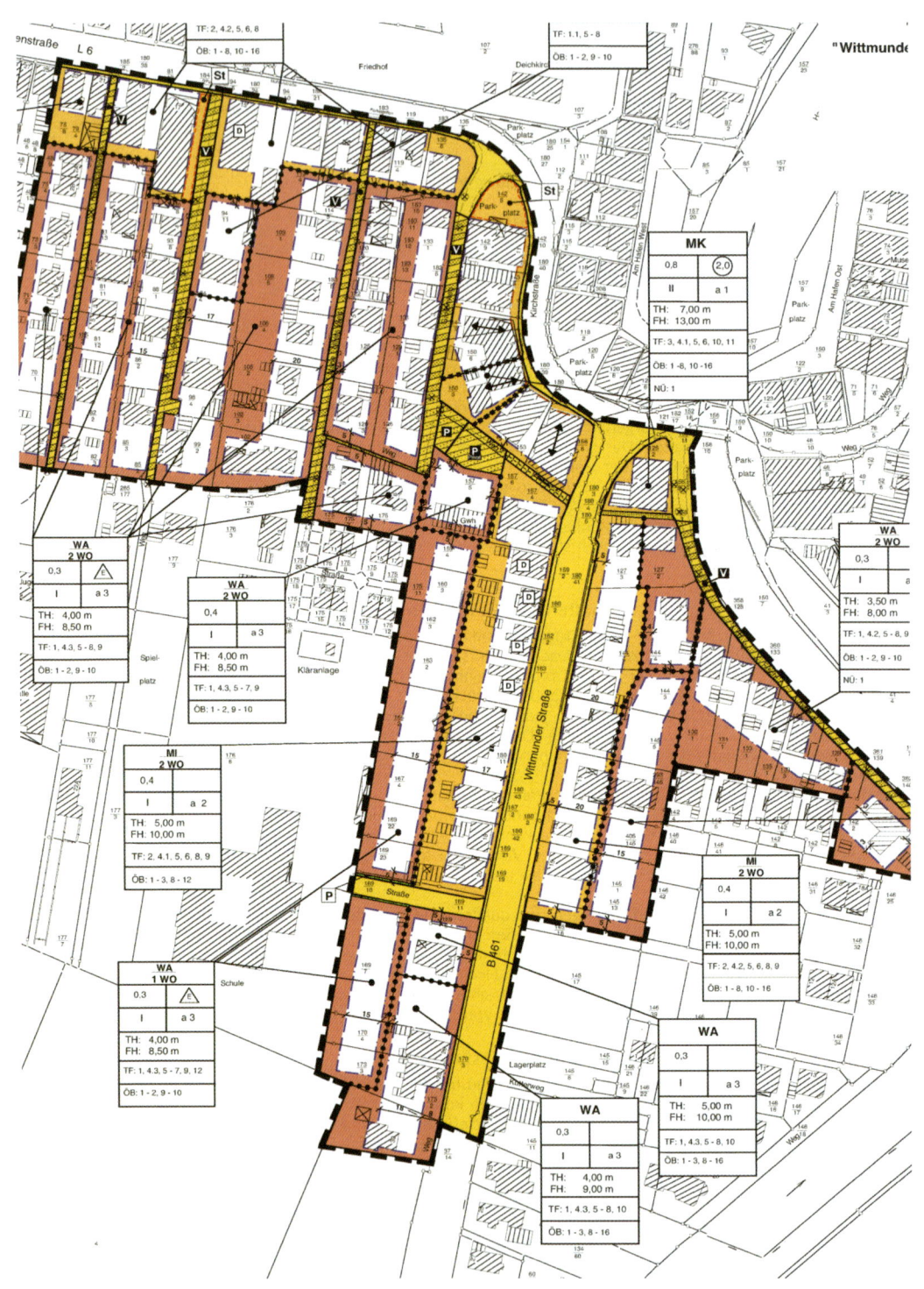

Abbildung 100: *Örtliche Bauvorschriften*

Planungskonzept

Der Bebauungsplan hat das Ziel, die historische Bebauung von Carolinensiel an den Hauptstraßen Wittmunder Straße, Kirchstraße und Mühlenstraße zu sichern. Grundlage für den Bebauungsplan war der Dorferneuerungsplan Carolinensiel. Im Vorfeld des Bebauungsplanverfahrens wurden die Baudenkmäler kartiert und ein Bauzonenplan mit den verschiedenen Bauzonen in diesem Bereich wie Kapitänshäuser und Fischerhäuser aufgestellt. Auf der Grundlage dieses Bauzonenplanes wurden im weiteren Bebauungsplanverfahren relativ enge Baugrenzen und Baulinien gefasst und ein umfangreicher Katalog für örtliche Bauvorschriften aufgestellt.

Die örtlichen Bauvorschriften umfassen nicht nur die üblichen Festsetzungen der Dachneigung u. ä., sondern auch die Festsetzungen für Wandöffnungen/Fenster sowie die Gestaltung und Anordnung von Schaufenstern und Werbeanlagen.

Dachformen und Dachneigung

Es sind nur Sattel-, Walm- und Krüppelwalmdächer zwischen 30 und 50 Grad zulässig. Dies gilt nicht für Garagen gem. § 12 BauNVO und Nebengebäude gem. § 14 BauNVO. Dachgauben, Wintergärten, offene Kleingaragen und Gartenhäuser sind hiervon ausgenommen.

Dacheindeckung

Für die Dacheindeckung sind zulässig: Tonziegel oder Betondachsteine in den RAL-Farben rotorange bis kastanienbraun Nr. 2001, 2002, 3002, 2011, 3013, 8004, 8012 und 8015. Geringfügige Farbabweichungen sind zulässig. Zulässig sind auch in die Dachflächen integrierte oder aufgesetzte Anlagen für die Solarenergie. Nicht zulässig sind glasierte Dachziegel und Dacheindeckungen mit ungewellter Oberfläche. Wintergärten, offene Kleingaragen und Gartenhäuser sind von den oben getroffenen Festsetzungen ausgenommen.

Fenster

Fenster müssen ein quadratisch bis hoch stehend rechteckiges Format erhalten. Der obere Abschluss kann bogenförmig sein. Hiervon abweichende Formate sind nur in der Giebelfläche ausnahmsweise zulässig. Fensterflügel dürfen höchstens 0,90 m breit sein. Die Flügelhöhe darf 1,60 m nicht überschreiten. Fensterbänder und Fenster über Eck sind unzulässig. Fenstersprossen müssen 25 bis 35 mm breit und profiliert sein. Es sind ebene Scheiben zulässig. Fenster müssen aus Holz oder Kunststoff gefertigt werden und dürfen nur weiß gestrichen oder farblos lasiert werden. Bei Putzbauten können die Fenster auch blau oder grün gestrichen werden.

Schaufensteranlagen

Schaufensteranlagen bestehen aus Schaufenstern und Ladeneingängen. Rahmen von Schaufensteranlagen sind in Holz zu erstellen. Die Breite von Schaufenstern darf 2,50 m nicht überschreiten. Schaufensterbeklebungen sind nur als Einzelbuchstaben zulässig und dürfen höchstens 10 % der nach außen gerichteten Schaufensterfläche bedecken.

Rollläden

Es sind nur Innenrollläden, die in den Fassaden nicht in Erscheinung treten, zulässig.

Außenwände

Fassaden müssen vertikal gegliedert sein, d. h. alle Gliederungselemente, wie z. B. Lisenen (Wandvorlagen) oder hochformatige Fenster, müssen stärker betont sein als horizontale Gliederungselemente, wie z. B. Gesimse oder Werbebänder. Wandöffnungen müssen voneinander und vom Ortgang mindestens 37,5 cm und von den Gebäudekanten mindestens 75 cm Abstand einhalten.

Vordächer und Markisen

Feststehende Vordächer sind nur als transparente Konstruktionen (Glas, Kunststoff) zulässig. Rollmarkisen (einziehbar) sind nur im Erdgeschoss zulässig und dürfen höchstens zwei Wandöffnungen überspannen. Die Bestimmungen für Rollmarkisen gelten nicht für gastronomische Betriebe. Die zulässige Ausladung von Vordächern und Rollmarkisen wird auf 1,50 m beschränkt.

Veranden und Wintergärten

Massive Veränderungen müssen in der gleichen Stein- bzw. Putzart wie das Hauptgebäude erstellt werden. Bei Veränderungen darf die Scheibengröße der Fenster 0,30 m² nicht überschreiten. Sprossen dürfen bei Wintergärten höchstens 3 cm breit sein.

Einfriedigungen

Die Einfriedigungen der Wohngrundstücke sind in Form von standortheimischen Hecken vorzunehmen. Es ist je Grundstück nur eine Unterbrechung für eine Zufahrt von höchstens 4,00 m und für einen Zugang von höchstens 1,50 m zulässig.

Antennenanlagen

Die Antennen, Antennenanlagen und Parabolantennen sind in vom Straßenraum einsehbaren Raum nicht zulässig. Bei Gebäuden, deren beide Dachflächen oder gegenüberliegende Außenwände vom öffentlichen Straßenraum gleichzeitig einsehbar sind, sind eine Antennenanlage und eine Parabolantenne zulässig.

Allgemeine Bestimmungen für Werbeanlagen

Werbung ist nur zulässig an Stätten der Leistung, auf die sie sich nach Maßgabe des nachfolgenden Satzes bezieht und nur, wenn sie am Gebäude angebracht ist. Fremdwerbung an Stätten der Leistung ist nur insofern zulässig, als dass sie sich auf Produkte und Leistungen bezieht, die an der Stätte der Leistung vertrieben oder angeboten werden (z. B. die Werbung für eine Getränkemarke an einer Gaststätte).
Werbeanlagen sind unzulässig: an Einfriedigungen, Stützmauern, Brandmauern, Dächern, Schornsteinen und Türmen, an Balkonen, Erkern und Geländern, an Toren, Fensterläden, Rollläden und Jalousien, an Böschungen, Bäumen und Masten, an Ruhebänken und Papierkörben, in Vorgärten sowie als Transparente und Bänder.
Hiervon ausgenommen sind Schaukästen für Speise- und Getränkekarten bei gastronomischen Betrieben. Sofern diese über einen Freisitz oder Vorgarten verfügen, können Schaukästen für Speise- und Getränkekarten auch freistehend im Eingangsbereich an der Grundstücksgrenze errichtet werden.
Weiterhin ausgenommen sind Schaukästen für Lichtspieltheater und Sammelschaukästen.

Schaukästen

Werbeanlagen in Form von geschlossenen Schaukästen dürfen nur in Erdgeschosshöhe angebracht werden. Ihre Ansichtsfläche darf nicht größer als 1 m² sein. Ihre Tiefe darf 0,15 m nicht überschreiten.

Lage, Maß und Gesamtfläche von Werbeanlagen

Werbeanlagen müssen unterhalb der Fensterbrüstung des 1. Obergeschosses bzw. unterhalb der Traufe angebracht sein, dürfen jedoch eine maximale Höhe von 3,50 m über Oberkante der angrenzenden öffentlichen Verkehrs- oder Grünfläche nicht überschreiten.
Flachwerbung (parallel zur Fassade angebrachte Werbeschriften und Emblemen bzw. Bilder) darf höchstens eine Tiefe bis 0,25 m, eine Höhe bis 0,60 und eine Breite bis 2,50 m haben.
Ausleger dürfen eine Höhe von 0,90 m und eine Ausladung von 0,90 m nicht überschreiten und ihre Unterkante muss mindestens 2,50 m über Oberkante der angrenzenden öffentlichen Verkehrs- oder Grünfläche liegen.
Die gesamtzulässige Werbefläche ist einschließlich der Werbefläche auf Auslegern auf 2 m² begrenzt.
Befinden sich in einem Gebäude mehrere, voneinander unabhängige Gewerbebetriebe, so ist je Gewerbebetrieb eine Werbefläche inklusive der Werbefläche auf Auslegern in nachfolgenden Größenordnungen zulässig:

Fassadenlänge bis 5 m	1,6 m²
Fassadenlänge von 5 m bis 10 m	2,0 m²
Fassadenlänge über 10 m	2,0 m.

Ist ein Gebäude von zwei Straßen erschlossen (Eckgebäude) und handelt es sich um einen Gewerbebetrieb in diesem Gebäude, so ist je Fassade die Anbringung von je 1,2 der zulässigen Werbeanlage möglich (Splitting).

Art und Weise der Werbeanlage

Parallel zur Fassade angebrachte Werbeschriften sind nur in einer durch gleichfarbiger Einzelbuchstaben zusammengesetzten Form, d. h. nicht auf einen gesonderten Untergrund in Form von Werbeschildern, Flachwerbebändern oder selbst leuchtenden Flachwerbekästen aufgebracht zulässig, die sich in der Farbe von den Buchstaben unterscheidet. Ausnahmen sind zulässig, wenn der o. g. Untergrund weiß ist.
Parallel zur Fassade angebrachte Embleme und Bilder sind nur bis zur Größe von 0,6 m x 0,6 m zulässig. Schaufensterbeklebungen sind nur als Einzelbuchstaben zulässig und dürfen höchstens 10 % der nach außen gerichteten Schaufensterfläche bedecken. Selbstleuchtende Ausleger sind unzulässig. Ausnahmen sind zulässig, soweit sie die erforderlichen Dienstleistungsformen und den Wiedererkennungswert insbesondere öffentlicher Dienstleistungen berücksichtigen müssen.
Selbstleuchtende Ausleger sind unzulässig.
An der Stätte der Leistung (z. B. Laden, Gastronomiebetrieb, Dienstleistungsbetrieb) ist ein Ausleger zulässig.
Werbeanlagen mit Reflexfarben, mit wechselndem oder bewegtem Licht sowie mit Spiegeln unterlegte Werbeanlagen sind nicht zulässig.

Warenautomaten

Je Baugrundstück ist nur ein Warenautomat zulässig. Ausnahmen sind zulässig, soweit sie die erforderliche Dienstleistungsform, insbesondere öffentliche Dienstleistungen, berücksichtigen müssen (wie z. B. das Nebeneinander von Briefmarken- und Bargeldautomaten des Postdienstes der Deutschen Bundespost).
Warenautomaten dürfen Abmessungen von 1 m Breite bzw. Höhe und 1,50 Höhe bzw. Breite und 0,30 m Tiefe nicht überschreiten.

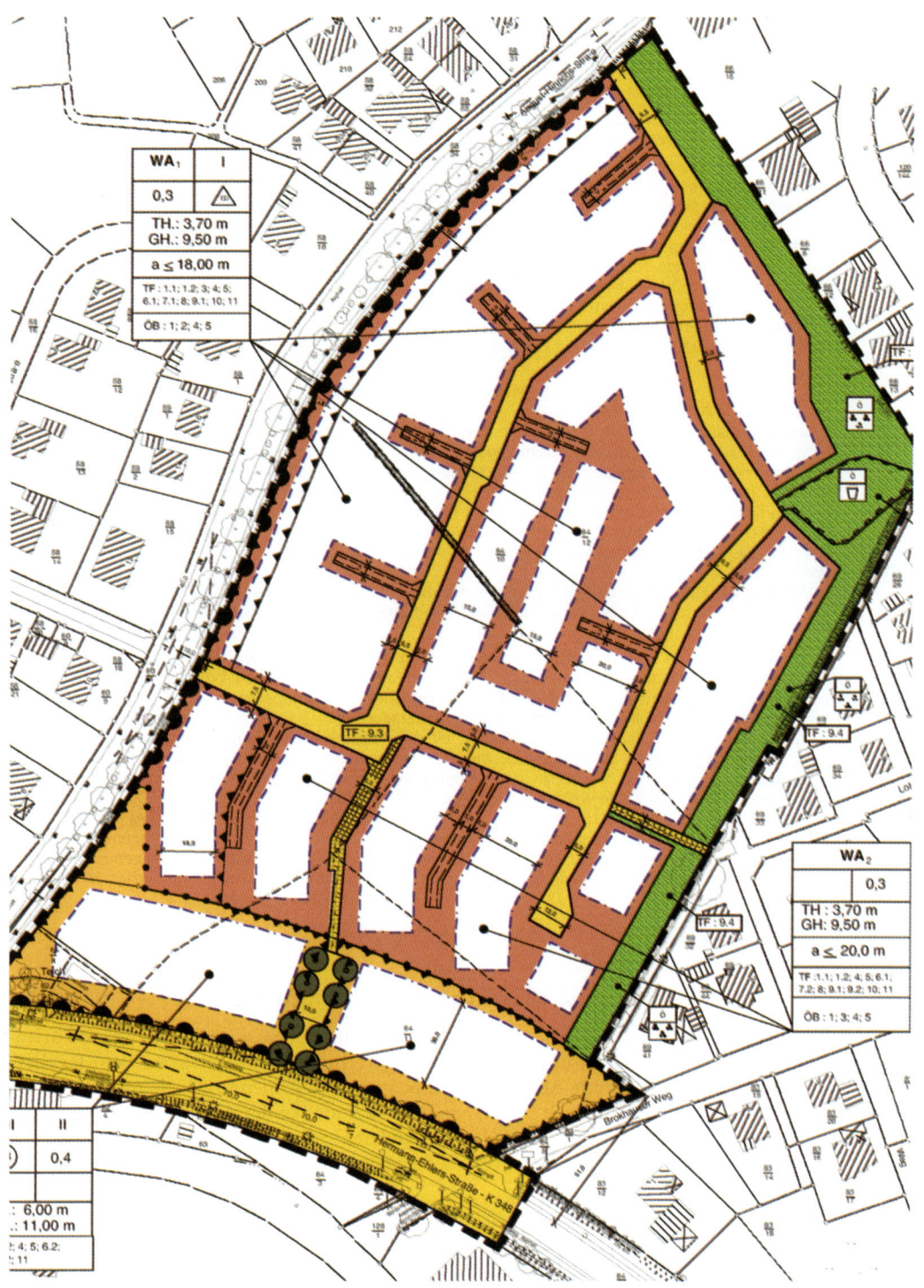

Abbildung 101: *Gestaltungsfestsetzungen*

Beseitigung von Werbeanlagen

Ungenutzte Werbeanlagen, Schaukästen, Tafeln und Vitrinen sind einschließlich ihrer Befestigung auf Anordnung der Genehmigungsbehörde vollständig zu entfernen und die sie tragenden Wandflächen in ihren ursprünglichen Zustand zu versetzen.

Textbeispiel 101: *Örtliche Bauvorschriften*

Planungskonzept

Erstmalige Beplanung eines innerörtlichen Bereiches von ca. 6,5 ha im Grundzentrum. Die Ausweisung von Wohnbauflächen und einer untergeordneten gemischten Baufläche entlang der Ortsdurchfahrt soll den Ortsmittelpunkt aufwerten, den bis dahin unterbrochenen Siedlungsbereich auffüllen und dringend benötigte Wohnbaugrundstücke entwickeln. Durch die Entwicklung der zentralen innerörtlichen Fläche möchte die Gemeinde folgende Vorteile erreichen: Ausnutzung und Stärkung vorhandener Infrastruktureinrichtungen im Ort, Aufwertung des Ortszentrums durch ergänzende Mischgebietsnutzungen (Handwerk, Dienstleistungen), kommunalwirtschaftlich sinnvolle Ausnutzung vorhandener Erschließungsanlagen, eine nachhaltige Freiflächenentwicklung im Zentrum statt einer Zersiedelung des Außenbereichs und eine Aufwertung und räumliche Fassung der Ortsdurchfahrt.

Maßgebliche Festsetzungen

Nutzungsart WA, teilweise MI
Nutzungsmaß: WA, GRZ 0,3, I, absolute Trauf-, Gebäudehöhe
MI: GRZ 0,4, GFZ 0,8; max. II Vollgeschosse, Trauf-, Gebäudehöhe
Grünvernetzung mit Spielbereich als Abschirmung zu bestehenden Siedlungteilen sowie als Teil eines innerörtlichen Wanderweges/Grünzuges.
Die örtlichen Bauvorschriften in Kombination mit den Festsetzungen zum Nutzungsmaß sollen die dörflich/ländliche Siedlungsstruktur sicherstellen. Die Festlegung von Dachformen und die Regelung der Farbtöne für die Dacheindeckung gewährleisten ein Mindestmaß an Ammerländer Baukultur und Bautradition.
Die Beschränkung der maximal zulässigen Anzahl von Wohneinheiten je Gebäude soll die klassische Wohnform (Einfamilienhäuser) sicherstellen und somit eine verträgliche Einwohnerdichte gewährleisten.

Örtliche Bauvorschriften (§§ 56, 97 NBauO)

Der Geltungsbereich der örtlichen Bauvorschriften umfasst die allgemeinen Wohngebiete. In den allgemeinen Wohngebieten sind nur Satteldächer, Walmdächer oder Krüppelwalmdächer mit Dachneigungen zwischen 35 und 50° zulässig. Ausgenommen sind Garagen gem. § 12 BauNVO und untergeordnete Nebenanlagen gem. § 14 BauNVO sowie Dächer, die für eine Dachbegrünung vorgesehen sind. Pult- und Mansardendächer können ausnahmsweise mit maximal Neigungen von 60° zugelassen werden. Für die Eindeckung der geneigten Dächer in den allgemeinen Wohngebieten sind nur Tonziegel oder Beton-Dachsteine in den Farbtönen rot bis braun (RAL-Farbton 2001, 2002, 3000, 3002, 3003, 3011, 3013, 3020, 3031, 8004, 8012, 8015 und 8019) oder in grauen/anthraziten Farbtönen (RAL-Farbton 7015, 7022, 7024 und 7043) zulässig. Ausgenommen sind Dachflächen für die Gewinnung regenerativer Energien (Solardächer) sowie Dächer, die für die Dachbegrünung vorgesehen sind. In den allgemeinen Wohngebieten sind festgesetzte Einfriedigungen an den Grundstücksgrenzen zu den öffentlichen Verkehrsflächen nur bis zu einer Höhe von 1,00 m zulässig.

Textbeispiel 102: *Gestaltungsfestsetzungen (zu Abbildung 101)*

IV. Struktur der Abwägung

1000 Nach § 1 VII BauGB sind bei der Aufstellung der Bauleitpläne die öffentlichen und privaten Belange gegeneinander und untereinander gerecht abzuwägen. Das aus dem **Rechtsstaatsgebot**[245] abzuleitende Abwägungsgebot ist kennzeichnend für jede rechtsstaatliche Planung und verpflichtet auch die planende Gemeinde bei der Aufstellung des Flächennutzungsplans, von Bebauungsplänen und anderen Satzungen nach dem BauGB. Die Abwägung ist auch an den Verhältnismäßigkeitsgrundsatz gebunden.[246]

---

[245] *Ossenbühl* DVBl 1993, 753.
[246] BVerwG, Urt. v. 7.3.1997 – 4 C 10.96 – BVerwGE 104, 144 = DVBl 1997, 838 – A 94 Neuötting.

1. Planung und Gestaltungsfreiheit

Das Abwägungsgebot ist mit der in § 2 I 1 BauGB niedergelegten Gestaltungsfreiheit **1001** bei der Aufstellung der Bauleitpläne eng verbunden. Danach sind die Bauleitpläne von den Gemeinden in eigener Verantwortung aufzustellen, sobald und soweit es erforderlich ist. Diese Vorschriften enthalten die Anerkennung der gemeindlichen Planungshoheit, wie sie durch Art. 28 II 1 GG auch verfassungsrechtlich garantiert ist. Das BVerwG hat daraus die folgenden **Konsequenzen** abgeleitet:[247] Die Befugnis zur Planung schließt einen mehr oder weniger ausgedehnten Spielraum an Gestaltungsfreiheit ein, weil Planung ohne Gestaltungsfreiheit ein Widerspruch in sich wäre. Diese planerische Gestaltungsfreiheit lässt sich nicht auf einen bestimmten geistig-seelischen Vorgang zurückführen, sondern umfasst verschiedene Elemente des Erkennens, des Wertens und Bewertens sowie des Wollens. In Richtung auf die verwaltungsgerichtliche Kontrolle der Planung ergibt sich aus der Verbindung von Planung und Gestaltungsfreiheit unabweisbar die Beschränkung darauf, ob im Einzelfall die gesetzlichen Grenzen der Gestaltungsfreiheit überschritten sind oder von der Gestaltungsfreiheit in einer der Ermächtigung nicht entsprechenden Weise Gebrauch gemacht worden ist (§ 114 VwGO).[248]

2. Die Bedeutung des Nachhaltigkeitsprogramms für die Abwägung

Das EAG Bau 2004 stellt die planenden Gemeinden durch die Umweltprüfung vor neue **1002** Herausforderungen. Bauleitpläne und deren Änderungen sind nach § 2 IV BauGB – abgesehen von bestandswahrenden Plänen[249] oder dem Bebauungsplan der Innenentwicklung nach § 13 a BauGB – einer Umweltprüfung zu unterziehen. Der damit verbundene Nachhaltigkeitsgedanke wirkt auf die Zusammenstellung des Abwägungsmaterials und die planerische Ausgleichsentscheidung. Die Planung hat umweltschützende Belange zu ermitteln und zu bewerten und die Eingriffswirkungen nach Möglichkeit zu minimieren, umweltschützende Belange unter Wahrung des städtebaulichen Konzepts möglichst zu schonen oder durch Ausgleich sowie in sonstiger Weise zu kompensieren (2 c der Anlage 1 zum BauGB). Das gilt übrigens auch für durch die Planung nachteilig betroffene soziale und wirtschaftliche Belange, die ebenfalls eine qualifizierte Befassung verlangen (§ 1 V 1 BauGB). Für diese zusätzlichen Abwägungselemente in der Ausgleichsentscheidung kann die naturschutzrechtliche Eingriffsregelung Pate stehen, bei der die Kompensation bereits seit vielen Jahren durchgeführt wird. „Win-Win-Methode" oder „nachhaltige Trauerarbeit" stellen die planerische Ausgleichsentscheidung daher auf eine rechtssichere Grundlage. Die Methode ist auch bereits vom BVerwG erfolgreich angewendet worden.[250] Und eines ist auch klar: Das schlichte Wegwägen, bei dem die nachrangigen Belange etwa des Umwelt- oder Naturschutzes ohne irgendeine Kompensationsprüfung einfach im Nichts verschwunden sind, hat mit der Umsetzung der europarechtlichen Vorgaben durch das EAG Bau 2004 und der Einführung der Umweltprüfung als einem allgemeinen Standard der Bauleitplanung ausgedient.

---

[247] BVerwG, Urt. v. 12.12.1969 – 4 C 105.66 – BVerwGE 34, 301 = RzB Rn. 23.

[248] *Stüer* DVBl 1974, 361; s. Rn. 699.

[249] Es handelt sich vor allem um Planänderungen nach § 13 BauGB, durch die keine UVP-pflichtigen oder vorprüfungspflichtigen Vorhaben mit erheblichen Umweltauswirkungen ausgewiesen werden sollen, oder Bebauungspläne, die ohne erhebliche Änderung der planungsrechtlichen Zulässigkeit im bisher nicht beplanten Innenbereich aufgestellt werden.

[250] BVerwG, Urt. v. 15.1.2004 – 4 A 11.02 – BVerwGE 120, 1 = DVBl 2004, 642 – Vierzehnheiligen: „Am schmerzlichsten hat der Senat den Eingriff in das Landschaftsbild empfunden, wie es sich vom Parkplatz an der Kreisstraße ... bei einem Blick in Richtung Nordosten darstellt."; vgl. dazu auch die Beratungen der 28. Umweltrechtlichen Fachtagung mit den Vorträgen von *Schink* und *Uechtritz* sowie der Rechtsprechungsbericht von *Hien* am 5./6.11.2004 in Leipzig, zum Beratungsverlauf *Stüer* DVBl 2004, 1531; *Hien* DVBl 2005, 1341.

1003 a) **Gesetzliche Ausgangslage.** Seit dem EAG Bau 2004 wird das Abwägungsgebot vor allem in den folgenden Vorschriften behandelt: Nach § 1 VII BauGB sind die öffentlichen und privaten Belange gegeneinander und untereinander gerecht abzuwägen. Nach § 2 III BauGB sind bei der Aufstellung der Bauleitpläne die Belange, die für die Abwägung von Bedeutung sind (Abwägungsmaterial), zu ermitteln und zu bewerten. Nach § 4 a I BauGB dienen die Vorschriften über die Öffentlichkeits- und Behördenbeteiligung insbesondere der vollständigen Ermittlung und zutreffenden Bewertung der von der Planung berührten Belange und der Information der Öffentlichkeit.

1004 Zwei weitere Regelungen beziehen sich auf die Beachtlichkeit von Belangen in der Abwägung. Stellungnahmen, die im Verfahren der Öffentlichkeits- und Behördenbeteiligung nicht rechtzeitig abgegeben worden sind, können bei der Beschlussfassung über den Bauleitplan unberücksichtigt bleiben, sofern die Gemeinde deren Inhalt nicht kannte und nicht hätte kennen müssen und deren Inhalt für die Rechtmäßigkeit des Bauleitplans nicht von Bedeutung ist. Dies gilt für in der Öffentlichkeitsbeteiligung abgegebene Stellungnahmen nur, wenn darauf in der Bekanntmachung nach § 3 II 2 BauGB zur Öffentlichkeitsbeteiligung hingewiesen worden ist (§ 4 a VI BauGB). Nach § 214 I 1 Nr. 1 BauGB ist eine Verletzung von Verfahrens- und Formvorschriften für die Rechtswirksamkeit des Flächennutzungsplans und der Satzungen nur beachtlich, wenn entgegen § 2 III BauGB die von der Planung berührten Belange, die der Gemeinde bekannt waren oder hätten bekannt sein müssen, in wesentlichen Punkten nicht zutreffend ermittelt oder bewertet worden sind und wenn der Mangel offensichtlich und auf das Ergebnis des Verfahrens von Einfluss gewesen ist. Mängel, die Gegenstand dieser Unbeachtlichkeitsregelung sind, können nicht als Abwägungsmangel geltend gemacht werden. Im Übrigen sind Mängel im Abwägungsvorgang nur erheblich, wenn sie offensichtlich und auf das Abwägungsergebnis von Einfluss gewesen sind. Von der Planung berührte, nicht zutreffend ermittelte oder bewertete Belange betreffen bereits dann „wesentliche Punkte", wenn diese Punkte in der konkreten Planungssituation abwägungsbeachtlich waren.[251]

1005 Die in der Abwägung zu berücksichtigenden Belange werden in dem nicht abschließenden Katalog in § 1 V und VI BauGB benannt. Dazu gehört auch der Grundsatz der Nachhaltigkeit. So sollen die Bauleitpläne eine nachhaltige städtebauliche Entwicklung, die die sozialen, wirtschaftlichen und umweltschützenden Anforderungen auch in Verantwortung gegenüber künftigen Generationen miteinander in Einklang bringt, und eine dem Wohl der Allgemeinheit entsprechende sozialgerechte Bodennutzung gewährleisten und dazu beitragen, eine menschenwürdige Umwelt zu sichern und die natürlichen Lebensgrundlagen zu schützen und zu entwickeln (§ 1 V 1 und 2 BauGB). Der Nachhaltigkeitsgedanke erfasst daher die gesamte städtebauliche Entwicklung und dabei die sozialen, wirtschaftlichen und umweltschützenden Belange und geht daher über die naturschutzrechtlichen und umweltschützenden Belange hinaus. Auch in der Bodenschutzklausel (§ 1 a II BauGB) und bei der naturschutzrechtlichen Eingriffsregelung (§ 1 a III BauGB) verbindet sich das Abwägungsgebot mit dem Nachhaltigkeitsgedanken. So soll mit Grund und Boden sparsam und schonend umgegangen werden; dabei sind zur Verringerung der zusätzlichen Inanspruchnahme von Flächen für bauliche Nutzungen die Möglichkeiten der Entwicklung der Gemeinde insbesondere durch Wiedernutzbarmachung von Flächen, Nachverdichtung und andere Maßnahmen zur Innenentwicklung[252] zu nutzen sowie Bodenversiegelungen auf das notwendige Maß zu begrenzen. Die vorrangige Berücksichtigung der Innenentwicklung nach § 1 a II 1 BauGB setzt dabei voraus, dass das Planziel, für dessen Realisierung bisherige Flächen außerhalb der bebauten Bereiche in Anspruch genommen werden sollen, jedenfalls in vergleichbarer Weise auch innerhalb der bereits besiedelten Bereiche realisiert werden

---

[251] BVerwG, Urt. v. 9.4.2008 – 4 CN 1.07 – ZfBR 2008, 489 = DVBl 2008, 859 = BauR 2008, 1268 = NVwZ 2008, 899 – Planerhaltung.

[252] S. Rn. 223.

können.[253] Landwirtschaftlich, als Wald oder für Wohnzwecke genutzte Flächen sollen nur im notwendigen Umfang umgenutzt werden. Die vorgenannten Grundsätze sind nach § 1 VII BauGB in der Abwägung zu berücksichtigen (§ 1 a II BauGB). Soweit dies mit einer nachhaltigen städtebaulichen Entwicklung und den Zielen der Raumordnung sowie des Naturschutzes und der Landschaftspflege vereinbar ist, können die Darstellungen und Festsetzungen auch an anderer Stelle als am Ort des Eingriffs erfolgen (§ 1 a III 3 BauGB). Der Nachhaltigkeitsgedanke ist auch in der Plan-UP-Richtlinie bereits grundgelegt, der die Pläne und Programme mit Rahmen setzenden Auswirkungen für konkrete Zulassungsentscheidungen UVP-pflichtiger Vorhaben oder Vorhaben mit Einwirkungen auf Habitat- oder Vogelschutzbelange zu einer am Nachhaltigkeitsgedanken orientierten Umweltprüfung verpflichtet.

Die gesetzlich geregelte Verbindung von Abwägung, Umweltprüfung und Nachhal- **1006** tigkeit im EAG Bau 2004 wirft die Frage auf, welchen Einfluss diese neuen Elemente auf die Abwägung haben[254] oder ob es sich bei der Nachhaltigkeit für die städtebauliche Planung um einen ganz und gar inhaltsleeren Gemeinplatz handelt, sodass auch hinsichtlich der Abwägung alles beim alten geblieben ist.[255]

b) Die beiden Abteilungen der Abwägung. In den gesetzlichen Regelungen erscheint **1007** die Abwägung in zwei Abteilungen: Die Zusammenstellung des Abwägungsmaterials, zu der die Ermittlung und Bewertung der für die Abwägung bedeutsamen Belange gehört (Abteilung 1), wird von der eigentlich planerischen Ausgleichsentscheidung gefolgt (Abteilung 2). Beide Abteilungen der Abwägung, die sich in weitere Einzelelemente untergliedern lassen, bauen aufeinander auf und enthalten jeweils verfahrensrechtliche und materiellrechtliche Teile. Die Zusammenstellung des Abwägungsmaterials ist dabei die Grundlage für die Ausgleichsentscheidung. Auch die Umweltprüfung ist mit der Ermittlung und Bewertung der Belange Teil der Zusammenstellung des Abwägungsmaterials (§ 2 a S. 2 BauGB). Das Abwägungsmaterial umfasst ermittelte und bewertete Belange, die für die Abwägung von Bedeutung sind. Es handelt sich um betroffene Interessen, deren Eintritt wahrscheinlich und die mehr als geringfügig, schutzwürdig und erkennbar sind.[256] Bei der Erkennbarkeit haben die Verfahren der Öffentlichkeits- und Behördenbeteiligung eine wichtige Funktion (§ 4 a I BauGB). Was in den Beteiligungsverfahren vorgetragen wird, ist für die planende Stelle erkennbar. Was dort nicht vorgetragen worden ist, muss nur berücksichtigt werden, wenn es hätte bekannt sein müssen und der Mangel offensichtlich und auf das Abwägungsergebnis von Einfluss gewesen ist (§ 214 I 1 Nr. 1 BauGB). Damit wird die verfahrensrechtliche Seite des Zusammenstellungsvorgangs beschrieben. Zur Zusammenstellung des Abwägungsmaterials gehört neben der Ermittlung auch die Bewertung der Belange. Hier sind gesetzliche Leitentscheidungen zu berücksichtigen. Im Übrigen muss die Bewertung angesichts der objektiven Gewichtigkeit der Belange angemessen sein. Darin kommt die inhaltliche Seite der Abwägung zum Ausdruck.

An die Zusammenstellung des entsprechend gewichteten und bewerteten Abwägungs- **1008** materials schließt sich die Ausgleichsentscheidung an. Sie verarbeitet das Abwägungsmaterial zu einer abgewogenen planerischen Gesamtentscheidung. Hier vor allem ist der Ort autonomer Wertentscheidungen, die einer gerichtlichen Kontrolle nur eingeschränkt zugänglich sind. Das gilt vor allem für die „traditionelle Abwägung", die eine Ausgleichsentscheidung aus Rechtsgründen nur dann beanstandet, wenn die getroffenen Wertungen eindeutig widerlegbar oder offensichtlich fehlsam sind. Auch diese Ausgleichsentschei-

---

[253] OVG Münster, Urt. v. 28.6.2007 – 7 D 89/06.NE – Lärmimmissionen.

[254] Dazu auch die Beratungen der 28. Umweltrechtlichen Fachtagung mit den Vorträgen von *Schink* und *Uechtritz* am 5./6.11.2004 in Leipzig, zum Beratungsverlauf *Stüer* DVBl 2004, 1531.

[255] Zu dieser Frage auch *Hoppe* NVwZ 2004, 903; *Stüer* NVwZ 2005, 508.

[256] BVerwG, Urt. v. 12.12.1969 – 4 C 105.66 – BVerwGE 34, 301 = DVBl 1970, 414; B. v. 9.11.1979 – 4 N 1.78 – BVerwGE 59, 87 = DVBl 1980, 233; *Hoppe* DVBl 1964, 165.

dung hat einen verfahrensrechtlichen und einen inhaltlichen Teil. Die Ausgleichsentscheidung muss verfahrensrechtlich einwandfrei zustande gekommen sein. Sie muss auch inhaltlich den Anforderungen an das Abwägungsgebot (§ 1 VII BauGB) entsprechen. Für beide verfahrensrechtlichen Teile bei der Zusammenstellung des Abwägungsmaterials und bei der Ausgleichsentscheidung gilt, dass Mängel im Abwägungsvorgang nur erheblich sind, wenn sie offensichtlich und auf das Abwägungsgebot von Einfluss gewesen sind (§ 214 III 2 BauGB). Bewertungsmängel im Abwägungsvorgang und im Abwägungsergebnis sind nur beachtlich, wenn die Annahmen der Gemeinde eindeutig widerlegbar oder offensichtlich fehlsam sind. Dies nimmt auf die kommunale Planungsautonomie Rücksicht.[257]

1009   **c) Beachtensgebote und gesetzliche Prüfprogramme.** Der weite autonome Gestaltungsspielraum der planenden Verwaltung besteht allerdings nicht überall. Die Abwägungsmöglichkeiten können durch Beachtensgebote (Abwägungssperre oder Abwägungsverbote) verschlossen sein oder es bestehen gesetzliche Vorgaben, die der planenden Stelle im Rahmen der Abwägung ein festes Prüfprogramm vorschreiben. Die gesetzlichen Vorgaben können dabei sozusagen vor die Klammer gezogen sein in dem Sinne, dass sie durch Abwägung nicht überwindbar sind, oder nur einen relativen Vorrang oder ein striktes Prüfprogramm im Rahmen der Abwägung entwickeln. Die Belange sind dann zwar in der Abwägung überwindbar, aber nur nach Maßgabe des gesetzlichen Prüfprogramms.

1010   Ein Beispiel dafür ist etwa die Erheblichkeits- oder Verträglichkeitsprüfung bei der Prüfung nach der FFH- und Vogelschutzrichtlinie. Möglicherweise erhebliche Eingriffe sind einer Verträglichkeitsprüfung zu unterziehen, die anhand der Erhaltungsziele durchzuführen ist. Ist der Eingriff für das Gebiet als Ganzes oder für wesentliche Teile des Gebietes unverträglich, so ist der Eingriff grundsätzlich nur aus Gründen der Wahrung von Leib und Leben oder aus Gründen des Gebietsschutzes selbst zulässig, aus anderen Gründen aber unzulässig. Ist das Projekt durch überwiegende Gründe des öffentlichen Wohls gerechtfertigt und sind keine zumutbaren Alternativen vorhanden, kann das Vorhaben auch aus wirtschaftlichen Gründen zugelassen werden. Die erforderlichen Kohärenzmaßnahmen zur Sicherung des Netzes „Natura 2000" sind zu treffen. Bei einer Betroffenheit prioritärer Lebensräume oder Arten muss allerdings zuvor eine Stellungnahme der EU-Kommission eingeholt werden (Prüfung nach der FFH-Richtlinie). Der Schutz nicht ordnungsgemäß unter Schutz gestellter faktischer Vogelschutzgebiete ist sogar noch größer. Hier sind erhebliche Eingriffe generell unzulässig. Der Weg zu einer Verträglichkeitsprüfung ist dann nach Auffassung des BVerwG versperrt.[258] Dieses Prüfprogramm gilt übrigens auch für die Bauleitplanung (§ 1 a IV BauGB). Die Bauleitplanung hat daher die Vorgaben des europäischen Gebietsschutzes zu beachten.[259] Nach den Schutzanforderungen von Art. 4 und 6 FFH-Richtlinie ist jede Beeinträchtigung von Erhaltungszielen erheblich und muss als Gefährdung des Gebiets als solches gewertet werden. Die Behörde hat sich durch die FFH-Verträglichkeitsprüfung darüber Gewissheit zu verschaffen, dass nachhaltige Auswirkungen auf das Schutzgebiet vermieden werden. Verträglich ist das Vorhaben nur, wenn aus wissenschaftlicher Sicht keine vernünftigen Zweifel an fehlenden Auswirkungen des Vorhabens bestehen.[260]

1011   Auch das Anpassungsgebot an die Ziele der Raumordnung rechnet zu den Regelungen, die nur bei Einhaltung eines gesetzlich vorgeschriebenen Prüfprogramms überwun-

---

[257] *Stüer* DVBl 1977, 1.

[258] BVerwG, Urt. v. 1.4.2004 – 4 C 2.03 – BVerwGE 120, 276 – DVBl 2004, 1151 – Hochmoselbrücke.

[259] *Stüer* DVBl 2009, 1.

[260] BVerwG, B. v. 26.2.2008 – 7 B 67.07 – BauR 2008, 1128 – Windenergieanlage im FFH-Gebiet.

den werden können (§ 1 IV BauGB).[261] Weitere Vorrangregelungen oder Prüfprogramme
können sich aus dem Fachrecht ergeben.

d) Die naturschutzrechtliche Eingriffsregelung. Besondere Aufmerksamkeit ver-   **1012**
dient die seit dem Baurechtskompromiss[262] auch in der Bauleitplanung eingeführte naturschutzrechtliche Eingriffsregelung, die der Gesetzgeber mit dem Grundsatz einer nachhaltigen städtebaulichen Entwicklung in Verbindung bringt. Dabei ist das System der
naturschutzrechtlichen Eingriffs in §§ 13 bis 17 BNatSchG einerseits abzuarbeiten. Auf
der anderen Seite besteht in der Bauleitplanung die Möglichkeit der Abwägung. Die aus
vier Teilen bestehende naturschutzrechtliche Eingriffsregelung kann dabei zu zwei
Phasen zusammengefasst werden. Erhebliche Eingriffe sind zu vermeiden bzw. zu minimieren **(Schonungsgebot)**. Die verbleibenden Eingriffe sind auszugleichen oder in
sonstiger Weise zu kompensieren **(Kompensationsgebot)**. Die naturschutzrechtliche
Eingriffsregelung enthält in der ersten Phase hinsichtlich der Belange von Natur und
Landschaft ein Schonungsgebot in dem Sinne, dass bei Wahrung der Planungskonzeption
die Belange von Natur und Landschaft möglichst gering beeinträchtigt werden sollen.
Die naturschutzrechtliche Eingriffsregelung verleiht den von ihr geschützten Belangen
indes kein besonderes Gewicht oder gar einen einseitigen Vorrang. Sie gehen auch nicht
mit einer abstrakt stärkeren Gewichtung in das Abwägungsmaterial ein. Die eigentliche
Bedeutung der naturschutzrechtlichen Eingriffsregelung zeigt sich erst auf der Ebene der
Ausgleichsentscheidung. Hier ist die planende Stelle gehalten, bei ihren Maßnahmen
nachteilige Einwirkungen auf Natur und Landschaft zu vermeiden oder als Kehrseite die
Planung bei Wahrung der Planungskonzeption und der Planungsziele so einzurichten,
dass sich möglichst geringe nachteilige Auswirkungen auf diese Belange ergeben. Die
naturschutzrechtliche Eingriffsregelung verpflichtet die planende Stelle daher in dieser
ersten Phase nicht ganz allgemein zu einer optimalen Planung, sondern umgekehrt dazu,
nachteilige Auswirkungen auf Belange des Natur- und Landschaftsschutzes zu vermeiden
bzw. gering zu halten. Nicht eine Optimierung, sondern eine Minimierung bzw. Schonung nachteilig betroffener Belange ist daher zu prüfen. Die Planung ist in dieser Hinsicht nur in dem Umfang anzupassen, als unter Wahrung der Zielkonzeption der Planung
eine Schonung von Belangen des Natur- und Landschaftsschutzes möglich ist.

Die zweite Phase der naturschutzrechtlichen Eingriffsregelung bezieht sich auf die   **1013**
Kompensationsprüfung. Verbleibende nachteilige Auswirkungen der Planung oder des
Vorhabens auf Natur und Landschaft sind auszugleichen oder in sonstiger Weise zu kompensieren § 15 II BNatSchG. Während der Ausgleich gegenüber der Kompensation in
sonstiger Weise im Naturschutzrecht vorrangig ist, wird in der Bauleitplanung zwischen
diesen beiden Formen der Kompensation nicht unterschieden. Die Kompensation kann
daher durch geeignete Maßnahmen an Ort und Stelle erfolgen **(Ausgleich)**. Eine **Kompensation** ist aber in der Bauleitplanung nach Einschätzung der Gemeinde auch **in
sonstiger Weise** und damit auch an anderer Stelle zulässig.

Gemeinsam ist den Eingriffsregelungen in der Fachplanung und in der Bauleit-   **1014**
planung, dass das dargestellte zweiphasige Vermeidungs-, Schonungs- und Kompen-
sationsmodell abzuarbeiten ist. Im Unterschied zur Eingriffsregelung der (§§ 13 bis 17
BNatSchG besteht in der Bauleitplanung allerdings keine strikte Bindung an eine volle
Kompensation. Deren Umfang unterliegt vielmehr der planerischen **Abwägung**, sodass
der Kompensationsbedarf in der Bauleitplanung durchaus geringer als bei Projekten der
Fachplanung ausfallen kann. Dahinter steht die gesetzliche Wertung, dass Projekte aus
dem Bereich der Fachplanung zumeist in der Hand öffentlicher Vorhabenträger verwirklicht werden, die mit einem guten Beispiel vorangehen sollen, während die Vorhaben der

---

[261] BVerwG, Urt. v. 17.9.2003 – 4 C 14.01 – BVerwGE 119, 25 = DVBl 2004, 239 = NVwZ
2004, 220 – Mühlheim-Kärlich.

[262] Investitionserleichterungs- und Wohnbaulandgesetz v. 22.4.1993 (BGBl. I. 466) sowie die
Bekanntmachung der Neufassung des Maßnahmengesetzes zum BauGB BGBl. I S 622.

Bauleitplanung in der Regel in der Hand privater Träger liegen, deren Belastung sich in angemessenen Grenzen halten soll. Zudem stellt § 1 a III BauGB und die auf ihm aufbauenden Regelungen des BauGB[263] den planenden Gemeinden eine Reihe von Instrumenten bereit, mit denen ein Gleichgewicht zwischen dem Grundsatz der Konfliktbewältigung und den Möglichkeiten des Konflikttransfers in planbegleitende oder nachfolgende Verfahren hergestellt werden kann.[264]

1015   **e) Die Umweltprüfung.** Das EAG Bau 2004 macht die Umweltprüfung, in der die voraussichtlichen erheblichen Umweltauswirkungen ermittelt und in einem Umweltbericht beschrieben und bewertet werden, zum Regelbestandteil des Planaufstellungsverfahrens.[265] Das Ergebnis der Umweltprüfung ist in der Abwägung zu berücksichtigen (§ 2 IV BauGB). Dabei ist auch das Nachhaltigkeitsprogramm, das bereits in § 1 V 1 BauGB angelegt ist und das sich als Programmsatz auch aus Art. 1 der Plan-UP-Richtlinie ergibt, für die Bauleitplanung als rahmensetzende Planung für konkrete Projektzulassungen verpflichten.[266] Es hat Auswirkungen auf die Zusammenstellung des Abwägungsmaterials und die Ausgleichsentscheidung. Nach der übergreifenden Verwirklichung des Nachhaltigkeitsprogramms in § 1 V 1 BauGB gilt dies übrigens nicht nur für umweltschützende Belange, sondern für die gesamte städtebauliche Entwicklung, also neben den umweltschützenden Belangen auch für die sozialen und wirtschaftlichen Belange.

1016   § 2 III und IV BauGB stellt dabei sicher, dass auch die umweltschützenden Belange über den Umweltbericht Bestandteil des Abwägungsmaterials werden. Die einzelnen Umweltfaktoren sind dabei nach Maßgabe der Anlage 1 zum BauGB in den Umweltbericht einzuarbeiten. Hierdurch gewinnen die Umweltbelange allerdings keine herausgehobene Position und haben auch keinen Gewichtungsvorrang.[267] Vielmehr sind sie mit dem Gewicht in die Abwägung einzustellen, das ihnen in der konkreten Situation vor dem Hintergrund der städtebaulichen und umweltschützenden Belange in § 1 V und VI BauGB und durch gesetzliche Wertentscheidungen zukommt. Die **materielle Wertigkeit** der Umweltbelange bei der Zusammenstellung des Abwägungsmaterials (Abteilung 1) hat sich daher durch das EAG Bau 2004 nicht verschoben. Die Zusammenstellung des Abwägungsmaterials unterliegt verschiedenen **Filtern**: Nur die im Eintritt wahrscheinlichen, mehr als geringfügigen und schutzwürdigen Belange sind einzustellen. Nicht in den Beteiligungsverfahren vorgebrachte Stellungnahmen unterliegen einer (eingeschränkten) Mitwirkungslast (§§ 4 a I, VI, 214 I 1 Nr. 1, III 2 BauGB).[268]

---

[263]   S. Rn. 884.

[264]   BVerwG, B. v. 17.2.1984 – 4 B 191.83 – BVerwGE 69, 30 = DVBl 1984, 343; B. v. 31.1.1997 – 4 NB 27.96 – BVerwGE 104, 68 = DVBl 1997, 1112; B. v. 9.5.1997 – 4 N 1.96 – BVerwGE 104, 353 = DVBl 1997, 1121; Urt. v. 19.9.2002 – 4 CN 1.02 – BVerwGE 117, 58 = DVBl 2003, 204.

[265]   Zur UVP und UP *Battis* NUR 1995, 448; *Ginzky* UPR 2002, S. 47; *Jarass* DÖV 1999, S. 661; *Kläne*, Strategische Umweltprüfung in der Bauleitplanung. Eine Untersuchung zur Umsetzung der Plan-UP-Richtlinie in das deutsche Recht, Diss. Osnabrück 2002; *Krautzberger* DVBl 2002, S. 285; *Krautzberger/Stüer* DVBl 2004, 781, *dies.* DVBl 2004, 914; *Pietzcker*, Gutachten zum Umsetzungsbedarf der Plan-UP-Richtlinie und *Pietzcker/Fiedler* DVBl 2002, 929; *Schink* UPR 2000, S. 127; *Spannowsky* UPR 2000, S. 201; *Wagner* UVP-Report 1996, S. 227.

[266]   Art. 1 der Plan-UP-Richtlinie: Ziel dieser Richtlinie ist es, im Hinblick auf die Förderung einer nachhaltigen Entwicklung ein hohes Umweltschutzniveau sicherzustellen und dazu beizutragen, dass Umwelterwägungen bei der Ausarbeitung und Annahme von Plänen und Programmen einbezogen werden, indem dafür gesorgt wird, dass bestimmte Pläne und Programme, die voraussichtlich erhebliche Umweltauswirkungen haben, entsprechend dieser Richtlinie einer Umweltprüfung unterzogen werden.

[267]   Vergleichbar zur UVP-Richtlinie BVerwG, Urt. v. 25.1.1996 – 4 C 5.95 – BVerwGE 100, 238 = DVBl 1996, 677 – Eifelautobahn A 60; vgl. allerdings auch *EuGH*, E. v. 7.1.2004 – C-201/02 – DVBl 2004, 370 = NVwZ 2004, 517 = EurUP 2004, 57 – Delena Wells; *Stüer/Hönig* DVBl 2004, 481.

[268]   *Stüer* NVwZ 2005, 508.

f) Ausgleichsentscheidung zwischen minimierter Beeinträchtigung (Schonung) 1017
und Kompensation. Das Nachhaltigkeitsprogramm wirkt zudem auf die planerische
Ausgleichsentscheidung ein (Abteilung 2). Hier müssen Methoden entwickelt werden,
die sicherstellen, dass die umweltschützenden Belange i. S. einer nachhaltigen Entwicklung und mit dem Ziel eines hohen Umweltschutzniveaus in die Planung eingehen (Art. 1
der Plan-UP-Richtlinie) und die Ausgleichsentscheidung als Austarieren unterschiedlicher Interessen einschließlich der Kompensationsprüfung ihren Namen verdient. Ohne
die Prüfung von Kompensationsmaßnahmen kommt eine Abwägung in der Reichweite
des Nachhaltigkeitsprogramms im Hinblick auf alle städtebauliche Belange nicht mehr
aus (§ 1 V 1 BauGB). Dabei kann die naturschutzrechtliche Eingriffsregelung mit ihren
beiden Phasen der Schonung und der Kompensation als Vorbild dienen. Es bietet sich an,
mit diesem bewährten Konzept auch die Integration der übrigen umweltschützenden
Belange in die Bauleitplanung aber auch aller anderen städtebaulichen, dem Nachhaltigkeitsprogramm verpflichteten Belange (§ 1 V 1 BauGB) zu gewährleisten.

Die Bauleitplanung soll nach den Vorgaben in Art. 1 der Plan-UP-Richtlinie eine 1018
nachhaltige Entwicklung und ein **hohes Umweltschutzniveau** gewährleisten.
Nachteilige Umweltauswirkungen der Planung sollen daher nach Möglichkeit minimiert
werden. Dies führt zu dem Gebot, die Umweltbelange entsprechend zu schonen, wenn
hierdurch das Planungskonzept und die Zielvorstellungen der Planung nicht beeinträchtigt werden. Umweltbelangen ist daher aus dem Gedanken der Nachhaltigkeit ein möglichst großer Raum zu geben, soweit die Ziele und Zwecke der Planung hierdurch nicht
berührt werden. Eine so verstandene schonende Planung, die ihre Ziele und Zwecke unter möglichster Schonung von Umweltbelangen wahrt, wird eine **„Win-Win-Lösung"**
anstreben, die auf allen Seiten dauerhaft lachende Gesichter hinterlässt. Ist das nicht möglich und verbleiben nachteilige Auswirkungen, so steht in der Ausgleichsentscheidung
die Prüfung von Kompensationsmaßnahmen an, durch die nachteilige Auswirkungen
der Planung ausgeglichen oder in sonstiger Weise kompensiert werden. Diese auf Kompensation gerichtete **„nachhaltige Trauerarbeit"** braucht nicht einen vollen Ausgleich
zu erreichen und ist auch nicht auf eine vollständige Kompensation der betroffenen umweltschützenden oder anderen städtebaulichen Belange in sonstiger Weise verpflichtet.
Die planende Stelle muss aber nachvollziehbar darlegen, dass sie sich mit den betroffenen
umweltschützenden und sonstigen städtebaulichen Belangen über eine reine Kenntnisnahme und ein Wegwägen dieser Belange hinaus befasst hat und die Möglichkeiten einer
Schonung und Kompensation geprüft hat. Die Trauerarbeit setzt dort an, wo Belange
durch die Planung nachteilig betroffen werden, der Eingriff nicht vermieden oder minimiert werden kann und die Frage nach einem Ausgleich oder einer anderweitigen Kompensation ansteht. Hier kommt ein entsprechender Verarbeitungsprozess in Gang.[269] Das
gilt nicht nur für naturschutzrechtliche und umweltschützende Belange, sondern auch
für soziale, wirtschaftliche und andere städtebauliche Belange (§ 1 V 1 BauGB) gleichermaßen.

Dabei ergeben sich aus dem Nachhaltigkeitsprogramm unmittelbar nur **verfahrens-** 1019
rechtliche Anforderungen.[270] Die planende Stelle muss prüfen, ob eine solche Kompensation von benachteiligten Belangen möglich ist. Hat sie dies nachvollziehbar geprüft,
wird die von der planenden Stelle getroffene Ausgleichsentscheidung inhaltlich nur beanstandet werden können, wenn die Entscheidung offensichtlich fehlsam oder eindeutig
widerlegbar ist. Diese Wertungsspielräume bei der inhaltlichen gerichtlichen Kontrolle

---

[269] Die Methode ist auch bereits vom BVerwG angewendet worden, Urt. v. 15.1.2004 – 4 A 11.02
– BVerwGE 120, 1 = NVwZ 2004, 732 = DVBl 2004, 642 – Vierzehnheiligen: *„Am schmerzlichsten hat
der Senat den Eingriff in das Landschaftsbild empfunden, wie es sich vom Parkplatz an der Kreisstraße … bei einem
Blick in Richtung Nordosten darstellt."*

[270] Erwägensgrund 9 der Plan-UP-Richtlinie: „Diese Richtlinie betrifft den Verfahrensaspekt,
und ihre Anforderungen sollten entweder in die in den Mitgliedstaaten bereits bestehenden Verfahren oder aber in eigens für diese Zwecke geschaffenen Verfahren einbezogen werden".

ergeben sich aus den autonomen (kontrollfreien) Gestaltungsräumen aber auch aus dem europarechtlichen Grundsatz, die verfahrensrechtlichen Anforderungen im Vordergrund zu sehen, während die inhaltliche Kontrolle des Gerichts eher zurückhaltend ist.

1020   **g) Schlichtes Wegwägen hat ausgedient.** Die traditionelle Abwägungslehre war wohl etwas vom Bilde der Marktfrau geprägt. Die Marktfrau hatte ihre Ware, die Gewichte, eine Waage und ihren Daumen. Die Ware wurde auf die eine Waagschale gelegt, die Gewichte auf die andere. Wenn die Ware nicht schwer genug war, was nicht selten vorkam, und die Gewichte wie schweres Blei erschienen, setzte die kluge Geschäftsfrau den Daumen ein und brachte die Waage trotz des Leichtgewichts ihrer Ware problemlos zum Ausgleich. So sollen gelegentlich auch Planungsentscheidungen zustande gekommen sein. Wenn die Planrechtfertigung nicht groß genug war, wurde noch etwas nachgelegt oder es wurden die entgegenstehenden Belange schlichtweg weg gewogen. Denn das Ergebnis stand in der Regel sowieso schon vorher fest. Die für das Projekt sprechenden Belange wurden bevorzugt behandelt, die Projekt widersprechenden Belange wurden zurückgestellt, ohne dass sich auch nur ein Bedauern anschloss. Auch irgendein Kompensationsgedanke drängte sich nicht auf. So erschien die Szene jedenfalls vielfach aus der Sicht eines Projektentwicklers oder eines Beraters, der den Planungsvorgang aus der Perspektive des Investors begleitete (§ 4 b BauGB). „Wir müssen das nur noch im Gemeinderat abnicken lassen", war da ein geradezu geflügeltes Wort.

1021   Dieses Modell eines systemanalytischen Bewertungsverfahrens[271], bei dem jede der Lösungen eine Punktbewertung[272] erhielt, die allerdings nur eine Scheinrationalität vorspiegelte, und das Prüfprogramm nach dem Zurückstellen der Belange beendet, erfüllt in Zeiten der Umweltprüfung die im Rahmen der Abwägung erforderlichen Arbeitsschritte allein nicht. Denn eigentlich fängt die planerische Ausgleichsentscheidung, die ihren Namen wirklich verdient, erst da an, wo das Abwägungsmaterial zusammengestellt und die Gewichte positioniert sind. Modelle der Schonung und Kompensation im Rahmen der Ausgleichsentscheidung sind hinzugetreten. Was früher eindimensional mit einer eindeutigen Punktbewertung und dem Vor- und Zurückstellen der Belange endete, muss sich heute sozusagen in einem weiteren Arbeitsschritt vor dem Hintergrund des Nachhaltigkeitsprogramm durch intelligente Ausgleichs- und Kompensationslösungen rechtfertigen. Auch das schlichte Wegwägen ohne den Kompensationsgedanken ist nicht mehr gefragt. Denn eines steht fest: Benachteiligte Umweltbelange können angesichts der Anforderungen an die Umweltprüfung und den Gedanken der Nachhaltigkeit im Hinblick auf alle städtebaulichen Belange (§ 1 V 1 BauGB) nicht mehr einfach weg gewogen werden, sondern müssen in der Abwägung nach Möglichkeit ihren Platz finden. Das ist bereits europarechtlich vorgegeben (Anhang 1 g der Plan-UP-Richtlinie und ebenso Nr. 2 c der Anlage 1 zum BauGB). Die planende Stelle muss sich daher in die Lage der anderen versetzen und darf die benachteiligten Belange nicht einfach überbügeln. Das ist (neuer) Bestandteil der Ausgleichsentscheidung. So gesehen ist in der Abwägung eben doch nicht alles beim Alten geblieben. Vor allem die **verfahrensrechtlichen Anforderungen** an die Zusammenstellung des Abwägungsmaterials und die Ausgleichsentscheidung sind angereichert und gehen wegen des Nachhaltigkeitsgrundsatzes über das traditionelle Verständnis der reinen Zahlenarithmetik und dem Vor- und Zurückstellen der Belange hinaus. Die Abwägung erhält daher einen neuen (verfahrensrechtlichen) Standard und wird zu einer über den verfassungsrechtlichen Mindeststand einer Sparabwägung[273] hinausgehenden Komfortabwägung.[274] Vor dem Hintergrund des Nachhaltigkeitspro-

---

[271] Zur Kritik auch *Stüer* KPBl. 1973, 1112.

[272] Die Punktbewertung kann allerdings in anderen Bereichen durchaus Erfolg versprechend eingesetzt werden, so für den Prüfungsbereich *Stüer* NVwZ 1985, 545.

[273] BVerwG, Urt. v. 24.6.2004 – 4 C 11.03 und 15.03 – Taunus-Flugrouten; zur Vorinstanz VGH Kassel, Urt. v. 11.2.2003 – 2 A 1062/01 – NVwZ-2003, 875.

[274] *Krautzberger/Stüer* DVBl 2004, 914.

gramms ist daher mehr zu tun, als wie die Marktfrau nur die Gewichte zu zählen, eine Punktbewertung vorzunehmen und die zum Bild des Vorhabens passenden Belange einfach zurückzustellen und ins Nichts verschwinden zu lassen. Vielmehr gibt der bereits im Naturschutzrecht und im Nachhaltigkeitsgedanken angelegte **Kompensationsgrundsatz** zusätzliche – vor allem verfahrensrechtliche – Anforderungen an die Ausgleichsentscheidung. Diese **Ausgleichsentscheidung** ist auf der Grundlage des Nachhaltigkeitsgedankens in § 1 V 1 BauGB auf alle städtebaulichen Belange erweitert.

Auch bei nachteilig betroffenen wirtschaftlichen Belangen muss sich der Plangeber **1022** bereits bisher mit den **nachteiligen Folgewirkungen** besonders befassen und nach einem Ausgleich oder einer sonstigen Kompensation umsehen. Dabei ist in die Abwägung einzustellen, dass sich der Entzug der baulichen Nutzungsmöglichkeiten für den Betroffenen wie eine (Teil-)Enteignung auswirken kann.[275] Dies ist gelegentlich als **Gebot der qualifizierten Abwägung** bezeichnet worden.[276] Gehen von einer Neuplanung oder Planänderung erhebliche Nachteile auf wirtschaftliche Belange aus, so muss die Planung nach Möglichkeiten der Schonung oder der Kompensation suchen. Denn die Bauleitplanung operiert vor einem verfassungsrechtlichen Hintergrund.[277] Wer sich auf den Fortbestand des Baurechts einstellen darf, der ist bei einem berechtigten Vertrauen in den Fortbestand der Planung schutzwürdig.[278] Die Änderung der planerischen Ausweisung kann daher bei einem berechtigten Vertrauen in den Fortbestand der Planungskonzeption nur unter besonderer Berücksichtigung der nachteiligen Eingriffsfolgen vorgenommen werden. Dies schließt die Prüfung von Kompensationsentscheidungen mit ein. Das gilt übrigens auch, wenn durch die Bauleitplanung Baurecht entzogen werden soll. Hier müssen diese besonders betroffenen Belange nicht nur mit ihrem jeweiligen Gewicht eingestellt werden. Bei unvermeidbaren Eingriffen müssen Möglichkeiten der Kompensation geprüft werden. Das gilt ganz allgemein auch bei schweren und unerträglichen Auswirkungen der Planung, mit denen der Betroffene nicht einfach allein gelassen werden darf.[279]

h) Abwägung in der Gerichtskontrolle. In der gerichtlichen Kontrolle der Planungs- **1023** entscheidung nimmt das Abwägungsgebot eine zentrale Stellung ein. Das hat sich auch durch den Nachhaltigkeitsgedanken nicht verändert. Dabei bezieht sich die gerichtliche Kontrolle auf die **Zusammenstellung des Abwägungsmaterials** (§ 1 IV BauGB) und die **planerische Ausgleichsentscheidung** (§ 1 VII BauGB). Das Gebot gerechter Abwägung ist nach der Rechtsprechung verletzt, wenn eine (sachgerechte) Abwägung überhaupt nicht stattfindet. Es ist verletzt, wenn in die Abwägung an Belangen nicht eingestellt wird, was nach Lage der Dinge in sie eingestellt werden muss. Es ist ferner verletzt, wenn die Bedeutung der betroffenen privaten Belange verkannt oder wenn der Ausgleich zwischen den von der Planung berührten öffentlichen Belangen in einer Weise vorgenommen wird, der zur objektiven Gewichtigkeit einzelner Belange außer Verhältnis steht. Innerhalb des so gezogenen Rahmens wird das Abwägungsgebot jedoch nicht verletzt, wenn sich die zur Planung berufene Gemeinde in der Kollision zwischen verschiedenen Belangen für die Bevorzugung des einen und damit notwendig für die Zurückstellung eines anderen entscheidet.[280]

---

[275] BVerfG, B. v. 19.12.2002 – 2 BvR 1402/01 – NVwZ 2003, 727 = BauR 2003, 1328.

[276] *Stüer* DVBl 1977, 1.

[277] BVerfG, B. v. 2.3.1999 – 1 BvL 7/91 – BVerfGE 100, 226 = NJW 1999, 2877 = DVBl 1999, 1498 – Direktorenvilla; B. v. 16.2.2000 – 1 BvR 242/92 – BVerfGE 102, 1 = DVBl 2000, 1275 – Altlastensanierung; *Stüer/Thorand* NJW 2000, 3232.

[278] BVerfG, Urt. v. 10.7.1990 – 2 BvR 470/90 u. a. – BVerfGE 82, 310 = DVBl 1990, 930; B. v. 12.5.1992 – 2 BvR 470/90 – BVerfGE 86, 90 = DVBl 1992, 1141 – Papenburg.

[279] BVerfG, B v. 14.7.1981 – 1 BvL 24/78 – BVerfGE 58, 137 – Pflichtexemplare; BVerwG, Urt. v. 21.5.1976 – IV C 80.74 – BVerwGE 51, 15; Urt. v. 29.1.1991 – 4 C 51.89 – BVerwGE 87, 332.

[280] BVerwG, Urt. v. 12.12.1969 – IV C 105.66 – BVerwGE 34, 301.

1024 Es unterliegt daher der Gerichtskontrolle, ob die nach Lage der Dinge einzustellenden Belange in die Abwägung einbezogen worden sind. Das sind die von der Planung wahrscheinlich betroffenen, mehr als geringfügigen, schutzwürdigen und erkennbaren Belange. Dabei haben die Öffentlichkeits- und Behördenbeteiligung eine wichtige Funktion, die sich mit entsprechenden Mitwirkungslasten für die Betroffenen verbindet (§§ 4 a VI, 214 I Nr. 1, III 2 BauGB). Nach Ablauf der förmlichen Beteiligungsfristen kann die planende Gemeinde das Bauleitplanverfahren fortsetzen und in aller Regel in der Beratung einfach zur Tagesordnung übergehen. Die Umweltprüfung hat dabei keinen Selbstzweck. Verfahrensfehler in der Umweltprüfung sind nur dann beachtlich, wenn sie offensichtlich und auf das Abwägungsergebnis von Einfluss gewesen sind (§ 214 III 2 BauGB). Die Umweltprüfung wird im Trägerverfahren der Bauleitplanung durchgeführt. Ein abstraktes Verfahrenserfordernis der Umweltprüfung unabhängig vom Abwägungsgebot besteht daher ebenso wie in der Fachplanung[281] auch in der Bauleitplanung nicht.[282]

1025 Der Gedanke der Trauerarbeit ist im geltenden Recht mit den gesetzlichen **Kompensationsregelungen** im Bereich des Naturschutzes bereits angelegt und wird von den Gemeinden seit mehr als einem Jahrzehnt durchaus erfolgreich mit Leben erfüllt. Die naturschutzrechtliche Eingriffsregelung in (§§ 13 bis 17 BNatSchG verpflichtet dazu, nach einem vorgegebenen Prüfungsraster erhebliche Eingriffe zu vermeiden, zu vermindern, auszugleichen oder in sonstiger Weise zu kompensieren. Für **Habitat- oder Vogelschutzgebiete** ergibt sich aus §§ 31 bis 34 BNatSchG ein durchaus strengeres Prüfungsraster, das sogar auf einen Vorrang von Schutzgütern mit gemeinschaftlicher Bedeutung hinauslaufen kann. Die Eingriffsregelung in der Bauleitplanung in § 1 a III BauGB verpflichtet die planende Gemeinde einerseits zum Abarbeiten des Prüfungsrasters der naturschutzrechtlichen Eingriffsregelung, andererseits eröffnet sie der Gemeinde einen Abwägungsspielraum und ersetzt das Prinzip der **Vollkompensation** der fachplanerischen Entscheidung in §§ 13 bis 17 BNatSchG durch ein **Abwägungsmodell**, mit dem die planende Stelle entsprechende autonome Entscheidungsspielräume nutzen kann.

1026 Die **Ausgleichsentscheidung** hat traditionell den Aspekt des Vor- und Zurückstellens der Belange. Ist dies in einer Weise erfolgt, die zur objektiven Gewichtigkeit der Belange außer Verhältnis steht, dann ist die Ausgleichsentscheidung fehlerhaft. Die dargestellten Modelle der naturschutzrechtlichen Kompensation erweitern die traditionelle Prüfung, ob in der Abwägung die Belange in einer Weise vor- und zurückgestellt sind, wie sie zur objektiven Gewichtigkeit außer Verhältnis stehen, vor allem für die zurückgestellten Belange um den weiteren Prüfungspunkt einer Kompensationsmöglichkeit. Diese Prüfung findet innerhalb der Ausgleichsentscheidung statt, die gerade aus diesen Gründen ihren Namen verdient. Wegen ihrer geringeren Wertigkeit zurückgestellte Belange dürfen in der planerischen Ausgleichsentscheidung nicht einfach weg gewogen werden, sondern müssen in der Reichweite der naturschutzrechtlichen Eingriffsregelungen einen **zusätzlichen planerischen Prüfungsschritt** mit dem Inhalt durchlaufen, ob die Eingriffe vermieden, verringert, ausgeglichen oder in sonstiger Weise kompensiert werden können. Dem Vor- und Zurückstellen der Belange folgt daher vor allem für die zurückgestellten Belange im Rahmen der Ausgleichsentscheidung ein weiterer Schritt der Kompensationsprüfung. Das war für den Bereich der naturschutzrechtlichen Belange schon nach bisherigem Recht so.

1027 Das EAG Bau 2004 erweitert die bisherige naturschutzrechtliche Kompensationsregelung in § 1 a III BauGB zunächst auf alle umweltschützenden Belange. Denn nach Nr. 2 c der Anlage 1 zum BauGB umfasst der Umweltbericht auch geplante Maßnahmen zur Vermeidung, Verringerung und zum Ausgleich der nachteiligen Auswir-

---

[281] BVerwG, Urt. v. 25.1.1996 – 4 C 5.95 – BVerwGE 100, 238 = DVBl 1996, 677 – Eifelautobahn A 60.

[282] BVerwG, Urt. v. 18.11.2004 – 4 CN 11.03 – DVBl 2005, 386 = NVwZ 2004, 1237 – Diez.

kungen.[283] Dies ist bereits durch den Anhang I g der Plan-UP-Richtlinie vorgegeben. Es sind danach im Umweltbericht Maßnahmen darzustellen, die geplant sind, um erhebliche negative Umweltauswirkungen aufgrund der Durchführung des Plans oder Programms zu verhindern, zu verringern und soweit wie möglich auszugleichen. Damit ist für die umweltschützenden Belange eine Ausgleichsentscheidung zu treffen, die auch die Prüfung von Vermeidungs-, Verminderungs- oder Ausgleichsmaßnahmen umfasst, sodass eine Entscheidung über das Vor- und Zurückstellen der Belange allein nicht ausreicht. Die **Kompensation** in der Ausgleichsentscheidung ist nach der Anlage zur Plan-UP-Richtlinie sogar **„soweit wie möglich"** vorzunehmen. Über das Nachhaltigkeitsprogramm erweitert sich die Prüfung eines Kompensationsbedarfs auch auf alle anderen Belange der städtebaulichen Entwicklung im Hinblick auf soziale, wirtschaftliche und umweltschützende Anforderungen (§ 1 V 1 BauGB).

Die gerichtliche Kontrolle der Ausgleichsentscheidung wird durch das Nachhaltig- **1028** keitsprogramm in der Tendenz allerdings vor allem verfahrensrechtlich erweitert. Die Prüfung bezieht sich nicht nur darauf, ob die Ausgleichsentscheidung in dem Vor- und Zurückstellen von Belangen proportional ist und ob der Abgleich der Belange im Verhältnis zur objektiven Gewichtigkeit der Belange erfolgt ist und daher rechnerisch ein Belang einen anderen nach Punkten überwiegt. Vielmehr hat das Gericht auch zu prüfen, ob die planende Stelle den Nachhaltigkeitsgedanken in der Ausgleichsentscheidung durch ein entsprechendes **methodisches Vorgehen** der **Kompensationsprüfung** ausreichend berücksichtigt hat. Dies schließt die Prüfung einer möglichst geringen Beeinträchtigung von Umweltbelangen i. S. eines Schonungsgebotes umweltschützender Belange und die Kontrolle von Kompensationserwägungen mit ein, wie dies bereits aus der naturschutzrechtlichen Eingriffsregelung bekannt ist. Die planende Stelle kann daher sich ergebende Konfliktlagen bei umweltschützenden Belangen **nicht schlichtweg wegwägen** oder auf andere Weise ungelöst verschieben, sondern muss darlegen, dass sie die Konfliktlage erkannt und in der Ausgleichsentscheidung berücksichtigt hat. Lässt sich eine für alle befriedigende Lösung nicht erreichen („Win-Win-Lösung") und sollen die Belange am Ende tatsächlich zurückgestellt werden, ist eine „nachhaltige Trauerarbeit" angesagt. Dies stellt an die Planung zusätzliche verfahrensrechtliche Anforderungen. Die Trauerarbeit kann allerdings auch das Ergebnis haben, dass sich die planende Stelle mit dem Verlust nach Prüfung abfindet oder auch nach Lage der Dinge schweren Herzens abfinden muss. Gegenüber der traditionellen buchhalterischen Abwägung ist dies schon eine anspruchsvollere Abwägung, die sich auch den Belangen nachteilig betroffener Belange zuwendet und sie nicht ohne nochmalige Prüfung einfach im Nichts verschwinden lässt. Eine emotionale Teilnahme an diesen zurückgestellten Belangen ist daher durchaus angesagt.

Das Nachhaltigkeitsprogramm hat darüber hinaus einen **Zeitaspekt** und das Bestre- **1029** ben, die Eingriffe auch im Hinblick auf künftige Generationen zu betrachten (§ 1 V 1 BauGB). Dem trägt das EAG Bau 2004 durch das **Baurecht auf Zeit** (§ 9 II BauGB)[284] und in der **Rückbauverpflichtung** für privilegierte Außenbereichsvorhaben nach § 35 I Nr. 2 bis 6 BauGB (§ 35 V BauGB) Rechnung. In die Ausgleichsentscheidung sind daher bei entsprechender Veranlassung auch Überlegungen zur zeitlichen Befristung der Bauleitplanung, zur Folgenbegrenzung oder der späteren Folgenbeseitigung bzw. –kompensation einzustellen. Auch dies ist ggf. ein neues Element in der Ausgleichsentscheidung.

Vor dem Hintergrund der europarechtlichen Anforderungen stehen vor allem die **1030** erweiterten verfahrensrechtlichen Anforderungen im Vordergrund. Die Ausgleichsentscheidung wird durch die Umsetzung des Nachhaltigkeitsprogramms mit Kompensationsüberlegungen angereichert. Sind diese zusätzlichen verfahrensrechtlichen Anforderungen erfüllt, ist es sachgerecht, die von der planenden Gemeinde getroffenen Wertentscheidungen in der **Gerichtskontrolle** nur auf **offensichtliche Fehler** und

---

[283] Zum Umweltbericht s. Rn. 177.
[284] S. Rn. 265.

eindeutige Widerlegbarkeiten zu prüfen. Diese stärkere Ausrichtung an verfahrensrechtlichen Vorgaben und eine gerichtliche Zurückhaltung bei der inhaltlichen Prüfung der planerischen Ausgleichsentscheidung folgt dem europarechtlichen Ansatz der Betonung verfahrensrechtlicher Anforderungen und wird zugleich dem Grundsatz der kommunalen Planungsautonomie gerecht. Die stärkeren verfahrensrechtlichen Vorgaben werden vor dem Hintergrund europarechtlicher Anforderungen daher durch eine geringere materiell-rechtliche Kontrolle der Bauleitplanung eingetauscht.

1031 **i) Kompensation als fester Bestandteil der Ausgleichsentscheidung.** Vor allem die Ausgleichsentscheidung, in der die Belange vor- oder zurückgestellt werden, erfüllt in der Abwägung eine wichtige Funktion. Die Umweltbelange nehmen an dieser Ausgleichsentscheidung in dem Sinne teil, dass sie dort auch weiterhin verfügbar bleiben. Allerdings ist in der zusammenfassenden Erklärung zu erläutern, wie die Umweltbelange und die Ergebnisse der Öffentlichkeits- und Behördenbeteiligung im Flächennutzungsplan und im Bebauungsplan berücksichtigt wurden, und aus welchen Gründen der Plan nach Abwägung mit den geprüften, in Betracht kommenden anderweitigen Planungsmöglichkeiten gewählt wurde (§§ 6 V 2, 10 IV BauGB). Ein schlichtes Wegwägen von Umweltbelangen ohne den zusätzlichen dargestellten Verfahrensschritt ist daher nicht (mehr) möglich. Und auch eine „einfache Trauerarbeit" mit der ernsten Miene eines eigentlich ganz gut zufriedenen Beerdigungsunternehmers reicht da nicht mehr aus. Vielmehr ist im Rahmen der Ausgleichsentscheidung entweder ein „Win-Win"-Ergebnis[285] zu erzielen, wie es auch in Mediationsverfahren angestrebt wird[286], mit i. S. des „sustainable development"[287] auf allen Seiten dauerhaft lachenden Gesichtern. Oder es ist bei der Überwindung von nachteilig betroffenen städtebaulichen Belangen eine „nachhaltige Trauerarbeit" mit echten „Krokodilstränen" angesagt. Vielleicht können auch in Sternstunden des Planungsrechts das weinende und das lachende Auge miteinander verbunden werden.[288] Wer dies vor dem Hintergrund des Nachhaltigkeitsprogramms erst einmal richtig eingeübt hat, dem wird es nicht schwer fallen, nach dieser Methode auf der Grundlage des Nachhaltigkeitsgedankens (§ 1 V 1 BauGB) in Zukunft in dem gebotenen Umfang mit allen abwägungserheblichen Belangen zu verfahren. Die Abwägung wird damit nicht prinzipiell anders, bezieht aber im Interesse des Nachhaltigkeitsprogramms die bereits aus der naturschutzrechtlichen Eingriffsregelung bewährte verfahrensrechtlichen Methoden der Minimierung der Eingriffswirkungen und der **Kompensation** als Prüfungsschritt in die Ausgleichsentscheidung ein – sie wird einfach anspruchsvoller. Für die Praxis erweitert sich dieser aus dem Naturschutzrecht bekannte methodische Ansatz zunächst auf andere umweltschützende Belange[289] und wird über den Nachhaltigkeitsgedanken im Städtebau (§ 1 V 1 BauGB) damit zu einem **allgemeinen Standard der Bauleitplanung**. Betroffene wirtschaftliche Belange sind bereits nach der bisherigen Rechtsprechung ebenso zu behandeln. Für den Planer, der so verfährt, ist Entwarnung angesagt.[290] Die bisher für umweltschützende Belange bestehende Lücke wird daher durch entsprechende Kompensationserfordernisse in der Ausgleichsentscheidung geschlossen und in einem entsprechend angereicherten Abwägungsmodell ein einheitlicher verfahrensrechtlicher Standard erzielt.

1032   Und noch eine weitere **Harmonisierung** des Planungsrechts könnte mit dem neuen methodischen Ansatz der Nachhaltigkeit verbunden werden: Der Nachhaltigkeitsgedan-

---

[285] *Krautzberger* UPR 2001, 130.
[286] *Stüer/Hermanns* DVBl 2004, 746.
[287] Konferenz der Vereinten Nationen über Umwelt und Entwicklung in Rio de Janeiro vom 3.–14.6.1992, Prinzip 4.
[288] Derartige Modelle sind aus dem großen Theater bekannt.
[289] *Krautzberger/Stüer* DVBl 2004, 781 (782 Fn. 9); *dies.* DVBl 2004, 914.
[290] Zu den Folgen der Nichtbeachtung europarechtlicher Verfahrensanforderungen *EuGH*, E. v. 7.1.2004 – C-201/02 – DVBl 2004, 370 = NVwZ 2004, 517 = EurUP 2004, 57 – Delena Wells.

ke verpflichtet (lediglich) zu einer abwägenden Berücksichtigung von Umweltbelangen und städtebaulichen Belangen in der Ausgleichsentscheidung, enthält jedoch nicht das strikte Gebot, die betroffenen Umweltbelange in vollem Umfang zu kompensieren, wie dies für das Fachplanungsrecht und Vorhaben im Außenbereich bei der naturschutzrechtlichen Eingriffsregelung erforderlich ist. Ist das **Abwägungsgebot** – wie vorstehend dargelegt – in der Ausgleichsentscheidung ganz allgemein um den verfahrensrechtlichen Schritt des Kompensationsgedankens erweitert, könnte auch in der **Fachplanung** auf eine **Vollkompensation** bei der naturschutzrechtlichen Eingriffsregelung **verzichtet** werden. Es könnte sich daher empfehlen, bei der nächsten **Novelle des Naturschutzrechts** das Erfordernis der Vollkompensation in der naturschutzrechtlichen Eingriffsregelung nach §§ 13 bis 17 BNatSchG ebenso wie in der Bauleitplanung durch ein Abwägungsmodell zu ersetzen. Hierdurch könnten zugleich einheitliche Standards geschaffen und Wettbewerbsnachteile in Deutschland durch eine uneingeschränkte naturschutzrechtliche Kompensationspflicht im europäischen Vergleich vermieden werden. Denn die naturschutzrechtliche Eingriffsregelung gibt es in der deutschen Ausgestaltung in den anderen Mitgliedstaaten nicht.

Das EAG Bau 2004 stärkt im Bereich der Zusammenstellung des Abwägungsmaterials **1033** durch die Öffentlichkeit- und Behördenbeteiligung sowie die Umweltprüfung und bei der Ausgleichsentscheidung durch die Prüfung von Kompensationserfordernissen die verfahrensrechtlichen Elemente der städtebaulichen Planungsprozesse. Damit war offenbar wohl auch etwas die durchaus berechtigte Annahme verbunden, dass hierdurch zugleich die Qualität der Bauleitplanung verbessert und die Legitimation der Entscheidungsträger[291] gestärkt wird.[292] Ein **hohes Umweltschutzniveau** i. S. der Plan-UP-Richtlinie wird dabei nicht durch unmittelbare Gewichtungsvorgaben oder materielle Standards, sondern dadurch erreicht, dass bei der Ermittlung der umweltschützenden Belange die Zusammenstellung des Abwägungsmaterials und durch einen zusätzlichen Prüfungsschritt der Vermeidung, der Verminderung und der Kompensation die planerische Ausgleichsentscheidung angereichert wird. Die Umweltprüfung bringt daher die Bauleitplanung auf einen **neuen**, vom Richtlinienrecht geforderten **verfahrensrechtlichen Standard**, aus dem sich dann mittelbar – wenn alles gut geht – auch ein entsprechender **Mehrwert der Planung** ergibt. In diesem Sinne wird durch das qualifiziertere Verfahren einer Umweltprüfung mit dem Kompensationsgedanken zugleich auch ein besseres, gelegentlich sogar **optimales Ergebnis** erreicht werden können.[293]

3. Prüfkatalog

Für die Zusammenstellung des Abwägungsmaterials können folgende Gesichtspunkte **1034** herangezogen werden:

a) Allgemeine Ziele und Zwecke sowie Erforderlichkeit des Bebauungsplans. 1035 Welchen städtebaulichen Zielen soll entsprochen werden. Kurzbeschreibung der städtebaulichen Situation. Die bestehenden Rechtsverhältnisse sind aufzuarbeiten. Sind Neuaufstellung, Änderung oder Aufhebung des Bebauungsplans erforderlich? Lage im Gemeindegebiet, Stand der vorbereitenden Bauleitplanung, vergleichbare Bebauungspläne im Gemeindegebiet, Darlegung der Investitionsabsichten für das Plangebiet.

b) Abgrenzung des räumlichen Geltungsbereichs. Darstellung der durch den Be- **1036** bauungsplan ausgelösten Konflikte, Bewältigung der im Geltungsbereich des Bauleit-

---

[291] *Luhmann*, Legitimation durch Verfahren, 1969.
[292] Nach Art. 1 der Plan-UP-Richtlinie ist die Umweltprüfung das Verfahren, durch das ein entsprechender Mehrwert erzielt wird: Die Förderung einer nachhaltigen Entwicklung und ein hohes Umweltschutzniveau wird dadurch erreicht, „indem dafür gesorgt wird", dass bestimmte Pläne und Programme einer Umweltprüfung unterzogen werden.
[293] *Stüer* NVwZ 2005, 508.

plans ausgelösten Konflikte. Aufteilung des Gesamtgebietes in mehrere Bebauungsplanbereiche zur besseren Durchsetzbarkeit städtebaulicher Ziele. Parzellenscharfe Abgrenzung des Plangebietes.

1037 c) Ziele der Raumordnung und Landesplanung. Hier sind zu berücksichtigen: Regionales Raumordnungsprogramm, Landesraumordnungsprogramm oder Raumordnungspläne, zentralörtliche Einordnung, Entwicklungsaufgaben im Regionalen Raumordnungsprogramm, Vorrang-, Vorbehalts- und Eignungsgebiete mit ihren Schwerpunktaufgaben.

1038 d) Beachtung des Entwicklungsgebots. Entwickeltsein aus dem Flächennutzungsplan. Ggf. ist der Flächennutzungsplan entsprechend zu ändern.

1039 e) Bestandsaufnahme. Im Rahmen der Zusammenstellung des Abwägungsmaterials sind eine Bestandsaufnahme und eine Auswertung sämtlicher vorhandener Unterlagen zweckmäßig. Dabei sind die Lage im Stadtgebiet, der städtebauliche Zusammenhang sowie die topografische Situation mit evtl. Höhennivellement erforderlich.

1040 f) Bodenbeschaffenheit und Altlasten. Hier stellen sich folgende Fragen: Ist der Boden augenscheinlich anhand vorhandener Gebäude für bauliche Maßnahmen geeignet? Gibt es gutachterliche Aussage zur allgemeinen Baugrundbeschaffenheit? Ist die Versickerungsfähigkeit des Bodens bekannt? Sind Altlasten bekannt? Gibt es gutachterliche Aussagen unter Berücksichtigung etwa des Altlasterkatasters der Wasser- und Abfallbehörden. Bestehen sonstige Verdachtsmomente? Ggf. ist zu prüfen, ob die Unterlagen hinreichend aussagekräftig sind oder weitergehende Untersuchungen (historische Recherchen, Gefährdungsabschätzung oder ein behördlicher Sanierungsplan) einzuleiten ist.

1041 g) Größe des Geltungsbereichs – Eigentumsverhältnisse. Genaue Größenangaben zu den einzelnen Grundstücksflächen. Ermittlung der im Eigentum der Gemeinde befindlichen Flächen. Welche Flächen gehören privaten Eigentümern und wie groß sind diese Flächen (ggf. Auszug aus dem Liegenschaftskataster, Lageplan 1 : 1.000)?

1042 h) Baulich genutzte Flächen, Freiflächen, Zustand von Natur und Landschaft. Lage der bebauten Grundstücke, Art und Maß der vorhandenen baulichen Nutzung, Versiegelungsgrad. Welche Flächen werden als öffentliche Erschließungsflächen genutzt? Unbebaute Grundstücke und Freiflächen, Landschaftsrahmenplan oder Landschaftsplan bzw. sonstige naturschutzrechtliche Fachplanungen sowie ausgewiesene oder faktische Vogelschutzgebiete oder die in die Kommissionsliste aufgenommene oder potenzielle → FFH-Gebiete. Zustand von Natur und Landschaft, schutzgutbezogene Bestandsaufnahme mit Biotopkartierung naturschutzfachlicher Biotopbewertung. Berücksichtigung einer Baumschutzsatzung.

1043 i) Bestehende Rechtsverhältnisse und Planungsgrundlagen. Rechtsverbindliche Satzungen im Plangebiet. Maßnahmen zur Sicherung der Bauleitplanung (Veränderungssperre, Zurückstellung von Baugesuchen, Zeitfenster). Bindende Fachplanungen, informelle Planungen oder städtebauliche Verträge, die zu berücksichtigen sind. Amtliche Planunterlagen durch das Katasteramt oder einen öffentlich bestellten Vermessungsingenieur.

1044 j) Begründung der Festsetzungen. Zum städtebaulichen Konzept: Berücksichtigung einer städtebaulichen Rahmenplanung, von Skizzen oder Vorentwürfen. Zur Art der Nutzung: Welche Nutzungen sollen zugelassen und welche vermieden werden? Positiv- oder Negativfestsetzungen oder Feinsteuerungen gem. § 1 V oder IX BauNVO? Zum Maß der baulichen Nutzung, zur Bauweise, zu Baulinien und Baugrenzen: Festsetzung des angestrebten und städtebaulich vertretbaren Dichtemaßes über die GRZ, GFZ und Z-Zahl. Höhenbegrenzung (TH, FH, GH) mit Bezugspunktdefinition, Bauweise, Baugrenzen oder Baulinien, Bestandsschutz. Zur Gestalt der Gebäude. Örtliche Bauvorschriften mit Gestaltungsfestsetzungen (Dachform, Dachneigung, Material und Farbe von Dach und Fassade, Höhenentwicklung, Einfriedigungen, Nebenanlagen). Zu den öffentlichen Verkehrsflächen: Äußere Erschließung des Plangebietes, Anbindung an den regionalen und überregionalen Verkehr, innere Erschließung, Art des Ausbaus der Erschließungsanlagen, Ausbaustandards und Richtlinien, Abstimmung mit Baulastträger und Verkehrsbehörde, Erforderlichkeit einer Kreuzungsvereinbarung, Prüfung von Immissionen, Flächen für den ruhenden Verkehr, Festsetzung von fußläufigen Wegebeziehungen und Radwegen, Anbindung an den Öffentlichen Personennahverkehr. Zu Grünflächen: Beachtung ggf. Berücksichtigung naturschutzfachliche Fachplanungen, Bestandsaufnahme über schützenswerte und erhaltenswerte Biotope, Festsetzung öffentlicher Grünflächen, Ausgleichsflächen, Zuordnung der Ausgleichsflächen, Ausweisung erforderlicher Spielplätze. Zu nachrichtlichen Übernahmen und Kennzeichnungen. Berücksichtigung bindender Vorgaben der Fachplanung oder andere zu beachtende Vorgaben (Schutzgebiete, Richtfunktrassen, Bergbau).

k) Auswirkungen des Bebauungsplans. Kosten der Gemeinde für Flächenankauf, **1045** Abbruch bestehender Gebäude, Altlastenbeseitigung, Kosten externer Fachgutachter, Neubau von Erschließungsanlagen, tiefbautechnische Massenermittlung mit Kostenschätzung. Beteiligung der Träger von Wasserversorgung, Löschwasserversorgung, Elektrizität, Gasversorgung, Telekommunikation, Abwasserbeseitigung, Abfallbeseitigung, Oberflächenentwässerung. Prüfung haushaltsrechtlicher Absicherung, Aussagen zur Finanzierung bzw. Kostenträgerschaft, technische und soziale Infrastrukturfolgekosten. Notwendigkeit bodenordnender und sonstiger Maßnahmen mit Zeithorizont. Auswirkungen auf private Belange (Eigentum, Miet- und Pachtverhältnisse, berechtigte Erwartungen, Standortvor- oder -nachteile, Nutzungsmöglichkeiten, Entwicklungsspielräume, nachbarschützender Charakter von Festsetzungen). Auswirkungen auf die sozialen Verhältnisse, ggf. Erfordernis eines Sozialplans (§ 180 BauGB).

4. Abwägungsfehler

Die Bauleitplanung ist in der gerichtlichen Kontrolle auf folgende Abwägungsfehler zu **1046** kontrollieren:[294]

– Die Planung darf sich nicht über strikte Vorgaben aus der übergeordneten Raumordnung oder des Fachrechts hinwegsetzen (Abwägungssperre – Abwägungsverbot).
– Das Gebot gerechter Abwägung ist verletzt, wenn eine sachgerechte Abwägung überhaupt nicht stattfindet **(Abwägungsausfall)**.
– Es ist verletzt, wenn in die Abwägung an Belangen nicht eingestellt wird, was nach Lage der Dinge in sie eingestellt werden muss **(Abwägungsdefizit – Einstellungsfehler)**.
– Es ist ferner verletzt, wenn die Bedeutung der betroffenen privaten Belange verkannt **(Abwägungsfehleinschätzung – Gewichtungs- und Bewertungsfehler)**
– oder wenn der Ausgleich zwischen den von der Planung betroffenen öffentlichen Belangen in einer Weise vorgenommen wird, der zur objektiven Gewichtigkeit einzelner Belange außer Verhältnis steht **(Abwägungsdisproportionalität)**.
– Die Ausgleichsentscheidung kann auch fehlerhaft sein, wenn die planende Stelle die ihr geringer wertig erscheinenden Belange ohne weitere **Prüfungsschritte** der Vermeidung, der Verminderung oder des Ausgleichs einfach zurückgestellt hat, obwohl eine entsprechende Prüfung nach Lage der Dinge erforderlich gewesen wäre **(fehlerhafte Ausgleichsentscheidung)**.
– Die Abwägung ist fehlerhaft auch bei unzulässigen Bindungen und einseitigen Festlegungen, die ein ordnungsgemäßes Abwägungsverfahren nicht mehr gestatten **(subjektive Abwägungssperre),**[295] oder

---

[294] BVerwG, Urt. v. 12.12.1969 – 4 C 105.66 – BVerwGE 34, 301 = RzB Rn. 23.
[295] *Stüer* DVBl 1995, 649.

- bei einem rechtserheblichen Abweichen von Planregelungen und Abwägung **(Abwägungsdivergenz – Abwägungsinkongruenz).**

1047   Abwägung ist nur zulässig, wo keine gesetzlichen Bindungen bestehen, die durch Abwägung nicht überwindbar sind (Planungsleitsätze). Sowohl aus den übergeordneten Zielen der Raumordnung als auch aus bindendem gesetzlichem Fachrecht können sich Abwägungsverbote bzw. Abwägungssperren erheben, die eine Abwägung von Belangen nicht zulassen. So ist die Gemeinde an die Ziele der Raumordnung gebunden (§ 1 IV BauGB). Bindungen ergeben sich auch aus dem Vorrang der privilegierten Fachplanung (§ 38 BauGB). Vorhaben von überörtlicher Bedeutung sowie Müllverbrennungsanlagen, die durch Planfeststellung oder mit den Rechtswirkungen der Planfeststellung zugelassen werden, haben Vorrang vor der Bauleitplanung, wenn die Gemeinde beteiligt worden ist und städtebauliche Belange bei der Zulassungsentscheidung berücksichtigt worden sind. Derartige Vorränge können sich auch aus anderen gesetzlichen Regelungen ergeben.

1048   Ist die Entscheidung abwägungsdirigiert, ist folgendes Prüfungsraster anzuwenden: Das Gebot gerechter Abwägung ist verletzt,[296] wenn eine sachgerechte Abwägung überhaupt nicht stattgefunden hat. Es ist verletzt, wenn in die Abwägung nicht eingestellt wird, was nach Lage der Dinge in sie eingestellt werden muss. Es ist ferner verletzt, wenn die Bedeutung der betroffenen privaten Belange verkannt oder wenn der Ausgleich zwischen den von der Planung berührten öffentlichen Belangen in einer Weise vorgenommen wird, der zur objektiven Gewichtigkeit einzelner Belange außer Verhältnis steht. Innerhalb des so gezogenen Rahmens wird das Abwägungsgebot jedoch nicht verletzt, wenn sich die zur Planung berufene Gemeinde in der Kollision zwischen verschiedenen Belangen für die Bevorzugung des einen und damit notwendig für die Zurückstellung eines anderen Belangs entscheidet.[297]

1049   Die Gemeinde hat dabei einen **Bewertungs- und Abwägungsspielraum.** Ihr ist es in erster Linie aufgetragen, eine planerische Abwägung vorzunehmen und die Vor- und Nachteile der jeweiligen Lösungen gegeneinander und untereinander abzuwägen. Die getroffene Entscheidung ist nicht bereits deshalb fehlerhaft, weil die Gemeinde dabei den einen Belang dem anderen vorzieht.[298] Denn es ist nicht Aufgabe der Verwaltungsgerich-

---

[296] BVerwG, Urt. v. 12.12.1969 – 4 C 105.66 – BVerwGE 34, 301 = RzB Rn. 23.
[297] BVerwG, Urt. v. 5.12.1986 – 4 C 13.85 – BVerwGE 75, 214 = RzB Rn. 191 – Erdinger Moos; Urt. v. 26.7.1993 – 4 A 5.93 –.
[298] BVerwG, Urt. v. 12.12.1969 – 4 C 105.66 – BVerwGE 34, 301 = RzB Rn. 23; Urt. v. 5.7.1974 – 4 C 50.72 – BVerwGE 45, 309 = RzB Rn. 24; Urt. v. 5.12.1986 – 4 C 13.85 – BVerwGE 74, 214.

te, durch eigene Ermittlungen ersatzweise zu planen und sich hierbei von den Erwägungen einer besseren Planung leiten zu lassen.[299]

a) Abwägungsausfall. Das Abwägungsgebot des § 1 VII BauGB ist verletzt, wenn eine **1050** Abwägung überhaupt nicht stattfindet. Es ist auch verletzt, wenn die Abwägung hinsichtlich rechtlich relevanter Bestandteile defizitär ist. Davon ist insbesondere auszugehen, wenn Belange nicht in die Abwägung eingestellt werden, die nach Lage der Dinge einzustellen sind, die also zum Abwägungsmaterial gehören (§ 2 III BauGB). Ergibt sich aus den Sitzungsprotokollen des Gemeinderates, ein offensichtlicher Abwägungsausfall hinsichtlich bestimmter Belange, so ist die Behauptung, eine ordnungsgemäße Abwägungsentscheidung durch den Gemeinderat habe dennoch stattgefunden, eines Zeugenbeweises durch Vernehmung der Mitglieder des Gemeinderates grundsätzlich nicht zugänglich.[300] Der Fehler eines Ermittlungsdefizits kann etwa darin bestehen, dass die Ermittlung einzelner Belange im Hinblick auf andere als vorrangig erachtete Belange überhaupt nicht erfolgt oder auch defizitär ist. Ergibt sich aus den Sitzungsprotokollen des Gemeinderates ein offensichtlicher Abwägungsausfall hinsichtlich bestimmter Belange, so ist die Behauptung, eine ordnungsgemäße Abwägungsentscheidung durch den Gemeinderat habe dennoch stattgefunden, eines Zeugenbeweises durch Vernehmung der Mitglieder des Gemeinderates grundsätzlich nicht zugänglich.[301]

b) Zusammenstellung des Abwägungsmaterials – Ermittlungs- und Einstel- 1051 lungsfehler. Die planende Gemeinde hat die nach Lage der Dinge einzustellenden Belange bei der Abwägung zu ermitteln und zu bewerten (§ 2 III BauGB). Der Begriff „Belang" ist dabei weit auszulegen. Die **öffentlichen Belange** beziehen sich auf alle öffentli-

---

[299] BVerwG, Urt. v. 31.3.1995 – 4 A 1.93 – BVerwGE 98, 126 = DVBl 1995, 1007 = NVwZ 1995, 901.

[300] VGH Mannheim, Urt. v. 13.2.2008 – 3 S 2282/06 – NVwZ-RR 2008, 676 – Zeugenvernehmung über Sitzungsverlauf.

[301] VGH Mannheim, Urt. v. 13.2.2008 – 3 S 2282/06 – NVwZ-RR 2008, 676 – Zeugenvernehmung über Sitzungsverlauf.

chen Interessen, die im Zusammenhang mit der Bodennutzung und mit der städtebaulichen Entwicklung und Ordnung stehen. Wesentliche Anhaltspunkte für öffentliche Belange ergeben sich aus den allgemeinen Planungsleitlinien in § 1 V BauGB und in den weiteren Planungsgrundsätzen und Optimierungsgeboten in den §§ 1 V, 1a I BauGB. Der **private Belang** ist ebenfalls weit zu fassen und umfasst insbesondere die verfassungsrechtlich geschützten Rechtspositionen wie das Grundeigentum und grundstücksgleiche Rechte, den Bestandsschutz, das Recht am eingerichteten und ausgeübten Gewerbebetrieb sowie dingliche und schuldrechtliche Rechte zur Bodennutzung. Die danach zum Abwägungsmaterial gehörenden **privaten Belange** beschränken sich nicht auf subjektiv öffentliche Interessen oder auf das, was nach Art. 14 GG oder Art. 2 II GG verfassungsrechtlich gegen einen entschädigungslosen Entzug geschützt ist. Auch verfassungsrechtlich nicht geschützte Interessen, Chancen, Gewinnerwartungen oder Möglichkeiten sind grundsätzlich zu den abwägungsbeachtlichen Interessen zu rechnen. So sind in der Regel auch erkennbare künftige Markt- und Erwerbschancen als abwägungsbeachtliche private Belange zu berücksichtigen.[302] Eine Betroffenheit kann sich auch daraus ergeben, dass Belange bei nach Lage der Dinge einzustellenden Alternativüberlegungen besonders übervorteilt oder benachteiligt würden. Auch die Beibehaltung des bisherigen Zustandes kann abwägungsrelevant sein.[303] Bei der Ermittlung der Belange kann eine grobe Abschätzung genügen, wenn sie bereits entsprechende Erkenntnisse vermittelt.[304]

1052   Innerhalb des grundsätzlich weiten Rahmens aller durch die Planung positiv oder negativ betroffenen Interessen wird das Abwägungsmaterial begrenzt durch die **mehr als geringfügigen**, **schutzwürdigen** und **erkennbaren** Belange **(Schrankentrias)**. Hinzukommen muss eine gewisse Eintrittswahrscheinlichkeit Interessen, die entweder objektiv geringwertig oder aber – sei es überhaupt, sei es im gegebenen Zusammenhang – nicht schutzwürdig oder nicht erkennbar sind, brauchen in die Abwägung nicht eingestellt zu werden. Insbesondere kann dem Bestand oder dem Fortbestand etwa einer bestimmten Markt- oder Verkehrslage die **Schutzwürdigkeit** fehlen.[305] Eine Grundstücksnutzung etwa, die nicht genehmigt ist und auch nicht genehmigt werden kann, weil sie dem materiellen Baurecht widerspricht, kann bei der planerischen Abwägung unbeachtlich sein.[306] Auf baurechtswidrige Nutzungen braucht der Satzungsgeber bei Erlass eines Bebauungsplans daher keine besondere Rücksicht zu nehmen.[307] Rechtswidrige und zudem strafrechtlich relevante Handlungen Dritter im Umfeld eines Bebauungsplangebiets braucht die planende Gemeinde bei ihrer bauleitplanerischen Abwägung jedenfalls dann nicht in Rechnung zu stellen, wenn derartige Handlungen nicht offenkundige Folge der Planung sind.[308] Denn einer solchen Nutzung versagt die Rechtsordnung – abgesehen von Sonderfällen wie etwa der Duldung – die rechtliche Anerkennung. Die Unbeachtlichkeit solcher Belange mangels Schutzwürdigkeit kann selbst dann bestehen, wenn offensichtlich ist, dass sich das Planvorhaben nachteilig auf diese Nutzung auswirkt.[309] Dasselbe kann für das Interesse eines Grundstückseigentümers gelten, dass die Aussicht in eine bisher unbebaute Landschaft nicht durch die Er-

---

[302] BVerwG, Urt. v. 24.8.1999 – 4 A 24.98 – Buchholz 407.4 § 17 FStrG Nr. 152 für die bei dem Neubau einer Kreuzung mögliche Verbesserung der Erreichbarkeit einer Tankstelle.

[303] BVerwG, B. v. 20.8.1992 – 4 NB 3.92 – DVBl 1992, 1441 = ZfBR 1992, 289.

[304] OVG Münster, B. v. 25.1.2008 – 7 B 1743/07.NE – NuR 2008, 210 = ZfBR 2008, 280 = BauR 2008, 962 = NWVBl 2008, 349 BauR 2008, 1190 (L).

[305] BVerwG, B. v. 9.11.1979 – 4 N 1.78 – BVerwGE 59, 87 = RzB Rn. 26.

[306] BVerwG, B. v. 20.10.1993 – 4 B 170.93 – DVBl 1994, 344.

[307] OVG Münster, B. v. 26.2.2009 – 7 A 229/09 -, im Anschluss, BVerwG, 1974-11-01, 4 C 38.71, BRS 28 Nr 6.

[308] OVG Münster, Urt. v. 23.10.2008 – 7 D 72/07.NE – Skateranlage.

[309] BVerwG, Urt. v. 18.12.1987 – 4 C 49.83 – Buchholz 407.4 § 17 FStrG Nr. 71; vgl. auch Urt. v. 25.2.1992 – 1 C 7.90 – BVerwGE 90, 53; Urt. v. 24.9.1992 – 7 C 6.92 – BVerwGE 91, 92 = RzB Rn. 129.

richtung von in größerer Entfernung errichteten Gewerbebtrieben beeinträchtigt wird. Auch sich daraus ergebende **Wertverluste** des Grundstücks stellen dann keinen in der Abwägung beachtlichen Nachteil dar, wenn sie im Hinblick auf das Planvorhaben nur geringfügig sind.[310] Die Frage der Wesentlichkeit der Auswirkungen einer Planung auf die engere und weitere Umgebung beurteilt sich grundsätzlich nicht nach dem Umfang einer möglichen Verkehrswertminderung, sondern nach dem Grad der faktischen und unmittelbaren, sozusagen in natura gegebenen Beeinträchtigungen, die durch die angegriffene Norm zugelassen werden. Der **Verkehrswert** ist nur ein Indikator für die gegebenen und erwarteten Nutzungsmöglichkeiten eines Grundstücks. Er hängt von vielen Faktoren, insbesondere auch von der Nutzung der umliegenden Grundstücke, ab. Der den Verkehrswert bestimmende Grundstücksmarkt berücksichtigt dabei auch solche Umstände, die von der planenden Gemeinde nicht berücksichtigt werden können oder müssen. In die Abwägung sind deshalb in solchen Fällen nicht die potenziellen Wertveränderungen von Grundstücken einzustellen, sondern nur die Auswirkungen, die von der geplanten Anlage faktisch ausgehen. Nur wenn diese tatsächlichen Auswirkungen einen Grad erreichen, der ihre planerische Bewältigung im Rahmen der Abwägung erfordert, sind solche Belange abwägungsbeachtlich.

Bei **nicht schutzwürdigen Belangen** handelt es sich zumeist um betroffene Interes- **1053** sen, denen eine rechtliche Anerkennung zu versagen ist, weil sie unter Missachtung der Rechtsordnung nur faktisch entstanden sind. Interessen, welche die Rechtsordnung missbilligt, soll auch bei der planerischen Abwägung keine Erheblichkeit beigemessen werden, weil ihre Unerheblichkeit aus Rechtsgründen gegeben ist. Daneben kann es auch Interessen geben, denen gegenüber sich die Rechtsordnung – was ihre Relevanz in der Bauleitplanung betrifft – bewusst neutral verhält, wie z. B. den Wettbewerbsinteressen von Einzelhandelsunternehmern, obwohl solche wirtschaftlichen Belange in tatsächlicher Hinsicht nicht als geringfügig anzusehen sind. Zu berücksichtigen sind zwar grundsätzlich auch **Erweiterungswünsche** von Betrieben. Dies gilt aber regelmäßig nur dann, wenn sie in der Öffentlichkeitsbeteiligung vorgetragen worden sind oder auf der Hand liegen. Interne Vorstellungen der Betroffenen, etwa einen Gewerbebetrieb auf die Dauer erweitern zu wollen oder unklare Absichten müssen demgegenüber nicht in die Abwägung eingestellt werden. Nicht berücksichtigungsfähig sind daher etwa vom Betriebsinhaber selbst als noch unklar bezeichnete Absichten einer zukünftigen Erweiterung des Betriebes.[311] Der Landwirt hat daher keinen Anspruch darauf, dass sich seine Erweiterungsabsichten in jedem Fall gegen die Planungen eines allgemeinen Wohn- und eines Mischgebietes durchsetzen und die Gemeinde dabei das hinter dem Stand der Technik zurückbleibende Aufstallungsniveau zugrunde legt.[312] **Zukunftsplanungen** eines Grundstückseigentümers müssen nur dann in die planerische Abwägung eingestellt werden, wenn sie sich nach Lage und Beschaffenheit des Grundstücks bei vernünftiger und wirtschaftlicher Betrachtungsweise objektiv anbieten und nach dem Willen des Eigentümers in absehbarer Zeit verwirklicht werden sollen. Die erstgenannte Voraussetzung trifft nicht zu für Nutzungen, die in Widerspruch zu den Darstellungen eines Flächennutzungsplans stehen.[313]

Auch Belange, die für die planende Stelle als abwägungsbeachtlich nicht **erkennbar** **1054** sind, brauchen in die Abwägung nicht eingestellt zu werden. Was die planende Stelle nicht sieht und auch nicht zu sehen braucht, muss von ihr bei der Abwägung auch nicht

[310] BVerwG, B. v. 9.2.1995 – 4 NB 17.94 – NVwZ 1995, 895 = BauR 1995, 499 – Naturschutzverordnung.

[311] BVerwG, B. v. 10.11.1998 – 4 NB 44.98 – NVwZ 1999, 428 – Betriebserweiterungsabsichten; Urt. v. 13.9.1985 – 4 C 64.80 – NVwZ 1986, 740 = RzB Rn. 146 – Ledigenwohnheim.

[312] OVG Lüneburg, Urt. v. 15.1.2004 – 1 KN 128/03 – BauR 2004, 716 – Erweiterungsabsichten eines Landwirts.

[313] BVerwG, Urt. v. 14.7.2011 – 9 A 14.10 – Ortsumgehung Freiberg; vgl. Urt. v. 3.3.2011 – 9 A 8.10 –; im Anschluss an das Urt. v. 28.1.1999 – 4 A 18.98 – Buchholz 407.4 § 17 FStrG Nr. 146.

berücksichtigt werden. In diesem Zusammenhang haben die Öffentlichkeitsbeteiligung nach § 3 BauGB und die Beteiligung der Behörden und sonstigen Träger öffentlicher Belange nach § 4 BauGB eine wichtige Funktion. Was in der vorgezogenen (§ 3 I BauGB) oder förmlichen (§ 3 II BauGB) Öffentlichkeitsbeteiligung von den Bürgern als Stellungnahmen vorgetragen worden ist, dürfte grundsätzlich für die planende Gemeinde erkennbar sein und gehört daher – soweit die Belange mehr als geringfügig und schutzwürdig sind – zum Abwägungsmaterial (§ 2 III BauGB). Dasselbe gilt für die Ergebnisse der Beteiligung der Träger öffentlicher Belange nach § 4 BauGB. Was in der Behördenbeteiligung an Stellungnahmen geäußert worden ist (§ 4 I und II BauGB), erweist sich für die Gemeinde regelmäßig als erkennbar und ist daher bei Nichtvorliegen der anderen Ausschlusskriterien bei der Abwägung zu berücksichtigen. Hat es ein Betroffener unterlassen, seine Betroffenheiten im Beteiligungsverfahren vorzutragen, dann ist die Betroffenheit abwägungsbeachtlich nur dann, wenn sich der planenden Stelle die Tatsache dieser Betroffenheit aufdrängen musste, wenn der betroffene Belang sozusagen „offen auf der Hand" liegt. Aus dieser Filterfunktion der öffentlichen Beteiligungsverfahren nach §§ 3, 4 BauGB ergeben sich **Mitwirkungslasten** vor allem der betroffenen Bürger, aber auch der Behörden und der sonstigen Träger öffentlicher Belange.[314] Wer für die planende Gemeinde nicht erkennbare Belange nicht im Rahmen der förmlichen Beteiligungsverfahren rechtzeitig vorträgt, geht das Risiko ein, dass diese Belange in der Abwägung zulässigerweise ausfallen, wenn sie nicht offensichtlich sind und sich dem Planer also geradezu aufdrängen.[315] Zu einer uferlosen Überprüfung gleichsam „ins Blaue hinein" ist die planende Gemeinde danach nicht verpflichtet.[316]

1055   Die **Mitwirkungslasten** sind durch die Neufassung der entsprechenden Regelungen durch das EAG Bau 2004 betont worden. Die Öffentlichkeits- und Behördenbeteiligung hat im Aufstellungsverfahren eine wichtige Funktion zur Aufbereitung des Abwägungsmaterials (§ 4a I BauGB). Stellungnahmen, die im Verfahren der Öffentlichkeits- und Behördenbeteiligung nicht rechtzeitig abgegeben worden sind, können bei der Beschlussfassung über den Bauleitplan unberücksichtigt bleiben, sofern die Gemeinde deren Inhalt nicht kannte und nicht kennen musste und deren Inhalt für die Rechtmäßigkeit des Bauleitplans nicht von Bedeutung ist (§ 4a VI BauGB). Fehler in der Zusammenstellung des Abwägungsmaterials sind nach § 214 I 1 Nr. 1 BauGB nur beachtlich, wenn die Belange in wesentlichen Punkten nicht zutreffend ermittelt oder bewertet worden sind und wenn der Mangel offensichtlich und auf das Ergebnis des Verfahrens von Einfluss gewesen ist. Mängel, die hiernach unerheblich sind, können nicht als Mängel der Abwägung geltend gemacht werden. Im Übrigen sind Mängel im Abwägungsvorgang nur erheblich, wenn sie offensichtlich und auf das Abwägungsergebnis von Einfluss gewesen sind (§ 214 III BauGB). Aus dieser Vorschriftenkette ergibt sich, dass Belange, die in einem der Filter hängen bleiben, nicht als Fehler des Flächennutzungsplans oder der Satzung geltend gemacht werden können.

1056   In die Abwägung sind nicht nur Nachteile des Eigentümers, sondern auch von Mietern[317], Pächtern und anderen Nutzungsberechtigten einzustellen.[318] Auch können Belange eines Bauherrn einzustellen sein, der im Einverständnis des Eigentümers einen Bauan-

---

[314] BVerwG, Urt. v. 23.8.1996 – 4 A 30.95 – Buchholz 407.4 § 17 FStrG Nr. 122 – Berliner Autobahnring.

[315] BVerwG, B. v. 9.11.1979 – 4 N 1.78 – BVerwGE 59, 87 = RzB Rn. 26; Urt. v. 13.9.1985 – 4 C 64.80 – NVwZ 1986, 740 = RzB Rn. 146 – Ledigenwohnheim; B. v. 23.6.1989 – 4 B 100.89 – NVwZ 1990, 263 = DVBl 1989, 1065 = RzB Rn. 74.

[316] BGH, Urt. v. 21.2.1991 – III ZR 245/89 – BGHZ 113, 367 – Dinslaken; B. v. 9.7.1992 – III ZR 105/91 – UPR 1992, 438 = StT 1993, 365 – Gladbeck; *Krohn*, FS für Gelzer, 1991, S. 281; *Stüer* BauR 1995, 604.

[317] OVG Münster, Urt. v. 25.11.1997 – 10a D 131/97.NE – Veränderungssperre.

[318] BVerwG, B. v. 11.11.1988 – 4 NB 5.88 – BauR 1989, 304 = DVBl 1989, 359 = RzB Rn. 1324.

trag stellt oder stellen will.[319] Der Weite des Abwägungsmaterials entspricht, dass auch Belange des Anwohners einer Straße, die den Zu- und Abfahrtsverkehr für ein neu geplantes Baugebiet aufnehmen soll, zum Abwägungsmaterial gehören.[320] Die bei der Abwägung zu berücksichtigenden Belange sind nach der Rechtsprechung des BVerwG nicht engherzig zu verstehen.[321]

Werden Belange, die nach den vorgenannten Grundsätzen zum Abwägungsmaterial **1057** gehören (§ 2 III BauGB), nicht ermittelt und in die Abwägung eingestellt, liegt ein Fehler in der Einstellung von Belangen **(Einstellungsfehler)** vor. Fehlerhaft ist dabei die Zusammenstellung des Abwägungsmaterials sowohl dann, wenn Belange, die zum Abwägungsmaterial gehören, nicht eingestellt worden sind **(Einstellungsdefizit)**, als auch dann, wenn Belange eingestellt werden, die nach den vorgenannten Grundsätzen nicht zum Abwägungsmaterial gehören **(Abwägungsüberschuss)**.[322] Dabei muss der Gemeinde jedoch ein gewisser Bewertungsspielraum verbleiben. Nicht jede Einstellung von bei objektiver Prüfung nicht zum Abwägungsmaterial gehörenden Belangen führt zu einem Abwägungsfehler.[323] Ebenso darf nicht die Nichteinstellung eines jeden zum Abwägungsmaterial gehörenden Belangs bereits zur Fehlerhaftigkeit der Bauleitplanung führen. Auch die fehlerhafte Nichtberücksichtigung der Einwendungen eines Betroffenen kann unschädlich sein, wenn die Gemeinde seine Belange kannte und in der Sache einwandfrei gewürdigt hat.[324] Es muss sich vielmehr um Belange handeln, die in der Abwägung wichtig sind und insoweit einen Ausschlag in der Gesamtabwägung geben können. Belange, die zwar irgendwie zu berücksichtigen sind, aber keinen wesentlichen Beitrag in der Abwägung leisten, können nicht zu einer (Gesamt-)Rechtswidrigkeit und damit Unwirksamkeit eines Bebauungsplans führen.

c) Abwägungsfehleinschätzung – Bewertungsfehler. Auch die Bewertung der Be- **1058** lange durch die Gemeinde unterliegt in einem bestimmten Umfang der gerichtlichen Kontrolle. Dabei ist auf auch im Bereich des nachbarlichen Interessenausgleichs das Empfinden eines Durchschnittsmenschen abzustellen.[325] Werden Belange im Widerspruch zu einer normativ geregelten Bewertung oder Prioritätensetzung oder zu allgemein anerkannten Bewertungsgrundsätzen gewichtet und bewertet, so ist der Fehler einer Abwägungsfehleinschätzung gegeben. Solche Fehler treten etwa auf, wenn Belange von hohem Gewicht als geringfügig und als zu vernachlässigende Größe bezeichnet werden. Das Gericht hat dabei die vorgenommene Abwägung nachzuvollziehen und zu prüfen, ob die Bilanz der für und wider die letztlich beschlossene Planung sprechenden öffentlichen und privaten Belange bei objektiver Würdigung eine unverhältnismäßige Fehlgewichtung erkennen lässt.[326]

Besondere Grundsätze haben sich für die gerichtliche Kontrolle von **Prognoseent- 1059 scheidungen** herausgebildet.[327] Bei der Beurteilung ungewisser zukünftiger Ereignisse oder Geschehensverläufe räumt die Rechtsprechung der planenden Gemeinde ebenso wie der entscheidenden → Fachverwaltung einen Prognosespielraum ein. Dabei wird zwi-

[319] BVerwG, B. v. 18.5.1994 – 4 NB 27.93 – NVwZ 1995, 264 = DVBl 1994, 875.
[320] BVerwG, B. v. 18.3.1994 – 4 NB 24.93 – NVwZ 1994, 683 = RzB Rn. 1320.
[321] BVerwG, B. v. 20.8.1992 – 4 NB 3.92 – Buchholz 310 § 47 VwGO Nr. 69 = RzB Rn. 215; B. v. 18.3.1994 – 4 NB 24.93 – NVwZ 1994, 683 = RzB Rn. 1320.
[322] *Hoppe* in: HBG § 7 Rn. 100.
[323] BVerwG, B. v. 29.7.1991 – 4 B 80.91 – BauR 1991, 713 = DVBl 1992, 32.
[324] BVerwG, B. v. 16.5.1989 – 4 NB 3.89 – BauR 1989, 435 = DÖV 1989, 1047 = RzB Rn. 33.
[325] BVerwG, B. v. 5.10.2005 – 4 BN 39.05 – BauR 2006, 480 = ZfBR 2006, 177.
[326] OVG Saarlouis, Urt. v. 29.4.2010 – 2 C 224/08 – NuR 2010, 743 – Kiesgrube. Zur Abwägung als Wesensmerkmal rechtsstaatlicher Planung *Erbguth* UPR 2010, 281; *Labrenz* Verw 43, 63. Zum Datenschutz und der öffentlichen Kontrolle bei der Abwägung *Müller* NWVBl 2010, 343.
[327] *Breuer* Der Staat 1977, 21; *Jochum* Amtshaftung bei Abwägungs- und Prognosefehlern in der Bauleitplanung 1994; *Hoppe* FG BVerwG 1978, 295; *Ladeur* NuR 1985, 81; *Nierhaus* DVBl 1977, 19; *Ossenbühl* FS Menger 1985, 731; *Tettinger* DVBl 1982, 421.

schen Prognosebasis und Prognoseschluss unterschieden. Ist der Sachverhalt zutreffend ermittelt und damit die Prognosebasis fehlerfrei, so unterliegt der Prognoseschluss nur der eingeschränkten gerichtlichen Kontrolle darauf, ob er methodisch einwandfrei und der Sache nach nicht offensichtlich fehlsam oder eindeutig widerlegbar ist.[328]

1060   Im Rahmen der Bauleitplanung sind nach Auffassung des BVerfG die Voraussetzungen der Zulässigkeit einer **Enteignung** noch nicht zu prüfen, weil der Bebauungsplan keine unmittelbaren enteignenden Wirkungen hat. Eine Überprüfung am Maßstab des Art. 14 III GG ist nicht etwa deshalb erforderlich, weil das Bebauungsplanverfahren als vorgelagerter Teil der städtebaulichen Enteignungsverfahren angesehen werden muss oder weil der Bebauungsplan selbst enteignende Wirkungen in Bezug auf die Bebaubarkeit des Grundstücks hätte. Allerdings ist das Gewicht des Eigentumsschutzes bei der Abwägung zu beachten. Denn Grundrechte bilden private Abwägungsbelange von besonderem Gewicht.[329] Eine darüber hinausgehende Prüfung aller Enteignungsvoraussetzungen ist hingegen nicht erforderlich, weil keine Enteignung i. S. einer vollständigen oder teilweisen Entziehung konkreter subjektiver Rechtspositionen vorliegt.[330] Auch können sich im Hinblick auf das Verbot des enteignungsrechtlichen Konflikttransfers besondere Anforderungen an die Abwägung ergeben.

1061   **d) Abwägungsdisproportionalität – fehlerhafte Ausgleichsentscheidung.** Zur Rechtswidrigkeit der Planung kann auch eine fehlerhafte Gesamtabwägung führen. Ist das Abwägungsmaterial zwar richtig zusammengestellt und sind die Belange auch richtig bewertet (§ 2 III BauGB), wird aber die Gesamtbewertung in einer Weise vorgenommen, die zum objektiven Gewicht der Belange außer Verhältnis steht, so ist die Abwägung ebenfalls fehlerhaft.

1062   Die Ausgleichsentscheidung kann auch fehlerhaft sein, wenn die planende Stelle die ihr **geringerwertig erscheinenden Belange** ohne weitere **Prüfungsschritte** der **Vermeidung**, der **Verminderung** oder des **Ausgleichs** einfach zurückgestellt hat, obwohl eine entsprechende Prüfung nach Lage der Dinge erforderlich gewesen wäre. So müssen nach § 1a III BauGB benachteiligte naturschutzrechtliche Belange in eine Prüfung einbezogen werden, ob eine Vermeidung, Minderung oder ein Ausgleich geboten ist. Auch mit anderen umweltschützenden Belangen muss entsprechend verfahren werden (2 c der Anlage 1 zum BauGB). Dasselbe gilt für wirtschaftliche oder soziale Belange, die durch die Planung in besonderer Weise nachteilig betroffen werden. Diese Prüfung von Schonung und Kompensation ist nach dem EAG Bau 2004 über den Bereich der naturschutzrechtlichen Belange hinaus auch im Hinblick auf umweltschützende Belange aber auch andere von der Planung nachteilig betroffene Belange angesagt.

1063   **e) Subjektive Abwägungssperre.** Der Planungsprozess darf nicht durch einseitige Bindungen der Gemeinde in eine Schieflage geraten. Dies setzt vor allem vertraglichen Bindungen im Hinblick auf die Bauleitplanung Grenzen. Eine vertragliche Verpflichtung der Gemeinde zur Aufstellung, Änderung, Ergänzung oder Aufhebung eines Bebauungsplans ist unwirksam, weil hierdurch der als ungebunden gedachte Planungsprozess einseitig vorgeprägt wäre (§ 1 III 2 BauGB).[331] Die Unwirksamkeit bezieht sich auch auf solche vertraglichen Regelungen, die Zusicherungen über einen bestimmten Planungsinhalt enthalten. Wäre die Gemeinde in der Lage, sich bereits vor Durchführung des förmlichen Bauleitplanverfahrens einseitig zu binden, so könnte das Verfahren nicht die ihm vom BauGB zugedachte und nach rechtsstaatlichen Grundsätzen gebotene Funktion wahrnehmen. Die Gemeinde soll frei und ungebunden und in diesem Sinne als neutraler Sachwalter die einzustellenden Belange ermitteln, bewerten und zu einer Gesamtentschei-

---

[328] BVerwG, Urt. v. 17.1.1986 – 4 C 6 u. 7.84 – BVerwGE 72, 365 = RzB Rn. 91.

[329] BVerwG, B. v. 2.8.2007 – 4 BN 29.07 – schutzwürdiges Vertrauen.

[330] BVerfG (1. Kammer des Ersten Senats), B. v. 22.2.1999 – 1 BvR 565/91 – DVBl 1999, 704.

[331] BVerwG, Urt. v. 5.7.1974 – IV C 50.72 – BVerwGE 45, 309 = NJW 1975, 78 = RzB Rn. 24 – Delog-Detag; *Stüer* DVBl 1995, 649.

dung verarbeiten. Dabei haben die Beteiligungsregelungen in den §§ 3, 4 BauGB eine wichtige Funktion. Im Verfahren der Öffentlichkeits- und Behördenbeteiligung sollen die Belange und Interessen vorgetragen werden können in der Erwartung, dass die planende Gemeinde sozusagen als neutrale Stelle den Vortrag berücksichtigt und nicht nur in der Bewertung von Einzelheiten, sondern auch in der Gesamtentscheidung durchaus noch offen ist. Steht aber bereits das Ergebnis vorher fest, würde sich die Öffentlichkeitsbeteiligung oder die Behördenbeteiligung als Farce erweisen. Dies ist bei Planungsverfahren, bei denen die Einhaltung der Beteiligungsformen zu den unverzichtbar vorgegebenen Entscheidungsstrukturen gehört, mit rechtsstaatlichen Grundsätzen nicht vereinbar. Die Unzulässigkeit solcher subjektiven Abwägungssperren bezieht sich dabei sowohl auf die vertraglichen Vereinbarungen als auch auf die planerischen Aussagen im Flächennutzungsplan, im Bebauungsplan oder einer sonstigen gemeindlichen Satzung. Bei einseitigen vertraglichen Bindungen der Gemeinde wäre nicht nur die Bauleitplanung, die sich auf eine solche Bindung gründet, unwirksam. Es wäre auch die vertragliche Regelung selbst unwirksam. Die Unwirksamkeit bedingt sich sozusagen wechselseitig.

Allerdings schließt die Unzulässigkeit einseitiger vertraglicher Bindungen im Hinblick **1064** auf die Bauleitplanung eine **Zusammenarbeit der Gemeinde mit Investoren** zur Verwirklichung bestimmter Projekte nicht aus. Ist etwa eine Abwägung deshalb unvollständig, weil ihr planerische, sich aus rechtlichen oder tatsächlichen Gründen bindend auswirkende Festlegungen vorangegangen sind, entspricht dies zwar grundsätzlich nicht dem Abwägungsgebot in § 1 VII BauGB. Ein auf diese Weise entstehendes Abwägungsdefizit kann jedoch unter Umständen dadurch ausgeglichen werden, dass die Vorwegnahme der Entscheidung sachlich gerechtfertigt war, bei der Vorwegnahme die planungsrechtliche Zuständigkeitsordnung gewahrt wurde und die vorgenommene Entscheidung auch inhaltlich nicht zu beanstanden ist.[332] Das erfordert allerdings unter anderem, dass die vorweggenommene Entscheidung ihrerseits dem Abwägungsgebot des § 1 VII BauGB genügt. Auch ist ein Bebauungsplan nicht schon deshalb abwägungsfehlerhaft, weil die Gemeinde ihn auf der Grundlage eines vom künftigen Bauherrn vorgelegten **Projektentwurfs** für ein Großvorhaben aufgestellt hat, das im Geltungsbereich des Plans verwirklicht werden soll.[333] Zwar darf eine Bauleitplanung nicht allein dem Zweck dienen, dem **Eigentümer** eine günstige wirtschaftliche Verwertung seines Grundstücks zu ermöglichen. Sie muss aber **nicht grundstückswertneutral** sein.[334] Eine Gemeinde darf hinreichend gewichtige private Interessen zum Anlass einer Bauleitplanung nehmen und sich dabei an den Wünschen privater Grundstückseigentümer orientieren, solange die Voraussetzung gewahrt ist, dass sie mit der Planung zugleich städtebauliche Belange und Zielsetzungen verfolgt.[335] Auf der anderen Seite können aber auch naturschutzrechtliche, grünordnerische, landschaftsplanerische oder stadtbildbezogenen Belange höher zu bewerten sein als die privaten baulichen Nutzungsmöglichkeiten.[336]

Beispiel: Ein Investor schlägt der Gemeinde vor, ein der Gemeinde gehörendes Grundstück im Ortskern mit einem Einkaufszentrum zu bebauen. Die Planungen werden von den Architekten des Investors ausgearbeitet, die auch das Bauleitplanverfahren begleiten. Eine solche Zusammenarbeit ist zulässig, solange die Gemeinde die Verantwortung für das Bauleitplanverfahren behält und sich nicht in vertragliche Bindungen über das Ob und Wie der Bauleitplanung begibt. Zerschlägt sich etwa das Projekt später, so könnte die Gemeinde ggf. aus dem Gesichtspunkt der culpa in contrahendo oder Amtshaftung ganz oder teilweise schadensersatzpflichtig werden.[337]

---

[332] BVerwG, Urt. v. 5.7.1974 – IV C 50.72 – BVerwGE 45, 309 = RzB Rn. 24 – Delog-Detag.

[333] BVerwG, B. v. 28.8.1987 – 4 N 1.86 – DVBl 1987, 1273 = NVwZ 1988, 351 = RzB Rn. 63 – Volksfürsorge.

[334] OVG Berlin-Brandenburg, Urt. v. 4.12.2009 – 2 A 23.08 – Güterbahnhof Grunewald.

[335] OVG Berlin-Brandenburg, Urt. v. 20.11.2009 – 2 A 19.07 – BauR 2010, 828 .

[336] OVG Bautzen, Urt. v. 17.9.2009 – 1 D 15/07 – BauR 2010, 256, verfahrensgangnachgehend BVerwG, B. v. 6.7.2010 – 4 BN 1.10 -.

[337] *Stüer* Verwaltungsrundschau 1986, 195; s. Rn. 1439.

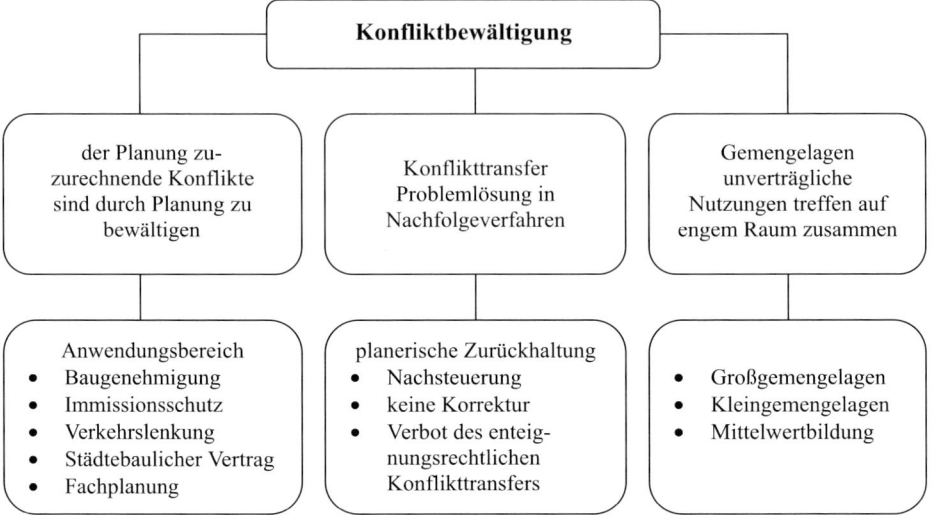

1065   Durch § 12 BauGB ist mit dem **vorhabenbezogenen Bebauungsplan** die Möglichkeit einer Zusammenarbeit zwischen Vorhabenträger und Gemeinde grundsätzlich anerkannt worden. § 12 BauGB geht daher von einer engen Zusammenarbeit zwischen Vorhabenträger und Gemeinde aus. Eine solche Kooperation ist zulässig, wenn die im BauGB niedergelegte Zuständigkeitsordnung gewahrt wird und die Gemeinde die verantwortliche Letztentscheidung über die vom Vorhabenträger vorgelegten Planungen trägt. Es wäre allerdings nicht zulässig, wenn die Gemeinde sich im Rahmen eines Vorhaben- und Erschließungsplans den Vorstellungen des Vorhabenträgers unterordnet und ihm gegenüber nur noch als Vollzugsinstanz erscheint.[338] Die Gemeinde muss vielmehr die Planungen des Vorhabenträgers auf Plausibilität prüfen, in ihren eigenen Willen aufnehmen und in eine Gesamtabwägung einbeziehen. Würde die Gemeinde lediglich als Vollzugsinstanz fremdbestimmter Planungsentscheidungen handeln, wäre die Planung auf Grund einer subjektiven Abwägungssperre unwirksam.[339]

1066 **f) Abwägungsdivergenz (Abwägungsinkongruenz).** Die Abwägung ist auch fehlerhaft, wenn die Festsetzungen mit dem von der Gemeinde Abgewogenen nicht übereinstimmen und die eigentliche **Ausgleichsentscheidung** fehlerhaft ist. Die Abwägung muss auf der Grundlage der im Bebauungsplan enthaltenen Festsetzungen erfolgen. Diese müssen mit der Abwägung kongruent sein. Stimmen die Festsetzungen des Plans in wesentlichen Punkten mit der Abwägung nicht überein, so ist der Plan wegen einer Abwägungsdivergenz unwirksam.[340]

5. Konfliktbewältigung – Konflikttransfer

1067 Die Bauleitplanung hat im Spannungsfeld raumrelevanter städtebaulicher Nutzungskonflikte einen am Abwägungsgebot orientierten Interessenausgleich vorzunehmen.

1068 **a) Gebot der Konfliktbewältigung.**[341] Es verlangt von der Bauleitplanung im Idealfall, dass alle der Planung zuzurechnenden Konflikte in der Bauleitplanung möglichst einer

---

[338] *Stüer* DVBl 1992, 266; *ders.* DVBl 1995, 649; s. Rn. 221.

[339] *Stüer* DVBl 1995, 649.

[340] BVerwG, Urt. v. 18.3.2004 – 4 CN 4.03 – BVerwGE 120, 239 = DVBl 2004, 967; *Stüer* BauR 2006, 31.

[341] Grundlegend *Weyreuther* BauR 1975, 1; *Sendler* UPR 1985, 211; *BKL* § 1 Rn. 115; *Breuer* Die Bodennutzung im Konflikt zwischen Städtebau und Eigentumsgarantie 1976; *Gaentzsch* WiVerw.

Lösung zugeführt werden.[342] Derartige Konflikte können etwa aus immissionsschutzrechtlichen Gemengelagen entstehen, in denen sich verschiedene Nutzungen auf engem
Raum gegenseitig beeinträchtigen.[343] Baumaßnahmen können auch mit Eingriffen in
Natur und Landschaft verbunden sein, die eine naturschutzrechtliche Konfliktbewältigung
verlangen.[344] Konflikte können sich aber auch jenseits des Immissionsschutzrechts
und des Naturschutzrechts aus den vielfältigen Formen des nachbarschaftlichen Gemein-
schaftsverhältnisses ergeben, das durch das Gebot der nachbarlichen Rücksichtnahme geprägt ist, oder schlicht auf unterschiedlichen städtebaulichen Konzepten, Nutzungen
oder Nutzungswünschen beruhen.[345] Für die Überlassung der Durchführung der als Folge planerischer Festsetzungen gebotenen Maßnahmen in einem anderen Verfahren muss
die Gemeinde dabei hinreichend sicher darauf vertrauen dürfen, dass dort für die offen-
gebliebenen Fragen eine sachgerechte Lösung gefunden werden wird.[346] Das Gebot der
Konfliktbewältigung hat seine rechtlichen Wurzeln im Abwägungsgebot des § 1 VII
BauGB und besagt, dass die von der Planung berührten Belange zu einem gerechten Ausgleich gebracht werden müssen. Die Planung darf nicht dazu führen, dass Konflikte, die
durch sie hervorgerufen werden, zulasten Betroffener letztlich ungelöst bleiben. Das
Konfliktbewältigungsgebot gilt nicht nur für das Fachplanungsrecht, für das es ursprünglich entwickelt worden ist,[347] sondern auch für die Bauleitplanung, allerdings mit der Besonderheit, dass dem Bebauungsplan – anders als regelmäßig im Fachplanungsverfahren
– ein Baugenehmigungs- oder immissionsschutzrechtliches Genehmigungsverfahren
nachfolgt, in dem sozusagen eine **Feinsteuerung**[348] geleistet werden kann. Mit dieser
verfahrensrechtlichen Besonderheit hängt zusammen, dass das Gebot der Konfliktbewältigung im Bereich der Bauleitplanung nicht überspannt werden darf. Die Zusammenstellung des Abwägungsmaterials erfordert nur die Berücksichtigung der mehr als geringfü-

1985, 235; *Gassner* DVBl 1991, 355; *Groh* Konfliktbewältigung im Bauplanungsrecht 1988; *Sendler*
WiVerw. 1985, 211; *Stüer* StuGR 1989, 6; BGH, Urt. v. 21.12.1989 – III ZR 49/88 – BGHZ 110, 1 =
NJW 1990, 1042 = *Hoppe/ Stüer* RzB Rn. 585 –Buchholzer Berg; BVerwG, Urt. v. 5.7.1974 – 4 C
50.72 – BVerwGE 45, 309 = NJW 1975, 70 = RzB Rn. 24 – Delog–Detag; Urt. v. 14.2.1975 – 4 C
21.74 – BVerwGE 48, 56 = DVBl 1975, 713 = RzB Rn. 50 – B 42; Urt. v. 12.12.1975 – 4 C 71.73 –
BVerwGE 50, 49 = NJW 1977, 1932 = RzB Rn. 60 – Tunnelofen; Urt. v. 21.5.1976 – 4 C 80.74 –
BVerwGE 51, 15 = DVBl 1976, 799 = RzB Rn. 108 – Stuttgart–Degerloch; Urt. v. 15.4.1977 – 4 C
100.74 – 52, 237 = NJW 1978, 119 = RzB Rn. 109 – Plochinger Dreieck; Urt. v. 23.1.1981 – 4 C 4.78
– BVerwGE 61, 295 = NJW 1981, 2137 = RzB Rn. 113; Urt. v. 23.1.1981 – 4 C 68.78 – BVerwGE 61,
307; Urt. v. 5.8.1983 – 4 C 96.79 – BVerwGE 67, 334 = DVBl 1984, 143 = RzB Rn. 969; B. v.
17.2.1984 – 4 B 191.83 – BVerwGE 69, 30 = NVwZ 1984, 235 = RzB Rn. 61 – Reuter–Kraftwerk;
Urt. v. 8.12.1987 – 4 NB 3.87 – BVerwGE 78, 305 = RzB Rn. 64 – Asphalt–Mischanlage; B. v.
13.7.1989 – 4 B 140.88 – NVwZ 1990, 459 = BauR 1989, 703 = RzB Rn. 67 – Schefenacker; Urt. v.
20.10.1989 – 4 C 12.87 – BVerwGE 84, 31 = NJW 1990, 925 = RzB Rn. 216 – Eichenwäldchen; B. v.
18.12.1990 – 4 N 6.88 – DVBl 1991, 442 = RzB Rn. 179 – Gewerbegebiet–Nord; B. v. 12.12.1990 – 4
NB 13.90 – BauR 1991, 169 = RzB Rn. 882.
[342] BVerwG, Urt. v. 5.7.1974 – 4 C 50.72 – BVerwGE 45, 309 = RzB Rn. 24 – Delog–Detag;
Urt. v. 14.2.1975 – 4 C 21.74 – BVerwGE 48, 56 = RzB Rn. 50 – B 42; vgl. auch OVG Berlin, Urt. v.
29.8.1983 – OVG 2 A 3.81 – DVBl 1984, 147 (148).
[343] Vgl. allgemein zur Typologie der Nutzungskonflikte *Müller* BauR 1994, 191.
[344] BVerwG, B. v. 31.1.1997 – 4 NB 27.96 – BVerwGE 104, 68 = NVwZ 1997, 1213 = DVBl
1997, 1112.
[345] *Stüer/Schröder* BayVBl. 2000, 257.
[346] BVerwG, B. v. 15.10.2009 – 4 BN 53.09 – BRS 74 Nr. 17 (2009) m. Anm. *Gatz*, jurisPR-
BVerwG12/2010 Anm. 6 – Konflikttransfer; OVG Hamburg, B. v. 12.2.2010 – 2 Es 2/09.N –
NordÖR 2010, 245 = BauR 2010, 1040 = DVBl 2010, 524 – großvolumige Grenzbebauung.
[347] BVerwG, Urt. v. 5.7.1974 – 4 C 50.72 – BVerwGE 45, 309 = RzB Rn. 24 – Delog–Detag;
vgl. auch B. v. 5.1.1989 – 4 NB 31.88 – Buchholz 310 § 47 VwGO Nr. 32 = RzB Rn. 10.
[348] BVerwG, B. v. 13.7.1989 – 4 B 140.88 – BauR 1989, 703 = DVBl 1989, 1065 = RzB Rn. 67 –
Schefenacker.

gigen, schutzwürdigen und erkennbaren Belange.[349] Belange, die in diesem Filter hängen bleiben, brauchen in die Abwägung nicht eingestellt zu werden und fallen auch bei der Konfliktbewältigung aus.

1069 Die Konfliktbewältigung kann sich daher auf die Lösung der wirklich wichtigen und erkennbaren Probleme beschränken. Bei einem Grundbestand hinzunehmender Konflikte und Widersprüche darf das Gebot der Konfliktbewältigung nicht überspannt werden. Konfliktbewältigung darf nicht mit völliger Konfliktfreiheit und vollständiger Harmonie verwechselt werden. Vielmehr muss dem Plangeber ein gerüttelt Maß an autonomer, kontrollfreier Interessenbewertung zukommen. Er darf, ja muss sogar einen erheblichen Anteil auseinanderstrebender Interessen in Kauf nehmen. Konfliktbewältigung in der Bauleitplanung ist daher nichts anderes als die Kunst, ein vielfach labil erscheinendes Gleichgewicht zwischen den anerkannten Grundsätzen des Städtebaus einerseits sowie hinzunehmenden städtebaulichen Widersprüchen und Nutzungskonflikten andererseits herzustellen.[350] Die Bauleitplanung steht zudem in einem Stufensystem vertikaler und horizontaler Planungs- und Zulassungsentscheidungen, die i. S. einer Lastenverteilung zusammenwirken. Raumordnung, Landesplanung und Regionalplanung geben einen Rahmen, in den sich die gemeindliche Bauleitplanung einfügt (§ 1 IV BauGB, § 1 III ROG). Über den Flächennutzungsplan und den aus diesen übergeordneten Planungsvorstellungen zu entwickelnden Bebauungsplan wird der kommunale Städtebau konkretisiert. Das konkrete Einzelvorhaben wird auf der Grundlage des städtebaulichen Planungsrechts traditionell in einem individuellen Genehmigungsverfahren zugelassen und gegebenenfalls durch andere Nachfolgeverfahren flankiert. Bei dem Gebot der Konfliktbewältigung in der Bauleitplanung geht es daher vor allem auch um die Frage, auf welcher Stufe die städtebaulichen Probleme abgearbeitet werden und wie sich Raumordnung, Landesplanung, Regionalplanung, Flächennutzungsplan, Bebauungsplan, Einzelgenehmigung und gegebenenfalls anderweitige Nachfolgeverfahren und auch die Fachplanung die Last der Konfliktbewältigung teilen. Konfliktbewältigung wird damit auch zu einem Problem der Lastenverteilung zwischen den verschiedenen Planungs- und Zulassungsebenen.

1070 Auch dürfen an die **Feinkörnigkeit** der Festsetzungen[351] keine überspannten Erwartungen gestellt werden. Die **planerische Zurückhaltung** kann dabei aus verschiedenen Gründen geboten sein und hängt von den jeweiligen Umständen des Einzelfalls ab. Der Bebauungsplan kann vielfach nicht alle Probleme, die sich aus der in ihm enthaltenen grundsätzlichen Zulassung bestimmter Nutzungen im Plangebiet ergeben, selbst abschließend bewältigen. Die Gemeinde bestimmt vielmehr in den durch das Abwägungsgebot gezogenen Grenzen im Rahmen ihrer planerischen Gestaltungsfreiheit, welches Maß an Konkretisierung von Festsetzungen angemessen ist.[352] Dies gilt auch für Folgemaßnahmen, die im Bebauungsplan bereits angelegt sind.[353]

1071 Die bei der Planung auftretenden Interessenkonflikte dürfen nicht einfach unbewältigt bleiben. Besondere Bedeutung hat das BVerwG dem Gebot der Problem- und Konfliktbewältigung übrigens bei straßenrechtlichen und anderen fachplanungsrechtlichen Plan-

---

[349] BVerwG, B. v. 9.11.1979 – 4 N 1.78 – BVerwGE 59, 87 = RzB Rn. 26; s. Rn. 1052.

[350] *Stüer/Schröder* BayVBl. 2000, 257.

[351] BVerwG, Urt. v. 30.6.1989 – 4 C 16.88 – ZfBR 1990, 27 = UPR 1989, 436 = RzB Rn. 887.

[352] BVerwG, Urt. v. 11.3.1988 – 4 C 56.84 – DVBl 1988, 845 = ZfBR 1988, 189 = RzB Rn. 65 – soziale und sportliche Zwecke; B. v. 23.12.1988 – 4 NB 29.88 – Buchholz 310 § 47 VwGO Nr. 31; B. v. 13.7.1989 – 4 B 140.88 – BauR 1989, 703 = NVwZ 1990, 459 – Schefenacker; BVerwG, B. v. 25.10.1996 – 4 NB 28.96 – Buchholz 406.11 § 9 BauGB Nr. 81 – öffentliche Grünfläche.

[353] BVerwG, B. v. 9.7.1992 – 4 NB 39.91 – DVBl 1992, 1437 = ZfBR 1992, 291 = RzB Rn. 1309 – Fußgängerzone; B. v. 25.10.1996 – 4 NB 28.96 – Buchholz 406.11 § 9 BauGB Nr. 81 – öffentliche Grünfläche.

feststellungsbeschlüssen beigemessen[354], die zu einer abschließenden und alle sonstigen Genehmigungen ersetzenden Entscheidung über die Zulässigkeit des Vorhabens führen. Auch hat das BVerwG seit dem Flachglas-Urteil[355] den Trennungsgrundsatz (§ 50 BImSchG) hervorgehoben, d. h. die räumliche Trennung von Wohnnutzung und emittierendem Gewerbe gefordert. Der Grundsatz der Konfliktbewältigung darf aber nicht überspannt werden. Es spricht nach Auffassung des BVerwG einiges dafür, dass es nicht Aufgabe der Bauleitplanung ist, Entscheidungen zu treffen, die nach den Bestimmungen des BImSchG oder des AtG dem jeweiligen Genehmigungsverfahren, Vorbescheidsverfahren oder Anordnungsverfahren vorbehalten sind. Eine zu starke Verfeinerung der planerischen Aussagen würde das Planverfahren übermäßig − ggf. bis zur Grenze, an der die Aufstellung eines Bebauungsplans scheitern muss − belasten. Auch könnten die Ratsmitglieder, die für die Abwägung des Planes verantwortlich sind, überfordert werden, wenn sie bereits im Bebauungsplan Festsetzungen vornehmen müssten, die den Regelungen entsprechen, die Fachbehörden auf der Grundlage umfangreicher wissenschaftlicher Erhebungen und Begutachtungen im Rahmen des Genehmigungsverfahrens nach dem BImSchG oder nach den maßgeblichen Fachgesetzen zu treffen haben.[356]

Seinen einfachgesetzlichen Ursprung hat das bauplanungsrechtliche Gebot der Kon- **1072** fliktbewältigung im Abwägungsgebot des § 1 VII BauGB. Die Zuordnung des Gebots der Konfliktbewältigung zum Regime der planerischen Abwägung besagt zwar, dass die Konfliktlösung sowohl im Abwägungsvorgang als auch im Abwägungsergebnis zu beachten ist.[357] Aber dies geschieht nicht, indem den durch die Abwägung überwundenen Rechtspositionen mit Hilfe der Konfliktbewältigung wieder volle Geltung verschafft werden muss. Das Gebot steht damit nicht über dem Abwägungsgebot, sondern verlangt im Einklang mit dem Planziel einen Ausgleich widerstreitender Interessen. Es stellt sich insbesondere als rechtliche Anforderung an den Planinhalt dar.[358] Die Konfliktlösung und ihr Instrumentarium dienen als generellem Planungsziel einer geordneten städtebaulichen Entwicklung. Das Konfliktbewältigungsgebot kann allerdings auch strikt bindende Elemente haben, die durch Abwägung nicht überwindbar sind. Solche Bindungen können sich aus Gesetzen, Rechtsverordnungen oder einfachrechtlichen Interessenbewertungen ergeben, die vom Plangeber bei der Konfliktbewältigung als Planungsleitsätze zu beachten sind. Der Umfang der Bindung ist dem jeweiligen Fachrecht zu entnehmen.

b) Gemengelagen. Richterliche Zurückhaltung in der Anwendung des Konfliktbewäl- **1073** tigungsgebotes ist vor allem bei Gemengelagen am Platz − also Bereichen, in denen unterschiedliche, grundsätzlich unverträgliche Nutzungen auf engem Raum zusammentreffen, wie etwa nebeneinander liegende Industrie- und Wohngebiete, aber auch in den vielfältigen Formen der Durchmischung gewerblich-industrieller und wohnlicher Nutzung. In solchen Fällen sind Konfliktsituationen geradezu vorprogrammiert, und sie können durch eine auch noch so gute Planung häufig nicht völlig beseitigt werden. In vorhandenen Gemengelagen ist daher das Gebot der Konfliktbewältigung auf der Grundlage der **„Mittelwertrechtsprechung"**[359] nach Maßgabe des Rücksichtnahme-

---

[354] BVerwG, Urt. v. 14.2.1975 − 4 C 21.74 − BVerwGE 48, 56 = RzB Rn. 50 − B 42; Urt. v. 21.5.1976 − 4 C 80.74 − BVerwGE 51, 15 = RzB Rn. 108 − Stuttgart−Degerloch; *Hoppe* FS Ernst 1980, 215.

[355] BVerwG, Urt. v. 5.7.1974 − 4 C 50.72 − BVerwGE 45, 309 = RzB Rn. 24 − Delog−Detag.

[356] BVerwG, B. v. 17.2.1984 − 4 B 191.83 − BVerwGE 69, 30 = RzB Rn. 61 − Reuter−Kraftwerk.

[357] BVerwG, Urt. v. 5.7.1974 − 4 C 50.72 − BVerwGE 45, 309, stellt dies für die Abwägung als solche fest.

[358] *Söfker* ZfBR 1979, 10 (12).

[359] BVerwG, Urt. v. 12.12.1975 − IV C 71.73 − BVerwGE 50, 49 = RzB Rn. 60 − Tunnelofen; B. v. 29.10.1984 − 7 B 149.84 − NVwZ 1985, 186 = DVBl 1985, 397 − TA-Lärm; OVG Bautzen, Urt. v. 26.1.1998 − C 2 247/96 − JMBl ST 1998, 419.

gebotes[360] i.S. gesteigerter Duldungspflichten und verminderter Einwirkungsmöglichkeiten modifiziert und in der Tendenz am **Verbesserungsgebot** ausgerichtet. Auch eine Zurückstellung von Umweltbelangen kann in solchen Fällen gerechtfertigt sein, wenn die bestehenden Konflikte gemildert und i.S. einer Verbesserung der Umweltsituation entschärft werden. Vorhandene Anlagen können durch Bauleitplanung auf den Bestand festgeschrieben oder ggf. durch nachträgliche Auflagen an den jeweiligen Stand der Technik angepasst werden. Der Mittelwert ist der Sache nach allerdings nicht gleichzusetzen mit dem arithmetischen Mittel zweier Richtwerte und auch nicht schematisch anzuwenden.[361] Vielmehr handelt es sich um einen Zwischenwert für die Bestimmung der Zumutbarkeit, wobei die Ortsüblichkeit und die Einzelfallumstände zu berücksichtigen sind.[362] Daher dürfen bei der Genehmigung von Einzelbauvorhaben für die Beurteilung von Verkehrslärm im Fall von Gemengelagen und Vorbelastungen Zwischenwerte gebildet werden.[363] Vorbelastungen können dazu führen, dass sich die Zumutbarkeitsschwelle erhöht. Zu- und Abfahrtverkehr ist der baulichen Anlage zuzurechnen, wenn er sich innerhalb eines räumlich überschaubaren Bereichs bewegt und vom übrigen Verkehr unterscheidbar ist.[364] Die Mittelwertrechtsprechung kann auch auf **Geruchsimmissionen** übertragen werden.[365] Auch hier ist der Mittelwert nicht das arithmetische Mittel zweier Richtwerte.[366] Zur Konkretisierung des Schutzniveaus ist auf die Grundsätze über den Lärmimmissionsschutz in Gemengelagen nach Nr. 6.7 TA Lärm abzustellen.[367] Das „Aneinandergrenzen" im Sinne von Nr. 6.7 I 1 TA Lärm wird durch den räumlichen Umfang des Rücksichtnahmegebots geprägt. Es wird nicht schematisch räumlich im Sinne von Mindestabständen von der Immissionsbestimmt, sondern nach der jeweiligen Schallausbreitung und der damit einhergehenden Betroffenheit von Grundstücken mit höheren Schutzansprüchen. Liegt eine Gemengelage im Sinne der Nr. 6.7 TA Lärm vor, ist eine Zwischenwertbildung vorzunehmen. Diese erfolgt aber nicht rein mathematisch im Sinne eines Mittelwertes.[368]

1074   Bei der **Überplanung** „wild gewachsener" Baugebiete gilt danach das Gebot der Konfliktlösung nur mit Einschränkungen. So sind auch Konstellationen möglich, in denen das Verschlechterungsverbot ausnahmsweise durch die Planung durchbrochen werden darf.[369] Die Bauleitplanung muss zwar vom Grundsatz her das Trennungsgebot beachten. Wenn aber eine gegebene Gemengelage, die sich durch Bestandsschutz und Duldungspflichten rechtlich behauptet, vollendete Tatsachen schafft, ist die gebotene Verbesserung der städtebaulichen Situation zunächst eine Verbesserung innerhalb der bestehenden Siedlungsstrukturen.[370] Gleichwohl kann sich gerade auch im Zusammenhang mit dem Umweltschutz eine Pflicht für die Gemeinde ergeben, sich entwickelnde Umweltkonflikte durch den Einsatz von Planungsmitteln zu vermeiden oder zu mildern.[371] Schlichtes Hoheitshandeln ließe hier den erforderlichen Grad an Verbindlichkeit vermissen. Das

---

[360] BVerwG, Urt. v. 23.2.1977 – IV C 22.75 – BVerwGE 52, 122 = RzB Rn. 1151 – Rücksichtnahme Außenbereich; Urt. v. 26.5.1978 – IV C 9.77 – BVerwGE 55, 369 = RzB Rn. 336 – Harmonie.

[361] BVerwG, B. v. 29.10.1984 – 7 B 149.84 – DVBl 1985, 397 = RzB Rn. 62; s. Rn. 452.

[362] BVerwG, B. v. 28.9.1993 – 4 B 151.93 – NVwZ-RR 1994, 139 = RzB Rn. 1290.

[363] OVG Berlin-Brandenburg, B. v. 28.1.2010 – 10 S 31.09 – Nahversorgungszentrum.

[364] OVG Berlin-Brandenburg, B. v. 28.1.2010 – 10 S 31.09 – Nahversorgungszentrum.

[365] *Riemer*, Rechtliche Bewertung von Geruchsimmissionen, Diss. 2008.

[366] BVerwG, B. v. 28.9.1993 – 4 B 151.93 – NVwZ-RR 1994, 139 = RzB Rn. 1290 – Geruchsimmissionen.

[367] OVG Koblenz, Urt. v. 12.4.2011 – 8 C 10056/11 – DVBl 2011, 786 (L) = NVwZ-RR 2011, 638 – vorhandene Bebauung im Außenbereich.

[368] OVG Bautzen, B. v. 25.1.2011 – 4 A 589/09 – Lärmimmissionswerte bei Gemengelagen.

[369] *Sendler* UPR 1983, 73.

[370] *Ritter* NVwZ 1984, 609.

[371] *Schlichter* NuR 1982, 121.

Konfliktvermeidungsgebot gilt dann nicht nur für die aus der Planung entstehenden Konflikte. Dieses Vorsorgeprinzip im Umweltbereich ist bereits § 1 V, VI Nr. 7, 1a BauGB in Verbindung mit § 1 III BauGB zu entnehmen. Zwar ist die Bauleitplanung auch nur Rahmenplanung, aber das Vorsorgeprinzip verlangt eine frühzeitige Vorbeugung von Umweltschäden.[372] Die traditionell rein reaktive Auffangplanung wandelt sich so unter dem Eindruck des Umweltschutzes in eine zukunftsorientierte Entwicklungsplanung. § 50 BImSchG ist allerdings gemeinschaftsrechtskonform dahin auszulegen, dass zwischen dem gefährlichen Betriebsbereich und den in der Vorschrift genannten schutzwürdigen Gebieten ein angemessener räumlicher Abstand oder zusätzliche Schutzvorkehrungen planerisch gesichert werden muss. Ein Verzicht sowohl auf eine räumliche Trennung der Flächen als auch auf effiziente Schutzvorkehrungen wird nur in seltenen Ausnahmefällen abwägungsgerecht sein.[373]

> → **Konfliktbewältigung und Konflikttransfer.** Die der Planung zuzurechnenden Konflikte sind durch Planung zu bewältigen. Allerdings können einzelne Teile der Konfliktbewältigung in Begleit- oder Nachfolgeverfahren verschoben werden. Der Konflikttransfer ist allerdings nur zulässig, wenn nach Lage der Dinge eine Konfliktbewältigung im Begleit- oder Nachfolgeverfahren erwartet werden kann. Hier gelten vergleichbare Grundsätze wie für die Kontrolle von Prognoseentscheidungen. Ein Konflikttransfer ist vor allem im Immissionsschutzrecht aber auch im Naturschutzrecht anerkannt. Die Konfliktverlagerung kann dabei etwa in ein nachfolgendes Genehmigungs- oder anderes Zulassungsverfahren aber auch in einen planbegleitenden städtebaulichen Vertrag erfolgen. Mit den Nachfolgeentscheidungen oder planbegleitenden Regelungen können die Festsetzungen des Bebauungsplans zwar feingesteuert und nachgesteuert, nicht jedoch korrigiert werden.

Das **Trennungsgebot** des § 50 S. 1 BImSchG beansprucht für die Überplanung einer **1075** bestehenden Gemengelage keine strikte Geltung. Auch insoweit gilt der Grundsatz, dass die aufgrund der Festsetzungen eines Bebauungsplans bewältigungsbedürftigen Konflikte nicht ungelöst bleiben dürfen. Der Planungsgeber muss insbesondere die zu erwartenden immissionsschutzrechtlichen Nutzungskonflikte in den Blick nehmen und einer Lösung zuführen, sofern er dies nicht ausnahmsweise im Wege der „Nachsteuerung" dem Baugenehmigungsverfahren überlassen kann.[374] Das **Verbesserungsgebot** ist allerdings nicht für die Bauleitplanung generell verpflichtend. Bei der Planung eines öffentlichen Infrastrukturvorhabens müssen die nachteiligen Folgen für die Anwohner zwar bedacht und abgewogen werden. Übersteigen sie das Maß des Zumutbaren, sind Schutzvorkehrungen zu treffen oder es ist ein Ausgleich in Geld zu gewähren. Führt jedoch eine tatsächliche Vorbelastung dazu, dass nachteilige Auswirkungen des Vorhabens die Anwohner nicht mehr erreichen, dann besteht kein Anlass für einen Ausgleich. Eine generelle Pflicht zur Verbesserung der vorgefundenen Situation obliegt der Planungsbehörde nicht.[375]

c) Konflikttransfer. Das Gebot der → Konfliktbewältigung darf nicht überspannt wer- **1076** den. Die Bauleitplanung hat mit dem städtebaulichen Instrumentarium des BauGB nur eine beschränkte Konfliktlösungskapazität, die sich nur auf die der Bauleitplanung zuzurechnenden Konflikte beziehen kann. Ein Konflikttransfer – also eine Verschiebung der Konfliktbewältigung in andere Verfahren – wird sich daher häufig nicht vermeiden lassen.[376] Das BVerwG hat dazu deutlich gemacht, dass hier dem Baugenehmigungsverfahren, dem immissionsschutzrechtlichen Genehmigungsverfahren und dem Planungsver-

---

[372] OVG Bremen, Urt. v. 15.8.1989 – 1 BA 4/89 – UPR 1990, 112.
[373] OVG Münster, Urt. v. 6.3.2008 – 10 D 103/06.NE – ZUR 2008, 434 = UPR 2008, 280 (L) – Erdgasröhrenspeicher, m. Hinw. auf Art. 12 RL 96/82/EG.
[374] BVerwG, B. v. 8.3.2010 – 4 B 76.09 – BRS 76 Nr. 23 (2010) – Nachsteuerung.
[375] BVerwG, B. v. 23.6.1989 – 4 B 100.89 – NVwZ 1990, 263 = DVBl 1989, 1065 = RzB Rn. 74.
[376] BVerwG, Urt. v. 23.1.1981 – 4 C 4.78 – BVerwGE 61, 295 = RzB Rn. 113.

fahren anderer Planungsträger oder anderen **Nachfolgeverfahren** eine eigenständige Bedeutung auch im Rahmen der Lastenverteilung zukommen kann. Auch Fragen der Bauausführung müssen nicht notwendigerweise bereits in der Planung im Einzelnen festgelegt sein.[377] Im Verfahren Kraftwerk Reuter hat das BVerwG die Auffassung befürwortet, dass die Aufgabe der Bauleitplanung dort ende, wo die Bewältigungsmöglichkeiten des nachfolgenden immissionsschutzrechtlichen Genehmigungsverfahrens eingreifen.[378] Auch das Baugenehmigungsverfahren kann insbesondere durch die Prüfung am Maßstab des § 15 BauNVO Entlastungsfunktionen für die Bauleitplanung übernehmen und dazu beitragen, dass die Aufstellung des Bebauungsplanes zwar die Grundzüge, nicht jedoch bereits alle Unverträglichkeiten im Einzelfall prüfen muss. Deshalb ist ein Bebauungsplan auch nicht nur deshalb unwirksam, weil er zwar in der Zuordnung der unterschiedlichen Gebiete[379] im Grundsatz die richtige Weichenstellung vorgenommen hat, sich jedoch im Einzelfall unverträgliche Nutzungen ergeben können, die einer Genehmigungserteilung entgegenstehen.

1077   Die Gemeinde muss sich daher bereits bei der Aufstellung des Bebauungsplans Kenntnis über die wesentlichen **Nutzungskonflikte** verschaffen und Vorstellungen zu deren planerischer Bewältigung entwickeln. Auch muss die Gemeinde bereits im Rahmen der Abwägung aufklären, ob die der Planung zuwiderlaufenden Nutzungsinteressen so gewichtig sind, dass sie im Range den übrigen Belangen vorgehen. Der insoweit gebotene Interessenausgleich darf nicht ausgeklammert und etwa in den Anwendungsbereich der Dispensregelung des § 31 II BauGB verlagert werden. Die **Befreiungsvorschriften** bieten keine Handhabe dafür, eine defizitäre oder sonst fehlerhafte Planung im Nachhinein zu korrigieren. Auch ist eine Befreiung ausgeschlossen, wenn dadurch die Grundzüge der Planung berührt werden. Hier wäre nur eine förmliche Bauleitplanung in der Lage, den erforderlichen Interessenausgleich zu leisten (§ 1 III BauGB).[380] Auch lassen sich Abwägungsmängel wegen unzureichender Lösungen eines Konfliktes nicht allein durch einen **dinglich gesicherten Verzicht** auf die Abwehrrechte der Betroffenen überwinden.[381] Eine Verlagerung der Konfliktbewältigung in ein nachfolgendes Verfahren ist allerdings dann nicht möglich, wenn ein solches Verfahren nicht mehr stattfindet. Die materiellen Vorgaben des Bauplanungsrechts für die Zulässigkeit des Einzelvorhabens gelten zwar auch dann, wenn ein nachfolgendes Zulassungsverfahren etwa wegen der Freistellungen von den Genehmigungspflichten in den Landesbauordnungen nicht mehr stattfindet. In diesen Fällen bedarf es aber ggf. einer entsprechenden Feinsteuerung im Bebauungsplan, um die Konfliktbewältigung sicherzustellen.

Beispiel: Die Umsetzung eines Schallschutzkonzepts, das den Nachweis der Einhaltung von Beurteilungspegeln durch schalltechnische Gutachten in Baugenehmigungsverfahren voraussetzt, kann dadurch in Frage gestellt sein, dass ein Baugenehmigungsverfahren für bestimmte Arten von Bebauung nicht vorgesehen ist.[382]

---

[377] BVerwG, Urt. v. 5.3.1997 – 11 A 5.96 – DVBl 1997, 856 = NuR 1997, 503 – Bahnstromfernleitung Wörlsdorf – Roth. So ist auch die Praxis, die Bauausführung aus der Planfeststellung auszuklammern, rechtlich nicht zu beanstanden, soweit der Stand der Technik für die zu bewältigenden Probleme geeignete Lösungen zur Verfügung stellt und die Beachtung der entsprechenden technischen Regelwerke sichergestellt ist, Urt. v. 18.6.1997 – 11 A 70.95 – UPR 1997, 470 = NJ 1997, 615 – Staffelstein; VGH Mannheim, Urt. v. 23.12.1997 – 8 S 627/97 – VGHBWSpDienst 1998, Beilage 3, B 5.

[378] BVerwG, B. v. 17.2.1984 – 4 B 191.83 – BVerwGE 69, 30 = RzB Rn. 61 – Reuter–Kraftwerk.

[379] Etwa ein Wohngebiet und ein heranrückendes Gewerbe.

[380] BVerwG, B. v. 12.5.1995 – 4 NB 5.95 – Buchholz 406.11 § 1 BauGB Nr. 81.

[381] BVerwG, B. v. 23.1.2002 – 4 BN 3.02 – ZfBR 2002, 371 = BauR 2002, 730 = NVwZ-RR 2002, 329 – Legehennen.

[382] VGH Kassel, Urt. v. 22.4.2010 – 4 C 306/09.N – DVBl 2010, 782 = ZfBR 2010, 588 = BauR 2010, 1531 – Umnutzung eines ehemaligen Hafens.

d) Feinkörnigkeit. Auch an die Feinkörnigkeit der Bauleitplanung dürfen keine über- **1078** spannten Anforderungen gestellt werden. Ob der Bebauungsplan sich auf die Mindestfestsetzungen beschränkt oder schon sehr detaillierte Angaben enthält, ist eine Frage des Einzelfalls, vielfach auch der Zweckmäßigkeit. Angebotsplanungen, die sich an eine Vielzahl künftiger Nutzer richten, werden zumeist recht weit gehalten werden. Steht der Investor bereits fest, kann die Planung engere Fesseln anlegen und sehr konkrete Aussagen enthalten.[383] Die planerische Zurückhaltung ist auch im Hinblick auf die betroffenen Grundstücksinteressen hinzunehmen, weil insbesondere zum Schutz nachbarlicher Interessen in § 15 BauNVO, der nachbarschützende Funktionen hat, ausreichende Nachsteuerungsmöglichkeiten bestehen.[384]

Planerische Zurückhaltung kann durchaus der Funktion des Bebauungsplans ent- **1079** sprechen.[385] Dessen spezifische Aufgabe ist es, gleichsam zwischen dem Flächennutzungsplan und der Genehmigung eines konkreten Vorhabens stehend einen verbindlichen Rahmen zu setzen, der dem Eigentümer noch Spielraum für eigene Gestaltung belässt und die konkrete Verwaltungsentscheidung über ein bestimmtes Vorhaben nicht vollständig vorwegnimmt. Der Bebauungsplan soll auch im Hinblick auf das Abwägungsgebot (nur) einen Rahmen setzen. Er braucht daher nicht alle Probleme, die sich aus der in ihm enthaltenen grundsätzlichen Zulassung bestimmter Nutzungen im Plangebiet im Einzelfall für andere und vor allem nachbarliche Belange ergeben können, schon selbst abschließend zu bewältigen. Insoweit enthalten vielmehr die Regelungen in § 15 I 2, II BauNVO ein geeignetes Instrumentarium, um im Einzelfall auftretende Konflikte zu lösen. Hiernach ist im Verfahren über die Genehmigung eines Vorhabens zu prüfen, ob eine Anlage oder deren Änderung, Nutzungsänderung oder Erweiterung, denen die Festsetzungen des Bebauungsplans an sich nicht entgegenstehen, im Einzelfall unzulässig ist, weil von ihr Belästigungen oder Störungen ausgehen können, die nach der Eigenart des Baugebiets selbst oder in dessen Umgebung unzumutbar sind. Auf diese Regelung, die u. a. eine Ausprägung des baurechtlichen Gebotes der Rücksichtnahme darstellt, können sich die in qualifizierter und individualisierter Weise in geschützten Rechtspositionen berührten Nachbarn berufen.[386] Für die Anwendung des § 15 BauNVO spielt auch die dem Bebauungsplan beigegebene Begründung eine Rolle (§ 9 VIII BauGB).[387] Allerdings können die **Festsetzungen** eines Bebauungsplans durch § 15 BauNVO nur **ergänzt**, nicht **korrigiert** werden.[388]

e) Nachfolgendes Verwaltungshandeln. Zurückhaltung der Bauleitplanung kann auch **1080** mit dem Hinweis auf nachfolgendes Verwaltungshandeln[389] geboten sein. So kann etwa die Lösung der Verkehrsprobleme dem Straßenverkehrsrecht überlassen bleiben, wenn dieses in der Lage ist, nachbarlichen Unzuträglichkeiten entgegenzuwirken. Auch eine Konfliktverlagerung auf einen **anderen Planungsträger** ist zulässig, sofern die Problemregelung in dem hierfür vorgesehenen Planungs- und Genehmigungsverfahren zwar

---

[383] BVerwG, B. v. 28.8.1987 – 4 N 1.86 – DVBl 1987, 1273 = ZfBR 1988, 44 = RzB Rn. 63 – Volksfürsorge.

[384] BVerwG, B. v. 13.7.1989 – 4 B 140.88 – BauR 1989, 703 = DVBl 1989, 1065 = RzB Rn. 67 – Schefenacker.

[385] BVerwG, B. v. 17.2.1984 – 4 B 191.83 – BVerwGE 69, 30 = RzB Rn. 61 – Reuter–Kraftwerk; Urt. v. 28.8.1987 – 4 N 1.86 – DVBl 1987, 1273 = UPR 1988, 65 = RzB Rn. 63 – Volksfürsorge; B. v. 18.10.1991 – 4 NB 31.91 – RzB Rn. 72.

[386] BVerwG, Urt. v. 5.8.1983 – 4 C 96.79 – BVerwGE 67, 334 = RzB Rn. 969; Urt. v. 3.2.1984 – 4 C 17.82 – BVerwGE 68, 369 = RzB Rn. 310.

[387] BVerwG, Urt. v. 11.3.1988 – 4 C 56, 448 = DVBl 1988, 845 = RzB Rn. 65; B. v. 13.7.1989 – 4 B 140.88 – BauR 1989, 703 = DVBl 1989, 1065 = RzB Rn. 67 – Schefenacker; B. v. 15.11.1989 – 4 NB 28.89 – RzB Rn. 68 – Mischwerk; Urt. v. 29.1.1991 – 4 C 51.89 – BVerwGE 87, 322 = RzB Rn. 69 – München II.

[388] BVerwG, B. v. 6.3.1989 – 4 NB 8.89 – BauR 1989, 306 = DVBl 1989, 661 = RzB Rn. 964.

[389] BVerwG, B. v. 28.8.1987 – 4 N 1.86 – DVBl 1987, 1273 = RzB Rn. 63 – Volksfürsorge.

noch aussteht, aber nach den Umständen des Einzelfalles objektiv zu erwarten ist.[390]
Die Planungsbehörde muss bei dem Verweis auf nachfolgendes Verwaltungshandeln ohne
Abwägungsfehler ausschließen, dass eine Lösung des offen gehaltenen Problems durch
die bereits getroffenen Festsetzungen in Frage gestellt wird. Außerdem dürfen die mit
dem Vorbehalt unberücksichtigt gebliebenen Belange kein solches Gewicht haben, dass
die Planungsentscheidung nachträglich als unausgewogen erscheinen kann.

1081   Ein Transfer von Problemlösungen aus dem Planverfahren auf nachfolgendes Verwaltungshandeln ist jedenfalls dann zulässig, wenn die planende Stelle davon ausgehen darf,
dass der zunächst ungelöst gebliebene Konflikt im Zeitpunkt der **Plandurchführung** in
einem anderen Verfahren in Übereinstimmung mit ihrer eigenen planerischen Entscheidung **bewältigt** wird. Dabei sind alle Teilfragen, die ihrer Natur nach von der Planungsentscheidung abtrennbar sind, grundsätzlich einer nachträglichen Lösung zugänglich.[391]
Dies hat die Rechtsprechung im Verhältnis von Bauleitplanung zu immissionsschutz-
rechtlichem Genehmigungsverfahren,[392] der Bauleitplanung zu straßenbaulichen und
verkehrslenkenden Maßnahmen,[393] der straßenrechtlichen Planfeststellung zur eisenbahnrechtlichen Planfeststellung[394] sowie der straßenrechtlichen Planfeststellung zur
Flurbereinigung[395] ausgesprochen. Auch bei zwei aufeinander folgenden straßenrechtlichen Planfeststellungsverfahren ist ein solcher Konfliktausgleich grundsätzlich möglich.[396] Auch naturschutzrechtliche Ersatzmaßnahmen können einer solchen Regelung
eines nachfolgenden Verfahrens vorbehalten werden. Abwägungsmängel wegen unzureichender Lösungen eines Konfliktes lassen sich allerdings nicht allein durch einen
dinglich gesicherten Verzicht auf die Abwehrrechte der Betroffenen überwinden.[397]

1082   Ist der Bebauungsplan auf Grund eines Verstoßes gegen das Gebot der Konfliktbewältigung unwirksam, müssen die weiteren **Fehlerfolgen** einer Einzelfallbetrachtung
vorbehalten bleiben. Mit der Unwirksamkeit des Bebauungsplanes kann sich die Rechtsposition des betroffenen Grundstückseigentümers durchaus auch verschlechtern, weil ein
Genehmigungsanspruch nach § 30 I BauGB dann nicht mehr besteht. Auch der Nachbarschutz kann sich nach einem gewonnenen Normenkontrollverfahren verringern, etwa
weil nachbarschützende Festsetzungen gegenstandslos werden und das Gebot der nachbarlichen Rücksichtnahme im Innen- oder Außenbereich nur geringere Schutzansprüche
gewährleistet.[398]

1083 **f) Reparaturerfordernis.** Scheitert die in Aussicht genommene Konfliktbewältigung
in dem dafür vorgesehenen Verfahren, stellt sich für die Gemeinde die Frage, ob eine Reparatur erforderlich ist. Bauleitpläne sind aufzustellen, sobald und soweit es erforderlich
ist (§ 1 III BauGB). Zudem sind Bauleitpläne einem Monitoring zu unterziehen.[399] Aus
diesen Regelungen können sich Verpflichtungen der Gemeinden zu einem ergänzenden
Verfahren ergeben, wenn die in Aussicht genommenen Kompensationsregelungen in anderen Verfahren endgültig scheitern. Die Einhaltung der objektiv-rechtlichen Verpflichtung der Gemeinde kann auch von der Kommunalaufsicht durch entsprechende Weisun-

---

[390] BVerwG, B. v. 30.8.1994 – 4 B 105.94 – NVwZ 1995, 322; B. v. 30.10.1992 – 4 A 4.92 – Buchholz 406.401 § 8 BNatSchG Nr. 13; Urt. v. 23.1.1981 – 4 C 68.78 – BVerwGE 61, 307 = DVBl 1981,
935 = RzB Rn. 114 – A 93; B. v. 21.12.1995 – 11 VR 6.95 – NVwZ 1996, 896 = DVBl 1996, 676 –
Erfurt–Leipzig/Halle.
[391] BVerwG, B. v. 30.8.1994 – 4 B 105.94 – RdL 1994, 328 = NuR 1995, 139 – A 33.
[392] BVerwG, B. v. 17.2.1984 – 4 B 191.83 – BVerwGE 69, 30 = RzB Rn. 61 – Reuter.
[393] BVerwG, B. v. 28.8.1987 – 4 N 1.86 – DVBl 1987, 1273 = RzB Rn. 63 – Volksfürsorge.
[394] BVerwG, B. v. 30.10.1992 – 4 A 4.92 – Buchholz 406.401 § 8 BNatSchG Nr. 13.
[395] BVerwG, Urt. v. 18.12.1987 – 4 C 32.84 – DVBl 1988, 536 = RzB Rn. 53.
[396] BVerwG, B. v. 30.8.1994 – 4 B 105.94 – RdL 1994, 328 = NuR 1995, 139 – A 33.
[397] BVerwG, B. v. 23.1.2002 – 4 BN 3.02 – ZfBR 2002, 371 = BauR 2002, 730 = NVwZ-RR
2002, 329- Legehennen.
[398] BVerwG, B. v. 30.3.1995 – 4 B 48.95 – Buchholz 406.11 § 2 BauGB Nr. 38.
[399] Zum Monitoring s. Rn. 724.

gen sichergestellt werden.[400] Allerdings setzt dies ein entsprechend gewichtiges Erfordernis und das Vorliegen überwiegender Gemeinwohlgründe voraus.

g) Zeitschiene. Erfolgt die Konfliktbewältigung auf mehreren Ebenen, stellt sich die **1084** Frage nach der zeitlichen Abfolge der Planungs-, Zulassungs- und Nachfolgeverfahren. Vor allem geht es darum, ob die Bauleitplanung bereits zu einem Zeitpunkt abgeschlossen werden darf, in dem die Konfliktlösung in Nachfolgeverfahren noch nicht abgeschlossen ist und sich die genaue Form der Konfliktbewältigung dort auch noch nicht absehen lässt. Das Abwägungsgebot zwingt nicht dazu, die Satzung erst zu beschließen, wenn zugleich die Bewältigung dieser Probleme durch anderweitiges Verwaltungshandeln rechtlich gesichert ist. Vielmehr kann die Gemeinde die Durchführung entsprechender Maßnahmen dem späteren, dem Vollzug der Festsetzung dienenden Verwaltungsverfahren überlassen, wenn sie im Rahmen der Abwägung berechtigterweise davon ausgehen kann, dass die Probleme in diesem Zusammenhang gelöst werden können.[401] Allerdings birgt ein solches Vorgehen Probleme: Der Konflikttransfer in ein Nachfolgeverfahren darf nicht dazu führen, dass die der Planung zuzurechnenden Konflikte am Ende ungelöst bleiben. Erweist sich die Prognose der Gemeinde als fehlerhaft und gelingt die Konfliktbewältigung im Nachfolgeverfahren nicht, ist die Gemeinde gegebenenfalls zur Reparatur verpflichtet.[402]

h) Freistellungstendenzen. Die verstärkten Bestrebungen der Landesgesetzgeber, Bau- **1085** vorhaben von einer Genehmigungspflicht freizustellen, könnten indessen geeignet sein, das Bild zu verändern. Wenn das Baugenehmigungsverfahren nur noch in verschlankter Form als vereinfachtes Genehmigungs- oder Anzeigeverfahren auftritt oder ganz ausfällt, dann entfällt auch die Möglichkeit einer Nachsteuerung des durch Typisierung offen gehaltenen Bebauungsplans im Genehmigungsverfahren. Der unmöglich gewordene Konflikttransfer müsste auf das Gebot der planerischen Konfliktbewältigung in dem Sinne zurückschlagen, dass die Konfliktbewältigung in diesen Fällen bereits abschließend im Bebauungsplan geleistet werden muss und nicht auf ein nachfolgendes Genehmigungsverfahren verschoben werden kann. Das Baugenehmigungsverfahren ist zwar nicht mit einer formellen Konzentrationswirkung ausgestattet, doch setzte die Baugenehmigung nach Maßgabe des Landesrechts den zeitlichen Schlusspunkt für die verschiedenen Genehmigungsverfahren des Baunebenrechts.[403] Denn es ist Sache des Landesbauordnungsrechts, zu bestimmen, was Prüfungsgegenstand des Baugenehmigungsverfahrens ist.[404]

6. Instrumente der Konfliktbewältigung

Die Bauleitplanung verfügt mit dem städtebaulichen Instrumentarium des BauGB nur **1086** über beschränkte Mittel zur Konfliktlösung. Sie dienen zur Lösung von Konflikte, die dem Bebauungsplan zuzurechnen sind.[405] Konflikte, zu deren Lösung dem Plangeber keine zulässige Festsetzung zur Verfügung steht, muss der Bebauungsplan auch nicht lösen.

a) Festsetzung von Grenzwerten. Vor allem in Gemengelagen stellt sich die Frage, **1087** ob die Konfliktbewältigung durch die Festsetzung von Emissions- und Immissionswerten im Bebauungsplan vorgenommen werden kann *(→ Textbeispiel 103)*. Gerade hier

---

[400] BVerwG, Urt. v. 17.9.2003 – 4 C 14.01 – BVerwGE 119, 25 = DVBl 2004, 239 = NVwZ 2004, 220 – Mühlheim-Kärlich.

[401] So BVerwG, B. v. 25.8.1997 – 4 BN 4.97 – NuR 1998, 138; B. v. 30.3.1988 – 4 BN 2.98 – NVwZ–RR 1998, 711. Die Gemeinde muß allerdings die dem Bebauungsplan zugrundeliegende Abwägung nicht ständig „unter Kontrolle" halten, vgl. auch VGH Mannheim, B. v. 23.12.1997 – 8 S 627/97 – BauR 1998, 750.

[402] BVerwG, B. v. 7.9.1988 – 4 N 1.87 – BVerwGE 80, 184 = NJW 1989, 467.

[403] *Ortloff* NVwZ 1995, 112 (113); vgl. auch *Ritter*, Bauordnungsrecht in der Deregulierung, 9.

[404] BVerwG, B. v. 25.10.1995 – 4 B 216.95 – ZfBR 1996, 55 (56).

[405] *Stüer*, Handbuch des Bau– und Fachplanungsrechts, Rn. 819.

kommt es zu einer Annäherung der Bauleitplanung an das immissionsschutzrechtliche Einzelverfahren.[406] Die Festsetzung so genannter Zaunwerte, die auf die Summe der Emissionen eines Plangebiets abstellen, wird für unzulässig gehalten.[407] Die Festsetzung flächenbezogener Schallleistungspegel hält das BVerwG demgegenüber für zulässig.[408] Wenn § 9 I Nr. 24 BauGB nicht die dazu erforderliche Rechtsgrundlage abgibt, findet sie sich jedenfalls in § 1 IV 1 Nr. 2 und S. 2 BauNVO.[409]

Flächenbezogene Schallleistungspegel

Innerhalb der Gewerbegebiete wird die Art der Nutzung hinsichtlich des flächenbezogenen Schallleistungspegels gegliedert: GE1: tags 65 dB(A) und nachts 50 dB(A) und GE2: tags 60 dB(A) und nachts 45 dB(A). Das Berechnungsverfahren ist nach dem der TA-Lärm vorzunehmen.

Hinweise

Bei bereits teilweise oder ganz bebauten Flächen werden die flächenbezogenen Schallleistungspegel nur bei wesentlichen Änderungen oder Neuerrichtungen herangezogen. Schallpegelminderungen, die bei konkreten Einzelvorhaben durch Abschirmungsmaßnahmen erreicht werden, können in der Höhe des Schirmwertes bezüglich der relevanten Immissionswerte des Flächen-Schallleistungspegels zugerechnet werden. Der sich aus dem flächenbezogenen Schallleistungspegel und dem Flächenmaß ergebende Schallleistungspegel bestimmt den Immissionsanteil der Fläche. Der effektive Schallleistungspegel als Emissionswert kann im konkreten Einzelfall auf Grund des frequenz- und entfernungsabhängiger Luftabsorptionsmaßes und oder der zeitlichen Begrenzung der Emissionen größer sein als der genannte Schallleistungspegel bei gleichzeitiger Einhaltung des Immissionsanteils.

Textbeispiel 103: *Flächenbezogener Schallleistungspegel*

1088   **b) Festsetzung von Schutzvorkehrungen.** Durch Festsetzungen, die auf § 9 I Nr. 24 BauGB beruhen, kann die Gemeinde Schutzflächen ausweisen, die von der Bebauung freizuhalten sind. Sie kann auf Grund derselben Ermächtigungsgrundlage auch Flächen festsetzen, die für besondere Anlagen und Vorkehrungen zum Schutz vor schädlichen Umwelteinwirkungen i. S. des BImSchG vorgesehen sind. Die Gemeinde kann diese Schutzvorkehrungen auch selbst im Bebauungsplan ausweisen. Die beiden letztgenannten Festsetzungsmöglichkeiten haben einen anlagenbezogenen Charakter und gehen mit der dadurch zulässigen Konkretheit in die Regelungstiefe der durch Schutzauflagen flankierten Genehmigung von Einzelvorhaben.[410] Das durch die Festsetzungen eröffnete Instrumentarium muss sich jedoch zusätzlich im Rahmen der vorgesehenen Aufgabenteilung von Planung und nachfolgendem Verwaltungshandeln halten. Nur die Konflikte von Nutzungen im Zusammenhang mit der Bodennutzung oder dem Standort sind dabei vom Bebauungsplan zu lösen.

1089   § 9 I Nr. 24 BauGB ermächtigt nur zur Festsetzung baulicher oder technischer Maßnahmen, nicht zur Festsetzung von Emissions- und Immissionsgrenzwerten.[411] Die Festsetzung einer Fläche für Lärmschutzanlagen (§ 9 I Nr. 24 BauGB) im Hinblick auf eine noch nicht planfestgestellte Umgehungsstraße auf der Grundlage der Stellungnahme einer Fachbehörde ist dann nicht erforderlich i.S. des § 1 III BauGB, wenn der Gemeinde eine Lärmschutzberechnung der Fachbehörde nicht vorliegt und sich nach dem Planungsstand im Zeitpunkt des Abwägungsvorgangs noch Veränderungen der für die Notwendigkeit und den Umfang der Schallschutzmaßnahmen maßgebenden Parameter (Verlauf und Höhenlage der Trasse) ergeben können.[412] Die

---

[406]   Vgl. *von Holleben* UPR 1983, 76 (77).

[407]   OVG Münster, Urt. v. 15.10.1992 – 7a D 80.91.NE – UPR 1993, 152; vgl. auch *Müller* UPR 1994, 294.

[408]   BVerwG, B. v. 18.12.1990 – 4 N 6.88 – NVwZ 1991, 881.

[409]   Zur Relevanz der Festlegung auf eine dieser Normen vgl. *Müller* UPR 1994, 294 (297).

[410]   *Menke*, Bauleitplanung in städtebaulichen Gemengelagen, 165.

[411]   BVerwG, B. v. 30.1.2006 – 4 BN 55.05 – ZfBR 2006, 355 = BauR 2007, 856.

[412]   VGH München, Urt. v. 19.10.2006 – 14 N 04.3287 – BauR 2007, 999 = UPR 2007, 355 = BRS 70 Nr. 30 (2006) = DVBl 2007, 391 (L) – Fläche für Lärmschutzanlagen gem. § 9 I Nr. 24 BauGB.

Gemeinde hat auch im Bereich der Schallschutzmaßnahmen einen Abwägungsspielraum.[413]

Beispiel: Weist ein Bebauungsplan ein Wohngebiet aus, das durch vorhandene Verkehrswege Lärmbelastungen ausgesetzt wird, die an den Gebietsrändern deutlich über den Orientierungswerten der DIN 18005 liegen, ist es nicht von vornherein abwägungsfehlerhaft, auf aktiven Schallschutz durch Lärmschutzwälle oder -wände zu verzichten. Es kann etwa bei dicht besiedelten Räumen abwägungsfehlerfrei sein, eine Minderung der Immissionen durch eine Kombination von passivem Schallschutz, Stellung und Gestaltung von Gebäuden sowie Anordnung der Wohn- und Schlafräume zu erreichen.[414]

c) Gliederung des Plangebietes. Auch die Gliederung von Baugebieten nach § 1 IV **1090** bis IX BauNVO dient der Konfliktmilderung vor allem auch in Gemengelagen. Durch Nutzungseinschränkungen können benachbarte Gebiete vor Beeinträchtigungen geschützt werden. § 1 V bis IX BauNVO ermöglicht stufenweise verfeinert den Ausschluss von allgemein zulässigen Nutzungen der Baugebiete der §§ 2, 4 bis 9 und 13 BauNVO (§ 1 V BauNVO), von einzelnen oder allen ausnahmsweise zulässigen Nutzungen in den Baugebieten der §§ 2 bis 9 BauNVO (§ 1 VI BauNVO), von bestimmten Nutzungsarten in Teilen des Baugebiets (§ 1 VIII BauNVO) sowie von Anlagearten (§ 1 IX BauNVO). Diese kleinteilige Neustrukturierung durch Einteilung der Baugebiete in von der BauNVO nicht standardisiert vorgegebene Festsetzungen ergänzen die typisierende Methode durch eine stärker anlagenbezogene Planung.[415]

d) Naturschutzrechtliche Festsetzungen. Der Bauleitplanung ist seit dem Baurechts- **1091** kompromiss aus dem Jahre 1993[416] auch die naturschutzrechtliche Konfliktbewältigung aufgetragen. Eingriffe in Natur und Landschaft müssen nach Maßgabe der §§ 1 a II, III, 135 a bis 135 c, 200 a BauGB, 18 BNatSchG in der Bauleitplanung bewältigt werden. Hierzu stehen bereits seit dem BauROG 1998 neben den bereits bekannten Instrumenten in §§ 5 II a, 9 I 1 a BauGB Zuordnungsdarstellungen und −festsetzungen für Flächen und Maßnahmen zum naturschutzrechtlichen Ausgleich zur Verfügung. Der Gedanke einer einheitlichen naturschutzrechtlichen Problembewältigung wird dadurch gestärkt, dass die strenge Trennung von naturschutzrechtlichem Ausgleich und Ersatz aufgegeben worden ist (§ 200 a BauGB) und auch in zeitlicher Hinsicht eine sachgerechte Zuordnung von Eingriff und Ausgleich ermöglicht wird. Gerade bei der Bewältigung naturschutzrechtlicher Konflikte kommt aber auch dem städtebaulichen Vertrag erhöhte Bedeutung zu (§ 1 a III 4 BauGB).

Geht es der Gemeinde im Plangebiet allein um die standortbezogene Sicherung einer **1092** grundstücksübergreifenden Netzstruktur von Gehölzen, reicht es aus, die strukturellen Elemente dieser Netzstruktur zu ermitteln, ohne im Detail jeden einzelnen Vegetationsbestand zu kartieren. Es kann auch das Anpflanzen bestimmter Arten von Bäumen, Sträuchern und sonstiger Pflanzen sowie ein bestimmtes Mischungsverhältnis und eine bestimmte Dichte der Anpflanzung festgesetzt werden Anpflanzgebote können wegen ihrer Auswirkungen auf die Eigentumsgarantie allerdings nur dann verhältnismäßig sein, wenn sie im Zusammenhang mit genehmigungs- oder anzeigepflichtigen baulichen Grundstücksveränderungen stehen.[417]

---

[413] OVG Münster, Urt. v. 28.6.2007 – 7 D 89/06.NE – Lärmimmissionen.

[414] BVerwG, Urt. v. 22.3.2007 – 4 CN 2.06 – BVerwGE 128, 238 = DVBl 2007, 834 = NVwZ 2007, 831 m. Anm. *Gatz*, jurisPR-BVerwG 14/2007 Anm. 2 – vorbelastetes Wohngebiet.

[415] *Söfker*, ZRP 1980, 321 (323); *ders.* ZfBR 1979, 10 (13).

[416] Eingeführt durch das InvWoBauG 1993.

[417] OVG Lüneburg, Urt. v. 6.4.2006 – 9 KN 267/03 – Neuanpflanzungsgebot für gärtnerisch bereits gestaltete Grundstücke.

7. Rücksichtnahmegebot

1093 Im Rahmen der Bauleitplanung ist auf nachteilig betroffene Belange nach Möglichkeit
→ Rücksicht zu nehmen.[418] Die planerische Entscheidung hat dabei einen Ausgleich
zwischen den unterschiedlich betroffenen Interessen nach Maßgabe der planerischen
Zielkonzeption anzustreben und vor allem die jeweiligen Planungsvorstellungen in die
Umgebung einzubetten und auf diese Weise unterschiedliche Nutzungen angemessen
zuzuordnen.[419] So gesehen hat das Rücksichtnahmegebot seine Wurzeln im verfassungsrechtlichen **Verhältnismäßigkeitsprinzip.**[420] Das Rücksichtnahmegebot hat eine objek-
tivrechtliche und eine subjektivrechtliche Seite. Dem objektiven Gebot der Rücksichtnahme kommt **drittschützende Wirkung** zu, so weit in qualifizierter und zugleich
individualisierter Weise auf schutzwürdige Interessen eines erkennbar abgegrenzten Krei-
ses Dritter Rücksicht zu nehmen ist.[421] Das gilt allerdings nur für diejenigen Ausnahmefälle, in denen (1) die tatsächlichen Umstände handgreiflich ergeben, auf wen Rücksicht
zu nehmen ist, und (2) eine besondere rechtliche Schutzwürdigkeit des Betroffenen anzuerkennen ist.[422] Die Schutzwürdigkeit des Betroffenen, die Intensität der Beeinträchtigung, die Interessen des Bauherrn und das, was beiden Seiten billigerweise zumutbar
oder unzumutbar ist, ist dann i. S. einer nachvollziehenden, nicht planerisch-gestalteri-
schen Abwägung gegeneinander abzuwägen.[423] Welche Anforderungen das Gebot der
nachbarlichen Rücksichtnahme **(objektivrechtlich)** begründet, hängt nach Auffassung
des BVerwG wesentlich von den jeweiligen Einzelfallumständen ab. Je verständlicher und
unabweisbarer die mit dem Vorhaben verfolgten Interessen sind, umso weniger braucht
derjenige, der das Vorhaben verwirklichen will, Rücksicht zu nehmen. Es kommt dabei
wesentlich auf eine Abwägung zwischen dem an, was einerseits dem Rücksichtnahmebe-
günstigten und andererseits dem Rücksichtnahmeverpflichteten nach Lage der Dinge zuzumuten ist. Dabei muss allerdings demjenigen, der sein eigenes Grundstück in einer sonst
zulässigen Weise baulich nutzen will, insofern ein Vorrang zugestanden werden, als er berechtigte Interessen nicht schon deshalb zurückstellen braucht, um gleichwertige fremde
Interessen zu schonen. Das gilt noch verstärkt, wenn sich bei einem Vergleich der beider-
seitigen Interessen derjenige, der das Vorhaben verwirklichen will, zusätzlich darauf berufen kann, dass das Gesetz durch die Zuerkennung einer planungsrechtlichen Bevorzugung
seine Interessen grundsätzlich höher bewertet wissen will, als es für die Interessen derer zu-
trifft, auf die Rücksicht genommen werden soll.[424] Die dabei vorzunehmende Interessenabwägung hat sich an dem Kriterium der Zumutbarkeit auszurichten, wobei nicht eine
enteignungsrechtliche Zumutbarkeit, sondern eine einfachgesetzliche Zumutbarkeit in
dem Sinne gemeint ist, dass dem Betroffenen die nachteiligen Einwirkungen des Vorhabens billigerweise noch zugemutet werden können.[425] Das Gebot der nachbarlichen

[418] *Battis* FS Weyreuther 1993, 305; *Breuer* DVBl 1982, 1065; *Hauth* BauR 1993, 673; *Lenz* BauR
1985, 402; *Peine* DÖV 1984, 963; *Redeker* DVBl 1984, 870; *Sarnighausen* NVwZ 1993, 1054; *Weyreuther*
BauR 1975,1.

[419] *Weyreuther* BauR 1975, 1.

[420] *BKL* § 1 Rn. 122.

[421] BVerwG, Urt. v. 23.2.1977 – 4 C 22.75 – BVerwGE 52, 122 = RzB Rn. 1151; Urt. v. 5.8.1983
– 4 C 96.79 – BVerwGE 67, 334 = RzB Rn. 969 – Rücksichtnahme; Urt. v. 3.2.1984 – 4 C 17.82 –
BVerwGE 68, 369 = RzB Rn. 310 – SB – Warenhaus.

[422] BVerwG, Urt. v. 6.10.1989 – 4 C 14.87 – BVerwGE 82, 343 = NJW 1990, 1192 = RzB
Rn. 325.

[423] BVerwG, Urt. v. 5.8.1983 – 4 C 96.79 – BVerwGE 67, 334 = RzB Rn. 969; Urt. v. 7.2.1986 –
4 C 49 – 82 – ZfBR 1986, 148; Urt. v. 6.10.1989 – 4 C 14.87 – BVerwGE 82, 343 = RzB Rn. 325.

[424] BVerwG, Urt. v. 23.2.1977 – 4 C 22.75 – BVerwGE 52, 122 = NJW 1978, 62 = RzB Rn. 1151
– Rücksichtnahme Außenbereich; Urt. v. 26.5.1978 – 4 C 9.77 – BVerwGE 55, 369 = NJW 1978,
2564 = RzB Rn. 336 – Harmonie.

[425] BVerwG, Urt. v. 29.1.1991 – 4 C 51.89 – BVerwGE 87, 332 = DVBl 1991, 1143.

Rücksichtnahme gilt nach § 15 I BauNVO für beplante Gebiete nach § 30 BauGB,[426] aber auch im nicht beplanten Innenbereich[427] und im Außenbereich.[428] Im nicht beplanten Innenbereich geht das Rücksichtnahmegebot in dem Begriff des Einfügens in die Eigenart der näheren Umgebung nach § 34 I BauGB auf. Im Außenbereich gehört das Rücksichtnahmegebot zu den öffentlichen Belangen nach § 35 I, II und III BauGB.

Das **baurechtliche Gebot der Rücksichtnahme**, das als Bestandteil des einfachen **1094** Rechts nachbarliche Nutzungskonflikte lösen helfen soll, verändert – soweit es um Immissionen oder immissionsähnliche Einwirkungen geht – seinen wesentlichen Inhalt nicht danach, ob die jeweiligen Nutzungen beide im **Außenbereich** oder beide im **Innenbereich** liegen oder aber an der Grenze von Außen- und Innenbereich in einem Fall dem einen und im anderen Fall dem anderen Bereich zuzuordnen sind.[429] So kann der Eigentümer eines Grundstücks im Innenbereich gegenüber einer auf dem Nachbargrundstück im Außenbereich genehmigten Bebauung Rücksichtnahme auf seine Interessen im Rahmen der Abwägung mit den Interessen des Nachbarn nur insoweit verlangen, als er über eine schutzwürdige Abwehrposition verfügt.[430]

> → **Rücksichtnahmegebot.** Sich beeinflussende Nutzungen haben aufeinander Rücksicht zu nehmen. Das Maß der gegenseitigen Rücksichtnahme richtet sich nach den Vorgaben des Gesetz- oder Verordnungsgebers sowie einer Einzelfallbewertung. Es ist umso größer, je mehr derjenige, der Rücksichtnahme verlangt, selbst auf die Nachbarbebauung und -nutzung Rücksicht genommen hat. Es ist umso geringer, je weniger derjenige, der Rücksichtnahme verlangt, selbst Rücksicht genommen hat. Das Rücksichtnahmegebot steht auf einer Stufe mit der einfachgesetzlichen Zumutbarkeit und kann sich in den jeweiligen Himmelsrichtungen unterschiedlich ausprägen. Es wird im Geltungsbereich eines qualifizierten Bebauungsplans über dessen Festsetzungen und § 15 BauNVO vermittelt. Die Vorschrift ermöglicht eine Feinsteuerung, nicht jedoch eine Korrektur des Bebauungsplans. Im nicht beplanten Innenbereich ist das Rücksichtnahmegebot Bestandteil des Merkmals des „Sich Einfügens" (§ 34 I BauGB). Im Außenbereich ist das Rücksichtnahmegebot Teil der öffentlichen Belange, die bei einem privilegierten Außenbereichsvorhaben nicht entgegenstehen (§ 35 I BauGB) und bei einem nicht privilegierten Außenbereichsvorhaben nicht beeinträchtigt werden dürfen (§ 35 II BauGB). Die persönlichen Verhältnisse einzelner Eigentümer oder Nutzer, wie z. B. besondere Empfindlichkeiten oder gesundheitliche Voraussetzungen, spielen bei der Zumutbarkeitsbewertung von Belästigungen oder Störungen im Rahmen des Gebotes der Rücksichtnahme keine Rolle. Bei der Zumutbarkeitsprüfung wird vielmehr auf eine durchschnittliche Empfindlichkeit gegenüber nachbarlichen Beeinträchtigungen abgehoben.

Voraussetzung für eine **(nachvollziehende) Abwägung (Angemessenheitsprü-** **1095** **fung)** zwischen den Interessen des Bauherrn und des Nachbarn ist allerdings, dass derjenige, der ein Vorhaben abwehren will, eine rechtlich beachtliche **schutzwürdige Position** gegenüber dem Vorhaben hat. Denn Rücksicht zu nehmen ist nur auf solche Interessen des Nachbarn, die wehrfähig sind, weil sie nach der gesetzgeberischen Wertung, die im materiellen Recht ihren Niederschlag gefunden hat, schützenswert sind. Fehlt es hieran, so ist für Rücksichtnahmeerwägungen von vornherein kein Raum. Eine gegenüberstellende Interessenbewertung erübrigt sich.[431]

---

[426] BVerwG, Urt. v. 5.8.1983 – 4 C 96.79 – BVerwGE 67, 334 = DVBl 1984, 143 = RzB Rn. 969.

[427] BVerwG, Urt. v. 26.5.1978 – 4 C 9.77 – BVerwGE 55, 369 = RzB Rn. 336 – Harmonie; Urt. v. 13.3.1981 – 4 C 1.78 – DVBl 1981, 928 = RzB Rn. 395; B. v. 29.7.1991 – 4 B 40.91 – BauR 1991, 714 = DÖV 1992, 77 – Spielhalle Kerngebiet.

[428] BVerwG, Urt. v. 23.2.1977 – 4 C 22.75 – BVerwGE 52, 122 = RzB Rn. 1151; B. v. 25.1.1985 – 4 B 202.85 – NVwZ 1986, 469 = RzB Rn. 1250; Urt. v. 23.5.1991 – 7 C 19.90 – BVerwGE 88, 210 = DVBl 1991, 880 = RzB Rn. 544 – Schießplatz.

[429] BVerwG, Urt. v. 10.12.1982 – 4 C 28.81 – Buchholz 406.11 § 34 BBauG Nr. 89; Urt. v. 28.10.1993 – 4 C 5.93 – BauR 1994, 354 = NVwZ 1994, 354.

[430] BVerwG, B. v. 30.11.1992 – 4 NB 41.92 –.

[431] BVerwG, Urt. v. 28.10.1993 – 4 C 5.93 – NVwZ 1994, 686 = DVBl 1994, 697.

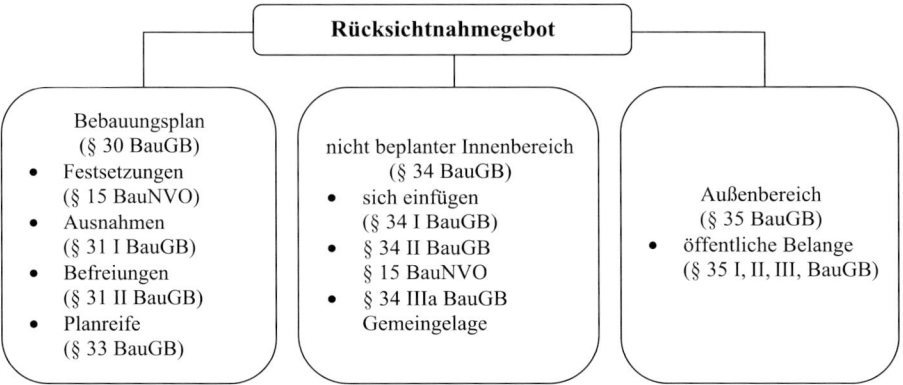

1096   Für die Anwendung eines Bebauungsplans erweist sich das in § 15 I BauNVO nieder-gelegte Rücksichtnahmegebot als Mittel der Nach- oder Feinsteuerung, bei der es darum geht, eine nach dem Bebauungsplan zwar grundsätzlich zulässige Nutzung wegen der Besonderheiten des Einzelfalls auszuschließen, zu begrenzen oder nur unter Begleitung entsprechender Schutzauflagen zuzulassen.[432]

Beispiel: Der Bebauungsplan einer Gemeinde weist ein Mischgebiet aus, an das auf der einen Seite ein Sondergebiet für eine Kurklinik anschließt. Im Mischgebiet wäre eine das Wohnen nicht wesentlich störende Schreinerei zwar grundsätzlich zulässig. Zur Seite der Kurklinik hin würde deren Errichtung oder Erweiterung jedoch ggf. gegen das Gebot der nachbarlichen Rücksichtnahme verstoßen. Würde die Baugenehmigung im Hinblick auf die Mischgebiets-Festsetzungen des Bebauungsplans gleichwohl erteilt, könnte der Eigentümer bzw. Betreiber der Kurklinik mit Erfolg Nachbarrechtsschutz gegen die erteilte Genehmigung suchen.[433]

1097   Das Bebauungsrecht regelt die Nutzbarkeit der Grundstücke in öffentlich-rechtlicher Beziehung auf der Grundlage **objektiver Umstände** und Gegebenheiten mit dem Ziel einer möglichst dauerhaften städtebaulichen Ordnung und Entwicklung. Dementsprechend ist auch das baurechtliche Rücksichtnahmegebot nicht in dem Sinne personenbezogen, dass es in seinen Anforderungen davon abhängt, wie sich die Eigentumsverhältnisse zu einem bestimmten Zeitpunkt darstellen oder wer die gegenwärtigen Nutzer eines Grundstücks sind.[434] Die **persönlichen Verhältnisse** einzelner Eigentümer oder Nutzer, wie z. B. besondere Empfindlichkeiten oder gesundheitliche Voraussetzungen, spielen bei der Zumutbarkeitsbewertung von Belästigungen oder Störungen im Rahmen des Gebotes der Rücksichtnahme keine Rolle.[435] Bei der Zumutbarkeitsprüfung wird vielmehr auf eine durchschnittliche Empfindlichkeit gegenüber nachbarlichen Beeinträchtigungen abgehoben.[436]

1098   Der **Nachbarschutz** aus dem Rücksichtnahmegebot setzt allerdings eine **schutzwürdige Position** des Nachbarn gegenüber dem Vorhaben voraus. Denn Rücksicht zu nehmen ist nur auf solche Interessen des Nachbarn, die wehrfähig sind, weil sie nach der gesetzgeberischen Wertung, die im materiellen Recht ihren Niederschlag gefunden hat,

---

[432] BVerwG, Urt. v. 5.8.1983 – 4 C 96.79 – BVerwGE 67, 334 = RzB Rn. 969 – Rücksichtnahme; Urt. v. 25.11.1983 – 4 C 21.83 – BVerwGE 68, 213 = NJW 1984, 1564 = *Hoppe/ Stüer* RzB Rn. 927; Urt. v. 26.9.1991 – 4 C 5.87 – BVerwGE 89, 69 = ZfBR 1992, 79 = RzB Rn. 1111; Urt. v. 27.2.1992 – 4 C 50.89 – BauR 1992, 491 – Koranschule.

[433] BVerwG, Urt. v. 7.2.1986 – 4 C 49.82 – NVwZ 1986, 642 = RzB Rn. 905 – Tankstelle; *Stüer*, Handbuch des Bau- und Fachplanungsrechts, Rn. 4228.

[434] BVerwG, B. v. 15.7.1987 – 4 B 151.87 – Buchholz 406.11 § 34 BBauG Nr. 121.

[435] BVerwG, B. v. 5.3.1984 – 4 B 20.84 – Buchholz 406.11 § 34 BBauG Nr. 99 = RzB Rn. 374 – Pumazwinger.

[436] BVerwG, B. v. 14.2.1994 – 4 B 152.93 – GewArch 1994, 250 = RzB Rn. 366.

schützenswert sind. Die vom Nachbarn angefochtene Baugenehmigung kann daher objektiv rechtswidrig sein, ohne dass nachbarliche Rechte hierdurch beeinträchtigt werden. Dies gilt etwa für den nicht beplanten Innenbereich (§ 34 BauGB) und den Außenbereich (§ 35 BauGB) – Vorschriften, denen keine allgemein nachbarschützende Funktion zukommt.[437] Der Nachbarschutz kann sich vielmehr lediglich aus der Verletzung subjektiver Elemente des Rücksichtnahmegebotes ergeben.[438] Auch müssen sich aus der angegriffenen Maßnahme zusätzliche Beeinträchtigungen des Nachbarn ergeben.[439] Für das Vorliegen der Verletzung des Gebotes der Rücksichtnahme trägt der Nachbar zudem die Darlegungs- und Beweislast.[440]

In die Bewertung geht grundsätzlich nur die **legal ausgeübte Nutzung** ein.[441] Auch **1099** Nutzungsänderungen unterliegen dabei der planungsrechtlichen Beurteilung, wenn die Genehmigungsfrage neu aufgeworfen wird, wenn also für die neue Nutzung weiter gehende Vorschriften gelten als für die alte oder die Zulässigkeit der neuen Nutzung nach den jeweiligen Vorschriften anders zu beurteilen ist als die frühere Nutzung.[442]

Die **Festsetzungen von Baugebieten** in einem Bebauungsplan haben grundsätzlich **1100** **nachbarschützende Funktion**. Hier besteht für den Nachbarn auch ohne eigene konkrete Betroffenheit durch das einzelne Vorhaben ein **Gebietswahrungsanspruch**. Der Nachbar kann sich daher dagegen wenden, dass Baugenehmigungen für Vorhaben erteilt werden, die zu einem „Umkippen" des Gebietes führen.[443] Derselbe Nachbarschutz besteht übrigens auch im nicht beplanten Innenbereich, wenn die Eigenart der näheren Umgebung einem der Baugebiete der BauNVO entspricht (§ 34 II BauGB).[444] Der Abwehranspruch wird grundsätzlich bereits durch die Zulassung eines mit der Gebietsfestsetzung unvereinbaren Vorhabens ausgelöst, weil hierdurch das nachbarliche Austauschverhältnis gestört und eine Verfremdung des Gebiets eingeleitet wird.[445] Die Gemeinde hat zwar grundsätzlich einen Spielraum, ob sie bestimmte Festsetzungen auch zum Schutze Dritter treffen will.[446] Dies gilt jedoch nicht ausnahmslos.[447] Insbesondere bei der Festsetzung der Eigenart der Baugebiete kann es nicht vom Willen der Gemeinde abhängen, ob die Planfestsetzungen nachbarschützend sind. Die Gemeinde hat hier vielmehr einen sachgerechten Ausgleich der Nachbarinteressen unter Verwendung des planungsrechtlichen Instrumentariums durchzuführen. Bauplanungsrechtlicher Nachbarschutz beruht demgemäß auf dem Gedanken des wechselseitigen Austauschverhältnisses. Weil der Eigentümer eines Grundstücks in der Ausnutzung seines Grundstücks öffentlich-rechtlichen Beschränkungen unterworfen ist, kann er deren Beachtung grundsätzlich auch im Verhältnis zum Nachbarn durchsetzen.[448] Der Gebietswahrungs-

---

[437] BVerwG, B. v. 3.4.1995 – 4 B 47.95 – Buchholz 409.19 Nachbarschutz Nr. 126.

[438] BVerwG, Urt. v. 23.2.1977 – 4 C 22.75 – BVerwGE 52, 122 = RzB Rn. 1151 – Außenbereich; Urt. v. 26.5.1978 – 4 C 9.77 – BVerwGE 55, 369 = RzB Rn. 336 – Harmonie.

[439] BVerwG, B. v. 12.12.1992 – 4 B 150.92 – BRS 25, 164; B. v. 7.7.1994 – 4 B 131.94 – Dachausbau.

[440] BVerwG, B. v. 28.7.1993 – 4 B 120.93 – Buchholz 406.19 Nachbarschutz Nr. 117 = RzB Rn. 1287 – Textilhaus.

[441] BVerwG, Urt. v. 14.1.1993 – 4 C 19.90 – NVwZ 1993, 1184 = RzB Rn. 360.

[442] BVerwG, B. v. 11.7.1994 – 4 B 134.94 – BRS 56 Nr. 164 – Schweinemast.

[443] BVerwG, B. v. 2.2.2000 – 4 B 87.99 – NVwZ 2000, 679 – Bauschuttrecyclinganlage; *Hoffmann* BauR 2010, 1859. Zu gebietsfremden wirtschaftlichen Tätigkeiten *Bickenbach* LKRZ 2007, 335.

[444] BVerwG, B. v. 22.12.2011 – 4 B 32.11 – BauR 2012, 634 = ZfBR 2012, 378 = BRS 78 Nr. 171 (2011), *Gallois* IBR 2012, 292- faktisches Baugebiet.

[445] BVerwG, B. v. 27.8.2013 – 4 B 39.13 – ZfBR 2013, 783 = BauR 2013, 2011, *Thiel* IBR 2014, 108 – Befreiung von nachbarschützenden Festsetzungen.

[446] BVerwG, B. v. 9.10.1991 – 4 B 137.91 – Buchholz 406.19 Nachbarschutz Nr. 104 = RzB Rn. 1241 – Zweitwohnungsklausel.

[447] *Schröer* NJW 2009, 484.

[448] BVerwG, Urt. v. 11.5.1989 – 4 C 1.88 – RdE 1988, 194 – RzB Rn. 475 – Zwischenlager Ahaus.

oder **Gebietserhaltungsanspruch**[449] ist allerdings hinsichtlich solcher Festsetzungen
der Art der baulichen Nutzung, die sich aus einer Feingliederung der Gebietsart nach
Maßgabe des § 1 IV bis X BauNVO ergibt, nicht uneingeschränkt.[450] Es muss vielmehr
dem Bebauungsplan selbst der Umfang der nachbarschützenden Wirkung entnommen
werden.[451] Ohne nähere Bestimmung der Gemeinde zum Zweck eines **Sondergebiets**
und den dort zulässigen Nutzungen lässt sich daher allein aus § 11 BauNVO kein Gebietswahrungsanspruch herleiten.[452] Der Gebietswahrungsanspruch vermittelt grundsätzlich auch keinen gebietsübergreifenden Nachbarschutz.[453] **Erschließungsvorschriften** sind allein dem Allgemeininteresse zu dienen bestimmt und daher grundsätzlich nicht nachbarschützend. Ein gebietsübergreifender Schutz des Nachbarn vor (behaupteten) gebietsfremden Nutzungen im lediglich **angrenzenden Plangebiet** besteht
unabhängig von konkreten Beeinträchtigungen grundsätzlich nicht.[454] Der Nachbarschutz eines außerhalb der Grenzen des Plangebiets belegenen Grundstückseigentümers
bestimmt sich daher grundsätzlich nur nach dem in § 15 I 2 BauNVO enthaltenen Gebot der Rücksichtnahme.[455] Ein gebietsüberschreitender Nachbarschutz kommt nur in
Betracht, wenn sich aus der Ausgestaltung der Festsetzungen oder aus ihrer Begründung
konkrete Anhaltspunkte für einen Schutz von Nachbarinteressen für außerhalb des
Plangebiets liegende Grundstücke ableiten lässt.[456] Der Hauptanwendungsfall im Bauplanungsrecht für diesen Grundsatz sind die Festsetzungen eines Bebauungsplans über
die Art der Nutzung. Durch sie werden die Planbetroffenen im Hinblick auf die Nutzung ihrer Grundstücke zu einer rechtlichen Schicksalsgemeinschaft verbunden. Die
Beschränkung der Nutzungsmöglichkeiten des eigenen Grundstücks wird dadurch ausgeglichen, dass auch die anderen Grundeigentümer diesen Beschränkungen unterworfen sind.[457] Auf die Einhaltung dieses Austauschverhältnisses haben die jeweiligen
Grundstückseigentümer einen Rechtsanspruch in dem Sinne, dass sie ein „Umkippen"
des Gebietes durch eine Nachbarklage verhindern können.[458] Demgegenüber haben
Festsetzungen zum Maß der baulichen Nutzung durch Bebauungspläne – anders als die
Festsetzungen von Baugebieten[459] – kraft Bundesrechts grundsätzlich keine nachbarschützende Funktion.[460] Drittschutz kann sich auch aus Festsetzungen übergeleiteter
Bebauungspläne ergeben. So können städtebauliche Pläne, die gem. § 173 III 1 BBauG

[449] *Marschke,* Der Gebietserhaltungsanspruch Diss. 2009; *Jung* BauR 2008, 158; *Schröder* NZBau
2008, 169.
[450] *Schröer* NJW 2009, 484.
[451] OVG Greifswald, Urt. v. 11.7.2007– 3 L 74/06 – NordÖR 2007, 418 – Gebietserhaltungsanspruch gegenüber Zweitwohnungen, m. Hinw. auf OVG Lüneburg, B. v. 11.12.2003 – 1 ME 302/03
– NVwZ 2004, 1010. Zur Zahl der Wohneinheiten VGH München, B. v. 24.9.2008 – 14 CS 8.1989 –
Mehrfamilienhaus.
[452] OVG Münster, B. v. 9.4.2009 – 7 B 1855/08 – BauR 2009, 1113 = NVwZ-RR 2009, 672 =
IBR 2009, 483 = BauR 2009, 1482 – Elektronikmarkt.
[453] OVG Münster, B. v.10.5.2007 – 10 B 305/07 –.
[454] OVG Berlin-Brandenburg, B. v. 3.8.2009 – 2 S 33.09 – IBR 2009, 678 = BauR 2009, 1782 –
keine nachbarschützende Funktion von Erschließungsvorschriften.
[455] BVerwG, B. v. 18.12.2007 – 4 B 55.07 – NVwZ 2008, 427 = ZfBR 2008, 277 = BauR 2008,
793 = DVBl 2008, 401 m. Anm. *Helmut Redeker* IBR 2008, 181, *Gatz,* jurisPR-BVerwG 10/2008
Anm. 2 – planübergreifender Nachbarschutz; BVerfG, B. v. 3.3.2008 – 1 BvR 303/08 – nicht zur
Entscheidung angenommen; VGH München, Urt. v. 26.5.2008 – 1 N 7.3143, 1 N 8.439 – BauR
2008, 1560 m. Anm. *Steffen Jung* BauR 2008, 1548 – Gebietserhaltungsanspruch.
[456] OVG Magdeburg, B. v.2.2.2007 – 2 M 348/06 – Parkhaus.
[457] BVerwG, Urt. v. 16.9.1993 – 4 C 28.91 – BVerwGE 94, 151 = DVBl 1994, 284 = RzB
Rn. 967 – Garagen.
[458] BVerwG, B. v. 2.2.2000 – 4 B 87.99 – NVwZ 2000, 679 – Bauschuttrecyclinganlage.
[459] BVerwG, Urt. v. 16.9.1993 – 4 C 28.91 – BVerwGE 94, 151 – Gebietswahrungsanspruch.
[460] BVerwG, B. v. 23.6.1995 – 4 B 52.95 – BauR 1995, 823 = DVBl 1995, 1025 = UPR 1995,
396.

1960 als Bebauungspläne übergeleitet sind, drittschützende Festsetzungen enthalten, auch wenn ihnen oder der zu ihnen ermächtigenden gesetzlichen Regelung seinerzeit ein nachbarschützender Gehalt nicht zuerkannt wurde. Das gilt insbesondere für Baustufenplänen, die nach den Vorschriften der BauregelungsVO[461] erlassen wurde. Gebietsfestsetzungen in übergeleiteten Bebauungsplänen vermitteln daher nachbarlichen Drittschutz.[462] Das gilt insbesondere für Baustufenpläne, die nach den Vorschriften der BauRegVO[463] erlassen wurden. Eine vorkonstitutionelle Ermächtigungsgrundlage, die jeden Nachbarschutz ausschließt, sei – so das BVerwG – nicht verfassungsgemäß und bedürfe daher der verfassungskonformen Auslegung und lückenfüllenden Ergänzung. Auf diesem Wege kommt das BVerwG zur Annahme des nachbarschützenden Charakters von Planungsrecht, dessen Normgeber nachbarlicher Drittschutz völlig fremd war.[464] Die Abgrenzung und Art und Maß der baulichen Nutzung ist allerdings nicht immer ganz einfach.

Beispiel: So gewährt das BVerwG einen Gebietserhaltungsanspruch des Nachbarn gegenüber der Errichtung einer Mauer, die zu einer erheblichen Veränderung der ansonsten offenen Siedlungsstruktur und der durch Weiträumigkeit und durch maßvolle Einfriedungen geprägte Siedlungsweise beiträgt.[465] Ein Eigentümer eines in einem allgemeinen Wohngebiet gelegenen Grundstücks, dessen Nutzung weder genehmigt noch durch Bestandsschutz gedeckt ist, kann jedoch nicht von seinem Nachbarn unter Berufung auf die sog. Gebietserhaltungs- bzw. Gebietswahrungsanspruch die Einhaltung gerade solcher Vorgaben verlangen, gegen die er mit seiner Grundstücksnutzung selbst verstößt (§ 13 BauNVO).[466]

Die **Eigenart eines einzelnen Baugebietes** ergibt sich nicht allein aus den typisier- **1101** enden Regelungen der BauNVO. Die Eigenart eines in einem Bebauungsplan festgesetzten Baugebietes lässt sich vielmehr abschließend erst bestimmen, wenn zusätzlich auch die jeweilige örtliche Situation, in die ein Gebiet hineingeplant ist, und der jeweilige Planungswille der Gemeinde, soweit dieser in den zeichnerischen und textlichen Festsetzungen des Bebauungsplans zum Ausdruck gekommen ist, berücksichtigt werden.[467] Zur Ergänzung des im Bebauungsplan festgesetzten **Maßes** der baulichen Nutzung kann § 15 BauNVO grundsätzlich nicht dienen.[468] Wenn § 15 I 1 BauNVO bestimmt, dass ein Vorhaben im Einzelfall auch unzulässig ist, wenn es wegen seines Umfangs der Eigenart eines bestimmten Baugebietes widerspricht, so geht die Vorschrift nach Auffassung des BVerwG vielmehr davon aus, dass im Einzelfall Quantität in Qualität umschlagen kann, dass also die Größe einer baulichen Anlage[469] die Art der baulichen Nutzung erfassen kann.

---

[461] Bauregelungsverordnung v. 1.2.1996 (RGBl. I S. 104).

[462] BVerwG, Urt. v. 23.8.1996 – 4 C 13.94 – DVBl 1997, 61 = BauR 1997, 72; Urt. v. 17.12.1998 – 4 C 16.97 – BVerwGE 108, 190 = DVBl 1999, 782 – Hamburger Baustufenplan.

[463] BauReg-VO vom 15.2.1936 (RGBl. I S. 104).

[464] BVerwG, Urt. v. 23.8.1996 – 4 C 13.94 – DVBl 1997, 61 m. Anm. *Niere.*

[465] BVerwG, B. v. 3.8.2006 – 4 B 47.05 – ZfBR 2005, 806. Es handele sich um eine rechtswidrig zugelassene Nebenanlage nach § 14 BauNVO.

[466] OVG Münster, Urt. v. 30.10.2009 – 7 A 2658/07 – Umwandlung einer Wohnung in Arztpraxis und Kosmetikstudio.

[467] BVerwG, Urt. v. 4.5.1988 – 4 C 34.86 – BVerwGE 79, 309 = RzB Rn. 908 – Hofgarten.

[468] BVerwG, Urt. v. 16.3.1995 – 4 C 3.94 – NVwZ 1995, 899 = DVBl 1995, 754 – Werbetafel m. Hinw. auf *Upmeier* in HdBöffBauR Kap. A Rn. 412; *Fickert/Fieseler* §15 Rn. 8; *Rist* Anm. 1 zu §15 BauNVO.

[469] BVerwG, Urt. v. 5.8.1983 – 4 C 96.79 – BVerwGE 67, 334, 340; Urt. v. 3.2.1984 – 4 C 17.82 – BVerwGE 68, 369; B. v. 22.11.1984 – 4 B 244.84 – BRS 42 Nr. 206; B. v. 29.7.1991 – 4 B 40.91 – BRS 52 Nr. 56; B. v. 22.5.1987 – 4 N 4.86 – BVerwGE 77, 308 = RzB Rn. 883 – Vergnügungsstätte; Urt. v. 16.3.1995 – 4 C 3.94 – NVwZ 1995, 899 = DVBl 1995, 754 – Werbetafel. Ebenso *Stock* in: EZBK, § 15 BauNVO Rn. 23, 25, 27 a; *Fickert/Fieseler* Rn. 8, 10.2 zu §15 BauNVO; *Förster* Anm. 3.a.cc zu §15 BauNVO; *Knaup/Stange* Anm. II.1.b.aa, c.cc zu §15 BauNVO.

1102   Bei der Bestimmung des Gebotes der nachbarlichen Rücksichtnahme hat der **Gesetzgeber** das erste Wort. Die von ihm getroffenen Wertungen sind grundsätzlich auch im Einzelfall verbindlich, wenn sich die gesetzliche Regelung nicht als verfassungswidrig erweist oder entsprechende Lücken lässt, die ausgefüllt werden können. Für ein drittschützendes Gebot der nachbarlichen Rücksichtnahme im Hinblick auf eine ausreichende Belichtung, Besonnung oder Belüftung von Nachbargrundstücken ist daher kein Platz, wenn ein Wohnbauvorhaben die bauordnungsrechtlich hierfür gebotenen **Abstandsflächen** einhält.[470] Die landesrechtlichen Abstandsvorschriften zielen im Interesse der Wahrung sozial verträglicher Verhältnisse nicht zuletzt darauf ab, eine ausreichende Belichtung und Besonnung von Gebäude- und sonstigen Teilen des Nachbargrundstücks sicherzustellen. Der Nachbar, der sich gegen die Verwirklichung seines Bauvorhabens zur Wehr setzt, kann unter diesem Blickwinkel grundsätzlich keine Rücksichtnahme verlangen, die über den Schutz des Abstandsflächenrechts hinausgeht. Denn die landesrechtlichen Grenzabstandsvorschriften stellen insoweit ihrerseits eine Konkretisierung des Gebots der nachbarlichen Rücksichtnahme dar.[471] Bei Einhaltung der landesrechtlichen Abstandsvorschriften ist die Annahme einer **„erdrückenden Wirkung"** ist nur in Ausnahmefällen möglich.[472] Die „Masse" eines Vorhabens als solche entfaltet keine erdrückende Wirkung.[473] Etwas anderes gilt, wenn die genehmigte Anlage das Nachbargrundstück regelrecht abriegelt, d. h. dort ein Gefühl des Eingemauertseins oder eine Gefängnishofsituation hervorruft.[474] Eine einmauernde oder erdrückende Wirkung des Bauvorhabens sowie ein daraus herzuleitender Verstoß gegen das Rücksichtnahmegebot können in eng begrenzten Ausnahmefällen aber auch dann vorliegen, wenn die landesrechtlichen Abstandsflächenbestimmungen eingehalten sind.[475] Eine Verletzung des Rücksichtnahmegebotes kommt allerdings im Hinblick auf zu wahrende Belange in Betracht, die nicht in den jeweiligen landesrechtlichen Vorschriften behandelt sind.[476] Eine andere Beurteilung könnte sich auch dann ergeben, wenn die landesrechtlichen Regelungen zu den Abstandsflächen nicht den Anspruch auf eine abschließende Bewertung des nachbarlichen Interessenkonflikts für sich in Anspruch nehmen. Davon könnte auszugehen sein, wenn der Landesgesetzgeber nur noch geringe nachbarliche Abstände festlegt, sodass im Übrigen für eine darüber hinausgehende Einzelfallbewertung Raum ist. Ob diese Gleichung noch besteht, nachdem die Landesbauordnungen die **Abstände** teilweise **kräftig reduziert** haben, erscheint zweifelhaft. Infolge der Reduzierung der regelmäßigen Abstandsflächen auf 0,4 H in verschiedenen Bauordnungen ist daher wegen der auf seiner Grundlage zu beurteilenden Vorhaben die Annahme einer regelmäßig nicht feststellbaren „erdrückenden" Wirkung eines Vorhabens bei Einhaltung der Abstandsflächen zu überdenken.[477]

---

[470] BVerwG, B. v. 22.11.1984 – 4 B 244.84 – NVwZ 1985, 653 = RzB Rn. 961 – Abstandsflächen; Urt. v. 16.5.1991 – 4 C 17.90 – BVerwGE 88, 191 = DVBl 1991, 819 = UPR 1991, 381 – Abstandsflächen.

[471] Zu den landesrechtlichen Abstandsvorschriften VGH Mannheim, Urt. v. 29.1.1999 – 5 S 2971/98 – VGHBW RSprDienst 1999, Beilage 5 B 4-5 – Grenzbebauung.

[472] VGH München, B. v. 8.8.2007 – 14 AS 07.1855 –.

[473] OVG Saarlouis, B. v. 21.6.2007 – 2 A 152/07 – BauR 2007, 1616 (L).

[474] OVG Lüneburg, B. v. 15.1.2007 – 1 ME 80/07 – ZfBR 2007, 284 = BauR 2007, 758 (L) – erdrückende Wirkung durch eine etwa 41 m lange und bis zu knapp 26 m breite Reit- und Bewegungshalle; vgl. OVG Lüneburg, Urt. v. 29.9.1988 – 1 A 75/87 – BRS 48 Nr. 164; Urt. v. 11.4.1997 – 1 L 7286/95 – ZMR 1997, 493 = DWW 1998, 151 = BRS 59 Nr. 164; Urt. v. 2.7.1999 – 1 K 4234/97 – BRS 62 Nr. 25.

[475] OVG Saarlouis, B. v. 5.7.2007 – 2 B 144/07 – Nachbarschutz bei genehmigungsfreiem Bauen.

[476] BVerwG, B. v. 11.1.1999 – 4 B 128.98 – NVwZ 1999, 879 = DVBl 1999, 786 – Flachdachbungalow.

[477] OVG Bautzen, B. v. 20.10.2005 – 1 BS 251/05 BauR 2006, 1104 = LKV 2006, 563 = BRS 69 Nr. 128 (2005) – erdrückende Wirkung.

Die **Festsetzungen** eines Bebauungsplanes können durch § 15 BauNVO allerdings **1103** nur **ergänzt**, nicht jedoch **korrigiert** werden.[478] § 15 I 1 BauNVO enthält nicht nur das Gebot der Rücksichtnahme, sondern vermittelt auch einen Anspruch auf Aufrechterhaltung der typischen Prägung eines Baugebietes[479] **(Gebietsschutz)**. Der Eigentümer eines Grundstücks im durch Bebauungsplan festgesetzten Gewerbegebiet hat kraft Bundesrechts einen Abwehranspruch gegen die Genehmigung eines i. S. des § 8 I BauNVO – seiner Art nach – erheblich belästigenden und daher nur in einem Industriegebiet nach § 9 BauNVO allgemein zulässigen Gewerbebetriebs. Darauf, ob die von dem Gewerbebetrieb ausgehenden Belästigungen unzumutbar i. S. des § 15 I 2 BauNVO oder erheblich i. S. des § 5 I Nr. 1 BImSchG sind, kommt es – anders als bei Abwehransprüchen von Betroffenen außerhalb des Gebiets – für den Schutz des Gebiets gegen „schleichende Umwandlung" nicht an.[480]

Wenngleich in geringerem Maße als der Gesetzgeber sind auch die **Gemeinden** in **1104** der Lage, im Rahmen der Bauleitplanung die **Anforderungen** an das Rücksichtnahmegebot in gewissen Grenzen **selbst** zu **bestimmen**. So hat die Gemeinde mit den Festsetzungen des Bebauungsplanes die Möglichkeit, unter Beachtung der Grundsätze der nachbarlichen Rücksichtnahme Belange neu zu bewerten und vor dem Hintergrund der gemeindlichen Planungsvorstellungen einem Ausgleich mit anderen Belangen zuzuführen. An diese Bewertung sind Baugenehmigungsbehörde und Gerichte, wenn dieser Ausgleich sachgerecht ist, grundsätzlich gebunden. Es müssen allerdings jeweils die nach Lage der Dinge beachtlichen Belange in die Abwägung eingestellt werden.[481]

Für vorhandene oder nach dem Planungsrecht zulässige **Gemengelagen** ergeben sich **1105** besondere Prüfungsgrundsätze. Soll in unmittelbarer **Nachbarschaft** einer **immissionsträchtigen Nutzung** ein **schutzbedürftiges Vorhaben** etwa der Wohnnutzung verwirklicht werden, so sind die jeweiligen Einwirkungs- und Schutzinteressen gegeneinander abzuwägen. Dabei sind die planerischen Ausweisungen, aber auch die tatsächlich gegebene Situation in Rechnung zu stellen. Auch faktische Vorbelastungen können dazu führen, dass die Pflicht zur gegenseitigen Rücksichtnahme sich vermindert und Beeinträchtigungen in weitergehendem Maße zumutbar sind, als sie sonst in dem betreffenden Baugebiet hinzunehmen wären.[482]

8. Alternativenabwägung

Die Gemeinde hat sich **aufdrängende oder nahe liegende Alternativen** in die Abwä- **1106** gung einzustellen.[483] Dies gilt vor allem bei einer nahe liegenden Alternativlösung, mit der die angestrebten Ziele unter geringeren Opfern an entgegenstehenden öffentlichen und privaten Belangen verwirklicht werden können.[484] Die Pflicht zu einer solchen Al-

---

[478] BVerwG, B. v. 6.3.1989 – 4 NB 8.89 – DVBl 1989, 661 = NVwZ 1989, 960 = RzB Rn. 964 – Köln Parkhaus.

[479] BVerwG, B. v. 13.5.2002 – 4 B 86.01 – BauR 2002, 1499 = NVwZ 2002, 1384 – Seniorenpflegeheim im Gewerbegebiet im Anschluss an Urt. v. 16.9.1993 – 4 C 28.91 – BVerwGE 94, 151 = DVBl 1994, 284.

[480] BVerwG, B. v. 2.2.2000 – 4 B 87.99 – NVwZ 2000, 679 = BauR 2000, 1019 = DÖV 2000, 640 – Bauschuttrecyclinganlage.

[481] BVerwG, B. v. 13.7.1989 – 4 B 140.88 – DVBl 1989, 1065 = NVwZ 1990, 263 = RzB Rn. 67 – Schefenacker.

[482] BVerwG, Urt. v. 12.12.1975 – 4 C 71.73 – BVerwGE 50, 49 = NJW 1977, 1932 = DÖV 1976, 387 = RzB Rn. 60 – Tunnelofen; B. v. 28.9.1993 – 4 B 151.93 – Buchholz 406.19 Nachbarschutz Nr. 119 = NVwZ–RR 1994, 139 = RzB Rn. 1290 – Geruchsimmissionen; s. Rn. 452.

[483] BVerwG, B. v. 28.8.1987 – 4 N 1.86 – DVBl 1987, 1273 = ZfBR 1988, 44 = RzB Rn. 63 – Volksfürsorge; B. v. 20.12.1988 – 4 B 211.88 – BauR 1989, 507 = RzB Rn. 40. Zur Notwendigkeit und zu den rechtlichen Anforderungen an die Alternativenprüfung in der Bauleitplanung *Spannowsky* UPR 2005, 401.

[484] BVerwG, Urt. v. 22.3.1985 – 4 C 15.83 – BVerwGE 71, 166 = RzB Rn. 87 – B 16.

ternativenprüfung ergibt sich vor allem aus dem Gebot der Proportionalität der Abwägung und damit aus dem rechtsstaatlichen **Verhältnismäßigkeitsgrundsatz**. Die Alternativenprüfung ist auch im Rahmen des **Umweltberichts**[485] angesagt. Darin sind die in Betracht kommenden anderweitigen Planungsmöglichkeiten darzustellen, wobei die Ziele und der räumliche Geltungsbereich des Bauleitplans zu berücksichtigen sind (2 d der Anlage 1 zum BauGB). Dies entspricht den Vorgaben der Plan-UP-Richtlinie. Die Alternativenplanung umfasst damit auch die **Nullvariante**. Die Planung bedarf also bei einer Eingriffswirkung in nachteilig betroffene Belange einer Rechtfertigung. Alternativen, die vor dem Hintergrund der gemeindlichen Zielkonzeptionen eindeutig weniger eingreifen, verdienen in der Planung daher den Vorrang. Das gilt allerdings nur dann, wenn sich die gemeindliche Zielkonzeption dadurch gleich gut verwirklichen lässt. Die Zurückweisung solcher sich anbietender oder aufdrängender Planungsalternativen ist in der Begründung oder an anderer geeigneter Stelle im Planverfahren darzulegen. Werden solche Planungsalternativen nicht in den Planaufstellungsmaterialien behandelt, so kommt dem in aller Regel indizielle Bedeutung für das Vorhandensein eines materiellen Fehlers zu (§ 214 III 2 BauGB). Stellt sich bei der Prüfung heraus, dass eine Abwägung nicht oder auf der Grundlage eines nur unzureichend ermittelten oder bewerteten Abwägungsmaterials stattgefunden hat (§ 2 III BauGB), so ergeben sich dadurch materiell-rechtliche Fehler, die unter den Voraussetzungen der §§ 214, 215 BauGB auf die Rechtswirksamkeit der Bauleitplanung durchschlagen.[486] Ohne entsprechende Veranlassung in der Sache ist eine Alternativenabwägung allerdings nicht erforderlich. So ist die Gemeinde ohne greifbare Anhaltspunkte nicht verpflichtet, selbst alternative Planungsvorstellungen zu entwickeln oder sich im Rahmen eines Vorhaben- und Erschließungsplans alternative Projektentwürfe vorlegen zu lassen. Ein auf der Grundlage eines einzigen Projektentwurfs des künftigen Bauherrn aufgestellter Bebauungsplan ist nicht schon deswegen abwägungsfehlerhaft, weil die Gemeinde über die Erforderlichkeit alternativer Projektentwürfe keine selbstständige Entscheidung getroffen hat, obgleich Dienststellen oder Gremien der Gemeinde solche Alternativen gefordert haben. Die vorgenannten Umstände können jedoch auf einen Abwägungsfehler hindeuten.[487] Eine Alternative, die auf der Grundlage einer Grobanalyse als weniger geeignet erscheint, darf schon in einem frühen Verfahrensstadium ausgeschieden werden. Das Abwägungsergebnis ist nicht schon dann fehlerhaft, wenn die verworfene Lösung ebenfalls mit guten Gründen vertretbar gewesen wäre, sondern erst dann, wenn sich diese Lösung als die vorzugswürdige hätte aufdrängen müssen.[488] Auch die städtebaulichen Entwicklungsinteressen, wie sie von den planenden Städten und Gemeinden formuliert werden, können dabei eine bedeutsame Rolle spielen[489]. Der Grundsatz zur Alternativenabwägung gilt allerdings auch im Blick auf naturschutzrechtliche oder umweltschützende Belange nicht absolut. So ist etwa die Planungsbehörde bei der fachplanungsrechtlichen Entscheidung auch durch § 15 II 1 BNatSchG nicht zur Wahl der ökologisch günstigsten Planungsalternative verpflichtet.[490] Eine solche Verpflichtung ergibt sich auch nicht im Hinblick auf andere umweltschützende Belange. Denn zu einer in jeder Hinsicht optimalen Planung ist die Gemeinde nicht verpflichtet. Höhere Anforderungen ergeben sich durchweg im Habitat- und Vogelschutz sowie nicht selten auch im Artenschutz.

---

[485] Zum Umweltbericht s. Rn. 1480, 1502,.

[486] BVerwG, B. v. 28.12.1988 – 4 B 227.88 – NVwZ-RR 1989, 523 = RzB Rn. 41.

[487] BVerwG, B. v. 28.8.1987 – 4 N 1.86 – DVBl 1987, 1273 = RzB Rn. 63 – Volksfürsorge; s. Rn. 606.

[488] OVG Berlin-Brandenburg, Urt. v. 4.12.2009 – 2 A 23.08 – Güterbahnhof Grunewald.

[489] BVerwG, Urt. v. 3.3.2011 – 9 A 8.10 – BVerwGE 139, 150 = DVBl 2011, 1021 – A 3 Würzburg Trogtunnel Katzenberg.

[490] BVerwG, Urt. v. 7.3.1997 – 4 C 10.96 – BVerwGE 104, 144 = DVBl 1997, 838 – A 94 Neuötting.

9. Abschnittsbildung

Die Bestimmung des **Geltungsbereichs** des Bebauungsplans liegt grundsätzlich im Er- **1107** messen der Gemeinde. Das Plangebiet ist zwar nach sachgerechten Gesichtspunkten abzugrenzen. Eindeutige Grundsätze bestehen in diesem Bereich jedoch nicht.[491] Grundsätze für die Abgrenzung des Plangebietes können sich jedoch aus dem Gebot der Konfliktbewältigung ergeben. So ist das Plangebiet nach Möglichkeit so abzugrenzen, dass die der Bauleitplanung zuzurechnenden Konflikte auch im Plangebiet bewältigt werden können. Dies kann dazu führen, dass der Sache nach zusammenhängende Probleme auch räumlich-gegenständlich in einem oder mehreren Plangebieten behandelt werden, die zeitlich parallel aufgestellt werden.

10. Abwägungsgrundsätze

Die bei der Bauleitplanung zu berücksichtigenden **Belange** sind zwar prinzipiell **gleich- 1108 geordnet** oder haben – so weit sie einem Optimierungsgebot unterliegen – einen **relativen Vorrang**. Der Ausgleich zwischen den betroffenen Belangen erfolgt aber letztlich erst in einer Bewertung der konkreten Einzelfallumstände vor dem Hintergrund der jeweiligen städtebaulichen Konzeption. **Allgemein anerkannte Grundsätze des Städtebaus** in dem Sinne, dass sich aus solchen Handlungsmaximen zwingende und allgemein gültige Schlussfolgerungen für die Behandlung von Einzelproblemen der Stadtplanung ableiten ließen, sind kaum erkennbar. Die Frage nach den anerkannten Grundsätzen des Städtebaus muss daher verneint werden, wenn man hierunter unmittelbar in Rechtsnormen umsetzbare Planungsgrundsätze versteht.[492]

a) Gebot der planerischen Konfliktbewältigung. Es entspricht einem anerkannten **1109** Abwägungsgrundsatz, dass die mit der Planung verbundenen Konflikte so weit wie möglich auch durch die Planung gelöst werden sollen. Das Gebot stellt Grundanforderungen an die Bauleitplanung und verlangt, dass die danach zu berücksichtigenden Belange in die Abwägung eingestellt werden. Der Plan darf dabei der Plandurchführung nur überlassen, was diese – etwa mit Hilfe des § 15 BauNVO – tatsächlich zu leisten vermag. Das Gebot der planerischen Konfliktbewältigung hat verschiedene **Ausprägungen**:
– Das Gebot der möglichsten **Ausschöpfung** des in dem Planungsrecht vorgegebenen **Konfliktlösungspotenzials**.
– Das Gebot der möglichsten Vermeidung der Verschiebung der planerischen Konfliktlösung (**planerischer Konflikttransfer**). Sich abzeichnende Konflikte sind nach Möglichkeit zu vermeiden oder in der Planung zu lösen, nicht jedoch von vornherein ohne sachliche Berechtigung zu verschieben.

b) Gebot der Rücksichtnahme auf schützenswerte Individualinteressen. Bei der **1110** Bauleitplanung sind zu schützende Individualinteressen zu berücksichtigen. Für die gemeindliche Bauleitplanung lassen sich aus dem Rücksichtnahmegebot folgende Einzelgebote ableiten:[493]
– **Grundsatz der Differenzierung und Schonung.** Die Rücksichtnahme auf schutzwürdige Belange ist nicht i. S. absoluter Vorränge zu verstehen, sondern verlangt eine differenzierende Betrachtung nach dem jeweiligen Schutzgut und den sonst zu berücksichtigenden Belangen. Die Planung muss auf das jeweilige Schutzpotenzial ggf. mit differenzierenden Ausweisungen reagieren.
– **Grundsatz der Trennung unverträglicher Nutzungen.** Wohnnutzung und ihrem Wesen nach umgebungsbelastende Industrie sollen nach Möglichkeit nicht auf engem

---

[491] Zur Abgrenzung des Plangebietes *Stüer*, Handbuch des Bau- und Fachplanungsrechts, Rn. 3055, 3874.
[492] HBG § 7 Rn. 25, 102.
[493] HBG § 7 Rn. 160 ff; s. Rn. 1093.

Raum zusammengeführt werden.[494] In abgestufter Form gilt dieser Grundsatz auch für das Nebeneinander von Wohnen und Gewerbe.

– **Grundsatz der planerischen Vorbeugung.** Die Bauleitplanung soll möglichst Vorsorge dafür treffen, dass unverträgliche Nutzungen nicht auf engem Raum zueinander stoßen und auch im Übrigen keine Konflikte entstehen, die des späteren Ausgleichs bedürfen.

– **Grundsatz der Beherrschbarkeit von Emissionen.** Die planerischen Ausweisungen sollten jeweils eine verträgliche Einbindung der zugelassenen Nutzung in die Umgebung gewährleisten. Allerdings kann hier ggf. ein Ausgleich noch im Einzelgenehmigungsverfahren nach Maßgabe des § 15 I BauNVO erfolgen.

– **Grundsatz des Vorrangs der Konfliktvermeidung.** Die Bauleitplanung sollte bewältigungsbedürftige Konflikte nach Möglichkeit vermeiden und sie nicht erst entstehen lassen, um sie anschließend durch Schutzauflagen oder andere Maßnahmen abzumildern. Die Trennung von unverträglichen Nutzungen hat daher grundsätzlich einen Vorrang vor der Zusammenführung solcher Nutzungen und der Anordnung von Schutzauflagen.

– **Grundsatz der Berücksichtigung von Bestandsschutz- und Vertrauensschutzinteressen.** Soll in einen vorhandenen Bestand eingegriffen werden, so unterliegt die Planung dem qualifizierten Abwägungsgebot.[495]

1111 **c) Verbot des enteignungsrechtlichen Konflikttransfers.** Führt die Bauleitplanung zu schweren und unerträglichen Einwirkungen oder auf der Grundlage der Bauleitplanung zu einer unmittelbaren Inanspruchnahme des Grundstücks, so darf der sich daraus ergebende Interessenkonflikt nicht einfach unbewältigt bleiben. Die Gemeinde hat in solchen Fällen vielmehr ein Wahlrecht. Sie hat entweder die Beeinträchtigungen der Planung durch entsprechende Planänderungen zu reduzieren oder das jeweilige Grundeigentum durch planerische Festsetzungen in Anspruch zu nehmen und dadurch die Voraussetzungen für eine Enteignung und Entschädigung zu schaffen.[496] Solche Anforderungen an die Bauleitplanung können sich auch bei Überschreitung einer einfachgesetzlichen Zumutbarkeitsgrenze, die unterhalb der enteignenden Wirkung i. S. des Art. 14 GG liegt, ergeben. Das Abwägungsgebot trägt in einer für planerische Entscheidungen spezifischen Art dem **Verhältnismäßigkeitsprinzip** Rechnung, aus dem sich u. a. auch der Grundsatz des geringstmöglichen Eingriffs ableiten lässt. Soll auf der Grundlage der Bauleitplanung ein Eingriff in das Grundstück durch Enteignung erfolgen, muss das Gewicht des Eigentums den Anforderungen des Art. 14 GG entsprechend in die Abwägung eingestellt werden. Das Eigentümerinteresse ist nur dann in einer Enteignung überwindbar, wenn das Vorhaben dem Wohl der Allgemeinheit dient.[497]

1112 **d) Modifizierung der Grundsätze in Gemengelagen.** In vorhandenen Gemengelagen, also Bereichen, in denen unterschiedliche Nutzungen aufeinander stoßen oder sich mischen, sind die vorgenannten Grundsätze modifiziert.

– Es bestehen **gesteigerte Duldungspflichten** der schutzbedürftigen Nutzung und **verminderte Einwirkungsmöglichkeiten** belastender Nutzungen. Die Planung hat diese Probleme durch Verteilung von Last und Gunst zu bewältigen und möglichst auf eine Verringerung und Milderung der Konflikte hinzuwirken.

– Das Einwirkungs- und Duldungspotenzial unterschiedlicher Nutzungen ist durch die Bildung einer Art von **Mittelwerten** zu bestimmen. Immissionsempfindliche Nutzungen haben einen im Vergleich zu anderen Baugebieten geringeren Schutzanspruch,

---

[494] BVerwG, Urt. v. 5.7.1974 – 4 C 50.72 – BVerwGE 45, 309 = RzB Rn. 24 – Delog–Detag.

[495] BVerfG, Urt. v. 10.7.1990 – 2 BvR 470/90 u. a. – BVerfGE 82, 310 = DVBl 1990, 930; B. v. 12.5.1992 – 2 BvR 470/90 – BVerfGE 86, 90 = DVBl 1992, 1141 – Papenburg; *Stüer* DVBl 1977, 1.

[496] S. Rn. 1220.

[497] BVerwG, B. v. 16.6.1993 – 4 B 90.93 – RzB Rn. 124 – Straßenbegradigung.

ڲgebot

Industrie müssen auf schutzempfindliche Nutzungen mehr als sonst er-
..... Rücksicht nehmen, so dass sich im Übergangsbereich unterschiedlicher
Nutzungen eine Art von Mittelwert bildet.[498] Die Mittelwertbildung ist allerdings
nicht schematisch, sondern einzelfallbezogen.

– Bei der Abwägung von Belangen im Verflechtungsbereich der unterschiedlichen Nutzungen sind die Möglichkeiten der **Gliederung** oder **Nutzungseinschränkungen**
nach § 1 IV– X BauNVO zu nutzen.

Beispiel: Von einer abschließenden Konfliktbewältigung im Bebauungsplan darf die Gemeinde Abstand nehmen, wenn die Konfliktlösung außerhalb des Planungsverfahrens auf der Stufe der Planverwirklichung zu erwarten ist.[499] Diese Grenzen sind überschritten, wenn sich der offengelassene
Interessenkonflikt bereits absehbar in einem nachfolgenden Verfahren nicht sachgerecht lösen lassen
wird.[500]

Beispiel: Bei der bauleitplanerischen Ausdehnung der Bebauung in den Außenbereich ist das Interesse dort vorhandener landwirtschaftlicher Aussiedlerbetriebe an ungestörtem Wirtschaften mit besonderem Gewicht bei der Abwägung zu berücksichtigen. Konfliktlagen sind auch für die Zukunft
soweit wie möglich zu vermeiden. Anderenfalls bedarf es hierfür darzulegender besonderer städtebaulicher Gründe.[501] Soll der Bestand an landwirtschaftlicher Tierhaltung in einem Dorfgebiet
neben der Neuansiedlung von Wohnbauvorhaben abgesichert werden, müssen die zumutbaren Geruchsimmissionen eingeschätzt werden. § 15 I BauNVO stellt keinen Ersatz für eine ordnungsgemäße Bauleitplanung dar, sondern dient der Erfassung und Bewältigung atypischer Fälle auf der Ebene
des Planvollzugs. Das Konfliktpotenzial darf daher nicht pauschal ungelöst und unbewältigt in die
Konfliktbewältigungsnorm des § 15 I BauNVO verschoben werden.[502] Soll der Bestand an landwirtschaftlicher Tierhaltung in einem Dorfgebiet neben der Neuansiedlung von Wohnbauvorhaben
abgesichert werden, müssen die zumutbaren Geruchsimmissionen eingeschätzt werden. § 15 I
BauNVO stellt keinen Ersatz für eine ordnungsgemäße Bauleitplanung dar, sondern dient der Erfassung und Bewältigung atypischer Fälle auf der Ebene des Planvollzugs. Das Konfliktpotenzial
darf daher nicht pauschal ungelöst und unbewältigt in die Konfliktbewältigungsnorm des § 15 I
BauNVO verschoben werden.[503] Die für Stallungen und Wohnhäuser einzuhaltenden Mindestabstände ergeben sich dabei aus dem Gebot der gegenseitigen Rücksichtnahme (§ 35 III 1 Nr. 3 BauGB
bzw. § 5 I 1 Nr. 1 BImSchG).[504]

e) Sonstige Gebote. Weitere Abwägungsgrundsätze ergeben sich aus folgenden Gebo- **1113**
ten:

– Gebot konkret individueller Planung,
– Gebot zielgerichteter Abwägung,
– Gebot einer fachlichen Grundsätzen entsprechenden Planung,
– Gebot möglichster Lastengleichheit und optimaler Interessenbefriedigung,
– Gebot sachgerechter Planungsprognosen.

Die vorgenannten Abwägungsgrundsätze sind nicht i. S. von strikt zu beachtenden, **1114**
nicht ausnahmefähigen Regeln zu verstehen, sondern stellen im Abwägungsprozess eher
Orientierungsgrundsätze und allgemeine Leitlinien sowie Prinzipien dar, die bei einer
Einzelabwägung zu berücksichtigen sind. Die Abwägungsgrundsätze unterliegen der gemeindlichen Bewertung und lassen Beurteilungsspielräume im Einzelfall zu. Auch für
die gerichtliche Kontrolle können sich aus den vorgenannten Abwägungsgrundsätzen
zwar allgemeine Orientierungsleitlinien ergeben, nicht jedoch feste Rechtsgrundsätze,

---

[498] BVerwG, Urt. v. 5.7.1974 – 4 C 50.72 – BVerwGE 45, 309 = RzB Rn. 24 – Delog–Detag; Urt.
v. 12.12.1975 – 4 C 71.73 – BVerwGE 50, 49 = RzB Rn. 61 – Tunnelofen; s. Rn. 1073.

[499] BVerwG, B. v. 26.6.2007 – 4 BN 24.07 – Konfliktbewältigung.

[500] BVerwG, B. v. 26.3.2007 – 4 BN 10.07 – Konfliktbewältigung; VGH München, B. v.
6.10.2008 – 1 NE 8.826 – Gewerbegebietserweiterung; OVG Magdeburg, Urt. v. 21.2.2008 – 2 K
258/06 – UPR 2008, 280 (L) = NVwZ-RR 2008, 768 (L) – Überplanung einer Wohnbebauung.

[501] OVG Koblenz, Urt. v. 18.6.2008 – 8 C 10128/08 – Vermeidung von Nutzungskonflikten;

[502] VGH Mannheim, Urt. v. 7.5.2008 – 3 S 2602/06 – Landwirtschaft und Wohnbebauung.

[503] VGH Mannheim, Urt. v. 7.5.2008 – 3 S 2602/06 – Landwirtschaft und Wohnbebauung.

[504] VGH München, Urt. v. 7.4.2008 – 13 A 7.1117 – Rinderstall.

deren Verletzung ohne Prüfung des Einzelfalls auf die Rechtswidrigkeit der Bauleitplanung unmittelbar durchschlägt. Wird das Abwägungsgebot allerdings nicht beachtet, so können sich daraus gesteigerte Rechtfertigungszwänge ergeben, die in eine Rechtswidrigkeit der Planung etwa wegen einer nicht ordnungsgemäßen Zusammenstellung des Abwägungsmaterials oder einer Fehlgewichtung von Belangen umschlagen können.

1115   **f) Recht auf Abwägung.** Für den einzelnen Planbetroffenen ergibt sich aus dem Aufstellungsverfahren oder dem Abwägungsgebot in § 1 VII BauGB nach Auffassung des BVerwG[505] wie im Fachplanungsrecht[506] ein **Recht auf Abwägung der eigenen betroffenen Belange.**[507] Bloße Interessen oder Belange sind zwar keine „materiellen Rechte", in die nur bei einer entsprechenden Kompensation eingegriffen werden darf.[508] Das in § 1 VII BauGB enthaltene Abwägungsgebot hat aber nach Auffassung des BVerwG drittschützenden Charakter hinsichtlich solcher privater Belange, die für die Abwägung erheblich sind.[509] Für die Zulässigkeit des Normenkontrollantrags nach § 47 II VwGO reicht daher bereits die Möglichkeit einer Verletzung im Recht auf Abwägung aus.[510] In die Prüfung der Begründetheit der Sache selbst braucht das Gericht danach noch nicht im Einzelnen einzusteigen. Denn durch das Erfordernis einer möglichen eigenen Rechtsverletzung soll nach Auffassung des BVerwG nur die Popularklage ausgeschlossen werden. Zudem sei die Bauleitplanung ebenso wie die Planfeststellung durch autonome Abwägungselemente gekennzeichnet, die sie von der gebundenen Zulassungsentscheidung etwa des Immissionsschutzrechts oder auch der einzelnen Baugenehmigung unterscheide. Die Entscheidung des BVerwG zum Recht auf Abwägung in der Bauleitplanung stellt in der Sache die Antragsbefugnis in der Normenkontrolle mit der bisherigen Rechtsprechung zum Nachteilsbegriff gleich.[511]

---

[505] BVerwG, Urt. v. 24.9.1998 – 4 CN 2.98 – BVerwGE 107, 215 = DVBl 1999, 100 m. Anm. *Schmidt-Preuß*, 103.

[506] BVerwG, Urt. v. 14.2.1975 – IV C 21.74 – BVerwGE 48, 56 = DVBl 1975, 713 = RzB Rn. 50 – B 42.

[507] Kritisch im Hinblick auf diese Begrenzung *Blümel* in: *Stüer* (Hrsg.) Verfahrensbeschleunigung, S. 17.

[508] BVerwG, Urt. v. 21.5.1976 – IV C 80.74 – BVerwGE 51, 15 = DVBl 1976, 779; Urt. v. 29.1.1991 – 4 C 51.89 – BVerwGE 87, 332 = DVBl 1991, 885; BVerfG, B. v. 14.7.1981 – 1 BvL 24/78 – BVerfGE 58, 137 = DVBl 1982, 298 – Pflichtexemplare.

[509] Und das BVerwG fügt im Urt. v. 24.9.1998 – 4 CN 2.98 – BVerwGE 107, 215 = DVBl 1999, 100 hinzu: „Die Verpflichtung der planenden Gemeinde, unzumutbare Beeinträchtigungen benachbarter Grundstücke zu vermeiden, ergibt sich nach Maßgabe des in § 1 VII BauGB normierten Abwägungsgebots. Für ein davon gesondertes bauplanungsrechtliches Rücksichtnahmegebot – im Sinne einer eigenständigen rechtlichen Kategorie – ist kein Raum."

[510] Zur Möglichkeitstheorie BVerwG, Urt. v. 22.2.1994 – 1 C 24.92 – BVerwGE 95, 133; B. v. 18.3.1994 – 4 NB 24.93 – NVwZ 1994, 683 = Buchholz 310 § 47 VwGO Nr. 88.

[511] BVerwG, Urt. v. 29.7.1977 – IV C 51.75 – BVerwGE 54, 211 = RzB Rn. 1293 – vorbeugender Rechtsschutz; B. v. 16.12.1992 – 4 B 202.92 – Buchholz 406.11 § 3 BauGB Nr. 4 – Fußballstadion; *Stüer* BauR 1999, 1221.

F. Plansicherungsinstrumente

Zur Sicherung der Bauleitplanung stellt das BauGB den planenden Gemeinden umfang- **1116** reiche Plansicherungsinstrumente zur Verfügung, die von der Veränderungssperre (§§ 14, 16 BauGB) und der Zurückstellung von Baugesuchen (§ 15 BauGB) bis zu den gesetzlichen Vorkaufsrechten (§§ 24 ff. BauGB) reichen. Die Teilungsgenehmigungssatzung (§ 19 BauGB) ist allerdings durch das EAG Bau 2004 abgeschafft worden. Insoweit können sich Genehmigungserfordernisse bei der Teilung von Grundstücken nur aus dem Landesrecht ergeben.

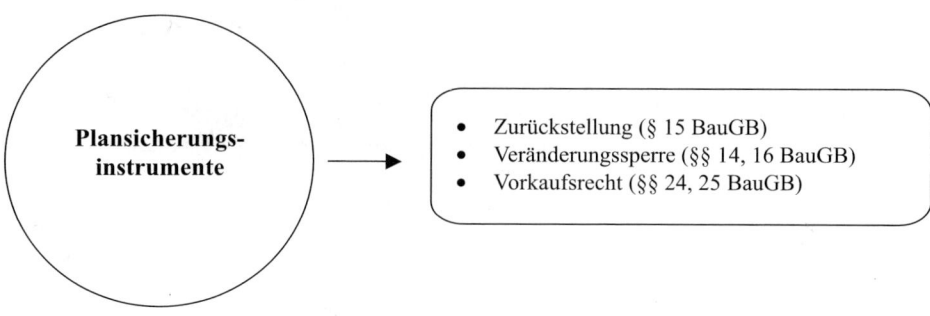

I. Veränderungssperre

Die Aufstellung eines Bebauungsplans nimmt zumeist nicht unerhebliche Zeit in An- **1117** spruch. Wenn die Bauleitplanung daher nicht zu spät kommen will, ist es vielfach erforderlich, während der Planaufstellung durch ein entsprechendes **Sicherungsinstrumentarium** zu gewährleisten, dass nicht durch die Verwirklichung von Bauvorhaben oder durch Nutzungsänderungen vor Ort vollendete Tatsachen geschaffen werden, die das förmliche Planverfahren nutzlos erscheinen lassen. Das BauGB ermöglicht hier, durch eine → Veränderungssperre sicherzustellen, dass die Bauleitplanung gegenüber Bauwünschen und Nutzungsänderungen die Oberhand behält.[1]

> → **Veränderungssperre.** Zur Sicherung der Bauleitplanung kann die Gemeinde eine Veränderungssperre erlassen. Dies setzt einen wirksamen Beschluss über die Aufstellung, Änderung oder Ergänzung eines Bebauungsplans voraus. Vorhaben i.S. des § 29 I BauGB sowie erhebliche oder wesentlich wertsteigernde Veränderungen von Grundstücken sind für die Sperrzeit grundsätzlich unzulässig. Allerdings kann von der Veränderungssperre eine Ausnahme zugelassen werden, wenn überwiegende öffentliche Belange nicht entgegenstehen. Die Veränderungssperre tritt nach Ablauf von zwei Jahren außer Kraft. Sie kann jeweils für ein weiteres Jahr auf insgesamt vier Jahre verlängert werden. Eine Zustimmung einer nach Landesrecht zuständigen Behörde ist auch für das vierte Sperrjahr nicht erforderlich. Die Zeit der Zurückstellung eines Baugesuchs nach § 15 BauGB wird angerechnet. Dauert die Veränderungssperre länger als vier Jahre, ist nach Maßgabe des § 18 BauGB eine Entschädigung zu gewähren.

---

[1] HBG § 5 Rn. 197.

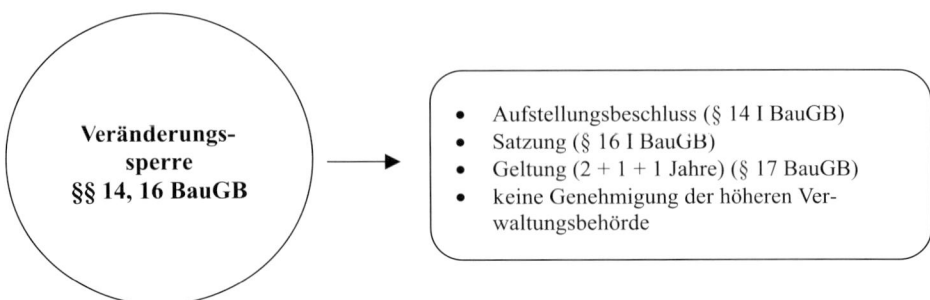

1. Voraussetzungen für die Veränderungssperre

1118 Nach § 14 I BauGB kann die Gemeinde, wenn ein Beschluss zur Aufstellung eines Bebauungsplans gefasst ist, zur Sicherung der Planung für den künftigen Planbereich eine **Veränderungssperre** mit dem **Inhalt** beschließen, dass

(1) Vorhaben i. S. des § 29 BauGB nicht durchgeführt oder bauliche Anlagen nicht beseitigt werden dürfen und

(2) erhebliche oder wesentlich wertsteigernde Veränderungen von Grundstücken und baulichen Anlagen, deren Veränderungen nicht genehmigungs-, zustimmungs- oder anzeigepflichtig sind, nicht vorgenommen werden dürfen.

Die Vorschrift ermöglicht, während der Planaufstellung Baumaßnahmen, Nutzungsänderungen oder wertsteigernde Veränderungen des Grundstücks im Interesse der Plansicherung zu unterbinden. Die Veränderungssperre begründet dabei für den gesamten Bereich des Plangebietes eine Sperrwirkung in dem Sinne, dass konkrete Veränderungs- oder Bauabsichten im Hinblick auf die künftigen Ergebnisse der eingeleiteten Bauleitplanung verhindert werden können.

1119 Mit der Veränderungssperre nach §§ 14, 16 BauGB kann auch eine städtebauliche Entwicklungsmaßnahme nach §§ 165 ff. BauGB gesichert werden. Hierdurch wird klargestellt, dass die Plansicherungsinstrumente auch in städtebaulichen Entwicklungsbereichen genutzt werden können. Allerdings sind die Vorschriften über die Veränderungssperre nicht anzuwenden, soweit für Vorhaben im förmlich festgelegten Sanierungsgebiet oder im städtebaulichen Entwicklungsbereich eine Genehmigungspflicht nach § 144 I BauGB besteht (§ 14 IV BauGB).

1120 **Voraussetzung** für den Erlass einer **Veränderungssperre** ist ein Beschluss zur Aufstellung, Änderung, Ergänzung oder Aufhebung eines Bebauungsplans (§ 2 I BauGB). Der **Aufstellungsbeschluss** muss dabei wirksam und ordnungsgemäß ortsüblich bekannt gemacht sein (§ 2 I 2 BauGB). Fehlt es an einem für jeden einzelnen in der Hauptsatzung genannten Bekanntmachungskasten durch Datumsvermerke und Unterschriften auf dem jeweils ausgehängten Exemplar zu erbringenden Nachweis des Aushangs, ist die Bekanntmachung unwirksam.[2] Eine zunächst unterlassene Bekanntmachung des Aufstellungsbeschlusses kann allerdings nachgeholt werden.[3] Die Bekanntgabe des Aufstellungsbeschlusses als Voraussetzung für den Erlass einer Veränderungssperre liegt auch in der Bekanntgabe der durch die Gemeindevertretung im Zusammenhang mit dem Aufstellungsbeschluss beschlossenen frühzeitigen Öffentlichkeitsbeteiligung.[4] Der **Geltungsbereich der Veränderungssperre** darf über den Bereich des Aufstellungsbeschlus-

---

[2] OVG Berlin-Brandenburg, B. v. 13.4.2011 – OVG 2 S 20.11 – Bekanntmachung einer Veränderungssperre.

[3] BVerwG, B. v. 6.8.1992 – 4 N 1.92 – BauR 1993, 59 = NVwZ 1993, 471 = RzB Rn. 228; Urt. v. 20.8.1992 – 4 C 54.89 – NVwZ-RR 1993, 65 = BauR 1993, 51 = RzB Rn. 90 – Billardcafé.

[4] OVG Greifswald, Urt. v. 10.7.2009 – 3 K 28/08 – NordÖR 2009, 360 = DÖV 2009, 1010 = DVBl 2009, 1530 – Veränderungssperre.

ses nicht hinausgehen. Denn die Veränderungssperre darf nur für den künftigen Planbereich beschlossen werden.[5] Zwar ist ein wirksamer und ordnungsgemäß bekannt gemachter Aufstellungsbeschluss für die Rechtswirksamkeit des Bebauungsplans nicht erforderlich.[6] Eine Veränderungssperre setzt jedoch einen wirksam gefassten und ordnungsgemäß bekannt gemachten Beschluss zur Aufstellung, Änderung, Ergänzung oder Aufhebung eines Bebauungsplans voraus. Ist dieser Aufstellungsbeschluss nicht wirksam gefasst oder nicht ordnungsgemäß öffentlich bekannt gemacht worden, so kann eine Veränderungssperre nach § 14 BauGB nicht wirksam erlassen werden.[7] Die Satzung über eine Veränderungssperre, die eine Gemeinde in einem Zeitpunkt bekannt gemacht hat, bevor der zu Grunde liegende Aufstellungsbeschluss bekannt gemacht wurde, kann allerdings im Wege der nachfolgenden Bekanntmachung des Aufstellungsbeschlusses und der erneuten Bekanntmachung der Satzung über die Veränderungssperre wirksam in Kraft gesetzt werden. Die Gemeinde ist nicht verpflichtet, die Satzung über die Veränderungssperre rückwirkend auf den Zeitpunkt ihres ursprünglich beabsichtigten Inkrafttretens in Kraft zu setzen, wenn die Satzung über eine Veränderungssperre bekannt gemacht wurde, bevor der zu Grunde zu legende Aufstellungsbeschluss bekannt gemacht wurde. Nach § 14 I BauGB ist der Beschluss der Gemeinde über die Aufstellung eines Bebauungsplans materielle Rechtmäßigkeitsvoraussetzung für die als Satzung zu erlassende Veränderungssperre.[8] Fehlt ein derartiger Aufstellungsbeschluss, ist eine gleichwohl beschlossene und gem. § 16 I BauGB als Satzung bekannt gemachte Veränderungssperre unwirksam. Ein Aufstellungsbeschluss liegt im Rechtssinne dann nicht vor, wenn er zwar gefasst, aber entgegen § 2 I 2 BauGB nicht ortsüblich bekannt gemacht wurde. Nur der ortsüblich bekannt gemachte Aufstellungsbeschluss ist beachtlich. Die Veröffentlichung ist Voraussetzung seiner Rechtswirksamkeit.[9] § 14 I BauGB bedarf daher der ergänzenden Auslegung.[10]

Es ist dabei nicht erforderlich, dass der Planbereich, für den der Aufstellungsbeschluss **1121** gefasst wird, mit dem endgültigen Planbereich identisch ist. Der **Aufstellungsbeschluss** muss den **Planbereich** allerdings so **bezeichnen**, dass er **bestimmbar** ist, und somit den Anforderungen genügen, die das BVerwG an die Bekanntmachung und die Bestimmtheit des Aufstellungsbeschlusses gestellt hat.

Das Gesetz schreibt nicht vor, dass die Veränderungssperre gleichzeitig mit der Auf- **1122** stellung eines Bebauungsplans beschlossen werden muss oder auf diesen Zeitraum zurückwirkt. Eine Veränderungssperre kann daher auch noch mehrere Jahre nach dem Aufstellungsbeschluss erlassen werden. Einzige Voraussetzung ist nach § 14 I BauGB ein vorheriger oder zeitgleicher Beschluss über die Aufstellung des Bebauungsplans. Regelungen darüber, welche Zeitspanne längstens zwischen der Beschlussfassung über die Aufstellung des Bebauungsplans und dem Erlass der Veränderungssperre liegen darf, enthält das Gesetz nicht. Da es Ziel einer von der Gemeinde beschlossenen Veränderungssperre ist, die Bauleitplanung zu sichern, wird ein Beschlussbedarf für eine Veränderungssperre für die Gemeinde in aller Regel erst dann gegeben sein, wenn die Verwirklichung der gemeindlichen Planungsabsichten gefährdet oder erschwert werden könnte. Derartige Gefährdungen städtebaulicher Konzepte können bereits vorliegen, wenn der Aufstellungsbeschluss über den Bebauungsplan gefasst wird. Sie können aber auch erst später eintreten.[11] Es ist dabei nicht erforderlich, dass der Planbereich, für den der Aufstellungsbeschluss gefasst wird, mit dem endgültigen Planbereich identisch ist.

---

[5] OVG Bautzen, Urt. v. 25.11.1997 – 1 S 339/96 – VwRR MO 1998, 143.

[6] BVerwG, B. v. 14.4.1988 – 4 N 4.87 – BVerwGE 79, 200 = RzB Rn. 193 – Befangenheit.

[7] S.Rn. 596.

[8] BVerwG, B. v. 15.4.1988 – 4 N 4.87 – BVerwGE 79, 200 = RzB Rn. 193.

[9] BVerwG, B. v. 9.2.1989 – 4 B 236.88 – Buchholz 406.11 § 14 BauGB Nr. 13 = UPR 1989, 193 = ZfBR 1989, 171 = NVwZ 1989, 661.

[10] BVerwG, B. v. 6.8.1992 – 4 N 1.92 – BauR 1993, 59 = NVwZ 1993, 471 = RzB Rn. 228.

[11] BVerwG, B. v. 26.6.1992 – 4 NB 19.92 – NVwZ 1993, 475 = RzB Rn. 237.

Der **Aufstellungsbeschluss** muss den **Planbereich** allerdings so **bezeichnen**, dass er **bestimmbar** ist, und somit den Anforderungen genügen, die das BVerwG an die Bekanntmachung und die Bestimmtheit des Aufstellungsbeschlusses gestellt hat. Der Geltungsbereich einer Veränderungssperre kann auch nur durch einen beigefügten Kartenausschnitt mit einer entsprechenden Ortsbezeichnung gekennzeichnet werden. Werden jedoch in dem Beschluss über die Veränderungssperre die Flurstücke einzeln aufgezählt, müssen diese vollständig sein und mit dem Geltungsbereich eines beiliegenden Kartenausschnitts übereinstimmen. Die Bekanntmachung muss von dem zuständigen Organ verfügt werden.[12] Eine Veränderungssperre ist hinsichtlich ihres Geltungsbereichs in sich nicht stimmig und damit unwirksam, wenn in der Satzung Flurstücke nicht mit aufgezählt wurden, die von einem beiliegenden Kartenausschnitt aber mit umfasst sind.[13] Eine Bekanntmachung im Wege der Veröffentlichung des Satzungstextes mit einer stark verkleinerten Fassung der den Geltungsbereich kennzeichnenden Karte genügt nicht den Mindestanforderungen, die das Rechtsstaatsgebot an die Verkündung von Satzungen stellt. Eine veröffentlichte Karte muss, um die notwendige Publizitätswirkung zu erzielen, einen Maßstab aufweisen, der zweifelsfrei die Lage und Abgrenzung des Geltungsbereichs der Satzung erkennen lässt.[14]

1123   Nach § 16 I BauGB wird die **Veränderungssperre** als Satzung beschlossen *(→ Textbeispiel 104).* Das **Aufstellungsverfahren** richtet sich – soweit §§ 14 ff. BauGB keine Vorgaben enthalten – nach den landesrechtlichen Regeln. Die Gemeinde hat die Veränderungssperre ortsüblich bekanntzumachen *(→ Textbeispiel 105).* Für die Bekanntmachung gilt dabei das Verfahren der Bekanntmachung der Genehmigung eines Bebauungsplans nach § 10 III 2 bis 5 BauGB entsprechend (§ 16 II BauGB). Nach § 16 II 2 BauGB i.V. mit § 10 III 2 bis 5 BauGB reicht es aus, wenn die Gemeinde öffentlich bekannt macht, dass eine Veränderungssperre beschlossen worden ist. Einer Veröffentlichung des Wortlauts der Veränderungssperre bedarf es nicht. Die Bekanntmachungsanordnung kann auch anstelle des Oberbürgermeisters durch den nach der Hauptsatzung zuständigen Vertreter unterzeichnet werden.[15] Die Veränderungssperre bedarf nicht der Genehmigung durch die höhere Verwaltungsbehörde. Auch ein Anzeigeverfahren ist für eine Veränderungssperrensatzung nicht vorgesehen. Es kann auch landesrechtlich nicht eingeführt werden. Eine Veränderungssperre wird nicht wirksam, wenn kein ausgefertigtes Satzungsoriginal hergestellt wurde.[16] Die Veränderungssperre darf auch gezielt eingesetzt werden, um die rechtlichen Voraussetzungen der Zulässigkeit eines Vorhabens – aus Sicht des Bauherrn negativ – zu verändern. Die Rechtmäßigkeit des künftigen Bebauungsplans muss allerdings noch nicht feststehen. Vielmehr ist eine solche Satzung nur dann als ungültig zu bewerten, wenn bereits bei ihrem Erlass unüberwindbare Planungshindernisse offenkundig sind.[17]

1124   Die Zulässigkeit einer Veränderungssperre nach § 14 BauGB setzt eine hinreichend konkrete Planung zum Zeitpunkt ihres Erlasses voraus. Die Planung muss einen Stand erreicht haben, der ein Mindestmaß dessen erkennen lässt, was Inhalt des zu erwartenden Bebauungsplans sein soll. Eine Veränderungssperre ist daher unzulässig, wenn sich der

---

[12] OVG Berlin-Brandenburg, B. v. 10.8.2010 – 10 S 20.10 – Veränderungssperre. Zur Verpflichtung, eine Veränderungssperre nach § 17 IV BauGB aufzuheben *Spindler* DÖV 2010, 217. Zur Veränderungssperre im vereinfachten Baugenehmigungsverfahren Nina Jarass BayVBl. 2010, 129; *Uechtritz* BauR 2010, 365.

[13] OVG Berlin-Brandenburg, B. v. 22.6.2011 – OVG 10 A 12.10 – Veränderungssperre; vgl. OVG Berlin-Brandenburg, Urt. 12.5.2009 – 10 A 7.08 – BRS 74 Nr. 115; Urt. v. 15.2.2007 – 2 A 14.05 – BRS 71 Nr. 118.

[14] OVG Berlin-Brandenburg, B. v. 13.4.2011 – OVG 2 S 94.10 – Bekanntmachungskasten.

[15] OVG Berlin-Brandenburg, B. v. 14.10.2005 – 2 S 111.05 – Veränderungssperre, Bekanntmachung.

[16] VGH München, Urt. v. 10.5.2005 – 1 N 03.845 – außer Kraft getretenen Veränderungssperre.

[17] OVG Saarlouis, B. v. 25.10.2012 – 2 B 217/12 -.

Veränderungssperre

Die Gemeindevertretung der Gemeinde (Ort) beschließt folgende Satzung
Satzung der Gemeinde (Ort) über die Veränderungssperre für den Bereich (hinreichende Gebietsbezeichnung)
Die Gemeindevertretung hat auf Grund von §§ 14, 16 BauGB in ihrer Sitzung am (Datum) folgende Satzung beschlossen:

§ 1 Zu sichernde Planung

Die Gemeindevertretung hat beschlossen, für das Gebiet (hinreichende Gebietsbezeichnung) einen Bebauungsplan aufzustellen. Zur Sicherung der Planung wird für das in § 2 bezeichnete Gebiet eine Veränderungssperre beschlossen.

§ 2 Räumlicher Geltungsbereich

Die Veränderungssperre erstreckt sich auf (hinreichende Gebietsbezeichnung).

§ 3 Rechtswirkungen der Veränderungssperre

In dem von der Veränderungssperre betroffenen Gebiet dürfen Vorhaben i.S. des § 29 BauGB nicht durchgeführt oder bauliche Anlagen nicht beseitigt werden, erhebliche oder wesentlich wertsteigernde Veränderungen von Grundstücken und baulichen Anlagen, deren Veränderungen nicht genehmigungs-, zustimmungs- oder anzeigenbedürftig sind, nicht vorgenommen werden. Wenn überwiegende öffentliche Belange nicht entgegenstehen, kann eine Ausnahme zugelassen werden.

§ 4 Inkrafttreten und Außerkrafttreten der Veränderungssperre

Die Veränderungssperre tritt am Tage der Bekanntmachung in Kraft. Sie tritt nach Ablauf von zwei Jahren seit ihrem Inkrafttreten und auch dann außer Kraft, wenn der Bebauungsplan, dessen Sicherung sie dient, in Kraft getreten ist.
Feststellung der Beschlussfähigkeit: gesetzliche Mitgliederzahl: 25, davon anwesend: 19.
Es waren nach der GO keine Mitglieder der Gemeindevertretung von der Beratung und Abstimmung ausgeschlossen.
(alternativ:) Es haben folgende Mitglieder der Gemeindevertretung weder an der Beratung noch an der Abstimmung mitgewirkt:
Feststellung des Abstimmungsergebnisses: dafür: 12, dagegen: 1, Stimmenthaltungen: 6.
Die Richtigkeit des Auszuges und die Angabe der Beschlussfähigkeit und Abstimmung werden hiermit beglaubigt. Zugleich wird bescheinigt, dass zur Sitzung unter Mitteilung der Tagesordnung rechtzeitig und ordnungsgemäß eingeladen worden ist. Der Rat war beschlussfähig.
(Ort, Datum, Siegelabdruck) Gemeinde (Ort), Der Bürgermeister (Unterschrift)

Textbeispiel 104: *Beschluss über die Veränderungssperre*

Bekanntmachung der Veränderungssperre

Bekanntmachung der Gemeinde
Betr.: Bekanntmachung der Satzung der Gemeinde (Ort) über die Veränderungssperre für das Gebiet (Gebietsbezeichnung)
Die Gemeindevertretung der Gemeinde (Ort) hat in ihrer Sitzung am (Datum) gem. §§ 14, 16 BauGB die folgende Satzung beschlossen:
(Abdruck der Veränderungssperrensatzung)
Auf die Vorschriften des § 18 II 2 und 3 BauGB über die fristgemäße Geltendmachung etwaiger Entschädigungsansprüche für eingetretene Vermögensnachteile durch die Veränderungssperre nach § 18 BauGB und des § 18 III BauGB über das Erlöschen der Entschädigungsansprüche bei nicht fristgemäßer Geltendmachung wird hingewiesen.
(Ort, Datum, Siegelabdruck) Gemeinde (Ort), Der Bürgermeister (Unterschrift)
Verfahrensvermerk:
Ausgehängt am: (Datum), abzunehmen am: (Datum), abgenommen am: (Datum)
(Siegel) (Unterschrift) (Siegel) (Unterschrift)
oder:
Diese Bekanntmachung ist am (Datum) in der Zeitung (in dem Amtlichen Verkündungsblatt) veröffentlicht worden.
(Ort, Datum, Siegelabdruck) Gemeinde (Ort), Der Bürgermeister (Unterschrift)

Textbeispiel 105: *Bekanntmachung der Veränderungssperre*

Inhalt der beabsichtigten Planung noch in keiner Weise absehen lässt.[18] Vielmehr ist eine (positive) planerische Gestaltungsvorstellung erforderlich.[19] Dabei ist zu ermitteln, ob die Willensbekundungen nur vorgeschoben worden sind.[20] Insbesondere bei komplexen Planungszusammenhängen muss nicht bereits ein bestimmtes Baugebiet im Sinne der §§ 2 bis 11 BauNVO als Planungsziel benannt werden.[21] Berechtigten Bauwünschen kann durch eine Ausnahme Rechnung getragen werden.[22] § 14 I BauGB stellt allerdings keine darüber hnausgehenden Anforderungen an die **inhaltlichen Aussagen** zur künftigen Planung. Auch unterliegt die Veränderungssperre als Mittel der Sicherung der Bauleitplanung nicht dem allgemeinen Abwägungsgebot des § 1 VII BauGB, sondern der Prüfung, ob sie zur Erreichung des mit ihr verfolgten Sicherungszwecks erforderlich ist. Welchen sachlichen Inhalt eine Veränderungssperre haben kann, ist in § 14 I BauGB abschließend geregelt.[23] Allerdings bedarf die **Veränderungssperre** einer entsprechenden **Rechtfertigung** durch städtebauliche Gründe.[24] Dabei steigen die **Anforderungen** an die **Konkretisierung** der städtebaulichen Ziele mit der **zeitlichen Dauer** der Veränderungssperre. Je länger das Bauleitplanverfahren andauert, umso konkreter müssen die städtebaulichen Ziele deutlich werden. Zu Beginn des Verfahrens[25] reicht eine geringere Konkretisierung der Planungsziele aus. Jedoch sind mit fortschreitendem Verfahren höhere Anforderungen an die Konkretisierung zu stellen.[26] Der Beschluss zur Aufstellung des Bebauungsplans und der Beschluss über die Veränderungssperre können in derselben Gemeinderatssitzung gefasst werden.[27]

1125   Eine **Negativplanung**, die nur einzelne Vorhaben ausschließt, reicht nicht aus. Auch eine Planung, bei der in einem raumordnerisch für die Windenergie vorgesehenen Gebiet Festsetzungen zugunsten von Windenergie von "Null bis Hundert" möglich sind, also alles noch offen ist, kann nicht durch eine Veränderungssperre gesichert werden, wohl aber eine Planungsabsicht, die noch Spielräume offen lässt.[28] Zweck der Veränderungssperre ist es, eine bestimmte Bauleitplanung und nicht lediglich die Planungszuständigkeit und Planungshoheit der Gemeinde zu sichern. Die bloße „Absicht zu planen" genügt nicht.[29] Das Konkretisierungserfordernis darf allerdings nicht überspannt werden, weil sonst die praktische Tauglichkeit der Veränderungssperre verloren gehen würde. So wird sich die Gemeinde im Allgemeinen nicht bereits zu Beginn des Aufstellungsverfahrens auf ein bestimmtes Planungsergebnis festlegen können. Es ist gerade der Sinn der Vorschriften über die Planaufstellung, dass der Bebauungsplan innerhalb des Planungsverfahrens – insbesondere unter Beachtung des Abwägungsgebotes – erst

---

[18] BVerwG, B. v. 22.7.2008 – 4 BN 18.08 – Norm:§ 14 BauGB Zulässigkeit der Veränderungssperre; konkrete Planung. BVerwG, B. v. 10.10.2007 – 4 BN 36.07 – ZfBR 2008, 70 = BauR 2008, 328 – Veränderungssperre.

[19] OVG Saarlouis, Urt. v. 29.5.2008 – 2 C 149/07 – AS RP-SL 36, 170 = LKRZ 2008, 316 – Festlegung von Standorten für Rohstoffgewinnung.

[20] OVG Saarlouis, Urt. v. 29.5.2008 – 2 C 153/07 – LKRZ 2008, 316.

[21] OVG Saarlouis, Urt. v. 9.4.2008 – 2 C 309/07 – NVwZ-RR 2008, 769 (L) – Veränderungssperre.

[22] OVG Saarlouis, B. v. 27.2.2008 – 2 B 450/07 – AS RP-SL 36, 91 – Veränderungssperre.

[23] BVerwG, B. v. 30.9.1992 – 4 NB 35.92 – BauR 1993, 62 = NVwZ 1993, 473 = RzB Rn. 230.

[24] BVerwG, Urt. v. 10.9.1976 – 4 C 39.74 – BVerwGE 51, 122 = RzB Rn. 221; Urt. v. 16.10.1987 – 4 C 35.85 – BauR 1988, 188 = UPR 1988, 103 = RzB Rn. 223.

[25] BVerwG, Urt. v. 7.9.1984 – 4 C 20.81 – BVerwGE 70, 83 = DVBl 1985, 116 = RzB Rn. 814 zu den vergleichbaren Anforderungen nach § 15 StBauFG.

[26] Zur sanierungsrechtlichen Genehmigung nach § 15 StBauFG BVerwG, Urt. v. 7.9.1984 – 4 C 20.81 – BVerwGE 70, 83 = RzB Rn. 814 – Sanierungsgenehmigung.

[27] BVerwG, B. v. 9.2.1989 – 4 B 236.88 – NVwZ 1989, 661 = BauR 1989, 432 = DVBl 1989, 683 = RzB Rn. 225 – Veränderungssperre.

[28] OVG Münster, Urt. v. 30.10.2006 – 7 D 68/06.NE – BauR 2007, 517 = UPR 2007, 279 (L) Windenergieanlage Veränderungssperre.

[29] BVerwG, B. v. 19.5.2004 – 4 BN 22.04 –.

erarbeitet wird.[30] Das für den Erlass einer Veränderungssperre erforderliche Mindestmaß an Konkretisierung der Planungsziele umfasst nicht die Festlegung der planerischen Mittel zur Zielerreichung oder Aussagen zur Lösung etwaiger Nutzungskonflikte.[31] Da die Veränderungssperre die Gemeinde in die Lage versetzen soll, planerische Vorstellungen umzusetzen, muss die Planung nicht bereits einen Stand erreicht haben, der nahezu den Abschluss des Verfahrens ermöglicht.[32]

Von dem Instrument der Veränderungssperre nach § 14 BauGB darf nur dann Ge- **1126** brauch gemacht werden, wenn es um die Sicherung der Aufstellung eines **Bebauungsplans** geht. Die Veränderungssperre ist hingegen kein zulässiges Instrument, die Aufstellung oder Änderung eines **Flächennutzungsplans** zu sichern.[33] Zulässig ist eine Veränderungssperre jedoch zur Sicherung der – ggf. im Parallelverfahren nach § 8 III 1 BauGB durchgeführten – Aufstellung eines Bebauungsplans, mit dem die im Flächennutzungsplan vorgesehenen Darstellungen der Konzentrationszonen zusätzlich einer Feinsteuerung unterzogen werden sollen. Für die Beurteilung der Gültigkeit der Veränderungssperre kommt es nicht darauf an, welches Ergebnis die Planung letztlich hat.[34]

Die nach **§ 17 II BauGB 1998** vorgesehene **Zustimmung** der nach Landesrecht **zu-** **1127** **ständigen Verwaltungsbehörde** bei der weiteren Verlängerung der **Veränderungssperre** ist durch das EAG Bau 2004 entfallen. Die Gemeinden können daher eine Veränderungssperre in das vierte Sperrjahr auch ohne Zustimmung der nach Landesrecht zuständigen Behörde verlängern oder eine außer Kraft getretene Veränderungssperre erneut beschließen (§ 17 III BauGB). Allerdings muss für die Veränderungssperre ein konkretes städtebauliches Konzept vorhanden sein. Die Planungsabsichten eines Bebauungsplanentwurfs können danach weiterhin auch für bisherige privilegierte Außenbereichsvorhaben mit einer Veränderungssperre gesichert werden (§§ 14, 16 BauGB). So ist eine Veränderungssperre für ein 560 ha großes Vorranggebiet Windenergie gerechtfertigt, wenn der Regionalplan wegen Verfahrensfehlern bei der gemeindlichen Beteiligung oder wegen fehlender Aussageschärfe keine Zielbindung entfaltet.[35] Eine Veränderungssperre, die der Gemeinde allerdings erst **Zeit für die Entwicklung eines bestimmten Planungskonzepts** geben soll, ist nach Auffassung des BVerwG mangels eines beachtlichen Sicherungsbedürfnisses unwirksam.[36] Die Gemeinde wollte für den Bereich eines im Regionalplan ausgewiesenen Windfeldes prüfen, ob und in welchem Umfang sich die Windenergieanlagen mit den Interessen eines benachbarten Reiterhofes vertragen, der auf die Dressur hochsensibler Reitpferde der amerikanischen Olympiamannschaft spezialisiert war[37], und die Entscheidung von einzuholenden **Sachverständigengutachten** abhängig machen. Durch die Eingrenzung werden die Sicherungsmöglichkeiten der gemeind-

---

[30] OVG Münster, Urt. v. 28.1.2005 – 7 D 4/03.NE – Voraussetzungen für den Erlass einer Veränderungssperre.

[31] VGH Mannheim, Urt. v. 24.11.2005 – 8 S 794/05 – ESVGH 56, 189 (L) = ZfBR 2006, 469 = NVwZ-RR 2006, 522 = BRS 69 Nr. 116 (2005) = DVBl 2006, 786 (L) – Veränderungssperre Vorranggebiete für Windkraftanlagen.

[32] OVG Berlin-Brandenburg, B. v. 10.2005 – 2 S 111.05 – Veränderungssperre, Bekanntmachung m. Hinw. auf BVerwG, Urt. v. 10.9.1976 – IV C 39.74 – BVerwGE 51, 121.

[33] OVG Münster, Urt. v. 28.1.2005 – 7 D 4/03.NE – Voraussetzungen für den Erlass einer Veränderungssperre.

[34] OVG Münster, Urt. v. 28.1.2005 – 7 D 35/03.NE – ZUR 2005, 324 = NWVBl 2005, 466 = NuR 2006, 314 = DVBl 2005, 720 (L) = NVwZ-RR 2005, 710 (L) – Konzentrationszonen für Windkraftanlagen.

[35] VGH Kassel, Urt. v. 20.2.2003 – 3 N 1557/02 – ZfBR 2003, 482 = NuR 2003, 434 – Vorranggebiet Windenergie.

[36] BVerwG, Urt. v. 19.2.2004 – 4 C 16.03 – BVerwGE 120, 138 = NVwZ 2004, 858 = BauR 2004, 1046 – Rosendahl; Urt. v. 19.2.2004 – 4 CN 13.03 – NVwZ 2004, 984 = ZfBR 2004, 464 – Steinau.

[37] Zum Konflikt zwischen Windenergieanlagen und Pferdehaltung VG Minden, Urt. v. 10.2.2004 – 1 K 4137/02 –, das von einer Verträglichkeit beider Nutzungen ausgeht.

lichen Bauleitplanung allerdings dort eingeschränkt, wo sich aus der Sicht der planenden Gemeinde noch Ermittlungsbedarf ergibt und eine abschließende Aussage zu dem genauen Umfang der Ausweisungen am Anfang der Bauleitplanung redlicherweise noch nicht getroffen werden kann.[38]

1128   Das Recht des Bürgermeisters, dringliche Anordnungen zu treffen und unaufschiebbare Geschäfte zu besorgen, erfasst auch den Erlass einer Veränderungssperre. Die **Dringlichkeit** einer Angelegenheit in zeitlicher Hinsicht ist nach den Verhältnissen zum Zeitpunkt der Anordnung zu beurteilen. Es ist unerheblich, ob die Sache infolge eines Versäumnisses der Gemeinde dringlich geworden ist. Je gebundener und unbedeutender eine an sich in die Zuständigkeit des Gemeinderats (oder eines Ausschusses) fallende Angelegenheit ist, desto eher kann sie vom Bürgermeister im Wege einer dringlichen Anordnung geregelt werden. Je größer der Gestaltungsspielraum der Gemeinde und das Gewicht der Sache sind, desto weniger kommt eine solche Entscheidung in Betracht.[39]

2. Vom Verbot erfasste Veränderungen

1129   In die **Veränderungssperre** können alle in § 14 I Nr. 1 und 2 BauGB genannten Verbote aufgenommen werden, was sich bei entsprechender städtebaulicher Rechtfertigung empfiehlt. Die Gemeinde kann aber auch nur einzelne beabsichtigte Veränderungen der Veränderungssperre unterwerfen. Das zeitlich befristete Verbot, Vorhaben i. S. des § 29 BauGB durchzuführen, ist als Ausdruck zulässiger Inhalts- und Schrankenbestimmung des Grundeigentums verfassungsrechtlich unbedenklich.[40] Der Sperrwirkung des § 14 I Nr. 1 BauGB unterfallen alle Vorhaben i. S. des § 29 BauGB. Dazu zählen neben Neubaumaßnahmen auch Nutzungsänderungen, wenn sich die planungsrechtliche Frage neu oder anders als bisher stellt und solche Nutzungsänderungen daher nach § 29 BauGB neu beurteilt werden müssen.

3. Ausnahmen von der Veränderungssperre

1130   § 14 II BauGB lässt die **Erteilung** einer **Ausnahmegenehmigung** zu, wenn überwiegende öffentliche Belange nicht entgegenstehen. Die Entscheidung trifft die Baugenehmigungsbehörde im Einvernehmen mit der Gemeinde. Ob eine solche Ausnahmegenehmigung erteilt werden kann, richtet sich nach den städtebaulichen Zielvorstellungen der Gemeinde. Auch aus diesen Gründen ist es erforderlich, dass die Gemeinde die Gründe für den Erlass der Veränderungssperre und die mit der Planung verfolgten städtebaulichen Zielvorstellungen im Satzungsverfahren festhält. Berührt ein Vorhaben die städtebauliche Zielkonzeption der Gemeinde, so sind die Voraussetzungen für die Erteilung einer Ausnahmegenehmigung nach § 14 II BauGB nicht gegeben.[41]

4. Geltungsdauer der Veränderungssperre

1131   Die **Veränderungssperre** tritt gem. § 17 I 1 BauGB nach Ablauf von **zwei Jahren** außer Kraft. Auf die Zweijahresfrist ist der seit der Zustellung der ersten Zurückstellung eines Baugesuchs nach § 15 I BauGB abgelaufene Zeitraum anzurechnen. Die Anrechnung ist auch in Fällen der faktischen Zurückstellung vorzunehmen. Diese beginnt mit dem Ablauf des Zeitraums, in dem eine ordnungsgemäße Bearbeitung des Bauantrags vorgenom-

---

[38] Folgerichtig daher OVG Münster, Urt. v. 5.5.2003 – 7a D 1/02.NE; vgl. auch *Stüer/ Stüer* NuR 2004, 341; zu Schadensersatz- oder Entschädigungsansprüchen bei fehlerhafter Anwendung des Planungsrecht für privilegierte Vorhaben *Stüer.* ZfBR 2004, 338.

[39] VGH München, Urt. v. 14.7.2006 – 1 N 05.300 – BayVBl. 2007, 239 = BauR 2006, 1941 (L) = NVwZ-RR 2007, 481 (L) – Veränderungssperre als Dringlichkeitsentscheidung zu Art. 37 III 1 BayGemO.

[40] BVerwG, Urt. v. 10.9.1976 – 4 C 39.74 – BVerwGE 51, 121; BGH, Urt. v. 14.12.1978 – III ZR 77.76 – BGHZ 73, 161.

[41] BVerwG, B. v. 9.2.1989 – 4 B 236.88 – ZfBR 1989, 171 = RzB Rn. 225.

men werden kann. Üblicherweise ist dies ein Zeitraum von drei Monaten nach Eingang des Genehmigungsantrags bei der Baugenehmigungsbehörde. Die Veränderungssperre hat daher eine allgemeine Geltung für Grundstücke, für die keine Genehmigungsanträge vorliegen, und eine individuelle Geltung für Grundstücke, für die bereits zuvor Genehmigungsanträge eingereicht worden sind. Die Veränderungssperre verhindert eine beabsichtigte Nutzung des Grundstücks. Sie muss sich daher in verfassungsrechtlicher Hinsicht an Art. 14 I GG messen lassen. Dies hat den Gesetzgeber bewogen, zwischen dem allgemeinen Institut der Veränderungssperre und der tatsächlich eintretenden Behinderung des einzelnen Grundstückseigentümers oder Bauwilligen zu unterscheiden. Mit der Regelung des § 17 I 2 BauGB, die eine Anrechnung des Zeitraums zwischen der erstmaligen Zurückstellung des Baugesuchs nach § 15 BauGB und dem Inkrafttreten der Veränderungssperre vorsieht, hat der Gesetzgeber den Beginn der Veränderungssperre individuell vorverlegt. § 17 I 2 BauGB wird dabei entsprechend auf Fälle angewandt, in denen es zu einer verzögerlichen Bearbeitung des Bauantrags gekommen und dadurch ein Zeitverlust entstanden ist.[42] Die Veränderungssperre wirkt auch dann **auf den Zeitpunkt der Antragstellung** zurück, wenn im Zeitpunkt des Erlasses der Veränderungssperre der Zeitraum der ordnungsgemäßen Bearbeitung bereits überschritten ist.[43] Auf die Dauer einer Veränderungssperre sind gegenüber dem jeweiligen Vorhaben nicht nur gemäß § 17 I 2 BauGB Zeiten anzurechnen, die seit der ersten Zurückstellung des Baugesuchs nach § 15 I BauGB abgelaufen sind, sondern auch Zeiten, in welchen der Genehmigungsantrag wegen einer vorrangegangenen Veränderungssperre nicht positiv beschieden wurde, die dieselbe Planung sichern sollte.[44] § 17 I 2 BauGB wird entsprechend auf Fälle angewandt, in denen es zu einer verzögerlichen Bearbeitung oder zu einer rechtswidrigen Ablehnung des Bauantrags gekommen und dadurch ein Zeitverlust entstanden ist.[45] Bei Veränderungssperren ist § 17 I 2 BauGB entsprechend auf Fälle anwendbar, in denen es zu einer verzögerlichen Bearbeitung oder zu einer rechtswidrigen Ablehnung des Bauantrags gekommen und dadurch ein Zeitverlust entstanden ist. Die entsprechende Anwendung des § 17 I 2 BauGB muss die mit § 17 I 2 BauGB getroffene Entscheidung respektieren und setzt voraus, dass ein Baugesuch gestellt wurde. Die über § 17 I 2 BauGB anrechenbare Zeit kann nicht vor dem Eingang des Baugesuchs beginnen; sie beginnt bei der entsprechenden Anwendung des § 17 I 2 BauGB in dem Zeitpunkt, in dem die zuständige Behörde über das Baugesuch hätte entscheiden müssen.[46]

Die **Veränderungssperre** tritt gem. § 17 V BauGB in jedem Fall **außer Kraft**, sobald **1132** und soweit die **Bauleitplanung rechtsverbindlich abgeschlossen** ist. Durch die Beendigung eines Bebauungsplan-Aufstellungsverfahrens tritt eine Veränderungssperre auch dann außer Kraft, wenn der Bebauungsplan selbst infolge Fehlerhaftigkeit keine Rechtsverbindlichkeit erlangt hat.[47]

Eine Veränderungssperre verliert ihre Gültigkeit auch, wenn die ihr zugrunde liegende **1133** **Planung** von der Gemeinde **aufgegeben** wird. Dann verliert die Veränderungssperre ihre Wirksamkeit allerdings nicht rückwirkend auf den Zeitpunkt ihres Inkrafttretens (Wirkung ex tunc), sondern nur für die Zukunft (Wirkung ex nunc), weil damit die Voraussetzungen für ihren Erlass nachträglich fortfallen.[48]

---

[42] BVerwG, B. v. 27.4.1992 – 4 NB 11.92 – DVBl 1992, 1448 = ZfBR 1992, 185 = NVwZ 1992, 1090 = RzB Rn. 236 – Lebensmittelmarkt; a.A. *Gaentzsch* § 17 Rn. 3.

[43] VGH Mannheim, Urt. v. 4.2.1999 – 8 S 39/99 – ZfBR 2000, 70 – Vertrauensschutz.

[44] VGH Kassel 9. Senat, Urt. v. 25.7.2011 – 9 A 103/11 – DVBl 2011, 1434 = NVwZ-RR 2011, 975 (L) – Windkraftanlage.

[45] BVerwG, B. v. 5.5.2011 – 4 B 12.11 – § 17 I 2 BauGB.

[46] BVerwG, B. v. 21.3.2013 – 4 B 1.13 – UPR 2013, 278 = ZfBR 2013, 478, *Gatz*, jurisPR-BVerwG 10/2013 Anm. 6 – Veränderungssperre.

[47] BVerwG, Urt. v. 25.10.1984 – 4 C 53.80 – BVerwGE 70, 227 = NVwZ 1985, 563 = DVBl 1985, 392 = RzB Rn. 302 – Vollstreckungsabwehrklage.

[48] BVerwG, B. v. 31.5.2005 – 4 BN 25.05 – ZfBR 2005, 576 = BauR 2005, 1678.

5. Nicht erfasste Veränderungen – Bestandsschutz

1134   Vorhaben, die vor dem Inkrafttreten der Veränderungssperre baurechtlich genehmigt worden oder auf Grund eines anderen baurechtlichen Verfahrens zulässig sind, Unterhaltungsarbeiten und die **Fortführung** einer **bisher ausgeübten Nutzung** werden nach § 14 III BauGB von dem Erlass einer Veränderungssperre nicht berührt. Die Vorschrift stellt sicher, dass der → Bestandsschutz eines Gebäudes und einer ausgeübten baulichen Nutzung durch den Erlass einer Veränderungssperre nicht beeinträchtigt wird. Zugleich wird damit den verfassungsrechtlichen Anforderungen der Eigentumsgarantie gem. Art. 14 GG Rechnung getragen.[49]

> → **Bestandsschutz.** Er gründet sich auf die Eigentumsgarantie in Art. 14 GG und umfasst den legal errichteten baulichen Bestand und die legal ausgeübte Nutzung. Bestehende formell oder materiell legal errichtete Bauwerke, die also entweder genehmigt sind oder die dem materiellen Baurecht entsprechen, genießen auch im Hinblick auf die legal ausgeübte Nutzung Bestandsschutz, auch wenn sie nach den inzwischen geänderten baulichen Vorschriften planungsrechtlich nicht mehr zulässig sind. Der Bestandsschutz legitimiert dazu, das Bauwerk, so wie es vorhanden ist, zu nutzen und Instand zu setzen. Eine wesentliche Vergrößerung oder bauliche Umgestaltung des Gebäudes wird aber vom Bestandsschutz nicht erfasst (sog. „überwirkender Bestandsschutz"). Auch eine Änderung der Nutzung ist dann nicht mehr vom Bestandsschutz umfasst, wenn sich die planungsrechtliche Fragestellung neu oder anders als bisher stellt. Soweit der Gesetzgeber Inhalt und Schranken des Eigentums abschließend geregelt hat, ist nach Auffassung des BVerwG ein unmittelbarer Rückgriff auf die Eigentumsgarantie nicht mehr möglich. Der Gesetzgeber soll danach auch berechtigt sein, Eigentumspositionen, die nicht durch transitorischen Übergang entzogen werden, grundsätzlich entschädigungslos zu entziehen. Bei gravierenden Auswirkungen kann allerdings die Inhalts- und Schrankenbestimmung durch Kompensation ausgleichspflichtig sein. Der Bestandsschutz schließt nicht nachträgliche Auflagen aus, die aus Gründen der Anpassung einer Anlage an den Stand der Technik erforderlich werden (§ 17 BImSchG).

1135   Ist bereits eine **Baugenehmigung erteilt** worden, so wird sie in ihrem Bestand durch eine Veränderungssperre nicht mehr beeinträchtigt (§ 14 III BauGB). Dasselbe gilt für die Bindungswirkungen, die sich aus einer **Bebauungsgenehmigung** für das nachfolgende Baugenehmigungsverfahren ergeben.[50] Die Bebauungsgenehmigung setzt sich damit gegenüber einer anschließend erlassenen Veränderungssperre in dem Sinne durch, dass die Baugenehmigung wegen der erteilten Bebauungsgenehmigung auch dann erteilt werden muss, wenn zwischenzeitlich eine Veränderungssperre erlassen worden ist.[51]

1136   Hat die Baugenehmigungsbehörde **zu Unrecht** eine **Bebauungsgenehmigung** oder eine **Baugenehmigung nicht erteilt**, so kann dies bei einer späteren Veränderungssperre zu einer Ermessensbindung der Baubehörde i. S. einer Verpflichtung zur Erteilung einer Ausnahmegenehmigung führen. Denn hätte die Baugenehmigungsbehörde ordnungsgemäß entschieden, wäre durch die Erteilung der Bebauungsgenehmigung eine Bindungswirkung für das anschließende weitere Baugenehmigungsverfahren eingetre-

---

[49]   BVerwG, Urt. v. 10.9.1976 – 4 C 39.74 – BVerwGE 51, 121; BGH, Urt. v. 14.12.1978 – III ZR 77.76 – BGHZ 73, 161; *Dolde* NVwZ 1986, 873; *Fickert* FS Weyreuther 1993, 319; *Friauf* WiVerw. 1986, 87; *Ossenbühl* Bestandsschutz und Nachrüstung von Kernkraftwerken 1994; *Sarnighausen* DÖV 1993, 758; *Schlichter* ZfBR 1979, 53; *ders.* AgrarR 1982, 85; *Schneider/Steinberg* Schadensvorsorge im Atomrecht zwischen Genehmigung, Bestandsschutz und staatlicher Aufsicht 1991; *Sendler* UVP 1983; *ders.* WiVerw. 1993, 235; *Weyreuther* Die Situationsgebundenheit des Grundeigentums, Naturschutz – Eigentumsschutz – Bestandsschutz 1983.

[50]   BVerwG, Urt. v. 3.2.1984 – 4 C 39.82 – BVerwGE 69, 1 = RzB Rn. 301.

[51]   BVerwG, Urt. v. 2.9.1983 – 4 N 1.83 – BVerwGE 68, 12 = NJW 1984, 881 = DVBl 1984, 145 = RzB Rn. 222; Urt. v. 3.2.1984 – 4 C 39.82 – BVerwGE 69, 1 = DVBl 1984, 629 = BauR 1984, 384 = RzB Rn. 301.

ten. Überwiegende öffentliche Belange dürfen dem Vorhaben allerdings nicht entgegenstehen.[52]

Planungsrechtlich relevante Nutzungsänderungen, die bisher nicht genehmigt sind, unterliegen der Neubeurteilung des Planungsrechts und können durch eine Veränderungssperre unterbunden werden. Beinhaltet die Änderung der Benutzung einer baulichen Anlage eine Nutzungsänderung i. S. von § 29 I BauGB, so liegt keine Fortführung der bisher ausgeübten Nutzung i. S. des § 14 III BauGB vor. Eine Veränderungssperre kann daher die beabsichtigte Nutzungsänderung unterbinden.[53] **1137**

Bei einer **Nutzungsaufgabe** ist hinsichtlich des **Bestandsschutzes** für Folgenutzungen zu unterscheiden: Wird eine neue auf Dauer angelegte Nutzung aufgenommen, so geht der Bestandsschutz für die alte Nutzung im Regelfall unter. Steht das Gebäude leer und wird eine neue Nutzung nicht aufgenommen, so kann die bisherige Nutzung auch über mehrere Jahre nachwirken, wenn nach der Verkehrsauffassung mit der Wiederaufnahme der bisherigen Nutzung zu rechnen ist (**nachwirkender Bestandsschutz**). Liegen allerdings Umstände vor, aus denen nach der Verkehrsauffassung eine endgültige Nutzungsaufgabe geschlossen werden kann, so reicht bereits, dass die Nutzung für mehr als ein Jahr nicht mehr ausgeübt wird.[54] Im Übrigen wird der Bestandsschutz im Hinblick auf die planungsrechtliche Zulässigkeit von Vorhaben in erster Linie durch den Gesetzgeber bestimmt. Einen eigentumsrechtlichen Bestandsschutz außerhalb des Gesetzes gibt es nach Auffassung des BVerwG nicht.[55] Der Gesetzgeber habe im Städtebaurecht vielmehr abschließende Regelungen getroffen. Ein Gebäude **verliert** den **Bestandsschutz**, wenn es so verändert wird, dass das veränderte Gebäude mit dem früheren nicht mehr identisch ist. Kennzeichen der (bestandsschutzrechtlichen) Identität eines Bauwerks, ist dass das ursprüngliche Gebäude nach wie vor als „Hauptsache" erscheint. Hieran fehlt es dann, wenn der mit der Instandsetzung verbundene Eingriff in den vorhandenen Bestand so intensiv ist, dass er die Standfestigkeit des gesamten Gebäudes berührt und eine statische Neuberechnung des gesamten Gebäudes erforderlich macht, oder wenn die für die Instandsetzung notwendigen Arbeiten den Aufwand für einen Neubau erreichen oder gar übersteigen, oder wenn die Bausubstanz ausgetauscht oder das Bauvolumen wesentlich erweitert wird.[56] **1138**

6. Entschädigung bei Veränderungssperre

Dauert eine **Veränderungssperre länger als vier Jahre** über den Zeitpunkt ihres Beginns oder der ersten Zurückstellung eines Baugesuchs nach § 15 I BauGB hinaus, ist dem Betroffenen nach § 18 I BauGB für die dadurch eingetretenen Vermögensnachteile eine angemessene Entschädigung in Geld zu zahlen. Das Gesetz verweist dazu auf die Grundsätze in §§ 93 bis 103 BauGB. Dabei ist der Grundstückswert zu Grunde zu legen, der nach §§ 39 bis 44 BauGB zu entschädigen wäre. Der Entschädigungsanspruch richtet sich gegen die Gemeinde, von der die über vier Jahre dauernde Veränderungssperre erlassen worden ist (§ 18 II 1 BauGB). **1139**

---

[52] BVerwG, B. v. 17.5.1989 – 4 CB 6.89 – NVwZ 1990, 58 = DÖV 1989, 906 = RzB Rn. 226.

[53] BVerwG, B. v. 1.3.1989 – 4 B 24.89 – NVwZ 1989, 666 = BauR 1989, 308 = RzB Rn. 312 – Kino in Spielhalle.

[54] BVerwG, Urt. v. 18.5.1995 – 4 C 20.94 – BVerwGE 98, 235 = BauR 1995, 807 = DVBl 1996, 40 = NVwZ 1996, 379 – Autolackiererei.

[55] BVerwG, B. v. 1.12.1995 – 4 B 271.95 – BRS 57 (1995) Nr. 100 – Koppelschafhaltung, m. Hinw. auf B. v. 3.12.1990 – 4 B 145.90 – ZfBR 1991, 83 = BRS 50 Nr. 88; Urt. v. 15.2.1990 – 4 C 23.86 – NVwZ 1990, 775 = DVBl 1990, 572; OVG Saarlouis, Urt. v. 25.11.1997 – 2 Q 9/97 – Koppelschafhaltung; vgl. *Taegen* in Berliner Komm. § 35 BauGB Rn. 94; zum Bestandsschutz s. Rn. 1248.

[56] BVerwG, B. v. 21.3.2001 – 4 B 18.01 – NVwZ 2002, 92 = ZfBR 2001, 501, m. Hinw. auf Urt. v. 17.1.1986 – 4 C 80.82 – BVerwGE 72, 362 – Statik.

1140 Die **angemessene Entschädigung** besteht in einer Bodenrente, die sich aus dem Unterschied des Wertes errechnet, den das Grundstück hätte, wenn es sofort bebaubar gewesen wäre, und dem Wert, den es hat, weil es durch die Sperre vorübergehend nicht bebaut werden kann.

7. Rechtsschutz gegen Veränderungssperre

1141 Die von der Gemeinde als Satzung zu beschließende Veränderungssperre (§ 16 BauGB) kann von dem dadurch Betroffenen[57] in einem **Normenkontrollverfahren** nach § 47 VwGO zur gerichtlichen Überprüfung gestellt werden,[58] wenn der Antragsteller geltend macht, durch die Satzung in eigenen Rechten verletzt zu sein. Geprüft wird allerdings regelmäßig nur die Rechtmäßigkeit des Erlasses der Veränderungssperre, nicht der Inhalt der künftigen Planung.

II. Zurückstellung von Baugesuchen

1142 Als vorläufiges Sicherungsmittel kann die Gemeinde auch einen Antrag nach § 15 BauGB auf Zurückstellung des Baugesuches bis zu einem Jahr stellen.[59] Die Zurückstellung eines Baugesuches kommt in Betracht, wenn eine Veränderungssperre nach § 14 BauGB nicht beschlossen worden oder noch nicht in Kraft getreten ist. Wird kein Baugenehmigungsverfahren durchgeführt, wird auf Antrag der Gemeinde – anstelle der Aussetzung der Entscheidung über die Zulässigkeit – eine vorläufige Untersagung innerhalb einer durch Landesrecht festgesetzten Frist ausgesprochen. Die vorläufige Untersagung steht der Zurückstellung nach § 15 I 1 BauGB gleich (§ 15 I 3 BauGB)

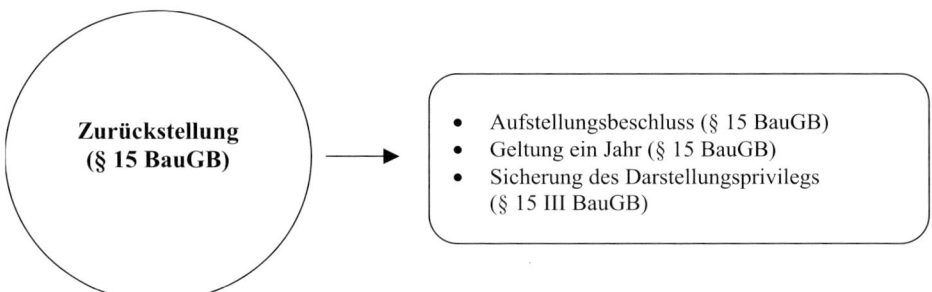

1. Voraussetzungen und Verfahren der Zurückstellung

1143 Die → Zurückstellung des Baugesuchs nach § 15 I BauGB setzt die öffentliche Bekanntmachung eines wirksamen Beschlusses zur Aufstellung, Änderung, Ergänzung oder Aufhebung eines Bebauungsplans voraus. Fehlt ein **ordnungsgemäßer Aufstellungsbeschluss** oder ist er nicht wirksam bekannt gemacht, so darf auch eine Zurückstellung nach § 15 BauGB nicht erfolgen.[60] Die Zurückstellung wird auf Antrag der Gemeinde von der Baugenehmigungsbehörde ausgesprochen und erfasst Vorhaben, die genehmigungsbedürftig sind – also auch Nutzungsänderungen, bei denen sich die planungsrechtliche Frage neu stellt. § 15 BauGB ist entsprechend anwendbar, wenn es nicht um eine baurechtliche Genehmigung, sondern um eine immissionsschutzrechtliche Genehmi-

[57] BVerwG, B. v. 9.11.1979 – 4 N 1.78 – BVerwGE 59, 87 = RzB Rn. 26.
[58] *Stüer* DVBl 1985, 469.
[59] HBG § 10 Rn. 26.
[60] S. Rn. 601; BVerwG, B. v. 23.12.1993 – 4 B 212.92 – Buchholz 406.11 § 30 BauGB Nr. 35 – Erschließung.

gung eines Vorhabens geht.[61] Im Gegensatz zur Veränderungssperre, bei deren Bestehen ein Bauantrag nach Maßgabe des § 14 I BauGB abgelehnt werden kann, wird nach § 15 I BauGB (lediglich) die Zurückstellung des Baugesuchs für einen bestimmten Zeitraum ausgesprochen. Das Baugenehmigungsverfahren wird daher nicht endgültig mit negativem Ergebnis für den Antragsteller beendet, sondern die Entscheidung der Baugenehmigungsbehörde nur für einen bestimmten Zeitraum ausgesetzt. In dieser Zeit, die längstens ein Jahr ab erstmaliger Zustellung des Zurückstellungsbescheides dauern darf, hat die Gemeinde Gelegenheit, die begonnene Bauleitplanung zum Abschluss zu bringen oder – wenn dies in der verbleibenden Zeit nicht möglich erscheint – eine Veränderungssperre nach § 14 BauGB zu erlassen.

→ **Zurückstellung von Baugesuchen.** Entscheidungen über die Zulässigkeit von Bauvorhaben hat die Baugenehmigungsbehörde auf Antrag der Gemeinde für einen Zeitraum bis zu einem Jahr zurückzustellen, wenn die Gemeinde beschlossen hat, einen Bebauungsplan aufzustellen, zu ändern, zu ergänzen oder aufzuheben. Der Beschluss der Gemeinde ist zuvor ortsüblich bekanntzumachen. Wird im Anschluss eine Veränderungssperre erlassen, ist der Zeitraum der Zurückstellung nach § 15 BauGB auf die Geltungsdauer der Veränderungssperre anzurechnen (§ 17 I 2 BauGB). Entscheidungen über die Zulässigkeit privilegierter Vorhaben nach § 35 I Nr. 2 bis 6 BauGB – also mit Ausnahme der landwirtschaftlichen Vorhaben und Vorhaben zur friedlichen Nutzung der Atomenergie – sind auf Antrag der Gemeinde für einen Zeitraum von längstens einem Jahr nach Zustellung der Zurückstellung des Baugesuchs auszusetzen, wenn durch einen in Aufstellung oder Änderung befindlichen Flächennutzungsplan gegengesteuert werden soll. Der Antrag kann von der Gemeinde nur innerhalb von 6 Monaten nach förmlicher Kenntnisnahme gestellt werden. Die ordnungsgemäße Bearbeitungszeit bis zur Zurückstellung ist auf die Zurückstellungsfrist nicht anzurechnen (§ 15 III BauGB).

Die Zurückstellung des Baugesuches ist bei entsprechendem Antrag der Gemeinde **1144** nach § 15 I 1 BauGB vorzunehmen, wenn zu befürchten ist, dass die **Durchführung** der **Planung** durch das Vorhaben **unmöglich** gemacht oder **wesentlich erschwert** werden würde. Insoweit ergeben sich die gleichen Prüfungsgrundsätze wie bei der Veränderungssperre nach § 14 I BauGB. Es handelt sich dabei um einen gerichtlich voll kontrollierbaren Rechtsbegriff, der keinen Ermessensspielraum beinhaltet. Allerdings kann die Gemeinde bei der Darstellung ihrer Planungskonzeption die Möglichkeit der autonomen Planungsentscheidung nutzen, die ihr bei Beachtung des Abwägungsgebotes eingeräumt sind.[62] Eine Zurückstellung gemäß § 15 BauGB trifft zur materiell-rechtlichen Zulässigkeit des Vorhabens **keine (abschließende) Regelung**, sondern schafft nur in formeller Hinsicht die Grundlage dafür, ein anhängiges bauaufsichtliches Verfahren auszusetzen. Über seine formelle Funktion hinaus hat § 15 BauGB die Funktion, die Planungshoheit der Gemeinde nach Art. 28 II G zu sichern. Ein entgegen einer Zurückstellung erteilter Bauvorbescheid ist rechtswidrig. Dies gilt auch für den Fall eines fiktiv erteilten Bauvorbescheids. Die Bauaufsichtsbehörde kann daher im Rahmen ihres Ermessens einen trotz eines Zurückstellungsantrags der Gemeinde fiktiv erteilten Bauvorbescheid zurücknehmen.[63]

---

[61] OVG Münster, B. v. 4.2.2010 – 8 B 1652/09.AK – NVwZ-RR 2010, 475 = DVBl 2010, 525 (L) – Lagerung von gebrauchtem Gleisschotter und gebrauchten Betonschwellen auf ehemaligem Bahnhofsgelände.

[62] Weitere Beispiele: OVG Münster, B. v. 17.3.2006 – 8 B 1920/05 – BauR 2006, 1124 = NVwZ-RR 2006, 597 = BauR 2006, 1026 (L) – Zurückstellung von Vorbescheids-Verlängerungsanträgen; VGH München, B. v. 24.8.2006 – 22 ZB 06.1091 – Tekturgenehmigungsantrag Fristbeginn für gemeindlichen Zurückstellungsantrag; OVG Münster, B. v. 11.7.2007 – 7 A 3851/06 –, zu den Voraussetzungen für die Zurückstellung eines Bauantrags, wenn durch Änderung eines Bebauungsplans Einzelhandel ausgeschlossen werden soll.

[63] VGH Kassel, B. v. 10.7.2009 – 4 B 426/09 – NVwZ-RR 2009, 790 = LKRZ 2009, 382 = DVBl 2009, 1124 = DÖV 2009, 824 = NJW-Spezial 2009, 670 = BauR 2009, 1626 – trotz Zurückstellung erteilter Bauvorbescheid.

§ 15 II BauGB lässt eine Zurückstellung von Baugesuchen auch zur Sicherung einer **Sanierungs- oder einer städtebaulichen Entwicklungsmaßnahme** nach den §§ 165 ff. BauGB zu.[64] Damit wird klargestellt, dass die Plansicherungsinstrumente auch in Sanierungsgebieten oder städtebaulichen Entwicklungsbereichen genutzt werden können.

1145 Mit einer Ergänzung des § 15 I 2 BauGB durch das BauROG 1998 hat der Gesetzgeber s. Zt. auf die **Freistellungstendenzen** der Landesbauordnungen reagiert. Wird kein Baugenehmigungsverfahren durchgeführt, wird auf Antrag der Gemeinde anstelle der Aussetzung der Entscheidung über die Zulässigkeit eine vorläufige Untersagung innerhalb einer durch Landesrecht festgesetzten Frist ausgesprochen. Die vorläufige Untersagung steht der Zurückstellung nach § 15 I 1 BauGB gleich. Die Gemeinde soll hierdurch die Möglichkeit erhalten, auch genehmigungsfreie Bauvorhaben, wenn sie einer zukünftigen Bebauungsplanung zuwiderlaufen würden, zeitlich befristet zu verhindern. § 15 I 3 BauGB stellt sicher, dass auf die vorläufige Untersagung auch solche Vorschriften anwendbar sind, die ausdrücklich nur für die Zurückstellung von Baugesuchen nach § 15 I 1 BauGB gelten. Die Regelung steht im Zusammenhang mit § 29 I BauGB, wonach für Vorhaben der Errichtung, Änderung oder Nutzungsänderung von baulichen Anlagen und für Aufschüttungen und Abgrabungen größeren Umfangs sowie für Ausschachtungen und Ablagerungen einschließlich Lagerstätten die §§ 30 bis 37 BauGB gelten. Die Anwendung der planungsrechtlichen Vorschriften ist daher nicht von einem landesrechtlich angeordneten Genehmigungs-, Zustimmungs- oder Anzeigeverfahren abhängig.[65]

2. Zurückstellung zur Sicherung des Darstellungsprivilegs

1146 Im Zusammenhang mit zunehmenden Problemen bei der außenbereichsverträglichen Zulassung **privilegierter Vorhaben** (außer landwirtschaftlichen oder atomrechtlichen Vorhaben) wird den Gemeinden die Möglichkeit der **Plansicherung durch Zurückstellung** von Vorhaben im Hinblick auf planerische Darstellungen i. S. des § 35 III 3 BauGB eingeräumt (§ 15 III BauGB). Die Gemeinde hat danach die Möglichkeit, für einen Zeitraum von bis zu einem Jahr die Aussetzung der Bearbeitung des Baugesuchs zu beantragen, wenn die Änderung eines dem Vorhaben entgegenstehenden Flächennutzungsplans eingeleitet worden ist. Die ordnungsgemäße Bearbeitungszeit wird der Jahresfrist hinzu gerechnet. Voraussetzungen für eine Zurückstellung sind, dass
– die Gemeinde einen Beschluss zur Aufstellung, Änderung oder Ergänzung des Flächennutzungsplanes gefasst hat,
– im Flächennutzungsplan eine „Konzentrationsfläche" nach § 35 III 3 BauGB für privilegierte Vorhaben i. S. des § 35 I Nr. 2 bis 6 BauGB darstellen will, die der Errichtung solcher Vorhaben an anderer Stelle im Gemeindegebiet i. d. R. entgegensteht, und wenn
– zu befürchten ist, dass die Durchführung der Planung durch das Vorhaben unmöglich gemacht oder wesentlich erschwert wird.

1147 Der Zeitraum der Zurückstellung ist in dem Zurückstellungsbescheid anzugeben und darf längstens ein Jahr ab Zugang des Bescheids betragen. Die Zeit zwischen dem Eingang des Baugesuchs bei der zuständigen Behörde bis zur Zustellung des Zurückstellungsbescheides wird auf die Jahresfrist nur insoweit nicht angerechnet, als dieser Zeitraum für die Bearbeitung des Baugesuchs erforderlich war (§ 15 III 2 BauGB). Die Gemeinde hat den Zurückstellungsantrag innerhalb von sechs Monaten zu stellen, nachdem sie in einem Verwaltungsverfahren förmlich (z. B. im Rahmen einer Beteiligung nach § 36 BauGB) von dem Bauvorhaben Kenntnis erlangt hat (§ 15 III 3 BauGB). Der Zurückstellungsantrag ist nicht mehr möglich, wenn die Genehmigung erteilt ist. Diese

---

[64] Die Vorschrift geht auf das InvWoBaulG zurück.
[65] Vgl. zu entsprechenden Gesetzgebungsvorschlägen *Stüer/ Stüer*, Bauplanungsrecht und neue Landesbauordnungen, 1995, S. 127.

Regelung gilt auch im Fall der Aufstellung eines sachlichen Teilflächennutzungsplanes nach § 5 II b BauGB.[66]

Neben den Darstellungsmöglichkeiten im Flächennutzungsplan können die Gemein- **1148** den auch durch die Aufstellung von Bebauungsplänen regelnd in die Nutzung privilegierter Vorhaben nach § 35 I BauGB eingreifen. So können die Gemeinden etwa auch durch Bebauungsplan Regelungen über die Zulässigkeit von Windenergieanlagen treffen. Allerdings setzt dies ein entsprechendes städtebauliches Bedürfnis voraus (§ 1 III BauGB). Die Aufstellung eines Bebauungsplans kann auch mit einer Veränderungssperre nach § 14 BauGB gesichert werden. Allerdings muss hierfür die Aufstellung des Bebauungsplans und den Erlass der Veränderungssperre ein entsprechendes Planungsbedürfnis bestehen. Die Planungsvorstellungen müssen für den Erlass einer Veränderungssperre auch hinreichend konkret sein. Ist dies nicht der Fall, ist der Erlass einer Veränderungssperre nach Auffassung des BVerwG mangels hinreichender konkreter Planungsvorstellungen unzulässig.[67]

Die Frist für die Zurückstellung eines Baugesuchs nach § 15 III 3 BauGB von sechs **1149** Monaten nach Kenntnis von dem Bauvorhaben läuft in den Fällen, in denen die Gemeinde selbst Baugenehmigungsbehörde ist, grundsätzlich ab Eingang des vollständigen Genehmigungsantrags. Dies gilt auch dann, wenn die Gemeinde das Baugesuch für unzulässig hält.[68] Der Antrag der Gemeinde ist gem. § 15 III BauGB nur innerhalb von 6 Monaten zulässig, nachdem die Gemeinde in einem Verwaltungsverfahren von dem Bauvorhaben förmlich Kenntnis erhalten hat. Bei der Berechnung des Laufs dieser Frist kommt es auf den Zeitpunkt des Inkrafttretens des Gesetzes zum 20.7.2004 an. Die Funktion der förmlichen Kenntnisvermittlung und Anstoßwirkung für die planungsbefugte Gemeinde kann nur von einer Kenntnisgabe nach Inkrafttreten des Gesetzes ausgehen. Eine vorher erfolgte Beteiligung der Gemeinde kann diese Aufgabe nicht erfüllen. Es kommt lediglich in Betracht, ihr die Frist auslösende Funktion ab Inkrafttreten des Gesetzes beizumessen.[69]

Eine weitere Änderung der **Städtebaurechts-Novelle 2013** dient der Erleichterung **1150** der Planung von Konzentrationszonen i.S. des § 35 III 3 BauGB, insbesondere bei Windenergieanlagen. Auf Antrag der Gemeinde hatte die Baugenehmigungsbehörde bereits nach der früheren Gesetzesfassung in § 15 III 1 BauGB die Entscheidung über die Zulässigkeit von Vorhaben nach § 35 I Nr. 2 bis 6 BauGB für einen Zeitraum bis zu längstens einem Jahr nach Zustellung der Zurückstellung des Baugesuchs auszusetzen, wenn die Gemeinde beschlossen hat, einen Flächennutzungsplan aufzustellen, zu ändern oder zu ergänzen, mit dem die Rechtswirkungen des § 35 III 3 BauGB erreicht werden sollen, und zu befürchten ist, dass die Durchführung der Planung durch das Vorhaben unmöglich gemacht oder wesentlich erschwert werden würde. „Liegen besondere Umstände vor", wird eine Zurückstellung von Baugesuchen im Sinne des § 15 III 1 BauGB auf Antrag der Gemeinde noch für ein weiteres Jahr, also insgesamt für zwei Jahre ermöglicht. Damit hat der Gesetzgeber darauf reagiert, dass die Verfahren zur Aufstellung der Flächennutzungspläne wegen der an sie zu stellenden hohen Anforderungen an die Abschichtung nach verschiedenen Prüfkriterien[70] häufig zeitintensiv sind.

---

[66] Zum Teilflächennutzungsplan s. Rn. 122.

[67] BVerwG, Urt. v. 19.2.2004 – 4 CN 16.03 – BVerwGE 120, 138 = NVwZ 2004, 858 = BauR 2004, 1046 – Rosendahl; *Stüer/Stüer* NuR 2004, 341.

[68] OVG Münster, B. v. 17.3.2006 – 8 B 1920/05 – BauR 2006, 1124 = NVwZ-RR 2006, 597 = BauR 2006, 1026 (L) – Zurückstellung von Vorbescheids-Verlängerungsanträgen.

[69] OVG Koblenz, B. v. 18.2.2005 – 7 B 10012/05 ZfBR 2005, = BauR 2005, 1897 – Windenergieanlage; *Lemmel* BauR 2005, 1878.

[70] BVerwG, Urt. v. 13.12.2012 – 4 CN 1.11, 2.11 – DVBl 2013, 507, m. Anm. *Stüer*, 509.

3. Rechtsschutz gegen die Zurückstellung

1151 Die Zurückstellung des Baugesuches nach § 15 BauGB erfolgt durch Verwaltungsakt, der vom Antragsteller ggf. mit **Widerspruch** und **Verpflichtungsklage** auf Erteilung der Baugenehmigung angegriffen werden kann. Die Klage ist begründet, wenn die Zurückstellung nicht hätte erfolgen dürfen, etwa weil der Aufstellungsbeschluss nicht wirksam bekannt gemacht ist, eine gemeindliche Planungskonzeption auch in Ansätzen nicht erkennbar ist und das Vorhaben planungsrechtlich zulässig ist. Für eine isolierte Anfechtungsklage fehlt das Rechtsschutzbedürfnis.[71] Widerspruch und Anfechtungsklage gegen einen Zurückstellungsbescheid haben aufschiebende Wirkung mit der Folge, dass die Genehmigungsbehörde die Amtspflicht hat, die Bearbeitung fortzusetzen, solange kein Sofortvollzug angeordnet wird.[72] Das Verpflichtungsbegehren eines Bauantragstellers, der gegen die Zurückstellung seines Bauantrags nach § 15 I 1 BauGB Widerspruch eingelegt und danach Untätigkeitsklage auf Erteilung der Baugenehmigung erhoben hat, erledigt sich nicht dadurch, dass die sofortige Vollziehung des Zurückstellungsbescheides angeordnet wird.[73] Wird ein Bauvorhaben unter Anordnung des Sofortvollzuges gem. § 15 I BauGB zurückgestellt, fehlt einem vom Bauherrn hiergegen gerichteten alleinigen Antrag nach § 80 a III i.V. mit § 80 V VwGO nicht das erforderliche Rechtsschutzinteresse.[74] Lehnt die Baugenehmigungsbehörde zunächst den Erlass eines Bauvorbescheides ab und erlässt sodann im Widerspruchsverfahren einen Zurückstellungsbescheid nach § 15 BauGB, wird der ablehnende Bescheid durch den Zurückstellungsbescheid ersetzt.[75] Die nachträgliche Aufgabe der zu sichernden Planung oder das nachträgliche Inkrafttreten einer Veränderungssperre führen zur Rechtswidrigkeit, nicht aber zur Unwirksamkeit oder Gegenstandslosigkeit einer Zurückstellung.[76]

1152 Ein Beschluss nach § 80 V VwGO hindert die Behörde grundsätzlich nicht daran, unter Aufhebung des früheren Bescheides einen neuen **Bescheid** zu erlassen und dessen **sofortige Vollziehbarkeit** anzuordnen. Etwas anderes gilt nur dann, wenn die Behörde einen nicht sofort vollziehbaren Bescheid aufhebt und durch einen inhaltsgleichen ersetzt, um dessen sofortige Vollziehbarkeit anzuordnen und so die Wirkung des gerichtlichen Beschlusses zu unterlaufen. Hat die Baubehörde einen Zurückstellungsbescheid nach § 15 BauGB erlassen, darf sie eine wesentlich geänderte Planung zum Anlass nehmen, den Bescheid aufzuheben und gegebenenfalls einen neuen Zurückstellungsbescheid zu erlassen. Eine wesentliche Änderung der Planung liegt auch dann vor, wenn mit einem neuen Planaufstellungsbeschluss erstmals eine hinreichend konkretisierte und somit sicherungsbedürftige Planung vorliegt.[77] Im Rahmen ihrer Entscheidungsbefugnis nimmt die Widerspruchsbehörde bei Erlass des Widerspruchsbescheids eine umfassende Überprüfung der Rechtmäßigkeit sowie bei Ermessensentscheidungen – vorbehaltlich von Sonderregelungen bei Selbstverwaltungsangelegenheiten – der Zweckmäßigkeit des Ausgangsbescheids vor. Eine Bindung an die Rechtsauffassung und die Sachverhaltsfeststellungen

---

[71] VGH Mannheim, Urt. v. 8.9.1998 – 3 S 87/96 – VGHBW RSprDienst 1998, Beilage 11 B 1.

[72] OVG Münster, Urt. v. 11.10.2006 – 8 A 764/06 – BauR 2007, 684 – Zurückstellung eines immissionsschutzrechtlichen Genehmigungsantrags.

[73] BVerwG, Urt. v. 30.6.2011 – 4 C 10.10 – BauR 2011, 1791 = DVBl 2011, 1249 (L), m. Anm. *Gatz*, jurisPR-BVerwG 17/2011 Anm. 3 – Zurückstellung.

[74] VGH Mannheim, B. v. 20.6.2011 – 3 S 375/11 – NVwZ-RR 2011, 932 = BauR 2011, 1701 (L) m. Anm. *Schlarmann* VBlBW 2011, 464 – Eilrechtsschutz; B. v. 9.8.2002 – 3 S 1517/02 – NVwZ-RR 2003, 333; Urt. v. 8.9.1998 – 3 S 87/96 – VBlBW 1999, 216.

[75] VGH Kassel, Urt. v. 13.1.2011 – 3 A 1987/09 – BauR 2011, 1610 = DÖV 2011, 534 (L) – Gemengelage.

[76] OVG Berlin-Brandenburg, B. v. 30.9.2011 – OVG 10 S 8.11 –; vgl. BGH, B. v. 27.1.2011 – III ZB 30/10 –; B. v. 12.5.2010 – IV ZB 18/08 – NJW 2010, 2811-2812, B. v. 4.2.2010 – I ZB 3/09 – MDR 2010, 779.

[77] OVG Koblenz, B. v. 10.5.2011 – 8 B 10385/11 –Zurückstellungsbescheid.

der Ausgangsbehörde besteht dabei nicht, sodass die Widerspruchsbehörde deren Entscheidung ggf. auch mit abweichenden Erwägungen bestätigen kann.[78]

III. Teilungsgenehmigung

Die bisherige → Teilungsgenehmigung nach § 19 BauGB[79] ist durch das EAG Bau **1153** 2004 mit der Begründung gestrichen worden, dass hierfür kein Bedürfnis (mehr) besteht. Damit haben sich diejenigen Kräfte durchgesetzt, die schon im Vorfeld des BauROG 1998 eine Abschaffung der Teilungsgenehmigung gefordert haben.[80] Übrigens verfolgte auch der RegE BauROG 1998 dieses Konzept. Erst im Vermittlungsverfahren kam es damals zu der Regelung des § 19 BauGB: Teilungsgenehmigung in Bebauungsplangebieten nach Maßgabe einer gemeindlichen Satzung, soweit die Landesregierungen diese Möglichkeit nicht durch Rechtsverordnung ausschließen. § 19 II BauGB sieht weiterhin eine Regelung vor, durch die sichergestellt werden soll, dass auch ohne Genehmigung durchgeführte Grundstücksteilungen mit den Festsetzungen des Bebauungsplans vereinbar sein müssen. Das Planungsrecht soll daher nicht durch eine geschickte Teilung umgangen werden können.[81]

Mit der Abschaffung der Teilungsgenehmigung entfällt auch das Bedürfnis, für den **1154** Vollzug einer Teilung im Grundbuch auch bei fehlender Genehmigungspflicht stets ein **Negativzeugnis** auszustellen (§ 20 II 2 BauGB). § 19 BauGB 2004 beschränkt sich in Absatz 1 auf eine Definition des Begriffs der Grundstücksteilung sowie in Absatz 2 auf eine materiell-rechtliche Regelung für Grundstücksteilungen im Geltungsbereich von Bebauungsplänen. Die Definition der Grundstücksteilung ist erforderlich, weil das Gesetz an anderen Stellen (§§ 51 I 1 Nr. 1, 109 I, 144 II Nr. 5 BauGB) auf diesen Begriff abstellt. Absatz 2 enthält eine materiell-rechtliche Regelung, mit der sichergestellt werden soll, dass durch Grundstücksteilungen die Festsetzungen eines Bebauungsplans nicht unterlaufen werden. Dies betrifft solche Bebauungsplanfestsetzungen, bei denen die Größe eines Grundstücks von rechtserheblicher Bedeutung ist. Dies sind insbesondere Festsetzungen zur Mindestgröße von Baugrundstücken (§ 9 I Nr. 3 BauGB) sowie Festsetzungen über die Grundflächenzahl oder die Geschossflächenzahl (vgl. §§ 19 I, 20 II BauNVO). § 19 II BauGB kann **bauaufsichtliche Maßnahmen** zur Herstellung baurechtsmäßiger Verhältnisse nach Grundstücksteilungen unterstützen. Ob und inwieweit hier bauaufsichtliche Anordnungen möglich sind, ist eine Frage des Vollzugs unter Berücksichtigung des jeweiligen landesrechtlich geregelten Bauordnungsrechts. Um durch Grundstücksteilungen hervorgerufene bebauungsplanwidrige Verhältnisse zu vermeiden, ist es auch möglich, solche grundstücksbezogenen Festsetzungen (GFZ, GRZ, Mindestgrundstücksgröße) durch andere, nicht grundstücksbezogene Festsetzungen (z. B. Baufenster, Höhe der baulichen Anlagen) zu ersetzen.

→ **Teilungsgenehmigung.** Sie ist durch das EAG Bau 2004 abgeschafft worden. Sie konnte durch Satzung in Bereichen eines qualifizierten und einfachen Bebauungsplans begründet werden (§ 19 I BauGB 1998). Teilung ist die dem Grundbuchamt gegenüber abgegebene oder sonst wie erkennbar gemachte Erklärung des Eigentümers, dass ein Grundstücksteil grundbuchmäßig abgeschrieben und als selbstständiges Grundstück oder als ein Grundstück zusammen mit anderen Grundstücken oder Grundstücksteilen eingetragen werden soll (§ 19 I BauGB). Die Bedeutung der Teilungsgenehmigung war bereits durch das BauROG 1998 durch ihre Beschränkung auf Bereiche mit Bebauungsplan und das Erfordernis einer eigenständigen Satzung sehr zurückgegangen. Im nicht beplanten Innenbereich oder im Außenbereich war eine Teilungsgenehmigung

---

[78] BVerwG, B. v. 26.4.2011 – 7 B 34.11 –.

[79] Hierzu *Stüer*, Handbuch des Bau-und Fachplanungsrechts 2005, Rn. 1725.1597.

[80] So schon die sog. „Schlichter-Kommission" zur Vorbereitung des BauROG 1998 (Hrsg. Bundesministerium für Raumordnung, Bauwesen und Städtebau, Bonn 1996) und erneut die sog. „Gaentzsch-Kommission" zur Vorbereitung des EAG Bau 2004.

[81] EAG Bau 2004 Mustererlass 2004.

bereits seit dieser Zeit nicht mehr erforderlich. Der Wegfall der Teilungsgenehmigung lässt allerdings nicht zugleich die materiellen Zulässigkeitsanforderungen des Städtebaurechts entfallen. Auch ohne das Erfordernis einer Teilungsgenehmigung sind das Bauplanungs- und Bauordnungsrecht weiterhin für den Bauherren und die am Bau Beteiligten verbindlich.

1155   Als **Teilung** eines Grundstücks wird die grundbuchmäßige Fortschreibung von Grundstücksteilen mit dem Ziel verstanden, diesen Grundstücksteil im Grundbuch als neues Grundstück eintragen zu lassen oder mit anderen Grundstücken oder Grundstücksteilen zu vereinigen (§ 19 I BauGB). Der Grundstücksbegriff orientiert sich an dem grundbuchrechtlichen Begriff eines Grundstücks[82], unter dem ein räumlich abgegrenzter Teil der Erdoberfläche verstanden wird, der auf einem besonderen Grundbuchblatt unter einer besonderen Nummer im Verzeichnis der Grundstücke gebucht ist. Ein Grundstück im Rechtssinne liegt dabei auch dann vor, wenn mehrere Parzellen unter einer Nummer als Grundstück im Grundbuch eingetragen sind, selbst wenn sie in der Örtlichkeit nicht aneinander grenzen.

1156   Die Teilung muss vom Eigentümer dem Grundbuchamt gegenüber angezeigt werden oder sonst wie erkennbar sein. Grundstückserwerber haben diese Erklärungsrechte nicht, wohl können sie das bodenverkehrsrechtliche Genehmigungsverfahren einleiten.[83] Auch eine Erklärung gegenüber den Vermessungs- und Katasterbehörden kann als Teilungserklärung des Eigentümers verstanden werden, wenn die Vermessung eindeutig zum Zwecke der grundbuchmäßigen Abschreibung vorgenommen wird.

1157   **§ 19 II BauGB** schließt eine Teilung von Grundstücken aus, wenn durch sie Verhältnisse entstehen, die den Festsetzungen eines **Bebauungsplans** widersprechen. Die Vorschrift will verhindern, dass durch die Teilung eines Grundstücks die planungsrechtliche Zulässigkeit eines Vorhabens verändert werden kann.

1158   Vergleichbare Fragestellungen ergeben sich auch im **Innen- und Außenbereich**. Auch hier dürfen durch die Teilung keine Verhältnisse entstehen, die dem materiellen Planungsrecht widersprechen.

Beispiel: Die Teilung eines im Außenbereich gelegenen Grundstücks ist danach materiell unzulässig, wenn hierdurch die Ausparzellierung eines Altenteilwohnhauses bewirkt wird, das separat von dem landwirtschaftlichen Betrieb veräußert werden soll.

1159   **§ 244 V BauGB** vervollständigt die Umgestaltung der Vorschriften über die Teilung von Grundstücken[84], indem er eine spezielle Überleitungsvorschrift für Teilungsgenehmigungssatzungen nach § 19 I BauGB vorsieht, die vor dem Inkrafttreten dieses Gesetzes wirksam beschlossen und bekannt gemacht worden sind. Ohne eine entsprechende Regelung würden die Teilungsgenehmigungssatzungen fortgelten, jedoch keine den bisherigen §§ 19 und 20 BauGB entsprechenden Verfahrensregelungen mehr bestehen.

1160   Die Gemeinden sind auch ohne nähere gesetzliche Regelung nicht ermächtigt, zur Lösung der sich ergebenden Anwendungsprobleme eigene Verfahrensvorschriften für die Teilungsgenehmigung zu erlassen. Die Gemeinden werden daher in Satz 1 ermächtigt, ihre Teilungsgenehmigungssatzungen, die vor dem Inkrafttreten des EAG Bau 2004 wirksam beschlossen und bekannt gemacht worden sind, durch Satzung aufzuheben und dies ortsüblich bekannt zu machen. Wahlweise können sie auch – wie im § 19 I 3 BauGB des bisherigen Rechts – die Ersatzverkündung nach § 10 III 2 bis 5 BauGB vornehmen.

1161   Soweit Gemeinden die Teilungsgenehmigungssatzungen noch nicht aufgehoben haben, ordnet Satz 3 die Nichtanwendbarkeit der Satzungen an. Die Hinweispflicht in Satz 4 soll zur erhöhten Transparenz in der Rechtsanwendungspraxis beitragen. Für die Gemeinden dürfte es sich jedoch anbieten, anstelle der ortsüblichen Bekanntgabe des Hinw-

---

[82] BVerwG, Urt. v. 14.12.1973 – IV C 48.72 – BVerwGE 44, 250.
[83] BVerwG, Urt. v. 9.4.1976 – IV C 75.74 – BVerwGE 50, 311.
[84] Art. 1 Nr. 18 und 19 EAG Bau.

eises direkt die Möglichkeit zur Aufhebung der Satzungen zu nutzen. Da mit der Streichung des § 20 III BauGB die Rechtsgrundlage für einen im Grundbuch eingetragenen Widerspruch entfällt, sieht Satz 5 vor, dass der Widerspruch auf Ersuchen der Gemeinde zu löschen ist.

IV. Fremdenverkehrssatzung

Für Fremdenverkehrsgemeinden bietet **§ 22 BauGB** ein Sicherungsinstrument, um der **1162** Bildung von Wohnungseigentum und damit von **„Rollladensiedlungen"** entgegenzuwirken. Die Gemeinden können durch → Satzung (Bebauungsplan oder sonstige Satzung) einen Genehmigungsvorbehalt für die in § 22 I BauGB erfassten Rechtsvorgänge nach dem Wohnungseigentumsgesetz einführen. Die Satzung muss sich dabei auf das Gemeindegebiet oder Teile des Gemeindegebietes beziehen, soweit diese überwiegend durch den Fremdenverkehr geprägt sind (§ 22 I 1 BauGB). Orte mit Fremdenverkehr i.S. des § 22 BauGB sind solche Gemeinden, die Fremdenverkehrsaufgaben erfüllen und dabei auf Beherbergungsmöglichkeiten nicht nur für den kurzfristigen Aufenthalt von Gästen angewiesen sind. Es müssen Gründe vorliegen, die zur Sicherung der Zweckbestimmung von Gebieten mit Fremdenverkehrsfunktion einen Genehmigungsvorbehalt für die beschriebenen Rechtsvorgänge erforderlich machen. Die Begründung oder Teilung der Rechte muss die vorhandene oder vorgesehene Zweckbestimmung des Gebietes für den Fremdenverkehr und dadurch die geordnete städtebauliche Entwicklung beeinträchtigen. § 22 I 4 BauGB präzisiert die Zweckbestimmung in drei Fallgruppen. Die Zweckbestimmung eines Gebietes für den Fremdenverkehr ist insbesondere anzunehmen bei Kurgebieten, Gebieten für die Fremdenbeherbergung, Wochenend- und Ferienhausgebieten, die im Bebauungsplan festgesetzt sind, und bei im Zusammenhang bebauten Ortsteilen, deren Eigenart solchen Gebieten entspricht, sowie bei sonstigen Gebieten mit Fremdenverkehrsfunktionen, die durch Beherbergungsbetriebe und Wohngebäude mit Fremdenbeherbergung geprägt sind.[85]

> → **Fremdenverkehrssatzung.** Die Gemeinde kann durch Satzung einen Genehmigungsvorbehalt für Rechtsvorgänge nach dem Wohnungseigentumsgesetz herbeiführen. Die Fremdenverkehrssatzung dient dazu, „Rollladensiedlungen" in Fremdenverkehrsgemeinden zu verhindern. Orte mit Fremdenverkehr sind Gemeinden, die Fremdenverkehrsaufgaben erfüllen und dabei auf Beherbergungsmöglichkeiten nicht nur für den kurzfristigen Aufenthalt von Gästen angewiesen sind.

Über die Genehmigung entscheidet die Baugenehmigungsbehörde im Einvernehmen **1163** mit der Gemeinde in entsprechender Anwendung der Verfahrensregelungen für die Satzungen für die Sicherung von Gebieten mit Fremdenverkehrsfunktionen (§ 22 BauGB). Über den Antrag ist binnen eines Monats nach Eingang eines Antrags bei der Gemeinde zu entscheiden. Die Frist kann BauGB um bis auf höchstens drei Monate verlängert werden (§ 22 V BauGB). Nach Ablauf der Frist gilt die Genehmigung als erteilt. Dies gilt auch für die Erteilung des Einvernehmens, wenn es nicht binnen zwei Monaten nach Eingang des Ersuchens der Genehmigungsbehörde verweigert wird. Sofern die Landesbauordnungen vorschreiben, dass Anträge bei den Gemeinden einzureichen sind, ist für den Fristbeginn der Zeitpunkt des Eingangs des Antrags bei der Gemeinde maßgeblich. § 22 VI BauGB verpflichtet das Grundbuchamt zur Beachtung des Genehmigungserfordernisses. Die Beachtlichkeit gilt mit dem Inkrafttreten der Satzung nach § 22 II BauGB und bezieht sich auf alle Grundstücke, die im Geltungsbereich der Satzung liegen.

---

[85] BVerwG, Urt. v. 15.5.1997 – 4 C 9.96 – DVBl 1997, 1126. Zur Berechnung der Dauer der Zurückstellung nach § 22 VII S. 3 BauGB a. F. (§ 22 VI S. 3 BauGB n. F.) Urt. v. 21.8.1997 – 4 C 6.96 – DVBl 1998, 42 = UPR 1998, 109; *Schmaltz* in *Schröder* § 22 Rn. 16; *BKL* § 22 Rn. 1 ff.

1164   Gegen die Wirksamkeit des § 22 BauGB bestehen keine verfassungsrechtlichen Bedenken.[86] Die Sicherung des Fremdenverkehrs kann ein legitimes städtebauliches Ziel darstellen.[87] Die Vorschrift ist vor dem Hintergrund von Erfahrungen entstanden, dass die Begründung und Teilung von Wohnungseigentum oder Teileigentum in Fremdenverkehrsorten vielfach zur Umwandlung von Räumen, die bisher dem Fremdenverkehr dienten, in Zweitwohnungen geführt und damit die Fremdenverkehrsfunktion der Gemeinde geschwächt sowie eine städtebaulich unerwünschte Zersiedlung der Landschaft durch Ausweisung neuer Baugebiete bewirkt hat.[88] Eine Prägung durch den Fremdenverkehr ist dann anzunehmen, wenn die öffentliche und private Infrastruktur der Gemeinde oder des Gemeindeteils auf die Fremdenverkehrsbedürfnisse ausgerichtet ist.[89]

1165   Eine **besondere Härte** i. S. von § 22 IV 3 BauGB setzt besondere Umstände voraus. Es müssen ungewollte und unverhältnismäßige Belastungen des Eigentümers vorliegen.[90] Daran fehlt es, wenn ein Eigentümer ein Wohnhaus errichtet und später feststellt, dass eine gewinnbringende Veräußerung nur bei einer Aufteilung in Wohnungs- und Teileigentum möglich ist. Die Fehlkalkulation eines Bauträgers allein kann die Erteilung einer Genehmigung nach der Härteklausel nicht rechtfertigen.[91]

1166   Die **Änderungen durch das EAG Bau 2004** haben das Grundbuchverfahren in den Fällen erleichtert, in denen eine Gemeinde – wie dies im überwiegenden Teil des Bundesgebiets der Fall ist – von der Ermächtigung zum Erlass einer solchen Satzung keinen Gebrauch gemacht hat.[92] Die Praxis der Grundbuchämter ging nämlich häufig dahin, in jedem Fall der Begründung oder Teilung von Wohnungseigentum oder Teileigentum die Vorlage einer Genehmigung oder eines Negativattestes zu verlangen, selbst wenn die Gemeinde keine Fremdenverkehrssatzung erlassen hatte. Die Änderung macht dieses ggf. in jedem Einzelfall erforderliche Negativattest entbehrlich und entlastet damit den Grundstücksverkehr. Die Erleichterung wird dadurch herbeigeführt, dass die Gemeinde dem Grundbuchamt den Satzungsbeschluss, die hiervon betroffenen Grundstücke sowie das Datum des Inkrafttretens der Satzung rechtzeitig mitteilt (§ 22 II 3 BauGB). Damit wird das Grundbuchamt allgemein vom Genehmigungsvorbehalt in Kenntnis gesetzt, sodass in allen Fällen, in denen ihm eine entsprechende Mitteilung nicht vorliegt, ein Negativattest nicht erforderlich ist. Wesentlich ist die Mitteilung eines genauen Inkrafttretenstermins, damit für das Grundbuchamt eindeutig ist, ab welchem Zeitpunkt bei der Begründung oder Teilung von Wohnungseigentum eine Genehmigung erforderlich ist. Im Hinblick auf den Wegfall des Negativattestes ist auch das bisher in § 22 VI 3 BauGB 1998 geregelte Aussetzungsverfahren entfallen. Für die Aufhebung des Genehmigungsvorbehalts durch die Gemeinde gilt eine entsprechende Regelung: Die Gemeinde teilt dem Grundbuchamt die Aufhebung des Genehmigungsvorbehalts sowie die hiervon betroffenen Grundstücke unverzüglich mit (§ 22 VIII 2 BauGB). Mit Eingang dieser Mitteilung beim Grundbuchamt erlischt der Genehmigungsvorbehalt (§ 22 VIII 4 BauGB).

---

[86] BVerwG, B. v. 21.4.1994 – 4 B 193.93 – BauR 1994, 601 = NVwZ 1995, 271= RzB Rn. 272; VGH Mannheim, Urt. v. 2.10.1992 – 8 S 2849/91 – NJW 1993, 3216 = DVBl 1993, 673 = ZfBR 1993, 241.

[87] So BVerwG, Urt. v. 29.9.1978 – 4 C 30.76 – BVerwGE 56, 283 = DVBl 1979, 151 = BauR 1978, 449 = RzB Rn. 25 – Appartementgebäude; *Gaentzsch* ZfBR 1991, 192.

[88] Söfker in Bielenberg/Krautzberger/Söfker BauGB 1994, 107.

[89] BVerwG, B. v. 21.4.1994 – 4 B 193.93 – BauR 1994, 601 = NVwZ 1995, 271= RzB Rn. 272; Urt. v. 7.7.1994 – 4 C 21.93 – DVBl 1994, 1149 = NVwZ 1995, 375 – Fremdenverkehrssatzung; Urt. v. 27.9.1995 – 4 C 28.94 – DVBl 1996, 48 = UPR 1996, 30 = ZfBR 1996, 48 – Kampen; *BKL* § 22 Rn. 4.

[90] *Krautzberger* in *BKL* § 22 Rn. 16.

[91] BVerwG, Urt. v. 27.9.1995 – 4 C 28.94 – DVBl 1996, 48 = UPR 1996, 30 = ZfBR 1996, 48.

[92] EAG Bau 2004 – Mustererlass 2004.

V. Gemeindliche Vorkaufsrechte

Neben der Veränderungssperre (§ 14 ff. BauGB) und der Zurückstellung von Baugesu- **1167** chen (§ 15 BauGB) gehören auch die → gemeindlichen Vorkaufsrechte zu den Plansicherungsinstrumenten, mit denen die gemeindliche Bauleitplanung flankierend gesichert werden soll. Die gemeindlichen Vorkaufsrechte dienen jedoch über diesen Sicherungszweck hinaus auch der Umsetzung der gemeindlichen Zielvorstellungen. Das Gesetz unterscheidet dabei zwischen dem **allgemeinen Vorkaufsrecht** nach § 24 BauGB und dem **besonderen Vorkaufsrecht** nach § 25 BauGB. Das allgemeine Vorkaufsrecht besteht beim Kauf von Grundstücken im Geltungsbereich eines Bebauungsplans bei entsprechender öffentlicher Zwecksetzung, in einem Umlegungsgebiet, in einem förmlich festgelegten Sanierungsgebiet und in einem städtebaulichen Entwicklungsbereich sowie im Geltungsbereich einer Erhaltungssatzung nach § 172 BauGB. Das allgemeine Vorkaufsrecht kann sich auch auf unbebaute Flächen im Außenbereich beziehen, für die im Flächennutzungsplan eine Nutzung als Wohnbaufläche oder Wohngebiet dargestellt ist (§ 24 I 1 Nr. 5 BauGB) sowie Gebiete, die nach §§ 30, 33 oder 34 II BauGB vorwiegend mit Wohngebäuden bebaut werden können. Das besondere Vorkaufsrecht kann die Gemeinde nach § 25 I BauGB[93] durch Satzung im Geltungsbereich eines Bebauungsplans für unbebaute Grundstücke oder in Gebieten begründen, in denen sie städtebauliche Maßnahmen in Betracht zieht.

→ **Vorkaufsrecht.** Es berechtigt die Gemeinde, in einen Kaufvertrag als Käufer einzutreten. Das allgemeine Vorkaufsrecht besteht im Geltungsbereich eines Bebauungsplans für Flächen mit öffentlicher Zwecksetzung, in einem Umlegungsgebiet, förmlich festgesetzten Sanierungsgebiet, im Geltungsbereich einer Erhaltungssatzung, für unbebaute Flächen im Außenbereich, die im Flächennutzungsplan als Wohnbauflächen oder Wohngebiet dargestellt worden sind sowie in Gebieten, die vorwiegend mit Wohngebäuden bebaut werden können und in Gebieten, die zum Zweck des vorbeugenden Hochwasserschutzes von Bebauung freizuhalten sind (§ 24 BauGB). Durch Satzung kann die Gemeinde im Gebiet eines Bebauungsplans oder in Gebieten, in denen die Gemeinde städtebauliche Maßnahmen beabsichtigt, ein Satzungsvorkaufsrecht begründen (§ 25 BauGB). Das Vorkaufsrecht ist unter den Voraussetzungen des § 26 BauGB ausgeschlossen, kann ggf. zu Gunsten Dritter ausgeübt werden (§ 27 a BauGB) und ist an Verfahrenserfordernisse gebunden (§ 28 BauGB). Bei preisüberzogenen Kaufverträgen kann die Gemeinde das Vorkaufsrecht zum Verkehrswert ausüben (§ 28 III, IV BauGB). Allerdings kann dann der Verkäufer zurücktreten.

---

1. Allgemeines Vorkaufsrecht

Das allgemeine Vorkaufsrecht[94] besteht für die Gemeinde nach § 24 I BauGB beim Kauf **1168** von Grundstücken

– im Geltungsbereich eines Bebauungsplans für Flächen, für die dort eine Nutzung für öffentliche Zwecke oder für Ausgleichsmaßnahmen nach § 1a III BauGB festgesetzt ist,
– in einem Umlegungsgebiet,
– in einem förmlich festgelegten Sanierungsgebiet und städtebaulichen Entwicklungsbereich,
– im Geltungsbereich einer Erhaltungssatzung,
– im Geltungsbereich eines Flächennutzungsplans, soweit es sich um unbebaute Flächen im Außenbereich handelt, für die nach dem Flächennutzungsplan eine Nutzung als Wohnbaufläche oder Wohngebiet dargestellt ist,
– in Gebieten, die nach den §§ 30, 33 oder 34 II BauGB vorwiegend mit Wohngebäuden bebaut werden können, soweit die Grundstücke unbebaut sind sowie

---

[93] § 25 BauGB ist durch das BauROG nicht verändert worden.
[94] *Grziwotz* NVwZ 1994, 215; *Stock* ZfBR 1987, 10; *Wolf* BauR 1991, 164.

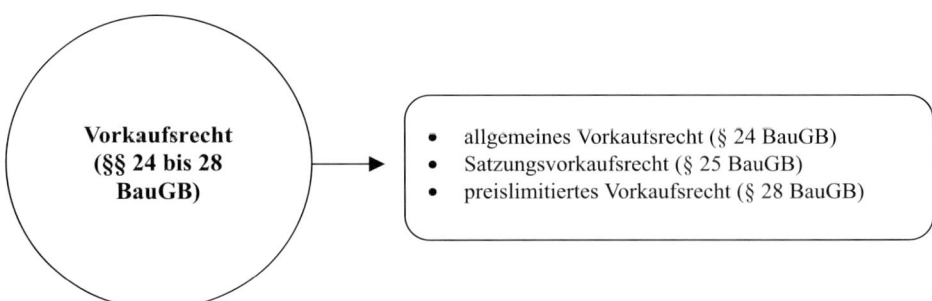

– in Gebieten, die zum Zweck des vorbeugenden Hochwasserschutzes von Bebauung freizuhalten sind, insbesondere in Überschwemmungsgebieten.

1169 **a) Grundstückskauf.** Das Vorkaufsrecht besteht nur beim Kauf von Grundstücken auf Grund eines wirksamen Vertrages, nicht bei anderen Erwerbsvorgängen wie Schenkung oder Erbfolge, und bezieht sich in seinem **Anwendungsbereich** auch nicht auf den Kauf von Rechten nach dem Wohnungseigentumsgesetz oder von Erbbaurechten (§ 24 II BauGB). Das Vorkaufsrecht darf nach § 24 III BauGB nur ausgeübt werden, wenn das Wohl der Allgemeinheit dies rechtfertigt. Bei der Ausübung des Vorkaufsrechts hat die Gemeinde den Verwendungszweck des Grundstücks anzugeben (§ 24 III BauGB). Die fehlende oder unvollständige Angabe des Verwendungszwecks (§ 24 III 2 BauGB) macht die Ausübung des Vorkaufsrechts für sich genommen allerdings nicht rechtsfehlerhaft. Ein Nachschieben des Verwendungszwecks nach Maßgabe des § 45 I Nr. 2 VwVfG ist auch nach Ablauf der Zweimonatsfrist des § 28 II 1 BauGB möglich.[95] Eine Nutzung für öffentliche Zwecke im Sinne von § 24 I 1 Nr. 1 Alt. 1 BauGB liegt nur vor, wenn unmittelbar mit der auf der Grundlage von § 9 I BauGB getroffenen Festsetzung im Bebauungsplan eine öffentliche Art der Nutzung der Fläche unter Ausschluss anderer, privater Nutzungsarten bestimmt wird.[96] §§ 24 und 25 BauGB verstoßen, soweit darin der Gemeinde ein Vorkaufsrecht vor Bestimmbarkeit der Verwendung des Grundstücks eingeräumt wird, nicht gegen Art 2 I und Art 14 I GG.[97]

1170 Das allgemeine Vorkaufsrecht besteht danach vor allem für Grundstücke, für die in einem Bebauungsplan ein **öffentlicher Zweck** ausgewiesen ist. Zudem besteht es in den **Sonderfällen** des **förmlich festgelegten Sanierungsgebietes**, eines **städtebaulichen Entwicklungsbereichs** oder im Geltungsbereich einer **Erhaltungssatzung**. Das Vorkaufsrecht kann sich auch auf Flächen beziehen, für die **Ausgleichsmaßnahmen** nach § 1a BauGB vorgesehen sind (§ 24 I 1 Nr. 1 BauGB). Durch die Hochwasserschutznovelle 2005 kann das Vorkaufsrecht auch in Gebieten ausgeübt werden, die zum Zweck des vorbeugenden Hochwasserschutzes von Bebauung freizuhalten sind, insbesondere in Überschwemmungsgebieten. Hierdurch soll die Durchsetzung von Hochwasserschutzmaßnahmen erleichtert werden.[98]

1171 **b) Gemeinwohlerfordernis.** Die **Ausübung** des Vorkaufsrechts ist nur aus Gründen des öffentlichen Wohls zulässig. Dies gebietet die Eigentumsgarantie in Art. 14 GG, die neben dem Habendürfen und der privatorientierten Nutzbarkeit auch die grundsätzlich freie Verfügbarkeit des Grund und Bodens beinhaltet. Einschränkungen dieser Eigentü-

---

[95] VGH Kassel, B. v. 17.2.2011 – 4 A 2397/10.Z – NVwZ-RR 2011, 492 = DÖV 2011, 534 (L) – Vorkaufsrecht.
[96] OVG Berlin-Brandenburg, Urt. v. 21.6.2012 – OVG 2 B 25.10 – NVwZ-RR 2012, 793 = DVBl 2012, 1308 = NuR 2013, 45.
[97] BVerfG, B. v. 23.3.1994 – 1 BvR 378/92 – gemeindliches Vorkaufsrecht (§§ 24, 25 BauGB).
[98] *Stüer*, Handbuch des Bau- und Fachplanungsrechts, Rn. 3920.

merbefugnisse sind allerdings als Inhalts- und Schrankenbestimmungen nach Art. 14 I 2 GG zulässig, soweit sie durch die Sozialpflichtigkeit des Grundeigentums nach Art. 14 II GG gerechtfertigt sind und vernünftige Gründe des Gemeinwohls die Einschränkung rechtfertigen. Dabei sind die Legitimationsanforderungen umso größer, je stärker die Maßnahme die Eigentümerbefugnisse einschränkt, und umso niedriger, je geringer sich der Eingriff auswirkt.[99] Bei der Ausübung des gemeindlichen Vorkaufsrechts nach § 24 III 2 BauGB ist im Rahmen der Ermessensentscheidung als Bestandteil der Gemeinwohl-prüfung der jeweilige **Verwendungszweck**, den der Käufer mit dem Erwerb beabsich-tigt, zu berücksichtigen. An die Darlegung des Verwendungszwecks sind erhöhte Anfor-derungen zu stellen. Das Wohl der Allgemeinheit rechtfertigt die Ausübung des Vor-kaufsrechts auch dann, wenn die Gemeinde auf dem Grundstück eine andere Art von Ge-meinbedarfseinrichtung verwirklichen will, als sie derzeit im Bebauungsplan festgesetzt ist (§ 24 I 1 Nr. 1 BauGB). Die Frist zur Ausübung des Vorkaufsrechts beginnt erst dann, wenn eine der Kaufvertragsparteien dem Vorkaufsberechtigten mitgeteilt hat, fehlende Genehmigungen seien erteilt worden.[100]

Das Wohl der Allgemeinheit rechtfertigt die Ausübung des Vorkaufsrechts auch dann, **1172** wenn die Gemeinde auf dem Grundstück eine andere Art von Gemeinbedarfseinrichtung verwirklichen will, als sie derzeit im Bebauungsplan festgesetzt ist (§ 24 I 1 Nr. 1 BauGB). Die Frist zur Ausübung des Vorkaufsrechts beginnt erst dann, wenn eine der Kaufvert-ragsparteien dem Vorkaufsberechtigten mitgeteilt hat, fehlende Genehmigungen seien er-teilt worden.[101] Das gemeindliche Vorkaufsrecht besteht auch bei der Veräußerung eines Grundstücks an eine **Gesellschaft bürgerlichen Rechts**, an der Verkäuferin zu einem Geschäftsanteil von (lediglich) 10 % beteiligt ist. Mit der Mitteilung des Kaufvertrags an die vorkaufsberechtigte Gemeinde übernehmen die Vertragspartner eine öffentlich-recht-liche Gewähr dafür, dass der Vertragsinhalt ihrem rechtsgeschäftlichen Willen entspricht. Das schließt auch **Einwände** gegen die zivilrechtliche Wirksamkeit des Vertrages aus. Die Durchsetzung der vertraglichen Ansprüche der Beteiligten erfolgt in den Formen des bürgerlichen Rechts.[102]

2. Besonderes Vorkaufsrecht gem. § 25 BauGB

Neben dem allgemeinen Vorkaufsrecht des § 24 BauGB kann die Gemeinde durch Sat- **1173** zung nach § 25 I BauGB ein Vorkaufsrecht für besondere städtebauliche Problembereiche begründen. Das Satzungsvorkaufsrecht kann für **unbebaute Grundstücke** im Gel-tungsbereich eines **Bebauungsplans** (§ 25 I 1 Nr. 1 BauGB) sowie in **Gebieten**, in de-nen die Gemeinde städtebauliche Maßnahmen in Betracht zieht, zur **Sicherung einer geordneten städtebaulichen Entwicklung** (§ 25 I 1 Nr. 2 BauGB) ausgeübt werden.[103] Die Satzung ist gem. §§ 25 I 2, 16 II BauGB ordnungsgemäß bekanntzumachen. Wie beim allgemeinen Vorkaufsrecht steht der Gemeinde auch das Satzungsvorkaufsrecht nach § 25 BauGB nicht beim Kauf von Rechten nach dem Wohnungseigentumsgesetz und von Erbbaurechten zu. Es darf ebenfalls nur ausgeübt werden, wenn das Wohl der Allgemeinheit dies rechtfertigt (§§ 25 II 1, 24 III 1 BauGB). Der Verwendungszweck des Grundstücks ist anzugeben, soweit das bereits zum Zeitpunkt der Ausübung des Vor-kaufsrechts möglich ist (§ 25 II 2 BauGB). Zu den städtebaulichen Maßnahmen im Sinne

---

[99] S. Rn. 1205.

[100] OVG Lüneburg, B. v. 27.5.2008 – 1 ME 77/08 – BauR 2008, 1570 = MittBayNot 2008, 500 – gemeindliches Vorkaufsrecht für früheres Postgrundstück.

[101] OVG Lüneburg, B. v. 27.5.2008 – 1 ME 77/08 – BauR 2008, 1570 = MittBayNot 2008, 500 – gemeindliches Vorkaufsrecht für früheres Postgrundstück.

[102] OVG Saarlouis, B. v. 3.6.2009 – 2 B 254/09 – AS RP-SL 37, 318 = BauR 2009, 1628 – Vor-kaufsrecht im Sanierungsgebiet.

[103] OVG Fankfurt (Oder), Urt. v. 4.2.1998 – 3 D 5/97.NE – Vewaltungsrechtsreport MO 1998, 244.

von § 25 I 1 Nr. 2 BauGB zählen alle Maßnahmen, die einen städtebaulichen Bezug aufweisen und der Gemeinde dazu dienen, ihre Planungsvorstellungen zu verwirklichen. Die
Gemeinde erhält hierdurch die Möglichkeit, bereits im Frühstadium der Vorbereitung
städtebaulicher Maßnahmen Grundstücke zu erwerben. Das Instrument des Vorkaufsrechts stellt der Gesetzgeber ihr indes nicht als Mittel einer allgemeinen Bodenbevorra-
tung oder zum Erwerb von Grundstücken zur Verfügung, die zur Umsetzung der von ihr
betriebenen Bauleitplanung ersichtlich nicht benötigt werden. Förmlich konkretisierter
Planungsabsichten bedarf es nicht. Die Gemeinde muss jedoch Planungsvorstellungen
haben, die zum Ausdruck bringen, welche städtebaulichen Maßnahmen zur Lösung des
zugrunde gelegten Konflikts in Betracht kommen.[104] Die Vorverlegung der Zugriffsmög-
lichkeit mit dem Sicherungsmittel des Vorkaufsrechts lässt sich nur in den Fällen rechtfertigen, in denen sie bereits zu diesem frühen Zeitpunkt aus städtebaulichen Gründen notwendig ist. Die Vorkaufsatzung muss objektiv geeignet sein, zur Sicherung der städtebaulichen Entwicklung und Ordnung i.S. des § 1 III 1 BauGB beizutragen. Daran fehlt es,
wenn absehbar ist, dass die gemeindliche Planung, zu deren Sicherung die Vorkaufsatzung erlassen wurde, an § 1 III BauGB oder an anderen unüberwindbaren Planungshin-
dernissen scheitern wird.[105] Eine auf Grund des § 25 I 1 Nr. 2 BauGB erlassene Vorkaufs-
satzung ist allerdings rechtswidrig, wenn es eines gemeindlichen Grunderwerbs an den in
den Geltungsbereich der Satzung einbezogenen Flächen nicht bedarf, um die mit der Bauleitplanung beabsichtigte städtebauliche Entwicklung in der Weise zu sichern, dass die
künftige Umsetzung der planerischen Ziele zumindest erleichtert wird.[106]

3. Ausübung des Vorkaufsrechts zu Gunsten Dritter (§ 27 a BauGB)

1174 Die Gemeinde kann das Vorkaufsrecht nach Maßgabe des § 27 a BauGB zugunsten Dritter ausüben. Durch diese mit dem BauROG 1998 eingeführte Regelung wurden die zuvor in § 28 IV BauGB a.F. und in § 3 IV BauGB-MaßnG bestehenden Möglichkeiten
inhaltlich weitgehend unverändert zusammengeführt. Nach § 27 a I BauGB kann die
Gemeinde (1) ihr Vorkaufsrecht zugunsten eines Dritten ausüben, wenn der Dritte zu der
mit der Ausübung des Vorkaufsrechts bezweckten Verwendung des Grundstücks innerhalb angemessener Frist in der Lage und sich hierzu verpflichtet oder (2) das Vorkaufsrecht zugunsten eines öffentlichen Bedarfs- oder Erschießungsträgers (§ 24 I 1 Nr. 1
BauGB) oder eines Sanierungs- oder Entwicklungsträgers (§ 24 I 1 Nr. 3 BauGB) erfolgen soll. Die Frist, innerhalb derer das Grundstück für die öffentliche Zwecksetzung zu
verwenden ist, muss von der Gemeinde bezeichnet werden. Mit der Ausübung des Vorkaufsrechts durch die Gemeinde kommt der Vertrag zwischen dem Begünstigten und
dem Verkäufer zu Stande. Kommt es nicht innerhalb der bestimmten Zeit zu einer entsprechenden Verwendung des Grundstücks, soll die Gemeinde in anderer Weise eine
zweckentsprechende Verwendung des Grundstücks sicherstellen. Der in § 27 a III BauGB
verwendete Begriff der „Baumaßnahme" ist dabei entsprechend der weiten Definition
des § 148 II BauGB zu verstehen und umfasst damit u.a. die Durchführung von auf den
Baugrundstücken festgesetzten Ausgleichsmaßnahmen für Eingriffe in Natur und Landschaft.[107] Das Vorkaufsrecht kann nach § 28 III BauGB preislimitiert ausgeübt werden.
Außer in den Fällen, in denen sich die Bemessung der Entschädigung zwingend nach
den Vorschriften des Enteignungsrechts bestimmt (§§ 24 I 1 Nr. 1, 28 IV BauGB), soll die
Gemeinde generell die Möglichkeit haben, die Entschädigung nach dem Verkehrswert
des Grundstücks zu berechnen. Hierdurch wird eine Regelung in § 28 III BauGB überführt, wie sie zugunsten des Wohnungsbaus in dem zum 1.1.1998 außer Kraft getretenen

---

[104] BVerwG, B. v. 8.9.2009 – 4 BN 38.09 – Vorkaufsrecht.
[105] BVerwG, B. v. 26.1.2010 – 4 B 43.09 – ZfBR 2010, 376 = BauR 2010, 871 – kommunale Verkehrspolitik.
[106] BVerwG, B. v. 15.2.2000 – 4 B 10.00 – NVwZ 2000, 1044 – Vorkaufsrechtssatzung.
[107] *Bundesregierung*, Gesetzentwurf zum BauROG, S. 54.

§ 3 III BauGB-MaßnG enthalten war. Der zu zahlende Entschädigungsbetrag bemisst sich nach dem Verkehrswert des Grundstücks zum Zeitpunkt des Verkaufsfalles, wenn der vereinbarte Kaufpreis den Verkehrswert in einer dem Rechtsverkehr erkennbaren Weise deutlich übersteigt. Der Gemeinde wird dabei eine Wahlmöglichkeit eingeräumt, auf der Grundlage des Verkehrswertes zu entschädigen oder den im Kaufvertrag vereinbarten Kaufpreis zu zahlen. Entscheidet sich die Gemeinde dazu, auf der Grundlage des Verkehrswertes zu entschädigen, steht dem Verkäufer allerdings ein nicht auszuschließendes **Rücktrittsrecht** zu. Die Ausübung des gesetzlichen Vorkaufsrechts der Gemeinde zugunsten Dritter nach **§ 27 a BauGB** wurde durch die **Städtebaurechts-Novelle 2013** erweitert. Die Beschränkung der Befugnis zur Ausübung des Vorkaufsrechts zugunsten Dritter auf Fälle der sozialen Wohnraumförderung oder der Wohnbebauung für Personengruppen mit besonderem Wohnbedarf ist entfallen.

4. Ausschluss des Vorkaufsrechts gem. § 26 BauGB

Das allgemeine und das besondere Vorkaufsrecht dienen der Erreichung städtebaulicher **1175** Ziele. Sind die Grundstücke für einen anderen überwiegend öffentlichen Zweck vorgesehen, muss das gemeindliche Vorkaufsrecht zurücktreten. Auch soll nach § 26 BauGB der Eigentumsschutz dann den Vorrang haben, wenn die Veräußerung an den Ehegatten oder einen nahen Verwandten (Verwandtenprivileg) erfolgt oder durch den Erwerb eines öffentlichen Bedarfsträgers eine zweckentsprechende Verwendung des Grundstücks gewährleistet ist. Nach § 26 BauGB ist die **Ausübung** des allgemeinen oder des besonderen gemeindlichen Vorkaufsrechts daher **ausgeschlossen**, wenn

– der Eigentümer das Grundstück an seinen Ehegatten oder an einen anderen nahen Angehörigen veräußert (Verwandtenprivileg),
– das Grundstück von einem öffentlichen Bedarfsträger für bestimmte öffentliche Zwecke oder von Kirchen oder Religionsgesellschaften des öffentlichen Rechts für ihre Zwecke gekauft wird,
– auf dem Grundstück Vorhaben errichtet werden sollen, für die ein in § 38 BauGB genanntes Verfahren eingeleitet oder durchgeführt worden ist,[108] oder
– das Grundstück entsprechend den Festsetzungen des Bebauungsplans oder entsprechend den das Vorkaufsrecht begründenden städtebaulichen Zielen und Zwecken bebaut und genutzt wird und auch keine städtebaulichen Missstände oder Mängel i.S. des § 177 II, III 1 BauGB vorliegen.

5. Abwendung des Vorkaufsrechts gem. § 27 BauGB

Die Ausübung des gemeindlichen Vorkaufsrechts ist im Hinblick auf die verfassungs- **1176** rechtlich erforderliche Rechtfertigung kein Selbstzweck, sondern dient der Verwirklichung städtebaulicher Zwecke. Der Käufer soll daher das allgemeine wie das besondere Vorkaufsrecht abwenden können, wenn der die Ausübung rechtfertigende Zweck auch durch den Käufer selbst verwirklicht werden kann und dies ausreichend gesichert ist. Nach § 27 I BauGB[109] kann daher der Käufer die Ausübung des Vorkaufsrechts abwenden, wenn die Verwendung des Grundstücks nach den baurechtlichen Vorschriften oder städtebaulichen Zielen bestimmt oder mit hinreichender Sicherheit bestimmbar ist, der Käufer in der Lage ist, das Grundstück binnen angemessener Frist entsprechend zu nutzen und er sich vor Ablauf der Zweimonatsfrist für die Ausübung des Vorkaufsrechts (§ 28 II BauGB) hierzu verpflichtet. Bei bestehenden städtebaulichen Missständen oder Mängeln kann der Käufer die Ausübung des Vorkaufsrechts durch deren Beseitigung innerhalb angemessener Frist sowie durch eine entsprechende Verpflichtungserklärung abwenden.

---

[108] § 26 Nr. 3 BauGB ist als Folgeänderung der Neufassung des § 38 BauGB durch das BauROG 1998 geändert worden.
[109] § 27 BauGB ist durch das BauROG 1998 nicht geändert worden.

Zur Abwendung des Vorkaufsrechts nach § 27 I BauGB reicht grundsätzlich eine einseitige Verpflichtungserklärung. Diese muss allerdings nach Form und Inhalt die den Vorstellungen der Gemeinde entsprechende Nutzung gewährleisten und ggf. auch eine grundbuchliche Sicherung zulassen.[110] Die Abwendungsmöglichkeit des § 27 I BauGB besteht allerdings nicht bei Flächen, die im Bebauungsplan für einen öffentlichen Zweck ausgewiesen sind, oder in einem Umlegungsgebiet, wenn das Grundstück für Zwecke der Umlegung benötigt wird (§ 27 II BauGB). Die Regelung will sicherstellen, dass die Verwirklichung des öffentlichen Zwecks auch durch die öffentliche Hand gewährleistet wird. An die Nachweispflichten und Verpflichtungserklärungen sind entsprechende Anforderungen zu stellen.[111]

6. Verfahren und Entschädigung

1177 Entschädigung und Verfahren für die Ausübung des gemeindlichen Vorkaufsrechts sind in § 28 BauGB geregelt. Nach § 28 V 1 BauGB kann die Gemeinde für das Gemeindegebiet oder für sämtliche Grundstücke einer Gemarkung auf die Ausübung ihrer gesetzlichen Vorkaufsrechte verzichten (→ *Textbeispiele 106, 107 und 108).*

Beschluss über den Verzicht auf die Ausübung der gesetzlichen Vorkaufsrechte nach § 28 V 1 BauGB

Beglaubigter Auszug aus der Niederschrift der Sitzung des Rates vom (Datum)
Zu Punkt 10 der Tagesordnung: Beschluss über den Verzicht auf die Ausübung des Vorkaufsrechts nach § 28 V BauGB
Die Gemeinde verzichtet nach § 28 V BauGB auf die Ausübung der gesetzlichen Vorkaufsrechte nach dem BauGB für sämtliche Grundstücke des Gemeindegebietes (oder) für die Grundstücke im Gebiet (Gebietsbezeichnung).
Der Beschluss ist ortsüblich bekanntzumachen.
Der Wortlaut des Beschlusses ist dem Grundbuchamt mitzuteilen.
Feststellung der Beschlussfähigkeit: gesetzliche Mitgliederzahl: 25, davon anwesend: 19.
Es waren nach der GO keine Mitglieder der Gemeindevertretung von der Beratung und Abstimmung ausgeschlossen.
(alternativ:) Es haben folgende Mitglieder der Gemeindevertretung weder an der Beratung noch an der Abstimmung mitgewirkt:
Feststellung des Abstimmungsergebnisses: dafür: 12, dagegen: 1, Stimmenthaltungen: 6.
Die Richtigkeit des Auszuges und die Angabe der Beschlussfähigkeit und Abstimmung werden hiermit beglaubigt. Gleichzeitig wird bescheinigt, dass zur Sitzung unter Mitteilung der Tagesordnung rechtzeitig und ordnungsgemäß eingeladen worden ist. Der Rat war beschlussfähig.
(Ort, Datum, Siegelabdruck) Gemeinde (Ort), Der Bürgermeister (Unterschrift)

Textbeispiel 106: *Verzicht auf die Ausübung der gesetzlichen Vorkaufsrechte*

Bekanntmachung über den Verzicht auf die Ausübung der gesetzlichen Vorkaufsrechte nach § 28 V 1 BauGB

Betr.: Bekanntmachung des Beschlusses über den Verzicht auf die Ausübung des Vorkaufsrechts nach § 28 V BauGB
Die Gemeindevertretung der Gemeinde (Ort) hat in ihrer Sitzung vom (Datum) beschlossen, nach § 28 V BauGB auf die Ausübung der gesetzlichen Vorkaufsrechte nach dem BauGB für sämtliche Grundstücke des Gemeindegebietes (oder) für die Grundstücke im Gebiet (Gebietsbezeichnung) zu verzichten. Dieser Beschluss wird hiermit nach § 28 V BauGB ortsüblich bekannt gemacht.
Für die Grundstücke, auf die sich der Verzicht bezieht, ist ein Nachweis über die Nichtausübung bzw. das Nichtbestehen eines Vorkaufsrechts nach dem BauGB durch die Gemeinde (Negativattest) gegenüber dem Grundbuchamt nicht erforderlich.
(Ort, Datum, Siegelabdruck) Gemeinde (Ort), Der Bürgermeister (Unterschrift)
Verfahrensvermerk:
Ausgehängt am: (Datum), abzunehmen am: (Datum), abgenommen am: (Datum)
(Siegel) (Unterschrift) (Siegel) (Unterschrift)
oder:

---

[110] OVG Münster, Urt. v. 19.4.2010 – 7 A 1041/08 – DVBl 2010, 1121 (L) – gemeindliches Vorkaufsrecht Militärgelände, § 64 I 2 GO NRW.
[111] BKL § 27 Rn. 3.

Diese Bekanntmachung ist am (Datum) in der Zeitung (in dem Amtlichen Verkündungsblatt) veröffentlicht worden.

(Ort, Datum, Siegelabdruck) Gemeinde (Ort), Der Bürgermeister (Unterschrift)

Textbeispiel 107: *Bekanntmachung des Verzichts auf die Ausübung der gesetzlichen Vorkaufsrechte*

Negativattest nach § 28 I BauGB

Gemeinde
(Datum)
(Anschrift)

Betr.: Grundstückskaufvertrag (Vertragsparteien) des Notars (Name) vom (Datum) über das Grundstück (Bezeichnung)

Hiermit wird zur Vorlage beim Grundbuchamt bestätigt, dass hinsichtlich des vorgenannten Grundstücks ein Vorkaufsrecht nach §§ 24 bis 28 BauGB nicht besteht bzw. nicht ausgeübt wird.

(Siegelabdruck) (Unterschrift)

Textbeispiel 108: *Vorkaufsrechte Negativattest*

7. Preislimitiertes Vorkaufsrecht

Das Vorkaufsrecht kann nach § 28 III BauGB preislimitiert ausgeübt werden. Außer in **1178** den Fällen, in denen sich die Bemessung der Entschädigung zwingend nach den Vorschriften des Enteignungsrechts bestimmt (§§ 24 I 1 Nr. 1, 28 IV BauGB), soll die Gemeinde generell die Möglichkeit haben, die Entschädigung nach dem Verkehrswert des Grundstücks zu berechnen. Der zu zahlende Entschädigungsbetrag bemisst sich nach dem Verkehrswert des Grundstücks zum Zeitpunkt des Verkaufsfalles, wenn der vereinbarte Kaufpreis den Verkehrswert in einer dem Rechtsverkehr erkennbaren Weise deutlich übersteigt. Entscheidet sich die Gemeinde dazu, auf der Grundlage des Verkehrswertes zu entschädigen, steht dem Verkäufer allerdings ein nicht auszuschließendes **Rücktrittsrecht** zu. Sind die Voraussetzungen mehrerer Vorkaufsrechtstatbestände gegeben, so bestehen diese Vorkaufsrechte nach **§§ 24, 25 BauGB** nebeneinander. Die Gemeinde hat danach grundsätzlich ein Wahlrecht, ob sie – bei Vorliegen der jeweiligen Voraussetzungen – von dem Vorkaufsrecht nach § 24 BauGB oder dem Satzungsvorkaufsrecht nach § 25 BauGB Gebrauch macht.

8. Rechtsschutz

Der in seinen Rechten Betroffene kann die Ausübung des Vorkaufsrechts mit **Wider-** **1179** **spruch** und **Anfechtungsklage** anfechten. **Anfechtungsberechtigt** ist vor allem der Erwerber, der durch die Ausübung des Vorkaufsrechts seine Stellung als Käufer verliert. Wird das Vorkaufsrecht preislimitiert ausgeübt, kann der Verkäufer ohnehin vom Kaufvertrag zurücktreten. Auch die öffentliche Hand kann als Käufer eines Grundstücks einen Bescheid über die Ausübung des gemeindlichen Vorkaufsrechts anfechten.[112]

---

[112] BVerwG, B. v. 15.2.2000 – 4 B 10.00 – NVwZ 2000, 1044 – Vorkaufsrechtssatzung.

G. Planverwirklichungsinstrumente

1180 Neben den plansichernden Instrumenten stehen der Gemeinde auch → planverwirklichende Maßnahmen zur Verfügung, um eine Realisierung der Bauleitplanung zu gewährleisten. Bodenordnende Maßnahmen durch Umlegung (§§ 45 bis 79 BauGB) und Grenzregelung (§§ 80 bis 84 BauGB) dienen dazu, die Grundstücksgrenzen den städtebaulichen Zielvorstellungen anzupassen, um die Umsetzung der gemeindlichen Bauleitplanung sicherzustellen. Die **Enteignung** nach §§ 39 bis 44, 85 ff. BauGB soll die Verwirklichung der gemeindlichen Planung durch Zugriff auf privates Eigentum sicherstellen. Durch das EAG Bau 2004 sind der Stadtumbau und die Soziale Stadt hinzugefügt worden, die auf dem Gedanken der Kooperation zwischen Gemeinde und Vorhabenträger beruhen. Die **Erhaltungssatzung** nach § 172 BauGB und die **städtebaulichen Gebote** (Baugebot, Modernisierungs- und Instandsetzungsgebot, Pflanzgebot und Rückbau oder Entsiegelungsgebot (§§ 175 bis 179 BauGB) dienen der **Umsetzung städtebaulicher Zielvorstellungen**, die sich aus einem Bebauungsplan oder im nichtbeplanten Innenbereich ergeben. Auch die städtebaulichen Verträge (§ 11 BauGB) können zu den Planverwirklichungsinstrumenten gerechnet werden. Gemeinsam ist diesem Instrumentarium, dass es der Verwirklichung und damit der Umsetzung der städtebaulichen Planung in konkretes grundstücksbezogenes Handeln dient.

→ **Planverwirklichungsinstrumente.** Sie dienen der Umsetzung der städtebaulichen Planung in konkretes grundstücksbezogenes Handeln. Zu ihnen zählen die bodenordnenden Maßnahmen der Umlegung (§§ 45 bis 79 BauGB) und vereinfachte Umlegung (§§ 80 bis 84 BauGB), die Enteignung (§§ 39 bis 44, 85 ff. BauGB), den Stadtumbau und die Soziale Stadt (§ 171a bis 171e BauGB), die Erhaltungssatzung (§ 172 BauGB), die städtebaulichen Gebote (Baugebot, Modernisierungs- und Instandsetzungsgebot, Pflanzgebot, Rückbau- und Entsiegelungsgebot) (§§ 175 bis 179 BauGB) sowie die städtebaulichen Verträge (§ 11 BauGB).

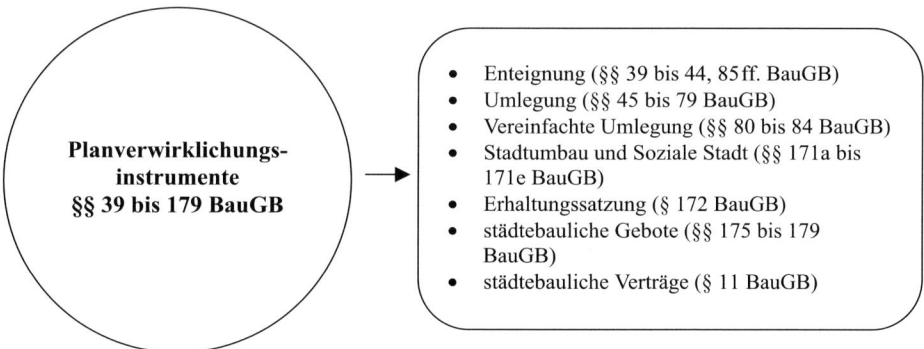

I. Bodenordnende Maßnahmen

1181 Der Bebauungsplan setzt die Nutzung unabhängig vom Zuschnitt der Grundstücke fest. Vielfach ist es daher erforderlich, den Grundstückszuschnitt neu zu ordnen, um ihn für die von der Gemeinde beabsichtigte bauliche Nutzung vorzubereiten. Diesem Ziel dienen die **Umlegung** (§§ 45 bis 79 BauGB) und die **vereinfachte Umlegung** (§§ 80 bis 84 BauGB). Im Rahmen des EAG Bau 2004 ist vor allem die vereinfachte Umlegung in Erweiterung der vormaligen Grenzregelung eingeführt worden. Im Übrigen hat sich nach Einschätzung der Praxis wie des Gesetzgebers das bestehende Instrumentarium des Umlegungsrechts grundsätzlich bewährt und wird daher nur behutsam fortentwickelt.

Auf eine Regelung zur freiwilligen Umlegung wurde verzichtet, da das bestehende Umlegungsrecht so flexibel ist, dass bereits nach geltender Rechtslage vielfältige Formen vertraglichen und konsensualen Zusammenwirkens zwischen den Eigentümern untereinander und gegebenenfalls mit der Gemeinde[1] möglich sind.[2]

1. Umlegung

1182 Maßnahmen der Bodenordnung werden vor allem durch die Umlegung nach §§ 45 bis 79 BauGB verwirklicht.[3] Dabei geht es darum, den **Grundstückszuschnitt** durch Neuaufteilung der Grundstücksflächen im Interesse der besseren baulichen Nutzbarkeit der Grundstücke neu zu ordnen. Die **Umlegungsbeteiligten** befinden sich dabei in einer Solidargemeinschaft, die sich daraus ergibt, dass im Umlegungsgebiet alle Grundstücke prinzipiell zur Disposition und Neuaufteilung anstehen. Neben der planmäßigen Bebauung der Grundstücke dient die Umlegung auch den privaten Grundstücksinteressen, indem bisher schlecht oder überhaupt nicht bebaute Grundstücksflächen einer plangemäßen städtebaulichen Nutzungsmöglichkeit zugeführt werden. Die Umlegung dient damit nicht nur dem öffentlichen Interesse, sondern zugleich auch dem Individualinteresse der betroffenen Grundstückseigentümer. Aus dieser Sicht erfährt die Umlegung eine doppelte städtebauliche sowie privatrechtliche und damit zugleich auch verfassungsrechtliche Rechtfertigung.

Umlegungsverfahren
Beschluss der Gemeinde zur Durchführung des Umlegungsverfahrens Voraussetzungen: Bebauungsplan oder nicht beplanter Innenbereich (§ 45 I BauGB) Rechtswirkungen gesetzliches Vorkaufsrecht, Verfügungs- und Veränderungssperre sowie Umlegungsvermerk im Grundbuch (§§ 24, 51, 54 BauGB)
Umlegungsstelle (§ 46 I BauGB)
Einleitung der Umlegung mit Angabe des Umlegungsgebietes und der betroffenen Grundstücke (§ 47 BauGB) ortsübliche Bekanntmachung
Bestandskarte und Bestandsverzeichnis der Umlegungsstelle (§ 53 BauGB) ortsübliche Bekanntmachung (§ 53 I BauGB)
öffentliche Auslegung von Bestandskarte und Bestandsverzeichnis für einen Monat (§ 53 II BauGB)
Verteilungsmaßstab (Wertumlegung oder Flächenumlegung) (§§ 57, 58 BauGB)
Erörterung der Neuzuteilung mit den Eigentümern (§ 66 I BauGB)
Umlegungsplan (§ 66 I BauGB)
Beschluss über Umlegungskarte und Umlegungsgebiet (§ 66 I BauGB) mit öffentlicher Bekanntmachung (§ 69 BauGB) und Zustellung an die Beteiligten (§ 70 BauGB) ortsübliche Bekanntmachung der Unanfechtbarkeit des Umlegungsplans (§ 71 I BauGB)
Inkrafttreten des Umlegungsplans kein gesetzliches Vorkaufsrechts, Aufhebung der Verfügungs- und Veränderungssperre, Löschen des Umlegungsvermerks im Grundbuch
Vollzug des Umlegungsplans finanzielle Abwicklung (§§ 64, 65 BauGB) Einweisung der neuen Eigentümer in den Besitz der zugeteilten Grundstücke (§ 72 II BauGB) Berichtigung des Grundbuchs und des Liegenschaftskatasters (§ 74 BauGB).

---

[1] BVerwG, B. v. 17.7.2001 – 4 B 24.01 – DVBl 2001, 1872 (L) = BauR 2002, 57 = ZfBR 2002, 74, freiwillige Baulandumlegung, wie BVerwG, Urt. v. 6.7.1984 – 4 C 24.80 – NJW 1985, 989.

[2] EAG Bau 2004 Mustererlass 2004.

[3] *Brenner* DVBl 1993, 291; *Bryde* JuS 1993, 283; *Dieterich* Baulandumlegung 1990; HBG Rn. 1 ff.; *Kirchberg* Das Umlegungsverfahren 2004; *Mainczyk* DÖV 1986, 995; *Oehmen* LKV 1994, 80; *Rothe* Umlegung und Grenzregelung nach dem BBauG 1984; *ders.* LKV 1994, 86; *Schmidt–Aßmann* DVBl 1982, 152.

Nach § 45 BauGB liegt der **Zweck der Umlegung** darin, im Geltungsbereich eines **1183** Bebauungsplans oder im nicht beplanten Innenbereich zur Erschließung oder Neugestaltung bestimmter Gebiete bebaute und unbebaute Grundstücke durch Umlegung in der Weise neu zu ordnen, dass nach Lage, Form und Größe für die bauliche oder sonstige Nutzung zweckmäßig gestaltete Grundstücke entstehen. Die Erfüllung der sich für die Gemeinde aus § 189 BauGB ergebenden Verpflichtungen zur Verbesserung der Agrarstruktur ist allerdings grundsätzlich nicht Voraussetzung für die Rechtmäßigkeit der im Umlegungsverfahren nach den §§ 45 bis 79 BauGB von der Umlegungsstelle zu treffenden Entscheidungen.[4]

Die Umlegung setzt einen **qualifizierten oder einfachen Bebauungsplan** (§ 30 I **1184** oder III BauGB), dessen Verwirklichung sie dient, oder einen nicht beplanten Innenbereich voraus. Die Einleitung des Umlegungsverfahrens kann auch bereits dann erfolgen, wenn der Bebauungsplan noch nicht rechtsverbindlich ist (§ 47 II BauGB), jedoch durch einen Aufstellungsbeschluss eingeleitet worden ist. Eine Umlegung kann auch im **nicht beplanten Innenbereich** erfolgen (§ 45 S. 2 Nr. 2 BauGB). Dabei können der Beschluss zur Aufstellung eines Bebauungsplans mit der Anordnung der Umlegung in einem Ratsbeschluss zeitlich zusammengefasst werden. Wegen der engen Verknüpfung mit der Bauleitplanung ist es allerdings erforderlich, dass der Umlegungsplan im Ergebnis auf einem rechtsverbindlichen Bebauungsplan beruht, nicht jedoch, dass der Beschluss zur Aufstellung eines Bebauungsplans wirksam gefasst und bekannt gemacht ist. Die Umlegung kann bereits eingeleitet werden, wenn ein Beschluss zur Aufstellung eines Bebauungsplans gefasst worden ist. In diesem Fall muss der Bebauungsplan vor dem Beschluss über die Aufstellung des Umlegungsplans in Kraft getreten sein (§ 47 II 2 BauGB). Es reicht daher aus, dass im Zeitpunkt der Aufstellung des Umlegungsplans nach § 66 I BauGB ein rechtswirksamer Bebauungsplan vorliegt. Auch spätere Heilungen oder Neuaufstellungsverfahren, die zu einem rechtsverbindlichen Bebauungsplan führen, sind daher als Grundlage des Umlegungsplans zu berücksichtigen. Ist der Bebauungsplan jedoch unwirksam, so kann er nicht die Grundlage für eine wirksame Umlegung bieten, sodass auch der auf dieser Grundlage aufgestellte Umlegungsplan unwirksam ist.[5] Ist der Umlegungsplan allerdings bestandskräftig, so berührt die spätere Unwirksamkeitserklärung des Bebauungsplans die Wirksamkeit des Umlegungsplans nicht.

Die zuvor nur im Geltungsbereich eines Bebauungsplans zulässige Umlegung ist be- **1185** reits durch das InvWoBauG 1993 auch auf den **nichtbeplanten Innenbereich** nach § 34 BauGB erweitert worden. Innerhalb eines im Zusammenhang bebauten Ortsteils kann eine Umlegung durchgeführt werden, wenn sich aus der Eigenart der näheren Umgebung hinreichende Kriterien für die Neuordnung der Grundstücke ergeben (§ 45 S. 1 Nr. 2 BauGB). Zugleich können gem. § 46 IV BauGB die zur Durchführung der Umlegung erforderlichen vermessungs- und katastermäßigen Aufgaben öffentlich bestellten Vermessungsingenieuren übertragen werden. Im Außenbereich ist die Umlegung demgegenüber nicht möglich. Dies gilt auch, wenn die Absicht, einen Bebauungsplan aufzustellen, endgültig aufgegeben wird und die betroffenen Grundstücke im Außenbereich liegen.

Neben der **Planverwirklichung** dient die Umlegung auch dazu, die **Verwendbarkeit 1186 und Nutzungsmöglichkeit** der Grundstücke besser zu gestalten. Immer muss sich aber die Umlegung durch öffentliche Zwecke legitimieren, die sich aus der gemeindlichen Bauleitplanung ableiten. Ist erkennbar, dass die Umlegung endgültig nicht mehr durchgeführt werden soll, so ist der Beschluss zur Einleitung der Umlegung entsprechend den

---

[4] BGH, Urt. v. 20.7.2006 – III ZR 280/05 – BGHZ 168, 346 = UPR 2006, 390 = ZfBR 2007, 50 = BauR 2006, 2029 = NVwZ 2007, 118 = DÖV 2007, 77 = DVBl 2006, 1324, m. Anm. Stefan Tysper, ZfIR 2007, 128 – Umlegungsverfahren. Zu Entschädigungsansprüchen im Rahmen der Umlegung Eggert Otto ZfBR 2010, 117.

[5] BGH, Urt. v. 28.5.1976 – III ZR 137/74 – BGHZ 66, 322.

Grundsätzen bei Abschluss der Sanierung nach §§ 162 ff. BauGB aufzuheben. Durch die Bekanntmachung der Aufhebung des Einleitungsbeschlusses (§§ 45, 47 BauGB) erlischt die Verfügungs- und Veränderungssperre des § 51 BauGB.

1187 Nach § 47 BauGB wird die Umlegung durch einen **Umlegungsbeschluss** der Umlegungsstelle eingeleitet. Im Umlegungsbeschluss ist das Umlegungsgebiet (§ 52 BauGB) zu bezeichnen. Die im Umlegungsgebiet gelegenen Grundstücke sind im Einzelnen aufzuführen (§ 47 BauGB). An den Umlegungsbeschluss knüpft das Gesetz zahlreiche Rechtsfolgen wie etwa die Stellung als Beteiligter (§ 48 I BauGB), die Verfügungs- und Veränderungssperre (§ 51 BauGB), die Eintragung des nach § 54 I BauGB dem Grundbuchamt mitzuteilenden Umlegungsbeschlusses in das Grundbuch, den Stichtag für die Wertermittlung[6] der Einwurfsgrundstücke und für die Bemessung der Geldbeträge und Ausgleichsleistungen sowie für das nach § 24 I 1 Nr. 2 BauGB in Umlegungsgebieten bestehende gemeindliche Vorkaufsrecht an. Auch beginnt mit der Bekanntmachung des Umlegungsbeschlusses die Monatsfrist für die Anmeldung unbekannter Rechte (§ 50 II BauGB). Die Umlegungsstelle erhält nach § 209 BauGB das Recht, mit notwendigen Vorarbeiten auf dem Grundstück (Vermessungsarbeiten) zu beginnen. Das Umlegungsverfahren kann dabei nach § 47 II BauGB eingeleitet werden, auch wenn ein Bebauungsplan noch nicht aufgestellt worden ist. In diesem Fall muss der Bebauungsplan vor dem Beschluss über die Aufstellung des Umlegungsplans (§ 66 I BauGB) in Kraft treten (§ 45 II 2 BauGB).

1188 Der Funktion des Umlegungsverfahrens entsprechend enthält § 48 BauGB eine umfangreiche **Beteiligungsregelung**. Am Umlegungsverfahren zu beteiligen sind danach die Eigentümer der im Umlegungsgebiet gelegenen Grundstücke, die Inhaber eingetragener dinglicher Rechte sowie bestimmter nicht eingetragener sowie schuldrechtlicher Ansprüche, die Gemeinde, ggf. der Bedarfsträger sowie die Erschließungsträger. Zu beteiligen sind daher neben den Grundstückseigentümern auch die Inhaber dinglich gesicherter Grundpfandrechte oder eingetragene Vorkaufsberechtigte, aber auch Mieter und Pächter. Bestehen Zweifel an einem angemeldeten Recht, so kann dem Anmeldenden eine Frist zur Glaubhaftmachung seiner Rechte gesetzt werden. Nach fruchtlosem Ablauf der Frist ist er bis zur Glaubhaftmachung seiner Rechte nicht mehr zu beteiligen (§ 48 III BauGB).

1189 Durch die Bekanntmachung des Umlegungsbeschlusses tritt nach § 51 BauGB eine weitgehende **Verfügungs- und Veränderungssperre** ein. Bis zur Bekanntmachung des Inkrafttretens des Umlegungsplans (§ 71 BauGB) dürfen im Umlegungsgebiet nur mit schriftlicher Genehmigung der Umlegungsstelle Teilungen oder Verfügungen vorgenommen oder schuldrechtliche Vereinbarungen abgeschlossen werden, durch die einem anderen ein Recht zum Erwerb, zur Nutzung oder zur Bebauung eines Grundstücks oder Grundstücksteils eingeräumt wird oder Baulasten neu begründet, geändert oder aufgehoben werden.

1190 Das Umlegungsgebiet ist nach § 52 BauGB so **abzugrenzen**, dass die Umlegung sich zweckmäßig durchführen lässt. Es kann aus räumlich getrennten Flächen bestehen. Das Umlegungsgebiet darf nicht über die Grenzen eines Bebauungsplangebietes hinausreichen (§ 45 BauGB), jedoch kann das Umlegungsgebiet kleiner als das Bebauungsplangebiet sein. Bereits bei der Anordnung der Umlegung hat die Gemeinde den Bereich in etwa anzugeben. Die Umlegungsstelle kann bei der Festlegung des Umlegungsgebietes, die mit dem Umlegungsbeschluss nach § 47 I BauGB zu erfolgen hat, nach Zweckmäßigkeitsgesichtspunkten die genaue Begrenzung des Umlegungsgebietes innerhalb der Grenzen des Bebauungsplangebietes anordnen.

1191 § 52 II und III BauGB gibt dabei die Möglichkeit, **einzelne Grundstücke**, welche die Umlegung erschweren würden, aus dem Umlegungsgebiet **auszunehmen** oder auch

---

[6] Zur Wertermittlung BVerwG, B. v. 16.1.1996 – 4 B 69.95 – NVwZ–RR 1997, 155 = DVBl 1996, 691 – Funktionsschwächensanierung.

erforderliche unwesentliche Änderungen des Umlegungsgebietes bis zum Beschluss über die Aufstellung des Umlegungsplanes in einem vereinfachten Verfahren durchzuführen. Die Änderungen sind lediglich den betroffenen Grundstückseigentümern mitzuteilen.[7]

Zur Vorbereitung der Umlegungsmaßnahmen fertigt die Umlegungsstelle nach § 53 **1192** BauGB eine **Bestandskarte**, in der die bisherige Lage und Form der Grundstücke des Umlegungsgebietes und die auf ihnen befindlichen Gebäude sowie die Grundstückseigentümer bezeichnet sind, und für jedes Grundstück ein **Bestandsverzeichnis** an. Das Bestandsverzeichnis weist den jeweiligen Eigentümer, die grundbuch- und katastermäßige Bezeichnung, die Größe und die Nutzungsart nach dem Liegenschaftskataster unter Angabe von Straße und Hausnummer sowie die im Grundbuch in Abt. II eingetragenen Lasten und Beschränkungen aus. Die in Abteilung III des Grundbuchs enthaltenen Grundpfandrechte werden demgegenüber nicht in das Bestandsverzeichnis aufgenommen. Bestandskarte und Bestandsverzeichnis ohne die Belastungen in Abteilung II sind für die Dauer eines Monats nach vorheriger ortsüblicher Bekanntmachung in der Gemeinde öffentlich auszulegen. § 54 I BauGB stellt durch die **Mitteilungspflicht** an das Grundbuchamt und die für die Führung des Liegenschaftskatasters zuständige Stelle sicher, dass die Einleitung des Umlegungsverfahrens in das Grundbuch eingetragen wird und die nach § 51 BauGB eingetretene Verfügungs- und Veränderungssperre bei Veräußerungen des Grundstücks, aber auch in Fällen der beabsichtigten Grundstücksteilung beachtet wird.

Umfangreiche **Verteilungsregelungen** enthalten die Vorschriften der §§ 55 bis 65 **1193** BauGB. Sie stellen das Kernstück des Umlegungsverfahrens dar. Es gilt dabei, einen für die künftige Verwertbarkeit der Grundstücke zweckmäßigen Zuschnitt zu erreichen und zugleich durch eine interne Verteilungsregelung einen sachgerechten Ausgleich zwischen den Beteiligten sicherzustellen. Die im Umlegungsgebiet gelegenen Grundstücke werden dabei nach ihrer Fläche rechnerisch zu einer Masse vereinigt (§ 55 I BauGB). Aus dieser Umlegungsmasse sind vorweg bestimmte, für öffentliche Zwecke benötigte Flächen auszuscheiden und der Gemeinde oder dem sonstigen Erschließungsträger zuzuteilen. Die verbleibende Masse ist die Verteilungsmasse. Sonstige Flächen, für die nach dem Bebauungsplan eine Nutzung für öffentliche Zwecke festgesetzt ist, können ausgeschieden und dem Bedarfs- und Erschließungsträger zugeteilt werden, wenn dieser geeignetes Ersatzland in die Verteilungsmasse einbringt. **§ 55 II 1 BauGB** erstreckt die gesetzliche Ermächtigung für den Vorwegabzug von Flächen aus der Umlegungsmasse auf die im Zusammenhang bebauten Ortsteile. Zuvor war lediglich ein Vorwegabzug von Flächen in Bebauungsplangebieten innerhalb des Umlegungsgebietes möglich. Durch die Einbeziehung des im Zusammenhang bebauten Ortsteils ist der Anwendungsbereich der Vorschrift praxisgerecht erweitert worden. Somit können Flächen für Erschließungsanlagen und sonstige, den Bewohnern dienende Einrichtungen, wie z. B. Kinderspielplätze oder Schutzvorkehrungen vor Emissionen auch in im Zusammenhang bebauten Ortsteilen vorweg ausgeschieden werden. Die Änderung ist eine Konsequenz des mit dem Bau-ROG 1998 eingeführten Verzichts auf das Vorliegen eines Bebauungsplans als Voraussetzung für die Herstellung von Erschließungsanlagen (§ 125 II BauGB). Sie soll eine städtebaulich sinnvolle Bodenordnung im unbeplanten Innenbereich auch dann ermöglichen, wenn zugleich die Änderung oder Herstellung von Erschließungsmaßnahmen erforderlich wird. Dabei kann sich die Erforderlichkeit der Inanspruchnahme bestimmter Flächen aus einfachen Bebauungsplänen (§ 30 III BauGB) oder sonst aus Gründen der geordneten städtebaulichen Entwicklung zur Verwirklichung einer nach § 34 BauGB zulässigen Nutzung, z. B. bei qualifizierten Anhaltspunkten aufgrund der örtlichen Situation oder Festsetzungen von Innenbereichssatzungen nach § 34 IV 1 Nr. 2 oder 3 BauGB ergeben.[8]

---

[7] *BKL* § 52 Rn. 16.
[8] EAG BauGB – Mustererlass 2004.

1194 Zu den vorweg auszuscheidenden Flächen gehören auch die **Flächen zum natur-schutzrechtlichen Ausgleich** i. S. des § 1a III BauGB für die für nach § 55 II 1 BauGB erforderlichen Anlagen (§ 55 II 2 BauGB). Da die **Verkehrsanlagen** ihrerseits durch die Erschließung der Grundstücke privatnützig für deren Eigentümer wirken, ist es verfassungsrechtlich unbedenklich, die Verteilungsmasse durch den Vorwegabzug von Flächen zum Ausgleich für Verkehrsanlagen zu verkleinern.[9] Grünflächen nach § 55 II 1 Nr. 2 BauGB können auch bauflächenbedingte Flächen zum Ausgleich i. S. von § 1a III BauGB umfassen (§ 55 II 3 BauGB).[10] Dies dient der Klarstellung und soll Zweifel in der Praxis beseitigen. Flächen zum Ausgleich, die für die privaten Bauflächen ausgewiesen und diesen zugeordnet sind, lassen sich unter das Tatbestandsmerkmal „Flächen für Grünanlagen" fassen, soweit sie als Grünflächen i. S. des § 9 I Nr. 15 BauGB[11] festgesetzt sind. Diese Flächen sind nach § 55 II 1 Nr. 2 BauGB vorweg auszuscheiden und der Gemeinde oder einem Erschließungsträger zuzuteilen. Nach § 55 V BauGB können über die Flächen nach § 55 II BauGB hinaus auch weitere Flächen, die für eine öffentliche Nutzung vorgesehen sind, gegen Einbringung geeigneten Ersatzlandes, das auch außerhalb des Umlegungsgebietes liegen kann, vorweg ausgeschieden und dem Bedarfs- oder Erschließungsträger zugeteilt werden. Auch Flächen zum Ausgleich naturschutzrechtlicher Anforderungen i. S. des § 1a III BauGB können dazu ausgeschieden werden.

1195 Die **Verteilung der privat nutzbaren Flächen** folgt nach den Grundsätzen der §§ 56 bis 59 BauGB. In das Verteilungsverfahren wird dabei zunächst nur der Grund und Boden einbezogen, während für bauliche Anlagen, Anpflanzungen und sonstige Einrichtungen auf dem Grundstück lediglich eine Abfindung oder ein Geldausgleich gewährt wird (§ 60 BauGB). § 56 BauGB sieht als Verteilungsmaßstab entweder eine Wertumlegung (§ 57 BauGB) oder eine Flächenumlegung (§ 58 BauGB) vor. Der Maßstab ist von der Umlegungsstelle nach pflichtgemäßem Ermessen unter Beachtung des Abwägungsgebotes je nach Zweckmäßigkeit einheitlich zu bestimmen (§ 56 I 2 BauGB). Bei Einverständnis aller Beteiligten kann auch ein anderer Verteilungsmaßstab gewählt werden (§ 56 II BauGB). Die Zuteilung von Grundstücksflächen hat gegenüber der Wertumlegung grundsätzlich Vorrang.[12]

1196 Sowohl die **Wertumlegung** als auch die **Flächenumlegung** gehen von einem theoretischen Anspruch jedes beteiligten Eigentümers (Sollanspruch) auf Zuteilung einer bestimmten Fläche (Sollzuteilung) aus. Bei der Wertumlegung ist ggf. ein Geldausgleich zu leisten (§ 57 BauGB).[13] Bei der Flächenumlegung ist hiervon der in Fläche zu erbringende Vorteilsausgleich abzuziehen (§ 58 BauGB). Für die Zuteilung und Abfindung bestimmt § 59 BauGB, dass den Eigentümern aus der Verteilungsmasse dem Umlegungszweck entsprechend nach Möglichkeit Grundstücke in gleicher oder gleichwertiger Lage wie die eingeworfenen Grundstücke und entsprechend den durch die Flächen- oder Wertumlegung ermittelten Anteilen zuzuteilen sind. Soweit dies nicht möglich ist, findet nach § 59 II BauGB ein Geldausgleich nach den entschädigungsrechtlichen Vorschriften der §§ 93 bis 103 BauGB statt. Der Geldausgleich bemisst sich nach dem Verkehrswert, bezogen auf den Zeitpunkt der Aufstellung des Umlegungsplans, wenn der Beteiligte deutlich mehr erhält, als er einwirft, und dadurch die bebauungsplanmäßige Nutzung ermöglicht wird. Die Entschädigung kann mit Einverständnis des Eigentümers in Geld, Grundeigentum

---

[9] Bundesregierung, Gesetzentwurf zum BauROG, S. 61.

[10] Die Regelungen sind durch das BauROG 1998 eingefügt worden und dienen der Umsetzung der naturschutzrechtlichen Anforderungen aus § 1a BauGB in der Umlegung. Dasselbe gilt für die Ergänzung des § 55 V BauGB um Flächen zum Ausgleich von Eingriffen nach § 1a III BauGB.

[11] OVG Münster, Urt. v. 17.12.1998 – 10a D 186/96.NE – NVwZ 1999, 561 = NuR 1999, 52 – Ausgleichsfläche.

[12] BGH, Urt. v. 7.11.1991 – III ZR 161/90 – DVBl 1992, 557.

[13] § 57 BauGB ist bereits durch das BauROG 1998 zugunsten der Berücksichtigung auch naturschutzrechtlicher Ausgleichsmaßnahmen erweitert worden. Dasselbe gilt für die in § 59 I BauGB vorgenommene Ergänzung, vgl. *Bundesregierung*, Gesetzentwurf zum BauROG 1998, S. 63.

außerhalb des Umlegungsgebietes oder Miteigentum, grundstücksgleichen Rechten, Wohnungseigentum oder in sonstigen dinglichen Rechten innerhalb oder außerhalb des Umlegungsgebietes gewährt werden (§ 59 IV BauGB). Gegen den Willen des Eigentümers kann eine Abfindung in Geld oder mit außerhalb des Umlegungsgebietes gelegenen Grundstücken erfolgen, wenn er im Umlegungsgebiet keine bebauungsfähigen Grundstücke erhalten kann oder wenn eine derartige Abfindung sonst zur Erreichung der Ziele und Zwecke des Bebauungsplans erforderlich ist (§ 59 V BauGB). Eine Geldabfindung kann auch im Interesse der Erhaltung der Eigentümerstruktur vorgenommen werden (§ 59 VI BauGB). Wird durch einen Umlegungsbeschluss eine Flächenzuteilung vorgenommen, wird die Regelung des § 58 I BauGB durch § 58 II BauGB überlagert. Der Betroffene hat demzufolge einen Anspruch auf Geldausgleich, wenn der Wert der Zuteilung der eingeworfenen Fläche oder mehr als nur unwesentlich den Sollanspruch nach § 55 IV BauGB unterschreitet.[14] Bei Zuteilung von Grundstücken können die Umlegungsstelle sowie der Umlegungsausschuss auf Antrag der Gemeinde zugleich ein Baugebot (§ 176 BauGB), ein Modernisierungs- oder Instandsetzungsgebot (§ 177 BauGB) oder ein Pflanzgebot (§ 178 BauGB) anordnen, wenn die gesetzlichen Voraussetzungen hierfür gegeben sind (§ 175 BauGB).[15] Solche Gebote können nach § 68 I Nr. 7 BauGB auch in den Umlegungsplan aufgenommen werden. Hiergegen steht dem davon Betroffenen der Rechtsweg zu den Baulandgerichten offen.

Nach § 61 BauGB können auch grundstücksgleiche Rechte oder andere Rechte an einem im Umlegungsgebiet gelegenen Grundstück oder auch schuldrechtliche Rechte aufgehoben, geändert oder neu begründet werden. Dies gilt auch für persönliche Erwerbs-, Besitz- und Nutzungsrechte, Gemeinschaftsanlagen sowie persönliche nutzungsbeschränkende Rechte und Baulasten. Für Vermögensvorteile oder -nachteile ist ein **Geldausgleich** vorzunehmen.[16] Nach § 61 I 2 BauGB können sowohl im Geltungsbereich eines Bebauungsplans als auch innerhalb eines im Zusammenhang bebauten Ortsteils nach § 34 BauGB Flächen für überwiegend den Bewohnern dienende Anlagen festgelegt und ihre Rechtsverhältnisse geregelt werden. Damit wird eine Harmonisierung zu § 55 II BauGB erreicht, der die Möglichkeit der Vorwegausscheidung von Flächen auch auf den im Zusammenhang bebauten Ortsteil ausdehnt. Im Rahmen der Umlegung kann auch gemeinschaftliches Eigentum an Grundstücken geteilt oder es können Zuteilungsansprüche zusammengefasst werden (§ 62 BauGB). § 63 I 1 BauGB enthält als Ausfluss des **Surrogationsprinzips** die Regelung, dass die zugeteilten Grundstücke hinsichtlich der Rechte an den alten Grundstücken und der diese Rechte betreffenden Rechtsverhältnisse, die nicht aufgehoben werden, an die Stelle der alten Grundstücke treten. Auch gehen örtlich gebundene öffentliche Lasten, die auf den alten Grundstücken ruhen, auf die in deren örtlicher Lage ausgewiesenen neuen Grundstücke über. Das Eigentum und die in §§ 61, 62 BauGB benannten Rechte gehen daher nicht durch die Umlegung unter, sondern setzen sich an dem neuen Grundstück, das in gleicher örtlicher Lage begründet wird, fort. Die im Umlegungsplan festgesetzten Geldleistungen sind über die Gemeinde abzuwickeln. Sie ist nach § 64 I BauGB Gläubigerin und Schuldnerin dieser Geldleistungen.

Ist das Konzept für die Neuverteilung der Grundstücke und für den erforderlichen Geldausgleich abgeschlossen, wird der **Umlegungsplan** von der Umlegungsstelle nach Erörterung mit den Eigentümern durch Beschluss nach § 66 I BauGB aufgestellt. Er

1197

1198

---

[14] BGH, Urt. v. 12.3.1998 – III ZR 37/97 – NVwZ 1998, 657.

[15] S. Rn. 1378.

[16] Durch das BauROG 1998 sind auch Flächen zum Ausgleich naturschutzrechtlicher Eingriffe nach § 1a III BauGB in die Regelungsmöglichkeiten des § 61 I BauGB einbezogen worden. Hierdurch ist eine entsprechende Klarstellung erfolgt, da nach überwiegender Ansicht Flächen zum Ausgleich nach § 1a V BauGB zu den Flächen für Gemeinschaftsanlagen gehören, so *Bundesregierung*, Gesetzentwurf zum BauROG 1998, S. 63.

kann auch für Teile des Umlegungsgebietes aufgestellt werden (§ 66 I 2 BauGB). Der Umlegungsplan enthält für die im Umlegungsgebiet gelegenen Grundstücke den in Aussicht genommenen Neuzustand mit allen tatsächlichen und rechtlichen Änderungen. Auch muss der Umlegungsplan nach Form und Inhalt zur Übernahme in das Liegenschaftskataster geeignet sein. Der Umlegungsplan besteht aus der **Umlegungskarte** (§ 67 BauGB) und dem **Umlegungsverzeichnis** (§ 68 BauGB). Die rechtlichen und tatsächlichen Änderungen treten mit der Unanfechtbarkeit des Umlegungsplans ein. Dies hat die Umlegungsstelle nach § 71 I BauGB ortsüblich bekanntzumachen. Nach Erstellung der Kartengrundlagen und Ermittlung der Einwurfswerte ist ein Konzept für die Neuregelung der Grundstücksgrenzen und die Zuweisung des Eigentums und der sonstigen dinglichen und schuldrechtlichen Rechte vorzubereiten. Das Konzept für die Neuordnung ist mit den Beteiligten des Umlegungsverfahrens zu erörtern. Der **Widerspruch** gegen die Bekanntmachung der Unanfechtbarkeit des Umlegungsplans hat keine aufschiebende Wirkung (§ 212 II 1 Nr. 2 BauGB).

1199   Besondere Regelungen enthält das Gesetz für die **nachträgliche Änderung** des Umlegungsplans (§ 73 BauGB), die Rechtsänderung außerhalb des Grundbuchs (§§ 71, 72 BauGB), die Berichtigung von Grundbuch und Liegenschaftskataster (§§ 74, 75 BauGB), die Vorwegnahme der Entscheidung (§ 76 BauGB), die vorzeitige Besitzeinweisung (§ 77 BauGB) sowie die Kostenregelungen (§§ 78, 79 BauGB).[17]

1200   Die Baulandumlegung schränkt die verfassungsrechtlich gewährleistete **Verfügungsfreiheit** des **Eigentümers** ein und berührt damit den Schutzbereich von Art. 14 I 1 GG.[18] Sie ist eine verfassungsrechtlich zulässige **Inhalts- und Schrankenbestimmung** des Eigentums i. S. des Art. 14 I 2 GG.[19] Die Baulandumlegung ist keine Enteignung. Diese setzt den Entzug konkreter Rechtspositionen voraus. Aber nicht jeder Entzug ist eine Enteignung i. S. v. Art. 14 III GG. Sie ist beschränkt auf solche Fälle, in denen Güter hoheitlich beschafft werden, mit denen ein konkretes, der Erfüllung öffentlicher Aufgaben dienendes Vorhaben durchgeführt werden soll.[20] Ist mit dem Entzug bestehender Rechtspositionen der Ausgleich privater Interessen beabsichtigt, handelt es sich um eine Inhalts- und Schrankenbestimmung des Eigentums.[21] Zwar erfolgt die Baulandumlegung im Rahmen eines auch öffentlichen Interessen dienenden städtebaulichen Konzepts. Sie ist aber in erster Linie auf den Ausgleich der privaten Interessen der Eigentümer gerichtet. Der die Umlegung einleitende Umlegungsbeschluss aktualisiert die gesetzlich vorgesehene Möglichkeit, die Grundstücke im Umlegungsgebiet zum Zweck ihrer plangerechten Nutzung neu zu ordnen, was zugleich im öffentlichen Interesse liegt. Die Vorschriften über die Baulandumlegung schaffen einen angemessenen, die Belange der betroffenen Grundstückseigentümer hinreichend berücksichtigenden Interessenausgleich.[22]

1201   Für Rechtsstreitigkeiten aus Umlegungsverfahren sind die **Baulandkammern** und **Baulandsenate** zuständig. Das Verfahren wird durch einen Antrag auf gerichtliche Entscheidung eingeleitet (§ 217 BauGB). Beteiligte im baulandgerichtlichen Verfahren ist im Falle der Anfechtung eines Umlegungsplans neben der Stelle, die den Umlegungsplan erlassen hat, auch die Gemeinde. Ergibt sich im baulandgerichtlichen Verfahren, dass der angefochtene Umlegungsplan Fehler aufweist, so muss das Baulandgericht prüfen, wel-

---

[17] OLG Celle, Urt. v. 19.12.1997 – 4 U (Baul) 120/97 – OLG–Rp Celle 1998, 122.

[18] BVerfG, B. v. 16.2.2000 – 1 BvR 242/91 – BVerfGE 102, 1 – Altlastensanierung.

[19] BVerfG, B. v. 22.6.2002 – 2 BvR 552/91 – BVerfGE 93, 165.

[20] BVerfG, B. v. 12.11.1974 – 1 BvR 32/68 – BVerfGE 38, 175.

[21] BVerfG, B. v. 23.11.1999 – 1 BvF 1/94 – BVerfGE 101, 239.

[22] BVerfG, B. v. 22.5.2001 – 1 BvR 1512/97, 1 BvR 1677/97 – BVerfGE 104, 1 = NVwZ 2001, 1023 = DVBl 2001, 1427 = UPR 2001, 388 = DÖV 2001, 996 – Baulandumlegung; m. Hinw. auf BVerfG, B. v. 19.6.1973 – 1 BvL 39/69 – BVerfGE 35, 263; BGH, Urt. v. 12.3.1987 – III ZR 29/86 – BGHZ 100, 148; *Christ* DVBl 2002, 1517; *Vahle* DVP 2002, 41; *Winkler* JA 2002, 197; *Maurer-Appel* NordÖR 2002, 50; *Haas* NVwZ 2002, 272.

che Auswirkungen diese Fehler auf den Plan als Ganzen haben und ob nicht eine Teilaufhebung genügt.[23]

2. Vereinfachte Umlegung

Neben der Umlegung bietet auch die vereinfachte Umlegung nach den §§ 80 ff. BauGB **1202** rechtliche Möglichkeiten zur **Bodenordnung**. Während die frühere Grenzregelung auf die Beseitigung baurechtswidriger Zustände beschränkt war, kann mit der durch das EAG Bau 2004 eingeführten vereinfachten Umlegung ein vereinfachtes Verfahren durchgeführt werden, auch wenn die Grundstücke nicht unmittelbar aneinander grenzen, sondern in **enger Nachbarschaft** liegen. Auch ist es in der vereinfachten Umlegung möglich, Grundstücke, insbesondere Splittergrundstücke oder Teile von Grundstücken, auszutauschen oder einseitig zuzuteilen. Der Anwendungsbereich der vereinfachte Umlegung geht daher über die Herbeiführung ordnungsgemäßer Bebauungen oder der Beseitigung baurechtswidriger Zustände (§ 80 BauGB 1998) hinaus. Die auszutauschenden oder einseitig zuzuteilenden Grundstücke oder Grundstücksteile dürfen nicht selbständig bebaubar sein.[24] Die bisherige **Grenzregelung** ist durch die Neufassung der §§ 80 bis 84 BauGB durch das EAG Bau 2004 entsprechend erweitert und in eine **vereinfachte Umlegung** umbenannt worden.[25] Die vereinfachte Umlegung ist allerdings auf auszutauschende oder einseitig zuzuteilende Grundstücke bzw. Grundstücksteilflächen beschränkt. Diese müssen zudem unmittelbar aneinander grenzen oder in enger Nachbarschaft liegen sowie nicht selbstständig bebaubar sein.[26]

Das vereinfachte Umlegungsverfahren ist für Fälle gedacht, bei denen nicht in stärke- **1203** rem Maße in vorhandene Strukturen und Bestände eingegriffen werden soll, sodass die Neuordnung der Grundstücke verhältnismäßig geringe Schwierigkeiten bereitet. In diesen Fällen kann die Bodenordnung in einem weniger aufwändigen Verfahren – dem „Vereinfachten Umlegungsverfahren" – im Gegensatz zu dem umfassenden, „klassischen" Umlegungsverfahren erfolgen. Die Grenzregelung wies zwar bereits gegenüber der Umlegung ein stark vereinfachtes Verfahren auf, hatte allerdings zugleich einen zu engen Anwendungsbereich, um in dem erforderlichen Umfang zu einer Beschleunigung und Erleichterung der Grundstücksneuordnung beizutragen. §§ 80 ff. BauGB sehen daher im Wesentlichen vor, Zweck und Reichweite der vereinfachten Umlegung, wie auch im normalen Umlegungsverfahren, zu Gunsten der Ermöglichung einer wirtschaftlichen und zweckmäßigen Bebauung durch Neuordnung der Grundstücksgrenzen auszugestalten und hierzu nicht nur einen Tausch von Grundstücksteilen bzw. Grundstücken unter unmittelbar aneinander grenzenden Grundstücken (wie im bisherigen Grenzregelungsrecht der §§ 80 ff. BauGB 1998), sondern auch unter Einbeziehung weiterer Grundstücke zu ermöglichen, die in enger Nachbarschaft liegen. Diese Verfahrenserleichterung bei der Bodenordnung mit dem Ziel einer wirtschaftlichen Ausnutzung von Grundstücken soll insbesondere auch einer Verringerung zusätzlicher Flächeninanspruchnahme zu Gute kommen.

Die freiwillige Umlegung ist hinsichtlich der **Grunderwerbsteuer** nicht begünstigt. **1204** Die tatbestandliche Beschränkung der Grunderwerbsteuerfreistellung in § 1 I Nr. 3 S. 2 Buchst. b GrEStG auf Grundstückserwerbe im amtlichen Umlegungsverfahren (§§ 45 ff. BauGB) verstößt nicht gegen Art. 3 I GG. Ein im Wege der freiwilligen Baulandumlegung (§ 11 I 2 Nr. 1 BauGB) erfolgter Grundstückserwerb unterliegt nach § 1 I Nr. 1

---

[23] BGH, Urt. v. 10.3.2005 – III ZR 224/04 – ZfBR 2005, 472 = BauR 2005, 1450 = UPR 2005, 304= NVwZ 2006, 734 = DVBl 2005, 932 (L); BGH, Urt. v. 5.3.1981 – III ZR 48/80 – NJW 1981, 2060 – Teilaufhebung Umlegungsplan.

[24] EAG Bau 2004GB – Mustererlass 2004.

[25] *Kolenda* ZfBR 2005, 538.

[26] LG München I Kammer für Baulandsachen, Urt. v. 20.4.2011 – 9 O 10648/10 Baul – Voraussetzungen einer vereinfachten Umlegung durch Grundstücksflächentausch.

GrEStG der Grunderwerbsteuer, wenn der zwischen der Gemeinde und dem Steuerpflichtigen geschlossene notarielle Vertrag über die freiwillige Baulandumlegung ein auf den Tausch von Grundflächen bezogenes Rechtsgeschäft darstellt, welches für den Steuerpflichtigen den Anspruch auf Übereignung eines Miteigentumsanteils an inländischen Grundstücken begründet.[27]

II. Enteignung und Entschädigung

1205 Wird durch die Bauleitplanung oder einen Vollzugsakt in das private Eigentum eingegriffen, so unterliegt diese Maßnahme **verfassungsrechtlichen Anforderungen**, die sich aus Art. 14 GG und allgemeinen rechtsstaatlichen Anforderungen ergeben.[28] Enteignende Eingriffe in das Eigentum sind nur unter besonderen verfassungsrechtlichen Voraussetzungen zulässig. Außerdem muss in solchen Fällen eine angemessene Entschädigung gewährt werden. Entsprechende Regelungen sind in §§ 39 bis 44 BauGB und §§ 85 bis 122 BauGB enthalten.

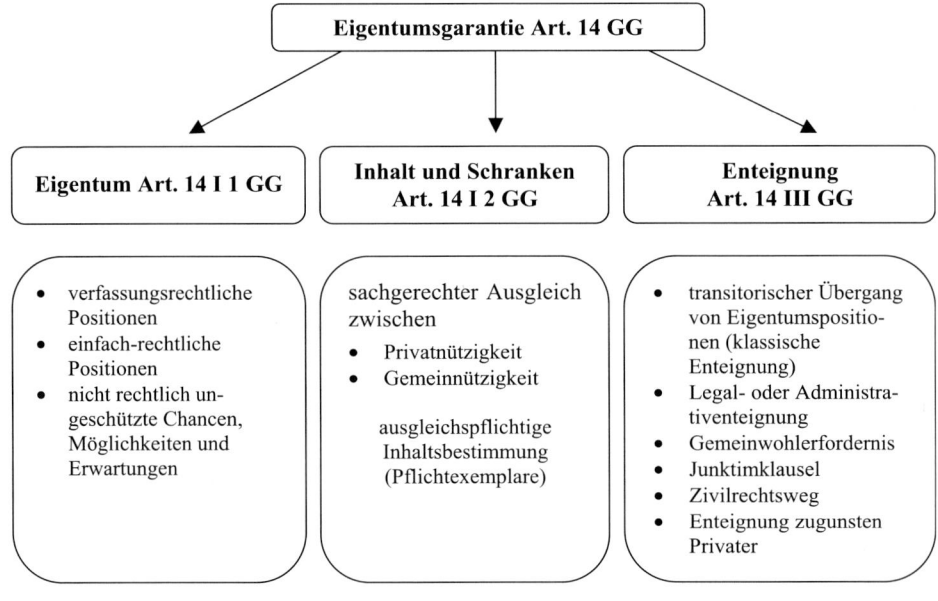

1206　　Das private **Eigentum** steht unter dem besonderen Schutz des GG.[29] Nach Art. 14 I 1 GG sind Eigentum und Erbrecht gewährleistet. **Inhalt und Schranken** werden nach

---

[27] BFH, Urt. v. 7.9.2011 – II R 68/09 – StBW 2011, 1140 = DNotI-Report 2011, 196 m. Anm. Julia Schanko, StBW 2011, 1141 – Grunderwerbsteuerpflicht im Rahmen der freiwilligen Baulandumlegung, Dort zugleich auch zum Zweck und Wesen des amtlichen Umlegungsverfahrens und zu den Unterschieden zur freiwilligen Baulandumlegung.

[28] Zur Enteignung *Aust/Jacobs* Die Enteignungsentschädigung 1991; *Battis* FS Weyreuther 1993, 305; *Gelzer/Busse* Der Umfang des Entschädigungsanspruchs aus Enteignung und enteignungsgleichem Eingriff 1980; *Ipsen* DVBl 1983, 1029; *Kleinlein* DVBl 1991, 365; *Schmidt–Aßmann* DVBl 1982, 152; *Wahl* in FS Redeker 1993, 245; *Weyreuther* Über die Verfassungswidrigkeit salvatorischer Entschädigungsklauseln im Enteignungsrecht 1980.

[29] Zur Eigentumsgarantie *Bender* DVBl 1984, 301; *Bethge* NVwZ 1985, 402; *Böhmer* NJW 1988, 2561; *Brenner* DVBl 1993, 291; *Breuer* Die Bodennutzung im Konflikt zwischen Städtebau und Eigentumsgarantie 1976; *Kastner* VerwArch. 80 (1989), 74; *ders.* DVBl 1982, 669; *Korbmacher* DÖV 1982, 517; *Krohn* ZfBR 1994, 5; *Rengeling* AöR 105 (1980), 423; *Schmidt–Aßmann* DVBl 1982, 152; *Sellmann* DVBl 1992, 235; *Sendler* UPR 1983, 73; *Stich* ZfBR 1992, 256; *Stüer* NuR 1981, 149; *Weyreuther* Die

Art. 14 I 2 GG durch die Gesetze bestimmt. Eine Enteignung ist nach Art. 14 III 1 GG nur zum Wohle der Allgemeinheit zulässig. Sie darf nach Art. 14 III 2 GG nur durch Gesetz oder auf Grund eines Gesetzes erfolgen, das Art und Ausmaß der Entschädigung regelt (**Junktimklausel**). Die Entschädigung ist unter gerechter Abwägung der Interessen der Allgemeinheit und der Beteiligten zu bestimmen (Art. 14 III 3 GG). Das Eigentum ist dabei durch **Privatnützigkeit** und **Gemeinwohlbezogenheit** gekennzeichnet. Eigentum verpflichtet. Sein Gebrauch soll zugleich dem Wohl der Allgemeinheit dienen, beschreibt Art. 14 II GG die **Sozialpflichtigkeit** des Eigentums.[30] Art. 14 GG schützt allerdings nicht das Privateigentum, sondern das Eigentum Privater.[31] Das Eigentum in öffentlicher Hand steht daher nicht unter dem Schutz der Eigentumsgarantie.

1. Eigentumsgarantie in Art. 14 GG

Schutzgut der Eigentumsgarantie ist das → **Eigentum**, nicht bloße Chancen oder Gewinnerwartungen, die nicht unter die Eigentumsgarantie fallen. Handelt es sich nicht um Eigentum in diesem Sinne, so scheidet eine Anwendung des Art. 14 GG aus. Nicht eigentumsmäßig geschützte Rechtspositionen wie etwa einfache Belange sind verfassungsrechtlich nicht vor einem entschädigungslosen Entzug geschützt.   **1207**

Beispiel: Der Produzent von Märchenfilmen muss es entschädigungslos hinnehmen, dass ein bestimmtes Mindestalter von Kindern für den öffentlichen Besuch von Filmen festgesetzt wird. Die Krabbenfischer haben keinen eigentumsrechtlichen Entschädigungsanspruch, wenn sie von ihren Fanggründen durch einen neu errichteten Elbeleitdamm getrennt werden. Die Wirtin einer „Soldatengaststätte" wird nicht in ihrem Eigentum betroffen, wenn durch den Bau einer Autobahn der Weg zur Kaserne abgeschnitten wird und die Landser ein anderes Lokal für einen Dämmerschoppen aufsuchen.[32]

→ **Eigentum.** Das Eigentum ist verfassungsrechtlich garantiert (Art. 14 GG). Inhalt und Schranken des Eigentums bestimmt der Gesetzgeber, der einen sachgerechten Ausgleich zwischen Privatnützigkeit des Eigentums (Art. 14 I 1 GG) und seiner Sozialpflichtigkeit (Art. 14 II GG) herzustellen hat (Art. 14 I 2 GG). Zum Eigentum rechnet der Bestand des Eigentums aber auch seine Nutzbarkeit im Rahmen der Gesetze. Das Eigentum ist gegen einen entschädigungslosen Entzug verfassungsrechtlich geschützt. Durch die Enteignung gehen Eigentumsbefugnisse ganz oder teilweise auf einen anderen Rechtsträger über (klassische Enteignung). Nicht zur Enteignung zählen Beeinträchtigungen, die den Bestand des Eigentums in der Hand des bisherigen Eigentümers unbeeinträchtigt lassen. Die Enteignung ist nur durch oder auf Grund eines Gesetzes (Legalenteignung, Administrativenteignung), aus Gründen des Gemeinwohls und unter Gewährung einer angemessenen Entschädigung zulässig (Art. 14 III GG). Die Enteignung kann auch zu Gunsten Privater erfolgen, wenn diese in besonderer Weise Gemeinwohlbelangen verpflichtet sind. Inhalts- und Schrankenbestimmungen des Gesetzgebers nach Art. 14 I 2 GG sind regelmäßig entschädigungslos hinzunehmen, können jedoch bei Überschreitung einer der Enteignung in ihrem Ausmaß vergleichbaren Zumutbarkeitsgrenze ausgleichpflichtig sein. Erzeugt die Bauleitplanung schwere Beeinträchtigungen, hat die Gemeinde ein Wahlrecht: Sie kann die Beeinträchtigungen durch eine Änderung der Planung verringern oder muss das Grundstück durch Planung in Anspruch nehmen und so die Voraussetzungen für eine Entschädigung schaffen (Verbot des enteignungsrechtlichen Konflikttransfers). Auch kann ein anderweitiger Ausgleich erfolgen, durch den Eingriff im Rahmen der enteignungsrechtlichen Zumutbarkeit bleibt.

Situationsgebundenheit des Grundeigentums, Naturschutz – Eigentumsschutz – Bestandsschutz 1983.

[30] Zur Baufreiheit und Eigentumsgarantie HBG § 1 Rn. 15, § 2 Rn. 55 ff., § 8 Rn. 35, 56, 75.

[31] BVerfG, B. v. 23.7.2002 – 2 BvR 403/02 – DVBl 2002, 1404 = NVwZ 2002, 1366 = NuR 2003, 221 – kein Rückfallanspruch gemeindlichen Eigentums bei entgegenstehendem Bundesverwaltungsbedarf.

[32] BGH, Urt. v. 5.12.1963 – III ZR 31/62 – DÖV 1964, 778 = NJW 1964, 769 – Märchenfilm; Urt. v. 31.1.1966 – III ZR 110/64 – NJW 1966, 1120 – Krabbenfischer; Urt. v. 31.1.1966 – III ZR 127/64 – BGHZ 45, 83 – Knäckebrot; Urt. v. 8.2.1971 – III ZR 33.68 – BGHZ 55, 261 – Soldatengaststätte.

Rechtswidrige Eingriffe in das Eigentum hat der Betroffene in der Regel abzuwehren. Er kann nicht stattdessen den Eingriff widerspruchslos hinnehmen und sodann bei fehlender gesetzlicher Grundlage eine Entschädigung geltend machen (Vorrang des Primärrechtsschutzes).

1208   Auch der **Anliegergebrauch** ist nur in seinem Kern als Eigentum verfassungsrechtlich geschützt. Da die Straße als öffentliche Einrichtung nicht allein der Erschließung der Anlieger, sondern auch dem allgemeinen Verkehrsbedürfnis in seinen unterschiedlichen Ausgestaltungen[33] dient, muss ein Ausgleich zwischen einer Vielzahl von Interessen erfolgen. Die Bedürfnisse der Anlieger sind daher von Verfassungs wegen nur in ihrem Kern geschützt. Von Verfassungs wegen ist es nicht geboten, dass die Kunden des Restaurants, des Cafés, des Souvenirverkaufs und des Bootsverleihs diese Betriebe unmittelbar mit dem Pkw oder einem Bus ansteuern können. Dabei ist die Vorbelastung der Grundstücke durch die Situation, in die sie hineingestellt sind, zu beachten. Liegen sie etwa in einem besonders schutzwürdigen Kurgebiet, so sind sie von vornherein durch diese Situation geprägt. Chancen und Verdienstmöglichkeiten sind durch Art. 14 I GG nicht geschützt.[34] Dies gilt auch für Vorteile, die sich aus dem bloßen Fortbestand einer günstigen Rechtslage ergeben.[35]

1209   Das BVerfG unterscheidet die **Inhalts- und Schrankenbestimmung** des Gesetzgebers nach Art. 14 I 2 GG von der **Enteignung** in Art. 14 III GG, die am Bilde der Güterbeschaffung i. S. der klassischen Enteignung auf den vollständigen oder teilweisen Entzug des Eigentums gerichtet ist.[36] Die Enteignung ist dabei wiederum durch Gesetz oder auf Grund eines Gesetzes zulässig. Der Gesetzgeber hat allerdings nicht die freie Wahl zwischen **Administrativ- und Legalenteignung**, wie der Wortlaut des Art. 14 III 2 GG nahe legen könnte. Das BVerfG hat vielmehr die Legalenteignung seit dem Deichurteil[37] nur in eng begrenzten Ausnahmefällen für zulässig erklärt.[38] Bei der Wahrnehmung des ihm in Art. 14 I 2 GG erteilten Regelungsauftrages, Inhalt und Schranken des Eigentums zu bestimmen, hat der Gesetzgeber sowohl die grundgesetzliche Anerkennung der Privatnützigkeit in Art. 14 I 1 GG als auch die Sozialpflichtigkeit in Art. 14 II GG zu beachten.[39] Der Gesetzgeber muss dabei festlegen, wann eine Enteignung vorliegt, die eine Entschädigungspflicht i. S. des Art. 14 III 2 und 3 GG auslöst. Er darf dies nicht unentschieden lassen.[40] Auch darf der Normgeber nicht unter dem Etikett einer an sich zulässigen Inhaltsbestimmung des Eigentums in Wahrheit eine Enteignung vornehmen.[41] Die Inhaltsbestimmung ist im Gegensatz zur Enteignung die generelle, abstrakte Festlegung

---

[33] Z. B. Fußgängerverkehr, Fahrzeugverkehr, Ziel– und Durchgangsverkehr, kommunikativer Verkehr.

[34] BVerfG, B. v. 19.3.1975 – 1 BvL 20/73 – BVerfGE 39, 210; B. v. 19.10.1983 – 2 BvR 298/81 – BVerfGE 65, 196; B. v. 14.1.1987 – 1 BvR 1052/79 – BVerfGE 74, 129 – Unterstützungskasse; B. v. 18.5.1988 – 2 BvR 579/84 – BVerfGE 78, 205.

[35] BVerfG, B. v. 31.10.1984 – 1 BvR 35/82 u. a. – BVerfGE 68, 193; B. v. 20.1.1988 – 2 BvL 23/82 – BVerfGE 77, 370 – Schwerbehinderte; B. v. 11.9.1990 – 1 BvR 988/90 – UPR 1991, 100 = RzB Rn. 57 – Fußgängerzone; vgl. auch BVerwG, Urt. v. 26.6.1981 – 7 C 27.79 – BVerwGE 62, 376 = RzB Rn. 58 – Fußgängerzone.

[36] BVerfG, B. v. 12.6.1979 – 1 BvL 19/76 – BVerfGE 52, 1 = RzB Rn. 1104 – Kleingarten; B. v. 15.7.1981 – 1 BvL 77/78 – BVerfGE 58, 300 = RzB Rn. 1136 – Nassauskiesung; B. v. 2.2.1999 – 1 BvL 7/91 – BVerfGE 100, 226 = NJW 1999, 2877 – Direktorenvilla.

[37] BVerfG, Urt. v. 18.12.1968 – 1 BvR 638/64 u. a. – BVerfGE 24, 367 = RzB Rn. 1132 – Deichurteil.

[38] *Stüer* DVBl 1991, 1335.

[39] BVerfG, B. v. 23.4.1974 – 1 BvR 6/74 – BVerfGE 37, 132 – Kündigungsschutz; B. v. 12.6.1979 – 1 BvL 19/76 – BVerfGE 52, 1 = RzB Rn. 1104 – Kleingarten; B. v. 15.7.1981 – 1 BvL 77/78 – BVerfGE 58, 300 = RzB Rn. 1136 – Naßauskiesung.

[40] BVerwG, Urt. v. 15.2.1990 – 4 C 47.89 – BVerwGE 84, 361 = DVBl 1990, 585 = DÖV 1991, 24 = RzB Rn. 1049 – Serriesteich.

[41] BVerfG, B. v. 8.7.1976 – 1 BvL 19/75 – BVerfGE 42, 263 – Hilfswerk Behinderte Kinder; B. v.

von Rechten und Pflichten durch den Gesetzgeber oder des von ihm ermächtigten Verordnungsgebers.[42] Gegenstand der Festlegung ist damit, was inhaltlich als Eigentum i.S. des GG auf der Ebene des objektiven Rechts zu gelten hat. Ob diese Festlegung verfassungsgemäß ist, also insbesondere den Anforderungen des Art. 14 I 2 GG und den objektiven Verfassungsgrundsätzen einschließlich der in Art. 14 II GG normierten Sozialpflichtigkeit des Eigentums genügt, berührt die Frage der Tatbestandsmäßigkeit des Art. 14 I 2 GG in Abgrenzung zu Art. 14 III GG nicht. Jede Inhaltsbestimmung einer vermögenswerten Rechtsposition, die als Eigentum gelten will oder gelten soll, muss als elementaren Bestandteil die Strukturelemente des Privateigentums als Kern des Eigentumsrechts beachten, nämlich den substanziellen Gehalt der Privatnützigkeit des Eigentums und die grundsätzliche Verfügungsbefugnis über den Eigentumsgegenstand. Ist beides auch auf Grund einer Rechtsänderung im Grundsatz unverändert vorhanden, liegt tatbestandsmäßig keine Enteignung, sondern eine Inhalts- und Schrankenbestimmung des Eigentums vor.[43] Auf die Intensität des Eingriffs kommt es für die Abgrenzung zwischen Inhaltsbestimmung i.S. des Art. 14 I 2 GG und Enteignung i.S. von Art. 14 III GG nicht an. Der Gesetzgeber kann insbesondere eine zunächst eröffnete Nutzungsmöglichkeit einschränken oder zu einer derartigen Einschränkung ermächtigen. Daher sind Nutzungsbeschränkungen keine Enteignungen, sondern Bestimmungen des Inhalts und der Schranken des Eigentums.[44] Der Gesetzgeber kann auch eine zunächst eröffnete Nutzungsmöglichkeit einschränken oder zu Einschränkungen ermächtigen, etwa durch Neufestsetzung auf Grund eines Bebauungsplans. Auch dies stellt keine Enteignung dar. Daher sind Nutzungsbeschränkungen keine Enteignung, sondern Bestimmungen des Inhalts und der Schranken des Eigentums.[45] Aus der Verkürzung von früheren Nutzungsmöglichkeiten kann daher nicht bereits der Tatbestand der Enteignung abgeleitet werden.[46] Auch gleitende Übergänge zwischen Enteignung und Inhaltsbestimmung des Eigentums gibt es nicht, auch nicht im Falle extremer Einschränkungen oder Belastungen beim konkreten Vollzug eines inhalts- und schrankenbestimmenden Gesetzes.[47] Allerdings kann die Inhalts- und Schrankenbestimmung nach Art. 14 I 2 GG ausgleichspflichtig in dem Sinne werden, dass es zur Rechtfertigung ihrer Regelungen einer Kompensation bedarf.

Diese verfassungsrechtlichen Zusammenhänge prägen auch die **städtebauliche Ge-** **1210** **staltungsbefugnis** der planenden Gemeinde. Nach § 1 III BauGB ist es Aufgabe der Gemeinde, die eigenen Vorstellungen der ihr gemäßen städtebaulichen Ordnung planerisch zu entwickeln, zu ihrer Verwirklichung beizutragen[48] und → Bauland auszuweisen. Da die planerischen Festsetzungen zugleich den Inhalt des Grundeigentums festlegen, erfordert dies, dass der planerischen Entscheidung der Gemeinde auch hinsichtlich der kon-

---

1.3.1979 – 1 BvR 532/77 – BVerfGE 50, 290 – Mitbestimmung; BVerwG, Urt. v. 15.2.1990 – 4 C 47.89 – BVerwGE 84, 361 – Serriesteich.

  [42] BVerfG, B. v. 12.6.1979 – 1 BvL 19/76 – BVerfGE 52, 1 = RzB Rn. 1104 – Kleingarten; B. v. 2.2.1999 – 1 BvL 7/91 – BVerfGE 100, 226 = NJW 1999, 2877 – Direktorenvilla.

  [43] BVerwG, B: v. 30.9.1996 – 4 NB 31.96 – NuR 1997, 240 = RdL 1997, 105 – Wasserschutzgebiet.

  [44] BVerwG, Urt. v. 13.4.1983 – 4 C 21.79 – BVerwGE 67, 84; B. v. 15.6.1993 – 7 B 122.91 – NVwZ 1993, 772 – Deichgrundstück; B. v. 10.5.199– 4 B 90.95 – NJW 1996, 409 – Landschaftspflegegesetz; B. v. 2.2.1999 – 1 BvL 7/91 – BVerfGE 100, 226 = NJW 1999, 2877 – Direktorenvilla.

  [45] BVerfG, B. v. 15.1.1969 – 1 BvL 3/66 – BVerfGE 25, 112 = DÖV 1969, 281 – Nds. Deichgesetz.

  [46] *Krohn* in FS Schlichter, 1995, 439; zum früheren Meinungsstand *Sellmann* DVBl 1992, 235.

  [47] BVerfG, B. v. 8.7.1971 – 1 BvR 766/66 – BVerfGE 31, 275 = NJW 1972, 145 – Urheberrechtsgesetz; B. v. 15.1.1974 – 1 BvL 5/70 – BVerfGE 36, 281 = GRUR 1974, 143 – Akteneinsicht Patenterteilung; Urt. v. 8.7.1976 – 1 BvL 19/75 – BVerfGE 42, 263 – Hilfswerk Behinderte Kinder; B. v. 15.7.1981 – 1 BvL 77/78 – BVerfGE 58, 300 = RzB Rn. 1136 – Naßauskiesung; B. v. 9.1.1991 – 1 BvR 929/89 – BVerfGE 83, 201 = NJW 1991, 1807 – Vorkaufsrecht ABG NW.

  [48] BVerfG, B. v. 19.12.1987 – 2 BvL 16/84 – BVerfGE 77, 288 = RzB Rn. 133 – Stadtverband Saarbrücken.

kreten Festsetzungen sachgerechte Erwägungen zu Grunde liegen. Regelungen, die den Inhalt des Eigentums bestimmen, müssen sowohl prinzipiell als auch konkret der grundgesetzlich garantierten Rechtsstellung des Eigentümers einerseits und den Anforderungen an eine sozial gerechte Eigentumsordnung und damit öffentlichen Belangen andererseits genügen.[49] § 1 VII BauGB, wonach die öffentlichen und privaten Belange gegeneinander und untereinander gerecht abzuwägen sind, setzt diese grundgesetzlichen Anforderungen in spezifischer Weise einfachgesetzlich um. Die vom Bundesgesetzgeber in § 1 V BauGB dazu bestimmten einzelnen Vorgaben sind zwar detailliert, jedoch keineswegs abschließend. Soweit diese Bindungen oder rechtlich zu beachtenden Vorgaben nicht reichen, besteht für die Gemeinde unter dem Vorbehalt der Anpassungspflicht an die Ziele der Raumordnung nach § 1 IV BauGB gem. § 1 III BauGB die Befugnis, eine ihr gemäße Städtebaupolitik zu betreiben.

1211 Wegen der Komplexität und der Gegenläufigkeit der zu berücksichtigenden Belange einerseits und wegen des kommunalpolitischen Entscheidungsvorrangs der Gemeinde sowie aus verfassungsrechtlichen Gründen andererseits verlangt der Bundesgesetzgeber die Beachtung eines Aufstellungsverfahrens, in dem die Entscheidungen der Gemeinde öffentlich begleitet werden können und an Transparenz gewinnen. Dies geschieht vielfach auch außerhalb des kommunalrechtlich vorgesehenen Verfahrens im Rahmen vielfältiger Möglichkeiten der politischen und öffentlichen Mitwirkung. Die grundrechtliche, vor allem gemeinwohlbezogene und eigentumsrechtliche Gebundenheit der Gemeinde verlangt, dass die Aufstellung der Bauleitpläne nicht nur von der Öffentlichkeit begleitet werden kann, sondern die getroffenen planerischen Entscheidungen auch inhaltlich an den vorgenannten Werten orientiert sind und dadurch ihre Rechtfertigung erlangen. Wenn die Gemeinde durch die Bauleitplanung in der Lage ist, auf der Grundlage des BauGB an der Bestimmung von Inhalt und Schranken des Eigentums maßgeblich mitzuwirken (Art. 14 I 2 GG), so müssen die Bauleitpläne durch entsprechende Gemeinwohlgründe gerechtfertigt sein und auch vor der Eigentumsgarantie in Art. 14 GG Bestand haben. Die Gemeinde muss sich daher für jede der von ihr getroffenen Festsetzungen auf entsprechende rechtfertigende städtebauliche Gründe berufen können. Dabei ist das Eigentum bei der planerischen Abwägung in hervorgehobener Weise zu berücksichtigen.[50] Zugleich ist die Gemeinde aber nicht auf eine nur formale Handhabung und Umsetzung der in § 1 V BauGB benannten Belange verpflichtet. In diesem Sinne gibt es auch keine neutrale Städtebaupolitik, die nicht immer zugleich die vom Gesetzgeber in § 1 V BauGB angeführten Belange berühren würde. Beachtet die Gemeinde die verfassungsrechtlichen und einfachgesetzlichen Vorgaben, kann sie in diesem Rahmen eine autonome Städtebaupolitik durch entsprechende Festsetzungen im Bebauungsplan umsetzen.[51] Eine besondere städtebauliche Rechtfertigung ist dabei grundsätzlich nicht erforderlich.

---

[49] BVerfG, B. v. 12.6.1979 – 1 BvL 19/76 – BVerfGE 52, 1 = RzB Rn. 1104 – Kleingarten; B. v. 10.3.1981 – 1 BvR 92 u 96/71 – BVerfGE 56, 249 = NJW 1981, 1257 = DVBl 1981, 542 = RzB Rn. 1134 – Gondelbahn; B. v. 14.7.1981 – 1 BvL 24/78 – BVerfGE 58, 137 = RzB Rn. 1135 – Pflichtexemplare; B. v. 15.7.1981 – 1 BvL 77/78 – BVerfGE 58, 300 = NJW 1982, 745 = DVBl 1982, 340 = DÖV 1982, 543 = RzB Rn. 1136 – Naßauskiesung; B. v. 19.6.1985 – 1 BvL 57/79 – BVerfGE 70, 191 – Fischereigenossenschaften; B. v. 30.11.1988 – 1 BvR 1301/84 – BVerfGE 79, 174 = RzB Rn. 98 – Lärmschutz; B. v. 2.2.1999 – 1 BvL 7/91 – BVerfGE 100, 226 = NJW 1999, 2877 – Direktorenvilla vgl. auch BVerwG, Urt. v. 16.5.1991 – 4 C 17.90 – BVerwGE 88, 191 = RzB Rn. 1207 – Abstandsflächen.

[50] BVerwG, Urt. v. 16.4.1971 – 4 C 66.67 – DVBl 1971, 746; Urt. v. 1.11.1974 – 4 C 38.71 – BVerwGE 47, 144 = RzB Rn. 6 – Parkplatz; B. v. 11.4.1989 – 4 B 65.89 – NVwZ 1989, 1061 = RzB Rn. 1109 – Fassadenreparatur; B. v. 5.4.1993 – 4 NB 3.91 – BVerwGE 92, 231 = RzB Rn. 166 – Meerbusch.

[51] BVerwG, B. v. 5.4.1993 – 4 NB 3.91 – BVerwGE 92, 231 = RzB Rn. 166 – Meerbusch.

→ **Bauland.** Es ermöglicht ggf. in Verbindung mit weiteren Zulassungs- und Prüfungsschritten die bauliche Grundstücksnutzung. Bauland wird in baureifes Land, in Rohbauland und in Bauerwartungsland unterteilt.

Baureifes Land. Bebaubare Flächen, die nach Maßgabe des Bebauungsplans oder ortsüblich erschlossen sind. Für die bebaubaren Flächen ist eine Vermessung der Baugrundstücke möglich. Die bauliche Nutzbarkeit der Grundstücke ist planungsrechtlich zulässig und widerspricht auch im Übrigen nicht öffentlich-rechtlichen Vorschriften. Die bebaubaren Grundstücke können im Geltungsbereich eines rechtsverbindlichen qualifizierten, vorhabenbezogenen oder einfachen Bebauungsplans (§ 30 I bis III BauGB), im Gebiet eines Bebauungsplanentwurfs mit Planreife (§ 33 BauGB) oder im nicht beplanten Innenbereich (§ 34 BauGB) und für privilegierte Vorhaben auch im Außenbereich (§ 35 BauGB) liegen.

Rohbauland. Die Grundstücke sind zwar bereits planerisch für eine Bebauung vorgesehen, jedoch ist die Erschließung der Baugrundstücke noch nicht erfolgt. Auch sind die Verkehrsflächen noch nicht freigegeben. Vielfach fehlt auch noch die Vermessung der Grundstücke (Wert: etwa 40 bis 80 % von baureifem Land).

Bauerwartungsland. Grundstücke, für die eine Erwartung besteht, dass sie sich zu baureifem Land entwickeln. Anhaltspunkte für eine absehbare spätere bauliche Nutzbarkeit der Grundstücke: Ausweisung im Flächennutzungsplan als Wohnbaufläche, günstige Lage innerhalb des Gemeindegebietes, günstige Verkehrsverhältnisse. Kein Entschädigungsanspruch bei Wegfall der Bauerwartung (Wert: etwa 20 bis 50 % des Preises von baureifem Land).

Die **Inhalts- und Schrankenbestimmung** obliegt dabei dem **Gesetzgeber.** Der Ge- **1212** setzgeber hat bei der Erfüllung des ihm in Art 14 I 2 GG erteilten Auftrags sowohl der verfassungsrechtlich garantierten Rechtsstellung des Eigentümers als auch dem aus Art 14 II GG folgenden Gebot einer sozialgerechten Eigentumsordnung Rechnung zu tragen. Er muss deshalb die schutzwürdigen Interessen der Beteiligten in einen gerechten Ausgleich und ein ausgewogenes Verhältnis bringen[52]. Die Gestaltungsfreiheit des Gesetzgebers im Rahmen des Art 14 GG ist umso größer, je stärker der soziale Bezug des Eigentumsobjekts ist[53]. Außerdem können grundlegende Veränderungen der wirtschaftlichen und gesellschaftlichen Verhältnisse wie bei der Herstellung der Deutschen Einheit den Regelungs- und Gestaltungsspielraum des Gesetzgebers erweitern.

2. Enteignungsrechtliche und einfachgesetzliche Zumutbarkeit

Der Gesetzgeber kann nach Art. 14 I 2 GG Inhalt und Schranken des Eigentums bestim- **1213** men. Führt die Inhalts- und Schrankenbestimmung zu enteignenden Wirkungen und ist sie hinsichtlich ihrer Auswirkungen der Enteignung i.S. des Art. 14 III GG vergleichbar, so ist der Gesetzgeber zu einer Kompensation verpflichtet. Diese kann in einer Verringerung der Eingriffswirkungen, einer Enteignung nach Art. 14 III GG oder einer Entschädigungsleistung liegen. Dabei ist zu fragen, ob der Eingriff die enteignungsrechtliche Zumutbarkeitsschwelle überschreitet und sozusagen schwer und unerträglich ist. Diese verfassungsrechtliche Grenze hat der Gesetzgeber bei seinen Regelungen zu wahren und bei Eingriffen, die sich als Überschreitung der enteignungsrechtlichen Zumutbarkeitsschwelle darstellen, eine angemessene Entschädigung sozusagen unter Abbildung der Grundsätze des Art. 14 III GG zu gewähren. Der Gesetzgeber ist allerdings nicht gehindert, unterhalb dieser enteignungsrechtlichen Zumutbarkeitsschwelle einfachgesetzliche Zumutbarkeitsschwellen einzurichten, die im Verwaltungsvollzug einzuhalten sind oder bei deren Überschreitung ein einfachgesetzlicher Ausgleichs- oder Entschädigungsanspruch besteht. Eine solche einfachgesetzliche Zumutbarkeitsschwelle unterhalb der Enteignung hat das BVerwG etwa §§ 41 ff., 50 BImSchG oder dem fachplanungsrechtlichen Schutzauflagegebot (§ 17 IV FStrG a. F./§ 74 II 2 VwVfG) entnommen.[54] Auch das Ge-

---

[52] BVerfG, B. v. 22.11.1994 – 1 BvR 351/91 – BVerfGE 91, 294.
[53] BVerfG, B. v. 2.3.1999 – 1 BvL 7/91 – EuGRZ 1999, 415.
[54] BVerwG, Urt. v. 14.2.1975 – 4 C 21.74 – BVerwGE 48, 56 = RzB Rn. 50 – B 42; Urt. v.

bot der nachbarlichen Rücksichtnahme markiert eine solche Grenze im Vorfeld der enteignenden Wirkung.[55] Sie ist nicht erst überschritten, wenn der Eingriff schwer und unerträglich ist und damit eine der Enteignung vergleichbare Wirkung hat, sondern bereits dann, wenn die vom Gesetzgeber angeordnete Zumutbarkeitsschwelle unterhalb enteignungsrechtlicher Belastungsgrenze nicht eingehalten wird. Ob und in welchem Umfang der Gesetzgeber solche einfachgesetzlichen Zumutbarkeitsschwellen im Vorfeld der Enteignung einführt, obliegt seiner freien Entscheidung. Er kann dabei anordnen, dass solche Zumutbarkeitsschwellen nicht überwunden werden dürfen, oder auch regeln, dass bei Überschreitung dieser Grenzen ein entsprechender Ausgleich durch Schutzauflagen oder Entschädigung zu gewähren ist.[56]

1214   Inhalts- und Schrankenbestimmungen nach Art 14 I 2 GG müssen der verfassungsrechtlich garantierten Eigentumsstellung und dem Gebot einer sozialgerechten Eigentumsordnung in gleicher Weise Rechnung tragen. Soweit das Eigentum die persönliche Freiheit des Einzelnen im vermögensrechtlichen Bereich sichert, genießt es einen besonders ausgeprägten Schutz[57]. Dies gilt insbesondere dann, wenn ein Grundstück den wesentlichen Teil des Vermögens des Pflichtigen bildet und die Grundlage seiner privaten Lebensführung einschließlich seiner Familie darstellt[58]. Eine an sich unzumutbare Inhalts- und Schrankenbestimmung kann in bestimmten Fallgruppen durch Ausgleichsregelungen zur Wahrung der Verhältnismäßigkeit und zum Ausgleich gleichheitswidriger Sonderopfer verfassungsrechtlich zulässig sein[59]. Der Höhe nach orientiert sich die Ausgleichsleistung grundsätzlich am Wert des abverlangten Guts. Dienen die ausgleichspflichtigen Inhalts- und Schrankenbestimmungen dem Allgemeinwohl, muss der Ausgleich nicht notwendig den Verkehrswert abdecken[60].

1215   Ein (wirksamer) **Bebauungsplan** bestimmt Inhalt und Schranken des Eigentums im Sinne von Art. 14 I 2 GG. Ihm gegenüber ist deshalb eine Berufung auf die Eigentumsgewährleistung nach Art. 14 I 1 GG versagt. Die Gemeinde darf durch ihre Bauleitplanung die (bauliche) Nutzbarkeit von Grundstücken verändern und dabei auch die privaten Nutzungsmöglichkeiten einschränken oder gar aufheben. Allerdings setzt eine wirksame städtebauliche Planung voraus, dass hinreichend gewichtige städtebaulich beachtliche Allgemeinbelange für sie bestehen. Diese müssen umso gewichtiger sein, je stärker die Festsetzungen eines Bebauungsplans die Befugnisse des Eigentümers einschränken oder Grundstücke von einer Bebauung ganz ausschließen. Die Beschränkung der Nutzungsmöglichkeiten eines Grundstücks muss daher von der Gemeinde als ein wichtiger Belang privater Eigentümerinteressen in der nach § 1 VII BauGB gebotenen Abwägung der öffentlichen und der privaten Belange beachtet werden.[61]

1216   Ein Anspruch aus **§ 912 BGB** führt nicht zur Unwirksamkeit eines Bebauungsplans. Der **Überbauer** wird nicht Eigentümer der überbauten Grundfläche. Er kann deshalb nicht stärker geschützt sein als ein Grundeigentümer. Dieser ist aber nicht in der Lage, mit Hilfe des § 903 BGB jede ihm missliebige Überplanung abzuwehren.[62] Wird ein pri

---

21.5.1976 – 4 C 80.74 – BVerwGE 51, 15 = RzB Rn. 108 – Stuttgart–Degerloch; Urt. v. 23.2.1977 – 4 C 22.75 – BVerwGE 52, 122 = RzB Rn. 1151; Urt. v. 17.2.1978 – 1 C 102.76 – BVerwGE 55, 250 – Voerde; Urt. v. 7.7.1978 – 4 C 79.76 – BVerwGE 56, 110 = RzB Rn. 1164 – Frankfurter Flughafen; Urt. v. 23.1.1981 – 4 C 4.78 – BVerwGE 61, 295 = RzB Rn. 113; Urt. v. 5.8.1983 – 4 C 96.79 – BVerwGE 67, 334 = RzB Rn. 969 – Rücksichtnahme § 15 BauNVO.

[55] BVerwG, Urt. v. 23.2.1977 – 4 C 22.75 – BVerwGE 52, 122 = RzB Rn. 1151 – Außenbereich; Urt. v. 26.5.1978 – 4 C 9.77 – BVerwGE 55, 369 = RzB Rn. 336 – Harmonie.

[56] S. Rn. 474.

[57] BVerfG, B. v. 15.10.1996 – 1 BvL 44/92 – BVerfGE 95, 64.

[58] BVerfG, B. v. 16.2.2000 – 1 BvR 242/91 – BVerfGE 102, 1.

[59] BVerfG, B. v. 2.3.1999 – 1 BvL 7/91 – BVerfGE 100, 226.

[60] BVerfG, B. v. 20.1.2005 – 1 BvR 290/01 – BVerfGK 5, 50.

[61] BVerwG, B. v. 15.5.2013 – 4 BN 1.13 – gemeindliche Planungshoheit bei Bahnanlagen.

[62] BVerwG, B. v. 3.1.2012 – 4 BN 42.11 – (4 BN 38.11) – Duldungspflicht beim Überbau.

vates Grundstück für fremdnützige Zwecke überplant, ist zu prüfen, ob es zur Erreichung des Zwecks ein milderes Mittel gibt.[63]

3. Vorrang des Primärrechtsschutzes

Mit der systematischen Aufteilung zwischen Inhalts- und Schrankenbestimmung einerseits und Legal- und Administrativenteignung andererseits verbindet sich der grundsätzliche Vorrang des **Primärrechtsschutzes**. Ist es vorrangig Aufgabe des Gesetzgebers, Inhalt und Schranken des Eigentums zu bestimmen und Enteignungen vorzunehmen oder dafür die verfassungsrechtliche Grundlage zu schaffen, so obliegt es auch dem Gesetzgeber, die tatbestandlichen Voraussetzungen und entschädigungsrechtlichen Folgen für eine Enteignung selbst festzulegen. Mit dem die Enteignung legitimierenden Gesetz sind zugleich nach Art. 14 III 2 GG Art und Ausmaß der Entschädigung festzusetzen. Fehlt es an einer solchen gesetzlichen Grundlage, so können die Gerichte eine Entschädigung nicht zusprechen. Art. 14 GG gibt hierfür keine Rechtsgrundlage. Die vom GG vorgesehene Folge einer wegen fehlender Entschädigungsregelung verfassungswidrigen „Enteignung" ist nicht die Gewährung eines Entschädigungsanspruchs, sondern die Aufhebung des Eingriffsaktes. Mit der Eröffnung des Verwaltungsrechtsweges besteht für den von einem solchen enteignungsgleichen Eingriff Betroffenen die Möglichkeit, den Verwaltungsakt selbst zu Fall zu bringen, wenn das zu Grunde liegende Gesetz wegen fehlender Entschädigungsregelung oder aus anderen Gründen nichtig ist.[64] Eine Entschädigung kann allerdings in diesen Fällen einfachgesetzlich angeordnet sein. 1217

Für die Entscheidungskompetenz der ordentlichen Gerichte bei Entschädigungsverfahren nach Art. 14 III 4 GG ergeben sich aus dieser Rechtslage **Konsequenzen**: Sieht der Bürger in der gegen ihn gerichteten Maßnahme eine Enteignung, so kann er eine Entschädigung nur einklagen, wenn hierfür eine gesetzliche Anspruchsgrundlage vorhanden ist. Fehlt sie, so muss er sich bei den Verwaltungsgerichten um die **Aufhebung des Eingriffsaktes** bemühen. Er kann aber nicht unter Verzicht auf die Anfechtung eine ihm vom Gesetz nicht zugebilligte Entschädigung beanspruchen. Mangels einer gesetzlichen Grundlage können die Gerichte in solchen Fällen auch eine Entschädigung nicht zusprechen. Der Betroffene hat hiernach **kein Wahlrecht**, ob er sich gegen eine wegen Fehlens einer gesetzlichen Entschädigungsregelung rechtswidrige „Enteignung" zur Wehr setzen oder unmittelbar Entschädigung verlangen will. Lässt er den Eingriffsakt unanfechtbar werden, so verfällt seine Entschädigungsklage der Abweisung. Wer von den ihm durch das GG eingeräumten Möglichkeiten, sein Recht auf Herstellung des verfassungsmäßigen Zustandes zu wahren, keinen Gebrauch macht, kann wegen eines etwaigen, von ihm selbst herbeigeführten Rechtsverlustes nicht anschließend von der öffentlichen Hand Geldersatz verlangen.[65] 1218

Beispiel: Der Bebauungsplan sieht für den Entzug einer Grundstückszufahrt eine angemessene Ersatzzufahrt vor. Wird dies in einem verwaltungsgerichtlichen Urteil rechtskräftig festgestellt und werden die gesetzlichen Voraussetzungen für einen Entschädigungsanspruch in Geld abgelehnt, so sind damit die Zivilgerichte gehindert, unter enteignungsrechtlichen Gesichtspunkten eine Entschädigung zuzusprechen.[66]

---

[63] OVG Münster, B. v. 14.6.2012 – 2 B 379/12.NE –.

[64] BVerfG, B. v. 10.5.1977 – 1 BvR 514/68 und 323/69 – BVerfGE 45, 297 = RzB Rn. 1133 – U – Bahnbau.

[65] So BVerfG, B. v. 15.7.1981 – 1 BvL 77/78 – BVerfGE 58, 300 = RzB Rn. 1136 – Naßauskiesung; vgl. auch BGH, Urt. v. 26.1.1984 – III ZR 216/82 – BGHZ 90, 17 = RzB Rn. 1120 – Naßauskiesung, der den Vorrang des Primärrechtsschutzes auch aus Grundsätzen des Mitverschuldens nach § 254 BGB ableitet; vgl. auch Urt. v. 9.10.1986 – III ZR 2/85 – BGHZ 99, 24 = RzB Rn. 1024 – Blücher-Museum; *Schlichter* in FS Sendler 1993, 241.

[66] So BGH, Urt. v. 10.6.1985 – III ZR 3/84 – BGHZ 95, 28 = DVBl 1985, 1133 = NJW 1985, 3025 = RzB Rn. 1122 – B 61.

1219   Der grundsätzliche Vorrang des Primärrechtsschutzes bezieht sich jedoch nur auf **klassische Enteignungen**, die auf Grund eines hoheitlichen Zugriffs auf den vollständigen
oder teilweisen Entzug des Eigentums i. S. eines transitorischen Übergangs von Eigen-
tumsbefugnissen gerichtet sind, und bezieht sich nur auf rechtswidrige Enteignungen,
für die vom Gesetzgeber keine Entschädigung angeordnet ist. Außerdem entfällt der Vorrang des verwaltungsgerichtlichen Rechtsschutzes gegen die Eingriffsmaßnahme dann,
wenn der Gesetzgeber auch in Fällen rechtswidriger Eigentumseingriffe eine Entschädigung angeordnet hat oder die Rechtsprechung über die Grundsätze des **enteignungsgleichen Eingriffs** auf Grund allgemeiner gesetzlicher Grundlagen (§§ 74, 75 Einl. Pr.
AL) eine solche Entschädigung gewährt.[67] Der BGH hält dabei an seiner Auffassung fest,
dass für rechtswidrige hoheitliche Eingriffe in das Eigentum nach den von der Rechtsprechung für den enteignungsgleichen Eingriff entwickelten Grundsätzen Entschädigung zu leisten ist.[68] Der Entschädigungsanspruch setzt dabei nicht voraus, dass der
Nachteil atypisch oder unvorhergesehen ist.[69] Der Anspruch aus enteignungsgleichem
Eingriff wird dabei als öffentlich-rechtliches Gegenstück zum zivilrechtlichen Ausgleichsanspruch unter Nachbarn begriffen.[70]

4. Verbot des enteignungsrechtlichen Konflikttransfers

1220   Die durch gemeindliche Bauleitplanung oder auf Grund von Einzelakten vollzogenen
Enteignungen stellen sich nicht als Legalenteignungen, sondern als **Administrativenteignungen** dar. Der Bebauungsplan ergeht zwar als Satzung und ist damit ein materielles, nicht jedoch ein formelles Gesetz, das in Art. 14 III GG gemeint ist. Bewirkt
der Bebauungsplan daher unmittelbar enteignende Eingriffe in privates Eigentum, so
muss im BauGB eine Entschädigungsregelung zur Verfügung stehen, die einen angemessenen Ausgleich für den erlittenen Rechtsverlust gewährt. Diese Regelungen sind
in §§ 39 bis 44 BauGB enthalten. Ist die Maßnahme nicht als Enteignung zu verstehen,
weil sie nicht i. S. der klassischen Enteignung dem Bilde der Güterbeschaffung entspricht, so können sich die Regelungen als Inhalts- und Schrankenbestimmungen darstellen, die allerdings ebenfalls verfassungsrechtlichen Anforderungen genügen müssen. Dazu zählt, dass die Maßnahmen einen sachgerechten Ausgleich zwischen Gemeinwohlbezogenheit und Privatnützigkeit treffen müssen. Bei der Aufstellung des
Bebauungsplanes wird dies durch die Beachtung des Abwägungsgebotes sichergestellt.
Inhalts- und Schrankenbestimmungen des Eigentums können sich jedoch schwer und

---

[67] Zur älteren Rechtsprechung etwa BGH, Urt. v. 26.11.1954 – V ZR 58/53 – BGHZ 15, 268 –
Bausperre; Urt. v. 20.12.1956 – III ZR 82/55 – BGHZ 23, 3 – Grünflächenverzeichnis; Urt. v.
25.6.1959 – III ZR 220/57 – BGHZ 30, 338 – Bausperre; Urt. v. 27.1.1977 – III ZR 153/74 = RzB
Rn. 664 – BGHZ 68, 100 – Planungsgewinn; vgl. zur Rechtsprechung nach dem Naßauskiesungs-
beschluss des BVerfG BGH, Urt. v. 3.6.1982 – III ZR 28/76 – BGHZ 84, 223 = RzB Rn. 1118 –
Naßauskiesung; Urt. v. 3.6.1982 – III ZR 107/78 – BGHZ 84, 230 – Trockenauskiesung; Urt. v.
26.1.1984 – III ZR 179/82 – BGHZ 90, 4 = RzB Rn. 1119 – Kiesabbau; Urt. v. 26.1.1984 – III ZR
216/82 – BGHZ 90, 17 = RzB Rn. 1120 – Naßauskiesung; Urt. v. 5.2.1986 – III ZR 96/84 – BGHZ
97, 114 = NJW 1986, 1980 – A 96; Urt. v. 9.10.1986 – III ZR 2/85 – BGHZ 99, 24 = NJW 1987, 2069
= RzB Rn. 1097 – Blücher–Museum; Urt. v. 18.12.1986 – III ZR 174/85 – BGHZ 99, 262 = NJW
1987, 1320 = RzB Rn. 596 – heranrückende Wohnbebauung; Urt. v. 7.7.1988 – III ZR 198/87 –
NJW 1989, 101 – legislatives Unrecht; Urt. v. 11.2.1988 – III ZR 64/87 – NVwZ 1988, 963 = RzB
Rn. 1128 – Ackerbürgerhaus; Urt. v. 23.6.1988 – III ZR 8/87 – BGHZ 105, 15 = RzB Rn. 1098 –
Bodendenkmal; Urt. v. 22.2.1990 – III ZR 196/87 – BauR 1990, 461 = RzB Rn. 1130 – Steigerung
Grundstückspreise.
[68] BGH, Urt. v. 26.1.1984 – III ZR 216/82 – BGHZ 90, 17 = RzB Rn. 1120 – Auskiesung; Urt. v.
29.3.1984 – III ZR 11/83 – BGHZ 91, 20 = RzB Rn. 1121 – Kläranlage.
[69] BGH, Urt. v. 30.1.1986 – III ZR 34/85 – NJW 1986, 2423 = RzB Rn. 1123 – Fluglärm.
[70] BGH, Urt. v. 29.3.1984 – III ZR 11/83 – BGHZ 91, 20 = RzB Rn. 1121 – Kläranlage; Urt. v.
30.1.1986 – III ZR 34/85 – NJW 1986, 2423 = RzB Rn. 1123 – Militärflugplatz.

unerträglich auswirken und daher wie eine Enteignung in privates Eigentum eingreifen. Für diesen Fall kann es geboten sein, den Ausgleich durch **Kompensations- und Ausgleichsregelungen** in dem Sinne abzufedern, dass der Eingriff erträglich wird.[71] Enthält eine Maßnahme den danach erforderlichen Ausgleich nicht, genügt sie den verfassungsrechtlichen Anforderungen einer zulässigen Inhalts- und Schrankenbestimmung nicht.[72]

Dies hat für die Aufstellung des Bebauungsplans unmittelbare Konsequenzen: Die Frage, ob der Bebauungsplan in diesem Sinne enteignend wirkende Festsetzungen enthält, darf in der planerischen Abwägung nicht offen bleiben. Macht der Planbetroffene geltend, dass ein für das Planvorhaben nicht unmittelbar in Anspruch genommenes Grundstück schweren und unerträglichen Belastung ausgesetzt wird, so hat die Gemeinde ein **Wahlrecht**: Sie muss entweder dafür Sorge tragen, dass die Beeinträchtigungen unterhalb der enteignenden Wirkungen verbleiben oder das Grundstück durch Planung in Anspruch nehmen und hierdurch die Voraussetzungen für eine Enteignung und Entschädigung schaffen.[73] Macht die Planung zur Verwirklichung der mit ihr verfolgten Ziele Festsetzungen erforderlich, die sich in ihren Auswirkungen auf Nachbargrundstücke materiell wie eine Enteignung darstellen, so darf der dadurch hervorgerufene Interessenkonflikt nicht unbewältigt bleiben. In solchen Fällen bedarf es vielmehr einer Bewältigung der von der Bauleitplanung ausgelösten Konflikte.[74] Dieses **Verbot des enteignungsrechtlichen Konflikttransfers** ergibt sich aus den Grenzen einer gemeinwohlbezogenen Inhalts- und Schrankenbestimmung in Art. 14 I 2 GG und den verfassungsrechtlichen Möglichkeiten der Enteignung in Art. 14 III GG. Hat der Gesetzgeber im Vorfeld der Enteignung eine einfachgesetzliche Zumutbarkeitsschwelle angeordnet, so gilt ein entsprechendes **Verbot des einfachgesetzlichen Konflikttransfers.** Es bedeutet, dass die nachteiligen Auswirkungen der Planung entweder entsprechend zu verringern sind oder für den eintretenden Rechtsverlust eine Kompensation zu gewähren ist.[75]

5. Rechtfertigung der Enteignung

Die belastenden eigentumsbezogenen Regelungen des Bebauungsplans unterliegen im Übrigen einer **speziellen Rechtfertigung**, die über die allgemeine Planrechtfertigung hinausgeht. Der Bebauungsplan bedarf bei entsprechenden gravierenden Auswirkungen einer besonderen Legitimation, aus der heraus sich die jeweilige Maßnahme rechtfertigt. Der Bebauungsplan muss zwar ganz allgemein gem. § 1 III BauGB erforderlich sein und seine Festsetzungen müssen dem Abwägungsgebot in § 1 VII BauGB genügen. Dies schafft aber nicht zugleich sozusagen automatisch eine Rechtsgrundlage für enteignende Maßnahmen. Erfolgt die Enteignung auf Grund eines Bebauungsplans durch vollziehenden Einzelakt, so bedarf die enteignende Maßnahme einer speziellen gemeinwohlbezogenen Rechtfertigung. Die Umsetzung des Bebauungsplans muss darüber hinaus dringend geboten, erforderlich und verhältnismäßig sein. Vor allem bedürfen enteignende

[71] BVerwG, Urt. v. 15.2.1990 – 4 C 47.89 – BVerwGE 84, 361 = DVBl 1990, 585 = RzB Rn. 1049 – Serriesteich im Anschluss an BVerfG, B. v. 15.7.1981 – 1 BvL 77/78 – BVerfGE 58, 137 = RzB Rn. 1136 – Naßauskiesung; *Schindler* NuR 1981, 160; *ders.* BayVBl. 1979, 360.

[72] BVerwG, Urt. v. 15.2.1990 – 4 C 47.89 – BVerwGE 84, 361 = RzB Rn. 1049 – Serriesteich; vgl. auch Urt. v. 24.6.1993 – 7 C 26.92 – BVerwGE 94, 1 = NJW 1993, 2949 = RzB Rn. 1065 – Herrschinger Moos.

[73] BVerwG, Urt. v. 23.1.1981 – 4 C 4.78 – BVerwGE 61, 295 = NJW 1981, 2137 = DVBl 1981, 932 – Schallschutz.

[74] Zum Straßenrecht BVerwG, Urt. v. 14.2.1975 – 4 C 21.74 – BVerwGE 48, 56 = RzB Rn. 50 – B 42; Urt. v. 21.5.1976 – 4 C 80.74 – BVerwGE 51, 15 = RzB Rn. 108 – Stuttgart–Degerloch; Urt. v. 7.7.1978 – 4 C 79.76 – BVerwGE 56, 110 = RzB Rn. 1164 – Frankfurter Flughafen; Urt. v. 23.1.1981 – 4 C 4.78 – BVerwGE 61, 295 = RzB Rn. 113 – Schallschutz; *Blümel* in *Stüer* (Hrsg.) Verfahrensbeschleunigung, S. 17.

[75] HBG § 7 Rn. 152.

Maßnahmen, die auf der Grundlage des Bebauungsplans getroffen werden sollen, im Lichte der Eigentumsgarantie einer besonderen verfassungsrechtlichen Legitimation und unterliegen erhöhten Anforderungen. Dabei ist auch zu beachten, dass Art. 14 I 1 GG den Bestand des konkreten Eigentums in der Hand des einzelnen Eigentümers sichert.[76] Diese **Bestandsgarantie** geht einer **Wertgarantie**, die durch Ersatzlandbeschaffung oder Geldentschädigung lediglich den Wert des Eigentums sichert, vor.[77] Erst wenn die verfassungsrechtlichen Voraussetzungen für einen Eigentumseingriff vorliegen und ein entsprechend legitimierter Zugriff auf das private Eigentum erfolgt, wandelt sich diese Bestandsgarantie in eine Wertgarantie um.[78]

1223   Soll der **Bebauungsplan** die Grundlage für eine spätere Enteignung bilden, so bedarf es allerdings nach der Rechtsprechung des BVerwG[79] auch mit Rücksicht auf etwaige Entschädigungsansprüche nach §§ 39 ff. BauGB im Rahmen der Abwägung grundsätzlich noch **keiner (vorgezogenen) Prüfung**, ob die Voraussetzungen für eine spätere **Enteignung** des Grundstücks erfüllt sind. Allerdings sind bei der Aufstellung eines Bebauungsplans alle betroffenen und schutzwürdigen privaten Interessen, insbesondere soweit sie sich aus dem Eigentum herleiten lassen, zu berücksichtigen. Das Grundeigentum wird zwar an den im Plangebiet liegenden Flächen durch einen Bebauungsplan inhaltlich bestimmt und gestaltet (Art. 14 I 2 GG). Auch kann der Bauleitplanung in der Realität eine eigentumsverwirklichende Wirkung zukommen.[80] Dies hat nach Auffassung des BVerwG jedoch nicht die Folge, dass schon für den Bebauungsplan die Enteignungsvoraussetzungen (pauschal) zu prüfen sind.[81] Erfolgt die Enteignung nicht auf Grund eines Bebauungsplans, sondern bereits unmittelbar durch den Bebauungsplan selbst, und fehlt daher eine zweite Stufe der Prüfung in einem sich anschließenden Enteignungsverfahren, so müssen die Festsetzungen des Bebauungsplans bereits selbst den enteignungsrechtlichen Legitimationsanforderungen genügen. Der Bebauungsplan bedarf in solchen Fällen einer **speziellen enteignungsrechtlichen Planrechtfertigung**, die über die allgemeinen Anforderungen an die Aufstellung von Bebauungsplänen hinausgeht.[82] Außerdem ist der Bebauungsplan auf **städtebauliche Belange** beschränkt und kann auch nur insoweit die Grundlage für Enteignungen geben. Für andere, nicht städtebauliche Zwecke kann der Bebauungsplan nicht als Enteignungsgrundlage dienen.

Beispiel: Der Bebauungsplan soll die Grundlage für den Bau einer Auto-Teststrecke bilden. Die dazu erforderliche Enteignung der Landwirte soll durch eine Unternehmensflurbereinigung gem. § 87 FlurbG erfolgen. Der Bebauungsplan kann nicht die Grundlage dafür bieten, über die Verbesserung

---

[76] BVerfG, Urt. v. 18.12.1968 – 1 BvR 638, 673/64 und 200, 238, 249/65 – BVerfGE 24, 367 = RzB Rn. 1132 – Deichurteil; B. v. 3.7.1973 – 1 BvR 153/69 – BVerfGE 35, 348 – Armenrecht; Urt. v. 12.11.1974 – 1 BvR 32/68 – BVerfGE 38, 175; Urt. v. 8.7.1976 – 1 BvL 19 u. 20/75 – BVerfGE 42, 263 – Hilfswerk Behinderte Kinder; Urt. v. 1.3.1979 – 1 BvR 532/77 – BVerfGE 50, 290 – Mitbestimmung; B. v. 12.6.1979 – 1 BvL 19/76 – BVerfGE 52, 1 = RzB Rn. 1104 – Kleingarten; B. v. 10.3.1981 – 1 BvR 92 u 96/71 – BVerfGE 56, 249 – Bad Dürkheimer Gondelbahn; B. v. 24.3.1987 – 1 BvR 1046/85 – BVerfGE 74, 264 – Boxberg; B. v. 18.2.1999 – 1 BvR 1367/88, 146 und 147/91 – DVBl 1999, 701 – zur Zulässigkeit einer städtebaulichen Enteignung zur Errichtung einer Waldorfschule durch einen privaten Verein.

[77] BVerwG, Urt. v. 16.3.1989 – 4 C 36.85 – BVerwGE 81, 329 = DVBl 1989, 663 = RzB Rn. 1269 – Moers-Kapellen.

[78] BVerwG, Urt. v. 15.2.1990 – 4 C 47.89 – BVerwGE 84, 361 = RzB Rn. 1049 – Serriesteich; BGH, Urt. v. 5.3.1981 – III ZR 9/80 – BGHZ 80, 111; Urt. v. 9.10.1986 – III ZR 2/85 – BGHZ 99, 24 = RzB Rn. 1097 – Blücher-Museum.

[79] BVerwG, B. v. 21.2.1991 – 4 NB 16.90 – BauR 1991, 299 = UPR 1991, 235 = RzB Rn. 70 – öffentliche Grünfläche.

[80] BVerwG, Urt. v. 5.7.1974 – 4 C 50.72 – BVerwGE 45, 309 = RzB Rn. 24; BVerfG, B. v. 14.5.1985 – 2 BvR 397/82 – 399/82 – BVerfGE 70, 35 = RzB Rn. 1291 – Bebauungsplan in Gesetzesform.

[81] BVerwG, B. v. 21.2.1991 – 4 NB 16.90 – BauR 1991, 299 = RzB Rn. 70.

[82] *Battis* in *BKL* Vorb. §§ 39 – 44 Rn. 7.

der regionalen Wirtschaftsstruktur gem. § 87 I BauGB eine Enteignung zu rechtfertigen, die nicht städtebaulichen, sondern ganz allgemein wirtschaftspolitischen Zwecken dient.[83]

Eine Enteignung gem. Art 14 III GG darf nur zur Erfüllung eines besonders schwerwie- **1224** genden, dringenden öffentlichen Interesses erfolgen. Eine Enteignung ist unzulässig, wenn andere Lösungen zu Verfügung stehen, mit denen der Enteignungszweck auf weniger einschneidende Weise erreicht werden kann; hierbei sind vorrangig Grundstücke der öffentlichen Hand in Anspruch zu nehmen, wenn das Vorhaben auf ihnen ebenso gut verwirklicht werden kann. Bei planakzessorischen Enteignungen müssen die Enteignungsbehörden das Vorliegen der Enteignungsvoraussetzungen eigenständig und unabhängig von den städtebaulichen Zielsetzungen des Bebauungsplanes prüfen, da die Bauleitplanung keine verbindliche Aussage über die Zulässigkeit einer Enteignung trifft. Neben der Inzidentkontrolle der bauplanerischen Entscheidung hat die Enteignungsbehörde in einem zweiten Schritt zu prüfen, ob das Wohl der Allgemeinheit gerade in Bezug auf den Einzelfall die Enteignung des konkreten Grundstücks erfordert. Die Baulandgerichte sind verpflichtet und befugt, die Entscheidung der Enteignungsbehörde vollständig nachzuprüfen; denn es handelt sich um eine reine Rechtskontrolle, wobei der Enteignungsbehörde kein gerichtlich nur beschränkt nachprüfbarer Entscheidungsspielraum zukommt. Diese Prüfungsanforderungen an Enteignungsbehörde und Gerichte bei einer planakzessorischen Enteignung tragen den verfahrensrechtlichen und inhaltlichen Anforderungen des Art 14 I 1 GG Rechnung, da der Bebauungsplan keine enteignungsrechtliche Vorwirkung entfaltet.

Die zweistufige Prüfung im Enteignungsverfahren gewährleistet die Vornahme einer **1225** Gesamtabwägung aller Gemeinwohlgesichtspunkte und widerstreitenden Interessen unter Prüfung auch der Erforderlichkeit des Vorhabens. Eine bauplanerische Standort- oder Variantenwahl ist erst dann rechtswidrig, wenn die verworfene Lösung eindeutig vorzugswürdig war oder der Planungsbehörde infolge einer fehlerhaften Ermittlung, Bewertung oder Gewichtung einzelner Belange ein rechtserheblicher Fehler unterlaufen ist. Es ist verfassungsrechtlich nicht zu beanstanden, der Entscheidung über die Gültigkeit eines Bebauungsplanes im Normenkontrollverfahren Bindungswirkung auch für den Zivilrichter zuzusprechen. Diese Bindung umfasst auch die Erforderlichkeit der Planung zur städtebaulichen Entwicklung und Ordnung generell sowie den Bedarf für die konkrete Planung. Zu prüfen bleibt jedoch, ob eine Enteignung zum Vollzug des Bebauungsplans im Einzelfall zulässig ist, ob das Wohl der Allgemeinheit sie erfordert und der Enteignungszweck auf andere zumutbare Weise nicht erreicht werden kann.[84]

6. Enteignung zu Gunsten Privater

Soll die Enteignung zu Gunsten Privater erfolgen, bedarf es zusätzlicher verfassungs- **1226** rechtlicher Anforderungen. Da die Enteignung auch in diesen Fällen einer **besonderen Gemeinwohlrechtfertigung** unterliegt, sind in einem Gesetz Zwecke und Voraussetzungen der Enteignung im Einzelnen festzulegen.[85] Ob und für welche Zwecke eine

---

[83] BVerfG, B. v. 24.3.1987 – 1 BvR 1046/85 – BVerfGE 74, 264 = RzB Rn. 1137 – Boxberg im Gegensatz zu BVerwG, Urt. v. 14.3.1985 – 5 C 130.83 – BVerwGE 71,108 = NVwZ 1985, 739 = RzB Rn. 1138 – Boxberg; vgl. auch BVerfG, B. v. 9.6.1987 – 1 BvR 510/87 – UPR 1987, 343 = RzB Rn. 1106 – München II; BVerwG, Urt. v. 3.5.1988 – 4 C 26.84 – NVwZ 1989, 149 = UPR 1989, 102 = RzB Rn. 89 – K 2841 Boxberg; BGH, Urt. v. 13.12.1990 – III ZR 240/89 – DVBl 1991, 437 = BauR 1991, 206 = RzB Rn. 617 – Bodenordnung.

[84] BVerfG, B. v. 8.7.2009 – 1 BvR 2187/07, 1 BvR 692/08 – BauR 2009, 1706 = NVwZ 2009, 1283 = BayVBl. 2010, 107 – Administrativenteignung § 85 I Nr. 1 BauGB, m. Hinw. auf B. v. 24.3.1987 – 1 BvR 1046/85 – BVerfGE 74, 264; B. v. 10.3.1981 – 1 BvR 92/71, BVerfGE 56, 249 – Dürkheimer Gondelbahn; B. v. 16.12.2002 – 1 BvR 171/02 – NVwZ 2003, 726, verfahrensgangvorgehend BGH, B. v. 21.2.2008 – III ZR 201/07 –; m. Hinw. auf BGH, Urt. v. 25.10.2001 – III ZR 76/01 – BauR 2002, 290; BVerfG, B. v. 20.2.2008 – 1 BvR 2722/06 – NVwZ 2008, 780.

[85] BVerfG, B. v. 10.3.1981 – 1 BvR 92 u 96/71 – BVerfGE 56, 249 = RzB Rn. 1134 – Gondelbahn; B. v. 24.3.1987 – 1 BvR 1046/85 – BVerfGE 74, 264 = RzB Rn. 1137 – Boxberg.

solche Enteignung statthaft sein soll, hat der Gesetzgeber unzweideutig zu entscheiden. Auch muss bei einer Enteignung zu Gunsten Privater gewährleistet sein, dass der im Allgemeininteresse liegende Zweck der Maßnahme erreicht und dauerhaft gesichert wird. Ergibt sich der Nutzen für das Gemeinwohl nicht aus dem Unternehmensgegenstand selbst, sondern nur als mittelbare Folge der Unternehmenstätigkeit, müssen besondere Anforderungen an die gesetzliche Konkretisierung des Enteignungszwecks und der verfassungsrechtlichen Legitimation gestellt werden.

Beispiel: Die Stadt weist in einem Bebauungsplan ein großes Güterverkehrszentrum aus, das als Verkehrsdrehscheibe von Straße, Schiene und Wasserstraße dienen soll.[86] Der Eigentümer einer größeren, im Bebauungsplan gelegenen Fläche ist mit der Planung nicht einverstanden. Er widersetzt sich der von der Stadt beantragten Enteignung und verweist darauf, dass die Grundstücke an private Investoren weitergegeben werden sollen, die den gemeinwohlbezogenen Zweck nur mittelbar erfüllen. Auch fehle es an einer speziellen gesetzlichen Enteignungs- und Legitimationsgrundlage.[87]

III. Planungsschadensrecht gem. §§ 39 bis 44 BauGB

1227 Das → **Planungsschadensrecht**, das einen **Ausgleich für Eingriffe in die Bodennutzbarkeit** gewährt, ist in den Vorschriften der §§ 39 bis 44 BauGB unter der Abschnittsüberschrift „Entschädigung" zusammengefasst.[88] Die Entschädigungsvorschriften gliedern sich in eine Generalnorm für Vertrauensschäden wegen vorgenommener Aufwendungen gem. § 39 BauGB, Entschädigungsvorschriften bei einer Grundstücksinanspruchnahme oder -entwertung für bestimmte öffentliche Zwecke gem. §§ 40, 41 BauGB, eine Generalnorm für die Entschädigung bei einer Änderung oder Aufhebung einer zulässigen Nutzung nach § 42 BauGB sowie Regelungen zum Entschädigungsverfahren gem. §§ 43, 44 BauGB. Die Vorschriften beziehen sich auf planerische Eingriffe in die Bodennutzbarkeit und unterscheiden sich hierdurch von den Entschädigungsvorschriften der §§ 85 bis 122 BauGB, die sich auf Administrativenteignungen durch Verwaltungsakt beziehen.

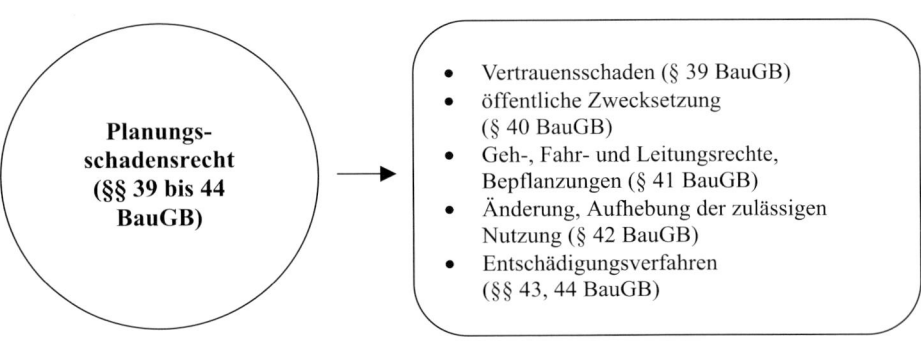

Planungs-
schadensrecht
(§§ 39 bis 44
BauGB)

- Vertrauensschaden (§ 39 BauGB)
- öffentliche Zwecksetzung (§ 40 BauGB)
- Geh-, Fahr- und Leitungsrechte, Bepflanzungen (§ 41 BauGB)
- Änderung, Aufhebung der zulässigen Nutzung (§ 42 BauGB)
- Entschädigungsverfahren (§§ 43, 44 BauGB)

→ **Planungsschadensrecht.** §§ 39 bis 44 BauGB gewähren Entschädigung bei einem Vertrauensschaden, der bei Änderung, Ergänzung oder Aufhebung eines rechtsverbindlichen Bebauungsplans entsteht (§ 39 BauGB), bei Inanspruchnahme von Flächen durch gemeinwohlgebundene Festsetzungen eines Bebauungsplans (§ 40 BauGB), bei Begründung von Geh-, Fahr- und Leitungsrechten und bei Bindungen für Bepflanzungen (§ 41 BauGB). Bei der Änderung oder Aufhebung einer zulässigen Nutzung gewährt § 42 BauGB für Eingriffe innerhalb von sieben Jahren

---

[86] *Stüer* DVBl 1992, 54.
[87] Zur Einschaltung Privater *Stüer* DVBl 1992, 1528.
[88] *Kröner* ZfBR 1984, 117; *Mengele* BauR 1995, 193; *Papier* BauR 1976, 297; *Söfker* BBauBl. 1983, 735.

ab erstmaliger Zulässigkeit der Nutzung eine Entschädigung nach der Differenz der Grundstückswerte. Nach Ablauf der Siebenjahresfrist wird eine Entschädigung nur für Eingriffe in die bereits verwirklichte Nutzung gewährt. Besonders geregelt sind Entschädigung und Verfahren (§ 43 BauGB), Entschädigungspflichtige, Fälligkeit und Erlöschen der Entschädigungsansprüche (§ 44 BauGB).

1. Entschädigung für Vertrauensschutz gem. § 39 BauGB

§ 39 BauGB schützt das **Vertrauen** in den Bestand eines Bebauungsplans. Haben Eigen- **1228** tümer oder Nutzungsberechtigte im berechtigten Vertrauen auf den Bestand eines **rechtsverbindlichen Bebauungsplans** Vorbereitungen für die Verwirklichung von Nutzungsmöglichkeiten getroffen, können sie eine angemessene Entschädigung in Geld verlangen, soweit die Aufwendungen durch die Änderung, Ergänzung oder Aufhebung des Bebauungsplans an Wert verlieren.

Entschädigungspflichtig können Aufwendungen sein, die im unmittelbaren Zusam- **1229** menhang mit der Verwirklichung des Vorhabens stehen. Dazu rechnen etwa Kosten für Grundstücksteilungen, Grundstücksvermessungen, Bodenuntersuchungen, Architekten- und Ingenieurhonorare für Planentwürfe, Wirtschaftlichkeitsberechnungen, Bau- und Finanzierungskosten einschließlich Bereitstellungszinsen, Baugenehmigungsgebühren sowie Schadensersatzzahlungen wegen Auftragsannullierungen.[89] Auch Abgaben, die für die Erschließung des Grundstücks erhoben wurden, können entschädigungspflichtig sein (vgl. § 39 S. 2 BauGB). **Entschädigungsberechtigt** sind der Eigentümer und dinglich sowie schuldrechtlich Nutzungsberechtigte. Entschädigungspflichtig ist nach § 44 I BauGB die Gemeinde, wenn der Eingriff nicht im Interesse eines Begünstigten erfolgt.

Geschützt wird nach § 39 BauGB (nur) das Vertrauen in den Bestand eines **rechtsver- 1230 bindlichen Bebauungsplans**. Darstellungen des Flächennutzungsplans sind daher ebenso wenig eine Vertrauensgrundlage, wie sich aus einem rechtsunwirksamen Bebauungsplan Entschädigungsansprüche nach § 39 BauGB ergeben können.[90] Auch Festsetzungen, die wegen **Funktionslosigkeit** außer Kraft getreten sind[91], geben keine Grundlage für Entschädigungsansprüche nach § 39 BauGB.[92] Der zu Grunde liegende Bebauungsplan muss mithin zum Zeitpunkt der Aufwendungen wirksam sein. Er darf nicht an einem formellen oder materiellen Mangel leiden, muss nach § 10 BauGB in Kraft getreten sein und darf nicht vor der fraglichen Anwendung durch gegenläufiges Gewohnheitsrecht oder Funktionslosigkeit außer Kraft getreten sein.[93] Ein Entschädigungsanspruch entfällt allerdings nicht, wenn ein zunächst unwirksamer Bebauungsplan im Zeitpunkt der Aufwendungen von der Gemeinde geheilt war oder das Heilungsver-

---

[89] *Battis* in *BKL* § 39 Rn. 3.

[90] BGH, Urt. v. 24.6.1982 – III ZR 169/80 – BGHZ 84, 292 = RzB Rn. 588 – nichtiger Bebauungsplan.

[91] S. Rn. 753.

[92] BGH, Urt. v. 19.9.1985 – III ZR 162/84 – BGHZ 97, 1 = RzB Rn. 590; Urt. v. 10.4.1986 – III ZR 209/84 – BauR 1987, 62 = NVwZ 1986, 168; Urt. v. 21.12.1989 – III ZR 49/88 – BGHZ 110, 1 = NJW 1990, 1042 = DVBl 1990, 355 = RzB Rn. 585 – Buchholzer Berg; zur Funktionslosigkeit von Festsetzungen eines Bebauungsplans Urt. v. 29.4.1977 – IV C 39.75 – BVerwGE 54, 5 = DVBl 1977, 768 = NJW 1977, 2325 = RzB Rn. 201; Urt. v. 29.9.1978 – IV C 30.76 – BVerwGE 56, 283 = DVBl 1979, 151 = NJW 1979, 1516 = RzB Rn. 25 – Kurgebiet; Urt. v. 5.8.1983 – 4 C 96.79 – BVerwGE 67, 334 = RzB Rn. 969; B. v. 16.2.1988 – 4 B 26.88 – UPR 1988, 265 = ZfBR 1988, 144 = NVwZ 1989, 49 = *Hoppe/ Stüer* RzB Rn. 452 – Abgrabung; B. v. 31.8.1989 – 4 B 161.88 – NVwZ-RR 1990, 121 = UPR 1990, 27 = ZfBR 1990, 40 = RzB Rn. 202 – Stellplätze; Urt. v. 22.3.1990 – 4 C 24.86 – BVerwGE 85, 96 = DVBl 1990, 781 = RzB Rn. 1150 – Rückenteignung; Urt. v. 3.8.1990 – 7 C 41.89 – BVerwGE 85, 273 = DVBl 1991, 157.

[93] BGH, Urt. v. 24.6.1982 – III ZR 169/80 – BGHZ 84, 292 = RzB Rn. 588 – nichtiger Bebauungsplan; Urt. v. 21.12.1989 – III ZR 49/88 – BGHZ 110, 1 = RzB Rn. 585 – Buchholzer Berg.

fahren mit späterem Abschluss begonnen war. Einen allgemeinen **Plangewährleistungsanspruch** in dem Sinne, dass auch das Vertrauen in eine rechtsunwirksame Planung geschützt wird, hat die Rechtsprechung aus § 39 BauGB nicht abgeleitet.[94] Auch ein Anspruch aus enteignungsgleichem Eingriff scheidet aus, wenn das einfache Gesetzesrecht einen solchen Anspruch nicht gewährt. Ein Entschädigungsanspruch kann jedoch dann bestehen, wenn der Einzelne durch den Erlass eines unwirksamen, aber vollzogenen Bebauungsplans schwer und unerträglich betroffen wird.[95]

Beispiel: Auf Grund eines von der Gemeinde erlassenen Bebauungsplans wird in der Nähe eines geruchsintensiven landwirtschaftlichen Betriebes ein Wohngebiet errichtet. In einem Normenkontrollverfahren wird der Bebauungsplan für unwirksam erklärt, weil ein ausreichender Abstand zwischen der immissionsempfindlichen Wohnbebauung und dem landwirtschaftlichen Betrieb nicht gewahrt ist. Die Gemeinde kann nach den Grundsätzen des enteignungsgleichen Eingriffs schadensersatzpflichtig sein, wenn die zur Erhaltung des landwirtschaftlichen Betriebes erforderlichen Modernisierungs- und ggf. Erweiterungsmaßnahmen unterbleiben müssen. Auch können Amtshaftungsansprüche nach Art. 34 GG, § 839 BGB begründet sein.[96] Ansprüche nach §§ 39 ff. BauGB scheiden demgegenüber wegen der Unwirksamkeit des Bebauungsplans aus.

1231   Auch das Vertrauen auf den Fortbestand einer planungsrechtlichen Nutzbarkeit des Grundstücks im **nichtbeplanten Innenbereich** nach **§ 34 BauGB** oder im **Außenbereich** nach **§ 35 BauGB** ist durch § 39 BauGB nicht geschützt. Die Vorschrift schützt nur das berechtigte Vertrauen auf den Bestand eines rechtsverbindlichen Bebauungsplans, nicht das Vertrauen auf die planungsrechtliche Zulässigkeit von Vorhaben im nichtbeplanten Innenbereich oder im Außenbereich. Auch eine analoge Anwendung des § 39 BauGB muss in diesen Fällen ausscheiden, weil die Vorschrift insoweit abschließende, nicht erweiterungsfähige Regelungen enthält.

1232   § 39 BauGB schützt das berechtigte Vertrauen in den **Fortbestand der Festsetzungen** eines Bebauungsplans. Dieses Vertrauen ist nicht mehr geschützt, wenn eine Änderung, Ergänzung oder Aufhebung des Bebauungsplans erkennbar ist.

Beispiel: Die Gemeinde beschließt die Änderung des Bebauungsplans und beantragt bei der Baugenehmigungsbehörde, das Vorhaben nach § 15 BauGB für ein Jahr zurückzustellen. Aufwendungen, die erst nach erfolgter Zurückstellung des Bauvorhabens getätigt werden, sind nicht nach § 39 BauGB entschädigungspflichtig.

1233   Geschützt ist nur der **Wertverlust**. Wird das Grundstück in anderer Weise gleichwertig verwertet, so tritt eine Entschädigungspflicht nach § 39 BauGB nicht ein. Führt die Gemeinde die Änderungsabsicht nicht durch, so entfällt ebenfalls eine Entschädigungspflicht, da ein Vertrauensschaden nach § 39 BauGB nur bei einer durchgeführten Entwertung von Nutzungsmöglichkeiten gewährt wird. Nach § 39 S. 1 BauGB ist ein angemessener Geldersatz zu leisten. Die Entschädigung bemisst sich der Höhe nach dabei gem. § 43 I 3 BauGB nach den §§ 93 ff. BauGB.

2. Entschädigung bei öffentlicher Zwecksetzung gem. §§ 40, 41 BauGB

1234   **a) Gemeinwohlzwecke.** §§ 40, 41 BauGB enthalten Entschädigungsregelungen bei öffentlicher Zwecksetzung. Sind im Bebauungsplan Gemeinbedarfsflächen sowie Flächen für Sport- und Spielanlagen, Flächen für Personengruppen mit besonderem Wohnbedarf oder mit besonderem Nutzungszweck, von der Bebauung freizuhaltende Schutzflächen und Flächen für besondere Anlagen und Vorkehrungen zum Schutz vor Einwirkungen,

---

[94] BGH, Urt. v. 24.6.1982 – III ZR 169/80 – BGHZ 84, 292 = RzB Rn. 588; Urt. v. 21.12.1989 – III ZR 49/88 – BGHZ 110, 1 = RzB Rn. 585 – Buchholzer Berg; B. v. 9.10.1996 – 4 B 180.96 – DÖV 1997, 251 = UPR 1997, 102 – Plangewährleistung; *Hoppe* DVBl 1969, 246.

[95] BGH, Urt. v. 28.6.1984 – III ZR 35/83 – BGHZ 92, 34 = RzB Rn. 19 – nichtiger Bebauungsplan einerseits und Urt. vV. 21.12.1989 – III ZR 49/88 – BGHZ 110, 1 – Buchholzer Berg andererseits.

[96] BGH, Urt. v. 28.6.1984 – III ZR 35/83 – BGHZ 92, 34 = RzB Rn. 19.

Verkehrsflächen, Versorgungsflächen, Flächen für die Abfallentsorgung und Abwasserbeseitigung sowie für Ablagerungen, Grünflächen, Flächen für Aufschüttungen, Abgrabungen oder für die Gewinnung von Steinen, Erden und anderen Bodenschätzen, Flächen für Gemeinschaftsstellplätze und Gemeinschaftsgaragen, Flächen für Gemeinschaftsanlagen, von der Bebauung freizuhaltende Flächen, der Wasserwirtschaft dienende Flächen sowie Flächen für Maßnahmen zum Schutz, zur Pflege und zur Entwicklung von Natur und Landschaft festgesetzt, so ist der Eigentümer nach § 40 BauGB zu entschädigen, soweit ihm hierdurch Vermögensnachteile entstehen.

Hat ein Grundstück bereits eine bestimmte **planungsrechtliche Qualität** erreicht,   **1235** so ist diese auch Grundlage für eine Entschädigung im Falle der Übernahme des Grundstücks nach den §§ 40 II, 43 I BauGB. Dies gilt etwa für ein im bisherigen Bebauungsplan als Bauland ausgewiesenes Grundstück, das über sieben Jahre ungenutzt war und in einem neuen Bebauungsplan als Gemeinbedarfsfläche ausgewiesen wird. Bedeutsam kann dabei auch sein, dass die Bebaubarkeit der umliegenden Grundstücke weitgehend nicht aufgehoben wurde. Nach dem Wortlaut des § 43 I 3 BauGB i. V. m. § 95 II Nr. 7 BauGB und nach § 43 III 2 BauGB darf bei der Festsetzung der Entschädigung nur die tatsächlich ausgeübte Nutzung des Grundstücks berücksichtigt werden. Die frühere, über sieben Jahre nicht ausgenutzte Bebaubarkeit bliebe danach als Merkmal für die Wertbestimmung unberücksichtigt. Im Hinblick auf Art. 14 GG und den allgemeinen Gleichheitssatz ist allerdings nach Auffassung des BGH eine verfassungskonforme Auslegung der genannten Entschädigungsbestimmungen geboten. Es ist im Falle eines Übernahmeverlangens daher Enteignungsentschädigung nach derjenigen Grundstücksqualität zu leisten, die das enteignete Grundstück vor der es herabzonenden Ausweisung im Bebauungsplan hatte und die die übrigen Grundstücke im Plangebiet weiterhin aufweisen.[97]

b) Geh-, Fahr- und Leitungsrechte. § 41 BauGB gewährt eine Entschädigung bei   **1236** der **Begründung von Geh-, Fahr- und Leitungsrechten** und bei der **Bindung für Bepflanzungen**. Sind im Bebauungsplan Flächen festgesetzt, die mit Geh-, Fahr- und Leitungsrechten zu belasten sind, kann der Eigentümer unter den Voraussetzungen des § 40 II BauGB die Begründung der Rechte zu Gunsten des Berechtigten verlangen.

3. Entschädigung bei Änderung oder Aufhebung einer zulässigen Nutzung gem. § 42 BauGB

Eine Entschädigungsregelung bei **Änderung** oder **Aufhebung** einer **zulässigen Nut-**   **1237** **zung** enthält § 42 BauGB. Wird die zulässige Nutzung eines Grundstücks aufgehoben oder geändert und tritt dadurch eine nicht nur unwesentliche Wertminderung des Grundstücks ein, kann der Eigentümer nach Maßgabe des § 42 BauGB eine angemessene Entschädigung in Geld verlangen. Die Vorschrift stellt innerhalb des Planungsschadensrechts die Generalnorm für die Entschädigung wegen Änderung oder Aufhebung einer zulässigen Nutzung dar. Gegenüber den Sondertatbeständen erweist sich die Regelung damit als subsidiärer Auffangtatbestand, der auch in nichtbeplanten Innenbereichs- oder Außenbereichslagen Anwendung findet.

a) Siebenjahresfrist. Das Gesetz unterscheidet dabei zwischen Eigentumseingriffen,   **1238** die innerhalb eines Zeitraums von **sieben Jahren** in die baurechtliche Nutzbarkeit erfolgen, und Änderungen oder Aufhebungen, die eine bereits länger bestehende Nutzungsmöglichkeit betreffen. Wird die zulässige Nutzung eines Grundstücks innerhalb von sieben Jahren ab erstmaliger planungsrechtlicher Zulässigkeit aufgehoben oder geändert, so bemisst sich die Entschädigung gem. § 42 II BauGB nach dem Wertunterschied der jeweiligen Nutzungsmöglichkeiten. Wird nach Ablauf der **Siebenjahresfrist** die bisherige Nutzung nachteilig geändert oder aufgehoben, so wird nach § 42 III BauGB grundsätz-

---

[97] BGH, Urt. v. 6.5.1999 – III ZR 174/98 – DVBl 1999, 1282 m. krit. Anm. *Berkemann* = BauR 1999, 1001 = UPR 1999, 306 = ZfBR 1999, 273 = DÖV 1999, 824.

lich nur Entschädigung für einen Eingriff in die **ausgeübte Nutzung** geleistet. Eine Entschädigung für bisher nicht ausgeübte Nutzungsmöglichkeiten erfolgt, abgesehen von Sonderfällen (vgl. dazu § 42 V bis VIII BauGB), nicht.[98]

1239   Diese in ihrem Kern bereits auf die BBauG-Novelle 1976 zurückgehende Vorschrift will einen sachgerechten Ausgleich zwischen den **Gemeinwohlbelangen** und den **Individualinteressen** des Eigentümers sicherstellen. Erstmals wurde dabei die Siebenjahresfrist zur Begrenzung der Entschädigungsansprüche in nicht ausgeübte Nutzungen eingeführt. Im Vorfeld der Neuregelungen waren bereits weiter gehende Modelle eines Planwertausgleichs oder Investitionsbeitrags mit dem Inhalt erörtert worden, dass Planungsgewinne ganz oder teilweise abgeschöpft oder finanzielle Beiträge zu den Investitionsaufwendungen der Gemeinden bei der Ausweisung neuen Baugeländes geleistet werden sollten.[99] Die in § 42 BauGB enthaltene Begrenzung des Entschädigungsanspruchs für den Eingriff in nicht ausgeübte Nutzungen wird allgemein als verfassungsrechtlich zulässige Inhalts- und Schrankenbestimmung des Eigentums angesehen. Der Gesetzgeber hat sich dabei von dem Gedanken leiten lassen, die nicht verwirklichte Nutzung nur in einem zeitlich beschränkten Rahmen zu schützen und nach Ablauf einer bestimmten Frist solche Nutzungsmöglichkeiten ohne Entschädigungsverpflichtung erneut zur Disposition der planenden Gemeinde zu stellen. Anderenfalls bestünde die Gefahr, dass notwendige Planänderungen an finanziellen Entschädigungsfolgen scheitern könnten. Zugleich ist dabei das Vertrauensschutzinteresse des Eigentümers in einem notwendigen Umfang berücksichtigt: Der Eigentümer oder Erwerber eines Grundstücks kann sich darauf verlassen, dass innerhalb der Siebenjahresfrist ein Entzug der bestehenden Nutzungsmöglichkeiten nur gegen Entschädigung erfolgt. Ist die Nutzung bereits länger als sieben Jahre zulässig, so muss der Betroffene mit einer Planänderung rechnen und ist in diesem Fall auf eine Entschädigung für die ausgeübten Nutzungen beschränkt.

1240   **b) Eingriff in die zulässige Grundstücksnutzung.** Die Entschädigung nach § 42 BauGB setzt einen Eingriff in die **zulässige Grundstücksnutzung** voraus. Die planungsrechtliche Zulässigkeit kann sich dabei aus den Festsetzungen eines Bebauungsplanes gem. § 30 BauGB, im nichtbeplanten Innenbereich aus § 34 BauGB oder im Außenbereich aus § 35 BauGB ergeben. Auch Möglichkeiten der Ausnahmen und Befreiungen nach § 31 BauGB oder planungsrechtliche Zulässigkeiten im Hinblick auf die formelle oder materielle Planreife nach § 33 I und II BauGB sind dabei zu berücksichtigen. Zudem muss die **Erschließung** gesichert sein.

1241   Die zulässige Nutzung muss durch einen **Bebauungsplan** der Gemeinde oder eine **vergleichbare Maßnahme** aufgehoben oder geändert werden. Dabei muss es sich um einen planungsrechtlichen Eingriff in die Bodennutzbarkeit mit bodenrechtlichen Wirkungen oder um eine entsprechende planersetzende Maßnahme handeln. Eine Umplanung der Gemeinde dahingehend, dass an die Stelle ursprünglich vorgesehener öffentlicher Erschließungsanlagen gleichgeartete private Erschließungsanlagen treten, stellt die planungsrechtliche Nutzbarkeit als solche jedoch nicht in Frage und löst einen entsprechenden Entschädigungsanspruch nicht aus.[100] Die Aufhebung oder Änderung der baulichen Nutzung kann auch durch den Erlass einer Erhaltungssatzung nach § 172 BauGB oder einer Innenbereichssatzung nach § 34 IV BauGB[101] bewirkt werden oder in einer

---

[98] Zur rückwirkenden Planheilung BVerwG, B. v. 20.8.1992 – 4 NB 3.92 – ZfBR 1992, 289 = RzB Rn. 215 – Baugrenzen.

[99] Vorschläge dahingehend, den Planungsgewinn abzuschöpfen, sind auch im Rahmen des BauROG 1998 im Vermittlungsausschuss gescheitert.

[100] BGH, Urt. v. 10.4.1997 – III ZR 104/96 – DVBl 1997, 1055 = NJW 1997, 2115 (auch zu weiteren in Betracht kommenden Übernahme- und Entschädigungsansprüchen); siehe auch zur Entschädigung für Wertminderung bei Grundstücksteilung (§§ 95, 96 BauGB) BGH, Urt. v. 10.4.1997 – III ZR 111/96 – NJW 1997, 2119.

[101] *Stüer* DVBl 1995, 121.

Änderung der BauNVO liegen, die eine bisher zulässige Nutzung entzieht oder ändert. Allerdings setzt dies voraus, dass die Änderung der BauNVO zulässigerweise in die Planungen der Gemeinde eingreift und dies mit der kommunalen Planungshoheit vereinbar ist. Aus dieser Sicht sind solchen rückwirkenden Eingriffen in den Bestand der Bauleitpläne durch Änderungen der BauNVO Grenzen gesetzt.

Bedeutung kann eine Änderung der BauNVO im nicht beplanten Innenbereich ge- **1242** winnen. Denn eine Entschädigung nach § 42 I BauGB kommt auch dann in Betracht, wenn die bisher zulässige bauliche Nutzung eines bebauten Grundstücks nicht durch einen Bebauungsplan, sondern auf Grund des **§ 34 BauGB** durch andere behördliche Akte aufgehoben oder geändert wird.[102] Die Anwendung des § 42 BauGB auch auf diese Fälle der Erteilung von Baugenehmigungen und einer dadurch bewirkten Umstrukturierung des Gebietes wird vor allem mit der Überlegung begründet, dass es sich dabei um enteignende Eingriffe in eine ausgeübte Nutzung handeln kann und aus verfassungsrechtlichen Gründen eine Entschädigungsregelung für solche Eingriffe erforderlich ist. Ähnlich wie eine „verfestigte Anspruchsposition" nach der früheren Rechtsprechung des BVerwG zu einem Anspruch auf Genehmigung führen konnte,[103] ist auch die planungsrechtliche Rechtsstellung im nichtbeplanten Innenbereich gegen Entwertungen durch die Erteilung von Genehmigungen geschützt.[104]

In der **Bauleitplanung** hat die Gemeinde allerdings entsprechende **Abwägungs-** **1243** **spielräume.** Bei einer **Überplanung** muss die vorhandene Bebauung nach Art und Maß der baulichen Nutzung nicht unverändert übernommen werden. Eine Gemeinde ist nicht gehalten, eine bisherige „potenzielle" Bebaubarkeit eines Grundstücks aufrecht zu erhalten. Ansprüche auf Umnutzung eines vorhandenen Bauvorhabens dürfen nach Maßgabe des Abwägungsgebots planerisch entzogen werden. Über Existenz und Reichweite eines Anspruchs auf Ausgleich eines Planungsschadens braucht sich die Gemeinde nur Gedanken zu machen, wenn die Aktualisierung der durch eine Planung bedingten Eigentumsbeschränkung ohne finanziellen Ausgleich unverhältnismäßig oder gleichheitswidrig wäre und deshalb einen Härtefall darstellen würde.[105] Auf der anderen Seite gilt aber auch: Stehen den Grundstückseigentümern kein Entschädigungsanspruch nach dem Planungsschadensrecht zu, so ist die Wertigkeit ihrer Belange als Eigentümer in der Abwägung nicht sozusagen automatisch herabgemindert.[106] Verbleibt als Folge einer gemeindlichen Planung das Eigentum an bisherigen Baugrundstücken lediglich noch als formale Hülle, so wird das Gewicht der Eigentümerbelange nicht dadurch gemindert, dass die bauliche Nutzungsmöglichkeiten nicht innerhalb der Sieben-Jahres-Frist des § 42 II und 3 BauGB ausgenutzt wurden. In die Abwägung ist vielmehr unabhängig von Entschädigungsfragen einzustellen, dass sich der den Eigentumsinhalt wesentlich bestimmende Entzug bisheriger baulicher Nutzungsmöglichkeiten für die betroffenen Grundeigentümer wie eine teilweise Enteignung auswirkt[107] Der Satzungsgeber muss erfassen, welche Auswirkungen seine Planung auf die Rechtspositionen Betroffener haben wird. Er muss deshalb in einem ersten Schritt eine Bestandsaufnahme der im Plangebiet vorhandenen Nutzungen und der von der Planung berührten Rechtspositionen vornehmen. Die Bestandsaufnahme ist ggf. auch auf Belange von Betroffenen außerhalb des Plangebiets zu erstrecken. Nur im Anschluss daran kann eine zutreffende Gewichtung der betroffenen Belange erfolgen, die wiederum

---

[102] BGH, Urt. v. 12.6.1975 – III ZR 158/72 – BGHZ 64, 366 = RzB Rn. 599 – Sägewerk.

[103] BVerwG, Urt. v. 27.1.1967 – 4 C 33.65 – BVerwGE 26, 111 = NJW 1967, 1099.

[104] BGH, Urt. v. 12.6.1975 – III ZR 158/72 – BGHZ 64, 366 = RzB Rn. 599 – Sägewerk.

[105] BVerwG, B. v. 26.8.2009 – 4 BN 35.09 – Planungsschaden, m. Hinw. auf BVerfG, B. v. 2.3.1999 – 1 BvL – BVerfGE 100, 226 – Direktorenvilla.

[106] OVG Saarlouis, Urt. v. 25.6.2009 – 2 C 284/09 – NVwZ-RR 2009, 719 = BauR 2009, 1784 – ehemaliger Parks als geschützter Landschaftsbestandteil.

[107] OVG Saarlouis, Urt. v. 25.6.2009 – 2 C 478/07 –.

Voraussetzung für die Abwägungsgerechtigkeit der vom Plangeber gewollten planerischen Lösung ist.[108]

1244   Es spricht viel dafür, dass eine „zulässige Nutzung" gem. § 42 I BauGB bei einem Vorhaben im **Außenbereich** erst dann vorliegt, wenn sich diese Nutzungszulässigkeit aus einer Baugenehmigung oder einem Bauvorbescheid ergibt.[109] Denn vor Erteilung einer Baugenehmigung besteht für den Grundstückseigentümer im Außenbereich nur eine allgemeine Chance der baulichen Nutzung. Die planungsrechtliche Zulässigkeit auch bei privilegierten Vorhaben steht hier unter dem Vorbehalt der nicht entgegenstehenden öffentlichen Belange, was eine Rechtsposition nach § 42 I BauGB noch nicht begründet.[110] Denn bis zur Erteilung einer Bebauungsgenehmigung oder einer Baugenehmigung besteht für die bauliche Nutzung des Außenbereichs nur eine labile Lage, die nicht bereits eine zulässige Grundstücksnutzung erzeugt oder eine verfassungsrechtlich gefestigte Konsistenz hat.[111] Zulässige Nutzung i. S. des § 42 BauGB ist im Außenbereich daher nur die in einem bau- oder immissionsschutzrechtlichen Verfahren zugelassene Nutzung.[112]

1245   Der **Flächennutzungsplan**, der an sich privilegierte Vorhaben durch seine Ausschlusswirkung regelmäßig für unzulässig erklärt, begründet keine Entschädigungsansprüche nach § 42 BauGB. Denn der Flächennutzungsplan hat im Allgemeinen keine abschließende rechtssatzmäßige Wirkung, sondern stellt vielmehr die bauliche und sonstige Nutzung der Grundstücke in den Grundzügen dar (§ 5 BauGB).[113] So ergeben sich auch aus der Ausweisung von Konzentrationszonen für Windkraftanlagen in einem Flächennutzungsplan[114] keine Entschädigungsansprüche in analoger Anwendung der §§ 39, 42 BauGB für die Eigentümer solcher Grundstücke im Außenbereich, die nicht in der entsprechenden Konzentrationszone liegen.[115] Auch hat sich auf dem Grundstücksmarkt kein entsprechender Teilmarkt[116] mit einem entsprechenden Wertaufschlag ergeben. Das gilt jedenfalls solange, wie die Bauleitplanung oder die Regionalplanung nicht entsprechende, wertaufbessernde Festlegungen getroffen haben. Das BVerwG hat die Anwendung des § 42 BauGB bisher im Ergebnis offen gelassen.[117]

1246   Auch Regelungen der Gemeinde und der Regionalplanung im Zusammenhang mit dem **Darstellungsprivileg** des **§ 35 III 3 BauGB** lösen eine Entschädigungspflicht nach § 42 BauGB nicht aus. Mit der Ausweisung von **Konzentrationszonen** verbunden mit einer entsprechenden Ausschlusswirkung für die anderen Teile des Plangebietes nimmt der Ortsgesetzgeber seinen ihm nach § 35 III 1 Nr. 1 und 3 BauGB eingeräumten Gestaltungsspielraum wahr und beschreibt öffentliche Belange, die bei der nachvollziehenden Abwägung zu berücksichtigen sind. Ob die von der Gemeinde formulierten Belange sich tatsächlich als entgegenstehend erweisen, kann nur durch eine Einzelfallprüfung geklärt werden. Denn das Darstellungsprivileg ermöglicht nur die Bezeichnung von Belangen,

---

[108] OVG Münster, Urt. v. 28.5.2009 – 10 D 33/07.NE –.

[109] *Gaentzsch*, § 42 BauGB, Rn. 5; *Paetow* in: BerlKom, § 42 BauGB Rn. 12; vgl. auch *Battis* in: BKL, § 42 BauB Rn. 4.

[110] A. A. *Schenke* WiV 1990, 226.

[111] *BKL*, § 42 BauGB Rn. 4.

[112] *Runkel* in EZBK, § 42 BauGB Rn. 35; *Stüer* ZfBR 2004, 338.

[113] BVerwG, Urt. v. 22.5.1987 – 4 C 57.84 – BVerwGE 77, 300 = DVBl 1987, 1008 = RzB Rn. 449 – Kölner Auskiesungskonzentrationszone; *Stüer* ZfBR 2004, 338.

[114] Ablehnend *Runkel* in EZBK, § 42 BauGB Rn. 55.

[115] OLG Hamm, Urt. v. 21.9.2006 – 16 U (Baul.) 5/06 – NVwZ-RR 2007, 381 = KommJur 2007, 264 m. Anm. *Dirnberger*, KommJur 2007, 265 (Anmerkung): im Anschluss an BVerwG, Urt. v. 27.1.2005 – 4 C 5.04 – NVwZ 2005, 578 – Windkraft: Entschädigungsanspruch für außerhalb der Konzentrationszone gelegene Grundstücke.

[116] BGH, B. v. 19.12.2002 – III ZR 41/02 – NJW-RR 2003, 374 = BauR 2003, 1029 – bergfreies Kiesvorkommen.

[117] BVerwG, Urt. v. 19.9.2002 – 4 C 10.01 – BVerwGE 117, 44 = DVBl 2003, 201 = NuR 2003, 283 – Wangerland.

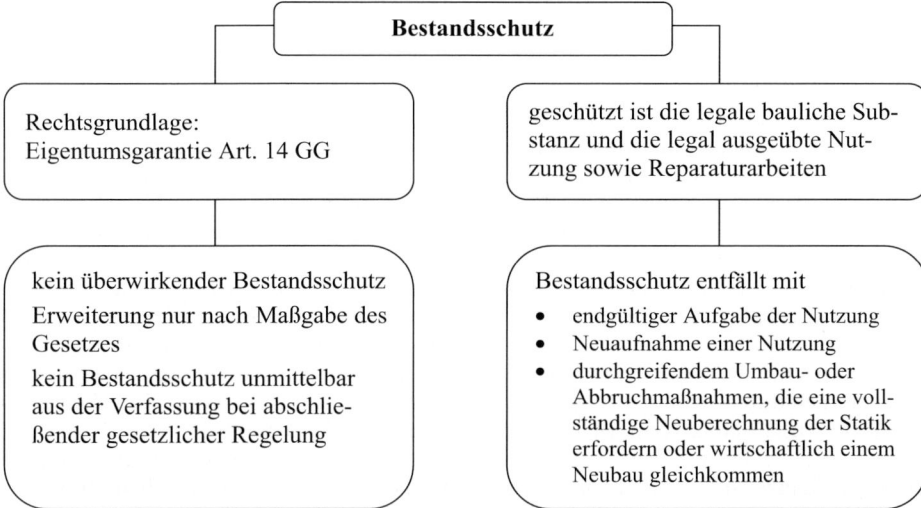

die in der Regel auch einem privilegierten Außenbereichsvorhaben entgegenstehen.[118] Insoweit erzeugen die Darstellungen des Flächennutzungsplans keine abschließenden Rechtswirkungen[119], sondern verweisen nur auf Belange, die mittelbar zur Beurteilung der planungsrechtlichen Zulässigkeit eines Vorhabens herangezogen werden können. Eine solche planerische Konkretisierung durch den Flächennutzungsplan ist auch mit der Eigentumsgarantie vereinbar, da der Ortsgesetzgeber im Außenbereich eine entsprechende Gestaltungsfreiheit im Rahmen der entschädigungslos zulässigen Inhalts- und Schrankenbestimmung des Eigentums hat.[120] Die Darstellung von Konzentrationszonen ist daher keine Maßnahme, die nach § 42 BauGB einen Entschädigungsanspruch begründen kann.[121] Dasselbe gilt für Darstellungen nach § 35 III 3 BauGB in Regionalplänen.[122]

Die Siebenjahresfrist ab erstmaliger Zulässigkeit der Nutzung ist Ende des Jahres **1247** 2003 ausgelaufen. Wird daher nach diesem Zeitpunkt ein Vorhaben der Windenergie durch das Darstellungsprivileg ausgeschlossen, sind nur bei Entzug der ausgeübten Nutzung Entschädigungen zu gewähren. Die Siebenjahresfrist wird allerdings dann nicht als abgelaufen betrachtet, wenn innerhalb dieser Zeit eine Veränderungssperre erlassen worden ist oder ein Vorhaben befristet zurückgestellt wurde (§ 42 V BauGB) und später ein endgültiger Entzug der Baurechte erfolgt, eine Baugenehmigung oder eine Bebauungsgenehmigung erteilt worden sind (§ 42 VI BauGB), ein Antrag auf Erteilung einer Baugenehmigung oder einer Bebauungsgenehmigung rechtswidrig abgelehnt worden ist oder derartige Anträge nicht rechtzeitig beschieden worden sind, obwohl sie innerhalb der Siebenjahresfrist bescheidungsreif waren (§ 42 VII BauGB).[123]

---

[118] BVerwG, Urt. v. 22.5.1987 – 4 C 57.84 – BVerwGE 77, 300 = DVBl 1987, 1008 = RzB Rn. 449 – Kölner Auskiesungskonzentrationszone.

[119] *BKL*, § 42 Rn. 5; *Runkel* in EZBK, § 42 BauGB Rn. 54.

[120] BVerwG, Urt. v. 17.12.2002 – 4 C 15.01 – BVerwGE 117, 287 = DVBl 2003, 797 = NVwZ 2003, 733 – Feigenblatt.

[121] *Runkel* in EZBK, § 42 BauGB Rn. 55; ablehnend allgemein für die Ziele der Raumordnung als Maßnahme nach § 42 BauGB *Runkel* in EZBK, § 42 BauGB Rn. 65.

[122] *Stüer* ZfBR 2004, 338; anders für § 35 III 2 HS 1 BauGB *Runkel* in EZBK, § 42 BauGB Rn. 65.

[123] *BKL*, § 42 BauGB Rn. 10; *Krohn* in Schlicher/Stich, § 42 BauGB Rn. 29. Zur Bedeutung der Veränderungssperre für Planung und Entschädigung auch *Enders* ZfBR 2000, 29, s. dort auch zu faktischen Bausperren.

1248   Zur **eigentumsrechtlich verfestigten Anspruchsposition** und zum **Bestands-schutz**[124] hat das BVerwG allerdings den Vorrang gesetzgeberischer Wertentscheidungen betont. Eine eigenständige Anspruchsposition aus dem Gesichtspunkt des **Bestands-schutzes** besteht danach nicht, wenn eine gesetzliche Regelung i. S. des Art. 14 I 2 GG vorhanden ist. Es ist dabei in erster Linie Aufgabe des Gesetzgebers, das Gebot eines sachgerechten Interessenausgleichs zwischen der Privatnützigkeit und der Sozialpflichtigkeit des Eigentums (Art. 14 I und II GG) herzustellen.[125] Der Bestandsschutz setzt sich sowohl gegenüber den Festsetzungen eines Bebauungsplans, im nicht beplanten Innenbereich als auch im Außenbereich selbst für nicht privilegierte Vorhaben durch. Ein Bestandsschutz wird nach der Rechtsprechung nur für den vorhandenen Bestand gewährt. Ist der Bestand ganz oder überwiegend nicht mehr vorhanden, entfällt auch der Bestandsschutz. Der Bestandsschutz berechtigt allerdings nicht nur, eine rechtmäßig errichtete bauliche Anlage in ihrem Bestand zu erhalten und sie wie bisher zu nutzen. Er berechtigt auch dazu, die zur Erhaltung und zeitgemäßen Nutzung der baulichen Anlage notwendigen Maßnahmen durchzuführen.[126] Vom Bestandsschutz nicht mehr gedeckt sind aber solche Maßnahmen, die einer Neuerrichtung (Ersatzbau) gleichkommen.[127]

1249   Die Identität des wiederhergestellten mit dem ursprünglichen Bauwerk muss gewahrt bleiben. Kennzeichen dieser Identität ist es, dass das ursprüngliche Gebäude nach wie vor als die Hauptsache erscheint. Hieran fehlt es dann, wenn der mit der Instandsetzung verbundene Eingriff in den vorhandenen Bestand so intensiv ist, dass er die Standfestigkeit des gesamten Bauwerks berührt und eine statische Neuberechnung des gesamten Gebäudes erforderlich macht, oder wenn die für die Instandsetzung notwendigen Arbeiten den Aufwand für einen Neubau erreichen oder gar übersteigen, oder wenn die Bausubstanz ausgetauscht oder das Bauvolumen wesentlich erweitert wird.[128] Die vollständige Erneuerung der Fundamente, der Außenwände und des Daches eines Gebäudes ist auch bei teilweiser Verwendung alter Baumaterialien nicht mehr vom Bestandsschutz gedeckt. Es fehlt dann – unbeschadet des äußeren Erscheinungsbildes – an einer Identität des wiederhergestellten mit dem ursprünglichen Bauwerk.[129]

1250   Ein **Rechtsanspruch** aus dem Gesichtspunkt des Bestandsschutzes ist danach zu verneinen, wenn eine **abschließende gesetzliche Grundlage** vorhanden ist.[130] Einen eigentumsrechtlichen Bestandsschutz außerhalb der gesetzlichen Regelungen gibt es nach Auffassung des BVerwG nicht.[131] Dies hat etwa im nichtbeplanten Innenbereich oder im Außenbereich i. S. des Vorrangs und der abschließenden Geltung der gesetzlichen Regelungen in § 34 BauGB und § 35 BauGB für die planungsrechtliche Beurteilung von Vorhaben unmittelbare Konsequenzen.[132] So werden die Vorschriften zur Außenbereichsbebauung in § 35 BauGB als abschließende gesetzliche Regelungen der planungsrechtlichen

---

[124] Zur Baufreiheit *Breuer DÖV* 1978, 189; *Grziwotz* AöR 113 (1988), 213; *Leisner* DVBl 1992, 1065; *Schulte* DVBl 1979, 133.

[125] BVerwG, Urt. v. 16.5.1991 – 4 C 17.90 – DVBl 1991, 819 – Abstandsflächen.

[126] BVerwG, Urt. v. 18.10.1974 – 4 C 75.71 – BVerwGE 47, 126 = RzB Rn. 1076.

[127] OVG Greifswald, Urt. v. 18.2.1998 – 3 M 134/95 – Ersatzbau.

[128] BVerwG, Urt. v. 17.1.1986 – 4 C 80.82 – BVerwGE 72, 362 = DVBl 1986, 677 = RzB Rn. 1077 – Wohnhausumbau; vgl. B. v. 19.4.1991 – 4 B 9.91 – Buchholz 406.16 Grundeigentumsschutz Nr. 56 = RzB Rn. 1082 – Instandsetzung.

[129] BVerwG, B. v. 4.12.1992 – 4 B 229.92 – Buchholz 406.16 Grundeigentumsschutz Nr. 60 = RzB Rn. 464.

[130] BVerwG, Urt. v. 15.2.1990 – 4 C 23.86 – BVerwGE 84, 322 = RzB Rn. 388 – Unikat; Urt. v. 22.2.1991 – 4 CB 6.91 – GewArch 1991, 179 – Verfristung Vorbescheid; Urt. v. 10.8.1990 – 4 C 3.90 – BVerwGE 85, 289 = RzB Rn. 138; B. v. 3.12.1990 – 4 B 145.90 – ZfBR 1991, 83 = RdL 1991, 6 = RzB Rn. 539 – § 35 IV BauGB.

[131] BVerwG, Urt. v. 1.12.1995 – 4 B 271.95 – BRS 57 (1995) Nr. 100 – Koppelschafhaltung – m. Hinw. auf B. v. 3.12.1990 – 4 B 145.90 – ZfBR 1991, 83 = BRS 50 Nr. 88; Urt. v. 15.2.1990 – 4 C 23.86 – NVwZ 1990, 775 = DVBl 1990, 572; vgl. *Taegen* in Berliner Komm. § 35 BauGB Rn. 94.

[132] *Stüer* DVBl 1992, 266.

Zulässigkeit des Bauens im Außenbereich verstanden. Vorhaben, die danach nicht zulässig sind, können nach Auffassung des BVerwG auch nicht über den Gesichtspunkt des Bestandsschutzes zugelassen werden. Dies gilt sowohl für vormals privilegierte als auch für nicht privilegierte Außenbereichsvorhaben. Wird etwa ein Gebäude, das in der Vergangenheit einem land- oder forstwirtschaftlichen Betrieb diente, auf unabsehbare Zeit aus dem Betrieb herausgelöst und für Zwecke der Forst- und Waldpflege genutzt, die über den Rahmen der Freizeitgestaltung nicht hinausgehen, so liegt hierin nicht nur eine Nutzungsänderung, sondern zugleich auch eine Funktionsänderung, die zu einer Entprivilegierung führt.[133] Damit erledigt sich nach Auffassung des BVerwG auch der Bestandsschutz, der dem Gebäude zukommt.[134]

Angesichts der umfassenden Außenbereichsregelungen scheidet ein Genehmigungs- **1251** anspruch für Außenbereichsvorhaben aus dem Gesichtspunkt des **überwirkenden Bestandsschutzes** nach Auffassung des BVerwG aus.[135] Auch die Genehmigung von Nutzungsänderungen im Anwendungsbereich der §§ 34 und 35 BauGB kommt nach Auffassung des BVerwG über die in § 34 BauGB und in § 35 IV BauGB geregelten Fälle hinaus auf Grund des überwirkenden Bestandsschutzes oder einer eigentumskräftig verfestigten Anspruchsposition grundsätzlich nicht in Betracht.[136] Auch eine besonders alte Bausubstanz vermittelt daher als solche keinen Bestandsschutz, der sich über die gesetzlichen Regelungen der planungsrechtlichen Zulässigkeit von Vorhaben in §§ 30 bis 37 BauGB hinwegsetzt.[137] Dabei vermittelt nach Auffassung des BVerwG § 35 II BauGB keine Rechtsposition, die den Schutz des Art. 14 GG gegen neu auftretende öffentliche Belange genießt.[138] Diese Position kann sich z. B. dadurch ändern, dass öffentliche Belange neu formuliert werden, etwa wenn ein Flächennutzungsplan aufgestellt oder geändert wird. Davor schützt § 35 II BauGB nicht. Der Eigentümer eines Grundstücks im Außenbereich muss vielmehr stets damit rechnen. Der Bestandsschutz entfällt durch die Beseitigung der Bausubstanz. Auch die Zerstörung durch Brand oder Naturereignisse lässt den Bestandsschutz entfallen. Wird etwa ein ursprünglich rechtmäßiges Gebäude baulich so sehr verändert, dass die ursprüngliche Bausubstanz nicht mehr vorhanden ist, so ist auch der Bestandsschutz entfallen. Zugleich entfällt damit auch eine Anknüpfung an eine Privilegierungsmöglichkeit, die vom Bestandsschutz ihren Ausgangspunkt nimmt.[139] Erweist sich als unaufklärbar, ob ein Gebäude aus Gründen der früheren formellen oder materiellen Legalität Bestandsschutz genießt, so geht das zulasten des Eigentümers.[140]

[133] BVerwG, Urt. v. 15.11.1974 – 4 C 32.71 – BVerwGE 47, 185 = RzB Rn. 402 – landwirtschaftsfremde Nutzung; Urt. v. 24.10.1980 – 4 C 81.77 – BVerwGE 61, 112 = RzB Rn. 517 – Nutzungsänderung.

[134] BVerwG, Urt. v. 18.5.1990 – 4 C 49.89 – Buchholz 406.16 Grundeigentumsschutz Nr. 52 = RzB Rn. 1080 – Diskothek; B. v. 27.2.1993 – 4 B 5.93 – RzB Rn. 431 – Freizeitzwecke.

[135] BVerwG, Urt. v. 15.2.1990 – 4 C 23.86 – BVerwGE 84, 322 = RzB Rn. 833 – Unikat; Urt. v. 10.8.1990 – 4 C 3.90 – BVerwGE 85, 289 = RzB Rn. 138; B. v. 21.2.1994 – 4 B 33.94 – NVwZ–RR 1994, 372 = RzB Rn. 516; B. v. 11.12.1996 – 4 B 231.96 – NVwZ-RR 1997, 521 – alte Bausubstanz.

[136] BVerwG, Urt. v. 15.2.1990 – 4 C 41.87 – BVerwGE 84, 322; Urt. v. 10.8.1990 – 4 C 3.90 – BVerwGE 85, 289; B. v. 19.7.1988 – 4 B 124.88 – Buchholz 406.11 § 35 BBauG/BauGB Nr. 250, B. v. 3.12.1990 – 4 B 145.90 – BRS 50 Nr. 88.

[137] BVerwG, B. v. 11.12.1996 – 4 B 231.96 – NVwZ-RR 1997, 521 – alte Bausubstanz.

[138] BVerwG, Urt. v. 17.2.1984 – 4 C 56.79 – NVwZ 1984, 434 = Buchholz 406.11 § 35 BBauG Nr. 211 = RzB Rn. 338 – Streubebauung.

[139] So für nach § 35 IV S. 1 Nr. 3 BauGB zulässigerweise errichtete Gebäude BVerwG, B. v. 27.7.1994 – 4 B 48.94 – ZfBR 1994, 297.

[140] BVerwG, B. v. 5.8.1991 – 4 B 130.91 – Buchholz 406.17 Bauordnungsrecht Nr. 35; B. v 24.5.1993 – 4 B 77.93 – Buchholz 406.16 Eigentumsschutz Nr. 63 = RzB Rn. 1984. Auch bei der Bescheidung eines Bauantrages kann nicht aus der Genehmigung in einem anderen Fall ein Genehmigungsanspruch abgeleitet werden. Wenn ein Bürger meint, dass er durch eine Verwaltungsbehörde benachteiligt worden ist, kann er Rechtsschutz bei den Verwaltungsgerichten suchen. Er kann

1252   Erfolgt die Änderung oder Aufhebung der Nutzung innerhalb eines Zeitraums von sieben Jahren ab erstmaliger Zulässigkeit, so ist eine (volle) Entschädigung im Hinblick auf die Differenz der Grundstückswerte zwischen der bisherigen und der nach dem Eingriff zulässigen Nutzung in Geld zu gewähren. Die Siebenjahresfrist gilt **rückwirkend** auch für Bebauungspläne, die vor dem 1.1.1977 rechtsverbindlich geworden sind. Die Siebenjahresfrist ist also für solche älteren Bebauungspläne am 31.12.1983 abgelaufen. Für Planänderungen, die sich auf solche älteren Bebauungspläne beziehen, kann daher grundsätzlich nur eine Entschädigung für dadurch bewirkte Eingriffe in die ausgeübte Nutzung beansprucht werden. Auch für Grundstücke, die im Geltungsbereich später aufgestellter **Bebauungspläne** oder im **nichtbeplanten Innenbereich** gem. § 34 BauGB oder **Außenbereich** gem. § 35 BauGB liegen, beschränkt sich die Entschädigung auf die ausgeübte Nutzung, wenn zwischen der erstmaligen Zulässigkeit der Nutzung und dem Eingriff ein Zeitraum von mehr als sieben Jahren liegt. In den in **§ 42 V bis VIII BauGB** bezeichneten **Sonderfällen** wird aus **Billigkeitsgründen** trotz Überschreitens der Siebenjahresfrist eine Entschädigung auch für den Wertverlust im Hinblick auf nicht ausgeübte Nutzungen gewährt.

1253   Der Entschädigungsanspruch ist grundsätzlich auf **Geldausgleich** gerichtet. Wird die zulässige Nutzung eines Grundstücks (überhaupt) aufgehoben, so gewährt **§ 42 IX BauGB** statt einer Geldentschädigung einen Anspruch auf Grundstücksübernahme. Im Hinblick auf die Verweisung auf § 40 II 1 Nr. 1 BauGB setzt ein solcher **Übernahmeanspruch** allerdings voraus, dass es dem Eigentümer wegen des eingetretenen Wertverlustes und der beschränkten Nutzungsmöglichkeiten wirtschaftlich nicht zuzumuten ist, das Grundstück weiter zu behalten.

1254   **§ 42 X BauGB** gewährt dem Eigentümer auf Verlangen einen **Auskunftsanspruch**, ob ein vermögensrechtlicher Schutz nach § 42 BauGB besteht und wann dieser durch Ablauf der Siebenjahresfrist endet.[141]

4. Entschädigung und Verfahren

1255   §§ 43 und 44 BauGB enthalten Regelungen über die Entschädigung und das dabei zu beachtende Verfahren. **§ 43 BauGB** hält für die Übernahme des Grundstücks und eine zu gewährende Geldentschädigung unterschiedliche **Verfahrensregelungen** bereit. Das Gesetz geht dabei zunächst von einer einverständlichen Regelung aus. Kommt eine **Einigung** zwischen den Beteiligten nicht zu Stande, kann der Eigentümer, wenn ihm ein entsprechender Rechtsanspruch nach §§ 40 bis 42 BauGB zusteht, die Übernahme des Grundstücks oder der Begründung eines Rechts verlangen. Das Entschädigungsverfahren richtet sich nach den entsprechend anzuwendenden Vorschriften der §§ 93 bis 103 BauGB.[142] **§ 43 IV BauGB** schließt eine Entschädigung aus, soweit die Grundstücksnutzung den allgemeinen Anforderungen an **gesunde Wohn- und Arbeitsverhältnisse** nicht entspricht oder die Nutzung zu einem **städtebaulichen Missstand** wesentlich beiträgt.[143]

---

jedoch nicht verlangen, dass ein anderer nur deshalb ebenfalls benachteiligt wird, weil ihm selbst Unrecht geschehen ist, so BVerwG, B. v. 18.10.1996 – 4 B 188.96 – Bauantrag. Die gegen diese Entscheidung eingelegte Verfassungsbeschwerde hat das BVerfG, B. v. 10.2.1997 – 1 BvR 2383/96 –, nicht zur Entscheidung angenommen.

[141] *BLK*, § 43 Rn. 15.
[142] BGH, Urt. v. 9.10.1997 – III ZR 148/96 – DVBl 1998, 34.
[143] BGH, Urt. v. 12.6.1975 – III ZR 158/72 – BGHZ 64, 366 = RzB Rn. 599 – Entschädigung Innenbereich; Urt. v. 13.7.1967 – III ZR 1/65 – BGHZ 48, 193 – Kölner Hinterhaus; BVerwG, B. v. 9.7.1991 – 4 B 100.91 – DVBl 1991, 1160 = BauR 1991, 737 = RzB Rn. 831 – Modernisierungsgebot.

5. Entschädigungspflichtige, Fälligkeit und Erlöschen der Entschädigungsansprüche

§ 44 BauGB enthält Regelungen zum Entschädigungspflichtigen, zur Fälligkeit und **1256** zum Erlöschen der Entschädigungsansprüche. **Entschädigungspflichtig** ist nach § 44 I 1 BauGB der Begünstigte, wenn er mit der Festsetzung zu seinen Gunsten einverstanden ist, im Übrigen die Gemeinde. Die Gemeinde haftet jedenfalls subsidiär (§ 44 I 2 BauGB). Als Ausfluss der Sozialpflichtigkeit des Eigentums ordnet § 44 II BauGB eine Haftung des Eigentümers als Veranlasser an, wenn er entweder mit den Festsetzungen einverstanden war oder auf Grund gesetzlicher Vorschriften zur Beseitigung oder Minderung eines Missstandes verpflichtet war. In der Praxis wichtige Verfahrensregelungen enthält **§ 44 III und IV BauGB.** Der Entschädigungsberechtigte kann Entschädigung verlangen, wenn die in den §§ 39 bis 42 BauGB bezeichneten Vermögensnachteile eingetreten sind. Er kann die **Fälligkeit** des Anspruchs dadurch herbeiführen, dass er die Leistung der Entschädigung schriftlich bei dem Entschädigungspflichtigen beantragt. Geldentschädigungen sind ab Fälligkeit mit 2 % über dem Basiszinssatz nach § 247 BGB zu verzinsen. Der **Entschädigungsanspruch erlischt gem.** § 44 IV BauGB, wenn nicht innerhalb von drei Jahren nach Eintritt der Vermögensnachteile die Fälligkeit des Anspruchs herbeigeführt wird. Stellt der Entschädigungsberechtigte daher nicht innerhalb von drei Jahren nach Eintritt des Planungsschadens beim Entschädigungspflichtigen einen schriftlichen Antrag auf Entschädigungsleistung, so ist der Entschädigungsanspruch verfallen.

6. Entschädigung bei Enteignung gem. §§ 85 bis 122 BauGB

Für die **förmliche Enteignung** durch **Verwaltungsakt** stellen §§ 85 bis 122 BauGB **1257** ein Instrumentarium bereit, das primär der Planverwirklichung dient, aber auch in anderen im Gesetz bezeichneten Fällen zur Verwirklichung bestimmter öffentlicher Zwecke die Entziehung konkreter subjektiver Eigentumspositionen i. S. des Art. 14 I 1 GG zulässt. Die Enteignung kann dabei zu Gunsten der öffentlichen Hand erfolgen, aber auch einem Durchgangserwerb dienen oder zu Gunsten eines Privaten angeordnet werden. Aus verfassungsrechtlichen Gründen ist eine Enteignung nur zulässig, wenn sie aus **Gründen des Gemeinwohls** erforderlich ist und durch einen entsprechenden **öffentlichen Zweck** legitimiert wird (vgl. §§ 85 bis 92 BauGB). Zugleich enthalten §§ 93 bis 103 BauGB die verfassungsrechtlich erforderlichen Regelungen über die Enteignungsentschädigung, die unter gerechter Abwägung der Interessen der Allgemeinheit und der betroffenen Individualinteressen zu gewähren ist. Auf Grund entsprechender Verweisungen gelten die **Entschädigungsregelungen** des zweiten Abschnitts **entsprechend** auch für weitere Entschädigungstatbestände, insbesondere nach § 43 II BauGB für das Planungsschadensrecht, die Veränderungssperre (§ 18 I 2 BauGB), die Vorkaufsrechte (§ 28 VI 2 BauGB), die Umlegung (§ 59 V 2 BauGB), die städtebaulichen Gebote (§§ 176 V, 179 III 2 BauGB) und die Sanierungs- und Entwicklungsgebiete. Regelungen zum Enteignungsverfahren enthalten §§ 104 bis 122 BauGB. Hierzu zählen auch Restitutionsansprüche nach dem Vermögensgesetz. Sie können damit auch Gegenstand der Enteignung sein.[144]

a) Zulässigkeit der Enteignung. Die Zulässigkeit der Enteignung setzt voraus, dass **1258** die Maßnahme einem in **§ 85 I BauGB** aufgeführten **Enteignungszweck** dient. Das Gesetz sieht dabei eine planakzessorische Enteignung entsprechend den Festsetzungen des Bebauungsplans, die Enteignung von Innenbereichsgrundstücken, die Beschaffung von Ersatzland oder als Ersatzrechte, die Verwirklichung eines Baugebotes und die Erhaltung einer baulichen Anlage als Enteignungszwecke vor.[145] Die städtebauliche Enteig-

---

[144] Eine entsprechende Regelung enthielt der durch das BauROG 1998 aufgehobene § 246 a I Nr. 10 BauGB für die neuen Länder.

[145] *Hoppe* in HBG § 12 Rn. 20 ff.

nung zur Planverwirklichung ist streng planakzessorisch. Die städtebauliche Enteignung ist im Fall des § 85 I Nr. 1 BauGB nicht nur akzessorisch an die Festsetzungen der städtebaulichen Planung gebunden, sondern determiniert umgekehrt das städtebauliche Planungsinstrument auch die Wahl der städtebaulichen Enteignungsgrundlage mit der Folge, dass für eine durch Bebauungsplan geplante Straße auch nur im Wege der städtebaulichen Enteignung enteignet werden kann.[146]

1259   Nach **§ 85 I Nr. 1 BauGB** kann die Enteignung dazu dienen, ein Grundstück entsprechend den **Festsetzungen eines Bebauungsplanes** zu nutzen oder eine solche Nutzung vorzubereiten. Diese planakzessorische Enteignung setzt rechtsverbindliche Festsetzungen eines Bebauungsplanes voraus. Gem. § 108 II BauGB kann das Enteignungsverfahren bereits eingeleitet werden, wenn der Planentwurf nach § 3 II BauGB ausgelegt hat, der Plan aber selbst noch nicht rechtsverbindlich ist. Die Festsetzungen des Bebauungsplanes müssen hinreichend bestimmt sein, um eine Enteignungsgrundlage zu bieten. Auch muss die Enteignung den Festsetzungen des Bebauungsplans entsprechen. Nicht zulässig wäre eine Enteignung, die von den Festsetzungen des Bebauungsplans abweicht.[147] Zudem muss die Enteignung von einem besonders gewichtigen öffentlichen Zweck gerechtfertigt sein. Das Vorliegen eines Bebauungsplans reicht daher als Rechtfertigung für die Zulässigkeit der Enteignung nicht aus.

1260   **§ 85 I Nr. 2 BauGB** erstreckt die Enteignungsmöglichkeit auch auf unbebaute oder geringfügig bebaute Grundstücke, die in einem im Zusammenhang bebauten, **nichtbeplanten Innenbereich** nach § 34 BauGB liegen. Die Enteignung kann hier insbesondere der Schließung von Baulücken oder dem Wiederaufbau von Trümmergrundstücken dienen. Die Enteignung muss der Bebauung im Rahmen der nach § 34 BauGB bestehenden Baumöglichkeiten dienen.

Enteignungsverfahren
Antragstellung bei der Gemeinde (§ 105 BauGB) Voraussetzungen des § 87 BauGB Wohl der Allgemeinheit Enteignungszweck sonst nicht erreichbar vergebliches Angebot kein geeignetes anderes Land verfügbar Verwendung innerhalb angemessener Frist glaubhaft gemacht
Vorlage des Antrags mit der Stellungnahme der Gemeinde innerhalb eines Monats (§ 105 BauGB)
Prüfung des Antrags nach §§ 85 bis 87 BauGB
Vorbereitung der mündlichen Verhandlung (§ 107 BauGB) und Erörterung mit den Beteiligten
Einleitung des Enteignungsverfahrens durch Anberaumung eines Termins zur mündlichen Verhandlung (§ 108 BauGB) Mitteilung an das Grundbuchamt: Eintragung Enteignungsvermerk (§ 108 BauGB) Rechtswirkungen: Genehmigungspflicht für Rechtsvorgänge, Vorhaben und Maßnahmen (§ 51 BauGB)
mündliche Verhandlung bei Enteignung (§ 110 BauGB), Teilenteignung (§ 111 BauGB) und Nichtenteignung (§ 112 BauGB)
Enteignung der Enteignungsbehörde durch Beschluss (§ 113 BauGB)
Anordnung und Ausführung des Enteignungsbeschlusses oder der Vorabentscheidung (§ 117 BauGB) Mitteilung an das Grundbuchamt Löschung des Enteignungsvermerks (§ 117 VII BauGB)
Zustellung der Ausführungsanordnung an die Beteiligten (§ 117 IV BauGB) Rechtwirkungen: neuer Rechtszustand (§ 117 V BauGB), Aufhebung der Genehmigungspflicht (§ 109 BauGB), Besitzeinweisung (§ 117 VI BauGB)

[146] BVerwG, Urt. v. 20.12.2012 – 4 C 7.11 – isolierter Straßenbebauungsplan.
[147] BGH, Urt. v. 16.12.1982 – III ZR 141/81 – DVBl 1983, 627.

Eine Enteignung ist nach **§ 85 I Nr. 3 BauGB** auch zulässig, um Grundstücke für die **1261** Entschädigung in Land zu beschaffen. Die Voraussetzungen für die **Ersatzlandenteignung** im Einzelnen sind in § 90 BauGB geregelt. Danach ist die Ersatzlandenteignung zulässig, wenn (1) die Entschädigung eines Eigentümers nach § 100 BauGB in Land festzusetzen ist, (2) die Bereitstellung von Grundstücken als Ersatzland auf andere Weise nicht möglich und zumutbar ist sowie (3) ein freihändiger Erwerb nicht möglich ist. In den in § 90 II BauGB bezeichneten Fällen sind bestimmte Grundstücke, auf die der Eigentümer im Hinblick auf seine Berufs- oder Erwerbstätigkeit angewiesen ist, oder wenn das Grundstück bestimmten öffentlichen Zwecken dient, von der Möglichkeit einer Ersatzlandenteignung ausgenommen.

Die Enteignung kann nach **§ 85 I Nr. 4 BauGB** auch dem Zweck dienen, durch Ent- **1262** eignung entzogene Rechte durch neue Rechte zu ersetzen **(Ersatzrechtsenteignung)**. Diese besondere Art der Entschädigung ist in §§ 97 II, 100 VI, 101 BauGB vorgesehen. Als **Ersatz für entzogene Rechte** ist eine Enteignung nach § 91 BauGB nur zulässig, soweit der Ersatz in §§ 93 bis 102 BauGB vorgesehen ist. Hierdurch wird klargestellt, dass die Ersatzrechtsenteignung des Eigentümers nach § 101 I 1 Nr. 1 BauGB und des Nebenberechtigten gem. §§ 97 II, 100 VI BauGB sowie die Rückenteignung nach § 102 V BauGB die Enteignungsmöglichkeiten für diesen Zweck abschließend regeln. Auch kann nach §§ 91 S. 2, 97 II 3, 90 I und II BauGB eine Ersatzrechtsenteignung in Fällen erfolgen, in denen für ein öffentliches Verkehrsunternehmen oder für Träger der öffentlichen Versorgung mit Elektrizität, Wasser oder Wärme Ersatzrechte auch an Grundstücken Dritter begründet werden.[148]

Die Enteignung kann nach **§ 85 I Nr. 5 BauGB** auch im Falle eines nicht befolgten **1263** Baugebotes ausgesprochen werden. Die Enteignung kann dabei im Interesse eines Bauwilligen beantragt werden, der bereit und in der Lage ist, das Grundstück entsprechend den Festsetzungen des Bebauungsplans oder den sich im nichtbeplanten Innenbereich ergebenden Bebauungsmöglichkeiten zu bebauen.

Die Enteignung kann nach **§ 85 I Nr. 6 BauGB** auch im Interesse der **Erhaltung ei-** **1264** **ner baulichen Anlage** im Geltungsbereich einer **Erhaltungssatzung nach § 172 III bis V BauGB** erfolgen. Hier dient die Enteignung der Erhaltung der städtebaulichen Gestalt oder der Zusammensetzung der Wohnbevölkerung eines Gebietes oder der beabsichtigten städtebaulichen Umstrukturierung eines Gebietes. Enteignungsbegünstigt kann jeder sein, der die dauerhafte Erhaltung des Gebäudes gewährleistet.

Eine Enteignung kann auch im Zusammenhang mit Maßnahmen des **Stadtumbaus** **1265** erfolgen. § 85 I Nr. 7 BauGB sieht eine Enteignungsmöglichkeit im Geltungsbereich einer Satzung zur Sicherung von Durchführungsmaßnahmen des Stadtumbaus vor mit dem Ziel, eine bauliche Anlage aus den in **§ 171 d III BauGB** bezeichneten Gründen zu erhalten oder zu beseitigen. Diese durch das EAG Bau 2004 eingeführte zusätzliche Enteignungsmöglichkeit will sicherstellen, dass die Maßnahmen erforderlichenfalls auch mit Zwangsmitteln umgesetzt werden können und hierdurch mit vergleichbaren Regelungen des Sanierungsrechts und im Bereich von Erhaltungssatzungen gleichziehen. Die Enteignung wird allerdings wohl auch im Rahmen von Stadtumbaumaßnahmen nur als letzter Schritt verstanden werden können und setzt voraus, dass alle anderen Mittel erfolglos geblieben sind.

§ 85 I BauGB enthält eine **Sperrwirkung** dahin gehend, dass nur bei Vorliegen der in **1266** dieser Vorschrift benannten Enteignungszwecke auf der Grundlage des BauGB enteignet werden darf. Andere enteignungsrechtliche Regelungen bleiben gem. § 85 II BauGB jedoch unberührt. Die Sperrwirkung greift daher nur ein, wenn ausschließlich zu städtebaulichen Zwecken enteignet werden soll.[149] Andere über die eigentlichen städtebau-

---

[148] *Battis* in *BKL* § 91.
[149] BVerwG, Urt. v. 6.3.1987 – 4 C 11.83 – BVerwGE 77, 86 = RzB Rn. 1 BVerfG, Urt. v. 18.12.1968 – 1 BvR 638/64 u. a. – BVerfGE 24, 367 – Deichurteil; B. v. 19.6.1969 – 1 BvR 353/67 –

lichen Zwecke hinausgehende Enteignungen können nur durch andere Gesetze legitimiert werden.

1267   Die Enteignung ist **aus verfassungsrechtlichen Gründen** nur zulässig, wenn sie durch das Wohl der Allgemeinheit erfordert wird und der Enteignungszweck auf andere zumutbare Weise nicht erreicht werden kann (§ 87 I BauGB).[150] Außerdem setzt die Enteignung voraus, dass sich der Antragsteller ernsthaft um den **freihändigen Erwerb** des zu enteignenden Grundstücks zu angemessenen Bedingungen vergeblich bemüht hat. Der Antragsteller hat ferner glaubhaft zu machen, dass er das Grundstück innerhalb angemessener Frist zu dem vorgesehenen Zweck verwenden wird (§ 87 II BauGB). Die Enteignung ist damit in besonderer Weise **gemeinwohlbezogen**. Aus rein fiskalischen Zwecken ist sie verfassungsrechtlich unzulässig. Das überwiegende öffentliche Interesse an einer Enteignung kann dabei nur durch eine **Abwägung** der betroffenen Belange i. S. einer **nachvollziehenden Interessenbewertung** festgestellt werden. Erst wenn sich in dieser Abwägung zeigt, dass die Gemeinwohlbelange deutlich gewichtiger als die individuellen Interessen sind, kann die Enteignung Privateigentum überwinden mit der Folge, dass sich die Bestandsgarantie des Eigentums in eine Wertgarantie umwandelt.

1268   Eine Enteignung gem. Art 14 III GG darf nur zur Erfüllung eines besonders schwerwiegenden, dringenden öffentlichen Interesses erfolgen. Hierbei kommt es darauf an, ob die konkrete Enteignung für das Vorhaben notwendig ist. Eine Enteignung ist unzulässig, wenn im konkreten Fall andere Lösungen zu Verfügung stehen, mit denen der Enteignungszweck auf weniger einschneidende Weise erreicht werden kann.[151] Hierbei sind vorrangig Grundstücke der öffentlichen Hand in Anspruch zu nehmen, wenn das Vorhaben auf ihnen ebenso gut verwirklicht werden kann. Bei planakzessorischen Enteignungen müssen die Enteignungsbehörden das Vorliegen der Enteignungsvoraussetzungen eigenständig und unabhängig von den städtebaulichen Zielsetzungen des Bebauungsplanes prüfen, da die Bauleitplanung keine verbindliche Aussage über die Zulässigkeit einer Enteignung trifft. Neben der Inzidentkontrolle der bauplanerischen Entscheidung hat die Enteignungsbehörde in einem zweiten Schritt zu prüfen, ob das Wohl der Allgemeinheit gerade in Bezug auf den Einzelfall die Enteignung des konkreten Grundstücks erfordert. Die Baulandgerichte sind verpflichtet und befugt, die Entscheidung der Enteignungsbehörde vollständig nachzuprüfen; denn es handelt sich um eine reine Rechtskontrolle, wobei der Enteignungsbehörde kein gerichtlich nur beschränkt nachprüfbarer Entscheidungsspielraum zukommt. Diese Prüfungsanforderungen an Enteignungsbehörde und Gerichte bei einer planakzessorischen Enteignung tragen den verfahrensrechtlichen und inhaltlichen Anforderungen des Art 14 I 1 GG Rechnung, da der Bebauungsplan keine enteignungsrechtliche Vorwirkung entfaltet. Die zweistufige Prüfung im Enteignungsverfahren gewährleistet die Vornahme einer Gesamtabwägung aller Gemeinwohlgesichtspunkte und widerstreitenden Interessen unter Prüfung auch der Erforderlichkeit des Vorhabens. Es ist verfassungsrechtlich nicht zu beanstanden, der Entscheidung über die Gültigkeit eines Bebauungsplanes im Normenkontrollverfahren Bindungswirkung auch für den Zivilrichter zuzusprechen. Diese Bindung umfasst auch die Erforderlichkeit der Planung zur städtebaulichen Entwicklung und Ordnung generell sowie den Bedarf für die konkrete Planung. Zu prüfen bleibt jedoch, ob eine Enteignung zum Vollzug des Be-

---

BVerfGE 26, 215 – Grundstücksverkehrsgesetz; B. v. 7.7.1981 – 1 BvR 765/66 – BVerfGE 31, 229; B. v. 23.4.1974 – 1 BvR 6/74 – BVerfGE 37, 132 – Kündigungsschutz; B. v. 8.7.1976 – 1 BvL 19/75 – BVerfGE 42, 263 – Hilfswerk Behinderte Kinder – Bürgerhaus; BGH Urt. v. 11.6.1978 – III ZR 170/76 – BGHZ 71, 375 = RzB Rn. 652.

[150] HBG § 12 Rn. 20 ff.

[151] BVerfG, B. v. 8.7.2009 – 1 BvR 2187/07, 1 BvR 692/08 – BauR 2009, 1706 = NVwZ 2009, 1283; BVerfG, B. v. 10.3.1981 – 1 BvR 92 u 96/71 – BVerfGE 56, 249 = NJW 1981, 1257 = DVBl 1981, 542 – Bad Dürkheimer Gondelbahn; Urt. v. 24.3.1987 – 1 BvR 1046/85 – BVerfGE 74, 264 = DVBl 1987, 466 = NJW 1987, 1251 – Boxberg; B. v. 16.12.2002 – 1 BvR 171/02 – NVwZ 2003, 726 – Erschließungsstraße für Neubaugebiet.

bauungsplans im Einzelfall zulässig ist, mithin ob das Wohl der Allgemeinheit sie erfordert und der Enteignungszweck auf andere zumutbare Weise nicht erreicht werden kann.[152] Die Enteignung muss für das Vorhaben erforderlich ist[153]. Eine Enteignung ist unzulässig, wenn im konkreten Fall andere Lösungen zu Verfügung stehen, mit denen der Enteignungszweck auf weniger einschneidende Weise erreicht werden kann[154]; hierbei sind vorrangig Grundstücke der öffentlichen Hand in Anspruch zu nehmen, wenn das Vorhaben auf ihnen ebenso gut verwirklicht werden kann[155]. Die Prüfungsanforderungen an Enteignungsbehörde und Gerichte bei einer planakzessorischen Enteignung tragen den verfahrensrechtlichen und inhaltlichen Anforderungen des Art 14 I S 1 GG Rechnung, da der Bebauungsplan keine enteignungsrechtliche Vorwirkung entfaltet. Die zweistufige Prüfung im Enteignungsverfahren gewährleistet die Vornahme einer Gesamtabwägung aller Gemeinwohlgesichtspunkt und widerstreitenden Interessen unter Prüfung auch der Erforderlichkeit des Vorhabens[156]. Eine bauplanerische Standort- oder Variantenwahl ist erst dann rechtswidrig, wenn die verworfene Lösung eindeutig vorzugswürdig war oder der Planungsbehörde infolge einer fehlerhaften Ermittlung, Bewertung oder Gewichtung einzelner Belange ein rechtserheblicher Fehler unterlaufen ist[157]. Es ist verfassungsrechtlich nicht zu beanstanden, der Entscheidung über die Gültigkeit eines Bebauungsplanes im Normenkontrollverfahren Bindungswirkung auch für den Zivilrichter zuzusprechen. Diese Bindung umfasst auch die Erforderlichkeit der Planung zur städtebaulichen Entwicklung und Ordnung generell sowie den Bedarf für die konkrete Planung. Zu prüfen bleibt jedoch, ob eine Enteignung zum Vollzug des Bebauungsplans im Einzelfall zulässig ist, mithin ob das Wohl der Allgemeinheit sie erfordert und der Enteignungszweck auf andere zumutbare Weise nicht erreicht werden kann[158].[159] Bebauungspläne bestimmen gemäß Art 14 I 2 GG Inhalt und Schranken des Eigentums[160]. Der Satzungsgeber muss ebenso wie der Gesetzgeber bei der Bestimmung von Inhalt und Schranken des Eigentums die schutzwürdigen Interessen des Eigentümers und die Belange des Gemeinwohls in einen gerechten Ausgleich und ein ausgewogenes Verhältnis bringen[161].

Diese **verfassungsrechtlich gebotene Schwelle** der besonderen Gemeinwohlver-   **1269** pflichtetheit kann nicht mit der planerischen Abwägung gem. § 1 VI und VII BauGB gleichgestellt werden, wie sie für die Bauleitplanung kennzeichnend ist. Über die Einhaltung des planerischen Abwägungsgebotes hinaus muss die Enteignung vielmehr verfassungsrechtlich in dem Sinne geboten sein, dass sie in einer qualifizierten Weise **gerechtfertigt, geeignet**, **erforderlich** und **angemessen** ist. Der Grundsatz der Eignung verlangt, dass die Maßnahme die städtebaulichen Zielvorstellungen erfüllt. Dem Grundsatz der Erforderlichkeit wird nur Rechnung getragen, wenn andere weniger einschneidende Alternativen nicht zur Verfügung stehen und die Maßnahme dem Gebot des geringstmöglichen Eingriffs genügt. So darf nach § 92 I BauGB ein Grundstück nur in dem Umfang enteignet werden, in dem dies zur Verwirklichung des Enteignungszwecks erforderlich ist. Reicht eine Belastung des Grundstücks zur Verwirklichung des Enteignungszwecks, so geht dies der Gesamtenteignung des Grundstücks vor. Allerdings kann

---

[152] BVerfG, B. v. 8.7.2009 – 1 BvR 2187/07, 1 BvR 692/08 – BauR 2009, 1706 = NVwZ 2009, 1283; B. v. 20.2.2008 – 1 BvR 2722/06 – NVwZ 2008, 780; BGH, Urt. v. 25.10.2001 – III ZR 76/01 – BauR 2002, 290.

[153] BVerfG, B. v. 24.3.1987 – 1 BvR 1046/85 – BVerfGE 74, 264.

[154] BVerfG, B. v. 10.3.1981 – 1 BvR 92/71 – BVerfGE 56, 249.

[155] BVerfG, B. v. 16.12.2002 – 1 BvR 171/02 – NVwZ 2003, 726.

[156] BVerfG, BVerfGE 74, 264.

[157] BVerfG, B. v. 20.2.2008 – 1 BvR 2722/06 – NVwZ 2008, 780.

[158] BGH, Urt. v. 25.10.2001 – III ZR 76/01 – BauR 2002, 290.

[159] BVerfG, B. v. 8.7.2009 – 1 BvR 2187/07, 1 BvR 692/08 – BauR 2009, 1706 = NVwZ 2009, 1283.

[160] BVerfG, B. v. 30.11.1988 – 1 BvR 1301/84 – BVerfGE 79, 174.

[161] BVerfG, B. v. 2.3.1999 – 1 BvL 7/91 – BVerfGE 100, 226.

der Eigentümer gem. § 92 II bis IV BauGB i.S. eines Übernahmeanspruchs die Vollenteignung des Grundstücks verlangen, wenn eine nur teilweise Enteignung für ihn unzumutbar ist. Der Grundsatz der Verhältnismäßigkeit verlangt, dass Aufwand und Ertrag in einem ausgewogenen Verhältnis zueinander stehen und die im Rahmen der Gemeinwohlprüfung vorzunehmende Schaden-Nutzen-Bilanz eindeutig positiv ist. Diese verfassungsrechtlichen Gebote stellen an die Enteignung hohe Legitimationsanforderungen, die dazu führen, dass die Enteignung in der Verwaltungspraxis der städtebaulichen Planverwirklichung die Ausnahme bleibt.

1270   Das in § 1 VII BauGB festgelegte Abwägungsgebot erlaubt bei einer Planungsentscheidung einen besonders flexiblen und dem Einzelfall gerecht werdenden Interessenausgleich unter maßgeblicher Berücksichtigung des Grundsatzes der Verhältnismäßigkeit, die vom BVerfG nur darauf zu prüfen ist, ob sie sich in den verfassungsrechtlich vorgezeichneten Grenzen hält[162]. Dabei sind die Bedeutung und die Tragweite der Eigentumsgarantie nach Art 14 I, II GG besonders zu berücksichtigen[163]. Festsetzungen, die als Folge des gewählten Standorts die Nutzbarkeit nur bestimmter Grundstücke empfindlich beschneiden, müssen gerade an dieser Stelle durch sachlich einleuchtende Gründe gerechtfertigt sein. Ein Mindestmaßes an Lastengleichheit kann durch bodenordnende Maßnahmen ausgeglichen werden.[164] Setzt ein Bebauungsplan für ein bisher privat genutztes Grundstück mit Baulandqualität eine öffentliche Grünfläche und eine Fläche für den Gemeinbedarf fest, so haben Verwaltungsbehörde und Verwaltungsgerichte nicht dadurch Bedeutung und Tragweite der Eigentumsgarantie verkannt, dass sie bei der Aufstellung und rechtlichen Kontrolle des Bebauungsplans die Enteignungsvoraussetzungen des Art 14 III GG nicht untersucht haben. Bebauungsplanfestsetzungen behalten selbst dann den Charakter einer Inhalts- und Schrankenbestimmung des Eigentums, wenn sie die bisherige Rechtslage zum Nachteil bestimmter Grundeigentümer abändern und wenn diese Rechtsänderung aus Gründen des Vertrauensschutzes mit einem Entschädigungsanspruch nach § 39 ff BauGB verbunden ist. Demzufolge bleibt eine Änderung des Bebauungsplans auch dann eine Inhalts- und Schrankenbestimmung des Eigentums, wenn ein Grundeigentümer aufgrund der Änderung die vorher bestehende Bebauungsmöglichkeit verliert und wenn ihm für den Verlust der Baulandqualität ein Ausgleichsanspruch nach den §§ 39 ff BauGB zusteht.

1271   Auch beim Erlass eines Bebauungsplans muss im Rahmen der planerischen Abwägung das private Interesse am Erhalt bestehender baulicher Nutzungsrechte mit dem öffentlichen Interesse an einer städtebaulichen Neuordnung des Planungsgebiets abgewogen werden. Dabei ist in die Abwägung einzustellen, dass sich der Entzug der baulichen Nutzungsmöglichkeiten für den Betroffenen wie eine Teilenteignung auswirken kann und dass der Bestandsschutz daher ein den von Art 14 III GG erfassten Fällen vergleichbares Gewicht zukommt. Eine darüber hinausgehende Prüfung aller Enteignungsvoraussetzungen ist hingegen nicht erforderlich, weil keine Enteignung vorliegt. Eine Überprüfung der Enteignungsvoraussetzungen ist nicht deswegen erforderlich, weil das Bebauungsplanverfahren als vorgelagerter Teil der städtebaulichen Enteignungsverfahren angesehen werden muss. Die Aufstellung eines Bebauungsplans ist zwar nach § 85 I Nr. 1 BauGB eine Verwaltungsentscheidung, die dem städtebaulichen Enteignungsverfahren vorangeht. Der Bebauungsplan trifft aber keine verbindliche Aussage über die Zulässigkeit der Enteignung. Die betroffenen Eigentümerbelange sind allerdings mit einem besonderen Gewicht in die Abwägung einzustellen.[165]

---

[162] BVerfG, B. v. 23.6.1987 – 2 BvR 826/83 – BVerfGE 76, 107.

[163] BVerfG, B. v. 16.2.2000 – 1 BvR 242/91 – BVerfGE 102, 1.

[164] BVerfG, B. v. 19.12.2002 – 1 BvR 1402/01 – öffentliche Grüngürtel, m. Hinw. auf BGH, Urt. v. 11.11.1976 – III ZR 114/75 – BGHZ 67, 320 = UPR 2003, 143 = DÖV 2003, 376 = NVwZ 2003, 727).

[165] BVerfG, B. v. 22.2.1999 – 1 BvR 565/91 – DVBl 1999, 704 = DÖV 1999, 777 = NVwZ 1999, 979 – Abwägungsgebot.

Die verfassungsrechtlichen Anforderungen an die Zulässigkeit der Enteignung, die in **1272** § 87 BauGB ihren Ausdruck finden, enthalten **unbestimmte Rechtsbegriffe ohne Beurteilungsspielräume** und unterliegen daher der **uneingeschränkten gerichtlichen Kontrolle.** Das Gericht muss im Streitfall überprüfen, ob die Enteignung durch das Wohl der Allgemeinheit gerechtfertigt ist und den verfassungsrechtlichen Prüfungsmaßstäben der Eignung, Erforderlichkeit und Verhältnismäßigkeit standhält. Die Gemeinde hat zwar bei der Aufstellung der Bauleitplanung und der Konkretisierung der städtebaulichen Zielvorstellungen einen gerichtlich nicht voll kontrollierbaren (autonomen) Gestaltungsraum.[166] Vor dem Hintergrund dieser Zielvorstellungen obliegt es jedoch der uneingeschränkten gerichtlichen Kontrolle, ob die Gemeinwohlbelange eine das private Eigentum überwindende Kraft haben. § 89 BauGB unterwirft die Gemeinde einer grundsätzlichen **Veräußerungspflicht** für Grundstücke, die sie durch Ausübung des Vorkaufsrechts erlangt hat oder die zu ihren Gunsten enteignet worden sind, um sie für eine bauliche Nutzung vorzubereiten oder der baulichen Nutzung zuzuführen.[167]

b) Entschädigung. Durch die in **§§ 93 bis 103 BauGB** geregelte Entschädigung soll si- **1273** chergestellt werden, dass der Junktimklausel in Art. 14 III 2 GG entsprochen wird, wonach eine Enteignung nur durch oder auf Grund eines Gesetzes erfolgen darf, das Art und Ausmaß der Entschädigung regelt.[168] § 93 I BauGB bezeichnet es folgerichtig als allgemeinen **Entschädigungsgrundsatz,** dass für die Enteignung Entschädigung zu leisten ist. Diese wird nach § 93 II BauGB für den durch die Enteignung eintretenden Rechtsverlust und für andere durch die Enteignung eintretende Vermögensverluste gewährt. Sich bei der Enteignung ergebende Vermögensvorteile sind zu berücksichtigen. Bei dem Eintritt von Vermögensnachteilen kann Mitverschulden gem. § 93 III 2 BauGB, § 254 BGB den Entschädigungsanspruch mindern. Für die Bemessung der Entschädigung ist der Zustand des Grundstücks im Zeitpunkt der Entscheidung über den Entschädigungsantrag maßgeblich. Bei vorzeitiger Besitzeinweisung ist hinsichtlich des Grundstückszustandes auf diesen Zeitpunkt abzustellen.[169]

Nach Art. 14 III 3 GG ist die Entschädigung unter gerechter **Abwägung** der Interessen **1274** der Allgemeinheit und der Beteiligten zu bestimmen. Eine volle Entschädigung aller Vermögensnachteile i. S. einer umfassenden Verkehrswertentschädigung ist daraus nach Auffassung des BVerfG[170] nicht abzuleiten, so dass die für den Eigentumsentzug zu gewährende Entschädigung im Einzelfall durchaus unter dem vollen **Verkehrswert** liegen kann.

Der BGH geht jedoch entsprechend der gesetzlichen Regelung in § 95 I BauGB davon **1275** aus, dass die Entschädigungsregelungen des BauGB auf **Verkehrswertbasis** beruhen. Danach ist im Falle des Eingriffs grundsätzlich der vollständige Verkehrswert zu entschädigen. Vorabzüge im Hinblick auf die Sozialpflichtigkeit sind nicht vorzunehmen. Dem enteignungsrechtlich Betroffenen muss ein voller Wertausgleich geleistet werden. Dieser ist so zu bemessen, dass mit seiner Hilfe eine Sache gleicher Art und Güte erlangt werden kann.[171] Maßgebend für die Höhe der Enteignungsentschädigung ist der Verkehrswert des Enteignungsobjekts in dem Zeitpunkt, in dem die Enteignungsbehörde über den Enteignungsantrag entscheidet (§ 95 I 2 BauGB). Wird vom Betroffenen nur die

---

[166] *Stüer* DVBl 1974, 314.

[167] HBG § 12 Rn. 26 ff.

[168] HBG § 30 Rn. 30 ff.

[169] BVerwG, Urt. v. 28.10.1993 – 4 C 15.93 – NVwZ–RR 1994, 305 = DVBl 1994, 697.

[170] BVerfG, Urt. v. 18.12.1968 – 1 BvR 638, 673/64 und 200, 238, 249/65 – BVerfGE 24, 367 = RzB Rn. 1132 – Deichurteil; B. v. 12.6.1979 – 1 BvL 19/76 – BVerfGE 52, 1 = RzB Rn. 1104 – Kleingarten; B. v. 15.7.1981 – 1 BvL 77/78 – BVerfGE 58, 300 = RzB Rn. 1136 – Naßauskiesung.

[171] BGH, Urt. v. 26.11.1954 – V ZR 58/53 – BGHZ 15, 268 = NJW 1955, 179 – Bausperre; Urt. v. 22.1.1959 – III ZR 186/57 – BGHZ 29, 217; Urt. v. 8.11.1962 – III ZR 86/61 – BGHZ 39, 198 – höherwertiges Ackerland; vgl. auch *Battis* in *BKL*, § 93 Rn. 2.

Höhe der Entschädigung angefochten und stellt sich heraus, dass die Entschädigung im Enteignungsbeschluss zu niedrig bemessen worden ist, so nimmt der Eigentümer in Zeiten steigender Preise am Wertzuwachs bis zur letzten mündlichen Verhandlung vor dem Tatrichter teil, es sei denn, dass die Verzögerung der Auszahlung in seinen Verantwortungsbereich fällt (sog. **Steigerungsrechtsprechung**). Derartige Verzögerungen gehen zulasten des Eigentümers, wenn und so weit sie durch eine unbegründete Anfechtung der Zulässigkeit der Enteignung verursacht worden sind. Bei entsprechend zurechenbaren Verzögerungen können auch sinkende Grundstückspreise ggf. berücksichtigt werden.[172] Die Enteignungsentschädigung muss nicht einen vollen Schadensersatz beinhalten. Nach § 95 II BauGB bleiben vielmehr bei der Festsetzung der Entschädigung bestimmte Wertsteigerungen eines Grundstücks, die in der Aussicht auf eine Änderung der zulässigen Nutzung eingetreten sind, unberücksichtigt. Dies gilt für Wertänderungen, die infolge der bevorstehenden Enteignung eingetreten sind, Werterhöhungen, die nach den Grundstücksverhandlungen mit dem Entschädigungsberechtigten entstanden sind, bestimmte, später vorgenommene wertsteigernde Veränderungen, Vereinbarungen, die von den üblichen Vereinbarungen auffällig abweichen, oder für Bodenwerte, für die eine gesonderte Entschädigung nach den §§ 40 bis 42 BauGB etwa wegen ungesunder Wohn- und Arbeitsverhältnisse oder sonstiger städtebaulicher Missstände im Hinblick auf § 43 IV BauGB nicht geltend gemacht werden könnte. Die Regelung verhindert, dass nachträglich eintretende Wertsteigerungen noch in die Entschädigungsberechnung eingestellt werden müssen, und ist Ausdruck einer zulässigerweise zu berücksichtigenden **Vorwirkung der Enteignung.**[173]

1276   Für **andere** durch die Enteignung eintretende **Vermögensnachteile** ist nach § 96 I **BauGB** eine Entschädigung nur zu gewähren, wenn und soweit diese Vermögensnachteile nicht bei der Bemessung der Entschädigung für den Rechtsverlust zu berücksichtigen sind und dies einer gerechten Abwägung zwischen den Interessen der Allgemeinheit und der Beteiligten entspricht. Entschädigungspflichtig könnten in diesem Zusammenhang etwa durch die Enteignung eintretende Verluste der Berufs- oder Erwerbstätigkeit oder Wertminderungen sein, die durch die Enteignung an anderen Grundstücksteilen oder wirtschaftlichen Grundstückseinheiten eintreten. Zu den sonstigen Vermögensnachteilen gehören auch die durch eine Enteignung erforderlich werdenden Umzugskosten (§ 96 I 2 Nr. 3 BauGB).

1277 **Rechte** an dem zu enteignenden Grundstück sowie persönliche Rechte können **aufrechterhalten** werden, soweit dies mit dem Enteignungszweck vereinbar ist. **Nicht aufrechtzuerhaltende Nebenrechte** sind gem. § 97 II BauGB durch Neubegründung zu ersetzen oder nach § 97 III BauGB ggf. durch Geldentschädigung auszugleichen. Hierzu gehören etwa Erbbaurechte, Altenteilsrechte, Dienstbarkeiten oder Erwerbsrechte an dem Grundstück, persönliche Rechte, die mit dem Besitz verbunden sind oder zum Erwerb des Grundstücks berechtigen oder den Verpflichteten in der Nutzung des Grundstücks beschränken. Für andere Berechtigungen ist nach Maßgabe des § 97 IV BauGB eine Geldentschädigung zu gewähren. Für Hypotheken, Grund- oder Rentenschulden wird in § 98 BauGB ein Schuldübergang angeordnet.

1278   Die Entschädigung ist nach § 99 I BauGB in einem einmaligen **Geldbetrag** zu leisten, wenn das Gesetz nichts anderes bestimmt. Dieser **Grundsatz der Kapitalentschädigung** wird den verfassungsrechtlichen Anforderungen in Art. 14 GG gerecht. Aus der Eigentumsgarantie kann nicht der Anspruch abgeleitet werden, als Ersatz für ein enteignetes Grundstück ein Grundstück in vergleichbarer Größe, Lage und Beschaffenheit zu erhalten. Die Entschädigung kann nach § 100 BauGB auf Antrag des Betroffenen auch **in**

---

[172] BGH, Urt. v. 12.4.1992 – III ZR 108/90 – BGHZ 118, 25 = ZfBR 1992, 191 = RzB Rn. 687 – Steigerungsrechtsprechung.
[173] BGH, Urt. v. 22.5.1967 – III ZR 121/66 – NJW 1967, 2306 – Qualitätsänderung; Urt. v. 29.1.1968 – III ZR 2/67 – NJW 1968, 892.

Land erfolgen, wenn er zur Sicherung seiner Berufstätigkeit, seiner Erwerbstätigkeit oder zur Erfüllung der ihm wesensgemäß obliegenden Aufgaben auf Ersatzland angewiesen ist und geeignetes Ersatzland zur Verfügung steht. Auf Antrag des betroffenen Grundstückseigentümers kann die Entschädigung gem. § 101 BauGB auch in anderer Weise, etwa durch Bestellung eines Miteigentumsrechts, von grundstücksgleichen Rechten oder Wohnungseigentum gewährt werden.

Wird das Grundstück nicht innerhalb einer angemessenen Frist zu dem bei der Enteig- **1279** nung angegebenen Zweck verwendet oder gegen die gemeindliche Veräußerungspflicht nach § 89 BauGB verstoßen, so hat der enteignete Grundstückseigentümer gem. **§ 102 BauGB** einen Rechtsanspruch auf **Rückenteignung**. Die Rückenteignung kann gem. § 102 II BauGB nicht verlangt werden, wenn der Enteignete selbst das Grundstück im Wege der Enteignung erworben hat oder ein Verfahren zur Enteignung des Grundstücks zu Gunsten eines anderen Bauwilligen eingeleitet worden ist. Der Antrag auf Rückenteignung ist nach § 102 III BauGB binnen zwei Jahren seit Entstehung des Anspruchs zu stellen.

Die Vorschrift konkretisiert den **verfassungsrechtlich gesicherten Rückübertra-** **1280** **gungsanspruch** für den Fall, dass der Enteignungszweck nicht innerhalb der vorgesehenen Frist erfüllt worden ist. Das BVerfG hat dies aus der Eigentumsgarantie in Art. 14 GG abgeleitet und dargelegt, dass ein solcher Rückenteignungsanspruch ggf. auch ohne ausdrückliche gesetzliche Grundlage unmittelbar aus der Verfassung entwickelt werden kann.[174] Der Zweck der Enteignung erschöpfe sich nicht in dem Entzug des Eigentums oder in der Erlangung des Eigentums in der Hand des Staates oder der Gemeinde. Zweck und Legitimation der Enteignung seien vielmehr darin zu sehen, dass das enteignete Grundstück für die öffentliche Aufgabe, die mit dem Unternehmen erfüllt werden soll, zur Verfügung steht. Die Eigentumsentziehung und die Begründung des Eigentums für die öffentliche Hand seien nur Mittel zu diesem Zweck. Das Opfer, das der Enteignete zu bringen hat, sei daher an die Verwirklichung des öffentlichen Zwecks gebunden. Werde der Enteignungsgegenstand für die öffentliche Aufgabe nicht benötigt, so entfalte die Bestandsgarantie in Art. 14 I 1 GG wieder ihre Schutzfunktion. Ist in den Enteignungsgesetzen eine konkrete Frist für die Verwirklichung nicht geregelt, so könne nach Maßgabe von Einzelfallgesichtspunkten als Orientierungswert an einen Zeitraum von etwa fünf Jahren zwischen Rechtskraft der Enteignung und Durchführung des Vorhabens gedacht werden.

Vor diesem verfassungsrechtlichen Hintergrund gewährt § 102 BauGB einen **Rücken-** **1281** **teignungsanspruch**, wenn das Grundstück nicht innerhalb der nach §§ 113 II Nr. 3, 114 BauGB festgesetzten Frist dem Enteignungszweck zugeführt worden ist. Anspruchsberechtigt ist der frühere Grundstückseigentümer oder sein Rechtsnachfolger. Der Rückenteignungsanspruch setzt grundsätzlich eine durchgeführte **Enteignung** voraus. Ist das Grundstück auf Grund eines Vertrages **freiwillig** übertragen worden, besteht der Rückenteignungsanspruch bei Nichtverwirklichung des Enteignungszwecks grundsätzlich nicht. Hat der Grundstückseigentümer jedoch unter einer **Zwangslage** verkauft, die einer Enteignung in ihrer drohenden Wirkung gleichkam, so müssen die Rückenteignungsgrundsätze aus verfassungsrechtlichen Gründen entsprechend angewendet werden. Die Rechtsprechung stellt jedoch an die Nachweispflicht solcher Voraussetzungen hohe Anforderungen.

Für die Enteignung von Grundstücken in der ehemaligen DDR hat das BVerfG im Fal- **1282** le der Nichtverwirklichung des Enteignungszwecks folgende Grundsätze entwickelt: Die Eigentumsgarantie des Art 14 GG gewährt dem in der DDR enteigneten früheren Eigentümer keinen Rückerwerbsanspruch, wenn der Zweck der Enteignung nicht verwirklicht wurde. Dies gilt auch dann, wenn das Vorhaben, für das enteignet wurde, erst nach dem

---

[174] BVerfG, B. v. 12.11.1974 – 1 BvR 32/68 – BVerfGE 38, 175 = NJW 1975, 37 gegen BVerwG, Urt. v. 8.11.1967 – 4 C 101.65 – BVerwGE 28, 184 – Rückenteignung.

Beitritt der Deutschen Demokratischen Republik zur Bundesrepublik Deutschland endgültig aufgegeben worden ist. Aus der Eigentumsgarantie des GG Art 14 folgt ein Rückerwerbsrecht des früheren Grundstückseigentümers, wenn der Zweck der Enteignung nicht verwirklicht wird.[175] Das gilt jedoch nur für Enteignungen, die unter der Geltung des GG angeordnet und vollzogen worden sind. Dagegen lässt sich ein Rückübereignungsanspruch aus Art 14 GG nicht auch für solche Fälle begründen, in denen vor dem Inkrafttreten des GG oder außerhalb seines räumlichen Geltungsbereichs eine dem GG nicht verpflichtete Staatsgewalt auf vermögenswerte Rechte zugegriffen hat.

1283 Ein auf Art 14 GG gestützter Anspruch auf Rückübereignung kommt allein in Betracht, wenn bereits die Enteignung im Zeitpunkt ihrer Vornahme den Anforderungen des Art 14 III 1 GG unterlag. Für Enteignungen, die in der DDR nach dem BaulandG durchgeführt wurden, galten die Voraussetzungen des Art 14 III GG nicht, weil sich der Geltungsbereich des GG auf das Gebiet der DDR nicht erstreckte[176] und das GG für dieses Gebiet auch nicht rückwirkend in Kraft getreten ist.[177] Die Enteignung durch nicht an das GG gebundene Stellen der DDR stand daher nicht unter dem sich aus Art 14 III 1 GG ergebenden Vorbehalt der Verwendung des Enteignungsobjekts für das die Enteignung rechtfertigende gemeinwohlorientierte Vorhaben. Demnach kann der Wegfall des Enteignungszwecks auch nicht einen unmittelbar aus Art 14 GG folgenden Anspruch auf Rückübereignung des Enteignungsgegenstands auslösen, und zwar unabhängig davon, ob das Vorhaben, für das enteignet wurde, vor oder nach dem Beitritt der DDR zur Bundesrepublik Deutschland aufgegeben worden ist.

1284 Die Auffassung des BVerwG, die Existenz eines nach dem Recht der DDR entstandenen und nach deren Beitritt von der Bundesrepublik Deutschland zu erfüllenden Anspruchs auf Rückübereignung sei zu verneinen[178], verletzt die Eigentumsgarantie des Art 14 GG nicht. Die ihr zu Grunde liegenden Feststellungen zum Inhalt des DDR-Rechts sind jedoch nur am Maßstab des Art 3 I GG verfassungsrechtlich überprüfbar. Für eine Verletzung des Willkürverbots ist jedoch nichts ersichtlich. Die Beurteilung der Rechtslage in der DDR durch das BVerwG ist nachvollziehbar begründet. Sie entspricht der Beurteilung anderer Gerichte.[179] Der Bundesgesetzgeber war auch verfassungsrechtlich nicht verpflichtet, für in der DDR vollzogene Enteignungen, deren Zweck nach der Wiedervereinigung aufgegeben worden ist oder wird, einen Rückübereignungstatbestand zu schaffen. Der Umstand, dass die Rechtsordnung der DDR einen Anspruch auf Rückerwerb des Eigentums für den Fall der Nichtverwirklichung des Zwecks der Enteignung nicht vorsah, wies keinen derartigen Unrechtsgehalt auf, dass es nach Art 14 GG oder nach rechtsstaatlichen Maßstäben hätte geboten sein können, die Möglichkeit einer Rückabwicklung zu eröffnen.[180] Ein verfassungsrechtlich bedenklicher Gleichheitsverstoß liegt auch nicht darin, dass das BVerwG die Anwendung des § 102 BauGB für bestimmte Enteignungen, die vor dem Inkrafttreten dieser Regelung vorgenommen wurden, bejaht, sie für Enteignungen in der DDR dagegen verneint hat. Enteignungen in der DDR unterscheiden sich wesentlich von Enteignungen, für die das BVerwG einen Rückübereignungsanspruch angenommen hat. Eine verfassungsrechtliche Pflicht der Bundesrepublik Deutschland, die Bürger, die im Beitrittsgebiet gelebt haben, nachträglich so zu stellen, als hätten sie unter dem Recht der Bundesrepublik Deutschland gelebt, besteht nicht.

[175] BVerfG, B. v. 12.11.1974 – 1 BvR 32/68 – BVerfGE 38, 175.
[176] BVerfG, Urt. v. 23.4.1991 – BvR 1170/90 – BVerfGE 84, 90; Urt. v. 8.4.1997 – 1 BvR 48/94 – BVerfGE 95, 267.
[177] Art 3 i.V.m. Art 1 I des Einigungsvertrages.
[178] BVerwG, Urt. v. 30.6.1994 – 7 C 19.93 – BVerwGE 96, 172.
[179] BGH, Urt. v. 23.2.1995 – III ZR 58/94 – NJW 1995, 1280.
[180] BVerfG, Urt. v. 23.4.1991 – 1 BvR 1170/90 – BVerfGE 84, 90 = NJW 1991, 1597 = DVBl 1991, 575 – Einigungsvertrag; Urt. v. 8.4.1997 – 1 BvR 48/97 – BVerfGE 95, 267 = NJW 1997, 1379 – Altschulden.

Vom Rückenteignungsanspruch ist der Anspruch zu unterscheiden, nach Aufgabe der **1285**
Nutzung das für diesen Zweck enteignete Grundstück zurückzuerhalten. Ein solcher
Rückübertragungsanspruch eines **enteigneten Grundstücks** ist verfassungsrechtlich
nicht begründet,[181] sondern findet nur im einfachen Recht bei entsprechender gesetzlicher Anordnung seine Grundlage. Der im Falle der Verfehlung oder Nichterreichung des
Enteignungszwecks anerkannte Rückenteignungsanspruch beruht auf der Erwägung,
dass die verfassungsrechtliche Ermächtigung zum Eingriff in das Eigentum dazu dient,
ein dem Wohl der Allgemeinheit dienendes Vorhaben auszuführen. Wird das beabsichtigte
Vorhaben nicht verwirklicht oder das enteignete Grundstück nicht benötigt, so entfällt
die aus Art. 14 III 1 GG herzuleitende Legitimation für den Zugriff auf das private Eigentum und damit auch der Rechtsgrund für den Eigentumserwerb durch die öffentliche
Hand. Anders verhält es sich dann, wenn die Sache dem ihr zugedachten Zweck dauerhaft zugeführt worden ist und damit das Ziel der Enteignung nachhaltig erreicht wurde.
In diesem Fall behält die Anordnung der Eigentumszuordnung ihre Rechtfertigung auch
dann, wenn die Gemeinwohlaufgabe später entfallen ist.

c) Enteignungsverfahren. §§ 104 bis 122 BauGB regeln das Enteignungsverfahren. **1286**
Die Enteignung wird dabei nach § 104 I BauGB von der höheren Verwaltungsbehörde
durchgeführt. Diese bestimmt sich nach Landesrecht. In den Ländern ohne höhere Verwaltungsbehörde ist gem. § 206 II BauGB die oberste Landesbehörde zuständig. Der Enteignungsantrag wird gem. § 105 BauGB bei der **Gemeinde**, in deren Gemarkung das zu
enteignende Grundstück liegt (Belegenheitsprinzip), eingereicht. Diese leitet ihn binnen
eines Monats mit ihrer Stellungnahme an die Enteignungsbehörde weiter.

Verfahrensbeteiligt sind gem. § 106 BauGB der Antragsteller, der Eigentümer, die **1287**
dinglich und − soweit mit Besitzrechten verbunden − die schuldrechtlich Berechtigten,
bei Ersatzlandbereitstellung die hierdurch Betroffenen, die Eigentümer der Grundstücke,
die durch eine Enteignung nach § 91 BauGB betroffen werden, sowie die Gemeinde,
wenn sie nicht ohnehin als Antragstellerin beteiligt ist. Ungeklärte Beteiligungsrechte
können ggf. in einem Anmeldeverfahren nach § 106 II bis IV BauGB geklärt werden.
Dies gilt vor allem für nicht im Grundbuch eingetragene Rechtsinhaber.

§ 107 BauGB sieht eine **beschleunigte Durchführung** des Enteignungsverfahrens **1288**
vor. Deshalb soll die Enteignungsbehörde gem. § 107 BauGB bereits vor der mündlichen
Verhandlung alle Anordnungen treffen, die einen Abschluss des Verfahrens möglichst in
einem Verhandlungstermin sicherstellen. Dem Eigentümer, dem Antragsteller sowie den
beteiligten Behörden ist daher zu dem vorgelegten Enteignungsantrag, aber auch zu im
Verfahren eingehenden Äußerungen Gelegenheit zur Stellungnahme zu geben.

Als Grundlage für den festzusetzenden Entschädigungsbetrag hat die Enteignungsbe- **1289**
hörde ein Gutachten des Gutachterausschusses einzuholen, wenn Eigentum entzogen
oder ein Erbbaurecht bestellt wird. Bei landwirtschaftlichen Grundstücken außerhalb des
räumlichen Geltungsbereichs eines Bebauungsplans ist die Landwirtschaftskammer zu
hören. Eine Verbindung verschiedener Enteignungsverfahren ist zulässig (§ 107 III
BauGB). Im Interesse der Beschleunigung darf die Enteignungsbehörde aussichtslose
Enteignungsanträge auch ohne Anberaumung eines Verhandlungstermins zurückweisen.[182]

Das **förmliche Enteignungsverfahren** wird nach § 108 BauGB durch die Anberau- **1290**
mung eines Termins zur mündlichen Verhandlung mit den Beteiligten eingeleitet. Hierzu
sind der Antragsteller, der Eigentümer des betroffenen Grundstücks, die sonstigen aus
dem Grundbuch ersichtlichen Beteiligten und die Gemeinde mit einer Ladungsfrist von
einem Monat zu laden. Zu Gunsten der Gemeinde kann das förmliche Enteignungsver-

---

[181] BVerwG, B. v. 11.11.1993 − 7 B 180.93 − NVwZ 1994, 782 = DÖV 1994, 268 − Rückübereignung.
[182] *BKL*, § 107 Rn. 7.

fahren mit der Bestimmung eines Verhandlungstermins bereits auf der Grundlage eines Bebauungsplans eingeleitet werden, wenn die förmliche Öffentlichkeitsbeteiligung nach § 3 II BauGB stattgefunden hat. Die dort von den Verfahrensbeteiligten vorgebrachten Stellungnahmen sind mit ihnen zu erörtern. Der Enteignungsbeschluss selbst darf aber gem. § 108 II 3 BauGB erst nach Vorliegen der Rechtsverbindlichkeit des Bebauungsplanes ergehen. Die Einleitung des Enteignungsverfahrens ist gem. § 108 V BauGB ortsüblich bekanntzumachen und dem Grundbuchamt mitzuteilen. In der Bekanntmachung sind gem. § 108 V BauGB alle Beteiligten aufzufordern, ihre Rechte spätestens in der mündlichen Verhandlung wahrzunehmen, verbunden mit dem Hinweis, dass auch bei ihrem Nichterscheinen mündlich verhandelt und entschieden werden kann. Mit dem Zeitpunkt der Bekanntmachung der Einleitung des Enteignungsverfahrens tritt eine Verfügungs- und Veränderungssperre ein, der die in § 51 BauGB bezeichneten Rechtsvorgänge, Vorhaben und Teilungen unterliegen.[183]

1291   In dem Termin zur mündlichen Verhandlung hat die Enteignungsbehörde nach § 110 BauGB auf eine **Einigung** zwischen den Beteiligten hinzuwirken und im Falle der Einigung eine Niederschrift darüber aufzunehmen. Die Niederschrift muss den Anforderungen eines Enteignungsbeschlusses nach § 113 BauGB genügen. Die Einigung ist ein öffentlich-rechtlicher Vertrag, der in seinen Rechtswirkungen einem rechtskräftigen Enteignungsbeschluss gleichsteht. Auch eine Teilenteignung ist nach § 111 BauGB möglich, wobei das Enteignungsverfahren im Übrigen seinen Fortgang nimmt.

1292   Kommt eine Einigung nicht zu Stande, **entscheidet** die Enteignungsbehörde nach § 112 BauGB auf Grund der mündlichen Verhandlung durch den Beteiligten gem. § 113 I 2 BauGB mit Rechtsmittelbelehrung zuzustellenden **Beschluss über den Enteignungsantrag**, die übrigen gestellten Anträge sowie über die erhobenen Einwendungen. Ist der Enteignungsantrag zulässig und begründet, so ist ihm (ganz oder teilweise) stattzugeben. Anderenfalls ist er zurückzuweisen. Im Falle der stattgebenden Entscheidung hat die Enteignungsbehörde gem. § 112 BauGB zugleich über die Aufrechterhaltung von Berechtigungen nach § 97 BauGB, die Belastung mit Rechten, die zu begründenden Rechtsverhältnisse und im Falle der Entschädigung in Ersatzland über den Eigentumsübergang oder die Enteignung des Ersatzlandes zu entscheiden.

1293   Auf Antrag eines Beteiligten hat die Enteignungsbehörde eine **Vorabentscheidung** zu treffen und dabei eine Vorauszahlung in Höhe der zu erwartenden Entschädigung anzuordnen. Die Vorabentscheidung ermöglicht eine getrennte Entscheidung über den Grund der Enteignung und die Höhe der zu leistenden Entschädigung. Dies ist insbesondere dann sinnvoll, wenn über die Entschädigungshöhe zwischen den Beteiligten Streit und ggf. noch weiterer Aufklärungsbedarf besteht, während über die Enteignung dem Grunde nach bereits abschließend entschieden werden kann.

1294   Der **Enteignungsbeschluss**, der gem. § 122 BauGB als vollstreckbarer Titel verwendungsfähig ist, muss unabhängig von dem Entscheidungstenor die in **§ 113 II BauGB** genannten **Angaben und Bestandteile** enthalten. Stehen die endgültigen Grundstücksbezeichnungen noch nicht fest, so sind nach § 113 IV BauGB vorläufige Bezeichnungen zu wählen. In dem Enteignungsbeschluss ist auch der Lauf der Verwendungsfrist für die Erreichung des Enteignungszwecks zu bestimmen. Die Frist ist unter Berücksichtigung des Grundsatzes der Erforderlichkeit der Enteignung in einem angemessenen zeitlichen Rahmen zu bestimmen. Fristverlängerungen sind gem. § 114 II BauGB auf Grund rechtzeitig gestellter Anträge möglich. Wird ein Verlängerungsantrag abgelehnt, so kann der Antragsteller hiergegen einen Antrag auf gerichtliche Entscheidung nach § 217 BauGB stellen. Ist die Entschädigung durch die Gewährung anderer Rechte zu leisten, so bestimmt sich das Enteignungsverfahren nach § 115 BauGB.

1295   In der Praxis wichtig ist die nach § 116 BauGB bestehende Möglichkeit der **vorzeitigen Besitzeinweisung**. Ist die sofortige Ausführung der beabsichtigten Baumaßnahme

---

[183] Zur Veränderungssperre s. Rn. 1117; vgl. auch HBG § 12 Rn. 45 ff.

aus Gründen des öffentlichen Wohls dringend geboten, kann die Enteignungsbehörde nach § 116 I BauGB den Antragsteller auf Antrag durch Beschluss in den Besitz des von dem Enteignungsverfahren betroffenen Grundstücks einweisen. Die vorzeitige Besitzeinweisung ist nur auf Grund einer mündlichen Verhandlung zulässig. Auch kann die vorzeitige Besitzeinweisung gem. § 116 II BauGB von einer Sicherheitsleistung in Höhe der voraussichtlich zu zahlenden Entschädigung und der Erfüllung anderer Bedingungen abhängig gemacht werden. Da die Anordnung der vorzeitigen Besitzeinweisung die tatsächlichen Wirkungen des Enteignungsbeschlusses vorwegnimmt, ist sie aus verfassungsrechtlichen Gründen nur zulässig, wenn die sofortige Ausführung der Enteignung besonders dringlich und auch im Hinblick auf die Eigentumsinteressen vorrangig ist. Es genügt daher nicht, dass die Enteignung selbst geboten ist. Vielmehr müssen die überwiegenden öffentlichen Interessen einen sofortigen Beginn der Maßnahme als unaufschiebbar ausweisen. Dies ist vom Antragsteller und in der Begründung des Beschlusses über die sofortige Besitzeinweisung im Einzelnen darzulegen. Die besondere Dringlichkeit wird sich dabei nur bei wesentlichen Nachteilen, die mit erheblichen Zeitverzögerungen verbunden sind, dokumentieren lassen. Es liegt dann im Ermessen der Enteignungsbehörde, ob eine vorzeitige Besitzeinweisung angeordnet wird. Wegen der verfassungsrechtlich bedingten hohen Anforderungen wird die vorzeitige Besitzeinweisung nur dann in Betracht kommen, wenn durch das Warten auf den Abschluss des Enteignungsverfahrens schwere Nachteile für wichtige Gemeinwohlbelange auf dem Spiel stehen. So gesehen kann die vorzeitige Besitzeinweisung, die gem. § 217 BauGB durch den Antrag auf gerichtliche Entscheidung angefochten werden kann, nur in besonders gelagerten Ausnahmefällen angewendet werden.

Ist der Enteignungsbeschluss unanfechtbar geworden, so ordnet auf Antrag eines Beteiligten die Enteignungsbehörde gem. § 117 BauGB die Ausführung des Enteignungsbeschlusses oder der Vorabentscheidung an. Durch die Ausführungsanordnung wird u. a. die Voraussetzung für die Leistung der Entschädigung und die Grundbuchberichtigung geschaffen. Geldentschädigungen sind ggf. unter Verzicht auf das Recht der Rücknahme gem. § 118 BauGB zu hinterlegen. Bei mehreren Berechtigten findet nach Maßgabe des § 119 BauGB ein Verteilungsverfahren statt. Leistet der durch die Enteignung Begünstigte die ihm auferlegten Zahlungen nicht innerhalb eines Monats nach Unanfechtbarkeit des Enteignungsbeschlusses, so hat die Enteignungsbehörde den Enteignungsbeschluss gem. § 120 BauGB auf Antrag aufzuheben. **1296**

In der Entscheidung über den Enteignungsantrag oder in einem gesonderten Beschluss ist eine **Kostenentscheidung** unter Beachtung der Grundsätze des § 121 BauGB zu treffen. Wird der Enteignungsantrag abgelehnt oder zurückgenommen, hat der Antragsteller die Verfahrenskosten zu tragen. Wird dem Enteignungsantrag stattgegeben, hat der Entschädigungsverpflichtete die Kosten zu tragen. Hierzu zählen nach § 121 II BauGB auch die **Kosten** für eine **zweckentsprechende Rechtsverfolgung**. Die gesetzlichen Gebühren und Auslagen eines hinzugezogenen Rechtsanwalts oder eines sonstigen Bevollmächtigten sind erstattungsfähig, wenn die Zuziehung eines Bevollmächtigten erforderlich war. Davon ist angesichts der rechtlich komplizierten Materie in Enteignungsverfahren regelmäßig auszugehen. Die Enteignungsbehörde bestimmt gem. § 121 IV BauGB durch Beschluss, ob die Zuziehung eines Rechtsanwalts oder sonstigen Bevollmächtigten notwendig war. **1297**

IV. Wertermittlung

Zur Ermittlung von Grundstückswerten und für sonstige Wertermittlungen werden nach § 192 BauGB selbstständige, unabhängige **Gutachterausschüsse** bestellt. Die Gutachterausschüsse bestehen aus einem Vorsitzenden und weiteren ehrenamtlichen Gutachtern einschließlich eines Bediensteten der zuständigen Finanzbehörde mit Erfahrung in der steuerlichen Bewertung von Grundstücken. Die Gutachterausschüsse, die bei den Gebietskörperschaften gebildet werden, bedienen sich einer Geschäftsstelle (§ 192 IV **1298**

BauGB), die zumeist bei den Trägern der kommunalen Selbstverwaltung gebildet wird. Der Gutachterausschuss erstattet Gutachten über den Verkehrswert von bebauten und unbebauten Grundstücken sowie Rechten an Grundstücken in den in § 193 I BauGB genannten Fällen. Der Gutachterausschuss führt eine Kaufpreissammlung[184], wertet sie aus und ermittelt Bodenrichtwerte und sonstige zur Wertermittlung erforderliche Daten (§ 193 III BauGB).[185] Die Gutachten des Gutachterausschusses haben allerdings keine bindende Wirkung, soweit nichts anderes bestimmt oder vereinbart ist (§ 193 IV BauGB). Die von einem Gutachterausschuss zur Ermittlung von Bodenrichtwerten (§ 192 BauGB) herausgegebene Bodenrichtwertsammlung stellt weder eine amtliche Bekanntmachung i.S. von § 5 I UrhG noch ein anderes amtliches Werk i.S. von § 5 II UrhG dar.[186]

1299   Zur Führung der **Kaufpreissammlung** ist jeder Vertrag, durch den sich jemand verpflichtet, Eigentum an einem Grundstück gegen Entgelt zu übertragen oder ein Erbbaurecht zu begründen, von der beurkundenden Stelle in Abschrift dem Gutachterausschuss zu übersenden (§ 195 I BauGB). Die Kaufpreissammlung darf nur dem zuständigen Finanzamt für Zwecke der Besteuerung übermittelt werden (§ 195 II BauGB). Auf Grund der Kaufpreissammlung werden für jedes Gemeindegebiet im Zuständigkeitsbereich des Gutachterausschusses Bodenrichtwerte gebildet, die den durchschnittlichen Lagewert des Bodens unter Berücksichtigung des unterschiedlichen Entwicklungszustandes wiedergeben. Die Bodenrichtwerte dienen auch als Grundlage für die Bewertung des Grundvermögens durch die Finanzverwaltung. Zur Durchführung ihrer Aufgaben haben die Gutachterausschüsse verschiedene Befugnisse, die sich aus § 197 BauGB ergeben. Bei Bedarf können Obere Gutachterausschüsse für den Bereich einer oder mehrerer höherer Verwaltungsbehörden gebildet werden (§ 198 BauGB). Der Obere Gutachterausschuss hat auf Antrag eines Gerichts ein Obergutachten zu erstatten, wenn schon das Gutachten eines Gutachterausschusses vorliegt (§ 198 II BauGB). Die von einem Gutachterausschuss zur Ermittlung von Bodenrichtwerten (§ 192 BauGB) herausgegebene Bodenrichtwertsammlung stellt allerdings weder eine amtliche Bekanntmachung i.S. von § 5 I UrhG noch ein anderes amtliches Werk i.S. von § 5 II UrhG dar.[187]

1300   Der Gutachterausschuss wendet dabei die **Wertermittlungsverordnung** an, die von der Bundesregierung auf der Ermächtigungsgrundlage des § 199 I BauGB erlassen worden ist. Die Einrichtung und Organisation der Gutachterausschüsse erfolgt auf der Grundlage entsprechender Rechtsverordnungen der jeweiligen Landesregierung (§ 199 II BauGB). Die Rechtsverordnung regelt u.a. die Bildung und das Tätigwerden der Gutachterausschüsse und der oberen Gutachterausschüsse, die Aufgaben des Vorsitzenden, die Einrichtung und die Aufgaben der Geschäftsstelle, die Führung und Auswertung der Kaufpreissammlung und die Ermittlung der Bodenrichtwerte, die Übermittlung von Daten der Flurbereinigungsbehörden zur Führung und Auswertung der Kaufpreissammlung, die Übertragung weiterer Aufgaben auf den Gutachterausschuss und die Entschädigung der Mitglieder des Gutachterausschusses.

1301   Gewisse Mobilisierungswirkungen auf den Grundstücksmarkt können von § 200 III BauGB ausgehen, wonach die Gemeinden in einem **Baulandkataster** sofort oder in absehbarer Zeit bebaubare Flächen in Karten oder Listen auf der Grundlage eines Lageplans erfassen, der Flur- und Flurstücksnummern, Straßennummern, Straßennamen und An-

---

[184] Zur EALG-Kaufpreisermittlung des BVVG NL-BzAR *Felgentreff/Zschau* 2009, 387. Zur EG-beihilferechtlichen Bewertung des Vergleichspreissystems des BVVG zur Bestimmung des Verkehrswertes (Marktwertes) für Direktverkäufe und EALG-Verkäufe landwirtschaftlicher Flächen *Koenig* BzAR 2008, 403.

[185] *Zimmermann* EFG 2006, 1654. Zur Feststellung eines Grundstückswerts bei fehlender Feststellung von Bodenrichtwerten *Leitner* EFG 2009, 1624.

[186] BGH, Urt. v. 20.7.2006 – I ZR 185/03 – NZBau 2007, 99 = NJW-RR 2007, 342 – Bodenrichtwertsammlung.

[187] BGH, Urt. v. 20.7.2006 – I ZR 185/03 – NZBau 2007, 99 = NJW-RR 2007, 342, m. Anm. *Karl Riesenhuber* LMK 2007, I, 31 = Ricarda Breiholdt, WE 2007, 19 – Bodenrichtwertsammlung.

gaben zur Grundstücksgröße enthält. Derartige Möglichkeiten werden allerdings durch ein dem Grundstückseigentümer eingeräumtes Widerspruchsrecht eingeschränkt.

Mit dem Erbschaftsteuerreformgesetz haben neben den Bodenrichtwerten auch die **1302** sonstigen für die Wertermittlung erforderlichen Daten, wie beispielsweise Liegenschaftszinssätze oder Sachwertfaktoren, für die steuerrechtliche Bewertung stark an Bedeutung gewonnen. Die Beschränkung der Beteiligung der zuständigen Finanzbehörde auf die Ermittlung der Bodenrichtwerte wurde als nicht sachgerecht festgestellt. Im Übrigen entspricht eine solche Beschränkung auch nicht der bereits heute gängigen Praxis. Die **Städtebaurechts-Novelle 2013** hat hierzu die **§§ 192, 195, 197 und 199 BauGB** geändert. Mit der Änderung zu **§ 195 BauGB** soll klargestellt werden, dass nicht nur im Fall der erstmaligen Begründung bzw. Bestellung, sondern auch in den Fällen der erneuten Bestellung des Erbbaurechts die Gutachterausschüsse Vertragsabschriften erhalten. In **§ 197 BauGB** sind die Möglichkeiten der Auskunftserteilung der Finanzbehörden an die Gutachterausschüsse erweitert worden. Durch die Änderung des **§ 199 BauGB** soll erreicht werden, dass die Länder eine häufigere Ermittlung der Bodenrichtwerte als den zweijährigen Turnus nach § 196 I 5 BauGB bestimmen können.

V. Sanierung und Entwicklungsbereich

Für besondere städtebauliche Situationen stellt das Gesetz in §§ 136 bis 191 BauGB ein be- **1303** sonderes Städtebaurecht bereit. Dazu gehört die städtebauliche Sanierungsmaßnahme in §§ 136 bis 164 b BauGB. Zur Erschließung neuer Bauflächen aus besonderen städtebaulichen Gründen können nach §§ 165 bis 171 BauGB Entwicklungsbereichssatzungen erlassen werden.

1. Sanierungssatzung

Das **Recht der städtebaulichen → Sanierung** wurde erstmals durch das **StBauFG** ge- **1304** regelt. Durch das BauGB 1986 wurde das StBauFG aufgehoben und das Recht der städtebaulichen Sanierung in das BauGB integriert. Städtebauliche Sanierungsmaßnahmen zielen darauf ab, städtebauliche Missstände wesentlich zu verbessern oder umzugestalten (§ 136 II BauGB). Städtebauliche Missstände liegen vor, wenn (1) das Gebiet nach seiner vorhandenen Bebauung oder nach seiner sonstigen Beschaffenheit den allgemeinen Anforderungen an gesunde Wohn- und Arbeitsverhältnisse oder an die Sicherheit der in ihm wohnenden oder arbeitenden Menschen nicht entspricht oder (2) das Gebiet in der Erfüllung der Aufgaben erheblich beeinträchtigt ist, die ihm nach seiner Lage und Funktion obliegen (§ 136 II BauGB).

Vorbereitung einer Sanierung (umfassendes Verfahren)
Ermittlungen der Gemeinde, des künftigen Sanierungsträgers oder sonstigen Beauftragten über die vorläufige Abgrenzung des Untersuchungsgebiets   Notwendigkeit und Durchführbarkeit der Sanierung   voraussichtliche Gesamtkosten und deren Finanzierung   **Grobanalyse**
Gemeinderatsbeschluss über den Beginn der vorbereitenden Untersuchungen mit Festlegung des Untersuchungsgebietes (§ 141 III BauGB)
ortsübliche Bekanntmachung des Beschlusses (§ 141 III BauGB) mit Hinweis auf die Auskunftpflicht nach § 138 BauGB
Vorbereitende Untersuchungen durch Gemeinde, Sanierungsträger oder sonstigen Beauftragten   **Bestandserhebung.** Sie erfolgt über die Notwendigkeit einer Sanierung, die sozialen, strukturellen und städtebaulichen Verhältnisse und Zusammenhänge sowie die anzustrebenden allgemeinen Ziele und die Durchführbarkeit der Sanierung im Allgemeinen. Die vorbereitenden Untersuchungen sollen sich auf nachteilige Auswirkungen erstrecken, die sich für die von der beabsichtigten Sanierung unmittelbar Betroffenen in ihren persönlichen Lebensumständen im wirtschaftlichen und sozialen Bereich voraussichtlich ergeben (§ 141 I BauGB).

Vorbereitung einer Sanierung (umfassendes Verfahren)

Sanierungskonzept. Struktur- und Rahmenplanung mit Modernisierungs- und Instandsetzungsmaßnahmen, Nutzungsänderungen, Abbruch und Neubau von Gebäuden, Gestaltung von öffentlich zugänglichen Flächen (Straßen, Plätze, Grünflächen). Sozialplan zur Vermeidung sozialer und wirtschaftlicher Härten. Finanzplan mit einer überschlägigen Kosten- und Finanzierungsübersicht. Vorschlag für die förmliche Festlegung des Sanierungsgebietes.

Feinanalyse

Vorstellung der Ergebnisse der vorbereitenden Untersuchungen
Erörterung in Ausschüssen und Gemeinderat
Erörterung mit den Betroffenen (§ 137 BauGB)
Beteiligung der sonstigen Öffentlichkeit
Beteiligung der Behörden und sonstigen Träger öffentlicher Belange (§ 139 BauGB)

Beschluss über die förmliche Festlegung des Sanierungsgebiets (§§ 142, 143 BauGB) als Satzung
mit genauer Bezeichnung und Abgrenzung des Sanierungsgebiets, Auflistung der betroffenen
Grundstücke
Ortsübliche Bekanntmachung der Sanierung (§ 143 II BauGB)

→ **Sanierung.** Maßnahmen zur Verbesserung eines als problematisch empfundenen städtebaulichen Zustandes mit dem Ziel, gesunde Wohn- und Arbeitsverhältnisse und verbesserte Umweltbedingungen zu schaffen. Sanierungsmaßnahmen betreffen etwa gewachsene Stadtteile (Altbaugebiete) oder Altlasten sowie Maßnahmen der Bodensanierung.

1305   Städtebauliche Maßnahmen sollen die bauliche Struktur verbessern, die Wirtschafts- und Agrarstruktur unterstützen, die Siedlungsstruktur den städtebaulichen Erfordernissen anpassen und die vorhandenen Ortsteile erhalten, erneuern und fortentwickeln (§ 136 IV BauGB). Bereits das StBauFG war von der Absicht geprägt, die Betroffenen in die Planung und Durchführung der Sanierungsmaßnahmen einzubeziehen und entsprechende Mitwirkungs- und Beteiligungsrechte einzuräumen (§ 137 BauGB).

Beschluss über den Beginn der vorbereitenden Untersuchungen nach § 141 III BauGB
Beglaubigter Auszug aus der Niederschrift der Sitzung des Rates vom (Datum)
Zu Punkt 10 der Tagesordnung: Beschluss den Beginn der vorbereitenden Untersuchungen nach § 141 IIII BauGB
1. Das Gebiet (Bezeichnung) weist städtebauliche Missstände i.S. des § 136 BauGB auf. Zur Prüfung der Sanierungsbedürftigkeit sollen daher vorbereitende Untersuchungen nach § 141 I BauGB durchgeführt werden. Als vorläufige Ziele und Zwecke der Sanierung werden bestimmt:
Das Untersuchungsgebiet (Gebietsbezeichnung) wird durch die Straßen (Bezeichnung) begrenzt (Lageplan).
2. Die Durchführung der vorbereitenden Maßnahmen soll dem (Name) übertragen werden. Die Verwaltung wird ermächtigt, einen entsprechenden Vertrag abzuschließen.
3. Der Beschluss ist ortsüblich bekanntzumachen. Dabei ist auf die Auskunftspflicht nach § 138 BauGB hinzuweisen.
Feststellung der Beschlussfähigkeit: gesetzliche Mitgliederzahl: 25, davon anwesend: 19.
Es waren nach der GO keine Mitglieder der Gemeindevertretung von der Beratung und Abstimmung ausgeschlossen.
(alternativ:) Es haben folgende Mitglieder der Gemeindevertretung weder an der Beratung noch an der Abstimmung mitgewirkt:
Feststellung des Abstimmungsergebnisses: dafür: 12, dagegen: 1, Stimmenthaltungen: 6.
Die Richtigkeit des Auszuges und die Angabe der Beschlussfähigkeit und Abstimmung werden hiermit beglaubigt. Gleichzeitig wird bescheinigt, dass zur Sitzung unter Mitteilung der Tagesordnung rechtzeitig und ordnungsgemäß eingeladen worden ist. Der Rat war beschlussfähig.
(Ort, Datum, Siegelabdruck) Gemeinde (Ort), Der Bürgermeister (Unterschrift)

Textbeispiel 109: *Beschluss über den Beginn der vorbereitenden Untersuchungen*

1306   Die **Vorbereitung der Sanierung** umfasst die vorbereitenden Untersuchungen, die förmliche Festlegung des Sanierungsgebietes, die Bestimmung der Ziele und Zwecke der Sanierung, die städtebauliche Planung mit der Bauleitplanung und einer städtebaulichen Rahmenplanung, die Erörterung der beabsichtigten Sanierung, die Erarbeitung und

Fortschreibung des Sozialplans sowie einzelne Ordnungs- und Baumaßnahmen, die vor einer förmlichen Festlegung des Sanierungsgebiets durchgeführt werden (§ 140 BauGB) (→ *Textbeispiele 109 und 110).*

Bekanntmachung des Beschlusses über den Beginn der vorbereitenden Untersuchungen nach § 141 III BauGB

Betr.: Bekanntmachung des Beschlusses der Gemeinde über den Beginn der vorbereitenden Untersuchungen nach § 141 III BauGB (Gebietsbezeichnung)
Die Gemeindevertretung hat in ihrer Sitzung vom (Datum) folgenden Beschluss gefasst:
Das Gebiet (Bezeichnung) weist städtebauliche Missstände i.S. des § 136 BauGB auf. Zur Prüfung der Sanierungsbedürftigkeit sollen daher vorbereitende Untersuchungen nach § 141 I BauGB durchgeführt werden.
Das Untersuchungsgebiet (Gebietsbezeichnung) wird durch die Straßen (Bezeichnung) begrenzt (Lageplan).
Hinweise:
Der Beschluss über die vorbereitenden Untersuchungen leitet eine städtebauliche Sanierungsmaßnahme ein. Der Beschluss ist nicht gleichbedeutend mit der förmlichen Festlegung des Sanierungsgebietes durch eine Sanierungssatzung (§ 142 BauGB)
Eigentümer, Mieter, Pächter und sonstige zum Besitz oder zur Nutzung des Grundstücks, Gebäudes oder Gebäudeteils Berechtigte sowie ihre Beauftragten sind verpflichtet, der Gemeinde oder ihren Beauftragten Auskunft über die Tatsachen zu erteilen, deren Kenntnis zur Beurteilung der Sanierungsbedürftigkeit eines Gebietes oder zur Vorbereitung oder Durchführung der Sanierung erforderlich ist. An personenbezogenen Daten können insbesondere Angaben der Betroffenen über ihre persönlichen Lebensumstände im wirtschaftlichen und sozialen Bereich, namentlich über die Berufs-, Erwerbs- und Familienverhältnisse, die Wohnbedürfnisse, die sozialen Verflechtungen sowie über die örtlichen Bindungen, erhoben werden. Die erhobenen personenbezogenen Daten dürfen nur zu Zwecken der Sanierung verwendet werden. Soweit die Daten für die Besteuerung erforderlich sind, dürfen sie an die Finanzbehörde weitergegeben werden. Verweigert ein Auskunftspflichtiger die Auskunft, kann ein Zwangsgeld bis zu 500 Euro angedroht und festgesetzt werden (§§ 138, 208 BauGB)
(Ort, Datum, Siegelabdruck) Gemeinde (Ort), Der Bürgermeister (Unterschrift).
Verfahrensvermerk:
Ausgehängt am: (Datum), abzunehmen am: (Datum), abgenommen am: (Datum)
(Siegel) (Unterschrift) (Siegel) (Unterschrift)
oder:
Diese Bekanntmachung ist am (Datum) in der Zeitung (in dem Amtlichen Verkündungsblatt) veröffentlicht worden.
(Ort, Datum, Siegelabdruck) Gemeinde (Ort), Der Bürgermeister (Unterschrift)

Textbeispiel 110: *Bekanntmachung des Beschlusses über vorbereitende Untersuchungen*

Im Rahmen der Vorbereitung der Sanierung erlässt die Gemeinde nach § 142 BauGB **1307** eine Sanierungssatzung, in der das Gebiet, in dem eine städtebauliche Sanierungsmaßnahme durchgeführt werden soll, förmlich als **Sanierungsgebiet** festgelegt wird.[188] Die Abgrenzung des Sanierungsgebietes richtet sich nach dem Sanierungszweck, den die Gemeinde bei Erlass der Sanierungssatzung anstrebt. Ein Grundstück kann in ein förmlich festgelegtes Sanierungsgebiet aber auch dann einbezogen werden, wenn auf ihm selbst keine Sanierungsmaßnahmen durchgeführt werden sollen. Das ist insbesondere bei der sog. Funktionsschwächensanierung der Fall (vgl. § 136 III Nr. 2 BauGB).[189] In der Sanierungssatzung ist das Sanierungsgebiet zu bezeichnen (§ 142 III BauGB). Zur Bezeichnung des Gebietes genügt es nach Auffassung des BVerwG nicht, dass in der Sanierungssatzung die in ihrem Geltungsbereich liegenden Grundstücke einzeln aufgeführt sind. Ein Verstoß gegen § 142 III 2 BauGB kann jedoch nach den Unbeachtlichkeitsvorschriften des BauGB unbeachtlich sein.[190] Eine Begründung sowie eine Öffentlichkeits- oder Behör-

---

[188] Zur Sanierung und Städtebauförderung *Gaentzsch* NJW 1985, 881; *Krautzberger* DVBl 1984, 1149; *ders.* NVwZ 1987, 647; *Löhr* ZfBR 1984, 267.
[189] BVerwG, B. v. 16.1.1996 – 4 B 69.95 – NVwZ–RR 1997, 155 = DVBl 1996, 691 – Funktionsschwächensanierung.
[190] So BVerwG, B. v. 25.2.1993 – 4 NB 18.92 – DVBl 1993, 673 = UPR 1993, 266.

denbeteiligung sieht das Gesetz nicht vor.[191] Allerdings können nach Auffassung des BVerwG im Rahmen der erforderlichen Abwägung schriftlich festgelegte Begründungen sinnvoll sein.[192] Im Gegensatz zur früheren Rechtslage (§ 143 I BauGB 1993) ist die Sanierungssatzung der höheren Verwaltungsbehörde nicht mehr anzuzeigen.[193] Die Sanierungssatzung tritt mit förmlicher Bekanntmachung in Kraft.[194] Den Gemeinden ist ein angemessener Zeitraum für die Verwirklichung ihrer Sanierungsziele einzuräumen.[195] Genehmigungsbedürftige Vorhaben nach § 29 I BauGB, aber auch die Teilung eines Grundstücks und andere in § 144 I und II BauGB bezeichnete Rechtsvorgänge bedürfen der schriftlichen Genehmigung der Gemeinde. Die Anforderungen an die Konkretisierung der Sanierungsziele steigen dabei mit zunehmender zeitlicher Geltungsdauer der Sanierungssatzung.[196] Auf der Grundlage der Sanierungssatzung werden für das förmlich festgesetzte Sanierungsgebiet Bebauungspläne aufgestellt (→ *Textbeispiele 111, 112 und 113*).

Sanierungssatzung

Beglaubigter Auszug aus der Niederschrift der Sitzung des Rates vom (Datum)
Zu Punkt (Nr.) der Tagesordnung: Satzungsbeschluss über die städtebauliche Sanierungsmaßnahme „(Gebietsbezeichnung)" nach § 142 BauGB
1. Beschluss über die Sanierungssatzung
Auf Grund § 142 BauGB, (§§) GO beschließt die Gemeindevertretung in ihrer Sitzung am (Datum) folgende Satzung:

§ 1 Festlegung des Sanierungsgebietes

Im Sanierungsgebiet „Gebietsbezeichnung" liegen städtebauliche Missstände vor (§ 136 II BauGB). Das Gebiet soll durch städtebauliche Sanierungsmaßnahmen wesentlich verbessert (oder) umgestaltet werden. Das insgesamt (Zahl) ha große Gebiet wird hiermit als Sanierungsgebiet förmlich festgelegt. Das Gebiet wird umgrenzt durch (Straßenbezeichnungen) (Lageplan).

§ 2 Verfahren

Die Sanierungsmaßnahme wird im vereinfachten Verfahren nach § 142 IV BauGB (oder) unter Anwendung der besonderen sanierungsrechtlichen Vorschriften der §§ 152 bis 156 BauGB durchgeführt.

§ 3 Inkrafttreten

1. Die Satzung tritt am Tage der Bekanntmachung in Kraft.
2. Die Sanierungssatzung ist ortsüblich bekanntzumachen. (Ggf. wenn §§ 152 bis 156 BauGB Anwendung finden) Hierbei ist auf die Vorschriften der §§ 152 bis 156 BauGB hinzuweisen. (Oder) Die Bekanntmachung ist in entsprechender Anwendung des § 10 BauGB vorzunehmen.
3. Der Beschluss vom (Datum) über den Beginn der vorbereitenden Untersuchungen für das Gebiet (Gebietsbezeichnung) wird aufgehoben.
4. Die Verwaltung wird beauftragt, dem Grundbuchamt die rechtsverbindliche Sanierungssatzung mitzuteilen und hierbei von der Sanierungssatzung betroffene Grundstücke einzeln aufzuführen.
Feststellung der Beschlussfähigkeit: gesetzliche Mitgliederzahl: 25, davon anwesend: 19.
Es waren nach der GO keine Mitglieder der Gemeindevertretung von der Beratung und Abstimmung ausgeschlossen.

---

[191] BVerwG, B. v. 23.7.1993 – 4 NB 26.93 – Buchholz 406.15 § 5 StBauFG Nr. 4 = RzB Rn. 809 – Sanierungssatzung.

[192] BVerwG, B. v. 23.6.1992 – 4 NB 26.92 – BauR 1993, 64 = NVwZ 1993, 361 = BRS 54 Nr. 22 = RzB Rn. 858 – Heilung.

[193] Unter Geltung des Anzeigeerfordernisses bedurfte es eines Beitrittsbeschlusses der Gemeinde nicht, wenn ihr die Genehmigungsbehörde lediglich einen bestimmten zeitlichen Rahmen für die Durchführung der Sanierungsmaßnahme vorgegeben hatte, so BVerwG, B. v. 3.5.1993 – 4 NB 15.93 – NVwZ–RR 1994, 9 = DÖV 1993, 921 = UPR 1993, 357 = RzB Rn. 817 – Beitrittsbeschluss.

[194] Zum Außerkrafttreten der Sanierungssatzung infolge eines längeren Zeitablaufs BVerwG, B. v. 23.7.1993 – 4 NB 26.93 – Buchholz 406.15 § 5 StBauFG Nr. 4; vgl. auch HdBöffBauR Kap. C Rn. 216.

[195] BVerwG, Urt. v. 7.9.1984 – 4 C 20.81 – BVerwGE 70, 83 = DVBl 1985, 116 = NVwZ 1985, 109 = BauR 1985, 189 – Konkretisierung Sanierungsziele.

[196] BVerwG, Urt. v. 7.9.1984 – 4 C 20.81 – BVerwGE 70, 83 = DVBl 1985, 116 = NVwZ 1985, 109 = RzB Rn. 814 – Konkretisierung Sanierungsziele; B. v. 10.9.1990 – 4 B 126.90 – RzB Rn. 816 – Urt. v. 20.10.1978 – 4 C 48.76 – BauR 1979, 139 = DVBl 1989, 153 = NJW 1979, 2577.

(alternativ:) Es haben folgende Mitglieder der Gemeindevertretung weder an der Beratung noch an der Abstimmung mitgewirkt:
Feststellung des Abstimmungsergebnisses: dafür: 12, dagegen: 1, Stimmenthaltungen: 6.
Die Richtigkeit des Auszuges und die Angabe der Beschlussfähigkeit und Abstimmung werden hiermit beglaubigt. Gleichzeitig wird bescheinigt, dass zur Sitzung unter Mitteilung der Tagesordnung rechtzeitig und ordnungsgemäß eingeladen worden ist. Der Rat war beschlussfähig.
(Ort, Datum, Siegelabdruck) Gemeinde (Ort), Der Bürgermeister (Unterschrift)

Textbeispiel 111: *Sanierungssatzung*

Im förmlich festgelegten Sanierungsgebiet besteht eine **Genehmigungspflicht** nach **1308** § 144 BauGB. Danach bedürfen der schriftlichen Genehmigung der Gemeinde (1) die der Veränderungssperre nach § 14 I BauGB unterliegenden Vorhaben und sonstigen Maßnahmen sowie (2) Vereinbarungen, durch die ein schuldrechtliches Vertragsverhältnis über den Gebrauch oder die Nutzung eines Grundstücks, Gebäudes oder Gebäudeteils auf bestimmte Zeit von mehr als einem Jahr eingegangen oder verlängert wird (§ 144 I BauGB). Zudem bedürfen der schriftlichen Genehmigung der Gemeinde (1) die rechtsgeschäftliche Veräußerung eines Grundstücks und die Bestellung und Veräußerung eines Erbbaurechts, (2) die Bestellung eines das Grundstück belastenden Rechts sowie (3) ein schuldrechtlicher Vertrag, durch den eine Verpflichtung zu einem der vorgenannten Rechtsgeschäfte begründet wird. Außerdem sind (4) die Begründung, Änderung oder Aufhebung einer Baulast sowie (5) die Teilung eines Grundstücks genehmigungspflichtig (§ 144 II BauGB).[197] Die Genehmigung darf nach § 145 II BauGB nur versagt werden, wenn Grund zu der Annahme besteht, dass das Vorhaben, der Rechtsvorgang einschließlich der Teilung eines Grundstücks oder die damit erkennbar bezweckte Nutzung die Durchführung oder Sanierung unmöglich machen oder wesentlich erschweren würde oder den Zielen und Zwecken der Sanierung zuwiderlaufen würde. Die sanierungsrechtliche Genehmigung ist zu erteilen, wenn die wesentliche Erschwerung durch Maßnahmen nach § 145 III BauGB beseitigt wird. Die Genehmigung kann nach § 145 III BauGB auch unter Auflagen, in den Fällen des § 144 I BauGB auch befristet oder bedingt erteilt werden (§ 145 IV 1 BauGB). Die Genehmigung kann auch vom Abschluss eines städtebaulichen Vertrages abhängig gemacht werden, wenn dadurch Versagungsgründe ausgeräumt werden können (§ 145 IV 2 BauGB). Die sanierungsrechtliche Genehmigung nach § 144 BauGB tritt gegebenenfalls neben andere Genehmigungen wie etwa die Baugenehmigung.[198]

Bekanntmachung einer Sanierungssatzung

Betr.: Bekanntmachung der Satzung der Gemeinde über die förmliche Festlegung des Sanierungsgebietes (Kurzbezeichnung)

1. Auf Grund § 142 BauGB, (§§ GO) hat die Gemeindevertretung in ihrer Sitzung am (Datum) folgende Satzung beschlossen:

§ 1 Festlegung des Sanierungsgebietes
Im Sanierungsgebiet „Gebietsbezeichnung" liegen städtebauliche Missstände vor (§ 136 II BauGB). Das Gebiet soll durch städtebauliche Sanierungsmaßnahmen wesentlich verbessert (oder) umgestaltet werden. Das insgesamt (Zahl) ha große Gebiet wird hiermit als Sanierungsgebiet förmlich festgelegt. Das Gebiet wird umgrenzt durch (Straßenbezeichnungen) (Lageplan).

§ 2 Verfahren
Die Sanierungsmaßnahme wird im vereinfachten Verfahren nach § 142 IV BauGB (oder) unter Anwendung der besonderen sanierungsrechtlichen Vorschriften der §§ 152 bis 156 BauGB durchgeführt.

§ 3 Inkrafttreten
1. Die Satzung tritt am Tage der Bekanntmachung in Kraft.

---

[197] Die Genehmigungspflichten des § 144 II BauGB können auch durch andere Vertragsgestaltung nicht umgangen werden, so OLG Oldenburg, Urt. v. 19.2.1998 – 5 W 7/98 – NJW–RR 1998, 1239.
[198] BVerwG, B. v. 7.6.21996 – 4 B 91.96 – NJW 1996, 2807 = DVBl 1997, 78 – Sanierungsdauer.

2. Nach § 215 I BauGB werden eine nach § 214 I 1 Nr. 1 bis 3 BauGB beachtliche Verletzung der dort bezeichneten Form- und Verfahrensvorschriften und nach § 214 III 2 BauGB beachtliche Mängel des Abwägungsvorgangs, wenn sie nicht innerhalb von einem Jahr seit Bekanntmachung schriftlich gegenüber der Gemeinde unter Darlegung des die Verletzung begründenden Sachverhalts geltend gemacht worden sind, unbeachtlich.

3. Auf die Vorschriften der §§ 152 bis 156 BauGB wird besonders hingewiesen. Diese können während der Dienstzeiten (Zeitangabe) von jedermann im Rathaus (Zimmer) eingesehen werden. (oder) Diese haben folgenden Wortlaut (§§ 152 bis 156 BauGB).

(Ort, Datum, Siegelabdruck) Gemeinde (Ort), Der Bürgermeister (Unterschrift)
Verfahrensvermerk:
Ausgehängt am: (Datum), abzunehmen am: (Datum), abgenommen am: (Datum)
(Siegel) (Unterschrift) (Siegel) (Unterschrift)
oder:
Diese Bekanntmachung ist am (Datum) in der Zeitung (in dem Amtlichen Verkündungsblatt) veröffentlicht worden.
(Ort, Datum, Siegelabdruck) Gemeinde (Ort), Der Bürgermeister (Unterschrift)

Textbeispiel 112: Bekanntmachung Sanierungssatzung

1309 Die förmliche Festlegung eines Sanierungsgebiets durch eine Sanierungssatzung erzeugt für die Grundstücke, die im Sanierungsgebiet liegen, verfahrensrechtliche und inhaltliche Beschränkungen (§§ 144, 145 BauGB).[199] Bei den Regelungen handelt es sich grundsätzlich um nicht zu beanstandende Inhaltsbestimmungen des Eigentums i. S. des Art. 14 I 2 GG.[200] Die Grenze der Sozialbindung (Art. 14 II GG) wird aber überschritten, wenn die Sanierung nicht mehr sachgemäß und nicht hinreichend zügig durchgeführt wird. Eine Sanierungssatzung leidet daher nicht an einem Rechtsfehler, wenn die Sanierungsziele im Zeitpunkt des Erlasses der Satzung noch nicht konkretisiert sind. Die Sanierungsziele müssen sich jedoch im Laufe des Sanierungsverfahrens verdichten und konkretisiert werden.[201] Auch bei sehr langer Dauer ist die Sanierung jedoch keine Enteignung i. S. des Art. 14 III 1 GG, sondern eine Inhalts- und Schrankenbestimmung nach Art. 14 I 2 GG.[202] Aus dem sanierungsrechtlichen Genehmigungserfordernis in § 144 I BauGB kann kein Nachbarschutz abgeleitet werden.[203]

1310 Die früher umstrittene Frage des Verhältnisses von **sanierungsrechtlicher Genehmigung** und **Baugenehmigung**[204] und der Gestaltung der sog. **Schlusspunkttheorie**,[205] nach der die Baugenehmigung den Abschluss der Zulassungsverfahren bilden

---

[199] Nach Auffassung des OVG Koblenz, Urt. v. 27.1.1998 – 6 A 12252/97 – BauR 1998, 754 sei die Frage, ob die Voraussetzungen für den Erlass einer Sanierungssatzung i. S. des § 142 I 1 BauGB i.V.m. § 136 II BauGB vorliegen, durch einen Subsumtionsvorgang und nicht im Wege der Abwägung zu ermitteln. Die Abgrenzung des Sanierungsgebiets erfolge demgegenüber aufgrund einer Abwägung; vgl. auch BVerwG, B. v. 10.11.1998 – 4 BN 38.98 – DVBl 1999, 255. Dem für den Erlass einer Sanierungssatzung geltenden Abwägungsgebot (§ 136 IV S. 3 BauGB) unterliegen die Bestimmungen der Ziele und Zwecke der Sanierung und die Abgrenzung des Sanierungsgebiets, aber noch nicht, welche planerischen Festsetzungen für die einzelnen Grundstücke letztlich getroffen werden sollen.
[200] Das gilt auch für die Annahme in § 153 II BauGB, dass eine Veräußerung zu einem wesentlich über dem Verkehrswert liegenden Preis die Sanierung wesentlich erschwert, so BVerwG, B. v. 8.1.1998 – 4 B 221.97 – NVwZ 1988, 954 = BauR 1998, 527.
[201] BVerwG, B. v. 27.5.1997 – 4 B 98.96 – NVwZ–RR 1998, 216.
[202] BVerwG, Urt. v. 7.7.1996 – 4 B 91.96 – NJW 1996, 2807 = DVBl 1997, 78.
[203] BVerwG, B. v. 7.5.1997 – 4 B 73.97 – NVwZ 1997, 991.
[204] VGH München, B. v. 18.3.1993 – GrS 1/1992 – DVBl 1993, 665 = BayVBl. 1993, 370; OVG Münster, Urt. v. 20.3.1992 – 11 A 610/90 – BauR 1992, 610; OVG Lüneburg, Urt. v. 28.6.1985 – 6 A 8/84 – UPR 1986, 226 = BRS 44 Nr. 233; VGH Kassel, Urt. v. 4.2.1985 – 4 OE 24/83 – NuR 1986, 185; VG Gera, Urt. v. 18.5.1998 – 4 E 785/98 GE – (unveröffentlicht).
[205] BVerwG, Urt. v. 19.4.1985 – 4 C 25.84 – BauR 1985, 544; Urt. v. 20.11.1995 – 4 C 10.95 – NVwZ 1996, 378 = BauR 1996, 227; B. v. 2.2.2000 – 4 B 104.99 – Windenergieanlage; OVG Berlin, B. v. 26.8.1998 – 2 B 15.94 – NVwZ–RR 1999, 231 = UPR 1999, 229 – Bauvorbescheid.

müsse[206] und bei der das jeweilige Landesrecht eine Rolle spielte[207], ist durch **§ 145 I 2 BauGB** geklärt. Danach wird über die sanierungsrechtliche Genehmigung im baurechtlichen Genehmigungsverfahren im Einvernehmen mit der Gemeinde entschieden.

Ersatzbekanntmachung einer Sanierungssatzung

Betr.: Bekanntmachung der Satzung der Gemeinde über die förmliche Festlegung des Sanierungsgebietes (Kurzbezeichnung)

1. Auf Grund § 142 BauGB, (§§ GO) hat die Gemeindevertretung in ihrer Sitzung am (Datum) eine Satzung über die förmliche Festlegung des Sanierungsgebietes (Kurzbezeichnung) beschlossen. Das Gebiet wird umgrenzt durch (Straßenbezeichnungen) (Lageplan).
Die Sanierungssatzung wird im Rathaus (Zimmer) während der Dienststunden (Zeitangabe) zu jedermanns Einsicht bereitgehalten. Über den Inhalt der Sanierungssatzung wird auf Verlangen Auskunft erteilt. Mit dieser Bekanntmachung tritt die Sanierungssatzung in Kraft.
2. Nach § 215 I BauGB werden eine nach § 214 I 1 Nr. 1 bis 3 BauGB beachtliche Verletzung der dort bezeichneten Form- und Verfahrensvorschriften und nach § 214 III 2 BauGB beachtliche Mängel des Abwägungsvorgangs, wenn sie nicht innerhalb von einem Jahr seit Bekanntmachung schriftlich gegenüber der Gemeinde unter Darlegung des die Verletzung begründenden Sachverhalts geltend gemacht worden sind, unbeachtlich.
3. Auf die Vorschriften der §§ 152 bis 156 BauGB wird besonders hingewiesen. Die gesetzlichen Regelungen können während der Dienstzeiten (Zeitangabe) von jedermann im Rathaus (Zimmer) eingesehen werden. (oder) Diese haben folgenden Wortlaut (§§ 152 bis 156 BauGB).

(Ort, Datum, Siegelabdruck) Gemeinde (Ort), Der Bürgermeister (Unterschrift)
Verfahrensvermerk:
Ausgehängt am: (Datum), abzunehmen am: (Datum), abgenommen am: (Datum)
(Siegel) (Unterschrift) (Siegel) (Unterschrift)
oder:
Diese Bekanntmachung ist am (Datum) in der Zeitung (in dem Amtlichen Verkündungsblatt) veröffentlicht worden.
(Ort, Datum, Siegelabdruck) Gemeinde (Ort), Der Bürgermeister (Unterschrift)

Textbeispiel 113: *Ersatzbekanntmachung Sanierungssatzung*

Die Sanierungssatzung erfüllt − so das BVerwG[208] − mit ihren Genehmigungsvorbe- **1311** halten der Sache nach auch den Zweck der Sicherung der Planung, den sonst die Instrumente der §§ 14, 15 BauGB erfüllt.[209] Während das Gesetz für die Veränderungssperre einen **Zeitrahmen** normiert (vgl. §§ 17, 18 I BauGB), fehlt es für die Sanierungssatzung allerdings an vergleichbaren Regelungen. Zwingender Inhalt einer Sanierungssatzung ist es zudem nicht, einen Zeitraum für die Durchführung der Sanierung anzugeben.[210] Dieser Unterschied ist indes gesetzgeberisch gewollt.[211]

Der Gesetzgeber hat im Rahmen des Art. 14 I 2 GG den verfassungsrechtlichen Auf- **1312** trag, für eine sozial ausgewogene Eigentumsordnung zu sorgen.[212] Das schließt Belas-

---

[206] BVerwG, B. v. 25.10.1995 − 4 B 216.95 − BVerwGE 99, 351 = NVwZ 1996, 377; OVG Münster, Urt v. 20.3.1992 − 11 A 610/90 − BauR 1992, 610; OVG Lüneburg, Urt. v. 28.6.1985 − 6 A 8/84 − UPR 1986, 226.

[207] So BVerwG, B. v. 25.10.1995 − 4 B 216.95 − BVerwGE 99, 351 = NVwZ 1996, 377, unter Aufgabe der im B. v. 15.7.1994 − 4 B 109.94 − NVwZRR 1995, 66, vertretenen Rechtsauffassung.

[208] BVerwG, B. v. 7.6.21996 − 4 B 1991.96 − NJW 1996, 2807 = DVBl 1997, 78 − Sanierungsdauer.

[209] BVerwG, B. v. 15.7.1994 − 4 B 109.94 − Buchholz 406.11 § 34 BauGB Nr. 170 = ZfBR 1994, 294.

[210] BVerwG, Urt. v. 7.9.1984 − 4 C 20.81 − BVerwGE 70, 83; B. v. 3.5.1993 −4 NB 15.93 − NVwZ−RR 1994, 9.

[211] BVerwG, B. v. 7.5.1997 − 4 B 73.97 − NVwZ 1997, 991. Mit der baurechtlichen Nachbarklage kann daher nicht geltend gemacht werden, dass eine für ein Bauvorhaben in einem förmlich festgelegten Sanierungsgebiet erteilte Baugenehmigung nicht im Einklang mit dem Sanierungskonzept der Gemeinde stehe.

[212] BVerfG, B. v. 12.6.1979 − 1 BvL 19/76 − BVerfGE 52, 1 = RzB Rn. 1104 − Kleingarten; B. v. 8.1.1985 − 1 BvR 792/83 − BVerfGE 68, 361 − Kündigungsschutz; B. v. 12.3.1986 − 1 BvL 81/79 − BVerfGE 72, 66 − Salzburg; B. v. 30.11.1988 − 1 BvR 1301/84 − BVerfGE 79, 174 = NJW 1989, 1271

Durchführung der Sanierung nach dem umfassenden Verfahren
Einrichtung Sanierungsbüro Fortschreibung Rahmenplan Städtebauliche Wettbewerbe Aufstellung von Bebauungsplänen und Sozialplan (§ 180 BauGB)
Ordnungsmaßnahmen (§ 147 BauGB) Bodenordnung mit Grundstückserwerb Umzug der Bewohner und der Betriebe Freilegung der Grundstücke Bau und Ergänzung der Erschließungsanlagen weitere die Bebauung vorbereitende Maßnahmen
Baumaßnahmen (§ 148 BauGB) Modernisierung und Instandsetzung Neubau und Ersatzbau Gemeinbedarfs- und Folgeeinrichtungen Betriebsverlagerungen
Kosten- und Finanzierungsübersicht
Erhebung von Ausgleichsbeträgen (§ 154 BauGB)
Gesamtabrechnung
Abschluss der Sanierung (§§ 162 bis 164 BauGB) Beschluss über Aufhebung der förmlichen Festlegung des Sanierungsgebiets (§ 162 BauGB) Ortsübliche Bekanntmachung der Satzung
Reprivatisierung der Grundstücke

Einnahmen, Ausgaben und Finanzierungsgrundlagen	
Einnahmen	**Ausgaben**
Verkauf von Grundstücken und Gebäuden Ausgleichsbeträge Bewirtschaftungsüberschüsse	Vorbereitende Untersuchungen weitere Vorbereitungen mit Fachbeiträgen Erwerb von Grundstücken und Gebäuden Ordnungsmaßnahmen sonstige Kosten

tungen für den Grundeigentümer nicht aus. Je stärker der soziale Bezug und die soziale Funktion des betroffenen Eigentumsobjekts sind, umso weiter ist die Befugnis des Gesetzgebers zu belastenden Inhalts und Schrankenbestimmungen.[213] Die Sozialpflichtigkeit in Art. 14 II GG ist hier ein legitimierender Grund für ein Zurückdrängen der Privatnützigkeit und der autonomen Verfügungsbefugnis. Der Gesetzgeber hat dazu gemäß § 145 V BauGB einen Ausgleich für wirtschaftlich unzumutbare Nachteile dadurch geschaffen, dass er dem Grundeigentümer gegenüber der Gemeinde einen Anspruch auf Übernahme des Grundstücks einräumt. Damit hat er eine ausgleichende Regelung getroffen, die den Anforderungen des Art. 14 I 2 GG grundsätzlich entspricht. Gegebenen-

---

= DVBl 1989, 352 = RzB Rn. 98 – Verkehrslärm; B. v. 9.10.1991 – 1 BvR 227/91 – BVerfGE 84, 382 = NJW 1992, 361; B. v. 22.11.1994 – 1 BvR 351.91 – BVerfGE 91, 294 = NJW 1995, 511 – Mietpreisbindung.
[213] BVerfG, B. v. 7.7.1971 – 1 BvR 765/66 – BVerfGE 31, 229 = NJW 1971, 2163 – Urheberrecht; B. v. 15.1.1974 – 1 BvL 5/70 – BVerfGE 36, 281 = GRUR 1974, 143 – Akteneinsicht Patenterteilung; B. v. 23.4.1974 – 1 BvR 6/74 u. a. – BVerfGE 37, 132 – Kündigungsschutz; Urt. v. 8.7.1976 – 1 BvL 19/75 – BVerfGE 42, 263 – Hilfswerk Behinderte Kinder; B. v. 1.3.1979 – 1 BvR 532/77 – BVerfGE 50, 290 = NJW 1979, 833 – Mitbestimmung; B. v. 12.6.1979 – 1 BvL 19/76 – BVerfGE 52, 1 = RzB Rn. 1104 – Kleingarten; Urt. v. 28.2.1980 – 1 BvL – BVerfGE 53, 257 – Altehen; B. v. 14.7.1981 – 1 BvL 24/78 – BVerfGE 58, 137 – Pflichtexemplare; B. v. 10.5.1993 – 1 BvR 820/79 – BVerfGE 64, 87 – Rentenanpassung; B. v. 19.6.1985 – 1 BvL 57/79 – BVerfGE 70, 191 – Fischereigenossenschaften; B. v. 9.10.1991 – 1 BvR 227/91 – BVerfGE 84, 382 = NJW 1992, 361.

falls kommt daneben auch ein gewohnheitsrechtlich begründeter Aufopferungsanspruch in Betracht.[214]

Die **Sanierungssatzung** ist grundsätzlich auf **15 Jahre** befristet; die Frist kann aber **1313** verlängert werden (§ 142 III 3 und 4 BauGB 2007). Das wird durch das Überleitungsrecht auch auf die laufenden Maßnahmen übernommen, freilich mit einer großzügig bemessenen Übergangsfrist bis zum 31.12.2021 (§ 235 IV BauGB). Eine Sanierungssatzung kann auch außer Kraft treten, wenn die Gemeinde ihr Sanierungskonzept tatsächlich aufgibt oder der Verwirklichung später rechtliche oder tatsächliche Hindernisse entgegenstehen.[215]

Der Eigentümer eines im förmlich festgelegten Sanierungsgebiet gelegenen Grund- **1314** stücks ist nach **§ 154 I BauGB** zur Entrichtung eines Ausgleichsbetrages zur Finanzierung der Sanierungsmaßnahmen verpflichtet. Die Regelungen über das Erschließungs-beitragsrecht sind im förmlich festgesetzten Sanierungsgebiet nicht anwendbar (§ 154 I 2 BauGB).[216] Die Höhe des Betrages im förmlich festgesetzten Sanierungsgebiet bemisst sich nach § 154 II BauGB nach der Differenz zwischen dem Bodenwert, der sich für das Grundstück durch die rechtliche und tatsächliche Neuordnung des förmlich festgelegten Sanierungsgebietes ergibt (Endwert) und dem Bodenwert, der sich für das Grundstück ergäbe, wenn eine Sanierung weder beabsichtigt, noch durchgeführt worden wäre (Anfangswert).[217] Zur Ermittlung des sanierungsbedingten Ausgleichsbetrages i. S. von § 154 II BauGB in Verbindung mit der Wertermittlungsverordnung ist das **Vergleichswertver-fahren** (§§ 13, 14 WertV) nur anzuwenden, wenn ausreichende Daten zur Verfügung stehen, die gewährleisten, dass der Verkehrswert und − im Falle der Sanierung − dessen Erhöhung zuverlässig zu ermitteln sind. Fehlt es an aussagekräftigem Datenmaterial, ist eine andere geeignete Methode anzuwenden. Zulässig ist jede Methode, mit der der gesetzliche Auftrag, die Bodenwerterhöhung und damit den Ausgleichsbetrag nach dem Unterschied zwischen → Anfangs- und → Endwert zu ermitteln, erfüllt werden kann.[218]

→ **Anfangswert.** Bodenwert, der sich für das Grundstück ergeben würde, wenn eine Sanierung weder beabsichtigt noch durchgeführt worden wäre.

→ **Endwert.** Bodenwert, der sich für das Grundstück durch die rechtliche und tatsächliche Neuordnung des förmlich festgesetzten Sanierungsgebiets ergibt.

Nach **§ 154 IIa BauGB 2007** kann die Gemeinde durch Satzung bestimmen, dass der **1315** Ausgleichsbetrag ausnahmsweise ausgehend von dem Aufwand für die Erweiterung oder Verbesserung von Erschließungsanlagen i. S. des § 127 II Nr. 1 bis 3 BauGB (Verkehrsanlagen) in dem Sanierungsgebiet zu berechnen ist.[219] Es müssen Anhaltspunkte dafür bestehen, dass die sanierungsbedingte Erhöhung der Bodenwerte der Grundstücke in dem Sanierungsgebiet nicht wesentlich über der Hälfte dieses Aufwands liegt. In der Satzung ist zu bestimmen, bis zu welcher Höhe der Aufwand der Berechnung zu Grunde zu legen ist; sie darf 50 vom Hundert nicht übersteigen. Im Geltungsbereich der Satzung berech-

---

[214] Hierfür grundsätzlich BGH, Urt. v. 26.1.1984 – III ZR 216/82 – BGHZ 90, 17; vgl. allerdings auch BVerwG, Urt. v. 15.2.1990 – 4 C 47.89 – BVerwGE 84, 361 = RzB Rn. 1049; Urt. v. 24.6.1993 – 7 C 26.92 – BVerwGE 94, 1 = DVBl 1993, 1141 = NJW 1993, 2949 = RzB Rn. 1055 – Naturschutz-verordnung Herrschinger Moos.

[215] So BVerwG, B. v. 23.7.1993 – 4 NB 26.93 – Buchholz 406.15 § 15 StBauFG Nr. 4 = RzB Rn. 809.

[216] BVerwG, B. v. 21.1.2005 – 4 B 1.05 – ZfBR 2005, 387 = BauR 2005, 1142.

[217] BVerwG, Urt. v. 21.8.1981 – 4 C 16.78 – ZfBR 1981, 290; *Schindhelm/Wilde* NVwZ 1992, 747.

[218] BVerwG, B. v. 16.11.2004 – 4 B 71.04 – NVwZ 2005, 449 = ZfBR 2006, 264 – sanierungs-rechtlicher Ausgleichsbetrag.

[219] Zur früheren Rechtslage BVerwG, B. v. 21.1.2005 – 4 B 1.05 – ZfBR 2005, 387 = BauR 2005, 1142 = BRS 69 Nr. 208 (2005) – keine Erschließungs- und Ausbaubeitragspflicht für Grundstücke im Sanierungsgebiet.

net sich der Ausgleichsbetrag für das jeweilige Grundstück nach dem Verhältnis seiner Fläche zur Gesamtfläche. Als Gesamtfläche ist die Fläche des Sanierungsgebiets ohne die Flächen für die Verkehrsanlagen zu Grunde zu legen. § 128 I und III BauGB ist entsprechend anzuwenden. Im Ergebnis werden die Eigentümer wegen der Begrenzung der umlagefähigen Kosten gegenüber dem vereinfachten Verfahren besser gestellt; sie unterliegen aber während des Verfahrens dem strengeren Regime des Besonderen Sanierungsrechts (§§ 152 ff. BauGB).

1316   Die **BauGB-Novelle 2007**[220] erklärt sich vor dem Hintergrund der erheblichen praktischen Schwierigkeiten der Wertermittlung und der Berechnung der Ausgleichbeträge bei „sinkenden" Bodenwerten. Dass sich die Ausgleichsbetragsregelung in der Praxis – namentlich bei den Verfahren der „behutsamen Stadterneuerung", also keiner durch Flächensanierungen geprägten Praxis – längst an der Höhe der „ansonsten" zu erhebenden Beiträge orientiert, ist nicht nur ein offenes Geheimnis, sondern wird auch vom BVerwG durchaus gewürdigt.[221]

2. Entwicklungsbereichssatzung

1317   Die **Erschließung neuer Baugebiete oder die Umstrukturierung vorhandener Baugebiete** können in ausgewählten Bereichen durch städtebauliche Entwicklungsmaßnahmen erfolgen.[222] Sie dienen dazu, Ortsteile und andere Teile des Gemeindegebietes entsprechend ihrer besonderen Bedeutung für die städtebauliche Entwicklung und Ordnung der Gemeinde oder entsprechend der angestrebten Entwicklung des Landesgebietes oder der Region erstmalig zu entwickeln oder im Rahmen einer städtebaulichen Neuordnung einer neuen → Entwicklung zuzuführen (§ 165 II BauGB).[223] Die Maßnahmen sollen der Errichtung von Wohn- und Arbeitsstätten sowie von Gemeinbedarfs- und Folgeeinrichtungen dienen.

> → **Entwicklungsbereich.** Durch Beschluss der Gemeinde festgelegter Bereich, in dem eine städtebauliche Entwicklungsmaßnahme durchgeführt werden soll (§ 165 BauGB). Voraussetzung für die Festlegung des Entwicklungsbereichs sind vorbereitende Untersuchungen. Im Entwicklungsbereich sollen auf Grund eines aktuellen städtebaulichen Handlungsbedarfs neue Baugebiete erschlossen oder vorhandene Baugebiete umstrukturiert werden. Im Hinblick auf die damit verbundenen Eigentumseingriffe ist die Ausweisung von Entwicklungsbereichen nur verfassungsmäßig, wenn die städtebaulichen Maßnahmen durch erhöhte Gemeinwohlerfordernisse gerechtfertigt sind. Die planende Gemeinde trägt dafür die Darlegungslast.

1318   Die einzelnen Ziele der städtebaulichen Entwicklungsmaßnahme sind in § 165 III 1 BauGB beschrieben: Danach kann die Gemeinde einen Bereich, in dem eine städtebauliche Entwicklungsmaßnahme durchgeführt werden soll, durch Beschluss förmlich als städtebaulichen Entwicklungsbereich festlegen, wenn (1) die Maßnahme den Zielen und Zwecken des § 165 II BauGB entspricht, (2) das Wohl der Allgemeinheit die Durchführung der städtebaulichen Entwicklungsmaßnahme erfordert, insbesondere zur Deckung eines erhöhten Bedarfs an Wohn- und Arbeitsstätten, zur Errichtung von Gemeinbe-

---

[220] Nach § 169 I Nr. 7 BauGB ist die Anwendung des § 154 II a BauGB im städtebaulichen Entwicklungsbereich ausgeschlossen.

[221] BVerwG, B. v. 21.1.2005 – 4 B 1.05 – ZfBR 2005, 387 = BauR 2005, 1142.

[222] *BKL*, § 165 Rn. 12; *Degenhart* DVBl 1994, 1041; *Gaentzsch* NVwZ 1991, 921; *Krautzberger* DÖV 1992, 92; *ders.* WuV 1993, 85; *Müller/Wollmann* Erhaltung der städtebaulichen Gestalt eines Gebietes durch Erhaltungssatzung, S. 183; *Runkel* ZfBR 1991, 19; *Schmidt–Eichstaedt* BauR 1993, 38; *Stich* WuV 1993, 104.

[223] Zu städtebaulichen Entwicklungsmaßnahmen auch *Degenhart* DVBl 1994, 1041; *Gaentzsch* NVwZ 1991, 921; *Krautzberger* LKV 1992, 84; *ders.* WuV 1993, 85; *Runkel* ZfBR 1991, 91; *ders.* BBauBl. 1990, 252; *Schmidt–Eichstaedt* BauR 1983, 38; *Stich* WiVerw. 1993, 104.

Verfahren	Beteiligte	Rechtsgrundlagen
Vorbereitung		
Beschluss über den Beginn der Voruntersuchungen Ortsübliche Bekanntmachung unter Hinweis auf allgemeine Auskunftspflicht	Gemeinderat und Gemeindeverwaltung	§ 165 IV BauGB
Voruntersuchungen zur Abgrenzung des Entwicklungsbereichs, zu Kosten und Finanzierung Beteiligung der Betroffenen und der Träger öffentlicher Belange Einschaltung eines Planers oder Entwicklungsträgers	Gemeindeverwaltung	§ 165 II und IV BauGB
Satzungsbeschluss Förmliche Festlegung und Bezeichnung des städtebaulichen Entwicklungsbereichs	Gemeinderat	§ 165 VI BauGB
Anzeigeverfahren, wenn das Landesrecht dies anordnet ortsübliche Bekanntmachung der Entwicklungsbereichssatzung	Gemeindeverwaltung	§ 165 VII und VIII, 246 II BauGB
Durchführung		
Aufstellung von Bebauungsplänen	Gemeindeverwaltung oder Entwicklungsträger	§ 166 I BauGB
Grundstückserwerb	Gemeindeverwaltung oder Entwicklungsträger	§ 166 III BauGB
Kosten- und Finanzierungsübersicht	Gemeindeverwaltung	§ 171 II BauGB
Rückveräußerung von Grundstücken	Gemeindeverwaltung	§ 169 BauGB
Erschließungsmaßnahmen	Gemeindeverwaltung oder Erschließungsträger	§ 169 BauGB
Bebauung	Eigentümer, Entwicklungsträger, Bauträger	§ 169 BauGB
Ausgleichsbeträge	Gemeindeverwaltung	§ 169 BauGB
Beschluss über die Aufhebung der städtebaulichen Entwicklungsbereichssatzung mit ortsüblicher Bekanntmachung	Gemeinderat und Gemeindeverwaltung	§ 169 BauGB

darfs-, und Folgeeinrichtungen oder zur Wiedernutzung brachliegender Flächen, (3) Die einzelnen Ziele der städtebaulichen Entwicklungsmaßnahme sind in § 165 III 1 BauGB beschrieben: Danach kann die Gemeinde einen Bereich, in dem eine städtebauliche Entwicklungsmaßnahme durchgeführt werden soll, durch Beschluss förmlich als städtebaulichen Entwicklungsbereich festlegen, wenn (1) die Maßnahme den Zielen und Zwecken des § 165 II BauGB entspricht, (2) das Wohl der Allgemeinheit die Durchführung der städtebaulichen Entwicklungsmaßnahme erfordert, insbesondere zur Deckung eines erhöhten Bedarfs an Wohn- und Arbeitsstätten, zur Errichtung von Gemeinbedarfs-, und Folgeeinrichtungen oder zur Wiedernutzung brachliegender Flächen, (3) die mit der städtebaulichen Entwicklungsmaßnahme angestrebten Ziele und Zwecke durch städtebauliche Verträge nicht erreicht werden können oder Eigentümer der von der Maßnahme betroffenen Grundstücke unter entsprechender Berücksichtigung des § 166 III BauGB nicht bereit sind, ihre Grundstücke an die Gemeinde oder den von ihr beauftragten Entwicklungsträger zu einem angemessenen Wert zu veräußern (§ 169 I Nr. 6 und IV BauGB) und (4) die zügige Durchführung der Maßnahme innerhalb eines absehbaren Zeitraums gewährleistet ist. Nach **§ 165 III 1 Nr. 2 BauGB** ist die Aufzählung der Gründe, die eine städtebauliche Entwicklungsmaßnahme rechtfertigen können, nicht abschließend. Ein weiterer Grund kann etwa die Auflösung einer unvertretbaren Gemengelage sein, die der geordneten städtebaulichen Entwicklung außerhalb des Satzungsgebiets entgegensteht.[224]

1319   Das Gesetz verweist also darauf, dass die städtebauliche Entwicklungsbereichssatzung gegenüber vertraglichen (freiwilligen) Regelungen nachrangig ist. Lässt sich eine vertragliche Regelung erreichen, ist eine (zwangsweise) Entwicklungsbereichssatzung nicht erforderlich. Sowohl der Gemeinde wie auch betroffenen Eigentümern wird regelmäßig zu raten sein, einverständlichen Lösungen den Vorrang zu geben. Der Erwerb der Grundstücke zu angemessenen Bedingungen wird die Gemeinde in die Lage versetzen, ihre städtebaulichen Ziele ohne das Mittel der zwangsweisen Umsetzung zu erreichen. Der Eigentümer wird bei einer freiwilligen Regelung zumeist bessere Konditionen erreichen, als wenn er es auf eine rechtliche Auseinandersetzung ankommen lässt. Dies setzt allerdings eine entsprechende Kompromissbereitschaft der Beteiligten voraus. Die Gemeinde kann sich dabei auf das gesetzliche Instrumentarium berufen, sollte es allerdings nur anwenden, wenn es sich nicht umgehen lässt. Auch aus gemeindlicher Sicht wird daher einer einverständlichen Regelung zumeist der Vorrang einzuräumen sein. So bieten sich vor allem städtebauliche Verträge als Möglichkeit der sozialgerechten Bodennutzung an.[225] Entwicklungsmaßnahmen sind auf qualitativ Neues ausgerichtet. Sie beziehen sich im Gegensatz zu sanierungsrechtlichen Maßnahmen, bei denen trotz teilweisem Abriss und Neubebauung zur Beseitigung städtebaulicher Missstände die weitgehende Erhaltung der vorhandenen Substanz und des Gebietscharakters angestrebt wird, auf Gebiete mit größeren Freiflächen, die baulich noch entwickelt werden können, oder auf Bereiche, deren weitere Bebauung die Entwicklung insgesamt noch in eine andere Richtung führen kann. In Zweifelsfällen ist entscheidend, welche bodenrechtlichen Instrumente zur Verwirklichung der städtebaulichen Ziele erforderlich sind (→ *Textbeispiel 114*).[226]

Bekanntmachung der Entwicklungsbereichssatzung
der Gemeinde (Ort) über die förmliche Festlegung des städtebaulichen Entwicklungsbereichs (Kurzbezeichnung)

Auf Grund des § 165 VI BauGB hat die Gemeindevertretung der Gemeinde (Ort) in ihrer Sitzung vom (Ort) folgende Satzung beschlossen:

§ 1 Festlegung des städtebaulichen Entwicklungsbereichs
Zur Behebung eines erheblichen Wohnungsmangels und zur wohnungsnahen Versorgung der Bevölkerung mit Gemeinbedarfs- und Folgeeinrichtungen soll der Entwicklungsbereich entsprechend seiner besonderen Bedeutung für die städtebauliche Entwicklung und Ordnung der Gemeinde entwickelt werden. Das Gebiet wird daher als städtebaulicher Entwicklungsbereich förmlich festgelegt und erhält die Bezeichnung (Kurzbezeichnung). Das Gebiet wird begrenzt durch (Straßenbezeichnungen) und ist in anliegendem Lageplan dargestellt.

In dem Entwicklungsbereich soll insbesondere der soziale Wohnungsbau zu angemessenen Bedingungen gefördert werden. Familien mit Kindern soll preisgünstiges Bauland angeboten werden, um hierdurch zugleich den Wohnungsmarkt zu entlasten.

§ 2 Hinweis auf besondere Genehmigungspflichten
Gem. § 165 VIII 3 BauGB i. V. mit § 169 I BauGB wird auf die besonderen Genehmigungspflichten gem. §§ 144, 145, 153 II BauGB hingewiesen. Die gesetzlichen Vorschriften können während der Dienstzeiten

---

[224] OVG Münster, Urt. v. 18.12.2008 – 10 D 104/06.NE – BauR 2009, 857 = UPR 2009, 194 = DVBl 2009, 534 = DÖV 2009, 466 – ehemalige Bergarbeitersiedlung neben Chemiepark.

[225] *Grziwotz* DVBl 1994, 1048.

[226] So OVG Berlin, Urt. v. 28.11.1997 – 2 A 7.94 – ZfBR 1998, 211 = DVBl 1998, 909.

(Zeitangabe) von jedermann im Rathaus (Zimmer) eingesehen werden. (oder) Diese haben folgenden Wortlaut (§§ 144, 145, 153 II BauGB).

§ 3 Fristen für die Geltendmachung von Fehlern

Nach § 215 I BauGB werden eine nach § 214 I 1 Nr. 1 bis 3 BauGB beachtliche Verletzung der dort bezeichneten Form- und Verfahrensvorschriften und nach § 214 III 2 BauGB beachtliche Mängel des Ab-wägungsvorgangs, wenn sie nicht innerhalb von einem Jahr seit Bekanntmachung schriftlich gegenüber der Gemeinde unter Darlegung des die Verletzung begründenden Sachverhalts geltend gemacht worden sind, unbeachtlich.

§ 4 Inkrafttreten

Diese Satzung wird gem. § 165 VIII 4 BauGB mit ihrer Bekanntmachung rechtsverbindlich

Bekanntmachungsanordnung

Die vorstehende Entwicklungssatzung (Kurzbezeichnung) wird hiermit öffentlich bekannt gemacht. Es wird darauf hingewiesen, dass eine Verletzung von Verfahrens- und Formvorschriften der GO beim Zu-standekommen dieser Satzung nach Ablauf eines Jahres seit dieser Bekanntmachung nicht mehr geltend gemacht werden kann, es sei denn,

- eine vorgeschriebene Genehmigung fehlt oder ein vorgeschriebenes Anzeigeverfahren wurde nicht durchgeführt,
- dieses Verfahren ist nicht ordnungsgemäß öffentlich bekannt gemacht worden,
- der Bürgermeister hat den Satzungsbeschluss vorher beanstandet oder
- der Form- oder Verfahrensmangel ist gegenüber der Gemeinde vorher gerügt und dabei die verletzte Rechtsvorschrift und die Tatsache bezeichnet worden, die den Mangel ergibt.

(Ort, Datum, Siegelabdruck) Gemeinde (Ort), Der Bürgermeister (Unterschrift)
Verfahrensvermerk:
Ausgehängt am: (Datum), abzunehmen am: (Datum), abgenommen am: (Datum)
(Siegel) (Unterschrift) (Siegel) (Unterschrift)
oder:
Diese Bekanntmachung ist am (Datum) in der Zeitung (in dem Amtlichen Verkündungsblatt) veröffent-licht worden.
(Ort, Datum, Siegelabdruck) Gemeinde (Ort), Der Bürgermeister (Unterschrift)

Textbeispiel 114: *Bekanntmachung Entwicklungsbereichssatzung*

Entwicklungsmaßnahmen sind auf **qualitativ Neues** ausgerichtet. Sie beziehen sich **1320** im Gegensatz zu sanierungsrechtlichen Maßnahmen, bei denen trotz teilweisem Abriss und Neubebauung zur Beseitigung städtebaulicher Missstände die weitgehende Erhaltung der vorhandenen Substanz und des Gebietscharakters angestrebt wird, auf Gebiete mit größeren Freiflächen, die baulich noch entwickelt werden können, oder auf Bereiche, deren weitere Bebauung die Entwicklung insgesamt noch in eine andere Richtung führen kann. In Zweifelsfällen ist entscheidend, welche bodenrechtlichen Instrumente zur Verwirklichung der städtebaulichen Ziele erforderlich sind.[227] Dagegen eignen sich Entwicklungsmaßnahmen nicht als Mittel dafür, zur Ankurbelung der Wirtschaft private Investoren zu fördern. Maßnahmen, die nicht den besonderen Zielen des § 165 BauGB dienen und insbesondere nicht zur Deckung eines erhöhten Bedarfs an Wohn- und Arbeitsstätten, zur Errichtung von Gemeinbedarfs- und Folgeeinrichtungen oder zur Wiedernutzbarmachung brachliegender Flächen dienen, sind unzulässig. Vor allem muss sich die Entwicklungsmaßnahme durch einen entsprechenden Gemeinwohlbezug rechtfertigen.[228] Der konkrete Zweck einer städtebaulichen Entwicklungsmaßnahme muss sich nicht bereits aus dem Text der Satzung selbst ergeben, die den Entwicklungs-bereich zu bezeichnen hat (§ 165 VI 2 BauGB), sondern kann nach § 165 VII 2 BauGB in der Begründung benannt werden. Eine städtebauliche Entwicklungsmaßnahme, die sich auf das Gebiet eines schon vorhandenen Bebauungsplanes bezieht, ist allenfalls zulässig, wenn sie über das Ziel der Finanzierung der öffentlichen Infrastrukturinves-titionen hinaus weitere Maßnahmen von einigem Gewicht zum Gegenstand hat, die zusammen mit dem Bebauungsplan erst das „koordinierte Maßnahmenbündel" erge-

---

[227] So OVG Berlin, Urt. v. 28.11.1997 – 2 A 7.94 – ZfBR 1998, 211 = DVBl 1998, 909.
[228] BVerwG, B. v. 19.4.1999 – 4 BN 10.99 – ZfBR 1999, 277 = UPR 1999, 390 – Entwicklungsbe-reich zur städtebaulichen Entwicklungsmaßnahme nach § 53 I StBauFG i. V. m. § 235 I 2 BauGB.

ben.[229] Eine Entwicklungsbereichssatzung kann auch zur Ausweisung eines Industriegebietes aufgestellt werden.[230]

1321   Vor der förmlichen Festlegung des Entwicklungsbereichs durch Satzung hat die Gemeinde grundsätzlich Voruntersuchungen durchzuführen oder zu veranlassen. Der Beschluss über den Beginn der Voruntersuchungen ist öffentlich bekanntzumachen mit der Folge, dass die Qualitätsmerkmale des Grund und Bodens auf diesen Zeitpunkt einfrieren und nachträgliche Qualitätserhöhungen bei der Berechnung der Ausgleichs- und Entschädigungsleistungen (§§ 169 I Nr. 4, 153 BauGB) sowie der Ausgleichsbeträge (§ 154 III BauGB)[231] nicht berücksichtigt werden. Auch kann auf der Grundlage des Beschlusses über die Voruntersuchungen eine Zurückstellung von Vorhaben nach § 15 BauGB erfolgen. Die Entwicklungsbereichssatzung, in der der städtebauliche Entwicklungsbereich zu bezeichnen ist, ist zu begründen und ortsüblich bekanntzumachen (§ 165 VIII BauGB). Die in § 144 BauGB bezeichneten Vorhaben und Rechtsvorgänge unterliegen hierdurch einer Genehmigungspflicht. Die Gemeinde stellt für den Entwicklungsbereich Bebauungspläne in dem zuvor beschriebenen Verfahren auf.[232]

1322   Die förmliche Festlegung eines städtebaulichen Entwicklungsbereichs durch Entwicklungssatzung bedarf bundesrechtlich keiner Genehmigung.[233] Hiervon unberührt bleibt eine etwaige rechtliche Überprüfung im Rahmen der Kommunalaufsicht oder der fördernden Stelle bei der Feststellung der Fördervoraussetzungen. Im Übrigen können die Länder gem. § 246 I a 1 Hs. 1 BauGB 2004 bestimmen, dass Entwicklungssatzungen vor ihrem Inkrafttreten der höheren Verwaltungsbehörde anzuzeigen sind. Bisher war im Rahmen des Genehmigungsverfahrens von der Gemeinde ein Bericht über die Gründe, welche die förmliche Festlegung des entwicklungsbedürftigen Bereichs rechtfertigen, beizufügen. Der Wegfall des Genehmigungsverfahrens entbindet die Gemeinde nicht von der Pflicht, in darlegbarer Weise die Gründe zu prüfen, die die förmliche Festlegung des entwicklungsbedürftigen Bereichs rechtfertigen. Vielmehr ist nach § 165 VII 2 BauGB eine entsprechende Begründung der Entwicklungssatzung beizufügen.

1323   In nichtbeplanten Innenbereichen kann die Gemeinde nach § 170 BauGB durch Satzung ein **Anpassungsgebiet** festlegen. Ergeben sich aus den Zielen und Zwecken der städtebaulichen Entwicklungsmaßnahme in einem im Zusammenhang bebauten Gebiet Maßnahmen zur Anpassung an die vorgesehene Entwicklung, kann die Gemeinde dieses in der Entwicklungssatzung förmlich festlegen. Das Anpassungsgebiet ist in der Entwicklungssatzung zu bezeichnen. Die förmliche Festlegung darf erst nach Durchführung vorbereitender Untersuchungen erfolgen. In dem Anpassungsgebiet sind die Regelungen über die Entwicklungsmaßnahme und die städtebauliche Sanierung entsprechend anzuwenden.

1324   In einer Reihe von Entscheidungen hat sich das BVerwG inzwischen mit dem Recht der städtebaulichen Entwicklungsmaßnahmen befasst. Das Instrument der Entwicklungsmaßnahme ist zur Lösung von besonderen städtebaulichen Problemen bestimmt.[234] Dessen Einsatz setzt einen qualifizierten städtebaulichen Handlungsbedarf voraus, der aus Gründen des öffentlichen Interesses ein planmäßiges und aufeinander abgestimmtes

---

[229] OVG Lüneburg, Urt. v. 15.12.2011 – 1 KN 111/08 –; vgl. BVerwG, Urt. v. 3.7.1998 – 4 CN 2.97 – BVerwGE 107, 123 = DVBl. 1998, 1293.

[230] OVG Münster, Urt. v. 13.10.2011 – 2 D 86/09.NE – Entwicklungssatzung für Industriegebiet.

[231] BVerwG, Urt. v. 17.12.1992 – 4 C 30.90 – DVBl 1993, 441 = ZfBR 1993, 145 = UPR 1993, 218 = NVwZ 1993, 1112; *Kleiber* ZfBR 1986, 263; *Schindhelm* NVwZ 1992, 747.

[232] Zu weiteren Einzelheiten *Degenhart* DVBl 1993, 1041. Durch das BauROG 1998 sind die Vorschriften über die Entwicklungsbereichssatzung in verschiedener Hinsicht ergänzt worden, vgl. etwa §§ 165 III Nr. 3, IV S. 2, VIII, 167 I, 169 I, und 171 BauGB.

[233] Anders noch § 165 VII 2 BauGB 1998. Weitere Folgeänderungen ergaben sich für § 165 VIII 1 und 2 sowie für § 203 III BauGB 2004.

[234] Zur Abgrenzung zwischen Sanierungs– und Entwicklungsmaßnahmen BVerwG, B. v. 8.7.1998 – 4 BN 22.98 – UPR 1998, 454.

Vorgehen i. S. einer Gesamtmaßnahme erfordert.[235] Die Anforderungen an die Festlegung von **Entwicklungsbereichen** gehen daher über allgemeine städtebauliche Gründe hinaus.[236] Die Durchführung der städtebaulichen Entwicklungsmaßnahme wird nicht schon allgemein und in jedem Fall vom Wohl der Allgemeinheit erfordert. Es ist vielmehr ein **erhöhter Bedarf** an Wohnraum oder gewerblichen Nutzungen erforderlich. Ein derartiger dringender Bedarf i. S. des § 165 III BauGB ist nur anzunehmen, wenn sich die Nachfrage nach Wohnungen oder Gewerbebetrieben in einer Gemeinde in einer Weise erhöht hat, dass sie mittelfristig nicht ohne die Verwirklichung der Entwicklungsmaßnahme gedeckt werden kann.[237] Bei der Feststellung eines erhöhten Bedarfs an Wohnstätten im Rahmen einer städtebaulichen Entwicklungsmaßnahme kommt dem prognostizierten Bevölkerungsanstieg – neben dem prognostizierten Wohnungsbedarf – eine vorrangige Bedeutung zu.[238] Prognosen über die zukünftige Entwicklung der Nachfrage müssen auf einer sorgfältig aufbereiteten realistischen Tatsachenermittlung basieren und hinsichtlich des Prognoseschlusses nachvollziehbar sein.[239] Fehler in der Ermittlung des zukünftigen Bedarfs führen zur Unwirksamkeit der Entwicklungsbereichssatzung.[240] Wenn die Entwicklungsmaßnahme auf voneinander getrennten Teilflächen verwirklicht werden soll, ist der Gesamtmaßnahmecharakter nach Auffassung des BVerwG nur gewahrt, wenn die Teilflächen untereinander in einer funktionalen Beziehung stehen, die die gemeinsame Überplanung und einheitliche Durchführung zur Erreichung des Entwicklungsziels nahe legt.[241] Im durch die Entwicklungssatzung (§ 165 VI BauGB)[242] festgelegten städtebaulichen Entwicklungsbereich ist insbesondere die Enteignung zugunsten der Gemeinde auf Grund der Regelung des § 169 III BauGB gegenüber der allgemeinen städtebaulichen Enteignung erleichtert möglich.[243] Diese Vorschrift hat das

---

[235] VGH Mannheim, Urt. v. 12.9.1994 – 8 S 3002/93 – BauR 1996, 523 für ein freigewordenes größeres Kasernengelände in einer unter starkem Siedlungsdruck stehenden Universitätsstadt; OVG Bremen, Urt. v. 23.6.1998 – 1 N 5/97 – zur Abwanderung von Einwohnern aus einer Großstadt in das benachbarte Umland, wenn hierdurch die städtebauliche Entwicklung und Ordnung beeinträchtigt wird.

[236] Zu den Anforderungen an eine städtebauliche Entwicklungsmaßnahme zur Schaffung eines Wohngebiets für Einfamilienhäuser und eines Landschaftsparks für die Naherholung BVerwG, B. v. 17.12.2003 – 4 BN 54.03 – NVwZ-RR 2004, 325 = NuR 2004, 365 – Anforderungen an städtebauliche Entwicklungsmaßnahme, im Anschluss an B. v. 30.1.2001 – 4 BN 72.00 – NVwZ 2001, 558 = BauR 2001, 931 und BVerfG, B. v. 4.7.2002 – 1 BvR 390/01 – NVwZ 2003, 71 = BauR 2003, 70.

[237] Das OVG Bremen, Urt. v. 23.6.1998 – 1 N 5/97 – NordÖR 1998, 386, verweist etwa auf eine hohe Abwanderungsrate der Bevölkerung in das Umland als Indiz für ein besonderes städtebauliches Erfordernis.

[238] OVG Lüneburg, Urt. v. 27.2.2007 – 1 KN 1/07 – NdsRpfl 2007, 225 (L). Vgl. OVG Lüneburg, Urt. v. 20.2.2002 – 1 K 1236/00 – städtebauliche Entwicklungsmaßnahme, zur Bedeutung des Sozialplanes und zur Frage eines erhöhten Wohnbedarfs an Wohnstätten, m. Hinw. auf OVG Lüneburg, Urt. v. 20.2.2002 – 1 K 1236/00 – BRS 65 Nr. 231; BVerwG, Urt. v. 3.7.1998 – 4 CN 5.97 – NVwZ 1999, 407; Urt. v. 3.7.1998 – 4 CN 2.97 – NVwZ 1998, 1297.

[239] Eine vergleichbare Kontrolle erfolgt auch bei der Vorprüfung des Einzelfalls nach § 3 a S. 4 UVPG. Es reicht hier, wenn eine Vorprüfung durchgeführt worden ist und das Ergebnis nachvollziehbar ist.

[240] OVG Münster, Urt. v. 1.12.1997 – 10a D 62/94.NE – DVBl 1998, 351 – Allerheiligen Neuss.

[241] BVerwG, Urt. v. 3.7.1998 – 4 CN 2.97 – DVBl 1998, 1293 = UPR 1998, 453 – Teilbarkeit von Entwicklungsmaßnahmen.

[242] Die Nichtigkeit einer Entwicklungssatzung führt nach der Rechtsprechung des BVerwG, B. v. 31.3.1998 – 4 BN 5.98 – NVwZ-RR 1998, 543 = BauR 1998, 750 = ZfBR 1998, 251 nicht ohne weiteres auch zur Nichtigkeit eines für dasselbe Gebiet beschlossenen Bebauungsplans, zuvor bereits VGH Mannheim, Urt. v. 21.10.1997 – 8 S 609/97 – NVwZ-RR 1998, 720.

[243] Angesichts dieser enteignenden Vorwirkung habe die Gemeinde bei der Festsetzung eines Entwicklungsbereichs Planungsalternativen zu berücksichtigen, wenn diese im Einzelfall ernsthaft in Betracht kommen, so BVerwG, B. v. 31.3.1998 – 4 BN 4.98 – NVwZ-RR 1998, 544 = DVBl 1998, 909 = BauR 1998, 751 = ZfBR 1998, 252.

BVerwG für verfassungsrechtlich unbedenklich gehalten.[244] Das gilt auch, soweit die Enteignung nur dazu dient, die Nutzung von Grundstücken in irgendeiner Form zur Errichtung von Wohn- und Arbeitsstätten sowie von Gemeinbedarfs- und Folgeeinrichtungen zu ermöglichen. § 169 III BauGB ist im Hinblick auf Art. 14 III GG auch insoweit verfassungsrechtlich unbedenklich, als die Enteignung dazu dient, privaten Dritten das Eigentum zu verschaffen, sog. Durchgangsenteignung. Die gesetzliche Regelung über die Abschöpfung der entwicklungsbedingten Bodenwerterhöhungen durch die Gemeinde zur Finanzierung der städtebaulichen Entwicklungsmaßnahme ist verfassungsrechtlich nicht zu beanstanden. Die Frage, ob eine "zügige Durchführung" der Entwicklungsmaßnahme i. S. des § 165 III 1 Nr. 4 BauGB gewährleistet ist, lässt sich nicht abstrakt festlegen.[245]

1325 Ein wichtiger **Indikator** dafür, dass das Angebot an Arbeitsstätten deutlich hinter der Nachfrage zurückbleibt, ist die Nachfrage von Unternehmen nach Gewerbeflächen.[246] Die Durchführung einer Entwicklungsmaßnahme ist vom Wohl der Allgemeinheit nicht gefordert, wenn sich das planerische Ziel ebenso gut mit Hilfe des allgemeinen Städtebaurechts verwirklichen lässt (§ 165 III 1 Nr. 3 BauGB).[247] Gesetzliche Vorschriften mit enteignungsrechtlicher Vorwirkung wie Regelungen über die städtebauliche Entwicklungssatzung (§ 165 VI BauGB) sind am Maßstab des Art 14 III 1 GG zu messen. Der von einer Enteignung möglicherweise betroffene Eigentümer muss der Rechtsnorm mit Sicherheit entnehmen können, für welche Zwecke er mit einer Enteignung rechnen muss. Wertungen, Ziele und Prognosen sind allerdings nur eingeschränkt nachprüfbar. Dabei ist die Prognose der Gemeinde daraufhin überprüfbar ist, ob sie auf einer zuverlässigen Tatsachenbasis beruht und in sich schlüssig ist.[248] Die Gemeinde kann unter Umständen verpflichtet sein, die Entwicklungssatzung neuen Umstände und veränderten (finanziellen) Rahmenbedingungen anzupassen. Ihr ist dabei ein erheblicher Handlungs- und Beurteilungsspielraum eingeräumt. Gründe des deutlich geringeren Bedarfs an Wohn- und Gewerberaum, der dadurch bedingten geringeren Nachfrage auf dem Immobilienmarkt sowie der angespannten Haushaltslage können eine Änderung des Entwicklungskonzepts unter Aufgabe bestimmter Entwicklungsziele begründen. Gem. § 165 III 2 BauGB sind bei der förmlichen Festlegung des städtebaulichen Entwicklungsbereichs die öffentlichen und privaten Belange gegeneinander und untereinander abzuwägen. Dies muss in gleicher Weise gelten, wenn die Ziele einer förmlich festgelegten Entwicklungsmaßnahme nachträglich geändert werden. Wenn die Betroffenen sich auf die ihnen bekannte Entwicklungskonzeption eingestellt und u. U. finanzielle Dispositionen getroffen

---

[244] BVerwG, Urt. v. 3.7.1998 – 4 CN 5.97 – DVBl 1998, 1294 = DÖV 1999, 156; so auch OVG Münster, Urt. v. 1.12.1997 – 10a D 62/94.NE – DVBl 1998, 351.

[245] BVerwG, B. v. 27.5.2004 – 4 BN 7.04 – ZfBR 2004, 579 = BauR 2004, 1584 – Entwicklungsmaßnahme. Zu den Anforderungen an eine städtebauliche Entwicklungsmaßnahme zur Schaffung eines Wohngebiets für Einfamilienhäuser und eines Landschaftsparks für die Naherholung B. v. 17.12.2003 – 4 BN 54.03 – NVwZ-RR 2004, 325 = ZfBR 2004, 375 – Anforderungen an städtebauliche Entwicklungsmaßnahme, im Anschluss an B. v. 30.1.2001 – 4 BN 72.00 – NVwZ 2001, 558 = BauR 2001, 931 und BVerfG, B. v. 4.7.2002 – 1 BvR 390/01 – NVwZ 2003, 71 = BauR 2003, 70.

[246] BVerwG, B. v. 22.1.2013 – 4 BN 4.12 – ZfBR 2013, 365 = BauR 2013, 1099-1101 – Entwicklungsmaßnahmen B remen.

[247] BVerwG, B. v. 27.9.2012 -4 BN 20.12 – BauR 2013, 66 = ZfBR 2013, 51-53 = UPR 2013, 109, *Gatz*, jurisPR-BVerwG 23/2012 Anm. 3 – städtebauliche Entwicklungsmaßnahme.

[248] BVerfG, B. v. B. v. 2.6.2008 – 1 BvR 349/04, 1 BvR 378/04 – NVwZ 2008, 1229 = BauR 2009, 224 – Entwicklungssatzung (§ 165 VI BauGB); BVerfG, B. v. 15.2.2007 – 1 BvR 300/06 – NVwZ 2007, 573 – Landesmesse BW; B. v. 4.7.2002 – 1 BvR 390/01 – NVwZ 2003, 71; BVerwG, B. v. 5.8.2002 – 4 BN 32/02 – NVwZ-RR 2003, 7; BVerfG, B. v. 4.7.2002 – 1 BvR 390/01 – NVwZ 2003, 71 – Entwicklungssatzung Osterholzer Feldmark; zur Unzulässigkeit von auf "gegriffenen" Ansätzen beruhenden Prognosen vgl. jedoch auch BVerfG, Urt. v. 9.7.2007 – 2 BvF 1/04 – BVerfGE 119, 96 = DVBl 2007, 1030 – Bundeshaushalt 2004 „Hartz IV".

haben, müssen sie bei einer (wesentlichen) Änderung in gleicher Weise wie bei der erstmaligen Festlegung des städtebaulichen Entwicklungsbereichs nach § 169 I Nr. 1 i.V.m. §§ 137 ff. BauGB beteiligt werden. Die von der Entwicklungsmaßnahme angestrebte grundsätzliche Erschließung und Bebaubarkeit eines Grundstücks hängt nicht davon ab, dass der jeweilige Eigentümer zuvor festgestellt worden ist. Eine Berücksichtigung der privaten Belange der vom Entwicklungsrecht Betroffenen ist im Rahmen der Aufhebungsentscheidung nicht grundsätzlich ausgeschlossen.[249] Verwaltungsentscheidungen, die dem Enteignungsverfahren im engeren Sinne vorangehen und mit Wirkung für dieses dem Grunde nach über die Verwirklichung eines Vorhabens entscheiden, müssen an Art 14 III GG gemessen werden. Der Anspruch auf effektiven Rechtsschutz erfordert, dass die verfassungsgerichtliche Überprüfung nicht erst bei der konkreten Durchführung der Planungsentscheidung ansetzt[250]. Eine Enteignung gem. Art 14 III 1 GG ist nur dann erforderlich, wenn eine öffentliche Aufgabe nicht mit den üblichen, von der Rechtsordnung zur Verfügung gestellten Mitteln verwirklicht werden kann[251]. Dabei ist ein besonders schwerwiegendes, dringendes öffentliches Interesse erforderlich[252]. Eine Enteignung muss zwar nicht mehr hingenommen werden, wenn der Entzug des Eigentums wegen einer grundlegenden Änderung der tatsächlichen oder rechtlichen Verhältnisse nicht mehr durch einen ursprünglich bestehenden, hinreichenden Gemeinwohlgrund gerechtfertigt werden kann. Ausreichender Rechtsschutz kann jedoch etwa dadurch gewährt werden, dass dem Enteignungsbetroffenen ein Anspruch auf Aufhebung oder Änderung der Entwicklungssatzung eingeräumt wird.[253]

Die Entwicklungssatzung legt mit Bindungswirkung für ein nachfolgendes Enteignungsverfahren fest, dass das Wohl der Allgemeinheit den Eigentumsentzug generell rechtfertigt, während dem Enteignungsverfahren die Prüfung verbleibt, ob das so konkretisierte Gemeinwohl den Zugriff auf das einzelne Grundstück erfordert[254]. Das private Eigentum kann nur dann im Wege der Enteignung entzogen werden, wenn es im konkreten Fall benötigt wird, um besonders schwerwiegende und dringende öffentliche Interessen zu verwirklichen[255]. Hoheitliche Eigentumsverschiebungen im allein privaten Interesse lässt Art 14 III S 1 GG nicht zu[256]. Der Enteignungsbetroffene hat einen aus Art 14 I 1 GG folgenden verfassungsrechtlichen Anspruch auf effektive gerichtliche Prüfung, ob der konkrete Zugriff auf sein Eigentum diesen Anforderungen genügt[257]. Den Gemeinden gebührt bei der Wahrnehmung der städtebaulichen Planung, insbesondere wenn Wertungen und Prognosen auf einer dem Zugriff auf das einzelne Grundstück vorgelagerten Ebene in Rede stehen[258], ein gerichtlich nicht vollständig nachprüfbarer Gestaltungsfreiraum[259]. Allerdings muss jeweils die konkrete Gemeinwohldienlichkeit etwa eines zu entwickelnden Landschaftsparks oder von Anlagen für Reitsport oder Dauerkleingärten gewährleistet sei.[260] **1326**

[249] OVG Berlin-Brandenburg, Urt. v. 14.6.2012 – OVG 10 A 7.09 – Entwicklungssatzung Rummelsburger Bucht.
[250] BVerfG, B. v. v. 15.2.2007 – 1 BvR 300/06 – BVerfGK 10, 288.
[251] BVerfG, B. v. 20.3.1984 – 1 BvL 28/82 – BVerfGE 66, 248.
[252] BVerfG, B. v. 24.3.1987 – 1 BvR 1046/85 – BVerfGE 74, 264.
[253] BVerfG, B. v. 19.9.2007 – 1 BvR 1698/04 – städtebaulich Entwicklungssatzung, m. Hinw. auf BVerwG, B. v. 3.7.1998 – 4 CN 5.97 – Buchholz 406.11 § 165 BauGB Nr. 4.
[254] BVerwG, Urt. v. 15.1.1982 – 4 C 94.79 – NJW 1982, 2787.
[255] BVerfG, B. v. 10.5.1977 – 1 BvR 514/68 und 323/69 – BVerfGE 45, 297.
[256] BVerfG, B. v. 24.3.1987 – 1 BvR 1046/85 – BVerfGE 74, 264.
[257] BVerfG, B. v. 10.5.1977 – 1 BvR 514/68 – BVerfGE 45, 297 – U–Bahnbau.
[258] BVerfG, B. v. 8.6.1998 – 1 BvR 650/97 – NVwZ 1998, 1060.
[259] BVerfG, B. v. 30.11.1988 – 1 BvR 1301/84, BVerfGE 79, 174.
[260] BVerfG, B. v. 4.7.2002 – 1 BvR 390/01 – DVBl 2002, 1467 = NuR 2002, 730 = NVwZ 2003, 71 = BauR 2003, 70, *Röper* NVwZ 2003, 51 – Entwicklungssatzung.

1327   Bei einer transitorischen oder Durchgangsenteignung zugunsten der Gemeinde (§ 169 III BauGB) im Rahmen einer städtebaulichen Entwicklungsmaßnahme (§ 165 I BauGB), die darauf gerichtet ist, privaten Dritten das Eigentum zu verschaffen, muss die dauerhafte Sicherung des Enteignungszwecks nicht bereits in der Entwicklungssatzung (§ 165 VI BauGB) vorgenommen werden. Die Entwicklungssatzung ist nicht geeignet, die Erwerber der Grundstücke rechtlich an das Gemeinwohlziel zu binden, weil bei Erlass der Entwicklungssatzung noch nicht feststeht, an wen die Gemeinde die von ihr zu erwerbenden oder zu enteignenden Grundstücke veräußern wird. Auch ein parzellenscharfes Konzept für die Nutzung der Grundstücke im Entwicklungsbereich muss im Zeitpunkt des Erlasses der Entwicklungssatzung noch nicht vorliegen. Die Bebauungspläne, welche die Vorstellungen über die bauliche oder sonstige Nutzung im Einzelnen festsetzen, sind erst nach Erlass der Entwicklungssatzung zu beschließen (§ 166 I 2 BauGB). Die Gemeinde ist jedoch gesetzlich verpflichtet, bei der Veräußerung der Grundstücke die Erreichung der Ziele und Zwecke der städtebaulichen Entwicklungsmaßnahme dauerhaft zu sichern.[261]

1328   Angesichts der enteignenden Vorwirkung hat die Gemeinde bei der Festlegung eines Entwicklungsbereichs Planungsalternativen zu berücksichtigen, wenn diese im Einzelfall ernsthaft in Betracht kommen. Der für die Schätzung eines erhöhten Bedarfs an Wohn- und Arbeitsstätten vorausgesetzte und maßgebliche Zeithorizont wird dadurch bestimmt, dass das Entwicklungsrecht dem Plangeber ein Instrumentarium an die Hand gibt, das darauf angelegt ist, für die Bewältigung gerade drängender städtebaulicher Probleme wirksame Lösungsmöglichkeiten über die nähere Zukunft hinaus innerhalb eines absehbaren Zeitraums zu eröffnen.[262] Die §§ 144, 145, 169 BauGB dienen ausschließlich der hoheitlichen Sicherung der Entwicklungsziele. Vertragliche Bindungen zu Dritten können außerhalb dieses Regelungsgefüges den öffentlich-rechtlich bestimmten Handlungsspielraum der Gemeinde weder überlagern noch verändern.[263]

VI. Stadtumbau und Soziale Stadt

1329 Neue Impulse dürfen vielleicht auch von den Regelungen über den Stadtumbau und die Soziale Stadt erwartet werden. Die bisherigen Instrumente des **besonderen Städtebaurechts** waren in Zeiten des „goldenen Zügels" durchaus wirkungsvoll. In Zeiten leerer Kassen werden neue Ideen gebraucht. Auch die massiven Gebäudeleerstände führen zu einer früher nicht gekannten Problemlage. Zudem sind vor allem in den neuen Bundesländern zahlreiche Plattenbauten angesichts des teilweise vorhandenen Wohnungsüberangebots nicht mehr vermietbar und auch wegen der schlechten Bausubstanz abgängig. Das BauGB 2004 setzt auf die Mitwirkungsbereitschaft der Betroffenen und will dazu ein vor allem flexibles Instrument an die Hand stellen, das nicht ausschließlich auf eine strikte Bindung an gesetzlich vorgeschriebene Modelle setzt. Das EAG Bau 2004 regelt erstmals den **Stadtumbau** und die **Soziale Stadt**. Durch die gesetzlichen Neuregelungen sind die bisherigen eher starren Regelungen um ein flexibles Instrument erweitert worden. Allerdings ist auch klar, dass ohne eine angemessene Finanzierung von Stadtumbaumaßnahmen die neuen Regelungen nur Stückwerk bleiben.[264] Zudem ist der Stadtumbau außerhalb rechtlicher Regelungen auf günstige Rahmenbedingungen etwa im Bereich des wirtschaftlichen Umfeldes angewiesen.

---

[261] BVerwG, B. v. 6.2.2006 – 4 BN 3.06 – ZfBR 2006, 357 = BauR 2006, 965 – städtebaulichen Entwicklungsmaßnahme bei Durchgangsenteignung.

[262] VGH Mannheim, Urt. v. 2.3.2006 – 3 S 2468/04 – BauR 2006, 1443 = ZfBR 2007, 372 (L); m. Hinw. auf BVerwG, B. v. 27.5.2004 – 4 BN 7.04 – BauR 2004, 1584; Urt. v. 3.7.1998 – 4 CN 5.97 – NVwZ 1999, 407.

[263] VGH Kassel, B. v. 5.1.2006 – 3 TG 3214/05 – ZfBR 2006, 266 (L) = UPR 2006, 204 (L) = BauR 2006, 879 (L) – Städtebauliche Entwicklungsmaßnahme.

[264] Planspiel BauGB-Novelle 2004, S. 111.

1. Ursachen und Probleme

Seit Anfang der 1970er Jahre werden in Deutschland weniger Kinder geboren als zur **1330**
langfristigen Erhaltung der Bevölkerung notwendig wären. Dieser Schrumpfungspro-
zess wurde in Westdeutschland durch die Zuwanderung von Ausländern, von Deutsch-
stämmigen aus Osteuropa und der ehemaligen Sowjetunion sowie seit 1990 durch die
Binnenwanderung von Ostdeutschen in den Westen nicht nur ausgeglichen, sondern positiv überdeckt.[265] Während die Bevölkerung in den westlichen Bundesländern seit 1990
um ca. vier Millionen Einwohner zunahm, ging sie im Osten Deutschlands um über eine
Million zurück. Die Folge: Leerstand von Wohnungen und wirtschaftliche Probleme vor
allem bei der langfristigen Sicherung der Sozialsysteme.

In den letzten Jahren wurden zunehmend Tendenzen deutlich, die eine großflächig an- **1331**
gelegte städtebauliche Gegensteuerung erfordern. In vielen Städten nahm die Bevölkerung in hohem Maße ab. Hierdurch entstand vielerorts ein erhebliches Wohnungsüberan-
gebot. Etliche Wohnungen bis hin zu ganzen Häuserblocks stehen leer. Wer es sich leisten
kann, entflieht dieser Umgebung. Zurück bleiben viel Leerstand und sozial Benachteiligte. Dies widerspricht dem Idealbild einer homogenen Einwohnerstruktur einer Siedlung.
Verfallende Geisterstädte passen ebenfalls nicht in das von der Politik gewünschte Bild einer sich in einer wohlstandsgeprägten Zivilisation befindlichen Stadt. Dieses sich noch
vornehmlich in den neuen Bundesländern abspielende Szenario wird, wenn sich die
Prognosen bezüglich der Bevölkerungsentwicklung Deutschlands bewahrheiten sollten
und es zu einem erheblichen Rückgang der Einwohner kommen sollte, bald deutsch-
landweit auftreten. Je größer die Leerstände werden, umso mehr schlägt das wohnungs-
wirtschaftliche Problem in ein städtebauliches um.[266]

2. Das Konzept

Zur Bewältigung städtebaulicher Missstände steht den planenden Gemeinden ein um- **1332**
fangreiches Instrumentarium zur Verfügung. Dies gilt auch für den Stadtumbau. Allerdings bedarf es zur Bewältigung der damit verbundenen Aufgaben nicht immer des
vollen Einsatzes der gesetzlichen Regelungen. Durch die Regelungen des Stadtumbaus
sollen den Gemeinden daher zusätzliche Instrumente zur Verfügung gestellt werden, die
mehr als die anderen Regelungen auf konsensuales Handeln setzen. Dementsprechend
setzen die Regelungen einen rechtlichen Rahmen für die durchzuführenden Stadtumbaumaßnahmen und die dafür erforderliche Gebietsfestlegung sowie die Regelungsgegenstände städtebaulicher Verträge.[267]

Die **§§ 171 a bis 171 d BauGB** enthalten folgende, aufeinander aufbauende Regelun- **1333**
gen:[268]

– Beschreibung der Stadtumbaumaßnahmen als Maßnahmen, die sowohl anstelle als
 auch ergänzend zu sonstigen Maßnahmen nach dem BauGB (insbesondere Sanierung
 und Entwicklung) durchgeführt werden können (§ 171 a I BauGB);

– Beschreibung der Voraussetzungen sowie der Ziele von Stadtumbaumaßnahmen
 (§ 171 a II und III BauGB);

– Festlegung eines Stadtumbaugebiets aufgrund eines Gemeinderatsbeschlusses verbunden mit einem unter Einbeziehung der Beteiligten erstellten städtebaulichen Entwicklungskonzept (§ 171 b BauGB);

---

[265] So verlor die Stadt Halle in Sachsen-Anhalt seit der Wiedervereinigung knapp ein Viertel ihrer
Bevölkerung, dies sind über 80.000 Einwohner *Schmidt-Eichstadt*, vhw Forum Wohneigentum Dez.
2003, S. 282.

[266] Bericht der unabhängigen Expertenkommission zur Novellierung des BauGB, Rn. 258.

[267] Planspiel BauGB-Novelle 2004, S. 111.

[268] EAG BauGB – Mustererlass 2004.

- Verpflichtung der Gemeinde zur zügigen Durchführung (§ 171 a I BauGB) und Betonung der Notwendigkeit des einvernehmlichen Vorgehens einschließlich städtebaulicher Verträge („Stadtumbauvertrag"), z. B. mit den Wohnungsunternehmen (§ 171 c BauGB);
- Verknüpfung der Gebietsfestlegung mit den Förderbestimmungen der §§ 164 a und 164 b BauGB (§ 171 b IV BauGB);
- Ermächtigung der Gemeinden zum Erlass einer Satzung, mit der im Stadtumbaugebiet kontraproduktive Entwicklungen – wie der Rückbau oder auch die Modernisierung an falscher Stelle – nach Einzelfallprüfung unterbunden werden können (§ 171 d BauGB).

1334 Ähnlich wird bei der **Sozialen Stadt** (§ 171 e BauGB) das Verhältnis zu den sonstigen Instrumenten des BauGB, die Beschreibung der Voraussetzungen und Maßnahmen, die Gebietsfestlegung, die Mitwirkung der Beteiligten, die Verknüpfung mit den Förderbestimmungen einschließlich der Bündelung des Mitteleinsatzes geregelt.

1335 Mit der Einfügung von Regelungen zum Stadtumbau in einem eigenen Dritten Teil des Zweiten Kapitels (§§ 171 a bis 171 d BauGB) wendet sich das Gesetz einer neuen städtebaulichen Aufgabe zu, nämlich der besonderen und in Zukunft zunehmenden Bedeutung von Stadtumbaumaßnahmen in Reaktion auf die Strukturveränderungen vor allem in Demografie und Wirtschaft und den damit einhergehenden Auswirkungen auf die städtebauliche Entwicklung. Hierzu steht den Gemeinden zwar neben den allgemeinen Instrumenten des Städtebaurechts, wie Bauleitplanung und ihre Sicherung, insbesondere im Besonderen Städtebaurecht, vor allem mit den städtebaulichen Sanierungs- und Entwicklungsmaßnahmen[269], ein umfangreiches Instrumentarium zur Verfügung. Oftmals bedarf es des Einsatzes dieser Instrumente jedoch nicht bzw. nicht in vollem Umfang.

1336 Hat die Gemeinde ein Stadtumbaugebiet festgelegt (§ 171 b I BauGB), so kann sie durch **Satzung** für das gesamte Gebiet oder für Teilbereiche eine Genehmigungspflicht einführen **(§ 171 d I BauGB)** und nach Beschlussfassung bereits die Möglichkeiten einer **Zurückstellung** nach § 15 BauGB nutzen. Die Genehmigung darf nur im Interesse städtebaulicher oder sozialer Belange versagt werden (§ 171 d III BauGB). Die Genehmigung ist gleichwohl zu erteilen, wenn ein Absehen von dem Vorhaben oder der Maßnahme dem Betroffenen wirtschaftlich nicht zumutbar ist. Hierdurch soll erreicht werden, dass mit dem Genehmigungserfordernis die Schwelle der verfassungsrechtlich unzumutbaren Betroffenheit nicht überschritten wird und die Gemeinde ggf. zu einer Kompensation für die Inhalts- und Schrankenbestimmung verpflichtet wäre. Allerdings kann die Gemeinde mit dem Ziel der Erhaltung oder des Abrisses eines Gebäudes auch das Instrumentarium der Enteignung anwenden (§ 87 I Nr. 7 BauGB). Dies wird allerdings nur dort in Betracht kommen, wo mildere Instrumente nicht erfolgreich gewesen sind.

1337 Die Vorschriften bezwecken deshalb, den Gemeinden die rechtlichen Grundlagen für die Durchführung von Stadtumbaumaßnahmen auch in solchen Gebieten zu geben, in denen es des Einsatzes der bisherigen städtebaurechtlichen Instrumente nicht oder nicht flächendeckend bedarf und der Stadtumbau besonders auch auf Grund konsensualer Regelungen – vor allem mit den betroffenen Eigentümern – durchgeführt werden kann. Demgemäß schaffen die neuen Vorschriften vor allem einen rechtlichen Rahmen für die durchzuführenden Stadtumbaumaßnahmen einschließlich der dafür erforderlichen Gebietsfestlegung, für die Städtebauförderung sowie für die Regelungsgegenstände städtebaulicher

---

[269] BVerfG, B. v. 4.7.2002 – 1 BvR 30/01 – DVBl 2002, 1467 = NVwZ 2003, 71; BVerwG, B. v. 30.1.2001 – 4 BN 72.00 – DVBl 2001, 670 = NVwZ 2001, 558 = BauR 2001, 931; B. v. 16.2.2001 – 4 BN 56.00 – DVBl 2001, 1444 = NVwZ 2001, 1053; Urt. v. 12.12.2002 – 4 CN 7.01 – BVerwGE 117, 138 = DVBl 2003, 531 – MERO-Gesetz. Zur gerichtlichen Kontrolldichte bei der Überprüfung, ob die Voraussetzungen für die förmliche Festlegung eines städtebaulichen Entwicklungsbereichs (§ 165 BauGB) gegeben sind BVerwG, B. v. 5.8.2002 – 4 BN 32.02 – NVwZ-RR 2003, 7 = BauR 2003, 73; Urt. v. 18.5.2001 – 4 CN 4.00 – BVerwGE 114, 247 = DVBl 2001, 1455 = BauR 2001, 1692 – Böhmisches Dorf in Berlin-Neukölln.

Verträge. Die Möglichkeit, durch städtebauliche Satzung ergänzend die Durchführung von Stadtumbaumaßnahmen vor gegenläufigen Entwicklungen zu sichern, ist dabei auf das unbedingt Erforderliche begrenzt. Dazu wurde in § 171 d BauGB eine Satzung zur Steuerung von Vorhaben und Rückbau entsprechend dem städtebaulichen Entwicklungskonzept oder eines Sozialplans eingeführt. Bei Bedarf kann zur Umsetzung von Maßnahmen der sozialen Stadt auch ein **Sozialplan** aufgestellt werden (§ 180 I BauGB).

Das im Jahr 1999 eingeleitete Bund-Länder-Programm **„Soziale Stadt"** soll Städten, **1338** Orts- und Stadtteilen helfen, in denen sich soziale, wirtschaftliche und städtebauliche Probleme verschärfen. Diese Stadtteile sind zumeist durch hohe Arbeitslosigkeit, wirtschaftliche Probleme des mittelständischen Gewerbes, Defizite bei der Integration ausländischer Mitbürger, Vernachlässigung von Gebäuden und der öffentlichen Räume, Vandalismus und ähnlichen Erscheinungen belastet. Die Programmziele der Sozialen Stadt werden durch § 171 e BauGB unterstützt. Ziel ist dabei insbesondere die Verankerung geeigneter Beteiligungs- und vor allem Mitwirkungsmöglichkeiten und eine bessere Bündelung des Mitteleinsatzes. § 245 II BauGB enthält eine Überleitung für Gebietsfestlegungen und Entwicklungskonzepte für die bereits nach dem Bund-Länder-Programm „Soziale Stadt" festgelegten Fördergebiete auf Gebiete i. S. des § 171 e BauGB.

§ 245 I BauGB enthält die **Überleitung** für vor Inkrafttreten des EAG Bau 2004 nach **1339** den einschlägigen Verwaltungsvereinbarungen zur Städtebauförderung bereits beschlossene Gebiete für den Stadtumbau und die bereits aufgestellten städtebaulichen Entwicklungskonzepte. Diese sollen als Stadtumbaugebiete und als städtebauliche Entwicklungskonzepte i. S. des § 171 b BauGB gelten, sodass laufende Maßnahmen ohne Umstellungsschwierigkeiten auch nach dem Dritten Teil des Zweiten Kapitels fortgeführt werden können, soweit dies erforderlich ist und sie nicht bereits im Rahmen der städtebaulichen Sanierung bzw. Entwicklung durchgeführt werden.

3. Verhältnis zu anderen städtebaurechtlichen Instrumenten

Mit den §§ 171 a bis 171 e BauGB werden für den Stadtumbau und die soziale Stadt jeweils **1340** eigenständige Regelungen zur Verfügung gestellt. Die bisherigen städtebaulichen Vorschriften – insbesondere des Besonderen Städtebaurechts – mit ihrem planerischen und durchführungsbezogenen Instrumentarium zur Steuerung der Stadtentwicklung bedürfen vielfach nicht ihres kompletten Einsatzes. Für die Bauleitplanung besteht hinsichtlich des Stadtumbaus z. B. vielfach kein Planungserfordernis i. S. des § 1 III BauGB. Denn sowohl der Rückbau als auch die Modernisierung und Sanierung von Gebäuden verlangen z. B. nicht unbedingt die Änderung des planungsrechtlichen Zulässigkeitsmaßstabs. Auch das Sanierungs- bzw. Entwicklungsmaßnahmerecht kommt im Rahmen der Aufgaben des Stadtumbaus in Betracht. Die Praxis der Städtebauförderung hat sich dem Bedarf angepasst, den Stadtumbau auch außerhalb von nach dem Besonderen Städtebaurecht förmlich festgesetzten Gebieten in solchen Gebieten zu fördern, die allein durch Beschluss der Gemeindevertretung zu Stadtumbaugebieten erklärt worden sind. Grundsätzlich bedarf es weder beim Stadtumbau nach den §§ 171 a ff. BauGB noch bei der sozialen Stadt nach § 171 e BauGB eines förmlichen Verfahrens und hoheitlicher Eingriffe, wie der Verfügungs- und Veränderungssperre nach den §§ 144, 145 BauGB oder der Erhebung von Ausgleichsbeiträgen nach den §§ 153 ff. BauGB.

4. Stadtumbaumaßnahmen (§ 171 a BauGB)

§ 171 a BauGB mit der Überschrift „Stadtumbaumaßnahmen" enthält Regelungen über **1341** den Zweck, die Aufgabe und den Anwendungsbereich von Stadtumbaumaßnahmen. Stadtumbaumaßnahmen in Stadt- und Ortsteilen, deren einheitliche und zügige Durchführung im öffentlichen Interesse liegen, können auch anstelle von oder ergänzend zu sonstigen Maßnahmen nach diesem Gesetzbuch nach den Vorschriften dieses Teils durchgeführt werden (§ 171 a I BauGB). Stadtumbaumaßnahmen sind Maßnahmen, durch die in von erheblichen städtebaulichen Funktionsverlusten betroffenen Gebieten Anpassungen zur Herstellung nachhaltiger städtebaulicher Strukturen vorgenommen werden. Erhebliche städtebauliche Funktionsverluste liegen insbesondere vor, wenn ein dauerhaftes Überangebot an baulichen Anlagen für bestimmte Nutzungen, namentlich für Wohnzwecke, besteht oder zu erwarten ist (§ 171 a II BauGB). Das dauerhafte Überangebot von Wohnraum ist allerdings nur ein gesetzlich benanntes Beispiel von erheblichen städtebaulichen Funktionsverlusten. Auch Leerstände im Bereich gewerblicher Flächen können Anlass für Stadtumbaumaßnahmen sein. Hier geht es vor allem um ein Konzept für attraktive Nachnutzungen, das auch in Innenstädten oder Randlagen von Innenstädten zu entwickeln ist.[270]

1342 Vergleichbar mit dem **Sanierungsrecht** (§ 136 I BauGB) wird der Charakter von Stadtumbaumaßnahmen als eine Gesamtmaßnahme beschrieben, deren einheitliche und zügige Durchführung im öffentlichen Interesse liegt. Wie im Sanierungsrecht erfordert die Durchführung von Stadtumbaumaßnahmen danach ein qualifiziertes öffentliches Interesse, das sich aus den jeweiligen Zielen und Zwecken der Maßnahme ergeben muss. Stadtumbaumaßnahmen können auch anstelle oder ergänzend zu sonstigen Maßnahmen nach dem BauGB durchgeführt werden. Die Instrumente der Stadtsanierung und des Stadtumbaus dienen daher keinen gegensätzlichen Zielvorstellungen, sondern können sich gegenseitig ergänzen. Auch die alleinige Anwendung der Regelungen über den Stadtumbau ist selbst bei vorhandenen städtebaulichen Missständen möglich. Die Gemeinde kann daher die Instrumente nebeneinander anwenden, sich aber auch nur für eine Stadtumbaumaßnahme entscheiden.

1343 Durch die Stadtumbaumaßnahme soll erheblichen städtebaulichen **Funktionsverlusten** entgegengewirkt werden (§ 171 a II 1 BauGB). Diese liegen insbesondere bei einem dauerhaften Überangebot an baulichen Anlagen für bestimmte Nutzungen, namentlich für Wohnzwecke, vor. Aber auch ein dauerhaftes Überangebot an baulichen Anlagen für Handel und Gewerbe kann Grund für eine Stadtumbaumaßnahme sein. Mit dieser Zielrichtung wird insbesondere auch den besonderen Umständen des Stadtumbaus in den so genannten „Rückbaugebieten" Rechnung getragen. Insoweit sind einerseits „Anpassungen" zur Herstellung nachhaltiger städtebaulicher Strukturen ausreichend, andererseits genügt für die Anwendung der Vorschriften zum Stadtumbau auch, dass erhebliche städtebauliche Funktionsverluste lediglich zu „erwarten" sind.

1344 Die **Ziele** und **Aufgaben** des Stadtumbaus werden in § 171 a III BauGB beispielhaft konkretisiert. Maßnahmen des Stadtumbaus sollen dazu beitragen, dass
– die Siedlungsstruktur den Erfordernissen der Entwicklung von Bevölkerung und Wirtschaft angepasst wird,
– die Wohn- und Arbeitsverhältnisse sowie die Umwelt verbessert werden,
– innerstädtische Bereiche gestärkt werden,
– nicht mehr bedarfsgerechte bauliche Anlagen einer neuen Nutzung zugeführt werden,
– einer anderen Nutzung nicht zuführbare bauliche Anlagen zurückgebaut werden,
– freigelegte Flächen einer nachhaltigen städtebaulichen Entwicklung oder einer hiermit verträglichen Zwischennutzung zugeführt werden,
– innerstädtische Altbaubestände erhalten werden.

1345 Zugleich dienen die Stadtumbaumaßnahmen dem Wohl der Allgemeinheit. Dieser Programmsatz verweist zwar auf eine allgemeine Gemeinwohlbindung, fordert allerdings nicht die Qualität an Gemeinwohlgründen, wie sie vor dem Hintergrund der Eigentumsgarantie für eine Enteignung erforderlich sind. Die einzelnen Maßnahmen bedürfen allerdings einer eigenen gesetzlichen Grundlage. Bei der Anwendung städtebaulicher Gebote etwa müssen die Voraussetzungen für deren Erlass gegeben sein (§§ 175 bis 179 BauGB).

---

[270] Planspiel BauGB-Novelle 2004, S. 112.

5. Stadtumbaugebiet, städtebauliches Entwicklungskonzept (§ 171 b BauGB)

Die Gemeinde legt das Gebiet, in dem Stadtumbaumaßnahmen durchgeführt werden **1346** sollen, durch Beschluss als Stadtumbaugebiet fest. Es ist in seinem räumlichen Umfang so festzulegen, dass sich die Maßnahmen zweckmäßig durchführen lassen. Grundlage für den Beschluss ist ein von der Gemeinde aufzustellendes städtebauliches Entwicklungskonzept, in dem die Ziele und Maßnahmen (§ 171 a III BauGB) im Stadtumbaugebiet schriftlich darzustellen sind. Die öffentlichen und privaten Belange sind gegeneinander und untereinander gerecht abzuwägen (§ 171 b II BauGB). Die Vorschrift regelt neben der Gebietsfestlegung für das Stadtumbaugebiet die Anforderung an das städtebauliche Entwicklungskonzept sowie die Anwendung der förderrechtlichen Bestimmungen der §§ 164 a und 164 b BauGB. Das Stadtumbaugebiet wird durch einfachen Beschluss der Gemeinde festgelegt. In seinem räumlichen Umfang ist das Gebiet so festzulegen, dass sich die Stadtumbaumaßnahmen zweckmäßig durchführen lassen. Die Gebietsabgrenzung ist daher maßgeblich unter Vollziehbarkeitsgesichtspunkten vorzunehmen. Insoweit bildet vor allem § 171 a I BauGB mit der „einheitlichen und zügigen Durchführung" einen Maßstab. In dem städtebaulichen Entwicklungskonzept, das Grundlage für die Beschlüsse zum Stadtumbaugebiet ist, sind die Ziele und Maßnahmen einschließlich der planerischen (konzeptionellen) stadtentwicklungspolitischen Vorstellungen im Stadtumbaugebiet schriftlich darzustellen. Das städtebauliche Entwicklungskonzept ist in das Gesamtkonzept der Gemeinde einzufügen. Dabei sind vor allem auch die Auswirkungen auf die Infrastruktur zu berücksichtigen. Es kann auch erforderlich werden, das städtebauliche Entwicklungskonzept im Laufe der Zeit den aktuellen Entwicklungen anzupassen. Das Entwicklungskonzept selbst unterliegt dem Abwägungsgebot, wobei die Anforderungen daran allerdings im Hinblick auf seine fehlende unmittelbare Rechtsverbindlichkeit für den Bürger gelockert sind. Eine UVP bei Festlegung des Stadtumbaugebietes ist nicht erforderlich.

Es empfiehlt sich, das Stadtentwicklungskonzept vor dem Hintergrund einer gesamt- **1347** städtischen Betrachtung aufzustellen und dabei etwa die Rahmenbedingungen zu berücksichtigen, wie sie sich aus dem Flächennutzungsplan ergeben. Schon auf dieser konzeptionellen Ebene sollte ein Abgleich mit entsprechenden Förderprogrammen erfolgen, um eine Finanzierung des Stadtumbaus sicherzustellen.[271]

Die Betroffenen und die öffentlichen Aufgabenträger sind nach Maßgabe der sanie- **1348** rungsrechtlichen Vorschriften zu beteiligen (§§ 137, 139 BauGB). Dies gilt auch für die Aufstellung des städtebaulichen Entwicklungskonzepts. Der Kreis der zu Beteiligenden richtet sich jeweils nach den Betroffenheiten. Die Städtebauförderungsmittel können entsprechend §§ 164 a und 164 b BauGB auch im Stadtumbaugebiet eingesetzt werden.

6. Stadtumbauvertrag (§ 171 c BauGB)

Der Stadtumbau ist in erster Linie auf konsensuales Handeln angelegt. Städtebauliche **1349** Zwangsmittel sollen nach Möglichkeit vermieden werden. Dieser Konzeption entspricht es, vertraglichen Regelungen einen wichtigen Stellenwert einzuräumen. Denn ohne die Mitwirkungsbereitschaft der Betroffenen wird der Stadtumbau nicht gelingen. Es gilt dabei, durch intelligente Lösungen Angebote für Investoren und Bewohner eines Gebietes zu unterbreiten, die eine Stadtumbaumaßnahme aus der Sicht der Betroffenen vorteilhaft erscheinen lässt. Die Gemeinde soll daher − soweit erforderlich − zur Umsetzung ihres städtebaulichen Entwicklungskonzeptes die Möglichkeit nutzen, Stadtumbaumaßnahmen auf der Grundlage von städtebaulichen Verträgen i. S. des § 11 BauGB insbesondere mit den beteiligten Eigentümern durchzuführen. Durch die Formulierung „soll"

---

[271] Planspiel BauGB-Novelle 2004, S. 114.

wird klargestellt, dass der Stadtumbauvertrag ein grundsätzlich vorrangiges Mittel der Stadtumbaumaßnahmen ist. Es besteht zwar für die Gemeinde kein Kontrahierungszwang. Sie soll aber die Möglichkeiten vertraglicher Regelungen vorrangig ausloten. Mit dieser Zielrichtung geht § 171 c BauGB weiter als § 11 BauGB, der nicht von einer vorrangigen Prüfung städtebaulicher Regelungen zur Umsetzung städtebaulicher Ziele ausgeht.

1350   Gegenstände der Verträge können insbesondere auch sein (1) die Durchführung des Rückbaus baulicher Anlagen innerhalb einer bestimmten Frist und die Kostentragung für den Rückbau, (2) der Verzicht auf die Ausübung von Ansprüchen nach den §§ 39 bis 44 BauGB, (3) der Ausgleich von Lasten zwischen den beteiligten Eigentümern. Städtebauliche Verträge wird die Gemeinde in erster Linie mit den Eigentümern und Investoren schließen. Dabei sind die Vertragsparteien an die Angemessenheitsregelung des § 11 II 1 BauGB gebunden. Die vertraglichen Regelungen müssen danach den gesamten Umständen nach angemessen sein.[272] Zudem dürfen die vertraglichen Regelungen nicht gegen das Koppelungsverbot verstoßen. Für die Angemessenheit der Vereinbarungen erweitert § 171 c BauGB die gesetzlichen Leitbilder des § 11 I BauGB. Der Investor kann danach im Rahmen der Angemessenheit auch Kosten für den Rückbau übernehmen, auf Entschädigungsansprüche nach den §§ 39 bis 44 BauGB verzichten oder sich an einem internen Lastenausgleich zwischen den Eigentümern beteiligen. Allerdings können die Verpflichtungen nicht grenzenlos sein, sondern müssen einen angemessenen Lastenausgleich zwischen der Gemeinde und den Eigentümern einerseits aber auch unter den verschiedenen Eigentümern andererseits widerspiegeln.

Beispiel: Die Übernahme von Kosten für den Rückbau kann etwa sachgerecht sein, wenn die Bausubstanz bei einer wirtschaftlichen Betrachtung wegen hoher Leerstände nur noch einen geringen Verkehrswert hat und im Zusammenhang mit den Abbruchmaßnahmen neue Baumöglichkeiten geschaffen werden, die über den Grundstückswert einen entsprechenden finanziellen Ausgleich sicherstellen. Angemessen könnte es etwa auch sein, wenn ein Investor, der über einen größeren Anteil von Grundstücken in einem Gebiet verfügt, andere Grundstückseigentümer von Erschließungskosten freistellt und hierdurch sicherstellt, dass die von ihm beabsichtigte größere Heubaumaßnahme verwirklicht werden kann.

1351   Die jeweiligen Regelungen müssen sich dabei an den **gesetzlichen Leitbildern** orientieren. So kann auch in einem Stadtumbauvertrag ein allgemeiner Infrastrukturkostenbeitrag nur vereinbart werden, wenn die damit zu finanzierenden Maßnahmen mit dem Stadtumbauvorhaben in Zusammenhang stehen. Eine allgemeine Abschöpfung von Planungsgewinnen ist demgegenüber auch bei Maßnahmen des Stadtumbaus nicht vorgesehen.

7. Sicherung von Durchführungsmaßnahmen (§ 171 d BauGB)

1352   § 171 d BauGB enthält die Ermächtigung für die Gemeinden zum Erlass einer Satzung über die Sicherung von Durchführungsmaßnahmen des Stadtumbaus. Die Gemeinde kann durch Satzung ein Gebiet bezeichnen, das ein festgelegtes Stadtumbaugebiet oder Teile davon betrifft und in dem zur Sicherung und sozialverträglichen Durchführung von Stadtumbaumaßnahmen die in § 14 I BauGB bezeichneten Vorhaben und sonstigen Maßnahmen der Genehmigung bedürfen (§ 171 d I BauGB). Eine UVP ist nicht erforderlich. Vorhaben, die von einer Veränderungssperre erfasst werden, unterliegen damit einer Genehmigungspflicht. Damit sind Vorhaben i. S. des § 29 BauGB, die Beseitigung baulicher Anlagen und auch sonstige erhebliche oder wesentlich wertsteigernde Veränderungen von Grundstücken und baulichen Anlagen der Genehmigungspflicht unterworfen. Dies betrifft beispielsweise Investitionen an falscher Stelle oder auch die Beseitigung von baulichen Anlagen, soweit diese mit dem städtebaulichen Entwicklungskonzept oder

---

[272] Zum Angemessenheitsgrundsatz s. Rn. 1432.

einem Sozialplan (zurzeit) nicht vereinbar sind. Bezweckt ist also eine „Ablaufsicherung". Zudem kann das Vorhaben nach § 15 BauGB zurückgestellt werden. Die Regelungen sind den Sicherungsvorschriften im Zusammenhang mit einer Erhaltungssatzung nach § 172 I 1 Nr. 3 BauGB vergleichbar. Eine zeitliche Befristung des Genehmigungsvorbehalts ist gesetzlich, wie auch im Recht der Erhaltungssatzung, nicht geregelt. Eine Befristung ist hingegen durch den Verweis auf § 15 I BauGB in den Fällen des § 171 d II BauGB vorgesehen, wonach Baugesuche bis zu 12 Monate zurückgestellt werden können, wenn der Beschluss über die Aufstellung der Satzung nach § 171 d I BauGB gefasst ist. Mit der Satzung nach § 171 d I BauGB wird ein Genehmigungsvorbehalt eingeführt. Die Berücksichtigung der konkret betroffenen Eigentümerinteressen erfolgt im Rahmen des Genehmigungsverfahrens. Die Genehmigung kann nur aus den in § 171 d BauGB genannten städtebaulichen oder sozialplanerischen Gründen versagt werden. Damit besteht ein Rechtsanspruch auf Erteilung der Genehmigung, wenn die Genehmigungsvoraussetzungen vorliegen.

In den Satzungsgebieten ist die Auskunftspflicht nach § 138 BauGB entsprechend anzuwenden (§ 171 d IV BauGB). Hierdurch soll die Vorbereitung und Durchführung der Stadtumbaumaßnahmen erleichtert werden. Auf die Satzung nach § 171 d BauGB sind auch die Regelungen über das Allgemeine Vorkaufsrecht (§ 24 I 1 Nr. 4 BauGB), die Enteignungszwecke (§ 85 I Nr. 7 BauGB) und den Katalog der Ordnungswidrigkeiten (§ 213 I Nr. 4 BauGB) anzuwenden. Hierdurch wird die Satzung zum Stadtumbau mit der Erhaltungs- (bzw. Umstrukturierungs-) Satzung harmonisiert. **1353**

8. Soziale Stadt (§ 171 e BauGB)

Soziale Städte sollten eigentlich eine Selbstverständlichkeit sein. Sie sind es in Wirklichkeit aber nicht. Vielerorts treten Probleme auf, deren Häufung in manchen Blocks, Straßen bis hin zu ganzen Stadtvierteln oder Städten Missstände besonders offenbart. Verödende Zentren wegen Leerstands (hier wird die Notwendigkeit des Ineinandergreifens der Regelungen zum Stadtumbau und zur Sozialen Stadt ganz besonders deutlich), wachsende relative Armut aufgrund zunehmender Arbeitslosigkeit, Probleme zwischen Menschen unterschiedlicher Nationalitäten und steigende Gewaltbereitschaft und Kriminalität sind Anzeichen dafür, dass immer mehr Menschen eine sinnvolle Aufgabe oder aber eine annehmbare Perspektive fehlen. **1354**

Um dieser Entwicklung entgegenzusteuern wurde im Jahre 1999 das **Bund-Länder-Programm** „Stadtteile mit besonderem Entwicklungsbedarf – Die Soziale Stadt" aufgelegt. Ziel dieses Programmansatzes der Städtebauförderung ist die Verbesserung der Lebensqualität in den Städten durch gemeinsame Anstrengungen öffentlicher Einrichtungen, Unternehmen und vor allem der Bürgerinnen und Bürger. Rechtliche Grundlage der Förderung sind die Verwaltungsvereinbarungen über die Gewährung von Finanzhilfen des Bundes an die Länder nach Art. 104 a IV GG. Mit § 171 e BauGB ist bezweckt, diese Programmziele wirkungsvoll zu unterstützen und dabei insbesondere geeignete Beteiligungs- und vor allem Mitwirkungsmöglichkeiten zu verankern und die Bündelung des Mitteleinsatzes zu verbessern. In § 171 e BauGB werden diese Zwecke mit einer gesetzlichen Formulierung des Anwendungsbereichs sowie des Gebietsbezuges in das besondere Städtebaurecht integriert und somit ihr bodenrechtlicher Bezug verdeutlicht. **1355**

Städtebauliche Maßnahmen der Sozialen Stadt sind **Maßnahmen** zur **Stabilisierung und Aufwertung** von durch soziale Missstände benachteiligten Ortsteilen oder anderen Teilen des Gemeindegebiets, in denen ein besonderer Entwicklungsbedarf besteht. Soziale Missstände liegen insbesondere vor, wenn ein Gebiet auf Grund der Zusammensetzung und wirtschaftlichen Situation der darin lebenden und arbeitenden Menschen erheblich benachteiligt ist. Ein besonderer Entwicklungsbedarf liegt insbesondere vor, wenn es sich um benachteiligte innerstädtische oder innenstadtnah gelegene Gebiete oder verdichtete Wohn- und Mischgebiete handelt, in denen es einer auf einander abgestimm- **1356** ten Bündelung von investiven und sonstigen Maßnahmen bedarf (§ 171 e II BauGB). Nicht selten handelt es sich um hoch verdichtete, einwohnerstarke Stadtteile in städtischen Räumen, die im Hinblick auf ihre Sozialstruktur, den baulichen Bestand, das Arbeitsplatzangebot, das Ausbildungsniveau, die Ausstattung mit sozialer und stadtkultureller Infrastruktur sowie die Qualität der Wohnungen, des Wohnumfeldes und der Umwelt erhebliche Defizite aufweisen, oder um Gebiete in Gemeinden, die z. B. aufgrund ihrer peripheren Lage und ihrer Einwohnerstruktur ähnliche Defizite aufweisen.[273]

1357 § 171 e II 2 BauGB beschreibt die gebietsbezogenen sozialen Missstände i. S. einer erheblichen Benachteiligung des Gebiets auf Grund der Zusammensetzung und wirtschaftlichen Situation der darin lebenden und arbeitenden Menschen. Eine Stigmatisierung der Gebiete durch negativ besetzte Begriffe wird dabei vermieden. Soziale Missstände können angenommen werden, wenn das betreffende Gebiet z. B. durch hohe Arbeitslosigkeit, wirtschaftliche Probleme, Integrationsdefizite und Vernachlässigung der Bausubstanz sowie der öffentlichen Räume betroffen ist. In solchen Gebieten wird in der Regel auch ein in § 171 e II BauGB geforderter besondere Entwicklungsbedarf vorliegen, der i. S. einer Regelvermutung „insbesondere" für den Fall angenommen wird, dass es sich um benachteiligte innerstädtische oder Innenstadt nahe gelegene Gebiete oder verdichtete Wohn- und Mischgebiete handelt, in denen es einer aufeinander abgestimmten Bündelung von investiven und sonstigen (nicht-investiven) Maßnahmen bedarf.

1358 Das Gesetz stellt zudem klar, dass die Maßnahmen auch ergänzend zu städtebaulichen Maßnahmen auf anderer Grundlage durchgeführt werden können. Zu Maßnahmen der Sanierung oder des Stadtumbaus etwa ergeben sich daher keine Gegensätze. Wie bei Stadtumbaumaßnahmen legt die Gemeinde das Gebiet, in dem Maßnahmen der Sozialen Stadt durchgeführt werden sollen, durch Beschluss fest (§ 171 e III BauGB). Zuvor sind die Betroffenen und die öffentlichen Aufgabenträger unter schriftlicher Darstellung der Ziele und Maßnahmen zu beteiligen (§§ 137, 139 BauGB). Das Entwicklungskonzept soll insbesondere Maßnahmen enthalten, die der Verbesserung der Wohn- und Arbeitsverhältnisse sowie der Schaffung und Erhaltung sozial stabiler Bewohnerstrukturen dienen. Die Beteiligung soll das gesamte Verfahren begleiten. Auch soll die Gemeinde mit den Eigentümern und sonstigen Maßnahmeträgern städtebauliche Verträge schließen. Die Regelungen sind insoweit mit denen der Stadtumbaumaßnahmen vergleichbar und zielen auf ein konsensuales Handeln ab. Für Maßnahmen der Sozialen Stadt können **Städtebauförderungsmittel** und **Bundesfinanzhilfen** eingesetzt werden (§ 171 e VI BauGB). Damit kann das Bund-Länder-Programm „Soziale Stadt" auch im Maßnahmengebiet eingesetzt werden. Durch den Verweis auf §§ 164 a und 164 b BauGB wird klargestellt, dass der Einsatz von Finanzierungs- und Förderungsmitteln auf anderer gesetzlicher Grundlage möglich ist.[274]

9. Private Initiativen zur Stadtentwicklung (§ 171 f BauGB)

1359 Die durch das EAG Bau 2004 eingeführten Vorschriften über den Stadtumbau (§§ 171 a bis 171 d BauGB) und die Soziale Stadt (§ 171 e BauGB) greifen neue stadtentwicklungspolitische Fragestellungen auf. Mit dem durch die BauGB-Novelle 2007 eingefügten § 171 f BauGB setzt der Gesetzgeber diesen Weg fort. § 171 f BauGB bestimmt, dass – nach Maßgabe des Landesrechts und unbeschadet sonstiger Maßnahmen nach dem BauGB – Gebiete festgelegt werden können, in denen in privater Verantwortung standortbezogene Maßnahmen durchgeführt werden, die auf der Grundlage eines mit den städtebaulichen Zielen der Gemeinde abgestimmten Konzepts der Stärkung oder Entwicklung von Bereichen der Innenstädte, Stadtteilzentren, Wohnquartiere und Gewerbezentren sowie von sonstigen für die städtebauliche Entwicklung bedeutsamen Bereichen dienen.

---

[273] Planspiel BauGB-Novelle 2004, S. 116.
[274] Planspiel BauGB-Novelle 2004, S. 119.

Die Regelung greift damit stadtentwicklungspolitische Ansätze auf, wie sie seit lan- **1360** gem aus Einzelstaaten der USA bekannt sind. Die während der Ausschussberatungen im Deutschen Bundestag eingefügte Regelung[275] soll – so die Begründung – dem stadtent- wicklungspolitischen Ziel der Stärkung privater Initiativen dienen, wie z. B. Business Im- provement Districts und Immobilien- und Standortgemeinschaften, die einen Beitrag zur städtebaulichen Verbesserung von Stadtquartieren in funktionaler und gestalterischer Hinsicht leisten können. Die bundesrechtliche Regelung wurde auch vor dem Hinter- grund schon bestehender oder künftiger landesrechtlicher Regelungen zu entsprechen- den Einrichtungen in privater Trägerschaft einschließlich ihrer Finanzierung geschaffen, um diese mit Blick auf deren möglicherweise bodenrechtliche Dimension kompetenz- rechtlich zu flankieren.[276]

Das Bodenrecht ist im BauGB im Grundsatz abschließend geregelt. Die Landesgesetz- **1361** geber – so der Ausschussbericht – sahen sich auf Grund dieser Bedenken gehindert, die städtebauliche Bedeutung von Business Improvement Districts, Immobilien- und Stand- ortgemeinschaften und ähnlichen Einrichtungen zu berücksichtigen. Eine Zurückfüh- rung der Gesetzgebung auf reine Wirtschaftsförderung würde aber mögliche städtebau- liche Potentiale dieser privaten Initiativen unberücksichtigt lassen.

Aber es scheint dem Bundesgesetzgeber doch um mehr zu gehen als die kompetenz- **1362** rechtliche Absicherung der Ländergesetzgeber. Auch wenn die Regelung ohne Umset- zung durch ein Landesgesetz nicht unmittelbar anwendbar ist, so deutet sie doch auf eine neue Philosophie des Stadterneuerungsrechts mit handfesten rechtlichen Konsequenzen hin: Maßnahmen der Stadterneuerung sind zwar wichtige gemeindliche Aufgaben, aber zugleich auch Angelegenheiten der jeweiligen Eigentümer und der anderen Planbetroffe- nen. Während beim städtebaulichen Sanierungs- und Entwicklungsrecht des BauGB (§§ 136, 157 ff. BauGB) die Gesamtverantwortung, Leitung und Finanzierung durch die Gemeinde maßgeblich ist, stellen etwa die neuen Ansätze des Stadtumbaus und der So- zialen Stadt sehr viel stärker auf die Primärverantwortung des Stadtquartiers ab.

Bei § 171 f BauGB steht die Primärverantwortung des privaten Sektors an erster Stelle. **1363** Die Vorschrift ist – innerhalb einer landesgesetzlichen Umsetzung – nicht auf eine spe- zielle Gebietskulisse privater Initiativen von Geschäftslagen und Innenstädten begrenzt, sondern erfasst grundsätzlich alle städtebaulich bedeutsamen Bereiche. Denn für die He- bung städtebaulicher Qualitäten, funktional wie gestalterisch, kann nicht nur in Innen- stadtlagen ein Bedürfnis bestehen. Private Initiativen können – auch das hebt der Aus- schussbericht hervor – z. B. auch in Wohnquartieren Aufwertungsmaßnahmen leisten, die z. B. die Einrichtung von Kinderspielplätzen, Umgestaltung von Eingangsbereichen und Tiefgaragen aber auch nichtbauliche Maßnahmen, wie die Schaffung von Angeboten für Jugendliche, die Organisation gemeinschaftlicher Hausmeisterdienste etc. betreffen. Andere in Betracht kommende Bereiche können Gewerbeparks oder z. B. auch Fremden- verkehrsgebiete sein. Der Schlüsselsatz dieser – nach dem vorhabenbezogenen Be- bauungsplan nach § 12 BauGB – wohl ausgeprägtesten Form von „Public Private Part- nership" ist die Maßgabe des § 171 f 1 BauGB, dass die Privaten auf der Grundlage eines mit den städtebaulichen Zielen der Gemeinde abgestimmten Konzepts handeln.

Das Gesetz lässt den Ländern und damit auch den Gemeinden, namentlich aber auch **1364** den Privaten weitgehenden Gestaltungsraum. Das gilt z. B. auch für Regelungen bezüg- lich der Ziele und Aufgaben, der Anforderungen an den Maßnahmenträger, des Verfah- rens zur Festlegung der Gebiete einschließlich der Festlegung von Quoren für die Zu-

---

[275] Ausschussbericht in BT-Drs. 16/3308, S. 22 f.
[276] Hamburg: Gesetz zur Stärkung der Einzelhandels- und Dienstleistungszentren vom 28.12.2004, HmbGVBl. 2004, S. 525; Hessen: Gesetz zur Stärkung von innerstädtischen Geschäfts- quartieren vom 21.12.2005, GVBl. Hessen I S. 867; Schleswig-Holstein, Gesetz über die Einrichtung von Partnerschaften zur Attraktivierung von City-, Dienstleistungs- und Tourismusbereichen vom 13.7.2006, GVBl. Schleswig-Holstein vom 27.7.2006, S. 158.

stimmung der Beteiligten, der Dauer der Gebietsfestlegung, der Umsetzung, der Kontrolle der Aufgabenerfüllung und auch für die Regelungen zur Finanzierung der Maßnahmen und einer gerechten Verteilung des damit verbundenen Aufwands, auch zur Abgabenerhebung. Durch diese – in den Gesetzesmaterialien freilich nicht erwähnte – grundsteuerliche Regelung sollen zugleich die „Trittbrettfahrer" eingebunden werden.[277]

VII. Erhaltungssatzung und städtebauliche Gebote

1365 Zu den Planverwirklichungsinstrumenten gehören auch die Erhaltungssatzung nach § 172 BauGB und die städtebaulichen Gebote der §§ 175 bis 179 BauGB.[278] Zu ihnen zählen das Baugebot (§ 176 BauGB), das Modernisierungs- und Instandsetzungsgebot (§ 177 BauGB), das Pflanzgebot (§ 178 BauGB) und das Rückbau- und Entsiegelungsgebot (§ 179 BauGB). Die Instrumente dienen – wie die Bodenordnung und die Enteignung – der Umsetzung der städtebaulichen Planungsvorstellungen der Gemeinde und damit dem Planvollzug.

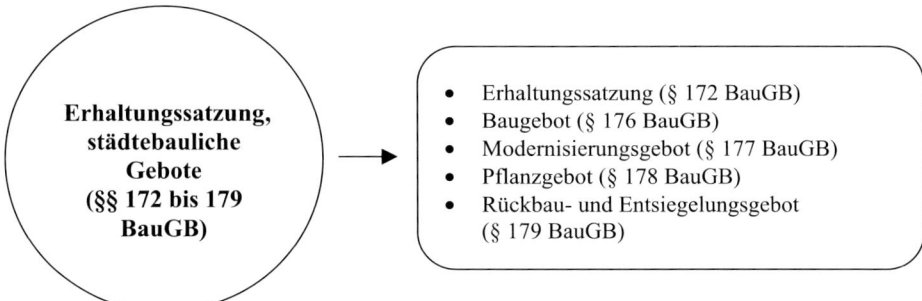

1. Erhaltungssatzung gem. § 172 BauGB

1366 Nach § 172 I BauGB kann die Gemeinde in einem **Bebauungsplan** oder durch eine **sonstige Satzung** (→ Erhaltungssatzung) (→ *Textbeispiele 115, 116 und 117*) Gebiete bezeichnen, in denen

(1) zur Erhaltung der städtebaulichen Eigenart des Gebiets auf Grund seiner städtebaulichen Gestalt,

(2) zur Erhaltung der Zusammensetzung der Wohnbevölkerung oder

(3) bei städtebaulichen Umstrukturierungen

der Rückbau, die **Änderung** oder die **Nutzungsänderung** baulicher Anlagen der Genehmigung bedürfen. Die Vorschrift dient damit der Erhaltung und Erneuerung von Stadt- und Ortsteilen. Dient die Erhaltungssatzung der Erhaltung der städtebaulichen Eigenart des Gebietes, so bedarf auch die **Errichtung** baulicher Anlagen der Genehmigung. § 172 I BauGB beschreibt den notwendigen Inhalt einer Erhaltungssatzung. Welchen Anforderungen eine Satzung im Übrigen zu genügen hat, ist eine Frage der gerechten Abwägung nach § 1 VII BauGB.[279] Die Satzung ist nach Maßgabe von §§ 16 II, 10 III 2 bis 5 BauGB **ortsüblich bekanntzumachen**. Nach §§ 16 II, 172 I 3 BauGB hat die Ge-

---

[277] Für die schon erlassenen Länderregelungen ist § 246 III BauGB wichtig, weil dadurch das bereits vor Inkrafttreten der BauGB-Novelle 2007 erlassene Landesrecht zu Business Improvement Districts, Immobilien- und Standortgemeinschaften und ähnlichen Einrichtungen einbezogen werden soll.

[278] Zur städtebaulichen Erhaltung *Battis* DVBl 1981, 497; *Bracher* Erhaltung der städtebaulichen Gestalt eines Gebiets durch Erhaltungssatzung 1991; *Erbguth* DVBl 1985, 1352; *Kiepe* Der Städtetag 1983, 409; *Lüers* WiVerw. 1995, 259; *Müller* BauR 1988, 169; *Stich* ZfBR 1983, 61; HdBöffBauR Kap. D.

[279] BVerwG, B. v. 23.6.1992 – 4 NB 9.92 – Erhaltungsgebot.

meinde dabei die Wahl, ob sie die Erhaltungssatzung ortsüblich bekanntmacht (§ 16 II 1 BauGB) *(→ Textbeispiel 118)* oder ob sie ortsüblich bekanntmacht, dass eine Erhaltungssatzung beschlossen worden ist (§ 16 II 2 BauGB) *(→ Textbeispiel 119)*. Entscheidet sie sich für den zweiten Weg, so ist § 10 III 2 bis 5 BauGB entsprechend anzuwenden. Auf der Grundlage des § 172 BauGB beschlossene Satzungen haben wie sonstige gemeindliche Satzungen Rechtsnormcharakter. Aus dem Rechtsstaatsprinzip lässt sich ableiten, dass förmlich gesetzte Rechtsnormen verkündet werden müssen. Dagegen lässt § 16 II 1 BauGB ungeregelt, welchen Anforderungen im Einzelnen die Bekanntmachung genügen muss. Der Vorschrift kann insbesondere nicht entnommen werden, mit welchem Inhalt und in welcher Form die Satzung bekanntzumachen ist. Vielmehr stellt § 16 II 1 BauGB ausdrücklich auf die Ortsüblichkeit ab. Ortsüblich ist diejenige Art der Verkündung, die in der Gemeinde für örtliche Rechtsvorschriften, und insbesondere für Satzungen, nach den einschlägigen landes- oder ortsrechtlichen Bestimmungen maßgebend ist.[280] Aus rechtsstaatlichen Gründen ist das Verkündungsverfahren so auszugestalten, dass es die ihm zugedachte Funktion erfüllen kann. Die betreffende Rechtsnorm ist der Öffentlichkeit so zugänglich zu machen, dass sich die Betroffenen von ihr verlässlich Kenntnis verschaffen können.[281] Das setzt voraus, dass die Rechtsnorm nicht mit einem anderen als dem vom Normgeber gewollten Inhalt veröffentlicht wird.[282] Der bekannt gemachte Wortlaut darf nur ganz ausnahmsweise von dem beschlossenen abweichen, ohne dass die zur Normsetzung berufene Körperschaft nochmals eingeschaltet wird.[283] Der materielle Normgehalt darf auch in diesem Falle nicht angetastet werden *(→ Textbeispiel 117)*.[284]

Den Gemeinden ist es allerdings verwehrt, im Gewande des Städtebaurechts Denk- **1367** malschutz zu betreiben. **Bauplanerische Festsetzungen**, die nur **vorgeschoben** sind, in Wirklichkeit aber Zwecken des Denkmalschutzes dienen, sind rechtswidrig (§ 1 I und III BauGB).[285] Ein Bebauungsplan, der auf die Erhaltung eines historisch gewachsenen, denkmalgeschützten oder (einfach) erhaltenswerten Ortsteils gerichtet ist, überschreitet den Rahmen städtebaulicher Zielsetzungen nicht, wenn er darauf zielt, die überkommene Nutzungsstruktur oder prägende Bestandteile des Orts- und Straßenbildes um ihrer städtebaulichen Qualität willen für die Zukunft festzuschreiben. Die Festsetzung privater Grünflächen mit der Zweckbestimmung „Hausgärten" nach § 9 I Nr. 15 BauGB kann auch dazu dienen, die künftige städtebauliche Funktion ortsbildprägender Freiflächen zu bestimmen. Die Instrumente der Bauleitplanung und die Erhaltungssatzung (§ 172 I Nr. 1 BauGB) können nebeneinander zur Erhaltung der städtebaulichen Eigenart des Gebiets eingesetzt werden. Ob sie gemeinsam zum Einsatz kommen, beurteilt sich nach den städtebaulichen Zielen des Plangebers.[286] § 172 III 2 BauGB enthält einen selbständigen materiellen Versagungsgrund für die Errichtung einer baulichen Anlage. Durch eine Erhaltungssatzung kann die Errichtung eines nach § 34 I BauGB zulässigen Gebäudes erst verhindert werden[287], wenn die in der BauNVO durchscheinende geordnete städtebau-

---

[280] BVerwG, B. v. 23.9.1974 – 4 B 113.74 – Buchholz 406.11 § 12 BBauG Nr. 4.

[281] BVerfG, B. v. 2.4.1963 – 2 BvL 22/60- BVerfGE 16, 6; B. v. 22.11.1983 – 2 BvL 25/81 – BVerfGE 65, 283; BVerwG, Urt. v. 5.12.1986 – 4 C 31.85 und 4 C 29.86 – BVerwGE 75, 262 = RzB Rn. 211.

[282] BVerwG, B. v. 16.5.1991 – 4 NB 26.90 – BVerwGE 88, 204 = RzB Rn. 213 – Bebauungsplanausfertigung.

[283] BVerfG, B. v. 15.2.1978 – 2 BvL 8/74 – BVerfGE 48, 1.

[284] BVerwG, B. v. 8.7.1992 – 4 NB 20.92 – NVwZ–RR 1993, 262 = RzB Rn. 823.

[285] BVerwG, Urt. v. 18.5.2001 – 4 CN 4.00 – BVerwGE 114, 247 = DVBl 2001, 1455 = NVwZ 2001, 1043 = BauR 2001, 1692 – Böhmisches Dorf in Berlin-Neukölln.

[286] BVerwG, Urt. v. 18.5.2001 – 4 CN 4.00 – DVBl 2001, 1455 = NVwZ 2001, 1043 = BauR 2001, 1692 – Böhmisches Dorf in Berlin-Neukölln; Urt. v. 3.7.1987 – 4 C 26.85 – BVerwGE 78, 23 = DVBl 1987, 1013 – städtebaulicher Denkmalschutz.

[287] BVerwG, B. v. 3.12.2002 – 4 B 47.02 – NVwZ-RR 2003, 259 = ZfBR 2003, 265 – Erhaltungssatzung.

liche Entwicklung verletzt ist. Bei der Beurteilung des „Prägens" i.S.v. § 172 III 1 BauGB ist insbesondere auf die optische Wirkung des Bauwerks in Bezug auf seine nähere Umgebung abzustellen. Eine Gemeinde darf auch städtebauliche Ziele verfolgen, die mehr auf Bewahrung als auf Veränderung der vorhandenen Situation zielen. Die Zielsetzung einer Erhaltungssatzung darf nur auf eine städtebauliche Gestaltung im Sinne des Bodenrechts, nicht aber allein auf Denkmalschutzgründe gerichtet sein. Eine Genehmigung darf nur versagt werden, wenn die bauliche Anlage allein oder im Zusammenhang mit anderen baulichen Anlagen das Ortsbild prägt.[288]

→ **Erhaltungssatzung.** Durch Satzung kann die Gemeinde Gebiete bezeichnen, in denen (1) zur Erhaltung der städtebaulichen Eigenart des Gebietes auf Grund seiner städtebaulichen Gestalt, (2) zur Erhaltung der Zusammensetzung der Wohnbevölkerung (Milieuschutzsatzung) oder (3) bei städtebaulichen Umstrukturierungen der Rückbau, die Änderung oder die Nutzungsänderung baulicher Anlagen der Genehmigung bedürfen (§ 172 BauGB). Die Gründe der Erhaltung müssen in der Satzung nicht im Einzelnen dargestellt sein. Die Genehmigung wird durch die Gemeinde oder durch die Baugenehmigungsbehörde im Einvernehmen mit der Gemeinde erteilt (§ 173 BauGB). Die Erhaltungssatzung kann auch in den Bereich des städtebaulichen Denkmalschutzes hineinragen. Das Gesetz geht von einem zweistufigen Ablaufprogramm aus. Auf die Gebietsfestlegung in der Erhaltungssatzung folgt ein Genehmigungsverfahren, in dem vor dem Hintergrund der gemeindlichen Planungsvorstellungen die konkreten Einzelfallumstände berücksichtigt werden.

Erhaltungssatzung – Aufstellungsbeschluss
Beglaubigter Auszug aus der Niederschrift der Sitzung des Rates vom (Datum)

Zu Punkt (Nr.) der Tagesordnung: Beschluss über die Aufstellung der städtebaulichen Erhaltungssatzung "(Gebietsbezeichnung)" nach § 172 BauGB
1. Beschluss über die Erhaltungssatzung (Kurzbezeichnung)

Auf Grund § 172 BauGB, (§§ GO) beschließt die Gemeindevertretung in ihrer Sitzung am (Datum) für das Gebiet (Kurzbezeichnung) die Aufstellung der Erhaltungssatzung (Kurzbezeichnung). Das Gebiet wird begrenzt durch die (Straßen). Mit der Erhaltungssatzung sollen folgende allgemeine Erhaltungsziele angestrebt werden:
– Erhaltung der städtebaulichen Eigenart des Gebietes auf Grund seiner städtebaulichen Gestalt,
– Erhaltung der Zusammensetzung der Wohnbevölkerung,
– Gewährleistung eines sozialverträglichen Ablaufs städtebaulicher Umstrukturierungen (wahlweise).
Die Satzung tritt am Tage der Bekanntmachung in Kraft.

2. Der Beschluss ist ortsüblich bekanntzumachen.

Feststellung der Beschlussfähigkeit: gesetzliche Mitgliederzahl: 25, davon anwesend: 19.
Es waren nach der GO keine Mitglieder der Gemeindevertretung von der Beratung und Abstimmung ausgeschlossen.
(alternativ:) Es haben folgende Mitglieder der Gemeindevertretung weder an der Beratung noch an der Abstimmung mitgewirkt:
Feststellung des Abstimmungsergebnisses: dafür: 12, dagegen: 1, Stimmenthaltungen: 6.
Die Richtigkeit des Auszuges und die Angabe der Beschlussfähigkeit und Abstimmung werden hiermit beglaubigt. Gleichzeitig wird bescheinigt, dass zur Sitzung unter Mitteilung der Tagesordnung rechtzeitig und ordnungsgemäß eingeladen worden ist. Der Rat war beschlussfähig.
(Ort, Datum, Siegelabdruck) Gemeinde (Ort), Der Bürgermeister (Unterschrift)

Textbeispiel 115: *Erhaltungssatzung Aufstellungsbeschluss*

1368 **a) Genehmigungspflichtige Vorhaben.** Der Genehmigungspflicht unterliegen die in § 172 I 1 BauGB aufgeführten baulichen Maßnahmen an baulichen Anlagen (§ 29 I BauGB). Nicht erfasst werden etwa der Abschluss von Miet- oder Pachtverträgen, die Grundstücks-

---

[288] OVG Koblenz, Urt. v. 31.7.2008 – 1 A 10361/08.OVG – Abrisses trotz Erhaltungssatzung, mit Hinw. auf OVG Hamburg, 12.12.2007 – 2 Bf10/07 –; BVerwG, Urt. v. 18.5.2001 – 4 CN 4.00 – BVerwG, B. v. 18.12.1990 – 4 NB 8.90 – NVwZ 1991, 875 = DVBl 1991, 445. Zur Genehmigungsfähigkeit einer Mobilfunkanlage im Bereich einer Erhaltungssatzung OVG Münster, B. v. 21.7.2008 – 7 A 3255/07 –.

veräußerung oder die Bildung von Wohnungseigentum.[289] Mit der Erhaltungssatzung unterliegen die in § 172 I 2 BauGB genannten Maßnahmen der Errichtung von baulichen Anlagen der Genehmigungspflicht. Die Satzung kann dabei nicht auf einzelne bauliche Maßnahmen begrenzt werden oder einen Teil der baulichen Maßnahmen aus der Genehmigungspflicht generell ausnehmen. Die Vorschrift schafft einen **selbstständigen Genehmigungstatbestand**, der neben die ggf. auf Grund anderer Vorschriften erforderlichen Genehmigungen oder Unbedenklichkeitsbescheinigungen (Negativatteste) tritt. **Genehmigungsbedürftig** sind der Rückbau, die Änderung wie etwa der Umbau, der Ausbau, die Modernisierung und Instandsetzung oder die Erweiterung einer baulichen Anlage, die Nutzungsänderung wie etwa die Umwandlung von Wohnungen in Büronutzung sowie die Umnutzung von gewerblichen Flächen, soweit sich die planungsrechtliche Frage neu stellt.

b) Erhaltungsziele. Die Erhaltungsziele sind in § 172 I, III bis V BauGB abschließend **1369** beschrieben. Die Erhaltungssatzung nach **§ 172 I 1 Nr. 1 BauGB** dient der Erhaltung der städtebaulichen Eigenart des Gebietes auf Grund seiner städtebaulichen Gestalt. Die Genehmigung darf versagt werden, wenn die bauliche Anlage allein oder im Zusammenhang mit anderen baulichen Anlagen das Ortsbild, die Stadtgestalt oder das Landschaftsbild prägt oder sonst von städtebaulicher, insbesondere geschichtlicher oder künstlerischer Bedeutung ist. Zum Schutzgegenstand gehören dabei das Straßenbild, die Baustruktur und das Landschaftsbild. Dabei können auch Belange des städtebaulichen Denkmalschutzes und der Denkmalpflege sowie Belange von erhaltenswerten Ortsteilen, Straßen und Plätzen von geschichtlicher, künstlerischer oder städtebaulicher Bedeutung berücksichtigt werden. **Erhaltungssatzung** und **Denkmalschutz** reichen sich dabei im Bereich des **städtebaulichen Denkmalschutzes** die Hand.[290] Die Erhaltungssatzung soll Störungen der städtebaulichen Eigenart des Gebietes auf Grund seiner städtebaulichen Gestalt verhindern. Die Genehmigung zur Errichtung baulicher Anlagen darf nach § 172 III 2 BauGB nur versagt werden, wenn die städtebauliche Gestalt des Gebietes durch die beabsichtigte bauliche Anlage beeinträchtigt wird.

Bekanntmachung des Aufstellungsbeschlusses für eine Erhaltungssatzung

Betr.: Bekanntmachung des Beschlusses der Gemeinde über Aufstellung einer Erhaltungssatzung für das Gebiet (Kurzbezeichnung)

1. Die Gemeindevertretung der Gemeinde hat in ihrer Sitzung am (Datum) die Aufstellung einer Erhaltungssatzung beschlossen. Das Gebiet wird durch die Straßen (Name) begrenzt. Mit der Erhaltungssatzung sollen die folgenden allgemeinen Erhaltungsziele angestrebt werden:
   – Erhaltung der städtebaulichen Eigenart des Gebietes auf Grund seiner städtebaulichen Gestalt,
   – Erhaltung der Zusammensetzung der Wohnbevölkerung,
   – Gewährleistung eines sozialverträglichen Ablaufs städtebaulicher Umstrukturierungen (wahlweise).
2. Der Beschluss wird hiermit gem. § 172 BauGB ortsüblich bekannt gemacht.

Hinweis:
Auf Antrag der Gemeinde hat die Baugenehmigungsbehörde (untere Bauaufsichtsbehörde) die Entscheidung über die Zulässigkeit des Abbruchs, der Änderung oder der Nutzungsänderung (sowie der Errichtung) baulicher Anlagen im Einzelfall für einen Zeitraum bis zu 12 Monaten auszusetzen, wenn zu befürchten ist, dass die Verwirklichung des zukünftigen Erhaltungszieles durch das Vorhaben unmöglich gemacht oder wesentlich erschwert werden würde (§ 172 II i. V. mit § 15 I BauGB)

(Ort, Datum, Siegelabdruck) Gemeinde (Ort), Der Bürgermeister (Unterschrift)

Verfahrensvermerk:
Ausgehängt am: (Datum), abzunehmen am: (Datum), abgenommen am: (Datum)
(Siegel) (Unterschrift) (Siegel) (Unterschrift)
oder:
Diese Bekanntmachung ist am (Datum) in der Zeitung (in dem Amtlichen Verkündungsblatt) veröffentlicht worden.
(Ort, Datum, Siegelabdruck) Gemeinde (Ort), Der Bürgermeister (Unterschrift)

Textbeispiel 116: *Erhaltungssatzung Bekanntmachung Aufstellungsbeschluss*

---

[289] *Krautzberger* in *BKL*, § 172 Rn. 2.
[290] BVerfG, Urt. v. 26.1.1987 – 1 BvR 969/83 – DVBl 1987, 465 = RzB Rn. 821; BVerwG, Urt. v. 3.7.1987 – 4 C 26.85 – BVerwGE 78, 23 = NVwZ 1987, 357 = RzB Rn. 822.

1370   Die Milieuschutzsatzung nach **§ 172 I 1 Nr. 2 BauGB** dient der Erhaltung der Zusammensetzung der Wohnbevölkerung. Auch das Verbot der Begründung von Sondereigentum nach § 1 WEG durch eine entsprechende Rechtsverordnung der Landesregierung (§ 172 I 4 BauGB) hat gleichgerichtete Ziele. Die Genehmigung darf nach **§ 172 IV 1 BauGB** nur versagt werden, wenn die Zusammensetzung der Wohnbevölkerung aus besonderen städtebaulichen Gründen erhalten werden soll. Die Erhaltungssatzung soll insbesondere dem **Milieuschutz** dadurch dienen, dass eine Verdrängung der Bevölkerung durch eine schleichende Umstrukturierung vermieden wird.[291] Eine Milieuschutzsatzung kann für ein Gebiet mit jeder Art von Wohnbevölkerung erlassen werden, soweit deren Zusammensetzung aus besonderen städtebaulichen Gründen erhalten werden soll. Bei der Prognose einer Verdrängungsgefahr darf sich die Gemeinde auf nach der Lebenserfahrung typische Entwicklungen stützen. Mietbelastungsobergrenzen können geeignete Indikatoren sein. Die Gemeinde muss Ermessenserwägungen nur anstellen, wenn Anhaltspunkte für eine atypische Fallgestaltung vorliegen.[292] Die Genehmigung ist zu erteilen, wenn auch unter Berücksichtigung des Allgemeinwohls die Erhaltung der baulichen Anlage oder ein Absehen von der Begründung von Sondereigentum wirtschaftlich nicht mehr zumutbar ist. Die Gemeinde hat daher bei der Entscheidung über die Erteilung der Genehmigung die wirtschaftliche Zumutbarkeit der Eigentümerbeeinträchtigungen zu berücksichtigen. Eine wirtschaftliche Unzumutbarkeit ist etwa gegeben, wenn Modernisierungsmaßnahmen unterlassen werden müssen, ohne die eine wirtschaftliche Rentabilität des Grundstücks nicht gesichert ist. § 172 IV 3 BauGB schränkt die Versagung der Genehmigung weiter ein. Vor allem soll die Begründung von Sondereigentum nicht verwehrt werden, wenn dies durch soziale Gesichtspunkte gerechtfertigt ist. Der Gesetzgeber wollte dabei einen sachgerechten Ausgleich von städtebaulichen Belangen einerseits und persönlichen bzw. sozial gerechtfertigten Eigentümerbelangen andererseits erreichen.

Erhaltungssatzung – Satzungsbeschluss

Beglaubigter Auszug aus der Niederschrift der Sitzung des Rates vom (Datum)
Zu Punkt (Nr.) der Tagesordnung: Beschluss über die städtebauliche Erhaltungssatzung „(Gebietsbezeichnung)" nach § 172 BauGB
Beschluss über die Erhaltungssatzung (Kurzbezeichnung)
Auf Grund § 172 BauGB, (§§ GO) beschließt die Gemeindevertretung in ihrer Sitzung am (Datum) für das Gebiet (Kurzbezeichnung) folgende Satzung:

§ 1 Geltungsbereich
Der Geltungsbereich dieser Satzung umfasst das Gebiet (Straßenbezeichnung), das in dem als Anlage beigefügten Plan umrandet ist. Der Plan ist Bestandteil der Satzung.

§ 2 Erhaltungsgründe, Genehmigungstatbestände
zur Erhaltung der städtebaulichen Eigenart des Gebietes auf Grund seiner städtebaulichen Gestalt,
zur Erhaltung der Zusammensetzung der Wohnbevölkerung,
zur Gewährleistung eines sozialverträglichen Ablaufs städtebaulicher Umstrukturierungen (wahlweise)
bedarf der Abbruch, die Änderung oder die Nutzungsänderung (sowie die Errichtung, § 172 I 1 Nr. 1 BauGB) baulicher Anlagen im Geltungsbereich dieser Satzung der Genehmigung.

§ 3 Zuständigkeit, Verfahren
Die Genehmigung wird durch die Gemeinde erteilt. Ist eine baurechtliche Genehmigung oder Zustimmung erforderlich, wird die Genehmigung durch die Baugenehmigungsbehörde (untere Bauaufsichtsbehörde) im Einvernehmen mit der Gemeinde erteilt.

§ 4 Ausnahmen
Die den in § 26 Nr. 2 und 3 BauGB bezeichneten Zwecken dienenden Grundstücke sind von der Genehmigungspflicht nach § 2 dieser Satzung ausgenommen (§ 174 I BauGB).

§ 5 Ordnungswidrigkeiten
Wer eine bauliche Anlage in dem durch die Satzung bezeichneten Gebiet ohne die nach ihr erforderliche Genehmigung abbricht oder ändert, handelt gem. § 213 I Nr. 4 BauGB ordnungswidrig und kann gem. § 213 II BauGB mit einer Geldbuße bis zu 25.000 Euro belegt werden.

---

[291] VGH Kassel, Urt. v. 28.4.1992 – 3 TG 647/92 – ESVGH 42, 276 = DVBl 1992, 1445.
[292] BVerwG, Urt. v. 18.6.1997 – 4 C 2.97 – DVBl 1998, 40 – Loggia im Dachgeschoß.

§ 6 Inkrafttreten

1. Diese Satzung tritt mit ihrer Bekanntmachung in Kraft.
2. Die Erhaltungssatzung ist ortsüblich bekanntzumachen. (Oder) Die Bekanntmachung ist in entsprechender Anwendung des § 10 III BauGB vorzunehmen.

Feststellung der Beschlussfähigkeit: gesetzliche Mitgliederzahl: 25, davon anwesend: 19.
Es waren nach der GO keine Mitglieder der Gemeindevertretung von der Beratung und Abstimmung ausgeschlossen.
(alternativ:) Es haben folgende Mitglieder der Gemeindevertretung weder an der Beratung noch an der Abstimmung mitgewirkt:
Feststellung des Abstimmungsergebnisses: dafür: 12, dagegen: 1, Stimmenthaltungen: 6.
Die Richtigkeit des Auszuges und die Angabe der Beschlussfähigkeit und Abstimmung werden hiermit beglaubigt. Gleichzeitig wird bescheinigt, dass zur Sitzung unter Mitteilung der Tagesordnung rechtzeitig und ordnungsgemäß eingeladen worden ist. Der Rat war beschlussfähig.
(Ort, Datum, Siegelabdruck) Gemeinde (Ort), Der Bürgermeister (Unterschrift)

Textbeispiel 117: *Erhaltungssatzung Satzungsbeschluss*

Die Satzung nach **§ 172 I 1 Nr. 3 BauGB** will soziale Fehlentwicklungen bei städte- **1371** baulichen Umstrukturierungen verhindern. Die Genehmigung baulicher Maßnahmen darf hier nach **§ 172 V BauGB** nur versagt werden, um einen den sozialen Belangen Rechnung tragenden Ablauf auf der Grundlage eines Sozialplans nach § 180 BauGB zu sichern. Die Erhaltungssatzung bietet daher in solchen Fällen städtebaulicher Umstrukturierungen einen zeitlich begrenzten Schutz.

c) Erhaltungsgebiet. Das Erhaltungsgebiet kann in einem **Bebauungsplan** oder in ei- **1372** ner **sonstigen Erhaltungssatzung** festgelegt werden. Das Gebiet, für das die Erhaltungssatzung gilt und das auch aus einem einzelnen Gebäude bestehen kann,[293] ist genau und mit ausreichender Eindeutigkeit zu bezeichnen. Sofern die Gebietsfestlegung nicht in einem Bebauungsplan erfolgt, sind bei der Gebietsfestlegung vergleichbare Anforderungen an die Bezeichnung zu stellen.[294] Die Gemeinde hat dabei anzugeben, welche der in § 172 I BauGB genannten Gründe die Erhaltungssatzung rechtfertigen. Es genügt eine Bezugnahme auf das Gesetz. Nicht erforderlich ist eine Darlegung und Subsumtion der einzelnen Tatbestandsmerkmale.[295]

d) Zweistufigkeit: Gebietsfestlegung und Genehmigungsverfahren. Das Gesetz **1373** geht von einem **zweistufigen Ablaufprogramm** aus.[296] Anders als der Bebauungsplan trifft die Erhaltungssatzung selbst noch keine rechtsverbindliche Nutzungsregelung für die einzelnen Grundstücke. Die **Gebietsfestlegung** begründet nur ein **präventives Verbot mit Genehmigungsvorbehalt.** Die Beurteilung der Zulässigkeit bestimmter Vorhaben erfolgt erst im Rahmen des **Genehmigungsverfahrens.** Daraus ergibt sich auch eine Zweiteilung des Abwägungsverfahrens: Bei der Gebietsfestlegung reicht eine (allgemeine) Befassung der Gemeinde mit den die Erhaltungssatzung rechtfertigenden Gründen. Erst im Genehmigungsverfahren stellt sich die Frage, ob auch im Einzelfall die städtebaulichen Ziele der Erhaltungssatzung dem geplanten Vorhaben entgegenstehen. Auch die **verwaltungsgerichtliche Kontrolle** ist insoweit **zweigeteilt.**

e) Genehmigungsverfahren und Rechtskontrolle. Die Genehmigung wird nach **1374** § 173 I 1 BauGB durch die **Gemeinde** erteilt. Ist eine baurechtliche Genehmigung oder an ihrer Stelle eine baurechtliche Zustimmung erforderlich, wird die Genehmigung im **Baugenehmigungsverfahren** im Einvernehmen mit der Gemeinde erteilt. Im Baugenehmigungs- oder Zustimmungsverfahren wird dabei über die in § 172 III bis V BauGB bezeichneten Belange entschieden (§ 173 III BauGB).

---

[293] VGH Mannheim, Urt. v. 28.11.1991 – 8 S 1476/91 – UPR 1992, 458 = ZfBR 1992, 295.
[294] S. Rn. 599.
[295] BVerwG, Urt. v. 3.7.1987 – 4 C 26.85 – BVerwGE 78, 23 = NVwZ 1988, 357 = RzB Rn. 822 – Kölner Erhaltungssatzung.
[296] *Krautzberger* in *BKL*, § 172 Rn. 19.

Bekanntmachung einer Erhaltungssatzung

Betr.: Bekanntmachung der Satzung der Gemeinde über die Erhaltungssatzung (Kurzbezeichnung)
Auf Grund § 172 BauGB, (§§ GO) hat die Gemeindevertretung in ihrer Sitzung am (Datum) folgende Satzung beschlossen.

§ 1 Geltungsbereich

Der Geltungsbereich dieser Satzung umfasst das Gebiet (Straßenbezeichnung), das in dem als Anlage beigefügten Plan umrandet ist. Der Plan ist Bestandteil der Satzung.

§ 2 Erhaltungsgründe, Genehmigungstatbestände

Zur Erhaltung der städtebaulichen Eigenart des Gebietes auf Grund seiner städtebaulichen Gestalt,
zur Erhaltung der Zusammensetzung der Wohnbevölkerung,
zur Gewährleistung eines sozialverträglichen Ablaufs städtebaulicher Umstrukturierungen (wahlweise)
bedarf der Abbruch, die Änderung oder die Nutzungsänderung (sowie die Errichtung, § 172 I 1 Nr. 1 BauGB) baulicher Anlagen im Geltungsbereich dieser Satzung der Genehmigung. Von der Genehmigung ausgenommen sind innere Umbauten und innere Änderungen von baulichen Anlagen, die das äußere Erscheinungsbild der baulichen Anlagen nicht berühren.
Die Genehmigung darf nur versagt werden, wenn die bauliche Anlage erhalten bleiben soll, weil (1) sie allein oder im Zusammenhang mit anderen baulichen Anlagen das Ortsbild, die Stadtgestalt oder das Landschaftsbild prägt oder (2) sie von städtebaulicher, insbesondere geschichtlicher oder künstlerischer Bedeutung ist.

§ 3 Zuständigkeit, Verfahren

Die Genehmigung wird durch die Gemeinde erteilt. Ist eine baurechtliche Genehmigung oder Zustimmung erforderlich, wird die Genehmigung durch die Baugenehmigungsbehörde (untere Bauaufsichtsbehörde) im Einvernehmen mit der Gemeinde erteilt.

§ 4 Ausnahmen

Die den in § 26 Nr. 2 und 3 BauGB bezeichneten Zwecken dienenden Grundstücke sind von der Genehmigungspflicht nach § 2 dieser Satzung ausgenommen.

§ 5 Ordnungswidrigkeiten

Wer eine bauliche Anlage in dem durch die Satzung bezeichneten Gebiet ohne die nach ihr erforderliche Genehmigung abbricht oder ändert, handelt gem. § 213 I Nr. 4 BauGB ordnungswidrig und kann gem. § 213 II BauGB mit einer Geldbuße bis zu 25.000 Euro belegt werden.

§ 6 Inkrafttreten

1. Diese Satzung tritt mit ihrer Bekanntmachung in Kraft.
2. Nach § 215 I BauGB werden eine nach § 214 I 1 Nr. 1 bis 3 BauGB beachtliche Verletzung der dort bezeichneten Form- und Verfahrensvorschriften und nach § 214 III 2 BauGB beachtliche Mängel des Abwägungsvorgangs, wenn sie nicht innerhalb von einem Jahr seit Bekanntmachung schriftlich gegenüber der Gemeinde unter Darlegung des die Verletzung begründenden Sachverhalts geltend gemacht worden sind, unbeachtlich.

(Ort, Datum, Siegelabdruck) Gemeinde (Ort), Der Bürgermeister (Unterschrift)
Verfahrensvermerk:
Ausgehängt am: (Datum), abzunehmen am: (Datum), abgenommen am: (Datum)
(Siegel) (Unterschrift) (Siegel) (Unterschrift)
oder:
Diese Bekanntmachung ist am (Datum) in der Zeitung (in dem Amtlichen Verkündungsblatt) veröffentlicht worden.
(Ort, Datum, Siegelabdruck) Gemeinde (Ort), Der Bürgermeister (Unterschrift)

Textbeispiel 118: *Bekanntmachung Erhaltungssatzung*

1375   Im Geltungsbereich einer Erhaltungssatzung besteht darüber hinaus ein **gemeindliches Vorkaufsrecht** nach § 24 I 1 Nr. 4 BauGB. Auch kann im Einzelfall zur Umsetzung der städtebaulichen Zielvorstellungen der Gemeinde auf der Grundlage einer Erhaltungssatzung eine **Enteignung** nach § 85 I Nr. 1 BauGB zulässig sein. Der Gebäudeabbruch im Geltungsbereich einer Erhaltungssatzung ohne die erforderliche Genehmigung stellt eine Ordnungswidrigkeit dar, die nach § 213 II BauGB mit einer Geldbuße geahndet werden kann.

1376   Die Erhaltungssatzung nach § 172 BauGB unterliegt als gemeindliche Satzung gem. § 47 I Nr. 1 VwGO der **Normenkontrolle**. Antragsbefugt ist jeder, der die Voraussetzungen des § 47 II 1 VwGO i. d. F. des 6. VwGO-ÄndG erfüllt,[297] also geltend macht, in eige-

---

[297] Zur Antragsbefugnis nach der bisherigen Fassung des § 47 II VwGO *Stüer* DVBl 1985, 469; vgl. auch *ders.* BauR 1999, 1221.

nen Rechten verletzt zu sein. Die Einschränkungen in der Antragsbefugnis nach § 47 II a VwGO gelten hier nicht. Wird eine Genehmigung versagt, ist hiergegen ein Rechtsschutz zu den **Verwaltungsgerichten** auf **Genehmigungserteilung** gegeben.

Ersatzbekanntmachung einer Erhaltungssatzung

Betr.: Bekanntmachung der Satzung der Gemeinde über die Erhaltung für das Gebiet (Kurzbezeichnung)

1. Die Gemeindevertretung der Gemeinde hat in ihrer Sitzung vom (Datum) die Erhaltungssatzung (Kurzbezeichnung) beschlossen. Die Erhaltungssatzung umfasst das Gebiet (Straßenbegrenzung).

2. Die Erhaltungssatzung wird im Rathaus (Zimmer) während der Dienststunden (Zeitangabe) zu jedermanns Einsicht bereitgehalten. Über den Inhalt der Erhaltungssatzung wird auf Verlangen Auskunft erteilt. Mit dieser Bekanntmachung tritt die Erhaltungssatzung in Kraft.

3. Nach § 215 I BauGB werden eine nach § 214 I 1 Nr. 1 bis 3 BauGB beachtliche Verletzung der dort bezeichneten Form- und Verfahrensvorschriften und nach § 214 III 2 BauGB beachtliche Mängel des Abwägungsvorgangs, wenn sie nicht innerhalb von einem Jahr seit Bekanntmachung schriftlich gegenüber der Gemeinde unter Darlegung des die Verletzung begründenden Sachverhalts geltend gemacht worden sind, unbeachtlich.

(Ort, Datum, Siegelabdruck) Gemeinde (Ort), Der Bürgermeister (Unterschrift)
Verfahrensvermerk:
Ausgehängt am: (Datum), abzunehmen am: (Datum), abgenommen am: (Datum)
(Siegel) (Unterschrift) (Siegel) (Unterschrift)
oder:
Diese Bekanntmachung ist am (Datum) in der Zeitung (in dem Amtlichen Verkündungsblatt) veröffentlicht worden.
(Ort, Datum, Siegelabdruck) Gemeinde (Ort), Der Bürgermeister (Unterschrift)

Textbeispiel 119: *Ersatzbekanntmachung Erhaltungssatzung*

2. Städtebauliche Gebote

Neben die Erhaltungssatzung stellt das BauGB mit dem **Baugebot** gem. § 176 BauGB, **1377** dem **Modernisierungs- und Instandsetzungsgebot** gem. § 177 BauGB, dem **Pflanzgebot** gem. § 178 BauGB und dem **Rückbau- und Entsiegelungsgebot** gem. § 179 BauGB vier → städtebauliche Gebote bereit, die der Planverwirklichung dienen. In der Praxis haben diese „**Planverwirklichungsgebote**" allerdings zumeist nicht die wünschenswerte Bedeutung erreicht. Die Regelungen gehen auf §§ 19 bis 21 StBauFG 1971 zurück, mit denen das Abbruchgebot[298], das Baugebot und das Modernisierungsgebot im Rahmen sanierungsrechtlicher Verfahren eingeführt wurden. Durch das BauGB 1986 wurden die Gebote im StBauFG gestrichen und mit weiteren Regelungen in das BauGB übertragen. Die städtebaulichen Gebote sind dadurch veranlasst, dass der Bebauungsplan selbst zwar Bebauungsmöglichkeiten eröffnen, zumeist jedoch nicht deren **Realisierung** festsetzt. Weigert sich daher der Eigentümer, die im Bebauungsplan enthaltenen Festsetzungen zu verwirklichen, bedarf es eines Instrumentariums, das die Umsetzung der städtebaulichen Entwicklung und Ordnung nach den Vorstellungen der Gemeinde sicherstellt. Die städtebaulichen Gebote in §§ 175 bis 179 BauGB konkretisieren dabei die **Sozialpflichtigkeit des Eigentums** in Art. 14 II GG. Wenn die städtebaulichen Gebote in der Praxis eher selten angewendet und durchgesetzt werden, so liegt dies wohl vor allem an dem hohen Verwaltungsaufwand und der vielfach bestehenden Rechtsunsicherheit, aber vielleicht auch wegen des drohenden Übernahmeverlangens an fehlenden öffentlichen Mitteln. Die Regelungen können jedoch als Verfahrensanleitung genutzt werden, um nach Art einer „**strengeren Moderation**" die Bereitschaft der betroffenen Grundstückseigentümer und Nutzungsberechtigten zur „freiwilligen" Mitwirkung zu wecken.

---

[298] Seit dem BauROG 1998: Rückbau- und Entsiegelungsgebot.

> → **Städtebauliche Gebote.** Zur Planverwirklichung kann die Gemeinde städtebauliche Gebote erlassen. Durch ein **Baugebot** nach § 176 BauGB kann dem Eigentümer aufgegeben werden, sein Grundstück entsprechend den Festsetzungen des Bebauungsplans zu bebauen oder ein vorhandenes Gebäude oder eine vorhandene Anlage den Festsetzungen des Bebauungsplans anzupassen. Das **Modernisierungs- und Instandsetzungsgebot** nach § 177 BauGB richtet sich auf die Beseitigung von städtebaulichen Missständen. Durch ein **Pflanzgebot** nach § 178 BauGB kann der Eigentümer zur Bepflanzung seines Grundstücks entsprechend den Festsetzungen des Bebauungsplans verpflichtet werden. Das **Rückbau- und Entsiegelungsgebot** kann den Eigentümer nach § 179 BauGB verpflichten, die Beseitigung einer baulichen Anlage oder eine Entsiegelung zu dulden. Die Maßnahmen müssen aus städtebaulichen Gründen erforderlich sein (§ 175 BauGB).

1378 **a) Allgemeine Anforderungen.** Städtebauliche Gebote unterliegen den allgemeinen Anforderungen des § 175 BauGB. Die Gemeinde hat danach vor Erlass solcher Gebote die Maßnahme mit den Betroffenen zu erörtern. Die Eigentümer, Mieter, Pächter und sonstigen Nutzungsberechtigten sollten dabei von der Gemeinde im Rahmen ihrer Möglichkeiten beraten werden, wie die Maßnahme durchgeführt werden kann und welche Finanzierungsmöglichkeiten aus öffentlichen Kassen bestehen. Vor Anwendung von Zwangsmaßnahmen sollen daher alle Möglichkeiten einer Kooperation zwischen den Betroffenen und der Gemeinde ausgeschöpft werden. Vielfach zeichnen sich bereits im Rahmen dieser Beratungen einverständliche Regelungen ab. § 175 II BauGB bringt den verfassungsrechtlich gebotenen Grundsatz zum Ausdruck, dass städtebauliche Gebote nur angeordnet werden dürfen, wenn die **alsbaldige Durchführung** der Maßnahme aus **städtebaulichen Gründen erforderlich** ist.[299]

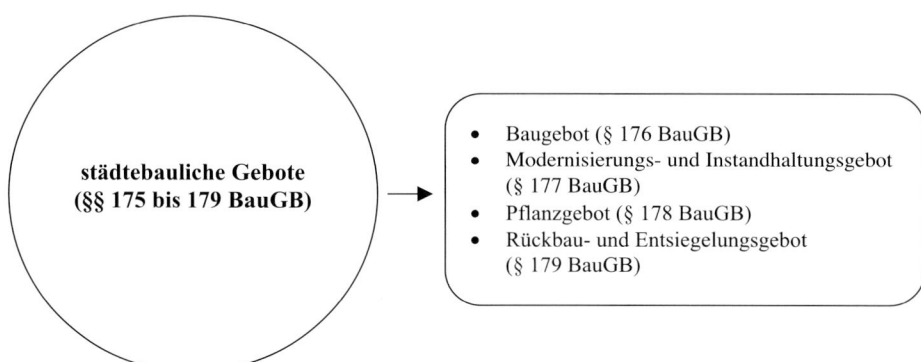

```
                              •  Baugebot (§ 176 BauGB)
                              •  Modernisierungs- und Instandhaltungsgebot
  städtebauliche Gebote          (§ 177 BauGB)
  (§§ 175 bis 179 BauGB)   →   •  Pflanzgebot (§ 178 BauGB)
                              •  Rückbau- und Entsiegelungsgebot
                                 (§ 179 BauGB)
```

1379 Genügt der Erlass des städtebaulichen Gebotes diesen sich aus der Eigentumsgarantie ergebenden verfassungsrechtlichen Anforderungen, so müssen auch Mieter, Pächter und sonstige **Nutzungsberechtigte** die Durchführung der Maßnahmen **dulden** (§ 175 III BauGB). Das Gebot begründet daher eine öffentlich-rechtliche Pflicht, die von allen Betroffenen zu beachten ist. Zugleich ergeben sich daraus auch Pflichten der Nutzungsberechtigten im **zivilrechtlichen Innenverhältnis** zum Grundstückseigentümer.

1380 **§ 175 IV 1 BauGB** stellt Grundstücke, die **besonderen öffentlichen Zwecken** etwa der Landesverteidigung dienen (vgl. § 26 Nr. 2 und 3 BauGB), von städtebaulichen Geboten frei. Der Vorhabenträger soll jedoch gem. § 175 IV 2 BauGB auf Verlangen der Gemeinde die entsprechenden Maßnahmen durchführen oder dulden, soweit dadurch nicht die Erfüllung seiner Aufgaben beeinträchtigt wird. Die Regelung entspricht der § 38 BauGB zu Grunde liegenden Wertung, dass **privilegierte Fachplanungen** in dem dort

---

[299] BVerfG, B. v. 24.3.1987 – 1 BvR 1046/85 – BVerfGE 74, 264 = NJW 1987, 1251 = DVBl 1987, 466 = RzB Rn. 1137 – Boxberg; BGH, Urt. v. 13.12.1990 – III ZR 240/89 – BauR 1991, 206 = DVBl 1991, 437 = RzB Rn. 617 – Bodenordnung.

bestimmten Umfang Vorrang vor der gemeindlichen Bauleitplanung genießen. Auf andere, in § 175 IV 1 BauGB nicht genannte Grundstücke in öffentlicher Hand sind die städtebaulichen Gebotsregelungen uneingeschränkt anwendbar.

Nach **§ 175 V BauGB** bleiben denkmalrechtliche und andere **landesrechtliche Vor- 1381 schriften** unberührt. Dies bedeutet einerseits, dass auch bei dem Erlass städtebaulicher Gebote der Denkmalschutz zu beachten ist. Anderseits können weiter gehende Gebote oder Verbote eine eigenständige Rechtsgrundlage im Denkmalrecht oder in anderen landesrechtlichen Vorschriften erhalten.[300]

b) Baugebot.[301] Durch das Baugebot kann die Gemeinde den Eigentümer gem. **§ 176 I 1382 BauGB** im Geltungsbereich eines **Bebauungsplans** verpflichten, innerhalb einer bestimmten angemessenen Frist sein Grundstück entsprechend den Festsetzungen des Bebauungsplans zu bebauen oder ein vorhandenes Gebäude oder eine vorhandene sonstige Anlage den Festsetzungen des Bebauungsplanes anzupassen.[302] Bei der Anordnung eines Baugebotes kann auch ein dringender Wohnbedarf der Bevölkerung berücksichtigt werden (§ 175 II HS 2 BauGB). Das Baugebot kann gem. **§ 176 II BauGB** auch im **nichtbeplanten Innenbereich** angeordnet werden, um unbebaute oder geringfügig bebaute Grundstücke – insbesondere zur Schließung von Baulücken – entsprechend den baurechtlichen Vorschriften zu nutzen oder einer baulichen Nutzung zuzuführen. Ist die Durchführung des Vorhabens **objektiv wirtschaftlich nicht zumutbar**, hat die Gemeinde nach § 176 III BauGB von dem Baugebot abzusehen. Macht der Eigentümer die **subjektive wirtschaftliche Unzumutbarkeit** glaubhaft, kann er gem. § 176 IV 2 BauGB von der Gemeinde die Übernahme verlangen. Setzt die Durchführung des Baugebotes den vollständigen oder teilweisen Abriss einer baulichen Anlage voraus, so ist dem Eigentümer dies mit Erlass des Baugebotes aufzugeben (§ 176 V BauGB).

Der Erlass eines Baugebotes nach § 176 BauGB steht unter dem **allgemeinen Vorbe- 1383 halt** der in **§ 175 BauGB** aufgestellten Voraussetzungen. Die alsbaldige Durchführung der mit dem Baugebot aufgegebenen baulichen Maßnahmen muss aus städtebaulichen Gründen erforderlich sein (§ 175 II BauGB).[303]

Das Baugebot muss auf der einen Seite hinreichend **bestimmt** sein.[304] Auf der anderen 1384 Seite muss dem Eigentümer der nach dem Planungsrecht eingeräumte **Gestaltungsfreiraum** bei Verwirklichung der baulichen Anlage verbleiben. In das Baugebot sind daher die (zwingenden) planungsrechtlichen Vorgaben aufzunehmen. Ein Baugebot ist bereits dann **hinreichend bestimmt**, wenn es die Verpflichtung des Eigentümers ausspricht, innerhalb einer angemessenen Frist die notwendigen Maßnahmen für eine Bebauung seines Grundstücks zu ergreifen, die sich im Rahmen der im Einzelfall jeweils zulässigen Bebauung hält. Die dem Eigentümer offen stehenden Möglichkeiten, sein Grundstück in Übereinstimmung mit geltendem Baurecht baulich zu nutzen, darf ein Baugebot dabei nicht einschränken.[305] Mit einem Baugebot darf dem Eigentümer auch aufgegeben werden, innerhalb einer bestimmten Frist den notwendigen Bauantrag zu stellen. Soll sich das Baugebot nicht als stumpfes Schwert erweisen, so muss das Baugebot einschließlich einer in ihm ausgesprochenen Verpflichtung, einen notwendigen Bauantrag zu stellen, im Wege des **Verwaltungszwanges** durchgesetzt werden können. Vor allem kann die Festsetzung eines Zwangsgeldes angedroht werden.

---

[300] *Krautzberger* in BKL, § 175 Rn. 12.
[301] *Grziwotz* DVBl 1991, 1348; *Runkel* ZfBR 1990, 163; *Schlichter* in FS Weyreuther 1993, 349; *Stüer* DÖV 1988, 337.
[302] *Stüer* DÖV 1988, 337.
[303] BVerwG, B. v. 3.8.1989 – 4 B 70.89 – NVwZ 1990, 60 = ZfBR 1990, 265 = RzB Rn. 827.
[304] BKL § 176 Rn. 4; *Lemmel* in Berliner Kommentar § 176 Rn. 11–14.
[305] BVerwG, Urt. v. 15.2.1990 – 4 C 41.87 – NVwZ 1990, 658 = DVBl 1990, 576 = RzB Rn. 828 – Köln Baugebot; Urt. v. 15.2.1990 – 4 C 45.87 – BVerwGE 84, 354 = NVwZ 1990, 663 = DVBl 1990, 583 = RzB Rn. 829 – Baugebot; *Stüer* DÖV 1988, 337.

1385 c) Modernisierungs- und Instandsetzungsgebot. Unabhängig vom Bestehen eines Bebauungsplans kann die Gemeinde zur Behebung städtebaulicher Missstände ein Modernisierungs- und Instandsetzungsgebot erlassen, wenn eine bauliche Anlage nach ihrer inneren oder äußeren Beschaffenheit Missstände oder Mängel aufweist. In dem Bescheid sind die einzelnen **Missstände** und **Mängel** sowie die baulichen Maßnahmen zu **bezeichnen** und eine **angemessene Frist** für deren Durchführung zu bestimmen (§ 177 I 3 BauGB).[306] Missstände liegen nach § 177 II BauGB insbesondere vor, wenn die bauliche Anlage nicht den allgemeinen Anforderungen an gesunde Wohn- und Arbeitsverhältnisse entspricht. Mängel sind nach § 177 III BauGB insbesondere gegeben, wenn durch Abnutzung, Alterung, Witterungseinflüsse oder Einwirkung Dritter die bestimmungsgemäße Nutzung der baulichen Anlage beeinträchtigt ist, die bauliche Anlage nach ihrer äußeren Beschaffenheit das Straßen- oder Ortsbild beeinträchtigt oder die bauliche Anlage erneuerungsbedürftig ist und wegen ihrer städtebaulichen, insbesondere geschichtlichen oder künstlerischen Bedeutung erhalten bleiben soll. Bei Bauwerken, die dem Denkmalschutz unterfallen, darf das Gebot gem. § 177 III 2 BauGB nur mit Zustimmung der zuständigen Landesbehörde erlassen werden. Das Modernisierungs- und Instandsetzungsgebot verpflichtet den Eigentümer zum Einsatz der Mittel, die aus den Erträgen der baulichen Anlage aufgebracht werden können (§ 177 IV BauGB). Jenseits dieser Zumutbarkeitsgrenze sind die Kosten von der Gemeinde zu erstatten, wenn die Aufwendungen wirtschaftlich unvertretbar oder unzumutbar sind. Maßgeblich für den vom Eigentümer zu tragenden Kostenanteil sind nach § 177 V 1 BauGB die Erträge, die für die modernisierte oder in Stand gesetzte bauliche Anlage bei ordentlicher Bewirtschaftung nachhaltig erzielt werden können. Im Rahmen der Sozialpflichtigkeit des Eigentums können dabei die mit einem Bebauungsplan, einem Sozialplan, einer städtebaulichen Sanierungsmaßnahme oder einer sonstigen städtebaulichen Maßnahme verfolgten Ziele und Zwecke berücksichtigt werden. Auch das Modernisierungs- und Instandsetzungsgebot steht dabei unter dem Vorbehalt der allgemeinen Anforderungen, die sich aus § 175 BauGB ergeben.[307]

1386 d) Pflanzgebot. Zur Umsetzung entsprechender Festsetzungen im Bebauungsplan kann die Gemeinde gegenüber dem Eigentümer gem. **§ 178 BauGB** ein Pflanzgebot erlassen. Das Gebot kann sich darauf beziehen, das Grundstück innerhalb einer zu bestimmenden angemessenen Frist entsprechend den nach § 9 I Nr. 25 BauGB getroffenen Festsetzungen etwa mit Bäumen und Sträuchern zu bepflanzen. Ein Übernahmeanspruch des Eigentümers besteht nicht. Kommt der Eigentümer einem Pflanzgebot nicht nach, können Ersatzvornahme und Zwangsgeld angeordnet werden. Wegen seiner geringeren rechtlichen Anforderungen ist das Pflanzgebot gerade im Zusammenhang mit naturschutzrechtlichen Ausgleichs- oder Ersatzmaßnahmen in der Praxis etwas häufiger anzutreffen.[308]

1387 e) Rückbau- und Entsiegelungsgebot. Widerspricht eine bauliche Anlage den Festsetzungen des Bebauungsplans oder weist sie nicht behebbare Mängel auf, so kann die Gemeinde gem. **§ 179 BauGB** ein Abbruchgebot in der Form des Rückbaugebotes erlassen. Ziel der Vorschrift ist es, durch den Abbruch der baulichen Anlage die Festsetzungen des Bebauungsplans umzusetzen (§ 179 I 1 Nr. 1 BauGB) oder eingetretene Missstände (§ 179 I 1 Nr. 2 BauGB) zu beseitigen. Ein solches Gebot kann nicht nur auf die vollständige Beseitigung, sondern auch auf den teilweisen Rückbau gerichtet sein.[309] Das Rückbaugebot ist durch § 179 I 2 BauGB auf ein allgemein anwendbares → Entsiegelungsgebot erweitert worden. Die Vorschrift gilt danach entsprechend für die sonstige Wiedernutzbarmachung von dauerhaft nicht mehr genutzten Flächen, bei denen der durch Bebauung oder Versie-

---

[306] Zu Fragen der Stadterneuerung *Löhr* NVwZ 1982, 19.
[307] Zu weiteren Einzelheiten *Krautzberger* in *BKL*, § 177 Rn. 3 ff.
[308] *BKL*, § 178 Rn. 1–3.
[309] *Bundesregierung*, Gesetzentwurf zum BauROG 1998, S. 72.

gelung beeinträchtigte Boden in seiner Leistungsfähigkeit erhalten oder wiederhergestellt werden soll. Die sonstige Wiedernutzbarmachung steht der Beseitigung nach § 179
I 1 BauGB gleich. Durch die Erweiterung auf ein Entsiegelungsgebot sind auch sonstige
Maßnahmen, die der Wiedernutzbarmachung dauerhaft nicht mehr genutzter Flächen
dienen und bei denen der Boden in seiner Leistungsfähigkeit erhalten oder wiederhergestellt werden soll, einbezogen worden. Erfasst werden nur Maßnahmen, die der Entsiegelung bebauter oder sonst wie versiegelter Flächen dienen. Das Rückbau- und Entsiegelungsgebot ist entweder planakzessorisch und setzt damit eine entsprechende Festsetzung
im Bebauungsplan voraus oder hat städtebauliche Missstände nach § 177 II und III S. 1
BauGB zur Voraussetzung. Hierbei kommen insbesondere die Festsetzungsmöglichkeiten
nach § 9 I Nr. 10, 16, 18 b, 20, 25 a und 25 b BauGB in Betracht.[310] Bei städtebaulichen
Missständen sind die Beseitigungskosten vom Eigentümer bis zur Höhe der ihm durch
die Beseitigung entstehenden Vermögensvorteile zu tragen. Der Kostenerstattungsbeitrag
kann durch Bescheid geltend gemacht werden, sobald die bauliche Anlage ganz oder teilweise beseitigt ist. Der Betrag ruht als öffentliche Last auf dem Grundstück. Die durch
die BauGB-Novelle 2013 eingeführte Ergänzung will vor allem bei Schrottimmobilien
den Gemeinden ein Erstattungsinstrument bereitstellen, mit dem sie die durch den Abbruch entstehenden Vorteile abschöpfen kann. Allerdings könnte es sich empfehlen, das
Instrument mit dem Ziel weiter fortzuentwickeln, dass der Eigentümer die Kosten selbst
zu tragen und den Nachweis zu führen hat, dass die Maßnahme ihm keine Vorteile
bringt.[311]

→ **Entsiegelung.** Maßnahmen zur Wiederherstellung einer Bodenoberfläche, die das Regenwasser vor Ort versickern lässt, statt es der Kanalisation zuzuführen. Hierdurch wird der Grundwas-
serleiter gestärkt und zugleich ein Beitrag zur Verbesserung der Böden geleistet. Die Gemeinde
kann ein Entsiegelungs- und Rückbaugebot aussprechen, wenn die bauliche Anlage den Festsetzungen eines Bebauungsplans widerspricht oder städtebauliche Missstände aufweist. In diesem
kann die Gemeinde nach Durchführung der Rückbau- und Entsiegelungsmaßnahmen den Eigentümer mit einem Kostenerstattungsbetrag belegen, soweit dieser durch die Maßnahme einen
Vorteil hat (§ 179 IV BauGB). Dies kommt insbesondere bei dem Rückbau von Schrottimmobilien in Betracht. Die Vorschrift sollte behutsam mit dem Ziel fortentwickelt werden, den Eigentümer selbst zur Durchführung der erforderlichen Maßnahmen zu verpflichten und eine Erstattungspflicht der Gemeinde erst dann vorzusehen, wenn der Eigentümer keinen Vorteil durch den
Rückbau oder die Entsiegelung hat.

VIII. Städtebauliche Verträge

Die rasante städtebauliche Entwicklung in den neuen Bundesländern in den Aufbruch-   **1388**
jahren seit der Wende wäre mit den traditionellen Instrumenten der städtebaulichen Planung kaum zu bewältigen gewesen. Neben die herkömmlichen Formen der durch die
Gemeinde aufgestellten Bauleitplanung trat zunächst noch für das Gebiet der damaligen
DDR der Vorhaben- und Erschließungsplan nach § 55 BauZVO,[312] dessen Verwirklichung durch einen Erschließungs- und Durchführungsvertrag gesichert wurde. Kooperation zwischen Gemeinde und Investor statt hoheitlicher Planung war das neue Lo-
sungswort. Die BauZVO geht auf den Staatsvertrag vom 18.5.1990 über die Schaffung
einer Währungs-, Wirtschafts- und Sozialunion zwischen der Bundesrepublik Deutschland und der Deutschen Demokratischen Republik zurück.[313] Mit dem Beitritt der DDR

---

[310] *Bundesregierung*, Gesetzentwurf zum BauROG 1998, S. 73.

[311] *Krautzberger/Stüer* BauR 2012, 874; *dies.* Stadt und Gemeinde 2012, 487; *dies.* DVBl 2013, 805;
dies. ZfBR 2013, 529.

[312] Bauplanungs– und Zulassungsverordnung vom 20.6.1990, GBl. der DDR I Nr. 45, S. 739.

[313] Zur BauZVO *Bielenberg/Krautzberger/Söfker*, Das neue Städtebaurecht der DDR, Berlin 1990;
Stüer DVBl 1992, 266.

zum 3.10.1990 ist das BauGB auch in den neuen Ländern in Kraft gesetzt worden. Der städtebauliche Vertrag ist nach einer Regelung in § 6 BauGB-MaßnG 1993 nunmehr in § 11 BauGB geregelt. Es gilt für ihn schon seit dem InvWoBauG 1993 für das Gebiet der gesamten Bundesrepublik ein einheitliches Regelwerk.

1. Rechtsgrundlagen

1389   Das geltende Recht stellt auf der Grundlage der gewonnenen Erfahrungen zwei Regelungen zu städtebaulichen Verträgen bereit: den Erschließungsvertrag in § 124 BauGB und den städtebaulichen Vertrag nach § 11 BauGB, der vielfach von einem vorhabenbezogenen Bebauungsplan nach § 12 BauGB begleitet wird.[314]

1390   **a) Städtebaulicher Vertrag (Überblick).** § 11 BauGB regelt den → städtebaulichen Vertrag,[315] der als Durchführungsvertrag auf der Grundlage eines Vorhaben- und Erschließungsplans[316] auch im Zusammenhang mit einem vorhabenbezogenen Bebauungsplan stehen kann. Nach § 11 I BauGB kann die Gemeinde städtebauliche Verträge schließen.[317] Der Anwendungsbereich des städtebaulichen Vertrages nach § 11 BauGB ist weit und kann sich etwa auf (1) die Vorbereitung oder Durchführung städtebaulicher Maßnahmen durch den Vertragspartner auf eigene Kosten, (2) die Förderung und Sicherung der mit der Bauleitplanung verfolgten Ziele, insbesondere die Grundstücksnutzung, die Durchführung von Ausgleichsmaßnahmen, die Deckung des Wohnbedarfs von Bevölkerungsgruppen mit besonderen Wohnraumversorgungsproblemen sowie des Wohnbedarfs der ortsansässigen Bevölkerung und (3) die Übernahme von Kosten oder sonstigen Aufwendungen beziehen, die der Gemeinde für städtebauliche Maßnahmen entstehen oder entstanden sind und die Voraussetzung oder Folge des geplanten Vorhabens sind. Dazu gehört auch die Bereitstellung von Grundstücken. Zudem kann der städtebauliche Vertrag (4) entsprechend den mit den städtebaulichen Planungen und Maßnahmen verfolgten Zielen und Zwecken die Nutzung von Netzen und Anlagen der Kraft-Wärme-Kopplung sowie von Solaranlagen für die Wärme-, Kälte- und Elektrizitätsversorgung betreffen. Die Aufzählung in § 11 I 2 Nr. 1 bis 4 BauGB ist dabei nur beispielhaft und hat keinen abschließenden Charakter. Städtebauliche Verträge sind vielmehr im gesamten Anwendungsbereich des Städtebaurechts zulässig, soweit die vertraglichen Gegenstände eine bodenrechtliche Relevanz haben. Auch im Zusammenhang mit der Satzung über einen Vorhaben- und Erschließungsplan nach § 12 BauGB ist der Abschluss eines städtebaulichen Vertrages zur Sicherung der Durchführung des Vorhabens und zur Regelung der Erschließungskosten erforderlich **(Durchführungsvertrag)**. Die in § 11 I BauGB benannten Regelungsgegenstände können jedoch als **gesetzliche Leitbilder** bei der Bestimmung der Angemessenheit der vertraglichen Vereinbarungen eine Rolle spielen (§ 11 II 2 BauGB).

> → **Städtebaulicher Vertrag.** Die Gemeinde kann zur Verwirklichung städtebaulicher Maßnahmen städtebauliche Verträge schließen (§ 11 BauGB). Der Vertrag kann der Vorbereitung oder Durchführung städtebaulicher Maßnahmen, der Förderung und Sicherung der mit der Bauleitplanung verfolgten Ziele sowie der Übernahme von Kosten und sonstigen Aufwendungen dienen. Städtebauliche Verträge sind in der gesamten Bandbreite des Städtebaurechts zulässig. Auch

---

[314]   Zum neuen Formen des Verwaltungshandelns in den Formen des nicht formalisierten Verwaltungshandeln *Schulte* in *Stüer* (Hrsg.) Verfahrensbeschleunigung, 57.

[315]   *Bielenberg* DVBl 1990, 1314; *Birk* Die neuen städtebaulichen Verträge 1994; *ders.* VBlBW 1993, 456; *ders.* VBlBW 1994, 4, 89, 133; *Grziwotz* DVBl 1994, 1048; *Krautzberger* UPR 1992, 1; *Runkel* 1990, 616; *Stüer* DVBl 1995, 649.

[316]   *Döring* NVwZ 1994, 853; *Hauth* LKV 1991, 363; *Jahn* LKV 1992, 124; *Kniep* DWW 1994, 43; *Krautzberger* DWW 1994, 129; *Lenz* BauR 1993, 513; *Löhr* NVwZ 1987, 545; *Pietzcker* DVBl 1992, 658; *Runkel* LKV 1993, 78; *Söfker* ZfBR 1992, 149; *Stich* BauR 1991, 413.

[317]   *Birk* SächsVBl. 1994, 7, 51.

Einheimischenmodelle, nach denen die Gemeinde vertraglich einen Grundstückserwerb durch Ortsansässige sichern lässt, können danach zulässig sein. Die vereinbarten Leistungen müssen den gesamten Umständen nach angemessen sein (§ 11 II 1 BauGB). Außerdem dürfen die Verträge nicht gegen das Koppelungsverbot und das Übermaßverbot verstoßen. Der vorhabenbezogene Bebauungsplan ist stets von einem städtebaulichen Vertrag (Durchführungsvertrag) begleitet (§ 11 I BauGB). Der städtebauliche Vertrag kann sich über das Merkmal der Angemessenheit von der strikten Gesetzesbindung lösen und eine eigenständige Legitimationsquelle für sinnvolle städtebauliche Zwecksetzungen bilden. Die Angemessenheitsprüfung kann sich dabei an städtebaulichen Leitbildern orientieren. Während im Naturschutzrecht eine volle Kostenübernahme der entstehenden Aufwendungen für die erforderlichen Ausgleichsmaßnahmen gerechtfertigt erscheint, wird bei städtebaulichen Maßnahmen in der Regel die Abschöpfung einer Quote des Wertzuwachses die Obergrenze der zumutbaren Belastungen darstellen.

Der städtebauliche Vertrag hat sich damit zu einem zentralen Instrumentarium des **1391** Städtebaus entwickelt, das über den aus den alten Bundesländern bereits in der Vergangenheit bekannten klassischen Erschließungsvertrag weit hinausreicht. Der städtebauliche Vertrag kann ein öffentlich-rechtliches Handlungsinstrumentarium darstellen. Daneben sind auch zivilrechtliche oder gemischt öffentlich-rechtliche und zivilrechtliche vertragliche Regelungen denkbar.[318] Eine Vereinbarung zwischen einer Gemeinde und einem Dritten nach § 12 BauGB kann auch aus einer Mischung öffentlich-rechtlicher und privatrechtlicher Bestandteile bestehen.[319]

b) Rechtliche Problemfelder. Die rechtlichen Problemfelder des vertraglichen Instru- **1392** mentariums liegen auf der Hand: Das traditionelle Verständnis der Bauleitplanung war von dem Bilde einer hoheitlich handelnden, durch vertragliche Regelungen nicht gebundenen planenden Gemeinde geprägt. Das Erschließungsbeitragsrecht wurde herkömmlich als bindender, nicht dispositiver Rahmen für die Beitragspflichtigen verstanden, so dass auch nur in diesem Umfang gesetzgeberischer und satzungsrechtlicher Regelungen vertragliche Vereinbarungen zwischen Gemeinde und Investor rechtlich für zulässig gehalten wurden.[320] Vertragliche Vereinbarungen mit der öffentlichen Hand unterliegen zudem dem sog. **Koppelungsverbot.** Danach darf durch einen verwaltungsrechtlichen Vertrag nichts miteinander verknüpft werden, was nicht ohnedies schon in einem Zusammenhang steht. Außerdem darf eine hoheitliche Entscheidung ohne entsprechende gesetzliche Ermächtigung nicht von wirtschaftlichen Gegenleistungen abhängig gemacht werden, es sei denn, erst die Gegenleistung würde ein der Entscheidung entgegenstehendes rechtliches Hindernis beseitigen. Denn ein „Verkauf von Hoheitsakten" wird allgemein als unzulässig angesehen.[321] Eine weitere Grenze für vertragliche Regelungen wurde im Verbot des Machtmissbrauchs der öffentlichen Hand und des Übermaßverbotes bei der Festlegung der Gegenleistung gesehen. Besteht dagegen auf die hoheitliche Entscheidung ein Rechtsanspruch ohne jeden Spielraum, so darf sie nicht von irgendeiner Gegenleistung abhängig gemacht werden.[322] Auch kann durch Vereinbarungen der Gemeinde mit einem Dritten die Auslegung oder Anwendung von ortsrechtlichen Normen nicht abgeändert werden.[323] Überhaupt wurde eine zu große Nähe zwischen planender Gemeinde und Investoren schon wegen der **subjektiven Abwägungssperren** für bedenk-

---

[318] BVerwG, Urt. v. 11.2.1993 – 4 C 18.91 – BVerwGE 92, 56 = DVBl 1993, 654 = NJW 1993, 2695 = BayVBl. 1993, 405 = RzB Rn. 156 – Weilheimer Einheimischenmodell.

[319] BVerwG, B. v. 24.2.1994 – 4 B 40.94 – BBauBl. 1994, 490 = RzB Rn. 880 – Messegebäude.

[320] BVerwG, Urt. v. 23.8.1991 – 8 C 61.90 – BVerwGE 89, 7 = DVBl 1992, 372 = NJW 1993, 1642 = RzB Rn. 758 – Abwasserbeseitigung.

[321] BVerwG, Urt. v. 16.12.1993 – 4 C 27.92 – NVwZ 1994, 485 = DVBl 1994, 710.

[322] BVerwG, B. v. 25.11.1980 – 4 B 140.80 – Buchholz 406.11 § 36 BBauG Nr. 27.

[323] BVerwG, B. v. 24.8.1992 – 4 B 143.92.

lich gehalten.[324] Im Zweifel handelte der Investor ohne Netz und doppelten Boden und auf eigenes Risiko.[325]

2. Erschließungsvertrag

1393 Der vormals in § 124 BauGB geregelte **Erschließungsvertrag**[326] ist nunmehr in § 11 I BauGB integriert. Vormals bestehende Sonderregelungen sind dadurch weggefallen. Der Erschließungsvertrag kann sich auf die Erschließung durch nach Bundes- oder Landesrecht beitragsfähige sowie nicht beitragsfähige Erschließungsanlagen beziehen. Die Gemeinde kann städtebauliche Verträge auch mit einer juristischen Person abschließen, an der sie beteiligt ist. Trägt oder übernimmt der Vertragspartner Kosten oder sonstige Aufwendungen, ist eine Eigenbeteiligung der Gemeinde nicht erforderlich, wenn der Grundsatz der Angemessenheit (§ 11 II 1 BauGB) gewahrt ist (§ 11 II 3 BauGB). Der Erschließungsvertrag kann im Zusammenhang mit städtebaulichen Maßnahmen abgeschlossen werden. Hintergrund ist das Erfordernis der Sicherstellung einer ausreichenden Erschließung, die für die planungsrechtliche Zulässigkeit von Vorhaben erforderlich ist. Traditionell finanziert die Gemeinde die Kosten vor und trägt die nicht beitragsfähigen Kosten sowie einen Eigenanteil von 10 % nach § 129 I 3 BauGB selbst.[327] Der Erschließungsvertrag bietet eine Möglichkeit, die Kosten insgesamt auf den Vorhabenträger abzuwälzen.[328]

1394 **a) Neuregelung durch die Städtebaurechts-Novelle 2013.** Der in § 11 I 2 Nr. 1 BauGB integrierte Erschließungsvertrag betrifft eine städtebauliche Maßnahme und ist daher als städtebaulicher Vertrag nach § 11 BauGB anzusehen. Der Gesetzgeber reagierte damit auf die Rechtsprechung des BVerwG[329], in deren Folge Fragen zum Verhältnis des § 124 BauGB zu § 11 BauGB aufgetreten waren. Die Regelung über den Erschließungsvertrag in § 124 BauGB ist gegenüber denen der städtebaulichen Verträge in § 11 BauGB die speziellere Norm, hatten die Leipziger Richter geurteilt. Zudem sei eine von der Gemeinde (ganz oder mehrheitlich) beherrsche sog. Eigengesellschaft kein „Dritter" i.S.v. § 124 I BauGB a.F. , auf den die Gemeinde die Erschließung durch Vertrag übertragen kann. Auch liege eine Übertragung i.S.v. § 124 BauGB nicht vor, wenn sich die Gemein-

---

[324] BVerwG, Urt. v. 12.12.1969 – 4 C 105.66 – BVerwGE 34, 301 = RzB Rn. 213 – Abwägungsgebot; Urt. v. 6.7.1973 – 4 C 22.72 – BVerwGE 42, 331 = DVBl 1973, 800 = BauR 1973, 285 = RzB Rn. 713 – Folgekostenvertrag; Urt. v. 5.7.1974 – 4 C 50.72 – BVerwGE 45, 309 = DVBl 1975, 767 = RzB Rn. 24 – Delog–Detag; B. v. 9.11.1979 – 4 N 1.78 – BVerwGE 59, 87 = RzB Rn. 26 – Normenkontrolle; Urt. v. 1.2.1980 – 4 C 40.77 – DVBl 1980, 686 = BauR 1980, 333 = ZfBR 1980, 88 = RzB Rn. 27 – Rathaus Altenholz; B. v. 28.8.1987 – 4 N 1.86 – DVBl 1987, 1273 = ZfBR 1988, 44 = RzB Rn. 63 – Volksfürsorge; BGH, Urt. v. 7.2.1985 – III ZR 179/83 – BGHZ 94, 372 = UPR 1985, 419 = RzB Rn. 330 – Bauverpflichtung; OVG Koblenz, Urt. v. 28.11.1992 – 1 A 10312/89 – BauR 1992, 479 – Koppelungsverbot; VGH München, Urt. v. 11.4.1990 – 1 B 85 A.1400 – BayVBl. 1991, 47 – Einheimischenmodell; *Stüer* DVBl 1995, 649.

[325] BVerwG, B. v. 13.2.1992 – 8 B 1.92 – NVwZ 1992, 672 = RzB Rn. 734 – Erschließungsvertrag.

[326] Zu Erschließungsverträgen in der abgabenrechtlichen Rechtsprechung des BVerwG *Bier* DVBl 2013, 541; *Bunzel* StG 2012, 494.

[327] Zur Ausschreibungspflicht des Erschließungsvertrages nach § 124 BauGB *Köster/Häfner* NVwZ 2007, 410.

[328] *Finkelnburg/Ortloff/Kment*, ÖffBauR, Bd. I; *Grziwotz* DVBl 2005, 471; *Quaas* in: *Schrödter*, § 124 BauGB Rn. 1. Zur Weitergabe von Erschließungskosten und Beitragsablösung bei einem Verkauf von Grundstücken durch die Gemeinde *Miller* VBlBW 2007, 46.

[329] BVerwG, Urt. v. 1.12.2010 – 9 C 8.09 – BVerwGE 138, 244 = DVBl 2011, 630 = NVwZ 2011, 690, m. Anm. *Anders* BauR 2011, 1455; *Reif* BWGZ 2011, 501; *Schmidt-Eichstaedt* DVBl 2011, 691; *Thiel* DVP 2011, 302; *Nolte*, jurisPR-BVerwG 8/2011 Anm. 4; Franz Dirnberger, MittBayNot 2011, 529; *Thielmann* StG 2011, 456; *Hans-Jörg Birk* VBlBW 2011, 329; *Knöbl*, ZJS 2011, 279; *Grünewald* ZKF 2011, 161.

de in dem Erschließungsvertrag umfangreiche Befugnisse vorbehält, die praktisch auf ein unbeschränktes Recht zur Selbstvornahme hinauslaufen. Um den Handlungsspielraum der Kommunen hier zu erweitern – so die Gesetzesbegründung –, sind Verträge über die Erschließung – seien es Erschließungsverträge im Sinne der früheren Fassung des § 124 BauGB, seien es Folgekostenverträge oder sonstige Vertragsgestaltungen – generell als Verträge im Sinne des **§ 11 I 2 Nr. 1 BauGB** zu behandeln. Im bisherigen **§ 124 BauGB** ist nur noch die Regelung zur Erschließungspflicht der Gemeinde (§ 124 III 2 BauGB a. F.) erhalten geblieben.

In **§ 11 II 3 BauGB** wurde auch die Frage der Eigenbeteiligung der Gemeinde gere- **1395** gelt: Trägt oder übernimmt der Vertragspartner Kosten oder sonstige Aufwendungen, ist eine Eigenbeteiligung der Gemeinde nicht erforderlich (§ 124 II 3 BauGB a. F.). Dabei ist das Angemessenheitsgebot des § 11 II 1 BauGB zu beachten, wonach die vereinbarten Leistungen „den gesamten Umständen nach" angemessen sein müssen. Dies bedeutet nach der Rechtsprechung des BVerwG, dass die vereinbarten Leistungen im Verhältnis zum Vertragszweck und im Verhältnis untereinander ausgewogen sein müssen, wobei eine wirtschaftliche Betrachtungsweise des Gesamtvorgangs geboten ist. Soweit im Einzelfall eine Gemeinde einen Erschließungsvertrag mit einer Eigengesellschaft abschließt und diese ihrerseits Kostenerstattungsverträge mit weiteren Parteien eingeht, sollen in diesen Vertragsverhältnissen öffentlich-rechtliche Bindungen nicht unterlaufen werden[330]. **§ 11 I 3 BauGB** bestimmt weiterhin – und i.S. einer Korrektur der erwähnten Rechtsprechung des BVerwG –, dass die Gemeinde städtebauliche Verträge auch mit einer juristischen Person schließen kann, an der sie beteiligt ist.

b) Grundkonzeption. Der klassische Erschließungsvertrag ist wie im früheren § 124 **1396** BauGB dahin gehend gefasst, dass die Gemeinde die Erschließung auf einen Dritten übertragen kann.[331] Der Erschließungsvertrag ist – auch wenn er (privatrechtliche) Sicherungsabreden für den Fall der Nichterfüllung des Vertrages oder des Scheiterns der Bebauungsplanung enthält – ein öffentlich-rechtlicher Vertrag.[332] Der Erschließungsbegriff umfasst die öffentliche Erschließung schlechthin und geht damit insbesondere über den für § 127 I BauGB kennzeichnenden Erschließungsbegriff hinaus. Der Dritte kann sich gegenüber der Gemeinde verpflichten, die Erschließung zu übernehmen und die Erschließungskosten ganz oder teilweise zu tragen. Nicht ein öffentlich-rechtlicher Erschließungsvertrag, sondern ein privatrechtlicher Werkvertrag i.S. der §§ 631 ff. BGB ist der mit einem Bauunternehmer geschlossene Vertrag, durch den die Gemeinde dem Bauunternehmer (lediglich) die Baudurchführung überträgt. Die Gemeinde bleibt dann selbst Trägerin der Erschließungsmaßnahme.[333] Gegenstand des Erschließungsvertrages können nach Bundes- oder Landesrecht beitragsfähige sowie nicht beitragsfähige Erschließungsanlagen in einem bestimmten Erschließungsgebiet in der Gemeinde sein. Ein echter Erschließungsvertrag zeichnet sich dadurch aus, dass ein Unternehmer von der Gemeinde die Erschließung eines bestimmten Gebietes im eigenen Namen und auf eigene Rechnung übernimmt und die fertig gestellten Erschließungsanlagen der Gemeinde überträgt.[334] Der Erschließungsvertrag ist darauf gerichtet, die Erschließung der Grund-

---

[330] BVerwG, Urt. v. 11.2.1993 – 4 C 18.91 – BVerwGE 92, 56 = DVBl 1993, 654 – Weilheimer Einheimischenmodell; Urt. v. 16.5.2000 – 4 C 4.99 – BVerwGE 111, 162 = DVBl 2000, 1853 – Gerechtigkeitslücke; BGH, Urt. v. 29.11.2002 – V ZR 105/02 – BGHZ 153, 93 = DVBl 2003, 519; Urt. v. 29.1.2009 – 4 C 15.07 – BVerwGE 133, 85 = DVBl 2009, 782 m. Anm. *Gatz*, jurisPR-BVerwG 12/2009 Anm. 2 – städtebaulicher Vertrag; *Stüer/König* ZfBR 2000, 524; *Grziwotz*, ZfIR 2009, 470.

[331] BKL § 124 Rn. 3; *Döring* NVwZ 1994, 853.

[332] BT-Drs. 12/3944, S.30; zur Abgrenzung zu anderen Verträgen BKL § 124 Rn. 2; *Grziwotz* in: EZBK, Rn. 10 zu § 124 BauGB.

[333] BKL § 124 Rn. 2.

[334] OVG Saarlouis, Urt. v. 7.11.1988 – 1 R 322/87 – DÖV 1989, 861.

stücke sicherzustellen. Welche Maßnahmen dazu erforderlich sind, ist eine Frage des Einzelfalls.[335]

1397   Ein **zumutbares Erschließungsangebot** nach § 124 BauGB kann auch die Pflicht der Gemeinde zur Erschließung eines beplanten Grundstücks verdichten (**Erschließungspflicht**).[336] Ob ein Erschließungsangebot nach Art und Umfang den Anforderungen des § 124 BauGB genügt, ist eine Frage des Einzelfalls. Die Anforderungen an die Substantiierung des Angebots richten sich dabei auch nach der Kooperationsbereitschaft der Gemeinde.[337] Anlieger sind bei den für den Bau von Erschließungsstraßen erforderlichen Grundabtretungen möglichst gleichmäßig zu belasten. Der Grundsatz bedeutet aber nicht, dass die von der Planung betroffenen Grundeigentümer stets gleich zu behandeln seien: Die berührten privaten Belange dürfen lediglich nicht ohne sachliche Rechtfertigung ungleich behandelt werden. Eine sachliche Rechtfertigung für die ungleiche Behandlung kann beispielsweise in einer sinnvollen und übersichtlichen Linienführung der neuen Straße gesehen werden, sodass eine derartige Zielsetzung eine ungleichmäßige Inanspruchnahme von Nachbarn bei einer Straßenplanung rechtfertigen kann.[338] Das Modell des Erschließungsvertrages hat daher auch für die Pflichtenverdichtung der Gemeinde in nach § 30 BauGB beplanten Gebieten einen wichtigen Stellenwert (§ 124 BauGB).[339] Dazu reicht allerdings das Angebot des Investors, in Vertragsverhandlungen einzutreten, nicht aus.[340] Auch kann dabei das Erschließungsangebot eines Dritten deshalb unzumutbar sein, weil der Vertragsentwurf keine Regelung vorsieht, die einen rechtzeitigen Straßenlanderwerb durch die Gemeinde sicherstellt.[341] Verpflichtungen zum Erwerb oder zur Veräußerung von Grundstücken bedürfen dabei der notariellen Beurkundung.[342] Im Übrigen ist Schriftform geboten.[343]

1398   Die Obliegenheit der Gemeinde zur Annahme eines entsprechenden Erschließungsangebotes besteht allerdings nur im Geltungsbereich eines **rechtsverbindlichen Bebauungsplans**. Ist der Bebauungsplan unwirksam, besteht eine derartige Erschließungslast nicht. Denn ein Bebauungsplan führt in der Kombination mit der Ablehnung eines Erschließungsangebotes nur dann zu einer Verdichtung der Erschließungslast, wenn sich der Bebauungsplan als rechtswirksam erweist. Ebenso wenig wie ein rechtlich unbeachtliches Erschließungsangebot geeignet ist, eine gemeindliche Erschließungspflicht zu begründen, muss eine Gemeinde den Erlass eines qualifizierten Bebauungsplans als ersten Schritt zur Verdichtung ihrer Erschließungsaufgabe gegen sich gelten lassen, wenn dieser Plan unwirksam ist. Die Rechtsprechung des BVerwG zur Verpflichtung der Gemeinde, in Plangebieten nach § 30 I BauGB und bezüglich privilegierter Außenbereichsvorhaben

---

[335] BVerwG, Urt. v. 26.8.1993 – 4 C 24.91 – BVerwGE 94, 100 = DVBl 1993, 1357 = RzB Rn. 102 – Bargteheide; B. v. 23.12.1993 – 4 B 212.92 – Buchholz 406.11 § 30 BauGB Nr. 35.

[336] *Schrader* BWGZ 2008, 228.

[337] BVerwG, B. v. 13.2.2002 – 4 B 88.01 – NVwZ-RR 2002, 413 = BauR 2002, 1060.

[338] BVerwG, B. v. 19.4.2000 – 4 BN 16.00 – NVwZ-RR 2000, 532 = ZfBR 2001, 287.

[339] BVerwG, Urt. v. 4.10.1974 – 4 C 59.72 – Buchholz 406.11 § 123 BBauG Nr. 11 S.20; Urt. v. 30.8.1985 – 4 C 48.81 – Buchholz 406.11 § 35 BBauG Nr. 228; Urt. v. 7.2.1986 – 4 C 30.84 – BVerwGE 74, 19; Urt. v. 3.5.1991 – 8 C 77.89 – BVerwGE 88, 166; Urt. v. 22.1.1993 – 8 C 46.91 – BVerwGE 92, 8 = DVBl 1993, 669 = DÖV 1993, 713 = BauR 1993, 585; OVG Lüneburg, Urt. v. 22.1.1999 – 9 L 6980/96 – NdsRPfl. 1999, 273.

[340] BVerwG, B. v. 18.5.1993 – 4 B 65.93 – NVwZ 1993, 1101 = DÖV 1993, 918 = UPR 1993, 305.

[341] OVG Münster, Urt. v. 29.4.1998 – 3 A 4191/93 – NWVBl 1999, 30 = DÖV 1999, 169 – Straßenlanderwerb.

[342] BVerwG, Urt. v. 9.11.1984 – 8 C 77.83 – NVwZ 1985, 346 – Erschließungsvertrag; BGH, Urt. v. 5.5.1972 – VZR 63/70 – BGHZ 58, 386 = NJW 1972, 1364 – Formzwang; OVG Saarlouis, Urt. v. 7.11.1988 – 1 R 322/87 – DÖV 1989, 861; *Kopp/Ramsauer*, Rn. 7 zu § 57 VwVfG; *Blank* Mitt-BayNot 2008, 490.

[343] §§ 54, 57 VwVfG, BVerwG, Urt. v. 15.12.1989 – 7 C 6.88 – BVerwGE 84, 236 = DVBl 1990, 376 = NVwZ 1990, 665 = RzB Rn. 136 – gemeindenachbarlicher Immissionsschutz.

ein zumutbares Erschließungsangebot anzunehmen,[344] lässt sich nach Auffassung des OVG Koblenz allerdings auf den unbeplanten Innenbereich nicht übertragen, sodass hier entsprechende gemeindliche Verpflichtungen nicht bestehen.[345] Bestimmt sich die Bebaubarkeit eines im Geltungsbereich eines unwirksamen Bebauungsplans gelegenen Grundstücks in Wahrheit nach § 35 II BauGB, darf die Gemeinde das Erschließungsangebot für ein nicht privilegiertes Außenbereichsvorhaben auch dann ablehnen, wenn die Ausführung öffentliche Belange nach § 35 III BauGB nicht beeinträchtigt. Denn die Entscheidung über die Erschließung ist der Gemeinde nicht nur aus Kostengründen, sondern auch deshalb überlassen, weil ihr damit ein Instrument an die Hand gegeben ist, das es ihr ermöglicht, die städtebauliche Entwicklung zu lenken und den Außenbereich vor einem unerwünschten Siedlungsdruck zu bewahren.[346] Auch aus der Erteilung einer Baugenehmigung kann in aller Regel keine Verpflichtung der Gemeinde zur Erschließung des Grundstücks hergeleitet werden.[347]

Der Erschließungsvertrag nach § 11 I Nr. 1 BauGB lehnt sich in mehrfacher Hinsicht **1399** an das **Erschließungsbeitragsrecht** an und erfährt hierdurch **Begrenzungen**.[348] Er muss sich auf beitragsfähige oder nicht beitragsfähige Erschließungsanlagen in einem bestimmten Erschließungsgebiet in der Gemeinde richten. Das Erschließungsgebiet muss zwar nicht mit dem Plangebiet eines Vorhaben- und Erschließungsplanes identisch sein. Auch ist nicht erforderlich, dass die Grundstücke, auf denen die Erschließung erfolgt, im Eigentum des Dritten stehen. Nicht nur die innere Erschließung des Vorhabengebietes, sondern auch die äußere Erschließung eines Vorhabens kann Gegenstand des Erschließungsvertrages sein. Allerdings muss sich der Vertrag auf ein bestimmtes Erschließungsgebiet richten, das räumlich abgegrenzt ist. Auch die einzelnen Erschließungsmaßnahmen müssen in dem Vertrag konkret benannt sein.[349] Es wird wohl auch erforderlich sein, dass die Erschließungsmaßnahmen, zu deren Durchführung oder Übernahme sich der Dritte gegenüber der Gemeinde verpflichtet, einen unmittelbaren Bezug zu dem Vorhaben haben. Erfüllt der Vertragspartner seine Verpflichtungen zur Erschließung nicht, kann die Gemeinde an seiner Stelle die Erschließung durchführen und den Vertragspartner mit den Kosten belasten.[350]

Nach **§ 11 I 2 Nr. 1 BauGB** können sowohl nach Bundes- oder Landesrecht beitrags- **1400** fähige als auch nicht beitragsfähige Erschließungsanlagen Gegenstand des Erschließungsvertrages sein. Der Dritte kann sich dazu verpflichten, deren Kosten ganz oder teilweise zu tragen. Die Vorschrift ermöglicht auch die Übertragung der Kosten auf den Privaten, und ermöglicht im Gegensatz zu § 129 I 3 BauGB auch die Übernahme des 10 % Kosten-Anteils der Gemeinde. Damit wird eine umfassende Übertragung aller Erschließungsaufgaben auf den Privaten ermöglicht, auch wenn es sich nicht um nach den §§ 127 ff. BauGB beitragsfähige Anlagen handelt. So können die Kosten für Anlagen zur Ver- und Entsorgung mit Elektrizität, Gas, Wärme und Wasser übertragen werden, aber z.B. auch die Kosten für Kinderspielplätze oder Sammelstraßen.[351] Dies steht im Gegensatz zur früheren Rechtsprechung, wonach sich der Erschließungsvertrag im Wesentlichen am Beitragsrecht, insbesondere an der 10%-Klausel des § 129 I 3 BauGB zu orientieren

---

[344] BVerwG, Urt. v. 30.8.1985 – 4 C 48.81 – NVwZ 1986, 38.

[345] OVG Koblenz, Urt. v. 5.11.2007 – 1 A 10351/07 – städtebauliches Entwicklungskonzept (§ 34 III BauGB).

[346] BVerwG, B. v. 22.3.1999 – 4 B 10.99 – ZfBR 2000, 70 – m. Hinw. auf Urt. v. 7.6.1986 – 4 C 30.84 – BVerwGE 74, 19.

[347] OVG Lüneburg, Urt. v. 22.1.1999 – 9 L 6980/96 –. NdsRPfl. 1999, 273.

[348] *Weyreuther* UPR 1994, 121; vgl. auch BVerwG, Urt. v. 23.8.1991 – 8 C 61.90 – BVerwGE 89, 7.

[349] BVerwG, B. v. 11.1.1988 – 4 B 258.87 – Buchholz 406.11 § 34 BBauG Nr. 122.

[350] OVG Münster, Urt. v. 29.6.1992 – 3 A 1079/91 – NVwZ-RR 1993, 507 = ZMR 1993, 38.

[351] *Quaas* in: *Schrödter*, § 124 BauGB Rn. 5.

hatte.[352] Private können allerdings nur zu konkreten Erschließungsmaßnahmen in einem abgegrenzten Planungsgebiet herangezogen werden. Dies ist eine Ausprägung des Kausalitätsgrundsatzes, der auch im Rahmen der Folgekostenverträge eingreift.[353]

1401   Der **Erschließungsvertrag nach § 11 I 2 Nr. 1 BauGB** steht allerdings unter dem Vorbehalt der Angemessenheit der Gegenleistungen (§ 11 II 1 BauGB).[354] Diese müssen in sachlichem Zusammenhang mit der Erschließung stehen. Der Umfang der Erschließungslast der Gemeinde nach den §§ 123, 129 BauGB bestimmt und begrenzt daher den möglichen Inhalt eines Erschließungsvertrages.[355] So kann der Ausbau einer bereits hergestellten Straße nicht Gegenstand des Erschließungsvertrages sein, wohl aber eines Folgelastenvertrages nach § 11 I 2 Nr. 3 BauGB.[356]

1402   Der Vorhabenträger kann nach der durch das BauROG 1998 übernommenen Regelung des **InvWoBaulG 1993**[357] auch den sonst üblichen Gemeindeanteil von 10 % und damit die Erschließungskosten voll übernehmen. Das war nach der vorher geltenden Regelung nicht möglich.[358] Enthielt der Vertrag eine Erstattungsregelung des gemeindlichen 10 %-Anteils nicht, stand dem Investor gegen die Gemeinde ein auf § 129 I 3 BauGB gestützter gesetzlicher Anspruch zu.[359] § 11 I 2 Nr. 1 BauGB stellt die volle Kostenübernahme dadurch sicher, dass die Gemeinde in § 11 II 3 BauGB von einer Kostenbeteiligung freigestellt wird. Die volle Übernahme der Erschließungskosten durch einen Dritten ist damit ohne weitere Voraussetzungen möglich. Der Gesetzgeber wollte mit dieser Regelung erreichen, dass auch in Zeiten leerer Gemeindekassen eine zeitnahe Durchführung von Erschließungsmaßnahmen durch Private erfolgen kann[360] und die Gemeinden nicht durch finanzielle Verpflichtungen belastet werden. Dieses Anliegen ist zugleich eine Angelegenheit der kommunalen Selbstverwaltung und damit verfassungsrechtlich in Art. 28 II GG abgesichert.

1403   Zu den gemeindlichen Betätigungsfeldern gehört auch die Befugnis, die Ansiedlung und Erweiterung von Wohnsiedlungen und Gewerbeansiedlungen zur Verbesserung der örtlichen Wirtschaftsstruktur und zur Schaffung und Erhaltung von Arbeitsplätzen zu fördern. Solche Ziele kann die Gemeinde neben der Bauleitplanung auch mit vertraglichen Mitteln erreichen.[361] Die rasche Umsetzung von Vorhaben einschließlich der dazu erforderlichen Erschließung war für den Gesetzgeber offenbar wichtiger als die Gefahr, die im Einzelfall mit einer zu starken Bindung des bauwilligen Investors verbunden sein kann. Denn gerade in den neuen Bundesländern würden ohne eine weitgehende Inpflichtnahme von Privaten größere Investitionsvorhaben an nicht vorhandenen personellen, sachlichen und finanziellen Mitteln der Gemeinden scheitern. Eine stärker an den gesetzlichen Abgabenregelungen orientierte Sichtweise hatte das BVerwG noch in einer

---

[352] BVerwG, Urt. v. 23.8.1991 – 8 C 61.90 – BVerwGE 89, 7 = DVBl 1992, 372 = NJW 1992, 1642; Urt. v. 23.4.1969 – 4 C 69.67 – BVerwGE 32, 37 = DVBl 1969, 699 = NJW 1969, 2162.

[353] *Quaas* in: *Schrödter*, § 124 BauGB Rn. 6; *BKL*, § 124 BauGB Rn. 5.

[354] *Schrader* BWGZ 2008, 228.

[355] *Finkelnburg/Ortloff/Kment*, ÖffBauR.

[356] *Quaas* in: *Schrödter*, § 124 BauGB Rn. 5.

[357] Investitionserleichterungs- und Wohnbaulandgesetz v. 22.4.1993, BGBl. I 466; *Busse* BayVBl.1993, 193; *Engel* UPR 1993, 209; *Fluck* Der Betrieb 1993, 2011; *Grziwotz* DNotZ 1993, 488; *Hoffmann* LKV 1993, 281; *Krautzberger* NVwZ 1993, 520; *Lüers* LKV 1993, 185; *ders.* ZfBR 1993, 106; *Moormann* UPR 1993, 286; *Rist* VwPrBW 1993, 169; *Schink* NuR 1993, 365; *Stollmann* UPR 1994, 170; *Thoma* BayVBl.1994, 137.

[358] BGH, Urt. v. 5.5.1983 – III ZR 177/81 – WM IV 1983, 993 = MDR 1984, 126 = ZfBR 1984, 52; BVerwG, Urt. v. 23.8.1991 – 8 C 61.90 – NVwZ 1992, 1642; *BLK*, § 124 Rn. 6.

[359] BVerwG, Urt. v. 19.10.1984 – 8 C 52.83 – NJW 1985, 642; Urt. v. 9.11.1984 – 8 C 1.84 – NJW 1985, 643.

[360] BT-Drs. 12/3944, S.24 ff.; *Klein/Steinfort* Der Städtetag 1993, 211.

[361] BVerwG, Urt. v. 15.12.1989 – 7 C 6.88 – BVerwGE 84, 236 = DVBl 1990, 376 = RzB Rn. 59 – gemeindenachbarlicher Immissionsschutz.

Entscheidung[362] ein knappes Jahr nach der deutschen Einheit mit dem Hinweis darauf vertreten, dass bei einer Überforderung des privaten Investors viele begonnene Erschließungsmaßnahmen – namentlich infolge eines Konkurses des Erschließungsunternehmers – stecken bleiben und die Gemeinden sich in einem solchen Fall unerwartet eigenen Erschließungspflichten ausgesetzt sehen. Es sei daher – so das BVerwG – eher zu begrüßen als zu bedauern, wenn das eine oder andere Projekt nicht zu Stande komme. Ohnehin war der 10 %-Anteil der Gemeinde in § 129 I 3 BauGB eine mehr oder weniger gegriffene Größe und kann nicht als exakter Ausgleich für die der Allgemeinheit entstehenden Vorteile einer Erschließungsmaßnahme angesehen werden. Die der Allgemeinheit erwachsenden Vorteile können vielmehr im Einzelfall wesentlich höher oder auch gar nicht vorhanden sein.

Der Gesetzgeber ist auch aus **verfassungsrechtlichen Gründen** nicht verpflichtet, **1404** es bei dem **10 %-Anteil** der Gemeinde zu belassen oder dessen Streichung von weiteren Voraussetzungen abhängig zu machen.[363] Auch der Gleichbehandlungsgrundsatz oder die Eigentumsgarantie verpflichten nicht zu einer einengenden Auslegung der gesetzlich eröffneten Möglichkeit zu einer vollen Kostenübernahme durch den Dritten. Die gegenüber anderen Fällen einer gemeindlichen Beteiligung entstehende Ungleichbehandlung ist schon deshalb gerechtfertigt, weil der Dritte die Erschließungskosten durch vertragliche Vereinbarungen freiwillig übernimmt. Der Gesetzgeber wäre zwar nicht daran gehindert gewesen, die gesetzlichen Grundlagen für die vertraglichen Vereinbarungen so zu fassen, dass diese lediglich die ansonsten bestehenden beitragsrechtlichen Regelungen abbilden. Ebenso ist der Gesetzgeber aber verfassungsrechtlich nicht gehindert, den vertraglichen Regelungsmöglichkeiten einen wesentlich weiteren Spielraum einzuräumen und sich – wo ihm dies zweckmäßig erscheint – von dem Bilde der satzungsrechtlichen Beitragserhebung mehr oder weniger weit zu entfernen. Die frühere Rechtsprechung des BVerwG, die eine enge Bindung der vertraglichen Regelungen an das satzungsrechtliche Erschließungsbeitragsrecht angenommen hat,[364] ist daher durch die gesetzliche Neuregelung überholt.

Die **Lösung** von den **beitragsrechtlichen Regelungen** auf bundes- und landesrecht- **1405** licher Grundlage kommt auch dadurch zum Ausdruck, dass die Erschließungskosten nach § 123 II 2 HS 2 BauGB durch Vertrag unabhängig davon übernommen werden können, ob die Erschließungsanlage nach Bundes- oder Landesrecht beitragspflichtig ist. Selbst wenn also auf gesetzlicher Grundlage eine Beitragspflicht nicht oder nicht in vollem Umfang besteht, können die Erschließungskosten durch den Dritten ganz oder teilweise übernommen werden. Die gesetzgeberische Regelung zeigt, dass der Erschließungsvertrag sich von der beitragsrechtlichen Regelung auf gesetzlicher Grundlage lösen kann. Überhaupt verbieten es die Regelungen über die gemeindliche Bauleitplanung der planenden Gemeinde nicht, sich zur Ergänzung ihrer bauleitplanerischen Festsetzungsmöglichkeiten städtebaulicher Verträge zu bedienen.[365]

Es gilt allerdings der **Angemessenheitsgrundsatz** des § 11 II 1 BauGB.[366] Die vertrag- **1406** lichen Leistungen müssen den gesamten Umständen nach angemessen sein und in sachlichem Zusammenhang mit der Erschließung stehen. Das Gesetz geht dabei offenbar davon aus, dass die jeweiligen Erschließungsmaßnahmen einen Bezug zu dem städtebaulichen Vorhaben aufweisen.

---

[362] BVerwG, Urt. v. 23.8.1991 – 8 C 61.90 – BVerwGE 89, 7 = DVBl 1992, 372 = RzB Rn. 758.

[363] Einschränkend *BKL* Rn. 2 zu § 124 BauGB, der eine Streichung des gemeindlichen Eigenanteils nur bei Vorliegen besonderer Gründe für zulässig hält.

[364] BVerwG, Urt. v. 23.8.1991 – 8 C 61.90 – BVerwGE 89, 7 = DVBl 1992, 372: Das Abgabenrecht sei seiner Tendenz nach dispositionsfeindlich.

[365] VGH München, Urt. v. 11.4.1990 – 1 B 85 A.1480 – NVwZ 1990, 979; BVerwG, Urt. v. 11.2.1993 – 4 C 18.91 – BVerwGE 92, 56 = DVBl 1993, 654 = RzB Rn. 156 – Weilheimer Einheimischenmodell.

[366] *Stüer* DVBl 1995, 649; *Schrader* BWGZ 2008, 228.

1407 c) Heranziehung von Fremdanliegern. Die Übernahme der **Erschließung von Fremdgrundstücken** kann aber auch dann zulässig sein, wenn diese Maßnahmen sich nicht lediglich als Abfallprodukt der dem Vorhaben zugutekommenden Erschließungsmaßnahmen darstellen. Verträge zur Übernahme von Erschließungsmaßnahmen, die für das Vorhaben nicht erforderlich sind und ausschließlich Fremdanliegern zugutekommen, können dann übernommen werden, wenn die Regelungen angemessen sind und die Maßnahmen in sachlichem Zusammenhang mit der Erschließung stehen. So könnte es etwa sachgerecht und angemessen sein, wenn ein Investor neben den unmittelbar für sein Vorhaben erforderlichen Erschließungsmaßnahmen auch die Erschließung einzelner Fremdgrundstücke übernimmt, weil eine einheitliche Durchführung der gesamten Baumaßnahme zweckmäßig ist und zwischen den einzelnen Maßnahmen ein sachlicher Zusammenhang besteht. Die Angemessenheit ist etwa dann gegeben, wenn durch die einheitliche Durchführung der Gesamtmaßnahme zugleich auch eine städtebauliche Aufwertung des Vorhabens und seiner Umgebung erfolgt. Auch kann der Gesichtspunkt einer schnelleren Abwicklung der Gesamtmaßnahme im Rahmen der Angemessenheitsprüfung eine Rolle spielen.

1408 Übernimmt der Investor Erschließungsmaßnahmen, die zugleich auch Fremdanliegern zugutekommen, so entsteht der Gemeinde allerdings kein Aufwand mit der Folge, dass eine Heranziehung von Fremdanliegern auf gesetzlicher und satzungsrechtlicher Grundlage nicht möglich ist.[367] Eventuell bereits erhobene Vorausleistungen hat die Gemeinde zu erstatten.[368] Auch der übernehmende Investor hat keine gesetzliche Grundlage für eine Heranziehung von Fremdanliegern, die durch die von ihm durchgeführten Erschließungsmaßnahmen Vorteile erhalten.[369] Fremdanlieger können daher in einem solchen Fall der vertraglichen Übernahme der Kosten durch einen Dritten Vorteile erhalten und gleichwohl einer Beitragspflicht nicht unterliegen. Ein Erschließungsvertrag ist nicht schon deshalb unangemessen i.S.v. § 11 II 1 BauGB und somit nichtig, weil sich der Erschließungsunternehmer darin zur Übernahme (auch) desjenigen Anteils an den Erschließungskosten verpflichtet, der im Falle der Erhebung von Beiträgen auf im Erschließungsvertragsgebiet gelegene Grundstücke sog. Fremdanlieger entfallen würde. Bundesrecht erlaubt eine vertragliche Regelung über Erschließungskosten nach § 11 I 2 Nr. 1 BauGB unabhängig davon, ob die den Gegenstand des Vertrages bildenden Erschließungsanlagen nach Bundes- oder Landesrecht beitragsfähig sind oder nicht. Ein etwaiges landesrechtliches Vertragsformverbot (Handlungsformverbot) kann daher einer vertraglichen Kostenübernahme durch den Erschließungsunternehmer für im Falle der Beitragserhebung nach Landesrecht abzurechnende leitungsgebundene Erschließungsanlagen nicht entgegenstehen.[370] Die Modifizierung eines Erschließungsvertrags durch eine Kostenabrede mit dem Ziel, einen umlagefähigen Aufwand der Gemeinde zu begründen und eine Grundlage für die Heranziehung von Fremdanliegern zu schaffen, muss grundsätzlich bereits in dem auf die Erschließung des Baugebiets ausgerichteten Vertrag erfolgen. Ist ein ohne eine solche Kostenabrede geschlossener Erschließungsvertrag wirksam, kommt nachträglich eine Modifizierung des Vertrags nur dann in Betracht, wenn in dem Erschließungsvertrag zumindest der Wille der Vertragsparteien zum Ausdruck gekommen ist, dem Grunde nach eine Basis für die Heranziehung von Fremdanliegern zu Erschließungsbeiträgen schaffen zu wollen. Überträgt eine Gemeinde einem Erschließungsunternehmer die technische Durchführung und die kostenmäßige Abwicklung der

---

[367] BKL § 124 Rn. 2; *Grziwotz* EZBK, Rn. 11 zu § 124 BauGB.

[368] *Lenz* KStZ 1983, 121. Zur Verrechnung der Vorausleistung auf die Erschließungsbeiträge *Grziwotz* ZfIR 2009, 376.

[369] VGH Mannheim, Urt. v. 5.12.1985 – 2 S 2833/83 – NJW 1986, 2452; *Driehaus* Erschließungs- und Ausbaubeiträge, Rn. 149.

[370] BVerwG, Urt. v. 10.8.2011 – 9 C 6.10 – DVBl 2011, 1358 = ZfBR 2011, 770, m. Anm. *Nolte*, jurisPR-BVerwG 21/2011 Anm. 6.

Erschließung, entstehen Erschließungskosten nicht bei ihr, sondern nur bei dem Erschließungsunternehmer.[371]

Um eine Heranziehung von Fremdanliegern zu ermöglichen, könnte es sich daher **1409** empfehlen, die Erschließungsmaßnahmen, die zugleich Fremdanliegern zugutekommen, in der Hand der Gemeinde zu belassen und dieser so die Möglichkeit der Verteilung der Kosten auf die Beitragspflichtigen einzuräumen. Um dem gemeindlichen Interesse an einer Kostenfreistellung Rechnung zu tragen, könnte der Vorhabenträger sich verpflichten, die mit den Erschließungsmaßnahmen verbundenen Kosten vorzufinanzieren.[372] Der **Vorfinanzierungsvertrag** wird, wenn der Investor zugleich auch die Bauarbeiten durchführt, als Werkvertrag mit Fälligkeitsabrede eingestuft.[373] Die aufgewendeten Beträge könnten im Übrigen als Darlehn angesehen werden und als Ausfallbürgschaft,[374] wenn die Erstattung durch den begünstigten Eigentümer von Fremdanliegergrundstücken ausfällt. So kann der **Bauträger** in einer vertraglichen Regelung mit der Gemeinde **einen Teil der Erschließungsanlagen** auf eigene Kosten herstellen und die entsprechenden Kosten beim Verkauf der einzelnen Bauplätze auf die Erwerber abwälzen. Die Gemeinde kann, nachdem sie die Erschließungsanlage insgesamt endgültig hergestellt hat, im Zuge der Beitragserhebung die dem Bauträger entstandenen Kosten dadurch zum Erschließungsaufwand übernehmen, dass sie anteilige Gutschriften auf die Beitragsschuld derjenigen vornimmt, die Bauplätze erworben haben. Ein derartiger Vorfinanzierungsvertrag mit Anrechnung ist erschließungsbeitragsrechtlich nicht zu beanstanden.[375]

d) Bindung an den Bebauungsplan. Die Herstellung der Erschließungsanlagen setzt **1410** nach § 125 I BauGB zwar grundsätzlich einen Bebauungsplan voraus. Liegt ein Bebauungsplan nicht vor, so dürfen diese Anlagen nur hergestellt werden, wenn sie den in § 1 IV bis VII BauGB bezeichneten Anforderungen entsprechen (§ 125 II BauGB). Bereits das BauROG 1998 hat mit dieser Erweiterung einen Beitrag zur Stärkung der kommunalen Planungshoheit leisten wollen. Die Regelung steht im Zusammenhang mit dem grundsätzlichen Wegfall des Anzeigeverfahrens für diejenigen Bebauungspläne, die aus dem Flächennutzungsplan entwickelt worden sind. Die im früheren § 125 II 3 BauGB genannten Prüfkriterien sollen nunmehr von den Gemeinden in eigener Verantwortung überprüft werden. Mit der Streichung dieser Vorschrift kommt der Gemeinde eine höhere Verantwortung zu. Voraussetzung für eine rechtmäßig hergestellte Erschließungsanlage sind danach eine Anpassung an die Ziele der Raumordnung (§ 1 IV BauGB) sowie eine fehlerfreie Abwägung (§ 1 VII BauGB) der privaten und öffentlichen Belange (§ 1 V und VI BauGB). Wie diese Prüfung erfolgt, hat die Gemeinde selbst zu bestimmen. Es ist jedoch zweckmäßig, dass die Gemeinde die Prüfergebnisse schriftlich niederlegt. Erschließungsanlagen, die vor Inkrafttreten des BauROG 1998 ohne Zustimmung der höheren Verwaltungsbehörde hergestellt wurden, gelten als rechtmäßig hergestellt. Seit dem Inkrafttreten des BauROG 1998 ist eine Genehmigung nicht mehr erforderlich. Sollte die Genehmigung nach § 125 II BauGB a.F. die letzte fehlende Rechtmäßigkeitsvoraussetzung für die Erhebung von Erschließungsbeiträgen sein, beginnt mit diesem Zeitpunkt die Festsetzungsverjährung.[376]

---

[371] OVG Lüneburg, Urt. v. 31.1.2011 – 9 LC 132/09 – NVwZ-RR 2011, 381 (L) – Heranziehung von Fremdanliegern; vgl. BVerwG, Urt. v. 22.3.1996 – 8 C 17.94 – BVerwGE 101, 12.

[372] BGH, Urt. v. 29.11.1990 – III ZR 365/89 – BGHR BGB § 305 Risikoübernahme 1; OVG Münster, Urt. v. 25.1.1994 – 3 A 1721/89.

[373] BKL § 124 Rn. 2; OVG Saarlouis, Urt. v. 7.11.1988 – 1 R 322/87 – DÖV 1989, 861.

[374] OVG Münster, Urt. v. 12.7.1988 – 3 A 1207/85 – KStZ 1989, 94 = StuGR 1989, 129 = ZMR 1989, 75 – Vertragserfüllungsbürgschaft.

[375] OVG Saarlouis, Urt. v. 9.2.1998 – 1 W 29/97 – Tilgungswirkung.

[376] Fachkommission „Städtebau" der ARGEBAU, Muster-Einführungserlass zum BauROG, Nr. 12.

1411   Die Tatsache, dass der Dritte die Erschließung übernimmt, ändert freilich nichts daran, dass der **Gemeinde** nach § 123 I BauGB die **Erschließungspflicht** obliegt. Kommt es nicht zur Fertigstellung der privat getragenen Erschließungsmaßnahmen, beispielsweise infolge der Insolvenz des Unternehmers, ist die Gemeinde verpflichtet, die Erschließung zu Ende zu führen.[377] Lässt sich die Gemeinde auf einen nicht finanzkräftigen oder unseriösen Unternehmer ein, kann darin ein erhebliches finanzielles Risiko liegen. Das BVerwG hat daher die Zulässigkeit von Erschließungsverträgen in der Vergangenheit eher restriktiv gehandhabt, um Gemeinden und Erschließungsbeitragspflichtige zu schützen.[378]

1412   **e) Beurkundungspflicht.** Öffentlich-rechtliche Erschließungsverträge sind notariell zu beurkunden, wenn sie entweder selbst eine Verpflichtung zur Übertragung eines Grundstücks enthalten oder wenn sie als Vorvertrag mit einem Grundstücksüberlassungsvertrag derart rechtlich verbunden sind, dass eine wechselseitige Abhängigkeit besteht.[379] Die wegen Formverstoßes bestehende Nichtigkeit der vereinbarten Grundstücksüberlassung führt zur Nichtigkeit des gesamten Erschließungsvertrages, wenn die Beteiligten den verbleibenden Teil des Erschließungsvertrages ohne die Übereignungsverpflichtung nicht geschlossen hätten.[380] Aus dem Grundsatz der Urkundeneinheit oder Einheitlichkeit der Urkunde (§ 126 II 1 BGB), soweit er auf öffentlich-rechtliche Verträge anwendbar ist (§ 57, § 62 S. 2 VwVfG), folgt nicht, dass ein aus einem Erschließungs-, einem Ablöse- und einem Umlegungsvertrag bestehendes komplexes Vertragswerk wegen des zwischen diesen Verträgen bestehenden Sachzusammenhangs in einer einzigen Urkunde zusammengefasst werden muss.[381]

3. Vertrag zur Vorbereitung und Durchführung städtebaulicher Maßnahmen

1413   Eine **General- und Auffangbestimmung** der städtebaulichen Verträge, die auch für Erschließungsverträge nach § 124 BauGB ergänzend heranzuziehen ist, enthält § 11 BauGB. Nach § 11 I 1 BauGB kann die Gemeinde städtebauliche Verträge schließen. Die möglichen Vertragsgegenstände können sich aus allen Bereichen des Städtebaurechts ergeben. Keine Grundlage in § 11 BauGB finden Verträge außerhalb des Städtebaurechts oder Verträge, mit denen die Gemeinde ihre Entscheidungskompetenzen im Städtebau unzulässig aufgibt. § 11 I 2 BauGB zählt als Beispiele und ohne abschließenden Charakter vier Gruppen von städtebaulichen Verträgen auf: Die Vorbereitung und Durchführung städtebaulicher Maßnahmen durch den Vertragspartner auf eigene Kosten (§ 11 I 2 Nr. 1 BauGB), die Förderung und Sicherung der mit der Bauleitplanung verfolgten Ziele (§ 11 I 2 Nr. 2 BauGB), die Übernahme von Kosten oder sonstigen Aufwendungen (§ 11 I 2 Nr. 3 BauGB) und Netze und Anlagen der Kraft-Wärme-Koppelung sowie von Solaranlagen für die Wärme-, Kälte- und Elektrizitätsversorgung (§ 11 I 2 Nr. 4 BauGB).

1414   **a) Grundstücksneuordnung.** Gegenstand des Vertrages kann nach § 11 I 2 Nr. 1 BauGB die Neuordnung der Grundstücksverhältnisse sein. Der Vertrag ersetzt dabei die Regelungen des gesetzlichen Umlegungsverfahrens bzw. der vereinfachten Umlegung. Dazu gehören auch die Neuordnung der Grundstücksverhältnisse, die Bodensanierung und sonstige vorbereitende Maßnahmen sowie die Ausarbeitung der städtebaulichen Planun-

---

[377] *Quaas* in: *Schrödter*, § 124 BauGB Rn. 1.

[378] BVerwG, Urt. v. 23.8.1991 – 8 C 61.90 – BVerwGE 89, 7 = DVBl 1992, 372 = NJW 1992, 1642.

[379] *Blank* MittBayNot 2008, 490.

[380] OVG Schleswig-Holstein, B. v. 12.9.2007 – 2 LA 107/06 –Nichtigkeit eines nicht notariell beurkundeten Erschließungsvertrags.

[381] BVerwG, B. v. 28.1.2010 – 9 B 46.09 – DVBl 2010, 523 (L) = DNotZ 2010, 549, m. Anm. *Grziwotz*, DNotZ 2010, 551 – Urkundeneinheit.

gen sowie erforderlichenfalls des Umweltberichts. Die Verantwortung der Gemeinde für das gesetzlich vorgesehene Planaufstellungsverfahren bleibt unberührt. Die vertragliche Regelung steht im Zusammenhang mit dem Ankauf der Grundstücke durch die Gemeinde oder den Dritten. Die Grundstücke werden dann nach Anweisung der Gemeinde so zugeschnitten, dass die entstehenden Grundstücke nach Lage, Form und Größe für die in Aussicht genommene Nutzung zweckmäßig sind. Außerdem ist im Umlegungsvertrag die Übertragung der für öffentliche Zwecke erforderlichen Flächen an die Gemeinde, die Verteilung der verbleibenden Flächen an die Teilnehmer des vertraglichen Umlegungsverfahrens und die Verteilung der Verfahrenskosten zu regeln. Die Grundstücksneuordnung auf der Basis eines städtebaulichen Vertrages wird allerdings nur dann gelingen, wenn die Grundstücke verfügbar sind, also die Grundstückseigentümer einer derartigen vertraglichen Regelung hinsichtlich des Eigentumserwerbs zustimmen.

b) Bodensanierung und sonstige vorbereitende Maßnahmen. Der städtebauliche   **1415** Vertrag kann auch die Bodensanierung und sonstige vorbereitende Maßnahmen regeln. Die Bodensanierung umfasst insbesondere die Gefahrenermittlung, Untersuchung und die Beseitigung von Bodenverunreinigungen, insbesondere von Altlasten. Zur Freilegung gehören der Abbruch und die Entsiegelung.

c) Ausarbeitung städtebaulicher Planungen. Der städtebauliche Vertrag kann auch   **1416** die Ausarbeitung städtebaulicher Planungen betreffen. Hierzu zählt die Ausarbeitung von Flächennutzungsplänen und Bebauungsplänen sowie anderen städtebaulichen Satzungen, mit denen sich eine städtebauliche Planung verbindet. Auch der Umweltbericht (§ 2 a BauGB) und die zu seiner Erstellung erforderliche UVP, Landschafts- und Grünordnungspläne oder ergänzende Gutachten wie Lärmschutzgutachten, Emissionsgutachten, Feststellung von Bodenverunreinigungen oder andere Fachgutachten können durch einen städtebaulichen Vertrag übertragen werden. Mit dem Vertrag geht nur die technische Erstellung der städtebaulichen Planungen auf den Vertragspartner über. Die städtebauliche Verantwortung bleibt weiter bei der Gemeinde.[382]

4. Vertrag zur Förderung und Sicherung der Planziele (Baurealisierungsvertrag)

Der städtebauliche Vertrag kann sich nach **§ 11 I 2 Nr. 2 BauGB** auch auf die Förderung   **1417** und Sicherung der mit der Bauleitplanung verfolgten Ziele, insbesondere die Grundstücksnutzung, die Durchführung des Ausgleichs nach § 1 a III BauGB, die Deckung des Wohnbedarfs von Bevölkerungsgruppen mit besonderen Wohnraumversorgungsproblemen sowie des Wohnbedarfs der ortsansässigen Bevölkerung beziehen. Dabei kann die vertragliche Verpflichtung übernommen werden, einen Teil der neu zu errichtenden Wohnfläche als Sozialwohnungen zu gestalten.[383] Auch städtebauliche Ziele, die nicht im Festsetzungskatalog des § 9 BauGB oder in der BauNVO enthalten sind, können in einem Vertrag festgelegt werden, etwa hinsichtlich der Nutzung und des Betrieb der Gebäude. Der Vertrag wird zumeist im Zusammenhang mit der Aufstellung eines Bebauungsplans nach § 30 BauGB oder einer Innenbereichssatzung nach § 34 IV BauGB abgeschlossen werden. Er setzt zudem voraus, dass noch kein Rechtsanspruch auf die im Bebauungsplan ausgewiesene Bebauung besteht. Denn die Vereinbarung einer vom Vertragspartner zu erbringenden Leistung ist unzulässig, wenn er auch ohne seine Leistung einen Bauanspruch hätte (§ 11 II 2 BauGB).

a) Verpflichtung zur Vorhabendurchführung. Der städtebauliche Vertrag kann sich   **1418** auf die Sicherung der Grundstücksnutzung beziehen. Dazu gehört insbesondere die Ver-

---

[382] Fachkommission „Städtebau" der ARGEBAU, Muster–Einführungserlass zum BauROG, S. 57.
[383] *Quaas* in: *Schröder*, § 11 BauGB Rn. 20; *BKL*, § 11 BauGB Rn. 13; *Stüer*, Bau- und FachplanungsR, Rn. 1139.

pflichtung des Vorhabenträgers, das im Vertrag beschriebene Vorhaben innerhalb einer bestimmten Zeit zu errichten und einer entsprechenden Nutzung zuzuführen. Hierfür kann es verschiedene Gründe geben: Die städtebaulichen Planungen sind auf Realisierung ausgerichtet. Als planerisches Ziel kommt etwa die Schaffung von Wohnraum und gewerblichen Arbeitsplatzen oder die Auslastung von in der Gemeinde vorhandenen Einrichtungen der Infrastruktur in Betracht. Die zeitlichen Verpflichtungen sollten dabei gegebenenfalls in Einzelfristen aufgeteilt werden, die z. B. den Bauantrag, den Beginn der Arbeiten nach Erteilung der Baugenehmigung, den Abschluss der Rohbauarbeiten, die Bezugsfertigkeit und die Nutzung betreffen.

1419 **b) Bevölkerungsgruppen mit besonderen Wohnraumversorgungsproblemen.** Der städtebauliche Vertrag kann die Verpflichtung des Vertragspartners beinhalten, Mittel des sozialen Wohnungsbaus zu beantragen und auf bestimmten Flächen für Sozialwohnungen mit den entsprechenden Mietpreisbindungen einzusetzen. Dabei kann sich die Verpflichtung auch auf die Errichtung familiengerechter oder altengerechter Wohnungen sowie auf Wohnungen für Studenten oder betreutes Wohnen beziehen.

1420 **c) Deckung des Wohnbedarfs der ortsansässigen Bevölkerung.** Der städtebauliche Vertrag kann auch Regelungen über die Deckung des Wohnbedarfs der ortsansässigen Bevölkerung enthalten. Dies wird vor allem in Großstädten und Fremdenverkehrsgemeinden in Betracht kommen, in denen eine Nachfrage gerade von Auswärtigen nach Wohnraum besteht. Die Gemeinden können daher durch vertragliche Regelungen ein sog. „Einheimischenmodell" verwirklichen. Ziel des Vertrages ist es hier, dass der Vertragspartner nur an Einheimische veräußert. Geschieht dies nicht, kann sich die Gemeinde ein Ankaufsrecht vorbehalten und grundbuchlich sichern lassen. Die Gemeinde kann dabei die Grundstücke durch Vertrag von dem Eigentümer erwerben und sie sodann an Einheimische weiterveräußern. Es kann aber auch in einem städtebaulichen Vertrag vereinbart werden, dass der Eigentümer die Grundstücke unmittelbar an Einheimische zu einem bestimmten Kaufpreis veräußert. Eine Regelung bei Verkauf eines Grundstücks im Rahmen eines Einheimischenmodells, die die Käufer im Fall einer Weiterveräußerung innerhalb von zehn Jahren nach Vertragsschluss zur Abführung der Differenz zwischen Ankaufspreis und Bodenwert verpflichtet, stellt keine unangemessene Vertragsgestaltung dar. Die Gemeinde hat jedoch bei ihrer Ermessensentscheidung über die Einforderung des Mehrerlöses auch die persönlichen Verhältnisse der Käufer zu berücksichtigen.[384]

1421 Für diese → „**Einheimischenmodelle**" sind verschiedene Modelle entwickelt worden: Das → „**Weilheimer-Einheimischenmodell**" beinhaltet einen städtebaulichen Vertrag, der vor Aufstellung des Bebauungsplans mit dem Grundstückseigentümer geschlossen wird. Die Gemeinde macht die Aufstellung des Bebauungsplans davon abhängig, dass der Grundstückseigentümer der Gemeinde ein auf 10 Jahre befristetes, notariell beurkundetes Kaufangebot macht. Das Kaufangebot wird durch eine Auflassungsvormerkung gesichert. Die Gemeinde darf das Kaufangebot nur annehmen, wenn der Eigentümer das Grundstück über den vereinbarten Kaufpreis oder an einen Auswärtigen veräußert. Beim → „**Traunsteiner-Einheimischenmodell**" verpflichtet sich der Grundstückseigentümer, die Grundstücke nur mit Zustimmung der Gemeinde zu veräußern. Die gemeindliche Zustimmung ist zu erteilen, wenn das Grundstück an Einheimische zu einem limitierten Preis veräußert wird. Die Vereinbarung wird durch ein preislimitiertes Vorkaufsrecht zu Gunsten der Gemeinde dinglich gesichert. Die Modelle dürfen nach Auffassung des BVerwG allerdings nicht dazu führen, Auswärtige generell auszuschließen oder sie vom Prinzip her zu benachteiligen.[385]

---

[384] BGH, Urt. v. 29.11.2002 – V ZR 105/02 – DVBl 2003, 519 = NJW 2003, 888.
[385] BVerwG, Urt. v. 11.2.1993 – 4 C 18.91 – BVerwGE 92, 56 = RzB Rn. 156 – Weilheimer Einheimischenmodell; VG München, Urt. v. 18.11.1997 – M 1 K 96.5647 – NJW 1998, 2070 – Einheimischenmodell.

→ **Einheimischenmodelle.** Städtebauliche Verträge mit dem Ziel, den Einheimischen in der Gemeinde bei der Vermarktung von Bauland einen ausreichenden Anteil zu belassen. Das Weilheimer-Einheimischenmodell gewährt der Gemeinde ein auf 10 Jahre befristetes Ankaufsrecht für den Fall, dass der Eigentümer die durch Bebauungsplan aufgewerteten Grundstücke nicht zu festgelegten Konditionen an Einheimische veräußert. Beim Traunsteiner Modell verpflichtet sich der Grundstückseigentümer, die Grundstücke nur mit Zustimmung der Gemeinde an Dritte zu veräußern.

Weilheimer-Modell

Der Grundstückseigentümer unterbreitet der Gemeinde ein unwiderrufliches Kaufangebot, das durch eine Vormerkung gesichert wird. Während der Angebotsfrist darf der Grundstückseigentümer nur mit Zustimmung der Gemeinde Verpflichtungs- und Verfügungsgeschäfte abschließen. Das Optionsrecht der Gemeinde erlischt, wenn das Grundstück innerhalb von 10 Jahren vom Eigentümer an einen von der Gemeinde benannten Personenkreis veräußert hat.

Traunsteiner-Modell

Wie beim Weilheimer-Modell wird die Veräußerung von Grundstücken vom Zustimmungsvorbehalt der Gemeinde abhängig gemacht. Teilweise erfolgt die Absicherung der Gemeinde auch nur durch ein Vorkaufsrecht, das ausgeübt werden darf, wenn der Verkauf nicht an Einheimische erfolgt. Die Grundstückspreise liegen dabei deutlich unter den Verkehrswerten. Anderenfalls ist der Mehrerlös an die Gemeinde als Vertragsstrafe abzuführen.

Echinger-Modell

Die Baulandausweisung wird von einem vorherigen Verkauf der Grundstücke an die Gemeinde oder an einen von der Gemeinde benannten Dritten abhängig gemacht. Die Gemeinde bestätigt dem Grundstückseigentümer in dem Vertrag die Absicht, einen Bebauungsplan aufzustellen. Der Grundstückseigentümer hat ein Rücktrittsrecht vom Vertrag, wenn nicht innerhalb eines Zeitraums von fünf Jahren ein rechtsverbindlicher Bebauungsplan aufgestellt sein sollte. Der Eigentümer tritt etwa 20 % seiner Grundstücksflächen für öffentliche Zwecke (Straßen, Wege, Plätze, Lärmschutzeinrichtungen oder Straßenbegrünung) ab. Weitere Flächen werden an die Gemeinde zur Deckung des örtlichen Bedarfs abgetreten. Hierfür wird ein Kaufpreis auf der Basis von Straßenland oder Bauerwartungsland vereinbart. Der Kaufpreis wird nach Rechtsverbindlichkeit des Bebauungsplans oder mit Eintritt der Planreife zur Zahlung fällig. Die Gemeinde vergibt die Grundstücke nach einer von ihr erarbeiteten Kriterienliste. Die Vergabe erfolgt nach einem Punktesystem, bei dem die Dauer des Wohnsitzes und/ oder des Arbeitsplatzes, die familiäre Situation, die wirtschaftlichen Verhältnisse und das Vorhandensein von Immobilienvermögen eine Rolle spielen.

Forchheimer-Modell

Der Grundstückseigentümer veräußert einen Miteigentumsanteil von 45 % seiner Grundstücksflächen an die Gemeinde. Durch die Veräußerung des Miteigentumsanteils können die Kosten der Vermessung von Teilflächen gespart werden. Die bei der Gemeinde verfügbaren Grundstücke werden für die Bereitstellung der öffentlichen Verkehrs- und Grünflächen sowie für die Bereitstellung von preiswerten Baugrundstücken verwendet. Die Neuordnung der Grundstücke erfolgt in einem Umlegungsverfahren. Die Grundstückseigentümer sind berechtigt, vom Kaufvertrag zurückzutreten, wenn innerhalb von 10 Jahren nach Vertragsschluss keine Planreife eintritt.

Pfaffenhofener-Modell

Die Gemeinde erwirbt von dem Grundstückseigentümer ein Drittel seiner Flächen und bringt sie in die von ihr gegründete Wohnungsbaugesellschaft ein. Der Grundstückspreis liegt im unteren Bereich des tatsächlichen Wertes. Die Vergabe der Grundstücke erfolgt auch hier nach einem Punktesystem zu einem Preis, der an der unteren Grenze des Verkehrswertes liegt. Mit den Erwerbsflächen nimmt die Gemeinde an dem Umlegungsverfahren teil. Der spätere Verkauf sieht eine Bau- und Selbstnutzerverpflichtung vor. Bei Verstößen wird ein Widerkaufrecht vorbehalten.

d) Naturschutzrechtliche Ausgleichsmaßnahmen. Gegenstand des städtebaulichen **1422** Vertrages können auch Ausgleichsmaßnahmen für naturschutzrechtliche Eingriffe sein, die im Zusammenhang mit der Bauleitplanung stehen. Nach § 135 a II BauGB soll die Gemeinde bei Ausgleichsmaßnahmen, die an anderer Stelle den Grundstücken zugeordnet sind, die Maßnahmen anstelle und auf Kosten der Vorhabenträger oder der Eigentümer der Grundstücke durchführen, sofern dies nicht auf andere Weise gesichert ist. Zu dieser Vorbehaltsklausel in § 135 a II 1 BauGB gehört auch der städtebauliche Vertrag, der die entsprechenden Regelungen hinsichtlich der Ausgleichsmaßnahmen enthalten kann. Der Vorhabenträger kann sich daher in einem städtebaulichen Vertrag verpflichten, die im Rahmen der Bauleitplanung auf Grund einer Abwägung nach § 1a BauGB erforderlichen Ausgleichsmaßnahmen durchzuführen. So könnte sich etwa der Investor eines durch Bebauungsplan ausgewiesenen Vorhabens in einem städtebaulichen Vertrag zur Durchführung der erforderlichen naturschutzrechtlichen Maßnahmen verpflichten und eine zeitnahe Ausführung zusichern. Die Sicherung bestimmter Verpflichtungen durch zusätzliche Eintragung einer Baulast hat dabei den Vorteil, dass sie nach Maßgabe des jeweiligen Landesrechts auch in der Zwangsversteigerung nicht untergeht.[386]

1423   Nach § 135a II 2 BauGB können Ausgleichsmaßnahmen schon vor Beginn der Bauarbeiten und vor Zuordnung der Ausgleichsflächen zu den Eingriffsflächen durchgeführt werden. Die Gemeinde kann daher auch gegebenenfalls auf frühere Maßnahmen zurückgreifen und erforderliche Ausgleichsmaßnahmen aus einem Ökokonto bestreiten. Dabei können von dem Vorhabenträger auch Kosten übernommen werden, die der Gemeinde bereits entstanden sind (§ 11 I 2 Nr. 3 BauGB). Einer vertraglichen Vereinbarung bedarf es auch, wenn Ausgleichsflächen in anderen Gemeinden in Anspruch genommen werden sollen.

1424   **e) Sonstige Vereinbarungen zur Zielsicherung.** Neben den vorgenannten Gegenständen kann sich der städtebauliche Vertrag auch auf die Förderung und Sicherung anderer mit der Bauleitplanung verfolgten Ziele beziehen. Regelungsgegenstände können etwa Maßnahmen sein, die nicht durch Festsetzungen gesichert werden können und die sich daher einem qualifizierten Bebauungsplan entziehen.

5. Vertrag zur Übernahme von Aufwendungen

1425   Nach § 11 I 2 Nr. 3 BauGB kann sich der städtebauliche Vertrag auch auf die Übernahme von Kosten oder sonstigen Aufwendungen beziehen, die der Gemeinde für städtebauliche Maßnahmen entstehen oder entstanden sind und die Voraussetzung oder Folge des geplanten Vorhabens sind. Dazu gehört auch die Bereitstellung von Grundstücken. Hierunter fallen alle Aufwendungen, die im Zusammenhang mit der Durchführung städtebaulicher Vorhaben stehen.

1426   In Ergänzung zu den Erschließungsverträgen gibt § 11 I 2 Nr. 3 BauGB auch die Rechtsgrundlage für den Folgekostenvertrag, der sich auf die Übernahme von Infrastrukturkosten bezieht.[387] Es zählen dazu Kosten und sonstige Aufwendungen, die der Gemeinde für städtebauliche Planungen, andere städtebauliche Maßnahmen sowie Anlagen und Einrichtungen entstehen, die der Allgemeinheit dienen. Die städtebaulichen Maßnahmen, Anlagen und Einrichtungen können auch außerhalb des Gebietes liegen.

1427   Zu den Gegenständen derartiger Verträge rechnen vor allem **Infrastrukturmaßnahmen** wie etwa Schulen,[388] Kindergärten, Feuerwehrgerätehäuser, Kläranlagen[389] oder andere kommunale Einrichtungen und Maßnahmen, die im Zusammenhang mit dem Bauvorhaben stehen. Die Kosten und Aufwendungen sowie die Planungen, städtebaulichen

---

[386] BVerwG, B. v. 29.10.1992 – 4 B 218.92 – DVBl 1993, 114 = NJW 1993, 480.

[387] Zu Folgekostenverträgen BVerwG, Urt. v. 6.7.1973 – 4 C 22.72 – BVerwGE 42, 331 – Erschließungsbeitrag; B. v. 19.1.1981 – 8 B 6.81 – Buchholz 406.11 § 123 Nr. 19 – Finanzierung; B. v. 24.2.1994 – 4 B 40.94 – BBauBl. 1994, 490 = ZfBR 1994, 232 – Messegebäude; OVG Lüneburg, Urt. v. 26.2.1976 – VI A 199/75 – DÖV 1977, 208 – abstraktes Schuldversprechen; BGH, Urt. v. 8.6.1978 – III ZR 48/76 – BGHZ 71, 386 = DVBl 1978, 798 = BauR 1978, 368 – Folgelastenvertrag; Urt. v. 3.10.1985 – III ZR 60/84 – DVBl 1986, 409 = NJW 1986, 1109; Urt. v. 13.6.1991 – III ZR 143/90 – BayVBl. 1991, 700 = BRS 53, Nr. 70.

[388] OVG Münster, Urt. v. 6.10.1977 – III A 793/75 – OVGE 33, 147 = DVBl 1978, 305 = NJW 1978, 1542 – Schulbaukostenbeiträge.

[389] Zu Folgekostenverträgen über einen Abwasserkanal VGH München, Urt. v. 25.11.1981 – 183 IV 78 – DVBl 1982, 906 = BayVBl. 1982, 177.

Maßnahmen, Anlagen und Einrichtungen müssen allerdings Voraussetzung oder Folge des vom Bauwilligen geplanten Vorhabens sein. Es muss daher ein direkter Zusammenhang zwischen dem Bauvorhaben und den Aufwendungen oder Maßnahmen bestehen. Unzulässig wäre eine Übernahme von Kosten, die nicht durch das Vorhaben ausgelöst werden.[390] Eine allgemeine Wertabschöpfung der durch die Planung erlangten Vorteile und Gewinne findet daher in § 11 BauGB keine Grundlage.[391] Für solche Folgekostenverträge gilt das **Koppelungsverbot** mit dem Inhalt, dass hoheitliche Entscheidungen in der Regel nicht von zusätzlichen wirtschaftlichen Geldleistungen abhängig gemacht werden dürfen.[392]

Die Bauabsicht eines Grundstückseigentümers ist als geplantes Vorhaben i. S. von § 11 **1428** I 2 Nr. 3 BauGB anzusehen, auch wenn der Bauwillige noch keine Entscheidung über die bauplanungsrechtliche Zulässigkeit seines Vorhabens beantragt hat oder gar eine Bauverpflichtung eingegangen ist.

Städtebauliche Folgekostenverträge dürfen nur das erfassen, was von einem be- **1429** stimmten Bauvorhaben an Folgen ausgelöst wird. Die Übernahme von Folgekosten ist nur zulässig, wenn es sich nicht um eine echte Gegenleistung, sondern lediglich um eine Art Aufwendungsersatz handelt. Die Verwaltungsleistung, für die der Aufwendungsersatz vereinbart wird, besteht aus dem einzelnen Bebauungsplan bzw. der im Einzelfall erteilten Befreiung, die ihrerseits die bauplanungsrechtliche Zulässigkeit des Vorhabens begründet. Der einzelne Bebauungsplan muss sich nicht auf Festsetzungen für nur ein Vorhaben eines einzigen Bauherrn beschränken.[393]

In einem städtebaulichen Vertrag nach § 11 I 2 Nr. 3 BauGB darf vereinbart werden, **1430** dass der Vertragspartner auch die verwaltungsinternen Kosten (Personal- und Sachkosten) zu tragen hat, die der städtebaulichen Planung einer Gemeinde zurechenbar sind. Ausgenommen hiervon sind Kosten für Aufgaben, die die Gemeinde nicht durch Dritte erledigen lassen dürfte, sondern durch eigenes Personal wahrnehmen muss. Für die Angemessenheit der vertraglichen Zahlungspflicht i. S. des § 11 II 1 BauGB ist entscheidend, dass der städtebauliche Vertrag auf Initiative des privaten Vertragspartners zustande gekommen ist. Auf seine Motive sowie seine rechtlichen und wirtschaftlichen Beziehungen zu Dritten kommt es nicht an.[394]

6. Vertrag zur Nutzung erneuerbarer Energien

Der Vertrag kann nach **§ 11 I 1 Nr. 4 BauGB** entsprechend den mit den städtebaulichen **1431** Planungen und Maßnahmen verfolgten Zielen und Zwecken auch die Nutzung von Netzen und Anlagen der Kraft-Wärme-Kopplung sowie von Solaranlagen für die Wärme-, Kälte- und Elektrizitätsversorgung betreffen. Die Vorschrift hat klarstellenden Charakter.

---

[390] BVerwG, Urt. v. 14.8.1992 – 8 C 19.90 – BVerwGE 90, 310 = DVBl 1993, 263 = NJW 1993, 1810 – Folgekostenbeitrag.

[391] BVerwG, B. v. 24.11.1980 – 4 B 140.80 – NJW 1981, 1747 = DÖV 1981, 269 = VR 1981, 367 – Folgekostenvertrag.

[392] BVerwG, Urt. v. 6.7.1973 – 4 C 22.72 – BVerwGE 42, 331 – Folgekostenvertrag; OVG Koblenz, Urt. v. 28.11.1992 – 1 A 10312/89 – BauR 1992, 479 – Geldleistung: Eine Gemeinde darf sich für die Erteilung des gemeindlichen Einvernehmens keine finanziellen Gegenleistungen versprechen lassen.

[393] BVerwG, B. v. 21.6.2005 – 4 B 32.05 – ZfBR 2005, 682 = BauR 2005, 1600, m. Anm. *Gatz*, jurisPR-BVerwG 21/2005 Anm. 4 – städtebauliche Folgekostenverträge.

[394] BVerwG, Urt. v. 25.11.2005 – 4 C 15.04 – BVerwGE 124, 385 = NVwZ 2006, 336 = DVBl 2006, 455 = BauR 2006, 649; m. Anm. *Gatz*, jurisPR-BVerwG 3/2006 Anm. 6; Vierling, DNotZ 2006, 891 – Übernahme von Verwaltungskosten durch privaten Vertragspartner; OVG Lüneburg, Urt. v. 3.5.2006 – 1 KN 58/05 – ZfBR 2006, 797 = BauR 2007, 329 – Abstände Windenergie; m. Hinw. auf OVG Lüneburg, Urt. v. 25.6.2001 – 1 K 1015/00 –; OVG Hamburg, Urt. v. 27.4.2005 – 2 E 9/99.N – NordÖR 2006, 23 = BRS 69 Nr. 17 (2005) = UPR 2005, 456 (L) = BauR 2005, 1965 (L) – Hafengebiet.

7. Angemessenheitsklausel

1432 Für die städtebaulichen Verträge gelten neben § 11 BauGB ergänzend §§ 54 ff. VwVfG bzw. die VwVfG der Länder. Ein Vertrag scheidet daher aus, soweit auf die Leistung der Behörde bereits ein Anspruch besteht (§ 11 II 2 BauGB, § 56 II VwVfG). Dies wird auch aus dem Koppelungsverbot abgeleitet. Voraussetzung für den Abschluss eines öffentlich-rechtlichen Vertrages ist nach § 56 I 1 VwVfG weiter, dass die Gegenleistung für einen be-stimmten Zweck vereinbart wird und der Behörde zur Erfüllung ihrer öffentlichen Auf-gaben dient. Vor allem aber müssen die vereinbarten Leistungen den gesamten Umstän-den entsprechend angemessen sein. Diese **Angemessenheitsklausel** in § 11 II 1 BauGB (§ 56 I 2 VwVfG) bringt eine wichtige inhaltliche Begrenzung:[395] Die Vereinbarung einer vom Bauwilligen zu erbringenden Leistung ist unzulässig, wenn er auch ohne sie einen Anspruch auf Erteilung der Genehmigung hätte und sie auch nicht als Nebenbestim-mung gefordert werden könnte (§ 11 II 2 BauGB). Damit können allerdings nur solche Ansprüche gemeint sein, die auch ohne den Abschluss des Vertrages nach dem geltenden Planungsrecht bestehen. Die Beurteilung der Angemessenheit der in einem städtebauli-chen Vertrag vereinbarten Leistungen ist an den gesamten Umständen auszurichten. Dies erfordert eine **einheitliche Betrachtung der Interessen** aller am Vertrag Beteiligten. Das Gebot der Angemessenheit verlangt, dass bei wirtschaftlicher Betrachtung des **Ge-samtvorgangs** die Gegenleistung des Vertragspartners der Behörde nicht außer Verhält-nis zu dem wirtschaftlichen Wert der von der Behörde zu erbringenden Leistung stehen darf und die Gegenleistung keine unzumutbare Belastung auslöst.[396]

1433 Die Angemessenheit muss sich nach Inhalt und Zweck des gesamten Regelungspaketes bestimmen. Dafür können die Wertungen herangezogen werden, wie sie in verschiede-nen vom Gesetzgeber angebotenen städtebaulichen Modellen niedergelegt sind (**städte-bauliche Leitbilder**). Im förmlich festgelegten **Sanierungsgebiet** etwa hat der Eigen-tümer nach Maßgabe der §§ 152 ff. BauGB an die Gemeinde einen Ausgleichsbetrag zu leisten, der der durch die Sanierung bedingten Bodenwertsteigerung entspricht (§ 154 I BauGB). Die durch die Sanierung bedingte Erhöhung des Bodenwerts des Grundstücks besteht nach § 154 II BauGB aus dem Unterschied zwischen dem Bodenwert, der sich für das Grundstück ergeben würde, wenn eine Sanierung weder beabsichtigt noch durchge-führt worden wäre (Anfangswert), und dem Bodenwert, der sich für das Grundstück durch die rechtliche und tatsächliche Neuordnung des förmlich festgelegten Sanierungs-gebiets ergibt (Endwert). Der Ausgleichsbetrag ist nach Abschluss der Sanierung zu ent-richten (§ 154 III BauGB). Die Erhebung des Ausgleichsbetrags dient der Finanzierung der Sanierung. Überschüsse sind nach § 156 a BauGB auf die Eigentümer zu verteilen. Bei einem besonderen Gemeinwohlinteresse kann nach § 165 BauGB ein städtebaulicher **Entwicklungsbereich** festgelegt werden, in dem ebenfalls die durch die Planung eintre-tenden Bodenwertsteigerungen der Gemeinde zur Finanzierung der Maßnahme verblei-ben. Die Gemeinde soll dabei die Grundstücke zu dem Anfangswert erwerben und sie nach Durchführung der Entwicklungsmaßnahme an Bauwillige veräußern (§ 169 V BauGB). Einnahmen, die bei der Vorbereitung und Durchführung der Entwicklungs-maßnahme entstehen, sind zur Finanzierung der Entwicklungsmaßnahme zu verwenden (§ 171 BauGB). Ergibt sich nach der Durchführung der städtebaulichen Entwicklungs-maßnahme ein Überschuss der bei der Vorbereitung und Durchführung der städtebauli-chen Entwicklungsmaßnahme erzielten Einnahmen über die hierfür getätigten Ausga-ben, so ist dieser Überschuss wie bei der Sanierung zu verteilen. Wertsteigerungen, die

---

[395] BGH, Urt. v. 13.6.1991 – III ZR 143/90 – BayVBl. 1991, 700 = BRS 53 Nr. 70 – Folgekosten-vertrag.
[396] BVerwG, Urt. v. 25.11.2005 – 4 C 15.04 – ZfBR 2006, 243; OVG Lüneburg, Urt. v. 3.5.2006 – 1 LC 170/04 – NdsVBl 2006, 249 = BauR 2006, 1703 – Koppelungsverbot; m. Hinw. auf BVerwG, Urt. v. 6.7.1973 – IV C 22.72 – BVerwGE 42, 331.

bei der Veräußerung von Grundstücken entstehen, fließen daher nicht dem bisherigen Eigentümer zu, sondern können in vollem Umfang zur Finanzierung der Entwicklungsmaßnahme eingesetzt werden. Die volle Abschöpfung der Wertsteigerung im Bereich einer Entwicklungsmaßnahme verbunden mit der Enteigungsmöglichkeit ist allerdings an qualifizierte Gemeinwohlerfordernisse gebunden. Die Durchführung der Entwicklungsmaßnahme muss im Besonderen öffentlichen Interesse geboten sein. Die im **Umlegungsgebiet** gelegenen Grundstücke werden nach ihren Flächen rechnerisch zu einer Umlegungsmasse verbunden (§ 55 I BauGB). Nach Abzug der für die Verwirklichung der Planung benötigten öffentlichen Flächen (§ 55 II BauGB) wird die Verteilungsmasse nach dem Verhältnis der eingebrachten Flächen oder Werte verteilt (§ 56 BauGB). Bei der Wertumlegung ist der jeweilige Einwurfswert für die Zuteilung maßgeblich. Wertsteigerungen, die das zugeteilte Grundstück durch die Umlegung erfahren hat, verbleiben der Gemeinde zur Finanzierung der entstandenen Kosten. Bei der Flächenumlegung wird neben dem Flächenabzug des § 55 II BauGB ein entsprechender Flächenbeitrag festgesetzt oder ein Geldbeitrag erhoben (§ 58 BauGB).

Diese **gesetzlichen Modelle** können auch für städtebauliche Verträge herangezogen **1434** werden. Eine obere Begrenzung dürften Kostenbelastungen des Investors auch bei einem städtebaulichen Vertrag durch die Abschöpfung der (vollen) Wertsteigerung oder der mit der Maßnahme verbundenen Aufwendungen erfahren. Vertragliche Vereinbarungen, die im Ergebnis zu einer darüber hinausgehenden Belastung des Investors führen, sind unzulässig. Vor allem darf die Gemeinde den städtebaulichen Vertrag nicht als willkommene Gelegenheit nutzen, von dem Investor Leistungen zu verlangen, die nicht durch das Vorhaben verursacht werden. Auch wird eine volle Abschöpfung der durch die Planung eintretenden Wertsteigerungen nur in Sondersituationen zulässig sein. Denn bei der Entwicklungsmaßnahme etwa ist eine volle Wertabschöpfung an das Vorliegen besonderer Gemeinwohlgründe gebunden.

In einem städtebaulichen Vertrag nach § 11 I 2 Nr. 3 BauGB darf vereinbart werden, **1435** dass der Vertragspartner auch die **verwaltungsinternen Kosten** (Personal- und Sachkosten) zu tragen hat, die der städtebaulichen Planung einer Gemeinde zurechenbar sind. Ausgenommen hiervon sind Kosten für Aufgaben, die die Gemeinde nicht durch Dritte erledigen lassen dürfte, sondern durch eigenes Personal wahrnehmen muss. Für die Angemessenheit der vertraglichen Zahlungspflicht i. S. des § 11 I 1 BauGB ist entscheidend, dass der städtebauliche Vertrag auf Initiative des privaten Vertragspartners zustande gekommen ist. Auf seine Motive sowie seine rechtlichen und wirtschaftlichen Beziehungen zu Dritten kommt es nicht an.[397]

Im Gegensatz dazu können die **naturschutzrechtlichen Ausgleichs- und Ersatz-** **1436** **maßnahmen** in vollem Umfang auf den Vertragspartner umgelegt werden. Hier geht das Gesetz von einer vollen Kostenübernahme durch den Investor aus. Festgesetzte Ausgleichsmaßnahmen sind nach § 135 a I BauGB vom Vorhabenträger durchzuführen. Soweit Ausgleichsmaßnahmen an anderer Stelle den Grundstücken nach § 9 I a BauGB zugeordnet sind, soll die Gemeinde diese anstelle und auf Kosten der Vorhabenträger oder der Grundstückseigentümer durchführen und auch die hierfür erforderlichen Flächen bereitstellen (§ 135 a II BauGB). Die Verteilung der Kosten ist dem Erschließungsbeitragsrecht nachgebildet, soweit keine anderen Regelungen getroffen werden (§§ 135 b, 135 c BauGB). Allerdings besteht diese Verpflichtung zur Durchführung und Finanzierung der Ausgleichsmaßnahmen nur nach Maßgabe des Ergebnisses der gemeindlichen Abwägung. Denn § 1 a III BauGB verpflichtet im Gegensatz zur Eingriffsregelung in §§ 13 bis 17 BNatSchG nicht zu einem vollständigen Ausgleich, sondern stellt Art und Umfang der Ausgleichsmaßnahmen in die abwägende Entscheidung der gemeindlichen Planung. Die Ergebnisse dieser naturschutzrechtlichen Ausgleichsentscheidung sind allerdings nach der gesetzlichen Regelung von den Begünstigten voll zu tragen. Auch soweit die

---

[397] BVerwG, Urt. v. 25.11.2005 – 4 C 15.04 – DVBl 2006, 455 = NVwZ 2006, 336.

Gemeinde naturschutzrechtliche Maßnahmen durchführt, erfüllt sie damit nicht eigene Primärverpflichtungen, sondern wird im Interesse der Investoren oder der sonst Begünstigten tätig. An diesem Modell der naturschutzrechtlichen Vollkostenübernahme kann sich auch der städtebauliche Vertrag orientieren. Allerdings wäre es unzulässig, wenn der Vertragspartner nach dem Vertrag mehr als den durch die Maßnahme verursachten Ausgleichsbedarf übernehmen würde.

1437   Bei der Bestimmung der **Angemessenheit** sollte allerdings **nicht kleinlich** verfahren werden.[398] Es darf auch berücksichtigt werden, dass der Investor vielfach ein erhebliches wirtschaftliches Interesse an einer schnellen Durchführung des Projektes hat. Dies gilt vor allem im Hinblick auf die erheblichen Vorlaufkosten und die Gefahr, dass sich solche Kosten im Falle des Scheiterns als Fehlinvestitionen erweisen könnten. Hinzu kommt vielfach die nicht unerhebliche Zinsbelastung, die mit der Länge der Planungsverfahren und der Bauausführung steigt. Eine schnelle Projektabwicklung ist daher ein erheblicher wirtschaftlicher Faktor, der durchaus bei der Berechnung der Angemessenheit berücksichtigt werden kann. Auch das Interesse des Vorhabenträgers, sein Vorhaben in eine gute Infrastruktur und in eine ansprechende Umgebung eingebettet zu sehen, kann bei der vertraglichen Gestaltung eine Rolle spielen. Auf der anderen Seite entstehen den Gemeinden durch neue Bauvorhaben Folgelasten, die sie berechtigterweise zumindest zu einem Teil abwälzen können. Die Angemessenheitsklausel muss hier Spielräume für sachgerechte Ausgleichsregelungen eröffnen. Eine strikte Bindung an die gesetzlichen Abrechnungsmodelle war vom Gesetzgeber nicht gewollt und würde auch den geänderten städtebaulichen und wirtschaftlichen Ausgangslagen nicht gerecht. Auch muss vermieden werden, dass der Investor zunächst die gemeindlichen Leistungen in Anspruch nimmt und etwa das von der Gemeinde geschaffene Baurecht ausnutzt, sich aber später mit Hinweis auf die Unwirksamkeit der Vereinbarungen seinen im städtebaulichen Vertrag übernommenen Verpflichtungen zu entziehen sucht. In den Vertrag könnte dazu etwa die Regelung aufgenommen werden, dass sich der Investor auf die Unwirksamkeit des städtebaulichen Vertrages (Durchführungsvertrages) nicht mehr berufen kann, wenn mit der Verwirklichung des Vorhabens begonnen worden ist.[399]

8. Konfliktbewältigung durch städtebauliche Verträge

1438   Der städtebauliche Vertrag kann als Instrument der Lastenverteilung eigenständige Funktionen der Konfliktbewältigung übernehmen.[400] Nach dem Grundsatz der Konfliktbewältigung sind die der Planung möglichst zuzurechnenden Konflikte durch Planung zu bewältigen. Dieser Grundsatz gilt allerdings nicht grenzenlos. Vielmehr kann die Lösung der aufgeworfenen Fragen i. S. der Lastenverteilung auf andere Teile, vor allem auch Nachfolgeverfahren, verschoben werden. In diesem Konzept kann auch der städtebauliche Vertrag eigenständige Funktionen erfüllen, die neben die Bauleitplanung und verschiedene Formen von Nachfolgeverfahren treten. So kann etwa der städtebauliche Vertrag planbegleitend sicherstellen, dass die planerische Konzeption umgesetzt wird. Denn die Bauleitplanung hat von Natur aus eine Schwäche: Sie unterbreitet zwar ein städtebauliches Angebot, verpflichtet aber grundsätzlich nicht zu dessen Umsetzung. Bauleitplanung ist aber auf Umsetzung angewiesen. So kann auch vom Prinzip her nicht ausgeschlossen werden, dass lediglich einzelne Teile des Bebauungsplans realisiert werden,

---

[398] Zu eng daher zur früheren Rechtslage VG Köln, Urt. v. 4.8.1983 – 7 K 5047/78 – KStZ 1983, 234: Nur ein atypischer Verlauf der Entwicklung, z. B. ein besonderer sprunghafter Anstieg der Bevölkerungszahl, rechtfertige eine Abwälzung der Folgekosten auf den dafür ursächlichen Bauträger. Ähnlich auch VGH München, Urt. v. 2.4.1980 – 290 IV 76 – BayVBl. 1980, 719 = KStZ 1981, 93 – Ansiedlungsprojekt.

[399] Vgl. allerdings auch BVerwG, Urt. v. 16.5.2000 – 4 C 4.99 – BVerwGE 111, 162 = DVBl 2000, 1853 – Gerechtigkeitslücke.

[400] *Stüer* DVBl 1995, 649.

während andere Teile nicht verwirklicht werden. Hier kann besser noch als Auflagen in der Baugenehmigung der städtebauliche Vertrag Abhilfe schaffen. Er ermöglicht nicht nur, die zeitnahe Realisierung eines Vorhabens zu gewährleisten, sondern auch, zwischen verschiedenen Teilen eines als Einheit begriffenen Vorhabens eine verbindliche Klammer herzustellen. Dies ist nicht nur für naturschutzrechtliche Kompensationsmaßnahmen, die an anderer Stelle als der des Eingriffs verwirklicht werden sollen, von großem Wert.[401] Die vertraglichen Regelungen können daher die satzungsrechtlichen Festsetzungen entlasten, wie der vorhabenbezogene Bebauungsplan deutlich macht. Hier wird durch den Durchführungsvertrag die Umsetzung der Planung sichergestellt (§ 12 I BauGB), wenn der Vertrag von entsprechenden Sicherheiten begleitet ist.

9. Vertragliche Haftung der Gemeinde

Die Gemeinde sollte bei dem Abschluss von Verträgen mit Investoren sicherstellen, dass **1439** sie nicht in unübersehbare Haftungsrisiken gerät. Gemeindliche Haftungsverpflichtungen können sich etwa ergeben, wenn die Gemeinde durch Vertrag das Risiko eines bestimmten Erfolges übernommen hat (Garantievertrag) oder der Vertragspartner durch die Gemeinde in seinem Vertrauen getäuscht worden ist.[402] Bei einer entsprechenden vertraglichen Risikoübernahme[403] kann die Gemeinde verpflichtet sein, für den Fall des Fehlschlagens der Planung aus Gründen, die in der Rechtssphäre der Gemeinde liegen, einen **finanziellen Ausgleich** für nutzlos erbrachte Aufwendungen zu gewähren. Verletzt die Gemeinde etwa bei der Erteilung von Auskünften oder bei der Planung ihre einem Dritten gegenüber bestehenden Amtspflichten, so können sich Amtshaftungsansprüche nach § 839 BGB, Art. 34 GG ergeben.[404] Kommt es nicht zum Abschluss eines Vertrages, können Ansprüche aus culpa in contrahendo bestehen.[405] Dies gilt auch, wenn die Gemeinde die Verhandlungen über den Abschluss eines Erschließungsvertrages, von dem die Erteilung der Baugenehmigung allein noch abhing, ohne triftigen Grund aus sachfremden Erwägungen schuldhaft abbricht[406] oder die Gemeinde ihrem Vertragspartner unrichtige, seine Vermögensdispositionen nachhaltig beeinflussende Angaben über den Stand der Bauleitplanung macht oder ihm Tatsachen verschweigt, deren Kenntnis ihn veranlasst hätten, sich von dem Vertrag früher als geschehen zu lösen.[407] Eine Haftung der Ge-

---

[401] BVerwG, B. v. 31.1.1987 – 4 NB 27/96 – BVerwGE 104, 68; Urt. v. 9.5.1997 – 4 N 1.96 – BVerwGE 104, 353.

[402] BGH, Urt. v. 29.11.1990 – III ZR 365/89 – BGHR BGB § 305 Risikoübernahme 1.

[403] BGH, Urt. v. 1.12.1983 – III ZR 38/82 – BayVBl. 1984, 284 = ZfBR 1984, 146 – Fehlgeschlagene Bauleitplanung.

[404] BGH, Urt. v. 11.5.1989 – III ZR 88/87 – DVBl 1989, 1094 = NJW 1990, 245 – Terrassenwohnstadt; Urt. v. 21.12.1989 – III ZR 49/88 – BGHZ 110, 1 = DVBl 1990, 355 – Wohnqualität; Urt. v. 21.12.1989 – III ZR 118/88 – BGHZ 109, 380.

[405] BGH, Urt. v. 8.6.1978 – III ZR 48/76 – BGHZ 71, 386 = DVBl 1978, 798 = BauR 1978, 368 – Folgelastenvertrag; Urt. v. 22.11.1979 – III ZR 186/77 – BGHZ 76, 16 = DVBl 1980, 679 = NJW 1980, 826 = BauR 1980, 327; Urt. v. 7.2.1980 – III ZR 23/78 – BGHZ 76, 343 = NJW 1980, 1683 – Teilungsgenehmigung; Urt. v. 22.10.1981 – III ZR 37/80 – NVwZ 1982, 98 = DÖV 1982, 417 = UPR 1982, 229 – Sanatorium; Urt. v. 20.9.1984 – III ZR 47/83 – BGHZ 92, 164 = NJW 1985, 1778 – Kooperationsvertrag; Urt. v. 9.4.1987 – III ZR 181/85 – BGHZ 100, 329 = BauR 1987, 429 = DÖV 1987, 742 – Holzpresserei. Der Anspruch ist vor den Zivilgerichten geltend zu machen, so BGH, Urt. v. 3.10.1985 – III ZR 60/84 – DVBl 1986, 409 = NJW 1986, 1109.

[406] BGH, Urt. v. 7.2.1980 – III ZR 23/78 – BGHZ 76, 343.

[407] Derartige Ansprüche gehören nach § 40 II VwGO vor die Zivilgerichte, vgl. BGH, Urt. v. 18.6.1978 – III ZR 48/76 – BGHZ 71, 386, 392 ff.; Urt. v. 22.11.1979 – III ZR 186/77 – BGHZ 76, 16, 22 ff.; Urt. v. 17.2.1980 – III ZR 23/78 – BGHZ 76, 343 ff.; Urt. v. 11.12.1983 – III ZR 38/82 – LM Nr. 54 zu § 133 (C) BGB; Urt. v. 17.2.1980 – III ZR 23/78 – BGHZ 76, 343, 348; Urt. v. 13.10.1985 – III ZR 60/84 – NJW 1986, 1109 = DVBl 1986, 409 = NVwZ 1986, 420 – culpa in contrahendo, zum Anspruch eines Bauträgers gegen eine Gemeinde auf Ersatz von Aufwendungen im Zusammenhang mit einer fehlgeschlagenen Bauleitplanung.

meinde tritt allerdings nicht schon deshalb ein, weil der von ihr aufgestellte Bebauungsplan die im Vertrag vorausgesetzte bauliche Nutzung von Grundstücken nicht oder nicht in dem gewünschten Maße ermöglicht.[408] Der Schadensersatz geht dabei in der Regel auf das negative Interesse (sog. **kleiner Schaden**). Das positive (Erfüllungs-)Interesse (sog. **großer Schaden**) kann nur dann geltend gemacht werden, wenn die Gemeinde die Garantie für den Eintritt eines bestimmten Erfolges übernommen hat. Die Wirksamkeit einer solchen Garantieübernahme setzt allerdings voraus, dass die Belange der Bauleitplanung dem nicht entgegenstehen[409] oder ein solcher Vertrag nicht im Hinblick auf das Abwägungsgebot nichtig ist.

10. Verbot subjektiver Abwägungssperren

1440   Die Regelungsmöglichkeiten des städtebaulichen Vertrages stoßen zudem auf rechtsstaatliche Grenzen, die sich vor allem aus dem Abwägungsgebot[410] und der Eigentumsgarantie ergeben: Rechtsstaatliche Planung muss ein hohes Maß an Neutralität wahren und darf der Öffentlichkeit nicht als „abgekartetes Spiel" von Interessengruppen erscheinen. Eine einseitige Inpflichtnahme der öffentlichen Hand durch private Investoren ist nicht zulässig. Verträge, durch die die Planung einseitig gebunden wird und den übrigen Bürgern und Planbetroffenen nicht mehr neutral erscheinen, verstoßen gegen das Abwägungsgebot.[411]

1441   Die gesetzliche Regelung des städtebaulichen Vertrages gibt der Praxis ein hilfreiches Instrumentarium an die Hand, das vor allem bei konkreten Investitionsvorhaben neue Perspektiven eröffnet. Aus Gründen der Wahrung des rechtsstaatlich gebotenen Planungsprozesses sollte jedoch mit diesem Instrumentarium bezogen auf beteiligte Drittinteressen behutsam umgegangen werden. Planung darf sich weder als „obrigkeitliche Hoheitsverwaltung" noch als „Spielball privatwirtschaftlicher Interessen" verstehen. Städtebauliche Planung steht im Dienste aller Bürger und muss sich vor allem durch Offenheit und Ausgewogenheit der Planungsprozesse und durch überzeugende Konzepte legitimieren. Dies setzt die strikte Beachtung förmlicher Verfahren und das Bemühen der politischen Entscheidungsträger um größtmögliche Akzeptanz bei den Betroffenen voraus.

---

[408] BGH, Urt. v. 8.6.1978 – III ZR 48/76 – BGHZ 71, 386 = DVBl 1978, 798 – Folgelastenvertrag.
[409] BGH, Urt. v. 22.11.1979 – III ZR 186/77 – BGHZ 76, 16 = DVBl 1980, 679.
[410] BVerwG, Urt. v. 12.12.1969 – 4 C 105.66 – BVerwGE 34, 301 = RzB Rn. 23 – Abwägungsgebot; Urt. v. 5.7.1974 – 4 C 50.72 – BVerwGE 45, 309 = RzB Rn. 24 – Delog–Detag; B. v. 9.11.1979 – 4 N 1.78 – BVerwGE 59, 87 = RzB Rn. 26 – Normenkontrolle; s. auch o. Rn. 832, 488.
[411] OLG München, Urt. v. 9.3.1976 – BayOLGZ 1976, 47 = BayVBl. 1976, 378 = DÖV 1976, 573; s. auch Rn. 1063.

H. Überleitungsrecht

Das BauROG 1998 hat in Deutschland ein einheitliches Städtebaurecht geschaffen. Die **1442** bisher bestehenden Sonderregelungen für die östlichen Länder sind gestrichen worden. Allerdings haben die Länder in eigenen Bereichen des Städtebaurechts die Möglichkeit, abweichende Regelungen zu schaffen.

I. Sonderregelungen in den Ländern

Sonderregelungen für einzelne Länder sind in § 246 BauGB enthalten. Dabei ist zwischen **1443** den Sonderregelungen für die Stadtstaaten Berlin, Bremen und Hamburg und Ermächtigungen zu Sonderregelungen für die einzelnen Länder zu unterscheiden.

1. Sonderregelungen für Stadtstaaten

Für die Stadtstaaten Berlin, Bremen und Hamburg enthält § 246 BauGB Sonderregelun- **1444** gen: In den beiden Ländern Berlin und Hamburg entfallen nach § 246 I BauGB die in §§ 6 I, 10 II, 190 I BauGB vorgesehenen Genehmigungen oder Zustimmungen. Das Land Bremen kann bestimmen, dass die Genehmigungen und Zustimmungen entfallen. Genehmigungs- und zustimmungsfrei sind danach die Aufstellung des Flächennutzungsplanes, des Bebauungsplans und ein erneuter Beschluss über eine Veränderungssperre und die Einleitung eines Flurbereinigungsverfahrens nach § 190 BauGB, § 87 FlurbG. Die Länder Berlin und Hamburg bestimmen, welche Form der Rechtsetzung an die Stelle der im BauGB vorgesehenen Satzungen tritt. Auch das Land Berlin kann eine solche Bestimmung treffen. Anpassungsermächtigungen sind den Stadtstaaten Berlin, Bremen und Hamburg hinsichtlich der Zuständigkeit von Behörden in § 246 IV BauGB eingeräumt. Das Land Hamburg gilt nach § 246 V BauGB hinsichtlich der Anwendung des BauGB als Gemeinde. Die Sonderregelungen in § 246 BauGB sollen eine Umsetzung des Städtebaurechts auch im Hinblick auf die besonderen Strukturen der Stadtstaaten gewährleisten.

2. Sonderregelungen für die Länder

Neben den Sonderregelungen für die Stadtstaaten treten in § 246 BauGB Sonderregelun- **1445** gen für einzelne Länder. Die Regelungen enthalten dabei Ermächtigungen, von denen in allen Ländern Gebrauch gemacht werden kann. Im Gegensatz zu früheren Regelungen sind die Sonderregelungen auch nicht nur auf die östlichen Bundesländer beschränkt. § 246 I a BauGB ermächtigt die Länder zur Einführung eines Anzeigeverfahrens für die aus dem Flächennutzungsplan entwickelten Bebauungspläne und Innenbereichssatzungen nach § 34 IV 1 BauGB und Außenbereichssatzungen nach § 35 VI BauGB. Dies gilt nicht für Planverfahren nach § 13 BauGB. Führen die Länder in diesen Fällen ein Anzeigeverfahren ein, so hat die höhere Verwaltungsbehörde die Verletzung von Rechtsvorschriften, die eine Versagung der Genehmigung nach § 10 II BauGB rechtfertigen würden, innerhalb eines Monats nach Eingang geltend zu machen. Der Bebauungsplan oder die Satzung dürfen nur in Kraft gesetzt werden, wenn die höhere Verwaltungsbehörde die Verletzung von Rechtsvorschriften nicht innerhalb der Monatsfrist geltend macht. Die Länder haben danach die Möglichkeit, das Anzeigeverfahren für die aus dem Flächennutzungsplan entwickelten Bebauungspläne und nicht genehmigungspflichtige Innenbereichssatzungen wieder einzuführen. Die Wirksamkeit des Bebauungsplans bzw. der Satzung hängt allerdings davon nicht ab (§ 214 I BauGB).

Ermächtigungen zu Sonderregelungen sind auch im Hinblick auf Einkaufszentren **1446** im nicht beplanten Innenbereich getroffen worden. Nach § 246 VII BauGB konnten die Länder bestimmen, dass § 34 I 1 BauGB bis zum 31.12.2004 nicht für Einkaufszentren, großflächige Einzelhandelsbetriebe und sonstige großflächige Handelsbetriebe i.S. von § 11 III BauGB anzuwenden war. Hierdurch wurde den Ländern die Möglichkeit eröffnet, nach § 34 I BauGB zu beurteilende großflächige Einzelhandelsvorhaben im nicht beplanten Innenbereich für unzulässig zu erklären. Allerdings ist in diesen Fällen gegebenenfalls nach §§ 238, 246 VII 2 BauGB eine Entschädigung zu leisten.

3. Berlin als Hauptstadt

1447 Im Interesse der Herstellung der Einheit Deutschlands ist dem Bund durch § 247 BauGB ein Mitspracherecht bei der kommunalen Bauleitplanung in der Bundeshauptstadt eingeräumt worden. Dabei galt es, die Interessen des Bundes an einer weitgehenden Mitsprache und Mitentscheidung bei Vorhaben, die der Entwicklung Berlins als Hauptstadt Deutschland dienen und sich aus den Erfordernissen der Verfassungsorgane des Bundes ergeben, mit Belangen der örtlichen Stadtplanung zum Ausgleich zu bringen. Die gewaltigen Baumaßnahmen im Bereich des Deutschen Reichstags und des Spreebogens sowie die Diskussionen um die Wiedererrichtung des Berliner Stadtschlosses und den im Jahre 1999 durchgeführten Umzug von Bundespräsident, Bundestag, Bundesrat und Bundesregierung sind nur einige herausragende Beispiele für die tief greifenden Veränderungen, in denen Berlin als Metropole Deutschlands begriffen ist. § 247 BauGB sieht zur Abstimmung der gegenseitigen Interessen zwischen dem Bund und Berlin einen gemeinsamen Ausschuss vor (§ 247 II BauGB), dem allerdings keine Entscheidungsbefugnisse zustehen. Kommt es in dem Ausschuss zu keiner Übereinstimmung, können Bundespräsident, Deutscher Bundestag, Bundesrat und Bundesregierung als Verfassungsorgane des Bundes ihre Erfordernisse unter Berücksichtigung einer geordneten städtebaulichen Entwicklung Berlins eigenständig feststellen. Die Bauleitpläne und sonstigen städtebaulichen Satzungen sind entsprechend anzupassen (§ 247 IV BauGB). Das Anpassungsgebot an die Erfordernisse der obersten Bundesorgane ist dem in § 1 IV BauGB an die Raumordnung vergleichbar. Im Interesse eines Umzuges der Verfassungsorgane nach Berlin waren die Regelungen über städtebauliche Entwicklungsmaßnahmen für entsprechend anwendbar erklärt worden (§ 247 V BauGB 1998).[1] Auch sollte den Belangen der Verfassungsorgane des Bundes bei allen Genehmigungs-, Zustimmungs- oder sonstigen Verfahren nach Möglichkeit Vorrang eingeräumt werden (§ 247 VI BauGB 1998).[2]

II. Überleitungsrecht für das Städtebaurecht

1448 Die bisherigen Überleitungsregelungen sind durch zahlreiche Novellierungen des BBauG und des BauGB unübersichtlich und teilweise durch Zeitablauf überflüssig geworden. **§§ 233 bis 245 b BauGB** ordnen daher das Überleitungsrecht neu und wollen dadurch zu einer vereinfachten Anwendung beitragen. Im Mittelpunkt steht dabei die Generalklausel für förmliche Verfahren nach dem BauGB und den Grundsatz der Planerhaltung. Besondere Überleitungsregelungen betreffen das Vorkaufsrecht (§ 234 BauGB), städtebauliche Sanierungs- und Entwicklungsmaßnahmen (§ 235 BauGB), das Baugebot und die Erhaltung baulicher Anlagen (§ 236 BauGB), die Entschädigungsregelungen (§ 238 BauGB), die Bodenordnung (§ 239 BauGB), die Erschließung (§ 242 BauGB), das BauGB-MaßnG und das BNatSchG (§ 243 BauGB), das EAG Bau 2004 (§ 244 BauGB), der Stadtumbau und die Soziale Stadt (§ 245 BauGB) und Vorhaben im Außenbereich (§ 245 b BauGB). Die allgemeine Überleitungsvorschrift für das Städtebaurecht enthält § 233 BauGB. Die Fortführung eingeleiteter Verfahren wird in § 233 I BauGB behandelt. Der Grundsatz der Planerhaltung wird nach § 233 II BauGB auch auf alte Pläne und Satz-

---

[1] Die Regelung ist durch das EAG Bau 2004 aufgehoben worden. Die vormals in § 247 VI BauGB 1993 enthaltene Regelung über Vorkaufsrechte zugunsten von Bundeseinrichtungen ist bereits durch das BauROG 1998 aufgehoben worden.

[2] Auch diese Regelung ist durch das EAG Bau 2004 aufgehoben worden.

ungen erstreckt. Alte Pläne, Satzungen und Entscheidungen gelten nach § 233 III BauGB fort.[3]

1. Eingeleitete Verfahren

Verfahren nach dem BauGB, die vor dem Inkrafttreten einer Gesetzesänderung förmlich **1449** eingeleitet worden sind, werden nach den bisher geltenden Rechtsvorschriften abgeschlossen, so weit in den **Überleitungsregelungen der §§ 233 bis 245 b BauGB** nichts anderes bestimmt ist. Ist mit gesetzlich vorgeschriebenen einzelnen Verfahrensschritten noch nicht begonnen worden, können diese auch nach den jeweils geänderten Regelungen fortgeführt werden. § 233 I 1 BauGB enthält damit den allgemeinen, auch für künftige Änderungen des BauGB geltenden Grundsatz, dass begonnene Verfahren nach den bisherigen Vorschriften zu Ende geführt werden. Dies gilt etwa für die Aufstellung des Flächennutzungsplans oder der städtebaulichen Satzungen. Sind diese etwa vor der Gesetzesänderung zum 1.1.1998 förmlich eingeleitet worden, konnten sie nach dem bis zu dieser Gesetzesänderung geltenden Recht fortgeführt und abgeschlossen werden. Die Gemeinde konnte daher etwa eine erweiterte Abrundungssatzung auf der Grundlage des bisherigen § 4 I a BauGB-MaßnG erlassen, wenn das Satzungsverfahren bereits vor dem 1.1.1998 förmlich eingeleitet worden war. Dasselbe galt für Gemeinden in den neuen Ländern etwa im Hinblick auf einen Teil-Flächennutzungsplan oder einen vorzeitigen Bebauungsplan (§ 246 a I Nr. 1, 3 BauGB), wenn das Verfahren vor dem 1.1.1998 förmlich eingeleitet worden war. § 233 I 2 BauGB räumt der Gemeinde allerdings ein Wahlrecht ein. Sie konnte die vor dem Inkrafttreten des BauROG 1998 begonnenen Verfahren auf das neue Recht umstellen und die weiteren förmlichen Verfahrensschritte unter Anwendung der neuen Vorschriften fortsetzen. Dann kam insoweit nicht mehr das bisherige, sondern das neue Recht zur Anwendung. So konnte etwa ein auf der Grundlage des § 7 BauGB-MaßnG begonnenes Verfahren zur Aufstellung eines Vorhaben- und Erschließungsplans nach Inkrafttreten des BauROG 1998 als vorhabenbezogener Bebauungsplan nach § 12 BauGB fortgesetzt werden. Die Gemeinde sollte die Umstellung auf das neue Recht, die in ihrem freien Ermessen steht, bei der Durchführung des Planverfahrens durch entsprechende Beschlüsse dokumentieren. Für das Erfordernis einer Umweltprüfung aus Anlass des EAG Bau 2004 gilt die Sonderregelung des § 244 BauGB.[4]

2. Erstreckung der Planerhaltung auf alte Pläne

Die Grundsätze der Planerhaltung sind nach **§ 233 II BauGB** auch auf Flächennutzungs- **1450** pläne und Satzungen entsprechend anzuwenden, die auf der Grundlage der bisherigen Fassungen des BBauG und des BauGB in Kraft getreten sind. § 233 II BauGB erstreckt daher den Grundsatz der Planerhaltung auch auf alte Pläne, die vor dem Inkrafttreten des EAG Bau 2004 aufgestellt worden sind. Gerade auch Flächennutzungspläne oder Satzungen, die noch auf der Grundlage früherer Fassungen des BBauG oder des BauGB in Kraft getreten sind, sollen daher in den Genuss der aktuellen Planerhaltungsvorschriften kommen.

3. Fortgeltung alter Pläne, Satzungen und Entscheidungen

Nach **§ 233 III BauGB** gelten auf der Grundlage der bisherigen Fassungen des BBauG **1451** und des BauGB wirksame oder übergeleitete Pläne, Satzungen und Entscheidungen auch nach Änderung des BauGB durch das EAG Bau 2004 fort. Die Regelung betrifft mehrere Fallgestaltungen: Alte Pläne, Satzungen und Entscheidungen aus der Zeit vor Inkrafttreten des BBauG und seiner Fortschreibung durch das BauGB sind durch entsprechende

---

[3] Fachkommission „Städtebau" der ARGEBAU, Muster-Einführungserlass zum BauROG, Nr. 15.

[4] S. Rn. 1448.

Vorschriften in ihrem Bestand bestätigt oder übergeleitet worden. Diese alten Überleitungsvorschriften werden zwar nicht mehr in die fortgeschriebenen Fassungen des BauGB übernommen. Die in der Vergangenheit auch ggf. durch entsprechende Überleitungsregelungen wirksam gewordenen Pläne, Satzungen und Entscheidungen behalten jedoch ihre bisherige Wirksamkeit.[5]

4. Überleitungsrecht für UP-pflichtige Bebauungspläne

1452   Nach §§ 233 I, 244 I BauGB werden Bauleitpläne, die im Zeitpunkt des Inkrafttretens des EAG Bau 2004 förmlich eingeleitet waren, nach dem bisherigen Recht weitergeführt, wenn das Verfahren bis zum 20.6.2006 abgeschlossen wurde. § 244 II BauGB enthält Sonderregelungen im Hinblick auf die UVP-Änderungsrichtlinie, die bis zum 14.3.1999 in deutsches Recht umzusetzen war, aber erst durch das ArtG in nationales Recht umgesetzt worden ist. Die Überleitungsregelung in § 245 c BauGB, die für Bebauungspläne mit einer UVP-Pflicht nach dem ArtG galt, konnte im Hinblick auf die Neuregelung der Umweltprüfung in der Bauleitplanung aufgehoben werden.

---

[5] Erfasst werden auch auf der Grundlage des bisherigen § 246 a V 1 Nr. 1 BauGB noch fortgeltende Generalbebauungspläne, Leitpläne und Ortsgestaltungskonzepte, die ursprünglich auf der Grundlage des ehemaligen DDR-Rechts aufgestellt worden sind. Auch behalten Pläne, Satzungen und Entscheidungen, die auf einer früheren Gesetzesgrundlage getroffen worden sind, weiterhin ihre Gültigkeit, so weit sich daraus für die Gegenwart oder Zukunft noch Rechtsfolgen ergeben. Außerdem wird in Ergänzung der allgemeinen Überleitungsregelung in § 233 I BauGB klargestellt, dass Pläne oder Satzungen, die auf der bisherigen Rechtsgrundlage fortgesetzt werden, die vom bisherigen Recht für sie vorgesehenen Rechtswirkungen entfalten.

I. Raumordnung

Die Bauleitpläne sind nach § 1 IV BauGB den **Zielen der Raumordnung** anzupassen.[1] **1453** Die **Anpassungspflicht** bezieht sich auf die Flächennutzungspläne und die Bebauungspläne und erfasst neben der erstmaligen Aufstellung auch ggf. die nachträgliche Anpassung an zeitlich später verabschiedete Ziele der Raumordnung. Der Regelungszweck des § 1 IV BauGB besteht in der „Gewährleistung materieller Konkordanz" zwischen der übergeordneten → Landesplanung und der gemeindlichen Bauleitplanung. Raumordnerische Zielvorgaben können eine Anpassungspflicht der Gemeinde nach § 1 IV BauGB nur auslösen, wenn sie hinreichend bestimmt (jedenfalls aber bestimmbar) und rechtmäßig sind.[2] Auch wenn nach der Beschlussfassung eines Bebauungsplans ein Ziel der Raumordnung rechtswirksam wird, das eine Anpassungspflicht betrifft, darf der Bebauungsplan nicht bekanntgemacht werden.[3] Die Bindungswirkungen gelten auch für

---

[1] *Battis* JA 1981, 313; *Beck* ET 1992, 404; *Bielenberg/Erbguth/Söfker* Raumordnung und Landesplanung des Bundes und der Länder; *Bleicher* Das Verfahren zur Anpassung der Bauleitplanung an die Ziele der Raumordnung und Landesplanung 1983; *ders.* der landkreis 1992, 463; *Cholewa/Dyong/von der Heide/Arenz* Raumordnung in Bund und Ländern 1993; *David* Zur rechtlichen und raumordnungspolitischen Funktion des Begriffs der Raumbedeutsamkeit; *Dickschen* Das Raumordnungsverfahren im Verhältnis zu den fachlichen Genehmigungs- und Planfeststellungsverfahren; *Erbguth* LKV 1993, 145; *ders.* LKV 1994, 89; *Erbguth/Schoeneberg* Raumordnungs- und Landesplanungsrecht 1992; *Ernst/Suderow* Die Zulässigkeit raumordnerischer Festlegungen für Gemeindeteile; *Evers* Recht der Raumordnung 1973; *Folkerts* Raumordnungsziele im Ländervergleich 1988; *ders.* DVBl 1989, 733; *Funke* Bund-Länder-Abstimmung am Beispiel der Raumordnung und Landesplanung 1987; *Gaentzsch* ZfBR 1991, 192; *Geiger* JA 1993, 28; *Hartwig* BBauG NVwZ 1985, 8; *Heigl/Hosch* Raumordnung und Landesplanung in Bayern 1991; *Henrich* Kommunale Beteiligung in der Raumordnung und Landesplanung 1981; *Hoppe* Das Recht der Raumordnung und Landesplanung in NW 1986; *Hoppe/Appold* Raumordnung und Landesplanung 1994, Sp. 1667; *Hofmann-Hoeppel* ZUR 1993, 68; *Hübler/Cassens* (Hrsg.) Raumordnungsverfahren in den neuen Bundesländern 1993; *Jahn* ThürVBl. 1995, 49; *Jarass* BayVBl. 1979, 65; *Kauch* Die Raumordnung bei der immissionsschutzrechtlichen Genehmigung von Abfallentsorgungsanlagen 1995; *Kauther* DVP 1981, 253; *Knöpfle* Das Einvernehmen der Gemeinden nach § 36 BBauG und raumordnungsrechtliche Vorgaben 1984; *Koch/Hendler* Baurecht, Raumordnungs- und Landesplanungsrecht 1995; *Kratzenberg* DVBl 1988, 1035; *ders.* NVwZ 1989, 1189; *Krautzberger* UPR 1992, 1; *ders.* DÖV 1992, 92; *ders.* DÖV 1992, 911; *Kremm* Ziele der Raumordnung und Landesplanung als Grundlage subjektiver Rechte von Gemeinden 1993; *Kühne* DVBl 1984, 709; *Landessprecher von Brandenburg, Mecklenburg-Vorpommern, Sachsen, Sachsen-Anhalt und Thüringen* Gemeinsamer Einführungserlass zum BauGB 1990; *Mache/Müller* VR 1985, 216; *Lautner* HSGZ 1995, 218; *von Mutius* BayVBl. 1988, 641; *Oberndorfer* Die Verwaltung 1992, 257; *Papier* RdE 1986, 194; *Passlick* Die Ziele der Raumordnung und Landesplanung 1986; *Peine* Raumplanungsrecht 1987; *Roer* Die Bindungswirkung von Zielen der Raumordnung und Landesplanung nach der Privatisierung der Post 1996; *Ronellenfitsch* WiVerw. 1985, 168; *Scheipers* Ziele der Raumordnung und Landesplanung aus der Sicht der Gemeinden 1995; *Schlichter* AgrarR 1985, 245; *Schmidt-Aßmann* VBlBW 1986, 2; *ders.* FS Weyreuther 1993, 73; *Schoeneberg* Umweltverträglichkeitsprüfung und Raumordnungsverfahren 1984; *Schweer* LKV 1994, 201; *Siebelt* Anspruch auf Raumordnungsverfahren? NVwZ 1992, 645; *Siedentopf* RuR 1992, 163; *Söfker* DVBl 1987, 598; *Steinberg* NuR 1992, 164; *ders.* DÖV 1992, 321; *Stich* NuR 1992, 164; *Wagner* Die Harmonisierung der Raumordnungsklauseln in den Gesetzen der Fachplanung 1990; *ders.* DVBl 1991, 1230; *ders.* DVBl 1993, 583; *Wahl* FS Sendler 1991, 199; *Weidemann* Die Staatsaufsicht im Städtebaurecht als Instrument der Durchsetzung der Raumordnung und Landesplanung 1982; *ders.* DVBl 1984, 767; *Wickrath* Bürgerbeteiligung im Recht der Raumordnung und Landesplanung 1992; *dies.* DVBl 1992, 998; *Winkel* der landkreis 1990, 492; *Zimmerling* UVP-report 1991, 84; *Zoubeck* Das Raumordnungsverfahren 1978, 1.

[2] BVerwG, B. v. 25.6.2007 – 4 BN 17.07 – ZfBR 2007, 683 = BauR 2007, 1712 – materielle Konkordanz.

[3] BVerwG, B. v. 14.5.2007 – 4 BN 8.07 – NVwZ 2007, 953 = ZfBR 2007, 576 = BauR 2007, 1837 – Ziele der Raumordnung. Zur Rechtsqualität einer landesplanerischen Beurteilung BVerwG, B. v. 4.6.2008 – 4 BN 12.08 – ZfBR 2008, 592 = BauR 2008, 1415 - Landesplanerische Beurteilung.

eine Planänderung.[4] Ein die Abweichung von den Zielen der Raumordnung zulassender Bescheid stellt auch gegenüber einer Nachbargemeinde einen Verwaltungsakt dar, wenn sie dadurch in ihren Interessen betroffen wird.[5] Die Bindungswirkung bezieht sich allerdings nur auf Ziele, nicht auf Grundsätze der Raumordnung. So kann die Festlegung eines große Teile einer Region erfassenden „Vermeidungsgebotes" für „große" Antennenträger im Regionalplan als Grundsatz durch Abwägung überwunden werden.[6]

1454   Eine **Parallelvorschrift** zu § 1 IV BauGB enthält **§ 4 I ROG**, wonach öffentliche Stellen bei ihren raumbedeutsamen Planungen und Maßnahmen[7], bei Entscheidungen über raumbedeutsame Planungen und Maßnahmen anderer öffentlicher Stellen sowie Planungen und Maßnahmen raumbedeutsamer Planungen und Maßnahmen anderer öffentlicher Stellen verpflichtet sind, die Ziele der Raumordnung zu beachten. Die sich hieraus ergebende Beachtenspflicht deckt sich inhaltlich mit der Anpassungspflicht an die → Ziele der Raumordnung in § 1 IV BauGB.

I. ROG 2009 (Überblick)

1455 Das **Verhältnis** der **Bauleitplanung** zur **Raumordnung** ist im ROG geregelt, das durch das **BauROG 1998** neu konzipiert und durch das **EAG Bau 2004** um Regelungen zur Umweltprüfung und Öffentlichkeitsbeteiligung ergänzt worden ist. Durch das **Gesetz zur Neufassung des ROG und zur Änderung anderer Vorschriften (GeROG)** ist das ROG zum Jahresende 2008 neu gefasst worden.[8] Das Gesetz verbessert und aktualisiert das Instrument der Raumordnung. Die Vorschriften werden mit den europarechtlichen Vorgaben und dem Recht der Bauleitplanung harmonisiert. Auch durch eine allgemeine Runderneuerung trägt das Gesetz zu einem sachgerechten Interessenausgleich zwischen Städten und Gemeinden, der Regional-, → Landes- und Bundesplanung sowie der Fachplanung bei. Das Gesetz bestimmt sein Inkrafttreten in 2 Stufen, nämlich am 31.12.2008 und am 30.6.2009. Die Länder haben die mit der Föderalismusreform eingeführten Abweichungsmöglichkeiten (Art. 72 III GG).

– **Abschnitt 1** enthält allgemeine Regelungen das Hinwirken auf eine ausgewogene Entwicklung im Gesamtstaat unter Gewährleistung gleichwertiger Lebensverhältnisse. Dies betrifft insbesondere die Aufgabe, Leitvorstellung und Grundsätze der Raumordnung, das Erfordernis der Aufstellung von Raumordnungsplänen, das Erfordernis von Mindeststandards und der Bindungswirkung der Raumordnungspläne.

– **Abschnitt 2** beinhaltet für den Bereich der Raumordnung in den Ländern ergänzende Regelungen.

– **Abschnitt 3** umfasst die Raumordnung im Bund u.a. mit den Regelungen für die Aufstellung eines Raumordnungsplans für die ausschließliche Wirtschaftszone Deutschlands sowie durch Regelungen für die Aufstellung von Raumordnungsplänen für den Gesamtraum in Form von räumlichen und fachlichen Teilplänen mit Zielfestlegungen zu länderübergreifenden Standortkonzepten für See- und Binnenhäfen sowie für Flughäfen als Grundlage für ihre verkehrliche Anbindung im Rahmen der Bundesverkehrswegeplanung.

– **Abschnitt 4** enthält Regelungen über die Zusammenarbeit von Bund und Ländern im Bereich der Raumordnung sowie die Schlussvorschriften.

---

[4] OVG Greifswald, Urt. v. 21.1.2008 – 3 K 30/06 – NordÖR 2008, 397 – Windenergieanlage.

[5] OVG Koblenz, Urt. v. 15.10.2008 — 1 A 10388/08 – Landesentwicklungsprogramm. Bei der Festlegung der Standortbereiche für die Gewinnung von Rohstoffen auch lediglich um Grundsätze handeln, so OVG Saarlouis, Urt. v. 29.5.2008 – 2 C 153/07 – LKRZ 2008, 316.

[6] VGH München, Urt. v. 26.6.2008 – 1 B 05.1104 – KommunalPraxis BY 2008, 352 (L) – Aufstockung eines Mobilfunkmastes.

[7] Zu diesem Begriff § 3 Nr. 6 ROG, BVerwG, B. v. 7.11.1996 – 4 B 170.96 – DVBl 1997, 434 = UPR 1997, 106 – Sonderlandeplatz.

[8] BR-Drs. 563/08; BT-Drs. 16/10292; hierzu Gegenäußerung der Bundesregierung vom 21.9.2008 BT-Drs.16/10332; Ausschussbericht BT-Drs. 16/10292.

> → **Landesplanung.** Zusammenfassende Programme und Pläne auf der Ebene der Bundesländer. Die zumeist grobmaschige Landesplanung gibt allgemeine Vorgaben für die konkrete kommunale Bauleitplanung. Landesplanung und gemeindliche Bauleitplanung sind durch das → Gegenstromprinzip verbunden (§ 1 III ROG). Danach hat die Landesplanung städtebauliche Belange zu berücksichtigen. Die Ziele der Landesplanung sind von der Bauleitplanung zu beachten. Die Grundsätze der Landesplanung sind in der kommunalen Bauleitplanung durch Abwägung überwindbar.

II. Ausgangspunkte

Nach dem ROG liegt der **Schwerpunkt** der raumordnerischen Aufgaben bei den **Ländern**. Der Abschnitt 2 enthält daher für die Länderregelungen die entsprechenden Regelungen. Die wesentlichen Kernelemente dieses Verhältnisses, die durch das → **Gegenstromprinzip** markiert werden,[9] sind dabei erhalten geblieben. Die Entwicklung, Ordnung und Sicherung der Teilräume soll sich in die Gegebenheiten und Erfordernisse des Gesamtraums einfügen; die Entwicklung, Ordnung und Sicherung des Gesamtraumes soll die Gegebenheiten und Erfordernisse seiner Teilräume berücksichtigen (§ 1 III ROG). Die **Aufgabe der Raumordnung** wird in § 1 I ROG beschrieben. Danach sind der Gesamtraum der Bundesrepublik Deutschland und seine Teilräume durch zusammenfassende, übergeordnete Raumordnungspläne und durch Abstimmung raumbedeutsamer Planungen und Maßnahmen zu entwickeln, zu ordnen und zu sichern. Dabei sind (1) unterschiedliche Anforderungen an den Raum aufeinander abzustimmen und die auf der jeweiligen Planungsebene auftretenden Konflikte auszugleichen sowie (2) Vorsorge für einzelne Raumfunktionen und Raumnutzungen zu treffen. **1456**

1. Leitvorstellungen

Die Leitvorstellungen der Raumordnung werden in § 1 II ROG beschrieben. Sie bestehen in einer **nachhaltigen Raumentwicklung**, welche die sozialen und wirtschaftlichen Ansprüche an den Raum mit seinen ökologischen Funktionen in Einklang bringt und zu einer dauerhaften, großräumig ausgewogenen Ordnung führt. Das ROG stellt dabei klar, dass die verschiedenen Belange nicht in einem Verhältnis der Vor- und Nachrangigkeit zueinander bestehen, sondern im Prinzip gleichgewichtig sind. Die Leitvorstellungen sind zwar an einer nachhaltigen Raumentwicklung ausgerichtet. Ein Vorrangverhältnis bestimmter Belange ist damit aber nicht grundgelegt. Die **Leitvorstellungen** sind Handlungsmaximen bei der Aufgabenerfüllung und Auslegungsmaxime der **Grundsätze** (§ 1 II, 2 I ROG). Die in § 2 II ROG niedergelegten Grundsätze der Raumordnung beziehen sich auf die Raumstruktur (Nr. 1), die Vielfalt des Gesamtraumes und seiner Teilräume (Nr. 2), die Versorgung mit Dienstleitungen und Infrastruktur der Daseinsvorsorge (Nr. 3), die Wirtschaftsstruktur (Nr. 4), die Kulturlandschaft einschließlich der Land- und Forstwirtschaft (Nr. 5), die Bedeutung für die Funktionsfähigkeit der Böden, des Wasserhaushalts, der Tier- und Pflanzenwelt sowie des Klimas (Nr. 6), die Verteidigung (Nr. 7) und die Zusammenarbeit in der EU. § 3 ROG enthält einen Katalog von Begriffsbestimmungen über Erfordernisse der Raumordnung,[10] → Ziele der Raumordnung,[11] → Grund- **1457**

---

[9] *Löwer* JuS 1975, 779; *Depenbrock* DVBl 1977, 14.

[10] Ziele der Raumordnung, Grundsätze der Raumordnung und sonstige Erfordernisse der Raumordnung.

[11] Verbindliche Vorgaben in Form von räumlich und sachlich bestimmten oder bestimmbaren, vom Träger der Landes- oder Regionalplanung abschließend abgewogenen textlichen oder zeichnerischen Festlegungen in Raumordnungsplänen zur Entwicklung, Ordnung und Sicherung des Raumes.

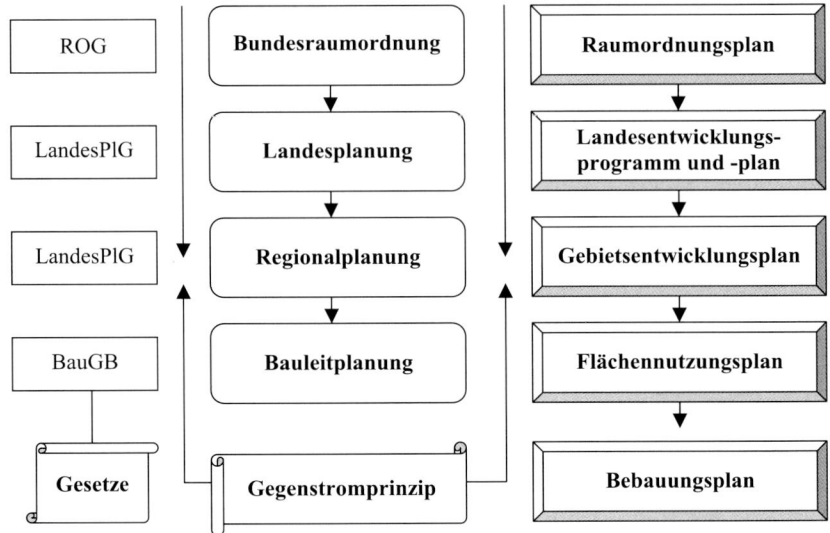

sätze der Raumordnung,[12] → sonstige Erfordernisse der Raumordnung,[13] öffentliche Stellen,[14] raumbedeutsame Planungen und Maßnahmen[15] sowie **Raumordnungspläne**.[16]

1458   § 3 ROG enthält einen Katalog von Begriffsbestimmungen über → Erfordernisse der Raumordnung[17], → Ziele der Raumordnung,[18] → Grundsätze der Raumordnung,[19] → sonstige Erfordernisse der Raumordnung,[20] öffentliche Stellen,[21] → raumbedeutsame Planungen und Maßnahmen[22] sowie → Raumordnungspläne.[23]

---

[12] Aussagen zur Entwicklung, Ordnung und Sicherung des Raums als Vorgaben für nachfolgende Abwägungs- oder Ermessensentscheidungen; Grundsätze der Raumordnung können durch Gesetz oder als Festlegung in einem Raumordnungsplan (§ 7 I und II ROG) aufgestellt werden.

[13] In Aufstellung befindliche Ziele der Raumordnung, Ergebnisse förmlicher landesplanerischer Verfahren wie des Raumordnungsverfahrens und landesplanerischer Stellungnahmen.

[14] Behörden des Bundes und der Länder, kommunale Gebietskörperschaften, bundesunmittelbare und die der Aufsicht eines Landes unterstehenden Körperschaften, Anstalten und Stiftungen des öffentlichen Rechts.

[15] Planungen einschließlich der Raumordnungspläne, Vorhaben und sonstigen Maßnahmen, durch die Raum in Anspruch genommen oder die räumliche Entwicklung oder Funktion eines Gebietes beeinflusst wird, einschließlich des Einsatzes der hierfür vorgesehenen öffentlichen Finanzmittel; vgl. auch BVerwG, B. v. 7.11.1996 – 4 B 170.96 – DVBl 1997, 434 = UPR 1997, 106 – Sonderlandeplatz.

[16] Zusammenfassende, überörtliche und fachübergreifende Pläne nach §§ 8 und 17 ROG.

[17] Ziele der Raumordnung, Grundsätze der Raumordnung und sonstige Erfordernisse der Raumordnung.

[18] Verbindliche Vorgaben in Form von räumlich und sachlich bestimmten oder bestimmbaren, vom Träger der Landes- oder Regionalplanung abschließend abgewogenen textlichen oder zeichnerischen Festlegungen in Raumordnungsplänen zur Entwicklung, Ordnung und Sicherung des Raumes.

[19] Allgemeine Aussagen zur Entwicklung, Ordnung und Sicherung des Raums in oder aufgrund von § 2 ROG als Vorgabe für nachfolgende Abwägungs- oder Ermessensentscheidungen.

[20] In Aufstellung befindliche Ziele der Raumordnung, Ergebnisse förmlicher landesplanerischer Verfahren wie des Raumordnungsverfahrens und landesplanerischer Stellungnahmen.

[21] Behörden des Bundes und der Länder, kommunale Gebietskörperschaften, bundesunmittelbare und die der Aufsicht eines Landes unterstehenden Körperschaften, Anstalten und Stiftungen des öffentlichen Rechts.

[22] Planungen einschließlich der Raumordnungspläne, Vorhaben und sonstigen Maßnahmen, durch die Raum in Anspruch genommen oder die räumliche Entwicklung oder Funktion eines

→ **Raumordnung.** Überörtliche Planung, für die der Bund nach Art. 74 II Nr. 30 GG seit der → Föderalismusreform die konkurrierende Gesetzgebungskompetenz hat. Der Bund kann ohne die erhöhten verfassungsrechtlichen Anforderungen des Art. 72 II GG das Recht der Raumordnung regeln. Die Länder haben allerdings Abweichungsmöglichkeiten (Art. 72 III GG). Regelungen auf dem Gebiet der Raumordnung treten frühestens sechs Monate nach ihrer Verkündung in Kraft, soweit nicht mit Zustimmung des Bundesrates anderes bestimmt wird (Art. 72 III GG).

Die Raumordnung gliedert sich in die hochstufige Bundesraumordnung und die → Landesplanung, die von den Ländern wahrgenommen wird, sowie in die zur Landesplanung gehörende Regionalplanung (Gebietsentwicklungsplanung), die für Teilräume des Landes raumordnerische Vorgaben für die städtebauliche Bauleitplanung enthält. Bundesraumordnung, Landesplanung, Regionalplanung und Bauleitplanung bilden ein Stufensystem raumbezogener Planungen, das auf gegenseitige Rücksichtnahme angewiesen ist. Die hochstufige Raumordnung ist eine staatliche Aufgabe. Auch die Landesplanung wird in staatlicher Verantwortung wahrgenommen. Die Regionalplanung wird teilweise auch durch kommunale Organe oder gemischt besetzte staatlich-kommunale Organe wahrgenommen.

→ **Erfordernisse der Raumordnung.** Ziele der Raumordnung, Grundsätze der Raumordnung und sonstige Erfordernisse der Raumordnung.

→ **Ziele der Raumordnung.** Verbindliche Vorgaben in Form von räumlich und sachlich bestimmten oder bestimmbaren, vom Träger der Landes- oder Regionalplanung abschließend abgewogenen textlichen oder zeichnerischen Festlegungen in Raumordnungsplänen zur Entwicklung, Ordnung und Sicherung des Raumes.

→ **Grundsätze der Raumordnung.** Allgemeine Aussagen zur Entwicklung, Ordnung und Sicherung des Raumes als Vorgaben für nachfolgende Abwägungs- oder Ermessensentscheidungen.

→ **Sonstige Erfordernisse der Raumordnung.** In Aufstellung befindliche Ziele der Raumordnung, Ergebnisse förmlicher landesplanerischer Verfahren wie der Raumordnungsverfahrens und landesplanerische Stellungnahmen.

→ **Raumbedeutsame Planungen und Maßnahmen.** Planungen einschließlich der Raumordnungspläne, durch die Raum in Anspruch genommen oder die räumliche Entwicklung oder Funktion eines Gebietes beeinflusst wird, einschließlich des Einsatzes der hierfür vorgesehenen öffentlichen Finanzmittel.

→ **Raumordnungspläne.** Der Raumordnungsplan für das Landesgebiet nach § 8 ROG und die Pläne für Teilräume der Länder nach § 9 ROG (Regionalpläne).

→ **Regionalplanung.** Zusammenfassende und überörtliche Programme und Pläne zumeist für Verflechtungsbereiche miteinander verbundene Landesteile. Die Regionalpläne sind aus dem Raumordnungsplan zu entwickeln und stellen auf der Grundlage der Landesplanung Ziele und Grundsätze für die Entwicklung des jeweiligen Planungsgebietes sowie für alle raumbedeutsamen Planungen in diesem Gebiet dar. Regionalpläne benachbarter Räume sind auch über die Landesgrenzen hinweg aufeinander abzustimmen (§ 9 ROG).

→ **Gegenstromprinzip.** Raumordnung und Bauleitplanung beeinflussen sich gegenseitig. Die Raumordnung hat Belange der örtlichen Bauleitplanung in der Abwägung zu berücksichtigen. Die Bauleitplanung muss sich ihrerseits an den Erfordernissen des Gesamtraumes ausrichten (§ 1 III ROG).

2. Raumbedeutsame Maßnahmen

Die Raumordnung kann ihre Wirkungen nur für raumbedeutsame Planungen und Maß- **1459** nahmen entfalten. Darunter sind nach § 3 I Nr. 6 ROG Planungen einschließlich der Raumordnungspläne, Vorhaben und sonstige Maßnahmen zu verstehen, durch die Raum in Anspruch genommen oder die räumliche Entwicklung oder Funktion eines Gebietes

---

Gebietes beeinflußt wird, einschließlich des Einsatzes der hierfür vorgesehenen öffentlichen Finanzmittel; vgl. auch BVerwG, B. v. 7.11.1996 – 4 B 170.96 – DVBl 1997, 434 = UPR 1997, 106 – Sonderlandeplatz.

[23] Der Raumordnungsplan für das Landesgebiet nach § 8 ROG und die Pläne für Teilräume der Länder (Regionalpläne) nach § 9 ROG.

```
┌─────────────────────────────────────────────────────────┐
│            Rechtsgrundlagen der Raumordnung               │
└─────────────────────────────────────────────────────────┘
         │                                    │
┌──────────────────────┐        ┌──────────────────────────────┐
│        ROG           │        │    Landesplanungsgesetze      │
│  • Bundesraumordnung │        │         Instrumente           │
│  • konkurrierende    │        │  • Landesentwicklungsprogramm │
│    Gesetzgebungs-    │        │  • Landesentwicklungspläne    │
│    zuständigkeit     │        │  • Raumordnungspläne          │
│    des Bundes        │        │  • Festsetzung von Zielen     │
│    (früher: Rahmen-  │        │  • Raumordnungsverfahren      │
│    gesetzgebung)     │        │                               │
└──────────────────────┘        └──────────────────────────────┘
```

beeinflusst wird, einschließlich des Einsatzes der hierfür vorgesehenen öffentlichen Finanzmittel. Die Raumbedeutsamkeit von Planungen und Maßnahmen ist jeweils bereichsspezifisch festzulegen. Für Schutzgebiete beginnt die Raumbedeutsamkeit in der Regel erst bei einer Flächenausdehnung von 10 ha; bei Eignungsgebieten für Windenergieanlagen ist demgegenüber im Einzelfall zu entscheiden. Der Detaillierungsgrad von Gebietsfestsetzungen muss zudem die kommunale Planungshoheit wahren. Bei der Begrenzung von Naturschutzgebieten kann eine parzellenscharfe Ausweisung in der Regionalplanung durchaus sachgerecht sein.

3. Ziele und Grundsätze der Raumordnung

1460 Das ROG unterscheidet zwischen **Zielen** und **Grundsätzen** der Raumordnung. Die bindenden Ziele der Raumordnung[24] enthalten verbindliche Vorgaben in Form von räumlich und sachlich bestimmten oder bestimmbaren, vom Träger der Landes- und Regionalplanung abschließend abgewogene textliche oder zeichnerische Festlegungen in Raumordnungsplänen zur Entwicklung, Ordnung und Sicherung des Raums (§ 3 I Nr. 2 ROG). Die der gemeindlichen Abwägung zugänglichen Grundsätze der Raumordnung beinhalten demgegenüber allgemeine Aussagen zur Entwicklung, Ordnung und Sicherung des Raums als Vorgaben für nachfolgende Abwägungs- oder Ermessensentscheidungen (§ 3 I Nr. 3 BROG). Ziele der Raumordnung sind von öffentlichen Stellen bei ihren raumbedeutsamen Planungen und Maßnahmen sowie bei Entscheidungen über die Zulässigkeit raumbedeutsamer Planungen und Maßnahmen anderer Stellen und Privater zu beachten (§ 4 ROG). Dieser Zielbindungsgrundsatz[25] ist auch in dem Anpassungsgebot des § 1 IV BauGB niedergelegt. Die Grundsätze und sonstigen Erfordernisse der Raumordnung sind demgegenüber von öffentlichen Stellen bei raumbedeutsamen Planungen und Maßnahmen in die Abwägung einzustellen und daher durch Abwägung überwindbar (§ 4 II ROG).

1461 **Ziele** der Raumordnung entfalten nach § 4 I ROG bei nachfolgenden raumbedeutsamen Planungen und Maßnahmen (§ 3 I Nr. 6 ROG) eine **strikte Bindungswirkung**. In welchem **Umfang** die Raumordnung allerdings **Ziele** festlegen darf, ist im ROG nicht ausdrücklich geregelt. Die Festlegung von Zielen muss zunächst dem **Gegenstromprinzip** des § 1 III ROG genügen. Zu den zu berücksichtigenden Belangen zählen auch städtebauliche Belange und andere Interessen der kommunalen Selbstverwaltung, wie sie als Angelegenheiten der örtlichen Gemeinschaft in Art. 28 II 1 GG verfassungsrechtlich geschützt sind. Die Festlegung von Zielen der Raumordnung muss daher die verfas-

---

[24] BVerwG, Urt. v. 11.2.1993 – 4 C 15.92 – DVBl 1993, 914 = RzB Rn. 128.
[25] *Hoppe* in: HBG, ÖffBauR § 8 Rn. 84; *Söfker* in EZBK, Rn. 98 zu § 35 BauGB.

sungsrechtlichen Vorgaben vor allem der **Selbstverwaltungsgarantie in Art. 28 II 1 GG** wahren. Formal ist die Zielbindung an eine **abschließende Abwägung** in der Landes- oder Regionalplanung geknüpft. Denn nach § 3 I Nr. 2 ROG entfalten Ziele der Raumordnung eine Bindungswirkung nur dann, wenn sie von den Trägern der Landes- oder Regionalplanung abschließend abgewogen worden sind. Dies setzt formal eine entsprechende Ermittlung, Bewertung und Einstellung der Belange sowie eine Ausgleichsentscheidung voraus. Nur über diesen verfahrensmäßigen Weg kann eine abschließende Abwägung der betroffenen Belange erfolgen. Das Erfordernis einer abschließenden Abwägung hat aber auch inhaltliche Elemente. Die Abwägung muss die betroffenen Belange auch entsprechend ihrer Wertigkeit erfassen und berücksichtigen. Die kommunale Selbstverwaltung ist daher der Raumordnung nicht schutzlos ausgeliefert.

§ 4 IV ROG behandelt die **Bindungswirkungen** der Erfordernisse der Raumord- **1462** nung bei raumbedeutsamen Planungen und Maßnahmen **Einzelner**, wie z. B. bei einer Kiesgewinnung. Gegenüber raumbedeutsamen Planungen und Maßnahmen Privater sind die Erfordernisse der Raumordnung einschließlich der → Ziele der Raumordnung zu berücksichtigen, soweit die anzuwendenden Fachgesetze dafür Raum lassen. Grundsätzlich haben die Erfordernisse der Raumordnung gegenüber Einzelnen keine unmittelbare Bindungswirkung. In den Fällen des § 4 IV ROG sind die Erfordernisse der Raumordnung einschließlich der Ziele der Raumordnung nach Maßgabe der für diese Entscheidungen geltenden Rechtsvorschriften aber mittelbar zu berücksichtigen, wenn diese Vorschriften z. B. die Berücksichtigung öffentlicher Belange vorsehen oder eine spezielle Raumordnungsklausel enthalten. Dies gilt etwa für die Raumordnungsklausel in § 35 III 1 BauGB für Außenbereichsvorhaben.[26]

In **§ 5 I ROG** ist ein **Widerspruchsverfahren** des Bundes gegen Ziele der Raumord- **1463** nung geregelt. In diesem Fall ist nach § 5 II ROG ein **Konsensfindungsverfahren** vorgesehen. Macht eine Stelle des Bundes oder eine Person des Privatrechts, die öffentliche Aufgaben wahrnimmt, öffentliche Belange gegen ein in Aufstellung befindliches Ziel der Raumordnung geltend, die nach § 5 III ROG zum Widerspruch berechtigen würden, sollen sich die Beteiligten innerhalb einer Frist von drei Monaten um eine einvernehmliche Lösung bemühen.[27]

Ziele der Raumordnung entfalten nach § 4 I ROG bei folgenden raumbedeutsamen **1464** Planungen und Maßnahmen (§ 3 I Nr. 6 ROG) eine **strikte Bindungswirkung**:
- Raumbedeutsame Planungen und Maßnahmen öffentlicher Stellen,
- Entscheidungen öffentlicher Stellen über die Zulässigkeit raumbedeutsamer Planungen und Maßnahmen anderer öffentlicher Stellen,
- Entscheidungen öffentlicher Stellen über die Zulässigkeit raumbedeutsamer Planungen und Maßnahmen von Personen des Privatrechts, die der Planfeststellung oder Genehmigung mit den Rechtswirkungen der Planfeststellung bedürfen.

Die → **Anpassungspflicht** der Gemeinden setzt das Bestehen von **Zielen der 1465 Raumordnung** (§ 3 I Nr. 2 ROG) voraus. Der Regelungszweck des § 1 IV BauGB besteht in der „Gewährleistung materieller Konkordanz" zwischen der übergeordneten Landesplanung und der gemeindlichen Bauleitplanung. Raumordnerische Zielvorgaben können eine Anpassungspflicht der Gemeinde nach § 1 IV BauGB nur auslösen, wenn sie hinreichend bestimmt (jedenfalls aber bestimmbar) und rechtmäßig sind. Aus diesem Grund können sie im Rahmen einer prinzipalen Normenkontrolle von Bebauungsplänen Gegenstand einer Inzidentüberprüfung sein.[28] Die Anpassungspflicht des § 1 IV BauGB entfällt nicht deshalb, weil die durch den Bebauungsplan zugelassenen, einem Ziel der Raumordnung widersprechenden baulichen Nutzungen ohne größeren tatsäch-

---

[26] *Bundesregierung*, Gesetzentwurf zum BauROG, S. 82.
[27] BVerwG, B. v. 7.11.1996 – 4 B 170/96 – DVBl 1997, 434 = UPR 1997, 106 – Sonderlandeplatz.
[28] BVerwG, B. v. 25.6.2007 – 4 BN 17.07 – ZfBR 2007, 683 = BauR 2007, 1712 = BBB 2007, Nr. 12, 54 – materielle Konkordanz von Bauleitplanung und Landesplanung.

lichen Aufwand wieder beseitigt werden könnten.[29] Zudem sind sämtliche Zielvorgaben abzuarbeiten.

Beispiel: Ein Bebauungsplan verletzt das Anpassungsgebot des § 1 IV BauGB, wenn er nur einzelne Tatbestandselemente einer Ausnahme von einem regionalplanerischen Ziel abarbeitet, andere Tatbestandselemente wie etwa die mittel- und oberzentrale Flächenknappheit und Verkehrsentlastung jedoch unberücksichtigt lässt.[30]

1466 Ein **Bebauungsplan**, der einem **Ziel der** → **Regionalplanung** widerspricht[31], verletzt das → **Anpassungsgebot des § 1 IV BauGB**[32] auch dann, wenn er aus den Darstellungen eines Flächennutzungsplans entwickelt worden ist. Der Regionalplanung ist es verwehrt, im Gewande überörtlicher Gesamtplanung Regelungen einer Natur- oder Landschaftsschutzverordnung durch eigene Zielfestlegung zu ersetzen. Eine Straßenplanung durch Bebauungsplan verletzt das Anpassungsgebot des § 1 IV BauGB, wenn die planerische Gesamtkonzeption einem Ziel der Regionalplanung widerspricht. Naturschutzrechtliche Ausgleichs- und Ersatzmaßnahmen können ein geeignetes Mittel sein, um die Zielkonformität zu sichern.[33] Wenn **nach Beschlussfassung** eines Bebauungsplans ein Ziel der Raumordnung rechtswirksam wird, das eine Anpassungspflicht begründet, darf der Bebauungsplan nicht bekannt gemacht werden.[34] Denn die Zielbindung hat eine **Dauerkomponente** in dem Sinne, dass sie ihre Bindungswirkungen nicht nur im Zeitpunkt des Satzungsbeschlusses entfaltet, sondern auch zeitlich darüber hinaus fort gilt. Tritt also während eines Bauleitplanverfahrens ein Ziel der Raumordnung in Kraft, so entfaltet dies in jedem Verfahrensstadium eine Bindungswirkung in dem Sinne, dass entgegenstehende bauplanerische Darstellungen oder Festsetzungen in Bauleitplänen nicht getroffen werden dürfen. Wird ein Ziel nach dem Inkrafttreten des Bauleitplans verbindlich, so begründet § 1 IV BauGB eine entsprechende Anpassungspflicht, die ggf. von der Kommunalaufsicht durchgesetzt werden kann.[35] Nach § 1 IV BauGB ist die Gemeinde zur Anpassung an die Ziele der Raumordnung nicht nur verpflichtet, wenn sie Bauleitpläne aus eigenem Entschluss und allein aus städtebaulichen Gründen aufstellt oder ändert; sie muss auch dann planerisch aktiv werden, wenn allein geänderte oder neue Ziele der Raumordnung eine Anpassung der Bauleitpläne erfordern.[36] Die Anpassungspflicht des § 1 IV BauGB entfällt ferner nicht, wenn das Raumordnungsziel durch ein **planfeststellungsbedürftiges Vorhaben** i. S. des § 38 S. 1 BauGB verwirklicht werden kann und deshalb entgegenstehende Festsetzungen des Bebauungsplans im Planfeststellungsverfahren keine (unmittelbare) Anwendung finden würden.[37]

---

[29] OVG Münster, Urt. v. 4.12.2006 – 7 A 1862/06 – BauR 2007, 661 = DVBl 2007, 323 = NVwZ-RR 2007, 442 – Neu aufgestellter Flächennutzungsplan.

[30] VGH Kassel, Urt. v. 24.8.2006 – 3 N 2489/05 – ESVGH 57, 63 (L) = BauR 2007, 759 (L) – großflächiger Einzelhandelsbetrieb.

[31] So kann ein Werbemast ein regionalplanerisch bedeutsames Kulturdenkmal beeinträchtigen OVG Koblenz, Urt. v. 7.12.2006 – 1 C 10901/06 – BauR 2007, 665 = UPR 2007, 198 = DVBl 2007, 327 (L) –.

[32] BVerwG, Urt. v. 1.8.2002 – 4 C 5.01 – BVerwGE 117, 25 = DVBl 2003, 62 = NVwZ 2003, 86 – FOC Zweibrücken; Urt. v. 17.9.2003 – 4 C 14.01 – BVerwGE 119, 25 = DVBl 2004, 239 = NVwZ 2004, 220 – Mühlheim-Kärlich.

[33] BVerwG, Urt. v. 30.1.2003 – 4 CN 14.01 – BVerwGE 117, 351 = DVBl 2003, 733 = NVwZ 2003, 742 = NuR 2004, 158 mit Anmerkung *Hönig* – Regionaler Grünzug.

[34] BVerwG, B. v. 14.5.2007 – 4 BN 8.07 – BWGZ 2007, 470 – Wirksamwerden eines Ziels der Raumordnung nach Beschlussfassung über Bebauungsplan.

[35] Urt. v. 17.9.2003 – 4 C 14.01 – BVerwGE 119, 25 = DVBl 2004, 239 = NVwZ 2004, 220 – Mühlheim-Kärlich.

[36] BVerwG, B. v. 8.3.2006 – 4 BN 56.05 – Anpassungspflicht von Bauleitplänen an geänderte oder neue Ziele der Raumordnung.

[37] BVerwG, B. v. 7.2.2005 – 4 BN 1.05 – NVwZ 2005, 584 = BauR 2005, 1115 = DVBl 2005, 719 (L); m. Anm. Federwisch, EurUP 2005, 195; *Gatz*, jurisPR-BVerwG 10/2005 Anm. 3 – Stadtbahntrasse.

III. Stufensystem der raumrelevanten Planung

Die **räumliche Planung** gliedert sich in ein **Stufensystem**, das von der (Bundes-) **1467**
Raumordnung über die Raumordnung der Länder, die Regionalplanung bis zur gemeindlichen Bauleitplanung reicht, die wiederum im für das gesamte Gemeindegebiet
geltenden Flächennutzungsplan und dem daraus zu entwickelnden Bebauungsplan ihren
Ausdruck findet. Raumordnung ist dabei die zusammenfassende und übergeordnete Planung und Ordnung des Raumes.[38] Die Raumordnung der Länder ist die auf das Gebiet
eines Landes bezogene übergeordnete und zusammenfassende Planung. Die Regionalplanung erfasst als Bestandteil der Raumordnung der Länder in der Regel eine Teilfläche eines Landes, die größer ist als eine der Bauleitplanung unterliegende Einheit. Eingebettet
in diese überörtliche Gesamtplanung entfaltet sich die gemeindliche Bauleitplanung. Das
gestufte System räumlicher Planung ist durch ein Zusammenwirken von Staat und kommunaler Selbstverwaltung gekennzeichnet.[39]

1. Raumordnung

Zum grundsätzlich staatlichen Verantwortungsbereich gehört die übergeordnete und rah- **1468**
mensetzende Raumordnung, die aus der staatlichen Gesamtsicht eine zusammenfassende
räumliche Ordnung von Bund und Ländern beinhaltet und durch Großräumigkeit und
Weitmaschigkeit gekennzeichnet ist.[40]

2. Kommunale Bauleitplanung

In die großräumige staatliche Raumordnung des Bundes und der Länder ist die kommu- **1469**
nale Bauleitplanung eingebunden, die grundsätzlich zum gemeindlichen Aufgabenkreis
gehört und den Gemeinden jedenfalls nicht vollständig entzogen werden darf. Die orts-
bezogene Bauleitplanung, die sowohl die vorbereitende Flächennutzungsplanung als
auch die verbindliche Festsetzungen enthaltende Bebauungsplanung umfasst, ist daher –
bei aller Einbindung in die übergeordnete staatliche Planung durch Anpassungspflichten
und Genehmigungsvorbehalte – Bestandteil des kommunalen Verantwortungsbe-
reichs.[41]

3. Regionalplanung

In einer Übergangszone zwischen der staatlichen Raumordnung und der kommunalen **1470**
Bauleitplanung befindet sich die Regionalplanung, die eine planerische Zusammenfassung in sich geschlossener oder zusammenhängender regionaler Planungs- und Wirt-
schaftsräume enthält und – was ihren materiellen Aufgabencharakter angeht – sowohl
staatliche als auch kommunale Elemente aufweist. Sie steht im Schnittpunkt von staatlicher Planung und Impulsen der kommunalen Selbstverwaltung und bildet damit einen

---

[38] BVerfG, E. v. 16.6.1954 – 1 PBvV 2/52 – BVerfGE 3, 407 = RzB Rn. 1 – Gutachten Bodenrecht.
[39] *Stüer*, Funktionalreform und kommunale Selbstverwaltung 1980, 262.
[40] Zur Raumordnung als Vorgabe für die kommunale Bauleitplanung BVerwG, Urt. v. 20.5.1958
– 1 C 193.57 – BVerwGE 6, 342 – Krabbenkamp I; Urt. v. 3.2.1984 – 4 C 54.80 – BVerwGE 68, 342
= NJW 1984, 1768 = RzB Rn. 940 – Verbrauchermarkt; Urt. v. 12.7.1985 – 4 C 40.83 – BVerwGE
72, 15 = NVwZ 1985, 736 = RzB Rn. 1251 – Rhein–Main–Donaukanal; Urt. v. 5.12.1986 – 4 C
13.85 – BVerwGE 75, 214 = NVwZ 1987, 578 = RzB Rn. 191 – Erdinger Moos; B. v. 9.9.1988 – 4 B
37.88 – BVerwGE 80, 201 = NVwZ 1989, 864 = RzB Rn. 30 – Raumordnungsverfahren Freileitung; Urt. v. 20.10.1989 – 4 C 12.87 – BVerwGE 84, 31 = NJW 1990, 925 = DVBl 1990, 419 = RzB
Rn. 216 – Lärmschutz Eichenwäldchen; *Stern/Burmeister* Die Verfassungsmäßigkeit eines landesrechtlichen Planungsgebotes für Gemeinden 1975, 30.
[41] HBG § 5 Rn. 11.

Bestandteil der kondominalen Aufgaben, für die eine gemeinsame Verantwortung von Staat und kommunaler Selbstverwaltung besteht.[42] Die Regionalplanung wird zum Teil in staatlicher, zum Teil in kommunaler Trägerschaft wahrgenommen und hat in dieser Reibungszone von Raumordnung und kommunaler Bauleitplanung sowohl übergeordnete Landesinteressen als auch Belange der kommunalen Selbstverwaltung zu berücksichtigen. § 10 ROG bestimmt dazu, dass die Öffentlichkeit sowie die in ihren Belangen berührten öffentlichen Stellen, zu denen auch die Gemeinden und Gemeindeverbände oder deren Zusammenschlüsse zählen, in einem förmlichen Verfahren zu beteiligen sind.

Beispiel: Durch Regionalplan darf die Planungshoheit der Gemeinde für außerhalb der allgemeinen Siedlungsbereiche gelegene Ortsteile nicht derart beschränkt werden, dass die Ortsteile nur bei einem Bedarf der ortsansässigen Bevölkerung durch Bauleitplan überplant werden dürfen.[43]

4. Klage und Beteiligungsrechte der Träger kommunaler Bauleitplanung

1471 Unabhängig von den Berührungspunkten über die Regionalplanung nehmen die Verflechtungen zwischen höherstufiger Raumordnung und kommunaler Bauleitplanung wegen der wachsenden Bedeutung landesplanerischer Regelungen ständig zu,[44] sodass die gesamte raumrelevante Planung bereits als Gemeinschaftsaufgabe von Staat und kommunaler Selbstverwaltung bezeichnet wird, in der sich die unterschiedlichen Interessen in einem **Gegenstromprinzip** begegnen und ausgleichen.[45] Als Folge dieser zunehmend dichter werdenden Verknüpfung haben Rechtsprechung und Literatur vier Leitlinien entwickelt, die an die gemeindliche Planungshoheit anknüpfen und Ausdruck kondominaler Planungsverantwortung sind:
- Gemeindliche Klagerechte bei Angriffen auf die Planungshoheit durch **höherstufige Planungsentscheidungen**,[46]
- Interkommunale planungsrechtliche **Gemeindenachbarklagen**,
- **Gemeindliche Mitwirkungsrechte** bei höherstufigen Planungsentscheidungen,
- Beteiligung der **kommunalen Spitzenverbände** bei Gesetzgebungsverfahren und höherstufigen Planungsentscheidungen.[47]

IV. Grundsätze der Raumordnung

1472 Die raumordnerischen Grundsätze, die an der Leitvorstellung einer nachhaltigen Raumentwicklung ausgerichtet sind, werden in **§ 2 ROG** niedergelegt. Es handelt sich um insgesamt acht Schwerpunkte, die sich aus § 2 Nr. 1 bis 8 ROG ergeben. Dabei werden in jedem Schwerpunktbereich zunächst die allgemeinen Grundsätze benannt, die sodann jeweils weiter erläutert werden.

V. Raumordnung in den Ländern

1473 Der **Abschnitt 2** mit den rahmenrechtlichen Regelungen behandelt landesweite Raumordnungspläne, Regionalpläne und regionale Flächennutzungspläne (§ 8 ROG), die Umweltprüfung (§ 9 ROG), die Beteiligung bei der Aufstellung von Raumordnungsplänen

---

[42] *Schmidt-Aßmann* AöR 101 (1975), 520; *Schröder* Die Verwaltung 12 (1979), 1; zur grenzüberschreitenden Regionalplanung *Hoppe/Appold* Juristische Möglichkeiten für eine gemeinsame grenzüberschreitende Regionalplanung 1993.

[43] OVG Münster, Urt. v. 4.12.2006 – 7 A 1862/06 – BauR 2007, 661 = DVBl 2007, 323 = NVwZ-RR 2007, 442 – neu aufgestellter Flächennutzungsplan.

[44] *Badura* FS Weber, 1974, 911.

[45] *Löwer* JuS 1975, 779; *Depenbrock* DVBl 1977, 14.

[46] BVerwG, Urt. v. 19.3.1976 – 7 C 71.72 – NJW 1976, 2175 = JuS 1977, 117.

[47] *Blümel* VVDStRL 36 (1978), 171, 232.

(§ 10 ROG), die Bekanntmachung von Raumordnungsplänen (§ 11 ROG), die Planerhaltung (§ 12 ROG), die raumordnerische Zusammenarbeit (§ 13 ROG), die Untersagung raumbedeutsamer Planungen und Maßnahmen (§ 14 ROG) und das vereinfachte Raumordnungsverfahren (§ 16 ROG).

1. Instrumente der Landesplanung

Die Länder nutzen zur Umsetzung der Grundsätze und Ziele der Raumordnung tradi- **1474** tionell das **Landesplanungsgesetz, Landesentwicklungsprogramme** und → **Landesentwicklungspläne**. Das Landesentwicklungsprogramm enthält zumeist allgemeine Grundsätze der Raumordnung für die Gesamtentwicklung des Landes und für alle raumbedeutsamen Planungen und Maßnahmen einschließlich der raumwirksamen Investitionen (vgl. etwa § 12 LPlG NRW). Die landesweiten Raumordnungspläne (Landesentwicklungspläne) legen auf der Grundlage des Landesentwicklungsprogramms die Grundsätze der Raumordnung für die Gesamtentwicklung des Landes fest. Die Landesentwicklungspläne bestehen zumeist aus textlichen oder zeichnerischen Darstellungen oder einer Verbindung von textlichem und zeichnerischem Teil. Die Landesplanung entwickelt traditionell ein System der **zentralörtlichen Gliederung** sowie der → **Entwicklungsschwerpunkte** und → **Entwicklungsachsen** (→ Regionalentwicklungspläne).[48] Die städtebauliche Entwicklung soll auf die Siedlungsschwerpunkte in den Gemeinden ausgerichtet werden (vgl. etwa § 6 LEProG NRW). Dies sind solche Standorte, die sich für ein räumlich gebündeltes Angebot von öffentlichen und privaten Einrichtungen der Versorgung, der Bildung und Kultur, der sozialen und medizinischen Betreuung, des Sports und der Freizeitgestaltung eignen. Dabei soll eine angemessene Erreichbarkeit dieser Einrichtungen für die Bevölkerung gewährleistet werden. Die siedlungsräumliche Schwerpunktbildung von Wohnungen und Arbeitsstätten i.V. mit zentralörtlichen Einrichtungen soll im Rahmen der zentralörtlichen Gliederung erreicht werden (vgl. etwa § 7 LEProG NRW). Auch die funktionsgerechte und umweltverträgliche Einbindung der Ver- und Entsorgungseinrichtungen sowie der Verkehrseinrichtungen und -leistungen soll mit diesem Zentren- und Achsensystem harmonieren (→ *Abbildungen 102, 103 und 104*).

2. Kerninhalte der Raumordnungspläne

In § 8 ROG werden die Kerninhalte von **Raumordnungsplänen** in den Bereichen Sied- **1475** lungs-, Freiraum- und Infrastruktur benannt und durch Beispiele verdeutlicht.[49] § 8 V ROG beschreibt in seinen drei Nummern die wichtigsten Inhaltsbereiche von Raumordnungsplänen (Kerninhalte). Diese werden jeweils durch Bespiele erläutert. In den Raumordnungsplänen werden auch die Ziele der Raumordnung festgelegt (§ 3 I Nr. 2 ROG). Die Raumordnungspläne haben daher eine nicht zu unterschätzende Bedeutung als zentrales Steuerungsmittel, Ziele der Raumordnung festzulegen und damit die entsprechenden Bindungswirkungen für öffentliche Stellen, für Personen des Privatrechts und raumbedeutsamen Planungen des Bundes nach Maßgabe der §§ 4, 5 ROG i. S. von strikten Beachtenspflichten auszulösen. Die zentralörtliche Siedlungsstruktur wird dabei durch Freiraumstrukturen und Verkehrs- sowie Ver- und Entsorgungsstrukturen ergänzt. Dadurch sollen einerseits die wichtigsten Festlegungsbereiche bestimmt, andererseits aber den Ländern ausreichend Gestaltungsraum belassen werden, um zu regeln, mit welchen Festlegungen sie diese Strukturen ausfüllen wollen. Die Kerninhalte betreffen die Siedlungs-, Freiraum- und Infrastruktur und orientieren sich an der insbesondere in Regio-

---

[48] *Bielenberg/Erbguth/Söfker* Raumordnungs- und Landesplanungsrecht des Bundes und der Länder.

[49] Zur Aussagekraft und Bindungswirkung der Raumordnungspläne BVerwG, B. v. 7.11.1996 – 4 B 170.96 – DVBl 1997, 434 = UPR 1997, 106 – Sonderlandeplatz.

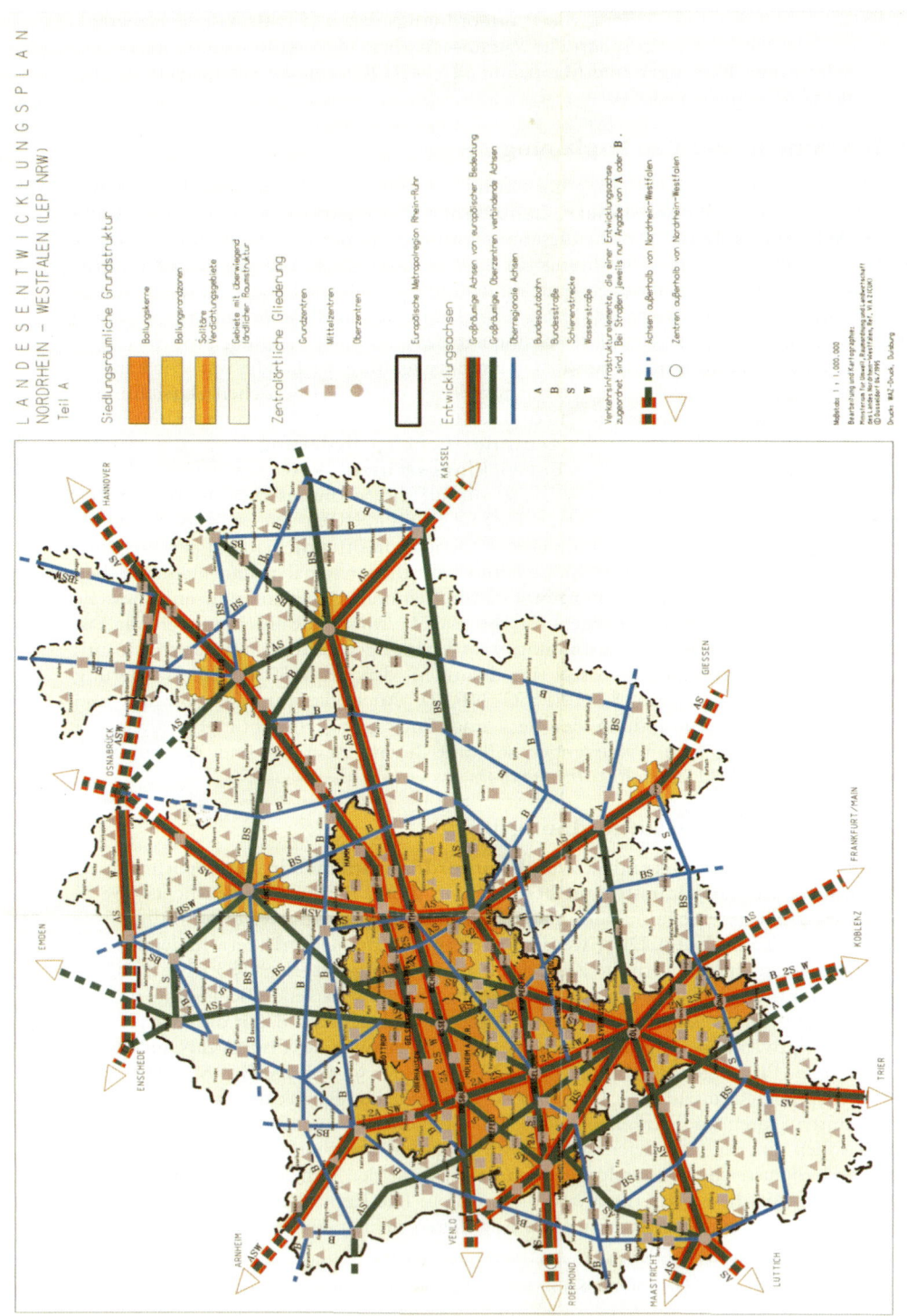

Abbildung 102: *Landesentwicklungsplan NRW*

nalplänen üblichen Gliederung. Die jeweils genannten Beispiele für die anzustrebende räumliche Struktur enthalten die in den Ländern gebräuchlichsten Festlegungen. So können die Raumkategorien verdichtete oder ländliche Räume betreffen. Die Zentralen Orte sind in den Ländern regelmäßig nach einem dreistufigen System von Ober-, Mittel- und Grundzentren gegliedert. Die besonderen Bündelungsfunktionen der → Entwicklungsschwerpunkte und Entwicklungsachsen sollen die Siedlungsentwicklung steuern helfen. Die Siedlungsentwicklungen schließen häufig auch die überwiegende Art der Nutzung ein. Die Achsen sind häufig als Siedlungsentwicklungsachsen ausgestaltet.

> → **Landesentwicklungsplan.** Er legt auf der Grundlage des Landesentwicklungsprogramms die Ziele der Raumordnung für die Gesamtentwicklung des Landes fest. Die Landesentwicklungspläne bestehen zumeist aus textlichen und zeichnerischen Darstellungen. Sie können in sachliche oder räumliche Teilabschnitte aufgestellt werden.
> 　→ **Regionalpläne.** Sie legen auf der Grundlage des Landesentwicklungsprogramms und von Landesentwicklungsplänen die regionalen Ziele der Raumordnung für die Entwicklung von Teilräumen und für alle raumbedeutsamen Planungen und Maßnahmen im Plangebiet fest.
> 　→ **Anpassungsgebot.** Bauleitpläne sind an die Ziele der Raumordnung anzupassen und damit zu beachten, können allerdings die Ziele der Raumordnung noch konkretisieren. Grundsätze und sonstige Erfordernisse der Raumordnung sind in der Abwägung zu berücksichtigen.

3. Naturschutz

§ 8 V 2 ROG stellt klar, dass den Raumfunktionen und Raumnutzungen nach § 8 V 1 **1476** Nr. 2 ROG auch **Ausgleichsfunktionen** für zu erwartende Eingriffe in Natur und Landschaft an anderer Stelle im Plangebiet zugewiesen werden können. Hierdurch soll dem Umstand Rechnung getragen werden, dass die naturschutzrechtliche Eingriffs- und Ausgleichsproblematik auch im regionalen Maßstab auf der Grundlage gesamträumlicher Vernetzungskonzepte behandelt werden kann. Die Umsetzung der Regelungen kann dabei auch im Rahmen vertraglicher Grundlagen erfolgen.[50] § 8 VI ROG trägt dem Integrationsanspruch räumlicher Planung Rechnung. In die Raumordnungspläne sind daher die Aussagen der Fachpläne mit ihren raumbedeutsamen Aussagen zu integrieren. Die Aussagen der Fachpläne müssen allerdings zur Aufnahme in Raumordnungspläne geeignet sein und durch Ziele oder Grundsätze der Raumordnung gesichert werden können. Die Aufnahme dieser Aussagen als Festlegungen in Raumordnungsplänen erfolgt allerdings ausschließlich nach Abwägungsgrundsätzen. Auch die Regionalplanung muss Vorgaben des europäischen Gebiets- und Artenschutzes[51] beachten. Das kann bereits auf der Ebene des Regionalplans zu einer entsprechend eingehenden Untersuchung und Abwägung führen. Ob damit eine ähnliche Untersuchungs- und Abwägungstiefe wie in einem Planfeststellungsverfahren verbunden sein muss, ist eine Frage des Einzelfalls.[52]

4. Allgemeine Vorschriften über Raumordnungspläne

Die Raumordnungspläne sind für das Landesgebiet (landesweite Raumordnungspläne) **1477** und für Teilräume (Regionalpläne) aufzustellen (§ 8 ROG). Durch rechtliche **Gebietstypen** (→ **Vorrang-,**[53] → **Vorbehalts-**[54] und → **Eignungsgebiete**[55]) soll eine großräu-

---

[50] *Bundesregierung*, Gesetzentwurf zum BauROG, S. 83.

[51] OVG Lüneburg, Urt. v. 10.1.2008 – 12 LB 22/07 – ZfBR 2008, 366 = DVBl 2008, 733 – Windkraftanlage.

[52] BVerwG, B. v. 25.10.2007 – 4 BN 42.07 – Norm:§ 1 VI Nr 7 BauGB Nichtzulassungsbeschwerde: Windeignungsgebiet "Woltersdorf"".

[53] Vorranggebiete sind für bestimmte raumbedeutsame Funktionen oder Nutzungen vorgesehen und schließen andere raumbedeutsame Nutzungen in diesem Gebiet, so weit diese mit den vorrangigen Funktionen, Nutzungen oder Zielen der Raumordnung nicht vereinbar sind, aus.

mige Steuerung von raumbedeutsamen Nutzungen des Freiraums, wie Kiesabbau und Naherholung, und von Raumfunktionen, wie zur Wasservorsorge, möglich werden (§ 8 VII ROG). Die Vorranggebiete, deren Festlegungen durch Abwägung nicht überwindbar sind und daher bindende Kraft haben, können dabei mit Vorbehalts- und Eignungsgebieten kombiniert werden. Die Vorranggebiete nach § 8 VII 1 Nr. 1 ROG bezwecken, raumbedeutsame Funktionen oder Nutzungen in dem Gebiet dadurch zu schützen, dass ihnen in den Grenzen des Gebietes ein Vorrang gegenüber mit ihnen nicht zu vereinbarenden raumbedeutsamen Nutzungen und Funktionen eingeräumt wird. Die Vorbehaltsgebiete nach § 8 VII 1 Nr. 2 ROG zielen auf nachfolgende Abwägungsentscheidungen in der Bauleitplanung oder auf Grund von Fachplanungsgesetzen ab. Bei Vorhabenentscheidungen und Planungen in dem Gebiet soll einer raumbedeutsamen Funktion oder Nutzung ein besonderes Gewicht beigemessen werden, wobei der Vorbehalt grundsätzlich durch Abwägung überwindbar bleibt. Die Vorbehaltsgebiete enthalten sozusagen Ausrufezeichen, die auf eine Berücksichtigung im nachfolgenden Planungs- und Zulassungsverfahren abzielen.[56] Diese Nachfolgeverfahren müssen sich vor allem darauf befragen lassen, ob sie die in der Raumordnung aufgeführten Belange bedacht und mit dem gebotenen Gewicht in die Entscheidung eingestellt haben. Es besteht aber insoweit ein Abwägungsspielraum für die kommunale Bauleitplanung.[57] Die Eignungsgebiete nach § 8 VII 1 Nr. 3 ROG sollen raumbedeutsame Maßnahmen (Vorhaben) im bauplanungsrechtlichen Außenbereich nach § 35 BauGB dadurch steuern, dass bestimmte Gebiete in einer Region für diese Maßnahmen als geeignet erklärt werden mit der Folge, dass diese raumbedeutsamen Maßnahmen außerhalb dieser Gebiete regelmäßig ausgeschlossen sind. Die Bindungswirkung richtet sich in diesen Fällen nach den §§ 4, 5 ROG ggf. i. V. mit der Raumordnungsklausel in § 35 III BauGB. Bauleitpläne sind an die Eignungsgebiete nach § 8 VII 1 Nr. 3 BauGB als Ziele der Raumordnung anzupassen. § 8 VII 2 ROG eröffnet den Ländern die Möglichkeit, raumbedeutsame Maßnahmen (Vorhaben) im bauplanungsrechtlichen Außenbereich auch durch einen innergebietlichen Vorrang verbunden mit einem regelmäßigen außergebietlichen Ausschluss zu steuern (→ Ziel-Kombinationsgebiete).[58]

→ **Vorranggebiete.** Sie sind für bestimmte, raumbedeutsame Funktionen oder Nutzungen vorgesehen und schließen konkurrierende raumbedeutsame Nutzungen aus (Bindung nach innen) (§ 8 VII 1 Nr. 1 ROG).
    → **Vorbehaltsgebiete.** In ihnen haben die ausgewiesenen raumbedeutsamen Funktionen oder Nutzungen bei der Abwägung mit konkurrierenden raumbedeutsamen Nutzungen besonderes Gewicht (Abwägung nach innen) (§ 8 VII 1 Nr. 2 ROG).
    → **Eignungsgebiete.** Sie sind für besondere raumbedeutsame Außenbereichsvorhaben nach § 35 BauGB geeignet. An anderer Stelle im Planungsraum werden diese Vorhaben ausgeschlossen (Abwägung nach innen, Bindung nach außen) (§ 8 VII 1 Nr. 3 ROG).
    Ziel-Kombinationsgebiete. Sie sind für raumbedeutsame Außenbereichsvorhaben nach § 35 BauGB geeignet und schließen konkurrierende raumbedeutsame Maßnahmen aus. An anderer Stelle im Planungsraum sind derartige Außenbereichsvorhaben daher planungsrechtlich unzulässig (Bindung nach innen und nach außen) (§ 8 VII 2 ROG).

---

[54] In Vorbehaltsgebieten soll bestimmten raumbedeutsamen Funktionen oder Nutzungen bei der Abwägung mit konkurrierenden raumbedeutsamen Nutzungen ein besonderes Gewicht beigemessen werden.

[55] Die im Außenbereich nach § 35 BauGB gelegenen Ergänzungsgebiete sind für bestimmte, raumbedeutsame Maßnahmen geeignet. An anderer Stelle im Planungsraum sind die Maßnahmen ausgeschlossen.

[56] VGH München, Urt. v. 4.4.1995 – 8 N 92.1819 – BayVBl. 1996, 81; Urt. v. 14.10.1996 – 14 N 94.4159 – BayVBl. 1997, 178; vgl. auch *Goppel* BayVBl. 1998, 289; *Hoppe* DVBl 1998, 1008; *Stüer/Hönig* DVBl 1998, 1331.

[57] VGH München, Urt. v. 21.1.1998 – 26 N 95.1632 – BayVBl. 1998, 436 – Forggensee.

[58] *Bundesregierung*, Gesetzentwurf zum BauROG 1998, S. 84.

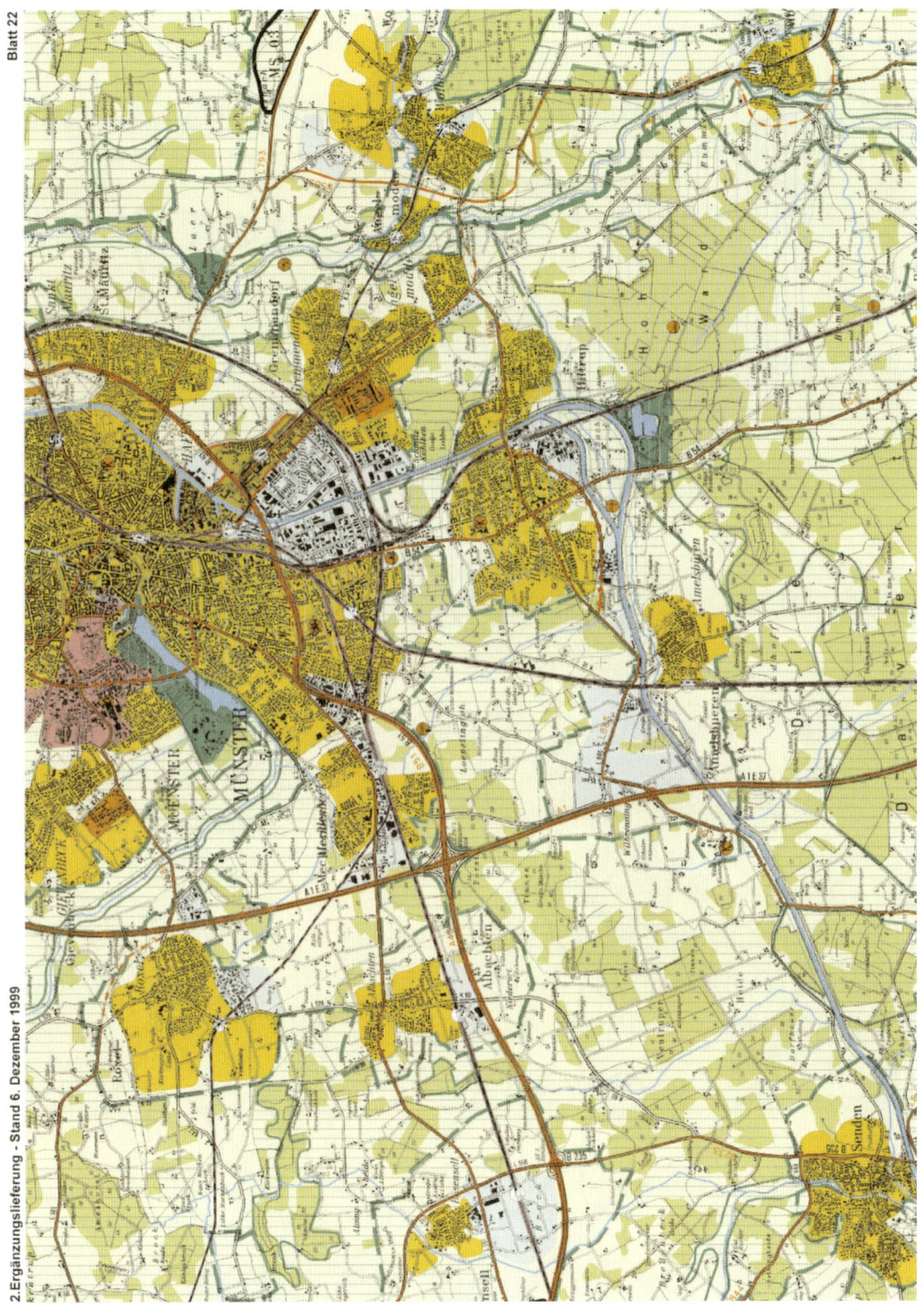

Abbildung 103: *Regionalplan Münsterland*

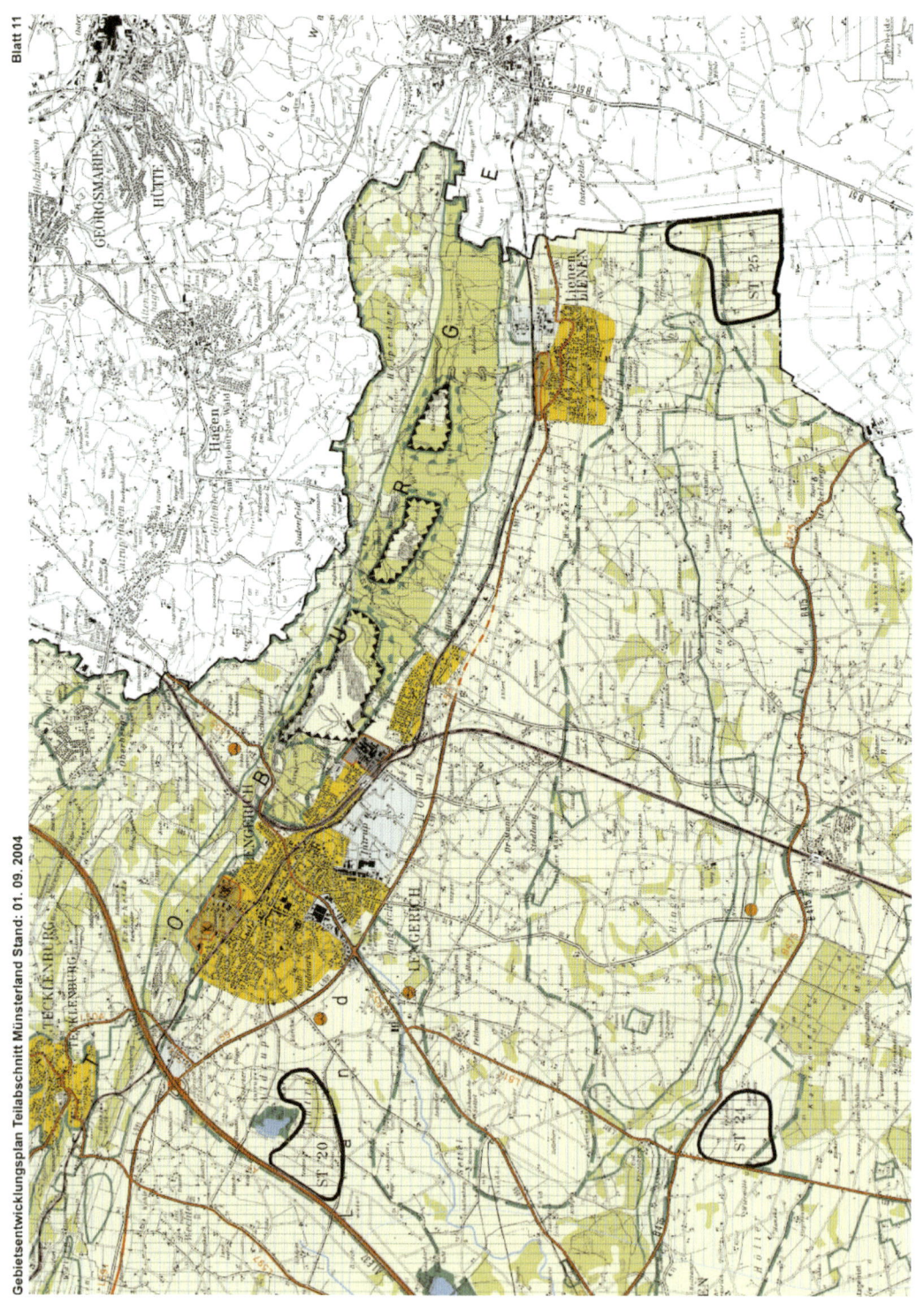

Abbildung 104: *Regional Abschnitt Teutoburger Wald*

Planzeichen

1. Wohnsiedlungsbereiche

   WSB für standort- und zweckgebundene Nutzung

2. Gewerbe- und Industrieansiedlungs-
   bereiche

   Bereiche für standortgebundene Anlagen

   Gebiete für flächenintensive Großvorhaben
   gemäß Landesentwicklungsplan VI

3. Agrarbereiche

4. Waldbereiche

5. Bereiche für die Wasserwirtschaft

   Wasserflächen

   Bereiche zum Schutz der Gewässer

7. Erholungsbereiche

8. Freizeit- und Erholungsschwerpunkte

9. Bereiche für den Schutz der Natur

10. Bereiche für den Schutz der Landschaft

11. Bereiche für die besondere Pflege
    und Entwicklung der Landschaft

12. Bereiche für die oberirdische Gewinnung
    von Bodenschätzen

13. Bereiche für Aufschüttungen

14. Bereiche und Standorte für besondere
    öffentliche Einrichtungen

    Hochschulstandorte

    Standorte für Einrichtungen des Krankenhaus-
    wesens von regionaler Bedeutung

15. Standorte für Versorgungsanlagen
    einschließlich Kraftwerkstandorte
    gemäß Landesentwicklungsplan VI
    und für Anlagen der Behandlung
    oder Beseitigung von Abwasser sowie
    für Abfallbehandlungsanlagen und
    Abfallbeseitigungsanlagen

    Konventionelles Kraftwerk

    Kern- oder konventionelles Kraftwerk

    Umspannwerk

    Wasserwerk

    Kläranlage

    Abfallbehandlungs- oder -beseitigungsanlage

16. Verkehrsnetz

    Straßen für den vorwiegend
    großräumigen Verkehr

    Bestand, Bedarfsplanmaßnahme

    Bedarfsplanmaßnahmen ohne räumliche Festlegung

    Straßen für den vorwiegend überregionalen und
    regionalen Verkehr

    Bestand, Bedarfsplanmaßnahmen

    Bedarfsplanmaßnahmen ohne räumliche Festlegung

    Sonstige regionalplanerisch bedeutsame Straßen
    (Bestand und Planung)

    Schienenwege unter Angabe der Haltepunkte

    Eisenbahnstrecke vorwiegend für den großräumigen
    Schnellverkehr und überregionalen Verkehr

    Eisenbahnstrecke vorwiegend für den regionalen Verkehr

    Wasserstraßen

    Häfen

17. Standorte für Flugplätze unter Angabe des
    Flugplatzgeländes

    Verkehrsflughafen

    Landeplatz

    Segelfluggelände

    Start- und Landebahn

    Flugplatzgelände

    Lärmschutzgebiete gemäß LEP IV unter Angabe
    der Lärmschutzzonen

19. Bereiche für besondere öffentliche Zwecke

20. Grenzen

    Regierungsbezirksgrenze

    Kreisgrenze

    Gemeindegrenze

Sonstige Darstellungen

    Windeignungsbereiche

1478   Allerdings ist ein **ausreichender Gestaltungsspielraum** der **kommunalen Bauleitplanung** wichtig. Vor allem die Vorbehaltsgebiete beinhalten keine bindenden Zielvorgaben, sondern enthalten lediglich abwägungserhebliche Belange für den nachfolgenden
Planungsträger. Die Regelungen in Vorbehaltsgebieten können daher nicht als verbindliche Vorgaben der Bauleitplanung angesehen werden. Zielvorgaben der Raumordnung
dürfen auch nicht durch Blanketterklärungen festgelegt werden. Denn der Regionalplanung kommt eine verbindliche Wirkung nur dann zu, wenn sie sich auch vor dem Hintergrund der kommunalen Interessen rechtfertigt. Allein durch die Bezeichnung als Ziel
eine Zielbindung nicht geschaffen werden. Es muss vielmehr der Inhalt das maßgebliche
Kriterium sein.[59] Die Regelungen des Landesplanungsrechts müssen sich daher auf ihre
konkrete Bindungswirkung befragen lassen.[60] Bei den Eignungsgebieten in § 7 IV 1 Nr. 3
ROG muss daher zwischen Außen- und Innenwirkung unterschieden werden.[61] Außerhalb der festgelegten Eignungsgebiete kann die Regionalplanung Vorhaben von regional-
planerischer Bedeutung i. S. einer strikten Zielbindung ausschließen. Innerhalb der Eignungsgebiete besteht demgegenüber noch ein Abwägungsspielraum für die kommunale
Flächennutzungsplanung. Deren Darstellungen können daher auf Grund einer konkreten
Befassung zu konkreten standortbezogenen Aussagen kommen, die sich in den allgemeinen raumordnerischen Rahmen einfügen. Eine konkretere Bindung auch innerhalb der
Eignungsgebiete kann die Regionalplanung allerdings dann erreichen, wenn sie zugleich
Vorranggebiete nach § 8 VII 1 Nr. 1 BauGB ausweist und damit eine verbindliche Zielvorgabe für die kommunale Planung vorgibt.[62] Die regionalplanerischen Möglichkeiten
bestehen jedoch nicht grenzenlos, sondern sind durch das Gegenstromprinzip auf die Berücksichtigung kommunaler Belange verpflichtet.[63]

1479   In § 10 ROG sind verschiedene **Beteiligungsregelungen** vorgesehen. Für die Raumordnungspläne wird das Abwägungsgebot grundgelegt (§ 7 II ROG). Bei Auswirkungen
auf europäische Gebiete von gemeinschaftlicher Bedeutung sind die Vorschriften des
BNatSchG über die Erhaltungsziele und den Schutzzweck der Gebiete von gemeinschaftlicher Bedeutung und der Europäischen Vogelschutzgebiete anzuwenden.[64] Die Raumordnungspläne sind zu **begründen** (§ 7 V ROG). Die Raumordnungspläne benachbarter
Planungsräume sind aufeinander abzustimmen (§ 7 III ROG).

5. Umweltprüfung

1480   **§ 9 I ROG** schreibt für die Aufstellung und Änderung der Raumordnungspläne eine
Umweltprüfung vor.[65] Im **Umweltbericht** sind die voraussichtlichen erheblichen Umweltauswirkungen sowie anderweitige Planungsmöglichkeiten unter Berücksichtigung
der wesentlichen Zwecke des Raumordnungsplans zu ermitteln, zu beschreiben und zu
bewerten. Der Umweltbericht kann einen gesonderten Teil der Begründung bilden und
wird auf der Grundlage der Umweltprüfung erstellt. Die Umweltprüfung selbst bezieht
sich auf die jeweils betroffenen Umweltbelange und das, was nach dem gegenwärtigen
Wissensstand und allgemein anerkannten Prüfungsmethoden sowie nach Inhalt und Detaillierungsgrad des Raumordnungsplans angemessenerweise verlangt werden kann. Die
Umweltprüfung ist daher dem Charakter des Regionalplans angepasst und grobkörniger
als die Prüfung auf der Ebene des Flächennutzungsplans und des Bebauungsplans. Die
Prüfung kann sich daher auf die im Plan getroffenen Grundsatzentscheidungen beschrän-

---

[59] *Hoppe* DVBl 1998, 1008.
[60] *Hoppe* DVBl 1998, 1008.
[61] So wohl auch VGH München, Urt. v. 4.4.1995 – 8 N 92.1819 – BayVBl. 1996, 81; Urt. v.
14.10.1996 – 14 N 94.4159 – BayVBl. 1997, 178; vgl. auch *Goppel* BayVBl. 1998, 289.
[62] *Erbguth* DVBl 1998, 209.
[63] *Stüer/Hönig* DVBl 1999, 836.
[64] *Bundesregierung*, Gesetzentwurf zum BauROG 1998, S. 85.
[65] Zum Umweltbericht s. Rn. 1480, 1502.

ken und die Einbindung der jeweiligen Vorhaben den nachfolgenden Planungs- und Zulassungsentscheidungen überlassen. Vielfach wird daher eine Grobprüfung ausreichen. Der Detaillierungsgrad kann allerdings mit der Konkretheit des Regelungsgrades zunehmen.

6. Behörden- und Öffentlichkeitsbeteiligung

Wie in der Bauleitplanung sind die **Öffentlichkeit** und die **öffentlichen Stellen**, deren **1481** Aufgabenbereich von den Umweltauswirkungen berührt werden kann, bei der Festlegung des Umfangs und Detaillierungsgrads des Umweltberichts zu beteiligen (§ 10 I ROG). Geringfügige Änderungen von Raumordnungsplänen können bei Wahrung der europarechtlichen Vorgaben von der Umweltprüfung ausgenommen werden. Die öffentlichen Stellen sind bei der Entscheidung über die Nichtdurchführung einer Umweltprüfung zu beteiligen. In der Begründung des Raumordnungsplans sind die Gründe für die Nichtdurchführung einer Umweltprüfung darzustellen (§ 9 II ROG). Wird der Regionalplan aus einem landesweiten Raumordnungsplan, für den bereits eine Umweltprüfung durchgeführt worden ist, entwickelt, kann sich die Umweltprüfung auf zusätzliche oder andere erhebliche Umweltauswirkungen beschränken. Zudem können verschiedene Umweltprüfungsverfahren gemeinsam durchgeführt werden (§ 9 III ROG).

Den **öffentlichen Stellen** und der **Öffentlichkeit** ist möglichst frühzeitig und effek- **1482** tiv Gelegenheit zu Stellungnahme zum Entwurf des Raumordnungsplans zu geben. § 10 ROG setzt damit die Vorgaben der Plan-UP-Richtlinie um. Bei grenzüberschreitenden Auswirkungen ist eine Beteiligung des anderen Mitgliedstaats nach den Grundsätzen des UVPG durchzuführen. Zu beteiligen ist die allgemeine Öffentlichkeit, nicht nur die betroffene Öffentlichkeit. Jedermann kann daher zu den offen liegenden Planungen eine Stellungnahme abgeben. Hierdurch soll gewährleistet werden, dass das Abwägungsmaterial entsprechend angereichert wird. Zudem können auch die Belange der Eigentümer und Nutzungsberechtigten von Grundstücken eingebracht werden, für die der Regionalplan Regelungen als Vorrang-, Vorbehalts- oder Eignungsfläche nach § 8 VII ROG enthält und insoweit (unmittelbare) Rechtswirkungen für den Bürger hat. Damit soll zugleich sichergestellt werden, dass die Abwägung nicht ohne Kenntnis der von den Regelungen betroffenen Belange erfolgt. Dies gilt vor allem für Belange, die für die planende Stelle nicht ohne Weiteres erkennbar sind. Die Öffentlichkeitsbeteiligung kann allerdings mit erheblichem Aufwand verbunden sein. Soweit gleichgerichtete Einwendungen vorgetragen werden, können die Stellungnahmen gebündelt und gemeinsam in der Begründung bzw. im Umweltbericht behandelt werden. Bei **Planänderungen** im Verfahren kann die Beteiligung auf die betroffene Öffentlichkeit sowie die in ihren Belangen berührten Stellen beschränkt werden (§ 10 Ia ROG). Es sind dies Betroffene, die abwägungserhebliche Belange in das Verfahren einbringen, also mehr als geringfügige, schutzwürdige und erkennbare Interessen.[66] Im Falle der erneuten Beteiligung kann die Stellungnahmefrist angemessen verkürzt werden (vgl. § 73 VIII VwVfG).

§ 7 II 1 ROG verpflichtet die Raumordnungspläne auf das **Abwägungsgebot**.[67] Das **1483** Ergebnis der Umweltprüfung sowie die Stellungnahmen der Behörden- und Öffentlichkeitsbeteiligung sind bei der Abwägung zu berücksichtigen (§ 7 II 2 ROG). Sonstige öffentliche Belange sowie private Belange sind in der Abwägung zu berücksichtigen, soweit sie auf der jeweiligen Planungsebene erkennbar und von Bedeutung sind. In § 7 VI ROG werden ausdrücklich der Schutz und die Erhaltungsziele der Gebiete von gemeinschaftlicher Bedeutung oder Europäische Vogelschutzgebiete auf Grund der

---

[66] Zum Abwägungsgebot BVerwG, Urt. v.12.12.1969 – IV C 105.66 – BVerwGE 34, 301 = RzB Rn. 23; B. v. 9.11.1979 – 4 N 1.78 – BVerwGE 59, 87; Urt. v. 24.9.1998 – 4 CCN 2.98 – BVerwGE 107, 214 = DVBl 1999, 100; *Stüer*, Handbuch des Bau- und Fachplanungsrechts, 4. Aufl. 2009, Rn. 1530.

[67] Zum Abwägungsgebot s. Rdn 832.

FFH-Richtlinie[68] oder der Vogelschutz-Richtlinie der Europäischen Gemeinschaft[69] genannt. Damit soll – ähnlich wie für die Bauleitplanung in § 1 a IV BauGB – sicherge-stellt werden, dass den Belangen der Richtlinie bei der Aufstellung von Raumord-nungsplänen Rechnung getragen wird. Eingriffe in geschützte Gebiete von gemein-schaftsrechtlicher Bedeutung oder Europäischer Vogelschutzgebiete sind aus den in § 34 II oder III BNatSchG genannten Gründen zulässig.[70]

1484   Der Raumordnungsplan bedarf einer **Begründung** (§ 7 V ROG). Die zusammen-fassende Erklärung bildet einen Teil der Begründung (§ 11 II 1, III ROG). In der Be-gründung ist darzulegen, wie Umwelterwägungen, der Umweltbericht sowie die abge-gebenen Stellungnahmen im Plan berücksichtigt wurden und welche Gründe nach Abwägung mit den geprüften anderweitigen Planungsmöglichkeiten für die Festlegun-gen des Plans entscheidungserheblich waren.

7. Regionalpläne

1485 Aus den Raumordnungsplänen sind in den Flächenstaaten **Regionalpläne** zu entwi-ckeln (§ 8 II 1 ROG). § 8 I 1 Nr. 2 ROG begründet die Verpflichtung zu einer den Gesam-traum in Teilräume aufgliedernden Regionalplanung für die Flächenstaaten der Bundes-republik. Für die Länder Berlin, Bremen und Hamburg sowie das Saarland besteht diese Verpflichtung nicht. § 8 III ROG spricht die Verflechtungsbereiche solcher verdichteter Regionen an, die sich über Landesgrenzen hinweg erstrecken, wie das Rhein-Main-Ge-biet, das Rhein-Neckar-Gebiet oder der Großraum Hamburg. Die Länder sind hier ver-pflichtet, für diese Verflechtungsbereiche eine gemeinsame Regionalplanung oder eine gemeinsame informelle Planung zu vereinbaren und durchzuführen. Die Regionalpläne sind aus dem Raumordnungsplan für das Landesgebiet zu entwickeln (§ 8 II 1 ROG), wie dies hinsichtlich des Bebauungsplans im Hinblick auf den Flächennutzungsplan nach § 8 II 1 BauGB geboten ist. Die Flächennutzungspläne und die Ergebnisse der von Gemein-den beschlossenen sonstigen städtebaulichen Planungen sind entsprechend in die Abwä-gung einzustellen (§ 8 II 2 ROG). § 8 III ROG enthält eine materielle Abstimmungsver-pflichtung für Regionalpläne benachbarter Planungsräume und ist daher mit der Abstim-mungspflicht von Bauleitplänen im interkommunalen Bereich nach § 2 II BauGB ver-gleichbar.[71] Der Regionalplan kann unter den Voraussetzungen des § 8 I 2 ROG auch die Funktionen eines gemeinsamen Flächennutzungsplans nach § 204 BauGB übernehmen.[72] Durch diese Vorschrift sind die Länder ermächtigt, in verdichteten Räumen oder in Räu-men mit sonstigen raumstrukturellen Verflechtungen mit kommunal verfasster Regional-planung einen Flächennutzungsplan zu ermöglichen, der zugleich den Charakter eines Regionalplans hat. Die verfahrensrechtlichen und materiellen Anforderungen des BauGB und des Landesplanungsgesetzes müssen eingehalten werden. In dem Plan sind die städte-baulichen Darstellungen und die raumordnerischen Festlegungen zu kennzeichnen. Zu-dem ist dafür zu sorgen, dass die Gesamtkonzeption der Regionalplanung erhalten bleibt und der regionale Flächennutzungsplan integraler Bestandteil des Regionalplans ist. Dies kann durch eine Einvernehmensregelung zugunsten des Trägers der Regionalplanung er-reicht werden. Regionalpläne bedürfen nach Maßgabe des Landesrechts der Genehmi-gung. Bei Auflagen im Genehmigungsverfahren ist ggf. ein Beitrittsbeschluss erforder-lich. Ein regionaler Raumordnungsplan ist daher unwirksam, wenn er mit seinem von dem Planungsträger beschlossenen Inhalt nicht genehmigt wird und der unter Auflagen genehmigte Plan von dem Planungsträger vor der Bekanntmachung der Genehmigung

---

[68] Abgedruckt bei *Stüer*, Bau- und Fachplanungsgesetze 1999, 823.
[69] Abgedruckt bei *Stüer*, Bau- und Fachplanungsgesetze 1999, 881.
[70] *Bundesregierung*, Gesetzentwurf zum BauROG 1998, S. 85.
[71] *Bundesregierung*, Gesetzentwurf zum BauROG 1998, S. 85.
[72] OVG Lüneburg, Urt. v. 11.7.2007 – 12 LC 18/07 – DWW 2007, 381 – Regionalplanung und Flächennutzungsplanung.

des Plans so nicht beschlossen worden ist und daher ein erforderlicher Beitrittsbeschluss fehlt.[73]

→ **Verflechtungsraum.** Das Gebiet ist durch vielfältige Beziehungen im Arbeits-, Einkaufs-, Bildungs-, Dienstleistungs- und Freizeitbereichs zumeist auch mit hohen Pendlerbewegungen miteinander verbunden. Vielfach ist der Umlandraum auf die Kernstadt ausgerichtet, die entsprechende Handels-, Dienstleistungs- und Infrastruktureinrichtungen bereithält. Raumordnung und Bauleitplanung, Gebiets- und Funktionalreform sowie Finanzausgleich sind vielfach darauf angelegt, den engeren Verflechtungsraum zu einer kommunalen Einheit zusammenzufassen.
→ **Wanderungen.** Zu- und Fortzüge von Personen innerhalb eines bestimmten Gebietes. Der Unterschied zwischen Zu- und Fortzug ergibt eine positive oder negative Wanderungsbilanz (Wanderungssaldo).
→ **Entwicklungsschwerpunkte.** Gemeinden, die im landesplanerischen Zentrengefüge eine besondere Funktion für das Umland haben. Die Entwicklungsschwerpunkte sind nach ihrer Zentralität geordnet (Oberzentren, Mittelzentren, Grund- oder Unterzentren, Kleinzentren).
→ **Entwicklungsachsen.** Sie verbinden Entwicklungsschwerpunkte zumeist gleicher Zentralitätsstufen und bilden ein Netz, auf dem die Landesplanung aber auch die kommunale Bauleitplanung aufbaut. Auf die Entwicklungsachsen sind die Infrastruktureinrichtungen (Straßen, ÖPNV, Versorgungseinrichtungen) ausgerichtet. Die Landesplanung berücksichtigt das Zentrensystem bei ihren Planungen und gibt entsprechende Vorgaben für die Raumnutzung über die Regionalplanung an die planenden Städte und Gemeinden weiter, die an Ziele der Raumordnung und Landesplanung gebunden sind.
→ **Solitärstädte.** Oberzentren, auf die der umliegende Verflechtungsraum ausgerichtet ist.
→ **Zweipolige Gemeinden.** Zumeist durch die Gebietsreform entstandene Gemeindezusammenschlüsse von etwa zwei gleich großen Gemeinden zu einer Einheitsgemeinde. Hier sind Spannungen zwischen den verschiedenen Ortsteilen nicht selten bereits in der kommunalen Struktur angelegt. Auch können sich bei der Tragfähigkeit dieser Orte im Zentrensystem Probleme ergeben.
→ **Polyzentrale Struktur.** Ausrichtung einer Stadt oder eines Ballungsraums auf mehrere Stadt- oder Stadtteilzentren unterschiedlicher Ausstattung und Bedeutung. Zumeist ist ein abgestuftes System von Haupt- und Nebenzentren anzutreffen, das Anknüpfungspunkt für die Regionalplanung und die Bauleitplanung ist.

---

8. Planerhaltung

Die Regelungen der Planerhaltung sind durch das **GeROG 2009** weiter ausgebaut wor- **1486** den.[74] Für das **ordnungsgemäße Zustandekommen** des Raumordnungsplans ist nach § 12 I ROG nur erforderlich, dass eine Öffentlichkeits- und Behördenbeteiligung stattgefunden hat, der Plan eine Begründung aufweist und der mit der Bekanntmachung erfolgte Hinweiszweck[75] erreicht worden ist (vgl. § 214 I BauGB). Auch ein Verstoß gegen das Entwicklungsgebot (§ 8 II 1 ROG) ist nur beachtlich, wenn die aus dem Raumordnungsplan für das Landesgebiet sich ergebende geordnete räumliche Entwicklung beeinträchtigt worden ist (vgl. § 214 II BauGB). Wie bereits bisher ist für die Abwägung nach § 7 II ROG die Sach- und Rechtslage im Zeitpunkt der Beschlussfassung über den Raumordnungsplan maßgebend. Mängel im Abwägungsvorgang sind nur erheblich, wenn sie offensichtlich und auf das Abwägungsergebnis von Einfluss gewesen sind (§ 12 III ROG wie § 214 III BauGB).[76] Danach verbleibende relevante Abwägungsmängel können ggf. durch ein ergänzendes Verfahren behoben werden – allerdings mit der Folge, dass der Plan bis zur Behebung der Mängel keine Wirkungen entfaltet (vgl. auch § 47 V 2 I VwGO). Ein **Abwägungsfehler** ist im Sinne von **§ 12 III ROG** von Einfluss auf das

---

[73] OVG Koblenz, Urt. v. 2.10.2007 – 8 C 11412/06 – Regionaler Raumordnungsplan.
[74] Kritisch *Blümel* in: *Stüer* (Hrsg.) Verfahrensbeschleunigung, S. 17.
[75] BVerwG, Urt. v. 26.5.1978 – IV C 9.77 – BVerwGE 55, 369 – Harmonieurteil.
[76] OVG Münster, Urt. v. 6.3.2006 – 7 D 124/05.NE – BauR 2006, 1707 – Wohn- und Pflegezentrum.

Abwägungsergebnis gewesen, wenn nach den Umständen des Einzelfalles die konkrete Möglichkeit besteht, dass ohne den Mangel die Planung anders ausgefallen wäre. Eine solche konkrete Möglichkeit besteht immer dann, wenn sich anhand der Planunterlagen oder erkennbarer oder nahe liegender Umstände die Möglichkeit abzeichnet, dass der Mangel im Abwägungsvorgang von Einfluss auf das Abwägungsergebnis gewesen sein kann.[77] Ob und in welchem Umfang eine rückwirkende Heilung von Mängeln des Plans möglich ist, beurteilte sich bis zum Inkrafttreten des GeROG 2009 nach dem jeweiligen Landesrecht.[78]

1487   Für Fehler bei der **Umweltprüfung** enthält § 12 III ROG Sondervorschriften. Ein beachtlicher Mangel besteht, wenn der Umweltbericht in wesentlichen Punkten unvollständig ist und diese Punkte nicht Bestandteil der zusammenfassenden Erklärung nach § 11 III ROG sind. Ist das Ergebnis einer durchgeführten Vorprüfung nachvollziehbar, so ist der Plan nicht deshalb unwirksam, weil bei zutreffender Beurteilung eine UP hätte durchgeführt werden müssen. Allerdings werden von der Rechtsprechung entsprechende Anforderungen an die Nachvollziehbarkeit der Prüfung gestellt.[79] Eine an sich erforderliche, aber unterbliebene UP wird daher in der Regel auf den Plan durchschlagen, wenn nicht ausgeschlossen werden kann, dass bei deren Durchführung in wichtigen Teilen ein anderes Ergebnis herausgekommen wäre.[80]

1488   **Form- und Verfahrensfehler** können nur innerhalb eines Jahres seit Bekanntmachung des Plans geltend gemacht werden.[81] Das gilt auch für Fehler beim Entwicklungsgebot und bei der Umweltprüfung. Diese wichtige Einschränkung will dazu beitragen, dass sich die Gerichte nicht ungefragt auf die Suche nach Fehlern begeben[82] – eine zwar dogmatisch nicht so richtig herzuleitende Aussage, die aber durchaus einen gewissen Charme verbreitet. Ebenso hilfreich für die Praxis ist die Möglichkeit, den Raumordnungsplan durch ein ergänzendes Verfahren zur Behebung von Fehlern auch rückwirkend in Kraft zu setzen. Die Fehlerheilung kann sich insbesondere auf Form- und Verfahrensfehler sowie auf Fehler im Abwägungsvorgang beziehen. Allerdings darf sich der Planinhalt dabei nicht derart ändern, dass die Änderung gegen die Grundsätze der echten Rückwirkung verstößt.

9. Zielabweichungsverfahren

1489   Von einem Ziel der Raumordnung können im Raumordnungsplan **Ausnahmen** festgelegt werden. Hierdurch wird dem Anliegen einiger Bundesländer Rechnung getragen, Ziele der Raumordnung mit ihren starren Bindungswirkungen in den Raumordnungsplänen flexibler gestalten zu können. Für bestehende Raumordnungspläne, die Ziele mit Ausnahmen im Sinne des § 6 I ROG beinhalten, hat die Regelung klarstellende Funktion. Zudem kann in einem besonderen **Zielabweichungsverfahren** abgewichen werden, wenn die Abweichung unter raumordnerischen Gesichtspunkten vertretbar ist und die Grundzüge der Planung nicht berührt werden (§ 6 II ROG). Antragsberechtigt sind die öffentlichen Stellen und Personen des Privatrechts, die das Ziel, von dem abgewichen

---

[77] OVG Bautzen, Urt. v. 7.4.2005 – 1 D 2/03 – SächsVBl 2005, 225 = ZNER 2005, Nr. 2, 183 (L) = NJ 2005, 512 (L) – Regionalplan.

[78] BVerwG, B. v. 25.10.2007 – 4 BN 42.07 – Windeignungsgebiet Woltersdorf.

[79] BVerwG, Urt. v. 16.10.2008 – 4 C 2-6.07 – BVerwGE 132, 152 = DVBl 2009, 315 = NVwZ 2009, 151 – Weeze.

[80] BVerwG, Urt. v. 25.1.1996 – 4 C 5.95 – BVerwGE 100, 238 – Eifelautobahn; Urt. v. 18.11.2004 – 4 CN 4.03 – BVerwGE 122, 207 = DVBl 2005, 386 = NVwZ 2004, 1237 – Diez.

[81] OVG Münster, Urt. v. 28.6.2007 – 7 D 59/06.NE – Naturschutzrechtliches Integritätsinteresse. Vgl. §§ 214, 215 BauGB 1998. Die Vorschriften sind allerdings für das BauGB durch das EAG Bau 2004 auf eine Zweijahresfrist und durch die BauGB-Novelle 2007 auf eine Einjahresfrist umgestellt worden.

[82] So bereits BVerwG, Urt. v. 7.9.1979 – IV C 7.77 – BauR 1980, 40 – Fehlersuche.

werden soll, zu beachten haben. Hierdurch soll die Möglichkeit der Zielabweichung erleichtert werden. Das Zielabweichungsverfahren findet dort seine Grenzen, wo die Grundzüge der Planung berührt werden.[83] Dann bedarf es eines Planänderungsverfahrens. Die Grenze zwischen Ausnahmen, Zielabweichungsverfahren und Zieländerungsverfahren (Planänderungsverfahren) entspricht daher weitgehend der zwischen einer Ausnahme von den Festsetzungen (§ 31 I BauGB), einer Befreiung (§ 31 II BauGB) und einer Änderung eines Bebauungsplans.[84] Antragsbefugt sind insbesondere die öffentlichen Stellen und Personen des Privatrechts sowie die kommunalen Gebietskörperschaften, die das Ziel der Raumordnung zu beachten haben (§ 6 II 2 ROG). Hierdurch wird zugleich den Erfordernissen der kommunalen Selbstverwaltungsgarantie in Art. 28 II GG Rechnung getragen.[85] Ein Zielabweichungsverfahren ist immer dann durchzuführen, wenn das Planungsvorhaben mit den Zielen der Raumordnung nicht vereinbar ist.

Beispiel: Ein Bebauungsplan verletzt die Anpassungspflicht an die Ziele der Raumordnung, wenn er ohne das hierfür erforderliche Abweichungsverfahren gemäß § 6 II ROG einen großflächigen Einzelhandelsbetrieb in einem Unterzentrum ausweist, obgleich derartige Betriebe den Ober- und Mittelzentren vorbehalten sind und eine regionalplanerisch vorgesehene Ausnahme nicht vorliegt.[86]

1490 Die Entscheidung der zuständigen Landesplanungsbehörde über den Antrag einer Gemeinde auf Zulassung einer Abweichung von Zielen der Raumordnung zur Durchführung eines Vorhabens auf dem Gemeindegebiet stellt einen mit der Verpflichtungsklage zu erstreitenden Verwaltungsakt dar.[87]

10. Untersagung

1491 Raumbedeutsame Planungen und Maßnahmen, die von der Bindungswirkung des § 4 ROG erfasst werden, können zeitlich unbefristet (§ 14 I ROG) oder auch befristet (§ 14 II ROG) **untersagt** werden (§ 12 ROG). Der Vorschrift kommt tragende Bedeutung für die Durchsetzbarkeit der übergeordneten Planung gegenüber örtlichen oder fachlichen Planungen und Maßnahmen und damit für die Umsetzung des ROG insgesamt zu. Rechtsbehelfe gegen eine Untersagung haben keine aufschiebende Wirkung (§ 14 III ROG). Hierdurch wird sichergestellt, dass die verbindlichen Festlegungen der Raumordnung tatsächlich beachtet werden. Die Untersagung kann unbefristet geschehen, wenn Ziele der Raumordnung entgegenstehen. Die Planungen und Maßnahmen verstoßen dann gegen die Beachtenspflicht des § 4 I ROG und sind damit materiell rechtswidrig. Entsprechendes gilt für solche juristische Personen des Privatrechts, deren raumbedeutsame Planungen und Maßnahmen der Beachtenspflicht nach § 4 ROG unterliegen.[88] Die Untersagung kann befristet erfolgen, wenn zu befürchten ist, dass die Verwirklichung in Aufstellung, Änderung, Ergänzung oder Aufhebung befindlicher Ziele der Raumordnung unmöglich gemacht oder wesentlich erschwert werden würde (§ 14 II ROG). Die befristete Untersagung kann sich auch auf behördliche Entscheidungen über die Zulässigkeit raumbedeutsamer Maßnahmen von Personen des Privatrechts erstrecken (§ 14 II ROG). Dies kann z. B. bei privilegierten Vorhaben nach § 35 I i. V. mit III 3 BauGB der Fall sein.

---

[83] OVG Münster, Urt. v. 28.1.2005 – 7 D 4/03.NE – Voraussetzungen für den Erlass einer Veränderungssperre.

[84] *Bundesregierung*, Gesetzentwurf zum BauROG 1998, S. 85.

[85] *Bundesregierung*, Gesetzentwurf zum BauROG 1998, S. 86.

[86] OVG Berlin-Brandenburg, B. v. 5.7.2006 – 10 S 5.6 und 6.6 – NJ 2007, 87 – gemeindliches Einvernehmen.

[87] OVG Koblenz, Urt. v. 5.9.2006 – 8 A 10343/06 – ZfBR 2006, 792 = BauR 2007, 63 = NVwZ-RR 2007, 303 = DVBl 2006, 1536 (L), zur Abweichung von einem im regionalen Raumordnungsplan mit Zielcharakter festgesetzten Ausschlussgebiet für die Windenergie bei nachträglicher Befreiung von den Verboten einer Naturparkverordnung.

[88] *Bundesregierung*, Gesetzentwurf zum BauROG 1998, S. 86.

11. Raumordnerische Zusammenarbeit

1492 Nach **§ 13 ROG** wirken die Träger der Landes- und Regionalplanung mit den hierfür
maßgeblichen öffentlichen Stellen und Personen des Privatrechts einschließlich Nichtregierungsorganisationen und der Wirtschaft zur Vorbereitung oder Verwirklichung von
Raumordnungsplänen zusammen. Die Kooperation kann sich auf die Vorbereitung und
Verwirklichung von Raumordnungsplänen als auch von sonstigen raumbedeutsamen
Planungen und Maßnahmen beziehen. Eine beachtliche Bedeutung können hier vertragliche Vereinbarungen gewinnen, die nach dem Vorbild der städtebaulichen Verträge (§ 11
BauGB)[89] die Planungen und deren Durchführung vorbereiten und begleiten können. In
diese Kooperation werden zugleich Private[90] und Nichtregierungsorganisationen (Naturschutzvereinigungen) einbezogen. Auch im interkommunalen Bereich soll die Zusammenarbeit zwischen den Gemeinden gestärkt werden[91]. Dabei können auch regionale
Entwicklungskonzepte, an deren Aufstellung die beteiligten Stellen mitwirken, eingesetzt werden. Zugleich ist die Zusammenarbeit von Gemeinden zur Stärkung teilräumlicher Entwicklungen (Städtenetze) zu unterstützen. Ausdrücklich erwähnt werden in diesem Zusammenhang auch vertragliche Vereinbarungen zur Vorbereitung und Verwirklichung von Raumordnungsplänen. Auch im Recht der Raumordnung sollen daher stärker als bisher **vertragliche Regelungen** genutzt werden. Damit können die Grundsätze
über die städtebaulichen Verträge in § 11 BauGB mit dem Maßstab der Angemessenheit
der vertraglichen Regelungen auch für die Raumordnung Modellcharakter gewinnen.[92]

1493 Vertragliche Regelungen in der räumlichen Planung sind vor allem als **städtebauliche
Verträge**[93] in der Bauleitplanung bekannt (§ 11 BauGB). Sie begleiten dort vor allem den
vorhabenbezogenen Bebauungsplan (§ 12 BauGB) und andere städtebauliche Satzungen.
Die vertraglichen Regelungen können dort die Bauleitplanung nicht ersetzen, aber begleitende Regelungen treffen, die vor allem der Vorbereitung und Durchführung der Planung sowie der Kostenübernahme dienen. Die vertraglichen Regelungen dürfen nicht
den Kern der Abwägungsentscheidung betreffen und auch nicht gegen das Koppelungsverbot verstoßen. Die vertraglichen Leistungen müssen den Gesamtumständen nach angemessen sein. Nichtige Verträge unterliegen der Rückabwicklung. In **§ 13 II 1 Nr. 1
ROG** ist die Grundlage für einen raumordnerischen Vertrag geschaffen. Danach können
vertragliche Vereinbarungen, insbesondere zur Koordinierung oder Verwirklichung von
raumordnerischen Entwicklungskonzepten und zur Vorbereitung oder Verwirklichung
von Raumordnungsplänen getroffen werden. Die Verträge können u.a. der Verwirkli-

---

[89] Zu deren Möglichkeiten und Grenzen BVerwG, Urt. v. 11.2.1993 – 4 C 18.91 – BVerwGE 92,
56 – Weilheimer Einheimischenmodell; Urt. v. 16.5.2000 – 4 C 4.99 – BVerwGE 111, 162 – Gerechtigkeitslücke; BGH, Urt. v. 29.11.2002 – V ZR 105/02 – BGHZ 153, 93.

[90] Zur Mitwirkung Privater bereits BVerwG, B. v. 28.8.1987 – 4 N 1.86 – DVBl 1987, 1273 –
Volksfürsorge.

[91] Zu interkommunalen vertraglichen Vereinbarungen OVG Münster, Urt. vom 6.6.2005 – 10 D
145.04. NE, 10 D 148.04. NE – BauR 2005, 1577; BVerwG, B.v. 28.12.2005 – 4 BN 41-44.05 –
NVwZ 2006, 458 = DVBl 2006,462 – Erweiterung CentrO Oberhausen. Die Stadt Oberhausen
hatte den umliegenden Ruhrgebietsstädten und der Bezirksregierung Düsseldorf als Genehmigungsbehörde für die Flächennutzungsplanänderung eine Begrenzung der Verkaufsfläche auf 70.000
m² durch Vertrag verbindlich zugesichert, dies durch Baulast gesichert und die Zusicherungen später
allerdings für unwirksam erklärt, *Stüer/Weers* DVBl 2006, 236. Zur Bindung von „Sollzielen"
BVerwG, Urt. v. 17.9.2003 – 4 C 14.01 – BVerwGE 117, 351 = DVBl 2004, 239; Urt. v. 18.9.2003 – 4
CN 20.02 – BVerwGE 119, 54 = DVBl 2004, 251; OVG Lüneburg, Urt. v. 1.9.2005 – 1 LC 107/05 –
ZfBR 2005, 809 = NdsVBl 2006, 71 = NordÖR 2006, 70 – Hersteller-Direktverkaufszentren –
Soltau.

[92] Auf die Regelung eines landesplanerischen Planungsgebotes durch die Gemeinden, wie es im
Gesetzentwurf der *Bundesregierung* um BauROG 1998 (§ 13 ROG-E) ursprünglich vorgesehen war,
ist auf Grund der weiteren Gesetzesberatungen damals verzichtet worden.

[93] Zu städtebaulichen Verträgen . Rn. .

chung von regionalen Entwicklungskonzepten dienen, durch die raumbedeutsame Planungen und Maßnahmen vorgeschlagen und aufeinander abgestimmt werden.

12. Raumordnungsverfahren

In § 15 ROG ist bundeseinheitlich für bestimmte raumrelevante Verfahren ein Raumord- **1494** nungsverfahren geregelt. Hierdurch sollen raumbedeutsame Planungen und Maßnahmen untereinander und mit den Erfordernissen der Raumordnung abgestimmt werden. Das Raumordnungsverfahren schließt die Ermittlung, Beschreibung und Bewertung der raumbedeutsamen Auswirkungen der Planungen oder Maßnahmen auf die im Gesetz erwähnten Umweltbelange entsprechend dem Planungsstand ein. Durch das Raumordnungsverfahren wird festgestellt, ob raumbedeutsame Planungen oder Maßnahmen mit den Erfordernissen der Raumordnung oder anderen raumbedeutsamen Planungen und Maßnahmen übereinstimmen. Die dem Raumordnungsverfahren unterfallenden Vorhaben sind von der Bundesregierung in einer Rechtsverordnung nach § 23 I ROG festgelegt. Die Ergebnisse des Raumordnungsverfahrens und die darin eingeschlossene Ermittlung, Beschreibung und Bewertung der Auswirkungen des Vorhabens auf die Umwelt sind u. a. auch von den Gemeinden bei raumbedeutsamen Planungen und Maßnahmen, die den im Raumordnungsverfahren beurteilten Gegenstand betreffen, sowie bei Genehmigungen, Planfeststellungen und sonstigen behördlichen Entscheidungen über die Zulässigkeit des Vorhabens nach Maßgabe der dafür geltenden Vorschriften zu berücksichtigen.[94] Im Rahmen des Raumordnungsverfahrens kann eine Beteiligung der Öffentlichkeit stattfinden (vgl. § 15 III ROG). Bei der Aufstellung von Bauleitplänen ist das Ergebnis des Raumordnungsverfahrens in die Abwägung nach § 1 V und VI BauGB mit einzubeziehen (§ 3 I Nr. 4 ROG). Die Anpassung der Bauleitplanung an die Ziele der Raumordnung richtet sich allein nach § 1 IV BauGB. Das Ergebnis des Raumordnungsverfahrens hat allerdings gegenüber dem Träger des Vorhabens und gegenüber einzelnen keine

Antragskonferenz	
Erfordernis eines Raumordnungsverfahrens innerhalb von 4 Wochen	
Einleitung des Raumordnungsverfahrens durch die Landesplanungsbehörde	
Unterrichtung der zu beteiligenden Stellen über Verfahrensablauf und Öffentlichkeitsbeteiligung	
Übereinstimmung des Vorhabens mit den Erfordernissen der Raumordnung	
Abstimmung mit raumbedeutsamen Maßnahmen und Planungen	
Ermittlung und Beschreibung der raumbedeutsamen Auswirkungen des Vorhabens auf die Umwelt	
Beteiligung der zuständigen Stellen durch die Landesplanungsbehörde	Einbeziehung der Öffentlichkeit durch die Gemeinden
Behörden des Bundes und des Landes, der Gemeinden und Gemeindeverbände öffentliche Planungsträger, Körperschaften und Anstalten, Stiftungen des öffentlichen Rechts, Verbände	ortsübliche Bekanntmachung Gelegenheit zur Einsichtnahme während der öffentlichen Auslegung Übersendung der Stellungnahme
Auswertung der eigenen Ermittlungen und der Stellungnahmen der Beteiligten	
Landesplanerische Feststellung mit Erklärung der raumordnerischen Unbedenklichkeit ggf. mit Maßnahmen oder Erklärung der Unvereinbarkeit des Vorhabens mit den Erfordernissen der Raumordnung (Versagung)	
Unterrichtung des Planungsträgers, der Zulassungsbehörden und der Beteiligten sowie der Öffentlichkeit	Zulassungsverfahren Planfeststellung, Plangenehmigung, Genehmigung

---

[94] BVerwG, B. v. 9.9.1988 – 4 B 37.88 – BVerwGE 80, 201 = RzB Rn. 30 – landesrechtliches Abwägungsmodell.

unmittelbare Rechtswirkung und ersetzt nicht eine etwa erforderliche Bauleitplanung[95] oder ein Planfeststellungsverfahren.

1495   Aufgabe des Raumordnungsverfahrens ist es, raumbedeutsame Planungen und Maß-nahmen in einem besonderen Verfahren untereinander und mit den Erfordernissen der Raumordnung abzustimmen, um hierdurch bereits auf überörtlicher Ebene eine Fein-steuerung konkret vorgesehener Planungen und Maßnahmen vornehmen zu können. § 1 ROG enthält in seinen I 1 und 2 einen generellen Rahmen zur Aufgabenstellung des Raumordnungsverfahrens und zu den Möglichkeiten, von einem Raumordnungsverfah-ren absehen zu können. § 15 III bis VI ROG enthalten überwiegend verfahrensrechtliche Regelungen für die Länder.[96] Die beiden Prüfbereiche eines Raumordnungsverfahrens werden als „Raumverträglichkeitsprüfung" zusammengefasst. Außerdem ist im Rahmen einer Änderung der Raumordnungsverordnung ein Raumordnungsverfahren für die Er-richtung von Einkaufszentren, großflächigen Einzelhandelsbetrieben und sonstigen großflächigen Handelsbetrieben eingeführt worden (§ 1 Nr. 19 ROV). Hierunter fallen auch die sog. **Factory-Outlet-Center**. Das Raumordnungsverfahren ist für alle groß-flächigen Vorhaben i.S. des § 11 III BauNVO durchzuführen, während die UVP-Pflicht nur für solche Vorhaben besteht, die eine Geschossfläche von mindestens 5.000 m² auf-weisen.[97] Von einem Raumordnungsverfahren kann abgesehen werden, wenn die Beur-teilung der Raumverträglichkeit der Planung oder Maßnahme bereits auf anderer raum-ordnerischer Grundlage hinreichend gewährleistet ist (§ 15 I 4 ROG). **Eingeschränkte Bindungswirkungen** bestehen gegenüber der **Gemeinde**, die bei ihrer Bauleitplanung die Ergebnisse des Raumordnungsverfahrens zu berücksichtigen hat (§ 3 I Nr. 4 ROG).[98] **Beschränkungen** der sog. Factory-Outlet-Center bereits durch die **Landesplanung** sind auf der Grundlage des Landesplanungsrechts durchaus zulässig.[99]

Beispiel: Gehen die städtebaulichen Auswirkungen von Hersteller-Direktverkaufszentren insbeson-dere wegen der Größe dieser Betriebe, der Zentrenrelevanz ihres Kernsortiments und der Reichweite ihres Einzugsbereichs über die Auswirkungen der üblichen Formen des großflächigen Einzelhandels hinaus, kann es gerechtfertigt sein, sie landesplanerisch einer im Vergleich zum sonstigen großflächi-gen Einzelhandel strengeren Sonderregelung zu unterwerfen und nur in Oberzentren an städtebau-lich integrierten Standorten zuzulassen.[100]

1496   Sind die Auswirkungen der Planungen oder Maßnahmen gering oder sind die für die Prüfung der Raumverträglichkeit erforderlichen Stellungnahmen schon in einem anderen Verfahren abgegeben worden, so kann in einem **vereinfachten Raumordnungsverfah-ren** auf die Beteiligung einzelner öffentlicher Stellen verzichtet werden (§ 16 ROG). Die Zeit für die Verfahrensdurchführung wird dann von 6 Monaten (§ 15 IV ROG) auf 3 Mo-nate verkürzt (§ 16 2 ROG). Das vereinfachte Verfahren ist allerdings nur insoweit zulässig, wie andere Rechtsvorschriften, insbesondere nach § 16 UVPG, nicht entgegenstehen.

---

[95] *Grotefels* in: HBG § 4 Rn. 10 ff.

[96] *Bundesregierung*, Gesetzentwurf zum BauROG 1998, S. 87.

[97] Anlage zu § 3 UVPG Nr. 18, § 1 a II Nr. 2 BauGB.

[98] BVerwG, B. v. 9.9.1988 – 4 B 37.88 – BVerwGE 80, 201 = NVwZ 1989, 864 = RzB Rn. 30 – Freileitung.

[99] OVG Lüneburg, Urt. v. 1.9.2005 – 1 LC 107/05 – ZfBR 2005, 809 = NdsVBl 2006, 71 = NordÖR 2006, 70 – Hersteller-Direktverkaufszentren – Soltau.

[100] BVerwG, B. v. 8.3.2006 – 4 B 75.05 – ZfBR 2006, 352 = UPR 2006, 236 = DVBl 2006, 772 = BauR 2006, 1087 = NVwZ 2006, 932, m. Anm. *Gatz*, jurisPR-BVerwG 13/2006 Anm. 5 – Hersteller-Direktverkaufszentren; OVG Berlin-Brandenburg, Urt. v. 12.5.2006 – 12 A 28.05 – LKV 2007, 32 = DVBl 2006, 1123 (L) – großflächige Einzelhandelsbetriebe; VGH Kassel, Urt. v. 25.9.2006 – 9 N 844/06 – ZfBR 2007, 161 = NVwZ-RR 2007, 298 = BauR 2007, 759 (L) – großflä-chiger Einzelhandel; allerdings auch BVerwG, B. v. 28.12.2005 – 4 BN 40.05 – 4 BN 41-44.05 – NVwZ 2006, 458 = BauR 2006, 802 = NuR 2006, 296 = DVBl 2006, 462 (L) – CentrO Oberhau-sen zu OVG Münster Urt. v. 6.6.2005 – 10 D 145.04. NE, 10 D 148.04. NE – BauR 2005, 1577. Das OVG Münster hatte die Regionalplanung wegen nicht ausreichend bestimmter Ziele (Sollenziele) für unwirksam erklärt.

Eingeschränkte Bindungswirkungen bestehen gegenüber der **Gemeinde**, die bei **1497** ihrer Bauleitplanung die Ergebnisse des Raumordnungsverfahrens zu berücksichtigen hat (§ 3 I Nr. 4 ROG). Eine solche Berücksichtigungspflicht ist im Hinblick auf die Selbstverwaltungsgarantie verfassungsrechtlich zulässig, da aus einem Raumordnungs-verfahren für die gemeindliche Bauleitplanung keine strikten Beachtenspflichten, son-dern (lediglich) Berücksichtigungspflichten im Rahmen der Abwägung abzuleiten sind.[101] Die Vorgaben der Raumordnung nach § 1 IV BauGB und §§ 4, 5 ROG gelten auch in den neuen Bundesländern.[102]

§§ 10 II, 15 III 2 ROG sehen eine **grenzüberschreitende Abstimmung** von raum- **1498** bedeutsamen Planungen und Maßnahmen vor. Raumbedeutsame Planungen und Maß-nahmen, die erhebliche Auswirkungen auf Nachbarstaaten haben können, sind mit den betroffenen Nachbarstaaten nach den Grundsätzen der Gegenseitigkeit und Gleichwer-tigkeit abzustimmen. Für die gemeindliche Bauleitplanung findet sich eine im Kern ver-gleichbare Vorschrift in § 4 a V BauGB. Eine materielle Abstimmungspflicht besteht da-her nur im Rahmen der Gegenseitigkeit und Gleichwertigkeit. Wenn nach dem Recht des Nachbarstaats weitergehende Konsultationen und Abstimmungen vorgesehen sind, müssen auch die deutschen Behörden ihre Planungen und Maßnahmen mit dem Nach-barstaat materiell abstimmen.[103]

§ 23 ROG enthält die Regelung über die **Ermächtigung zum Erlass von Rechts-** **1499** **verordnungen.** Danach wird die Bundesregierung ermächtigt, durch Rechtsverordnung mit Zustimmung des Bundesrates Planungen und Maßnahmen zu bestimmen, für die ein Raumordnungsverfahren durchgeführt werden soll, wenn sie im Einzelfall raumbedeut-sam sind und überörtliche Bedeutung haben. Außerdem wir das Bundesministerium für Verkehr, Bau und Stadtentwicklung ermächtigt, durch Rechtsverordnung die Bedeutung und Form der Planzeichen zu bestimmen, die in Raumordnungsplänen (§§ 8, 17 ROG) zu verwenden sind. Durch die Verordnung wird damit faktisch eine Annäherung der wichtigsten Inhalte von Raumordnungsplänen angestrebt, die zu deren Verständlichkeit und Akzeptanz beitragen soll.[104]

VI. Raumordnung des Bundes

Neben den Ländern beteiligt sich auch der Bund an der Raumordnung, indem er Leit- **1500** vorstellungen der räumlichen Entwicklung des Bundesgebietes entwickelt und auch im europäischen Rahmen auf eine Abstimmung raumbedeutsamer Planungen hinwirkt. Die Regelungen sind durch das GeROG 2009 gestärkt worden.

§ 17 ROG gibt auf der Grundlage des Rechtsgutachtens des BVerfG,[105] den **gesetz-** **1501** **lichen Rahmen** für die Raumordnung des Bundes. Das zuständige Bundesministerium kann nach § 17 I ROG auf der Grundlage der Raumordnungspläne und in Zusammenar-beit mit den für die Raumordnung zuständigen obersten Landesbehörden Leitbilder der räumlichen Entwicklung des Bundesgebietes oder von über die Länder hinausgreifenden Zusammenhängen als Grundlage für die Abstimmung raumbedeutsamer Planungen und Maßnahmen des Bundes und der Europäischen Gemeinschaft entwickeln. Zudem beteiligt sich der Bund in Zusammenarbeit mit den Ländern an einer Raumordnung in der Europä-ischen Gemeinschaft und im größeren europäischen Raum (§ 26 III 1 ROG). Auch bei der grenzüberschreitenden Zusammenarbeit mit Nachbarstaaten im Bereich der Raumord-nung wirken Bund und Länder eng zusammen (§ 26 III 2 ROG). Zugleich verpflichtet § 26

---

[101] BVerwG, B. v. 9.9.1988 – 4 B 37.88 – BVerwGE 80, 201 = NVwZ 1989, 864 = RzB Rn. 30 – Freileitung.

[102] Entsprechende Rechtswirkungen ergaben sich auch bereits aus § 5 IV ROG a.F., vgl. *Stüer* DVBl 1992, 266.

[103] *Bundesregierung*, Gesetzentwurf zum BauROG 1998, S. 87.

[104] *Bundesregierung*, Gesetzentwurf zum BauROG 1998, S. 87.

[105] BVerfG, E. v. 16.6.1954 – 1 PBvV 2/52 – BVerfGE 3, 407 = RzB Rn. 1 – Gutachten Bodenrecht.

IV ROG den Bund, darauf hinzuwirken, dass die Personen des Privatrechts, an denen der Bund beteiligt ist, die Grundsätze der Raumordnung berücksichtigen und deren Ziele beachten. Die Vorschrift sieht eine gegenseitige Unterrichtung und gemeinsame Beratung aller beteiligten Stellen vor und stellt das dazu erforderliche Instrumentarium bereit.

1502 **§ 17 II ROG** ermöglicht es dem Bund, Raumordnungspläne für das Bundesgebiet mit **länderübergreifenden Standortkonzepten** für See- und Binnenhäfen sowie von Flughäfen als Grundlage für deren Anbindung, d. h. Erschließung mit Bundesverkehrswegen, aufzustellen. Die Regelung zielt daher auf die Bundesverkehrswegeplanung. Raumbedeutsame Planungen und Maßnahmen der Länder und der Gemeinden werden allerdings von den Bindungswirkungen nicht erfasst. Im Bereich zwischen 12 und 200 Seemeilen vor der Küste, der **ausschließlichen Wirtschaftszone (AWZ),** legt der Bund Ziele und Grundsätze der Raumordnung hinsichtlich der wirtschaftlichen und wissenschaftlichen Nutzung fest **(§ 17 III ROG).** Die Raumordnung in der AWZ ist wie bisher Teil der Raumordnung im Gesamtstaat, für das der Bund kraft Natur der Sache die Gesetzgebungskompetenz hat. Dabei soll die Sicherheit und Leichtigkeit der Seeschifffahrt und der Schutz der Meeresumwelt gewährleistet werden. Zugleich kann die Planung Vorrang-, Vorbehalts- und Eignungsgebiete nach § 8 VIII ROG ausweisen. Die Festlegung erfolgt in den Verfahrensschritten der §§ 10, 18 ROG. Es findet eine Öffentlichkeits- und Behördenbeteiligung statt. Betroffene Umweltbelange sind in einer Umweltprüfung zu ermitteln und im Umweltbericht darzustellen. Auch werden die raumordnerischen Festlegungen von einem Monitoring begleitet. Zuständig für die Durchführung des Verfahrens ist das Bundesamt für Seeschifffahrt und Hydrologie, das mit Zustimmung des Bundesministerium für Verkehr, Bau und Stadtentwicklung die vorbereitenden Schritte zur Aufstellung der Ziele und Grundsätze der Raumordnung einschließlich der Umweltprüfung und der Öffentlichkeitsbeteiligung durchführt **(§ 17 III 3 ROG).** Werden Vorranggebiete für Windkraftanlagen als Ziele der Raumordnung ausgewiesen, so hat dies unterstützende Auswirkungen auf das Verfahren zur Genehmigung von Windkraftanlagen nach der Seeanlagenverordnung.

1503 Für das Aufstellungsverfahren für Raumordnungspläne des Bundes (§ 18 ROG), deren Bekanntmachung (§ 19 ROG), die Planerhaltung (§ 20 ROG), das Zielabweichungsverfahren (§ 21 ROG) sowie die Untersagung raumbedeutsamer Planungen und Maßnahmen (§ 22 ROG) sind weitgehend die Regelungen für die Raumordnungspläne in den Ländern **in Bezug genommen** worden.

1504 Als Voraussetzung der Koordination unterrichten die öffentlichen Stellen des Bundes und Private die für die Raumordnung des Bundes zuständigen Stellen über raumbedeutsame Planungen und Maßnahmen. Zugleich unterrichtet das für die Bundesraumordnung zuständige Bundesministerium die vorgenannten Stellen über raumbedeutsame Planungen und Maßnahmen der öffentlichen Stellen des Bundes von wesentlicher Bedeutung (§ 26 ROG). Grundsätzliche Angelegenheiten der Raumordnung sollen vom zuständigen Bundesministerium und den für die Raumordnung zuständigen obersten Landesbehörden in der Ministerkonferenz für Raumordnung **gemeinsam beraten** werden (§ 26 I ROG). Bund und Länder können im Rahmen der Ministerkonferenz Leibilder für die räumliche Entwicklung des Bundesgebietes oder von über die Länder hinausgreifenden Zusammenhängen entwickeln (§ 26 II ROG). Zugleich wirken Bund und Länder auch an einer Politik des räumlichen Zusammenhalts in der EU und im größeren europäischen Raum sowie bei der grenzüberschreitenden Zusammenarbeit zusammen (§ 26 III ROG). Bund und Länder haben entsprechende Auskunftspflichten (§ 26 IV ROG).

VII. Bindungswirkungen

1505 Für den Bürger ergeben sich aus den Zielen und Grundsätzen der Raumordnung keine unmittelbaren Bindungswirkungen, da diese Regelungen nur verwaltungsintern wirken.[106] Bindungswirkungen bestehen jedoch für die Gemeinden. An die durch die Raumordnung

---

[106] BVerwG, B. v. 24.4.1992 – 4 NB 36.91 = RzB Rn. 36 – regionales Raumordnungsprogramm.

festgelegten **Ziele** sind die Städte und Gemeinden bei ihrer **Bauleitplanung** nach § 1 IV BauGB in der Weise **gebunden**, dass sie ihre gemeindliche Planung diesen Zielen der Raumordnung anzupassen haben.[107] Das Anpassen i. S. des § 1 IV BauGB bedeutet, dass die Ziele der Raumordnung in der Bauleitplanung je nach dem Grad ihrer Aussageschärfe konkretisierungsfähig sind, nicht aber im Wege der Abwägung nach § 1 VII BauGB überwunden werden können. Danach kann eine Gemeinde die in den Zielen der Raumordnung enthaltenen Vorgaben zielkonform ausgestalten und die Wahlmöglichkeiten voll ausschöpfen, die ihr dabei zu Gebote stehen. Sie kann die Ziele der Raumordnung aber nicht im Wege der Abwägung überwinden.[108] Die Verpflichtung der Gemeinde, ihre Bauleitplanung den Zielen der Raumordnung anzupassen, ist gleichsam vor die Klammer des Abwägungsprozesses gezogen. Besteht ein landesplanerisches Ziel etwa darin, in einem Gebiet einer bestimmten Raumfunktion den absoluten Vorrang zu sichern, so kann dieser Nutzungsvorrang nicht durch gemeindliche Abwägung mit hiermit unvereinbaren Belangen relativiert werden.[109]

Die rahmensetzenden Ziele der höherstufigen Planung müssen allerdings genügend **1506** **konkretisiert** sein. Außerdem binden die Ziele der Raumordnung nur, wenn sie sich auf ihre originären Aufgabenbereiche beschränken.[110] Aus diesen verfassungsrechtlichen Zusammenhängen leiten sich im Hinblick auf Eingriffe in die kommunale Planungshoheit **Abwägungsgebote** ab, die folgende Elemente enthalten.[111]

– **Intensität des Eingriffs:** Je gravierender die Raumordnung in die gemeindliche Planungshoheit eingreift, desto wichtiger müssen die Gründe sein, die einen solchen Eingriff rechtfertigen.

– **Maßstab der Feinkörnigkeit:** Beschränkt sich die Raumordnung auf allgemeine Ziele, so besteht ein geringer Rechtfertigungszwang. Je konkreter die Zielvorgaben und je geringer der Gestaltungsspielraum der Gemeinde, umso höhere Anforderungen sind an die Raumordnung zu stellen.

– **Kontrolldichte:** Mit wachsendem Eingriff steigt die Intensität und Reichweite der gerichtlichen Kontrolle. Greifen die Vorgaben der Raumordnung in elementare gemeindliche Verantwortungsbereiche ein, so unterliegt ein solcher Eingriff einer intensiven gerichtlichen Kontrolle. Weniger wichtige Auswirkungen auf die gemeindliche Planungshoheit sind auch von den Gerichten eher hinzunehmen.

– **Rücksichtnahme auf kommunale Belange und kommunalfreundliches Verhalten:** Die Raumordnung hat bei der Formulierung ihrer Ziele auf gemeindliche Belange nach Möglichkeit Rücksicht zu nehmen. Die eigenen Planungsvorstellungen der Gemeinden sind in die Konzepte der Raumordnung einzustellen. Bei gleichwertigen Lösungen gebührt der kommunalen Selbstverwaltung grundsätzlich der Vorrang.

Ordnungsgemäß aufgestellte Ziele der Raumordnung verlangen eine **strikte Beach- 1507 tung** und sind einer Abwägung nach § 1 VII BauGB entzogen. Bauleitpläne, die gegen die sich aus § 1 IV BauGB ergebenden Anpassungspflichten an die Ziele der Raumordnung verstoßen, sind daher unwirksam.[112] Die Anpassungspflicht des § 1 IV BauGB entfällt nicht deshalb, weil die durch den Bebauungsplan zugelassenen, einem Ziel der Raumordnung widersprechenden baulichen Nutzungen ohne größeren tatsächlichen Aufwand wieder beseitigt werden könnten. Die Anpassungspflicht besteht auch dann, wenn das Raumordnungsziel durch ein planfeststellungsbedürftiges Vorhaben i. S. des

---

[107] BVerwG, B. v. 20.8.1992 – 4 NB 20.91 – BVerwGE 90, 329 = ZfBR 1992, 280 = RzB Rn. 5 – Teutoburger Wald.

[108] BVerwG, B. v. 1.6.1994 – 4 NB 21.94 – Buchholz 406.11 § 1 BauGB Nr. 47.

[109] BVerwG, B. v. 20.8.1992 – 4 NB 20.91 – BVerwGE 90, 329 = RzB Rn. 5.

[110] BVerfG, B. v. 7.10.1980 – 1 BvR 584/76 – BVerfGE 56, 298 = NJW 1981, 1659 = DVBl 1981, 535 = RzB Rn. 1157 – Memmingen; BVerwG, Urt. v. 20.11.1987 – 4 C 39.84 – DVBl 1988, 532; Urt. v. 18.2.1994 – 4 C 4.93 – BVerwGE 95, 123 = RzB Rn. 934.

[111] *Stüer* Funktionalreform und kommunale Selbstverwaltung 1980, 293 ff.

[112] OVG Lüneburg, Urt. v. 23.9.1991 – 6 L 46/90 – OVGE 42, 414 = ZfBR 1992, 94.

§ 38 S. 1 BauGB verwirklicht werden kann und deshalb entgegenstehende Festsetzungen des Bebauungsplans im Planfeststellungsverfahren keine (unmittelbare) Anwendung finden würden.[113]

1508   Die Pflicht zur Anpassung an die Ziele der Raumordnung in § 1 IV BauGB, § 4 I ROG umfasst eine negative und eine positive Seite.[114] Bei der Aufstellung, Änderung, Ergänzung oder Aufhebung von Bauleitplänen hat die Gemeinde die verbindlichen Ziele der Raumordnung in dem Sinne zu beachten, dass die Bauleitpläne nicht in einen Gegensatz zu diesen Zielen treten dürfen (**negatives Planungsverbot**). Bei aus der Sicht der Raumordnung besonders wichtigen Vorhaben kann die gemeindliche Selbstverwaltung bei entsprechender landesgesetzlicher Grundlage gezwungen werden, bestimmte Vorhaben in Bauleitplänen auszuweisen (**positive Planungspflicht**). Ein solcher Zwang ist allerdings nur dann zulässig, wenn er durch besonders wichtige Gemeinwohlbelange gerechtfertigt ist und der Widerstand der kommunalen Selbstverwaltung unberechtigt erscheint (**Planungsgebot**).[115] Ein solches Planungsgebot kann auch im Interesse des Schutzes von Nachbargemeinden erlassen werden.

Beispiel: Durch die Unwirksamkeit eines Bebauungsplans sind im nicht beplanten Innenbereich weitere großflächige Einzelhandelsnutzungen zulässig, die sich auf die Innenstadt einer Nachbargemeinde und damit auf das Zentrensystem erheblich auswirken. Die Standortgemeinde kann im Interesse der gemeindenachbarlichen Entwicklung angewiesen werden, einen Bebauungsplan aufzustellen und diesen mit einer Veränderungssperre zu sichern.[116]

1509   Das ROG enthält allerdings **keine Regelungen** über ein **landesplanerisches Planungsgebot**. Stattdessen wird in § 13 ROG ein erheblich **weicheres Instrumentarium** zur Verwirklichung der Raumordnungspläne angeboten. Die Träger der Landes- oder Regionalplanung wirken nach § 13 I 1 ROG auf die Verwirklichung der Raumordnungspläne hin. Außerdem können regionale Entwicklungskonzepte aufgestellt werden. Zudem ist die interkommunale Zusammenarbeit von Gemeinden zur Stärkung teilräumlicher Entwicklungen zu unterstützen (§ 13 I 2 RO). Auch können vertragliche Vereinbarungen zur Vorbereitung und Verwirklichung der Raumordnungspläne geschlossen werden (§ 13 II 1 Nr. 1 ROG), Maßnahmen wie regionale Entwicklungskonzepte, regionale und interkommunale Netzwerke und Kooperationsstrukturen, regionale Foren und Aktionsprogramme oder Raumbeobachtungen sollen das Zusammenwirken der Träger der Raumordnungsplanung und kommunalen Bauleitplanung unterstützen. Zudem ist nach dem Raumordnungsrecht die Untersagung raumordnungswidriger Planungen und Maßnahmen zulässig (§ 14 ROG). Ordnungsgemäß aufgestellte Ziele der Raumordnung verlangen eine **strikte Beachtung** und sind einer Abwägung nach § 1 VII BauGB entzogen. Bauleitpläne, die gegen die sich aus § 1 IV BauGB ergebenden Anpassungspflichten an die Ziele der Raumordnung verstoßen, sind daher unwirksam.[117]

---

[113] BVerwG, B. v. 7.2.2005 – 4 BN1.05 – NVwZ 2005, 584 = BauR 2005, 1115.

[114] *Hoppe* in HBG § 5 Rn. 7, 63.

[115] *Stern/Burmeister* Die Verfassungsmäßigkeit eines landesrechtlichen Planungsgebotes für Gemeinden 1975, 30. Entsprechende Regelungen sind im Gesetzgebungsverfahren zum BauROG 1998 aus den Beratungsunterlagen gestrichen worden. Zur verfassungsrechtlichen Zulässigkeit eines landesplanerischen Planungsgebotes BVerwG, Urt. v. 12.12.1969 – IV C 105.66 – BVerwGE 34, 301 = RzB Rn. 23.

[116] BVerwG, Urt. v. 1.8.2002 – 4 C 5.01 – BVerwGE 117, 25 = DVBl 2003, 62 = NVwZ 2003, 86 – FOC Zweibrücken; Urt. v. 17.9.2003 – 4 C 14.01 – BVerwGE 119, 25 = DVBl 2004, 239 = NVwZ 2004, 220 – Mühlheim-Kärlich; *Stüer* NVwZ 2004, 814.

[117] OVG Lüneburg, Urt. v. 23.9.1991 – 6 L 46/90 – OVGE 42, 414 = ZfBR 1992, 94.

J. Planungsrechtliche Zulässigkeit von Vorhaben (Überblick)

Die planungsrechtliche Zulässigkeit von Vorhaben ist in §§ 29 bis 37 BauGB geregelt. Da- **1510** bei sind Anwendungs- und Zulässigkeitsvoraussetzungen zu unterscheiden. Anwendungs- voraussetzungen bestimmen, welche der planungsrechtlichen Zulässigkeitsvorschriften bei der Beurteilung des jeweiligen Vorhabens anzuwenden sind. Nach den Zulässigkeitsvor- schriften beurteilt sich jeweils die planungsrechtliche Zulässigkeit des Vorhabens. Die pla- nungsrechtlichen Vorschriften sind nur anwendbar, wenn die Voraussetzungen des § 29 I BauGB erfüllt sind. Es muss sich um ein planungsrechtlich relevantes Vorhaben handeln. Es darf keine privilegierte Fachplanung für die Beurteilung vorrangig sein. Sind diese Vor- aussetzungen für eine planungsrechtliche Beurteilung erfüllt, ist zwischen drei Gebieten zu unterscheiden: Vorhaben im Geltungsbereich eines qualifizierten Bebauungsplans oder eines vorhabenbezogenen Bebauungsplans beurteilen sowie eines Bebauungsplans der Innenentwicklung (§ 13 a BauGB) sich nach §§ 30 I, II bis 31 BauGB. Während der Aufstel- lung eines solchen Plans kann bei Planreife das Vorhaben nach § 33 BauGB planungsrecht- lich zulässig sein. Für ein Vorhaben nicht beplanten Innenbereich ist § 34 BauGB anzuwen- den. Für Außenbereichsvorhaben gilt § 35 BauGB (Außenbereichsparagraf). Liegt das Vor- haben im Geltungsbereich eines einfachen Bebauungsplans (§ 30 III BauGB), beurteilt sich die planungsrechtliche Zulässigkeit des Vorhabens nach den Festsetzungen des Plans und im Übrigen nach § 34 BauGB, wenn es im Innenbereich liegt, und nach § 35 BauGB, wenn es im Außenbereich liegt.

Anwendungsvoraussetzungen
§ 29 BauGB
- Vorhaben (§ 29 BauGB)
- keine privilegierte Fachplanung (§ 38 BauGB)

Bebauungsplan § 30 BauGB
- qualifizierter Bebauungsplan (§ 30 I BauGB)
- vorhabenbezogener Bebauungsplan (§ 30 II BauGB)
- einfacher Bebauungsplan (§ 30 III BauGB i.V.m. §§ 34, 35 BauGB)

Abweichungen § 31 BauGB
- Ausnahmen (§ 31 I BauGB)
- Befreiungen (§ 31 II BauGB)

Planreife § 33 BauGB
- formelle Planreife (§ 33 I BauGB)
- Planreife bei Planänderungen (§ 33 II und III BauGB)

planungsrechtliche Zulässigkeit von Vorhaben §§ 29 bis 37 BauGB

nicht beplanter Innenbereich § 34 BauGB
- Anwendung (§ 34 I BauGB)
- Zulässigkeit (§ 34 I, II BauGB)
- keine schädlichen Auswirkungen auf zentrale Versorgungsbereiche (§ 34 III BauGB)
- Gemengelagen (§ 34 IIIa BauGB)
- Innenbereichssatzungen (§ 34 IV BauGB)

Außenbereich § 35 BauGB
- privilegierte Vorhaben (§ 35 I BauGB)
- nicht privilegierte Vorhaben (§ 35 II BauGB)
- teilprivilegierte Vorhaben (§ 35 IV BauGB)
- Außenbereichssatzungen (§ 35 VI BauGB)

I. Anwendungsvoraussetzungen der §§ 30 bis 37 BauGB (§§ 29, 38 BauGB)

1511 Die Regelungen über die planungsrechtliche Zulässigkeit von Vorhaben nach §§ 29 bis 37 BauGB sind Teil der öffentlich-rechtlichen Vorschriften, die bei der Verwirklichung von Vorhaben zu berücksichtigen sind. Daneben treten die bauordnungsrechtlichen Anforderungen, wie sie sich aus der LBauO ergeben. Außerdem muss das jeweilige Vorhaben dem verbindlichen Baunebenrecht entsprechen. Schließlich können andere Vorschriften vor allem des jeweiligen Fachrechts bei der Prüfung der Zulässigkeit eines Vorhabens zu berücksichtigen sein. Die Frage der planungsrechtlichen Zulässigkeit des Vorhabens bildet also einen Ausschnitt aus der Gesamtprüfung, die im Rahmen der Erteilung einer Baugenehmigung vorzunehmen ist. Aber auch ein nicht genehmigungsbedürftiges Vorhaben muss den öffentlich-rechtlichen Vorschriften entsprechen.

1512 Zu prüfen sind in diesem Zusammenhang aus dem Bereich der bauplanungsrechtlichen Zulässigkeit des Vorhabens etwa die Lage im Geltungsbereich eines qualifizierten Bebauungsplans (§ 30 I BauGB), im nicht beplanten Innenbereich (§ 34 BauGB) oder im Außenbereich (§ 35 BauGB). Bauordnungsrechtliche Fragen treten sodann hinzu. Hier geht es etwa um die Einhaltung der erforderlichen Abstände zur Nachbarbebauung, gestalterische Anforderungen an die Gebäude oder Fragen der Standsicherheit, die durch die Prüfung des Baunebenrechts ergänzt werden. Hierbei treten etwa technische Regelwerke über die Bauausführung, den erforderlichen Brandschutz oder Anforderungen an die Einrichtung und Überwachung der Baustelle in den Vordergrund. Zudem können andere Bestimmungen des Fachrechts wie etwa das Denkmalrecht oder das Forstrecht auf die Zulässigkeit von Vorhaben einwirken. Die Regelungen können dabei überwindbar in dem Sinne sein, dass sie (lediglich) bei der Beurteilung zu berücksichtigen sind, oder bindende Wirkungen dahingehend erzeugen, dass sie nicht überwindbare Beachtlichkeiten darstellen. Ob das Fachrecht strikte Bindungen erzeugt oder lediglich abwägungsdirigierte Belange enthält, ist den jeweiligen Vorschriften zu entnehmen. Wird dort keine konkrete Aussage getroffen, sind die Belange des Fachrechts (lediglich) zu berücksichtigen und daher in der Bauleitplanung aber auch in der einzelnen Genehmigungsentscheidung überwindbar, wenn dies aus der Sicht höherrangiger anderer Belange sachgerecht erscheint. Das jeweilige Fachrecht muss daher darauf befragt werden, ob es i. S. von „roten Ampeln“, vor denen unbedingt angehalten werden muss, strikte, unüberwindbare Bindungen erzeugt (Abwägungssperren – Abwägungsverbote) oder lediglich abwägungsdirigierte Belange beinhaltet, die in der jeweiligen Einzelentscheidung bei dem Vergießen entsprechend großer Krokodilstränen durch andere Belange überwunden werden können.

1513 Die Prüfung der planungsrechtlichen Zulässigkeit von Vorhaben als Teilausschnitt der öffentlich-rechtlichen Gesamtbewertung steht allerdings nur dann an, wenn die Voraussetzungen des § 29 I BauGB gegeben sind. Nach dieser Vorschrift gelten für Vorhaben, die die Errichtung, Änderung oder Nutzungsänderung von baulichen Anlagen zum Inhalt haben, und für Aufschüttungen und Abgrabungen größeren Umfangs sowie für Ausschachtungen und Ablagerungen einschließlich Lagerstätten die Vorschriften der §§ 37 bis 37 BauGB. Die Vorschriften des Bauordnungsrechts und andere öffentlich-rechtliche Vorschriften bleiben unberührt (§ 30 II BauGB). Die Prüfung der planungsrechtlichen Zulässigkeit von Vorhaben setzt daher voraus, dass ein Vorhaben zur Errichtung, Änderung oder Nutzungsänderung von baulichen Anlagen beabsichtigt ist. Vorhaben im planungsrechtlichen Sinne müssen einen Bezug zu Grund und Boden haben oder – anders ausgedrückt – bodenrechtlich relevant sein. Vorhaben ohne bodenrechtliche Relevanz unterfallen den planungsrechtlichen Zulässigkeitsanforderungen der §§ 30 bis 37 BauGB nicht. Diese Einschränkung ergibt sich aus dem beschränkten Regelungskompetenzen des Bundesgesetzgebers, der nach Art. 74 I Nr. 18 BauGB nur für das Bodenrecht in der Auslegung des Gutachtens des BVerfG[1] die Gesetzgebungskompetenz hat.

Der planungsrechtlichen Beurteilung unterfallen danach die Errichtung, Änderung **1514** oder Nutzungsänderung von baulichen Anlagen. Diese müssen Teil der bebauten Umwelt sein und zudem städtebauliche Relevanz haben. Vorhaben, die nicht über eine städtebauliche Relevanz verfügen, unterfallen der planungsrechtlichen Beurteilung nicht. Städtebaulich relevant sind etwa Neubauvorhaben aber auch Nutzungsänderungen, bei denen die planungsrechtliche Frage erstmals oder anders als bisher aufgeworfen wird. Städtebaulich relevant in diesem Sinne sind etwa Neubauten von Gebäuden aber auch Nutzungsänderungen, die eine geänderte planungsrechtliche Beurteilung beinhalten. Ob das jeweilige Vorhaben planungsrechtlich zulässig ist, steht noch nicht unmittelbar zur Entscheidung an. Dies ist vielmehr Gegenstand der sich anschließenden planungsrechtlichen Beurteilung nach §§ 30 bis 37 BauGB.

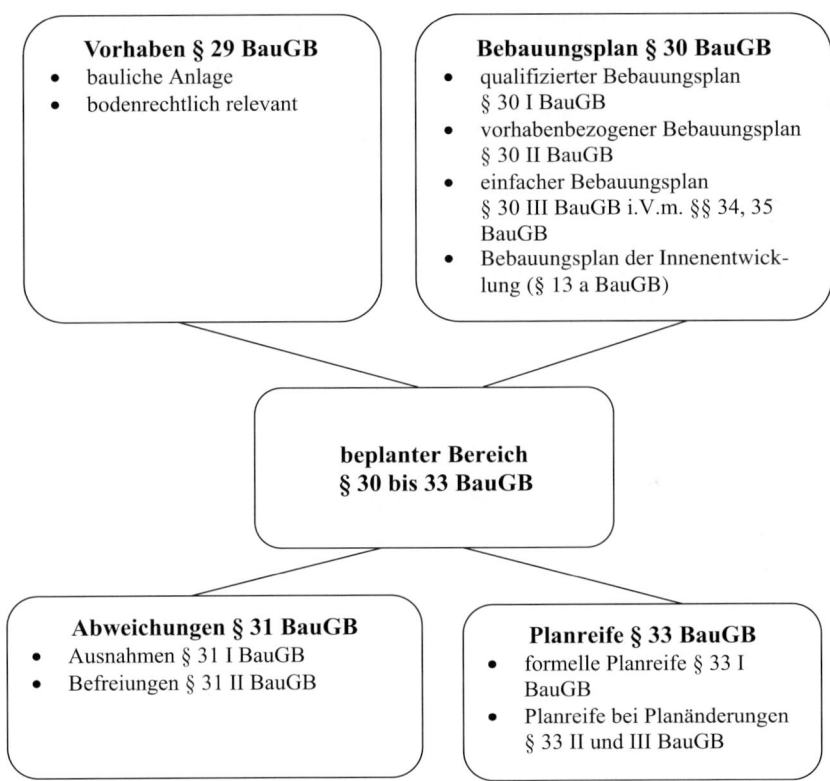

II. Zulässigkeit im beplanten Bereich (§§ 30 bis 33 BauGB)

Die Zulässigkeit von Vorhaben richtet sich im Bereich eines qualifizierten Bebauungs- **1515** plans nach § 30 I BauGB. Für vorhabenbezogene Bebauungspläne gilt § 30 II BauGB i.V. mit § 12 BauGB. § 31 BauGB regelt die Abweichungen vom Bebauungsplan durch Ausnahmen (§ 31 I BauGB) und Befreiungen (§ 31 II BauGB). Bei Planreife können die Vorhaben nach § 33 BauGB genehmigt werden.

---

[1] BVerfG, E. v. 16.6.1954 – 1 PBvV 2/52 – BVerfGE 3, 407 = RzB Rn. 1 – Gutachten Bodenrecht.

III. Begriff des Vorhabens (§ 29 BauGB)

1516   Nach § 29 BauGB gelten für Vorhaben, die die Errichtung, Änderung oder Nutzungsänderung von baulichen Anlagen[2] zum Inhalt haben,[3] die §§ 30 bis 37 BauGB. Eine präventive Kontrolle durch ein Genehmigungs- oder sonstiges Verfahren ist nicht mehr, wie noch im BauGB 1987, Voraussetzung für die Anwendbarkeit der §§ 30 bis 37 BauGB. Im BauGB 1987 galten die §§ 30 bis 37 nur für Aufschüttungen und Abgrabungen größeren Umfangs und für Ausschachtungen und Ablagerungen einschließlich Lagerstätten auch ohne die bauaufsichtliche Genehmigungs- oder Zustimmungsvoraussetzung.[4] Die durch das BauROG 1998 geänderte Gesetzesfassung des § 29 I BauGB hat zur Folge, dass nicht mehr der Landesgesetzgeber frei darüber zu entscheiden hat, ob er für bestimmte bauliche Anlagen ein bauaufsichtliches Verfahren vorsieht, und diese damit den §§ 30 bis 37 BauGB entzieht oder unterwirft.[5]

1517   Somit werden nun alle bodenrechtlich relevanten Fälle von § 29 BauGB erfasst. Zum einen wird dadurch ein mögliches Unterlaufen des Bundesrechts durch Landesrecht verhindert, zum anderen finden die §§ 30 bis 37 BauGB nun aber auch Anwendung auf Vorhaben die, wegen ihrer geringen Ausmaße, von der Genehmigungspflicht freigestellt worden waren. Außerdem besteht für die Länder nicht mehr die Verpflichtung bauaufsichtliche Verfahren für städtebaulich relevante Vorhaben vorzusehen.[6] Die Länder haben vielmehr in eigener Verantwortung dafür zu sorgen, dass durch präventive oder repressive Verfahren die öffentlich-rechtliche Geltung des Bauplanungszulässigkeitsrechts gewahrt bleibt.

1518   Vorhaben im Innenbereich nach § 34 BauGB sind nicht als naturschutzrechtliche Eingriffe zu qualifizieren.[7] Damit wird der erfahrungsgemäß geringen Auswirkung von Vorhaben im Innenbereich auf die Natur, i.S. der naturschutzrechtlichen Eingriffsregelung, Rechnung getragen.[8] Bedeutsam wird der Begriff des „sich Einfügens" in die Eigenart der näheren Umgebung, da dies auch die Berücksichtigung von Freiflächen umfassen kann.[9]

1519   Soweit ein Bauvorhaben Belange des Habitat- oder Vogelschutzes in Gebieten von gemeinschaftlicher Bedeutung berührt, sind die Sonderregelungen in (§§ 32 bis 34 BNatSchG) anzuwenden (§ 1 a IV BauGB).

IV. Zulässigkeit von Vorhaben im Geltungsbereich eines Bebauungsplans (§ 30 BauGB)

1520   Für Vorhaben im Geltungsbereich eines rechtsverbindlichen **qualifizierten Bebauungsplans** richtet sich die Zulässigkeit nach § 30 I BauGB. Ein Vorhaben ist dann zulässig, wenn es den Festsetzungen des Bebauungsplans nicht widerspricht und die Erschließung gesichert ist. Der Bebauungsplan muss mindestens Festsetzungen über Art und Maß der baulichen Nutzung, die überbaubare Grundstücksfläche und die örtliche Verkehrsfläche enthalten.[10] Liegt ein qualifizierter Bebauungsplan vor, ist die Anwendung der §§ 34 und 35 BauGB ausgeschlossen.[11] Die planungsrechtliche Zulässigkeit des Vorhabens bestimmt

---

[2] Eine bauliche Anlage ist eine auf in Dauer gedachter Weise künstlich mit dem Erdboden verbundene Anlage, so BVerwG, Urt. v. 31.8.1973 – 4 C 33.71 – BVerwGE 44, 56 = BauR 1973, 366.

[3] Begriff nach: BVerwG, Urt. v. 10.12.1971 – 4 C 33 – 35.69 – BVerwGE 39, 154 = DVBl 1972, 221.

[4] § 29 I 3 BauGB 1987.

[5] So bereits BVerwG, Urt. v. 19.12.1985 – 7 C 65.82 – BVerwGE 72, 300 = DÖV 86, 431 = NVwZ 1986, 208 = ZfBR 1986, 82; *Stüer/Stüer* DVBl 1996, 482.

[6] Vgl. BVerwG, Urt. v. 19.12.1985 – 7 C 65.82 – BVerwGE 72, 300 – Wyhl.

[7] § 8 a II 1 BNatSchG.

[8] *Söfker* in: *Bielenberg/Krautzberger/Söfker* BauGB und BauNVO Rn. 331.

[9] Söfker in Bielenberg/Krautzberger/Söfker BauGB Rn. 331.

[10] *Dürr* in: *Brügelmann* BauGB II § 30 Rn. 2; *Söfker* in: EZBK, § 30 Rn. 1.

[11] *Stüer*, Handbuch des Bau– und Fachplanungsrechts, Rn. 2276.

sich dann ausschließlich nach §§ 30, 31 und 33 BauGB. Art und Maß der baulichen Nutzung werden durch § 9 I Nr. 1 BauGB i.V.m. der BauNVO bestimmt.[12] Die überbaubare Grundstücksfläche regelt sich nach § 23 BauNVO.[13] Die örtlichen Verkehrsflächen werden nach § 9 I Nr. 11 BauGB festgesetzt.[14] Die gesicherte Erschließung muss mindestens den Anschluss des Grundstücks an das öffentliche Straßennetz, die Versorgung mit Wasser und Strom sowie die Abwasserbeseitigung umfassen.[15] Die Versorgung kann nach Maßgabe des Ortsrechts teilweise auch auf dem Grundstück selbst sichergestellt werden.

Die Zulässigkeit von Vorhaben im Geltungsbereich eines **vorhabenbezogenen Bebauungsplans** nach § 12 BauGB regelt sich nach § 30 II BauGB, der durch das BauROG 1998 eingefügt worden ist und vom Grundsatz her dem früheren § 7 IV 1 BauGB-MaßnG entspricht. Im Gegensatz zu § 7 IV BauGB-MaßnG, dessen Vorhaben- und Erschließungsplan als Bebauungsplan galt, tatsächlich aber weder ein Bebauungsplan noch ein Bauleitplan war[16], stellt die vorhabenbezogene Plansatzung des § 30 II BauGB einen Bebauungsplan dar.[17] Der vorhabenbezogene Bebauungsplan ist daher ein Bebauungsplan und wird in dem für Bebauungspläne üblichen Verfahren aufgestellt. Bestandteil der Satzung ist der mit der Gemeinde abgestimmte Vorhaben- und Erschließungsplan. Grundlage des vorhabenbezogenen Bebauungsplans ist der Durchführungsvertrag, der als städtebaulicher Vertrag nach § 11 BauGB abgeschlossen wird. Ein Vorhaben ist nach § 30 II BauGB zulässig, wenn es dem Bebauungsplan nicht widerspricht und die Erschließung gesichert ist. Es gelten die allgemeinen Regeln über den Widerspruch zum Bebauungsplan und zum Erfordernis der gesicherten Erschließung. Der vorhabenbezogene und der qualifizierte Bebauungsplan werden demnach hinsichtlich ihrer Rechtswirkung gleichgestellt.   **1521**

Weist ein Bebauungsplan nicht die Mindestfestsetzung eines qualifizierten Bebauungsplans auf, so handelt es sich um einen **einfachen Bebauungsplan**. Die Zulässigkeit von Vorhaben in einem solchen Gebiet regelt sich nach § 30 III BauGB. Ein Vorhaben ist zulässig, wenn es der Festsetzung des Plans nicht widerspricht. Im Übrigen sind die Zulässigkeitsregeln des § 34 BauGB (Innenbereich) oder des § 35 BauGB (Außenbereich) anzuwenden. Die Gemeinden können daher nicht nur von qualifizierten Bebauungsplänen Gebrauch machen, sondern in Ergänzung zu den §§ 34 und 35 BauGB auch die Form eines einfachen Bebauungsplans wählen, wenn er ausreicht, eine geordnete städtebauliche Entwicklung zu gewährleisten.[18] Ein qualifizierter Bebauungsplan ist daher nach der Einschätzung des Gesetzgebers nicht stets erforderlich, sondern nur dann, wenn dies aus der Sicht der planerischen Konzeption der Gemeinde sowie der übrigen Grundsätze des § 1 BauGB erforderlich erscheint.   **1522**

V. Ausnahmen und Befreiungen (§ 31 BauGB)

Entspricht ein Vorhaben nicht den Festsetzungen des Bebauungsplans, so kann sich dessen planungsrechtliche Zulässigkeit aus § 31 BauGB ergeben. Es wird zwischen Ausnahmen (§ 31 I BauGB) und Befreiungen (§ 31 II BauGB) unterschieden. Beide können für die Festsetzungen von einfachen und qualifizierten Bebauungsplänen[19], nicht aber für die sonstigen Voraussetzungen i.S. des § 30 BauGB[20] erteilt werden.   **1523**

---

[12] *Söfker* in: *EZBK*, § 30 Rn. 16.

[13] *Söfker* in: *EZBK*, § 30 Rn. 17.

[14] *Söfker* in: *EZBK*, § 30 Rn. 19.

[15] *BKL*, § 30 Rn. 16.

[16] *Brohm*, Öffentliches Baurecht § 7 Rn. 25.

[17] *Winkler* NVwZ 1997, 1193.

[18] Söfker in Bielenberg/Krautzberger/Söfker Rn. 334.

[19] BVerwG, Urt. v. 18.8.1964 –I C 63.62 – BVerwGE 19, 164 = DVBl 1964, 918 = DÖV 1964, 740 = NJW 1964, 2442.

[20] BVerwG, Urt. v. 21.2.1986 –4 B 10.83 – BauR 1986, 305 = DVBl 1986, 685 = NJW 1986, 646.

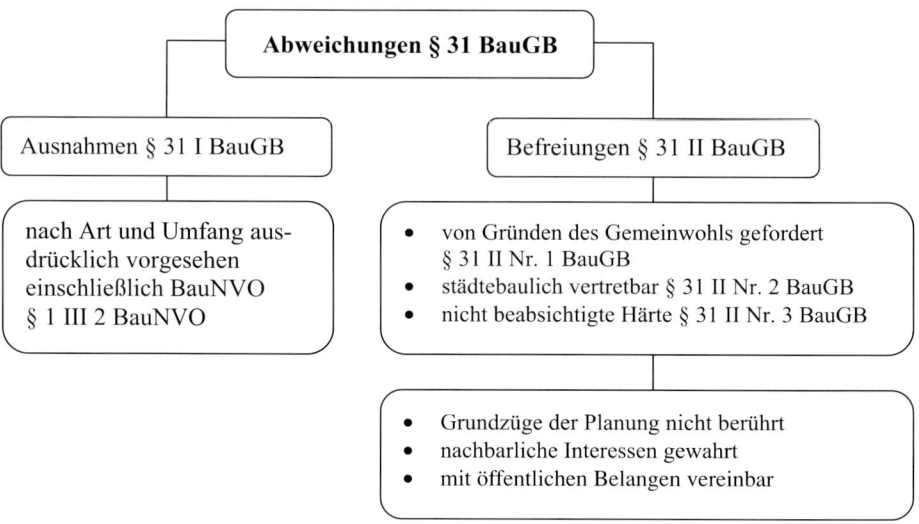

1. Ausnahmen (§ 31 I BauGB)

1524 Ausnahmen können zugelassen werden, die im Bebauungsplan nach Art und Umfang ausdrücklich vorgesehen sind. Der Ausnahmevorbehalt kann sich aber auch durch Bezugnahme auf die Regelung der BauNVO ergeben, die gemäß § 1 III 2 BauNVO mit der Festsetzung von Baugebieten Gegenstand des Bebauungsplans werden. Soll dies nicht der Fall sein, muss die Gemeinde gemäß § 1 VI BauNVO die Bezugnahme auf die Regelungen der BauNVO ausschließen. Die in der BauNVO genannten Ausnahmen werden daher durch die Bezugnahme auf die jeweiligen Baugebiete Bestandteil des Bebauungsplans. Die Ausnahme ist zwar danach nicht regelmäßig zulässig, kann jedoch nach Maßgabe der Einzelfallumstände zugelassen werden. Dabei ist eine wertende Betrachtung der betroffenen Belange vor dem Hintergrund des jeweiligen Gebietscharakters vorzunehmen. Störungen, die den Gebietscharakter nicht wahren oder gegen das Gebot der nachbarlichen Rücksichtnahme verstoßen, sind danach unzulässig. Auch scheitert eine ausnahmsweise zulässige Nutzung, wenn bodenrechtlich relevante Spannungen begründet oder erhöht werden. Ausnahmen sind auch dann unzulässig, wenn die Zweckbestimmung und der Typ des jeweiligen Baugebietes auch im Hinblick auf durch das Vorhaben erzeugte Vorbilder grundlegend verändert würde.

2. Befreiungen (§ 31 II BauGB)

1525 Von den Festsetzungen des Bebauungsplans kann unter den Voraussetzungen des § 31 II BauGB 1998 → befreit werden.[21] Das Gesetz sieht einen solchen Dispens vor, wenn die Grundzüge der Planung nicht berührt werden und (1) Gründe des Wohls der Allgemeinheit einschließlich des Bedarfs zur Unterbringung von Flüchtlingen oder Asylbegehrenden die Befreiung erfordern, (2) die Abweichung städtebaulich vertretbar ist (3) oder die Durchführung des Bebauungsplans zu einer offenbar nicht beabsichtigten Härte führen würde. Die Abweichung muss auch unter Würdigung nachbarlicher Belange mit den öffentlichen Belangen vereinbar sein. Der Gesetzgeber wollte mit § 31 II BauGB die Mög-

---

[21] *BKL*, § 33 Rn. 1 ff.; *Brügelmann* § 33 Rn. 1 ff.; *Cholewa/David/Dyong/von der Heide* § 33 Rn. 1 ff.; *Stock* in EZBK, § 33 BauGB Rn. 1 ff.; *Gaentzsch* § 33 Rn. 1 ff.; *Hoppe* DVBl 1983, 1077; *ders.* in FS Lukes, 1989, 687; *Roeser* in: BerlKom, § 33 Rn. 1 ff.; *Schrödter* § 33 Rn. 1 ff.; *Schütz/Frohberg* § 33 Rn. 1 ff.

lichkeit eines praktischen Kompromisses eröffnen. Der Bebauungsplan hat den Charakter einer verbindlichen Rechtsnorm.[22] Auf Grund der vorhandenen bauplanerischen Festsetzungen besteht daher für das Baugenehmigungsverfahren im Grundsatz eine strikte Rechtsbindung. Diese Bindung entfällt in aller Regel erst dann, wenn der Plan in einem mit spezifischen Garantien versehenen Verfahren geändert worden ist. Die Befreiung setzt zunächst voraus, dass die **Grundzüge** der Planung nicht berührt werden. Führt die Befreiung oder die von ihr ausgehende Vorbildwirkung zu einer Änderung der Grundzüge der Planung, kann dies nur durch eine förmliche Planänderung bewirkt werden (§ 1 III BauGB).

Eine Befreiung war nach § 31 II BauGB 1987 nur im Einzelfall möglich. Die Worte **1526** „im Einzelfall" sind im BauGB 1998 allerdings gestrichen worden. Stattdessen sind die „Grundzüge der Planung" aus § 31 II Nr. 2 BauGB herausgenommen worden und zur Voraussetzung für alle Befreiungen geworden. Die Rechtsprechung hat aber auch schon vor der Novellierung bei einer Befreiung nach § 31 II Nr. 1 BauGB darauf abgestellt, dass sie die „Grundzüge der Planung nicht verändern darf".[23] Da nach den ohnehin engen Voraussetzungen der Nr. 3 die zusätzliche Voraussetzung (nicht Berühren der Grundzüge der Planung) praktisch nicht sehr relevant sein dürfte, bleibt als wesentliche Änderung die Streichung des Einzelfallmerkmals.

> → **Befreiungen.** Nach § 31 II BauGB kann von den Festsetzungen des Bebauungsplans befreit werden, wenn Gründe des Wohls der Allgemeinheit die Befreiung erfordern, die Abweichung städtebaulich vertretbar ist oder die Durchführung des Bebauungsplans zu einer offenbar nicht beabsichtigten Härte führen würde. Dabei sind nachbarliche Interessen zu würdigen und öffentliche Belange zu berücksichtigen. Die Entscheidung über die Zulässigkeit von Befreiungen ist im bauaufsichtlichen Verfahren von der Baugenehmigungsbehörde im Einvernehmen mit der Gemeinde zu treffen (Einvernehmensherstellung innerhalb von 2 Monaten).

Mit der Streichung der bisherigen Begrenzung auf Einzelfälle sollte nicht erreicht wer- **1527** den, dass nun radikal bis zur Regelmäßigkeit befreit wird. Die Befreiungsmacht der Baurechtsbehörde sollte nach dem Willen des Gesetzgebers vielmehr lediglich aus dem von der Rechtsprechung entwickelten Erfordernis der „Atypik"[24] gelöst werden. Ob das Erfordernis der „Atypik" mit der Streichung des „Einzelfalls" gänzlich gegenstandslos geworden ist, bleibt aber umstritten.[25] Zumindest ist es zu einer Abschwächung der „Atypik" als Befreiungsvoraussetzung gekommen, wie sich dies in der Praxis auswirkt, bleibt abzuwarten.

a) Wohl der Allgemeinheit. Eine Befreiung nach § 31 II Nr. 1 BauGB ist möglich, **1528** wenn dies Gründe des Wohls der Allgemeinheit, einschließlich des Bedarfs zur Unterbringung von Flüchtlingen oder Asylbegehrenden, erfordern, wobei die Befreiung nicht das einzig mögliche Mittel sein muss. Dazu muss die Befreiung zur Erfüllung oder Wahrnehmung öffentlicher Interessen oder Aufgaben vernünftigerweise geboten sein, um mit ihrer Hilfe das Vorhaben zu verwirklichen.[26] Die Gründe des Wohls der Allgemeinheit

---

[22] BVerfG, B. v. 14.5.1985 – 2 BvR 397/82–399/82 – BVerfGE 70, 35 = UPR 1985, 330 = DÖV 1985, 972 = RzB Rn. 1291 – Bebauungsplan Gesetzesform.

[23] BVerwG, Urt. v. 9.6.1978 – 4 C 54.75 – BVerwGE 56, 71 = ZfBR 1978, 35 = BauR 1978, 387 = NJW 1979, 989 = DÖV 1978, 921 = MDR 1979, 1980.

[24] BVerwG, Urt. v. 9.6.1978 – 4 C 54.75 – BVerwGE 56, 71 = ZfBR 1978, 35 = BauR 1978, 387; Urt. v. 20.6.75 – 4 C 5.74 – BauR 1975, 313 = DVBl 1975, 895.

[25] Z.B. *Schmidt–Eichstaedt* NVwZ 1998, 571 (574), der die Atypik bei § 31 II in der Fassung bis zum 31.12.1997 nur für die Nr. 3 heranziehen wollte, da die Atypik nur ein Beweiszeichen für unbeabsichtigte Härte sei. Dagegen *Dolderer* NVwZ 1998, 567, der weiter an der Atypik festhält, dies entspräche der verfassungskonformen Interpretation, da sonst der Übergriff in gemeindliche Planungskompetenzen vor der Selbstverwaltungsgarantie des Art. 28 II GG nicht mehr verhältnismäßig ist.

[26] BVerwG, Urt. v. 9.6.1978 – 4 C 54.75 – BVerwGE 56, 71.

können alles umfassen, was unter den öffentlichen Belangen oder Interessen zu verstehen ist, so auch die Förderung sozialer oder kultureller Einrichtungen. Die Befreiung darf die Grundzüge der Planung nicht berühren, denn sie dient nicht dazu, planerische Festsetzungen geänderten Auffassungen anzupassen.[27] Außerdem darf durch die Befreiung die gemeindliche Planungshoheit nicht generalisierend beiseitegeschoben werden, da der Wegfall des Einzelfallerfordernisses nicht dazu führen darf, dass Merkmal der „Erforderlichkeit" derart einzuschränken sind.

1529 Der Bedarf zur Unterbringung von **Flüchtlingen oder Asylbegehrenden** ist ein Allgemeinwohlbelang, der die Erteilung einer Befreiung erfordern kann. Nach dieser durch das Städtebaurecht 2014 II eingeführten Regelung, die ebenfalls als Dauerrecht übernommen worden ist, soll das Vorliegen von Gründen des Wohls der Allgemeinheit bei der Erteilung von Befreiungen von den Festsetzungen eines Bebauungsplans nach § 31 II Nr. 1 BauGB bei der Errichtung und Erweiterung von Anlagen zur Unterbringung von Flüchtlingen oder Asylbegehrenden sowie bei der Nutzungsänderung von anderen baulichen Anlagen in Anlagen zur Unterbringung von Flüchtlingen oder Asylbegehrenden angenommen werden können. Hierdurch soll das besondere öffentliche Interesse an der Schaffung solcher Anlagen herausgestellt werden. Dies kann zugleich insbesondere für die im Rahmen von Befreiungen notwendige Bewertung der Zumutbarkeit der Befreiung im Verhältnis zu nachbarlichen Interessen und anderen öffentlichen Belangen bedeutsam sein. Unter Allgemeinwohl i.S. des § 31 I Nr. 1 BauGB werden nach der ständigen Rechtsprechung[28] alle öffentlichen Interessen verstanden, wie sie beispielhaft etwa in § 1 V und VI BauGB aufgeführt sind. Hierunter können Befreiungen für soziale, kulturelle oder sportliche Einrichtungen (Krankenhäuser, Kindergärten, Theater, Schulen, Badeanstalten, Turnhallen) oder Sicherheits-, Umweltschutz-, Verkehrs-, Versorgungs- oder Entsorgungseinrichtungen (Polizeiwachen, Kläranlagen, Heizkraftwerke, Straßenbahntrassen für den innerörtlichen Verkehr) fallen. Auch ein dringender Wohnbedarf kann Teil des Wohls der Allgemeinheit sein[29].

1530 **b) Städtebauliche Vertretbarkeit.** Diese Fallgruppe der Befreiungen ist durch das BauROG 1998 und das EAG Bau 2004 inhaltlich nicht geändert worden, da das Erfordernis, dass die Grundzüge der Planung nicht berührt werden dürfen, als allgemeine Voraussetzung für alle drei Fallgruppen aus § 31 I Nr. 2 BauGB herausgenommen und vorangestellt wurde. Eine Befreiung ist „städtebaulich vertretbar", wenn sie mit einer geordneten städtebaulichen Entwicklung vereinbar ist, insbesondere gemäß den Anforderungen des § 1 BauGB. Eine Abweichung von den Festsetzungen des Bebauungsplans kann dann zulässig sein, wenn sie mit den Grundsätzen des § 1 BauGB, insbesondere der Abwägung vereinbar ist.[30] Da die Abweichung aber die Grundzüge der Planung wahren muss, ist nicht jede Abweichung, die auch zulässiger Inhalt eines Bebauungsplans sein könnte, zulässig.

1531 § 31 II Nr. 2 BauGB könnte Bedeutung für Randkorrekturen der Planung zukommen, da auch für mehrere Grundstücke, auf die der gleiche Sachverhalt vorliegt, befreit werden kann, wenn dies nicht die Grundzüge der Planung berührt und städtebaulich vertretbar ist. Unter den genannten Voraussetzungen ist es möglich, dass Fälle des dringenden Wohnbedarfs, die früher durch § 4 I a BauGB-MaßnG der ersten Befreiungsgruppe zugeordnet waren, nach § 31 II Nr. 2 BauGB befreit werden können. Ähnliches könnte auch für die Fälle gelten, die früher § 4 I BauGB-MaßnG geregelt wurden (Überschreiten der nach dem Bebauungsplan zulässigen Geschossfläche durch Flächen von Aufenthaltsräumen in anderen als Vollgeschossen). Zumindest ein Teil dieser Fälle kann von § 31 II Nr. 2 BauGB aufgefangen werden.

---

[27] BVerwG, B. v. 12.2.1996 – 4 B 199.95 – Buchholz 406.11 § 31 BauGB Nr. 34.
[28] BVerwG, Urt. v. 9.6.1978 – IV C 54.76 – BVerwGE 56, 71 (76).
[29] VGH Mannheim, Urt. v. 16.6.1998 – 8 S 1522/98 – NVwZ 1999, 670.
[30] BVerwG, B. v. 20.11.89 – 4 B 163.89 – ZfBR 1990, 148 = NVwZ 1990, 56 = DÖV 1990, 746 = DVBl 1990, 338.

c) Nicht beabsichtigte Härte. Von den Festsetzungen des Bebauungsplans kann auch **1532** befreit werden, wenn seine Durchführung zu einer offenbar nicht beabsichtigten Härte führen würde. An diese Befreiungsmöglichkeit sind nach der Rechtsprechung des BVerwG strenge Voraussetzungen geknüpft. Eine offenbar nicht beabsichtigte Härte setzt eine Besonderheit voraus, die im Verhältnis zu den Festsetzungen im Bebauungsplan, den Fall in bodenrechtlicher Beziehung als Sonderfall erscheinen lassen. Eine gewollte Festsetzung kann daher nach Auffassung des BVerwG keine unbeabsichtigte Härte begründen, vielmehr müssen die Folgen der Festsetzung planerisch nicht gewollt sein.[31] Auch dürfen die Grundzüge der Planung nicht berührt sein.

d) Nachträgliche Wärmedämmung. Das Energiefachrecht 2011 enthält für den Neu- **1533** bau von Gebäuden aber auch für bestehende Gebäude bauliche Anforderungen, die in § 9 I 1 Energieeinsparungsverordnung (EnEV) sowie in § 3 II bis IV des Erneuerbare-Energien-Wärmegesetzes (EEWG) enthalten sind. Durch die Verordnung über energiesparenden Wärmeschutz und energiesparende Anlagentechnik bei Gebäuden (Energieeinsparverordnung – EnEV)[32] soll der Wärmeschutz an Gebäuden und die Heizungs-, Kühl- und Raumlufttechnik sowie die Warmwasserversorgung einen energiesparenden Standard erhalten. Zu errichtende Wohngebäude sind danach so auszuführen, dass der Jahres-Primärenergiebedarf für Heizung, Warmwasserbereitung, Lüftung und Kühlung den Wert des Jahres-Primärenergiebedarfs eines Referenzgebäudes gleicher Geometrie, Gebäudenutzfläche und Ausrichtung mit der in Anlage 1 Tabelle 1 der EnEV angegebenen technischen Referenzausführung nicht überschreitet. Ebenso sind Transmissionswärmeverluste zu begrenzen und die Anforderungen an den sommerlichen Wärmeschutz einzuhalten (§ 3 EnEV). Wärmeübertragende Umfassungsflächen einschließlich der Fugen, Fenster, Fenstertüren und Dachflächenfenster sind bei Wahrung eines Mindestluftwechsels luftundurchlässig auszugestalten (§ 6 EnEV). Bei der Änderung, Erweiterung oder dem Ausbau von Gebäuden sind ebenfalls Mindeststandards eines energiesparenden Wärmeschutzes sicherzustellen (§ 9 EnEV). Heizungstechnische Anlagen sind entsprechend nachzurüsten (§ 10 EnEV). Darüber hinausgehenden Verpflichtungen unterliegt die öffentliche Hand bei der grundlegenden Renovierung von in ihrem Eigentum oder Besitz befindlichen öffentlichen Gebäuden (§ 3 II bis IV EEWärmeG).

Durch die vorgenannten Erfordernisse ist § 248 BauGB 2011 veranlasst, der Abwei- **1534** chungen von dem festgesetzten Maß der baulichen Nutzung, der Bauweise und der überbaubaren Grundstücksfläche vor allem im Interesse einer nachträglichen Wärmedämmung gestattet. Die Vorschrift ermöglicht sowohl im beplanten Bereich als auch im nicht beplanten Innenbereich einschließlich der rechtsetzenden Innenbereichssatzungen (§ 34 IV 1 Nr. 2 und 3 BauGB) geringfügige Abweichungen, wenn dies mit nachbarlichen Interessen und baukulturellen Belangen vereinbar ist. Das gilt auch für Anlagen zur Nutzung solarer Strahlungsenergie in, an und auf Dach- und Außenwandflächen. Nachbarliche Interessen beziehen sich über den Bereich der nachbarlichen Abwehrrechte hinaus auf mehr als geringfügige, schutzwürdige und erkennbare (abwägungserhebliche) Belange.[33] Darüber hinausgehende lediglich einfache und nicht schutzwürdige Belange werden nicht erfasst. Hierdurch wird ein Gleichstand mit der Befreiungsregelung in § 31 II BauGB und dem dort angelegten praktischen Kompromiss durch nachbarlichen Interessenausgleich[34] erreicht.

Die Abweichungsmöglichkeiten sind nicht auf zwingende Vorgaben des Energiefa- **1535** chrechts beschränkt. Auch darüber hinausgehende freiwillige Maßnahmen zum Zwecke

---

[31] BVerwG Urt. v. 20.6.1975 –4 C 5.74 – BauR 1975, 313 = DVBl 1975, 895; B. v. 27.11.1978 – 4 B 120.78 – ZfBR 1979, 37.

[32] V. 24.7.2007 (BGBl. I 1519), geändert durch Art. 1 der Verordnung v. 29.4.2009 (BGBl. I 954). Zur Förderung der Energieeffizienz im Gebäudebereich *Hans-Joachim Koch* NVwZ 2011, 641.

[33] BVerwG, B. v. 9.11.1979 – 4 N 1.78 – BVerwGE 59, 87 = DVBl 1980, 233.

[34] Hierzu *Stüer*, Handbuch des Bau- und Fachplanungsrechts, 4. Aufl. 2009, Rn. 469, 2485.

der Energieeinsparung an bestehenden Gebäuden sind danach planungsrechtlich zulässig.[35] Zugleich sind neben den im EEG behandelten Solarthermieanlagen auch Photovoltaikanlagen umfasst.[36] Dem entsprechen in der Tendenz die Landesbauordnungen. Nach der Musterbauordnung bleiben Maßnahmen zum Zwecke der Energieeinsparung und Solaranlagen bei der Bemessung der Abstandsflächen außer Betracht, wenn sie eine Stärke von nicht mehr als 25 cm aufweisen und mindestens 2,50 m von der Nachbargrenze zurückbleiben.[37]

Ein gemeindliches Einvernehmen nach § 36 BauGB ist in diesen Fällen nicht vorgesehen, was aus der Sicht der in Art. 28 II 1 GG gesicherten kommunalen Selbstverwaltungsrechte allerdings nicht ganz unproblematisch ist.[38] Eine Beteiligung der Gemeinden und eine Berücksichtigung kommunaler Selbstverwaltungsbelange sind daher anzuraten.[39]

VI. Zulässigkeit während der Planaufstellung (§ 33 BauGB)

1536 Bereits während der Aufstellung eines Bebauungsplans sind Vorhaben im Hinblick auf die künftige Planung zulässig, wenn die formelle → **Planreife** erreicht ist (§ 33 I BauGB). Dies setzt die förmliche Öffentlichkeits- und Behördenbeteiligung und die Fertigstellung des Umweltberichts voraus. Vorhaben können auch bei Planänderungen im Verfahren (§ 33 II BauGB) oder im Falle der vereinfachten Änderung von Plänen (§ 33 III BauGB) zulässig sein.[40]

> → **Planreife.** Bereits vor Rechtsverbindlichkeit des Bebauungsplans können Vorhaben im Hinblick auf die künftigen Festsetzungen eines Bebauungsplans planungsrechtlich zulässig sein, wenn eine Planreife nach § 33 BauGB eingetreten ist und die weiteren Voraussetzungen des § 33 I BauGB vorliegen. Die **formelle Planreife** (§ 33 I BauGB) ist gegeben, wenn die öffentliche Auslegung bereits stattgefunden hat, ggf. eine grenzüberschreitende Beteiligung nach § 4 a V BauGB durchgeführt worden ist und die eingegangenen Stellungnahmen abgearbeitet sind (Zeitraum zwischen Satzungsbeschluss und Bekanntmachung). Die Zulassung von Vorhaben bei lediglich **materieller Planreife** (§ 33 II BauGB 1998), die dann gegeben ist, wenn vor Durchführung der öffentlichen Auslegung die Verabschiedung der in Aussicht genommenen Planung wahrscheinlich ist, hat an Bedeutung verloren. Sie ermöglicht nur dann eine Vorhabenzulassung, wenn bereits eine Öffentlichkeits- und Behördenbeteiligung durchgeführt worden ist und sich im weiteren Planverfahren (§ 4 a III BauGB) oder im Falle der vereinfachten Änderung des Plans (§ 13 BauGB) Änderungen ohne Auswirkungen ergeben.

1537 **a) Formelle Planreife (§ 33 I BauGB).** In Gebieten, für die ein Beschluss über die Aufstellung eines Bebauungsplans gefasst ist, ist ein Vorhaben nach § 33 I BauGB zulässig, wenn (1) die Öffentlichkeits- und Behördenbeteiligung nach § 3 II, 4 II und 4 a II bis V BauGB durchgeführt worden ist, (2) anzunehmen ist, dass das Vorhaben den künftigen Festsetzungen des Bebauungsplans nicht entgegensteht, (3) der Antragsteller diese Festsetzungen für sich und seine Rechtsnachfolger schriftlich anerkennt und (4) die Erschließung gesichert ist.[41] Die **formelle Planreife** setzt nach § 33 I BauGB die Durchführung der förmlichen Öffentlichkeits- und Behördenbeteiligung und die Annahme voraus, dass

---

[35] Ausschuss für Verkehr, Bau- und Stadtentwicklung, Beschlussempfehlung und Bericht v. 29.6.2011, BT-Drs. 17/6357, S. 10.

[36] Stellungnahme des Bundesrates v. 17.6.2011, BT-Drs. 17/6253, S. 12.

[37] Gesetzentwurf zur BauGB-Klimanovelle (Fn. 2), S. 12, m. Hinweis auf OVG Münster, B. v. 24.5.1996 – 11 B 970/96 – BauR 1997, 82; VGH Mannheim, Urt. v. 1.2.1999 – 5 S 2507/96 – BauR 2000, 1094.

[38] BVerwG, Urt. v. 11.2.1993 – 4 C 25.91 – BVerwGE 92, 66. = DVBl 1993, 657.

[39] Zu den Rechten der Gemeinde im interkommunalen Bereich und gegenüber der privilegierten Fachplanung BVerwG, Urt. v. 4.5.1988 – 4 C 22.87 – BVerwGE 79, 318 = DVBl 1988, 960.

[40] Zulässigkeit von Vorhaben HdBÖffBauR Kap. A Rn. 486.

[41] *BKL*, § 33 Rn. 1 ff.; *Brügelmann* § 33 Rn. 1 ff.; *Cholewa/David/Dyong/von der Heide* § 33 Rn. 1 ff.;

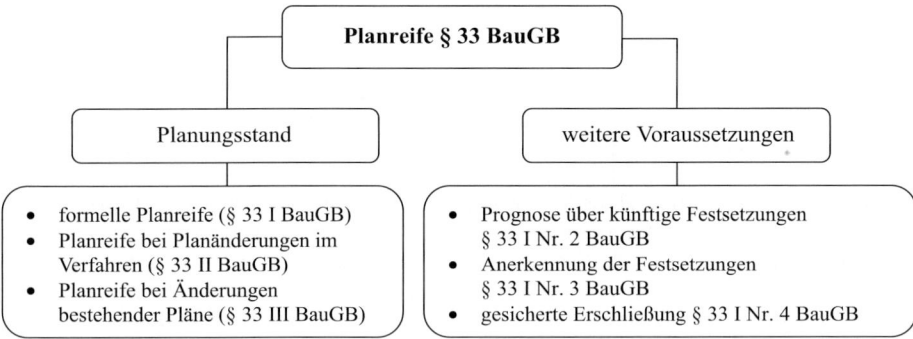

das Vorhaben den künftigen Festsetzungen des Bebauungsplans nicht entgegensteht. Dies wird sich regelmäßig erst nach entsprechender Abwägung der eingegangenen Stellungnahmen und damit regelmäßig erst im Zeitpunkt des Satzungsbeschlusses verlässlich voraussagen lassen. Die Genehmigungsmöglichkeiten bei formeller Planreife nach § 33 I BauGB umfassen daher den Zeitraum zwischen Satzungsbeschluss und Bekanntmachung der Genehmigung bzw. des auf landesrechtlicher Grundlage angeordneten Anzeigeverfahrens. Eine Planreife kann auch für Teile eines Bebauungsplans gegeben sein.[42] Ist die förmliche Öffentlichkeits- und Behördenbeteiligung noch nicht durchgeführt und sind die eingegangenen Stellungnahmen noch nicht abgewogen, liegt eine formelle Planreife nach § 33 I Nr. 1 BauGB nicht vor. Auf das Vorliegen der anderen Voraussetzungen des § 33 I Nr. 2 bis 4 BauGB kommt es dann nicht an. Die Regelung in § 33 II BauGB 1998 über eine materielle Planreife, bei deren Vorliegen bereits vor Durchführung der förmlichen Offenlage ein Vorhaben zulässig sein konnte, ist durch das EAG Bau 2004 abgeschafft worden. Eine materielle Planreife ohne einen entsprechenden Stand des Verfahrens (formelle Planreife) reicht daher im Gegensatz zur früheren Rechtslage nicht mehr für die Zulässigkeit von Vorhaben aus. Der Grund dafür liegt in den europarechtlichen Vorgaben der Plan-UP-Richtlinie, die vom Grundsatz her allerdings bei einer Ausweisung UVP-pflichtiger Vorhaben eine Öffentlichkeitsbeteiligung von umweltrelevanten Vorhaben verlangt.[43]

Nach § 33 I Nr. 2 BauGB muss anzunehmen sein, dass das Vorhaben den künftigen **1538** Festsetzungen des Bebauungsplans nicht entgegensteht. Dazu muss der Inhalt des Planentwurfs den in den §§ 1 und 1a BauGB gestellten Anforderungen entsprechen. Es dürfen zum Zeitpunkt der Genehmigung keine Bedenken gegen die zukünftigen Festsetzungen des Bebauungsplans vorliegen. Diese Festsetzungen muss der Antragsteller, der nicht notwendiger Weise der Eigentümer sein muss[44], nach § 33 I Nr. 3 BauGB für sich und seine Rechtsnachfolger schriftlich anerkennen. Schließlich setzt § 33 I Nr. 4 BauGB die gesicherte Erschließung voraus.[45] § 33 BauGB gilt bei der erstmaligen Aufstellung und bei der Änderung eines Bebauungsplans. Er ist auf kein bestimmtes Gebiet zugeschnitten,

---

Stock in EZBK, § 33 BauGB Rn. 1 ff.; *Gaentzsch* § 33 Rn. 1 ff.; *Roeser* in BerlKom, § 33 Rn. 1 ff.; *Schrödter* § 33 Rn. 1 ff.; *Schütz/Frohberg* § 33 Rn. 1 ff.

[42] VGH Mannheim, Urt. v. 9.3.1998 – 5 S 3203/97 – VGHBW RSprDienst 1998, Beilage 6 B 5 = DÖV 1998, 935.

[43] Zu § 33 II BauGB 1998 BVerwG, B. v. 25.11.1991 – 4 B 212.91 – Buchholz 406.11 § 33 BBauG/BauGB Nr. 7 = RzB Rn. 331 – materielle Planreife; vgl. bereits B. v. 6.12.1963 – 1 B 171.63 – Buchholz 406.11 § 33 BBauG Nr. 1 – BRS 15, 13; B. v. 2.3.1978 – 4 B 26.78 – Buchholz 406.11 § 33 BBauG Nr. 5. Zur Teilplanreife VGH Mannheim, B. v. 9.3.1998 – 5 S 3203/97 – VGHBW RSpDienst 1998, Beilage 6, B 5.

[44] BVerwG, Urt. v. 23.3.1973 –IV C 49.71 – BVerwGE 42, 115 = NJW 73, 1518.

[45] Vergleich zur gesicherten Erschließung C: I. 2.

sondern modifiziert die §§ 30, 34 und 35 BauGB. Dies gilt auch für einfache Bebauungspläne (§ 30 III BauGB) und seit dem BauROG 1998 auch für vorhabenbezogene Bebauungspläne (§ 30 II BauGB).

1539   Der Praxis vieler Gemeinden, den Bebauungsplan nur bis zur Planreife zu führen und das Aufstellungsverfahren sodann nicht weiterzuführen, hat das BVerwG allerdings einen Riegel vorgeschoben. § 33 I BauGB ist nicht anwendbar, wenn der Planungsträger erklärt, alles zum Abschluss des Planaufstellungsverfahrens Erforderliche getan zu haben, aber den Bebauungsplan nicht durch öffentliche Bekanntmachung nach § 10 III 1 BauGB in Kraft setzt. Allein das Interesse, Klarheit über die Rechtslage zu erlangen, rechtfertigt es nicht, ein Verfahren, das das Stadium der Abschlussreife erlangt hat, offen zu halten. Sieht der Planungsträger gleichwohl davon ab, mit dem Formalakt der Bekanntmachung einen Schlussstrich unter seine Planung zu ziehen, so macht er von § 33 BauGB einen unzulässigen dysfunktionalen Gebrauch. § 33 I BauGB ist daher nicht anwendbar, wenn der Planungsträger erklärt, alles zum Abschluss des Planaufstellungsverfahrens Erforderliche getan zu haben, aber den Bebauungsplan nicht durch öffentliche Bekanntmachung nach § 10 III 1 BauGB in Kraft setzt.[46]

1540   **b) Materielle Planreife.** Eine Zulassung eines Vorhabens vor einer formellen Planreife ist im Vergleich zur früheren Rechtslage nur noch bei Planänderungen und damit nur noch eingeschränkt möglich (§ 33 II BauGB). Ändert sich die Planung, so ist grundsätzlich eine erneute Öffentlichkeits- und Behördenbeteiligung durchzuführen (§§ 3 II, 4 II BauGB). Eine Zulassung ohne vorherige erneute Öffentlichkeits- und Behördenbeteiligung ist nur zulässig, wenn sich die vorgenommenen Änderungen nicht auf das Vorhaben auswirken und die übrigen Voraussetzungen einer Zulassung des Vorhabens bei formeller Planreife vorliegen (§ 33 I Nr. 2 bis 4 BauGB).

1541   **c) Planreife bei vereinfachten Änderungen.** Auch bei einer vereinfachten Änderung des Bebauungsplans kann ein Vorhaben vor Durchführung der Öffentlichkeits- und Behördenbeteiligung zugelassen werden (§ 33 III BauGB). Dann ist allerdings der betroffenen Öffentlichkeit und den berührten Behörden und sonstigen Trägern öffentlicher Belange vor Erteilung der Genehmigung Gelegenheit zur Stellungnahme innerhalb angemessener Frist zu geben. Auch hierdurch wird eine Vorabgenehmigung bei Planänderungen im vereinfachten Verfahren eingeschränkt.

VII. Zulässigkeit von Vorhaben im nicht beplanten Innenbereich (§ 34 BauGB)

1542   Innerhalb der im Zusammenhang bebauten Ortsteile ist ein Vorhaben zulässig, wenn es sich nach Art und Maß der baulichen Nutzung, der Bauweise und der Grundstücksfläche, die überbaut werden soll, in die Eigenart der näheren Umgebung einfügt und die Erschließung gesichert ist. Die Anforderung an gesunde Wohn und Arbeitsverhältnisse müssen gewahrt bleiben und das Ortsbild darf nicht beeinträchtigt werden. Die Voraussetzung, dass das Vorhaben den Festsetzungen eines einfachen Bebauungsplans nicht widersprechen darf, ist seit dem BauGB 1987 entfallen. Dies ergibt sich nun aus § 30 III BauGB. § 34 BauGB ist hingegen nicht anzuwenden bei Vorliegen eines qualifizierten (§ 30 I BauGB) oder eines vorhabenbezogenen Bebauungsplans (§ 30 II BauGB).

1. Anwendungsvoraussetzungen des § 34 BauGB

1543   Die Anwendung des § 34 BauGB setzt ein Vorhaben i.S. des § 29 BauGB, das Nichtvorliegen eines qualifizierten oder vorhabenbezogenen Bebauungsplans und einen im Zusammenhang bebauter Ortsteile voraus. Es muss ein Ortsteil, also ein Bebauungsplan-

---

[46] BVerwG, Urt. v. 1.8.2002 – 4 C 5.01 – BVerwGE 117, 25 = DVBl 2003, 62 = NVwZ 2003, 86 – FOC Zweibrücken.

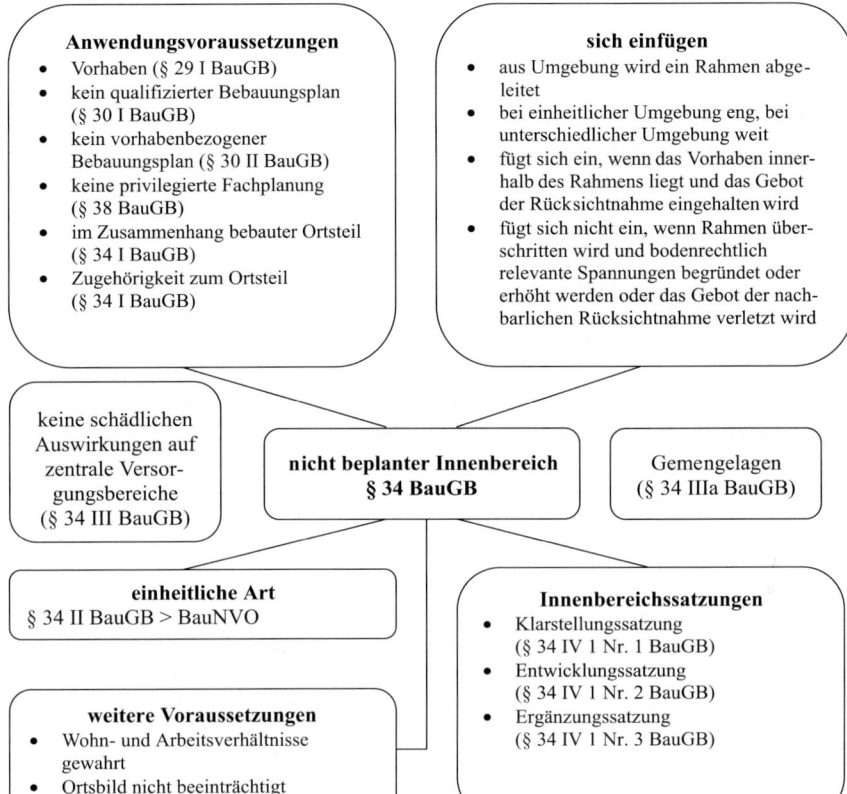

komplex mit entsprechendem Gewicht, vorhanden sein. Das Grundstück muss zu diesem Ortsteil gehören.

a) Vorhaben i. S. des § 29 BauGB. Ein Vorhaben nach § 29 BauGB ist die Errichtung, **1544** Änderung oder Nutzungsänderung von baulichen Anlagen sowie die weiteren dort benannten Maßnahmen.

b) Vorhandensein eines Ortsteils. Ein Ortsteil liegt dann vor, wenn die vorhandene **1545** Bebauung ein städtebauliches Gewicht aufweist. Die Bebauung muss das Bild einer organischen Siedlungsstruktur darstellen.[47] Dazu muss die Bebauung in der Regel über Infrastruktureinrichtungen verfügen und dem ständigen Aufenthalt von Menschen dienen.

c) Zugehörigkeit zum Ortsteil. Das Grundstück, auf dem das künftige Vorhaben ver- **1546** wirklicht werden soll muss sich zu dem Bebauungszusammenhang des Ortsteils rechnen lassen. Der Bebauungszusammenhang setzt eine aufeinander folgende Bebauung voraus, die auch bei Vorliegen von Baulücken den Eindruck der Zusammengehörigkeit vermittelt.[48]

Die Grenze zwischen Innen- und Außenbereich muss durch eine Betrachtungsweise **1547** bestimmt werden, die die gesamten örtlichen Gegebenheiten ausreichend erschöpft.[49] So

---

[47] BVerwG, Urt. v. 6.11.1968 – 4 C 31.66 – BVerwGE 31, 22 = DVBl 1970, 72 = DÖV 1969, 645.
[48] BGH, Urt. v. 14.10.1982 – III ZR 65/82 – WM IV 82, 1315 – Bebauungszusammenhang.
[49] BVerwG, Urt. v. 6.12.1967 – 4 C 94.66 – BVerwGE 28, 268 = DVBl 1968, 65 = DÖV 1968, 322; Urt. v. 6.11.1968 – 4 C 2.66 – BVerwGE 31, 20 = DVBl 1969, 262 = DÖV 1969, 645; B. v.

können Freiflächen und Baulücken die Grenze bilden, wobei die Größe der Baulücke nicht rein numerisch betrachtet werden darf, sondern im Verhältnis zu der Größe der Einzelnen bebauten Grundstücke gesehen werden muss.[50] In einer Siedlung mit relativ kleinen Grundstücken kann bereits eine vergleichsweise kleine Baulücke trennende Wirkungen entfalten und eine Zäsur zu anderen Nutzungen bilden. Dabei ist jeweils eine Einzelfallbetrachtung geboten. Eine Straße kann zum einen eine Grenze bilden[51], zum anderen vor allem bei durchgehend beidseitiger Bebauung aber gerade den Zusammenhang herstellen.

1548   Der Bebauungszusammenhang kann durch topografische Gegebenheiten (Erhebungen, Täler oder Flüsse) unterbrochen werden. Bauliche Anlagen, die den Zusammenhang herstellen sollen, müssen geeignet sein, den Charakter des Ortsteils zu prägen. Dazu müssen sie so beschaffen sein, dass sie zum Eindruck der Geschlossenheit beitragen. Ein mit Schotter befestigter Stellplatz am Rande der Ortslage vermittelt diesen Eindruck nicht.[52] Auch unbebaute Flächen können am Bebauungszusammenhang teilhaben, wenn sie den Eindruck der Geschlossenheit nicht zerstören. Hier ist, wie schon bei der Beurteilung der Grenzen zwischen Innen- und Außenbereich, der Zusammenhang am konkreten Sachverhalt zu bewerten.[53] Der Bebauungszusammenhang endet grundsätzlich mit dem letzten bebauten Grundstück (→ *Abbildungen 105–108).*[54]

2. Zulässigkeitsvoraussetzungen gemäß § 34 I BauGB

1549 Die Zulässigkeitsvoraussetzungen des § 34 I BauGB beschränken sich seit dem BauGB 1987 im Wesentlichen auf das „Einfügen in die Eigenart der näheren Umgebung". Das BauGB 1987 enthielt nicht mehr „unter Berücksichtigung der für die Landschaft charakteristischen Siedlungsstruktur", da dieser in dem Begriff „der Eigenart der näheren Umgebung" aufgeht.[55] Ebenfalls verzichtet wurde auf das Erfordernis, dass „sonstige öffentliche Belange nicht entgegenstehen", weil das Einfügungserfordernis dieses Merkmal mit einschließt.[56] Nach § 34 I BauGB ist ein Vorhaben innerhalb der im Zusammenhang bebauten Ortsteile daher zulässig, wenn es sich nach Art und Maß der baulichen Nutzung, der Bauweise und der Grundstücksfläche, die überbaut werden soll, in die Eigenart der näheren Umgebung einfügt und die Erschließung gesichert ist.[57] Die Anforderungen an gesunde Wohn- und Arbeitsverhältnisse müssen gewahrt bleiben; das Ortsbild darf nicht beeinträchtigt werden.[58]

27.5.1988 –4 B 71.88 – Buchholz 406.11 § 34 BauGB Nr. 127 = DÖV 1988, 840; Urt. v. 22.6.1990 – 4 C 6.87 – Buchholz 406.11 § 35 BauGB Nr. 261 = NJW 91, 1969 = NVwZ 1991, 64 = ZfBR 1990, 293.

    [50] BVerwG, Urt. v. 1.12.1972 – 4 C 6.71 – BVerwGE 41, 227 = BauR 1973, 99 = DVBl 1973, 641 = NJW 1973, 1014 = DÖV 1973, 347.

    [51] BVerwG, Urt. v. 26.5.1989 – 8 C 6.88 – BVerwGE 82, 102 = DVBl 1982, 1205 = NVwZ 1990, 165.

    [52] BVerwG, Urt. v. 14.9.1992 – 4 C 15.90 – Buchholz 406.11 § 34 BauGB Nr. 152 = DVBl 1993, 111 = UPR 1993, 56 = BauR 1993, 300 = NVwZ 1993, 37.

    [53] BVerwG, Urt. v. 6.11.1968 – 4 C 2.66 – BVerwGE 31, 20; Urt. v. 1.12.1972 – 4 C 6.71 – BVerwGE 41, 227 = BauR 1973, 99 = DVBl 1973, 641; B. v. 16.2.1988 –4 B 19.88 – Buchholz 406.11 § 34 BBauG Nr. 123; B. v. 27.5.1988 – 4 B 71.88 – Buchholz 406.11 § 34 BBauG/BauGB Nr. 127 = DÖV 1988, 840 = BauR 1988, 444.

    [54] BVerwG, Urt. v. 13.2.1976 – 4 C 72.74 – Buchholz 406.11 § 35 BBauG Nr. 123 = NJW 1976, 1855 = DÖV 1976, 562 = BauR 1976, 188.

    [55] BVerwG, Urt. v. 29.5.1981 – 4 C 34.78 – BVerfGE 62, 250 = BauR 1981, 547 = NJW 1982, 196 = ZfBR 1981, 243 = DVBl 1981, 931 = DÖV 1981, 876.

    [56] BVerwG, Urt. v. 26.5.1978 – 4 C 9.77 – BVerwGE 55, 369 = DVBl 1978, 815 = NJW 1978, 2564 = ZfBR 1978, 28 = BauR 1978, 278.

    [57] HdBöffBauR Kap. A Rn. 490.

    [58] *BKL*, § 34 Rn. 1 ff.; *Brügelmann* § 34 Rn. 1 ff.; *Cholewa/David/Dyong/von der Heide* § 34 Rn. 1 ff.;

```
                    ┌──────────────────────────┐
                    │ → Sich einfügen § 34 BauGB │
                    └──────────────────────────┘
                    ┌──────────────────────────┐
                    │  Rahmen aus der Umgebung  │
                    └──────────────────────────┘
        ┌───────────────────────┐   ┌───────────────────────┐
        │ einheitliche Umgebung │   │ unterschiedliche      │
        │ enger Rahmen          │   │ Umgebung weiter Rahmen│
        └───────────────────────┘   └───────────────────────┘
                    ┌──────────────────────────┐
                    │   Vorhaben fügt sich ein  │
                    └──────────────────────────┘
        ┌───────────────────────┐   ┌───────────────────────┐
        │  innerhalb des Rahmens │   │  überschreitet den    │
        │                        │   │  Rahmen               │
        └───────────────────────┘   └───────────────────────┘
        ┌───────────────────────┐   ┌───────────────────────┐
        │ fügt sich grundsätzlich│   │ fügt sich nicht ein,  │
        │ ein, aber              │   │ wenn                  │
        └───────────────────────┘   └───────────────────────┘
        ┌───────────────────────┐   ┌───────────────────────┐
        │ Gebot der Rücksicht-   │   │ Gebot der Rücksicht-  │
        │ nahme zu beachten      │   │ nahme verletzt        │
        └───────────────────────┘   └───────────────────────┘
                                    ┌───────────────────────┐
                                    │ bodenrechtlich        │
                                    │ relevante Spannungen  │
                                    │ begründet oder erhöht │
                                    └───────────────────────┘
```

a) Nähere Umgebung. Das „sich Einfügen" in die Eigenart der näheren Umgebung **1550** setzt zunächst eine nähere Umgebung voraus. Die nähere Umgebung umfasst nicht nur die unmittelbaren Nachbargrundstücke[59], vielmehr muss die nähere Umgebung so weit gezogen werden, wie das Vorhaben sich auf sie auswirken kann und soweit die Umgebung selbst den bodenrechtlichen Charakter des zu bebauenden Grundstücks prägt oder zumindest beeinflusst.[60] Die Größe des Rahmens der Umgebung wird durch die Einheitlichkeit der Umgebung bestimmt. Je einheitlicher die Umgebung desto enger kann der Rahmen gesteckt werden, je unterschiedlicher desto weiter muss der Rahmen gezogen werden.

b) Eigenart der näheren Umgebung. Die „Eigenart" der näheren Umgebung wird **1551** vor allem durch die vorhandene Bebauung geprägt, was die vorhandene Bebauung nicht prägt, muss außer Acht gelassen werden. Die Bebauung in der direkten Umgebung hat grundsätzlich eine stärkere Wirkung für die Eigenart, doch darf die weitere Umgebung nicht vernachlässigt werden, wenn sie sich auf das Grundstück noch prägend auswirkt.[61] Die prägende Wirkung eines beseitigten Altbestands entfällt erst, wenn sich die Neu-

---

Söfker in EZBK, § 34 BauGB Rn. 1 ff.; *Fickert* BauR 1985, 1; *Gaentzsch* § 34 Rn. 1 ff.; *von der Heide* der landkreis 1988, 220; *Hoppe* BauR 1973, 79; *ders.* Zur baurechtlichen Beurteilung von großen Freiflächen im unbeplanten Innenbereich gem. § 34 BBauG 1983; *Lenz* ZfBR 1986, 14; *Scharmer* Das Bebauungsrecht im unbeplanten Innenbereich 1992; *Hofherr/Roeser* in: BerlKom, § 34 Rn. 1 ff.; *Schrödter* § 34 Rn. 1 ff.; *Stüer* StuGR 1985, 192.

[59] BVerwG, Urt. v. 18.10.1974 – 4 C 77.73 – NJW 1975, 460 = DÖV 1975, 103 = BayVBl. 1975, 370 = BauR 1975, 29.

[60] BVerwG, Urt. v. 26.5.1978 – 4 C 9.77 – BVerwGE 55, 369 = DVBl 1978, 815 = NJW 1978, 2564.

[61] BVerwG, Urt. v. 26.5.1978 – 4 C 9.77 – BVerwGE 55, 369.

Abbildung 105: *Innenbereich – Außenbereich*

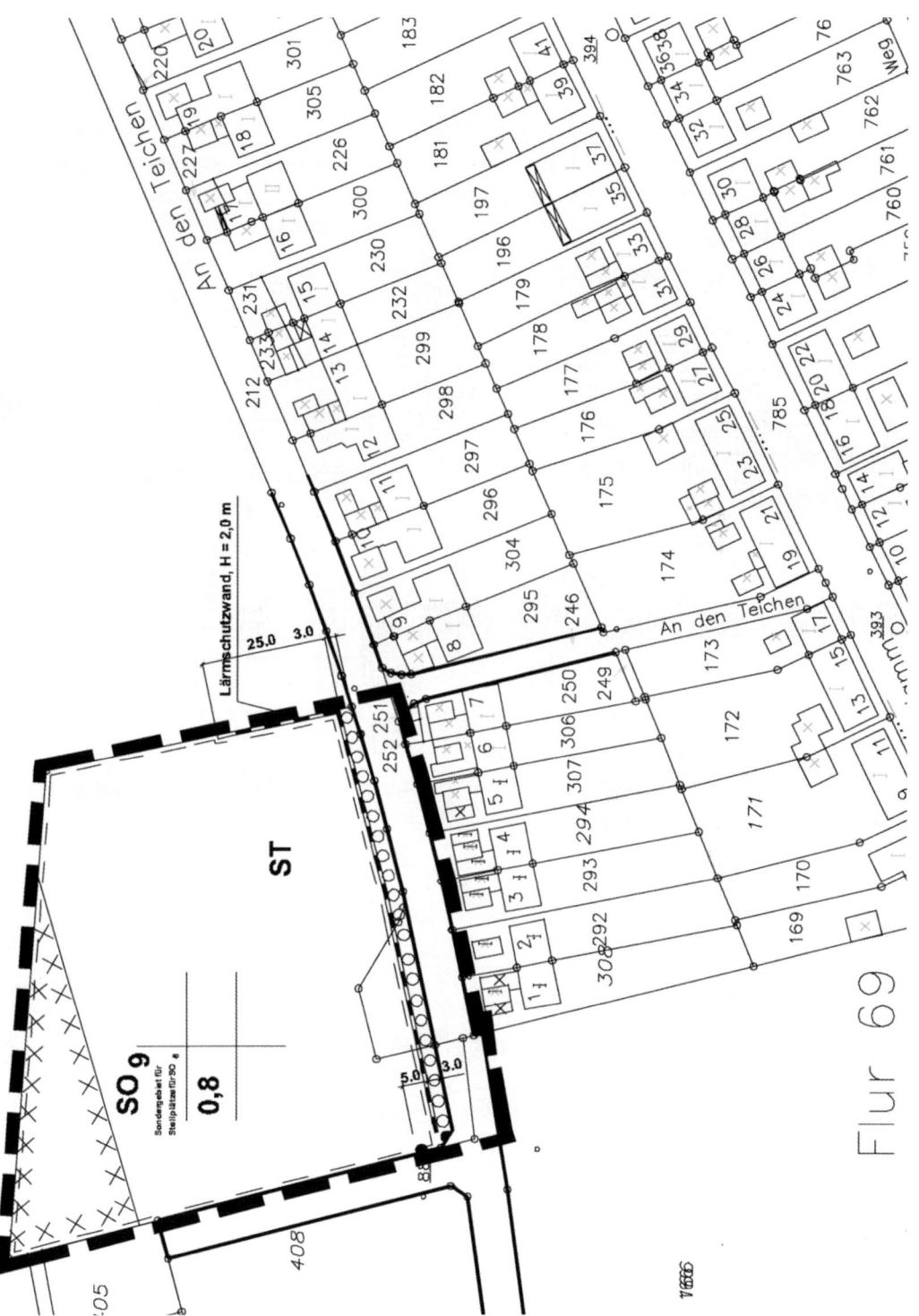

Abbildung 106: *Innenbereich – einheitliche Gebietsstruktur*

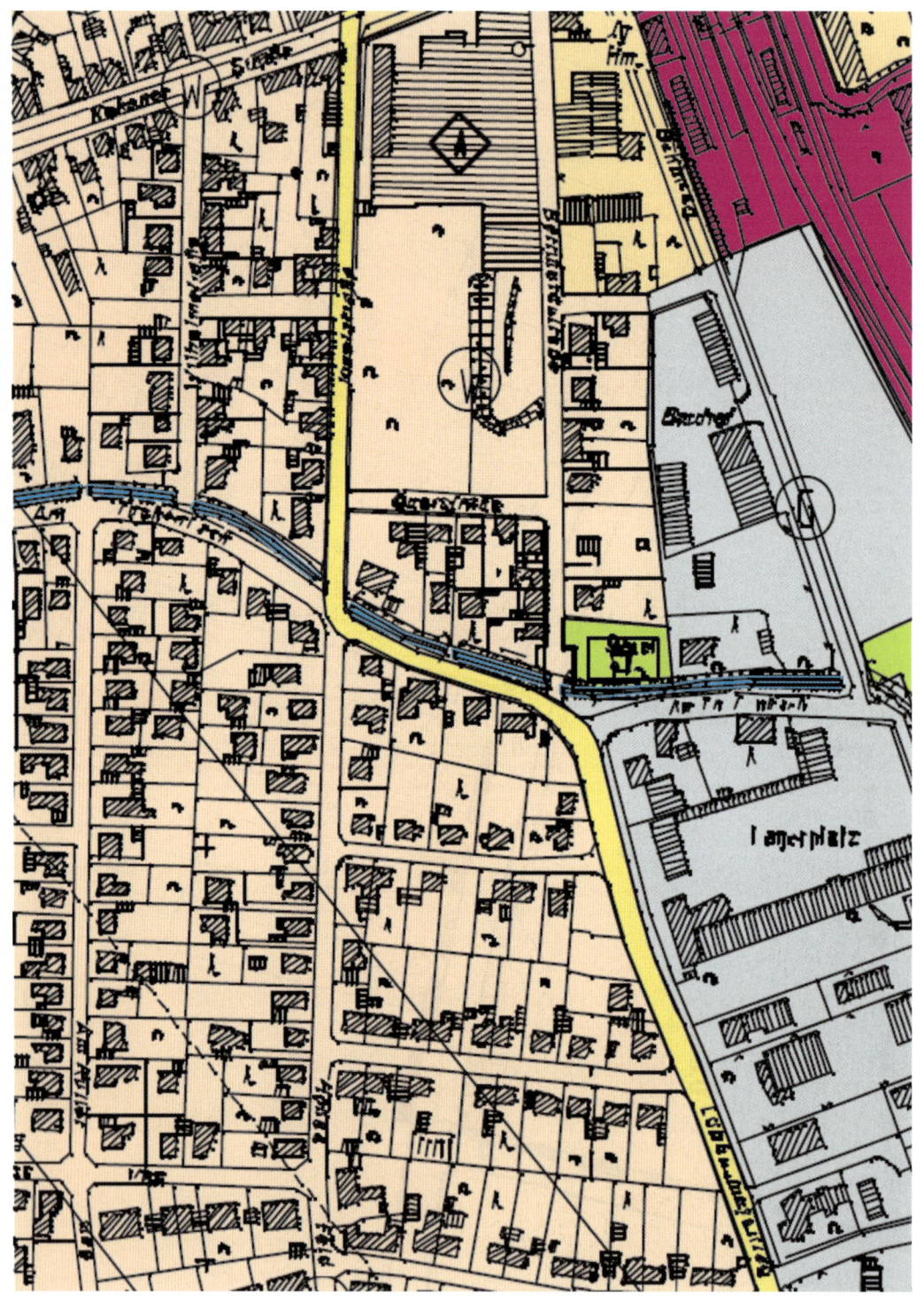

Abbildung 107: *Quartierbezogene Hinterlandbebauung*

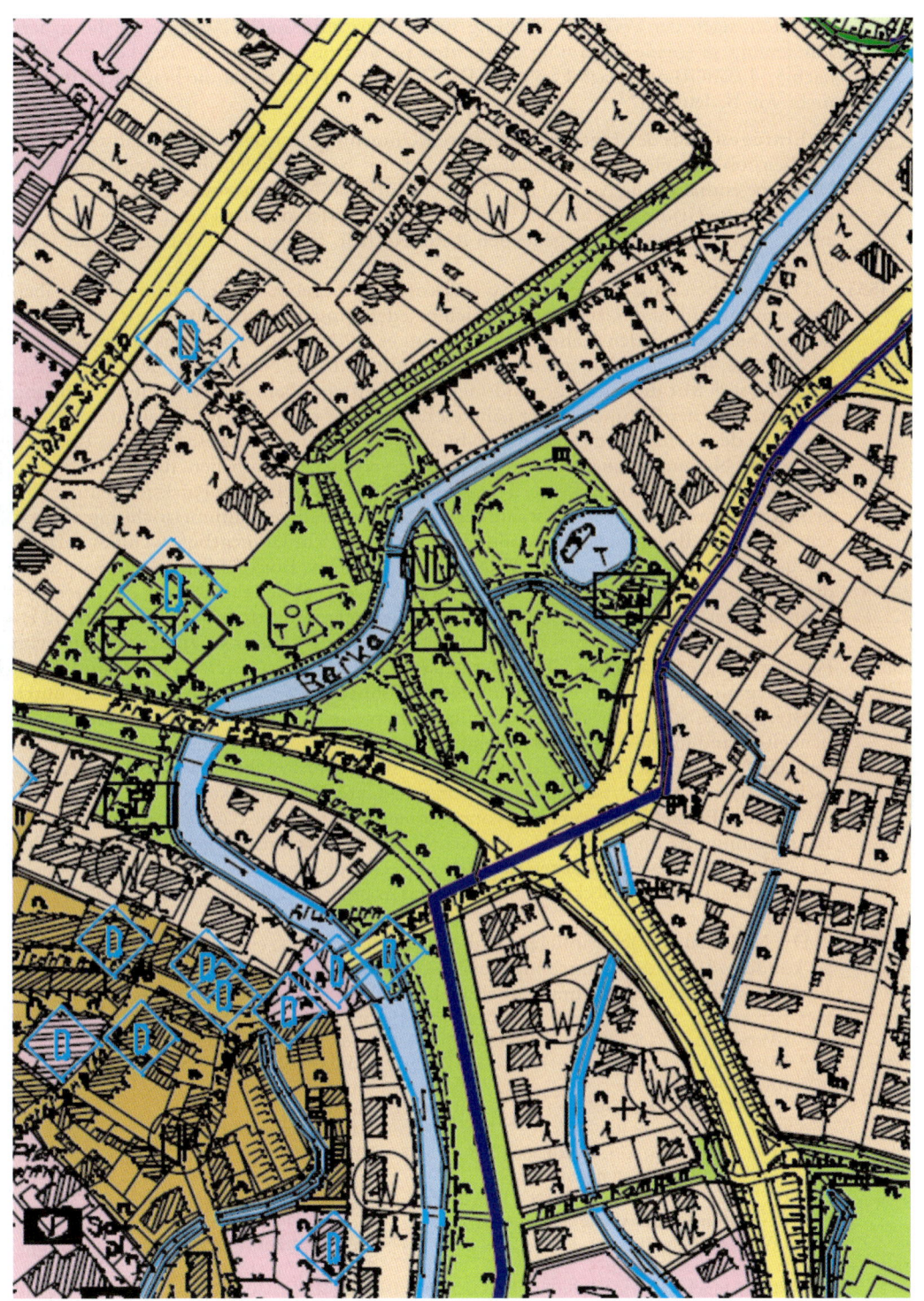

Abbildung 108: *Außenbereich im Innenbereich*

bebauung nach der Verkehrsauffassung nicht mehr aufdrängt.[62] Wann eine die nähere Umgebung prägende Bebauung entstanden ist und ob sich ihre Zulässigkeit ebenfalls nach § 34 BauGB oder nach §§ 30, 31 I BauGB beurteilt hat, ist für die Frage der Eigenart nicht von Bedeutung.[63]

1552 **c) Einfügen.** Aus der Eigenart der näheren Umgebung müssen sich die Maßstäbe dafür ergeben, ob sich ein Vorhaben einfügt und damit baurechtlich zulässig sein kann. Die Maßstäbe enthalten die Art und das Maß der baulichen Nutzung sowie die Bauweise und die überbaute Grundstücksfläche.[64] Ein Vorhaben, das sich in jeder Hinsicht innerhalb des aus seiner Umgebung hervorgehenden Rahmens hält, fügt sich in der Regel in die Umgebung ein.[65]

1553 Das Vorhaben muss aber zudem das Rücksichtnahmegebot wahren, denn ein Vorhaben fügt sich dann nicht ein, auch wenn es sich in jeder Hinsicht innerhalb des aus seiner Umgebung hervorgehenden Rahmens hält, wenn es an der gebotenen Rücksichtnahme auf die sonstige, d. h. vor allem auf die in seiner unmittelbaren Nähe vorhandene Bebauung, fehlen lässt.[66] Mit diesem Tatbestandsmerkmal wird vor allem dem Umstand Rechnung getragen, dass der Rahmen in der näheren Umgebung und nicht nur in der unmittelbaren Nähe des Vorhabens gezogen wird. In der näheren Umgebung sind die den Rahmen prägenden Nutzungen meist nicht gleichmäßig verteilt. Ein Vorhaben, das sich in diesem Rahmen hält, kann daher in einer Himmelsrichtung das Gebot der Rücksichtnahme eingehalten, während das Rücksichtnahmegebot in einer anderen Himmelsrichtung verletzt sein kann. Ein Bauvorhaben verstößt gegen das Rücksichtnahmegebot, wenn es zulasten des betroffenen Nachbarn das **Schikaneverbot** verletzt. Eine Schikane liegt vor, wenn die Anordnung eines Gebäudes keinem anderen Zweck als der Schädigung des Nachbarn dient und der Bauherr kein schutzwürdiges Eigeninteresse verfolgt.[67] Die Schließung einer Baulücke in geschlossener Bebauung ist rücksichtslos, wenn sie zum Zumauern von Fenstern im grenzständigen Giebel des benachbarten legal errichteten Hauses und damit zum Wegfall der natürlichen Belichtung in Wohnräumen führt und diese nicht durch Fenster in den seitlichen Gebäudewänden sichergestellt werden kann.[68] Einblicksmöglichkeiten sind grundsätzlich hinzunehmen, wenn die erforderlichen Abstände eingehalten sind.[69] Die gerichtliche Feststellung der Rücksichtslosigkeit eines Bauwerks setzt nicht zwingend eine Ortsbesichtigung voraus.[70] Unter Zumutbarkeitsgesichtspunkten ist jeweils eine **Einzelfallbewertung** vorzunehmen.[71] Bei der im Baunachbarstreit um eine Baugenehmigung im Rahmen des baurechtlichen Rücksichtnahmegebots anzustellenden Zumutbarkeitsbetrachtung lassen sich Abwehrrechte des Nachbarn nicht aus vom Genehmigungsinhalt nicht gedeckten Verhaltensweisen oder gar **„Benutzerexzessen"** Dritter herleiten.[72]

1554 Das Merkmal des sich Einfügens schließt jedoch nicht aus, ein Vorhaben verwirklichen zu können, das in der Umgebung noch nicht vorhanden ist. Denn bei dem Gebot des Einfügens geht es weniger um Einheitlichkeit als um Harmonie. Ein Vorhaben fügt sich

---

[62] BVerwG, B. v. 24.5.1988 – 4 CB 12.88 = ZfBR 1987, 44 = BauR 1988, 574.

[63] BVerwG, Urt. v. 31.10.1975 – 4 C 16.73 = DÖV 1976, 381 = BauR 1976, 185.

[64] *BKL*, § 34 Rn. 15.

[65] BVerwG, Urt. v. 26.5.1978 – 4 C 9.77 – BVerwGE 55, 369.

[66] BVerwG, Urt. v. 18.10.1974 – 4 C 77.73 – NJW 1975, 460 = DÖV 1975, 103.

[67] VGH Mannheim, Urt. v. 15.4.2008 – 8 S 98/08 – VBlBW 2008, 452 = NVwZ-RR 2008, 685 (L) – für einen kleinen Schuppen.

[68] OVG Münster, Urt. v. 17.1.2008 – 10 A 2795/05 – DVBl 2008, 1067 – Lichtrechte.

[69] VGH München, B. v. 18.2.2008 – 1 CS 7.2192 – Wohnhausaufstockung.

[70] OVG Saarlouis, B. v. 3.1.2008 – 2 A 182/07 – Nachbarschutz im vereinfachten Baugenehmigungsverfahren.

[71] VGH München, B. v. 8.5.2008 – 14 B 6.2813 – BayVBl. 2008, 730 = BauR 2008, 2037 – Nutzungsänderung eines Trafoturms für kurzzeitige Konzerte eines Posaunenchors.

[72] OVG Saarlouis, B. v. 19.10.2008 – 2 B 347/08 – Nachbarschutz gegen Kfz-Werkstatt.

auch dann ein, wenn es den Rahmen überschreitet aber keine nur durch Bauleitplanung zu bewältigende bodenrechtliche Spannung in das Gebiet hineinträgt.[73] Ein Vorhaben das zu einer Verschlechterung, Störung oder Belastung der Umwelt führt, erfüllt diese Anforderungen nicht und ist daher planungsbedürftig. Auch Vorhaben, die selbst nicht zu einer Verschlechterung der Umgebung führen, von denen aber eine Vorbildwirkung ausgeht, die es nahe legt, dass sie solche Verschlechterungen nach sich ziehen, erhöhen die bodenrechtliche Spannung und fügen sich daher nicht ein.[74]

d) Gesicherte Erschließung. Ein Vorhaben ist nach § 34 I BauGB nur zulässig, wenn **1555** die Erschließung gesichert ist. Vorhaben im unbeplanten Innenbereich müssen sich grundsätzlich mit dem Erschließungszustand abfinden, den der jeweilige Innenbereich aufweist.[75] Es ist ausreichend, wenn die Erschließung spätestens zum Zeitpunkt der Fertigstellung oder Ingebrauchnahme vorhanden ist.

e) Anforderungen des § 34 I 2 BauGB. Neben den Erfordernissen des § 34 I 1 BauGB **1556** müssen die Anforderungen an gesunde Wohn- und Arbeitsverhältnisse gewahrt bleiben und das Ortsbild darf nicht beeinträchtigt werden. Diese beiden Anforderungen ergeben sich bereits aus § 1 VI Nr. 1 BauGB. Die Anforderungen an gesunde Wohn- und Arbeitsverhältnisse sind allerdings regelmäßig gewahrt, wenn sich das Vorhaben nach § 34 I 1 BauGB einfügt. Da beim Einfügen keine bodenrechtlichen Spannungen auftreten dürfen, ist in der Regel auch das Ortsbild nicht beeinträchtigt. Diese Merkmale werden vom Gesetzgeber nur klarstellend hervorgehoben, da sie städtebaulich von Bedeutung sind.[76]

f) Störfallbetrieb. Der Begriff des „angemessenen" Abstands im Sinne des Art. 12 I der **1557** Richtlinie 96/82/EG ist ein zwar unbestimmter, aber anhand störfallspezifischer Faktoren technisch-fachlich bestimmbarer Rechtsbegriff. Die behördliche Festlegung des angemessenen Abstands unterliegt der vollen gerichtlichen Überprüfung; ein Beurteilungs- oder Ermessensspielraum kommt der Genehmigungsbehörde insoweit nicht zu. Ist der angemessene Abstand schon bisher nicht eingehalten, greift der Wertungsspielraum, den der EuGH den Genehmigungsbehörden im Rahmen des Art. 12 I der Richtlinie 96/82/EG zuerkannt hat. Die Richtlinie gestattet es, den störfallspezifisch ermittelten angemessenen Abstand zu unterschreiten, wenn im Einzelfall hinreichend gewichtige nicht störfallspezifische Belange – insbesondere solche sozialer, ökologischer und wirtschaftlicher Art („sozioökonomische Faktoren") – für die Zulassung des Vorhabens streiten. Unionsrechtlich gefordert, aber auch ausreichend ist insoweit eine „nachvollziehende" Abwägung; sie ist sachgeleitete Wertung und unterliegt ebenfalls der vollen gerichtlichen Kontrolle. Das in § 34 I BauGB enthaltene Rücksichtnahmegebot bietet für die unionsrechtlich geforderte „nachvollziehende" Abwägung eine geeignete Anknüpfung. Bei richtlinienkonformer Handhabung ist das Kriterium der Vorbelastung im Störfallrecht unbrauchbar. Eine Vorhabenzulassung auf der Grundlage des § 34 I BauGB ist abzulehnen, wenn die zu berücksichtigenden nicht störfallspezifischen Faktoren den Rahmen der im Rücksichtnahmegebot abgebildeten gegenseitigen Interessenbeziehung überschreiten und das Vorhaben deshalb einen Koordinierungsbedarf auslöst, der nur im Wege einer förmlichen Planung bewältigt werden kann.[77]

---

[73] BVerwG, Urt. v. 26.5.1978 – 4 C 9.77 – BVerwGE 55.369.

[74] BVerwG, Urt. v. 25.1.1974 –4 C 72.72 – BVerwGE 44, 302 = DÖV 74, 392 = BauR 74, 187; Urt. v. 26.5.1978 – 4 C 9.77 – BVerwGE 55, 369; B. v. 4.6.1995 – 4 B 107.85 – ZfBR 1986, 47.

[75] BVerwG, Urt. v. 26.5.1978 – 4 C 9.77 – BVerwGE 55, 369.

[76] *BKL*, § 34 Rn. 23.

[77] BVerwG, Urt. v. 20.12.2012 – 4 C 11.11 – NVwZ 2013, 719 = DVBl 2013, 645, *Klepper* IBR 2013, 306, *Gatz*, jurisPR-BVerwG 8/2013 Anm. 4, *Uechtritz* NVwZ 2013, 724, *Schröer* NZBau 2013, 291; *Schröer/Kullick* NZBau 2012, 691 – Gartencenter in der Nachbarschaft eines Störfallbetriebs; dies. NZBau 2011, 667; *Hellriegel* EuZW 2011, 876; EuGH, Urt. v. 15.9.2011 – C-53/10 – EuZW 2011, 873 – Mücksch; *Hendler* DVBl 2012, 532; *Kraus* ZfBR 2012, 324; *König* UPR 2012, 286; *Lau*

3. Anwendung der BauNVO (§ 34 II BauGB)

1558   § 34 II BauGB regelt die Anwendung der BauNVO, wenn die Eigenart der näheren Umgebung einem der Baugebiete der BauNVO entspricht. Die Vorschrift ist aber nur anzuwenden, wenn sich die Eigenart der näheren Umgebung einer Gebietskategorie der BauNVO eindeutig zuordnen lässt. Kann die Umgebung keinem der Baugebiete der BauNVO zugeordnet werden, bestimmt sich die Zulässigkeit ausschließlich nach § 34 I BauGB. Die Anwendung der BauNVO gilt nur in Bezug auf die Art der Nutzung, das Maß beurteilt sich weiter nach § 34 I BauGB. Für die Art der Nutzung ist allein die BauNVO maßgeblich, das Erfordernis des Einfügens ist nicht zusätzlich zu prüfen.[78] Durch die Bezugnahme des § 34 II BauGB auf die BauNVO ist das in § 15 I BauNVO enthaltene Gebot der gegenseitigen Rücksichtnahme anzuwenden.[79]

1559   Die nach der BauNVO allgemein zulässigen Vorhaben sind nach § 34 II HS 1 BauGB zulässig. Für die ausnahmsweise zulässigen Vorhaben (jeweils die 3. Absätze der §§ 2 bis 4 a, 6 bis 9 BauNVO) ist § 31 I BauGB anzuwenden (§ 34 II HS 2 BauGB). Solche Vorhaben können daher auch bei § 34 II BauGB nur ausnahmsweise zugelassen werden. Entspricht die Umgebung einem der Baugebiete der BauNVO, wird der unbeplante Innenbereich dem beplanten Innenbereich gleichgestellt.

1560   Für Vorhaben, die nach der BauNVO weder allgemein noch ausnahmsweise zulässig sind, ist im übrigen § 31 II BauGB entsprechend anzuwenden (§ 34 II HS 2 BauGB). Demnach können Vorhaben durch Anwendung der Befreiung unter den in § 31 II BauGB genannten Voraussetzungen zugelassen werden. Dies ist auch geboten, da das Vorhaben an ein Baugebiet der BauNVO angebunden wird, und für die Zulässigkeit der Art nach § 34 I BauGB ausgeschlossen ist. Dadurch wird die im Einfügen des § 34 I BauGB enthaltene Befreiungsmöglichkeit[80] auf die Fälle des § 34 II BauGB übertragen. Diese Gleichstellung von unbeplanten und beplanten Innenbereichen entsprach schon der Rechtslage zu § 34 III BBauG.[81]

4. Keine schädlichen Auswirkungen auf zentrale Versorgungsbereiche

1561   Vorhaben im nicht beplanten Innenbereich sind nur zulässig, wenn von ihnen **keine schädlichen Auswirkungen** auf **zentrale Versorgungsbereiche** in der Gemeinde oder in anderen Gemeinden zu erwarten sind (34 III BauGB).[82] Durch diese durch das EAG

DVBl 2012, 678; *König/Darimont* UPR 2012, 286; *Schröer/Kümmel* NZBau 2011, 742; *Mitschang* UPR 2011, 281; *ders.* UPR 2011, 342; *Reidt* UPR 2011, 448; *Reidt* BauR 2012, 1182; *Reidt/Schiller* BauR 2012, 1722 mit Verweis auf die Feingliederungsmöglichkeiten nach § 1 IV bis IX BauNVO für Gewerbe-, Industrie- und Sondergebiete; *Kukk* ZfBR 2012, 219 – Seveso II, dort auch zu „Achtungsabständen" der 12. BImSchV (Störfallverordnung). Zum Abstandsgebot *Schmitt/Kreutz* NVwZ 2012, 483; *Nusser* StG 2012, 406.

[78] *Söfker* in EZBK, § 34 Rn. 51; so auch BVerwG, B. v. 12.2.1990 – 4 B 240.89 – BauR 1990, 326 = NVwZ 1990, 557 = ZfBR 90, 157, anders noch, Urt. v. 4.5.1979 – 4 C 23.76 – ZfBR 1979, 168 = NJW 1980, 605 = DÖV 1979, 676; Urt. v. 18.10.1985 – 4 C 19.82 – ZfBR 1986,44 = DVBl 1986, 187 = NJW 1986, 1703, das dem Einfügen aber schon weniger Bedeutung beimaß.

[79] BVerwG, Urt. v. 5.8.1983 – 4 C 96.79 – BVerwGE 67, 334 = BauR 1983, 543 = DÖV 1986, 571 = ZfBR 1983, 243; Urt. v. 7.2.1986 –4 C 49.82 – BauR 1986, 414 = ZfBR 1986, 148 = NJW 1986, 642.

[80] Auch bei § 34 I sind Vorhaben im Einzelfall zulässig, obwohl sie sich nicht in die Eigenart der näheren Umgebung einfügen. BVerwG, Urt. v. 26.5.1978 – 4 C 9.77 – BVerwGE 55, 369.

[81] BVerwG, Urt. v. 15.1.1982 – 4 C 58.79 – BauR 82, 242 = NVwZ 1982, 312.

[82] Zur Zulässigkeit von Einzelhandelsprojekten im nicht beplanten Innenbereich *Gatawis* NVwZ 2006, 272; *Hoppe* NVwZ 2005, 1141; *Kopf* LKRZ 2009, 11; *Janning* BauR 2005, 1723; *Johlen* BauR 2008, 459; *Rauber* VR 2005, 379; *Reidt* UPR 2005, 241; *Schmitz* ZfBR 2007, 532; *Schröer* ÖffBauR 2005, 132; *Uechtritz* NVwZ 2007, 770; *Wahlhäuser* BauR 2007, 1359. Zur Bestimmung des zentralen Versorgungsbereichs i. S. des § 34 III BauGB *Hubatsch* NJW-Spezial 2009, 268. Zu Nahversorgungs-

Bau 2004 bewirkte Ergänzung soll sichergestellt werden, dass Vorhaben im nicht beplanten Innenbereich planungsrechtlich nur zulässig sind, wenn die Einzelhandelsstrukturen in der Gemeinde aber auch im interkommunalen Bereich nicht beeinträchtigt werden. Die Vorschrift hat durchaus Wirkungen. Ist die Umgebung unterschiedlich strukturiert, ist ein Innenbereichsvorhaben planungsrechtlich zulässig, wenn es sich in die Umgebung einfügt und die übrigen Zulässigkeitsvoraussetzungen des § 34 I BauGB vorliegen. Bei einem weiten Umgebungsrahmen wären daher nach § 34 I BauGB auch Nutzungen zulässig, die schädliche Auswirkungen auf zentrale Versorgungsbereiche haben könnten.[83] Dasselbe gilt für Vorhaben, die auf eine einheitlich strukturierte Umgebung treffen und die daher im Hinblick auf die Art der baulichen Nutzung nach § 34 II BauGB nach den Maßstäben der BauNVO zu beurteilen sind. § 34 III BauGB beschneidet daher die planungsrechtliche Zulässigkeit von Vorhaben, die sich zwar in die nähere Umgebung einfügen, aber schädliche Auswirkungen auf zentrale Versorgungsbereiche haben.[84] Zentrale Versorgungsbereiche sind räumlich abgrenzbare Bereiche einer Gemeinde, denen auf Grund vorhandener Einzelhandelsnutzungen eine Versorgungsfunktion über den unmittelbaren Nahbereich hinaus zukommt. Sie können sich sowohl aus planerischen Festlegungen als auch aus den tatsächlichen Verhältnissen ergeben. Ein Vorhaben lässt schädliche Auswirkungen auf zentrale Versorgungsbereiche einer Standortgemeinde erwarten, wenn es deren Funktionsfähigkeit so nachhaltig stört, dass sie ihren Versorgungsauftrag generell oder hinsichtlich einzelner Branchen nicht mehr substantiell wahrnehmen können. Als Maßstab zur Feststellung schädlicher Auswirkungen darf der zu erwartende Kaufkraftabfluss herangezogen werden. Das Gericht hat zu überprüfen, ob die von der Genehmigungsbehörde verwandte Methode zu beanstanden ist. Die Relation zwischen der Größe der Verkaufsfläche des Vorhabens und der Größe der Verkaufsfläche derselben Branche im betroffenen zentralen Versorgungsbereich ist eines von mehreren tauglichen Hilfsmitteln zur Quantifizierung eines erwarteten Kaufkraftabflusses. Die Aussagekraft eines Verkaufsflächenvergleichs lässt bei zunehmender Entfernung zwischen dem Vorhaben und dem betroffenen Zentrum und bei weniger eindeutigen Relationen in Bezug auf die geplanten und die bereits vorhandenen Verkaufsflächen nach. In solchen Fällen wird daher regelmäßig der Rückgriff auf ein (ergänzendes) Marktgutachten zur Ermittlung von Kaufkraftabflüssen notwendig sein.[85]

Soweit ein Vorhaben schädliche Auswirkungen auf zentrale Versorgungsbereiche in **1562** der Gemeinde oder in anderen Gemeinden erwarten lässt, ist es bauplanungsrechtlich unzulässig. Zentrale Versorgungsbereiche können sich insbesondere aus entsprechenden Darstellungen und Festsetzungen in Bauleitplänen bzw. in Raumordnungsplänen ergeben, wenn sie an tatsächlich vorhandene Versorgungsstrukturen anknüpfen. Sie können sich aber auch aus sonstigen raumordnerischen oder städtebaulichen Konzeptionen (z. B. Zentrenkonzepten) ergeben, nicht zuletzt auch aus nachvollziehbar eindeutigen tatsäch-

---

zentren als zentrale Versorgungsbereiche *Kuschnerus* ZfBR 2009, 24. Zur Steuerung der Ansiedlung von Einzelhandelsbetrieben *Bienek* UPR 2009, 370. Zu informellen Planungen und interkommunalen Abstimmungen *Reidt* NVwZ 2007, 664. Zu großflächigen Einzelhandelsbetrieben im nicht beplanten Innenbereich *Rieger* UPR 2007, 366. Zur Steuerung des Einzelhandels durch Festsetzungen nach § 9 II a BauGB *Sparwasser* VBlBW 2007, 281. Zur kumulierenden Wirkung mehrerer geplanter Vorhaben als Zulassungshindernis *Wagner* BauR 2006, 38.

[83] Zur Abgrenzung der „bloßen Ansammlung von Einzelhandelsnutzungen" vom zentralen Versorgungsbereich nach § 34 III BauGB *Erhard* NVwZ 2009, 944.

[84] EAG Bau 2004 Mustererlass 2004.

[85] BVerwG, Urt. v. 11.10.2007 – 4 C 7.07 – BVerwGE 129, 307 = ZfBR 2008, 49 = DVBl 2008, 255 = BauR 2008, 315 = NVwZ 2008, 308 = UPR 2008, 67 – zentrale Versorgungsbereiche; zum Schutz der Innenstadt und eines peripheren Einzelhandelsstandorts B. v. 4.10.2007 – 4 BN 39.07 – ZfBR 2008, 72 = BauR 2008, 325 – Sortimentsbeschränkung. Zu Bebauungsplänen für die Erhaltung und Entwicklung „zentraler Versorgungsbereiche" *Bunzel* BauR 2009, 449; *Schlarmann/Hamann* NVwZ 2008, 384; *Stüer* ZfBR 2006, 747.

lichen Verhältnissen.[86] Inwieweit das neue Vorhaben „schädliche Auswirkungen" auf zentrale Versorgungsbereiche erwarten lässt, ist insbesondere unter dem Aspekt der verbrauchernahen Versorgung der Bevölkerung anhand der Maßstäbe des § 11 III BauNVO nachvollziehbar zu ermitteln und zu begründen. Dabei wird es darauf ankommen, ob sich die durch das neue Vorhaben zu erwartende Kaufkraftabschöpfung in den zentralen Versorgungsbereichen in einem vertretbaren Rahmen bewegt.

1563   Zur räumlichen Abgrenzung zentraler Versorgungsbereiche nach § 34 III BauGB ist auf die **tatsächlichen Verhältnisse** abzustellen.[87] Die Feststellung, dass schädliche Auswirkungen auf einen zentralen Versorgungsbereich zu erwarten sind, ist nach § 34 III BauGB nicht von einer dies bestätigenden Stellungnahme einer der Standortgemeinde übergeordneten Landesplanungsbehörde abhängig.[88] Ein innerstädtischer Bereich mit einem Lebensmitteldiscounter mit 440 qm Verkaufsfläche sowie sechs weiteren Einzelhandelsbetrieben mit einer Verkaufsfläche von insgesamt 180 qm sowie einigen Dienstleistungsangeboten kann in einer Großstadt regelmäßig keine zentrale Versorgungsfunktion über den unmittelbaren Nahbereich hinaus wahrnehmen und ist deshalb kein zentraler Versorgungsbereich im Sinne des § 34 III BauGB.[89] Die für einen zentralen Versorgungsbereich i. S. des § 34 III BauGB in ländlichen Gemeinden (Grund- und Nahversorgungszentrum) zumindest erforderliche Sicherstellung einer wohnortnahen Grundversorgung setzt ein Warenangebot voraus, das den kurzfristigen Bedarf und Teile des mittelfristigen Bedarfs abdeckt. Dabei muss das Warenangebot zur Deckung des kurzfristigen Bedarfs aber nur die wesentlichen Bedürfnisse des täglichen Bedarfs befriedigen, insbesondere die Grundversorgung mit Lebensmitteln und Drogerieartikeln. Ein Angebot von Waren aller Art ist dazu nicht erforderlich. Hat ein Lebensmittelgeschäft nur sehr eingeschränkte Öffnungszeiten (donnerstags bis samstags), ist sein Warenangebot nicht zur Deckung des kurzfristigen Bedarfs ausreichend.[90] Zur planerischen Steuerung kann die Gemeinde auch entsprechende Darstellungen im Flächennutzungsplan vornehmen (§ 5 II Nr. 2 d BauGB).

5. Innenbereichsgemengelagen

1564 Vom Erfordernis des Einfügens in die Eigenart der näheren Umgebung nach 34 I 1 BauGB kann im Einzelfall abgewichen werden, wenn die Abweichung (1) der Erweiterung, Änderung, Nutzungsänderung oder Erneuerung eines zulässigerweise errichteten Gewerbe- oder Handwerksbetriebs, einschließlich der Nutzungsänderung zu Wohnzwecken, oder der Erweiterung, Änderung oder Erneuerung einer zulässigerweise errichteten baulichen Anlage zu Wohnzwecken dient, (2) städtebaulich vertretbar ist und (3) auch unter Würdigung nachbarlicher Interessen mit den öffentlichen Belangen vereinbar ist (§ 34 III a BauGB). Die Vorschrift findet keine Anwendung auf Einzelhandelsbetriebe, die die verbrauchernahe Versorgung der Bevölkerung beeinträchtigen oder schädliche Auswirkungen auf zentrale Versorgungsbereiche in der Gemeinde oder in anderen Gemeinden haben können. Die durch das EAG Bau 2004 eingeführte Vorschrift greift den durch das BauROG 1998 gestrichenen **§ 34 III BauGB 1986** wieder auf und erweitert die planungs-

---

[86] Begründung des Regierungsentwurfs, BT-Drs. 15/2250, S. 54.

[87] BVerwG, B. v. 12.7.2012 – 4 B 13.12 – ZfBR 2012, 671 = BauR 2012, 1760 = UPR 2012, 443-444 = NVwZ 2012, 1565, *Gatz*, jurisPR-BVerwG 18/2012 Anm. 1 – zentraler Versorgungsbereich im nicht beplanten Innenbereich.

[88] BVerwG, B. v. 12.1.2012 – 4 B 39.11 – ZfBR 2012, 254 = BauR 2012, 760 – großflächige Einzelhandelsbetriebe.

[89] OVG Münster, Urt. v. 15.2.2012 – 10 A 1770/09 – BauR 2012, 1083 = DVBl 2012, 640 (L) = NVwZ-RR 2012, 460 (L), *Tünnesen-Harmes* NVwZ 2012, 1298, *Dziallas* NZBau 2012, 636.

[90] VGH Mannheim, Urt. v. 20.4.2012 – 8 S 198/11 – ESVGH 63, 62 (L) = ZfBR 2012, 481 = NVwZ-RR 2012, 588; a. A. wohl OVG Münster, Urt. v. 11.12.2006 – 7 A 964/05 – NVwZ 2007, 727.

rechtliche Zulässigkeit von bestimmten Vorhaben im nichtbeplanten Innenbereich, wenn bereits ein Gewerbe- oder Handwerksbetrieb vorhanden war.[91] Die BauGB-Novelle 2007 hat auch die Erweiterung, Änderung oder Erneuerung einer zulässigerweise errichteten baulichen Anlage zu Wohnzwecken einbezogen. Die **Streichung** des **§ 34 III BauGB 1986** durch das **BauROG 1998** wurde damit begründet, dass die Befreiungsmöglichkeiten des § 31 II BauGB im Vergleich zu der vormals geltenden Rechtslage weiter gefasst worden sind. Zudem seien die nach § 34 III BauGB 1986 erreichbaren Effekte auch durch die Aufstellung eines vorhabenbezogenen Bebauungsplans nach § 12 BauGB und einen entsprechenden Durchführungsvertrag zu erzielen. Es sei auch sachgerecht, einer grundlegenden planerischen Lösung der städtebaulichen Konflikte den Vorzug gegenüber lediglich kurzfristig greifenden, systemfremden Befreiungsmöglichkeiten zu geben.[92]

Nach dem durch die Städtebaunovelle 2014 II (Flüchtlingsunterbringung) in das **1565** BauGB eingefügten § 246 VIII BauGB gilt – bis Ende 2019 – § 34 IIIa Satz 1 BauGB für die Nutzungsänderung zulässigerweise errichteter Geschäfts-, Büro- oder Verwaltungsgebäude in Anlagen, die der Unterbringung von Flüchtlingen oder Asylbegehrenden dienen, und für deren Erweiterung, Änderung oder Erneuerung entsprechend. Die Vorschrift dehnt den Gedanken der „Befreiung" bei Vorhaben, die der Unterbringung von Flüchtlingen oder Asylbegehrende dienen, im Rahmen der städtebaulichen Vertretbarkeit auf Innenbereichsvorhaben nach § 34 BauGB aus. So gesehen ist die parallel zu der Änderung des § 31 BauGB vorgenommene Erweiterung des Anwendungsbereichs im nicht beplanten Innenbereich konsequent. Die Regelung ist in § 34 IIIa BauGB integriert, die bereits traditionell Abweichungen von den vorgefundenen städtebaulichen Strukturen zulässt, wenn sie städtebaulich vertretbar, also planbar sind[93]. Hier wird die planungsrechtliche Zulässigkeit von Vorhaben, die der Unterbringung von Flüchtlingen oder Asylbegehrende dienen, im nicht beplanten Innenbereich auch ohne vorherige Bauleitplanung erweitert. Grenze ist allerdings die städtebauliche Vertretbarkeit, also die grundsätzliche Planbarkeit von gegenläufigen Nutzungsinteressen unter Wahrung des Gebotes der nachbarlichen Rücksichtnahme. Hält die beabsichtigte Unterbringung von Flüchtlingen oder Asylbegehrendenstädtebauliche Grundsätze nicht ein, ist sie also sozusagen nicht planbar, weil auftretende Interessengegensätze zu groß sind, etwa weil keine gesunden Wohn- und Arbeitsverhältnisse gewährleistet werden können oder das Gebot der nachbarlichen Rücksichtnahme nicht eingehalten[94] werden kann, ist das Vorhaben im nicht beplanten Innenbereich nicht zulässig. Die Regelung ist allerdings bis Ende 2019 befristet.

§ 34 IIIa BauGB bezieht seinen Anwendungsbereich auf zulässigerweise errichtete **1566** Gewerbe- oder Handwerksbetriebe und wie bereits in der Vorgängerregelung auf städtebaulich vertretbare Vorhaben, die auch weiterhin unter Würdigung nachbarlicher Interessen mit den öffentlichen Belangen vereinbar sind. Wegen der hohen Hürden und damit einer nur geringen praktischen Bedeutung ist der Zulassungstatbestand des Erfordernisses durch Gründe des Wohls der Allgemeinheit nicht übernommen worden. § 34 III a BauGB bezieht sich auf Vorhaben, die sich nicht in die Eigenart der näheren Umgebung einfügen, etwa weil der Umgebungsrahmen überschritten wird und bodenrechtliche Spannungen begründet oder erhöht werden. Derartige Vorhaben, die typischerweise Teil einer **Gemengelage** sind, konnten nach Streichung des § 34 III BauGB 1986 nur durch einen Bebauungsplan zugelassen werden, der auf der Grundlage einer entsprechenden Abwägung der unterschiedlichen Nutzungsinteressen aufgestellt worden war. § 34 III a BauGB greift die frühere gesetzliche Regelung wieder auf und bezieht sie auf zulässigerweise er-

---

[91] HdBöffBauR Kap. A Rn. 531; *Dyong* FS Weyreuther 1993, 341.

[92] *Bundesregierung*, Gesetzentwurf zum BauROG, S. 57.

[93] BVerwG, Urt. v. 15.2.1990 – 4 C 23.86 – BVerwGE 84, 322 = DVBl 1990, 572 – Unikat zum damaligen § 34 III BauGB 1986.

[94] Grundlegend BVerwG, Urt. v. 25.2.1977 – IV C 22.75 – BVerwGE 52, 122 = DVBl 1977, 722; Urt. v. 26.5.1978 – IV C 9.77 – BVerwG 55, 369 = DVBl 1978, 815.

richtete **Gewerbe- und Handwerksbetriebe**, einschließlich der Nutzungsänderung zu Wohnzwecken. Die Zulassung eines Vorhabens nach § 34 III a BauGB setzt somit einen bereits **bestehenden Betrieb** voraus.[95] Die Erweiterung, Änderung, Nutzungsänderung oder Erneuerung muss einem solchen Betrieb oder einer zulässigerweise errichteten Wohnzwecken dienenden baulichen Anlage dienen. Durch das Merkmal des „Dienens" wird zugleich ein gewisser Rahmen der Erweiterung abgesteckt. Es darf sich nur um Vorhaben handeln, die an den vorhandenen Betrieb anknüpfen und in ihm sozusagen bereits angelegt sind.

1567   Nach § 34 III a BauGB können nach § 34 I und II BauGB unzulässige Erweiterungen von zulässigerweise errichteten baulichen und sonstigen Anlagen im Einzelfall zugelassen werden, wenn das Vorhaben **städtebaulich vertretbar** ist, die Abweichung auch unter Würdigung nachbarlicher Interessen mit den öffentlichen Belangen vereinbar und die Erschließung gesichert ist. Die Vorschrift dient damit der Standortsicherung von Gewerbe- oder Handwerksbetrieben sowie Wohngebäuden in **Gemengelagen**. Städtebaulich vertretbar ist die Weiterentwicklung dann, wenn sie mit den in § 1 VI BauGB beispielhaft erwähnten Belangen und dem Abwägungsgebot in § 1 VII BauGB vereinbar ist und damit **planbar** wäre.[96] Eine solche Vereinbarkeit kann gegeben sein, wenn die mit der Erweiterung des Betriebes verbundenen Spannungen zugleich gemindert oder wenigstens ausgeglichen werden. Das Tatbestandsmerkmal der städtebaulichen Vertretbarkeit ermöglicht, Vor- und Nachteile des Vorhabens in einer – dem Baugenehmigungsverfahren sonst fremden[97] – kompensatorischen Weise gegeneinander abzuwägen (**kompensatorische Abwägung**). Damit wird ein planerisches Element in die Entscheidung über ein einzelnes Vorhaben einbezogen. Die Zulässigkeit eines Vorhabens nach § 34 III a BauGB setzt somit voraus, dass die Planungsleitsätze des § 1 VI BauGB und das Abwägungsgebot des § 1 VII BauGB beachtet werden. Was nicht in einem Bebauungsplan geplant werden kann, also **nicht planbar** ist, ist auch **nicht städtebaulich vertretbar**. Ob darüber hinaus in dem Begriff der städtebaulichen Vertretbarkeit ein **Verschlechterungsverbot** oder gar ein **Verbesserungsgebot** enthalten ist, lässt sich dagegen – so das BVerwG zu dem insoweit gleich lautenden § 34 III 1986 – nicht allgemein beantworten. Im Regelfall kommt es wohl darauf an, ob die bestehenden und die durch die Betriebserweiterung möglicherweise verstärkten bodenrechtlichen Spannungen durch städtebauliche Maßnahmen – bei Einhaltung der oben genannten absoluten Grenze – gemindert oder wenigstens ausgeglichen werden kann.[98]

1568   § 34 III a 2 BauGB nimmt von diesen Zulassungsmöglichkeiten Einzelhandelsbetriebe aus, welche die verbrauchernahe Versorgung der Bevölkerung beeinträchtigen oder schädliche Auswirkungen auf zentrale Versorgungsbereiche in der Gemeinde oder in anderen Gemeinden haben. Damit sind Erweiterungen von Einzelhandelsnutzungen unzulässig, wenn sie sich mit den städtebaulichen oder infrastrukturellen Belangen des § 11 III BauNVO nicht vereinbaren lassen. Was nach dieser Vorschrift in ein Sondergebiet oder Kerngebiet verwiesen ist, das bedarf weiterhin einer entsprechenden Bauleitplanung und kann nicht in städtebaulichen Gemengelagen über § 34 III a BauGB zugelassen werden. Der nach § 34 I und II BauGB gegebene Rahmen für die Zulässigkeit derartiger Vorhaben wird daher auf das Merkmal des „Sich Einfügens" begrenzt und nicht durch § 34 III a BauGB erweitert. In welchem Umfang eine Erweiterung, Änderung, Nutzungsänderung oder Erneuerung von Einzelhandelsnutzungen im nicht beplanten Innenbereich zulässig ist, bestimmt sich damit ausschließlich nach dem Einfügensgebot des § 34 I BauGB und – bei der Art der Nutzung einheitlichen Umgebung – nach § 34 II BauGB und damit

[95] BVerwG, B. v. 7.5.1991 – 4 B 52.91 – BauR 1991, 572 = UPR 1991, 312 = RzB Rn. 389 – Betriebserweiterung Innenbereich.

[96] Zum Abwägungsgebot s. Rdn 832.

[97] BVerwG, Urt. v. 26.5.1978 – IV C 9.77 – BVerwGE 55, 369 = NJW 1978, 2564 = DVBl 1978, 815 = RzB Rn. 336 – Harmonieurteil.

[98] BVerwG, Urt. v. 15.2.1990 – 4 C 23.90 – BVerwGE 84, 322 = RzB Rn. 388 – Unikat.

nach den Artmaßstäben der BauNVO. § 34 III a BauGB stellte die Erteilung der Baugenehmigung unter den Vorbehalt einer Einzelfallprüfung und räumt der Baugenehmigungsbehörde bei der Entscheidung ein Ermessen ein. Grundsätzlich besteht deshalb auch dann, wenn die tatbestandlichen Voraussetzungen dieser Vorschrift gegeben sind, nur ein Anspruch auf ermessensfehlerfreie Bescheidung. Der Ermessensspielraum ist aber umso kleiner, je mehr die städtebauliche Situation durch die beantragten baulichen Maßnahmen verbessert werden kann. Der Ermessensspielraum kann darüber hinaus sogar gegen Null tendieren, wenn das Vorhaben nach den Grundsätzen über den auf Art. 14 I 1 GG zurückgehenden **Bestandsschutz**[99] an sich genehmigungsfähig ist.

VIII. Innenbereichssatzungen nach § 34 IV BauGB

Die Abgrenzung von Innen- und Außenbereich führt in der Praxis oft zu Schwierigkeiten, ist aber von erheblicher Bedeutung. Die Zuordnung zum Innenbereich begründet grundsätzlich die Bebaubarkeit eines Grundstücks, während der Außenbereich von der Bebauung grundsätzlich freizuhalten ist. Um es der Gemeinde zu erleichtern, den Innenbereich vom Außenbereich abzugrenzen, gibt es in § 34 IV BauGB die Möglichkeit für die Gemeinde i. S. einer Klarstellung den Innenbereich vom Außenbereich abzugrenzen (Satz 1 Nr. 1). Auch kann sie bebaute Bereiche im Außenbereich als im Zusammenhang bebaute Ortsteile festlegen (sog. Entwicklungssatzung Satz 1 Nr. 2) und einzelne Außenbereichsflächen in die im Zusammenhang bebauten Ortsteile einbeziehen (sog. Einbeziehungs- oder Ergänzungssatzung Satz 1 Nr. 3).   **1569**

Das Gesetz stellt drei verschiedene → **Innenbereichssatzungen** bereit, die in § 34 IV BauGB geregelt sind: Die Klarstellungs-, Entwicklungs- und Ergänzungssatzung[100] (→ *Abbildungen 109, 110 und 111*). Die Ergänzungssatzung ist durch das BauROG 1998 aus der vormaligen Abrundungssatzung des § 34 IV 1 Nr. 3 BauGB a. F. und der erweiterten Abrundungssatzung des § 4 II a BauGB-MaßnG gebildet worden. Die letztgenannten Regelungen sind zum 1.1.1998 außer Kraft getreten.   **1570**

| Innenbereichssatzungen § 34 IV BauGB | → | • Klarstellungssatzung § 34 IV 1 Nr. 1 BauGB
• Erweiterungssatzung § 34 IV 1 Nr. 2 BauGB
• Ergänzungssatzung § 34 IV 1 Nr. 3 BauGB |

> → **Innenbereichssatzungen.** § 34 IV BauGB stellt den planenden Gemeinden drei verschiedene Innenbereichssatzungen bereit. Die **Klarstellungssatzung** nach § 34 IV 1 Nr. 1 BauGB kann lediglich deklaratorisch die Grenzen für im Zusammenhang bebaute Ortsteile festlegen. Die Klarstellungssatzung hat keine konstitutive Wirkung. Die **Entwicklungssatzung** nach § 34 III 1 Nr. 2 BauGB kann bebaute Bereiche im Außenbereich als im Zusammenhang bebaute Ortsteile festlegen. Die Flächen müssen jedoch im Flächennutzungsplan der Gemeinde als Bauflächen dargestellt sein. Mit der **Ergänzungssatzung** nach § 34 IV 1 Nr. 3 BauGB können einzelne Außenbereichsflächen in die im Zusammenhang bebauten Ortsteile einbezogen werden, wenn die einbezogenen Flächen durch die bauliche Nutzung des angrenzenden Bereichs entsprechend geprägt sind. Die satzungsrechtlichen Möglichkeiten beziehen sich nur auf einzelne durch Bebauung geprägte Flächen. Die Innenbereichssatzungen dürfen sich nicht auf Vorhaben beziehen, die umweltprüfungspflichtig oder vorprüfungspflichtig nach der Anlage 1 zum UVPG „Liste der UVP-pflichtigen Vorhaben" sind oder Habitat- und Vogelschutzgebiete beeinträchtigen können (§ 34 V BauGB). Die Innenbereichssatzungen sind von einer Genehmigung durch die höhere Verwaltungsbehörde freigestellt.

---

[99] BVerwG, Urt. v. 17.1.1986 – 4 C 80.82 – BVerwGE 72, 362 = DVBl 1986, 677 = BauR 1986, 302 = RzB Rn. 1077 – Statik.

[100] Die erweiterte Abrundungssatzung nach § 4 II a BauGB–MaßnG und die Vergnügungsstättensatzung als einfacher Bebauungsplan im nicht beplanten Innenbereich sind durch das BauROG 1998 aufgehoben worden; *Gerhards* BauR 1990, 667.

1. Klarstellungssatzung (§ 34 IV 1 Nr. 1 BauGB)

1571 Mit der Klarstellungssatzung[101] kann die Gemeinde die Grenzen für die im Zusammenhang bebauten Ortsteile oder Teile davon festlegen. Diese Satzung hat nur deklaratorische Bedeutung, das heißt für jedes Grundstück muss die Innenbereichsqualität bestehen. Die Gemeinde hat kein planerisches Ermessen, über die Abgrenzung der Satzung bestimmte Grundstücke dem Innenbereich zuzuordnen oder Innenbereichsgrundstücke von der Anwendung des § 34 BauGB auszuschließen. In der Satzung wird lediglich die Rechtsfrage behandelt, ob ein Grundstück zum Innenbereich gehört oder nicht. Das Rechtsschutzinteresse für einen Normenkontrollantrag gegen eine Klarstellungssatzung fehlt daher, wenn die Unwirksamkeitserklärung für den Antragsteller keine rechtlichen oder tatsächlichen Vorteile bringen kann.[102]

2. Entwicklungssatzung (§ 34 IV 1 Nr. 2 BauGB)

1572 Die Gemeinde kann mit Hilfe der Satzung in § 34 IV 1 Nr. 2 BauGB Außenbereichsflächen dem Ortsteil i.S. des § 34 I BauGB zuordnen. In diesem Außenbereich müssen Siedlungsansätze vorhanden sein, die geeignet sind, die Eigenart der näheren Umgebung i.S. des § 34 I BauGB in hinreichender Weise zu prägen.[103] Stimmt das Gebiet mit einem der Baugebiete der BauNVO überein, ist § 34 II BauGB anzuwenden. Die Flächen müssen im Flächennutzungsplan als Bauflächen dargestellt sein, etwa als Wohnbauflächen oder gemischte Bauflächen.[104] Ist die Satzung nach § 34 IV 1 Nr. 2 BauGB in Kraft getreten, gehören die Grundstücke zum im Zusammenhang bebauten Ortsteil. Die Zulässigkeit der Vorhaben richtet sich dann nach § 34 BauGB.

3. Einbeziehungs- oder Ergänzungssatzung (§ 34 IV 1 Nr. 3 BauGB)

1573 Die Satzung nach § 34 IV 1 Nr. 3 BauGB ermöglicht die Einbeziehung einzelner Außenbereichsflächen in die im Zusammenhang bebauten Ortsteile, wenn die einbezogene Fläche durch die bauliche Nutzung des angrenzenden Bereichs entsprechend geprägt wird. Die durch das BauROG 1998 eingeführte Satzung geht über die bisher geltende „Abrundungssatzung" hinaus. Sie führt die bis zum 31.12.1997 gültige Möglichkeit aus § 4 II a BauGB-MaßnG fort, die es ermöglichte, Flächen des Außenbereichs in den im Zusammenhang bebauten Ortsteil einzubeziehen, wenn eine entsprechende Prägung dieser Flächen durch den angrenzenden Innenbereich gegeben war. Allerdings war bei § 4 II a BauGB-MaßnG Voraussetzung, dass die einzubeziehenden Vorhaben ausschließlich Wohnzwecken dienten. Diese Einengung wurde bei der Neufassung weggelassen. Wie schon bei § 4 II a BauGB-MaßnG sind Gegenstand der Satzung in § 34 IV 1 Nr. 3 BauGB einzelne Außenbereichsflächen im Gegensatz zur Abrundungssatzung. Die Gemeinde darf Außenbereichsflächen nur dann im Wege der Ergänzungssatzung nach § 34 IV 1 Nr. 3 BauGB in den Innenbereich einbeziehen, wenn die abgrenzende Bebauung zu einem Ortsteil gehört.[105]

---

[101] VGH München, Urt. v. 30.10.2008 – 15 N 8.1124 – Klarstellungssatzung.

[102] OVG Saarlouis, Urt. v. 3.6.2008 – 2 C 438/07 – Klarstellungssatzung § 34 IV 1 Nr 1 BauGB, m. Hinw. auf OVG Berlin-Brandenburg, B. v. 3.3.2006 – 2 S 106.05 –; OVG Bautzen, Urt. v. 23.10.2000 – 1 D 33/00 – NVwZ-RR 2001, 426–428; VGH Mannheim, Urt. v. 7.5.1993 – 8 S 2096/02 – BRS 55 Nr 75; BVerwG, Urt. v. 18.5.1990 – 4 C 37./87 – BRS 50 Nr 81; entgegen VGH München, Urt. v. 28.5.1993 – 1 N 92.537 – BauR 1993, 573.

[103] BVerwG, Urt. v. 1.12.1972 – 4 C 6.71 – BVerwGE 41, 227 = BauR 1973, 99 = DVBl 1973, 641; Urt. v. 26.5.1978 –4 C 9.77 – BVerwGE 56, 71 = NJW 1979, 939 = BauR 1978, 387; *Söfker* in EZBK, § 34 Rn. 103.

[104] Vgl. dazu § 1 I BauNVO, nicht erforderlich ist dagegen die Darstellung von Baugebieten i.S. des § 1 II BauNVO.

[105] OVG Lüneburg, Urt. v. 27.3.2008 – 1 KN 235/05 – Ergänzungssatzung neben landwirtschaftlichem Betrieb.

Durch die Änderung seit dem BauROG 1998 fällt auch die Einengung durch das Ab- **1574** rundungserfordernisses weg. Eine Abrundung bedeutete, dass durch sie die Grenzlinien zwischen Innen- und Außenbereich begradigt oder in sonstiger Weise vereinfacht wurden.[106] Die Grenze des Abrundens war gegeben, wenn es an einer Prägung der Außenbereichsflächen durch vorhandene Bebauung fehlte.[107] In der Fassung des BauROG 1998 wird nicht mehr auf das Abrunden abgestellt, sondern allein darauf, ob die Außenbereichsflächen durch die bauliche Nutzung des angrenzenden Bereichs geprägt sind. Aus dem angrenzenden Innenbereich können die Zulässigkeitskriterien für die einzubeziehenden Außenbereichsflächen entnommen werden. Die Reichweite der Prägung des angrenzenden Bereichs muss ähnlich wie bei § 34 I BauGB bestimmt werden. Im Gegensatz zu § 4 II a BauGB-MaßnG muss sich die Prägung nicht mehr auf eine bestimmte Art von Nutzung beziehen (vorher: „überwiegende Wohnnutzung").

Die Satzung in § 34 IV 1 Nr. 3 BauGB findet ihre Grenze in den „einzelnen" Außenbe- **1575** reichsflächen. Die Einbeziehung umfangreicherer Flächen ist nicht möglich. Für solche Fälle muss weiter eine förmliche Bauleitplanung erfolgen. Ob die Satzung in der alten Fassung als selbstständige Abrundungssatzung angewandt werden konnte, das heißt ohne dass ein Bedürfnis für eine Klarstellung (Nr. 1) oder Entwicklung (Nr. 2) vorlag, war umstritten. Der Gesetzestext und teilweise die Rechtsprechung[108] sprachen gegen die isolierte Anwendung der Abrundungssatzung. Es wurde aber auch die Auffassung vertreten, dass die Gemeinde eine Abrundungssatzung isoliert, das heißt ohne Vorliegen der Nrn. 1 oder 2, erlassen konnte.[109] Die Neufassung der Nr. 3 hat auf das Erfordernis verzichtet, sie als Teilregelung der Nrn. 1 und 2 darzustellen. Eine selbstständige Satzung nach § 34 IV 1 Nr. 3 BauGB ist demnach möglich.

Die Ergänzungssatzung ist an die Stelle der vormals in § 34 IV 1 Nr. 3 BauGB geregelte **1576** Abrundungssatzung und die vormals in § 4 II a BauGB-MaßnG geregelte erweiterte Abrundungssatzung zu Gunsten einer Wohnnutzung getreten. Die Abrundung nach § 34 IV 1 Nr. 3 BauGB a. F. wurde nach Auffassung des BVerwG regelmäßig auf geringfügige Korrekturen beschränkt.[110] Die Abrundung betraf nur solche Fälle, in denen eine räumliche Grenzziehung vereinfacht und damit die Länge der Grenzziehung in der Regel verkürzt oder die Grenze in anderer Weise begradigt wird. Die räumliche Reichweite einer derartigen Satzung war deshalb von vornherein begrenzt und von tatsächlichen Verhältnissen abhängig. Die Gemeinde konnte eine Abrundungssatzung nach § 34 IV 1 Nr. 2 BauGB nicht zum Anlass nehmen, Außenbereichsflächen, die das Merkmal der Abrundung sprengen, gewissermaßen zu erleichterten Bedingungen dem Innenbereich zuzuschlagen. Ein durch eine Abrundungssatzung geschaffener treppenartiger Grenzverlauf, der nicht durch topografische oder sonstige Besonderheiten gerechtfertigt war, stellte regelmäßig keine Abrundung i. S. von § 34 IV 1 Nr. 3 BauGB a. F. dar.[111] Mit der Abrundungssatzung nach § 34 IV 1 Nr. 3 a. F. BauGB konnten auch zugleich Festsetzungen i. S. des § 9 BauGB getroffen werden.[112]

---

[106] BVerwG, Urt. v. 18.5.1990 – 4 C 37.87 – DVBl 1990, 1112 = NVwZ 1991, 61 = DÖV 1990, 933 = NuR 1991, 14 = UPR 1990, 342 = ZfBR 1990, 245.

[107] BVerwG, Urt. v. 18.5.1990 – 4 C 37.87 – DVBl 1990, 1112.

[108] VGH München, Urt. v. 21.11.1980 – NR. 2 N – 675.79 – BayVBl. 1981, 340; VGH Kassel, Urt. v. 15.11.1985 – III N 23.82 – BauR 1986, 182; so auch: *Söfker* in: EZBK, § 34 Rn. 110; *Schlichter* in: Berliner Kommentar § 34 Rn. 65.

[109] *Dürr* in *Brügelmann* § 34 Rn. 72; *Gelzer/Bracher/Reidt*, BauplanungsR Rn. 1113.

[110] BVerwG, Urt. v. 18.5.1990 – 4 C 37.87 – DVBl 1990, 1112 = BauR 1990, 451 = UPR 1990, 388 = NVwZ 1991, 61 = RzB Rn. 393 – Abrundungssatzung; B. v. 16.3.1994 – 4 NB 34.93 – UPR 1994, 394 = RzB Rn. 394 – Abrundungssatzung.

[111] BVerwG, B. v. 16.3.1994 – 4 NB 34.93 – UPR 1994, 394 = RzB Rn. 394 – Abrundungssatzung.

[112] BVerwG, B. v. 2.8.1993 – 4 NB 25.93 = RzB Rn. 1318.

Ergänzungssatzung (§ 34 IV Nr. 3 BauGB)

Satzung über die Festlegung der Grenzen und sonstigen Festsetzungen für den im Zusammenhang bebauten Ortsteil (Name) in der Gemeinde (Name).
Auf Grund des § 34 IV Nr. 3 BauGB und der GO hat der Rat der Gemeinde (Name) folgende Satzung beschlossen:

§ 1

Das im Flächennutzungsplan der Gemeinde zur inneren Auffüllung und Ordnung der Bausubstanz bestimmte Gebiet (Name) wird in seinen Grenzen zuzüglich einiger Außenbereichsflächen durch diese Satzung als im Zusammenhang bebauter Ortsteil festgelegt. Der Geltungsbereich dieser Satzung ergibt sich aus dem Lageplan, der Bestandteil dieser Satzung ist.

§ 2

Nach § 9 I BauGB werden für den Geltungsbereich der Satzung folgende Festsetzungen getroffen: Das Satzungsgebiet ist als Allgemeines Wohngebiet (WA) gem. § 4 BauNVO festgesetzt. Zulässig sind Nutzungen nach § 4 BauNVO i. V. mit § 17 I BauNVO. Wohngebäude sind als Einzel- oder Doppelhäuser in offener Bauweise zu errichten. Die überbaubaren Grundstücksflächen sind in dem Lageplan durch Baugrenzen festgesetzt. Auf den überbaubaren Flächen sind Gebäude mit maximal zwei Vollgeschossen zulässig. Die Firsthöhe der Gebäude darf maximal 10,50 m über Oberkante Fertigfußboden des Erdgeschosses betragen.
   Nebenanlagen i.S. des § 14 BauNVO und Garagen sowie gedeckte Stellplätze gem. § 12 BauNVO sind auf den nicht überbaubaren Grundstücksflächen unzulässig.

Textbeispiel 120: *Ergänzungssatzung*

1577   Nach § 34 V 4 BauGB sind auf eine Ergänzungssatzung (§ 34 IV 1 Nr. 3 BauGB) die Vorschriften über die Behandlung umweltschützender Belange in der Abwägung (§ 1 a II und III BauGB), die Ermächtigung des § 9 I a BauGB sowie die Vorschrift über die Begründung des Bebauungsplans (§ 2 a II BauGB) entsprechend anzuwenden. Das völlige Fehlen einer Begründung führt daher zur Gesamtunwirksamkeit der Satzung (§ 214 I 1 Nr. 3 1 BauGB).[113] In der Erweiterungs- und Ergänzungssatzung können **einzelne Festsetzungen** nach § 9 I und III 1 sowie IV BauGB getroffen werden (§ 34 V 2 BauGB). Die ergänzenden Festsetzungen müssen sich jedoch nach Auffassung des BVerwG auf Einzelregelungen beschränken. Sie dürfen nicht in die Nähe eines qualifizierten Bebauungsplans geraten (→ *Textbeispiel 120*). Wird daher die Art und das Maß der baulichen Nutzung festgesetzt und dies mit weiteren Gestaltungsfestsetzungen verbunden, so ist dies nicht mehr mit einer Erweiterungs- oder Ergänzungssatzung, sondern nur mit einem Bebauungsplan nach § 30 BauGB möglich.[114]

4. Weitere Voraussetzungen der Innenbereichssatzungen

1578   Die Baurecht begründenden Innenbereichssatzungen (§ 34 IV 1 Nr. 2 und 3 BauGB) müssen mit einer geordneten städtebaulichen Entwicklung vereinbar sein. Die Zulässigkeit von Vorhaben, die einer UVP oder Vorprüfung mit nachteiligen Auswirkungen unterliegen (Anlage 1 zum UVPG „Liste der UVP-pflichtigen Vorhaben"), darf nicht begründet werden. Anhaltspunkte für eine Beeinträchtigung von Belangen in Vogelschutz- oder Habitatgebieten von gemeinschaftlicher Bedeutung dürfen nicht vorhanden sein (§ 34 V BauGB). Die Innenbereichssatzungen nach § 34 IV BauGB können **miteinander verbunden** werden und müssen die landesrechtlichen Erfordernisse an die Aufstellung der Satzungen erfüllen. Die Innenbereichssatzungen sind von einer Genehmigung freigestellt. Die Länder können allerdings nach § 246 I a BauGB für die Satzungen das Anzeigeverfahren einführen. Auch können mit der Satzung **landesrechtliche Festsetzungen** verbunden werden (§ 9 VI BauGB). Der Beschluss über die Innenbereichssatzung ist ortsüblich bekannt zu machen (§§ 34 VI 2, 10 III BauGB). Auch unterliegen die Innenbereichssatzungen **nicht** den Bestimmungen über die **Umweltprüfung**, wobei jedoch ihr

---

[113] VGH München, Urt. v. 29.10.2008 – 1 N 7.3048 – Innenbereichssatzung (Entwicklungs- und Ergänzungssatzung).
[114] BVerwG, B. v. 13.3.2003 – 4 BN 20.03 – Versmold.

Anwendungsbereich demgemäß entsprechend der Ausnahmeregelung der Plan-UP-Richtlinie so eingegrenzt wird, dass durch die Satzungen nicht die Zulässigkeit UVP-pflichtiger Vorhaben begründet und keine Schutzgüter i. S. der FFH-Richtlinie beeinträchtigt werden dürfen (§ 34 BauGB). Die Innenbereichssatzungen sind damit auch unter Geltung des neuen EG-Rechts von der Umweltprüfung freigestellt, wenn sie keine UP-pflichtigen und vorprüfungspflichtigen Projekte mit erheblichen nachteiligen Umweltauswirkungen der Anlage 1 zum UVPG betreffen. Das ist europarechtlich zulässig, zumal Art. 3 III Plan-UP-Richtlinie ausdrücklich die Umweltprüfung für die Nutzung kleiner Gebiete auf lokaler Ebene in die Entscheidungskompetenz der Mitgliedstaaten stellt.

Für die Satzungen ist eine **Öffentlichkeits- und Behördenbeteiligung** nach den 1579 §§ 13 II Nr. 2 und 3 BauGB oder wahlweise eine Beteiligung nach den §§ 3, 4, 4 a BauGB durchzuführen (§ 34 VI 1 BauGB). Die Beteiligung kann daher auf die betroffene Öffentlichkeit beschränkt werden. Die Gemeinde kann danach wählen, welches Verfahren sie durchführt. Dieses Wahlrecht besteht bei jedem Verfahrensschritt. Die Entscheidung wird bei der Öffentlichkeitsbeteiligung vor allem davon abhängen, inwieweit die möglichen Betroffenen bekannt sind und dadurch eine Beschleunigung oder Erleichterung erzielt werden kann. Denn es müssen in dem vereinfachten Verfahren nach § 13 BauGB nicht nur die betroffenen Eigentümer, sondern auch sonstige betroffene Öffentlichkeit beteiligt werden. Dazu können etwa auch Mieter oder sonstige lediglich schuldrechtlich Berechtigte im Plangebiet oder in angrenzenden Bereichen gehören. Der Widerspruch der Beteiligten hat allerdings im Gegensatz zur früheren Rechtslage bis zum Inkrafttreten des BauROG 1998 keine besondere verfahrensrechtliche Bedeutung mehr. Insbesondere wird durch den Widerspruch von Trägern öffentlicher Belange oder von beteiligten Bürgern im Gegensatz zur früheren Rechtslage keine Genehmigungsnotwendigkeit ausgelöst.

Für die **Klarstellungssatzung** richtet sich das Erfordernis der Beteiligung nach Lan- 1580 desrecht. Es dürfte sich aber empfehlen, auch für die Klarstellungssatzung eine Öffentlichkeits- und Behördenbeteiligung nach diesen Maßstäben durchzuführen. Hierdurch könnten etwa bestehende unterschiedliche Auffassungen über die Anwendungsvoraussetzungen und die Reichweite einer Klarstellungssatzung bereits in das Aufstellungsverfahren einbezogen werden.

Für die **Ergänzungssatzung** bedarf es zusätzlich einer Befassung mit der Boden- 1581 schutzklausel den naturschutzrechtlichen Kompensationsregelungen in § 1 a II und III BauGB. Hierzu können Festsetzungen nach § 9 I a BauGB in die Satzung aufgenommen werden. Zudem muss der Ergänzungssatzung eine Begründung beigefügt werden, die entsprechende Aussagen über die Zusammenstellung und Bewertung der Umweltbelange im Umweltbericht enthält (§ 2 a 2 Nr. 1 BauGB). § 34 V 4 BauGB stellt damit sicher, dass die Eingriffsregelung einen Bestandteil der Abwägung darstellt und setzt die Gemeinde in die Lage, von den Zuordnungsfestsetzungen des § 9 I Nr. 1 a, VIII BauGB Gebrauch zu machen. Damit zieht die Ergänzungssatzung hinsichtlich der Berücksichtigungsfähigkeit umweltschützender Belange mit dem Bebauungsplan gleich. Ein Ausgleich ist allerdings nur nach Maßgabe der Abwägung im Rahmen der satzungsrechtlichen Regelungen erforderlich. Insoweit stehen die naturschutzrechtlichen Belange unter einem Abwägungsvorbehalt.

Da die für **Naturschutz** und **Landschaftspflege** zuständigen Behörden bereits als Trä- 1582 ger öffentlicher Belange beteiligt worden sind, bedarf es bei der Ergänzungssatzung nach § 34 IV 1 Nr. 3 BauGB keiner zusätzlichen Beteiligung der Naturschutz- und Landschaftspflegebehörden im Rahmen des Einzelgenehmigungsverfahrens (18 III 3 BNatSchG). Bei den übrigen Entscheidungen über Einzelvorhaben ist die Beteiligung der für Naturschutz und Landschaftspflege zuständigen Behörden erforderlich. Äußern sich die Behörden nicht innerhalb eines Monats, kann die für die Entscheidung zuständige Behörde davon ausgehen, dass Belange des Naturschutzes und der Landschaftspflege nicht berührt werden

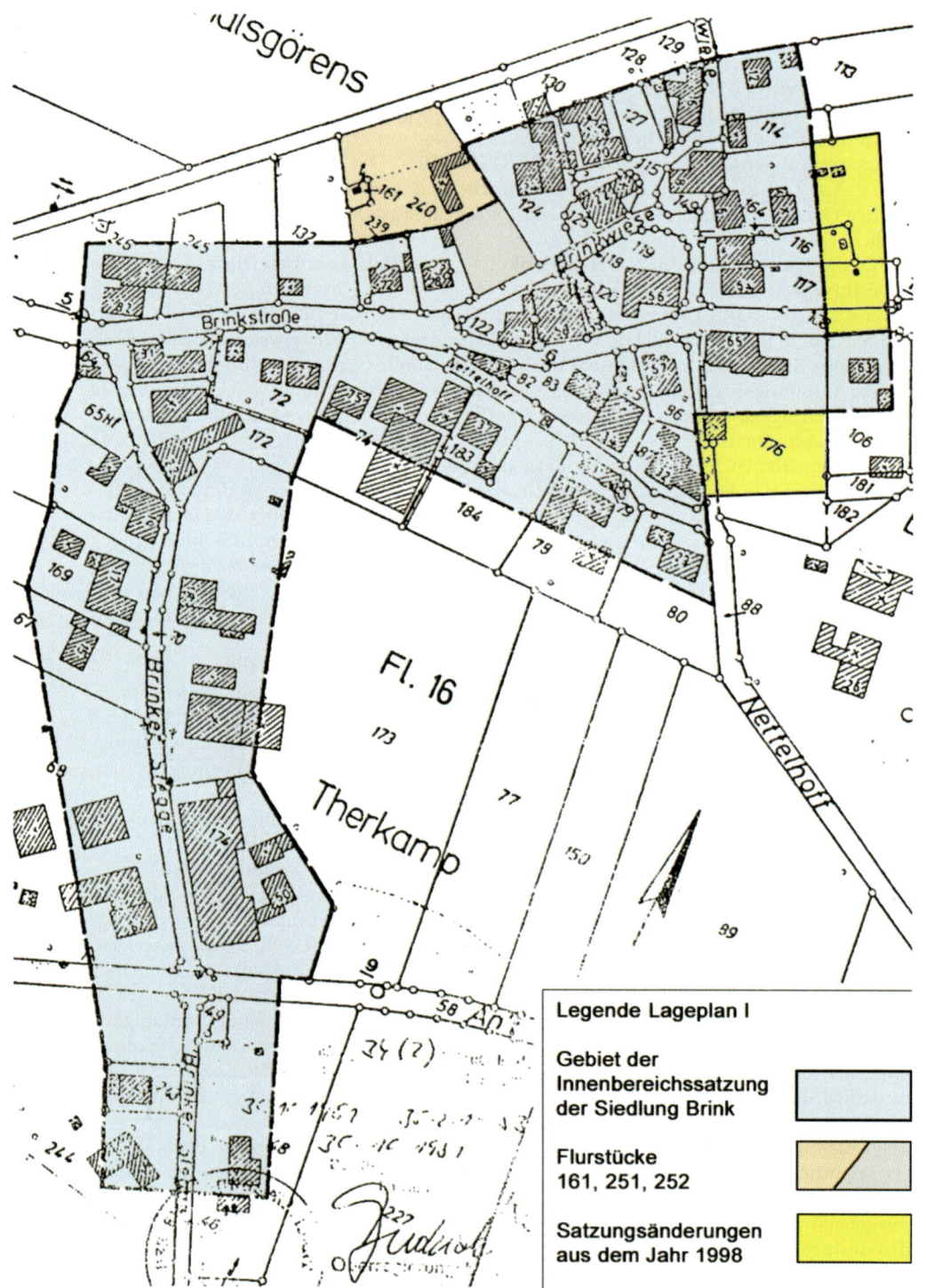

Abbildung 109: *Innenbereichssatzung*

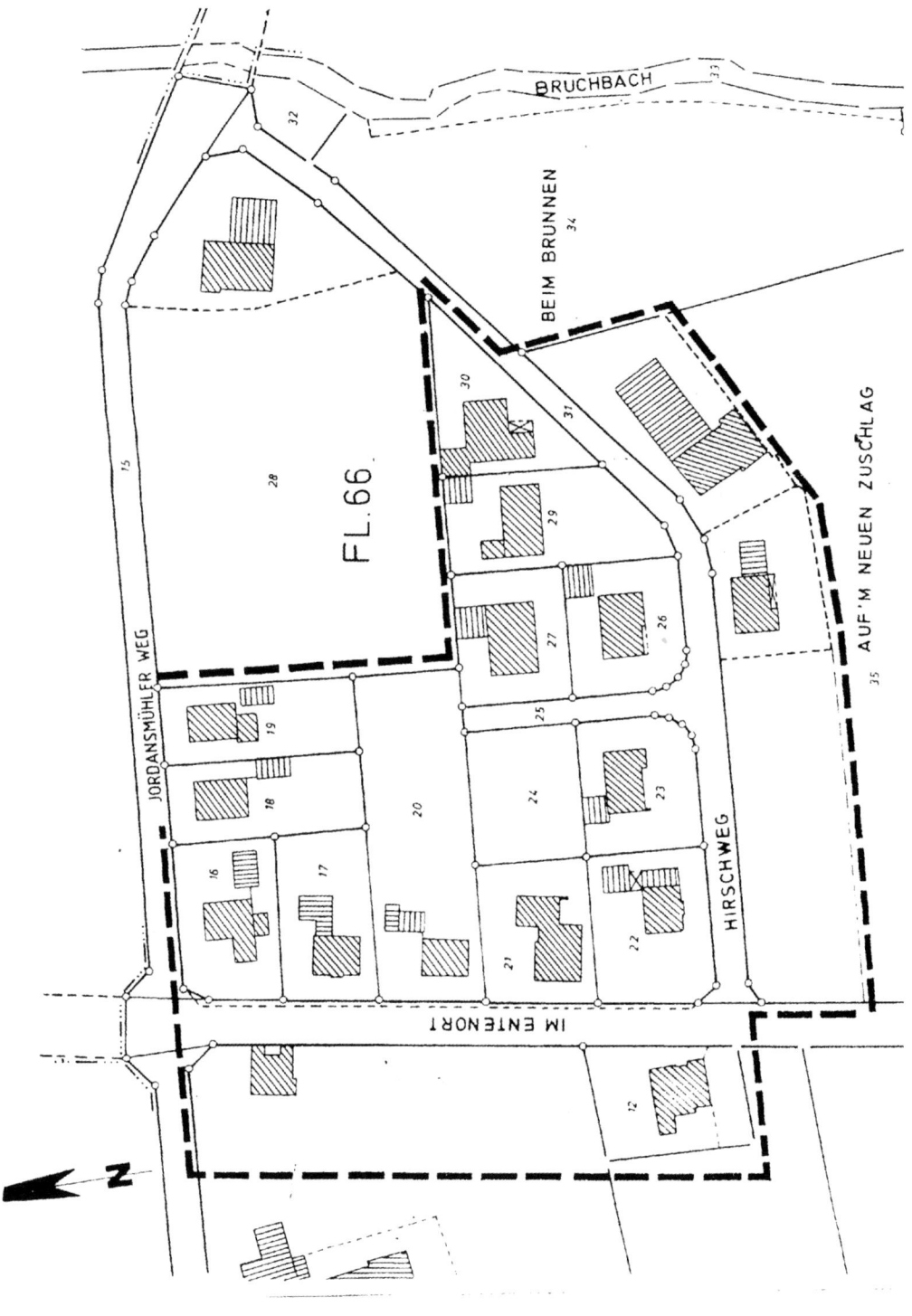

Abbildung 110: *Innenbereichssatzung*

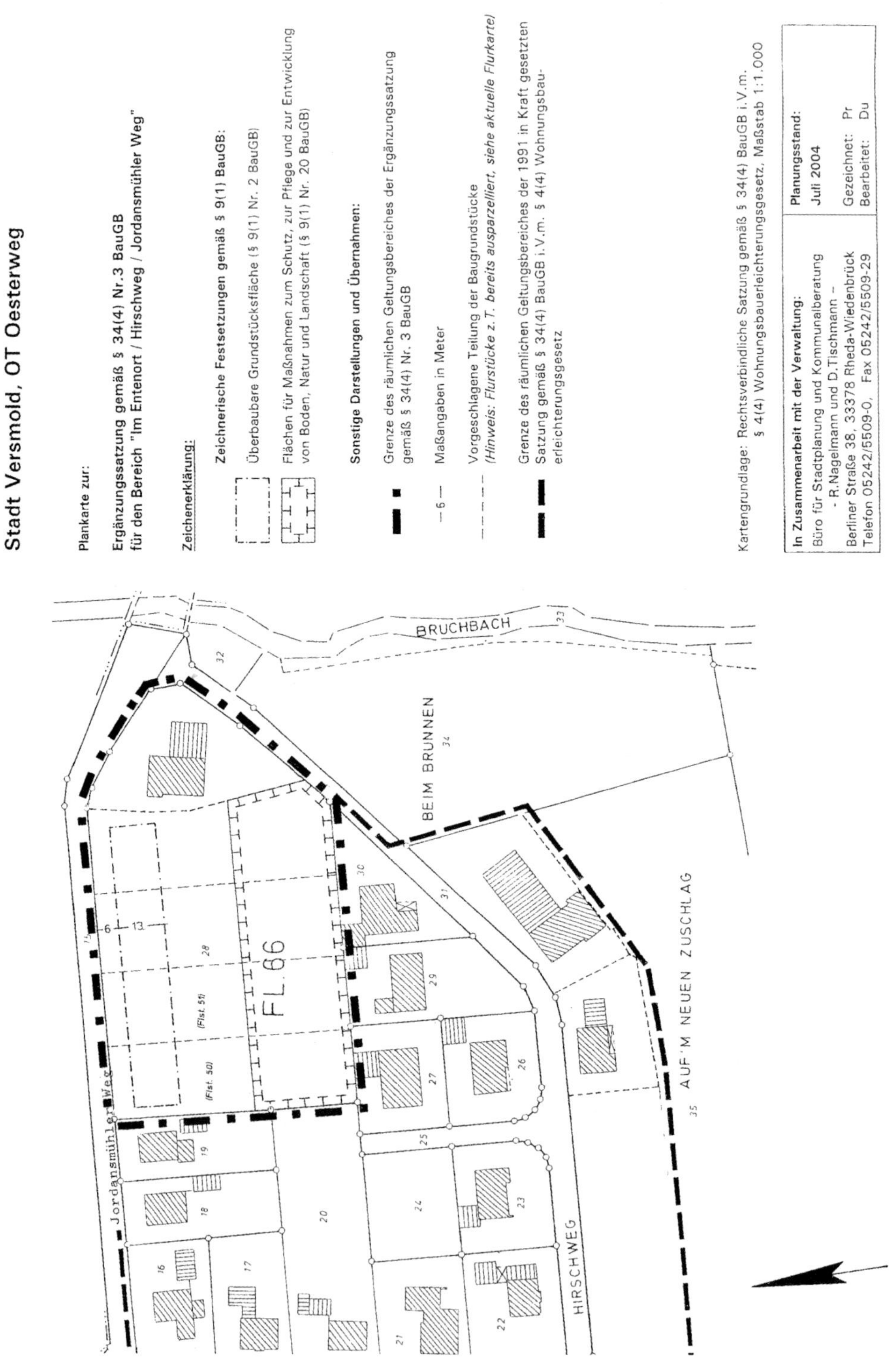
Stadt Versmold, OT Oesterweg
Plankarte zur:
Ergänzungssatzung gemäß § 34(4) Nr.3 BauGB
für den Bereich "Im Entenort / Hirschweg / Jordansmühler Weg"
Zeichenerklärung:
Zeichnerische Festsetzungen gemäß § 9(1) BauGB:
Überbaubare Grundstücksfläche (§ 9(1) Nr. 2 BauGB)
Flächen für Maßnahmen zum Schutz, zur Pflege und zur Entwicklung von Boden, Natur und Landschaft (§ 9(1) Nr. 20 BauGB)
Sonstige Darstellungen und Übernahmen:
Grenze des räumlichen Geltungsbereiches der Ergänzungssatzung gemäß § 34(4) Nr. 3 BauGB
— 6 —
Maßangaben in Meter
Vorgeschlagene Teilung der Baugrundstücke
(Hinweis: Flurstücke z.T. bereits ausparzelliert, siehe aktuelle Flurkarte)
Grenze des räumlichen Geltungsbereiches der 1991 in Kraft gesetzten Satzung gemäß § 34(4) BauGB i.V.m. § 4(4) Wohnungsbauerleichterungsgesetz
Kartengrundlage: Rechtsverbindliche Satzung gemäß § 34(4) BauGB i.V.m. § 4(4) Wohnungsbauerleichterungsgesetz, Maßstab 1:1.000
In Zusammenarbeit mit der Verwaltung:
Büro für Stadtplanung und Kommunalberatung
- R.Nagelmann und D.Tischmann -
Berliner Straße 38, 33378 Rheda-Wiedenbrück
Telefon 05242/5509-0, Fax 05242/5509-29
Planungsstand:
Juli 2004
Gezeichnet: Pr
Bearbeitet: Du
Jordansmühler Weg
BRUCHBACH
BEIM BRUNNEN
HIRSCHWEG
AUF'M NEUEN ZUSCHLAG
FL. 66
(Flst. 50)
(Flst. 51)
6
13
15
16
17
18
19
20
21
22
23
24
25
26
27
28
29
30
31
32
33
34
35

Abbildung 111: *Ergänzungssatzung*

(§ 18 III 2 BNatSchG). Die Naturschutz- und Landschaftspflegebehörden haben damit lediglich ein Stellungnahmerecht, jedoch kein förmliches Vetorecht, wie es etwa den Gemeinden bei der Einvernehmenserteilung nach § 36 BauGB zusteht.

Die **Bekanntmachung** der Innenbereichssatzung erfolgt unter Anwendung des § 10 **1583** III BauGB, auf den § 34 VI BauGB verweist. Danach ist der Satzungsbeschluss durch die Gemeinde ortsüblich bekanntzumachen. Die Bekanntmachung tritt an die Stelle der sonst für Satzung vorgeschriebenen Veröffentlichung.

IX. Bauen im Außenbereich (§ 35 BauGB)*

Die Zulässigkeit von → **Vorhaben** im → **Außenbereich** richtet sich nach § 35 BauGB. **1584** Es wird zwischen privilegierten Vorhaben (§ 35 I BauGB), nicht privilegierten Vorhaben (§ 35 II BauGB) und teilprivilegierten (begünstigten) Vorhaben (§ 35 IV BauGB) unterschieden. Hinzu treten die Außenbereichssatzungen nach § 35 VI BauGB.

Außenbereich	⬌	• Anwendungsvoraussetzungen §§ 29, nicht §§ 30, 13 a, 34, 38 BauGB • Privilegierte Vorhaben (§ 35 I BauGB) • Nicht privilegierte Vorhaben (§ 35 II BauGB) • Teilprivilegierte Vorhaben (§ 35 IV BauGB) • Außenbereichssatzungen (§ 35 VI BauGB)

→ **Außenbereichsvorhaben.** Im Außenbereich ist zwischen privilegierten Vorhaben (§ 35 I BauGB), nicht privilegierten Vorhaben (§ 35 II BauGB) und teilprivilegierten Vorhaben (§ 35 IV BauGB) sowie den Außenbereichssatzungen (§ 35 VI BauGB) zu unterscheiden. Privilegierte Vorhaben sind unter den in § 35 I BauGB genannten Voraussetzungen zulässig, wenn öffentliche Belange nicht entgegenstehen. Es handelt sich um Vorhaben, die einem landwirtschaftlichen Betrieb dienen und einen untergeordneten Teil der Betriebsfläche einnehmen, Gartenbaubetriebe, Einrichtungen der öffentlichen Versorgung und ortsgebundene Betriebe, Anlagen der Wind- und Wasserenergie, Biogasanlagen, Vorhaben, die der friedlichen Nutzung der Kernenergie dienen sowie zur Nutzung solarer Strahlungsenergie. Allerdings können die Gemeinden und die Regionalplanung durch konkrete standortbezogene Aussagen im Flächennutzungsplan oder im Regionalplan (Gebietsentwicklungsplan) eine an sich bestehende Privilegierung aus städtebaulichen oder regionalplanerischen Gründen im Einzelfall unterbinden. Nicht privilegierte Außenbereichsvorhaben sind abgesehen von Lückenschließungsfällen grundsätzlich unzulässig, weil öffentliche Belange in der Regel beeinträchtigt werden. Teilprivilegiert (begünstigt) zulässig sind Vorhaben, wenn einer der Teilprivilegierungstatbestände nach § 35 IV 1 Nr. 1 bis 6 BauGB gegeben ist. Die Gemeinde kann unter den Voraussetzungen des § 35 VI BauGB eine Außenbereichssatzung erlassen. Es handelt sich um bebaute Bereiche im Außenbereich, die nicht überwiegend landwirtschaftlich geprägt sind und in denen eine Wohnbebauung von einigem Gewicht vorhanden ist. Es dürfen allerdings keine UVP-pflichtigen oder vorprüfungspflichtigen Vorhaben nach Anlage 1 zum UVPG „Liste der UVP-pflichtigen Vorhaben" zugelassen sein.

1. Privilegierte Vorhaben nach § 35 I BauGB

Die → privilegierten Außenbereichsvorhaben unterteilen sich in sieben Gruppen: Nach **1585** § 35 I BauGB ist im Außenbereich ein Vorhaben nur zulässig, wenn öffentliche Belange nicht entgegenstehen, die ausreichende Erschließung gesichert ist und wenn es (1) einem **land- oder forstwirtschaftlichen Betrieb dient** und nur einen untergeordneten Teil der Betriebsfläche einnimmt, (2) einem Betrieb der **gartenbaulichen Erzeugung** dient, (3) dem Fernmeldewesen, der öffentlichen Versorgung mit Elektrizität, Gas, Wärme und

---

* Bearbeitet von Rechtsanwältin Dr. *Eva-Maria Stüer.*

Anwendungsvoraussetzungen
- Vorhaben (§ 29 BauGB)
- kein qualifizierter Bebauungsplan (§ 30 I BauGB),
- kein vorhabenbezogener Bebauungsplan (§ 30 II BauGB)
- kein Bebauungsplan der Innenentwicklung (§ 13 a BauGB)
- kein nicht beplanter Innenbereich (§ 34 BauGB)
- keine privilegierte Fachplanung (§ 38 BauGB)

privilegierte Vorhaben
- Landwirtschaft (§ 35 I Nr. 1 BauGB)
- Gartenbau (§ 35 I Nr. 2 BauGB)
- EVU und ortsgebundene Betriebe (§ 35 I Nr. 3 BauGB)
- Anforderungen Zweckbestimmung (§ 35 I Nr. 4 BauGB)
- Wind- und Wasserenergie (§ 35 I Nr. 5 BauGB)
- Biogasanlagen (§ 35 I Nr. 6 BauGB)
- Atomkraftanlagen (§ 35 I Nr. 7 BauGB)
- solare Strahlungsenergie (§ 35 I Nr. 8 BauGB)

Darstellungsprivileg (§ 35 III 3 Bau GB)

Grundsatz des flächensparenden, außenbereichsschonenden Bauens § 35 V 1 BauGB

Außenbereich § 35 BauGB

Rückbauverpflichtung für Vorhaben nach § 35 I Nr. 2 bis 6 BauGB (§ 35 V 2 BauGB)

nicht privilegierte Vorhaben
- regelmäßig unzulässig
- Beeinträchtigung öffentlicher Belange (§ 35 II, III 1 BauGB)

teilprivilegierte Vorhaben
- landwirtschaftliche Folgenutzung (§ 35 IV 1 Nr. 1 BauGB)
- Neuerrichtung Wohngebäude (§ 35 IV 1 Nr. 2 BauGB)
- durch außergewöhnliche Ereignisse zerstörtes Gebäude (§ 35 IV 1 Nr. 3 BauGB)
- erhaltenswertes Gebäude (§ 35 IV 1 Nr. 4 BauGB)
- Erweiterung Wohngebäude (§ 35 IV 1 Nr. 5 BauGB)
- Erweiterung Gewerbe (§ 35 IV 1 Nr. 6 BauGB)
- Kulturlandschaftsprägender Ersatzbau (§ 35 2 BauGB)
- Flüchtlingsunterbringung bis Ende 2019 (§ 246 IX BauGB)

Außenbereichssatzung
- bebaute Bereiche im Außenbereich
- nicht überwiegend landwirtschaftlich
- Wohnbebauung von einigem Gewicht
- auch kleinere Handwerks- und Gewerbebetriebe
- geordnete städtebauliche Entwicklung

Wasser, der Abwasserwirtschaft oder einem **ortsgebundenen gewerblichen Betrieb** dient, (4) wegen seiner **besonderen Anforderungen** an die Umgebung, wegen seiner nachteiligen Wirkung auf die Umgebung oder wegen seiner besonderen Zweckbestimmung nur im Außenbereich ausgeführt werden soll, es sei denn, es handelt sich um die Errichtung, Änderung oder Erweiterung einer baulichen Anlage zur Tierhaltung, die dem Anwendungsbereich von § 35 I Nr. 1 BauGB nicht unterfällt und die einer Pflicht zur standortbezogenen oder allgemeinen Vorprüfung oder einer UVP nach dem UVPG unterliegt, (5) der Erforschung, Entwicklung oder Nutzung der Wind- oder Wasserenergie oder (6) der energetischen Nutzung von Biomasse, (7) der Erforschung, Entwicklung der Kernenergie oder der Entsorgung radioaktiver Abfälle sowie (8) der Nutzung der solaren Strahlungsenergie dient. Privilegiert ist bereits seit der Neufassung des § 35 BauGB durch die BauGB-Novelle 1996 auch die **Wind- und Wasserenergie** (§ 35 I Nr. 5 BauGB) sowie seit dem EAG Bau 2004 die **energische Nutzung von Biomasse.**

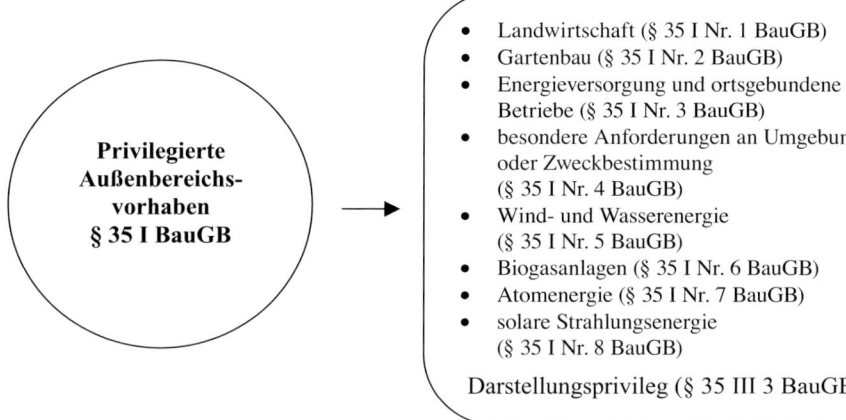

Die privilegierten Vorhaben nach § 35 I Nr. 2 bis 6 BauGB sind jedoch mit einem Planungsvorbehalt zugunsten der Gemeinden und der Raumordnung ausgestattet worden (§ 35 III 3 BauGB). Bei allen Vorhaben dürfen keine öffentlichen Belange entgegenstehen[115] und die ausreichende Erschließung muss gesichert sein.

> → **Privilegierte Vorhaben.** Nach § 35 I BauGB ist im Außenbereich ein Vorhaben privilegiert zulässig, wenn öffentliche Belange nicht entgegenstehen, die ausreichende Erschließung gesichert ist und wenn es (1) einem **land- oder forstwirtschaftlichen Betrieb dient** und nur einen untergeordneten Teil der Betriebsfläche einnimmt, (2) einem Betrieb der **gartenbaulichen Erzeugung** dient, (3) dem Fernmeldewesen, der öffentlichen Versorgung mit Elektrizität, Gas, Wärme und Wasser, der Abwasserwirtschaft oder einem **ortsgebundenen gewerblichen Betrieb** dient, (4) wegen seiner **besonderen Anforderungen** an die Umgebung, wegen seiner nachteiligen Wirkung auf die Umgebung oder wegen seiner besonderen Zweckbestimmung nur im Außenbereich ausgeführt werden soll, es sei denn, es handelt sich um die Errichtung, Änderung oder Erweiterung einer baulichen Anlage zur Tierhaltung, die dem Anwendungsbereich von § 35 I Nr. 1 BauGB nicht unterfällt und die einer Pflicht zur standortbezogenen oder allgemeinen Vorprüfung oder einer UVP nach dem UVPG unterliegt, (5) der Erforschung, Entwicklung oder Nutzung der Wind- oder Wasserenergie oder (6) der energetischen Nutzung von Biomasse, (7) der Erforschung, Entwicklung der Kernenergie oder der Entsorgung radioaktiver Abfälle sowie (8) der Nutzung der solaren Strahlungsenergie dient. Privilegierte Vorhaben sind planungsrechtlich zulässig, wenn öffentliche Belange nicht entgegenstehen. Die Vorhaben sind jedoch hinsichtlich des Standortes noch variationsfähig. Gemeinde und Regionalplanung können durch das Darstellungsprivileg privilegierte Vorhaben nach § 35 I Nr. 2 bis 6 BauGB an bestimmten Standorten zusammenzufassen und dadurch zugleich an anderen Standorten des Planungsgebietes ausschließen (§ 35 III 3 BauGB).

a) Land- und forstwirtschaftliche Betriebe (§ 35 I Nr. 1 BauGB). Ein Vorhaben ist **1586** zulässig, wenn es einem land- oder forstwirtschaftlichen Betrieb dient und einen untergeordneten Teil der Betriebsfläche einnimmt. Nach § 201 BauGB fällt unter den Begriff der Landwirtschaft insbesondere der Ackerbau, die Wiesen- und Weidewirtschaft einschließlich der Tierhaltung, soweit das Futter überwiegend auf dem zum landwirtschaftlichen Betrieb gehörenden, landwirtschaftlich genutzten Flächen erzeugt werden kann, die gartenbauliche Erzeugung, der Erwerbsobstbau, der Weinbau sowie die berufsmäßige Imkerei und Binnenfischerei. Durch das BauGB 1987 wurde die Pensionstierhaltung in § 201 BauGB aufgenommen und der Begriff Erwerbsgartenbau durch gartenbauliche Erzeugung, in Anpassung an § 585 BGB ersetzt. Die Landwirtschaft setzt eine unmittelbare

---

[115] Zu den Zielen der Raumordnung als öffentlicher Belang siehe unter E: II. 8.

Bodenertragsnutzung voraus, bei der der Boden zur Nutzung seines Ertrags planmäßig und eigenverantwortlich bewirtschaftet wird.[116] Durch das EAG Bau 2004 wurde der Begriff der Landwirtschaft dahingehend erweitert, dass es ausreicht, wenn das Futter auf den zum Betrieb gehörenden landwirtschaftlich genutzten Flächen erzeugt werden kann. Die Pensionstierhaltung ist in dem Begriff der Tierhaltung enthalten (→ *Abbildung 112 mit Textbeispiel 121*).

Fremdenverkehrliche Schwerpunktzone

Das Plangebiet (Schutzzone I – III) dient als Fläche für Erholungs-, Kur- und Freizeitzwecke (Fremdenverkehrliche Schwerpunktzone).

1. Zone I: In der Zone I müssen vorhandene Betriebe (Gewerbebetriebe und landwirtschaftliche Betriebe) folgende Nutzungsbeschränkungen einhalten:
   – In 200 m Entfernung zum Emissionsschwerpunkt des Betriebes darf die Geruchsschwelle von (1 Geruchseinheit/cbm Luft) nur in maximal 3 % der Jahresstunden (Gesamtbelastung) überschritten werden.
   – In 50 m Entfernung zum Emissionsschwerpunkt des Betriebes darf der 1-h-Mittelwert der Schwebstaubkonzentration von maximal 500 Mikrogramm/cbm Luft (MIK-Wert gemäß VDI 2310 Blatt 19) nicht überschritten werden.
2. Zone II: In der Zone II müssen vorhandene Betriebe (Gewerbebetriebe und landwirtschaftliche Betriebe) folgende Nutzungsbeschränkungen einhalten:
   – In 200 m Entfernung zum Emissionsschwerpunkt des Betriebes darf die Geruchsschwelle von (1 Geruchseinheit/cbm Luft) nur in maximal 8 % der Jahresstunden (Gesamtbelastung) überschritten werden.
   – In 50 m Entfernung zum Emissionsschwerpunkt des Betriebes darf der 1-h-Mittelwert der Schwebstaubkonzentration von maximal 500 Mikrogramm/cbm (MIK-Wert gemäß VDI 2310 Blatt 19) nicht überschritten werden.
3. Zone III: In der Zone III müssen vorhandene Betriebe (Gewerbebetriebe und landwirtschaftliche Betriebe) folgende Nutzungsbeschränkungen einhalten:
   – In 200 m Entfernung zum Emissionsschwerpunkt des Betriebes darf die Geruchsschwelle von (1 Geruchseinheit/cbm Luft) nur in maximal 10 % der Jahresstunden (Gesamtbelastung) überschritten werden.
   – In 50 m Entfernung zum Emissionsschwerpunkt des Betriebes darf der 1 h Mittelwert der Schwebstoffkonzentration von maximal 500 Mikrogramm (MIK-Wert gemäß VDI 2310 Blatt 19) nicht überschritten werden.
4. Neuansiedlung von Betrieben: Betriebe (Gewerbebetriebe und landwirtschaftliche Betriebe), die sich nach dem 18.6.2002 erstmalig im Plangebiet ansiedeln, haben folgende Nutzungsbeschränkungen einzuhalten:
   – In 50 m Entfernung zum Emissionsschwerpunkt des Betriebes darf die Geruchsschwelle des (1 Geruchseinheit/cbm Luft) nur in maximal 3 % der Jahresstunden (Gesamtbelastung) überschritten werden.
   – Durch die Neuansiedlung von Betrieben dürfen keine relevanten Veränderungen der Staubbelastungen eintreten. Von relevanten Staubemissionen ist auszugehen, wenn von einem Betrieb ein Emissionsmassenstrom von mehr als 0,1 kg/h Staub ausgeht. Die Ermittlung ist unter den für die Luftreinhaltung ungünstigen Betriebsbedingungen vorzunehmen.

Textbeispiel 121: *Fremdenverkehrliche Schwerpunktzone (zu Abbildung 112)*

1587 b) Nachgezogene Altenteilerhäuser. Mit dem BauROG 1998 sind die Privilegierungen von nachgezogenen Altenteilerhäusern und Landarbeiterstellen aufgehoben worden. Die Privilegierung von nachgezogenen Altenteilerhäusern sollte es ermöglichen, Altenteilerhäuser auch dann noch errichten zu können, wenn der Landwirt den Betrieb bereits im Wege einer vorweggenommenen Erbfolge übergeben hatte. Auf diese Weise sollte die Übergabe von Höfen erleichtert werden. Die Voraussetzungen der Nr. 2 a. F. sollten nur begrenzte Sachverhalte umfassen, um Missbräuche des Bauens im Außenbereich zu verhindern. Diese Privilegierung wurde aufgehoben, da sie infolge veränderter Strukturen in der Landwirtschaft keine Praxisrelevanz mehr hatte. Altenteilerhäuser können nach § 35 I Nr. 1 BauGB zugelassen werden, da sie im Allgemeinen wie Wohnungen und

---

[116] BVerwG, Urt. v. 13.12.1974 – 4 C 22.73 – BauR 1975, 104 = Buchholz 406.11 § 35 BBauG Nr. 115 = DVBl 1975, 504.

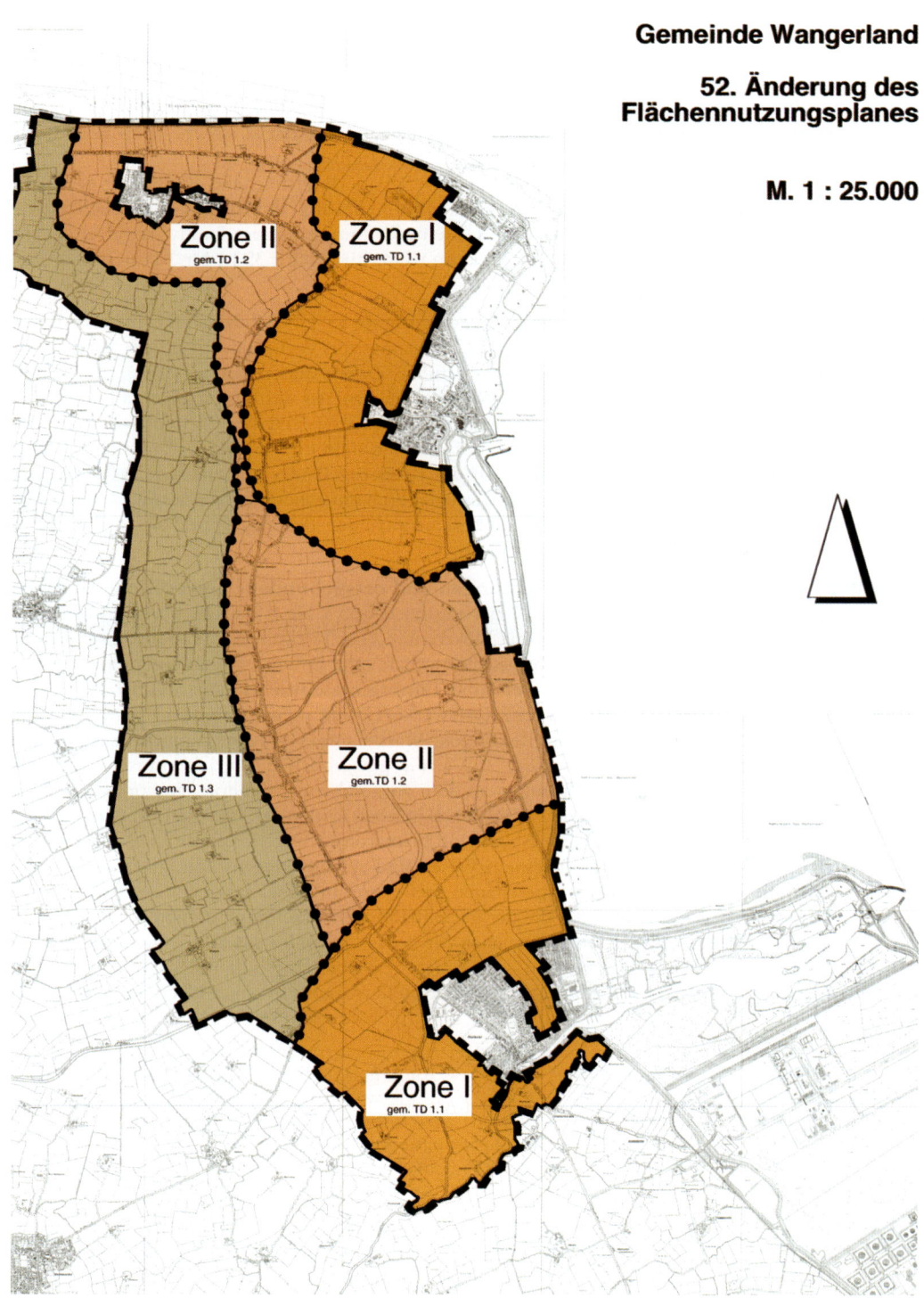

Gemeinde Wangerland

52. Änderung des Flächennutzungsplanes

M. 1 : 25.000

Abbildung 112: *Darstellungen für Belastungsgebiete*

Wohnhäuser land- und forstwirtschaftlicher Betriebe zu den Vorhaben nach Nr. 1 gehören.[117] Ebenso aufgehoben wurde die Privilegierung von Landarbeiterstellen, die ein im Eigentum eines Landarbeiters stehendes Wohnhaus privilegierte. Durch veränderte Strukturen und erhöhte Mobilität der Landarbeiter verlor diese Sondervorschrift an Bedeutung. Zudem gab es Probleme bei der Feststellung der Zweckbestimmung dieser Wohnungen, so dass Missbräuche dieser Privilegierung vorprogrammiert waren. Den betrieblichen Interessen wird durch § 35 I Nr. 1 BauGB ausreichend Rechnung getragen. Nicht berührt wird von der Aufhebung die Privilegierung, die von der Landarbeiterstelle zu unterscheidende Heuerlingswohnung (eine Wohnung die der Landwirt für einen für ihn tätigen Landarbeiter errichtet). Sie kann weiterhin nach § 35 I 1 Nr. 1 BauGB zugelassen werden.

1588 **c) Betriebe der gartenbaulichen Erzeugung (§ 35 I Nr. 2 BauGB).** Das BauROG 1998 hat in § 35 I Nr. 2 BauGB die Privilegierung von Vorhaben, die einem Betrieb der gartenbaulichen Erzeugung dienen, eingeführt. Zweck dieser Privilegierung, die als Teil der Landwirtschaft bereits von § 35 I Nr. 1 BauGB umfasst wird, ist der Wegfall des Erfordernisses, dass das Vorhaben nur einen untergeordneten Teil der Betriebsfläche einnehmen durfte. Gerade bei gartenbaulichen Betrieben steht die Bodennutzung nicht im Vordergrund, vielmehr werden große Teile des Betriebsgeländes mit Häusern aus Folie oder Glas bebaut. Um aber der möglicherweise dadurch entstehenden Massierung solcher Anlagen entgegen wirken zu können, bezieht sich der Planungsvorbehalt in § 35 III 3 BauGB auch auf diese Gartenbaubetriebe.

1589 **d) Ver- und Entsorgungseinrichtungen und ortsgebundene gewerbliche Betriebe (§ 35 I Nr. 3 BauGB).** Die Privilegierung nach § 35 I Nr. 3 BauGB umfasst Vorhaben, die der öffentlichen Versorgung mit Elektrizität, Gas, Telekommunikationsdienstleistungen, Wärme und Wasser, der Abwasserwirtschaft oder einem ortsgebundenen gewerblichen Betrieb dienen.[118] Zu den Ver- und Entsorgungseinrichtungen rechnen etwa Leitungs- und Hochspannungsmasten, Kraftwerke, Gasleitungen, Rundfunk- und Fernsehtürme, Fernmeldetürme, Telefonleitungen, Wärme- und Wasserleitungen, Kläranlagen und Teiche oder Rückhaltebecken.[119] Wie die gewerblichen Betriebe müssen auch die Ver- und Entsorgungseinrichtungen zu dem vorgesehenen Standort eine ortsgebundene Beziehung haben.[120] Zu den gewerblichen Betrieben zählen, im Unterschied zum Gewerberecht, auch Betriebe, die dem Abbau von Naturrohstoffen nachgehen.[121] Ortsgebunden ist ein Betrieb, wenn er nach seinem Wesen und seinem Gegenstand, aus Gründen der geografischen Eigenart der vorgesehenen Stelle, nur an dieser betrieben werden kann.[122] Wie schon bei den Betrieben, die der gartenbaulichen Erzeugung dienen, kann seit dem BauROG 1998 auch den Vorhaben nach Nr. 3 das Darstellungsprivileg gemäß § 35 III 3 BauGB entgegengehalten werden, wenn diese Vorhaben durch den Flächennutzungsplan oder als Ziele der Raumordnung an anderer Stelle vorgesehen sind. Nach dem Abstandserlass NRW[123] sollen Hochspannungsfreileitungen von 380 kV/50 Hz einen Abstand von

---

[117] BVerwG, Urt. v. 20.1.1984 – 4 C 72.80 – BauR 1984, 386 = DÖV 1984, 848 = NVwZ 1985, 183.

[118] BGBl. I S. 137.

[119] *Stüer*, Handbuch des Bau– und Fachplanungsrechts, Rn. 2266.

[120] BVerwG, Urt. v. 21.1.1977 – 4 C 28.75 – Buchholz 406.11 § 35 BBauG Nr. 38 = DVBl 1977, 526 = DÖV 1977, 328.

[121] BVerwG, Urt. v. 18.3.1983 – 4 C 21.79 – BVerwGE 67, 84 = DVBl 1983, 893 = NVwZ 1984, 303.

[122] BVerwG, Urt. v. 5.7.1974 – 4 C 76.71 – Buchholz 406.11 § 35 BBauG Nr. 112 = BauR 1974, 397 = DÖV 1974, 814 = NJW 1975, 550; Urt. v. 16.6.1994 – 4 C 20.93 – BVerwGE 96, 95 = DVBl 1994, 1141 = NVwZ 1995, 64 = DÖV 1995, 68.

[123] RdErl. des Ministers für Umwelt und Naturschutz, Landwirtschaft und Verbraucherschutz, Abstände zwischen Industrie– bzw. Gewerbegebieten und Wohngebieten im Rahmen der Bauleit-

40 m, Hochspannungsfreileitungen von 220 kV/50 Hz einen Abstand von 20 m, Hochspannungsfreileitungen von 110 kV/50 Hz einen Abstand von 10 m und Hochspannungsfreileitungen von 110 kV/16 ^{2}/^{3} Hz einen Abstand von 5 m haben.

e) Im Außenbereich auszuführende Vorhaben (§ 35 I Nr. 4 BauGB). In § 35 I Nr. 4 **1590** BauGB werden Vorhaben privilegiert, die wegen ihrer besonderen Anforderungen an die Umgebung, ihrer nachteiligen Wirkung auf die Umgebung oder wegen ihrer besonderen Zweckbestimmung nur im Außenbereich ausgeführt werden sollen. Im Verhältnis zu den übrigen Privilegierungstatbeständen ist die Nr. 4 recht weit gefasst. Daher ist eine dreifache Prüfung angezeigt. Zuerst wird geprüft, ob die genannten Kriterien eine gewisse Zuordnung des Vorhabens zum Außenbereich nahe legen, dann ob es wegen dieser Merkmale nur im Außenbereich ausgeführt werden soll und ob die Bevorzugung des Außenbereichs billigenswert ist.[124] Ein Vorhaben soll nur dann im Außenbereich errichtet werden, wenn es nach Art, Umfang und Gestaltung für seine konkrete Zweckbestimmung erforderlich ist.[125] Nach dem Abstandserlass NRW[126] gehören zu diesen Vorhaben Tierkörperbeseitigungsanlagen, Abwasserbehandlungsanlagen, Steinbrüche, in denen Sprengstoffe verwendet werden, Anlagen zur Gewinnung oder Aufbereitung von Sand, Bims, Kies, Ton oder Lehm, Anlagen zur Haltung von Tieren (Massentierhaltung), Trocknungsanlagen, Güllelagerung, Windkraftanlagen, Sprengverformung und Sprengplattieren, Anlagen zur Herstellung oder Behandlung von Sprengstoffen, Herstellung von Explosionsstoffen und offene Anlagen zur biologischen Behandlung von Abfällen.[127]

Die **Privilegierung von Tierhaltungsbetrieben** nach § 35 I Nr. 4 BauGB ist nicht **1591** mehr auf Tierhaltungsanlagen anwendbar, die einer Pflicht zur Durchführung einer standortbezogenen oder allgemeinen Vorprüfung oder einer Umweltverträglichkeitsprüfung nach dem Gesetz über die Umweltverträglichkeitsprüfung unterliegen[128]. Dabei reicht bereits aus, dass eine Vorprüfungspflicht besteht. Der Ausschluss der Privilegierung ist daher auch dann gegeben, wenn eine Vorprüfung ergeben würde, dass UVP-Belange nicht erheblich beeinträchtigt sind. Derartige Tierhaltungsanlagen bedürfen daher einer Ausweisung in einem Bauleitplan. Dabei dürfte die Ausweisung in einem Flächennutzungsplan wohl nicht ausreichen, da hier nur Belange des § 35 III Nr. 2 BauGB einer solchen Anlage nicht mehr entgegenstehen würden. Auch das Darstellungsprivileg des § 35 III 3 BauGB, wonach neben den Windenergieanlagen[129] auch Tierhaltungsanlagen oder andere nach § 35 I Nr. 2 bis 6 BauGB privilegierte Nutzungen ausgeschlossen sind bzw. an bestimmte Standorte im Plangebiet verwiesen werden können, verschafft daher den UVP- oder vorprüfungspflichtigen Tierhaltungsanlagen keine Privilegierung. Das gilt

---

planung und sonstige für den Immissionsschutz bedeutsame Abstände (Abstandserlass), v. 6.6.2007 (MBl. NRW S. 659/SMBl. NRW 283).

[124] *Stüer*, Handbuch des Bau– und Fachplanungsrechts, Rn. 2471.

[125] OVG Münster, Urt. v. 22.5.1991 – 7 A 822/89 – AgrarR 1992, 146 = NuR 1992, 137.

[126] RdErl. des Ministers für Umwelt und Naturschutz, Landwirtschaft und Verbraucherschutz, Abstände zwischen Industrie– bzw. Gewerbegebieten und Wohngebieten im Rahmen der Bauleitplanung und sonstige für den Immissionsschutz bedeutsame Abstände (Abstandserlass), v. 6.6.2007 (MBl. NRW S. 659/SMBl. NRW 283).

[127] VG Minden, Urt. v. 9.5.2005 – 11 K 2789/04 – NuR 2005, 740.

[128] Zur planerischen Steuerung von Tierhaltungsanlagen *Mitschang*, in Bau- und Fachplanungsrecht, FS für *Stüer*, 2013, 219; Intensivtierhaltung im Außenbereich *Eva-Maria Stüer*, in Bau- und Fachplanungsrecht, FS für *Stüer*, 2013, 135 (138).

[129] Zum Steuerungskonzept BVerwG, Urt. v. 19.9.2002 – 4 C 10.01 – BVerwGE 117, 44 = DVBl 2003, 201 – Wangerland; Urt. v. 17.12.2002 – 4 C 15.01 – BVerwGE 117, 287 = DVBl 2003, 797 = NVwZ 2003, 733 – Feigenblatt; Urt. v. 13.3.2003 – 4 C 3.02 – BauR 2003, 1172 = NVwZ 2003, 1261 – Entwürfe von Regional- und Flächennutzungsplänen; Urt. v. 13.3.2003 – 4 C 4.02 – BVerwGE 118, 33 = NVwZ 2003, 738 = DVBl 2003, 1064 – Luftballon; B. v. 22.10.1993 – 4 B 84.03 – NVwZ 2004, 343 = BauR 2004, 262 – Konzentrationszone; *Gatz*, in Bau- und Fachplanungsrecht, FS für *Stüer*, 2013, 171; *Eva-Maria Stüer*, in Bau- und Fachplanungsrecht (ebenda) 2013, 135 (140).

auch für Tierhaltungsanlagen, die infolge einer beabsichtigten Änderung in die UVP-Pflicht oder Vorprüfungspflicht hineinwachsen (§§ 3 e, 3 c UVPG).[130] Zudem können auch Tierhaltungsanlagen durch das Darstellungsprivileg nach § 35 III 3 BauGB gesteuert werden. Zugleich kann die Planungsabsicht, in etwa drei Fünfteln des Gemeindegebiets die Ansiedlung von Tierhaltungsanlagen zu steuern, bei entsprechender Konkretisierung der Planungsabsichten mit den Mitteln der §§ 14 und 15 BauGB flankiert werden.[131] Die Einschränkung der Tierhaltung in Konzentrationszone bedarf einer besonderen Rechtfertigung. Je weiter Tierhaltung in einem für sie nach § 35 III 3 BauGB im Flächennutzungsplan dargestellten Vorranggebiet eingeschränkt werden soll, desto gewichtiger müssen die städtebaulichen Gründe sein, welche die Gemeinde für einen Bebauungsplan anführen kann, in dem sie diese Nutzung reglementiert.[132] Tierhaltungsanlagen, die nach dem UVPG eine einzelfallbezogene oder standortbezogene Vorprüfung erfordern oder zwingend UVP-pflichtig sind, müssen daher in einem Bebauungsplan ausgewiesen werden. Nach § 35 I Nr. 4 BauGB sind sie nicht mehr privilegiert. Dies entlastet auch die Erfordernisse, durch ein Darstellungsprivileg die Tierhaltugnsanlagen auf bestimmte Teile des Plangebietes zu konzentrieren und damit die Ausschlusswirkung für die übrigen Bereiche des Plangebietes zu verbinden.

1592 **f) Anlagen der Wind- und Wasserenergie (§ 35 I Nr. 5 BauGB).** Bereits seit dem BauGB-Änderungsgesetz vom 30.7.1996[133] ist der Katalog der privilegierten Vorhaben um Vorhaben, die der Erforschung, Entwicklung oder Nutzung der Wind- oder Wasserenergie dienen, erweitert worden (bis zum 31.12.1997 § 35 I Nr. 7 BauGB). Die Ergänzung des Katalogs war notwendig, da eine Privilegierung der Windenergieanlagen zuvor nicht allgemein gegeben war.[134] Unberührt von der Privilegierung in § 35 I Nr. 5 BauGB bleibt eine mögliche Privilegierung als untergeordnete Anlage nach Nrn. 1 bis 6.[135] Die Privilegierung in § 35 I Nr. 5 BauGB kommt Anlagen zugute, deren gewonnene Elektrizität überwiegend in das öffentliche Netz eingespeist werden soll. Den Gemeinden bleibt aber das Darstellungsprivileg als öffentlicher Belang nach § 35 III 3 BauGB, mit dem sie die Vorhaben im Flächennutzungsplan an bestimmte Orte ausweisen kann. Dies kann auch als Ziel der Raumordnung erfolgen. So können die regenerativen Energien gefördert werden, ohne dass sich die Windkraftanlagen über die ganze Breite der Landschaft verteilen und diese zerklüften. Nur Vorhaben, die als Nebenanlagen von landwirtschaftlichen Betrieben durch § 35 I Nr. 1 BauGB privilegiert sind, kann das Darstellungsprivileg nach § 35 III 3 BauGB nicht entgegengehalten werden.

1593 Bei der Zulässigkeit von Windkraftanlagen war zusätzlich die Überleitungsvorschrift § 245 b BauGB 1996 zu beachten. Danach konnte die Baugenehmigungsbehörde auf Antrag der Gemeinde die Entscheidung über die Zulässigkeit von Windkraftanlagen bis zum 31.12.1998 aussetzen, wenn die Gemeinde beschlossen hatte, einen Flächennutzungsplan aufzustellen, zu ändern oder zu ergänzen, und beabsichtigt zu prüfen, ob Darstellungen zu Windenergieanlagen i.S. des § 35 III 3 BauGB in Betracht kommen. Dies gilt gemäß § 245 b I 2 BauGB entsprechend für einen Antrag der für die Raumordnung zuständigen Stelle. Durch § 15 III BauGB hat das EAG Bau 2004 eine Zurückstellungsmöglichkeit für Vorhaben der Windenergie eingeführt, wenn die Gemeinde beabsichtigt, einen Flächennutzungsplan mit entsprechenden Darstellungen nach § 35 III 3 BauGB

---

[130] BVerwG, Urt. v. 20.12.2011 – 9 A 31.10 – BUND.
[131] OVG Lüneburg, B. v. 14.11.2011 – 1 ME 181/11 – Tierhaltungsanlagen.
[132] OVG Lüneburg, B. v. 19.12.2012 – 1 MN 164/12 – DVBl 2013, 249 = BauR 2013, 922-926 = NuR 2013, 350.
[133] BGBl. I 1189.
[134] BVerwG, Urt. v. 16.6.1994 – 4 C 20.93 – BVerwGE 96, 95 = DVBl 1994, 1141 = NVwZ 1995, 64 = ZfBR 1994, 290.
[135] Privilegierung bejaht durch BVerwG, Urt. v. 18.2.1983 – 4 C 18.81 – BVerwGE 67, 23 = DVBl 1983, 886 = NJW 1983, 2713 = ZfBR 1983, 193.

aufzustellen oder mit diesem Inhalt zu ändern *(→ Abbildungen 113–120 mit Textbeispielen 122–125).*

Repowering. Der durch die **BauGB-Klimanovelle 2011** eingeführte § 249 BauGB er- **1594** leichtert das Repowering von Windenergieanlagen. Zugleich wird zugunsten des Repowering von Windenergieanlagen das Baurecht auf Zeit im Flächennutzungsplan und im Bebauungsplan ermöglicht. Durch das Repowering werden ältere, oft vereinzelt stehende Windenergieanlagen durch moderne, leistungsfähigere Anlagen, vorzugsweise in Windparks, ersetzt, wodurch vielfach auch ein Beitrag zum „Aufräumen der Landschaft" geleistet werden kann.[136]

Windenergieanlagen

Im Sondergebiet „Windkraftanlagen" sind folgende Anlagen und Nutzungen zulässig: Windkraftanlagen einschließlich der zugehörigen Nebenanlagen wie Trafostationen und Übergabestationen.
    Außerhalb der dargestellten sonstigen Sondergebiete mit der Zweckbestimmung „Windenergieanlage" sind im Geltungsbereich des Flächennutzungsplans keine weiteren Windenergieanlagen gem. § 35 I Nr. 6 BauGB zulässig. Dies betrifft sowohl Windparks als auch Einzelanlagen.
    Gem. § 5 I Nr. 1 BauGB darf die Gesamthöhe der baulichen Anlagen in den Sonstigen Sondergebieten mit der Zweckbestimmung „Windenergieanlage" maximal 99,9 m über bestehender Geländehöhe betragen.

Hinweise

Die Mindestleistung der einzelnen Windenergieanlagen sollte 500 KW (Kilowatt) betragen. Die Windenergieanlagen sollten einen geschlossenen, runden Trägerturm aus Stahlbeton oder Stahlrohr besetzen. Die Drehrichtung sollte einheitlich im Uhrzeigersinn erfolgen. Innerhalb der jeweiligen Sondergebiete sollen jeweils lediglich Windenergieanlagen eines gleichen Typs, gleicher Höhe und von gleicher äußerer Gestaltung verwirklicht werden, um die Auswirkungen auf das Landschaftsbild durch eine harmonische Gesamtgestaltung gering zu halten. Die Lage der Versorgungsleitungen ist den Bestandsplänen der zuständigen Versorgungsunternehmen zu entnehmen.

Textbeispiel 122: *Windenergieanlagen (zu Abbildung 116)*

Standortanalyse für Windkraftanlagen

Der vorliegende Änderungsbereich zur Windenergienutzung ist das Ergebnis eines Standortgutachtens, das für 5 Bereiche des Gemeindegebietes eine grundsätzliche fachliche Eignung für Windkraftanlagen ausgewiesen hat. Im Hinblick auf den Landschaftsrahmenplan und den Grundsatz, von Siedlungsflächen mindestens einen Schutzabstand von 950 m zu wahren, ergaben sich drei Potenzialflächen, die noch genauer auf ihre Eignung und die sich ergebenden Umweltauswirkungen untersucht wurden.
    Die Fläche A kann bei näherer Betrachtung nicht weiter für eine Windenergienutzung vorgesehen werden, da sich zahlreiche wertvolle Lebensgemeinschaften und Biotope in ihrem Bereich befinden. Außerdem liegt die Fläche A in der Nähe eines Landschaftsschutzgebietes und eines Naturschutzgebietes. Die Fläche B lässt sich ohne den Ausbau eines Straßensystems für schwere Baufahrzeuge nicht erreichen. Zudem liegt sie in der Nähe des Flugplatzes, so dass die notwendige Hindernisfreiheit bei Errichtung von Windenergieanlagen nicht gegeben wäre. Die Fläche C ist demgegenüber geeignet, weil sie gute Windverhältnisse aufweist, Belange des Naturschutzes und des Umweltschutzes der Projektverwirklichung nicht entgegenstehen und auch ein ausreichender Abstand zur Wohnbebauung oder anderen schützenswerten Nutzungen gewahrt ist.

Textbeispiel 123: *Standortanalyse für Windkraftanlagen*

Es empfiehlt sich, bei der Auswahl von Standorten für die Wind- und Wasserenergie **1595** in Stufen vorzugehen. Zunächst sind Standortbereiche zu ermitteln, die auf Grund entsprechender Windverhältnisse geeignet sind. Diese von der Windhöffigkeit theoretisch geeigneten Standorte sind in weiteren Arbeitsschritten anhand von Ausschlusskriterien auf ihre Raumverträglichkeit hin zu überprüfen. Die Anlaufgeschwindigkeit von Windkraftanlagen wird nach dem heutigen Stand der Technik mit 3 m/s in Nabenhöhe angegeben. Eine wirtschaftliche Rentabilität stellt sich jedoch erst bei einer deutlich höheren Windgeschwindigkeit ein. Ein kostendeckender Betrieb wird unter den derzeitigen Bedingungen bei einer mittleren Jahresgeschwindigkeit von ca. 5 m/s in Naben angenommen. In einem Negativverfahren sind alle windhöffigen Bereiche auszuschließen, die zu

---

[136] Gesetzentwurf zur BauGB-Klimanovelle (Fn. 2), S. 6.

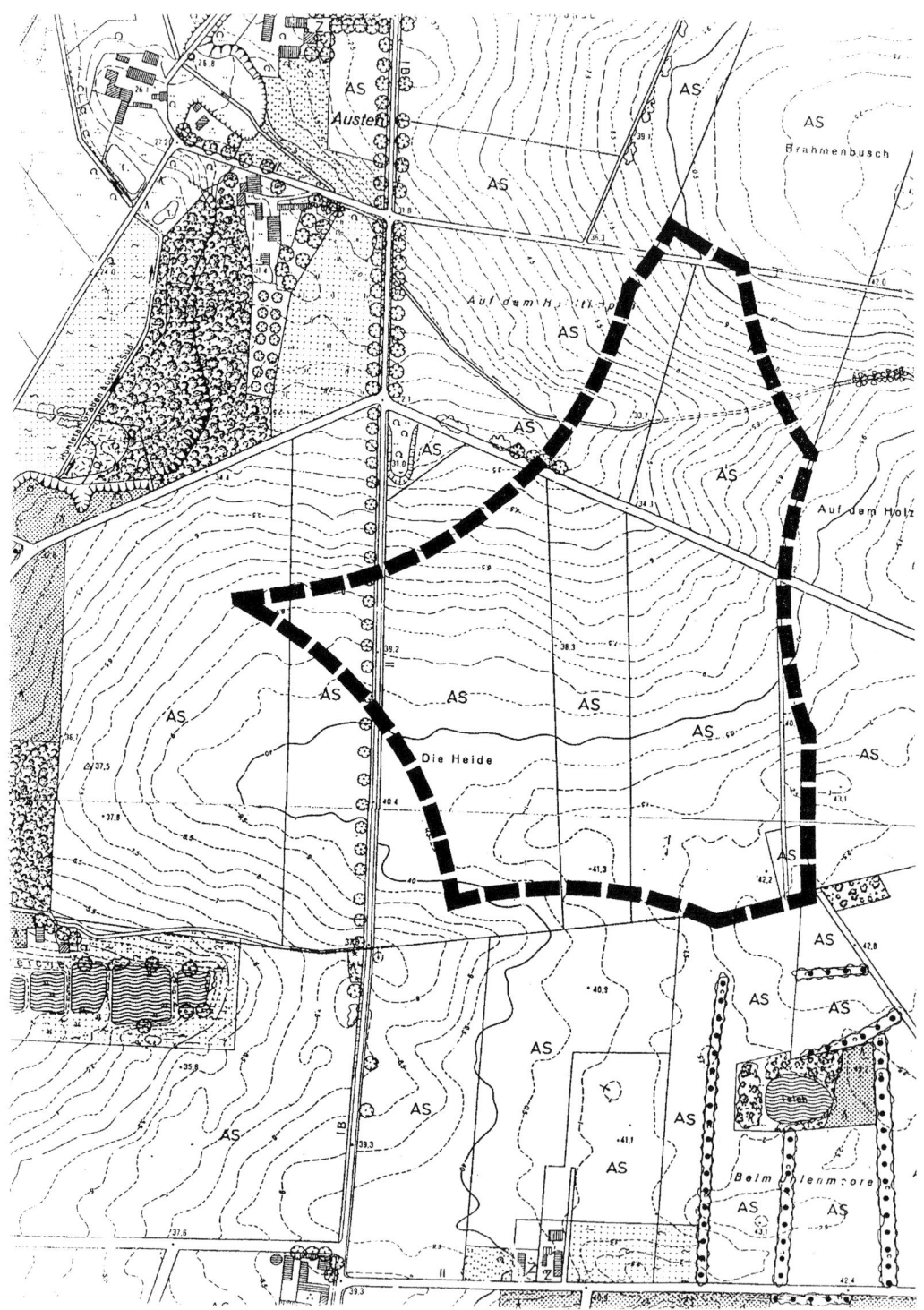

Abbildung 113: *Darstellungsprivileg Flächennutzungsplan*

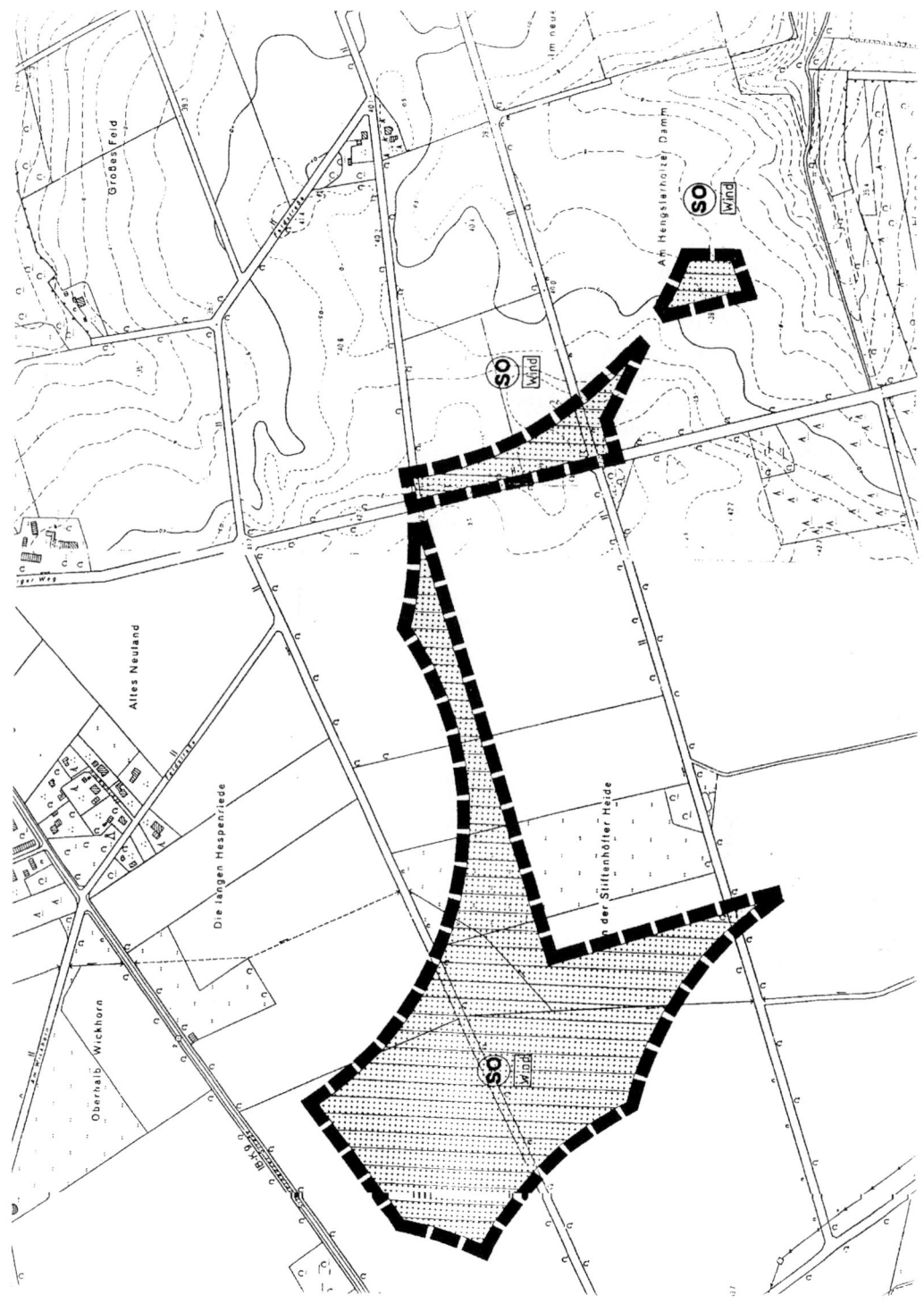

Abbildung 114: „*Sondergebiet Windenergie*"

unüberbrückbaren Nutzungskonflikten mit technischen, ökologischen oder raumord-nungspolitischen Ansprüchen führen würden. Als Ausschlusskriterien sind geeignet: Abstand zu Siedlungen von 500 oder auch 950 m, Überschneidung mit Freizeitanlagen oder ähnlichen Einrichtungen im Außenbereich, Abstände zu Straßen, Eisenbahntrassen Hochspannungsleitungen und Richtfunktrassen unter 100 m (Kipphöhe), Bauschutzbe-reich von Flughäfen und Flugplätzen und Schutzbereich von militärischen Anlagen, Abstände zu Naturschutzgebieten, flächenhaften Naturdenkmalen unter 200 m, Vogel-zug- und -brutgebieten sowie Vogelschutzgebieten, Abstände zu Biotopen, FFH-Gebiete. Waldabstand unter 200 m, Kultur- oder Bodendenkmale, Retentionsbereiche von Gewässern und Flüssen, Wasserschutzzone I und II eines Wasserschutzgebietes, schutzbe-dürftige Bereiche für Naturschutz und Landschaftspflege, für Erholung und für ober-flächennahen Rohstoffabbau des Regionalplans, Regionale Grünzüge und Grünzäsuren des Regionalplans sowie eine Mindestgröße von 10 h bis 40 ha (Windparks).

1596   Auf die Schritte des Ausschlusses folgt eine Beurteilung nach Abwägungskriterien. Hierzu zählen etwa Wasserschutzgebiete der Zone III, Landschaftsschutzgebiete, Natur-parks, Sicherungsbereiche für Erholung, schutzbedürftige Bereiche für Bodenerhaltung und Landwirtschaft, Sicherungsbereiche für oberflächennahen Rohstoffabbau, Abstände zu Aussiedlerhöfen und Wohnplätzen, Netzanbindung und Landschaftsbild. Die Abwä-gungsentscheidung auf der Ebene der Regionalplanung kann dabei auch Wünsche und Vorstellungen der betroffenen Gemeinden einbeziehen. So kann durch Vorranggebiete (§ 7 IV 1 Nr. 2 ROG) in Kombination mit Eignungsgebieten (§ 7 IV 1 Nr. 3 ROG) eine grundsätzliche Eignung der Standorte ausgewiesen werden, der Gemeinde im Rahmen der Flächennutzungsplanung aber noch ein Abwägungsspielraum eröffnet werden.

Regionale Windpark-Standorte

Größe potenziell geeigneter Flächen	105 ha	
	Beschreibung der beeinträchtigten Fläche	Intensität der Be-einträchtigung
Wasserschutzzone III	–	keine
Landschaftsschutzgebiet	–	keine
Naturpark	–	keine
Bereich zur Sicherung von Erholung	Die nördliche Teilfläche liegt in einem Sicherungsbereich, 17,5 ha Konfliktfläche	leicht
Schutzbedürftige Bereiche für Boden-erhaltung und Landwirtschaft	Die komplette Fläche liegt in einem schutzbedürftigen Bereich 105 ha Konfliktfläche	stark
Bereich zur Sicherung von oberflächen-nahen Rohstoffvorkommen	–	keine
Landschaftsbild	Der südwestliche Flächenvorsprung ent-lang des Schützengrabens würde die na-he Straße und einen Wanderweg visuell beeinträchtigen. Vom Rest der Fläche gehen kaum Beeinträchtigungen aus.	leicht
Netzanbindung	Die Fläche ist ganz von Leitungen um-geben. Der geringste Abstand zwischen Fläche und Leitung findet sich mit ca. 500 m im Westen. Es sind gute Möglich-keiten zur Netzanbindung gegeben.	keine

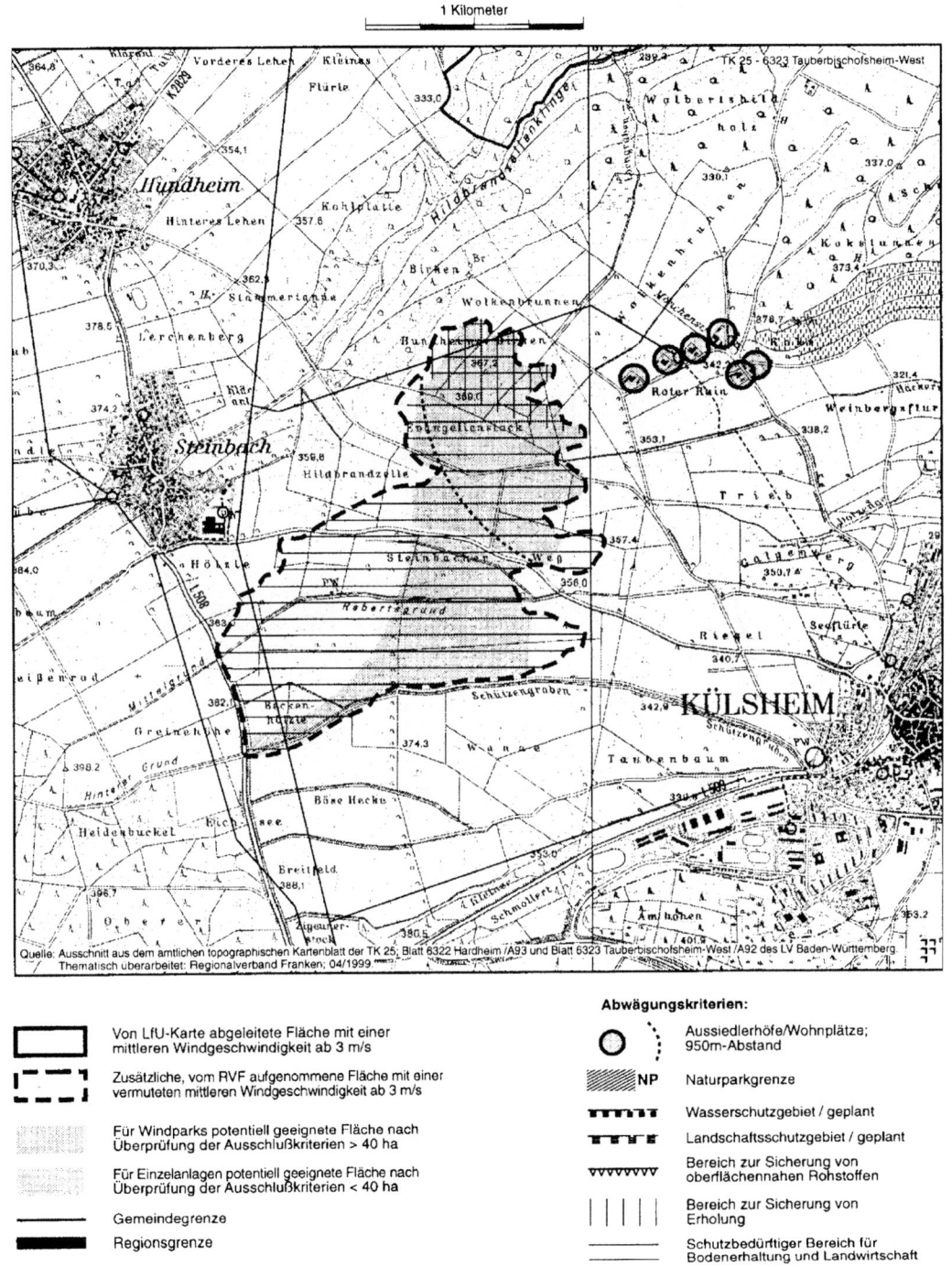

Abbildung 115: *Regionale Windpark-Standorte*

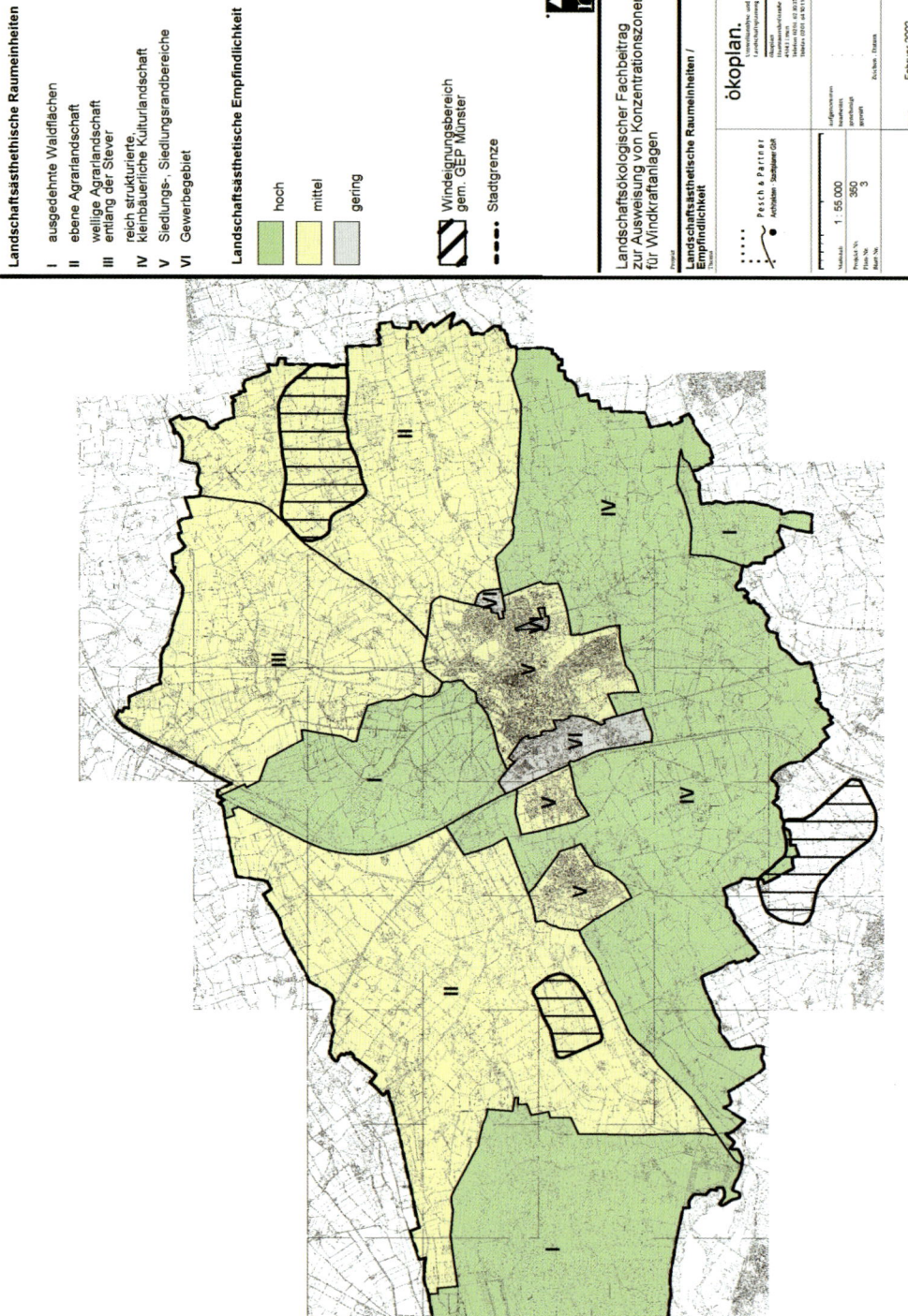

Abbildung 116: *Landschaftsästhetische Empfindlichkeit*

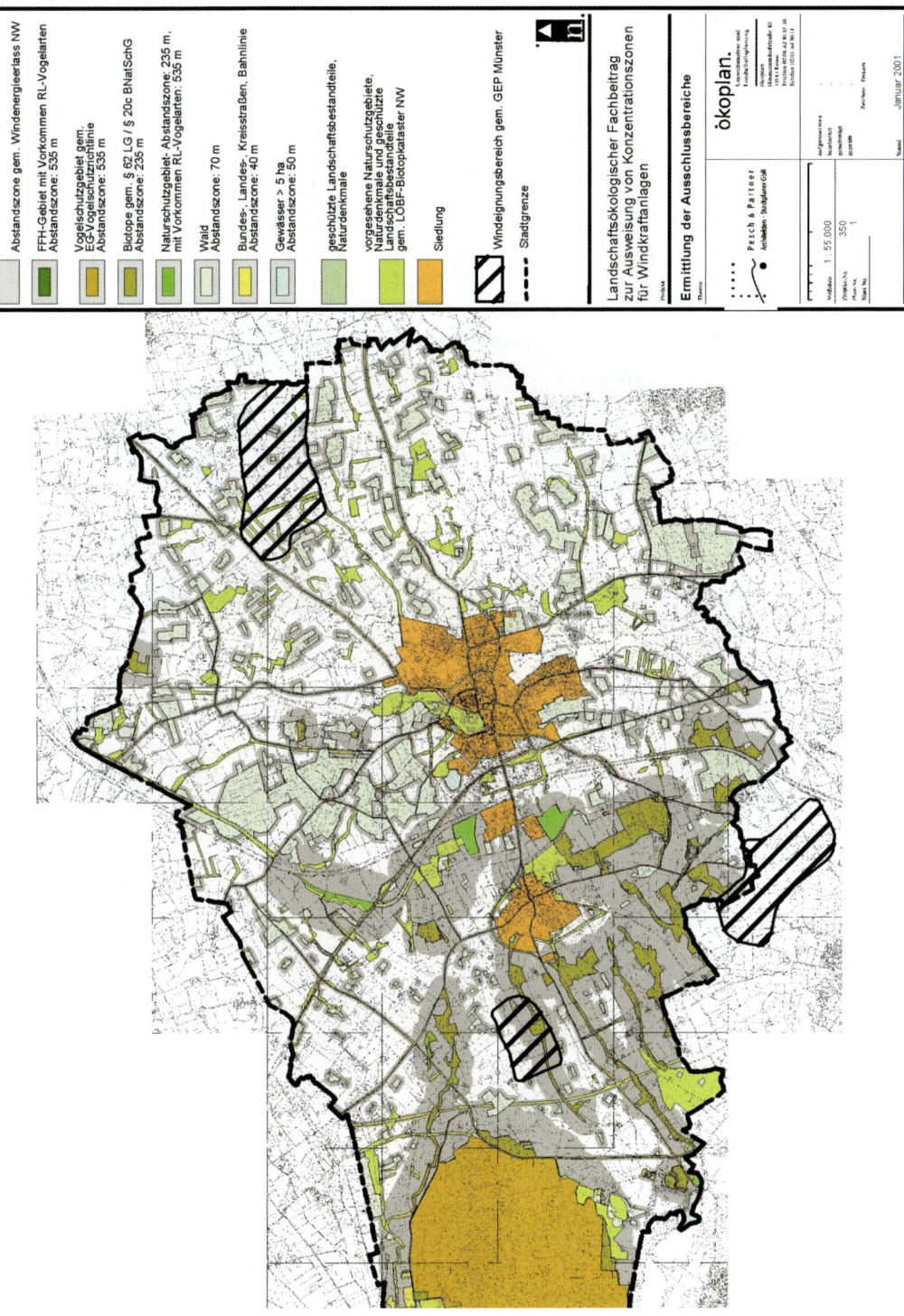

Abbildung 117: *Ausschlusskriterien Windenergieanlagen*

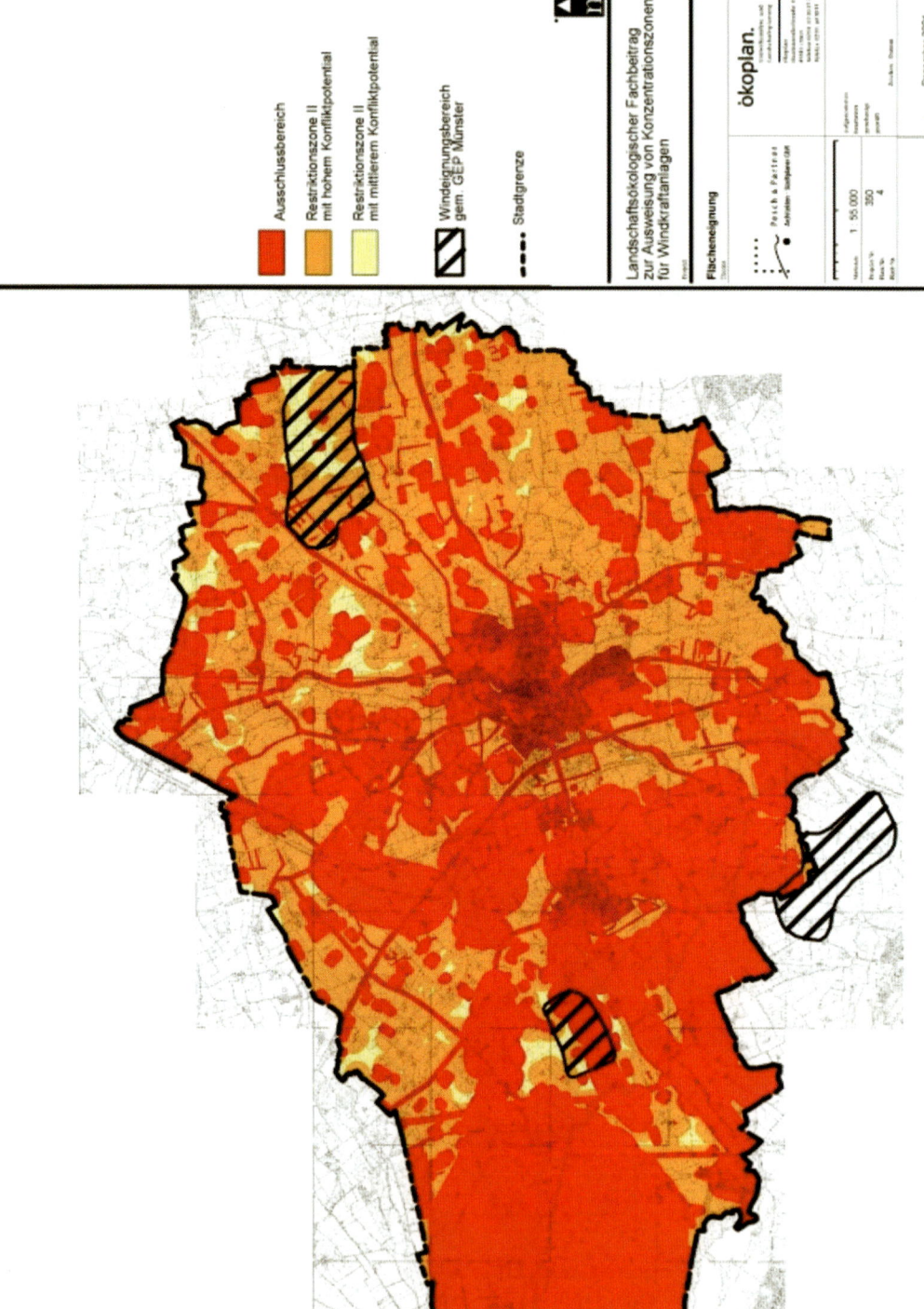

Abbildung 118: *Windenergieanlagen im Regionalplan*

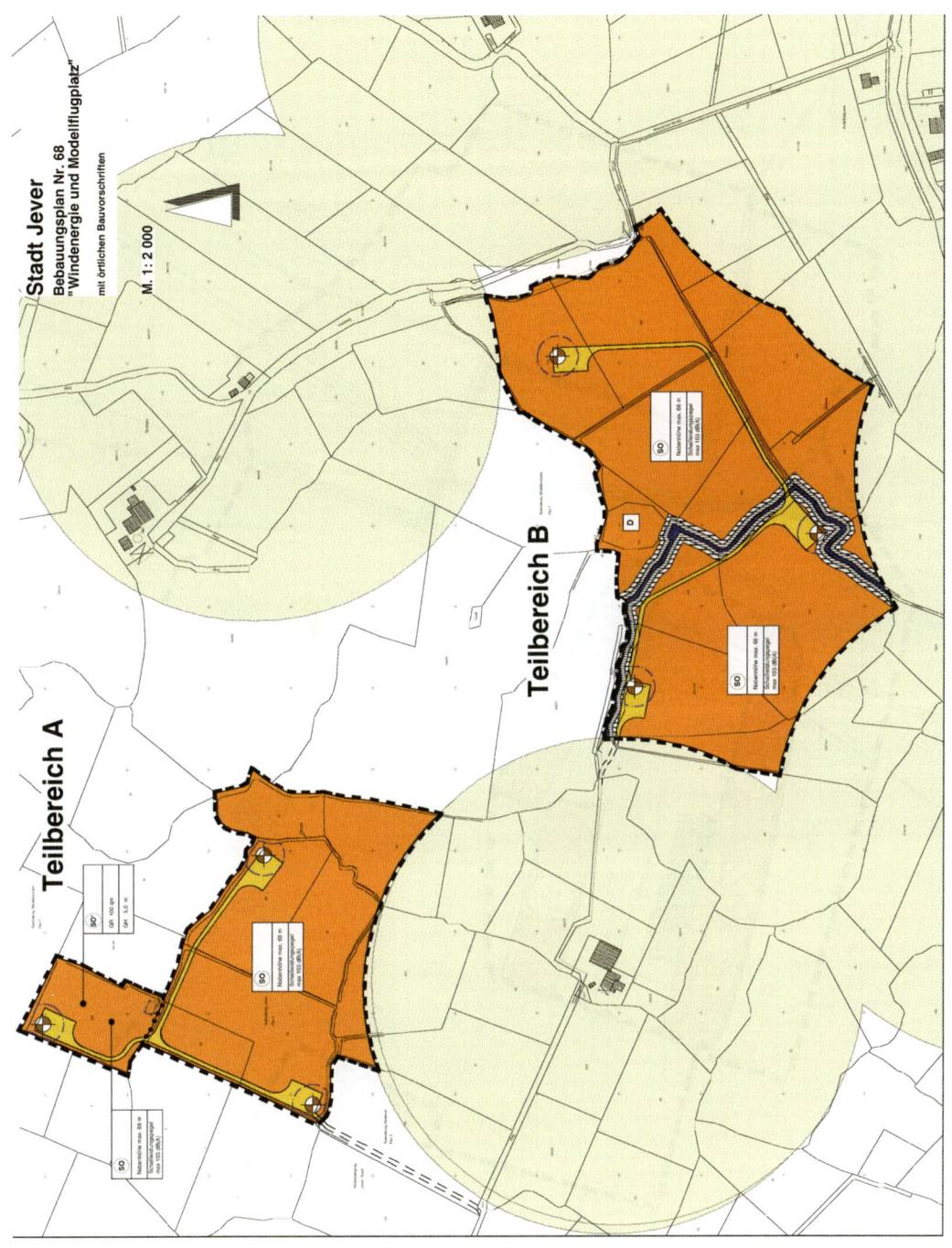

Abbildung 119: *Konzentrationszonen für Windenergieanlagen
Zwischenbereich als Überbrückungsfläche*

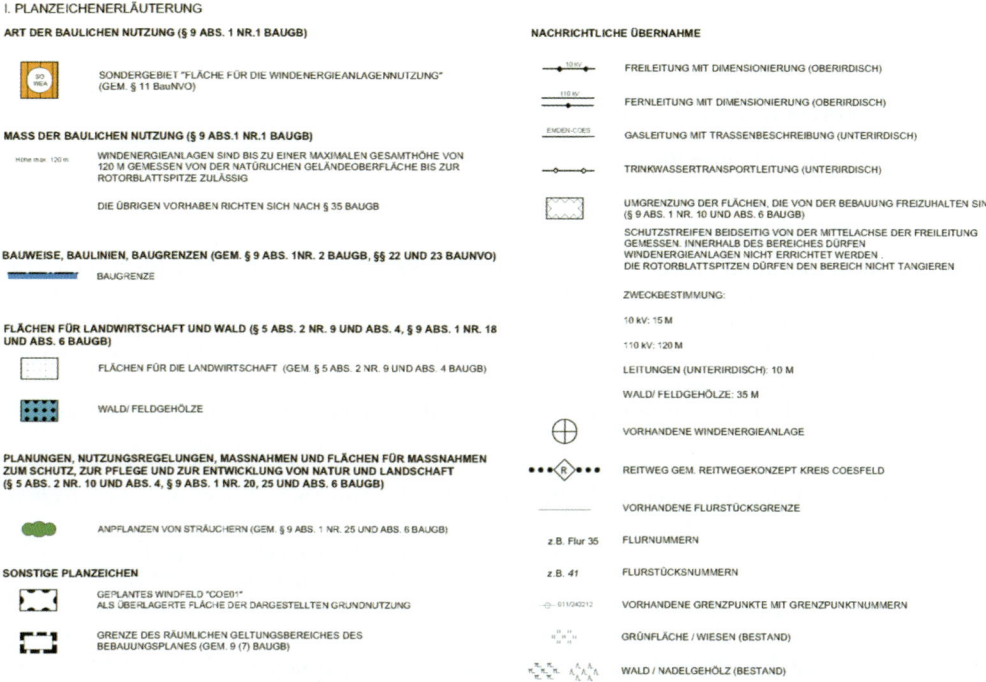

Abbildung 120: *Bebauungsplan Windenergieanlagen*

Gestalterische Festsetzungen für Windenergieanlagen

Die Farben reinweiß bis grauweiß sind zulässig. Der Mast darf als Ausnahme nach § 31 (1) BauGB im Bodenbereich grün (RAL 6010) ausgeführt werden. Dann ist eine Abstufung zu den oben benannten Farbtönen vorzunehmen. Die Rotorblätter der Anlage sind matt zu lackieren; die Oberfläche ist so herzustellen, dass Reflektionen oder Spiegelungen auszuschließen sind.

Die Drehrichtung der Rotoren ist aus der Windrichtung gesehen nur im Uhrzeigersinn zulässig. Firmensignets dürfen nur untergeordnet dargestellt werden. Sonstige Werbungen und Beleuchtungen oder andere Effektlackierungen (wie reflektierende oder fluoreszierende) sind, außer wenn sie zur Kennzeichnung von Teilen für Wartungs- und Reparaturarbeiten erforderlich sind, unzulässig. Zulässig sind farbliche Markierungen und Beleuchtungen, sofern sie für luftverkehrliche Belange notwendig sind. Das Installieren von Antennen oder Sendeanlagen für z. B. Richtfunkantennen für den Mobilfunk ist unzulässig.

Mehrbeinige oder gerüstartige Anlagen sowie solche mit mehreren Rotoren je Mast sind ausgeschlossen. Es sind ausschließlich solche mit einer dreiflügeligen Rotoranlage mit Horizontalachse und geschlossenem Mast zulässig (z. B. Rohr- oder Spannbetonmasten). Die für die Windenergie notwendigen Fundamente dürfen die Oberfläche des gewachsenen Geländes nicht überschreiten. Sie sind ohne konischen Unterbau zu gestalten. Leitungen zu den Anlagen sind unterirdisch zu verlegen.

Textbeispiel 124: *Gestalterische Festsetzungen für Windenergieanlagen (zu Abbildung 119)*

Hinweise

Bei Bodeneingriffen können Bodendenkmäler (kulturgeschichtliche Bodenfunde d. h. Mauerwerk, Einzelfunde, aber auch Veränderungen und Verfärbungen der natürlichen Bodenbeschaffenheit) entdeckt werden. Die Entdeckung von Bodendenkmälern ist der Gemeinde Rosendahl und dem Landschaftsverband Westfalen-Lippe, Westfälisches Museum für Archäologie/ Amt für Bodendenkmalpflege unverzüglich anzuzeigen(§§ 15 und 16 Denkmalschutzgesetz).

Im Rahmen des Genehmigungsverfahrens ist gem. § 14 Luftfahrtverkehrsgesetz (LuftVG) die Luftfahrtbehörde zu beteiligen, falls die Bauhöhe 100 m über Grund überschreitet. Die Einhaltung der fachgesetzlichen Vorgaben (z. B. Immissionsschutz, Eiswurf, Abstandsflächenregelung) ist im Genehmigungsverfahren zu beachten. Als standortgerechte Gehölzarten gelten insbesondere: Hainbuche, Stieleiche, Vogelkirsche, Rotbuche, Schwarzerle, Feldahorn, Weißdorn, Haselnuss, Holzapfel, Wildbirne, Grauweide, Oberweide, Salweide, Faulbaum, Hundsrose, Eberesche, Schneeball und Hartriegel.

Beim Wegebau zur Windkraftanlage sind zu beachten die Technischen Regeln- LAGA 11/1997 sowie die Verwertererlasse für mineralische Abfälle vom 9.10.2001. Soll für die Maßnahmen Bauschutt verwendet werden, darf dieser grundsätzlich nur rein und mineralisch sein. Das Material hat den Kriterien ZO: Uneingeschränkter Einbau, Z1: Eingeschränkter offener Einbau zu entsprechen.

Vor Baubeginn ist bei etwaigen Kreuzungen von Gewässern mit Leitungen eine Genehmigung gem. § 99 LWG bei der Unteren Wasserbehörde einzuholen.

Textbeispiel 125: *Hinweise Windenergieanlagen (zu Abbildung 119)*

1597 **g) Biomasseanlagen (§ 35 I Nr. 6 BauGB).** Privilegiert nach § 35 I Nr. 6 BauGB ist der energetischen Nutzung von **Biomasse** im Rahmen eines Betriebes nach § 35 I Nr. 1 oder 2 BauGB oder eines Betriebes nach § 35 I Nr. 4 BauGB, der Tierhaltung betreibt, sowie dem Anschluss solcher Anlagen an das öffentliche Versorgungsnetz dient, unter folgenden Voraussetzungen:
- das Vorhaben steht in einem räumlich-funktionalen Zusammenhang mit dem Betrieb,
- die Biomasse stammt überwiegend aus dem Betrieb oder überwiegend aus diesem und aus nahe gelegenen Betrieben nach den Nummern 1, 2 oder 4, soweit letzterer Tierhaltung betreibt,
- es wird je Hofstelle oder Betriebsstandort nur eine Anlage betrieben und
- die installierte elektrische Leistung der Anlage überschreitet nicht 0,5 MW.

1598 Durch die **BauGB-Klimanovelle 2011** sind die Anforderungen an die planungsrechtliche Zulässigkeit von Biogasanlagen in § 35 I Nr. 6 BauGB präzisiert worden.[137] Biogasanlagen sind danach privilegiert zulässig, wenn die Kapazität einer Anlage 2,3 Millionen Normkubikmeter Biogas pro Jahr und die Feuerungswärmeleistung anderer Anlagen nicht 2,0 Megawatt überschreitet.[138] Die Vorschrift erweitert daher die planungsrechtliche Zulässigkeit von Biomasseanlagen, die als mitgezogener Betriebsteil einer landwirtschaftlichen Nutzung nach § 35 I Nr. 1 BauGB privilegiert sind. Denn Landwirtschaft i. S. von § 201 BauGB kann auch die Erzeugung von Biogas durch Vergärung von Biomasse sein. Das gilt auch dann, wenn die Biomasse unter anderem von Flächen gewonnen wird, die dem Betrieb zur Bewirtschaftung unter Auflagen in landespflegerischem Interesse und unter Gewährung einer Beihilfe überlassen werden.[139] Die Biomasseanlage muss allerdings dem landwirtschaftlichen Betrieb dienen, was voraussetzt, dass in der Anlage nur Biomasse verarbeitet wird, die überwiegend aus dem landwirtschaftlichen Betrieb stammt (→ *Abbildung 121 mit Textbeispiel 126*).

1599 Durch § 35 I Nr. 6 BauGB wird diese Privilegierung der Biomasseanlagen als mitgezogener Betriebsteil eines landwirtschaftlichen Betriebes erweitert. Die Zulässigkeitsvoraussetzungen sind flexibler gestaltet. Die Biomasse muss nicht überwiegend aus dem landwirtschaftlichen Betrieb stammen, sondern kann auch in nahe gelegenen Betrieben erzeugt werden. Allerdings sind die Biomasseanlagen auf eine Anlage je Betrieb mit einer elektrischen Leistung von 0,5 MW beschränkt.[140]

1600 Mit der Regelung des § 35 I Nr. 6 BauGB soll der Strukturwandel in der Landwirtschaft unterstützt werden. Zugleich soll dabei dem Gebot des Außenbereichsschutzes so weit wie möglich Rechnung getragen werden. Es wird nicht nur die Herstellung und Nutzung der Energie von aus Biomasse erzeugtem Gas, sondern jede energetische Nut-

---

[137] Zu Bedenken *Loibl/Rechel* UPR 2008, 134; *Manten* ZUR 2008, 576.

[138] Der Begriff „Normkubikmeter" bezeichnet eine in der Gastechnik verwendete Gasmengeneinheit. Ein Normkubikmeter ist eine Menge, die bei einem Druck von 1,01325 bar, einer Luftfeuchtigkeit von 0 % und einer Temperatur von 00C ein Volumen von einem Kubikmeter hat, DIN 1343, Referenzzustand, Normzustand, Normvolumen; Begriffe, Werte.

[139] OVG Koblenz, Urt. v. 24.10.2001 – 8 A 10125/01 – RdL 2003, 295.

[140] EAG Bau 2004 Mustererlass 2004.

zung von Biomasse (einschließlich der thermischen Energienutzung der Biomasse) privilegiert. Voraussetzung ist, dass die Anlage auf der Hofstelle eines landwirtschaftlichen Betriebs oder im räumlich-funktionalen Zusammenhang mit einem forstwirtschaftlichen Betrieb, einem Gartenbaubetrieb oder einem gewerblichen, Tier haltenden Betrieb errichtet wird. Zum Schutz des Außenbereichs wird die Privilegierung jedoch auf Biomasseanlagen beschränkt, deren installierte elektrische Leistung 0,5 MW (entspricht etwa 2,0 MW Eingangsleistung oder auch Feuerungswärmeleistung der eingesetzten Biomasse) nicht überschreitet. Auf der Grundlage des EEG werden die Rahmenbedingungen für die Stromerzeugung und die dabei einzuhaltenden Umweltanforderungen in der **BiomasseV** geregelt.[141] Zur Biomasse zählen Pflanzen und Pflanzenbestandteile, daraus hergestellte Energieträger, Abfälle und Nebenprodukte pflanzlicher und tierischer Herkunft aus der Land-, Forst und Fischereiwirtschaft, Bioabfälle nach § 2 der BioabfallV, aus Biomasse erzeugte Gase und Alkohole. Als Biomasse gelten Altholz, daraus erzeugtes Gas, Pflanzenölmethylester, Treibsel und durch anaerobe Vergärung erzeugtes Biogas (§ 2 II und III BiomasseV). Bei der Verbrennung der Biomasse sind die umweltrechtlichen Anforderungen einzuhalten (§ 5 BiomasseV).

Nach der vormaligen Rechtslage konnten Anlagen zur Nutzung von Biomasse unter **1601** bestimmten Umständen im Außenbereich als dienende oder „mitgezogene" Nutzung genehmigt werden. Die Erweiterung der Privilegierungstatbestände erfasst ausdrücklich auch die Nutzung der aus Biomasse erzeugten Energie im räumlich-funktionalen Zusammenhang mit einem Betrieb, wenn mehrere Biomasse erzeugende Betriebe kooperieren. Die Einschränkung auf nahe liegende Betriebe soll aus ökologischen und auch aus volkswirtschaftlichen Gründen einen überregionalen Transport des Rohmaterials verhindern. Die Regelung bildet gegenüber der nach bisherigem Recht möglichen Privilegierung nach § 35 I Nr. 1 BauGB auf Grund der „dienenden Funktion" oder als „mitgezogene Nebennutzung" die speziellere Vorschrift und ist insofern abschließend.

Planungskonzept Biogasanlage „Hainfelde"
Der Bebauungsplan weist einen Standort für mehrere Biogasanlagen mit einer Megawattzahl von 1 MW oder mehr an elektrischer Leistung in der Nachbarschaft eines landwirtschaftlichen Betriebes mit einer Sauenzuchtanlage aus. Im Vorfeld des Bauleitplanverfahrens ist eine ausführliche Standortanalyse für das gesamte Stadtgebiet durchgeführt worden. Unter den danach mehreren geeigneten Standorten befand sich auch der Bereich des Plangebietes. Das Bebauungsplanverfahren wurde in enger Abstimmung mit dem Gewerbeaufsichtsamt durchgeführt. Wegen verschiedener Wohnhäuser im Außenbereich im weiteren Umfeld des Standortes war ein umfangreiches Geruchsgutachten erforderlich, das dazu führte, dass der ursprüngliche Standort nach der Behördenbeteiligung noch einmal verändert wurde.

Textliche Festsetzungen
1. Sondergebiet „Biogasanlage, Regenerative Energien"
1.1 Innerhalb des Sondergebietes sind zulässig: Bioheizkraftwerk-Gebäude, Fermenter, Endlager, Vorbehälter, sonstige Betriebsgebäude, Container, Halle zur Lagerung von Festmist und sonstiger Biomasse, Veredelungsbecken, Zufahrten, Wendeplätze, Stellplätze, Lagerflächen für Biomasse, Anlagen zur Erzeugung regenerativer Energien als Nebenanlagen.
1.2 Die Mindestenergieleistung je Biomasse beträgt 750 kW elektrischer Leistung.
1.3 Der Abstand zwischen der Halle und der Sauenzuchtanlage muss mindestens 200 m betragen.
2. Höhe baulicher Anlagen gem. § 18 BauNVO: Die Gebäudehöhe (GH) ist die obere Kante des Gebäudes gemessen bis zur Oberkante Fahrbahnmitte der angrenzenden Erschließungsstraße. Die Gebäudehöhe darf nur durch untergeordnete Bauteile (z. B. Schornsteine, Antennen) überschritten werden. Die Anlagenhöhe darf durch untergeordnete technische Bauteile (z. B. Schornsteine, Antennen) überschritten werden.
3. Flächen zum Anpflanzen von Bäumen, Sträuchern und sonstigen Bepflanzungen gem. § 9 I Nr. 25 a BauGB: Die gekennzeichneten Flächen sind vollflächig mit standortheimischen Bäumen und Sträuchern zu bepflanzen, der Baumanteil muss mindestens 10 % betragen.
4. Flächen für Maßnahmen zum Schutz, zur Pflege und zur Entwicklung von Boden, Natur und Landschaft und Fläche zum Anpflanzen von Bäumen, Sträuchern und sonstigen Bepflanzungen gem. § 9 I Nr. 20 und 25 a BauGB

---

[141] Verordnung über die Erzeugung von Strom aus Biomasse (Biomasseverordnung – BiomasseV) v 21.6.2002 (BGBl. I S 1234).

Abbildung 121: *Biogasanlage Hainfelde*

4.1 Die Flächen sind als extensiv genutzter Landschaftsrasen (maximal zweimalige Mahd pro Jahr) anzulegen und zu erhalten.

4.2 Entlang der westlichen Seite der Maßnahmenfläche (unter Freihaltung der Schutzbereiche der Gasleitung) ist ein mindestens dreireihiger Gehölzgürtel aus standortgerechten heimischen Gehölzarten anzupflanzen.

4.3 Entlang der nördlichen und südlichen Grenze ist (unter Freihaltung der Schutzbereiche der Gasleitungen) ein mindestens dreireihiger Gehölzgürtel aus standortgerechten heimischen Gehölzen anzupflanzen.

5. Oberflächenentwässerung gem. § 14 und § 20 BauNVO
Auf der Fläche ist ein naturnahes Rückhaltebecken mit mäandrierender Uferlinie und wechselnden Uferneigungen von 1 : 3 bis 1 : 5 anzulegen. Das Gewässer und seine Uferbereiche sind der natürlichen Sukzession zu überlassen. 25 % der verbleibenden Fläche ist mit heimischen standortgerechten Gehölzen zu bepflanzen; hierbei ist auf die Offenhaltung der Gasleitung und ihrer Schutzbereiche zu achten.

Textbeispiel 126: *Festsetzungen Biogasanlage (zu Abbildung 121)*

h) Kerntechnische Anlagen (§ 35 I Nr. 7 BauGB). Nach § 35 I Nr. 7 BauGB sind Au- **1602** ßenbereichsvorhaben privilegiert, die der Erforschung, Entwicklung oder Nutzung der Kernenergie zu friedlichen Zwecken oder der Entsorgung radioaktiver Abfälle dienen, mit Ausnahme der Neuerrichtung von Anlagen zur Spaltung von Kernbrennstoffen zur gewerblichen Erzeugung von Elektrizität.[142] Nach der mit dem Atomausstieg verbundenen Energiewende war es folgerichtig, die Atomkraftwerke im Außenbereich nicht mehr uneingeschränkt für privilegiert zulässig zu erklären. Durch die **BauGB-Novelle 2011** ist die Neuerrichtung von Anlagen zur Spaltung von Kernbrennstoffen zur gewerblichen Erzeugung von Elektrizität vielmehr aus der Außenbereichsprivilegierung ausgenommen.[143] Damit hat der Gesetzgeber einen bereits mit dem Atomausstieg des Jahres 2000 sich abzeichnenden Schritt in das Städtebaurecht übernommen. Der Atomausstieg als Teil der Energiewende soll so auch für das Recht der städtebaulichen Planung unumkehrbar sein.[144] Die Ausnahme erfasst lediglich die Neuerrichtung von Atomkraftwerken (§ 7 I 2 AtG), nicht jedoch die Veränderung von Anlagen oder ihres Betriebes (§ 7 I 3 AtG).[145] Auch Anlagen, die der Erforschung und Entwicklung der Kernenergie sowie der Entsorgung radioaktiver Abfälle dienen, sind weiterhin privilegiert.[146]

Die Begriffe der Erforschung, Entwicklung und Nutzung entsprechen denen des § 1 **1603** Nr. 1 AtG. Darunter fallen z. B. Kernkraftwerke, Forschungsreaktoren oder Wiederaufbereitungsanlagen. Der Entsorgung dienende Anlagen sind etwa Landessammelstellen für radioaktive Abfälle, Zwischen- und Endlager. Kerntechnische Anlagen für den Außenbereich sind privilegiert[147], da sie auf Grund ihres Gefahrenpotenzials im Hinblick auf die Emissionen radioaktiver Stoffe grundsätzlich im Außenbereich ausgeführt werden sollen.[148] Die Privilegierung in § 35 I Nr. 7 BauGB soll – bei Überwindung des Widerstandes einiger Gemeinden, für kerntechnische Vorhaben Bebauungspläne aufzustellen – eine flächenmäßige und sinnvolle Nutzung der Kernenergie sicherstellen. Ob diese Vorhaben

---

[142] *Hoppe* DVBl 1982, 913.

[143] *Battis/Krautzberger/Mitschang/Reidt/Stüer* NVwZ 2011, 897; *Krautzberger/Stüer* BauR 2011, 1416; *Söfker* ZfBR 2011, 541; *Stüer/Stüer* DVBl 2011, 1117.

[144] Zu den entschädigungsrechtlichen Fragestellungen *Stüer/Loges* NVwZ 2000, 9.

[145] Ausschuss für Verkehr, Bau- und Stadtentwicklung, Beschlussempfehlung und Bericht v. 29.6.2011, BT-Drs. 17/6357, S. 9.

[146] *Battis/Krautzberger/Mitschang/Reidt/Stüer* NVwZ 2011, 897. Zur Frage der Privilegierung einer baulichen Anlage im Außenbereich zur Durchführung von Materialtests, deren Ergebnisse für die Errichtung von Atomanlagen genutzt werden sollen nach der vor Inkrafttreten den BauGB 2011 bestehenden Rechtslage OVG Koblenz, Urt. v. 22.7.2009 – 8 A 10852/08 – LKRZ 2009, 393 = DVBl 2009, 1390 – Anlage zur Testung von Material für Atomanlage im Außenbereich.

[147] BVerwG, Urt. v. 19.12.1985 – 7 C 65.82 – BVerwGE 72, 300 = DVBl 1986, 190 = NVwZ 1986, 208 = ZfBR 1986, 82.

[148] Vgl. hierzu auch das Strahlenminimierungsgebot bei der Standortprüfung in § 7 II Nr. 6 AtG.

auch schon durch Nrn. 3 oder 4 privilegiert sind, ist auf Grund ihrer ausdrücklichen Erwähnung in § 35 I Nr. 7 BauGB nicht von Bedeutung. Durch das Atomausstiegsgesetz werden allerdings keine neuen Atomkraftwerke zugelassen. Bedeutung kann § 35 I Nr. 7 BauGB allerdings für End- und Zwischenlager für radioaktive Brennstoffe haben. Das Darstellungsprivileg, das u.a. auch die Gemeinden für einen Ausschluss solcher Anlagen nutzen können, gilt nicht für kerntechnische Anlagen nach § 35 I Nr. 7 BauGB.

1604 **i) Solarenergie.** Durch die BauGB-Klimanovelle 2011 erstmals privilegiert wurden nach § 35 I Nr. 8 BauGB auch die Nutzung solarer Strahlungsenergie in, an und auf Dach- und Außenwandflächen von zulässigerweise genutzten Gebäuden, wenn die Anlage dem Gebäude baulich untergeordnet ist.[149] Die Privilegierung bezieht sich auf Flächen von zulässigerweise genutzten Gebäuden, nicht auf sonstige bauliche Anlagen (→ *Abbildung 122*). Gebäude sind dabei selbständig benutzbare, überdeckte bauliche Anlagen, die von Menschen betreten werden können und vorrangig dazu bestimmt sind, dem Schutz von Menschen, Tieren oder Sachen zu dienen (§ 33 III EEG). Durch die Privilegierung werden zugleich Fragen beantwortet, die sich in der Praxis stellen.[150] Die Förderung von Anlagen der solaren Strahlungsenergie unterscheidet zwischen Anlagen an oder auf Gebäuden (§ 33 EEG) und baulichen Anlagen, die keine Gebäude sind und vorrangig zu anderen Zwecken errichtet worden sind (§ 32 EEG) wie etwa Lärmschutzwälle oder bestimmte Freiflächenanlagen.

1605   Werden die Anlagen nicht auf Gebäuden angebracht, erfolgt eine Förderung, wenn die Anlage (1) an oder auf einer baulichen Anlage angebracht ist, die vorrangig zu anderen Zwecken als der Erzeugung von Strom aus solarer Strahlungsenergie errichtet worden ist, (2) auf einer Fläche errichtet worden ist, für die ein Verfahren nach § 38 S. 1 BauGB durchgeführt worden ist, oder (3) mit bestimmten Maßgaben im Bereich eines beschlossenen Bebauungsplans (§ 30 BauGB) errichtet worden ist. Gefördert werden insbesondere auch im Bebauungsplan ausgewiesene Anlagen, die längs von Autobahnen oder Schienenwegen in einer Entfernung bis zu 110 m, gemessen vom äußeren Rand der befestigten Fahrbahn, errichtet worden sind (§ 32 I EEG). Gefördert werden auch im Geltungsbereich eines Bebauungsplans errichtete Anlagen, die sich auf versiegelten Flächen oder auf Konversionsflächen aus wirtschaftlicher, verkehrlicher, wohnungsbaulicher oder militärischer Nutzung befinden. Ausgenommen sind davon als Naturschutzgebiet (§ 23 BNatSchG) oder als Nationalpark (§ 24 BNatSchG) ausgewiesene Flächen (§ 32 II EEG). § 33 EEG regelt die Vergütung für Anlagen zur Erzeugung von Strom aus solarer Strahlungsenergie, die ausschließlich an oder auf einem Gebäude oder einer Lärmschutzwand angebracht sind. Die Vergütungssätze sind nach Anlagengrößen gestaffelt. Die Anlagen sowie die dazu gehörenden Befestigungen, wie z. B. Halterungen, Aufständerung oder Fundamente, müssen in der Weise an oder auf einem Gebäude angebracht worden sein, dass ausschließlich das Gebäude das Gewicht dieser technischen Einrichtungen trägt. Lärmschutzwände sind in Abgrenzung zu Lärmschutzwällen in der Regel senkrechte künstliche Wände. Die erhöhte Vergütung wird gewährt, weil durch die senkrechte Anordnung der Anlagen im Regelfall ein geringerer Ertrag zu erwarten ist.[151] Zugleich wird die Eigenverbrauchsregelung für Anlagen, deren Strom in unmittelbarer räumlicher Nähe verbraucht und nicht durch ein Netz durchgeleitet wird, bis Ende 2013 fortgeführt (§ 33 II EEG). Die Förderung sämtlicher Anlagen der solaren Strahlungsenergie (§§ 32, 33 EEG) erfolgt dabei nach dem Prinzip des **„atmenden Deckels"** (§ 20 a EEG) mit einer jährlichen Degression von grundsätzlich 9 %, von der in bestimmten Fällen nach oben oder nach unten abgewichen werden kann.

---

[149] *Battis/Krautzberger/Mitschang/Reidt/Stüer* NVwZ 2011, 897; *Krautzberger/Stüer* BauR 2011, 1416; *Söfker* ZfBR 2011, 541: *Stüer/Stüer* DVBl 2011, 1117.

[150] OVG Münster, B. v. 20.9.2010 – 7 B 985/10 – BauR 2011, 240; *Battis/Krautzberger/Mitschang/Reidt/Stüer* NVwZ 2011, 897.

[151] Entwurf eines Gesetzes zur Neuregelung des Rechtsrahmens für die Förderung der Stromerzeugung aus erneuerbaren Energien, v. 6.6.2011, BT-Drs. 17/6071, S. 153-155.

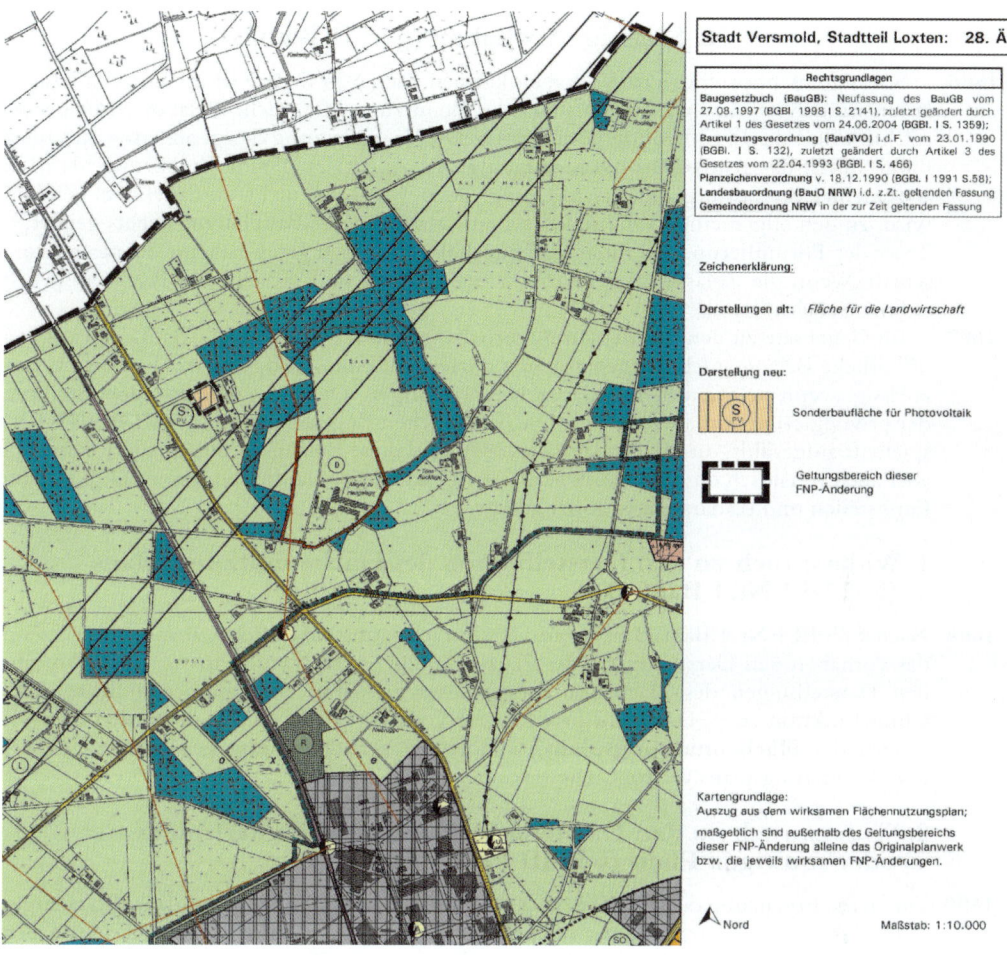

Abbildung 122: *Sonderbaufläche Photovoltaik*

X. Sonstige Vorhaben (§ 35 II BauGB)

1606   Sonstige nicht privilegierte Vorhaben können nach § 35 II BauGB im Einzelfall zugelassen werden, wenn ihre Ausführung oder Benutzung öffentliche Belange nicht beeinträchtigt und die Erschließung gesichert ist. Die Voraussetzung der gesicherten Erschließung, durch das BauROG 1998 hinzugefügt, ist eine klarstellende Ergänzung, da nach allgemeiner Auffassung die Erschließung, auch wenn sie nicht ausdrücklich genannt wird, zu den allgemeinen Zulässigkeitsvoraussetzungen des Bauplanungsrechts gehört.[152] Trotz der Formulierung „können im Einzelfall" ist § 35 II BauGB keine Ermessensvorschrift. Wenn die Zulässigkeitsvoraussetzungen erfüllt sind, besteht ein Rechtsanspruch auf die Genehmigung.[153]

1607   Im Gegensatz zu den privilegierten Vorhaben nach § 35 I Nr. 1 bis 7 BauGB bei denen öffentliche Belange nicht entgegenstehen dürfen, sind die sonstigen Vorhaben bereits unzulässig, wenn sie öffentliche Belange beeinträchtigen. Dies hebt die besondere Stellung der privilegierten Vorhaben hervor. Die beachtlichen Belange sind in § 35 III BauGB beispielhaft aufgezählt, durch das BauROG 1998 sind diese Belange neu gegliedert, zum Teil aber auch inhaltlich ergänzt worden. Das EAG Bau 2004 hat die Funktionsfähigkeit von Funkstellen und Radaranlagen hinzugefügt.

1. Widerspruch zu den Darstellungen des Flächennutzungsplans (§ 35 III 1 Nr. 1 BauGB)

1608   Nach § 35 III 1 Nr. 1 BauGB liegt eine Beeinträchtigung öffentlicher Belange vor, wenn das Vorhaben den Darstellungen des Flächennutzungsplans widerspricht. Dabei kommt den Darstellungen des Flächennutzungsplans regelmäßig eine unüberwindbare Ausschlussfunktion zu.[154] Das nicht privilegierte Vorhaben widerspricht daher den Darstellungen des **Flächennutzungsplans**, wenn seine Verwirklichung gegen Aussagen des Flächennutzungsplans verstößt. Diese können auch allgemein gefasst sein.

2. Widerspruch zu den Darstellungen eines Landschaftsplans oder sonstigen Plans (§ 35 III 1 Nr. 2 BauGB)

1609   Durch die Ergänzung des § 35 III 1 Nr. 2 BauGB im BauROG 1998 ist ausdrücklich klargestellt, dass eine Beeinträchtigung öffentlicher Belange auch vorliegt, wenn das Vorhaben den Darstellungen eines Landschaftsplans oder sonstigen Plans insbesondere des Wasser-, Abfall- oder Immissionsschutzrechts widerspricht. Die Darstellungen in Landschafts- oder sonstigen Fachplänen sind damit als Prüfbelange ausdrücklich erwähnt worden. In Bezug auf die Erwähnung der Landschaftsbelange soll damit zugleich eine Harmonisierung mit § 35 IV BauGB, der ebenfalls auf den Landschaftsplan verweist, bewirkt werden. Die gesetzliche Regelung stellt klar, dass entsprechende Darstellungen in Fachplänen zur Unzulässigkeit von nicht privilegierten Außenbereichsvorhaben führen. Wird etwa in einem Landschaftsplan eine Fläche als Landschaftsschutzgebiet ausgewiesen, so führt dies zugleich zu einer Beeinträchtigung öffentlicher Belange und damit zu einer grundsätzlichen planungsrechtlichen Unzulässigkeit eines nicht privilegierten Außenbereichsvorhabens.[155] Das

---

[152] BVerwG, Urt. v. 7.2.1986 – 4 C 30.84 – BauR 1986, 421 = DÖV 1986, 699 = DVBl 1986, 682.

[153] BVerwG, Urt. v. 29.4.1964 – 1 C 30.62 – BVerwGE 18, 247 = DVBl 1964, 527 = NJW 1964, 1973; BGH, Urt. v. 5.2.1981 – III A 146/79 – BauR 1981, 357 = ZfBR 1981, 200; *Söfker* ZfBR 89, 91; *Stüer*, Handbuch des Bau- und Fachplanungsrechts, Rn. 2568; ablehnend dazu *Fislake* ZfBR 1988, 166; *Ortloff* NVwZ 1988, 320.

[154] BVerwG, B. v. 31.10.1997 – 4 B 185.97 – Buchholz 406.11 § 35 BauGB Nr. 333.

[155] Die Reichweite der Bindungswirkungen einer Landschaftsschutzverordnung ist dem jeweiligen Landesrecht zu entnehmen, OVG Münster, Urt. v. 11.1.1999 – 7 A 2377/96 – NuR 1999, 704 = BauR 2000, 62 – Landschaftsplan.

gilt auch für andere Fachpläne, die zumeist mittelbare Rechtswirkungen gegenüber dem Bürger erzeugen können wie etwa Fachpläne des Wasser-, Abfall- oder Immissionsschutzrechts. Es muss sich dabei allerdings um Fachpläne handeln, die (auf landesrechtlicher Grundlage) in einem förmlichen Verfahren aufgestellt worden sind und eine entsprechende Verbindlichkeit haben. Informelle Planungen etwa der Gemeinde ohne eine solche Verbindlichkeit (§ 1 VI Nr. 11 BauGB) können auch einem nicht privilegierten Außenbereichsvorhaben nicht entgegengehalten werden (→ Darstellungsprivileg).

3. Schädliche Umwelteinwirkungen (§ 35 III 1 Nr. 3 BauGB)

Nach § 35 III Nr. 3 BauGB sind öffentliche Belange beeinträchtigt, wenn das Vorhaben **1610** schädliche Umwelteinwirkungen hervorrufen kann oder ihnen ausgesetzt wird. Die Umwelteinwirkungen beurteilen sich nach § 5 Nr. 1 BImSchG. Der öffentliche Belang der schädlichen Umwelteinwirkungen ist mit dem Gebot der nachbarlichen Rücksichtnahme eng verbunden.

4. Unwirtschaftliche Aufwendungen (§ 35 III 1 Nr. 4 BauGB)

Öffentliche Belange sind auch beeinträchtigt, wenn das Vorhaben unwirtschaftliche Auf- **1611** wendungen für Straßen oder andere Verkehrseinrichtungen, für Anlagen der Ver- oder Entsorgung, für die Sicherheit oder Gesundheit oder für sonstige Aufgaben erfordert. Dies soll verhindern, dass kein unwirtschaftlicher Aufwand für öffentliche Einrichtungen für das Vorhaben entsteht, da für die Zulässigkeit die Erschließung gesichert sein muss. Dies gilt auch für unwirtschaftliche Aufwendungen, die der Bauherr übernehmen will, da das Gesetz nicht zwischen privaten und öffentlichen Aufwendungen unterscheidet.

5. Belange des Naturschutzes (§ 35 III 1 Nr. 5 BauGB)

Das Vorhaben darf keine Belange des Naturschutzes und der Landschaftspflege, des Bo- **1612** denschutzes und des Denkmalschutzes beeinträchtigen. Die Belange des Bodenschutzes sind mit den flächensparenden, die Bodenversiegelung auf das notwendige Maß begrenzenden Anforderungen des § 35 V 1 BauGB vergleichbar. Auch darf das Vorhaben die natürliche Eigenart der Landschaft und ihren Erholungswert nicht beeinträchtigen und das Orts- und Landschaftsbild nicht verunstalten.

6. Agrarstruktur und Wasserwirtschaft (§ 35 III 1 Nr. 6 BauGB)

Das Außenbereichsvorhaben darf auch nicht Maßnahmen zur Verbesserung der Agrar- **1613** struktur beeinträchtigen oder die Wasserwirtschaft gefährden. Durch die Hochwasserschutznovelle 2005 ist auch der Hochwasserschutz als öffentlicher Belang eingebracht worden. Nicht privilegierte Außenbereichsvorhaben sind daher planungsrechtlich unzulässig, wenn etwa Maßnahmen der Flurbereinigung beeinträchtigt würden, Belange der Wasserwirtschaft oder der vorbeugende Hochwasserschutz gefährdet sind. Dies kann auch zur Unzulässigkeit von nicht privilegierten Vorhaben in Wasserschutzgebieten oder Überschwemmungsgebieten[156] führen. Auch privilegierte Vorhaben sind in Überschwemmungsgebieten grundsätzlich unzulässig (§ 78 I 1 Nr. 2 WHG). Die zuständige Behörde kann die Errichtung oder Erweiterung einer baulichen Anlage genehmigen, wenn im Einzelfall das Vorhaben (1) die Hochwasserrückhaltung nicht oder nur unwesentlich beeinträchtigt und der Verlust von verloren gehendem Rückhalteraum zeitgleich ausgeglichen wird, (2) den Wasserstand und den Abfluss bei Hochwasser nicht nachteilig verändert, (3) den bestehenden Hochwasserschutz nicht beeinträchtigt und (4) hochwasserangepasst ausgeführt wird oder wenn die nachteiligen Auswirkungen durch Nebenbestimmungen ausgeglichen werden können.

---

[156] *Stüer*, Handbuch des Bau- und Fachplanungsrechts, Rn. 3450.

Beispiel: In einem Überschwemmungsgebiet soll ein Windpark errichtet werden. Die Windenergie ist zwar nach § 35 I Nr. 5 BauGB grundsätzlich privilegiert. Werden jedoch Belange des Hochwasserschutzes erheblich beeinträchtigt, kann dies auch einem privilegierten Vorhaben entgegenstehen. Ein Windpark könnte etwa scheitern, wenn die Anlagen durch Hochwasser gefährdet werden oder nachteilige Auswirkungen auf den störungsfreien Abfluss des Hochwassers haben.

1614   Dabei kann das jeweilige Fachrecht bestimmen, in welchem Umfang fachrechtliche Belange durch die Verwirklichung eines nicht privilegierten Vorhabens beeinträchtigt werden. Aber auch wenn das Fachrecht keine Verbotstatbestände enthält, können sich aus den fachrechtlichen Belangen beeinträchtigte öffentliche Belange nach § 35 III 1 Nr. 6 BauGB ergeben.

7. Befürchtung von Splittersiedlungen (§ 35 III 1 Nr. 7 BauGB)

1615   Nach § 35 I Nr. 7 BauGB sind öffentliche Belange beeinträchtigt, wenn das Vorhaben die Entstehung, Verfestigung oder Erweiterung von Splittersiedlungen befürchten lässt. Dies müssen nicht notwendigerweise zu Wohnzwecken bestimmte Vorhaben sein. Auch Nutzungsänderungen von bereits vorhandenen Gebäuden können die Entstehung einer Splittersiedlung befürchten lassen, wenn von ihnen eine Vorbildfunktion für andere Vorhaben ausgeht.[157]

8. Funktionsfähigkeit von Funkstellen und Radaranlagen

1616   Öffentliche Belange sind auch beeinträchtigt, wenn das Vorhaben die Funktionsfähigkeit von Funkstellen und Radaranlagen stört. Diese durch das EAG Bau 2004 eingeführten Belange sollen sich gegenüber nicht privilegierten Außenbereichsvorhaben durchsetzen. Aber auch gegenüber privilegierten Vorhaben kann die Funktionsfähigkeit von Funkstellen und Radaranlagen einen Vorrang für sich beanspruchen, wenn diese Belange ein entsprechendes Gewicht haben. Die Vorschrift dient insbesondere dem Anliegen der Flugsicherheit, das als öffentlicher Belang bereits nach geltendem Recht vor allem bei der Errichtung von Windenergieanlagen zu berücksichtigen ist. So kann durch Windenergieanlagen zum Beispiel die Funkverbindung gestört werden. Dies kann zu einem (vorübergehenden) Ausfall von Funkstrecken führen und die Flugsicherheit beeinträchtigen. Von den Wehrbereichsverwaltungen sind hierzu ggf. Unterlagen zur Verfügung zu stellen. Im Baugenehmigungsverfahren sind daher die für die Flugsicherheit zuständigen Stellen, insbesondere die Wehrbereichsverwaltungen, zu beteiligen. Nach der früheren Regelung wurde auch vertreten, dass diese Funk- und Radaranlagen an hinzutretende Windkraftanlagen angepasst werden müssten.

9. Ziele der Raumordnung (§ 35 III 2 BauGB)

1617   § 35 III 2 BauGB regelt die Bedeutung der Ziele der Raumordnung als öffentlicher Belang. Raumbedeutsame Vorhaben nach den § 35 I und II BauGB dürfen den Zielen der Raumordnung nicht widersprechen. Raumbedeutsam ist ein Vorhaben nach § 3 I Nr. 6 ROG, wenn es Raum in Anspruch nimmt oder die räumliche Entwicklung und Funktion eines Gebiets beeinflusst. Die Ziele der Raumordnung müssen hinreichend sachlich und räumlich konkret für die Beurteilung eines Einzelvorhabens sein. Zweck des HS 1 ist, dass die Vorhaben im Außenbereich der übergeordneten Planung der Raumordnung nicht entgegenstehen.

1618   Raumbedeutsamen privilegierten Vorhaben (§ 35 I BauGB) können nach § 35 III 2 HS 2 BauGB öffentliche Belange nicht entgegengehalten werden, soweit sie bereits bei der Darstellung des Vorhabens als Ziele der Raumordnung in den Plänen i.S. des §§ 8

---

157 OVG Greifswald, Urt. v. 12.12.1996 – 3 M 103/96 – RAnB 97, 102 Nr. 67 = BauR 1997, 617.

oder 9 ROG abgewogen worden sind **(Abwägungsabschichtungsklausel)**. Dadurch kann das Ergebnis einer landesplanerischen Prüfung über die Abwägung überörtlicher bedeutsamer Standortfragen übernommen werden. Sind diese überörtlichen Belange bei einer vorgelagerten Abwägung abgeschichtet worden, können sie dem Vorhaben nicht entgegengehalten werden.

10. Darstellungsprivileg (§ 35 III 3 BauGB)

Ist ein Vorhaben nach § 35 I Nr. 2 bis 6 BauGB durch Darstellung im Flächennutzungs-plan oder als Ziel der Raumordnung an anderer Stelle ausgewiesen, ist dies nach § 35 III 3 BauGB ein in der Regel entgegenstehender öffentlicher Belang. Mit dem → Darstellungsprivileg sollen Gemeinden durch positive Standortvorgaben die Zulässigkeit von privilegierten Vorhaben steuern können. Dies setzt konkrete Standort- oder Flächenausweisungen voraus. So können bestimmte privilegierte Vorhaben konzentriert und der übrige Planungsraum von diesen Anlagen freigehalten werden. In der Praxis wird dies oft bei Abgrabungsvorhaben oder bei der Zusammenfassung von Windenergieanlagen zu Windenergieparks angewandt. **1619**

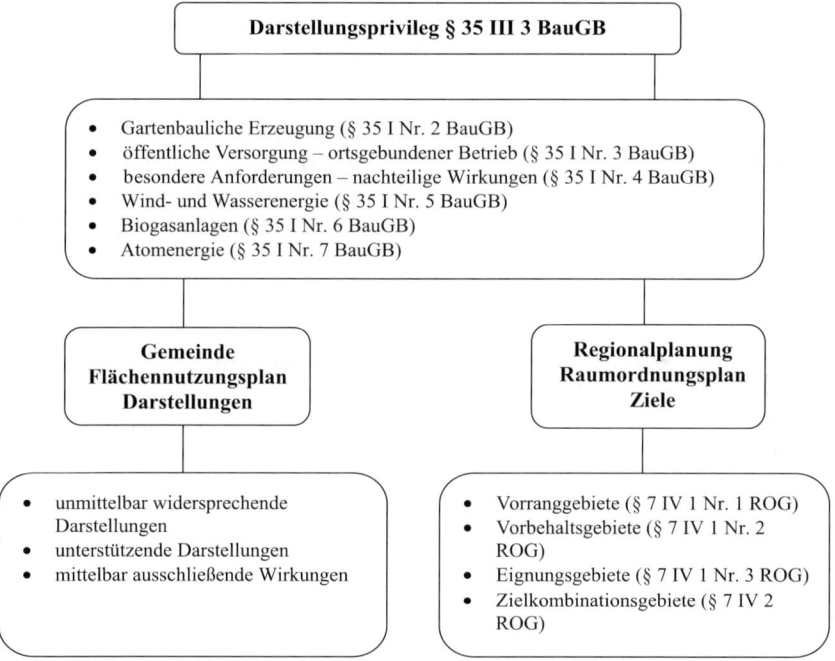

→ **Darstellungsprivileg.** Nach § 35 I BauGB privilegierte Vorhaben sind nach der gesetzlichen Wertentscheidung im Außenbereich grundsätzlich bevorrechtigt zulässig. Allerdings sind sie hinsichtlich des Standortes noch variationsfähig. Die Gemeinde kann durch Darstellungen im Flächennutzungsplan privilegierte Vorhaben nach § 35 I Nr. 2 bis 6 BauGB auf bestimmte Standorte konzentrieren und zugleich an anderen Standorten ausschließen. Für regionalplanerisch bedeutsame Außenbereichsvorhaben kommt dieses Darstellungsprivileg auch der Regionalplanung zu (§ 35 III 3 BauGB). Die Regionalplanung kann hierzu Vorrang-, Vorbehalts-, Eignungs- und Ziel-Kombinationsgebiete bereitstellen (§ 7 IV BauGB). Die Beschränkung an sich privilegierter Vorhaben auf bestimmte Standorte durch die gemeindliche Flächennutzungsplanung oder die Regionalplanung setzt in der Regel städtebauliche und regionalplanerische Konzepte voraus, die von standortgebundenen Aussagen getragen sind.

→ **Teilflächennutzungsplan.** Für Darstellungen des Flächennutzungsplans mit den Rechtswirkungen des § 35 III 3 BauGB können sachliche Teilflächennutzungspläne aufgestellt werden (§ 5 II a BauGB). Der Teilflächennutzungsplan ist damit in seinem Schicksal nicht von der Wirksamkeit des Ursprungsflächennutzungsplans abhängig. Allerdings ist offen, ob und in welchem Umfang das Darstellungsprivileg des § 35 III 3 BauGB die Ausschlusswirkung auch dann entfalten kann, wenn es sich auf räumliche Teile des Gemeindegebietes bezieht. Es spricht einiges dafür, den Gemeinden auf der Grundlage dieser Regelung die Möglichkeit zu geben, die Ausschlusswirkung der Darstellungen auch dann auf bestimmte Teile des Gemeindegebietes zu erstrecken, wenn sich das gemeindliche Konzept noch nicht abschließend auf das gesamte Gemeindegebiet erstreckt.

→ **Abwägungsabschichtungsklausel.** Raumbedeutsamen privilegierten Vorhaben (§ 35 I BauGB) können nach § 35 III 2 HS 2 BauGB öffentliche Belange nicht entgegengehalten werden, soweit sie bereits bei der Darstellung des Vorhabens als Ziele der Raumordnung in den Plänen i.S. der §§ 8 oder 9 ROG abgewogen worden sind. Dadurch kann das Ergebnis einer landesplanerischen Prüfung über die Abwägung überörtlicher bedeutsamer Standortfragen übernommen werden.

1620   Der Planvorbehalt des § 35 III 3 BauGB ermöglicht es der Gemeinde, die in § 35 I Nrn. 2 bis 6 BauGB genannten Vorhaben durch Darstellung im Flächennutzungsplan auf bestimmte Standorte zu konzentrieren **(Gesamtkonzept).** Es ist der Gemeinde aber nicht erlaubt, das gesamte Gemeindegebiet für diese Vorhaben zu sperren oder lediglich Flächen auszuweisen, die für die vorgesehene Nutzung objektiv ungeeignet sind oder sich in einer Alibifunktion erschöpfen. Der Konzentrationsplanung muss vielmehr ein schlüssiges gesamträumliches Planungskonzept zugrunde liegen. Die Gemeinde muss allerdings nicht sämtliche Flächen, die sich für Vorhaben nach § 35 I Nrn. 2 bis 6 BauGB eignen, im Flächennutzungsplan darstellen. Bei der Gebietsauswahl und dem Gebietszuschnitt braucht sie die durch § 35 I Nrn. 2 bis 6 BauGB geschützten Interessen in der Konkurrenz mit gegenläufigen Belangen nicht vorrangig zu fördern. Sie darf diese Interessen nach den zum Abwägungsgebot entwickelten Grundsätzen zurückstellen, wenn hinreichend gewichtige städtebauliche Gründe dies rechtfertigen. Außerhalb der Konzentrationsflächen können Abweichungen von der Regel des § 35 III 3 BauGB nur zugelassen werden, wenn sie die planerische Konzeption der Gemeinde nicht in Frage stellen.[158]

1621   Die Ausarbeitung des Planungskonzepts vollzieht sich **abschnittsweise.** In einem ersten Arbeitsschritt sind diejenigen Bereiche als „Tabuzonen" zu ermitteln, die für die Nutzung der Windenergie nicht zur Verfügung stehen. Die Tabuzonen lassen sich in „harte" und „weiche" untergliedern. Der Begriff der harten Tabuzonen dient der Kennzeichnung von Gemeindegebietsteilen, die für eine Windenergienutzung, aus welchen Gründen auch immer, nicht in Betracht kommen, mithin für eine Windenergienutzung „schlechthin" ungeeignet sind (nicht der Abwägung unterliegende Planungshindernisse). Mit dem Begriff der weichen Tabuzonen werden Bereiche des Gemeindegebiets erfasst, in denen nach dem Willen der Gemeinde aus unterschiedlichen Gründen die Errichtung von Windenergieanlagen „von vornherein" ausgeschlossen werden „soll" (der Abwägung unterliegende Belange). Die Potenzialflächen, die nach Abzug der harten und weichen Tabuzonen übrig bleiben, sind in einem weiteren Arbeitsschritt zu den auf ihnen konkurrierenden Nutzungen in Beziehung zu setzen, d.h. die öffentlichen Belange, die gegen die Ausweisung eines Landschaftsraums als Konzentrationszone sprechen, sind mit dem Anliegen abzuwägen, der Windenergienutzung an geeigneten Standorten eine Chance zu

---

[158] BVerwG, Urt. v. 17.12.2002 – 4 C 15.01 – BVerwGE 117, 287 = UPR 2003, 188 = ZfBR 2003, 370 = DVBl 2003, 797; m. Bespr. *Mayer-Metzner* BayVBl. 2005, 129; *Schäling* IBR 2003, 272; *Hans-Thilo Becker* KommunalPraxis BY 2005, 66; *Egner* NuR 2003, 737; *Kment* NVwZ 2004, 314; *Brietzke* StG 2012, 497; *Tigges* ZNER 2003, 43; *Nicolai* ZUR 2004, 74 – Konzentrationszone im Flächennutzungsplan; im Anschluss an BVerwG, Urt. v. 13.3.2003 – 4 C 4.02 – BVerwGE 118, 33 – Luftballon; vgl. auch Urt. v. 13.12.2012 – 4 CN 1.11 – BVerwGE 145, 231 = DVBl 2013, 507; B. v. 2.4.2013 – 4 BN 37.12 – BauR 2013, 1253; Urt. v. 31.1.2013 – 4 CN 1.12 – BVerwGE 146, 40; Urt. v. 20.6.2013 – 4 C 2.12 – BVerwGE 147, 37 = Mobilfunkanlage.

geben, die ihrer Privilegierung nach § 35 I Nr. 5 BauGB gerecht wird.[159] Nur ein schlüssiges Plankonzept, das sich auf den gesamten Außenbereich erstreckt[160] und dem Abwägungsgebot genügt[161], kann die Ausschlusswirkung erzielen.

11. Teilprivilegierte Außenbereichsvorhaben (§ 35 IV BauGB)

Nach § 35 IV BauGB sind bestimmte Vorhaben des Außenbereichs insoweit begünstigt,   **1622**
als dass ihnen einzelne öffentliche Belange nicht entgegengehalten werden können. Dies
gilt nur für den Widerspruch zu den Darstellungen eines Flächennutzungsplans oder eines Landschaftsplans, die Beeinträchtigung der natürlichen Eigenart der Landschaft und
die Befürchtung der Entstehung, Verfestigung oder Erweiterung einer Splittersiedlung.
Die Beeinträchtigung aller übrigen, insbesondere der in § 35 III BauGB genannten Belange bleibt weiterhin relevant. Dies wird durch den durch das BauROG 1998 eingefügten, Zusatz „soweit sie im Übrigen außenbereichsverträglich i.S. des § 35 III BauGB sind"
klargestellt. Die Begünstigungen sind in § 35 IV BauGB in sechs Fallgruppen aufgeglie-
dert.

> → **Teilprivilegierung.** An sich nicht privilegierte Außenbereichsvorhaben können im Hinblick
> auf die Wahrung bestimmter öffentlicher Belange teilprivilegiert sein, wenn die Vorhaben einer
> der in § 35 IV BauGB genannten Gruppen zuzurechnen sind. Unter die Teilprivilegierung fallen
> die Nutzung von ehemals landwirtschaftlich genutzten Gebäuden (§ 35 IV 1 Nr. 1 BauGB), die
> Neuerrichtung eines gleichartigen, vom Eigentümer selbst genutzten Wohngebäudes an gleicher
> Stelle (§ 35 IV 1 Nr. 2 BauGB), die alsbaldige Neuerrichtung eines durch Brand, Naturereignisse
> oder andere außergewöhnliche Ereignisse zerstörten Gebäudes an gleicher Stelle (§ 35 IV 1 Nr. 3
> BauGB), die Änderung oder Nutzungsänderung von erhaltenswerten, das Bild der Kulturland-
> schaft prägenden Gebäuden (§ 35 IV 1 Nr. 4 BauGB), die Erweiterung eines Wohngebäude auf bis
> zu zwei Wohnungen für den Eigentümer oder seine Familie (§ 35 IV 1 Nr. 5 BauGB), die ange-
> messene bauliche Erweiterung eines zulässigerweise errichteten Gewerbebetriebes (§ 35 IV 1 Nr. 6
> BauGB), Ersatzbauten für landwirtschaftliche Gebäude (§ 35 IV S. 2 BauGB) sowie befristet bis
> Ende 2019 Außenbereichsvorhaben zur Flüchtlingsunterbringung (§ 246 IX BauGB).

a) Nutzungsänderung landwirtschaftlicher Gebäude (§ 35 IV 1 Nr. 1 BauGB).   **1623**
→ Teilprivilegiert ist nach § 35 IV 1 Nr. 1 BauGB die Änderung der bisherigen Nutzung
eines privilegierten landwirtschaftlichen Zwecken dienenden Gebäudes nach § 35 I Nr. 1
BauGB unter verschiedenen Voraussetzungen, die das Gesetz wie folgt benennt: Das Vorhaben dient einer zweckmäßigen Verwendung erhaltenswerter Bausubstanz, die äußere
Gestalt des Gebäudes bleibt im Wesentlichen gewahrt, die Aufgabe der bisherigen Nutzung liegt nicht länger als sieben Jahre zurück, das Gebäude ist vor mehr als sieben Jahren[162] zulässigerweise errichtet worden, das Gebäude steht im räumlich-funktionalen Zusammenhang mit der Hofstelle des land- oder forstwirtschaftlichen Betriebes, im Falle
der Änderung zu Wohnzwecken entstehen neben den bisher nach § 35 I Nr. 1 BauGB zulässigen Wohnungen höchstens drei Wohnungen je Hofstelle und es wird die Verpflichtung übernommen, keine Neubebauung als Ersatz für die aufgegebene Nutzung vorzunehmen, es sei denn, die Neubebauung wird im Interesse der Entwicklung des Betriebes

---

[159] BVerwG, Urt. v. 13.12.2012 – 4 CN 2.11 – BVerwGE 145, 231 = DVBl 2013, 507, m. Hinw.
auf Urt. v. 21.10.2004 – 4 C 2.04 – DVBl 2005, 379; Urt. v. 15.9.2009 – 4 BN 25.09 – m. Bespr. *Stüer*
DVBl 2013, 509 – abschnittsweise Ausarbeitung des Planungskonzepts.

[160] BVerwG, B. v. 15.9.2009 – 4 BN 25.09 – BauR 2010, 82 = ZfBR 2010, 65, m. Bespr. *Scheidler*,
KommJur 2012, 367; *Christian Brietzke* StG 2012, 497; *Raschke* ZfBR 2013, 632 – Konzentrationszone
und öffentliche Belange.

[161] BVerwG, B. v. 23.7.2008 – 4 B 20.08 – ZfBR 2008, 808; vgl. BVerwG, Urt. v. 24.1.2008 – 4
CN 2.07; BVerwG, Urt. v. 13.3.2003 – 4 C 4.02 – BVerwGE 118, 33. – schlüssiges Gesamtkonzept.

[162] So die Änderung durch das EAG Bau. Das BauROG 1998 stellte demgegenüber auf den Stichtag vom 27.8.1996 ab.

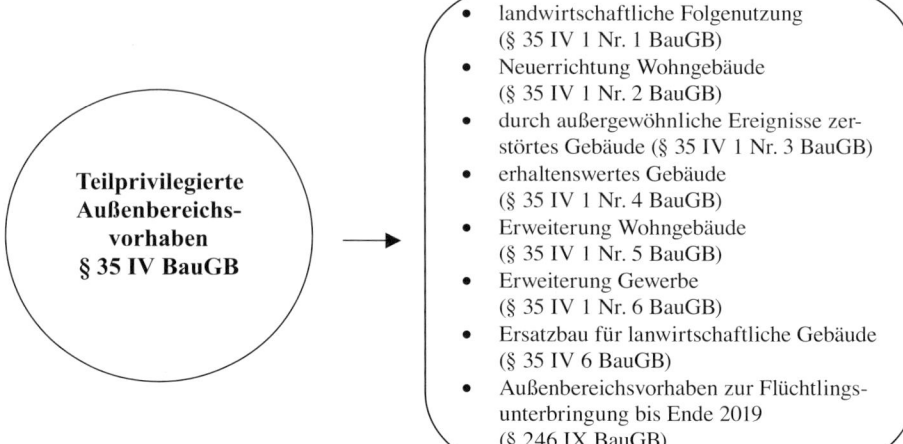

i. S. des § 35 I Nr. 1 BauGB erforderlich. Die durch das BauROG 1998 neu gefasste, im Kern aus § 35 IV 1 Nr. 1 BauGB/§ 4 III BauGB-MaßnG entwickelte Vorschrift will den Strukturwandel in der Landwirtschaft erleichtern. Den Landwirten und früheren Landwirten soll ein Wechsel von der bisher privilegierten Nutzung zu einer nicht privilegierten Nutzung ermöglicht werden.

1624   Für die Begünstigung müssen folgende Voraussetzungen erfüllt sein: Das Vorhaben muss einer zweckmäßigen Verwendung erhaltenswerter Bausubstanz dienen (a). Das Gebäude muss von den technischen Gegebenheiten her für die Nutzungsänderung in Betracht kommen. Hierdurch werden Änderungen ausgegrenzt, die im Hinblick auf die Bausubstanz, nicht mehr angemessen sind. Die äußere Gestalt des Gebäudes muss im Wesentlichen gewahrt bleiben (b). Dieses Erfordernis ist aus § 4 III 1 Nr. 1 BauGB-MaßnG übernommen worden und schränkt die Nutzungsänderung auf das Erscheinungsbild nach außen hin nicht verändernder Vorhaben ein. So sind z. B. Neubauten oder Anbauten unzulässig. Nach c) darf die Aufgabe der bisherigen Nutzung nicht länger als sieben Jahre zurückliegen. Nach der Übergangsregelung des **§ 245 b II BauGB** i.d.F. des GeROG 2009 können die Länder jedoch bestimmen, dass die Siebenjahresfrist nicht anzuwenden ist. Zu einer Befristung, wie bei den Vorgängerermächtigungen, sind sie nicht mehr verpflichtet. Das Gebäude muss vor mehr als sieben Jahren zulässigerweise errichtet worden sein (d). Dadurch soll dem Missbrauch durch künftige Bauvorhaben vorgebeugt werden. Dies ähnelt den Anforderungen des § 4 BauGB-MaßnG (Stichtag war hier der 1.5.1990). Das Gebäude muss zudem im räumlich funktionalen Zusammenhang mit der Hofstelle des land- oder forstwirtschaftlichen Betriebs stehen (e). Dies ist, bis auf das Erfordernis des Wohnens, aus § 4 BauGB-MaßnG übernommen worden. Durch den geforderten Zusammenhang sind weit von der Hofstelle entfernte Gebäude wie z. B. einzelne Scheunen oder Viehunterkünfte ausgenommen. Als Bauernregel mag gelten: Nur in einer Entfernung, in der man den Hahn auf dem Misthaufen des Bauernhofes noch hört, sind Vorhaben nach § 35 IV 1 Nr. 1 BauGB teilprivilegiert.

1625   Für die Änderung in Wohnzwecke dürfen, neben den bereits nach § 35 I Nr. 1 BauGB zulässigen Wohnungen, höchstens drei weitere Wohnungen je Hofstelle errichtet werden (f). Auch muss ein Verzicht erklärt werden, keine Neubebauung als Ersatz für die aufgegebene Nutzung vorzunehmen, außer sie wird im Interesse der Entwicklung des Betriebs i.S. des § 35 I Nr. 1 BauGB erforderlich (g). Hierdurch soll vermieden werden, dass zunächst durch die Nutzungsänderung die Vorteile der Teilprivilegierung genutzt werden und später ein Bedarf an Vorhaben geltend gemacht wird, der hinsichtlich des verbliebenen Voll- oder Nebenerwerbsbetriebs nach § 35 I Nr. 1 BauGB zu beurteilen wäre und somit zulässig wäre.

b) Ersatzbau (§ 35 IV Nr. 2 BauGB). Nach § 35 IV 1 Nr. 2 BauGB ist die Neuerrich- **1626** tung eines gleichartigen Wohngebäudes an gleicher Stelle unter bestimmten Voraussetzungen teilprivilegiert. Die Vorschrift ist bereits durch das BauROG 1998 neu geordnet, geändert und durch die Übernahme von Regelungen aus § 4 III 1 Nr. 2 BauGB-MaßnG ergänzt worden. Die Neuerrichtung kann nur Wohngebäude umfassen, die im Bauvolumen, Nutzung und Funktion dem bisherigen Gebäude gleichartig sind.[163] Geringfügige Abweichungen zum bisherigen Gebäude sind nach § 35 IV 2 BauGB ebenso zulässig wie eine geringe Abweichung vom bisherigen Standort. Das vorhandene Gebäude muss zulässigerweise errichtet worden sein (a). Dies setzt in der Regel eine Baugenehmigung voraus.

Zur Neuerrichtung muss das vorhandene Gebäude Missstände oder Mängel aufweisen **1627** (b). Missstände liegen nach § 177 II BauGB insbesondere vor, wenn die bauliche Anlage nicht den allgemeinen Anforderungen an gesunde Wohn- und Arbeitsverhältnisse entspricht. Nach § 177 III BauGB liegen Mängel vor, wenn durch Abnutzung, Alterung, Witterungseinflüsse oder Einwirkung Dritter die Nutzung der Anlage beeinträchtigt wird, sie das Straßen- oder Ortsbild beeinträchtigt oder die Anlage erhaltenswert ist. Es kommt nicht mehr auf die wirtschaftliche Vertretbarkeit an, so dass bei mehr als nur leichten Mängeln eine Ersatzbaumaßnahme in Frage kommt. Das Gebäude muss vom Eigentümer längerer Zeit genutzt worden sein (c). Die Rechtsprechung setzt die Dauer auf etwa vier Jahre an.[164]

Auch muss das neu errichtete Gebäude für den Eigenbedarf des bisherigen Eigen- **1628** tümers oder seiner Familie genutzt werden (d). Demnach darf das Gebäude auch von einem Erben zum Eigenbedarf neu errichtet werden, wenn er es im Wege der Erbfolge von einem Voreigentümer erworben hat, der dies selbst seit längerer Zeit bewohnt hat.

c) Wiederaufbau zerstörter Gebäude (§ 35 IV 1 Nr. 3 BauGB). Nach § 35 IV 1 **1629** Nr. 3 BauGB ist auch eine alsbaldige Neuerrichtung eines zulässigerweise errichteten, durch Brand, Naturereignisse oder andere außergewöhnliche Ereignisse zerstörten gleichartigen Gebäudes an gleicher Stelle zulässig. Wie bereits bei § 35 IV 1 Nr. 2 BauGB sind geringfügige Erweiterungen oder Abweichungen vom bisherigen Standort zulässig (§ 35 IV 2 BauGB). Das Gebäude muss durch ein außergewöhnliches Ereignis zerstört worden sein. Das Gesetz nennt Brand oder Naturereignisse; dies können z. B. Sturmschäden, Überschwemmungen oder Meteoriteneinschläge sein. Andere außergewöhnliche Ereignisse können bei Explosionen, Flugzeugabstürzen oder rechtswidrigen Einwirkungen Dritter vorliegen. Die Ereignisse dürfen nicht vom Eigentümer veranlasst werden. So liegt etwa bei einem Abriss durch den Eigentümer oder das von ihm beauftragten Bauunternehmen kein außergewöhnliches Ereignis vor. Der Wiederaufbau muss alsbald beabsichtigt sein. In der Regel muss diese Absicht in den nächsten beiden Jahren bekundet werden.[165]

d) Erhaltenswerte Gebäude (§ 35 IV 1 Nr. 4 BauGB). Die Änderung oder Nutzungs- **1630** änderung von erhaltenswerten, das Bild der Kulturlandschaft prägenden Gebäude, auch wenn sie aufgegeben sind, sind nach § 35 IV 1 Nr. 4 BauGB begünstigt, wenn das Vorhaben einer zweckmäßigen Verwendung der Gebäude und der Erhaltung des Gestaltwerts dient. Von dieser Vorschrift sind Änderungen oder Nutzungsänderungen aber kein Wiederaufbau begünstigt. Dadurch soll die Weiternutzung erhaltenswerter Gebäude (wie z. B. Burgen oder Fachwerkhäuser) erleichtert, der komplette Wiederaufbau z. B. von Ruinen aber vermieden werden.

---

[163] BVerwG, Urt. v. 8.6.1979 – 4 C 23.77 – BVerwGE 58, 124 = DVBl 1979, 626 = ZfBR 1979, 211;

[164] BVerwG, B. v. 22.2.1996 – 4 B 25.96 – Buchholz 406.11 § 35 BauGB Nr. 321.

[165] BVerwG, Urt. v. 21.8.1981 – 4 C 65.80 – BVerwGE 64, 42 = NJW 1982, 400 = ZfBR 1981, 288.

1631 **e) Erweiterung von Wohngebäuden (§ 35 IV 1 Nr. 5 BauGB).** Begünstigt ist die Erweiterung von zulässigerweise errichteten Wohngebäuden auf bis zu höchstens zwei Wohnungen, wenn die Erweiterung im Verhältnis zum vorhandenen Gebäude angemessen ist und anzunehmen ist, dass die Wohnung vom Eigentümer oder seiner Familie genutzt wird. Die Erweiterung kann auch ohne die Einrichtung einer zweiten Wohnung erfolgen. Die Angemessenheit beurteilt sich nach der Größe des vorhandenen Gebäudes und der Berücksichtigung der Wohnbedürfnisse. So kann eine Erweiterung für eine große Familie in einem anderen Verhältnis zum vorhandenen Gebäude zulässig sein als bei einer kleineren Familie.

1632 **f) Erweiterung von gewerblichen Betrieben (§ 35 IV 1 Nr. 6 BauGB).** Ähnlich wie bei Wohngebäuden, können nach § 35 IV 1 Nr. 6 BauGB Betriebserweiterungen von zulässigerweise errichteten gewerblichen Betrieben teilprivilegiert sein, wenn die Erweiterung angemessen ist. Die Angemessenheit bezieht sich sowohl auf das Verhältnis zum vorhandenen Gebäude als auch zum vorhandenen Betrieb. Die Erweiterung setzt einen funktionalen Zusammenhang zwischen dem vorhandenen Gebäude und der beabsichtigten Erweiterung voraus.[166]

1633 **g) Ersatzbau für landwirtschaftlich genutzte Gebäude.** Durch die Städtebaurechts-Novelle 2013 können für landwirtschaftlich genutzte Gebäude unter den Voraussetzungen des **§ 35 IV 2 BauGB** auch Ersatzbauten mit einer anderen Nutzung errichtet werden. Danach gilt in begründeten Einzelfällen die Rechtsfolge des § 35 IV 1 BauGB auch für die Neuerrichtung eines Gebäudes im Sinne des § 35 I Nr. 1 BauGB, dem eine andere Nutzung zugewiesen werden soll, wenn das ursprüngliche Gebäude vom äußeren Erscheinungsbild auch zur Wahrung der Kulturlandschaft erhaltenswert ist, keine stärkere Belastung des Außenbereichs zu erwarten ist als in Fällen des § 35 IV 1 BauGB und die Neuerrichtung auch mit nachbarlichen Interessen vereinbar ist, § 35 IV 1 Nr. 1 b) bis g) gilt entsprechend. § 35 IV 1 Nr. 1 a) BauGB begünstigt Nutzungsänderungen bei Vorliegen einer erhaltenswerten Bausubstanz. § 35 IV 2 BauGB hat das durch die Städtebaurechtsnovelle 2013 auf Fälle einer optisch intakten Bausubstanz erweitert, die aber so marode ist, dass nur eine Neuerrichtung in Betracht kommt.

1634 **h) Außenbereichsvorhaben zur Flüchtlingsunterbringung.** Im durch die Flüchtlingsunterbringungs-Novelle 2014 eingefügten § 246 IX BauGB wird bestimmt, dass bis zum 31.12.2019 die Rechtsfolge des § 35 IV 1 BauGB für Vorhaben, die der Unterbringung von Flüchtlingen oder Asylbegehrenden dienen, entsprechend anzuwenden ist. Voraussetzung ist, dass das Vorhaben im unmittelbaren räumlichen Zusammenhang mit nach § 30 I BauGB oder § 34 BauGB zu beurteilenden bebauten Flächen innerhalb des Siedlungsbereichs erfolgen soll. Die Neuregelung erweitert den Katalog der im Außenbereich „begünstigt" zulässigen Vorhaben um solche Vorhaben, die der Unterbringung von Flüchtlingen oder Asylbegehrenden dienen. Die Zulässigkeit bestimmt sich dabei nach den für „begünstigte Vorhaben" nach § 35 IV BauGB geltenden Bestimmungen. Den „begünstigten" Vorhaben können danach die entgegenstehenden Darstellungen des Flächennutzungsplans oder eines Landschaftsplans, die natürliche Eigenart der Landschaft oder die Entstehung, Verfestigung oder Erweiterung einer Splittersiedlung nicht entgegengehalten werden. § 35 IV BauGB schließt im Wesentlichen an Bestandsvorhaben an, die insbesondere erweitert oder ihrer Nutzung nach geändert oder wieder aufgebaut werden sollen. Schon durch die Innenentwicklungsnovelle 2013[167] wurde die Anwendung dieser Bestimmung zwar auf Fälle des Neubaus erweitert, allerdings zugleich auf solche Fälle beschränkt, bei denen ein schon bestehendes Gebäude rückgebaut werden

---

[166] BVerwG, B. v. 17.9.1991 – 4 B 161.91 – BauR 1991, 725 = NVwZ 92, 477 = ZfBR 1992, 45.
[167] G. v. 11.6.2013 (BGBl. I S. 1548).

soll. Die Erweiterung in der „Flüchtlingsunterbringungs-Novelle 2014" erfasst dagegen auch den (erstmaligen) Neubaufall und nicht nur Ersatzbauten.

Die Vorschrift enthält zwei einengende Voraussetzungen: Das Vorhaben muss zum ei- **1635** nen im unmittelbaren räumlichen Zusammenhang mit einem bebauten Ortsteil liegen. Die Errichtung und Nutzung muss innerhalb des Siedlungsbereichs erfolgen. Der unmittelbare Zusammenhang mit einem bebauten Ortsteil kann sowohl Ortsteile mit Bebauungsplänen i.S. des § 30 I BauGB als auch Innenbereiche nach § 34 BauGB ohne Bebauungspläne betreffen. Die Vorschrift zielt damit insbesondere auf Flächen in Ortsteilen, die mangels Bebauungszusammenhang nicht nach § 34 I BauGB bebaubar sind. Ob der Terminus „Außenbereich im Innenbereich" – so der Bundesratsantrag[168] – den Sachverhalt zutreffend oder gar abschließend beschreibt, kann offen bleiben. Die Neuregelung umfasst jedenfalls auch Ortsteilerweiterungen, das heißt Flächen, die in einer Randlage zu einem vorhandenen Ortsteil und daher im bisherigen Außenbereich liegen und damit nicht zum bebauten Ortsteil, wohl aber zum Siedlungsbereich gehören können. Gelegentlich wird der Fall auch in die Nähe der Einbeziehungs- und Ergänzungssatzungen des § 34 IV 1 Nr. 3 BauGB geraten können. Der Begriff des Siedlungsbereichs, innerhalb dessen das Vorhabengrundstück liegen muss, könnte im Vergleich zum Ortsteil, der in der Regel am letzten Haus endet, weniger konturenscharf sei, sodass auch angrenzende Randbereiche in den Siedlungsbereich einbezogen werden könnten. Der Begriff des „Siedlungsbereichs" könnte daher die Bebauung weniger stringent begrenzend als der des „Ortsteils" sein.

Der „unmittelbare Anschluss" an einen bebauten Ortsteil enthält eine gewisse Parallele **1636** zu § 78 II Nr. 2 WHG, wonach die Ausweisung neuer Baugebiete in einem Überschwemmungsbiet zugelassen werden kann, wenn das neu auszuweisende Gebiet „unmittelbar an ein bestehendes Baugebiet angrenzt"[169]. Für diese an bebaute Ortsteile anschließenden Bereiche werden Vorteile gewährt, die gegenüber isolierten Außenbereichslagen ohne vorhandene Siedlungsentwicklung gerechtfertigt werden.

Die Lage „innerhalb des Siedlungsbereichs" bezieht sich auf einen im BauGB nicht aus- **1637** drücklich benannten Tatbestand. Jedoch knüpft die Rechtsprechung an diesen Begriff an, zuletzt namentlich beim Begriff der „Innenentwicklung"[170]. Dies gilt etwa für Konversionsflächen sowie Flächen, die nach der städtebaulichen Entwicklung, dokumentiert etwa im Flächennutzungsplan oder in einem städtebaulichen Entwicklungskonzept, für eine bauliche Nutzung vorgesehene Flächen und für Flächen, deren tatsächliche Entwicklung eine bauliche Vorprägung aufweist. Auch der „Außenbereich im Innenbereich"[171] fällt darunter. Dies könnte dafür sprechen, ähnlich wie beim Bebauungsplan der Innenentwicklung nach § 13 a BauGB gewisse Abrundungen der vorhandenen Siedlungsentwicklung in den Außenbereich zu ermöglichen. Werden die Voraussetzungen des Bebauungsplans der Innenentwicklung allerdings nicht eingehalten, kann die Planung auch wegen der zu Unrecht ausgehebelten Umweltprüfung europarechtlich in eine Schieflage geraten.[172] § 246 IX BauGB könnte diese Herausnahme aus der UVP-Pflicht in der Tendenz entsprechend erweitern.

Für diese Fälle soll im Einzelfall auch eine Neuerrichtung von Gebäuden begünstigt **1638** werden. Grundvoraussetzung hierfür ist allerdings, dass das ursprüngliche Gebäude vom

---

[168] BR-Drs. 419/14 (Beschluss); BT-Drs. 18/2752.

[169] Zu vergleichbaren Fragen bei Überschwemmungsgebieten BVerwG, Urt. v. 3.6.2014 – 4 CN 6.12 – DVBl 2014, 1392 – *Stüer/Garbrock*, 1396 – Cochem.

[170] OVG Koblenz, Urt. v. 24.2.2010 – 1 C 10852/09 –; OVG Saarlouis, Urt. v. 4.10.2012 – 2 C 305/10 –; hierzu auch *BKL*, § 13 a, Rn. 4; *Bienek/Krautzberger* UPR 2008, 81; *Roeser*, in Berliner Kommentar zum BauGB, Köln u.a., § 13a, Rn. 8; *Uechtritz* BauR 2007, 476 (478).

[171] Grundlegend bereits BVerwG, Urt. v. 1.12.1972 – 4 C 6.71 – BVerwGE 41, 227 = DVBl 1973, 641.

[172] EuGH, Urt. v. 18.4.2013 – C-463.11 – DVBl 2013, 777 m. Anm. *Stüer/Garbrock* DVBl 2013, 778.

äußeren Erscheinungsbild zur Wahrung der Kulturlandschaft erhaltenswert erscheint und bei der Neuerrichtung der Außenbereichsschutz und nachbarliche Interessen gewahrt bleiben. Durch die entsprechende Anwendbarkeit der Voraussetzungen für die Nutzungsänderung bei Beibehaltung des Gebäudes (§ 35 IV 1 Nr. 1 b) bis g) BauGB) wird zudem verlangt, dass sich der Neubau im Wesentlichen an der äußeren Gestalt des bisherigen Gebäudes, einschließlich der Kubatur, orientiert[173].

12. Ausführung der Vorhaben – Rückbauverpflichtung (§ 35 V BauGB)

1639   Nach § 35 V 1 BauGB sind zulässige Vorhaben nach § 35 I bis IV BauGB in einer flächensparenden, die Bodenversiegelung auf das notwendige Maß begrenzenden und den Außenbereich schonenden Weise auszuführen. Nach § 35 V 3 BauGB soll die Baugenehmigungsbehörde durch nach Landesrecht vorgesehene Baulast oder in anderer Weise die Einhaltung einer nach § 35 IV 1 Nr. 1 g BauGB übernommenen Verpflichtung des Bauherrn, keine Neubebauung als Ersatz vorzunehmen, sicherstellen. Satz 4 übernimmt die Verpflichtung der Baugenehmigungsbehörde, die vorgesehene Art der Nutzung in den Fällen des § 35 IV 1 BauGB sicher zu stellen.

1640   Die Grundgedanken der „Flexibilisierung" von Baurechten werden im EAG Bau 2004 für bestimmte Außenbereichsvorhaben durch eine **Rückbauverpflichtung** nutzbar gemacht: Der Schutz des Außenbereichs soll dadurch gestärkt werden, dass in § 35 V BauGB als weitere Zulässigkeitsvoraussetzung für Vorhaben nach § 35 I Nr. 2 bis 6 BauGB eine Verpflichtung zu übernehmen ist, das Vorhaben nach dauerhafter Aufgabe der zulässigen Nutzung zu beseitigen und den Boden zu entsiegeln. Ausgenommen sind zulässige Nutzungsänderungen von Anlagen, die einem landwirtschaftlichen Betrieb dienen (§ 35 I Nr. 1 BauGB) oder zulässige Nutzungsänderungen nicht privilegierter Außenbereichsvorhaben (§ 35 II BauGB). Durch die Rückbauverpflichtung soll die bisherige Rechtslage fortentwickelt und insbesondere einer Beeinträchtigung der Landschaft durch aufgegebene Anlagen erheblichen Umfangs mit einer zeitlich nur begrenzten Nutzungsdauer entgegengewirkt werden.

1641   Die Rückbauverpflichtung soll die Baugenehmigungsbehörde durch Baulast oder in anderer Weise (z. B. durch Grunddienstbarkeit oder Sicherheitsleistung) sicherstellen (§ 35 V 3 BauGB). Die Übernahme der Rückbauverpflichtung ist eine weitere Zulässigkeitsvoraussetzung. Eine darüber hinausgehende als Zulässigkeitsvoraussetzung normierte Rückbauverpflichtung für Vorhaben nach § 35 I Nr. 1 BauGB und für sonstige Vorhaben nach § 35 II BauGB besteht nicht. Eine bereits begründete Rückbauverpflichtung ist zu übernehmen, wenn ein Vorhaben nach § 35 I Nr. 2 bis 6 BauGB in ein anderes Vorhaben nach § 35 I Nr. 2 bis 6 BauGB umgenutzt wird. Eine Rückbauverpflichtung ist auch zu übernehmen, wenn ein Vorhaben nach § 35 I Nr. 1 BauGB in ein Vorhaben nach § 35 I Nr. 2 bis 6 BauGB umgewandelt wird. Sie entfällt, wenn ein Vorhaben nach § 35 I Nr. 2 bis 6 BauGB in ein solches nach § 35 I Nr. 1 oder II BauGB umgenutzt wird. Als Folge dieser Änderung soll § 244 VII BauGB sicherstellen, dass bauliche Anlagen, deren Nutzung bereits vor dem Inkrafttreten des EAG Bau 2004 zulässigerweise aufgenommen worden ist, auch bei einer Nutzungsänderung nicht nach § 35 V 2 BauGB zurückgebaut werden müssen.[174]

---

[173] Der Bundesrat hat diese Regelung nur mit hörbarem Schmerz passieren lassen: „Der Bundesrat bedauert, dass das vom Deutschen Bundestag beschlossene Gesetz einen neuen Begünstigungstatbestand in § 35 IV BauGB enthält. Wie der Bundesrat bereits in seiner Stellungnahme vom 21.9.2012, vgl. BR-Drucksache 474/12 (Beschluss), zu dem Gesetzentwurf der Bundesregierung verdeutlicht hat, führt dieser neue Tatbestand zu einer Intensivierung und Verfestigung der Nutzung des Außenbereichs und widerspricht damit dem erklärten Ziel des Gesetzes, die Innenentwicklung zu stärken und die Neuinanspruchnahme von Flächen zu vermeiden"; BR-Drs. 317/13 (Beschluss).

[174] EAG BauGB – Mustererlass 2004.

13. Außenbereichssatzung (§ 35 VI BauGB)

Für bebaute Bereiche im Außenbereich, die nicht überwiegend landwirtschaftlich ge- **1642**
prägt sind und in denen eine Wohnbebauung von einigem Gewicht vorhanden ist, kann
die Gemeinde gem. § 35 VI BauGB durch Satzung bestimmen, dass Wohnzwecken dienenden Vorhaben bestimmte, in der Vorschrift benannte öffentliche Belange nicht entgegengehalten werden können.[175] Die Vorschrift ist durch das BauROG 1998 aus der Vorgängerregelung in § 4 IV BauGB-MaßnG entwickelt und im Kern unverändert durch das
EAG Bau 2004 übernommen worden. Der Bau von Wohnhäusern im Außenbereich ist
nur bei einer entsprechenden Außenbereichssatzung begünstigt (→ Abbildung 125, Textbeispiel 127).[176] Die Satzung kann auch auf Vorhaben erstreckt werden, die kleineren
Handwerks- und Gewerbebetrieben dienen. Durch die Außenbereichssatzung soll die
planungsrechtliche Zulässigkeit von nicht privilegierten Vorhaben im Außenbereich[177]
maßvoll erweitert werden. Sie rechtfertigt sich nach Auffassung ihrer Befürworter aus
dem Schutz vor Zersiedlung des Außenbereichs, weil mit diesem Instrument insbesondere in von Streusiedlungen geprägten Bereichen eine städtebaulich angemessene Ergänzung gefunden werden kann. Ziel einer Außenbereichssatzung kann es nur sein, eine im
Außenbereich vorhandene Wohnnutzung und deren Weiterentwicklung einzugrenzen
und quasi zum Schutz des Außenbereichs „abzukapseln". Sie darf nicht dazu genutzt werden, durch Nutzungsänderung einer überwiegend nur vorhandenen Wochenendhausbe-
bauung sowie deren bauliche Erweiterungsmöglichkeiten eine Wohnbebauung in einem
Waldgebiet „im großen Stil" erst zu ermöglichen.[178] Eine Außenbereichssatzung im Sinne
des § 35 VI BauGB begünstigt nur die Errichtung von Vorhaben, die Wohnzwecken dienen. Anderen sonstigen Vorhaben im Geltungsbereich einer derartigen Satzung kann
auch in Anbetracht möglicherweise hinzukommender Wohnbebauung entgegenstehen,
dass sie die Verfestigung einer Splittersiedlung im Sinne des § 35 III 1 Nr. 7 BauGB befürchten lassen.[179]Eine Außenbereichssatzung muss zudem mit einer geordneten städtebaulichen Entwicklung vereinbar und städtebaulich erforderlich sein (§ 35 VI 1 Nr. 1
BauGB).[180] Der **Hinweiszweck** im Sinne des § 214 I 1 Nr. 4 BauGB ist verfehlt, wenn

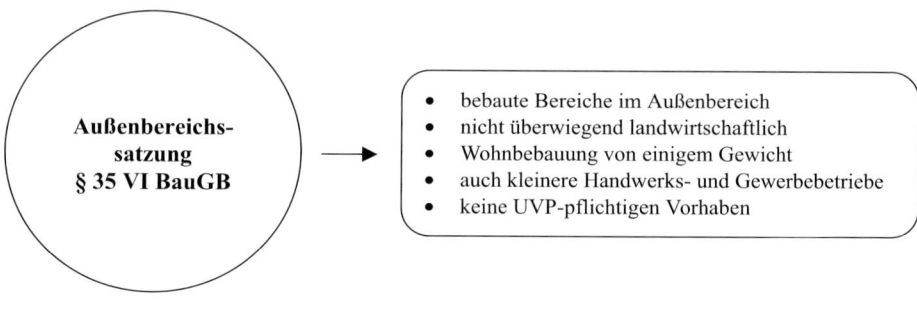

Außenbereichs-
satzung
§ 35 VI BauGB

- bebaute Bereiche im Außenbereich
- nicht überwiegend landwirtschaftlich
- Wohnbebauung von einigem Gewicht
- auch kleinere Handwerks- und Gewerbebetriebe
- keine UVP-pflichtigen Vorhaben

---

[175] § 35 VI BauGB ist aus dem durch das BauROG aufgehobenen § 4 IV BauGB-MaßnG hervorgegangen, vgl. zu den Außenbereichssatzungen *Degenhart* DVBl 1993, 177.
[176] BVerwG, B. v. 4.7.1990 – 4 B 103.90 – NVwZ 1990, 962 = BayVBl. 1991, 473 = RzB Rn. 879
– Außenbereichssatzung.
[177] *Hoppe* DVBl 1990, 1009.
[178] OVG Berlin-Brandenburg, Urt. v. 12.5.2009 – 10 A 7.08 – LKV 2009, 469 = BauR 2009,
1629 – Außenbereichssatzung, m. Hinw. auf BVerwG, Urt. v. 13.7.2006 – 4 C 2.05 -, BRS 70
Nr. 110.
[179] OVG Münster, Urt. v. 13.11.2009 – 7 A 1236/08 – Container zur Aufbewahrung von Oldti-
mern, im Anschluss an BVerwG, Urt. v. 17.2.1984 – 4 C 56.79 -.
[180] OVG Münster, Urt. v. 17.4.2009 – 10 D 27/07.NE – Außenbereichssatzung.

bei der Bekanntmachung einer Außenbereichssatzung der abgedruckte Kartenausschnitt zur Kennzeichnung des Geltungsbereichs nur einen „vergrößerungsglasartig" fett gedruckten Ring von annähernd dreifachem Durchmesser des Satzungsgebiets abbildet.[181]

1643   Das **Aufstellungsverfahren** ist dem für **Innenbereichssatzungen** angenähert. Die Satzung muss mit einer geordneten städtebaulichen Entwicklung vereinbar sein (§ 35 VI 4 Nr. 1 BauGB). Die Zulässigkeit von UVP-pflichtigen oder vorprüfungspflichtigen Vorhaben mit erheblichen nachteiligen Umweltauswirkungen nach Anlage 1 zum UVPG „Liste der UVP-pflichtigen Vorhaben" oder einer entsprechenden landesrechtlichen Regelung darf nicht begründet werden. Auch dürfen keine Belange von Habitat- oder Vogelschutzgebieten beeinträchtigt werden. Bei der Aufstellung kann eine vereinfachte Öffentlichkeits- und Behördenbeteiligung nach § 13 II Nr. 2 und 3 BauGB durchgeführt werden. Die vereinfachte Öffentlichkeitsbeteiligung wird sich vor allem dann empfehlen, wenn die Betroffenen bekannt sind und daher einzeln beteiligt werden können. Eine Genehmigung der höheren Verwaltungsbehörde ist nicht erforderlich. In der Satzung können nähere Bestimmungen über die planungsrechtliche Zulässigkeit getroffen werden (§ 35 VI 3 BauGB). Daraus kann geschlossen werden, dass ohne ausdrückliche Erwähnung in § 35 VI BauGB auch ergänzende Festsetzungen getroffen werden können, die über die eigentliche Wohnbebauung hinausgehen. Die planungsrechtliche Zulässigkeit eines Vorhabens im Geltungsbereich einer Außenbereichssatzung richtet sich nach § 35 BauGB. Das Satzungsgebiet wird also − im Gegensatz zu den Innenbereichssatzungen nach § 34 IV 1 Nr. 1, 2 und 3 BauGB − nicht Innenbereich, sondern bleibt Außenbereich (→ *Abbildung 123 und Textbeispiel 127).*

1644   Im Unterschied zu den Innenbereichssatzungen des § 34 IV BauGB begründet die Außenbereichssatzung unmittelbar kein Baurecht. Sie führt nur zur erleichterten Zulassung bestimmter Vorhaben, indem sie bestimmte in § 35 III BauGB benannte, von Außenbereichsvorhaben regelmäßig beeinträchtigte öffentliche Belange ausräumt. Die teilprivilegierten Vorhaben nach § 35 IV BauGB sind durch den Gesetzgeber enumerativ benannt und betreffen im Wesentlichen die Umnutzung und den Umbau vorhandener Bausubstanz. Im Unterschied dazu entscheidet bei der Außenbereichssatzung die einzelne Gemeinde im Rahmen ihrer Planungshoheit über die erleichterte Zulässigkeit von Bauvorhaben, die vor allem auch Neubauten sein können.

1645   Begünstigt werden Vorhaben, die **Wohnzwecken** dienen. Nach § 35 VI 2 BauGB kann die Satzung aber auch auf Vorhaben erstreckt werden, die kleinere Handwerks- und Gewerbebetrieben dienen. Der Begriff „klein" ist städtebaulich-strukturell zu verstehen. Die Vorhaben müssen der kleinteiligen Baustruktur von Außenbereichssiedlungen (Splittersiedlungen, Weilern) entsprechen. Die gewerbliche Nutzung soll jedoch gegenüber der Wohnnutzung nachrangig sein.

Bekanntmachung einer Außenbereichssatzung

Bekanntmachung der Gemeinde

Betr.: Außenbereichssatzung (Kurzbezeichnung)

Die Gemeindevertretung der Gemeinde (Ort) hat in ihrer Sitzung am (Datum) folgenden Beschluss gefasst:

Gem. §§ LBO und §§ GO wird für den Bereich (Kurzbezeichnung) folgende Außenbereichssatzung beschlossen:

§ 1 Räumlicher Geltungsbereich

Der Geltungsbereich der Satzung erstreckt sich auf die Grundstücke (Bezeichnung). Dieser Bereich ist in dem anliegenden Lageplan, der zum Bestandteil der Satzung wird, umrandet dargestellt.

---

[181] OVG Berlin-Brandenburg, Urt. v. 12.5.2009 − 10 A 7.08 − LKV 2009, 469 = BauR 2009, 1629 − Außenbereichssatzung, m. Hinw. auf BVerwG, Urt. v. 13.7.2006 − 4 C 2.05 −, BRS 70 Nr. 110.

§ 2 Art des Gebietes

In dem Geltungsbereich der Satzung befinden sich z.Zt. ausschließlich Wohngebäude mit Nebengebäuden. Es wird gem. § 35 VI BauGB festgestellt, dass es sich um einen bebauten Bereich im Außenbereich handelt, der nicht überwiegend landwirtschaftlich geprägt ist und in dem eine Wohnbebauung von einigem Gewicht vorhanden ist.

§ 3 Zulassung von Wohnzwecken dienenden Vorhaben

Wohnzwecken dienenden Vorhaben kann im Geltungsbereich dieser Satzung nicht entgegengehalten werden, dass sie der Darstellung im Flächennutzungsplan der Gemeinde als Fläche für die Landwirtschaft widersprechen oder die Entstehung oder Verfestigung einer Splittersiedlung befürchten lassen. Hauptgebäude sind nur innerhalb der im Lageplan festgesetzten überbaubaren Grundstücksflächen zulässig. Es sind Einzel- und Doppelhäuser mit nicht mehr als zwei Wohnungen zulässig. Doppelhäuser gelten bezüglich der Anzahl der Wohnungen als zwei Einzelwohnhäuser. Die Vorhaben sind hinsichtlich des Maßes der baulichen Nutzung und der äußeren Gestaltung (Firstrichtung, Dachneigung, Traufhöhe) der vorhandenen Bebauung anzupassen.

§ 4 Inkrafttreten

Diese Satzung tritt am Tage nach ihrer Bekanntmachung im Amtsblatt der Gemeinde in Kraft.

Bekanntmachungsanordnung

Die vorstehende Außenbereichssatzung (Kurzbezeichnung) wird hiermit öffentlich bekannt gemacht. Es wird darauf hingewiesen, dass eine Verletzung von Verfahrens- und Formvorschriften der GO beim Zustandekommen dieser Satzung nach Ablauf eines Jahres seit dieser Bekanntmachung nicht mehr geltend gemacht werden kann, es sei denn,

• eine vorgeschriebene Genehmigung fehlt oder ein vorgeschriebenes Anzeigeverfahren wurde nicht durchgeführt,
• dieses Verfahren ist nicht ordnungsgemäß öffentlich bekannt gemacht worden,
• der Bürgermeister hat den Satzungsbeschluss vorher beanstandet oder
• der Form- oder Verfahrensmangel ist gegenüber der Gemeinde vorher gerügt und dabei die verletzte Rechtsvorschrift und die Tatsache bezeichnet worden, die den Mangel ergibt.

(Ort, Datum, Siegelabdruck) Gemeinde (Ort), Der Bürgermeister (Unterschrift)

Ausgehängt am: (Datum), abzunehmen am: (Datum), abgenommen am: (Datum)

(Siegel) (Unterschrift) (Siegel) (Unterschrift)

oder:

Diese Bekanntmachung ist am (Datum) in der Zeitung (in dem Amtlichen Verkündungsblatt) veröffentlicht worden.

(Ort, Datum, Siegelabdruck) Gemeinde (Ort), Der Bürgermeister (Unterschrift)

Textbeispiel 127: *Bekanntmachung Außenbereichssatzung (zu Abbildung 123)*

　　Die Außenbereichssatzung kann nur in einem sehr begrenzten Umfang Konfliktsitua- **1646** tionen bewältigen und ihrerseits Konfliktstoff bergen, der sich aus der Inanspruchnahme von Freiflächen im Außenbereich ergibt. Werden hierdurch jedoch zusätzliche städtebauliche Probleme aufgeworfen, ist die Außenbereichssatzung nicht das geeignete Instrument, da sie zu einer generellen Bewältigung von Konfliktlagen nicht in der Lage ist.[182] Bei derartigen Konfliktsituationen bedarf es vielmehr einer förmlichen Bauleitplanung und entsprechender Festsetzungen in einem Bebauungsplan oder entsprechender Festsetzungen in einem Bebauungsplan oder entsprechender Regelungen in einem Vorhaben- und Erschließungsplan.

　　Die Außenbereichssatzung hat aus gemeindlicher Sicht den Vorteil, dass die für Flä- **1647** chennutzungs- und Bebauungspläne geltende Bindungen an die Ziele der Raumordnung nicht in gleicher Weise bestehen. Nach § 1 IV BauGB sind die Bauleitpläne den Zielen der Raumordnung anzupassen. Zu den Bauleitplänen gehören nach § 1 II BauGB (nur) der Flächennutzungsplan und der Bebauungsplan, nicht jedoch die anderen städtebaulichen Satzungen. Eine strikte Bindung der Außenbereichssatzung an die Ziele der Raumordnung besteht nicht. Allerdings muss die Außenbereichssatzung nach § 35 VI 4 BauGB mit einer geordneten städtebaulichen Entwicklung vereinbar sein. Eine Genehmigung der höheren Verwaltungsbehörde ist im Gegensatz zur früheren Rechtslage (§ 35 VI 6 BauGB 1998) nicht erforderlich.

---

[182] *Degenhart* DVBl 1993, 177.

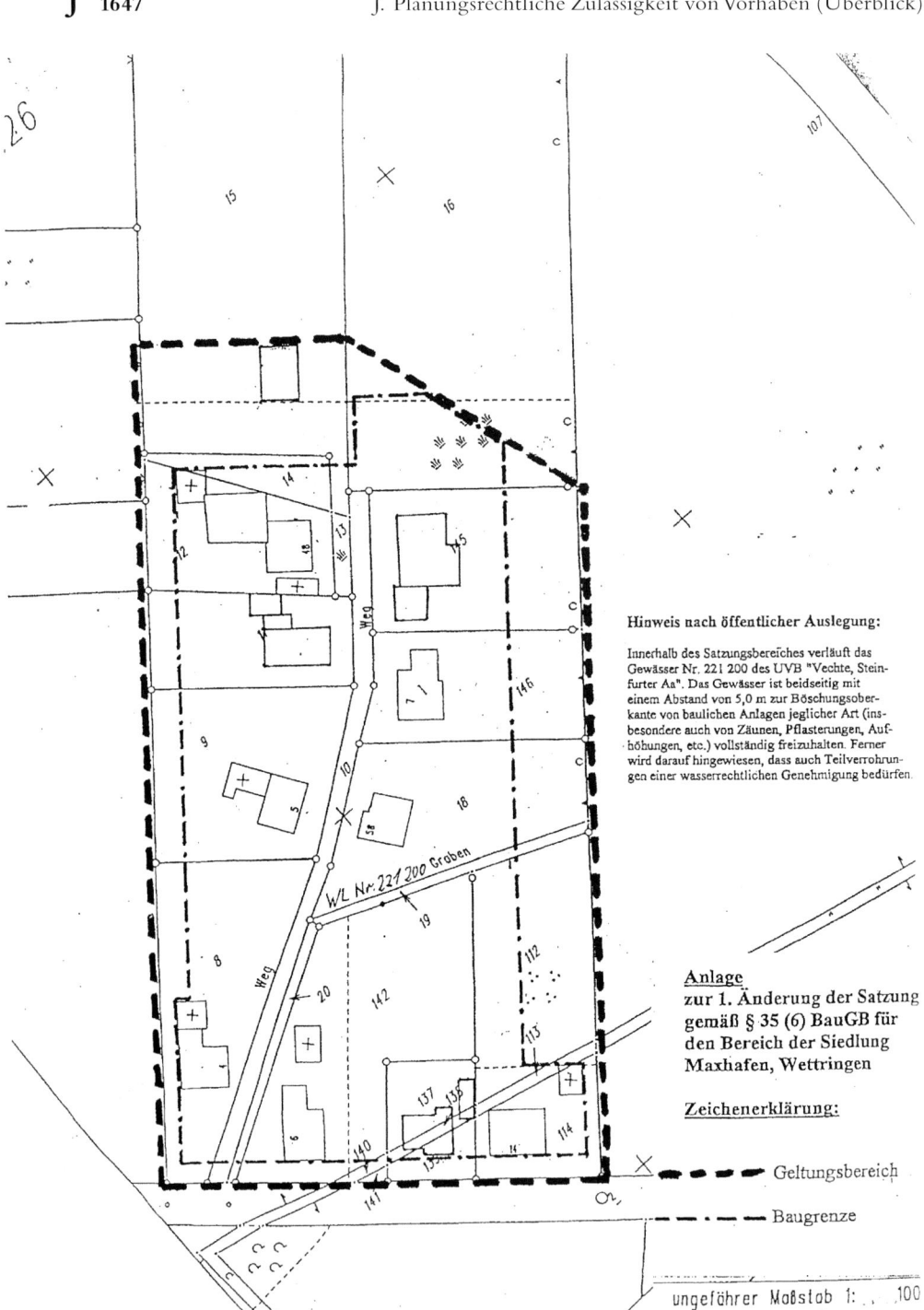

Hinweis nach öffentlicher Auslegung:

Innerhalb des Satzungsbereiches verläuft das Gewässer Nr. 221 200 des UVB "Vechte, Steinfurter Aa". Das Gewässer ist beidseitig mit einem Abstand von 5,0 m zur Böschungsoberkante von baulichen Anlagen jeglicher Art (insbesondere auch von Zäunen, Pflasterungen, Aufhöhungen, etc.) vollständig freizuhalten. Ferner wird darauf hingewiesen, dass auch Teilverrohrungen einer wasserrechtlichen Genehmigung bedürfen.

Anlage
zur 1. Änderung der Satzung
gemäß § 35 (6) BauGB für
den Bereich der Siedlung
Maxhafen, Wettringen

Zeichenerklärung:

— — — Geltungsbereich

— — — Baugrenze

ungeführer Maßstab 1: 100
Datum: 17.09.97

Abbildung 123: *Außenbereichssatzung*

K. Rechtsschutz

Der Rechtsschutz im öffentlichen Baurecht gliedert sich in Rechtsschutzmöglichkeiten **1648** gegen den Bebauungsplan, gegen den ein **Normenkontrollantrag** statthaft ist, und in den Rechtsschutz gegen **Einzelentscheidungen**. Dabei ist zwischen dem Rechtsschutz des Bauherrn, des Nachbarn und der Gemeinde zu unterscheiden.

I. Rechtsschutzmöglichkeiten (Überblick)

Der Rechtsschutz gegen städtebauliche Planungen richtet sich vornehmlich auf die ge- **1649** richtliche Kontrolle der Rechtswirksamkeit des **Bebauungsplans**. Dieser kann in einem **Normenkontrollverfahren** nach § 47 VwGO einer gerichtlichen Prüfung zugeführt werden,[1] wenn der Antragsteller geltend macht, durch den Bebauungsplan in eigenen Rechten verletzt zu sein (§ 47 II VwGO). Gegen den **Flächennutzungsplan** ist eine unmittelbare gerichtliche Kontrolle in der Regel nicht möglich. Dieser kann nur inzidenter etwa im Rahmen einer Anfechtungs- oder Verpflichtungsklage betreffend eine Einzelentscheidung überprüft werden. Gegenstand einer Normenkontrolle kann der Flächennutzungsplan nur insoweit werden, wie er unmittelbare Rechtswirkungen gegenüber dem Bürger hat (§ 35 III 3 BauGB).

Die **Einzelentscheidung** kann durch Bauherrn, Nachbarn oder Gemeinde durch Wi- **1650** derspruch und Anfechtungs- oder Verpflichtungsklage der gerichtlichen Kontrolle unterstellt werden. Der **Bauherr** kann etwa bei Ablehnung des Baugenehmigungsantrages Widerspruch einlegen und Anfechtungsklage erheben. Bei einer Verzögerung oder Unterlassung der Baugenehmigung sowie bei einer Zurückstellung des Bauvorhabens ergeben sich gleichgerichtete Klagemöglichkeiten.

Der **Nachbar** kann gegen eine dem Bauherrn erteilte Baugenehmigung Widerspruch **1651** und Anfechtungsklage erheben, wenn er in nachbarschützenden Vorschriften verletzt und in der Regel als weitere Voraussetzung tatsächlich beeinträchtigt ist.[2] Rechtsschutzmöglichkeiten des Nachbarn können sich auch bei einem dem Bauherrn erteilten positiven Bauvorbescheid oder bei einer Teilbaugenehmigung ergeben. Bei ungenehmigten Bauten kommt ein Rechtsschutz des Nachbarn ebenfalls in Betracht, wenn elementare Nachbarrechte beeinträchtigt sind und das der Behörde zustehende Ermessen zum Einschreiten auf null reduziert ist. Nachbarrechte dürfen auch nicht durch Verzicht, Verwirkung[3] oder Rechtsmissbrauch untergegangen sein.

Die **Gemeinde** kann gegen eine Baugenehmigung Widerspruch einlegen und gegebe- **1652** nenfalls klagen, wenn durch die Baugenehmigung nachbargemeindliche Belange oder andere Planungsbelange beeinträchtigt sind. In der **Fachplanung** kann der durch die Planung unmittelbar Betroffene Rechtsschutz durch Anfechtungsklage suchen. Begehrt der Betroffene (lediglich) eine Ergänzung der Planung durch Schutzauflagen, ist ein Verpflichtungsbegehren statthaft. Der mittelbar von einer Fachplanung Betroffene kann einen Anspruch auf Abwägung der eigenen Belange geltend machen.[4]

---

[1] *Eyermann/Fröhler* § 47 Rn. 1 ff.; *Kopp/Schenke* Rn. 1 ff. zu § 47 VwGO; *Redeker/von Oertzen* § 47 Rn. 1 ff.

[2] Zum Nachbarrechtsschutz *Bartlsperger* VerwArch. 60 (1969), 35; *Dürr* DÖV 1994, 841; *Glaser/ Dröschel* Das Nachbarrecht in der Praxis 1971; HdBÖffBauR Kap. H; *Kleinlein* Das System des Nachbarrechts 1987; *Mampel* ZAP Fach 19, 103; *ders.* NuR 1993, 376; *Pappermann* JuS 1973, 689; *Sarnighausen* NVwZ 1993, 1054; *Schäfer* Nachbarrechtsgesetz NRW; *Steinberg* Das Nachbarrecht der öffentlichen Anlagen 1988; *ders.* NJW 1984, 457.

[3] BVerwG, B. v. 13.8.1996 – 4 B 135.96 – BauR 1997, 281 – Verwirkung.

[4] Zu diesen Teilen des Rechtsschutzes *Stüer*, Handbuch des Bau- und Fachplanungsrechts, Rn. 4648.

II. Rechtsschutz gegen den Bauleitplan

1653 Nach § 47 I VwGO entscheidet das OVG im Rahmen seiner Gerichtsbarkeit in der **Normenkontrolle**[5] auf Antrag über die Gültigkeit (1) von Satzungen, die nach den Vorschriften des BauGB erlassen worden sind, sowie von Rechtsverordnungen auf Grund des § 46 II BauGB, (2) von anderen im Range unter dem Landesgesetz stehenden Rechtsvorschriften, sofern das Landesrecht dies bestimmt. Den Antrag kann nach § 47 II 1 VwGO jede natürliche oder juristische Person, die geltend macht, durch die Rechtsvorschrift oder deren Anwendung in ihren Rechten verletzt zu sein oder in absehbarer Zeit verletzt zu werden, sowie jede Behörde innerhalb von einem Jahr nach Inkrafttreten der Rechtsvorschrift stellen. Der Normenkontrollantrag ist gegen die Körperschaft, Anstalt oder Stiftung zu richten, welche die Rechtsvorschrift erlassen hat (§ 47 II 2 VwGO). Das OVG kann dem Land und anderen juristischen Personen des öffentlichen Rechts, deren Zuständigkeit durch die Rechtsvorschrift berührt wird, Gelegenheit zur Äußerung binnen einer zu bestimmenden Frist geben (§ 47 II 3 VwGO). Bei einem anhängigen verfassungsgerichtlichen Verfahren kann das OVG die Verhandlung aussetzen (§ 47 IV VwGO). Das Normenkontrollgericht entscheidet durch Urteil oder, wenn es eine mündliche Verhandlung nicht für erforderlich hält, durch Beschluss (§ 47 V 1 VwGO). Ist der Bebauungsplan unwirksam, so stellt dies das OVG in seiner Entscheidung fest. Die Entscheidung ist allgemeinverbindlich und von der Gemeinde ebenso wie der Bebauungsplan bekanntzumachen (§ 47 V 2 VwGO, § 10 III BauGB). Wird der Antrag zurückgewiesen, hat die Entscheidung keine Allgemeinverbindlichkeit. Stellt das OVG beachtliche Mängel fest, erklärt das Gericht die Satzung bis zur Behebung der Mängel für unwirksam (§ 47 V 2 VwGO). Gegen Normenkontrollentscheidungen des OVG nach § 47 V 1 VwGO ist die Revision statthaft, wenn sie vom OVG zugelassen worden ist (§ 132 I VwGO). Die Revision ist bei grundsätzlicher Bedeutung (Grundsatzrevision), Abweichung von der höchstrichterlichen Rechtsprechung (Divergenzrevision) und bei Verfahrensfehler (Verfahrensrevision) zuzulassen (§ 132 II VwGO). Wird die Revision vom OVG nicht zugelassen, so kann unter den vorgenannten Voraussetzungen eine Nichtzulassungsbeschwerde erhoben werden. Nach § 47 VI VwGO kann das Gericht auf Antrag eine einstweilige Anordnung erlassen, wenn dies zur Abwehr schwerer Nachteile oder aus anderen wichtigen Gründen geboten ist.

1. Gegenstand der Normenkontrolle (§ 47 I VwGO)

1654 Die Normenkontrolle kann nach § 47 I VwGO gegen Satzungen erhoben werden, die auf der Grundlage des BauGB erlassen worden sind. Es zählt dazu vor allem der Bebauungsplan aber auch alle anderen städtebaulichen Satzungen, nicht jedoch der Flächennutzungsplan, der da er keine Satzung ist. Er kann nur insoweit zum Gegenstand der Normenkontrolle werden, wie er unmittelbare Rechtswirkungen gegenüber dem Bürger hat (§ 35 III 3 BauGB).

---

[5] *Achterberg* VerwArch. 1981, 163; *ders.* DVBl 1980, 820; *Battis/Schrödter* DVBl 1977, 160; *Berg* DÖV 1981, 889; *Betterman* DVBl 1980, 233; *Birk* DVBl 1978, 161; *Blümel* VerwArch. 83 (1983), 153; *Breuer* DVBl 1983, 432; *Dienes* DVBl 1980, 672; *Drettmann/Gaentzsch* DVBl 1985, 29; *Dürr* Die Antragsbefugnis bei der Normenkontrolle von Bebauungsplänen 1989; *ders.* DÖV 1990, 136; *Erichsen* DVBl 1987, 168; *Grziwotz* DVBl 1988, 768; *Ipsen* Die Verwaltung 1987, 477; *KoppSchenke* § 47 VwGO Rn. 1 ff; *Lenz* BauR 1980, 130; *Ossenbühl* in FS Huber 1981, 283; *Paetow* NVwZ 1985, 309; *Papier* in FS Menger 1985, 517; *Quaas* Normenkontrolle und Bebauungsplan 1986; *Redeker/von Oertzen* zu § 47 VwGO; *Ronellenfitsch* VerwArch 1983, 281; *Sachs* DÖV 1982, 23; *ders.* BayVBl. 1982, 396; *Schlichter* in FS Redeker 1993, 357; *Sendler* DVBl 1982, 157; *Stich* DVBl 1982, 173; *Stüer* DVBl 1985, 469; *ders.* DÖV 1986, 646; *ders.* DVBl 1989, 810; *ders.* DVBl 1996, 847; *ders.* DVBl 1997, 326; *ders.* in *Stüer* (Hrsg.) Verfahrensbeschleunigung, S. 90; *Ziekow* NVwZ 1991, 345.

Die Normenkontrolle ist auch gegen **nicht mehr geltende Rechtssätze** zulässig, **1655** wenn und soweit sie noch Auswirkungen auf die Rechtsbeziehungen in der Gegenwart haben, insbesondere noch für die Beurteilung von gegenwärtigen Rechtsverhältnissen von Bedeutung sind.[6] Tritt etwa ein Bebauungsplan oder eine Veränderungssperre außer Kraft, kann bei einem entsprechenden Rechtsschutzinteresse die Feststellung begehrt werden, dass die Rechtsvorschrift unwirksam war.[7] Davon ist insbesondere auszugehen, wenn die Gültigkeit oder Ungültigkeit der Norm entscheidungserhebliche Vorfrage in einem nachfolgenden Rechtsstreit der Beteiligten ist.[8] Auch ältere Fassungen oder einzelne Änderungen des Bebauungsplans können nach Auffassung des BVerwG Gegenstand eines Normenkontrollverfahrens sein, wenn an der Feststellung der Unwirksamkeit des Plans ein entsprechendes Rechtsschutzbedürfnis besteht.[9] Welcher der verschiedenen Fassungen eines **Bebauungsplans** vom Gericht auf seine Gültigkeit zu überprüfen ist, richtet sich nach dem Rechtsschutzziel des Antragstellers. Dies gilt auch, wenn ein vor Erhebung der Normenkontrolle in Kraft getretener Bebauungsplan während des gerichtlichen Verfahrens geändert oder ergänzt wird.[10] Richtet sich ein Normenkontrollantrag auf die Feststellung der Unwirksamkeit der Änderung eines Bebauungsplans, so darf das Normenkontrollgericht nicht ohne Antrag den ursprünglichen Bebauungsplan zum Gegenstand seiner Unwirksamkeitsfeststellung machen. Die Unwirksamkeit der ursprünglichen Satzung prüft es von sich aus nur als Vorfrage der Gültigkeit der mit dem Normenkontrollantrag angegriffenen (Änderungs-)Satzung.[11]

Bebauungspläne unterliegen der Normenkontrolle nur, soweit sie auf Grund der Vorschriften des BBauG, des StBauFG, des BauGB und des durch das BauROG 1998 aufgehobenen BauGB-MaßnG erlassen worden sind. Nach § 173 BBauG **übergeleitete Bebauungspläne** sind demgegenüber nicht durch Normenkontrollantrag auf ihre Rechtswirksamkeit zu überprüfen.[12] Dasselbe dürfte für übergeleitete Altpläne in den neuen Ländern gegolten haben. Auf Landesrecht beruhende Gestaltungsfestsetzungen nehmen an den Rechtswirkungen des Bebauungsplans teil und können daher im Normenkontrollverfahren auch in den Ländern überprüft werden, die von der Ermächtigung in § 47 I Nr. 2 VwGO keinen Gebrauch gemacht haben.[13] Eine durch Gesetz geänderte Norm einer landesrechtlichen Rechtsverordnung, hinsichtlich der die Rückkehr zum einheitlichen Verordnungsrang angeordnet worden ist (**„Entsteinerungsklausel"**), kann eine im Range unter dem Landesgesetz stehende Rechtsvorschrift i. S. von § 47 I Nr. 2 VwGO

---

[6] BVerwG, Urt. v. 14.7.1978 – 7 N 1.78 – BVerwGE 56, 172 = RzB Rn. 1321 – Abgabensatzung.

[7] BVerwG, B. v. 16.8.1983 – 4 B 94.83 – DVBl 1984, 145 = UPR 1984, 26 = BauR 1983, 560 = RzB Rn. 1246 – nachbarschützende Norm.

[8] BGH, Urt. v. 18.5.1980 – III ZR 27/77 – BGHZ 77, 338 = NJW 1980, 2814 = DÖV 1981, 337 = RzB Rn. 807 – Sanierungssatzung.

[9] BVerwG, B. v. 25.2.1997 – 4 NB 30.96 – NVwZ 1997, 896 = BauR 1997, 603 – Dachgeschoss-zahl-Festsetzung.

[10] BVerwG, B. v. 25.2.1997 – 4 NB 30.96 – NVwZ 1997, 896 = BauR 1997, 603 – Dachgeschoss-zahl-Festsetzung; abweichend von der Antragstellung, die nur die Prüfung einer Bebauungsplanänderung beabsichtigte, hat das OVG Münster, Urt. v. 21.8.1997 – 11 a D 156/93.NE – BauR 1998, 294, die Rechtskontrolle auch auf den zu Grunde liegenden Bebauungsplan erstreckt. So sei zu verfahren, wenn zwischen dem Bebauungsplan und seiner Änderung ein untrennbarer Regelungszusammenhang bestünde und Anhaltspunkte für die Nichtigkeit des Ursprungsbebauungsplanes vorlägen.

[11] BVerwG, Urt. v. 16.12.1999 – 4 CN 7.98 – BVerwGE 110, 193 = DVBl 2000, 804 – Bebauungsplanänderung.

[12] OVG Berlin, B. v. 26.10.1971 – II A 5.79 – ZfBR 1980, 51 – übergeleiteter Bebauungsplan; offengelassen noch durch OVG Münster, B. 31.3.1978 – Xa ND 8/77 – DVBl 1979, 193 = BauR 1978, 209 – Durchführungsplan.

[13] OVG Münster, Urt. v. 19.8.1983 – 10a NE 1/81 – NVwZ 1984, 595 – Gestaltungsfestsetzungen; entgegen OVG Saarlouis, Urt. v. 4.12.1981 – 2 N 12/80 – NVwZ 1983, 42 = BRS 38, Nr. 48 – bauordnungsrechtliche Regelungen.

sein. Vorbehaltlich landesrechtlicher Besonderheiten kann eine solche Vorschrift Gegenstand einer verwaltungsgerichtlichen Normenkontrolle sein.[14]

1657   Mit einem Normenkontrollantrag nach § 47 VwGO kann auch die **Funktionslosigkeit** eines Bebauungsplans geltend gemacht werden. Das OVG hat in diesem Fall die Ungültigkeit einzelner Festsetzungen auf Grund der eingetretenen Funktionslosigkeit festzustellen. Das Gericht ist daher nicht auf die Feststellung der Unwirksamkeit des Bebauungsplans begrenzt, wie es § 47 V 2 VwGO nahe legen könnte. Ob die Einführung der Jahresfrist bzw. früher der Zweijahresfrist dazu nunmehr Beschränkungen auferlegt, hat das BVerwG offen gelassen.[15] Nicht berührt werden durch § 47 VwGO die prozessualen Möglichkeiten, durch eine **Feststellungsklage** nach § 43 VwGO das Bestehen oder Nichtbestehen eines Rechtsverhältnisses gerichtlich klären zu lassen.[16] Der **Flächennutzungsplan** kann demgegenüber grundsätzlich nur mittelbar überprüft werden (Inzidentkontrolle). Eine **Normenkontrolle** ist nur statthaft, wenn der Plan etwa für die Steuerung von privilegierten Außenbereichsvorhaben die Grundstücksnutzung durch das Darstellungsprivileg in § 35 III 3 BauGB unmittelbar regelt.[17]

Beispiel: Ein Unternehmer will durch eine gerichtliche Verpflichtungsklage erreichen, dass ihm die Genehmigung für eine Abgrabung erteilt wird. Die Behörde hatte im Genehmigungsverfahren eingewandt, das Vorhaben sei zwar als ortsgebundener gewerblicher Betrieb grundsätzlich nach § 35 I Nr. 3 BauGB privilegiert, es widerspreche jedoch den Darstellungen des Flächennutzungsplans, der dort ein Güterverkehrszentrum und Flächen für Bahnanlagen darstelle. Im Gerichtsverfahren könnte (inzidenter) geprüft werden, ob der Flächennutzungsplan wirksam ist und seine standortbezogenen Darstellungen daher dem privilegierten Außenbereichsvorhaben entgegenstehen.[18] In einem **Normenkontrollverfahren** nach § 47 VwGO kann der Unternehmer klären lassen, ob die das Vorhaben ausschließenden Darstellungen des Flächennutzungsplans wirksam sind.

1658   Der Rechtsschutz gegen **Programme und Pläne** der **Raumordnung** hängt wesentlich von der Ausgestaltung ab, die der Landesgesetzgeber diesen Regelungen gegeben hat. In den Ländern, in denen die Normenkontrolle nach § 47 I Nr. 2 VwGO auch gegen unter dem Landesgesetz stehende Rechtsvorschriften möglich ist, können die Ziele der Raumordnung in der Form der generell-abstrakten untergesetzlichen Regelungen Gegenstand der Normenkontrolle sein.[19] Ist nach dem Landesrecht eine Normenkontrolle gegen rechtsförmige Programme und Pläne der Raumordnung nicht eröffnet, so kommt in den Ländern, die eine Verfassungsgerichtsbarkeit eingerichtet haben, eine Verfassungsbeschwerde in Betracht. Diese kann insbesondere von Gemeinden eingelegt werden, die sich gegen Ausweisungen in Regionalplan wenden.[20]

---

[14] BVerwG, Urt. v. 16.1.2003 – 4 CN 8.01 – BVerwGE 117, 31 = NVwZ 2003, 730 = DVBl 2003, 804 – Entsteinerungsklausel.

[15] BVerwG, Urt. v. 3.12.1998 – 4 CN 3.97 – Urt. v. 3.12.1998 – 4 CN 4.97 – . Es könnte sogar einiges dafür sprechen, dass die Zweijahresfrist nicht für die Funktionslosigkeit gilt, weil der Gesetzgeber insoweit keine Regelung getroffen hat und wohl auch nicht hat treffen wollte.

[16] BVerwG, Urt. v. 9.12.1982 – 5 C 103.81 – DVBl 1983, 552 = NJW 1983, 2208 – Neugliederung der Industrie– und Handelskammerbezirke.

[17] BVerwG, Urt. v. 26.4.2007 – 4 CN 3.06 – BVerwGE 128, 382 = NVwZ 2007, 1081; *Stüer* BauR 2007, 1495.

[18] BVerwG, Urt. v. 22.5.1987 – 4 C 57.84 – BVerwGE 77, 300 = DVBl 1987, 1008 = RzB Rn. 449 – Kölner Auskiesungskonzentrationszone; *Stüer* StuGR 1979, 107.

[19] Vgl. etwa Ziele der Raumordnung und Landesplanung VGH München, Urt. v. 30.3.1982 – 20.N – 909/79 – BayVBl. 1982, 726.

[20] *Hoppe* FS Redeker 1993, 377; *ders.* StuGR 1993, 230.

2. Antragsbefugnis/Rechtsschutzinteresse (§ 47 II VwGO)

Der Normenkontrollantrag kann nach § 47 II VwGO i. d. F. des 6. VwGOÄndG[21] von je- **1659** der natürlichen oder juristischen Person gestellt werden, die geltend macht, durch die Rechtsvorschrift oder deren Anwendung in ihren Rechten verletzt zu sein oder in absehbarer Zeit verletzt zu werden, sowie von jeder Behörde. Durch das Erfordernis einer möglichen eigenen Rechtsverletzung für natürliche und juristische Personen soll die Popularklage ausgeschlossen werden.[22]

Durch das 6. VwGO-Änderungsgesetz sollte das Erfordernis der Antragsbefugnis ver- **1660** schärft werden. Wo zuvor noch die Geltendmachung eines Nachteils ausreichte[23], ist nunmehr die Geltendmachung der Verletzung eigener Rechte erforderlich.[24] An die Geltendmachung einer Rechtsverletzung nach § 47 II 1 VwGO seien, so das BVerwG. allerdings keine höheren Anforderungen zu stellen als nach § 42 II VwGO.[25] Der dortigen „Adressatentheorie" ähnlich ist die Antragsbefugnis gemäß § 47 II 1 VwGO regelmäßig zu bejahen, wenn sich ein Eigentümer eines im Plangebiet gelegenen Grundstücks gegen eine bauplanerische Festsetzung wendet, die unmittelbar sein Grundstück betrifft.[26] Es reicht der hinreichend substantiierte Tatsachenvortrag, dass der Antragsteller durch die Festsetzungen des Bebauungsplans in seinem Grundeigentum verletzt wird.[27]

Als umstritten erwies sich die praktisch wichtige Frage, ob es im Bauplanungsrecht **1661** ein subjektives Recht auf eine angemessene Berücksichtigung der eigenen privaten Belange in der Abwägung gibt. Für das **Fachplanungsrecht** war ein **Recht auf Abwägung der eigenen Belange** bereits seit längerer Zeit anerkannt worden.[28] Nach Auffassung des BVerwG hat auch im Bereich der Bauleitplanung das in § 1 VII BauGB enthaltene Abwägungsgebot drittschützenden Charakter hinsichtlich solcher privaten Belange, die für die Abwägung erheblich sind.[29] Der *Senat* weist selbst darauf hin, dass mit der Annah-

---

[21] Sechstes Gesetz zur Änderung der VwGO und anderer Gesetze (6. VwGOÄndG); *Stüer* DVBl 1997, 326; *ders.* in *Stüer* (Hrsg.) Verfahrensbeschleunigung, S. 90.

[22] *Kopp/Schenke* Rn. 2 und 24 zu § 47 VwGO; *Krebs* VerwArch. 1978, 329; *Mößle* BayVBl. 1976, 609; *Rasch* BauR 1977, 147; *Renck* JA 1971, 246; OVG Lüneburg, Urt. v. 25.8.1976 – I A 92/72 – DVBl 1978, 178 – Bebauungsplanänderung.

[23] BVerwG, B. v. 13.12.1996 – 4 NB 26.96 – NVwZ 1997, 682 zur Antragsbefugnis, wenn sich die durch die angegriffene Änderung des Bebauungsplans entstandene neue Rechtslage erst durch die Erteilung einer Befreiung nachteilig auf den Nachbarn auswirken kann; B. v. 26.2.1997 – 4 NB 5.97 – NVwZ 1997, 683 – Entstehung von Konkurrenz ist kein Nachteil i. S. d. § 47 II VwGO a. F.; Urt. v. 17.9.1998 – 4 CN 1.97 – ZfBR 1999, 41 = BauR 1999, 137 planbedingte Zunahme des Verkehrslärms als Nachteil.

[24] Zur Frage, ob es als Korrektiv zu der erschwerten Antragsbefugnis erforderlich ist, die Anforderungen an den Inhalt des Rechtsschutzbedürfnisses herabzusetzen BVerwG, B. v. 23.9.1997 – 4 BN 17.97 – NVwZ 1998, 613; Urt. v. 10.3.1998 – 4 CN 6.97 – BauR 1998, 740 = NVwZ 1998, 732 = ZfBR 1998, 205.

[25] BVerwG, Urt. v. 10.3.1998 – 4 CN 6.97 – BauR 1998, 740 = NVwZ 1998, 732 = ZfBR 1998, 205; Urt. v. 24.9.1998 – 4 CN 2.98 – NJW 1999, 592 = DVBl 1999, 100 m. Anm. *Schmidt–Preuß.*

[26] BVerwG, B. v. 7.7.1997 – 4 BN 11.97 – NVwZ–RR 1998, 416 = DVBl 1998, 60; Urt. v. 10.3.1998 – 4 CN 6.97 – BauR 1998, 740 = NVwZ 1998, 732 = ZfBR 1998, 205; ein Grundstückskäufer kann antragsbefugt sein, wenn beim Grundbuchamt der Antrag auf Eigentumsumschreibung gestellt ist, B. v. 25.3.1996 – 4 NB 2.96 – BauR 1996, 517; ein Nacherbe vor Eintritt des Nacherbfalls nicht antragsbefugt, B. v. 27.10.1997 – 4 BN 20.97 – BauR 1998, 289.

[27] BVerwG, Urt. v. 12.3.1998 – 4 CN 12.97 – DVBl 1998, 775 = UPR 1998, 270 = NVwZ 1998, 731: Der nachträgliche Entzug einer für den Bürger günstigen Verfahrensposition tritt nur ein, wenn das Änderungsgesetz selbst hinreichend deutlich diesen Verlust ausspricht; Urt. v. 17.9.1998 – 4 CN 1.97 – ZfBR 1999, 41 = BauR 1999, 137; ebenso VGH München, B. v. 14.2.1997 – 20 N 96.2462 – DVBl 1997, 663. OVG Münster, Urt. v. 23.1.1997 – 7 a D 70/93.NE – DVBl 1997, 852 m. Anm. *Schenke*; s. a. OVG Berlin, Urt. v. 28.11.1997 – 2 A 7/94 – ZfBR 1998, 211.

[28] BVerwG, Urt. v. 14.2.1975 – IV C 21.74 – BVerwGE 48, 56 = DVBl 1975, 713 – B 42.

[29] BVerwG, Urt. v. 24.9.1998 – 4 CN 2.98 – BVerwGE 107, 215 = NJW 1999, 592 = DVBl 1999,

me eines „Rechts auf gerechte Abwägung" das Ziel des Gesetzgebers nicht erreicht werden kann, den unmittelbaren Rechtsschutz gegen Bebauungspläne einzuschränken. Da jedoch die Änderung einer prozessrechtlichen Bestimmung keinen Einfluss auf das Bestehen eines materiellrechtlichen Anspruchs haben könne, hätte das gesetzgeberische Ziel auf diese Weise auch nicht erreicht werden können.[30]

1662   Mit der Zuerkennung eines **Rechtes auf Abwägung** auch in der **Bauleitplanung** hat das BVerwG die Antragsbefugnis auch nach der Neufassung durch das 6. VwGO-ÄndG praktisch auf die Ebene des alten Nachteilsbegriffs erstreckt, sodass zur Bestimmung der Antragsbefugnis an die bisherige Rechtsprechung zum Nachteilsbegriff angeknüpft werden kann. Der Begriff des **Nachteils**[31] i. S. von § 47 II 1 VwGO a. F. wurde nach der **alten Rechtslage**, die sich in Konsequenz der Entscheidung des BVerwG zur Antragsbefugnis durch die Neufassung des § 47 II VwGO durch das 6. VwGO-ÄndG nicht geändert hat, weit ausgelegt. Der Nachteilsbegriff, der für die **Zusammenstellung des Abwägungsmaterials** (§ 2 III BauGB) nach wie vor Bedeutung hat, geht über die rechtlich geschützten Interessen, die eine Klagebefugnis bei Anfechtungs- und Verpflichtungsklagen begründen, hinaus. Er umfasst auch tatsächlich betroffene Belange, die bei Erlass der Rechtsvorschrift in die Abwägung einzustellen sind.

1663   Ein die Befugnis zur Einleitung des Normenkontrollverfahrens begründendes Recht i. S. von § 47 II 1 VwGO ist daher gegeben, wenn der Antragsteller in einem Recht auf Abwägung verletzt ist und damit durch die zu kontrollierende Rechtsvorschrift oder durch deren Anwendung **negativ**, d. h. **verletzend**, in einem Interesse betroffen werden kann, das bei der Entscheidung über den Erlass oder den Inhalt der Satzung als privates Interesse des Antragstellers (oder seines Rechtsvorgängers) berücksichtigt werden musste. Die als **Abwägungsmaterial** beachtlichen privaten Interessen beschränken sich bei der Bauleitplanung nicht auf subjektiv öffentliche Rechte oder auf das, was nach Art. 14 GG oder Art. 2 GG verfassungsrechtlich gegen entschädigungslose Enteignung geschützt ist. Auch Miet- oder Pachtverhältnisse sowie Erwerbsinteressen, allgemeine Lagevorteile oder Chancen[32] kommen vielmehr als abwägungserhebliche Belange begründender Nachteil in Betracht. Eine Begrenzung der betroffenen Belange ist jedoch in dreierlei Hinsicht geboten: Objektiv **geringwertige**, **nicht erkennbare** und **nicht schutzwürdige Belange** bleiben außer Betracht.[33] Für die Erkennbarkeit der Belange in der Bauleitplanung hat die Öffentlichkeitsbeteiligung eine wichtige Funktion: Hat es der Betroffene unterlassen, seine Belange im Beteiligungsverfahren geltend zu machen, so sind die Interessenbetroffenheiten nur dann abwägungsbeachtlich, wenn sie sich der planenden Stelle aufdrängen, sie also sozusagen offen auf der Hand liegen. Daraus leiten sich ent-

---

100 m. Anm. *Schmidt-Preuß.*; Urt. v. 5.3.1999 – 4 CN 18.98 – NVwZ 1999, 987 = BauR 2000, 243 = ZfBR 1999, 344 – vorhabenbezogener Bebauungsplan. Gegen ein subjektives Recht auf Abwägung OVG Münster, Urt. v. 23.1.1997 – 7 a D 70/93.NE – DVBl 1997, 852 m. Anm. Schenke; Urt. v. 13.3.1997 – 11a D 148/94.NE – NVwZ 1997, 1002; VGH Mannheim, B. v. 22.6.1998 – 3 S 3067/97 – BauR 1998, 989; dafür VGH Mannheim, Urt. v. 13.5.1997 – 8 S 2814/96 – DVBl 1998, 236; VGH München, Urt. v. 4.6.1997 – 26 N 96.2963 – DVBl 1997, 1128 = BayVBl. 1997, 591.

[30] Zur Antragsbefugnis eines anerkannten Naturschutzverbandes im Normenkontrollverfahren gegen die Aufhebung einer Landschaftsschutzverordnung BVerwG, B. v. 21.7.1998 – 4 BN 10.97 – NVwZ-RR 1998, 98 = ZfBR 1998, 50. Die Antragsrechte werden dadurch nicht erweitert, dass statt einer Befreiung von den Verboten der Verordnung diese teilweise aufgehoben wird.

[31] BVerwG, B. v. 9.11.1979 – 4 N 1.78 – BVerwGE 59, 87 = DVBl 1980, 233 = NJW 1980, 1061 = BauR 1980, 36 = BRS 35 = RzB Rn. 26 – Normenkontrolle; s. Rn. 1052.

[32] BGH, Urt. v. 5.12.1964 – III ZR 31/62 – DÖV 1964, 778 = NJW 1964, 769 – Märchenfilm; Urt. v. 31.1.1966 – III ZR 110/64 – BGHZ 45, 150 – Elbeleitdamm Krabbenfischer; Urt. v. 31.1.1966 – III ZR 127/64 – BGHZ 45, 83 – Schutzzoll Knäckebrot; Urt. v. 5.4.1968 – V ZR 228/64 – BGHZ 50, 73; Urt. v. 8.2.1971 – III ZR 33/68 – BGHZ 55, 261 – Soldatengaststätte; vgl. bereits *RG*, Urt. v. 3.4.1903 – VII 499/02 – RGZ 54, 260.

[33] BVerwG, B. v. 16.8.1989 – 4 NB 27.88 – Buchholz 310 § 47 VwGO Nr. 42 = RzB Rn. 1326 – Nachteilsbegriff.

sprechende **Mitwirkungslasten** der Planbetroffenen ab.[34] Gegenüber einem Bebauungsplan ist auch antragsbefugt, wer das Grundstück erst nach Planerlass erworben hat,[35] nicht jedoch der Kaufinteressent, der noch keine gesicherte schuldrechtliche oder dingliche Rechtsposition erworben hat.[36] Ein Landwirt ist antragsbefugt bei einer im Bebauungsplan vorgesehenen Wohngebietsausweisung, die seine erkennbaren Erweiterungsmöglichkeiten beeinträchtigt[37], oder ein Grundstückseigentümer, der sich durch eine wasserrechtliche Verordnung in der Ausübung seines Gemeingebrauchs behindert sieht.[38] Auch die Festlegung eines Entwicklungsbereichs nach § 165 BauGB oder eines Sanierungsgebiets nach § 142 BauGB kann wegen des dadurch geschaffenen städtebaulichen Sonderrechts zur Antragstellung berechtigen.[39] Einen Nachteil i. S. von § 47 II 1 VwGO kann der Eigentümer eines Grundstücks auch dann erleiden, wenn die im Bebauungsplan festgesetzte Nutzungsart der im Zeitpunkt der Planaufstellung tatsächlichen Nutzung seines Grundstücks entspricht.[40] Der Nachteilsbegriff des § 47 II 1 VwGO a. F. und damit ein Recht auf Abwägung nach § 47 II VwGO n. F. ist nach der Rechtsprechung des BVerwG nicht „engherzig" zu verstehen und zu handhaben.[41] Auch für einen Normenkontrollantrag, mit dem sich der Eigentümer eines im Außenbereich gelegenen Grundstücks gegen dessen Festsetzung als nicht bebaubare Fläche wehrt, besteht regelmäßig die Antragsbefugnis nach § 47 II 1 VwGO und ein Rechtsschutzinteresse.[42] Auch durch eine Landschaftsschutzverordnung kann der davon Betroffene einen Nachteil erleiden, der eine Antragsbefugnis begründete.[43]

Auch **außerhalb des Plangebietes** Betroffene sind danach wie unter Geltung der frü- **1664** heren Fassung des § 47 II VwGO zur Antragstellung gegen einen Bebauungsplan befugt, wenn ihre Interessen in die Planabwägung einzustellen sind.[44] Auch die zu erwartende Umlegung kann ein solcher abwägungsbeachtlicher Nachteil sein.[45] Überhaupt ist das Recht auf Abwägung der eigenen abwägungserheblichen Belange bei Normenkontroll-

---

[34] BVerwG, Urt. v. 23.8.1996 – 4 A 30.95 – Buchholz 407.4 § 17 FStrG Nr. 122 – Berliner Autobahnring.

[35] BVerwG, B. v. 9.11.1979 – 4 N 1.78 – BVerwGE 59, 87 = DVBl 1980, 233 = DÖV 1980, 217 = NJW 1980, 1061 = BauR 1980, 36 = RzB Rn. 26 – Normenkontrolle; OVG Saarlouis, B. v. 6.7.1984 – 2 N 1/82 – UPR 1985, 142 – Spielplatzausweisung.

[36] Bei diesen Belangen fehlt es an der Erkennbarkeit und Schutzwürdigkeit. Das OVG Lüneburg, Urt. v. 4.1.1983 – 1 C 2/81 – ZfBR 1983, 281 – Landwirt, will bereits konkrete Kaufverhandlungen über ein Grundstück ausreichen lassen.

[37] OVG Lüneburg, Urt. v. 4.1.1983 – 1 C 2/81 – ZfBR 1983, 281 – Landwirt.

[38] VGH München, B. v. 12.8.1977 – Nr. 88 VIII 77 – DVBl 1978, 113.

[39] OVG Lüneburg, Urt. v. 19.9.1979 – VI C 12/79 – ZfBR 1980, 97 – Sanierungsgebiet.

[40] BVerwG, B. v. 6.1.1993 – 4 NB 38.92 – Buchholz 310 § 47 VwGO Nr. 73 = UPR 1993, 149 = DVBl 1993, 448 = GewArch. 1993, 212; NVwZ 1993, 561 = RzB Rn. 1311 – Gartenbaubetrieb.

[41] BVerwG, B. v. 20.8.1992 – 4 NB 3.92 – Buchholz 310 § 47 VwGO Nr. 69. Gleiches gilt auch für den vorhabenbezogenen Bebauungsplan, so BVerwG, Urt. v. 5.3.1999 – 4 CN 18.98 – NVwZ 1999, 987 = BauR 2000, 243 = ZfBR 1999, 344 – vorhabenbezogener Bebauungsplan.

[42] BVerwG, B. v. 17.12.1992 – 4 N 2.91 – BVerwGE 91, 318 = DVBl 1993, 444 = DÖV 1993, 391 = NVwZ 1993, 562 = RzB Rn. 171 – besonderer Wohnbedarf; B. v. 25.5.1993 – 4 NB 50.92 – UPR 1993, 306 = NVwZ 1994, 268 = BauR 1994, 212 = RzB Rn. 1316 – Frischluftschneise.

[43] BVerwG, B. v. 18.12.1987 – 4 NB 1.87 – BRS 48 (1988), Nr. 32 (S. 85) = StT 1989, 51 = RzB Rn. 1323 – Landschaftsschutz – Golfplatz. Der Umfang der Bindungswirkung ist dem jeweiligen Landesrecht zu entnehmen, OVG Münster, Urt. v. 11.1.1999 – 7 A 2377/96 – NuR 1999, 704 = BauR 2000, 62 – Landschaftsplan.

[44] BVerwG, B. v. 9.11.1979 – 4 N 1.78 – BVerwGE 59, 87 = DVBl 1980, 233 = NJW 1980, 1061 = BauR 1980, 36 = RzB Rn. 26 – Normenkontrolle; VGH München, Urt. v. 9.2.1998 – 15 N 97.3241 – (unveröffentlicht) für einen landwirtschaftlichen Betrieb und eine heranrückende Wohnbebauung. Zur Antragsbefugnis eines Eigentümers außerhalb des Planbereichs wegen Auswirkungen des Plans, die ebenfalls außerhalb des Planbereichs entstehen: BVerwG, B. v. 12.3.1999 – 4 BN 6.99 – BauR 1999, 878 = UPR 1999, 312 = ZfBR 1999, 225 – Baulogistikzentrum Potsdamer Platz,

[45] VGH Mannheim, B. v. 29.9.1981 – 5 S 600/81 – BauR 1982, 160.

anträgen gegen Bebauungspläne weit zu fassen, wobei allerdings die Geringfügigkeit sowie die fehlende Erkennbarkeit und die Schutzwürdigkeit der betroffenen Interessen zu Einschränkungen führen. Die Antragsbefugnis einer Kirchengemeinde im Normenkontrollverfahren kann allerdings grundsätzlich nicht mit ihrer Pflicht zur Seelsorge gegenüber ihren Gemeindeangehörigen begründet werden.[46]

1665 Schwierigkeiten bereiten die Abgrenzung bei lediglich **wirtschaftlichen oder ideellen Nachteilen**, bei denen die Rechtsprechung eher zur Zurückhaltung neigt. So führt der Wunsch nach Beibehaltung der bestehenden Verkehrsverhältnisse vor dem eigenen Anwesen, die Erhaltung einer benachbarten Grünfläche oder naturschutzrechtliche Bestimmungen nicht ohne weiteres zu einer Antragsbefugnis.[47] Auch die Verschlechterung der Wettbewerbssituation für ein ansässiges Kaufhaus durch ein neu geplantes Großkaufhaus sowie die **Konkurrenzverhältnisse** unter verschiedenen Möbelmärkten sind wegen fehlender Schutzwürdigkeit danach keine abwägungserheblichen Belange mit subjektivem Einschlag,[48] weil die davon Betroffenen mit einer derartigen Entwicklung rechnen müssen.

1666 Dabei ist allerdings zwischen **objektiven** und **subjektiven Elementen** der **Schutzwürdigkeit** von Belangen zu unterscheiden. Verschiedene Belange mögen zwar etwa im Bereich der unliebsamen Konkurrenz objektiv schutzwürdig und in der Bauleitplanung beachtlich sein, verleihen den Rechtsträgern jedoch kein Recht auf Abwägung.[49] Antragsbefugt ist allerdings der Inhaber eines Betriebes, der bei Verwirklichung einer geplanten heranrückenden Wohnbebauung mit Auflagen rechnen muss[50] oder dessen Erweiterungsinteressen gefährdet sind,[51] sofern diese Belange in der Öffentlichkeitsbeteiligung vorgetragen oder sonst offensichtlich sind.

1667 Der Kreis der abwägungsbeachtlichen Belange ist nicht auf die der **Grundstückseigentümer** beschränkt. Auch **Mieter**, **Pächter**[52] und andere **obligatorisch Nutzungsberechtigte** können antragsbefugt sein, insbesondere, wenn in ihren eingerichteten und ausgeübten Gewerbebetrieb oder in ihren schützenswerten Außenkontakt eingegriffen wird.[53] Das bedeutet aber nicht, dass ein solcher „**verfassungsrechtlicher Eigentümer**" auch tatsächlich stets geltend machen kann, in eigenen Rechten i. S. des § 47 II 1 VwGO verletzt zu sein. Abwägungserheblich sind alle Nachteile, die sich auf Grund eines vorgesehenen Eingriffs in Besitzrechte des Mieters oder Pächters ergeben.[54]

1668 Auch **Gemeinden** sind als juristische Personen antragsbefugt, wenn sie durch die angegriffene (von ihr nicht erlassene) Rechtsvorschrift einen abwägungserheblichen Nachteil erleiden. Hierfür kommt insbesondere ein nachteiliger Eingriff in die gemeindliche

---

[46] BVerwG, B. v. 18.12.1990 – 4 NB 19.90 – DVBl 1991, 826 = RzB Rn. 1329 – Kirchengemeinde.
[47] OVG Saarlouis, Urt. v. 28.10.1977 – II N 3/77 – BauR 1978, 286 – Veränderung Verkehrsverhältnisse.
[48] BVerwG, B. v. 16.1.1990 – 4 NB 1.90 – DÖV 1990, 479 = UPR 1990, 222 = NVwZ 1990, 555 = NJW 1990, 1866 = RzB Rn. 1328 – Konkurrenz Einzelhandel.
[49] BVerwG, B. v. 26.2.1997 – 4 NB 5.97 – Konkurrenzschutz.
[50] VGH München, Urt. v. 21.10.1982 – Nr. 2 N 81 A.2156 – BayVBl. 1983, 369 – reines Wohngebiet/Industriegebiet.
[51] VGH München, Urt. v. 25.10.1982 – Nr. 55 XIV 77 – BayVBl. 1983, 51 – Gewerbegebiet/Hochschule.
[52] BVerwG, B. v. 11.11.1988 – 4 NB 5.88 – Buchholz 310 § 47 VwGO Nr. 30.
[53] BVerwG, B. v. 9.11.1979 – 4 N 1.78 – BVerwGE 59, 87 = DVBl 1980, 233 = DÖV 1980, 217 = NJW 1980, 1061 = BauR 1980, 36 = RzB Rn. 26 – Abwägungsmaterial. Zur Antragsbefugnis des mit dem Eigentümer nicht identischen Bauherrn BVerwG, B. v. 18.5.1994 – 4 NB 27.93 – Buchholz 310 § 47 VwGO Nr. 90.
[54] BVerwG, Urt. v. 1.9.1997 – 4 A 36.96 – DVBl 1998, 44; vgl. auch BVerfG, B. v. 26.5.1993 – 1 BvR 208/93 – BVerfGE 89, 1 = NJW 1993, 2035 – Mieter als verfassungsrechtlicher Eigentümer.

Selbstverwaltung und in die daraus abgeleitete Planungshoheit in Betracht.[55] So kann die Gemeinde etwa antragsbefugt sein, wenn sie durch eine untergesetzliche Rechtsvorschrift in einen Zweckverband[56] oder in eine Verwaltungsgemeinschaft[57] einbezogen wird oder durch überörtliche Raumordnung[58] oder Fachplanung[59] in ihren elementaren Planungsvorstellungen beeinträchtigt wird.[60] Auch gegenüber Planungsvorhaben benachbarter Gemeinden kann eine Antragsbefugnis gegeben sein, wenn die Gemeinde hierdurch in ihren Selbstverwaltungsrechten beeinträchtigt wird oder die gemeindlichen Belange mit zum Material der **interkommunalen Abwägung** zählen. So kann etwa die gemeindliche Planung eines Möbelmarktes[61] oder eines Verbrauchermarktes[62] relevante Planungsbelange der Nachbargemeinde berühren.[63] Es muss sich dabei jedoch um eine spezifische Beeinträchtigung gemeindenachbarlicher Belange handeln, weshalb Planungen von regionalem oder überregionalem Zuschnitt seltener als Kontrollgegenstand in Betracht kommen.[64]

Die höhere Verwaltungsbehörde als **Plangenehmigungsbehörde** ist nicht befugt, **1669** die Unwirksamkeit eines von ihr als ungültig erkannten Bebauungsplans verbindlich festzustellen. Ebenso wenig kann sie die rechtswidrig erteilte, inzwischen aber gem. § 10 BauGB ortsüblich bekannt gemachte Genehmigung des damit in Kraft getretenen Bebauungsplans zurücknehmen. Eine höhere Verwaltungsbehörde kann aber die Prüfung der Gültigkeit eines von ihr genehmigten Bebauungsplans gem. § 47 I Nr. 2 VwGO beantragen, wenn sie den Bebauungsplan in unterschiedlicher Weise anzuwenden hat.

Der **Gemeinde** fehlt die Antragsbefugnis für die Unwirksamkeitserklärung eines **1670** von ihr erlassenen Bebauungsplans. Auch ein als **ungültig erkannter Bebauungsplan** ist – abgesehen von der gerichtlichen Unwirksamkeitserklärung im Normenkontrollverfahren – in dem für die Aufhebung von Bebauungsplänen geltenden Verfahren aufzuheben, um damit den Anschein seiner Rechtsgeltung zu beseitigen. Beruht die Ungültigkeit des Plans auf einem Verfahrens- oder Formfehler, hat die Gemeinde darüber zu entscheiden, ob sie den Plan, statt ihn aufzuheben, unter Behebung des Fehlers und Wiederholung des nachfolgenden Verfahrens rückwirkend in Kraft setzt.[65]

---

[55] Zu den Hoheitsrechten der gemeindlichen Selbstverwaltung *Stüer*, Funktionalreform und kommunale Selbstverwaltung, 1980, 66, 165. Zu interkommunalen Gemeindenachbarklagen grundlegend *Hoppe* FS Wolff, 1973, 307.

[56] VGH München, Urt. v. 26.7.1978 – 315 XI 77 – DVBl 1978, 965 = BayVBl. 1978, 701.

[57] VGH München, Urt. v. 30.6.1982 – 4 N 80 A.1091 – BayVBl. 1983, 17 – Verwaltungsgemeinschaft. Dabei kann auch die Sachgerechtigkeit der Gebietsabgrenzung gerichtlich überprüft werden, vgl. VGH München, Urt. v. 28.4.1982 – 4 N – 1905/79 – BayVBl. 1983, 179 – gemeindefreies Gebiet.

[58] VGH München, Urt. v. 30.3.1982 – 20 N – 909/79 – BayVBl. 1982, 726 – Flughafen; Urt. v. 7.7.1983 – 22 N 82 A.772 – DVBl 1983, 1157 = BayVBl. 1983, 723 – als Rechtsverordnung beschlossenes Landesentwicklungsprogramm.

[59] BVerwG, Urt. v. 11.5.1984 – 4 C 83.80 – NVwZ 1984, 584 = RzB Rn. 1169 – Bahnübergang m. Hinw. darauf, dass die Klagebefugnis nach § 42 II VwGO allerdings eine nachhaltige Störung einer bereits hinreichend konkreten Planung voraussetzt, vgl. auch *Stüer* VR 1985, 77.

[60] Die Zulässigkeit einer Normenkontrolle in diesen Fällen setzt jedoch eine entsprechende landesgesetzliche Eröffnungsnorm in § 47 I Nr. 2 VwGO voraus.

[61] VGH München, Urt. v. 28.6.1988 – Vf. 12–VII–85 – NVwZ 1989, 558 – Konkurrenz.

[62] VGH Mannheim, Urt. v. 21.12.1976 – III 415/76 – BauR 1977, 184 – Massa, mit der Fragestellung, ob die typischen Funktionen der Gemeinde als Unterzentrum beeinträchtigt werden.

[63] BVerwG, B. v. 16.1.1990 – 4 NB 1.90 – DÖV 1990, 479 = UPR 1990, 222 = NVwZ 1990, 555 = RzB Rn. 1328 – Konkurrenz Einzelhandel.

[64] OVG Lüneburg, Urt. v. 23.11.1982 – 6 OVG C 7/79 – BauR 1983, 220, für einen Möbelmarkt mit regionalem Einzugsgebiet.

[65] BVerwG, Urt. v. 21.11.1986 – 4 C 22.83 – BVerwGE 75, 142 = BauR 1987, 171 = DVBl 1987, 481 = NJW 1987, 1344 = RzB Rn. 1296 – Nichtigkeitserklärung Behörde; vgl. zu den nachstehenden Ausführungen auch *Stüer* DVBl 1997, 326; *ders.* in *Stüer* (Hrsg.) Verfahrensbeschleunigung, S. 90.

1671   Neben der Antragsbefugnis muss ein **Rechtsschutzbedürfnis** für die Zulässigkeit des Normenkontrollantrags vorliegen.[66] Erforderlich ist daher neben dem nachteiligen Betroffensein von abwägungserheblichen Belangen, dass der Antragsteller ein rechtlich geschütztes Interesse an der Normenkontrollentscheidung hat. In diesem Erfordernis kommt zum Ausdruck, dass die Normenkontrolle nicht nur ein objektives Rechtsbeanstandungsverfahren darstellt, sondern zugleich der Durchsetzung eines individuellen Klärungsinteresses dient.[67]

1672   Allerdings bleiben **unanfechtbar** gewordene **Baugenehmigungen**, die auf Grund eines für nichtig oder unwirksam erklärten Bebauungsplans ergangen sind, entsprechend §§ 47 V 3, 183 VwGO von der Unwirksamkeitserklärung unberührt.[68] Im Interesse der Rechtssicherheit wird also die Bestandskraft und Wirksamkeit eines Verwaltungsaktes von der Unwirksamkeitserklärung einer Rechtsvorschrift im Normenkontrollverfahren nicht berührt. Wer daher geltend macht, durch eine Baugenehmigung, die ihm zwar nicht vorschriftsmäßig bekannt gemacht worden ist, von der er aber in anderer Weise sichere Kenntnis erlangt hat oder hätte erlangen müssen, in seinen Rechten verletzt zu sein, verliert seine Anfechtungsbefugnis, wenn er nicht innerhalb der Frist des § 70 i.V. mit § 58 II VwGO Widerspruch einlegt bzw. Klage erhebt.[69] Richtet sich ein Normenkontrollantrag gegen Festsetzungen eines Bebauungsplans, zu deren Verwirklichung schon eine unanfechtbare Genehmigung erteilt worden ist, so fehlt dem Antrag das Rechtsschutzbedürfnis, wenn der Antragsteller dadurch, dass der Bebauungsplan für unwirksam erklärt wird, seine Rechtsstellung derzeit nicht verbessern kann. Ein Normenkontrollantrag kann sich auch nicht gegen den Nichterlass eines Bebauungsplans richten.

3. Präklusion (§ 47 II a VwGO)

1673   Durch § 47 II a VwGO ist mit der BauGB-Novelle eine **strikte formelle Präklusion** eingeführt worden. Der Normenkontrollantrag gegen einen Bebauungsplan oder Innenbereichs- sowie Außenbereichssatzungen ist nur im Hinblick auf die Einwendungen zulässig, die der Antragsteller bereits im Rahmen der förmlichen Beteiligung nach §§ 3 II, 13 und 13 a BauGB geltend gemacht hat. Die Regelung hat bedeutsame Folgen: Wer sich im Rahmen der förmlichen Öffentlichkeitsbeteiligung nicht gemeldet hat, ist im Normenkontrollverfahren nicht antragsbefugt, selbst wenn der Bebauungsplan aus der Sicht des Gerichts offensichtliche materielle Fehler aufweist. Ein Normenkontrollantrag ist daher unzulässig, wenn der Antragsteller ausschließlich Einwendungen geltend macht, die er im Rahmen der Beteiligung nicht oder verspätet geltend gemacht hat, aber hätte geltend machen können (§ 47 II a VwGO). Ist der Normenkontrollantrag zulässig, kann sich der Antragsteller auch auf solche Einwendungen berufen, die er bislang nicht geltend gemacht hat. Der für den Eintritt der Rechtsfolge des § 47 II a VwGO erforderliche Hinweis bei der Offenlegungsbekanntmachung ist auch dann ordnungsgemäß, wenn er den von § 47 II a VwGO abweichenden Wortlaut des § 3 II 2 letzter HS BauGB wiedergibt.[70]

1674   Bestanden bereits bisher **Mitwirkungslasten** für die Planbetroffenen, ihre ansonsten nicht erkennbaren Belange in das Planverfahren einzubringen[71], so sind diese Obliegenheiten zu strikten formellen Präklusionsregelungen erstarkt. Wer sich im förmlichen Verfahren nicht beteiligt, kann nach Verabschiedung der Satzung keine Normenkontrolle

---

[66] *Kopp/Schenke* Rn. 34 zu § 47 VwGO; *Rasch* BauR 1977, 147; *Schenk* DVBl 1976, 198; OVG Berlin, Urt. v. 11.7.1980 – 2 A 3.79 – BauR 1982, 536 = MDR 1981, 80.
[67] VGH Mannheim, Urt. v. 9.2.1982 – 5 S 1421/81 – BauR 1982, 348.
[68] *Eyermann/Fröhler* Rn. 38 zu § 47 VwGO.
[69] Vgl. dazu BVerwG, Urt. v. 25.1.1974 – 4 C 2.72 – BVerwGE 44, 294 – Verwirkung.
[70] OVG Münster, B. v. 29.8.2008 – 7 B 915/08.NE – Info BRS 2008, Nr 5, 20 = ZfBR 2008, 801 = BauR 2008, 2032 – Öffentlichkeitsbeteiligung.
[71] BVerwG, Urt. v. 12.12.1969 – IV C 105.66 – BVerwGE 34, 301 = DVBl 1970, 414; B. v. 9.11.1979 – 4 N 1.78 – BVerwGE 59, 87 = DVBl 1980, 233.

mehr erheben. Das gilt auch, wenn die im förmlichen Verfahren abgegebenen Stellungnahmen zur Begründung einer Antragsbefugnis nicht ausreichend sind.

Mehr als bisher sind die Planbetroffenen daher gehalten, ihre Belange im förmlichen **1675** Planverfahren geltend zu machen, weil sie ansonsten mit ihren Einwendungen im Normenkontrollverfahren ausgeschlossen sind. Verfassungsrechtlich ist dies unbedenklich, weil die Rechtsschutzgarantie des Art. 19 IV GG nicht zugleich auch einen gerichtlichen Rechtsschutz gegen städtebauliche Satzungen durch Normenkontrolle gebietet. Ist der Antrag nach diesen Maßgaben zulässig, erfolgt in der Prüfung der Begründetheit der Normenkontrolle nach wie vor eine umfassende Planprüfung durch das Gericht.

Die **formelle Präklusionsregelung** des § 47 II VwGO geht allerdings nicht so weit **1676** wie die materiellen Präklusionsregelungen im Fachplanungsrecht. Während dort die nicht rechtzeitig geltend gemachten Belange für den Rechtsschutz gegen Zulassungsentscheidungen insgesamt untergehen und daher für die Anfechtung der Zulassungsentscheidung auch materiell präkludiert sind (§ 73 IV VwVfG)[72], bleiben die in der Bauleitplanung nicht geltend gemachten Belange bestehen und können daher auch weiterhin der Wirksamkeit der städtebaulichen Satzung entgegenstehen.[73] Allerdings kann die Satzung nicht mit der Normenkontrolle angefochten werden. Die Möglichkeit, sich etwa in einem Nachbarklageverfahren auf die Unwirksamkeit der städtebaulichen Satzung zu berufen, wird hierdurch auf den ersten Blick nicht eingeschränkt. Ohne eine flankierende Normenkontrolle ist eine solche Rechtsschutzmöglichkeit jedoch vielfach ein stumpfes Schwert.

4. Rechtsschutz der Gemeinde

Die Gemeinden können bei der Verletzung ihrer kommunalen Belange Rechtsschutz so- **1677** wohl gegen die baurechtliche Einzelentscheidung (Baugenehmigung) als auch im Wege des Normenkontrollverfahrens gegen den Bebauungsplan suchen. Vor allem haben benachbarte Gemeinden die Anforderungen an die interkommunale Abwägung zu erfüllen. Nach § 2 II 1 BauGB sind die Bauleitpläne benachbarter Gemeinden aufeinander abzustimmen. Dieses **interkommunale Abstimmungsgebot** beinhaltet entsprechende Mitwirkungsrechte der Nachbargemeinde aber auch inhaltliche Abwehrrechte, wenn die sich aus diesem Gebot ergebenden Rechtsgrundsätze nicht beachtet worden sind.

Die Gemeinde kann allerdings nur eine Verletzung ihrer **eigenen Belange** geltend **1678** machen. Die Gemeinde ist nicht zugleich Sachwalterin der Rechte ihrer Bürger.[74] Auch im Übrigen ist die Gemeinde auf die Geltendmachung einer eigenen Rechtsverletzung beschränkt. Eine Stadt etwa, der das Raumordnungsrecht die Stellung eines Mittelzentrums zuweist, kann sich unter Berufung hierauf allerdings dagegen zur Wehr setzen, dass in einer benachbarten Gemeinde, der keine gleichwertige zentralörtliche Funktion zukommt, ein großflächiger Einzelhandelsbetrieb auf der Grundlage des § 34 BauGB zugelassen wird (§ 2 II 2 BauGB).[75] Die zentralörtliche Funktion einer Gemeine ist nicht Ausfluss ihrer kommunalen Planungshoheit. Allerdings können sich Abwehrmöglichkeiten der Gemeinde aus § 34 III BauGB ergeben.

---

[72] *Rieder*, Fachplanung und materielle Präklusion, in: *Stüer* (Hrsg.), Planungsrecht, Bd. 9, Osnabrück 2004; *Stüer/Rieder* DÖV 2003, 473; *dies.*, EurUP 2004, 139.

[73] Zur Inzidentkontrolle BVerwG, B. v. 8.4.2003 – 4 B 23.03 –.

[74] BVerwG, Urt. v. 15.12.1989 – 4 C 36.86 – BVerwGE 84, 209; B. v. 9.2.1996 – 11 VR 45.95 – NVwZ 1996, 1021 = DÖV 1996, 514 – Boitzenburg–Lüneburg; Urt. v. 21.3.1996 – 4 C 26.94 – DVBl 1996, 914.

[75] Zur früheren Rechtslage BVerwG, Urt. v. 11.2.1993 – 4 C 15.92 – Buchholz 406.11 § 34 BauGB Nr. 156 = DVBl 1993, 658 = UPR 1993, 263 = DÖV 1993, 914 = NVwZ 1994, 285 = RzB Rn. 1286 – interkommunale Nachbarklage; s. Rn. 83.

5. Jahresfrist

1679 Der Normenkontrollantrag kann nur innerhalb **eines Jahres** seit Inkrafttreten der angefochtenen Rechtsvorschrift gestellt werden (§ 47 II 1 VwVfG). Die durch das 6. VwGO-ÄndG zunächst eingeführte Zweijahresfrist und durch die BauGB-Novelle 2007 auf ein Jahr verkürzte Frist soll die Normenkontrollanträge auf eine zeitnahe Anfechtung der Rechtsvorschriften begrenzen und zugleich einer ungefragten Fehlersuche vorbeugen. Für Rechtsvorschriften, die vor dem 1.1.2007 bekannt gemacht worden sind, gilt noch die vormals bestehende Zweijahresfrist. Die Jahresfrist für den Normenkontrollantrag beginnt nicht zu laufen, wenn eine Bekanntmachung der Rechtsvorschrift nicht nachweisbar ist. Die Möglichkeit der Kenntnisnahme von der Vorschrift kann auch durch eine fehlerhafte Bekanntmachung eröffnet werden. Diese Anforderungen an den Beginn der Frist gelten auch für Rechtsvorschriften, die in der DDR erlassen worden sind.[76] Eine nachträgliche Normenkontrolle nach Ablauf dieses Zeitraums ist bei alten Bebauungsplänen nicht mehr möglich. Dies hindert die Verwaltungsgerichte allerdings nicht, die Bebauungspläne im Rahmen etwa einer Anfechtungs- oder Verpflichtungsklage inzidenter zu prüfen und wegen eines Rechtsfehlers nicht anzuwenden. Eine Inzidentkontrolle des Bebauungsplans bleibt daher nach der Rechtsprechung des BVerwG[77] unabhängig von der Einhaltung der Normenkontrollfrist des § 47 II 1 VwGO möglich.[78] Diese Nichtanwendung in einem verwaltungsgerichtlichen Verfahren hat jedoch keine allgemein gültige Wirkung. Auch werden Behörden und Gerichte durch die Nichtanwendung einer Rechtsnorm seitens eines Verwaltungsgerichts nicht daran gehindert, eine andere Auffassung zu vertreten und nach wie vor von der Gültigkeit der Rechtsnorm auszugehen. Die Jahresfrist des § 47 II VwGO i. d. F. der BauGB-Novelle 2007 gilt auch für die **neuen Bundesländer** bei Bebauungsplänen, die neu erlassen werden. Die vormals bestehende Befristung der Normenkontrollanträge auf drei Monate ist durch die Neufassung des RechtsmittelBG durch das 6. VwGO-ÄndG aufgehoben worden. Die bereits zuvor im Jahre 1996 abgelaufene Antragsfrist lebt damit allerdings nicht wieder auf.

1680 Prozessuale Befugnisse können im Übrigen auch **verwirkt** sein.[79] Das gilt auch für die Antragsbefugnis nach § 47 II VwGO.[80] Hierfür kommen solche Fälle in Betracht, in denen der Antragsteller dadurch, dass er zur Durchsetzung eines geltend gemachten Rechts das Gericht anruft, sich zu seinem eigenen früheren Verhalten in einen mit Treu und Glauben unvereinbaren Widerspruch setzt.[81]

6. Prüfungsmaßstäbe

1681 Die Rechtsvorschrift unterliegt im Normenkontrollverfahren der gerichtlichen Prüfung, ob sie einer gesetzlichen Ermächtigung entspricht, die ihrerseits gültig sein muss. In diesem Zusammenhang kann auch eine verfassungsrechtliche Kontrolle eine Rolle spielen. Prüfungsmaßstab sind daher alle Landes- und Bundesgesetze, gegenüber der zu prüfenden Rechtsvorschrift höherrangige Verordnungen und Verfassungsrecht des Bundes oder

---

[76] BVerwG, Urt. v. 19.2.2004 – 7 CN 1.03 – BayVBl. 2004, 475 = LKV 2004, 413 = NVwZ 2004, 1122 = DVBl 2004, 1050 – Festsetzung eines Trinkwasserschutzgebiets.

[77] B. v. 28.12.2000 – 4 BN 32.00 – Buchholz 310 § 47 VwGO Nr. 145 und B. v. 8.4.2003 – 4 B 23.03 –.

[78] BVerwG, B. v. 10.10.2006 – 4 BN 29.06 – ZfBR 2007, 149 = BauR 2007, 515 im Anschluss an B. v. 28.12.2000 – 4 BN 32.00 –; B. v. 8.4.2003 – 4 B 23.03 –Inzidentkontrolle von Bebauungsplänen.

[79] BVerwG, B. v. 9.11.1990 – 4 NB 35.90 – RzB Rn. 1306 – Antragsbefugnis.

[80] BVerwG, B. v. 9.2.1989 – 4 NB 1.89 – Buchholz 310 § 47 VwGO Nr. 37; B. v. 18.12.1989 – 4 NB 14.89 – Buchholz 310 § 47 VwGO Nr. 44; zur Verwirkung von Nachbarrechten auch BVerwG, B. v. 13.8.1996 – 4 B 135.96 – BauR 1997, 281 – Verwirkung.

[81] BVerwG, B. v. 18.12.1989 – 4 NB 14.89 – ZfBR 1990, 106 = UPR 1990, 219 = RzB Rn. 1327 – Verwirkung – Normenkontrollantrag.

des Landes. Dazu zählen insbesondere auch allgemeine Verfassungsgrundsätze wie das Rechtsstaatsprinzip, das Sozialstaatsprinzip, das Übermaßverbot, das Willkürverbot, die Systemgerechtigkeit[82] und insbesondere für das Planungsrecht das Abwägungsgebot.[83] Im Normenkontrollverfahren kann auch die Nichtigkeit der Ermächtigungsgrundlage wegen eines Verstoßes gegen höherrangiges Recht in Betracht kommen.[84]

7. Verfahren und Entscheidung

Das OVG entscheidet im Normenkontrollverfahren auf Antrag. Den Verfahrensbeteiligten **1682** ist Gelegenheit zur Stellungnahme zu geben. Im Normenkontrollverfahren sind nach der Ergänzung des § 47 II 3 VwGO die §§ 65 I und V sowie § 66 VwGO entsprechend anwendbar.[85] Damit ist auch im Normenkontrollverfahren eine **einfache Beiladung** nach § 65 I VwGO möglich. Nach Auffassung des BVerwG sollte das Normenkontrollgericht Drittinteressierten an dem Ausgang des Verfahrens nur durch Anhörung Gelegenheit zur Stellungnahme geben können.[86] Das BVerfG gab den Normenkontrollgerichten anlässlich einer Verfassungsbeschwerde einige Hinweise, wie dabei zu verfahren ist. Das Grundrecht privater Grundstückseigentümer aus Art. 14 I 1 GG werde durch ein Urteil, das einen Bebauungsplan für ungültig erkläre, berührt. Das normverwerfende Urteil habe zwar keine gestaltende, sondern nur eine feststellende Wirkung. Es erscheine aber verfassungsrechtlich bedenklich, wenn es den Betroffenen nicht möglich sein sollte, im gerichtlichen Verfahren geltend zu machen, dass der angefochtene Bebauungsplan eben nicht nur einen Rechtsschein erzeugt habe, sondern gültiges Recht sei. Die Beiladung aller betroffenen Grundstückseigentümer könne dem Gericht die Verfahrensführung allerdings unverkennbar auch erschweren. Den widerstreitenden Belangen von Rechtsschutzinteresse und Übersichtlichkeit der Prozessführung könne das Gericht aber dadurch gerecht werden, dass es – etwa im Rahmen der von § 65 I VwGO verlangten Ermessensentscheidung – im Einzelfall abwägt, ob eine Verfahrensbeteiligung der Grundstückseigentümer die Durchführung eines rechtsstaatlichen Grundsätzen entsprechenden Verfahrens derart behindern würde, dass auch bei Ausschöpfung aller prozessrechtlichen Möglichkeiten der Ausschluss der Beiladung gerechtfertigt erscheine.[87] Auch im **Normenkontrollverfahren** nach § 47 VwGO ist bei behördlicher Verweigerung der Aktenvorlage die in § 99 II 4 VwGO vorgesehene Beschwerde an das BVerwG statthaft.[88]

Das OVG prüft die Vereinbarkeit der Rechtsvorschrift nach § 47 III VwGO mit **Lan-** **1683** **desrecht** nicht, soweit gesetzlich vorgesehen ist, dass die Rechtsvorschrift ausschließlich durch das Verfassungsgericht eines Landes nachprüfbar ist. Ist ein Verfahren zur Überprüfung der Gültigkeit der Rechtsvorschrift bei einem **Verfassungsgericht** anhängig, so kann das OVG nach § 47 IV VwGO anordnen, dass die Verhandlung bis zur Erledigung des Verfahrens vor dem Verfassungsgericht auszusetzen sei. Das OVG entscheidet nach § 47 V 1 VwGO durch **Urteil** oder, wenn es eine mündliche Verhandlung nicht für erforderlich hält, durch **Beschluss**. Kommt das OVG zu der Überzeugung, dass die Rechtsvorschrift ungültig ist, so erklärt es sie für unwirksam. In diesem Fall ist die Entschei-

---

[82] VGH München, Urt. v. 26.7.1978 – 315 XI 77 – DVBl 1978, 965 – Rettungsdienstverbände.
[83] VGH München, Urt. v. 21.6.1982 – 7 N 81 A.62 – BayVBl. 1982, 562.
[84] VGH München, Urt. v. 26.7.1978 – 315 XI 77 – DVBl 1978, 965 – Rettungsdienstverbände.
[85] Die neu gefassten Beiladungsregelungen (Art. 1 Nr. 28 VwGRmBeschrG) können auch auf anhängige Gerichtsverfahren angewendet werden, so OVG Lüneburg, B. v. 14.5.2002 – 7 KN 75/01 – NVwZ-RR 2002, 786 – Beiladung.
[86] BVerwG, B. v. 8.2.2000 – 4 BN 1.00 – Buchholz 406.11 § 5 BauGB Nr. 11.
[87] BVerfG, B. v. 19.7.2000 – 1 BvR 1053/93 – DVBl 2000, 1842.
[88] BVerwG, B. v. 29.10.1982 – 4 B 172.82 – BVerwGE 66, 233 = RzB Rn. 1294 – Aktenvorlage. Zur früheren Rechtsprechung BVerwG, Urt. v. 12.3.1982 – 4 N 1.80 – BVerwGE 65, 131 = DVBl 1982, 951 m. Anm. *Bettermann* 954 = RzB Rn. 1322 – Beiladung Normenkontrolle; Urt. v. 5.3.1999 – 4 CN 18.98 – NVwZ 1999, 987 = BauR 2000, 243 = ZfBR 1999, 344 – vorhabenbezogener Bebauungsplan.

dung allgemein verbindlich und die Entscheidungsformel vom Antragsgegner ebenso zu veröffentlichen wie die Rechtsvorschrift bekanntzumachen wäre. Für die Wirkung der Entscheidung gilt § 183 VwGO entsprechend. Das Normenkontrollgericht ist bei Ausübung seines Verfahrensermessens nach § 47 V 1 VwGO allerdings verpflichtet, **Art. 6 I 1 EMRK** mit dem Inhalt, den die Vorschrift in der Entscheidungspraxis des Europäischen Gerichtshofs für Menschenrechte gefunden hat, vorrangig zu beachten. Aus dem Zusammenwirken von § 47 V 1 VwGO und Art. 6 I 1 EGMR folgt der Grundsatz, dass über einen Normenkontrollantrag, mit dem sich der Eigentümer eines im Plangebiet gelegenen Grundstücks gegen eine Festsetzung in einem Bebauungsplan wendet, die unmittelbar sein Grundstück betrifft, auf Grund einer öffentlichen mündlichen Verhandlung zu entscheiden ist. Wird über einen solchen Normenkontrollantrag entgegen Art. 6 I 1 EMRK ohne öffentliche mündliche Verhandlung durch Beschluss entschieden, liegt ein absoluter Revisionsgrund vor (§ 138 Nr. 3 VwGO).[89] Das BVerwG macht dabei deutlich, dass die EMRK geltendes deutsches Recht ist und auch in der Praxis stärkerer Beachtung bedarf. Anlass des Urteils war eine Entscheidung des VGH Mannheim in einem Normenkontrollverfahren auf die mündliche Verhandlung zu verzichten. Das BVerwG rügte diesen Verzicht. Eine öffentliche mündliche Verhandlung sei grundsätzlich erforderlich, wenn ein Eigentümer Festsetzungen eines Bebauungsplans angreift, die sein Grundstück unmittelbar betreffen.[90] Der Auslegung des Art. 6 I EMRK durch den Europäischen Gerichtshof für Menschenrechte kann unter bestimmten Voraussetzungen über den entschiedenen Einzelfall hinaus eine normative Leitfunktion beigemessen werden, an der sich die Vertragsstaaten zu orientieren haben. Lässt sich auf Grund einer gefestigten Rechtsprechung des Gerichtshofs eine verallgemeinerungsfähige und allgemeine Gültigkeit beanspruchende Auslegung einer Konventionsbestimmung feststellen, haben die deutschen (Verwaltungs-)Gerichte dem vorrangig Rechnung zu tragen.[91] Ein betroffener Grundeigentümer außerhalb des Plangebiets hat im verwaltungsgerichtlichen Normenkontrollverfahren gemäß Art. 6 I 1 EMRK einen Anspruch auf mündliche Verhandlung, wenn die angegriffene planerische Festsetzung auf sein Grundeigentum unmittelbar einwirkt und sich konkrete Beeinträchtigungen etwa im Hinblick auf die Erteilung von Baugenehmigungen ergeben können.

1684   Der Antrag wird regelmäßig auf **Gesamtunwirksamkeit** der angefochtenen Rechtsvorschrift gerichtet sein. Ist die Norm bereits außer Kraft getreten, ist die Feststellung der Unwirksamkeit der Norm zu beantragen.[92] Die **Teilunwirksamkeit** einer Rechtsvorschrift führt zur Gesamtunwirksamkeit, wenn der rechtswidrige Teil untrennbarer Bestandteil einer Gesamtregelung ist, die nur einheitlich wirksam oder unwirksam sein kann.[93] Eine Beschränkung des Antrags auf eine Teilunwirksamkeit ist möglich.[94] Allerdings kann das Gericht über den Antrag hinaus die Gesamtunwirksamkeit der Rechtsnorm feststellen, wenn ein untrennbarer Regelungszusammenhang besteht und eine auf den Antrag beschränkte Unwirksamkeitserklärung in den Gestaltungsraum des Normge-

---

[89] BVerwG, Urt. v. 16.12.1999 – 4 CN 9.98 – ZfBR 2000, 188; anders noch B. v. 18.9.1985 – 2 N 1.84 – BVerwGE 72, 122.

[90] BVerwG, Urt. v. 16.12.1999 – 4 CN 9.98 – DVBl 2000, 807.

[91] BVerwG, B. v. 30.7.2001 – 4 BN 41.01 – DVBl 2001, 1873 = NVwZ 2002, 87 = DÖV 2002, 81.

[92] BVerwG, B. v. 14.7.1978 – 7 N 1.78 – DVBl 1978, 963 – Abgabensatzung; DVBl 1984, 145; Urt. v. 2.9.1983 – 4 N 1.83 – BVerwGE 68, 12 = DVBl 1984, 145 = DÖV 1984, 297 = BauR 1984, 156 = NJW 1984, 881 = RzB Rn. 222 – Veränderungssperre Normenkontrolle; B. v. 25.2.1997 – 4 NB 30.96 – NVwZ 1997, 896 = BauR 1997, 603 – Dachgeschosszahl-Festsetzung.

[93] BVerwG, B. v. 20.8.1991 – 4 NB 3.91 – DVBl 1992, 37 = BauR 1992, 48 = ZfBR 1992, 84 = RzB Rn. 196 – Teilnichtigkeit; Urt. v. 4.1.1994 – 4 NB 39.93 – UPR 1994, 159 = ZfBR 1994, 138 = RzB Rn. 187 – Teilnichtigkeit.

[94] BVerwG, Urt. v. 16.3.1994 – 4 NB 6.94 – ZfBR 1994, 198 = RzB Rn. 197 – Änderungsbebauungsplan.

bers unzulässig eingreifen würde. Eine teilweise Unwirksamkeitserklärung ist demgegenüber möglich, wenn davon ausgegangen werden kann, dass der Normgeber den verbleibenden Teil erlassen hätte, wenn ihm die Unwirksamkeit des für unwirksam erklärten Teils bewusst gewesen wäre. In Ausnahmefällen ist auch die Beschränkung der Entscheidung auf die Feststellung möglich, dass die angefochtene Norm gegen höherrangiges Recht verstößt und deswegen zwar fort gilt, aber ergänzungsbedürftig ist.[95] Allerdings ist hier große Zurückhaltung geboten, weil es den Verwaltungsgerichten grundsätzlich verwehrt ist, in den Verantwortungsbereich des Normgebers einzugreifen. Zulässig wäre allerdings die bloße Feststellung der Rechtswidrigkeit eines Bebauungsplans, wenn (lediglich) Lärmschutzvorkehrungen fehlen und das Gesamtgefüge des Plans dadurch nicht berührt wird.[96] Führt ein Normenkontrollantrag zur Feststellung (nur) der Teilunwirksamkeit eines Bebauungsplans, so hat der die Gesamtunwirksamkeit begehrende Antragsteller die Kosten des Normenkontrollverfahrens anteilig zu tragen, wenn die vom Normenkontrollgericht festgestellte Teilunwirksamkeit dem Antragsteller nicht oder nicht in dem angestrebten Maße nutzt.[97]

8. Nichtzulassungsbeschwerde und Revision

Gegen die Normenkontrollentscheidungen des OVG findet ein Revisionsverfahren statt, **1685** wenn die Revision durch das OVG zugelassen worden ist (§ 132 VwGO). Gegen die Nichtzulassung der Revision besteht die Möglichkeit der Nichtzulassungsbeschwerde nach § 133 VwGO. Als Revisionsgründe kommen sowohl die Grundsatzrevision, die Divergenzrevision als auch die Verfahrensrevision in Betracht. Die Nichtvorlagebeschwerde nach § 47 VII 1 VwGO a. F. ist seit dem 1.1.1997 nicht mehr statthaft.[98]

9. Einstweilige Anordnung (§ 47 VI VwGO)

Im Normenkontrollverfahren kann nach § 47 VI VwGO auf Antrag eine einstweilige **1686** Anordnung ergehen, wenn dies zur Abwehr schwerer Nachteile oder aus anderen wichtigen Gründen dringend geboten ist.[99] Bis auf die Stellung des Normenkontrollantrags müssen daneben die Zulässigkeitsvoraussetzungen des Normenkontrollantrags gegeben sein.[100] Die Regelung ist § 32 BVerfGG nachgebildet. Es ist dabei ein strenger Maßstab anzulegen.[101] Sofern sich die angefochtene Norm nicht als offensichtlich gültig oder ungültig erweist, hängt die Entscheidung über die einstweilige Anordnung von einer Abwägung der betroffenen Interessen ab. Abzuwägen sind dabei die Vor- und Nachteile, die entstehen, wenn die einstweilige Anordnung ergeht, die Rechtsvorschrift sich aber später als gültig erweist, gegenüber den Vor- und Nachteilen, die eintreten, wenn die Norm zunächst vollzogen wird, sich ihre Unwirksamkeit aber später herausstellt. Die Abwägung der Vollzugs- und Aussetzungsfolgen entfällt allerdings, wenn der Antrag unzulässig oder

---

[95] VGH Mannheim, Urt. v. 16.3.1979 – IX 910/78 – DVBl 1979, 916 – Kapazitätsverordnung.

[96] OVG Berlin, Urt. v. 22.4.1983 – 2 A 6.81 – NVwZ 1983, 416. Ein vergleichbares Problem stellt sich, wenn in einem Planfeststellungsbeschluss Schutzauflagen fehlen.

[97] BVerwG, B. v. 25.2.1997 – 4 NB 30.96 – NVwZ 1997, 896 = BauR 1997, 603 – Dachgeschosszahl-Festsetzung; Urt. v. 4.6.1991 – 4 NB 35.89 – BVerwGE 88, 268.

[98] BVerwG, B. v. 24.10.1997 – 4 NB 35.96 – UPR 1998, 118 = ZfBR 1998, 215. Die Nichtvorlagebeschwerde ist danach erledigt, wenn das BVerwG die Rechtsfrage in einem anderen Verfahren im Sinne des Normenkontrollgerichts geklärt hat.

[99] *Finkelnburg/Jank* Vorläufiger Rechtsschutz Rn. 437 ff; *Grave* BauR 1981, 156; *Erichsen/Scherzberg* DVBl 1987, 168.

[100] *Papier* in FS Menger 517; *Erichsen/Scherzberg* DVBl 1987, 168.

[101] VGH Mannheim, B. v. 11.2.1977 – III 88/77 – NJW 1977, 1212; OVG Münster, B. v. 11.3.1981 – 11a ND 20/80 – BauR 1981, 544; OVG Lüneburg, B. v. 18.7.1978 – V C 2/78 – DVBl 1979, 194; BVerfG, B. v. 21.12.1976 – 1 BvR 799/76 – BVerfGE 43, 198: besonders wichtige Gründe des Gemeinwohls müssen die Aussetzung der Norm legitimieren.

offensichtlich unbegründet ist.[102] Bei Anwendung dieser Grundsätze haben die Gerichte zumeist Zurückhaltung im Erlass der einstweiligen Anordnung gezeigt und sich an den strengen Maßstäben des BVerfG orientiert.[103] Auch wurde einstweiliger Rechtsschutz versagt, wenn auf einem anderen Wege, insbesondere etwa durch die Anfechtung der Baugenehmigung und Verfahren nach §§ 80, 80 a, 123 VwGO ausreichende Antrags- und Rechtsschutzmöglichkeiten eröffnet sind.[104] Dem Eilantrag muss auch dann der Erfolg versagt bleiben, wenn er mehr anstrebt, als im Hauptverfahren erreichbar ist. Es ist daher auch im Eilverfahren nicht zulässig, die auf Grund einer erteilten Baugenehmigung begonnenen Bauarbeiten zu unterbinden oder die Baugenehmigungsbehörde zu verpflichten, die Baugenehmigung vorläufig außer Vollzug zu setzen.[105]

10. Bindungswirkung

1687 Die **rechtskräftige Entscheidung** des Normenkontrollgerichts hat Bindungswirkungen für die Parteien und darüber hinaus allgemeinverbindliche Wirkung, soweit die angefochtene Norm für unwirksam erklärt worden ist. Nach rechtskräftiger Abweisung eines Normenkontrollantrags kann ein erneuter Antrag, den Bebauungsplan für unwirksam zu erklären, nur darauf gestützt werden, eine gegenüber der abweisenden Normenkontrollentscheidung geänderte Sach- und Rechtslage habe den Bebauungsplan im Nachhinein unwirksam werden lassen.[106]

---

[102] OVG Münster, B. v. 11.3.1981 – 11a ND 20/80 – BauR 1981, 544; VGH München, B. v. 25.10.1978 – 271 IX 78 – DVBl 1979, 562.

[103] BVerwG, B. v. 18.5.1998 – 4 VR 2.98 – NVwZ 1998, 1065; OVG Lüneburg, B. v. 18.7.1978 – V C 2/78 – DVBl 1979, 194 – Orientierungsstufe. Zum Rechtsschutzbedürfnis OVG Münster, B. v. 9.12.1996 – 11a B 1710/96.NE – NVwZ 1997, 1006: kein Rechtsschutzbedürfnis, wenn für das Vorhaben, das der Antragsteller mit seinem Begehren abwenden will, bereits die erforderliche Baugenehmigung oder ein noch wirksamer planungsrechtlicher Bauvorbescheid erteilt worden ist; dies gelte auch dann, wenn die Bescheide noch nicht bestandskräftig sind; OVG Münster, B. v. 30.5.1996 – 10a B 1073/96.NE – NVwZ 1997, 923: zur Frage des Rechtsschutzbedürfnisses, wenn im Geltungsbereich eines Bebauungsplans Gebäude im Wege des Baugenehmigungsfreistellungsverfahrens errichtet werden.

[104] OVG Münster, B. v. 29.7.1977 – Xa ND 3/77 – NJW 1978, 342; B. v. 26.5.1978 – Xa ND 3/78 – DVBl 1979, 191; B. v. 23.12.1980 – 11a ND 19/80 – DVBl 1981, 687; VGH Mannheim, B. v. 11.2.1977 – III 88/77 – NJW 1977, 1212; OVG Münster, B. v. 11.3.1981 – 11a ND 20/80 – BauR 1981, 544, zur Möglichkeit einer gesonderten Anfechtung der sofortigen Besitzeinweisung.

[105] VGH München, B. v. 20.7.1983 – 14 NE 83 A.1217 – BayVBl. 1983, 698; OVG Münster, B. v. 15.7.1977 – VIIa ND 4/77 – BauR 1977, 333 – Bauarbeiten.

[106] BVerwG, B. v. 3.11.1993 – 4 NB 33.93 – DVBl 1994, 344 = DÖV 1994, 267 = NVwZ-RR 1994, 236 = RzB Rn. 1319 – Normenkontrollantrag wegen Umlegung. Zum Rechtsschutz der Bauherren, Nachbarn und Gemeinden *Stüer*, Handbuch des Bau- und Fachplanungsrechts, Rn. 4648.

Stichwortverzeichnis

(Zahlen verweisen auf Randnummern)

Stichwortverzeichnis

Stichwortverzeichnis

Stichwortverzeichnis